JOACHIM GERNHUBER

LEHRBUCH DES FAMILIENRECHTS

LEHRBUCH DES FAMILIENRECHTS

VON

DR. JOACHIM GERNHUBER

o. Professor
an der Universität Tübingen

3., völlig neubearbeitete Auflage

C.H.BECK'SCHE VERLAGSBUCHHANDLUNG
MÜNCHEN 1980

CIP-Kurztitelaufnahme der Deutschen Bibliothek

Gernhuber, Joachim:
Lehrbuch des Familienrechts / von Joachim Gernhuber. – 3., völlig neubearb. Aufl. – München: Beck, 1980.
ISBN 3 406 06834 0

ISBN 3 406 06834 0

Druck der C.H. Beck'schen Buchdruckerei Nördlingen

Vorwort

Seit der 2. Auflage sind acht Jahre vergangen; sie haben das Familienrecht nachhaltig geprägt. Reformiert wurde das Recht der Adoption, das Recht der allgemeinen Ehewirkungen, das Recht der Ehescheidung, das Recht der elterlichen Sorge mit z. T. grundsätzlichen Neuorientierungen, die das ältere Rechtsgut fast ohne jeden Restbestand der Rechtsgeschichte überwiesen. Die 3. Auflage ist deshalb weithin ein neues Buch, dessen Umfang (leider) ebenso angeschwollen ist wie die Normenmassen und die kaum noch zu bändigende Fülle des Materials, die es zu bewältigen sucht.

Geblieben ist der Versuch, ,,ein Lehrbuch zu schreiben, das zusammenhängend lesbar ist, das die bewertende Gestaltung der sozialen Kräfte durch das Recht verdeutlicht, das Funktions- und Systemzusammenhänge aufdeckt und das einen Einblick in den Entwicklungsprozeß vermittelt, dem alle Normen während ihrer Geltungsdauer unterworfen sind".

Geblieben ist auch der Verzicht auf eine Beschäftigung mit der Rechtsgeschichte und der Rechtsvergleichung. Nach wie vor ,,hätte der Versuch, sie wenigstens kursorisch durch das Lehrbuch zu verfolgen, nur zu einem Bild mit großen Vereinfachungen geführt, das der Bedeutung und der Funktion jener Rechtsgebiete im Gesamtzusammenhang der Rechtswissenschaft niemals gerecht geworden wäre". Selbst das erst jüngst abgestoßene Rechtsgut (das z. T. noch für ,,Altfälle" in Geltung ist) hat grundsätzlich keine Darstellung erfahren; die (für die Interpretation entscheidende) Teleologie des neuen Rechts konnte zumeist ohne Rückgriff auf den früheren Rechtszustand entfaltet werden.

Gemildert wurde der Verzicht auf die Beschäftigung mit dem Internationalen Privatrecht und den Verfahrensrechten. Die praktische Bedeutung des einen und die Verflechtung der anderen mit dem materiellen Familienrecht ließen keine Wahl, doch wurde weder Vollständigkeit erstrebt noch vertiefte Problemanalyse und praktische Anleitung: In seinem Kern soll das Buch ein Lehrbuch des materiellen Familienrechts bleiben.

Keine Änderung hat die Gliederung erfahren. Die schon in den Vorauflagen vorgenommenen Abweichungen von der Gliederung des Gesetzes hat die Kritik ausnahmslos gebilligt. So werden auch in der 3. Auflage ,,alle Verweisungen der elterlichen Sorge auf das Vormundschaftsrecht aufgelöst, um zu einer geschlossenen Darstellung der elterlichen Sorge zu gelangen und das sachrichtige Verhältnis von elterlicher Sorge und Vormundschaft wiederherzustellen". So entfernt sich auch die 3. Auflage vom Gesetz bei der Darstellung des Nichtehelichenrechts. ,,Der vom Gesetz gewählte Weg einer grundsätzlichen Integration des Nichtehelichenrechtes in die Regelung der vom ehelichen Kind aufgeworfenen Sachprobleme (mit mehr oder minder ausgedehnten Sonderregelungen an verschiedenen Orten) mag aus der Perspektive einer politisch denkenden Legislative verständlich sein, obwohl die Unterschiede im Status der Kinder nur mäßig verschleiert und keinesfalls beseitigt wurden. Für die Rechtsanwendung ist sie beschwerlich; im akademischen Unterricht wirkt sie verwirrend".

Ich habe Hilfe erhalten bei der Neubearbeitung von Frau Assessorin Maria Drexel (§§ 5–7, 41, 42, 45 sowie 46 I und II), Herrn Assessor Gerhard Ruf (§§ 51 III, 58, 59) und Herrn Wolfgang Heim (§ 57). Frau Drexel hat ferner in eigener Verantwortung beide Register gefertigt. Frau Eva Wenturis hat in bewährter Manier alle Schreibarbeiten erledigt. Sie hat mir ferner – zusammen mit Frau Drexel und Herrn Heim – bei den Korrekturen zur Seite gestanden. Einem jeden sei auch an dieser Stelle für seine Hilfe gedankt.

Rechtsprechung und Schrifttum konnten bis Anfang Juni 1979 berücksichtigt werden.

Tübingen, im Oktober 1979 — Joachim Gernhuber

Inhaltsverzeichnis

D. Recht der Ehescheidung

III. Abschnitt. Das Unterhaltsrecht der Verwandten

Inhaltsverzeichnis

IV. Abschnitt. Kinder

A. Familie und Jugendwohlfahrt

B. Das eheliche Kind

C. Das nichteheliche Kind

Abkürzungsverzeichnis

(§§ des BGB werden in der Regel ohne Angabe des Gesetzes zitiert)

A. Sigel und Wortabkürzungen

(Gesetze ohne Angabe des Datums ihrer Ausfertigung sind in den Gesetzessammlungen von Schönfelder und Sartorius zugänglich)

ABlAHK	Amtsblatt der Alliierten Hohen Kommission
AbzG	Gesetz betreffend die Abzahlungsgeschäfte (Abzahlungsgesetz)
AcP	Archiv für die civilistische Praxis
AdoptG	Adoptionsgesetz vom 2. 7. 1976 (BGBl. I S. 1749)
AdoptRÄndG	Gesetz zur Änderung von Vorschriften des Adoptionsrechts vom 14. 8. 1973 (BGBl. I S. 1013)
AdVermG	Gesetz über die Vermittlung der Annahme als Kind (Adoptionsvermittlungsgesetz) vom 2. 7. 1976 (BGBl. I S. 1762)
AfFNRW	Arbeitsgemeinschaft für Forschung des Landes Nordrhein-Westfalen
AFG	Arbeitsförderungsgesetz vom 25. 6. 1969 (BGBl. I S. 582)
AG	Amtsgericht; Aktiengesellschaft
AGB	Allgemeine Geschäftsbedingungen
AKB	Allgemeine Bedingungen für die Kraftverkehrsversicherung
ALR	Allgemeines Landrecht für die Preußischen Staaten vom 5. 2. 1794
AnfG	Gesetz betr. die Anfechtung von Rechtshandlungen eines Schuldners außerhalb des Konkursverfahrens (Anfechtungsgesetz)
AöR	Archiv des öffentlichen Rechts
AP	Arbeitsrechtliche Praxis (Nachschlagewerk des Bundesarbeitsgerichts)
ArbG	Arbeitsgericht
ArbuR	Arbeit und Recht (Zeitschrift für Arbeitsrechtspraxis)
ArchBürgR	Archiv für Bürgerliches Recht
AVG	Angestelltenversicherungsgesetz i. d. F. vom 28. 5. 1924 (RGBl. I S. 563)
AVO EheG (BZ)	Verordnung zur Ausführung des Ehegesetzes vom 20. 2. 1946 (Britische Besatzungszone)
Bad.-Württ. SchG	Schulgesetz für Baden-Württemberg i. d. F. vom 23. 3. 1976 (GBl. S. 410)
BAFöG	Bundesgesetz über individuelle Förderung der Ausbildung (Bundesausbildungsförderungsgesetz)
BAG	Bundesarbeitsgericht
BAGE	Entscheidungen des Bundesarbeitsgerichts
BarwertVO	Verordnung zur Ermittlung des Barwerts einer auszugleichenden Versorgung nach § 1587a Abs. 3 Nr. 2, Abs. 4 des Bürgerlichen Gesetzbuches (Barwert-Verordnung) vom 24. 6. 1977 (BGBl. I S. 1014)
BayJMBl.	Bayerisches Justizministerialblatt
BayObLG	Bayerisches Oberstes Landesgericht
BayObLGSt.	Entscheidungen des Bayerischen Obersten Landesgerichtes in Strafsachen
BayObLGZ	Entscheidungen des Bayerischen Obersten Landesgerichtes in Zivilsachen
BayVBl.	Bayerische Verwaltungsblätter
BayVerfGH	Bayerischer Verfassungsgerichtshof
BayVGHE	Sammlung von Entscheidungen des Bayerischen Verfassungsgerichtshofes

Abkürzungen

BB	Betriebs-Berater
BBG	Bundesbeamtengesetz
BeamtVG	Gesetz über die Versorgung der Beamten und Richter in Bund und Ländern (Beamtenversorgungsgesetz)
BEG	Bundesentschädigungsgesetz i.d.F. vom 29. 6. 1956 (BGBl. I S. 562)
BetrAVG	Gesetz zur Verbesserung der betrieblichen Altersversorgung vom 19. 12. 1974 (BGBl. I S. 3610)
BetrVerfG	Betriebsverfassungsgesetz vom 15. 1. 1972 (BGBl. I S. 13)
BeurkG	Beurkundungsgesetz
BFH	Bundesfinanzhof
BGB	Bürgerliches Gesetzbuch
BGBl.	Bundesgesetzblatt
BGE	Entscheidungen des Schweizerischen Bundesgerichts
BGesA	Bundesgesundheitsamt
BGH	Bundesgerichtshof
BGHSt.	Entscheidungen des Bundesgerichtshofs in Strafsachen
BGHZ	Entscheidungen des Bundesgerichtshofs in Zivilsachen
BKGG	Bundeskindergeldgesetz i.d.F. vom 31. 1. 1975 (BGBl. I S. 412)
BNotO	Bundesnotarordnung
BRAGO	Bundesgebührenordnung für Rechtsanwälte
BRDrucks.	Drucksachen des Deutschen Bundesrates
BSHG	Bundessozialhilfegesetz
BSozG	Bundessozialgericht
BSozGE	Entscheidungen des Bundessozialgerichts
BTDrucks.	Drucksachen des Deutschen Bundestages
BundesbahnG	Bundesbahngesetz
BVerfG	Bundesverfassungsgericht
BVerfGE	Entscheidungen des Bundesverfassungsgerichts
BVerwG	Bundesverwaltungsgericht
BVerwGE	Entscheidungen des Bundesverwaltungsgerichts
BVG	Gesetz über die Versorgung der Opfer des Krieges (Bundesversorgungsgesetz) i.d.F. vom 27. 6. 1977 (BGBl. I S. 1037)
BWNotZ	Mitteilungen aus der Praxis, Zeitschrift für das Notariat in Baden-Württemberg
DAngVers.	Die Angestelltenversicherung
DAVorm.	Der Amtsvormund
DB	Der Betrieb
DDR	Deutsche Demokratische Republik
DFG	Deutsche freiwillige Gerichtsbarkeit
DIHT	Deutscher Industrie- und Handelstag
DJ	Deutsche Justiz (1933–1945)
	Die Justiz, Amtsblatt des Justizministeriums Baden-Württemberg (1952ff.)
DJT	Deutscher Juristentag
DJZ	Deutsche Juristenzeitung
DNotV	Zeitschrift des Deutschen Notarvereins (bis 1933)
DNotZ	Deutsche Notarzeitschrift (seit 1933)
DÖV	Die Öffentliche Verwaltung
DR	Deutsches Recht
DRiG	Deutsches Richtergesetz
DRiZ	Deutsche Richterzeitung
DRW	Deutsche Rechtswissenschaft
DRZ	Deutsche Rechtszeitschrift
DStR	Deutsches Steuerrecht

Abkürzungen

DVBl.	Deutsches Verwaltungsblatt
1. DVO EheG	Verordnung zur Durchführung und Ergänzung des Gesetzes zur Vereinheitlichung des Rechts der Eheschließung und der Ehescheidung vom 27. 7. 1938
EG	Europäische Gemeinschaft
EGBGB	Einführungsgesetz zum Bürgerlichen Gesetzbuch
EGGVG	Einführungsgesetz zum Gerichtsverfassungsgesetz
EGStGB	Einführungsgesetz zum Strafgesetzbuch
EheG	Ehegesetz (Gesetz Nr. 16 des Kontrollrats) vom 20. 2. 1946
EheNÄndG	Ehenamenänderungsgesetz vom 27. 3. 1979 (BGBl. I S. 401)
1. EheRG	1. Gesetz zur Reform des Ehe- und Familienrechts vom 14. 6. 1976 (BGBl. I S. 1421)
EltSorgRG	Gesetz zur Neuregelung des Rechts der elterlichen Sorge vom 18. 7. 1979 (BGBl. I S. 1061)
ErbbauVO	Verordnung über das Erbbaurecht (Erbbauverordnung)
ErbStG	Erbschaftsteuer- und Schenkungssteuergesetz i. d. F. vom 17. 4. 1974 (BGBl. I S. 933)
EStG	Einkommensteuergesetz i. d. F. vom 21. 6. 1979 (BGBl. I S. 721)
FamG	Familiengericht
FamRÄndG	Gesetz zur Vereinheitlichung und Änderung familienrechtlicher Vorschriften (Familienrechtsänderungsgesetz)
FamRZ	Zeitschrift für das gesamte Familienrecht – Ehe und Familie im privaten und öffentlichen Recht
FGG	Gesetz über die Angelegenheiten der freiwilligen Gerichtsbarkeit
FinG	Finanzgericht
FremdRG	Fremdrentengesetz i. d. F. vom 25. 2. 1960 (BGBl. I S. 94)
GBl.	Gesetzblatt
GBO	Grundbuchordnung
GenG	Gesetz betr. die Erwerbs- und Wirtschaftsgenossenschaften (Genossenschaftsgesetz)
GewStG	Gewerbesteuergesetz vom 24. 3. 1977 (BGBl. I S. 484)
GG	Grundgesetz für die Bundesrepublik Deutschland
GjS	Gesetz über die Verbreitung jugendgefährdender Schriften i. d. F. vom 29. 4. 1961 (BGBl. I S. 498)
GleichberG	Gesetz über die Gleichberechtigung von Mann und Frau auf dem Gebiete des bürgerlichen Rechts (Gleichberechtigungsgesetz)
GmbH	Gesellschaft mit beschränkter Haftung
GmbHG	Gesetz betr. die Gesellschaften mit beschränkter Haftung (GmbH-Gesetz)
GmbHRdsch.	Rundschau für GmbH
GMBl.	Gemeinsames Ministerialblatt
GrEStG	Grunderwerbsteuergesetz vom 29. 3. 1940 (RGBl. I S. 585)
GruchB	Beiträge zur Erläuterung des Deutschen Rechts, begründet von Gruchot
GVBl.	Gesetz- und Verordnungblatt für Berlin (ab Juli 1951)
GVG	Gerichtsverfassungsgesetz
HandwO	Gesetz zur Ordnung des Handwerks (Handwerksordnung)
HansGZ	Hanseatische Rechts- und Gerichtszeitung
HansOLG	Hanseatisches Oberlandesgericht
HausratsVO	Verordnung über die Behandlung der Ehewohnung und des Hausrats (Hausratsverordnung)
HEZ	Höchstrichterliche Entscheidungen in Zivilsachen
HGB	Handelsgesetzbuch
Hist. Jhrb.	Historisches Jahrbuch

HöfeO	Höfeordnung (Britische Zone) vom 24. 4. 1947 (VOBl. BZ S. 33)
HRR	Höchstrichterliche Rechtsprechung
HypBG	Hypothekenbankgesetz i. d. F. vom 5. 2. 1963 (BGBl. I S. 81)
IPR	Internationales Privatrecht
JA	Juristische Arbeitsblätter
JFG	Jahrbuch für Entscheidungen in Angelegenheiten der freiwilligen Gerichtsbarkeit und des Grundbuchrechts
JherJb.	Jherings Jahrbücher für Dogmatik des bürgerlichen Rechts
JMBlNRW	Justizministerialblatt für das Land Nordrhein-Westfalen
JR	Juristische Rundschau
JurBl.	Juristische Blätter
JurBüro	Juristisches Büro
JuS	Juristische Schulung
JW	Juristische Wochenschrift
JWG	Gesetz für Jugendwohlfahrt
JZ	Juristenzeitung
KG	Kammergericht (Berlin); Kommanditgesellschaft
KGJ	Jahrbuch für Entscheidungen des Kammergerichts in Sachen der freiwilligen Gerichtsbarkeit
KO	Konkursordnung
KRG	Kontrollratsgesetz
KTS	Zeitschrift für Konkurs-, Treuhand- und Schiedsgerichtswesen
KVStG	Kapitalverkehrsteuergesetz i. d. F. vom 17. 11. 1972 (BGBl. I S. 2129)
LAG	Landesarbeitsgericht
LG	Landgericht
LM	Lindenmaier-Möhring, Nachschlagewerk des Bundesgerichtshofes
LSozG	Landessozialgericht
LuftVG	Luftverkehrsgesetz
LZ	Leipziger Zeitschrift für Deutsches Recht
MDR	Monatsschrift für Deutsches Recht
Mot.	Motive zu dem Entwurf eines Bürgerlichen Gesetzbuches für das Deutsche Reich
NamÄndG	Gesetz über die Änderung von Familiennamen und Vornamen vom 5. 1. 1938 (RGBl. I S. 9)
NdsRpfl.	Niedersächsische Rechtspflege
NEhelG	Gesetz über die rechtliche Stellung der nichtehelichen Kinder
NJ	Neue Justiz
NJW	Neue Juristische Wochenschrift
OGH (Wien)	Oberster Gerichtshof in Wien
OGHBrZ	Oberster Gerichtshof für die Britische Zone
OGHZ	Entscheidungen des Obersten Gerichtshofes für die Britische Zone in Zivilsachen
OHG	Offene Handelsgesellschaft
OLG	Oberlandesgericht
OLGZ	Rechtsprechung der Oberlandesgerichte in Zivilsachen, Amtliche Entscheidungssammlung
OVG	Oberverwaltungsgericht
OWiG	Gesetz über Ordnungswidrigkeiten
PostVerwG	Gesetz über die Verwaltung der Deutschen Bundespost (Postverwaltungsgesetz) vom 24. 7. 1953 (BGBl. I S. 676)
PStG	Personenstandsgesetz
PStG AVO	Verordnung zur Ausführung des Personenstandsgesetzes
RabelsZ	Zeitschrift für ausländisches und internationales Privatrecht
RAG	Reichsarbeitsgericht

Abkürzungen

RdA	Recht der Arbeit
RdJ	Recht der Jugend
RdL	Recht der Landwirtschaft
Recht	Das Recht, begründet von Soergel
RegE	Regierungsentwurf
RegUnterhVO	Verordnung zur Berechnung des Regelunterhalts (Regelunterhalts-Verordnung)
RelKEG	Gesetz über die religiöse Kindererziehung
RFH	Sammlung der Entscheidungen des Reichsfinanzhofs
RG	Reichsgericht
RGBl.	Reichsgesetzblatt
RGSt.	Entscheidungen des Reichsgerichts in Strafsachen
RGZ	Entscheidungen des Reichsgerichts in Zivilsachen
RJA	Entscheidungen in Angelegenheiten der freiwilligen Gerichtsbarkeit, zusammengestellt im Reichsjustizamt
RKnG	Reichsknappschaftsgesetz i.d.F. vom 1. 7. 1926 (RGBl. I S. 369; BGBl. III Nr. 822–1)
ROLG	Sammlung der Rechtsprechung der Oberlandesgerichte
Rpfleger	Der deutsche Rechtspfleger
RpflG	Rechtspflegergesetz
RuStAG	Reichs- und Staatsangehörigkeitsgesetz
RuStAGÄndG	Reichs- und Staatsangehörigkeitsänderungsgesetz vom 20. 12. 1974 (BGBl. I S. 3714)
RVO	Reichsversicherungsordnung
RzW	Rechtsprechung zum Wiedergutmachungsrecht (Beilage zur NJW)
ScheckG	Scheckgesetz
SchiffsRegO	Schiffsregisterordnung vom 26. 5. 1951 (BGBl. I S. 360)
SchlHA	Schleswig-Holsteinische Anzeigen
SchlHOLG	Schleswig-Holsteinisches Oberlandesgericht
SchwBG	Gesetz zur Sicherung der Eingliederung Schwerbehinderter (Schwerbehindertengesetz) i.d.F. vom 29. 4. 1974 (BGBl. I S. 1006)
SeuffA	Seufferts Archiv für Entscheidungen der obersten Gerichte in den deutschen Staaten
SGB	Sozialgesetzbuch (Allgemeiner Teil vom 11. 12. 1975; BGBl. I S. 3015)
SJZ	Süddeutsche Juristenzeitung
SoldatenG	Gesetz über die Rechtsstellung der Soldaten (Soldatengesetz)
StAZ	Das Standesamt (Zeitschrift für Standesamtswesen)
StGB	Strafgesetzbuch
StPO	Strafprozeßordnung
StVG	Straßenverkehrsgesetz
UnthaltVorschG	Gesetz zur Sicherung des Unterhalts von Kindern alleinstehender Mütter und Väter durch Unterhaltsvorschüsse oder -ausfalleistungen (Unterhaltsvorschußgesetz) vom 23. 7. 1979 (BGBl. I S. 1184)
VBL	Versorgungsanstalt des Bundes und der Länder
VerglO	Vergleichsordnung
VersAufsG	Versicherungsaufsichtsgesetz vom 6. 6. 1931
VerschÄndG	Gesetz zur Änderung von Vorschriften des Verschollenheitsrechts vom 15. 1. 1951 (BGBl. I S. 59)
VerschG	Verschollenheitsgesetz
VersR	Versicherungsrecht, Juristische Rundschau für die Individualversicherung
VerwRspr.	Verwaltungsrechtsprechung in Deutschland
VG	Verwaltungsgericht
VGH	Verwaltungsgerichtshof

VO	Verordnung
VOBl.BZ	Verordnungsblatt für die Britische Zone
VolljG	Gesetz zur Neuregelung des Volljährigkeitsalters vom 31. 7. 1974 (BGBl. I S. 1713)
VormG	Vormundschaftsgericht
VStG	Vermögensteuergesetz vom 17. 4. 1974 (BGBl. I S. 949)
VVDStRL	Veröffentlichung der Vereinigung der Deutschen Staatsrechtslehrer
VVG	Gesetz über den Versicherungsvertrag
VwGO	Verwaltungsgerichtsordnung
VwVfG	Verwaltungsverfahrensgesetz
Warn.	Warneyers Rechtsprechung des Reichsgerichts auf dem Gebiete des Zivilrechts
WehrpflG	Wehrpflichtgesetz
WM	Wertpapiermitteilungen
ZAkDR	Zeitschrift der Akademie für Deutsches Recht
ZBlJuGR	Zentralblatt für Jugendrecht und Jugendwohlfahrt
ZBR	Zeitschrift für Beamtenrecht
ZevKR	Zeitschrift für evangelisches Kirchenrecht
ZfF	Zeitschrift für das Fürsorgewesen
ZGB	Schweizerisches Zivilgesetzbuch vom 10. 12. 1907
ZHR	Zeitschrift für das gesamte Handelsrecht und Konkursrecht
ZPO	Zivilprozeßordnung
ZRGGermAbt.	Zeitschrift des Savigny-Stiftung für Rechtsgeschichte – Germanistische Abteilung
ZRP	Zeitschrift für Rechtspolitik
ZStaatsw.	Zeitschrift für die gesamte Staatswissenschaft
ZustErgG	Zuständigkeitsergänzungsgesetz vom 7. 8. 1952 (BGBl. I S. 407)
ZVG	Gesetz über die Zwangsversteigerung und Zwangsverwaltung (Zwangsversteigerungsgesetz)
ZZP	Zeitschrift für Zivilprozeß

B. Abgekürzt zitierte Lehrbücher, Kommentare und sonstige Literatur

I. Lehrbücher

1. Bürgerliches Recht

Baur	Sachenrecht, 10. Aufl. 1978
Beitzke	Familienrecht, 20. Aufl. 1978
Dölle	Familienrecht, 1964/65
Enneccerus-Lehmann	Recht der Schuldverhältnisse, 15. Aufl. 1958
Enneccerus-Nipperdey	Allgemeiner Teil des Bürgerlichen Rechts, 15. Aufl. 1959/60
Esser-Schmidt	Schuldrecht, Allgemeiner Teil, 5. Aufl., 2 Teilbände, 1975/77
Esser-Weyers	Schuldrecht, Besonderer Teil, 5. Aufl., 1 Teilband, 1977
Henrich	Familienrecht, 2. Aufl. 1977
Kipp-Coing	Erbrecht, 13. Aufl. 1978
Kipp-Wolff	Das Familienrecht, 7. Bearb. 1931
Lange-Kuchinke	Erbrecht, 2. Aufl. 1978
Larenz, AT	Allgemeiner Teil des deutschen bürgerlichen Rechts, 4. Aufl. 1977
Larenz, Schuldrecht	Schuldrecht, Allgemeiner Teil, 12. Aufl. 1979, Besonderer Teil, 11. Aufl. 1977
v. Tuhr	Der allgemeine Teil des Deutschen Bürgerlichen Rechts, 1910 – 1918

2. Zivilprozeßrecht

Rosenberg-Schwab	Zivilprozeßrecht, 12. Aufl. 1977

II. Kommentare

1. Bürgerliches Gesetzbuch und Nebengesetze

Erman-(Bearbeiter)	Handkommentar, 6. Aufl. 1975, nebst Nachtragsheft zur 6. Aufl.: Neues Familienrecht
MünchKomm-(Bearbeiter)	Münchener Kommentar zum Bürgerlichen Gesetzbuch, 1978ff.
Palandt-(Bearbeiter)	Kommentar, 38. Aufl. 1979
Planck-(Bearbeiter)	Kommentar, 4. Aufl. 1913–1930 (unvollständig)
RGRK-(Bearbeiter)	Kommentar, hrsg. von Reichsgerichtsräten und Bundesrichtern, soweit erschienen: 12. Aufl. 1974ff.
Soergel-(Bearbeiter)	Kommentar, soweit erschienen: 11. Aufl. 1978ff. Im übrigen zitiert mit 10. Aufl. 1967ff.
Staudinger-(Bearbeiter)	Kommentar, soweit erschienen: 12. Aufl. 1978ff. Im übrigen zitiert mit 11. Aufl. 1957ff.

2. Familienrechtliche Gesetze

Ambrock	Ehe und Ehescheidung, 1977
Bastian – Roth-Stielow – Schmeiduch (zitiert nur mit dem jeweiligen Bearbeiter)	1. EheRG, Das neue Ehe- und Scheidungsrecht, 1978
v. Godin	Ehegesetz, 2. Aufl. 1950
Hoffmann-Stephan	Ehegesetz, 2. Aufl. 1968
Odersky	Nichtehelichengesetz, 4. Aufl. 1978
Rolland	1. EheRG, 1977
Voskuhl-Pappai-Niemeyer	Versorgungsausgleich in der Praxis, 1976

3. Sonstige

Großkomm. HGB-(Bearbeiter)	Handelsgesetzbuch, Großkommentar, 3. Aufl. 1967ff.
Hamann-Lenz	Das Grundgesetz für die Bundesrepublik Deutschland vom 23. 5. 1949, 3. Aufl. 1970
Jansen	FGG, Gesetz über die Angelegenheiten der Freiwilligen Gerichtsbarkeit mit Nebengesetzen, 2. Aufl. 1969
Keidel-Kuntze-Winkler	Handausgabe des Gesetzes über die Angelegenheiten der Freiwilligen Gerichtsbarkeit mit Erläuterungen, Ausführungs- und Ergänzungsvorschriften, 11. Aufl. 1978
v. Mangoldt-Klein	Das Bonner Grundgesetz, 2. Aufl. 1957ff.
Maunz-Dürig-Herzog-Scholz	Grundgesetz, 5. Aufl. 1978
Schlegelberger	Gesetz über die Angelegenheiten der Freiwilligen Gerichtsbarkeit, 7. Aufl. 1956
Schlegelberger-(Bearbeiter)	Kommentar zum HGB, 5. Aufl. 1960ff.
Schönke-Schröder-(Bearbeiter)	Strafgesetzbuch, 19. Aufl. 1978
Stein-Jonas-(Bearbeiter)	Kommentar zur Zivilprozeßordnung, soweit erschienen: 20. Aufl. 1978. Im übrigen zitiert mit 19. Aufl. 1972ff.

III. Sonstige abgekürzt zitierte Literatur

Brühl-Göppinger-Mutschler	Unterhaltsrecht, 3. Aufl. 1973ff.
Jansen-Knöpfel	Das neue Unehelichengesetz, 1967
Köhler	Handbuch des Unterhaltsrechts, 4. Aufl. 1977
Ruland-Tiemann	Versorgungsausgleich und steuerliche Folgen der Ehescheidung, NJW-Schriften 28, 1977
Schwab	Handbuch des Scheidungsrechts, 1977

I. Abschnitt. Allgemeine Lehren

A. Grundlagen

§ 1. Das Familienrecht als Teil der Gesamtrechtsordnung

I. Die gegenwärtige Familie in der Sicht des Soziologen

Schrifttum: *Schottlaender,* Die Mutter als Schicksal, 1946; *Murdock,* Social Structure, 1949; *Stampfli,* Die unvollständige Familie, 1951; *Baumert,* Deutsche Familien nach dem Kriege, 1954; *Häring,* Soziologie der Familie, 1954; *Mayntz,* Die moderne Familie, 1955; *Hasselmann-Kahlert,* Das entwurzelte Kind, 1955; *Fröhner-v. Stackelberg-Eser,* Familie und Ehe, 1956; *Speck,* Kinder erwerbstätiger Mütter, 1956; *Schelsky,* Die skeptische Generation, 4. Aufl. 1960; *Begemann,* Strukturwandel der Familie, 1960; *Oeter* (Hrsg.), Familie im Umbruch, 1960; *Haffter,* Kinder aus geschiedenen Ehen, 2. Aufl. 1960; *Pfeil,* Die Berufstätigkeit von Müttern, 1961; *Schmucker,* Die ökonomische Lage der Familie in der Bundesrepublik, 1961; *Ruberg,* Die Familie in der Wirtschaftsgesellschaft, 1962; *Pfeil,* Die Familie im Gefüge der Großstadt, 1965; *Junker,* Die Lage der Mütter in der Bundesrepublik, 3 Teile, 1965–1968; *Goode,* Die Struktur der Familie, 2. Aufl. 1966; *Oeter* (Hrsg.), Familie und Gesellschaft, 1966; *Schelsky,* Wandlungen der deutschen Familie in der Gegenwart, 5. Aufl. 1967; *Claessens,* Familie und Wertsystem, 3. Aufl. 1967; *Mitscherlich,* Auf dem Wege zur vaterlosen Gesellschaft, 2. Aufl. 1968; *Wurzbacher,* Leitbilder gegenwärtigen Familienlebens, 4. Aufl. 1969; *Richter,* Patient Familie, 1970; *Lüschen* und *Lupri* (Hrsg.), Soziologie der Familie, Sonderheft 14 der Kölner Zeitschrift für Soziologie und Sozialpsychologie, 1971; *Feil* (Hrsg.), Wohngruppe, Kommune, Großfamilie, 1972; *Ackerknecht* u. a., Kommune und Großfamilie, 1972; *Lehr,* Die Bedeutung der Familie im Sozialisationsprozeß, 1973; *Claessens* und *Millhofer* (Hrsg.), Familiensoziologie, Ein Reader als Einführung, 1973; *Emge* und *Smolinski,* Soziologie des Familienhaushalts, 1973; *Gastager,* Die Fassadenfamilie, 1973; *Toman,* Familienkonstellationen, 2. Aufl. 1974; *König,* Materialien zur Soziologie der Familie, 2. Aufl. 1974; *Heinsohn* und *Knieper,* Theorie des Familienrechts, 1974 (dazu *Böttcher,* JZ 1976, 142); *Neidhardt,* Die Familie in Deutschland, 4. Aufl. 1975; *Schwägler,* Soziologie der Familie, Ursprung und Entwicklung, 2. Aufl. 1975; *König,* Die Familie der Gegenwart, 2. Aufl. 1976; *derselbe,* Soziologie der Familie, Handbuch der empirischen Sozialforschung, Band 7, 2. Aufl. 1976; *Goode,* Soziologie der Familie, 6. Aufl. 1976; *Huhn,* Der Fall Familie, 1977; *Mitterauer* und *Sieder,* Vom Patriarchat zur Partnerschaft, 1977; *Wurzbacher* (Hrsg.), Die Familie als Sozialisationsfaktor, 2. Aufl. 1977; *Kühn* und *Tourneau* (Hrsg.), Familienrechtsreform – Chance einer besseren Wirklichkeit?, 1978; *Skynner,* Die Familie – Schicksal und Chance, 1978.

1. Eine Gesellschaft, der Familien unbekannt sind, kann mühelos gedacht werden und ist in Utopien auch schon gedacht worden; nachzuweisen ist sie indessen nicht. Wie kaum eine andere Erscheinung ist die Familie bis heute mit menschlicher Existenz verbunden gewesen; daß sie in absehbarer Zukunft auch nur aus einzelnen sozialen Systemen verschwinden wird, ist unwahrscheinlich.

Die Abkehr einzelner von der Familie zugunsten eines Lebens in Kommunen ist eine skurrile Randerscheinung unserer Gesellschaft geblieben. Bemerkenswerter sind gewiß Versuche, in Wohngemeinschaften zu familienübergreifenden

Gruppen zu gelangen, die Respekt vor der Zuordnung der Ehegatten und dem genetisch begründeten Eltern-Kind-Verhältnis bewahren, jedoch eine Balance von privater Sphäre und gruppenspezifischen Interaktionen erstreben, in welcher der kleinfamiliale Horizont erweitert wird und flexiblere Organisationen der Arbeitsteilung möglich sind. Doch sind auch insoweit in der Bundesrepublik Deutschland nur schwache Ansätze erkennbar, deren weitere Entwicklung zu einem mit der herkömmlichen Familiengruppierung auch nur ernsthaft konkurrierenden Leitbild sehr fraglich ist. Auch im Wechsel der Generationen sind jedenfalls vorerst größere Erschütterungen tradierter Verhaltensmuster nicht zu erwarten; der jüngeren Generation gehört die Familie herkömmlicher Prägung in ganz überwiegendem Ausmaß zu den voll bejahten Selbstverständlichkeiten des Lebens.

2. Aussagen über die Familie eines Volkes zu ganz bestimmter Zeit können immer nur Tendenzen schildern. Mehrere Varietäten der Familie sind wohl stets gegeben (zumeist gesondert nach sozialen Schichten); selbst ältere Familienformen, die an sich dem sonstigen Bild der Gesellschaft nicht mehr entsprechen, können sich begrenzt erhalten, freilich nur noch als afunktionale (aber nicht notwendig dysfunktionale) Gruppierungen. Auch die deutsche Familie der Gegenwart gestattet keine Aussage, die Anspruch auf Allgemeingültigkeit erheben könnte, doch zeigen sich in ihr unverkennbare Trends, die nur wenig von schichtenspezifischen Varietäten in Frage gestellt werden; ein Zug zur Nivellierung der Verhaltensmuster ist unverkennbar.

Typischer Ausdruck unserer Zeit ist die *Kleinfamilie,* in der nur noch Eltern und nicht erwachsene oder doch noch nicht verheiratete Kinder zusammenleben in einer Gruppe, deren „Verkehrskreis" innerhalb der Verwandtschaft nach wie vor relativ weit zu reichen pflegt (und die eben deshalb nicht als isolierte Gruppe betrachtet werden sollte), die aber doch in ihren Solidaritätsbeziehungen nur noch im Generationengang der geraden Linie stärkeren Belastungen gewachsen ist. Auf der Folie der alten Großfamilie (hier verstanden als Mehrgenerationenfamilie mit patriarchalischer Struktur in einem Haushalt) mag mit einem gewissen Recht von einer „modifizierten erweiterten Familie" gesprochen werden können (wobei zu den Modifizierungen vornehmlich die Preisgabe der patriarchalischen Struktur und die Auflösung in verschiedene Haushalte zu rechnen wäre), doch geraten forcierte Aussagen dieser Art schnell in Gefahr, idealisiert zu werden und damit die Wirklichkeit zu verfehlen.

Im Mittelpunkt der Kleinfamilie stehen die Ehegatten. Es ist kein Zufall, wenn schon vor einem halben Jahrhundert von einer „Gattenfamilie" gesprochen wurde (ein Begriff, der treffend wiedergibt, daß die Ehegatten die zentrale und einzig permanente Zone in der Familie sind) und sich heute in der Umgangssprache der Unterschied zwischen den Begriffen „Ehe" und „Familie" zu verwischen beginnt. Für das Kind wird damit zwangsläufig die Heirat zur wesentlichsten Zäsur in seinem Leben: Es verläßt seine „Orientierungsfamilie" und beginnt seine eigene „Fortpflanzungsfamilie".

3. Zum Teil Ursache, zum Teil aber auch Folge der Umformung zu einer sehr kleinen Gruppe ist ein weitgreifender *Funktionsverlust,* der die Familie in ihrer Bedeutung für das soziale Leben erheblich getroffen hat. Die Familie hat ihr politisches Gewicht verloren. Bis auf geringe Reste ist auch ihre alte Produktionsfunktion der wachsenden Industrialisierung zum Opfer gefallen: Die Produktions- und Konsumgemeinschaft vergangener Zeiten ist zur bloßen Konsumgemeinschaft geworden (wenn als Maßstab der Produktion der Markt gewählt wird, also unbeschadet der Möglichkeit, die Tätigkeit im Haushalt als produktiv zu begreifen und damit eine Sonderung produktiver Erwerbstätigkeit und angeblich ertragloser Tätigkeit im Haushalt unter einem ökonomischen Gesamtaspekt als gänzlich verfehlt zu bezeichnen). Die Sicherungs- und Fürsorgefunktion hat sodann wenigstens weithin die öffentliche Hand übernommen in einem Prozeß, der relativ spät begann und noch nicht abgeschlossen zu sein scheint.

Weniger noch als im sozioökonomischen Bereich kann heute von einer zentralen Bedeutung der Familie im kulturellen Leben des Volkes gesprochen werden. Nur Reste erinnern noch an eine vormals bedeutsame Welt. Religions- und Kultgemeinschaft ist die Familie auch in dem ihr von den (an sich in Gemeinden organisierten) Religionsgemeinschaften überlassenen Raum nur noch beschränkt und sicher nicht mehr in der Mehrzahl der Fälle; die profanierte Familie hat längst weiteste Verbreitung gefunden. Selbst die Erziehungs- und Bildungsfunktion hat einer veränderten Umwelt nicht ganz standgehalten, zeigt aber die Familie doch noch als Funktionsträger. Teile der Wissensvermittlung sind ihr geblieben, vor allem aber die „Sozialisierung" der Kinder, mag auch die Familie den sozialen Formierungsprozeß nur insoweit beherrschen, als er sich auf Lebensbereiche bezieht, in denen der Mensch sich in der Gesellschaft als private Person verhält, während der zweite „soziale Verhaltenshorizont" für die „großorganisatorischen Sozialbeziehungen", die „sekundären Systeme" *(H. Freyer),* von ihr nur sehr beschränkt vermittelt wird; die primäre Gemeinschaft der Familie ist nicht geeignet, in eine gegensätzlich strukturierte soziale Umwelt einzuführen.

4. In enger Verknüpfung mit dem funktionellen Niedergang steht eine im Vergleich mit früheren Zeiten auffällige *Verinnerlichung* der familiären Beziehungen. Die Partnerwahl gewinnt den Rang einer einzigartigen persönlichen Entscheidung der Ehegatten füreinander; die Kleinfamilie konstituiert sich als Intimgruppe, die ihre Bewährung in viel stärkerem Maße, als es die funktionsgesättigte Großfamilie einst tat, in der Harmonie ihrer Gefühle findet. Die Kleinfamilie ist auf diesem Hintergrund als Interaktionssystem zu begreifen, das verschieden geartete personale Beziehungen (Ehegatten, Eltern und Kinder, Geschwister) koordiniert in einer Form, die ihnen Stabilität sichert auch im Wechsel der verschiedenen Stadien, die der Familienzyklus durchläuft. Die mit dem Funktions-

verlust verbundene „Ausgliederung der Familie in das Private" *(Schelsky)* erscheint in dieser Intimisierung der personalen Beziehungen folgerichtig zu Ende geführt. Mit ihr verbinden sich freilich auch besondere, der Vergangenheit jedenfalls weniger geläufige Gefahren für die Stabilität der Gruppe: Disharmonien stellen die Familie unmittelbar in Frage; „desorganisierte Familien", deren Charakter als Intimgruppe durch Störung ihrer emotionalen Struktur gefährdet ist *(König)*, werden häufiger; „überorganisierte Familien" (mit zu starker Bindung der Kinder) können ebenso wie „unterorganisierte" (mit zu schwacher Bindung) den Prozeß der Auflösung der Kleinfamilie zur „modifizierten erweiterten Familie" nicht bewältigen.

5. Folge der Umformung ist auch der *Abbau des patriarchalischen Familienleitbildes*, der häufig als Niedergang der Familie überhaupt mißverstanden wurde. Weil in der Kleinfamilie jedem einzelnen Mitglied größere Bedeutung als in der Großfamilie zukommt, weil sich die Kleinfamilie nach Abbau der verwandtschaftlichen und nachbarlichen Bindungen stärker auf sich selbst gestellt sieht, und weil sie das im öffentlichen Leben nicht mehr befriedigte Bedürfnis nach einer den Menschen als Ganzes erfassenden Intimität in den Mittelpunkt ihrer Bemühungen stellt, konnte sie an ihrer alten Autoritätsstruktur nicht festhalten.

Das neue Leitbild der Partnerschaft der Ehegatten und der Eigenständigkeit des Kindes hat freilich die alten Leitbilder noch nicht vollständig verdrängt. Auch wenn Übergangsformen bereits positiv berücksichtigt werden, bleiben genügend Familien, die der patriarchalischen Familienauffassung weiter verhaftet sind.

6. In großen Gemeinschaften wiegt der Verlust eines Mitglieds geringer als in kleinen. Der Übergang zur Kleinfamilie hat daher das *Problem der unvollständigen Familie* sehr verschärft. Der Tod eines Ehegatten ist für die verbleibende Rumpffamilie in aller Regel ein nicht ausgleichsfähiger Verlust; die Trennung der Ehegatten steht ihm nicht viel nach, mag hier auch ein Kontakt der Kinder mit beiden Elternteilen möglich bleiben.

In abgeschwächter Form stellt sich das Problem der unvollständigen Familie dort, wo widrige Umstände oder auch ein dem Ökonomischen zugeneigter Zeitgeist einen oder gar beide Elternteile für andere Aufgaben so in Anspruch nehmen, daß die Kindererziehung den ihr gebührenden Raum nicht mehr findet. In all diesen Fällen gerät die Familie in Gefahr, dem Kinde nicht mehr „Orientierungsfamilie" mit richtigen Wegweisern zu sein.

7. Ein weiterer Nachteil der Kleinfamilie liegt in der Ausschließlichkeit, mit welcher sie den Haushalt für sich allein zu behaupten pflegt und damit (als negativer Folge) einen früher besser in die Familien eingefügten Personenkreis auf sich selbst zurückwirft. Die ledigen Erwachsenen, die Geschiedenen und Verwitweten, die kinderlos blieben und deshalb nicht Träger einer eigenen (wenn auch unvollständigen) Familie sind, können im Elternhaus verbleiben

oder in dieses zurückkehren. Der Regelfall zeigt sie verselbständigt: Der Haushalt der Kleinfamilie (ihrer anderen Verwandten) hat für sie keinen Platz.

II. Recht und Politik als gestaltende Kräfte

Schrifttum: *Oeter,* Familienpolitik, 1954; *Wingen,* Familienpolitik, 2. Aufl. 1965; *Haensch,* Repressive Familienpolitik, 1969; *Schwimann,* Eherecht und Ehewirklichkeit, Festschrift Gschnitzer, 1969, S. 375; Frau und Gesellschaft, Zwischenbericht der Enquete-Kommission des Deutschen Bundestages, BTDrucks. 7/5866, 1976; Familienberichte der Bundesregierung: Erster Bericht 1968, BTDrucks. 5/2532; Zweiter Bericht 1975, BTDrucks. 7/3502.

1. Das Sozialgebilde Familie steht dem Recht nicht als autonomer Block gegenüber, der sich dem Recht erst öffnet, wenn Störungen auftreten oder gar der Zerfall einsetzt. Es entzieht sich aber dem formenden Zugriff des staatlichen Rechtes weit stärker als andere Sozialstrukturen. Außerrechtliche, insbesondere sozialethische Bindungen haben sich im Lauf der Geschichte oft genug gegen das Recht durchgesetzt; Versuche, mit den Mitteln des Rechtes erzieherisch zu wirken, sind oft genug gescheitert.

Das Recht der Gegenwart steht freilich nicht in einem Gegensatz zur herrschenden Sozialethik. Es folgt mit seinen Normen für Ehe und Familie deutlich den vorherrschenden Leitbildern ohne Willen, diese durch andere (an welchen Maßstäben orientierte?) zu ersetzen. Es respektiert zudem wenigstens weithin (vornehmlich bei der Gestaltung der persönlichen Beziehungen) die *Autonomie der Familienmitglieder,* insbesondere aber die Autonomie der Ehegatten. Ihr ist seit dem 1. EheRG selbst die Grundstruktur der ehelichen Lebensgemeinschaft anheimgegeben; es sind die Ehegatten, die sich in einem autonomen Akt eine Verfassung gerade ihrer Ehe geben. Daß dennoch viel zwingendes Recht blieb, ist ebenso selbstverständlich (angesichts der Notwendigkeit, Staat und private Dritte vor den Folgen ausgesprochener Fehlentwicklungen soweit als möglich zu bewahren, aber auch angesichts der Notwendigkeit, Konstanten zu setzen, die Ehe und Familie als Sozialgebilden auch eine rechtliche Gestalt verleihen) wie weniger gravierend, als es zunächst scheinen mag. Der Staat hindert die Familie nicht daran, einverständlich anders zu leben, als es zwingendes Recht vorschreibt, solange sie nicht Außenbeziehungen aufnehmen muß und solange sie nicht selbst geschaffene Defizite auf Dritte verlagern will. Der Gleichberechtigungsgrundsatz (Art. 3 II GG) beherrscht etwa das staatliche Recht. Doch hindert niemand Ehegatten daran, das alte patriarchalische Familienleitbild faktisch anzunehmen, soweit nicht der Rechtsverkehr mit Dritten auf die Basis der Rechtsordnung zwingt (wie etwa bei der Vertretung der Kinder oder auch beim Abschluß von Rechtsgeschäften mit Dritten, für die das eheliche Güterrecht bedeutsam ist).

Völlig vom staatlichen Recht beherrscht wird freilich der Personenstand des einzelnen, sein Standort im Gefüge der Familie. Zwar gibt es keine familienrechtliche Zuordnung und keine Beendigung personenstandsbestimmender Rechtsverhältnisse, die nicht von natürlichen Vorgängen (Geburt), von privatautonomen Akten (Ehe), von richterlichen Entscheidungen oder von einer Kombination (Ehescheidung, Ehelichkeitsanfechtung, Adoption) bestimmt wäre. Doch ist der Kreis der möglichen Zuordnungen ebenso geschlossen wie der Kreis der lösenden Tatbestände (vgl. dazu weiter unten IV.).

2. Das Verlangen der Familie nach *Freiheit von staatlichen Einflüssen* ist in ihrer Eigenart als Intimgruppe begründet, wird aber von der Notwendigkeit begrenzt, der versagenden Familie zu helfen. Das Eigenleben der Familie zu achten und doch an allen dem Staat überhaupt zugänglichen Störungsstellen bereit zu stehen, kann danach als Aufgabe des Staates in unserer Gesellschaft bezeichnet werden.

Ob das Problem im gegenwärtigen Familienrecht überzeugend gelöst ist, mag fraglich sein, die jüngste Zeit hat jedenfalls viel Einsicht gezeigt. Sie hat insbesondere der Versuchung widerstanden, dem Staat die Entscheidungsgewalt bei Meinungsverschiedenheiten der Ehegatten zu übertragen. Sie hat freilich auch dem Staat die Entscheidungsbefugnis beim Streit der Eltern um die Ausübung der elterlichen Sorge gewährt, doch nicht, um dem Staat Einfluß zu sichern. Entscheidend war allein die Notwendigkeit, das Kind vor den Folgen der elterlichen Uneinigkeit zu bewahren.

3. Die gegenwärtige *Familienpolitik des Staates* kann nicht mit schlagwortartiger Kürze als Ausfluß einer der herkömmlichen (etwa der christlichen oder auch liberal-individualistischen) Familienauffassungen gekennzeichnet werden. Sie hat einen arteigenen Gehalt, der im wesentlichen bestimmt ist von der Idee einer autonomen und von Staatszwecken freien Familie sowie vom Verzicht auf eine metaphysische Deutung des Verhältnisses von Staat und Familie.

Eine derart pragmatische Familienpolitik hat notwendig einen affirmativen Charakter. Sie bestätigt die Familie in ihrer gegenwärtigen Struktur, in ihrem gegenwärtigen Selbstverständnis und mit ihren gegenwärtigen Funktionen; die Entwicklung von Alternativmodellen findet in ihr keinen Platz. Sie gewinnt damit nicht Freiheit von Zielkonflikten, auch nicht totale Freiheit von Zielkontroversen, aber doch wenigstens weithin Stabilität in ihren Grundlagen. Wechselnde Präferenzen innerhalb des von der Verfassung und vom sozialen Befund vorgegebenen Rahmens spiegeln den Zeitgeist wider; Ausdruck eines grundsätzlich gewandelten Verhältnisses von Staat und Familie sind sie nicht.

Im Mittelpunkt des staatlichen Bemühens steht heute die Sicherung der Familie als Träger der Regeneration des Volkes und der Sozialisation der Kinder mit den Mitteln der ökonomischen Familienhilfe (Wohngeld, Kindergeld, Ausbildungsförderung usw.), der Förderung von familiengerechten Rahmenbedingungen (Wohnungsbau, Teilzeitarbeitsplätze, Elternbildung) und des Aufbaus von familienergänzenden Einrichtungen (Kindergärten, Tageseinrichtungen, einschließlich ihrer Sonderformen für behinderte Kinder). Familienpolitik ist damit vielfältig verbunden und verzahnt mit Sozialpolitik (diese hier verstanden als Politik, deren Ziel es ist, die Stellung sozialer Gruppen in der Gesellschaft zu verbessern) und damit auch mit der Aufgabe, schichtenspezifische Benachteiligungen abzubauen und die Gleichheit der Chancen herzustellen.

Familienpolitik, die sich der Familie nicht als Objekt bemächtigt, sondern sie so akzeptiert, wie sie ist, ist dem Familienrecht nicht völlig entfremdet, steht ihm aber doch recht fern. Das Familienrecht ordnet die Familie, die grundsätzlich als bereits geordnete von der Familienpolitik vorausgesetzt wird. Die großen Reformen des Familienrechtes in den vergangenen Jahrzehnten sind deshalb auch nicht das Ergebnis einer zielbewußt betriebenen Familienpolitik gewesen; sie folgen Änderungen des Zeitgeistes (deren Ursachen hier nicht nachzugehen ist), die im Sozialgebilde ,,Familie" virulent wurden und der rechtlichen Formierung bedurften.

III. Das Familienrecht im Rechtssystem

Schrifttum: *Michaelis,* Wandlungen des deutschen Rechtsdenkens seit dem Eindringen des fremden Rechts, in: Grundfragen der neuen Rechtswissenschaft, 1935; *Hedemann,* Der Gesamtbau des bürgerlichen Rechts, ZAkDR 1935, 431; *Eichler,* Wandlungen im System des Privatrechts, DRW 1936, 262; *Wieacker,* Zum System des deutschen Vermögensrechtes, 1941; *Isele,* Ein halbes Jahrhundert Deutsches Bürgerliches Gesetzbuch, AcP 150 (1949), 1; *Dölle,* Das Bürgerliche Gesetzbuch in der Gegenwart, Recht und Staat, Bd. 152, 1950; *Wieacker,* Privatrechtsgeschichte der Neuzeit, 2. Aufl. 1967; *E. Wolf,* Der Begriff Familienrecht, FamRZ 1968, 493.

1. Der Begriff Familienrecht nimmt das Eherecht, das Verwandtschaftsrecht und das Vormundschaftsrecht in sich auf. Er überschreitet damit das Sozialgebilde Familie bei weitem, bleibt andererseits weit hinter der staatlichen Familienpolitik zurück. Seine Kraft schöpft er aus der Geschichte, die einstmals in der Lage war, mit der Sippe und der Munt eine verbindende Klammer um Ehe, Verwandtschaft und Vormundschaft zu legen. Sippe und Munt sind heute abgestorben. Wenn ihr Abgang ohne Einfluß auf den Inhalt des Familienrechts blieb, so weil die Zusammenfassung von Ehe, Verwandtschaft und Vormundschaft in ihrem heuristischen Wert unbezweifelt ist und weil wir auch heute noch imstande sind, Verbindungslinien zu ziehen. Das gilt auch für das Vormundschaftsrecht, für das allein eine Verselbständigung diskutiert werden kann. Es kennt längst den mit dem Mündel nicht verwandten Vormund; geblieben ist jedoch die Überzeugung, daß eine Vormundschaft führen eine Funktion ausüben heißt, die der elterlichen Betreuung der Kinder nachgebildet ist. So scheint der Begriff Familienrecht im heutigen Verstande auch für die nächste Zukunft gesichert zu sein. Wir kennen seine Wurzeln und seine Verwerfungen. Aber wir empfinden das Familienrecht immer noch als Rechtsgebiet, das seinen Zusammenhalt nicht der konstruktiven Logik des Juristen, sondern der Sache selbst verdankt.

2. *Standort.* Obwohl das Familienrecht nicht frei von öffentlich-rechtlichen Zügen ist, wird es in seiner Gesamtheit dem Privatrecht zugerechnet. Freilich ist

häufig gesagt worden, daß es nicht typisches Privatrecht sei *(Eichler),* daß es seinem Gehalt nach zum Sozialrecht gehöre *(Lehmann),* daß es nicht Zivilrecht im engeren Sinne enthalte, sondern Sozialrecht *(Bosch)* usw. Der mit derartigen Aussagen unternommene Versuch, das Familienrecht über den in jüngster Zeit zudem anderweit eingesetzten Begriff des Sozialrechts von dem Privatrecht zu trennen, ist aber allenfalls beschränkt legitim. Das Sozialrecht, verstanden als Recht der sozialen Verbände (und nicht – wie heute fast selbstverständlich – als Recht, das die Ethik der sozialen Verantwortung mit ihren vielen Besonderungen entfaltet), hat im gegenwärtigen Zeitpunkt dem Familienrecht nur den Namen zu bieten, nicht mehr. Es hat sich nicht als eigenständige Größe durchgesetzt und wird auch in naher Zukunft schwerlich stark entwickelt werden. Rechtsdogmatisch und rechtssystematisch ist also die Charakterisierung des Familienrechts als Sozialrecht fast wertlos.

3. Die Idee, das Recht in einem logisch geschlossenen System zu fassen, ist nicht sehr alt. Das BGB hat sie aufgenommen, jedoch nicht folgerichtig durchgeführt. Sein System beruht nicht auf dem Gedanken eines allmählichen Ansteigens vom Allgemeinen zum Besonderen, so daß die Prinzipien des jeweils vorangegangenen Buches im Prinzip auch das gesamte Folgende umfassen; Familienrecht und Erbrecht können nicht in dieser Form dem Schuld- und Sachenrecht aufgepfropft werden. Sie können auch nicht zwanglos den ersten drei Büchern als sukzessives Privatrecht angefügt werden, das die Vermögensträger im Wechsel der Generationen bestimmt *(Eichler).* Es ist schließlich nicht möglich, Familienrecht und Erbrecht über das System der subjektiven Rechte mit den anderen Teilen des BGB in Einklang zu bringen. So sicher Schuldrecht und Sachenrecht dem System der subjektiven Rechte zugekehrt sind, so sicher wird man auch den an Lebensbereichen orientierten letzten beiden Büchern nicht gerecht, wenn sie auf bestimmt strukturierte Rechte im subjektiven Sinn reduziert werden sollen.

So weist das System des BGB einen deutlichen Bruch auf, der freilich insoweit gleichgültig ist, als Systemfragen zu den „unpraktischen Grundfragen" gehören. Eine künftige, wenn überhaupt noch mögliche,[1] vorerst jedenfalls nicht einmal diskutierte Kodifikation des Privatrechtes wird dennoch die Systemfrage nicht vernachlässigen dürfen. Insbesondere wird es notwendig sein, Vorschlägen nachzugehen, die das Familienrecht mit dem (im BGB stark vernachlässigten) Personenrecht und dem Erbrecht verbinden wollen. Systemfragen sind mehr als letztlich gleichgültige Anordnungsfragen. Im System offenbart sich der Zeitgeist und der Zustand einer Rechtswissenschaft. Insofern ist es auch kein Zufall, wenn das

---

[1] Verneinend etwa *Kübler,* JZ 1969, 648; *Noll,* Gesetzgebungslehre, 1973, S. 216. Vgl. ferner *Wieacker,* Aufstieg, Blüte und Krisis der Kodifikationsidee, Festschrift Boehmer, 1954, S. 34ff. (47ff.); *derselbe,* Der Kampf des 19. Jahrhunderts um die Nationalgesetzbücher (1969), neu in: Industriegesellschaft und Privatrechtsordnung, 1974, S. 79ff. (92f.); *Gernhuber,* Neues Familienrecht, 1977, S. 31ff.

BGB das Familienrecht getrennt vom Personenrecht und vom Erbrecht hält und dem Vermögensrecht nachordnet: Die Pandektistik des 19. Jahrhunderts zeigt sich hier mit ihren Vorzügen und mit ihren Grenzen.

IV. Das Familienrecht als Statusrecht

Schrifttum: *Beitzke*, Personenrechtliche Rechtsgeschäfte, Festschrift Flume, 1978, S. 317.

1. *Personenstand.* Innerhalb des Privatrechts fällt dem Familienrecht die Aufgabe zu, den Personenstand eines jeden einzelnen zu bestimmen, d.h. jedem einen festen Standort zuzuweisen, der Schnittpunkt aller ihn überhaupt berührenden familienrechtlichen Linien ist. Diese Standortbestimmung erfaßt die Person als Ganzes und stellt sie in ein System von Bezügen, das im Selbstverständnis des einzelnen unterschiedliche Bedeutung hat, von der Rechtsgemeinschaft aber dem typischen Fall folgend als tiefste Schichten berührend gesetzt wird. Sie reicht ferner mit ihrer formalordnenden und kennzeichnenden Kraft in alle Lebensbereiche hinein und gewinnt damit eine zweite Seite, die das Familienrecht zu besonderen Gestaltungen zwingt: Statik und Transparenz sind den Familienverhältnissen eigentümlich.

2. *Personenstandsbestimmung.* In der Grundlinie wird der Personenstand von einem irreversiblen Lebensvorgang, der Geburt, bestimmt. Das eheliche Kind wird unmittelbar seinen Eltern zugeordnet, das nichteheliche Kind dagegen zunächst nur seiner Mutter und erst nach der Feststellung der Vaterschaft auch seinem Vater. Hier wie dort kann freilich die rechtliche Zuordnung zu einem Mann die wahre Abstammung verfehlen; hier wie dort kann deshalb der fehlerhafte Bezug später korrigiert werden (vgl. §§ 1591 ff. für das eheliche und §§ 1600f–1600m sowie § 641i ZPO für das nichteheliche Kind).

Die grundsätzlich bestehende Möglichkeit, mit rechtlichen Mitteln der Geburt ihre natürliche Bedeutung für das Recht zu nehmen, wird heute nicht mehr ausgenutzt. Es gibt keinen rechtsgeschäftlichen Austritt aus der Familie. Es gibt auch keine Entfernung aus der Familie als familiäre oder auch staatliche Strafe. Gewisse Nachteile als Folge eines von der Rechtsordnung (nicht unbedingt von der Familie!) mißbilligten Verhaltens sind zu finden (vgl. die §§ 1611, 2333); die vollständige „Korrektur" des Lebens durch das Recht gehört dagegen der Rechtsgeschichte an.

Zur familienrechtlichen Grundlinie treten weitere Linien, die von Rechtsgeschäften und richterlichen Akten beherrscht werden. Die Ehe, die Annahme als Kind und die Ehelicherklärung greifen ergänzend oder ändernd in den Personenstand ein. Weitere Rechtsgeschäfte und richterliche Akte, die in der Lage wären, neue familienrechtliche Linien zu ziehen, kennt das deutsche Recht nicht mehr. Viele an sich denkbare Möglichkeiten – etwa die Annahme an Enkels Statt oder die Ehe minderen Rechtes (mit der das Problem der Konkubinate gewiß nicht gelöst, jedoch entlastet werden könnte) – sind damit unberücksichtigt geblieben zugunsten einer weitgehenden Typenbeschränkung, die gewiß nicht um einfacher und eben deshalb allgemein beherrschbarer Personenstandsverhältnisse willen geschaffen wurde, diese aber doch zur Folge hat.

3. *Eigenarten der statusbestimmenden Akte.* Statik und Transparenz sind im Bereich der Privatautonomie stets gefährdet. Sollen sie erhalten bleiben, sind Eingriffe in das allgemeine Recht der Rechtsgeschäfte unvermeidlich. Weit trennt sich deshalb das Familienrecht vom Allgemeinen Teil des bürgerlichen Rechts. Die grundsätzliche Möglichkeit, durch Rechtsgeschäft zu beenden, was durch Rechtsgeschäft geschaffen wurde und die grundsätzliche Möglichkeit, sich im formfreien Akt zu erklären, Bedingung und Befristung sodann, in erster Linie aber das Abschlußmängelrecht mit seinen verschiedenen Gestaltungsmöglichkeiten werden einem nach Ruhe und Klarheit strebenden Rechtsgebiet nicht gerecht und erfahren deshalb Einbußen. Weit ist das deutsche Recht freilich noch von einer einheitlichen Regelung aller personenstandsbestimmenden Akte entfernt. Bedingung und Befristung nur sind allgemein ausgeschlossen, im übrigen haben historische Reminiszenzen sowie nur angeblich zwingende Schlüsse aus dem Charakter der einzelnen Akte zu schwer verständlichen Unterschieden geführt.

4. In der durch die Typenbeschränkung und durch die Entfernung von allgemeinen Regeln erzielten Beruhigung der Personenstandsverhältnisse kann weitere Transparenz erreicht werden durch Formalisierung der möglichen Anfangs- und Endpunkte, durch die Verknüpfung aller statusbezogenen Akte mit namensrechtlichen Folgen (doch sind hier auch gegenläufige Interessen, insbesondere Kontinuitätsinteressen zu berücksichtigen) und durch Personenstandsregister, denen eine ausreichende Richtigkeitsgewähr eignet. Das geltende Recht nutzt alle Möglichkeiten.

5. *Gewillkürte Stellvertretung.* Personenstandsbestimmende Rechtsgeschäfte tendieren zur Vornahme im höchstpersönlichen Akt und damit zum Ausschluß der Stellvertretung. Das geltende Recht kennt sogar keinen einzigen personenstandsbestimmenden Akt mehr, der einem Bevollmächtigten überlassen werden könnte (vgl. § 13 I EheG sowie die §§ 1600d III, 1728 I, 1740c, 1746, 1750 III, 1752 II, 1762 I, ferner § 1595 I für die Kategorie der Abwehrakte mit personenstandsbestimmender Wirkung für Dritte). Daß dort, wo der personenstandsbestimmende Akt durch Begehren im Anwaltsprozeß eingeleitet werden muß (Ehelichkeitsanfechtung, Auflösung der Ehe nach Antrag und Urteil), prozessual die Vertretung durch einen postulationsfähigen Anwalt notwendig ist, will wenig oder nichts bedeuten, solange in diesen Fällen die Prozeßvollmacht ein höchstpersönlicher Akt bleibt.

6. *Selbstbestimmung und Fremdbestimmung.* Personenstandsbestimmende Rechtsgeschäfte fordern zwar die Selbstbestimmung im aktiven Akt nicht unbedingt, widersetzen sich jedoch der Fremdbestimmung durch gesetzliche Vertreter weit

stärker als Rechtsgeschäfte des Vermögensrechtes. Gegenläufig wirken die Konsequenzen einer Entscheidung für die reine Selbstbestimmung: Geschäftsunfähige verlieren die Möglichkeit, sich bestimmter Akttypen zu bedienen; beschränkt Geschäftsfähigen stehen sie nur insoweit offen, als für sie Teilmündigkeit zugestanden wird oder doch (positive Selbstbestimmung mit Verbotsvorbehalt) persönliches Handeln mit Zustimmung des gesetzlichen Vertreters (ggf. auch des Vormundschaftsgerichtes). Möglich bleibt auch eine differenzierte Lösung, die Teilmündigkeit für den älteren beschränkt Geschäftsfähigen vorsieht, dagegen Selbstbestimmung mit Verbotsvorbehalt für den jüngeren. Im geltenden Recht ist insoweit deutlich eine Tendenz zu erkennen, der Vollendung des vierzehnten Lebensjahres Bedeutung zu sichern.

Das geltende Recht sperrt Geschäftsunfähigen nur die Ehe (§ 2) und die Annahme als Kind in der Rolle des Annehmenden (§ 1743 IV). Im übrigen hat es den Grundsatz der Selbstbestimmung zugunsten der Öffnung der Akttypen preisgegeben. Volle Evidenz erreichen Regel (Fremdbestimmung) und Ausnahme (Sperre) allein im Recht der Adoption.

Beschränkt Geschäftsfähigen ist kein einziger Akt gesperrt. Umgekehrt herrscht für sie generell Selbstbestimmung (also Teilmündigkeit ohne Rücksicht auf das Alter) nur beschränkt (vgl. § 1595 I 2 für die Ehelichkeitsanfechtung; § 1728 III für Einwilligungen in die Ehelicherklärung; § 1750 III für Einwilligungen in die Annahme als Kind; § 607 ZPO für den Prozeß in Ehesachen). Nur begrenzt ist auch generell Selbstbestimmung mit Verbotsvorbehalt vorgesehen (vgl. aber § 3 EheG für den Eheschluß, § 1597 I für die Ehelichkeitsanfechtung und § 1600k I für die Anfechtung einer Vaterschaftsanerkennung durch das Kind, § 1728 II für den Antrag des Vaters auf Ehelicherklärung). Häufiger gilt Fremdbestimmung bis zur Vollendung des vierzehnten Lebensjahres und Selbstbestimmung mit Verbotsvorbehalt im übrigen (vgl. die §§ 1600d I und II, 1729, 1740c, 1746, 1762).

Daß insgesamt Variantenreichtum konstatiert werden kann, sollte nicht wunder nehmen. In einer Rechtsordnung, die sich in wachsendem Maße auch der Persönlichkeit des jüngeren Menschen zu versichern sucht, wirken eher grobe Raster deplaciert. Unverkennbar aber ist eine gewisse Regellosigkeit, in der sich das unterschiedliche Alter der Normen widerspiegelt.

V. Tatbestandsbildung im Familienrecht

Schrifttum: *Müller-Freienfels,* Ehe und Recht, 1962, S. 265ff. (dazu *H. Lange,* NJW 1963, 1968); *Gernhuber,* Die Billigkeit und ihr Preis, in: Summum ius, summa iniuria, 1963, S. 205; *derselbe,* Neues Familienrecht, 1977; *derselbe,* Die integrierte Billigkeit, in: Tradition und Fortschritt, 1977, S. 193.

1. Dem mit linear abgegrenzten Begriffen arbeitenden Rechtssatz sind Grenzen gesetzt, die von Rechtsgebiet zu Rechtsgebiet variieren. Je stärker in einem

Rechtsgebiet „nicht formulierbare Elemente des Lebens" *(Stödter)* zu bedenken sind, desto eher ist es gezwungen, der Kasuistik fixer Tatbestände zu entsagen und „offene Tatbestände" (aller Stufen, die unbestimmtem Recht überhaupt eigen sein können) anzuerkennen, die zu geprägter juristischer Form – wenn überhaupt – erst durch den Richter verdichtet werden können.

2. Das Familienrecht kann sich der Notwendigkeit, auf abstrakte Tatbestände von letzter Prägnanz zu verzichten, in Teilbereichen nie entziehen. Ehegatten kann die Pflicht zur ehelichen Lebensgemeinschaft auferlegt werden; den jeweiligen Inhalt der Pflicht können gesetzliche Tatbestände nicht abschließend fixieren. Den Eltern können Recht und Pflicht zur Sorge für ihre Kinder gewährt und auferlegt werden (§ 1626 II); die jeweiligen Anforderungen an die Eltern kann das Gesetz nicht mehr lückenlos formulieren.

3. Ausgedehnter sind die Teilbereiche, für die die Wahl zwischen „elastischem Recht" und festen Tatbeständen abhängig ist von den Erwartungen, die sich mit einer am Einzelfall orientierten Rechtsprechung verbinden. Einer allgemeinen Tendenz der Gegenwart folgend zeigt das moderne Familienrecht einen betonten Zug zu Tatbeständen, die dem Richter die Möglichkeit einräumen, dem jeweils Einmaligen in seinem Spruch gerecht zu werden.[1] Die großen Reformgesetze der Nachkriegszeit (also das GleichberG, das NEhelG und das 1. EheRG) sind gleicherweise eine wahre Fundgrube für offene Tatbestände. Nicht alle verdanken ihre Existenz der Einsicht in das Spannungsfeld von konkretem Geschehen und abstrakten Normen. Längst ist uns die „Flucht in die Generalklausel" geläufig, die Flucht vornehmlich in die Billigkeit (die doch niemals Flucht aus der Verantwortung sein kann, weil der Akt der Delegation an den Richter die Verantwortung für alle Kasuistik, die sie ermöglicht, in sich aufnimmt), mit der sich die Legislative Aufgaben entzieht, die sie ohne Verlust an Sachgerechtigkeit erfüllen könnte. Abrupt kann freilich die Grundstimmung in ihr Gegenteil umschlagen und zu Normen führen, die bewußt um der Praktikabilität willen selbst grobe Ungerechtigkeiten im Einzelfall in Kauf nehmen (§ 1371!).

Auch die Entscheidung für diesen oder jenen Grad unbestimmten Rechts (mit jeweils eigentümlichen Konkretisierungsproblemen) und für diesen oder jenen sprachlichen Ausdruck des Gemeinten wird von der Legislative nicht nach Maßstäben gefällt, die ordnend wirken und Plausibilität verbürgen. Mehr zufällig werden die verschiedenen Möglichkeiten aufgegriffen; die Sprache wechselt zuweilen gar in benachbarten Normen mit gleichem Zuschnitt (vgl. insbesondere die §§ 1381–1383). Unverkennbar ist freilich das Bemühen, Billigkeitsklauseln (mit dem Anspruch, den Belangen beider Parteien gleichrangig gerecht zu werden) und Härteklauseln (mit einer perspektivischen Verkürzung des Gesamtgeschehens zugunsten einer Partei) nicht mehr „blind" zu setzen, sondern in Stufen

---

[1] Vgl. dazu *Bosch,* FamRZ 1966, 62 und 66ff. (er bezeichnet das Familienrecht deshalb als „unterentwickeltes Gebiet der Rechtsordnung"); *Gernhuber,* Neues Familienrecht, S. 85ff.

zu entfalten und mit Leitbeispielen unterschiedlicher Steuerungsstrenge zu kontrollieren. Doch bleibt der gegenwärtige Zustand insgesamt unbefriedigend, letztlich als Folge einer versagenden Theorie: In dem anschwellenden Schrifttum zur Theorie der Gesetzgebung ist eine Morphologie des unbestimmten Rechts, insbesondere aber eine Morphologie der Billigkeits- und der Härteklauseln kaum zu finden.[2]

4. Elastischem Recht sind Grenzen gesetzt. Es will eine jeweils gerechte Entscheidung im Einzelfall aus subtiler Sachverhaltskenntnis des Richters und aus ebenso subtiler Wertentfaltung ermöglichen. Menschlicher Sachverhaltskenntnis sind aber Schranken gezogen, die auch der Richtermythos unserer Tage nicht beseitigen kann. Kein Dritter vermag etwa aus unzähligen Einzelheiten den „Leidensweg einer Ehe“ im Scheidungsrecht mit jener Genauigkeit zu rekonstruieren, die allein dem Ideal einer „konkret-anschaulichen“ Rechtsprechung entspricht. Auch ein Team von Sachverständigen kann den zugänglichen Erkenntnisraum nur unwesentlich vertiefen.

Elastisches Recht hat Schwächen: es setzt keine orientierenden Kontraste, die dem Rechtsunterworfenen eine relativ sichere Übersicht ermöglichen; es behindert den selbständigen Ausgleich der Parteien; es gefährdet die Gleichheit in der Rechtsprechung; es provoziert ein Urteilen aus eigenem Werterleben und aus Vorurteilen. Diese Schwächen schwinden erst (oder verlieren wenigstens an Gewicht), wenn eine bewußt um Rationalität des Rechts besorgte Judikatur begriffliche Verdichtung und typisierende Ausformung ihrer Ergebnisse erreicht.

Elastisches Recht ist in einer pluralistischen Gesellschaft gefährlicher als in einer homogenen. Es erreicht den Höhepunkt seiner Gefährlichkeit, wenn die Elastizität in Normen beibehalten wird, deren Interpretation von persönlichen Bekenntnissen des Richters schlechthin nicht unbeeinflußt bleiben kann.

5. Zwischen der Utopie eines Familienrechts von letzter Prägnanz und den Gefahren eines allzu elastischen Familienrechts gilt es, den richtigen Weg zu finden. Das geltende Familienrecht zeigt eine ungesunde Tendenz zu offenen Tatbeständen. Zum Preis gehört auch eine Unzahl von Streitfragen, die ein besserer Gesetzgeber jederzeit hätte vermeiden können.

§ 2. Die Familienrechte im subjektiven Sinn

Schrifttum: *Nawiasky,* Forderungs- und Gewaltverhältnis, Festschrift Zitelmann, 1913; *Oertmann,* Zur Struktur der subjektiven Rechte, AcP 123 (1925), 129; *Schantz,* Das subjektive Recht als Bestandteil des allgemeinen Teils der Rechtsordnung, 1931; *Larenz,* Rechtsperson und subjektives Recht, in: Grundfragen der neuen Rechtswissenschaft, 1935; *Siebert,* Subjektives Recht, konkrete Berechtigung, Pflichtenordnung, DRW 1936, 23; *Larenz,* Gemeinschaft und Rechtsstellung, DRW 1936, 31; *Blomeyer,* Zur Lehre von den Rechten des Einzelnen, Festschrift H. Lehmann, 1937; *Beitzke,*

---

[2] Ansätze bei *Gernhuber,* Die integrierte Billigkeit, in: Tradition und Fortschritt, S. 193ff.

Nichtigkeit, Auflösung und Umgestaltung von Dauerrechtsverhältnissen, 1948; *Nawiasky*, Allgemeine Rechtslehre als System der rechtlichen Grundbegriffe, 2. Aufl. 1948; *Esser*, Einführung in die Grundbegriffe des Rechtes und Staates, 1949; *Raiser*, Der Stand der Lehre vom subjektiven Recht im Deutschen Zivilrecht, JZ 1961, 465; *Müller-Freienfels*, Ehe und Recht, 1962, S. 227; *E. Wolf*, Der Begriff Familienrecht, FamRZ 1968, 493.

I. Die familienrechtlichen Rechtsverhältnisse

1. Familienrechtlicher Natur sind alle Rechtsverhältnisse, zu deren Entstehungstatbestand Abstammung oder Ehe gehört, und alle Rechtsverhältnisse, die Vorstufe (Verlöbnis), Ersatz (Adoption) oder Funktionsersatz (Vormundschaft) eines durch Abstammung oder Ehe begründeten Rechtsverhältnisses sein sollen.

Gleichgültig ist der Inhalt: Das Ehegüterrecht mit vorwiegend vermögensrechtlichen Elementen hat keinen geringeren Rang als das Ehepersonenrecht. Gleichgültig ist auch die Intensität der Bindung: Das Rechtsverhältnis der Verwandtschaft bleibt ein familienrechtliches Verhältnis auch noch, wenn es sich in der Seitenverwandtschaft fast vollständig verflüchtigt.

Das Rechtsverhältnis faßt regelmäßig alle an einen bestimmten Tatbestand anknüpfenden Rechtsfolgen zu einer Einheit zusammen. Ausnahmsweise werden jedoch auch geschlossene Teilbereiche als Rechtsverhältnisse bezeichnet. In diesem Sinne wird etwa neben dem Rechtsverhältnis Ehe von einem engeren Rechtsverhältnis gesprochen, das nur noch die güterrechtlichen Beziehungen der Ehegatten umfaßt.

2. Die Rechtsverhältnisse des Familienrechts sind rechtliche *Sonderverbindungen*, die auf bestimmte Personen zugeschnitten sind. Ein Personenwechsel im (seine Identität wahrenden) Rechtsverhältnis ist familienrechtlichen Rechtsverhältnissen fremd.

Sonderverbindungen sind nicht notwendig auf zwei Personen beschränkt; sie können weitere Beteiligte in drei- und mehrgliedrigen Verhältnissen vereinigen. Die familienrechtlichen Sonderverbindungen verwirklichen diese Möglichkeit indessen kaum. Wie ein Mosaik wird das in einer Familie geltende Recht grundsätzlich aus Rechtsbeziehungen zwischen jeweils zwei Personen zusammengesetzt. Ungewöhnlich sind schon die (erzwungenen) Ausübungsbindungen der elterlichen Sorge bei Berechtigung beider Elternteile; ungewöhnlicher noch ist die Verknüpfung mehrerer Zweierverhältnisse zu einheitlicher Rechtsausübung (insbesondere im § 1360). Darüber zu klagen, ist seit *O. v. Gierke* üblich geworden und doch nur in recht grober, einseitig historischer Betrachtung berechtigt. Einerseits nimmt der jedem Familienrecht im subjektiven Sinn immanente Pflichtengehalt (vgl. unten II 6) auch die Pflicht zur Rücksicht auf die engere oder auch weitere Familiengemeinschaft in sich auf. Andererseits sieht die soziologische Intimgruppe ihre Einzelglieder auch in jeweils verschiedenen Beziehungen zueinander und verträgt daher nur noch sehr beschränkt Gestaltungen, die betont von der Familie als Ganzem ausgehen.

3. Alle Rechtsverhältnisse familienrechtlicher Natur sind *Dauerrechtsverhältnisse.* Der Wert dieser Feststellung liegt nicht im Zugang zu einem sonst verschlossenen Normenkomplex. Das Gesetz kennt kein allgemeines Recht der Dauerrechtsverhältnisse. Doch birgt die Vielzahl spezieller Rechtssätze gemeinsame Tendenzen, die die Beschäftigung mit dem Dauerrechtsverhältnis im allgemeinen rechtfertigen.

Das fehlerhafte, aber in Vollzug gesetzte Dauerrechtsverhältnis kann in der Regel nicht schwierigkeitslos rückwirkend beseitigt werden. Das Gesetz löst die Problematik für die Ehe durch Beschränkung der Abschlußmängel auf Wirkungen nur für die Zukunft (vgl. § 37 für die Eheaufhebung und § 26 EheG für die Ehevernichtung). Beim Verlöbnis sind wenigstens die Anfechtungsrechte durch den Rücktritt mit reiner Zukunftswirkung zu ersetzen (vgl. unten § 8 II 4). Bei der Adoption (vgl. §§ 1760ff., 1771 S. 2) und bei der Ehelicherklärung (vgl. §§ 1735a, 1740a S. 2) ist die Geltendmachung von Mängeln weithin ausgeschlossen. Der verbleibende Restbestand von Mängeln wirkt sich bei der Ehelicherklärung ohne Besonderheiten, also auch mit der Folge der Rückabwicklung, aus; der Adoption ist nur die Aufhebung für die Zukunft bekannt (§ 1764).

Andere familienrechtliche Rechtsverhältnisse kennen weder einen besonderen Bestandsschutz noch ein besonderes Recht für das fehlerhafte, aber in Vollzug gesetzte Rechtsverhältnis. Die Kindschaft auf Grund verfehlter Zuordnung (§§ 1591ff. und 1600g ff.) und die fehlerhaft eingegangene Gütergemeinschaft (für die sich Parallelen zur Gesellschaft auf fehlerhafter Vertragsgrundlage ziehen ließen), werden vom Gesetz der Rückabwicklung nicht entzogen; in der Praxis hat sich bislang ein Bedürfnis nach Begrenzung nicht gezeigt.[1] Freilich gibt es Rechtsausübungen, die schlechthin nicht rückgängig gemacht werden können (etwa die Namensführung).

Das mit Dauerrechtsverhältnissen im allgemeinen verbundene Problem einer zeitlichen Begrenzung zur Erhaltung der persönlichen und wirtschaftlichen Freiheit ist dem Familienrecht fremd. Der intensive personenrechtliche Gehalt der Rechtsverhältnisse selbst oder doch anderer Rechtsverhältnisse, auf denen sie beruhen (Ehe als Basis des Güterstandes), fordert in der Regel sogar einen bis zum Tod seines Partners währenden Bestand, soweit die Rechtsverhältnisse nicht von vornherein auf eine bestimmte Dauer (Vormundschaft) oder auf den Übergang in ein anderes Rechtsverhältnis (Verlöbnis) angelegt sind oder stark vom Vermögensrecht geprägt werden (Güterstände). Auf Abstammung beruhende Rechtsverhältnisse enden heute überhaupt nur noch durch den Tod. Die Ehe ist ein grundsätzlich unauflösliches Band (§ 1353 I 1), das nur als Ergebnis einer Fehlentwicklung im Ausnahmefall vorzeitig gelöst werden kann. Auch die

---

[1] Für die Gütergemeinschaft dürfte die Ursache bei den engen Grenzen der Vertragsfreiheit im Ehegüterrecht und bei § 1410 liegen. Abschlußmängel sind bei formgebundenen Rechtsgeschäften mit geringem Spielraum der Parteien notwendig selten.

Adoption ist ihrer Idee nach nicht anders als ihr Vorbild (Eltern-Kind-Verhältnis) als Dauerrechtsverhältnis gedacht, das allein der Tod beendet, mag sie auch (insoweit der Ehe vergleichbar) aus „schwerwiegenden Gründen" (§ 1763) oder auch „wichtigem Grund" (§ 1771) vorzeitig aufgehoben werden können.

4. Rechtsverhältnisse können in der Zeit gegliedert sein. Das geltende Familienrecht kennt derartige in Phasen Gehalt gewinnende oder auch verlierende Rechtsverhältnisse nurmehr im Kindschaftsrecht. Die bürgerliche Ehe ist dagegen ein grundsätzlich phasenloses Rechtsverhältnis geworden, das freilich dem Wunsch der Ehegatten nach Gliederung in Phasen im autonomen Akt insoweit keinen Widerstand leistet, als der Eheinhalt verfügbar geworden ist (vgl. dazu unten § 18 III). Das geltende Gesetzesrecht hat dagegen neue Gedanken nicht aufgegriffen (etwa nicht den Typ der „intermittierenden Ehe" mit Wechsel zwischen Hausfrauenehe und Doppelverdienerehe) und alte abgestoßen. Es kennt weder die dem kanonischen Recht eigene Unterscheidung zwischen dem matrimonium ratum und dem matrimonium ratum et consummatum noch einen höheren Bestandsschutz für Ehen von längerer Dauer noch güterrechtliche Wirkungen, die von der Dauer der Ehe abhängig sind.

Das Rechtsverhältnis des Kindes und der Eltern tritt vornehmlich mit der Volljährigkeit des Kindes in eine neue Phase ein (vgl. die §§ 1626, 1602 II, 1603 II), aber auch mit der Heirat (§§ 1633, 1602 II, 1603 II) und dem Verlassen des Elternhauses (§§ 1619, 1620). Die den Kern des Rechtsverhältnisses bildende elterliche Sorge ist an die Altersansätze der Geschäftsfähigkeit gebunden, soweit die Eltern das Kind zu vertreten haben. Sie ist in ihren übrigen Bereichen dagegen ein Recht, das mit wachsender Reife des Kindes ohne feste Altersansätze an Gehalt verliert (vgl. dazu § 49 VI).

II. Die Familienrechte

1. Familienrechte im subjektiven Sinn sind alle Rechte, die aus einem familienrechtlichen Rechtsverhältnis herrühren. Von besonderer Bedeutung sind die elterliche Sorge, das Recht des Vormundes und das Recht der Ehegatten auf eheliche Lebensgemeinschaft.

2. Für jedes Rechtsgebiet muß jede Zeit neu die Funktionen durchdenken, die das subjektive Recht als Mittel normativer Ergliederung der Wirklichkeit erfüllen kann und soll. *v. Tuhr* hat am Anfang des Jahrhunderts das subjektive Recht den „zentralen Begriff des Privatrechtes" genannt und damit auch für das Familienrecht den dogmatischen Standort seiner Zeit treffend gekennzeichnet. Heute sieht sich das subjektive Recht im Familienrecht Angriffen ausgesetzt; vielfach werden nurmehr „organisatorische Zuständigkeiten" oder „Befugnisse mit Amtscharakter" anerkannt, die dem einzelnen im Interesse der Familiengemein-

schaft oder gar um einer das Recht transzendierenden Institution willen verliehen sind.[1]

Die Zusammenfassung einzelner Befugnisse zur Vorstellungseinheit des subjektiven Rechtes ist indessen auch heute noch im Familienrecht ein *methodischer Wert*. Nur dem subjektiven Recht sind Strukturtypen, Verletzungstatbestände und Sanktionsformen mit klaren Konturen eigentümlich. Nur mit Hilfe des subjektiven Rechtes lassen sich die im Familienrecht zugelassenen Dispositionsakte mit geläufigen Kategorien (Verfügung, Verzicht usw.) beschreiben. Nur die Anerkennung subjektiver Rechte kann schließlich vor einem weiteren Zerfall des Familienrechtes in „elastische Tatbestände“ bewahren (vgl. dazu oben § 1 V).

Aber auch der im subjektiven Recht enthaltene *ideologische Gehalt* ist der Bewahrung wert. Niemand kann und will die überindividuellen Aufgaben bestreiten, die Ehe und Familie in der Gesellschaft zu erfüllen haben. Die Gegenwart neigt indessen dazu, Initiative und freie Gestaltungswahl des einzelnen gering zu achten (und gleichzeitig den Rückgang der Initiative zu beklagen!) und damit jenes Ziel zu verfehlen, das gerade unserer Zeit vorgezeichnet ist: die gegenseitig begrenzende Balance der individuellen und überindividuellen Aspekte im Familienrecht. Das subjektive Recht ist nicht zu erhalten, damit private Willkür herrschen kann, wohl aber, damit es dem einzelnen auch in seinen familienrechtlichen Beziehungen einen Raum sichert vor der Tendenz einer Zeit, die dem Staat und speziell der Weisheit des Richters (wer garantiert sie?) in einem Übermaß vertraut und Strukturen in das Familienrecht trägt, die allzu deutlich der Sozialverwaltung entlehnt sind.

3. Nur zu einem sehr geringen Teil ist die Zusammenfassung mehrerer Befugnisse zu einem einheitlichen Recht von der Natur der Sache vorgezeichnet; größtenteils ist sie rechtshistorisch oder zweckhaft bestimmt. Ohne Widerspruch kann daher ein einheitliches Recht gedacht werden, das sich aus Teilen zusammensetzt, die ihrerseits auch als subjektive Rechte bezeichnet werden. Gerade das Familienrecht bietet Beispiele für derart gegliederte Rechte. So wird etwa die gesamte elterliche Sorge als einheitliches Recht aufgefaßt, aber auch das Recht zur Personen- und das Recht zur Vermögenssorge, die beide in der elterlichen Sorge enthalten sind.[2]

Relativ ist auch der Begriff der Rechtsstellung. Man versteht unter ihm eine Zusammenfassung von subjektiven Rechten, Anwartschaften und sonstigen Rechtslagen. Wenn lediglich subjektive Rechte zusammenzufassen sind, tritt der

---

[1] Vgl. etwa *Esser*, Einführung in die Grundbegriffe, S. 154, der die elterliche Gewalt als „organisatorische Zuständigkeit“ bezeichnet, die allerdings als „sonstiges Recht“ durch § 823 I geschützt sein soll (so Schuldrecht II: Besonderer Teil, 4. Aufl. 1971, § 107 II 2b); *Müller-Freienfels*, Ehe und Recht, S. 227ff. (234), der wegen ihrer Pflichtbindung und ihres Amtscharakters die subjektiven Familienrechte in Frage stellt; *Raiser*, JZ 1961, 470, der den Eheschutz als Institutionenschutz begreift.

[2] Die Zusammenfassung personenrechtlicher und vermögensrechtlicher Befugnisse in einem Familienrecht wird anscheinend nicht gebilligt von *Larenz*, AT, § 19 I 2.

Begriff in Konkurrenz mit dem Begriff des subjektiven Rechtes. Die elterliche Sorge etwa müßte als Rechtsstellung bezeichnet werden, falls sie nicht als einheitliches subjektives Recht eingeführt wäre, wenn auch nur als Rechtsstellung, die ihrerseits Teil einer übergreifenden Rechtsstellung ist, die sich aus dem Rechtsverhältnis zwischen dem ehelichen Kind und einem Elternteil überhaupt ergibt.

4. Unter dem Einfluß rechtshistorischer Erinnerungen und rechtsphilosophischer Erwägungen wurden elterliche Sorge und Vormundschaft überwiegend, das Recht der Ehegatten auf eheliche Lebensgemeinschaft wenigstens zuweilen (Kant!) als Rechte an fremden Personen charakterisiert und als solche in eine allgemeine vom Rechtsobjekt her gedachte Systematik der subjektiven Rechte eingefügt.[3] Naheliegende Parallelen zu den dinglichen Rechten sind auf dieser Grundlage bis zur Geschmacklosigkeit gezogen worden. Die Abkehr von diesem Denken war ein zwingendes Gebot unseres Strebens nach unbedingter Rechtssubjektivität des Menschen. Niemand wird durch Familienrechte zu einem Rechtsobjekt, das beschränkt oder vollständig von einem anderen beherrscht wird. Auch das Kind ist nicht Rechtsobjekt seiner Eltern, sondern steht ihnen als Rechtssubjekt allein gegenüber (Näheres unten § 49 III).

5. Elterliche Sorge, Vormundschaft und Recht auf eheliche Lebensgemeinschaft werden damit nicht zu rein relativen Rechten. Auch Rechte, die keine Herrschaft vermitteln, können absolute Züge aufweisen, also Dritte aus dem Lebensbereich ausschließen, in dem sie ausgeübt werden. Da ein derartiger *Ausschluß Dritter* elterlicher Sorge, Vormundschaft und ehelicher Lebensgemeinschaft gleicherweise eigen ist, sind sie relative und absolute Rechte zugleich. Ihre relative Seite zeigt sich in der Verpflichtung des Kindes und des Ehegatten (Innenwirkung); ihre absolute Seite zeigt sich in der Abschirmung des Lebensbereiches gegen Dritte (Außenwirkung).[4] Die Unterscheidung zwischen relativen und absoluten Rechten, auch sonst nicht mit der ursprünglich für sie in Anspruch

---

[3] Vgl. die Literaturangaben bei *Nawiasky*, Forderungs- und Gewaltverhältnisse, Festschrift Zitelmann, S. 6f.; ferner *Enneccerus-Nipperdey*, §§ 73 I 2 und 77 I 2; *Lehmann-Hübner*, Allgemeiner Teil, 15. Aufl. 1966, § 12 I 2a; *Lange-Köhler*, Allgemeiner Teil, 16. Aufl. 1977, § 12 II 2; *Dölle*, § 1 V 1. Vgl. ferner *Oertmann*, AcP 123, 152ff. (elterliche Gewalt und Vormundschaft als Positionen zwischen eigentumsartiger Herrschaft und schuldartigem Verpflichtungsverhältnis); *Raiser*, JZ 1961, 470 (trotz grundsätzlicher Ablehnung von Herrschaftsrechten an Personen werden elterliche Gewalt und Vormundschaft weiterhin als Herrschaftsrechte verstanden); *Pawlowski*, Allgemeiner Teil des BGB, § 3 II 1 c (Herrschaftsrechte als „Weisungsrechte"). Gegen jede Deutung familienrechtlicher subjektiver Rechte als Herrschaftsrechte *Gernhuber*, FamRZ 1962, 89; *Larenz*, AT, § 13 I 2; *E. Wolf*, FamRZ 1968, 498.

[4] Ebenso *Oertmann*, AcP 123, 152ff.; *Enneccerus-Nipperdey*, § 81 IV; *Staudinger-Dietz*, 16 zu Einl. vor § 1297. Dagegen *E. Wolf*, FamRZ 1968, 498. Von der (auf einem zu engen Begriff des subjektiven Rechts beruhenden) Prämisse ausgehend, daß jedes subjektive Recht nur relativ oder absolut sein könne, hält er Rechte mit relativen und absoluten Wirkungen für Gebilde, die gegen das logische Gesetz vom ausgeschlossenen Widerspruch verstoßen. Eingriffe Dritter in die elterliche Gewalt sollen in Wahrheit regelmäßig Eingriffe in ein Persönlichkeitsrecht des Kindes sein.

genommenen Stringenz durchzuführen,[5] erweist sich im Familienrecht deutlich als Unterscheidung, die nicht auf einem kontradiktorischen Gegensatz beruht.

6. Insofern, als jedem subjektiven Recht ein (früher gern als Schranke des Rechtes aufgefaßter) *Pflichtengehalt* immanent ist, kann jedes subjektive Recht als Pflichtrecht bezeichnet werden. Eine solche Begriffsbildung betont aber lediglich eine Seite des subjektiven Rechtes, hat dagegen im System der subjektiven Rechte selbst keinerlei Wert. Zweckmäßig wird der Begriff des Pflichtrechtes daher auf subjektive Rechte beschränkt, deren Pflichtengehalt eine Intensität erreicht, die dem Gehalt an Rechtsmacht zumindest nicht nachsteht. Pflicht und Macht können in ihnen unterschiedlich verknüpft sein; sie erreichen ihr engstes Verhältnis, wenn sie aufeinander zugeordnet sind, dem ,,Du darfst" also jeweils ein ,,Du sollst" entspricht.

Rechte aus personenrechtlichen Gemeinschaftsverhältnissen neigen zu starker Pflichtbindung; *die Rechte aus den personenrechtlichen Gemeinschaftsverhältnissen familienrechtlicher Natur sind sämtlich Pflichtrechte im engeren Sinn.* Mit der elterlichen Sorge und der Vormundschaft stellt das Familienrecht auch zwei Rechte, die Macht und Pflicht aufeinander zuordnen. Elterliche Sorge und Vormundschaft, das ist Recht und Pflicht, für die Person und das Vermögen des Kindes zu sorgen (§§ 1626 II, 1793).[6]

7. *Höchstpersönliche Natur.* Subjektive Rechte können auf höchste Beweglichkeit ebenso eingestellt sein wie auf engste Verbundenheit mit einer Person, ganz nach der Eigenart des Rechtsverhältnisses, aus dem sie erwachsen. Die subjektiven Familienrechte bezeichnen, soweit sie allein oder doch wenigstens auch (elterliche Sorge, Vormundschaft) dem Personenrecht angehören, das Extrem in der Richtung einer festen Verknüpfung von Person und Recht. Keins ist übertragbar: Die Intimgruppe Ehe oder Familie läßt keinen Subjektwechsel zu. Keins ist verzichtbar (vgl. aber für die elterliche Sorge §§ 1681 II 2, 1755): Der mit den Rechten verbundene Pflichtengehalt kann nicht willkürlich beseitigt werden; auch würde jeder Verzicht das gesamte Rechtsverhältnis denaturieren. Selbst die Möglichkeit, subjektive Rechte Dritten zur Ausübung zu überlassen, ist nur als Ausnahmeerscheinung der elterlichen Sorge und der Vormundschaft eigen (Internatserziehung!).

Daß die ausschließlich dem Familienvermögensrecht angehörenden Rechte größere Beweglichkeit aufweisen, ist begreiflich. Doch finden sich auch in ihrem Bereich Beschränkungen, die auf ihrer Herkunft aus einem familienrechtlichen

---

[5] Jede rechtliche Zuordnung ist insofern absolut, als sie die Rechtszuständigkeit einer ganz bestimmten Person begründet. Vgl. *Larenz,* Schuldrecht, § 29 III mit weit. Lit.

[6] Dem Text zustimmend *Larenz,* AT, § 13 I 2. Dagegen *E. Wolf,* FamRZ 1968, 497, weil Recht und Pflicht einander begrifflich ausschlössen. Doch ist die Annahme eines derart engen Begriffes des subjektiven Rechts weder notwendig noch empfehlenswert (die elterliche Gewalt ist *Wolf* nurmehr ein ,,Sammelausdruck").

Rechtsverhältnis beruhen. Der (künftige) Anspruch auf Ausgleich in der Zugewinngemeinschaft oder auf das Auseinandersetzungsguthaben in der Gütergemeinschaft ist während des Bestehens des Güterstands grundsätzlich der Disposition der Beteiligten entzogen, (auch) um Dritte am Eindringen in das Verhältnis der Ehegatten zu hindern (vgl. § 1378 III; zur analogen Anwendung im Recht der Gütergemeinschaft vgl. unten § 38 II 2). Der Deflorationsanspruch des § 1300 ist unübertragbar und unvererblich, sofern er nicht durch Vertrag anerkannt oder rechtshängig wurde, also durch einen betonten Akt aus der Intimsphäre der ehemals Verlobten herausgetreten ist. Generell unübertragbar ist ein Unterhaltsanspruch (§ 400), und zwar nicht nur wegen der mit einer Zession verbundenen Inhaltsänderung; hier wirken auch – ja primär – Forderungen, die das familienrechtliche Rechtsverhältnis stellt. Dagegen ist die Unverzichtbarkeit der meisten Unterhaltsansprüche (vgl. als Ausnahme § 1585 c) nicht mehr ein Ausfluß personenrechtlichen Denkens; sie sichert die Ordnung der zu Unterhaltsleistungen Verpflichteten vor willkürlichen Eingriffen des Bedürftigen (in letzter Instanz also die Träger der Sozialhilfe).

III. Die Gestaltungsrechte

1. Gestaltungsrechte, also Rechte, die das Können vermitteln, auf eine bestimmte Rechtslage einzuwirken, begegnen als unselbständige (in ein umfassendes Recht eingebettete) Gestaltungsbefugnisse und als selbständige Rechte im Familienrecht wie in jedem anderen Teilgebiet des Privatrechts auch. Eine spezifisch familienrechtliche Betrachtung fordern sie nur insoweit, als sie Aufhebungsrechte (negative Rechte) sind, deren Ausübung ein familienrechtliches Rechtsverhältnis beendet. Das (subjektive) Recht der Ehevernichtung, der Eheaufhebung und der Ehescheidung (als Folge des 1. EheRG str. geworden; vgl. unten § 25, 1) richtet sich gegen den Fortbestand einer Ehe. Das Recht der Ehelichkeitsanfechtung richtet sich gegen das gesamte mit der Geburt des Kindes entstandene Rechtsverhältnis zwischen dem Ehemann der Mutter und dem Kind. Der Antrag auf Aufhebung eines Annahmeverhältnisses bezweckt Beendigung des Rechtsverhältnisses für die Zukunft.

Zeigen bereits die Dauerrechtsverhältnisse schlechthin eine Tendenz zur Beschränkung von Aufhebungsrechten, die zur Rückabwicklung führen (oben I 3), so verlangen familienrechtliche Dauerrechtsverhältnisse in noch stärkerem Maße Bestandsschutz, weil sie Statusverhältnisse sind (vgl. oben § 1 IV). Mittel der Beschränkung sind der Ausschluß sonst gewährter Rechte, die Minderung sonst zugestandener Wirkungen und Erschwerungen der Rechtsausübung; nur die Formen der Rechtsausübung sind im Folgenden darzustellen.

2. Gestaltungsbefugnisse und Gestaltungsrechte sind zumeist durch eine Wil-

lenserklärung, seltener durch eine anders geartete Handlung auszuüben;[1] die familienrechtlichen Aufhebungsrechte kennen sämtlich nur eine *Ausübung* durch rechtsgeschäftliches Handeln.[2] Als unkontrolliertem, formfreien Handeln fehlt ihm jedoch die Richtigkeitsgewähr; es wird ferner den Forderungen nicht gerecht, die das Familienrecht als Statusrecht erheben muß. Soweit daher Rechtsverhältnisse angegriffen werden, die durch Abstammung oder durch einen Eheschluß begründet werden, erscheint ein *zweigliedriger Tatbestand, der neben eine formalisierte Willenserklärung (Klage, Antrag) einen richterlichen Akt (Urteil, Beschluß) stellt.* Ehevernichtung, Eheaufhebung, Ehescheidung, Ehelichkeitsanfechtung und Aufhebung eines Annahmeverhältnisses, aber auch die einseitige Beendigung der Zugewinngemeinschaft und der Gütergemeinschaft werden so zu „gestreckten Tatbeständen", die mit Klage oder Antrag eingeleitet und von einem Urteil oder Beschluß abgeschlossen werden.

3. Freilich zeitigt der Staatshoheitsakt Wirkungen auch dann, wenn mangels eines Gestaltungsrechtes die Willenserklärung gegenstandslos ist, sei es nun, daß der Mangel bereits bei der Klageerhebung vorlag, sei es auch, daß das Gestaltungsrecht zunächst bestand, jedoch vor der Rechtskraft des Urteils und damit vor Vollendung des Gesamttatbestandes (etwa durch Verzicht oder durch Bewährung) verloren ging. In beiden Fällen wird trotz Tatbestandsmangels das familienrechtliche Rechtsverhältnis beendet. Selbst der zuweilen als Sonderfall genannte Wegfall des Gestaltungsrechtes zwischen der letzten mündlichen Tatsachenverhandlung und der Rechtskraft des Urteils[3] bildet keine Ausnahme. Die Rechtskraft schließt stets eine andere Entscheidung über den Bestand und die rechtmäßige Ausübung des Gestaltungsrechtes aus.[4]

Die Lehre von den zweigliedrigen Tatbeständen bedarf trotz dieser Irregularität keiner Korrektur. Sie stößt hier lediglich auf eine Grenze, die dem materiellen Recht vom Prozeßrecht überhaupt gezogen wird. Bestand und rechtmäßige Ausübung des Gestaltungsrechtes sind und bleiben unerläßliches Tatbestandselement der „gestreckten Tatbestände". Über sie befindet aber (möglicherweise fehlerhaft, jedoch mit den Wirkungen der Rechtskraft) das zweite Element des Gesamttatbestandes.

IV. Die familienrechtlichen Ansprüche

1. Familienrechtlicher Natur sind alle Ansprüche, die aus einem familienrechtlichen Rechtsverhältnis folgen, mögen sie nun auf ein spezifisch familienrechtliches Tun oder Unterlassen gerichtet sein (wie etwa der Anspruch aus § 1632) oder nicht (wie etwa der Anspruch auf Unterhalt), mögen sie nun aus einem umfassenden subjektiven Recht folgen oder – den Forderungen vergleichbar – ein selbständiges subjektives Recht sein.

Wie alle Ansprüche, die nicht aus Schuldverhältnissen erwachsen, haben auch

---

[1] Die noch von *Seckel,* Die Gestaltungsrechte, Neudruck 1954, S. 12, vertretene Beschränkung auf die Willenserklärung als Mittel der Gestaltung ist heute allgemein aufgegeben.

[2] A. A. aber *v. Tuhr* II 1, S. 156, für die Ehescheidung.

[3] Vgl. zu ihm *Seckel,* S. 55ff., mit der Annahme ipso iure eintretender Unwirksamkeit des Gestaltungsurteiles. Zustimmend *Kipp-Wolff,* § 24 Fn. 10.

[4] Immerhin gibt die Rspr. dem obsiegenden Kläger trotz fehlender Beschwer die Möglichkeit, Rechtsmittel einzulegen, um in der höheren Instanz Klageverzicht zu erklären. Vgl. RG, DR 1942, 1342; 1944, 84; BGH, FamRZ 1957, 316. Nicht ohne Grund spricht *Bruns,* Zivilprozeßrecht 1968, § 59 VI, hier von einer „Denaturierung des Rechtsmittels".

die familienrechtlichen Ansprüche im BGB keine eingehende Regelung gefunden. Die schmalen Ansätze zu einem allgemeinen Anspruchsrecht (vgl. insbesondere die §§ 194ff.) und die wenigen Regeln, die das Familienrecht für einzelne Ansprüche enthält, genügen zur Bewältigung der Problemlagen bei weitem nicht. Erst die Erkenntnis, daß die allgemeinen Vorschriften des Schuldrechtes Teile des an sich fehlenden allgemeinen Anspruchsrechtes enthalten und deshalb der Analogie fähig sind, schließt wenigstens weithin die Lücken. Wie selbstverständlich geht auch das Gesetz zuweilen von der Unterwerfung familienrechtlicher Ansprüche unter schuldrechtliche Normen aus (vgl. etwa § 1613).

2. Freilich verlangt die Anwendung schuldrechtlicher Regeln auf Ansprüche des Familienrechtes Blick für das Allgemeine und das spezifisch Schuldrechtliche im Recht der Schuldverhältnisse. Nur das Allgemeine ist der analogen Anwendung in anderen Rechtsgebieten fähig. Zudem fordert die Eigenart einzelner familienrechtlicher Ansprüche vielfach Lösungen, die sich vom Schuldrecht auch dort entfernen, wo es an sich allgemeines Anspruchsrecht ist. Dem Anspruch aus § 1632 kann etwa nicht mit einem Zurückbehaltungsrecht aus § 273 begegnet werden (vgl. dazu unten § 49 IV 2); das Recht der Leistungsstörungen ist auf ihn nicht anzuwenden.[1] Familienrechtliche Ansprüche, die auf ein Tun oder Unterlassen gerichtet sind, das auch Gegenstand eines schuldrechtlichen Anspruches sein könnte, unterliegen dagegen ganz dem allgemeinen Schuldrecht, soweit nicht das Familienrecht Besonderheiten mit sich führt. Unterhaltsansprüche und Schadensersatzansprüche (aus Verlöbnisbruch, fehlerhafter Vermögensverwaltung usw.) sind hier in erster Linie zu nennen.

3. Ansprüche können außergerichtlich und gerichtlich geltend gemacht werden. Familienrechtliche Ansprüche mit stark personenrechtlicher Färbung neigen zu einer *Verkürzung der gerichtlichen Ausübung,* die sich bis zum völligen Ausschluß steigern kann.

Der aus dem Verlöbnis entspringende Anspruch auf Begründung einer Ehe ist ein klagloser Anspruch (§ 1297 I): In Freiheit soll der Übergang zur Ehe vollzogen werden. Auch die Ansprüche der Eltern gegen das Kind auf Befolgung der Anordnungen (und mit ihnen die Ansprüche des Vormundes gegen den Mündel) erlauben keine Klage: der voll bejahte Rechtszwang verlagert sich in den Bereich der außergerichtlichen Anspruchsausübung; die Eigenmacht tritt an die Stelle des sonst dem Staat vorbehaltenen Rechtsschutzes; der Staat beschränkt sich auf Hilfen (§§ 1631 II, 1800).[2]

Andere Ansprüche können zwar eingeklagt, jedoch nicht mit Zwangsvoll-

---

[1] Wohl aber kann ein aus der Vorenthaltung des Kindes erwachsener Schaden aus § 823 I (elterliche Sorge als sonstiges Recht) ersetzt verlangt werden. Vgl. unten § 49 IV 5.

[2] Von den klaglosen Ansprüchen sind zu unterscheiden die Ansprüche mit herausgeschobener Fälligkeit. Sie hindern auch vor Eintritt der Fälligkeit weder Feststellungsklagen noch Arrest und einstweilige Verfügung. Vgl. die §§ 1446, 1468.

streckung durchgesetzt werden. Das Recht auf eheliche Lebensgemeinschaft entläßt aus sich eine Vielzahl von Ansprüchen, die sämtlich klagbar sind. Den Zugang zu den Zwangsmitteln der Rechtsordnung vermitteln sie dagegen nur, soweit sie nicht auf „Herstellung des ehelichen Lebens" gerichtet sind (§ 888 II ZPO; vgl. unten § 23, 2). Das pflichtgemäße Verhalten wird andernfalls noch im Urteil gefordert; es zu erzwingen, lehnt die Rechtsordnung dagegen (in deutlicher Abkehr von anders denkenden, inzwischen der Rechtsgeschichte angehörenden deutschen Rechten) ab.

4. *Verjährungshemmung.* Die Ausübung familienrechtlicher Ansprüche erfolgt zwischen Ehegatten, zwischen Eltern und Kindern und zwischen Vormund und Mündel zumeist außergerichtlich und in den ersten beiden Verhältnissen in aller Regel ohne Bewußtsein rechtlichen Handelns. Eine stärkere Wendung zu bewußter Rechtsausübung ist auch weder notwendig noch wünschenswert. Es ist sogar eine legitime Aufgabe des Rechts, Streitigkeiten zwischen diesen Personen zu dämpfen. Ihr dient § 204, der die Verjährung aller Ansprüche aus Ehe und Vormundschaft so lange hemmt, als die Rechtsverhältnisse bestehen, die Ansprüche zwischen Eltern und Kindern aber für die Dauer der Minderjährigkeit der Kinder, also bis zu einem Zeitpunkt, der das Rechtsverhältnis auf Restbestände beschränkt.[3]

5. *Verjährungsausschluß.* Gänzlich ausgeschlossen ist die Verjährung familienrechtlicher Ansprüche, soweit sie auf die Herstellung des dem Verhältnis entsprechenden Zustandes für die Zukunft gerichtet sind (§ 194 II). Die Rechtfertigung dieses Ausschlusses liegt nicht mehr in der Furcht vor einer Störung des Ehe- und Familienlebens, sondern in der Sorge um den effektiven Fortbestand des familienrechtlichen Rechtsverhältnisses. Zwar blieben die familienrechtlichen Rechtsverhältnisse auch nach Verjährung der aus ihnen folgenden Ansprüche erhalten, ihr Fortbestand wäre aber gleichgültig, wenn jedes Vollzugsverlangen mit der Einrede der Verjährung abgewehrt werden könnte.[4] Anders als § 204 betrifft § 194 II deshalb auch alle Ansprüche gegen Dritte (etwa auch den Herausgabeanspruch aus § 1632).

§ 3. Die bürgerliche Ehe

Schrifttum: *Westermark,* The History of Human Marriage, 5. Aufl. 1925; *M. Weber,* Die Idee der Ehe und die Ehescheidung, 1929; *Thurnwald,* Die menschliche Gesellschaft in ihren ethnosoziologischen Grundlagen, Band II: Werden, Wandel und Gestaltung von Familie, Verwandtschaft und Bünden, 1932; *Radbruch,* Rechtsphilosophie, 4. Aufl. 1950; *Günther,* Formen und Urgeschichte der Ehe, 3. Aufl. 1951; *Reidick,* Die hierarchische Struktur der Ehe, 1953; *Hamel,* Von den Grenzen profaner Gesetzgebung in Ehesachen, AcP 153 (1954), 481; *Schelsky,* Die sozialen Formen der sexuellen Beziehungen, in: Die Sexualität des Menschen, hrsg. von Giese, 1955, S. 241; *Peukert,* Ehe, 1955; *Jäggi,* Das verweltlichte Eherecht, 1955; *Brusiin,* Zum Ehescheidungsproblem, 1959; *Wolf-Lüke-Hax,* Scheidung und Scheidungsrecht, 1959; *Müller-Freienfels,* Ehe und Recht, 1962; *Liermann,* Evangelisches Kirchenrecht und staatliches Eherecht in Deutschland, Festschrift Erik Wolf, 1962, S. 109;

[3] § 204 gilt auch, wenn die Eltern die elterliche Sorge vorher verloren haben.

[4] Dagegen sehen *Staudinger-Coing,* 12 zu § 194, und MünchKomm-*Thiele,* 24 zu § 194, die innere Rechtfertigung der Norm immer noch in dem ethischen Gehalt der familienrechtlichen Rechtspflichten. Vgl. auch *Planck-Knoke,* 2 zu § 194. Sie halten eine Verjährung der im § 194 II erfaßten Ansprüche für zwecklos, weil das fortbestehende Rechtsverhältnis jederzeit einen noch nicht verjährten Anspruch erzeuge. Daß damit die Beziehungen von Rechtsverhältnis und Anspruch nicht richtig erfaßt sind, beweisen indessen schon die dinglichen Ansprüche. Sie unterliegen der Verjährung (unstreitig; vgl. aber auch § 902 für die im Grundbuch eingetragenen Rechte) und werden nicht jederzeit von neuen Ansprüchen überholt oder abgelöst, obwohl das dingliche Recht erhalten bleibt.

Mikat, Rechtsgeschichtliche und rechtspolitische Erwägungen zum Zerrüttungsprinzip, FamRZ 1963, 65; *Raiser,* Rechtsschutz und Institutionenschutz im Privatrecht, in: Summum ius, summa iniuria, 1963, S. 145; *Neuhaus,* Zum Verhältnis von staatlichem und religiösem Eherecht, FamRZ 1966, 121; *Nörr,* Bürgerliches Eheauflösungsrecht und Religion, JZ 1966, 545; *Wolf,* Zwang zur Ehe, JZ 1967, 659 (dazu *Weinkauff,* JZ 1968, 15 und wieder *Wolf,* JZ 1968, 172); *derselbe,* „Zur Institution Ehe", JZ 1967, 749 (dazu *Larenz,* JZ 1968, 96 und wieder *Wolf,* JZ 1968, 173); *derselbe,* Ehe, Zerrüttung und Verschulden, NJW 1968, 1497; *Schnur* (Hrsg.), Institution und Recht, 1968; *Wolf,* Dogmatische Grundlagen einer Reform des Ehescheidungsrechtes, JZ 1970, 441; *Beitzke,* Verfassungsmäßigkeit des Scheidungsrechts?, Festschrift Gschnitzer, 1969, S. 87; *Schwimann,* Eherecht und Ehewirklichkeit, Festschrift Gschnitzer, 1969, S. 375; *Pawlowski,* Das Studium der Rechtswissenschaft, 1969, S. 296; *Mikat,* Möglichkeiten und Grenzen einer Leitbildfunktion des bürgerlichen Ehescheidungsrechts, 1969; Recht und Institution, hrsg. von *Dombois,* 1969; *Streck,* Generalklausel und unbestimmter Begriff im Recht der allgemeinen Ehewirkungen, 1970; *Rüthers,* Institutionelles Rechtsdenken im Wandel der Verfassungsepochen, 1970; *Wolf,* Grundgesetz und Eherecht, JZ 1973, 647; *Ramm,* Die Umgestaltung des Eherechts durch das Grundgesetz, JZ 1973, 722; *Fikentscher,* Maurice Hauriou und die institutionelle Rechtslehre, Festschrift Raiser, 1974, S. 559; *Kaufmann,* Das „sittliche Wesen der Ehe" als Maßstab für die inhaltliche Bestimmung der Normen bei der Kodifizierung des BGB, Festschrift Erler, 1976, S. 649.

1. Ehe ist nur die von einer Rechtsordnung anerkannte Verbindung von Mann und Frau zur Lebensgemeinschaft.[1] Konkurrieren Rechtsordnungen miteinander, die je für sich Ehen anerkennen, wird eine Präzisierung erforderlich, die den Bezug der Ehe auf die eine oder die andere Rechtsordnung verdeutlicht. Neben die Kirchenehe tritt heute die bürgerliche Ehe. *Bürgerliche Ehe ist allein die von der Rechtsordnung des Staates anerkannte Verbindung der Geschlechter zur Lebensgemeinschaft.*

2. Zwei Rechtsordnungen lassen eine Verklammerung zu; die staatliche und die kirchliche Eheordnung stehen unverbunden nebeneinander, und zwar auch dort, wo Inhalte der bürgerlichen Ehe christlich-kirchlichen Ursprungs sind; mit der Rezeption durch das staatliche Recht wurden jene Inhalte säkularisiert.[2] Das Eherecht des Staates kennt freilich Tatbestände, die auch durch Akte verwirklicht werden können, die von der Existenz einer Kirchenehe abhängig sind. So erfährt etwa die Verpflichtung zur ehelichen Lebensgemeinschaft Einschränkungen, wenn ein Ehegatte die zunächst zugesagte kirchliche Trauung verweigert. Alle diese Tatbestände sehen aber das kirchliche Eherecht nicht in seinem Geltungsanspruch, sondern ausschließlich durch das Medium eines das kirchliche Recht tatsächlich anerkennenden Ehegatten. *Die bürgerliche Ehe ist insofern eine voll emanzipierte Ehe.* Von einem nicht mehr zu steigernden etatistischen Denken oder auch einer vollständigen Säkularisierung der Ehe *(Bosch)* sollte gleichwohl nicht gesprochen werden. Die Existenz des staatlichen Eherechtes schließt die Ver-

[1] Wir verwenden den Begriff so, wie er heute im abendländischen Raum gebraucht wird (Auflösungstendenzen zeigen sich, wenn von einer „faktischen Ehe" gesprochen wird). Daß der Ehebegriff auch ohne Bezug auf eine Rechtsordnung verwandt werden kann, wird damit nicht bestritten. Vgl. dagegen *Müller-Freienfels,* S. 1 ff. (Ehe außerhalb und unabhängig vom Recht nicht denkbar).

[2] Vgl. dazu *Nörr,* JZ 1966, 545 f.

bindlichkeit des kirchlichen Eherechtes für die Kirchenangehörigen nicht aus. *Die bürgerliche Ehe ist nicht Exklusivehe* (vgl. § 1588).

3. *Institutionelle Ehelehren.* Die bürgerliche Ehe wird gern als Gemeinschaftsverhältnis und als Institution gekennzeichnet. Der schillernde Begriff der Institution wird dabei selten definiert; metaphysische (insbesondere theologische), soziologische und rechtliche Aspekte werden fast nie strikt als solche voneinander geschieden (womit die Möglichkeit eines späteren Bezuges aufeinander nicht ausgeschlossen wäre). Zuweilen wird mit der Lehre von der Ehe als Institution nicht viel mehr gemeint als die rechtliche Ordnung der Ehe, das Normengefüge, das sie im Recht konstituiert (sei es nun als Folge einer Institution im Verstande der Soziologie, sei es auch als Folge einer vom Recht ergriffenen Idee), also nicht viel mehr als das, was andere als Rechtsinstitut bezeichnen. Zuweilen meint man aber auch weit mehr, im Extrem gar eine das Recht und die Geschichte transzendierende Wesenheit auf der Basis unterschiedlicher Ansätze: Eine vom Standpunkt des Bewußtseins präexistente „Idee" kann ebenso den letzten Grund bezeichnen wie eine göttliche Stiftung.

Gemeinsam ist allen institutionellen Ehelehren die Tendenz zur Bewahrung traditionell vorgeprägter Eheinhalte, ein (angeblich) sicheres Wissen um das „Wesen der Ehe" und eine starke Betonung ihrer „sittlichen Gehalte". Vom „Wesen der Ehe" und von „sittlichen" Maßstäben war auch im EheG ursprünglich viel die Rede (mit z. T. divergierenden Präzisierungen durch die Rspr. im Wandel der Zeiten). Das 1. EheRG verwendet erfreulicherweise das eine wie das andere nicht mehr in den Tatbeständen des Scheidungsrechtes.[3] Von Bedeutung kann jedoch eine Wendung des positiven Rechtes für metaphysisch fundierte institutionelle Ehelehren nicht sein: Wer in der Ehe eine nicht verfügbare Institution sieht, kann durch die Legislative nie eines Besseren belehrt werden.

4. *Interindividuelle Ehelehren.* Eine (freilich in jüngster Zeit vordringende, jedoch keineswegs einige) Minderheit charakterisiert die bürgerliche Ehe lediglich als ein interindividuelles Gemeinschaftsverhältnis, als einen offenen Rahmen, in dem sich die privaten Erwartungen der Ehegatten erfüllen sollen und der eben deshalb ihrer Gestaltung wenigstens weithin (etwa nicht für die Unterhaltspflichten) anheimgegeben wird. Das die institutionellen Ehelehren auszeichnende Übermaß an inhaltlicher Bindung der Ehegatten wird hier ins andere Extrem gewendet; Ehelehre und geltendes Recht entfernen sich voneinander, Dissonanzen stellen sich ein.

Interindividuelle Ehelehren erkennen in letzter Zuspitzung keine rechtlichen Pflichten der Ehegatten mehr an *(Pawlowski)*, mildere Formen erschöpfen sich in formalen Aussagen: Neben die Rechtspflicht zur gemeinsamen Entscheidung tritt gerade noch die Pflicht, in räumlicher Zuordnung zu leben *(Streck)*; oder:

[3] Vgl. dagegen die §§ 32 I, 33 I EheG für das Recht der Eheaufhebung.

,,In einer Ehe ist ein Gatte dem anderen gegenüber verpflichtet und berechtigt, auf Grund eigenen pflichtgemäßen Ermessens dazu beizutragen, daß der andere entsprechend seinen natürlichen Anlagen und seinen erworbenen Eigenschaften sowie den von ihm getroffenen und zu treffenden Entscheidungen als Mann oder Frau, als Persönlichkeit, existieren kann" *(Wolf)*. Offenbar sind die Schwierigkeiten, die interindividuellen Ehelehren beim deliktischen Schutz der Ehe gegen Drittstörer erwachsen: er muß als verfehlt abgetan oder doch jedenfalls umgeformt werden.

Selten werden freilich interindividuelle Ehelehren mit jener Härte durchgehalten, die ihre Leitlinien ankündigen. Die tradierten Eheinhalte, eben noch als unverbindlich verworfen, finden wieder Eingang, unter anderem Aspekt, jedoch mit kaum veränderter Wirkung. Zur ,,konkreten Rechtsfindung in der Ehe" wird das Vertrauensprinzip herangezogen und das Vertrauen eines jeden Ehegatten auf ein ,,sozialadäquates Verhalten des Partners" insoweit geschützt, als die Ehegatten noch nicht anderweitig disponiert haben *(Streck)*. In Anknüpfung an die ,,Vertrauenshaftungstheorie" beim Verlöbnis wird das Scheidungsrecht zum Recht der Ehebeendigung nach ,,enttäuschter Sozialerwartung" *(Pawlowski)*.

5. *Ehe als soziale Verhaltensform*. Die bürgerliche Ehe muß eine pragmatische Ehe sein, eine Ehe, die weder dem Gesetzgeber noch dem entscheidenden Richter die Möglichkeit gewährt, den Ehegatten religiöse oder metaphysische Gehalte aufzunötigen. Die bürgerliche Ehe ist aber gegenwärtig auch nicht nur eine inhaltsleere Hülle, die mit Inhalt zu erfüllen allein den Ehegatten aufgegeben ist. *Ehe ist uns deshalb eine rechtlich geregelte soziale Verhaltensform, die dem Anspruch des einzelnen auf soziale Verhaltensmuster in einem zentralen und für alle bedeutsamen Lebensbereich Genüge tun soll.*[4] In dieser Deutung werden die tatsächlichen Schwächen oder doch die möglichen Fehldeutungen der institutionellen Ehelehren ebenso vermieden wie die offensichtlichen Nachteile der interindividuellen Ehelehren[5] und deren Entfernung von der sozialen Wirklichkeit, in der eine vollständige Entleerung der Ehe (zur freien Ausgestaltung) jedenfalls im gegenwärtigen Zeitpunkt allenfalls für eine (sich selbst allein als kritisch verstehende) Minderheit zu ertragen und zu bewältigen ist.[5a] Die für die Gegenwart und Zukunft sicher unumgängliche Relativierung früher für unumstößlich gehaltener Eheinhalte wird damit nicht gehemmt: Nur in Teilbereichen verdichtet sich das soziale Verhaltensmuster zu zwingendem Recht.

Die als soziale Verhaltensform gedeutete Ehe kann ihre Inhalte nur aus den

---

[4] Dem Text zust. MünchKomm-*Wacke*, 18 zu § 1353.

[5] Wenn Verbindungslinien zwischen den interindividuellen Ehelehren und unserer Auffassung gezogen werden (vgl. *Bosch*, FamRZ 1966, 61), so kann Ursache der fehlenden Differenzierung nur der Anspruch auf absolute Geltung der eigenen (institutionellen) Überzeugung sein.

[5a] Inzwischen wird für ,,kritisch denkende Menschen" auch schon die ,,eheähnliche Lebensgemeinschaft" als besonders geeignet vorgeschlagen. Vgl. *Kunigk*, Die Lebensgemeinschaft, 1978, S. 34f.

Vorstellungen beziehen, die sich mit der Ehe landläufig verbinden. Diese Vorstellungen prägen das Eherecht in Rechtssätzen, die speziell oder in Generalklauseln soziale Standards in Recht transformieren. Die Transformation befreit jene aber von ihren religiösen oder metaphysischen Hintergründen (die auch in der Bevölkerung zu verblassen scheinen, jedenfalls nicht mehr kurzerhand als weithin fortwirkend behauptet werden können[6]), relativiert sie also und sichert damit der Ehe Wandlungsfähigkeit. Die bürgerliche Ehe ist insofern eine Ehe, die der befriedenden Funktion des Rechtes in einem Religion und Ideologie weit geöffneten Lebensbereich hervorragend entspricht. Sie zwingt auch den entscheidenden Richter (Grundsatz der methodischen Offenheit) zur Präzisierung, wenn er sich anschickt, vom „Wesen der Ehe" zu sprechen und verhindert damit die (sonst alltägliche) Verwendung des Wesensargumentes als reines Kryptoargument.[7]

6. *Übergänge.* Ehe als rechtlich geregelte soziale Verhaltensform ist der Legislative zwar nicht ausgeliefert (soziale Verhaltensformen können sich auch dann noch erhalten, wenn sich das Recht weithin verweigert), aber doch ausgesetzt. Je weniger das staatliche Recht bereit ist, ein Ehemodell oder gar deren mehrere (Hausfrauenehe, Doppelverdienerehe, Zuverdienstehe) in (zwingenden oder dispositiven) Rechtssätzen zu fixieren, desto stärker verweigert es die Transformation sozialer Standards in Recht und entzieht jenen damit ein Element der Stabilisierung. Beschränkt sich das staatliche Recht gar auf die Regelung einiger, letztlich peripherer Eheinhalte, so ist der Übergang zu den interindividuellen Ehelehren unabweisbar.

Das 1. EheRG hat im Eherecht viel geändert; einen grundlegenden Wandel, der sich im Wechsel von einer Ehelehre zur anderen niederschlagen müßte, hat es dagegen nicht gebracht. Einige Inhalte, die früher explizit im Recht der allgemeinen Ehewirkungen geregelt waren (§§ 1353ff.), werden zwar z. T. nicht mehr erwähnt, doch ist der Anspruch auf rechtliche Regelung des Eheinhaltes nicht grundsätzlich aufgegeben worden. Dennoch behält das Gesetz Bedeutung als Zeichen einer Zeit, die alte Verhaltensmuster zwar aufzugeben, neue jedoch kaum zu entwickeln versteht.

7. Die bürgerliche Ehe ist grundsätzlich nur durch den Tod lösbar (§ 1353 I 1). Die Existenz eines *Scheidungsrechtes* (§§ 1565ff.) rechtfertigt kein anderes Urteil;[8] die Ehescheidung ist in Idee und Wirklichkeit Ausnahme (zur Scheidungsstatistik vgl. unten § 24 IV). Unverkennbar sind freilich Verfallstendenzen, denen zu begegnen Art. 6 I GG dem Staat gebietet, wenn sie einen bestimmten Grad über-

---

[6] Vgl. dazu *Nörr,* JZ 1966, 546ff.

[7] Zum Wesensargument in der Rechtswissenschaft vgl. *Scheuerle,* AcP 163 (1964), 429ff.

[8] Zu den Gründen individueller und sozialer Art, die eine Rechtsordnung zur Anerkennung der Ehescheidung führen können, vgl. *Brusiin,* S. 17ff.; *M. Weber,* S. 5ff.; *Wolf-Lüke-Hax,* S. 30ff.; *Müller-Freienfels,* S. 120ff.; *Mikat,* FamRZ 1962, 81ff., 273ff., 497ff.

schreiten sollten (vgl. dazu weiter unten § 24 II 1). Die jüngere Rechtsentwicklung mit ihrer Zuwendung zum Zerrüttungsprinzip als Grundsatz des Scheidungsrechtes ist jedoch weder Ursache noch Ausdruck dieser Situation: Die Tendenz war bereits in der Zeit des Verschuldensprinzips vorhanden; ihren Ausdruck findet sie in der Bereitschaft gekränkter und enttäuschter Ehegatten zu schneller Scheidung, nicht aber in einer bestimmten Gestaltung des Scheidungsrechtes. Der Übergang von einem Prinzip zum anderen konnte auch in voller Freiheit vollzogen werden: Es gibt keine von der Anthropologie oder Soziologie wertfrei ermittelte ,,Realgestalt" der Ehe, die dem staatlichen Recht vorgegeben ist und ihm bindend eine Grenze setzt, die keineswegs bei der Ausgestaltung des Scheidungsrechtes überschritten werden darf.

8. Ehe verbindet die Ehegatten zur *Lebensgemeinschaft;* das Ausmaß der Gemeinschaft ist variabel. Die totale Lebensgemeinschaft war wohl stets mehr eine Idealvorstellung als eine Realität. Der Gegenwart mit ihrer starken Betonung der Persönlichkeitswerte des einzelnen ist sie vollends verlorengegangen. Inmitten einer Vielfalt von Bindungen beläßt das geltende Recht den Ehegatten deshalb einen Raum individueller Ungebundenheit (vgl. dazu unten § 18 I). Weithin gestattet es zudem den Ehegatten, einen gemeinschaftlichen Lebensplan zu entwikkeln, in dem das, was ,,Lebensgemeinschaft" bedeutet, im Einzelfall besondere Akzente erhält (vgl. dazu unten § 18 III).

9. Vielfach ist in der Rechtsgeschichte die Erweiterung der Ehe zur Familie als ein dem Wesen der Ehe allein entsprechender Vorgang empfunden worden. Uns erscheint die Ehe dagegen als vollwertige Ehe auch dann noch, wenn sie kinderlos bleibt. Irrtum und arglistige Täuschung über die Fortpflanzungsfähigkeit des Partners können eine Eheaufhebung rechtfertigen (§§ 32, 33 EheG); die beharrliche grundlose Verweigerung der Nachkommenschaft kann Ursache für ein Scheitern der Ehe (§ 1565 I) sein. In beiden Fällen wirkt indessen nicht der Gedanke einer Fehlehe, sondern der Gedanke enttäuschter Erwartungen.

10. *Zweckentfremdung.* Die Verwirklichung der ehelichen Lebensgemeinschaft ist Ziel aller an den Eheschluß anknüpfenden Rechtsfolgen. Jeder Eheschluß, den die Parteien ohne Willen zur ehelichen Lebensgemeinschaft vornehmen, mißbraucht deshalb eine zweckerfüllte soziale Verhaltensform. Über die Wirksamkeit zweckwidriger Eheschließungen ist freilich mit dieser Feststellung noch nichts gesagt. Die Funktionsgrenze der Ehe muß nicht notwendig auch Wirksamkeitsgrenze sein. Keine Rechtsordnung ist gezwungen, eine dem Ordnungszweck der Ehe entsprechende Parteiabsicht in den Tatbestand des Eheschlusses aufzunehmen.[9] Jede Rechtsordnung kann, um den solennen Charakter des Eheschlusses zu wahren, auch zweckwidrige Verbindungen als Ehe anerkennen,

[9] Die Verpflichtung zur ehelichen Lebensgemeinschaft knüpft das Gesetz an jeden Eheschluß. Es ist deshalb nicht richtig, von einer (unbeachtlichen) Differenz zwischen innerem und erklärtem Willen der Ehegatten zu sprechen und damit Anschluß an die Lehre vom Scheingeschäft zu suchen.

wenn sie bereit ist, Zerrbilder des eigenen Ehemodells in Kauf zu nehmen.[10] Das EheG stellt zwar einen Ehegatten, der von seinem Partner über die Bereitschaft zur ehelichen Lebensgemeinschaft getäuscht wurde, die Möglichkeit einer Eheaufhebung zur Verfügung (§ 33 EheG). Es bekämpft dagegen heute die einverständliche Zweckentfremdung der Ehe in keiner Ausprägung mehr. Das 1. EheRG hat mit dem Verbot der Namensehe (§ 19 EheG a. F.) den letzten Rest an Widerstand beseitigt.[11] In relativer (auf andere Zweckentfremdungen bezogener) Sicht gewiß zu Recht: Da die Namensehe nicht als gefährlichste Form der Zweckentfremdung bezeichnet werden kann, war ihre Sonderstellung letztlich willkürlich.

Zu fragen bleibt jedoch, ob die generelle Duldung zweckwidriger Ehen wirklich der Weisheit letzter Schluß sein muß. Das Gewicht des Eheschlusses sollte gewiß nicht unterschätzt werden; es zu überschätzen, ist indessen auch nicht am Platz; allzu evident sind die Nachteile, die sich zum Schaden der Ehe als anerkanntem Verhaltensmuster aus einer allzu permissiven Haltung ergeben. Eine Änderung des gegenwärtigen Rechts kann freilich nicht in einer Art Generalklausel alle Verbindungen verhindern wollen, die dem Ordnungszweck der Ehe zuwiderlaufen.[12] Möglich bleibt dagegen die Ausbildung einzelner Tatbestände.

§ 4. Verwandtschaft und Schwägerschaft

I. Verwandtschaft

1. Verwandtschaft ist Blutsverwandtschaft, die Abstammung also das entscheidende Kriterium.[1] Gleichgültig ist, ob die Abstammung auf ehelicher oder nichtehelicher Geburt beruht. Auch das nichteheliche Kind ist mütterlicherseits und väterlicherseits mit all seinen Vorfahren verwandt.[2]

Vgl. *Beitzke,* NJW 1963, 1818. Für die Gegenposition vgl. *Schwab,* FamRZ 1965, 483ff.; MünchKomm-*Wacke,* 2 zu § 1353.

Während die Diskussion im deutschen Raum angesichts des § 16 EheG nur theoretische Bedeutung hat, hat sie in anderen Rechtsordnungen praktische Relevanz. Vgl. für die Schweiz *Merz,* in: Berner Kommentar, Einleitungsband, 1966, Nrn. 292ff. zu Art. 2 ZGB.

[10] Krit. dazu *Bydlinski,* FamRZ 1963, 593.

[11] Kritik ist viel geübt worden. Vgl. dazu unten § 10 I 2 mit Fn. 3.

[12] Insofern sicher richtig *Habscheid,* NJW 1967, 2247.

[1] Neben diesem (dann engeren) Begriff der Verwandtschaft einen weiteren zu bilden (juristische Verwandtschaft, Verwandtschaft im Rechtssinne), der auch Schwägerschaft und Adoptivverhältnisse mitumfaßt – vgl. etwa MünchKomm-*Mutschler,* 1 vor § 1589 –, hat keinen großen Wert. Verwirrung ist jedenfalls nicht auszuschließen, geklärt wird allenfalls die Abschnittsüberschrift vor § 1589.

[2] In Form einer negativen Fiktion schloß der vom Nichtehelichengesetz beseitigte § 1589 II die Verwandtschaft zwischen dem nichtehelichen Kind und seinem Vater bis zum 1. 7. 1970 aus. Zweck dieser (vielfach mißverstandenen) Fiktion war es lediglich, das Rechtsverhältnis zwischen dem nichtehelichen Kind und seinem Vater aus dem allgemeinen Verwandtschaftsverhältnis auszugliedern und einer besonderen Regelung vorzubehalten.

Es gibt auch keinen besonderen Begriff der ,,nichtehelichen Verwandtschaft".[3] Daß einzelne Wirkungen der Verwandtschaft beim nichtehelichen Kind anders ausgestaltet sind als beim ehelichen, will nichts besagen: Die Wirkungen der Verwandtschaft konstituieren nicht deren Begriff; sie knüpfen an ihn an.

Nicht miteinander verwandt sind Kinder, die in einer Ehe ,,zusammengebracht" werden. Sie haben keine gemeinsamen Vorfahren; die Ehe je eines Elternteils begründet noch nicht einmal Schwägerschaft zwischen ihnen.

2. Personen, von denen eine von der anderen abstammt, sind in gerader Linie miteinander verwandt. Personen, die nicht in gerader Linie miteinander verwandt sind, aber von derselben dritten Person abstammen, sind Verwandte in der Seitenlinie (Geschwister, Onkel [Tante] und Nichte [Neffe], Vettern usw.).[4]

Die Verwandtschaft in der Seitenlinie ist vollbürtige Verwandtschaft, wenn die Abstammungsverbindung von einem Elternpaar hergestellt wird; sie ist halbbürtige Verwandtschaft, wenn die Verwandtschaft nur von einer Person vermittelt wird. Praktische Bedeutung erreicht diese Unterscheidung im Erbrecht: Halbbürtige Verwandte erben nur ,,mit einer Hand", wenn Abkömmlinge an die Stelle an sich durch einen ,,Schoßfall" berufener, aber bereits verstorbener Eltern oder Großeltern des Erblassers treten (vgl. §§ 1925, 1926).

3. Jede Rechtsordnung ist gezwungen, die Verwandtschaft einer Person zu gliedern, um sachgerechte Differenzierungen in den Rechtsfolgen der Verwandtschaft vornehmen zu können. § 1589 S. 3 weist jedem Verwandten einen bestimmten *Verwandtschaftsgrad* zu, der sich nach der Zahl der die Verwandtschaft vermittelnden Geburten bestimmt. Diese (dem römischen Recht entlehnte) Verwandtengliederung mag mechanisch wirken. Sie ist jedoch gerade wegen ihrer ,,Neutralität" gut verwendbar.

Weil die Geburt des Stammvaters oder der Stammutter oder auch des Stammelternpaares nicht zu zählen ist (sie ,,vermitteln" nicht), sind Geschwister etwa im 2. Grad (der Seitenlinie) verwandt, Onkel und Neffe im 3. Grad (der Seitenlinie), Großvater und Enkel im 2. Grad (der geraden Linie), Base und Vetter im 4. Grad (der Seitenlinie).

Nur sehr beschränkt gilt § 1589 im Erbrecht. Das Verwandtenerbrecht der §§ 1924ff. bestimmt den Erben in zwei Stufen. In der ersten wird die Erbschaft den Angehörigen einer jeweils von Stammeltern und ihren Abkömmlingen gebildeten ,,Ordnung" zugewiesen (sogenanntes Parentelensystem). In der zweiten Stufe werden die Erben innerhalb der Ordnung grundsätzlich nach einem Stammes- und Liniensystem bestimmt; erst in der vierten und allen ferneren Ordnungen setzt sich das Gradsystem des § 1589 S. 3 durch (§§ 1928 III, 1929 II).

---

[3] A. A. (allein) *Bosch,* FamRZ 1970, 502.

[4] Die speziellen Verwandtenbegriffe der Umgangssprache (Eltern, Kinder usw.) werden in Gesetzen und Rechtsgeschäften nicht immer so verstanden, wie es § 1589 entspricht. Vgl. MünchKomm-*Mutschler,* 2 zu § 1589. Zweifel sind durch Interpretation der Norm oder der Willenserklärungen aufzulösen.

4. Die *Rechtsfolgen* verwandtschaftlicher Beziehungen sind symptomatisch für das im Vergleich mit früheren Zeiten rasch verblassende Verwandtschaftsgefühl entfernteren Verwandten gegenüber. Das (deshalb vielfach getadelte) Verwandtenerbrecht kennt zwar keine Grenzen (vgl. § 1929). Aber es bleibt (bezeichnende) Ausnahme (vgl. aber auch §§ 1847, 1859, 1867, 1779 II). In merklicher Verengerung geht schon das Verfahrensrecht für Zeugnis-, Auskunfts-, Eides- und Gutachtenverweigerung sowie für den Ausschluß von der Amtsausübung nie über die Verwandtschaft gerader Linie und die Seitenverwandtschaft bis zum dritten Grade hinaus (vgl. §§ 155 GVG; 41 Nr. 3, 49, 383 I Nr. 3, 408 I ZPO; 22 I Nr. 3, 31, 52 I Nr. 3, 55, 63, 72 StPO; 6 I Nr. 3 – Seitenverwandtschaft nur bis zum zweiten Grade wesentlich –, 15 FGG; 3 I Nr. 3, 6 I Nr. 3, 7 Nr. 3 BeurkG). Das Recht der Gläubigeranfechtung berücksichtigt bei der Absichtsanfechtung nurmehr die Verwandten der geraden Linie und die Geschwister (§§ 31 Nr. 2, 40 II Nr. 2 KO; 3 I Nr. 2 AnfG). Es zieht damit eine Grenze, die sich im § 173 StGB für die Strafbarkeit der Blutschande und im § 4 EheG bei den Eheverboten wiederfindet, aber auch im materiellen Strafrecht das weiteste Entgegenkommen um verwandtschaftlicher Beziehungen willen bedeutet (vgl. dazu § 11 I Nr. 1 a zum Begriff des ,,Angehörigen"). Besonders kennzeichnend für den Standort der Gegenwart aber ist und bleibt das Unterhaltsrecht. Es verpflichtet nurmehr Verwandte der geraden Linie (schon nicht mehr Geschwister), einander Unterhalt zu gewähren (§§ 1601 ff.) und nähert sich damit bereits dem Extrem der Beschränkung auf das Eltern-Kind-Verhältnis.

II. Schwägerschaft

Schrifttum: *Boehmer,* Die Rechtsstellung des Stiefkindes nach heutigem und künftigem Recht, 1941; *derselbe,* Soll das Stiefkind weiter ein ,,Stiefkind" der Gesetzgebung bleiben?, FamRZ 1955, 125; *Gernhuber,* Die Schwägerschaft als Quelle gesetzlicher Unterhaltspflichten, FamRZ 1955, 193; *Lüdtke,* Haftung des Ehemannes für den Unterhalt seiner Stiefkinder und seiner Schwiegereltern?, MDR 1955, 210; *Boehmer,* Die ,,erbrechtliche Lösung" des § 1371 n. F. im Lichte des Stiefkinderproblems (§ 1371 IV), FamRZ 1961, 41; *Frank,* Grenzen der Adoption, 1978.

1. Verschwägert sind nur die Verwandten eines Ehegatten mit dem anderen Ehegatten. Nicht verschwägert sind die Verwandten des einen Ehegatten mit den Verwandten des anderen Ehegatten. Nicht verschwägert sind die Verschwägerten eines Ehegatten mit dem anderen Ehegatten. Nicht verschwägert ist der Ehegatte eines Verwandten mit dem Ehegatten des anderen Verwandten.

2. Schwägerschaft ist Folge der Ehe einerseits, der Verwandtschaft andererseits. Man wird verschwägert, weil man eine Ehe eingegangen ist oder weil ein Verwandter geheiratet hat. § 1589 konstituiert also die Schwägerschaft in der einen Richtung, in der anderen Richtung entscheidet das EheG. Auch die nichtige Ehe vermittelt danach Schwägerschaften, mögen diese auch mit der Vernichtung der Ehe rückwirkend wegfallen (vgl. § 23 EheG).[1] Dagegen bleibt jede andere Auflösung einer Ehe für die von ihr geschaffenen Schwägerschaften ohne Bedeutung (§ 1590 II). Neue Schwägerschaften können freilich nach Eheauflösung nicht mehr entstehen;[2] eine aufgelöste Ehe ist keine Ehe mehr. Heiratet eine Frau nach Scheidung erneut, so ist zwar der zweite Ehemann mit den erstehelichen Kindern verschwägert, nicht dagegen der erste Ehemann mit den zweitehe-

---

[1] Im Strafrecht wird von der wohl h. L. angenommen, daß auch die Vernichtung der Ehe das Angehörigenverhältnis nicht beendet (vgl. *Schönke-Schröder-Eser,* 10 zu § 11 StGB).

[2] Ganz h. M. Anders aber *v. Godin,* 3 zu § 4 EheG.

lichen, da diese erst nach Beendigung der Erstehe durch Geburt Verwandte der Ehefrau wurden.

3. Weil Schwägerschaft auf der einen Seite stets an Verwandtschaft anknüpft, ergab sich die von § 1590 I 2 ausgenutzte Möglichkeit, die Verschwägerten wie die Verwandten zu ordnen: *Linie und Grad der Schwägerschaft* bestimmen sich nach der Linie und dem Grad der sie vermittelnden Verwandtschaft. Schwiegereltern und Schwiegerkinder sind danach in gerader Linie und im ersten Grade verschwägert, der Onkel eines Ehegatten mit dem anderen Ehegatten in der Seitenlinie und im dritten Grad und der Vetter eines Ehegatten mit dem anderen Ehegatten in der Seitenlinie und im vierten Grad.

4. *Rechtsfolgen.* Schwägerschaft verbindet weniger als Verwandtschaft; ihre Bedeutung für das Rechtsleben ist daher geringer. Sieht man von einigen Vorschriften des Vormundschaftsrechtes ab, so geht das geltende Recht im allgemeinen über die Schwägerschaft in gerader Linie und in der Seitenlinie bis zum zweiten Grad nicht hinaus (vgl. aber auch § 27 II Nr. 3 JWG zum Begriff des Pflegekindes). Auf dieser Höhe wird freilich Gleichstand mit der Verwandtschaft erreicht im Recht der Gläubigeranfechtung, in allen Normen des materiellen Strafrechtes, die an den Begriff des „Angehörigen" anknüpfen (vgl. § 11 I Nr. 1a StGB), sowie im § 15 FGG als einziger Norm des Verfahrensrechtes, während alle anderen die Verwandtschaft berücksichtigenden verfahrensrechtlichen Vorschriften zwar auch die Schwägerschaft bis zum zweiten Grad der Seitenlinie bedenken, eben damit aber die bis zum dritten Grad der Seitenlinie ausgreifende Verwandtschaft nicht mehr erreichen.

Stärker wird die Differenz zwischen Verwandtschaft und Schwägerschaft im Recht der Eheverbote, das nur noch die Schwägerschaft in gerader Linie erwähnt (§ 4 EheG). Das Eheverbot ist zudem dispensabel in einer besonders entgegenkommenden Form: Der Dispens soll nur versagt werden, wenn wichtige Gründe das Eheverbot im jeweiligen Einzelfall stützen.

Seinen stärksten Ausdruck findet das Gefälle von der Verwandtschaft zur Schwägerschaft dort, wo eine verwandtschaftsbezogene Norm die Schwägerschaft gar nicht mehr bedenkt. So ist kein Verschwägerter kraft Gesetzes zur Erbschaft berufen. So ist die Schwägerschaft aber auch keine Quelle unmittelbarer gesetzlicher *Unterhaltspflichten* (während tatsächliche Leistungen von § 16 BSHG vermutet werden, wenn Hilfesuchende mit Verschwägerten in Haushaltsgemeinschaft leben).[3] Auch der Anspruch der Stiefabkömmlinge aus § 1371 IV (vgl. zu ihm unten § 37 IV) bildet keine Ausnahme: Er ist kein reiner Unterhaltsanspruch, sondern ein mixtum compositum von Unterhaltsrecht und erbrechtlichem Ausgleich. Keine Ausnahme gilt ferner für Ehegatten, die in Gütergemeinschaft leben. Zwar bestimmt sich dann die Unterhaltspflicht eines Ehegatten Verwandten gegenüber so, wie wenn das Gesamtgut dem unterhaltspflichtigen Verwandten allein gehörte (§ 1604 Satz 1). Jede Unterhaltsverpflichtung eines Ehegatten ist zudem gleichzeitig eine Gesamthandsschuld und eine persönliche Schuld des Partners, falls dieser zur Verwaltung des Gesamtgutes berechtigt ist (§§ 1437 II, 1459 II). Doch sind diese „verdeckten" oder gar offenen Unterhaltsleistungen an Verschwägerte eine (auch für andere Verbindlichkeiten vorgesehene) Folge allein des Güterstandes, dessen Ende auch sie beendet (für rückständige Leistungen vgl. § 1480).

Auch mittelbare Unterhaltsansprüche Verschwägerter, d.h. Ansprüche, die von einem Ehegatten zur Alimentierung seiner Verwandten gegen den Partner geltend gemacht werden können, sind dem deutschen Recht grundsätzlich fremd. Der Unterhaltsanspruch des Ehegatten aus § 1360 erstreckt sich nicht mehr auf jene Mittel, die für den Unterhalt Verwandter benötigt werden.[4] Freilich ergibt

---

[3] Vgl. dazu BVerwG, FamRZ 1966, 508.

[4] Literaturangaben für das ältere Schrifttum FamRZ 1955, 194 Fn. 16 und 17. Für die Folgezeit vgl. weiter *Schrade,* FamRZ 1957, 344; OVG Lüneburg, FamRZ 1957, 30; BVerwG, MDR 1960, 526; BGH, JZ 1969, 704; *Boehmer,* FamRZ 1961, 43; MünchKomm-*Wacke,* 10 zu § 1360a; *Soergel-Lange,* 7 zu § 1360a; *Erman-Heckelmann,* 8 zu § 1360a; *Beitzke,* § 3 III. A.A. *Bosch,* FamRZ 1958, 83 (im Rahmen der Billigkeit) und 1966, 69 (als legitime Rechtsfortbildung praeter legem); *Streck,* General-

sich als Reflex der Pflicht zur ehelichen Lebensgemeinschaft (§ 1353) für die einverständlich in den gemeinschaftlichen Haushalt aufgenommenen einseitigen Verwandten eines Ehegatten ein beschränkter mittelbarer Unterhaltsanspruch. Sein Inhalt ist von Fall zu Fall verschieden (tatsächliche Fürsorge, Mitbenutzung von Haushaltsgegenständen); größere Bedeutung gewinnt er für die in die Familie aufgenommenen, noch erziehungsbedürftigen Stiefkinder;[5] Geld kann mit seiner Hilfe nie gefordert werden.[5a]

5. *Stiefkinder.* Schwägerschaft verbindet weniger als Verwandtschaft. Es gibt aber Schwägerschaftsverhältnisse, die als enge Verbindung empfunden werden und deshalb auch eine stärkere rechtliche Durchdringung zulassen. Es sind das die Schwägerschaftsverhältnisse der geraden Linie und des ersten Grades, also das Verhältnis zwischen Schwiegereltern und Schwiegerkindern (das man jedoch auch de lege ferenda nicht mit wechselseitigen Unterhaltspflichten belasten sollte) und das Verhältnis zwischen Stiefeltern und Stiefkindern. Das gegenwärtige Recht verbindet weder mit dem einen noch mit dem anderen besondere Rechtsfolgen. Resultat ist eine zutiefst unbefriedigende Rechtslage der Stiefkinder. Sie kommen dem Stiefelternteil im Steuerrecht nicht weniger zugute als beim Empfang von Sozialleistungen (Kindergeld, Arbeitslosenunterstützung usw.).[6] Sie haben auch einen Anspruch auf eine ,,Stiefkinderwaisenrente", wenn sie dem Haushalt eines rentenversicherten Stiefelternteils angehörten.[7] Das bürgerliche Recht aber kennt noch nicht einmal Ansätze zu einem besonderen Recht der Stiefkinder.

Verfehlt ist insbesondere das Fehlen jeder personenrechtlichen Beziehung zwischen Stiefkind und Stiefelternteil (für die ein abgeschwächtes elterliches Sorgerecht zu diskutieren wäre), aber auch das Fehlen jeder unmittelbaren gesetzlichen Unterhaltspflicht.[7a] Nur sehr bedingt wird der Mangel des Gesetzes ausgeglichen durch die Möglichkeit einer Adoption des Stiefkindes (die umgekehrt bei stärkerer Beanspruchung des Schwägerschaftsverhältnisses weithin entbehrlich wäre)[7b]. Ebensowenig entlastet die Möglichkeit, den Stiefelternteil vertraglich

---

klausel und unbestimmter Begriff im Recht der allgemeinen Ehewirkungen, 1970, S. 136f. Ohne abschließende Entscheidung OVG Münster, FamRZ 1963, 137 (138).

[5] Eine allgemeine Verpflichtung der Ehefrau, Stiefkindern Sorge und Pflege wie gemeinschaftlichen Kindern der Ehegatten zuteil werden zu lassen (so OVG Lüneburg, FamRZ 1957, 30), besteht indessen nicht. Entscheidend sind die Umstände des Einzelfalles. Vgl. OLG Karlsruhe, FamRZ 1961, 371 (373). Für eine nur von wenigen Ausnahmen durchbrochene Betreuungspflicht der Stiefmutter auf vertraglicher Grundlage hat sich *Dölle,* § 36 A II 3d bb, ausgesprochen.

[5a] Stiefkinder, die in den Haushalt der Ehegatten aufgenommen wurden, verstärken auch nicht den Unterhaltsanspruch der Ehegatten untereinander unter dem Aspekt der ,,Kosten des Haushalts" (§ 1360a I). A. A. *Frank,* S. 29ff. (32). Doch ist weder der begriffliche Ansatz anzuerkennen noch das Ergebnis sachrichtig: Im Verhältnis zum Stiefkind ist kein Rechtsgrund der mittelbaren Bereicherung gegeben; Unterhaltsansprüche gegen Dritte dürfen nicht mangels Bedürftigkeit entfallen.

[6] Vgl. §§ 30 II 3 EStG, 5 I VStG, 10 I ErbStG, 1262 II RVO, 2 I BKGG. Einzelheiten bei *Frank,* S. 59ff.

[7] Vgl. dazu die (sehr problematische) Entscheidung BSozG, FamRZ 1967, 675.

[7a] Vorschläge de lege ferenda bei *Frank,* S. 35ff.

[7b] Zum Korrespondenzverhältnis vgl. *Frank,* S. 224ff.

(sei es nun elterngleich, sei es auch nur beschränkt) zu Unterhaltsleistungen zu verpflichten. Kein Stiefelternteil ist gehalten, vertraglich zu übernehmen, was das Gesetz ihm nicht aufbürdet, und kein Verhalten muß zwingend als Übernahme der Unterhaltsverpflichtung gedeutet werden. Eine allzu forcierte positive Interpretation zweifelhaften Verhaltens durch die Rspr. würde auch mehr Schaden als Nutzen stiften: Die Bereitschaft, Stiefkinder in den eigenen Haushalt aufzunehmen, wird gewiß nicht gefördert, wenn Folgelasten drohen, die nicht bewußt übernommen wurden.

Auch die Aufnahme eines nicht schon anderweit versorgten[8] Stiefkindes in den gemeinschaftlichen Haushalt der Ehegatten beinhaltet nur bei Hinzutreten weiterer Umstände (etwa: Berufsaufgabe der bislang berufstätigen Mutter um des Haushalts willen) im Einzelfall einen Vertragsschluß zwischen den Ehegatten, der dem Stiefkind vertraglich gibt, was die gemeinsamen Kinder im Rahmen des Familienunterhaltes (§ 1360) von Gesetzes wegen erhalten. Jede ablehnende Äußerung des Stiefelternteils schließt eine entsprechende Deutung der Aufnahme aus.[9] Belanglos ist eine Namenserteilung nach § 1618,[10] sind aber auch Vergünstigungen, die dem Stiefelternteil im Steuerrecht oder auch beim Empfang von Sozialleistungen wegen des Stiefkindes zukommen: Sie entstehen kraft Gesetzes, nicht kraft eines auf ihren Bezug gerichteten Parteiwillens.[11]

Unterhaltsverträge können das Stiefkind selbst berechtigen (als Vertragspartner oder als Begünstigter aus einem Vertrag zugunsten Dritter). Sie können aber auch (so der Regelfall)[12] lediglich einen Anspruch des leiblichen Elternteiles gegen den Stiefelternteil begründen und verpflichten den leiblichen Elternteil dann,

---

[8] Und sei es auch durch den Staat, soweit es sich nicht um Leistungen eines Sozialhilfeträgers handelt. Richtig für die Kriegswaisen zustehenden Versorgungsbezüge OVG Berlin, NJW 1959, 1383. Trotz Unterhaltsverpflichtung des leiblichen Vaters nimmt die Entscheidung des LG Hannover, FamRZ 1955, 363 mit Anm. *Bosch* und *Boehmer* einen Unterhaltsvertrag an, wenn die personensorgeberechtigte Mutter im Einverständnis mit dem Stiefvater das Kind ohne den Willen des leiblichen Vaters in das Ausland verbringt. Kritisch dazu mit Recht *Boehmer*.

[9] Trotz starker Neigung in Rechtsprechung und Schrifttum, Unterhaltsverträge zu bejahen (vgl. aber auch die sehr zurückhaltende Entscheidung OLG Nürnberg, FamRZ 1965, 217), ist diese Grenze stets anerkannt worden. Vgl. *Boehmer,* FamRZ 1955, 127 und 1960, 42; LG Berlin, FamRZ 1955, 267 mit Anm. *Bosch* und *Boehmer; Dölle,* § 36 A II 3d bb (die aber sämtlich das Einverständnis des leiblichen Elternteils fordern).

Für andere Verschwägerte liegt auch in einer langjährigen Aufnahme in den Haushalt der Ehegatten im Regelfall von vornherein kein Vertragsschluß. Schwerlich richtig daher OVG Münster, NJW 1953, 639 mit krit. Anm. *Doller* (Aufnahme des Schwiegervaters). Vgl. ferner *Dölle,* § 36 A II 3d bb (grundsätzlich vertragliche Unterhaltspflicht mit ,,etwas engeren Voraussetzungen" als beim Stiefkind).

[10] Sie wird leider (abschreckende Wirkung!) als Indiz verwertet vom BVerwG, MDR 1960, 526.

[11] Richtig VG Ansbach, FamRZ 1956, 127. Für die Gegenansicht vgl. *Boehmer,* FamRZ 1955, 126; BayVGH, FamRZ 1955, 190. Vermittelnd *Soergel-Lange,* 8 zu § 1360a (in der Regel Wille, die Vergünstigung dem Kinde zugute kommen zu lassen; kein Schluß auf Wille zu voller Versorgung). Ihm folgend MünchKomm-*Wacke,* 12 zu § 1360a.

[12] Vgl. *Boehmer,* FamRZ 1961, 42f. (§ 328 nur bei unzweideutiger Vereinbarung); *Soergel-Lange,* 8 zu § 1360a; MünchKomm-*Wacke,* 13 zu § 1360a. A. A. *Staudinger-Hübner,* 14 zu § 1360a.

die empfangenen Leistungen zugunsten des Kindes zu verwenden. Über Umfang, Dauer und andere Einzelfragen befindet allein der Parteiwille: Es gibt keinen genormten Inhalt. Im Regelfall endet die Unterhaltspflicht mit der Beendigung der häuslichen Gemeinschaft der Ehegatten,[13] spätestens aber mit der Beendigung der Ehe.[14] In Analogie zu den §§ 626, 723 kann der Stiefelternteil das Dauerschuldverhältnis jederzeit aus wichtigem Grund beenden.[15]

B. Ehe und Familie im Spannungsfeld des Grundgesetzes

§ 5. Art. 6 GG

Schrifttum zu Art. 6 Abs. I: *von Mangoldt,* Grundrechte und Grundsatzfragen des Bonner Grundgesetzes, AöR 75 (1949), 273; *Scheuner,* Die institutionellen Garantien des Grundgesetzes, in: Recht – Staat – Wirtschaft IV, 1953; *derselbe,* Die verfassungsrechtlichen Grundlagen der Familienrechtsreform, hrsg. von Dombois und Schumann, 1955; *Maunz,* Die verfassungsrechtliche Gewähr von Ehe und Familie (Art. 6 GG), FamRZ 1956, 1; *Klein,* Der Beschluß des Bundesverfassungsgerichtes zur Ehegattenbesteuerung in verfassungsrechtlicher Sicht, DÖV 1957, 567; *Grundmann,* Ehe und Familie im Grundgesetz, in: *Heckel,* Ehe- und Familienrecht, 1959; *Krauss,* Zur verfassungsmäßigen Gewährleistung von Ehe und Familie, FamRZ 1959, 485; *E. Scheffler,* in: Bettermann-Nipperdey-Scheuner, Die Grundrechte IV 1 (1960), S. 246; *Beitzke,* Verfassungsmäßigkeit des Ehescheidungsrechts?, Gedenkschrift Gschnitzer, 1969, S. 89; *Ramm,* Grundgesetz und Eherecht, 1972 (dazu *Wolf,* JZ 1973, 647 und Erwiderung *Ramm,* S. 722); *Mennel,* Verhandlungen des 50. DJT, D 165; *Hoffmann-Schneider,* Kindergeld und Einkommensteuer, NJW 1975, 1956; *Paulick,* Der Familienlastenausgleich nach dem Einkommensteuergesetz 1975, FamRZ 1975, 138; *Ruland,* Familiärer Unterhalt und Leistungen der sozialen Sicherheit, 1972; *Schwab,* Zur Geschichte des verfassungsrechtlichen Schutzes von Ehe und Familie, Festschrift Bosch, 1976, S. 893; *Vogel,* Berücksichtigung von Unterhaltspflichten im Einkommensteuerrecht, DStR 1977, 31; *Lecheler,* Der Schutz der Familie, FamRZ 1979, 1.

I. Institutsgarantien

1. Institutsgarantien sind „Verbürgungen traditioneller Normenkomplexe und Rechtsbeziehungen" *(C. Schmitt);* die Institutsgarantien des Art. 6 I GG verbürgen die bürgerliche Ehe und die moderne Kleinfamilie in ihrer Fundamental-

---

[13] Ebenso *Boehmer,* FamRZ 1955, 269; *Soergel-Lange,* 8 zu § 1360 a; *Staudinger-Hübner,* 19 zu § 1360 a; MünchKomm-*Wacke,* 13 zu § 1360 a. Vgl. ferner OLG Nürnberg, FamRZ 1965, 217 gegen LG Berlin, FamRZ 1955, 267. Die beiden Urteile verwenden leider sehr unglücklich die Lehre von der Geschäftsgrundlage.

[14] Dem durchschnittlichen Parteiwillen entspricht eine Ausnahme für den Fall der Eheauflösung durch den Tod des leiblichen Elternteiles. Es wird daher möglich sein, einen allein den leiblichen Elternteil berechtigenden Vertrag von dessen Tod an als Vertrag zugunsten des Stiefkindes (§§ 328 ff.) aufrechtzuerhalten.

[15] Vgl. dazu BVerwG, MDR 1960, 526; *Boehmer,* FamRZ 1961, 42; *Dölle,* § 36 A II 3 d bb (mit Widerrufsvorbehalt aus „triftigen Gründen"); *Soergel-Lange,* 8 zu § 1360 a; MünchKomm-*Wacke,* 13 zu § 1360 a.

struktur (so wie diese in Gestalt einfachen Rechts vorgefunden wurde, als das Grundgesetz seinen Schutz gewährte[1]).

Geschützt ist allein die bürgerliche Ehe. Der Versuch, auch die Kirchenehe unter den Schutz der Verfassung zu stellen,[2] verkennt die Grenzen, die einem konfessionsneutralen Staat gezogen sind, und scheitert an der Notwendigkeit, ein überzeugendes Argument für den Schutz nur der Kirchenehen jenseits der bürgerlichen Ehe zu finden.[2a] Lebensgemeinschaften zwischen Mann und Frau sind nicht nur dem Staat und den großen christlichen Kirchen bekannt. Kirchenehen sind deshalb nur geschützt, wenn sie von der staatlichen Rechtsordnung eines anderen Staates mit Wirkung auch für den deutschen Bereich als gültige Ehe anerkannt werden.[3]

Art. 6 I GG schützt die Ehe, verbietet aber deshalb noch nicht „freie Lebensgemeinschaften". Vom besonderen Schutz einer Lebensform bis zur Rechtswidrigkeit aller konkurrierenden Formen ist ein weiter Weg.[4] Ob er beschritten wurde, lehrt nicht mehr die Verfassung; zuständig ist das Strafrecht und das Polizeirecht.

Geschützt ist allein die Kleinfamilie, sie aber in all ihren Erscheinungsformen. Geschützt ist nicht nur die Gemeinschaft eines Ehepaares und seiner Kinder. Kleinfamilie ist auch die nach der Eheauflösung verbleibende Gemeinschaft eines Elternteiles mit seinen Kindern, die Gemeinschaft eines Vaters mit seinem für ehelich erklärten Kind und seinem nichtehelichen Kind, die Verbindung von Adoptiveltern und Adoptivkind und die Verbindung der Mutter mit ihrem nichtehelichen Kind.[6]

2. Verbürgt ist die bürgerliche Ehe nach aller Ansicht nur, soweit ihr Kernbereich reicht; von einer allgemein anerkannten Umfangsbestimmung kann jedoch nicht mehr die Rede sein.

Wenn Art. 6 I GG nicht Norm bleiben soll, die es gestattet, jedes individuelle Unbehagen am geltenden Eherecht von der Verfassung bestätigt zu finden, ist

---

[1] Vgl. dazu *Lecheler,* FamRZ 1979, 1 ff. (mit der Rspr. des BVerfG zum Begriff der Familie).

[2] *Scheyhing,* FamRZ 1957, 5; *Becker,* FamRZ 1957, 41.

[2a] Ablehnend auch *Beitzke,* Festschrift Gschnitzer, S. 91 Fn. 26; *Staudinger-Dietz,* 117 Einl. vor EheG.

[3] Vgl. *Maunz-Dürig-Herzog,* 15 zu Art. 6.

[4] Erst wenn allseits Klarheit über die Begriffe Rechtmäßigkeit und Rechtswidrigkeit herrscht, wird ein fruchtbares Gespräch möglich. Wenn Rechtmäßigkeit Billigung durch die Rechtsordnung bedeuten soll, ist auch heute allein die Ehe rechtmäßige Form geschlechtsbezogener Lebensgemeinschaft (richtig *Maunz,* FamRZ 1956, 2; *Grundmann,* Ehe und Familie im Grundgesetz, in: Heckel, Ehe- und Familienrecht, S. 20 ff.; *Pirson,* Bonner Kommentar, 17 zu Art. 6). Wird dagegen alles Nichtverbotene als rechtmäßig bezeichnet, so läßt sich jener Standpunkt nicht mehr aufrechterhalten (vgl. *Hamann-Lenz,* A 2 zu Art. 6; vgl. auch *v. Mangoldt-Klein,* III 2 und 4 zu Art. 6).

[6] Vgl. für die Gemeinschaft der Mutter mit ihrem nichtehelichen Kind BVerfGE 8, 215; 24, 119 (135); 25, 167 (196); BVerwG, FamRZ 1962, 471 (472); *H. Krüger,* in: Bettermann-Nipperdey-Scheuner, Die Grundrechte IV 1, S. 341; *Scheffler,* in: Bettermann-Nipperdey-Scheuner, Die Grundrechte IV 1, S. 252; *Maunz-Dürig-Herzog,* 16 zu Art. 6. A.A. *v. Mangoldt-Klein,* III 5 zu Art. 6. Daß auch die Gemeinschaft des Vaters mit seinem nichtehelichen Kind unter dem Schutz des Art. 6 I GG steht, wird neuerdings anerkannt in BVerfGE 45, 104 (123).

der Schritt von den heute noch vielfach diffusen Aussagen zu klareren unumgänglich. Der Hinweis auf die „Würde und Stellung der Ehe"[7] etwa kann sehr wenig, aber auch sehr viel sagen. Auch die Berufung auf den „herkömmlichen, christlich bestimmten Ehebegriff"[8] oder auf die „Ehe als Gemeinschaft in ihrer durch die lange Entwicklung der europäischen Kultur geprägten Form"[9] vermittelt keine Sicherheit, bringt auch nicht zum Ausdruck, daß es sich nur um eine *Garantie der Fundamentalstruktur der Ehe* handeln kann und nicht um eine konservierende, vielleicht sogar restaurativ eingestellte Garantie großer Normenfelder. Ein Institut, dessen Wandlungsfähigkeit die Verfassung selbst anerkennt, indem sie es (über Art. 3 GG!) starken verändernden Einflüssen aussetzt, kann jenseits klar erkennbarer Abwehrtendenzen nur in seinen konstituierenden Merkmalen garantiert sein. *Der Grundsatz des freien Zugangs zur Ehe,*[9a] *die Ehebegründung durch Vertrag, die Monogamie, das Prinzip der geschlechtsverschiedenen Ehe,*[9b] *die Verpflichtung zur ehelichen Lebensgemeinschaft und das grundsätzliche Bekenntnis zur Beendigung der Ehe allein durch den Tod* (vgl. dazu unten § 24 II) sind demnach der einfachen Gesetzgebung entzogen, weil mit ihrer Beseitigung das Rechtsinstitut der bürgerlichen Ehe überhaupt entfallen würde.[10] Gewahrt wird ferner die Intimsphäre der Ehegatten gegen den Staat.[11] Klare Grenzen sind freilich nur in den konstituierenden Merkmalen gefunden; die dem Staat verschlossene Intimsphäre ist dagegen nicht mehr zweifelsfrei zu fixieren.

Garantiert Art. 6 I GG nur die Fundamentalstruktur von Ehe und Familie, so erweisen sich alle unter Berufung auf seine Institutsgarantien geführten Angriffe auf Normen des geltenden Rechtes als unbegründet: Die Fundamentalstruktur von Ehe und Familie wird von keiner Norm des geltenden Rechtes verletzt, auch

---

[7] *Maunz,* FamRZ 1956, 2.

[8] *Beitzke,* in: Neumann-Nipperdey-Scheuner, Die Grundrechte II, S. 211.

[9] *Scheuner,* Verfassungsrechtliche Grundlagen der Familienrechtsreform, S. 52.

[9a] Vgl. dazu vornehmlich BVerfGE 31, 58; 36, 146 (jeweils mit Anerkennung gesetzlicher Regelung der sachlichen Voraussetzung einer Heirat).

[9b] Als allzu selbstverständlich meist gar nicht erwähnt. Vgl. aber *Lecheler,* FamRZ 1979, 4. Angesichts einer andernorts ernsthaft geführten Debatte um die Anerkennung gleichgeschlechtlicher Lebensgemeinschaften ist heute die Erwähnung nicht mehr absurd.

[10] Ebenso *Pirson,* 12ff. zu Art. 6; BVerfGE 10, 66. Zu eng *v. Mangoldt-Klein,* III 4 zu Art. 6, mit Schutz nur der Monogamie und – insoweit unrichtig – der obligatorischen Zivilehe. Gegen den Schutz der obligatorischen Zivilehe auch *Dölle,* § 3 III 3. Vgl. hingegen *Staudinger-Dietz,* 22f. zu § 11 EheG (Vorbehalte zugunsten des Staates und weit. Hinw.). Vgl. ferner *Dürig,* FamRZ 1954, 4 (der unter Hinweis auf die „Natur der Ehe" der einfachen Gesetzgebung weitere Normen entzieht oder auch vorschreibt); *Scheffler,* in: Bettermann-Nipperdey-Scheuner, Die Grundrechte IV 1, S. 281 ff. (Art. 6 I GG als Maßstab für weite Teile des Familienrechts); *Maunz-Dürig-Herzog,* 17 zu Art. 6 (kein Hinweis auf die Verpflichtung zur ehelichen Lebensgemeinschaft, dafür Schutz auch für die Scheidung durch richterlichen Akt und für den Kernbestand der Ehevoraussetzungen „im traditionellen abendländischen Verständnis") und *Staudinger-Dietz,* 113 Einl. vor EheG.

[11] Vgl. BVerfGE 6, 55 (71 und 81); BVerfGE 35, 35 (40) und 42, 234 (236); *Scheuner,* Verfassungsrechtliche Grundlagen, S. 53. Nur bedingt gehört hierher BVerfGE 10, 59 (83), da diese Entscheidung den Staat subsidiär in allen Bereichen wirken läßt.

nicht von den Normen des neuen Scheidungsrechtes, die heute vornehmlich im Streit befangen sind. Weder ist der Zerrüttungsgrundsatz als solcher zu beanstanden (vgl. dazu unten § 24 II) noch einzelne Details seiner Ausprägungen im geltenden Recht (Näheres bei den einzelnen inkriminierten Normen).

Auch Art. 3 GG berührt die Fundamentalstruktur der Ehe und Familie nicht. Alle Versuche, den Grundsatz der Gleichberechtigung durch Art. 6 I GG zu begrenzen[12] und damit zu schwächen, sind schon deshalb (wenn auch nicht allein deshalb) zu verwerfen. Der Gleichberechtigungsgrundsatz verankert ein weiteres, nicht mehr fundamentales Strukturelement der Ehe in der Verfassung;[13] der geschützte Kernbereich der Ehe wird von ihm nicht umgestaltet.

II. Grundsatznorm

1. Eine für Art. 6 I GG angestellte Funktionsanalyse erweist ihn in einer zweiten Schicht als Grundsatznorm, die den Staat verpflichtet, für Ehe und Familie bewahrend und fördernd tätig zu sein. In dieser Funktion enthält Art. 6 I GG als festen Normenkern ein *allgemeines Schädigungsverbot*[1] sowie ein *Differenzierungsverbot*, das eine formale Parallele im Differenzierungsverbot des Art. 3 II und III GG (Gleichberechtigungsgrundsatz; vgl. zu ihm unten § 6) findet.[2] Als konkretes Differenzierungsverbot schränkt Art. 6 I GG das vom allgemeinen Gleichheitssatz bis zur Willkürgrenze freigegebene Ermessen des Gesetzgebers durch eine weitere Wertentscheidung ein;[3] Regelungen, die Ehegatten oder Familienmitglieder im Vergleich mit alleinstehenden Personen benachteiligen, sind verfassungswidrig. Neben dem Differenzierungsverbot mit scharfen Konturen enthält Art. 6 I GG ein *positives Förderungsgebot* mit unbestimmtem Pflichtengehalt für den Gesetzgeber.[4] Ökonomische Entlastung steht im Vordergrund, kann aber

---

[12] Vgl. *Bosch*, Familienrechtsreform, 1952, S. 86ff.; *Beitzke*, in: Neumann-Nipperdey-Scheuner, Die Grundrechte II, S. 210f.; BayObLG, FamRZ 1958, 69; *Strauss*, JZ 1952, 449; *Krauss*, FamRZ 1954, 62; *Dürig*, FamRZ 1954, 4; zurückhaltender, wenn auch grundsätzlich unverändert, *ders.*, in: Maunz-Dürig-Herzog, 19, insbes. 22f. zu Art. 3 II; *Wahl*, FamRZ 1959, 305. Vgl. auch *Scheuner*, Verfassungsrechtliche Grundlagen, S. 50 und 52. Im Ergebnis wie der Text: *Arnold*, MDR 1952, 719; *v. Mangoldt-Klein*, III 6 zu Art. 6; *H. Krüger*, DRiZ 1953, 82; *Scheffler*, DRiZ 1953, 86; *Dölle*, § 3 III 3; *Ridder*, Männer und Frauen sind gleichberechtigt. Ein Plädoyer, Festschrift Leibholz, 1966, Bd. II, S. 231ff.; *Binder-Wehberg*, Ungleichbehandlung von Mann und Frau, 1970, S. 56f.; BVerfGE 3, 225 (240ff.); 6, 83; 10, 67.

[13] Zur Fundamentalstruktur der Ehe wird der Gleichberechtigungsgrundsatz gerechnet vom BVerfG (BVerfGE 10, 66f. sowie FamRZ 1976, 436 [439]) und von *Scheffler*, in: Bettermann-Nipperdey-Scheuner, Die Grundrechte IV 1, S. 267. Unklar bleiben *Maunz-Dürig-Herzog*, 15 zu Art. 6.

[1] Vgl. *Maunz-Dürig-Herzog*, 17 zu Art. 6.

[2] Vgl. *Scheffler*, in: Bettermann-Nipperdey-Scheuner, Die Grundrechte IV 1, S. 270f.

[3] Vgl. BVerfGE 6, 55 (71); 9, 237 (248f.); 12, 194; 14, 34 (42); BVerfG, JZ 1964, 321 (322). Allgemeiner Gleichheitssatz und besonderes Differenzierungsverbot werden nicht klar voneinander getrennt bei *Maunz-Dürig-Herzog*, 13 zu Art. 6.

[4] Vgl. dazu BVerfGE 21, 1 (6) und zu den Grenzen des Förderungsgebots BVerfGE 40, 121 (132); 43, 108 (121ff.).

nicht das allein entscheidende Kriterium sein. Einerseits kann Förderung auch mit anderen Mitteln betrieben werden. Andererseits kann forcierte Entlastung schädigen: Eine „Sozialisierung" von Ehe und Familie war nie das Ziel des Grundgesetzes.[4a]

2. Verfassungswidrig ist die Benachteiligung von Ehegatten und Familienmitgliedern überhaupt, nicht erst die Benachteiligung aller Ehegatten und aller Familienmitglieder. Das Differenzierungsverbot kann zwar nicht schon verletzt sein, wenn Normen im Einzelfall zu einer Beschwer von Ehegatten und Familienmitgliedern führen, die nicht mehr zum Regelungsziel gehört (also nicht beabsichtigte Nebenfolge ist).[5] Es greift dagegen bereits ein, wenn Normen gesetzt werden, die Ehegatten oder Familienmitglieder nur bei bestimmter typischer Gestaltung des Ehe- und Familienlebens benachteiligen (etwa alle Ehegatten, die in einer Doppelverdienerehe leben). Verfassungswidrig sind daher auch alle Normen, die Ehegatten oder Familienmitglieder im Vergleich mit alleinstehenden Personen begünstigen, wenn sie sich einem vom Staat allein geförderten Lebensstil beugen, und benachteiligen, wenn sie ihr Leben anders gestalten (wesentlich vornehmlich im Steuerrecht).[6] Unbeschadet der weiteren Frage, ob Edukationseffekte überhaupt legitim sind, dürfen sie jedenfalls nicht mit den Mitteln einer differenzierenden Regelung erstrebt werden, die Ehegatten oder Familienmitglieder benachteiligt.

3. Mangels eines vergleichbaren Sachverhaltes kann das Differenzierungsverbot nie verletzt sein, wenn Normen nachteilige Rechtsfolgen an Tatbestände anknüpfen, die ausschließlich von Ehegatten und Familienmitgliedern verwirklicht werden können.[7] Wirksam bleibt indessen das positive Förderungsgebot, vor dem jede Benachteiligung von Ehegatten und Familienmitgliedern zu rechtfertigen ist.

Das Differenzierungsverbot wird auch nicht verletzt, wenn Ehe und Familie unter dem Zwang praktischer Gründe in der dem Recht eigenen typischen Betrachtungsweise als Tatbestandselemente mit Näherungswert für andere „an sich" gemeinte neutrale Umstände dienen.[8] Die praktische Bedeutung dieser Aussage ist freilich gering. In aller Regel wird das positive Förderungsgebot verletzt sein, wenn Ehegatten oder Familienmitglieder dergestalt belastet werden

---

[4a] Vgl. dazu *Lecheler,* FamRZ 1979, 5ff.

[5] Vgl. BVerfGE 11, 50 (60).

[6] Vgl. BVerfGE 6, 55 (81); 21, 329 (353).

[7] Vgl. BVerfGE 9, 237 (242). Entscheidend ist nicht, ob fragwürdige Tatbestände bislang allein auf Ehegatten zugeschnitten waren, wenn sie nur überhaupt sinnvoll auf andere Personen übertragen werden können. Vgl. dazu konkret die Debatte um § 1357 (unten § 19 IV 3).

[8] Ebenso, wenn auch nicht expressis verbis, BVerfGE 17, 210 (218f.): Ehegatten als Annäherungswert für Personenmehrheiten, die mit getrennten Bausparverträgen nur ein Eigenheim finanzieren wollen (fragwürdig). Vgl. ferner BVerfGE 14, 34 (39ff.): Ehegatten als Annäherungswert für Personen, deren Bedarf im Alter nicht so stark steigt wie der Bedarf alleinstehender Personen.

(vgl. dagegen unten § 6 II 5 und 6 zur größeren Bedeutung des Arbeitens mit Näherungswerten im Bereich des Gleichberechtigungsgrundsatzes).

4. *Einzelfälle.* Im Vordergrund der praktischen Bewährung des Förderungsgebotes steht die wirtschaftliche Entlastung der bekinderten Ehe; nach Abschaffung der Kinderfreibeträge durch das EStRG v. 5. 8. 1974 liegt der Schwerpunkt insoweit bei der Kindergeldgesetzgebung.[9]

Im Vordergrund der praktischen Bewährung des Differenzierungsverbotes steht die Abwehr wirtschaftlicher Nachteile. Es fielen nach Entscheidungen des BVerfG etwa Benachteiligungen im Recht des Lastenausgleiches,[9a] des Steuerrechtes[10] (darunter auch die Diskriminierung von Arbeitsverhältnissen unter Ehegatten[11]), des Sozialversicherungsrechtes[12] und des Sozialversorgungsrechtes.[13] Es fiel ferner § 45 KO mit seiner Aussonderungsschranke für Ehegatten.[14] Es fielen auch die absoluten Heiratswegfallklauseln (Wegfall kindbezogener Leistungen an die Eltern nach Heirat des Kindes ohne Rücksicht auf die Leistungsfähigkeit des Ehegatten).[15] Verheiratete Kinder können Unterhaltsansprüche gegen ihre Eltern haben; sie können auch nicht als Näherungswert für die an sich gemeinten „anderweit versorgten Kinder" gesetzt werden.

5. Rechtsprechung und Verwaltung sind an Art. 6 I GG als Interpretationsmaxime gebunden;[16] die Rechtsprechung hat ihn zudem bei der Rechtsfortbildung

---

[9] Vgl. dazu BVerfG, FamRZ 1977, 120, 123 (Gesetzgeber kann im Rahmen seiner Gestaltungsfreiheit die Art der Förderung bestimmen). Ähnlich *Hoffmann-Schneider,* NJW 1975, 1959; *Paulick,* FamRZ 1975, 143. Die Verfassungsmäßigkeit der Beschränkung des Familienlastenausgleichs auf die Gewährung von Kindergeld wird dagegen verneint von *Ruland,* S. 344; *Klein,* BayVBl. 1974, 4f.; *ders.,* Verfassungsrechtliche Grenzen der Steuerreform, Festschrift Geiger, 1974, S. 709; *Vogel,* NJW 1974, 2108ff.; *ders.,* DStR 1977, 31ff. (zu BVerfG, FamRZ 1977, 120).

[9a] Vgl. BVerfGE 12, 180 (194ff.); 15, 328ff.

[10] Vgl. BVerfGE 6, 55 = JZ 1957, 268ff. mit Anm. *Bachof* (Mehrbelastung der Doppelverdienerehe im Einkommensteuerrecht); 18, 97ff. (Zusammenveranlagung von Eltern und Kindern zur Einkommensteuer); 26, 321ff. (zu § 3 II 2 KVStG); BVerfG, FamRZ 1963, 419 (420f.) mit Anm. *Bosch* (zu § 1 III Nr. 1 GrEStG). Vgl. aber auch BVerfGE 23, 27ff. (Zusammenveranlagung von Ehegatten bei der Vermögenssteuer verfassungskonform); BVerfGE 32, 260, 269f. (zur Verdoppelung der Sonderausgabenpauschale).

[11] BVerfGE 13, 290ff. (zu § 8 Nr. 5 GewStG); 13, 318 (331); BVerfG, FamRZ 1963, 419; NJW 1970, 1787 (Rückstellungen für Pensionszusagen).

[12] Vgl. BVerfGE 17, 1 (26ff.); 18, 257 (269ff.).

[13] Vgl. BVerfGE 17, 38 (62ff.). Vgl. aber auch den vergeblichen Angriff auf § 28 BSHG in BVerwGE 23, 149ff.

[14] BVerfGE 24, 104ff. Vgl. dazu *Brox,* FamRZ 1968, 406ff.; *Müller,* KTS 1969, 146.

[15] Vgl. BVerfG, FamRZ 1970, 470 mit Hinw. auf den Streitstand und zust. Anm. *Bosch* zum Sozialrecht und BVerfG, FamRZ 1970, 480 mit zust. Anm. *Bosch* zum Beamtenrecht. Die Entscheidungen differieren freilich in einem wesentlichen Punkt. Während die erste Art. 6 I GG anwendet und auf dieser Basis differenzierende Heiratswegfallklauseln für zulässig hält, beruft sich die (von einem anderen Senat stammende) zweite auf Art. 3 I GG und will auch Unterhaltsleistungen des Ehegatten als nicht tauglichen Differenzierungsfaktor anerkennen. Vgl. dagegen *Ruland,* FamRZ 1970, 467 und 631; *ders.,* Familiärer Unterhalt und Leistungen der sozialen Sicherheit, S. 371ff. Er hält die Einführung differenzierender Klauseln gerade mit Rücksicht auf den Gleichheitssatz für geboten. Gegen ihn *Schmitz-Pfeiffer,* FamRZ 1970, 630. Zu den Folgen der Verfassungswidrigkeit der absoluten Heiratswegfallklauseln vgl. *Maurer,* FamRZ 1971, 12ff.

[16] Vgl. aus der Praxis BVerfGE 19, 394 (396ff.) zum Aufenthaltsverbot für verheiratete Ausländer (vgl. dazu auch BVerwG, FamRZ 1970, 643); 22, 93 (98f.) zu § 1361 a.F.; BVerfGE 35, 382 (407f.) zur sofortigen Vollziehung der Abschiebung eines mit einer Deutschen verheirateten Ausländers; BVerfGE 42, 101ff. zur Besuchsregelung im Strafvollzug; BVerwGE 17, 267 (273ff.) zur Lehrtätigkeit an kath. Bekenntnisschulen nach Eheschluß mit einem geschiedenen Partner.

zu wahren und zu entfalten. Hinweise auf ihn sind häufig; meist sind sie überflüssig, zuweilen sogar mißbräuchlich. Verfehlt ist insbesondere der Versuch, die Abwehr von Ehestörungen auf Art. 6 I GG als Schutzgesetz zu stützen (vgl. dazu unten § 17 I 1).

III. Subjektiv-öffentliche Rechte

1. Der Umfang der staatsgerichteten Verhaltensverbote zieht die Grenzen, die einer Ableitung subjektiv-öffentlicher Rechte aus Art. 6 I GG gesetzt sind. Alle dem Staat verbotenen Akte erzeugen ein Abwehrrecht der betroffenen Ehegatten und Familienmitglieder,[1] aber auch nur die dem Staat verbotenen Akte. Ein subjektiv-öffentliches Recht auf Zugang zur Ehe ist etwa Art. 6 I GG nur sehr beschränkt zu entnehmen. Eheverbote widersprechen seinen Abwehrrichtungen nur, wenn sie mit ihren Tatbeständen die Ehe als allgemeine Lebensform in Frage stellen, und ferner, wenn sie die Ehe zum Mittel staatlicher Politik herabwürdigen. Eheverbote anderer Art sind nur mit anderen Grundrechten (insbesondere Art. 1 I und 2 I GG) abzuwehren.[2] Die Freiheitsrechte befinden etwa über die Zulässigkeit eugenischer Eheverbote.[3] Sie beantworten auch die Frage nach der Zulässigkeit eines Erlaubnisvorbehaltes für kasernierte Personen[4] und der Behinderung von Strafgefangenen.[5]

2. Die von Art. 6 I GG gewährten subjektiv-öffentlichen Rechte stehen Familien und Ehegatten auch dann zu, wenn das Erscheinungsbild der Familie oder Ehe vom gewohnten Leitbild abweicht. Die legale ,,Halbfamilie" mit nur einem

[1] Heute fast allg. Meinung (für das BVerfG vgl. BVerfGE 6, 386). Für subjektiv-öffentliche Rechte nur im Bereich der Institutsgarantien aber *Scheffler,* in: Bettermann-Nipperdey-Scheuner, Die Grundrechte IV 1, S. 273; *Maunz-Dürig-Herzog,* 1 zu Art. 6. Gänzlich ablehnend *Schnitzerling,* FamRZ 1958, 445. Die ablehnende Haltung von *v. Mangoldt-Klein,* III 3 zu Art. 6 ist später von *Klein* aufgegeben worden (DÖV 1957, 574).

[2] A.A. *Maunz,* FamRZ 1956, 1; *Bachof,* FamRZ 1956, 399; *Münch,* JZ 1958, 75; OLG Hamm, FamRZ 1963, 248 (249); *Maunz-Dürig-Herzog,* 65, 98 mit Fn. 1, 99 zu Art. 1; MünchKomm-*Müller-Gindullis,* 18 Vorb. zum EheG; *Staudinger-Dietz,* 102, 120ff. Einl. vor EheG (mit weiteren Nachweisen, aber ohne Auflösung der Normkonkurrenz zu dem – ebd. 105 Einl. vor EheG ebenfalls als einschlägig bezeichneten – Art. 2 I GG). Wie der Text *v. Mangoldt-Klein,* III 3 zu Art. 6; *Klein,* DÖV 1957, 573; *Küchenhoff,* ZStaatsw. 113 (1957), 331; BAGE, 4, 274 (282). Nicht eindeutig *H. Krüger,* ZBR 1955, 291. Für das geltende positive Recht ist die Problematik weitgehend entfallen durch das 1. EheRG.

[3] Sie werden für unzulässig gehalten von *Maunz,* FamRZ 1956, 1 (unter Hinweis auf Art. 6 GG).

[4] Vgl. dazu OVG Koblenz, FamRZ 1955, 336 (Zulässigkeit bejahend); *Maunz,* FamRZ 1956, 2 (verneinend unter Berufung auf Art. 6 I GG, hilfsweise auf Art. 2 II GG); *Grundmann,* in: Heckel, Ehe- und Familienrecht, S. 22ff. (bedenklich); *Krüger,* ZBR 1955, 289ff.; BVerwG, NJW 1962, 1532 (Frage der Güterabwägung im Einzelfall mit höchst eigentümlicher Verwendung des Art. 2 I für und des Art. 6 I GG gegen die Zulässigkeit). Belanglos für die Frage ist Art. 12 der Europakonvention – BGBl. 1952 II, 686 –, da das von ihm bejahte Recht auf Ehe nur innerhalb des nationalen Rechtes besteht. Gegen die Annahme, daß damit lediglich ,,allgemeine Bestimmungen" des nationalen Rechtes gewahrt bleiben sollen (*H. Krüger,* ZBR 1955, 290), schon *Henrichs,* FamRZ 1956, 175ff.

[5] Vgl. dazu OLG Celle, NJW 1961, 692; *v. Münch,* JZ 1958, 75 (Eheerlaubnis grundsätzlich zu gewähren; als Begründung dient Art. 6 GG).

alleinstehenden Elternteil darf gegenüber der ,,Vollfamilie" nicht diskriminiert werden.[6] Ehegatten, die freiwillig dauernd getrennt leben, haben dieselben Rechte wie Ehegatten, die eine Wohngemeinschaft bilden. Wer anders entscheidet,[7] versagt Berechtigungen gerade dort, wo sie am notwendigsten sein können.

IV. Das Elternrecht (Art. 6 II und III GG)

Schrifttum: *Fleig,* Das Elternrecht im Bonner Grundgesetz, 1953; *H. Mayer,* Elternrecht, Schule und Kirche, DVBl. 1955, 581; *H. Krüger,* Grundrechtsausübung durch Jugendliche (Grundrechtsmündigkeit) und elterliche Gewalt, FamRZ 1956, 329; *Stein,* Elterliche Mitbeteiligung im deutschen Schulwesen, JZ 1957, 11; *H. Peters,* in: Bettermann-Nipperdey-Scheuner, Die Grundrechte IV 1, S. 369; *Becker,* Das Elternrecht im Spiegel der verfassungsrechtlichen Rechtsprechung, FamRZ 1961, 104; *Hansmann,* Der Elternbegriff des Art. 6 Abs. 2 des Grundgesetzes, FamRZ 1962, 452 und 1963, 489; *Rüfner,* Zum Elternbegriff des Grundgesetzes, FamRZ 1963, 153 und 490; *Lindacher,* Der Minderjährigen-Vormund als Grundrechtsinhaber, FamRZ 1964, 116; *Röbbelein,* Zum Problem des Elternrechts, Ein Beitrag aus evangelischer Sicht, 1966; *Baumgarte,* Das Elternrecht im Bonner Grundgesetz, Diss. iur. Köln, 1966; *Horstmann,* Zum Problem der personenrechtlichen Beziehungen im außerehelichen Eltern-Kind-Verhältnis, 1967; *Wimmer,* Das pädagogische Elternrecht, DVBl. 1967, 809; *Funk,* Trennung der Kinder von der Familie, FamRZ 1969, 69; *Dellian,* Überlegungen zu § 1634 BGB, FamRZ 1969, 365; *Schwoerer,* Zur Bedeutung des in Art. 6 GG den Eltern garantierten Grundrechts für Entscheidungen aus den §§ 1634, 1671, 1672, 1696 BGB, FamRZ 1969, 367; *Zezschwitz,* Glaubensfreiheit und schulische Erziehung, JZ 1971, 11; *Hahnzog,* Inhaber des Elternrechtes aus Art. 6 II GG, FamRZ 1971, 334; *Hill,* Das natürliche Elternrecht aus verfassungs- und zivilrechtlicher Sicht, RdJ 1972, 136; *Maunz,* Das Elternrecht als Verfassungsproblem, Festschrift Scheuner, 1973, S. 419; *Richter,* Bildungsverfassungsrecht, 1973; *Scholzen,* Staatliche Sexualerziehung – Erziehungsrecht der Eltern und Rechtsstellung der Schüler, RdJ 1974, 216; *Schwitzke,* Verfassungsrechtliche Probleme des Elternrechts im Schulwesen, RdJ 1974, 97; *Ossenbühl,* Zur Erziehungskompetenz des Staates, Festschrift Bosch, 1976, S. 751; *Oppermann,* Verhandlungen des 51. DJT, C 103; *derselbe,* Die erst halb bewältigte Sexualerziehung, JZ 1978, 289; *Fehnemann,* Bemerkungen zum Elternrecht in der Schule, DÖV 1978, 489.

1. Die Pflege und die Erziehung der Kinder sind das natürliche Recht der Eltern und die zuvörderst ihnen obliegende Pflicht (Art. 6 II GG). Sinn dieses (mit Art. 6 I GG eng verbundenen)[1] Grundrechtes ist es in erster Linie, dem Staat das Aufgreifen herkömmlich elterlicher Aufgaben zu verwehren.[2] Verfassungswidrig wäre insbesondere jeder Versuch, an die Stelle der elterlichen Erziehung eine staatliche Kollektiverziehung der Kinder zu setzen.

Freilich begrenzt das Elternrecht die Tätigkeit anderer Kräfte auf dem Gebiet der Kinderpflege und Kindererziehung nur, verdrängt sie aber nicht vollständig. Es bleibt der Staat als Funktionsträger; es bleiben gesellschaftliche Kräfte; es

---

[6] Vgl. dazu *Mennel,* Vhdl. des 50. DJT, D 184ff. zur Frage, ob auch alleinstehenden Elternteilen der steuerrechtliche Vorteil des Splittings gewährt werden muß.

[7] Vgl. BVerfGE, FamRZ 1977, 611, 615 (steuerrechtliche Bevorzugung der in intakter Ehe lebenden Ehegatten im Hinblick auf Art. 6 I GG grundsätzlich unbedenklich); ähnlich bereits BFH, NJW 1960, 791f.; BFH, DB 1973, 601.

[1] Vgl. BVerfGE 24, 119 (135); *Horstmann,* S. 21ff.

[2] *Maunz-Dürig-Herzog,* 31 zu Art. 6, leiten aus dem Elternrecht auch einen Anspruch auf staatliche Leistungen mit freilich höchst unbestimmtem Inhalt ab (Bereitstellung von Erziehungseinrichtungen und -maßnahmen, soweit angemessen und möglich).

bleiben die Kirchen. Staat und Kirche sieht das geltende Recht ohne Rangunterschied in der Ebene der sekundären Funktionsträger (vgl. aber auch § 5 III und IV JWG). Es gesteht indessen nur dem Staat Rechte zu, während die Kirchen stets nur über die Eltern auf die Kinder einwirken können.

2. *Naturrecht und positives Recht.* Die Charakterisierung des Elternrechtes als ,,natürliches Recht" hat die vom Pathos des Art. 1 II GG ohnehin in den gesamten Grundrechtsteil der Verfassung getragene Frage nach dem Verhältnis von Grundrechten und Naturrecht für das Elternrecht besonders betont. Sich ihr zu stellen, ist nicht müßig,[3] weil die Antwort jenen Umfang des Grundrechtes bestimmt, der auch durch eine Änderung der Verfassung nicht beseitigt werden kann.

Zuweilen wird das Elternrecht in seiner Totalität dem Naturrecht zugeordnet.[4] Richtiger ist es, das Elternrecht nur mit seinem Kern dem Naturrecht zuzuweisen, im übrigen aber nur als Bestandteil des positiven Verfassungsrechtes zu begreifen.[5] Das Naturrecht kann lediglich Fundamentalaussagen machen. In ihm die Quelle aller Entscheidungen zu suchen, die Art. 6 II GG trifft, heißt dem Naturrecht Aufgaben aufbürden, die es schlechthin nicht lösen kann.[6] Gleichgültig ist die Haltung der Schöpfer der Verfassung in dieser Frage. Kein legislatorischer Akt kann je Naturrecht schaffen, so wie auch kein legislatorischer Akt je Naturrecht beseitigen kann.

3. *Elternrecht und elterliche Sorge* werden in der Regel als deckungsgleiche Größen gesehen.[7] In Wahrheit bleibt das Elternrecht auf Teile der elterlichen Sorge beschränkt.[8] Die Vorstellung, daß die gesamte elterliche Sorge durch Art. 6 II GG Verfassungsrang erhalten habe, wird dem Grundrecht nicht gerecht. Es soll nicht die gesamte elterliche Sorge in ihrer gegenwärtigen Form versteinern. Das Elternrecht wird erst verletzt, wenn den Eltern ihr ,,Kind" ganz oder teilweise entzogen wird. Der Begriff des ,,Kindes" aber wird nicht von den §§ 1626 ff. für die gesamte Rechtsordnung abschließend fixiert. Dem Gesetzgeber bleibt ein Ermessensspielraum von unterschiedlicher Weite in den einzelnen Lebensbereichen.[9] Das RelKEG etwa und das WehrpflG halten sich durchaus im Rahmen

---

[3] So aber *Peters,* in: Bettermann-Nipperdey-Scheuner, Die Grundrechte IV 1, S. 373.

[4] Vgl. *Hansmann,* FamRZ 1962, 453, aber auch (unbestimmter) *Maunz-Dürig-Herzog,* 22 zu Art. 6. Vgl. ferner *H. Mayer,* DVBl. 1955, 581 (mit der Forderung, bei der Interpretation des Elternrechtes an die naturrechtliche Tradition anzuknüpfen) und *Baumgarte,* S. 15 ff. (Orientierung der Auslegung an der katholischen Naturrechtslehre).

[5] So wohl auch *Horstmann,* S. 30. Unklar *Staudinger-Göppinger,* 7 vor § 1666 (einerseits ,,vorstaatlich", andererseits vom positiven Recht ,,konkretisiert").

[6] So auch *Evan-Krbek,* ZBlJugR 1976, 51 ff.

[7] Vgl. etwa *Maunz-Dürig-Herzog,* 24 zu Art. 6.

[8] Gegen die Identifizierung auch MünchKomm-*Hinz,* 11 zu § 1626; *Staudinger-Donau,* 8 vor § 1626; *Horstmann,* S. 25; *Reuter,* Kindesgrundrechte und elterliche Gewalt, 1968, S. 96.

[9] Dem Grundsatz nach richtig BGH, FamRZ 1956, 371 (über die Mündigkeit soll das pflichtgemäße Ermessen des Gesetzgebers entscheiden können).

fehlerfrei ausgeübten Ermessens und berühren das Elternrecht nicht, obwohl sie den Einfluß der Eltern auf Minderjährige mindern.[10]

4. *Substanztheorie.* Gestützt auf den naturrechtlichen Kern des Elternrechtes wird heute von der h. L. behauptet, daß die elterliche Sorge den Eltern grundsätzlich nur der Ausübung nach, nicht aber der Substanz nach entzogen werden könne, wenn (verfassungsgerechte) Schmälerungen der elterlichen Sorge erforderlich werden. Eine Ausnahme wird nur für die (vom positiven Recht inzwischen preisgegebene) Verwirkung der elterlichen Sorge zugestanden, weil insoweit eine ,,widernatürliche" Handlung der Eltern das natürliche Elternrecht beseitige (mit den positivistischen Grenzen des § 1676, dessen Beseitigung anläßlich der Reform des Kindschaftsrechtes folgerichtig als naturrechtswidrig gebrandmarkt werden müßte).[11] Emotional wird damit das Naturrecht mit einer Aussage belastet, zu der es gar nicht fähig ist. Es richtet sich stets nur auf praktische Befugnisse, nie auf die Figuren des juristischen Denkens. Es kann einen Verlust der elterlichen Sorge überhaupt verhindern. Es schreibt uns nicht mehr vor, wie ein rechtmäßiger Verlust zu verstehen ist.[12]

Vereinzelt wird die Substanztheorie auch positivistisch aus Art. 6 II GG abgeleitet: Eine Gewalt, die lediglich die ,,Betätigung" der Eltern zu überwachen habe, könne auch nur die Ausübung der elterlichen Sorge entziehen.[13] In dieser Form ist die Substanztheorie so gut wie wertlos, weil abhängig vom änderbaren Text des GG. In dieser Form ist die Substanztheorie aber auch nicht überzeugender als die naturrechtliche Hauptrichtung: Vom Objekt des staatlichen Wächteramtes kann nicht auf die Mittel der Gefahrenabwehr geschlossen werden.

5. *Träger des Elternrechtes* sind nicht alle ,,Erziehungsberechtigten".[14] Wer Elternfunktionen ausübt, ohne als Träger elterlicher Sorge anerkannt zu sein, ist durch Art. 6 II GG nicht geschützt. Daß Abs. III bei seiner Einschränkung des staatlichen Wächteramtes von dem Erziehungsberechtigten spricht, will nichts

---

[10] Vgl. BGH, FamRZ 1956, 371 (376) zum RelKEG; *Grüter,* DÖV 1964, 483 zur Wehrpflicht. Nach a. A. ist die Pflicht zum Wehrdienst als eine von Art. 73 Nr. 1 GG vorgesehene Schranke des Elternrechtes zu verstehen. Vgl. BVerwGE 7, 358 (361); 22, 235 (237).

[11] Vgl. *Beitzke,* FamRZ 1958, 9; *Soergel-Lange,* 4 zu § 1626; *Erman-Ronke,* 15 vor § 1626; *Palandt-Diederichsen,* 5a vor § 1626; *Bosch,* FamRZ 1959, 379.

[12] Zustimmend MünchKomm-*Hinz,* 13f. zu § 1626. Im Ergebnis wie der Text *Schwoerer,* FamRZ 1958, 41; *Staudinger-Donau,* 8 zu § 1626; *Staudinger-Schwoerer,* 4a zu § 1634 und 41 zu § 1671; *Schultz,* MDR 1964, 795; *Häberle,* Die Wesensgehaltsgarantie des Art. 19 Abs. 2 Grundgesetz, 1962, S. 107 Fn. 253 (generell gegen die Argumentation mit dem Begriffspaar Ausübung – Substanz); *Horstmann,* S. 32; *Frank,* Grenzen der Adoption, 1978, S. 148ff. *Lange,* JZ 1965, 427, hält nur die Argumente des Textes für richtig; die Substanztheorie entspreche ,,dem Geiste des positiven Verfassungsrechts" dennoch besser.

[13] Vgl. *Staudinger-Göppinger,* 35ff. vor § 1666 (ohne Grenze der Verwirkung).

[14] Ebenso *Hansmann,* FamRZ 1962, 451; *Rüfner,* FamRZ 1963, 153f., 157; *Horstmann,* S. 27 Fn. 72. A. A. *v. Mangoldt-Klein,* IV 2b zu Art. 6; *Hamann-Lenz,* B 4 zu Art. 6; *Rauschert,* RdJ 1960, 372 und ZBlJugR 1962, 159; *Schüler-Springorum,* FamRZ 1961, 298. Vgl. auch *Lindacher,* FamRZ 1964, 119f. Er will den Minderjährigenvormund durch Art. 6 II GG und hilfsweise durch Art. 2 I GG schützen.

besagen. Er kann und muß für die Erziehungsberechtigten, die nicht Träger elterlicher Sorge sind, als Norm verstanden werden, die ein selbständiges (gegenüber dem Elternrecht stark eingeschränktes) Grundrecht verleiht,[15] während er für die Träger des Elternrechtes Bedeutung nur als Tatbestandsverfestigung für den stärksten Eingriff des Staates in die elterliche Sorge hat. Der Vormund insbesondere ist nicht Träger elterlicher Sorge und damit auch nicht Träger des Elternrechtes.[16] Solange er aber die Vormundschaft führt, kommt ihm das selbständige Grundrecht des Abs. III zugute.[17]

Träger des Elternrechtes kraft Naturrechtes können nur leibliche Eltern sein. Träger des Elternrechtes kraft positiven Verfassungsrechtes können dagegen auch Personen sein, die einem Kind vom positiven Recht als „Eltern" zugeordnet wurden. Auch Adoptiveltern ist so das Elternrecht zuzugestehen[18] sowie dem Ehemann der Mutter, dem die §§ 1591 ff. ein von einem anderen Mann abstammendes Kind als eheliches Kind zuordnen.[18a]

Für die leiblichen ehelichen Eltern ist das Elternrecht unbestreitbar.[19] Für die nichteheliche Mutter ist es ebenso streitig geblieben wie für den nichtehelichen Vater.[20] Richtiger Ansicht nach sind beide als Träger eines Elternrechtes anzuer-

---

[15] A. A. *Staudinger-Göppinger*, 28 vor § 1666. Unklar *Peters*, in: Bettermann-Nipperdey-Scheuner, Die Grundrechte IV 1, S. 387 (Einschränkung des verfassungsrechtlich geschützten Elternrechtes, die auf die sonstigen Erziehungsberechtigten ausgedehnt wird) und – ihm folgend – *Baumgarte*, S. 38ff. Vgl. auch *v. Mangoldt-Klein*, IV 2b zu Art. 6 mit einer Darstellung der bestehenden Deutungsmöglichkeiten.

Zuweilen wird aus Art. 6 III GG auch ein Recht des Kindes auf Verbleiben in der Familie abgeleitet. Vgl. *Maunz-Dürig-Herzog*, 35 zu Art. 6; *Funk*, FamRZ 1969, 69ff.

[16] A. A. *Hahnzog*, FamRZ 1971, 339.

[17] A. A. (ebenso für den Pfleger) *Staudinger-Göppinger*, 27 vor § 1666 (mit Schutz aus Art. 2 I GG).

[18] Ebenso BayObLG, NJW 1971, 1464 (1465); *Anders*, FamRZ 1960, 477f.; *Staudinger-Göppinger*, 10 und 12f. vor § 1666; *Horstmann*, S. 29f. A. A. *Hansmann*, FamRZ 1962, 454f.; *Rüfner*, FamRZ 1963, 156f. (doch sollen ihm zufolge alle Adoptiveltern durch die einfache Gesetzgebung jene Rechte erhalten haben, die leiblichen Eltern das Verfassungsrecht gewährt) und *Baumgarte*, S. 33. In der Diskussion wird nicht immer genügend beachtet, daß Elternrecht der Adoptiveltern und Garantie des Adoptionsrechtes nicht identisch sind.

[18a] Vgl. *Staudinger-Göppinger*, 10 und 12 vor § 1666. A. A. *Hansmann*, FamRZ 1962, 454; *Rüfner*, FamRZ 1963, 157 (Schutz jedoch über § 1593).

[19] Sicher nicht mit dem Elternrecht begabt sind die Großeltern. Vgl. BayObLG, FamRZ 1964, 155 (156); offengelassen wurde die Frage von BVerwG, FamRZ 1977, 541 (543).

[20] Für ein Elternrecht der Mutter haben sich ausgesprochen BVerfGE 24, 119 (135); *Peters*, in: Bettermann-Nipperdey-Scheuner, Die Grundrechte IV 1, S. 375; *H. Krüger*, in: Bettermann-Nipperdey-Scheuner, Die Grundrechte IV 1, S. 342; *Bosch*, Gutachten für den 44. DJT, S. 56; *Rüfner*, FamRZ 1963, 155; *Maunz-Dürig-Herzog*, 25 zu Art. 6; *Baumgarte*, S. 28ff.; *Horstmann*, S. 35; MünchKomm-*Hinz*, 9 vor § 1705; *Staudinger-Göppinger*, 11 vor § 1666; BayObLG, NJW 1971, 1464. Das Elternrecht wird für die nichteheliche Mutter dagegen verneint von *Hansmann*, FamRZ 1962, 454 und 1963, 489.

Ein Elternrecht des nichtehelichen Vaters wird anerkannt von MünchKomm-*Hinz*, 9 vor § 1705; *H. Krüger*, in: Bettermann-Nipperdey-Scheuner, Die Grundrechte IV 1, S. 354 (die Beschränkung auf den „Blutsvater" ist selbstverständlich); *Horstmann*, S. 35; *Hahnzog*, FamRZ 1971, 336; Vorlagebeschluß des LG Köln, FamRZ 1977, 205ff. Es wird abgelehnt von *Peters*, in: Bettermann-Nipperdey-Scheuner, Die Grundrechte IV 1, S. 375; *Bosch*, Gutachten für den 44. DJT, S. 56 und 90; *Hans-*

kennen. Zwar scheint uns das Elternrecht des Naturrechtes eine (wenn auch vielleicht schon aufgelöste) Ehe der Eltern zu fordern. Nichts aber hindert uns, mit nichtehelicher Elternschaft ein Elternrecht kraft positiven Verfassungsrechtes zu verbinden. Für ein derartiges Elternrecht spricht die Abwehrrichtung des Art. 6 II GG: Auch nichteheliche Kinder sollen primär von ihren Eltern und nicht vom Staat erzogen werden.

6. *Elternstreit.* Keine Bedeutung hat das Elternrecht für das Verhältnis der Elternteile untereinander. Ein Grundrecht, das in vertikaler Abwehrrichtung den Staat und andere kollektive Kräfte begrenzen will, wird mißbraucht, wenn aus ihm Folgerungen für die horizontale Ebene der Elternteile gezogen werden.[21] Kritiker, die diese oder jene Norm der Regelung der elterlichen Sorge nach faktischer und rechtlicher Trennung der Ehegatten angreifen, können sich insbesondere nicht des Art. 6 GG bedienen. Versuche, das Verkehrsrecht des entrechteten Elternteiles (§ 1634) als verfassungswidrig zu erweisen,[22] sind schon im Ansatz verfehlt.[23]

7. *Entäußerung des Elternrechtes.* Art. 1 II GG erweitert die Unverletzlichkeit der Menschenrechte um die Komplementäreigenschaft der Unveräußerlichkeit. Auch das Elternrecht des Art. 6 II GG gehört zu den unveräußerlichen Rechten im Subordinationsverhältnis Staat – Bürger. Es hindert dagegen nicht mehr die Preisgabe aller elterlichen Rechte und Pflichten zugunsten von Adoptiveltern, also im Koordinationsverhältnis der Bürger untereinander. Ganze Jahrtausende haben die Adoption als Rechtsinstitut anerkannt und damit gewiß nicht naturrechtswidrig gelebt[24] (zur Frage, ob § 1748 mit Art. 6 II GG zu vereinbaren ist, vgl. unten § 62 VI 6).

---

mann, FamRZ 1962, 454; *Rüfner,* FamRZ 1963, 156; BayVerfGH, in BayVGHE 16, II. Teil, S. 10 (für das bayerische Verfassungsrecht); *Baumgarte,* S. 30f.; *Maier,* FamRZ 1966, 431; MünchKomm-*Lüderitz,* 35 vor § 1741; *Staudinger-Göppinger,* 14 vor § 1666.

[21] Ebenso *Horstmann,* S. 35; KG, NJW 1968, 1679 (1680); *Schwoerer,* FamRZ 1969, 367.

[22] Vgl. *Dellian,* FamRZ 1969, 365ff. Gegen ihn mit Recht *Schwoerer,* FamRZ 1969, 367ff. (der aber S. 368f. den Ausschluß des Verkehrsrechtes gemäß § 1634 II dem Art. 6 II und III GG unterwirft).

[23] Das wird auch gesehen in BVerfGE 31, 194, 206ff. (Verkehrsrechtsregelungen lediglich Ausgleich zwischen den durch das Elternrecht geschützten Rechtspositionen und damit kein Eingriff i.S. von Art. 6 II S. 2 GG), wenngleich der zur Begründung dienende Rückgriff auf das natürliche Elternrecht abzulehnen ist (vgl. unten § 53 III).

Als Beispiele irriger Berufung auf Art. 6 GG vgl. BGHZ 42, 364 (370f.) und BayObLG, NJW 1963, 2276 (2277) zur Rechtfertigung des Verkehrsrechtes aus § 1634; BVerfGE 4, 52 (57) zur Übertragung einzelner Befugnisse auf den Vater (als Pfleger) nach einer die Mutter begünstigenden Entscheidung aus § 1671.

[24] Vgl. dagegen *Hansmann,* FamRZ 1962, 453f. und *Rüfner,* FamRZ 1963, 156f. Sie glauben, infolge der Unveräußerlichkeit des Elternrechtes die Adoption als bloße Überlassung der Elternrechte zur Ausübung deuten zu sollen. Ein naturrechtliches Argumentieren, das durch juristische Konstruktionen „überwunden" wird, richtet sich indessen selbst. Gegen jene Auffassung auch *Horstmann,* S. 30 Fn. 90.

Frank, Grenzen der Adoption, 1978, S. 152ff., will Adoption und Unveräußerlichkeit der Elternrechte auch im Koordinationsverhältnis der Bürger mit Hilfe des staatlichen Wächteramtes harmonisieren: der Staat handele im Vorfeld elterlichen Versagens nach Entschluß der Eltern, ihre Verantwor-

8. *Schranken.* Wie alle Grundrechte ist auch das Elternrecht durch die Vorbehalte des Art. 2 I GG beschränkt. Die Rechte anderer, die verfassungsmäßige Ordnung und das Sittengesetz sind auch bei der Pflege und der Erziehung der Kinder zu wahren.[25] Die Eltern werden damit auf Erziehungsziele beschränkt, die im abendländischen Raum überhaupt diskutierbar sind, dagegen nicht mehr auf das generell Gebilligte verwiesen. Die Erziehung zur Freikörperkultur etwa sprengt den Rahmen generell gebilligten Handelns, verletzt aber Art. 2 I GG nicht und kann deshalb vom Staat weder generell verboten noch in jedem Einzelfall mit einem Eingriff in die elterliche Sorge beantwortet werden.[26]

Eingeschränkt wird das Elternrecht ferner durch das Schulrecht (das seinerseits das Persönlichkeitsrecht des Kindes zu beachten hat). Das von Art. 7 GG anerkannte Eigenrecht der Schule verdrängt die Eltern nicht vollständig aus dem Bereich der Schule – es bleibt etwa das Recht zur Wahl unter verschiedenen Schulgattungen, aber auch das Recht zur Entscheidung über die Teilnahme am Religionsunterricht (Art. 7 II GG) – nimmt ihnen jedoch das Bestimmungsrecht über die Schulgattungen und den Schulcharakter sowie über die Lehr- und Bildungspläne, die Stoffkataloge und curricula. Vor die Eltern tritt insoweit der Staat, ohne Ermächtigung zwar zu freiem Handeln, aber doch nur belastet mit einer schwer zu präzisierenden Pflicht, den richtigen Ausgleich zwischen staatlichem Bildungs- und Erziehungsauftrag und dem elterlichen Erziehungsrecht zu suchen. Aus dieser Pflicht erwächst auch ein Anspruch der Eltern auf Mitwirkungsbefugnisse bei der Bildungsarbeit und in der Schulverwaltung.[27]

Einiges kann heute als durch die höchstrichterliche Rechtsprechung jedenfalls für die Praxis ausreichend geklärt gelten: die Unterscheidung etwa zwischen reiner Wissensvermittlung und Erziehung (mit weit stärkerer Bedeutung des Spannungsfeldes), der Gesetzesvorbehalt für die ,,Groblernziele" (sog. ,,Wesent-

---

tung nicht mehr wahrzunehmen. Doch handelt es sich um einen untauglichen Zirkelschluß. Das elterliche Versagen (ihre ,,Weigerung") wird erst durch das Rechtsinstitut der Adoption möglich, kann also dieses nicht legitimieren.

[25] Unzweifelhaft ist, daß auch dem Elternrecht Schranken gezogen sind. Wenn Art. 2 I GG nicht begrenzt, müssen immanente Grenzen anerkannt werden. Vgl. BVerwGE 5, 153; *Becker*, FamRZ 1961, 105; *Baumgarte*, S. 116, 119ff.; *Staudinger-Göppinger*, 8 vor § 1666.

[26] Vgl. BVerfGE 7, 320. Kritik bei *Potrykus*, NJW 1958, 1387.

[27] Vgl. zur Auseinandersetzung im Schrifttum *Peters*, in: Bettermann-Nipperdey-Scheuner, Die Grundrechte IV 1. S. 385; *Grundmann*, S. 27ff.; *Maunz*, FamRZ 1956, 3; *Baumgarte*, S. 67ff.; *Maunz-Dürig-Herzog*, 27ff. zu Art. 6; *Wimmer*, DVBl. 1967, 809 (zu verfassungsrechtlichen Mindestanforderungen zum Schutze des ,,pädagogischen Elternrechts"); *Oppermann*, Kulturverwaltungsrecht, 1969, S. 262ff. (mit weit. Nachw.).

Für eine ungebundene Schulhoheit treten ein *v. Mangoldt-Klein*, IV 5b zu Art. 6. Vgl. ferner *Mayer*, DVBl. 1955, 581 (volle Freiheit für den Staat bei der Gestaltung des Schulwesens, Ablehnung dafür des generellen Schulzwanges, weil auch das staatliche Schulwesen das Elternrecht nur im Rahmen des staatlichen Wächteramtes schmälern dürfe); *Richter*, S. 64, 187 (strenge Trennung von Art. 6 II GG und Art. 7 GG, mit der Folge, daß auch grundlegende Änderungen des Schulsystems Art. 6 II GG nicht tangieren).

lichkeitstheorie"), aber auch die Pflicht der Schule, die Verantwortung der Eltern für den Gesamtplan der Erziehung ihrer Kinder zu achten, sowie zu Toleranz und Rücksichtnahme, zur Information und zum Verzicht auf Indoktrination, und dies alles vornehmlich dort, wo die Erziehungsaufgabe zwar Staat und Eltern gleicherweise zukommt, den Eltern jedoch näher steht (Sexualerziehung).[27a]

9. *Wächteramt des Staates.* Dem Elternrecht korrespondiert eine Elternpflicht. In ihr liegt der Schlüssel zur Überwachung der Eltern durch den Staat (Art. 6 II 2 und III GG). Eine Rechtsordnung, die jedem Kind „ein Recht auf Erziehung zur leiblichen, seelischen und gesellschaftlichen Tüchtigkeit" gewährt (§ 1 I JWG), kann die Kontrolle der Eltern durch den Staat nicht von sich weisen.

Das staatliche Wächteramt rechtfertigt alle dem Schutz des Kindes im Bereich des Elternrechts dienenden Normen des geltenden Rechts, insbesondere § 1666.[28] Es birgt in sich auch noch Möglichkeiten der Normenänderung und der Normenvermehrung zum Ausbau und zur Verfeinerung des gegenwärtigen Rechtes. Es gewährt dem Staat dagegen nicht mehr die Möglichkeit, verengend in den von Art. 6 II GG den Eltern garantierten Raum einzubrechen. Wer nur zu überwachen hat, darf das Elternrecht nicht schmälern.[29]

Jede Überwachung hat dem Prinzip des mildesten Eingriffs zu folgen. Generelle Maßnahmen sind deshalb nur gerechtfertigt, wenn Einzeleingriffe nicht ausreichen.[30] Generelle Maßnahmen und Einzeleingriffe sind verfassungs-

---

[27a] Vgl. dazu zuletzt BVerfG, JZ 1978, 304ff. und zu der Entscheidung *Oppermann,* JZ 1978, 289ff. (grds. zust., doch wird gerügt, daß Art. 6 I GG ebensowenig bedacht wurde wie das Persönlichkeitsrecht der Eltern). Aus der Judikatur vgl. im übrigen BVerfGE 34, 165, 196ff. (zum verfassungsrechtlich gebotenen Wahlrecht der Eltern zwischen verschiedenen Schultypen – Hessische Förderstufe); BVerfGE 41, 29, 65, 88 (zur christlichen Gemeinschaftsschule); BVerwGE 5, 153ff.; BayVerfGH, VerwRspr. 6, 641; BayVerfGH, DVBl. 1975, 425 (Mengenlehre); BVerwG, DÖV 1959, 230 (Bestimmungen über die Einweisung in eine Hilfsschule sind Ausfluß des staatlichen Schulorganisations- und Aufsichtsrechtes; sie verstoßen nicht gegen Art. 6 GG); BVerwGE 18, 40 (42); 19, 128 (Elternrecht gibt keinen Anspruch auf Einzelinformation und Begründung nach mißlungener Prüfung des Kindes); BVerwGE 47, 194, 197 (Staatlicher Sexualkundeunterricht); VGH Baden-Württemberg, Die Justiz 1976, 86 (Sexualerziehung in den öffentlichen Schulen).

Zu der in jüngster Zeit festzustellenden Verlagerung des Schwergewichtes der Problematik vom konfessionellen Elternrecht (vgl. dazu *Zezschwitz,* JZ 1971, 11ff.) und von Fragen des Schülerstatus zum pädagogischen Elternrecht und zu Fragen der Entscheidungskompetenz in Schulfragen vgl. *Ossenbühl,* Festschrift Bosch, S. 751ff. (der sich vor allem gegen das von den Gerichten noch vielfach praktizierte Festhalten am sog. Eingriffsvorbehalt wendet); *Oppermann,* Vhdl. des 51. DJT, C 103ff. Zum elterlichen Wahlrecht vgl. *Maunz,* Festschrift Scheuner, 1973, S. 419, 427ff.; *Schwitzke,* RdJ 1974, 97; *Evers,* JR 1976, 265ff. (gegen *Richter,* S. 64, 187). Zur verfassungsrechtlichen Problematik von Curricula vgl. *Becker,* RdJ 1973, 210; *Stober,* DÖV 1973, 558; *Scholzen,* RdJ 1974, 216 (218).

[28] Vgl. hierzu ausführlich (mit Einzelfällen und gewissen Bedenken gegenüber §§ 5 RelKEG, 3 III EheG, 65 II–IV JWG) *Staudinger-Göppinger,* 16ff. vor § 1666.

[29] Vgl. BVerfGE 7, 320 (zu § 21 II GjS).

[30] Vgl. BVerfGE 7, 320 (323); 24, 119 (145); *Baumgarte,* S. 60f.; *Staudinger-Göppinger,* 17 vor § 1666; *Maunz-Dürig-Herzog,* 26 zu Art. 6; *Quambusch,* RdJ 1973, 365 (der allerdings in Fällen objektiv nicht erforderlicher Heimunterbringung den Subsidiaritätsgrundsatz zurücktreten läßt, wenn die objektiv geeigneteren ambulanten Erziehungsmittel nicht in ausreichendem Maß zur Verfügung stehen).

widrig, wenn ihr legitimes Ziel mit milderen Maßnahmen auch zu erreichen ist.[31]

V. Das nichteheliche Kind

Soziologisches Schrifttum: *Binder,* Die uneheliche Mutterschaft, 1941; *Stampfli,* Die unvollständige Familie, Beiträge zur Soziologie und Sozialphilosophie, 1951, insbes. S. 149ff.; *Dupuis,* Unehelichkeit, in: Beiträge zur Sexualforschung, Heft 13, 1958, S. 55; *Groth,* Kinder ohne Familie – Das Schicksal des unehelichen Kindes in unserer Gesellschaft, 1961; *Has,* Das Verhältnis der unehelichen Eltern zu ihrem Kinde, 1962; *Schadendorf,* Uneheliche Kinder, 1964; *Pongratz,* Prostituiertenkinder, Umwelt und Entwicklung in den ersten acht Lebensjahren, 1964; *Menges,* Zur sozialen Lage des unehelichen Kindes, in: Uneheliche Kinder – rechtlose Kinder (Hrsg.: Molinski), 1967, S. 4; *Winter,* Sozialer Wandel durch Rechtsnormen, erörtert an der sozialen Stellung der unehelichen Kinder, Bd. 17 der Schriftenreihe zur Rechtssoziologie und Rechtstatsachenforschung, 1969 (dazu *Schwark,* FamRZ 1971, 239); *Weidermann,* Soziale Wirkkraft des Nichtehelichenrechts, ZBlJugR 1972, 361; *Reuther,* Persönlicher Umgang des nichtehelichen Vaters mit dem Kinde, ZBlJugR 1974, 464.

Jüngeres Schrifttum zu Art. 6 V GG: *Bechthold-Knopf,* „Der Magd Sohn", FamRZ 1969, 256; *Simitis,* Zur Aktualisierung des Art. 6 Abs. 5 GG, JZ 1969, 277; *Dieckmann,* Bemerkungen zum Beschluß des BVerfG vom 29. 1. 1969, FamRZ 1969, 297; *Brinkmann,* Der Zeitpunkt der Aktualisierung von Art. 6 Abs. V GG, FamRZ 1970, 70; *Storr,* Der Verfassungsauftrag an den Gesetzgeber unter besonderer Berücksichtigung der rechtlichen Stellung des nichtehelichen Kindes, Diss. iur. Würzburg 1970; *Brüggemann,* Einige Bemerkungen zur Verfassungsmäßigkeit des vorzeitigen Erbausgleichs, ZBlJugR 1972, 242; *Stöcker,* Abschaffung der Nichtehelichkeit – notwendige Revision einer Reform, ZRP 1975, 32.

1. *Ehe und nichteheliches Kind.* Das zwischen der Ehe und dem nichtehelichen Kind bestehende Spannungsverhältnis hat vergangene Jahrhunderte zur Diskriminierung der nichtehelichen Geburt geführt. Das Ziel der Verhinderung außerehelicher Sexualbeziehungen wurde indessen nie erreicht. Der „Makel der nichtehelichen Geburt" hat Elend und Kriminalität genug geschaffen (insbesondere zu Abtreibungen geführt); das nichteheliche Kind hat er nicht beseitigt.

Dem geltenden Recht sind alle diskriminierenden Tendenzen fremd geworden. Die nichtehelichen Kinder sind von ihm sogar als Personengruppe angenommen worden, die besonderen Schutzes bedarf. Der humanitäre Individualismus unserer Verfassung hat sich damit erneut bewährt, und zwar ohne den Preis einer Abwertung der Ehe: *Es gibt keine rechtliche Antinomie zwischen dem Schutz der Ehe und dem Schutz des nichtehelichen Kindes.*[1] Gefährdet wird die Ehe erst, wenn das nichteheliche Kind in die Lage versetzt wird, die Aufnahme in eine bestehende Familie zu erzwingen.[2] Das geltende Nichtehelichenrecht kennt derlei Befugnisse indessen nicht.

---

[31] Zu Art. 6 III GG vgl. BVerfGE 24, 119 (142); *Maunz-Dürig-Herzog,* 35ff. zu Art. 6; *Staudinger-Göppinger,* 25ff. vor § 1666.

[1] Vgl. (erfreulich deutlich) BVerfGE 25, 167 (195ff.); *Maunz-Dürig-Herzog,* 50 zu Art. 6; *Zweigert,* JuS 1967, 241, 243; *Stöcker,* ZRP 1975, 37. Der Satz kann aber keinesfalls als allgemein anerkannt gelten. Vgl. etwa BVerwGE 29, 144 (148); *v. Mangoldt-Klein,* VI 2 zu Art. 6; *Grundmann,* S. 25; *Dunz,* NJW 1962, 1473; *Bosch,* Gutachten zum 44. DJT, S. 51 und 53ff., sowie FamRZ 1968, 623.

[2] Dagegen fordert Art. 6 I GG kein Eingreifen, wenn die Eltern des nichtehelichen Kindes im Konkubinat leben und der Vater des Kindes die Ehelicherklärung oder Adoption betreibt. Vgl. dazu unten § 61 II 6 und § 62 VIII 3.

2. *Der Auftrag der Verfassung.* Art. 6 V GG verpflichtet den Gesetzgeber, den unehelichen Kindern die gleichen Bedingungen für ihre leibliche und seelische Entwicklung und ihre Stellung in der Gesellschaft zu schaffen wie den ehelichen Kindern. Zwei Jahrzehnte lang ist dieser Rechtssatz nur Programm gewesen und Hoffnung; erst das Nichtehelichengesetz vom 19. August 1969 hat das Versprechen der Verfassung mit Wirkung vom 1. Juli 1970 an eingelöst.[3]

Peinlich bleibt die Länge des Zeitraumes zwischen Verfassungsauftrag und dessen Verwirklichung. Peinlicher noch berührt die Genesis des Nichtehelichengesetzes, das erst entscheidend gefördert wurde, nachdem das BVerfG dem Gesetzgeber eine Erfüllungsfrist gesetzt hatte, nach deren fruchtlosem Ablauf das Reformwerk von der Justiz zu vollziehen gewesen wäre (so wie auch der Gleichberechtigungsgrundsatz zunächst von der Justiz vollzogen wurde).[4]

3. *Art. 6 V GG als Maßstab.* Spätestens seit dem 1. Juli 1970[5] ist Art. 6 V GG eine unbeschränkt aktuelle Norm und damit Maßstab für das unveränderte Altrecht, für das Nichtehelichengesetz und für alle späteren Rechtsetzungsakte des Gesetzgebers. Es gibt keine Nachfrist zur Änderung von Normen, die sich trotz der Versicherung, dem GG voll entsprochen zu haben, als unvereinbar mit Art. 6 V GG erweisen,[6] Kein Hinderungsgrund für diese Aussage ist die Unbe-

[3] Vgl. jedoch *Stöcker,* ZRP 1975, 32, 34ff., der zur Erfüllung des Verfassungsauftrags die bloße Angleichung der Rechtsposition nichtehelicher Kinder an diejenige ehelicher Kinder unter Beibehaltung des rechtlichen Sonderstatus der Nichtehelichkeit für unzureichend hält. Statt dessen fordert er Regelungen, die – völlig unabhängig von der Ehelichkeit oder Nichtehelichkeit – ausschließlich „nach Maßgabe der Hilfsbedürftigkeit verschiedener Gruppen von Kindern" differenzieren. Ähnlich argumentiert *Storr,* S. 157f.

[4] Vgl. BVerfGE 25, 167 (184ff.) mit Nachw. zum Stand der Meinungen zum Zeitpunkt der Entscheidung. Die Möglichkeit eines Verfassungsbruches durch Untätigkeit des Gesetzgebers und einer Berufung der Justiz zum Verfassungsvollzug war bereits in der Entscheidung BVerfGE 8, 210 (216) angekündigt worden. Zu BVerfGE 25, 167 vgl. in erster Linie *Simitis,* JZ 1969, 277ff.; *Bechthold-Knopf,* FamRZ 1969, 256ff.; *Dieckmann,* FamRZ 1969, 297ff.; *Bosch,* FamRZ 1969, 508ff.; *Flessner,* JuS 1969, 558ff.; *Brinkmann,* FamRZ 1970, 70ff.

[5] Die an sich sehr erfreuliche Entscheidung des BVerfG begrenzte die Erfüllungsfrist für den Gesetzgeber auf die Zeit bis zum Ablauf der 5. Legislaturperiode des Deutschen Bundestages (20. 10. 1969), wobei die Verabschiedung des Reformgesetzes innerhalb dieser Frist als ausreichend angesehen wurde. Angesichts der besonderen Schwierigkeiten, die sich jedem größeren Reformwerk bei der Einführung in die Praxis entgegenstellen, hat sich die h. L. dem angeschlossen und damit eine Zwischenperiode aktueller Geltung des Art. 6 V GG ohne Geltung des NEhelG vermieden. Vgl. dazu *Simitis,* JZ 1969, 281; *Lange,* NJW 1970, 298; *Bosch,* FamRZ 1969, 508 (aber mit Vorwirkungen S. 510); *Dieckmann,* FamRZ 1969, 302f. Für die Gegenposition vgl. *Flessner,* JuS 1969, 559. Eigenartig *Brinkmann,* FamRZ 1970, 71 (früherer Zeitpunkt vom BVerfG gewollt, jedoch keine Bindung der Justiz).

Sicher ist, daß der frühere Zeitpunkt gelten muß für alle vom NEhelG nicht aufgegriffenen Fragen. Vgl. *Brinkmann,* FamRZ 1970, 72 Fn. 26.

[6] Bedenken wurden für das NEhelG bislang nur vereinzelt geäußert. Vgl. *Flessner,* JuS 1969, 560; *Storr,* S. 134f. (zu Art. 12 § 10 II NEhelG). Die Verfassungsmäßigkeit von Art. 12 § 10 II wird dagegen bejaht von BVerfGE 44, 1 (22ff. [Übergangsvorschrift „noch verfassungsgemäß"]); *Firsching,* Rpfleger 1970, 52 (zu § 1934d); *Brüggemann,* ZBlJugR 1972, 253ff. (zu § 1934e; Verf. sieht in dieser Regelung allerdings weniger einen Verstoß gegen Art. 6 V GG als gegen Art. 3 I GG); *Lange,* NJW 1970, 298 (zu Art. 3 Nr. 1 NEhelG); Vorlagebeschluß des LG Köln, FamRZ 1977, 207 (zu § 1711).

stimmtheit des Norminhaltes, der kaum jemals nur eine Lösung als allein verfassungskonforme Regelung erweist. Eine Rechtsprechung, die der Aktualisierung des Gleichberechtigungsgrundsatzes gewachsen war (vielfach besser als später der Gesetzgeber), und eine Rechtsprechung, die bereit stand, aus Art. 6 V GG Richterrecht für weite Bereiche des Nichtehelichenrechtes zu entwickeln, wird gewiß nicht scheitern, wenn sich Einzelkorrekturen als notwendig erweisen sollten.

4. *Grundsatznorm und Auslegungsregel.* Formal unberührt blieb Art. 6 V GG in seinen Funktionen als Grundsatznorm und Auslegungsregel,[7] die sich bereits mit dem nur programmatischen Rechtssatz verbanden. Gewandelt aber hat sich mit dem Übergang zur aktuellen Norm der Inhalt jener Funktionen. Galt es bislang lediglich, mit einer von Art. 6 V GG geleiteten Interpretation eine Annäherung an das endliche Ziel zu erreichen, so sind in Zukunft die allgemeinen Regeln der verfassungskonformen Auslegung verbindlich; erweist sich eine Norm auch nach Ausschöpfung aller Interpretationsmöglichkeiten als mit Art. 6 V GG unvereinbar, so ist sie nichtig.

5. *Inhalt.* Niemand vermag dem nichtehelichen Kind Bedingungen zu schaffen, die denen des ehelichen Kindes vollkommen gleichartig sind. Die von Art. 6 V GG geforderte Gleichheit der Kinder enthält auch kein absolutes Differenzierungsverbot, führt freilich als ,,besondere Ausprägung des allgemeinen Gleichheitssatzes"[8] weit über diesen hinaus. Auch Art. 3 III GG verändert das Ergebnis nicht: Das absolute Verbot einer Differenzierung um der ,,Abstammung" willen mag vieldeutig sein; die nichteheliche Geburt wird von ihm gewiß nicht gemeint.[9]

Man pflegt die von Art. 6 V GG geforderte Gleichheit als Gleichwertigkeit der Rechtspositionen zu definieren[10] und damit einen Begriff zu verwenden, der sich bereits bei der näheren Bestimmung des Gleichberechtigungsgrundsatzes als geeigneter Anknüpfungspunkt für konservative Tendenzen erwiesen hat. Gefahrlos zu verwenden ist er nur, wenn er im speziellen Fall mit einem konkreten Gehalt versehen wird, der ihm im allgemeinen nicht eigen ist. *Gleichwertigkeit der Rechts-*

---

[7] Vgl. dazu BVerfGE 8, 210 (217); 25, 167 (173, 190f.); 26, 206 (210); BVerfGE 36, 126 (133); BSozGE 10, 189 (193f.); BVerwG, NJW 1961, 696. Stimmen aus dem älteren Schrifttum, die diese Funktion des Art. 6 V GG leugneten oder doch minderten, können heute als überholt gelten.

Als Interpretationsmaxime wirkt Art. 6 V GG auch auf den allgemeinen Gleichheitssatz ein. Vgl. BVerfGE 17, 148 (153); 22, 163 (172f.).

[8] Vgl. BVerfGE 17, 280 (283, 286); 25, 167 (173); 26, 44 (60); 26, 206 (210).

[9] Ebenso *v. Mangoldt-Klein,* II 4b und V 2a zu Art. 3; *H. Krüger,* in: Bettermann-Nipperdey-Scheuner, Die Grundrechte IV 1, S. 338f. A. A. *Ipsen,* in: Neumann-Nipperdey-Scheuner, Die Grundrechte II, S. 120, 145, 161 (jedoch mit Vorrang für Art. 6 V GG als lex specialis); AG Ebingen in der Vorlage, die zur Entscheidung BVerfGE 10, 129 führte. Vgl. auch BVerfGE 26, 44 (60): Art. 6 V GG als ,,Ausprägung" auch des Art. 3 III GG.

[10] Vgl. *Bosch,* Gutachten für den 44. DJT, S. 51 (mit der Forderung nur nach ,,möglichst" gleichwertiger Gestaltung); BVerfGE 8, 215; *Maunz-Dürig-Herzog,* 49 zu Art. 6; *Jansen-Knöpfel,* Das neue Unehelichengesetz, 1967, S. 77.

positionen muß hier als Recht verstanden werden, das dem nichtehelichen Kind im Verhältnis zu (gegebenenfalls hypothetischen) ehelichen Geschwistern gleiche Entwicklungschancen und gleichen Schutz gewährt[11] *unter bewußter Tendenz, soweit als möglich gleichartiges Recht zu setzen.* Erst der Bezug auf eheliche Geschwister präzisiert die Forderung nach einer Gleichwertigkeit der Rechtspositionen in einem Maß, das verdeckte Diskriminierungen ausschließt und wenigstens in Grenzen der Gefahr begegnet, tradiertes differenzierendes Rechtsgut als Ausdruck ,,naturgegebener" Ungleichheit zu bewahren.[12] Das Recht des ehelichen Kindes ist das Modell der Verfassung für ideale Entwicklungsmöglichkeiten überhaupt[13] und muß deshalb auch dem nichtehelichen Kind soweit als möglich dienstbar gemacht werden.[14] Damit ist nicht gesagt, daß dem Nichtehelichenrecht jede Regelung fremd sein muß, die über das Recht des ehelichen Kindes hinausgeht. Die grundsätzlich andersartige Lebenssituation des nichtehelichen Kindes (die sich freilich von derjenigen der Scheidungswaisen nur graduell unterscheidet) kann zu unvermeidbaren Benachteiligungen führen, die durch Begünstigungen auf einem anderen Gebiet ausgeglichen werden können.[15]

6. *Gleichberechtigung der Eltern.* Mit der Aktualisierung des Art. 6 V GG ist spätestens[16] auch Art. 3 II GG zum Maßstab für die Rechtsstellung der nichtehelichen Eltern im Verhältnis untereinander geworden. Das Nichtehelichengesetz wurde freilich fast ohne Blick auf den Gleichberechtigungsgrundsatz konzipiert; das Schrifttum ist weithin nicht minder desinteressiert;[17] das BVerfG glaubt, Art. 3 II durch Art. 6 V begrenzen zu können.[18] Das Gebot der Gleichberechtigung gilt indessen nicht nur für eheliche Eltern und kann ohne Schaden für das Kind im Nichtehelichenrecht ebenso durchgeführt werden wie im Recht der Scheidungswaisen (für das noch niemand eine Einschränkung behauptet hat). Frucht der so weit verbreiteten Gleichgültigkeit ist eine höchst unbefriedigende Rechtsstellung des nichtehelichen Vaters (vgl. dazu weiter unten § 58 I 4).

---

[11] Vgl. dazu *Schlosser,* FamRZ 1963, 604f.

[12] Vor dieser Gefahr warnen *Bechthold-Knopf,* FamRZ 1969, 257f.

[13] Vgl. *Zweigert,* ZBlJugR 1962, 233 (A 2 und 3) und JuS 1967, 242.

[14] Vgl. dazu BVerfGE 25, 167 (196f.); 26, 44 (60f.).

[15] Vgl. dazu BVerfGE 17, 280 (284); 26, 44 (61). Beide Entscheidungen verwenden freilich die auch im Schrifttum gern gebrauchte These von der Notwendigkeit eines Vergleiches der Gesamtsituation der nichtehelichen und der ehelichen Kinder, mit der dem Gesetzgeber ein Übermaß an Gestaltungsfreiheit zugestanden wird.

[16] Der sofortige Vollzug des Art. 3 II GG ist vielfach gefordert worden, obwohl Wandlungen in der Rechtsstellung der Eltern notwendig auch (von Art. 6 V GG dem Gesetzgeber überlassene) Wandlungen in der Rechtsstellung des Kindes sind. Auch BVerfGE 11, 277 und 26, 265 (272) haben Art. 3 II vor der Aktualisierung von Art. 6 V GG angewandt.

[17] Vgl. etwa *Odersky,* III zu § 1705 (Verstoß gegen Art. 3 II GG wird lediglich unter Hinweis auf ,,Sachgerechtigkeit" verneint). Vgl. aber auch MünchKomm-*Hinz,* 9 vor § 1705; *Lange,* NJW 1970, 298, sowie *Storr,* S. 87f., mit einer dem Text entsprechenden Position.

[18] Vgl. BVerfGE 26, 265 (272).

§ 6. Der Gleichberechtigungsgrundsatz

I. Hintergrund

Schrifttum: *Malinowski,* Sex and Repression in Savage Society, 1927 (dtsch. 1962); *Mead,* Sex and temperament in three primitive societies, 1928–1935 (dtsch. 1959, 1970); *dieselbe,* Male and Female, 1949 (dtsch. 1949, 1958); *Beauvoir,* Le deuxième sexe, 1949 (dtsch. 1951); *Lersch,* Vom Wesen der Geschlechter, 2. Aufl. 1950; *Buytendjik,* Die Frau, 1953; *Schelsky,* Soziologie der Sexualität, 1955; *Ramm,* Gleichberechtigung und Hausfrauenehe, JZ 1968, 41 und 90; *derselbe,* Grundgesetz und Eherecht, 1972 (dazu *Wolf,* JZ 1973, 647 und Erwiderung von *Ramm,* S. 722); *Kropholler,* Gleichberechtigung durch Richterrecht, 1975; *Kurthy,* Geschlechtsspezifische Sozialisation, 1978.

1. Vergleichende Geschlechtsanthropologie und Geschlechtspsychologie haben den Glauben an die ,,Natürlichkeit" unterschiedlichen sozialen Verhaltens der Geschlechter zerstört. ,,Das Männliche" und ,,das Weibliche" sind keine absoluten und eindeutigen Wesensprinzipien. Nicht der Zwang der biologischen Unterschiede, sondern traditionelle Verhärtung hat spezifisch männliche und spezifisch weibliche Daseinsformen geschaffen, die keinen Ausbruch zu gestatten schienen.

Die Relativität der sozialen Daseinsformen der Geschlechter nimmt jedem Verlangen eines Geschlechtes nach einem Wandel der Gesellschaft, der ihm eine neue Stellung zuweist, den Vorwurf naturwidriger Illegitimität. Sie hebt aber die Verantwortung nicht auf, die mit jedem sozialrevolutionären oder auch nur sozialevolutionären Akt verbunden ist.

2. In einem letztlich vom allgemeinen Gleichheitssatz der Aufklärung inspirierten evolutionären Prozeß hat die Frau die ihr früher zugewiesenen spezifisch weiblichen Daseinsformen hinter sich gelassen und ehedem als rein männlich empfundene Daseinsformen aufgegriffen. Der zunächst weit verbreitete, aus der Fixierung der Positionen der Geschlechter in jeder Gesellschaft verständliche Widerstand ist überwunden. Auch die Rechtsordnung hat nachgegeben; die Gleichberechtigung der Frau ist dem Grundsatz nach kein Problem mehr.[1]

3. Ziel des sozialevolutionären Prozesses war die Beseitigung aller Vorrechte des Mannes; über die Vorrechte der Frau wurde nicht gestritten. Dennoch ist der (erfreulich selten gebliebene) Versuch, die Vorrechte der Frau zu erhalten,[2] weder

---

[1] Dies gilt nach Inkrafttreten des 1. EheRG ganz sicher für den Bereich des Zivilrechtes (zum EheG a.F. siehe Vorauflage § 6 III); Aufgaben stellen sich jedoch noch vor allem auf dem Gebiet des Arbeits- und Sozialrechtes (s. Verhandlungen des 50. DJT, D, L) sowie des IPR. Vgl. BVerfGE 31, 58, 72ff. (volle Anwendbarkeit des GG im Bereich des IPR); *Kropholler,* Gleichberechtigung durch Richterrecht, S. 81ff.; *ders.,* FamRZ 1976, 316.

[2] Vgl. *Dürig,* FamRZ 1954, 133; *ders.,* in: Maunz-Dürig-Herzog, 44 zu Art. 3 II. Vgl. ferner *Ramm,* JZ 1968, 42f.; *ders.,* Grundgesetz und Eherecht, S. 9f. (doch sollen Benachteiligungen des Mannes Art. 3 III GG unterworfen bleiben).

geistesgeschichtlich zu stützen noch mit dem geltenden Recht zu vereinbaren. Restbestände ungleicher Behandlung (zugunsten des weiblichen Geschlechtes) erweisen sich zudem bei genauer Analyse der zu ihrer Rechtfertigung vorgetragenen Argumente als Ausdruck derselben Haltung, die Ursache der Diskriminierung der Frau war und widersprechen damit nicht nur dem klaren Wortlaut von Art. 3 II GG, sondern auch der vom Gleichberechtigungsgrundsatz aufgenommenen Zielvorstellung. Vor diesem Hintergrund kann Art. 3 II GG nur eines bedeuten: Gefallen sind die Vorrechte des Mannes, gefallen sind aber auch die Vorrechte der Frau.[3]

II. Interpretation

Schrifttum: *Leibholz,* Die Gleichheit vor dem Gesetz, 2. Aufl. 1959 (S. 238 = DVBl. 1951, 193); *R. Thoma,* Ungleichheit und Gleichheit im Bonner Grundgesetz, DVBl. 1951, 457; *Scheffler,* Zur Auslegung des Grundsatzes der Gleichberechtigung, DRiZ 1953, 85; *Dürig,* Art. 3 II GG – vom verfassungsrechtlichen Standpunkt aus gesehen, FamRZ 1954, 2; *Ipsen* und *Beitzke,* in: Neumann-Nipperdey-Scheuner, Die Grundrechte II (1954), S. 111 und 199; *Scheuner,* Die verfassungsrechtlichen Grundlagen der Familienrechtsreform, in: Familienrechtsreform, hrsg. von *Dombois* und *Schumann,* 1955; *Ziegler,* Das natürliche Entscheidungsrecht des Mannes in Ehe und Familie, 1958 (dazu zusammenfassend *Utz,* FamRZ 1958, 411; kritisch Hildegard *Krüger,* AcP 158 [1959], 47); *Knöpfel,* Die Gleichberechtigung von Mann und Frau, NJW 1960, 553; *Mikat,* Zur Problematik des natürlichen Entscheidungsrechtes des Mannes in Ehe und Familie, FamRZ 1960, 301; *D. Genzmer,* Gleichberechtigung und elterliche Gewalt, MDR 1960, 881; *Redmann,* Über die rechtliche Relevanz des Geschlechtsunterschiedes, FamRZ 1961, 409; *Schardey,* Gleichberechtigungsgrundsatz und Vorrang des männlichen Geschlechts bei der Hoferbfolge, 1961, S. 49 und FamRZ 1963, 265; *Ridder,* Männer und Frauen sind gleichberechtigt, Festschrift Leibholz 1966, Bd. II, S. 219; *Binder-Wehberg,* Ungleichbehandlung von Mann und Frau, 1970; *Schnapp,* Zur Gleichstellung der Frau im Arbeits- und Sozialrecht, JR 1974, 316; *Maier,* Gleichberechtigung der Frau im Arbeitsleben, NJW 1974, 1685; *Giesen,* Gleichberechtigungspostulat und Familienschutz im Erwerbsleben, Festschrift Bosch, 1976, S. 309; *Dobberthien,* Kritik des Frauenarbeitsschutzes, ZRP 1976, 105; *Görgens,* Die materiellrechtliche Gleichberechtigung der Ehegatten auf dem Gebiet der persönlichen Ehewirkungen und der elterlichen Gewalt, 1976.

1. Gleichberechtigung der Geschlechter ist keine eindeutige Forderung. Art. 3 II GG ist daher interpretationsbedürftig. Was er bedeutet, wird weder positiv noch negativ begrenzend vom Naturrecht festgelegt. Das naturrechtliche Argumentieren der gegenwärtig vorherrschenden rechtsphilosophischen Strömungen erreicht die Problematik entweder überhaupt nicht oder nur in Aussagen, die unkritisch absolut setzen, was als absolut nicht zu erweisen ist. Selbst ein Argumentieren aus der „Natur der Geschlechter" ist nicht mehr möglich: Wenn die Strukturanalyse der Geschlechter keine Konstanten liefert, fehlt ihm bereits der Ansatzpunkt.

---

[3] Ebenso im Ergebnis BAG, FamRZ 1960, 270 (anders noch NJW 1954, 1301); OVG Münster, FamRZ 1957, 275; BVerfG, FamRZ 1966, 197; *Hamann-Lenz,* 5 c zu Art. 3; *v. Mangoldt-Klein,* IV 5 zu Art. 3; *Beitzke,* in: Neumann-Nipperdey-Scheuner, Die Grundrechte II, S. 209 f.; *Knöpfel,* NJW 1960, 556; *Maier-Reimer,* DRZ 1950, 289 ff.; *Binder-Wehberg,* Ungleichbehandlung von Mann und Frau, 1970, S. 25.

2. *Meinungen.* Untauglich sind alle Interpretationsversuche, die auf das Wertbewußtsein verweisen, alle Interpretationsversuche, die auf dem Hintergrund einer Wesensschau die „natürlichen Unterschiede der Geschlechter" zum Maßstab erheben,[1] und alle Interpretationsversuche, die konturenlos sind und deshalb jederzeit gestatten, die Vorurteile des eigenen Wertbewußtseins in der Verfassung bestätigt zu finden. Untauglich ist insbesondere eine sozial-traditionelle Auslegung, die unter Zuhilfenahme soziologischer Betrachtungen und gesellschaftlich-historischer Werturteile erfolgen soll.[1a] Untauglich, weil aller Konturen entbehrend, ist aber auch die Deutung des Gleichberechtigungsgrundsatzes als „praktisch-menschliches und nicht theoretisch-ideologisches Anliegen", aus der vornehmlich der alte IV. Zivilsenat des BGH seine (angeblichen) Maßstäbe gewann.[2] Zu konturenlos bleibt ferner die Deutung der Gleichberechtigung als Gleichwertigkeit,[3] deren erklärtes Ziel es stets war, konservativen Tendenzen zu dienen und es bei einer qualitativen Gleichheit als Ergänzungs- und Entsprechungsgleichheit („organischer Gleichheit") bewenden zu lassen.[4] Alle diese Deutungsversuche sind mit dem konkreten Gehalt unvereinbar, den Art. 3 Abs. II GG durch sein Verhältnis zu Abs. I und III erhält.

3. *Grundsatz.* Der Gleichberechtigungsgrundsatz folgt dem in Art. 3 I GG normierten allgemeinen Gleichheitssatz. In seiner Schrifttum und Rechtsprechung beherrschenden Deutung als Willkürverbot verbietet dieser dem Gesetzgeber Regelungen, „die unter keinem sachlichen Gesichtspunkt gerechtfertigt erscheinen",[5] so daß die Gesetzgebung am Maßstab der Sachgerechtigkeit gemessen wird. Nach dem Geschlecht differenzierende Normen können den allgemeinen Gleichheitssatz verletzen, werden ihm aber, auch wenn der geschichtliche Wandel berücksichtigt wird, in den meisten Fällen nicht zuwiderlaufen. Der Gleichberechtigungsgrundsatz kann daher nicht nur eine (letztlich überflüssige) Wiederholung des allgemeinen Gleichheitssatzes in seiner Anwendung auf den Geschlechtsunterschied sein. Sein Inhalt wird vielmehr auch von Abs. III bestimmt,

---

[1] Vgl. *Wolf,* JZ 1973, 652 und gegen ihn *Ramm,* JZ 1973, 725.

[1a] Für sie *Scheuner,* in: Familienrechtsreform, S. 45. Auch *Schardey,* S. 69, verweist auf die „allgemeinen Wertauffassungen unserer Zeit", um die Grenzen zulässiger Differenzierungen zu bestimmen.

[2] Vgl. BGHZ 20, 195; 21, 301 (305); 25, 163 (170). Ihm haben sich angeschlossen OLG Karlsruhe, FamRZ 1958, 326 und OLG Bamberg, FamRZ 1957, 260.

[3] *Dölle,* § 3 II 3; *Beitzke,* § 1 III; *Staudinger-Dietz,* Einl. 29 vor § 1297; *Maunz,* Deutsches Staatsrecht, 21. Aufl., § 16 III. Vgl. auch *Knöpfel,* NJW 1960, 557.

[4] *Bosch,* Neue Rechtsordnung in Ehe und Familie, 1954, S. 21; FamRZ 1959, 408; *Ziegler,* S. 73ff. und 79ff.

[5] BVerfGE 7, 305 (315). Vgl. ferner BVerfGE 18, 124. Zur Rspr. des BVerfG vgl. im übrigen *Fuss,* JZ 1959, 330. Der alte durch Art. 1 Abs. III GG nicht beendete Streit um die Bedeutung des Gleichheitssatzes für den Gesetzgeber hat für die Gleichberechtigung der Geschlechter keine Bedeutung. Auch wer eine Kontrolle des Gesetzgebers durch die Rechtsprechung grundsätzlich verneint, gesteht sie für die in Abs. II und III genannten Umstände zu. Vgl. *Apelt,* JZ 1951, 353; *Thoma,* DVBl. 1951, 457; *Ipsen,* in: Neumann-Nipperdey-Scheuner, Die Grundrechte II, S. 155ff.

der das Geschlecht inmitten einer Anzahl von Umständen nennt, die keinesfalls Grundlage einer Differenzierung im Recht sein dürfen. *Der Gleichberechtigungsgrundsatz enthält damit ein absolutes Differenzierungsverbot.*[6]

Eine weitverbreitete Ansicht schränkt freilich die konkreten Differenzierungsverbote (Art. 3 II und III GG) in Grenzsituationen durch den allgemeinen Gleichheitssatz ein.[7] So soll die Berücksichtigung des Geschlechtsunterschiedes dem Gesetzgeber dort erlaubt und sogar geboten sein, wo Gleichgültigkeit ihm gegenüber willkürlich wäre.[8] Zuweilen hat man die absoluten Differenzierungsverbote sogar als bloße Umkehr der Ermessensrichtung[9] dargestellt und damit alle Differenzierungen zu legitimieren versucht, die faktischen Ungleichheiten der Geschlechter adäquat sind. Die Unbestimmtheiten derartiger Relativierungen sind indessen unvereinbar mit den rechtspolitischen Forderungen, die ihren Ausdruck im Gleichberechtigungsgrundsatz gefunden haben. Die absoluten Differenzierungsverbote kennen Schranken, doch ergeben sie sich nur aus den Grenzen rechtlicher Regelung überhaupt.

4. *Biologische Unterschiede.* Gleichberechtigung der Geschlechter bedeutet nicht Inhaltsgleichheit aller Rechte und Pflichten für Mann und Frau. Biologische Unterschiede führen zu Sachverhalten, die nur von einem Geschlecht verwirklicht werden können. Sie bleiben geeignete Ansatzpunkte für Normen, die allein für ein Geschlecht wesentlich sind; das Differenzierungsverbot schließt kein Regelungsverbot in sich ein für Sachverhalte, die schlechthin geschlechtsbezogen sind. Menstruation, Defloration, Schwangerschaft und Geburt sind Sachverhalte, die sachgerechte Normen rechtfertigen, die allein das weibliche Geschlecht betreffen.[10] Defloration, Schwangerschaft und Geburt knüpfen ihrerseits an eine

---

6 Daß die konkreten Differenzierungsverbote (Abs. II und III) den allgemeinen Gleichheitssatz verdrängen, ist im Grundsatz allg. anerkannt. Vgl. BVerfGE 3, 225 (240f.); 6, 55 (71); 10, 59 (73ff.); 15, 337 (343); 31, 1 (6); BAG, NJW 1962, 220 (222); *Ipsen,* in: Neumann-Nipperdey-Scheuner, Die Grundrechte II, S. 155f.; *Leibholz,* S. 6; *Dürig,* NJW 1959, 1173; *Fuss,* JZ 1959, 335; *E. Scheffler,* in: Bettermann-Nipperdey-Scheuner, Die Grundrechte IV 1, S. 269 und DRiZ 1953, 86; *Hamann-Lenz,* 5 zu Art. 3; *Ridder,* Festschrift Leibholz, Bd. II, S. 225ff. Abweichend BGHZ 30, 50 (52); *Krauss,* FamRZ 1958, 121; *Ramm,* Grundgesetz und Eherecht, S. 7.

7 *Leibholz,* S. 6, und *Rinck,* Jahrbuch des öffentlichen Rechts, n. F. 10 (1961), 269 (278ff.), rechtfertigen auch die Differenzierung nach biologischen und funktionalen Unterschieden (vgl. im Text unten 4. und 8.) aus der Begrenzung aller Differenzierungsverbote durch den allgemeinen Gleichheitssatz.

8 *Dürig,* FamRZ 1954, 2 und NJW 1959, 1173f.; *ders.,* in: Maunz-Dürig-Herzog, 2 zu Art. 3 II, 267 zu Art. 3 I; ihm folgend BAG, NJW 1954, 1301 (1302); 1957, 805 (806); *Mikat,* FamRZ 1960, 306 Fn. 58; *Binder-Wehberg,* S. 25f.; *Schardey,* S. 62 (aber noch weiter einschränkend). Vgl. auch die ähnliche Formulierung in BGHZ 11, Anhang S. 64f. Den Unterschied zwischen Abs. I und II verwischen völlig BGHZ 30, 50 (52f.); BSozGE 5, 26 (29f.).

9 So *Knöpfel,* NJW 1960, 557; etwas einschränkender *Schardey,* S. 70f. (wenn besondere und schwerwiegende Umstände die ungleiche Behandlung rechtfertigen); in ähnlichem Sinn von einer Umkehr der „Argumentationslast" sprechend *Rinck,* Jahrbuch für öffentliches Recht, n. F. 10 (1961), 281, im Anschluß an *Fuss,* JZ 1959, 331 und 335; ebenso *Säcker,* Vhdlg. des 50. DJT, S. L 24.

10 Die differenzierende Regelung biologisch unterschiedlicher Sachverhalte wird selbst von den

heterosexuelle Begegnung der Geschlechter an und gestatten deshalb eine unterschiedliche Behandlung der Geschlechter in ihren heterosexuellen Beziehungen überhaupt. Ob vielleicht auch der Bereich der Homosexualität differenzierend geregelt werden kann, ist für das Familienrecht gleichgültig (anders im Strafrecht).

5. *Typisierung.* Es gibt ferner Normen, die Männer und Frauen verschieden behandeln und doch keine Differenzierung gerade um des Geschlechtes willen beinhalten, weil in ihnen lediglich die dem Recht eigene typische Betrachtungsweise dazu geführt hat, das weibliche oder das männliche Geschlecht als Annäherungswert für einen anderen Umstand zu setzen.[11] Die Arbeitsschutzbestimmungen zugunsten der Frau werden etwa von Art. 3 II GG nicht berührt; sie sind Bestandteil einer umfassenderen Schutzgesetzgebung, die allen körperlich schutzbedürftigen Personen helfen will, aus praktischen Gründen aber gezwungen ist, mit Annäherungswerten (Frauen, Jugendliche) zu arbeiten.[12] Oder auch: Die Wehrgesetzgebung behandelt das männliche Geschlecht anders als das weibliche, ohne an Art. 3 II GG zu scheitern. Das männliche Geschlecht ist Annäherungswert für den allein zum Kriegsdienst geeigneten Personenkreis, ein Annäherungswert, der in diesem Fall durch Einzeluntersuchungen wenigstens insoweit kontrolliert wird, als es um weitere Reduzierung geht.[13] Typisierende Regelungen sind der Preis, den das Recht für die Stabilität seiner am Durchschnitt orientierten Ordnung durchweg zahlen muß. Sie verletzen auch den Gleichberechtigungsgrundsatz nicht, wenn das der Typik generell gesetzte Maß eingehalten wird.

6. Die Verwendung des Geschlechts als Näherungswert ist freilich unzulässig, wenn der als Näherungsziel gesetzte geschlechtsneutrale Umstand selbst wieder von einer unterschiedlichen Bewertung der Geschlechter mitverursacht ist. Ein Entscheidungsrecht des Ehemannes und Vaters in Ehe und Familie ist etwa nicht an der Gleichung Mann = befehlsfähig und Frau = gehorsamsgeeignet als verfassungskonform zu erweisen.[14] Denn männlicher Befehl und weiblicher Gehor-

---

strengsten Interpreten des Gleichberechtigungsgrundsatzes anerkannt. Vgl. *H. Krüger,* RdA 1953, 349; *E. Scheffler,* Vhdlg. des 38. DJT, S. B 5; *Arnold,* FamRZ 1955, 93; *Maier-Reimer,* DRZ 1950, 289.

[11] Der Gesichtspunkt einer mit Annäherungswerten arbeitenden Regelung liegt unausgetragen wohl auch der wenig klaren Meinung zugrunde, daß nur eine final vom Geschlechtsunterschied veranlaßte Differenzierung unzulässig sei. Vgl. BVerfGE 2, 266 (286); *v. Mangoldt-Klein,* V 3c zu Art. 3 (S. 212); *Fuss,* JZ 1959, 336. Eine am Geschlecht als Näherungswert ansetzende Typisierung wird dagegen abgelehnt von *Schnapp,* JR 1974, 316, 318f.; *Dobberthien,* ZRP 1976, 105.

[12] Vgl. BVerfGE 5, 9ff.

[13] Das BVerfG hält freilich die Wehrgesetzgebung durch das spezielle Differenzierungsgebot in Art. 12 Abs. 3 GG (jetzt: Art. 12a GG) dem Gleichberechtigungsgrundsatz überhaupt für entrückt. Vgl. BVerfGE 12, 45 (52). Zustimmend *Binder-Wehberg,* S. 58f. Vgl. auch *Ramm,* Grundgesetz und Eherecht, S. 7ff., der – noch weitergehend – mittels Art. 12a GG (und Art. 6 IV GG) den Inhalt von Art 3 II GG bestimmen will.

[14] Gegen *Ziegler,* S. 228ff.

sam sind als Erscheinungen des Soziallebens selbst wieder durch Leitbilder von der Rolle der Geschlechter geformt.

7. So wie der Unterschied der Geschlechter Näherungswert für neutrale Vergleichstatbestände sein kann, so können umgekehrt geschlechtsindifferente Begriffe Näherungswert für den Unterschied von Mann und Frau sein. Der Freiheit zu einer das Geschlecht als Näherungswert verwendenden typisierenden Betrachtungsweise entspricht daher das *Verbot, durch Verwendung neutraler Begriffe mit Annäherungswert für die Geschlechter den Gleichberechtigungsgrundsatz zu umgehen.*[15] § 1353 gebietet etwa (als Ausdruck der allgemeinen Beistandspflicht) einem Ehegatten in bestimmten extremen Situationen (vgl. dazu unten § 20 III 1) im Geschäft des Partners mitzuarbeiten; Mann und Frau stehen insofern als Verpflichtete gleich. Sie wären gleichwohl unterschiedlich behandelt, wenn zwar die für den Mann typische Mitarbeit in leitender Funktion einen Anspruch auf ein Entgelt begründen würde, die für die Frau typische Mitarbeit in untergeordneter Stellung dagegen nicht[16] (die früher zu § 1356 a.F. bedeutsame Frage ist heute nur noch relevant für die Auslegung von Kooperationsverträgen zwischen Ehegatten; vgl. dazu unten § 20 III 7).

8. Folgt man der *Rechtsprechung des BVerfG,* so sind auch Differenzierungen erlaubt auf der Grundlage funktionaler Unterschiede der Geschlechter, die ,,das zu regelnde Lebensverhältnis so entscheidend prägen, daß gemeinsame Elemente überhaupt nicht zu erkennen sind oder zumindest vollkommen zurücktreten".[17] Die funktionalen Geschlechtsunterschiede sind jedoch nichts weiter als Ausprägungen der unterschiedlichen Geschlechterrollen in der Zeit des Patriarchates, also kaum verschleierte Einbruchsstellen konservativen Denkens.[18] Wenn man funktionale Unterschiede der Geschlechter weitherzig genug bejaht und bereit ist, mit Einzelfunktionen Rechtspositionen zu verbinden, die von jenen nur sehr bedingt gefordert werden, kann selbst ein rein patriarchalisches Familienleitbild vor dem GG gerechtfertigt werden. So ist auch schon im Schrifttum ein Ent-

---

[15] So schon im Zusammenhang mit der Relevanz funktionaler Unterschiede *E. Scheffler,* DRiZ 1953, 88. Vgl. auch *Gernhuber,* FamRZ 1958, 243f.; *Maier,* Juristen-Jahrbuch 4 (1963/64), 103.

[16] Abzulehnen sind daher auch die aus der Anknüpfung an geschlechtsneutrale Kriterien resultierenden Leichtlohngruppen für Frauen. Vgl. hierzu *Maier,* NJW 1974, 1687f. (gegen Gutachten *Löwisch,* Vhdlg. des 50. DJT, S. D 71ff.); ferner *Säcker,* Vhdlg. des 50. DJT, S. L 32.

[17] Vgl. BVerfGE 15, 337 (343) mit weit. Nachw.; 21, 329 (340ff.); FamRZ 1966, 197. Ebenso BVerwG, NJW 1962, 1456 (1458); BAG, NJW 1963, 605. Auch im Urteil BVerwGE 40, 17 (24), das einen Mann im Beruf der Hebamme ablehnt, wird nur vordergründig auf die biologischen Unterschiede abgestellt, während in Wirklichkeit (vermutete) traditionelle ,,Einstellungen eines nicht unerheblichen Teils der betroffenen Schwangeren" und damit konservative Rollenvorstellungen den Ausschlag gaben (die Entscheidung traf deshalb auch auf viel Ablehnung. Vgl. *Limbach,* JZ 1972, 546f.; *Eberle,* NJW 1973, 575; *Görgens,* S. 89). Im Schrifttum wird die Rspr. voll gebilligt von *Hamann-Lenz,* 5d zu Art. 3.

[18] Zu Recht hat *Baur,* JZ 1959, 444, die funktionalen Unterschiede als ,,pseudoverfassungsrechtliche Einbruchsstelle für eine ungerechtfertigte Benachteiligung der Frau" bezeichnet. Vgl. auch *E. Scheffler,* Vhdlg. des 38. DJT, S. B 6. Ablehnend ferner *Görgens,* S. 90ff.

scheidungsrecht des Mannes in Ehe und Familie auf eine „geschlechtstypisch-arbeitsteilige Eigenleistung des Mannes" zurückgeführt worden[19] und in der Rspr. des BGH die (erst jüngst zugunsten eines Wahlrechts der Ehegatten aufgegebene) Namensänderung der heiratenden Frau ex lege (§ 1355 a.F.) auf die „natürliche Aufgabenstellung in Ehe und Familie".[20]

Zumindest problematisch ist die leichte Hand, mit der das BVerfG Benachteiligungen eines Geschlechtes geringeren Ausmaßes hinnimmt, mag es sich nun um Benachteiligungen von einer „vergleichsweisen Unbeträchtlichkeit" handeln[21] oder um Benachteiligung einer „verhältnismäßig kleinen Zahl von Personen", die eine typisierende Regelung verursacht.[22] Hier wie dort ist gewiß das qualitative oder quantitative Minimum kein entscheidendes Sachargument: Grundrechte sind voll zu verwirklichen (und nicht nur fast vollständig); Grundrechte sind auch für alle gedacht (und nicht nur für fast alle).

§ 7. Grundrechte und Fürsorge des Familienrechtes

I. Fürsorge und Entfaltung der Persönlichkeit

Schrifttum: *H. Krüger,* Grundrechtsausübung durch Jugendliche (Grundrechtsmündigkeit) und elterliche Gewalt, FamRZ 1956, 329; *Gernhuber,* Elterliche Gewalt heute, FamRZ 1962, 89; *Perschel,* Grundrechtsmündigkeit und Elternrecht, RdJ 1963, 33; *Kuhn,* Grundrechte und Minderjährigkeit, 1965; *Reuter,* Kindesgrundrechte und elterliche Gewalt, 1968; *derselbe,* Die Grundrechtsmündigkeit – Problem oder Scheinproblem?, FamRZ 1969, 622; *Schwab,* Gedanken zur Reform des Minderjährigenrechts und des Mündigkeitsalters, JZ 1970, 745; *Steffen,* Grundrechtsmündigkeit, RdJ 1971, 143; *Beitzke,* Mündigkeit und Minderjährigenschutz, AcP 172 (1972), 240; *Schwerdtner,* Kindeswohl oder Elternrecht, AcP 173 (1973), 227; *Bosch,* Volljährigkeit – Ehemündigkeit – Elterliche Sorge, FamRZ 1973, 489 und FamRZ 1974, 1; *Münder,* Die Berufswahl des Jugendlichen, ZBlJugR 1975, 286; *Bosch,* Teil-Unmündigkeit trotz Volljährigkeit, Festschrift Schiedermair, 1976, S. 51.

1. Während die Emanzipation der Frau rechtlich vom GG angenommen und abgeschlossen wurde, konnte die erst später mit Nachdruck erhobene Forderung nach einer Emanzipation der Jugend im GG noch nicht bedacht werden. Daß sie gleichwohl ihre Rechtfertigung im GG sucht, ist selbstverständlich: Der hohe Rang der Grundrechte sichert umfassende und unmittelbare Geltung. Nicht von ungefähr bezeichnete man das Problem auch mit schlagwortartiger Kürze als Frage der „Grundrechtsmündigkeit", womit der rechtliche Ansatz ebenso gekennzeichnet war wie das schließliche Ziel einer früheren Mündigkeit.

Der einprägsame Begriff verschleiert freilich die Mehrschichtigkeit der Proble-

---

[19] *Ziegler,* S. 366.

[20] BGHZ 25, 163.

[21] Vgl. BVerfGE 10, 59 (78); 19, 177 (183).

[22] Vgl. BVerfGE 26, 265 (276); 39, 169, 189f. (Bedenken gegen die Entscheidung auch bei *Gitter,* Vhdlg. des 50. DJT, S. D 129); BVerfG, FamRZ 1977, 242 (zum FremdRG, Ungleichbehandlung „noch" mit Art. 3 II GG vereinbar).

matik, die keinen einheitlichen Nenner verträgt.[1] Zu fragen ist zum ersten, ob die Mündigkeitsgrenzen des geltenden Rechtes mit der Verfassung zu vereinbaren sind (dazu unten 2.). Zu fragen ist zum zweiten, ob die Freiheitsrechte des einzelnen die elterliche Sorge, die Vormundschaft und die Pflegschaft begrenzen (dazu unten 3. und 4.). Zu fragen ist schließlich, ob und inwieweit das Kind bei der Ausübung seiner staatsgerichteten Grundrechte selbständig handeln kann.[2] Nur die dritte Frage ist als Frage nach der Grundrechtsmündigkeit richtig gekennzeichnet. Ihre Beantwortung ist dem Staatsrecht zu überlassen.

2. Entgegen vielfach geäußerter Bedenken[3] hat der Gesetzgeber mit dem VolljG vom 31. 7. 1974 die Mündigkeitsgrenze auf 18 Jahre herabgesetzt.

Verfassungswidrig war der bisherige Altersansatz indessen weder generell noch für einzelne Lebensbereiche oder einzelne Entscheidungskomplexe. Gleiches gilt für den gegenwärtigen Altersansatz, der die praktische Bedeutung der Forderung nach mehr Selbstbestimmung für den einsichtsfähigen Jugendlichen zwar verringert, jedoch nicht beseitigt hat. Eine ausschließliche Selbstbestimmung des einsichts- und urteilsfähigen Minderjährigen für die „Gewissens- und lebensgestaltenden Entscheidungen" ist aus der Verfassung (Art. 2 I GG) nicht zwingend abzuleiten.[4] Der im Mittelpunkt jenes Gedankens stehende Verhältnismäßigkeitsgrundsatz, mit dessen Hilfe die Spannung zwischen der individuellen Freiheit und widerstreitenden sozialen Anforderungen gelöst werden soll, bleibt zu unbestimmt; das Ergebnis befremdet: Der Selbstbestimmung in den wesentlichsten Lebensfragen kann die Fremdbestimmung in den minder wichtigen Angelegenheiten nur in einer krassen Disharmonie verbunden werden. Dort, wo eine Auflockerung der elterlichen Sorge in steter Anknüpfung an die Einsichts- und Urteilsfähigkeit des einzelnen Jugendlichen möglich und notwendig ist, kann sie zudem mit den Mitteln des Zivilrechtes allein besser bewältigt werden (vgl. dazu unten § 49 VI) als mit den Mitteln des Verfassungsrechtes, das die Problematik nur mit neuen (z. T. grundsätzlichen) Kontroversen belastet.

3. Der Gedanke einer Kollision von *Freiheit und Fürsorge* ist zunächst nur für

---

[1] Ähnlich MünchKomm-*Hinz*, 7 vor § 1626, Fn. 10.

[2] Wobei vorab zu klären wäre, ob und inwieweit die dem Zivilrecht eigene Unterscheidung von Rechtsträgerschaft (Rechtsfähigkeit) und Rechtsausübung (Handlungsfähigkeit) auf die Grundrechte übertragen werden kann. Gegen die bejahende h. L. vgl. die Kritik von *Reuter*, S. 51 ff. und FamRZ 1969, 622 ff.

[3] Vgl. *Bosch*, FamRZ 1973, 489 ff. (für Ausbau des Systems von Teilmündigkeiten statt Herabsetzung der Volljährigkeitsgrenze); ähnlich *Beitzke*, AcP 172 (1972), 240 (264). Für 19 Jahre *Schwab*, JZ 1970, 748 ff.; *ders.*, AcP 172, 279. Zu den Unzulänglichkeiten des Reformgesetzes vgl. ferner *Bosch*, Festschrift Schiedermair, S. 62 ff.

[4] Gegen *Reuter*, S. 78 ff., 95 ff., 178 ff. (Zusammenfassung S. 185). Vgl. auch S. 193 ff. (Zuständigkeit des VormG in Analogie zu § 7 Satz 1 RelKEG für den Streit zwischen Kind und Eltern). Vgl. ferner *Kuhn*, S. 96 f. (Eltern sollen in Berufswahl nur eingreifen dürfen, wenn sie keine Lebensentscheidung des Minderjährigen vorwegnehmen); *Münder*, ZBlJugR 1975, 291 (Berufswahl nicht Teilinhalt der Erziehung, sondern ausschließlich dem Minderjährigen zugewiesen); wie der Text dagegen *Steffen*, RdJ 1971, 147 f.

das Verhältnis zwischen Eltern und Kindern diskutiert worden. Im Einflußbereich des Gedankens aber liegen notwendig alle Formen vormundschaftlicher Fürsorge, auch diejenigen, die für Erwachsene vorgesehen sind. Wenn die Freiheitsrechte die elterliche Sorge beschränken, so müssen sie auch die Vormundschaft und die Pflegschaft kürzen. Und Freiheitsrechte, die dem Jugendlichen zugestanden werden, können dem Erwachsenen gewiß nicht abgesprochen werden.

Formuliert wurde das Problem zunächst als ,,Kollision von Grundrechten der Jugendlichen mit dem Grundrecht der elterlichen Gewalt"; die Lösung sollte im Einzelfall nach dem Prinzip der Güterabwägung gefunden werden *(H. Krüger*[5]*)*. Diese Formulierung impliziert ein Bekenntnis zur Lehre von der unmittelbaren Drittwirkung der Grundrechte zwischen Privatrechtssubjekten; sie gibt ferner (unbeabsichtigt) die familienrechtliche Fürsorge von vornherein insoweit auf, als diese nicht selbst auf einem Grundrecht beruht, das mit den Grundrechten des Betreuten nach dem Prinzip der Güterabwägung zum Ausgleich gebracht werden könnte, da doch fast jeder Akt der familienrechtlichen Fürsorge in irgendeiner Form in die Freiheit des Betreuten eingreift. Gesichert wäre damit allein ein Grundbestand an elterlicher Sorge (Art. 6 II GG).[6] Der Fortbestand der Vormundschaft über Minderjährige wäre abhängig von einer positiven Entscheidung im Streit um die Frage, ob dem Vormund ein dem Elternrecht analoges Grundrecht eingeräumt wurde (vgl. dazu § 5 IV 5). Die Vormundschaft über Volljährige wäre aufzugeben, desgleichen die Pflegschaft.

Die Idee einer ,,Dialektik" von Elternrecht und Kindesgrundrechten wurde später auch von Lehren aufgegriffen, die eine unmittelbare Drittwirkung der Grundrechte ablehnen.[7] Sie wandelt sich in der veränderten Situation freilich zum Interpretationsprinzip und zum Stimulans für Analogieschlüsse und richterliche Rechtsfortbildung. Die emanzipatorischen Akte gefährden dann nicht mehr unentbehrliche Rechtsinstitute; sie erfolgen kontrollierter und in einem Entwicklungsprozeß, der langsam voranschreitet.

In Wahrheit verfehlt bereits der Gedanke eines Widerstreites von Elternrecht und Freiheitsrechten des Kindes das Verhältnis, in dem familienrechtliche Fürsorge und Freiheitsbedürfnis zueinanderstehen.[8] Es ist deshalb auch nicht richtig,

---

[5] FamRZ 1956, 329 (die gesetzlich vorgesehenen vorzeitigen Teilmündigkeiten werden von ihr als konkretisierte Ergebnisse der Güterabwägung begriffen; Rechtsschutz soll das Kind gegen die Eltern auf Antrag vom VormG fordern dürfen). Vgl. ferner (mit elternfreundlicher Tendenz) *Perschel,* RdJ 1963, 37.

[6] So auch *Schwerdtner,* AcP 173 (1973), 236f.

[7] Vgl. *Maunz-Dürig-Herzog,* 22 zu Art. 19 III; *Kuhn,* S. 32ff. (nur mittelbare Drittwirkung der Grundrechte), 59f. (Widerstreit zwischen den Grundrechten des Kindes und dem Elternrecht), 65ff. (§ 1666 als ,,Einbruchsstelle" für die Wertentscheidungen der Grundrechte; Pflege und Erziehung des Kindes als Grenzen legitimen elterlichen Handelns). Gegen *Kuhn* vgl. *Reuter,* S. 187f.

[8] Vielfach werden Elternrecht und Kindesgrundrechte zwar als kollidierende Rechte bezeichnet, die Kollision aber einseitig zugunsten der elterlichen Sorge aufgelöst. Vgl. etwa LG Augsburg,

die familienrechtliche Fürsorge als eine jener Bindungen der individuellen Freiheit zu deuten, die Art. 2 I GG nennt. Die „Rechte anderer", die „verfassungsmäßige Ordnung"[9] und das Sittengesetz sind gleicherweise als Schranken gedacht, die die grundsätzlich anerkannte Freiheit einengen. Der Fehler im Ansatz ist schließlich auch vorhanden, wenn Fürsorgeverhältnisse als „besondere Gewaltverhältnisse" charakterisiert werden, die Art. 2 I GG einschränken.[10] Die Struktur der elterlichen Sorge, der Vormundschaft und der Pflegschaft ist eine grundsätzlich andere und keinesfalls den besonderen Gewaltverhältnissen des öffentlichen Rechtes vergleichbar.

4. Auch die Freiheitsrechte unterliegen jedoch den Geboten einer teleologischen Normeninterpretation. In ihnen wirkt das Bekenntnis der Verfassung zu einem humanitären Individualismus, der sein Ziel in der eigenständigen, sich selbst verwirklichenden, Freiheit und Verantwortung zugleich ergreifenden Persönlichkeit findet. Elterliche Sorge, Vormundschaft und Pflegschaft werden von diesem Bekenntnis nicht bekämpft, sondern gefordert; sie sind nicht Widerstände, an denen sich die Freiheit bricht, sondern Mittel, mit denen sie sich in Lebensphasen des Betreuten entfaltet, in denen er selbst nicht über die Fähigkeit zur Selbstverwirklichung in Selbstbestimmung verfügt. Es ist müßig, dagegen einzuwenden, daß elterliche Einzelakte, die dem Kind die Freiheit entziehen, nicht als Entfaltung der Freiheit gedacht werden könnten.[11] Behauptet wird nicht, daß jeder elterliche Akt das Kind so leitet, wie es selbst entscheiden würde, falls es bereits erwachsen wäre. Behauptet wird lediglich, daß eine am Zweck der Grundrechte orientierte Interpretation der Verfassung die familienrechtlichen Formen der Fürsorge in ihrer Gesamtheit (und damit auch mit ihren Möglichkeiten der – zielgerichteten – Repression) den Freiheitsrechten integrieren muß.[12]

In dieser Deutung des Verhältnisses von Fürsorge und Freiheit verliert der Streit um die Frage nach der Bedeutung der Grundrechte für den Verkehr zwischen Privatrechtssubjekten seine Bedeutung. Gefährdet aber wird niemand: Gerechtfertigt ist nur eine Fürsorge, die dem Leitbild der Verfassung eingeordnet werden kann. Diese Aussage ist auch praktisch bedeutsam. Zwar ist keine Norm

---

FamRZ 1961, 323; *Hampel,* FamRZ 1963, 540; *Erman-Ronke,* 18 zu § 1631; *Peters,* in: Bettermann-Nipperdey-Scheuner, Die Grundrechte IV 1, S. 393f.

[9] Bei ihr sucht *Schüler-Springorum,* FamRZ 1961, 297, die Lösung des Problems.

[10] Gegen *Anders,* FamRZ 1960, 475.

[11] Vgl. die Kritik von *Reuter,* S. 42f.

[12] Dem Text (vgl. für ihn schon FamRZ 1962, 91f.) grundsätzlich zustimmend *Soergel-Lange,* 25 zu § 1631; *Staudinger-Donau,* 81 zu § 1626; *Schwab,* JZ 1970, 746. Im Ergebnis steht auch – trotz aller Kritik – *Reuter,* S. 58ff., dem Text nicht fern, wenn er unter dem Postulat eines Dualismus von Freiheit und Fürsorge für den Unmündigen an die Stelle der dem Willensfähigen garantierten zweckfreien Selbstbestimmung einen aus dem Art. 1 I und 3 I GG entwickelten Fürsorgeanspruch setzt. Vgl. auch *Ossenbühl,* FamRZ 1977, 533 (treuhänderische Wahrnehmung von Grundrechten der Kinder durch die Eltern als Synthese des dialektischen Verhältnisses zwischen Elternrecht und Kindesgrundrecht auf freie Entfaltung der Persönlichkeit).

des geltenden Familienrechtes verfassungswidrig, weil unvereinbar mit dem Gehalt der Freiheitsrechte. Wohl aber fordern die Freiheitsrechte Offenheit gegenüber Wandlungen des Zeitgeistes und Bereitschaft, veraltete Vorstellungen im Familienrecht abzubauen (vgl. dazu vornehmlich unten § 49 VI).

II. Freiheitsentzug

Schrifttum: *Franke,* Grundlagen der Anstaltsunterbringung Psychischkranker in verfassungs-, privat- und verwaltungsrechtlicher Sicht, NJW 1960, 1369; *Böning,* Zwangsunterbringung volljähriger Mündel, NJW 1960, 1374; *Erdsiek,* Freiheitsentziehung und richterliche Kontrolle, NJW 1960, 1385; *Maurer,* Das privatrechtliche Unterbringungsrecht und Art. 104 GG, FamRZ 1960, 468; *Anders,* Freiheitsentziehung durch den Inhaber der elterlichen Gewalt, FamRZ 1960, 475; *Guggumos,* Über die Grenzen des elterlichen Aufenthaltsbestimmungsrechtes gemäß Art. 104 GG, FamRZ 1960, 478; *Dunz,* Grundrecht und Bevormundung, JZ 1960, 475; *Dunz-Maurer,* Nochmals: Privatrechtliches Unterbringungsrecht, FamRZ 1961, 247; *Schüler-Springorum,* Die Bedeutung des Art. 104 GG für die freiwillige Erziehungshilfe, FamRZ 1961, 296; *Franke,* Die Maßgeblichkeit des Willens gesetzlicher Vertreter bei Anstaltsunterbringung, NJW 1962, 1755; *Hampel,* Zur Pflegerbestellung im vormundschaftlichen Genehmigungsverfahren, FamRZ 1962, 514; *Arnold,* Erfahrungen mit und Gedanken zu § 1800 Abs. II BGB n. F., FamRZ 1963, 484; *van Randenborgh,* Die Bedeutung des § 1800 Abs. 2 BGB für die freiwillige Erziehungshilfe, ZBlJugR 1963, 40 und 67; *Hampel,* Rechtliche Probleme der Heim- und Anstaltsunterbringung Minderjähriger in der freiwilligen Gerichtsbarkeit, FamRZ 1963, 537; *Schmidt-Futterer,* Die Beiordnung eines Rechtsanwalts im Verfahren über die Anstaltsunterbringung von Geistes- und Suchtkranken, FamRZ 1965, 303; *Fröhlich,* Neue Aufgaben des Vormundschaftsrichters bei Unterbringung von Mündeln in Anstalten, DRiZ 1965, 52; *Baumann,* Unterbringungsrecht, 1966 (S. 161); *Schmidt-Futterer,* Erübrigt die außerstrafrechtliche Anstaltsunterbringung von Geisteskranken eine Anordnung nach § 42b StGB?, MDR 1967, 357; *Weyer,* Bedarf die Anstaltsunterbringung unehelicher Kinder der vormundschaftsgerichtlichen Genehmigung?, FamRZ 1968, 188; *Säcker,* Das rechtliche Gehör Verfahrensgeschäftsunfähiger in der freiwilligen Gerichtsbarkeit, Rpfleger 1971, 161; *Saage-Göppinger,* Freiheitsentziehung und Unterbringung, 2. Aufl. 1975.

1. Art. 104 GG enthält besondere Rechtsgarantien zum Schutz der persönlichen Freiheit. Die Freiheit der Person darf nur auf Grund eines förmlichen Gesetzes und nur unter Beachtung der darin vorgeschriebenen Formen beschränkt werden. Über die Zulässigkeit und Fortdauer einer Freiheitsentziehung hat (ohne Rücksicht auf ihren Zweck und die angewandten Mittel) nur der Richter zu entscheiden. Gebunden ist die öffentliche Gewalt in all ihren Erscheinungsformen, mithin auch, wenn sie familienrechtliche Fürsorge gewährt. Werden unmittelbare Drittwirkungen der Grundrechte im Privatrecht anerkannt, ist unter der Prämisse eines Widerstreites von familienrechtlicher Fürsorge und Freiheit der Persönlichkeit auch jeder gebunden, der Fürsorge in den Formen des Privatrechtes zu gewähren hat.

Private Fürsorge geht der öffentlichen Gewalt grundsätzlich vor (Subsidiaritätsgrundsatz). Sie hemmt jene freilich nur insoweit, als ihre Effektivität auch das Schutzbedürfnis der Öffentlichkeit vor physisch oder psychisch Kranken voll befriedigt.[1]

---

[1] Vgl. LG Bonn, NJW 1967, 1810; *Baumann,* S. 174ff. und 214f. (mit weit. Nachw.). Zum Verhältnis von privater und öffentlich-rechtlicher Unterbringung vgl. ferner *Schmidt-Futterer,* MDR 1967, 357.

2. Die elterliche Sorge ist ausnahmslos Institut des Privatrechtes und nie Ausübung öffentlicher Gewalt; Vormundschaft und Pflegschaft sind in ihrer Regelform nicht anders strukturiert: Institute des öffentlichen Rechtes sind allein die Amtsvormundschaft und die Amtspflegschaft. In einer (insoweit verfehlten) Entscheidung hat freilich das BVerfG die Vormundschaft (und damit notwendig auch die Pflegschaft) in all ihren Erscheinungsformen zur öffentlichen Fürsorge gezählt (BVerfGE 10, 302; vgl. dazu unten § 65 I), ohne eine verbindliche Entscheidung über die Zuweisung der Vormundschaft zum öffentlichen oder privaten Recht treffen zu können.

Dennoch bedürfen Eltern, Vormund und Pfleger der Genehmigung des Vormundschaftsgerichts, wenn sie ihr Kind oder ihren Mündel in einer Form unterbringen wollen, die mit Freiheitsentziehung verbunden ist. Erst band man den Vormund (und den Pfleger), dann (im EltSorgRG; § 1631 b) auch die Eltern. Verständlich ist schließlich das eine ebenso wie das andere, und zwar auch dann, wenn Art. 104 GG (wie es richtig ist[2]) gänzlich außer Betracht bleibt. Zurück bleibt immer noch ein Akt, der in einer Zeit hoher Sensibilisierung gerade in Fragen der persönlichen Freiheit immer noch als Akt begriffen werden kann (und muß), der wegen seiner einschneidenden Bedeutung für das Kind oder den Mündel Eingang in den nicht eben kleinen Kreis der genehmigungspflichtigen Akte fand.[3]

Gewonnen ist freilich in der Praxis damit noch keine befriedigende Garantie der persönlichen Freiheit. Die Existenz von Genehmigungspflichten besagt noch nicht, daß in jedem Einzelfall die erforderliche Genehmigung auch tatsächlich eingeholt wird. Sodann scheint die Zahl jener Personen, die weder von ihren Eltern noch von einem Vormund oder Pfleger betreut werden, jedoch nach Fremdinitiative (in fürsorglicher Absicht) ohne beachtlichen eigenen Willen in einer geschlossenen Anstalt untergebracht wurden, nicht eben klein zu sein.[4]

3. Ohne Genehmigung ist eine Unterbringung nur zulässig, wenn mit dem Aufschub Gefahr verbunden ist; die Genehmigung ist unverzüglich nachzuholen (§ 1631 b Satz 2). Ist mit dem Aufschub keine Gefahr verbunden, so bleibt ein Freiheitsentzug auch dann rechtswidrig, wenn er später vom Vormundschaftsgericht gebilligt wird. Der richterliche Akt ist zwar lediglich Kontrollakt, der sich

---

[2] Für die Eltern vgl. dazu (mit verschiedenen Begründungen) *Dunz,* JZ 1960, 476; *Böning,* NJW 1960, 1378; *Rauschert,* RdJ 1960, 369; *Maurer,* FamRZ 1960, 468; *Schüler-Springorum,* FamRZ 1961, 296; *Hampel,* FamRZ 1963, 539f.; *Palandt-Diederichsen,* 4 zu § 1631; *Erman-Ronke,* 18 zu § 1631; *Soergel-Lange,* 18 zu § 1631; *Staudinger-Donau,* 30 zu § 1631; LG Augsburg, FamRZ 1961, 323; LG Stuttgart, FamRZ 1961, 325; BayObLG, FamRZ 1963, 577. A. A. (mit unterschiedlicher Reichweite) *Erdsiek,* NJW 1960, 1386; *Potrykus,* ZBlJugR 1960, 235; *Guggumos,* FamRZ 1960, 478; *Franke,* NJW 1960, 1370 (anders NJW 1962, 1757); *Kuhn,* S. 75ff.; *Reuter,* S. 236ff. Bedenken gegen die h. L. äußert auch MünchKomm-*Hinz,* 25 zu § 1631.

[3] In ihm sind benachbart die Tatbestände des § 1822 Nrn. 6 und 7 (Bindung nur des Vormunds).

[4] Vgl. dazu *Fröhlich,* DRiZ 1965, 52ff.

mit dem kontrollierten Akt der Eltern oder des Vormundes (Pflegers) zum Tatbestand der rechtmäßigen Freiheitsentziehung verbindet, jedoch ein Kontrollakt ohne Rückwirkung. Daß genehmigungspflichtige Verträge mit der Genehmigung rückwirkend wirksam werden (vgl. unten § 52 III 5), will nichts besagen: Die Freiheitsentziehung ist ein einseitiger Realakt in Ausübung des Aufenthaltsbestimmungsrechtes.[5]

4. Zu genehmigen ist stets ein konkreter Einzelakt. Keinem Elternteil und keinem Vormund (auch dem Amtsvormund nicht) darf generell Freiheitsentziehung „soweit notwendig" genehmigt werden: Mit dem Ende eines genehmigten Freiheitsentzuges wird die Genehmigung gegenstandslos; eine erneute Unterbringung ist auch erneut zu genehmigen.[6] Erst recht kann keinem Elternteil und keinem Vormund eine generelle Ermächtigung zur Unterbringung aller seiner Mündel erteilt werden:[7] Der richterliche Kontrollakt ist nicht Vertrauensbeweis für den Vormund, sondern Tatbestandselement eines Einzelaktes.[8]

5. *Freiheitsentzug* setzt eine Aufenthaltsbestimmung ohne oder gar gegen den (tatsächlichen) Willen des Kindes oder Mündels (Pfleglings) voraus; der zustimmende Wille ist unbeachtlich, wenn er ohne volle Einsicht in die Tragweite der geplanten Unterbringung gebildet wird.[9]

Freiheitsentzug ist auch genehmigungspflichtig, wenn er der Erziehung eines Minderjährigen dient.[10] Die vielfach vertretene Gegenansicht[11] relativiert den Begriff mit der Folge einer einzigartigen Irregularität innerhalb der genehmigungspflichtigen Akte. Der Zweck der familienrechtlichen Fürsorge führt in keinem anderen Zusammenhang zur Freiheit des Handelns für den Vormund.

---

[5] Zust. MünchKomm-*Zagst,* 8 zu § 1800. Nur im Ergebnis ebenso AG Hannover, FamRZ 1968, 534 (in der Begründung mit Verselbständigung des richterlichen Aktes und unangebrachten Parallelen zur vorläufigen Festnahme und zum Haftbefehl im Strafprozeßrecht).

[6] Vgl. LG Göttingen, FamRZ 1963, 530; OLG Celle, NJW 1964, 552; LG München I, FamRZ 1969, 469; OLG Hamm, MDR 1970, 331; *Staudinger-Engler,* 33 zu § 1800; *Saage-Göppinger,* II 67. Schwerlich haltbar OLG Hamm, MDR 1967, 1011 (Entlassung auf Probe zu „kurzfristiger Beurlaubung" umgedeutet).

[7] Ebenso *Staudinger-Engler,* 33 zu § 1800.

[8] Gleichgültig ist aber ein Wechsel in der Person des Vormundes (Pflegers). Der neue Vormund (Pfleger) kann auch ein laufendes Genehmigungsverfahren weiter betreiben. Vgl. OLG Hamm, FamRZ 1969, 437.

[9] Vgl. BayObLGZ 1954, 302; *Maunz-Dürig-Herzog,* 10 zu Art. 104; *Staudinger-Engler,* 30 zu § 1800; *Dölle,* § 125 I 2a.

[10] Ebenso AG Wennigsen, FamRZ 1962, 40; OLG Hamm, FamRZ 1962, 397; OLG Düsseldorf, NJW 1963, 397; LG Göttingen, FamRZ 1963, 530; OLG Celle, NJW 1964, 552; *Soergel-Lange,* 25 Anh. zu § 1666; *Keidel-Winkler,* 14 zu § 55a FGG; *Potrykus,* RdJ 1962, 133; *Hampel,* FamRZ 1963, 541; *Baumann,* S. 164f.; *Staudinger-Engler,* 29 zu § 1800; *Dölle,* § 125 I 2a; MünchKomm-*Zagst,* 6 zu § 1800.

[11] Vgl. AG Hamburg, NJW 1961, 2160 und FamRZ 1963, 312; *Palandt-Diederichsen,* 3b zu § 1800; *Erman-Hefermehl,* 9 zu § 1800; *Soergel-Germer,* 9 zu § 1800; *van Randenborgh,* ZBlJugR 1963, 40 und 67; *Arnold,* FamRZ 1963, 484; *Schnitzerling,* RdJ 1962, 4; *Staudinger-Donau,* 30 zu § 1631; *Prahl,* NJW 1964, 530.

6. *Freiheitsentzug ist jeder Eingriff in die persönliche Freiheit von einer Dauer oder Stärke, die das Maß der in einem bestimmten Alter üblichen Freiheitsbeschränkungen überschreiten.*[12] Der Maßstab ist notwendig relativ; zunehmendem Alter entspricht eine abnehmende Toleranz. Was für das Kleinkind noch Freiheitsbeschränkung ist, kann für den Jugendlichen Freiheitsentzug sein. Was für den volljährigen Entmündigten Freiheitsentzug ist, kann für den Minderjährigen noch Freiheitsbeschränkung sein.

Freiheitsentzug ist stets die Unterbringung in einer geschlossenen Anstalt (Kriterien: räumliche Beschränkung, ständige Überwachung und Verhinderung des freien Kontaktes mit Personen außerhalb der Anstalt).[13] Bloße Freiheitsbeschränkung ist stets die Unterbringung im Krankenhaus zur Heilung eines akuten körperlichen Leidens (insbesondere zu einer Operation)[14] sowie die Vorführung zu kurzfristiger ärztlicher Untersuchung.[15] Bloße Freiheitsbeschränkung ist für den Minderjährigen auch der befristete Hausarrest,[16] die Unterbringung bei Verwandten und Bekannten, in einer Pflegefamilie,[17] in einem Internat mit gewöhnlicher Bewegungsfreiheit. Freiheitsentzug ist dagegen die Einweisung in eine psychiatrische Klinik zur Untersuchung und Behandlung[17a] und für den volljährigen Entmündigten die Unterbringung in einem ,,halboffenen" Heim.[18]

7. *Entscheidungsgrundsätze.* Das Vormundschaftsgericht hat die Genehmigung (Wirksamkeit: § 64h FGG) zu erteilen, wenn der Freiheitsentzug dem Wohl des Kindes, Mündels oder Pfleglings dient[19] (vorläufige Unterbringung nach einstweiliger Anordnung für die Höchstdauer von drei Monaten: §§ 64f und g FGG[20]); es hat die Genehmigung zurückzunehmen, wenn das Wohl des Betreuten die Maßnahme nicht mehr fordert (§ 1631b Satz 3).[21] Die Freiheit

---

[12] Zust. MünchKomm-*Zagst,* 6 zu § 1800. Ähnlich *Hampel,* FamRZ 1963, 542f.; *Staudinger-Engler,* 28 zu § 1800. Verzichtet man auf eine derartige Grenze, ergeben sich die vielfach ironisierten Konsequenzen des genehmigungspflichtigen Hausarrests u. ä.; vgl. etwa *Schüler-Springorum,* FamRZ 1961, 298; *Rauschert,* ZBlJugR 1962, 152 (156).

[13] Unstr. Vgl. aus der Rspr. OLG Hamm, FamRZ 1962, 397; OLG Düsseldorf, NJW 1963, 397.

[14] Vgl. AG Wennigsen, FamRZ 1962, 40; OLG Düsseldorf, NJW 1963, 397; *Hampel,* FamRZ 1963, 542 Fn. 55.

[15] Vgl. OLG Stuttgart, DJ 1973, 392.

[16] Ebenso AG Wennigsen, FamRZ 1962, 40; *Hampel,* FamRZ 1963, 542 Fn. 55.

[17] Vgl. OLG Celle, NdsRpfl. 1962, 48.

[17a] OLG Stuttgart, FamRZ 1976, 538 (sofortige Ermächtigung des Pflegers statt Genehmigung der von ihm getroffenen Entscheidung!).

[18] A. A. LG Mannheim, DJ 1974, 381 (Genehmigungsbedürftigkeit nur bei Unterbringung in geschlossener Anstalt).

[19] Der private Freiheitsentzug folgt damit einem anderen Grundsatz als die landesrechtlichen Unterbringungsgesetze. Er hat sich ihnen auch nicht im Wege der Interpretation anzugleichen. Vgl. OLG Frankfurt, OLGZ 1966, 102.

[20] Begründungszwang, soweit die Entscheidung nicht ohne weiteres für den Mündel verständlich ist. Vgl. OLG Bremen, OLGZ 1967, 258.

[21] Vgl. dazu LG Mannheim, NJW 1964, 454 (entmündigter Trunksüchtiger; Probeentlassung auch bei akuter Rückfallgefahr); OLG Hamm, FamRZ 1965, 340 und BayObLG, FamRZ 1965, 457 (Grundsätze zur Amtsermittlung).

ist soweit als irgend möglich zu wahren; zu billigen ist stets nur die im Einzelfall mögliche mildeste Form des Freiheitsentzuges.[22] Bedingungen sind zulässig, eine Befristung auf höchstens zwei (bei voraussichtlich langer Geisteskrankheit) oder ein Jahr (in allen anderen Fällen) seit dem EltSorgRG zwingend vorgeschrieben (§ 64d FGG; die wiederholte Unterbringung folgt ohne jede Ausnahme materiell und formell dem für die Erstunterbringung geltenden Recht). Die Pflicht, die Genehmigung sofort zurückzunehmen, wenn ihr Grund entfallen ist, bleibt daneben ungeschmälert bestehen.

8. *Verfahren.* Das vom EltSorgRG neu geordnete Verfahren (§§ 64a ff. FGG mit der Regelung für den Mündel und § 64i FGG mit sinngemäßer Anwendung jener Normen auf das Kind) sucht ein Höchstmaß an Sicherheit vor unberechtigten Eingriffen in die persönliche Freiheit zu erreichen. Vor der Entscheidung ist der Betroffene grundsätzlich persönlich (in der Regel in Anwesenheit eines Sachverständigen) zu hören (§ 64a FGG mit der Möglichkeit einer Zwangsvorführung); Ausnahmen gelten, ,,wenn nach ärztlichem Gutachten erhebliche Nachteile für den Gesundheitszustand zu besorgen sind" und wenn der Betroffene ,,nicht die erforderliche Einsichtsfähigkeit haben kann". Im Verfahren ist er ohne Rücksicht auf seine Geschäftsfähigkeit befugt, Anträge zu stellen und Rechtsmittel einzulegen.[23] Die generelle Regel des § 59 III FGG, die Geschäftsunfähigen und Minderjährigen unter vierzehn Jahren das in Abs. I gewährte Beschwerderecht entzieht, entspricht weder der besonderen Freiheitsgarantie, die mit den §§ 1631b, 1800 gewährt wird, noch der Orientierung des Begriffs ,,Freiheitsentzug" am natürlichen Willen des Betroffenen.

Zwingend vorgeschrieben ist die Verwertung eines nach Untersuchung erstellten Sachverständigengutachtens (§ 64c FGG mit Möglichkeit der Zwangsuntersuchung und befristeter Unterbringung zur Beobachtung), nur noch möglich dagegen die Bestellung eines Verfahrenspflegers. Zwar ist er vorgesehen (§ 64b FGG), ,,wenn es zur Wahrnehmung der Interessen erforderlich erscheint", doch wird es in aller Regel nicht notwendig sein, Eltern und Vormund (die nicht Gegner des Betroffenen in einem Streitverfahren sind, sondern in Ausübung ihres Sorgerechtes und zur Erfüllung ihrer Sorgepflicht tätig werden) durch einen Verfah-

---

[22] Vgl. BayObLG, FamRZ 1963, 661; OLG Düsseldorf, JMBlNRW 1962, 281; *Staudinger-Engler,* 32 zu § 1800; LG Göttingen, DAVorm. 1976, 345 (Unterbringung in geschlossener Anstalt letztes Mittel).

[23] Ganz h. L. Vgl. BayObLG, NJW 1960, 2236; 1962, 677 mit Anm. *Kemper;* FamRZ 1965, 457; KG, NJW 1961, 2115; OLG Hamm. FamRZ 1961, 130; 1965, 340; 1968, 614; LG Bielefeld, FamRZ 1961, 327; LG Bonn, FamRZ 1962, 484; OLG Düsseldorf, FamRZ 1963, 528; OLG Frankfurt, OLGZ 1966, 102; BayObLG, DAVorm. 1972, 456; *Dunz,* JZ 1960, 475; *Böning,* NJW 1960, 1376f.; *Franke,* NJW 1961, 959; *Keidel-Winkler,* 30 zu § 13 und 25 zu § 55a FGG; *Soergel-Germer,* 15 zu § 1800; *Erman-Hefermehl,* 11 zu § 1800; *Staudinger-Engler,* 45 zu § 1800; *Dölle,* § 125 I 2b. A. A. LG Frankenthal, NJW 1961, 974 und 1962, 1778; *Hampel,* FamRZ 1963, 547f. (jedenfalls für Minderjährige).

Ein Beschwerderecht hat auch der Ehegatte des Mündels (§§ 1353 BGB, 20 FGG). Vgl. OLG Düsseldorf, JMBlNRW 1962, 281.

renspfleger zu ersetzen (§§ 1630 I, 1794) und damit durch eine Person, die dem Betroffenen meist ferner steht. Insbesondere kann auch ein Verfahrenspfleger Verständigungsschwierigkeiten nicht mildern[24]. Irrig ist ferner der Gedanke, in ihm einen besseren Adressaten für die Entscheidung des Vormundschaftsgerichts zu finden, wenn sie dem Betroffenen selbst nicht mitzuteilen ist, weil „nach ärztlichem Zeugnis eine Verständigung mit ihm wegen seines Geisteszustandes nicht möglich ist" oder „nach ärztlichem Zeugnis erhebliche Nachteile für den Gesundheitszustand zu besorgen sind" (§ 64e FGG). Der Betroffene erfährt schließlich ohnehin nichts und ein Pfleger ist kaum ein besserer Garant sorgfältiger Verwahrung der Entscheidung als ein Vormund oder gar die Eltern.

[24] Vgl. dazu *Hampel,* FamRZ 1962, 514 (Pfleger, wenn der Mündel nicht imstande ist, seine Wünsche andeutungsweise zum Ausdruck zu bringen); *Böning,* NJW 1960, 1376 (wenn der Mündel mangels Verständigungsmöglichkeit nicht angehört werden kann); *Erman-Hefermehl,* 10 zu § 1800 (Unfähigkeit zu jeder Willensäußerung).

II. Abschnitt. Die Ehe

A. Die Ehebegründung

§ 8. Das Verlöbnis

Schrifttum: *Siebert,* BGB-System und völkische Ordnung, DRW 1936, 204; *Beitzke,* Anfechtung des Verlöbnisses?, JR 1947, 141; *Arnold,* § 1300 BGB und die Gleichberechtigung der Frau, FamRZ 1955, 91; *Luther,* Ersatz immaterieller Schäden bei Verlöbnisbruch im internationalen Privatrecht und in Auslandsrechten, FamRZ 1959, 475; *Thönnissen,* Grundfragen des Verlöbnisrechts, 1964; *Canaris,* Das Verlöbnis als gesetzliches Rechtsverhältnis, AcP 165 (1965), 1; *Beitzke,* Zur rechtlichen Qualifikation der Verlöbnisfolgen, Festschrift Ficker, 1967, S. 78; *Nitschke,* § 1300 BGB und das Gebot der Gleichberechtigung von Mann und Frau, FamRZ 1968, 424; *Göppinger,* Rückforderung von Geschenken durch früheren Verlobten, JuS 1968, 405; *Ott,* Verfassungskonforme Auslegung des § 1300 BGB, MDR 1973, 104; *Carsten,* Zur Neuregelung des Verlöbnisrechts, StAZ 1973, 81; *Montanari,* Verlobung und Verlöbnisbruch, 1974.

I. Bedeutung

1. Es gibt Rechtsordnungen, die dem Verlöbnis gleichgültig gegenüberstehen (auch die der DDR). Uns ist das Verlöbnis zur gewohnten Erscheinung auch des Rechtslebens geworden. Doch ist eine zunehmende rechtliche Entleerung ebensowenig zu verkennen wie eine zunehmende Ablehnung des Verlöbnisses in der jüngeren Generation. Die praktische Bedeutung ist bescheiden: Das Verlöbnis ist weder Bestandteil noch Voraussetzung des Eheschließungsaktes; geregelt sind in erster Linie die Folgen der einseitigen willkürlichen Beendigung.

2. Der *Begriff* Verlöbnis ist doppeldeutig. Er kennzeichnet eine Dauerverbindung der beiden Partner, das Gemeinschaftsverhältnis. Er kennzeichnet aber auch den Akt, der die Dauerverbindung begründet, das Versprechen der Partner, mit dem sie in das Gemeinschaftsverhältnis eintreten.

3. Begründungsakt und Gemeinschaftsverhältnis werden gleicherweise unterschiedlich gedeutet. Die *Vertragstheorie* qualifiziert die Verlobung als Rechtsgeschäft, das Verlöbnis aber als Dauerrechtsverhältnis, das in erster Linie eine Rechtspflicht zur Ehe begründet. Von ihr sondert sich die *Theorie des ungeregelten Vertrages* durch eine andere Charakterisierung der Verlobung; sie wird als spezifisch familienrechtlicher oder auch „sozialrechtlicher" Akt verstanden, dessen Eigenarten die Entfaltung eines eigenständigen Abschlußrechtes fordern und gestatten (mit einer besonderen Verlöbnisfähigkeit) und eine Anwendung der §§ 104ff. nur in vorsichtigen Analogieschlüssen erlauben.[1]

[1] Die Theorie wurde in jüngerer Zeit entfaltet von *Staudinger-Dietz,* 23ff. vor § 1297. Das Verlöb-

Gänzlich anders geartet sind alle Theorien, die in dieser oder jener Ausprägung den rechtsgeschäftlichen Charakter der Verlobung leugnen und damit gezwungen sind, das Verlöbnis als gesetzliches Rechtsverhältnis zu charakterisieren. Kaum mehr lebendig ist dabei die (in sich wiederum gespaltene) *Tatsächlichkeitstheorie,* die z. T. die Verlobung als rein sozialen Vertrag ohne Teilhabe am Recht begriff, z. T. aber auch auf einen vertraglichen Begründungsakt überhaupt verzichtete und die Ersatzansprüche aus Verlöbnisbruch als deliktische Ansprüche qualifizierte.[2] Jüngeren Datums ist dagegen die *Vertrauenshaftungstheorie,* derzufolge das Verlöbnis ein gesetzliches Rechtsverhältnis ist, das mit der erkennbaren Bereitschaft zur Eheschließung und dem erkennbaren Vertrauen des Partners auf die Bereitschaft zustandekommt (mit allen Unsicherheiten, die subjektiven Tatbestandselementen eigen sind), und das keine Rechtspflicht zur Heirat begründet, jedoch zu Ersatzpflichten führen kann, die ihren Zurechnungsgrund in der Gewährung des in Anspruch genommenen Vertrauens finden.[3]

4. Nach wie vor wird der Vertragstheorie in Rspr. und Schrifttum zu Recht überwiegend der Vorzug gegeben.[4] Sie fügt sich zwanglos in das System des Bürgerlichen Rechtes ein, das mit einer Irregularität zu belasten kein Anlaß besteht.

Gegenstandslos ist die alte Behauptung einer verfehlten Verknüpfung mit schuldrechtlichen Vorstellungen. Es ist richtig, daß die Vertragstheorie einst (als Erbe des gemeinen Rechtes) Normen des Schuldrechtes in das Familienrecht trug. Es ist dagegen nicht mehr richtig, daß die Anwendung des allgemeinen Vertragsrechtes das Verlöbnis notwendig mit schuldrechtlichen Elementen verknüpfen muß.

Gegenstandslos ist auch der Vorwurf eines inneren Bruches, mit dem die Unvereinbarkeit der (auf dem Willen der Verlobten beruhenden[5]) Rechtspflicht

---

nis eines beschränkt Geschäftsfähigen ohne Zustimmung des gesetzlichen Vertreters soll § 30 EheG analog unterworfen werden mit Recht des beschränkt Geschäftsfähigen zum jederzeitigen rückwirkenden Widerruf. Daß § 30 EheG zur (nicht gewünschten) Beendigung des Verlöbnisses mit Verweigerung der Zustimmung des gesetzlichen Vertreters führen müßte und das freie Widerrufsrecht des beschränkt Geschäftsfähigen mit § 30 I 2 EheG nicht zu vereinbaren ist, hat bereits *Canaris,* AcP 165 (1965), 16f. bemerkt.

Zur Theorie des ungeregelten Vertrages vgl. weiter *Boehmer,* JZ 1961, 267; *Schnitzerling,* StAZ 1961, 185; *Flume,* Allgemeiner Teil des Bürgerlichen Rechts, 2. Bd., 3. Aufl. 1979, § 13, 10.

[2] Nachweise bei *Thönnissen,* S. 9 und *Staudinger-Dietz,* 22 vor § 1297. Zur Kritik vgl. weiter *Canaris,* AcP 165 (1965), 9f.

[3] Vgl. *Canaris,* AcP 165 (1965), 1ff. und gegen ihn *Beitzke,* Festschrift Ficker, S. 78ff.; *Gaul,* FamRZ 1966, 626 Fn. 13. Zustimmend dagegen *Pawlowski,* Das Studium der Rechtswissenschaft, 1969, S. 301ff.; mit gewissen Modifizierungen auch *Henrich,* § 2 I 4.

[4] *Beitzke,* § 5 I; *Kipp-Wolff,* § 4 I; *Palandt-Diederichsen,* 1 vor § 1297; *Soergel-Lange,* 2 zu § 1297; *Dölle,* § 6 III; MünchKomm-*Wacke,* 5 zu § 1297; *Erman-Heckelmann,* 4ff. vor § 1297 (freilich nur grundsätzlich); *Thönnissen,* S. 140ff.; RGZ 61, 267 (270); 80, 89; 149, 143 (148); BGH, FamRZ 1959, 105.

[5] Der Inhalt der Willenserklärungen der Verlobten und seine Abgrenzung von den gesetzlichen Verlöbnisfolgen, die an den Vertrag anknüpfen, ist stets streitig gewesen. Wer nur eine sittliche

zur Heirat mit der Freiheit zum Rücktritt gerügt wird.[6] Einerseits kann von einem völlig freien Rücktritt angesichts der Sanktionen für den grundlosen Rücktritt (vgl. unten IV 4 und 5) nicht die Rede sein. Andererseits impliziert der Begriff der Rechtspflicht gar nicht notwendig den Ausschluß der willkürlichen Befreiung von der Pflicht. Im Schuldrecht ist die Existenz einer Schuldnerpflicht trotz Rücktrittsvorbehalts (§ 346) bislang auch noch nicht bestritten worden.[7] Daß Folge des Rücktritts im Schuldrecht die Umgestaltung des Schuldverhältnisses in ein Rückgewährverhältnis sein kann, während die Pflichten aus den §§ 1298 ff. nicht als neuer Inhalt eines seine Identität wahrenden Rechtsverhältnisses begriffen werden sollten, begründet keinen entscheidenden Unterschied. Ein Rückgewährschuldverhältnis kann eben nur Folge des Rücktritts sein, muß es indessen nicht und ist es oft mangels zuvor erbrachter Leistungen nicht.

Gegenstandslos ist schließlich der (ständig wiederholte) Vorwurf, um der Systemgerechtigkeit willen zu Einbußen an Sachgerechtigkeit bereit zu sein. Allen anderen Theorien liegt offen oder unausgesprochen die Überzeugung zugrunde, Verlöbnisfreiheit für den einsichtsfähigen Minderjährigen schaffen zu müssen, weil die Vertragstheorie mit ihrer strikten Anwendung der §§ 104 ff. zu unannehmbaren Ergebnissen für den grundlos verlassenen Minderjährigen (meist mit dem antiquierten § 1300 als Schreckbeispiel!) führe. In Wahrheit wird die Vertragstheorie weithin den Forderungen ihrer Gegner gerecht; wo sie sich von ihnen entfernt, vollzieht sie gesetzliche Wertungen, die nicht kurzerhand für das Verlöbnis beseitigt werden dürfen. Die Gegner der Vertragstheorie geben sich freilich insoweit unbekümmert, offenbaren aber Schwächen in ihren Ergebnissen. Wird der einsichtsfähige Minderjährige dem Erwachsenen voll gleichgestellt, so erkauft man den gesteigerten Minderjährigenschutz mit einer (vom Gesetz nicht gewollten) Belastung Minderjähriger (falls sie grundlos zurücktreten!). Gewährt man aber dem Minderjährigen einerseits Schutz und andererseits Freiheit zum folgenlosen Widerruf des Verlöbnisses, so ergibt sich eine höchst einseitige Rechtslage, die dem Minderjährigen jedes Risiko und dem Volljährigen jeden Schutz nimmt.[8]

5. *Minderjährige.* Der Vorwurf verfehlter Ergebnisse ist nur für das Privatrecht zu widerlegen. Zwar kennen auch andere Rechtsgebiete das Verlöbnis, insbesondere das Strafrecht, das den Verlobten als „Angehörigen" privilegiert (vgl. § 11 Nr. 1 a StGB), sowie das Prozeßrecht, das ihm Weigerungsrechte einräumt (vgl. §§ 383 I Nr. 1, 408 I ZPO; 52 I Nr. 1, 76 I StPO; 15 FGG), wenn der Partner

---

Pflicht zur Heirat anerkennt, kann die Vertragstheorie nur bejahen bei Bereitschaft, andere Verlöbnisfolgen (die Pflichten aus dem „Brautstand", die Ersatzpflichten der §§ 1298 ff.) unmittelbar auf den Vertragswillen zurückzuführen. Vgl. dazu *Thönnissen,* S. 151 ff. und *Canaris,* AcP 165 (1965), 7 f.

[6] Vgl. dazu *Canaris,* AcP 165 (1965), 3 ff.

[7] Vgl. *Beitzke,* Festschrift Ficker, S. 80 ff.; MünchKomm-*Wacke,* 5 zu § 1297. Zur Problematik vgl. weiter *Montanari,* S. 90 ff.

[8] Vgl. dazu *Thönnissen,* S. 30 ff.

Partei, Beschuldigter oder Beteiligter ist. Jedes Rechtsgebiet kann aber in Freiheit vom Privatrecht bestimmen, wen es als Verlobten anerkennen will. Trotz Bekenntnis zur Vertragstheorie im Privatrecht ist auch die höchstrichterliche Rechtsprechung für das Strafrecht und das Prozeßrecht stets eigene Wege gegangen, die insbesondere dem ernstlichen Eheversprechen einsichtsfähiger Minderjähriger Beachtung auch dann sichern, wenn die vom Privatrecht geforderte Zustimmung des gesetzlichen Vertreters (§ 107) fehlt.[9]

Im Privatrecht ist das (seit der Fixierung der Volljährigkeit auf die Vollendung des achtzehnten Lebensjahres selten gewordene) Verlöbnis eines Minderjährigen, der sich selbständig verlobte, schwebend unwirksam; es wird rückwirkend wirksam mit der Genehmigung und endgültig unwirksam mit deren Verweigerung (§§ 107, 108).[10] Weil Ersatzansprüche aus Verlöbnisbruch ein wirksames Verlöbnis fordern, kann der Minderjährige sie nur erlangen, wenn er die Zustimmung seines gesetzlichen Vertreters fand oder noch findet.

Dennoch ist die gern inszenierte Dramatik um einen Minderjährigen, dem gegen alle Gebote der Sachgerechtigkeit allenfalls ein deliktischer Anspruch gegen den treulosen Partner zu Gebote steht, nicht vorhanden. Waren beide Verlobte noch minderjährig, so sind Ansprüche aus den §§ 1298 ff. freilich nur zu begründen, wenn die gesetzlichen Vertreter beider Teile das Verlöbnis noch genehmigen. Vonnöten ist damit ein Akt, den der gesetzliche Vertreter des grundlos vom (schwebend unwirksamen) Verlöbnis Zurückgetretenen nie vornehmen wird und bei pflichtgemäßem Handeln auch gar nicht vornehmen darf. Die Beschränkung auf den (meist mangels Tatbestandserfüllung ausfallenden) deliktischen Ausgleich ist indessen in diesen Fällen sachgerecht. Der Schutz eines Minderjährigen darf nicht mit der Preisgabe des Schutzes für einen anderen Minderjährigen erkauft werden.

War der Partner des grundlos verlassenen Minderjährigen dagegen volljährig, so ist das Rechtsgeschäft nur einseitig mangelhaft und kann jederzeit vom gesetzlichen Vertreter des Minderjährigen genehmigt werden.[11] Der Rücktritt des

---

[9] RGSt. 38, 242. Vgl. weiter RGSt. 35, 49 (Mentalreservation beachtlich); RGSt. 40, 420; RG, JW 1909, 519; RGSt. 75, 290; OLG Koblenz, NJW 1958, 2027 (Ende des Verlöbnisses ohne Rücktrittserklärung); RG, HRR 1939 Nr. 1070 und BGHSt. 3, 215 (kein Verlöbnis bei Heiratsschwindel).

Aus dem Schrifttum vgl. insbesondere *Bruns,* MDR 1953, 458 ff. und *Geilen,* FamRZ 1961, 156 f. Daß sich Strafrecht und Prozeßrecht über ein zivilrechtlich gültiges Verlöbnis hinwegsetzen können, wird bestritten von *Beitzke,* § 5 I 2. Zur Frage, ob das Strafrecht bereits ein mögliches, wenn auch nicht erwiesenes Verlöbnis berücksichtigt, vgl. BayObLG, NJW 1961, 1222.

[10] Ein Mindestalter müssen die Verlobten nicht erreicht haben. Die (unpraktische) Frage wird freilich oft anders beantwortet. Vgl. dazu *Thönnissen,* S. 80 ff. Er selbst fordert ein Mindestalter von 14 Jahren für Mädchen (mit Kontrolle der individuellen Reife bis 16) und von 16 Jahren für Jungen (mit Kontrolle bis 18).

[11] Die Genehmigung wird für entbehrlich gehalten von *Beitzke,* § 5 I 2 (mit Ersatzansprüchen aus grundlosem Rücktritt von einer Bindungslage in den Fällen des § 109 II). Vgl. gegen ihn *Boehmer,* JZ 1961, 267 (der seinerseits die Möglichkeit der Genehmigung nach dem Rücktritt übersieht).

Volljährigen vom (schwebend unwirksamen) Verlöbnis hindert die Genehmigung nicht, weil er das Rechtsverhältnis lediglich als schwebend unwirksames mit Wirkung allein für die Zukunft beendet.[12] Auf deliktische Ansprüche ist der Minderjährige in diesen Fällen nur beschränkt, wenn der gesetzliche Vertreter die Genehmigung verweigert (doch dürfte die Verweigerung nach grundlosem Rücktritt ein pflichtwidriger Akt sein, weil der Minderjährige um die Ersatzansprüche aus den §§ 1298 ff. gebracht wird)[13] und wenn der Volljährige das Schwebeverhältnis vor der Genehmigung beenden konnte und tatsächlich beendet hat. § 109 II aber schließt in aller Regel den Widerruf aus. Er bleibt freilich möglich nach irrtümlicher Annahme voller Geschäftsfähigkeit[14] und nach einer erfolgreich vorgetäuschten Einwilligung des gesetzlichen Vertreters. Doch sind diese (praktisch ohnehin schwer vorstellbaren) Fallgestaltungen belanglos, weil sie einen Rücktritt rechtfertigen und damit die Ersatzansprüche aus Verlöbnisbruch ausschließen.

6. *Geschäftsunfähige.* Das (praktisch kaum bedeutsame) Verlöbnis eines Geschäftsunfähigen ist stets nichtig (§ 105 I); eine Haftung aus den §§ 1298 ff. scheidet aus.[15] Möglich bleiben Ersatzpflichten aus Delikt (§ 826!), aber auch aus culpa in contrahendo.[16]

II. Der Vertrag

1. Die Vertragstheorie ist allen anderen Theorien bei der Beantwortung der Frage, ob und wann im Einzelfall ein Verlöbnis begründet wurde, hoch überlegen; *das allgemeine Vertragsrecht wird zum Maßstab.* Schwierigkeiten bleiben freilich auch ihr nicht erspart. Die historische Entwicklung hat zur Formfreiheit geführt und damit jene festen Konturen beseitigt, die dem Verlöbnis früher eigen waren. Der Austausch von Ringen, die öffentliche Bekanntgabe der Heiratsabsicht und ähnliche Bräuche sind sichere positive Indizien (während sie allenfalls in

---

[12] Zur Parallelproblematik bei Störungen in schwebend unwirksamen Schuldverhältnissen vgl. *H. Lange*, Leistungsstörungen beim schwebend unwirksamen Geschäft, Festschrift Schmidt-Rimpler, 1957, S. 139 ff.

[13] Die Verweigerungsfälle werden als Argument gegen die Vertragstheorie (jeweils ohne Eingehen auf die Pflichten des gesetzlichen Vertreters) besonders betont von *Staudinger-Dietz,* 19 vor § 1297 und *Canaris,* AcP 165 (1965), 15. Vgl. zu ihnen ferner *Erman-Heckelmann,* 9 ff. vor § 1297 (mit Ansprüchen aus den §§ 1298 ff. nach einem nur relativ wirksamen Verlöbnis in Analogie zur Haftung aus c. i. c. und mit Anlehnung an die Lehre von den „faktischen Vertragsverhältnissen") und gegen ihn *Canaris,* AcP 165 (1965), 17 und *Staudinger-Dietz,* 20 f. und 29 vor § 1297.

[14] Auch für diesen Fall wird eine Bindung des Volljährigen behauptet von *Flume,* § 13, 10; MünchKomm-*Wacke,* 7 zu § 1297. Die von ihnen damit erneut belebte romanistische Lehre von den negotia claudicantia ist jedoch mit den Grundsätzen des BGB nicht zu vereinbaren. Abl. auch *Beitzke,* § 5 I 2.

[15] Dagegen will die Vertrauenshaftungstheorie wenigstens in bestimmten Fällen die §§ 1298 ff. anwenden. Vgl. *Canaris,* AcP 165 (1965), 16 und gegen ihn *Beitzke,* Festschrift Ficker, S. 89 f.

[16] Vgl. dazu *Staudinger-Dietz,* 31 vor § 1297. Den nichtvermögensrechtlichen Schaden will *Beitzke,* § 5 I 2, aus Verletzung des Persönlichkeitsrechtes ersetzen. Möglich ist jedenfalls ein Anspruch aus § 825.

Ausnahmefällen das Verlöbnis selbst enthalten);[1] ihr Fehlen hat dagegen in den letzten Jahrzehnten mit zunehmender Gleichgültigkeit gegenüber herkömmlichen Formen des gesellschaftlichen Lebens viel an Beweiswert verloren.[2] Beweislos ist das einfache Liebesgeständnis und die Aufnahme sexueller Kontakte. Indiz eines Verlöbnisses kann dagegen der Kauf einer Wohnungseinrichtung sein und der Bezug einer gemeinschaftlichen Wohnung. Hier wie dort ist indessen die stärkere Verbreitung der faktischen Probeehe in jüngster Zeit zu berücksichtigen.

2. *Stellvertretung.* Weil die Verlobung ein personenrechtliches Gemeinschaftsverhältnis begründet, ist sie ein höchstpersönliches Rechtsgeschäft, das nur von den Verlobten selbst vorgenommen werden kann.[3] Auch der gesetzliche Vertreter eines Minderjährigen kann den Vertrag nicht schließen; er bleibt auf die Zustimmung zum Handeln des Minderjährigen beschränkt. Mehr theoretisch als praktisch bedeutsam ist die Möglichkeit, ein Verlöbnis durch Botenerklärungen einzugehen (postillon d'amour).

3. *Bedingung und Befristung.* Weil das Verlöbnis nicht personenstandsbestimmend ist, Transparenz und Statik also nicht unbedingt verbürgt sein müssen, ist gegen Bedingungen[4] und Anfangstermine[5] nichts einzuwenden. Freilich kann nicht schon jede Vereinbarung einer Voraussetzung für die Ehe (etwa Zustimmung der Eltern trotz Volljährigkeit) als Bedingung aufgefaßt werden. Trotz Ungewißheit über das endliche Ziel kann ein unbedingtes Verlöbnis gewollt sein, weil sich die Wirkungen eines Verlöbnisses nicht in der Pflicht zur Heirat erschöpfen und diese jederzeit durch einen Rücktritt beseitigt werden kann.[6]

4. *Willensmängel.* Größere Schwierigkeiten bereitet der Bereich der Willensmängel. Nur die §§ 116–118 sind in ihrer Anwendung auf das Verlöbnis problemlos,[7] nicht mehr die §§ 119 und 123. Gegen eine verbreitete, früher sogar herrschende Lehre beginnt sich mehr und mehr die Überzeugung durchzusetzen,

---

[1] Vgl. RG, JW 1928, 3047.

[2] Er ist noch stark betont in der Entscheidung RG, Warn. 1917 Nr. 273.

[3] Vgl. *Beitzke,* § 5 I 1; *Erman-Heckelmann,* 14 vor § 1297; *Palandt-Diederichsen,* 1 vor § 1297; *Staudinger-Dietz,* 43 vor § 1297; *Dölle,* § 6 V 1; MünchKomm-*Wacke,* 9 zu § 1297; *Soergel-Lange,* 5 zu § 1297. A. A. *Thönnissen,* S. 136ff. für die gewillkürte Stellvertretung (jedoch mit Anwendung des § 138 im Regelfall).

[4] Vgl. OLG Hamburg, ROLG 16, 203 mit einem durch Schwängerung der Frau bedingten Verlöbnis. Die Entscheidung ist verschiedentlich (vgl. *Staudinger-Dietz,* 64 vor § 1297; *Dölle,* § 6 Fn. 63; *Kipp-Wolff,* § 5 Fn. 11; *Erman-Heckelmann,* 17 zu § 1297; *Soergel-Lange,* 8 zu § 1297) mit Hinweis auf § 138 angegriffen worden. Doch kann eine Gesellschaft, die die Ehe mit einer Geschwängerten grundsätzlich fordert, kein Verlöbnis verurteilen, das auf dieser Pflicht aufbaut. Zust. MünchKomm-*Wacke,* 12 zu § 1297. Vgl. weiter OLG Königsberg, HRR 1938 Nr. 208 (der Eintritt der aufschiebenden Bedingung wurde hier wider Treu und Glauben verhindert).

[5] Ein Endtermin (Verlobung auf Zeit) ist mit einem Verlöbnis nicht zu vereinbaren. Die Willenserklärungen verfehlen dann ihr Ziel überhaupt. Ebenso *Montanari,* S. 69; MünchKomm-*Wacke,* 12 zu § 1297. Nach a. A. (vgl. *Kipp-Wolff,* § 5 V) ist § 138 anzuwenden. Nach dritter Ansicht ist von Fall zu Fall zu entscheiden (vgl. *Thönnissen,* S. 135f.).

[6] Vgl. RGZ 80, 88.

[7] Vgl. RGZ 149, 148 (zu § 116).

daß Irrtum, arglistige Täuschung und widerrechtliche Drohung den Verlobten kein Anfechtungsrecht geben. Sie können natürlich nicht bedeutungslos sein, da selbst das Eherecht ihnen Berücksichtigung sichert (§§ 31 ff. EheG), sollen jedoch nur noch als Rechtfertigungsgründe für einen Rücktritt in Betracht kommen (vgl. dazu unten IV 4).

Das Gewicht der Frage ist wesentlich geringer, als es zunächst scheinen mag. Die §§ 119 und 123 können den Rücktritt nicht ausschließen, so daß den Parteien gegebenenfalls zwei Gestaltungsmöglichkeiten zu Gebote ständen. Und wenn auch nicht in allen Fällen Beendigung des Verlöbnisses nur für die Zukunft – also Rücktritt – gewollt sein wird, so sollte doch nicht zweifelhaft sein, daß der Beendigung mit Rückwirkung – also Anfechtung – im praktischen Rechtsleben nur wenige Fälle verbleiben würden. Eine andere Auslegung der Beendigungserklärung für den Normalfall wäre nur zu erwägen, wenn sich mit den beiden Wegen erhebliche Differenzen in den Rechtsfolgen verbänden. Wesentliche Unterschiede bestehen indessen nur bei den Schadensersatzpflichten (§ 122 als Folge der Irrtumsanfechtung und deliktische Haftung nach arglistiger Täuschung; §§ 1298ff. als Folge grundlosen Rücktritts mit Ersatz auch immaterieller Schäden und bestimmter Drittschäden). Gerade sie aber müssen in jedem Fall zugunsten der Rücktrittsregelung ausgeglichen werden. Die §§ 1298ff. tragen Besonderheiten des Verlöbnisses Rechnung, die auch durch eine rückwirkende Beendigung nicht beseitigt werden können. Die früher h. L. hat auch stets zugestanden, daß die Ersatzpflicht aus § 122 ihre Grenzen an § 1298 III findet, also bei unverschuldetem Irrtum wegfällt, und ihrem Umfang nach nie weiter reichen kann, als es die §§ 1298ff. vorsehen.[8] Die Eigenständigkeit des § 122 ist damit in einer Form angetastet, die die völlige Preisgabe verlangt. Es wäre willkürlich, dem Irrenden die Vorteile der §§ 1298ff. zu sichern, die Nachteile aber zu ersparen (§ 1300).[9]

Das Gespräch beschränkt sich damit in praktischer Sicht auf wenige Parteien, die aus ideellen Gründen eine Beendigung des Verlöbnisses mit Rückwirkung wünschen und damit ein Anliegen verfolgen, dessen Erfüllung zwar noch theoretisch gedacht, aber nicht mehr verwirklicht werden kann. Das durch eine Willenserklärung auch für die Vergangenheit beseitigte Verlöbnis ist ein von der Gesellschaft abgelehntes Kunstprodukt juristischen Denkens. Es gibt eben Rechtsverhältnisse, die einer rückwirkenden Vernichtung unzugänglich sind. Zu ihnen gehört auch das Verlöbnis: Die §§ 1298ff. verdrängen die §§ 119 und 123.[10]

5. *Gesetz- und Sittenwidrigkeit.* Ungeschmälert gelten die §§ 134 und 138 mit praktischer Bedeutung vornehmlich für Verlobte, die einem Eheverbot unterliegen.[11] Selten nur werden sie in anderen Zusammenhängen gebraucht. Nichtig ist etwa ein Verlöbnis, das (beiden Parteien) bewußt ein noch bestehendes anderes Verlöbnis mißachtet.[12] Wirksam ist dagegen das Verlöbnis mit einem Partner

---

[8] Vgl. *Kipp-Wolff,* § 5 IV; *Planck-Unzner,* 7 a β zu § 1298. Vgl. auch RG, JW 1936, 863 (die Entscheidung bejaht die Anwendbarkeit des § 119; § 122 wird nicht berührt). Für Anfechtungsmöglichkeit mit Ersatzansprüchen aus § 122 nur im Rahmen des § 1298 auch heute noch *Erman-Heckelmann,* 16 vor § 1297.

[9] Vgl. *Beitzke,* JR 1947, 141 ff.; *Brox,* Die Einschränkung der Irrtumsanfechtung, 1960, S. 261.

[10] Gleicher Ansicht *Beitzke,* § 5 I 3; *Siebert,* DRW 1936, 211; *Staudinger-Dietz,* 58–61 vor § 1297; *Palandt-Diederichsen,* 1 vor § 1297; *Brox,* S. 260; *Soergel-Lange,* 6 zu § 1297; *Dölle,* § 6 V 3 (in aller Regel); MünchKomm-*Wacke,* 11 zu § 1297; *Thönnissen,* S. 93ff.; LG Saarbrücken, FamRZ 1970, 319.

[11] Dagegen will die Vertrauenshaftungstheorie Ersatzansprüche aus den §§ 1298ff. auch nach sittenwidrigem oder verbotswidrigem Verlöbnis wenigstens für bestimmte Fallgruppen gewähren. Vgl. *Canaris,* AcP 154 (1955), 21 ff.

[12] Vgl. *Beitzke,* Festschrift Ficker, S. 90f.; *Montanari,* S. 43ff. Für Nichtigkeit ohne Rücksicht auf den Kenntnisstand des zweiten Verlobten (der damit trotz eigener Integrität den Schutz der §§ 1298ff. einbüßt) RGZ 105, 245; *Dölle,* § 6 V 5 (regelmäßig).

zweifelhaften Wertes,[13] ein Verlöbnis, das lediglich eingegangen wird, weil die Braut schwanger ist und das Kind in der Ehe geboren werden soll,[14] und ein Verlöbnis, das zu einer Ehe mit planmäßig eingeschränkter Kinderzahl führen soll.[15]

Eheverbote sind auch Verlöbnisverbote, weil das Verlöbnis Vorstufe der Ehe ist und damit seinen Sinn verliert, wenn der Übergang zur Ehe nicht vollzogen werden kann. Es gibt freilich nur ein Eheverbot, das nie überwunden werden kann und deshalb notwendig zur Nichtigkeit des Verlöbnisses nach § 134 führen muß: das Eheverbot der Verwandtschaft. Alle anderen Verbote können wegfallen, auch das Eheverbot der Doppelehe, da die gegenwärtig bestehende Ehe des einen oder gar beider Partner ihr Ende finden kann. § 134 verliert für sie seine Bedeutung, wenn das Verlöbnis unter der aufschiebenden Bedingung des späteren Wegfalls des Eheverbotes eingegangen wird oder doch jedenfalls diesen Wegfall als Umstand in sich aufnimmt, von dem die Eheschließung nach dem Willen der Parteien abhängig gemacht wird. Als Schranke bleibt jedoch auch in diesen Fällen § 138. Verlöbnisse etwa, die aufschiebend bedingt sind durch einen Ehedispens (§§ 4 III, 7 II, 8 II, 10 II EheG), verstoßen nicht gegen die guten Sitten.[16] § 138 vernichtet dagegen ein Verlöbnis bei noch bestehender Ehe eines Verlobten auch dann noch, wenn die Parteien die Beendigung der hindernden Ehe in ihr Verlöbnis als Bedingung oder als Voraussetzung für den Eheschluß aufnahmen. Es gibt hier keine besonderen Gestaltungen, die eine andere Entscheidung rechtfertigen, insbesondere *keine Verlobungsfreiheit bei laufendem Scheidungsverfahren.* Gegenteilige Äußerungen, die z. T. sogar ein Verlöbnis nicht beanstanden, das auf die bestehende Ehe keine Rücksicht nimmt,[17] beruhen allein auf Billigkeitserwägungen (Abwicklung nach Verlöbnisrecht, falls die „Verlobten" sich wieder trennen).[18]

---

[13] Vgl. RG, Warn. 1914 Nr. 163.

[14] Die mit einem derartigen Zweckverlöbnis meist verbundene Abrede alsbaldiger Trennung der Ehegatten nach der Geburt des Kindes pflegt von den Parteien nicht in ihr Rechtsgeschäft aufgenommen zu werden, weil ihre Nichtigkeit bekannt ist; andernfalls ist § 139 anzuwenden. Richtig LG Wiesbaden, FamRZ 1965, 372.

[15] Zurückhaltend RG, JW 1908, 28 (nicht unter allen Umständen nichtig); *Staudinger-Dietz,* 55 vor § 1297 (der sicherlich nicht mehr zeitgerecht in erster Linie nach den Beweggründen der Verlobten entscheiden will).

[16] Vgl. OLG Kiel, ROLG 4, 352. Andere anerkennen auch ein durch Verweigerung des Dispenses auflösend bedingtes Verlöbnis. Vgl. *Beitzke,* Festschrift Ficker, S. 92; *Staudinger-Dietz,* 49 vor § 1297.

[17] Vgl. *Schrodt,* NJW 1950, 732. Vgl. weiter RGZ 170, 72 (ohne klare Entscheidung, aber mit Neigung zu wirksamem Verlöbnis in Ausnahmefällen); *Staudinger-Dietz,* 51 vor § 1297; LG Duisburg, NJW 1950, 714; LG Nürnberg-Fürth, FamRZ 1956, 282 (laufendes Scheidungsverfahren aber kein besonderer Umstand).

[18] Für die Anwendung des § 138 in jedem Fall auch KG, ROLG 24, 278; RG, Recht 1921 Nr. 2471; *Kipp-Wolff,* § 5 V 2; *Dölle,* § 6 V 5; BGH, FamRZ 1969, 474 (475); OLG Celle, FamRZ 1971, 321; *Erman-Heckelmann,* 17 zu § 1297; MünchKomm-*Wacke,* 13 zu § 1297; *Soergel-Lange,* 7 zu § 1297. Zuweilen findet sich die Überzeugung, daß § 138 nur Anwendung finden könne, wenn das Bestehen der hindernden Ehe auch dem Partner bekannt sei (LG Nürnberg-Fürth, FamRZ 1956, 282; *Bosch,*

Nichtige Verlöbnisse erzeugen keine Verlöbnisfolgen; auch die §§ 1298ff. finden keine Anwendung.[19] Schadensersatz ist gegebenenfalls aus Delikt und aus c.i.c. zu leisten.[20]

III. Wirkungen

1. *Pflicht zur Heirat.* Als Eheversprechen erzeugt das Verlöbnis für beide Partner eine Verpflichtung zur Teilnahme am Eheschließungsakt. Sie trägt rechtlichen, nicht nur moralischen Charakter,[1] widersteht dem Rechtszwang aber in fast allen seinen Formen. Der Wille zur Ehe soll in voller Freiheit aufrechterhalten oder aufgegeben werden. Deshalb kann nicht auf Teilnahme am Eheschließungsakt geklagt werden (§ 1297 I), deshalb können ausländische Urteile, die zum Eheschluß verurteilen, nicht vollstreckt werden (§ 888 II ZPO) und deshalb wird die Vereinbarung einer Vertragsstrafe nicht anerkannt (§ 1297 II). Es bleibt freilich eine dem mittelbaren Zwang der Vertragsstrafe vergleichbare Einwirkung auf die Willensbildung durch jene Ersatzpflichten, die eine grundlose und eine verschuldete Beendigung des Verlöbnisses hervorrufen können.

2. Die Verlobten stehen in einem *personenrechtlichen Gemeinschaftsverhältnis* geringen Gehaltes. Es besteht eine allgemeine Verpflichtung zu einem der Intimität des Verhältnisses entsprechenden Verhalten (als deren Besonderung auch die Pflicht erscheint, den Partner vor dem Selbstmord zu bewahren[2]), doch bleibt sie weit hinter den Pflichten der Ehegatten zurück. Das Verlöbnis begründet insbesondere keine Unterhaltspflichten und keine Pflicht zur Gewährung sexuellen Verkehrs (doch genießen die Brautkinder ein Legitimationsprivileg; vgl. unten § 61 III). Es begründet auch keine Verpflichtung zur Mitarbeit im Geschäft oder Beruf des Partners (möglich sind Arbeits- und Gesellschaftsverhältnisse[3]) und keine Pflicht, Gebrauchsgegenstände zu überlassen (es gilt also das Schuldrecht mit den Vertragstypen der Leihe, des Darlehens usw.[4]).

Ehegatten gleich sind die Verlobten am stärksten im Erbrecht privilegiert.

FamRZ 1960, 194; *Beitzke*, § 5 I 6 und Festschrift Ficker, S. 90f.); damit wird aber übersehen, daß Ausgangspunkt aller Erwägungen § 134 ist und diese Norm das Verlöbnis immer vernichtet, wenn es nicht selbst die hindernde Ehe berücksichtigt.

[19] A. A. *Thönnissen*, S. 129ff. (analoge Anwendung).

[20] Die zuweilen vorgeschlagene analoge Anwendung der §§ 307, 309 (vgl. MünchKomm-*Wacke*, 13 zu § 1297 m. Nachw.) ist nur geeignet, das Verlöbnis mit schuldrechtlichen Vorstellungen zu belasten.

[1] Zum Streitstand vgl. insoweit *Thönnissen*, S. 147ff.

[2] Vgl. BGH, LM § 222 StGB Nr. 25; MünchKomm-*Wacke*, 15 zu § 1297. BGH, FamRZ 1960, 402 begründet die Pflicht, den Selbstmord des Partners zu verhindern bei im Konkubinat lebenden Verlobten aus der „engen Lebensgemeinschaft". Gegen die Ableitung einer Schutzpflicht aus dem Verlöbnis *Geilen*, FamRZ 1961, 149ff.

[3] Vgl. BGH, FamRZ 1958, 15; SchlHOLG, SchlHA 1954, 14; BAG, FamRZ 1960, 361; KG, FamRZ 1970, 317.

[4] Vgl. OLG Nürnberg, FamRZ 1956, 109 (Leihe); LG Mannheim, DJ 1963, 61 (Darlehen).

Rechtsgeschäfte werden ihnen erleichtert (vgl. §§ 2275 III, 2276 II, 2290 III, 2347, 2351, 2352); die Beendigung des Verlöbnisses steht der Auflösung der Ehe als Grund der Unwirksamkeit letztwilliger Verfügungen zugunsten des Partners gleich (vgl. § 2077).

IV. Rücktritt

1. Es gibt *Beendigungsgründe* für das Verlöbnis, die als allzu selbstverständlich kaum der Erwähnung wert sind: die Eheschließung, der Tod eines Verlobten, der aufhebende Vertrag (Entlobung) und der Eintritt eines Umstandes, der den Übergang zur Ehe ausschließt (etwa Ehe eines Verlobten mit einem Dritten ohne vorherige Beendigung des Verlöbnisses durch Rücktritt). Bemerkenswerter Beendigungsgrund ist erst der beiden Verlobten jederzeit mögliche Rücktritt. Er ist *einseitige, empfangsbedürftige Willenserklärung, die mit dem Rücktritt des Schuldrechtes (§§ 346ff.) nichts gemein hat.* Ohne jede Rückwirkung löst er das Verlöbnis auf, aber auch ohne jeden personenrechtlichen Restbestand.

2. *Rücktritt des Minderjährigen.* Die Vertragstheorie bindet den Minderjährigen an seinen gesetzlichen Vertreter beim Eintritt in ein Verlöbnis; der Rücktritt kann dagegen nach aller Ansicht selbstverantwortlich auch vom Minderjährigen (und grundsätzlich nur von ihm[1]) vollzogen werden, obwohl sich mit ihm nachteilige Folgen verbinden können.[2] Der mögliche Vorwurf widersprüchlichen Denkens ist unbegründet, weil die im § 1297 enthaltene Wertung Freiheit für jeden Verlobten fordert (vgl. dazu auch § 607 I ZPO für die Ehescheidung) und der (allein interessierende) grundlose Rücktritt von anderen (sicher nicht rechtsgeschäftlichen) Formen des Verlöbnisbruches nicht zu sondern ist.[3] Frei ist auch der Entlobungsvertrag, wenn und soweit er nur Rechtsfolgen vorsieht, die auch bei einem Rücktritt eintreten würden. Beginn und Beendigung des Verlöbnisses gestatten verschiedene Gestaltungen; innerhalb der Beendigungsgründe kann dagegen bei gleichen Rechtsfolgen nicht mehr differenziert werden.

3. Der Rücktritt beendet das Verlöbnis ohne Möglichkeit späterer Revision. Die vielfach anerkannte Möglichkeit einer Beseitigung des Rücktrittes durch einen Vertrag[4] verstößt nicht nur gegen allgemeine Rechtsgedanken. Sie müßte auch einen Zeitraum in das Verlöbnis aufnehmen, in dem die Partner sich nicht

---

[1] Der gesetzliche Vertreter ist jedoch zum Rücktritt für den Minderjährigen berechtigt, wenn seine Zustimmung zum Verlöbnis anfechtbar ist (§§ 119, 123). A. A. LG Saarbrücken, FamRZ 1970, 319 (mit der Konsequenz arglistiger Täuschungen ohne jede Sanktion).

[2] Vgl. RGZ 98, 15; *Erman-Heckelmann,* 4 zu § 1298; *Beitzke,* § 5 III; *Palandt-Diederichsen,* 1 zu § 1298; *Staudinger-Dietz,* 69 vor § 1297; *Soergel-Lange,* 1 zu § 1298; *Dölle,* § 6 VI 3; MünchKomm-*Wacke,* 2 zu § 1298. A. A. *Kipp-Wolff,* § 6 Fn. 3. Ein Verzicht auf entstandene Ansprüche aus den §§ 1298ff. bedarf nach einhelliger Überzeugung der Zustimmung des gesetzlichen Vertreters.

[3] Vgl. dazu *Thönnissen,* S. 59ff.

[4] OLG Stettin, ROLG 30, 33; *Palandt-Diederichsen,* 1 zu § 1298; *Erman-Heckelmann,* 4 zu § 1298; *Kipp-Wolff,* § 6 III 5.

als verlobt betrachtet haben.[5] Unbillige Ergebnisse sind nicht zu befürchten. Hat der Bruch des ersten Verlöbnisses zu einem Schadensersatzanspruch nach den §§ 1298ff. geführt und ist es später zu einem neuen Verlöbnis zwischen denselben Partnern gekommen, so folgt der Anspruch, wenn auch das zweite Verlöbnis regelwidrig endet, den allgemeinen Grundsätzen über die Schadensentwicklung: Die Schadenshöhe schrumpft mit dem Abschluß des zweiten Verlöbnisses in aller Regel auf null zusammen (die nutzlos gewordene Wohnungseinrichtung findet wieder Verwendung) und wächst mit dessen Bruch wieder auf den alten Wert an, zu dem sie nun geltend gemacht werden kann. Anderes gilt nur, wenn ausnahmsweise das zweite Verlöbnis den Schaden nicht mehr zum Wegfall bringen kann oder ein zwischenzeitliches Urteil die Möglichkeit weiterer Schadensentwicklung abgeschnitten hat. In diesen Fällen beinhaltet das neue Verlöbnis regelmäßig einen Erlaß der vorhandenen Ersatzansprüche,[6] der nach § 1301 kondiziert werden kann, wenn das zweite Verlöbnis dasselbe Ende findet wie das erste.[7]

Ersatzberechtigten Dritten (vgl. dazu unten V 3) kann freilich ein Erlaß ihrer Forderungen nicht kurzerhand imputiert werden.[7a] Doch stellt dieser Restbestand verbleibender Forderungen die Richtigkeit der These von der Selbständigkeit der beiden Verlöbnisse nicht in Frage. Wollte man zudem die Gegenansicht konsequent durchführen, so müßten nun Leistungen, die bereits als Schadensersatz vor der Wiederverlobung erbracht wurden, kondiziert werden können, sicherlich ein ebenso unzuträglicher Gedanke.

4. *Rücktritt ohne wichtigen Grund.* Jeder Rücktritt beendet das Verlöbnis, doch nicht jeder ohne Sanktion. Am § 1298 III scheidet sich der gerechtfertigte Rücktritt vom grundlosen, den die Rechtsordnung zwar anerkennt, jedoch als Bruch des Eheversprechens mißbilligt.[7b]

Mißbilligt wird jeder Rücktritt „ohne wichtigen Grund", d.h. jeder Rücktritt,

---

[5] Dieser Vorwurf wird von jenen Ansichten vermieden, die zwar eine Beseitigung des Rücktritts ablehnen, gleichwohl aber das Verlöbnis vor dem Rücktritt und das zweite Verlöbnis als einheitliches Rechtsverhältnis betrachten wollen (so *Staudinger-Dietz,* 75 vor § 1297 und 22 zu § 1298 ohne Begründung) oder aber mit der zweiten Verlobung eine Vereinbarung der Verlobten verbinden, derzufolge sie sich behandeln wollen, wie wenn der Rücktritt nie erfolgt wäre (so *Dölle,* § 6 VI 3; ähnlich MünchKomm-*Wacke,* 3 zu § 1298 mit einem dilatorischen pactum de non petendo).

[6] Vgl. RGZ 98, 15; OLG Nürnberg, FamRZ 1959, 115; *Soergel-Lange,* 2 zu § 1298. Vgl. auch OLG Köln, NJW 1961, 1726 (Erlaß einer Schadensersatzforderung aus § 823).

[7] Zust. *Soergel-Lange,* 2 zu § 1298. Vgl. dazu RG, Warn. 1911 Nr. 259 (Notzucht, Erlaß des Ersatzanspruches mit Verlöbnis, Kondiktion des Erlasses nach regelwidriger Beendigung des Verlöbnisses).

[7a] Für Erlöschen der Ansprüche ex lege unter Berufung auf den Sinn der Ersatzberechtigung Dritter *Montanari,* S. 156ff.

[7b] Wer keine Rechtspflicht zur Heirat anerkennt, ist gezwungen, die Haftung aus den §§ 1298ff. als Folge pflichtwidrigen Verhaltens vor Abschluß des Verlöbnisses (Verletzung von Aufklärungs- und Prüfungspflichten) und soweit das nicht möglich ist als reine Kausalhaftung zu verstehen. Vgl. dazu *Montanari,* S. 99ff.

der nicht durch einen objektiv vorhandenen (wenn auch vielleicht nicht erkannten und als Grund des Rücktritts angeführten) Umstand[8] gerechtfertigt wird, der die Fortsetzung des Verlöbnisses und den Eheschluß als unzumutbar erweist. Die Rechtsprechung zeigt insoweit eine reiche Kasuistik. Als Beispiele für einen wichtigen Grund seien aus ihr genannt: frühere Geschlechtskrankheit des Partners,[9] Verweigerung einer nicht ohne Grund verlangten Gesundheitskontrolle,[10] eigene Krankheit, deren Heilung in absehbarer Zeit ausgeschlossen ist,[11] häufige Verzögerung der Heirat ohne triftigen Grund,[12] Uneinigkeit über den kirchlichen Trauungsakt.[13] Anderes versteht sich von selbst (etwa Untreue[14] und Mißhandlungen) oder ist zwangsläufige Folge einer vom Gesetz in anderen Zusammenhängen ausgesprochenen Wertung (arglistige Täuschung – auch über die Vermögensverhältnisse[15] – und widerrechtliche Drohung, wenn sie nach § 123 zur Anfechtung berechtigen würden; nur noch regelmäßig ein nach § 119 beachtlicher Irrtum[16]). Gegenstandslos ist der alte Streit um die Bedeutung der Überzeugung vom Scheitern einer Ehe mit dem Partner.[17] Die Beweislast für das Vorliegen eines wichtigen Grundes trägt immer der Zurückgetretene, der hier ohnehin einem weiteren Begründungszwang unterliegt, weil er sich von dem Verdacht reinigen muß, ein beliebig verwendbares und nicht nachprüfbares Argument als Scheinbegründung vorzuschützen.

5. *Mittelbarer Verlöbnisbruch.* Der grundlose Rücktritt verpflichtet zum Schadensersatz. Das gleiche gilt für ein schuldhaftes Verhalten, das dem Partner einen wichtigen Grund zum Rücktritt gab (§ 1299), so daß der grundlosen Beendigung des Verlöbnisses die schuldhafte mittelbare (durch den Rücktritt des Partners vermittelte) Beendigung an die Seite gestellt wird. In der Regel werden Pflichten verletzt sein, die das Verlöbnis erzeugte. Doch kann die Pflichtwidrigkeit auch schon in der Zeit vor dem Verlöbnis liegen (Fälle der arglistigen Täuschung!).

6. Der Gedanke einer Haftung aus Verschulden (der schon den unmittelbaren Verlöbnisbruch beherrscht) bricht sich damit in einem Ausmaß Bahn, das die

---

[8] Zur objektiven Betrachtung vgl. BGHZ 45, 258 (267).

[9] OLG Jena, SeuffA 66 Nr. 411.

[10] KG, Recht 1921 Nr. 575.

[11] RG, HRR 1933 Nr. 1189.

[12] OLG Saarbrücken, FamRZ 1954, 180.

[13] OGH (Wien), FamRZ 1955, 359.

[14] Ein extrem liegender Fall: OLG Nürnberg, FamRZ 1959, 114f.

[15] Einschränkend mit Rücksicht auf § 33 III EheG MünchKomm-*Wacke,* 12 zu § 1298 (nur bei ernsthafter Gefährdung der Existenzgrundlage der beabsichtigten Ehe). Das Verlöbnis ist jedoch der Ehe nicht gleichzustellen.

[16] Vgl. RG, JW 1936, 863; OLG Hamm, Recht 1917 Nr. 412. A. A. *Beitzke,* § 5 I 3 und *Erman-Heckelmann,* 8 zu § 1298 (niemals wichtiger Grund mit Rücksicht auf § 122) sowie mit entgegengesetzter Überzeugung *Thönnissen,* S. 98ff. (immer wichtiger Grund).

[17] Gegen die h. L. (vgl. etwa MünchKomm-*Wacke,* 10 zu § 1298 mit weit. Nachw.) für Anerkennung als „wichtiger Grund" *Erman-Heckelmann,* 7 zu § 1298.

konsequente Durchführung im Gesamtbereich des Rücktritts fordert.[18] Insbesondere können *selbstverschuldete Umstände* zwar ein wichtiger Grund zum Rücktritt vom Verlöbnis sein (etwa Fortfall der wirtschaftlichen Grundlage für eine Ehe durch die Pflicht, ein im Verlöbnisbruch gezeugtes nichteheliches Kind zu unterhalten[19]), doch niemals die Ersatzpflicht ausschließen (restriktive Interpretation des § 1298 III).[20]

7. *Beiderseitige wichtige Gründe.* Können beide Verlobte aus wichtigem Grund zurücktreten, so kann nicht der Zufall der früheren Erklärung über Existenz und Nichtexistenz von Ersatzansprüchen befinden. Auch das nicht ausgeübte (gar nicht mehr ausübbare) Recht zum Rücktritt ist zu beachten, um den Gedanken der Haftung aus Verschulden folgerichtig durchzuführen.

Belanglos sind beiderseitige wichtige Gründe, die jeweils nicht vom Partner verschuldet wurden; Ersatzpflichten entstehen in diesem Fall weder für den einen noch für den anderen Teil. Relevant ist dagegen ein schuldhafter mittelbarer Verlöbnisbruch (§ 1299) auch dann, wenn der schuldige Teil der Rücktrittserklärung seines Partners mit einem eigenen Rücktritt aus wichtigem Grund zuvorkam (Rücktritt wegen Fortfalls der wirtschaftlichen Grundlagen für eine Ehe als Folge geschäftlicher Schwierigkeiten nach eigener Untreue).[21]

Problematisch ist die Konkurrenz verschuldeter mittelbarer Verlöbnisbrüche (beiderseitige Untreue): Der These vom Wegfall aller Ersatzansprüche[22] begegnet die andere von der wechselseitigen Pflicht zum Schadensersatz.[23] Vorzuziehen ist die Beendigung des Verlöbnisses ohne Ersatzpflichten: So richtig der Hinweis auf die Möglichkeit unterschiedlich großer Schäden auch ist, entscheidend ist allein der Normzweck des § 1299, der dem Schuldlosen Schutz gewähren will, dagegen nicht mehr dem selbst Schuldigen.

8. *Beendigung ohne Rücktritt.* Der Gedanke einer Haftung aus Verschulden bleibt selbst in seiner Ausdehnung auf den Gesamtbereich des Rücktritts ein nicht zu Ende gedachter Grundsatz. Er muß in analoger Anwendung des § 1299 stets gelten, wenn ein Verlöbnis beendet wird. Wer etwa als Verlobter einen Dritten heiratet, ohne vorher dem Partner Mitteilung zu machen, beendet das Verlöbnis nicht durch Rücktritt (§ 130!); Schadensersatz hat er gleichwohl zu leisten.[24]

---

[18] Von einer Garantiehaftung spricht dagegen *Canaris,* AcP 165 (1965), 4. Gegen ihn *Beitzke,* Festschrift Ficker, S. 81.

[19] Vgl. OLG Königsberg, HRR 1937 Nr. 555 (die Entscheidung will aber selbstverschuldete Umstände nicht als wichtigen Grund anerkennen); ebenso *Erman-Heckelmann,* 9 zu § 1298.

[20] Ebenso *Soergel-Lange,* 3 zu § 1298; MünchKomm-*Wacke,* 4 zu § 1298. Von anderen wird dasselbe Ergebnis durch extensive Interpretation des § 1299 erzielt. Vgl. *Kipp-Wolff,* § 6 III 4; *Staudinger-Dietz,* 8 zu § 1299; *Palandt-Diederichsen,* 1 zu § 1299; *Dölle,* § 6 VI 3a.

[21] Gl. Ans. *Kipp-Wolff,* § 6 III 4; *Staudinger-Dietz,* 14 zu § 1298; *Soergel-Lange,* 2 zu § 1298; OLG Saarbrücken, FamRZ 1956, 309. A. A. *Montanari,* S. 117f.

[22] Vgl. *Staudinger-Dietz,* 13 zu § 1299; *Soergel-Lange,* 2 zu § 1299; *Montanari,* S. 119.

[23] Vgl. *Kipp-Wolff,* § 6 III 4; MünchKomm-*Wacke,* 4 zu § 1298.

[24] Ebenso *Kipp-Wolff,* § 6 IV; *Dölle,* § 6 VI 4.

V. Schadensersatz

1. *Umfang.* Viele Umstände sprechen gegen eine Ersatzpflicht, die alle durch den unterbleibenden Eheschluß entstehenden Schäden in sich aufnimmt. Die Wertung des § 1297 I gehört etwa zu ihnen, aber auch die Überzeugung, daß eine hypothetisch durchgerechnete Ehe nicht Maßstab der Schadenshöhe sein dürfe. Das fehlgeschlagene Verlöbnis erzeugt aus diesen Gründen nie eine Haftung auf das positive Interesse.

Dem ersatzberechtigten Partner sind vielmehr nur jene Schäden zu ersetzen, die durch angemessene, Vermögen oder Erwerbsstellung berührende Maßnahmen entstanden sind, die er in Erwartung der Ehe getroffen hat (§ 1298 I und II).[1] Meist wird insoweit von einer Haftung auf das negative Interesse gesprochen, doch erfolgt kein Ausgleich aller Nachteile, die das Vertrauen auf die Wirksamkeit des Verlöbnisses mit sich brachte: *Nur das Vertrauen auf den Fortbestand des Verlöbnisses und seinen Übergang in eine Ehe wird geschützt.* Die Kosten einer im Rahmen des Üblichen bleibenden Verlobungsfeier etwa werden geschuldet und die Kosten der Verlobungsanzeigen.

Zu ersetzen sind auch die Schäden, die durch Miete einer geeigneten Ehewohnung und den Kauf von Einrichtungsgegenständen entstanden, sowie die Einbußen aus der Aufgabe einer Erwerbstätigkeit (falls die Heirat alsbald erfolgen sollte),[2] aus der unentgeltlichen Gewährung beruflicher Leistungen an den Verlobten[3] und aus dem Erlaß von Leistungen, die der Verlobte schuldete. Es ist dagegen nicht Ersatz zu leisten für die Ausgaben, die ein Konkubinat der Verlobten verursachte (sie wurden nicht „in Erwartung der Ehe" vorgenommen, sondern in deren Vorwegnahme),[4] aber auch nicht für die Ablehnung eines anderen Heiratsantrages (es handelt sich nicht um eine das Vermögen berührende Maßnahme).

2. *Kranzgeld.* § 1300 gewährt eine billige Entschädigung in Geld zum Ausgleich aller materiell nicht faßbaren Nachteile, wenn die ersatzberechtigte Braut ihrem Verlobten als Unbescholtene die Beiwohnung gestattet hat. Das Gleich-

---

[1] Der Anspruch ist gegebenenfalls nach § 254 zu mindern. Vgl. *Staudinger-Dietz,* 33 und 38 zu § 1298. Doch sollte in der Regel nicht gemindert werden, weil der Ersatzberechtigte mit dem grundlosen Rücktritt rechnen mußte (gegen *Canaris,* AcP 165 [1965], 27f.). In personenrechtlichen Gemeinschaftsverhältnissen ist niemand gehalten, den Partner ständig zu kontrollieren.

[2] Vgl. BGH, FamRZ 1961, 424 (425); OLG Stuttgart, NJW 1977, 1779. Im Falle längerer Arbeitslosigkeit kann eine Pflicht zur Zahlung einer Rente erwachsen. Vgl. OLG Braunschweig, ROLG 26, 209. Doch muß sich der Berechtigte ernsthaft um eine neue Beschäftigung bemühen (§ 254!); vgl. RG, Warn. 1914 Nr. 254. Zur Berufsaufgabe vgl. weiter OLG München, HRR 1938 Nr. 1595.

[3] Vgl. BGH, FamRZ 1961, 424 (426). Dagegen verneint OLG Stuttgart, NJW 1977, 1779 insoweit die Existenz von „Aufwendungen" (und löst mit einer condictio ob rem).

[4] Vgl. BGH, FamRZ 1960, 129 mit Anm. *Richter,* S. 267. Das Urteil weist ab, weil die Aufwendungen nicht „angemessen" seien. Wie der Text dagegen OLG Celle, OLGZ 1970, 326; OLG Frankfurt, NJW 1971, 470; *Erman-Heckelmann,* 12 zu § 1298; *Soergel-Lange,* 10 zu § 1298.

berG hat die zunächst sehr umstrittene Norm nicht beseitigt; das BVerfG konnte auf Vorlage (Art. 100 I GG) nicht entscheiden, weil es sich um vorkonstitutionelles Recht handelt (NJW 1972, 571); der BGH hat Verfassungswidrigkeit verneint;[5] die Instanzgerichte und das Schrifttum haben sich überwiegend positiv ausgesprochen.[6] Die Gründe variieren; uns ist § 1300 als Norm mit Wurzeln im heterosexuellen Leben Art. 3 II GG entzogen.[7]

Gering ist die Überzeugungskraft[8] und verbreitet der berechtigte Wunsch, möglichst bald (durch einen legislatorischen Akt) von einer Norm befreit zu werden, die heute eher grob als feinfühlig wirkt. Der peinliche Eindruck einer späteren Bezahlung des sexuellen Verkehrs ist trotz verschiedener Versuche, die Norm zu rechtfertigen, nicht zu beseitigen. Der ursprüngliche Gedanke des Ersatzes für geschmälerte Heiratsaussichten verfehlt heute weithin die Wirklichkeit. Jüngere Rechtfertigungsversuche (Gedanke der Genugtuung, Ersatz für Einbußen an der Frauenwürde und für die mögliche Existenzerschwerung[9]) verfehlen die Stellung der Frau in der Gesellschaft der Gegenwart. Mit ihr ist schon die von § 1300 betonte stärkere Verantwortung des Mannes für vorehelichen Verkehr schwerlich zu vereinbaren.[10] Gleichgültig ist insoweit der fraglos höhere Einsatz der Frau bei jedem vorehelichen Verkehr; er ist beiden Geschlechtern gleicherweise bewußt.

Unannehmbar ist eine in der Rspr. spürbare Tendenz, § 1300 zu einer Norm umzuwerten, in welcher die Beiwohnung nur noch ein sekundär bedeutsames (begrenzendes) Tatbestandselement ist für einen Anspruch der Frau, der ihr vollen Ausgleich für alle ideellen Schäden aus dem Verlöbnisbruch gewähren soll, insbesondere aber für den von ihr erlittenen ,,seelischen Schmerz".[11] Ein derart neu formierter Anspruch ist gewiß mit Art. 3 II GG nicht mehr zu vereinbaren:

---

[5] BGHZ 20, 195; BGH, FamRZ 1959, 105.

[6] Vgl. BGHZ 20, 195 (197) mit einer allerdings nicht vollständigen Übersicht, ferner BGHZ 28, 375 (382f.) und 62, 282; OLG Hamburg, MDR 1964, 505; OLG Köln, FamRZ 1968, 464; OLG Düsseldorf, FamRZ 1972, 463.

[7] Die Verfassungsmäßigkeit der Norm wird in jüngster Zeit wieder vermehrt bestritten. Vgl. OLG Hamburg, FamRZ 1972, 462 (von BGHZ 62, 282 aufgehoben); *Erman-Heckelmann*, 2 zu § 1300; MünchKomm-*Wacke*, 5 zu § 1300. Eine mittlere Ansicht sucht § 1300 zu beschränken. Vgl. *Binder-Wehberg*, Ungleichbehandlung von Mann und Frau, 1970, S. 35 Fn. 15 (verfassungswidrig für alle Fälle, die nicht zu Defloration oder Schwängerung führten); *Ott*, MDR 1973, 104ff. (§ 1300 in verfassungskonformer Auslegung auf Fälle konkret belegter Schäden – praktisch allein der Geburt eines nichtehelichen Kindes – zu beschränken).

[8] Schroff ablehnend (mit Überspitzungen, aber richtiger Tendenz) *Nitschke*, FamRZ 1968, 424ff. Kritisch auch *Dölle*, § 6 VI 3c cc (rechtspolitisch mit Skepsis zu betrachten); *Staudinger-Dietz*, 3 zu § 1300; *Soergel-Lange*, 1 zu § 1300.

[9] Vgl. *Arnold*, FamRZ 1955, 91 (Gedanke der Genugtuung); BGHZ 20, 195; *Luther*, FamRZ 1959, 476 (mit dem Vorschlag, den Anspruch de lege ferenda auf die Fälle der Verführung zu beschränken).

[10] Sie wird voll bejaht von BGH, FamRZ 1959, 105 (107), dagegen geleugnet von BGHZ 62, 282 (284).

[11] Vgl. vornehmlich OLG Nürnberg, FamRZ 1972, 206. Die wesentlichen Akzente sind jedoch auch in der Rspr. des BGH nachzuweisen.

Der Bezug auf das heterosexuelle Leben verkümmert; in den Vordergrund tritt in schrecklicher Vereinfachung die These von der größeren emotionalen Betroffenheit der grundlos verlassenen Frau im Vergleich mit dem ebenso grundlos verlassenen Mann.

Die Rspr. gibt sich selbstsicher, offenbart aber ihre Zweifel in relativ niedrigen Beträgen, die in jüngster Zeit eher sinken als steigen.[12]

Unbescholtenheit ist nicht Jungfräulichkeit, die übliche Kennzeichnung des Anspruches als Deflorationsanspruch also irreführend. *Unbescholtenheit ist Unversehrtheit der Geschlechtsehre,* so wie sie von § 1300 (nicht mehr allgemein in der Bevölkerung) verstanden wird. Jeder freiwillig gewährte nichteheliche Verkehr – aber nicht nur er allein[13] – führt danach zur Bescholtenheit,[14] während sexuelle Akte in einer Ehe die Geschlechtsehre der Frau nicht antasten, so daß auch eine Witwe oder eine geschiedene Frau den Anspruch aus § 1300 geltend machen kann.

Bescholtenheit ist auch die Folge sexuellen Verkehrs mit einem früheren Verlobten[15] oder mit einem „ernsthaften Freund". Jede Privilegierung sexueller Kontakte mit Männern, die der Braut enger verbunden waren, muß folgerichtig zur Preisgabe des § 1300 überhaupt führen. Wenn der Verkehr mit einem früheren Verlobten nicht zur Bescholtenheit der Braut führt, kann auch der Verkehr mit dem späteren Verlobten der Braut nie einen Schaden zufügen.

Evident scheint die Unbeachtlichkeit eines intimen Verkehrs mit dem Ersatzpflichtigen selbst vor der Verlobung zu sein. Der insoweit stets erneut vorgetragene Gedanke eines gegen Treu und Glauben verstoßenden Verhaltens[16] überzeugt jedoch nur, wenn man bereit ist (dem im Gleichberechtigungsgrundsatz wirkenden Zeitgeist zuwider!) die Verantwortung für vorehelichen Verkehr allein dem Mann aufzubürden. Er ist sogar schlechthin indiskutabel, wenn der Verkehr unter Umständen stattfand, die einen erhöhten Vorwurf für die Frau begründen, insbesondere aber, wenn die später Verlobten eine Ehe brachen.[17]

---

[12] Vgl. OLG Nürnberg, FamRZ 1959, 115 mit 1500 DM in „bürgerlichen Kreisen"; OLG Bamberg, FamRZ 1967, 334 mit 1000 DM bei einer 18jährigen; OLG Köln, FamRZ 1968, 424 mit 500 DM bei einer 40jährigen; BGHZ 62, 282 mit 1500 DM bei einer 20jährigen (1974); vgl. dagegen noch RG, JW 1910, 942 (15000 DM; der Beklagte war Student).

[13] Vgl. RGZ 149, 143 zur Relevanz „unzüchtigen Treibens" ohne Beiwohnung.

[14] Daß auch einmaliger Verkehr schadet, ist fast unbestr. Vgl. OLG Bamberg, FamRZ 1967, 334. Dagegen will BGHSt. 7, 101 bei einmaliger Verführung auf den Einzelfall abstellen.

[15] Vgl. aus der jüngeren Judikatur OLG Braunschweig, NJW 1953, 1222; OLG Saarbrücken, FamRZ 1954, 180; LG Düsseldorf, FamRZ 1964, 294; OLG Düsseldorf, FamRZ 1972, 463 (vorbehaltlich eines „besonderen Anlasses"). Für die Gegenposition vgl. *Staudinger-Dietz,* 14 zu § 1300 (differenzierend); MünchKomm-*Wacke,* 12 zu § 1300 (generell).

[16] Vgl. dazu BGHZ 62, 282 (286) m. weit. Hinw.; OLG Nürnberg, FamRZ 1972, 206; *Erman-Heckelmann,* 5 zu § 1300; MünchKomm-*Wacke,* 12 zu § 1300; *Soergel-Lange,* 6 zu § 1300.

[17] Heute wohl h. L. Vgl. LG München I, FamRZ 1955, 103; OLG Nürnberg, FamRZ 1958, 321; KG, FamRZ 1974, 444; *Erman-Heckelmann,* 5 zu § 1300; MünchKomm-*Wacke,* 12 zu § 1300. Zurückhaltender *Staudinger-Dietz,* 21 zu § 1300.

Außerehelicher Verkehr schließt den Anspruch auch aus, wenn er verborgen blieb.[18] § 1300 gewährt den Anspruch ohne Rücksicht auf die Kenntnis eines weiteren oder auch nur engeren Kreises vom Verkehr mit dem Verlobten, weil dieser Verkehr unter allen Aspekten (auch dem geschmälerter Heiratsaussichten) selbst als heimlicher Verkehr seine Bedeutung für die Frau nicht verliert. Folgerichtig verbietet sich damit auch für den früheren Verkehr der Frau eine ohnehin vom Zufall abhängige Unterscheidung.

Unbescholtenheit wird der Rspr. zufolge vermutet, die Beweislast für die Bescholtenheit also dem Beklagten aufgebürdet. Unklar sind die Grundlagen der Verschiebung der Beweislast: Der Hinweis auf einen Erfahrungssatz, der für die Verlobte einen Anscheinsbeweis begründe,[19] ist offensichtlich zumindest überholt (wenn er je richtig war). Ungeklärt ist ferner, wann der Beklagte seiner Beweislast genügt hat.[20]

Den einmal entstandenen Anspruch mindert die Rechtsprechung, wenn die Frau vor seiner Realisierung einen anderen Mann geheiratet hat.[21] Die Ehe offenbart, daß die Heiratsaussichten der Frau durch ihren Verkehr während des fehlgeschlagenen Verlöbnisses entweder überhaupt nicht oder doch nur beschränkt herabgesetzt wurden, so daß die Minderung erfolgen muß, solange man in § 1300 überhaupt (auch) einen Ausgleich für geschmälerte Eheaussichten sieht.

Als Anspruch aus der Intimsphäre ist der Anspruch auf das Kranzgeld weder übertragbar noch vererblich (und damit auch unpfändbar und nicht aufrechnungsfähig nach den §§ 851 I ZPO, 394 BGB), solange er weder vertraglich anerkannt noch rechtshängig geworden ist (vgl. dazu die Parallelregelung in § 847).

3. *Drittschäden.* Eine Anomalie des Verlöbnisrechtes ist die Berücksichtigung gewisser Schäden, die den Eltern des ersatzberechtigten Verlobten und Dritten, die anstelle der Eltern (d. h. in bewußter Übernahme an sich elterlicher Funktionen[21a]) gehandelt haben (Pflegeeltern, Freunde, Bekannte), entstanden sind. Mit

---

[18] Heute h. L. Vgl. OLG Celle, FamRZ 1958, 320 mit weit. Hinw. Ebenso in der Folgezeit *Erman-Heckelmann,* 5 zu § 1300; *Soergel-Lange,* 5 zu § 1300; LG Düsseldorf, FamRZ 1964, 294; *Dölle,* § 6 VI 3 c aa; *van Els,* MDR 1971, 635; OLG Düsseldorf, FamRZ 1972, 463 (gebilligt vom BGH; vgl. S. 464); MünchKomm-*Wacke,* 12 zu § 1300.

Für die Gegenansicht weiter *Staudinger-Dietz,* 17 zu § 1300; *Palandt-Diederichsen,* 2c zu § 1300.

[19] So etwa OLG Bamberg, FamRZ 1967, 334; MünchKomm-*Wacke,* 16 zu § 1300.

[20] Vgl. etwa *Staudinger-Dietz,* 27 zu § 1300 und *Palandt-Diederichsen,* 2c zu § 1300 (Tatsachen notwendig, die auf Bescholtenheit schließen lassen); *Erman-Heckelmann,* 7 zu § 1300 (Vermutung, solange sich keine gegenteiligen Anhaltspunkte ergeben); OLG Bamberg, FamRZ 1967, 334 (Umstände notwendig, aus denen die ernsthafte Möglichkeit der Bescholtenheit zu entnehmen). Überhaupt nichts mehr wird gesagt, wenn man vom Mann den „Nachweis zur Entkräftigung geeigneter Gegentatsachen" fordert (so MünchKomm-*Wacke,* 16 zu § 1300).

[21] Vgl. BGH, FamRZ 1956, 179 (= BGHZ 20, 195) mit einem Anspruch auf 600 DM und LG Essen, FamRZ 1957, 175 mit einem Anspruch auf 500 DM.

[21a] Entscheidend ist also nicht eine objektiv bestehende elternähnliche Stellung, sondern die subjektive Einstellung des Dritten. Vgl. *Staudinger-Dietz,* 26 zu § 1298.

ihr wird einer mehr zufälligen Entlastung des Schädigers vorgebeugt, wenn – wie so oft – nicht die Verlobten selbst oder doch nicht jedenfalls sie allein Aufwendungen in Erwartung der Ehe machten, sondern zu deren Gunsten bestimmte dritte Personen. Um einen dogmatischen Halt zu gewinnen, hat man bereits auf den Vertrag zugunsten Dritter hingewiesen,[22] aber auch auf die Verträge mit Schutzwirkung für Dritte im Schuldrecht.[23] Überzeugend ist weder das eine noch das andere. Das Verlöbnis ist kein Vertrag, der Dritten einen Anspruch auf die „Leistung" vermittelt, aber auch kein Vertrag, aus dem jene weiteren Verhaltenspflichten entwickelt werden können, die charakteristisch für die Verträge mit Schutzwirkung für Dritte sind. Eine Anlehnung an Phänomene des Schuldrechtes ist aber auch gar nicht notwendig; das Familienrecht kann kraft eigener Interessenwertung Drittwirkungen anerkennen.[24] Wenn überhaupt Verbindungslinien zum Schuldrecht gezogen werden sollen, so bietet sich am ehesten die Drittschadensliquidation mit der Fallgruppe der Schadensverlagerung als Ansatzpunkt an. Doch bliebe als Besonderheit des Verlöbnisrechts dann immer noch der Direktanspruch des Dritten.

Der schon personal begrenzte Anspruch ist auch in seinem Umfang beschränkt. Nur Schäden aus Aufwendungen, die in Erwartung der Ehe gemacht wurden, und aus Verbindlichkeiten, die in Erwartung der Ehe eingegangen wurden, sind zu ersetzen, wenn und soweit sie als angemessen bezeichnet werden können (§ 1298). Die nutzlos gewordene Aussteuer, geschäftliche Dispositionen, die zu einer Ausstattung führen sollten,[25] auch eine regelmäßige Bewirtung[26] füllen diesen Rahmen aus. Er wird dagegen bereits überschritten von allen Maßnahmen, die zwar auch im Hinblick auf die Ehe getroffen wurden, aber nur den Sinn hatten, die eigene Position in Einklang zu bringen mit den Anforderungen, die eine Heirat der Verlobten zumindest mit sich zu bringen schien (etwa einer Berufsaufgabe).

4. *Deliktische Haftung*. Die §§ 1298ff. enthalten keine erschöpfende Sonderregelung; unberührt bleibt insbesondere das Deliktsrecht,[27] das Ersatz für Schäden vorsehen kann, die das Verlöbnisrecht nicht mehr berücksichtigt. § 826 behält so seinen Wert für extreme Fälle,[28] aber auch § 823. Er bietet sich vornehmlich an,

---

[22] Vgl. *Kipp-Wolff*, § 6 III 2.

[23] Vgl. *Beitzke*, Festschrift Ficker, S. 83.

[24] Als Element der Kritik an der Vertragstheorie verwendet *Canaris*, AcP 165 (1965), 3, den Mangel einer dogmatischen Erklärung des Drittschadensersatzes. Seine eigene Deutung (zusätzliches gesetzliches Rechtsverhältnis des Verlobten mit den Eltern des Partners aus in Anspruch genommenem Vertrauen) ist lebensfremd und letztlich nichtssagend.

[25] Vgl. KG, ROLG 18, 250 (Fall fehlender Kausalität!).

[26] Vgl. BGH, FamRZ 1956, 179 (= BGHZ 20, 195).

[27] Ganz h.M. Anders OLG Düsseldorf, FamRZ 1962, 429 (Ansprüche aus §§ 823ff. nur, wenn „sich der Sachverhalt nicht mit dem speziell beim Verlöbnis geregelten Anspruch deckt, sondern über den Bruch der Verlöbnistreue hinaus eine unerlaubte Handlung ergibt").

[28] Vgl. BGH, FamRZ 1960, 192 (das Verlöbnis war allerdings nichtig).

wenn die Beendigung des Verlöbnisses zu Gesundheitsschäden geführt hat,[29] und wenn das Verlöbnis nur infolge einer arglistigen Täuschung oder auch widerrechtlichen Drohung zustande kam. Wesentlich ist eine deliktische Haftung wegen der längeren Verjährungsfrist (vgl. § 1302 und § 852) aber auch dann, wenn Schäden entstanden, die sowohl aus Verlöbnisbruch als auch aus Delikt zu ersetzen sind.

VI. Rückgabepflichten

1. *Geschenke.* Nach jeder irregulären Beendigung des Verlöbnisses[1] gewährt § 1301 den Verlobten[2] einen Anspruch auf Rückgabe der Geschenke (ohne Rücksicht auf ihren Wert[3] und ohne Rücksicht darauf, ob sie angemessen waren) und Verlöbniszeichen.[4] Der Anspruch knüpft nicht an § 530 an (grober Undank wird nicht vorausgesetzt); die Verweisung auf das Bereicherungsrecht ist keine reine Rechtsfolgenverweisung, die lediglich die §§ 818ff. zur entsprechenden Anwendung beruft.[5] Es handelt sich vielmehr um einen selbständigen Bereicherungstatbestand, der die condictio causa data causa non secuta des § 812 I S. 2 erweitert und wie diese durch den § 815 begrenzt wird (ebenso BGHZ 45, 258 [262]).[6] Die Benachteiligung jener Verlobten, die den Eheschluß wider Treu und Glauben verhinderten, ist freilich in jüngster Zeit verschiedentlich als nicht sachgerecht

[29] Vgl. RG, Warn. 1924 Nr. 181. Vgl. aber auch RG, LZ 1917, 868 (Ersatz aus § 1298, wenn der durch den Verlöbnisbruch eintretende Gesundheitsschaden die Wiederaufnahme einer anläßlich des Verlöbnisses aufgegebenen Tätigkeit verhindert) und *Kipp-Wolff,* § 6 III 2b (Gesundheitsschäden generell aus § 1298 zu ersetzen).

[1] Der Normzweck gebietet eine Anwendung aber auch, wenn das Verlöbnis nichtig war, der Schenkende jedoch auf die Wirksamkeit vertraute. Vgl. BGH, FamRZ 1969, 474; *Erman-Heckelmann,* 2 zu § 1301; *Staudinger-Dietz,* 3 zu § 1301; *Palandt-Diederichsen,* 2 zu § 1301; *Soergel-Lange,* 1 zu § 1301; MünchKomm-*Wacke,* 2 zu § 1301.

[2] Für Dritte gilt § 1301 nicht; für sie kann jedoch (muß aber keineswegs) § 812 I 2 gegeben sein. Vgl. *Staudinger-Dietz,* 10 zu § 1301; *Dölle,* § 6 VII 3. Für eine analoge Anwendung des § 1301 zugunsten des im § 1298 I genannten Personenkreises MünchKomm-*Wacke,* 7 zu § 1301. Umgekehrt wird Dritten auch die condictio ob rem versagt von *Erman-Heckelmann,* 6 zu § 1301.

[3] Nach allg. M. sind „kleinere Aufmerksamkeiten im geselligen Verkehr" (Blumen, Eintrittskarten) nicht auszugleichen. In aller Regel wird in diesen Fällen jedenfalls Wegfall der Bereicherung (§ 818 III) vorliegen.

[4] Erfaßt werden lediglich die Geschenke aus der Zeit des Verlöbnisses. Zumindest das Angebot zur Schenkung muß während des Verlöbnisses erfolgt sein; die Annahme kann dagegen auch erst nach Beendigung des Verlöbnisses erklärt worden sein. Vgl. BGHZ 45, 258 (260). Für Geschenke aus der Zeit vor der Verlobung verbleibt es bei den allgemeinen Vorschriften. Vgl. BGHZ 35, 103 (105). Eine gegenständliche Begrenzung kennt § 1301 nicht. Richtig OLG Köln, NJW 1961, 1726 (mit geschenktem Erlaß) gegen OLG Hamburg, ROLG 12, 298 (mit Begrenzung auf die „herkömmlichen Geschenke").

[5] A. A. aber *Göppinger,* JuS 1968, 405f.

[6] Ebenso *Erman-Heckelmann,* 1 und 8 zu § 1301; *Palandt-Diederichsen,* 1 und 2 zu § 1301; *Staudinger-Dietz,* 7 und 11 zu § 1301; *Soergel-Lange,* 1 und 2 zu § 1301; MünchKomm-*Wacke,* 1 und 6 zu § 1301. § 815 ist aber nicht schon bei jedem grundlosen Rücktritt erfüllt (allg. M.). Man kann also schadensersatzpflichtig sein, gleichwohl aber den Anspruch aus § 1301 haben.

bezeichnet worden, aber auch als unvereinbar mit den Grundprinzipien des Verlöbnisrechtes, weil dem treuwidrig handelnden Verlobten eine Strafe auferlegt und dem Partner über die §§ 1298ff. hinaus weiterer Schadensersatz geleistet werde.[7] Doch impliziert die von § 1301 in das Verlöbnisrecht eingeführte Wertung der condictio causa data causa non secuta eben auch die Wertung des § 815.

2. *Briefe.* § 1301 erfaßt seinem Text zufolge nur Geschenke und Verlöbniszeichen (Ringe!); von den Briefen der Verlobten spricht er nicht. Mehr denn je ist aber heute eine analoge Anwendung geboten, um dem Sinn des § 1301 Rechnung zu tragen. Die von ihm gewünschte Bereinigung ist in einer Zeit, die das Persönlichkeitsrecht stark betont, nicht mehr zu Ende gedacht, wenn sie vor den Briefen verhält.[8]

3. Im Zweifel ausgeschlossen ist der Anspruch bei der Beendigung des Verlöbnisses durch den Tod eines Verlobten (keine Entfremdung der Verlobten!). Geschenke und Verlöbniszeichen verbleiben dann dem überlebenden Partner, aber auch – Äquivalenzdenken? – den Erben des Verstorbenen. Eine strikte Begrenzung des Anspruches für den Todesfall ist freilich weder gerechtfertigt (Familienschmuck!), noch gewollt. Zur Korrektur beruft das Gesetz den hypothetischen Willen des gebenden Verlobten, ohne verdecken zu können, daß schon die Notwendigkeit, einen behaupteten hypothetischen Willen gegebenenfalls unter Beweis zu stellen, in aller Regel objektive Momente in den Vordergrund drängen muß.

§ 9. Die Ehefähigkeit

Schrifttum: *Bosch,* Elterlicher Ehekonsens oder Gerichtsentscheid?, FamRZ 1957, 48; *Odersky,* Können religiöse Bedenken des gesetzlichen Vertreters seine Verweigerung der Einwilligung zur Eheschließung eines Minderjährigen rechtfertigen?, MDR 1958, 132; *Göppinger,* Eingriffe des Vormundschaftsgerichts in das Elternrecht (Art. 6 GG), FamRZ 1959, 397; *Loeffler* und *Kowalewsky* (Hrsg.), Ehemündigkeit und Volljährigkeit, 1961; *Luther,* Ehemündigkeit, Volljährigkeit, Strafmündigkeit, 1961; *Lukes,* Die Einwilligung zur Eheschließung nicht voll geschäftsfähiger Personen, StAZ 1962, 30 und 57; *Potrykus,* Einwilligung der Fürsorgeerziehungsbehörde zur Eheschließung?, ZBlJugR 1968, 100; *D. Schwab,* Gedanken zur Reform des Minderjährigenrechts und des Mündigkeitsalters, JZ 1970, 745; *Mayer-Maly,* Die Grundlagen der Aufstellung von Altersgrenzen durch das Recht, FamRZ 1970, 617; *Lücken,* Herabsetzung des Volljährigkeits- und Ehemündigkeitsalters?, FamRZ 1971, 285; *Beitzke,* Mündigkeit und Minderjährigenschutz, AcP 172 (1972), 240; *D. Schwab,* Mündigkeit und Minderjährigenschutz, AcP 172 (1972), 266; *Bosch,* Volljährigkeit – Ehemündigkeit – Elterliche Sorge, FamRZ 1973, 489; *derselbe,* Noch einmal: Volljährigkeit – Ehemündigkeit – Elterliche Sorge, FamRZ 1974, 1; *Bökelmann,* Zur Ehemündigkeit nach neuem Recht, StAZ 1975, 329; *Bienwald,* Zur Herabsetzung des Volljährigkeitsalters und zur Neuregelung der Ehemündigkeit, NJW 1975, 957.

---

[7] Vgl. *Dölle,* § 6 VII 2 (für ihn ist § 1301 eine Spielart des Wegfalls der Geschäftsgrundlage) und ihm folgend *Henrich,* § 2 V; *Göppinger,* JuS 1968, 407ff. Gegen die Anwendung des § 815 ferner KG, LZ 1922, 691.

[8] Ebenso im Ergebnis *Kipp-Wolff,* § 6 Fn. 31; *Staudinger-Dietz,* 9 zu § 1301; *Soergel-Lange,* 4 zu § 1301; *Dölle,* § 6 VII 1; MünchKomm-*Wacke,* 3 zu § 1301. A. A. *Palandt-Diederichsen,* 2 zu § 1301.

I. Begriff

1. Wollte man den Begriff der Ehefähigkeit definieren, so müßte man ihn als Fähigkeit bezeichnen, eine wirksame Ehe einzugehen, ohne gegen das Gesetz zu verstoßen. In dieser Definition wird unmittelbar deutlich, daß es sich nicht – wie man zunächst annehmen möchte – um eine einfache Konkretisierung der Geschäftsfähigkeit für ein bestimmtes Rechtsgeschäft handelt (vergleichbar etwa der Testierfähigkeit) und daß es nicht möglich ist, mit dem Mangel der Fähigkeit sofort jene Rechtsfolgen zu verbinden, die sonst Mängeln der Geschäftsfähigkeit zugeordnet sind. Der Begriff Ehefähigkeit suggeriert damit einen Begriffsinhalt, den er gar nicht hat und provoziert Mißverständnisse ohne jeden Sinn: Der Begriff ist entbehrlich, nichts weiter als eine schlecht formulierte (und damit systematisch wenig leistungsfähige) Klammer, der keine Rechtsfolgen entsprechen.

2. Die Ehefähigkeit gabelt sich in die sog. Ehemündigkeit und die Geschäftsfähigkeit; erneut wird deutlich, wie unzulänglich die Begriffsbildung in diesem Teilbereich des Eherechtes ist. Mit dem Begriff ,,Mündigkeit" assoziiert sich herkömmlich der weitere der Geschäftsfähigkeit (vgl. auch den Begriff der ,,Entmündigung"); ehemündig ist dagegen derjenige, der ein Mindestalter (als generelles Kriterium für den Stand der sozialen Reife) erreicht hat. Die Ehemündigkeit ist danach keine der Geschäftsfähigkeit vergleichbare rechtliche Eigenschaft; sie besagt lediglich, daß eine Ehevoraussetzung erfüllt wird.[1]

II. Das Mindestalter

1. Der Gedanke, für den Eintritt in eine Ehe ein Mindestalter zu fordern, bedarf in einer Rechtsordnung, die als Folge des Eheschlusses den Beginn der ehelichen Lebensgemeinschaft will (§ 1353), keiner Rechtfertigung. § 1 I EheG fordert als Sollvorschrift (seit 1974) Volljährigkeit und homogenisiert damit wenigstens grundsätzlich allgemeinen rechtsgeschäftlichen Verkehr und Eheschluß (der ja auch Vertrag ist). Der vielfache Hinweis auf den weiteren Rahmen der Frühehenproblematik blieb ohne Widerhall; ihm kommt wohl auch in einer Zeit, deren jüngere Generation eine frühe Bindung nicht sucht (das durchschnittliche Heiratsalter der ledigen Verlobten ist zwar seit 1950 bei beiden Geschlechtern konstant rückläufig, betrug jedoch 1975 bei den Männern immer noch 25,3 und bei den Frauen 22,7 Jahre), keine überragende Bedeutung zu.

2. *Dispens.* Mann und Frau kann das Vormundschaftsgericht auf Antrag Befreiung vom Erfordernis der Volljährigkeit erteilen, ,,wenn der Antragsteller das 16. Lebensjahr vollendet hat und sein künftiger Ehegatte volljährig ist" (§ 1 II EheG). Die beiden Geschlechter stehen damit gleich; Fragen der Gleichberechti-

[1] Für Beibehaltung des Begriffs explizit *Bökelmann,* StAZ 1975, 329.

gung gehören der Vergangenheit an. Problematisch ist das absolute Mindestalter für Frauen geblieben, mit dem eine Anzahl nichtehelicher Kinder in Kauf genommen wird, die nach früherem Recht (das für Frauen keine absolute Grenze kannte) als eheliche geboren worden wären (1971 gab es 3067 Mütter, die noch nicht sechzehn Jahre alt waren; 1296 waren verheiratet), doch ist weder ein Verstoß gegen die Verfassung zu erkennen[1] noch ein evidenter Wertungsfehler im Konflikt der Grundsätze. Die Absicht, nichteheliche Geburten zu verhindern, rechtfertigt noch keine Ehen, denen die Frau nicht gewachsen sein kann und in denen Gleichberechtigung der Geschlechter kaum möglich ist.

Die Volljährigkeit des künftigen Ehepartners garantiert praktisch in jeder Ehe einen voll geschäftsfähigen Ehegatten im Augenblick des Eheschlusses (und damit volle rechtsgeschäftliche Mobilität ohne Bindung an Dritte). Theoretisch ist zwar der Eheschluß eines Minderjährigen mit einem volljährigen, jedoch nach Entmündigung nur noch beschränkt geschäftsfähigen Partner möglich, doch sollte der Dispens bei dieser Konstellation stets versagt werden.

3. Den (auf eine bestimmte Ehe bezogenen, niemals generellen) Dispens erteilt der Vormundschaftsrichter (Richtervorbehalt in § 14 Nr. 18 RpflG) nach Sachaufklärung von Amts wegen (§ 12 FGG). Vor der Entscheidung ist jedenfalls das Jugendamt zu hören (§ 48a II JWG), aber auch die Eltern des Antragstellers (vgl. unten § 44 I 5). Auf den Dispens hat der Antragsteller einen (öffentlich-rechtlichen) Anspruch, wenn er seine Voraussetzungen erfüllt; es handelt sich nicht um einen Gnadenakt.

Freilich nennt § 1 EheG keinen *Maßstab,* an dem sich das Vormundschaftsgericht zu orientieren hätte. Doch kann nach jenen Prinzipien, die im übrigen das Kindschaftsrecht beherrschen, nur das Wohl des Antragstellers oberste Maxime sachgerechten richterlichen Verhaltens sein. Freilich ist es unangebracht (und mit den Grenzen, die richterlicher Sachaufklärung und Einsicht gezogen sind, auch gar nicht zu vereinbaren), das Wohl des Antragstellers nach Art eines positiven Förderungsgebotes zu handhaben und den Dispens nur zu gewähren, wenn die Ehe in seinem wohlverstandenen Interesse liegt und seinem Besten dient.[2] Das Mindestalter bezweckt (in Form eines Verbotes mit Erlaubnisvorbehalt) allein die Abwehr unangemessen früh geschlossener Ehen zum Schaden des Minderjährigen; der Dispens ist demzufolge bereits dann zu erteilen, wenn die Frühehe das Wohl des Antragstellers nicht gefährdet. Das ist der Fall, wenn die für eine Ehe erforderliche Reife vorhanden ist,[3] die geplante Ehe voraussichtlich von

[1] Bedenken im Hinblick auf Art. 6 I und IV GG äußert *Löwisch,* NJW 1975, 16. Gegen ihn bereits MünchKomm-*Müller-Gindullis,* 4 zu § 1 EheG.

[2] So aber AG Ravensburg, DAVorm. 1976, 433; MünchKomm-*Müller-Gindullis,* 9 zu § 1 EheG.

[3] Sie ist nicht identisch mit der Lebensreife eines Volljährigen. Vgl. MünchKomm-*Müller-Gindullis,* 9 zu § 1 EheG. Insofern nicht sorgfältig formuliert AG Ravensburg, DAVorm. 1976, 433 (fast 17 Jahre alte Mutter abgewiesen, weil sie „selbst noch wie ein Kind wirke" und ihr „praktisch noch jede Lebenserfahrung" fehle).

Bestand bleiben wird[4] und grundsätzliche Änderungen in der Lebensplanung, die sich ungünstig auswirken könnten (insbesondere: Beendigung einer Ausbildung), nicht zu erwarten sind.

4. Regelmäßiger Anlaß eines Antrages ist eine *Schwangerschaft* der Braut (die in aller Regel selbst des Dispenses bedarf). Mit ihr tritt kein Umstand mit (relativem oder gar absolutem) Eigengewicht in das Entscheidungskalkül des Richters ein:[5] Es handelt sich nicht darum, das Wohl des nasciturus zu wahren[6] auf Kosten des Wohls der Mutter. Zu bedenken ist freilich, daß mit der Schwangerschaft ein Faktor gegeben ist, der Entwicklung und Verhalten der Verlobten entscheidend bestimmen kann, aber auch ein Faktor, der Dritte zu Zusagen bewegen kann, die sie sonst nicht gegeben hätten (die Eltern der Schwangeren sichern die ökonomische Basis der Ehe und ermöglichen damit eine positive Bestandsprognose). Hier wie dort sollten allein nachprüfbare konkrete Daten des Einzelfalles einen Dispens rechtfertigen, damit nicht die Versicherung mittelbarer Folgen zum Alibi wird für einen Dispens, hinter dem nicht mehr steht als die altbekannte emotionalisierende Wirkung einer nichtehelichen Schwangerschaft.

5. Eine § 1 EheG zuwider geschlossene Ehe ist eine vollwirksame Ehe; § 1 EheG ist eine Verbotsnorm ohne jede Sanktion. Doch wird in aller Regel zugleich § 3 EheG verletzt sein und deshalb die Möglichkeit einer Eheaufhebung bestehen (§ 30 EheG).

III. Die Geschäftsfähigkeit

1. Eine Ehe eingehen, heißt einen Vertrag schließen. Neben dem Mindestalter ist deshalb Geschäftsfähigkeit notwendig. Das EheG hat insoweit die grundsätzlichen Entscheidungen des BGB nicht angetastet, aber es hat doch einige Besonderheiten geschaffen. Es verwehrt vornehmlich dem (total oder partiell gerade für die Eheschließung) Geschäftsunfähigen die Ehe überhaupt (§ 2 EheG) und ebenso allen, die sich im Zustand der Bewußtlosigkeit (hochgradige Trunkenheit!) und der vorübergehenden Störung der Geistestätigkeit befinden (§§ 105 II BGB, 18 I EheG). Die Praxis hindert Ehen freilich nicht gern mit Hinweis auf § 2

[4] Eine Bestandsprognose wird allg. gefordert (vgl. etwa *Bökelmann,* StAZ 1975, 330; *Palandt-Diederichsen,* 4c zu § 1 EheG). Sie rechtfertigt die Ablehnung des Antrages nur, wenn konkrete Gründe ein schnelles Scheitern der Ehe indizieren. Vgl. MünchKomm-*Müller-Gindullis,* 10 zu § 1 EheG. Im Rahmen der Bestandsprognose findet auch die Prüfung der ökonomischen Verhältnisse der Ehegatten ihren richtigen Ort.

[5] Äußerungen zur Bedeutung der Schwangerschaft für § 1 EheG a. F. können heute nicht mehr ohne weiteres als verbindlich bezeichnet werden (sie werden aber voll übernommen von *Erman-Hefermehl,* 3 zu § 1 EheG). Früher war über den Zugang des Mannes zur Ehe zu befinden, heute fast ausschließlich über den Zugang der Frau.

[6] Es ist deshalb auch nicht richtig, unmittelbar danach zu fragen, ob der nasciturus eine geordnete Erziehung zu erwarten hat (so aber im Anschluß an die BTDrucks. 7/1962 *Bienwald,* NJW 1975, 959; *Palandt-Diederichsen,* 4c zu § 1 EheG). Den Interessen des Kindes ist mit Eingriffen in die elterliche Sorge Rechnung zu tragen (so, wie es bei der ledig gebliebenen Mutter auch geschehen müßte).

EheG. Wenn irgend möglich, vermeidet sie die Feststellung der Geschäftsunfähigkeit[1] oder schwächt offensichtliche Mängel zu bloß partieller Geschäftsunfähigkeit mit ausreichender Einsicht gerade für den Eheschluß ab.[2]

2. *Beschränkte Geschäftsfähigkeit.* Wer minderjährig oder aus anderen Gründen in der Geschäftsfähigkeit beschränkt ist, bedarf der (bis zur Heirat widerruflichen; § 183 Satz 1) Einwilligung seines gesetzlichen Vertreters[3] und eines etwa vorhandenen Sorgeberechtigten (§ 3 EheG; Form: § 5 IV 1 PStG). Die Bindung hat Bedeutung nur für Personen, die Dispens vom Alterserfordernis erlangten, und für Entmündigte, denen § 114 beschränkte Geschäftsfähigkeit beläßt.

Einwilligungen können auch befristet oder aufschiebend bedingt erklärt werden (etwa: Vereinbarung der Gütertrennung). Die Bedingungsfeindlichkeit des Eheschlusses selbst erstreckt sich nicht auf dessen Wirksamkeitsvoraussetzungen.[4]

Die vom Gesetz geforderte Einwilligung des Sorgeberechtigten beruft leibliche Eltern und Adoptiveltern zur Entscheidung, die lediglich im Bereich der tatsächlichen Personensorge für das Kind tätig sind (vgl. etwa § 1673 II). Ihre Rechtfertigung findet sie weniger in dem alten Gedanken des Elternkonsenses (Eltern, die nicht sorgeberechtigt sind, werden übergangen[5]) als in der Überzeugung, jenen beteiligen zu müssen, der infolge der Ehe seine elterliche Sorge verliert (§ 1633!).

3. *Fürsorgeerziehung.* Fürsorgezöglinge bedürfen zur Eheschließung nicht der Einwilligung der Erziehungsbehörde. Diese ist nicht gesetzlicher Vertreter des Minderjährigen. Sie ist auch zur Personensorge nur insoweit berufen, als es der Zweck der Fürsorgeerziehung fordert. Jener Zweck aber impliziert kein Recht zur Entscheidung der Ehefrage anstelle der oder auch nur neben den Eltern.[6]

4. *Elternstreit.* Streitigkeiten der Eltern werden in der Regel auf Antrag eines Elternteils vom Vormundschaftsgericht entschieden, „sofern dies dem Wohle des Kindes entspricht" (§ 1628 I; vgl. dazu unten § 50 II 2). Der Elternstreit um die Einwilligung in eine Ehe kann dagegen von den Eltern keiner staatlichen Instanz unterbreitet werden (zu den Rechten des Kindes vgl. unten 5.). Die

---

[1] Vgl. LG Frankfurt, StAZ 1966, 260.

[2] Vgl. AG Mannheim, StAZ 1965, 79.

[3] Wird ein Verlobter in der Personensorge und Vermögenssorge von verschiedenen Personen vertreten, ist nur die Einwilligung des Vertreters in der Personensorge notwendig. Vgl. BGHZ 21, 340 (345); *Staudinger-Dietz,* 38 zu § 3 EheG; *Hoffmann-Stephan,* 10 zu § 3 EheG; MünchKomm-*Müller-Gindullis,* 5 zu § 3 EheG; *Erman-Hefermehl,* 2 zu § 3 EheG; *Soergel-Donau,* 3 zu § 3 EheG.

[4] Ebenso *Dölle,* § 15 II 1 c; *Palandt-Diederichsen,* 4 zu § 3 EheG; MünchKomm-*Müller-Gindullis,* 14 zu § 3 EheG; *Soergel-Donau,* 8 zu § 3 EheG. Bedingungsfeindlichkeit behauptet *Erman-Hefermehl,* 2 zu § 3 EheG.

[5] Vgl. BayObLG, FamRZ 1965, 279 für den Entzug des Personensorgerechtes.

[6] Gl. Ans. *Riedel,* Jugendwohlfahrtsgesetz, 4. Aufl. 1965, 7 zu § 69; *Potrykus,* ZBlJugR 1968, 100ff.; *Hoffmann-Stephan,* 35 zu § 3 EheG; *Staudinger-Dietz,* 89 zu § 3 EheG; *Dölle,* § 15 II 2b; *Palandt-Diederichsen,* 3b zu § 3 EheG; MünchKomm-*Müller-Gindullis,* 12 zu § 3 EheG; *Soergel-Donau,* 5 zu § 3 EheG. A. A. LG Duisburg, StAZ 1967, 188; *Erman-Hefermehl,* 3 zu § 3 EheG.

Sonderregelung entspricht der besonderen Situation: Der Streit um den Eheschluß pflegt weniger Elternstreit als Streit zwischen Kind und Elternteil zu sein. Sie entspricht aber auch der Tendenz des Gesetzes, die Normalregelung auf den Elternstreit um Akte zu beschränken; die nicht zugleich elterliche Sorge entziehen (vgl. dazu § 1748). Die Ehe des Kindes aber beendet die tatsächliche Personensorge (§ 1633).

5. *Wächteramt des Staates.* Jede elterliche Entscheidung und jede Entscheidung eines Vormundes ist als Ausfluß des Personensorgerechtes, also eines subjektiven Rechtes, in dem jeder Befugnis eine Pflicht entspricht, pflichtgebundene Entscheidung.[7] Alle im Einzelfall erforderlichen Einwilligungen können daher auf Antrag des Kindes oder des Mündels vom Vormundschaftsgericht (mit Bindung der Eltern und des Vormundes[8]) ersetzt werden, wenn sie „ohne triftige Gründe" verweigert werden (vorher ist das Jugendamt zu hören; vgl. § 48a II JWG). Der vereinzelt gebliebene Versuch, Minderjährige unbedingt dem Elternwillen zu unterwerfen, wenn beide Elternteile den Konsens verweigern,[9] findet weder im Text noch in der Wertung des Gesetzes eine Stütze. Gemeinschaftliches Handeln entbindet nicht vom Pflichtengehalt der elterlichen Sorge.

Im Anschluß an BGHZ 21, 340 (348) pflegt man das staatliche Erlaubnissurrogat „auf Fälle zu beschränken, in denen sich die Entscheidung der Eltern bei Abwägung des Für und Wider nach sachgemäßer Auffassung nicht rechtfertigen läßt"; objektiv pflichtwidriges Handeln der Eltern wird nicht gefordert;[10] § 3 III EheG gewinnt die Qualität einer besonderen Norm, die sich deutlich aus den Grenzen löst, die sonst (§ 1666!) dem staatlichen Wächteramt gezogen sind.[11] Doch gibt es keinen Grund, die allgemeine staatliche Mißbrauchskontrolle nun gerade für den Eheschluß durch eine andere Formel zu ersetzen, die letztlich (dank der Unbestimmtheit) staatliches Ermessen an die Stelle elterlichen Ermessens setzt.[12] Entscheidend sind jedenfalls nur die Interessen des Kindes. Belange

---

[7] Daß § 3 III EheG zum staatlichen Wächteramt gehört, ist h. L. Vgl. aber auch *v. Godin,* 6 zu § 3 EheG (Recht zur Einwilligung als „eigenes Recht der Eltern") und dagegen BGHZ 21, 340 (345). Vgl. ferner OLG Koblenz, FamRZ 1958, 139 mit Anm. *Bosch* (§ 3 III EheG eine Abschwächung der elterlichen Gewalt).

[8] A. A. *Dölle,* § 15 II 1 d, der Widerruflichkeit behauptet. Gegen ihn vgl. *Staudinger-Dietz,* 142 zu § 3 EheG.

[9] Vgl. *Bosch,* FamRZ 1957, 48. Gegen ihn bereits *Beitzke,* § 8 II 3; *Göppinger,* FamRZ 1959, 398 Fn. 12; LG Koblenz, FamRZ 1959, 422; *Hoffmann-Stephan,* 67 zu § 3 EheG.

[10] Vgl. *Staudinger-Dietz,* 120f. zu § 3 EheG; *Erman-Hefermehl,* 10 zu § 3 EheG; MünchKomm-*Müller-Gindullis,* 10 zu § 3 EheG; *Soergel-Donau,* 11 zu § 3 EheG.

[11] Das wird klar ausgesprochen von KG, FamRZ 1968, 600. Zum Streit um den richtigen Maßstab vgl. ferner OLG Tübingen, JR 1949, 386 (Ausgangspunkt im Wesen der Ehe); *Odersky,* MDR 1958, 132ff. (triftiger Grund, wenn als Folge der Ehe erhebliche Nachteile zu erwarten); OLG Hamm, FamRZ 1960, 406 (Verweigerung berechtigt, wenn anzunehmen, daß Eheschließung Belangen des Minderjährigen abträglich).

[12] Ebenso *Göppinger,* FamRZ 1959, 398; *Hoffmann-Stephan,* 65 zu § 3 EheG. Vgl. ferner OLG Frankfurt, FamRZ 1956, 283; *v. Godin,* 7 zu § 3 EheG.

der Eltern selbst oder gar Dritter rechtfertigen eine ablehnende Haltung nicht;[13] sie können aber gleichzeitig (etwa als Störung der familiären Beziehungen) Interessen des Minderjährigen selbst berühren.

6. *Typische Verweigerungsgründe.* Der richtig verstandene § 3 III EheG beschränkt die staatliche Eheerlaubnis auf wenige Ausnahmefälle, die sich nicht zu Fallgruppen verdichten lassen. Es gibt keine Situation Minderjähriger, die elterliches Versagen wenigstens für den Regelfall indiziert. Insbesondere ist Schwangerschaft der Frau kein Umstand, der das Vorliegen triftiger Gründe für die Verweigerung des elterlichen Konsenses schlechthin ausschließt,[14] und ebensowenig das Leben in einem Konkubinat.[15]

Fallgruppen lassen sich dagegen eher bilden für den Umkehrfall der zu Recht verweigerten elterlichen Einwilligung. Ein großer Altersunterschied rechtfertigt die Eltern etwa im allgemeinen,[16] aber auch mehrfache Straffälligkeit des Verlobten[17] und eine ungewisse Zukunft unter fremden Rechtsverhältnissen und Lebensgewohnheiten.[18]

Zurückgegangen ist die praktische Bedeutung des Streites zwischen Eltern und Kind um eine konfessionelle Mischehe. In ihm haben die Eltern zwar eigene religiöse Nöte nicht zu berücksichtigen; sie dürfen indessen ihre Einwilligung verweigern, wenn vorauszusehen ist, daß die Glaubensverschiedenheit der Verlobten zu besonderen Belastungen des Kindes oder gar der Ehe führen würde.[19] Auch die Konversion eines Verlobten zum Glauben des anderen setzt ablehnende Eltern nicht unbedingt ins Unrecht. Zu fragen ist dann immer noch, ob die Konversion als reiflich überlegte und endgültige Entscheidung betrachtet werden kann.

7. *Pflichtwidrige Einwilligung.* § 3 III EheG kann beschränkt Geschäftsfähigen den Eheschluß von Staats wegen ermöglichen. Das Wächteramt des Staates kann aber auch umgekehrt die Verhinderung einer Ehe gebieten, für die alle von § 3

[13] Richtig *Göppinger,* FamRZ 1959, 399; *Beitzke,* § 8 II 3 und MDR 1957, 91; *Lukes,* StAZ 1962, 60; *Staudinger-Dietz,* 119 und 122 zu § 3 EheG; *Soergel-Donau,* 12 zu § 3 EheG. A. A. OLG Frankfurt, FamRZ 1956, 283 (286); BGHZ 21, 340 (348); *Hoffmann-Stephan,* 77 zu § 3 EheG.

[14] Vgl. *Staudinger-Dietz,* 132 zu § 3 EheG; *Hoffmann-Stephan,* 73 zu § 3 EheG. Die Schwangerschaft wird stark betont von BGHZ 21, 340 (349); LG Koblenz, FamRZ 1959, 422 mit Anm. *Göppinger.*

[15] Vgl. *H. Krüger,* FamRZ 1956, 377; *Göppinger,* FamRZ 1959, 400; *Hoffmann-Stephan,* 75 zu § 3 EheG; *Staudinger-Dietz,* 133 zu § 3 EheG. Nachgiebiger BGHZ 21, 340 (349). Die Entscheidung wird von *Soergel-Donau,* 11 zu § 3 EheG, als „bedenklich" bezeichnet.

[16] Vgl. OLG Düsseldorf, FamRZ 1961, 80; OLG Hamm, FamRZ 1960, 406. Ganz unter dem Eindruck eines von der Minderjährigen erwarteten Kindes dagegen LG Koblenz, FamRZ 1959, 422 mit Anm. *Göppinger.*

[17] Schwerlich richtig KG, FamRZ 1968, 600 (der Beschluß ersetzt, obwohl der Mann zehn Vorstrafen hatte, von denen die letzte freilich schon 2 Jahre zurücklag).

[18] Vgl. OLG Neustadt, FamRZ 1963, 443 (Islam).

[19] Zum Streitstand vgl. *Staudinger-Dietz,* 134 ff. zu § 3 EheG mit weit. Hinw. Ausgelöst wurde der Streit von BGHZ 21, 340. Die Entscheidung bürdet zu Unrecht einer Minderjährigen die alleinige Verantwortung für alle nachteiligen Folgen einer Mischehe mit Hinweis auf ihre Religionsmündigkeit auf. Dem BGH folgt nun auch MünchKomm-*Müller-Gindullis,* 24 zu § 3 EheG.

EheG geforderten Einwilligungen vorliegen. Auch der Konsens ist ein pflichtgebundener Akt, der zu korrigieren ist, wenn er jene Grenzen überschreitet, die dem Ermessen der zur Einwilligung Berufenen gezogen sind. Die Möglichkeit einer derart pflichtwidrigen Einwilligung von Eltern (mit Entzug des elterlichen Sorgerechts gem. § 1666 als Folge[20]) oder Vormund (mit Widerrufsgebot gem. § 1837 oder Entlassung gem. § 1886) in eine Ehe, die das Wohl des Kindes oder Mündels gefährdet, hat ihre praktische Bedeutung freilich weithin (wenn nicht sogar vollständig) verloren. Der entmündigte Verlobte war stets eine seltene Erscheinung. Der zu junge Verlobte aber bedarf stets des Dispenses vom Alterserfordernis und wird in den einschlägigen Fällen[21] bereits vom Vormundschaftsgericht zurückgewiesen werden.

§ 10. Die Eheverbote

Schrifttum: *Ramm,* Eheverbot und Ehenichtigkeit, JZ 1963, 47 und 81; *Scholl,* Die statistische Relevanz relativer Eheverbote, StAZ 1973, 153.

I. Allgemeines

1. Der gegenwärtige Bestand an Eheverboten ist verglichen mit früheren Epochen unserer Geschichte bescheiden: Die Ideen der Freiheit und der Gleichheit haben manche Schranken des älteren Rechtes beseitigt; die Säkularisierung des Eherechtes hat viele auf den Lehren der Kirchen beruhende Eheverbote abgestoßen und andere eingedämmt. Zu einem Recht, das dem Zeitgeist der Gegenwart wenigstens annähernd entspricht, hat die Entwicklung gleichwohl erst sehr spät geführt. Das Recht der Eheverbote gehört zu jenen Normenkomplexen, die zu traditioneller Verfestigung neigen und zur Bewahrung selbst in einem Umbruch, der ihnen die einstige Überzeugungskraft nimmt. Mit dem Eheverbot der Geschlechtsgemeinschaft (ehemals § 4 II EheG) und dem Eheverbot des Ehebruchs (ehemals § 6 EheG) sind erst 1977 zwei Relikte überholten Denkens förmlich im Gesetz getilgt worden, das erste nach einer Entscheidung des BVerfG, die es für verfassungswidrig erklärte (BVerfGE 36, 146 [161 ff.]), das zweite nach umfassender Analyse im Schrifttum, die es völlig diskreditierte.[1]

---

[20] Die elterliche Einwilligung verliert mit dem Entzug des Personensorgerechtes ihre Wirkung, denn berechtigt zur Einwilligung ist nur der zur Zeit des Eheschlusses Legitimierte (h. L. Vgl. für sie etwa MünchKomm-*Müller-Gindullis,* 13 zu § 3 EheG; *Palandt-Diederichsen,* 3b zu § 3 EheG; *Erman-Hefermehl,* 2 zu § 3 EheG). Anders aber *Dölle,* § 15 II 1b; *Hoffmann-Stephan,* 9 zu § 13 EheG.

Der Bestellung eines Pflegers bedarf es in diesen Fällen nicht (a. A. *Göppinger,* FamRZ 1959, 398 Fn. 13; *Staudinger-Dietz,* 155 zu § 3 EheG). Der Pfleger wäre funktionslos, weil die Billigung der Ehe durch ihn auch wieder ein pflichtwidriger Akt wäre, eine Entscheidung mithin nicht zu fällen ist.

[21] Vgl. für das alte Recht KG, DR 1941, 1601 (18jähriges Mädchen und 56jähriger Mann mit zwei gescheiterten Ehen).

[1] Das umfangreiche Schrifttum ist heute nur noch von historischem Interesse. Vgl. als letzte Äußerung von Gewicht *Müller-Freienfels,* JZ 1974, 305.

2. Zu eigenständigen dauerhaften Schöpfungen ist das staatliche Eherecht der Neuzeit nur vereinzelt vorgedrungen. In verständlicher Zurückhaltung kennt das heutige Eherecht insbesondere keine der *Volksgesundheit dienenden Eheverbote* mehr. Die viel zu weit ausgreifenden eugenischen Eheverbote des nationalsozialistischen Ehegesundheitsgesetzes vom 18. 10. 1935, die zudem in die Nähe der berüchtigten rassischen Eheverbote des Blutschutzgesetzes vom 15. 9. 1935 gerückt wurden, haben einen an sich erwägenswerten, wenn auch des Erfolges keinesfalls sicheren (Konkubinate; nichteheliche erbkranke Kinder) Gedanken vorerst diskreditiert.[2] Auch § 6 des Gesetzes zur Bekämpfung der Geschlechtskrankheiten vom 23. 7. 1953 enthält kein Eheverbot. Er verpflichtet Geschlechtskranke und alle, die zu irgendeiner Zeit an Syphilis gelitten haben, zu einer ärztlichen Untersuchung vor der Bestellung des Aufgebotes. Er verpflichtet auch dazu, dem Partner Mitteilung von der Krankheit zu machen, wenn der Arzt eine Unbedenklichkeitsbescheinigung nicht erteilen konnte. Er kennt sogar eine antragsgebundene Strafverfolgung, wenn die Mitteilung unterblieb; die Ehe aber verbietet er nicht.

Als vorübergehende Erscheinung hat sich auch das *Verbot der Namensehe* erwiesen mit seiner Wendung gegen den Mißbrauch der Ehe zum Zweck des Namensschachers. Das 1. EheRG hat sich von ihm getrennt und damit eine Anomalie beseitigt (andere Formen der Zweckentfremdung der Ehe blieben stets ohne Sanktionen). Die Begründung freilich, die man gab, bleibt fragwürdig. Der Hinweis auf die fehlende praktische Relevanz in den vergangenen Jahrzehnten kann in einer Zeit nicht rechtfertigen, die gerade dem Namensschacher neue Möglichkeiten eröffnete: Einst konnte nur der Mann mit seinem Namen schachern; heute steht auch der Frau der Schacher offen (vgl. § 1355 II).[3]

II. Verwandtschaft

1. Nicht ohne Grund stellt das EheG das Eheverbot der Verwandtschaft (zur Sicherung der Exogamie) an die Spitze seines Kataloges (§ 4 I). Ihm eignet eine moralische (nicht rationale) Überzeugungskraft, die keinem anderen Eheverbot eigen ist, auch nicht dem der Doppelehe (als Sicherung der Monogamie), das am ehesten einen Vergleich aushält.

§ 4 EheG verbietet nur die Ehe zwischen Verwandten der geraden Linie sowie zwischen vollbürtigen und halbbürtigen Geschwistern. Vetter und Base, Onkel und Nichte, Tante und Neffe treffen auf keinen Widerstand. In einem Prozeß fortschreitender Verengerung hat damit das Eheverbot eine Enge erreicht, die weiteres Nachgeben nicht mehr gestattet.

2. Unsere Scheu vor Verwandtenehen ist eine Scheu vor blutschänderischen Verbindungen, jedoch auch eine Scheu vor Ehen zwischen Personen, die allein vom Recht als Verwandte einander zugeordnet werden. Alle Normen, die Verwandtschaft den Blutsbeziehungen zuwider leugnen, beenden (vgl. §§ 1755, 1772; als einziger Fall in § 4 I 2 EheG ausdrücklich bedacht) oder doch wenigstens vorübergehend dispensieren (§ 1600 a Satz 2), sind daher nicht zu beachten; alle Normen, die trotz fehlender Blutsbeziehungen Verwandtschaft feststellen, behalten dagegen ihre Wirkung. Die im Ehebruch ihrer Mutter erzeugte Tochter darf etwa ihren biologischen Vater und dessen Sohn nicht heiraten, obwohl sie von § 1593 (vorbehaltlich einer Ehelichkeitsanfechtung) dem Ehemann der Mut-

---

[2] Für ein eugenisches Eheverbot de lege ferenda *Dölle,* § 7 II.

[3] Gegen die Aufhebung des Verbots *Ruthe,* FamRZ 1976, 410; *Bosch,* FamRZ 1976, 406. Nach Ans. von *Ambrock,* IV vor § 1355, verstößt die Beseitigung des Verbots gegen Art. 6 GG.

ter als eheliches Kind zugeordnet wird. Sie darf aber auch den Ehemann der Mutter und dessen Sohn aus einer anderen Verbindung nicht zum Ehegatten nehmen. § 1593 ist gleichgültig, wenn er Blutsbeziehungen verdeckt; er ist zu beachten, wenn er Verwandtschaft begründet.

3. *Mögliche Verwandtschaft*. Die jüngste Zeit hat auf dem Gebiet der Vaterschaftsfeststellung manchen Erfolg erzielt; letzte Gewißheit in allen Fällen mehrfachen Verkehrs der Mutter in der Empfängniszeit ist noch nicht erreicht. Es bleibt ein schmal gewordenes Gebiet nur möglicher Vaterschaft, die den Eheschluß nicht weniger hindert als die erwiesene. Zweifel im Bereich der Eheverbote sind von den Verlobten zu beseitigen (vgl. § 5 PStG), die ihrer Beweislast insoweit nie genügen können. Das Ergebnis ist auch sachlich richtig: Die Vaterschaftsfeststellung birgt noch Entwicklungsmöglichkeiten in sich. Wir sollten deshalb keine Ehen zulassen, die sich in absehbarer Zeit als blutschänderische Verbindungen erweisen können.[1]

III. Schwägerschaft

Schrifttum: *Lüke*, Die Eheverbote wegen Schwägerschaft und Ehebruchs, NJW 1962, 2177; *Katholnigg*, Der Einfluß des Art. 6 Abs. I GG auf die Eheverbote wegen Schwägerschaft, Geschlechtsgemeinschaft und Ehebruch, FamRZ 1964, 123.

1. Die weitaus geringere moralische Evidenz des Eheverbotes der Schwägerschaft (das vom 1. EheRG geschont wurde, jedoch umstritten war und ist[2]) hat ihren Niederschlag bereits in der Bestimmung des gebundenen Personenkreises gefunden. Schwägerschaft hindert nur die Ehe zwischen Verschwägerten in gerader Linie, gleichgültig ob die vermittelnde Verwandtschaft auf ehelicher oder nichtehelicher Geburt beruht (§ 4 I EheG). Schwiegereltern und Schwiegerkinder sind betroffen, auch Stiefkinder und Stiefeltern, nicht mehr dagegen Schwager und Schwägerin.

2. Das Eheverbot orientiert sich am Rechtsbegriff der Schwägerschaft, so wie er von § 1590 umrissen wird (vgl. oben § 4 II). Die mancherlei Zufälligkeiten, die sich aus der Herrschaft dieses Rechtsbegriffes ergeben, wurden bewußt in Kauf genommen. Mit Vernichtung der schwägerschaftsvermittelnden Ehe entfällt etwa das Eheverbot der Schwägerschaft. Noch deutlicher: die Ehe eines Mannes mit der Tochter seiner früheren Frau aus deren dritter Ehe wird (anders als die Ehe mit einer Tochter aus erster Ehe) nicht vom Eheverbot der Schwägerschaft gehindert, weil Schwägerschaft nach Beendigung einer Ehe nicht mehr entsteht.

3. *Dispens*. Die im Vergleich mit dem Eheverbot der Verwandtschaft geringere moralische Evidenz zeigt sich ferner in der Möglichkeit einer Befreiung (§ 4 III

[1] Im älteren Schrifttum wird mögliche Vaterschaft überwiegend für gleichgültig gehalten. Vgl. *Kipp-Wolff*, § 12 III; *Staudinger-Engelmann*, 9. Aufl. 1926, 8 zu § 1310.

[2] Verfassungswidrigkeit wird behauptet von MünchKomm-*Müller-Gindullis*, 11 zu § 4 EheG. Für die Abschaffung etwa *Boehmer*, StAZ 1975, 8.

EheG). Zuständig ist das Vormundschaftsgericht (Richtervorbehalt; vgl. § 14 Nr. 18 RpflG),[3] das den Dispens nur bei Vorliegen wichtiger Gründe verweigern darf. Das damit anerkannte Verhältnis von Regel (Dispens) und Ausnahme hätte rechtstechnisch seinen Ausdruck eigentlich nicht in einem Verbot mit Erlaubnisvorbehalt (sondern in einer Erlaubnis mit Verbotsvorbehalt) finden dürfen, doch sprachen praktische Gründe für jenen Weg. In der Sache entspricht der Dispens als Regel dem allmählichen Verblassen jener moralischen Wertgefühle, die zum Eheverbot der Schwägerschaft führten.

Zu berücksichtigen sind die gesamten Umstände des Falles, soweit sie auf den Grund des Eheverbotes bezogen werden können. Zu verweigern ist der Dispens nur, wenn die geplante Ehe noch jenen moralischen Widerstand erzeugt, der sich einst jeder Ehe unter Verschwägerten der geraden Linie entgegenstellte. Eine besonders lange Dauer der schwägerschaftsvermittelnden Ehe kann etwa wichtiger Grund sein, aber auch die Aufnahme des (jetzigen) Verlobten als Stiefkind in den eigenen Haushalt.[4] Folge der Verweigerung des Dispenses wird freilich dort, wo die Wohnverhältnisse der Verschwägerten ausreichende Anonymität gewähren, nicht mehr als ein (noch weniger erwünschtes) Konkubinat sein.

Mißbräuchlich ist die Verwertung anderer Umstände, insbesondere der persönlichen Eigenschaften der Verlobten, eines großen Altersunterschiedes, einer ungünstigen Eheprognose.[5] Das Eheverbot der Schwägerschaft darf nicht zur Einführung neuer Ehehindernisse im Einzelfall führen.

Positiv und negativ bleiben indessen die Möglichkeiten einer rechtstheoretischen Präzisierung des unbestimmten Rechtsbegriffs „wichtiger Grund" beschränkt; gegenläufige Entscheidungen trotz gleichgelagerter Sachverhalte sind als Folge unterschiedlich gesteuerter moralischer Empfindungen der Vormundschaftsrichter nicht auszuschließen. Auch das ist ein Umstand, der in der Diskussion um Fortbestand oder Beseitigung des Eheverbotes de lege ferenda zu berücksichtigen ist.

---

[3] Örtliche Zuständigkeit: § 44a FGG.

[4] Die Existenz legitimer wichtiger Gründe wird überhaupt geleugnet von *Ramm*, JZ 1963, 48ff. Ihm zufolge ist das Eheverbot der Schwägerschaft als Scheintatbestand obsolet geworden. Gegen ihn auch *Katholnigg*, FamRZ 1964, 124, der freilich das Eheverbot aus dem Eheschutz des Art. 6 I GG rechtfertigen zu können glaubt und bei der Bestimmung der wichtigen Gründe eine vom Text abweichende Auffassung vertritt. Ihm zufolge sollen auch rationale Gründe für das Eheverbot sprechen (Verhinderung von schweren Störungen für die betreffende Ehe und Familie durch Verzerrung des normalen Ehe- und Familiengefüges); die Existenz von Kindern aus der schwägerschaftsvermittelnden Ehe wird primär als „wichtiger Grund" genannt.

[5] Ebenso *Lüke*, NJW 1962, 2179 als Ergebnis einer an den Artt. 2 I und 6 I GG orientierten verfassungsrechtlichen Exegese; *Hoffmann-Stephan*, 24 zu § 4 EheG; *Henrich*, § 5 II 2b; *Staudinger-Dietz*, 45 zu § 4 EheG; MünchKomm-*Müller-Gindullis*, 12 zu § 4 EheG; *Soergel-Donau*, 10 zu § 4 EheG. Vgl. ferner *Dölle*, § 8 B IV. A.A. *Beitzke*, DRZ 1946, 136; BVerwG, FamRZ 1960, 436. OLG Hamm, FamRZ 1963, 248 (250) läßt die Frage offen.

IV. Adoption

1. Annahme als Kind begründet Verwandtschaft und Schwägerschaft im rechtlichen Verstande, sei es nun in einer Weite, die einem biologisch begründeten Eltern-Kind-Verhältnis entspricht (Annahme Minderjähriger sowie Sonderfall der Annahme Volljähriger; vgl. §§ 1754, 1772), sei es auch in starker Verengerung des an sich vorgezeichneten Rahmens (Regelfall der Annahme Volljähriger; vgl. § 1770 I), hier wie dort aber nur für die Zeit bis zu einem etwa erfolgenden actus contrarius, der das Annahmeverhältnis wieder auflöst (vgl. die §§ 1760, 1763 einerseits und die §§ 1771, 1772 S. 2 andererseits). Das Eheverbot wegen einer durch Annahme als Kind begründeten Verwandtschaft und Schwägerschaft im § 7 I EheG ist insofern nichts weiter als die explizit ausgesprochene Folge der Annahme als Kind im Recht der Eheverbote, die sich eigentlich auch ohne besondere Erwähnung im Gesetz von selbst verstanden hätte. Wenn man gleichwohl das Eheverbot der Adoptivverwandtschaft und Adoptivschwägerschaft nicht § 4 EheG integrierte (und damit den Gedanken der Volladoption verletzte), so allein, weil eben doch im Recht der Eheverbote der Annahme als Kind ein minderer Rang zukommt als der biologisch begründeten Kindschaft. In Dispens und Sanktion trennen sich die Eheverbote der §§ 4 und 7 EheG.

2. *Dispens*. Neben der Schwägerschaft erweist sich in § 7 II EheG auch die Verwandtschaft in der Seitenlinie als überwindbares Hindernis. Zwar darf der Annehmende das von ihm angenommene Kind nie heiraten (gelingt es ihm dennoch, ist die Ehe wirksam; das Annahmeverhältnis erlischt; vgl. § 1766). Möglich ist dagegen bereits eine „Geschwisterehe".

3. Der Dispens ist nur zu verweigern, wenn „wichtige Gründe der Eingehung der Ehe entgegenstehen". Der Tatbestand ist damit identisch mit jenem des § 4 III 2 EheG. Identisch sind aber auch alle Problemlagen, die sich aus einem unbestimmten Rechtsbegriff ergeben, den zu präzisieren nur bedingt möglich ist. Sicher ist freilich, daß die Regel des Dispenses hier noch weiter reichen muß als dort: Die moralischen Widerstände, die allein das Eheverbot zu rechtfertigen vermögen, verflüchtigen sich bei künstlicher Verwandtschaft rascher als bei einer biologischen.

V. Doppelehe

Schrifttum: *Schnell,* Die Zulässigkeit von Nichtigkeits- und Restitutionsklagen in Ehesachen, NJW 1947/48, 131; *Grunz,* Die Wirkung der Wiederaufnahme des Ehescheidungsprozesses auf die inzwischen geschlossene neue Ehe, JR 1949, 33; *Rudolph,* Wiedereinsetzung in den vorigen Stand und nachträgliche Doppelehe, JR 1954, 4; *C. Peters,* Wiedereinsetzung, Wiederaufnahme und zwischenzeitlich erworbene Rechte Dritter, MDR 1954, 193; *derselbe,* Bigamie infolge Wiedereinsetzung?, MDR 1959, 533; *Bruns,* Rechtskraft, Wiedereinsetzung und Gestaltungswirkung bei Scheidungsurteilen, JZ 1959, 149; *Zeuner,* Über den Einfluß von Wiedereinsetzung und Wiederaufnahme auf die neue Ehe eines geschiedenen Ehegatten, MDR 1960, 85; *Rüssmann,* Zur Wiederaufnahme eines Ehescheidungsstreites nach Wiederverheiratung eines der früheren Ehepartner, AcP 167 (1967), 410.

1. Die Mehrehe in der Form der Polyandrie ist im abendländischen Kulturkreis nie Wirklichkeit gewesen; die Mehrehe in der Form der Polygamie ist überwundene Vergangenheit. Daß „niemand eine Ehe eingehen darf, bevor seine frühere Ehe für nichtig erklärt oder aufgelöst worden ist" (§ 5 EheG), ist selbstverständlich gewordene rechtliche Ausprägung eines als unantastbar empfundenen kulturellen Besitzes. Das Eheverbot wahrt ihn mit Härte: Es setzt sich auch durch, wenn die Parteien der zweiten Ehe und der Standesbeamte vom Fortbestand der hindernden Ehe schlechthin nichts wissen konnten. Freilich kann das Eheverbot seiner vornehmsten Funktion nicht mehr nachkommen, wenn keine Möglichkeit besteht, ihm Rechnung zu tragen; es wirkt in diesen Fällen nurmehr mit seiner Sanktion.

2. *Sanktion.* Wie kaum ein anderes Eheverbot drängt das der Doppelehe zur Vernichtung der verbotenen Verbindung (§ 20 EheG; vgl. dazu unten § 13 III). Nur einige Fälle der Wiederverheiratung vermeintlich Verwitweter, für die der Vorrang der Erstehe angesichts der besonderen Situation zur Zeit des zweiten Eheschlusses als nicht gerechtfertigt erscheint, sind anders geregelt. Monogamie und Vorrang der Zweitehe vor der Erstehe werden in ihnen durch Auflösung der Erstehe miteinander versöhnt (vgl. dazu unten § 15).

3. Die Rechtsfolge der Nichtigkeit ist im Anschluß an ältere Äußerungen in den letzten Jahren insoweit auf starken Widerstand gestoßen, als die Doppelehe ausschließlich Resultat prozessualer Möglichkeiten ist, die es gestatten, eine an sich rechtskräftige Ehescheidung anzugreifen und damit ein Eheband wiederherzustellen, das im Augenblick des zweiten Eheschlusses gar nicht hindernd eingreifen konnte. Die Problematik ist zweispurig; sie ergibt sich bei der *Wiedereinsetzung in den vorigen Stand* (§ 233 ZPO, Versäumung der Rechtsmittelfrist!); sie verbindet sich ferner mit der *Wiederaufnahme des Verfahrens* im Wege der Nichtigkeits- oder Restitutionsklage (§§ 578ff. ZPO) bei schweren Verfahrensmängeln oder schweren sachlichen Fehlern. Mildernd wirken die zeitlichen Schranken der Rechtsbehelfe, die der Zweitehe Gewähr für ihren Fortbestand nach einem Jahr bei der Wiedereinsetzung in den vorigen Stand (§ 234 III ZPO) und nach fünf Jahren bei der Wiederaufnahme des Verfahrens (§ 586 II 2 ZPO) bieten.

Im Bestreben, die zweite Ehe dem Eheverbot der Doppelehe zu entziehen, hat man vereinzelt eine Wiederaufnahme des Verfahrens nach rechtskräftigem Scheidungsurteil überhaupt abgelehnt, wenn eine neue Ehe geschlossen wurde[1] oder ihr jedenfalls in Analogie zu § 38 II EheG (als Frage der „Wiederverheiratung vermeintlich Geschiedener") im Regelfall jede Auswirkung auf die Zweitehe versagt (die bereits geschiedene Erstehe muß dann als mit dem zweiten Eheschluß erneut aufgelöste Ehe betrachtet werden).[2] Auch Entscheidungen von Fall zu Fall wurden bereits unter Hinweis auf Art. 6 GG für richtig gehalten[2a] oder auf dem Hintergrund allgemeiner Ausführungen zu den Grenzen richterlicher Rechtsgestaltung[3] gefordert. Die herrschende Meinung hat sich allen Bemühungen

---

[1] LG Hagen, SJZ 1946, 67 mit zust. Anm. *Steidle; Ramm,* JZ 1963, 82. Zu dieser Meinungsgruppe müssen heute auch alle gezählt werden, die vor dem 1. EheRG die Wiederaufnahme des Verfahrens nur zum Zweck der Änderung des Schuldspruchs zulassen wollten. Vgl. OLG Hamm, SJZ 1949, 552 (mit irriger Annahme, daß andernfalls eine rechtmäßige Doppelehe entstünde); *Schnell,* NJW 1947/48, 131; RG, JW 1930, 1001 (obiter dictum).

[2] Vgl. *Rüssmann,* AcP 167 (1967), 410ff. (427ff.) und schon früher *Völker,* SJZ 1948, 401 (Analogie, wenn Scheidungsurteil nicht erschlichen und Zweitehe schutzwürdiger).

[2a] Vgl. OLG Frankfurt, FamRZ 1978, 922 (intakte Zweitehe schutzwürdiger).

[3] *C. Peters,* MDR 1954, 193 und 1959, 533; vgl. auch *Rudolph,* JR 1954, 4.

zugunsten der Zweitehe zu Recht widersetzt:[4] Mit letzter Überzeugungskraft ist der Rechtsordnung nicht zu entnehmen, daß sie die Zweitehe beschränkt oder ganz der Gefährdung durch prozessuale Möglichkeiten zugunsten der Erstehe entziehen will. Das gilt auch dann, wenn der Wiederaufnahmekläger die Zweitehe einging. Sein Verhalten ist in diesem Fall keineswegs immer als rechtsmißbräuchlich zu qualifizieren. Schließlich kann er auch in seiner besonderen Situation immer noch plausible Gründe für einen Vorzug der Erstehe haben.[5]

Seinen Sinn verliert der Vorrang der Erstehe jedoch, wenn Wiedereinsetzung in den vorigen Stand gewährt werden mußte oder die Wiederaufnahme des Verfahrens zur erneuten Verhandlung führte, die Scheidung der Erstehe jedoch abermals auszusprechen war. Wenn der BGH[6] und Teile des Schrifttums[7] die Zweitehe auch hier als verbotene Doppelehe bezeichnen, wird nichts gewahrt, es sei denn ein substanzlos gewordenes formales Denken. Jenseits der Frage, ob das Prozeßrecht in diesem Fall überhaupt eine vorübergehende Wiederherstellung des erstehelichen Bandes erzwingt,[8] sollte das Eherecht die Zweitehe jedenfalls nicht preisgeben und den Ehegatten der Zweitehe nicht die Möglichkeit eröffnen, ihre Ehe widerstandslos zu beenden.[9] Das EheG kennt eine vorübergehende doppelte (oder gar mehrfache) eheliche Bindung: Eine Ehe, die das Eheverbot des § 5 EheG verletzt, ist immerhin nichtige (= vernichtbare) Ehe, also zunächst wirksame Ehe, die bis zum Augenblick ihrer Vernichtung neben der das Eheverbot begründenden Ehe besteht. Das EheG kennt ferner eine dem § 5 EheG zuwider geschlossene Ehe, die von Bestand bleibt: Ist auch die hindernde Ehe nichtige Ehe, so fällt das zunächst bestehende Eheverbot für die Zweitehe rückwirkend weg, wenn die Erstehe vernichtet wird. Trotz allen Widerwillens ertragen wir demnach bigamische Verbindungen als Folge eines von der Rechtsordnung für die Beendigung nichtiger Ehen eingeschlagenen Weges. Eine teleologische Auslegung der §§ 5 und 20 EheG sollte dann aber auch die Nichtigkeit jener Ehen vermeiden, die nur durch die (zufällige und umstrittene) Rückwirkung eines prozessualen Aktes zu einer alsbald mit der Erstehe nicht mehr konkurrierenden bigamischen Verbindung werden.[10]

4. Wenn das Eheverbot der Doppelehe das Prinzip der Einehe sichert, kann es sinngemäß nicht gelten, wenn Ehegatten Zweifel an der Gültigkeit oder an dem Fortbestand ihrer Ehe haben und deshalb ihre Eheschließung wiederholen möchten. Das ist selbstverständlich und doch vom Gesetzgeber ausdrücklich bestätigt worden (§ 13 der 1. DVO EheG bzw. § 13 AVO EheG [BZ]). Eine Wiederholung der Eheschließung aus anderen Gründen ist dagegen (weil auch subjektiv nicht der Bestandssicherung dienend) unzulässig.[11]

---

[4] Vgl. RGZ 171, 39; BGHZ 8, 284; BGH, JZ 1959, 172; *Kipp-Wolff*, § 11 II (mit Hinweisen auf das ältere Schrifttum); *Beitzke*, § 10 II 2a und SJZ 1949, 553; *Palandt-Diederichsen*, 2 zu § 5 EheG; *Erman-Hefermehl*, 4 zu § 5 EheG; *v. Godin*, 3b zu § 5 EheG; *Bruns*, JZ 1959, 149; *Rosenberg*, DRZ 1949, 449; *Grunz*, JR 1949, 33; *Zeuner*, MDR 1960, 85; *Hoffmann-Stephan*, 16 zu § 5 EheG; *Dölle*, § 9 II 6a; *Staudinger-Dietz*, 32 zu § 20 EheG; MünchKomm-*Müller-Gindullis*, 6 zu § 5 EheG; *Soergel-Donau*, 4 zu § 5 EheG.

[5] Vgl. *Stein-Jonas-Grunsky*, I 2 zu § 578 ZPO. Vgl. auch *Rüssmann*, AcP 167 (1967), 430f.

[6] JZ 1959, 172.

[7] Vgl. *Hoffmann-Stephan*, 17ff. zu § 5 EheG; *Dölle*, § 9 II 6b.

[8] Vgl. dazu *Beitzke*, SJZ 1949, 556; *Zeuner*, MDR 1960, 85; *Stein-Jonas-Grunsky*, I 2 zu § 578 ZPO.

[9] Ein Beispiel bietet die Entscheidung OLG Schleswig, FamRZ 1956, 56.

[10] Im Ergebnis ebenso *Palandt-Diederichsen*, 2 zu § 5 EheG; *Erman-Hefermehl*, 5 zu § 5 EheG; *Staudinger-Dietz*, 30ff. zu § 20 EheG; MünchKomm-*Müller-Gindullis*, 9 zu § 5 EheG; *Soergel-Donau*, 4 zu § 5 EheG.

[11] Vgl. LG Karlsruhe, FamRZ 1959, 117.

VI. Wartezeit

Schrifttum: *Scholl,* Das Eheverbot der Wartezeit, Diss. iur. Bonn, 1971.

1. *Ziel des Verbotes.* Als geschlechtsbezogene, aber Art. 3 GG nicht verletzende Norm verbietet § 8 EheG einer Frau den Eheschluß vor Ablauf von 10 Monaten nach Auflösung oder Vernichtung einer früheren Ehe, falls sie nicht inzwischen geboren hat (wobei auch Fehlgeburten zu bedenken sind). Er will Garant einer der wahren Abstammung entsprechenden Zuordnung eines etwa vorhandenen nasciturus zum Vater sein (vgl. dazu §§ 1593, 1600), erreicht sie bei strikter Durchführung jedoch nur, wenn die Frau die erste Ehe nicht gebrochen hat und nicht alsbald sexuelle Beziehungen zu ihrem neuen Verlobten aufnahm. Andernfalls werden im Ehebruch erzeugte Kinder fehlerhaft dem betrogenen Ehemann zugeordnet (§ 1593) und Kinder, die unmittelbar nach Beendigung der ersten Ehe erzeugt wurden, zunächst – und wenn die Eheschließung nach Ablauf der Wartezeit unterbleibt, sogar endgültig – dem Nichtehelichenrecht ausgeliefert. Nur Entscheidungen von Fall zu Fall, abgestellt jeweils auf den Erzeuger des Kindes, können das Ziel des Eheverbotes garantieren; ein Ehehindernis darf letztlich nur bestehen, wenn die Frau vom ersten Ehemann schwanger ist.

2. Mit dem Ehehindernis ist damit zugleich die Möglichkeit einer *Befreiung* impliziert. Sie ist notwendig ferner für die gar nicht schwangere Frau. Zuständig ist der mit dem Aufgebot befaßte Standesbeamte oder, wenn die Ehe ohne Aufgebot geschlossen werden kann, der Standesbeamte, vor dem die Ehe geschlossen werden soll (vgl. §§ 8 II EheG, 7a PStG). Der Dispens ist nur zu versagen, wenn dem Standesbeamten bekannt ist, daß die Frau von ihrem früheren Mann schwanger ist (§ 14 PStG AVO). Das Eheverbot wird damit im wesentlichen abhängig von den Versicherungen der Verlobten und des ersten Mannes.

Die praktische Bedeutung des Eheverbotes ist im Endeffekt gering (bei den Standesämtern Bonn, Hamburg und München wurde in 1765 Fällen nur einmal der Dispens verweigert[1]), seine Beseitigung jederzeit ohne Schaden möglich.[2] Auch ohne Eheverbot wird in aller Regel der zweite Eheschluß vor der Geburt des Kindes unterbleiben, wenn die Frau von ihrem ersten Ehemann schwanger ist. Wollen die Verlobten aber bewußt ein Kind des ersten Ehemannes als ihr eheliches Kind zur Welt kommen lassen, werden sie von § 8 EheG allenfalls in Ausnahmefällen gehindert. Einer Täuschung des Standesbeamten ist der Erfolg fast sicher; Intimvorgänge sind nun einmal nur durch die Beteiligten zu beweisen.

3. Nicht notwendig ist ein Dispens, wenn die Frau ihren früheren Ehemann

---

[1] Vgl. *Scholl,* StAZ 1973, 154.

[2] Die Beseitigung ist schon vielfach gefordert worden. Vgl. für die jüngere Zeit *Dölle,* § 11 A VI; MünchKomm-*Müller-Gindullis,* 6 zu § 8 EheG; *Beitzke,* § 10 II 2c. Für die Beibehaltung dagegen *Hoffmann-Stephan,* 5 zu § 8 EheG.

erneut heiraten will. Nur formales juristisches Denken kann auch in diesem Fall das Eheverbot der Wartezeit anerkennen.[3] Der Normzweck fordert dagegen die Beseitigung: Ist die Frau von ihrem früheren Ehemann schwanger, wird das Kind von § 1593 richtig zugeordnet. Ist Vater des Kindes dagegen ein anderer Mann, so kommt zwar das an sich nichteheliche Kind als eheliches zur Welt, doch liegt dieser Fehler durchaus innerhalb der vom Eheverbot tolerierten rechtlichen Verfälschung von Blutsbeziehungen; nicht umsonst wird der Eheschluß einer ledigen (möglicherweise auch von einem Dritten schwangeren) Verlobten nie behindert.

VII. Auseinandersetzungszeugnis

Schrifttum: *J. Wagner,* Das fehlende Auseinandersetzungszeugnis als Ehehindernis, StAZ 1955, 163.

1. *Ziel des Eheverbotes.* Mit (selten wirklich begründetem) Mißtrauen begegnet das BGB Elternteilen, die eine Ehe eingehen wollen, wenn sie Vermögen von Kindern verwalten. Die im Regelfall mit der Eheschließung verbundenen (tatsächlichen oder auch rechtlichen) Bewegungen der Vermögensmassen in den Händen der Ehegatten scheinen ihm eine Sicherung der Kinder zu fordern. Deshalb verlangen die §§ 1683, 1705, 1845 und 1915 von allen (ehelichen und nichtehelichen) Elternteilen, die Vermögen von Kindern kraft elterlicher Sorge, Vormundschaft oder Pflegschaft verwalten, daß sie ihre Absicht, eine Ehe einzugehen, dem Vormundschaftsgericht anzeigen, ein Verzeichnis des verwalteten Vermögens einreichen und eine etwa bestehende Vermögensgemeinschaft (insbesondere eine Erbengemeinschaft) auseinandersetzen, soweit eine Auseinandersetzung nach den Regeln des im Einzelfall bestehenden Gemeinschaftsverhältnisses überhaupt möglich ist. Miterbengemeinschaften sind etwa nicht auseinanderzusetzen, wenn der Erblasser in letztwilliger Verfügung die Auseinandersetzung ausgeschlossen hat (§ 2044).[1] Die Zweitehe kann freilich (muß es aber nicht) ein wichtiger Grund sein, der einen Aufhebungsanspruch begründet (§§ 2044 I, 749 II).

Mißtrauisch steht das BGB auch allen überlebenden Ehegatten gegenüber, die erneut heiraten wollen, solange sie mit minderjährigen oder bevormundeten Abkömmlingen in fortgesetzter Gütergemeinschaft leben. § 1493 II unterwirft

---

[3] Ebenso *Bosch,* FamRZ 1960, 498; *Dölle,* § 11 A III 2; *Göppinger,* FamRZ 1965, 12; *Hoffmann-Stephan,* 7 zu § 8 EheG; *Staudinger-Dietz,* 14 zu § 8 EheG; MünchKomm-*Müller-Gindullis,* 5 zu § 8 EheG; *Soergel-Donau,* 2 zu § 8 EheG; *Erman-Hefermehl,* 2 zu § 8 EheG. A. A. *Palandt-Diederichsen,* 2 zu § 8 EheG (unter Berufung auf eine insoweit gewiß nicht bestehende h. M.); *v. Godin,* 1 zu § 8 EheG.

[1] Sehr bestr. Wie der Text im Ergebnis *Staudinger-Engler,* 24 zu § 1683; MünchKomm-*Hinz,* 8 zu § 1683. Für Auseinandersetzung in jedem Fall (unter Berufung auf den Vorrang des § 1683, der mit einer petitio principii postuliert wird) dagegen BayObLGZ 1967, 230 (235f.); *Erman-Ronke,* 6 zu § 1683; *Soergel-Lange,* 3 zu § 1683; *Palandt-Diederichsen,* 2 zu § 1683. Vgl. auch *Dölle,* § 94 VI 2 (Wiederverheiratung immer wichtiger Grund mit Zwang zur Auseinandersetzung).

sie einer Pflicht zur Anzeige der Heiratsabsicht sowie zur Inventarisierung und Auseinandersetzung des Gesamtgutes.

2. Die Pflichterfüllung zu sichern, ist Aufgabe des § 9 EheG.[2] Um den Standesbeamten nicht mit tatsächlichen Vermögenskontrollen zu belasten, gilt er auch, wenn im Einzelfall das Recht zur Vermögensverwaltung mangels eines Vermögens des Kindes gegenstandslos ist. Folgerichtig wird das Eheverbot daher auch nicht nur überwunden durch ein Zeugnis des Vormundschaftsgerichtes, das Pflichterfüllung bescheinigt, sondern auch durch ein Negativattest. Es wird überwunden ferner durch eine Entscheidung des Vormundschaftsgerichtes, die eine an sich gebotene Auseinandersetzung (nie die Inventarisierung!) erst nach dem Eheschluß vorzunehmen gestattet (§§ 1493 II 2; 1683 II). Soweit die Vermögensinteressen des Kindes nicht entgegenstehen, kann schließlich das Gericht total oder partiell überhaupt Dispens vom Gebot gewähren (§ 1683 III).

3. Keine Bedenken bestehen gegen einen Dispens mit dem Ziel des Fortbestands einer OHG und einer KG, die Elternteil und Kind miteinander verbindet.[3] Die Liquidation der Gesellschaft wird das Kind in aller Regel schädigen; ausreichenden Schutz gewährleisten bereits die handelsrechtlichen Vorschriften (vgl. §§ 38ff. HGB).

In aller Regel sollte ein Dispens auch gewährt werden zur Erhaltung einer Bruchteilsgemeinschaft an einem einzelnen Gegenstand (Grundstück). Die Intensität der Vermögensgemeinschaft ist hier gering und die Auseinandersetzung dem Kind meist nachteilig.[4]

VIII. Ehefähigkeitszeugnis

Schrifttum: *Neumayer,* Ehescheidung und Wiedererlangung der Ehefähigkeit, RabelsZ 1955, 66; *Beyer,* Betrachtungen über die Befreiung von der Beibringung des ausländischen Ehefähigkeitszeugnisses, StAZ 1957, 29; *Dehner,* Die Bereitschaft zur Trauung von Ausländern und ihre Probleme, NJW 1963, 2309; *Lüderitz,* Ehen mit Gastarbeitern aus Mittelmeerstaaten, FamRZ 1966, 285; *Arndt,* Erfahrungen eines Oberlandesgerichtspräsidenten bei der Erteilung der Befreiung vom Ehefähigkeitszeugnis, StAZ 1971, 243.

1. Ausländer[1] unterliegen dem deutschen Recht der Ehefähigkeit und der Eheverbote nicht. Art. 13 I EGBGB verweist mit wenigen durch renvoi entstehen-

---

[2] § 9 EheG gilt auch, wenn das Kind oder der Abkömmling nicht die deutsche Staatsangehörigkeit hat oder ständig in der DDR lebt. Vgl. KG, FamRZ 1961, 477; *Dölle,* § 11 B I 1 a; *Hoffmann-Stephan,* 25 zu § 9 EheG; *Staudinger-Dietz,* 48 und 53 zu § 9 EheG.

[3] Schon vor dem EltSorgRG (das den Dispens ermöglichte) war in Rspr. und Schrifttum die Tendenz erkennbar, Handelsgesellschaften zu erhalten. Vgl. dazu LG Nürnberg-Fürth, FamRZ 1961, 376. Das Gericht verneint aber (mit Zust. von *Erman-Ronke,* 4 zu § 1683; *Soergel-Lange,* 3 zu § 1683) – sicher verfehlt – bereits die Existenz einer Vermögensgemeinschaft. Vgl. ferner *Staudinger-Dietz,* 38 zu § 9 EheG; MünchKomm-*Hinz,* 6 zu § 1683.

[4] Vgl. dazu (aus der Zeit vor dem EltSorgRG) BayObLG, FamRZ 1965, 563 (mit unglücklicher Mischung teleologischer und begrifflicher Argumente); 1974, 34 (37); *Erman-Ronke,* 5 zu § 1683; MünchKomm-*Hinz,* 6 zu § 1683; *Soergel-Lange,* 3 zu § 1683.

[1] Vgl. § 15 der 1. DVO EheG bzw. § 14 AVO EheG (BZ) und § 11 PStG AVO. Zu den verschiedenen Personengruppen vgl. *Staudinger-Dietz,* 17ff. zu § 10 EheG.

den Ausnahmen (Art. 27 EGBGB) auf ihr Heimatrecht und nötigt den Standesbeamten damit zur Anwendung von Rechtsordnungen, die ihm in der Regel nicht geläufig sind. Deshalb sollen Ausländer ein Zeugnis der inneren Behörde ihres Heimatlandes vorlegen, das bestätigt, daß der Eheschließung ein in den Gesetzen des Heimatlandes begründetes Ehehindernis nicht entgegensteht (§ 10 EheG). Ein derartiges Zeugnis bindet den Standesbeamten nicht, hat aber die Vermutung der Richtigkeit für sich. Glaubt der Standesbeamte dem Zeugnis zuwider ein Ehehindernis feststellen zu können, entscheidet auf Antrag des Verlobten das Amtsgericht (§§ 45, 50 PStG).

2. Es gibt Staaten, die ihren Staatsangehörigen lediglich diplomatische oder konsularische Zeugnisse aushändigen. Diese werden § 10 EheG nur dann gerecht, wenn sie ihrerseits auf einen Bescheid der inneren zuständigen Behörde des fremden Staates zurückführen. Im übrigen können sie nur beim Dispens vom Eheverbot Berücksichtigung finden. Gegen die Gefahr, Zeugnisse unbefugter innerer Behörden anzuerkennen, sichert § 5a PStG; soweit nicht durch Staatsvertrag anderes vereinbart ist, muß das Ehefähigkeitszeugnis mit einer Bescheinigung des zuständigen deutschen Konsuls versehen sein, die die Befugnis der ausstellenden Behörde bestätigt.

3. *Dispens.* Daß § 10 EheG nicht strikt durchgeführt werden kann, ist selbstverständlich. Die Mehrzahl aller Staaten steht Ehefähigkeitszeugnissen überhaupt ablehnend gegenüber; andere erteilen Zeugnisse, die ihre Aufgabe nicht erfüllen und deshalb nicht verwertet werden können;[2] Staatenlose können § 10 I EheG fast nie gerecht werden. Der nach § 10 II EheG mögliche (in der Praxis vorherrschende) auf sechs Monate befristete Dispens hat jedoch keinerlei kollisionsrechtliche Bedeutung (das deutsche Recht bleibt unanwendbar; nur die Funktion der inneren Behörde des Heimatlandes wird von dem über den Antrag auf Befreiung entscheidenden Oberlandesgerichtspräsidenten[3] übernommen[4]) und keine Wirkung im materiellen Recht (Eheverbote, die übersehen wurden, bleiben bestehen; von dispensablen Eheverboten kann der OLGPräsident nicht dispensieren[5]). Der Dispens ist deshalb auch nicht Gnadenakt, der auf Grund von Billigkeitserwägungen gewährt oder auch versagt werden kann, sondern eine Justizverwaltungsentscheidung, die ergehen *muß,* wenn der Ausländer ein § 10 I EheG entsprechendes Zeugnis schlechthin nicht vorlegen kann oder (besondere Fälle; vgl.

---

[2] Zur Situation in den einzelnen Staaten vgl. *Staudinger-Dietz,* 47ff. zu § 10 EheG.

[3] Da er als Justizverwaltungsbehörde tätig wird, kann sein Bescheid beim Zivilsenat des OLG angefochten werden nach §§ 179 VwGO, 23ff. EGGVG.

[4] Auch der Standesbeamte ist wie nach einem Ehefähigkeitszeugnis so auch nach einem Dispens nicht gehindert, ein Ehehindernis festzustellen. Vgl. BGHZ 46, 87 (93); *Hoffmann-Stephan,* 25 zu § 10 EheG; *Dölle,* § 13 I 3e; *Erman-Hefermehl,* 3a zu § 10 EheG; MünchKomm-*Müller-Gindullis,* 10 zu § 10 EheG; *Palandt-Diederichsen,* 3 zu § 10 EheG; *Soergel-Donau,* 19 zu § 10 EheG. A. A. jedoch *Arndt,* StAZ 1971, 245ff.

[5] Vgl. dazu OLG Hamm, FamRZ 1969, 336.

§ 10 II 2 EheG) ihm die Vorlage nicht zuzumuten ist (ungebührliche Verzögerung; Gefahr des Todes eines Verlobten) und nach den Gesetzen des Heimatlandes begründete Ehehindernisse (einschließlich der sanktionslosen[6]) nicht festzustellen sind[7] oder aber mit dem deutschen ordre public nicht zu vereinbaren sind.[8] Der deutsche ordre public kann sich dabei gegen die Beachtung bestimmter Ehehindernisse in jedem Fall richten, aber auch nur gegen ihre Beachtung im Einzelfall, insoweit freilich nur, wenn die Verweigerung des Dispenses ein übermäßiger Eingriff in das Grundrecht der Verlobten aus Art. 6 I GG (Eheschließungsfreiheit) sein würde (BVerfGE 31, 58).

Die Gefahren einer allzu forcierten Berufung auf das Grundrecht der Eheschließungsfreiheit sind freilich evident. Es kann sich nicht darum handeln, unter Berufung auf das GG den Art. 13 EGBGB grundsätzlich in Frage zu stellen. Notwendig wird stets eine starke Inlandsbeziehung des Einzelfalles sein, zu der stets die Absicht der Verlobten gehören sollte, dauerhaft in Deutschland zu leben. Der mit der Mißachtung des fremden Rechtes verbundene Nachteil einer „hinkenden Ehe", die der fremde Staat nicht anerkennt (und die zu verhindern gerade Aufgabe des Art. 13 EGBGB ist[9]), kann in diesem Fall eher in Kauf genommen werden.

4. Die Darstellung der in Theorie und Praxis überreich diskutierten Einzelfragen ist dem IPR zu überlassen. Als Beispiel für einen Streit um die generelle Vereinbarkeit eines fremden Eheverbots mit dem deutschen ordre public kann das von manchen fremden Rechtsordnungen postulierte Eheverbot der Religionsverschiedenheit genannt werden. Die Meinungen in Rspr. und Schrifttum sind geteilt;[10] der BGH hat sich gegen die Beachtung des Eheverbotes ausgespro-

---

[6] Vgl. BGHZ 56, 180 (183f.).

[7] Fremde Ehehindernisse können im Einzelfall durch einen Sachverhalt begründet werden, den nur das deutsche Recht als tatbestandsausfüllend anerkennt. Vgl. KG, FamRZ 1973, 353 (Verbot der Doppelehe, wenn lediglich das deutsche Recht die Erstehe anerkennt).

[8] Eine ältere Auffassung, die dem entscheidenden OLGPräsidenten das Recht einräumte, den Dispens zum Schutz deutscher Verlobter aus anderen Gründen zu verweigern, kann heute (nach der die h. L. bestätigenden Entscheidung BGHZ 56, 180, 184) als überholt gelten. Unzulässig ist es auch, den Dispens von Sicherungen des deutschen Verlobten (islamische Rechte!) abhängig zu machen (daß eine entsprechende Beratung stattfinden kann, ist selbstverständlich). Vgl. *Hoffmann-Stephan,* 30 zu § 10 EheG; *Dölle,* § 13 II 2; *Staudinger-Dietz,* 163ff. zu § 10 EheG; *Soergel-Donau,* 21 zu § 10 EheG; MünchKomm-*Müller-Gindullis,* 13 zu § 10 EheG.

[9] „Hinkende Ehen" sind freilich auch sonst nicht immer zu vermeiden. Sie entstehen insbes., wenn fremde Staaten eine nach den Formvorschriften des deutschen Rechts abgeschlossene Ehe nicht anerkennen (Staaten mit obligatorischer Kirchenehe). Da für die Form der Eheschließung (vorbehaltlich des § 15a EheG) stets deutsches Recht maßgebend ist (Art. 13 III EGBGB), darf in diesen Fällen der Dispens vom Ehefähigkeitszeugnis auch nicht von der Vorlage einer Bereitschaftserklärung des zuständigen Geistlichen für die kirchliche Trauung unmittelbar nach der Ziviltrauung abhängig gemacht werden. Vgl. KG, FamRZ 1961, 480; *Wengler,* NJW 1962, 347; *Dölle,* § 13 II 2; *Staudinger-Dietz,* 157 und 161 zu § 10 EheG; *Soergel-Donau,* 20 zu § 10 EheG; *Erman-Hefermehl,* 11 zu § 10 EheG; *Palandt-Diederichsen,* 3 zu § 10 EheG. A. A. dagegen OLG Celle, NJW 1962, 1160; *Dehner,* NJW 1963, 2309; *Hoffmann-Stephan,* 33 zu § 10 EheG (mit Ausnahmen).

[10] Vgl. OLG München, FamRZ 1970, 656 (Eheverbot nicht anzuerkennen); OLG Hamm, FamRZ

chen, falls der Verlobte des vom Eheverbot betroffenen Ausländers Deutscher ist (BGHZ 56, 180 [186ff.]).

Im Spannungsfeld zwischen dem Grundrecht aus Art. 6 I GG und Ehehindernissen fremder Rechtsordnungen ist vornehmlich das (in genereller Sicht gewiß unangreifbare) Verbot der Doppelehe Gegenstand der Auseinandersetzung, und zwar für jene Fälle, in denen deutsche Scheidungsurteile im Ausland keine Anerkennung finden. Das BVerfG hat etwa einem ledigen Spanier die Ehe mit einer deutschen geschiedenen Frau ermöglicht (BVerfGE 31, 58)[11] und der BGH einem in Deutschland geschiedenen Spanier die Ehe mit einer ledigen deutschen Frau (NJW 1972, 1619) sowie einer in Deutschland geschiedenen Spanierin die Ehe mit einem ebenfalls in Deutschland geschiedenen Jugoslawen (NJW 1977, 1014). Unverkennbar ist die Tendenz, den grundsätzlichen Geltungsanspruch des fremden Rechts dann nicht im Einzelfall zu leugnen, wenn die Anerkennung des deutschen Urteils im Ausland noch möglich ist[12] oder doch der Scheidung nach deutschem Recht eine weitere nach fremdem Recht folgen kann.[13] Sicher unangreifbar sollte das Eheverbot der Doppelehe schließlich sein, wenn der Ausländer nach eigenem Recht nicht geschieden werden kann, aber auch nach deutschem Recht nicht geschieden wurde.[14]

§ 11. Der Eheschluß*

I. Der Grundsatz der obligatorischen Zivilehe

Schrifttum: *Conrad,* Die Grundlegung der modernen Zivilehe durch die französische Revolution, ZRG GermAbt 67 (1950), 336; *ders.*, Das Tridentinische Konzil und die Entwicklung des kirchlichen und weltlichen Eherechtes, in: Das Weltkonzil von Trient, hrsg. von *Schreiber,* Bd. I, 1951; *Bosch,* Familienrechtsreform, 1952; Weltliche und kirchliche Eheschließung, Beiträge zur Frage des Eheschließungsrechts, hrsg. von *Dombois* und *Schumann,* 1953; *Conrad,* Grundprobleme einer Reform des Familienrechts, AfFNRW, Geisteswissenschaften, Sonderdruck zu Heft 12 (1953); *Mörsdorf,* Der hohe Preis der zivilen Ehe, FamRZ 1954, 123; *Bosch,* Neue Rechtsordnung in Ehe und Familie, 1954; Familienrechtsreform, hrsg. von *Dombois* und *Schumann,* 1955; *Dürig,* Die Verfassungswidrigkeit des § 67 des Personenstandsgesetzes, FamRZ 1955, 337; *Neuhaus,* Staatliche und kirchliche Eheschließung in rechtsvergleichender Sicht, FamRZ 1955, 305; *Conrad,* Zur Einführung der Zwangszivilehe

---

1971, 26 (Eheverbot anzuerkennen). Schrifttumshinweise bei *Staudinger-Dietz,* 149 zu § 10 EheG (selbst gegen die Anerkennung).

[11] Es beendete damit eine gegenläufige Rspr. des BGH. Vgl. BGHZ 41, 136; 46, 87. Im Anschluß an das Urteil entstand eine umfängliche Debatte im Schrifttum. Vgl. zu ihr *Müller-Freienfels,* „Spanierheiraten" Geschiedener im Meinungsstreit, Festschrift Kegel, 1977, S. 55.

[12] Vgl. OLG Hamm, FamRZ 1972, 140 und OLG Karlsruhe, FamRZ 1972, 507 (Italiener). Vgl. auch OLG Hamm, FamRZ 1974, 457.

[13] Vgl. OLG Hamm, FamRZ 1974, 26 (irakischer Staatsangehöriger).

[14] Vgl. OLG Karlsruhe, FamRZ 1973, 97 (Portugiese).

* Wegen des wachsenden zeitlichen Abstandes werden die Sonderformen der Eheschließung zwischen 1933 und 1950 nicht dargestellt. Vgl. zu ihnen *Staudinger-Dietz,* 97ff. zu § 11 EheG.

in Preußen und im Reich (1874/75), Festschrift Lehmann, 1956, Bd. I, S. 113; *Woopen,* Die Zivilehe und der Grundsatz der Unauflöslichkeit der Ehe in der Entwicklung des italienischen Zivilrechts, AfFNRW, Geisteswissenschaften Heft 57 (1956); *Asmussen,* Eheschließung und Trauung nach Theologie und staatlichem Gesetz, FamRZ 1956, 141; *Scheyhing,* Zur Verfassungsmäßigkeit des § 67 des Personenstandsgesetzes, FamRZ 1957, 4; *H. J. Becker,* Nochmals: Die Verfassungswidrigkeit des § 67 des Personenstandsgesetzes, FamRZ 1957, 40; *Küchenhoff,* Besonderer staatlicher Schutz von Ehe und Familie und zeitlicher Vorrang der standesamtlichen Eheschließung, ZStaatsw. 113 (1957), 324; *Krauss,* Zwangszivilehe und Bonner Grundgesetz, FamRZ 1958, 259; *Siegfried,* Die Eheschließung vor nichtstaatlichen Stellen im System der fakultativen Zivilehe, 1958; *Hübner,* Eheschließung und allgemeine Wirkungen der Ehe als dogmatisches Problem, FamRZ 1962, 1; *Neuhaus,* Zur Reform des deutschen formellen Eheschließungsrechts, FamRZ 1972, 59; *Schwind,* Die Ehe im Spannungsfeld zwischen zwingendem und nachgiebigem Recht, RabelsZ 37 (1973), 217; *Dombois,* Kirche und Eherecht, 1974; *Böhmer,* Die Neuregelung des Eheschließungsrechts, StAZ 1975, 5.

1. *Förmlicher Eheschluß.* Auf dem europäischen Kontinent ist heute der Gedanke an einen Eheschluß durch formfreies Rechtsgeschäft endgültig überholt. Als das kanonische Recht in dem Decretum Tametsi 1563 (Trid. sess XXIV c. 1 de reform. matrim.) dem formfreien Konsens der Brautleute ein Ende setzte, vollzog sich nicht nur innerhalb der Kirche eine Wandlung.[1] Kontinentaleuropa hat seit jener Zeit den förmlichen Eheschluß als unverlierbaren Bestandteil auch der staatlichen Rechtsordnungen betrachtet.[2]

Nicht weniger selbstverständlich ist heute die Überzeugung, daß der Eheschluß an die *Mitwirkung eines staatlichen oder kirchlichen Organs* zu binden ist, weil nur so die Würde der Ehe sicher gewahrt wird und volle Klarheit in den Personenstandsverhältnissen zu erreichen ist. Soweit das mitwirkende Organ vom Staat gestellt wird, liegt eine Zivilehe vor.

Unbeschadet der Möglichkeit von Mischformen ergeben sich im Spannungsfeld von Kirche und Staat insgesamt vier Grundlösungen. Lehnt das staatliche Recht die Zivilehe überhaupt ab, so folgt es dem *Grundsatz der obligatorischen Kirchenehe.* Gesteht es umgekehrt kirchlichen Organen keine Kompetenz zu, so verwirklicht es den *Grundsatz der obligatorischen Zivilehe.* Können die Verlobten nach ihrer Wahl vor einem Geistlichen oder vor einem staatlichen Organ heiraten, so herrscht die *fakultative Zivilehe.* Wird schließlich der Kirchenehe der Vorrang eingeräumt, die Zivilehe aber subsidiär eingesetzt, so gilt der *Grundsatz der Notzivilehe,* der entweder relativ (die Zivilehe gilt für alle Personen, die sich nicht zu einer Religionsgemeinschaft mit eigenem Trauungsrecht bekennen) oder absolut (die Zivilehe gilt nur für Personen, denen eine kirchliche Trauung versagt wird, obwohl das staatliche Recht den Eheschluß nicht verbietet) durchgeführt werden kann.

---

[1] Da nach der Schlußklausel des Dekrets die Neuregelung nur gelten sollte, wo sie verkündet worden war, diese Verkündung aber nicht überall vorgenommen wurde, gab es auch noch nach 1563 Gebiete mit vortridentinischem Eherecht. Der Unterschied zwischen tridentinischen und nichttridentinischen Orten wurde endgültig erst 1906/07 beseitigt.

[2] Zweifelnd an der Berechtigung der Formerfordernisse *Schwind,* RabelsZ 37 (1973), 217, 220ff.

2. *Obligatorische Zivilehe.* Die moderne Zivilehe kann als Protest gegen die mittelalterliche obligatorische Kirchenehe bis in das 16. Jahrhundert zurückverfolgt werden;[3] entscheidend für ihren Erfolg war ihre Einführung in Frankreich durch die Revolutionsgesetzgebung. Deutschland folgte dem französischen Vorbild zunächst auf Landesebene (Frankfurt/Main 1850, Baden 1869, Preußen 1874); das Bismarckreich führte die obligatorische Zivilehe im Reichsgesetz über die Beurkundung des Personenstandes und die Eheschließung vom 6. 2. 1875 inmitten des „Kulturkampfes" ein und belastete damit das Institut mit dem Odium einer zweifelhaften Geburt.

Seit 1875 ist der Grundsatz der obligatorischen Zivilehe ungebrochen Bestandteil des deutschen Rechtes geblieben. Träger des Grundsatzes ist heute § 11 EheG; bürgerliche Ehe ist nur eine Ehe, die vor einem Standesbeamten begründet wurde. Ungebrochen hat sich aber auch bis heute der (freilich nur theoretische) Widerstand im Katholizismus erhalten, während die Protestanten mit ihrer grundsätzlich anderen Eheauffassung der obligatorischen Zivilehe unbefangener gegenüberstehen.[4] *Unter Hinweis auf Art. 4 GG wird zuweilen sogar die Verfassungswidrigkeit des § 11 EheG behauptet,* weil die Ehe für den katholischen Christen ein Sakrament darstelle, das nur in und mit der Kirche möglich sei, so daß jeder Zwang zum Standesbeamten die Freiheit des Glaubens und des Gewissens verletze.[5] Da der Staat indessen ausschließlich Aussagen über die Ehe im staatlichen Bereich macht, die kirchliche Ehe aber gar nicht berührt (vgl. auch § 1588), ergibt sich bei klarer Trennung des staatlichen und des kirchlichen Bereiches *kein Eingriff in ein Grundrecht.*[6] Der Einwand, daß dem Katholiken eine solche Trennung unmöglich sei, weil es für ihn nur *eine* Ehe gebe,[7] übersieht, daß es jederzeit möglich ist, dem Begriff Ehe im staatlichen und im kirchlichen Bereich verschiedene Inhalte zuzuweisen.

Verstößt der Grundsatz der obligatorischen Zivilehe nicht gegen das GG, so ist er umgekehrt auch nicht durch das GG gewährleistet. Der Hinweis auf Art. 6 GG[8] hat keine Überzeugungskraft; auch ein konfessionsneutraler Staat mit einer konfessionell nicht homogenen Bevölkerung kann Ehe und Familie den ihnen

---

[3] 1580 wurde die Zivilehe in den Niederlanden für die Provinzen Holland und Westfriesland eingeführt. England kannte sie von 1653–1660. Frankreich schuf sie 1787 für die Protestanten.

[4] Weiterführende Hinweise zur protestantischen Eheauffassung bei *Hoffmann-Stephan,* 12ff. vor § 11 EheG.

[5] *Bosch,* Familienrechtsreform, S. 23f. und Neue Rechtsordnung in Ehe und Familie, S. 40ff.; *Mörsdorf,* FamRZ 1954, 124.

[6] Ebenso *Beitzke,* § 7 I 1 mit Hinweis auch auf Art. 140 GG; *Giese,* FamRZ 1954, 133; *Peters,* VVDStRL 11 (1954), 210; *Soergel-Donau,* 6f. vor § 11 EheG; MünchKomm-*Müller-Gindullis,* 4 zu § 11 EheG; *Dölle,* § 16 III 1 (aber nur, weil Art. 6 GG dem Art. 4 GG vorgehe!); *Staudinger-Dietz,* 19 zu § 11 EheG; *Hoffmann-Stephan,* 7ff. vor § 11 EheG (kritisch dazu *Blanke,* FamRZ 1968, 434f.).

[7] *Mörsdorf,* FamRZ 1954, 124; *Neuhaus,* FamRZ 1955, 307.

[8] Vgl. *v. Mangoldt-Klein,* IV 4 zu Art. 4; *Küchenhoff,* ZStaatsw. 113 (1957), 333ff.; *Scheffler,* in: Bettermann-Nipperdey-Scheuner, Die Grundrechte IV 1, S. 281ff. Dagegen *Dürig,* FamRZ 1954, 341; *Bachof,* FamRZ 1956, 399; *Becker,* FamRZ 1957, 44; *Spanner,* FamRZ 1957, 157; *Dölle,* § 3 III 3; *Hoffmann-Stephan,* 18 vor § 11 EheG. Offengelassen von MünchKomm-*Müller-Gindullis,* 4 zu § 11 EheG.

gebührenden Schutz noch gewähren, wenn er auf die obligatorische Zivilehe verzichtet.

Eine rechtspolitische Diskussion ist daher in beiden Richtungen nicht beengt. Der zuweilen geforderte Übergang zur fakultativen Zivilehe ist durch einfaches Gesetz möglich, bleibt jedoch zumindest zweifelhaft.[9] Der Staat kann auf die Führung von Personenstandsregistern ebensowenig verzichten[10] wie auf Beachtung der von ihm gesetzten Ehehindernisse. Dem Eheschluß vor einem Geistlichen mit ziviler Wirkung müßte daher stets ein staatlicher Kontrollakt und eine staatliche Registrierung (ohne Konstitutivwirkung) vorangehen,[11] die doch wieder den Vorwurf verfassungswidriger Behinderung der ungestörten Religionsausübung auslösen würden. Schwierigkeiten ergeben sich zudem bei der Bestimmung jener Verbände, die das Recht zur Trauung mit ziviler Wirkung erhalten sollen. Im Staat gibt es nicht nur die großen christlichen Kirchen, sondern neben Bekennern des Islams (Gastarbeiter) auch eine Vielzahl von Sekten und weltanschaulichen Gruppen.

3. Wie schon die napoleonische Gesetzgebung, so geht auch das geltende deutsche Recht über das bloße Bekenntnis zur obligatorischen Zivilehe hinaus, wenn es in den §§ 67, 67a PStG kirchliche Trauung und religiöse Feierlichkeiten einer Eheschließung grundsätzlich von einer *zuvor* geschlossenen Zivilehe abhängig macht und Ausnahmen nur zugesteht, wenn „einer der Verlobten lebensgefährlich erkrankt und ein Aufschub nicht möglich ist oder wenn ein auf andere Weise nicht zu behebender schwerer sittlicher Notstand vorliegt, dessen Vorhandensein durch die zuständige Stelle der religiösen Körperschaft des öffentlichen Rechts bestätigt ist".

Freilich ist das Gebot heute nur noch eine lex minus quam perfecta, ein Verstoß gegen das Gebot nichts weiter als eine *sanktionslose Ordnungswidrigkeit.*[12] Doch liegt selbst in diesem ungesicherten Vorrang der Zivilehe ein *Eingriff in das kirchliche Eheschließungswesen überhaupt und damit auch in das Grundrecht der Glaubens- und Gewissensfreiheit mit der Konsequenz der Verfassungswidrigkeit.*[13] Der Gedanke, mit Hilfe des Art. 6 GG die Problematik als Kollision von Verfassungsnormen darzustellen, in welcher dem Art. 6 GG der Vorrang gebühre,[14] ist in all seinen Aus-

---

[9] Ebenso *Beitzke,* § 7 I 1; *Conrad,* Grundprobleme, S. 18; *Dölle,* § 16 III 3; *Böhmer,* StAZ 1975, 7. Für die fakultative Zivilehe mit Unterschieden in der Einzelausgestaltung *Bosch,* Familienrechtsreform, S. 25ff.; *Mörsdorf,* FamRZ 1954, 125; *Neuhaus,* FamRZ 1955, 309f. und FamRZ 1972, 63ff.; *Krauss,* FamRZ 1958, 262. Für erwägenswert wird die fakultative Zivilehe gehalten von *Peters,* VVDStRL 11 (1954), 210; *Hedemann,* Die Rechtsstellung der Frau, 1952, S. 29 Fn. 21; *Hoffmann-Stephan,* 43 vor § 11 EheG.

[10] Schon die Einführung der obligatorischen Zivilehe in Frankreich stand in enger Verbindung mit der Verstaatlichung der Personenstandsregister.

[11] Für die staatliche Registrierung vor der kirchlichen Trauung auch *Neuhaus,* RabelsZ 19 (1954), 357; *Müller-Freienfels,* Ehe und Recht, 1962, S. 119.

[12] Die Sanktionslosigkeit folgt aus § 1 I OWiG (die §§ 67, 67a PStG sehen keine Geldbuße vor; vgl. dagegen § 68 II PStG). Vgl. *Staudinger-Dietz,* 10 zu § 11 EheG (dort auch Stand der Meinungen zur Rechtslage vor dem OWiG von 1968).

[13] Gleicher Ansicht *Mörsdorf,* FamRZ 1954, 124; *Dürig,* FamRZ 1955, 337ff.; *Becker,* FamRZ 1957, 40ff. Die mit dem sog. „Passauer Prozeß" bezweckte Klärung der Rechtslage in der höchstrichterlichen Rechtsprechung scheiterte, weil der BGH das Verfahren nach § 153 II und III StPO einstellte (vgl. FamRZ 1956, 55 und 128f.; 1957, 418). Warum die Problematik durch die Neufassung der §§ 67, 67a PStG gegenstandslos geworden sein soll (so *Hamann-Lenz,* B 5 zu Art. 4), ist unerfindlich.

[14] *Scheyhing,* FamRZ 1957, 4ff.; *Küchenhoff,* ZStaatsw. 113 (1957), 337ff.; *v. Mangoldt-Klein,* IV 4

prägungen nicht stichhaltig. Es ist gleichgültig, daß § 67 PStG nicht nur als Ausdruck kirchenfeindlichen Denkens eines um seinen Vorrang bemühten Staates betrachtet werden kann. Seine Ordnungsfunktion, die Deckungsgleichheit aller Kirchenehen mit Zivilehen garantieren will (und damit gleichzeitige Ehen mit verschiedenen Partnern im staatlichen und im kirchlichen Bereich ausschließt), wird von Art. 6 GG weder gefordert noch legitimiert. Es ist bezeichnend genug, daß § 67 PStG selbst in Ausnahmesituationen reine Kirchenehen ohne Zwang zu späterer Zivilehe zuläßt, ohne deshalb an Art. 6 GG zu scheitern. In der Auseinandersetzung zwischen Staat und Kirche hat der Staat die Trennung der bürgerlichen von der kirchlichen Ehe durchgesetzt und kann die Ehe für seinen Bereich unabhängig von den Kirchen regeln. Er kann dagegen nicht nach Belieben in ihm genehmen Teilbereichen die Trennung wieder auf Kosten der Glaubens- und Gewissensfreiheit überwinden wollen.[15] Freilich sind die Kirchen gegenwärtig an einer abschließenden Klärung nicht interessiert; Verstöße gegen die §§ 67, 67a PStG werden ausnahmslos vermieden.

4. *Der Standesbeamte.* Staatliche Organe für den Eheschluß sind die Standesbeamten; sie werden für einen bestimmten Standesamtsbezirk bestellt (§§ 51–56 PStG). Hinzu tritt eine Fiktion, die im Einzelfall die Konsequenzen einer Nichtehe trotz mangelhaften Eheschlusses vermeidet: Als Standesbeamter gilt, wer ohne Standesbeamter zu sein, das Amt eines Standesbeamten öffentlich (in der Regel: in den Räumen des Standesamts) ausübt und die vor ihm geschlossene Ehe in das Familienbuch (jetzt: Heiratsbuch; vgl. §§ 2, 9 PStG) eingetragen hat (§ 11 II EheG). Das Erfordernis der öffentlichen Amtsausübung und der Registrierung der Ehe (sonst nicht konstitutives Element; vgl. unten II 4) beschränken die Fiktion praktisch auf Personen, die nur für einen anderen Bezirk zum Standesbeamten bestellt wurden, und auf Personen, die infolge einer fehlerhaften oder erloschenen Bestellung (noch) nicht oder nicht mehr Standesbeamte sind.

5. Da eine bürgerliche Ehe nur zustande kommt, wenn der Eheschluß vor einem Standesbeamten stattgefunden hat, erfüllt ein Eheschluß vor anderen Stellen, insbesondere vor einem Geistlichen, nicht den Tatbestand der bürgerlichen Ehe (auch nicht einer fehlerhaften Ehe).[15a] Fälle der irrtümlichen Annahme einer tatsächlich nicht bestehenden Ehe sind jedoch selten. Der Grundsatz der obligatorischen Zivilehe ist längst Allgemeingut der Bevölkerung. Guten Glaubens wird er in normalen Zeiten[16] nur verletzt, wenn den Parteien Fehler bei der

---

zu Art. 4. Für die Verfassungsmäßigkeit des § 67 PStG ferner *Bachof,* FamRZ 1956, 399; *Peters,* VVDStRL 11 (1954), 210 (aber für Beseitigung de lege ferenda); *Dölle,* § 16 III 1; *Staudinger-Dietz,* 25 zu § 11 EheG (weil keine vollständige Trennung von Staat und Kirche besteht).

[15] Zur Beschränkung des Art. 6 GG auf den Schutz der bürgerlichen Ehe vgl. oben § 5 I 2.

[15a] Ganz h.M. Vgl. AG Pinneberg, FamRZ 1978, 893 m. Nachw. A.A. aber (nichtige Ehe) LG Kleve, FamRZ 1964, 365.

[16] Die (zumeist später legalisierten) Verletzungen des Grundsatzes in der besonderen Situation des Krieges und der ersten Nachkriegszeit sind hier nicht mehr zu verfolgen. Für die Problematik der

Anwendung des internationalen Privatrechtes unterlaufen, also irrig das Eheschließungsrecht eines Staates befolgt wird, der den Grundsatz der obligatorischen Zivilehe nicht kennt. Rspr. und Schrifttum neigen in diesen Ausnahmefällen dazu, Eherecht anzuwenden (von wann ab?), wenn die Verbindung längere Zeit hindurch wie eine bürgerliche Ehe bestand.[17] Von einer gefestigten richterlichen Rechtsfortbildung, die unangreifbare „faktische Ehen" durch Zeitablauf anerkennt, kann freilich nicht die Rede sein.[18]

II. Aufgebot und Vertragsschluß

Schrifttum: *Beitzke,* Eheschließung unter falschem Namen, Festschrift Dölle, 1963, Bd. I, S. 228; *Schwab,* Die Negierung von gesetzlichen Strukturelementen der Ehe im Eheschließungswillen nach kanonischem und bürgerlichem Recht, FamRZ 1965, 474.

1. Das von § 12 I 1 EheG geforderte Aufgebot der Verlobten reicht bis in das Hochmittelalter zurück. Nach Anfängen im 12. Jahrhundert setzte das vierte Laterankonzil von 1215 das entscheidende Vorbild für die spätere Entwicklung des staatlichen Eherechtes. Der Gedanke, die Öffentlichkeit auf bevorstehende Eheschließungen hinzuweisen und zur Bekanntgabe etwaiger Ehehindernisse aufzurufen, ist heute freilich durch unzulängliche, der Zeit nicht mehr entsprechende Publikationsmittel stark gefährdet. Der im § 3 PStG vorgesehene öffentliche Aushang versagt gerade dort, wo er sich am stärksten bewähren müßte: in den größeren Gemeinden, die jene den kleineren Gemeinden eigentümliche allgemeine Kenntnis der wesentlichen familienrechtlichen Vorgänge nicht mehr kennen. So ist der Übergang zu modernen Formen (Bekanntgabe in der Tagespresse) dringend erwünscht.[1]

Gern betont wird heute der Nebeneffekt eines kurzfristigen Aufschubs der Ehe, der den Verlobten Zeit zu ruhiger Überlegung und zur Vorbereitung ihrer Ehe sichere.[2] Doch ist die überstürzt geschlossene Ehe gewiß kein Massenphänomen nun gerade der Gegenwart.

---

nicht legalisierten „faktischen Ehe" sind wesentlich vornehmlich die „Notklerikalehen" der Volksdeutschen in der Nordbukowina 1940. Sie werden anerkannt von OLG Stuttgart, FamRZ 1963, 39 (Berufung auf das Naturrecht); OLG München, FamRZ 1968, 599; *Bosch,* FamRZ 1966, 70 (Rechtfertigung als teleologische Reduktion); *Gamillscheg,* Die Grundrechte bei der Anwendung ausländischen Rechts, Festschrift Nipperdey, 1965, Bd. I, S. 345. Aufschlußreich auch OLG Nürnberg, FamRZ 1965, 380 und 1970, 246 mit jeweils abl. Anm. *Bosch* (Nichtehe trotz jahrelanger Lebensgemeinschaft nach fehlerhafter „Stahlhelmehe" mit einem irrig als gefallen gemeldeten Soldaten).

[17] Vgl. insbesondere VG Berlin, FamRZ 1955, 70 mit Anm. *Bosch.* Das Urteil wird gebilligt von *Erman-Hefermehl,* 7 zu § 11 EheG; *Hoffmann-Stephan,* 24 zu § 11 EheG; *Gamillscheg,* Festschrift Nipperdey I, S. 343; MünchKomm-*Müller-Gindullis,* 18 zu § 11 EheG.

[18] Vgl. AG Pinneberg, FamRZ 1978, 893 (Nichtehe nach 21jähriger Lebensgemeinschaft mit drei Kindern; die Parteien lebten freilich inzwischen getrennt).

[1] Zustimmend *Neuhaus,* FamRZ 1972, 61.

[2] Vgl. dazu *Müller-Freienfels,* S. 95ff.; *Neuhaus,* FamRZ 1972, 61; *Böhmer,* StAZ 1975, 6; MünchKomm-*Müller-Gindullis,* 4 zu § 12 EheG.

2. *Das Aufgebotsverfahren.* Zuständig für das von den Verlobten zu bestellende Aufgebot (§ 10 PStG AVO) ist jeder Standesbeamte, vor dem die Ehe geschlossen werden kann (§ 4 PStG). Nach § 15 II EheG ist das jeder Standesbeamte, in dessen Bezirk einer der Verlobten seinen Wohnsitz oder gewöhnlichen Aufenthalt hat mit Wahlrecht der Verlobten bei mehrfacher Zuständigkeit,[3] oder aber nach § 15 III EheG der Standesbeamte des Standesamtes I in Berlin, falls keiner der Verlobten einen Anknüpfungspunkt im Inland hat.

In erster Linie obliegt die *Ermittlung etwaiger Ehehindernisse* dem zuständigen Standesbeamten selbst. Ihm ist von den Verlobten grundsätzlich durch Urkunden (Befreiungsmöglichkeiten: §§ 5 III PStG, 10 III PStG AVO) nachzuweisen, daß die Rechtsordnung ihre eheliche Verbindung nicht verbietet (Vorlage der Geburtsurkunden zum Nachweis der Ehemündigkeit, des Scheidungsurteils bei geschiedenen Verlobten, des vom zuständigen deutschen Konsul auf die Zuständigkeit der ausstellenden ausländischen Behörde geprüften Ehefähigkeitszeugnisses bei ausländischen Verlobten, der Sterbeurkunde des früheren Partners bei verwitweten Verlobten usw. Vgl. §§ 5, 5a PStG und § 11 PStG AVO). Erst wenn nach Ansicht des Standesbeamten Ehehindernisse nicht bestehen, darf das Aufgebot erlassen und damit die Öffentlichkeit ergänzend in Anspruch genommen werden (§ 5 II 1 PStG).

Das Aufgebot wird eine Woche lang am Amtssitz des Standesbeamten öffentlich ausgehängt. Die Regelung verbürgt Schnelligkeit, erzielt sie aber auf Kosten sinnvoller Unterrichtung der Öffentlichkeit, falls die Verlobten ihren Wohnsitz in einer anderen Gemeinde haben.[4]

Da die Existenz von Ehehindernissen immer nur für einen ganz bestimmten Zeitpunkt verneint werden kann, muß das Aufgebot in relativ kurzer Zeit seine Wirkung verlieren: Machen die Verlobten von ihm innerhalb einer Frist von 6 Monaten keinen Gebrauch, so ist ein späterer Eheschluß nur auf Grund eines neuen Aufgebotes möglich (§ 12 I 2 EheG).

3. *Milderungen.* Wenn die lebensgefährliche Erkrankung eines der Verlobten den Aufschub der Eheschließung nicht gestattet (vgl. dazu § 7 PStG), erlaubt § 12 II EheG einen Eheschluß ohne Aufgebot. Anderen Schwierigkeiten kann mit einer Befreiung vom Aufgebot begegnet werden (§ 12 III EheG) oder doch wenigstens mit einer Verkürzung der Aufgebotsfrist (§ 3 PStG); zuständig ist hier wie dort der Standesbeamte selbst. Angesichts eines derart weiten Entgegenkommens ist es kaum denkbar, daß Ehen unter Verletzung der Aufgebotsvorschriften eingegangen werden. Jedenfalls bleiben etwaige Mängel des Verfahrens, aber auch das Unterbleiben des Aufgebotes überhaupt, ohne Wirkung auf den Bestand der Ehe.

4. *Der Vertragsschluß.* Obwohl der Grundsatz der obligatorischen Zivilehe die Verlobten an die Mitwirkung des Standesbeamten bindet, ist der *Eheschluß familienrechtlicher Vertrag* allein, wenn auch formgebundener Vertrag.[5] In Abkehr

---

[3] Da die Existenz eines Wohnsitzes einen anderen gewöhnlichen Aufenthalt nicht ausschließt, können im Extremfall vier Standesbeamte zuständig sein.

[4] Wesentlich sachgerechter war der 1944 beseitigte vierzehntägige Aushang an den Wohnsitzen der Verlobten.

[5] Vgl. *Conrad,* Tridentinisches Konzil, S. 320f.; *Hübner,* FamRZ 1962, 5; *Hoffmann-Stephan,* 20ff. zu § 11 EheG; *Dölle,* § 16 I 4; *Beitzke,* § 7 II 3; *Staudinger-Dietz,* 22 zu § 13 EheG; MünchKomm-*Müller-Gindullis,* 5 zu § 11 EheG. A. A. trotz richtiger Bewertung der Funktion des Standesbeamten (vgl. 2 zu § 14 EheG) *Palandt-Diederichsen,* 1 vor § 11 EheG. Daß die Eheschließungserklärungen der Verlobten überhaupt als Vertragserklärungen zu deuten sind, wird von vielen bestritten, weil ihnen der Vertragsbegriff trotz seines hohen Abstraktionsgrades in Widerspruch zur konkreten Sachnatur des Eheschlusses zu stehen scheint. Gerügt wird insbesondere, daß die Charakterisierung des Eheschlusses als Vertrag die Bindung der Partner an einen bestimmten Eheinhalt übersähe. Vgl. zu diesem (für die Rechtsanwendung bedeutungslosen) Streit in erster Linie *Hübner,* FamRZ 1962, 1ff. Er betont zu vollem Recht, daß die Kategorie des Vertrages zumindest die Entscheidungsfreiheit der Verlobten und die Willensübereinstimmung verdeutlicht. Die von ihm gezogene Konsequenz des bloßen „Eingehungsvertrages" gibt dagegen den gegenwärtigen Rechtszustand nicht mehr richtig wieder. Das moderne Eherecht gewährt den Ehegatten auch für den personalen Lebensbereich weithin Gestaltungsfreiheit. Vgl. dazu insbesondere unten § 18 III.

vom deutschen evangelischen Kirchenrecht, das dem trauenden Geistlichen die eigentlich ehebegründende Erklärung zuwies, aber auch vom § 52 des PStG von 1875, hat bereits das BGB in Übereinstimmung mit dem kanonischen Recht, aber auch der französischen Gesetzgebung, den Übergang zum *reinen Konsensprinzip* vollzogen. Der Ausspruch des Standesbeamten und die Registrierung der Ehe im Familienbuch haben nur deklaratorische Bedeutung (vgl. aber auch oben I 4): Die Ehe kommt zustande allein durch die Willenserklärungen der Verlobten. Sie müssen freilich *vor* einem Standesbeamten abgegeben werden, d.h. in Gegenwart eines Standesbeamten, der sich zur Mitwirkung bereit erklärt hat.[6]

5. *Zuständigkeit des Standesbeamten.* Zur Mitwirkung berufen und bei Fehlen von Ehehindernissen verpflichtet ist jeder zuständige Standesbeamte (oben II 2) ohne Bindung der Verlobten an die beim Aufgebot getroffene Wahl. Im Wechsel von einem Standesbeamten zum anderen sorgt eine Aufgebotsbescheinigung (§§ 6 III PStG, 13 PStG AVO) für den Nachweis des Aufgebotes.

Weil die Verlobten an einem Eheschluß vor einem nicht zuständigen Standesbeamten interessiert sein können, der Staat aber lediglich das Aufgebotsverfahren zu sichern hat, gestattet § 15 IV EheG den Eheschluß auch vor dem Standesbeamten eines anderen Bezirkes, wenn ein zuständiger Standesbeamter ihn schriftlich ermächtigt hat (vgl. §§ 6 II PStG, 13 PStG AVO).

6. *Abgabe der Willenserklärungen.* Vor dem Standesbeamten haben die Verlobten *gleichzeitig und persönlich* zu erscheinen (§ 13 I EheG). Um jeden Schwebezustand mit einseitiger Bindung eines Verlobten auszuschließen, ist der sukzessive Vertragsschluß, der den Vertragspartnern die Abgabe ihrer Willenserklärungen zu verschiedenen Zeiten und an verschiedenen Orten ermöglicht, für den Eheschluß beseitigt worden. Um den höchstpersönlichen Charakter des Aktes zum Ausdruck zu bringen, können die Willenserklärungen der Verlobten weder durch einen Boten noch durch einen Stellvertreter abgegeben werden. Hier wie dort führt ein anderes Vorgehen zu einer nichtigen Ehe mit Heilungsmöglichkeiten (§ 17 EheG).[7]

Weil die Forderungen des § 13 I EheG allgemein bekannt sind, ist der Eheschluß durch Stellvertreter nur noch ein theoretischer Fall. Gering ist auch die praktische Bedeutung der verhüllten Botenschaft, also das (dem Partner bekannte) Auftreten einer Hilfsperson anstelle eines Verlobten unter dessen Namen.[8] Ob nun einseitige oder auch beiderseitige verhüllte Botenschaft gegeben ist, ihr Ergebnis ist eine (nach § 17 EheG nichtige) Ehe zwischen den Verlobten, nie aber eine mit der Hilfsperson oder bei beiderseitiger verhüllter Botenschaft

[6] Bereitschaft des Standesbeamten liegt vor, wenn das den Verlobten erkennbare äußere Verhalten auf die Bereitschaft zur Mitwirkung schließen läßt. Vgl. *Erman-Hefermehl,* 3 zu § 11 EheG; *v. Godin,* 6 zu § 11 EheG; *Hoffmann-Stephan,* 27f. zu § 11 EheG; *Dölle,* § 18 A II 3a; *Staudinger-Dietz,* 35ff. zu § 11 EheG; MünchKomm-*Müller-Gindullis,* 9 zu § 11 EheG; RGZ 166, 341 (innerer Vorbehalt des Standesbeamten). Fehlt die Bereitschaftserklärung des Standesbeamten, kommt keine (auch keine fehlerhafte) Ehe zustande. A. A. *v. Godin,* 6 zu § 11 EheG (nichtige Ehe).

[7] Bei einer dem Standesbeamten bekannten offenen Stellvertretung wird im Schrifttum zuweilen eine Nichtehe angenommen. Vgl. *Erman-Hefermehl,* 3 zu § 13 EheG. Wie der Text *Dölle,* § 18 B II; *Staudinger-Dietz,* 50 zu § 13 EheG; MünchKomm-*Müller-Gindullis,* 5 zu § 13 EheG.

[8] Vgl. aus der Praxis *Raape,* StAZ 1952, 2ff.

zwischen den Hilfspersonen.[9] Die Mitwirkung des Standesbeamten beim Eheschluß beeinflußt die Auslegung der Willenserklärungen nicht.[10] Es ist deshalb der Kenntnis des Empfängers entsprechend von einer (durch einen Boten ausgerichteten) Willenserklärung des verhinderten Verlobten selbst auszugehen.

Verschiedene Beweggründe können einen oder beide Verlobte zur *Verwendung eines falschen Namens* veranlassen, sei es nun in Kenntnis des Partners, sei es auch mit Täuschung des Verlobten über den Namen allein, sei es schließlich mit Täuschung des Verlobten über die eigene Persönlichkeit überhaupt (auch mit Identitätstäuschung durch Handeln unter dem Namen eines anderen, an dessen Stelle sich der Handelnde als Ehegatte aufdrängt[11]). *In allen Fallgestaltungen kommt unterschiedslos eine Ehe zwischen den tatsächlich vor dem Standesbeamten Erschienenen zustande.* Konstitutiv für die Eheschließung sind lediglich die Willenserklärungen der sich vor dem Standesbeamten gegenüberstehenden Personen, zu deren Inhalt die Kennzeichnung der Vertragspartner durch Namensnennung nicht mehr gehört. Diese ist in einem so personenbezogenen Rechtsgeschäft wie der Eheschließung eine zusätzliche Aussage, die gegebenenfalls zur Eheaufhebung berechtigen kann (nach §§ 32, 33 EheG, wenn ein anderer Name oder eine andere Persönlichkeit vorgetäuscht wurde; nach § 31 I S. 2 EheG, wenn der Täuschende sich an Stelle eines anderen als Ehegatte aufdrängte), das Entstehen einer Ehe zwischen den Erschienenen aber nicht hindert.[12]

7. Der Standesbeamte hat seit 1937 in Abkehr vom früheren Recht, das einen nüchternen, von jeder religiösen Feier deutlich abgesetzten Eheschließungsakt forderte, für einen feierlichen Rahmen zu sorgen (§ 8 PStG).[13] In Gegenwart von zwei Zeugen (vgl. zu ihnen § 15 PStG AVO) hat er an die

---

[9] Gleicher Ansicht *Beitzke,* Festschrift Dölle I, S. 244; *Staudinger-Dietz,* 56 zu § 13 EheG. A. A. *Letzgus,* AcP 126 (1926), 77ff., und *Reichel,* Höchstpersönliche Rechtsgeschäfte, 1931, S. 150ff., die bei einseitiger verhüllter Botenschaft eine aufhebbare Ehe zwischen den Erschienenen zustandekommen lassen und bei beiderseitiger verhüllter Botenschaft gleichzeitig eine aufhebbare Ehe zwischen den Erschienenen und eine nichtige zwischen den Verlobten. A. A. auch *Larenz,* Verpflichtungsgeschäfte „unter" fremdem Namen, Festschrift Lehmann, 1956, Bd. I, S. 250f. und *Erman-Hefermehl,* 3 zu § 13 EheG (Ehe zwischen den Erschienenen). Vgl. ferner *v. Godin,* 2 zu § 13 EheG (Nichtehe für die Verlobten, weil die Erschienenen keine § 13 I EheG entsprechenden Willenserklärungen abgäben); *Dölle,* § 18 B II 1 (Nichtehe mangels Bereitschaftserklärung des Standesbeamten zur Assistenz bei der Eheschließung der Verlobten) gegen § 26 B I 1 b und c (Ehe zwischen den Erschienenen bei verhüllter Botenschaft; Aufhebungsrecht aus § 31 I 2. Fall EheG). Alle diese Ansichten beruhen auf einer Überschätzung der Funktion des Standesbeamten.

[10] Die Erklärungen werden nicht gegenüber dem Standesbeamten abgegeben und sind deshalb nur aus der Sicht der Verlobten zu verstehen. So *Raape,* StAZ 1952, 3; *Beitzke,* Festschrift Dölle, Bd. I, S. 242; *Dölle,* § 18 B II 1. A. A. *Erman-Hefermehl,* 2 und 3 zu § 13 EheG.

[11] Von einem derartigen Fall berichtet *Letzgus,* AcP 126 (1926), 76f.

[12] Ebenso *Larenz,* Festschrift Lehmann, Bd. I, S. 251f.; *Letzgus,* AcP 126 (1926), 77ff.; *Reichel,* S. 150ff.; MünchKomm-*Müller-Gindullis,* 7 zu § 13 EheG; *Erman-Hefermehl,* 3 zu § 13 EheG; *Hoffmann-Stephan,* 11 zu § 13 EheG; *Beitzke,* StAZ 1956, 65 und Festschrift Dölle I, S. 242f.; *Dölle,* § 18 B II 2; *Staudinger-Dietz,* 54 und 59 zu § 13 EheG. A. A. *Kipp-Wolff,* § 21 I 3 mit Fn. 5 und § 25 I 3 mit der Annahme eines Dissenses (weil die Vertragschließenden sowohl durch ihre körperliche Erscheinung als auch durch ihren Namen individualisiert werden sollen).

[13] Kritisch dazu *Müller-Freienfels,* S. 116f.; *Dölle,* § 16 III 3 („pseudoreligiöse Feierlichkeit"); *Dombois,* S. 112ff.

Verlobten einzeln und nacheinander die Frage zu richten, ob sie die Ehe miteinander eingehen wollen. Nach Bejahung der Fragen hat er im Namen des Rechts auszusprechen, daß sie nunmehr rechtmäßig verbundene Eheleute seien (§ 14 I EheG) und die Eheschließung in das Heiratsbuch einzutragen (§§ 14 II EheG, 9 PStG). *Für den Bestand der Ehe ist freilich ein dem Gesetz entsprechendes Vorgehen nicht wesentlich.* Eine mangelfreie Ehe ist auch dann zustandegekommen, wenn die Verlobten ohne Zeugen, aus eigener Initiative und ohne weitere Schritte des Standesbeamten Eheschließungserklärungen vor einem mitwirkungsbereiten Standesbeamten abgegeben haben (vgl. aber auch oben I 4).

8. Der Eheschluß ist *bedingungs- und befristungsfeindliches Rechtsgeschäft* (§ 13 II EheG). Unbedingte Gewißheit über Bestand und Fortbestand der Ehe sowie unbedingte Klarheit der Personenstandsverhältnisse ist das Regelungsziel; unzulässig sind deshalb auch „uneigentliche Bedingungen", die auf einen vergangenen oder gegenwärtigen (den Parteien aber ungewissen) Umstand verweisen.[14]

Bedingte oder befristete Erklärungen führen zu unbedingten oder unbefristeten Ehen mit voller Wirksamkeit. Die h. L. nimmt freilich unter Hinweis auf § 17 EheG Nichtigkeit an,[15] doch kann die für Formverstöße vorgesehene Sanktion nicht auf Mängel im Inhalt der Willenserklärungen ausgedehnt werden.[16] Der scheinbare Widerspruch zwischen den Willenserklärungen der Verlobten und dem schließlichen Inhalt des Vertrages wird schon von § 13 II EheG ausgeräumt; das Gesetz greift in den Inhalt der Erklärungen ein, entfernt aus ihnen Bedingung oder Befristung und garantiert damit die Unmöglichkeit (selbst nichtiger) bedingter oder befristeter Ehen überhaupt.[17]

Nichtig und für die Wirksamkeit der Ehe ohne jede Bedeutung sind erst recht alle vor dem Eheschluß von den Verlobten vereinbarten Bedingungen oder Befristungen. Die später unbedingt und unbefristet abgegebenen Eheschließungserklärungen mögen nach allgemeinem Abschlußmängelrecht nichtige Scheinerklärungen sein (§ 117), das spezielle Abschlußmängelrecht des EheG aber ignoriert den Mangel.

9. *Ehename.* „Bei der Eheschließung" können die Ehegatten durch inhaltlich übereinstimmende Erklärungen gegenüber dem Standesbeamten den Geburtsnamen der Frau zum Ehenamen bestimmen (§ 1355 II). Zeitlich frühere Äußerungen (etwa anläßlich des Aufgebots) sind bloße Ankündigungen späterer Erklärungen;[18] bindende Wirkung haben sie nicht. Unbedenklich sind Vereinbarun-

---

[14] Zu diesem weiten Bedingungsbegriff vgl. *Schwab*, FamRZ 1965, 486 und ihm folgend *Erman-Hefermehl*, 2 zu § 13 EheG.

[15] Vgl. *Hoffmann-Stephan*, 14 zu § 13 EheG; *Dölle*, § 18 B IV; *Schwab*, FamRZ 1965, 486; MünchKomm-*Müller-Gindullis*, 9 zu § 13 EheG; *Soergel-Donau*, 4 zu § 13 EheG; *Palandt-Diederichsen*, 3b zu § 13 EheG; *Erman-Hefermehl*, 1 zu § 17 EheG; *Ambrock*, II zu § 13 EheG; *Beitzke*, § 7 II 6. Noch weitergehend wird zuweilen sogar eine Nichtehe behauptet. Vgl. *v. Godin*, 3 zu § 13 EheG.

[16] Form und Inhalt werden nicht getrennt von *Dölle*, § 18 B IV (weil das EheG Bedingung und Befristung als Formelemente „behandele").

[17] Richtig schon *Ramm*, JZ 1963, 52. Zustimmend auch *Staudinger-Dietz*, 37 zu § 13 EheG.

[18] Vgl. MünchKomm-*Müller-Gindullis*, 3 zu § 13a EheG; *Ruthe*, FamRZ 1976, 411; *Rolland*, 8 zu § 1355. Fehlerhaft ist bereits die Vorstellung einer widerruflichen Erklärung (so aber *Ambrock*, II zu § 13a EheG). Mit dem Normtext nicht mehr zu vereinbaren ist die Überzeugung, daß sich die

gen, in denen sich ein Verlobter verpflichtet, eine bestimmte Erklärung gegenüber dem Standesbeamten abzugeben.[19] Ihr Wert ist freilich nicht groß, weil Vollstreckungszwang nicht geübt werden darf (vgl. § 1297 I), aber auch (eine ohnehin mehr theoretische Möglichkeit) Vertragsstrafen wirksam nicht vereinbart werden können (vgl. § 1297 II).[20]

Die Erklärungen sind nicht Bestandteil des Eheschließungsaktes (des Vertrages zwischen den Verlobten), wenn auch nur im zeitlichen Zusammenhang mit diesem wirksam. Es handelt sich bei ihnen überhaupt nicht um Privatwillenserklärungen, mit denen ein den Verlobten gemeinsam zustehendes Gestaltungsrecht ausgeübt wird,[21] sondern um Willenserklärungen des öffentlichen Rechtes (Zivilhandlungen), von denen die eine jeweils Wirksamkeitsvoraussetzung der anderen ist. Sie sind nicht *vor* dem Standesbeamten abzugeben, sondern ihm *gegenüber;* sie sind unwiderruflich und unanfechtbar.[22]

Um einer von den Verlobten nicht gewünschten Präklusion durch Zeitablauf vorzubeugen (als deren Folge der Geburtsname des Mannes Ehename werden würde) „soll der Standesbeamte die Verlobten vor der Eheschließung befragen, ob sie eine Erklärung abgeben wollen, welchen Ehenamen sie führen werden" (§ 13a I EheG). Die Frage (die zweckmäßig bereits bei der Bestellung des Aufgebots gestellt wird) unterrichtet die Verlobten über das ihnen zustehende Wahlrecht. Bestandteil der Eheschließung ist sie freilich ebensowenig wie die Namenswahl der Verlobten selbst. Unterbleibt sie, so ist die Ehe gleichwohl vollwirksam; die Präklusion der Ehegatten tritt auch dann ein, wenn sie nachweislich bei gehöriger Unterrichtung den Namen der Frau gewählt hätten.[23]

III. Eheschluß nach fremdem Recht

Schrifttum: *Weyers,* § 15a EheG und die kirchlichen Trauungen, FamRZ 1964, 169; 1965, 1 und 70; *Sonnenberger,* Die religiöse Eheschließung von Ausländern in Deutschland und § 15a EheG, StAZ 1964, 289 und FamRZ 1965, 69; *Neuhaus,* Das Vorfragenproblem bei Feststellung des Status von Kindern nur kirchlich getrauter Ausländer, FamRZ 1965, 541; *Lüderitz,* Ehen mit Gastarbeitern aus Mittelmeerstaaten, FamRZ 1966, 285; *Beitzke,* Zur Gültigkeit von Ehen in Deutschland lebender

---

Verlobten bereits „in einem früheren Termin" durch beurkundeten Akt bindend äußern könnten (dafür aber *Diederichsen,* NJW 1976, 1171).

[19] Ebenso *Diederichsen,* NJW 1976, 1170; *Roth-Stielow,* 7 zu § 1355. A. A. *Ruthe,* FamRZ 1976, 411.

[20] Daß die Verlobten ihr Verlöbnis unter der (auflösenden) Bedingung einer bestimmten Namenswahl abschließen können (hier sucht MünchKomm-*Wacke,* 14 zu § 1355, den Ausweg), ist selbstverständlich.

[21] So aber *Diederichsen,* NJW 1976, 1171; *Wacke,* FamRZ 1977, 512 (beide jedoch mit Einschränkungen der Anwendbarkeit der §§ 104ff.); *Rolland,* 7 zu § 1355 (ohne jede Einschränkung). Für eine entspr. Anwendung der Lehre von den Prozeßhandlungen *Lüke,* Die persönlichen Ehewirkungen und die Scheidungsgründe nach dem neuen Ehe- und Familienrecht, Festschrift Bosch, 1976, S. 630.

[22] I. Erg. ebenso MünchKomm-*Wacke,* 15ff. zu § 1355 (doch nimmt er eine Wahl durch Privatwillenserklärungen an).

[23] Für analoge Anwendung des § 13a II EheG *Diederichsen,* NJW 1976, 1171. Gegen ihn bereits *Ambrock,* II zu § 13a EheG.

Japaner und Koreaner, StAZ 1967, 25; *Alings,* Eheschließungen von griechischen und spanischen Staatsangehörigen nach § 15 a EheG, StAZ 1968, 302; *Mergenthaler,* Zwanzig Jahre § 15 a EheG, StAZ 1967, 175.

1. Die ursprünglich ganz vom Territorialitätsprinzip beherrschte Form des Eheschlusses im Inland hat durch die Gesetzgebung der Besatzungsmächte nach dem zweiten Weltkrieg[1] eine im § 15a EheG normierte Ausnahme erfahren, die vornehmlich für die Angehörigen der alliierten Streitkräfte in Deutschland gedacht war, jedoch nicht auf sie beschränkt wurde und größere Bedeutung sogar erst durch die Beschäftigung zahlreicher Gastarbeiter erlangte. Verlobte mit ausschließlich fremder Staatsangehörigkeit können vor einem deutschen Standesbeamten die Ehe eingehen; die §§ 11 ff. EheG gelten dann ungeschmälert. Sie können aber auch nach ihrer Wahl vor einer Person heiraten, die von der Regierung des Landes, dessen Staatsangehörigkeit zumindest einer der Verlobten hat, ordnungsgemäß ermächtigt wurde; die Form des Eheschlusses und die Rechtsfolgen von Formmängeln werden in diesem Fall vom fremden Recht bestimmt.

Das Zurücktreten der deutschen Territorialhoheit vor fremder Personalhoheit ist vollständig; zur Verfügung gehalten werden freilich die deutschen Personenstandsregister (vgl. § 15a II EheG). Dagegen tritt deutsche Personalhoheit nie vor fremder Personalhoheit zurück. Hat auch nur einer der beiden Verlobten allein oder *auch* (Fall der Doppelstaatigkeit[2]) die deutsche Staatsangehörigkeit, kann eine wirksame Ehe nur vor dem deutschen Standesbeamten geschlossen werden. Wird gleichwohl von § 15a EheG Gebrauch gemacht, so liegt ein Tatbestandsmangel und damit eine Nichtehe vor.[3]

2. Ordnungsgemäß ermächtigt sind für Staaten mit obligatorischer Kirchenehe oder fakultativer Zivilehe nicht schon alle Personen, die nach ihrem Inlandsrecht zur Trauung befugt sind. Ihre generelle Ermächtigung entbindet nicht von der Notwendigkeit einer speziellen Ermächtigung für die Trauung gerade in Deutschland.[4] Das Zurücktreten der deutschen Territorialhoheit vor fremder

---

[1] KRG Nr. 52 vom 21. 4. 1947.

[2] Für ihn wie der Text *Hoffmann-Stephan,* 5 zu § 15a EheG; *Erman-Hefermehl,* 2 zu § 15a EheG; *Soergel-Donau,* 3 zu § 15a EheG; *Dölle,* § 18 E 3a; *Staudinger-Dietz,* 9 zu § 15a EheG; MünchKomm-*Müller-Gindullis,* 3 zu § 15a EheG; *Ambrock,* 1 zu § 15a EheG; OLG Schleswig, FamRZ 1974, 655 mit abl. Anm. *Bosch.* A. A. *Raape,* Die Form der Eheschließung nach internationalem Recht – mit Bezug auf das Kontrollratsgesetz vom 21. April 1947, Festschrift Kießelbach, 1947, S. 147; *Palandt-Diederichsen,* 2a zu § 15a EheG.

[3] Ganz h. L. Vgl. die Angaben bei *Staudinger-Dietz,* 6 zu § 15a EheG; OLG Schleswig, StAZ 1974, 153. A. A. jedoch LG Kleve, FamRZ 1964, 365 (nichtige Ehe).

[4] Heute sichere h. L. nach einem von Emotionen und Scheinargumenten nicht immer freien Streit. Für die h. L. vgl. OLG Celle, FamRZ 1965, 43; BGHZ 43, 213 (dazu *Bosch,* FamRZ 1965, 314 ff.; *Neuhaus,* FamRZ 1965, 541 ff.; *Wengler,* JZ 1965, 534 ff.); OLG Hamm, FamRZ 1967, 570 (mit abl. Anm. *Bosch*) und NJW 1970, 1509; BayObLG, FamRZ 1966, 144 und 147; AG Koblenz, FamRZ 1970, 406; BSozG, FamRZ 1972, 131; *Sonnenberger,* StAZ 1964, 297 ff.; *Palandt-Diederichsen,* 2b zu § 15a EheG; *Hoffmann-Stephan,* 8 zu § 15a EheG; *Dölle,* § 18 E II 3b; *Staudinger-Dietz,* 12 ff. zu § 15a EheG. Für die Gegenposition vgl. OLG Köln, FamRZ 1964, 210; OLG Düsseldorf, FamRZ 1965, 144; *Weyers,* FamRZ 1964, 169 ff. und 1965, 1 ff.; *Habscheid,* FamRZ 1967, 357.

Personalhoheit steht insoweit unter einem Vorbehalt, an dem sich das Erfordernis der besonderen Ermächtigung in jedem Fall als sinnvoll erweist. Der generell mit Traugewalt Begabte mag nicht mehr speziell mit Traugewalt begabt werden können; seine „Ermächtigung" kann dagegen immer noch ein (zum Zwecke der Klarheit geforderter) Akt sein, der die vom deutschen Staat geschaffene Möglichkeit, fremde Personalhoheit auf deutschem Boden auszuüben, aktualisiert.[5]

B. Die fehlerhafte Ehe

§ 12. Abschlußmängel

I. Grundlagen

1. Einem schwach entwickelten Rechtsdenken mag die Gleichung mängelbehaftetes Rechtsgeschäft = wirkungsloses Rechtsgeschäft unwiderleglich dünken; entwickelte Rechtsordnungen sind sich der Notwendigkeit differenzierender Betrachtung bewußt. Art der Rechtsgeschäfte und Art der Mängel sind zu vielgestaltig, um in einem Abschlußmängelrecht archaisch-einfacher Prägung jeweils das sachrichtige Verhältnis zueinander finden zu können. Grade der Unwirksamkeit stellen sich ein und Mängel, die keine Wirkungen zeigen: Was nicht sein soll, kann, wenn es dennoch geschehen ist, ohne Widerspruch mit dem Sollen toleriert werden.

2. Jahrhundertelang ist das Eherecht einer eigenständigen, vom kanonischen Recht inspirierten Entwicklung gefolgt. Die Gegenwart emanzipiert sich, gedenkt in der Regel noch der alten Kategorien und benötigt sie doch nicht mehr. Nichts enthält das Eherecht, was nicht auch Parallelen in anderen Teilgebieten der Rechtsordnung fände. Das Abschlußmängelrecht des Eherechtes kann heute voll dem Privatrecht mit seinem allgemeinen Abschlußmängelrecht integriert werden.

3. *Enumerationsprinzip*. Ehe ist personenrechtliche Zuordnung, ihre Begründung deshalb mit einem besonderen Bestandsschutz versehen. Die Zahl der relevanten Abschlußmängel ist begrenzt. Was bedeutsam ist, bestimmt enumerativ das EheG (vgl. §§ 16, 28 EheG).

4. *Vernichtbarkeit*. Ehe ist privater Disposition entzogen, ist Institut sodann, das Statik und Transparenz verlangt. Deshalb wirkt kein Abschlußmangel unmittelbar vernichtend, und deshalb wirkt kein Abschlußmangel allein mit der Ausübung eines Gestaltungsrechtes durch die Ehegatten. Alle Abschlußmängel wir-

---

[5] Der Streit betraf in erster Linie die Priester der griechisch-orthodoxen und der katholischen Kirche. Vgl. zum jetzt geübten Verfahren im Verhältnis zu Griechenland und Spanien MünchKomm-*Müller-Gindullis,* 10f. zu § 15a EheG.

ken erst mit der Rechtskraft eines gerichtlichen Urteiles nach einem Verfahren, das der Prüfung ihres Vorliegens diente (vgl. §§ 23, 29 EheG). Wenn die Kategorie der Vernichtbarkeit vorläufige Wirksamkeit eines Rechtsgeschäftes und Möglichkeit späterer Vernichtung durch zumindest mehr als eine Willenserklärung bedeutet, bewirken alle relevanten Abschlußmängel des Eherechtes mithin Vernichtbarkeit der Ehe.

5. *Nichtigkeit und Aufhebbarkeit.* Eheliches Leben ist weithin irreversibel. Die Möglichkeit, ein Abschlußmängelrecht zu schaffen, das sich grundsätzlich vom Scheidungsrecht sondert, und die Möglichkeit, ein Abschlußmängelrecht zu setzen, das in differenzierender Betrachtung der einzelnen Abschlußmängel eine Vielzahl von Formen der Unwirksamkeit des Eheschlusses verwendet, sind damit gewiß von vornherein begrenzt. In bewußter Entscheidung für die Nivellierung nutzt das geltende Recht aber auch die verbleibenden Spielräume nur sehr beschränkt aus. Zwar sondert sich das Recht der fehlerhaften Ehe vom Recht der gescheiterten Ehe, doch wird die Ehe hier wie dort lediglich für die Zukunft aufgelöst (und das personenrechtlich wie im Vermögensrecht).[1] Zwar ist im Recht der fehlerhaften Ehe die nichtige von der aufhebbaren Ehe zu scheiden, doch sind die Rechtsfolgen der Beendigung der Ehe im Vermögensrecht gleich (vgl. § 26 EheG einerseits, § 37 EheG andererseits) und im Personenrecht nur sehr beschränkt verschieden (§ 1355 IV gilt nicht nach nichtiger und tatsächlich vernichteter Ehe). Angesichts dieser Situation (die kritisch zu betrachten, aller Anlaß besteht) dienen die Begriffe der Aufhebbarkeit und der Nichtigkeit im Verhältnis zueinander und im Verhältnis zur Ehescheidung mehr der Sonderung unterschiedlicher Tatbestände als dem Zweck, Anknüpfungspunkte für verschiedene Rechtsfolgen zu gewinnen. Doch wird sich schwerlich bestreiten lassen, daß sie ursprünglich anders konzipiert waren und mit ihrem Hinweis auf den ehebeendenden Akt (und nicht: auf die ihn auslösenden Umstände) heute nicht mehr als Begriffe bezeichnet werden können, die ihre Begriffsinhalte unmittelbar verdeutlichen. Wenn nichtige Ehen in der Regel wie geschiedene Ehen zu behandeln sind, hat der Begriff der Nichtigkeit seine Aussagekraft verloren.[2]

6. *Heilung.* Die juristische Logik gebietet nicht, bedeutsamen Abschlußmängeln unbegrenzt Relevanz zu sichern. Mängel des Rechtsgeschäfts können durch tatsächlichen Vollzug des fehlerhaft begründeten Rechtsverhältnisses überwunden werden. Modernes Recht verbindet vornehmlich mit dem Vollzug von Dauerrechtsverhältnissen vielfach die Wirkung einer Bestandssicherung. Es neigt auch dazu, fehlerhaft begründeten Ehen die Möglichkeit einer Heilung zu eröffnen. Das EheG kennt nur zwei Abschlußmängel ohne Möglichkeit der Heilung:

---

[1] Die alte Charakterisierung der Nichtigkeit als rückwirkender Vernichtbarkeit der Ehe (so noch MünchKomm-*Müller-Gindullis,* 2 zu § 16 EheG) kann danach nicht mehr als richtig anerkannt werden.

[2] Kritisch schon *Beitzke,* § 11 III 4.

Die verbotene Verwandtenehe und die bigamische Ehe sind nichtige Ehen, für die keine Heilung vorgesehen ist.

7. Abschlußmangel und *Mangel im Tatbestand* sind verschiedene Dinge. Kein Abschlußmangel ist gegeben, wenn der Tatbestand des Eheschlusses nicht gesetzt wurde, insbesondere wenn § 11 EheG verletzt wurde, aber auch, wenn gleichgeschlechtliche Partner die Ehe eingingen.[3] Hier wie dort fehlt dem Handeln jede Wirkung im Eherecht: Es liegt eine Nichtehe vor, die keiner Vernichtung mehr bedarf.

II. Klage und Urteil

1. Nichtigkeits- und Aufhebungsgründe wirken gleicherweise auf den Bestand der Ehe erst durch Gestaltungsurteil ein,[1] doch ist mit dem Urteil allein hier wie dort der gestaltende Tatbestand nicht voll erfaßt. Nichtigkeit der Ehe wird durch Nichtigkeitsklage geltend gemacht, Aufhebbarkeit durch Aufhebungsklage (vgl. §§ 24, 35 EheG). In beiden Fällen wird mit der Klage ein privates Gestaltungsrecht durch formalisierte Willenserklärung ausgeübt. Der Tatbestand der Ehevernichtung und der Eheaufhebung ist damit ein zweigliedriger Tatbestand, in dem der Willenserklärung die größere Bedeutung zukommt: Sie macht den Abschlußmangel geltend, das Urteil vollzieht nur (zur Parallelfrage im Recht der Ehescheidung vgl. unten § 25, 3).

2. Zur Klage befugt ist in den Fällen der Nichtigkeit auch der Staatsanwalt (§ 24 EheG), doch wird die Struktur der Ehevernichtung dem Grundsatz nach dadurch nicht berührt. Die Klage des Staatsanwaltes ist nicht formalisierte Willenserklärung des privaten Rechtes, sondern ein Akt des öffentlichen Rechtes, unberührt aber bleibt die Zweigliedrigkeit des Tatbestandes mit Vorrang des ersten Gliedes.

3. *Vorwirkungen.* Bis zur Vollendung des gestaltenden Tatbestandes (also bis zur Rechtskraft des Urteils) zeitigen auch mängelbehaftete Ehen alle Wirkungen einer Ehe. Die Ehegatten sind einander zur ehelichen Lebensgemeinschaft verpflichtet; Ehebruch und Doppelehe sind möglich; die Ehen können geschieden, nichtige Ehen auch aufgehoben werden. Selbst die bigamische Ehe nimmt keine Sonderstellung ein, obwohl ihre vorläufige Wirksamkeit nur schwer mit dem

---

[3] Männliche Transsexuelle sind nach einer genitalverändernden Operation als Frau anzuerkennen. Männliche Geschlechtschromosomen und fehlende Gebärfähigkeit schließen die Anerkennung nicht aus. Der vom BGH im Namensrecht postulierte Grundsatz der geschlechtlichen Unwandelbarkeit des Menschen (BGHZ 57, 63) würde (sicherlich ungewollt) Ehen zwischen zwei Personen ermöglichen, die nach ihrem körperlichen Erscheinungsbild und Rollenverständnis Frauen sind (oder soll etwa Ehelosigkeit erzwungen werden?). Zu vollem Recht ist deshalb die Entscheidung des BGH vom BVerfG unter Hinweis auf die Artt. 2 I und 1 I GG aufgehoben worden (FamRZ 1979, 25).

[1] Der alte Streit um die Frage, ob das vernichtende Urteil ein Feststellungsurteil oder ein Gestaltungsurteil sei, kann heute als erledigt gelten. Restbestände der älteren Lehre finden sich bei *Dölle,* § 23 I 2d (Feststellungsurteil mit gesetzlicher Gestaltungswirkung).

Eheverständnis des westeuropäischen Kulturkreises zu vereinbaren ist und die Doppelung der Rechte und Pflichten des zweifach gebundenen Ehegatten zu Unzuträglichkeiten führen kann.[2]

Freilich kann dem Verlangen nach Herstellung der ehelichen Lebensgemeinschaft vielfach der Einwand des Rechtsmißbrauches (§ 1353 II; vgl. unten § 18 VI) entgegengesetzt werden,[3] so daß eine mit einem Abschlußmangel behaftete Ehe erheblich an Inhalt zu verlieren vermag. Damit wird nicht verneint, was eben erst bejaht wurde. Vorläufige Wirksamkeit der Ehe ist nicht identisch mit völliger Bedeutungslosigkeit des Vernichtungs- oder Aufhebungsrechtes. In manchen Fällen würde zudem volle Verwirklichung der ehelichen Lebensgemeinschaft zu strafbaren Handlungen führen (§ 173 StGB), die kein Ehegatte von seinem Partner fordern darf.

Besonders stark wird die Pflicht zur ehelichen Lebensgemeinschaft geschmälert bei einer bigamischen Verbindung, solange die Erstehe noch besteht. In der Konkurrenz der beiden Ehen kann nur die Erstehe den Vorrang vor der Zweitehe genießen.[4] Fast jedes ehegerechte Verhalten in der Zweitehe wäre daher zugleich ein pflichtwidriges Verhalten in der Erstehe. Trotz vorläufiger Wirksamkeit der Zweitehe ist auch jeder sexuelle Verkehr bösgläubiger Bigamisten als Ehebruch zu qualifizieren.[5]

4. Unangreifbar (aber nicht mangelfrei) werden mangelhafte Ehen, sobald die Ausübung des Gestaltungsrechtes ausgeschlossen ist. Eine derartige (mehr oder minder weit reichende) Sicherung mängelbehafteter Ehen verbindet sich auch mit jeder Klagabweisung, die dem Gestaltungsrecht mit dem Einwand unzulässiger Rechtsausübung begegnet. Verdichtet sich die Rechtsprechung in typisierender Ausformung zu festen Tatbeständen, die sich an bleibenden Umständen orientieren, so wird durch Richterrecht der Bestand an generellen Ausschlußgründen vermehrt. Im Bereich der bigamischen Ehe ist heute eine derartige Tendenz zu erkennen (vgl. unten § 13 III 2).

---

[2] Vgl. *Boehmer,* NJW 1959, 2187.

[3] Vgl. aber auch *Beitzke,* § 11 III 3, der die Ergebnisse der h. L. zwar billigt, aber (petitio principii!) aus den beschränkteren Rechtswirkungen fehlerhafter, jedoch durchgeführter Dauerrechtsverhältnisse begründet. Diese Lehre gerät in Schwierigkeiten, wenn die nichtige Ehe an Gehalt gewinnt (Klagabweisung trotz Bigamie wegen unzulässiger Rechtsausübung). Vgl. *Staudinger-Dietz,* 51 vor § 16 EheG.

[4] Ganz h. M. Vgl. *Dölle,* § 23 I 2b; MünchKomm-*Müller-Gindullis,* 5 zu § 23 EheG; *Hoffmann-Stephan,* 13 zu § 23 EheG mit weit. Nachw. Auch BGH, FamRZ 1966, 191 (Unterhalt der Bigamistin im konkreten Fall vorrangig) steht nicht entgegen, weil die Doppelehe nur im Rahmen von Billigkeitserwägungen (§ 1361) beachtet wurde.

Klar für einen Vorrang der Zweitehe dagegen AG Konstanz, FamRZ 1971, 92 mit Anm. *Molls* (zu § 1361).

Wendet sich der Bigamist einem Dritten zu, so wird jeder der beiden Ehegatten Unterlassung fordern dürfen. Vgl. *Müller-Freienfels,* JZ 1959, 638.

[5] Vgl. *Habscheid,* FamRZ 1958, 204; *Hoffmann-Stephan,* 13 zu § 23 EheG; *Soergel-Donau,* 5 zu § 23 EheG; *Staudinger-Dietz,* 15 zu § 20 EheG; *Dölle,* § 23 I 2b.

§ 13. Nichtigkeit der Ehe

I. Fälle

Schrifttum: *Ramm,* Eheverbot und Ehenichtigkeit, JZ 1963, 47 und 81.

1. Nichtigkeit ist im allgemeinen Abschlußmängelrecht die Folge der Geschäftsunfähigkeit und gleichgewerteter Zustände, die Folge ferner von Formmängeln und verbotswidrigem Handeln (§§ 134, 138), schließlich die Folge von schweren Willensmängeln.

Das EheG sieht Nichtigkeit (= Vernichtbarkeit) der Ehe bei Mängeln in der Geschäftsunfähigkeit im gleichen Umfang vor wie das allgemeine Abschlußmängelrecht (§ 18 EheG). Stark eingeschränkt hat es dagegen den Bereich der bedeutsamen Formmängel: Vernichtbar ist eine Ehe nur, wenn § 13 EheG verletzt wurde (§ 17 EheG). Bedeutungslos sind sogar jene Willensmängel geworden, die sonst Nichtigkeit des Rechtsgeschäftes bewirken: Die Tatbestände der durchschauten Mentalreservation, des Scheingeschäftes und der Scherzerklärung sind für den Eheschluß belanglos.

Verbotswidriges Handeln heißt im Eherecht Heirat trotz eines Eheverbotes. Die Zahl der Eheverbote mag nun – trotz Verringerung in jüngster Zeit – groß erscheinen, doch bleibt zu bedenken, daß alle Verbote exakt konturiert wurden und sich das Eherecht vom allgemeinen Abschlußmängelrecht dort emanzipiert, wo dieses in Form einer Generalklausel die jeweiligen Standards der Gesellschaft durchzusetzen wünscht: Es gibt *kein Verbot der sittenwidrigen Ehe.*

Häufiger als das allgemeine Abschlußmängelrecht macht das Eherecht von der Möglichkeit Gebrauch, sanktionslose Verbote zu setzen: Die Eheverbote der §§ 8–10 EheG (Wartezeit, Auseinandersetzungszeugnis, Ehefähigkeitszeugnis für Ausländer) können ohne jede Sanktion, das Eheverbot des § 7 EheG (Adoptivverwandtschaft und Adoptivschwägerschaft) jedenfalls ohne Schaden für die Ehe (zu den Folgen für das Annahmeverhältnis vgl. § 1766) verletzt werden. Im Anschluß an die Terminologie des kanonischen Rechts bezeichnet man diese Verbote gern als „aufschiebende Eheverbote“ und hebt sie damit von den anderen, von den „trennenden Eheverboten“ ab. Doch wird sich schwerlich behaupten lassen, daß der Begriff seinen Inhalt (also das Fehlen einer eherechtlichen Sanktion) treffend wiedergibt.

2. Drei Gruppen nichtiger Ehen sind zu unterscheiden. Es gibt nichtige Ehen, die ihren Mangel nie verlieren, mag er vielleicht auch nicht mehr geltend gemacht werden können (unten III.). Es gibt Ehen, deren Mangel durch Bestätigung sowie dauerhafte Lebensgemeinschaft der Ehegatten geheilt werden kann (unten IV.). Es gibt schließlich nichtige Ehen, deren Mangel unter dem Vorbehalt eines später erteilten Dispenses vom Eheverbot steht (unten V.). Die praktische

Bedeutung aller Gruppen ist sehr gering. Im Jahre 1975 wurden überhaupt nur 37 Ehen vernichtet.

II. Die Klage

Schrifttum: *Ferid,* Beerbung eines bigamischen Erblassers, in dessen einer Ehe die Zugewinngemeinschaft gegolten hat, FamRZ 1963, 410.

1. *Klagrechte.* Klagberechtigt sind die Ehegatten der nichtigen Ehe sowie der Staatsanwalt; die bigamische Ehe kann überdies nach Nichtigkeitsklage des ersteehelichen Ehegatten vernichtet werden (§ 24 EheG). Interessen Dritter vermitteln diesen kein Klagrecht, mögen sie auch noch so evident sein. Die geringe Zahl der Klagberechtigten hat mehr als prozessuale Bedeutung; mit ihr gewinnen die nichtigen Ehen an Bestandsschutz. Kann eine Ehe nur nach Klage vernichtet werden, muß jede Verringerung der zur Klage Legitimierten bestandsfördernd wirken.

2. Die Ehegatten sind klagberechtigt auch, wenn sie den Abschlußmangel bereits beim Eheschluß kannten. Der naheliegende Gedanke, alle Klagen Bösgläubiger als venire contra factum proprium abzuweisen, verfehlt die Funktion des Klagrechtes. Die Ehegatten sind berechtigt nicht nur um ihrer eigenen Interessen willen. Auch sie sind Sachwalter der gestörten Eheordnung, mögen auch ihre Motive stets von den eigenen Interessen beherrscht sein. Unzulässige Rechtsausübung kann daher erst in Betracht kommen, wenn die Störung der Eheordnung an Intensität verloren hat und deshalb die Vernichtung der Ehe nicht mehr notwendig ist.

Der Ehegatte klagt gegen seinen Partner (§ 632 I 2 ZPO), der ersteheliche Ehegatte bei bigamischer Ehe gegen die Bigamisten als notwendige Streitgenossen (§§ 632 II, 62 ZPO). Der Staatsanwalt kann den von einem Ehegatten eingeleiteten Rechtsstreit (als dessen notwendiger Streitgenosse) selbständig betreiben (§ 634 ZPO); er kann den Rechtsstreit allein fortführen, wenn der klagende Ehegatte ihn nicht mehr betreiben will (Klagrücknahme) oder kann (Tod).

3. Das Klagrecht des Staatsanwaltes dient allein öffentlichen Interessen. Es ist nach pflichtgemäßem Ermessen auszuüben, das sich an der Intensität der Störung der Eheordnung zu orientieren hat (§§ 23ff. EGGVG kommen nicht in Betracht!). Nichtige Ehen, die der Heilung ihres Mangels entgegengehen, zu zerstören, ist nicht Aufgabe des Staatsanwaltes.

Die Klage des Staatsanwaltes richtet sich gegen die Ehegatten als notwendige Streitgenossen (§§ 632 I 1, 62 ZPO), nach dem Tode eines Ehegatten gegen den Überlebenden.

4. *Ende der Klagrechte.* Mit der Auflösung der Ehe endet das Klagrecht der Ehegatten ohne Rücksicht auf den Grund der Auflösung (also auch, wenn die Ehe geschieden oder aufgehoben wurde), mit dem Tod beider Ehegatten verliert

auch der Staatsanwalt seine Befugnis (§ 24 I 2 und II EheG).[1] Private Interessen an der Vernichtung der Ehe werden also eher preisgegeben als öffentliche, doch werden auch jene nicht über den Tod der Ehegatten hinaus gewahrt. Zugrunde liegt der Gedanke zumindest abnehmender Intensität der Störung der Eheordnung mit Beendigung der Ehe und erst recht mit dem Tode der Ehegatten. Überraschend sind die Folgen bei der Beerbung eines Bigamisten, wenn sein zweitehelicher Partner vor Vernichtung der (nur noch durch Klage des Staatsanwaltes angreifbaren!) bigamischen Ehe stirbt: Der Tod der Bigamisten entzieht die Ehe endgültig der Vernichtung; der Erstverstorbene wird von zwei Ehegatten kraft Gesetzes beerbt. Man hat vorgeschlagen, den Erben des zweitehelichen Ehegatten (als Erbeserben) den Einwand der unzulässigen Rechtsausübung entgegenzusetzen, wenn sie das Erbrecht ihres Erblassers ausüben;[2] allgemeine Anerkennung hat der Vorschlag jedoch nicht gefunden.[3]

III. Unheilbare Ehen

Schrifttum: *Beitzke,* Heilung bigamischer Ehen, MDR 1952, 388; *Boehmer,* Rechtsmißbräuchliche Erhebung der Nichtigkeitsklage bei Doppelehe, NJW 1959, 2185.

1. Nichtigkeit ohne Möglichkeit der Heilung ist für die bigamische Verbindung und für die verbotene Verwandtenehe vorgesehen (§§ 20, 21 EheG). Die Rechtsfolge ist für die blutschänderische Verbindung noch nie als fragwürdig bezeichnet worden, mag man auch auf die Verbindung von nichtehelichen Halbgeschwistern (mit zunächst unbekanntem Vater) als Fall hingewiesen haben, der bei mißbräuchlicher Ausübung des Klagrechtes den Einwand unzulässiger Rechtsausübung verlange.[1] Sie wird dagegen für die bigamische Verbindung vielfach als änderungsbedürftig empfunden, zuweilen freilich auch unter Hinweis auf Art. 6 GG verteidigt.[2] Gefordert wird Heilung der bigamischen Verbindung durch Beendigung der Erstehe.

2. *Unzulässige Rechtsausübung.* Wenn der Vollzug einer Norm die Ausübung von Klagrechten voraussetzt, sind Änderungen der Rechtslage ohne jeden Ein-

---

[1] Beide Einschränkungen werden für unvereinbar mit Art. 6 GG gehalten von *Ramm,* JZ 1963, 83f.

[2] *Kanka,* DR 1939, 1369. Vgl. auch *Schrodt,* JR 1950, 235.

[3] Das Erbrecht erkennen etwa an *Beitzke,* § 11 III 2a; *Lange,* AcP 145 (1939), 145; *Boehmer,* NJW 1959, 2187; *Erdsiek,* NJW 1962, 2248; *Hoffmann-Stephan,* 24 zu § 5 EheG; *Dölle,* § 23 V 3; *Erman-Hefermehl,* 7 zu § 24 EheG; *Palandt-Diederichsen,* 3 zu § 24 EheG; *Staudinger-Dietz,* 17 zu § 20 EheG. Die Verteilung des Nachlasses – insbesondere wenn in einer oder beiden Ehen Zugewinngemeinschaft galt (§ 1371!) – ist str. Vgl. dazu *Ferid,* FamRZ 1963, 410; *Epple* und *Ferid,* FamRZ 1964, 184.

[1] Vgl. *Boehmer,* NJW 1959, 2187.

[2] Für eine Auflockerung bereits *Wolff,* Kriegsverschollenheit und Wiederverheiratung, Festgabe Bergbohm, 1919, S. 131ff.; vgl. ferner *Lange,* AcP 145 (1939), 162f. Verteidigt wird das Gesetz von *Ramm,* JZ 1963, 81ff. (Einwand unzulässiger Rechtsausübung nur bei bigamischen Verbindungen, die in Ausnahmesituationen eingegangen wurden). Vgl. auch *Ambrock,* I 1 zu § 24 EheG (unter Hinweis auf die §§ 1565, 1568).

griff in den Normtext durch Beschränkungen der Klagrechte zu erreichen. Das Unbehagen mit der starren Regelung des § 20 EheG hat sich daher auch in Grenzen niedergeschlagen, die dem Klagrecht des Staatsanwaltes und vornehmlich dem privaten Gestaltungsrecht der Ehegatten gezogen werden. Zuweilen wird zum Schutz der Zweitehe (vor dem Zugriff des Staatsanwalts) gar Art. 6 GG bemüht;[3] meist ist vom Einwand der unzulässigen Rechtsausübung als immanenter Schranke der Gestaltungsbefugnisse die Rede, zuweilen nur als Grenze, die den Ehegatten gezogen ist, zuweilen aber auch als Grenze, die selbst der Staatsanwalt zu respektieren hat (so BGH, FamRZ 1975, 332).

Gering ist bislang die Bereitschaft zu typisierender Ausformung des § 242 gewesen, mit der allein Rationalität erreicht werden kann, Berechenbarkeit der Urteile und Rechtsgleichheit. Die Überzeugung, daß die Zweitehe erhalten bleiben solle, wenn die Bigamisten nach Auflösung der Erstehe ihre Ehe fortsetzen,[4] ist zwar sichtlich darum bemüht, einen konturierten Ausschlußtatbestand zu formulieren. Der BGH hat jedoch seine Maßstäbe bewußt „elastisch" gehalten: Er weist Ehegatten ab, wenn die Klage sittlich zu mißbilligen ist, insbesondere aber Ausfluß einer sittlich verwerflichen Gesinnung ist;[5] er tritt dem Staatsanwalt entgegen, wenn das öffentliche Interesse an der Vernichtung der bigamischen Verbindung gegenüber den Belangen der Ehegatten nicht sonderlich ins Gewicht fällt und die Beendigung der Zweitehe sittlich nicht gerechtfertigt ist.[6]

Der Nachteil einer derart differenzierenden und letztlich diffusen Rspr. ist evident: Die verschiedenen Klagrechte folgen verschiedenen Grundsätzen; die eben gegen die Klage eines Ehegatten gesicherte Ehe kann alsbald dem Zugriff des Staatsanwaltes zum Opfer fallen. Wenn zudem den Motiven eines klagenden Ehegatten ausschlaggebende Bedeutung zukommt, so wird man es ihm nicht verwehren können, nach einiger Zeit erfolgreich einen Wandel seiner Motive geltend zu machen.

Der Einwand unzulässiger Rechtsausübung sollte daher nur auf konstanten Sachverhalten aufbauen, die gleichzeitig das öffentliche Interesse an der Vernichtung der Ehe beseitigen. Auflösung der Erstehe und Fortsetzung der bigamischen

---

[3] Vgl. LG Frankfurt, NJW 1976, 1096 (Klage des Staatsanwalts; Erstehe seit 8 Jahren geschieden; Zweitehe seit 11 Jahren intakt; ein Kind der Bigamisten). Gegen die Entscheidung („unhaltbar") MünchKomm-*Müller-Gindullis,* 13 zu § 24 EheG.

[4] *Beitzke,* MDR 1952, 391 f. Ihm folgt *Boehmer,* NJW 1959, 2189, der aber das Klagrecht des Staatsanwaltes unangetastet läßt. Vgl. auch *Bruns,* JZ 1959, 151.

[5] Vgl. BGHZ 30, 140 (Klagabweisung, weil die Vernichtung der Ehe nur gewünscht wurde, um eine Drittehe schließen zu können); 37, 51; BGH, FamRZ 1964, 418. Für die Lösung des Problems ohne Ausformung fester Tatbestände auch *Müller-Freienfels,* JZ 1959, 635 ff.; *Hoffmann-Stephan,* 15 zu § 24 EheG; *Staudinger-Dietz,* 41 ff. zu § 20 EheG; *Dölle,* § 22 I 3b; MünchKomm-*Müller-Gindullis,* 10 ff. zu § 24 EheG.

[6] Vgl. BGH, FamRZ 1975, 332 (erfolgreiche Klage des Staatsanwalts nach 29 Jahren Zweitehe; Erstehe nicht geschieden, doch hatten sich die Ehegatten bald getrennt; der Staatsanwaltschaft war die Bigamie seit 24 Jahren bekannt!).

Ehe bieten sich überzeugend an: Die Auflösung der Erstehe setzt die Intensität der Störung der Eheordnung herab; die Fortsetzung der Zweitehe begründet den Vorwurf eines venire contra factum proprium.[7]

IV. Heilbare Ehen

1. Heilbare Nichtigkeit ist Folge eines Mangels in der Geschäfts- und Urteilsfähigkeit; Heilung tritt durch Bestätigung ein. Begünstigt sind mithin die Ehen der Geschäftsunfähigen, der Bewußtlosen und der vorübergehend Geistesgestörten (§ 18 I EheG).[1] Sie werden ex tunc endgültig wirksam, wenn der beim Eheschluß behinderte Ehegatte nach Wegfall des Mangels (trotz Kenntnis der Nichtigkeit oder doch trotz Zweifels an der Wirksamkeit der Verbindung) zu erkennen gibt, daß er die Ehe fortsetzen will (§ 18 II EheG). Das den Mangel heilende Verhalten (etwa Wiederaufnahme der ehelichen Lebensgemeinschaft, Sexualverkehr usw.) ist nicht Willenserklärung, weil die Rechtsfolge nicht gewollt zu sein braucht, wohl aber geschäftsähnliche Handlung, die funktionell einer (nachgeholten) Eheschließungserklärung entspricht und deshalb im Recht des Eheschlusses ihre Maßstäbe finden muß, freilich keiner Form und keines Zuganges beim Partner bedarf. Die Ehe eines Geschäftsunfähigen wird etwa aufhebbare Ehe, wenn er nach Erreichen beschränkter Geschäftsfähigkeit ohne Zustimmung seines gesetzlichen Vertreters bestätigt (§ 30 EheG); Willensmängel sind wesentlich nur in der Beschränkung des Eherechtes usw.

Wenn die Bestätigung den Maßstäben des Eheschlusses zu unterwerfen ist, erweist sich die h. L. als falsch, die einer Fortsetzung der Ehe auf Probe keine Bedeutung beimißt.[2] Wie der Eheschluß auf Probe zu einer Ehe ohne Probezeit führt, muß auch die Bestätigung auf Probe den Mangel der Geschäfts- und Urteilsfähigkeit ohne jede Einschränkung heilen. Der gleiche Grundsatz gilt auch für die bedingte Bestätigung: Sie ist unbedingte Bestätigung[3] so wie auch der bedingte Eheschluß zu einer unbedingten Ehe führt (vgl. dazu oben § 11 II 8).

2. Heilbar ist ferner die formnichtige Ehe (§ 17 EheG); sie wird unangreifbar,

---

[7] Freilich bleibt das Klagrecht des ersteheIichen Ehegatten zu dessen Lebzeiten. Doch wird auch ihm häufig der Einwand unzulässiger Rechtsausübung entgegenstehen.

[1] Die h. L. (vgl. *Staudinger-Dietz,* 2 zu § 18 EheG m. Nachw.) verlangt mit Recht, daß die vorübergehende Störung der Geistestätigkeit die freie Willensbestimmung ausschließt. Gegen sie *Ramm,* JZ 1963, 53.

[2] Die h. L. geht auf RGZ 163, 139 zurück. Das Urteil betrifft aber eine Bestätigung nach arglistiger Täuschung.

[3] A. A. die h. L. Meist wird eine bedingte Bestätigung für unwirksam gehalten (vgl. *Erman-Hefermehl,* 4 zu § 18 EheG; *Hoffmann-Stephan,* 13 zu § 18 EheG; MünchKomm-*Müller-Gindullis,* 6 zu § 18 EheG). Zuweilen wird auch die bedingte Bestätigung zu einem Akt umgewertet, der lediglich eine spätere Bestätigung in Aussicht stellt (vgl. *Staudinger-Dietz,* 12 zu § 18 EheG; *Soergel-Donau,* 3 zu § 18 EheG) und damit eine Deutung gewählt, die dem Parteiwillen nicht gerecht wird. Richtig ist, daß auch der Text dem Parteiwillen „Gewalt antut" (Kritik von *Staudinger-Dietz*), doch folgt er insoweit dem Gesetz (§ 13 II EheG).

wenn „die Ehegatten nach der Eheschließung fünf Jahre oder, falls einer von ihnen vorher verstorben ist, bis zu dessen Tod, jedoch mindestens drei Jahre, als Ehegatten miteinander gelebt haben, es sei denn, daß bei Ablauf der fünf Jahre oder zur Zeit des Todes des einen Ehegatten die Nichtigkeitsklage erhoben ist" (jeweils Abs. II). Der Praxis ist die Verwirklichung der Norm so gut wie unbekannt: Formnichtige Ehen sind selten. Eine Pflicht, um die Heilung des Formmangels besorgt zu sein, besteht nicht; der Berufung auf die Pflicht zur ehelichen Lebensgemeinschaft steht § 1353 II entgegen.

Keine heilende Wirkung eignet der fehlerfreien Wiederholung des Eheschlusses, die sich als planmäßig ehesichernder Akt anbietet. Sie wirkt nur für die Zukunft, sichert freilich die Heilung durch andauernde Lebensgemeinschaft für die Vergangenheit. Mit dem zweiten Eheschluß entfällt das öffentliche Interesse an der Vernichtung der Ehe; einer (schwer vorstellbaren) Nichtigkeitsklage der Ehegatten würde jedenfalls der Einwand der unzulässigen Rechtsausübung entgegenstehen.

V. Dispensbedingte Nichtigkeit

Dispensbedingte Nichtigkeit ist die Sanktion des Eheverbotes der Schwägerschaft; verbotswidrig geschlossene Ehen werden vollwirksam, wenn der Dispens nachträglich (auch noch nach Auflösung der Ehe, jedoch nicht mehr nach Rechtskraft des vernichtenden Urteiles) gewährt wird (§ 21 II EheG). Die Rechtsfolge ist unabweisbar (wer den Dispens vor dem Eheschluß zugesteht, kann ihn sinnvoll nach der Heirat nicht ausschließen), wertet aber die Sanktion des Eheverbotes fast bis zur Bedeutungslosigkeit ab: Nach dem Eheschluß wird der Dispens erfahrungsgemäß fast nie mehr verweigert.

VI. Wirkungen der Vernichtung

Schrifttum: *Beitzke,* Vermögensrechtliche Folgen fehlerhafter Ehen, Festschrift Knur, 1972, S. 39.

1. Das *vernichtende Urteil* wirkt für und gegen jedermann (§ 636a ZPO). Es kann und sollte (muß es aber nicht, sofern nicht eine Kostenentscheidung gem. § 93a ZPO dazu zwingt) in den Gründen aussprechen, ob einem, beiden oder keinem Ehegatten die Nichtigkeit der Ehe bereits beim Eheschluß bekannt war. Die für die vermögensrechtlichen Folgen des Urteils wesentliche Feststellung (vgl. dazu unten 3.) nimmt freilich an der Rechtskraft des Urteils nicht teil.[1] Sie

---

Nach dritter Ansicht sind Bedingungen insoweit zulässig, als sie nicht dem Wesen der Ehe widersprechen. Vgl. *Dölle,* § 22 I 2a cc.

[1] Äußerungen zu dieser Frage aus der Zeit vor dem 1. EheRG haben ihre Bedeutung verloren, weil mit dem Schuldspruch im Scheidungsurteil eine für die Frage erhebliche Parallele entfallen ist. Wie der Text MünchKomm-*Müller-Gindullis,* 7 zu § 23 EheG; *Palandt-Diederichsen,* 2 vor § 16 EheG.

kann jedoch (und wird zumeist) tatsächlich späterem Streit vorbeugen: Das einmal Festgestellte wird erfahrungsgemäß auch dann nur ungern erneut in Frage gestellt, wenn rechtliche Schranken nicht bestehen.

2. *Personenrecht.* Kinder aus nichtigen Ehen bleiben eheliche Kinder (§§ 1591 I, 1719 S. 1); die elterliche Sorge wird nach den Regeln des Scheidungsrechtes geordnet (§ 1671). Diese Normen setzen keine Ausnahme von einer gegenläufigen Regel der rückwirkenden Vernichtung aller personenrechtlichen Bezüge. Das Gesetz mag zwar im übrigen schweigen oder auch nur Tatbestände enthalten, die für die vernichtete Ehe nicht eindeutig sind („auch wenn die Ehe nicht mehr besteht"). Daß die Normen des Kindschaftsrechtes aber speziell formulieren, was Inhalt eines allgemeinen Rechtsgedankens von der Beständigkeit des Personenrechtes für die Zeit der Ehe ist, folgt nicht nur aus den Besonderheiten personaler Beziehungen überhaupt, sondern auch aus der Wendung des Vermögensrechtes, das heute die vernichtete Ehe grundsätzlich wie eine geschiedene Ehe behandelt und nur die Wirkungen „für die Zukunft" zur Disposition stellt.[2] So verlieren Ehegatten, die anläßlich der Eheschließung den Geburtsnamen des Partners erwarben, diesen nur für die Zukunft (§ 1355 IV 1 gilt nicht!); so sind Wirkungen, die sich mit der Ehe im Staatsangehörigkeitsrecht verbanden, nur ex nunc beendet; so zeitigen vernichtete Ehen im Prozeßrecht alle Nachwirkungen geschiedener Ehen: Die prozessualen Normen, die Ehegatten Weigerungsrechte einräumen, und die prozessualen Normen, die Ehegatten vom Richteramt ausschließen, gelten auch nach Vernichtung der Ehe.[3]

3. *Vermögensrecht.* Rückwirkende Vernichtung der Ehe würde ungeschmälerte Anwendung des Schuld- und Sachenrechts auf alle wirtschaftlichen Vorgänge während der Zeit der (vorläufig) wirksamen Ehe bedeuten: Unterhaltsleistungen wären kondizierbar, weil sine causa erbracht; Eheverträge wären gegenstandslos usw. Daß sich damit jene Schwierigkeiten einstellen, die uns auch sonst (vornehmlich im Gesellschaftsrecht) bei der Abwicklung komplexer Verhältnisse geläufig sind, ist selbstverständlich. Das Gesetz weicht deshalb in das Scheidungsrecht aus (und generalisiert damit einen Ansatz, den das Gesellschaftsrecht nur differenzierend anerkennt): Was die Ehe forderte und gebot auf gesetzlicher oder auch vertraglicher Basis, wird nach Vernichtung der Ehe nicht mehr in Frage gestellt; selbst Ausgleichsrechte und Nachwirkungen der Ehe (die doch nie mängelfrei zustandekam) werden grundsätzlich anerkannt und nur in bestimmter Konstellation zur Disposition gestellt. Mit diesem Rigorismus werden in höchst zweifelhafter Manier mängelbehaftete und gescheiterte Ehe gleichgestellt; das Eherecht wird grobes Recht.[4]

---

[2] Die früher streitige Frage nach Grundsatz und Ausnahme im Personenrecht kann damit als erledigt gelten.

[3] Ebenso *Beitzke,* § 11 III 4a und b; MünchKomm-*Müller-Gindullis,* 18ff. zu § 26 EheG.

[4] Kritisch dazu *Beitzke,* Festschrift Knur, S. 39ff. (gerügt wird vornehmlich die Begünstigung

Ehegatten, die gleicherweise redlich beim Eheschluß waren (d.h. die Nichtigkeit ihrer Ehe nicht positiv kannten), und Ehegatten, die gleicherweise unredlich waren, werden ohne Ausnahme wie geschiedene Ehegatten behandelt (§ 26 I EheG): Zugewinnausgleich und Versorgungsausgleich sind (falls sie nicht vertraglich abbedungen wurden) vorzunehmen; nacheheliche Unterhaltsansprüche über Jahre und Jahrzehnte sind möglich (§§ 1569ff.).

Redlichen Ehegatten, die mit einem unredlichen Partner die Ehe eingingen, räumt das Gesetz ein auf sechs Monate befristetes Gestaltungsrecht ein, dessen Ausübung durch (formlos mögliche) Willenserklärung gegenüber dem Partner die vermögensrechtlichen Folgen einer Scheidung wenigstens „für die Zukunft" ausschließt (§ 26 II 1 EheG).[5] Es ist eine Art Retorsionsrecht, das – einmal ausgeübt – die Rechtslage unwiderruflich und endgültig gestaltet: Nacheheliche Unterhaltsansprüche sind dann ausgeschlossen; ein Versorgungsausgleich findet nicht statt. Zwar steht dieser dem Zugewinnausgleich nahe (der – vorbehaltlich des gewiß nicht generell anwendbaren § 1381[6] – stets zu erfolgen hat), zwar handelt es sich bei ihm um einen Ausgleich, der gerade auf die Zeit der Ehe bezogen ist und damit keinesfalls als „Nachwirkung der Ehe" begriffen werden kann, doch war sein Ausschluß von der Legislative gewollt: Man war sich einig in der Sache[7] und nachlässig in der Formulierung der Norm.

4. Der Entschluß, die nichtige Ehe für die Vergangenheit überhaupt und für die Fragen der Auseinandersetzung und der Zukunft wenigstens grundsätzlich dem Scheidungsrecht zu unterwerfen, hat eine (bewußt gewollte) Außenwirkung: Der *Schutz Dritter* vor überraschenden Wendungen der vermögensrechtlichen Beziehungen der Ehegatten ist kein Thema mehr. Umgekehrt sind freilich nunmehr die Interessen Dritter zu bedenken, denen die rückwirkende Vernichtung der Ehe Vorteile bringen würde (wie den Gläubigern eines Ehegatten, dessen Vermögen durch den Zugewinnausgleich geschmälert wird). Das Gesetz hat sie zu Recht grundsätzlich nicht beachtet: Auf die Vernichtung der Ehe durfte niemand vertrauen und einer Ehescheidung hätte niemand entgegentreten können.

---

unredlicher Ehegatten im Verhältnis zu redlichen durch Ausschluß jeder Rückwirkung des vernichtenden Urteils).

[5] Werden Scheidungsfolgen geltend gemacht, so liegt in dem Verlangen als solchem noch kein Verzicht auf das Gestaltungsrecht (es fehlt bereits ein eindeutiges Verhalten, aus dem der Schluß auf einen Verzichtswillen gezogen werden könnte, weil ein Meinungswechsel durchaus vorbehalten sein kann und bei Auftreten von Schwierigkeiten auch plausibel ist). Vgl. *Erman-Hefermehl,* 8 zu § 26 EheG a.F. Für die Gegenposition vgl. MünchKomm-*Müller-Gindullis,* 15 zu § 26 EheG; *Dölle,* § 24 II c aa; *Staudinger-Hübner,* 47 zu § 26 EheG a.F.; *Hoffmann-Stephan,* 25 zu § 26 EheG a.F.

Nicht zu bestreiten ist, daß die Wahl der Scheidungsfolgen im Einzelfall die Kriterien einer Verzichtserklärung (einschließlich des notwendigen Erklärungsbewußtseins) erfüllen kann.

[6] Für generelle Anwendung wohl *Beitzke,* Festschrift Knur, S. 43. Eine zu Korrekturen im Einzelfall berufene Norm darf jedoch nicht der Gesetzeskorrektur überhaupt dienen.

[7] Vgl. BTDrucks. VII/650 S. 184. Wie der Text daher auch *Maier,* DAngVers. 1976, 438f.; *Beitzke,* § 11 III 4c.

Geschützt wird allein der Gatte der Erstehe nach Vernichtung einer bigamischen Verbindung, jedoch auch er nur beschränkt: Nachehelicher Unterhalt und Versorgungsausgleich kann von unredlichen Bigamisten nicht gefordert werden, sofern die Ausübung jener Rechte die entsprechenden Ansprüche des erstehelichen Gatten beeinträchtigen würde (§ 26 III EheG). Schon der Zugewinnausgleich ist wieder rücksichtslos wie nach geschiedener Ehe vorzunehmen, obwohl gar nicht übersehen werden kann, daß die Existenz eines zweiten Ehegatten mit güterrechtlichem Status eine einfache Abschichtung ausschließt.[8]

5. *Schadensersatz*. Nach Vernichtung der Ehe kann ein redlicher Ehegatte von seinem unredlichen Partner aus § 826 Ersatz für alle Schäden fordern, die aus deliktischem Eheschutz nach Scheidung der Ehe gefordert werden könnten (vgl. dazu unten § 17 III). Weiterer deliktischer Schutz ist mit § 26 EheG nicht zu vereinbaren.[9]

§ 14. Die aufhebbare Ehe

Schrifttum: *Ramm,* Eheaufhebung oder Eheanfechtung, Festschrift v. Hippel, 1967, S. 313; *Beitzke,* Vermögensrechtliche Folgen fehlerhafter Ehen, Festschrift Knur, 1972, S. 39.

I. Fälle

1. Aufhebbarkeit ist die Reaktion des EheG auf Willensmängel, die im allgemeinen Abschlußmängelrecht ein Anfechtungsrecht begründen, auf Irrtum also, arglistige Täuschung und widerrechtliche Drohung, aber auch auf den Mangel fehlender Einwilligung des gesetzlichen Vertreters. Von den Fällen, die Nichtigkeit der Ehe begründen, sondern sie sich durch ihren privaten Charakter: Ein öffentliches Interesse an der Vernichtung der Ehe ist bei ihnen nicht gegeben (folgerichtig ist auch der Staatsanwalt nicht befugt, Klage zu erheben).

2. Früher (vor dem 1. EheRG) entsprachen die Rechtsfolgen der Eheaufhebung jenen der Ehescheidung; sie schieden sich deutlich von den Folgen, die sich mit der Vernichtung einer nichtigen Ehe verbanden. Heute entsprechen die Rechtsfolgen wenigstens weithin jenen der Vernichtung einer nichtigen Ehe; sie können sich dagegen von den Rechtsfolgen der Ehescheidung in Grenzen entfernen.

Der Prozeß der Umschichtung mag einsichtig sein: In ihm wirkt einerseits die Überzeugung, daß auch die Nichtigkeit einer Ehe grundsätzlich nicht zu ihrer rückwirkenden Vernichtung führen dürfe (mit Tendenz zur Näherung an die

[8] Vgl. dazu *Beitzke,* Festschrift Knur, S. 51 ff.

[9] Auch Ersatz für vermögensrechtliche Positionen, die durch den Eheschluß mit dauerhafter Wirkung verlorengingen (Renten) und nicht durch nacheheliche Unterhaltsansprüche ausgeglichen werden, kann heute nicht mehr gefordert werden (anders überzeugend für das frühere Recht OLG Celle, FamRZ 1968, 524 mit Anm. *Bosch*).

Jeder deliktische Schutz wird abgelehnt von MünchKomm-*Müller-Gindullis,* 23 zu § 26 EheG.

Aufhebung der Ehe) und andererseits die Kritik, die an der Gleichung Aufhebung = Scheidung geübt wurde,[1] einer Gleichung, die den Unterschied zwischen Abschlußmangel und Scheitern der Ehe ignoriert (mit Tendenz zur Entfernung von der Scheidung). Zu einer überzeugenden Lösung hat der Prozeß der Umschichtung dagegen nicht geführt. Differenzierung der Tatbestände und Nivellierung der Rechtsfolgen sind schwer miteinander zu vereinbaren. Der besondere Unwert der einzelnen Abschlußmängel (und wer wollte schon bestreiten, daß der Unwert einer arglistigen Täuschung oder einer widerrechtlichen Drohung größer ist als der Unwert der Mißachtung eines dispensablen Eheverbots?) wird vom Gesetz nicht beachtet.[2]

3. Die *tatsächliche Bedeutung der Eheaufhebung* ist in den vergangenen Jahren kontinuierlich zurückgegangen (1950: 767 Fälle; 1974: 73 Fälle; 1975: 66 Fälle). Augenscheinlich wird die Möglichkeit einer Eheaufhebung (die nie sonderlich bekannt oder gar populär war) schnell zugunsten der Ehescheidung verworfen, wenn eine Trennung von beiden Ehegatten gewünscht wird. Dabei mag auch der ungewohnte Status des ,,aufgehobenen Ehegatten" abschreckend wirken. Entscheidender dürfte die Leichtigkeit sein, mit welcher eine Scheidung zu erreichen war (und ist); eine ,,Konventionalaufhebung" hat es dagegen nie gegeben.

II. Fehlen der Einwilligung des gesetzlichen Vertreters (§ 30 EheG)

1. Der beschränkt Geschäftsfähige ist beim Eheschluß, aber auch bei der Bestätigung des § 18 II EheG an die Einwilligung seines gesetzlichen Vertreters gebunden; selbständiges Handeln begründet lediglich eine aufhebbare Ehe. Freilich verliert die Ehe (§ 108 entsprechend) ihren Mangel, wenn der gesetzliche Vertreter sie noch genehmigt oder der Vormundschaftsrichter die Genehmigung auf Antrag auch nur eines Ehegatten ersetzt, weil sie ohne triftige Gründe verweigert wurde. In beiden Fällen wird der zunächst unvollständige Abschlußtatbestand später vervollständigt; die bloße Verzögerung eines Tatbestandselementes kann keine Aufhebung der Ehe mehr rechtfertigen. Genehmigungsfähig bleibt die Ehe auch nach Erhebung der Aufhebungsklage. *Im zweigliedrigen Tatbestand der Eheaufhebung beendet erst das zweite Glied – das Aufhebungsurteil – jenen Schwebezustand, der einer Genehmigung Raum gewährt.*

---

[1] Für Rückkehr zur rückwirkenden Anfechtung hat sich *Ramm,* Festschrift v. Hippel, S. 313ff., ausgesprochen unter Berufung auf das Freiheitsprinzip bei der Eheschließung (S. 319) und die (von der jüngeren Rechtsentwicklung auch in and. Zusammenhängen überholte) Überzeugung, daß ,,ein Dauerrechtsverhältnis die einheitliche rechtliche Wertung von seinem Beginn bis zu seiner Beendigung fordert" (S. 314). Für eine beschränkte Rückwirkung traten ein *Lange,* AcP 145 (1939), 138; *Beitzke,* DRZ 1946, 137. Gegen sie vornehmlich *Brox,* Die Einschränkung der Irrtumsanfechtung, 1960, S. 226ff.

[2] Vgl. dagegen den abstufenden Vorschlag von *Beitzke,* Festschrift Knur, S. 44ff. (Recht eines gutgläubigen Ehegatten, vermögensrechtlich Rückwirkung der Ehebeendigung zu verlangen, wenn der Partner bösgläubig war, als Rechtsfolge schwererer Mängel).

2. Fehlen der Einwilligung eines nur Sorgeberechtigten ist für den Bestand einer Ehe gleichgültig. § 3 II EheG beruft den Sorgeberechtigten, § 30 EheG nennt ihn nicht mehr. Die sanktionslosen Eheverbote finden insoweit ein Analogon im Bereich der Ehefähigkeit.

3. Klagberechtigt ist der Ehegatte, der die Zustimmung seines gesetzlichen Vertreters nicht fand, nie sein Partner (vgl. dagegen § 109). Solange die beschränkte Geschäftsfähigkeit währt, klagt für ihn (als Personensorgeberechtigter nach pflichtgemäß getroffener Ermessensentscheidung, die sich allein am Wohl des Kindes oder Mündels zu orientieren hat) der gesetzliche Vertreter (§ 30 I 2 EheG); die an sich bestehende Prozeßfähigkeit der beschränkt Geschäftsfähigen (§ 617 I ZPO) erleidet hier eine Ausnahme.[1] Die heute noch verbreitete Vorstellung eines aus eigenem Recht klagenden gesetzlichen Vertreters[2] wurzelt in einer längst überholten Rechtsschicht und krankt an einem inneren Widerspruch: Trotz eigenen Rechtes soll der gesetzliche Vertreter gehalten sein, die Klage im Namen des Kindes oder Mündels anzustrengen.

III. Irrtum

Schrifttum: *Heller,* Arzt und Eherecht, 1927, S. 61; *Grunau,* Erbkrankheit und Ehenichtigkeit, JW 1935, 3080; *Dölle,* Ein Fall des Erklärungsirrtums (§ 36 EheG) bei der Ferntrauung?, ZAkDR 1943, 212; *Kranz* und *Rühl,* ,,Anlage" und ,,Belastung" als persönliche Eigenschaft im Sinne des § 32 EheG, NJW 1959, 793 und 1570.

1. Von den vier Tatbeständen beachtlichen Irrtums ist nur § 32 EheG praktisch bedeutsam; die drei in § 31 EheG enthaltenen sind kaum je gegeben. Selten nur kann ein Ehegatte Aufhebung der Ehe begehren, weil ,,er bei der Eheschließung nicht gewußt hat, daß es sich um eine Eheschließung handelt". Ernsthafter Überlegungen wert ist insoweit allein der Irrtum über die rechtliche Tragweite eines im Ausland und in zivilrechtlich ungewohnten Formen vollzogenen Eheschlusses (Kirchenehe, Registrierung). Das RG hat ursprünglich allen Ehegatten geholfen, die nicht wußten, daß es sich um einen vom deutschen Zivilrecht anerkannten Eheschluß handelte, und damit dem Irrtum über das deutsche internationale Privatrecht Bedeutung gesichert.[1] Es hat später einschränkend auch Unkenntnis der zivilrechtlichen Wirksamkeit der Ehe am Ort des Eheschlusses gefordert.[2]

Seltener noch kann ein Ehegatte Aufhebung begehren, weil ,,er zwar gewußt hat, daß es sich um eine Eheschließung handelt, eine Erklärung, die Ehe eingehen zu wollen, aber nicht hat abgeben

---

[1] Die Verbindung mit einem Scheidungsantrag und mit einer Klage auf Herstellung des ehelichen Lebens (vgl. § 610 I ZPO) bleibt zulässig. Der Prozeß wird insoweit vom beschränkt Geschäftsfähigen selbst geführt. Vgl. *Dölle,* § 26 A II; *Hoffmann-Stephan,* 11 zu § 30 EheG; MünchKomm-*Müller-Gindullis,* 7 zu § 30 EheG; *Soergel-Donau,* 4 zu § 30 EheG; *Erman-Hefermehl,* 2 zu § 30 EheG.

[2] Vgl. *Hoffmann-Stephan,* 8 zu § 30 EheG; *Erman-Hefermehl,* 4 zu § 30 EheG. Wie der Text dagegen MünchKomm-*Müller-Gindullis,* 6 zu § 30 EheG.

[1] Vgl. JW 1925, 1639.

[2] Warn. 1931 Nr. 165.

wollen". Die Rechtsprechung kennt keinen Fall; die Beispiele des Schrifttums sind schlechthin irreal.[3]

Der Praxis unbekannt ist auch der Identitätsirrtum, das Recht, Aufhebung zu begehren, weil ein ,,Ehegatte sich in der Person des anderen Ehegatten" geirrt hat. Die Theorie gefällt sich in Beispielen, die Zwillinge und Blinde bemühen. Regelmäßig beinhalten sie einen Eheschluß unter fremdem Namen und sind dann nur richtig, wenn trotz Namensmißbrauchs eine Ehe zwischen den auf dem Standesamt Erschienenen bejaht wird (vgl. dazu oben § 11 II 6).

2. Zentrum des Aufhebungsrechtes ist der *Irrtum über persönliche Eigenschaften* des anderen Ehegatten, die bei Kenntnis der Sachlage und bei verständiger Würdigung des Wesens der Ehe vom Eheschluß abgehalten hätten (§ 32 EheG). Es ist der Tatbestand der Enttäuschten, ein Tatbestand, der mit seinen unscharfen Elementen zu begrenzender Präzisierung drängt, sie aber bislang trotz einer umfangreichen Judikatur noch nicht gefunden hat. Fraglich ist sein Fortbestand in der Zukunft geworden; Tendenzen, die Ehegatten auf das Scheidungsrecht zu verweisen (in dem § 1565 II eine kurzfristige Sperrwirkung entfalten könnte) und damit den Preis der Nivellierung (§ 37 II EheG) für den Vorteil der Simplifizierung zu zahlen, sind unverkennbar.[4]

Drei Elemente bilden den Tatbestand: Irrtum über eine persönliche Eigenschaft,[5] Kausalität des Irrtums (anders § 31 EheG!), Bedeutung des Irrtums für ein am Wesen der Ehe orientiertes Denken. Der kausale Irrtum ist belanglos, wenn er nicht relevant ist.[6] Der relevante Irrtum ist belanglos, wenn er nicht kausal ist. Die Rechtsprechung pflegt Irrtum und Wertung des Irrtums nicht voneinander zu sondern; die Anwendung der Norm wird dadurch zusätzlich erschwert.

3. Als ,,persönliche Eigenschaft" pflegt man zu bezeichnen, was als ,,integrierender Bestandteil der Individualität eines Menschen" erscheint;[7] man pflegt hinzuzufügen, daß ,,auch persönliche Verhältnisse zu beachten seien, die derart in der Persönlichkeit eines Menschen begründet sind, daß sie der allgemeinen Lebensauffassung zufolge den persönlichen Eigenschaften gleichzusetzen sind".[8] Hier wie dort fehlt letzte Sicherheit, die der Judikatur jede Gelegenheit zu mißbräuchlicher Normanwendung nimmt. Deutlich zeichnet sich insbesondere in jüngster Zeit die Tendenz ab, aus § 32 EheG aufzuheben, wenn ein Irrtum Umstände betraf, die Grundlage der Ehe sein sollten. Die irrige Annahme einer Schwangerschaft der Braut betrifft etwa keine persönliche Eigenschaft[9] und

---

[3] Nicht hierher gehört der Irrtum über die Bindung an eine Eheschließungserklärung. Vgl. *Dölle*, ZAkDR 1943, 212. Nicht hierher gehören aber auch die Fälle der ,,verhüllten Botenschaft" (vgl. dazu oben § 11 II 6). A. A. *Dölle*, § 26 B I 1 b und c.

[4] Vgl. MünchKomm-*Müller-Gindullis*, 1 zu § 32 EheG.

[5] Es irrt sich nicht, wer mit der Möglichkeit einer unrichtigen Annahme rechnet. Vgl. RG, JW 1927, 2124; Warn. 1934 Nr. 179.

[6] Vgl. RG, JW 1911, 543; 1922, 163.

[7] Die Formulierung geht auf RGZ 52, 306 (310) zurück.

[8] Bahnbrechend RGZ 104, 335 (nichteheliche Mutterschaft; vgl. zu ihr auch RGZ 159, 183).

[9] Richtig RG, JW 1927, 1192 mit Anm. *Blume; Soergel-Donau*, 5 zu § 32 EheG; MünchKomm-

ebensowenig die irrige Annahme, trotz Willens zu evangelischer Kindererziehung eine Trauung nach katholischem Ritus erreichen zu können[10] (während der Irrtum über die Fähigkeit des Partners, überhaupt eine Kirchenehe eingehen zu können, beachtlich sein mag[11]). Auch der Irrtum über die Existenz oder die Konstanz einer bestimmten Meinung (insbes. aber einer bestimmten Eheauffassung) sollte nicht zur Aufhebung der Ehe berechtigen.[12] Mag sein, daß gewisse Meinungen persönlichkeitsprägend sind, wenn sie sich irreversibel verfestigt haben. Typologisch handelt es sich jedoch in diesen Fällen um gescheiterte Ehen, die ggf. geschieden werden sollten.

4. Die notwendige Bedeutung des Irrtums für ein am Wesen der Ehe orientiertes Denken grenzt jenes Risiko ab, das jeder Ehegatte auf sich nehmen muß, weil die Ehe von ihm selbst Überwindung enttäuschter Hoffnungen fordert. Es folgt dem (sich an den Lebensverhältnissen der Ehegatten ausdifferenzierenden[13]) Wertbewußtsein der Gesellschaft und ist deshalb nur in seinem Kern konstant, an der Peripherie aber Schwankungen unterworfen.[14] Der Gegenwart ist etwa die nichteheliche Geburt des Ehegatten belanglos geworden,[15] der Verlust der Virginität der Frau (dem man vorehelichen Verkehr des Mannes gleichzustellen, nie bereit war), falls er nicht unter Umständen erfolgte, die einen sittlichen Makel begründen[16] (mit gleichen Maßstäben für das voreheliche Geschlechtsleben des Mannes und der Frau[17]), Geistesschwäche und Willensschwäche, wenn sie nur

Müller-Gindullis, 41 zu § 32 EheG. Verfehlt dagegen OLG Celle, FamRZ 1958, 133 (die Entscheidung wird jedoch gebilligt von *Erman-Ronke,* 3 zu § 32 EheG; *Dölle,* § 26 B I 4d). Erheblich ist dagegen die irrige Annahme, selbst der Vater eines von der Braut tatsächlich erwarteten Kindes zu sein (Bindung an den Vater!). Vgl. OLG Breslau, HRR 1937 Nr. 1084; OLG Hamm, FamRZ 1966, 150; *Hoffmann-Stephan,* 12 zu § 32 EheG; MünchKomm-*Müller-Gindullis,* 41 zu § 32 EheG; *Soergel-Donau,* 5 zu § 32 EheG. A. A. *Dölle,* § 26 B I 4d.

[10] Verfehlt daher LG Bielefeld, NJW 1954, 1768 mit Anm. *Hoffmann.* Ablehnend auch *Habscheid,* FamRZ 1958, 203; *Hoffmann-Stephan,* 121 zu § 32 EheG.

[11] Vgl. LG Bochum, NJW 1949, 947 (zust. *Dölle,* § 26 B I 4d). A. A. OLG Stuttgart, NJW 1959, 2121; *Hoffmann-Stephan,* 121 zu § 32 EheG; *Nörr,* JZ 1966, 548 (doch soll der Umstand, der das Ehehindernis begründet, persönliche Eigenschaft sein können); MünchKomm-*Müller-Gindullis,* 44 zu § 32 EheG; *Palandt-Diederichsen,* 3 zu § 32 EheG.

[12] Vgl. dazu (mit gegenläufiger Entscheidung) LG Hamburg, FamRZ 1974, 96 mit Anm. *Oberloskamp* sowie weit. Anm. S. 445f. von *Schade* und *Oberloskamp* (Ehemann Ägypter; vertragliche Zusage einer partnerschaftlich geführten Ehe nicht eingehalten). Die Entscheidung wird gebilligt von MünchKomm-*Müller-Gindullis,* 46 zu § 32 EheG und *Ambrock,* II 2 zu § 32 EheG. Sie wird dagegen abgelehnt von *Palandt-Diederichsen,* 8 zu § 32 EheG.

Vgl. ferner AG Kamen, FamRZ 1978, 122 (Irrtum über die Beiwohnungsunwilligkeit der Frau).

[13] Vgl. BGHZ 25, 66.

[14] Schwerlich richtig OLG Frankfurt, FamRZ 1964, 258 mit abl. Anm. *Bosch.* Die Entscheidung rechnet die katholische Priesterweihe zu den stets belanglosen Umständen. Kritisch dazu auch *Erman-Ronke,* 37 zu § 32 EheG.

[15] Vgl. RG, Warn. 1934 Nr. 368.

[16] Anders wohl noch RG, JW 1935, 3095. Der Wandel im Wertbewußtsein wird deutlich im Fehlen entsprechender Aufhebungsklagen in den letzten beiden Jahrzehnten.

[17] Dem Grundsatz nach wie der Text *Dölle,* § 26 B I 4d; MünchKomm-*Müller-Gindullis,* 39f. zu § 32 EheG; *Soergel-Donau,* 26 zu § 32 EheG; *Ambrock,* II 2 zu § 32 EheG. Nach wie vor zwischen

einen Grad erreichen, der eine eheliche Lebensgemeinschaft nicht ausschließt.[18]

5. *Einzelfälle.* Mängel des Körpers, des Geistes und des Charakters füllen im wesentlichen das Gebiet des beachtlichen Irrtums aus. Beiwohnungs-, Gebär- und Zeugungsunfähigkeit sind etwa beachtlich[19] und *körperliche Leiden,* deren Heilung zumindest unwahrscheinlich ist oder deren Heilung dauernde körperliche Mängel hinterläßt,[20] nicht aber Leiden, die als völlig ausgeheilt gelten können, mögen sie auch einen sensiblen Partner peinlich berühren (Syphilis![21]). Häufiger werden in der Praxis *geistige Gebrechen* geltend gemacht, die sich zunächst nicht äußerten, aber im Augenblick des Eheschlusses bereits in der Anlage vorhanden waren (Schizophrenie, progressive Paralyse nach einer nicht ausgeheilten Syphilis[22]). Die Rechtsprechung hebt in diesem Fall die Ehe auf, wenn nach dem Erkenntnisstand der Gegenwart[23] im Augenblick des Eheschlusses begründete Besorgnis der Manifestierung im gewöhnlichen Verlauf des Lebens (und nicht erst bei Hinzutreten besonders widriger Umstände, insbesondere von Eheverfehlungen des Partners) bestand.[24] Sie läßt Erbkrankheiten in der Generationsphase der Ehegatten stets genügen[25] (auch wenn sie nicht zum Ausbruch kommen, krankes Erbgut aber zu erweisen ist[26]) und bestimmt damit richtig das von jedem Ehegatten zu tragende Risiko auch im Blick auf Nachkommen.

Als beachtlichen *charakterlichen Mangel* hat die Rechtsprechung den Hang zu geschlechtlichen Anomalien, insbesondere zur Homosexualität, anerkannt,[27] sexuelle Hemmungslosigkeit sodann[28] und Alkoholismus, der nicht mehr auf ein vertretbares Maß zurückgeführt werden kann,[29] auch den

---

Mann und Frau deutlich für das voreheliche Geschlechtsleben unterscheidend *Erman-Ronke,* 28ff. zu § 32 EheG; *Palandt-Diederichsen,* 8 zu § 32 EheG. Für den Mann vgl. RG, JW 1911, 543 (einmaliger Bordellbesuch vor der Ehe).

[18] Vgl. RG, JW 1920, 555; Warn. 1927 Nr. 32; RGZ 148, 395; BGH, LM Nr. 3 zu § 32 EheG.

[19] Vgl. RG, Recht 1919, 77; JW 1935, 2714. Es genügt dauernde relative Impotenz des Mannes. Vgl. RG, Warn. 1931 Nr. 124; OLG Nürnberg, FamRZ 1965, 611. OLG Hamm, OLGZ 1965, 31 (32) bejaht einen Aufhebungsgrund insoweit bereits, wenn eine Heilung „in absehbarer, kürzerer Zeit" nicht zu erwarten ist. Bei der Frau genügt eine körperliche Beschaffenheit, die bei Schwangerschaft anomale Gefahren für Leben oder Gesundheit hervorruft (RG, JW 1922, 163) oder notwendig zum späteren Eintritt der Unfruchtbarkeit führen muß (RG, Warn. 1926 Nr. 92). Sterilisation der Frau ist mangels relevanter Kausalität des Irrtums unbeachtlich, wenn wegen des Alters der Frau beim Eheschluß mit Kindern ohnehin nicht mehr zu rechnen war. Vgl. BGH, FamRZ 1972, 253.

[20] Vgl. RGZ 103, 322; 146, 241 (Unterleibstuberkulose der Frau); BGHZ 25, 66 (Narkolepsie); BGH, LM Nr. 2 zu § 32 EheG (Lungentuberkulose nicht ausreichend); OLG Braunschweig, NJW 1960, 2245 (Parkinsonsche Krankheit).

[21] Vgl. BGHZ 25, 79 (84). St. Rspr.

[22] Vgl. BGHZ 25, 79; OLG Nürnberg, FamRZ 1967, 152.

[23] Vgl. RGZ 125, 172; RG, JW 1935, 3097; OLG Hamm, NJW 1962, 1773. Verfehlt daher *Kranz,* NJW 1959, 795ff.

[24] Ursprünglich forderte die Rechtsprechung eine Anlage, die mit Notwendigkeit zur Geisteskrankheit führen muß. Vgl. noch RGZ 145, 11 (12); RG, JW 1935, 3097. Anders dann RGZ 148, 395 (398); BGH, LM Nr. 1 zu § 32 EheG; OLG Nürnberg, FamRZ 1967, 152.

[25] Vgl. RGZ 145, 11 (12); 148, 395 (399); 152, 147 (150ff.); RG, JW 1935, 1818 und 3097. Die Entscheidungen sind sämtlich dem Zeitgeist verhaftet, aber in ihrem Kern auch heute noch richtig. Wenn der Ausbruch einer ererbten Krankheit durch schuldhaftes Verhalten des Klägers ausgelöst wird, will *Grunau,* JW 1935, 3083, die Klage wegen unzulässiger Rechtsausübung abweisen, doch kann schuldhaftes Verhalten eines Ehegatten die Gefährdung der Nachkommenschaft nicht rechtfertigen.

[26] Vgl. *Rühl,* NJW 1959, 1573.

[27] Vgl. RGZ 52, 306 (310); 95, 289; OLG Königsberg, HRR 1929 Nr. 142; BGH, FamRZ 1958, 314.

[28] Vgl. RG, JW 1935, 3095 mit Anm. *Mössmer;* OLG Hamm, FamRZ 1956, 383.

[29] Vgl. RG, LZ 1921, 455.

Hang zur Unwahrhaftigkeit.[30] Die Gefahr, die sich mit dieser Rechtsprechung verbindet, ist evident: Wer bereit ist, den Hang zur Unwahrhaftigkeit bereits aus einzelnen Handlungen zu erschließen,[31] kann das Gebiet des relevanten Irrtums fast beliebig erweitern.

Über den im Augenblick des Eheschlusses gegebenen Charakterfehler hinaus hat eine praktisch denkende Judikatur auch dem bleibenden sittlichen Makel nach früherem Versagen, insbesondere nach vorehelichem Verkehr der Frau[32] (unter Bruch der Verlöbnistreue insbesondere) Bedeutung gesichert, dagegen mit Recht einen Makel auch nächster Verwandter nicht beachtet.[33]

6. Die *Beweislast* für den gesamten Tatbestand trägt der Kläger, der angesichts einer Vielzahl an sich relevanter Umstände, die sich seinem unmittelbaren Zugriff entziehen, schnell in Beweisnot geraten kann. Die Rspr. kommt ihm zuweilen mit einem Beweis des ersten Anscheins entgegen.[34] Sie kehrt ferner die Beweislast um, wenn der Beklagte schuldhaft die Beweisführung verhindert (so, wenn ein Arzt nicht von seiner Schweigepflicht entbunden wird und wenn eine ungefährliche ärztliche Untersuchung abgelehnt wird).[35]

Praktische Bedeutung gewinnen die Beweiserleichterungen vornehmlich nach Behauptung eines geistigen Gebrechens. Der Ausbruch einer Geisteskrankheit bei bestehender Ehe begründet in der Regel einen Beweis des ersten Anscheins für das Vorhandensein einer abnormen Anlage bereits im Zeitpunkt des Eheschlusses.[36] Steht eine abnorme Anlage fest, ist es Sache des Beklagten zu beweisen, daß sie nur infolge besonders widriger Umstände zum Ausbruch der Krankheit führte.[37]

IV. Arglistige Täuschung

1. Kausale arglistige Täuschung begründet im allgemeinen Abschlußmängelrecht (§ 123) stets ein Anfechtungsrecht. § 33 EheG gibt dagegen nur Ehegatten ein Aufhebungsrecht, die zum Eheschluß durch eine arglistige Täuschung über Umstände bestimmt worden sind, die sie bei Kenntnis der Sachlage und richtiger Würdigung des Wesens der Ehe vom Eheschluß abgehalten hätten. Die Bedeutung der Täuschung für ein vom Wesen der Ehe geleitetes Denken tritt mithin als einschränkendes Tatbestandselement zur arglistigen Täuschung des § 123 hinzu.

Nur eine Anwendung dieses neuen Tatbestandselementes ist die von Abs. III

---

[30] Vgl. RG, Warn. 1919 Nr. 165; 1933 Nr. 27; RGZ 164, 244; OLG Köln, FamRZ 1956, 382. OLG Hamburg, FamRZ 1965, 151 verlangt Neigung zur Lügenhaftigkeit „in besonders starkem Maße".

[31] So RG, Warn. 1919 Nr. 165 nach Bruch ehrenwörtlicher Versicherung der Kindererziehung in einem bestimmten Glauben.

[32] Vgl. RG, JW 1922, 163; HRR 1927 Nr. 369; 1929 Nr. 2001; Warn. 1931 Nr. 44; 1933 Nr. 130; 1934 Nr. 179. Trotz zuweilen verfehlter Formulierungen hat die Rechtsprechung nie den Leumund für wesentlich gehalten. Verfehlt daher *Mössmer,* JW 1935, 3097. Er selbst will Eigenschaften der Vergangenheit genügen lassen.

[33] Vgl. RG, Warn. 1933 Nr. 27.

[34] Vgl. RG, LZ 1921, 143; BGH, LM Nr. 1 zu § 32 EheG.

[35] Vgl. BGH, FamRZ 1972, 253. Anders dagegen BGH, LM Nr. 3 zu § 32 EheG.

[36] Vgl. *Rühl,* NJW 1959, 1570.

[37] Vgl. RG, Warn. 1934 Nr. 11; RGZ 148, 395.

bestimmte Gleichgültigkeit aller Täuschungen über Vermögensverhältnisse. Die erstrebte Ehesicherung wird gleichwohl oftmals nicht erreicht: Da sich Unwahrhaftigkeit auch in einer Täuschung über Vermögensverhältnisse offenbaren kann, hebt die Rechtsprechung nach einer gelungenen Täuschung gern wegen Irrtums über einen Charakterfehler auf.[1]

2. *Täuschung durch positives Tun* ist selten. Sie begegnet in erster Linie als Täuschung über eine durch vorehelichen Verkehr eingetretene Schwangerschaft der Braut[2] und als Täuschung über die sichere Vaterschaft des Bräutigams bei Schwangerschaft nach sexuellen Beziehungen zu mehreren Männern.[3] Häufiger sind *Täuschungen durch Verschweigen,* also durch Verletzung einer Offenbarungspflicht. Trotz der personenrechtlichen Bindung der Verlobten ist die Rechtsprechung mit der Postulierung von Offenbarungspflichten zurückhaltend geblieben. Wenige Umstände nur müssen stets mitgeteilt werden, weil sie an das Wesen der Ehe rühren, Beiwohnungsunfähigkeit etwa,[4] eine unheilbare oder mit Ansteckungsgefahr verbundene schwere Krankheit,[5] eine frühere Ehe,[6] die Existenz von (ehelichen oder nichtehelichen) Kindern.[7] Schwangere Frauen werden auch ungefragt offenbaren müssen, daß ein Dritter Vater des Kindes sein kann.[8] Dagegen fällt das folgenlos gebliebene voreheliche Geschlechtsleben bereits in den weiten Bereich jener Umstände, die nur mitzuteilen sind, wenn der Partner nach ihnen fragt oder sonst erkennbar ist, daß er eine Information wünscht.[9] Ein anderes muß freilich dann gelten, wenn Sexualverkehr mit Personen ausgeübt wurde, die mit dem Verlobten verwandt sind.[10] Zurückhaltung beweist die Rechtsprechung auch in den Anforderungen an die Klarheit der Mitteilung: Das RG hat einmal die bloße Einleitung einer Auseinandersetzung in angemessener Form für ausreichend gehalten.[11]

3. *Arglistig* handelt, wer im Bewußtsein täuscht, den Partner auch nur mögli-

---

[1] Vgl. RG, JW 1931, 1340; OLG Düsseldorf, HRR 1942 Nr. 100.

[2] Vgl. RG, JW 1920, 832; RGZ 163, 139.

[3] Vgl. BGHZ 5, 186; 29, 265; OLG Hamm, FamRZ 1964, 438.

[4] Vgl. BGH, FamRZ 1958, 314. Sexuelle Abnormitäten sind der Entscheidung zufolge mitzuteilen, wenn die Veranlagung nach Art und Stärke geeignet ist, die Entwicklung des Ehe- und Familienlebens in ungewöhnlichem Maß zu gefährden.

[5] Vgl. BGH, LM Nr. 2 zu § 32 EheG (Lungentuberkulose); FamRZ 1967, 372 (keine Mitteilungspflicht für Aufenthalt in Heilanstalt nach Nervenzusammenbruch); RG, Warn. 1931 Nr. 125 (keine Mitteilungspflicht für ausgeheilte Geschlechtskrankheit).

[6] Vgl. OLG Celle, FamRZ 1965, 213 (mit Täuschung über weitere Umstände).

[7] Vgl. OLG Nürnberg, FamRZ 1966, 104 (zu § 32 EheG). Anders noch für nichteheliche Kinder des Mannes RG, DR 1944, 416.

[8] Vgl. BGHZ 29, 265 (268); *Dölle,* § 26 B II 1; *Hoffmann-Stephan,* 11 zu § 33 EheG; *Soergel-Donau,* 5 zu § 33 EheG.

[9] Vgl. RG, Warn. 1931 Nr. 126.

[10] Vgl. AG Schweinfurt, NJW 1973, 1506 (Verkehr der Braut mit dem späteren Schwiegervater).

[11] SeuffA 86 Nr. 184. Vgl. auch OLG Frankfurt, FamRZ 1964, 258 mit Anm. *Bosch* (mit stark beschränkter Informationspflicht, wenn die Vergangenheit unter den Verlobten nur selten Gesprächsthema war).

cherweise zum Eheschluß zu bestimmen;[12] § 33 EheG kennt keine Einschränkung des allgemeinen Arglistbegriffs. Gleichgültig sind die Motive des Täuschenden, mögen sie lauter oder unlauter sein. Scham, Furcht vor Aufregung, mangelnder Mut, Hoffnung auf ein Bekenntnis des Partners zur Ehe nach Entdeckung der Täuschung schließen Arglist nicht aus;[13] Schädigungsabsichten sind nicht erforderlich.[14]

4. *Drittäuschungen* (Ehevermittler!) sind beachtlich nur, wenn sie mit Wissen des Partners erfolgten, also weit seltener als im § 123.[15] Der Fortbestand der Ehe ist dennoch in vielen Fällen der unbeachtlichen Drittäuschung nicht gesichert. Nur die Täuschung ist in diesen Fällen gleichgültig, nicht der durch sie erzeugte Irrtum, der ein Aufhebungsrecht aus § 32 EheG vermitteln kann.

V. Widerrechtliche Drohung

1. Kausale Drohungen begründen im Eherecht Aufhebungsrechte, wenn sie im allgemeinen Abschlußmängelrecht zu Anfechtungsrechten führen würden. § 34 I EheG ist eine Norm ohne Eigenarten; alle Tatbestandselemente sind wie ihre Vorbilder in § 123 zu deuten.

2. Der Praxis ist die erzwungene Ehe so gut wie unbekannt. Die vieldiskutierte Drohung der Braut mit den Nachteilen der §§ 1298ff. ist bislang ebenso akademisches Beispiel geblieben wie die Drohung der Eltern eines verführten Mädchens mit einem Strafantrag (§ 182 II StGB). Zudem wäre die Drohung hier wie dort nicht widerrechtlich. Der erstrebte Erfolg – die Ehe – ist rechtmäßig, das Mittel – vorhandene Rechte – desgleichen, die Verknüpfung von Mittel und Erfolg überschreitet die Grenzen billigenswerten Verhaltens nicht.[1]

VI. Verlust des Aufhebungsrechtes

1. *Grundsatz.* Unverlierbare Anfechtungsrechte sind dem allgemeinen Abschlußmängelrecht unbekannt; unverlierbare Aufhebungsrechte werden von unserem Eheverständnis sogar mißbilligt. Jeder Mangel muß die Möglichkeit überlegter Entscheidung für oder gegen den Fortbestand der Ehe eröffnen. Kein Mangel darf dagegen zur ständigen Drohung werden. So erlöschen die Aufhebungsrechte durch Fristablauf (unten 2.), durch Bestätigung (unten 3.) und durch Bewährung (unten 4.).

---

[12] RG, JW 1920, 823 läßt auch eine Täuschung genügen, die lediglich eine frühere Eheschließung bezweckte, wenn der frühere Zeitpunkt der Ehe eine andere Grundlage gab.

[13] Vgl. RG, Recht 1919 Nr. 1977; JW 1931, 1362; RGZ 111, 5 (8).

[14] Vgl. RGZ 111, 5.

[15] Erfährt der Verlobte die Drittäuschung später, so ist er dem Partner zur Offenbarung verpflichtet, täuscht also selbst, wenn er schweigt.

[1] Vgl. dazu BGHZ 2, 287 (296f.). Das Schrifttum entscheidet überwiegend nicht anders. Vgl. *Beitzke,* § 9 IV; *Dölle,* § 26 B III 3; *Erman-Ronke,* 3 zu § 34 EheG; MünchKomm-*Müller-Gindullis,* 4 zu § 34 EheG. A. A. *Soergel-Donau,* 4 zu § 34 EheG; *Hoffmann-Stephan,* 14f. zu § 34 EheG.

2. *Fristablauf.* Alle Aufhebungsrechte erlöschen nach Ablauf einer *einjährigen relativen Frist,* die zu laufen beginnt mit der Entdeckung des Irrtums und der arglistigen Täuschung, mit dem Enden der Zwangslage bei widerrechtlicher Drohung und mit der Kenntnis des gesetzlichen Vertreters vom selbständigen Handeln des beschränkt Geschäftsfähigen oder auch mit Eintritt unbeschränkter Geschäftsfähigkeit, wenn die Einwilligung des gesetzlichen Vertreters fehlte (§ 35 I und II EheG). Eine absolute Frist kennt das EheG nicht; die Zeit als solche ist bedeutsam nur als Element der Bewährung.

Entdeckt sind Irrtum und arglistige Täuschung noch nicht, wenn ein Verdacht sich einstellt, wenn Gerüchte bekannt werden, wenn Vermutungen nahe liegen.[1] Entdecken heißt positive Kenntnis erlangen, entdecken heißt nicht Kennenmüssen. Positive Kenntnis der wesentlichen Tatsachen, die das Aufhebungsrecht vermitteln (und nicht mehr des Aufhebungsrechtes selbst),[2] ist das notwendige Minimum. Früh schon hat die Rechtsprechung aber auch Kenntnis der Tragweite jener Tatsachen für das eheliche Leben gefordert und damit der Möglichkeit gestufter Erkenntnis Rechnung getragen. Die Entdeckung einer Straftat muß etwa nicht bereits Fristbeginn bedeuten; er tritt erst mit der Bestrafung ein, wenn der irrende oder getäuschte Ehegatte zunächst mit einem Strafverfahren nicht zu rechnen brauchte oder doch jedenfalls nur mit einer milderen Strafe.[3] Oder: Transsexualismus kann noch nach längerer Ehedauer in Kenntnis jener Anlage eine Aufhebung der Ehe gemäß § 32 EheG rechtfertigen, wenn er zu einer genitalverändernden Operation führt[4] (daß es richtiger wäre, diesen Fall gesondert im Gesetz als Auflösungsgrund späterer Gleichgeschlechtlichkeit der Ehegatten auszuweisen, sei nur am Rande vermerkt).

---

[1] Bedenklich schon RG, JW 1928, 896 (Anhaltspunkte, die einen über die bloße Vermutung hinausgehenden Schluß zulassen und vernünftigerweise zur Aufhebung ausreichen müssen) mit abl. Anm. *Endemann.* Der Entscheidung zustimmend *Dölle,* § 26 B I 4h (obwohl er an sich eine „überzeugende Kenntnis" fordert); *Hoffmann-Stephan,* 13 zu § 35 EheG (obwohl er „wirkliche Kenntnis" verlangt); MünchKomm-*Müller-Gindullis,* 6 zu § 35 EheG (obwohl er wie der Text formuliert).

[2] Vgl. RG, Warn. 1934 Nr. 105; BGH, FamRZ 1967, 372 (375). Wird ein Dauerzustand geltend gemacht, so muß er als solcher erkannt worden sein. Vgl. OLG Nürnberg, FamRZ 1965, 611; OLG Hamm, OLGZ 1965, 31 für die relative Impotenz.

[3] Anders noch RGZ 154, 253. Vgl. für die Folgezeit RGZ 164, 106 (109f.); RG, DR 1942, 841 mit abl. Anm. *v. Scanzoni* (abl. auch *Hoffmann-Stephan,* 3 zu § 32 EheG; *Soergel-Donau,* 2 zu § 32 EheG; MünchKomm-*Müller-Gindullis,* 4 zu § 32 EheG). Anders gelagert sind jene Fälle, in denen neue Tatsachen entdeckt werden, die sich auf die geltend gemachte persönliche Eigenschaft des Partners selbst beziehen. Sind sie notwendiger Bestandteil des Aufhebungsgrundes, ist Fristbeginn erst mit ihrer Entdeckung selbstverständlich, so etwa, wenn eine Krankheit erst später als unheilbar erkannt wird. Vgl. RG, JW 1906, 355; Warn. 1921 Nr. 127; 1923/24 Nr. 127; 1931 Nr. 184; RGZ 160, 19; OLG Nürnberg, FamRZ 1967, 152. Eine neue Frist beginnt zu laufen, wenn bekannte Tatsachen bereits einen Aufhebungsgrund bildeten, später erkannte Tatsachen aber zu einem neuen Aspekt führen. Vgl. RG, JW 1939, 635 (unheilbare Krankheit erst später auch als vererbliche Krankheit erkannt).

[4] Vgl. LG Bochum, FamRZ 1975, 496.

Der Lauf der Frist ist gehemmt, solange der klagberechtigte Ehegatte innerhalb der letzten sechs Monate der Frist durch einen unabwendbaren Zufall (zu dem nicht der Irrtum über den Lauf der Frist gehört!) an der Klagerhebung gehindert ist (§ 35 EheG). Geschäftsunfähigen Ehegatten kommt die Ablaufshemmung des § 206 zugute (§ 35 IV EheG), aber auch die Tendenz des Eherechtes, Fremdbestimmungen zu vermeiden. Fristversäumnis des gesetzlichen Vertreters bindet nicht; dem selbst prozeßfähig Gewordenen erwächst eine neue auf sechs Monate verkürzte Klagfrist (§ 36 EheG).[5]

Fristwahrende Kraft hat die Aufhebungsklage, mag sie zunächst auch auf einen anderen Aufhebungsgrund gestützt sein. Fristwahrende Kraft hat aber auch ein Scheidungsantrag.[6] *Jedes Verlangen nach Beendigung der Ehe für die Zukunft ist der späteren Begründung durch ein zunächst nicht ausgeübtes Aufhebungs- oder Scheidungsrecht zugänglich.*[7] Fristwahrende Kraft hat nicht mehr eine Klage oder ein Antrag des Partners. Wer als Beklagter nicht selbst Auflösung der Ehe begehrt, übt kein subjektives Recht aus und kann deshalb nicht begünstigt sein.[8]

3. *Bestätigung.* Alle Aufhebungsgründe erlöschen, wenn der klagberechtigte Ehegatte zu erkennen gegeben hat, daß er die Ehe trotz des Abschlußmangels fortsetzen will. Verschieden muß der Zeitpunkt sein, der die Möglichkeit eröffnet, das Handeln des klagberechtigten Ehegatten als Äußerung der Fortsetzungsbereitschaft zu deuten. Der Eintritt unbeschränkter Geschäftsfähigkeit entscheidet im Rahmen des § 30 EheG, die Entdeckung nach Irrtum und arglistiger Täuschung, schließlich das Ende der Zwangslage bei der widerrechtlichen Drohung (jeweils Abs. II der §§ 30–34 EheG).

Man pflegt von einer Bestätigung der Ehe zu sprechen und damit Parallelen anzudeuten zu § 141 und zu § 18 EheG. Man verfehlt damit jedoch die jüngere Rechtsentwicklung, die zu Recht in der Äußerung der Fortsetzungsbereitschaft keine Willenserklärung, sondern eine *juristische Handlung eigener Art sieht,*[9] *die als Gesinnungsäußerung zwar Einsichtsfähigkeit voraussetzt, jedoch keines Zugangs bedarf und nicht nach ihrem Eindruck auf den anderen Ehegatten zu interpretieren ist.* Fortsetzungsbereitschaft kann freilich nur zeigen, wer um die Möglichkeit zur Beendigung der Ehe weiß. Doch ist dieses Element der Bestätigung nicht Indiz eines

---

[5] Vgl. dagegen § 1595 II mit unverkürzter neuer Frist. Wenig sinnvoll ist der Unterschied zum Eintritt der Prozeßfähigkeit bei laufender Frist. Dem Ehegatten verbleibt in diesem Fall nach h. L. (vgl. *Erman-Ronke,* 1 zu § 36 EheG; *Beitzke,* § 11 IV 2; *Hoffmann-Stephan,* 3 zu § 36 EheG mit Nachw.) stets nur die Restfrist. Für eine analoge Anwendung der §§ 35 IV, 36 EheG in diesem Fall *Dölle,* § 27 V 2b; MünchKomm-*Müller-Gindullis,* 4 zu § 36 EheG; *Soergel-Donau,* 4 zu § 36 EheG.

[6] Vgl. RG, Warn. 1919 Nr. 42; RGZ 160, 19 (23); RG, DR 1939, 778; OLG Oldenburg, MDR 1955, 166; MünchKomm-*Müller-Gindullis,* 3 zu § 35 EheG. A. A. aber *Habscheid,* FamRZ 1958, 204.

[7] Fristversäumnis ist vom Beklagten zu beweisen (vgl. aber § 616 ZPO). Vgl. RG, JW 1906, 355; RGZ 160, 19 (22). Zur Heilung fehlender fristgerechter Klagzustellung nach einem Armenrechtsgesuch vgl. BGHZ 25, 66.

[8] Vgl. RGZ 104, 155 (157).

[9] Vgl. RG, DR 1944, 644 und 840; *v. Godin,* 8 zu § 32 EheG.

rechtsgeschäftlichen Verzichtes;[10] es ist Gesinnungsäußerungen (auch den Verzeihungen der §§ 532, 2337, 2343, 2345) nicht weniger eigen.

Abschlußmängel und Eheverfehlungen wirken verschieden. Ein Irrtum legt etwa stärker als eine Eheverfehlung den Gedanken nahe, den Versuch zu unternehmen, die Enttäuschung zu überwinden. Die jüngere Rechtsprechung hat sich hier erfreulich aufgeschlossen gezeigt. Sie wertet nicht als Bestätigung, was nur Ausfluß einer abwartenden Haltung ist.[11] Sie zeigt sich aber auch bereit, dem Sexualverhalten der Zeit (unbeschadet möglicher Kritik an ihm) zu entsprechen, starren Formeln zu entsagen und in jedem Einzelfall nach der Bedeutung sexueller Akte zu fragen.[12] Wenn jeder freiwillige Verkehr eine Bestätigung wäre, so wäre zudem zweckbewußter Verführung der Erfolg garantiert.[13]

Anzuerkennen sind auch Bestätigungen unter Vorbehalt,[14] und das auch dann, wenn der Vorbehalt mit dem Wesen der Ehe nicht zu vereinbaren ist.[15] Niemand kann einen Ehegatten zwingen, eine eheerhaltende Gesinnung zu äußern. Niemand sollte ihn auch wertend kontrollieren, wenn seine Gesinnung mit herkömmlichen Anschauungen nicht übereinstimmt. Unzulässig sind allein Vorbehalte, die den Fortbestand der Ehe ständig in der Schwebe halten; mit dem Sinn einer Bestätigung sind sie nicht mehr zu vereinbaren.[16]

4. *Bewährung.* Beendigung der Ehe wegen Eigenschaftsirrtums kann nicht mehr gefordert werden, wenn das „Verlangen nach Aufhebung der Ehe mit Rücksicht auf die bisherige Gestaltung des ehelichen Lebens der Ehegatten als sittlich nicht gerechtfertigt erscheint“ (§ 32 II EheG). Der Irrtum verliert in diesen Fällen seine Bedeutung, weil das Leben in der Ehe die zunächst infolge des Abschlußmangels nicht bestehende Pflicht zur Bewahrung der Ehe geschaffen hat. Außergewöhnliche Belastungen, die der Partner um der Ehe willen auf sich nahm, können diese Pflicht erzeugen,[17] aber auch eine langjährige Dauer der

---

[10] Von einem Verzicht spricht aber die h. L. Freilich will sie den Verzicht nur als Rechtshandlung (und nicht als Willenserklärung) verstanden wissen, die grundsätzlich (nicht bei § 30 EheG) schon ein beschränkt Geschäftsfähiger vornehmen kann. Vgl. *Erman-Ronke,* 6 zu § 32 EheG; *Dölle,* §§ 27 V 4 und 26 A III 3; *Hoffmann-Stephan,* 32ff. zu § 32 EheG. Volle Geschäftsfähigkeit fordert *Beitzke,* § 11 IV 1.

[11] Vgl. RGZ 163, 139; RG, DR 1942, 811 mit krit. Anm. v. *Scanzoni;* 1944, 840. Daß die abwartende Haltung erkennbar sein muß, ein bloßer innerer Vorbehalt also nicht genügt, ist selbstverständlich.

[12] Vgl. OLG Düsseldorf, HRR 1942 Nr. 100; RGZ 165, 121 (123). Umgekehrt kann Bestätigung auch ohne Sexualverkehr vorliegen. Vgl. RG, DR 1940, 2001.

[13] Vgl. die noch schematisch denkende Entscheidung RG, HRR 1929 Nr. 1828.

[14] Rspr. und durchaus h. L. sprechen gleicherweise von Bedingung und Befristung und gewinnen damit (der Charakterisierung der Bestätigung als rechtsgeschäftsähnlicher Handlung folgend) Anschluß an die Unterscheidungen der Bedingungslehre.

[15] A. A. die h. L. Vgl. *Erman-Ronke,* 6 zu § 32 EheG; *Hoffmann-Stephan,* 37 zu § 32 EheG; *Soergel-Donau,* 14 zu § 32 EheG; MünchKomm-*Müller-Gindullis,* 21 zu § 32 EheG (hier sogar als Regelfall behauptet).

[16] Richtig insoweit RG, DR 1944, 644.

[17] Vgl. BGH, LM Nr. 1 zu § 32 EheG.

ehelichen Gemeinschaft. Was durch die Zeit bedeutungslos geworden ist, was die Gestaltung des ehelichen Lebens nicht ungünstig beeinflußte und auch in Zukunft nicht beeinflussen wird, darf nicht zum Vorwand einer aus anderen Gründen erstrebten Auflösung der Ehe werden.[18]

Für die anderen Aufhebungsgründe kennt das Gesetz keine entsprechende Schranke. Sie erfahren ihre Relativierung erst am Gedanken der unzulässigen Rechtsausübung. Er kann freilich nicht so weit ausgreifen wie § 32 II EheG; *wo Analogie nicht möglich ist, darf der Gedanke unzulässiger Rechtsausübung nicht bis zu den Grenzen des Analogieschlusses reichen.* So fordert die Rechtsprechung mehr, als sie in § 32 II EheG zu fordern gewohnt ist, greift in erster Linie ein, wenn die Aufhebung der Ehe nur begehrt wird, um eine neue Ehe eingehen zu können,[19] aber auch, wenn die Ehe sich besonders lange bewährt hat.[20]

VII. Folgen der Aufhebung

1. Die Folgen der Eheaufhebung sind grundsätzlich identisch mit den *Folgen der Ehescheidung* (§ 37 I EheG). Personenrechtlich und vermögensrechtlich wird die Ehe nur für die Zukunft aufgelöst und mit allen Nachwirkungen, die geschiedene Ehen zeitigen können. Kein Ehegatte wird zum Namenswechsel gezwungen; Zugewinnausgleich und Versorgungsausgleich haben zu erfolgen; nacheheliche Unterhaltsansprüche sind möglich.

2. Wie nach Vernichtung einer nichtigen Ehe (§ 26 II EheG) gewährt das EheG freilich auch nach Aufhebung der Ehe redlichen Ehegatten gegenüber unredlichen Partnern ein *Retorsionsrecht,* mit dessen Ausübung (durch empfangsbedürftige Willenserklärung binnen sechs Monaten nach Rechtskraft des Aufhebungsurteils) die vermögensrechtlichen Folgen der Scheidung wenigstens für die Zukunft ausgeschlossen sind (§ 37 II EheG). Nachehelicher Unterhalt ist dann nicht zu leisten; ein Versorgungsausgleich findet nicht statt (vgl. dazu oben § 13 VI 3). Mit den Vorteilen der Rechtsausübung hat der redliche Ehegatte stets auch deren Nachteile in Kauf zu nehmen: Das Retorsionsrecht ist nicht teilbar, eine auf das

---

[18] Vgl. RGZ 159, 183. Vgl. aber auch RGZ 164, 372 (380) als Beispiel mißbräuchlicher Rechtsanwendung aus politischen Gründen.

Schwerlich zu billigen ist die Ansicht, ein sittlicher Makel des Partners dürfe nicht zur Aufhebung der Ehe führen, wenn der Kläger selbst den Makel aufweist (vgl. *Erman-Ronke,* 7 zu § 32 EheG; *v. Godin,* 9 zu § 32 EheG; *Hoffmann-Stephan,* 50 zu § 32 EheG; MünchKomm-*Müller-Gindullis,* 26 zu § 32 EheG). Vielfach wird es in diesen Fällen an der Kausalität des Irrtums oder der arglistigen Täuschung fehlen. In den verbleibenden Fällen aber sollte keine Aufrechnung sittlicher Mängel stattfinden.

[19] Vgl. BGHZ 5, 186; BGH, FamRZ 1958, 314. Auf die Gefahren dieser Rspr. (einseitige Betrachtung der Motive) hat *Ramm,* Festschrift v. Hippel, S. 333f., besonders hingewiesen. Keine unzulässige Rechtsausübung liegt vor, wenn der getäuschte Partner schon vor Entdeckung der Täuschung zu erkennen gegeben hat, daß er die Ehe beenden will, weil sie sich nicht richtig entfaltet hat. Vgl. BGHZ 29, 265 (269).

[20] Vgl. BGH, FamRZ 1958, 314.

Unterhaltsrecht oder auf den Versorgungsausgleich beschränkte Retorsion also ausgeschlossen.

3. *Unredlich* sind alle Ehegatten, die arglistig täuschten und widerrechtlich drohten, aber auch alle Ehegatten, die positive Kenntnis von der arglistigen Täuschung oder widerrechtlichen Drohung eines Dritten hatten. Unredlich sind in den übrigen Fällen des Irrtums und des Fehlens der Einwilligung des gesetzlichen Vertreters (§§ 30–32 EheG) alle Ehegatten, denen die Aufhebbarkeit der Ehe bei der Eheschließung bekannt war. Anders als in den Fällen der arglistigen Täuschung und widerrechtlichen Drohung wird mithin hier Kenntnis nicht nur des Tatbestandes, sondern auch der Rechtsfolge (Existenz eines Rechtes, die Ehe zu beenden) gefordert;[1] der Rechtsirrtum wird beachtlich.

4. Belanglos ist für Regel (volle Scheidungsfolgen) und Ausnahme (Retorsionsrecht) der Grad der Geschäftsfähigkeit der Ehegatten beim Eheschluß. *Beschränkt geschäftsfähige Ehegatten* haben die nachehelichen Lasten auch dann zu tragen, wenn ihre Ehe aufgehoben wurde, weil die Einwilligung des gesetzlichen Vertreters fehlte. Daß eben jene Einwilligung den Mangel ausreichender Einsichtsfähigkeit ausgleichen soll und daß der nicht voll Einsichtsfähige sonst vor Schäden bewahrt wird, die er sich durch selbständiges Handeln zufügen würde, fand keine Beachtung. Einfach ist nunmehr das Recht der Aufhebungsfolgen, aber auch prinzipienlos.[2]

5. Schadensersatz nach deliktischem Verhalten kann grundsätzlich vom Ehegatten wie vom Dritten nur in jenen Grenzen gefordert werden, die dem deliktischen Eheschutz gezogen sind (vgl. dazu oben § 13 VI 5 und unten § 17 III). Doch sollte eine Rückabwicklung der Ehe (Unterhalt!) in Form eines Schadensersatzanspruches für jene Zeit zugestanden werden, in welcher der andere Ehegatte die Aufhebung der Ehe arglistig verzögerte. Der BGH hat freilich in apodiktischer Form auch dann einen Ersatzanspruch verneint (BGHZ 48, 82), doch fordern die §§ 29 und 37 EheG keine Beachtung mehr, wenn gerade sie arglistig mißbraucht wurden.

VIII. Konkurrenz von Scheidungs- und Aufhebungsbegehren

1. Aufhebung und Scheidung der Ehe können in einem Verfahren begehrt werden. Ein Ehegatte kann das eine wie das andere betreiben (Häufung von Klaggründen, nicht objektive Klagenhäufung, weil hier wie dort Auflösung der Ehe erstrebt wird[1]); beide Ehegatten können aber auch initiativ werden, der eine Aufhebung, der andere Scheidung fordernd. Im Verfahren sind die §§ 622ff.

---

[1] Vgl. MünchKomm-*Müller-Gindullis,* 6 zu § 37 EheG.

[2] Kritik hat deshalb schon *Beitzke,* Festschrift Knur, S. 45ff., geübt.

[1] Vgl. RGZ 165, 319; *Hoffmann-Stephan,* 2 zu § 18 der 1. DVO EheG; *Erman-Ronke,* 9 zu § 29 EheG.

ZPO (Scheidungs- und Folgesachen), die für Aufhebungsklagen an sich nicht gelten, jedenfalls zunächst anzuwenden: Die mehr zufällige Konkurrenz einer Aufhebungsklage darf das Scheidungsverfahren solange nicht beeinträchtigen, als seine Beendigung durch Scheidungsurteil möglich ist. Freilich ist allein auf Aufhebung der Ehe zu erkennen und über die Folgesachen getrennt zu entscheiden, falls dem Aufhebungsbegehren stattzugeben ist: ohne Scheidungsurteil auch kein Entscheidungsverbund, dessen Zentrum das Scheidungsurteil bilden müßte.[2]

2. Ehegatten, die gleicherweise Aufhebung und Scheidung ihrer Ehe begehren, können dem Scheidungsantrag den Vorrang vor dem Aufhebungsbegehren zuweisen.[3] Mit dem Scheidungsantrag und mit der Aufhebungsklage werden gleicherweise (formalisiert) subjektive Rechte ausgeübt (und zum Vollzug durch richterlichen Akt gestellt), deren Verhältnis zueinander der Berechtigte nach seinem Belieben ordnen kann.

In allen anderen Fällen ist auf Aufhebung der Ehe zu erkennen, wenn sich das Aufhebungsbegehren als begründet erweist (der Scheidungsantrag wird gegenstandslos), mag auch der Scheidungsantrag früher zur Entscheidung reif und ebenso begründet sein (§ 18 der 1. DVO EheG = § 17 AVO EheG [BZ]). Das ist selbstverständlich, wenn beide Ehegatten mit unterschiedlichem Begehren initiativ wurden. Das muß aber auch dann gelten, wenn ein Ehegatte Aufhebung und Scheidung der Ehe begehrte, ohne ein Eventualverhältnis zwischen ihnen zu begründen.[4] Weil die Parteien ohne den Abschlußmangel gar nicht geheiratet hätten, gebührt der Eheaufhebung solange der Vorrang vor der Ehescheidung, als nicht ein Willkürakt der Parteien das an sich vorgegebene Verhältnis in sein Gegenteil verkehrt. Wäre allein nach der Entscheidungsreife zu fragen, so ständen die besonderen Rechtsfolgen der Eheaufhebung (§ 37 II EheG) auch praktisch zur Disposition des Familienrichters.

3. Das aufhebende Urteil erkennt (als Gestaltungsurteil mit Wirkung für und gegen alle) allein auf Beendigung der Ehe. In seinen Gründen sollte es jedoch ein etwa bestehendes Retorsionsrecht aus § 37 II EheG zum Ausdruck bringen (und muß es tun, falls das Recht die Kostenentscheidung gemäß § 93 III ZPO beeinflußte). In Rechtskraft erwächst freilich die Feststellung nie.

---

[2] Vgl. *Bergerfurth,* FamRZ 1976, 582. A. A. dagegen *Ambrock,* 2 zu § 29 EheG.

[3] Unstr. Vgl. etwa *Hoffmann-Stephan,* 3 zu § 18 der 1. DVO EheG; *Soergel-Donau,* 6 zu § 29 EheG; *Erman-Ronke,* 10 zu § 29 EheG; MünchKomm-*Müller-Gindullis,* 10 zu § 37 EheG.

[4] A. A. MünchKomm-*Müller-Gindullis,* 10 zu § 37 EheG. Meinungsäußerungen aus der Zeit vor dem 1. EheRG (sämtlich anders als der Text) haben wegen des neu eingeführten Retorsionsrechtes ihre Bedeutung verloren.

§ 15. Wiederverheiratung vermeintlich Verwitweter

Schrifttum: *Schubart,* Die Ehe vermeintlich Toter, 1948; *Völker,* Zum Eheverbot des § 39 Abs. 2 S. 1 EheG 46, SJZ 1949, 71; *Volkmar,* Eherechtliche Fragen, die sich an die Wiederkehr von Fürtoterklärten oder aus anderen Gründen als tot behandelten Personen knüpfen, SJZ 1949, 321; *Schrodt,* Zur Wiederverheiratung bei nur scheinbarem Tod des anderen Ehegatten, JR 1950, 235; *Zeitler,* Zur Ehe-Aufhebung nach § 39 EheGesetz 46, JR 1951, 425.

1. Eine Sterbeurkunde beweist den Tod (§ 60 PStG), Todeserklärung und Feststellung der Todeszeit begründen eine Vermutung des Todes (§§ 9, 44 II VerschG); absolute Gewähr der Richtigkeit eignet weder dem einen noch dem anderen. Beweis und Vermutung des Todes eines Ehegatten geben seinem Partner die Möglichkeit erneuter Heirat; verfehlen sie die Wirklichkeit, kann ein Ehegatte eine Doppelehe eingehen.

2. *Nichtigkeit der Zweitehe als Grundsatz.* Grundsätzlich ist die Zweitehe als bigamische Verbindung nichtig, die Erstehe aber in ihrem Bestand nicht berührt, wenn auch zuweilen gefährdet: Bösgläubige Ehegatten der vermeintlich Toten setzen die Trennungsfristen des § 1566 in Lauf, wenn sie sich einem zweiten Partner zuwenden. Im Widerstreit der beiden Ehen hat die Erstehe den Vorrang vor der nichtigen Zweitehe. Der Heimkehrer kann sofort (nicht erst nach Vernichtung der Zweitehe) Herstellung der ehelichen Lebensgemeinschaft fordern, während der Ehegatte der Zweitehe auf die Schranke des § 1353 II stößt.[1]

3. *Auflösung der Erstehe als Ausnahme.* Das deutsche Recht korrigiert den Grundsatz nie, wenn irrig eine Sterbeurkunde ausgefertigt wurde. Es greift in den §§ 38ff. EheG begrenzt ein, wenn der Heimkehrer für tot erklärt wurde, und übernimmt die dort getroffene Regelung auf den Fall irriger Feststellung der Todeszeit (vgl. Art. 3 § 1 VerschÄndG). Die Differenz beruht auf den verschieden starken Garantien der Verfahren; außerhalb aller Zweifel steht sie nicht.[2]

Wenn die Korrektur nicht zur Legalisierung einer Doppelehe führen soll, kann sie nur in der Preisgabe der Erstehe bestehen. Die ersteheliche Verbindung endet mit dem zweiten Eheschluß, falls auch nur einer der Partner der Zweitehe im Augenblick des Eheschlusses nicht wußte, daß der Heimkehrer seine Todeserklärung oder die Feststellung seiner Todeszeit überlebte (§ 38 EheG).[3] Gutgläubigkeit auch nur eines Ehegatten begründet mithin einen Vorrang der Zweitehe vor der Erstehe.

Das Ende der Erstehe ist total und endgültig; sie ersteht nicht neu, wenn die Zweitehe ein Ende findet. Die Folgen der Beendigung hat das Gesetz nur sehr beschränkt direkt geordnet, sei es nun in Tatbeständen, die den Fall des § 38 II EheG ausdrücklich bedenken (so § 1681 II mit seiner Verweisung auf § 1671), sei es auch in Tatbeständen, deren Merkmale den Fall neben anderen erfassen (so

---

[1] Ebenso OLG Tübingen, NJW 1950, 389 (390) mit zust. Anm. *Beitzke.* Gegen die Annahme, daß die Erstehe vor Vernichtung der Zweitehe als aufgelöst zu betrachten sei (so *Erman-Hefermehl,* 3 zu § 38 EheG; *Dölle,* § 30 I 1 a; MünchKomm-*Müller-Gindullis,* 6 zu § 38 EheG; *Soergel-Donau,* 3 zu § 38 EheG), mit Recht schon *v. Godin,* 4 zu § 38 EheG; *Hoffmann-Stephan,* 9 zu § 38 EheG.

[2] Für Gleichbehandlung aller Fälle ist vornehmlich *Schubart,* S. 4ff. und JR 1948, 297f. eingetreten. Eine analoge Anwendung der §§ 38, 39 EheG auf den Fall der unrichtigen Sterbeurkunde verbietet § 39 S. 2 VerschG.

[3] Die Beschlüsse müssen im Augenblick des Eheschlusses rechtskräftig sein. Vorzeitiger Eheschluß führt zu einer nichtigen Ehe, die durch spätere Rechtskraft nicht geheilt wird. Die früher str. Frage (vgl. etwa KG, SJZ 1950, 269 mit Anm. *Volkmar*) wird heute von Art. 3 § 2 VerschÄndG beantwortet. Die Norm läßt vorzeitig geschlossene Ehen gelten, falls Todeserklärung oder Feststellung der Todeszeit vor dem 15. 1. 1951 rechtskräftig wurden. Für die Folgezeit bleibt nur das argumentum e contrario. Ebenso MünchKomm-*Müller-Gindullis,* 3 zu § 38 EheG. A. A. LSozG Essen, FamRZ 1962, 376 (377) mit skeptischer Anm. *Bosch.* Das Urteil nimmt an, daß alle nichtigen Ehen rückwirkend geheilt werden, wenn ihr Mangel nachträglich wegfällt.

§ 1372 beim Zugewinnausgleich). Die verbleibenden Lücken sind durch analoge Anwendung der für geschiedene Ehen geltenden Regeln zu schließen: § 1355 IV ist analog anzuwenden; ein Versorgungsausgleich hat stattzufinden; zugunsten des Heimkehrers sind nacheheliche Unterhaltsansprüche in analoger Anwendung der §§ 1569ff. möglich.[4]

4. *Aufhebbarkeit der Zweitehe.* Gutgläubigkeit heißt Irrtum über den eigenen Personenstand für den Ehegatten des Heimkehrers, über den Personenstand des Ehegatten für seinen Partner in der Zweitehe. § 39 EheG gewährt dem gutgläubigen Ehegatten des Heimkehrers deshalb das Recht, die Aufhebung seiner Zweitehe zu begehren, den gutgläubigen Partner der Zweitehe erwähnt er nicht. Auch ihm ein Aufhebungsrecht aus § 32 EheG zu geben,[5] widerstreitet dem Gesetz, das die Wiederverheiratung vermeintlich Verwitweter in den §§ 38, 39 EheG in einer Form geordnet hat, die den Rückgriff auf § 32 EheG ausschließt. Der gutgläubige Ehegatte des Heimkehrers soll allein über den Fortbestand der Zweitehe befinden und nicht sein Partner, dessen Irrtum ohnehin durch die Beendigung der Erstehe im Augenblick des zweiten Eheschlusses an Bedeutung verliert. Erst wenn der Irrtum auf einer arglistigen Täuschung beruht, wandelt sich das Bild. Die Bösgläubigkeit des Ehegatten des Heimkehrers bindet ihn an die Zweitehe; der getäuschte Partner kann Aufhebung aus § 33 EheG begehren.

5. *Verlust des Aufhebungsrechtes.* Der Ehegatte des Heimkehrers muß sein Recht innerhalb eines Jahres seit Kenntnis vom Leben des Heimkehrers ausüben (§ 19 der 1. DVO EheG = § 18 AVO EheG [BZ]). Er verliert es durch den Tod des Heimkehrers vor der letzten Tatsachenverhandlung,[6] er verliert es dagegen nicht durch Bestätigung. § 39 EheG kennt keinen Rechtsverlust; ihn durch eine entsprechende Anwendung des § 31 II und des § 32 II EheG ergänzen,[7] heißt Sachverhalte in Parallele setzen, die recht verschieden sind.[8] Nur der Ehegatte des Heimkehrers hat zwischen zwei Gatten zu wählen.

6. *Das Eheverbot des § 39 II EheG.* § 39 EheG will dem Ehegatten des Heimkehrers primär die Rückkehr in die Erstehe (durch erneuten Eheschluß) ermöglichen,[9] erzwingen kann er sie auch nach Beendigung der Zweitehe nicht. Mißbräuchen begegnet er mit einem freilich sanktionslosen Eheverbot:[10] Zu Lebzeiten des Heimkehrers steht nur die Ehe mit ihm offen. Der richtige Ansatz des Eheverbotes ist ebenso evident wie seine Mängel. Da der Wortlaut selbst eine erneute Ehe mit dem Partner der Zweitehe verbietet, erzwingt er Ehelosigkeit, wenn die Rückkehr zum Heimkehrer nicht zu verwirklichen ist, sei es nun, daß dieser den erneuten Eheschluß ablehnt, sei es, daß er inzwischen

---

[4] Ebenso MünchKomm-*Müller-Gindullis,* 10 zu § 39 EheG; *Ambrock,* 2 zu § 38 EheG (für Unterhaltsansprüche). A. A. AG Bad Schwalbach, NJW 1978, 1333.

[5] So *v. Godin,* 2 zu § 39 EheG. Dagegen wie der Text (jedoch mit unterschiedlichen Begründungen) *Schubart,* S. 7; *Boehmer,* NJW 1959, 2189 Fn. 6; *Hoffmann-Stephan,* 17 zu § 39 EheG; *Soergel-Donau,* 2 zu § 39 EheG; MünchKomm-*Müller-Gindullis,* 5 zu § 39 EheG.

[6] Vgl. *Dölle,* § 30 II 1; *Hoffmann-Stephan,* 8 zu § 39 EheG; MünchKomm-*Müller-Gindullis,* 6 zu § 39 EheG; *Ambrock,* I 1 zu § 39 EheG. Nach and. Ans. genügt es, wenn der Heimkehrer die Rechtshängigkeit der Aufhebungsklage noch erlebte. Vgl. *Zeitler,* JR 1951, 425; *Soergel-Donau,* 3 zu § 39 EheG; *Palandt-Diederichsen,* 3 zu § 39 EheG.

[7] *Zeitler,* JR 1951, 425; wohl auch *Bosch,* FamRZ 1961, 379.

[8] Ganz h. L. Vgl. *Dölle,* § 30 II 1; *Hoffmann-Stephan,* 10f. zu § 39 EheG mit weit. Nachw.; *Beitzke,* § 11 IV 1; *Soergel-Donau,* 2 zu § 39 EheG; MünchKomm-*Müller-Gindullis,* 10 zu § 39 EheG. Aus der Rspr. vgl. OLG Oldenburg, FamRZ 1958, 321.

[9] Der Zweck der Norm reicht aber weiter. Sie will auch Ehegatten helfen, die sich ohne Absicht der Wiederheirat von einer Ehe lösen wollen, die sie trotz § 38 II EheG mit ihrem Gewissen nicht vereinbaren können. Vgl. *Zeitler,* JR 1951, 425; *v. Godin,* 3 zu § 39 EheG; *Hoffmann-Stephan,* 9 zu § 39 EheG; *Dölle,* § 30 II 1; *Soergel-Donau,* 3 zu § 39 EheG; MünchKomm-*Müller-Gindullis,* 9 zu § 39 EheG. Aufhebung kann daher auch begehrt werden, wenn der Heimkehrer bereits einen Dritten geheiratet hat. A. A. *Palandt-Diederichsen,* 3 zu § 39 EheG; *Erman-Hefermehl,* 2 zu § 39 EheG. Richtig ist nur, daß die Klage im Einzelfall eine unzulässige Rechtsausübung sein kann.

[10] Ganz h. L. (Nachw. bei *Staudinger-Dietz,* 12 zu § 16 EheG). Nichtigkeit als Sanktion wird von *Zeitler,* JR 1951, 425, angenommen. Umgekehrt sieht *Ramm,* JZ 1963, 50, in dem Eheverbot nur eine „sozialpädagogische Ermahnung“.

eine neue Ehe eingegangen ist, sei es auch, daß Umstände eintraten, die einen erneuten Eheschluß mit dem Heimkehrer als unzumutbar erscheinen lassen. Diese Konsequenz überschreitet offensichtlich den Sinn des Eheverbotes. Sie zu beseitigen ist für ein teleologisches Rechtsdenken unbedingtes Gebot: *In restriktiver Interpretation des Eheverbotes muß dem Ehegatten des Heimkehrers die Rückkehr zur Zweitehe erlaubt sein, wenn die Rückkehr zur Erstehe unmöglich oder unzumutbar geworden ist; eine Drittehe ist zu gestatten, wenn auch die Rückkehr zur Zweitehe unmöglich oder unzumutbar wurde.*[11]

7. *Die Folgen der Aufhebung* unterscheiden sich nicht von jenen, die gemeinhin mit der Aufhebung einer Ehe verbunden sind und entsprechen damit grundsätzlich den Folgen der Scheidung (§ 39 II 2 EheG). Das gegenüber unredlichen Ehegatten bestehende Wahlrecht, mit dessen Ausübung die Scheidungsfolgen wenigstens für die Zukunft ausgeschlossen werden können, steht dem Kläger zu, wenn der beklagte Ehegatte bei der Eheschließung gewußt hat, daß der Heimkehrer seine Todeserklärung überlebte (§ 39 II 3 EheG).

C. Eheliche Lebensgemeinschaft

§ 16. Äußere Wirkungen

I. Ehename

Schrifttum: *Ruthe,* Die Neuordnung des Namensrechts, FamRZ 1976, 409; *Diederichsen,* Der Ehe- und Familienname nach dem 1. EheRG, NJW 1976, 1169; *Lüke,* Die persönlichen Ehewirkungen und die Scheidungsgründe nach dem neuen Ehe- und Familienrecht, Festschrift Bosch, 1976, S. 627; *Reichard,* Namensführung der Ehegatten, StAZ 1976, 177; *Mergenthaler,* Heiraten und prellen?, FamRZ 1978, 4.

1. Namenseinheit ist kein unabdingbares Element ehelicher Verbundenheit, im deutschen Raum allerdings eine alte Tradition.[1] Auch das geltende Recht hat sie

---

[11] Am Wortlaut der Norm halten (meist mit Vorschlägen de lege ferenda) fest *Zeitler,* JR 1951, 426; *Völker,* SJZ 1949, 71; *v. Godin,* 5 zu § 39 EheG.

Eine Befreiung vom Eheverbot wird für möglich gehalten von *Schubart,* S. 9f.

Die h. L. bejaht mit dem Text einen Wegfall des Eheverbotes in bestimmter Situation, ist sich aber im Detail nicht einig. Dem Text steht besonders nahe BayObLG, FamRZ 1961, 376 mit Anm. *Bosch* (Rückkehr in die Zweitehe jedenfalls dann möglich, wenn der Heimkehrer nicht wieder heiraten will oder kann und dies erst nach der Eheaufhebung offenbar geworden ist). Vielfach wird auch die Ehe mit einem Dritten freigegeben, wenn der Heimkehrer nicht mehr geheiratet werden kann oder die erneute Ehe verweigert. Vgl. *Boehmer,* NJW 1959, 2189 Fn. 7; *Soergel-Donau,* 4 zu § 39 EheG; MünchKomm-*Müller-Gindullis,* 14 zu § 39 EheG. Ebenso, jedoch beschränkt auf den Fall der Weigerung, *Ambrock,* I 2 zu § 39 EheG, sowie Palandt-Diederichsen, 4 zu § 39 EheG, und beschränkt auf den Fall der rechtlichen Unmöglichkeit der erneuten Heirat *Hoffmann-Stephan,* 22ff. zu § 39 EheG; *Erman-Hefermehl,* 4 zu § 39 EheG.

[1] Zu den verschiedenen Regelungen in anderen Staaten vgl. *Dölle,* § 37 II; *Ruthe,* FamRZ 1976, 417. Die Regelung des § 1355 trennt das deutsche Recht von allen anderen Rechtsordnungen innerhalb der EG.

Zu den (z. T. kontrovers diskutierten) Fragen des IPR (mit ihrer ständig wachsenden praktischen Bedeutung) vgl. vornehmlich *Sturm,* FamRZ 1973, 394ff. mit weit. Nachw.

Auf der Grundlage der von BGHZ 56, 193ff. postulierten Doppelqualifikation (Personalstatut; Ehewirkungsstatut wählbar) steht das Recht zur Namenswahl aus § 1355 II 1 auch Ehegatten unterschiedlicher Nationalität (mag nun der Mann, mag auch die Frau die deutsche Staatsangehörigkeit besitzen) mit gewöhnlichem Aufenthalt in der Bundesrepublik Deutschland zu. Vgl. BGHZ 72, 163; BayObLG, NJW 1978, 1750.

bewahrt, jedoch nicht mehr konsequent festgehalten. Zwar führen die Ehegatten jedenfalls einen gemeinsamen Familiennamen, doch kann dieser von einem Ehegatten (nie von beiden!) um einen weiteren (ggf. auch mehrgliedrigen) Namen zu einem Gesamtnamen erweitert werden, den er allein führt (und der ihn damit innerhalb der Familie namensrechtlich isoliert).

Freilich hat die zähe Verteidigung des Patriarchats gerade im Namensrecht (die sehr deutlich die immer wieder geleugnete zentrale Bedeutung des Namens für die Familienstruktur unterstrich) zu einer (bedauerlichen) Vielfalt der Rechtslage geführt mit Differenzierung anhand der Heiratsdaten. Von den Altehepaaren (mit einem Eheschluß vor dem 1. 4. 1953, also vor dem GleichberG) sondern sich die Ehepaare mit mittlerer Ehedauer (mit einer Heirat zwischen dem 1. 4. 1953 und dem 30. 6. 1976, dem Inkrafttreten des § 1355 i. d. F. des 1. EheRG) und die anderen, die erst nach dem 30. 6. 1976 die Ehe eingingen. Nur für die letzteren gilt § 1355 in seiner gegenwärtigen Fassung (die im Folgenden allein dargestellt wird). Altehepaare und Ehepaare mit mittlerer Ehedauer führen grundsätzlich den Mannesnamen als Ehenamen, doch konnten Ehefrauen mit mittlerer Ehedauer (gemäß § 1355 i. d. F. des GleichberG) ihren Mädchennamen (nachgestellt) anfügen und damit einen allein ihnen zukommenden Doppelnamen bilden. Die einen wie die anderen aber haben das Recht, bis zum 30. 6. 1980 gemeinsam durch öffentlich beglaubigte Erklärung gegenüber dem Standesbeamten einen Namenswechsel herbeizuführen, der den Geburtsnamen der Frau zum Ehenamen beruft. Die Option wurde ihnen vom EheNÄndG vom 27. 3. 1979, BGBl. I/401, eingeräumt (in § 2 die Wirkungen für die Abkömmlinge) als späte Folge des zunächst (vom GleichberG) mißachteten und erst vom BVerfG (NJW 1978, 2289) durchgesetzten Gleichberechtigungsgrundsatzes. Die Notwendigkeit einer Korrektur bestand freilich nur für die Ehepaare mit mittlerer Ehedauer, jedoch jetzt mit einer Heirat nach dem 31. 3. 1953 (also nach Geltung des Gleichberechtigungsgrundsatzes). Daß die Legislative das Wahlrecht dennoch allen Altehepaaren gewährte, spricht für (späte) Einsicht: Es lohnt sich nicht, um den Preis einer weiteren Differenzierung im Namensrecht das Patriarchat wenigstens für die Uraltehepaare zu verteidigen.

2. *Begriffe*. Das Gesetz verwendet die Begriffe Geburtsname, Ehename und Familienname. Einen Begriff für den Namen, mit dem der Ehename erweitert wird, kennt es nicht; wir sprechen insoweit von einem Begleitnamen.[2] Zu bedenken ist ferner, daß der Ehename die Ehe überdauert, im Wechsel von einer Ehe zur anderen mithin mehrere Ehenamen zuwachsen. Jedem Ehegatten bleibt es unbenommen, alle Namen, die ihm kraft familienrechtlicher Akte zufielen, mit dem Hinweis auf den familienrechtlichen Akt (geb., gesch., verw.) als Namensannex zu führen. Namensschutz aus § 12 ist jedenfalls für den Geburtsnamen zu

[2] Der Begriff ist nicht allgemein eingeführt. Er setzt sich jedoch zusehends durch.

gewähren, den ein Ehegatte bei der Eheschließung als (möglichen) Bestandteil seines Nachnamens aufgab.[3]

Geburtsname ist der Name, der ,,in die Geburtsurkunde der Verlobten zur Zeit der Eheschließung einzutragen ist" (§ 1355 II 3). Er ist in der Regel identisch mit dem Ehenamen der Eltern (§ 1616) oder mit dem Familiennamen der nichtehelichen Mutter zur Zeit der Geburt (§ 1617 I), muß es jedoch nicht notwendig sein. Spätere Akte des öffentlichen Rechts (Namensänderung), aber auch des Familienrechts (Ehelichkeitsanfechtung, Einbenennung des § 1618 usw.) können den Geburtsnamen ändern (der Begriff ist insoweit kein getreues Abbild seines Inhalts).

Ehename ist der von beiden Ehegatten geführte Familienname (§ 1355 I). Da er stets mit dem Geburtsnamen eines Ehegatten identisch ist, weist er in der Regel in dessen Herkunftsfamilie (Orientierungsfamilie) zurück. Funktionell ist er jedoch der Generationsfamilie der Ehegatten zugekehrt:[4] Ehegatten und gemeinschaftliche Kinder führen ihn gemeinsam jedenfalls bis zur Heirat der Kinder (mit der eine neue Generationsfamilie begründet wird, die den Geburtsnamen des anderen Ehegatten führen kann).

Familienname ist der von einer Person (gleich, ob ledig oder verheiratet) zu einem bestimmten Zeitpunkt geführte Nachname. Er ist entweder Geburtsname (Name der Herkunftsfamilie) oder Ehename (Generationsfamilie), vereinigt also (als Oberbegriff) diese beiden Begriffe. Zum Familiennamen gehört nicht mehr ein etwaiger Begleitname (er ist ein persönlicher Namensbestandteil),[5] den das Gesetz bei allen Namensableitungen ausdrücklich vom Familiennamen trennt (vgl. die §§ 1617 I 2, 1618 I 2, 1737 Satz 2, 1740f II 3, 1757 I 2). Zuzugestehen ist freilich, daß alle Normen auch als Fiktionen verstanden werden können (,,gilt nicht"), die den Familiennamen nur bei der Namensableitung um den Begleitnamen mindern. Praktische Konsequenzen ergeben sich aus dem Wechsel von der einen zur anderen Betrachtungsweise nicht.

3. *Die Wahl der Ehegatten.* Zum Ehenamen können die Ehegatten bei der Eheschließung (jedoch nicht als Bestandteil des Eheschließungsaktes) durch Erklärung gegenüber (nicht: vor) dem Standesbeamten den Geburtsnamen des Mannes oder den Geburtsnamen der Frau bestimmen (§ 1355 II 1). Die Wahl erfolgt durch zwei inhaltlich übereinstimmende (unwiderrufliche und unanfechtbare) Willenserklärungen des öffentlichen Rechtes, von denen jeweils die eine Wirk-

---

[3] Vgl. RG, JW 1912, 338; 1925, 363f.; *Eisser,* FamRZ 1959, 186 Fn. 151 (mit weit. Nachw.); *Rolland,* 6 zu § 1355.

[4] *Diederichsen,* NJW 1976, 1170, rügt ein ,,logisch verkehrtes Verhältnis" von Ehenamen und Familiennamen im § 1355. Berechtigt ist diese Rüge nur, wenn man den Begriff des Familiennamens im strengen (vom Gesetz nicht festgehaltenen) Verstande (also zur Kennzeichnung einer durch Kinder zur Familie erweiterten Ehe) verwendet.

[5] Ebenso *Diederichsen,* NJW 1977, 1171; *Roth-Stielow,* 8 zu § 1355. A. A. MünchKomm-*Wacke,* 8 zu § 1355.

samkeitsvoraussetzung der anderen ist (vgl. dazu oben § 11 II 9). Der Wahlakt ist also nicht als privates Rechtsgeschäft und schon gar nicht als Vertrag der Ehegatten zu begreifen.

Wählbar sind allein die Geburtsnamen; wählbar sind nicht frühere Ehenamen, und zwar auch dann nicht, wenn aus der früheren Ehe Kinder hervorgingen und die Namenseinheit mit ihnen verloren geht. Die Dynamisierung des Namensrechtes in der jüngeren Rechtsentwicklung trifft hier auf eine Grenze.

Ausgeschlossen ist auch die Wahl eines Doppelnamens, der die Geburtsnamen beider Ehegatten zum Ehenamen vereinigt. Ausschlaggebend war die Furcht vor Namenspotenzierungen im Laufe der Generationen. Doppelnamen, die als Geburtsnamen geführt werden, bleiben jedoch unangetastet; viergliedrige Gesamtnamen (Ehenamen und Begleitnamen) sind möglich, wenn beide Ehegatten einen Doppelnamen führen.

4. *Mannesname als Subsidiärname.* Verlobte können in ausdrücklichen Wahlakten ihren Ehenamen bestimmen, müssen es jedoch nicht. Nehmen sie Abstand, so ist Ehename der Geburtsname des Mannes (§ 1355 II 2). Der Verzicht des Gesetzes auf den Erklärungszwang ist freilich mehr ein scheinbarer denn ein wirklicher. Es gibt (Information der Verlobten vorausgesetzt; vgl. dazu § 13a I EheG) zwar Eheschließungen ohne offen ausgewiesenen Wahlakt, jedoch keine Eheschließungen ohne Namenswahl: Frauen, die nicht auf der Wahl ihres Namens in ausdrücklichen Wahlakten bestehen, entscheiden sich damit (aus welchen Gründen auch immer) für den Namen des Mannes. Es ist deshalb auch unrichtig, das von § 1355 angenommene Prinzip der freien Namenswahl durch die Behauptung zu diskreditieren, Ehename sei „der Name des Mannes, sofern sich die Verlobten nicht auf den Namen der Frau einigen“.[6]

Mit Art. 3 II GG ist die richtig verstandene Regelung schwierigkeitslos zu vereinbaren: Es gibt keinen Vorrang des männlichen Geschlechts.[7] Ein Gesetz, das den Erklärungszwang scheut (ohne damit viel zu bewirken), muß eine Ersatzregelung treffen, die nach Belieben den Mannesnamen oder auch den Frauennamen als Ehenamen vorsehen kann. Solange sich (wie gegenwärtig) die Ehegatten überwiegend für den Mannesnamen entscheiden, ist er allein aus praktischen Gründen dem Frauennamen vorzuziehen; die gesetzliche Regelung erübrigt dann in der Mehrzahl der Fälle ausdrückliche Wahlakte.[8]

5. *Begleitname.* Ehegatten, die den Geburtsnamen des Partners als Ehenamen

---

[6] So aber MünchKomm-*Wacke,* 12 zu § 1355.

[7] A. A. *Ramm,* Grundgesetz und Eherecht, 1972, S. 30 Fn. 71. Bei einer dem Text entspr. Argumentation hält *Rolland,* 11 zu § 1355, die Regelung nur für „verfassungsrechtlich vertretbar“. Positiv urteilend ferner *Roth-Stielow,* 1 zu § 1355; *Ambrock,* III zu § 1355.

[8] Alle weiteren Gründe, die sonst angeführt werden, um die Entscheidung des Gesetzes vor der Verfassung zu rechtfertigen (Tradition, stärkere Verbindung des Mannes mit dem Berufsleben usw.; vgl. MünchKomm-*Wacke,* 13 zu § 1355), belasten die Diskussion nur, weil sie allesamt patriarchalisch gedeutet werden können.

akzeptieren, können durch öffentlich beglaubigte Erklärung gegenüber dem Standesbeamten dem Ehenamen ihren Geburtsnamen oder jenen Namen (auch, wenn er mehrgliedrig ist[9]) voranstellen, den sie bei der Eheschließung führten.[10] Die Erklärung bedarf keiner Begründung und keiner Zustimmung des Partners oder auch des gesetzlichen Vertreters. Sie ist nicht an eine Frist gebunden, kann also auch noch lange nach der Eheschließung, ja sogar nach Beendigung der Ehe erfolgen.[11] Doch verlangt das öffentliche Interesse, daß die einmal abgegebene Erklärung bindend ist: Eine Preisgabe des Begleitnamens ist nur noch im Wege der Namensänderung möglich.[12]

Die Entscheidung zugunsten eines vorangestellten (und damit gegen einen angefügten) Begleitnamen wertet das Prinzip der Namenseinheit der Ehegatten geringer als das Interesse der Ehegatten und des Verkehrs an der Namenskontinuität. Sie hat ferner bewirkt, daß heute bei Frauen nicht sofort erkennbar ist, welcher Namen aus der Namensverbindung der Ehename ist. Frauen, die nach altem Recht ihren Mädchennamen dem Mannesnamen anfügten, können zwar heute (ohne Ausschlußfrist) die Reihenfolge der Namen umkehren (Art. 12 Nr. 2 des 1. EheRG); gezwungen aber sind sie dazu nicht.

Das Recht, einen Begleitnamen zu wählen, steht nicht zur Disposition der Ehegatten im privaten Vertrag;[13] es kann jedoch durch Verzicht in öffentlich beglaubigter Erklärung gegenüber dem Standesbeamten (also in den Formen seiner Ausübung) preisgegeben werden.[14] Eine Verwirkung nach Ablauf einer „angemessenen Frist" (was ist „angemessen"?) tritt dagegen nicht ein.[15] Zwar ist auch dem öffentlichen Recht der Gedanke der Verwirkung nicht fremd, doch wird er mißbraucht, wenn mit ihm eine vom Gesetz nicht vorgesehene Ausschlußfrist eingeführt werden soll. Zur Verwirkung gehört stets ein anderer, für den aus passivem Verhalten von längerer Dauer ein Vertrauenstatbestand er-

---

[9] Bei mehrfacher Ehe unter Annahme des Partnernamens als Ehenamen kann der Begleitname bei jedem Eheschluß um einen Namen erweitert werden. Vgl. zu diesem „Sammeln" von Namen *Ruthe*, FamRZ 1976, 412. Die Möglichkeit wird bestritten von *Rolland*, 39 zu § 1355; *Ambrock*, VI zu § 1355.

[10] Daß ein Geburtsname gewählt werden kann, der zur Zeit der Eheschließung nicht geführt wurde, bestreitet *Palandt-Diederichsen*, 3b zu § 1355. Wie der Text für die Zulässigkeit einer Reaktivierung des anläßlich einer früheren Ehe preisgegebenen Geburtsnamens *Ruthe*, FamRZ 1976, 412; MünchKomm-*Wacke*, 20 zu § 1355.

[11] Vgl. *Rolland*, 42 zu § 1355 und (zu § 1355 a. F.) OLG Hamm, NJW 1967, 450; *Soergel-Lange*, 18 zu § 1355.

[12] Vgl. zu § 1355 a. F. *Eisser*, FamRZ 1959, 186; *Erman-Heckelmann*, 5 zu § 1355; *Staudinger-Hübner*, 11 zu § 1355; OLG Hamm, NJW 1967, 450; *Soergel-Lange*, 19 zu § 1355. Zu § 1355 n. F. vgl. *Rolland*, 43 zu § 1355; MünchKomm-*Wacke*, 23 zu § 1355.

[13] Ebenso *Rolland*, 44 zu § 1355. A. A. MünchKomm-*Wacke*, 22 zu § 1355 (gegen die h. L. zu § 1355 a. F.).

[14] Ebenso *Rolland*, 40 zu § 1355, und (zu § 1355 a. F.) *Soergel-Lange*, 19 zu § 1355 (gegen *Staudinger-Hübner*, 12 zu § 1355, der keinen Verzicht für möglich hält). Ein formloser (auch schlüssiger) Verzicht wird anerkannt (und prononciert gefördert) von MünchKomm-*Wacke*, 22 zu § 1355.

[15] A. A. MünchKomm-*Wacke*, 27 zu § 1355 (vorbehaltlich des Nachweises eines wichtigen Grundes).

wächst. Wer aber sollte schon beim Begleitnamen Vertrauensschutz fordern dürfen?

6. *Änderungen des Begleitnamens* kraft familienrechtlicher Vorgänge mit unmittelbarer oder mittelbarer (durch die Vorgeneration vermittelter) Wirkung sind unbeschränkt möglich. Sie bedürfen niemals einer Zustimmung des Partners und eröffnen den Ehegatten nie die Möglichkeit einer Wahl zwischen dem Ehenamen und dem neuen Begleitnamen (den die Ehegatten als Ehenamen hätten wählen können, wenn die Namensänderung vor der Eheschließung erfolgt wäre).

Änderungen des Ehenamens als Folge einer Änderung des gewählten Geburtsnamens verhindert das Gesetz grundsätzlich nicht (ausgeschlossen ist nach der Heirat freilich eine Einbenennung gemäß § 1618). Es bindet sie jedoch in den meisten Fällen explizit an eine gemeinschaftliche Option der Ehegatten für den neuen Geburtsnamen (vgl. die §§ 1617 IV, 1618 IV, 1720 Satz 2, 1737 Satz 3, 1740f III, 1757 I 2). Für die vom Gesetz selbst nicht bedachten Fälle sind jene Normen analog anzuwenden (vgl. dazu unten § 61 II 14 für die Ehelicherklärung eines Ehegatten). Wird nicht gemeinschaftlich optiert, ändert sich jedoch gleichwohl der zum Ehenamen gewordene Geburtsname kraft Gesetzes (wie nach einer Adoption) oder kraft einer einseitigen Option (etwa nach einer Legitimation), so führen die Ehegatten in Zukunft einen Ehenamen, der weder mit dem Geburtsnamen des einen noch mit dem des anderen identisch ist.

Änderungen des Ehenamens kraft Verwaltungsaktes (die als Folge des § 1355 II jetzt seltener werden sollten) sind nur noch auf beiderseitigen Antrag der Ehegatten möglich. Das NamÄndG trägt zwar (bislang) in seinem Normtext der neuen Situation nicht Rechnung, doch ist die Aussage die notwendige Konsequenz aus dem vom Gesetz in allen Zusammenhängen gewahrten Prinzip der Namenseinheit der Ehegatten.[16]

7. *Verwitwete und Geschiedene* behalten ihren Ehenamen (§ 1355 IV 1).[17] *Wie immer auch eine Ehe enden mag, nie verbinden sich mit dem Ende unmittelbare Wirkungen für den Namen.* Freilich wird niemand Namenskontinuität gegen seinen Willen aufgezwungen. Durch öffentlich beglaubigte (unwiderrufliche und unanfechtbare) Erklärung gegenüber dem Standesbeamten können alle Verwitweten und Geschiedenen ihren Geburtsnamen wieder annehmen oder jenen Namen, den sie zur Zeit der Eheschließung führten. Eines besonderen Interesses (etwa Nachkommenschaft aus früherer Ehe) bedarf es ebensowenig wie einer Zustimmung oder einer speziellen Begründung. Mit der Ehe entfällt die Bindung an den Ehenamen (vergleichbar dem Wegfall der Geschäftsgrundlage im Schuldrecht);

---

[16] Ebenso i. Erg. *Diederichsen,* NJW 1976, 1172; MünchKomm-*Wacke,* 54 zu § 1355.

[17] § 1355 IV gilt gem. § 37 EheG auch nach Aufhebung der Ehe. Er gilt dagegen nicht mehr nach Vernichtung der Ehe. Mit der Rechtskraft des vernichtenden Urteils wird (mit Wirkung nur für die Zukunft; vgl. oben § 13 VI 2) der voreheliche Name wieder erworben.

frei (und unbefristet[18]) kann jeder Verwitwete und Geschiedene höchstpersönlich[19] entscheiden, ob er die ihm eingeräumte Gestaltungsbefugnis ausüben will oder nicht. Wird die Befugnis mitbedacht, noch nach Beendigung der Ehe einen Begleitnamen anzunehmen (vgl. oben unter 5.), so ergeben sich nach Beendigung einer Zweitehe für einen Ehegatten, der in beiden Ehen bereit war, den Geburtsnamen des Partners als Ehenamen anzunehmen, insgesamt sechs Möglichkeiten (die Witwe C, geschiedene B, geborene A kann nach dem Tode ihres zweiten Ehemannes den Namen C beibehalten, aber auch zu B oder A übergehen; ihr ist es ferner gestattet, die Namen A–C, B–C und A–B zu wählen).[20]

Ein Namenswechsel hat keine Auswirkungen auf den Namen der ehelichen *Kinder des geschiedenen oder verwitweten Ehegatten:* Es gibt weder eine unmittelbare Namensfolge (auch nicht, wenn der den Namen wechselnde Elternteil die elterliche Sorge ausübt) noch eine Befugnis, sich durch eigene Erklärung dem Namenswechsel des Elternteils anzuschließen. Man hat das bedauert, ja als Benachteiligung der ehelichen Kinder gegenüber nichtehelichen (vgl. § 1617 II) gerügt.[21] Doch bleibt das Gesetz folgerichtig: Nur für den Ehegatten entfällt mit der Ehe eine Grundlage seiner früheren Namenswahl; die ehelichen Kinder haben dagegen nicht gewählt; ihre Herkunftsfamilie ändert sich nicht, wenn die Elternehe beendet ist. Soll die (durch freien Wahlakt des Elternteils!) preisgegebene Namenseinheit von Elternteil und Kind wiederhergestellt werden, so kommt allein eine Namensänderung kraft Verwaltungsaktes in Betracht (vgl. dazu weiter unten § 49 VIII 3).

Kein Geschiedener und kein Verwitweter ist je zu einem Namenswechsel gezwungen. Untersagungsrechte (wie sie das deutsche Recht zu Lasten der Frau und unter Verstoß gegen Art. 3 II GG bis zum 1. EheRG konservierte) gibt es nicht mehr. Auch aus allgemeinen Grundsätzen des Namensschutzes oder in Analogieschlüssen zu anderen Rechtsverlusten nach schwerem Fehlverhalten dürfen Untersagungsrechte nicht entwickelt werden.[22] Derlei Rechte basieren in jeder Form auf der Vorstellung eines letztlich nur „geliehenen Namens“, dessen sich der Beliehene würdig zu erweisen hat. Der vom Partner herrührende Ehename wird jedoch zu vollem eigenen Recht erworben.

---

[18] Für Verwirkung durch schlüssigen Verzicht nach Ablauf einer angemessenen Frist (auch hier) MünchKomm-*Wacke,* 39 zu § 1355.

[19] Beschränkt Geschäftsfähige erklären sich selbst. Für Geschäftsunfähige kann der ges. Vertreter die Erklärung abgeben; ein Vormund bedarf der Genehmigung des VormG (arg. § 2 NamÄndG). Die h. M. bindet freilich den Vormund nicht. Vgl. MünchKomm-*Wacke,* 37 zu § 1355; *Göppinger,* Vereinbarungen anläßlich der Ehescheidung, 3. Aufl. 1978, RdNr. 667.

[20] Die Möglichkeit A–B (Rückkehr zum ersten Ehenamen mit Ausübung des Rechtes aus § 1355 III) wird oft übersehen (auch von *Ruthe,* FamRZ 1976, 412). MünchKomm-*Wacke,* 36 zu § 1355, behauptet als weitere Möglichkeit die Namenskombination A–B–C; sie ist mit der Alternative des § 1355 III nicht zu vereinbaren.

[21] Vgl. *Lüke,* Festschrift Bosch, S. 631; MünchKomm-*Wacke,* 43 zu § 1355.

[22] Vgl. die Andeutungen von *Diederichsen,* NJW 1976, 1174, und *Palandt-Diederichsen,* 4 zu § 1355. Gegen ihn bereits MünchKomm-*Wacke,* 47 zu § 1355; *Roth-Stielow,* 11 zu § 1355.

Wer disponieren kann, darf sich im allgemeinen seiner Befugnis begeben und sich zu einer bestimmten Disposition verpflichten. Der *Verzicht auf Namensänderung* (durch formbedürftige Erklärung gegenüber dem Standesbeamten) ist deshalb ebenso wirksam[23] wie die Verpflichtung (vornehmlich im Scheidungsvertrag), den vom Partner herrührenden Ehenamen abzulegen. Im Einzelfall kann freilich das Rechtsgeschäft sittenwidrig und damit nichtig sein. Es liegt nahe, § 138 anzuwenden, wenn ein Entgelt gewährt wird, doch hat das RG auch einen entgeltlichen Vertrag nicht beanstandet.[24]

8. *Kritik*. Namen dienen der Unterscheidung; sie stellen die Identität des Trägers fest. Jede Dynamisierung des Namensrechtes durch Optionsrechte fordert als Preis einen Funktionsverlust, dessen Ausmaß von der Zahl der möglichen Optionen bestimmt wird. Namen sind ferner Ausdruck der familienrechtlichen Zuordnung ihrer Träger im Gang der Generationen. Dynamisierungen durch Gewährung von Optionsrechten können (müssen freilich nicht) die Aussagekraft des Namens mindern.

Das geltende Recht ist weit über das hinausgegangen, was von der Verfassung gefordert wurde (ihr wäre schon mit einem Recht der Verlobten, den Mannesnamen oder den Frauennamen als Ehenamen zu wählen, Rechnung getragen worden). Es hat den Namen (vornehmlich in § 1355 IV) in einem Ausmaß dynamisiert und instrumentalisiert, das zumindest fragwürdig ist. Tradierte Verhaltensmuster werden zwar auch in Zukunft stabilisierend wirken, doch wäre ein Namensrecht mit stärkerer Konsistenz auch dann noch wünschenswert, wenn man die Gefahren für den Geschäftsverkehr (Namenswechsel als Mittel, dem Vollstreckungszugriff zu entgehen) geringer einschätzt, als es zuweilen geschieht,[25] und nicht bereit ist, Verbindungslinien zu ziehen zu den (aus anderen Gründen diskutierten) Vorschlägen, mit Personenkennziffern unwandelbare Identitätszeichen einzuführen.[26] Forderungen nach einem Namensänderungsregister[27] sollten nicht erfüllt werden. Sie basieren auf übertriebenen Befürchtungen; das ohnehin viel zu komplizierte Namensrecht wird mit ihnen noch komplizierter.

II. Staatsangehörigkeit

Schrifttum: *Raape,* Die Staatsangehörigkeit kraft Eheschließung und kraft Abstammung, 1948; *Gundrum,* Ursachen und Probleme der staatsangehörigkeitsrechtlichen Mischehe, FamRZ 1967, 125.

---

[23] Gl. Ans. *Göppinger,* RdNr. 669; MünchKomm-*Wacke,* 42 zu § 1355.

[24] Vgl. RG, SeuffA 76 Nr. 55. Zum Problem vgl. weiter MünchKomm-*Wacke,* 40 zu § 1355 (angemessener Betrag zum Ausgleich von Nachteilen nicht zu beanstanden); *Göppinger,* RdNr. 668 (bei Entgelt „nicht ohne weiteres" sittenwidrig).

Gegen RGZ 86, 114 hält MünchKomm-*Wacke,* 41 zu § 1355, eine bedingte Verpflichtung für nichtig.

[25] Vgl. dazu *Bosch,* FamRZ 1971, 58, einerseits und *Mergenthaler,* FamRZ 1978, 4, andererseits.

[26] Befürchtungen äußert MünchKomm-*Wacke,* 62 zu § 1355.

[27] Vgl. dazu *Bosch,* FamRZ 1971, 58 (DIHT); *Ambrock,* I vor § 1355.

1. Gleiche Staatsangehörigkeit der Ehegatten wird selbst in den Grenzen, die jedem Staat notwendig gezogen sind (keine Verfügung über Regelungen anderer Staaten), nicht mehr erzwungen und nurmehr beschränkt gefördert. Alle Normen, die früher aus familienrechtlichen Gründen Zwangseingriffe in die Staatsangehörigkeit der Frau vorsahen, sind weggefallen. Das alte Prinzip der Familieneinheit ist (einer allgemeinen Tendenz in der Welt entsprechend) vom Gleichberechtigungsgrundsatz und vom *Grundsatz der individuellen Entscheidung* verdrängt worden, obwohl Mischehen zu Mißhelligkeiten führen können (Geltung des Ausländergesetzes für einen Ehegatten).

2. Deutsche Frauen, die einen Ausländer heiraten, behalten die deutsche Staatsangehörigkeit. Sie behalten sie selbst dann, wenn die Ehe kraft (fremden) Gesetzes zum Erwerb einer fremden Staatsangehörigkeit führt, also Doppelstaatigkeit eintritt. Nutzt freilich die Frau freiwillig eine ihr vom fremden Staat gebotene Möglichkeit erleichterter Einbürgerung aus, so verliert sie grundsätzlich die deutsche Staatsangehörigkeit (§ 25 RuStAG).

3. Ausländerinnen, die einen Deutschen heiraten, erwerben die deutsche Staatsangehörigkeit nicht mehr kraft Gesetzes. Die dem patriarchalischen Familienleitbild entsprechende Zwangseinbürgerung der Ehefrau ist Rechtsgeschichte geworden. Das Prinzip der Familieneinheit wirkt nur noch in einer Erleichterung der Einbürgerung auf Antrag, die aus Gründen der Gleichberechtigung auch einem Ausländer gewährt wird, der eine deutsche Frau heiratet (vgl. § 9 RuStAG).

4. Der Grundsatz der individuellen Entscheidung gilt auch für jeden *Wechsel der Staatsangehörigkeit* im Verlauf der Ehe. Das Familienrecht (§ 1353) verpflichtet die Ehegatten wenigstens im Regelfall zu gleichen Entscheidungen; das Staatsangehörigkeitsrecht kennt dagegen keinerlei Bindung des einen Ehegatten an den anderen.

III. Wohnsitz

1. Das geltende Recht hat den *Grundsatz der individuellen Entscheidung* auch im Recht des Wohnsitzes angenommen. Das GleichberG hat den (eher schädlichen) gesetzlichen Wohnsitz der Ehefrau beseitigt und damit die Epoche der Zwangswohnsitze kraft ehelicher Verbundenheit abgeschlossen.

2. Jeder Ehegatte kann für sich (und nur für sich) einen oder auch mehrere Wohnsitze nach den allgemeinen Regeln begründen (§ 7). Minderjährige Ehegatten bedürfen keiner Zustimmung des gesetzlichen Vertreters (§ 8 II). Grenzen sind diesem Privileg der verheirateten Minderjährigen (gegenüber ihren ledigen Altersgenossen) nicht gesetzt, doch soll es in erster Linie die Freiheit vermitteln, den eigenen Wohnsitz am Wohnsitz des Partners zu begründen.

3. Jede Begründung eines Wohnsitzes nach den allgemeinen Regeln ist wirksam. Jedoch ist nicht jede Begründung eines Wohnsitzes auch ein pflichtgemäßer Akt im Verhältnis zum Partner. Ob und inwieweit eine *Pflicht zur Begründung des Wohnsitzes an einem bestimmten Ort* besteht (die zwar mit der Herstellungsklage verfolgt, jedoch nie gegen den Willen des widerstrebenden Ehegatten durchgesetzt werden kann), entscheidet § 1353 und in dessen Rahmen primär der gemeinschaftliche Lebensplan der Ehegatten. Aus ihm kann sogar die Pflicht folgen, verschiedene Wohnsitze zu begründen (Doppelverdienerehe mit unterschiedlichen Beschäftigungsorten, die in Form einer wechselseitigen Besuchsehe geführt werden soll).[1] In der Regel sind die Ehegatten gehalten, gleiche Wohnsitze zu haben, bei deren Wahl vornehmlich die Arbeitsstätten bestimmend sind.[2] Ist nur ein Ehegatte erwerbstätig, so ist der andere verpflichtet, einen berufsbedingten Wohnsitzwechsel mitzuvollziehen. Doch hat der erwerbstätige Ehegatte beim freiwilligen Wechsel seines Arbeitsplatzes (Versetzungsgesuch; Kündigung) einen Konsens mit seinem Partner zu suchen.[3]

§ 17. Das absolute Recht der Ehegatten

Schrifttum: *Magis,* Schadensersatz- und Unterlassungsansprüche bei Verletzung der ehelichen Treue, Diss. jur. Bonn, 1935; *Boehmer,* Zur Frage der Unterlassungs- und Schadensersatzklage bei Ehestörungen, JZ 1953, 745; *Padrutt,* Die Ehestörungsklage, 1954; *Koenigs,* Zur Schadensersatzpflicht des Ehebrechers, JR 1954, 206; *Fiedler-Zydek,* Die Schadensersatzpflicht des Ehebrechers, JR 1954, 452; *Boehmer,* Die Ehestörungsklage, FamRZ 1955, 7; *ders.,* Zur Ehestörungsklage, AcP 155 (1956), 181; *ders.,* Die neueste Rechtsprechung zur Frage der „Ehestörungsklage", FamRZ 1957, 196; *Fabricius,* Zur Dogmatik des „sonstigen Rechts", AcP 160 (1961), 273; *v. Hippel,* Schadensersatz bei Ehestörung, NJW 1965, 664; *Künkel,* Kostenerstattungs- und Schadensausgleichsanspruch im Ehelichkeitsanfechtungsrechtsstreit, FamRZ 1966, 176; *Löwisch,* Der Deliktsschutz relativer Rechte, 1970; *Jayme,* Die Familie im Recht der unerlaubten Handlungen, 1971 (S. 223); *Struck,* „Räumlich-gegenständlicher Bereich der Ehe" oder Gemeinsamkeit der Wohnung, JZ 1976, 160.

I. Umfang

1. *Positionen.* Interindividuelle Ehelehren können die Ehe nicht als Recht begreifen, das an jenen Schutzformen teilhat, die nur absoluten Rechten eigen sind. Sie können (müssen aber nicht) deliktischen Eheschutz aus § 826 gewähren,[1]

---

[1] Die Ehegatten leben dann nicht etwa getrennt. Vgl. § 1567. A. A. MünchKomm-*Wacke,* 29 zu § 1353.

[2] Daß mit Rücksicht auf Art. 6 GG bei beiderseitiger Erwerbstätigkeit die beamtenrechtliche Residenzpflicht der Pflicht zur häuslichen Gemeinschaft nachgeordnet ist (so *Diederichsen,* NJW 1977, 218; MünchKomm-*Wacke,* 29 zu § 1353), trifft u. E. nicht zu. Die Residenzpflicht ist eine Konstante, die von den Ehegatten in ihrer Planung zu bedenken ist.

[3] Vgl. OLG München, FamRZ 1967, 394.

[1] § 823 II hat nach dem Wegfall des § 172 StGB für den Eheschutz keine Bedeutung mehr. Ein auf § 826 beschränkter Eheschutz ist nicht nur bei Vertretern interindividueller Ehelehren anzutreffen. Er findet sich auch sonst, wenn aus diesem oder jenem Grund § 823 I abgelehnt wird. Vgl. RG, SeuffA

dagegen aus § 823 I nur, wenn sie (gegen die h. L.) bereit sind, auch relative Rechte als „sonstige Rechte" zu schützen.[2] Andere Ehelehren sind in ihrer Entscheidung frei; sie tendieren jedoch zur Anerkennung einer gegen jedermann auch rechtlich abgeschirmten Eheschicht.

Zuweilen ist in jüngerer Zeit versucht worden, auf der Grundlage einer institutionellen Ehelehre zwar Eheschutz gegen Drittstörer anzuerkennen, ihn jedoch nicht an subjektiven Rechten der Ehegatten zu orientieren, sondern unmittelbar auf das objektive Recht zu stützen – auf die Institution der Ehe[3] oder auf Art. 6 GG als umfassendes Schutzgesetz[4] –, doch zeigen beide Varianten erhebliche Schwächen.

Eheschutz als Institutionenschutz schließt Ansprüche des einzelnen (verletzten) Ehegatten nicht aus, begreift sie jedoch nicht als Wirkung subjektiver Rechte; der klagende Ehegatte klagt als „Funktionär der Gesamtrechtsordnung". Eheschutz, der sich nur in Ansprüchen der Ehegatten entfaltet, will sich indessen dem Gedanken des Institutionenschutzes nicht recht fügen, weil die (so oder so verstandene) Institution der Willkür der Ehegatten anheimgegeben wird. Der Eheschutz des geltenden Rechtes aber ist vollständig der freien Initiative der Ehegatten überlassen; sie können ihre Ehe wahren, sie müssen es nie.

Eheschutz aus § 823 II in Verbindung mit Art. 6 GG als Schutzgesetz ist nicht nur allen Zweifeln ausgesetzt, die sich einstellen, wenn der Grundrechtsteil der Verfassung unmittelbar auf das Privatrecht einwirken soll; er widerspricht auch dem Strukturtyp des § 823 II. Im System der Deliktstypen stehen die in § 823 I umfassend geschützten absoluten Rechte den Rechtspositionen gegenüber, die in § 823 II nur gegen jeweils spezifische Schädigungsarten Schutz finden. Ein in Art. 6 GG verwurzelter Eheschutz gehört stets zu § 823 I, weil er ein klar umrissenes Schutzobjekt umfassend schützt.

Die durchaus h. L. verbindet mit der Ehe die Vorstellung absoluter Rechte der Ehegatten.[5] Sie beherrscht heute weithin auch die Rechtsprechung der Instanzge-

---

61 Nr. 38; OLG Neustadt, ZBlJugR 1952, 211; OLG München, JR 1956, 61; LG Mönchen-Gladbach, FamRZ 1955, 48; *Koenigs*, JR 1954, 206; *Fiedler-Zydek*, JR 1954, 452; *Erman-Heckelmann*, 36 zu § 1353; *Soergel-Lange*, 39 zu § 1353.

[2] Vgl. dazu *Löwisch*, S. 173ff. (beschränkter Schutz der Ehe aus § 823 I trotz Einordnung in die nur relativen Rechte). Die einzelnen Vertreter der interindividuellen Ehelehren (vgl. oben § 3, 4) entscheiden unterschiedlich. *Wolf* lehnt jeden Eheschutz aus § 823 I ab (FamRZ 1968, 498); *Pawlowski* verweist auf das Hausrecht (Studium der Rechtswissenschaft, 1969, S. 313 Fn. 100); *Streck* glaubt, die Diskussion aus dem Familienrecht verweisen zu können; sie soll allein den §§ 823, 1004 zugeordnet werden (Generalklausel und unbestimmter Begriff im Recht der allgemeinen Ehewirkungen, 1970, S. 109ff.).

[3] *Raiser*, JZ 1961, 470; *Hübner*, FamRZ 1962, 7f.

[4] Vgl. OLG Celle, FamRZ 1955, 46; 1963, 295; KG, FamRZ 1965, 329. Vgl. ferner BGHZ 6, 360 (366); OLG Düsseldorf, FamRZ 1958, 104; OLG München, FamRZ 1973, 93.

[5] Schrifttumshinweise haben angesichts der erheblichen Differenzen innerhalb der h. L. gerade für die praktischen Fragen allenfalls einen begrenzten Wert. Nachw. bei *Dölle*, § 32 I und *Streck*, S. 110 Fn. 258.

richte, während der BGH (trotz institutioneller Ehelehre!) unglücklich hin und her schwankt: Entscheidungen, die ein absolutes Recht der Ehegatten anerkennen, folgen andere, die allein ein rein relatives Rechtsverhältnis zwischen den Ehegatten bejahen.[6]

Freilich ist die h. L. nur in ihrer Grundaussage stabil. Streitig ist auch in ihrem Rahmen der Umfang der absolut geschützten Rechtsschicht geblieben sowie die Frage, ob und wieweit der absoluten Rechtsschicht jener Schutz gewährt werden muß, der sich herkömmlich mit absoluten Rechten verbindet.

2. *Schutzobjekt.* Absoluten Charakter trägt nicht der gesamte Eheinhalt; vom absoluten Kern sondert sich ein umfassender relativer (also nur die Ehegatten verpflichtender) Bereich. Gegen jedermann *geschützt ist nur die personenrechtliche Zuordnung als solche* (vgl. dazu unten II 3) *sowie die Verbindung der Ehegatten zu geschlechtlicher Treue.*[7] Sie markieren die allein dem Ehegatten zugewiesene Daseinsschicht, und zwar mit jener Offenkundigkeit, die für allgemein verbindliche Unrechtsmaterien zu fordern ist. Verletzt wird diese Daseinsschicht nicht nur durch Ehebruch (der bis 1969 sogar strafbares Unrecht war); jedes geschlechtsbetonte Verhältnis ist ein Eingriff und jedes Verhalten, das den ,,bösen Schein" eines geschlechtsbetonten Verhältnisses hervorruft.[8]

Akte Dritter, die nicht in den absoluten Kern des Eheinhaltes eingreifen, sind nie Ehestörungen und deshalb von einem Ehegatten selbst dann nicht abzuwehren, wenn sie den Umgang mit dem Partner erschweren oder gar gänzlich ausschließen (es bleiben die Abwehrrechte des Partners selbst aus dem im Einzelfall angegriffenen Rechtsgut).

3. *Der absolute Kern des Eheinhaltes bleibt Teil eines umfassenden Familienrechtes;* er spaltet sich von dem nur relativen Pflichtengehalt nicht ab, um sich als selbständiges Persönlichkeitsrecht zu konstituieren. Die Charakterisierung als Persönlichkeitsrecht verfehlt den Gehalt des absoluten Kerns, der zwar auch, aber keineswegs allein dem Schutz jener Wertgefühle dient, die den Persönlichkeitsschutz fordern.[9] Es ist bezeichnend, daß die Eigenart des Eheschutzes den Rück-

---

[6] Für eine rein relative Eheauffassung BGHZ 23, 279 (281); 26, 217 (221). Schwankend BGHZ 6, 360 (366); LM Nr. 2 zu § 823 (Af) BGB. Für ein absolutes Recht der Ehegatten LM Nr. 3 zu § 823 (Af) BGB. Auch im Schrifttum finden sich zwiespältige Äußerungen. Vgl. *Künkel,* FamRZ 1966, 178 (relative Auffassung) und 179 (absolutes Recht).

[7] Vgl. dazu *Padrutt,* S. 34ff. (der freilich den Eheschutz als Persönlichkeitsschutz begreift). Weitergehend *Fabricius,* AcP 160 (1961), 318 (Pflicht zur häuslichen Gemeinschaft bei Offenkundigkeit des Eheverhältnisses durch Ehewohnung oder Ehering absolut). Dagegen will *Scheffler,* in: Bettermann-Nipperdey-Scheuner, Die Grundrechte IV, S. 305, den Tatbestand der Ehestörung auf Angriffe Dritter beschränken, die gegen den Willen beider Ehegatten erfolgen. Ein derartiger Eheschutz ist indessen angesichts der Abwehrrechte der Ehegatten aus anderen Rechten wertlos.

[8] Schwerlich richtig OLG Bremen, NJW 1963, 395.

[9] Dem Text entsprechend *Magis,* S. 6f.; *Larenz,* AT, § 13 II 2; *Löwisch,* S. 181; *Streck,* S. 90ff. Dem Strukturtyp Persönlichkeitsrecht wird die absolut geschützte Rechtsschicht zugeordnet von *Coing,* JZ 1952, 689; *Hubmann,* Das Persönlichkeitsrecht, 1967, S. 265f.; *Henrich,* § 10 II 2; wohl auch v. *Caemmerer,* Wandlungen des Deliktrechts, Festschrift zum hundertjährigen Bestehen des Deutschen Juri-

griff auf die allgemeinen Regeln des Persönlichkeitsschutzes grundsätzlich ausschließt. Die Rechtswidrigkeit eines Eingriffes kann nie wie die Rechtswidrigkeit eines Eingriffes in Persönlichkeitsrechte von einer Güterabwägung abhängig sein;[10] der im Persönlichkeitsschutz heute weithin gewährte Ersatz immaterieller Schäden darf nicht auf den Eheschutz übergreifen (richtig BGH, NJW 1973, 991 für Ansprüche gegen den Ehebrecher);[11] die Ehestörung hat ihren eigenen Unrechtsgehalt, der sie deutlich von allen Spezialtatbeständen der Persönlichkeitsverletzung (etwa der Beleidigung) sondert.

4. *Ausschlußrecht.* Freiheit und Gleichheit aller Privatrechtssubjekte haben die ehemals tolerierte Kategorie der Beherrschungsrechte an fremden Personen aus dem System der subjektiven Rechte entfernt: Auch *Ehe vermittelt den Ehegatten keine Beherrschungsrechte,* die jeweils den Partner *zum Objekt haben.*[12] Der Kern der Ehe bildet keine Ausnahme; Eheschutz in den Sanktionsformen des absoluten Rechtes genießen die Ehegatten nur Drittstörern gegenüber;[13] der untreue Ehegatte verletzt lediglich das relative Pflichtenverhältnis, in dem er seinem Partner nach § 1353 verbunden ist.[14]

Trotz verschiedener Struktur der Pflichten kann auch gegen den treulosen Partner Verwirklichungszwang im gewöhnlichen Streitverfahren und mit den normalen Mitteln der Zwangsvollstreckung wie gegen den Drittstörer (vgl. dazu unten II 2) geübt werden. § 888 II ZPO hindert nicht; der Normzweck beschränkt ihn auf bestimmte Pflichtenlagen (vgl. unten § 23, 2).

---

stentages 1960, Bd. II, S. 111. Vgl. ferner *Staudinger-Hübner,* 53 vor § 1353 (Recht auf räumlich-gegenständlichen Ehebereich selbständiges Persönlichkeitsrecht); *Dölle,* § 32 I einerseits und § 32 II andererseits (Schutz des räumlich-gegenständlichen Lebensbereiches Persönlichkeitsschutz); *Jayme,* S. 254f. (allg. Persönlichkeitsrecht im Begründungszusammenhang für das absolute Recht der Ehegatten). Aus der Rspr. vgl. OLG Celle, FamRZ 1963, 295; KG, FamRZ 1965, 329 (330); LG Saarbrücken, FamRZ 1967, 288.

[10] Vgl. aber BGHZ 37, 38 (als Folge eines zu weit gezogenen absoluten Bereiches).

[11] A. A. *Boehmer,* AcP 155 (1956), 194ff.; *v. Hippel,* NJW 1965, 670f. (mit weit. Nachw.); *Jayme,* S. 260 (in besonders schwerwiegenden Ausnahmefällen). Wie der Text *Staudinger-Hübner,* 61 vor § 1353; *Beitzke,* § 12 III 3c; *Dölle,* § 32 III 5.

[12] Vgl. aber auch *Kipp-Wolff,* § 31 II; *Enneccerus-Nipperdey,* § 77 I 2 (vgl. aber auch § 77 Fn. 4).

[13] Die absolut-relative Eheauffassung geht zurück auf *Magis,* Verletzung der ehelichen Treue, S. 9ff., insbes. 25f. Heute vertreten sie *Schwab,* NJW 1956, 1149; *Boehmer,* FamRZ 1957, 199 (vgl. aber auch AcP 155 (1956), 203f.); *Gernhuber,* FamRZ 1962, 90; MünchKomm-*Wacke,* 42 zu § 1353. Vgl. auch OLG Hamburg, MDR 1970, 507 (mit der irrigen Vorstellung, daß sich andernfalls die Ehe als absolutes Recht gegenüber den Ehegatten verselbständige).

[14] Für eine deliktische Haftung auch des Ehegatten aus § 823 aber *Dölle,* § 32 III 1; *v. Hippel,* NJW 1965, 666. Wird der absolute Eheinhalt dem Persönlichkeitsschutz zugeordnet, muß jeder Ehegatte auch im Verhältnis zum Partner deliktisch geschützt sein.

Zu den Pflichten der Ehegatten gehört es, ehebrecherische Akte zu unterlassen. Die ungetreue Frau ist dagegen nicht mehr gehalten, dem betrogenen Ehemann den Namen des Ehebruchspartners zu offenbaren, mag sie dem Ehemann damit auch die Möglichkeit nehmen, seine Ansprüche gegen diesen zu verwirklichen. Insoweit richtig OLG Hamburg, MDR 1970, 507.

II. Eheschutz durch Beseitigungs- und Unterlassungsklage

1. Absolute Rechte bewähren sich unmittelbar in Beseitigungs- und Unterlassungsansprüchen (§§ 12, 1004), mittelbar finden sie Schutz in Ansprüchen auf Schadensersatz. Das gewohnte Bild absoluter Rechte, deren Gesamtinhalt in beiden Sanktionsformen ungeschmälert geschützt wird, ist freilich nicht mehr Merkmal der absoluten Rechte, sondern nurmehr typische Ausgestaltung; Beschränkungen der beiden Sanktionsformen sind jederzeit ohne Strukturveränderung des Rechtes möglich. Auch der absolute Kern des Eheinhaltes wird von den beiden Sanktionsformen nur partiell geschützt, ohne deshalb seinen absoluten Charakter einzubüßen.

2. *Unterlassungs- und Beseitigungsansprüche* (Verwirklichungszwang) wurden von der Rechtsprechung für den absoluten Eheinhalt ursprünglich generell abgelehnt; der mit einem Vollstreckungszwang gegen Dritte verbundene mittelbare Zwang für den Ehegatten wurde als Verletzung des Vollstreckungsverbotes in § 888 II ZPO empfunden.[1] Unter dem Eindruck des in Art. 6 GG enthaltenen Bekenntnisses zur Ehe werden sie heute für den „räumlich-gegenständlichen" Bereich der Ehe[2] wenigstens für die Ehefrau anerkannt, während der von Art. 3 II GG zwingend gebotene Parallelschutz des Ehemannes zwar in zunehmendem Maße bejaht wird, jedoch noch nicht als gesichertes Rechtsgut bezeichnet werden kann.[3]

Alter und neuer Standpunkt der Rechtsprechung sind gleicherweise nur als Rechtsentfaltung in richterlicher Rechtsfortbildung zu verstehen. Der Schluß aus § 888 II ZPO entbehrte bereits angesichts der engen Grenzen, die dem absoluten Eheinhalt gezogen sind, jener Überzeugungskraft, die für ihn in Anspruch genommen wurde. Ebensowenig war die Wendung der Gegenwart – unbeschadet der weiteren Frage nach der unmittelbaren Wirkung der Grundrechte im Privatrecht überhaupt – Akt gewöhnlicher Normanwendung: Aus dem Bekenntnis zur Ehe folgt keine Aussage über Form und Grenzen des Eheschutzes.

Verwirklichungszwang unter Beschränkung auf den „räumlich-gegenständlichen Bereich" der Ehe entspricht dem Wertbewußtsein unserer Tage.[4] In die

---

[1] Vgl. RGZ 71, 85; 151, 160; RG, DJ 1941, 738. Das Ergebnis dieser Entscheidungen ist nicht zu beanstanden; der vergegenständlichte Ehebereich war in keinem Fall verletzt.

[2] Gegen diesen Ansatz der Rspr. und für die Anknüpfung an die Gemeinsamkeit der Wohnung und die gemeinschaftliche Arbeit *Struck,* JZ 1976, 160ff. (mit Bereitschaft, auf „formelle Zuordnungen" zu verzichten sowie zur Fiktion von Miet- und Gesellschaftsverträgen).

[3] Vgl. OLG Bremen, NJW 1963, 395 unter Hinweis auf BGHZ 6, 360. Der BGH schließt den Ehemann nicht aus, gebraucht aber Formulierungen, die nicht auf den Ehemann übertragen werden können. Auch *Erman-Heckelmann,* 22 zu § 1353, spricht nur von einer Klage der Frau. Zweifelnd OLG Frankfurt, NJW 1974, 2325. Für die Gleichbehandlung des Ehemannes richtig *Beitzke,* § 12 III 3; *Staudinger-Hübner,* 53 vor § 1353; *Boehmer,* AcP 155 (1956), 205; LG Saarbrücken, FamRZ 1967, 288; *Soergel-Lange,* 36 zu § 1353; MünchKomm-*Wacke,* 44 zu § 1353; *Palandt-Diederichsen,* 1 vor § 1353.

[4] A. A. zugunsten stärkeren Eheschutzes *Boehmer,* FamRZ 1955, 7; *Beitzke,* § 12 III 3b; *Staudinger-*

Intimsphäre mit Zwangsgewalt einzudringen, ist keine sinnvolle Aufgabe des Rechtes; die Reaktion auf eine Rechtsverletzung muß deshalb grundsätzlich dem Scheidungsrecht überlassen werden. Die Situation ändert sich dagegen, wenn der Ehestörer in das „Wirkungsfeld" der Ehegatten eindringt, in jenen Bereich, in dem sich die Ehe real vergegenständlicht hat: Das „Wirkungsfeld" der Ehegatten säubern, ist etwas anderes als zu einem Verhalten zwingen, das vom Recht nicht erzwungen werden darf.[5] So kann mit Vollstreckungszwang geklagt werden, wenn der untreue Ehegatte dem Ehestörer Zutritt zur Ehewohnung verschafft,[6] aber auch, wenn er ihn auf dem Hof[7] oder – bei gemeinschaftlichem Betrieb oder Mitarbeit des Ehegatten – im Geschäft beschäftigt.[8] So kann aber auch gegen den Ehestörer Notwehr geübt werden, wenn dieser im „räumlich-gegenständlichen Bereich der Ehe" in einem „gegenwärtigen rechtswidrigen Angriff" verharrt.[9]

3. Eheschutz mit Verwirklichungszwang kann ferner anerkannt werden zur Wahrung der Stellung als Ehegatte überhaupt. Jeder Ehegatte kann Unterlassung und Beseitigung fordern, wenn der Partner einen Dritten als seinen Ehegatten bezeichnet. Die h. L. leugnet den Verwirklichungszwang nicht, leitet ihn aber aus § 12 ab;[10] sachgerechter ist die Ableitung aus dem absoluten Kern der Ehe.

Hübner, 58 vor § 1353 (mit Bereitschaft, § 888 II ZPO analog anzuwenden); *Jayme,* S. 263ff. (267). Dem Text entsprechend *Dölle,* § 32 II 2; *Erman-Heckelmann,* 22f. zu § 1353.

[5] Der Eheschutz darf auch dann nicht verweigert werden, wenn er wenigstens mittelbar der Wiederherstellung der ehelichen Gemeinschaft dienen soll. A. A. OLG Bremen, NJW 1963, 395; OLG Frankfurt, NJW 1974, 2325. Das Ergebnis geminderten Eheschutzes bei stärkerer Bejahung der Ehe ist unannehmbar.

[6] Vgl. BGHZ 6, 360; BGH, LM Nr. 1b zu § 823 (Af); Nr. 3 zu Art. 6 GG; OLG Celle, FamRZ 1955, 46; LG Münster, MDR 1955, 104 (gestützt auf Mitbesitz).

Schutz ist auch zu gewähren, wenn die Eheleute in der Ehewohnung getrennt leben (vgl. BGH, LM Nr. 1b zu § 823 [Af]) oder im gleichen Haus (LG Zweibrücken, FamRZ 1964, 266), ferner, wenn der verletzte Ehegatte die Ehewohnung verlassen hat, aber zur Rückkehr bereit ist (BGH, FamRZ 1963, 553; LG Saarbrücken, FamRZ 1967, 288). Zu eng OLG Köln, NJW 1954, 352 mit abl. Anm. *v. Godin.*

Das „Wirkungsfeld" der Ehegatten wird nicht gestört, wenn der Ehebrecher mit dem ungetreuen Ehegatten in einer Wohnung zusammenlebt, in welcher der Partner nie lebte (mag sie auch zum gemeinsamen Gebrauch bestimmt gewesen sein). Vgl. OLG Nürnberg, FamRZ 1966, 511. Zu weit gehend KG, FamRZ 1965, 329. Dem Urteil zufolge soll jede Wohnung Ehewohnung sein, die die Ehegatten „bei gesunder Ehe" gemeinsam bezogen hätten, mag auch die Wohnung vom Ehemann mit der Ehestörerin gemietet worden sein. In casu kann das Ergebnis des KG freilich anerkannt werden, weil die Ehewohnung und die an ihrer Stelle vom Ehemann gemietete Wohnung in einem Haus nebeneinander lagen.

[7] Vgl. LG Hannover, NdsRpfl. 1949, 18.

[8] Vgl. BGHZ 34, 80; 35, 302; BGH, LM Nr. 2 zu § 823 (Af); OLG Nürnberg, BayJMBl. 1956, 58; LG Wuppertal, MDR 1955, 165. Der Schutz besteht fort, wenn das ursprünglich gemeinschaftliche Wirkungsfeld unzulässig einseitig eingeengt wurde. Vgl. OLG Celle, FamRZ 1963, 295; LG Hamburg, FamRZ 1964, 265.

[9] A. A. OLG Köln, NJW 1975, 2344 (mit Hinweis auf das Hausrecht als notwehrfähiges Gut). BGHZ 6, 360 (366) fordert praktisch den Ehemann ohne rechtliche Formierung zur Selbsthilfe auf.

[10] Vgl. RG, Warn. 1927 Nr. 138 gegen RGZ 108, 230; RG, GruchB 46 (1902), 127; KG, ROLG 3, 283; *Soergel-Schultze-v. Lassaulx,* 112 zu § 12; *Staudinger-Coing,* 76 zu § 12. Dagegen betreffen die

III. Schadensersatz

1. Eingriffe in den absoluten Kern der Ehe können Abwehrkosten verursachen, Beseitigungskosten (Anfechtung der Ehelichkeit eines im Ehebruch gezeugten Kindes) und Folgekosten (Kosten einer Scheidungsklage; Unterhaltsleistungen an das im Ehebruch gezeugte Kind; Heilungskosten nach psychischer Erschütterung). Sie verursachen weitere Schäden, wenn sie zur Beendigung der Ehe führen (Schmälerung des Unterhaltes; Wegfall der Teilhabe am Zugewinn).

Schadensersatz wird vom Bundesgerichtshof generell verweigert.[1] Der mit dem absoluten Kern der Ehe verfolgte Schutzzweck soll auf die Ehe als ideelles Rechtsgut beschränkt sein;[2] die vom Gesetz ausdrücklich genannten Folgen einer Verletzung der ehelichen Treupflicht sollen im Verhältnis der Ehegatten zueinander eine abschließende Regelung gefunden haben und auch für den Ehestörer jede weiterreichende Schadensersatzpflicht ausschließen, weil andernfalls dasjenige, was der Ehegatte dem Partner zu leisten nicht verpflichtet ist, dem Dritten aus der Ausgleichspflicht unter Gesamtschuldnern geschuldet werde;[3] auf den sittlichen Gehalt der Ehe wird verwiesen und ihr Abstand von den vermögensrechtlichen Geschäften betont; die Furcht, mit jeder positiven Entscheidung eine Entwicklung einzuleiten, die keine sinnvolle Begrenzung der Ersatzpflichten mehr zuläßt, lähmt den Bundesgerichtshof offenbar selbst dort, wo er nach Auswegen aus der eigenen, als problematisch erkannten Position sucht.

Überzeugt hat bislang noch kein Argument. Die Reduzierung des Schutzzweckes auf den ideellen Bereich ist dem Gesetz nicht mehr zu entnehmen; jeder Schluß aus ihr beruht auf einer petitio principii: In den Schutzzweck wird jene Wertung hineininterpretiert, die man aus ihm zu entnehmen wünscht. Ebenso beruht der Hinweis auf die angeblich abschließende Regelung zwischen den Ehegatten bereits auf einer Eigenwertung; als Wille des Gesetzes wird behauptet, was man selbst für richtig hält. Irrig ist der Gedanke, Dritte von jeder Ersatzpflicht befreien zu müssen, damit nicht der Ausgleich zwischen Gesamtschuldnern zu

---

Urteile OLG München, JW 1922, 132 und OLG Königsberg, JW 1929, 3096 – ihrer eigenen Begründung zuwider – nicht den Eheschutz.

[1] Vgl. BGH, NJW 1956, 1149 (Scheidungskosten); BGHZ 23, 215 (Ehelichkeitsanfechtung) und 279 (Gesundheitsschäden); 26, 217 (Ehelichkeitsanfechtung); 57, 239 (Ehelichkeitsanfechtung). Dem BGH haben sich angeschlossen OLG München, JR 1956, 61 (Scheidungskosten); OLG Koblenz, FamRZ 1960, 305 (Ehelichkeitsanfechtung); LG Limburg, MDR 1966, 507 (Ehelichkeitsanfechtung); LG Karlsruhe, MDR 1970, 51 (Ehelichkeitsanfechtung); OLG Hamm, FamRZ 1971, 95 (Ehelichkeitsanfechtung); OLG Celle, FamRZ 1971, 371 (Scheidung; Ehelichkeitsanfechtung); *Dieckmann*, JuS 1969, 105f.; *Löwisch*, S. 188ff. und 191ff. (jedoch mit Haftung für Gesundheitsschäden und aus § 826); *Soergel-Lange*, 39 zu § 1353 (jedoch mit Ansprüchen aus § 826); *Henrich*, § 10 II 1.

[2] Die Lehre vom begrenzten Schutzzweck geht auf RGZ 72, 128 zurück, eine Entscheidung, die jahrzehntelang das Gebiet der Ehestörung beherrschte. Zur Anschlußliteratur vgl. BGHZ 23, 215 (216).

[3] Dieses Argument wird in erster Linie vom BGH verwandt. Es wurde voll entwickelt erst von BGHZ 26, 217. Die vor dieser Entscheidung liegende Kritik (*Boehmer*, FamRZ 1957, 197; *Schwab*, NJW 1957, 869) wird ihm nicht voll gerecht.

Leistungen führe, die unter Ehegatten nicht geschuldet werden: Richtiger Ansicht nach schuldet auch der ungetreue Ehegatte dem Partner Ersatz (dazu weiter unter 4.). Glaubt man aber den Ehegatten verschonen zu müssen, so entfällt mit der Schuld auch die Ausgleichspflicht unter Gesamtschuldnern. Die in der Rechtsprechung zum Schutz Dritter entwickelten Ausnahmen für den rechtsgeschäftlichen Haftungsausschluß und für den Ausschluß der Haftung kraft eines besonderen Sorgfaltsmaßstabes (vgl. dazu unten § 22 I 4) dürfen und können nicht generalisiert werden.[4] Irrig ist schließlich auch der Gedanke, jeden Schaden aus Ehestörung anerkennen zu müssen, wenn überhaupt je ein ersatzfähiger Schaden anerkannt wird. Die Lehre vom Schutzzweck eines absoluten Rechtes gestattet Differenzierungen.

2. *Bestandsinteresse. Der Schutzzweck des absoluten Ehekerns erschöpft sich nicht im ideellen Bereich, er schließt jedoch den Ersatz des Interesses am Fortbestand der Ehe sowie an der Erfüllung ehelicher Pflichten aus.* Die §§ 1569ff. regeln die nachehelichen vermögensrechtlichen Beziehungen der Ehegatten in einer Weise, die parallel verlaufende oder korrigierende Ersatzansprüche der Ehegatten untereinander offensichtlich ausschließt. Sie sind Beweis einer generellen Wertung des Gesetzes, die auch Ehestörer insoweit entlastet. Die leere vermögensrechtliche Hülle einer zerstörten Ehe aufrechtzuerhalten, verbietet in der Tat der spezifische Charakter des absoluten Ehekerns.[5] Nicht zu ersetzen ist damit auch das Interesse an allen freiwilligen Leistungen des Ehegatten oder Dritter, die bei Fortbestand der Ehe gewährt worden oder erhalten geblieben wären. Kein Ehestörer braucht etwa Ersatz zu leisten, wenn der betrogene Ehemann nach Ehescheidung das Geschäft seines Schwiegervaters verläßt.[6]

Die Wertung des Gesetzes erzwingt folgerichtig zu Ende gedacht auch den Ausschluß jedes Schadensersatzes, der die Nichterfüllung ehelicher Pflichten ausgleichen soll. Auch in einer durch den Fortbestand des ehelichen Bandes gemilderten Form darf nicht in eine Ersatzpflicht „umgesetzt" werden, was allein zur Realisierung in der ehelichen Lebensgemeinschaft bestimmt ist. Kein Ersatz ist etwa zu leisten, wenn der betrogene Ehemann nach Trennung der Ehegatten die Mitarbeit der Ehefrau oder deren Haushaltsführung entbehrt. Kein Ersatz ist ferner zu leisten für entgehende Vorteile, die auf freiwilliger Basis erlangt worden wären, falls die eheliche Lebensgemeinschaft erhalten geblieben wäre. Die

[4] Insoweit gegen den BGH auch OLG Koblenz, FamRZ 1960, 365 (367).

[5] Richtig deshalb im Ergebnis RGZ 72, 128. Für die Ausklammerung der Bestandsinteressen bei grundsätzlicher Bereitschaft, Schadensersatz zu gewähren, auch *Wilburg,* Elemente des Schadensrechtes, 1941, S. 252; *Reinicke,* NJW 1957, 702; *Boehmer,* FamRZ 1957, 198; *Staudinger-Hübner,* 60 vor § 1353; *Dölle,* § 32 III 4; *v. Hippel,* NJW 1965, 664ff.; *Beitzke,* § 12 III 3c; *Jayme,* S. 257ff. (259); MünchKomm-*Wacke,* 42 zu § 1353. Dagegen *Neumann-Duesberg,* DRZ 1950, 511 und SJZ 1950, 425; OLG Nürnberg, BayJMBl. 1956, 61. Vgl. in diesem Zusammenhang aber auch BGH, FamRZ 1955, 358 (Zahlungen des Ehebrechers an den betrogenen Ehemann zum Ausgleich des immateriellen Schadens sollen nicht immer sittenwidrig sein).

[6] So der schweizerische Fall BGE 43 II, 314. Vgl. dazu *Padrutt,* S. 130.

Geliebte des Ehemannes schuldet etwa keinen Schadensersatz, wenn der Ehemann seiner Frau ohne Störung des ehelichen Lebens die Bezugsberechtigung aus einer Lebensversicherung eingeräumt hätte.[7]

3. Alle anderen Schäden *(Abwicklungsinteresse)* sind zu ersetzen, d.h. die Abwehrkosten,[8] die Kosten einer Ehelichkeitsanfechtungsklage,[9] der dem Ehebruchskind gewährte Unterhalt (nach Anfechtung der Ehelichkeit; vgl. § 1593. § 1615b mildert das Problem, beseitigt es aber nicht; vgl. unten § 45 VIII 3),[10] die Kosten der Ehescheidung,[11] jede Einbuße an der Gesundheit (für die der Anspruch aus § 823 I unmittelbar entwickelt werden kann).[12] Der Vorwurf, die Ehe mit diesen Ersatzpflichten einem vermögensrechtlichen Geschäft zu nähern, ist fast absurd (und durch die Versuche des BGH, auf anderen Wegen wenigstens alle mit einem Ehebruchskind verbundenen Kosten auf den Erzeuger abzuwälzen – vgl. unten § 45 VIII –, diskreditiert); Abwehr-, Beseitigungs- und Folgekosten legen keinerlei Vergleich der Ehe mit Leistungsstörungen im Schuldverhältnis (mit Haftung auf das Erfüllungsinteresse) nahe; sie dem betrogenen Ehemann aufzubürden, heißt Pflichterfüllung statt Pflichtverletzung ahnden. Zuzugeben ist allein, daß die Notwendigkeit, die Kausalität einer Ehestörung für deren Scheitern zu beweisen, zu Einblicken in die Intimsphäre der Ehegatten führen kann, die mit dem Übergang zum Zerrüttungsgrundsatz als Grundmaxime des Scheidungsrechtes vermieden werden sollten (von BGHZ 57, 229, 233 als Argument verwandt). Doch ist es weder im Scheidungsrecht gelungen, jener Forderung ohne (erhebliche) Restbestände Rechnung zu tragen, noch ist es angebracht, aus dem Schutz der Ehegatten vor Zwängen des Scheidungsrechtes Begünstigungen Dritter abzuleiten und damit Ehegatten (zu deren Schaden) entgegenzutreten, die den Prozeßstoff freien Willens unterbreiten.

4. Drittstörer (mit deliktischer Haftung) und ungetreuer Ehegatte (mit Haftung aus Pflichtwidrigkeit in einer Sonderverbindung und für Gesundheitsschä-

---

[7] Vgl. dazu BGH, FamRZ 1962, 191.

[8] Die Kosten einer Unterlassungsklage sind bereits aus § 91 ZPO zu ersetzen. Aus § 823 I sind dagegen die Detektivkosten zu ersetzen. Vgl. *v. Hippel,* NJW 1965, 668. Die Judikatur geht andere Wege. Vgl. RG, GruchB 70 (1929), 619 (Ersatz aus § 826); OLG Nürnberg, FamRZ 1964, 370 (Teil der Prozeßkosten).

[9] Ebenso OLG Oldenburg, MDR 1953, 170; OLG Düsseldorf, FamRZ 1958, 104; LG Aurich, NJW 1952, 145; LG Aachen, FamRZ 1957, 213; LG Verden, FamRZ 1955, 107; LG Berlin, NJW 1957, 544; LG Frankenthal, FamRZ 1957, 136; AG Lichterfelde, JR 1955, 22; *Bosch,* FamRZ 1958, 101f.; OLG Celle, FamRZ 1964, 366; AG Friedberg, FamRZ 1964, 569; AG Hamburg-Harburg, FamRZ 1965, 147; LG Offenburg, FamRZ 1965, 275; LG Düsseldorf, FamRZ 1967, 480; LG Arnsberg, FamRZ 1967, 630; LG Frankenthal, MDR 1968, 760; LG Berlin, FamRZ 1968, 652; LG Hildesheim, NJW 1969, 1670.

[10] Ebenso OLG Oldenburg, MDR 1953, 170; LG Aachen, FamRZ 1957, 213; *Bosch,* FamRZ 1958, 101f.

[11] Ebenso LG Aurich, NJW 1952, 145; LG Würzburg, MDR 1952, 40; LG München, FamRZ 1954, 83; LG Verden, FamRZ 1955, 107; AG Köln, FamRZ 1957, 137; *Reinicke,* NJW 1957, 702.

[12] Ebenso RGZ 85, 335; *Beitzke,* MDR 1957, 404; *Löwisch,* JZ 1976, 670.

den aus § 823) sind dem verletzten Ehegatten als *Gesamtschuldner* verpflichtet; das (ohnehin nicht überzeugende) „Akzessorietätsprinzip" (Ehestörer dürfen nur haften, wenn auch der Ehegatte zum Ersatz verpflichtet ist) spricht also nicht gegen eine Haftung des Drittstörers; es wird voll gewahrt.[13] Schadensersatz kann der verletzte Ehegatte von seinem Partner auch schon während der Ehe fordern: Dem deutschen Recht sind Schadensersatzansprüche unter Ehegatten auch sonst nicht fremd. Die Präventivwirkung (vgl. dazu § 888 II ZPO) ist unbedenklich; sie fällt zudem nicht weg, wenn Ersatz erst nach Beendigung der Ehe zu leisten wäre.[14]

IV. Unzulässige Rechtsausübung

1. Jedes Recht findet seine Grenze an den Rechten anderer, soweit nicht ein genereller Satz der Rechtslogik oder eine spezielle Norm Rechtsausübung auch durch Eingriff in Rechte Dritter gestattet (etwa: Ausübung beschränkter dinglicher Rechte durch Eingriffe in das Eigentum). Für den absoluten Ehekern fehlt jede Eingriffsermächtigung Dritter; alle Rechtsausübung, die ihn verletzt, ist deshalb unzulässig.

2. Unbeachtlich ist etwa das Verlangen Dritter (Schwiegereltern!) nach Räumung der Wohnung durch einen Ehegatten aus Eigentum (§ 985), wenn es einen Treubruch des anderen Ehegatten fördern soll. Unbeachtlich ist erst recht jedes Räumungsverlangen, das dem Eigentümer selbst die Möglichkeit geschlechtsvertraulichen Zusammenlebens mit einem Ehegatten eröffnen soll. Nichtig ist jede Kündigung eines Mietverhältnisses, nichtig aber auch jede Kündigung eines Arbeitsverhältnisses, die fördernd oder vorbereitend einem Eingriff in den absoluten Ehekern dienen.

Die Rechtsprechung pflegt sich auf § 242 zu berufen,[1] auf § 138[2] oder auch auf die §§ 226, 826.[3] Diese „Flucht in die Generalklauseln" ist Ausdruck der Unsi-

---

[13] Gegen das früher gern betonte „Akzessorietätsprinzip" (vgl. etwa *Kipp-Wolff,* § 31 Fn. 9; *Mitteis,* Die Ehe in der Rechtsprechung des Reichsgerichts, Festgabe zum 50jährigen Bestehen des Reichsgerichts, 1929, S. 202) u. a. *Neumann-Duesberg,* DRZ 1950, 512; *Boehmer,* FamRZ 1955, 7; *Schwab,* NJW 1956, 1149; LG Aurich, NJW 1962, 145; OLG Oldenburg, MDR 1953, 170; LG Aachen, FamRZ 1957, 213; *Dölle,* § 32 II 2; *Jayme,* S. 246.

[14] Die Meinungen gehen weit auseinander. Wer eine Haftung des Drittstörers verneint, kann den ungetreuen Ehegatten nicht belasten. Trotz Haftung des Drittstörers wird eine Haftung des Ehegatten generell abgelehnt etwa von *Schwab,* NJW 1956, 1149; *Staudinger-Hübner,* 54ff. vor § 1353; OLG Celle, FamRZ 1964, 366; LG Arnsberg, FamRZ 1967, 630; LG Berlin, FamRZ 1968, 652; *Erman-Heckelmann,* 20 zu § 1353. Für eine Haftung des Ehegatten erst nach Beendigung der Ehe *Boehmer,* AcP 155 (1956), 191 und FamRZ 1955, 7 (9); *Enneccerus-Nipperdey,* § 15 II 5g; *v. Hippel,* NJW 1965, 665. Dem Text entsprechen *Dölle,* § 32 III 1; *Beitzke,* § 12 III 3c; *Künkel,* FamRZ 1966, 178f.; *Jayme,* S. 262f.

[1] Vgl. OLG Oldenburg, MDR 1955, 107.

[2] Vgl. LG Landshut, FamRZ 1956, 118.

[3] Vgl. OLG München, HRR 1938 Nr. 1162.

cherheit, die vielfach herrscht, wenn es gilt, die Ehe in das System der subjektiven Rechte einzuordnen.

3. Wirksam ist jede Rechtsausübung, die den absoluten Ehekern nicht verletzt, mag sie auch von einem pflichtwidrig handelnden Ehegatten zur Unterstützung seiner Pflichtwidrigkeit provoziert worden sein. Wirksam ist etwa die Kündigung eines Mietverhältnisses durch den Vermieter, wenn der Ehemann als Alleinmieter mit den Mietzinszahlungen säumig bleibt, um der Ehefrau die Ehewohnung über eine Kündigung des Vermieters zu entziehen.[4] Rechtmäßig ist auch das gegen die Ehefrau gerichtete Räumungsverlangen eines Dritten, der ein Grundstück vom Ehemann erwarb (beachte § 117!), mag dieser auch zur Veräußerung nur bereit gewesen sein, weil ihm selbst jede Möglichkeit fehlte, die Ehefrau zum Verlassen des Grundstückes zu zwingen. Das der Ehefrau gegen den Ehemann zustehende Recht zum Besitz aus § 1353 (vgl. unten § 19 III) kann dem Erwerber gegenüber nur geltend gemacht werden, wenn das Erwerbsgeschäft lediglich eine fiduziarische Rechtsübertragung bezweckte.

§ 18. Freiheit und Bindung in der Ehe

Schrifttum: *Joerges,* Die eheliche Lebensgemeinschaft, 1912; *v. Marchtaler,* Das Recht auf eheliche Lebensgemeinschaft und sein Schutz, Diss. jur. Tübingen, 1932; *Streck,* Generalklausel und unbestimmter Begriff im Recht der allgemeinen Ehewirkungen, 1970.

I. Gemeinschaftliche und persönliche Angelegenheiten

Schrifttum: *Müller-Freienfels,* Zur Scheidung wegen Glaubenswechsels, JZ 1964, 305 und 344.

1. Vollkommene Lebensgemeinschaft der Ehegatten ist eine Utopie. Auch die Intimisierung der familiären Beziehungen in unserer Zeit konnte die eheliche Lebensgemeinschaft nur um neue Inhalte bereichern, die Existenz eines Raumes aber, in dem jeder Ehegatte sein Leben in Freiheit auch vom Partner selbst gestaltet, nicht beseitigen.[1] Die Grenze, an der sich die persönlichen von den gemeinschaftlichen Angelegenheiten sondern, wird von den positiven Standards der Gegenwart gezogen, also von den in der sozialen Wirklichkeit akzeptierten Normalmaßstäben korrekten ehelichen Verhaltens, die in einem Kernbereich gleichförmig sind, in den Randbereichen aber gruppenspezifisch ausfächern. Abreden der Ehegatten, die den Bereich der persönlichen Freiheiten einschränken, sind nicht gänzlich ausgeschlossen (mit ihnen können neue Standards ihren

---

[4] Ebenso *Hanisch,* NJW 1963, 1034.

[1] Die Existenz eines persönlichen Bereichs wird (zugunsten eines bloßen Entscheidungsvorrangs) geleugnet von *Streck,* S. 81 ff.

Anfang nehmen), aber doch vielfach als sittenwidrige Bindung in einem Raum der Freiheit nichtig (§ 138).[2]

2. Frei ist etwa das *religiöse Leben.* Ein Glaubenswechsel, der zur Trennung im Glauben führt, ist nicht pflichtwidrig, sondern lediglich ein Akt, der erklärend vor dem Partner zu verantworten und zur rechten Zeit sowie in ehegemäßer Form zu vollziehen ist.[3] Freilich entbindet ein Glaubenswechsel umgekehrt auch nicht von Pflichten: Keine Konversion gibt dem Konvertiten das Recht, um der neuen religiösen Bindungen willen die Familie zu vernachlässigen,[4] keine das Recht, die gemeinschaftlichen Kinder einseitig zu beeinflussen (vgl. § 2 RelKEG),[5] und keine entbindet von der Pflicht, dem Partner tolerant und achtungsvoll zu begegnen. Der ernst gemeinte und die Lebensführung tatsächlich umgestaltende Übertritt zu bestimmten Glaubenslehren mit prägendem Einfluß auf den Lebensstil und das Verhältnis zum Mitmenschen (Zeugen Jehovas) hat deshalb notwendig ein ehewidriges Verhalten zur Folge.[6]

3. Weithin frei ist der *Umgang mit dritten Personen,* mag er sich nun in einer Korrespondenz vollziehen, mag er auch zu persönlichen Begegnungen führen. Kein Ehegatte kann die Beendigung der Beziehungen zu Personen fordern, die ihm mißfallen. Kein Ehegatte hat das Recht, gegen den Willen des Partners Einblick in dessen Korrespondenz zu nehmen.[7] Kein Ehegatte ist schließlich berechtigt, ohne Zustimmung des Partners dessen Telefongespräche mitzuhören.[8] Ehe gebietet dagegen Treue und verbietet damit jeden treuwidrigen Umgang, aber auch jeden Umgang, der nur den „bösen Schein“ eines Treubruchs hervorruft.[9]

---

[2] Vgl. RGZ 158, 294 (Verpflichtung des Ehemannes, nicht allein zu reisen); *Müller-Freienfels,* JZ 1964, 308 (Verpflichtung, nicht zu einer anderen Glaubensgemeinschaft überzuwechseln).

[3] Vgl. dazu in erster Linie das Verfahren OLG Nürnberg, FamRZ 1960, 64 – BGHZ 33, 145 – OLG Nürnberg, FamRZ 1962, 524 – BVerfG, NJW 1964, 1174. Vgl. ferner BGHZ 38, 317; OLG Stuttgart, FamRZ 1955, 256 mit zust. Anm. *Dunz;* OLG Schleswig, SchlHA 1956, 114; OLG Celle, FamRZ 1963, 183; *Soergel-Lange,* 12 zu § 1353; *Rolland,* 25 zu § 1353; MünchKomm-*Wacke,* 25 zu § 1353. Die Freiheit zur Konversion in ehegerechter Form wird verneint von *Erdsiek,* NJW 1959, 2007.

Weil der Richter bei der Präzisierung der Generalklauseln dem allgemeinen Wertbewußtsein verpflichtet ist, muß er bei der Beurteilung von Konversionen die in Art. 4 I und II GG getroffene Wertentscheidung beachten. Es handelt sich bei diesem Vorgang nicht um eine „Drittwirkung der Grundrechte“, sondern um die Befolgung herkömmlicher Auslegungsgrundsätze. Wenn das BVerfG (NJW 1964, 1174) die Beachtung des Art. 4 I und II GG durch die Zivilgerichte prüft, so wird nicht ein Grundrecht im subjektiven Sinn gewahrt; kontrolliert wird allein die Anwendung des Art. in seiner Funktion als Grundsatznorm und damit Interpretationsmaxime im Privatrecht. Vgl. aber auch *Müller-Freienfels,* JZ 1964, 307f. mit weit. Lit.

[4] Vgl. KG, FamRZ 1954, 145; OLG Stuttgart, FamRZ 1955, 256; BGHZ 38, 317 (328).

[5] Vgl. BGHZ 38, 317 (329f.); KG, FamRZ 1954, 145 (147).

[6] Sinngemäß ebenso, aber mit Bezug auf den inzwischen aufgehobenen § 43 EheG und manchen angreifbaren Formulierungen (vgl. dazu *Müller-Freienfels,* JZ 1964, 305ff. und 344ff.) BGHZ 38, 317. Kritisch dazu *Pawlowski,* Das Studium der Rechtswissenschaft, 1969, S. 305ff.

[7] Vgl. dazu LG Bonn, FamRZ 1967, 678 mit Anm. *Bosch.*

[8] Vgl. *Rolland,* 26 zu § 1353.

[9] Vgl. RGZ 138, 73; 164, 154; OGHBrZ, NJW 1949, 144 mit zust. Anm. *Beitzke;* OLG Stuttgart,

II. Verhaltensanforderungen

1. Bürgerliche Ehe begründet zwischen den Ehegatten ein Rechtsverhältnis, das an die Partner wechselseitige Verhaltensanforderungen stellt, die insoweit als *Rechtspflichten* zu qualifizieren sind, als ihre Erfüllung gefordert werden kann. Belanglos sind Möglichkeiten und Grenzen des Erfüllungszwanges, belanglos auch die Fragen nach Existenz, Form und Stärke von Sanktionen. Erfüllungszwang und Sanktion sind keine den Begriff der Rechtspflicht konstituierenden Elemente. So bedeutsam auch sonst die Reform des Scheidungsrechtes durch das 1. EheRG gewesen sein mag, für den Charakter all dessen, was Ehe zu tun oder auch zu unterlassen gebietet, verbindet sich mit ihr keine grundsätzliche Zäsur, die es jedenfalls im personalen Lebensbereich der Ehegatten ausschließt, noch von Rechtspflichten zu reden.[1] Es gibt keine direkte Verknüpfung mehr von ehewidrigem Verhalten und Scheidung der Ehe als Sanktion (vgl. aber § 1565 II), es gibt auch nach Ansicht vieler keinen Schadensersatzanspruch gegen den Ehegatten, der die personale Zuordnung ehewidrig verletzt (vgl. oben § 17 III), doch will das eine ebensowenig besagen wie das andere und beides ebensowenig wie der Hinweis auf die engen Grenzen, die dem Vollstreckungszwang im Recht der ehelichen Lebensgemeinschaft gezogen sind (vgl. dazu unten § 23): Selbst die Möglichkeit, überhaupt Erfüllung vor staatlichen Gerichten zu fordern (die für die aus der Ehe folgenden Pflichten stets gegeben ist), ist für den Begriff der Rechtspflicht nicht wesentlich.

2. Von den Rechtspflichten der Ehegatten sind ihre *Obliegenheiten* zu sondern, diese verstanden als Verhaltensanforderungen, denen nur entsprochen werden muß, wenn rechtliche Nachteile vermieden werden sollen (die in Kauf zu nehmen, nicht pflichtwidrig ist). Es gibt etwa im gesetzlichen Güterstand keine generelle Pflicht der Ehegatten, ihr Vermögen ,,vernünftig" zu verwalten (mit dem Ziele steter Mehrung) oder auch in einer vom ,,Wohl der Familie" bestimmten Art und Weise (vgl. unten § 34 I 4), aber es gibt neben speziellen Pflichten auch Verwaltungsobliegenheiten, deren Vernachlässigung zu Nachteilen beim Ausgleich des Zugewinns führt (vgl. dazu § 1375 II; in den Fällen der Nr. 3 ist stets eine Pflichtwidrigkeit gegeben, in den Fällen der Nrn. 1 und 2 dagegen im Regelfall lediglich die Mißachtung einer Obliegenheit).

3. Weder Rechtspflicht noch Obliegenheit sind Gebote sozialer Standards, die nicht vom Recht rezipiert werden können. Ehegatten sollen einander lieben; eine Rechtspflicht besteht indessen insoweit nicht. Zu fordern ist allein ein Verhalten, das sich um die Bewahrung der gegenseitigen Zuneigung bemüht.

NJW 1949, 947. Die Rspr. ist mit verfehlter Parallele zum Arbeitsrecht angegriffen worden von *Marloh,* FamRZ 1956, 72. Gegen ihn *Frantz,* FamRZ 1956, 97.

[1] A. A. MünchKomm-*Wacke,* 5 zu § 1353 (Großteil der Ehepflichten ,,hinfort keinen höheren Verbindlichkeitsgrad als bloße Sollvorschriften oder Obliegenheiten"). Wie der Text i. Erg. *Rolland,* 5 zu § 1353.

4. Unterschiedlich ist der Umfang, in dem *die einzelnen Ehelehren* ohne Verlust an Folgerichtigkeit Rechtspflichten anerkennen können. Interindividuelle Ehelehren vermögen (wenn überhaupt) nur formale Rechtspflichten der Ehegatten zu postulieren (vgl. dazu oben § 3, 4). Institutionelle Ehelehren (oben § 3, 3) und pragmatische Ehelehren, die in der Ehe eine soziale Verhaltensform mit Leitbildfunktion erblicken (so der Text oben § 3, 5) sind dagegen in der Lage, die Ehe mit inhaltserfüllten Rechtspflichten zu ordnen; § 1353 I mit der Verpflichtung der Ehegatten zur ehelichen Lebensgemeinschaft ist für sie der rechtliche Ausdruck des gegenwärtigen (sicherlich zeitbedingten) Eheverständnisses mit vielen klar konturierten und fixen Aussagen. Unbestreitbar ist freilich, daß die allgemeinen Wirkungen der Ehe heute wenigstens weithin von autonomen Entscheidungen der Ehegatten bestimmt werden. Frei ist bereits die Option für ein bestimmtes Ehemodell (mit dem bestimmte artspezifische Standards gegeben sind); frei sind aber auch viele Entscheidungen genereller Natur und praktisch alle, die den Alltag im einzelnen gestalten.

III. Autonomie der Ehegatten

Schrifttum: *Ramm,* Grundgesetz und Eherecht, 1972; *Kurr,* Vertragliches ,,Einvernehmen" der Ehegatten gemäß § 1356 I S. 1 BGB?, FamRZ 1978, 2; *Gernhuber,* Die geordnete Ehe, FamRZ 1979, 193; *H. P. Westermann,* Die Funktion von Richter und Gesetz nach dem neuen deutschen Scheidungsrecht, JurBl. 1979, 114.

1. *Standort der Gegenwart.* Bürgerliche Ehe – diese verstanden als rechtlich geregelte soziale Verhaltensform, die dem Anspruch des einzelnen auf soziale Verhaltensmuster in einem zentralen und für alle bedeutsamen Lebensbereich Genüge tun soll (vgl. oben § 3, 5) – kann Sätze zwingenden Rechtes niemals vollständig entbehren (etwa nicht im Unterhaltsrecht). Sie pflegt in Zeiten eines homogenen Gesellschaftskörpers, dessen Eheverständnis auch im Detail nicht ernsthaft in Frage gestellt ist, auch sonst weithin zwingend geregelt zu sein. Zeiten konkurrierender Ehemodelle können sich mit der Regelung eines Ehemodells zufrieden geben, das sie den Ehegatten (als dispositives Recht) anbieten, aber nicht aufdrängen; sie können den Versuch unternehmen, verschiedene Ehemodelle mit ihren jeweiligen Eigenarten zu regeln; sie können schließlich in dem von konkurrierenden Mustern beherrschten Bereich auf eine Regelung ganz verzichten und der Autonomie der Ehegatten allein vertrauen.

Die bürgerliche Ehe des BGB begann als Ehe zwingenden Rechtes mit einigen wenigen, letztlich peripheren Fragen, die der Ordnung durch die Ehegatten im autonomen Akt überlassen blieben. Als die Homogenität der Vorstellungen von der richtigen Ordnung in der Ehe zerfiel, wirkte sie notwendig restaurativ, ohne den Auflösungsprozeß wirklich aufhalten zu können. Die faktische Autonomie der Ehegatten konnte weder geleugnet noch beseitigt werden; erst im Streit der Ehegatten wirkte sich das als zwingendes Recht postulierte Familienleitbild mit eher ehezerstörender Kraft aus: Ehegatten, deren Verhalten ihm nicht entsprach, setzten sich ins Unrecht, mochten sie auch kaum anders gehandelt haben als viele andere auch. Mit ausgesprochen restaurativer Tendenz hielt noch das GleichberG am Ehemodell der Hausfrauenehe fest, mit Regelungen, die als Träger zwingenden Rechtes gedacht waren, freilich alsbald in der Theorie zu dispositivem Recht umgedacht wurden,[1] einerseits, um die Regelung überhaupt als verfassungskonformes Recht halten zu können, und andererseits, um der Entwicklung neuer sozialer Standards einen Raum im Recht zu gewähren.

Das geltende Recht hat den Gedanken eines verbindlichen Leitbilds aufgegeben (dagegen nicht etwa den der Regelung des Eheinhalts überhaupt) und die Idee einer Regelung mehrerer Ehetypen mit Wahlfreiheit der Ehegatten nicht aufgegriffen.[2] Polymorph ist die Ehe der Gegenwart damit weithin auch im Recht geworden, gestaltbar insoweit von den Ehegatten nach ihren Wünschen.[2a] Der abrupte Umschlag von der mißglückten Restauration in den umfassenden Verzicht bleibt freilich fragwürdig. Ein großes Pflichtenprogramm will zwar nicht viel besagen in einem Familienrecht, das die Ehescheidung auch in ihrem Kern nicht mehr als Sanktion nach pflichtwidrigem Verhalten begreift. Doch hat es einen guten Sinn, Verhaltensmuster zu zeichnen und damit Orientierungshilfen zu geben, aber auch Ordnungen zu schaffen, die gelten, wenn Einigkeit der Ehegatten sich nicht einstellen will oder wieder zerbricht, aber auch wenn Fragen auftreten, die nicht bedacht wurden.

2. *Zwingendes Recht* setzen alle Normen im Interessenbereich Dritter. Über ihren Unterhaltsanspruch können die Ehegatten etwa für die Zukunft nicht disponieren (§§ 1360a III, 1614 I), weil der Ehegatte in eine bestimmte Ordnung der (potentiell) Unterhaltspflichtigen gewiesen ist, der er sich nicht willkürlich darf entziehen können. Auch die beiden Ehegatten eingeräumte Macht, Geschäfte zur angemessenen Deckung des Lebensbedarfs der Familie auch mit Wirkung für den anderen Ehegatten zu besorgen (§ 1357 I 1), ist nicht abdingbar. Sie ist drittorientiert, dient dem Schutz der Gläubiger und kann deshalb nicht den Ehegatten anheimgegeben werden (vgl. aber unten § 19 IV 11 zur Möglichkeit eines faktisch gleichwertigen Verhaltens).

Zwingenden Rechtes sind ferner alle Normen, in denen (gegenwärtig) unaufgebbare Gerechtigkeitspostulate wirken. § 1356 I 2 ist hier als Beispiel zu nennen, die Selbständigkeit eines Ehegatten, dem der Haushalt überlassen wurde, als Folge des Gleichberechtigungsgrundsatzes (vgl. ferner unten V. zu den persönlichen Pflichten). Daß niemand die Ehegatten zwingen kann, sich insoweit ehegemäß zu verhalten, ist freilich sicher und doch kein Indiz für die Möglichkeit, sich der Selbständigkeit zu entäußern. Der Rechtsordnung sind auch sonst Normen

[1] Vgl. dazu die Nachw. in der Voraufl., S. 167 Fn. 2.
[2] Vgl. zu den Vorschlägen *Gernhuber,* Neues Familienrecht, 1977, S. 135ff.
[2a] Überspitzend spricht deshalb *H. P. Westermann* von einer „Vertragsehe" (JurBl. 1979, 115).

geläufig, deren Schutz sich niemand begeben kann, obwohl sie ohne Sanktion faktisch mißachtet werden können (im Recht der Zugewinngemeinschaft gehören etwa die §§ 1381–1383 dazu).

3. *Autonome Akte.* Jenes Recht, das sich die Ehegatten im normfreien Raum oder gegen dispositive Normen in autonomen Akten setzen, ist nicht als Einheit zu begreifen. Es ist eine Trias im Anspruch und in der Wirkung; von den Ordnungen sind die Beschlüsse und die Verträge zu unterscheiden. Als „Ordnung" sind alle Bestimmungen des Eheinhalts im autonomen Akt zu begreifen, alles Einvernehmen, das die konkrete Ehe „modelliert", das sich als „Verfassung der Ehe" charakterisieren läßt. Beschlüsse sind alle planenden Akte der Ehegatten (Planung verstanden als systematische Vorbereitung und Fixierung rationalen Verhaltens, das bestimmte Ziele auf bestmöglichem Weg verwirklichen soll), mit denen sie konkrete Akte festlegen (Begründung des Wohnsitzes) oder auch nur Rahmenbedingungen schaffen (Höhe des Wirtschaftsgeldes) oder Richtlinien entwickeln (Prioritäten in der Verwendung der zur Verfügung stehenden Gelder).

4. *Ordnungen* erwähnt das Gesetz allein (unter dem Begriff „Einvernehmen") in § 1356 für das Hauswesen, ohne damit den Einzugsbereich abschließend festzulegen. Die Ordnung des Hauswesens impliziert ohnehin in aller Regel die Notwendigkeit einer Verständigung über weitere Fragen von ähnlich grundlegender Bedeutung (insbesondere die der Erwerbstätigkeit), auch sonst aber ist den Ehegatten die Gestaltung ihrer Ehe in den Grenzen des zwingenden Rechtes anheimgegeben.

Ordnungen „organisieren"; das ihnen entsprechende Pflichtenprogramm ist aus § 1353 zu entwickeln (womit die von der Legislative vermiedene Regelung unterschiedlicher Ehemodelle auf anderer Ebene als Aufgabe wiederkehrt), soweit es sich nicht unmittelbar aus den Ordnungen ergibt.

Ordnungen entfalten ihre Wirkungen, weil sie von den Ehegatten gewollt sind und erfüllen damit die Kriterien, die herkömmlich die Willenserklärungen von anderen rechtmäßigen juristischen Handlungen sondern.[3] Es besteht auch grundsätzlich kein Anlaß, das System der juristischen Handlungen um eine weitere Variante des rechtlich relevanten, weil finalen Verhaltens zu erweitern. Doch bleibt die Notwendigkeit, den Akt der Ehegatten von den §§ 104ff. zu lösen. Wenn die Rechtsordnung die Modellierung der konkreten Ehe dem „Einvernehmen" der Ehegatten überweist ohne eigene subsidiär geltende Eheordnung, dann

---

[3] Die Frage nach der richtigen Qualifizierung ist bislang meist allein für das Einvernehmen des § 1356 I 1 gestellt worden. Ein Rechtsgeschäft nehmen insoweit an *Kurr,* FamRZ 1978, 2ff.; *Palandt-Diederichsen,* 2a bb zu § 1356 (mit näherer Bestimmung als Vertrag); *H. P. Westermann,* JurBl. 1979, 118. Generell für Rechtsgeschäft *Roth-Stielow,* 7 zu § 1353. Zum Einvernehmen gemäß § 1356 I 2 vgl. bei ihm ferner 12 zu § 1356 (Vertrag besonderer Art mit Hinweis auf die §§ 241 und 305). Dagegen *Ramm,* S. 41; *Ambrock,* I 1 zu § 1356. Ohne Entscheidung zwischen Rechtsgeschäft und geschäftsähnlicher Handlung (und mit näherer Qualifizierung als Beschluß) MünchKomm-*Wacke,* 9 zu § 1356.

kann (in einem Bereich notwendig höchstpersönlicher Rechtsgestaltung) die Fähigkeit, an Ordnungen mitzuwirken, nur von der Ehefähigkeit bestimmt sein (womit allein die Geschäftsunfähigen von ihnen ausgeschlossen wären).

Ordnungen bedürfen keiner besonderen Form. Die konkludente Äußerung (die Übernahme bestimmter Funktionen) mag angesichts der allgemein bekannten (und geübten) Wahlfreiheit selten sein; möglich bleibt sie gleichwohl.

Ordnungen sind keine Verträge; sie begründen keine Schuldverhältnisse. Die Antwort auf die Frage nach der ihnen eigenen Bestandskraft (nach der Bindung der Ehegatten) ist damit weder dem Vertragsrecht noch dem Schuldrecht zu entnehmen. Daß sie (formlos) im Einvernehmen der Ehegatten jederzeit aufgehoben oder geändert werden können, ist selbstverständlich. Durch einseitigen Akt sind sie mit Wirkung allein für die Zukunft zu beseitigen, wenn ein wichtiger Grund gegeben ist (also in Anlehnung an die allgemein für die Bindung an Dauerrechtsverhältnisse entwickelten Grundsätze). Die Unbestimmtheit, die gerade den Begriff des wichtigen Grundes auszeichnet, weil er das Unzumutbare (vgl. § 554a) vom Zumutbaren sondert, ist zwar unverkennbar, jedoch weiterer Präzisierung in Fallgruppen und Leitbeispielen fähig; sie ist zudem allen anderen Versuchen, das rechte Maß von Freiheit und Bindung zu bestimmen,[4] nicht weniger eigen. Einseitig ist etwa (von beiden Ehegatten) die Entscheidung für eine Doppelverdienerehe mit geteilter Hausarbeit zu beenden, wenn ein Kind erwartet wird oder wenn ein Ehegatte arbeitsunfähig oder dauerhaft arbeitslos wird. Einseitig kann auch von der Frau die Entscheidung für die Hausfrauenehe beendet werden, wenn der ihr zugewiesene Pflichtenkreis sie nicht mehr ausfüllt: In einer Ehe sind auch Entwicklungen der eigenen Persönlichkeit ein wichtiger Grund.[5]

5. *Beschlüsse* nehmen heute den Raum ein, der in der patriarchalischen Ehe dem Entscheidungsrecht des Ehemannes zugewiesen war.[6] Sie sind z. T. (in wechselndem Umfang) durch § 1353 (gegebenenfalls vermittelt durch das selbst gewählte Ehemodell) präjudiziert, doch wirkt sich die Vorentscheidung nur im Streit der Ehegatten aus: Wer sich notwendigen Konsequenzen widersetzt, kommt seiner Pflicht aus § 1353 nicht mehr nach.

Die Wahl des Wohnsitzes ist etwa abhängig von der beruflichen Tätigkeit der

---

[4] Gern wird die clausula rebus sic stantibus bemüht und auf ihrer Grundlage ein Recht, Änderung zu verlangen, entwickelt (MünchKomm-*Wacke*, 8 zu § 1356; *Ambrock*, I 1 zu § 1356) oder auch ein Recht zum Widerruf im einseitigen Akt (*Palandt-Diederichsen*, 2a cc zu § 1356; *Roth-Stielow*, 12 zu § 1356). Vgl. ferner *Rolland*, 6 zu § 1356 (mit Relevanz aller „triftigen Gründe"); *Roth-Stielow*, 13 zu § 1353 (kann „aus eheerheblichem Anlaß jederzeit ex nunc gekündigt werden").

Jede Bindung leugnet *Ramm*, S. 34ff. (41).

[5] Ebenso i. Erg. *Rolland*, 6 zu § 1356.

[6] Versuche, einen Entscheidungsvorrang des Mannes (sei es nun generell, sei es auch in der Verkürzung auf die äußere Gestaltung des Familienlebens), wenn nicht gar als Forderung der Verfassung, so doch wenigstens als verfassungskonformes Recht zu erweisen und damit für die Zukunft zu bewahren, können heute als endgültig überholt gelten.

Ehegatten mit ihren Verbindungslinien zum Familienunterhalt. Pflicht der Ehegatten aus § 1353 ist es, das Einvernehmen über die Erwerbstätigkeit während der Ehe in dem Beschluß über den gemeinschaftlichen Wohnsitz (der freilich kein Essentiale einer Ehe ist) anhand der gegebenen Situation optimal in die Wirklichkeit umzusetzen. Pflicht der Ehegatten ist es ferner, den Familienunterhalt nicht zu gefährden.

Präjudiziert kann auch die Aufnahme Verwandter in den ehelichen Haushalt sein (die jedoch dem Regelungsbereich der Eheordnung zuzurechnen ist, soweit es sich um die Aufnahme einseitiger Kinder handelt). Es ist die Pflicht zur Fürsorge und zur Anteilnahme am Leben des Partners, die hier Grenzen setzt, freilich die Entschcidungsfreiheit nicht generell beseitigt (vgl. dazu unten V 6).

Elternstreitigkeiten entscheidet das Vormundschaftsgericht durch Beitritt zur Ansicht eines Elternteils, sofern es sich nicht um eine ,,Bagatellsache" handelt (vgl. unten § 50 II). Meinungsverschiedenheiten der Ehegatten müssen dagegen grundsätzlich allein von ihnen bewältigt werden. Nur wenn ein Ehegatte um eine Einigung nicht bemüht ist oder sich präjudizierenden Bindungen zu entziehen sucht, kann er von seinem Partner mit der Herstellungsklage in Anspruch genommen werden (kein Vollstreckungszwang).[7] Im Restbereich bleibt der Streit der Ehegatten ohne Entscheidung, mag auch die Verwirklichung der ehelichen Lebensgemeinschaft dadurch geschmälert oder gar gänzlich ausgeschlossen werden.

Alle Beschlüsse der Ehegatten entfalten Wirkungen nur im Innenverhältnis (in dem sie die Pflicht erzeugen, entsprechend zu handeln, insbesondere die von ihnen geforderten Rechtsakte vorzunehmen); kein Beschluß ist dagegen schon ein sich selbst verwirklichender Akt. Die Einigung auf einen bestimmten Wohnsitz verpflichtet die Ehegatten etwa, ihren Wohnsitz der Einigung entsprechend zu begründen; der Begründungsakt selbst vollzieht sich nach seinen eigenen Gesetzen. Oder auch: Die Einigung auf eine bestimmte eheliche Wohnung verpflichtet die Ehegatten intern, den erforderlichen Mietvertrag abzuschließen; für den Vermieter begründet sie keine Rechtsposition.

Die Ehegatten verlieren auch durch ihre Beschlüsse nichts an Rechtsmacht. Die pflichtwidrige Begründung eines Wohnsitzes etwa ist wirksam; die Einigung auf gemeinschaftliche Miete einer Wohnung gibt keinem Ehegatten Vertretungsmacht für den anderen; die Einigung über die Aufnahme eines einseitigen Verwandten verschafft diesem kein eigenes Recht zum Besitz.

Beschlüsse sind in Fragen ihrer Wirksamkeit und ihrer Bestandskraft jenen Re-

[7] Str. Zuweilen wird die Möglichkeit einer Herstellungsklage überhaupt geleugnet. Vgl. OLG Schleswig, FamRZ 1957, 420 mit Anm. *Bosch;* OLG Düsseldorf, FamRZ 1969, 153. Zuweilen wird aber auch der Herstellungsklage schon dann Erfolg gesichert, wenn feststeht, daß die Entscheidung eines Ehegatten den Familieninteressen besser dient. Vgl. OLG Celle, FamRZ 1954, 141; *Dölle,* § 34 III2 und IV; *Staudinger-Hübner,* 19 und 33 zu § 1353; *Erman-Heckelmann,* 14 zu 1353.

geln zu unterwerfen, die für die Ordnungen der Ehegatten gelten (vgl. oben 4.). Beschränkte Geschäftsfähigkeit ist mithin ausreichend. Beschlüsse, die Dauerwirkungen zeitigen (wie die Aufnahme einseitiger Verwandter in den Haushalt) können einseitig mit Wirkung für die Zukunft außer Kraft gesetzt werden, wenn ein wichtiger Grund vorliegt.[8]

Maßnahmen eines Ehegatten in Angelegenheiten, die eigentlich durch Beschluß zu regeln waren, sind grundsätzlich im Verhältnis zum Partner pflichtwidrig. Auch wenn das Bemühen um eine Einigung scheiterte, besteht grundsätzlich kein Recht zu einseitigem Vorgehen. Nur in Eilfällen wird selbständiges Handeln zur Notwendigkeit und damit auch zur Pflicht aus § 1353; ihm hat eine erklärende Information zu folgen.[9] Der andere Ehegatte hat den einseitigen Akt anzuerkennen, soweit der Zwang der Verhältnisse keinen Aufschub zuließ, ist an ihn jedoch nicht stärker gebunden als an einen Beschluß.

6. *Verträge,* deren einziger Geschäftszweck der Vollzug der ehelichen Lebensgemeinschaft ist (zu den eheneutralen Verträgen vgl. unten § 19 II 5), schließen die Ehegatten ab, wenn sie einander eheliche Kooperation unter Einsatz ihres Vermögens oder unter Einsatz ihrer Arbeitskraft versprechen. Verträge dieser Art[10] unterscheiden sich von den konkurrierenden allgemeinen Vertragstypen vergleichbarer Art (Gesellschaftsverträge, Arbeitsverträge) über die Unterschiede im Geschäftszweck hinweg auch im Vertragsinhalt. Die Regelungsgegenstände differieren; für mehrdeutige und lückenhafte Verträge bleiben zwar die herkömmlichen Interpretationsmaximen des Vertragsrechtes (§§ 133, 157), doch werden deren Maßstäbe von den unter Ehegatten geltenden sozialen Standards präzisiert (mit einer Vielzahl von anerkannten Regeln ehegerechten Verhaltens). Ihre Dauer ist notwendig auf die Zeit der Ehe begrenzt; Verträge, die größere Konstanz vorsehen, sind nicht mehr als familienrechtliche Kooperationsverträge zu begreifen.

Verträge schließen die Ehegatten auch ab, wenn sie ihre Rechtsbeziehungen (im Rahmen des vorgegebenen zwingenden Rechtes) ordnen, jedoch nicht mehr um des Vollzuges ihrer ehelichen Lebensgemeinschaft willen, sondern in der Abkehr von ihr. Derlei Trennungsverträge können sich auf eine einzige Rege-

---

[8] Jede Bindung (und jede Pflicht, eine Einigung bestimmten Inhalts herbeizuführen) leugnet *Wolf,* NJW 1968, 1498 und JZ 1970, 446, auch *Streck,* S. 98ff. (doch will er Vertrauensschutz gewähren). Nach a. A. tritt zwar eine Bindung ein; sie soll jedoch enden, wenn sich die entscheidungserheblichen Umstände geändert haben. Vgl. *Dölle,* § 34 II.

Die von mir in der Voraufl. geäußerte Überzeugung von der Bindung bis zu einem ändernden oder aufhebenden Beschluß (ggf. mit Pflicht zur Mitwirkung an einer neuen Einigung), die jeden einseitigen Beendigungsakt ausschloß, gebe ich auf.

Aus der Praxis vgl. SchlHOLG, SchlHA 1966, 204 (Pflicht, Wohngemeinschaft mit Elternteilen zu beenden, wenn das Zusammenleben unerträglich geworden ist).

[9] Dem Text entspr. *Beitzke,* § 12 III 2a. Weitergehend *Palandt-Diederichsen,* 2b cc zu § 1353 (Entscheidungsfreiheit, wenn die Meinung des Partners als mißbräuchlich bezeichnet werden muß).

[10] Der BGH hat sie bereits in der Entscheidung FamRZ 1973, 22 (24) erwähnt.

lung beschränken (etwa die Präzisierung der Unterhaltsrente); sie können aber auch als komplexes Rechtsgeschäft alle Beziehungen der Ehegatten zu ordnen suchen, die durch den Entschluß zur Trennung überhaupt einer neuen Ordnung bedürfen (Auseinandersetzung von Hausrat und Ehewohnung, vorweggenommener Zugewinnausgleich usw.).

Alle Verträge der Ehegatten sind den §§ 104ff. voll unterworfen; selbständiges Handeln beschränkt Geschäftsfähiger zeitigt keine Wirkungen. Der für die Ordnungen und für die Beschlüsse mögliche Schluß von der Ehefähigkeit auf die Fähigkeit weiteren rechtswirksamen Verhaltens ist für sie nicht mehr möglich. Das Gesetz erwähnt die ehebezogenen Verträge nicht eigens, doch weist § 1411 (Ehevertrag) in die Richtung des allgemeinen Vertragsrechtes.

Kooperationsverträge begründen Dauerrechtsverhältnisse. Sie sind wie andere Dauerrechtsverhältnisse auch aus wichtigem Grund durch einseitigen Akt zu beenden. Doch täuscht der Eindruck eines Gleichlaufs der konkurrierenden allgemeinen Vertragstypen (vgl. für sie die §§ 626, 723) und der Kooperationsverträge wenigstens in der Phase der Beendigung: Die Frage, ob ein wichtiger Grund vorliegt oder nicht, kann nur unter steter Berücksichtigung des besonderen Geschäftszwecks beantwortet werden.

IV. Die Generalklausel (§ 1353 I 2) und ihre Funktionen

1. Eheliche Lebensgemeinschaft läßt sich nicht in einem Mosaik scharf konturierter Rechtssätze ordnen, aus dem sich schließlich ein normativ vorgeformtes Bild der Ehe ergibt, das den Ehegatten detailliert (sei es nun kraft zwingenden, sei es auch kraft dispositiven Rechtes) Pflichten auferlegt und Befugnisse zugesteht. Der unübersehbar hohe Anteil individueller Besonderheiten eines jeden Falles, neben dem die Typizität des Geschehens sich bis auf kleine Restbestände verflüchtigen kann, setzt schnell erreichte Grenzen. Zurückhaltung legt ferner die Gefahr nahe, Trivialitäten zu normieren und peinlicher Geschmacklosigkeit zu verfallen. Das BGB hat deshalb von vornherein dem Gedanken einer abschließend kasuistischen Regelung des Eheinhaltes widerstanden und weithin einer Generalklausel vertraut. Das 20. Jahrhundert hat weiter nachgegeben; bestimmte Rechtssätze sind in ihm im Recht der ehelichen Lebensgemeinschaft noch seltener geworden.

2. *Funktionen.* Wie jede Generalklausel ist auch diejenige des § 1353 I 2 der rechtstheoretischen Präzisierung in einzelnen Funktionen (Schichten) und Fallgruppen fähig. Daß § 1353 lediglich die Ehegatten zur ehelichen Lebensgemeinschaft verpflichtet, will nichts besagen (wie auch die viel zu enge Fassung des § 242 dessen Entwicklung nicht hat hindern können); der Normzweck reicht weiter als der Normtext. § 1353 I 2 ist Interpretationsmaxime und Rechtsregel mit verschiedenen Funktionen: Von der pflichtenbegründenden Funktion ist die regulative Funktion zu unterscheiden und von beiden die Schrankenfunktion.

3. Als *Interpretationsmaxime* dient § 1353 I 2 der deutenden und ergänzenden Auslegung aller Ordnungen und Beschlüsse der Ehegatten (zu den ehebezogenen Verträgen vgl. oben III 6). Die in autonomen Akten der Ehegatten gesetzten Regeln für ihre individuelle Ehe erfahren insoweit ihre ehegerechte Ausformung auch dort, wo sie mehrdeutig oder lückenhaft sind.

4. In seiner *pflichtenbegründenden Funktion* ergänzt § 1353 I 2 das in konkreteren Rechtssätzen ausgeformte Pflichtenprogramm der Ehegatten zu einer abgeschlossenen Pflichtenordnung (deren Maßstab die generell unaufgebbaren Eheinhalte sind sowie die Modellierung, die von den Ehegatten gerade ihrer Ehe gegeben wurde). Fundamentalpflichten (etwa die zur Treue) stehen neben Bagatellpflichten; Pflichten, die die persönliche Zuordnung der Ehegatten verwirklichen, treten neben andere, die allein der Sachgüterwelt verhaftet sind (etwa die Pflicht, dem Partner die Mitbenutzung von Hausrat und Ehewohnung zu gestatten; vgl. dazu § 19 III); selbständige Pflichten begegnen neben anderen, die eine unvollständige Regelung des Gesetzes zu einem ehegerechten Gesamtbild ergänzen (etwa die Pflicht, den Ehegatten über den Bestand, die wesentlichen Veränderungen und bereits geplanten Entwicklungen des eigenen Vermögens zu informieren; vgl. dazu unten § 36 II 4).

5. In seiner *regulativen Funktion* ordnet § 1353 die Art und Weise, in der die Ehegatten ihre Pflichten zu erfüllen haben (eine gesetzliche Einzelausprägung ist § 1360 a). Ehegatten können etwa einseitige Verwandte in ihren Haushalt aufnehmen und damit interne Duldungspflichten begründen. Ihnen hat der verschwägerte Ehegatte in ehegerechter Form zu entsprechen.

6. In seiner *Schrankenfunktion* schließlich kann § 1353 I 2 die Ausübung subjektiver Rechte zwischen Ehegatten auf bestimmte (ehegerechte) Formen beschränken oder gänzlich ausschließen. Greifbar wird diese Funktion vornehmlich im Vermögensrecht (vgl. dazu § 19 II 3).

V. Persönliche Pflichten

Schrifttum: *Geilen,* Garantenpflichten aus ehelicher und eheähnlicher Gemeinschaft, FamRZ 1961, 147.

1. Einzelne persönliche Pflichten (hier verstanden als Pflichten, die weder die Arbeitskraft noch das Vermögen der Ehegatten betreffen; vgl. insoweit unten die §§ 19, 20) erwähnt das geltende Recht nicht und verweist sie damit ohne Ausnahme in die Generalklausel des § 1353 I 2. Eine subtile Entfaltung des gesamten Pflichtenprogramms aus jener (mit Zuordnung der einzelnen Pflichten zum zwingenden oder zum dispositiven Recht) hat insoweit keinen Sinn, als pflichtwidriges Verhalten weder unmittelbar noch mittelbar sanktioniert ist, also allein die Stabilität der Ehe gefährdet. Es ist insbesondere nutzlos geworden, die Pflichtensituation im Gesamtbereich des Sexuallebens darzustellen.[1] Die auch

---

[1] Die Pflicht zur Geschlechtsgemeinschaft muß dagegen in einer Rechtsordnung, deren Schei-

für Pflichten aus diesem Bereich an sich bestehende Möglichkeit einer Klage auf Herstellung des ehelichen Lebens rechtfertigt keine andere Entscheidung: Die Praxis kennt derlei (peinliche und geschmacklose) Klagen nicht.

2. *Situationsabhängigkeit.* Fast alle persönlichen Pflichten, die aus der Generalklausel zu entwickeln sind, werden in ihrer näheren Ausgestaltung von der jeweils konkreten Situation der Ehegatten bestimmt.[2] Nur die Pflicht zur Treue kennt keine Unterschiede; sie gilt unbedingt (und zwar als zwingendes Recht, das zwar der Libertinage der Ehegatten tatsächlich ausgeliefert ist, jedoch weder generell noch einzelfallbezogen vertraglich ausgeschlossen werden kann).[3]

Die pflichtenbegrenzende Wirkung eines Umstandes wird durch die Möglichkeit seiner Beseitigung nicht aufgehoben. Doch erzeugt § 1353 I 2 die Pflicht, Hindernisse, die einer Intensivierung der ehelichen Lebensgemeinschaft entgegenstehen, auf zumutbaren Wegen auszuräumen. Die Pflicht zur häuslichen Gemeinschaft verliert etwa weithin ihre Bedeutung, solange die Ehegatten nicht über eine eheliche Wohnung verfügen; es bleibt die Pflicht, um eine Wohnung bemüht zu sein.[4] Oder auch: Körperliche Mängel und Krankheiten können viele Einzelpflichten begrenzen; es bleibt jedoch die Pflicht, um den Ausgleich der Mängel und um Gesundung (einschließlich zumutbarer Operationen) besorgt zu sein.[5]

3. *Schutz und Beistand.* In den Grenzen des Zumutbaren[6] schuldet jeder Ehegatte seinem Partner Schutz und Beistand. Ehegatten haben einander vor Mißhandlung und Tötung zu bewahren,[7] aber auch sonst in jeder Bedrängnis zu stützen. Schutz und Beistand wird auch dann geschuldet, wenn die Gefahrenquelle in der Person des Partners selbst liegt.[8] Ehegatten haben einander vor dem Selbstmord zu bewahren;[9] sie schulden sich gegenseitig Hilfe, wenn sie süchtig

---

dungsrecht vom Verschuldensgrundsatz beherrscht ist, besonders stark beachtet werden, weil der Sexualbereich vielfach die Quelle ehelicher Disharmonien ist. Zu weit geht heute MünchKomm-*Wacke,* 33 zu § 1353, mit Leugnung jeder Rechtspflicht. Umgekehrt überspitzt BGH, FamRZ 1967, 210. Das Urteil fordert von einer Frau, die selbst keine sexuelle Befriedigung findet, ,,Gewährung in ehelicher Zuneigung und Opferbereitschaft". Daß die sich opfernde Frau den Mann schwerlich weniger demütigt als die ablehnende, wurde nicht bedacht. Krit. auch *Rolland,* 7 zu § 1353.

[2] Auch das Alter der Ehegatten ist zu berücksichtigen. Man kann aber nicht generell sagen, daß ,,an die Pflichten von zwei im Greisenalter heiratenden Personen wesentlich weniger strenge Maßstäbe als sonst üblich anzulegen sind" (so OLG München, FamRZ 1968, 198 [199]).

[3] Nach wie vor ganz h. M. Vgl. MünchKomm-*Wacke,* 32 zu § 1353; *Roth-Stielow,* 11 zu § 1353. Für verfügbar hält die Rechtspflicht *Streck,* S. 86f.

[4] Vgl. dazu aus der Zeit der Wohnungsnot OLG Celle, NJW 1956, 1842 (Pflicht, einen Antrag auf Zuzugsgenehmigung für den Ehegatten zu stellen).

[5] Vgl. RGZ 95, 330; RG, Warn. 1916 Nr. 142; HRR 1932 Nr. 1216; BGH, FamRZ 1967, 33 (das Urteil betont zu Recht, daß eine Operation nicht zu fordern ist, wenn der Kranke vom Willen des Partners zu voller ehelicher Lebensgemeinschaft nicht überzeugt sein kann).

[6] Einsatz des Lebens wird nicht mehr gefordert. Vgl. BSozG, NJW 1957, 1943.

[7] Vgl. RG, LZ 1933, 863; RGSt. 71, 187 (189).

[8] Allein aus dieser Rechtslage kann die vom BGH postulierte Einschränkung des Notwehrrechtes unter Ehegatten (vgl. BGH, NJW 1969, 802 mit Anm. *Deubner,* S. 1184; 1975, 62) gerechtfertigt werden. Vgl. *Schönke-Schröder-Lenckner,* 32 zu § 53.

[9] Vgl. BGHSt. 2, 150. Die Pflicht hat unbedingte Geltung, gilt also auch, wenn die Ehegatten

geworden sind;[10] sie sind gehalten, strafbare Handlungen des Partners zu verhüten.[11] Wie aller die Ehegatten verpflichtende Gehalt des § 1353 I 2 bleibt aber auch dieser auf die Ehegatten beschränkt. Tendenzen in der Rechtsprechung, aus der Generalklausel eine Garantenstellung zu entwickeln (mit der Folge einer Bestrafung auch des Ehegatten des Täters, falls er die strafbare Handlung hindern konnte, tatsächlich aber nicht gehindert hat),[12] modifizieren die dem Schutz des Partners dienende Pflicht zur allgemeinen Pflicht, Rechtsgüter Dritter vor dem eigenen Ehegatten zu schützen.[13]

4. Geschuldet wird dem Ehegatten ferner *Toleranz* gegenüber seinen Eigenarten und Meinungen, *Rücksicht* auf seine Pläne[14] (vornehmlich den allgemeinen Lebensentwurf), *Verständigungsbereitschaft* in allen gemeinschaftlichen Angelegenheiten. Diese Pflichten muten trivial an, doch sind gerade sie nur schwer zu konturieren, wenn die Rechtsordnung freigehalten werden soll von Anforderungen, die gerade sie nicht stellen kann (es gibt kein Recht auf Liebe), und wenn nicht Realitätsverluste eintreten sollen als Folge allzu idealisierender Vorstellungen von dem, was Ehegatten leisten können. Mit dem Übergang vom Verschuldensprinzip zum Zerrüttungsprinzip im Scheidungsrecht sollte es insbesondere möglich geworden sein, sehr differenziert (und nicht nach dem groben Entweder-Oder des Schuldprinzips) Ehegatten gerecht zu werden, die eine Bindung an den Partner infolge unterschiedlicher Persönlichkeitsstrukturen nicht aufbauen oder nicht bewahren konnten.[15]

---

getrennt leben und die Ehe bereits gescheitert ist. Vgl. *Schönke-Schröder-Stree,* 19 zu § 13. Zur Problematik *Geilen,* FamRZ 1961, 148 (der selbst die Pflicht nicht mehr anerkennt, wenn ein Recht zum Getrenntleben besteht).

Das Recht zu getrenntem Leben wird durch Selbstmordgefahr nicht eingeschränkt. Überspitzt freilich BGHSt. 7, 268. Die Entscheidung geht von einem generellen Recht zur tatsächlichen Trennung aus, das auch durch Selbstmordgefahr nicht beseitigt wird (während die Frage nach der familienrechtlichen Befugnis, sich vom Partner zu trennen, nicht gestellt wird).

[10] Vgl. BGH, FamRZ 1967, 324 (Alkoholismus).

[11] Die Existenz einer derartigen Pflicht wird verneint von *Schönke-Schröder-Stree,* 53 zu § 13.

[12] Vgl. BGHSt. 6, 322; BGH, NJW 1953, 391; FamRZ 1956, 81; OLG Bremen, NJW 1957, 72. Die Entscheidungen beschränken die Garantenstellung aber räumlich auf Straftaten im besonderen Herrschaftsbereich der Ehegatten. Sie führen damit einen Gedanken ein, der nicht aus § 1353 entwickelt werden kann.

Auch das Zivilrecht ist (leider) nicht ganz frei geblieben von Versuchen, eine Garantenstellung des Ehemannes (als ,,Oberhaupt der Familie"!) zu entwickeln mit Haftung für pflichtwidriges Unterlassen nach schädigendem Verhalten der gewalttätigen oder auch süchtigen Ehefrau. Vgl. *Weimar,* JR 1967, 248f.

[13] Vgl. dazu *Geilen,* FamRZ 1961, 157f. Gegen die Rspr. ferner *Rolland,* 19 zu § 1353; *Soergel-Lange,* 17 zu § 1353. Es besteht auch keine Pflicht, zur Aufdeckung einer Straftat des Ehegatten beizutragen. Vgl. BGH, NJW 1958, 390.

[14] Dazu gehört auch die Verteilung des Nachlasses. Die Rspr. bejaht eine Pflicht zur Offenbarung von Ehebrüchen, wenn der Erblasser die vermeintliche Treue seines Ehegatten zum Anlaß testamentarischer Zuwendung nimmt. Vgl. BGHZ 49, 155.

[15] Vgl. dazu aus der jüng. Rspr. BGHZ 44, 107 (113) mit der Forderung nach einer erhöhten Anpassungs- und Verständigungsbereitschaft bei geistiger Erkrankung des Partners; OLG Bamberg, FamRZ 1975, 277 (Scheitern des Ausgleichs charakterlicher Gegensätze regelmäßig Folge ungenü-

5. Weithin von der Ordnung abhängig, in welcher die Ehegatten ihre Ehe modellieren, ist die *Pflicht zur häuslichen Gemeinschaft.* Immobile Gesellschaften pflegen gerade diese Pflicht stark zu betonen und sie wie selbstverständlich als Pflicht zu ständiger Wohngemeinschaft zu verstehen. Mobile Gesellschaften sind dagegen gezwungen, die Pflicht zu relativieren und auch mindere Grade der räumlichen Verbundenheit als Pflichterfüllung anzuerkennen.[16] In extremen Fällen kann gar (im Einvernehmen der Ehegatten) ein Zustand erreicht werden, in denen die Ehegatten ihrem Pflichtenprogramm voll entsprechen, obwohl sie einen gemeinschaftlichen Haushalt nicht führen und nur zeitweilig zusammenleben (Hotelehe unter Künstlern).

Auch die derart relativierte Pflicht zur häuslichen Gemeinschaft ist eine situationsabhängige Pflicht, die um besonderer Umstände willen Einschränkungen erfahren, aber auch gänzlich entfallen kann. Solange eine (an sich geplante) Ehewohnung nicht gefunden ist, besteht sie nur zeitweise (Besuche, Urlaub); beim Eheschluß nicht bewußt in Kauf genommene Krankheiten des Partners können sie zeitweilig ebenso aufheben[17] wie eigene Erkrankungen;[18] hat ein Ehegatte nach einer Trennung mühsam eine gesicherte wirtschaftliche Position erreicht, so kann von ihm keine Gefährdung seiner Lebensgrundlage gefordert werden;[19] selbst schwierige Wesenszüge des Partners, die zu ertragen nicht mehr zugemutet werden kann, sind bereits als Grund für ein berechtigtes Getrenntleben anerkannt worden.[20]

6. Variabel nach Ordnung der konkreten Ehe und Zeitgeist ist auch die Pflicht, *Verwandte* in den Haushalt aufzunehmen. Das Zeitalter der Kleinfamilie steht einer derartigen Pflicht grundsätzlich ablehnend gegenüber. Es fordert sie zwar noch im Regelfall für das minderjährige Stiefkind (das bei Unzumutbarkeit der Aufnahme jede elterliche Sorge im unmittelbaren Zugriff entbehren muß!),[21] beschränkt (mangels einer anderweitigen zumutbaren Betreuung) auch noch für gebrechliche Eltern, sonst allenfalls mit zeitlicher Begrenzung. Nie darf jedoch

---

genden Bemühens). Der BGH hat (in seiner Rspr. zu § 48 II EheG) zuletzt stärkere Zurückhaltung geübt. Vgl. BGH, NJW 1971, 703f. mit Anm. *Deubner.*

[16] Viel zu apodiktisch auch heute noch MünchKomm-*Wacke,* 29 zu § 1353.

[17] Vgl. RG, JW 1911, 765 (abl. bei Hysterie ohne Gefahr für den gesunden Ehegatten); RG, JW 1913, 378 (bejahend, wenn geistige Erkrankung dem gesunden Ehegatten Gesundheit und Arbeitskraft untergräbt). Eine Geschlechtskrankheit hebt die Verpflichtung zur häuslichen Gemeinschaft nur auf, wenn anzunehmen ist, daß der kranke Ehegatte auf Sexualverkehr bestehen wird. Die Rspr. neigt dazu, dann die Pflicht zur häuslichen Gemeinschaft stets zu verneinen. Vgl. RG, JW 1905, 722; 1907, 178; 1914, 41. Das Urteil RG, Warn. 1930 Nr. 36 lehnt sogar eine Trennung von häuslicher Gemeinschaft und Geschlechtsgemeinschaft überhaupt ab. Vgl. ferner RG, LZ 1923, 277 (Verdacht einer Geschlechtskrankheit ausreichend).

[18] Vgl. RG, Recht 1908 Nr. 3136; 1918 Nr. 725.

[19] Vgl. RG, Recht 1912 Nr. 3088; RG, JW 1935, 1403; BGH, FamRZ 1967, 612 (614).

[20] BGH, LM Nr. 27 zu § 48 EheG.

[21] Vgl. *Soergel-Lange,* 8 zu § 1353; MünchKomm-*Wacke,* 23 zu § 1353. Für das volljährige Stiefkind abl. RG, JW 1920, 437.

ein Ehegatte Pflichterfüllung durch einseitiges Vorgehen erzwingen wollen. Die Aufnahme Verwandter in den Haushalt hat stets durch Ordnung (Stiefkind) oder durch Beschluß der Ehegatten zu erfolgen; insoweit handelt es sich mehr um eine Pflicht zur Mitwirkung an einer Einigung.[22]

7. Im autonomen Akt entscheiden die Ehegatten die Frage, ob sich ihre Ehe durch *eigene Kinder* zur Familie erweitern soll; es gibt keinen Eheinhalt mehr, der insoweit unabdingbar vorgegeben wäre: Auch die Ehe, die notgedrungen oder kraft freien Willens der Ehegatten kinderlos bleibt, ist eine vollwertige Ehe. So kann (ständige oder zeitlich beschränkte) Kinderlosigkeit wirksam verabredet werden; ein späterer Gesinnungswandel eines Ehegatten kann den anderen (beharrenden) nicht ins Unrecht setzen.[23]

An der Entscheidung der Ehegatten sondert sich das pflichtwidrige vom pflichtgemäßen Verhalten. Ehegatten, die sich zur Kinderlosigkeit bereit fanden, handeln pflichtwidrig, wenn sie eine Empfängnis nicht verhüten (ohne dem Partner zum Schadensersatz verpflichtet zu sein[24]); Ehegatten, die sich zu Kindern bekannten, tun es umgekehrt, wenn sie eine Empfängnis zu verhindern suchen.

8. *Konkurrenzen.* Kollisionen zwischen ehelichen Pflichten und Pflichten aus anderen Rechtsverhältnissen haben die Ehegatten in ihren Ordnungen und Beschlüssen tunlichst zu vermeiden oder auch zu bereinigen. Alltäglich ist etwa die Notwendigkeit, die Pflichten im gemeinschaftlichen Hauswesen und die Pflichten aus Arbeitsverhältnissen zu harmonisieren (zur Bindung an einmal getroffene Entscheidungen vgl. oben unter III 4 und 5). Die bei zwingender Ausgestaltung des Eheinhaltes nicht eben seltene Pflichtenkonkurrenz mit ihrer Nötigung, eine Rangordnung der Pflichten zu entwickeln, wandelt sich damit in einer freieren Rechtsordnung zur Frage nach dem Ausmaß der Rücksichtnahme, das der belastete Ehegatte von seinem Partner im ehelichen Entscheidungsprozeß erwarten darf. Generelle Maßstäbe sind fehl am Platz (sie führen zurück zu zwingenden Geboten), doch wird in Fortsetzung einer alten Rechtsprechung[25] Verzicht auf häusliche Gemeinschaft grundsätzlich nicht gefordert werden dürfen.

---

[22] Ebenso *Soergel-Lange,* 4 zu § 1353; *Erman-Heckelmann,* 12 zu § 1353. Dagegen scheint MünchKomm-*Wacke,* 23 zu § 1353, für minderjährige Stiefkinder eine Einigung für entbehrlich zu halten.

[23] Ebenso *Streck,* S. 87 ff.; MünchKomm-*Wacke,* 34 zu § 1353; *Rolland,* 10 zu § 1353. A. A. etwa *Staudinger-Hübner,* 13 zu § 1353 (grundlose Weigerung pflichtwidrig); *Soergel-Lange,* 19 zu § 1353 (vorbehaltlich triftiger Gründe Wunsch nach Nachkommenschaft zu erfüllen); *Roth-Stielow,* 27 zu § 1353 (Einigung über Kinderlosigkeit jederzeit zu widerrufen).

[24] And. Ans. *H. P. Westermann,* JurBl. 1979, 119. Doch ist die Folge einer (wenn auch nur mittelbaren) Belastung nur eines Elternteils mit dem Unterhalt des Kindes mit den Wertungen der §§ 1601 ff. nicht zu vereinbaren.

[25] Vgl. RG, Warn. 1910 Nr. 450; JW 1926, 1026; DRiZ 1928 Nr. 23; OLG Schleswig, SchlHA 1955, 61. Vgl. aber auch RG, Recht 1924 Nr. 1124 (Wohngemeinschaft mit einem noch erziehungsberechtigten Kind); OLG Kiel, JW 1933, 181 (Grundsatz einschränkend, wenn häusliche Gemeinschaft mit Verwandten des Partners vor der Ehe bewußt in Kauf genommen); OGHZ 1, 406 (unter dem Eindruck anomaler Wohnverhältnisse).

VI. Schranken des Rechtes auf eheliche Lebensgemeinschaft

1. *Rechtsmißbrauch.* Die den Pflichten mit unbedingtem Geltungsanspruch korrespondierenden Rechte kennen keine Schranken; jede Begrenzung würde die Ehe überhaupt in Frage stellen. Rechten, die situationsabhängigen Pflichten entsprechen, ist dagegen die Schranke des Rechtsmißbrauchs immanent (§ 1353 II). Der Schnitt zwischen legitimer Rechtsausübung und Rechtsmißbrauch soll nach herrschender Auffassung dort verlaufen, wo das Verlangen eines Ehegatten mit der rechten ehelichen Gesinnung nicht vereinbar ist oder aber dem Partner billigerweise nicht zugemutet werden kann.[1] Doch ist diese Präzisierung deutlich auf die Gestaltung situationsabhängiger Pflichten durch alle die jeweilige Einzelehe prägenden Umstände zugeschnitten; der Rechtsmißbrauch wird also zum Faktor der Pflichtenformung. In Wahrheit ist die Schranke des Rechtsmißbrauches nicht mit der Pflichtenformung identisch, sondern ihr nachgeordnet.[2]

2. Der Gedanke des Rechtsmißbrauches wird auch in vorgelagerte Zusammenhänge getragen, wenn mit seiner Hilfe das Herstellungsverlangen eines Ehegatten abgewehrt werden soll, der die Wiederaufnahme der ehelichen Lebensgemeinschaft nicht ernsthaft will.[3] Wer seinen Partner nur scheinbar zu einem ehegerechten Verhalten auffordert, handelt nicht rechtsmißbräuchlich; er übt sein Recht überhaupt nicht aus.[4] Fälle nur scheinbarer Rechtsverfolgung sind freilich selten und nicht schon mit bestimmten objektiven Kriterien bewiesen. Insbesondere begründet die bloße Verbindung von Scheidungsantrag und Herstellungsverlangen (als Eventualantrag) ebensowenig bereits den bloßen Schein einer Rechtsverfolgung[5] wie die Mißachtung, mit welcher der beklagte Ehegatte einem obsiegenden Urteil mit Bestimmtheit begegnen wird.[6]

3. Legitime Schranke ist der Rechtsmißbrauch, wenn § 1353 I 2 in bestimmter Situation noch verpflichtend wirkt, die herrschende Sozialethik dagegen eine Verpflichtung nicht mehr anerkennt. Dem Scheitern der Ehe trägt § 1353 II insoweit in einem eigenen Tatbestand Rechnung (vgl. unten 5.), während das Recht, Vernichtung oder Aufhebung der Ehe begehren zu können, die Verpflichtung zur ehelichen Lebensgemeinschaft für einen oder auch beide Ehegatten zwar aufheben kann, aber nicht aufheben muß.

---

[1] Vgl. *Kipp-Wolff,* § 31 IV 2; *Staudinger-Hübner,* 34 zu § 1353; *Soergel-Lange,* 40 zu § 1353; MünchKomm-*Wacke,* 36 zu § 1353; *Roth-Stielow,* 39 zu § 1353, jeweils im Anschluß an ältere höchstrichterliche Entscheidungen.

[2] Ähnlich krit. gegenüber der h. L. *Streck,* S. 66.

[3] Vgl. OLG München, FamRZ 1966, 199; *Staudinger-Hübner,* 43 zu § 1353; *Dölle,* § 33 II 2a; *Erman-Heckelmann,* 25 zu § 1353; *Soergel-Lange,* 43 zu § 1353; *Streck,* S. 67f. (ihm zufolge beweist eine Herstellungsklage die Ernstlichkeit des Begehrens); *Rolland,* 42 zu § 1353.

[4] Krit. zur h. L. auch MünchKomm-*Wacke,* 37 zu § 1353. Ihm zufolge ist das Herstellungsverlangen gemäß § 118 nichtig. Die Ausübung eines Rechtes erfolgt indessen nicht durch Rechtsgeschäft.

[5] Allg. anerkannt im Anschluß an die Rspr. des RG. Vgl. Warn. 1919 Nr. 116; 1920 Nr. 79; 1932 Nr. 25.

[6] Vgl. RGZ 163, 380 (384); OLG Köln, NJW 1966, 1864. Ihnen folgt das gesamte Schrifttum.

Rechtsmißbrauch kann ferner vorliegen, wenn sich der klagende Ehegatte pflichtwidrig verhielt und deshalb vorübergehend[7] (insbesondere aber solange Wiederholungsgefahr besteht) volle Zuwendung des Partners nicht erwarten darf.[8] Unverkennbar werden mit einer derartigen Aussage Schuldfragen relevant. Sie sind indessen in diesem Zusammenhang nicht etwa illegitim, weil sich das Scheidungsrecht vom Verschuldensgrundsatz löste. Entscheidend ist allein das herrschende Eheverständnis, das nach wie vor Schuldfragen während der Ehe Raum gewährt.

In jedem Einzelfall ist festzustellen, in welchem Ausmaß der Rechtsmißbrauch das Herstellungsverlangen begrenzt. Fälle des Rechtsmißbrauchs im Gesamtbereich der situationsabhängigen Pflichten sind Extremfälle (Verwandtenehe,[9] aufhebbare Ehe nach arglistiger Täuschung und widerrechtlicher Drohung[10]); in der Regel bleiben Restbestände ehelicher Pflichtenlagen (Pflicht zur Anerkennung und Achtung als Ehegatte, beschränkte Pflicht zu Schutz und Beistand usw.).

5. *Scheitern der Ehe.* Zur Selbständigkeit hat § 1353 II den Tatbestand der gescheiterten Ehe (Legaldefinition in § 1565 I 2,[11] unwiderlegbare Vermutungen in § 1566) ausgegliedert und damit dem (weit flexibleren) Gedanken des Rechtsmißbrauchs entzogen (ein Recht, das mißbräuchlich ausgeübt werden könnte, besteht nicht mehr).[12] Ausnahmen nennt der Normtext nicht, doch gestattet die schlichte Erwähnung des Tatbestandes neben dem Rechtsmißbrauch den (unbedingt gebotenen) Schluß, daß auch nach Scheitern der Ehe das Pflichtenprogramm insoweit fortbesteht, als Erfüllung trotz Rechtsmißbrauchs gefordert werden könnte. Das bloße Scheitern der Ehe entbindet insbesondere noch nicht

---

[7] LG Mannheim, FamRZ 1964, 510 glaubt – sicher verfehlt –, in bestimmten Fällen ein lebenslängliches Weigerungsrecht anerkennen zu müssen.

[8] In der Judikatur aus der Zeit vor dem 1. EheRG wurde (für die Fälle, in denen ein Scheidungsrecht nicht mehr bestand, jedoch die eheliche Lebensgemeinschaft gleichwohl verweigert wurde) gern ein erkennbarer Gesinnungswandel durch Verzeihungsbitte als mißbrauchsbeendender Umstand gefordert. Vgl. RGZ 103, 346; RG, Recht 1924 Nr. 1238; JW 1925, 353; RGZ 155, 292; 163, 305; KG, FamRZ 1964, 507; OLG Celle, MDR 1967, 1009. Die schon damals alles andere als eheerhaltend wirkende Rspr. sollte keinesfalls in das neue Recht übernommen werden.

[9] Zur nichtigen Ehe Verschwägerter vgl. RG, HRR 1926 Nr. 1195. Zur Rechtslage bei einer Doppelehe vgl. oben § 12 II 3.

[10] Ein Aufhebungsrecht wegen Irrtums hat dagegen geringere Wirkungen. A. A. die h. L. und Rspr. Vgl. BayObLG, NJW 1949, 221; *Staudinger-Hübner,* 65 zu § 1353; OLG Nürnberg, FamRZ 1966, 104; *Soergel-Lange,* 55 zu § 1353; *Erman-Heckelmann,* 29 zu § 1353; MünchKomm-*Wacke,* 40 zu § 1353. Daß kein Verhalten gefordert werden darf, das als Bestätigung der Ehe gewertet werden kann, ist selbstverständlich.

[11] Legislatorisch ist § 1353 II bei Beachtung der Legaldefinition nicht besonders geglückt. Der Sachverhalt, der das Herstellungsverlangen begründet (die nicht bestehende Lebensgemeinschaft) ist zugleich Teil des Sachverhalts, der die Herstellungspflicht beendet. Vgl. *Gernhuber,* Neues Familienrecht, S. 100.

[12] Gleichgültig ist es, ob erfolgreich Scheidung gefordert werden könnte; die Härteklausel des § 1568 begrenzt damit § 1353 II ebensowenig wie die Sperrfrist des § 1565 II. Vgl. OLG Hamburg, NJW 1978, 644; *Roth-Stielow,* 41 zu § 1353 und für § 1568 *Rolland,* 39 zu § 1353.

von der Pflicht zur Treue; es entbindet auch nicht von der Pflicht zur Kooperation bei der Abgabe der Einkommensteuererklärung (vgl. dazu unten § 19 II 2).

§ 19. Das Vermögen der Ehegatten

I. Allgemeine Ehewirkungen und eheliches Güterrecht

1. Daß Ehe mit Folgen (auch) für das Vermögen der beiden Ehegatten verbunden sein muß, ist evident; persönliche Zuordnung der Ehegatten unter apodiktischer Neutralisierung eben dieser Zuordnung in allen Belangen des Vermögens ist in einer Zeit, die im Begriff der Person bereits den ihr zugewiesenen Bestand von Gütern mitdenkt, ein Widerspruch in sich selbst. Variabel ist allein das Ausmaß, in dem das positive Recht Wirkungen der ehelichen Lebensgemeinschaft auf das Vermögen der Ehegatten anerkennt. Das geltende Recht zeigt einen betont dualistischen Grundzug: Von den allgemeinen Ehewirkungen (§§ 1353ff.) sondert sich das eheliche Güterrecht (§§ 1363ff.).

2. Es gibt keinen Kanon von Problemen und Lösungen, die dem Güterrecht vorbehalten wären, sondern allenfalls zeitbedingte Präferenzen. Deshalb ist das vom ehelichen Güterrecht bestimmte Segment der vermögensrechtlichen Beziehungen der Ehegatten zwar (in erster Linie: historisch) zu verstehen, jedoch nicht mehr sachorientiert zu definieren. Immerhin ist festzustellen, daß der Gesamtbereich des ehelichen Güterrechtes zur Disposition der Ehegatten steht: Vereinbaren die Ehegatten Gütertrennung, so leben sie im Wirkungsfeld des ehelichen Güterrechtes nicht anders als Personen, die nicht miteinander verheiratet sind. Die Aussage ist indessen einer Umkehrung nicht fähig: Es existieren auch im Gegenstandsbereich der allgemeinen Ehewirkungen voll disponible Positionen (vgl. dazu oben § 18 III).

3. Allgemeine Ehewirkungen und eheliches Güterrecht wirken wechselseitig aufeinander ein. Die Sachprobleme der allgemeinen Ehewirkungen können zwar noch güterstandsneutral vom Gesetz geordnet werden (keine Norm der §§ 1353ff. differenziert nach Güterständen), in der Anwendung der Normen brechen dagegen notwendig Differenzen auf (für die Unterhaltspflicht ist es etwa erheblich, ob die Ehegatten über gemeinschaftliches Vermögen verfügen oder nicht). Umgekehrt kann das Güterrecht die Generalklausel der ehelichen Lebensgemeinschaft (§ 1353) für die Beantwortung all jener Fragen nicht entbehren, die das Gesetz nicht abschließend regelte (vgl. dazu unten § 36 II 4 zur Informationspflicht in der Zugewinngemeinschaft).

II. § 1353 als Generalklausel

Schrifttum: *Gernhuber,* Das eheliche Vermögensrecht und die Verpflichtung zur ehelichen Lebensgemeinschaft, FamRZ 1959, 465; *Tiedtke,* Die Verpflichtung eines Ehegatten, an der Zusammenveranlagung zur Einkommensteuer mitzuwirken, FamRZ 1977, 686; *derselbe,* Die Zuständigkeit der Familiengerichte für Klagen eines Ehegatten auf Mitwirkung des anderen an der Zusammenveranlagung zur Einkommensteuer, FamRZ 1978, 385.

1. § 1353 verpflichtet die Ehegatten zur ehelichen Lebensgemeinschaft; zwischen Personenrecht und Vermögensrecht differenziert er nicht.[1] Nicht zu leugnen ist allein, daß die Bereitschaft des BGB, das eheliche Vermögensrecht wenigstens in Teilbereichen detailliert zu regeln, die Notwendigkeit, offene Fragen aus der Generalklausel zu beantworten, im Vermögensrecht in engere Grenzen gewiesen hat, als sie im Recht der persönlichen Ehewirkungen festzustellen sind. Angesichts der Unmöglichkeit, die persönlichen Angelegenheiten der Ehegatten von ihren vermögensrechtlichen mit der Schärfe praktikabler Begriffe zu sondern (vgl. dazu unten § 21 IV 3), wäre auch der Versuch, das Vermögensrecht dem § 1353 zu entziehen, von vornherein zum Scheitern verurteilt gewesen.

2. *Einzelpflichten.* Ehe verpflichtet keinen Ehegatten dazu, auf Verlangen die Vermögensverwaltung für den Partner ganz oder beschränkt zu übernehmen (auch nicht dazu, das Angebot eines Verwaltungsauftrages anzunehmen; vgl. unten § 32 IV). Wohl aber ist jeder Ehegatte gehalten, Helfer bei der Vermögensverwaltung zu sein, und das auch dann, wenn unentgeltliche Arbeit im eigenen Beruf gefordert wird.[2] Ehe verpflichtet auch nicht dazu, auf steuerliche Vorteile zugunsten des Partners zu verzichten. Wohl aber kann jeder Ehegatte vom anderen Zusammenarbeit (insbesondere Zusammenveranlagung bei der Einkommensteuer) verlangen, wenn sie ihm steuerliche Vorteile sichert, während der andere nicht nachteilig belastet wird.[3] Ehe kann schließlich nicht eine allgemeine Pflicht erzeugen, um die Erhaltung des Vermögens des Partners besorgt zu sein (und schon gar nicht zum Einsatz des eigenen Vermögens, um Einzelvollstreckung und Konkurs von jenem abzuwenden). Wohl aber ist jeder Ehegatte gehalten, gefährdetes Eigentum des Partners zu schützen.[4]

---

[1] Gegen jede Anwendung des § 1353 im Vermögensrecht aber *Wägenbaur,* FamRZ 1958, 400. Schule hat seine Überzeugung nicht gemacht.

[2] Vgl. BFH, NJW 1958, 648 (Pflicht der Anwälte, Steuersachen ihrer Ehefrauen, die keinen besonderen Zeitaufwand erfordern, unentgeltlich zu erledigen).

[3] Vgl. dazu *Sauer,* FamRZ 1969, 458; *Tiedtke,* FamRZ 1977, 686ff. und 1978, 385 (zu Recht für gewöhnliche Leistungsklage mit Vollstreckungszwang); BGH, NJW 1977, 348 (Streit nach Ehescheidung; Schadensersatz vom BGH gewährt); LG München II, FamRZ 1978, 126 (Herstellungsklage noch nach geschiedener Ehe); OLG Karlsruhe, NJW 1979, 881 (Leistungsklage mit Vollstreckungszwang). Verfehlt OLG Nürnberg, FamRZ 1971, 434 (das Urteil bejaht eine Pflicht, hält sie aber nicht für klagbar). Ihm folgend *Erman-Heckelmann,* 23 zu § 1353.

Ein (zur Weigerung berechtigender) Nachteil kann nicht schon in dem Einblick in die Vermögensverhältnisse gesehen werden, die der Steuerbescheid vermittelt (die Steuererklärungen können von den Ehegatten getrennt abgegeben werden). A. A. *Tiedtke,* FamRZ 1977, 686ff. Die Scheu vor der (beschränkten) Einsicht ist jedoch entweder von der Furcht diktiert, andernfalls (berechtigten!) Ansprüchen des Ehegatten ausgesetzt zu sein, oder aber von der Besorgnis, Daten preiszugeben, mit denen der Ehegatte Mißbrauch treiben könnte. Im ersten Fall ist die Furcht unbeachtlich, im zweiten kann die Besorgnis die Weigerung rechtfertigen.

[4] Vgl. RG, JW 1933, 427.

Ehe verändert auch für Gewerbetreibende die Freiheit zu wirtschaftlicher Betätigung letztlich nur peripher. Grundsätzlich ist kein Ehegatte gehalten, dem Partner ein Konkurrenzunternehmen zu ersparen, das im Verhältnis zu einem Dritten erlaubt wäre. Nur in besonderen Situationen (insbesondere bei besonderer örtlicher Nähe) kann (muß aber nicht!) aus § 1353 die Pflicht folgen, Rücksicht auf die wirtschaftlichen Interessen des Partners zu nehmen.[5]

Von besonderer Relevanz ist § 1353 für jene auch oder gar ausschließlich vermögensrechtlichen Fragen, die von fast genereller Bedeutung für Ehegatten sind und dennoch im Gesetz keine Antwort fanden. Lückenhaft ist etwa die Verpflichtung geregelt, dem Partner die Benutzung von Hausrat und Ehewohnung zu gestatten, und lückenhaft die Verpflichtung, die Arbeitskraft in ehegemäßer Form einzusetzen. Das eine wie das andere bedarf gesonderter Darstellung (vgl. unten III. und § 20).

Grenzen sind der Generalklausel (in ihrer pflichtenbegründenden Funktion) durch bewußte Entscheidungen spezieller Rechtssätze gezogen. Die vermögensrechtliche Lage der allein im Haushalt tätigen Frau ist z. B. unbefriedigend, jedoch nicht mit Hilfe des § 1353 zu bessern. Eine laufende Beteiligung der Hausfrau am Manneserwerb wird etwa vom ehelichen Güterrecht abgelehnt. Sie aus § 1353 zu entwickeln, hieße das Gesetz korrigieren und nicht mehr eine unvollständige Regelung ehegerecht zu ergänzen.

3. *Schrankenfunktion.* Rechtsausübung ist auch unter Ehegatten grundsätzlich gestattet; Ehe beschränkt in der Regel auch die prozessuale Rechtsausübung (einschließlich der Zwangsvollstreckung) nicht. Nur in ungewöhnlicher Situation begrenzt § 1353 eine Rechtsausübung, die im Verhältnis zu einem Dritten noch zulässig wäre. So können etwa Herausgabeansprüche an § 1353 (als Einwendung) scheitern, wenn sie sich auf Gegenstände richten, die der Ehegatte zur Ausübung seines Berufes benötigt.[6] Mit unklaren Konturen bemüht sich ferner die Rspr. darum, die von ihr selbst postulierte volle Haftung der Ehegatten untereinander für pflichtwidriges Verhalten im Straßenverkehr mit § 1353 wieder zu mildern (vgl. dazu unten § 22 I 3).

Vielfach fehlt den Ehegatten bereits die Möglichkeit einseitiger Zerstörung ehelicher Lebensbereiche durch Ausübung subjektiver Rechte; die Rechtsverfolgung trifft insoweit nicht erst in § 1353 auf eine Schranke. So sind Herausgabeansprüche eines Ehegatten, der sich pflichtwidrig (gegen § 1353) aus der häuslichen Gemeinschaft löste und nunmehr die Ehewohnung oder auch (eigenen) Hausrat zu ausschließlich eigenem Gebrauch an sich ziehen will, nicht mit Hilfe des § 1353 (in seiner Schrankenfunktion) abzuwehren.[7] Schließlich ist jeder Ehegatte verpflichtet, dem Partner die Mitbenutzung der ehelichen Wohnung und des

[5] Vgl. BGH, FamRZ 1967, 611.
[6] Vgl. OLG Celle, FamRZ 1971, 28.
[7] A. A. die Rspr. Vgl. RGZ 87, 56; OLG München, HRR 1938 Nr. 1162; KG, DR 1941, 2000; LG

Hausrats zu gestatten (dazu unten III.); die Klage stößt daher bereits auf ein Recht des Partners zum Besitz (§ 986), so daß die einer unzulässigen Rechtsausübung eigentümliche Begrenzung formal möglicher Rechtsausübung gegenstandslos wird.[8]

Formal berechtigt ist etwa stets die vertragsgerechte Kündigung eines Gesellschaftsverhältnisses, das den rechtlichen Rahmen für eine gemeinschaftliche Tätigkeit der Ehegatten bildet; aus § 1353 folgt keine Pflicht, Gesellschaftsverhältnisse zu begründen und fortzusetzen. Die Rechtsausübung ist jedoch unzulässig, wenn sie allein oder bei mehrfacher Motivation doch überwiegend die Absicht verfolgt, den gegenständlichen Ehebereich einzuschränken oder zu zerstören[9] (und damit nicht mehr als eheneutrale Wahrnehmung der eigenen ökonomischen Interessen verstanden werden kann). Sie ist unzulässig auch dann, wenn eine Absicht, die geschlechtliche Treue zu brechen, nicht festzustellen ist. Die Grenzen, die dem deliktischen Schutz der Ehe Dritten gegenüber gezogen sind (vgl. oben § 17 I 2), sind nicht auch Grenzen der von § 1353 einer Rechtsausübung unter Ehegatten gesetzten Schranken.[10]

Formal berechtigt ist auch stets das Verlangen nach Beendigung einer zwischen den Ehegatten bestehenden Bruchteilsgemeinschaft nach deren Regeln (bis hin zum Antrag auf Teilungsversteigerung gemäß § 180 ZVG). Aus § 1353 folgt keine Pflicht, Mitberechtigungen zu erhalten. Das Verlangen ist jedoch als unzulässig zurückzuweisen, wenn es in ehefeindlicher Absicht verfolgt wird (insbesondere um der Zerstörung des gegenständlichen Ehebereiches willen) und nicht zur Wahrung der eigenen wirtschaftlichen Interessen (diese begrenzt durch das aus § 1353 folgende Gebot, die ökonomischen Interessen des Partners tunlichst zu schonen). Die Erhaltung gemeinschaftlichen Eigentums folgt damit jenen Grundsätzen, die bestimmend für die Frage sind, ob ein Ehegatte sein Alleineigentum an der Ehewohnung geltend machen kann oder aber auf ein Recht des Partners zum Besitz trifft (vgl. dazu unten III 5).[11]

4. *Güterzuordnung.* § 1353 kann zu Güterverschiebungen verpflichten; er ist Rechtsgrund aller Leistungen, die zur Erfüllung der aus ihm folgenden Pflichten erbracht werden. § 1353 übt dagegen keinerlei Zuordnungsfunktion aus.[12] Ten-

---

Köln, MDR 1948, 50 mit Anm. *Bruns;* LG Karlsruhe, FamRZ 1954, 223 mit Anm. *Bosch;* LG Berlin, FamRZ 1956, 55.

[8] Ebenso *Erman-Heckelmann,* 17 zu § 1353; *Rolland,* 32 zu § 1353; OLG Stuttgart, NJW 1970, 101.

[9] Vgl. dazu BGHZ 34, 80 mit Anm. *Müller-Freienfels,* JZ 1961, 579.

[10] A. A. anscheinend BGHZ 34, 80. Die Entscheidung stellt eine Treubruchsabsicht des pflichtwidrig handelnden Ehegatten fest. Unklar bleibt, ob sie zur ratio decidendi gehört.

[11] Auch die Rspr. behandelt die beiden Fallgruppen gleich; hier wie dort wird eine allgemeine Interessenabwägung vorgenommen. Vgl. BGHZ 37, 38; BGH, FamRZ 1972, 363 (mit Angebot eines neuen örtlichen Ehemittelpunktes); OLG Karlsruhe, FamRZ 1966, 355. Vgl. ferner LG Detmold, MDR 1969, 576 (gemeinschaftliches Mietrecht; § 1353 nur als Grundlage für die Anwendung des § 242 eingesetzt).

[12] Zust. *Rolland,* 34 zu § 1353; *Roth-Stielow,* 38 zu § 1353.

denzen in der Rechtsprechung, beim Rechtserwerb von Ehegatten ohne Rücksicht auf die Ausgestaltung des Erwerbsaktes stets den Ehegatten zu begünstigen, der die Mittel für den Erwerb zur Verfügung stellte (Gedanke der Surrogation),[13] finden in § 1353 keine Stütze. § 1353 organisiert die Ehegatten auch nicht zu einer „gesellschaftsähnlichen Gemeinschaft" (mit der Folge des Erwerbs von Hausrat zu hälftigem Miteigentum).[14] Gemeinschaftlicher Erwerb wenigstens für den Regelfall ist schließlich nicht mit der Lehre vom „Handeln für den, den es angeht" zu begründen.[15] So sicher im Einzelfall ein auf den Miterwerb des Partners gerichtete Wille des erwerbenden Ehegatten und Vertretungsmacht für den Partner vorhanden sein kann, so sicher ist auch, daß die beiden Tatbestandselemente für das „Handeln für den, den es angeht" unter Ehegatten nicht eben häufig festgestellt werden können. Solange das Güterrecht Systemen der Gütertrennung den Vorzug gibt (und beim gesetzlichen Güterstand mit § 1370 surrogierenden Einzelerwerb wünscht), kann dem erwerbenden Ehegatten nicht kurzerhand der Wille zum gemeinschaftlichen Erwerb imputiert werden.[16] Vertretungsmacht aber kann nur ein Akt der Bevollmächtigung vermitteln (und nicht § 714 in analoger Anwendung) und damit ein Akt, der in aller Regel von Ehegatten nicht vorgenommen wird (freilich unter Scheinbegründungen fast beliebig behauptet werden kann).

Angesichts der offensichtlichen Begründungsmängel aller Versuche, die Ehegatten zu einer Erwerbsgemeinschaft zusammenzuschließen, können sie heute als endgültig gescheitert gelten. Eine endgültige Entlastung ist gleichwohl nicht eingetreten: Wer heute Miteigentum an Hausrat zu begründen wünscht, setzt bei § 1357 ein, also der Ermächtigung beider Ehegatten, Geschäfte zur Deckung des angemessenen Lebensbedarfs mit Wirkung auch für den anderen Ehegatten zu besorgen (vgl. dazu unten IV 9).

5. An sich *eheneutrale Rechtsverhältnisse* der Ehegatten sind § 1353 nie ganz entzogen. Es gibt keine vollständige Abstraktion von der Ehe und damit auch keine Abstraktion von § 1353, wenn Ehegatten in ein Rechtsverhältnis eintreten, das jedermann zugänglich ist.[17] Zumindest mit ihrer Schrankenfunktion wirkt

---

[13] Vgl. KG, JW 1932, 3009 mit Anm. *Schumann.*

[14] So aber LG Göttingen, NJW 1955, 1359 mit abl. Anm. *Reinicke; Alebrand,* FamRZ 1955, 348; AG Lichterfelde, JR 1956, 378 mit Anm. *Brosa.* Dagegen *Müller-Freienfels,* JZ 1957, 693 Fn. 64; *Fahr,* Die Neuregelung der Schlüsselgewalt durch das Gleichberechtigungsgesetz, 1962, S. 105ff.

[15] So aber OLG Celle, NJW 1955, 671 mit insoweit zust. Anm. *Reinicke; Thiele,* FamRZ 1958, 115ff. (mit Ableitung der Vertretungsmacht aus Analogie zu § 714, weil eine „besondere Zweckgemeinschaft" der Ehegatten bestehe, die gesellschaftsrechtlich zu betrachten sei) und ihm folgend *Staudinger-Felgentraeger,* 19 vor § 1414; *Fahr,* S. 102ff., 119.

[16] Anders *Bosch,* FamRZ 1954, 153; *Thiele,* FamRZ 1958, 118; *Fahr,* S. 112ff.

[17] Vgl. *Müller-Freienfels,* Eranion für Maridakis, Bd. II, 1963, S. 381, gegen zu weitgehende Formulierungen anderer (auch *Gernhuber,* FamRZ 1958, 248). Vgl. ferner *Streck,* Generalklausel und unbestimmter Begriff im Recht der allgemeinen Ehewirkungen, 1970, S. 104ff. (der diese Wirkung des § 1353 als dessen Modalfunktion von allen anderen Funktionen scheiden will).

die Generalklausel in allen vermögensrechtlichen Beziehungen der Ehegatten. Stärkere Bedeutung gewinnt § 1353 für alle Rechtsverhältnisse, die personenrechtliche Züge aufweisen (Arbeitsverhältnisse, Gesellschaftsverhältnisse), und für alle Rechtsverhältnisse, deren Geschäftszweck um den Vollzug der ehelichen Lebensgemeinschaft erweitert ist (vgl. dazu unten 6.). In einer Gesellschaft der Ehegatten wird etwa die Informationspflicht aus Gesellschaftsrecht (vgl. die §§ 166, 338 HGB) von der weiterreichenden Pflicht zur Auskunft unter Ehegatten überlagert.

§ 1353 ist in anderen Rechtsverhältnissen der Ehegatten nur insoweit anzuwenden, als nicht Eigengesetzlichkeiten der Rechtsverhältnisse gewahrt werden müssen. In einer Gesellschaft mit Beteiligung Dritter kann etwa auch unter Ehegatten keine über das Gesellschaftsrecht hinausgehende Information verlangt werden. Zu den Eigengesetzlichkeiten einer Gesellschaft mit Beteiligung Dritter gehört auch das Prinzip der Gleichbehandlung aller Gesellschafter.[18]

Auch sonst darf die Anwendung des § 1353 nicht zu einer Überfremdung der eheneutralen Rechtsverhältnisse durch das Eherecht führen. Schließen sich etwa die Ehegatten zu einer Handelsgesellschaft zusammen, so kann ein geschäftsschädigendes (und damit pflichtwidriges) Verhalten nicht mit dem Hinweis auf Pflichtwidrigkeiten des Partners in der Ehe als auslösender Ursache entschuldigt werden. Dem Partner verbleiben vielmehr alle aus dem Gesellschaftsrecht folgenden Befugnisse in jener Gestalt, in der sie ihm ohne Ehe (oder auch: im Verhältnis zu einem Dritten) zustehen würden.[19]

6. *Verträge mit erweitertem Geschäftszweck.* Der Vollzug der ehelichen Lebensgemeinschaft kann von den Ehegatten als besonderer Geschäftszweck eines Vertrages vereinbart werden, der neben den vertragscharakteristischen Geschäftszweck tritt.[20] Verträge dieser Art nehmen eine Mittelstellung zwischen den eheneutralen Rechtsverhältnissen der Ehegatten und den ganz dem Vollzug der ehelichen Lebensgemeinschaft dienenden Verträgen ein. Der Abstand zwischen ihnen und eheneutralen Verträgen verringert sich, wenn der Fortbestand der ehelichen Lebensgemeinschaft zur Geschäftsgrundlage einer an sich eheneutralen Vereinbarung geworden ist.

Der Vollzug der ehelichen Lebensgemeinschaft als weiterer Geschäftszweck modifiziert die (vom vertragscharakteristischen Geschäftszweck allein bestimmten) gesetzlichen Aktfolgen und gibt beiden Ehegatten die Befugnis, bei Beendigung der Ehe auch die Beendigung des besonderen Rechtsverhältnisses herbeizu-

---

[18] Vgl. *Müller-Freienfels,* Eranion für Maridakis II, S. 382.

[19] Vgl. dazu BGH, FamRZ 1967, 279 (EhegattenKG; Übernahmeklage).

[20] Diese Möglichkeit wird bestritten von *Streck,* S. 113f.

Der Vollzug der ehelichen Lebensgemeinschaft kann gewiß nicht allen zukunftsorientierten Geschäften der Ehegatten kurzerhand als weiterer Geschäftszweck kraft stillschweigender Vereinbarung imputiert werden. Zu eng aber *Kühne,* FamRZ 1968, 358, mit Beschränkung auf ausdrückliche Vereinbarungen bei ungestörter Ehe.

führen. Ein Gesellschaftsvertrag unter Ehegatten etwa, dessen Ziel es ist, einen gemeinschaftlichen Zweck in betont ehegemäßer Form zu fördern, unterscheidet sich in wesentlichen Punkten von einem anderen, der allein aus Gründen optimaler Nutzung von Arbeitskraft und Kapital abgeschlossen wurde: Jeder Ehegatte hat das Recht, das Gesellschaftsverhältnis bei Beendigung der Ehe zu kündigen; Gewinnentnahmen sind nur zulässig, soweit es die gesteigerte Treupflicht unter Ehegatten gestattet; Tätigkeiten im Geschäft können wechselseitig nur in einem Umfang gefordert werden, der mit den Pflichten in Ehe und Familie zu vereinbaren ist. Oder: Überträgt ein Ehegatte sein Unternehmen treuhänderisch auf den Partner, „um das Auskommen seiner Familie durch Abwehr des Angriffs seiner Gläubiger zu sichern" (also zu einem ausschließlich familiendienlichen Zweck), so ist der Geschäftsgewinn primär für den Unterhalt der Familie zu verwenden; jede Beendigung der Ehe vermittelt den Ehegatten die Befugnis, das Treuhandverhältnis zu lösen.[21] Schließlich: Übernimmt ein Ehegatte Verpflichtungen oder verpfändet er sein Eigentum, um dem Partner die Möglichkeit zu geben, eine (allein diesem gehörende) Existenzgrundlage zu schaffen, so kann er nach Scheitern der Ehe Freistellung von der Verbindlichkeit und Enthaftung seines Eigentums aus der Innenabrede der Ehegatten fordern.[22]

III. Mitbenutzung von Wohnung und Hausrat

Schrifttum: *Hanisch,* Ehewohnungsprobleme getrennt lebender Ehegatten, NJW 1963, 1033; *Müller,* Auswirkungen des Getrenntlebens, JR 1963, 366; *Deisenhofer,* Die Zuweisung der Ehewohnung vor Rechtshängigkeit eines Scheidungsantrags, FamRZ 1979, 102.

1. Die Pflicht, dem Partner die Mitbenutzung der ehelichen Wohnung und aller Gegenstände des ehelichen Haushalts (vgl. zu ihnen unten § 35 III 2) zu gestatten, ist erst spät voll erkannt worden.[1] Sie ist weithin in der Unterhaltspflicht enthalten und dann in § 1353 nur insoweit verwurzelt, als er Urgrund auch des ehelichen Unterhaltsrechtes ist. Die Generalklausel erreicht nur insoweit selbständige Bedeutung, als der tatsächliche Aufwand der Ehegatten über das

[21] Vgl. RGZ 169, 249 (251) und *Larenz,* Geschäftsgrundlage und Vertragserfüllung, 2. Aufl. 1957, S. 135f. (aber mit Wegfall der Geschäftsgrundlage als Begründung); BGH, FamRZ 1965, 490 (treuhänderische Zession einer Grundschuld). Vgl. in diesem Zusammenhang auch BGH, FamRZ 1969, 409 (Erlaß einer „etwaigen" Forderung gegen den Ehegatten zur Erhaltung der wirtschaftlichen Grundlagen der Familie; condictio ob rem nach Beendigung der Ehe) und krit. dazu *Kühne,* FamRZ 1969, 372 (mit Wegfall der Geschäftsgrundlage).

[22] Das Beispiel ist BGHZ 47, 157 nachgebildet. Der BGH glaubt, eine Verpflichtung zur Übernahme der gesamtschuldnerischen Haftung und zur Verpfändung aus dem Unterhaltsrecht entwikkeln zu können; der Ausgleich zwischen den Ehegatten soll nach Gesellschaftsrecht erfolgen, obwohl ein Gesellschaftsvertrag gewiß nicht nachzuweisen ist.

[1] Blind für sie noch RGZ 87, 56. Der BGH äußerte sich dagegen positiv bereits in BGHZ 12, 380. Vgl. ferner *Staudinger-Hübner,* 21ff. zu § 1353; *Erman-Heckelmann,* 17 zu § 1353; *Rolland,* 12ff. zu § 1353; *Beitzke,* § 12 III 2g; OLG Bremen, FamRZ 1965, 77 (Einfamilienhaus).

vom Unterhaltsrecht geforderte Maß hinausgeht,[2] ferner dann, wenn einer der Ehegatten über eine Wohnung oder über Haushaltsgegenstände verfügt, nach Unterhaltsrecht aber der andere Teil für sie sorgen müßte.[3] In allen Fällen bildet § 1353 den rechtlichen Rahmen für die Pflichterfüllung. Angebliche ,,Gebrauchsüberlassungsverträge nach Art der Leihe" (für sie BGHZ 12, 380) sind reine Kunstprodukte eines lebensfremden juristischen Denkens.[4]

Die Erfüllung der Pflicht (die mit Klage und Vollstreckung durchgesetzt werden kann; vgl. unten § 23, 2) führt – unabhängig vom Güterstand, in dem die Ehegatten leben (vgl. dazu unten § 34 II 3) – zu Mitbesitz der Ehegatten; der empfangende Ehegatte ist gleichzeitig Besitzmittler seines Partners. Fahrnis wird bei dieser Besitzlage gemäß § 930 durch Einigung und (erkennbare) Umkehrung der Besitzerrollen übereignet; der Eigentumswechsel ist vollzogen, wenn der Alteigentümer zum Besitzmittler seines Partners geworden ist.[5]

2. *Drittwirkungen.* Die Bindung der Ehewohnung und des Hausrats wirkt nicht gegen Dritte (etwa den Vermieter einer Wohnung).[6] Eine mittelbare Drittwirkung ergibt sich freilich aus § 138. Einseitige pflichtwidrige Rechtsgeschäfte eines Ehegatten (insbesondere die Kündigung des Mietverhältnisses, das die eheliche Wohnung zum Gegenstand hat) sind nichtig, wenn die familienfeindliche Tendenz dem Erklärungsgegner erkennbar ist.[7] Pflichtwidrige Verträge (etwa die Veräußerung des Eigenheims) sind nichtig, wenn die Vertragspartner einver-

---

[2] Vgl. *Gernhuber,* FamRZ 1959, 468; *Erman-Heckelmann,* 17 zu § 1353; *Rolland,* 13 zu § 1353. Nur das Unterhaltsrecht wird als Basis gesehen von *Kremer,* FamRZ 1954, 187.

[3] Vgl. LG Mönchen-Gladbach, NJW 1961, 878 mit Anm. *Gotthardt.* Das LG gesteht in diesem Fall einen Anspruch auf ein angemessenes Entgelt gegen den Unterhaltspflichtigen zu. Er ist jedoch nur in den Grenzen des § 1360b anzuerkennen.

[4] Gegen das Urteil des BGH (der in der Entscheidung FamRZ 1979, 282 eine dem Text entspr. Position bezogen hat) vgl. LG Wiesbaden, NJW 1955, 225 (zumindest mißverständlich ist in dieser Entscheidung die von anderen übernommene Annahme eines ,,eigenartigen familienrechtlichen Verhältnisses"); OLG Hamm, NJW 1956, 1681; *Gernhuber,* FamRZ 1959, 468; *Staudinger-Hübner,* 37 vor § 1353; *Dölle,* § 33 I 4; *Rolland,* 13 zu § 1353. Vgl. ferner *Kremer,* FamRZ 1954, 187; *Marloh,* FamRZ 1956, 264. Dem BGH folgt auch heute noch *Palandt-Diederichsen,* 1 vor § 1414.

[5] Ebenso BGH, FamRZ 1979, 282. A. A. *Baur,* § 51 V 4b. Er fordert lediglich eine Einigung der Ehegatten, weil Versuche, mittelbaren Besitz der Ehegatten zu begründen, reichlich gezwungen seien. Das Besitzmittlungsverhältnis liegt jedoch in der ehelichen Lebensgemeinschaft. Nun fordert zwar § 930 die Vereinbarung eines Besitzkonstitutes, doch wird in Schrifttum und Rspr. zu Recht dem vereinbarten Besitzmittlungsverhältnis das gesetzlich entstandene überwiegend gleichgestellt. Vgl. *Westermann,* Sachenrecht, 4. Aufl. 1978, § 40 II 3; *Baur,* § 51 V 4a.

[6] A. A. OLG München, FamRZ 1969, 151 (Unterlassungsanspruch aus Art. 6 I GG, §§ 823 I, 1353, 1004). Wie der Text LG Stuttgart, FamRZ 1977, 200.

[7] Daß die familienfeindliche Tendenz dem Erklärungsgegner erkennbar sein muß, leugnet *Brühl,* FamRZ 1957, 259. Das Interesse des Erklärungsgegners an einer für ihn klaren Rechtslage darf aber nicht mißachtet werden (vgl. die §§ 111, 180). Wie der Text auch *Rolland,* 14 zu § 1353. Zur Sittenwidrigkeit von Kündigungen vgl. ferner LG Bamberg, FamRZ 1957, 258 mit abl. Anm. *Bosch; Hanisch,* NJW 1963, 1034f. (nur in wenigen Fällen anzunehmen); *Staudinger-Hübner,* 22 zu § 1353 (wünschenswert, aber problematisch).

ständlich zum Nachteil des aus § 1353 zum Besitz berechtigten Ehegatten handeln.[8]

In allen anderen Fällen ist der gefährdete Ehegatte gehalten, sein Recht allein im Verhältnis zum Partner in der Ehe zu suchen. Soweit sein Recht zum Besitz aus § 1353 reicht, kann er Unterlassung aller pflichtwidrigen Maßnahmen fordern und insoweit auch einstweiligen Rechtsschutz in Anspruch nehmen (§§ 935ff. ZPO). Er kann sich ferner aller Abwehrmöglichkeiten bedienen, die jedem Dritten zu Gebote stehen. Insbesondere darf er einer durch Säumnis mit der Zahlung des Mietzinses provozierten Kündigung des Vermieters durch befreiende Drittleistung (§ 267) zuvorkommen und anschließend den verauslagten Betrag vom Partner im Wege der Rückgriffskondiktion (§ 812) fordern.

3. Die Pflicht, die Mitbenutzung der ehelichen Wohnung und des Haushalts zu gestatten, ist nicht gegenständlich bis zur einverständlichen Entwidmung fixiert. Einem einseitig vollzogenen *Wohnungswechsel* und einer *Veräußerung von Hausrat* steht § 1353 nicht entgegen, wenn sie sachlich aus eigenem Interesse zu rechtfertigen (Kostensenkung in wirtschaftlich angespannter Situation, größere Nähe zur Arbeitsstätte usw.) und mit der Pflicht, auf die Interessen des Partners Rücksicht zu nehmen, zu vereinbaren sind.[9]

4. *Trennung der Ehegatten; Hausrat.* Besonders geregelt hat das Gesetz in § 1361 a den Einfluß getrennten Lebens auf die Bindung des Hausrats. Es gestattet den Ehegatten in dieser Situation grundsätzlich die Vindikation der ihnen gehörenden Sachen (einschließlich derjenigen, an denen sie lediglich eine dingliche Anwartschaft haben[10]) gemäß § 985,[11] hebt also das aus § 1353 folgende Recht zum Mitbesitz (und damit die Einwendung aus § 986) grundsätzlich auf (während Einwendungen und Einreden anderer Art, etwa aus § 273 und § 1000, unberührt bleiben[12]). Eine Pflicht zur Gebrauchsüberlassung (der jetzt ein Recht des Partners zum alleinigen Besitz korrespondiert) besteht nurmehr für Haushaltsgegenstände, die der Partner zur Führung eines abgesonderten Haushaltes benötigt, und nur so weit, als es nach den Umständen des Falles der Billigkeit entspricht.[13]

---

[8] Ebenso *Brühl,* FamRZ 1957, 259; OLG München, FamRZ 1969, 151.

[9] Vgl. OLG München, FamRZ 1969, 92 (93).

[10] Vgl. BayObLG, FamRZ 1968, 319 (321).

[11] Nach a. A. (vgl. MünchKomm-*Wacke,* 4 zu § 1361 a) soll § 1361 a I 1 lex specialis im Verhältnis zu § 985 sein; irgendeine Besonderheit ist jedoch nicht zu erkennen. Wie der Text BayObLG, NJW 1972, 949.

[12] Einwendungen und Einreden sind nicht zu berücksichtigen, wenn es sich um Gegenstände handelt, die der Eigentümer für die Führung des eigenen Haushalts benötigt, und wenn es billig ist, sie dem Eigentümer zu überlassen. Vgl. *Soergel-Lange,* 7 zu § 1361 a; MünchKomm-*Wacke,* 7 zu § 1361 a. Zu begründen ist mit dem argumentum a maiore (Überlassung eigener Sachen) ad minus (Überlassung fremder Sachen) aus § 1361 a I 2.

[13] Daß es sich nach wie vor um die Pflicht aus § 1353 handelt, leugnet *Rolland,* 7 zu § 1353, zugunsten eines „eigenständigen Besitzrechtes".

Soweit ein Ehegatte Herausgabe von Hausrat des Partners fordern darf, ist der Anspruch als

Gemeinschaftliches Eigentum[14] ist zwischen den Ehegatten nach den Grundsätzen der Billigkeit zu verteilen. Können sich die Ehegatten nicht einigen, so entscheidet das Familiengericht im Verfahren der freiwilligen Gerichtsbarkeit (§§ 18a, 11, 13 HausratsVO).[15] Es kann dabei eine angemessene Vergütung für die Benutzung der Haushaltsgegenstände festsetzen (§ 1361 a III 2). Unverändert bleibt auch dann die Pflichtenbasis. Der richterliche Akt begründet kein besonderes Schuldverhältnis zwischen den Ehegatten;[16] es bleibt allein die Pflicht aus § 1353, mit der ein Entgelt ebenso zu vereinbaren ist wie mit anderen Pflichten familienrechtlicher Natur.

Unverändert bleibt auch die Eigentumslage (vgl. § 1361 a IV). Daß die Ehegatten jederzeit rechtsgeschäftlich Eigentum übertragen können, ist selbstverständlich (ebenso, daß die Möglichkeit in einer Art antizipierter endgültiger Auseinandersetzung gern genutzt wird). Der richterliche Akt aber hat keinen Einfluß auf die Eigentumsverhältnisse. Erst wenn die Ehe geschieden ist, wird Eigentumsübertragung kraft richterlicher Gestaltungsmacht möglich (vgl. dazu unten § 29 II 4).

Das Billigkeitskriterium als Maßstab für Rechte und Pflichten soll den jeweiligen Besonderheiten des Einzelfalles (insbesondere der Unterbringung der Kinder bei dem einen oder dem anderen Ehegatten, den wirtschaftlichen Verhältnissen mit Möglichkeit oder Unmöglichkeit, sich selbst aus eigenen Mitteln Hausrat zu beschaffen, der Dauer der Trennung sowie der Häufigkeit und Intensität der bisherigen Benutzung, aber auch der Art, in der die Ehegatten mit fremdem Eigentum umzugehen pflegen[17]) Rechnung tragen. Seine Aufgabe ist es dagegen grundsätzlich nicht, Entscheidungen zu ermöglichen, die sich an der Frage orientieren, welcher der Ehegatten allein oder überwiegend die Trennung der Ehegatten verschuldete oder doch verursachte. Fragen dieser Art sind allein im Rahmen jener Tatbestände aufzuwerfen, die § 1361 III aus dem Recht des nachehelichen

---

„verhaltener Anspruch" zu qualifizieren. Der Ehegatte muß ihn mithin durch ein entsprechendes Verlangen aktualisieren. Vgl. MünchKomm-*Wacke,* 13 zu § 1361 a.

[14] Die Rspr. greift gern auf die Vermutung gemeinschaftlichen Eigentums an dem während der Ehe angeschafften Hausrat aus § 8 II der HausratsVO zurück. Vgl. OLG Frankfurt, NJW 1960, 1768; OLG Düsseldorf, MDR 1960, 850. Zu der Vermutung vgl. unten § 29 II 4.

[15] Das FamG ist dagegen nicht zuständig für Herausgabeansprüche der Ehegatten untereinander, die nicht zum Hausrat gehörende Sachen zum Gegenstand haben. Das gilt auch für Gegenstände, die ein Ehegatte vom anderen kraft eines Vertrages in Verwahrung oder zur Verwaltung übernahm. A. A. MünchKomm-*Wacke,* 9 zu § 1361 a, unter Hinweis auf § 23b I Nr. 9 GVG. Derlei Verträge begründen jedoch keinen Güterstand (und das auch dann nicht, wenn § 1413 gegeben ist).

[16] A. A. eine weit verbreitete Lehre mit Annahme eines der Leihe oder (wenn entgeltlich) der Miete ähnlichen Verhältnisses kraft Richteraktes. Vgl. *Beitzke,* § 12 VII 5; *Erman-Heckelmann,* 3 zu § 1361 a; MünchKomm-*Wacke,* 19 zu § 1361 a.

[17] Für Schäden an überlassenem Hausrat haftet der Ehegatte nach den Maßstäben des § 1359. Ebenso *Beitzke,* § 12 VII 5 (der jedoch den Haftungsmaßstab als „wenig sachgerecht" bezeichnet); MünchKomm-*Wacke,* 19 zu § 1361 a. And. Ans. (kein Haftungsprivileg) *Rolland,* 9 zu § 1361 a (weil die „Verantwortlichkeit völlig in der Sphäre des anderen Ehegatten liege").

Unterhalts zur Begrenzung von Unterhaltsansprüchen bei Getrenntleben der Ehegatten übernimmt (vgl. dazu unten § 21 II 5 und § 30 VII 9ff.). Zwar erwähnt § 1361 a diese Grenze nicht, doch ist die analoge Anwendung des § 1361 III schon deshalb geboten, weil die Pflicht, dem Partner eigenen Hausrat zu überlassen, in aller Regel nichts weiter als eine Besonderung der Unterhaltspflicht ist.[18] Ausgeschlossen wird damit vornehmlich (§ 1579 I Nr. 4) die Möglichkeit, Hausrat des Partners für ein Leben im Konkubinat mit einem Dritten erfolgreich zu begehren[19].

Wenn und soweit § 1361 III einen Unterhaltsanspruch ausschließt, kann Hausrat des Partners nicht in Anspruch genommen werden. Gemeinschaftliches Eigentum ist dagegen wie in allen anderen Fällen auch nach Billigkeit (ohne Beachtung des Verhaltens in der Ehe[20]) zu verteilen: Eine Norm, die Ansprüche begrenzt, ist nicht dazu berufen, gemeinschaftliches Eigentum einseitig zuzuweisen.

5. *Trennung der Ehegatten; Ehewohnung.* § 1361 a beschränkt sich auf den Hausrat; die Ehewohnung erwähnt er nicht. Angesichts des § 620 Nr. 7 ZPO (der Hausrat und Ehewohnung nebeneinander nennt) kann das Schweigen seit dem 1. EheRG nur noch als beredtes Schweigen gedeutet werden, das jeden Analogieschluß (zugunsten des argumentum e contrario) verbietet.[21] Mangels jeder anderen Regelung ist über die Ehewohnung allein nach den Grundsätzen des § 1353 zu befinden, die lediglich in § 1361 III (auch eine Wohnung bereitstellen heißt Unterhalt gewähren) eine Konkretisierung kraft Gesetzes finden (während die Frage, ob ein Ehegatte die häusliche Gemeinschaft zu Recht oder zu Unrecht verweigert, auch in diesem Zusammenhang nicht mehr zu stellen ist).

Entscheidend sind primär die Vereinbarungen der Parteien, mögen sie nun Bestandteil einer umfassenden Trennungsregelung sein (mit Zuweisung von Hausrat, Präzisierung einer Unterhaltsrente usw.), mögen sie auch isoliert ge-

---

[18] Für die Analogie hat sich bereits MünchKomm-*Wacke,* 12 zu § 1361 a, ausgesprochen. Der früher von manchen (auch der Voraufl.) angenommene Ausschluß des Anspruchs für Ehegatten, die ihren Partner grundlos verließen, ist seit dem 1. EheRG (das § 1361 umgestaltet hat) nicht mehr aufrechtzuerhalten. Ebenso *Beitzke,* § 12 VII 5.

[19] Diese Fallgruppe stand schon früher im Mittelpunkt des Interesses. Vgl. OLG Düsseldorf, FamRZ 1957, 393 (vor der Geltung des GleichberG unter Berufung auf § 138); LG Bonn, NJW 1960, 2243 (unter Berufung auf die Rspr. des BGH zum räumlich-gegenständlichen Ehebereich). Vgl. ferner *Staudinger-Hübner,* 11 zu § 1361 a (zum alten Recht); *Rolland,* 3 zu § 1361 a (rechtsmißbräuchlich, weil anstößig); MünchKomm-*Wacke,* 12 zu § 1361 a.

[20] A. A. MünchKomm-*Wacke,* 15 zu § 1361 a (Vorzug des Ehegatten, der sich nicht ehewidrig verhielt).

[21] Für den Analogieschluß gleichwohl OLG Frankfurt, NJW 1978, 545; OLG Karlsruhe, NJW 1978, 2100; *Deisenhofer,* FamRZ 1979, 102; OLG München, FamRZ 1979, 429.

Wie der Text dagegen *Soergel-Lange,* 6 zu § 1361 a (zum früheren Recht); MünchKomm-*Wacke,* 6 zu § 1361 a; OLG Oldenburg, FamRZ 1978, 47; OLG Hamm, FamRZ 1978, 355 (356); OLG Frankfurt, NJW 1978, 896 und FamRZ 1979, 428; OLG Bremen, NJW 1978, 2102; OLG Stuttgart, FamRZ 1978, 686; *Schwab,* RdNr. 870.

troffen werden. Subsidiär kann ein Ehegatte, der freiwillig die eheliche Wohnung mit der Absicht dauernder Trennung und späterer Scheidung verließ, grundsätzlich nicht verlangen, daß ihm die Wohnung in Zukunft zur Verfügung gestellt werde;[22] Ausnahmen gelten für Ehegatten, die Alleininhaber der Wohnung sind, falls in der Person des Partners ein Ausschlußtatbestand des § 1361 III gegeben ist oder falls vom Partner nach allgemeinen unter Ehegatten geltenden Grundsätzen (oben unter 3.) der Wechsel in eine andere Wohnung gefordert werden kann.[23] Leben die Ehegatten noch gemeinsam in der Ehewohnung, so kann bei Trennungsabsicht grundsätzlich nur Teilung gefordert werden (zur Relevanz einer derartigen Trennung im Scheidungsrecht vgl. § 27 VII 5). Räumung der Ehewohnung kann ein Ehegatte vom anderen nur begehren, wenn er entweder Alleininhaber der Wohnung ist und der Ausschlußtatbestand des § 1361 III vorliegt oder infolge außergewöhnlicher Umstände (Gefährdung der eigenen Gesundheit oder Gefährdung der Kinder) eine Teilung für ihn unzumutbar und der Wohnungswechsel dem Partner eher zuzumuten ist (mit Berücksichtigung aller Umstände des Einzelfalles, insbesondere aber des Verbleibens der Kinder).[24]

6. *Einstweilige Anordnungen.* Von der Erhebung der Scheidungsklage an kann das Familiengericht auf Antrag eines Ehegatten die Benutzung der Ehewohnung und des Hausrats im Wege der einstweiligen Anordnung regeln (§ 620 Nr. 7 ZPO). Daneben ist für andere Möglichkeiten der Rechtsverfolgung kein Raum. Für Entscheidungen über den Hausrat gemäß den §§ 1361a BGB, 18a HausratsVO wäre erneut das Familiengericht zuständig, dessen Kompetenz schwerlich für verschiedene Verfahren mit unterschiedlicher Reichweite (nur die einstweiligen Anordnungen wirken über die Ehescheidung hinaus bis zur endgültigen Regelung gemäß § 620f ZPO) begründet sein kann, die den Parteien wahlweise (ggf. also auch mit der Möglichkeit gegenläufiger Anträge) zur Verfügung stehen. Für die Ehewohnung gilt zwar § 18a HausratsVO nicht, so daß eine doppelte Zuständigkeit des Familiengerichtes für die Zeit getrennten Lebens nicht in Betracht käme, doch bleibt zu bedenken, daß jeder Ehegatte die nacheheliche endgültige Regelung der Rechtsverhältnisse an der Ehewohnung bereits als Folgesache einer Scheidungssache beantragen kann (§ 623 ZPO). Ein Nebeneinander aber von einstweiliger Anordnung (Familiengericht), Entscheidung für die Zeit der Trennung (Prozeßgericht) und Entscheidung für die Zeit nach der Ehe-

---

22 Vgl. (zum früheren Recht) BGH, FamRZ 1971, 633.

23 Vgl. dazu OLG Stuttgart, NJW 1970, 101 (mit Abwägung aller gegenseitigen schutzwürdigen Belange).

24 So die bislang h. Rspr. zur Regelung der Benutzung der Ehewohnung mittels einstweiliger Anordnung. Vgl. OLG Nürnberg, FamRZ 1969, 100; OLG Celle, FamRZ 1969, 101; KG, FamRZ 1972, 39 (sämtlich vor Geltung des 1. EheRG); OLG Frankfurt, FamRZ 1978, 53. In der jüng. Rspr. zeigen sich Auflösungserscheinungen, die nur noch wenig strukturierte Zumutbarkeitserwägungen (mit eindeutiger Bevorzugung der Ehefrau mit minderjährigen Kindern) als Entscheidungskriterium belassen. Vgl. OLG Karlsruhe, FamRZ 1978, 132 und 711; AG Pforzheim, FamRZ 1978, 710.

scheidung (Familiengericht) kann im Kontext eines um Konzentration und Prozeßökonomie besorgten Verfahrensrechtes nicht mehr als vereinbar mit dem Normzweck des § 620 Nr. 7 ZPO angesehen werden.[25]

Auch das Familiengericht ist bei seiner einstweiligen Anordnung an das materielle Recht gebunden.[26] Die drohende Scheidung entbindet die Ehegatten nicht von den Pflichten, denen sie auch dann noch unterliegen, wenn sie sich trennen, und gibt dem Familienrichter keine Gestaltungsmacht, die er sonst nicht hätte. In der einstweiligen Anordnung sind ihm insbesondere auch alle Möglichkeiten richterlicher Rechtsgestaltung verschlossen, die ihm für die Zeit nach der Ehescheidung kraft der HausratsVO zu Gebote stehen. Ausnahmslos verbinden sich mit diesen Möglichkeiten endgültige Wirkungen, die mit dem Anspruch einer nur einstweiligen Regelung nicht zu vereinbaren sind.

IV. Geschäfte zur Deckung des Lebensbedarfs

Schrifttum zur Schlüsselgewalt alten Stils (begrenzte Auswahl): *Müller-Freienfels,* Zur heutigen „Schlüsselgewalt", Festschrift H. Lehmann, 1956, Bd. I, S. 388; *Fahr,* Die Neuregelung der Schlüsselgewalt durch das Gleichberechtigungsgesetz, 1962; *Kämmerer,* Die Rechtsnatur der Schlüsselgewalt, FamRZ 1968, 10; *Müller,* Gesetzliche Vertretung ohne Vertretungsmacht, AcP 168 (1968), 113; *Waldeyer,* Schlüsselgewalt und Teilzahlungsgeschäft, NJW 1971, 20; *Struck,* § 1357 (Schlüsselgewalt) verstößt gegen Art. 6 GG, MDR 1975, 449.

Schrifttum zu § 1357 n. F.: *Hobelmann,* Ausdehnung der Schlüsselgewalt durch das 1. EheRG?, FamRZ 1971, 499; *Büdenbender,* Die Neuordnung der „Schlüsselgewalt" in § 1357 n. F. BGB, FamRZ 1976, 662; *Weimar,* Eigentumserwerb des bösgläubigen Ehemannes bei Rechtsgeschäften seiner gutgläubigen Ehefrau gem. § 1357 BGB?, JR 1976, 318; *Gernhuber,* Neues Familienrecht, 1977, S. 130; *Witte-Wegmann,* Schlüsselgewalt bei Teilzahlungsgeschäften? NJW 1979, 749; *Roth,* Die Mitberechtigung der Ehegatten in Fällen des § 1357 BGB, FamRZ 1979, 370.

1. *Außenverhältnis.* Geschäfte zur angemessenen Deckung des Lebensbedarfs, die ein Ehegatte tätigt, verpflichten und berechtigen beide Ehegatten, sofern sich nicht „aus den Umständen ein anderes ergibt" (§ 1357 I 2). In dieser (angeblich modernisierten) Gestalt hat das 1. EheRG die zuvor allein der Ehefrau zugestandene „Schlüsselgewalt" bewahrt und ausgebaut, ungeachtet reger Kritik und ungeachtet offenbarer Disharmonien im Ansatz und in den Ergebnissen. Die beiderseitige Handlungsmacht kann heute freilich nicht mehr als „Schlüsselgewalt" bezeichnet werden, weil das Symbol des Schlüssels nicht auf beide Ehegatten (und auf sie nun wieder ohne jede Rücksicht auf den von ihnen gelebten Ehetyp) bezogen werden kann.[1] Ein neuer treffender Begriff fehlt als deutlicher

---

[25] So schon für das frühere Recht (gegen eine weit verbreitete, auch von der Voraufl. angenommene h. L.) BGHZ 67, 217 und BGH, NJW 1978, 1529 (1530). Weiterhin für ein Wahlrecht der Parteien *Rolland,* 18 zu § 1361 a; MünchKomm-*Müller-Gindullis,* 4 zu § 20 HausratsVO.

[26] A. A. offenbar BGHZ 67, 217. Die Entscheidung schließt während des Eheprozesses die Klage aus § 985 (statt der Kompetenz des Prozeßgerichts) aus; ein Recht zum Besitz soll allein aus der einstweiligen Anordnung folgen.

[1] Für einen Begriffswechsel auch *Büdenbender,* FamRZ 1976, 663; MünchKomm-*Wacke,* 5 zu § 1357.

Ausdruck der Entfernung der neugestalteten Handlungsmacht von allen sozialen Standards und von allen bekannten Figuren sonstigen fremdwirkenden Verhaltens.

2. *Innenverhältnis*. Kraft zwingenden Rechtes (vgl. dazu schon oben § 18 III 2) ist jeder Ehegatte im Verhältnis zum anderen berechtigt (jedoch nie verpflichtet), die ihm eingeräumte Handlungsmacht auch auszuüben. Differenzen zwischen Dürfen (Innenverhältnis) und Können (Außenverhältnis) sind nicht möglich. Das Dürfen bestimmt das Können; Mißbrauchstatbestände sind damit ausgeschlossen.

3. *Zweck*. Während die frühere Schlüsselgewalt in das Ganze einer fugenlos gedachten Hausverfassung eingebettet war als Mittel, das der im Haushalt tätigen Frau die Erfüllung ihrer Pflichten ermöglichen sollte, kann die heutige beiderseitige Handlungsmacht der Ehegatten nicht mehr aus einer Funktionsanalyse entwickelt werden. Angesichts der bewußt amorph gehaltenen allgemeinen Ehewirkungen wäre der alte Verständnishorizont ausschließlich mit einer differenzierenden Regelung zu bewahren gewesen, die ihren Ansatz bei den Funktionszuweisungen im autonomen Akt der Ehegatten hätte suchen müssen.[2] Die grobe Art, mit der heute § 1357 alle Ehen über einen Leisten schlägt, erweist ihn als Norm, die – paradox genug – bewahren will, was früher einmal sinnvoll gewesen sein mag, es heute jedoch nicht mehr ist, und die doch abrupt die alte Tradition abreißen läßt und deshalb nur noch als deformiertes Relikt begriffen werden kann.[3] Das, was früher Reflex der Schlüsselgewalt war – der Schutz der Gläubiger –, ist nunmehr der alleinige Zweck, falls man nicht bereit ist (in einer Anwandlung von Ehemystik) den Gedanken der Ehegemeinschaft oder auch Ehegesellschaft aufzugreifen und sich bei ihm zu beruhigen,[4] obwohl er anderen Bereichen des Ehevermögensrechtes nicht imputiert werden kann und in der Verkürzung auf eine einzige Norm nicht gerade an Überzeugungskraft gewinnt.

Gerechtfertigt ist heute ein Gläubigerschutz zum Nachteil eines Ehegatten nicht.[5] Nirgendwo sonst findet sich die Figur des aufgedrängten Zweitschuldners, um den sich der Gläubiger nicht bemühte, ja den er nicht einmal erwartete.

---

[2] Vgl. dazu schon *Gernhuber,* Neues Familienrecht, S. 132 (gegen die Begründung des RegE, der § 1357 n.F. als Konsequenz der freien Aufgabenverteilung unter den Ehegatten zu rechtfertigen sucht). Auch die Überzeugung, beiderseitige Handlungsmacht mit der Doppelverdienerehe verknüpfen zu können oder gar zu sollen, verläßt das alte Denkmodell. Denn mit dem Typ der Doppelverdienerehe ist noch nichts über die Funktionsverteilung im Hauswesen (und damit auch nichts über die Verteilung der finanziellen Lasten) gesagt.

[3] Der Versuch, § 1357 n.F. als Träger neuen Rechtsgutes zu verstehen, weil er die wirtschaftliche Chancengleichheit in der Familie verwirkliche (Möglichkeit, die Bonität des Ehegatten im Rechtsverkehr zu nutzen), ist jedenfalls lebensfremd. Er findet sich bei *Rolland,* 4 zu § 1357.

[4] Die Ehegemeinschaft muß dabei als existierend vorausgesetzt werden. Ein anderes meinen mithin Autoren, die feststellen, daß § 1357 die Ehegatten gesellschaftsähnlich behandele. Vgl. *Lüke,* Festschrift Bosch, S. 636; MünchKomm-*Wacke,* 9 zu § 1357.

[5] Ebenso *Büdenbender,* FamRZ 1976, 664. Voll gebilligt wird die Norm von MünchKomm-*Wacke,* 4ff. zu § 1357. Für vertretbar hält sie *Lüke,* Festschrift Bosch, S. 636.

Sofern überhaupt bei kleineren Kreditgeschäften und bei Geschäften mit Vorleistungspflicht des Geschäftspartners (und nur in diesem Bereich besteht ein Sicherungsbedürfnis) die Kreditwürdigkeit geprüft und weitere Sicherheit gefordert wird, begnügt sich der Rechtsverkehr nicht mit dem schlichten Hinweis auf § 1357; gewünscht wird gegebenenfalls die ausdrückliche Verpflichtung beider Ehegatten im schriftlichen Vertrag. Der untätige Geschäftsmann offenbart darum nicht Vertrauen auf § 1357 (und das schon gar nicht, wenn ihm nicht einmal die Ehe bekannt ist), sondern Gleichgültigkeit und die Bereitschaft, das Insolvenzrisiko ohne Milderung durch einen Zweitschuldner zu tragen.

So wenig Überzeugungskraft die Norm damit auch haben mag, vor der Verfassung vermag sie zu bestehen. Vereinzelte Angriffe aus Art. 3 oder auch aus Art. 6 GG haben keine Substanz. Die beiden Geschlechter werden nicht unterschiedlich behandelt. Und von einer Differenzierung zu Lasten Verheirateter kann schon deshalb keine Rede sein, weil es an vergleichbaren Sachverhalten bei Ledigen fehlt.[6]

4. *Deutung.* Fremdwirkendes Verhalten ist der deutschen Rechtsordnung in vielen Formen bekannt; keiner von ihnen kann die Handlungsmacht der Ehegatten eingeordnet werden. § 1357 gewährt den Ehegatten nicht wechselseitig Vertretungsmacht füreinander kraft Gesetzes (die stets nur kombiniert mit Handeln für sich selbst auszuüben wäre).[7] Denn unentbehrliches Tatbestandsmerkmal der Stellvertretung ist das Handeln im fremden Namen. Die Wirkungen des § 1357 I 2 aber treten solange ein, als nicht der handelnde Ehegatte in einer Umkehrung der Verhältnisse den Willen zur Eigenverpflichtung und Eigenberechtigung allein ausdrücklich oder durch die Umstände seines Handelns verdeutlicht. Zweifelhafte Hilfskonstruktionen (§ 1357 als Vermutung, Fiktion, Auslegungsregel[8]) und prinzipienlose Vermittlungsversuche (Stellvertretung mit Wirkungsverschiebung ex lege[9]) waren schon im Streit um die Deutung der Schlüsselgewalt nur Indizien der Verlegenheit; sie sind durch das 1. EheRG gewiß nicht glaubwürdiger geworden.

§ 1357 konstituiert aber auch nicht eine Organschaft der Ehegatten, die doch immer bezogen werden müßte auf einen Verband, dessen Organ die beiden Ehegatten (je für sich) sein könnten. Ehe begründet indessen weder ein besonde-

[6] Verletzung von Art. 6 I GG wird gerügt von *Struck,* MDR 1975, 449ff. (gegen ihn schon MünchKomm-*Wacke,* 6 zu § 1357). Zweifel hinsichtlich der neuen Regelung bei *Palandt-Diederichsen,* 1 zu § 1357. Als frauenfeindliche Norm wurde § 1357 n.F. bekämpft von *Bosch,* FamRZ 1975, 425 und 1976, 403 Fn. 21; *Hobelmann,* FamRZ 1971, 499f.

[7] A. A. *Hobelmann,* FamRZ 1971, 499; *Lüke,* Festschrift Bosch, S. 636 (es soll jedoch keine Stellvertretung vorliegen); *Ambrock,* IV 1 zu § 1357. Vgl. ferner *Beitzke,* § 12 V (Vertretungsrecht; eine im Interesse der Familie gegebene „amtsähnliche" Stellung).

[8] Vgl. die Zusammenstellung bei *Fahr,* S. 49 (zum früheren Recht).

[9] So zuletzt *Fahr* für die alte Schlüsselgewalt der Frau. Als Alternative anerkennt er nur eine Schlüsselgewalt, die sich aus einer Anzahl bereits bekannter Institute (Vertrag zugunsten Dritter und zu Lasten Dritter etc.) zusammensetzt. Vgl. S. 45f.

res neben den Ehegatten bestehendes Rechtssubjekt noch verbindet es sie zu einer „Ehegesellschaft" oder auch „Ehegemeinschaft" besonderer Prägung (also nicht verstanden als Gemeinschaft der §§ 741 ff.).[10]

§ 1357 kann schließlich nicht mehr in Parallele zum objektbezogenen Handeln bestimmter Vermögensverwalter gesehen werden.[11] Die frühere Schlüsselgewalt wies noch auf einen bestimmten Funktionsbereich hin, der im Verhältnis zu den Gläubigern mit demjenigen Ehegatten verknüpft werden konnte, der ihn zu finanzieren hatte (also mit dem Ehemann); in seiner heutigen Gestalt kann § 1357 dagegen auch dieser Fallgruppe des fremdwirkenden Verhaltens nicht mehr eingeordnet werden.

So bleibt nur die Charakterisierung der Handlungsmacht der Ehegatten als eigenartige Rechtsmacht,[12] die Drittwirkungen (für und gegen den Partner in der Ehe) ohne Drittbezug im Rechtsgeschäft und ohne Rücksicht auf den Willen des Handelnden, sich der Rechtsmacht zu bedienen, erzeugt. Rechtsgeschäftlich steuerbar ist das Geschehen allein (in der Willenserklärung des handelnden Ehegatten, die der Geschäftspartner zurückweisen mag, wenn sie ihm unzureichend dünkt) in Form der reinen Negation.

Anders als das Recht der Stellvertretung führt § 1357 keine Wirkungsverschiebung (vom Vertreter, der die Willenserklärung als eigene abgibt, auf den Vertretenen) herbei, sondern eine *Wirkungserweiterung, die zu einer Kombination von Eigen- und Fremdwirkungen führt.* Die Fremdwirkungen (für und gegen den Partner in der Ehe) sind gesetzliche Folgen des Handelns im eigenen Namen; sie treten nicht ein, weil sie rechtsgeschäftlich gewollt sind, sondern weil das Gesetz sie (vorbehaltlich des rechtsgeschäftlichen Ausschlusses) an das Rechtsgeschäft anknüpft, auch wenn sie den Parteien nicht bewußt wurden. Die Regeln des Vertretungsrechtes sind angesichts dieses tiefgreifenden strukturellen Unterschiedes auf das Handeln der Ehegatten auch zur Lückenergänzung (also im Analogieschluß) nicht anzuwenden. Das Handeln im eigenen Namen ist für den Bestand des Rechtsgeschäfts allein entscheidend; die Drittwirkungen sind ein Annex, der wirksames rechtsgeschäftliches Handeln voraussetzt. Demzufolge sind etwa belastende Rechtsgeschäfte, die ein beschränkt geschäftsfähiger Ehegatte ohne Zustimmung seines gesetzlichen Vertreters abschloß, unwirksam für ihn und damit auch nicht geeignet, den Partner zu berechtigen oder zu verpflichten (vgl. dage-

---

[10] Dennoch spricht von einem „Organ der Familie" *Büdenbender,* FamRZ 1976, 666 (mit Parallelen zum Recht der Personalgesellschaften). Vgl. ferner *Roth-Stielow,* 1 zu § 1357 (Vertreter und zugleich Organ der Familiengemeinschaft).

[11] So noch die Voraufl. für die alte Schlüsselgewalt. Der Gedanke wird heute gern einer grundsätzlich anderen Deutung hinzugefügt.

[12] Ebenso *Rolland,* 5 zu § 1357 (jedoch mit Bereitschaft, Vertretungsrecht und Grundsätze für Amtstreuhänder analog anzuwenden); MünchKomm-*Wacke,* 9 zu § 1357 (jedoch mit „Anklängen an gesetzliche Vertretungsmacht und an die amtsähnliche Stellung der Verwalter von Sondervermögen").

gen § 165).[13] Oder auch: Erwerb kraft Rechtsscheins kann nur an der Person des handelnden Ehegatten scheitern, nie an der Person seines Partners in der Ehe[14] (vgl. dagegen § 166 II), falls § 1357 überhaupt auf dingliche Erwerbsgeschäfte Anwendung finden sollte (dazu unten 9.).

Gänzlich belanglos ist freilich die Beteiligung des anderen Ehegatten an den Wirkungen des Rechtsgeschäftes für dessen Existenz nicht. Täuscht er den Geschäftspartner arglistig, so wird seine Arglist dem handelnden Ehegatten zugerechnet; „Dritter" ist der Ehegatte insofern nie (vgl. dazu § 123 II).

5. Unbenommen bleibt es den Ehegatten, einander im Geschäftsbereich des § 1357 *Vollmacht* zu erteilen und im Namen des Partners aufzutreten. Durch Geschäfte dieser Art wird immer nur der Vertretene berechtigt und verpflichtet, nie aber sein Vertreter.[15] § 1357 erstreckt die rechtsgeschäftlich gewollten Wirkungen (für den Vertretenen) nicht kraft Gesetzes (als Annex) auf den Vertreter, denn wer im Namen seines Ehegatten auftritt, bringt damit erkennbar für den Geschäftspartner zum Ausdruck, daß er selbst weder verpflichtet noch berechtigt sein möchte. Das gilt auch, wenn die in Anspruch genommene Vertretungsmacht tatsächlich nicht bestand oder überschritten wurde; anzuwenden sind dann die §§ 177ff.

6. *Umfang der Handlungsmacht.* Wirkung für und gegen beide Ehegatten zeitigen nur „Geschäfte zur angemessenen Deckung des Lebensbedarfs der Familie", mithin nur jene Geschäfte, die gegenständlich auf den Unterhalt der Familie (einschließlich des Sonderbedarfs) bezogen werden können (vgl. dazu die §§ 1360a I und 1610 II),[16] wenn und soweit sie („angemessene Deckung") im Geschäftsverkehr als Rechtsgeschäfte gewertet werden, die wenigstens in der Regel (mit Differenzierung nach Bevölkerungskreisen) von einem Ehegatten selbständig erledigt zu werden pflegen.[17] In dieser Deutung orientiert sich § 1357 (so, wie es für eine Norm, die dem Gläubigerschutz dient, notwendig ist) an sozialen Standards und konkreten Kriterien, die dem Geschäftsverkehr zugänglich sind. Offen liegt Dritten freilich nur der tatsächliche Lebensstil einer Familie, nicht aber deren vom Unterhaltsrecht an sich vorgezeichneter Lebenszuschnitt.

---

[13] Für Anwendung des § 165 dagegen *Henrich,* § 8 II b; MünchKomm-*Wacke,* 9 und 13 zu § 1357; *Büdenbender,* FamRZ 1976, 670 (mit Anwendung des § 139 auf die Wirkung gegenüber dem anderen Ehegatten); *Rolland,* 9 zu § 1357.

[14] Die durchaus h. L. will dagegen umgekehrt (über § 166 II hinausgehend) Erwerb kraft Rechtsscheins bei Unredlichkeit eines Ehegatten stets ausschließen. Vgl. *Staudinger-Hübner,* 29 zu § 1357 (zum früheren Recht); *Büdenbender,* FamRZ 1976, 668; MünchKomm-*Wacke,* 34 zu § 1357; *Weimar,* JR 1976, 318ff.

[15] A. A. *Büdenbender,* FamRZ 1976, 667 (Beschränkung auf Vertretenen nur bei besonderer Erklärung); MünchKomm-*Wacke,* 14 zu § 1357.

[16] Der nämliche Ansatz bei *Rolland,* 11 zu § 1357; MünchKomm-*Wacke,* 16 zu § 1357.

[17] Ähnlich *Rolland,* 14 zu § 1357. Die Begr. zum RegE (BTDrucks. 7/650 S. 99) klammert aus alle „Geschäfte größeren Umfangs, die ohne Schwierigkeiten zurückgestellt werden können". Ihr folgt *Lüke,* Festschrift Bosch, S. 636. Gegen die Einschränkung MünchKomm-*Wacke,* 18 zu § 1357.

Folgerichtig ist deshalb Maßstab des gegenständlichen Bezuges auch das Erscheinungsbild des (ökonomischen) Lebens der Ehegatten.[18]

Demzufolge scheiden alle Investitionsgeschäfte aus, aber auch alle berufsbezogenen Akte, ferner alle Veräußerungen (einschließlich der Abgabe des wertlos gewordenen Hausrats[19]) sowie alle Geschäfte, die ausschließlich der Einkommensmehrung dienen (Untervermietung[20]) oder der Beschaffung von Mitteln für den Unterhalt (Aufnahme eines Darlehens[21]). Ebensowenig sind § 1357 zu subsumieren: die Verfügung über das Girokonto des Partners,[22] der Abschluß von Versicherungsverträgen (gleich welcher Art),[23] der Kauf von Schmuck,[24] wertvollen Teppichen[25] oder von größeren Einrichtungsgegenständen,[26] der Abschluß von Reiseveranstaltungsverträgen,[27] der Kauf eines Kraftfahrzeuges zu privater Nutzung,[28] die Miete einer Wohnung und die Kündigung des Mietvertrages.[29] Soweit Geschäfte dieser Art überhaupt dem spezifischen Normzweck des § 1357 eingeordnet werden können, handelt es sich jedenfalls nicht um Akte, die der Geschäftsverkehr dem selbständigen Handlungsbereich eines Ehegatten zuordnet.

Positiv wirken für und gegen beide Ehegatten alle typischen Haushaltskäufe,

---

[18] Der bereits zu § 1357 a.F. entwickelte Maßstab auch bei *Rolland,* 13 zu § 1357; MünchKomm-*Wacke,* 25 zu § 1357; *Büdenbender,* FamRZ 1976, 668; *Ambrock,* II 1 zu § 1357.

Tätigen die Ehegatten (je für sich oder auch mehr zufällig nebeneinander) mehrere Geschäfte gleicher oder verwandter Art, die je für sich betrachtet von § 1357 gedeckt werden, in ihrer Gesamtheit aber seine Grenzen überschreiten, so sind alle Geschäfte § 1357 zu unterwerfen. Nicht zu schützen sind freilich Geschäftspartner, die die Situation erkannten oder doch erkennen mußten (allg. Rechtsgrundsatz für fremdwirkendes Verhalten, entwickelt vornehmlich in der Lehre vom Mißbrauch der Vollmacht).

[19] Vgl. MünchKomm-*Wacke,* 20 zu § 1357; *Ambrock,* II 3 zu § 1357.

[20] Vgl. MünchKomm-*Wacke,* 20 zu § 1357. A.A. *Rolland,* 15 zu § 1357 und *Beitzke,* § 12 V vor 1.

[21] A.A. MünchKomm-*Wacke,* 21 zu § 1357, mit Haftung des Partners freilich nur, sofern der Kredit nachweisbar für den Familienunterhalt verwendet wurde (Vereinbarkeit mit § 1357?).

[22] A.A. für das frühere Recht *Westermann,* FamRZ 1967, 646 (nach Lage des Einzelfalles) und für das geltende Recht *Rolland,* 15 zu § 1357. Wie der Text MünchKomm-*Wacke,* 19 zu § 1357.

[23] Vgl. OLG Nürnberg, VersR 1965, 723. A.A. für die Hausratsversicherung MünchKomm-*Wacke,* 17 zu § 1357 (im Anschluß an AG Eschwege, VersR 1959, 1038; AG Karlshafen, VersR 1965, 871).

[24] Ebenso MünchKomm-*Wacke,* 19 zu § 1357; *Roth-Stielow,* 14 zu § 1357. A.A. *Rolland,* 15 zu § 1357.

[25] Ebenso *Roth-Stielow,* 14 zu § 1357. A.A. (im Anschluß an OLG Karlsruhe, ROLG 3, 13) *Rolland,* 15 zu § 1357.

[26] Die Grenzen bleiben unscharf. Zur Schlüsselgewalt wurde nicht mehr gerechnet der Kauf eines Kühlschranks oder Küchengeräts im Wert eines Monatseinkommens. Vgl. LG Duisburg, MDR 1962, 409; LG Stuttgart, FamRZ 1965, 567; AG Bremen, FamRZ 1968, 314.

[27] A.A. MünchKomm-*Wacke,* 18 zu § 1357; *Rolland,* 15 zu § 1357. Zum früheren Recht vgl. LG Flensburg, NJW 1973, 1085 (abl. für Miete eines Ferienappartements).

[28] Ebenso *Roth-Stielow,* 14 zu § 1357. A. A. MünchKomm-*Wacke,* 19 zu § 1357.

[29] Ebenso *Roth-Stielow,* 14 zu § 1357. A. A. *Henrich,* § 8 II 3; MünchKomm-*Wacke,* 18 zu § 1357; *Bosch,* FamRZ 1977, 201 (gegen die bisher h.L.).

Auch entspr. Maklerverträge sind nicht von § 1357 gedeckt. Vgl. LG München II, FamRZ 1975, 581 (zur Schlüsselgewalt). A.A. *Rolland,* 15 zu § 1357.

einschließlich der Beschaffung von Bekleidung für die Ehegatten und ihre gemeinschaftlichen Kinder sowie des Erwerbs von kleineren Einrichtungsgegenständen (und zwar auch auf Kredit mit relativ niedrigem Kreditbetrag[30] und im Teilzahlungsgeschäft, falls die Belastung im angemessenen Verhältnis zum verfügbaren Einkommen steht[31]), ferner der Abschluß von Werkverträgen, die kleinere Reparaturen am Haus und im Haushalt zum Gegenstand haben[32] (und nicht mehr über größere Renovierungsarbeiten), die Beschaffung empfängnisverhütender Mittel,[33] der Kauf von Lernmitteln für die Kinder (dagegen nicht mehr die Bestellung eines Fortbildungskurses[34]), die Sorge um die ärztliche und die zahnärztliche Versorgung (einschließlich der erforderlichen Medikamente) der eigenen Person im vollen Umfang[35] (und zwar unabhängig von der Funktionsteilung in der Ehe[36]) sowie diejenige der Kinder im Rahmen des Alltäglichen und in Eilfällen (während der Verkehr im übrigen gemeinschaftliches Handeln erwartet).

Belanglos ist der typische Zuschnitt eines Rechtsgeschäftes auf einen Ehegatten allein (Kleidung, Rasierapparat). Unterhalt ist oft derart personbezogen zu gewähren. Auch ist die Widmung zum eigenen Gebrauch noch kein Umstand, der auf ein Handeln mit Wirkung nur für die eigene Person hinweist.

Geschäfte, die nicht mehr unter § 1357 fallen, verpflichten und berechtigen allein den handelnden Ehegatten. Die §§ 177ff. sind weder auf das Rechtsgeschäft überhaupt noch im Verhältnis zum anderen Ehegatten anzuwenden. Das Recht der Stellvertretung ist nur dann bestimmend, wenn der tätige Ehegatte (auch oder nur) im Namen seines Partners auftrat.

---

[30] Vgl. dazu (zum früheren Recht) LG Essen, NJW 1968, 1527; LG Saarbrücken, NJW 1971, 626 (abl., wenn der gesamte Kreditbetrag nur langfristig zurückgezahlt werden könnte); OLG Köln, OLGZ 1971, 155ff. (bejahend auch dann, wenn durch unzureichende Abschlagszahlungen schließlich eine größere Schuld entsteht).

[31] Zum früheren Recht anscheinend gänzlich abl. LG Landshut, FamRZ 1958, 466. Sehr zurückhaltend LG München, NJW 1961, 677; LG Stuttgart, MDR 1967, 45 und AG Bremen, FamRZ 1968, 314 (nur wenn Summe im Verhältnis zum Manneseinkommen ganz geringfügig). Wie der Text LG Berlin, NJW 1975, 351. Zum neuen Recht gänzlich abl. *Witte-Wegmann*, NJW 1979, 749 (mit Argumenten, die sich gegen die ,,Schlüsselgewalt" überhaupt richten).

Zu § 1357 n.F. wie der Text MünchKomm-*Wacke*, 22 zu § 1357; *Rolland*, 15 zu § 1357; *Ambrock*, II 2 zu § 1357.

Der Tatbestand des § 1a AbzG braucht nur in der Person des handelnden Ehegatten erfüllt zu sein. A.A. *Bosch*, FamRZ 1977, 572 Fn. 45 (Aushändigung einer Abschrift an den anderen Ehegatten nötig).

[32] Ebenso *Ambrock*, II 4 zu § 1357. Unbestimmter MünchKomm-*Wacke*, 17 zu § 1357 (,,Bestellung von Reparaturhandwerkern").

[33] Vgl. LG Itzehoe, FamRZ 1969, 90; LG München, FamRZ 1970, 314 (zur Schlüsselgewalt).

[34] A.A. *Rolland*, 15 zu § 1357 (gegen LG Stuttgart, MDR 1967, 45).

[35] Die grundsätzliche Neuorientierung des § 1357 am Unterhalt sollte die für die Schlüsselgewalt der Ehefrau str. Frage endgültig erledigt haben (zum Streit vgl. BGHZ 47, 75 und die Voraufl., S. 173 Fn. 6 – jeweils Schlüsselgewalt bejahend – mit weit. Hinw.).

[36] Gl. Ans. MünchKomm-*Wacke*, 24 zu § 1357; *Rolland*, 16 zu § 1357; *Roth-Stielow*, 16 zu § 1357. Dagegen will *Büdenbender*, FamRZ 1976, 671f., die ärztliche Behandlung berufstätiger Ehegatten nicht unter § 1357 fallen lassen.

7. Obligatorische Geschäfte im Einzugsbereich des § 1357 verpflichten die Ehegatten als *Gesamtschuldner;* der Geschäftspartner kann nach seinem Belieben den einen oder den anderen ganz oder zum Teil in Anspruch nehmen (§ 421). Untereinander gleichen die Ehegatten nach jenem Verhältnis aus, zu welchem sie die finanziellen Lasten des Familienunterhalts zu tragen haben.[37]

Freilich handelt es sich um eine Gesamtschuld, in der die Schuld des anderen Ehegatten in vollem Umfang nicht nur in der Begründung, sondern auch in der Entwicklung akzessorisch zur Schuld des Ehegatten ist, der das Schuldverhältnis begründete. In dessen Person sind alle rechtlich relevanten Umstände konzentriert (jeweils mit Gesamtwirkung), während der andere Ehegatte zwar rechtsgeschäftlich vom Geschäftspartner aus der Haftung entlassen (Erlaß ohne Gesamtwirkung) oder doch entgegenkommender behandelt werden kann (Stundung ohne Gesamtwirkung), im übrigen aber für die Entwicklung des Schuldverhältnisses nicht zuständig ist (vor allem keine Gestaltungsbefugnisse ausüben kann).[38] Nur in dieser Form ist die Gesamtschuld der Ehegatten bei voller Entfaltung des Normzwecks des § 1357 (Gläubigerschutz bei in der Regel „stiller", d.h. dem Gläubiger nicht bekannter Schuldnermehrheit) mit dem Prinzip der selbständigen (vom Partner nicht kontrollierten) Vermögensverwaltung zu vereinbaren. Der Widerruf insbesondere aus § 1b AbzG, Verzug und Verjährung (einschließlich aller Umstände, die Hemmung und Unterbrechung bewirken[39]) sind ausschließlich an der Person des Ehegatten zu orientieren, der sich rechtsgeschäftlich betätigte. § 425 (Einzelwirkungen im Regelfall der Gesamtschuld) steht nicht entgegen; er gilt nur, „soweit sich nicht aus dem Schuldverhältnis ein anderes ergibt".

8. Obligatorische Geschäfte berechtigen die Ehegatten als *Gesamtgläubiger;* der Geschäftspartner kann nach seinem Belieben an den einen oder den anderen leisten (§ 428).[40] Es besteht weder ein Anlaß, Leistung an beide Ehegatten zu fordern (§ 1357 läßt Interpretationsfreiheit; § 432 wäre nur anzuwenden, wenn die Ehegatten in einem Verhältnis zueinander stünden, das nur die Leistung an beide gestattet und eben deshalb alle Leistungen zu unteilbaren ausgestaltet), noch ist es besonders sinnvoll, vom Schuldner einen Leistungsvollzug zu

---

[37] Ebenso MünchKomm-*Wacke,* 33 zu § 1357; *Büdenbender,* FamRZ 1976, 667; *Beitzke,* § 12 V vor 1; *Roth-Stielow,* 8 zu § 1357; nur noch grundsätzlich *Rolland,* 17 zu § 1357 (als Folge eines viel zu weiten Umfanges der Handlungsmacht mit erg. Anwendung der §§ 677ff.).

[38] Grundsätzlich a. A. (unter Hinweis auf das angebliche Recht eines jeden Ehegatten, die eheliche Gemeinschaft zu vertreten) MünchKomm-*Wacke,* 23 zu § 1357 (zu § 1b AbzG) und 31 zu § 1357, mit Gesamtwirkungen auch bei Handeln des anderen Ehegatten. Vgl. ferner *Bosch,* FamRZ 1977, 572 Fn. 45 (Widerruf aus § 1b AbzG kann der andere Ehegatte mit Wirkung nur für die eigene Person erklären). Für volle Anwendung der Regel des § 425 *Büdenbender,* FamRZ 1976, 667.

[39] Zur alten Schlüsselgewalt vgl. insoweit LG Essen, NJW 1968, 1527; OLG Köln, OLGZ 1971, 155 (Recht der Ehefrau, eine Schuld für den Mann anzuerkennen und damit Unterbrechung der Verjährung zu bewirken).

[40] Ebenso *Beitzke,* § 12 V; MünchKomm-*Wacke,* 31 zu § 1357.

fordern, dem er in der Regel der Fälle (der „stillen" Gesamtberechtigung) gar nicht entsprechen kann (sofern man nicht mit fiktiven Empfangsberechtigungen den eigenen Ansatz selbst ad absurdum führen will).[41]

Gesamtgläubiger stellt das Gesetz in der Regel (§ 429) Gesamtschuldnern in den Fragen der späteren Entwicklung der Forderung und des Schuldverhältnisses gleich. Doch sollte die besondere Situation des Schuldners (dem der zweite Gläubiger unbekannt zu bleiben pflegt) und der Ehegatten (die sich nicht mit anderen Gesamtgläubigern vergleichen lassen, weil für die Ordnung ihrer Güter andere Daten vorgegeben sind) auch hier zur grundsätzlichen Gesamtwirkung aller Umstände führen, die in der Person jenes Ehegatten eintreten, der die Forderung begründete, und zur Konzentration aller Gestaltungsbefugnisse bei ihm. Gesamtgläubigerschaft in diesem Verstande nähert sich praktisch der Einzelgläubigerschaft eines Ehegatten mit Einziehungsermächtigung für den anderen (ohne ihr voll zu entsprechen), doch sollte die Näherung eher für die Richtigkeit der Lösung sprechen: Es kann sich nicht darum handeln, mit forciertem Gemeinschaftsdenken Grundstrukturen des Ehevermögensrechtes aufzulösen.

9. Bedeutungslos ist § 1357 für die *dingliche Rechtslage* an den Sachen, die einem Ehegatten zwecks Erfüllung geleistet werden. Normtext und Normzweck sind gleicherweise mit einer auf den obligatorischen Geschäftsbereich beschränkten Wirkung zu vereinbaren; im Kontext des gesamten ehelichen Vermögensrechtes wären dingliche Wirkungen (sofern sie nicht sofort wieder mit § 1370 korrigiert werden müßten) nichts weiter als störende Elemente, die Disharmonien in das Gefüge der Normenkomplexe tragen. Eine Rechtsordnung, die sich im gesetzlichen Güterrecht zu einem System der Gütertrennung bekennt und in gläubigerfreundlichen Eigentumsvermutungen von Alleineigentum der Ehegatten als Regelfall ausgeht (§ 1362),[42] wird nicht mehr folgerichtig entfaltet, wenn gemeinschaftliches Eigentum der Ehegatten in größerem Umfang auf ihre Normen (gegen den Inhalt der dinglichen Einigung) gegründet wird. Miteigentum je zur Hälfte aber wäre die Folge, falls § 1357 auch für den Eigentumserwerb relevant wäre.[43]

Ein anderes ist die Frage, ob ein Ehegatte, der Eigentum nach den allgemeinen Regeln des Sachenrechtes (einschließlich der Übereignung an den, den es angeht)

---

[41] Für Anwendung des § 432 jedoch *Büdenbender,* FamRZ 1976, 667; *Palandt-Diederichsen,* 3a zu § 1357; *Roth-Stielow,* 8 zu § 1357 (obwohl er die Ehegatten als Gesamtgläubiger bezeichnet); *Roth,* FamRZ 1979, 362ff. (Bruchteilsgemeinschaft mit zusätzlichen Einzelberechtigungen aus § 432).

[42] Um zu einer Gleichgewichtslage zu gelangen, will deshalb *Büdenbender,* FamRZ 1976, 671, den § 1362 I auf Gegenstände, deren Erwerb in der Durchschnittsehe von § 1357 erfaßt wird, nicht mehr anwenden. Gegen ihn *Rolland,* 19 zu § 1357 (trotz Gleichheit der Ausgangsposition).

[43] Dafür haben sich ausgesprochen *Henrich,* § 8 II 2c; *Rolland,* 19 zu § 1357; *Büdenbender,* FamRZ 1976, 667f. (dazu weiter S. 671 mit Zweifeln am Vorrang des § 1370); *Palandt-Diederichsen,* 3a zu § 1357; *Ambrock,* IV 1 zu § 1357; *Roth,* FamRZ 1979, 369f. (mit Behauptung, daß gerade bei der Zugewinngemeinschaft Erwerb von Miteigentum als vorweggenommener Zugewinnausgleich seinen guten Sinn habe).

oder kraft güterrechtlicher Surrogation (§ 1370) erwarb, verpflichtet ist, seinem mit ihm nicht in Gütergemeinschaft (für diese vgl. § 1416) lebenden Ehegatten Allein- oder doch Miteigentum zu bestimmtem Bruchteil zu verschaffen, wenn jener den Erwerb aus seinen Mitteln finanzierte. Für Eigentumserwerb kraft Surrogation ist die Frage zu verneinen: Das eheliche Güterrecht rechtfertigt (wenn auch in fragwürdiger Manier) die Vermögensverschiebung zwischen den Ehegatten. Im übrigen (insbesondere also in der Hausfrauenehe) ist eine Pflicht zur Übereignung aus § 1353 anzuerkennen (und damit das Prinzip der Mittelsurrogation durchzusetzen), sofern es sich nicht um Gegenstände handelt, die dem ausschließlich persönlichen Gebrauch des erwerbenden Ehegatten zu dienen bestimmt sind. Das Güterrecht rechtfertigt keine Vermögensverlagerungen zwischen den Ehegatten mehr und das Unterhaltsrecht nur im Bereich der Ausnahme.[44]

10. *Ruhen der Handlungsmacht.* Kein Ehegatte kann den anderen kraft Gesetzes verpflichten und berechtigen, solange sie getrennt leben (mit Bestimmung des Begriffs durch § 1567[45]). Unterhalt wird dann (wenn überhaupt noch) mittels einer Geldrente gewährt. Die Gefahr indiskutabler Belastungen des jeweiligen Partners in der Ehe ist evident.[46] § 1357 III erweckt gar den Anschein vollständigen Erlöschens der Handlungsmacht in diesem Zeitraum, doch ist er (dem begrenzten Normzweck folgend) auf ein bloßes Ruhen zu beschränken, das die Rechtsmacht latent verfügbar hält und der Möglichkeit gestaltender Eingriffe nicht entzieht. Finden die Ehegatten erneut zusammen, kann die Handlungsmacht in Zukunft wieder ausgeübt werden (während es für die Vergangenheit beim Ruhen sein Bewenden hat).

Das Risiko einer Fehleinschätzung der Situation trägt der Geschäftsverkehr. Die faktische Trennung der Ehegatten ist keine im Güterrechtsregister eintragungsfähige Tatsache, die Dritten nur nach Maßgabe des § 1412 entgegengesetzt werden könnte.[47] Die zur Duldungs- und zur Anscheinsvollmacht entwickelten Lehren aber setzen ein Handeln in fremdem Namen voraus, das für den Anwendungsbereich des § 1357 gerade nicht charakteristisch ist.[48]

---

[44] I. Erg. wie der Text (jedoch ohne Ausnahme) schon MünchKomm-*Wacke,* 35 zu § 1357 (doch nimmt er mit Hilfe des „Geschäfts für den, den es angeht", unmittelbar Eigentumserwerb nach dem Gegenleistungsprinzip an).

[45] A. A. *Büdenbender,* FamRZ 1976, 662; *Rolland,* 22 zu § 1357. Wie der Text MünchKomm-*Wacke,* 42 zu § 1357; *Roth-Stielow,* 10 zu § 1357; *Ambrock,* VI zu § 1357.

[46] Vgl. dazu aus der Praxis OLG Hamm, FamRZ 1975, 346 (Babyausstattung für ein Konkubinatskind).

[47] Vgl. (zum früheren Recht) OLG Hamm, MDR 1951, 740; *Staudinger-Hübner,* 14 zu § 1357; *Soergel-Lange,* 15 zu § 1357 und (für § 1357 n. F.) *Rolland,* 23 zu § 1357; RGRK-*Finke,* 21 zu § 1412. A. A. MünchKomm-*Wacke,* 45 zu § 1357 (mit Analogie zu § 1357 II) und *Lüke,* Festschrift Bosch, S. 637 (im Anschluß an *Soergel-Gaul,* 5 vor § 1558 zum früheren Recht).

[48] Für einen generellen Schutz redlicher Dritter zur Schlüsselgewalt LG Düsseldorf, DJZ 1905, 272; *Kipp-Wolff,* § 43 V 2. Für eine analoge Anwendung der §§ 169, 170, 173 bei laufender Geschäftsbeziehung MünchKomm-*Wacke,* 43 zu § 1357.

11. *Ausschluß und Beschränkung.* Rechtsgeschäftlich eingeräumte Macht zu fremdwirkendem Verhalten steht in der Regel zur freien Disposition des Ermächtigenden (vgl. § 168 Satz 2). Rechtsmacht, die das Gesetz gewährt, pflegt dagegen dem Einfluß des Betroffenen entzogen zu sein. § 1357 zeigt eine mittlere Lösung: Jederzeit kann zwar ein Ehegatte die Handlungsmacht des Partners beschränken oder ausschließen;[49] das Vormundschaftsgericht aber kann auf Antrag des Partners die Maßnahme aufheben, wenn für sie kein ausreichender Grund vorhanden ist (§ 1357 II; Richtervorbehalt gemäß § 14 Nr. 1 RpflG).[50] Die Handlungsmacht der Ehegatten steht damit zur kontrollierten Disposition des jeweils passiv Betroffenen.[51] Zwar bewirkt seine Erklärung den Ausschluß oder die Beschränkung der Handlungsmacht im unmittelbaren Zugriff; die Wirkungen entfallen jedoch (für die Zukunft[52]), wenn der staatliche (rechtskräftig gewordene; vgl. § 53 FGG) Kontrollakt ein nur für ihn bestehendes Tatbestandselement verneint.

Die Richtigkeit dieser Lösung ist oft bezweifelt und an ihrer Stelle die in Parallelsituationen gewohnte Figur eines zweigliedrigen Tatbestandes gefordert worden, in dem der staatliche Kontrollakt zur privaten Erklärung als zweites Element hinzutritt.[53] Der Vorteil der von § 1357 angenommenen Lösung ist der bessere (weil schnellere) Schutz der Ehegatten voreinander. Ihr Nachteil liegt in der Möglichkeit ungerechtfertigter Kränkungen des Partners in der Ehe, aber auch in der unbestreitbaren Auslieferung der gesamten Handlungsmacht an die Ehegatten. Zwar ist es ihnen verwehrt, vertraglich § 1357 abzudingen (vgl. dazu schon oben § 18 III 2). Wirksam aber sind wechselseitig abgegebene Ausschlußerklärungen, die dem Vormundschaftsgericht nicht zur kontrollierenden Entscheidung vorgelegt werden.[54] Diese Möglichkeit scheint, folgerichtig zu Ende ge-

---

[49] Ein Verzicht auf dieses Recht ist nicht möglich. Vgl. OLG Hamm, ROLG 26, 216; *Kipp-Wolff,* § 43 Fn. 16; *Staudinger-Hübner,* 45 zu § 1357; *Dölle,* § 45 IV 1 für die alte Schlüsselgewalt. Zu § 1357 n. F. vgl. MünchKomm-*Wacke,* 36 zu § 1357.

[50] Für eine Herstellungsklage (mit der eine wiederherstellende Gegenerklärung gefordert wird) ist daneben kein Raum. Die h. L. verneint nur das Rechtsschutzbedürfnis im Regelfall. Vgl. zu § 1357 n. F. *Rolland,* 26 zu § 1357; MünchKomm-*Wacke,* 39 zu § 1357 (mit Nachw. zum älteren Recht). Ausschlaggebend sollte der Gedanke spezieller funktioneller Zuständigkeit sein (der für die Kompetenzen des VormG im Güterrecht von niemandem in Frage gestellt wird).

[51] Das gilt auch für Bargeschäfte mit überlassenem Wirtschaftsgeld. A. A. MünchKomm-*Wacke,* 38 zu § 1357, unter Berufung auf den Rechtsgedanken des § 110 (mit dem aber keine gesetzliche Ermächtigung begründet werden kann). Richtig ist allein, daß mit der Aushändigung des Wirtschaftsgeldes nach Entzug der gesetzlichen Handlungsmacht rechtsgeschäftlich entsprechend beschränkte Vertretungsmacht eingeräumt wird.

[52] Vgl. KG, ROLG 30, 39; *Staudinger-Hübner,* 53 zu § 1357; *Soergel-Lange,* 37 zu § 1357 zur Schlüsselgewalt. A. A. *Müller,* AcP 168 (1968), 136ff.; MünchKomm-*Wacke,* 39 zu § 1357. Der mit einer Rückwirkung verbundene Gläubigerschutz (mit dem kein Geschäftspartner rechnen durfte!) ist indessen unannehmbar.

[53] Vgl. zur Schlüsselgewalt *Arnold,* FamRZ 1958, 196f.; *Bosch,* FamRZ 1958, 291f.; *Eisser,* FamRZ 1959, 179; *Fahr,* S. 124ff. Zu § 1357 n. F. vgl. MünchKomm-*Wacke,* 40 zu § 1357.

[54] Ebenso MünchKomm-*Wacke,* 38 zu § 1357. Aus der Praxis vgl. dazu OLG Schleswig, NJW 1954, 155.

dacht, die Zulässigkeit von Ausschlußverträgen zwingend zu fordern. Doch bleibt ein wesentlicher Unterschied, der die gegenwärtige Rechtslage plausibel hält: Der vertragliche Ausschluß wäre nur durch einen neuen Vertrag zu beenden; der einseitige Akt kann dagegen jederzeit durch einseitigen Akt beendet, aber auch von dem betroffenen Ehegatten dem Vormundschaftsgericht zur Kontrolle unterbreitet werden.

Ausschluß und Beschränkung der Handlungsmacht werden durch deren Ruhen nicht ausgeschlossen.[55] Es bleibt ja die Möglichkeit einer erneuten Aktualisierung der Handlungsmacht mit Gefahren, denen vorzubeugen den Ehegatten nicht verwehrt sein kann. Folgerichtig muß dann aber auch dem Betroffenen das Recht belassen werden, während des Ruhens seiner Handlungsmacht einen aufhebenden Beschluß des Vormundschaftsgerichtes zu erwirken. Dafür spricht nicht nur die unmittelbare Bedeutung des Beschlusses im Augenblick erneuter Aktualisierung der Handlungsmacht, sondern auch das Bedürfnis nach Schutz vor ungerechtfertigten Kränkungen.[56]

Ausschluß und Beschränkung der Handlungsmacht erfolgen durch einseitige formlose Erklärung, die entweder an den Ehegatten zu richten ist oder an die Allgemeinheit (Antrag auf Eintragung im Güterrechtsregister), jedoch (mit entsprechend eingeschränkten Wirkungen) auch bestimmten Dritten gegenüber abgegeben werden kann (so, wie es richtig sein kann, wenn ein Kaufmann allzu großzügig beim „Anschreiben" verfährt).[57] Der Geschäftsverkehr ist nach Maßgabe des § 1412 geschützt (§ 1357 II 2), braucht also den Eingriff nur bei positiver Kenntnis oder Eintragung im Güterrechtsregister gegen sich gelten zu lassen. Zeitungsinserate (die seltener zu werden scheinen) sind fast wertlos; der Nachweis, daß sie gelesen und im Gedächtnis behalten wurden, ist meist (wenn überhaupt je) zu führen.

Ohne *ausreichenden Grund* erfolgten Ausschluß oder Beschränkung, wenn keine Sachverhalte gegeben sind, die mangelnde Befähigung oder auch mangelnden guten Willen zur pflichtgemäßen (§ 1353) Ausübung der Rechtsmacht anzei-

---

[55] Ganz h.L. Vgl. zur Schlüsselgewalt OLG Hamburg, MDR 1957, 164; OLG Hamm, FamRZ 1958, 465; BayObLG, FamRZ 1959, 504. Zu § 1357 n.F. vgl. MünchKomm-*Wacke,* 44 zu § 1357; *Rolland,* 23 zu § 1357.

[56] Für die Schlüsselgewalt war das allg. anerkannt. Zu § 1357 n.F. ebenfalls positiv MünchKomm-*Wacke,* 44 zu § 1357. Nach Scheidung der Ehe ist ein Rechtsschutzbedürfnis aber nicht mehr anzuerkennen. Vgl. KG, DJ 1937, 1784. Für Fortsetzung eines vor Rechtskraft des Scheidungsurteils eingeleiteten Verfahrens OLG München, JFG 15, 174.

[57] Die Rspr. forderte bislang für die Schlüsselgewalt eine Erklärung der Ehefrau gegenüber. Vgl. KG, ROLG 14, 218 (dagegen *Josef,* Recht 1908, 441); OLG Schleswig, NJW 1954, 155. Die h.L. im Schrifttum entsprach dem Text. Zu § 1357 n.F. vgl. *Henrich,* § 8 II 4; MünchKomm-*Wacke,* 35 zu § 1357; *Ambrock,* VII zu § 1357 (sämtlich für Erklärung gegenüber dem Ehegatten oder einem bestimmten Dritten).

Ehegatten, die sich an die Allgemeinheit oder an bestimmte Dritte wenden, sind aus § 1353 verpflichtet, ihren Partner in der Ehe über den Schritt und seine Ursachen zu informieren.

gen,[58] und zwar bezogen auf den Zeitpunkt der Entscheidung des Vormundschaftsgerichtes, nicht auf den der Erklärung. Eine Änderung in der Zwischenzeit zum Besseren rechtfertigt die Aufhebung, weil der zunächst berechtigte Eingriff später nicht pflichtgemäß (§ 1353) durch eine Gegenerklärung beendet wurde.

Dem aufhebenden Beschluß des Vormundschaftsgerichtes kann erneuter Ausschluß oder erneute Beschränkung folgen. Es gibt keine Rechtskraft des aufhebenden Beschlusses, die späteres Vorgehen gänzlich ausschließt oder auch nur beschränkt (etwa auf die Fälle neuen Sachvorbringens[59]). Die gern beschworene Gefahr einer unbegrenzten Folge unberechtigter Ausschlußerklärungen ist reine Theorie geblieben (die Praxis hat sich in acht Jahrzehnten nicht geäußert) und wird auch in Zukunft Theorie bleiben. Wo gibt es schon Ehegatten, die derart in ständiger Auseinandersetzung miteinander leben, gleichwohl aber ihre Ehe fortsetzen und gar in häuslicher Gemeinschaft bleiben (und nur dann hat die Handlungsmacht aktuelle Bedeutung)?

V. Ehebedingte Zuwendungen

Schrifttum: *Deubner,* Die Ehe – ein Rechtsgrund?, FamRZ 1968, 351; *Kühne,* Die Rückforderung von Vermögenszuwendungen zwischen Ehegatten bei Scheidung der Ehe unter besonderer Berücksichtigung des Bereicherungsrechts, FamRZ 1968, 356; *derselbe,* Schenkungen unter Ehegatten, insbesondere ihre Rückabwicklung nach der Scheidung im deutschen materiellen und internationalen Privatrecht, FamRZ 1969, 371; *Lieb,* Die Ehegattenmitarbeit im Spannungsfeld zwischen Rechtsgeschäft, Bereicherungsausgleich und gesetzlichem Güterstand, 1970; *Henrich,* Schuldrechtliche Ausgleichsansprüche zwischen Ehegatten in der Rspr. des BGH, FamRZ 1975, 533; *Kühne,* Zuwendungen unter Ehegatten und Zugewinnausgleich, FamRZ 1978, 221; *Johannsen,* Vermögensrechtliche Auseinandersetzung unter Ehegatten nach Auflösung der Ehe bei Gütertrennung, WM 1978, 502.

1. Die *Problematik.* Als ehebedingte Zuwendungen qualifizieren wir alle Zuwendungen, die Ehegatten einander erbringen, sofern es sich nicht um die üblichen Gelegenheitsgeschenke handelt und sofern die Ehegatten nicht im eheneutralen Geschäftsbereich verharren wollten. Zuwendungen dieser Art pflegen zwischen den Ehegatten unproblematisch zu sein, solange die persönlichen Beziehungen nicht gestört sind. Sie werden dagegen mit der Frage nach ihrem Geschäftszweck (ihrer causa) und mit der weiteren (von der ersten abhängigen) nach ihrer Konsistenz virulent, wenn die Ehe gescheitert und (erst recht) wenn sie geschieden ist.

2. *Typische Fälle.* Es versteht sich von selbst, daß die Problematik in der Praxis nur aufbricht nach Zuwendung von Gegenständen größeren Wertes. Abzuwik-

[58] Vgl. OLG Hamm, FamRZ 1958, 465; MünchKomm-*Wacke,* 39 zu § 1357. Sicher überholt OLG Karlsruhe, HRR 1932 Nr. 954 (Schlüsselgewalt; Ausschluß gerechtfertigt, wenn Ehefrau Geschäfte tätigt, die vom Wirtschaftsgeld nicht bestritten werden können). *Rolland,* 26 zu § 1357, fordert „Pflichtwidrigkeiten von nennenswertem Umfang".

[59] Dafür MünchKomm-*Wacke,* 37 zu § 1357.

keln sind insbesondere Zuwendungen im Zusammenhang mit dem Erwerb oder der Bebauung von Grundstücken (sei es nun, daß auch oder nur mit Mitteln eines Ehegatten ein Grundstück bebaut wird, das dem anderen Ehegatten allein gehört, sei es auch, daß ein Grundstück zu hälftigem Bruchteilseigentum erworben wird, obwohl die Mittel zum Erwerb und vielleicht auch zur späteren Bebauung allein von einem Ehegatten herrühren) sowie Zuwendungen im Zusammenhang mit dem Erwerb von Wertpapieren aller Art. Hier wie dort entsteht die Problematik allein für Ehegatten, die in einem System der Gütertrennung (also auch in Zugewinngemeinschaft) leben. Die theoretische Möglichkeit einer Parallelproblematik im Güterstand der Gütergemeinschaft durch Zuwendungen aus und in das Vorbehaltsgut ist unbestreitbar; praktische Bedeutung kommt ihr indessen nicht zu.

3. *Eheneutrale Zuwendungen* sind nach den Regeln zu behandeln, die für den Vertragstyp gelten, den die Ehegatten als Basis wählten. Hat etwa ein Ehegatte den anderen beauftragt, ein Grundstück zu erwerben, das (weil aus Mitteln beider zu etwa gleichen Teilen finanziert) beiden Ehegatten gleicherweise zukommen soll, so schuldet der Erwerber von Alleineigentum aus § 667 die Einräumung von Miteigentum (vgl. dazu unten § 34 II 2 für den gesetzlichen Güterstand).[1]

4. *Die Rechtsprechung*. Ehebedingte Zuwendungen sind meist „unbenannte Zuwendungen",[2] deren Rechtsgrund – falls überhaupt vorhanden – von den Parteien nicht ausgewiesen wird. Mit gutem Grund hat der BGH es konsequent abgelehnt, sie aus („stillschweigend" zustandegekommenen) Gesellschaftsverträgen der Ehegatten zu rechtfertigen und damit eine im Problembereich der ehelichen Mitarbeit forciert verwandte „Lösung" (vgl. unten § 20 III 6) noch weiter zu outrieren. Das, was die Ehegatten gemeinschaftlich wollen, pflegt kein Zweck zu sein, der sich von den mit der Ehe verfolgten Zwecken trennen und zu einem Gesellschaftszweck verselbständigen läßt. Positiv hat der BGH (ohne Einigkeit seiner Senate) zunächst nicht zu einer Rechtsprechung gefunden, die sehr viel mehr gewesen wäre als ein eklektischer Versuch, mit fingierten Verträgen, dem Recht der ungerechtfertigten Bereicherung und den Lehren vom Wegfall der Geschäftsgrundlage den Einzelfällen gerecht zu werden.[3] Erst in jüngster Zeit

---

[1] Soll der beauftragte Ehegatte vorerst allein zuständig bleiben, so ist der eigentliche Auftrag mit dem Erwerb erledigt; er wird jedoch ohne Rechtsübertragung abgelöst von einer Treuhandabrede. Die Staffelung von Auftrag und Verwaltungstreuhand bietet sich auch an für die Geldanlage auf Sparkonten, die auf den Namen eines Ehegatten geführt werden, während die Ersparnisse von beiden Ehegatten herrühren. BGH, NJW 1966, 442 nimmt insoweit eine stillschweigende „Verrechnungsabrede" an (die *Henrich,* FamRZ 1975, 536, eine „überzeugende Konstruktion" [sic!] nennt).

[2] Der Begriff stammt von *Lieb,* S. 112ff. Er versteht unter ihm freilich nur die „speziellen, familienrechtlichen causalosen Ausgestaltungen der ehelichen Lebensgemeinschaft". Nach Scheitern der Ehe sollen ihm zufolge die Grundsätze für den Wegfall der Geschäftsgrundlage gelten.

[3] Vgl. etwa BGH, FamRZ 1968, 23 (Beteiligung am Hausbau) mit einer condictio causa finita. Krit. dazu (Ehe kein Rechtsgrund) *Deubner,* FamRZ 1968, 351ff. (selbst für Schenkung mit besonde-

begann die Stabilisierung auf weithin neuem Niveau. Wenn und soweit die Ehegatten in Zugewinngemeinschaft leben, wird die Abwicklung grundsätzlich in den Zugewinnausgleich aufgelöst[4] (vgl. dazu § 34 I 9); sofern zwischen ihnen Gütertrennung herrscht und sofern der Zugewinnausgleich keine sachgerechten Ergebnisse zeitigt (und er kann es jedenfalls dann nicht, wenn der Empfänger der Zuwendung ausgleichspflichtig ist[5]) werden die vom Wegfall der Geschäftsgrundlage im Schuldrecht entwickelten Grundsätze bemüht.[6]

Überzeugend ist die Wendung des BGH nicht.[7] Die Kluft zwischen Zugewinngemeinschaft und reiner Gütertrennung ist Indiz einer Inhaerenz schon in den Grundlagen: Hier wie dort handelt es sich um ein System der Gütertrennung, das niemals rechtfertigender Grund für Zuwendungen unter Ehegatten sein kann, die während des Güterstandes erfolgten; auch die Zugewinngemeinschaft verpflichtet nur zum Ausgleich nach Beendigung (und zwar zum Ausgleich auf der Basis voll geklärter Einzelpositionen, auch und gerade zwischen den Ehegatten). Die Notwendigkeit sodann, im Güterstand der Zugewinngemeinschaft anhand einer Kontrollrechnung die Einzelfälle in zwei Gruppen mit unterschiedlichen Lösungen aufzuspalten, beweist nicht nur, daß der praktische Entlastungseffekt gering ist, sondern auch, daß es nicht gelang, einen Ansatz zu finden, der sonderlich leistungsfähig ist. Die Bereitschaft schließlich, für bestimmte Fallgruppen die Lehren vom Wegfall der Geschäftsgrundlage zu bemühen, kann nicht verdecken, daß es sich letztlich um eine reine Billigkeitsjustiz handelt (mit allen Gefahren, die ihr eigen sind). Wegfall der Geschäftsgrundlage, da wäre zunächst einmal das Rechtsverhältnis zu bestimmen, dessen Grundlage entfallen sein soll. Und zwar nicht um theoretischer Rechtsgläubigkeit willen, sondern um das unentbehrliche Steuerungsinstrument zu fixieren: Geschäftsrisi-

---

rer Zweckvereinbarung); *Kühne,* FamRZ 1968, 357 ff. (selbst für Auftrag im Regelfall und für Wegfall der Geschäftsgrundlage bei einer Zweckschenkung); *Lieb,* S. 118 ff. (selbst für Wegfall der Geschäftsgrundlage); *Henrich,* FamRZ 1975, 536.

Vgl. ferner BGH, FamRZ 1969, 78 (Übereignung eines Grundstückes vom Eigentümer, der es unter Mithilfe des Partners bebaut hatte, auf den Partner) mit einer Mischung von rechtsgeschäftlich vereinbartem Gemeinschaftsverhältnis und Schenkung (je zur Hälfte). Evident ist, daß hier der Zweck (hälftiges Miteigentum) die Mittel (fingierte Abrede) heiligt. Krit. deshalb *Kühne,* FamRZ 1969, 372 f. (der selbst einen Auftrag unterstellt, „für beide Ehegatten eine gemeinschaftliche Heimstatt zu errichten", mit einem Anspruch des beauftragenden Ehegatten gegen den beauftragten Eigentümer aus § 667 auf Einräumung eines nach dem Verhältnis der beiderseitigen Aufwendungen berechneten Miteigentumsanteils); *Lieb,* S. 118 Fn. 47 („Verirrung"); *Henrich,* FamRZ 1975, 536.

[4] Vgl. BGHZ 65, 320 (Zugewinnausgleich unter Lebenden) mit krit. Anm. *Kühne,* JZ 1976, 487 ff. und BGH, FamRZ 1976, 334 (Zugewinnausgleich von Todes wegen) mit krit. Anm. *Kühne,* JR 1977, 22.

[5] Vgl. dazu OLG Schleswig, FamRZ 1978, 247. Krit. zu dem Urteil *Kühne,* FamRZ 1978, 223.

[6] Vgl. für Ehegatten in Zugewinngemeinschaft BGHZ 68, 299 ff. und für Ehegatten in reiner Gütertrennung BGH, FamRZ 1972, 201 (Wertpapiere); NJW 1974, 1554 (Grundstückserwerb und Bau eines Eigenheims); *Johannsen,* WM 1978, 508 f. Von *Henrich,* FamRZ 1975, 637, wird die Lösung als „juristisch einwandfrei" bezeichnet.

[7] Abl. auch *Kühne,* zuletzt FamRZ 1978, 221 ff.

ken sind nun einmal nur im Hinblick auf bestimmte Vertragstypen richtig zu verteilen.

5. *Causalose Zuwendungen.* Differenzierung ist notwendig, doch sollte sie beim rechtsgeschäftlichen Willen der Ehegatten ansetzen. Vermögensverschiebungen können zum ersten ohne jede Leistungszweckbestimmung vollzogen werden, ohne Bezug auf ein Rechtsverhältnis, das sie rechtfertigt. Sie bleiben in diesem Fall bewußt ohne einen stabilisierenden Rechtsgrund und dürfen auch nicht um angeblich oder tatsächlich billiger Ergebnisse willen in ein fingiertes Rechtsverhältnis eingewiesen werden. Der Leistungsempfänger ist dann allein aus § 812 verpflichtet (§ 814 hindert den Anspruch nicht, weil nicht ,,zum Zwecke der Erfüllung einer Verbindlichkeit" geleistet wurde); während der Ehe kann die Ausübung der Forderung ausgeschlossen sein (§ 1353 in seiner Schrankenfunktion).

6. Vermögensverschiebungen können zum zweiten als *Schenkung* gerechtfertigt sein.[8] Kein Güterstand hindert die Ehegatten daran, einander zu beschenken; auch Gegenstände größeren Wertes können rite geschenkt sein. Gleichgültig ist auch die Lastenverteilung in der Ehe. Daß ein Ehegatte allen Anlaß hat, dem Partner zu Dank verpflichtet zu sein, weil jener in erhöhtem Maße in Anspruch genommen wurde, schließt Schenkungsabsicht nicht aus. Auch unter Ehegatten ist die belohnende Schenkung nicht in andere Vertragstypen aufzulösen.

Daß Schenkungen unter Ehegatten gerade für den Fall der gescheiterten oder gar geschiedenen Ehe ihre eigenen Fragen aufwerfen, ist freilich evident, vom BGB jedoch nicht übersehen worden. Im Recht der Zugewinngemeinschaft ,,korrigiert" gegebenenfalls § 1380 eine an sich zugewinneutrale Schenkung (§ 1374 II) zu einem ausgleichspflichtigen Vorempfang (vgl. dazu unten § 36 VII 2).

7. Möglich sind Vermögensverschiebungen schließlich auf der Basis von *Kooperationsverträgen,* in denen die Ehegatten beiderseitigen Einsatz von Arbeitskraft oder Vermögen zur Förderung ihrer ehelichen Lebensgemeinschaft allein (und damit nicht in Form einer Gesellschaft) versprechen (vgl. dazu oben § 18 III 6). Kooperationsverträge dieser Art enden notwendig mit der Ehe, doch kann auch ein früheres Ende rechtsgeschäftlich gewollt sein (etwa mit der faktischen Tren-

---

[8] Die Rspr. steht der Schenkung mehr oder minder ablehnend gegenüber. Vgl. aber etwa BGH, FamRZ 1969, 29 (Einräumung von Miteigentum, obwohl die finanziellen Lasten allein von einem Ehegatten getragen wurden). Im übrigen wird gern ein Entgelt in den Leistungen während der Ehe gesehen (vgl. insbes. OLG Karlsruhe, FamRZ 1974, 306 mit Kompensation durch Haushaltstätigkeit, obwohl diese § 1360 Satz 2 zufolge die finanziellen Unterhaltsleistungen des anderen Ehegatten ausgleichen soll). Schwierigkeiten ergeben sich, wenn die Zuwendung zugleich als entgeltlich und als ,,vorweggenommener Zugewinnausgleich" charakterisiert wird. Als ,,vorweggenommener Zugewinnausgleich" sind Vorempfänge in der Ausgleichsrechnung nur bei Anwendung des § 1374 II richtig zu placieren, also einer Norm, die eine Schenkung voraussetzt. Für eine analoge Anwendung des § 1374 II deshalb *Henrich,* FamRZ 1975, 537.

nung). Sie können die verpflichtende Grundlage der Bildung gemeinschaftlichen Vermögens sein (das den Ehegatten in Rechtsgemeinschaft nach Bruchteilen zusteht und nie in Form einer gesamthänderischen Berechtigung als Folge des für die Gesamthandsverhältnisse geltenden numerus clausus). Sie können aber auch zu Vermögen in der Alleinzuständigkeit eines Ehegatten führen (und nehmen dann Züge der fiduziarischen Verwaltungstreuhand an, wenn der Erwerb aus dem Vermögen des anderen Ehegatten oder doch mit dessen Mitteln ohne Ausgleich erfolgte).

Die Beendigung der Kooperation hat nach den Regeln zu erfolgen, die die Ehegatten selbst für diesen Fall vorgesehen haben. Fehlt (wie üblich) eine Regelung, so ist der Vertrag ehegerecht (in erster Linie den unter Ehegatten geltenden Standards folgend) zu ergänzen (§ 157). Ehegerecht sind jedoch – vorbehaltlich einer von den Ehegatten herrührenden anderen Wertung – nicht etwa Verteilungskriterien, die bestimmend oder peripher in den persönlichen Ehebereich abgleiten oder auch die gegenwärtige oder nacheheliche Situation der Ehegatten aufgreifen. Ehegerecht ist in aller Regel vielmehr die Verteilung nach den Grundsätzen der Mittelsurrogation. Nur in dieser Form werden die Kooperationsverträge (die nicht Eheverträge sind) in güterstandsneutraler Form abgewickelt.

§ 20. Tätigkeiten

I. Der Haushalt

Schrifttum: *Meyer,* Der Ehegatte als Verrichtungsgehilfe, FamRZ 1955, 156; *Schlosser,* Inanspruchnahme des Mannes aus nichtrechtsgeschäftlichem Verhalten der Ehefrau im Haushalt, FamRZ 1961, 287; *Fabricius,* Die Zweckbindung des Wirtschaftsgeldes (§ 1360a II 2 BGB) als Grundlage einer sozialrechtlichen Deutung des § 1357 BGB, FamRZ 1963, 112; *Weimar,* Wann haftet der Ehegatte einem Dritten für den anderen?, JR 1967, 248.

1. *Autonomie.* Das geltende Recht weist den Haushalt keinem Ehegatten mehr als dessen Tätigkeitsfeld zu. Die autonome Gestaltung der ehelichen Lebensgemeinschaft durch die Ehegatten, einst gerade für das Hauswesen innerhalb einer vom sozialen Standard der Hausfrauenehe beherrschten Gesellschaft unvorstellbar und nie erwogen, ist heute auch für den Haushalt kein Problem mehr. Nicht, als ob die Hausfrauenehe atavistisch geworden wäre, aber sie ist heute nur ein Modell unter vielen, die von den Ehegatten in freier Wahl als Inhalt nun gerade ihrer ehelichen Lebensgemeinschaft bestimmt werden können. Vieles bietet sich konkurrierend an: die Teilung der Aufgaben im Haushalt mit einer Vielzahl von möglichen Gestaltungen im einzelnen insbesondere (der Doppelverdienerehe korrespondierend, aber den Ehegatten auch für sie nicht bindend vorgegeben), aber auch Regelungen mit Wechseln in Phasen (intermittierende Ehen) und Regelungen, die deutlich Schwerpunkte bei einem Ehegatten setzen (so, wie es bei Zuverdienstehen oft sachgerecht ist).

Kein Ehepaar ist gezwungen, eine Entscheidung zu treffen.[1] Selbst im Kernbereich der ehelichen Lebensgemeinschaft gilt die Autonomie der Ehegatten unbegrenzt, ohne Ehemodell, dem jeder Ehegatte verpflichtet wäre, seine Zustimmung zu erteilen, weil es sich aus anderen Daten des ehelichen Zusammenlebens zu ergeben scheint, und ohne gesetzliche Ordnung, die subsidiär (als dispositives Recht) die Tätigkeiten der Ehegatten ordnet (vgl. dazu oben § 18 III 1). Wenn und soweit eine Einigung nicht möglich ist, gibt es keinen Ehegatten, der dem Haushalt besonders verbunden wäre; aus § 1353 kann für beide Ehegatten allenfalls die Pflicht entwickelt werden, den Haushalt vor dem Ruin zu bewahren.[2]

2. *Bindung*. Einmal getroffene Regelungen genießen keinen besonderen Bestandsschutz, der ihnen einen besonderen Standort im Gesamtgefüge der autonomen Gestaltung der ehelichen Lebensgemeinschaft sichern würde. So sicher gerade die Fragen des Hauswesens den Inhalt der ehelichen Lebensgemeinschaft entscheidend prägen, so sicher ist auch, daß alle Gründe, die überhaupt Lockerungen der Bindung an grundlegende Ordnungen erzwingen (vgl. oben § 18 III 4) auch für die Ordnung der Tätigkeiten gilt, die stets aus einem Geflecht vorgegebener Daten und (ehelicher sowie persönlicher) Zielvorstellungen erwächst, die nicht unwandelbar sind.

3. *Selbständigkeit eines Ehegatten*. Wird der Haushalt einem Ehegatten (berechtigend, aber auch verpflichtend) überlassen, so leitet er ihn in eigener Verantwortung kraft zwingenden Rechts (§ 1356 I 2),[3] in dem ein der Gegenwart evidentes und unaufgebbares Gerechtigkeitspostulat wirkt. Selbständigkeit wird von Art. 3 GG zwingend gefordert; eine Ehe gleichberechtigter Partner ist mit kleinlichen Abhängigkeiten nicht zu vereinbaren.

Selbständigkeit genießen nicht nur Ehegatten, die den ganzen Haushalt übernahmen (wenn auch sie in besonderem Ausmaß), sondern auch (in entsprechender Verkürzung) alle anderen, denen abgegrenzte Teilbereiche zugewiesen wurden. Der Text des § 1356 I 2 steht nicht entgegen, während sein Zweck die Aussage fordert.

4. Einen Haushalt *in eigener Verantwortung* führen, heißt in einem Teilbereich der ehelichen Lebensgemeinschaft entbunden sein von der Pflicht, eine Einigung mit dem Partner für einzelne Maßnahmen oder auch ganze Gruppen von Maßnahmen zu suchen.[4] Es bleibt die Bindung an Beschlüsse, die Rahmenbedingun-

---

[1] Daran kann auch die Fassung des § 1356 I mit ihrem Militärdeutsch nichts ändern. Es handelt sich lediglich um eine Sollvorschrift. Vgl. MünchKomm-*Wacke*, 7 zu § 1356.

[2] So schon *Henrich*, § 7 IV 3; MünchKomm-*Wacke*, 7 zu § 1356.

[3] Ebenso i. Erg. *Rolland*, 5 zu § 1356.

[4] Ebenso *Rolland*, 4 zu § 1357; *Palandt-Diederichsen*, 2b zu § 1357; *Lüke*, Festschrift Bosch, 1976, S. 634. Krit. zu einer derartigen Deutung *Müller-Freienfels*, Ehe und Recht, 1962, S. 104 (nicht voll überzeugend, weil mit dem Gedanken des teamwork der Ehegatten unvereinbar).

Nach a. A. vermittelt die ,,eigene Verantwortung" lediglich den Stichentscheid bei Uneinigkeit der Ehegatten. Vgl. *Roth-Stielow*, 10 zu § 1356.

gen setzen, und es bleibt die Bindung an Beschlüsse, in denen von den Ehegatten Richtlinien entwickelt wurden. Fehlt das eine und das andere oder bleiben sie lückenhaft, so folgt aus § 1353 immer noch die Pflicht zu einer die wirtschaftlichen Möglichkeiten der Ehegatten respektierenden, die Bedürfnisse und Interessen des Partners berücksichtigenden Wirtschaftsführung.

Einen Haushalt in eigener Verantwortung führen, heißt dagegen nicht mehr im Gesamtbereich des Hauswesens nur eigene Geschäfte besorgen. Der Haushalt bleibt unabhängig von der Funktionsteilung ein gemeinschaftlicher, in dem der tätige Ehegatte (vornehmlich bei der Verwendung des ihm zur Verfügung gestellten Wirtschaftsgeldes) Geschäfte erledigt, die im Innenverhältnis der Ehegatten (und kraft des § 1357 oft auch im Außenverhältnis) auf beide Ehegatten zu beziehen sind. Doch handelt er nicht als Beauftragter, sondern allein als Ehegatte, dessen weitere Pflichten § 1353 bestimmt. Wirtschaftsgeld ist demzufolge auch nicht mit der Akkuratesse abzurechnen, zu der § 666 verpflichtet, sondern nur mit jener Großzügigkeit, die allein gleichberechtigten, einander vertrauenden Partnern entspricht.[5]

5. *Deliktische Haftung.* Funktionelle Selbständigkeit eines Ehegatten schließt eine deliktische Haftung des anderen Ehegatten für das Tun oder Unterlassen seines Partners bei der Besorgung des Hauswesens aus; kein Ehegatte ist im häuslichen Bereich weisungsgebundener Verrichtungsgehilfe (§ 831).[6] Mit der veränderten Zuordnung der Ehegatten (zu gleichberechtigter Partnerschaft) sind auch alle früheren Versuche obsolet geworden, dem ,,Haushaltungsvorstand" Rechtspflichten aufzubürden, deren Verletzung zur Haftung aus § 823 führt. So bleibt im deliktischen Bereich allein eine Haftung aus verletzter Verkehrssicherungspflicht, wenn ein Ehegatte dem anderen gefährliche Gerätschaften zur Verfügung stellt und jener bei ihrem Gebrauch einen Dritten schädigt.

6. *Mithilfe.* Ehegatten, die das Hauswesen dem Partner (mit dessen Einverständnis) überließen, sind gleichwohl nicht aller häuslichen Pflichten ledig. Es bleibt nicht nur die Pflicht aus § 1353, den Haushalt vor dem Verkommen zu

---

[5] Äußerungen aus der Zeit vor dem 1. EheRG mit direkter oder analoger Anwendung des Auftragsrechts (vgl. die Voraufl., S. 169 Fn. 5) können nicht auf den neuen Rechtszustand übertragen werden. Für die Zeit danach für die Anwendung des § 666 (mit Modifizierungen, die dem Text entsprechen) *Roth-Stielow,* 15 zu § 1356. Wie der Text *Henrich,* § 8 II 2a; *Rolland,* 4 zu § 1356; *Lüke,* Festschrift Bosch, S. 634.

Mit dem System des geltenden Familienrechts ist nicht zu vereinbaren die ,,sozialrechtliche Deutung" der §§ 1356, 1357, wie sie von *Fabricius,* FamRZ 1963, 112ff. (zust. *Staudinger-Hübner,* 12 und 10 zu § 1357), versucht wurde. Kein Ehegatte besorgt die ,,Geschäfte der Familie" (die nun einmal kein selbständiger Verband ist). Verfehlt auch die von *Dölle,* § 45 III 1, vorgeschlagene entspr. Anwendung der §§ 705ff. (die für § 713 doch nicht durchgehalten wird).

Aus der Praxis vgl. OLG Nürnberg, FamRZ 1960, 64, 66 (schikanöses Abrechnungsverlangen als Scheidungsgrund alten Stils).

[6] So schon früher *Meyer,* FamRZ 1955, 156; *Schlosser,* FamRZ 1961, 292f.; *Staudinger-Hübner,* 21 vor § 1353; *Weimar,* JR 1967, 249; *Soergel-Lange,* 3 zu § 1356. Für § 1356 n.F. ebenso *Beitzke,* § 12 III 2e.

bewahren, in jenen Zeiten, in denen die im autonomen Akt getroffene Ordnung dispensiert ist (Krankheit) oder als endgültig hinfällig betrachtet werden muß (vgl. dazu oben § 18 III 4), eine neue Ordnung aber noch nicht gefunden wurde. Es bleibt auch die allgemeine Beistandspflicht, die tätige Mithilfe in situationsbezogenem Umfang gebietet, wenn Arbeiten zu erledigen sind, die der haushaltführende Ehegatte (mangels entsprechender Kräfte) nicht bewältigen kann, und wenn im ,,Stoßgeschäft" Spitzenbelastungen eintreten, die dem (in der Ordnung der Ehegatten vorgezeichneten) ausgewogenen Verhältnis der beiderseitigen Belastungen nicht mehr entsprechen.[7]

II. Erwerbstätigkeiten

1. *Freiheit und Bindung.* Beide Ehegatten sind berechtigt, erwerbstätig zu sein (§ 1356 II 1); ob sie verpflichtet sind, einer Erwerbstätigkeit nachzugehen, entscheidet das Unterhaltsrecht. Der Autonomie der Ehegatten stehen alle Ehetypen offen ohne Vorrang des einen vor den anderen. § 1356 II 1 postuliert nicht die Doppelverdienerehe als Eheleitbild der Gegenwart oder auch der Zukunft; er stellt sie nur zur Wahl. § 1356 II 1 wertet auch nicht das Leitbild der Hausfrauenehe ab; er akzeptiert es, wenn die Ehegatten ihm zu folgen wünschen.

2. *Rücksichten.* Bei der Wahl und Ausübung einer Erwerbstätigkeit haben die Ehegatten auf die Belange des Partners und die der Familie die gebotene Rücksicht zu nehmen (§ 1356 II 2). Die Aussage ist trivial und nur auf dem Hintergrund einer von den Ehegatten bereits getroffenen Ordnung ihrer Ehe wenigstens begrenzt justiziabel. Derart präfixiert mag es in der Tat möglich sein, in einigen Fällen zu Rücksichtspflichten bestimmter Gestalt zu gelangen. Illegitim ist es dagegen, die unbestimmte Rücksichtspflicht im Rückgriff auf tradierte Rollenvorstellungen zu präzisieren und damit den Ehegatten gegen den Willen des Gesetzes ein bestimmtes Verhalten als allein ehegerecht vorzuschreiben.

3. Rücksichtspflichten haben keine unmittelbaren *Außenwirkungen.* Verträge, die im Verhältnis zum Ehegatten pflichtwidrig sind (in einer Hausfrauenehe nimmt die Ehefrau ohne Recht zur einseitigen Beendigung der auch von ihr akzeptierten Eheordnung eine Erwerbstätigkeit auf, die mit ihren Pflichten im Haushalt nicht zu vereinbaren ist), kommen wirksam zustande, können auch nicht (schon gar nicht von dem Partner in der Ehe) erleichtert beendet werden. Mittelbare Außenwirkungen ergeben sich jedoch, wenn innerhalb des Vertragsrechtes Verhalten unter Berücksichtigung aller Umstände des Einzelfalles zu bewerten ist (vgl. § 626): Sicher entbinden Pflichten in der Familie nicht von

---

[7] Die grds. Frage konnte schon zu § 1356 a. F. als endgültig ausgetragen gelten. Vgl. dazu BGH, FamRZ 1960, 21; OLG Stuttgart, NJW 1961, 2113; *Staudinger-Hübner,* 6 zu § 1353. Zu § 1356 n. F. vgl. (mit unbestimmteren Aussagen im Detail) MünchKomm-*Wacke,* 12 zu § 1356; *Roth-Stielow,* 13 zu § 1356.

Pflichten, die vertraglich übernommen wurden, doch sind sie ein wesentlicher Bestandteil der Gesamtsituation, in der sich erwerbstätige Ehegatten befinden.

III. Mitarbeit

Schrifttum zu § 1356 a. F.: Vgl. die bibliographischen Angaben in den Monographien von *Fenn,* Die Mitarbeit in den Diensten Familienangehöriger, 1970; *Lieb,* Die Ehegattenmitarbeit im Spannungsfeld zwischen Rechtsgeschäft, Bereicherungsausgleich und gesetzlichem Güterstand, 1970; *Burckhardt,* Der Ausgleich für Mitarbeit eines Ehegatten im Beruf oder Geschäft eines anderen (§ 1356 II BGB), 1971. Aus der Folgezeit: *Klunzinger,* Mitarbeit im Familienverband, FamRZ 1972, 70; *Brüning,* Ehegatten-Innengesellschaft und Anfangsvermögen beim Ausgleich des Zugewinns, NJW 1974, 1802; *Henrich,* Schuldrechtliche Ausgleichsansprüche zwischen Ehegatten in der Rspr. des BGH, FamRZ 1975, 533.

Schrifttum zum geltenden Recht: *Johannsen,* Vermögensrechtliche Auseinandersetzung unter Ehegatten nach Auflösung der Ehe bei Gütertrennung, WM 1978, 502; *Gernhuber,* Die geordnete Ehe, FamRZ 1979, 193.

1. *Das Gesetz.* Seit dem 1. EheRG enthält das BGB keine Norm mehr, die Ehegatten zur Mitarbeit im Beruf oder Geschäft des Partners verpflichtet. Keine Norm nimmt sich auch der Fragen an, die auftreten, wenn tatsächlich Mitarbeit geleistet wird: Wie auf die Regelung anderer Ehetypen, so hat die Legislative auch Verzicht geleistet auf die Regelung des (weit verbreiteten, freilich in sich sehr verschiedenartigen) Ehetyps der Mitarbeitsehe.

In einigen wenigen Fällen kann Mitarbeit als Unterhaltsleistung geschuldet sein. Zwar richtet sich kein Unterhaltsanspruch unmittelbar auf Arbeitsleistung im eigenen Geschäft oder Beruf, wohl aber kann er die Pflicht zur Aufnahme einer Erwerbstätigkeit implizieren, die nach Lage der Dinge nur im Beruf oder Geschäft des Ehegatten erfolgen kann. Mehr als eine periphere Randkorrektur der grundsätzlichen Freiheit der Ehegatten von Mitarbeitspflichten sind diese Fälle der ,,Unterhaltsarbeit" indessen keineswegs.[1]

Aus § 1353 kann lediglich (als Ausfluß der allgemeinen Beistandspflicht in Notsituationen) eine Pflicht zur Mitarbeit in extremen Gefährdungssituationen entwickelt werden, die anders nicht zu meistern sind. Illegitim sind alle Versuche, aus § 1353 Mitarbeitspflichten zu entwickeln, die ganz oder beschränkt leitbildbezogen sind[2] (einschließlich der gern postulierten Pflicht zur Mithilfe beim Aufbau einer freiberuflichen Praxis, die bereits eine Unterordnung

[1] Nach altem Recht reichte die Unterhaltsarbeit viel weiter. Sie ergab sich zusätzlich als ,,konkurrierende Unterhaltsarbeit" bei Zusammentreffen von Pflicht zur Erwerbstätigkeit und Pflicht zu Mitarbeit. Zu den Fragen der Unterhaltsarbeit vgl. (zum alten Recht) *Müller-Freienfels,* Der Ausgleich für Mitarbeit im Beruf oder Geschäft des Ehepartners, Festschrift Nipperdey, 1965, Bd. I, S. 641ff.; *Motsch,* FamRZ 1966, 224ff.; *Habscheid,* JuS 1966, 181f.; *Kropholler,* FamRZ 1969, 241ff.; *Fenn,* S. 160ff.; *Lieb,* S. 144ff.

[2] Die Grenze wird bislang im Schrifttum keineswegs beachtet. Vgl. etwa *Beitzke,* § 12 III f (praktisch der alte Rechtszustand); *Rolland,* 18 zu § 1353 (Pflicht aus § 1353 nach Einzelfall). Auch Münch-Komm-*Wacke,* 20 zu § 1356, geht weit über den Text oben hinaus (mit Annahme einer Regelungslücke, die mit ,,restriktiver Auslegung" [wessen?] geschlossen wird). Auch *Palandt-Diederichsen,* 4a zu § 1356, entspricht dem Text nur im Leitbegriff ,,Zwangssituation", nicht mehr in seiner Entfaltung.

der Berufswünsche des einen Ehegatten unter die des anderen impliziert, die allein der Entscheidung der Ehegatten vorbehalten ist). Wenn das Gesetz in bewußter Abkehr von alten Leitbildern und in der Absicht, dem Polymorphismus in der Ehe über den Willen der Ehegatten Raum zu gewähren, alte Pflichten beseitigte, ist jedes aus § 1353 entwickelte Pflichtenprogramm ein vom Gesetz nicht gewünschter Eingriff in die Entscheidungsfreiheit der Ehegatten. Schwerlich dürfte es auch möglich sein, einen anderen Maßstab zu finden als den der ,,Üblichkeit" (der § 1356 II a. F. beherrschte), womit überdeutlich wäre, daß es sich um die Restauration beseitigten Rechtsgutes handelt.

Ein Rechtssatz, der Ehegatten (in mehr oder minder starkem Maß) zur Mitarbeit verpflichtet, ist auch entbehrlich.[3] Zwingendes Recht (das doch nach Belieben mißachtet oder befolgt werden könnte) verbietet sich von selbst und dispositives ist wertlos, weil es nicht weiterreicht als eheliche Mitarbeit auf der Basis einer freien Einigung; eine Leitbildfunktion ist ihm gewiß nicht eigen. Weit weniger entbehrlich sind dagegen Normen, die sich mit den Folgen (freiwillig aufgenommener) ehelicher Mitarbeit befassen. Insoweit ist eine Ordnung auch für Dritte erheblich (Verwandtenunterhalt, Schadensersatz nach Verletzung oder gar Tötung); insoweit kann aber auch der Wert einer Regelung als Muster einer wenigstens in typischer Sicht sachrichtigen Ordnung der Dinge nicht geleugnet werden.

2. *Recht auf Mitarbeit.* Ehegatten sind in einer Eheordnung, die ihnen die Verantwortung für die Gestalt ihrer Ehe zuweist, grundsätzlich auch nicht berechtigt, Mitarbeit im Beruf oder Geschäft des Partners zu fordern. Ausnahmen können sich in extremen Situationen aus der allgemeinen Beistandspflicht in Notsituationen ergeben. Pflichtwidrig handelt insbesondere ein Ehegatte, der seinen arbeitslosen Ehegatten nicht beschäftigt, obwohl er ihn beschäftigen könnte und jener Einbußen an seinen beruflichen Fertigkeiten befürchten muß.[4] Nur sehr bedingt (und eher verwirrend) kann dagegen noch von einem Recht auf Mitarbeit gesprochen werden, wenn § 1353 in seiner Schrankenfunktion die Beendigung einer freiwillig begonnenen Zusammenarbeit (in welcher Form auch immer) hindert (vgl. dazu oben § 19 II 3).

3. *Die Vertragstypen.* Der Schritt von der Ehe als bloßer Konsumtionsgemeinschaft zur Ehe als Produktionsgemeinschaft vollzieht sich stets in Form eines Vertrages, nie in Form einer bloßen ,,Ordnung", die zwar die ,,Verfassung der Ehe" fixiert (hier: als ,,Mitarbeitsehe"), aber nicht Rechtsgrund sein kann für die Zuwendung von Diensten und Vermögen, die über das vom Unterhaltsrecht geforderte Maß hinausgehen. Kooperationsverträge sind möglich, deren Geschäftszweck sich im Vollzug der ehelichen Lebensgemeinschaft erschöpft, aber

---

[3] Vgl. dagegen *Bosch,* FamRZ 1977, 572 (der die ,,Zerstörung des Ehebildes" beklagt).

[4] Problematisch ist dagegen bereits ein genereller Vorrang des arbeitslosen Ehegatten vor fremden Arbeitnehmern. Dafür MünchKomm-*Wacke,* 22 zu § 1356.

auch Gesellschafts- und Arbeitsverträge, also eheneutrale Rechtsgeschäfte, in denen sich die Ehegatten bis auf unvermeidliche Restbestände (vgl. oben § 19 II 5) von ihrer Ehe emanzipieren. Theoretisch ist die Sonderung der einen von den anderen anhand des unterschiedlichen Geschäftszwecks jederzeit problemlos; die praktischen Schwierigkeiten sind dagegen angesichts der Beliebigkeit, mit der gerade Geschäftszwecke behauptet werden können, solange erheblich, als nicht ein Kanon objektiver Kriterien entwickelt ist, die je für sich oder in bestimmter Verbindung einen über die eheliche Lebensgemeinschaft hinausgehenden Geschäftszweck indizieren.

4. *Arbeitsverträge* entsprechen der Struktur der Ehe wenig, widersprechen der ehelichen Lebensgemeinschaft aber auch nicht. Der Abschluß wird Ehegatten heute von niemandem mehr verwehrt; ihre Anerkennung auch im Steuerrecht hat das BVerfG zu Recht gesichert[5] (damit aber auch zu einer schwer schätzbaren Zahl von Arbeitsverträgen unter Ehegatten beigetragen, die nur noch um steuerlicher Folgen willen mit sehr geringem Seriositätsgrad abgeschlossen werden). Ehe prägt die rechtlichen Beziehungen der Ehegatten nicht in einer Form, die den Wirkungen eines Arbeitsverhältnisses (auch nicht der Direktionsbefugnis des Arbeitgebers) jeden Raum nimmt. Gleichwohl bleibt die arbeitsrechtliche Unterordnung ein Umstand, der gegen eine weitherzige Begründung von Arbeitsverhältnissen durch konkludentes Verhalten spricht (steuerlich motivierte pflegen schriftlich abgeschlossen zu werden, und das je ausgeprägter, desto geringer ihre Seriosität ist).

Die Verbundenheit der Ehegatten kann im Arbeitsverhältnis eine Modifizierung der typischen Rechte und Pflichten bewirken (§ 1353).[6] Doch sind die Grundsätze des Arbeitsrechts (für die sich die Ehegatten freien Willens entschieden) tunlichst zu wahren; ungeschmälert gilt insbesondere das für Arbeitsverhältnisse geltende Haftungsrecht (und nicht § 1359).[7] Eine andere (vom Arbeitsrecht zu beantwortende) Frage ist es, ob und inwieweit Ehegatten (ebenso wie Verwandte und Verschwägerte) in spezifisch arbeitsrechtlichen Zusammenhängen (Betriebsverfassung, Arbeitsschutz usw.) wie betriebsfremde Dritte behandelt werden können.

5. *Gesellschaftsverträge* entsprechen in ihrem typischen Zuschnitt (mit Gleichordnung der Gesellschafter) der Struktur einer Ehe gleichberechtigter Partner und sind deshalb dem Gedanken einer institutionellen Unverträglichkeit von vornherein entrückt. Sie stoßen lediglich auf die allgemeinen Schranken der Ver-

---

[5] BVerfGE 13, 290.

[6] Vgl. dazu *Leuze-Ott,* FamRZ 1965, 24f.; *Müller-Freienfels,* Festschrift Nipperdey I, S. 636ff. (in Einzelheiten zu weit gehend); *Fenn,* S. 328ff. (der aber § 1353 nur für Randkorrekturen bemüht und im übrigen die arbeitsrechtlichen Generalklauseln als „Einbruchsstellen" für die Wertungen des Familienrechts verwenden will).

[7] A. A. *Müller-Freienfels,* Festschrift Nipperdey I, S. 637 (m. weit. Nachw.); MünchKomm-*Wacke,* 29 zu § 1356.

tragsfreiheit, die durch die eheliche Verbindung für Vertragspartner besondere Akzente erhalten können (§ 138). Werden sie funktionswidrig im Ordnungsbereich des ehelichen Güterrechtes eingesetzt, so sind sie den Normen für Eheverträge zu unterwerfen (vgl. unten § 32 I 7). Typische Rechte und Pflichten können auch bei ihnen als Folge der personenrechtlichen Zuordnung der Ehegatten Modifizierungen und Überlagerungen erfahren.

6. *Innengesellschaften.* Personengesellschaften können als sog. ,,Innengesellschaften" begründet werden, deren Kennzeichen das Fehlen jeder Außenwirkung ist (kein Gesamthandsvermögen, kein Handeln für die Gesellschaft), während nach innen (mit nur obligatorischer Wirkung) Gesellschaftsrecht gilt. Der BGH hat derlei Innengesellschaften zwischen Ehegatten größte Bedeutung gesichert. In st. Rspr. erkennt er eine Innengesellschaft an, wenn sich die Ehegatten ,,in den Dienst einer gemeinsamen über die Verwirklichung der eigentlichen ehelichen Lebensgemeinschaft hinausgehenden Aufgabe gestellt haben" und der mitarbeitende Ehegatte eine gleichwertige eigenbestimmte Tätigkeit ausübt. Gleichgültig ist ihm die Vorstellung der Ehegatten von der rechtlichen Ordnung ihrer Verhältnisse, entscheidend allein, daß ,,die Annahme eines Gesellschaftsverhältnisses zu sachgerechten und billigen Ergebnissen führen kann".[8] Gleichgültig ist ihm demzufolge auch, ob sich die Ehegatten je wie Gesellschafter verhielten; in aller Regel werden Innengesellschaften dieser Art erst entdeckt, wenn die Ehe gescheitert ist und deshalb allein die Auseinandersetzungsregeln des Gesellschaftsrechtes relevant werden können (die dann doch zugunsten einer von den ,,gesamten objektiven Umständen des Einzelfalles" bestimmten Auseinandersetzungsordnung verdrängt werden, die allein vom richterlichen Takt beherrscht wird[9]).

Erwachsen ist diese Rspr. auf dem Hintergrund einer (angeblichen) Alternative zwischen ehelicher Mitarbeit im Rahmen des Üblichen ohne jeden Ausgleich (mit besonders gravierenden Folgen für Ehegatten, die Gütertrennung vereinbart hatten) und Mitarbeit auf eheneutraler Vertragsgrundlage mit Beteiligung am schließlichen Ergebnis jedenfalls bei Beendigung der Ehe.[10] Inzwischen ist die Scheinalternative (mit § 1356 II a. F.) entfallen und es besteht kein Anlaß mehr, den (kaum bestrittenen) Scheinpositivismus des BGH (seine ,,Auseinandersetzungsfassaden") zu bewahren[11] oder auch in neuer Gestalt als (zunächst nicht

---

[8] Bahnbrechend BGHZ 8, 249 und FamRZ 1954, 136. Vgl. ferner etwa BGHZ 31, 197 (201); FamRZ 1961, 301, 432, 519, 522; 1962, 357; 1963, 279; 1967, 618 (620); 1968, 589; 1975, 35.

[9] Vgl. BGH, FamRZ 1961, 519 (mit 40%); 1968, 589, 590 (hälftige Teilung keinesfalls selbstverständlich); 1975, 35 (hälftig in Geld).

[10] Zur Rspr. (und zu Versuchen, das Problem mit Hilfe des Bereicherungsrechtes zu lösen) vgl. die Voraufl., S. 185f. mit Nachw. Ob und inwieweit seinerzeit vertretene Standpunkte heute noch aufrechterhalten werden, kann nur die Zukunft lehren.

[11] Nach Wegfall der Mitarbeitspflicht kann auch für Ehegatten, die gleichgeordnet zusammenarbeiten, nicht mehr eine Regelungslücke behauptet werden, die durch analoge Anwendung von Gesellschaftsrecht mit Rücksicht auf die gemeinschaftliche Zweckverfolgung und die gemeinsame werteschaffende Tätigkeit zu schließen sei. Dafür hat sich zu § 1356 II a. F. *Lieb,* S. 185ff., ausgesprochen

erkannte) richterliche Rechtsfortbildung zu stabilisieren, die ihre Überzeugungskraft aus objektiven Daten gewinnt:[12] Die Wendung des 1. EheRG hat gerade die subjektiven Gestaltungskräfte in der Ehe gestärkt.

Werden die Kriterien der Innengesellschaft wirklich ernst genommen, so sind sie auch unter Ehegatten sehr selten.[13] Ausdrücklich vereinbart werden sie so gut wie nie; aus konkludentem Verhalten sind sie nur zu erschließen, wenn die Ehegatten auch oder allein einen Zweck verfolgten, der als „eheneutral" zu charakterisieren ist (etwa eine hochrentierliche Kapitalanlage; stets beweisend sind Umstände, die den Willen der Ehegatten dokumentieren, ggf. auch über das Ende ihrer Ehe hinaus ihre gemeinsame Arbeit fortzusetzen). Ausgeschlossen ist es dagegen, die Rspr. des BGH wenigstens in der Sonderung der Geschäftszwecke fortzusetzen. Es war schon früher nicht möglich, die „eigentliche" eheliche Lebensgemeinschaft von weiteren gemeinsamen Aufgaben zu trennen;[14] die Modellierung jeder Einzelehe durch autonomen Akt der Parteien im gegenwärtigen Recht hat ihr vollends jede Grundlage entzogen.

7. Einen *Kooperationsvertrag* schließen Ehegatten ab, wenn sie Mitarbeit verabreden im Bewußtsein, eine rechtliche Bindung einzugehen. Kooperation wird dagegen (weil schon der Tatbestand einer Willenserklärung fehlt) nicht vereinbart, wenn sich die Ehegatten gefälligkeitshalber Dienste leisten, mit denen weder rechtlich begründete Erwartungen erfüllt noch rechtlich gesicherte Erwartungen begründet werden. Kontinuität und Regelmäßigkeit der Mitarbeit sind etwa Seriositätsindizien eines Kooperationsvertrages, vor allem aber die Notwendigkeit, fremde Arbeitskraft in Anspruch zu nehmen, falls der Ehegatte nicht zur Verfügung stände.

Belanglos ist, ob die Mitarbeit in der tatsächlich gewährten Form in den Verhältnissen der Ehegatten üblich ist oder nicht. Soziale Typik drängt sogar (weil sie das Bewußtsein der Bindung erzeugen kann) eher zum Kooperationsvertrag als zum rechtlich irrelevanten Bereich der bloßen Gefälligkeiten unter Ehegatten. Belanglos ist auch die Art der Tätigkeit: Untergeordnete Hilfeleistungen

---

(und Beifall bei *Henrich,* FamRZ 1975, 536, gefunden). Freilich wird der Gewinnverteilungsschlüssel von ihm doch wieder variabel gehalten. Unannehmbar sind viele Details: die Beteiligung auch am Verlust (S. 202f.), die Teilnahme auch an Wertsteigerungen des Anlagevermögens (S. 201f.), die Möglichkeit, in bestimmten Fällen Realteilung zu verlangen (S. 195ff., 204) und die Möglichkeit gar der Übernahme des gesamten Unternehmens, wenn der Unternehmer eine Scheidung schuldhaft verursachte (S. 204f.). Mit derlei Aussagen werden Grenzen überschritten, die einem dem Ehegüterrecht vorgelagerten Ausgleich zwischen Ehegatten gezogen sind, die sich gerade nicht zu einer Gesellschaft zusammengeschlossen haben.

[12] Dafür aber *Johannsen,* WM 1978, 502ff.

[13] Es ist durchaus symptomatisch, daß die Rspr. stets sehr zurückhaltend war, wenn eine Innengesellschaft den Ehegatten nachteilig gewesen wäre. Vgl. BSozG, FamRZ 1978, 709 (kein Versicherungsschutz für den Gesellschafter).

[14] Vgl. schon *Müller-Freienfels,* Eranion für Maridakis, Bd. II, 1963, S. 386f. Daß die Rspr. nicht immer zu einheitlichen Ergebnissen führte, wird gerügt von MünchKomm-*Wacke,* 25 zu § 1356.

(Sprechstundenhilfe) können ebenso Gegenstand eines Kooperationsvertrages sein wie selbständige Dienste einschließlich der Leitung eines Betriebes (praktisch insbesondere in der Landwirtschaft). Belanglos ist schließlich, ob der Ehegatte, dem Mitarbeit zugesagt wird, seiner Tätigkeit allein oder zusammen mit Dritten nachgeht. Mitarbeit kann auch einem Gesellschafter geleistet werden (dem sie in der Gesellschaft als seine Leistung zugerechnet wird) ohne Begründung eines Arbeitsverhältnisses zwischen mitarbeitendem Ehegatten und Gesellschaft.[15]

Die nähere Ausgestaltung des Kooperationsvertrages obliegt den Ehegatten. Freilich werden meist nur lückenhafte Vereinbarungen getroffen, deren spätere Ergänzung (die sich in tatsächlicher Übung offenbart) manche Lücken schließt, in der Regel aber nicht von der Notwendigkeit entbindet, ergänzende Vertragsauslegung (§ 157) zu betreiben. Das gilt auch und gerade für die (Rechtsprechung und Schrifttum seit Jahrzehnten beschäftigende) Frage, ob ein Entgelt gewährt werden soll und ggf. die weiteren, wann und in welcher Höhe es zu leisten ist. Daß Ehegatten längere Zeit ohne Entgelt zusammenarbeiten, beweist lediglich, daß periodische Gegenleistungen unter gleichbleibenden Verhältnissen nicht erfolgen sollten, dagegen schon nicht mehr, daß ein Entgelt überhaupt nicht geschuldet sein soll. Umgekehrt beweisen periodische Gegenleistungen noch nicht, daß mit ihnen das volle Entgelt erbracht wurde und ein weiterer Ausgleich am Ende der Mitarbeit keinesfalls in Betracht kommt.

Die Problematik eines fairen Ausgleichs ist in zunehmendem Maße dringlicher geworden. Was auf dem Hintergrund eines vom Typ der Hausfrauenehe geprägten Eheverständnisses noch als wenig ehegerechtes Verlangen bezeichnet werden konnte, hat im Zeitalter der Doppelverdienerehe (die sich nicht grundlegend von der Mitarbeitsehe unterscheidet) und der allseits gebilligten Arbeitsverträge unter Ehegatten längst jedes Odium verloren. Nie richtig war die Warnung vor unangebrachter Kommerzialisierung der Ehe. Mitarbeit kommerzialisiert die Ehe notwendig, weil sie wirtschaftliche Werte schafft. Die Alternative zwischen der „kommerzialisierten" und der sittliche Werte primär verwirklichenden Ehe ist eine Scheinalternative. Zu wählen ist allein zwischen einer Ehe, die einen Ehegatten einseitig bereichert, und einer anderen, die beide an den Früchten ihrer Arbeit beteiligt.

Das Ehegüterrecht bewirkt einen fairen Ausgleich (und entbindet von der Notwendigkeit einer ergänzenden Vertragsauslegung, weil eine Regelungslücke nicht zu erkennen ist) nur, wenn die gemeinschaftliche Arbeit das Gesamtgut einer Gütergemeinschaft der Ehegatten mehrt. Es versagt dagegen vollständig für Ehegatten, die in reiner Gütertrennung leben. Es versagt aber auch im Recht der Zugewinngemeinschaft. Das ist selbstverständlich, soweit nach dem Tod eines Ehegatten die erbrechtliche Lösung eingesetzt wird, ein rechnerischer Zu-

---

[15] Vgl. BAG, FamRZ 1974, 89.

gewinnausgleich also überhaupt nicht vorgenommen wird (vgl. dazu unten § 37 I–III). Das gilt aber auch sonst, weil die Zugewinnberechnung mit und ohne Berücksichtigung eines Entgelts zwar zum nämlichen Ergebnis führen kann (das gezahlte Entgelt erhöht das Endvermögen des mitarbeitenden Ehegatten und mindert dasjenige des Partners), aber keinesfalls zu demselben Ergebnis führen muß (der mitarbeitende Ehegatte hat voreheliche Verbindlichkeiten zu tilgen; der Geschäftsgewinn wird durch andere Vermögensverluste um mehr als die Hälfte neutralisiert[16]). Zudem verpflichtet der Güterstand der Zugewinngemeinschaft niemals zu laufenden Leistungen. Der mitarbeitende Ehegatte bleibt mithin bis zum Ende des Güterstandes (d. h. meist bis zum Ende der Ehe) ohne jedes Entgelt, wenn ihm nicht vertraglich Gegenleistungen geschuldet werden. Er ist dann in seinem Verbrauch beschränkt (mit Konsequenzen beim Zugewinnausgleich) und in der Regel (falls ihm andere Mittel nicht zu Gebote stehen) seinen bedürftigen Verwandten der geraden Linie (seinen Eltern, selbst seinen Kindern) mangels Leistungsfähigkeit nicht unterhaltspflichtig.[17]

Der hypothetische Parteiwille kann aus konkreten Umständen des Einzelfalles erschlossen werden; im Regelfall ist die Sozialtypik der richtige Maßstab: Ehegatten pflegen sich den für Ehegatten bestehenden sozialen Standards zu fügen (sollten sie sich bewußt von ihnen lösen, so bleiben sie wenigstens im Verhältnis zu ihren Gläubigern gemäß § 850h II ZPO verbindlich[18]). Sozialer Typik entsprechen periodische Leistungen auf Verlangen (also in Form eines verhaltenen Anspruchs), wenn kontinuierlicher Bedarf entstanden ist (insbesondere Mittel benötigt werden zur Unterhaltung von Verwandten). Schwerer zu bestimmen ist die Sozialtypik für Ausgleichsleistungen (in Geld) am Ende der Ehe. Zu bedenken ist insoweit, daß die bisherige höchstrichterliche Rechtsprechung sich nicht dazu verstehen konnte, ein Entgelt schon dann zu gewähren, wenn die Mitarbeit den Rahmen unbedeutender Hilfeleistungen überschritt,[19] und damit retardierend gewirkt hat. Geschuldet wird jedenfalls (ob nun periodisch oder auch nur in einer Schlußrechnung) ein Ausgleich nur dann, wenn die gemeinschaftliche Ar-

---

[16] Vgl. dazu *Lieb,* S. 156ff., aber auch *Fenn,* S. 225 (ihm zufolge sind die Differenzen allenfalls ein Anlaß, das Güterrecht zu überprüfen).

[17] Vgl. als Beispiel aus der Praxis LG Konstanz, FamRZ 1962, 260 mit Anm. *Thomä.*

[18] Die h. L. abstrahiert bei Anwendung der Norm von den familiären Beziehungen und gewährt einen Gläubigerschutz auch, wenn die Arbeit zwar generell, aber nicht unter Ehegatten üblicherweise vergütet wird. Vgl. dazu *Fenn,* AcP 167 (1967), 152ff. und *Müller-Freienfels,* Festschrift Nipperdey I, S. 629 Fn. 15, jeweils mit weit. Nachw.; BAG, AP Nr. 16 zu § 850h ZPO (im Regelfall) mit Anm. *Pecher* (nur bei Dienstleistungen des Schuldners, die „primär und ihrem Wesen nach erwerbsbezogen" sind).

[19] Sie trat damit in Widerspruch zu *Gernhuber,* FamRZ 1958, 243 und 1959, 465; BVerfGE 13, 290 (311); *Thomä,* FamRZ 1962, 262; *Maier,* Die Verwirklichung der Gleichberechtigung im Familienrecht, Juristen-Jahrbuch, Bd. 4 (1963/64), S. 104f.; *Staudinger-Hübner,* 45 zu § 1356; *Bosch,* FamRZ 1966, 69 und 1967, 210; *Lieb,* S. 150f.; *Kropholler,* FamRZ 1969, 244f.; *Hanau,* AcP 165 (1965), 277f.; *Staudinger-Felgentraeger,* 31ff. vor § 1414.

beit einen Gewinn abwarf. Ehegatten, die auf Grund eines Kooperationsvertrages zusammenarbeiten, bilden insoweit eine Risikogemeinschaft.

8. *Störungen*. Mitarbeit in eheneutralem Rahmen (Gesellschaftsverhältnis, Arbeitsverhältnis) vollzieht sich nach den Regeln des gewählten Rechtsverhältnisses und bleibt ihnen unterworfen, wenn Störungen eintreten. Mitarbeit im Vollzug der ehelichen Lebensgemeinschaft (Kooperation) ist dagegen lediglich mit der Klage auf Herstellung des ehelichen Lebens zu fordern; Vollstreckungszwang ist ausgeschlossen. Ausgeschlossen ist auch das Verlangen nach Schadensersatz wegen vollständiger oder partieller Nichterfüllung (dagegen nicht für Schäden, die anläßlich der Mitarbeit verursacht wurden mit § 1359 als Haftungsmaßstab). Schadensersatzpflichten sind zwar zwischen Ehegatten grundsätzlich möglich, jedoch nicht anzuerkennen, wenn sie an Stelle nicht verwirklichter ehelicher Lebensgemeinschaft treten sollen (vgl. dazu oben § 17 III 2).

§ 21. Unterhalt

Schrifttum: *Brühl,* Der Familienunterhalt nach dem Gleichberechtigungsgesetz, FamRZ 1957, 277; *Schrade,* Die Grundzüge des Verwandten-Unterhaltes nach dem Inkrafttreten des Gleichberechtigungsgesetzes, FamRZ 1957, 342 (347); *Meier-Scherling,* Das Taschengeld der Ehefrau, FamRZ 1959, 392; *Knorn,* Der Unterhaltsanspruch des verheirateten Studenten gegen den Ehegatten und die Eltern, FamRZ 1966, 603; *Göhring,* Probleme des Unterhaltsrechts aus der Sicht der Praxis, FamRZ 1968, 232; *Mayer-Wegelin,* Vermögenszuwachs als anzurechnendes Einkommen im Sinne der §§ 1361 BGB und 58 EheG?, FamRZ 1969, 383; *Streck,* Generalklausel und unbestimmter Begriff im Recht der allgemeinen Ehewirkungen, 1970, S. 135; *Göhring,* Zum Unterhaltsbeitrag der erwerbstätigen Ehefrau, FamRZ 1974, 635.

I. Familienunterhalt

1. *Ansprüche*. Bedürfnisbefriedigung ist in einem intakten Familienverband notwendig eine Bedürfnisbefriedigung mit kollektiven Zügen. Gleichwohl ist jedes einzelne Familienmitglied je für sich berechtigt und verpflichtet. Der notwendige Ausgleich zwischen dem System der individuellen Unterhaltsansprüche und den praktischen Notwendigkeiten wird durch *kollektive Formierung der individuellen Unterhaltsansprüche* erreicht. Mittel der Formierung ist die inhaltliche Ausgestaltung der einzelnen Ansprüche. Mittel der Formierung ist aber auch die Vereinigung mehrerer Unterhaltsansprüche in einer Hand zur Einforderung im eigenen Namen (also als Prozeßstandschafter).

2. *Begriff des Familienunterhaltes*. Der Familienunterhalt ist die *Summe aller individuellen Ansprüche, die in beiden Richtungen kollektiv formiert sind.*[1] Geschehen ist

[1] Str. Vgl. für die Gegenansicht (einheitlicher Anspruch) *Staudinger-Hübner,* 1ff. zu § 1360; *Dölle,* § 36 A I 3; MünchKomm-*Wacke,* 11 zu § 1360. Die Lehre gerät vornehmlich im Zwangsvollstreckungsrecht (§ 850c ZPO) in Schwierigkeiten. Vgl. BAG, AP Nr. 2 zu § 850c ZPO mit Anm. *Gernhuber.* Inzwischen hat das BAG seine Rspr. vorsichtig korrigiert. Vgl. BAG, FamRZ 1975, 588 mit Anm. *Fenn.*

das lediglich für die Ehegatten und ihre gemeinschaftlichen Kinder. Jeder Ehegatte kann von seinem Partner nicht nur den eigenen Unterhalt fordern, sondern auch (praktisch die §§ 1629 II, 1795 durchbrechend) im eigenen Namen den Lebensbedarf der gemeinschaftlichen Kinder,[1a] wenn und soweit sie ihren Unterhalt im elterlichen Haushalt empfangen (vgl. § 1360a I). Der Inhalt der Ansprüche wird für den Unterhalt, den sich die Ehegatten wechselseitig schulden, durch § 1360a II kollektiv geformt: Der Unterhalt ist in der von der ehelichen Lebensgemeinschaft gebotenen Weise zu leisten. Die Ansprüche der Kinder aber werden durch gemeinschaftliche elterliche Bestimmung (§ 1612 II; vgl. dazu unten § 42 III) dem Leben in der Familie angepaßt.[2]

Weitere unterhaltsberechtigte Verwandte, die im Familienverband leben, gehören nicht mehr zur Unterhaltsfamilie. Zwar pflegen auch ihre Ansprüche inhaltlich auf das Familienleben abgestimmt zu sein (vgl. § 1612 I 2 für gesetzliche Ansprüche), doch befinden sie allein über die Ausübung, mögen sie auch einem Ehegatten Vollmacht erteilen können.

3. *Ehegatten ohne Unterhaltsanspruch.* Die wechselseitige Unterhaltsverpflichtung der Ehegatten ist selbst bei intakter Ehe nur die Regel, dagegen nicht etwa notwendiger Bestandteil des Eheinhaltes. Einem Ehegatten fehlt jeder Unterhaltsanspruch, wenn der Partner Unterhalt in keiner Form zu leisten imstande ist (Krankheit und Vermögenslosigkeit). In Grenzfällen (Hotelehe, Unterbringung der Ehegatten im Altersheim bei gleichem Einkommen) kann sogar beiden Ehegatten ein Unterhaltsanspruch nicht zustehen.[3]

4. *Lastenverteilung.* Eine wechselseitige Unterhaltsverpflichtung der Ehegatten mit kollektivem Zuschnitt erzwingt eine Verteilung der insgesamt bestehenden Lasten unter ihnen. Nicht notwendig ist eine Aufteilung zu stets wertgleichen Leistungen. Der Gleichberechtigungsgrundsatz wird nicht verletzt, wenn die Höhe der Beiträge proportional zu den vorhandenen Mitteln bestimmt wird.

5. *Die Unterhaltsmittel.* Arbeitskraft, Einkünfte aus Vermögen (einschließlich derjenigen, die nach der gewählten Art der Kapitalanlage nicht ausgeschüttet, sondern dem Kapital zugeschlagen werden[4]) und der Vermögensstamm sind die Quellen, aus denen die Ehegatten die Mittel für den Familienunterhalt bereitstellen können. Arbeitskraft und Einkünfte haben gleichen Rang; sie sind die Unterhaltsmittel der ersten Stufe. Der Stamm der beiderseitigen Vermögen ist ihnen

---

[1a] Zur Rechtslage der Stiefkinder vgl. oben § 4 II 4 und 5.

[2] Der Streit um die Frage, ob die §§ 1360ff. den Unterhaltsanspruch des Kindes modifizieren (vgl. *Schrade,* FamRZ 1957, 347; *Krüger,* FamRZ 1960, 181f. bejahend und *Beitzke,* FamRZ 1958, 12 sowie *Reinicke,* NJW 1957, 935 verneinend), ist insoweit gegenstandslos. Daß das im elterlichen Haushalt lebende Kind vom Vater Geldmittel (mit Ausnahme des Taschengeldes) nur zur Leistung an die Mutter fordern kann, folgt aus § 1612 II, nicht aus § 1360a.

[3] Vgl. *Streck,* S. 138.

[4] Vgl. dazu *Mayer-Wegelin,* FamRZ 1969, 383 (dort freilich nur zu dem inzwischen geänderten § 1361 BGB und dem inzwischen aufgehobenen § 58 EheG).

nachgeordnet; er hat den Unterhalt in der zweiten Stufe zu sichern.[5] Das Gesetz erwähnt freilich die Ordnung der Mittel nicht (mehr), ohne damit beredter Ausdruck einer Neuordnung zu sein, in welcher alle Subsistenzmittel mit gleichem Rang zu bedenken sind. Mit gutem Grund wird andernorts der Stamm des Vermögens gesondert betrachtet (vgl. etwa die §§ 1577 III, 1581 Satz 2 für geschiedene Ehegatten); mit gutem Grund ist er auch hier nichts weiter als ein Reservemittel: Es ist unangemessen, von einem arbeitsunfähigen Ehegatten Opfer aus dem Stamm seines Vermögens zu verlangen, um jene Balance der beiderseitigen Positionen im Unterhaltsrecht zu erreichen, die das Gesetz wenigstens grundsätzlich wünscht (natürlich nicht in allen Fällen durchsetzen kann), während der Partner seinen Beitrag durch Arbeit zu leisten vermag und vielleicht zusätzlich sein Vermögen mehrt.

6. Unbenommen bleibt es den Ehegatten, von vornherein auf den Einsatz ihrer Arbeitskraft einverständlich zu verzichten und den Lebensbedarf aus den Einkünften oder gar aus der Substanz ihrer Vermögen zu bestreiten. Kein Ehegatte ist dagegen berechtigt, dem Lebensplan der Ehegatten zuwider die für ihn vorgesehene Arbeitsleistung kurzerhand durch Leistungen aus dem Vermögensstamm zu ersetzen. Die aus derart einseitigen Entschlüssen folgenden (tatsächlichen) Disparitäten sind ebensowenig mit § 1353 zu vereinbaren wie mit dem grundsätzlichen Beschluß der Ehegatten, der den Vermögensstamm (auch wenn er ihn vielleicht nicht ausdrücklich erwähnt) in seiner Reservestellung beläßt.

Muß der Vermögensstamm angegriffen werden (ältere und arbeitsunfähige Ehepaare, die aus den Einkünften ihrer Vermögen allein den Lebensbedarf nicht bestreiten können), so gelten die Grundsätze der Gleichzeitigkeit und der Proportionalität. In ehegerechter Weise tragen dann beide Ehegatten in gleicher Form nach ihren unterschiedlichen Kräften zum Unterhalt der Familie bei.

7. Ob und wie die *Arbeitskraft* der Ehegatten dem Familienunterhalt dienen soll, steht wenigstens weithin in deren Ermessen (vgl. § 1356). Die Ehegatten bestimmen grundsätzlich das Leitbild, dem sie zu folgen gewillt sind: Eine *Doppelverdienerehe* ist möglich mit Erwerbstätigkeit beider und geteilter Hausarbeit, aber auch eine *Zuverdienerehe,* in welcher der vollen Erwerbstätigkeit des einen Ehegatten die Kombination von Teilzeitarbeit und Besorgung des Haushaltes (mit Anspruch auf angemessene Unterstützung) beim anderen Ehegatten entspricht, und eine *arbeitsteilige Ehe,* die dem einen den Haushalt zuweist, dem anderen aber eine Erwerbstätigkeit. Die Ehegatten bestimmen auch, in welchem Umfang und in welchen Positionen die Arbeitskraft zu nutzen ist.

Alle ihre Beschlüsse sind freilich nicht bindender als andere Beschlüsse auch, die sie zur Gestaltung ihrer Lebensgemeinschaft fassen. Änderungen sind jederzeit durch neuen Beschluß möglich; gemeinsam Beschlossenes kann durch einsei-

[5] Ebenso *Palandt-Diederichsen,* 3a aa zu § 1360.

tigen Akt seine Verbindlichkeit verlieren, wenn ein wichtiger Grund eingetreten ist (Geburt eines Kindes; vgl. dazu oben § 18 III 5).

Dem Gesetz ist wenig zu entnehmen. Die (nach den vorhandenen Kräften) proportionale Beteiligung beider Ehegatten am Familienunterhalt wird sich als Forderung aus § 1353 entwickeln lassen (keine „Drohnenehe"; praktisch kann sie verwirklicht werden ohne Ausgleichsanspruch des einseitig belasteten Ehegatten gemäß § 1360b); im übrigen ordnet das Gesetz erst in der Not: Da können Ehegatten einander den Einsatz ihrer Arbeitskraft in voller Erwerbstätigkeit (und mit höchstmöglicher Intensität[6]) schulden; da kann eine Pflicht bestehen, ohne Vergütung im Beruf oder Geschäft des Partners mitzuarbeiten (sog. „Unterhaltsarbeit"; vgl. dazu oben § 20 III 1); da kann auch die Pflicht, den Haushalt zu besorgen, von einem Ehegatten auf den anderen übergehen.

8. *Führung des Haushalts* und Erwerbstätigkeit sind unter dem Aspekt proportionaler Beteiligung der Ehegatten am Familienunterhalt gleichwertig (§ 1360 Satz 2); eine Berechnung des Wertes der im Haushalt geleisteten Arbeit erübrigt sich. Freilich gilt diese für die Hausfrauenehe typische Balance allein für das Unterhaltsrecht; sie liefert dagegen keinerlei Daten für den Schadensausgleich mit Dritten, sei es nun für den eigenen Erwerbsschaden des im Haushalt tätigen Ehegatten, sei es auch für den Anspruch des Partners aus § 844 II. Der rechtspolitische Zweck des § 1360 Satz 2 ist im Verhältnis der Ehegatten zueinander einsichtig. Für den Schadensausgleich ist dagegen eine Gleichung Wert der Erwerbstätigkeit des einen Ehegatten = Wert der Tätigkeit des anderen im Haushalt absurd.[7]

Auch intern gilt der Grundsatz der Gleichwertigkeit ausschließlich für den Typ der arbeitsteiligen Ehe. Wählen die Ehegatten dagegen freien Willens eine Doppelverdienerehe oder eine Zuverdienerehe oder sind sie beide aus ökonomischen Gründen (und damit auch aus § 1353) gezwungen, einer Erwerbstätigkeit nachzugehen, so ist auch für die Feststellung der proportionalen Balance im Unterhaltsrecht eine Bewertung der im Haushalt erforderlichen Tätigkeiten erforder-

---

[6] Die Verpflichtung, alle zumutbaren Verdienstchancen zu nutzen (ggf. auch nach Umschulung), ist natürlich einer Vollstreckung nicht fähig. Wird sie nicht erfüllt, so nützt es meist auch nichts, wenn als Unterhaltsbeitrag der erzielbare Verdienst (statt des tatsächlich erzielten) in die Rechnung der Ehegatten eingestellt wird (vgl. MünchKomm-*Wacke*, 15 zu § 1360 m. Nachw.; *Ambrock*, II 2 zu § 1360; OLG Stuttgart, FamRZ 1972, 643), weil der höhere Beitrag in aller Regel nicht wird beigetrieben werden können. Immerhin bleiben Rückstände im Rahmen der §§ 1360a III, 1613 geschuldet.

[7] Vgl. *Rolland*, 14 zu § 1360. Die Rspr. des BGH bringt die Beschränkung nicht zum Ausdruck. Die im Mittelpunkt des Interesses stehenden Entscheidungen FamRZ 1967, 380 und 1974, 366 berechnen die Hausfrauentätigkeit im einzelnen. In beiden Fällen handelte es sich jedoch nicht um ausschließliche Tätigkeit im Haushalt, so daß kein Anlaß bestand, Familienunterhalt (für den dann auch eine Berechnung notwendig ist) und Schadensausgleich voneinander zu trennen. Wer die beiden Rechtsgebiete gleichen Regeln unterwirft und ferner den Satz nicht gelten läßt, daß nur die ausschließliche Tätigkeit im Haushalt der Erwerbstätigkeit des anderen Ehegatten gleichwertig ist, muß notwendig Kritik am BGH üben. Sie findet sich bei *Göhring*, FamRZ 1968, 233 und 1974, 366.

lich.[8] Übernimmt in diesem Fall gleichwohl ein Ehegatte die volle Besorgung des Haushalts, so ist damit sein im Haushalt erbrachter Beitrag zum Familienunterhalt nicht mit dem Betrag anzusetzen, den der Partner aus Erwerbstätigkeit verdient. Entscheidend ist nicht, daß tatsächlich eine einseitige Doppelbelastung eintritt (mit welcher eine § 1353 widersprechende Entlastung des anderen Ehegatten einhergeht); entscheidend ist allein, wie die Lasten vom Unterhaltsrecht verteilt werden. Ehegatten, die eine derartige Doppelbelastung auf sich nehmen, leisten mehr, als sie leisten müssen; einen Ausgleichsanspruch haben sie in der Regel nicht (§ 1360b).[9]

Der Wert der Tätigkeit im Haushalt bildet ggf. zusammen mit den Einkünften aus Vermögen und Erwerbstätigkeit die Gesamtsumme der Unterhaltsmittel der ersten Stufe, die mit der entsprechenden Gesamtsumme des Partners zu den überhaupt verfügbaren Mitteln zu addieren ist. Aus der Relation, in welcher die überhaupt verfügbaren Mittel zu den für den Familienunterhalt benötigten stehen, ergibt sich der Anteil, in dem die Ehegatten zum Unterhalt beizutragen haben. In einer Doppelverdienerehe etwa mit einem Gesamtaufkommen von 2800 DM bei einem Ehegatten (und zwar: 500 DM Wert der Tätigkeit im Haushalt; 300 DM Einkünfte aus Vermögen; 2000 DM Arbeitsverdienst) und 4200 DM bei dem anderen (und zwar: 300 DM Wert der Tätigkeit im Haushalt; 900 DM Einkünfte aus Vermögen; 3000 DM Arbeitsverdienst) ist bei einem Lebensbedarf in Höhe von 4000 DM (einschließlich der 800 DM für Tätigkeit im Haushalt) nach dem Verhältnis 4 : 7 zu leisten. Der Ehegatte mit dem geringeren Einkommen hat dementsprechend dem Familienunterhalt 1600 DM (also noch 1100 aus seinen Einkünften) zuzuführen, sein Partner aber 2400 DM (also noch 2100 aus den Einkünften).[10]

---

[8] Ganz h. M. Nachw. bei MünchKomm-*Wacke,* 22 zu § 1360. Vgl. ferner BSozG, FamRZ 1975, 488; *Ambrock,* III zu § 1360. A. A. aber *Rolland,* 15 zu § 1360.

Der Wert der Tätigkeit im Haushalt ist durch Schätzungen zu ermitteln. Vgl. *Dölle,* § 36 Fn. 25; *Brühl-Göppinger-Mutschler,* RdNr. 514; *Palandt-Diederichsen,* 3b zu § 1360. Nach a. A. (der auch die Voraufl. folgte) soll Ausgangspunkt die von § 1360 Satz 2 postulierte Gleichwertigkeit von ausschließlicher Tätigkeit im Haushalt und Erwerbstätigkeit sein. Vgl. *Krüger,* FamRZ 1960, 183 (mit zweifelhaften weit. Hinw. zur Bewertung einzelner Leistungen); *Streck,* S. 140.

Wertermittlung durch Schätzung beherrscht auch die Rspr. zum Schadensausgleich. Ihre Ergebnisse können deshalb insoweit in das Unterhaltsrecht übernommen werden. Doch dürfte es richtig sein, mit gewissen Zuschlägen zu arbeiten. Der Schadensersatz orientiert sich an einer „gleichwertigen Ersatzkraft", das Recht des Unterhaltes dagegen an Leistungen, die Dritte (eben „Ersatzkräfte") vollwertig gar nicht erbringen können.

[9] Der von § 1360b gewollte Entlastungseffekt wird (ohne Eingehen auf die Norm) als untragbar bezeichnet von *Rolland,* 17 zu § 1360 (im Anschluß an *Göhring,* FamRZ 1974, 635). Auch *Palandt-Diederichsen,* 3b zu § 1360, ist der Überzeugung, daß in den Fällen voller Doppelbelastung dem doppelt belasteten Ehegatten der Arbeitsverdienst voll verbleiben muß.

[10] Wird der Haushalt allein oder in zu hohem Maße von einem Ehegatten finanziert, während die bei dem anderen Ehegatten dadurch freiwerdenden Mittel (etwa in einem Sparguthaben) auf seinen Namen angelegt werden, so kann kraft einer Verrechnungsabrede der Ehegatten der andere Teil unmittelbar (Bruchteilseigentum) oder mittelbar (Treuhand) beteiligt sein (vgl. BGH, FamRZ 1966, 442). Generelle Geltung kann die Aussage jedoch nicht beanspruchen.

9. Wenn und soweit Ehegatten, die in *Gütergemeinschaft* leben, überhaupt Einkünfte und Stamm des Vermögens für den Familienunterhalt zu verwenden haben, ist hier wie dort das Gesamtgut zuerst heranzuziehen und erst nach ihm das Vorbehalts- und Sondergut der Ehegatten (§ 1420). Das klingt plausibel: Das Vermögen der Gesamthand steht der Familie näher als die Vermögensmassen, die jeweils nur einem der beiden Ehegatten zugeordnet sind. Dennoch sind die Ergebnisse nicht immer befriedigend: Disparitäten beim Vorbehalts- und Sondergut wirken sich auch im Unterhaltsrecht aus, obwohl ihre Ursache schwerlich jemals den Grundsätzen des Unterhaltsrechts integriert werden kann.

10. *Not.* Ehegatten sind sich wechselseitig mit Vorrang vor den Verwandten zum Unterhalt verpflichtet; sie treten vor den Verwandten zurück, wenn der eigene angemessene Unterhalt gefährdet ist (vgl. § 1608 Satz 2); sie haben ihren Unterhalt auch in der Not bis zur Grenze des Existenzminimums (vgl. dazu unten II 3; die Frage hat für getrennt lebende Ehegatten größere praktische Bedeutung) zu teilen, wenn unterhaltspflichtige Verwandte nicht vorhanden sind. Von einer „Notgemeinschaft" der Ehegatten kann mithin nur bedingt und beschränkt die Rede sein (vgl. dazu auch § 1603 II mit seiner differenzierenden Lösung für die Parallelproblematik beim Unterhalt der Kinder).

11. *Umfang des Familienunterhalts.* Der Unterhalt der Familie umfaßt die Kosten des Haushalts, die persönlichen Bedürfnisse der Ehegatten und den Lebensbedarf der gemeinschaftlichen unterhaltsberechtigten Kinder, die im Familienverband unterhalten werden, orientiert jeweils an den „Verhältnissen der Ehegatten" (§ 1360a I), die ihrerseits in Grenzen von den Planungen der Ehegatten bestimmt werden. Die Vorstellung einer vom Gesetz fixierten und gesicherten (§§ 1360a III, 1614 II) eindeutigen Bezugsgröße (die durch den Rückgriff auf andere Familien mit vergleichbaren Mitteln zu präzisieren wäre) ist weder praktisch möglich noch sachgerecht. Es ist nicht Aufgabe einer staatlichen Rechtsordnung, Ehegatten in kleinlicher Manier über das aufzuklären, was sie ihren „Verhältnissen" schuldig sind.

Unterkunft, Nahrung, Kleidung und Betreuung im Hause bilden den Kernbereich, erschöpfen jedoch den Bedarf nicht. Krankenhilfe tritt hinzu, Pflege geistiger Interessen und der Geselligkeit, Kirchensteuern, Beiträge zu politischen, kulturellen und den Sport pflegenden Verbänden,[11] auch Liebhabereien, die keine größeren Aufwendungen erfordern.[12] Umgekehrt wird nie der Erwerb eines Eigenheims geschuldet (das Unterhaltsrecht hat nicht über die Rechtsform zu befinden, in welcher der gewiß geschuldete Wohnraum beschafft wird)[13] und nie die Befriedigung von Gläubigern.

[11] Vgl. *Maßfeller,* DNotZ 1957, 350f.; *Brühl,* FamRZ 1957, 277; *Rolland,* 4 zu § 1360a.

[12] Richtig *Brühl,* FamRZ 1957, 277.

[13] Vgl. BGH, FamRZ 1966, 630; *Staudinger-Hübner,* 3 zu § 1360a; MünchKomm-*Wacke,* 5 zu § 1360a; *Soergel-Lange,* 3 zu § 1360a. A. A. aber *Erman-Heckelmann,* 3 zu § 1360a; *Rolland,* 3 zu § 1360a.

12. Streitig ist bislang die Frage geblieben, ob und inwieweit ein Ehegatte verpflichtet ist, seinem Partner die *Ausbildung zu einem Beruf* zu finanzieren[14]. Sie ist zu bejahen, wenn und soweit sich der Aufwand in jenen Grenzen hält, die den Ehegatten von ihren gegenwärtigen Verhältnissen (einschließlich der aus ihnen folgenden Aufstiegsbestrebungen im Rahmen des von den Ehegatten entwickelten Lebensplans) gezogen werden. Das, was zum Lebensbedarf einer Person gehört, und das, was jenseits des Bedarfs liegt, entscheidet jede Zeit für sich nach ihren Maßstäben. Die Gegenwart ist sich des besonderen Wertes einer Ausbildung bewußt geworden; sie erwähnt sie im Unterhaltsrecht der Verwandten (§ 1610 II) und im Recht des nachehelichen Unterhalts (§ 1575), dessen besonderer Akzent (Ausgleich ehebedingter Nachteile) den unmittelbaren Schluß vom nachehelichen Unterhalt auf den ehelichen zwar verbietet, jedoch den Wert als Indiz für den Geist der Zeit nicht mindert. Auch Grenzen können aus § 1575 übernommen werden: die Beschränkung auf Ausbildungen, deren erfolgreicher Abschluß zu erwarten ist, und die Beschränkung auf die Zeit, in welcher im allgemeinen (unter Berücksichtigung der Lasten eines Ehegatten) die gewählte Ausbildung abgeschlossen wird.

13. Positiv ist heute auch die Frage zu beantworten, ob dem Ehegatten eine angemessene *Versorgung für Alter sowie Erwerbs- oder Berufsunfähigkeit* geschuldet wird. Das 1. EheRG hat dem seinerzeit bestehenden Streit der Meinungen[15] nicht ausdrücklich ein Ende gesetzt; es hat jedoch mit § 1361 I 2 (zu ihm unten II 6) und § 1578 III (zu ihm vgl. unten § 30 X 2) Normen gesetzt, die – folgerichtig zu Ende gedacht – die Versorgung bereits dem Lebensbedarf bei währender intakter Ehe zuweisen. Freilich ist der spezielle Zuschnitt der Versorgung in jenen Normen (Versicherung des berechtigten Ehegatten) nicht auf § 1360a zu übertragen.

Vorsorge ist zu treffen auch für den Fall vorzeitiger Beendigung der Ehe; wenn von den Ehen, die gegenwärtig geschlossen werden, aller Voraussicht nach rd. 20% vorzeitig enden (vgl. unten § 24 IV), so kann die mögliche Scheidung nicht mehr als quantité négligeable behandelt werden.

Versorgungsausgleich und eheliches Güterrecht treten damit in die Rahmenbedingungen ein, unter denen die richtige Lösung von Fallgruppe zu Fallgruppe zu suchen ist. Eine (vom Unterhaltsschuldner) abgeleitete Versorgung (wie sie insbesondere die gesetzliche Rentenversicherung kennt, aber auch die Versorgung des öffentlichen Dienstes), reicht aus, wenn die Ehegatten den Versorgungsausgleich nicht ausgeschlossen haben. Vorsorge in der Form einer Kapitalanlage des

---

[14] Äußerungen aus der Zeit vor dem 1. EheRG sind heute allenfalls noch bedingt verwertbar (Nachw. bei *Brühl-Göppinger-Mutschler,* RdNr. 478; *Rolland,* 8 zu § 1360a). In der Zeit danach haben sich (mit unterschiedlich formulierten Einschränkungen) positiv geäußert *Ambrock,* II 3 zu § 1360a; *Rolland,* 6ff. zu § 1360a (Fallgruppen; sichtlich orientiert am Wunsch nach Rückabwicklung der Zuwendungen nach gescheiterter Ehe); MünchKomm-*Wacke,* 8 zu § 1360a (nur bei Einigung der Ehegatten, die unter dem Vorbehalt gleichbleibender Umstände stehe).

[15] Vgl. *Rolland,* 15 zu § 1360a (der den Streit noch für bedeutsam hält).

Unterhaltsschuldners genügt dagegen nicht, wenn die Ehegatten in Gütertrennung leben. Die Gefahr, über das Unterhaltsrecht zu schwerwiegenden Eingriffen in die selbständige Vermögensverwaltung zu gelangen und damit die Freiheit, die das Güterrecht beläßt, entscheidend zu beschränken, ist theoretisch stets gleich groß, praktisch jedoch auf Ehegatten mit wachsender Entfremdung und Bereitschaft zum Rechtsstreit beschränkt.[16] Die forensische Praxis sollte ihr zu begegnen wissen.

14. *Art und Weise der Leistung.* Leistung wird verlangt in der von der ehelichen Lebensgemeinschaft gebotenen Weise (§ 1360a II 1), im Regelfall mithin zum größten Teil in Natur. Jedem Unterhalt durch tatsächliche Betreuung ist dieser Leistungsinhalt von vornherein eigen; Unterhalt, der durch den Einsatz finanzieller Mittel beschafft werden muß, bedarf dagegen eines Umsatzvorganges. Dieser ist unproblematisch, soweit er vom Unterhaltsschuldner selbst vorgenommen wird; er bedingt dagegen einen Anspruch auf Auszahlung des „*Wirtschaftsgeldes*", wenn und soweit er vom anderen Ehegatten vorgenommen werden soll. Die Ehegatten sind deshalb einander verpflichtet, die (von ihnen geschuldeten) erforderlichen Geldmittel für einen angemessenen (meist monatlichen, bei wöchentlicher Lohnzahlung wöchentlichen) Zeitraum im voraus zur Verfügung zu stellen (§ 1360a II 2), wenn und soweit (so ist das Gesetz sinngemäß zu ergänzen) Beschaffungsakte nach genereller Ordnung oder im Einzelfall vom anderen Ehegatten allein vorgenommen werden sollen.[16a] Die vornehmlich für die arbeitsteilige Ehe bedeutsame Norm beschreibt freilich nicht die Erfüllung des Unterhaltsanspruches, sondern lediglich einen Akt der Leistungsvorbereitung. Ehegatten, die Wirtschaftsgeld veruntreuen, können zwar niemals erneut Mittel zur Erfüllung des eigenen Individualanspruches fordern; unberührt bleiben jedoch die Unterhaltsansprüche der gemeinschaftlichen Kinder (vgl. unten § 42 IV).

Die Leistung des Wirtschaftsgeldes erfolgt durch tatsächliche Übergabe des Geldes, nicht durch Übereignung; Verfügungsmacht vermittelt § 1357. Überschüsse sind (nach Unterrichtung in der von der ehelichen Lebensgemeinschaft gebotenen großzügigen Art und Weise) zurückzuerstatten, sofern nicht (arbeitsteilige Ehe) der den Haushalt führende Ehegatte einen Anspruch auf Taschengeld hat und die Ehegatten Verwendung als Taschengeld beschlossen haben.[17]

---

[16] Soweit der Unterhaltsschuldner über die Art und Weise der Vorsorge befindet, jedoch in Verzug gerät, will *Rolland,* 17 zu § 1360a, dem anderen Ehegatten gemäß § 264 die Entscheidung überlassen. Es handelt sich jedoch nicht um eine Mehrheit von Leistungen, unter denen zu wählen wäre, sondern um eine Mehrheit von Leistungsmitteln zur Erfüllung eines Anspruches (auf Vorsorge).

[16a] I. Erg. ebenso einschränkend OLG Celle, FamRZ 1978, 589. Die Entscheidung KG, FamRZ 1979, 427 glaubt dagegen, das Wirtschaftsgeld generell auf den Beköstigungsaufwand und die üblichen Geschäfte des täglichen Lebens fixieren zu können.

[17] Ebenso SchlHOLG, SchlHA 1954, 380 und FamRZ 1958, 218; OLG Frankfurt, NJW 1970, 1882; *Staudinger-Hübner,* 30 zu § 1360a; *Soergel-Lange,* 11 zu § 1360a. Liberaler MünchKomm-*Wacke,* 16 zu § 1360a (im Zweifel als Prämie für gute Wirtschaftsführung Taschengeld); *Brühl-Göppinger-*

15. Übereignung von Geld wird dagegen geschuldet, wenn der Unterhaltsanspruch auf Geld gerichtet ist, sei es nun, weil eine tatsächliche Trennung der Ehegatten unter Fortbestand ihrer ehelichen Lebensgemeinschaft (andernfalls gilt § 1361) den gesamten Unterhalt in Geld zu leisten gebietet, sei es auch, weil der Grundsatz der Naturalleistung gerade um der ehelichen Lebensgemeinschaft willen für einen Teil des Unterhalts von Geldleistungen abgelöst werden muß. Kleinere persönliche Bedürfnisse müssen in freien, nicht einmal der Erklärung bedürftigen (und erst recht nicht rechenschaftspflichtigen) Entscheidungen befriedigt werden können. In der arbeitsteiligen Ehe kann deshalb der im Haushalt tätige Ehegatte ein angemessenes *Taschengeld* fordern. Der Anspruch selbst ist heute nicht mehr streitig, doch ist sein Umfang nur von Fall zu Fall mit grobem Raster zu bestimmen (für den wenigstens weithin Abmachungen der Ehegatten entscheidend sind). Selbst die Entwicklung von Richtsätzen[18] ist problematisch; mehr als ein erster Anhaltspunkt dürfen sie jedenfalls nie sein.

16. *Pfändung*. Gläubiger können die bei längerer Trennung der Ehegatten geschuldete Unterhaltsrente bedingt gemäß § 850b I Nr. 2 ZPO pfänden. Der Anspruch auf Taschengeld ist dagegen unpfändbar. Taschengeld wird nicht als Unterhaltsrente geschuldet, sondern als Teil eines grundsätzlich anders gearteten Unterhaltsanspruchs. Taschengeld bleibt auch flexibel nach Höhe und Fälligkeit, abhängig insoweit von den wechselnden Möglichkeiten (die sich in Abreden der Ehegatten niederschlagen).

Die Frage ist freilich streitig.[19] Wer sie bejaht, gesteht letztlich dem Vollstreckungsgericht die Macht zu, die Höhe des Anspruchs festzusetzen (es gibt zumeist keinen von den Ehegatten numerisch fixierten Anspruch, den das Vollstreckungsgericht nur festzustellen hätte). Er bürdet aber auch dem Ehegatten, der Taschengeld zu zahlen hat, die Tilgung von Verbindlichkeiten seines Partners auf, denn die Pfändung des Anspruchs wird niemals jene unterschiedliche Lebensführung der Ehegatten bewirken, die eigentlich ihre Folge sein müßte.

Auch Gläubiger von Taschengeldgeschäften genießen kein Privileg. Der ihnen

---

Mutschler, RdNr. 212 (Verwendung der gemeinsamen Entscheidung der Ehegatten zu überlassen). Beide Ansichten sind mit dem geltenden Ehevermögensrecht nicht zu vereinbaren.

[18] Vgl. *Meier-Scherling*, FamRZ 1959, 392 (5–7% des Manneseinkommens für die Frau). Krit. dazu auch *Brühl-Göppinger-Mutschler*, RdNr. 214 Fn. 29.

[19] Wie der Text gegen Pfändbarkeit LG München, NJW 1961, 1408; LG Essen, NJW 1962, 256 und 1971, 891 sowie FamRZ 1965, 382; LG Mainz, MDR 1962, 487; LG Berlin, NJW 1967, 204 und FamRZ 1978, 185; *Beitzke*, § 12 IV 8; *Soergel-Lange*, 4 zu § 1360a; *Palandt-Diederichsen*, 1 c zu § 1360a; MünchKomm-*Wacke*, 28 zu § 1360a.

Bedingte Pfändbarkeit bejahen dagegen LG München, NJW 1959, 681; LG Düsseldorf, NJW 1960, 2201; OLG Koblenz, NJW 1961, 2166; OLG Celle, NJW 1962, 1731 und MDR 1973, 322; LG Kiel, NJW 1974, 2096; LG München II, NJW 1976, 1948.

Vgl. in diesem Zusammenhang auch LG Essen, FamRZ 1970, 494. Der Beschluß (einer Strafkammer) mutet es einer Frau nicht zu, ihren Taschengeldanspruch geltend zu machen, um eine Geldstrafe bezahlen zu können.

zuweilen angebotene Befreiungsanspruch gegen den verdienenden Ehegatten[20] existiert in Wahrheit nicht. Ehegatten, die den Haushalt führen, haben einen Anspruch auf Geld, nicht aber einen auf Befreiung von Verbindlichkeiten.

II. Getrennt lebende Ehegatten

Schrifttum: *Wilts,* Der Ehegattenunterhalt nach § 627 ZPO, NJW 1967, 428; *Millauer,* Zur Bemessung des Frauen-Unterhalts, NJW 1967, 1061; *Göppinger,* Zur Bemessung des Unterhalts der Frau, DRiZ 1968, 299; *Göhring,* Aktuelle Fragen zum Unterhaltsrecht, FamRZ 1969, 512; *Rassow,* Zur Berechnung der Höhe gesetzlicher Unterhaltsrenten von Ehegatten und ehelichen Kindern, FamRZ 1969, 515; *Kalthoener/Haase-Becher/Büttner,* Die Rechtsprechung der Landgerichte zur Höhe des Unterhalts, 1975; *Dieckmann,* Der Unterhaltsanspruch geschiedener und getrenntlebender Ehegatten nach dem 1. EheRG, FamRZ 1977, 81 und 161; *Hampel,* Probleme des Altersvorsorgeunterhalts (§§ 1361 I S. 2, 1578 III BGB), FamRZ 1979, 249.

Mitteilungen der Praxis: Leitlinien zum Unterhaltsrecht der 6 Familiensenate des Oberlandesgerichtes Hamm (mit Einführung von *H. Hampel*), FamRZ 1978, 849; Die Fortführung der „Düsseldorfer Tabelle“ durch den 3. Senat für Familiensachen des OLG Düsseldorf, FamRZ 1978, 854; Unterhaltsrechtliche Leitlinien des OLG Schleswig, NJW 1979, 257.

1. Der faktische Zerfall der Familie, d.h. die vollständige Trennung der Ehegatten unter Aufgabe der ehelichen Lebensgemeinschaft (§ 1567; vgl. dazu unten § 27 VII) erzwingt die *Preisgabe aller kollektiven Züge* der Unterhaltsregelung: Jedes Recht der Ehegatten im eigenen Namen auch Unterhalt der Kinder zu fordern, schwindet (zum Handeln im Namen der Kinder und zur Prozeßstandschaft während eines Scheidungsstreites vgl. § 1629 II und III und zu ihnen unten § 50 III 5 und IV); Unterhalt ist auch nicht mehr in der von der ehelichen Lebensgemeinschaft gebotenen Weise zu leisten.

2. *Einseitigkeit.* Familienunterhalt ist wechselseitig geschuldeter Unterhalt. Nach Trennung der Ehegatten entfällt zumindest die Pflicht eines Ehegatten, zuweilen werden beide ihrer Pflicht ledig. Entscheidend ist das Verhältnis, in dem die Eigenmittel zu den Kosten des (von den Erwerbs- und Vermögensverhältnissen beider Ehegatten bestimmten[1]) angemessenen Unterhalts stehen. Ehegatten, die sich aus Eigenmitteln selbst zu unterhalten vermögen, können den Partner auch dann nicht in Anspruch nehmen, wenn dieser über weit größere Mittel verfügt.

3. *Bedürftigkeit und Leistungsfähigkeit.* Berechtigt sind stets nur Ehegatten, die bei Berücksichtigung aller Mittel, die sie zum Unterhalt der eigenen Person einzusetzen haben, bedürftig sind. Der Stamm des Vermögens ist dabei nach jenen Grundsätzen zu berücksichtigen, die für die intakte Ehe gelten[2] (und nicht nach jenen des § 1577 III; getrennt lebende Ehegatten sind noch nicht geschieden).

---

[20] Vgl. LG Essen, FamRZ 1965, 382.

[1] A. A. *Göppinger,* Vereinbarungen anläßlich der Ehescheidung, 3. Aufl. 1978, RdNr. 205 (Orientierung allein an den Verhältnissen des besser situierten Teils). Dem Gesetz nicht entsprechend OLG Zweibrücken, FamRZ 1978, 773 (Rentnerehe; Tendenz, jeden Ehegatten auf seine Altersversorgung zu verweisen).

[2] Die apodiktische Behauptung, der fordernde Ehegatte brauche seinen Vermögensstamm nicht

Verpflichtet sind stets nur Ehegatten, deren Mittel höher sind als der eigene angemessene Lebensbedarf.[3] Fälle der Unterhaltspflicht, in denen die derart umrissene Leistungsfähigkeit gleichgültig wäre, gibt es nicht. Bis zum Existenzminimum (zu dem bei erwerbstätigen Ehegatten auch alle Mittel gehören, die zur Erhaltung der Arbeitskraft notwendig sind) müssen sich Mitteldefizite (die nicht durch Verwandtenunterhalt ausgeglichen werden können; vgl. § 1608) notwendig bereits bei der Fixierung des „angemessenen Lebensbedarfs" niederschlagen (der dann für beide Ehegatten entsprechend niedriger zu berechnen ist). Aus dem Existenzminimum aber braucht kein Ehegatte dem anderen zu leisten;[4] das Mitteldefizit wird in diesen Fällen von der Sozialhilfe getragen (die bei anderer Entscheidung zwei statt eines Hilfsbedürftigen zu versorgen hätte).

Den ehelichen oder nichtehelichen Kindern geschuldeten Unterhalt kann der in Anspruch genommene Ehegatte nicht kurzerhand von seinen verfügbaren Mitteln absetzen.[5] Auch getrennt lebende Ehegatten stehen minderjährigen unverheirateten Kindern im Range gleich und gehen anderen Kindern sogar im Range vor (§ 1609 II). Bedeutsam können deshalb Kinder immer nur bei Bestimmung des angemessenen Lebensstandards sein.

4. *Aufnahme einer Erwerbstätigkeit.* Mit der Trennung der Ehegatten verliert der im Haushalt tätige sein Arbeitsfeld ganz oder beschränkt (gemeinsames Leben der „Restfamilie"). Die Mobilisierung der in seiner Arbeitskraft ruhenden Unterhaltsmittel durch Aufnahme einer Erwerbstätigkeit wird ihm dennoch (mit Rücksicht auch auf den gemeinsam beschlossenen Lebensplan) nur zugemutet, „wenn dies von ihm nach seinen persönlichen Verhältnissen, insbesondere wegen einer früheren Erwerbstätigkeit unter Berücksichtigung der Dauer der Ehe, und nach den wirtschaftlichen Verhältnissen beider Ehegatten erwartet werden kann" (§ 1361 II). Erste Präzisierungen dieser recht unbestimmten Aussage sind dem Recht des nachehelichen Unterhaltes zu entnehmen: Was einem geschiedenen Ehegatten nicht zugemutet wird, kann auch von einem getrennt Lebenden nicht erwartet werden. Als Maßstäbe einer teleologischen Interpretation, die das gesamte eheliche und nacheheliche Unterhaltsrecht als sinnvolles Gefüge begreift, gewinnen damit die Tatbestände der §§ 1570ff. (mit ihrer Ausrichtung gerade an der Frage, ob eine Erwerbstätigkeit erwartet werden kann), bereits im

---

einzusetzen (vgl. MünchKomm-*Wacke,* 7 zu § 1361), ist weder sachgerecht noch mit dem Gesetz zu vereinbaren. Für Anwendung der Grundsätze des § 1577 III OLG Celle, FamRZ 1977, 726; *Rolland,* 9f. zu § 1361; weithin auch *Ambrock,* II 5 zu § 1361.

[3] Wer seine Leistungsfähigkeit absichtlich schmälert, muß sich den Betrag des möglichen Verdienstes anrechnen lassen. Vgl. KG, FamRZ 1969, 605. Freilich wird dann vielfach die Zwangsvollstrekkung scheitern.

[4] Vgl. *Morawietz,* FamRZ 1977, 546.

[5] A. A. MünchKomm-*Wacke,* 6 zu § 1361, unter Bezugnahme auf Judikate zu § 1361 a.F., die heute (keine Billigkeitsentscheidung mehr) ihre Grundlage verloren haben. Schon für das ältere Recht war übrigens der Vorrang der Kinder streitig. Vgl. zuletzt *Morawietz,* FamRZ 1977, 546 (547).

§ 1361 Relevanz (vgl. zu ihnen unten § 30). Innerhalb der damit gezogenen Grenzen sind weitere Einschränkungen möglich: Nicht alles, was von einem Geschiedenen erwartet werden kann, ist auch schon einem getrennt lebenden Ehegatten zuzumuten.[6] Doch sollte die Frage, ob und inwieweit die Betreuung von gemeinschaftlichen Kindern und von anderen Personen (insbes. aber von erstehelichen und nichtehelichen Kindern) von der Verpflichtung, eine Erwerbstätigkeit aufzunehmen, freistellt, nicht anders als zu den §§ 1570, 1576 beantwortet werden.

Soweit die persönlichen und wirtschaftlichen Verhältnisse von Bedeutung sind (auch für die Frage, ob wenigstens eine Teilzeitbeschäftigung aufgenommen werden muß, und die andere, ob der Bedürftige einer Ausbildungsobliegenheit zu unterwerfen ist), ist stets der gegenwärtige Zeitpunkt entscheidend und nie derjenige der Trennung. Der berufliche Aufstieg des Mannes kann die Tätigkeiten einschränken, die der zuvor im Haushalt arbeitenden Frau mit Rücksicht auf ihre soziale Stellung zumutbar sind (despektierlich „Nerzklausel" genannt), sein wirtschaftlicher schlägt sich bereits bei der Berechnung des Lebensbedarfs nieder, ist aber auch hier bedeutsam. Wer anders entscheidet,[7] wertet die faktische Trennung der Ehegatten wie eine Ehescheidung und gerät in Widerspruch zum nachehelichen Unterhaltsrecht, das den sozialen und wirtschaftlichen Status der Ehegatten zur Zeit der Ehescheidung zu bewahren wünscht.

Einkünfte aus einer *Erwerbstätigkeit, die nicht erwartet werden konnte,* sind auf den Unterhaltsanspruch nach den Grundsätzen des (wenig klaren) § 1577 II anzurechnen.[8] Getrenntlebende dürfen auch hier nicht schlechter als Geschiedene behandelt werden. Eine freien Willens aufgenommene Tätigkeit sollte freilich stets Anlaß zur Frage sein, ob nicht die Grenzen des Zumutbaren zunächst zu eng gezogen wurden.

5. *Negative Härteklausel.* Der an sich geschuldete Unterhalt ist zu mindern oder auch gänzlich zu versagen, wenn einer der in § 1579 I Nrn. 2–4 genannten Tatbestände erfüllt ist (mit Begrenzung in Abs. II), also einer jener Tatbestände, die im nachehelichen Unterhaltsrecht Ansprüche kürzen oder gänzlich ausschließen, um groben Unbilligkeiten vorzubeugen (§ 1361 III). In der Begrenzung seiner An-

---

[6] Insofern zutreffend OLG Düsseldorf, FamRZ 1978, 118 (jedoch am falschen Objekt demonstriert; übersehen wurde, daß § 1576 auch bei Betreuung erstehelicher Kinder einen nachehelichen Unterhaltsanspruch begründen kann). Überspitzt OLG Stuttgart, NJW 1978, 1332 (grds. keine Erweiterung der bisherigen Halbtagsbeschäftigung zu fordern); *Roth-Stielow,* 7 zu § 1361 („grundsätzlich keine wesentliche Änderung der bestehenden Lebensverhältnisse der Ehegatten"); *Rolland,* 11 zu § 1361 (Erwerbstätigkeit vom bislang nicht Erwerbstätigen nur ausnahmsweise zu fordern).

[7] So MünchKomm-*Wacke,* 15 f. zu § 1361 (für die persönlichen und wirtschaftlichen Verhältnisse); LG Frankfurt, FamRZ 1976, 342 (für den sozialen Status). Zweifel an der Richtigkeit des Urteils bei *Ambrock,* II 3 zu § 1361. Wie der Text *Köhler,* S. 61.

[8] A. A. MünchKomm-*Wacke,* 7 zu § 1361 (Anrechnung freiwilliger Tätigkeit in vollem Umfang) im Anschluß an die Rspr. zu § 1361 a. F. Vgl. LG München I, NJW 1964, 409; LG Köln, FamRZ 1965, 215.

sprüche um der Billigkeit willen wird damit der getrennt lebende Ehegatte dem Geschiedenen ausdrücklich fast gleichgestellt. Nur die kurze Ehedauer, die in § 1579 I Nr. 1 gleichwertig neben den folgenden Tatbeständen genannt wird, ist zwar dort ein Ausschlußgrund, hier jedoch nicht, ohne viel an Bedeutung einzubüßen. Schließlich ist sie bereits im Rahmen jener vielen Umstände zu bedenken, die gemäß § 1361 II eine Pflicht zur Erwerbstätigkeit begründen können: Je kürzer die Ehe währte, desto eher kann in der Regel einem Ehegatten, der bislang den Haushalt versorgte, eine Erwerbstätigkeit zugemutet werden.[9]

Von den Tatbeständen des § 1579 (zu ihnen vgl. unten § 30 VII 9ff.) ist Nr. 4 mit seinem generalklauselartigen Gepräge von besonderer Bedeutung, also jener Tatbestand, der weithin nur durch richterliche Konvention zu klaren Aussagen verdichtet werden kann.[10] An ihm erweist sich die Behauptung, daß nach neuem Recht die Frage nach den Gründen der Trennung ihre Bedeutung verloren habe,[11] schnell als nur bedingt richtig. Als Konkretisierung des Satzes, daß Solidarität nicht fordern darf, wer selbst Solidarität nicht erwies, können Ehegatten keinen Unterhalt beanspruchen, die ihre Ehe faktisch als nicht mehr existent betrachten und mit einem neuen Partner zusammenleben.[12]

6. *Der Anspruch.* Geschuldet wird eine monatlich im voraus zahlbare Geldrente als ,,laufender Unterhalt" (§ 1361 IV).[13] Geschuldet werden ferner einmalige Leistungen, mit denen Sonderbedarf abgedeckt werden soll, also ein ,,unregel-

---

[9] Anders, wenn eine kurze Zweitehe einer längeren Erstehe ohne Erwerbstätigkeit folgt. Vgl. OLG Bremen, NJW 1978, 1874.

[10] Die Behauptung, die Generalklausel käme nur bei ,,Feststellung besonders schwerer Verschuldensmomente in Betracht" (so KG, FamRZ 1978, 685; AG München, FamRZ 1978, 894), gibt keinen brauchbaren Maßstab. Gegen sie auch OLG München, FamRZ 1979, 34 (35).

[11] Vgl. aber auch *Roth-Stielow,* 2 zu § 1361, mit der (restaurativen) Umkehrbehauptung, daß generell ,,innerhalb § 1361 über dessen Abs. 3 auch auf die Gründe der Trennung oder des Scheiterns unter Ausschluß der Schuldfrage zurückgegriffen werden kann". Die Begrenzung des Blickfeldes auf das objektive Verhalten ist allenfalls theoretisch möglich.

[12] Vgl. dazu OLG Hamburg, FamRZ 1978, 118; AG Pinneberg, FamRZ 1978, 118 und AG Lörrach, FamRZ 1978, 412 (Fälle des § 1579 II, den die Gerichte für verfassungswidrig halten). Vgl. ferner OLG Schleswig, FamRZ 1977, 814 (Prostitution); AG Mainz, FamRZ 1978, 499 (weil im konkreten Fall die Leistungen auch dem Partner im Konkubinat zugute gekommen wären); OLG München, FamRZ 1979, 34; OLG Celle, FamRZ 1979, 119 (Klage trotz § 1579 II abgewiesen, weil der Partner im Konkubinat den Unterhalt auf freiwilliger Basis dauerhaft gewähre). Einschränkend OLG Köln, NJW 1979, 768 (Wegfall des Anspruchs nur, wenn der im Konkubinat lebende Ehegatte dadurch das Scheitern der Ehe verschuldete). Grds. and. Ans. AG München, FamRZ 1978, 894 (Begrenzung des Unterhalts auf das bisherige, von § 1360a bestimmte Maß; Wegfall auch bei mutwilligem und grundlosem Verlassen des Partners nur, wenn dieser ,,offensichtlich keinen Anlaß zur Trennung gegeben hat, was in den seltensten Fällen gegeben sein dürfte").

[13] Der geschuldete Betrag muß sich zumindest zweifelsfrei nach den Angaben im Urteil feststellen lassen. Vgl. OLG Dresden, ROLG 43, 353 (Bruchteil des Lohnes oder Gehaltes).

Während eines Scheidungsverfahrens kann das FamG den Unterhalt durch einstweilige Anordnung regeln (§ 620 Nr. 5 ZPO); es ist dabei an § 1361 gebunden. Ebenso *Soergel-Lange,* 25 zu § 1361; *Baur,* Studien zum einstweiligen Rechtsschutz, 1967, S. 32; *Staudinger-Hübner,* 6 zu § 1361; Münch-Komm-*Wacke,* 22 zu § 1361; *Mutschler,* FamRZ 1977, 397f. And. Ans. *Wilts,* NJW 1967, 428. Das KG leugnet eine ,,starre Bindung" (vgl. FamRZ 1968, 392; 1976, 90).

mäßiger, außergewöhnlich hoher Bedarf" (§ 1613 II).[14] Privilegiert wird durch diese weitere Verpflichtung recht betrachtet der verpflichtete Ehegatte: Ohne die Möglichkeit, Sonderbedarf auch gesondert zu fordern, müßte die laufende Geldrente um jenen Betrag erhöht werden, der es gestattet, Rücklagen für außergewöhnlichen Bedarf zu bilden. Ungewöhnlich hoher Sonderbedarf kann umgekehrt die Leistungsfähigkeit des Verpflichteten schmälern und dann eine Minderung der Unterhaltsrente rechtfertigen.[15]

Zum laufenden Unterhalt gehören während eines Scheidungsverfahrens auch die Kosten einer angemessenen (Direkt-)Versicherung für den Fall des Alters sowie der Berufs- und Erwerbsunfähigkeit (§ 1361 I 2). In sachgerechter Manier werden insoweit Folgerungen aus dem Recht des Versorgungsausgleichs für das Recht des ehelichen Unterhalts gezogen. Wenn die Ehezeit beim Versorgungsausgleich (§ 1587 II) auf die Zeit bis zum Ende des Monats begrenzt ist, der dem Eintritt der Rechtshängigkeit des Scheidungsantrags vorausgeht (und damit künftige Versorgungspositionen nicht mehr abgerechnet werden), muß mit dem Beginn des Monats, in dem der Scheidungsantrag rechtshängig ist, der laufende Unterhalt das andernfalls eintretende Sicherungsdefizit ausgleichen.

Schwierigkeiten bereitet die praktische Entfaltung der Norm in einer Phase des ehelichen Lebens, in welcher das schließliche Sicherungsdefizit in individueller Berechnung oft gar nicht exakt bestimmt werden kann (es entfällt sogar völlig, wenn die Ehegatten später die eheliche Lebensgemeinschaft wieder aufnehmen). In der Rspr. zeigen sich Tendenzen, wenigstens für die typischen Fälle Bezugsgrößen zu finden, die es gestatten, die geschuldeten Beträge anhand der Beitragsordnung der gesetzlichen Rentenversicherung zu errechnen. Der gegenwärtige Lebensbedarf wird etwa genannt (der damit einem Arbeitseinkommen gleichgestellt wird)[15a], aber auch eine fiktive Altersrente, die dem gegenwärtigen Lebensbedarf entspricht[16] (womit bereits die typische Rentengröße verfehlt wird). Das eine wie das andere ist der Teleologie des § 1361 I 2 nicht zu integrieren. Richtiger (und einfacher) ist es, dem bedürftigen Ehegatten die Hälfte jenes Betrages zu gewähren, den der verpflichtete Partner im Augenblick der Trennung für die

---

[14] Vgl. etwa OLG Düsseldorf, NJW 1959, 2311 mit weit. Hinw. (Wohnraumbeschaffung); LG Berlin, NJW 1960, 1390 (Krankenhaus). Zunächst unregelmäßiger Bedarf kann durch Änderung der Lebensgewohnheiten zu regelmäßigem Bedarf werden. Eine Urlaubsreise im Jahr ist etwa heute in weiten Bevölkerungskreisen als laufender Unterhalt zu verrenten (vgl. dazu OLG Düsseldorf, FamRZ 1967, 43 mit dem Sonderfall der zunächst gemeinschaftlich geplanten Reise).

[15] Vgl. OLG Stuttgart, FamRZ 1978, 684.

[15a] Vgl. OLG Bremen, FamRZ 1979, 121 (mit Tabellen). Der Lebensbedarf wird mit einem Zuschlag für Lohnsteuer und Sozialabgaben „hochgerechnet".

[16] Vgl. OLG Karlsruhe, FamRZ 1978, 501 mit Anm. *Morawietz* (sowie *Bartsch,* NJW 1978, 2249, und *Eisele,* FamRZ 1979, 120). Der verpflichtete Ehegatte wird dann pro 100 DM Unterhaltsbedarf mit etwa 30 DM Altersvorsorge belastet. Vgl. ferner *Hampel,* FamRZ 1979, 249ff. (Grundsatz bei unbeschränkter Leistungsfähigkeit; Beteiligung des berechtigten Ehegatten und progressiv gestaffelte Prozentsätze vom Nettoeinkommen bei beschränkter Leistungsfähigkeit).

Versorgung aufzuwenden hatte (und ihn entsprechend der Entwicklung in der Zukunft fortzuschreiben)[16a].

Die für die Versicherung bestimmten Beträge sind zweckgebundene Mittel (deshalb aber nicht etwa Gegenstand eines selbständigen Anspruches, der neben den allgemeinen Unterhaltsanspruch tritt[17]), über die der bedürftige Ehegatte nicht disponieren kann.[18] Auf Verlangen hat er einen Verwendungsnachweis zu erbringen;[19] eine Weigerung berechtigt den Schuldner, weitere Leistungen gemäß § 273 zurückzubehalten (vgl. dazu unten § 30 X 2). Schließen die Parteien einen Unterhaltsvertrag, so kann sich im Einzelfall eine Erfüllungsübernahme empfehlen, kraft deren der Schuldner dem Anspruch durch direkte Zahlungen an den Versicherungsträger genügt.

7. Die *Berechnung der Unterhaltsrente* im Einzelfall darf einerseits die Besonderheiten jeder Familie nicht ignorieren, andererseits aber auch nicht abgleiten in ein unbestimmtes Taxieren, das die Rechtssicherheit und die Gleichheit der Rechtsanwendung aufhebt. Zwischen der drohenden Gefahr einer realitätsfernen Schematisierung und der nicht minder großen Gefahr einer blinden Billigkeitsjustiz versucht die Rspr. Halt zu gewinnen an Verteilungsschlüsseln und Tabellen, die Richtlinien sein sollen und nicht mehr[20] (jedoch die Tendenz zeigen, sich zu perfekten Werken zu entwickeln, die Züge einer richterlichen Legislative aufweisen[21]). Ausgangspunkt pflegt das verteilbare Einkommen zu sein und damit ein Wert, der jene Verteilungsschlüssel von vornherein auf Familien begrenzt, in denen Einkommen und Lebensbedarf identisch sind. Für die begüterte Familie kann und darf dagegen allein der Lebensbedarf Ausgangspunkt sein; es handelt sich nicht darum, Einkommen zu verteilen.

Die mit den Richtlinien erstrebte Rechtssicherheit und Rechtsgleichheit ist freilich nur beschränkt erreicht worden, weil die Verteilungsschlüssel streitig

---

[16a] Das entpricht im Ansatz *Eisele*, FamRZ 1979, 120.

[17] A. A. OLG Karlsruhe, FamRZ 1978, 501 (502). Gegen die Entscheidung auch *Hampel*, FamRZ 1979, 258.

[18] Str. *Rolland*, 23 zu § 1361, gesteht Dispositionsfreiheit zu und will bei nachhaltigem Mißbrauch den Anspruch mit § 242 begrenzen. Auch *Köhler*, S. 60, läßt den bedürftigen Ehegatten disponieren, doch soll er bei Eintritt des (hypothetischen) Versicherungsfalles in Höhe der versäumten Versicherung mit seinem Unterhaltsanspruch gemäß § 1579 I Nr. 3 ausgeschlossen sein. Wer so entscheidet, entlastet zwar den Unterhaltspflichtigen, belastet aber auch letztlich die öffentliche Hand (als ultima ratio bleibt immer nur die Sozialhilfe).

[19] Vgl. OLG Karlsruhe, FamRZ 1978, 501 (502), doch gewährt die Entscheidung darüber hinaus einen klagbaren Anspruch auf zweckgerechte Verwendung der Mittel; *Hampel*, FamRZ 1979, 257 (mit Recht des Verpflichteten, Zahlungen unmittelbar an den Versicherungsträger zu leisten, wenn zweckwidrige Verwendung der Mittel durch den Berechtigten zu besorgen ist).

[20] Gegen alle derartigen Versuche *Göppinger*, DRiZ 1968, 299ff. Grds. positiv (mit Präferenz für die „Düsseldorfer Tabelle") MünchKomm-*Wacke*, 10f. zu § 1361.

[21] Vgl. dazu FamRZ 1978, 849 (Hamm) und 854 („Düsseldorfer Tabelle"); NJW 1979, 257 (Schleswig).

blieben.[22] Es sind dabei nicht nur statistische Werte, die verschieden berechnet oder auch verschieden akzentuiert werden. Offen oder verdeckt wirken sich noch unterschiedliche Familienleitbilder aus; vielfach wird insbesondere (als Erbe des alten Patriarchats) immer noch der Ehemann unangemessen bevorzugt (unter scheinrationalem Hinweis auf die Notwendigkeit, Arbeitskraft und Arbeitsfreude zu erhalten und zu stärken,[23] zuweilen aber auch unter Hinweis auf die stärkere Abhängigkeit des Mannes von Drittleistungen[24]).

Unübersehbar sind aber auch auf der Höhe der Zeit stehende Tendenzen in der Rspr. Wenn und soweit überhaupt das gesamte Einkommen für den Unterhalt eingesetzt werden muß, hat grundsätzlich (Ausnahmen ergeben sich bei besonderem Bedarf) Halbteilung des bereinigten Familieneinkommens (nach Abzug der Familienlasten, einschließlich der Unterhaltsansprüche der Kinder) zwischen den Ehegatten zu gelten. Dem allein erwerbstätigen Ehegatten sind vorab ausschließlich jene Mittel zu belassen, die erforderlich sind, um die mit der Erwerbstätigkeit verbundenen Mehraufwendungen abzudecken.[25]

III. Weitere Ausgestaltung

1. Die §§ 1360ff. enthalten keine vollständige Regelung des ehelichen Unterhaltes. Sie beschränken sich im wesentlichen auf die Grundsätze sowie auf das Maß und die Art und Weise der Leistungen. Die Lücken schließt das Unterhaltsrecht der Verwandten, das zuweilen die Ehegatten in seinen Normen selbst nennt, zuweilen aber auch vom Unterhaltsrecht der Ehegatten zur entsprechenden Anwendung berufen wird (§§ 1360a III, 1361 IV 4).

2. Im unmittelbaren Zugriff regelt das Recht des Verwandtenunterhaltes den Ausgleich mit anderen Unterhaltspflichten, also die Position des Ehegatten in der Rangordnung der aus Ehe oder Verwandtschaft zum Unterhalt Verpflichteten und der Rangordnung der aus Ehe oder Verwandtschaft zum Unterhalt Berechtigten (§§ 1608, 1609 II. Vgl. dazu unten § 41 V 2 und VI 2).

3. Entsprechend anzuwenden sind die §§ 1613–1615, also die Beschränkung der Möglichkeit, für die Vergangenheit Erfüllung oder Schadensersatz wegen Nichterfüllung zu verlangen (unten § 41 IX), ferner das Verbot des totalen oder partiellen Erlasses für die Zukunft und die Begrenzung befreiender Voraus-

---

[22] Vgl. dazu *Millauer,* NJW 1967, 1061ff.; *Pabst,* NJW 1967, 2248; *Göhring,* FamRZ 1969, 512; *Rassow,* FamRZ 1969, 515ff.; OLG Frankfurt, NJW 1970, 1882 mit abl. Anm. *Sprenger,* S. 2249. Zu den Details und zur Verbreitung der Schlüssel und Tabellen vgl. *Kalthoener/Haase-Becher/Büttner,* RdNrn. 4ff.

[23] Vgl. aus jüngster Zeit OLG Frankfurt, FamRZ 1978, 433; OLG Düsseldorf, NJW 1977, 392 (und dagegen AG Neuss, NJW 1978, 644); KG, NJW 1978, 2303 (mit grds. Bekenntnis zur „Düsseldorfer Tabelle").

[24] Vgl. BSozG, FamRZ 1972, 634 (Rentner).

[25] Vgl. KG, NJW 1977, 1689; 1978, 274; OLG Stuttgart, NJW 1978, 1332 (mit 10–15% des Nettoeinkommens für Mehraufwendungen).

leistungen (unten § 41 X 4), schließlich das selbstverständliche Erlöschen von Recht und Pflicht mit dem Tode auch nur eines Ehegatten (geschuldet bleibt eine bereits fällig gewordene Monatsrente; vgl. § 1361 IV 3) und die Subsidiärverpflichtung für die Kosten der Beerdigung (unten § 41 XI 2). Entsprechend anzuwenden ist zugunsten eines getrennt lebenden Ehegatten ferner der § 1605 mit seinem Auskunftsanspruch (bei intakter Ehe werden Auskünfte aus § 1353 geschuldet).

4. *Mehrleistungen.* Falls ein Ehegatte mehr an Unterhalt (und nicht zu anderen Zwecken) leistet als ihm im Verhältnis zum Partner obliegt, so ist im Zweifel anzunehmen, daß er nicht beabsichtigt, Ersatz zu verlangen (§ 1360b). Die Norm gewährt keinen eigenen Ersatzanspruch;[1] sie deutet lediglich (in Form einer Auslegungsregel[2]) mehrdeutiges Verhalten des leistenden Ehegatten für Tatbestände, in denen subjektive Tatbestandselemente wesentlich sind.[3] Die Bedeutung des § 1360b ist dementsprechend auch nicht stets gleich, mag er auch vornehmlich als Regreßschranke dienen.

Die irrtümliche Mehrleistung findet in § 1360b keinen Anknüpfungspunkt;[4] es bleibt der Anspruch aus § 812. Leistung als Geschäftsführer ohne Auftrag für den Partner führt über § 1360b zu § 685, also im Zweifel (und damit in der Regel nicht, wenn der Partner sich bewußt seinen Verpflichtungen entzieht) zur Geschäftsführung mit Schenkungsabsicht.[5] Eine bewußte Mehrleistung ohne Willen, für den Partner zu handeln, kann eine Leistung sein, mit der ein bestimmter Erfolg bezweckt wird (vgl. § 812 I 2);[6] im Zweifel enthält sie eine Schenkungsofferte.[7] Die vertraglich bedungene Mehrleistung schließlich (zu den Grenzen vgl. unten 7.) ist im Zweifel als Vollzug einer Schenkung zu betrachten und nicht als Vollzug eines zur Rückerstattung verpflichtenden Vertrages.

5. *Unterhaltsregelung durch Beschluß.* Unterhaltsverträge sind praktisch bedeutsam nur für getrennt lebende Ehegatten. Im intakten Familienverband fehlt den

---

[1] Insoweit mit dem Text übereinstimmend MünchKomm-*Wacke,* 13 zu § 1360b; *Soergel-Lange,* 4 zu § 1360b; *Palandt-Diederichsen,* 1 zu § 1360b; *Rolland,* 2 zu § 1361. Dagegen aber *Roth-Stielow,* NJW 1970, 1033; *Erman-Heckelmann,* 1 zu § 1360b. Daß zwischen Elternteilen Ausgleichspflichten aus Familienrecht bestehen (vgl. unten § 42 II 5), will nichts besagen; § 1360b (der auch auf jenen Anspruch anzuwenden ist) ist anders strukturiert als § 1606 III.

[2] Nach a. A. soll eine Vermutung gegeben sein. Vgl. *Köhler,* S. 56; *Brühl-Göppinger-Mutschler,* RdNr. 818.

[3] Nach a. A. (*Köhler,* S. 56f.) soll bei fehlender Regreßabsicht die Leistung als Unterhaltsleistung gelten. Die Leistung als Unterhalt gehört jedoch bereits zum Tatbestand des § 1360b.

[4] Ausdrücklich gegen den Text MünchKomm-*Wacke,* 9 zu § 1360b mit Fn. 16 (Stichworte: ehefreundliche Interpretation; § 1360b als eigenständige Beschränkung des Bereicherungs- und Geschäftsführerregresses). Dem Text zustimmend *Brühl-Göppinger-Mutschler,* RdNr. 818.

[5] Absicht, Ersatz zu verlangen, wird in der Regel auch vorliegen, wenn die Mehrleistungen dem Partner den Aufbau eines Geschäftes ermöglichen sollen. Vgl. RG, JW 1909, 660.

[6] So OLG Düsseldorf, OLGZ 1966, 283 für den Fall der Finanzierung eines Studiums.

[7] A. A. anscheinend RG, Recht 1912 Nr. 3094. Der Text behauptet keinesfalls eine Schenkungsofferte für Fälle, die § 1360b nicht mehr subsumiert werden können (also nicht den Unterhalt betreffen). Insofern ein Mißverständnis bei MünchKomm-*Wacke,* 7 zu § 1360b mit Fn. 10.

Ehegatten Vertretungsmacht für die Kinder (§§ 1629 II, 1795); eine Regelung nur ihrer eigenen Ansprüche hat angesichts des praktischen Gleichlaufs aller Ansprüche im Haushalt allenfalls begrenzten Wert. Freilich werden die Höhe des Verbrauches sowie die für das Taschengeld der Hausfrau und für das Wirtschaftsgeld benötigten Summen zumeist von den Ehegatten festgelegt, doch sind derlei Abreden nur *Beschlüsse, die das gemeinschaftliche Leben gestalten wollen* (zur Bindung an sie vgl. § 18 III 5).[8] Der Maßstab des Angemessenen mit seiner weiten, auch situationsabhängigen (etwa Sparsamkeit um eines größeren Zieles willen) Variationsbreite wird in ihnen präzisiert. Sie sind nichtig, wenn die Ehegatten nicht mehr einen unbestimmten Maßstab präzisieren, sondern unter dem Vorwand der Präzisierung auf Unterhalt verzichten (§ 1614).

6. *Unterhaltsregelung durch Vertrag.* Getrennt lebende Ehegatten wollen mit einer Vereinbarung in aller Regel lediglich einen gesetzlichen Anspruch aus § 1361 näher präzisieren oder modifizieren. Zumeist wird lediglich die Rentenhöhe fixiert, doch sind auch andere Vereinbarungen möglich, Veränderungen der Fälligkeitstermine etwa (in den Grenzen, die Vorausleistungen im Unterhaltsrecht gezogen sind), aber auch die Übernahme von Prämienverpflichtungen anstelle der gem. § 1361 I 2 geschuldeten Versicherungskosten oder Sachleistungen, mit denen ein Teil der an sich geschuldeten Geldrente abgelöst wird; § 1361 IV 1 ist dispositiven Rechtes.[9] Verträge dieser Art sind stets von Bestand und Fortbestand des gesetzlichen Anspruches abhängig.

Den Parteien bleibt es aber auch unbenommen, vertragliche Unterhaltsansprüche zu begründen, die neben die gesetzlichen treten, mit ihnen aber in einer Tilgungsgemeinschaft verbunden werden. Wählen sie für diesen Fall die Form des abstrakten Schuldversprechens, so ist der gesetzliche Anspruch aus § 1361 causa des vertraglichen Versprechens; dieses kann kondiziert werden, wenn jener nie bestand oder entfällt.

Vereinbarungen beider Art können selbständig getroffen werden; sie können aber auch Bestandteil eines umfassenden Vertrages sein, in dem die Ehegatten weitere Fragen regeln, die sich aus ihrer faktischen Trennung ergeben (elterliche Sorge, Hausrat usw.). Derlei „Trennungsverträge" sind einheitliche Rechtsgeschäfte; ist ein Teil der Abreden nichtig, so ist der ganze Vertrag nichtig, wenn nicht anzunehmen ist, daß die Parteien den Rest auch ohne den nichtigen Teil vereinbart hätten (§ 139). Übermäßige Beschränkungen der persönlichen Freiheit und die Vereinbarung einer Vertragsstrafe haben in der (freilich älteren) Rechtsprechung bereits zu nichtigen Vereinbarungen geführt.[10]

7. *Schranken der Vertragsfreiheit.* Unterhaltsverträge, mit denen die Ehegatten

---

[8] Sie wurden früher als dem Entscheidungsrecht des Ehemannes widerstreitend für nichtig gehalten. Vgl. RGZ 61, 50 (53); 158, 294 (299).

[9] Vgl. BGH, NJW 1962, 2102; FamRZ 1964, 137 (Wohnung); 1965, 125 (Kleinwagen).

[10] Vgl. RGZ 158, 294 (298 und 300).

die Grenzen der ihnen gewährten Dispositionsfreiheit nicht sprengen, sind auch dann noch wirksam, wenn sie die faktische Trennung der Ehegatten erleichtern oder gar ermöglichen.[11] § 134 verbietet Verträge dieser Art ebensowenig wie § 138. Eine Rechtsordnung, die gescheiterte Ehen grundsätzlich preiszugeben bereit ist (§ 1565), jedoch im Regelfall eine zumindest einjährige Trennung der Ehegatten vor der Scheidung wünscht (§ 1565 II; vgl. auch die Vermutungen des § 1566), wird nicht mehr folgerichtig entfaltet, wenn aus ihr ein Trennungsverbot abgeleitet wird.

Unterhaltsverträge sind dagegen nichtig, wenn übermäßiger Unterhalt (für den der gesetzliche Anspruch aus § 1361 niemals als Regelungsgegenstand oder causa in Betracht kommt) als Entgelt für Zusagen gewährt wird, die nicht Gegenstand einer Bindung sein dürfen (Aufgabe aller Versöhnungsversuche; Aufgabe der Scheidungsabsicht; Verpflichtung, einen Scheidungsantrag zu stellen).

IV. Prozeßkosten

Schrifttum: *Brühl,* Der Prozeßkostenvorschuß nach dem GleichberG, FamRZ 1958, 197; *Pastor,* Die Prozeßkostenvorschußpflicht der Ehegatten nach dem Gleichberechtigungsgesetz, FamRZ 1958, 298; *Weimar,* Gilt das Pfändungsvorrecht des § 850d ZPO für den Anspruch auf Zahlung eines Prozeßkostenvorschusses und Erstattung der Prozeßkosten im Rahmen eines Unterhaltsstreites?, NJW 1959, 2102; *Pastor,* Der Ausgleich geleisteter Prozeßkostenvorschüsse zwischen Eheleuten, FamRZ 1960, 46; *derselbe,* Armenrechtsverfahren und Prozeßkostenvorschuß nach § 1360a Abs. IV BGB, FamRZ 1960, 260; *Bull,* Unterhaltsanspruch und Armenrecht – ein Dilemma, FamRZ 1962, 243; *Pohlmann,* Nochmals: Unterhaltsanspruch und Armenrecht, FamRZ 1963, 119; *Künkel,* Armenrecht und Prozeßkostenvorschuß, FamRZ 1967, 192; *Koch,* Prozeßkostenvorschußpflicht der Ehegatten in „persönlichen Angelegenheiten", NJW 1974, 87.

1. *Staatslast und Familienlast.* Rechtsstreitigkeiten sind nicht generell vermeidbar, ihre Berücksichtigung als Lebensbedarf einer Person ist deshalb grundsätzlich möglich. Nach dem für das Verhältnis von Staat und Familie geltenden Subsidiaritätsprinzip müßten daher einem Ehegatten auch die Kosten seiner unvermeidbaren Prozesse als Unterhalt geschuldet werden. Historische Zufälligkeiten haben indessen zu einer anderen Regelung geführt, die den Staat stärker belastet (Armenrecht) als sonst. Jeder Ehegatte kann von seinem Partner nur beschränkt Vorschüsse fordern; Berichtigung bereits entstandener Verbindlichkeiten wird nie geschuldet. Prozeßkostenvorschüsse werden damit zwar weiter als Unterhalt geleistet;[1] sie bilden jedoch eine *Sonderbedarfsgruppe mit eigenständiger Regelung.*[2]

---

[11] A. A. MünchKomm-*Wacke,* 13 zu § 1361. Äußerungen aus der Zeit vor dem 1. EheRG haben ihre Aussagekraft eingebüßt.

[1] Ganz h. L. Vgl. etwa *Finke,* MDR 1957, 453; *Reinicke,* NJW 1957, 936; *Pastor,* FamRZ 1958, 420; *Dölle,* § 36 A IV 1; *Brühl-Göppinger-Mutschler,* RdNr. 251; *Soergel-Lange,* 17 zu § 1360a; *Erman-Hekkelmann,* 32 zu § 1360a; MünchKomm-*Wacke,* 20 zu § 1360a; *Rolland,* 34 zu § 1360a; OLG Düsseldorf, FamRZ 1961, 380; OLG Celle, FamRZ 1963, 185; BGH, FamRZ 1964, 558 (560); BGHZ 56, 92

(Fortsetzung der Fußnote 1 sowie Fußnote 2 auf Seite 242)

2. *Berechtigte.* Das Gesetz verpflichtet allein Ehegatten (auch wenn sie getrennt leben; vgl. § 1361 IV), einander Vorschüsse zu leisten, sieht aber selbst für sie eine generelle Pflicht nicht vor und präjudiziert damit jedenfalls begrenzend alle anderen familienrechtlichen Verhältnisse.[3] Mehr als Ehegatten können auch Verwandte voneinander nicht fordern.

Das Schweigen des Gesetzes in allen anderen Unterhaltsregelungen ist dagegen kein beredtes Schweigen, das jede analoge Anwendung der für Ehegatten bestehenden Regelung ausschließt. Analogie ist freilich nur möglich, soweit zwischen den Parteien eine Verbundenheit besteht, die derjenigen von Ehegatten entspricht (vgl. dazu unten § 41 VII 5 und § 59 III 5 für das eheliche und das nichteheliche Kind).

3. *Rechtsstreitigkeiten.* § 1360 a IV beschränkt die Pflicht auf die Kosten einer Strafverteidigung und die Kosten von Rechtsstreitigkeiten, die eine „persönliche Angelegenheit" betreffen (einschließlich jener, die zwischen den Ehegatten anhängig werden).[4] Die damit notwendige Sonderung der persönlichen von den anderen (unpersönlichen)[5] Angelegenheiten[6] (die nicht identisch ist mit der von

---

(94); OLG Bamberg, FamRZ 1975, 421; OLG München, FamRZ 1976, 696; OLG Hamm, FamRZ 1977, 466. Vgl. auch *Künkel,* FamRZ 1967, 193 (außerordentliche Aufwendung im Rahmen der Unterhaltspflicht mit Darlehenscharakter). Als Teil der ehelichen Beistands- und Fürsorgepflicht qualifizieren OLG Frankfurt, NJW 1958, 1782; FamRZ 1959, 62; *Beitzke,* NJW 1958, 1594 (anders Familienrecht, § 12 IV 5); LG Münster, NJW 1977, 1066. Vgl. auch LG Braunschweig, FamRZ 1958, 467.

Zuständig für den Prozeßkostenvorschuß ist (für Klage und einstweilige Verfügung) das Amtsgericht (§ 23 GVG), mag auch der zu finanzierende Prozeß vor ein anderes Gericht gehören (unpraktisch). Gegen die Ansicht, daß im Verfahren der einstweiligen Verfügung das Gericht des zu finanzierenden Prozesses allein (so OLG Braunschweig, NJW 1959, 2310; OLG Düsseldorf, FamRZ 1968, 208 [zu § 1610]; *Soergel-Lange,* 27 zu § 1360 a) oder alternativ neben dem Gericht des Finanzierungsstreites (so *Köhler,* S. 187) Gericht der Hauptsache sei, vgl. *Bosch,* FamRZ 1958, 420; 1960, 131; *Pastor,* FamRZ 1958, 302 und 421; OLG Celle, NJW 1963, 960; *Erman-Heckelmann,* 33 zu § 1360 a.

In Ehesachen kann das Prozeßgericht die Verpflichtung regeln (§ 620 Nr. 9 ZPO), nach mancher Ansicht (OLG Frankfurt, FamRZ 1961, 531; *Köhler,* S. 66) auch, wenn der Vorschuß für einen anderen Rechtsstreit benötigt wird (abzulehnen). Auch in Unterhaltssachen sind einstweilige Anordnungen des Prozeßgerichts möglich (§ 127 a ZPO).

[2] Weitergehend OLG Düsseldorf, NJW 1976, 1851 (zwar aus Unterhaltspflicht abgeleitet, jedoch verselbständigt und nicht als Unterhalt bei besonderem Bedarf zu verstehen).

[3] Daß § 1360 a IV die Frage unter Ehegatten abschließend regelt, entspricht h. L. Vgl. BGHZ 41, 104 (110); OLG Braunschweig, FamRZ 1958, 418; OLG Karlsruhe, FamRZ 1959, 217; OLG München, FamRZ 1976, 696; *Pohlmann,* NJW 1959, 1279; *Soergel-Lange,* 17 zu § 1360 a; MünchKomm-*Wacke,* 21 zu § 1360 a; *Rolland,* 35 zu § 1360 a. And. Ans. dagegen (weitere Verpflichtung aus Abs. I möglich) *Meyer,* Rpfleger 1958, 301; *Pastor,* FamRZ 1958, 299 f.; LG Hagen, NJW 1959, 48. Vgl. auch *Schwoerer,* FamRZ 1959, 449 (Wiederbelebung der alten Lehre von der Eigenständigkeit des § 627 ZPO a. F. – § 620 ZPO n. F.).

[4] Die Vorschußpflicht ist nicht weiter auf „lebenswichtige Prozesse" zu begrenzen. Insoweit irrig LG München I, FamRZ 1970, 84. Wie der Text MünchKomm-*Wacke,* 27 zu § 1360 a.

[5] Die häufig (auch von der Voraufl.) geforderte Sonderung von den „vermögensrechtlichen Angelegenheiten" entspricht der Entwicklung der Rspr. nicht mehr.

[6] Sicher irrig *Pastor,* FamRZ 1958, 300. Ihm zufolge stehen die persönlichen Angelegenheiten im Gegensatz zu den Familienangelegenheiten.

ganz anderen Normzwecken beherrschten Sonderung der höchstpersönlichen Rechte und Pflichten von den übrigen[7]) kann nur durch richterliche Konvention bewirkt werden.[8] Keine der bislang vorgeschlagenen Formeln gestattet eine einfache Subsumtion der Sachverhalte. Zuweilen werden reine Tautologien vorgeschlagen;[9] zuweilen wird der wenig präzise Begriff des Gesetzes durch andere ersetzt, die nicht weniger interpretationsbedürftig sind;[10] wenig gewonnen wird auch, wenn für Mischfälle das prävalierende Element als entscheidend bezeichnet wird.[11]

Unbestritten ist die Zuweisung der Status- und Entmündigungssachen, der Herstellungsklagen, der Unterlassungs- und Beseitigungsklagen im Bereich der Persönlichkeitsrechte und des absoluten Ehekerns zu den persönlichen Angelegenheiten. Richterliche Konvention hat ferner alle Unterhaltsklagen entsprechend qualifiziert;[12] richterliche Konvention scheint nunmehr auch alle vermögensrechtlichen Ansprüche, die in der ehelichen Lebensgemeinschaft wurzeln, den persönlichen Angelegenheiten zuweisen zu wollen.[13] Umstritten ist insbesondere[14] der Schadensausgleich nach Eingriffen

---

[7] A. A. *Koch*, NJW 1974, 87.

[8] Ebenso *Finke*, MDR 1957, 433.

[9] Vgl. etwa *Eisser*, FamRZ 1959, 184 (alle Angelegenheiten, die die Person oder die Persönlichkeit betreffen); LG Darmstadt, FamRZ 1958, 331 (alle Rechtsgeschäfte und Rechtsstreitigkeiten, die zu der Person des sie Betreffenden oder zu seinen persönlichen Bedürfnissen in bestimmten Beziehungen stehen); LG Braunschweig, FamRZ 1958, 467 (alle Angelegenheiten, die ihrem Inhalt nach die persönliche Stellung in rechtlicher und tatsächlicher Hinsicht betreffen); BGHZ 41, 104 (bei genügend enger Verbindung mit der Person des Ehegatten); *Dölle*, § 36 A IV 2b (Angelegenheiten, bei denen ein Moment im Vordergrund steht, das unmittelbar die Person selbst betrifft).

[10] Vgl. etwa *Brühl*, FamRZ 1958, 199 (Angelegenheiten, die die Stellung innerhalb der Familie oder Gesellschaft tangieren); MünchKomm-*Wacke*, 27 zu § 1360a (vermögensrechtliche Streitigkeiten „bei genügend engem Bezug zur ehelichen Lebensgemeinschaft“). Konkreter (aber das gesicherte Fallmaterial nur beschränkt treffend) *Rolland*, 37 zu § 1360a (er fordert den „konkreten Bezug zu einer der bestehenden Verpflichtungen zur ehelichen Lebensgemeinschaft, wie sie zu § 1353 entwikkelt worden sind“).

[11] Vgl. (in Fortsetzung alter zu § 1402 a.F. entwickelter Linien) OLG Braunschweig, FamRZ 1958, 418 mit Anm. *Bosch* und *Pastor;* LG Darmstadt, FamRZ 1958, 331; BSozG, NJW 1960, 502. In einer nicht klar begrenzten Steigerung will LG Braunschweig, FamRZ 1958, 467 dem persönlichen Element auch den Vorzug geben, wenn es nicht im Vordergrund steht.

[12] Vgl. BGHZ 31, 384 (386); LG Duisburg, FamRZ 1960, 68; *Brühl*, FamRZ 1958, 200. Für Ausdehnung auf „unterhaltsähnliche Ansprüche“ OLG Braunschweig, FamRZ 1958, 418 (Streit um eine Hypothek, deren Zinsen dem Lebensunterhalt dienen). Das EheG qualifiziert die Unterhaltsansprüche als vermögensrechtliche Angelegenheiten. Vgl. §§ 26 EheG, 16 der 1. DVO EheG, 15 AVO EheG (BZ).

Prozeßkostenvorschüsse für Unterhaltsklagen können gem. § 127a ZPO mit einstw. Anordnung durchgesetzt werden; daneben bleibt die Rechtsverfolgung mit Leistungsklage zulässig (str.; vgl. dazu OLG Hamm, FamRZ 1978, 817 m. Nachw.).

[13] Vgl. BGHZ 31, 384 (Auskunft über die Ergebnisse gemeinschaftlicher Arbeit); OLG Köln, MDR 1963, 51 (Erbvertrag unter den Ehegatten); *Köhler*, S. 64; *Staudinger-Hübner*, 36 zu § 1360a; *Palandt-Diederichsen*, 3b zu § 1360a; *Soergel-Lange*, 24 zu § 1360a; MünchKomm-*Wacke*, 28 zu § 1360a.

[14] Vgl. aus der Praxis ferner BSozG, NJW 1960, 502 (bejahend für den Rechtsstreit um die Gewährung einer Invalidenrente); LG Darmstadt, FamRZ 1958, 331 (verneinend für den Anspruch aus einem Provisionskonto); LG Braunschweig, FamRZ 1958, 467 (bejahend für die Aufhebung des Güterstandes); OLG Karlsruhe, FamRZ 1959, 217 (verneinend für den Streit um die Verpfändung von Forderungen für die Geschäftsschulden des Ehegatten); BGHZ 41, 104 (verneinend für die Klage auf Zahlung eines Auseinandersetzungsguthabens aus einer Gesellschaft mit Dritten).

in Körper und Gesundheit[15] sowie der Streit um erbrechtliche Positionen (für die sich aber eine ablehnende h. M. herauszubilden beginnt).[16] Zuweilen werden in der Rspr. auch Standpunkte vertreten, die selbst bei Zubilligung weiten richterlichen Ermessens kaum noch als vertretbar erscheinen. So sollten etwa baurechtliche Nachbarklagen[17] ebensowenig zu den persönlichen Angelegenheiten gerechnet werden wie der Anspruch auf Zugewinnausgleich aus einer früheren Ehe.[18]

4. *Maßstäbe.* Wer keinen Anspruch auf Unterhalt hat (§ 1361 III), kann auch keinen Prozeßkostenvorschuß verlangen.[19] Unterhaltsberechtigte können ihren Ehegatten in Anspruch nehmen, wenn sie selbst nicht in der Lage sind, die Kosten zu tragen[20] und die Belastung des Partners (und sei es auch nur mit einem Teilbetrag) der Billigkeit entspricht.[21] Bedürftigkeit und Leistungsfähigkeit werden damit jedenfalls entscheidend, aber auch die Erfolgsaussichten des Prozesses. Leben die Ehegatten getrennt, sind ferner jene Umstände zu bedenken, die primär und sekundär für den Unterhaltsanspruch aus § 1361 wesentlich sind.[22]

Bedürftig sind alle Ehegatten, die mit den ihnen zur Verfügung stehenden Mitteln ihren Lebensbedarf gerade angemessen decken können, also ohne Hilfe des Partners gezwungen wären, den ihnen grundsätzlich zugebilligten Lebens-

---

[15] Bejahend *Bosch,* FamRZ 1958, 85; *Eisser,* FamRZ 1959, 184; LG Hagen, NJW 1959, 48 (Schmerzensgeld); *Staudinger-Hübner,* 39 zu § 1360a; *Palandt-Diederichsen,* 3b zu § 1360a; *Soergel-Lange,* 24 zu § 1360a; OLG Frankfurt, FamRZ 1967, 43 (fehlerhafte ärztliche Behandlung); MünchKomm-*Wacke,* 28 zu § 1360a; *Brühl-Göppinger-Mutschler,* RdNr. 259. Verneinend *Brühl,* FamRZ 1958, 199; *Pohlmann,* NJW 1959, 1279.

[16] Vgl. OLG Düsseldorf, NJW 1960, 2189 (verneinend für die Feststellung der Wirksamkeit eines Erbvertrages); OLG Köln, MDR 1961, 941 (bejahend für Pflichtteilsansprüche); MDR 1963, 51 (bejahend für die Feststellung der Wirksamkeit von Erbverträgen unter den Ehegatten). Das Schrifttum lehnt vielfach generell ab. Vgl. MünchKomm-*Wacke,* 28 zu § 1360a; *Brühl-Göppinger-Mutschler,* RdNr. 269; *Soergel-Lange,* 24 zu § 1360a (in der Regel nicht). Nachgiebiger *Erman-Heckelmann,* 23 zu § 1360a (bejahend für den Streit um ein Pflichtteilsrecht, nicht mehr um den Zahlungsanspruch aus ihm).

[17] Vgl. dagegen OVG Lüneburg, FamRZ 1973, 145f. (Klage zum Zwecke der Abwehr drohender Immissionen; Grundstück von den Ehegatten gemeinschaftlich bewohnt); *Palandt-Diederichsen,* 3b zu § 1360a.

[18] Vgl. dagegen OLG Düsseldorf, FamRZ 1975, 102; *Palandt-Diederichsen,* 3b zu § 1360a.

[19] Richtig *Staudinger-Hübner,* 34 zu § 1360a; *Brühl,* FamRZ 1958, 198; *Pastor,* FamRZ 1958, 298; *Köhler,* S. 63. A. A. OLG Frankfurt, FamRZ 1959, 62; *Streck,* S. 157.

[20] Ist das Armenrecht bewilligt worden, kann mangels Bedarfs kein Vorschuß gefordert werden. Vgl. *Pastor,* FamRZ 1960, 264; *Erman-Heckelmann,* 29 zu § 1360a. And. Ans. LG Hamburg, MDR 1960, 235; *Staudinger-Hübner,* 44 zu § 1360a. Das Armenrecht ist aber gegebenenfalls zu entziehen (§ 121 ZPO).

Ist unklar, ob eine Vorschußpflicht besteht, kann Armenrecht mit Nachzahlungsanordnung bewilligt werden. Vgl. BGHZ 10, 139; *Pohlmann,* FamRZ 1963, 119; *Künkel,* FamRZ 1967, 194; MünchKomm-*Wacke,* 23 zu § 1360a; *Soergel-Lange,* 20 zu § 1360a. Kritisch dazu *Bull,* FamRZ 1962, 243.

[21] Str. ist, ob der Anspruch auf einen Vorschuß am Pfändungsprivileg des § 850d I ZPO teilnimmt. Verneinend etwa LG Aachen, FamRZ 1963, 48 mit weit. Hinw.; *Soergel-Lange,* 18 zu § 1360a. Bejahend *Pastor,* FamRZ 1960, 261; *Weimar,* NJW 1959, 2102 (sogar für den Kostenerstattungsanspruch unter der irrigen Prämisse einer die Prozeßkosten selbst erfassenden Unterhaltspflicht); LG Köln, MDR 1959, 848; *Palandt-Diederichsen,* 3a zu § 1360; *Erman-Heckelmann,* 31 zu § 1360a; MünchKomm-*Wacke,* 33 zu § 1360a.

[22] Ebenso *Brühl,* FamRZ 1965, 540f. And. Ans. OLG Frankfurt, FamRZ 1959, 62.

standard um des Prozesses willen zu senken.[23] Der Stamm des Vermögens ist dabei weder generell zu schonen noch generell vorrangig zu verwerten. Unter Berücksichtigung der beiderseitigen Belange ist vielmehr im Einzelfall die ökonomisch sinnvollste Lösung zu suchen. Zu berücksichtigen sind lediglich kurzfristig verfügbare (und damit für den Rechtsstreit liquide) Positionen;[24] hochrentierliche Anlagen sind dem Bedürftigen zu belassen, wenn sein (leistungsfähiger) Partner über Anlagen minderen Ranges verfügt. Der Ehegatte kann mithin eher in Anspruch genommen werden als das Armenrecht, das erst bei Gefährdung des ,,notwendigen Unterhalts" einsetzt.[25]

Leistungsfähig sind alle Ehegatten, die (bei Berücksichtigung ihrer sonstigen Verbindlichkeiten) den Vorschuß gewähren können,[26] ohne den eigenen angemessenen Unterhalt zu gefährden,[27] mögen sie auch gezwungen sein, den Vermögensstamm anzugreifen.[28] Muß der fordernde Ehegatte keine Einbußen an seinem Lebensstandard in Kauf nehmen, so erst recht nicht der in Anspruch genommene.[29]

Die h. L. bestimmt jene Prozesse, für die ein Vorschuß nicht gefordert werden darf, negativ. Mit Nuancen in den Formulierungen werden alle Streitigkeiten ausgeschieden, die mutwillig oder aussichtslos sind.[30] Zum Lebensbedarf können aber *nur Prozesse* gerechnet werden, *die eine positive Aussicht auf Erfolg bieten*. Sachgerechter sind deshalb die Maßstäbe des Armenrechts, das nur bewilligt wird, ,,wenn die beabsichtigte Rechtsverfolgung oder Rechtsverteidigung eine hinreichende Aussicht auf Erfolg bietet und nicht mutwillig erscheint" (§ 114

---

[23] Leistungen der Sozialhilfe sind nicht für Prozesse gedacht. Gem. § 2 I BSHG ist deshalb der Ehegatte nicht in der Lage, auf sie zu verweisen. Vgl. OLG Düsseldorf, FamRZ 1975, 418.

[24] Vgl. zu dieser Einschränkung OLG München, FamRZ 1976, 696.

[25] Der Text folgt der h. L. Vgl. *Brühl*, FamRZ 1965, 540; OLG Hamburg, NJW 1960, 1768; *Palandt-Diederichsen*, 3b zu § 1360a; *Staudinger-Hübner*, 42 zu § 1360a; MünchKomm-*Wacke*, 22 zu § 1360a; *Brühl-Göppinger-Mutschler*, RdNr. 278. Nach a. A. sind die Grundsätze des Armenrechtes anzuwenden. Vgl. *Pastor*, FamRZ 1958, 298f.; 1960, 261; *Streck*, S. 158 (grundsätzlich, nicht generell). Für Billigkeitsentscheidungen von Fall zu Fall *Künkel*, FamRZ 1967, 192.

[26] Und zwar so, wie er geschuldet ist. Deshalb fehlt die Leistungsfähigkeit für den Anwaltskostenvorschuß, wenn der Ehegatte nur in Raten zahlen könnte. Vgl. OLG Düsseldorf, FamRZ 1973, 32. A. A. OLG Köln, NJW 1965, 1721 (Armenrecht mit Nachzahlungsanordnung entspr. den Raten des Ehegatten). Gegen die Entscheidung auch *Brühl-Göppinger-Mutschler*, RdNr. 281 Fn. 154.

[27] Ebenso *Soergel-Lange*, 21 zu § 1360a; MünchKomm-*Wacke*, 24 zu § 1360a.

[28] Vgl. SchlHOLG, SchlHA 1967, 266 (Belastung von Grundeigentum).

[29] Inkonsequent daher *Staudinger-Hübner*, 42 zu § 1360a (Sicherung nur des notwendigen Unterhaltes). Folgerichtig werden dagegen die Maßstäbe des Armenrechtes für beide Seiten gewählt von *Pastor*, FamRZ 1960, 261; *Streck*, S. 158.

[30] Vgl. BGHZ 31, 384 (387); *Staudinger-Hübner*, 47 zu § 1360a; *Erman-Heckelmann*, 26 zu § 1360a; *Brühl*, FamRZ 1965, 541; *Köhler*, S. 64; *Palandt-Diederichsen*, 3b zu § 1360a; *Soergel-Lange*, 22 zu § 1360a; MünchKomm-*Wacke*, 25 zu § 1360a; *Rolland*, 45 zu § 1360a; OLG Schleswig, SchlHA 1961, 270; OLG Köln, FamRZ 1968, 42 (für den Anspruch der Abkömmlinge). Keinen Einfluß hat *Dölle*, § 36 A IV 2, gewonnen (Vorschuß zu gewähren, wenn ,,der Anspruch des vorschußbegehrenden Ehegatten schlüssig ist").

ZPO).[31] Auch für die gern in einer Sonderstellung gesehenen Passivprozesse in Statusfragen (Ehescheidung, Ehelichkeitsanfechtung) kann nichts anderes gelten.[32] Es ist ebensowenig Aufgabe des Ehegatten wie des Staates, Mittel für eine keinen Erfolg versprechende Rechtsverteidigung bereit zu stellen in Verfahren, die infolge der für sie geltenden Offizialmaxime den Beklagten ohnehin sichern.

5. *Grenzen.* Als Unterhalt geschuldet wird der Vorschuß,[33] nicht geschuldet sind die Prozeßkosten. Den Beweis liefert das Recht der Gütergemeinschaft: Der Unterhalt der Ehegatten ist primär dem Gesamtgut zu entnehmen; die Kosten der Prozesse zwischen den Ehegatten aber sind Sonderlasten jenes Ehegatten, der sie nach den allgemeinen Vorschriften zu tragen hat (§§ 1443 I, 1465 I).

Leistungen können deshalb nicht mehr gefordert werden für Prozeßabschnitte, die bereits erledigt sind oder doch schon finanziert wurden.[34] Grundsätzlich gleichgültig ist die Art der Erledigung oder Finanzierung. Einen Anspruch auf einen Prozeßkostenvorschuß haben auch bedürftige Ehegatten nicht, die den Prozeß tatsächlich mit eigenen Mitteln finanziert haben[35] (dagegen sollte eine Finanzierung mittels eines Kredites nicht schaden[36]). Vorschüsse sind nun einmal zweckbestimmte Leistungen; sie dürfen nicht Erstattungsansprüchen vorgreifen (erst recht nicht gegen einen schon erwachsenen Erstattungsanspruch bewilligt werden).

6. *Rückzahlung.* Weil Vorschüsse geschuldet werden, nicht aber die Prozeßkosten, sind alle tatsächlich erbrachten Leistungen zurückzuzahlen, soweit nicht eine Kostenlastenregelung den vorschußpflichtigen Ehegatten endgültig beschwert.[37] Nach einem Prozeß zwischen den Ehegatten entscheidet die Kosten-

---

[31] Ebenso *Pastor,* FamRZ 1958, 301 und 1960, 263f.; OLG Köln, FamRZ 1962, 307; *Künkel,* FamRZ 1967, 193; *Streck,* S. 159f. (jedoch nur noch grundsätzlich); *Brühl-Göppinger-Mutschler,* RdNr. 277. Vgl. auch *Beitzke,* § 12 IV 5 (nicht für Klagen, die ein verständiger Dritter nicht erheben würde).

[32] Vgl. *Brühl,* FamRZ 1958, 199; *Brühl-Göppinger-Mutschler,* RdNr. 277; *Köhler,* S. 67 (Ehelichkeitsanfechtung); OLG Köln, MDR 1961, 941 (Ehescheidung).

[33] Geschuldet wird Zahlung, nicht die Gewährung eines Darlehens (gegen *Brühl,* FamRZ 1958, 200).

[34] Vgl. SchlHOLG, SchlHA 1966, 205; OLG Düsseldorf, FamRZ 1966, 311 (kein Vorschuß mehr zwischen Verhandlungs- und Verkündungstermin); OLG Frankfurt, FamRZ 1967, 484; MünchKomm-*Wacke,* 26 zu § 1360a; *Soergel-Lange,* 23 zu § 1360a. Dagegen ist *Künkel,* FamRZ 1967, 194, der Überzeugung, daß die Vorschußpflicht erst mit einer kostenregelnden Entscheidung entfalle. Vgl. ferner *Palandt-Diederichsen,* 3d zu § 1360a (Pflicht bis Ende des Rechtsstreites).

[35] A. A. MünchKomm-*Wacke,* 26 zu § 1360a.

[36] Ebenso MünchKomm-*Wacke,* 26 zu § 1360a. And. Ans. aber OLG Frankfurt, FamRZ 1967, 484; OLG München, FamRZ 1976, 696.

[37] Gegen die Ableitung des Rückzahlungsanspruchs aus § 1360a IV wird eingewandt, daß der Begriff „Vorschuß" herkömmlich eine Erfüllungsvorleistung meine, also keine Rückzahlungspflicht impliziere. Doch ist zu bedenken, daß im Rahmen des § 1360a IV von einer Erfüllungsvorleistung nie die Rede sein kann (ein Ehegatte streckt dem anderen Geld vor, damit dieser Pflichten Dritten gegenüber entsprechen kann). Lehnt man § 1360a IV als Anspruchsgrundlage ab, so bleibt nur der Rückgriff auf einen Anspruch aus ungerechtfertigter Bereicherung (condictio ob causam finitam) oder auch auf einen (letztlich unklaren) besonderen familienrechtlichen Anspruch. Vgl. dazu *Brühl-Göp-*

entscheidung.[38] Nach Prozessen mit Dritten entscheidet das Güterrecht, das allein im Recht der Gütergemeinschaft eine Lastenregelung trifft (vgl. dazu unten § 38 VII 14 und VIII 7), im übrigen aber (d.h. bei allen Systemen der Gütertrennung) jeden Ehegatten mit den von ihm verursachten Kosten belastet, also stets die Rückzahlung fordert.

Die Rspr. hält freilich den im Prozeß unterlegenen Ehegatten[39] zur Rückzahlung nur an, ,,wenn die Voraussetzungen, die ihn berechtigten, den Vorschuß zu verlangen, nicht mehr gegeben sind" (vor allem also Bedürftigkeit nicht mehr gegeben ist) oder ,,wenn die Rückforderung aus anderen Gründen der Billigkeit entspricht" (BGHZ 56, 92).[40] Erklärtes Ziel ist es, den Gedanken des Unterhalts mit dem anderen des Vorschusses zu verbinden. Unklar bleibt das Verhältnis, in dem grundsätzlich gewährter Anspruch und Schranke zueinanderstehen. Die Annahme einer Einrede bietet sich an, die grundsätzlich dilatorisch wirkt, im Einzelfall aber auch peremptorisch wirken kann.

§ 22. Weitere Wirkungen der Ehe

I. Haftung

Schrifttum: *Weimar,* Haftungsbeschränkungen und Haftungsverzicht unter Ehegatten in ihrer Auswirkung auf mithaftende Gesamtschuldner, MDR 1959, 177; *Böhmer,* Haftungsverzicht der vom Ehemann im Kraftwagen mitgenommenen Ehefrau, MDR 1959, 816; *ders.,* Zur Frage der Anwendung des § 1359 BGB bei Kraftfahrzeugunfällen, MDR 1963, 885; *ders.,* § 1359 ist bei Kraftfahrzeugdelikten nicht anzuwenden, MDR 1965, 712; *ders.,* Haftungsmilderungen im Kraftwagenverkehr, JR 1967, 56; *Wilts,* § 1359 und das Deliktsrecht, VersR 1964, 455; *Rother,* Haftungsbeschränkungen im Schadensrecht, 1965; *Steingass,* Der Einfluß gesetzlicher Haftungsbeschränkungen auf § 823 Abs. 1

---

pinger-Mutschler, RdNrn. 285ff. Unbedenklich ist ein Bereicherungsanspruch anzunehmen, wenn der Rechtsstreit, für den der Vorschuß gefordert wurde, überhaupt nicht anhängig wurde.

[38] Rückerstattungsansprüche können nach einem Rechtsstreit der Ehegatten aber niemals im Kostenfestsetzungsverfahren geltend gemacht werden; es handelt sich nicht um erstattungsfähige Prozeßkosten. Heute ganz h.M. Vgl. MünchKomm-*Wacke,* 31 zu § 1360a mit Nachw. Zuweilen werden aus prozeßökonomischen Gründen Ausnahmen zugestanden, wenn tatsächlich Einwendungen gegen die Rückforderung nicht erhoben werden oder gar Einigkeit über den Anspruch besteht. Vgl. zu dieser Meinungsgruppe *Rolland,* 56 zu § 1360a.

[39] Obsiegt der Ehegatte, so kommt nach einem Prozeß gegen den Partner selbst eine Rückerstattung nie in Betracht. Nach einem Prozeß gegen einen Dritten wird Rückzahlung jedenfalls insoweit geschuldet, als der Ehegatte selbst von dem Dritten Kostenerstattung erlangt. Vgl. *Erman-Heckelmann,* 31 zu § 1360a. Aus § 1353 ist er verpflichtet, die Rechtsverfolgung gegen den Dritten nachhaltig zu betreiben.

[40] Dem BGH haben sich angeschlossen OLG Düsseldorf, NJW 1972, 830; OLG München, NJW 1972, 1473 und FamRZ 1978, 601; OLG Bamberg, FamRZ 1975, 421; OLG Hamm, FamRZ 1977, 466; MünchKomm-*Wacke,* 31 zu § 1360a; *Köhler,* S. 65; *Beitzke,* § 12 IV 5; *Erman-Heckelmann,* 31 zu § 1360a; *Palandt-Diederichsen,* 3d zu § 1360a; *Rolland,* 55 zu § 1360a. Meinungsäußerungen aus der Zeit vor der Grundsatzentscheidung des BGH sind heute nur noch bedingt verwertbar (zum damaligen Meinungsstand vgl. die Voraufl., § 21 IV 6 Fn. 5).

BGB, VersR 1965, 550; *Hauss,* Der Haftpflichtschutz des Kraftfahrzeuginsassen, Festschrift Möhring, 1965, S. 345; *Prölss,* Haftungsausschluß und Schadensausgleich, JuS 1966, 400; *Kötz,* Zum Haftungsprivileg der Ehegatten im Straßenverkehr, NJW 1967, 1213; *Tatzel,* Die diligentia quam in suis im ehelichen Verhältnis, Diss. jur. Tübingen, 1970; *Jayme,* Die Familie im Recht der unerlaubten Handlungen, 1971; *Dieckmann,* Zur Haftung unter Ehegatten, Festschrift Reinhardt, 1972, S. 51.

1. Weil die Vermögen der beiden Ehegatten in keinem Güterstand (auch nicht dem der Gütergemeinschaft) zu einer Einheit zusammengefügt werden, die Vermögensverschiebungen zwischen den Gatten ausschließt, haben Schadensersatzpflichten nach Verletzung ehelicher Pflichten ihren guten Sinn. Einzelne Pflichten mögen ohne Verpflichtung zum Schadensersatz verletzt werden können (vgl. insbesondere oben § 17 III), grundsätzlich ist jedoch die Haftung der Ehegatten unproblematisch.[1] Freilich wird dem Ehegatten tatsächlich nur selten Ersatz geleistet; in aller Regel erlöschen die Forderungen durch Erlaß. Ausnahmen von der Regel ergeben sich bei gestörter Ehe sowie nach vorzeitiger Eheauflösung.

Praktische Bedeutung gewinnen Schadensersatzpflichten unter Ehegatten auch bei ungestörter Ehe, wenn sie ,,Außenwirkungen" zeitigen, also die Interessen Dritter berühren. Das ist zum ersten der Fall, wenn der schädigende Ehegatte haftpflichtversichert ist und die Versicherung für den Schaden seines Partners in Anspruch nehmen will. Das ist zum zweiten der Fall, wenn der Anspruch des geschädigten Ehegatten kraft einer cessio legis auf einen Dritten übergeht, der Ersatz zu leisten hatte (wobei freilich zu bedenken ist, daß die cessio legis meist ausgeschlossen ist, wenn die Ehegatten in häuslicher Gemeinschaft leben[2]). Und das ist drittens der Fall, wenn der Schaden eines Ehegatten von seinem Partner und einem Dritten gemeinsam verursacht wurde und der Dritte in Anspruch genommen wird.[3] Die Sachverhalte der Praxis sind in allen drei Varianten eintönig: Unfälle mit Kraftfahrzeugen beherrschen eindeutig die Praxis.

2. *Haftungsmaßstab.* Ehegatten (nicht mehr Verlobte, im Konkubinat Lebende[4]) haften einander im Gesamtbereich des ehelichen Pflichtenkreises (einschließlich des Güterrechts) nur für diejenige Sorgfalt, die sie in eigenen Angelegenheiten

---

[1] Das gilt auch für die Pflichten aus § 1353. A. A. (mit Hinweis auf § 888 II ZPO) *Wilts,* VersR 1964, 457.

[2] Vgl. § 67 II VVG. Der BGH hat diese Regelung auf § 1542 RVO übertragen (BGHZ 41, 79) sowie auf die beamtenrechtlichen Legalzessionen (BGHZ 43, 72). Vgl. dazu *Dieckmann,* Festschrift Reinhardt, S. 54ff. Sie enthält zwingendes Recht, kann also auch durch eine rechtsgeschäftliche Zession nicht überwunden werden (BGHZ 52, 350), und gilt auch, wenn der schädigende Ehegatte Deckungsschutz durch eine Haftpflichtversicherung hat (BGHZ 41, 79 [84]; 43, 72 [79]; 52, 350; BGH, FamRZ 1968, 147; NJW 1970, 1844; 1979, 983).

Ist ein Zweitschädiger vorhanden, so kann er vom Sozialversicherungsträger nur in Höhe jenes Betrages in Anspruch genommen werden, der im Ausgleichsverhältnis mit dem Ehegatten (Erstschädiger) auf ihn (den Zweitschädiger) entfällt. Vgl. BGH, NJW 1970, 1844.

[3] Hat ein Ehegatte aber nur die Pflicht verletzt, den Partner vor Schädigung durch einen Dritten zu bewahren, so muß der Dritte analog § 840 II den Schaden allein tragen.

[4] A. A. MünchKomm-*Wacke,* 8 zu § 1359.

anzuwenden pflegen (§ 1359), aber stets für Vorsatz und grobe Fahrlässigkeit (§ 277). Der in der Norm wirkende Gedanke, daß Ehegatten einander so anzunehmen haben, wie sie nun einmal sind (und nicht so, wie sie eigentlich sein sollten), ist alt, wird heute jedoch vielfach kritisch betrachtet und eingeschränkt. Z. T. wird schon dem Haftungsmaßstab ein normatives Element eingefügt; aus der eigen„üblichen" Sorgfalt wird dann die eigen„mögliche" Sorgfalt.[5] Z. T. wird auch versucht, den Anwendungsbereich der Norm konkret auf bestimmte Teilbereiche des ehelichen Lebens zu begrenzen (Güterrecht)[6] oder umgekehrt ihm bestimmte Sachverhalte zu entziehen (Straßenverkehr). Z. T. wird schließlich der Beweis für die Wahrung der eigenüblichen Sorgfalt erschwert und damit mittelbar eingegriffen. Alle Versuche sind Ausdruck eines Unbehagens, dem die Legislative jedoch im 1. EheRG keine Aufmerksamkeit schenkte.[7]

§ 1359 gilt auch, wenn in der Verletzung der ehelichen Pflicht zugleich die Verletzung einer allgemeinen Pflicht liegt, also wenn der Schadensersatzanspruch aus der Sonderverbindung „Ehe" mit einem deliktischen konkurriert. Die Sonderverbindung Ehe hebt allgemeine Pflichten nicht auf; mit ihr sind auch alle Rechtsfolgen von Verletzungen allgemeiner Verpflichtungen (auch die Zahlung von Schmerzensgeld[8]) zu vereinbaren. In „einwirkender Anspruchskonkurrenz" ist jedoch die in der Sonderverbindung angeordnete Privilegierung auf den deliktischen Anspruch zu übertragen.[9] Wie immer man auch § 1359 in der Sache beschränken mag, in den ihm verbleibenden Lebensbereichen kann nicht mehr sinnvoll zwischen Pflichtverletzung innerhalb einer Sonderverbindung und Verletzung einer allgemeinen Pflicht unterschieden werden.

Ehegatten haften nach allgemeinen Grundsätzen im Bereich der Gefährdungshaftung (für die § 1359 von vornherein nicht in Betracht kommt). Sie haften einander nach allgemeinen Grundsätzen aber auch aus Vertrag, wenn das Vertragsverhältnis weder personenrechtliche Züge aufweist noch dem Vollzug der ehelichen Lebensgemeinschaft dient (vgl. dazu oben § 19 II 5). Sie haften einander schließlich ohne jede Besonderheit, wenn der schädigende Akt den Partner als anonym gebliebenen Dritten trifft und deshalb der Teleologie des § 1359 nicht mehr eingefügt werden kann (ein Ehegatte überfährt den Partner auf der Straße).[10]

---

[5] Vgl. MünchKomm-*Wacke,* 4 zu § 1359 (mit mildernden Inkonsequenzen in RdNr. 5) gegen die durchaus h. L.

[6] Vgl. *Jayme,* S. 215ff.

[7] Von *Deutsch,* Haftungsrecht, 1. Bd.: Allgemeine Lehren, 1976, S. 292ff., wird vorgeschlagen, die „konkrete Fahrlässigkeit" in „Zusammenwirkungsverhältnissen" durch die „gleitende Fahrlässigkeit" zu ersetzen (mit voller Haftung getrennt lebender Ehegatten).

[8] Vgl. dazu BGHZ 61, 101 (106ff.) m. weit. Nachw.

[9] Belanglos ist dafür die Frage, ob § 1359 bereits die Pflichtensituation gestaltet (so *Tatzel,* S. 58ff. m. weit. Nachw.) oder erst die Haftung nach Pflichtverletzung mildert (so etwa OLG Hamburg, VersR 1958, 810; *Hauss,* Festschrift Möhring, S. 358).

[10] Der Umkreis der „sich aus dem ehelichen Verhältnis ergebenden Verpflichtungen" wird im

3. *Straßenverkehr.* Die lange Zeit unproblematische Geltung des § 1359 auch im Straßenverkehr[11] wurde unter dem Eindruck der modernen Verkehrsentwicklung, aber auch unter dem Eindruck wachsender Transparenz der Problemlagen (insbesondere bei Berührung von Drittinteressen) in zunehmendem Maße bestritten.[12] Zusammengetragen wurde ein Konglomerat unterschiedlichster Argumente. Der historische Gesetzgeber wurde bemüht, der Fallvergleich (besonders effektvoll mit der Geliebten, die aber auch keinen Unterhaltsanspruch hat) und die Verkehrspolitik (obwohl das gern beschworene Gespenst einer um sich greifenden Fahrlässigkeit im Straßenverkehr gewiß nicht mit § 1359 begründet werden kann). Zwingend war nichts, doch hat der BGH in mehreren Entscheidungen (nach Vorbereitung in BGHZ 46, 313 zu § 708) den gesamten Straßenverkehr vom Ehegattenprivileg ausgenommen und damit (unter Duldung des schweigenden Gesetzgebers) die Frage für die Praxis erledigt. Ausschlaggebend war die Überzeugung, daß bei der Einführung des § 1359 nicht daran gedacht worden sei, „daß die Haftungsmilderung auch gelten solle auf einem Gebiet, dessen Entwicklung es unerläßlich gemacht hat, unabhängig von persönlichen Eigenarten und Gewohnheiten eindeutige und strenge Haftungsmaßstäbe aufzustellen" (BGHZ 53, 352 [355]).[13] Behauptet wird damit eine nachträgliche Gesetzeslücke mit der Notwendigkeit einer teleologischen Reduktion der Norm in richterlicher Rechtsfortbildung. Dagegen theoretisierend zu polemisieren, hat seinen Sinn verloren.[14]

Milderungen der vollen Haftung unter Ehegatten im Straßenverkehr (also eine beschränkte Korrektur der eben erst vollzogenen Reduktion des § 1359) soll § 1353 (in seiner Schrankenfunktion) bewirken können, doch bleiben die Konturen der Generalklausel bislang unscharf. Nie soll sie hindern können, wenn der schädigende Ehegatte haftpflichtversichert ist (BGHZ 63, 51 [59]);[15] ein unge-

---

Schrifttum meist nicht klar bestimmt. Zu wenig konturiert (und damit für die Praxis nicht geeignet) auch die jüngste Formel von *Tatzel* (S. 77ff.) mit ihrer Orientierung am Grundsatz der gegenseitigen Treue und Solidarität und seinen Grenzen.

[11] Fordern die §§ 1353ff. nur Gestellung eines Wagens mit Fahrer, so haftet der Ehegatte nur für sorgfältige Auswahl (§ 1359) des Wagens und des Fahrers. Vgl. RGZ 138, 1 (5); 148, 303 (308).

[12] Vgl. für den alten Standpunkt *Clauss,* FamRZ 1959, 42; *Wilts,* VersR 1964, 455ff.; OLG Bremen, VersR 1964, 644; *Steingass,* VersR 1965, 550; *Staudinger-Hübner,* 7 zu § 1359; *Medicus,* JZ 1967, 401 mit Fn. 38. Für die Gegenposition vgl. *Dietz,* Anspruchskonkurrenz bei Vertragsverletzung und Delikt, 1934, S. 270ff.; *Böhmer,* MDR 1959, 816; 1963, 886; 1965, 712; JR 1967, 56; *Rother,* S. 192ff.; *Hauss,* Festschrift Möhring, S. 357f.; *Hoffmann,* NJW 1967, 1209f.; *Kötz,* NJW 1967, 1213ff.; *Henrich,* § 10 I 3c; *Dölle,* § 44 I; *Soergel-Lange,* 3 zu § 1359.

[13] Das Urteil wurde gebilligt von *Böhmer,* JZ 1970, 650; *Jayme,* FamRZ 1970, 388.

[14] Der BGH hat freilich angedeutet, daß an die Anwendung der Grundsätze für schadensgeneigte Tätigkeiten gedacht werden könne (was vornehmlich die Haftung für leichteste Fahrlässigkeit ausschließen würde). Vgl. BGHZ 53, 352 (356). Doch zeigt die jüngere Rspr. spürbar Reserve. Vgl. BGHZ 63, 51 (58f.). Der Gedanke ist aufgegriffen worden von MünchKomm-*Wacke,* 21 zu § 1359. Vgl. dagegen (m. weit. Nachw.) *Jayme,* S. 219ff.; *Dieckmann,* Festschrift Reinhardt, S. 68.

[15] Jahrzehntelang waren die kraft Gesetzes unterhaltsberechtigten Angehörigen des Schädigers mit

störtes Eheleben soll isoliert belanglos sein (BGHZ 61, 101 [105]). Positiv soll sich das Bemühen um einen ehegerechten Schadensausgleich zugunsten des Schädigers auswirken können, aber auch wesentliche weitere Nachteile, die ihn über den Schadensersatz hinaus treffen. Sehr klar ist beides nicht.

4. *Zweitschädiger.* Mit der Exemtion des Straßenverkehrs hat die Frage nach dem Regreß eines Zweitschädigers auf den (mit-) schädigenden Ehegatten so gut wie jede Bedeutung verloren; Ausgleich nach den Grundsätzen des § 426 ist insoweit selbstverständlich geworden. Im verbleibenden Restbereich hat der BGH § 1359 auf das Verhältnis zwischen den Ehegatten relativiert (BGHZ 35, 317)[16] und damit im ,,kühnen Eingriff in die Rechtsstruktur des Gesamtschuldverhältnisses“[17] praktisch einen Gesamtschuldnerregreß ohne Gesamtschuld zugelassen. Weit richtiger ist es (insofern einer allgemeinen Entwicklung zur ,,Regreßbehinderung“ folgend), den Schadensersatzanspruch des geschädigten Ehegatten gegen den Zweitschädiger von vornherein um den Verursachungsbeitrag des schädigenden Ehegatten zu kürzen und damit (wie es dem Normzweck des § 1359 entspricht) den Nachteil der ehelichen Verbundenheit auf den geschädigten Ehegatten zu verlagern.[18]

5. *Haftungsausschluß.* Ehegatten steht es jederzeit frei, rechtsgeschäftlich die Haftung für die Verletzung ehelicher Pflichten auszuschließen (und damit die praktische Wirkung des § 1359 noch zu verstärken). Die Rechtsprechung der Oberlandesgerichte hat verschiedentlich einen derartigen Haftungsausschluß gerade für Kraftfahrzeugunfälle angenommen,[19] dabei jedoch die notwendigen Willenserklärungen mehr fingiert als wirklich festgestellt.[20]

---

ihren Haftungsansprüchen gem. § 11 Nr. 4 AKB vom Versicherungsschutz ausgeschlossen. Mit Wirkung vom 1. 1. 1977 ist dieser Ausschluß entfallen.

[16] Zust. *Rother,* S. 194; *Hoffmann,* NJW 1967, 1209; OLG Frankfurt, NJW 1971, 1993 (mit sicher verfehlter Verwendung der rechtsgeschäftlichen Kategorie der relativen Unwirksamkeit); *Jayme,* S. 207.

[17] Vgl. *Hauss,* Festschrift Möhring, S. 357f.

[18] Speziell zu § 1359 vgl. etwa *Medicus,* JZ 1967, 401; *Ehmann,* Die Gesamtschuld, 1972, S. 249f.; MünchKomm-*Wacke,* § 1359 Fn. 43. Für die Parallelproblematik beim rechtsgeschäftlichen Haftungsausschluß vgl. *Wacke,* AcP 170 (1970), 67f. und *Ehmann,* S. 244f. (jeweils mit weit. Nachw.); *Larenz,* Schuldrecht, § 37 III (jedoch mit Ausnahme des Falles rechtskräftiger Verurteilung des Zweitschädigers zu vollem Schadensersatz). Eine generelle Aussage für alle gesetzlichen und rechtsgeschäftlichen Haftungsprivilegien bei *Medicus,* JZ 1967, 398ff.; *Deutsch,* S. 360f.

Als überholt kann heute die Überzeugung gelten, der Zweitschädiger habe vollen Ersatz ohne Regreß zu leisten. Dafür aber noch OLG Hamburg, VersR 1958, 209; *Staudinger-Hübner,* 8 zu § 1359.

[19] Vgl. OLG Naumburg, JW 1938, 2355 mit Anm. *Carl;* OLG Düsseldorf, VersR 1959, 568; OLG Karlsruhe, VersR 1963, 685 (mit Haftungsausschluß sogar für grobe Fahrlässigkeit; gegen das Urteil *Böhmer,* MDR 1963, 887).

[20] Für die Zukunft ist keine Fortsetzung dieser Rspr. zu erwarten. Der stillschweigende Haftungsausschluß wird immer mehr als ,,unehrliche Konstruktion“ erkannt und abgelehnt. Vgl. insbesondere *Stoll,* Das Handeln auf eigene Gefahr, S. 94 und 313; BGHZ 34, 355; *Jayme,* S. 214f.

II. Eigentumsvermutungen

Schrifttum: *Beitzke,* Zwangsvollstreckung gegen Ehegatten bei Gütertrennung, ZZP 68 (1955), 241; *Pohle,* Zur Zwangsvollstreckung gegen Ehegatten bei Gütertrennung, ZZP 68 (1955), 260; *Baur,* Zwangsvollstreckungs- und konkursrechtliche Fragen zum Gleichberechtigungsgesetz, FamRZ 1958, 252; *Boennecke,* Zur Problematik des § 739 ZPO und des § 1362 BGB in der Fassung des Gleichberechtigungsgesetzes, NJW 1959, 1260; *Reinicke,* Zwangsvollstreckung gegen den Ehegatten, DB 1965, 961 und 1001; *Sommermeyer,* Das Getrenntleben der Ehegatten, SchlHA 1967, 95; *Brox,* Die Folgen der Nichtigkeit des § 45 KO, FamRZ 1968, 406; *Müller,* Zwangsvollstreckung gegen Ehegatten, 1970.

1. Grundeigentum wird als Folge der Eintragung im Grundbuch vermutet (§ 891), Eigentum an beweglichen Sachen als Folge des Eigenbesitzes (§ 1006). Im räumlichen Bereich der Ehe weist die Vermutung des § 1006 meist in die Irre: Der in der Regel bestehende Mitbesitz begründet die Vermutung des Miteigentums; Ehegatten aber, die in einem System der Gütertrennung leben, pflegen Alleineigentümer ihrer Habe zu sein (mögen auch die beiden Vermögensmassen tatsächlich noch so vermischt sein). Im räumlichen Bereich der Ehe geraten aber auch die Gläubiger in die Gefahr eines Beweisnotstandes: Der Besitz der Ehegatten ist Dritten meist nicht offenkundig; ein schneller Besitzwechsel bereitet keinerlei Schwierigkeiten.

In dieser Situation Gläubigerschutz durch eine spezielle Eigentumsvermutung zu gewähren, ist ein alter Gedanke, der dennoch problematisch bleibt. Die mit jeder Vermutung verbundene Beweislastumkehr kann im Einzelfall durchaus sachgerecht sein (Scheinübertragungen zur Abwehr von Vollstreckungsmaßnahmen), sie kann aber auch den rechtmäßigen Eigentümer in Beweisnot bringen und – wenn er ihr nicht entrinnen kann – zu einer durch nichts gerechtfertigten (und allen Systemen der Gütertrennung widersprechenden) Haftung für die Schulden des Partners führen. Vom „Wesen der Ehe“ pflegt dann die Rede zu sein und von der „Schicksalsgemeinschaft“ der Ehegatten. Das eine wie das andere mag Emotionen hervorrufen, ist aber noch kein rational einsichtiger Grund für die Bereicherung Dritter.[1] Mit ihnen kann auch dem Vorwurf verfassungswidriger Benachteiligung von Ehegatten (im Vergleich mit anderen Wohngemeinschaften, insbesondere aber mit Personen, die im Konkubinat leben) schwerlich begegnet werden.[2]

2. *Reichweite.* Zugunsten der Gläubiger sowohl des Mannes als auch der Frau (aber auch zugunsten ihrer Konkursverwalter[3]) wird vermutet, daß die im Besitz eines oder beider Ehegatten befindlichen beweglichen Sachen, Inhaberpapiere

---

[1] Um Rechtfertigung bemüht MünchKomm-*Wacke,* 3ff. zu § 1362.

[2] Zum Vorwurf vgl. *Bosch,* FamRZ 1963, 421; 1968, 439. Das BVerfG hat in seiner Entscheidung zu § 45 KO (FamRZ 1968, 437) die Frage nicht endgültig entschieden. MünchKomm-*Wacke,* 11 zu § 1362, glaubt ihr durch analoge Anwendung des § 1362 I 1 auf andere Wohngemeinschaften mit ähnlich unklaren Besitzverhältnissen ausweichen zu können. Die h. L. hält die Norm für verfassungsgemäß. Vgl. *Erman-Heckelmann,* 19 zu § 1362.

[3] Vgl. RGZ 120, 107; BGH, FamRZ 1955, 42; *Brox,* FamRZ 1968, 407.

oder mit Blankoindossament versehenen Orderpapiere ihrem Schuldner gehören. Höheren Rang hat freilich bei Ehegatten, die in Gütergemeinschaft leben, die Vermutung der Zugehörigkeit zum Gesamtgut[4] (zur Vollstreckung vgl. für diesen Fall §§ 740ff. ZPO). Höheren Rang hätte dagegen nicht mehr die widerlegbare Annahme gemeinschaftlichen Bruchteilseigentums der beiden Ehegatten, die sich nach Ansicht vieler (vgl. dagegen oben § 19 IV 9) aus der Umkehr der Beweislast im § 1357 I 2 ergeben soll. Anders als bei der Gütergemeinschaft ist hier bereits der Kreis der Gegenstände, die zunächst der Eigentumsvermutung aus § 1362 I 1 zu entziehen wären, viel zu unbestimmt.[5]

§ 1362 ist primär für den unmittelbaren Zugriff der Gläubiger in der Zwangsvollstreckung (einschließlich der Vollstreckung eines Urteils, das zur Übereignung von Fahrnis verurteilt[6]) und im Konkurs gedacht, jedoch nicht nur für ihn von Bedeutung. Wo immer Eigentum des Schuldners für Gläubiger wesentlich sein kann, steht die Norm zur Verfügung,[7] bei Sicherungsübereignungen etwa,[8] aber auch, wenn es gilt, Rechtsgeschäfte unter den Ehegatten als unentgeltlich zu qualifizieren. Alle Zuwendungen, die Ehegatten einander aus ihrem Besitz gewähren, weist § 1362 vorbehaltlich des Gegenbeweises den unentgeltlichen zu (praktisch wesentlich für die Schenkungsanfechtung des § 32 Nr. 2 KO), weil jedes vereinbarte Entgelt der Vermutung nach bereits zum Vermögen des zuwendenden Ehegatten gehört.[9]

Die Vermutung ist widerlegt, wenn der Ehegatte vorehelichen Besitz der Sache dargetan hat; vorehelicher Besitz begründet die Vermutung des § 1006 für Erwerb und Fortdauer des Eigentums.[10] Die Vermutung ist ferner widerlegt, wenn der Ehegatte Eigentumserwerb nachweisen kann;[11] späterer Verlust des Eigentums ist vom Gläubiger zu beweisen.[12] Wird rechtsgeschäftlicher Erwerb geltend gemacht, braucht der Ehegatte die Legitimation des Veräußerers nicht darzutun (arg. § 932); es ist Sache des Gläubigers, das Fehlen der Legitimation und ihre Folgen für den Erwerbsakt zu beweisen.

3. Nach *Trennung der Ehegatten* entwirren sich Besitz und Eigentum. Restbe-

---

[4] Vgl. *Staudinger-Hübner,* 3 zu § 1362; MünchKomm-*Wacke,* 15 zu § 1362; *Soergel-Lange,* 3 zu § 1362.

[5] A. A. *Büdenbender,* FamRZ 1976, 671 (Analogie zu § 1416). Gegen ihn bereits MünchKomm-*Wacke,* § 1362 Fn. 22.

[6] Vgl. *Baur,* FamRZ 1958, 254; *Müller,* S. 45f.; MünchKomm-*Wacke,* 19 zu § 1362.

[7] Sie kann dagegen nicht gelten, wenn von einem Ehegatten Herausgabe fremden Eigentums verlangt wird. § 1006 spricht in diesem Fall für das Eigentum des Ehegatten. Richtig *Baur,* FamRZ 1958, 254. A. A. (um § 739 ZPO anwenden zu können) *Müller,* S. 45ff.; MünchKomm-*Wacke,* 19 zu § 1362.

[8] Vgl. RGZ 80, 62.

[9] Vgl. RGZ 120, 107; BGH, FamRZ 1955, 42.

[10] KG, ROLG 12, 129. Zustimmend *Müller,* S. 7 Fn. 16; MünchKomm-*Wacke,* 24 zu § 1362.

[11] A. A. *Dölle,* § 44 II 1f. Ihm zufolge muß nachgewiesen werden, daß der schuldende Ehegatte mit dem Besitz (den er nicht zu haben braucht!) nicht auch Eigentum erwarb.

[12] Vgl. RG, GruchB 51 (1907), 1005; BGH, NJW 1976, 238 (m. Nachw.).

stände vermischten Eigentums (§ 1361 a) rechtfertigen keinen besonderen Gläubigerschutz mehr. Die Vermutung gilt daher nicht mehr für die Sachen, die sich im Besitz des Ehegatten des Schuldners befinden.

Getrennt leben die Ehegatten der h. M. zufolge bereits, wenn eine ,,rein tatsächliche, nicht nur vorübergehende räumliche Trennung" besteht.[13] Ein subjektives Tatbestandselement wird nicht gefordert; der Begriff des getrennten Lebens gewinnt in § 1362 einen anderen Inhalt als in § 1567 (auch eine Trennung innerhalb einer Wohnung soll nicht ausreichen[14]). Das Ziel, dem Vollstreckungsorgan leicht zugängliche Tatbestandselemente zu garantieren, wird freilich nur beschränkt erreicht; die vorübergehende Trennung bleibt von der dauernden zu sondern. Auch wird der Grundgedanke des § 1362 verfehlt, weil bei einer nur faktischen Trennung (ohne Wille, die eheliche Lebensgemeinschaft zu beenden) die Mischung der beiderseitigen Vermögen anzudauern pflegt. Der Effekt ist eine Erschwerung der Zwangsvollstreckung gegen den abwesenden Ehegatten. Sollte mit der Eigentumsvermutung auch die Gewahrsamsfiktion des § 739 ZPO entfallen, so müßte in verbliebenes Eigentum gemäß den §§ 846, 847 ZPO (Pfändung des Herausgabeanspruchs gegen den Ehegatten) vollstreckt werden.

4. Bei Sachen, die ausschließlich zum *persönlichen Gebrauch* eines Ehegatten bestimmt sind,[15] wird lediglich Eigentum des gebrauchenden Ehegatten vermutet (§ 1362 II), mag auch im Einzelfall der andere im Besitz der Sache sein; die Eigentumsindizien sind in diesem Fall allzu stark auf einen Ehegatten gerichtet. Diese Vermutung gilt nicht nur für Sachen, die ihrer Natur nach auf einen der beiden Ehegatten als Benutzer hinweisen (Rasierapparat, Schmuck); sie gilt für alle Sachen, die im konkreten Fall im persönlichen Gebrauch eines Ehegatten stehen (auch für das Erwerbsgeschäft eines Ehegatten;[16] nie für Bargeld). Anders als die Vermutung aus Abs. I gilt diese Vermutung auch zwischen den Ehegatten (die im übrigen auf § 1006 beschränkt sind) und damit auch gegen Dritte, die unentgeltlich von einem Ehegatten erworben haben (der Ehemann schenkt seiner zweiten Ehefrau Schmuck, den die erste Ehefrau gebrauchte; arg. § 816 I 2).[17]

---

[13] Vgl. OLG Köln, FamRZ 1965, 510 (mit weit. Nachw.); *Erman-Heckelmann,* 10 zu § 1362; *Müller,* S. 8f.; MünchKomm-*Wacke,* 14 zu § 1362; *Soergel-Lange,* 5 zu § 1362.

Gegen die h. L. *Sommermeyer,* SchlHA 1967, 95ff. (der freilich anzunehmen scheint, daß andernfalls die Vollstreckung gegen den abwesenden Ehegatten ganz ausgeschlossen sei).

[14] Vgl. MünchKomm-*Wacke,* 14 zu § 1362.

[15] Die Beweislast für die Bestimmung trägt der Ehegatte (oder sein Erbe), der sich auf die Vermutung beruft. Vgl. BGH, FamRZ 1971, 24. Erfahrungssätze können den Beweis erleichtern. Vgl. BGHZ 2, 82 (84f.) für Damenschmuck (insoweit für eine generelle Vermutung zugunsten der Frau MünchKomm-*Wacke,* 30 zu § 1362).

[16] Wie hier LG Coburg, FamRZ 1962, 387; OLG Bamberg, FamRZ 1962, 391; LG Essen, FamRZ 1963, 650; *Staudinger-Hübner,* 24 zu § 1362; *Müller,* S. 11ff. And. Ans. *Soergel-Lange,* 10 zu § 1362; *Erman-Heckelmann,* 16 zu § 1362. Nach einer dritten Ansicht soll der Geschäftsbereich nur bei klarer räumlicher Trennung vom Ehebereich § 1361 I 1 entzogen sein. Vgl. *Müller,* S. 11ff.; LG Mosbach, MDR 1972, 518; MünchKomm-*Wacke,* 30 zu § 1362 (m. weit. Nachw.).

[17] Vgl. BGHZ 2, 82 (87); MünchKomm-*Wacke,* 25 zu § 1362.

Richtig hat die Rechtsprechung alsbald gesehen, daß die Vermutung bei vorzeitiger Beendigung der Ehe bis zum Abschluß der Auseinandersetzung der Ehegatten gelten muß, die Ehe mithin oftmals überdauert.[18] Eigentumsvermutungen zwischen Ehegatten sind im Regelfall der ungetrübten Ehe praktisch fast wertlos, jedoch unentbehrlich für die Auseinandersetzung.

Nachweis eigenen Erwerbs des Eigentums widerlegt die Vermutung aus Abs. II nur, wenn der Erwerb zeitlich später liegt als die Bestimmung der Sache zum Gebrauch des Partners. Im Regelfall der umgekehrten Folge ist zusätzlich zu beweisen, daß sich mit der Bestimmung der Sache kein Eigentumswechsel verband.[19]

5. § 1362 dient primär vollstreckenden Gläubigern, beläßt aber dem Ehegatten des Schuldners die Möglichkeit, die Zwangsvollstreckung aus Besitz (§ 771 ZPO) oder Gewahrsam (§§ 809, 886 ZPO) zu hindern. *Um den Gläubigerschutz zu vervollständigen, knüpft daher § 739 ZPO an die Eigentumsvermutung des materiellen Rechtes die Fiktion alleinigen Besitzes und Gewahrsams des Schuldners im Vollstreckungsrecht.*[20] Der aus § 1353 oder § 1360 titulierte Besitz des Ehegatten muß generell vor den Interessen der Gläubiger zurücktreten;[21] die (andernfalls bestehende) Notwendigkeit eines Duldungstitels gegen den Ehegatten oder auch die Pfändung eines gegen ihn gerichteten Herausgabeanspruches des Schuldners (§ 846 ZPO) entfällt.[22]

6. *Rechtsmittel.* Die Verknüpfung von Eigentumsvermutung und Fiktion des Alleingewahrsams und Alleinbesitzes führt bei gleichzeitigem Eingriff in Eigentum und Gewahrsam des Ehegatten des Schuldners zu einer Überlagerung zweier prozessualer Rechtsbehelfe. Eigentum ist mit der Drittwiderspruchsklage (§ 771 ZPO) geltend zu machen, Verletzung des Gewahrsams mit der Erinnerung aus § 766 ZPO. Ehegatten, die in der Lage sind, die Eigentumsvermutung bereits dem Vollstreckungsorgan gegenüber zu widerlegen, können sich wahlweise dieser Rechtsbehelfe bedienen.[23] Gelingt nur der Nachweis gemeinschaftli-

---

[18] Vgl. RG, Warn. 1923/24 Nr. 128; BGHZ 2, 82 (mit ungewöhnlicher Erstreckung in einem besonderen Fall).

[19] Vgl. RGZ 99, 152; *Staudinger-Hübner,* 30 zu § 1362; *Müller,* S. 9f.

[20] Nach a. A. handelt es sich nicht um eine Fiktion, sondern um eine unwiderlegliche Vermutung. Zum (theoretischen) Streit vgl. *Müller,* S. 25ff.

[21] Umstritten ist die Basis. Zuweilen wird die Pflicht, dem Partner eigenes Eigentum zur Mitbenutzung zu überlassen, beim Auftreten wirtschaftlicher Schwierigkeiten auf die unpfändbaren Gegenstände beschränkt (*Pohle,* ZZP 68 [1955], 268f.). Zuweilen wird ein Vorrang der Gläubiger vor dem Recht des Partners zum Besitz behauptet (*Beitzke,* ZZP 68 [1955], 244f.).

[22] Zur Rechtfertigung aus dem Normzweck des § 809 ZPO vgl. *Beitzke,* ZZP 68 (1955), 247ff. und *Pohle,* ZZP 68 (1955), 272ff.

[23] Ebenso *Baur,* FamRZ 1958, 253; *Boennecke,* NJW 1959, 1260; *Staudinger-Hübner,* 17 zu § 1362; *Erman-Heckelmann,* 13 zu § 1362; *Beitzke,* § 12 VI 6. A. A. (§ 766 ZPO nur, wenn der Gerichtsvollzieher § 739 ZPO mißbraucht, weil nach Lage der Dinge vernünftigerweise überhaupt kein Zweifel bestehen kann) *Palandt-Diederichsen,* 4 zu § 1362; *Reinicke,* DB 1965, 961; *Dölle,* § 44 II 1 d mit Fn. 33; *Müller,* S. 27ff.; MünchKomm-*Wacke,* 33 zu § 1362. Pfändet der Gläubiger trotz Eigentumsnachwei-

chen Eigentums, so kann der Gläubiger immer noch die Vollstreckung in den Miteigentumsanteil seines Schuldners betreiben.

7. Gläubiger des Ehemannes und Gläubiger der Ehefrau genießen den Gläubigerschutz gleicherweise. Im *konkurrierenden Zugriff* wird jeweils Eigentum des Schuldners vermutet; § 1362 wird zum Träger einander widersprechender Vermutungen. Mißlingt beiden Ehegatten der Eigentumsbeweis, bestimmt sich der Rang mehrerer Pfändungspfandrechte nach § 804 III ZPO in entsprechender Anwendung.[24]

Im Konkurs beider Ehegatten kann freilich der Widerspruch der Vermutungen nicht mehr durch eine vom Grundsatz der zeitlichen Priorität beherrschte Rangordnung aufgelöst werden. So bleibt nur der Verzicht auf die Vermutung des § 1362 I 1 und die Rückkehr zu § 1006.[25]

III. Sonstige Folgen der Ehe

1. Ehe ist außerhalb des Familienrechts Tatbestandsmerkmal in einer Anzahl von Normen, die hier nur in Beispielen zu nennen sind. Ehegatten bieten sich stets an, wenn Personenkreise in Tatbeständen abgegrenzt werden müssen, die persönlichen Bindungen Rechnung zu tragen wünschen. Verschieden sind die Wirkungen: Es gibt Normen, die Ehegatten begünstigen, weil sie Ehegatten sind, sei es nun in Form von Sonderregelungen nach Grundtatbeständen (die auf Personen zugeschnitten sind, die in keiner engeren Beziehung zueinander stehen), sei es auch ganz eigenständig. Und es gibt Normen, die Ehegatten belasten, weil sie Ehegatten sind. Sie dienen vornehmlich dem Schutz Dritter, deren Interessen vor kollusiven Akten von Ehegatten zu wahren sind.

2. Ehegatten nehmen im *Strafrecht* teil am gesamten Sonderrecht der Angehörigen (§ 11 I Nr. 1a StGB), freilich auch nur noch an ihm. Die jüngere Rechtsentwicklung hat im übrigen alle Normen beseitigt, in denen Ehegatten eigenständig mit besonderer Strafe bedroht, aber auch von Strafe freigestellt wurden.

Im Prozeßrecht vermittelt Ehe Weigerungsrechte (vgl. §§ 383 I Nr. 2, 408 ZPO; 52 I Nr. 2, 76 I StPO; 15 FGG) und schließt ex lege vom Richteramt aus (vgl. §§ 41 Nr. 2 ZPO, 22 Nr. 2 StPO, 6 I Nr. 2 FGG).

3. Das Zivilrecht begünstigt den Ehegatten, vornehmlich im *Erbrecht*. Der Ehegatte ist kraft Gesetzes zur Erbfolge berufen (§ 1931) und gehört zum Kreis der Pflichtteilsberechtigten (§ 2303 II). Nur Ehegatten können ein gemeinschaft-

---

ses Sachen des Ehegatten seines Schuldners, greift er widerrechtlich in fremdes Eigentum ein und hat bei Verschulden Schadensersatz zu leisten. Vgl. RG, JW 1911, 368.

[24] Skeptisch *Bosch*, FamRZ 1958, 85. Wie der Text *Baur*, FamRZ 1958, 254; *Boennecke*, NJW 1959, 1260; *Staudinger-Hübner*, 21 zu § 1362; *Palandt-Diederichsen*, 4 zu § 1362; *Erman-Heckelmann*, 14 zu § 1362; *Brox*, FamRZ 1968, 408; *Dölle*, § 44 II 1 d; *Müller*, S. 39; MünchKomm-*Wacke*, 22 zu § 1362.

[25] Vgl. *Brox*, FamRZ 1968, 408. A. A. (Zugehörigkeit zur Masse des zuerst eröffneten Konkursverfahrens) *Müller*, S. 66 ff.

liches Testament errichten (§ 2265). Auch sonst trägt das Erbrecht in seinen von Rechtsgeschäften bestimmten Teilen der Bindung der Ehegatten vielfach Rechnung (vgl. §§ 2077 I, 2279 II, 2275 II, 2276 II, 2290 III und IV, 2347, 2351, 2352). Geringer ist die Bedeutung der Ehe in anderen Teilen des Zivilrechtes, doch hemmt § 204 allgemein die Verjährung von Ansprüchen zwischen den Ehegatten während der Dauer der Ehe.

4. Schutz Dritter ist primär *Gläubigerschutz*. Er ist Schutz der Vollstreckungs- und Konkursgläubiger durch Eigentumsvermutungen (oben II.), aber auch durch Anfechtungsrechte (vgl. §§ 31 Nr. 2, 32 Nr. 2 KO; 3 I Nr. 2 und 4 AnfG).

§ 23. Rechtszwang gegen den Ehegatten

Schrifttum: *Bergerfurth,* Die negative Herstellungsklage, FamRZ 1965, 585; *Streck,* Generalklausel und unbestimmter Begriff im Recht der allgemeinen Ehewirkungen, 1970, S. 161; *Jayme,* Die Familie im Recht der unerlaubten Handlungen, 1971.

1. *Klagbarkeit.* Ehe verbindet die Ehegatten in Pflichtenlagen unterschiedlicher Struktur. Von Pflichten, die dem Rechtszwang in gewohnten Formen keinen Widerstand leisten, sondern sich andere, die unsere Eheauffassung dem Gedanken der Zwangserfüllung entrückt. Alle ehelichen Pflichten sind zwar klagbar,[1] Vollstreckungszwang aber wird weithin nicht geübt (§ 888 II ZPO). Mit nachhaltiger Wirkung in Rechtsprechung und Schrifttum hat freilich das RG die Klagbarkeit der Treupflicht verneint,[2] jedoch zu Recht Widerspruch gefunden.[3] Die vom RG behauptete Alternative zwischen einer bis zum Vollstreckungszwang vorgetriebenen Unterlassungsklage und dem Verzicht schon auf die Klage besteht nicht. So sicher Klagen auf Wahrung der Treupflicht Unterlassungsklagen sind und der Ausschluß des Vollstreckungszwanges in § 888 II ZPO Unterlassungen nicht nennt (vgl. dazu § 890 ZPO), so sicher sollte auch sein, daß die richtige Lösung des Problems in einer analogen Anwendung des § 888 II ZPO auf Unterlassungen zu suchen ist.

2. *Vollstreckbarkeit.* Klage ohne nachfolgenden Vollstreckungszwang ist die Klage auf Herstellung des ehelichen Lebens (vgl. §§ 606, 888 II ZPO), deren Umkreis nicht von § 1353 bestimmt wird, sondern von der Weite des Gedankens, der sie schuf.[4] Auf Herstellung des ehelichen Lebens ist im Eheprozeß zu

---

[1] Dagegen besteht nie ein Recht zur Selbsthilfe. Vgl. RG, HRR 1929 Nr. 1216.

[2] Vgl. RGZ 151, 160 (162). Die Frage hat durch die Rspr. zum räumlich-gegenständlichen Ehebereich viel an Bedeutung eingebüßt. Vgl. auch *Kipp-Wolff,* § 31 Fn. 40. Er leugnet insoweit stets das Rechtsschutzbedürfnis.

[3] Vgl. *Beitzke,* § 12 III 3a; *Henrich,* § 10 I 1; *Soergel-Lange,* 30 zu § 1353; *Streck,* S. 170f.; *Staudinger-Hübner,* 44 vor § 1353; MünchKomm-*Wacke,* 13 zu § 1353; OLG Celle, FamRZ 1964, 300; NJW 1965, 1918; KG, FamRZ 1965, 329 (330).

[4] Sehr bedenklich OLG Nürnberg, FamRZ 1959, 165 (Rückkehr zur Familie als Auflage nach § 24 StGB a. F.).

klagen, soweit Vollstreckungszwang unserem Empfinden widerspricht. Im gewöhnlichen Streitverfahren ist zu klagen, soweit Vollstreckungszwang am Platze ist, mag nun die eingeklagte Pflicht aus § 1353 oder aus einem speziellen Rechtssatz folgen.[5] Dem gewöhnlichen Streitverfahren verbleiben danach primär alle rein vermögensrechtlichen Streitigkeiten, auf Geld gerichtete Unterhaltsklagen etwa,[6] Schadensersatzklagen nach Körperverletzung,[7] Ehestörung (vgl. dazu oben § 17 III), Verletzung der Pflicht, eine steuerlich geringstmögliche Belastung der Ehegatten zu ermöglichen,[8] Klagen aus dem Ehegüterrecht, aus Mitarbeit (vgl. dazu oben § 20 III 8) usw. Dem gewöhnlichen Streitverfahren verbleibt aber auch die Säuberung des ,,räumlich-gegenständlichen" Ehebereichs (vgl. oben § 17 II 2); das ,,Wirkungsfeld" der Ehegatten mit staatlicher Zwangsgewalt zu sichern, widerspricht unserem Empfinden nicht.[9]

Auf Herstellung des ehelichen Lebens ist bereits zu klagen, wenn eine vermögenswerte Pflicht nur im persönlichen Einsatz zu erfüllen ist, insbesondere wenn Familienunterhalt durch Führung des Haushalts verlangt wird oder auch Mitarbeit im Geschäft oder Beruf des Partners nach Abschluß des Kooperationsvertrages.

Die Herstellungsklage ist auch anzustrengen, wenn die dem Vollstreckungszwang widerstehende Pflicht inhaltsgleich mit einer allgemeinen Pflicht besteht. Spezielle und generelle Pflicht decken sich etwa, wenn Unterlassung von Körperverletzungen verlangt wird oder von geschäftsschädigenden Äußerungen oder auch von unberechtigtem Eindringen in die Intimsphäre (Briefgeheimnis). Die richtige Klageform ergibt sich in diesen Fällen nicht aus einer Rechtsgüterabwägung;[10] sie hat sich am Normzweck des § 888 II ZPO zu orientieren: Für

---

[5] Vgl. dazu *Gernhuber*, FamRZ 1959, 473 mit weit. Lit. Ebenso *Hanisch*, NJW 1962, 1038; *Müller-Freienfels*, Eranion für Maridakis, Bd. II, S. 396 Fn. 142; OLG München, FamRZ 1965, 77; *Tiedtke*, FamRZ 1977, 689ff. und 1978, 385ff. Vgl. ferner *Streck*, S. 161 ff. (168) mit Ausschluß des Vollstrekkungszwanges, wenn ,,Ziel eine unvertretbare notwendig auf den Ehepartner bezogene Handlung ist".

[6] Also auch für die Klage auf Zahlung des Wirtschaftsgeldes und des Taschengeldes. Im Anschluß an RGZ 97, 286 wird zumeist die Herstellungsklage für richtig gehalten, wenn der Streit die Art der Erfüllung (und nicht das ,,ob" der Unterhaltspflicht) betrifft. Vgl. OLG München, NJW 1963, 49; *Erman-Heckelmann*, 33 zu § 1353; *Staudinger-Hübner*, 20 zu § 1353; *Soergel-Lange*, 27 zu § 1360a. Doch wird sich das ,,ob" vom ,,wie" nicht immer trennen lassen. Der Streit hat heute keine Bedeutung mehr für die Zuständigkeit, weil in jedem Fall das FamG zu entscheiden hat (vgl. §§ 606, 621 I Nr. 5 ZPO).

Der grundsätzliche Streit um das Bestehen einer Unterhaltspflicht (nicht um einzelne Unterhaltsleistungen) wird der Herstellungsklage zugewiesen von *Staudinger-Hübner*, 19 zu § 1360.

[7] Vgl. OLG Karlsruhe, FamRZ 1961, 375.

[8] Vgl. BGH, NJW 1977, 377.

[9] A.A. *Beitzke*, § 12 III 3a; *Henrich*, § 10 I 2b; *Jayme*, S. 268; *Ambrock*, II zu § 606 ZPO. Wie der Text *Staudinger-Hübner*, 53 vor § 1353; *Dölle*, § 32 II 1; *Soergel-Lange*, 36 zu § 1353. Für Herstellungsklage mit Vollstreckungszwang (Restriktion des § 888 II ZPO) *Löwisch*, Der Deliktsschutz relativer Rechte, 1970, S. 184ff.

[10] Ausdrücklich a.A. *Henrich*, § 10 I 2a (mit Differenzierungen, die denjenigen des Textes nicht

geschäftsschädigende Äußerungen ist dann Vollstreckungszwang gewiß nicht anstößig (allg. Ans.), während Unterlassung von Körperverletzungen und die Wahrung des Briefgeheimnisses mit der Herstellungsklage gefordert werden sollte.[11]

3. *Herstellungsklagen* können sich auf Erfüllung aller ehelichen Pflichten richten, die nicht im gewöhnlichen Streitverfahren geltend zu machen sind. Die ursprüngliche Beschränkung der Klage auf die Herstellung der häuslichen Gemeinschaft ist dem geltenden Recht fremd geworden.[12] Trotz häuslicher Gemeinschaft der Ehegatten kann immer noch Erfüllung anderer Pflichten gefordert werden.[13] Trennung der Ehegatten schließt Klagen nicht aus, die Pflichterfüllung ohne Erneuerung der häuslichen Gemeinschaft begehren.[14]

Eine festgefügte h. L. fordert im Anschluß an eine ältere Entscheidung des RG stets einen speziellen Klagantrag.[15] Die Rechtsprechung hat dagegen vielfach auch Klagen allgemeineren Inhaltes zugelassen.[16] Angesichts der Unmöglichkeit einer Vollstreckung hat das Erfordernis eines speziellen Klagantrages keinen großen Wert. Die Funktionen der Klage werden auch mit einem allgemeinen Herstellungsurteil erfüllt; die Gefahr, mit einem speziellen Klagantrag in einen geschmacklosen Perfektionismus zu verfallen, ist unabweisbar.[17]

4. Gewonnen wird mit einer Herstellungsklage wenig. Der mit einem obsiegenden Urteil verbundene moralische Appell sichert ihr stets (auch gegenüber unnachgiebigen Beklagten) das Rechtsschutzbedürfnis,[18] bleibt aber in der Regel ohne jede Wirkung. Für das Scheidungsrecht hat sie kaum noch einen Wert: Die Fristen der §§ 1565 ff. werden von ihr nicht unterbrochen; zum Beweis des „Scheiterns der Ehe", einer „unzumutbaren Härte" gemäß § 1565 (negative Billigkeitsklausel) oder auch einer „schweren Härte" gemäß § 1568 (positive Billigkeitsklausel) ist sie nur beschränkt verwendbar und jederzeit durch andere Beweismittel zu ersetzen. So handelt es sich denn um einen Anachronismus, den das geltende Recht bei nächstbester Gelegenheit abstoßen sollte.[19]

---

immer entsprechen). Vgl. auch *Staudinger-Hübner,* 52 ff. vor § 1353 (allgemeiner Rechtsgüterschutz, wenn der beklagte Ehegatte durch sein Verhalten die Sonderstellung, die das Herstellungsverfahren gewährt, verwirkt hat).

[11] Insoweit im Ergebnis a. A. OLG Celle, NJW 1953, 1789; *Staudinger-Hübner,* 52 vor § 1353; MünchKomm-*Wacke,* 16 zu § 1353; *Soergel-Lange,* 35 zu § 1353; *Löwisch,* S. 187.

[12] Neuerdings wieder dafür MünchKomm-*Wacke,* 10 zu § 1353.

[13] Vgl. RGZ 97, 286; RG, Warn. 1915 Nr. 287.

[14] Vgl. RGZ 51, 182; 59, 256; 95, 330; 137, 102; OLG Stuttgart, JW 1929, 2292.

[15] Vgl. RGZ 97, 286 (287); *Beitzke,* § 12 III 3; *Henrich,* § 10 I 1; *Dölle,* § 33 III 1; *Staudinger-Hübner,* 47 vor § 1353; OLG Köln, NJW 1966, 1864; *Soergel-Lange,* 30 zu § 1353.

[16] Vgl. OLG Stuttgart, JW 1929, 2292; BGH, MDR 1957, 540 mit insoweit abl. Anm. *Beitzke;* OLG Hamburg, FamRZ 1967, 100.

[17] Zust. *Leipold,* ZZP 80 (1967), 90 Fn. 1; MünchKomm-*Wacke,* 12 zu § 1353.

[18] Vgl. RGZ 160, 250; 162, 33; 163, 380 (384); RG, DR 1940, 1142; BGH, MDR 1957, 540 mit Anm. *Beitzke;* OLG Celle, NJW 1965, 1918; OLG Köln, NJW 1966, 1864.

[19] Für Beseitigung bereits MünchKomm-*Wacke,* 6 ff. zu § 1353.

5. *Negative Feststellungsklage.* Das Gesetz regelt die (positive) Herstellungsklage; die Gegenform der negativen Feststellungsklage, mit der ein Recht zum Getrenntleben in einem bestimmten Zeitpunkt (und nie für alle Zukunft[20]) geltend gemacht wird (§ 1353 II), erwähnt es dagegen nicht. Rspr. (für den BGH vgl. FamRZ 1964, 38) und Schrifttum erkennen sie gleichwohl als notwendiges Korrelat der Herstellungsklage an[21] und weisen sie mit Recht wie jene den Ehesachen der §§ 606ff. ZPO zu. Die ursprünglich sehr seltene Klage ist (überraschend) im letzten Jahrzehnt häufiger geworden (das 1. EheRG hat sie gleichwohl nicht beachtet), doch wirken sich nach wie vor unterschiedliche Auffassungen im Fragenkreis des Feststellungsinteresses (§ 256 ZPO) hinderlich aus. Unproblematisch sind die Fälle, in denen Rechte gegen Dritte vom berechtigten Getrenntleben der Ehegatten abhängen.[22] Problematisch sind dagegen die (häufigeren) Fälle einer rein eheinternen Auseinandersetzung. Sicher ist, daß die negative Feststellungsklage nicht zulässig ist, wenn Leistungs- oder Gestaltungsklagen zur Verfügung stehen (vgl. §§ 1361, 1361 a, 1385). Im übrigen sollte sie bereits zulässig sein, wenn das Recht zum Getrenntleben bestritten oder doch jedenfalls eine eindeutige Stellungnahme verweigert wird.[23] Leben die Ehegatten dagegen einverständlich getrennt, kann keiner erfolgreich klagen.[24]

6. Der berechtigt getrennt lebende Ehegatte kann von seinem Partner Unterlassung aller ihm nicht genehmen Annäherungsversuche fordern; eine Pflicht, sich Versöhnungsversuchen zu stellen, besteht nicht. Mit der Klage wird das allgemeine Persönlichkeitsrecht geltend gemacht; Vollstreckungszwang ist zulässig.[25]

---

[20] Ebenso BGH, FamRZ 1976, 202 (203); MünchKomm-*Wacke,* 14 zu § 1353; *Soergel-Lange,* 58 zu § 1353. A. A. LG Mannheim, FamRZ 1964, 510. Auch wenn die Ehe gescheitert ist, hat das Gericht keine endgültige Entscheidung zu fällen. Andernfalls würde man zu einer Wiedereinführung der vom EheG gerade abgelehnten Klage auf Aufhebung der ehelichen Gemeinschaft gelangen.

[21] Auch das zunächst ablehnende OLG Schleswig (FamRZ 1965, 614 mit abl. Anm. *Bergerfurth;* FamRZ 1966, 106; Zweifel bereits im Urteil FamRZ 1956, 319) hat inzwischen seine Ansicht geändert (FamRZ 1976, 276).

[22] Vgl. RGZ 150, 70.

[23] Vgl. OLG Hamm, MDR 1951, 682; FamRZ 1970, 83; 1976, 341; OLG Düsseldorf, FamRZ 1960, 155; NJW 1965, 1283; FamRZ 1967, 629; LG Mannheim, FamRZ 1964, 510; KG, FamRZ 1964, 507; OLG Frankfurt, MDR 1967, 305; OLG Celle, FamRZ 1968, 165. Vgl. ferner *Bergerfurth,* FamRZ 1965, 587 (Grundsatz soll nur gelten, wenn die Ehegatten noch in häuslicher Gemeinschaft leben; nach bereits vollzogener Trennung soll dagegen ein „nachdrückliches Herstellungsverlangen" erforderlich sein).

A. A. OLG Koblenz, NJW 1962, 350; OLG Nürnberg, FamRZ 1965, 150 und 508 (nur in „besonders gelagerten Ausnahmefällen" Feststellungsinteresse gegeben).

[24] Allg. M. Vgl. dazu OLG Hamburg, FamRZ 1970, 487 mit Klagabweisung nach Zugeständnis berechtigten Getrenntlebens durch den Beklagten während des Prozesses! Kritisch dazu *Münzberg,* JuS 1971, 344.

[25] Vgl. dazu OLG Oldenburg, NJW 1968, 1140. Das Urteil glaubt, unerwünschte Kontaktaufnahmen nur (räumlich) beschränkt untersagen zu dürfen.

D. Recht der Ehescheidung

§ 24. Allgemeines

Schrifttum zur jüngeren Entwicklung: *Kahl,* Ehescheidung wegen objektiver Ehezerrüttung, GruchB 67 (1924), 1; *Stammler,* Über Ehe und Ehescheidung, Rechtsphilosophische Abhandlungen und Vorträge, 2. Bd. 1924, S. 405; *Henle,* Ehescheidung im gegenseitigen Einverständnis, 1927; *ders.,* Erleichterung der Ehescheidung?, 1927; *ders.,* Zerrüttung der Ehe, 1928; *Marianne Weber,* Die Idee der Ehe und die Ehescheidung, 1929; *Bovensiepen,* Die Reform des Ehescheidungsrechtes, 1936; *Mösmer,* Neugestaltung des deutschen Ehescheidungsrechtes, 1936; *Freisler,* Vom alten zum neuen Ehescheidungsrecht, 1937; *Jonas,* Zum neuen Ehescheidungsrecht, Festschrift Bumke, 1939, S. 203; *Isele,* Zwischenbilanz des neuen Ehescheidungsrechtes, AcP 145 (1939), 257; *Dölle,* Grundsätzliches zum Ehescheidungsrecht, 1946; *Portmann,* Das unauflösliche Band, 1950; *Bosch,* Familienrechtsreform, 1952; *Röhrmann,* Verzerrte Scheidungsprozesse, JR 1953, 88; *Bosch,* Neue Rechtsordnung in Ehe und Familie, 1954; *Frantz,* Die Ehezerrüttung als Grundlage der Scheidung, FamRZ 1954, 190; *Dombois,* Grundprobleme des Ehescheidungsrechtes, ZevKR 1956, 32; *Becker,* Eheschutz gegen Ehescheidung, FamRZ 1956, 93; *Wolf-Lüke-Hax,* Scheidung und Scheidungsrecht, 1959 (dazu *Raiser,* ZevKR 1960, 214 und *Fechner,* RabelsZ 1961, 146); *Brusiin,* Zum Ehescheidungsproblem, 1959; *Mikat,* Rechtsgeschichtliche und rechtspolitische Erwägungen zum Zerrüttungsprinzip, FamRZ 1962, 81, 273, 497 und 1963, 65; *Müller-Freienfels,* Ehe und Recht, 1962, S. 120 (besprochen von *Heinrich Lange,* NJW 1963, 1968; *Schwind,* JZ 1963, 421; *Habscheid,* FamRZ 1963, 415); *Bergerfurth,* Zur Erschwerung der Ehescheidung, FamRZ 1962, 246.

I. Grundlagen

1. *Begriff.* Ehescheidung ist allein die durch Umstände aus der Zeit nach dem Eheschluß gerechtfertigte Eheauflösung. Sie ist damit allen Rechten fremd, die eine willkürliche Trennung gestatten, und allen Rechten, die nur bereit sind, Umständen aus der Zeit vor dem Eheschluß Bedeutung für die Frage nach dem Fortbestand einmal begonnener Ehen beizumessen.

2. Wie die Existenz eines Scheidungsrechtes überhaupt, so wird auch dessen Ausgestaltung von der die jeweilige Rechtsordnung beherrschenden Eheauffassung bestimmt. Fast allen Eheauffassungen ist freilich ein mehr oder weniger großer Spielraum eigen, in dessen Rahmen ohne Vorwurf inkonsequenten Verhaltens disponiert werden kann. In jeder Hinsicht eindeutig ist nur ein Ehemodell, das keine Scheidung zuläßt (kanonisches Recht). Doch bleibt selbst dann noch zu berücksichtigen, daß sich in die Eheauflösung auf Grund vorehelicher Umstände verlagern kann, was an sich dem Scheidungsrecht angehört. Die klare Grenze zwischen Abschlußmängeln und späteren Fehlentwicklungen hat noch keine Zeit daran gehindert, spätere Fehlentwicklungen mit Scheinbegründungen als Abschlußmängel zu berücksichtigen.

3. Ohne jede Bedeutung für die Scheidungsproblematik sind rechtslogische Überlegungen. Die heute selten gewordenen, aber noch nicht ganz verschwun-

denen Versuche, aus der Kategorie des Vertrages Einsichten zu gewinnen, sind unabhängig von der Frage, ob diese Kategorie überhaupt zwingende Konsequenzen in sich birgt, schon im Ansatz verfehlt: *die Ehe wird durch einen Vertrag begründet, ist aber nicht selbst Vertrag;* sie ist dessen Folge und nicht identisch mit ihm. Für ein vertraglich begründetes Rechtsverhältnis aber ergeben sich keinerlei aus der Art seiner Begründung folgende unwiderstehliche Antworten auf die Frage nach seiner Beendigung.

Nicht minder zurückzuweisen sind alle Versuche, aus der Natur des Menschen ein Scheidungsrecht zu entwickeln, das alle ihm nicht entsprechenden Rechtsordnungen zu bedauerlichen Fehlgriffen abwertet. Aussagen über die Natur des Menschen, die gezwungen sind, den Bereich der „natürlichen Sittlichkeit" zu betreten, tragen notwendig Bekenntnischarakter und verlieren damit den Anspruch auf absolute Geltung, den sie für sich erheben.

4. *Grundsätze.* Scheidungsrechte können gewährt werden, wenn ein Ehegatte schuldhaft seine Pflichten verletzt hat; Scheidungsrechte können aber auch gewährt werden, wenn die Ehe tatsächlich gescheitert ist. Im ersten Fall herrscht der *Verschuldensgrundsatz,* im zweiten Fall der *Zerrüttungsgrundsatz.*

Der Zerrüttungsgrundsatz bedarf näherer Präzisierung: Es gilt den Maßstab zu fixieren, an dem sich Ehen als „gescheitert" erweisen können, und zwar nach Qualität und Ausmaß. Ein personaler Zerrüttungsbegriff (der sich an der psychischen Disposition der Ehegatten orientiert) ist ebenso denkbar wie ein funktionaler (mit dem sich familiäre und institutionelle Funktionen der Ehe hemmend in die personale Perspektive einschieben); der stets notwendigen Prognose können verschiedene Richtwerte gesetzt werden (etwa: erneute Annäherung der Ehegatten unwahrscheinlich, fast ausgeschlossen, keinesfalls mehr zu erwarten).

Verschuldensgrundsatz und Zerrüttungsgrundsatz schließen einander nicht aus. Sie sind kombinierbar in einer Mehrheit von Scheidungsgründen, von denen ein Teil dem einen, ein Teil aber dem anderen Grundsatz folgt. Sie sind kombinierbar aber auch in einem einzelnen Scheidungstatbestand, für den sie dann jeweils ein Tatbestandselement stellen.

Verschuldensgrundsatz und Zerrüttungsgrundsatz werden gern fast antithetisch einander gegenübergestellt. In Wahrheit sind sie weithin miteinander verknüpft, mag es auch nicht möglich sein, sie ohne Restbestand auf einen Nenner zu bringen. Viele Wege führen zu einer zerrütteten Ehe, die meisten aber sind nicht frei von schuldhaften Pflichtverletzungen der Ehegatten. Umgekehrt führen schuldhafte Verfehlungen eines Ehegatten in aller Regel nur dann zu einer Ehescheidung, wenn sie eine Zerrüttung der Ehe bewirkt haben. So betrachtet erweisen sich also Verschuldens- und Zerrüttungsgrundsatz weniger als Gegenspieler denn als weithin verbundene Größen, die nur zu trennen sind, wenn allzu ausschließlich auf die Ursachen oder auf die (der forensischen Praxis eher zugänglichen) Folgen einer Fehlentwicklung geachtet wird.

II. Scheidungsrecht und Grundgesetz

Schrifttum: *Beitzke,* Verfassungsmäßigkeit des Ehescheidungsrechts?, Festschrift Gschnitzer, 1969, S. 89; *Ramm,* Grundgesetz und Eherecht, 1972 (dazu *Wolf,* JZ 1973, 647 und Erwiderung von *Ramm,* S. 722).

1. Art. 6 I GG schützt die Fundamentalstruktur der bürgerlichen Ehe, zu dem auch der Grundsatz der Ehebeendigung durch den Tod eines Ehegatten gehört (vgl. oben § 5 I 2); verfassungskonform ist jedes Scheidungsrecht, das den Fortbestand der Ehe bis zum Tod eines Ehegatten als Regel bewahrt und die vorzeitige Beendigung des ehelichen Bandes nur als Ausnahme anerkennt. Freilich enthalten diese Sätze keine Aussage, die statistischer Überprüfung fähig wäre und die Legislative zur Restriktion der gerade bestehenden Scheidungsmöglichkeiten zwänge, sobald die Scheidungsziffer die Toleranzgrenze überschritten hätte.[1] Bei aller Achtung der Fundamentalstruktur der Ehe kann es sich nicht darum handeln, sozialen Abläufen, die sich dem rechtlichen Zugriff entziehen (hier: dem Scheitern der Ehe), die grundsätzlich als sachrichtig anerkannte Rechtsfolge (hier: das subjektive Scheidungsrecht) zu verweigern, sobald sie gewisse unerwünschte Häufigkeiten erreichen, zumal historische Erfahrung lehrt, daß derlei Versuche ohnehin nicht mehr bewirken als faktische Mißachtung des angeblich bewahrten Rechtsinstitutes (hier: durch Flucht in das Konkubinat oder gar durch Ehescheu). Zu fordern ist allein ein Recht, das Regel und Ausnahme als solche verdeutlicht (so, wie das heute explizit in § 1353 I 1 geschieht, aber sicher auch in anderer Form möglich wäre),[1a] und staatliche Aktivität, die den Ursachen der Entwicklung begegnet, wenn die Scheidungsziffern in die Höhe schnellen.

2. Neutral steht das Grundgesetz dem Verschuldens- wie dem Zerrüttungsprinzip gegenüber. Daß allein das Zerrüttungsprinzip dem GG entspreche (und auch dieses nur bei rein objektiver Ausgestaltung der Tatbestände im Detail),[2] ist eine Behauptung, die seltsame Schatten auf die Vergangenheit wirft (haben wir von 1949–1977 mit einem verfassungswidrigen Scheidungsrecht gelebt?) und das Pathos der Grundrechte für eine Wendung in Anspruch nimmt, die zwar gegenwärtig im Ansatz (schon nicht mehr bei der Formung im Detail) der Zustimmung aller sicher sein kann, mit diesem Konsens (der auch wieder schwinden

---

[1] So aber wohl *Beitzke,* Festschrift Gschnitzer, S. 91 ff. Gegen ihn MünchKomm-*Wolf,* 4 vor § 1564. Nach Ansicht von *Lüderitz,* Empfiehlt es sich, Gründe und Folgen der Ehescheidung neu zu regeln?, Gutachten A und B zum 48. DJT, 1970, S. 52 ff., gebietet Art. 6 I GG lediglich, Ehen zu stabilisieren durch klare Tatbestandsfassung im Scheidungsrecht und durch individuelle Ehetherapie.

[1a] Verfassungswidrigkeit wird für so manche Norm des geltenden Rechts behauptet (besonders pointiert und detailliert glaubt *Bastian* in den RdNrn. vor § 1564 die Grenzen eines allein verfassungskonformen Scheidungsrechts bestimmen zu können), doch hat sich die höchstrichterliche Rspr. nicht beeindrucken lassen. Vgl. BGHZ 72, 107 (§ 1565 I für „Altehen“); BGH, FamRZ 1979, 285 (§§ 1566 II, 1568 II, auch für Altehen); OLG Köln, NJW 1978, 167 (dazu *Lüke,* NJW 1978, 139) und 1009 (§ 1565 I); OLG Hamburg, NJW 1978, 1982 (§§ 1564, 1565, 1567 I 1).

[2] So *Ramm,* S. 21 ff. Gegen ihn auch MünchKomm-*Wolf,* 4 vor § 1564.

kann) jedoch noch nicht einen besonderen Rang erreicht. Der Respekt, den Legislative und Richter der Intimsphäre der Ehegatten schulden (er hat das 1. EheRG nachhaltig beeinflußt) kann nicht zum Postulat einer Verfassung stilisiert werden, die in anderen Zusammenhängen (auch des Familienrechts) um der Sachgerechtigkeit willen Verfahren gebietet, die keine Respektsgrenzen anerkennen (so im Kindschaftsprozeß).

3. Unvereinbar mit Art. 6 I GG ist die reine Konsensualscheidung, die Beendigung der Ehe mithin allein durch Vertrag der Ehegatten.[3] Mit ihr wird die konkrete Ehe (ohne Kontrolle ihres Scheiterns) zur freien Disposition der Ehegatten gestellt und damit eine Grenze überschritten, die von der Fundamentalstruktur der Ehe gezogen wird: Wer dergestalt Freiheiten gewährt, kann nicht mehr für sich in Anspruch nehmen, den Grundsatz der Ehebeendigung durch den Tod eines Ehegatten zu wahren. Aus demselben Grund ist auch ein Scheidungsrecht zu verwerfen, das Scheidung durch richterlichen Akt auf bloßen Antrag eines oder auch beider Ehegatten gewährt.

III. Grundgedanken des geltenden Rechtes

Schrifftum: A. Auswahl aus der Diskussion vor der Reform des Scheidungsrechts durch das 1. EheRG: *Cuny,* Die Reform des Ehescheidungsrechts, StAZ 1968, 309; *Hirsch,* Probleme einer Reform des Scheidungsrechts, ZRP 1969, 246; *Mikat,* Möglichkeiten und Grenzen einer Leitbildfunktion des bürgerlichen Ehescheidungsrechts, 1969; *Ehrle,* Zum Ehescheidungsrecht, FamRZ 1970, 76; *Schultz,* Zur Reform des Ehescheidungsrechts, MDR 1970, 17 und 733; *Bosch,* Ehescheidung und ihre Folgen, FamRZ 1970, 169; *Maier-Reimer* und *Lüderitz,* Empfiehlt es sich, Gründe und Folgen der Ehescheidung neu zu regeln? Gutachten A und B zum 48. DJT, 1970 (dazu die gleichnamigen Referate von *Nolte* und *Müller-Freienfels,* Sitzungsbericht M zum 48. DJT, 1970, S. 45 und 79, und *Bürgle,* Reform des Rechts der Ehescheidung, Zu den Gutachten und Beschlüssen der Zivilrechtlichen Abteilung des 48. DJT, FamRZ 1971, 68); *Held,* Gedanken zur Reform des Scheidungsrechts, FamRZ 1970, 298 und 509; *Deubner,* Scheidungsreform – Eine Forderung der Realität, JR 1970, 291; *Mikat,* Scheidungsrechtsreform in einer pluralistischen Gesellschaft, FamRZ 1970, 333; *Neuhaus,* Ehescheidungsreform?, FamRZ 1970, 348; *Wüstenberg,* Überlegungen zu einer Reform des Ehescheidungsrechts, DRiZ 1970, 252; *Bosch,* Aktuelle Probleme des Familien- und Erbrechts, FamRZ 1970, 497 (504); *Wolf,* Dogmatische Grundlagen einer Reform des Ehescheidungsrechts, JZ 1970, 441; *Ramm,* Zur Neuregelung des Rechts der Ehescheidung und der Scheidungsfolgen, JZ 1970, 705 und 753; *Simitis,* Zur Reform des Scheidungsrechts, ZRP 1971, 40; *Bosch,* Eherecht in Gefahr, FamRZ 1971, 57; *Lange,* Zum Entwurf eines Ersten Gesetzes zur Reform des Ehe- und Familienrechts (1. EheRG), FamRZ 1971, 481; *Giesen,* Aktuelle Probleme einer Reform des Scheidungsrechts, 1971; *Deinhardt,* Kritische Bemerkungen zum Entwurf eines Gesetzes über die Neuregelung des Rechts der Ehescheidung und der Scheidungsfolgen, FamRZ 1971, 273; *Dieckmann,* Zur Zerrüttungsvermutung bei Ehescheidungen im Einvernehmen, ZRP 1971, 193; *Held,* Die Stellungnahme des Bundesrates zur Reform des Eherechts, FamRZ 1971, 490; *Mikat,* Zum Regierungsentwurf eines 1. Ehereformgesetzes, FamRZ 1972, 1; *Deinhardt,* Neuere Stimmen und Vorschläge zur Eherechtsreform, FamRZ 1972, 236; *Hirsch,* Einige Anmerkungen zur Eherechtsreform, FamRZ 1972, 245; *Heinz,* Zur Reform des Ehescheidungsrechts, DRiZ 1972, 305; *Breithaupt,* Konventionalscheidung nach künftigem Recht,

---

[3] Vgl. *Beitzke,* Festschrift Gschnitzer, S. 98; *Habscheid,* Vermutungen im neuen Scheidungsrecht, Festschrift Bosch, 1976, S. 367. Die reine Konsensualscheidung wird für zulässig gehalten, jedoch abgelehnt von *Maier-Reimer,* Empfiehlt es sich, Gründe und Folgen der Ehescheidung neu zu regeln?, Gutachten A und B zum 48. DJT, 1970, S. 20ff. Sie wird gewünscht von *Wolf,* JZ 1970, 447f.

ZRP 1973, 442; *Bürgle,* Die Stellungnahme des Bundesrats zum Entwurf 1973 eines Ersten Gesetzes zur Reform des Ehe- und Familienrechts, FamRZ 1973, 508; *Lange,* Zum Entwurf eines Ersten Gesetzes zur Reform des Ehe- und Familienrechts (1. EheRG) v. 1. 6. 1973, FamRZ 1973, 580; *Kühn,* Scheidungsrecht in rechtspolitischer und rechtswissenschaftlicher Perspektive, ZRP 1975, 163.

B. Zum 1. EheRG: *Bosch,* Neues deutsches Familienrecht 1976/1977, FamRZ 1976, 401; *Vogel,* Das Erste Gesetz zur Reform des Ehe- und Familienrechts vom 14. Juni 1976 (1. EheRG), FamRZ 1976, 481; *Kniebes,* Das Erste Gesetz zur Reform des Ehe- und Familienrechts (1. EheRG) – Die Neuregelung auf dem Gebiet des materiellen Zivilrechts, DRiZ 1976, 325; *Hillermeier,* Das Erste Gesetz zur Reform des Ehe- und Familienrechts aus der Sicht der Bundesratsvorschläge, insbesondere deren Bedeutung für die Auslegung und Anwendung des neuen Rechts, FamRZ 1976, 577; *Lange,* Das neue Eherecht, JuS 1976, 684; *Schneider,* Das materielle und prozessuale Scheidungsrecht des 1. EheRG, MDR 1976, 705; *Böhmer,* Das 1. EheRG v. 14. Juni 1976, JR 1977, 45; *Bosch,* Die Neuordnung des Eherechts ab 1. Juli 1977, FamRZ 1977, 569.

1. *Zerrüttungsgrundsatz.* Man pflegt die Reform des Scheidungsrechtes durch das 1. EheRG gern schlagwortartig als Übergang vom Verschuldensprinzip zum Zerrüttungsprinzip zu charakterisieren, wird damit indessen dem Rechtszustand vor dem 1. Juli 1977 nicht wirklich gerecht. Das Zerrüttungsprinzip hatte sich schon im EheG Bahn gebrochen, gab es doch keinen einzigen Scheidungstatbestand mehr, der einer schuldhaften Eheverfehlung als solcher Bedeutung sicherte. Alle Tatbestände forderten vielmehr Zerrüttung der Ehe, und zwar nicht als bloßes Annex der Eheverfehlung, sondern als ratio der Ehescheidung.[1] Richtig ist allein, daß die Wendung des 1. EheRG dem Zerrüttungsprinzip weiteren Raum gesichert hat, daß es zum beherrschenden Prinzip des Scheidungsrechtes geworden ist. Richtig ist dagegen schon nicht mehr die Versicherung, das Verschuldensprinzip vollständig überwunden zu haben. Es wirkt rudimentär weiter, kaum je offen ausgewiesen (wie in § 1565 II; vgl. auch §§ 1576 S. 2; 1587c Nr. 1 Hs. 2), aber doch in unbestimmten Rechtsbegriffen und Billigkeitsklauseln, die näherer Präzisierung bedürfen.

Ausschlaggebend für den gleichwohl grundlegenden Umschlag waren weniger die interindividuellen Ehelehren mit ihrer besonderen Affinität zum Zerrüttungsgrundsatz (aber nur wenigen wirklich zwingenden Folgerungen) als vielmehr die unausrottbaren Mißstände, zu denen das alte Scheidungsrecht führte. Die wirklich ernst genommene Verschuldensscheidung überschreitet den Rahmen der forensischen Möglichkeiten bei weitem; der Schuldspruch der Gerichte blieb deshalb meist vordergründig, er orientierte sich an äußeren Vorgängen, die oft genug mehr Folge als Ursache des Scheiterns der Ehe waren. Die wirklich ernst genommene Verschuldensscheidung zwingt ferner die Parteien zu peinli-

[1] Vgl. *Dölle,* Grundsätzliches zum Ehescheidungsrecht, S. 25; *Bruns,* SJZ 1947, 654; *Mikat,* FamRZ 1962, 82 und Leitbildfunktion des bürgerlichen Ehescheidungsrechts, S. 24f. In einer Umkehrung der seinerzeit üblichen Betrachtungsweise begrenzten so gesehen die dem Verschuldensprinzip zugekehrten Tatbestandselemente die subjektiven Scheidungsrechte, begründeten sie aber nicht. Ebenso im Erg. *Pawlowski,* Das Studium der Rechtswissenschaft, 1969, S. 334ff. (er bemühte sich jedoch darum, das damals geltende Scheidungsrecht zu einem Recht ohne Pflichtwidrigkeiten der Ehegatten umzudenken).

chen Erörterungen, zur Preisgabe von Intimitäten und zu gegenseitigen Beschuldigungen; die Scheidungsprozesse wurden deshalb weithin (durch Scheidungsverträge) „kanalisiert", in extremen Fällen gar zur Komödie abgewertet, in der die Parteien die Rollen des schuldigen und unschuldigen Ehegatten nach Belieben besetzten und sich auf einen Sachvortrag einigten, der Dichtung und Wahrheit miteinander vermengte.

Der Zerrüttungsgrundsatz selbst steht heute außer Streit;[1a] auch zunächst engagierte Vertreter des Verschuldensprinzips sind ihm inzwischen erlegen. Hinter der homogenen Fassade aber sind alte Gegensätze erhalten geblieben, die ihre Ursache in unterschiedlichen Eheauffassungen haben. Neben der individualistischen Eheauffassung (die sich bestätigt fühlt und nun Erfolge auch in anderen Teilen des Eherechts sucht) stehen nach wie vor institutionelle Ehelehren, die sich vermutlich nie von dem Gedanken werden lösen können, daß auch das (mehr widerwillig angenommene) Zerrüttungsprinzip eine Erscheinung der „zwanglosen Gesellschaft" sei und (ggf. auch prinzipienfremd) begrenzt werden müsse. Neben ihr stehen aber auch die Pragmatiker (Ehe als soziale Verhaltensform; vgl. oben § 3, 5) mit besonderer Flexibilität und die vielen anderen ohne klare Vorstellung von dem, was Ehe überhaupt bedeutet. In diesem Konzert unterschiedlicher Ansätze will der Grundkonsens über das Zerrüttungsprinzip zwar viel besagen, die nähere Ausgestaltung aber ist immer noch weithin dem Spiel der politischen Kräfte überlassen.

2. *Formale Indikatoren.* Der Übergang vom Verschuldensprinzip zum Zerrüttungsgrundsatz entlastet Parteien und forensische Praxis weit weniger, als es zunächst scheinen mag, wenn in jedem Einzelfall das Scheitern der Ehe mit jener Stringenz zu beweisen wäre, die sonst im Zivilprozeß gefordert wird. Eine umfassende Analyse der Situation und eine überzeugende Prognose sind gleicherweise ohne tiefe Einblicke in das eheliche Leben, in die Intimsphäre der Ehegatten und in deren Psyche nicht möglich. Selbst die Notwendigkeit, einander zu belasten, wäre mehr scheinbar als wirklich beseitigt: Zu allen Zeiten ist der Nachweis schuldhafter Pflichtwidrigkeiten der beste materiale Indikator für Existenz und Ausmaß ehelicher Spannungen gewesen. Streitige Zerrüttungsscheidungen unterscheiden sich von streitigen Verschuldensscheidungen im schließlichen Beweisergebnis, während die Beweistatsachen wenigstens weithin keine Differenzen aufweisen.

Das geltende Recht hat aus dieser Situation die Konsequenzen gezogen. Es verwendet Trennungsfristen als formale Indikatoren des Scheiterns der Ehe, mit denen sich die unwiderlegliche Vermutung einer endgültigen Zerrüttung der Ehe verbindet (§ 1566). Mit ihnen ändert sich das Beweisthema: Zu beweisen ist nur

---

[1a] Vereinzelte Plädoyers für den Verschuldensgrundsatz (vgl. *Hoyer,* DRiZ 1977, 147f.) fallen nicht mehr ins Gewicht.

noch der Ablauf der Frist; belanglos ist alles andere (einschließlich der Frage nach den Ursachen der Trennung). Ein derart gestaltetes Scheidungsrecht hat sich freilich der Frage zu stellen, ob es wirklich noch vom reinen Zerrüttungsprinzip beherrscht ist oder ob es nicht längst das Grundprinzip (durch Überbewertung bloßer Indikatoren) mit einem anderen überlagert hat[2] (vgl. dazu für das geltende Recht unten § 27 III 1).

3. *Korrektive.* Das strikt durchgeführte Zerrüttungsprinzip ist wertblind, ein Prinzip, das Ehen beendet ohne weitere Fragen nach dem Warum und dem Danach. Der Wertblindheit aber wünscht auch heute niemand zu dienen. Unterschiedlich ist nur die Bereitschaft, dem Unbehagen im Scheidungsrecht selbst Raum zu gewähren (also zerrüttete Ehen um anderer Werte willen aufrechtzuerhalten) und nicht nur bei den Scheidungsfolgen, in deren Rahmen auch (unter Wahrung der Prinzipientreue) einige Wertakzente bedacht werden können.

Das geltende Recht hat das Zerrüttungsprinzip in § 1565 II preisgegeben mit einer grundsätzlichen Scheidungssperre für Ehegatten, die noch nicht ein Jahr getrennt gelebt haben, und im § 1568, einer Norm, die Härten begegnen und den gemeinschaftlichen Kindern der Ehegatten dienen will. Hier wie dort ist vieles mißraten (vgl. dazu unten § 27 II und VI), doch bleibt ein berechtigter Kern. Unerträglich werden freilich Scheidungssperre und Härteklausel dann, wenn ihnen Wirkung auch gegen einvernehmlich handelnde Ehegatten zugestanden wird (so eine weit verbreitete Ansicht bei der Scheidungssperre, vgl. unten § 27 II 4; unbestritten beim Schutz der Kinder). Sie führen dann nur zu Dispositionen der Parteien, die den Scheidungsprozeß der Vergangenheit mit seinen gezielten Verzerrungen in der Gegenwart konservieren.

4. Nach wie vor gibt es (dem Gebot der Verfassung folgend; vgl. oben II 3) keine *einverständliche Ehescheidung,* wenn unter diesem Begriff die Beendigung der Ehe durch bloßen Konsens der Ehegatten verstanden wird oder auch die Scheidung der Ehe durch richterlichen Gestaltungsakt auf der Basis einer bloßen Verständigung der Parteien. Freilich nähert sich § 1565 I (unwiderlegliche Vermutung des Scheiterns der Ehe nach einjähriger Trennung, falls beide Ehegatten die Scheidung wünschen) der einverständlichen Ehescheidung in jenem Verstande und wird deshalb auch fast allgemein unter den Begriff gebracht. Doch trennt der Indikator der einjährigen Trennung noch immer das geltende Recht von der reinen Konsensualscheidung, und wenn man in ihm die einverständliche Ehescheidung finden zu können glaubt, so wird deren Begriff verändert.

5. *Sonderstellung bestimmter Ehen?* Gering ist die Bereitschaft des geltenden Rechtes, bestimmten Ehen im Scheidungsrecht eine Sonderstellung zuzuweisen,

---

[2] Vgl. *Habscheid,* Festschrift Bosch, S. 365 (nicht das objektive Zerrüttungsprinzip allein maßgeblich, sondern gleichberechtigt oder sogar vorrangig auch ein ,,Trennungs-" oder ,,Fristenprinzip").

sei es nun, um sie ganz oder teilweise dem Scheidungsrecht zu entziehen, sei es auch, um für sie die Scheidung besonders zu erleichtern. Die Existenz minderjähriger Kinder kann befristet die Scheidung ausschließen (§ 1568);[3] die Ehe von kurzer Dauer ist im nachehelichen Unterhaltsrecht explizit bedeutsam (§ 1579 I Nr. 1). Das ist bereits der ganze Befund, wenn allein die Normtexte bedacht werden. In präzisierender Verdichtung unbestimmter Rechtsbegriffe und von Billigkeitskorrektiven können weitere gruppenbildende Umstände Bedeutung gewinnen. Der nivellierende Grundzug des Scheidungsrechts wird dennoch erhalten bleiben. Er ist mit dem Zerrüttungsgrundsatz unmittelbar gegeben. Wer gescheiterte Ehen differenzierend behandelt, führt weitere Akzente in das Scheidungsrecht ein.

IV. Die Scheidungsstatistik

Quellen: Statistische Jahrbücher für die Bundesrepublik Deutschland; MünchKomm-*Rebmann,* RdNrn. 199–210 der Einl.; MünchKomm-*Wolf,* 24ff. vor § 1565.

1. Die Statistik verwendet verschiedene *Ansätze,* um Stabilität und Instabilität der Ehe in Zahlen auszudrücken. Fast wertlos ist in diesem Zusammenhang (anders für die Statistik der gerichtlichen Verfahren) die absolute Scheidungsziffer (1974 in der Bundesrepublik Deutschland und Westberlin: 98584; 1975: 106829), aus der sich (bei gleichbleibendem Bevölkerungsstand) lediglich Tendenzen erkennen lassen, die weit diffuser bleiben als jene anderen, die sich aus Ziffern ergeben, in denen die Scheidungen in Relation zur Zahl der Einwohner oder zur Zahl der Ehen gesetzt werden. In ihrer Aussagekraft übertroffen werden diese Relationen freilich bei weitem von Zahlen, in welchen die Scheidungsanfälligkeit der Ehen eines ganz bestimmten Jahrgangs ihren Ausdruck findet, retrospektiv (Prozentsatz der bereits gegenwärtig wieder geschiedenen Ehen) und prognostisch (Prozentsatz der Ehen, die insgesamt vorzeitig geschieden werden, errechnet mit den Methoden der Wahrscheinlichkeitsrechnung).

2. Ein weiter in die Vergangenheit zurückreichender Vergleich ist (leider) nur mit der *auf jeweils 10000 Einwohner bezogenen Scheidungsziffer* möglich. Bleiben die irregulären Scheidungsziffern der Nachkriegszeiten außer Betracht, so ergibt sich seit Beginn des Jahrhunderts ein ständiger, jedoch nicht kontinuierlicher Anstieg. Im Durchschnitt der Jahre 1900–1904 entfielen auf 10000 Einwohner nur 1,6 Ehescheidungen, eine Zahl, die bis zum ersten Weltkrieg (1913) auf 2,7 anstieg. Zwischen 1920 (5,9) und 1930 (6,3) verdoppelte sich die Scheidungshäufigkeit im Vergleich mit der Vorkriegszeit. Die Zeit des Nationalsozialismus brachte eine weitere Steigerung auf 7,5 (1935) und 8,9 (1939). Der damals er-

[3] Vgl. als Kontrast zu diesem Minimalbefund *Ramm,* Grundgesetz und Eherecht, S. 23f. Seiner Überzeugung nach gebietet es die Verfassung, „die traditionelle Einheitslösung für kinderlose Ehen und Ehen mit erziehungs- und ausbildungsbedürftigen Kindern aufzugeben“.

reichte Stand kehrt wieder zu Beginn der sechziger Jahre als einer relativ stabilen Phase nach kräftigem Abschwung von den Ziffern der Nachkriegszeit (1960, 1961 und 1963 je 8,8). Seitdem ist wieder ein merklicher Anstieg zu beobachten (15,9 im Jahre 1974 und 17,3 im Jahre 1975), der bislang nicht gebrochen ist.[1]

3. *Bezogen auf jeweils 10000 Ehen* ist die Scheidungsziffer des Jahres 1950 (67,5 als Nachwirkung des zweiten Weltkriegs) bis 1963 spürbar gesunken (34,6). Die Folgezeit brachte einen auffälligen, jedoch nicht allzu starken Anstieg (1965: 39,2; 1967: 41,0), der sich in jüngster Zeit beschleunigt hat (1974: 62,4; 1975: 67,4).

4. Weitaus konkreter tritt die zunehmende Destabilisierung der Ehe zutage in den *Jahrgangszahlen*. Von den im Jahre 1950 geschlossenen Ehen sind gegenwärtig etwa 10% geschieden worden; ein nennenswerter Anstieg der Zahl ist angesichts der zunehmenden Stabilität der Ehen mit zunehmender Ehedauer nicht mehr zu erwarten. Für die 1960 geschlossenen Ehen wurde prognostisch ein Scheidungsendsatz von 14,5% errechnet und von den Ehen, die anfangs der siebziger Jahre geschlossen wurden, werden voraussichtlich rd. 20% scheitern. Der Trend ist mithin deutlich, doch nähern sich die Zahlen noch nicht einem Punkt, in dem das Regel-Ausnahme-Verhältnis von bewahrten und geschiedenen Ehen (das nicht exakt dem Verhältnis von geglückten und gescheiterten Ehen entspricht) in Gefahr gerät. Auch bleibt zu bedenken, daß die Scheidungshäufigkeit nicht identisch ist mit der Ablehnung der Ehe als Lebensform überhaupt: 84% der geschiedenen Männer heiraten erneut und fast 70% der geschiedenen Frauen (Gesamtzahl; für die in jungen Jahren Geschiedenen liegen die Ziffern höher). Freilich sind Zweitehen (und erst recht weitere Ehen) im statistischen Durchschnitt deutlich instabiler als Erstehen.

5. *Kinder*. Signifikant ist die besondere Gefährdung der kinderlosen Ehen. Ihr Anteil an den absoluten Scheidungszahlen liegt seit Jahren konstant zwischen 35% und 40% (1965: 23020 von 58718; 1970: 27764 von 76520; 1973: 33969 von 90164; 1974: 37760 von 98584; 1975: 43959 von 106829). Vor weitreichenden Schlüssen ist freilich auch hier zu warnen. Abnehmende Scheidungshäufigkeit bei zunehmender Kinderzahl deutet an, daß in stabilen Ehen die Bereitschaft wächst, überhaupt Kinder zu haben; sie ist dagegen nicht mehr ein Indiz für die oft behauptete stabilisierende Wirkung von Kindern.

Das Problem der sog. Scheidungswaisen bleibt gleichwohl drängend. 1973 erlebten 98536 minderjährige Kinder die Scheidung ihrer Eltern, 1974 waren es 106725 und 1975 gar 107216.

6. *Ehedauer*. Signifikant sind auch die Beziehungen, die zwischen Ehedauer und Scheidungshäufigkeit bestehen. Die auf jeweils 10000 Ehen bezogene Schei-

---

[1] Die DDR hat eine gleichläufige Entwicklung auf wesentlich höherem Niveau aufzuweisen. Doch bleibt zu bedenken, daß schon vor dem zweiten Weltkrieg die Scheidungsziffer in den heutigen Gebieten der DDR höher war als in den Gebieten Westdeutschlands. Zur Entwicklung in den beiden deutschen Staaten vgl. *Pawlowski,* DRiZ 1976, 101 ff.

dungsziffer ist nach einjähriger Ehedauer noch relativ gering (1967: 66; 1975: 134). Sie steigt stark an für Ehen mit zweijähriger bis fünfjähriger Dauer (1967: 115, 119, 114 und 106; 1975: 198, 209, 198, 184), sinkt dann aber kontinuierlich. Von 10000 Ehen mit zehnjähriger Ehedauer wurden 1967 zwar noch 56 geschieden und 1975 noch 108, von den Ehen mit einer Dauer von 21–25 Jahren dagegen nur noch 22 bzw. 30. Für die noch älteren Ehepaare sinkt die Scheidungsziffer sogar fast bis zur Bedeutungslosigkeit ab (1967: 5; 1975: 9).

7. Signifikant sind schließlich auch die Beziehungen zwischen *Religionszugehörigkeit der Ehegatten* und Scheidungshäufigkeit. Rein katholische Ehen werden seltener geschieden als rein protestantische, doch bleiben beide hinter dem statistischen Erwartungswert zurück (um 32,3% bzw. 3,2%). Mischehen sind stärker gefährdet; der Erwartungswert wird um 43% überschritten, wenn die Frau katholisch ist, und mit 61%, wenn sie sich zum Protestantismus bekennt. Besondere Instabilität ist festzustellen, wenn kein Ehegatte einer der beiden großen Konfessionen angehört: Die tatsächliche Scheidungsziffer ist doppelt so hoch wie der Erwartungswert. Da es unwahrscheinlich ist, daß die Religionszugehörigkeit ein charakterologischer Spiegel ist, verdeutlichen die Differenzen den Einfluß der Religion auf die Bereitschaft, zu einer einmal geschlossenen Ehe zu stehen, doch ist die Korrelation voll überzeugend nur, wenn innerhalb der einzelnen Gruppen ein Gefälle nachweisbar wäre, das den verschiedenen Stärken der Bindung an den Glauben entspricht.

8. Für die Rechtspolitik belanglos ist ein *Vergleich der Geschlechter.* Unter der Herrschaft des Verschuldensgrundsatzes war das altgewohnte Bild deutlichen Überwiegens männlicher Schuld und weiblicher Klage zu einem schwer abschätzbaren Teil das Ergebnis verzerrter Prozesse. Nach der Reform des Scheidungsrechtes und des Übergangs zum Zerrüttungsprinzip kann die alte (die Störungsquelle suchende) Betrachtungsweise allenfalls für die Ehen mit noch nicht einjähriger Trennung der Ehegatten aufrechterhalten werden (§ 1565 II); im übrigen ist sinnvoll nur die Frage aufzuwerfen, ob Männer oder Frauen eher bereit sind, eine zerrüttete Ehe preiszugeben, doch wird auch hier zu bedenken sein, daß die Rollenverteilung im Prozeß keinesfalls das getreue Spiegelbild der faktischen Verhältnisse sein muß.

9. *Wertung.* Niemand verbindet mit den Aussagen der Scheidungsstatistik die Vorstellung einer grundsätzlich befriedigenden Lage; die Scheidungsziffer zu senken, ist eigentlich jedermanns Wunsch. Als bequemster Weg bietet sich eine Restriktion des Scheidungsrechtes an. Quantitative Probleme sollten indessen nicht qualitativ gelöst werden. Eine Korrektur des Scheidungsrechtes, die als sachrichtig anerkannte Scheidungsmöglichkeiten preisgibt, decouvriert sich bereits im Ansatz als nicht sachgemäß. Illusionär ist zudem die Prämisse sinkender Scheidungsziffern bei Einschränkung der Scheidungstatbestände. Der Rechtswechsel um die Jahrhundertwende hat keinen nennenswerten Einfluß auf die

Scheidungsziffer gehabt (so daß nur die unbeweisbare, aber auch unwiderlegliche Behauptung bliebe, daß die Scheidungsziffer ohne die Rechtsänderung wesentlich schneller gestiegen wäre); die Vermehrung der Scheidungsgründe im Jahre 1938 hat umgekehrt nicht zu jenen verheerenden Folgen geführt, die ihm zuweilen zugeschrieben werden (so daß nur die Behauptung bliebe, daß ohne sie die Scheidungsziffer gesunken wäre); die grundlegende Umgestaltung des Scheidungsrechtes durch das 1. EheRG schließlich wird sich aller Voraussicht nach zwar in den Ziffern der Jahre 1977 und 1978 bemerkbar machen (als Folge der Umstellungsschwierigkeiten), im übrigen aber keinen großen Einfluß auf den längst bestehenden Trend haben. Die Scheidungsstatistik ist ein Spiegel der Zeitsignaturen mit ihren Bezügen auf die Ehe; zu Zahl und Art der anerkannten Scheidungstatbestände besteht dagegen kein signifikantes Verhältnis. Richtig ist allein, daß die totale Deformierung des Scheidungsrechtes in Zeiten grundlegender Änderungen in Staat und Gesellschaft eine Flut von Ehescheidungen herbeiführen kann (als Beispiel wird in diesem Zusammenhang stets auf die Zeit nach der Oktoberrevolution in Rußland 1918 hingewiesen). Solange sich das Scheidungsrecht dagegen nur innerhalb eines bestimmten Rahmens bewegt (zu dem insbesondere das Prinzip der formalisierten und vom Staat kontrollierten Scheidung gehört), ist die Frage nach der Ausgestaltung der Tatbestände für die Scheidungshäufigkeit letztlich peripher: Ehegatten, die ihre Ehe verloren geben, finden so gut wie immer einen Weg zur Scheidung.

Ungeeignete Mittel sind ferner materielle Belastungen durch drastische Verteuerungen des Scheidungsverfahrens oder auch durch Nachwirkungen der Ehe, die Reserve nahelegen. Es kann niemandes Ziel sein, die Scheidung dem Begüterten allein zu gestatten. Und es ist sachwidrig, personenrechtliche Bindungen mit der Drohung hoher ökonomischer Einbußen zu erhalten. Unausweichlich sind freilich Auseinandersetzungsregelungen, die jedem Ehegatten nach der Scheidung das seine gewähren. Daß der Zugewinnausgleich und der Versorgungsausgleich des geltenden Rechts insoweit scheidungsverhütend wirken, ist schon oft bemerkt worden.

Ungeeignet sind schließlich Sperrfristen, mag es sich nun handeln um Scheidungssperren (insbesondere für junge Ehen) oder auch um Ehesperren für Geschiedene, und mag es sich nun handeln um längere oder auch um kürzere Zeiträume.[2] Das 1. EheRG hat mit dem § 1565 II einen ersten (relativierten) Anfang gemacht (der auch unter anderen Aspekten nicht eben gut geglückt ist); die Zukunft sollte entschlossen widerstehen. Es ist nicht nur die Idee der freien

---

[2] Vorschläge dieser Art waren stets selten. Vgl. aber *Bosch*, Familienrechtsreform, S. 49 (dreijährige Scheidungssperre nach der Eheschließung, soweit nicht Ehebruch geltend gemacht werden kann) und S. 50 (ein- oder zweijährige Heiratssperre für alle schuldig Geschiedenen); *Bergerfurth*, FamRZ 1962, 248f. (dreijährige Scheidungssperre nach der Eheschließung). Gegen Sperrfristen wie der Text *Müller-Freienfels*, Ehe und Recht, S. 337 und 346f.

Persönlichkeit, die es zu wahren gilt, sondern auch unser Ehemodell, dem Zwang zur Ehe ebensowenig zu integrieren ist wie Zwang zur Ehelosigkeit.

Änderungen des Scheidungsrechtes, ökonomische Einbußen und Sperrfristen setzen gleicherweise bei den Symptomen an und nicht bei den Ursachen. Wer die Scheidungsziffer legitim und nachhaltig senken will, muß jedoch dort beginnen, wo die Gründe für die starke Scheidungsbereitschaft der Gegenwart liegen: bei der zunehmenden Lockerung der sozialethischen Bindungen, bei der Korrelation von erweitertem Erwartungshorizont und Neigung zu schneller Aufgabe nach tiefer Enttäuschung. Andere Ursachen (wie die wachsende Eigenständigkeit der Frau und die abnehmende ökonomische Bedeutung der Ehe für die beiden Ehegatten) liegen außerhalb der Grenzen, in denen die Gegenwart legitim tätig werden kann; es kann sich nicht darum handeln, um der Stabilität der Ehe willen gesellschaftliche Prozesse umzukehren, die geradezu die Gegenwart als solche kennzeichnen.

§ 25. Das Scheidungsrecht im subjektiven Sinn

Schrifttum: *Schlosser,* Die einverständliche Scheidung im Spannungsfeld der Streitgegenstandsdogmatik, FamRZ 1978, 319; *Deubner,* Der Vorrang der Zerrüttungsvermutung im Scheidungsrecht, NJW 1978, 2385; *Diederichsen,* Entwicklung und Funktion des Familien-, insbesondere des Eheprozeßrechts in der Bundesrepublik Deutschland, ZZP 91 (1978), 397.

1. In § 1564 S. 3 spricht das Gesetz von den „Voraussetzungen, unter denen Scheidung begehrt werden kann"; gemeint ist mit diesem Begehren der *öffentlichrechtliche Anspruch auf Erlaß des Scheidungsurteils.* Ob neben ihm ein dem Privatrecht angehörendes Scheidungsrecht anerkannt werden kann und muß, das die Macht gibt, selbst die Scheidung mitzubewirken, ist eine alte Frage, die vor dem 1. EheRG überwiegend positiv beantwortet wurde.[1] Heute scheinen unter dem Eindruck der Neuerungen (insbesondere des Überganges von der Relevanz einzelner Eheverfehlungen zur Relevanz eines Ehezustands und des Überganges von der Scheidungsklage zum Scheidungsantrag mit wenigstens grundsätzlicher Gleichordnung der beiden Ehegatten in bezug auf die Möglichkeit erfolgreichen Prozessierens und gesteigerter Bedeutung einverständlichen Handelns) die alten Strukturen zweifelhafter zu werden.[2] In Wahrheit besteht kein Anlaß, auf die Kategorie des *privaten Gestaltungsrechtes* im Scheidungsrecht zu verzichten[3] und

[1] Nachw. in der Voraufl., S. 222 Fn. 3. Sie werden hier nicht mehr angeführt, weil ältere Meinungen angesichts der Neuordnung des Scheidungsrechtes (im objektiven Sinn) nicht ohne weiteres als auch heute noch gültig betrachtet werden können.

[2] Gegen ein Scheidungsrecht im subjektiven Sinn *Diederichsen,* NJW 1977, 273 und ZZP 91 (1978), 436ff.; MünchKomm-*Wolf,* 13 zu § 1564.

[3] Ebenso *Rolland,* 5 zu § 1564 (er spricht freilich von einem „subjektiven Anspruch"); *Brüggemann,* FamRZ 1977, 7; *Lüke,* AcP 178 (1978), 22.

mit ihr auf den mit ihr verbundenen dogmatischen Wert und ideologischen Gehalt: Wenn schon kein subjektives Recht auf Scheidung Anstoß der Beendigung der Ehe sein sollte, so bliebe nur der Weg zur Scheidung durch richterlichen Akt allein, der sachlich der staatlichen Sozialverwaltung zuzuordnen wäre.

Daß Scheidung zu *beantragen* ist, daß nicht mehr auf Scheidung der Ehe *geklagt* wird, will nichts besagen: Die Klage war stets nur eine Formalisierung der Rechtsausübung; der Antrag (der ohnehin eine ziemlich wertlose sprachliche Melioration ohne sachlichen Gehalt ist) ist es desgleichen. Daß beide Ehegatten in der Regel gleicherweise Scheidung begehren können, ist nicht weniger belanglos: Zum Begriff des Gestaltungsrechtes hat noch niemals der Ausschluß eines gleichförmigen Rechtes des Partners im Rechtsverhältnis gehört (mit mehr Recht ließe sich sogar das Gegenteil behaupten). Daß schließlich einverständliches Handeln möglich ist (Scheidung aus §§ 1565, 1566 I), sollte auch niemanden irritieren: Es war noch nie ausgeschlossen, die Ausübung eines Gestaltungsrechtes in erleichterter Form (und nur darum handelt es sich; vgl. dazu unten 4.) an ein bestimmtes Verhalten des Partners im Rechtsverhältnis zu binden.

2. Das private Scheidungsrecht wird gern als Kündigungsrecht bezeichnet.[4] Wäre damit eine ganz formale Kategorie angesprochen, so wäre wenig einzuwenden. Tatsächlich verbindet sich mit dem Begriff der Kündigung die Vorstellung eines Rechtsverhältnisses, das grundsätzlich lösbar ist, so daß die Ehe Gefahr läuft, in die Ordnung vertraglicher Schuldverhältnisse (insbesondere der Dauerschuldverhältnisse mit ihrer unabdingbaren Kündigung aus wichtigem Grund[5]) gezwängt zu werden. Die Ehe ist jedoch ein grundsätzlich auf Lebenszeit begründetes Rechtsverhältnis (§ 1353 I 1) und das Scheidungsrecht deshalb besser als arteigenes Lossagungsrecht zu qualifizieren (anders kann die Betrachtung bereits bei den Güterständen sein. Vgl. dazu § 36 II).

3. *Antrag und Urteil.* Da die Ausübung des Scheidungsrechtes durch Antrag nur zusammen mit einem Scheidungsurteil die Beendigung der Ehe bewirkt, wird der Tatbestand der Ehescheidung von zwei Elementen gebildet, einer formalisierten Willenserklärung und einem Staatshoheitsakt. Trotz scheinbarer Gleichordnung der beiden Tatbestandselemente im § 1564 kommt dem richterlichen Akt die geringere Bedeutung zu, wenn nach dem Grund der Ehebeendigung gefragt wird: *Ehegatten, die erfolgreich Scheidung beantragen, scheiden sich rechtmäßig von ihrem Partner.* Das Scheidungsurteil ist notwendig zur Prüfung des Scheidungsantrages und um der Klarheit der Personenstandsverhältnisse willen; es spricht die Scheidung aus, bestimmt auch ihren Zeitpunkt, Grund der Eheauflösung aber ist es nicht.[6]

---

[4] Vgl. *Kipp-Wolff,* § 35 I; *Beitzke,* § 18 vor I. Vgl. auch *Dölle,* § 40 I 1 (für sein Gestaltungsklagrecht).

[5] Vgl. *Beitzke,* § 18 vor I.

[6] Treffend *Bötticher,* Zur Lehre vom Streitgegenstand im Eheprozeß, Festschrift Rosenberg, 1949, S. 82.

4. *Einheit des Scheidungsrechtes.* Verschieden sind die Wege, die zur Scheidung einer Ehe führen können: Von der (mißverständlich) sog. „einverständlichen Ehescheidung" (die den Anschein eines Beendigungsvertrages erweckt) mit ihren besonderen Voraussetzungen im materiellen (§ 1566 I) und formellen Recht (§ 630 I und III ZPO) sondert sich die streitige Scheidung (ggf. auch in Form der „verdeckten Konventionalscheidung"[7]); innerhalb der streitigen Scheidung ist die (von uns sog.) vollstreitige Scheidung, die nicht auf eine Vermutung des Scheiterns der Ehe gestützt werden kann, von der erleichterten Scheidung aus §§ 1565, 1566 II zu trennen. Gleich bleibt stets das private Gestaltungsrecht; Mehrheiten und damit Konkurrenzen verschiedener Scheidungsrechte in einer Hand gibt es nicht mehr.[8] Der (für die Identität des Rechtes allein entscheidende) Tatbestand des Scheidungsrechtes ist fix; variabel sind allein die Wirksamkeitsvoraussetzungen, deren Wechsel die Identität des Scheidungsrechtes nicht berührt. Der Übergang von der einverständlichen Scheidung zur streitigen (etwa nach Widerruf der Zustimmung oder auch als Folge von Mängeln im obligatorischen Einigungskomplex des § 630 I ZPO[9]) und der Übergang von der erleichterten streitigen Scheidung zur vollstreitigen (etwa nach einem mißlungenen Beweisantritt, der dreijährige Trennung der Ehegatten erweisen sollte) ist demzufolge niemals ein Wechsel von einem Gestaltungsrecht zum anderen, sondern immer nur ein Wechsel in den Möglichkeiten, das in Anspruch genommene (seine Identität wahrende) Scheidungsrecht im subjektiven Sinn wirksam auszuüben.

---

[7] Sie liegt vor, wenn die Ehegatten ihre Ehe im Einverständnis zu beenden wünschen, das Einvernehmen aber dem Gericht verheimlichen, um Verfahrensvorteile zu erlangen. Man sichert ihr eine (ganz unerwünschte) größere praktische Bedeutung, wenn § 630 I ZPO auf die einverständliche Scheidung ohne unwiderlegliche Vermutung des § 1566 I angewandt wird. Vgl. dazu unten § 27 II 4.

[8] Ebenso *Schwab,* RdNr. 140; *Rolland,* 5 zu § 1564; *Brüggemann,* FamRZ 1977, 10; OLG Köln, NJW 1978, 1009.

Wird die Existenz eines privaten Gestaltungsrechtes geleugnet, so ist die Frage nach Einheit und Mehrheit für Tatbestände aufzuwerfen. Vgl. MünchKomm-*Wolf,* 53ff. zu § 1564 (vier Tatbestände, weil die Einwendung des § 1565 II als Tatbestand gewertet wird). Ihm folgend *Schlosser,* FamRZ 1978, 322.

[9] Es ist streitig, ob der Antrag in diesem Fall als unzulässig oder als unbegründet abzuweisen ist, wenn ein Übergang zur vollstreitigen Scheidung nicht möglich ist. Die Entscheidung der Frage hängt von der weiteren ab, ob die in § 630 ZPO genannten Erfordernisse Wirksamkeitsvoraussetzungen des materiellen Rechtes sind (dann Abweisung als unbegründet) oder aber Prozeßvoraussetzungen (dann Abweisung als unzulässig). U. E. ist eine Wirksamkeitsvoraussetzung des materiellen Rechtes anzunehmen. Der Standort in der ZPO ist ein sehr vordergründiges und angesichts einer auch sonst nicht gerade sorgfältigen Legislative sogar nichtssagendes Argument. Typologisch gehören die Erfordernisse des § 630 I ZPO zum materiellen Recht (in dem sie jederzeit in § 1566 I hätten Aufnahme finden können). Im Erg. gl. Ans. *Blomeyer,* ZRP 1974, 122; *Brehm,* JZ 1977, 596; MünchKomm-*Wolf,* 54 zu § 1564; *Schlosser,* FamRZ 1978, 319ff. (323). A. A. dagegen *Hagena,* FamRZ 1975, 388; *Bergerfurth,* FamRZ 1976, 582; *K. H. Schwab,* FamRZ 1976, 662; *Brüggemann,* FamRZ 1977, 10 und 1978, 98; *Diederichsen,* NJW 1977, 655; *Damrau,* NJW 1977, 1173 (anknüpfend an die Notwendigkeit der Vorlage); *Lüke,* AcP 178 (1978), 30f.

Vermittelnd *Schwab,* RdNrn. 140f. (als unzulässig abzuweisen, „wenn der Antragsteller sein Scheidungsbegehren ausschließlich auf § 1566 I stützt").

Der Wechsel von einer Möglichkeit zur anderen steht zur Disposition der Parteien, wenn und soweit sie über Elemente der Wege disponieren können. Kein Ehegatte kann etwa vollstreitige Scheidung fordern, wenn die Vermutung des § 1566 II begründet ist, auch der Antragsteller kann es nicht, weil die Vermutung nicht allein seinen privaten Interessen dient und damit auch nicht beliebig verzichtbar ist.[9a] Jeder Antragsteller kann dagegen den Übergang von der (gescheiterten) einverständlichen Ehescheidung zur vollstreitigen durch Beschränkung seines Sachvortrages (§ 616 II ZPO!) verhindern (freilich um den Preis eines verlorenen Prozesses).[10]

Die Einheit des Scheidungsrechtes in der Person eines Ehegatten schließt die Existenz eines weiteren inhaltsgleichen Scheidungsrechtes in der Person des anderen Ehegatten nicht aus. Im Gegenteil: Fälle, in denen lediglich ein Ehegatte Scheidung begehren kann, der andere hingegen nicht, gibt es überhaupt nicht mehr (zum Fall der einseitigen Ehezerrüttung vgl. unten § 27 I 7). In allen Fällen kann auch ein Ehegatte dem Scheidungsantrag des Partners einen eigenen zur Seite stellen (der an sich von der Terminologie des Prozeßrechtes geforderte Begriff ,,Widerantrag" trifft das Geschehen nicht). Solange das private Gestaltungsrecht des einen Ehegatten noch nicht vollzogen ist, die Gestaltungswirkung (Scheidung der Ehe) mithin noch nicht eintrat, kann auch der andere Ehegatte sein Recht noch ausüben. Grundsätze des Prozeßrechtes (insbesondere der Prozeßökonomie) stehen nicht entgegen; da jeder Antragsteller über seinen Antrag disponieren kann, hat es einen guten Sinn, einen weiteren Antrag einzubringen, der das Scheidungsverfahren auch dann noch anhängig hält, wenn der Antragsteller anderen Sinnes wurde.[11]

5. Nicht nur Ansprüche, auch Gestaltungsrechte können Einwendungen und Einreden ausgesetzt sein, verneint von den einen, gehemmt von den anderen. Von der Möglichkeit, dem Antragsgegner im Scheidungsverfahren *Einreden* zu gewähren, falls er die Ehe zu erhalten wünscht, hat das Gesetz im § 1568 (Härteklausel) Gebrauch gemacht. Das materielle Recht bleibt zwar im Spannungsfeld zwischen Einwendung und Einrede farblos: Daß nur begünstigt wird, wer die Scheidung ,,ablehnt", will nichts besagen; der Begriff ,,ablehnen" ist vieldeutig und keinesfalls zwingend als final gesteuerte Ausübung einer Einrede (eines Gegengestaltungsrechtes) zu interpretieren. Doch darf das Familiengericht die Anwendung der Härteklausel nur auf Umstände stützen, die der Antragsgegner vorbrachte (§ 616 III als Ausnahme von § 616 I ZPO). Mit dieser Beschränkung

---

[9a] Auch das Prozeßgericht darf nicht in eine Zerrüttungsprüfung eintreten, wenn eine Vermutung des Scheiterns der Ehe besteht. Vgl. zu dieser (von OLG Köln, NJW 1978, 167 und 1009 anders beantworteten) Frage *Lüke,* NJW 1978, 139 und *Deubner,* NJW 1978, 2385.

[10] Grds. gl. Ans. *Rolland,* 5 zu § 1364. Dagegen spricht von einer Disposition der Parteien über verschiedene Tatbestände MünchKomm-*Wolf,* 54ff. zu § 1564.

[11] Gl. Ans. *Brüggemann,* FamRZ 1977, 7; *Rosenberg-Schwab,* § 166 I 1. A.A. *Schwab,* RdNr. 47; *Diederichsen,* ZZP 91 (1978), 442.

des Untersuchungsgrundsatzes ist gewiß nicht zwingend bewiesen, daß die Härteklausel in Form einer Einrede des materiellen Rechtes geltend zu machen ist, doch wird sich schwerlich bestreiten lassen, daß die Befugnis zur Disposition über die Sachverhalte weit besser mit einer Disposition auch über das aus ihnen erwachsende Recht (also mit einer Einrede) zu vereinbaren ist als mit der Annahme einer Einwendung (die von Amts wegen zu berücksichtigen wäre).[12]

Rechtshindernde Einwendungen begründen die Jahresfrist des § 1565 II (der mit der Replik der „unzumutbaren Härte" begegnet werden kann) und die Kinderklausel des § 1568. Die eine wie die andere ist nicht disponibel, mag es auch nicht eben ratsam sein, Kindern durch Eheerhaltung Schutz zu gewähren, wenn beide Ehegatten ihre Ehe zu beenden wünschen.

Einrede und Einwendungen sind gleicherweise Rechtsbehelfe mit einem *Endtermin,* der fix ist in § 1565 II und nur innerhalb eines fixen Rahmens variabel in den Fällen des § 1568. In dieser Form sind die Einreden und Einwendungen des (subjektiven) Scheidungsrechtes für den ideologischen Standort des geltenden Rechtes weit bezeichnender als das private Scheidungsrecht selbst: Zeitlich limitiert eine gescheiterte Ehe gegen den Willen eines Ehegatten aufrechtzuerhalten, scheint der Zeit noch möglich zu sein, unmöglich dagegen eine Bestandsgarantie.

6. *Verzicht.* Die Anerkennung eines Scheidungsrechtes im subjektiven Sinn und die Anerkennung einer Einrede aus § 1568 implizieren nicht die Möglichkeit eines Verzichtes auf die Rechte. Wer frei darüber befinden kann, ob er ein Recht ausüben will oder nicht, muß sich noch nicht in aller Freiheit der Möglichkeit begeben können, eine Entscheidung zu treffen und eine einmal getroffene Entscheidung später zu korrigieren; Gestaltungsrechte, auf die nicht verzichtet werden kann, sind möglich und noch nicht einmal selten: Der Verzicht muß ausgeschlossen sein, wenn Schutz vor übermäßiger Selbstbindung notwendig ist, aber auch, wenn Allgemeinbelange, insbesondere aber institutionelle Gründe, Entscheidungsfreiheit fordern.

Institutionelle Gründe gebieten den Ausschluß des Verzichtes auf das Scheidungsrecht im subjektiven Sinn. Den Parteien kann es nicht gestattet sein, ihre

---

[12] Für eine Einrede auch *Palandt-Diederichsen,* 1 zu § 1568 (zu Unrecht hier aber auch für den Kinderschutz behauptet); *Rolland,* 24 zu § 1568 (die von ihm behauptete Alternative von „sachlichrechtlichem Gestaltungsrecht" und Einrede besteht nicht; jede Einrede ist ein Gestaltungsrecht). A. A. (Einwendung) *Schwab,* RdNr. 150; MünchKomm-*Wolf,* 54 zu § 1568.

Str. ist, ob der Scheidungsrichter den Antrag ohne Feststellung des Scheiterns der Ehe abweisen darf, weil jedenfalls § 1568 anzuwenden wäre. Dafür *Rolland,* 5 zu § 1568. Dagegen *Schwab,* FamRZ 1976, 504; *Palandt-Diederichsen,* 1 zu § 1568; MünchKomm-*Wolf,* 27 zu § 1568. Die Ordnung des materiellen Rechtes (mit deutlichem Ausdruck auch im Normtext) weist § 1568 (als Einwendung oder Einrede) stets in die zweite Stufe der Prüfung, doch ist damit für das Prozeßrecht noch keine Entscheidung getroffen. In ihm sind rechtliche Gründe, die gegen die Zulässigkeit einer Umkehrung der an sich vorgezeichneten Prüfungsreihenfolge aus prozeßökonomischen Gründen sprechen, nicht zu entdecken. Freilich ist es tatsächlich so gut wie undenkbar, daß die Anwendung der Härteklausel (auf der Basis eines hypothetisch unterstellten Scheiterns der Ehe!) weniger Mühen bereitet als die Feststellung, ob die Ehe gescheitert oder nicht gescheitert ist.

Ehe mit einer Bestandsgarantie zu versehen, die einem säkularisierten Eherecht nicht eingefügt werden kann. Die Sorge um ein Übermaß an Selbstbindung aber gebietet den Ausschluß des Verzichtes auf die Einrede aus § 1568. Den Parteien kann es nicht gestattet sein, antezipiert jenen Schutz auszuschlagen, den ihnen die Rechtsordnung in bedrängter Situation anbietet.[13]

7. *Selbstbestimmung und Fremdbestimmung.* Weil die Ehe intime Zweiergruppe ist, tendieren alle subjektiven Rechte, die ihren Bestand betreffen, zu persönlicher Ausübung durch den Berechtigten. Für Geschäftsunfähige handelt freilich der gesetzliche Vertreter (der für den Scheidungsantrag der Genehmigung des Vormundschaftsgerichts bedarf; vgl. § 607 II ZPO).[14] Beschränkt Geschäftsfähigen verleiht § 607 I ZPO dagegen in Ehesachen Prozeßfähigkeit und damit gleichzeitig Geschäftsfähigkeit für die Abgabe der im Scheidungsantrag und in der Ausübung der Einrede aus § 1568 liegenden Willenserklärung.

8. *Vorwirkungen.* Gestaltende Wirkung hat das Scheidungsrecht erst, wenn es durch richterlichen Akt vollzogen wurde. Andere Wirkungen verbinden sich dagegen bereits mit der bloßen Existenz des Rechtes oder doch mit seiner Ausübung durch Scheidungsantrag. So lösen die §§ 1933, 2077 I 2, 2268 II, 2279 I und II erbrechtliche Bindungen, ,,wenn zur Zeit des Todes des Erblassers die Voraussetzungen für die Scheidung der Ehe gegeben waren und der Erblasser die Scheidung beantragt oder ihr zugestimmt hatte", und bewirken damit praktisch eine vom Scheidungsurteil unabhängige ,,Teilscheidung". Wesentlicher noch ist § 1353 II, der dem an sich offensiven Scheidungsrecht Defensivwirkungen gegenüber dem Verlangen des Partners nach Herstellung der ehelichen Lebensgemeinschaft zugesteht.

§ 26. Scheidungsverträge

Schrifttum: *Göppinger,* Vereinbarungen anläßlich der Ehescheidung, 3. Aufl. 1978.

I. Grundform

1. *Begriff.* Scheidungsverträge (oft auch – an sich korrekter – Scheidungsfolgenverträge genannt) sind Verträge, die der Regelung nachehelicher Rechtsverhältnisse dienen. Sie können während und nach vorzeitiger Beendigung der Ehe abgeschlossen werden, sind aber auch in der Zeit vor der Heirat grundsätzlich anzuerkennen.[1] Voreheliche Scheidungsverträge dienen meist der schnellen Be-

---

[13] Ebenso i. Erg. *Rolland,* 21 zu § 1568; begrenzt auf die Zeit vor Einleitung des Scheidungsverfahrens auch *Roth-Stielow,* 30 zu § 1568. A. A. MünchKomm-*Wolf,* 92 zu § 1568.

[14] Die Genehmigung des VormG ist nicht erforderlich, wenn der gesetzliche Vertreter lediglich ein Scheidungsverfahren fortsetzen will. Vgl. RGZ 86, 15.

[1] Ebenso für Unterhaltsvereinbarungen MünchKomm-*Richter,* 14 zu § 1585c; *Diederichsen,* NJW 1977, 223; *Schwab,* RdNr. 417.

endigung einer zweckbetonten Verbindung, deren Effekt bereits mit einer kurzen Ehedauer erreicht wird.[2] Sie mögen unerwünscht sein, können aber von einer Rechtsordnung, die jede Zweckentfremdung der Ehe toleriert (vgl. oben § 3, 10), schlecht verboten werden; schließlich kann niemandem daran gelegen sein, Zerrbilder der Ehe möglichst lange zu erhalten. Nichtig (gemäß § 134) sollten freilich alle vorehelichen Scheidungsverträge sein, deren Zweck es ist, eine gefahrlose Probeehe zu ermöglichen: Die Probeehe ist in ihrer Regelform (bedingte Ehe) nach wie vor verpönt (§ 13 II EheG); sie ist auch in allen Ersatzformen nicht erlaubt.

2. *Vorkommen.* Die Geschichte der Scheidungsverträge ist die Geschichte ihrer Anerkennung und unaufhaltsamen Verbreitung. Scheidungsverträge beherrschten bereits die letzten Jahrzehnte des Verschuldensprinzips (Stichwort: ,,Konventionalscheidung"); Scheidungsverträge sind heute stets erwünscht, für die einverständliche Zerrüttungsscheidung (§§ 1565, 1566 I) sind sie sogar Wirksamkeitsvoraussetzung der Ausübung des subjektiven Scheidungsrechtes (nach a. A. Prozeßvoraussetzung; zum Streit vgl. oben § 25, 4 Fn. 9): Neben den fakultativen ist damit der obligatorische Scheidungsvertrag getreten (vgl. zu ihm unten § 27 III 7). Entscheidend für die Entwicklung war letztlich weniger die (unverkennbar vorhandene) Bereitschaft der Zeit, scheidungswilligen Ehepaaren mit Liberalität zu begegnen. Weitaus wichtiger war die Befreiung von der (ganz unbegründeten) Furcht, mit dem Geschäftstyp ,,Scheidungsvertrag" die Ehe selbst zur Disposition der Ehegatten zu stellen, und positiv die wachsende Einsicht in die Leistungsfähigkeit des Vertrages für eine dem jeweiligen Fall angepaßte Auseinandersetzung der Ehegatten und für die Regelung ihrer nachehelichen Rechtsverhältnisse.

3. *Form.* Scheidungsverträge sind an sich keiner Form unterworfen; in der Praxis werden sie jedoch ausnahmslos zum Zweck der Beweissicherung zumindest schriftlich abgeschlossen. Formzwang kann der Geschäftsgegenstand einzelner Klauseln begründen (vgl. insbes. § 1378 III 2 für die Forderung aus dem Zugewinnausgleich, § 1587 o für Vereinbarungen über den Versorgungsausgleich, § 313 für die Verpflichtung, ein Grundstück zu übereignen, und § 761 für die Begründung einer Leibrente), aber auch der Geschäftszweck, der mit ihnen verfolgt wird (vgl. § 518 für das Schenkungsversprechen). Wenn und soweit vom Gesetz notarielle Beurkundung vorgesehen ist, wird sie in aller Regel durch einen Prozeßvergleich ersetzt (vgl. § 127 a). Er wird auch gewählt, wenn ein Vollstreckungstitel erwünscht oder gar vom Gesetz gefordert wird (vgl. § 630 III ZPO).

4. *Inhaltskontrolle.* Scheidungsverträge sind richterlicher Kontrolle im unmittelbaren Zugriff grundsätzlich nicht ausgesetzt; auch in Form des Prozeßver-

---

[2] Vgl. als Beispiel aus der Praxis LG Itzehoe, FamRZ 1969, 490 (Legitimationsehe).

gleichs bleiben sie privatautonome Akte, die staatlicher Ingerenz entrückt sind. Der Genehmigung durch das Familiengericht bedürftig sind allein (in einer gut gemeinten, jedoch angesichts der Mündigkeit der Vertragsparteien fragwürdigen Ausnahme) Vereinbarungen, die den Versorgungsausgleich zum Gegenstand haben (§ 1587o; vgl. dazu unten § 28 VIII 5). Freilich bezeichnet der Gegenstand der Genehmigung nicht gleichzeitig den Gegenstand der richterlichen Beurteilung: Zu genehmigen ist nur die Ausgleichsvereinbarung; das Urteil über sie ist jedoch „unter Einbeziehung der Unterhaltsregelung und der Vermögensauseinandersetzung" zu fällen.

5. *Regelungsgegenstände.* Inhalt des Scheidungsvertrages können alle Vereinbarungen sein, die den Prozeßverlauf, die Rechtsverhältnisse der Parteien und ihrer gemeinschaftlichen Kinder während des Verfahrens, die Auseinandersetzung der Ehegatten (einschließlich des Versorgungsausgleichs) und die nachehelichen Rechtsverhältnisse zum Gegenstand haben. Freilich haben prozessuale Abreden keine größere Bedeutung mehr; die früher übliche (für die Konventionalscheidung sogar charakteristische) Beschränkung des tatsächlichen Vorbringens ist wenigstens weithin gegenstandslos geworden, weil im Anwendungsbereich des § 1566 die unwiderleglichen Vermutungen ohnehin jedes tatsächliche Vorbringen erübrigen (und ausschließen), mit dem mehr dargetan werden soll als die Trennung der Ehegatten von bestimmter Dauer. Verpflichtungen wiederum, bestimmte prozessuale Akte vorzunehmen oder auch nicht vorzunehmen, sind regelmäßig unwirksam, sei es nun, weil unser Eheverständnis sie nicht zuläßt (so, wenn die Parteien mit ihnen über die Ehe verfügen), sei es auch, weil die Ehegatten sich nicht bestimmter Rechte entäußern dürfen. So ist die Verpflichtung, einen Scheidungsantrag nicht zurückzunehmen oder eine Zustimmung zum Antrag des Partners nicht zu widerrufen, unwirksam (vgl. unten § 27 III 5); so bindet ein Verzicht auf die Einrede aus § 1568 (allgemeine Härteklausel) nicht (vgl. oben § 25, 6); so ist auch eine Verpflichtung, kein Rechtsmittel gegen ein die Ehe scheidendes Urteil einzulegen, nicht mehr anzuerkennen: Rechtsmittel gegen Urteile, die einem Scheidungsantrag entsprechen, können nur der Aufrechterhaltung der Ehe dienen; derart zweckbestimmte Rechtsmittel aber sind nicht disponibel.[3]

Weitaus bedeutsamer sind Abreden, die Gegenstände des materiellen Rechtes betreffen. Unterhaltsvereinbarungen (meist ohne dingliche Sicherung der verbleibenden oder auch erst geschaffenen Ansprüche und meist auch ohne antezipierte Zession von Lohn- und Gehaltsansprüchen sicherungshalber oder auch erfüllungshalber) sind besonders häufig, aber auch güterrechtliche Vereinbarungen (vor allem in Form der Präzisierung des am Ende einer Zugewinngemein-

[3] Für sie wurde schon für das Scheidungsrecht des EheG eine Ausnahme gemacht. Vgl. BGHZ 28, 45 (53).
A. A. als der Text MünchKomm-*Richter,* 35 zu § 1585c.

schaft erwachsenden Ausgleichsanspruches auf einen bestimmten Betrag, aber auch in Form einer besonderen Auseinandersetzungsabrede, falls die Ehegatten die Gütergemeinschaft bevorzugten). Auch Hausrat und Ehewohnung werden (sofern sie ihre endgültige Regelung nicht schon anläßlich einer früheren faktischen Trennung der Ehegatten fanden) im Regelfall aufgegriffen,[4] sind jedoch oft nicht Gegenstand des (mit anwaltlicher Hilfe aufgesetzten) schriftlichen Scheidungsvertrages, sondern Gegenstand einer von den Parteien selbständig ausgehandelten Vereinbarung, die mit dem späteren schriftlichen Abkommen auch nicht zu einer Geschäftseinheit (§ 139) verbunden wird. Nur noch vereinzelt werden andere Vereinbarungen getroffen: Versicherungsverhältnisse können etwa eine Regelung fordern;[5] im Namensrecht kommt die Verpflichtung eines Ehegatten in Betracht, den vom anderen Teil herrührenden Ehenamen abzulegen (vgl. dazu oben § 16 I 7).

Gemeinschaftliche Kinder erweitern den Kreis der Geschäftsgegenstände. Über elterliche Sorge und Verkehrsrecht ist zu befinden, wenn auch nur in Form eines Vorschlags (§ 1671; vgl. dazu unten § 56 III) bzw. in Form einer Absprache, die unter Änderungsvorbehalt steht (vgl. dazu unten § 53 III 7ff.), aber auch über den Unterhaltsanspruch der Kinder gegen denjenigen Elternteil, der sein Sorgerecht einbüßt, wenn auch nur in den engen Grenzen, die das Recht des Verwandtenunterhaltes der Dispositionsfreiheit der Parteien setzt (vgl. dazu unten III.). Insgesamt hebt sich der Block der kindbezogenen Regelungen deutlich von den eigenen Angelegenheiten der Ehegatten ab, wenn nach Freiheit und Bindung der Parteien gefragt wird: Widerstände dort, grundsätzlich gewährte Privatautonomie hier sowie staatliche Fürsorge dort und grundsätzliches Vertrauen in die Eigenverantwortung hier.

6. *Nichtigkeit.* Scheidungsverträge, die vor der Rechtskraft des Scheidungsurteils abgeschlossen werden, sollen (zumindest auch) die Scheidung erleichtern oder ermöglichen. Mit der Anerkennung von Scheidungsverträgen ist daher notwendig die Billigung dieses Zweckes verbunden. Frühere Zeiten haben sich seiner Legitimität vor den §§ 134, 138 noch ausdrücklich versichern müssen, der Gegenwart ist sie zur Selbstverständlichkeit geworden.

Auch die *Verständigung über eine Prozeßlüge anläßlich des Scheidungsvertrages begründet keine Nichtigkeit.* Der Wahrheit zuwider kann ohnehin kaum mehr vorgetragen werden als eine Trennung der Ehegatten, die überhaupt nicht oder erst später erfolgte, und Sachverhalte, die es rechtfertigen, die Härteklausel des § 1565 II anzuwenden. Schwerlich von praktischer Bedeutung ist dagegen die Verständigung über gemeinschaftliche Prozeßlügen, mit deren Hilfe die Beendigung einer gar nicht gescheiterten Ehe erreicht werden soll. Allenfalls für

---

[4] Vgl. dazu *Göppinger,* RdNrn. 650ff.

[5] Vgl. BGHZ 41, 166 (Benennung der Frau als Bezugsberechtigte aus einer Lebensversicherung); *Göppinger,* RdNrn. 533ff.

Abreden dieser Art wäre die Nichtigkeit der mit ihnen verbundenen Scheidungsverträge diskutabel, wenn auch immer noch nicht überzeugend. Die Zahl der Prozeßlügen wird durch Vernichtung von Scheidungsverträgen ex post sicherlich ebensowenig vermindert wie die Zahl der Scheidungen, in deren Verlauf Prozeßlügen erfolgten. Das schließliche Ziel beider Ehegatten ist damit nicht zu verhindern und die späte Strafe trifft allein denjenigen Ehegatten, der sich im Scheidungsvertrag vermeintlich sichere Rechtspositionen gewähren ließ.[6]

Nichtigkeit aus anderen Gründen wird meist von Unterhaltsabreden ausgelöst, die auch oder allein als Äquivalent für die Bereitschaft zur Scheidung oder zur Überlassung der gemeinschaftlichen Kinder gewährt werden. Ehe und Kinder sind keine legitimen Objekte des Gewinnstrebens; jedes Rechtsgeschäft, das sie kommerzialisiert, ist sittenwidrig und damit nichtig (§ 138). Freilich besteht heute nur noch in seltenen Fällen ein Anlaß, sich eine Beendigung der Ehe mit Vermögensopfern in der Zukunft zu erkaufen. Je liberaler ein Scheidungsrecht ist, je weniger es Ehegatten verwehrt, eine tatsächlich gescheiterte Ehe auch gegen den Willen des Partners zu beenden, desto weniger kann es auch Anlaß zu Kompensationsgeschäften sein. Mehr als fünf Jahre kann heute aber kein Ehegatte gegen seinen Willen in der Ehe festgehalten werden.[7]

Praktisch unkontrollierbar sind Zusammenhänge zwischen dem nachehelichen Unterhalt (aber auch anderen Zuwendungen, etwa im Rahmen des Zugewinnausgleichs) und dem elterlichen Vorschlag für die Regelung der elterlichen Sorge. Nie wird ein Äquivalent offen ausgewiesen, oft wird es auch zwischen den Ehegatten nicht offen bekannt. So bleibt eine Dunkelziffer, deren Größe niemandem bekannt ist.

Nichtigkeit aus anderen Gründen kann ferner Folge einer zu starken Beschränkung der persönlichen Freiheit sein. Nichtig ist etwa ein Vertrag, in dem sich ein Ehegatte verpflichtet, seinen Wohnsitz zu verlegen und niemals an den alten zurückzukehren.[8]

7. *Anfechtbarkeit.* Für Scheidungsverträge gilt auch im Bereich der Willensmängel kein Sonderrecht; Irrtum (§ 119), arglistige Täuschung und widerrechtliche Drohung (§ 123) können Anfechtungsrechte vermitteln. Gemindert ist im Vergleich mit dem älteren Recht die praktische Bedeutung der Möglichkeit, dergestalt einen Scheidungsvertrag zu vernichten (§ 142 I). Mit den (eigenen) Eheverfehlungen ist das ehedem häufigste Objekt arglistiger Täuschungen Geschichte

---

[6] Grundsätzlich wie der Text MünchKomm-*Richter,* 52 zu § 1585c; *Schwab,* RdNr. 413 Fn. 3; *Göppinger,* RdNr. 26 (vorbehaltlich besonders gravierender Fälle mit Verfolgung weiterer Zwecke); *Rolland,* 30 zu § 1585c. And. Ans. dagegen *Palandt-Diederichsen,* 3 zu § 1585c; *Bastian,* 15ff. zu § 1585c.

[7] Im Hinblick auf die veränderte Situation ist die ältere Judikatur nur noch bedingt verwertbar. Vgl. aus ihr RGZ 145, 153; 158, 297; 159, 157; 166, 42; RG, DR 1942, 1185; OGHZ 1, 213.

[8] BGH, FamRZ 1972, 448. Nach a.A. ist Sittenwidrigkeit „nicht ohne weiteres" anzunehmen, sondern erst, wenn eine Knebelung gegeben ist. Vgl. *Merten,* NJW 1972, 1799; *Göppinger,* RdNr. 85.

geworden. Geblieben ist vornehmlich die arglistige Täuschung über den Bestand des (eigenen) Endvermögens bei der Berechnung der Ausgleichsforderung aus § 1378. Geblieben ist aber auch die widerrechtliche Drohung mit der Preisgabe inkriminierenden Fehlverhaltens, sei es nun außerhalb des Scheidungsprozesses, sei es auch in ihm (unter Hinweis auf die Notwendigkeit, die Zerrüttung der Ehe unter Beweis zu stellen).

8. Im Gesamtkomplex des Scheidungsvertrages ist Nichtigkeit (auch als Folge einer Anfechtungserklärung) im unmittelbaren Zugriff fast ausnahmslos nur *Teilnichtigkeit* (mit Anwendung des § 139 im übrigen).[9] Manchmal sind sogar nur Teile einer Einzelabrede unmittelbar von Nichtigkeit betroffen (so, wenn übermäßiger Unterhalt versprochen wurde); § 139 ist dann ggf. zunächst auf den Rest der Einzelabrede anzuwenden und erst wenn diese ganz der Nichtigkeit anheimfällt auf den gesamten Scheidungsvertrag (mit der Einzelabrede als nichtigem Teilelement).[10]

Scheidungsverträge, die mit anwaltlicher Hilfe zustandekommen, schließen freilich zuweilen im Vertragstext selbst (sog. „salvatorische Klausel") Gesamtnichtigkeit als Folge der Teilnichtigkeit ausdrücklich aus. In diesen Fällen (die nur bei klarem Einblick in die bestehenden Risiken wirklich vertretbar sind, also nicht routinemäßig geschaffen werden sollten) kann Ausgleich nur in Ersatzregelungen (etwa: Neuberechnung der nach Anfechtung noch nicht fixierten Ausgleichsforderung) oder Ersatzansprüchen (§§ 823 II, 826) konkreten Zuschnitts gesucht werden.

II. Selbständige Unterhaltsverträge

Schrifttum: *Dürkes,* Wertsicherungsklauseln, 8. Aufl. 1972.

1. *Begriff.* Selbständig sind alle Unterhaltsverträge, die konstitutiv einen Unterhaltsanspruch begründen. Sie sind möglich auch dann, wenn der begünstigte Ehegatte kraft Gesetzes Unterhalt zu fordern hat, bedürfen in diesem Fall freilich einer Regelung des Verhältnisses, in dem vertraglicher und gesetzlicher Unterhaltsanspruch zueinander stehen.

2. *Vertraglicher und gesetzlicher Unterhaltsanspruch* können einander ergänzen. Der vertragliche Unterhaltsanspruch tritt dann (ohne Schmälerung desselben) neben den gesetzlichen, wird freilich in der Regel durch dessen Existenz bedingt sein. Der vertragliche Unterhaltsanspruch kann aber auch erfüllungshalber ein-

---

[9] Von den Fällen der Teilnichtigkeit sind die anderen zu sondern, in denen einzelne Klauseln wirksam sind, jedoch der gewünschte Effekt nicht erreicht wird (der elterliche Vorschlag zur Regelung der elterlichen Sorge wird verworfen). Abhängigkeiten anderer Vertragsteile sind insoweit durch Bedingungen herzustellen. Für Anwendung des § 139 aber OLG München, NJW 1968, 947 (950).

[10] Unergiebig ist die Frage, ob Gesamtnichtigkeit „regelmäßig" anzunehmen ist (so BGHZ 41, 166 [170]) oder nicht (so *Göppinger,* RdNr. 99). Sicher bleibt, daß von Fall zu Fall zu entscheiden ist.

geräumt werden; er ist dann mit dem gesetzlichen Anspruch in einer Tilgungsgemeinschaft verbunden: Wird der vertragliche Anspruch erfüllt, so erlischt auch der gesetzliche. Der vertragliche Anspruch kann schließlich an die Stelle des gesetzlichen treten, sei es nun nach einer (kausalen oder abstrakten) Novation, sei es auch unter Ausschluß jeder Abhängigkeit der vertraglichen Schuld von der (zuvor bestehenden) gesetzlichen (vgl. dazu unten § 30 XII 3). Ob das eine oder das andere anzunehmen ist, entscheidet der Parteiwille. Im Zweifel ist Abhängigkeit vom gesetzlichen Unterhaltsanspruch gewollt und nicht die totale Diskontinuität.

3. *Rechtsgrund* einer vertraglichen Verpflichtung ist in der Regel ein Austauschvertrag. Der Unterhaltsanspruch wird dann als Gegenleistung für ein Entgegenkommen anderer Art (etwa beim Zugewinnausgleich) gewährt; die §§ 320ff. sind anwendbar. Weit seltener (wenn überhaupt in der Praxis nachweisbar) sind geschenkte Unterhaltsversprechen; sie können bei Verarmung des Schuldners zurückgefordert werden (§ 528).[1]

4. Der selbständige Unterhaltsvertrag (gleich welcher Prägung) verpflichtet zur Gewährung einer *Leibrente* (§ 761), wenn eine Lebensversorgung bezweckt wird.[2] Entscheidend für die Qualifikation ist in erster Linie die vertragliche Bestimmung des Endtermins. Mit einer Leibrente ist etwa noch zu vereinbaren die Beendigung der Unterhaltsleistungen mit einer Zweitehe des Gläubigers (der damit einen neuen Schuldner gewinnt), dagegen nicht mehr die Beendigung mit dem Tod des Schuldners (der nicht mehr sinnvoll auf den Gedanken einer Lebensversorgung nun gerade des Vertragspartners bezogen werden kann).[3]

Die h. L. unterscheidet zwischen der Verpflichtung zur Bestellung der Rente (Schriftform gemäß § 761) und der Erfüllung der Verpflichtung in Form eines abstrakten Schuldversprechens (Schriftform gemäß § 780). Daß ein derart gestufter Geschäftsaufbau möglich ist, kann gewiß nicht bezweifelt werden. Ebenso sicher scheint uns aber auch zu sein, daß er mehr ein Produkt juristischen Konstruierens ist als das getreue Abbild des rechtsgeschäftlichen Wollens der Parteien. Jedenfalls sollte auch die weit lebensnähere Figur des kausalen Rentenversprechens (mit immanentem Geschäftszweck) anerkannt werden.[4]

5. *Wertsicherungsklauseln.* Gesetzliche Unterhaltsansprüche sind ,,dynamisierte Ansprüche", deren jeweilige Höhe (gleichbleibende Leistungsfähigkeit und Bedürftigkeit einmal vorausgesetzt) vom Lebensbedarf des Gläubigers bestimmt wird. Vertragliche Ansprüche, die numerisch fixiert werden, bedürfen dagegen in einer Zeit wachsenden Geldwertschwundens einer Dynamisierung im Ver-

---

[1] Nicht haltbar die von *Schwab,* RdNr. 418, (gegen eine sonst allg. M.) vertretene Überzeugung, Unterhaltsvereinbarungen seien ,,Verträge eigener Art, die außerhalb des Schenkungsrechts stehen".

[2] Grundsätzlich gegen die Annahme von Leibrenten in diesem Zusammenhang *Schwab,* RdNr. 419.

[3] Vgl. dazu OLG Karlsruhe, NJW 1962, 1774; MünchKomm-*Richter,* 25 zu § 1585c.

[4] Der Text folgt *Larenz,* Schuldrecht, § 65 III (mit weit. Hinw.).

trag; Mittel der Dynamisierung sind Wertsicherungsklauseln, die den Realwert der einmal vereinbarten Leistung durch Änderungen ihres Nominalwertes erhalten. Die Praxis orientiert sich bevorzugt an der Entwicklung bestimmter Löhne oder Gehälter (Renten, Ruhegehälter), weit seltener wählt sie einen bestimmten Lebenshaltungsindex zum Maßstab (mit Vorrang des vom Statistischen Bundesamt ermittelten Index für den Arbeitnehmerhaushalt mit vier Personen und mittlerem Einkommen). So gut wie unbekannt ist ihr die Anpassung des geschuldeten Betrages an den veränderten Geldwert in regelmäßigen Abständen durch Willenserklärung einer Partei oder eines Dritten mit mehr oder minder gebundenem Ermessen (sog. Leistungsvorbehalt; besser: Leistungsbestimmungsvorbehalt), aber auch die (mit hohen Risiken verbundene) Valutaklausel.

Leistungsbestimmungsvorbehalt und Orientierung an Löhnen und Gehältern bedürfen keiner Genehmigung gemäß § 3 des Währungsgesetzes. Der Bestimmungsvorbehalt ist frei, weil er keine Automatik begründet, die Orientierung an Löhnen und Gehältern aber, weil sie zur Gruppe der Spannungsklauseln gehört, die in ihrer Gesamtheit keiner Kontrolle unterworfen sind. Spannungsklauseln sichern den Wert einer Leistung (hier: des Unterhalts einer bestimmten Person) durch den Bezug auf die Entwicklung des Preises oder auch Wertes gleichartiger Leistungen oder Güter (hier: bestimmter Einkommen, für die der Zweck, den Unterhalt zu sichern, charakteristisch ist). Spannungsklauseln können niemals die inflationäre Entwicklung in einem Teilmarkt in andere Teilmärkte tragen und sind deshalb viel ungefährlicher als Wertsicherungsklauseln, die verschiedenartige Güter oder Leistungen in Bezug nehmen.

Indexklauseln und Valutaklauseln gehören dagegen zu den genehmigungspflichtigen (nach den Richtlinien der Deutschen Bundesbank aber auch genehmigungsfähigen) Wertsicherungsklauseln. Mit der Entscheidung für eine Indexklausel (deren Genehmigung den Landeszentralbanken obliegt) entscheiden sich die Parteien für einen gesicherten, jedoch statischen Lebensstandard (sofern nicht die in größeren zeitlichen Abständen notwendige Änderung des sog. ,,Warenkorbs" bedeutsam werden soll und dann in Grenzen für eine Korrektur sorgt). Hier liegt ein (weiterer) Grund für das Desinteresse der anwaltlichen Praxis an ihr. In aller Regel soll der Berechtigte am allgemeinen Anstieg des Lebensstandards teilnehmen (und erreicht die Teilnahme mit Hilfe der genehmigungsfreien Spannungsklausel).

6. Ob und inwieweit die *anderen Änderungen der Situation* (Wiederheirat des Berechtigten oder des Verpflichteten, Anfall einer Rente, insbesondere aber Minderungen der Leistungsfähigkeit des Verpflichteten) für den vertraglichen Unterhaltsanspruch relevant werden oder irrelevant bleiben sollen, wird zweckmäßig von Fall zu Fall im Vertrag festgelegt (etwa durch Ausschluß des § 323 ZPO, wenn die Unterhaltsrente möglichst sicher sein, und umgekehrt durch die Vereinbarung eines Leistungsbestimmungsvorbehaltes bei sinkendem Einkommen

des Verpflichteten, falls Minderungen seiner Leistungsfähigkeit Rechnung getragen werden soll). Schweigt der Vertrag, so ist ihm gleichwohl als grundsätzlich dispositives (Gewohnheits-) Recht die Einrede wesentlich veränderter Verhältnisse mit dem Ziel einer entsprechenden Änderung des Schuldinhaltes inhärent;[5] für den Fall einer Existenzgefährdung hat die Einrede sogar den Rang zwingenden Rechts.[6] Ob und inwieweit im übrigen auf die Regelung des gesetzlichen Unterhaltsanspruches zurückgegriffen werden kann, ist eine Frage des § 157; eine Ergänzung aus dem Gesetz (vermittelt vom hypothetischen Parteiwillen) ist also nur dann möglich, wenn der Vertrag Regelungslücken aufweist.[7]

III. Der Unterhalt der Kinder

Schrifttum: *Hanisch,* Prozeßvergleiche über den Unterhalt der Kinder im Scheidungsprozeß der Eltern, NJW 1971, 1016; *Hiendl,* Nochmals: Prozeßvergleiche über den Unterhalt der Kinder im Scheidungsprozeß der Eltern, NJW 1972, 716; *Wächter,* Die Wirkung gerichtlicher Scheidungsvereinbarungen über Unterhaltszahlungen für die Kinder, FamRZ 1976, 253.

1. *Vertragstypen.* Die gemeinschaftlichen Kinder der Ehegatten sind im Verhältnis zu ihnen Dritte und bleiben es auch, wenn ihr (in Teilschulden nach den Maßstäben des § 1606 III zerlegter) Unterhaltsanspruch in dieser oder jener Form in einem Scheidungsvertrag relevant wird. Sollen sie selbst in ihren Rechten durch die Vereinbarung der Eltern weder gestärkt noch gekränkt werden, so kann der Scheidungsvertrag nur eine Regelung vorsehen, die sich auf das Verhältnis der beiden Teilschuldner beschränkt (reine *Innenabrede*). Soll ihnen kraft des Scheidungsvertrages ohne eigene Beteiligung am Vertrag etwas zugewandt werden, so bietet sich ein Scheidungsvertrag an, der insoweit (mit einer Klausel) Dritte berechtigt (*Vertrag zugunsten Dritter;* § 328). Soll schließlich ihr Unterhaltsanspruch selbst Regelungsgegenstand des Scheidungsvertrages sein, so ist ihnen selbst insoweit die Stellung einer Vertragspartei einzuräumen (*Scheidungsvertrag mit mehrseitiger Klausel).*

2. *Innenabreden* dienen der Abgrenzung der Teilschulden voneinander.[1] Sie

---

[5] Vgl. RGZ 145, 119; 164, 366 (369); 166, 40 (49); BFH, FamRZ 1967, 475; *Dölle,* § 41 III 6g; *Göppinger,* RdNr. 253; MünchKomm-*Richter,* 42 zu § 1585c (einschränkend). A.A. *Rolland,* 52 zu § 1585c.

[6] Das Erg. kann als anerkannt gelten, wird aber zumeist auf § 242 gestützt (in dessen Rahmen zuweilen speziell Wegfall der Geschäftsgrundlage geltend gemacht wird, obwohl die Parteien mit einer strikten Abrede übereinstimmend erklären, daß der Fortbestand der Regelungssituation gerade nicht Geschäftsgrundlage sein soll). Vgl. RGZ 163, 91 (96); 166, 40 (49); *Göppinger,* RdNr. 257; MünchKomm-*Richter,* 43 zu § 1585c; *Rolland,* 52 zu § 1585c.

Nach a. A. soll dem Schuldner nur der Schutz des Vollstreckungsverfahrens zugutekommen. Vgl. *Furler,* Der Unterhaltsanspruch des geschiedenen Ehegatten, 1941, S. 152; *Jauernig,* NJW 1960, 1957.

[7] Die Rspr. zu § 72 EheG hat in großzügiger Manier gesetzliche Regeln auf vertragliche Ansprüche übertragen. Für das neue Recht ist nichts anderes zu erwarten. Einzelheiten bei *Rolland,* 14ff. zu § 1585c; *Schwab,* RdNrn. 426ff. (für selbständige und unselbständige Unterhaltsverträge).

[1] Sie sind gemäß § 157 zu ergänzen, wenn Rechnungsfaktoren übersehen wurden. Vgl. BGH, NJW 1978, 753 (Kindergeld anteilig anzurechnen).

präzisieren diese dann in relativer (aufeinander bezogener) Sicht; die Unterhaltsansprüche selbst formen und präzisieren sie nicht (die für die Berechnung der Teilschulden notwendige Quantifizierung des insgesamt von den beiden Elternteilen geschuldeten Unterhaltes hat für die Kinder als Gläubiger keinerlei rechtliche Wirkung). Innenabreden können ferner eine Erfüllungsübernahme vorsehen: Ein Elternteil wird dann vom anderen (gegen eine entsprechende Gegenleistung, etwa gegen Übertragung einer Miteigentumshälfte an dem bisherigen Familieneigenheim) von seinen Unterhaltspflichten gegenüber den Kindern „freigestellt".[2] Trotz der mit dieser Vertragsgestaltung verbundenen Risiken für den Freigestellten (Gegenleistung ohne Gewähr, von den Kindern nicht doch in Anspruch genommen zu werden) und für den Übernehmer (der die Höhe des Unterhaltsanspruches in der Zukunft nicht mit absoluter Sicherheit übersehen kann[3]) wird sie in der Praxis verwandt, wenn ein Elternteil den anderen mit dessen Einverständnis völlig von den Kindern trennen will.

Keinen rechtsgeschäftlichen Gehalt hat das (häufige) Versprechen, den Unterhalt der Kinder in bestimmter Höhe zu Händen des anderen (mit der elterlichen Sorge betrauten) Elternteiles leisten zu wollen. Leistungsgegenstand (Geld) und Leistungsweg (Leistung an den gesetzlichen Vertreter) entsprechen in diesem Fall den Forderungen des Gesetzes; die Fixierung des Anspruches auf eine bestimmte Höhe aber hat nur tatsächliche Bedeutung (schließt also erhöhte Forderungen nicht aus, wenn der Betrag tatsächlich zu niedrig angesetzt wurde).

3. *Unterhaltsverträge zugunsten der Kinder* (§ 328) sind der Praxis so gut wie unbekannt. Objekt der Zuwendung kann nur ein Anspruch sein, den die Kinder noch nicht haben. Ein Vertrag zugunsten der Kinder kommt deshalb nur in Betracht, wenn ein Elternteil gewillt ist, den Kindern auf vertraglicher Basis mehr Unterhalt zu leisten, als das Gesetz (in den §§ 1601 ff.) von ihm verlangt.[4] Denkbar mögen derlei Zusagen sein, wenn der Versprechende vom Versprechensempfänger (der die Kinder begünstigen will) im Deckungsverhältnis eine Gegenleistung erlangt. Ohne Gegenleistung ist kein Grund erkennbar, der einen Elternteil veranlassen könnte, eine vertragliche Verpflichtung zu Leistungen zu übernehmen, die von ihm auch ohne Bindung gewährt werden können.

4. *Scheidungsverträge mit mehrseitiger Klausel* können von den Eltern ohne Mit-

---

[2] Möglich, aber selten sind Erfüllungsübernahmen durch Dritte. Vgl. aber KG, FamRZ 1974, 449 (künftiger Stiefvater). Der Freistellungsanspruch gegen den anderen Elternteil ist vor dem FamG geltend zu machen; vgl. BGH, FamRZ 1979, 217.

[3] Vgl. dazu aus der Praxis OLG Stuttgart, DJ 1974, 14 (starke Erhöhung des Lebensbedarfs durch Notwendigkeit der Heimerziehung; das Gericht lehnte die Notwendigkeit einer Anpassung nach den Grundsätzen der Lehre vom Wegfall der Geschäftsgrundlage – Fallgruppe: Äquivalenzstörung – ab).

[4] Vgl. *Hanisch,* NJW 1971, 1018; *Wächter,* FamRZ 1976, 253. A. A. *Schwab,* RdNr. 436 (mit der Behauptung häufiger Verwendung des Vertrags zugunsten Dritter in der Praxis vor dem 1. EheRG). Der Hinweis auf BGH, FamRZ 1967, 35 beweist nichts; die Vertragsklausel zugunsten der Kinder hat in der Entscheidung nicht Unterhalt der Kinder zum Gegenstand.

wirkung eines Pflegers für minderjährige Kinder[5] abgeschlossen werden, wenn und soweit ein Elternteil (als Ausnahme von § 1795 I Nr. 1) berechtigt ist, für ein Kind als dessen Vertreter oder auch im eigenen Namen als dessen Prozeßstandschafter (beim Abschluß eines Prozeßvergleichs) zu handeln. § 1629 II 2 gestattet jenem Elternteil, ,,in dessen Obhut" sich das Kind befindet, die Vertretung des Kindes, wenn die Elternteile getrennt leben, und Abs. III (nur!) die Prozeßstandschaft, solange die Scheidungssache anhängig ist. Mit einer notariellen Urkunde, in der sich der andere Teil der sofortigen Zwangsvollstreckung unterwirft, und mit einem Prozeßvergleich (vgl. zu ihm weiter unten V.) erreicht das Kind einen Vollstreckungstitel[6] (den § 630 III ZPO als Sachurteilsvoraussetzung einer einverständlichen Ehescheidung fordert[7]).

Sehr eng ist angesichts der Resistenz der auf Verwandtschaft basierenden Unterhaltsansprüche gegen rechtsgeschäftliche Eingriffe der Gestaltungsspielraum: Auf Unterhalt für die Vergangenheit kann verzichtet werden; die Fälligkeitstermine sind in Grenzen regelbar; die Höhe der Unterhaltsrente kann präzisiert werden. Das aber ist auch schon alles.

IV. Verträge mit Dritten

1. Vereinbarungen, die ein oder auch beide Ehegatten im Hinblick auf ihre Scheidung mit einem Dritten schließen, können dem Geschäftstyp ,,Scheidungsvertrag" nicht mehr eingegliedert werden. Mangels eines besonderen Abschlußmängelrechtes für Scheidungsverträge hat die Feststellung allerdings mehr theoretische als praktische Bedeutung. Denn innerhalb des allgemeinen Abschlußmängelrechtes führt der finale Bezug des Vertrages auf die Scheidung der Ehe weithin zurück zu jenen besonderen Akzenten, die auch für die Scheidungsverträge wesentlich sind.

2. *Typen.* Verträge mit einem Dritten können ausschließlich die Ergänzung eines Scheidungsvertrages bezwecken oder aber eine Interzession bewirken, mag nun im Einzelfall Bürgschaft oder Verpfändung, Schuldbeitritt oder (privative) Schuldübernahme gewollt sein. Verträge dieser Art pflegen mit einem Ehestörer geschlossen zu werden, der alsbald nach der Scheidung den nunmehr für ihn frei

---

[5] Volljährige Kinder können einen Elternteil bevollmächtigen, für sie (als Vertragspartei) aufzutreten.

[6] Mit § 1629 III ist die vor dem 1. EheRG viel verhandelte Frage nach der Möglichkeit, Kindern, deren Unterhaltsanspruch im Prozeßvergleich der Eltern (präzisierend) geregelt worden war, eine vollstreckbare Ausfertigung zu erteilen (Vollstreckungsgläubiger ohne Beitritt zum Vergleich?), gegenstandslos geworden. Vgl. zuletzt zum (nur noch für Altfälle bedeutsamen) Streit *Wächter,* FamRZ 1976, 253ff. mit weit. Hinw.

[7] Mit dem Gesetz nicht zu vereinbaren ist die Annahme von *Rolland,* 7 zu § 630 ZPO, daß auch eine das Kind begünstigende Absprache der Eltern untereinander die Sachurteilsvoraussetzung erfülle; es handelt sich dann nicht um eine ,,Regelung der Unterhaltspflicht gegenüber dem Kind".

gewordenen Ehegatten heiraten möchte. Das Zustandekommen der Ehe gehört in aller Regel zu ihrer Geschäftsgrundlage.

Verträgen mit Dritten kann aber auch der Bezug auf einen Scheidungsvertrag fehlen; es handelt sich dann um ,,isolierte Verträge". Zweck derartiger Verträge pflegt es in aller Regel zu sein, einem Ehegatten die Scheidung zu erleichtern oder zu ermöglichen, weil sie vom Dritten selbst bejaht oder gar gewünscht wird (Abkommen mit Verwandten, speziell aber mit Eltern).

3. *Abschlußmängel.* Der eine wie der andere Typ ist in aller Regel ein Austauschvertrag (und nicht etwa ein Schenkungsversprechen, auf das § 518 anzuwenden wäre); der Dritte pflegt eine Gegenleistung zu erhalten (Scheidung überhaupt oder doch Scheidung zu einem früheren Zeitpunkt, als sie ohne den Vertrag erfolgt wäre). Der Austausch im ,,isolierten Vertrag" ist jedoch sittenwidrig und damit nichtig (§ 138), wenn mit ihm auf die Entschlußfreiheit eines Ehegatten eingewirkt (und nicht nur die Durchführung eines von ihm bereits gefaßten Entschlusses ökonomisch ermöglicht) werden soll.[1] Ergänzende Verträge und Interzessionen sind nichtig, wenn der begünstigte Ehegatte sich ein Übermaß an wirtschaftlichen Vorteilen sichert, im Grunde genommen also seine Ehe ,,verkauft".[2] Sie sind dagegen wirksam, wenn dem begünstigten Ehegatten nur jene Sicherheit garantiert wird, die er bei Fortbestand seiner Ehe auch gehabt hätte.[3] Gleichgültig sollte hier wie dort die Frage sein, ob der Vertrag mit dem Dritten nur von dem begünstigten Ehegatten ausgehandelt wurde oder aber in Kenntnis, vielleicht sogar unter Mitwirkung des anderen. ,,Heimlichkeit" oder ,,Offenkundigkeit" im Verhältnis zum Partner in der Ehe sind keine Alternative für das Geschäftsobjekt (Entschlußfreiheit, Ehe), das die Nichtigkeit begründet.[4]

---

[1] Vgl. BGH, LM Nr. 1 zu § 138 (Cd); *Göppinger,* RdNr. 286. Dagegen ist MünchKomm-*Richter,* 56 zu § 1585c, der Überzeugung, daß sich die Nichtigkeit ,,in keinem Fall allein so wird begründen lassen".

[2] Vgl. *Göppinger,* RdNr. 287; BGH, FamRZ 1957, 298 (Bürgschaft der Ehestörerin für einen die Leistungsfähigkeit des Mannes weit übersteigenden Vertrag). Die herbe Kritik, die das Urteil erfahren hat (vgl. *Bosch,* FamRZ 1957, 300f.; *Habscheid,* FamRZ 1959, 320; *Boehmer,* MDR 1958, 4ff.; *Palandt-Diederichsen,* 3 zu § 1585c) verdankt es ausschließlich diffusen überflüssigen Erwägungen. Die Vereinbarung zu einem angemessenen Betrag aufrechtzuerhalten (dafür die kritischen Stimmen gegen den Regelfall des § 139), war nicht möglich; zu einem angemessenen Betrag hätten die Parteien sich nicht zu einem Vertrag bereit gefunden. Daß Gesamtnichtigkeit ,,nicht ohne weiteres unterstellt werden" kann (*Rolland,* 36 zu § 1585c), ist sicher richtig. Doch bleibt zu fragen, ob nicht gerade die Gegenansicht zu Unterstellungen neigt, weil sie die Realität nicht so zu sehen wünscht, wie sie nun einmal ist.

[3] Vgl. BGH, FamRZ 1956, 311; 1962, 366 (ergänzende Unterhaltsverpflichtungen der Ehestörerin). Vgl. auch BGH, FamRZ 1962, 112 (Verpflichtung des Ehegatten, seinen zweitehelichen Partner zu Leistungen an den erstehelichen zu verpflichten).

Liberaler MünchKomm-*Richter,* 55 zu § 1585c (entscheidend soll sein, ob sich die Sicherung ,,in einem noch vertretbaren Rahmen hält").

[4] Die Unterscheidung wurde von BGH, FamRZ 1962, 366 (368) eingeführt als Kriterium für die Anwendbarkeit des (inzwischen aufgehobenen) § 72 EheG und von KG, FamRZ 1974, 449 (451) aufgegriffen als Kriterium für die Anwendung des § 138. Das Ergebnis der Entscheidung ist nicht zu

V. Prozeßvergleich

Schrifttum: *Gaedeke,* Der Vergleich in Ehesachen, 1941; *Hesse,* Unterhalts- und Hausratsvergleiche im Scheidungsprozeß, SchlHA 1950, 69; *Tschischgale,* Der Vergleich in Ehesachen, JR 1951, 427; *Böckeler,* Vergleich für den Fall der Ehescheidung, DRiZ 1953, 33.

1. *Zulässigkeit.* Prozeßvergleiche dienen der ,,Beilegung des Rechtsstreits seinem ganzen Umfang nach oder in betreff eines Teiles des Streitgegenstandes" (§ 794 I Nr. 1 ZPO) und sind damit abhängig von einem im Streit befangenen Vergleichsgegenstand, über den die Parteien disponieren können. Prozeßvergleiche in Ehesachen können ihren Regelungsansatz niemals bei der Ehe selbst finden; sie ist ein Streitgegenstand, der in jeder Phase des Verfahrens der Disposition der Parteien entzogen ist (und das auch dann, wenn eine einverständliche Ehescheidung gemäß den §§ 1565, 1566 I beantragt ist). Verfügbar und eben deshalb geeignet, den Weg zu einem Prozeßvergleich zu ebnen, sind jedoch die meisten Folgesachen (§ 623 ZPO), niemals freilich die obligatorische Regelung der elterlichen Sorge für minderjährige gemeinschaftliche Kinder (denn wer nur Vorschläge zu unterbreiten befugt ist, kann einen Streit gerade nicht beenden). Der nacheheliche Unterhalt bietet sich etwa an als Streitgegenstand, der ganz der Privatautonomie anheimgegeben ist, der Anspruch aus Zugewinnausgleich (mit ausdrücklicher Anerkennung des Vergleichs in § 1378 III), der Versorgungsausgleich (vgl. dazu § 1587o mit seinem Hinweis auf § 127a) und manches andere mehr. Soweit zwischen den Ehegatten ein Versorgungsausgleich gemäß § 1587b (also in öffentlichrechtlicher Form) vorzunehmen ist, bedarf es keines Parteiantrags (als Folge des obligatorischen Entscheidungsverbundes; § 623 III ZPO); in allen anderen Fällen kann der Antrag auf Verbindung der Scheidungssache mit der Folgesache (zum jetzt fakultativen Entscheidungsverbund des § 623 I und II ZPO) im Antrag (beider Parteien) auf Protokollierung des Prozeßvergleichs gefunden werden.[1]

---

beanstanden (Wirksamkeit einer Erfüllungsübernahme, vereinbart zwischen dem ersten Ehemann und dem Ehestörer zur Entlastung des ersteren von seiner Unterhaltspflicht gegenüber einem Kind, das der Ehefrau anvertraut werden sollte, für die Zeit der Aufnahme in den Haushalt der Zweitehe der Mutter nach Scheidung der Erstehe).

[1] Das 1. EheRG hat damit zum ersten Mal tragfähige Grundlagen für Prozeßvergleiche in Ehesachen geschaffen. Vor dem EheG hat man (seinerzeit noch, um den beteiligten Anwälten die Vergleichsgebühr zu sichern; vgl. dazu heute § 36 I BRAGO) gern die Grenzen des Prozeßvergleichs überhaupt ignoriert. Vgl. dazu die Nachw. bei *Gaedeke; Hesse,* SchlHA 1950, 69ff.; *Tschischgale,* JR 1951, 427. In der Zeit des EheG suchte man (jetzt um des praktischen Bedürfnisses willen) die Rechtfertigung in einer offensichtlichen Scheinbegründung. Zum vergleichsfähigen Zentrum wurden jene Regelungsgegenstände, die durch einstweilige Anordnung (damals §§ 627ff. ZPO, heute §§ 620ff.) geregelt werden konnten. Sich im Scheidungsprozeß vergleichen, hieß also ein wenigstens für eine ,,logische Sekunde" eröffnetes Verfahren der einstweiligen Anordnung beilegen. Vgl. dazu die Voraufl., § 25 V 2. Insgesamt ist die Geschichte der Prozeßvergleiche in Ehesachen eine Geschichte der Auflehnung gegen das Gesetz um der Durchsetzung praktischer Interessen willen.

Die alte Sicht heute noch bei *Rolland,* 38f. zu § 1585c.

2. *Inhalt.* Wie alle Prozeßvergleiche ist auch der Vergleich in Ehesachen nicht auf die Regelung des Streitgegenstandes beschränkt. Er kann als Annex jederzeit Fragen regeln, die nicht im Streit befangen waren und nicht in die Zuständigkeit des Gerichts fallen (vgl. BGHZ 48, 334 [336]), aber auch Rechtsverhältnisse Dritter unter deren Beteiligung aufgreifen. Mit einem vergleichsfähigen Zentrum gewinnt der Prozeßvergleich in Scheidungssachen damit die Regelungsbreite der Scheidungsverträge überhaupt.[2]

Weil jeder Prozeßvergleich (der durchaus h. L. zufolge) zugleich prozessuale Vereinbarung und Vertrag des materiellen Rechts ist, sind in ihm alle Grenzen zu wahren, die der Privatautonomie im materiellen Recht gezogen sind. Niemals sind freilich Formvorschriften hinderlich, weil die notarielle Beurkundung (die ihrerseits Schriftform und öffentliche Beglaubigung ersetzt) bei einem Vergleich „durch die Aufnahme der Erklärungen in ein nach den Vorschriften der Zivilprozeßordnung errichtetes Protokoll ersetzt" wird (vgl. § 127a ZPO und dazu die §§ 159ff. ZPO). Wohl aber können bedingungsfeindliche Rechtsgeschäfte (Auflassung; § 925 II) auch im Prozeßvergleich nicht bedingt (durch die spätere Rechtskraft des Scheidungsurteils) abgeschlossen werden (mit praktischer Bedeutung vornehmlich für Grundstücke, die aus Miteigentum beider in Alleineigentum eines Ehegatten überführt werden sollen[3]).

3. *Beteiligung gemeinschaftlicher Kinder.* Dritte werden Scheidungssachen grundsätzlich ferngehalten; güterrechtliche Folgesachen mit Drittbeteiligung werden gem. § 623 I 2 ZPO zu selbständiger Verhandlung und Entscheidung von der Scheidungssache abgetrennt. Über Möglichkeiten und Grenzen eines Prozeßvergleichs mit Beteiligung Dritter ist damit zwar nichts ausgesagt (er ist also – der allgemeinen Regel folgend – zulässig), doch ist der forensischen Praxis die Beteiligung familienfremder Dritter so gut wie unbekannt.

Praktisch bedeutsam (und für die einverständliche Ehescheidung von § 630 I Nr. 3 und III ZPO den Parteien geradezu nahegelegt, wenn auch nicht erzwungen[4]) ist allein die Beteiligung der minderjährigen gemeinschaftlichen Kinder mit

---

[2] Vgl. als Beispiel eines mißglückten Vergleichs OLG München, NJW 1968, 945 (nur Kostenvereinbarung).

[3] Hilfe bringt die Beschränkung auf eine Verpflichtung zur Übereignung des Grundstückes und Sicherung des Erwerbs durch eine Vormerkung, doch bleibt für besorgte Erwerber zu bedenken, daß auch eine Vormerkung noch eingetragen werden muß. Ausreichende Sicherheit (jetzt für den Veräußerer) dürfte auch eine unbedingte Auflassung im Prozeßvergleich vermitteln, wenn sie verbunden wird mit einem Vorbehalt des Rücktritts vom obligatorischen Geschäft für den Veräußerer (für den Fall, daß das scheidende Urteil nicht in Rechtskraft erwächst) und der Verpflichtung des Erwerbers, den Eintragungsantrag erst zu stellen, wenn das Scheidungsurteil rechtskräftig geworden ist.

Keine Probleme bestehen, wenn eine zuvor gem. § 628 ZPO abgetrennte Folgesache anhängig bleibt. Die Parteien können dann die Rechtsgrundvereinbarung im Prozeßvergleich vor dem Scheidungsurteil vereinbaren mit Verpflichtung, die Auflassung nach der Rechtskraft des Urteils im Prozeßvergleich über die Folgesache zu erklären.

[4] Ein vollstreckbarer Titel kann schon vor dem Scheidungsverfahren erstritten worden sein. Aus-

ihrem gesetzlichen Unterhaltsanspruch gegen einen Elternteil als Regelungsgegenstand (mit seiner Abhängigkeit von der Entscheidung über das elterliche Sorgerecht und beschränkt auch vom nachehelichen Unterhaltsanspruch des Elternteiles, „in dessen Obhut" [vgl. dazu unten § 50 IV] sich die Kinder befinden). Freilich dämpft § 1629 III den unerwünschten Eindruck einer Teilnahme der Kinder am Prozeß der Eltern. Zwar können ihre Ansprüche Gegenstand einer Folgesache und eines Prozeßvergleichs sein, doch werden sie vom vertretungsberechtigten Elternteil (§ 1629 II 2) im eigenen Namen (also als Prozeßstandschafter) in den Prozeß eingeführt und im Prozeßvergleich geregelt. Der für und gegen die Kinder wirkende Vergleich vermittelt zunächst dem Prozeßstandschafter einen Vollstreckungstitel (er ist Vollstreckungsgläubiger), doch muß das volljährig gewordene Kind analog § 727 ZPO eine vollstreckbare Ausfertigung zur Zwangsvollstreckung im eigenen Namen fordern dürfen, wenn in dem Vergleich auch die Unterhaltsansprüche nach Eintritt der Volljährigkeit geregelt wurden (zur Frage, ob und inwieweit die Eltern volljährige Kinder durch vorgreifliche Akte binden können, vgl. unten § 49 V 2).

4. *Anwaltszwang.* Scheidungssachen und Folgesachen unterliegen gleicherweise dem Anwaltszwang (§ 78 I Nr. 1 und 2 ZPO). Entgegen einer weit verbreiteten Überzeugung[5] ist für den Prozeßvergleich damit noch nichts ausgesagt. Als Regelung des materiellen Rechts fordert er gewiß keine anwaltliche Vertretung: Alle Regelungsgegenstände können von den Parteien auch außerhalb des Prozesses (und damit auch ohne anwaltliche Hilfe) geordnet werden; durch ihre Aufnahme in einen Prozeßvergleich gewinnen sie keine besondere Qualität, die eine stärkere Bindung rechtfertigt. Das gilt auch für jene Vereinbarungen, die außerhalb des Prozesses nur unter Mitwirkung eines Notars wirksam getroffen werden können (§§ 1378 III, 1587 o): Die Aufgaben des Notars (mit seiner Verpflichtung zu neutralem Verhalten) werden insoweit nach der Wertung des § 127 a ohne jede Rücksicht auf anwaltliche Vertretung durch das richterliche Protokoll erfüllt.

So kann Anwaltszwang für den Antragsgegner in der Scheidungssache (für den Antragsteller ist er unproblematisch, weil der Scheidungsantrag nur durch einen postulationsfähigen Anwalt gestellt werden kann) mit seinen erheblichen (und vielfach durch nichts zu rechtfertigenden) Kosten allenfalls im Hinblick auf den Vergleich als prozessuale Vereinbarung behauptet werden. Doch ist auch insoweit zu bedenken, daß die Gegenstände des Vergleichs keineswegs Streitgegenstände (von Folgesachen) gewesen sein müssen und es in der Praxis meist auch

---

reichend ist ferner eine notarielle Urkunde, in der sich der Schuldner der sofortigen Zwangsvollstrekkung unterworfen hat (§ 794 I Nr. 5 ZPO).

[5] Nachw. zum Streitstand in der Zeit des EheG bei *Hoffmann-Stephan,* 91 zu § 72 EheG. Anwaltszwang wird für das nunmehr geltende Recht behauptet von *Bastian,* 8 zu § 1585 c; *Göppinger,* RdNr. 130; MünchKomm-*Richter,* 61 zu § 1585 c; *Palandt-Diederichsen,* 2 e zu § 1585 c.

gar nicht sind. Für den etwa verbleibenden Restbestand (der durch Rücknahme von Klagen und Anträgen im jeweiligen Einzelfall jederzeit beschränkt werden kann) ist ein Anwaltszwang nicht mehr zu rechtfertigen: Eine teleologisch bestimmte Normeninterpretation kann ein komplexes Geschehen nicht insgesamt einer Bindung unterwerfen, wenn deren Tatbestand nur für einzelne Elemente gegeben ist, die weder fix sind (vielmehr variabel von Fall zu Fall) noch überhaupt vorhanden sein müssen.[6]

5. *Änderung der Regelungssituation.* Wenn und soweit eine Änderung von Umständen für den im Prozeßvergleich geregelten Unterhaltsanspruch überhaupt wesentlich ist (vgl. dazu oben II 6 für vertragliche und unten § 30 XII 2 für gesetzliche Unterhaltsansprüche), kann sie mit der Abänderungsklage aus § 323 IV ZPO geltend gemacht werden,[7] aber auch mit der Vollstreckungsgegenklage aus den §§ 767, 795 ZPO nach Wahl des Klägers. Da mit der Vollstreckungsgegenklage alle Mängel im Tatbestand, alle Einwendungen und alle Einreden gegen den im Vergleich geregelten Unterhaltsanspruch geltend gemacht werden können, mögen sie nun von Anfang an bestanden haben,[8] mögen sie auch erst später erwachsen sein, ist die Konkurrenz notwendig im gesamten Anwendungsgebiet der Abänderungsklage gegeben.[9] Nur eine Grenze hat die Wahl zwischen den beiden Klagen: Die Rechtshängigkeit der einen hindert die andere.[10]

§ 27. Die gescheiterte Ehe

Schrifttum: *D. Schwab,* Das Recht der Ehescheidung nach dem 1. EheRG: Die Scheidungsgründe, FamRZ 1976, 491; *Habscheid,* Vermutungen im neuen Scheidungsrecht, Festschrift Bosch, 1976, S. 355; *Lüke,* Die persönlichen Ehewirkungen und die Scheidungsgründe nach dem neuen Ehe-

---

[6] I. Erg. gl. Ans. für das nunmehr geltende Recht *Rolland,* 40 zu § 1585 c. Die spezifische Begründung des Textes für Scheidungs- und Folgesachen erübrigt sich, wenn man (mit einer sehr starken Minderans.) Prozeßvergleiche generell vom Anwaltszwang freistellt. Sehr reichhaltige Nachw. zu der Frage bei *Burckhardt,* FamRZ 1967, 485 f.

[7] Abänderung kann nicht nur (vgl. § 323 III ZPO) für die Zeit von der Rechtshängigkeit der Klage an gefordert werden. Sie ist zu gewähren unmittelbar für den Zeitpunkt der Änderung des im Vergleich geregelten Anspruchs des materiellen Rechts. Die von § 323 IV ZPO geforderte entsprechende Anwendung der „vorstehenden Vorschriften" bezieht sich nicht auf Abs. III, weil dieser sinnvoll nur auf Titel bezogen werden kann, die in Rechtskraft erwachsen. Vgl. dazu BGH, NJW 1963, 2076; OLG Köln, NJW 1951, 849; MünchKomm-*Richter,* 46 zu § 1585 c. And. Ans. jedoch LG Düsseldorf, NJW 1951, 202 (203); LG Arnsberg, NJW 1956, 1325; LG Hagen, MDR 1959, 766; LG Berlin, JR 1960, 102 mit Anm. *Ziege;* LG Bochum, FamRZ 1961, 390. Weitere Nachw. zum Streit bei *Hoffmann-Stephan,* 82 zu § 72 EheG (Stand: 1968; selbst dem BGH folgend).

[8] Die zeitliche Grenze des § 767 II ZPO gilt für den Prozeßvergleich nicht, weil er nicht in Rechtskraft erwächst. Vgl. BGH, NJW 1953, 345.

[9] Ebenso OLG Köln, NJW 1951, 849; LG Bremen, MDR 1954, 369; MünchKomm-*Richter,* 46 zu § 1585 c. Nach a. A. schließen sich Abänderungsklage und Vollstreckungsgegenklage gegenseitig aus. Vgl. LG Darmstadt, NJW 1958, 1540; LG Bochum, FamRZ 1961, 390; LG Düsseldorf, NJW 1951, 202.

[10] Vgl. OLG Köln, NJW 1951, 849.

und Familienrecht, Festschrift Bosch, 1976, S. 627; *Brüggemann,* Familiengerichtsbarkeit – Verfahren in Ehesachen im allgemeinen – Verfahren in anderen Familiensachen, FamRZ 1977, 1; *Diederichsen,* Das Recht der Ehescheidung nach dem 1. EheRG (Scheidungsgründe), NJW 1977, 273; *Roth-Stielow,* Scheidungsantrag als Rechtsmißbrauch, FamRZ 1977, 766; *Schröder,* Einverständliche Scheidung ohne einjährige Trennung?, FamRZ 1977, 767; *Damrau,* Das Verfahren bei der Konventionalscheidung nach dem 1. EheRG, NJW 1977, 1169; *ders.,* Probleme des neuen Rechts der Ehescheidung, NJW 1977, 1620; *Brüggemann,* Drei neuralgische Punkte des materiellen Scheidungsrechts, FamRZ 1978, 91; *Lüke,* Grundsätzliche Veränderungen im Familienrecht durch das 1. EheRG, AcP 178 (1978), 1; *Schwab,* Probleme des materiellen Scheidungsrechts, FamRZ 1979, 14.

I. Der Tatbestand

1. *Die Aussage des Gesetzes.* ,,Eine Ehe kann geschieden werden, wenn sie gescheitert ist. Die Ehe ist gescheitert, wenn die Lebensgemeinschaft der Ehegatten nicht mehr besteht und nicht erwartet werden kann, daß die Ehegatten sie wiederherstellen" (§ 1565 I). In dieser Form hat das Zerrüttungsprinzip Eingang in das BGB gefunden mit einem bildhaften Grundbegriff von großer Unbestimmtheit, dem – nach Art einer Legaldefinition – eine Erläuterung folgt, die ihrerseits der Erläuterung bedürftig ist. Nach einem unfruchtbaren Streit um Worte[1] (zwischen Bundesregierung und Bundesrat[2]) trennte sich die Legislative von der ,,unheilbaren Zerrüttung" des alten Rechts zugunsten eines neuen Begriffs, der den alten Begriffsinhalt tradiert, jedoch noch weniger verdeutlicht. Die Rechtssprache wird sich freilich kaum beirren lassen; solange von Zerrüttungs- und Verschuldensprinzip als Grundprinzipien des Scheidungsrechtes gesprochen wird, braucht niemand um den Begriff der zerrütteten Ehe besorgt zu sein.

2. *Maßstäbe.* Ob ,,Scheitern" oder ,,Zerrüttung", beide Begriffe bedürfen des Bezuges auf einen Sollzustand, den zu erreichen oder zu bewahren den Ehegatten nicht gelang. Die Zuneigung der Ehegatten bietet sich an, ihre Bereitschaft, sich einander faktisch so zuzuordnen, wie es das Gesetz von ihnen fordert (§ 1353 I 2); die Begriffe beziehen sich dann als rein personale Begriffe auf psychische Dispositionen der Ehegatten. Die Funktionen der Ehe bieten sich ferner an, ihre praktische Bewährung für Ehegatten, gemeinschaftliche Kinder und Gesellschaft; die Begriffe beziehen sich dann als funktionale Begriffe auf das ,,Programm", das Gesetz und Verständigung der Ehegatten für die Ehe entwickelten.

Dem geltenden Recht sind nur die *personalen Begriffe* zu integrieren.[3] Der Erwartungshorizont der Ehegatten mag einstmals wesentlich funktional mitbe-

---

[1] Wie der Text messen der Wortwahl keine Bedeutung bei *Vogel,* FamRZ 1976, 483; *Schwab,* FamRZ 1976, 495; *Diederichsen,* NJW 1977, 274; MünchKomm-*Wolf,* 3 zu § 1565; *Lüke,* AcP 178 (1978), 23. Positiver *Rolland,* 5 zu § 1565; *Lüke,* Festschrift Bosch, S. 638.

[2] Vgl. BTDrucks. 7/650 S. 104, 259, 287f.; *Bürgle,* FamRZ 1973, 511.

[3] So schon die Rspr. zum alten Recht (vgl. insbes. RGZ 163, 342 und BGHZ 12, 111). Für das geltende Recht vgl. *Schwab,* RdNrn. 94ff.; *Diederichsen,* NJW 1977, 274 (mit Fn. 24); MünchKomm-*Wolf,* 19ff. zu § 1365 (aber mit objektiven Elementen, die ,,in Grenzfällen wirksam werden"; vgl. RdNr. 21); *Rolland,* 7 zu § 1565.

stimmt gewesen sein; er ist heute (nach ständigen Funktionsverlusten der Ehe) extrem personalisiert. Das Eherecht ist dieser Entwicklung gefolgt; die Begriffe, die es in seinem Scheidungsrecht verwendet (bis hin zur „Versöhnung" des § 1567 II) sind niemals ohne Restbestände mit einem funktionalen Ansatz zu vereinbaren. Nur auf dem Hintergrund personalen Denkens ist auch die Härteklausel des § 1568 voll verständlich als Klausel, die zerrüttete Ehen erhält, weil ihnen noch bestimmte Funktionen zugewiesen werden können.

3. *Die Analyse.* Festzustellen ist, daß „die Lebensgemeinschaft der Ehegatten nicht mehr besteht" (oder auch: nie bestanden hat[4]). Das ist der Fall, wenn die Bereitschaft oder Fähigkeit eines oder beider Ehegatten zur Anteilnahme am Geschick des Partners, zur geistigen Gemeinschaft und zur gemeinschaftlichen Lebensgestaltung (zum Konsens) erloschen ist.[5] Das funktionale *Pflichtenprogramm der §§ 1353ff.* steht damit in keiner direkten Verbindung zum Scheidungsgrund[6] (während es nach altem Recht die tatbestandlich grundsätzlich notwendige Mißbilligung von Verhaltensweisen steuerte, die ursächlich für die Zerrüttung der Ehe geworden waren), indirekt bleibt es ihm verbunden als Quelle von Indizien mehr oder minder großer Bedeutung.[7] Ehegatten, die sich pflichtwidrig verhalten, müssen ihre eheliche Gesinnung nicht verloren haben, doch wird anhaltendes ehewidriges Tun oder Unterlassen jedenfalls im Regelfall ein Indiz der Abkehr vom Ehegatten sein; pflichtwidriges Verhalten eines Ehegatten muß auch keineswegs die eheliche Gesinnung des anderen zerstören, doch wird es mit unterschiedlichem Gewicht den Vortrag einer inneren Entfremdung (als Folge) stützen können.

4. *Häusliche Gemeinschaft* und Lebensgemeinschaft sind nicht ein und dasselbe. Häusliche Gemeinschaft kann im Einzelfall schon von § 1353 nur beschränkt (beruflich bedingte Trennung), befristet (schwere ansteckende Krankheit) oder gar nicht (unheilbare Geisteskrankheit mit Unterbringung in einer geschlossenen Anstalt) gefordert werden. Die Aufgabe der häuslichen Gemeinschaft muß aber auch dann, wenn sie dem Pflichtenprogramm des § 1353 widerspricht, nicht notwendig (als Ursache oder Folge) Indiz für den Verlust des ehelichen Empfindens sein (Trennung um der Überlegung willen; vgl. dazu als Umkehrtatbestand § 1567 II). Ihr besonderer Wert als Indiz bleibt freilich unbestreitbar; daß § 1566 die Trennung der Ehegatten (als willentliche Abkehr von der häuslichen Gemein-

---

[4] Extensive teleologische Interpretation (es gibt keinen Grund, der eine Bestandsgarantie für Ehen rechtfertigen könnte, die von vornherein nicht zur Entfaltung kamen). Ebenso *Ambrock,* II 1 zu § 1565; MünchKomm-*Wolf,* 25 zu § 1565; *Rolland,* 21 zu § 1565; *Schwab,* RdNr. 110.

[5] Die Formulierungen sind nicht einheitlich. So sind Fähigkeit und Bereitschaft zum Konsens allein entscheidend für MünchKomm-*Wolf,* 24 zu § 1565. Auf den „Willen zur Fortführung der Ehe und das Gefühl ehelicher Verbundenheit" stellt *Schwab,* RdNr. 96, ab.

[6] A. A. *Ambrock,* II 2 zu § 1565 („Für die Aufhebung der Lebensgemeinschaft ist auf das Fehlen der sie [nach § 1353] begründenden Merkmale abzustellen"); *Lüke,* Festschrift Bosch, S. 639.

[7] Mit Recht warnt *Schwab,* RdNrn. 100ff., davor, forciert über die Indizien hinaus in die Psyche der Ehegatten eindringen zu wollen.

schaft; vgl. § 1567 I) den Rang eines formalisierten Indikators zugesteht, der einer Widerlegung nicht mehr fähig ist, sichert ihr gar eine praktische Bedeutung, die keinem anderen Indiz eigen ist. Aus ihm folgt umgekehrt freilich auch, daß die Aufgabe der häuslichen Gemeinschaft außerhalb der unwiderleglichen Vermutungen jedenfalls grundsätzlich nicht mehr sein sollte als Bestandteil eines ganzen Gefüges von Indizien. Als allein entscheidender Umstand gerät sie notwendig in Kollision mit den Vermutungen des Gesetzes (die ihr erst nach Ablauf bestimmter Fristen höchste Relevanz sichern).[8]

Das in den Indizienfundus verwiesene Pflichtenprogramm der §§ 1353ff. ist in jener Gestalt zu verwenden, die ihm von den Ehegatten in rechtmäßigen privatautonomen Akten gegeben wurde; es ist um jene *Verhaltenserwartungen* zu ergänzen, die im konkreten Einzelfall über das Maß der Normen hinaus bestanden; es ist um jene Verhaltensmuster zu kürzen, die zwar dem Willen des Gesetzes, jedoch nicht dem Willen der Ehegatten entsprachen. Der personale Begriff der Zerrüttung mit seiner Orientierung an der psychischen Disposition der Ehegatten muß bereit sein, die Ehe noch über das vom Gesetz gewollte Maß hinaus zu individualisieren. Daß dennoch die typische Gestalt des ehelichen Lebens die Regelfolie sein wird, von der sich die Pflichtwidrigkeiten als Indiz der Zerrüttung abheben, ist gleichwohl selbstverständlich: Die individualisierte Ehe, die sich bewußt von den Standards der Gesellschaft entfernt, wird stets eine seltene Erscheinung bleiben.

Kein verwertbares Indiz ist der beiderseitige *Wunsch, geschieden zu werden.*[9] Ihn für beweisend zu halten, hieße die Konsensualscheidung einführen; ihm wenigstens indizielle Bedeutung beimessen, hieße die Kontrollfunktion des richterlichen Gestaltungsaktes im Tatbestand der Zerrüttungsscheidung verkennen: Das Objekt der Kontrolle (der Scheidungsantrag) kann niemals (also auch nicht bei Einigkeit der Parteien) selbst ein Instrument der Kontrolle sein[10] (vgl. dazu § 1566 I mit der einjährigen häuslichen Trennung der Ehegatten als formalem Indikator der Zerrüttung bei gemeinschaftlichem Vorgehen).

5. Festzustellen ist ferner, ,,daß nicht erwartet werden kann, daß die Ehegatten sie (die Lebensgemeinschaft) wiederherstellen". Zur Analyse tritt damit die *Prognose,* und zwar mit jenen subjektiven Bezügen, die bereits der Analyse eigen sind (unbeschadet der Möglichkeit, die wahrscheinliche Entwicklung äußerer Umstände als Indiz zu verwerten[11]). Es ist belanglos, wie sich der Ehegatte,

---

[8] Tendenziell dem Text entspr. *Rolland,* 24 zu § 1565; *Schwab,* RdNr. 103. A. A. MünchKomm-*Wolf,* 47 zu § 1565.

[9] Ebenso *Diederichsen,* NJW 1977, 275 Fn. 29. A. A. *Schwab,* RdNr. 104.

[10] Deshalb ist erst recht der einseitige Scheidungsantrag belanglos. A. A. MünchKomm-*Wolf,* 48 zu § 1565.

[11] Inkonsequent wird gern bei der Prognose unmittelbar auf das Pflichtenprogramm abgestellt. Vgl. *Rolland,* 22 zu § 1565 (mit dem, was die Ehegatten als Mindestvoraussetzung für ihre ehelichen Beziehungen angesehen haben, als Maßstab).

dessen eheliche Gesinnung erlosch, nach Ansicht des entscheidenden Richters („vernünftigerweise" pflegt man dann zu sagen, die Vernunft dergestalt der Justiz anvertrauend) in Zukunft verhalten sollte oder müßte, und allein entscheidend, wie er sich tatsächlich in Zukunft verhalten wird. Daß gleichwohl gern von einem objektiven Maßstab gesprochen wird, beruht auf einer Verwechslung: Objektiv hat der Scheidungsrichter festzustellen, ob ein subjektives Tatbestandselement gegeben ist.

Die Praxis hat in der Vergangenheit die Prognose gegenüber der Analyse kaum beachtet; das eine schien mit dem anderen gegeben zu sein. Richtig ist, daß die Feststellung gegenwärtiger vollständiger Entfremdung nur selten mit der anderen verbunden werden kann, daß für die Zukunft erneute Zuneigung zu erwarten ist. So sicher die beiden Aussagen einander nicht widersprechen (und deshalb aus logischen Gründen nicht zu beanstanden sind), so sicher ist auch, daß eine gehäufte Kombination mit der praktischen Erfahrung nicht zu vereinbaren ist.[12] Immerhin mögen funktionale, aber auch personale Restbestände (gelegentlicher Sexualverkehr), die der Feststellung vollständiger Entfremdung nicht widersprechen, als Elemente einer positiven Zukunftsprognose verwandt werden können, ferner charakterologische Züge der Ehegatten (ihre Fähigkeit und Bereitschaft, auch tiefe Enttäuschungen zu überwinden), vor allem aber die sichere Erwartung einer Änderung der gegenwärtig relevanten Daten (Wegfall des Einflusses Dritter; Berichtigung irriger Vorstellungen; Ende einer anderweit angeknüpften partnerschaftlichen Beziehung).

Analyse und Prognose sind deutlich voneinander geschiedene Arbeitsvorgänge ohne Überlagerungsgebiet. Daß dennoch dem prognostischen Kalkül auch jene Indizien dienen können, die bereits bei der Analyse Verwendung fanden, ist gleichwohl nicht zu bestreiten. Die Retrospektive der Analyse verdeutlicht nicht nur die Entfremdung, sondern auch deren Grad und eröffnet damit den Zugang zu praktischen (typischen) Erfahrungswerten für das zukünftige Verhalten.

Weil die Prognose den Fortbestand der Ehe voraussetzt (andernfalls ist eine eheliche Lebensgemeinschaft von vornherein ausgeschlossen) muß das prognostische Kalkül von der Abweisung des Scheidungsantrages ausgehen und die Reaktion des Antragstellers auf sie bedenken (und zwar positiv und negativ; der abgewiesene Antrag kann Rückkehr zur ehelichen Lebensgemeinschaft nahelegen, aber auch umgekehrt Haß erzeugen oder verstärken). Mit dieser Aussage wird nicht das Ergebnis des Kalküls zu dessen Element. Es handelt sich lediglich darum, die Prognose auf der Grundlage aller gegenwärtigen Umstände (zu denen auch der Scheidungsantrag gehört) zu erstellen.[13]

---

[12] Doch sollten keine allgemeinen Regeln formuliert werden. Vgl. dazu etwa *Damrau*, NJW 1977, 1621 f. (individuelle Eheprognose nach 1 Jahr der Trennung regelmäßig nicht erforderlich).

[13] A. A. MünchKomm-*Wolf*, 43 zu § 1365 (mit der ält. Judikatur, die dem Text entspricht). Zweifelnd *Rolland*, 24 zu § 1365 (richtig der Hinweis, daß es nicht angeht, „die Klageabweisung als ehetherapeutisches Mittel einzusetzen").

6. Gleichgültig ist die Qualität der *Gründe, die zum Scheitern der Ehe führten;* es bedarf keiner äußeren Akte, die einen Gesinnungswandel erklären: Entfremdungen können in psychischen Dispositionen wurzeln. Gleichgültig ist auch, ob jener Ehegatte, der die eheliche Gesinnung verlor, den Prozeß hätte verhindern können oder gar bei pflichtgemäßer Anspannung seiner Widerstandskräfte hätte verhindern müssen: Ein Zustand ist festzustellen (das Scheitern der Ehe) und nicht seine Genesis zu bewerten. Gleichgültig ist schließlich, ob die Ursachen der Entfremdung nun aus dem Lebensbereich des einen oder auch des anderen Ehegatten herrühren. Die Regel mag der Hinweis auf Gründe sein, die dem Partner (jedenfalls objektiv) zuzurechnen sind, doch hindert niemand den Antragsteller daran, einen Entfremdungsprozeß aufzudecken, der in seiner Sphäre begann und ihn allein betraf.[14] Art. 6 I GG und das Rechtsstaatsprinzip (mit der Behauptung, auch die Legislative könne aus Unrecht nicht Recht schaffen) hindern nicht; der Hinweis auf sie impliziert Prämissen (Eheverständnis, Maßstab für Recht und Unrecht), die der Verfassung nicht kurzerhand imputiert werden können. Das Zerrüttungsprinzip widerspricht in seiner Totalität dem GG nicht; in seinem Rahmen aber findet die (wertende) Unterscheidung zwischen zu Recht und zu Unrecht gescheiterten Ehen grundsätzlich keinen Platz. Ob und inwieweit Grenzen anzuerkennen sind, ist eine Frage des einfachen Gesetzes; das BGB hat sie für den Scheidungstatbestand in den §§ 1565 II, 1568 beantwortet.

7. *Beiderseitige und einseitige Zerrüttung der Ehe* stehen gleich;[14a] in einem zweigliedrigen interpersonalen Rechtsverhältnis hindert bereits die Abkehr eines Partners den weiteren Vollzug. Scheidung kann stets von beiden Ehegatten gefordert werden, bei einseitiger Zerrüttung auch von demjenigen, der sein eheliches Empfinden bewahrte.[15] Der Normtext setzt zu Recht keine Schranke; die Position eines ungeliebten Ehegatten mag vielen erträglich dünken, doch darf sie in einem um Humanität besorgten Recht niemandem aufgedrängt werden.

8. Stets scheidbar sind die *Ehen Geisteskranker,* die jedes Verständnis für ihre Ehe verloren haben, also auch kein eheliches Empfinden mehr aufweisen.[16] Der alte Scheidungsgrund der Geisteskrankheit (§ 45 EheG) lebt im neuen Recht fort, ohne einer besonderen Erwähnung in dessen Normen zu bedürfen. Wo schließlich jede (personal) gescheiterte Ehe preisgegeben wird, können einzelne Fälle nie mehr sein als letztlich entbehrliche historische Reminiscenzen in Gestalt von Beispielen.

9. Stets scheidbar (und zwar ohne jede Sonderstellung) sind auch die *Zweckehen,* die ohne den Willen, je eine eheliche Lebensgemeinschaft zu begründen,

---

[14] A. A. *Roth-Stielow,* FamRZ 1977, 766. Wie der Text MünchKomm-*Wolf,* 52 zu § 1565.

[14a] Für Relevanz nur der beiderseitigen Zerrüttung (allein) *Roth-Stielow,* 10 zu § 1565.

[15] Ebenso i. Erg. MünchKomm-*Wolf,* 55 zu § 1365 (mit Nachw. zum alten Recht; die Rspr. war a. A.); *Rolland,* 18 zu § 1565.

[16] Ebenso i. Erg. *Rolland,* 19 zu § 1565; *Ambrock,* II 6a zu § 1565. Dagegen bezieht *Schwab,* RdNr. 107, das Problem ganz auf den gesunden Ehegatten.

geschlossen wurden. Ob § 1565 I (in extensiver Interpretation) direkt anzuwenden ist oder (wegen des Normtextes, der vom Bestand der ehelichen Lebensgemeinschaft in der Vergangenheit ausgeht) nur analog, ist eine Frage ohne jede Relevanz.[17]

II. Die Sperrfrist

Schrifttum: *Görgens,* Zur Rechtsprechung der Oberlandesgerichte zu den Härteklauseln im neuen Scheidungsrecht (insbesondere zu §§ 1568, 1565 II BGB), FamRZ 1978, 647; *Holzhauer,* Die Scheidungserschwernis des § 1565 Abs. 2 BGB, JZ 1979, 113.

1. *Grundsatz.* Ehen können grundsätzlich nur geschieden werden, wenn die Ehegatten (im Zeitpunkt der letzten mündlichen Verhandlung) mindestens ein Jahr getrennt gelebt haben (§ 1565 II). In ein vom Zerrüttungsprinzip beherrschtes Scheidungsrecht wird damit ein Wertprädikat anderer Art eingeführt, das in der Sperrfrist formalisiert wurde. Begegnen wollte man (in Form eines Leitmotivs, das die Zuordnung erwünschter Nebeneffekte gestattet) dem Rechtsmißbrauch, der eilfertigen Ausübung des aus dem Scheitern der Ehe erwachsenen subjektiven Scheidungsrechtes nach eigenem Fehlverhalten, doch wählte man mit dem Zeitablauf ein untaugliches Mittel der Formalisierung, das unter keinem Aspekt sinnvoll auf jene Sachverhalte bezogen werden kann, die eine Scheidung nicht rechtfertigen sollten. Freilich kann eine fehlerhafte Formalisierung den materialen Gehalt einer Norm nicht ändern: § 1565 II ist und bleibt allein eine Rechtsmißbrauchsklausel (mit Konsequenzen vornehmlich für Ehegatten, die ihre Ehe einvernehmlich zu beenden wünschen; vgl. dazu unten 4.), und zwar eine mit Anspruch auf Ausschließlichkeit: Es gibt kein Scheidungsbegehren, das nach Ablauf der einjährigen Sperrfrist als rechtsmißbräuchlich abgewiesen werden darf.

An (sämtlich nicht überzeugenden) Versuchen, der Sperrfrist (allein oder zusätzlich) einen anderen Sinn zu geben, besteht kein Mangel. Sicher kann sie nicht als institutionelle Grenze verstanden werden, die (im Vollzug der Institutsgarantie) der Ehe eine Mindestdauer garantieren will: Bedeutsam ist gar nicht die Dauer der Ehe, sondern allein die Dauer des getrennten Lebens. Sicher kann sie auch nicht als Schutz „nichtsahnender Ehegatten vor überstürzter Scheidung“ aufgefaßt werden:[1] Schutz dieser Art pflegt das Scheidungsrecht mit Widerspruchsrechten zu gewähren und nicht mit einer Einwendung, die auf den Willen des überraschten Ehegatten keine Rücksicht nimmt. Schließlich sollte sie auch nicht mißverstanden werden als Frist, die der Abwehr „voreiliger“ und „leicht-

[17] Für Analogie wohl („sinngemäß“) *Schwab,* FamRZ 1976, 498. Für direkte Anwendung *Roth-Stielow,* 14 zu § 1565. Daß § 1565 II keine Anwendung findet (so AG Berlin-Charlottenburg, FamRZ 1978, 38), ist nur richtig, wenn man generell für einverständliche Ehescheidungen so entscheidet. Vgl. dazu unten II 4.

[1] Der Gedanke findet sich bei MünchKomm-*Wolf,* 4 zu § 1565.

fertiger" (oder wie man sonst noch gleichwertig formulieren mag) Scheidungsentschlüsse dient, und zwar weder unter dem Aspekt des Art. 6 I GG[2] noch unter dem eines Schutzes der Ehegatten selbst.[3] So oder so führt der Gedanke einer Seriositätsgarantie nicht weiter: Wenn die Ehe gescheitert ist (und nur dann hat die Sperrfrist Bedeutung), kann füglich die Seriosität des Scheidungsantrages nicht bezweifelt werden.[3a] Dagegen die Behauptung zu setzen, daß jedem Ehegatten doch „ein gewisses Maß ehelichen Empfindens und des Bewußtseins der Verantwortung gegenüber dem anderen" bleibe, das einer Reaktivierung der vollen ehelichen Gesinnung als Grundlage dienen könnte,[3b] ist weder konsequent (weil die Prämisse des Scheiterns der Ehe in Frage gestellt wird) noch relevant: Überdeutlich fast wird in ihr die Realität durch eine idealisierende Scheinwelt ersetzt.

2. *Die Ausnahme.* Vor Ablauf der Sperrfrist sind gescheiterte Ehen[4] zu scheiden, „wenn die Fortsetzung der Ehe für den Antragsteller aus Gründen, die in der Person des anderen Ehegatten liegen, eine unzumutbare Härte darstellen würde". Der mißratenen Formalisierung des Rechtsmißbrauchs folgt damit in Gestalt einer positiven (= erlaubenden) Härteklausel eine ebenso mißratene Reduktion, die nicht um eine Näherung an den realen Mißbrauchstatbestand bemüht ist (was schon die Irrelevanz neutraler Umstände beweist, aber auch die undifferenzierte Haltung gegenüber Gründen in der Person des Antragstellers),

---

[2] Vgl. OLG Köln, FamRZ 1977, 717; OLG München, NJW 1978, 49; KG, FamRZ 1978, 34 und 897; *Brüggemann*, FamRZ 1978, 93. Hierher gehören auch alle Stimmen, die mit der Sperrfrist voreiligen einverständlichen Ehescheidungen vorbeugen wollen (vgl. OLG Düsseldorf, FamRZ 1978, 26), und alle, die ihren Sinn lediglich in einer Erschwerung der streitigen Scheidung sehen (vgl. *Holzhauer*, JZ 1977, 732f. und 1979, 114).

[3] So *Schwab*, RdNr. 143 und FamRZ 1979, 18; OLG Frankfurt, NJW 1978, 276; OLG Schleswig, FamRZ 1977, 805 (806); OLG Zweibrücken, FamRZ 1978, 896. Oft wird der Aspekt nicht deutlich. So bei *Rolland*, 26 zu § 1565; OLG Düsseldorf, NJW 1977, 1542; OLG Karlsruhe, NJW 1978, 53; OLG Stuttgart, FamRZ 1977, 807 und NJW 1978, 275; OLG Köln, NJW 1978, 645; *Görgens*, FamRZ 1978, 648.

[3a] Um Widerspruchsfreiheit zu erzielen, wird deshalb (gegen den Normtext und die ganz h. L.) die Sperrfrist § 1565 I 2 („Scheitern der Ehe") integriert von *Brüggemann*, FamRZ 1978, 94ff. Ihm nah verwandt *Schwab*, FamRZ 1979, 19f. Nach s. Ans. durchbrechen nur solche Umstände die Sperrfrist, „die einem objektiven Beobachter ohne weiteres begreiflich und plausibel machen, daß der Antragsteller sich endgültig von seinem Partner abwendet". Vgl. ferner OLG Hamm, FamRZ 1979, 37 (besondere Ausgestaltung der Prognose des Scheiterns der Ehe).

[3b] So nun wieder – an frühere Gedankengänge des BGH anknüpfend – OLG Stuttgart, FamRZ 1978, 690 (691).

[4] § 1565 II ist keine Sonderregelung, die insoweit Abs. I verdrängt, als die zum Begriff des Scheiterns gehörende Prognose (Text oben unter I 5) ersetzt wird durch die Feststellung der Unzumutbarkeit. A. A. OLG Stuttgart, NJW 1979, 167 (mit meist unzutreffenden Zitaten). Eine andere Frage ist es, ob ein Scheidungsantrag ohne Eingehen auf § 1565 I abgewiesen werden darf, weil er jedenfalls an Abs. II scheitere. Diese umstrittene Frage (vgl. zu ihr MünchKomm-*Wolf*, 75 zu § 1565; selbst verneinend) ist nach allg. Grundsätzen des Prozeßrechts zu bejahen. Auch sonst ist es dem Richter nicht verwehrt, eine Klage ohne Prüfung des mit ihr geltend gemachten Anspruches abzuweisen, weil jedenfalls eine Einwendung gegeben sei.

sondern ein neues Prinzip in das Scheidungsrecht einkreuzt, das dem alten Verschuldensgrundsatz verbunden und mit mancherlei Unklarheiten belastet ist. Daß die Reduktion zum Zerrüttungsprinzip zurückkehrt (gescheiterte Ehen können geschieden werden), rechtfertigt noch nicht die Gestalt, die sie erhielt.

Die h. L. fragt, ob die Fortsetzung der Ehe überhaupt (also nicht in der Begrenzung auf das Jahr der Sperrfrist) eine unzumutbare Härte sein würde, doch ohne Konsens in der Konkretisierung des Ansatzes: Den Fortbestand des ehelichen Bandes meinen die einen,[5] den Fortbestand der Ehe unter faktischer (auch häuslicher) Lebensgemeinschaft die anderen.[6] In der einen wie in der anderen Version bleibt die Frage offen, wie überhaupt sinnvoll zwischen zumutbarer und unzumutbarer Fortsetzung einer gescheiterten Ehe unterschieden werden soll; schließlich gibt das geltende Recht alle zerrütteten Ehen einmal preis, weil es unzumutbar ist, gegen den eigenen Willen in einer gescheiterten Ehe zu leben.[7] In der einen wie in der anderen Version werden die Ehegatten aber auch gar nicht in ihrer realen Situation gesehen, sondern in einer fiktiv veränderten: Die Möglichkeit einer Scheidung nach einem Jahr wird jedenfalls nicht beachtet und § 1353 II dazu, wenn als Maßstab die voll verwirklichte Lebensgemeinschaft dient.

Sinnvoll kann dagegen auch innerhalb einer vom Zerrüttungsprinzip beherrschten Rechtsordnung gefragt werden, ob noch ein (weiteres) Jahr ehelicher Bindung ohne häusliche Gemeinschaft zugemutet werden kann oder nicht.[8] Die mit jeder Härteklausel verbundenen Ermessensspielräume (mit entsprechenden Verlusten an Rechtsgleichheit und Rechtssicherheit) mögen dann wachsen, doch stehen Standards in der Gesellschaft zur Verfügung, die einer richterlichen Konvention erste Maßstäbe liefern können[8a]. Alle diese Standards sind notwendig typisiert, auf die konkrete Ehe (die den Zerrüttungstatbestand beherrscht) nehmen sie keine Rücksicht und können es auch gar nicht. Die in der Rspr. hin und

---

[5] Vgl. *Rolland,* 33f. zu § 1565; *Lüke,* AcP 178 (1978), 25; OLG Frankfurt, NJW 1978, 892; KG, FamRZ 1978, 594.

[6] Vgl. *Schwab,* RdNr. 146 und FamRZ 1979, 19; MünchKomm-*Wolf,* 89f. zu § 1565 (mit der Konsequenz einer absoluten Sperrfrist für Ehegatten, die infolge geistiger Erkrankung die Härte nicht empfinden können); OLG Schleswig, FamRZ 1977, 805; 1978, 416 und 778; OLG Stuttgart, NJW 1978, 275 und FamRZ 1978, 690 (während die Entscheidung FamRZ 1977, 807 die beiden Ansätze kombiniert); FamG Berlin-Charlottenburg, FamRZ 1978, 186; OLG Oldenburg, FamRZ 1978, 189; KG, FamRZ 1978, 897.

[7] Hier wurzelt die Überzeugung, daß man die Härteklausel ,,großzügig" auslegen müsse, daß die Fortsetzung der Ehe ,,regelmäßig" unzumutbar sei. Vgl. dafür *Lüke,* Festschrift Bosch, S. 639 und AcP 178 (1978), 26 (unzumutbar stets, ,,wenn die Gründe für das Scheitern der Ehe nicht ausschließlich in der Person des Antragstellers liegen"). Vgl. ferner *Holzhauer,* JZ 1977, 733 (er will allen Umständen aus der Person des anderen Ehegatten Relevanz sichern) und JZ 1979, 116ff. (unzumutbare Härte schon die Aufrechterhaltung der einseitig vom Partner zerrütteten Ehe).

[8] Ebenso OLG Köln, FamRZ 1977, 717; OLG Düsseldorf, FamRZ 1977, 804 (805); OLG Bremen, FamRZ 1977, 807 (808) und 808 (810); OLG München, NJW 1978, 49; OLG Frankfurt, NJW 1978, 276 und FamRZ 1978, 338; OLG Zweibrücken, FamRZ 1978, 896.

[8a] Das bestreitet *Schwab,* FamRZ 1979, 19. Seiner Ans. nach müßte bei der vom Text angenommenen Deutung des § 1565 II eine Scheidung vor Ablauf der Sperrfrist praktisch ausgeschlossen sein.

wieder feststellbare Neigung, die Frage der Unzumutbarkeit als Frage nach einem besonderen Grad der Zerrüttung der Ehe zu stilisieren,[8b] verfehlt von vornherein die Grundmaxime des geltenden Scheidungsrechtes: Es gibt nur (endgültig) gescheiterte Ehen, nicht aber Ehen, die mehr als andere gescheitert sind.

3. *Gründe, die in der Person des anderen Ehegatten liegen,* müssen die unzumutbare Härte begründen. In deutlicher Anlehnung an das alte Verschuldensprinzip werden damit aus der Unzahl möglicher Umstände jene ausgesondert, die aus der Partnersphäre herrühren,[9] und ihnen Bedeutung gesichert, wenn sie den Antragsteller besonders belasten, wenn sie herkömmlich als Grund einer alsbaldigen Scheidung betrachtet werden (mit größerer Relevanz des Versagens im persönlichen Bereich und geringerer der Mißachtung vorwiegend wirtschaftlich bedeutsamer Pflichten[9a]). Klar nachgezeichnet wurde freilich der alte Verschuldensgrundsatz nicht: Von einer Beschränkung auf schuldhaft pflichtwidriges Verhalten besonderen Gewichts (Ehebruch etwa, und zwar ohne Rücksicht darauf, ob er nun Dritten bekannt wurde oder aber nicht[10]) ist nicht die Rede[11] – auch körperliche und geistige Zustände können den Tatbestand begründen, schwerer Alkoholismus etwa[12] –; Kausalzusammenhang zwischen den bedeutsamen Gründen und dem Scheitern der Ehe ist nicht erforderlich.[13]

4. Sperrfrist und Härteklausel sind nicht zu beachten, wenn die Ehe im *Einvernehmen der Ehegatten* geschieden werden soll (sehr str.).[14] Der (freilich formali-

---

[8b] Vgl. etwa OLG Frankfurt, NJW 1978, 892.

[9] Bei übergreifenden Umständen muß es genügen, wenn sie wenigstens überwiegend aus der Partnersphäre stammen. Vgl. *Rolland,* 30 zu § 1565.

[9a] Allzu schnell bejahend insoweit OLG Stuttgart, FamRZ 1978, 778 (Verletzung der Unterhaltspflicht).

[10] Vgl. OLG Düsseldorf, FamRZ 1978, 27; OLG Hamm, FamRZ 1978, 28; OLG Saarbrücken, FamRZ 1978, 415; OLG Karlsruhe, FamRZ 1978, 592. Eine Beschränkung auf dauerhafte ehewidrige oder ehebrecherische Beziehungen (so OLG Düsseldorf, FamRZ 1978, 26; wohl auch OLG Stuttgart, NJW 1978, 546) ist generell nicht am Platz.

[11] Es kann aber auch umgekehrt nicht allen Eheverfehlungen i. S. des alten § 43 EheG Bedeutung gesichert werden. A. A. FamG Berlin-Charlottenburg, FamRZ 1978, 186; *Damrau,* NJW 1977, 1622 unter Berufung auf die „Rechtsüberzeugung des Volkes". Ihm folgend OLG Karlsruhe, NJW 1978, 53. Gegen ihn OLG Düsseldorf, FamRZ 1977, 804; OLG Bremen, FamRZ 1977, 808 (810); OLG Frankfurt, NJW 1978, 169 und 276; OLG Saarbrücken, FamRZ 1978, 114.

[12] Vgl. OLG München, NJW 1978, 49; OLG Stuttgart, FamRZ 1977, 807 und NJW 1978, 52; OLG Düsseldorf, FamRZ 1977, 804 und 1978, 26; OLG Schleswig, FamRZ 1977, 805; KG, FamRZ 1978, 897. In aller Regel werden jedoch auch Eheverfehlungen als Folge der Trunksucht (Tätlichkeiten) vorgetragen.

[13] Vgl. *Rolland,* 35 zu § 1565; MünchKomm-*Wolf,* 74 zu § 1565. A. A. OLG Stuttgart, NJW 1977, 1542; OLG Karlsruhe, NJW 1978, 53 (zumindest mitursächlich).

[14] Ebenso *Palandt-Diederichsen,* 4 zu § 1565 (anders noch NJW 1977, 275); *Holzhauer,* JZ 1977, 732f.; *Schröder,* FamRZ 1977, 767; *Brüggemann,* FamRZ 1978, 96; *Lüke,* AcP 178 (1978), 26f.; OLG Koblenz, FamRZ 1978, 32; OLG Karlsruhe, FamRZ 1978, 416. A. A. dagegen *Schwab,* FamRZ 1976, 503; *Göppinger,* Vereinbarungen anläßlich der Ehescheidung, 3. Aufl. 1978, RdNr. 39; *Görgens,* FamRZ 1978, 650; OLG Stuttgart, NJW 1977, 1542 und 1978, 546; OLG Köln, FamRZ 1977, 717 und NJW 1978, 645; OLG Düsseldorf, FamRZ 1978, 26 und 27; 1979, 37; OLG Hamm, FamRZ 1978, 28; KG, FamRZ 1978, 34; OLG Karlsruhe, NJW 1978, 53; OLG Frankfurt, NJW 1978, 276.

sierte) Normzweck der Abwehr rechtsmißbräuchlicher Scheidungsbegehren ist in diesem Fall gegenstandslos, ein Widerspruch zu § 1566 I nicht zu erkennen (die Ehegatten nehmen keine unwiderlegliche Vermutung in Anspruch) und Nachgiebigkeit ein Gebot der praktischen Vernunft nach schlechten Erfahrungen. Das Scheidungsrecht wird damit auch nicht in einer Form liberalisiert, die mit dem Zerrüttungsgrundsatz nicht zu vereinbaren wäre: Das Scheitern der Ehe ist mit dem Einvernehmen der Ehegatten nicht indiziert, eine Konsensualscheidung mithin nicht freigegeben. Wer dagegen Ehen gegen den Willen beider Ehegatten zu erhalten wünscht, wird schließlich lediglich verzerrte Scheidungsprozesse erhalten, in denen ein Ehegatte scheinbar die Rolle des widerstrebenden Antragsgegners übernimmt. Er wird auch in Gefahr geraten, gerade jene Ehen (auf ein Jahr) zu erhalten, die nach beiderseitigem groben Fehlverhalten am wenigsten erhaltungswürdig sind.[15]

Für das vom Einverständnis der Ehegatten[16] gestützte Scheidungsbegehren enthält § 630 I ZPO (obligatorischer Einigungskomplex für die einverständliche Ehescheidung aus § 1565 I i. V. m. § 1566 I) keine Wirksamkeitsvoraussetzung;[17] Scheidung kann auch von Ehegatten gefordert werden, die sich nicht einigen konnten. Der Normtext des § 630 I ZPO ist eindeutig, sein Zweck fordert keine Erweiterung des Anwendungsbereichs: Auch in der Verkürzung auf Ehegatten, die ihre Ehe der richterlichen Diskretion nicht zu unterbreiten wünschen (also die unwiderlegliche Vermutung für sich in Anspruch nehmen) bleibt § 630 I ZPO eine sinnvoll zu Ende gedachte Norm. Anders entscheiden, heißt zudem erneut, ohne jeden Gewinn verzerrte Scheidungsprozesse zu provozieren.

5. *Die praktische Bedeutung* des § 1565 II ist schwerlich zu überschätzen. Nach älterem Recht wurden die meisten Scheidungsklagen vor Ablauf der Jahresfrist erhoben (in Hessen 80%, davon die Hälfte vor Ablauf eines Monats[18]), die Zukunft wird daran auch dann nichts ändern, wenn die höchstr. Rspr. (um die Ehegatten auf § 1566 I abzudrängen) der Sperrfrist höchste theoretische Relevanz sichern sollte: Einverständlich handelnde Ehegatten finden ihren Weg; das schnelle einseitige Scheidungsbegehren der Vergangenheit stützte sich stets auf gravierende Gründe, die in der Person des anderen Ehegatten lagen.

Vgl. zur Problematik ferner OLG Karlsruhe, FamRZ 1978, 590 (§ 1565 II nicht zu beachten, wenn beide Ehegatten die Scheidung nach einem sich über Jahre hinziehenden Zerrüttungsprozeß beantragen, weil dann der Normzweck unter keinem Aspekt relevant sein könne).

[15] Vgl. OLG Hamm, FamRZ 1978, 28.

[16] Ein formeller Akt (eigener Scheidungsantrag) ist nicht zu fordern.

[17] Ebenso *Rolland,* 1 zu § 630 ZPO; *Schwab,* RdNr. 26; *Scheld,* FamRZ 1977, 226 (mit Erwiderung von *Bergerfurth*); *Holzhauer,* JZ 1977, 733; OLG Köln, FamRZ 1978, 25. A. A. dagegen *Bergerfurth,* FamRZ 1976, 582; *Diederichsen,* NJW 1977, 655.

[18] Vgl. *Holzhauer,* JZ 1977, 732 Fn. 44.

III. Die Vermutung des § 1566 I (einverständliche Scheidung)

1. *Zweck.* Vermutungen bewirken eine Umkehr der Beweislast; unwiderlegliche Vermutungen erübrigen den Beweis und schließen den Gegenbeweis aus: Das, was sie sagen, ist kein Beweisthema mehr, mag auch möglich, wahrscheinlich oder gewiß sein, daß die Wirklichkeit verfehlt wird. Unwiderlegliche Vermutungen des Scheiterns der Ehe erübrigen, ja verbieten gar die Frage nach Ausmaß und Grad der Entfremdung der Ehegatten; daß jedenfalls *ein* Ehegatte seine eheliche Gesinnung verlor, steht für Parteien und Gericht außer Streit und Zweifel. Unwiderlegliche Vermutungen des Scheiterns der Ehe strukturieren damit den Scheidungsprozeß entscheidend um: Der im streitigen Prozeß oft unvermeidliche Einblick in die Intimsphäre der Ehegatten entfällt; an seine Stelle treten als Beweisthema die dem richterlichen Zugriff besser zugänglichen und gänzlich unproblematischen äußeren Fakten, aus denen die Vermutung erwächst. Das Ziel eines derart verhaltenen Prozesses kann freilich dem Zerrüttungsprinzip nur dann voll integriert werden, wenn in den Tatbeständen der Vermutungen Indikatoren der Ehezerrüttung von höchster Verläßlichkeit liegen. Das geltende Recht verwendet in § 1566[1] allein oder in Verbindung mit weiteren Umständen die Aufhebung der häuslichen Gemeinschaft von bestimmter Dauer und wird damit dieser Forderung gerecht.[2] Es verwendet damit auch Indikatoren, die im jeweiligen Einzelfall des Nachweises bedürfen und bewahrt schon deshalb den Scheidungsrichter davor, nicht mehr zu sein als ein „negativer Standesbeamter" (wie er es bei der reinen Konsensualscheidung wäre).

2. *Die Tatbestandselemente.* Es wird unwiderleglich vermutet, daß die Ehe gescheitert ist, wenn die Ehegatten seit einem Jahr getrennt leben[3] und beide Ehegatten die Scheidung beantragen oder der Antragsgegner der Scheidung zustimmt. Der Tatbestand des subjektiven Scheidungsrechtes (§ 1565 I 1) wird mithin in diesem Fall vom Ablauf einer Frist und vom gleichläufigen Verhalten der Ehegatten indiziert; hinzu tritt als Wirksamkeitsvoraussetzung (die besser ebenfalls in § 1566 geregelt worden wäre) der obligatorische Einigungskomplex

---

[1] Weitere ausdrücklich ausgewiesene unwiderlegliche Vermutungen kennt das BGB nicht. Ob einzelne Normen nach ihrem Sachgehalt als Träger unwiderleglicher Vermutungen charakterisiert werden müssen (etwa § 566 oder § 1148), ist str.

[2] Je größer die Verläßlichkeit ist, desto mehr schwindet die Berechtigung, die unwiderlegliche Vermutung als zweiten Tatbestand des materiellen Rechtes zu bezeichnen, der mit dem ersten (vermuteten) die Rechtsfolgen teilt. Die kaum je denkbare fiktive Wirkung der Vermutungen des § 1566 (einseitige Zerrüttung genügt für eine reale Zerrüttungsscheidung; Scheidungsantrag erforderlich) in schwer vorstellbaren Situationen rechtfertigt es nicht, zwar das Zerrüttungsprinzip als verfassungskonform, die Vermutungen aber als verfassungswidrig zu bezeichnen. A. A. *Habscheid,* Festschrift Bosch, S. 366ff. (weil die von Art. 6 I GG geforderte „strengste Einzelfallgerechtigkeit" nicht gewährleistet sei). Gegen ihn auch *Lüke,* AcP 178 (1978), 28.

Mit and. Begründung wird Verfassungswidrigkeit des § 1566 behauptet von *Roth-Stielow,* 3 zu § 1566.

[3] Als zu lang wird die Frist beanstandet von MünchKomm-*Wolf,* 1 zu § 1565.

des § 630 I ZPO (zum Streit um seine Zuordnung zum materiellen Recht oder zum Prozeßrecht vgl. oben § 25 Fn. 9).

3. Was *Trennung der Ehegatten* bedeutet, sucht das Gesetz in § 1567 zu verdeutlichen (vgl. dazu unten VII.). Doch können im Einzelfall Unsicherheit und Zweifel herrschen, denen durch Registrierung wenigstens in Grenzen hätte vorgebeugt werden können (ebenso wie der Gefahr eines einverständlichen Sachvortrages der Parteien ohne realen Hintergrund), jedoch mit gutem Grund nicht vorgebeugt wurde: Der Formalakt der Registrierung wirkt eher scheidungsfördernd als -verhütend, weil er das Gefühl verstärkt, den ersten Schritt zur Scheidung bereits getan zu haben. Er erzwänge, ernstgenommen, zudem Kontrollen, zu denen sich niemand bereit finden dürfte.

Die Frist beginnt frühestens mit der Eheschließung und muß spätestens zum Zeitpunkt der letzten mündlichen Tatsachenverhandlung beendet sein. Unterbrechungen schaden, doch werden Versöhnungsversuche nicht behindert (§ 1567 II; vgl. dazu unten VII 6). Wer streitig zu prozessieren begann oder doch einverständlich, jedoch ohne unwiderlegliche Vermutungen, kann nach Fristablauf seinen Sachvortrag entsprechend ergänzen und damit dem Prozeß eine neue Wendung geben.

4. *Konsens der Ehegatten; beidseitiger Scheidungsantrag*. Das Einvernehmen der Ehegatten kann seinen Ausdruck in Scheidungsanträgen der beiden Ehegatten finden. Weder im materiellen Recht (Ausübung des subjektiven Scheidungsrechtes) noch prozessual (Verfahrensanstoß) werden die beiden Akte aufeinander zugeordnet; sie bleiben getrennt als einseitige Akte gleicher Struktur und gleichen Zieles. Zwar liegt ihnen ein Konsens der Ehegatten zugrunde, doch ist eben dieser Konsens nur ein Faktum ohne rechtliche Relevanz: Es gibt keinen Scheidungsvertrag, der als actus contrarius zum Eheschluß verstanden werden könnte; es gibt auch keine Bindung an den Entschluß, gemeinsam die Auflösung der Ehe zu betreiben. Wie jeder Scheidungsantrag, so ist auch der mit dem Ehegatten verabredete Parallelantrag disponibel. Rücknahme (§ 271 ZPO; nach Beginn der mündlichen Verhandlung nur noch mit Einwilligung des Antragsgegners) und Verzicht (§ 306 ZPO) sind gleicherweise möglich und gleicherweise bedeutsam; eine einverständliche Ehescheidung kann es nicht mehr geben. Will der Partner seinen Antrag weiter verfolgen, ist er gezwungen, seinen Sachvortrag zu ergänzen, sei es nun, um das Scheitern der Ehe nachzuweisen, sei es auch, um Anschluß an die Vermutung des § 1566 II zu gewinnen.

5. *Konsens der Ehegatten; Scheidungsantrag und Zustimmung*. Das Einvernehmen der Ehegatten kann ferner seinen Ausdruck in der Zustimmung finden, die der eine Ehegatte zum Scheidungsantrag des anderen erklärt (Form: § 630 II 2 ZPO;[4]

[4] A. A. *Damrau*, NJW 1977, 1169f. (da Willenserklärung, soll die Zustimmung auch formlos außerhalb des Prozesses möglich sein); *Brüggemann*, FamRZ 1977, 9 (auch Erklärung zu notariellem Protokoll soll genügen).

Anwaltszwang besteht nicht). Die prozessuale Situation ist dann entscheidend verändert: Über das Verfahren kann nur der Antragsteller (jedenfalls durch Verzicht) disponieren. Sicherheit gewinnt der Antragsteller dagegen hier ebensowenig wie dort: Die Zustimmung ist frei widerruflich bis zum Schluß der mündlichen Verhandlung, auf die das Urteil ergeht (§ 630 II ZPO); ein Verzicht auf das Recht zum Widerruf ist als übermäßige, unserem Eheverständnis widersprechende Selbstbindung nicht möglich.[5] Mit dem Widerruf aber entfällt die Vermutung;[6] weiteres Prozessieren ist nur mit ergänztem Sachvortrag möglich.

6. *Mängel.* Der Scheidungsantrag ist auch, die Zustimmung (die nicht schon im faktischen Verzicht auf die Verteidigung der Ehe enthalten ist[6a]) sogar allein Willenserklärung des materiellen Rechtes[7] und damit dessen Mängelrecht voll unterworfen. Nichtig sind demzufolge Anträge und Zustimmungen, die in sittenwidriger Manier erwirkt wurden (Mißbrauch des ökonomischen oder intellektuellen Übergewichts); nichtig sind auch Anträge und Zustimmungen, die nach einer arglistigen Täuschung oder widerrechtlichen Drohung zustande kamen, wenn der getäuschte oder bedrohte Ehegatte sie nicht mehr gelten lassen will (§ 143). Insoweit, aber auch nur insoweit ist der Scheidungsrichter zur Kontrolle der Erklärungen berufen. Es ist dagegen nicht mehr seine Aufgabe, eine Motivationsanalyse vorzunehmen und die ,,wirkliche" Haltung der Ehegatten zu ihrer Ehe zu ergründen. Mangelfreie Anträge und Zustimmungen können auch von Ehegatten stammen, deren eheliche Gesinnung nicht erloschen ist: Es ist nicht jedermanns Sache, eine Ehe zu verteidigen, wenn der Partner sich abwandte.

7. *Der obligatorische Einigungskomplex.* Einverständlich können Ehegatten, die seit mindestens einem Jahr getrennt leben, nur geschieden werden, wenn sie (in einer Scheidungsfolgenvereinbarung, die dem Gericht vorzulegen ist[8]) die nachehelichen Unterhaltspflichten gegenüber dem Ehegatten und gegenüber den gemeinschaftlichen Kindern zu ordnen vermochten, wenn die Rechtsverhältnisse an der Ehewohnung und am Hausrat eine abschließende Regelung erfuhren[9] und

---

[5] Ebenso *Rolland,* 5 zu § 1566; *Göppinger,* RdNr. 36.

[6] Ebenso *Schwab,* RdNr. 141 Fn. 13; *Rolland,* 5 zu § 1566; *Damrau,* NJW 1977, 1170f. A. A. (sicher unhaltbar) dagegen *Kniebes,* DRiZ 1976, 327.

[6a] Vgl. OLG Stuttgart, NJW 1979, 662 (Erklärung, dem ,,Scheidungsantrag nicht entgegenzutreten").

[7] Ebenso *Schwab,* RdNr. 133; *Damrau,* NJW 1977, 1169f. (mit nicht zwingenden Konsequenzen); *Göppinger,* RdNr. 35 (als ,,materiellrechtliches Gestaltungsrecht" bezeichnet). A. A. (Prozeßhandlung) MünchKomm-*Wolf,* 23 zu § 1566; *Lüke,* AcP 178 (1978), 29f.

[8] Die Notwendigkeit einer Vorlage ist dem Normtext nicht zu entnehmen, ergibt sich aber aus dem Normzweck. Vgl. *Damrau,* NJW 1977, 1171f. And. Ans. *K.H. Schwab,* FamRZ 1976, 611; *Sedemund-Treiber,* DRiZ 1976, 377.

[9] Der von § 630 III ZPO (in Form einer Sollvorschrift) geforderte Vollstreckungstitel ist eine Sachurteilsvoraussetzung, der die Parteien noch im Prozeßvergleich genügen können. Sie ist entbehrlich, wenn besondere Umstände es rechtfertigen (bei Hausrat und Ehewohnung insbesondere, wenn die Auseinandersetzung nach Ansicht beider Ehegatten abgeschlossen ist). Vgl. *Hagena,* FamRZ

wenn es gelang, einen gemeinschaftlichen Vorschlag für die elterliche Sorge und den persönlichen Umgang des nicht sorgeberechtigten Elternteils mit gemeinschaftlichen Kindern zu erarbeiten.[10] Weitaus stärker noch als die Notwendigkeit gleichläufigen prozessualen Verhaltens wirkt dieser ,,obligatorische Einigungskomplex" (mit entsprechender Entlastung des Verbundes von Scheidungssache und Folgesachen) als Seriositätsindiz für das Scheidungsbegehren; ein hohes Maß an Scheidungsenergie wird erforderlich.[11] Unverkennbar ist freilich auch, daß Ehegatten mit geringem Interesse an der Scheidung in der Lage sind, in der Scheidungsfolgenvereinbarung ihren ,,Preis" für die einverständliche Ehescheidung durchzusetzen.

8. *Aussetzung des Verfahrens.* Im einem viel beklagten, in Wahrheit nur scheinbaren Widerspruch zur unwiderleglichen Vermutung des Scheiterns der Ehe stehen Befugnis und Pflicht[12] des Scheidungsrichters, das Verfahren ,,von Amts wegen auszusetzen, wenn nach seiner freien Überzeugung Aussicht auf Fortsetzung der Ehe besteht" (§ 614 II ZPO)[13] und kein Ehegatte widerspricht; selbst wiederholte Aussetzung ist möglich, mag auch die Höchstdauer von einem Jahr schnell erreichte Grenzen setzen. Als Frage nach der Versöhnungsbereitschaft der Ehegatten verstanden, tritt die Aussicht auf Fortsetzung der Ehe in der Tat in einen unauflöslichen Widerspruch mit der unwiderleglichen Vermutung (der Ausdruck des Bewußtseins wäre, in beachtlichem Umfang mit der Vermutung Fiktionen geschaffen zu haben[14]): Das Absolute verträgt keine Relativierung.

1975, 379; *Rolland,* 10 zu § 630 ZPO. A.A. (weiter Ermessensspielraum; ,,flexibel auszulegen") MünchKomm-*Wolf,* 40 zu § 1566; sie ist mit dem Normgehalt einer für den Richter bestimmten Sollvorschrift nicht zu vereinbaren.

Zum Streit um die Frage, ob der Prozeßvergleich dem Anwaltszwang unterliegt, vgl. oben § 26 V 4. Trotz grds. Bejahung der Frage will *Tiarks,* NJW 1977, 2303, für § 630 III ZPO den Anwaltszwang vermeiden durch ,,zu Gerichtsprotokoll genommene privatschriftliche Vereinbarung(en)".

Ein Urteil wird § 630 III ZPO an sich nicht gerecht (richtig *Damrau,* NJW 1977, 1173), doch bleibt zu bedenken, daß speziell beim Unterhalt der Kinder rechtskräftige Urteile jede Einigung der Ehegatten erübrigen können.

[10] Der obligatorische Einigungskomplex muß beim Vollzug des subjektiven Scheidungsrechtes (durch Urteil) noch bestehen. Zwischenzeitliche Einbußen (Vertrag, Anfechtung, Rücktritt nach Wegfall der Geschäftsgrundlage) hindern eine einverständliche Scheidung. Ebenso *Rolland,* 6 zu § 630 ZPO; *Damrau,* NJW 1977, 1172f.

Nicht anzuerkennen ist ein Recht der Ehegatten zum freien Widerruf der einmal getroffenen Abreden (dafür aber *Damrau,* NJW 1977, 1172). Diese verlieren aber ihre Wirkung, wenn sie nur für den Fall der einverständlichen Scheidung getroffen wurden, die Ehe aber schließlich ohne die unwiderlegliche Vermutung des § 1566 I geschieden wird (insbes. nach Widerruf der Zustimmung).

[11] Mit dieser bewußt gewollten Folge ist nicht zu vereinbaren die Überzeugung, daß dem Gesetz bereits Genüge getan ist, wenn die Parteien sich ,,im wesentlichen" einig sind und den Rest mit Hilfe des Gerichts erledigen (vertreten von MünchKomm-*Wolf,* 14 zu § 1566).

[12] Vgl. *Rolland,* 4 zu § 614 ZPO (zwingendes Recht).

[13] Eine Aussetzung des Verfahrens aus anderen Gründen ist nicht zulässig (insbesondere nicht zwecks Ablaufs der noch nicht abgelaufenen Trennungsfrist). Allg.M.

[14] So folgerichtig *Schwab,* RdNr. 37. Daß die Vermutungen dann überhaupt in Gefahr geraten (Art. 6 I GG), ist selbstverständlich.

Zudem wäre dem Richter beschränkt die Exploration des Zustandes der Ehe anheimgegeben, die ihm doch gerade nicht zustehen soll. Doch kann (und muß) die Frage nach der Fortsetzung der Ehe auch sinnvoll als Frage nach der Fortsetzung einer gescheiterten Ehe gestellt werden, mithin als Frage, ob der eine oder andere Ehegatte nicht doch trotz aller Entfremdung (vorerst) an der Ehe festhalten möchte. Getroffen wird damit noch nicht einmal eine ganz und gar anomale Situation; wäre es anders, so hätte auch die Härteklausel des § 1568 ihren Sinn verloren.

9. § 614 II ZPO enthält keine abschließende Regelung der Aussetzung des Verfahrens in Scheidungssachen. Unbenommen bleibt es den Ehegatten, gemeinsam *Ruhen des Verfahrens* zu beantragen (§ 251 I ZPO). Das Gericht hat dem Antrag allerdings nur zu entsprechen, wenn ,,wegen Schwebens von Vergleichsverhandlungen oder aus sonstigen wichtigen Gründen" ein zeitweilig ruhendes Verfahren ,,zweckmäßig ist". Ein ,,wichtiger Grund", das sollte stets ein Versöhnungsversuch sein und stets die Absicht der Ehegatten, eine Beweisaufnahme zu § 1565 II zu vermeiden,[14a] dagegen nie der Wille der Parteien, einem derzeit abweisungsreifen Antrag durch andauernde Heimtrennung doch noch zum Erfolg zu verhelfen.[15]

IV. Die Vermutung des § 1566 II

1. *Tatbestand.* Es wird ferner unwiderleglich vermutet, daß die Ehe gescheitert ist, wenn die Ehegatten seit mindestens drei Jahren getrennt leben. Mehr als den Ablauf der (ununterbrochenen) Trennungsfrist fordert das Gesetz hier nicht; es gibt kein weiteres Tatbestandselement, es gibt auch keine Wirksamkeitsvoraussetzung. Hinderlich kann nach Ablauf der Frist nur noch die Kinderschutzklausel und die Härteklausel sein (§ 1568). Ist auch ihre Frist verstrichen, weil die Ehegatten seit mehr als fünf Jahren getrennt leben, kann im Scheidungsverfahren über nichts mehr gestritten werden.

2. *Aussetzung des Verfahrens.* Nicht anders als bei der einverständlichen Scheidung ist die Aussetzung des Verfahrens möglich, wenn Aussicht auf Fortsetzung der Ehe besteht und kein Ehegatte widerspricht, wenngleich nur noch für höchstens sechs Monate (§ 614 IV ZPO). Stärker noch als bei jener wird hier ein ,,logischer Bruch" beklagt[1] oder gar der Gehorsam gegenüber dem Gesetz verweigert.[2] Wird jedoch nicht nach der Versöhnungsbereitschaft der Ehegatten

---

[14a] Vgl. OLG Karlsruhe, FamRZ 1978, 528.

[15] A. A. KG, FamRZ 1978, 34. Dem Text näherstehend (aber ohne abschließende Entscheidung) OLG München, NJW 1978, 1388; OLG Karlsruhe, FamRZ 1978, 528. Dem Text entsprechend OLG Frankfurt, FamRZ 1978, 919.

[1] Vgl. *Rolland,* 6 zu § 614 ZPO.

[2] Vgl. MünchKomm-*Wolf,* 85 zu § 1566. ***Brüggemann,*** FamRZ 1977, 11, empfiehlt als Leitlinie für die richterliche Praxis, von der Aussetzungsmöglichkeit keinen Gebrauch zu machen, wenn der Antragsteller widerspricht.

gefragt, sondern nach ihrer Bereitschaft, die Ehe fortzuführen, obwohl sie gescheitert ist (d.h. auch ohne häusliche Gemeinschaft), so schwindet jeder Widerspruch.

V. Schutz gemeinschaftlicher Kinder

1. Gescheiterte Ehen (gleich, ob konkret bewiesen oder unwiderleglich vermutet) sollen[1] nicht geschieden werden, ,,wenn und solange die Aufrechterhaltung der Ehe im Interesse der aus der Ehe hervorgegangenen minderjährigen Kinder[2] aus besonderen Gründen ausnahmsweise notwendig ist" (§ 1568 I), es sei denn die Ehegatten lebten bereits länger als fünf Jahre getrennt (Abs. II). In dezisionistischer Manier hat damit die Legislative den alten Streit um die Möglichkeit einer positiven Bewertung zerrütteter Ehen ohne häusliche Gemeinschaft der Eltern für minderjährige Kinder entschieden, halbherzig freilich, wie die Fülle einschränkender (fast inhaltsgleicher) Tatbestandsmerkmale beweist, und ohne rechte Konsequenz, wie die Befristung zeigt: Man kann den Wert der Elternehe für ein Kind nach vielem, jedoch nicht nach Jahren messen.

Es wäre irreal, beim Abwägen der Vorteile und der Nachteile der Scheidung für die gemeinschaftlichen Kinder von einem normalen Familienleben auszugehen, ja auch nur von der Wiederaufnahme der häuslichen Gemeinschaft, falls die Ehegatten sich bereits trennten. In der Regel verändern sich die Beziehungen der Ehegatten nach abgewiesenem Scheidungsantrag nicht zum Guten (meist sorgt die Abweisung für Verbitterung des abgewiesenen Antragstellers), und wenn keine konkreten Anhaltspunkte für eine andere Haltung des Antragstellers im Einzelfall vorliegen, ist der Vergleich nur auf der Basis einer Elternehe vorzunehmen, die allenfalls den status quo ante bewahrt. Praktisch wird es sich deshalb meist nur darum handeln können, nach der Bedeutung der rechtlichen Bindung der Elternteile für die Kinder zu fragen.

2. *Amtsmaxime.* Beachtlich sind die Interessen der Kinder auch dann, wenn sich kein Ehegatte ihrer annimmt. § 616 III ZPO (Sachvortrag eines Ehegatten für ,,außergewöhnliche Umstände nach § 1568" unentbehrlich) ist schon seinem Normtext zufolge nicht anzuwenden.[3] Unübersehbar ist freilich, daß die Interessen der Kinder kaum je gewahrt werden, wenn sie Elternteilen entgegengesetzt werden, die gleicherweise auseinanderstreben und gezwungen werden, in den Kindern das einzige Hindernis auf dem Wege zum Ziel zu sehen.

3. Gleichgültig ist die *Art der Interessen der Kinder;* ökonomische können den

---

[1] Der Normtext suggeriert dem Scheidungsrichter einen nicht vorhandenen Ermessensspielraum. Richtig hätte es heißen müssen: Die Ehe *darf* nicht geschieden werden, ...

[2] Zu ihnen gehören auch (arg. § 1754 I) die gemeinschaftlichen Adoptivkinder. Ebenso *Rolland,* 34 zu § 1568; *Schwab,* RdNr. 164; MünchKomm-*Wolf,* 29 zu § 1568.

[3] Ebenso *Schwab,* RdNr. 160; *Rolland,* 41 zu § 1568; MünchKomm-*Wolf,* 32 zu § 1568; *Roth-Stielow,* 5 zu § 1568. A. A. dagegen *Kniebes,* DRiZ 1976, 327; *Diederichsen,* NJW 1977, 278.

Fortbestand der Ehe ebenso rechtfertigen wie ideelle.[4] Freilich gibt es Interessen, die durch die bloße Bewahrung einer rechtlichen Bindung der Elternteile ohne häusliche Gemeinschaft nie gewahrt werden können. Zu ihnen gehört das Interesse des Kindes an einer kontinuierlichen und geordneten Erziehung durch beide Elternteile. Der entscheidende Akzent wird insoweit stets mit der Trennung der Elternteile gesetzt (das Gesetz hat daraus in § 1672 die Konsequenzen gezogen).

4. Alle Folgen einer faktischen Trennung der Eltern sind von den Kindern zu tragen (sie sind mit den Mitteln des Rechts nicht zu vermeiden), aber auch alle (hypothetisch bedachten) *Scheidungsfolgen,* die in der konkreten Situation der Kinder (einschließlich ihrer psychischen Konstitution) weder ihrer Art nach noch in ihrer Stärke über die Regelfolgen einer Scheidung für minderjährige Kinder hinausgehen. Selbst außergewöhnliche Folgen rechtfertigen die Abweisung des Scheidungsantrages nicht, wenn sie nicht wenigstens in der (konkret berechneten) Höchstfrist für den Fortbestand der Ehe gemildert werden können.

Drohende Identitätskrisen bei Kindern mit labiler psychischer Konstitution können zur Anwendung der Kinderschutzklausel führen[4a] (schon nicht mehr: die gewöhnlichen Schwierigkeiten bei der Neuorientierung im Geflecht der personalen Beziehungen), die konkrete Gefahr eines moralischen Verfalls (schon nicht mehr: einer Abwertung der Ehe[5]), der Verlust einer gegenwärtig noch bestehenden persönlichen Verbindung, in seltenen Fällen auch die konkrete Besorgnis um den Unterhalt der Kinder (schon nicht mehr: um ihr Erbe,[6] das ohnehin mit einer befristeten Fortsetzung der Ehe nicht vor Schmälerungen zu bewahren ist), sei es nun als faktische Besorgnis (schwindende Zahlungsbereitschaft trotz Leistungsfähigkeit), sei es auch als rechtlich begründete (erneute Heirat des Antragstellers mit neuen Unterhaltspflichten). Freilich können insoweit nur Schmälerungen von ganz besonderer Intensität bedacht werden: Daß überhaupt Veränderungen eintreten, gehört zu den Regelfolgen; forciertes Vorgehen führt nur zu Konkubinaten und hat den peinlichen Beigeschmack einer Privilegierung des besser situierten Ehegatten, der seinen Unterhaltspflichten jederzeit genügen kann. Insgesamt sollte die Anwendung der Kinderschutzklausel auf seltene Fälle beschränkt

---

[4] Vgl. *Rolland,* 38 zu § 1568; *Schwab,* RdNr. 163; *Diederichsen,* NJW 1977, 278; MünchKomm-*Wolf,* 47 zu § 1568; *Roth-Stielow,* 17 zu § 1568. A. A. dagegen *Kniebes,* DRiZ 1976, 327.

Umgekehrt ist aber auch den ökonomischen Interessen kein Vorrang einzuräumen. Vgl. dagegen *Ambrock,* I 6 zu § 1568.

[4a] Positive oder negative Entscheidungen sollten in Zweifelsfällen nie ohne Hilfe eines Sachverständigen gefällt werden. Fragwürdig deshalb OLG Celle, FamRZ 1978, 508.

[5] Auch negative Auswirkungen auf das „natürliche Empfinden der Kinder für Recht und Ordnung" (denen die Rspr. früher Bedeutung sicherte) sollten kein Argument mehr sein: Einerseits ist das Argument fast beliebig verwendbar, andererseits geht es nicht an, das Zerrüttungsprinzip als „widernatürlich" abzuwerten. Begrenzte Relevanz wird der früheren Rspr. auch heute noch zugestanden von *Roth-Stielow,* 16 zu § 1568.

[6] Ebenso MünchKomm-*Wolf,* 53 zu § 1568.

bleiben.[7] So will es das Gesetz und die Interessen der Kinder fordern nicht mehr: Immerhin hat erst das 1. EheRG der Kinderschutzklausel Bedeutung für alle Scheidungsfälle gesichert; zuvor waren ihr rd. 95% der Scheidungen entzogen (Bereich des Verschuldensgrundsatzes); von groben Mißständen war nicht die Rede.

VI. Härteklausel

Schrifttum: *Ambrock,* Zur Verfassungsmäßigkeit und Auslegung der positiven Härteklausel des 1. Eherechtsgesetzes, FamRZ 1978, 314.

1. Gescheiterte Ehen (gleich, ob konkret bewiesen oder unwiderleglich gemäß § 1566 Abs. II vermutet) sollen nicht geschieden werden, ,,wenn und solange die Scheidung für den Antragsgegner, der sie ablehnt, auf Grund außergewöhnlicher Umstände eine so schwere Härte darstellen würde, daß die Aufrechterhaltung der Ehe auch unter Berücksichtigung der Belange des Antragstellers ausnahmsweise geboten erscheint", sofern die Ehegatten nicht schon seit mindestens fünf Jahren getrennt leben. Neben die Kinderschutzklausel tritt damit eine allgemeine Härteklausel, mit jener (legislatorisch verfehlt angesichts des anders gearteten Normzwecks) in § 1568 vereint, wie jene deutlich auf exzeptionelle Fälle beschränkt und wie jene ohne rechte Konsequenz gewährt. Die *Befristung der Ehedauer* ist rational nicht zu fassen. Schwere Härten können zwar mit der Zeit schwinden, doch handelt es sich nicht darum, einem derartigen Prozeß Rechnung zu tragen; Milderungen der Härte unter das vom Gesetz geforderte Maß beenden selbsttätig den Schutz des Gesetzes. Zu scheiden ist vielmehr nach fünf Jahren der Trennung, obwohl der Ausnahmetatbestand noch gegeben ist. Auch der gern geäußerte Gedanke einer Frist, die scheidungsunwilligen Ehegatten die Umstellung auf den Status eines Geschiedenen erleichtern soll,[1a] hilft nicht weiter. Er ist nicht mehr als eine konkrete Ausprägung des Gedankens von der heilenden Kraft der Zeit. So wirkt die Frist (die einen politischen Kompromiß spiegelt) irrational und willkürlich (warum gerade fünf Jahre?) dazu.[1]

In einer Morphologie der begrenzenden Klauseln gehört die Härteklausel zu den *Billigkeitsklauseln mit abschließender Regelung:* Neben § 1568 ist für die An-

---

[7] Ebenso *Rolland,* 36ff. zu § 1568. Große praktische Bedeutung sagt dagegen MünchKomm-*Wolf,* 28 zu § 1568, der Klausel voraus.

Angesichts des einschränkenden Normtextes ist es keinesfalls zulässig, kurzerhand die alte Rspr. zu § 48 III EheG fortzuführen. A. A. *Schwab,* RdNrn. 160ff.

[1] Für verfassungswidrig wird die Befristung der Härteklausel gehalten von *Bosch,* FamRZ 1976, 401 und 1977, 574 (Stichwort: ,,Ehe auf Zeit"); AG Sulingen, FamRZ 1977, 793 (Vorlagebeschluß). Vgl. dagegen *Ambrock,* FamRZ 1978, 314f. Zweifelnd *Rolland,* 11 vor § 1564. Wenn jedoch das Zerrüttungsprinzip als solches nicht verfassungswidrig ist, können es auch Regelungen nicht sein, die es zugunsten der Erhaltung von Ehen (in welcher Beschränkung auch immer) einschränken.

[1a] Vgl. für die Rspr. OLG Schleswig, NJW 1978, 53.

wendung weiterer Billigkeitskorrektive kein Raum.[2] Sie wäre dagegen mißverstanden als Rechtsmißbrauchsklausel (unzulässige Rechtsausübung). Zwar wäre eine solche mit dem Zerrüttungsprinzip nicht unvereinbar, doch verwehren Normtext und Normzweck gleicherweise eine derartige Betrachtung der Dinge.

2. *Verhandlungsmaxime.* Anders als die Kinderschutzklausel ist die Härteklausel abhängig vom Verhalten des Antragsgegners. Begünstigt werden nur Ehegatten, die ihre Ehe zu bewahren wünschen (also Abweisung des Scheidungsbegehrens beantragen) und in ihren Sachvortrag die ,,außergewöhnlichen Umstände" aufnehmen, aus denen die schwere Härte folgen soll (§ 616 III ZPO). Während der Schutz der Kinder mit einer Einwendung bewältigt wird, ist die Härteklausel als *Einrede* geltend zu machen (vgl. oben § 25, 5).

3. Gleichgültig ist die *Art der Interessen,* die im Einzelfall durchgesetzt werden sollen. Ökonomische Interessen haben keinen geringeren Rang als ideelle.[2a] Die einen wie die anderen bedürfen keiner weiteren Legitimierung durch eine innere Bindung des Schutz begehrenden Ehegatten an seine Ehe (sie wäre auch als innere Tatsache von ihm ebenso schwer zu beweisen wie die Behauptung reiner Heuchelei vom Antragsteller).

Zu berücksichtigen sind jedoch stets nur Interessen des Ehegatten, der seine Ehe zu bewahren wünscht. Nie zu berücksichtigen sind dagegen angeblich ,,übergeordnete Interessen der Rechtsgemeinschaft", welchen Bezug man auch immer für diese wählen mag (Gerechtigkeitsvorstellungen, Institution der Ehe usw.). Zu ihnen ist mit dem Bekenntnis zum Zerrüttungsprinzip bereits alles gesagt; sie zu wahren, ist mithin § 1568 nicht mehr berufen.

4. Schwere Härten sind beachtlich nur, wenn sie ihren Grund in *außergewöhnlichen Umständen* finden. Weil die Qualität einer Härte nicht bestimmt wird von den Umständen, aus denen sie folgt (und es eben deshalb nicht möglich ist, in einfachen Bezügen den gewöhnlichen Umständen die einfachen Härten zuzuordnen, den außergewöhnlichen aber die schweren), handelt es sich um ein einschränkendes Tatbestandselement eigener Art (das einer Härteklausel überzeugend einzufügen freilich nicht recht gelingen will): Notwendig wird eine Situationsskizze der Parteien; Schutz erhalten nur Ehegatten, deren Situation sich von derjenigen anderer Ehegatten in zerrütteten Ehen durch Ungewöhnliches unterscheidet.[3]

---

[2] Ebenso *Diederichsen,* NJW 1977, 279; *Rolland,* 18ff. zu § 1568; MünchKomm-*Wolf,* 21 zu § 1568. Dagegen wird von *Hillermaier,* FamRZ 1976, 549, einzelfallbezogen eine Verlängerung der Fünfjahresfrist mit Hilfe des § 242 befürwortet.

[2a] Sie können auch allein die Anwendung der Härteklausel begründen. A. A. *Ambrock,* FamRZ 1978, 318. Stets belanglos sind die gewöhnlich eintretenden Scheidungsfolgen (über deren Kompensation das Scheidungsfolgenrecht befindet). Vgl. OLG Düsseldorf, FamRZ 1978, 36.

[3] Ebenso *Palandt-Diederichsen,* 3 zu § 1568; *Rolland,* 11 zu § 1568; MünchKomm-*Wolf,* 56 zu § 1568.

Nach a. A. soll es sich lediglich um eine weitere Akzentuierung der geforderten Härte handeln.

Zu den außergewöhnlichen Umständen zählen jedenfalls weder die Trennung der Ehegatten (als Regelvoraussetzung einer Scheidung nach dem Willen des Gesetzes) noch die Scheidung. Sie ist der Punkt, auf den die schweren Härten zu beziehen sind, dagegen nicht selbst ein Umstand, der zu berücksichtigen wäre (mit dem Status eines geschiedenen Ehegatten[4] oder auch der endlichen Auflösung des ehelichen Haushalts als schwerer Härte). Positiv werden gern eine lange Dauer der Ehe genannt,[5] aber auch ein hohes Alter der Ehegatten,[6] doch ist das eine wie das andere so ungewöhnlich nicht. Dagegen sind Opfer, die ein Ehegatte um der Ehe willen weit über das vom Pflichtenprogramm der §§ 1353ff. geforderte Maß hinaus erbrachte, ungewöhnlich situationsbestimmend im ideellen Bereich[7] und langjährige gemeinschaftliche Erwerbstätigkeit (mit dem Verlust des Arbeitsfeldes als schwerer Härte als Folge) im ökonomischen.[8] Außergewöhnlich sind auch schwere (geistige oder körperliche) Krankheiten von Dauer,[9] besondere Hilfsbedürftigkeit aus anderen Gründen, dagegen nicht Lebensphasen, die jeder durchlaufen muß (Klimakterium, berufliche Bewährung usw.)[10] und nicht der Nachweis einseitiger Zerstörung der Ehe durch pflichtwidriges Verhalten des Partners bei eigenem pflichtgemäßen Handeln (ein Vortrag, der sich dem neuen Scheidungsrecht auch gar nicht einfügen ließe).[11]

5. Außergewöhnliche Umstände und *schwere Härten* müssen im Verhältnis von Ursache und Wirkung stehen mit der Scheidung der Ehe als Mittler. Nur Folgen der Scheidung (tatsächlicher und rechtlicher Akt) können die Härteklausel im Einzelfall begründen, nie Folgen anderer Akte, insbesondere nicht Folgen der

---

Vgl. *Schwab,* RdNr. 154; *Ambrock,* I 3 zu § 1568 (Härten, die für eine geschiedene Ehe ungewöhnlich sind). Auch das Urteil des OLG Düsseldorf, FamRZ 1978, 36 ist nur so zu verstehen.

[4] Richtig dazu OLG Hamm, FamRZ 1977, 802. Dagegen wird von *Schwab,* RdNr. 156, gerade der Verlust des „sozialen Stellenwerts" als schwere Härte für eine Frau betont.

[5] Vgl. MünchKomm-*Wolf,* 57 zu § 1568 (auch eine kurze Dauer der Ehe wird hier angeführt); *Rolland,* 11 zu § 1568.

[6] Vgl. MünchKomm-*Wolf,* 58 zu § 1568 (auch ein sehr jugendliches Alter soll bedeutsam sein); *Ambrock,* I 3c zu § 1568.

[7] Vgl. MünchKomm-*Wolf,* 60 zu § 1568; *Rolland,* 11 zu § 1568; *Ambrock,* I 2c zu § 1568; BGH, NJW 1979, 1042 (lange Ehe mit Bewährung in einer schweren wirtschaftlichen Krise unter außergewöhnlichem Einsatz des widersprechenden Ehegatten). Vgl. aber auch OLG Koblenz, FamRZ 1977, 791 (Verlust des Lebensinhalts nach totaler Unterordnung des eigenen Lebensschicksals nicht ausreichend).

[8] Vgl. *Rolland,* 15 zu § 1568.

[9] Vgl. MünchKomm-*Wolf,* 59 zu § 1568 (hier auch Beachtung akuter Krankheiten); *Ambrock,* I 3a zu § 1568.

[10] A. A. MünchKomm-*Wolf,* 62 zu § 1568.

[11] Wie der Text MünchKomm-*Wolf,* 65 zu § 1568. Anders dagegen im Anschluß an die Gesetzesmaterialien die h. M. Vgl. *Ambrock,* I 3d zu § 1568 und FamRZ 1978, 318 (wenn über die Ehezerstörung hinaus besondere Umstände vorliegen); *Rolland,* 11 zu § 1568.

Zuzugeben ist, daß eine schwere Straftat des einen Ehegatten gegen den anderen ein außergewöhnlicher Umstand ist (genannt von MünchKomm-*Wolf,* 65 zu § 1568; Mordversuch als Beispiel!). Doch wird sie wohl kaum je dem verletzten Ehegatten das Empfinden einer besonderen Härte vermitteln können.

faktischen Trennung der Ehegatten (die sich mit ihren Auswirkungen dem rechtlichen Zugriff ohnehin entziehen). Manch außergewöhnlicher Umstand verliert hier viel an Wirkungsbreite, die schwere Krankheit insbesondere, weil die mit ihr verbundenen Härten für den Ehegatten, der allein gelassen wird, eher auf die faktische als auf die rechtliche Trennung der Ehegatten bezogen werden können.

Was eine schwere Härte ist, was keine mehr, das kann nicht ein für allemal nach objektiven Kriterien entschieden werden. Der Maßstab ist subjektiv, entscheidend allein das Empfinden des bewahrenden Ehegatten: Was dem einen noch tragbar zu sein scheint, kann einem anderen bereits als unerträglich dünken. Der Vorzug, den damit ein weniger widerstandsfähiger Ehegatte im Vergleich mit einem robusteren und anpassungsfähigeren genießt, ist gewollt und (aus der Beistandspflicht der Ehegatten) gerechtfertigt.[11a] Freilich drängt der Widerstand, den die Psyche als Beweisthema leistet, zurück zu objektiven Gegebenheiten als allein verfügbaren Ansätzen für eine Präzisierung des unbestimmten Begriffs anhand einer gegliederten Kasuistik. Doch kann diese nie mehr sein als der Ausdruck typischen Empfindens (mit entsprechendem Indizienwert, jedoch schon nicht mehr dem einer tatsächlichen Vermutung), das niemals den Blick für die Möglichkeit atypischen (auch singulären) Empfindens in der einen und in der anderen Richtung verstellen darf (mit Beweis durch gesteigerte Sensibilität in früheren Spannungszuständen).

Belanglos ist die Frage, ob die Härten (die objektiven Scheidungsfolgen) oder doch das Empfinden des bewahrenden Ehegatten für sie (als Maßstab des Härtegrades) durch den von § 1568 II begrenzten Fortbestand der Ehe[13] positiv beeinflußt werden können; *schwere Härten sind auch dann wesentlich, wenn die Zeit sie nicht mildert.* Die Projektion der schweren Härten auf die Scheidung (die gegebenenfalls nicht erfolgt) und nicht auf die faktische Trennung (die wohl immer gegeben sein wird) nimmt der viel berufenen heilenden Wirkung der Zeit viel an Überzeugungskraft (es tritt keine Entfernung von dem die Härte auslösenden Umstand ein); den Sensiblen schlechter zu behandeln als denjenigen, der anpassungsfähiger ist, ist nicht sachgerecht; eine Härteklausel hat ihren Sinn auch dann noch, wenn sie lediglich die Zeit der Leiden verkürzt. Ein anderes gilt allein für Härten, die im typischen Geschehensablauf überhaupt erst nach Ablauf der gesetzlichen Schutzfrist eintreten (Verlust des Ehegattenerbrechts).

[11a] Vgl. dazu OLG Celle, FamRZ 1978, 508 (krit. zu dieser Entscheidung *Ambrock,* FamRZ 1978, 898).

[12] Keine Beachtung sollte jedoch ein besonderes Gerechtigkeitsgefühl finden (a. A. MünchKomm-*Wolf,* 80 zu § 1568). Recht zu ertragen, das man innerlich nicht bejaht, ist in einer pluralistischen Gesellschaft niemals eine schwere Härte.

[13] Soweit die Ehedauer relevant wird, ist die Begrenzung der Schutzfrist stets zu beachten. Ebenso MünchKomm-*Wolf,* 85 zu § 1568. A. A. *Schwab,* RdNr. 158. Wer verneint, weil der weitere Geschehensablauf nach Abweisung des Scheidungsantrages nicht voraussehbar sei, opfert jedoch die praktische Erfahrung.

6. *Interessenabwägung.* Die Interessen des *Antragsgegners* verlieren jedes Gewicht, wenn sie anderweit gewahrt werden können; der Fortbestand der Ehe ist dann nicht ,,ausnahmsweise geboten". Unterhalt und Altersversorgung erweisen sich an dieser Stelle als zwar nicht generell (Ausschluß des Versorgungsausgleichs durch Ehevertrag!), aber doch grundsätzlich ungeeignete Ansatzpunkte des Bemühens um den Fortbestand der Ehe.[14] Sie haben im Scheidungsfolgenrecht eine Regelung erfahren, die der Situation geschiedener Ehegatten (jedenfalls nach Auffassung des Gesetzes) angemessen ist, und zwar auch und gerade im Hinblick auf die Situation während der Ehe und auf das nacheheliche Verhalten des Ehegatten, der die Scheidung begehrt (vgl. dazu § 1582 mit der Rangordnung der Unterhaltsansprüche bei erneuter Heirat).

Zu berücksichtigen sind die (ökonomischen oder ideellen) ,,Belange des *Antragstellers*" (wenn und soweit sie von ihm vorgetragen werden: § 616 II ZPO; es handelt sich um ehefeindliche Tatsachen), sofern sie durch die Scheidung der Ehe zumindest gefördert werden können. In unklarer Manier werden damit Interessen der beiden Ehegatten gegeneinandergestellt, inkommensurable zumeist, die nur in letztlich unkontrollierbaren dezisionistischen Akten ,,abgewogen" werden können. Die Absicht, einen anderen Partner zu heiraten, wird für sich genommen nie das Übergewicht erlangen können, doch kann sich die Situation entscheidend ändern, wenn Kinder aus der zweiten Verbindung vorhanden sind, wenn der Antragsteller pflegebedürftig ist und die notwendige Pflege ohne Zweitehe nicht finden kann, wenn er sich in einer psychischen Verfassung befindet (und sei es auch nur infolge einer übersteigerten Sensibilität), die ihm unerträglich zu sein dünkt usw.

VII. Getrenntes Leben

1. *Bedeutung.* Ehegatten müssen dauerhaft getrennt gelebt haben, wenn die grundsätzliche Sperrfrist des § 1565 II für sie nicht gelten soll, wenn das Scheitern ihrer Ehe kraft einer unwiderleglichen Vermutung der richterlichen Diskretion entzogen sein soll (§ 1566), schließlich wenn es gilt, eine Scheidung durchzusetzen gegen eine an sich Schutz gewährende Klausel (§ 1568 II). In unterschiedlicher Funktion akzentuiert damit die Trennung der Ehegatten das Scheidungsrecht mit Fristen, die von einem Jahr (das Beständigkeit indiziert) reichen bis zu fünf Jahren (als Zeitraum, für den die Gegenwart allenfalls eine Ehe ohne eheliche Lebensgemeinschaft glaubt zumuten zu können).

2. *Tatbestandselemente.* ,,Die Ehegatten leben getrennt, wenn zwischen ihnen keine häusliche Gemeinschaft besteht und ein Ehegatte sie erkennbar nicht her-

[14] Grds. gl. Ans. MünchKomm-*Wolf,* 68ff. zu § 1568; *Rolland,* 14 zu § 1568; OLG Düsseldorf, FamRZ 1978, 36.

stellen will, weil er die eheliche Lebensgemeinschaft ablehnt"[1] (§ 1567 I 1). Zu einem objektiven Tatbestandselement tritt mithin ein subjektives, das nur beschränkt auf jenes bezogen ist. Häusliche Trennung und auf sie gerichteter Wille konvergieren zwar, doch ist der Wille nur bedeutsam als Ausdruck eines bestimmten Motivs, mit dem die eheliche Lebensgemeinschaft bedeutsam wird; sie aber ist mit der häuslichen Gemeinschaft nicht identisch. Ehegatten können die häusliche Gemeinschaft wahren, obwohl sie die eheliche Lebensgemeinschaft (bis auf jene Restbestände, die mit der Hausgemeinschaft notwendig verbunden sind) nicht mehr zu verwirklichen wünschen; Ehegatten können umgekehrt häuslich getrennt sein und dennoch (mit jenen Einbußen, die mit dem Fehlen der Hausgemeinschaft notwendig verknüpft sind) die eheliche Lebensgemeinschaft bejahen und verwirklichen: Getrennt leben sie in dem einen Fall ebensowenig wie in dem anderen.

3. Der *Wille, getrennt zu leben,* sondert die unfreiwilligen Trennungen (Freiheitsstrafe, beruflich bedingte längere Abwesenheit, dauerhafter Aufenthalt in einem Krankenhaus, Heim usw.) von den anderen. Das ihm zugrundeliegende Motiv aber sondert innerhalb der willentlichen Trennungen diejenigen, die im personalen Verhältnis der Ehegatten wurzeln, von den restlichen mit anderem Anlaß. Bedeutsam sind schließlich nur die personalen Störungen, sie freilich nicht erst dann, wenn sich die Abkehr von der Ehe vollendet hat; es handelt sich nicht darum, den Grad der Ehezerrüttung festzustellen[2] (umgekehrt wird gerade im § 1566 die dauerhafte Trennung als Indikator der Zerrüttung verwendet), und noch viel weniger darum, nach ehefeindlicher Gesinnung und Scheidungswille zu fragen. Die eheliche Lebensgemeinschaft kann auch bei intakter Ehe abgelehnt werden (so, wenn sich ein Ehegatte den Einflüssen Dritter entziehen will, während der andere auf der Gemeinschaft mit ihnen – etwa seinen Eltern – beharrt[3]) und stärker noch in labilen Lebenslagen (um in der Zeit der Trennung Klarheit über das Verhältnis zum Ehegatten zu gewinnen[4]).

Der Wille getrennt zu leben, kann zu Beginn der häuslichen Trennung vorhanden sein; er kann auch erst später zu ihr hinzutreten (Abkehr von einem Strafgefangenen). In dem einen wie in dem anderen Falle (und selbst dann, wenn eine häusliche Gemeinschaft nie bestand) bedarf er der ***Äußerung*** in jeder ihm zugäng-

---

[1] Ebenso sollte der Tatbestand des getrennten Lebens auch in anderen Zusammenhängen verstanden werden (vgl. §§ 1361 I, 1361 a I 1, 1362 I 2, 1385, 1596 I Nr. 2, 1600 i II 2, 1672). Ebenso MünchKomm-*Wolf,* § 1567 Fn. 7.

[2] Vgl. *Schwab,* RdNr. 119 (mit Ablehnung einer „kleinen" Zerrüttungsprüfung); ***Rolland,*** 6 zu § 1567. Tendenziell a. A. dagegen MünchKomm-*Wolf,* 45 zu § 1567; ***Diederichsen,*** NJW 1977, 277.

[3] Das bestimmende Motiv fehlt jedoch in diesem Fall, wenn die Trennung den anderen Ehegatten veranlassen soll, die eheliche Lebensgemeinschaft andernorts wiederherzustellen. A. A. MünchKomm-*Wolf,* 35 zu § 1567.

[4] Ebenso *Schwab,* RdNr. 119. A. A. *Ambrock,* II 4 zu § 1567.

lichen Form (auch durch schlüssiges Verhalten,[4a] auch durch mehrdeutiges Verhalten, das durch Interpretation zur Eindeutigkeit geführt werden kann), ohne jede Bindung an eine bestimmte Erklärungsrichtung (Äußerungen an Dritte sind beachtlich selbst dann, wenn sie planmäßig vor dem Ehegatten verheimlicht werden[5]) und ohne Rücksicht auf die Fähigkeit des Ehegatten, sie zu vernehmen oder zu begreifen.[6] Kundzutun ist allein die Existenz des Willens und das bestimmende Motiv, kundzutun sind dagegen nicht mehr etwa intendierte Folgen (insbesondere die Absicht, eine Scheidung vorzubereiten); es handelt sich nicht um die Abgabe einer Willenserklärung.

Die Äußerung des Willens, fortan getrennt zu leben, kann in der Aufgabe der häuslichen Gemeinschaft liegen (also in jenem Tatbestandselement, zu dem sie hinzutreten muß). Man pflegt sich nicht grundlos voneinander zu trennen. Und wenn andere Gründe der Trennung nicht erkennbar sind, ist das an sich mehrdeutige Verhalten als bewußte Ablehnung der ehelichen Lebensgemeinschaft zu verstehen.[7]

4. Das, was (volle) *häusliche Gemeinschaft* bedeutet, ist nicht für alle Ehegatten gleich zu bestimmen. Maßstab ist der jeweils von den Ehegatten für sich entwikkelte Lebensplan,[8] sofern er nur überhaupt einen örtlichen Mittelpunkt der Lebensbeziehungen (schon nicht mehr notwendig einen gemeinschaftlichen Haushalt) vorsieht. Typische und atypische Gestaltungen zu beschreiben, erübrigt sich indessen in diesem Zusammenhang (anders zu § 1353), weil nicht die Existenz der häuslichen Gemeinschaft im Scheidungsrecht bedeutsam ist, sondern deren Mangel. Eine häusliche Gemeinschaft aber besteht erst dann nicht mehr, wenn die Ehegatten einen gemeinschaftlichen örtlichen Lebensmittelpunkt überhaupt nicht haben (und zwar ohne Rücksicht darauf, ob sie je einen begründeten), während diese oder jene Minderung an häuslicher Gemeinsamkeit für das Scheidungsrecht bedeutungslos ist.

Fehlt ein gemeinschaftlicher örtlicher Mittelpunkt, so können Gemeinsamkeiten anderer Art (Briefwechsel, wechselseitige Besuche) die häusliche Gemeinschaft auch dann nicht herstellen, wenn sie der Verwirklichung der ehelichen Lebensgemeinschaft dienen. Die Ehegatten leben in diesen Fällen zwar nicht in Hausgemeinschaft, aber auch nicht voneinander getrennt (es fehlt das subjektive Tatbestandselement).

5. Eine häusliche Gemeinschaft besteht auch dann nicht mehr, wenn die beiden

---

[4a] Vgl. aus der Praxis OLG Hamm, FamRZ 1978, 190 (der im Sudan tätige Ehemann zwang die Frau, nach Hause zurückzukehren).

[5] Ebenso MünchKomm-*Wolf,* 43 zu § 1567.

[6] Ebenso MünchKomm-*Wolf,* 43 zu § 1567; *Rolland,* 5 zu § 1567.

[7] Eine tatsächliche Vermutung wird damit nicht begründet. A.A. MünchKomm-*Wolf,* 54 zu § 1567; *Lüke,* AcP 178 (1978), 31.

[8] Auf den „regelmäßigen Verlauf der Dinge" stellt MünchKomm-*Wolf,* 20 zu § 1567, ab. Gemeint dürfte dasselbe sein.

Ehegatten zwar *in der ehelichen Wohnung verblieben* sind, in ihr aber jenes Höchstmaß an tatsächlicher Trennung herbeigeführt haben, das nach den Gegebenheiten des Einzelfalles überhaupt zu erreichen ist (§ 1567 I 2;[9] die Anwendung der Norm ist stets ausgeschlossen, wenn die Ehegatten ein Einzimmerappartement bewohnen[9a]). Das Gesetz erwähnt den Fall, um einer allzu forcierten Betrachtungsweise vorzubeugen, die unaufhebbaren Restbeständen räumlicher Gemeinschaft eine Bedeutung sichert, die sie schon aus sozialen Gründen nicht haben dürfen. Freilich ist dieses Motiv nicht Inhalt des Gesetzes: Weshalb die Ehegatten die Trennung innerhalb der ehelichen Wohnung wählten, ist belanglos; zumeist werden es ökonomische Gründe sein, notwendig ist es indessen nicht.

Tatsächlich getrennt leben die Ehegatten nur, wenn der ehemals gemeinschaftliche Haushalt nicht mehr existiert, wenn er seinen Ausdruck auch nicht mehr in Restbeständen findet. Gleichgültig ist die Fortsetzung gemeinschaftlicher Erwerbstätigkeit[10] und der Fortbestand tatsächlicher Sorge um die gemeinschaftlichen Kinder, gleichgültig sind auch die Gewährung allgemein geschuldeter Hilfsdienste (Sorge um ärztliche Betreuung) und die Begünstigung des einen Ehegatten durch den anderen, die ihm als Reflex der Sorge um dessen eigenes Wohlergehen zufallen (Reinigung von Räumen, die von beiden benutzt werden müssen). Gleichgültig sind schließlich Tätigkeiten, die ein Ehegatte dem anderen gegen dessen Willen (vornehmlich: in dessen Abwesenheit) aufdrängt. Die häusliche Gemeinschaft besteht dagegen noch, wenn die Familie als Unterhaltsverband auch nur rudimentär erhalten blieb.[11]

---

[9] Die Norm ist redaktionell mißlungen, weil sie für die Beendigung der häuslichen Gemeinschaft fordert, daß die Ehegatten „getrennt leben", obwohl die Beendigung der häuslichen Gemeinschaft ihrerseits ein Tatbestandselement des getrennten Lebens ist.

[9a] A. A. *Roth-Stielow,* 10 zu § 1567.

[10] Vgl. RGZ 167, 301; *Ambrock,* II 3 zu § 1567. Abl. *Schwab,* RdNr. 129.

[11] Vgl. dazu BGH, NJW 1978, 1810 und FamRZ 1978, 884 (Trennung nur, wenn „jedenfalls kein gemeinsamer Haushalt" und „keine wesentlichen persönlichen Beziehungen" der Ehegatten); OLG Köln, FamRZ 1978, 34; OLG Frankfurt, FamRZ 1978, 595 (mit zumindest fragwürdiger rechtspolitischer Zielsetzung); OLG Stuttgart, FamRZ 1978, 690 (691); OLG Karlsruhe, FamRZ 1978, 592. Vgl. ferner (zum älteren Recht) RGZ 163, 277; BGH, FamRZ 1969, 80. Krit. dazu *Schwab,* RdNr. 130. Er rügt Benachteiligung desjenigen „Ehegatten, der nach einer Trennung aus Gutmütigkeit, mitmenschlichem Empfinden oder auch nur aus Gewohnheit dem anderen nach wie vor gewisse häusliche Verrichtungen zugute kommen läßt".

Nach bislang h. M. sollten (geduldete) häusliche Arbeiten „in unbedeutendem Umfang" unschädlich sein, wenn sie in Abwesenheit des anderen Ehegatten vorgenommen werden (Waschen, Aufräumen). Sie wird fortgeführt von *Rolland,* 2 zu § 1567. Vgl. auch OLG Hamm, FamRZ 1978, 511 (513) mit Unschädlichkeit „ganz gelegentlicher Betreuungsleistungen"; *Roth-Stielow,* 8 zu § 1567.

Gegen die h. L. will *Damrau,* NJW 1977, 1623, Trennung der Ehegatten schon anerkennen, wenn „aus der Sicht des Außenstehenden maßgebliche Teile der Lebensgemeinschaft gegen den Willen zumindest eines Ehegatten entfallen sind". Gegen ihn *Brüggemann,* FamRZ 1978, 92.

Stark nachgebend auch OLG München, FamRZ 1978, 596 (belanglos Dienste, die sich Ehegatten nur aus wirtschaftlichen Erwägungen leisten [Kochen, Putzen] bei bedrängten wirtschaftlichen Verhältnissen); OLG Köln, NJW 1978, 2256 (gemeinsames Schlafzimmer, Besorgung der Wäsche, Zubereitung von Mahlzeiten unschädlich als „bloße Äußerlichkeiten"!). Vgl. dagegen *Schwab,* FamRZ

6. Fristen können gehemmt sein, also während eines bestimmten Zeitraums nicht laufen (vgl. § 205); Fristen können auch eine Unterbrechung erfahren und damit von Neuem zu laufen beginnen, wenn jene endete (vgl. § 217). Das geltende Scheidungsrecht kennt keine Hemmung der Trennungsfristen (obwohl sie sich für die Zeiten schließlich gescheiterter Versöhnungsversuche anbot); eine *Unterbrechung* tritt dagegen grundsätzlich ein, wenn die Ehegatten den Tatbestand des getrennten Lebens nicht mehr erfüllen, und sei es auch nur für kürzere Zeit. Belanglos ist das Tatbestandselement, das nicht mehr verwirklicht wird: Getrennt leben Ehegatten auch dann nicht mehr, wenn die äußeren Verhältnisse keine Änderung erfuhren, der Äußerung des Willens, fortan getrennt zu leben, jedoch der Umkehrakt einer Kundgabe des Bekenntnisses zur ehelichen Lebensgemeinschaft folgte. Belanglos ist auch der Zeitraum, für den die Ehegatten wieder zueinanderfanden: Versöhnung unterbricht, auch wenn sie nur kurze Zeit währt.[12]

Eine Ausnahme erfährt der Grundsatz in § 1567 II: Ein Zusammenleben über kürzere Zeit, das der *Versöhnung der Ehegatten* dienen soll, unterbricht ihm zufolge die in § 1566 bestimmten Fristen nicht. Dasselbe muß in analoger Anwendung der Norm für die in § 1565 II und in § 1568 II genannten Fristen gelten.[13] Das Gesetz erwähnt sie nicht, doch war eine bewußte Regelungsgrenze weder geplant noch wäre sie sinnvoll in das Gesamtgefüge der Fristenregelungen einzufügen.

Der Normzweck ist evident: Versöhnungsbereitschaft soll nicht mit prozessualen Nachteilen erkauft werden; kein Ehegatte soll das Risiko eines mißglückten Versuches als neuen Faktor in seinem Lebenskalkül (das schnelle Scheidung nach dem möglichen Scheitern vorsehen kann) bedenken müssen. Problematischer ist die Anwendung der Norm im Einzelfall: Der unbestimmte Rechtsbegriff der „kürzeren Zeit" bedarf der Präzisierung; vom allein bedeutsamen Zusammenleben um der Versöhnung willen ist das anders motivierte zu scheiden, das stets die Trennungsfrist unterbricht, mag es auch noch so verständlich sein (häusliche Gemeinschaft um der Kinder willen oder auch aus gesellschaftlichen Gründen;[14] gemeinschaftlicher Urlaub[15]).

Die „kürzere Zeit" wird die richterliche Konvention fixieren müssen, und zwar ohne relativierenden Bezug auf die verschiedenen Trennungsfristen. Der

---

1979, 16f. (mit Warnung vor einem „Übereifer in der Auflösung eines klaren Getrenntlebensbegriffs").

[12] A. A. *Damrau,* NJW 1977, 1624.

[13] Ebenso implizit MünchKomm-*Wolf,* 60 zu § 1567. Ausdrücklich ebenso für § 1565 II *Kniebes,* DRiZ 1976, 326f.; *Damrau,* NJW 1977, 1624; OLG Hamm, FamRZ 1978, 190; OLG Celle, FamRZ 1979, 234; OLG Köln, FamRZ 1979, 236.

[14] Unterbrechung tritt in diesen Fällen jedoch nicht ein, wenn kurzfristig zur Täuschung Dritter bloße „Scheinwelten" aufgebaut werden.

[15] Er soll (in Fortsetzung der Rspr. zu § 48 II EheG) keine Unterbrechung bewirken nach Ansicht von *Schwab,* RdNr. 125.

naheliegende Gedanke einer Differenzierung[16] übersieht den Bezug der Ausnahme auf die Trennung der Ehegatten überhaupt und muß, folgerichtig zu Ende gedacht, sogar das seltsame Ergebnis des Ablaufs der längeren Frist vor der kürzeren in Kauf nehmen (gescheiterter Versöhnungsversuch im dritten Jahr der Trennung mit einer für die Einjahresfrist übermäßigen Länge). Ein Monat bietet sich an als Grenze.[17] Wiederholte Versöhnungsversuche bleiben möglich.[18]

Versöhnungsbereitschaft und andere Motive sind an äußeren Indizien voneinander zu sondern (die Aussagen der Ehegatten bedürfen stets der Kontrolle), zu denen insbesondere das Verhalten der Ehegatten in der Zeit des Zusammenlebens gehört. Für die Versöhnungsbereitschaft mag sogar eine tatsächliche Vermutung streiten:[19] So häufig sind die anderen Fälle nicht.

§ 28. Der Versorgungsausgleich*

Schrifttum: *Ruland,* Der Versorgungsausgleich, NJW 1976, 1713; *v. Maydell,* Der Versorgungsausgleich, FamRZ 1977, 172; *Voskuhl-Pappai-Niemeyer,* Versorgungsausgleich in der Praxis, 1976; *Ruland-Tiemann,* Versorgungsausgleich und steuerliche Folgen der Ehescheidung, 1977; *D. Schwab,* Der Versorgungsausgleich – eine Ehewirkung des alten Rechts?, FamRZ 1979, 276.

I. Die Idee – Entwurf und Entfaltung

1. Der Versorgungsausgleich ist *neues Rechtsgut.* Kein Vorbild im älteren Recht liegt ihm zugrunde, kein Vorbild in einer fremden Rechtsordnung hat ihn ge-

---

[16] Er findet sich bei MünchKomm-*Wolf,* 60 zu § 1567; *Damrau,* NJW 1977, 1624.

[17] Für einen Zeitraum von drei Monaten tritt ein MünchKomm-*Wolf,* 60 zu § 1567. Vgl. ferner *Ambrock,* II 5 b zu § 1567 (Zeitraum ,,dürfte Tage oder wenige Wochen, nicht aber drei Monate übersteigen“). Umgekehrt ein Versuch größter Restriktion bei *Schwab,* RdNrn. 124 f. (nur, wenn sich das Zusammenleben ,,als so kurz und flüchtig erweist, daß es keine Zäsur und keinen eigenständigen Abschnitt in der Entwicklung des ehelichen Verhältnisses bildet“; entweder ,,extrem kurze Zeiten“ oder ein ,,Zusammenleben, bei dem die mögliche Vorläufigkeit schon in den Umständen angelegt war“). Ihm zust. *Roth-Stielow,* 17 zu § 1567. Für eine Entscheidung von Fall zu Fall (mit der die forensische Praxis überfordert wird und ein normzweckwidriger Zustand der Rechtsunsicherheit erzeugt wird) *Rolland,* 8 zu § 1567 (eine Zeit von mehreren Monaten soll ihm zufolge im Normalfall unschädlich sein). Sicher unhaltbar OLG Köln, FamRZ 1979, 236 (unschädlich ein halbes Jahr mit zwischenzeitlich gelungener Versöhnung!).

[18] Ebenso MünchKomm-*Wolf,* 63 zu § 1567 (der aber alle Zeiten der Versöhnungsversuche in der Frage der ,,kürzeren Zeit“ zusammenrechnen will).

[19] Zu pointiert jedoch MünchKomm-*Wolf,* 61 zu § 1567 (Versöhnungsversuch, wenn keine ,,massiven Anhaltspunkte dagegen sprechen“).

* Gem. Art. 12 Nr. 3 des 1. EheRG gilt der Versorgungsausgleich auch für Ehen, die vor dem 1. 7. 1977 geschlossen wurden (,,Altehen“). Doch wird vielfach angenommen, daß diese (echte oder unechte?) Rückwirkung der Normen mit der Verfassung nicht zu vereinbaren sei. Eine Entscheidung des BVerfG ist (nach mehreren Vorlagebeschlüssen) im Laufe des Jahres 1979 zu erwarten. Um eine Bestandsaufnahme (ohne Vollständigkeit in Schrifttums- und Rechtsprechungsangaben) zuletzt bemüht *W. Müller,* Zwischenbilanz zum Versorgungsausgleich, NJW 1978, 2273 ff. Aus der Folgezeit vgl. OLG Stuttgart, NJW 1979, 314 und 316; OLG Hamm, FamRZ 1979, 144 (nicht verfassungswid-

prägt. Die Gegenwart hat ihn konzipiert mit ihrer zunehmenden Sensibilisierung für alle Fragen der Altersvorsorge. Eigentlich hätte seine Sachproblematik bereits im GleichberG bewältigt werden müssen, an Fragen der Altersvorsorge wurde indessen seinerzeit von niemandem gedacht. Die Frage wurde nicht etwa verdrängt, sie wurde gar nicht gesehen, geschweige denn gestellt.

2. *Lebensleistung und Versorgung.* Es sind zwei Gedanken, die den Versorgungsausgleich tragen nach den Vorstellungen jener, die ihn modellierten. Mit der Zugewinngemeinschaft des geltenden Rechts teilt er die Überzeugung von der Notwendigkeit, das während der Ehe Errungene (die ,,gemeinschaftliche Lebensleistung") wenigstens grundsätzlich saldieren zu müssen, wenn die Verbindung der Ehegatten endet.[1] Eigenständig ist der Hinweis auf den Zweck der in den Verteilungsprozeß einbezogenen rechtlichen Positionen wenigstens in typischer Sicht und die Notwendigkeit, eben dieser Teleologie Rechnung tragen zu müssen: So sicher auch Rechte, Anwartschaften und Aussichten rechtlich nur einem Ehegatten zugeordnet zu sein pflegen, so sicher werde mit ihnen auch die Sicherung der ganzen Familie bezweckt, vornehmlich aber die Sicherung beider Ehegatten in der Endphase ihres Lebens. Unter diesem Aspekt wird die rechtliche Zuordnung als mehr zufälliges Ordnungselement betrachtet, dessen notwendige Folge bei Fortbestand der Ehe eine mittelbare (abgeleitete) Altersversorgung des anderen Ehegatten ist und bleibt, der Zweck aber als die entscheidende Sachaussage, der nach vorzeitiger Beendigung der Ehe eine unmittelbare (eigenständige) Altersversorgung entspreche.

Zwei tragende Gründe können additiv die Überzeugungskraft verstärken, die nur einer von ihnen hätte; Voraussetzung ist insoweit Deckungsgleichheit der mit ihnen begründbaren Sachaussagen. Zwei Gründe können aber auch in einem Ergänzungsverhältnis zueinanderstehen, in welchem der zweite Grund den ersten ablöst, wenn er die Sachaussage nicht mehr zu begründen vermag. Die doppelte Begründung des Versorgungsausgleichs gehört gewiß zur Fallgruppe der ergänzenden Begründung mit verschwommenen Konturen und Grenzen des einen und des anderen Arguments. Daß schließlich der Versorgungsausgleich in rational faßbarer Manier mit dem einen oder auch mit dem anderen vollständig zu begründen ist, wird sich füglich bezweifeln lassen. Allzu evident ist die Bereitschaft, über eine sehr komplexe Wirklichkeit simple Aussagen zu stülpen, die aus eben jener Wirklichkeit gewonnen sein sollen (die gemeinschaftliche Lebensleistung, der Zweck der Versorgung), ihr aber keinesfalls stets entsprechen. Wer

rig); OLG Saarbrücken, FamRZ 1979, 142 (verfassungswidrig); OLG Hamburg, FamRZ 1979, 301; OLG Bremen, FamRZ 1979, 302 (nicht verfassungswidrig).

[1] Auf dieser Verbindung beruht die Charakterisierung des Versorgungsausgleichs als ,,verlängerter Zugewinnausgleich". Gegen diese (weit verbreitete) Sicht *Bogs,* FamRZ 1978, 84 ,,wegen der Unvergleichlichkeit von güterrechtlichem Privatvermögen und Versorgungsvermögen" (womit ein strukturell bestimmter Vermögensbegriff gegen einen funktional angesetzten gestellt wird!).

konsequent der Wirklichkeit auf der Spur bleiben will, muß bereit sein, ein Recht zu schaffen, das differenziert, wo immer es notwendig ist, und d. h. stets, wenn Idee und Wirklichkeit auseinanderzufallen drohen. Das Recht des Versorgungsausgleiches ist so jedoch nicht gestaltet worden.

Daß die Forderungen des Zeitgeistes mit der gegenwärtigen Regelung langfristig erfüllt wären, ist niemandes Ansicht, wohin der Weg führen wird, jedoch noch ungewiß, mögen sich auch bereits Alternativen zeigen mit Unterschieden in der Nähe zu dem, was heute gilt, und mit Unterschieden in den gesellschaftspolitischen Zielen. Der Gedanke einer allgemeinen Staatsbürgerversorgung wird diskutiert (mit dem alle Fragen ehebedingter und damit privatrechtlich gesteuerter Altersvorsorge obsolet werden würden), aber auch der Gedanke einer allgemeinen Hausfrauenrente (mit zusätzlicher Belastung der Familien durch die Beitragslast), der Vorschlag eines permanenten Rentensplittings schon während der Ehe mit zwei selbständigen Rentenkonten der Ehegatten (die ständige Transparenz gewährleisten und von allen Mühen anläßlich der Ehescheidung entbinden würden) und vieles andere mehr. Manches spricht für das permanente Splitting als Lösung der nahen Zukunft: Es vollendet konsequent einen bereits im gegenwärtigen Versorgungsausgleich verfolgten Gedanken; es fordert keine grundsätzliche Änderung des bestehenden Systems und ist damit nicht belastet mit dem Odium ideologisch bestimmter Zukunftsvisionen; es impliziert schließlich weder die Notwendigkeit, das Volkseinkommen anders als bisher zwischen öffentlicher Hand und privaten Haushalten aufzuteilen, noch die Notwendigkeit, die privaten Haushalte mit höheren Vorsorgeaufwendungen zu belasten. Vieles ist aber auch kritisch anzumerken, auch und gerade aus der Sicht einer um die Stabilität der Ehen bemühten Familienpolitik. Das permanente Rentensplitting verselbständigt die Ehegatten gegebenenfalls gegen die von ihnen selbst gewählte Rollenverteilung in der Ehe; es mindert das Gefühl der Verantwortung füreinander; es kann schließlich vom abgebenden Ehegatten schnell als ungerechtfertigte Belastung empfunden werden und dann ehegefährdend wirken.

3. *Hausfrauenehe als Leitbild.* Die Idee des Versorgungsausgleichs ist der Hausfrauenehe zugekehrt, insofern leitbildbezogen; das geltende Recht hat sie gleichwohl für alle Ehetypen angenommen. Preis der Differenz zwischen einer beschränkt richtigen Idee und einem totalen Geltungsanspruch ist ein (schon bei der Zugewinngemeinschaft vorhandener) Legitimitätsverlust, den die Dispositionsfreiheit der Ehegatten (§ 1408) zwar mildern, jedoch nicht beseitigen kann. Regelungen, die (trotz aller Saldierung mit ihrem Hinweis auf die Möglichkeit beiderseitigen Erwerbs) letztlich betont auf die Frau zugeschnitten sind, die zugunsten der Familie Verzicht auf eine Erwerbstätigkeit leistete und eben deshalb keinen eigenständigen Platz in den verschiedenen tätigkeitsspezifischen Systemen der Altersversorgung fand, büßen ihre Überzeugungskraft ein, wenn sie – aus welchen Gründen auch immer – weiterwuchern. In einer Doppelverdienerehe mit

unterschiedlicher Qualifikation der Ehegatten und unterschiedlicher Akkumulation von Anwartschaften oder Aussichten gleicht der Versorgungsausgleich keine Einbußen um der Familie willen mehr aus; er nivelliert lediglich die beiden Ehegatten auf mittlerer Ebene.

Ausgeglichen wird stets zu gleichen Teilen. Der sozialen Wirklichkeit zuwider wird damit dem sehr differenzierten Berufsleben des Mannes die Hausfrauentätigkeit stets gleichgeordnet, ohne Bewertung der beiderseitigen Tätigkeiten im Einzelfall und ohne Antwort auf die Frage, wieviel der Frau durch ihren Verzicht verlorenging. In dieser Gestalt wird der rational faßbaren Komponente der Idee des Versorgungsausgleiches eine irrationale hinzugefügt, die in dem an sich längst preisgegebenen Gedanken einer allgemeinen Teilhabe an den Errungenschaften des Partners wurzelt.

4. Konsequent festgehalten wurde die Beschränkung des Ausgleichs auf jenen *Teil der Anwartschaften und Aussichten, der während der Ehe erworben wurde.* Voreehelicher Erwerb zählt nicht und ebensowenig der nacheheliche. Während der Ehe hat jede Phase dasselbe Gewicht: Zeiten gesteigerter Inanspruchnahme eines Ehegatten begründen keinen Vorteil für ihn; Zeiten der Trennung zählen nicht weniger als Zeiten des Zusammenlebens. Es gibt auch keinen vorzeitigen Versorgungsausgleich nach dreijähriger Heimtrennung analog der Klage auf vorzeitigen Zugewinnausgleich aus § 1385. Es gibt allein eine Korrektur für Altehen durch einzelfallbezogenen Richterakt, wenn die Ehe nur deshalb nicht geschieden werden durfte, weil ein Ehegatte der Scheidung gem. § 48 II EheG widersprach (Art. 12 Nr. 3 III S. 3 des 1. EheRG).[2]

5. *Interdisziplinäres Recht.* Während der Zugewinnausgleich im Privatrecht bewältigt werden konnte, ist der Versorgungsausgleich zwar noch mit seinen Grundsätzen dem Privatrecht zugeordnet, im Vollzug jedoch ein Rechtsinstitut, das ausfächert in alle jene Rechtsgebiete, aus denen die Anwartschaften und Aussichten erwachsen, die auszugleichen sind. Die Vielfalt der Formen, in denen Alterssicherung außerhalb des Privatrechtes entwickelt wurde, hat zwangsläufig zu einem Konglomerat von Normen geführt, in denen herkömmlich strikt respektierte Grenzen ihre Geltung verloren. Privatversicherungsrecht und Recht der gesetzlichen Rentenversicherung, Beamtenrecht und Recht der betrieblichen Altersversorgung, einst streng vom Familienrecht als Teil des allgemeinen Privatrechts geschieden, verbinden sich mit diesem, treten aber auch untereinander in Beziehungen, da doch im Saldo alle überhaupt ausgleichspflichtigen Anwartschaften und Aussichten auf einen Nenner zu bringen sind.

6. *Technik der Gesetzgebung.* Nur in einem sehr beschränkten Maß liegt in dem komplexen und dem Privatrechtler ungewohnten Recht der Alterssicherung die Ursache für eine Gesetzgebung von formal minderer Qualität, die weder aner-

---

[2] Verfassungsrechtliche Bedenken dagegen in den Entscheidungen OLG Hamm, NJW 1978, 761 (765); FamRZ 1979, 144 (147).

kannten Regeln der Gesetzgebungskunst entspricht, noch den Anforderungen, die speziell an eine Regelung zu stellen sind, die in das BGB eingefügt wird. Das Recht des Versorgungsausgleiches ist ein geradezu extrem dem Rechtsstab zugekehrtes Recht, das an keinem Ort Bemühen um jenen Grad der Verständlichkeit bezeugt, der von der Regelungsmaterie her erreichbar ist. Es ist ein Recht sodann, das die schon am BGB in seiner ursprünglichen Gestalt gerügte Bereitschaft, mit Verweisungen Wiederholungen zu vermeiden, bis zum Grad der exzessiven Schwelgerei treibt. Es ist ein Recht schließlich, das mit disproportionierten, ausufernden Normen den Bruch mit anerkannten Stilelementen des BGB geradezu perfektioniert. Den Höhepunkt der Verweisungstechnik bezeichnet § 1587k aus dem Recht des schuldrechtlichen Versorgungsausgleichs mit einer Kombination von gehäufter und vierfach gestufter Verweisung. Den Höhepunkt des gnadenlosen Aufeinandertürmens bis zur Monstrosität bildet das Ungetüm des § 1587a.

II. Der Versorgungsausgleich im System des ehelichen Vermögensrechts

Schrifttum: *Reinartz,* Vertragliche Gestaltung des Versorgungsausgleichs, NJW 1977, 81; *Hoffmann,* Der vollständige Ausschluß des Versorgungsausgleichs durch einen Ehevertrag, NJW 1977, 235; *Schwab,* Gestaltungsfreiheit und Formbindung im Ehevermögensrecht und die Eherechtsreform, DNotZ, Sonderheft 1977, 51; *Bergerfurth,* Scheidungsantrag und Ausschluß des Versorgungsausgleichs, FamRZ 1977, 440; *Langenfeld,* Vereinbarungen über den Versorgungsausgleich in der Praxis, NJW 1978, 1503; *Jayme,* Versorgungsausgleich in Auslandsfällen, NJW 1978, 1417; *v. Maydell,* Dispositionsmöglichkeiten der Ehegatten im Rahmen des Versorgungsausgleichs, FamRZ 1978, 749; *Schack,* Zum Versorgungsausgleich im internationalen Privatrecht, FamRZ 1978, 860; *Plagemann,* Versorgungsausgleich bei Ausländerscheidungen, NJW 1979, 468.

1. *Versorgungsausgleich und Güterstand.* Trotz aller Verbindungslinien, die den Versorgungsausgleich in Idee und Durchführung mit der Zugewinngemeinschaft verbinden, ist er ein Institut, das unabhängig ist von dem Güterstand, in dem die Ehegatten leben.[1] Zugewinngemeinschaft, Gütergemeinschaft, Gütertrennung – sie alle widerstehen nicht; kein Güterstand fordert Besonderheiten im Ausmaß des Ausgleichs, in seiner Form, in seinem Verfahren. Der naheliegende Gedanke, den Versorgungsausgleich mit dem Zugewinnausgleich (als dessen

[1] Im internationalen Privatrecht ist deshalb der Versorgungsausgleich auch nicht dem Güterrechtsstatut zu unterwerfen (Art. 15 EGBGB), sondern dem Scheidungsstatut (Art. 17 EGBGB). Vgl. etwa OLG München, FamRZ 1978, 696 (dazu krit. *Firsching,* FamRZ 1978, 903 mit Plädoyer für das Ehewirkungsstatut) und 1979, 55; OLG Bamberg, NJW 1979, 497; OLG Saarbrücken, FamRZ 1979, 142; OLG Hamburg, FamRZ 1979, 308; *Jayme,* NJW 1977, 1378 (1383); *Henrich,* Auswirkungen des Ehereformgesetzes auf das internationale Familienrecht, Festschrift Bosch, 1976, S. 421ff.; MünchKomm-*Maier,* 73 vor § 1587; *Ruland-Tiemann,* RdNr. 37. Für das Güterrechtsstatut haben sich dagegen ausgesprochen AG Wunsiedel, FamRZ 1978, 513; AG Berlin-Charlottenburg, NJW 1978, 1116; OLG Hamm, FamRZ 1979, 306; *Schack,* FamRZ 1978, 860ff. Für das Ehewirkungsstatut (Art. 14 EGBGB) treten ein *Bürgle,* FamRZ 1978, 388; AG München, FamRZ 1978, 789. Eine vierte Meinung weist die Problematik dem internationalen Sozialrecht (§ 30 I SGB) zu. Vgl. AG Hamburg, FamRZ 1978, 421; *Plagemann,* NJW 1979, 469. Weitere Lösungsversuche (insgesamt 10 Theorien) bei *Jayme,* NJW 1978, 2417ff.

„Verlängerung") zu einer Einheit zu verschmelzen, wurde nicht aufgegriffen. Isoliertes Institut ist der Versorgungsausgleich damit auch neben dem Zugewinnausgleich geblieben. Wer aus dem einen berechtigt ist, kann aus dem anderen verpflichtet sein.

Dort, wo sich Güterrecht und Versorgungsausgleich hätten kreuzen können, hat das Gesetz vorgebeugt und die Teilungsmassen voneinander gesondert: Für Anwartschaften oder Aussichten, die in den Versorgungsausgleich einbezogen sind, finden die güterrechtlichen Vorschriften keine Anwendung (§ 1587 III).[1a] Freilich wird sich schwerlich bestreiten lassen, daß es unschwer möglich gewesen wäre, den Versorgungsausgleich dem ehelichen Güterrecht zu integrieren und güterstandsspezifisch zu modellieren. Die Ausgliederung zur Selbständigkeit beruht weder auf der Notwendigkeit, Besonderheiten einer Materie Rechnung zu tragen, die sich dem Zugriff des Güterrechtes entzieht, noch auf der Absicht, einen Normenkomplex zu schaffen, der schon äußerlich zu erkennen gibt, daß er Grundprinzipien des ehelichen Güterrechtes nicht unterworfen sein soll. Am Prinzip der Vertragsfreiheit etwa hätten Versorgungsausgleich und Güterrecht auseinanderfallen können. Tatsächlich ist gerade dieses Prinzip ein verbindendes Element; auch der Versorgungsausgleich steht zur Disposition der Parteien.

2. *Versorgungsausgleich und Unterhaltsrecht.* Auch mit dem Unterhaltsrecht ist der Versorgungsausgleich nur tatsächlich, nicht rechtlich verbunden. Wer zum Ausgleich verpflichtet war, ist etwa bestehender nachehelicher Unterhaltspflichten nicht immer ledig, sobald der geschiedene Ehegatte Leistungen als Altersversorgung empfängt, die ihm der Versorgungsausgleich vermittelte. Doch können jene Leistungen die Bedürftigkeit des berechtigten Ehegatten beheben und damit ein Tatbestandselement des Unterhaltsanspruches beseitigen. Umgekehrt ist es möglich, daß der verpflichtete Ehegatte mit Eintritt in das Stadium der Altersversorgung seine Leistungsfähigkeit einbüßt, weil der Versorgungsausgleich seine Rechte schmälerte.

3. In ähnlicher Manier wirken Unterhaltsrecht und Versorgungsausgleich in Regelungen aufeinander ein, die um der Billigkeit willen den Versorgungsausgleich begrenzen. Anhaltende grobe Verletzungen der Pflicht, während der Ehe zum Familienunterhalt beizutragen, können zum totalen oder partiellen Ausschluß des Versorgungsausgleichs führen (§§ 1587c Nr. 3 und § 1587h Nr. 3; vgl. dazu unten V 8 und VII 8); unbillige Belastungen eines Ehegatten durch zeitgleiche Verpflichtungen aus Versorgungsausgleich und aus Unterhaltsrecht löst § 1587d zugunsten der Priorität der Unterhaltspflicht auf. Derlei Doppelbelastungen sind möglich, wenn der öffentlich-rechtliche Versorgungsausgleich durch Entrichtung von Rentenversicherungsbeiträgen zu vollziehen ist (also

[1a] Das gilt auch dann, wenn im Einzelfall ein Versorgungsausgleich nicht stattfindet (§ 1408 II!). Allg. Ans. Vgl. *Ruland-Tiemann*, RdNr. 29; *Göppinger*, Vereinbarungen anläßlich der Ehescheidung, 3. Aufl. 1978, RdNr. 360.

gem. § 1587b III) in einer Zeit, zu der der ausgleichspflichtige Ehegatte zugleich seinen geschiedenen Ehegatten zu unterhalten hat. Daß sie zugunsten der Priorität der Unterhaltspflicht aufgelöst werden, ist sicherlich richtig: Unterhalt sichert den gegenwärtigen Bedarf, Altersvorsorge jedoch künftigen.

Priorität des Unterhaltsanspruches gilt, wenn das Familiengericht[1b] auf Antrag des Verpflichteten angeordnet hat, daß die Verpflichtung aus § 1587d ruht, weil der Verpflichtete durch die Zahlung unbillig belastet wäre, insbesondere aber nicht mehr fähig sein würde, sich selbst angemessen zu unterhalten und seinen Unterhaltspflichten gegenüber dem geschiedenen Ehegatten und den mit diesem gleichrangig Berechtigten (also den minderjährigen unverheirateten Kindern) nachzukommen.[2] Priorität des Unterhaltsanspruches gilt jedoch nur in den Grenzen des jeweils Notwendigen mit entsprechender Flexibilität des Beschlusses: Die Verpflichtung aus dem Versorgungsausgleich kann nur partiell zum Ruhen kommen; Ratenzahlungen können gefordert werden (§ 1587d I S. 2); rechtskräftige Entscheidungen sind auf Antrag aufzuheben oder zu ändern, wenn sich die Verhältnisse nach der Scheidung wesentlich änderten (so, wenn Unterhaltspflichten erlöschen oder der Einkommenszuwachs des Schuldners erheblich hinter der allgemeinen Steigerung des Lohnniveaus zurückbleibt).

Der Beschluß des Familiengerichtes vernichtet die Forderung aus dem Versorgungsausgleich nicht; er begründet lediglich eine Einrede, die den Schuldner vor Säumnis und Verzug trotz Eintritts der Leistungszeit bewahrt. Das von ihm bewirkte ,,Ruhen der Forderung" ist insofern nichts anderes als eine konkrete Ausprägung eines auch sonst (wenn auch nicht allgemein) in der Lehre vom Verzug verwendeten Begriffes.[3]

4. *Eheverträge.* Inmitten des Ehevermögensrechtes zählt der Versorgungsausgleich zu den disponiblen Positionen und erweist sich damit als Rechtsinstitut, das trotz seiner Immunität gegenüber dem Güterstand, in welchem die Ehegatten leben, mit dem Güterrecht die Offenheit gegenüber den einverständlichen Absichten der Ehegatten teilt. Disponieren können die Ehegatten im Ehevertrag (§ 1408 II); disponieren können die Ehegatten aber auch im Scheidungsvertrag (§ 1587o; vgl. dazu unten VIII.). Kontrovers sind freilich die Grenzen geblieben, die der Autonomie der Ehegatten gezogen sind, als Folge gewiß auch (aber nicht nur) der Divergenz zwischen Privatrecht (dem der Versorgungsausgleich als interindividuelle Ausgleichsordnung angehört) und Sozialrecht (das wenigstens weithin das Objekt der Disposition stellt und das sich mit seiner spezifischen

[1b] Es entscheidet der Rechtspfleger, wenn ein Verfahren gem. § 1587b nicht anhängig ist, andernfalls der Familienrichter. Vgl. § 14 Nr. 2a RpflG.

[2] Als Vorschrift, die dem Schuldner und von ihm abhängigen Dritten Schutz gewähren will, enthält sie zwingendes Recht. A.A. *Rolland,* 14ff. zu § 1408.

[3] Vgl. *Gernhuber,* Bürgerliches Recht, 1976, Bl. 31 unter B I. Das Ergebnis (Einrede) auch bei *Rolland,* 8 zu § 1587d.

Zwecksetzung die Ergebnisse der Dispositionsakte integrieren muß). Wird richtig gesehen, daß der interindividuelle Ausgleich die Gerechtigkeitspostulate setzt, das Ergebnis des Ausgleichs aber nicht mehr sein kann als ein sozialpolitisch erwünschtes Resultat, so sind die Möglichkeiten und Grenzen vertraglicher Regelung mit Vorrang dem Privatrecht zu entnehmen und dem Sozialrecht allein jene Widerstände, die es am Objekt setzt.[3a]

Der Ehevertrag als verbindende Form der Disposition kann Versorgungsausgleich und güterrechtliche Regelungen in der Sache nicht näherrücken. Dennoch sind die beiden Materien beim Ausschluß nicht mit jener Stringenz geschieden, die eigentlich zu erwarten wäre. Zwar gibt es keinen Ehevertrag, der güterrechtliche Regelungen trifft, denen vom Gesetz Folgen für den Versorgungsausgleich zugeordnet werden. Aber es gibt den Ausschluß des Versorgungsausgleiches mit Folgewirkungen für den Güterstand. Schließen die Ehegatten in einem Ehevertrag den Versorgungsausgleich vollständig aus, ohne etwas anderes zu bestimmen,[4] so leben sie fortan in Gütertrennung (§ 1414). Berechtigt ist freilich diese Kombination einer gewollten Wirkung mit einer weiteren nicht:[5] Es gibt keine institutionellen Gründe, die rechtfertigen könnten, und es kann sie nicht geben, solange der Versorgungsausgleich güterstandsneutral konzipiert ist; es gibt aber auch keinen Umstand, der den Gedanken eines typisierten hypothetischen Parteiwillens stützen könnte. Freilich ist die Norm angesichts der Pflicht der Notare zur Unterrichtung der Parteien über die Folgen des von ihnen gewünschten Aktes letztlich belanglos. Wer trotz Belehrung nichts Gegenteiliges vereinbart, will die Gütertrennung.

5. Der Ausschluß des Versorgungsausgleichs kann total und unbedingt erfolgen, aber auch bedingt, etwa durch den Erwerb einer Erbschaft (mit der unangenehmen Folge von Schwebelagen im Güterrecht, wenn die Parteien sich auf den Ausschluß beschränkten), und eingeschränkt, etwa auf eine bestimmte Zeit (Beginn der ausgleichspflichtigen Ehezeit nach Ablauf der ersten fünf Ehejahre) oder auf bestimmte Versorgungsarten (auszugleichen nur Positionen aus betrieblicher Altersversorgung) oder auf bestimmte Ausgleichsformen (nur schuldrechtlicher Versorgungsausgleich). Es gibt keinen Grund, die Parteien auf ein bloßes Entweder-Oder zu beschränken[6] (wohl eine ängstliche Praxis der Notare, die eine

---

[3a] Anders *v. Maydell,* FamRZ 1978, 749ff. (aber auch mit dem Erg. einer weitgespannten Vertragsfreiheit).

[4] Daß § 1414 S. 2 auch auf die Einschränkung des S. 1 Bezug nimmt, ist mittlerweile ganz h. L. Vgl. *Reinartz,* NJW 1977, 81 (83); *Diederichsen,* NJW 1977, 217 (223); *v. Maydell,* FamRZ 1977, 172 (181); *Schwab,* DNotZ, Sonderheft 1977, 51 (64).

[5] Als verfehlt wird die Regelung auch bezeichnet von MünchKomm-*Kanzleiter,* 6 zu § 1414.

[6] Nur ein vollständiger Ausschluß des Versorgungsausgleichs wird für möglich gehalten von *Voskuhl-Pappai-Niemeyer,* II 2 zu § 1418; *Ambrock,* Anm. zu § 1408; *Rohde,* NJW 1977, 1764; RGRK-*Finke,* 25 zu § 1408. Doch beginnt sich längst eine gegenläufige h. L. zu festigen. Sehr eng noch *Roth-Stielow,* 4 zu § 1408 (zusätzlich wird lediglich Ausschluß des öffentlich-rechtlichen Ausgleichs zugunsten des schuldrechtlichen gestattet). Weiter aber die anderen. *Diederichsen,* NJW 1977, 217 (223), gibt

tatsächliche Verkümmerung der Vertragsfreiheit bewirken könnte), freilich *Grenzen,* die *der Vertragsfreiheit* durch Beschränkung der Dispositionsbefugnisse der Ehegatten in den einzelnen Versorgungssystemen gesetzt sind. Ehegatten können etwa nicht statt Quasisplitting Realteilung einer Beamtenpension vereinbaren; sie können das Verhältnis von Splitting und Quasisplitting nicht nach ihrem Gutdünken ordnen, wenn im Einzelfall auf beiden Wegen ausgeglichen werden muß; sie können gewiß auch nicht Rückfall übertragener Anwartschaften an den verpflichteten Ehegatten vorsehen, falls der Berechtigte vor Eintritt des Versorgungsfalles stirbt usw.

6. Unbenommen bleibt es den Ehegatten, bestimmte Sachverhalte vorzusehen, die den einen von ihnen oder auch beide berechtigen, durch einseitige Erklärung (die tunlichst der Form eines Ehevertrages unterworfen werden sollte, ihr jedoch nicht unterworfen werden muß) den Ausschluß des Versorgungsausgleichs mit Wirkung ex tunc oder ex nunc (die ,,Ehezeit" des § 1587 II beginnt dann mit dem Monat, in dem die Erklärung erfolgt) zu beseitigen oder auch zu beenden.[6a] Man pflegt insoweit von einem Rücktritt zu sprechen,[7] wählt damit aber eine Kategorie, die in diesem Zusammenhang nur Mißverständnisse hervorrufen kann: Es handelt sich nicht um den Rücktritt der §§ 346ff. (mit der Folge eines Rückabwicklungsschuldverhältnisses), sondern um einen Akt, der unmittelbar alle seine Wirkungen zeitigt.

7. *Entgelt.* In manchen Fällen ist es angebracht, den Ausschluß des Versorgungsausgleichs mit Leistungen zugunsten des voraussichtlich oder auch sicher benachteiligten Ehegatten zu kompensieren (am besten in Form des Aufbaus einer eigenständigen Altersversorgung für ihn), in anderen (Doppelverdienerehe, die weder den einen noch den anderen Ehegatten beruflich hindert) liegt der Gedanke an ein Entgelt dagegen recht fern. Entscheidend sind die Ehegatten, deren Vertrag nicht schon deshalb nichtig ist (§ 138), weil er ein Entgelt nicht vorsieht, obwohl er zu Einbußen eines Ehegatten führt.[8] Eine Rechtsordnung, die den Versorgungsausgleich in die Nähe des Güterrechts rückt, in dem bei

---

den partiellen Ausschluß frei und den Ausschluß ,,nur unter bestimmten Bedingungen". *Rolland,* RdNrn. 9ff. zu § 1408, gesteht den Parteien die Möglichkeit eines auf den öffentlich-rechtlichen Ausgleich beschränkten Ausschlusses zu, ferner – ohne jede Grenze – Modifikationen. Sehr unbestimmt *Schwab,* DNotZ, Sonderheft 1977, 51, 62f. und Handbuch, RdNr. 673. Seiner Meinung nach sind Teilausschlüsse insoweit zulässig, als sie ,,ihrer Art nach zu klaren Ergebnissen" führen. Vgl. ferner MünchKomm-*Kanzleiter,* 19 zu § 1408 (zulässig alle Modifikationen im Rahmen der §§ 1587ff.); *Ruland-Tiemann,* RdNrn. 594f. (Modifikationen, sofern nicht Entrichtung von Beiträgen in die gesetzliche Rentenversicherung vereinbart wird).

[6a] Es gibt dagegen kein Recht zum Rücktritt ex lege wegen Wegfalls der Geschäftsgrundlage (der Ehevertrag ist kein Schuldvertrag). A. A. RGRK-*Finke,* 29 zu § 1408.

[7] Vgl. *Ruland-Tiemann,* RdNr. 595; *Langenfeld,* NJW 1978, 1505.

[8] Heute ganz h.L. Ein Entgelt wurde zunächst gefordert von *Ruland,* NJW 1976, 1715, der seine Meinung später jedoch aufgab. Vgl. *Ruland-Tiemann,* RdNr. 596. Vgl. ferner *Ambrock,* Anm. zu § 1408.

Vereinbarung von Gütertrennung bislang noch niemand nach Äquivalenten gefragt hat, wird nicht mehr folgerichtig entfaltet, sondern korrigiert, wenn Gegenleistungen gefordert werden, die das Gesetz selbst nicht vorsieht. Zudem ist die endliche Wirkung des Vertrages zur Zeit seines Abschlusses oft gar nicht mit jener Sicherheit zu prognostizieren, die für ein fundiertes Urteil notwendig wäre.

8. Unbestritten bleibt, daß *Sittenwidrigkeit* (und damit Nichtigkeit) des Vertrages im Einzelfall aus anderen Gründen gegeben sein kann, die ebenso im Verhältnis der Ehegatten untereinander liegen können wie im Verhältnis der Vertragsparteien zu Dritten. Nichtig ist etwa ein Vertrag, in dem ein Ehegatte seine intellektuelle oder wirtschaftliche Überlegenheit bewußt zum Nachteil seines Partners ausnutzt. Nichtig ist aber auch ein Vertrag, in dem die Parteien kollusiv zum Nachteil der gesetzlichen Rentenversicherung zusammenwirken.[9]

9. *Seriositätsfrist.* Eheverträge, die den Versorgungsausgleich ausschließen, sind gemäß § 1408 II nichtig, wenn innerhalb eines Jahres nach Vertragsschluß Antrag auf Scheidung der Ehe gestellt wird,[10] freilich nur (in restriktiver, den Normzweck entfaltender Interpretation), wenn die Scheidung der Ehe tatsächlich erfolgt.[11] Wird der Antrag auf Scheidung der Ehe zurückgenommen, so hat es bei der Wirksamkeit des Vertrages sein Bewenden;[12] nichts anderes gilt, wenn der

---

[9] Dem Text grds. entsprechend *Hillermeyer,* FamRZ 1976, 577ff.; *Reinartz,* NJW 1977, 81 (82); *Hoffmann,* NJW 1977, 235; *Schwab,* DNotZ, Sonderheft 1977, S. 65 und Handbuch, RdNr. 673; *v. Maydell,* FamRZ 1977, 181; *Rolland,* 12ff. zu § 1408 (ebenso wie v. Maydell Anschluß an den Unterhaltsverzicht suchend); *Ruland-Tiemann,* RdNr. 596; *Roth-Stielow,* 9 zu § 1408; *Langenfeld,* NJW 1978, 1505.

[10] Gemeint ist damit die Rechtshängigkeit des Scheidungsantrages (mit Milderung durch § 270 III ZPO). Vgl. *Bergerfurth,* FamRZ 1977, 440ff.; *Roth-Stielow,* 11 zu § 1408. Nach a. A. soll stets der Zeitpunkt entscheidend sein, zu welchem die Antragsschrift beim FamG eingereicht wird. Vgl. RGRK-*Finke,* 32 zu § 1408 (arg. § 622 I ZPO). Nach dritter Ans. (die den Normtext für sich reklamiert, auf eine teleologische Erklärung aber verzichtet) soll der Zeitpunkt entscheidend sein, zu welchem der Antrag in der mündlichen Verhandlung gestellt wird. Vgl. *Reinartz,* NJW 1977, 83; *Ruland-Tiemann,* RdNr. 592.

[11] Beseitigt wird dann auch die güterrechtliche Wirkung des § 1414 S. 2. Weder bei der unmittelbaren Wirkung des § 1408 S. 2 (vgl. dazu *Voskuhl-Pappai-Niemeyer,* III 3 zu § 1408) noch bei der Folgewirkung des § 1414 S. 2 (vgl. dazu *Rolland,* 17 zu § 1587 o, dem sich *Bergerfurth,* FamRZ 1977, 440 [442 Fn. 19] angeschlossen hat) sollte jedoch von einer auflösenden Bedingung gesprochen werden. Es handelt sich gerade nicht um rechtsgeschäftlich gewollte Folgen. Folgerichtig sind die §§ 158ff. nicht anzuwenden (für analoge Anwendung der §§ 158, 159 aber RGRK-*Finke,* 15 zu § 1414). Dritte werden allein durch § 1412 geschützt; ein genereller Schutz in Analogie zu dieser Norm ohne Rücksicht auf die Eintragung im Güterrechtsregister (dafür *Rolland* und *Bergerfurth,* a. a. O.) ist abzulehnen. Wer die Rechtsfolgen des § 1412 ohne Rücksicht auf das Güterrechtsregister gewähren will, ignoriert die Funktion des Registers und zieht keinen Analogieschluß mehr. Vgl. ferner *Ruland-Tiemann,* RdNr. 604 (keine Auswirkungen zu Lasten Dritter, weil sich die güterrechtliche Folge „erst nachträglich herausstelle". Entscheidend ist jedoch die Rückwirkung).

Mit Rücksicht auf § 1408 S. 2 werden Ehegatten, die Gütertrennung auch bei Fortbestand des Versorgungsausgleichs wünschen, stets ausdrücklich Gütertrennung vereinbaren müssen (wobei auch der Anwendung des § 139 vorzubeugen wäre).

[12] Vgl. *Bergerfurth,* FamRZ 1977, 440 (442); *Reinartz,* NJW 1977, 81 (83); *Ruland-Tiemann,* RdNr. 593; *Roth-Stielow,* 10 zu § 1408; *Göppinger,* RdNr. 360; RGRK-*Finke,* 31 zu § 1408. AG Ber-

Antrag durch Urteil abgewiesen wird.[13] Das eine wie das andere ist dem Normtext nicht mehr zu entnehmen, doch wollte niemand den Ehegatten die Möglichkeit gewähren, sich (wenn auch notgedrungen in der Form eines Scheidungsantrages) durch unbegründeten einseitigen Akt von einem nicht mehr genehmen Vertrag loszusagen.

Bezweckt wird Schutz vor Mißbrauch der Vertragsfreiheit, im Verhältnis zum Partner, dem die Intention baldiger Scheidung ohne Versorgungsausgleich verschwiegen wird (insofern kann § 1408 II als typisierte Anwendung des § 123 mit unmittelbarer Nichtigkeitsfolge verstanden werden)[14] und im Verhältnis beider Ehegatten zum Staat, der für Vereinbarungen „im Zusammenhang mit der Scheidung" (und nur für sie) in § 1587 o das Recht der Inhaltskontrolle für sich in Anspruch nimmt (das freilich dem Schutz des schwächeren Ehegatten dient) und in § 1408 II zu sichern sucht. Erreicht wird einerseits zu wenig: Ehegatten, denen die Norm bekannt ist (und der Notar hat aufzuklären), werden ihr nicht zum Opfer fallen, sondern ein Jahr zu warten verstehen.[15] Erreicht wird andererseits viel zu viel: Jeder Ehegatte kann auch unverdächtige Eheverträge zu Fall bringen (ohne sich zu einer äquivalenten Scheidungsfolgenvereinbarung bereitzufinden), wenn er nur binnen Jahresfrist einen Scheidungsantrag stellt, an den er bei Vertragsschluß noch gar nicht dachte (Fälle insbesondere des § 1565 II).

III. Die ausgleichspflichtigen Positionen und ihre Bewertung – Grundsätze

Schrifttum: *Schusinski* und *Stiefel,* Die Technik des Versorgungsausgleichs mit Hilfe der Barwert-Verordnung, NJW 1977, 1264; *Vogel,* Erzwingung von Angaben betr. den Versorgungsausgleich durch das Familiengericht gemäß § 33 I, III FGG?, FamRZ 1978, 391.

1. *Numerus clausus.* Auszugleichen sind gem. § 1587 nur „Anwartschaften oder Aussichten auf eine Versorgung wegen Alters oder Berufs- oder Erwerbsunfähigkeit der in § 1587 a Abs. 2 genannten Art", mithin ein geschlossener Kreis rechtlicher Positionen, die sich nach Art und Zweck von anderen rechtlichen Positionen scheiden. Die Identität des Zweckes begründet ohne Gleichheit der

---

lin-Charlottenburg, FamRZ 1979, 44. A. A. (sofern nicht bewiesen werden kann, daß der Scheidungsantrag nicht ernstlich gestellt wurde) MünchKomm-*Kanzleiter,* 21 zu § 1408.

[13] Auch ein erfolgloser Antrag soll genügen nach Ansicht von *Rolland,* 8 zu § 1587 o; *Bergerfurth,* FamRZ 1977, 440 (442 Fn. 25); anscheinend auch von *Voskuhl-Pappai-Niemeyer,* III zu § 1408. Wie der Text *Schwab,* DNotZ, Sonderheft 1977, 51 (65) und Handbuch, RdNr. 677; RGRK-*Finke,* 31 zu § 1408.

[14] Damit ist unvereinbar die Überzeugung, § 138 sei anzuwenden, wenn ein Ehegatte bei Vertragsschluß die Möglichkeit einer Scheidung nach Jahresfrist in Erwägung ziehe, während der Partner arglos sei. Dafür aber RGRK-*Finke,* 28 zu § 1408.

[15] Illegitim, aber auch wertlos ist es, die Frist unter Berufung auf Rechtsmißbrauch zu erweitern, wenn der Antrag „ganz kurze Zeit nach Ablauf der Frist" gestellt wird (dafür *Roth-Stielow,* 6 zu § 1408). Illegitim, weil der Funktion einer klar fixierten Frist widersprechend. Und wertlos, weil die Korrektur in der Praxis doch nur zur Wahrung einer (weiteren) kurzen Respektsfrist führen würde, die § 242 endgültig ausschließt.

Art ebensowenig eine Ausgleichspflicht wie die Gleichheit der Art ohne Identität des Zweckes.

Mangels entsprechender Bestimmung sind etwa Ansprüche auf wiederkehrende Leistungen nicht auszugleichen, die der Entschädigung für erlittene Einbußen dienen, Ansprüche insbesondere aus der gesetzlichen Unfallversicherung oder aus dem Bundesversorgungsgesetz, aber auch Schadensersatzrenten auf privatrechtlicher Basis, wie sie aus § 843 erwachsen können oder auch aus den §§ 10ff. StVG. Mangels Artgleichheit aber sind dem Versorgungsausgleich entzogen etwa alle Sachwerte, insbesondere aber Immobiliareigentum, aus dessen Erträgen der Unterhalt im Alter bestritten werden soll, Rechte auf wiederkehrende Sachleistungen sodann, Altenteilsansprüche insbesondere mit ihrem stets einschlägigen Zweck,[1] Rechte aus Kapitalversicherungsverträgen schließlich und allen anderen Quellen, die lediglich einen Anspruch auf die Leistung eines Kapitals vermitteln. Auch bloße Rentenwahlrechte (dem Versicherten bleibt es vorbehalten, zu einem späteren Zeitpunkt für eine einmalige Leistung oder für eine laufende Rente zu optieren) sind dem Versorgungsausgleich entzogen;[2] sie bei ihm zu berücksichtigen, hieße die Wahl vorzeitig anstelle des Versicherten vollziehen.

Eine Ausnahme gilt auch nicht (wie zuweilen behauptet) für einmalige Leistungen aus der betrieblichen Altersversorgung.[3] Mag sein, daß der Normtext des § 1587a II Nr. 3 eine gegenläufige Interpretation gestattet, die sonst strikt eingehaltene Grenzen sprengt. Sicher sollte jedoch sein, daß einmalige Leistungen auch dann, wenn sie betont zu Zwecken der Altersversorgung gewährt werden, mit periodischen Leistungen keinesfalls verglichen werden können und ihrer Art nach weit besser im Zugewinnausgleich zu bedenken sind. Sicher sollte ferner sein, daß der Schnitt zwischen bereits gewährten einmaligen Leistungen (die unbestritten nicht in den Versorgungsausgleich gehören) und anderen, die demnächst zu gewähren sind, schwerlich anders denn als willkürlich bezeichnet werden kann. Symptomatisch ist auch, daß die BarwertVO keine Größen für die notwendige Rekapitalisierung des einmaligen Kapitals zur Verfügung stellt. Zwar kann die VO die von § 1587a eingeräumte Interpretationsfreiheit nicht ändern, doch ist sie ein weiterer Beweis für den Graben, der einmalige Leistungen und Grundgerüst des Versorgungsausgleichs voneinander trennt.

Eine Ausnahme gilt ebensowenig für einmalige Leistungen zur Erfüllung von kapitalisierenden und abfindenden Verträgen, mit denen Rentenansprüche abge-

---

[1] Ebenso *Ruland*, NJW 1976, 1713 (1716) mit Meinungsänderung in *Ruland-Tiemann*, RdNr. 67; *Ambrock*, IV zu § 1587. A. A. *Rolland*, 12 zu § 1587; *v. Maydell*, FamRZ 1977, 171 (176 Fn. 40).

[2] Ebenso *Ambrock*, II 6 zu § 1587a; *Ruland-Tiemann*, RdNr. 58; *v. Maydell*, FamRZ 1977, 175; MünchKomm-*Maier*, 310 zu § 1587a.

[3] Ebenso *Voskuhl-Pappai-Niemeyer*, III 3a bb β zu § 1587a; *Ruland-Tiemann*, RdNr. 66; wohl auch *Schusinski* und *Stiefel*, NJW 1977, 1264 (1265). A. A. *Rolland*, 9 zu § 1587; *Ambrock*, II 4 zu § 1587a.

golten werden.[4] Die Gefahr des planmäßigen Qualitätswechsels in der eigenen Alterssicherung zum Nachteil des Ehegatten ist nur für private Rentenversicherungen gegeben, nie aber (mangels Dispositionsfreiheit) für die gesetzlichen. Ihr mit subjektiv bestimmten Tatbeständen begegnen zu wollen, die nach den Motiven für die Kapitalisierung fragen, ist zumindest problematisch, weil die Schwierigkeiten bei der Abgrenzung des verpönten Qualitätswechsels vom erlaubten (weil nicht finalen) unübersehbar sind. Zu bedenken bleibt auch, daß alle Positionen, die nicht dem Versorgungsausgleich zugeführt werden, jedenfalls beim Zugewinnausgleich zu erfassen sind: Das gilt für Alterssicherungen, die von vornherein ihrer Art nach § 1587a II nicht entsprechen, ebenso wie für andere, die ihre Art nach einem rechtsgeschäftlichen Eingriff änderten.

2. *Neutrale Positionen.* Nicht auszugleichen sind „Anwartschaften oder Aussichten, die weder mit Hilfe des Vermögens noch durch Arbeit der Ehegatten begründet oder aufrechterhalten worden sind" (§ 1587 I 2), dem Normzweck zufolge mithin Positionen, die zwar ehebedingt sein können, sich jedoch jedem Versuch widersetzen, sie mit dem wirtschaftlichen Ertrag der Ehe – und sei es auch nur in vager Form – zu verbinden. Die in Parallele zu § 1374 II entwickelte Norm bringt freilich wie ihr Vorbild den Normzweck formalisiert zum Ausdruck und erkauft den Vorteil der Formalisierung mit dem Nachteil evidenter Disparitäten zwischen eigenem Anspruch und Wirkung: Anwartschaften und Aussichten, die mit Hilfe des Vermögens geschaffen werden, sind etwa auch dann auszugleichen, wenn alle eingesetzten Mittel vor der Ehe erworben wurden.[5]

Praktische Bedeutung gewinnt § 1587 I 2 vornehmlich für Alterssicherungen, die einem Ehegatten durch einen Dritten (Eltern, Schwiegereltern) begründet werden, und für Alterssicherungen, die aus Drittmitteln finanziert wurden.[6] Stets bedeutungslos ist er dagegen für Alterssicherungen, die ein Ehegatte dem anderen schuf.[7] Auch sie führen auf Vermögen und Arbeit „der Ehegatten" zurück; die Paradoxie einer Alterssicherung, die dem Partner allein zu danken und gerade deshalb nicht auszugleichen wäre, beweist ein übriges.

3. *Aussichten, Anwartschaften, Vollrechte.* Auszugleichen sind Aussichten und Anwartschaften, jedoch – wie sich aus § 1587a ergibt – auch bereits bestehende

---

[4] A. A. *Ruland,* NJW 1976, 1713 (1716) und *Ruland-Tiemann,* RdNr. 64 (auszugleichen, wenn noch nicht ausbezahlt, andernfalls „zumindest dann, wenn der Berechtigte in Erwartung der Scheidung die Anwartschaft hat kapitalisieren lassen"). Wie der Text dagegen *Rolland,* 9 zu § 1587.

[5] Um Anschluß an das Recht der Zugewinngemeinschaft bemüht *Ruland-Tiemann,* RdNr. 55. Nicht auszugleichen sind ihm zufolge alle Positionen, die mit dem „Anfangsvermögen" erworben wurden (doch ist es keine abgegrenzte Vermögensmasse), und alle Positionen, die mit Mitteln erworben wurden, die gemäß § 1374 II dem Anfangsvermögen hinzuzurechnen sind (womit die willkürlichen Entscheidungen des Güterrechtes auch für den Versorgungsausgleich bestimmend werden).

[6] Auszugleichen sind dagegen bereits Positionen, die aus eigenen Mitteln finanziert wurden, die den Ehegatten nur infolge Zuwendungen Dritter zur Verfügung standen. Vgl. *Rolland,* 19 zu § 1587.

[7] I. Erg. ebenso *Rolland,* 20 zu § 1587.

Versorgungsrechte. Der Rentner, der Pensionär ist ausgleichspflichtig wie der noch aktiv Tätige, und das nach Form und Ausmaß. Es gibt auch keinen Grund, der eine Zäsur rechtfertigen könnte: Der Gedanke einer eigenständigen Versorgung aller Ehegatten ohne oder doch mit geringeren Versorgungspositionen endet nicht mit Erreichen der Altersgrenze.

Der Rechtsdogmatik ist der Begriff „Aussicht" im Verstande des Versorgungsrechtes bislang nicht geläufig; dem eingeführten Begriff der „Erwerbschance" entspricht er nicht und kann er nicht entsprechen, weil bloße Erwartungen nicht in einer Ebene mit bereits bestehenden (wenn auch vielleicht noch wachsenden) Positionen gesehen werden können. Ähnliche Schwierigkeiten bereitet der Begriff der „Anwartschaft". Er ist im Zivilrecht bislang ein sehr diffuser Begriff geblieben, unscharf bereits in seinem Zentrum, kaum noch faßbar an der Peripherie. Klare Konturen gewann allein der Begriff des „Anwartschaftsrechtes". Er ist indessen im Recht des Versorgungsausgleiches sicher nicht gemeint, wenn es von Anwartschaften spricht, da doch evident Rechtspositionen als Anwartschaften auszugleichen sind, die ihm nicht gerecht werden. Wenn er überhaupt im Versorgungsausgleich Verwendung finden soll, so kann man mit seiner Hilfe die nicht mehr verfallbaren Anwartschaften von den anderen sondern, dagegen nicht mehr die Anwartschaften von den Aussichten.

So handelt es sich denn um eine Begriffsbildung mit sachspezifischem Gehalt, die dem Versorgungsrecht zugekehrt ist. Unter einer „Aussicht" versteht das Gesetz eine begünstigende Rechtslage, aus der sich bei gewöhnlichem Verlauf der Dinge eine Versorgung entwickelt; als „Anwartschaft" aber charakterisiert es alle rechtlich gesicherten Aussichten, die den späteren Erwerb von Versorgungsrechten zum Gegenstand haben, mag auch die Summe der bereits verwirklichten Tatbestandselemente eine Gewähr des späteren Erwerbs noch nicht bieten.[8] *Anwartschaften sind also Aussichten von besonderer Konstanz, die in einer rechtlichen Sicherung Gestalt gewinnt, diese bezogen allein auf die Aussicht* und nicht etwa (wie es dem herkömmlichen Begriff des Anwartschaftsrechtes entspricht) auf das spätere Recht. Bloße Aussichten begründen in erster Linie Versorgungspositionen, die niemals zu Ansprüchen führen können (und eben deshalb auch niemals rechtlich gesichert sind), weil das Versorgungswerk derlei Ansprüche nicht vorsieht, mag auch die tatsächliche Gewähr späterer Versorgung gar nicht in Frage gestellt werden können.

Rechtslagen, die zwar zu einer Versorgung in der Zukunft beitragen können, jedoch vorerst den Verdichtungsgrad einer Aussicht nicht erreichten, sind nicht auszugleichen (auch nicht in schuldrechtlicher Form).[8a] Schon Aussichten kön-

---

[8] Ebenso (mit Nuancen im sprachlichen Ausdruck) MünchKomm-*Maier*, 9 zu § 1587; *Schwab*, RdNr. 486; *Ruland-Tiemann*, RdNrn. 44ff.; letztlich auch *Schusinski* und *Stiefel*, NJW 1977, 1264.

[8a] Anders gelagert sind die Fälle einer sicheren, der Art nach aber ungewissen Versorgung (Zeitsoldaten). AG Flensburg, FamRZ 1978, 786 verweist dann in den schuldrechtlichen Ausgleich. AG

nen trügen; geringere Chancen sind von vornherein zu diffus für den Versorgungsausgleich.

4. *Verfallbare Aussichten und Anwartschaften.* Auszugleichen sind alle Aussichten und Anwartschaften, die verfallbaren ebenso wie die bis zur Konstanz eines Anwartschaftsrechtes verdichteten (vgl. § 1587a VII) und beide mit gleicher Bewertung. Erwirtschaftet als Teil der Lebensleistung wurden nicht nur Positionen, die dem berechtigten Ehegatten nicht mehr gegen seinen Willen entzogen werden können und eine Versorgung begründen würden, wenn der Versorgungsfall sofort einträte.[9] Erwirtschaftet als Teil der Lebensleistung wurden auch die anderen Positionen, deren Fortbestand unsicher ist oder doch deren Entwicklung zu einem höheren Grad der Verdichtung, der erst den Zugang zur Versorgung bei Eintritt des Versorgungsfalles eröffnet. So ist die Berücksichtigung beider unabweisbar und problematisch allein die Gleichheit der Bewertung und die Endgültigkeit des Ausgleichs, die freilich dem Ende der Ehe korrespondiert; es empfiehlt sich nicht, ohne zwingende Gründe die Abwicklung einer Ehe im Vermögensrecht später noch einmal aufzugreifen.

Das Gesetz hat der Schwäche der verfallbaren Aussichten und Anwartschaften nur an zwei Stellen Rechnung getragen. Verfallbare Aussichten und Anwartschaften auf eine betriebliche Altersversorgung wurden dem schuldrechtlichen Versorgungsausgleich zugewiesen (§ 1587a II Nr. 3 S. 3), der erst bei Eintritt des Versorgungsfalles einsetzt (vgl. § 1587g).[9a] Und dort, wo sich die Übertragung oder Begründung von Rentenanwartschaften in den gesetzlichen Rentenversicherungen voraussichtlich nicht zugunsten des berechtigten Ehegatten auswirken würde, soll der Familienrichter den Ausgleich auf Antrag einer Partei in anderer Weise regeln (§ 1587b IV; vgl. dazu unten V 7). Im übrigen herrscht die Gleichheit ohne jede spätere Korrektur: Es gibt keinen speziellen Tatbestand im Recht des Versorgungsausgleichs; allgemeine Rechtsinstitute mit Korrekturfunktion (ungerechtfertigte Bereicherung; Wegfall der Geschäftsgrundlage) finden keinen Ansatz: Der Versorgungsausgleich weist abschließend mit den Aussichten und den Anwartschaften auch die mit ihnen verbundenen Risiken zu. Ehegatten, die dem Partner durch Entrichtung von Beiträgen (§ 1587b III) eine Anwartschaft begründen, um eine eigene Position auszugleichen, die später verfiel, können weder die Beiträge kondizieren noch einen Rückausgleich fordern. Ehegatten, die aus Versorgungsausgleich nichts erhielten, weil eigene verfallbare Positionen gesicherte des Partners im Saldo aufhoben, können keinen erneuten Ausgleich fordern, wenn ihre Positionen später zu keiner Versorgung führten.

Celle, FamRZ 1979, 51 mit Anm. *Schwab* will dagegen gem. § 1587a V bewerten und gem. § 1587b III ausgleichen.

[9] Vgl. dazu für die betriebliche Altersversorgung § 1 BetrAVG.

[9a] Das gilt auch, wenn der ansonsten ausgleichsberechtigte Ehegatte über verfallbare Positionen verfügt. Irrig AG Düsseldorf, FamRZ 1979, 50.

5. *Ehezeit.* Auszugleichen sind nur Anwartschaften oder Aussichten, die in der Ehezeit begründet oder aufrechterhalten wurden, und sie nur mit jenem Teil, der auf die Ehezeit zu beziehen ist. Deren Dauer wäre an sich nach Tagen zu berechnen, doch vereinfacht das Gesetz: Kleinste Recheneinheit ist der Monat.

Ehezeit ist die Zeit vom Beginn des Monats, in dem die Ehe geschlossen wurde, bis zum Ende des Monats, der dem Eintritt der Rechtshängigkeit des Scheidungsantrags vorausgeht (§ 1587 II), sofern – so wäre dem Normtext hinzuzufügen – der Versorgungsfall nicht bereits in einem früheren Zeitpunkt eintrat. Der heiratende Rentner ist niemals ausgleichspflichtig, ein Ehegatte, der während der Ehe in den Ruhestand trat, lediglich mit seinen Anwartschaften aus der Zeit vor Erreichen der Altersgrenze. Hier wie dort wurde die Ehe (überhaupt oder in ihrer Endphase) in einer Zeit geführt, die für die Versorgung irrelevant blieb.

Daß die Rechtshängigkeit des Scheidungsantrags an die Stelle der Rechtskraft des Scheidungsurteils tritt,[10] entspricht § 1384 aus dem Recht der Zugewinngemeinschaft, ermöglicht eine Saldierung im Entscheidungsverbund und im Scheidungsvertrag und widerspricht dem Grundgedanken des Versorgungsausgleichs nicht: Von gemeinschaftlichen Leistungen der Ehegatten wird nach Eintritt der Rechtshängigkeit schwerlich noch die Rede sein können. Belanglos ist dagegen ein früherer Zeitpunkt der tatsächlichen Trennung der Ehegatten. In Übereinstimmung mit dem Recht der Zugewinngemeinschaft (jedoch ohne Möglichkeit, vorzeitigen Versorgungsausgleich zu fordern) bleiben Zeiten getrennten Lebens vollwertige Ehezeiten, und das auch dann, wenn nachweislich keinerlei ökonomische Relevanz der ehelichen Bindung erhalten blieb.

Der Bezug auf die Ehe ist im Gesamtkonzept des Versorgungsausgleichs ebenso selbstverständlich wie die formale Gestalt, in der das Gesetz ihn aufnahm. Denn aufrechterhalten wird eine Anwartschaft oder Aussicht in der Zeit der Ehe schon dann, wenn das Rechtsverhältnis fortgeführt wurde, aus dem die spätere Versorgung erwachsen soll oder erwachsen ist, oder anders formuliert: schon dann, wenn die spätere Versorgung zumindest auch mit Rücksicht auf den Zeitraum gewährt wird. Belanglos ist, ob die Anwartschaften oder Aussichten in der Zeit der Ehe eine Änderung erfuhren; ausgleichspflichtig ist auch der Beamte, der bereits vor der Ehe die Voraussetzungen für die Gewährung der Höchstpension erfüllte, denn seine Versorgungsbezüge werden ihm auch für seine Dienste in späteren Jahren gewährt. Belanglos ist ferner, ob während der Ehe Aufwendungen erfolgten oder nicht; auszugleichen sind in der gesetzlichen Rentenversicherung auch beitragslose Zeiten, sofern sie zu den anrechnungsfähigen Versi-

---

[10] Sie bleibt auch dann entscheidend, wenn das Verfahren zum Ruhen kommt. Ebenso AG Ulm, NJW 1978, 2037. A. A. AG Stuttgart, NJW 1978, 646 (Zeitpunkt, in dem das Gericht wieder angerufen wird).

cherungszeiten gehören, sei es nun für die Erfüllung der Wartezeit, sei es auch für die Berechnung der Höhe der Rente.

Schwierigkeiten bereiten Fälle, in denen die Zeit, *in* welcher Leistungen für eine spätere Versorgung erbracht werden, und die Zeit, *für* die jene Leistungen erfolgten, differieren, und eine von ihnen zur Ehezeit gehört, die andere dagegen nicht (ein Ehegatte erhöht während des Scheidungsverfahrens seine Anwartschaften in der gesetzlichen Rentenversicherung durch Nachentrichtung von Beiträgen für einen in die Ehezeit fallenden Zeitraum). Entscheidend sollte insoweit das sog. ,,Für-Prinzip" sein, das die gesetzliche Rentenversicherung beherrscht (und damit weitere Berechnungen erübrigt) und das dem Duktus von ausgleichspflichtigen und ausgleichsfreien Zeiträumen weit überzeugender eingegliedert werden kann als das (von ganz anderen Überlegungen geleitete) ,,In-Prinzip".[11] Der Hinweis auf die Möglichkeit, durch geschicktes Vorgehen Vermögensteile sowohl dem Zugewinnausgleich als auch dem Versorgungsausgleich zu entziehen (durch Leistungen in der Ehezeit aus dem während der Ehe erworbenen Vermögen für einen außerhalb der Ehezeit liegenden Zeitraum) übersieht, daß im Güterrecht korrigiert werden kann (§ 1375 II Nr. 3). Zudem stehen spätere Beiträge und der mit ihnen erreichte Erfolg keinesfalls in einem Äquivalenzverhältnis, das es gestattet, an dem Erfolg auch den Ehegatten zu beteiligen, weil ihm güterrechtlich die Beiträge entzogen wurden.

6. *Werteinheiten und Monatsbeiträge.* In die Ausgleichsrechnung sind alle überhaupt ausgleichspflichtigen Versorgungspositionen der beiden Ehegatten in Monatsbeträgen einzustellen, die um alle familienbezogenen Bestandteile (also Kinderzuschläge, Steigerungen des Ortszuschlages usw.) gekürzt sind. Saldiert wird damit in periodisch fälligen DM-Beträgen. Die gesetzliche Rentenversicherung verwendet dagegen als Rechnungsgrößen Werteinheiten, die allen Notwendigkeiten eines volldynamisierten Versicherungssystems Rechnung tragen. In diesen Werteinheiten spiegelt sich das von Jahr zu Jahr neu errechnete Verhältnis von Individualverdienst des einzelnen Versicherten und durchschnittlichem Bruttoarbeitsverdienst aller Versicherten (im Jahre 1977 betrug der durchschnittliche Arbeitsverdienst 24945 DM; ein Versicherter mit einem Individualverdienst von 29934 DM erwarb 120 Werteinheiten). Die Umsetzung von Werteinheiten in Rentenanwartschaften (berechnet in monatlichen DM-Beträgen) und umgekehrt von Rentenanwartschaften (nach ihrer Übertragung) in Werteinheiten erfolgt anhand der alljährlichen (auf § 1304c RVO = § 83c III AVG = § 96b RKnG gestützten[12]) Bekanntmachungen von Rechnungsgrößen durch den Bundesmini-

[11] Für das ,,Für-Prinzip" MünchKomm-*Maier,* 141 zu § 1587a; OLG München, FamRZ 1979, 310 und 312. Grundsätzlich für das ,,In-Prinzip" dagegen *Ruland-Tiemann,* RdNrn. 140ff. (anders für Zahlungen nach Ende der Ehezeit, aber vor Rechtshängigkeit des Scheidungsantrags); AG Düsseldorf, FamRZ 1979, 50. Beide Prinzipien werden kombiniert von *Schwab,* RdNr. 502.

[12] Der folgende Text führt die (wiederkehrenden) Normgleichungen nicht mehr an. Alle Besonderheiten der knappschaftlichen Rentenversicherung werden nicht dargestellt.

ster für Arbeit und Sozialordnung, in denen Umrechnungsfaktoren mitgeteilt werden, die sich in mathematisch exakter Berechnung aus vorgegebenen Daten ergeben und damit gelten, weil sie richtig sind (und nicht etwa kraft eines legislatorischen Aktes).

7. *Homogenisierung.* Vergleichbar und damit der Saldierung fähig ist allein das Vergleichbare. Versorgungspositionen aber sind auch in Monatsbeträgen nicht stets gleicher Qualität. Von den volldynamischen Versorgungen mit ständiger Anpassung der Bezüge an die wirtschaftliche Entwicklung sondern sich die anderen, die nur beschränkt dynamisiert sind oder gar statisch bleiben und damit im Vergleich mit den voll dynamisierten ständig an Wert verlieren, weil sie weder dem Geldwertschwund noch Veränderungen im Lebensstandard Rechnung tragen.

Homogenisiert wird auf der Basis der volldynamischen Versorgungen, der Basis der Beamtenversorgung also und der Basis der gesetzlichen Rentenversicherung. Deren Altersruhegelder bezeichnen die Werte, in die alle Versorgungen anderer Art umgerechnet werden, meist mit der Folge einer gravierenden Abwertung ihres Nominalbetrages. Sofern Leistungen außerhalb der betrieblichen Altersversorgung – etwa auf Grund einer privaten Rentenversicherung – ausschließlich aus einem Deckungskapital oder doch aus einer vergleichbaren Dekkungsrücklage gewährt werden (in der privaten Rentenversicherung: aus der durch Beiträge unmittelbar oder mittelbar gebildeten Kapitalsumme), ist dasjenige Altersruhegeld in die Ausgleichsrechnung einzustellen, ,,daß sich ergäbe, wenn der während der Ehe gebildete Teil des Deckungskapitals oder der auf diese Zeit entfallende Teil der Deckungsrücklage in die gesetzliche Rentenversicherung entrichtet würde" (§ 1587a III Nr. 1). Sofern aber andere nicht volldynamische Versorgungen – insbesondere aus betrieblichen oder berufsständischen Einrichtungen – gewährt werden, ist dasjenige Altersruhegeld zugrundezulegen, das sich ergäbe, wenn ihr nach der BarwertVO zu ermittelnder Barwert als Beitrag in die gesetzliche Rentenversicherung entrichtet würde (§ 1587a III Nr. 2 und IV). Bei einem 50jährigen Ehegatten, dem eine statische Altersrente, beginnend mit Vollendung des 65. Lebensjahres zugesagt wurde, ergibt sich, wenn die Anwartschaft mit 2000 DM ausgleichspflichtig ist (weil insoweit in der Ehezeit erworben) und der Scheidungsantrag 1979 rechtshängig wurde, lediglich eine ausgleichspflichtige Anwartschaft in Höhe von 433,71 DM.[13]

8. *Tabellenwerke.* Für alle im Zusammenhang mit dem Versorgungsausgleich notwendigen Rechenoperationen stehen Tabellenwerke zur Verfügung, die alljährlich auf den neuesten Stand gebracht werden müssen.[14] Sie basieren sämtlich auf amtlichen Rechengrößen und entfalten diese zur Anwendung auf den konkre-

[13] 24000,– (Jahresbetrag der Rente) × 3,1 (Vervielfacher Anlage 2 der BarwertVO) = 74000 : 170,62 (erforderlicher Betrag, um 1979 eine Anwartschaft in Höhe von 1 DM zu begründen.

[14] Im Jahr 1978 wurde jedoch als Folge des 21. RAG die allgemeine Bemessungsgrundlage Mitte

ten Einzelfall zu Rechenstufen, die den Rechenprozeß verkürzen. Von Tabellen, die ausschließlich mathematisch exakt errechnete Zahlen verwenden sowie zur Verfügung stellen und deshalb einen gewissen Grad der Fallnähe nie überschreiten können, sind andere zu unterscheiden, die fallbezogene Eingabewerte pauschalieren und damit im schnellen Zugriff grobe Aussagen ermöglichen. Tabellen dieser Art sind in der Praxis für erste Schätzungen unentbehrlich; sie sind jedoch (weil nicht genügend einzelfallbezogen) niemals für ein endliches Urteil zu verwenden und niemals geeignet, im Haftungsprozeß (Anwälte!) zu entlasten.

9. *Auskunftspflichten.* Schon der Ehegatte, der eine ausgleichspflichtige Position erwarb, kennt in aller Regel nicht die exakten Daten, die Elemente jener Rechnung sind, aus der sich schließlich der in die Ausgleichsrechnung einzustellende monatliche Betrag ergibt. Weit weniger noch pflegt der andere Ehegatte informiert zu sein. Die Schwäche der Parteien wird schließlich zur Schwäche des Gerichts, wenn es saldieren und ausgleichen soll. Mehr noch als in anderen Rechtsgebieten, mehr noch als etwa im Unterhaltsrecht, sind deshalb Auskunftsansprüche vonnöten, mit deren Hilfe wenigstens alle Daten erfragt werden können, die dem Verpflichteten selbst zugänglich sind.

Jeder Ehegatte, der eine ausgleichspflichtige Position erwarb, genießt alle Auskunftsansprüche, die das Rechtsverhältnis gewährt, kraft dessen die Aussicht, die Anwartschaft, das Vollrecht erwuchs. Dem in der gesetzlichen Rentenversicherung Versicherten steht der Auskunftsanspruch aus den §§ 14, 15 des Allgemeinen Teils des Sozialgesetzbuchs zu Gebote; dem Beamten schuldet der Dienstherr Auskunft kraft seiner Fürsorgepflicht; über die Position innerhalb einer betrieblichen Altersversorgung hat der Arbeitgeber den Arbeitnehmer kraft einer Pflicht aus dem Arbeitsverhältnis zu informieren.

Untereinander schulden sich die Ehegatten wechselseitig Auskunft gem. § 1587e I mit seiner Verweisung auf § 1580, der seinerseits § 1605 aus dem Recht des Verwandtenunterhalts in Bezug nimmt. Geschuldet wird die Auskunft freilich in recht unbestimmter Manier „für den Versorgungsausgleich" (anstelle des Tatbestandselementes „geschiedene Ehegatten" in § 1580), mithin nur zu einem bestimmten Zweck, der sicherlich mit der Rechtshängigkeit des Scheidungsantrages nachgewiesen ist. Doch wäre es verfehlt, den Auskunftsanspruch in derart engen Schranken zu halten, und das schon deshalb, weil er für den Entschluß, Scheidung zu beantragen, weit wesentlicher ist als während eines laufenden Verfahrens, in dem die Daten schließlich vom Familienrichter gem. § 53b II FGG von Amts wegen gesammelt und verwertet werden können (gegenüber nichtöffentlichen Versicherungsträgern ggf. auch unter Androhung von Zwangsgeldern

---

des Jahres geändert. Vgl. für dieses Jahr die Tabellenwerke in der NJW 1978, 143ff. (1. Halbjahr) und 2138ff. (2. Halbjahr). Für 1979 vgl. die Tabellen NJW 1979, 354ff.

gemäß § 33 FGG). „Für den Versorgungsausgleich" wird deshalb Auskunft bereits begehrt, wenn ein Ehegatte erkennbar (etwa durch Aufsuchen eines Anwalts) den Gedanken der Scheidung in Erwägung zieht,[15] wobei dann freilich aus dem Auskunftsverlangen nicht in einem Zirkel auf Scheidungsabsicht geschlossen werden darf.

Auskunft wird geschuldet hinsichtlich aller Daten, die überhaupt für die Ausgleichsrechnung von Bedeutung sind, und mit Belegen, soweit sie erlangt werden können.[15a] Auskunft wird auch geschuldet hinsichtlich aller Daten, die zwar dem Verpflichteten selbst nicht zugänglich sind, jedoch von ihm kraft eines eigenen Auskunftsanspruches von Dritten erfragt werden können. Mittelbar erweisen sich insofern die Auskunftsansprüche eines Ehegatten aus Rechtsverhältnissen, die eine Versorgungsposition eröffnen, auch als Auskunftsmittel des anderen.

Der Auskunftsanspruch ist nach den Regeln des FGG zu verfolgen.[16] Zwar schweigt das Gesetz, zwar werden die Auskunftsansprüche des Unterhaltsrechts im Streitverfahren durchgesetzt, doch kann für einen Hilfsanspruch nichts anderes gelten als für das Recht, dem er dient. Den Versorgungsausgleich aber hat das Gesetz dem FGG zugewiesen (§§ 53b ff. FGG; Vollstreckung rechtskräftiger Entscheidungen und gerichtlicher Vergleiche gem. § 53g nach den Vorschriften der ZPO).

10. *Zwangsgeld.* Auskunft schulden die Ehegatten einander. Auskünfte kann dagegen das Familiengericht nicht mit Hilfe des § 33 FGG erzwingen, auch nicht beschränkt auf die Preisgabe von Daten der eigenen „sozialen Biographie" als Vorstufe weiterer Amtsermittlungen bei Behörden und Versorgungsträgern (vgl. § 53b II 2 FGG). Zwangsgelder dürfen nur angedroht werden, wenn es gilt, Handlungen zu erzwingen, deren Vornahme das Gericht zu fordern befugt ist. Es gibt aber weder einen speziellen Rechtssatz, der eine Verpflichtung der Parteien gegenüber dem Gericht zur Offenbarung ihrer sozialen Daten enthält, noch ist es möglich, eine derartige Bindung der Parteien aus allgemeinen Verfahrensgrund-

---

[15] Etwas enger *Rolland,* 3 zu § 1587e (er fordert „Anhaltspunkte für die Absicht, die Auflösung der Ehe zu betreiben"). Unbestimmter *Voskuhl-Pappai-Niemeyer,* I 2 zu § 1587e; MünchKomm-*Maier,* 2 zu § 1587e; *v. Maydell,* FamRZ 1977, 171, 177 (mit bloßem Hinweis auf die Möglichkeit einer Rechtsausübung auch vor dem Scheidungsverfahren). Wenig konkret auch *Schmeiduch,* 2 zu § 1587e (wenn begründeter Anlaß gegeben, sich über die wechselseitigen Positionen Klarheit zu verschaffen).

[15a] Eine bestimmte Form ist nicht vorgesehen. Illegitim ist der Versuch, Ehegatten über die private Verpflichtung zum Ausfüllen der gerichtlichen Formulare anzuhalten (wie es OLG Hamm, FamRZ 1978, 700 und KG, FamRZ 1979, 297 tun). Daß das BVerfG eine gegen die Entscheidung gerichtete Verfassungsbeschwerde mangels Erfolgsaussicht nicht zur Entscheidung angenommen hat (FamRZ 1978, 769) ist für die privatrechtliche Aussage unerheblich.

[16] Ebenso *Rolland,* 5 zu § 1587e; *Voskuhl-Pappai-Niemeyer,* I 4 zu § 1587e; MünchKomm-*Maier,* 3 zu § 1587e; OLG Düsseldorf, FamRZ 1978, 423; OLG Hamm, FamRZ 1978, 700 und 1979, 46; OLG Koblenz, FamRZ 1978, 702; KG, FamRZ 1979, 297; OLG München, FamRZ 1979, 299. A. A. (Leistungsklage) *Bastian,* 7 zu § 621 ZPO; *Ruland-Tiemann,* RdNr. 162.

sätzen (insbesondere aber aus dem Amtsermittlungsgrundsatz des § 12 FGG) zu entwickeln.[17]

IV. Die ausgleichspflichtigen Positionen und ihre Bewertung im einzelnen

Schrifttum: *Laudor,* Der Versorgungsausgleich und die Entwicklung von Rentenanwartschaften nach Rechtshängigkeit des Scheidungsantrages, NJW 1977, 141; *Trey* und *Schwab,* Anwartschaften aus privaten Risikoversicherungen im Versorgungsausgleich, FamRZ 1978, 11; *Trey,* Die Zusatzversorgung des öffentlichen Dienstes im Versorgungsausgleich, NJW 1978, 307.

1. *Beamtenversorgung und beamtenähnliche Versorgung.* Versorgungen sowie Anwartschaften auf Versorgung aus einem öffentlich-rechtlichen Dienstverhältnis, so wie sie für Beamte, für Richter und für Soldaten vorgesehen sind, ferner Versorgungen sowie Anwartschaften und Aussichten auf eine Versorgung aus einem (auch privaten) Arbeitsverhältnis mit Anspruch auf Versorgung nach beamtenrechtlichen Vorschriften oder Grundsätzen,[1] so wie sie etwa für Geistliche gelten, pflegen Wartezeiten vorzusehen und Dienstaltersstufen, die einen unterschiedlichen Wert der einzelnen Dienstjahre für die Versorgung begründen. § 1587a II Nr. 1, der die Berechnung von Versorgungen dieser Art regelt, ignoriert – einem allgemeinen Prinzip des Versorgungsausgleichs treu – die Wartezeit; die unterschiedlichen Werte der einzelnen Dienstjahre werden von ihm egalisiert.

In die Ausgleichsrechnung sind die Positionen mit jenem Betrag einzustellen, der dem Verhältnis von Gesamtzeit und ruhegehaltfähiger Dienstzeit während der Ehezeit entspricht, und zwar bezogen auf ein fiktives Ruhegehalt, das sich ergeben würde, wenn der Versorgte in seiner gegenwärtigen Position (nach Dienststellung und Dienstaltersstufe) zum Zeitpunkt der Rechtshängigkeit des Scheidungsantrages die Altersgrenze erreicht hätte.[1a] Dieses fiktive Ruhegeld spiegelt die Gesamtzeit, die nichts anderes ist als die Summe der bereits abgeleisteten Dienstzeit und der weiteren, noch in der Zukunft liegenden bis zur Altersgrenze. Erreicht wird mit dieser Verlängerung in die Zukunft der Anschluß an

[17] Gl. Ans. OLG Bamberg, FamRZ 1978, 123 und 1979, 299; OLG Stuttgart, FamRZ 1978, 192; OLG Düsseldorf, FamRZ 1978, 423 und 1979, 442; OLG Koblenz, NJW 1978, 2040 (auch kein Entzug des Armenrechts zulässig) und FamRZ 1978, 702; OLG Hamm, FamRZ 1978, 700; OLG Karlsruhe, NJW 1978, 2247; OLG Hamburg, FamRZ 1978, 787; OLG Frankfurt, FamRZ 1979, 150. A. A. AG Lörrach, NJW 1978, 1267; *Vogel,* FamRZ 1978, 391; OLG Celle, FamRZ 1979, 151 (weil das Gericht den privaten Anspruch der Ehegatten [ohne entspr. Antrag!] durchzusetzen habe).

[1] Notwendig ist dafür stets, daß der Dienstherr (Arbeitgeber) selbst die Versorgung gewährt. Leistungen aus Zusatzversorgungskassen erfüllen die Voraussetzung nie.

Besteht eine Gesamtversorgung z. T. aus einer beamtenähnlichen Versorgung, z. T. aber aus anderen Leistungen (sog. „gefugte Versorgung"), so sind die einzelnen Versorgungsteile zu sondern und jeweils den für sie geltenden Vorschriften zu unterwerfen. Vgl. MünchKomm-*Maier,* 26 zu § 1587a. Der Praxis sind derlei Versorgungen etwa bei den Rundfunkanstalten geläufig.

[1a] Str. ist die Anwendung von § 5 III BeamtVG (Beförderungsbesoldungsgruppe erst zu berücksichtigen nach zweijähriger Dienstzeit in ihr). Bejahend (dem Text des § 1587a eher entspr.) MünchKomm-*Maier,* 40 zu § 1587a. Verneinend (weil regelmäßig die höhere Pension tats. erdient werde) AG Pforzheim, FamRZ 1979, 50.

die Äquivalenz von gesamter Dienstzeit und Versorgung, die auch dann noch gegeben ist, wenn die Höchstversorgung bereits vor Ablauf der Gesamtzeit erdient wurde.

Ist etwa – in einem stark vereinfachenden Beispiel[2] – der Versorgungsausgleich vorzunehmen für einen Beamten, der mit 20 Jahren in den Staatsdienst eintrat, mit 25 Jahren heiratete und 43 Jahre alt war, als der Scheidungsantrag rechtshängig wurde, so errechnet sich ein Verhältnis von Gesamtzeit (45 Jahre bei einer Altersgrenze von 65 Jahren) und ruhegehaltsfähiger Dienstzeit in der Ehe (18 Jahre) von 5 : 2. Bei einem fiktiven Ruhegehalt von 3600 DM wären damit $^2/_5$ = 1440 DM in die Ausgleichsrechnung einzustellen. Von ihnen stehen 720 DM dem geschiedenen Ehegatten zu, falls dieser selbst (insbesondere als Hausfrau) nicht ausgleichspflichtig ist.

2. *Gesetzliche Rentenversicherung.* Dynamisierte Renten sowie Anwartschaften auf derartige Renten aus der gesetzlichen Rentenversicherung sind in den Versorgungsausgleich mit jenem Monatsbetrag aufzunehmen, der dem auf die Ehezeit entfallenden Teil eines fiktiven Altersruhegeldes entspricht, das für den Zeitpunkt der Rechtshängigkeit des Scheidungsantrages errechnet wird, mit Ermittlung des Betrages nach den Vorschriften der gesetzlichen Rentenversicherungen (§ 1587 a II Nr. 2 und dazu § 1304 RVO). Eben diese Vorschriften lassen sich in einer allgemeinen Rentenformel konzentrieren, die als Rechnungsfaktoren die persönliche Bemessungsgrundlage verwendet, ferner die allgemeine Bemessungsgrundlage, die Zahl der Versicherungsjahre und schließlich den Steigerungssatz, der für das Altersruhegeld (ebenso wie für die Renten wegen Erwerbsunfähigkeit) 1,5% beträgt. Die allgemeine Bemessungsgrundlage ist grundsätzlich[2a] das von Jahr zu Jahr durch Rechtsverordnung der Bundesregierung festgestellte „durchschnittliche Bruttojahresarbeitsentgelt aller Versicherten der Rentenversicherung der Arbeiter und der Angestellten ohne Lehrlinge und Anlernlinge im Mittel des dreijährigen Zeitraumes vor dem Kalenderjahr, das dem Eintritt des Versicherungsfalles voraufgegangen ist" (§ 1255 II RVO). Die persönliche Bemessungsgrundlage aber ist ein Prozentsatz der allgemeinen Bemessungsgrundlage, der vom Verhältnis bestimmt wird, in welchem der Individualverdienst des Versicherten oder ein Ersatzwert (für beitragslose, jedoch anrechnungsfähige Zeiten) zu jener steht, und zwar bezogen auf die gesamte Versiche-

---

[2] Zu bedenken ist insbesondere, daß die Dienstzeiten nach Tagen zu berechnen sind. Die Berechnung nach Jahren (mit Vomhundertsätzen für überschießende Tage) ist in der Regel einfacher als die Berechnung auf Tagesbasis.

Die jährlichen Sonderzuwendungen sind nach aller Ansicht bei den Versorgungsbezügen mitzurechnen. Vgl. *Voskuhl-Pappai-Niemeyer,* S. 154; *Rolland,* 72 zu § 1587 a; *Ambrock,* II 2 zu § 1587 a; MünchKomm-*Maier,* 67 zu § 1587 a.

[2a] Abweichend von § 1255 II RVO wurde durch das 21. RAnpG die allg. Bemessungsgrundlage für die Zeit vom 1. 7. 1978 – 31. 12. 1979 auf 21 068 DM, für 1980 auf 21 911 DM und für 1981 auf 22 787 DM festgesetzt.

rungszeit. Sie ist auf höchstens 200 limitiert (ein Satz, der angesichts der Beitragsbemessungsgrenzen nur selten überschritten wird); höhere Prozentsätze wirken sich nur in Steigerungsbeträgen aus.

Mit diesen Daten ist die jeweilige Monatsrente nach der Formel persB × Vj $\times \frac{\text{allgB}}{100} \times \frac{\text{St}}{12}$ festzustellen. Vereinfacht ergibt sich für die Berechnung des Altersruhegeldes die Formel Summe der Werteinheiten × allgB × 0,0000125. Das Altersruhegeld eines Versicherten mit einer persönlichen Bemessungsgrundlage von 120 betrüge danach, falls für ihn 40 Versicherungsjahre anzusetzen sind und der Versicherungsfall in der zweiten Jahreshälfte 1978 oder 1979 eintrat (mit einer allgemeinen Bemessungsgrundlage von 21 068 DM in der Rentenversicherung der Arbeiter und Angestellten) 1264,08 DM. Von diesem Betrag wäre in die Ausgleichsrechnung jener Teil einzustellen, der dem Verhältnis der in der Ehe erarbeiteten Werteinheiten zu den übrigen entspricht, die vorehelich erworben wurden. Sind etwa im Laufe einer 15jährigen Ehe 1950 der insgesamt vorhandenen 4800 Werteinheiten angefallen, so wären im eben gebildeten Beispiel 40,625% des fiktiven Altersruhegeldes oder ein monatlicher Betrag von 513,53 DM ausgleichspflichtig. Und es stünden dem Partner 256,77 DM zu, falls er selbst keine ausgleichspflichtigen Positionen erwarb, mithin schlicht zu teilen und nichts zu saldieren wäre.

Die Klarheit der Rentenformel kann freilich die Schwierigkeiten nicht verdekken, die sich bei der Fixierung der einzelnen Elemente ergeben können. Zwar sind allgemeine Bemessungsgrundlage und Steigerungssatz stets unmittelbar verfügbar, persönliche Bemessungsgrundlage und Versicherungsjahre aber (also die Summe aller Werteinheiten) können im Einzelfall zu erheblichen Komplikationen führen. Ein Teil ist auf die Notwendigkeit zurückzuführen, auch gewisse beitragslose Zeiten mit Ersatzwerten für den individuellen Arbeitsverdienst in die anrechnungsfähigen Versicherungszeiten aufzunehmen (Ersatzzeiten – etwa Zeiten des Kriegsdienstes und der Kriegsgefangenschaft – und Ausfallzeiten – etwa Zeiten der Krankheit, der Schwangerschaft, der Arbeitslosigkeit) oder mit ihnen die Versicherungszeit in die Zukunft zu verlängern (Zurechnungszeiten für Versicherte, die bereits nach vorzeitiger Invalidität eine Rente beziehen, als Zeit zwischen dem Versicherungsfall und der Vollendung des 55. Lebensjahres). Für diese Korrekturen war es notwendig, als Voraussetzung bestimmte Beitragszeiten vorzusehen, die das grundsätzliche Prinzip einer den eigenen Beiträgen äquivalenten Rente sichern (sog. Halbdeckung, wenn wenigstens die Hälfte der Zeit zwischen Beginn des Versicherungsverhältnisses und Versicherungsfall mit Beiträgen belegt sein muß; sog. Mindestdeckung, wenn ein Mindestzeitraum gefordert wird, für den Beiträge entrichtet wurden).[3]

---

[3] Einzelheiten sprengen die Grenzen, die einem Lehrbuch des Familienrechts gezogen sind. Vgl. zu

Die Sonderung der während der Ehe erworbenen und eben deshalb ausgleichspflichtigen Teile der Rente oder Rentenanwartschaft von den anderen, den vorehelichen und den nachehelichen, die nicht ausgleichspflichtig sind, weil der Bezug auf die gemeinschaftliche Lebensleistung der Ehegatten fehlt, erfolgt nach Werteinheiten, also ohne jene Nivellierung der verschiedenen Zeiträume, die der Beamtenversorgung eigen ist. Das scheint dem Ideal eines leistungsbezogenen Versorgungsausgleiches zu entsprechen. Es verliert jedoch seine Überzeugungskraft in allen Fällen späteren Zuwachses an Werteinheiten, die zwar erst nach der Ehe erworben wurden, jedoch auf Grund von Umständen, die bereits während der Ehe wirkten. Anrechnungsfähige beitragslose Zeiten werden erst nach Ablauf der Deckungszeiten relevant; liegt der Zeitpunkt nach der Rechtshängigkeit des Scheidungsantrages, kommen sie allein dem Versicherten zugute (§ 1587a VII 2).[4] Zuzugestehen ist freilich, daß auch umgekehrt ein späterer Verlust von Positionen möglich ist, die im Versorgungsausgleich bedacht werden mußten (also belastend wirkten).

3. *Betriebliche Altersvorsorge* ist variantenreich. Von den Fällen der Eigenverpflichtung des Arbeitgebers sind die (häufigeren) der mittelbaren Altersvorsorge zu sondern; innerhalb der letzteren ist die Direktversicherung des Arbeitnehmers bei einem Versicherungsträger zu scheiden von der Zusage einer Versorgung aus einer rechtsfähigen Versorgungseinrichtung (Pensions- und Unterstützungskassen). In allen ihren Ausprägungen pflegt die betriebliche Altersvorsorge eine Zusatzversorgung zu sein, die zu einer Grundversorgung (vornehmlich aus gesetzlicher Rentenversicherung) hinzutritt und diese zu einer Gesamtversorgung ergänzt. Von besonderer praktischer Bedeutung ist die Zusatzversorgung für den öffentlichen Dienst[5] (für die vor allem die Leistungen der Versicherungsanstalt des Bundes und der Länder – VBL – zu nennen wären); ihr Ziel ist es, nichtbeamteten Angehörigen des öffentlichen Dienstes eine beamtengleiche Altersversorgung zu sichern (mithin im günstigsten Fall 75% der Bezüge im aktiven Dienst).

In Gesamtversorgungen („gefugte Versorgungen") sind die einzelnen Elemente beim Versorgungsausgleich je für sich zu erfassen und zu bewerten, mag es auch unmöglich sein, die Zusatzversorgung (mit eigenem Tarifwerk) ohne Rückgriff auf die Gesamtversorgung (und damit die Grundversorgung) zu berechnen.

Die Bewertung der Positionen aus betrieblicher Altersvorsorge gabelt sich bereits im Ansatz; die Versorgungspositionen aus laufenden Arbeitsverhältnissen sind anderen Regeln unterworfen als diejenigen aus beendeten. Nur bei beende-

---

ihnen (neben den speziellen Darstellungen des Sozialversicherungsrechtes) *Voskuhl-Pappai-Niemeyer,* S. 137ff.; *Ruland-Tiemann,* RdNrn. 68ff. und 233ff.; MünchKomm-*Maier,* 103ff. zu § 1587a.

[4] Vgl. *Laudor,* NJW 1977, 141; *Ruland-Tiemann,* RdNr. 170; MünchKomm-*Maier,* 116 zu § 1587a.

[5] Vgl. zu ihr *Ruland-Tiemann,* RdNrn. 125ff. und 300ff.

tem Arbeitsverhältnis ist das Bewertungselement der Betriebszugehörigkeit bereits fixiert, bei den anderen dagegen noch offen.

Versorgungspositionen aus laufenden Arbeitsverhältnissen werden nach den für die Beamtenversorgung geltenden Grundsätzen auf die Gesamtzeit zwischen dem Beginn der Betriebszugehörigkeit und der vorgesehenen Altersgrenze bezogen. Ihr Wert ergibt sich aus dem auf die Ehezeit entfallenden Teil des fiktiven Altersruhegeldes, das zu zahlen wäre, wenn der Versorgte im Augenblick der Rechtshängigkeit des Scheidungsantrages (jedoch mit ,,hochgerechneter" Beschäftigungszeit) Altersruhegeld zu erhalten hätte (vgl. dazu § 1587a II Nr. 3a). Wurden etwa einem 25jährigen Angestellten 50% seines zuletzt bezogenen Gehaltes ab Erreichen des 65. Lebensjahres (ohne Leistungen bei vorzeitiger Erwerbs- oder Berufsunfähigkeit) zugesagt und verdiente er 1979 mit 37 Jahren am Ende einer Ehe, die 110 Monate währte, 4800 DM, so ist das fiktive Altersruhegeld (2400 DM) nach dem Verhältnis 480 (Gesamtzeit) : 110 zu teilen und mit 22,916% = 550 DM in die Ausgleichsrechnung einzustellen, falls es sich um eine volldynamisierte Altersversorgung handelt. Für den Fall einer statischen Versorgung ergibt sich dagegen eine Abwertung auf 54,19 DM (Jahresbetrag der auszugleichenden Versorgung = 6600 DM, multipliziert mit 1,4 als Vervielfacher für 37jährige gemäß § 2 III der BarwertVO = 9240 DM, multipliziert mit 0,02227122 = 205,786 Werteinheiten, multipliziert mit 0,26335 = 54,19 DM Monatsbetrag der aus den Werteinheiten folgenden Rentenanwartschaft in der gesetzlichen Rentenversicherung.

Bei Zusatzversorgungen ist es zunächst notwendig, nach deren Regeln die Gesamtversorgung zu berechnen, und zwar nach den Daten bei Beendigung der Ehezeit, jedoch bezogen auf die zur Altersgrenze ,,hochgerechnete" gesamtversorgungsfähige Zeit. Der ermittelte Betrag ist nach dem Verhältnis Ehezeit zu Gesamtzeit zu teilen und sodann der auf die Ehezeit entfallende Teil zu kürzen um den in der Ehezeit erdienten Teil der Grundversorgung (in der gesetzlichen Rentenversicherung errechnet nach den erworbenen Werteinheiten).[6] Das Ergebnis bezeichnet die ausgleichspflichtige Zusatzversorgung (die – falls sie nicht volldynamisiert ist – nach den Regeln der BarwertVO noch umzurechnen ist).

Versorgungspositionen aus beendeten Arbeitsverhältnissen (vgl. zu ihnen § 1587a II Nr. 3b) erlauben eine Bestimmung der ausgleichspflichtigen Anwartschaften

[6] Für die Zusatzversorgung im öffentlichen Dienst entspricht der Text der Auffassung der Zusatzversorgungseinrichtungen (die kein Eigeninteresse zu verfolgen haben). Nach a. A. ist auch die Rente aus der gesetzlichen Rentenversicherung ,,hochzurechnen". Von der Gesamtversorgung ist dann zunächst die hochgerechnete Grundversorgung abzuziehen und dann erst die derart ermittelte Zusatzrente nach dem Verhältnis Ehezeit zu Gesamtzeit zu teilen. Vgl. *Voskuhl-Pappai-Niemeyer,* S. 159; *Ruland-Tiemann,* RdNr. 302; *Trey,* NJW 1978, 307 ff. (mit eigener Methode der ,,Hochrechnung" der Rente aus der gesetzlichen Rentenversicherung); AG Esslingen, FamRZ 1979, 300 (*Trey* zuneigend, aber mit Vereinbarung der Parteien). Wegen der bestehenden Meinungsverschiedenheiten behauptet AG Bonn, NJW 1979, 318 Verfassungswidrigkeit der Bewertungsregelung (mangels Eindeutigkeit).

und Aussichten auf Renten ohne hypothetische Annahmen und Fiktionen: Die effektive Dauer der Betriebszugehörigkeit ist in ein Verhältnis zur Ehezeit während dieser Dauer zu setzen; die Höhe der überhaupt erwirtschafteten Versorgung steht fest. Im übrigen teilen sie mit den anderen Versorgungspositionen aus betrieblicher Altersvorsorge die Berechnung und Bewertung (einschließlich der Abwertung bis auf Minimalbeträge des Ausgleichs bei statischen Renten aus kurzer Beschäftigungsdauer).

4. Die Regelung der *Renten und Rentenanwartschaften aus privaten Versicherungen* scheint § 1587 a II Nr. 5 zu enthalten, doch trügt der (auf einer legislatorischen Fehlleistung beruhende) Schein weithin. Der Regelfall, die Versicherung unter Bildung eines Deckungskapitals oder doch einer vergleichbaren Deckungsrücklage schert aus. Für ihn erfolgt keine hypothetische Rentenberechnung, wie sie § 1587 a II Nr. 5 vorsieht; der auf die Ehezeit entfallende Teil des Kapitals oder der Rücklage ist ausgleichspflichtig gem. Abs. III Nr. 1 und mit jenem Betrag in den Saldo einzustellen, der sich ergäbe, wenn er Verwendung als Beitrag in der gesetzlichen Rentenversicherung finden würde.[7] 1979 war mithin der ausgleichspflichtige Teil des Kapitals mit 0,02227122 (Umrechnungsfaktor für die Umrechnung in Werteinheiten) zu multiplizieren und anschließend das Ergebnis mit 0,26335 (dem Umrechnungsfaktor für Werteinheiten zur Ermittlung des Monatsbetrages der auf sie entfallenden Rentenanwartschaft).

Zurück bleiben allein die Renten und Anwartschaften aus reinen Risikoversicherungen ohne Deckungskapital und ohne Deckungsrücklage, so wie sie vornehmlich als selbständige oder zusätzliche Versicherungen gegen vorzeitige Erwerbs- oder Berufsunfähigkeit begegnen. Für sie und nur für sie ergibt sich die Notwendigkeit einer hypothetischen Rentenberechnung für den Zeitpunkt der Rechtshängigkeit des Scheidungsantrages (ggf. nach hypothetischer Umwandlung der Versicherung in eine prämienfreie), die Kürzung der Rente um die in die Zeit vor der Ehe fallenden Teile und ihre Umrechnung in ein Altersruhegeld der gesetzlichen Rentenversicherung nach den Grundsätzen der BarwertVO.

5. Mit den Renten und Rentenanwartschaften aus privaten Versicherungen reißt die Kette der Versorgungspositionen mit weiter Verbreitung und scharfen Konturen ab. Dahinter öffnet sich das weite Feld der *sonstigen Renten und ähnlichen wiederkehrenden Leistungen* mit Versorgungszweck, in deren Vielfalt nur noch formale Teilungsstrukturen entwickelt werden können und in letzter Instanz nur noch der Richter im Einzelfall das leisten kann, was das Gesetz mit seinem generalisierenden Zuschnitt zu leisten nicht mehr in der Lage ist (vgl. dazu § 1587 a V). Sonstige Renten und ähnliche wiederkehrende Leistungen, das sind etwa Positionen aus ausländischen Sozialversicherungen (die dem Zugriff der

---

[7] Vgl. *Voskuhl-Pappai-Niemeyer,* III 5 b zu § 1587 a; *Ambrock,* II 6 zu § 1587 a. And. Ans. dagegen *Ruland-Tiemann,* RdNr. 315; MünchKomm-*Maier,* 327 zu § 1587 a.

deutschen Legislative entzogen sind und deshalb nur nach den Regeln des fremden Rechts bewegt werden können), der Altershilfe für Landwirte, berufsständischen Versorgungseinrichtungen u. v. a. m. Sonstige Renten, das sind aber auch die Steigerungsbeträge, die sich innerhalb der gesetzlichen Rentenversicherung durch Höherversicherung begründen lassen.

Sonstige Versorgungspositionen werden in der Regel für den Versorgungsausgleich fiktiv auf einen Rentenbetrag fixiert, der sich ergeben würde, falls der Versicherungsfall bei Eintritt der Rechtshängigkeit des Scheidungsantrages eingetreten wäre, und anschließend nach einer ihren Eigenarten entsprechenden Verhältnisrechnung in ausgleichspflichtige, weil der Ehezeit zurechenbare, und nicht ausgleichspflichtige Teile zerlegt. Bemißt sich eine sonstige Versorgungsposition ausschließlich nach der Dauer der Anrechnungszeit – ein seltener Fall zumindest, wenn überhaupt ein praktisch relevanter –, so ist nach dem Verhältnis von Ehezeit und Gesamtzeit zu teilen (§ 1587a II Nr. 4a). Wenn sich dagegen die Versorgungsposition ausschließlich nach einem Bruchteil entrichteter Beiträge bemißt – so, wie es der Fall ist bei den Steigerungsbeträgen der gesetzlichen Rentenversicherung nach Höherversicherung, aber auch bei der Versichertenrente gemäß § 44 I der Satzung VBL –, so wird geteilt nach dem Verhältnis der Beiträge innerhalb der Ehezeit zu den anderen, die vor ihr entrichtet wurden (Nr. 4c). Bemißt sich schließlich eine Versorgungsposition nach den Grundsätzen, die für die gesetzliche Rentenversicherung gelten – ein Fall, dessen praktische Bedeutung vornehmlich bei Versorgungswerten in ausländischen Sozialversicherungen liegen dürfte – so wird nach dem Verhältnis von Ehezeit und gesamter Versicherungszeit geteilt (Nr. 4d). Die für Renten und Anwartschaften aus der deutschen Rentenversicherung charakteristische unterschiedliche Bewertung der einzelnen Versicherungsjahre nach ihrer Effizienz für die Akkumulation von Versorgungswerten entfällt; die Teilung wird einfach – und fragwürdig dazu.

In Fällen anderer Art, charakterisiert durch den Bezug der Versorgungsposition auf eine Beschäftigung in ihrer Gesamtheit – so, wie sie die Altershilfe für Landwirte auszeichnet, aber auch viele berufsständische Einrichtungen – wird kein vorzeitiger Eintritt des Versorgungsfalles fingiert. Die Gesamtzeit, zu der die Ehezeit in das die Versorgung teilende Verhältnis zu setzen ist, wird vielmehr hypothetisch verlängert bis hin zum Jahr, in dem der Versorgte die Altersgrenze erreicht (Nr. 4b). Ein Landwirt etwa, der bereits seit 154 Monaten Beiträge entrichtet hat und voraussichtlich noch weitere 213 Monate entrichten wird, muß damit unter der Prämisse des Eintritts der Rechtshängigkeit des Scheidungsantrages nach 97 Monaten Ehezeit $^{97}/_{367}$ seines nach den Sätzen z. Z. der Beendigung der Ehezeit berechneten Altersruhegeldes für Unverheiratete (die familienbezogenen Steigerungen sind nicht zu berücksichtigen) in die Ausgleichsrechnung einstellen, das sind 26,43%, und höchstens (falls die Ehegatten keine weiteren ausgleichspflichtigen Positionen erwarben) 13,21% durch Entrichtung von Beiträgen in die gesetzliche Rentenversicherung ausgleichen. Eine Umrechnung des Betrages nach der BarwertVO erübrigt sich, weil es sich bei der Altershilfe für Landwirte um eine volldynamische Versorgung handelt.

V. Der öffentlich-rechtliche Versorgungsausgleich – Grundsätze

Schrifttum: *Schmeiduch,* Zum Versorgungsausgleich, wenn der ausgleichsberechtigte Ehegatte bereits eine Versichertenrente aus der gesetzlichen Rentenversicherung bezieht, FamRZ 1977, 773.

1. *Formen.* Öffentlich-rechtlicher Versorgungsausgleich wird in drei Formen vollzogen: durch Splitting, durch Quasisplitting oder durch Entrichtung von Beiträgen zur Begründung von Rentenanwartschaften in der gesetzlichen Rentenversicherung.[1] Gemeinsam ist ihnen der schließliche Erfolg: die eigenständige Position des Berechtigten in der gesetzlichen Rentenversicherung. Verschieden sind die Wege, die zum Erfolg führen.

Splitting ist die Übertragung von Rentenanwartschaften vom Verpflichteten durch richterlichen Akt auf den Berechtigten, sei es nun zur Verbesserung einer vom Berechtigten bereits in eigener Person erworbenen Versicherungsposition, sei es auch zum Zwecke der Eröffnung eines Versicherungsverhältnisses. Splitting schmälert stets die Rentenanwartschaften des Verpflichteten im unmittelbaren Zugriff ohne jede Grenze, die keinesfalls unterschritten werden darf; die Gefahr unzureichender Minimalrenten ist oft gezeichnet, jedoch bewußt in Kauf genommen worden. Sie ist auch geringer, als es zunächst scheinen könnte. Mehr als die Hälfte seiner Werteinheiten kann ein Ehegatte auch bei mehrfachem Splitting als Folge mehrerer geschiedener Ehen nicht verlieren.

Quasisplitting ist die Begründung einer Rentenanwartschaft in der gesetzlichen Rentenversicherung durch konstitutiven Richterakt (und zwar auch in Form der Verstärkung bereits vorhandener Anwartschaften) unter gleichzeitiger Kürzung einer beamtenrechtlichen oder ähnlichen Versorgungsposition des Verpflichteten im unmittelbaren Zugriff. Splitting und Quasisplitting unterscheiden sich mithin qualitativ weder für den Berechtigten noch für den Verpflichteten voneinander. Verschieden ist allein die Art der dem Verpflichteten gekürzten Eigenversorgung.

Die *Entrichtung von Beiträgen zur Begründung von Rentenanwartschaften in der gesetzlichen Rentenversicherung* eröffnet dagegen lediglich einen schuldrechtlichen Anspruch des Berechtigten gegen den Verpflichteten und ist damit belastet mit allen Fragen, die sich aus der Abhängigkeit eines auf Geld gerichteten Anspruchs von der Bonität des Schuldners ergeben. Öffentlich-rechtlicher Versorgungsaus-

[1] Gegen den Versorgungsausgleich in der dritten Form sind verfassungsrechtliche Bedenken geäußert worden. Vgl. AG Bonn, NJW 1979, 319 (Artt. 3, 14 I GG); AG Oberhausen, NJW 1979, 321 (sofern dem Ausgleich von Positionen aus betrieblicher Altersvorsorge dienend; Artt. 3, 20 I GG), jeweils Vorlagebeschluß.

gleich in dieser Form kann deshalb auch anders als in der Form des Splittings und des Quasisplittings nicht mit einem richterlichen Akt endgültig bewältigt werden: Flexibilität wird notwendig, auch der Übergang zum schuldrechtlichen Versorgungsausgleich, wenn im einzelnen Fall Verzögerungen eintreten, die den zunächst noch offenen Zugang zur gesetzlichen Rentenversicherung schließen (vgl. dazu § 1587f Nr. 3).

2. *Rang der Formen.* Splitting, Quasisplitting und die Entrichtung von Beiträgen stehen nicht in einer Ebene als gleichwertige Formen des Versorgungsausgleichs, unter denen gar der Berechtigte oder auch der Verpflichtete seine Wahl treffen könnte. Sie sind Formen, die stets bestimmten Versorgungspositionen des Verpflichteten zugeordnet sind, und Formen, deren Wert für den Berechtigten nicht stets gleich ist. Konsequenz ist eine gesetzliche Ordnung der Formen, in der Splitting und Quasisplitting an sich gleichrangig sein würden, wenn allein auf die Qualität der Verluste des Verpflichteten und der Gewinne des Berechtigten zu achten wäre. Zu bedenken bleibt jedoch, daß das Gesetz den Gedanken eines getrennten Ausgleichs nur der jeweils gleichartigen Versorgungspositionen auf beiden Seiten mit der Möglichkeit eines Wechsels zwischen Verpflichtung und Berechtigung in § 1587b III 3 (in höchst unklarer und mißverständlicher Form) ausdrücklich verworfen hat zugunsten eines Gesamtausgleichs, in dem nur ein Ehegatte Ausgleichsschuldner sein kann. Mit dieser Entscheidung ergab sich die Notwendigkeit, eine Ordnung der Positionen zu schaffen, die über die Form des öffentlich-rechtlichen Versorgungsausgleichs befindet, wenn verschiedenartige Versorgungspositionen auf der einen oder anderen oder gar auf beiden Seiten in den Schlußsaldo eingingen.

In dieser Ordnung wurde dem Splitting der Vorrang vor dem Quasisplitting eingeräumt, doch besagt der Vorrang nicht etwa, daß mit Splitting auszugleichen ist, soweit beim Verpflichteten überhaupt Rentenanwartschaften zur Verfügung stehen, sondern lediglich, daß bei der Anwendung des Rechtes die dem Splitting zugekehrte Norm des § 1587b I vor derjenigen anzuwenden ist, die den Ausgleich durch Quasisplitting regelt (§ 1587b II). Insofern sind auch Kombinationen der Ausgleichsformen im Einzelfall jederzeit möglich: Dem Quasisplitting verbleibt, was mit Splitting nicht erledigt werden konnte und der Entrichtung von Beiträgen der Ausgleich, der weder mit Splitting noch mit Quasisplitting zu bewältigen war.

Inmitten einer Gesamtregelung, die ihre Formung aus der Anschauung kompliziertester Kombinationen von Versorgungen sowie Anwartschaften und Aussichten auf eine Versorgung gewann, sind die einfachen Strukturen kaum noch zu erkennen, obwohl sie die Mehrzahl der praktischen Fälle beherrschen: Hat nur der ausgleichspflichtige Ehegatte Versorgungspositionen während der Ehe erworben, so ist der Ausgleich getrennt für jede Position vorzunehmen. Haben die Ehegatten während der Ehe nur gleichartige Positionen einer Art erworben, so ist der Ausgleich stets in jener Form zu vollziehen, die der Art der auszugleichenden Versorgung zugeordnet ist.

3. *Ausgleich durch Splitting.* Splitting kann nur stattfinden, wenn der aus dem Saldo Verpflichtete Rentenanwartschaften in der gesetzlichen Rentenversicherung erworben hat, und findet nur insoweit statt, als diese seine Anwartschaften diejenigen des Partners aus der gesetzlichen Rentenversicherung und aus einem öffentlich-rechtlichen Dienstverhältnis oder diesem (von § 1587a II Nr. 1) gleichgeordneten Arbeitsverhältnis übersteigen (§ 1587b I). Verbleibende Restbestände an Ausgleichspflichten werden den nachgeordneten Formen des öffentlich-rechtlichen Versorgungsausgleichs zugewiesen. Hat etwa der Ehemann während der Ehezeit eine Rentenanwartschaft in Höhe von 200 DM erworben sowie eine beamtenrechtliche Anwartschaft in Höhe von 800 DM, die Ehefrau jedoch Rentenanwartschaften in Höhe von 600 DM, so ist der Saldo von 200 DM zugunsten der Ehefrau nicht in der Form des Splittings auszugleichen. Hat dagegen der Ehemann 800 DM Rentenanwartschaften erworben sowie 400 DM Anwartschaften aus betrieblicher Altersversorgung, die Frau jedoch 400 DM beamtenrechtliche Anwartschaften, so ist der Schlußsaldo von 400 DM zugunsten der Frau in Höhe von 200 DM durch Splitting auszugleichen, der Rest dagegen durch Entrichtung von Beiträgen.

Splitting ist möglich auch dann noch, wenn der berechtigte Ehegatte bereits eine Rente aus der gesetzlichen Rentenversicherung bezieht; die übertragenen Anwartschaften erhöhen in diesem Fall unmittelbar den Rentenbetrag. Unübersehbar ist zwar, daß an sich nach einem allgemeinen Grundsatz des Versicherungsrechtes nur Leistungen aus der Zeit vor dem Versicherungsfall den Umfang einer Rente bestimmen (und spätere Leistungen erst bei einem weiteren Versicherungsfall relevant werden), so daß zumindest zwischen Anwartschaften aus der Zeit vor und aus der Zeit nach dem Versicherungsfall unterschieden werden müßte (wofür sich in § 1587b kein Anhaltspunkt findet), doch sind auch allgemeine Grundsätze des Versicherungsrechtes dem Zugriff der Legislative nicht entzogen. Und wenn eben jener Grundsatz keinesfalls unbeachtet blieb, sondern in § 1587b III 1 für den Ausgleich durch Entrichtung von Beiträgen anerkannt wurde, liegt der Umkehrschluß, der ihm für das Splitting jede Wirkung nimmt, entschieden näher als die Annahme eines an sich allgemein aufgegriffenen, nur eben verkürzt wiedergegebenen Gedankens (mit der Notwendigkeit einer folgerichtigen Entfaltung in der Rechtsanwendung).[1a] Symptomatisch ist insoweit, daß der schuldrechtliche Versorgungsausgleich, der andernfalls den Ausgleich zwischen den Ehegatten leiten müßte, für die Fälle der bereits laufenden Rente des Berechtigten keinen allgemeinen Tatbestand kennt (es bliebe nur § 1587f Nr. 5).

[1a] I. Erg. ebenso *Ruland-Tiemann,* RdNr. 348; MünchKomm-*Maier,* 97 zu § 1587b; *Schmeiduch,* FamRZ 1977, 773; OLG Celle, FamRZ 1978, 597.

4. *Ausgleich durch Quasisplitting.* Quasisplitting kann nur stattfinden, wenn der aus dem Saldo Verpflichtete während der Ehezeit eine Anwartschaft erwarb auf eine beamtenrechtliche oder eine ihr gleichgeordnete Versorgung, und findet nur insoweit statt, als die Summe der Rentenanwartschaften des Verpflichteten aus gesetzlicher Rentenversicherung und seiner Anwartschaften aus beamtenrechtlicher oder ähnlicher Versorgung die Summe der gleichartigen Anwartschaften des Berechtigten übersteigt und der Ausgleich nicht bereits durch Splitting vollzogen wurde (§ 1587b II). Restbestände verbleibender Ausgleichspflichten werden dem nachgeordneten Ausgleich durch Entrichtung von Beiträgen zugewiesen. Hat etwa der Ehemann während der Ehezeit Anwartschaften in der gesetzlichen Rentenversicherung in Höhe von 400 DM erworben sowie Anwartschaften aus betrieblicher Altersvorsorge in Höhe von 200 DM, die Ehefrau jedoch eine Anwartschaft auf eine Beamtenversorgung in Höhe von 1000 DM sowie eine Rentenanwartschaft in Höhe von 400 DM, so ist der Schlußsaldo zugunsten des Ehemannes in Höhe von 400 DM durch Quasisplitting auszugleichen. Stehen der Frau dagegen im grundsätzlich gleichen Beispiel Rentenanwartschaften in Höhe von 800 DM zu, so ist der sich dann ergebende Schlußsaldo zugunsten des Mannes in Höhe von nunmehr 600 DM durch eine Kombination von Splitting (200 DM) und Quasisplitting (400 DM) auszugleichen.

5. *Ausgleich durch Entrichtung von Beiträgen* ist im übrigen vorgesehen, sei es nun generell, weil der Verpflichtete über keine dem Splitting oder Quasisplitting zugeordnete Versorgungsposition verfügt (so auch bei ausländischen Versorgungen, die dem gestaltenden Zugriff des deutschen Richters entzogen sind[1b]), sei es auch nur zum Ausgleich von Restbeständen, die in den Vorstufen des Ausgleichs verblieben. Ein isolierter Ausgleich in dieser Form erfolgt etwa, wenn der ausgleichspflichtige Ehegatte nur Anwartschaften auf eine betriebliche Altersversorgung erwarb, die bereits unverfallbar sind. Eine Kombination aller Ausgleichsformen ist dagegen notwendig, wenn der Verpflichtete Versorgungspositionen mit Zuordnung zu allen Formen des Versorgungsausgleichs erwarb, der Partner aber keine oder doch nur Positionen, die zu einem Saldo führen, der mit Splitting und Quasisplitting jeweils nur zu einem Teil ausgeglichen werden kann. Erwarb etwa der Ehemann während der Ehe Rentenanwartschaften, Anwartschaften auf eine Beamtenversorgung und unverfallbare Anwartschaften auf eine betriebliche Altersversorgung in Höhe von jeweils 600 DM, so ergibt sich eine Kombination aller drei Formen auch dann, wenn die Ehefrau ihrerseits je 500 DM Rentenanwartschaften und unverfallbare Anwartschaften aus betrieblicher Altersversorgung erwarb. Der Saldo zugunsten der Frau in Höhe von 400 DM ist in diesem Fall mit 50 DM Splitting, 300 DM Quasisplitting und 50 DM Entrichtung von Beiträgen auszugleichen.

[1b] Vgl. OLG Bamberg, NJW 1979, 497 (500).

Der Anspruch richtet sich auf Leistung an einen Dritten (den Träger der Rentenversicherung); Leistung an sich kann der Berechtigte nicht fordern. Schuldinhaltsänderungen (in allen Formen, also auch in Form der Leistung an Erfüllungs Statt) sind ausgeschlossen. Regeln Gericht oder Parteien den Versorgungsausgleich auf andere Weise (§ 1587b IV und § 1587o), so wird der Anspruch nicht geändert, sondern sein Entstehen zugunsten einer anderen Form des Ausgleichs gehindert.

Ausgleich in Form der Entrichtung von Beiträgen zur Begründung von Rentenanwartschaften in der gesetzlichen Rentenversicherung ist nicht mehr möglich, wenn der Berechtigte die Voraussetzungen für die Gewährung des Altersruhegeldes bereits erfüllt; versicherbar sind nur Risiken, die sich in der Zukunft verwirklichen können, nicht aber Zustände, die bereits erreicht wurden. Renten anderer Art mögen dann die bereits entstandenen Bedürfnisse befriedigen – in diesem Zusammenhang die Ausgleichsrente aus dem schuldrechtlichen Versorgungsausgleich (§ 1587f Nr. 1) – nicht aber Renten aus Versicherung, die nicht aus einer Anwartschaft erwuchsen, sondern unmittelbar erworben wurden.

6. *Grenzen des Ausgleichs.* Ziel des öffentlich-rechtlichen Ausgleichs ist es, dem Berechtigten überhaupt eine oder doch jedenfalls eine (im Vergleich mit dem bisherigen Stand) verbesserte Position in der gesetzlichen Rentenversicherung zu verschaffen. Kraft seiner eigenen Teleologie muß er deshalb preisgegeben werden, wenn ökonomische Daten eben jenes Ziel versperren. Dem Berechtigten geschieht dabei kein Unrecht: er wird lediglich mit seinem Ausgleichsanspruch total oder partiell (mit den überschießenden Teilen) in eine andere Art des Versorgungsausgleichs verwiesen.

Zwecklosigkeit des öffentlich-rechtlichen Ausgleichs begründet den Übergang zum schuldrechtlichen, wenn und soweit der Berechtigte mit der Summe aller Rentenanwartschaften aus eigener Person und aus Versorgungsausgleich den Höchstbetrag überschreiten würde, den die gesetzliche Rentenversicherung in ihren verschiedenen Sparten für Renten vorsieht (§ 1587b V). Diese Höchstwerte beruhen auf der Fixierung der persönlichen Bemessungsgrundlage auf höchstens 200% der allgemeinen im jeweiligen Versicherungsjahr (§ 1255 I RVO). Zu ihrer Ermittlung dienen alljährlich vom Bundesminister für Arbeit und Sozialordnung mitgeteilte Umrechnungsfaktoren, die für das jeweilige Jahr des fiktiven Versorgungsfalles (d.h. den §§ 1304 I 2 RVO und 1587 II BGB folgend das Jahr, in dem der Monat endet, der der Rechtshängigkeit des Scheidungsantrags vorangeht) mit der Zahl der Versicherungsmonate während der Ehe zu multiplizieren sind und dann den Höchstbetrag ergeben. Die Umrechnungsfaktoren (für das Jahr 1979 etwa 4,3884644) sind Resultate mathematisch exakter Ableitungen aus vorgegebenen Daten der allgemeinen Rentenformel. Auf ihrer Basis errechnete sich etwa nach 10jähriger Ehe mit kontinuierlicher Versicherung für das Jahr 1979 eine Höchstrente von 526,61 DM (= 1999,67 Werteinheiten; die Summe der selbst erarbeiteten und aus Versorgungsausgleich erworbenen Werteinheiten darf diese Zahl nicht überschreiten).[2]

Zwecklosigkeit führt in der Regel zu einer Kombination von öffentlich-rechtlichem Versorgungsausgleich (bis zum Höchstbetrag, der zunächst durch Splitting, dann durch Quasisplitting zu belegen ist) und schuldrechtlichem (für den verbleibenden Rest). Wenn der Berechtigte jedoch in eigener Person eine Rentenanwartschaft erwarb, die ihm den Höchstbetrag garantiert, so hat es beim schuldrechtlichen Versorgungsausgleich überhaupt sein Bewenden.

7. Schuldrechtlicher Versorgungsausgleich kann auch Folge der *Unwirtschaftlichkeit* des öffentlich-rechtlichen Ausgleichs sein, doch begründet Unwirtschaftlichkeit weder einen Übergang zum schuldrechtlichen Ausgleich ex lege noch zwingend einen nun gerade zum Anspruch auf eine Ausgleichsrente, wie ihn der schuldrechtliche Versorgungsausgleich vorsieht. Die Notwendigkeit, im jeweiligen Einzelfall Unwirtschaftlichkeit feststellen zu müssen anhand von individuellen, nicht generell quantifizierbaren Umständen, hat in diesem Fall zu einem antragsgebundenen richterlichen Akt geführt, mit dem konstitutiv der öffentlich-rechtliche Versorgungsausgleich niedergelegt und ein anderer Ausgleich angeordnet wird, der dem jeweiligen Einzelfall entsprechend modelliert werden kann und soll (jedoch niemals zu Splitting und Quasisplitting zurückführen darf[2a]), so daß noch nicht einmal von einem grundsätzlichen Vorrang des schuldrechtlichen Ausgleichs gesprochen werden kann.

Unwirtschaftlich ist der öffentlich-rechtliche Ausgleich auch, wenn ,,sich die Übertragung oder Begründung von Rentenanwartschaften voraussichtlich nicht zugunsten des Berechtigten auswirken würde" (so, wie es der Fall ist, wenn der Berechtigte vermutlich[3] oder gar wahrscheinlich die für den Rentenbezug erforderliche Wartezeit[4] nicht erfüllen wird). § 1587b IV hat diesen Tatbestand der Negativprognose als selbständigen neben denjenigen der Unwirtschaftlichkeit gestellt; in Wahrheit ist er nichts weiter als ein Anwendungsfall mit relativ klaren Konturen.

---

[2] Vgl. NJW 1978, 144 Tabelle 1 unter 6. (Umrechnungsfaktor Höchstbetrag) und unter 2. (Umrechnungsfaktor Werteinheiten).

[2a] And. Ans. AG Hamburg, FamRZ 1979, 52; AG Düsseldorf, FamRZ 1979, 148.

[3] Vgl. dazu AG Schwetzingen, NJW 1978, 55 (Referendar, der die Absicht hat, Beamter zu werden).

[4] Str. ist, ob die sog. ,,kleine Wartezeit" (§ 1247 III RVO) von 60 Kalendermonaten allein zu bedenken ist (so *Voskuhl-Pappai-Niemeyer,* V 1 zu § 1587b; MünchKomm-*Maier,* 46 zu § 1587b; *Schwab,* RdNr. 646) oder auch die sog. ,,große Wartezeit" (§ 1247 VII RVO) mit einer Versicherungszeit von mindestens 180 Monaten für die Gewährung des Altersruhegeldes nach Vollendung des 65. Lebensjahres für männliche und nach Vollendung des 60. Lebensjahres für weibliche Versicherte (so *Ambrock,* III 2 zu § 1587b; auch *Rolland,* 62 zu § 1587b, erscheint die Berücksichtigung als vertretbar, falls keine Anhaltspunkte für den Eintritt von Erwerbs- oder Berufsunfähigkeit vorliegen). Das Regelziel der Altersversicherung spricht für die zweite Ansicht. Die Möglichkeit, durch Entrichtung freiwilliger Beiträge Wartezeiten zu erfüllen, ist nur zu berücksichtigen, wenn entsprechende Mittel zur Verfügung stehen.

Wann im übrigen der öffentlich-rechtliche Ausgleich als unwirtschaftlich (unter Berücksichtigung der Einbußen auf der einen und der Gewinne auf der anderen Seite) zu bezeichnen ist, wann noch als ökonomisch sinnvolle Maßnahme, ist eine Frage, die nur anhand der Daten eines jeden Einzelfalles zu beantworten ist. Die Übertragung geringfügiger Rentenanwartschaften ist etwa für einen Versicherten, der aus eigener Kraft den Höchstbetrag der Rente nicht erreichte, durchaus sinnvoll, für einen Beamten dagegen auch dann nicht eben überzeugend, wenn für ihn die Möglichkeit besteht, die Wartezeit für eine Kleinstrente zu erfüllen.

Allgemein gültige Aussagen sind allein für den öffentlich-rechtlichen Ausgleich durch Entrichtung von Beiträgen möglich. Entscheidend ist insoweit nicht die ökonomische Situation des Verpflichteten, die in ausreichendem Maße in § 1587d mit seiner Billigkeitsklausel bedacht wurde, sondern ein objektiver Vergleich zwischen der Rente in der gesetzlichen Rentenversicherung, die für den Berechtigten erzielt werden kann, und anderen Formen der Alterssicherung bei Einsatz desselben Betrages. Die private Alterssicherung mit höherer Effektivität (die freilich durch geringere Sicherheit kompensiert werden kann) ist der Maßstab und nichts anderes. Unwirtschaftlich ist die Entrichtung von Beiträgen insbesondere nicht schon dann, wenn der Berechtigte bereits aus eigener Person über eine Altersversorgung (etwa aus einem öffentlich-rechtlichen Dienstverhältnis) verfügt, die ausreichend zu sein scheint.[5] Es gibt keine aus der Summe aller vorhandenen Versorgungsanwartschaften zu berechnende Höchstgrenze, die keinesfalls überschritten werden darf. Und der Ausgleich in anderer Form soll auch nur zu einem Surrogat der Rentenanwartschaft führen (das die Altersversorgung nicht weniger steigert) und nicht etwa zu Vorteilen für den Berechtigten, die vom Gedanken einer Alterssicherung gelöst sind.

8. *Härteklausel.* In Parallele zu § 1381 aus dem Recht der Zugewinngemeinschaft (aber anders als dieser nicht nur in Form einer Einrede, sondern in Form einer Einwendung) schließt § 1587c als negative Härteklausel den Versorgungsausgleich ganz oder teilweise aus, soweit „die Inanspruchnahme des Verpflichteten unter Berücksichtigung der beiderseitigen Verhältnisse, insbesondere aber des beiderseitigen Vermögenserwerbs während der Ehe oder im Zusammenhang mit der Scheidung grob unbillig wäre“, ferner auf Grund zweier weiterer Tatbestände, die das Gesetz (fehlerhaft) verselbständigte, obwohl sie nichts weiter sind als Konkretisierungen der Billigkeitsklausel. Ihr Wert ist dennoch unbestreitbar: Sie setzen einen Standard für die Präzisierung jener Umstände, die es im Billigkeitsurteil allein zu bedenken gilt; das Besondere gestattet Rückschlüsse auf das Allgemeine.

---

[5] Zu einfach die (vom Rechtsausschuß des Bundestages herrührende) ständig wiederholte Behauptung, Unwirtschaftlichkeit sei bereits bei beiderseitiger Beamtenversorgung gegeben. Krit. dazu schon *Rolland,* 63 zu § 1587b (der gleichwohl aus Gründen der Praktikabilität akzeptieren will).

Ein Versorgungsausgleich findet gemäß § 1587c Nr. 2 insoweit nicht statt, als der Berechtigte in Erwartung der Scheidung[6] oder nach ihr (Fälle der Ehescheidung ohne gleichzeitige Regelung des Versorgungsausgleichs) bewirkt hat, daß Versorgungspositionen, die er in die Saldierung hätte einbringen müssen, tatsächlich nicht entstanden oder entfallen sind,[7] und nach Nr. 3 insoweit nicht, als der Berechtigte während der Ehe längere Zeit hindurch seine Pflicht, zum Familienunterhalt beizutragen, gröblich verletzt hat. Beide Tatbestände sind nachlässig gefaßt worden. Der erste verdeutlicht nicht, daß nur die illoyal herbeigeführte Abwicklungsstörung (etwa durch Kündigung eines Arbeitsverhältnisses oder auch durch Umwandlung einer Rentenversicherung in eine Kapitalversicherung) gemeint sein kann, der final zum Nachteil des anderen Ehegatten gesteuerte Eingriff ohne Rechtfertigung aus der Lebenssituation des Handelnden angesichts und nach der Scheidung.[8] Der zweite aber bedenkt die Zeiten der Trennung nicht, in denen kein Familienunterhalt zu leisten ist, in denen aber dem Normzweck folgend die Verletzung der Unterhaltspflichten gegenüber dem anderen Ehegatten und den gemeinsamen Kindern genügen muß.[9] Er hätte auch stärker verdeutlichen können, daß ein Fall nachhaltiger Grundlagenstörung im Gesamtkonzept des Versorgungsausgleichs zu regeln war, in dem der Berechtigte den ihm auferlegten ökonomisch relevanten Pflichten in der arbeitsteiligen Ehe nicht nachkam, ein Fall der Äquivalenzstörung also, in dem die Frage nach dem, was da ,,gröblich" genannt werden kann, an objektiven Kriterien auszurichten ist und nicht an subjektiven (sei es nun des Verschuldens,[10] sei es auch der Haltung[11]).

In beiden Konkretisierungen der allgemeinen Klausel handelt es sich um quantifizierbare Umstände, die eine genaue Dosierung des Abschlags vom insgesamt an sich geschuldeten Versorgungsausgleich gestatten und nur in extremen Fällen den Ausschluß desselben überhaupt gebieten. Auf dieser Basis sollten auch *Kür-*

---

[6] Unabhängig von der Frage, welcher Ehegatte die Scheidung betreibt. A. A. MünchKomm-*Maier,* 17 zu § 1587c (Entschluß und Bekundung der Scheidungsabsicht des Berechtigten).

[7] Den Umkehrfall des illoyal handelnden Verpflichteten (mit Schmälerung seiner Ausgleichsmasse) hat der Gesetzgeber absichtlich nicht gleichgestellt. Für analoge Anwendung des § 1587c Nr. 2 gleichwohl *Rolland,* 16 zu § 1587c. Den Willen des Gesetzgebers dagegen respektierend *Ruland,* NJW 1976, 1713; *Voskuhl-Pappai-Niemeyer,* III 5 zu § 1587c; *Ruland-Tiemann,* RdNr. 474 (im Extremfall mit Ersatzansprüchen, ,,zur Not aus § 826"); *Schwab,* RdNr. 661; *Roth-Stielow,* 21 zu § 1587c.

[8] Das dürfte der Ansicht von MünchKomm-*Maier,* 17 zu § 1587c, entsprechen. Ähnliches meint wohl *Rolland,* 18ff. zu § 1587c, wenn er einen ,,anstößigen Aspekt" fordert. Mit dem Verlangen nach einem ,,bewußten Zusammenhang mit der bevorstehenden Scheidung" allein (so *Voskuhl-Pappai-Niemeyer,* III 2 zu § 1587c; *Ambrock,* III zu § 1587c) wird der Normzweck nicht ausreichend getroffen.

[9] So schon *Ambrock,* IV zu § 1587c; *Schwab,* RdNr. 666.

[10] Verschulden fordert aber *Rolland,* 29 zu § 1587c.

[11] Vgl. dagegen MünchKomm-*Maier,* 24 zu § 1587c (gröblich = ,,in besonderem Maße rücksichtslos").

zungen oder Wegfall auf Grund der allgemeinen Billigkeitsklausel nur bei einem ökonomisch relevanten Verhalten erfolgen, das in Bezug zur arbeitsteiligen Lebensleistung der Ehegatten oder zur Saldierung der beiderseitigen Altersvorsorge gesetzt werden kann. Nur mit dieser (restriktiven) Interpretation wird der Normtext auf den (vom Grundmuster des Versorgungsausgleichs bestimmten und insofern objektivierten) Normzweck zurückgeführt und eine prinzipienlose Billigkeitsjustiz vermieden, die sich jeder rationalen Kontrolle entzieht. Illegitim ist es insbesondere, persönliches Fehlverhalten (etwa in Gestalt langjährigen Ehebruchs), das zum Scheitern der Ehe führte, mindernd oder ausschließend zu verwerten und damit zusätzlich auch das Grundprinzip des Scheidungsrechtes zu verletzen. Der Normtext schließt die Berücksichtigung derartigen Verhaltens nur in Form des eigenständigen Arguments aus, nicht aber in Form des unterstützenden; der Normzweck gebietet dagegen die totale Abkehr[12] (wie sie bei § 1381 von der Rspr. leider nicht vollzogen wurde).

Eine derart kontrollierte Entfaltung der Norm ist nicht mit dem (diffusen) Hinweis auf die angeblich notwendige Gesamtwürdigung aller Umstände des Einzelfalles[13] zu bewältigen, sondern allein mit einer typisierenden Fallgruppenbildung, in der das Wertdiagramm des Versorgungsausgleichs stets sichtbar bleibt.[14] Grob unbillig ist der Versorgungsausgleich etwa, wenn die Ehegatten niemals eine Wirtschaftsgemeinschaft begründeten (dauernde Strafhaft;[15] extrem kurze Ehe[16]), ferner wenn ein Ehegatte alle ökonomischen Lasten der Familie trug, während der andere sich noch in der Ausbildung befand (Studentenehe).[17] Grob unbillig kann der Versorgungsausgleich auch sein, wenn die Ehegatten ihre ökonomischen Mittel in unterschiedlicher Manier nutzten: Die Grundkonzeption des Versorgungsausgleichs wird etwa verfehlt, wenn ein Ehegatte um eine ausgleichspflichtige Alterssicherung besorgt war, während der andere (zugunsten gesteigerten Konsums ohne volle Teilhabe des Partners oder zugunsten des Müßiggangs) ganz auf eine Vorsorge verzichtete oder Vermögenswerte schuf, die weder im Versorgungsausgleich auszugleichen sind noch güterrechtlich abge-

---

[12] Ebenso *Ambrock,* II 4 zu § 1587c. And. Ans., aber noch mit Vorsicht *Ruland-Tiemann,* RdNr. 473 (wenn „Faß zum Überlaufen" gebracht); *Rolland,* 8 zu § 1587c (Berücksichtigung von Verhaltensweisen, die ein Recht zur Entziehung des Pflichtteils begründen würden). Weit stärker sichern persönlichem Fehlverhalten Relevanz *Schwab,* RdNr. 659 (u. a. mit analoger Anwendung des § 1579 I Nr. 2); *Roth-Stielow,* 12 zu § 1587c (mitzuberücksichtigen „sogar an erster Stelle und sehr entscheidend").

[13] Vgl. *v. Maydell,* FamRZ 1977, 172, 180.

[14] Dem Text tendenziell entspr. *Voskuhl-Pappai-Niemeyer,* II 1c zu § 1587c (nur bei „gründlicher Störung des Leistungsgleichgewichtes zwischen den Ehegatten"); *Rolland,* 8ff. zu § 1587c.

[15] Vgl. FamG Cham, FamRZ 1978, 37.

[16] Vgl. AG Kamen, FamRZ 1978, 122; KG, NJW 1979, 168 (mit Bereitschaft, den Ausschluß des Versorgungsausgleichs „aus dem Sinn und Zweck des Gesetzes" zu rechtfertigen).

[17] Ebenso *Ruland-Tiemann,* RdNr. 472; *Schwab,* RdNr. 657; *Roth-Stielow,* 20 zu § 1587c. Einschränkend (von einem anderen Ansatz aus) *Voskuhl-Pappai-Niemeyer,* II 1b zu § 1587c (nur, wenn Student alsbald eine seiner Qualifikation entsprechende Stellung erhalten wird).

rechnet werden[18] (wie denn überhaupt der Güterstand der Gütertrennung weit eher die Anwendung der Billigkeitsklausel fordert als der Güterstand der Zugewinngemeinschaft).

Versorgungsausgleich hat dagegen stattzufinden, wenn die Ehegatten in einer Doppelverdienerehe lebten, in der beide unbehindert einer Erwerbstätigkeit nachgingen[19] (denn eine Differenzierung nach Ehemodellen wurde absichtlich vermieden; modellbedingte Unbilligkeiten entsprechen damit dem Grundmuster des Versorgungsausgleichs), und für Zeiten, in denen die Ehegatten getrennt lebten[20] (denn auch dieser quantifizierbare Umstand wurde bewußt nicht als Begrenzungsfaktor gewählt). Versorgungsausgleich ist ferner geboten, wenn die Ehegatten einverständlich im Vertrauen auf den Bestand der Ehe dem einen den Aufbau einer Alterssicherung überließen (etwa durch eine private Rentenversicherung), während der andere stärker zum Unterhalt der Familie beitrug. Versorgungsausgleich sollte schließlich auch dann stattfinden, wenn der Vollzug die Versorgung des Verpflichteten gefährdet, diejenige des Berechtigten aber nicht begründet, weil dieser bereits über ausreichende Versorgungspositionen verfügt, nur eben über solche, die nicht auf der gemeinschaftlichen Lebensleistung der Ehegatten beruhen und deshalb nicht in den Versorgungsausgleich einzubeziehen sind.[21] Versorgung durch voreheliches Vermögen ist und bleibt (sofern man nicht Eckdaten des Versorgungsausgleichs außer acht lassen will) belanglos, aber auch Versorgung durch Entschädigungsrenten aller Art.[22] Wer anders entscheidet, also Grundstrukturen des Versorgungsausgleichs (mit ihren Bezügen auf die Teleologie des Rechtsinstitutes) im Einzelfall mißachtet, kann nicht mehr für sich in Anspruch nehmen, Billigkeit im Rahmen vorgegebener Konstanten zu entfalten. § 1587c soll Fairneß beim Ausgleich sichern; § 1587c soll dagegen nicht Gelegenheit bieten, das Grundmuster des Versorgungsausgleichs mit seinen sinnhaften Relationen nach Belieben zugunsten eines emotional gesteuerten Ausgleichs unterschiedlicher Sozialchancen der beiden Ehegatten zu korrigieren. Nachehelichen Notlagen hat der Sozialstaat der Gegenwart zu begegnen (mit der beiderseitigen Kleinrente nach langjähriger Ehe hat er sie selbst vorprogram-

---

[18] Vgl. *Ruland-Tiemann*, RdNr. 469; MünchKomm-*Maier*, 13 zu § 1587c; *Schwab*, RdNr. 657; AG Hamburg, NJW 1978, 278; AG München, FamRZ 1978, 789 (791).

[19] Gl. Ans. *Ruland-Tiemann*, RdNr. 471. A.A. dagegen AG München, NJW 1978, 1011; AG Cham, FamRZ 1978, 598; AG Düsseldorf, NJW 1978, 2039.

[20] Vgl. dagegen *Schwab*, RdNr. 657 (fraglich bei langem Getrenntleben). Wenn der Gedanke überhaupt aufgegriffen wird, dürfen keinesfalls die Grenzen des Art. 12 Nr. 3 Abs. 3 des 1. EheRG überschritten werden (Kürzung allenfalls um die Hälfte des auf die Trennungszeit entfallenden Anspruchs).

[21] Vgl. OLG Stuttgart, NJW 1979, 48; OLG Bamberg, FamRZ 1979, 440. A.A. die h.L. Vgl. *Voskuhl-Pappai-Niemeyer*, II 4 zu § 1587c; MünchKomm-*Maier*, 8 zu § 1587c; *Ruland-Tiemann*, RdNr. 470; letztlich auch *Roth-Stielow*, 19 zu § 1587c (mit Wendung gegen eine allein an der Situation des ausgleichspflichtigen Ehegatten orientierten Betrachtung).

[22] Sie werden in das Billigkeitsurteil aufgenommen von *Ruland*, NJW 1977, 1713 (1719) und (einschränkend) *Ruland-Tiemann*, RdNr. 469; *Rolland*, 11 zu § 1587c.

miert), nicht aber der geschiedene Ehegatte, sofern er nicht unterhaltspflichtig ist.

9. Mit dem *Tod des Berechtigten* erlischt der Ausgleichsanspruch (§ 1587e II), mag er nun überhaupt noch nicht vollzogen sein, weil das Verfahren über den Versorgungsausgleich gem. § 628 ZPO vom Scheidungsverfahren getrennt wurde, mag auch nur noch ein Anspruch auf Entrichtung von Beiträgen bestehen. Eine Versorgung der Erben des Berechtigten oder seiner neuen Angehörigen war nie die Sache des Verpflichteten.[23]

Das, was bereits vollzogen wurde, bleibt dagegen bestehen. Es gibt keine Rückabwicklung von Splitting und Quasisplitting, weil nunmehr dem Nachteil des einen Ehegatten keine Vorteile des anderen mehr entsprechen. Und es gibt keinen Anspruch auf Rückgewähr bereits entrichteter Beiträge, weil die mit ihnen aufgebaute Anwartschaft zum Vollrecht nicht mehr erstarken kann. Der Gedanke einer ungerechtfertigten Begünstigung der Träger der gesetzlichen Rentenversicherung drängt sich auf und führt doch in die Irre. Nach dem Versorgungsausgleich sind die geschiedenen Ehegatten zwei getrennt voneinander Versorgte mit jeweils eigenen Risiken für die Versorgungsträger.

10. Der *Tod des Verpflichteten* hindert den Versorgungsausgleich nicht (§ 1587e IV), wenn dieser getrennt von der Scheidung vorgenommen werden sollte (§ 628 ZPO). An die Stelle des Verstorbenen treten seine Erben in den nunmehr postmortalen Versorgungsausgleich ein, zu dessen Durchführung an sich mit dem Tod erloschene Versorgungspositionen als fortbestehend fingiert werden müssen. Die Erben sind Beteiligte in eigener Sache, nicht etwa Prozeßstandschafter[24] zur Wahrnehmung fremder Rechte: Tote haben keine Rechte und die Rechte der Versorgungsträger sind von ihnen nicht zu wahren. Ihre eigenen Interessen sind vielmehr berührt, weil der Versorgungsausgleich zu Verpflichtungen führen kann, die sie als Nachlaßverbindlichkeiten (in der Form der fingierten Erblasserschuld) zu erfüllen haben: zur Pflicht, Beiträge zu entrichten, aber auch zu anderen Verbindlichkeiten, wenn durch Richterakt das an sich vorgezeichnete Splitting oder Quasisplitting zugunsten einer anderen Lösung verdrängt wird, weil jene unwirtschaftlich wären (oben unter 7.).

Der postmortale Versorgungsausgleich verhindert eine Entlastung der gesetzlichen Rentenversicherung durch den Zufall des Todes in einem Zeitpunkt, zu welchem die Voraussetzungen für eine Witwen- oder Witwerversorgung nicht mehr und die einer eigenständigen Versorgungsposition noch nicht gegeben sind. Er verhindert ferner die zufällige Entlastung der Erben von einer Nachlaß-

---

[23] Krit. dazu *Rolland,* 6f. zu § 1587e (wegen der Auswirkungen auf die Witwen- oder Witwerversorgung nach zweiter Ehe des Berechtigten); *Ruland-Tiemann,* RdNr. 480 (wegen der Auswirkungen auf die Versorgung von Waisen, die zwar vom Berechtigten, nicht aber auch vom Verpflichteten abstammen).

[24] A. A. *Rolland,* 9 zu § 1587e; MünchKomm-*Maier,* 17 zu § 1587e; *Ruland-Tiemann,* RdNr. 484. Dem Text näher stehend *Göppinger,* RdNr. 376 Fn. 7 („eigenartige Rechtsstellung").

verbindlichkeit, die entstanden sein würde, falls es noch zu einer Regelung des Versorgungsausgleichs unter Lebenden gekommen wäre.

VI. Der öffentlich-rechtliche Versorgungsausgleich – Vollzug und Wirkungen

Schrifttum: *Bartsch,* Auswirkungen des Versorgungsausgleichs im Beamtenrecht, NJW 1977, 1324.

1. *Monatsbetrag und Werteinheiten.* In allen seinen Formen hat der öffentlich-rechtliche Versorgungsausgleich Rentenanwartschaften in der gesetzlichen Rentenversicherung zum Gegenstand, die in Monatsbeträgen ausgedrückt sind und damit in einer Form, die dem voll dynamisierten System der gesetzlichen Rentenversicherung nicht gemäß ist. Belastend und begünstigend ist deshalb eine Umrechnung in Werteinheiten erforderlich, für die § 1304a I RVO den Schlüssel enthält, aus dem sich jene Umrechnungsfaktoren ergeben, die der Bundesminister für Arbeit und Sozialordnung alljährlich bekanntgibt. Aus der Multiplikation von Monatsbetrag und Umrechnungsfaktor für das Jahr des fiktiven Versorgungsfalles (das deshalb dem Versicherungsträger mitgeteilt werden muß) ergibt sich die Zahl der Werteinheiten, die auf den Versicherungskonten abgebucht und gutgeschrieben werden.[1] Sie sind mit den Werteinheiten, aus denen sich der Monatsbetrag des Versorgungsausgleichs errechnete, nicht identisch, weil sie sich nur auf das schließliche Ergebnis des Versorgungsausgleichs beziehen, während jene Elemente einer Gesamtrechnung sind, an deren Ende ein Saldo steht.

2. Das *Versicherungskonto des Berechtigten* wird, wenn er in eigener Person bereits versichert war, als einheitliches Konto an alter Stelle fortgeführt. Es wird, falls eine Eigenversicherung bislang nicht bestand, der Verpflichtete jedoch versichert war, in dem Zweig der gesetzlichen Rentenversicherung eröffnet, dem der Verpflichtete angehört. Es wird schließlich alternativ nach Wahl des Berechtigten und subsidiär durch Entscheidung des Familiengerichtes entweder in der Rentenversicherung für Arbeiter oder derjenigen für die Angestellten begründet, wenn beide Ehegatten bislang in der gesetzlichen Rentenversicherung nicht versichert waren (vgl. zu allem § 1304c I und II RVO).

3. Für die *Wartezeiten* des Verpflichteten ist ein Rentensplitting belanglos. Für die Wartezeiten des Berechtigten aber, der vielfach über den Versorgungsausgleich erst in die gesetzliche Rentenversicherung eintritt, war für alle Formen des öffentlich-rechtlichen Versorgungsausgleichs eine Anrechnungsformel zu entwickeln, mit der (auf der Basis der erworbenen Werteinheiten) Anschluß gesucht wird an das System der gesetzlichen Rentenversicherung, in dem Werteinheiten und Wartezeiten nicht beziehungslos nebeneinanderstehen (die Multiplikation der persönlichen Bemessungsgrundlage mit den Versicherungsjahren in der all-

[1] Bei Beendigung der Ehezeit im Jahre 1979 war der Monatsbetrag mit 3,797228 zu multiplizieren. Vgl. NJW 1979, 354 Tabelle 1 unter 1. Der Rückrechnungsfaktor war 0,263350.

gemeinen Rentenformel führt den Zeitfaktor in die Werteinheiten). Und zwar ist die Zahl der Werteinheiten durch 6,25 zu dividieren; das Resultat ergibt die Zahl der anzurechnenden Kalendermonate, die freilich zusammen mit anrechnungsfähigen Zeiten aus eigener Versicherung niemals die Gesamtzahl der in die Ehezeit fallenden Kalendermonate übersteigen darf (§ 1304a V RVO). Auf dieser Basis ergibt sich für den erstmals versicherten Berechtigten eine Wartezeit, die einer fiktiven persönlichen Bemessungsgrundlage von 75% entspricht (und für fiktive Versorgungsfälle des Jahres 1979 die Gleichung 100 DM Rentenanwartschaft = 61 Monate Wartezeit), und für den kontinuierlich eigenversicherten Berechtigten kein Zuwachs.

4. *Splitting* kürzt Rentenanwartschaften des Verpflichteten sofort, Renten jedoch, auf die bereits ein Anspruch besteht,[2] nur mit hinausgeschobener Wirkung, falls dem Berechtigten nicht auch sofort eine Rente zu gewähren ist. Die an sich folgerichtige Entfaltung des Rentensplittings (die dem Träger der Rentenversicherung zugute käme) wird insoweit abgelöst vom Gedanken, den Besitzstand wahren zu müssen bis zum späteren Eintritt des Versicherungsfalles beim Berechtigten[3] oder doch – aber jetzt nur noch in relativierter Form – bis zum Eintritt eines späteren Versicherungsfalles beim Verpflichteten, etwa der Umwandlung einer Rente wegen Berufsunfähigkeit in Altersruhegeld. Zwar wird in diesem Fall die neue Rente auf Splittingbasis berechnet, jedoch auf den bisherigen Monatsbetrag erhöht (vgl. zu allem § 1304a IV 2 und 3 RVO).

Die Rentenberechnung für den Verpflichteten ist auch nach dem Splitting zunächst so durchzuführen, wie wenn ein Splitting nicht stattgefunden hätte. Erst von dem so ermittelten Monatsbetrag ist dann beim Altersruhegeld ein Betrag abzuziehen, der sich aus der Multiplikation der abgegebenen Werteinheiten mit der allgemeinen Bemessungsgrundlage des Jahres des Versicherungsfalles und des Faktors 0,0000125 (= 0,00015 : 12 zur Ermittlung der Monatsrente) ergibt (§ 1304a IV 1 RVO). Nur mit einer derartigen Rückkehr zum status quo ante ist in einem volldynamisierten Versicherungssystem eine Rentenberechnung mit konstanten persönlichen Berechnungsfaktoren (Versicherungsjahre, persönliche Bemessungsgrundlage) möglich. Der Monatsbetrag der übertragenen Anwartschaften beim Rentensplitting ist mit dem schließlichen Kürzungsbetrag nur identisch, wenn Splitting und Versicherungsfall in demselben Jahr eintreten.

Dem Verpflichteten bleibt es unbenommen, den status quo ante in seiner Versorgungsposition wiederherzustellen oder doch wenigstens eine Verbesse-

---

[2] Mögen sie auch noch nicht festgestellt sein. Vgl. *Ruland-Tiemann,* RdNrn. 392f.; MünchKomm-*Maier,* 102 zu § 1587b.

[3] Nicht geregelt ist die Frage, ob die Wahrung des Besitzstandes auch für die Berechnung der Witwen- oder Witwerrente gilt. Der Normzweck spricht für eine bejahende Antwort. Ebenso *Voskuhl-Pappai-Niemeyer,* III 2 zu § 1304a RVO; *Ruland-Tiemann,* RdNr. 403. A. A. dagegen MünchKomm-*Maier,* 107 zu § 1587b.

rung seiner Versorgungsposition auf mittlerer Ebene zu bewirken (vgl. dazu § 1304a VI RVO mit seinen Verweisungen). Notwendig ist dazu lediglich die Entrichtung von Ausgleichsbeiträgen, deren Höhe den Beträgen entspricht, die der Verpflichtete aufwenden müßte, um dem Berechtigten eine Rente in Höhe des gewünschten Ausgleichs zu verschaffen. Diese Beträge verändern sich von Jahr zu Jahr; 1979 waren für je 1,– DM verlorene Monatsrente 170,50 DM (1 × 3,797228 × 44,9010) aufzuwenden (1978 waren es 155,51). Der Entrichtung von Beiträgen hat das Gesetz die bloße Bereitschaftserklärung gleichgestellt, wenn die effektive Zahlung unverzüglich erfolgt. Da die Erklärung bereits vor dem Splitting erfolgen darf, kann mit ihr erreicht werden, daß der Ausgleichsbetrag mit Beginn eines neuen Versicherungsjahres nicht steigt (vgl. dazu unten unter 6.).

Ausgeschlossen ist die Rückkehr zum status quo ante durch Ausgleichszahlungen freilich, wenn dem Verpflichteten bereits ein Altersruhegeld bewilligt ist. Sie ist ferner auf das Altersruhegeld beschränkt, wenn der Verpflichtete eine Rente wegen Erwerbs- oder Berufsunfähigkeit bezieht. Hier wie dort war der Gedanke entscheidend, daß einmal berechnete Renten nicht erneut berechnet werden sollen, während ein dringendes Bedürfnis des Verpflichteten (der sich mit den verfügbaren Mitteln anderweit sichern kann) jedenfalls unter Rentabilitätsgesichtspunkten nicht zu erkennen war.

5. *Quasisplitting* unterscheidet sich vom Splitting in Vollzug und Wirkungen nicht prinzipiell: die Wahrung des Besitzstandes bis zum Versorgungsfall beim Berechtigten, falls der Verpflichtete bereits Versorgungsbezüge erhält, die Dynamisierung des Verlustbetrages, die Möglichkeit, durch Ausgleichszahlungen den Verlust von vornherein zu vermeiden oder wieder zu kompensieren, das alles wiederholt sich. Neu sind freilich die Mechanismen, die im einzelnen zu den vergleichbaren Resultaten führen, Mechanismen, die schon deshalb andersartig sein müssen, weil das Quasisplitting neben der gesetzlichen Rentenversicherung (als aufnehmendem Versicherungssystem) auch einen Träger der Versorgungslast (als Abbuchungsstelle) betrifft und damit zwei unterschiedlich strukturierte Versorgungsträger, zwischen denen schlichte Umbuchungen nicht möglich sind.

Quasisplitting begründet (oder erhöht) dem Berechtigten mit der Rechtskraft der richterlichen Entscheidung ein in Werteinheiten umgerechnetes Versicherungskonto in der gesetzlichen Rentenversicherung, das jedoch nicht sofort vom Träger der Versorgungslast valutiert wird durch Entrichtung von Beiträgen, die notwendig wären, um die gebuchten Werteinheiten abzudecken. Zwar unterbleibt der Ausgleich nicht (die Solidargemeinschaft der Versicherten hat nicht Lasten der öffentlichen Hand zu tragen), doch wird er hinausgeschoben auf die Zeit, in der das Versicherungskonto des Berechtigten durch Eintritt eines Versorgungsfalles aktualisiert wird, und den Zeittakten gleichgeordnet, in denen die

Rente gewährt wird (vgl. § 1304b II RVO).[4] Ausgleich in dieser Form hält den Rentenversicherungsträger von allen Risiken der bei ihm geführten Versicherung des Berechtigten frei, nimmt ihm umgekehrt aber auch alle Möglichkeiten eines Gewinns: Tritt der Versorgungsfall beim Berechtigten nie ein (vorzeitiger Tod), so wird der Träger der Versorgungslast (durch Kürzung der Versorgungsbezüge, die dem Verpflichteten zu gewähren sind) allein begünstigt.

Der Monatsbetrag der im Wege des Quasisplittings begründeten Rentenanwartschaft bestimmt die Kürzung der Versorgungsbezüge des Verpflichteten im ersten Zugriff, freilich unter Reduzierung auf $^{12}/_{13}$, um die jährliche Sonderzuwendung in Höhe der vollen Bezüge eines Monats ebenso kürzen zu können wie die ordentlichen Bezüge. Der derart ermittelte Wert wird bei Beamten um jene Prozentsätze erhöht, die den in festen Beträgen festgesetzten Erhöhungen der beamtenrechtlichen Versorgungsbezüge zwischen dem Zeitpunkt der Rechtshängigkeit des Scheidungsantrages (für den der Ausgangswert errechnet wird) und dem Zeitpunkt des Eintritts in den Ruhestand entspricht (vgl. dazu § 57 BeamtVG mit weiteren Einzelheiten).

Der Monatsbetrag der im Wege des Quasisplittings begründeten Rentenanwartschaft bestimmt auch im ersten Zugriff den Kapitalbetrag, den ein Beamter an den Träger der Versorgungslast leisten muß, um die Kürzung seiner Versorgungsbezüge ganz oder teilweise abzuwenden. Eine totale Rückkehr zum status quo ante erfordert denjenigen Betrag, der erforderlich ist, um in der gesetzlichen Rentenversicherung eine Rentenanwartschaft zu begründen, deren Höhe bestimmt wird von dem nach beamtenrechtlichen Grundsätzen fortgeschriebenen Monatsbetrag der Zuweisung durch Quasisplitting (vgl. dazu § 58 BeamtVG mit weiteren Einzelheiten). Ein Beamter, dessen Scheidungsantrag im ersten Halbjahr 1978 rechtshängig wurde und der noch 1978 den Ausgleich nach Scheidung für eine Rentenanwartschaft von 500 DM monatlich vornahm, hatte demzufolge einmalig 77754,53 DM (155,50905 × 500) zu leisten. Der Betrag erhöhte sich auf 85249,67 DM (170,49933 × 500), wenn die Leistung erst 1979 erfolgte.

Unterbleibt der „Rückkauf" der verlorenen Anwartschaften, ergeben sich bei Eintritt des Versorgungsfalles Disparitäten zwischen den beiden Ehegatten zugunsten desjenigen, der durch Quasisplitting in die gesetzliche Rentenversicherung eingewiesen wurde (in der Regel also zugunsten der Frau). Diese Disparitäten basieren auf der unterschiedlichen Behandlung der pensionierten Beamten einerseits und der Bezieher von Altersruhegeld aus der gesetzlichen Rentenversicherung andererseits im Steuerrecht und im Bereich der Krankenfürsorge.[5] Besonders deutlich werden sie, wenn Pensionäre geschieden werden, deren ruhege-

[4] Die Berechnung des Erstattungsbetrages und die Durchführung der Erstattung sind durch RechtsVO zu regeln. Vgl. Art. 4 des Gesetzes zur Änderung beamtenversorgungsrechtlicher Vorschriften.

[5] Vgl. dazu *Bartsch,* NJW 1977, 1324.

haltsfähige Dienstzeit ganz in die Ehezeit fiel. Der Legislative war die Dissonanz bekannt; unter Hinweis auf allgemeine Gerechtigkeitspostulate oder doch auf das Grundmuster des Versorgungsausgleichs darf sie nicht von Fall zu Fall korrigiert werden: Generell und speziell hat das geltende Recht längst Verzicht auf Widerspruchsfreiheit in allen seinen Teilen geleistet.

6. Öffentlich-rechtlicher Versorgungsausgleich in Form der *Entrichtung von Beiträgen* ist in Vollzug und Wirkungen weitaus problemloser als Splitting und Quasisplitting. Nichts ist zu kürzen, nichts auch auszugleichen. Der Betrag ist zu berechnen, Störungen in der Abwicklung des Schuldverhältnisses sind zu bedenken, das ist bereits alles.

Der zum ,,Einkauf" der aus dem zugewiesenen Monatsbetrag errechneten Werteinheiten erforderliche (und damit geschuldete) Betrag ist keine konstante Größe (die allenfalls als Folge von Leistungsstörungen wachsen könnte); der ,,Preis" einer Werteinheit ist vielmehr abhängig von Bezugsgrößen, die sich ändern können (Beitragssatz) oder gar mit Sicherheit alljährlich ändern (durchschnittliches Bruttoarbeitsentgelt), und damit selbst einer alljährlichen Änderung unterworfen (vgl. dazu § 1304b I 2 RVO). Unter der (heute fast selbstverständlich gewordenen) Prämisse einer ständigen Steigerung der Bruttoarbeitsentgelte erhöht sich der Schuldbetrag von Jahr zu Jahr; wer 1977 eine Rentenanwartschaft von 100 DM zu begründen hatte, brauchte in demselben Jahr nur 15576,37 DM aufzuwenden (396,8057 Werteinheiten × 39,2544), im folgenden Jahr aber bereits 16667,03 DM (Multiplikator 42,0030) und 1979 sogar 17816,97 DM (Multiplikator 44,9010).

Drohenden Steigerungen kann der Verpflichtete vorbeugen, indem er sich zur Entrichtung der Beiträge (ggf. schon vor Feststellung seiner Ausgleichsverpflichtung) bereit erklärt, falls nur die Zahlung unverzüglich (ggf. nach Feststellung der Ausgleichsverpflichtung) erfolgt (vgl. dazu § 1304b I 3 RVO). Das Risiko einer längeren Dauer des Scheidungsverfahrens kann der Verpflichtete auf diesem Weg stets abwälzen.

Sofortige Zahlung ist freilich angesichts der relativ hohen Beträge in praxi oft gar nicht möglich und der geschuldete Betrag dann (vom Rechtspfleger[6]) neu festzusetzen, wenn die Berechnungsgrößen sich änderten (vgl. dazu § 53e III FGG). Der Schuldner ist im übrigen mit den üblichen Mitteln der Zwangsvollstreckung zur Leistung anzuhalten; eine besondere schuldbezogene Schonung (ohne Fixierung des Schuldbetrags!) genießt er lediglich, wenn die Schuld zu einer unbilligen Belastung führt, insbesondere, aber nicht ausschließlich, durch konkurrierende Unterhaltslasten (§ 1587d; vgl. dazu oben unter II 3). Tritt bei rückständiger Schuld objektive Unmöglichkeit der Entwicklung einer Rentenanwartschaft des Berechtigten zu einem Vollrecht ein, so tritt der schuldrechtliche

---

[6] Vgl. § 14 Nr. 2a Buchst. a RpflG.

Versorgungsausgleich an die Stelle des öffentlich-rechtlichen (§ 1587 Nr. 3 und dazu unten unter VII 4).

VII. Der schuldrechtliche Versorgungsausgleich

Schrifttum: *Eckert,* Verfallbare Anrechte im Versorgungsausgleich, NJW 1978, 2084.

1. *Struktur.* Schuldrechtlicher Versorgungsausgleich bedeutet grundsätzlich Ausgleich in Form einer Geldrente, die der verpflichtete Ehegatte dem geschiedenen Partner zu entrichten hat, Ausgleich mithin in einer Form, die sich strukturell von der Gewährung nachehelichen Unterhaltes nicht unterscheidet und eben deshalb genügend Gelegenheiten bietet, im Detail auf das Unterhaltsrecht zu verweisen (vgl. § 1587k). Dennoch sollte nicht von „unterhaltsähnlichen schuldrechtlichen Ansprüchen“[1] gesprochen werden; die Gleichheit der Struktur darf die Unterschiede nicht verdecken, die zwischen nachehelichem Unterhalt und Versorgungsausgleich im Rechtsgrund bestehen: Wer aus Versorgungsausgleich berechtigt ist, empfängt nicht, weil er bedürftig ist, sondern unabhängig von Bedürftigkeit und Leistungsfähigkeit, weil die Auseinandersetzung der Ehegatten in der an sich adäquaten Form einer einmaligen Teilung nicht erfolgen kann. Anspruch aus schuldrechtlichem Versorgungsausgleich und Anspruch aus nachehelichem Unterhalt verschmelzen daher auch nicht zu einer Einheit, wenn sie im Einzelfall zusammentreffen (weil der an sich vorgelagerte Versorgungsausgleich den Lebensunterhalt nicht sichert); jeder Anspruch folgt seinen eigenen Gesetzen.

2. *Subsidiaritätsgrundsatz.* Schuldrechtlicher Versorgungsausgleich ist dem öffentlich-rechtlichen nachgeordnet; er tritt nur in den von § 1587f enumerativ aufgeführten Fällen ein, sei es nun, weil ein öffentlich-rechtlicher Ausgleich nicht (oder: nicht mehr) erfolgen kann, sei es auch, weil jener zwar möglich, jedoch untunlich ist, sei es schließlich, weil jener nach dem Willen der Parteien nicht erfolgen soll.[2] Die Subsidiarität war im Gesamtkonzept des Versorgungsausgleichs vorgegeben: Wer eigenständige Alterssicherungen aufzubauen wünscht, kann in Ansprüchen gegen den geschiedenen Ehegatten mit permanenter Bindung an ihn nie mehr sehen als eine unerwünschte Ausnahme.

3. *Grenzen des Versicherungsrechtes.* Schuldrechtlicher Versorgungsausgleich gilt, wenn das Versicherungsrecht dem öffentlich-rechtlichen Grenzen setzt. Das

---

[1] Vgl. *Ruland,* NJW 1977, 1713 (1720) und *Ruland-Tiemann,* RdNr. 504; MünchKomm-*Maier,* 2 zu § 1587g; *v. Maydell,* FamRZ 1977, 171 (179); *Göppinger,* RdNr. 381 (im Anschluß an den Ausschußbericht im Bundestag).

[2] Für eine Erweiterung des Katalogs (zur Wahrung der Individualgerechtigkeit) um alle Fälle, in denen in den Saldo des öffentlich-rechtlichen Ausgleichs Anwartschaften oder Aussichten aufgenommen wurden, die im Versorgungsfall tatsächlich überhaupt nicht oder nur mit minderem Gewicht wirksam wurden, *Schwab,* RdNrn. 711ff. Er rechtfertigt als Korrektur praeter legem; tatsächlich handelt es sich um eine Entscheidung contra legem.

ist der Fall, wenn ein versicherbares Risiko nicht mehr vorhanden ist, weil der Berechtigte die Voraussetzungen für ein Altersruhegeld bereits erfüllt (§ 1587f Nr. 1 und dazu oben unter V 5). Das ist der Fall ferner, wenn die Übertragung oder Begründung von Rentenanwartschaften zwecklos wäre, weil der Berechtigte den Rentenhöchstbetrag überschreiten würde (§ 1587f Nr. 2 und dazu oben unter V 6). In beiden Fällen erfolgt der Übergang von einer Form des Versorgungsausgleiches zur anderen unmittelbar ex lege. Es gibt keinen einzelfallbezogenen Richterakt, wie er für die Fälle der Unwirtschaftlichkeit des öffentlich-rechtlichen Versorgungsausgleiches mit der Möglichkeit differenzierter Reaktion vorgesehen ist.

4. *Nichterfüllung des Anspruchs auf Entrichtung von Beiträgen.* Schuldrechtlicher Versorgungsausgleich findet drittens statt, wenn der Verpflichtete die ihm auferlegten Zahlungen zur Begründung von Rentenanwartschaften in der gesetzlichen Rentenversicherung nicht oder doch jedenfalls nicht im vollen Umfang erbracht hat und letzterenfalls nur für den Restbestand (§ 1587f Nr. 3).[3] Gemeint sind hier allein die Fälle des Eintritts objektiver Unmöglichkeit der Entwicklung von Rentenanwartschaften zur Rente, das Erreichen der Altersgrenze für das Altersruhegeld also und der Eintritt von Umständen, die es dem Berechtigten verwehren, je die für eine Rente erforderliche Wartezeit zu erfüllen. An sich müßte in diesen Fällen der Anspruch auf Entrichtung von Beiträgen sofort erlöschen, doch knüpft § 1587e III diese Rechtsfolge erst an die Fälligkeit des schuldrechtlichen Versorgungsausgleiches an und eröffnet damit die Möglichkeit eines längeren Zeitraums, in dem der Schuldner verpflichtet bleibt, jedoch zweckvoll nicht mehr leisten kann. In diesem Zeitraum sollte eine (peremtorische) Einrede dem Schuldner das Recht vermitteln, dem Verlangen nach Beitragszahlungen entgegenzutreten.

Gleichgültig sind die Gründe, die zu jener Verzögerung führten, die schließlich Zwecklosigkeit bewirkte; Verschulden ist gleichgültig, selbst das Ruhen der Verpflichtung gem. § 1587d schließt den Übergang zum schuldrechtlichen Versorgungsausgleich nicht aus. Es handelt sich auch gar nicht um eine Sanktion nach schuldhaft pflichtwidrigem Verhalten, sondern um eine vom Wandel der Situation erzwungene, kraft Gesetzes eintretende Inhaltsänderung eines kontinuierlich gedachten Ausgleichsverhältnisses der geschiedenen Ehegatten.

5. *Sonstige Gründe.* Schuldrechtlicher Versorgungsausgleich steht kraft des Subsidiaritätsgrundsatzes stets in einem Korrespondenzverhältnis zu den Grenzen des öffentlich-rechtlichen. *Anwartschaften und Aussichten aus einer betrieblichen Altersversorgung, die noch nicht unverfallbar sind,* werden diesem entzogen und damit zugleich jenem zugewiesen. Das sagt schon § 1587a II Nr. 3; das wiederholt

---

[3] Vgl. dazu § 53f FGG (Aufhebung der auf § 1587b III gegründeten Entscheidung von Amts wegen).

§ 1587f der enumerativen Vollständigkeit halber in Nr. 4. Bemerkenswert (jedoch dem Gesamtkonzept des Versorgungsausgleichs mühelos einzufügen) ist die Möglichkeit einer Umkehrung der Parteirollen, falls der schuldrechtliche Ausgleich einem öffentlich-rechtlichen folgt: Der hier Berechtigte kann dort der Verpflichtete sein (falls seine zunächst nicht bedachten Positionen größer sind als diejenigen seines Ehegatten)[3a].

Richterliche Entscheidungen können sodann im Einzelfall den öffentlich-rechtlichen Versorgungsausgleich durch den schuldrechtlichen ersetzen, weil jener wirkungslos wäre oder unwirtschaftlich, dieser aber wirksam und zweckmäßig (§ 1587b IV), aber auch *Vereinbarungen der Parteien,* die sie im Zusammenhang mit der Scheidung trafen (§ 1587o). Hier wie dort ist freilich die Entscheidung gegen den öffentlich-rechtlichen Versorgungsausgleich noch keine für den schuldrechtlichen. Andere Lösungen sind denkbar, zulässig und oftmals zweckmäßig.

6. *Regelung.* Schuldrechtlicher Versorgungsausgleich ist mit allen seinen Tatbeständen, wenn man strikt dem Normtext des § 1587f folgen wollte, abhängig vom Antrag eines Ehegatten, der als verfahrensrechtlicher Akt an das Familiengericht zu richten wäre. Doch kann mit dem Begriff „Antrag" nicht mehr gemeint sein als der Regelfall eines „Verlangens", das auch dem Schuldner gegenüber geäußert werden kann. In dieser Deutung wird der schuldrechtliche Versorgungsausgleich (analog den „verhaltenen Ansprüchen" in anderen Zusammenhängen) durch einen Akt des materiellen Rechtes aktualisiert. Erfolgt der Akt nicht, verharren also die geschiedenen Ehegatten in Untätigkeit, so erlischt der Ausgleichsanspruch im periodischen Rhythmus ohne jeden Ersatz. Diese Aussage folgt sicher nicht aus § 1587k, der den schuldrechtlichen Versorgungsausgleich dem nachehelichen Unterhaltsanspruch (durch Bezug auf § 1585b II und III) in allen Fragen der Leistung für vergangene Zeiten gleichstellt (denn Unterhaltsansprüche bedürfen keiner Aktualisierung), aber sie harmoniert doch mit ihm und führt ihn folgerichtig zu Ende.

Die folgerichtige Verwendung einer Kategorie des Verfahrensrechtes würde jede Regelung der Ausgleichsrente einem gerichtlichen Verfahren zuweisen und damit zu einer sachinadäquaten Regelungsgrenze führen. Eine eigenständige Präzisierung der Ausgleichsrente durch Vertrag der Ehegatten, die der jederzeit zulässigen Präzisierung nachehelicher Unterhaltsansprüche durch Vertrag an die Seite zu stellen ist, kann nicht ausgeschlossen sein: Wer durch Untätigkeit seine Rechte ruhen lassen kann, dem ist es auch unbenommen, sie in freier Entscheidung zu modellieren, wenn er sie ausübt. Richtig ist allein, daß für Präzisierun-

---

[3a] Das Erg. sucht *Eckert,* NJW 1978, 2084, mit einer Teilentscheidung (§ 301 ZPO analog) im öffentlich-rechtlichen Ausgleich zu vermeiden (Abrechnung zunächst unter voller Berücksichtigung der verfallbaren Anwartschaften; spätere Korrektur bei tatsächlichem Verfall). Doch gehören die verfallbaren Anwartschaften nicht zum Streitgegenstand des öffentlich-rechtlichen Ausgleichs.

gen im Zusammenhang mit der Scheidung (und d.h. nicht mehr in späteren Zeiten) § 1587o anzuwenden ist mit Formbindung und Genehmigung des Familiengerichts (vgl. dazu weiter unten VIII 1).

Sofern (wie üblich) die Voraussetzungen für die Gewährung einer Ausgleichsrente nicht bereits im Zeitpunkt der Ehescheidung vorliegen, kann richterliche Hilfe anläßlich des Scheidungsverfahrens (im Rahmen des fakultativen Entscheidungsverbunds) in der Regel nicht in Anspruch genommen werden. Eine Leistungsklage scheitert an der Unbestimmtheit aller Daten, die für die Berechtigung des Anspruchs nach Entstehungszeit und Umfang erforderlich sind, eine Feststellungsklage aber am fehlenden Rechtsschutzbedürfnis.[4] Denn selbst ein obsiegendes Grundurteil garantiert dem Kläger nicht, daß er jemals eine Ausgleichsrente beziehen wird. Zurück bleiben die Fälle des § 1587l: Abfindung zukünftiger Ansprüche kann auch (und gerade) vor jenem Zeitpunkt gefordert werden, zu welchem erstmalig eine Leistung auf die Ausgleichsrente fällig wird.

7. *Die Ausgleichsrente.* Die Höhe der monatlich im voraus zahlbaren, grundsätzlich lebenslänglich zu gewährenden Ausgleichsrente ist anders als die Höhe des Ausgleichs im öffentlich-rechtlichen Versorgungsausgleich nicht eine fixe Größe, sondern variabel. Auszugleichen ist der *jeweils* bestehende Überschuß an Versorgungspositionen; Veränderungen der Versorgungen in Bestand und Wert nach Rechtshängigkeit des Scheidungsantrages werden wesentlich (§ 1587g II 2 sowie III mit seinem Hinweis auf § 1587d II für die Änderung rechtskräftiger Entscheidungen). Das eine wie das andere bedeutet keine Abkehr von sonst befolgten Prinzipien des Versorgungsausgleichs; beides ist vielmehr die Folge einer grundsätzlich veränderten Situation, in der der berechtigte Ehegatte nicht in einem Akt abgeschichtet wird, sondern an den Versorgungen des verpflichteten periodisch partizipiert, in steter Anlehnung an das, was sie (die Versorgungen) erbringen, freilich nur an das, was sie bezogen auf die Ehezeit erbringen. Wertsteigerungen einer Versorgung etwa, die auf einem nachehelichen beruflichen Aufstieg beruhen, bleiben außer Betracht. Treffen im Einzelfall öffentlich-rechtlicher und schuldrechtlicher Versorgungsausgleich zusammen (weil die Pflicht zur Begründung von Rentenanwartschaften durch Entrichtung von Beiträgen nur teilweise erfüllt wurde, weil ein Teil des geschuldeten Ausgleichs in öffentlich-rechtlicher Form nicht mehr wirksam werden konnte, weil ein Teil der Anwartschaften in der einen Form ausgeglichen werden konnte, der andere dagegen nicht) so ist zwar bei Berechnung des schuldrechtlichen Ausgleichs der Gesamtbestand aller überhaupt ausgleichspflichtigen Versorgungspositionen (also einschließlich der an sich durch den öffentlich-rechtlichen Ausgleich abgeschichteten[5]) gegenwartsbezogen zu bewerten, doch finden Korrektu-

---

[4] I. Erg. ebenso MünchKomm-*Maier,* 9 zu § 1587f.

[5] Vgl. *Rolland,* 8 zu § 1587g; *Ruland-Tiemann,* RdNrn. 520ff. And. Ans. dagegen MünchKomm-*Maier,* 22 zu § 1587g.

ren am öffentlich-rechtlichen Ausgleich nicht mehr statt. Spätere Einbußen des Verpflichteten an ausgleichspflichtigen Rentenanwartschaften, die voll ausgeglichen werden mußten, können so den an sich geschuldeten weiteren schuldrechtlichen Ausgleich völlig ausschließen, nie aber zum Verlust von Rentenanwartschaften führen, die der Berechtigte aus dem öffentlich-rechtlichen Ausgleich erwarb.

Die Ausgleichsrente ersetzt das Prinzip der eigenständigen Versorgung durch das Prinzip der Versorgung durch ständige Teilhabe an der Versorgung des ausgleichspflichtigen geschiedenen Ehegatten. Folgerichtig setzt sie eine Versorgung des Verpflichteten voraus (und zwar aus einer Position, die in den Versorgungsausgleich einzubeziehen war, jedoch öffentlich-rechtlich nicht ausgeglichen wurde) und den Eintritt des (tatsächlichen[6] oder – mangels einer eigenständigen Versorgung – fiktiv vom Gesetz bestimmten) Versorgungsfalles beim Berechtigten (vgl. dazu § 1587g I 2) unter voller Wahrung aller Rechte der beiden Parteien, den Versorgungsfall zeitlich zu bestimmen (flexible Altersgrenze). Fehlt das eine oder das andere, so findet ein Ausgleich (jedenfalls zunächst) nicht statt. Stirbt der Verpflichtete gar vor Eintritt des Versorgungsfalles in seiner Person und gewährt das Rechtsverhältnis, das ihn sicherte, dem geschiedenen Ehegatten keine Hinterbliebenenversorgung, so erhält der Berechtigte endgültig nichts.

8. *Negative Härteklausel.* Daß der schuldrechtliche Versorgungsausgleich grundsätzlich nicht den Grenzen entzogen sein kann, die dem öffentlich-rechtlichen mit Rücksicht auf die Verhältnisse der Parteien und deren Verhalten gezogen sind, ist eine Selbstverständlichkeit. § 1587h greift deshalb den Gedanken einer negativen Härteklausel auf, dem § 1587c folgend, jedoch ohne konsequente Übernahme seiner Regelung. Zwar besteht Inhaltsgleichheit für den Rechtsverlust nach anhaltender gröblicher Verletzung der Pflicht, während der Ehe zum Familienunterhalt beizutragen (jeweils Nr. 3), zwar wird die Sanktion nach illoyalem Einwirken auf eigene Versorgungspositionen nur in einer dem neuen Rahmen entsprechenden Form variiert (Nrn. 2), doch sondern sich die beiden Formen des Ausgleichs merklich voneinander im Bereich der allgemeinen Härteklausel des § 1587c Nr. 1. Sie wird in § 1587h Nr. 1 weder konkretisiert noch mit Rücksicht auf die neuen Daten modelliert, sondern durch einen neuen Gedankengang ersetzt. Denn ein Ausgleichsanspruch soll insoweit (und damit auch nur solange) nicht bestehen, als „der Berechtigte den nach seinen Lebensverhältnissen angemessenen Unterhalt aus seinen Einkünften und seinem Vermögen bestreiten kann und die Gewährung des Versorgungsausgleiches für den Ver-

[6] Es genügt eine Versorgung durch Berufsunfähigkeitsrente in der gesetzlichen Rentenversicherung, doch ist dann auch der schuldrechtliche Versorgungsausgleich (nach dem allgemeinen Verhältnis der Berufsunfähigkeitsrente zu den anderen Renten) nur mit $^2/_3$ der errechneten Ansprüche zu gewähren. Vgl. *Ruland-Tiemann*, RdNr. 500.

pflichteten bei Berücksichtigung der beiderseitigen wirtschaftlichen Verhältnisse eine unbillige Härte bedeuten würde".[7]

In den Versorgungsausgleich werden damit in prinzipienloser Manier Schranken eingekreuzt, die dem Unterhaltsrecht zuzuordnen sind, dem Versorgungsausgleich aber unter keinem Aspekt integriert werden können. Wenn Versorgungen auszugleichen sind, weil sie das Ergebnis einer gemeinschaftlichen Leistung sind, so ist eine Norm, die dem wirtschaftlich Stärkeren seine Rechte entzieht, weil er sich selbst versorgen kann, nie eine Entfaltung der Idee, sondern stets der Ausdruck eines widersprüchlichen Denkens.[8]

9. *Zession von Versorgungsansprüchen.* Evident sind die Nachteile, die der schuldrechtliche Versorgungsausgleich im Vergleich mit dem öffentlich-rechtlichen für den Berechtigten mit sich bringt. Der Eigenständigkeit der Versorgung hier steht die permanente Abhängigkeit vom geschiedenen Ehegatten dort gegenüber. Das Gesetz sucht zu mildern: Die Zession von Versorgungsansprüchen beseitigt wenigstens die Abhängigkeit vom geschiedenen Ehegatten als Schuldner (dagegen nicht mehr als Träger der Versorgung); Abfindungen können zu eigenständigen Positionen führen.

Zession von Versorgungsansprüchen (unter selbstverständlicher Beschränkung auf Ansprüche aus ausgleichspflichtigen, jedoch öffentlich-rechtlich nicht ausgeglichenen Positionen) kann jederzeit vom Berechtigten gefordert werden, ohne Rücksicht auf die Gefährdung seiner Rechte auf die Ausgleichsrente, ohne Rücksicht auf einen „wichtigen Grund" oder ähnliche begrenzende Umstände. Unmittelbare und mittelbare (d. h. durch Pfändungsgrenzen vermittelte) Abtretungsverbote gesetzlicher und rechtsgeschäftlicher Art (vgl. die §§ 399, 400) stehen nicht entgegen (§ 1587i II); deutlich kommt in dieser Besonderheit der Gedanke zum Ausdruck, daß die Versorgungen des Verpflichteten in Höhe der Ausgleichsrente „an sich" dem Berechtigten zustehen und die Zession als „nachgeholtes Splitting" zu verstehen ist. Die Zession sollte deshalb auch nicht als Leistung erfüllungshalber charakterisiert werden (mit der Folge des Fortbestandes der Ansprüche gegen den Verpflichteten bis zur Leistung des Versorgungsträgers),[9] sondern als erfüllende Leistung nach einer vom Gläubiger durch einseitigen Akt geänderten Schuld.

---

[7] Die Norm ist im übrigen mit den Maßstäben des § 1587c Nr. 1 zu homogenisieren. Die von ihr geforderte „unbillige Härte" muß der „groben Unbilligkeit" dort entsprechen. A. A. *Roth-Stielow,* 4 zu § 1587h. Unklar MünchKomm-*Maier,* 6 zu § 1587h (Verwendung der zu § 1381 von der Rspr. entwickelten Formel ohne Korrektur des Begriffs der „unbilligen Härte").

[8] Mit anderen Ergebnissen übt *Schwab,* RdNrn. 719ff., Kritik am Gesetz. Er akzeptiert die Aussage des § 1587h Nr. 1, will aber im übrigen zusätzlich „§ 1587c Nr. 1 sinngemäß in die Härteregelung des § 1587h übertragen". Auch *Ruland-Tiemann,* RdNr. 536, wollen den § 1587c Nr. 1 zusätzlich beim schuldrechtlichen Versorgungsausgleich anwenden.

[9] So aber *Voskuhl-Pappai-Niemeyer,* I zu § 1587i; MünchKomm-*Maier,* 2 zu § 1587i; *Ruland-Tiemann,* RdNr. 542; *Schmeiduch,* 1 zu § 1587i. Richtig dagegen *Schwab,* RdNr. 701.

Zession kann gefordert werden nur im Gleichlauf mit den (noch nicht in öffentlich-rechtlicher Form ausgeglichenen) Versorgungsansprüchen des Berechtigten, die in den Versorgungsausgleich einzubeziehen waren (also niemals für Rückstände), in dieser Beschränkung aber auch antezipiert für die Dauer des schuldrechtlichen Versorgungsausgleiches überhaupt. Stehen dem Verpflichteten mehrere Versorgungen zu Gebote, so sind die für Wahlschulden geltenden Regeln (§§ 262ff.) anzuwenden mit grundsätzlicher Entscheidung für die Schuldnerwahl.[10] Für eine Gläubigerwahl spricht nichts; eine dem Gedanken des ,,nachgeholten Splittings" vielleicht besonders gut entsprechende proportionale Verteilung des Gesamtbetrages auf die verschiedenen Versorgungen ist denkbar unpraktisch.

Änderungen der (hypothetisch weitergerechneten) Ausgleichsrente wirken sich nach antezipierter Zession nicht unmittelbar aus; nur beim Erlöschen der Ausgleichsrente durch den Tod sieht § 1587k II 2 eine Legalrückzession vor. Im übrigen besteht lediglich ein Anspruch auf rechtsgeschäftliche Rückzession aus ungerechtfertigter Bereicherung. Auch rechtskräftige Entscheidungen fixieren den Zessionsstand nicht endgültig. Sie sind gem. § 1587i III in entsprechender Anwendung des § 1587d II bei einer wesentlichen Veränderung der Verhältnisse nach der Scheidung zu ändern.

10. *Abfindung* künftiger Rentenansprüche kann der Gläubiger ohne jede zeitliche Begrenzung (auch vor Fälligkeit der Ausgleichsrente, auch nach Leistung auf den Rentenanspruch)[11] verlangen, wenn der Rentenschuldner nicht unbillig belastet wird (§ 1587l), und zwar mit einer einmaligen Zahlung in der primären Prüfungsstufe und mit Ratenzahlungen in der sekundären (vgl. § 1587l III 3). Abfindung künftiger Rentenansprüche kann dagegen der Rentenschuldner seinem Gläubiger nie aufdrängen. Doch kann er in äquivalenter Form Vorsorge treffen durch Abschluß eines privaten Rentenversicherungsvertrages, der ihm jeweils jene Mittel gewährt, die er zur Erfüllung der Ausgleichsrente benötigt.

Abfindung bewirkt Erlöschen aller künftigen Rentenansprüche ohne Möglichkeit späterer Korrektur, wenn die Erwartungen enttäuscht wurden, die mit ihr verbunden waren. Es gibt keine Rückkehr zur Ausgleichsrente kraft ergänzender Vertragsauslegung (§ 157) oder kraft Wegfalls der Geschäftsgrundlage. Wer sich abfinden läßt, übernimmt das Risiko jeder wie immer auch gearteten Entwicklung seiner Versorgung in der Zukunft.

Abfindung von Unterhaltsansprüchen richtet sich auf ein Kapital, über das der Gläubiger nach Gutdünken verfügen darf, mag es auch vorzugsweise als Kapital gedacht sein, mit dessen Hilfe er sich eine Position sichern kann, die ihm einen

---

[10] So richtig *Rolland,* 3 zu § 1587i; *Schmeiduch,* 2 zu § 1587i. Anders dagegen *Voskuhl-Pappai-Niemeyer,* II zu § 1587i.

[11] A.A. MünchKomm-*Maier,* 4 zu § 1587l; *Schwab,* RdNr. 726 (nur bis zum Zeitpunkt des § 1587g I, also der Möglichkeit, den schuldrechtlichen Versorgungsausgleich herbeizuführen).

auskömmlichen Unterhalt sichert. Abfindung künftiger Rentenansprüche ist dagegen in bestimmte Bahnen gewiesen, in denen der schuldrechtliche Versorgungsausgleich zurückgeführt wird in ein Surrogat des öffentlich-rechtlichen. Anderes wird nie geschuldet; Leistungen an Erfüllungs Statt (mit entsprechender Schuldinhaltsänderung kraft Parteiaktes) sind den Parteien in der nachehelichen Phase freilich gestattet, jedoch nur in den Grenzen, die § 138 zum Schutze Dritter zieht (vgl. dazu unten VIII 1).

Der Berechtigte kann wählen zwischen Beiträgen zu einer gesetzlichen Rentenversicherung oder zu einer privaten Kapital- oder Rentenversicherung (§ 1587l III), doch täuscht die Trias weit mehr Wahlfreiheit vor, als in Wirklichkeit vorhanden ist: Es gibt keinen besonderen Zugang zur gesetzlichen Rentenversicherung für Ehegatten, die eine Abfindung wünschen, so daß sich der Weg in die öffentlich-rechtliche Versorgung nur im Rahmen der allgemeinen Vorschriften für Nachentrichtungen und laufende freiwillige Beitragsleistungen öffnet und niemals dann, wenn der schuldrechtliche Versorgungsausgleich stattfindet, weil der öffentlich-rechtliche nicht stattfinden konnte.

Private Versicherungen müssen für den Fall des Todes und des Erlebens des 65. oder eines niedrigeren Lebensjahres abgeschlossen sein und eine Dynamisierung des Kapitals oder der Rente vorsehen durch Erhöhung der Versicherungsleistungen durch Gewinnanteile. Sie sind vom Berechtigten abzuschließen; er ist Vertragspartner der Versicherungsgesellschaft und er allein ist ihr zur Leistung verpflichtet. Freilich bleibt es ihm unbenommen, einen Versicherungsvertrag unter der aufschiebenden Bedingung der effektiven Zahlung des Abfindungsbeitrages an die Versicherung (befreiende Drittleistung gemäß § 267) abzuschließen, doch kommt diese Vertragsgestaltung nur für Abfindungen in Betracht, die sich in einer einmaligen Leistung erschöpfen. Unbenommen bleibt es ihm ferner, den Anspruch aus § 1587l (der nach Abschluß des Versicherungsvertrages den Charakter eines Anspruches aus gesetzlicher Erfüllungsübernahme gewinnt) an die Versicherung abzutreten.

Die Höhe der Abfindung bestimmt der nach § 1587g II (also unter Berücksichtigung späterer Änderungen) ermittelte Zeitwert der beiderseitigen Versorgungen oder Aussichten auf eine auszugleichende Versorgung unter der selbstverständlichen Beschränkung auf Positionen, die noch nicht im öffentlich-rechtlichen Versorgungsausgleich ihre Erledigung fanden. Die Ausgleichsrente ist auf dieser Basis nach versicherungsmathematischen Grundsätzen zu kapitalisieren.[12] Dagegen erweist sich der an sich naheliegende Gedanke, den Abfindungsbetrag nach der Höhe des Einkaufswertes einer Rente aus gesetzlicher oder privater Versicherung zu bestimmen, die der Höhe der Ausgleichsrente entspricht,[13] als

---

[12] Vgl. *Rolland,* 8 zu § 1587l.

[13] Er wird für richtig gehalten von *Voskuhl-Pappai-Niemeyer,* III zu § 1587l; MünchKomm-*Maier,* 12 zu § 1587l; *Ruland-Tiemann,* RdNr. 551.

fehlerhaft in allen Fällen, in denen bereits Rentenzahlungen geleistet wurden (die nicht nur Anrechnung kämen[14]), aber auch in allen Fällen, in denen private Rentenversicherung gewählt wird (weil insoweit der Einkaufswert keine fixe Größe ist, vielmehr abhängig vom Lebensalter bei Beginn des Versicherungsverhältnisses und des vertraglich vereinbarten Beginns der Rentenzahlungen).

Insgesamt ist es nicht gelungen, eine dem Regelungsziel der dynamisierten sicheren Altersversorgung entsprechende Regelung zu finden. Die Möglichkeit einer Kapitalversicherung entspricht dem Regelungsziel überhaupt nur sehr bedingt; sie verliert weiter an Überzeugungskraft, wenn der Berechtigte ein frühes Fälligkeitsalter wählt. Zu bedenken bleibt ferner, daß Beiträge zur gesetzlichen Rentenversicherung ihren Zweck verfehlen können, wenn noch unsicher ist, ob der Versicherte die Wartezeit wird erfüllen können, aber auch, daß ein Sonderrecht für private Versicherungen aus Abfindungen nicht existiert; ohne Einschränkung kann der Abgefundene mithin wie jeder andere Versicherte auch über seine Position aus dem Versicherungsverhältnis disponieren.

Disparitäten zwischen Regelungsziel und Regelung können sich freilich niemals zu Lasten des Ausgleichsschuldners auswirken. Der Gefahr einer doppelten Inanspruchnahme aus Versorgungsausgleich und aus nachehelichem Unterhalt nach zweckfremder Verwendung der Abfindung beugt § 1587n vor: Auf einen etwaigen nachehelichen Unterhaltsanspruch ist die an sich durch Abfindung erledigte, jedoch hypothetisch fortgerechnete Ausgleichsrente anzurechnen.

11. *Tod des Berechtigten.* Mit dem Tod des Berechtigten (dagegen nicht: mit einer Zweitehe) erlöschen alle seine Rechte aus dem schuldrechtlichen Versorgungsausgleich für die Zukunft, der Anspruch auf laufende Rentenleistungen zumal (§ 1587k II), mag er sich noch gegen den Verpflichteten richten, mag er auch nach Zession vom Versorgungsträger zu erfüllen sein (gesetzliche Rückzession mit Schuldnerschutz gemäß § 407), aber auch der Anspruch auf eine Abfindung (§ 1587m), und dieser wiederum ohne jede Rücksicht auf die Entwicklungsphase, in der er sich befand. Es gibt keinen Zustand, in dem das Recht auf den Erben übergehen könnte, mag auch der Schuldner längst in Verzug geraten sein. So, wie der Anspruch in § 1587l III inhaltlich fixiert ist, kann er nur in der Person des berechtigten Ehegatten oder gar nicht erfüllt werden.[15] Ein etwaiger Verzugsschaden (§ 286) des berechtigten Ehegatten bleibt dem Erben geschuldet; das aber ist auch alles.

12. *Tod des Verpflichteten.* Zum Tode des Verpflichteten schweigt das Gesetz,

---

[14] Das Argument erledigt sich für alle, die nach Beginn der Ausgleichszahlungen ein Recht auf Abfindung nicht mehr anerkennen.

[15] Gl. Ans. MünchKomm-*Maier,* 1 zu § 1587m. And. Ans. *Ruland-Tiemann,* RdNr. 557, wenn der Anspruch rechtshängig geworden ist (arg. § 847 I 2), ferner für Ratenrückstände und Schadensersatzansprüche wegen Nichterfüllung. Undurchsichtig *Ambrock* in seiner Anm. zu § 1587m. Ihm zufolge soll der Anspruch nicht erlöschen, „wenn er in einen Schadensersatzanspruch übergegangen war"; er soll dann eine Nachlaßverbindlichkeit sein (Verwechslung mit dem Tod des Verpflichteten?).

doch ist sein Schweigen beredt. In den §§ 1587k und m ist weder § 1586b I mit der passiven Vererblichkeit des Unterhaltsanspruches genannt noch § 1587e IV mit seinem postmortalen Vollzug des öffentlich-rechtlichen Versorgungsausgleichs; der Tod des Verpflichteten beendet mithin den schuldrechtlichen Versorgungsausgleich[16] nicht weniger als der Tod des Berechtigten. Folgerichtig wird damit der Gedanke der geteilten Versorgung durchgeführt, der nicht weiter reichen kann als die verteilbare Versorgung selbst. Eine ausgewogene Gesamtregelung wird freilich erst erreicht, wenn der Erbe zu Unterhaltsleistungen angehalten wird, falls das Erlöschen der Ausgleichsrente den Berechtigten in eine Situation bringt, in welcher er von dem verstorbenen Ausgleichsschuldner Unterhalt hätte fordern können, wenn er nicht ausgleichsberechtigt gewesen wäre.[17]

VIII. Vereinbarungen im Zusammenhang mit der Scheidung

Schrifttum: *Göppinger,* Vereinbarungen anläßlich der Ehescheidung, 3. Aufl. 1978.

1. *Grundsätze.* Vertragsfreiheit genießen die Ehegatten hinsichtlich des Versorgungsausgleichs *vor und während der Ehe* unter Bindung an eine einjährige Seriositätsfrist (§ 1408 II). Vertragsfreiheit genießen die Ehegatten *im Zusammenhang mit der Scheidung* lediglich unter Bindung an eine richterliche Inhaltskontrolle (§ 1587o). Vertragsfreiheit genießen die Ehegatten *nach Abschluß des Scheidungsverfahrens* ohne jede Einschränkung (insbes. zur Regelung des schuldrechtlichen Versorgungsausgleichs mit seinem oft in weiter Ferne liegenden Fälligkeitstermin[1]). Daß in allen Phasen die allgemeinen Schranken der Privatautonomie zu beachten sind und daß in allen Fällen nur disponible Rechtspositionen geregelt werden können, versteht sich von selbst. Rentenanwartschaften etwa, die durch Splitting übertragen wurden, können nicht im nachehelichen Vertrag wieder zurückübertragen werden; über Rentenanwartschaften in der gesetzlichen Ren-

---

[16] Gl. Ans. *Schmeiduch,* 7 zu § 1587k; MünchKomm-*Maier,* 8 zu § 1587k. And. Ans. *Rolland,* RdNr. 6, um einen „gerechten Interessenausgleich" (Maßstäbe?) zu erzielen. Vgl. ferner *Ruland-Tiemann,* RdNr. 558 (grds. Erlöschen des Anspruchs, doch soll etwas anderes gelten, wenn die Erben zugleich Empfänger von Hinterbliebenenleistungen aus ausgleichspflichtiger Versorgung sind unter Berufung auf die „Gesamtkonzeption" des Versorgungsausgleichs).

Belanglos für den Streit ist der vielfach behauptete „unterhaltsähnliche Charakter" der Ausgleichsrente. Selbst wenn man ihn bejahen wollte, dürften aus ihm nicht in einer an die Begriffsjurisprudenz gemahnenden Manier neue Rechtssätze entwickelt werden.

War der ausgleichspflichtige Ehegatte Beamter (Richter, Soldat), so kann dem überlebenden geschiedenen Ehegatten ein Unterhaltsbeitrag gemäß den §§ 22, 28 BeamtVG zustehen.

[17] So MünchKomm-*Maier,* 8 zu § 1587k, aber auch *Rolland,* 7 zu § 1587k als Hilfslösung.

[1] Für Anwendung des § 1587o auch in diesem Fall die h. L. Vgl. *Reinartz,* NJW 1977, 81 (82); *Schmeiduch,* 2 zu § 1587o; *Schwab,* RdNr. 682. Genehmigungsfrei ist auch nach ihrer Ansicht die Disposition über einzelne Ansprüche auf Leistung aus dem geregelten Rechtsverhältnis.

Eine Vereinbarung über den schuldrechtlichen Versorgungsausgleich nach Erledigung des gesamten Entscheidungsverbunds wird überhaupt nicht mehr für möglich gehalten von *Voskuhl-Pappai-Niemeyer,* II 1a zu § 1587o.

tenversicherung kann rechtsgeschäftlich zu niemandes Gunsten durch Zession verfügt werden.

Verschiedene Phasen mit unterschiedlich gebundener Privatautonomie bedürfen der Abgrenzung voneinander; notwendig sind scharfe Konturen der mittleren Phase in der einen und in der anderen Richtung. „Im Zusammenhang mit der Scheidung“ werden alle Verträge geschlossen, die einverständlich final auf eine (wenn auch noch nicht durch Scheidungsantrag eingeleitete) Scheidung bezogen sind, mithin alle Scheidungsfolgenvereinbarungen (einschließlich des Prozeßvergleichs), und sie ohne jede Rücksicht auf die zeitliche Differenz zwischen Vertrag und Scheidungsantrag. Auch nach Ablauf eines Jahres ändert sich die Rechtslage nicht: Richterliche Inhaltskontrolle (Scheidungsfolgenvereinbarung) und Seriositätsfrist (Ehevertrag) sind nicht austauschbare Wirksamkeitsvoraussetzungen, die allein vom Zeitablauf gesteuert werden (umgekehrt kann auch ein durch alsbaldigen Scheidungsantrag unwirksam gewordener Ehevertrag nicht in eine Scheidungsfolgenvereinbarung umgedeutet werden[3]); der unter der Bedingung späterer rechtskräftiger Scheidung abgeschlossene Scheidungsfolgenvertrag wandelt sich nicht durch Zeitablauf in einen unbedingten Ehevertrag.

„Im Zusammenhang mit der Scheidung“ werden auch alle Vereinbarungen getroffen, die dem Scheidungsurteil folgen, sofern der im Entscheidungsverbund stehende öffentlich-rechtliche Versorgungsausgleich erst nach Vorabentscheidung über den Scheidungsantrag gemäß § 628 ZPO zur Erledigung gelangt. „Im Zusammenhang mit der Scheidung“ werden dagegen nicht mehr Vereinbarungen getroffen, die den Versorgungsausgleich im übrigen in der Zeit nach seiner Erledigung im Entscheidungsverbund zum Gegenstand haben. Ein richterlicher Akt hat dann eine Regelung getroffen (§ 1587b IV) oder doch die Parteien in den schuldrechtlichen Versorgungsausgleich verwiesen (Fälle des § 1587f Nrn. 1, 2 und 4), jedoch ohne Folge ständiger Bindung der Ehegatten an die Genehmigung des Richters (der nicht die Funktionen eines Vormundschaftsgerichtes zu übernehmen hat).

Daß die Parteien überhaupt anläßlich der Scheidung disponieren können, bedarf in einer Rechtsordnung, die den Ehegatten grundsätzlich Freiheit in der Regelung ihrer nachehelichen Verhältnisse beläßt, keiner weiteren Begründung. Die gesteigerte Sensibilität, die der Gegenwart in allen Fragen der Altersversorgung eigen ist, gebietet im interindividuellen Verhältnis der Ehegatten kein zwingendes Recht: Den sicherlich notwendigen Schutz der Ehegatten vor sich selbst (den der gesetzliche Güterstand in § 1378 III nur mit einer Formvorschrift

---

[2] Die durchaus h. L. fragt allein nach der Scheidungsabsicht der Parteien, verzichtet also auf deren Verknüpfung mit dem Vertragsinhalt. Vgl. *Göppinger*, RdNr. 411; *Schwab*, RdNr. 682 (schon, wenn Ehegatten „Scheidung zumindest ernsthaft erwägen“); *Schmeiduch*, 2 zu § 1587o; MünchKomm-*Strobel*, 5 zu § 1587o.

[3] Vgl. MünchKomm-*Strobel*, 21 zu § 1587o.

gewährt) gewährleistet eine richterliche Inhaltskontrolle, die freilich mit dem Odium staatlicher Bevormundung erwachsener Bürger belastet ist. Der Schutz aber, den alle jene benötigen, die als Versorgungsträger Versorgung bereits oder demnächst zu gewähren haben und eben deshalb passiv betroffen werden können, ergibt sich aus den Grenzen, die den Ehegatten von den Regelungen des Versorgungsrechtes gezogen werden.

2. *Dispositionsgrenzen*. Vorbehaltlich einer besonderen Regelung im Recht des Versorgungsausgleiches kann kein Ehegatte in stärkerem Maße über seine Positionen „im Zusammenhang mit der Scheidung" verfügen, als es ihm im Ehevertrag erlaubt ist. Und vorbehaltlich einer besonderen Regelung im Recht des Versorgungsausgleichs kann kein Ehegatte in stärkerem Maße Positionen „im Zusammenhang mit der Scheidung" neu begründen, als er es ohne Scheidung zu tun vermag. Insofern ist § 1587o I 2, der den Parteien die Möglichkeit nimmt, Anwartschaften in der gesetzlichen Rentenversicherung zu begründen oder zu übertragen, zunächst nichts weiter als eine Selbstverständlichkeit, deren Wert immerhin in der Abwehr des fehlerhaften Gedankens liegen mag, daß auch den Parteien möglich sein müsse, was durch richterlichen Gestaltungsakt herbeigeführt werden kann.[3a]

Die scheinbar klar gezogene Dispositionsgrenze erweist sich freilich schnell als mehrdeutig und in der Präzisierung durch Interpretation als Widerstand der Vertragsfreiheit, dessen Größe unterschiedlich bestimmt wird. Gewiß kann es sich nicht um eine allgemeine um Splitting und Quasisplitting gelegte Sperrzone handeln, die den Parteien jede rechtsgeschäftliche Vereinbarung verwehrt, mit der sie zwar Splitting und Quasisplitting nicht selbst herbeiführen wollen (was ihnen sicher nicht erlaubt ist), mit der sie jedoch unmittelbar (etwa durch Minderung der Ausgleichsquote[4]) oder mittelbar (etwa durch Einführung von „ausgleichsfreien Zeiten", also Verkürzungen der Ehezeit, oder auch durch den Ausschluß anderer Versorgungspositionen aus dem Versorgungsausgleich) Einfluß auf die Höhe der vom Richter zu übertragenden oder zu begründenden Rentenanwartschaften zu nehmen wünschen. Wäre es anders, so käme der Vertragsfreiheit beim Versorgungsausgleich anläßlich einer Ehescheidung von vornherein nur eine sehr beschränkte Bedeutung zu. Auf der anderen Seite ist es wenig sachgerecht, die Parteien im Vorfeld des richterlichen Aktes keinen Bindungen zu unterwerfen und den Schutz der Solidargemeinschaft der Versicherten allein dem § 138 (kollusives Zusammenwirken der Ehegatten zum Nachteil eines Dritten) anzuvertrauen. Erlaubt sollten den Parteien alle Abreden sein, die sich in einer Minderung der „an sich" zu übertragenden oder zu begründenden Rentenanwartschaften auswirken, verboten dagegen die anderen (und bei ihnen begin-

[3a] Die Parteien können auch nicht vereinbaren, daß Splitting vom Richter angeordnet werden solle. A. A. AG Düsseldorf, FamRZ 1979, 148.

[4] Ein Fall: AG Düsseldorf, NJW 1978, 647 (Urteil mit grds. abl. Tendenz).

nen die Gefahren der Manipulation virulent zu werden), die umgekehrt zu einer Mehrung der vom Richter bewegten Positionen führen würden. Auch insofern (also im Erweiterungsbereich) bedienen sich die Parteien des ihnen gesperrten Splittings und Quasisplittings.[5]

Die Dispositionsgrenze des § 1587o I 2 betrifft nur Splitting und Quasisplitting, die Begründung von Rentenanwartschaften durch Entrichtung von Beiträgen nennt sie nicht. Angesichts einer der Legislative bekannten Trias von Formen des öffentlich-rechtlichen Versorgungsausgleichs scheidet ein Analogieschluß zugunsten des argumentum e contrario aus. Kraft einer exceptionellen Befugnis dürfen die Parteien Begründung von Rentenanwartschaften durch Entrichtung von Beiträgen (in den Grenzen, die vom Sozialversicherungsrecht gezogen werden) vereinbaren.

3. *Regelungen.* Die Parteien können sich darauf beschränken, Veränderungen innerhalb des für sie vom Gesetz vorgesehenen Ausgleichssystems vorzunehmen. Die Parteien können aber auch im Rahmen der Dispositionsgrenzen innerhalb der vom Gesetz verwendeten Ausgleichsformen einen Austausch vornehmen, etwa statt Splitting oder Quasisplitting die Entrichtung von Beiträgen zur Begründung von Anwartschaften vereinbaren oder auch nur einen schuldrechtlichen Versorgungsausgleich. Die Parteien können sich schließlich für einen Ausgleich ohne jedes Vorbild im Gesetz entscheiden, und das auch dann, wenn Werte übertragen werden, die jedenfalls nicht unmittelbar ein laufendes Einkommen garantieren und eben deshalb den gesetzlichen Formen fernerstehen.

Die Sicherung des Berechtigten durch eine private Rentenversicherung unter Schonung eigener Anwartschaften und Aussichten steht den gesetzlichen Vorbildern besonders nahe, aber auch die Begründung eines Nießbrauches an einem Bestand von Wertpapieren mit nachhaltigen Renditeerwartungen. Stärker ist die Entfernung bereits bei der Übertragung von Grundstücken, die ein laufendes Einkommen aus Miete oder Pacht versprechen. Größer noch wird der Abstand, wenn ein einmaliges Kapital zur Verfügung gestellt wird, weil hier erst ein Akt des Erwerbers zu einer Anlage führen kann, die laufende Erträge abwirft und deshalb geeignet ist, als Altersversorgung zu dienen. Dennoch ist (im Rahmen der richterlichen Inhaltskontrolle) weder ein vollständiges Verdikt[6] noch eine gezielte Restriktion am Platz.[7] Schließlich sind praktisch alle Werte, die dem Berechtigten außerhalb der öffentlich-rechtlichen Versorgungssysteme zur Verfügung gestellt werden, disponible Werte, die der Berechtigte auch anders nutzen

---

[5] I. Erg. ebenso *Ruland-Tiemann,* RdNr. 577. A. A. (Freiheit auch zur Erhöhung) MünchKomm-*Strobel,* 12 zu § 1587o; *Göppinger,* RdNr. 435; *Schwab,* RdNr. 684; AG Ulm, NJW 1978, 2037.

[6] Vgl. *Voskuhl-Pappai-Niemeyer,* III 3c zu § 1587o (mit Beschränkung auf Werte, aus denen sich laufende Geldleistungen ergeben).

[7] Vgl. *Ruland-Tiemann,* RdNr. 572 (zulässig in der Regel nur, wenn Auflagen hinsichtlich der Anlage bestehen). Wie der Text weitherzig dagegen *Schwab,* RdNr. 686; MünchKomm-*Strobel,* 29 zu § 1587o; *Göppinger,* RdNr. 426.

kann als zur Alterssicherung. Daß im Einzelfall (insbesondere, weil der berechtigte Ehegatte von vornherein keine Gewähr einer sinnvollen Kapitalanlage bietet) Anlaß bestehen kann, die (grundsätzlich wirksame) Vereinbarung nicht zu genehmigen, bleibt unbestritten.

4. *Form.* Scheidungsfolgenvereinbarungen der Ehegatten über den Versorgungsausgleich sind formgebunden. Notwendig ist notarielle Beurkundung, der auch in diesem Fall die Protokollierung im gerichtlichen Vergleich gleichgestellt ist (§ 1587 o II). Vollstreckungsklauseln fordert das Gesetz nicht, doch werden sie die Praxis mit Wahrscheinlichkeit beherrschen. Verträge, die der Form nicht genügen, sind und bleiben unheilbar nichtig; auch der Staatshoheitsakt der Genehmigung ist kein solenner Vorgang mit heilender Wirkung.

5. *Inhaltskontrolle.* Scheidungsfolgenvereinbarungen (auch in Form des Prozeßvergleichs) bedürfen der Genehmigung des Familiengerichtes,[8] das freilich die Genehmigung nur verweigern soll, ,,wenn unter Einbeziehung der Unterhaltsregelung und der Vermögensauseinandersetzung offensichtlich die vereinbarte Leistung nicht zur Sicherung des Berechtigten für den Fall der Erwerbsunfähigkeit und des Alters geeignet ist oder zu keinem nach Art und Höhe angemessenen Ausgleich unter den Ehegatten führt" (§ 1587 o II). So wird die staatliche Ingerenz gemildert durch einen *Anspruch auf den richterlichen Akt in weiten Grenzen.* Unverkennbar ist ein Beurteilungsermessen des Richters im jeweiligen Einzelfall, nie gegeben ist dagegen ein Handlungsermessen. Die Genehmigung ist zu erteilen (mag sie auch einer wohlmeinenden Absicht des Richters widerstreben), wenn die Vereinbarung den beiden Maßstäben der Inhaltskontrolle nicht widerspricht: der Eignung der Leistung ihrer Art (und nicht: ihrer Höhe) nach zur Sicherung des Berechtigten und der Angemessenheit des gesamten Vermögensausgleichs unter den Vertragsparteien.

Dennoch bleibt der richterliche Akt als Wirksamkeitsvoraussetzung eines Rechtsgeschäftes[9] problematisch: Erwachsene geraten in eine Position, die Unmündigen eher angemessen ist;[9a] ein wirkungsvoller Schutz ist zudem nicht voll gewährleistet, weil der Ehegatte, der durch Vertragsänderungen Vorteile erlangt, die er selbst nicht begehrte, nicht daran gehindert ist, tatsächlich oder rechtlich auf die neu gewonnenen Rechte später zu verzichten. Positiv zu werten ist der mittelbare Schutz beider Parteien gegen eine spät entdeckte Nichtigkeit des Vertrages gem. § 138. Zwar immunisiert der richterliche Akt den Vertrag

---

[8] Sie kann erst erfolgen, wenn der Scheidungsantrag rechtshängig geworden ist; Vorabentscheidungen sind unzulässig. Sichere h. M. (vgl. die Nachw. bei *Friederici,* FamRZ 1978, 655). A. A. aber MünchKomm-*Strobel,* 44 zu § 1587 o.

[9] A. A. *Ruland-Tiemann,* RdNr. 568 (Maßstäbe der Inhaltskontrolle als Rechtmäßigkeitsvoraussetzungen des materiellen Rechts) mit Inkonsequenz in RdNr. 586 (Vereinbarung durch Genehmigung wirksam, auch wenn diese nicht hätte erteilt werden dürfen).

[9a] Verfassungsrechtliche Bedenken äußert deshalb AG Gelsenkirchen, FamRZ 1978, 598 (Artt. 2, 14 GG).

nicht gegen jene Norm, zwar bleibt damit die Möglichkeit späterer richterlicher Akte, die ihn als sittenwidrig verwerfen, doch bietet die richterliche Genehmigung eine weitreichende Bestandsgarantie.

Angesichts dieser Situation sollte der Maßstab für die Genehmigung und deren Verweigerung (mit Konsequenz der Nichtigkeit und Anwendung des § 139 auf andere Vertragsteile) nicht allein der gesetzliche Ausgleich sein[10] (mag es auch stets notwendig sein, ihn wenigstens überschlägig durchzurechnen, um einen ersten quantifizierten Maßstab zu erhalten) mit Pflicht der Parteien, jeden Eingriff in ihn zu rechtfertigen (während erhebliche Abweichungen stets zu weiteren Prüfungen nötigen); es darf sich nicht um eine Inhaltskontrolle handeln, die Maximen staatlicher Fürsorgeverwaltung an die Stelle privatautonomer Gestaltung der eigenen Rechtsverhältnisse setzt. Maßstab sollte eher § 138 sein, mag es auch keinem Zweifel unterliegen, daß das Familiengericht ein wenig weiter als jene (robuste) Norm auszugreifen hat:[11] Schließlich sind nichtige Verträge niemals ein geeigneter Gegenstand richterlicher Genehmigung. Zurückhaltung ist auch mit dem Normtext weit besser zu vereinbaren als unbekümmerte richterliche Allgewalt in guter Absicht: Zu rügen sind nur ,,offensichtliche" (d. h. inhaltlich evidente und nicht etwa offenbare[12] oder auch offenkundige) Disparitäten zwischen der vertraglichen Regelung und dem Ziel einer geeigneten Sicherung des Berechtigten sowie dem anderen eines angemessenen Gesamtausgleichs.

Allgemeine, der unmittelbaren Anwendung fähige Grundsätze lassen sich nicht entwickeln; der Einzelfall fordert sein Recht. Zu unterschiedlich sind die Situationen der Vertragspartner zur Zeit des Vertragsschlusses und zur Zeit des voraussichtlichen Versorgungsfalles (der anderweit bereits Versorgte hat mehr Freiheit); zu unterschiedlich sind die Ausgleichsansprüche, die zu regeln sind (Minimalbeträge fordern weniger Beachtung); zu unterschiedlich sind schließlich die Möglichkeiten, andernorts (etwa beim Zugewinnausgleich) zu kompensieren, was beim Versorgungsausgleich preisgegeben wurde. Keine Regelung ist schon ihrer Art nach sakrosankt, auch nicht der bloße Übergang von einer Ausgleichsform des Gesetzes in eine andere. Schuldrechtlicher Versorgungsausgleich ist etwa problematisch bei großen Altersunterschieden zwischen den Ehegatten: Der ältere Berechtigte bleibt unversorgt, bis der jüngere Verpflichtete eine Versorgung erhält; der jüngere Berechtigte aber bleibt unversorgt zurück, wenn der ältere Verpflichtete stirbt. Schuldrechtlicher Versorgungsausgleich bewirkt aber auch keinen Schutz bei vorzeitiger Erwerbs- oder Berufsunfähigkeit (der damit ganz dem Unterhaltsrecht überlassen bleibt mit seinen eigenen Grenzen).[13]

---

[10] A. A. *Voskuhl-Pappai-Niemeyer,* III 3c zu § 1587o; MünchKomm-*Strobel,* 33 zu § 1587o.

[11] Zurückhaltung empfiehlt auch *Rolland,* 27 zu § 1587o.

[12] Das Gesetz verwendet diesen Ausdruck zur Kennzeichnung erkennbarer Unbilligkeiten. Vgl. vornehmlich § 319.

[13] Mit Recht warnt daher *Ruland-Tiemann,* RdNr. 571, vor der (üblichen) Gleichstellung der Aus-

Genehmigungsfähig ist auch der vollständige Verzicht auf den Versorgungsausgleich, der sich zuweilen (vornehmlich bei ganz geringfügigen Ausgleichsbeträgen) als sinnvollste Regelung förmlich aufdrängt. Genehmigungsfähig ist er selbst dann, wenn für ihn kein Entgelt ausgewiesen wird. Das Gesetz steht nicht entgegen. Zwar spricht es von einer „vereinbarten Leistung", bezeichnet damit aber nur den Regelfall der abgrenzbaren Leistungs- und Gegenleistungspositionen und nicht etwa eine grundsätzliche Grenze der Genehmigungsfähigkeit (die folgerichtig auch dann fehlen müßte, wenn die Angemessenheit des Ausgleichs sich aus einer Vielzahl von einzelnen Abreden ergibt, von denen keine punktuell auf das Entgegenkommen beim Versorgungsausgleich bezogen werden kann). So sicher es ist, daß der Richter nicht befugt ist, sich beim Willen des verzichtenden Ehegatten zu beruhigen[14] (denn ihn soll er gerade inhaltlich kontrollieren), so sicher sollte auch sein, daß es Fallsituationen gibt, in denen der unentgeltliche Verzicht der Individualgerechtigkeit (wenn auch vielleicht nicht dem Grundgedanken des Versorgungsausgleichs) weit mehr entspricht als das outrierte Prinzip der Entgeltlichkeit.[15]

Die Praxis kennt den Verzicht auf den Versorgungsausgleich vornehmlich zwischen Ehegatten, die in einer Doppelverdienerehe ohne gegenseitige Behinderung in der Erwerbstätigkeit lebten,[16] ferner zwischen Ehegatten, von denen einer eine ausgleichspflichtige Alterssicherung aufbaute, während der andere davon Abstand nahm und in guten Vermögensverhältnissen lebt. Im ersten Fall wird ein (meist nicht einmal bedeutsamer) Ausgleich unterschiedlicher beruflicher Positionen vermieden, der in keiner Weise auf Einbußen durch die Ehe bezogen werden kann. Im zweiten Fall kann in der Regel von einem Verzicht (der dennoch klärend wirken kann) nicht die Rede sein, weil bereits § 1587c Nr. 1 den Ausgleich ausschließt (vgl. oben unter V 8).

Die Genehmigung ist Staatshoheitsakt innerhalb der freiwilligen Gerichtsbarkeit und den Regeln zu unterwerfen, die für Beschlüsse des Familiengerichtes in Verfahren nach dem FGG gelten.[17] Unangemessen, zudem sachlich verfehlt ist

---

gleichsformen (und überspitzt, wenn er den schuldrechtlichen Versorgungsausgleich grds. nicht für genehmigungsfähig hält).

[14] A. A. anscheinend für den Fall des beiderseitigen Verzichts *Göppinger,* RdNr. 433.

[15] Dem Text entspr. *Schwab,* DNotZ, Sonderheft 1977, S. 67 Fn. 42 und Handbuch des Scheidungsrechts, RdNr. 685; MünchKomm-*Strobel,* 25 zu § 1587 o; *Rohde,* NJW 1977, 1753 f.; AG Münster, NJW 1978, 1592. A. A. (kein unentgeltlicher Verzicht) *Reinartz,* NJW 1977, 81 (82); *Bergner,* NJW 1977, 1753; *Palandt-Diederichsen,* 3 zu § 1587 o; *Ruland-Tiemann,* RdNr. 685; *Schmeiduch,* 7 zu § 1587 o.

[16] Vgl. AG Stuttgart, NJW 1978, 893.

[17] Es entscheidet der Richter. Vgl. § 14 Nr. 2a RPflG. Er darf erst tätig werden, wenn ein Scheidungsantrag seine grundsätzliche Zuständigkeit für die Scheidung und die Scheidungsfolgesachen begründet (i. Erg. ebenso, jedoch mit and. Begr. *Rolland,* 32 zu § 1587 o). Die Genehmigung erübrigt eine Entscheidung über den Versorgungsausgleich im Entscheidungsverbund (§ 53 d FGG). Ihre Verweigerung ist selbständig nicht anfechtbar (vgl. dazu OLG Saarbrücken, FamRZ 1978, 344), wohl aber zusammen mit der Entscheidung über den Versorgungsausgleich, die durch die Verweige-

die Übernahme der Regeln, die für die Genehmigung des Vormundschaftsgerichtes im Kindschaftsrecht gelten.[18] Normenkomplexe, die dem Schutz Dritter (hier: des Kindes) dienen, können nicht auf Rechtsgeschäfte übertragen werden, die jeder Geschäftspartner für sich abschließt. Meist fehlt schon die Möglichkeit sinnvoller Applikation der Normen. Die verzögerte Wirksamkeit der Genehmigung und deren Verweigerung etwa, so wie sie § 1829 I 2 vorsieht, kann gar nicht in das Verhältnis der beiden Ehegatten übertragen werden.

§ 29. Weitere Vermögenskorrekturen

I. Widerruf von Schenkungen

1. Älterem Recht folgend gewährte noch das Scheidungsrecht des EheG dem unschuldig geschiedenen Ehegatten ein spezielles Recht zum Widerruf von Schenkungen, dergestalt die Erwartung künftigen Wohlverhaltens des Beschenkten in der Ehe als Motiv des Schenkers betonend (womit es möglich wurde, den Rückgewähranspruch in die Nähe der condictio ob rem zu rücken). Das 1. EheRG hat sich von dieser Art primitiver Privatsanktionen gelöst und nicht den (durchaus möglichen) Versuch unternommen, das Recht zum Widerruf mit den besonderen Gegebenheiten des Zerrüttungsprinzips in Einklang zu bringen.

2. Geblieben ist das Recht zum *Widerruf wegen groben Undanks* aus § 530, das die Schenkung unter Ehegatten ganz auf die Stufe der Schenkung an Dritte zu stellen scheint und doch nicht ganz zu stellen vermag. Bei der Antwort auf die Frage, ob „grober Undank" vorliegt oder nicht, kann die eheliche Bindung mit den aus ihr folgenden Rücksichtspflichten nicht ohne Bedeutung sein.[1]

Geblieben sind ferner alle Rückgewähransprüche, die vertraglich vereinbart wurden, und alle, die nach Rücktritt wegen *Wegfalls der Geschäftsgrundlage* entstehen. Doch kann nicht jeder Schenkung unter Ehegatten als Geschäftsgrundlage (nach dem Willen beider Parteien) die Erwartung des Fortbestands der Ehe (also eine Dauerwirkung, die das Recht zum Rücktritt vor dem Erlöschen durch Vollabwicklung des Schuldverhältnisses bewahrt) unterlegt werden. Schenkungen von größerer Bedeutung können (müssen jedoch nicht) derart mit der künftigen Entwicklung der Ehe verbunden sein (vgl. dazu die Problematik der „ehebe-

---

rung erforderlich wird; sie wird wirksam (und der Vertrag nichtig) erst, wenn sie rechtskräftig geworden ist. Vgl. § 53g I FGG.

[18] Für eine entspr. Anwendung dieser Regeln aber *Voskuhl-Pappai-Niemeyer,* III 2 zu § 1587 o.

[1] Steht das Verhalten des Beschenkten mit einem früheren Verhalten des Schenkers im Zusammenhang, so kann es milder zu beurteilen sein. Doch hat die Rspr. in einem Ehebruch des Beschenkten stets groben Undank gesehen, mögen ihm auch Ehebrüche des Schenkers vorangegangen sein. Vgl. RG, JW 1910, 148; Warn. 1920 Nr. 169; 1933 Nr. 23.

Gegen die Anwendung des § 530 nach Eheverfehlungen in jedem Fall *Bosch,* FamRZ 1977, 578.

dingten Zuwendungen" oben § 19 V), Schenkungen von geringerem Wert sind es in aller Regel nicht, die üblichen Schenkungen zu bestimmtem Anlaß (Geburtstag, Weihnachten) sind es nie.

II. Hausrat und Ehewohnung

Schrifttum: *Schaette,* Zur Wohnungszuweisung und Hausratsauseinandersetzung nach der Scheidung, NJW 1947/48, 335; *Kirstein,* Weiterbildung der HausratsVO, NJW 1947/48, 467; *Kuhnt,* Die Regelung des Hausrates nach der Ehescheidung, AcP 150 (1949), 130; *Vogel,* Die Verteilung des Hausrats durch den Richter nach der Verordnung vom 21. 10. 1944, JR 1949, 430; *Schmidt-Futterer,* Die Räumungsfrist bei der Zuteilung der Ehewohnung, NJW 1967, 1308; *Lill,* Ehewohnung und Hausrat im Familienrecht europäischer Staaten, 1974.

1. *Deutung.* Kriegsbedingte Wohnungsnot und kriegsbedingter Mangel an Hausrat führten in der 6. DVO zum EheG (sog. HausratsVO) von 1944 zu richterlichen Gestaltungsakten, mit denen Ehewohnung und Hausrat den Ehegatten nach billigem Ermessen unter Änderung der bestehenden Rechtslage zugewiesen werden können. Inzwischen sind die Nöte des Krieges überwunden; geblieben ist die VO, mag auch ihre praktische Bedeutung von Jahr zu Jahr geringer geworden sein. Vereinzelte Versuche, sie an Art. 14 GG als verfassungswidrig zu erweisen, sind von der Rechtsprechung zurückgewiesen worden, weil es sich lediglich um eine Verwirklichung der Sozialbindung der subjektiven Rechte handele.[1] Gewandelt hat sich der Hintergrund. Wenn überhaupt, so können die möglichen Vermögenskorrekturen nur aus den *Schwierigkeiten einer Auseinandersetzung nach allgemeinen Grundsätzen sowie aus Nachwirkungen der ehelichen Lebensgemeinschaft* gerechtfertigt werden. Auf diesem Hintergrund wird auch verständlich, warum die VO nach dem Tod eines Ehegatten nicht mehr anzuwenden ist. Nachwirkungen der ehelichen Lebensgemeinschaft treffen die Erben nicht mehr.[2]

2. Nie bestand ein Anlaß zu Vermögenskorrekturen gegen den Willen beider Ehegatten. So regelt der Richter die Rechtsverhältnisse an Wohnung und Hausrat stets nur auf Antrag zumindest eines Ehegatten (§ 1), stets nur soweit, als keine Einigung zwischen den Parteien zu erzielen ist,[3] und stets nur vorbehaltlich einer späteren vertraglichen Änderung durch die Ehegatten.[4] Bei seiner Entscheidung, die ,,billigem Ermessen" zu folgen hat, hat er ,,alle Umstände des Einzelfalles, insbesondere das Wohl der Kinder und die Erfordernisse des Gemeinschaftslebens zu berücksichtigen" (§ 2).[5]

---

[1] Vgl. BayObLGZ 1955, 56; BayObLG, NJW 1961, 317.

[2] Auch die Fortsetzung eines bereits anhängigen Verfahrens gegen den Erben ist nicht zulässig. Vgl. OLG Hamm, FamRZ 1965, 220; *Hoffmann-Stephan,* 5 zu § 1 HausratsVO.

[3] Vgl. OLG Celle, NJW 1964, 1861 (1862); KG, MDR 1966, 677. Das Ergebnis einer einverständlichen Teilauseinandersetzung ist im Rahmen der Billigkeitserwägungen zu beachten.

[4] Vgl. *Hoffmann-Stephan,* 15 zu § 8 HausratsVO.

[5] Die Darstellung der VO in ihren Einzelheiten obliegt dem Schrifttum zur freiwilligen Gerichtsbarkeit.

Zur einverständlichen Regelung sind die Ehegatten gezwungen, wenn sie nach mindestens einjähriger Heimtrennung auf Grund der unwiderleglichen Vermutung des § 1566 I geschieden zu werden wünschen; Hausrat und Ehewohnung gehören in diesem Fall zum „obligatorischen Einigungskomplex" (§ 630 I Nr. 3 ZPO). In allen anderen Fällen können sie die Entscheidung dem Familiengericht überlassen, sei es nun (auf Antrag auch nur eines Ehegatten) als Scheidungsfolgesache (§§ 623 I, 621 I Nr. 7 ZPO), sei es auch in einem selbständigen Verfahren nach Abschluß der Scheidung.

3. *Ehewohnung*. Der richterlichen Gestaltungsmacht sind für die Ehewohnung (d.h. für alle Räume, die von den Ehegatten während der Ehe bewohnt wurden oder doch zu gemeinschaftlichem Wohnzweck bestimmt waren, einschließlich aller Nebenräume[6]) kaum Grenzen gesetzt. Bestehende Mietverhältnisse können einen Subjektwechsel kraft Richterspruches erfahren, sei es, daß ein von beiden Ehegatten begründetes Verhältnis nunmehr von einem fortgesetzt wird, sei es auch, daß ein Ehegatte an Stelle des anderen in ein allein von diesem eingegangenes Mietverhältnis eintritt (§ 5 I). Neue (befristete oder unbefristete) Mietverhältnisse können kraft Richterspruches entstehen, als Ersatz eines alten, dessen Grundlage durch richterliche Teilung der Wohnung entfiel (§ 6), ohne jeden Bezug auf einen Mietvertrag, wenn die Ehegatten die Wohnung aus anderen Rechtsgründen nutzten (§ 5 II). Eigentum eines Ehegatten und dingliche Nutzungsrechte verhindern keine Entscheidung zugunsten des Partners, doch begründen sie einen Vorrang, weil der berechtigte Ehegatte dann nur exmittiert werden soll, „wenn dies notwendig ist, um eine unbillige Härte zu vermeiden" (§ 3).[7] Stärker gebunden sind Dienst- und Werkwohnungen, die nur im Einverständnis mit dem Vertragspartner des arbeitenden Ehegatten dem anderen zugewiesen werden sollen (§ 4).

Nicht bedacht wurde der (nicht eben seltene) Fall gemeinschaftlichen Miteigentums der Ehegatten. Doch hat die Rspr. die Lücke längst geschlossen: Tatsächliche Teilung ist möglich, aber auch die Zuweisung des ganzen Grundstücks oder auch des ganzen Wohnungseigentums an einen der Ehegatten, sei es nun unter Begründung eines Mietverhältnisses für den überlassenen (ideellen) Bruchteil, sei es auch im Rahmen des (vom Richter gestalteten) Gemeinschaftsverhältnisses mit einer Ausgleichszahlung als Äquivalent für den weichenden Teil.[8]

Damit die Lasten der Wohnungssuche nicht von dem exmittierten Ehegatten allein getragen werden, wird der begünstigte Ehegatte zuweilen von der Rspr. zu einer Ausgleichszahlung verpflichtet.[9] Die HausratsVO nennt diese Schuldbe-

---

[6] Vgl. BayObLG, FamRZ 1971, 34 (36) mit weit. Nachw.; 1974, 22.

[7] Für ein zwischen den geschiedenen Ehegatten begründetes Mietverhältnis gelten ungeschmälert die Sozialklauseln der §§ 556a ff. Vgl. BayObLG, FamRZ 1974, 17.

[8] Vgl. dazu BayObLG, FamRZ 1974, 22.

[9] Vgl. BayObLG, NJW 1960, 102; FamRZ 1965, 513; 1970, 33 (35); OLG Oldenburg, FamRZ

gründung durch Richterakt nicht; geschaffen wurde sie durch richterliche Rechtsfortbildung.

4. *Hausrat* (zur Abgrenzung vgl. unten § 35 III 2 zu § 1369), der beiden Ehegatten in der Form des Gesamthandseigentums oder Miteigentums gehört, kann der Richter einem Ehegatten zu Alleineigentum zuweisen; *Richtermacht überträgt dann Eigentum.* Wenn es der Billigkeit entspricht, soll der Richter dem begünstigten Ehegatten eine Ausgleichszahlung auferlegen;[10] *Richtermacht begründet dann ein Schuldverhältnis* (§ 8 I und III).

Hausrat, der während der Ehe für den gemeinsamen Haushalt angeschafft (= entgeltlich erworben) wurde, gilt für die Verteilung als gemeinsames Eigentum, es sei denn, daß Alleineigentum eines Ehegatten feststeht (§ 8 II). Diese Vermutung (die eigentlich zu § 753 führt, an dessen Stelle die Regelung der HausratsVO tritt) ist mehr als eine Regelung der Beweislast ohne Einfluß auf das materielle Recht. Sie ist widerlegbar (und zwar auch durch Beweis surrogierenden Erwerbs gemäß § 1370[11]), doch wird der Beweis des Alleineigentums von der h. L. (mit Differenzen im einzelnen) eingeengt;[12] daß Alleineigentum als gemeinsames Eigentum zur Verteilung kommt, wird bewußt in Kauf genommen. Eine natürliche Betrachtung der Situation in der Ehe und die Billigkeit werden für die Vermutung und für die Beschränkung der Beweismöglichkeiten angeführt, dafür aber Disharmonien geschaffen, die deutlich zeigen, daß es sich letztlich um eine *Korrektur des ehelichen Güterrechts* handelt. Der gesetzliche Güterstand ist ein System der Gütertrennung, nicht der Gütergemeinschaft. Daß er den Ehegatten die Möglichkeit nicht nimmt, Hausrat zu Miteigentum zu erwerben, ist richtig, doch letztlich belanglos. Einerseits erlaubt ein System der Gütertrennung schwerlich eine allgemeine – wenn auch gegenständlich beschränkte – Vermutung von Miteigentum. Andererseits wird ausschließlich der sachenrechtliche Erfolg gesehen, nicht aber mehr nach einem ihn rechtfertigenden Grund gefragt, wenn die Mittel für den Erwerb allein von einem Ehegatten bereitgestellt wurden. § 1353 verpflichtet Ehegatten nicht, einander Miteigentum am Hausrat zu verschaffen. Es ist sehr bezeichnend, daß die Rechtsprechung bislang nicht bereit gewesen ist, die Vermutung in anderen Zusammenhängen zu berücksichtigen. Daß sie in jüngster Zeit auch der Hausratsverteilung nach § 1361 a dienstbar gemacht wurde, will wenig besagen; die faktische Trennung der Ehegatten pflegt Vorstufe ihrer Scheidung zu sein.

Hausrat im Alleineigentum eines Ehegatten kann der Richter dem anderen

---

1965, 277; *Hoffmann-Stephan,* 25ff. zu § 5 HausratsVO; MünchKomm-*Müller-Gindullis,* 2 zu § 2 HausratsVO.

[10] Grundsätze dafür in der Entscheidung OLG Hamm, FamRZ 1967, 105.

[11] Vgl. KG, FamRZ 1968, 648.

[12] Vgl. dazu MünchKomm-*Müller-Gindullis,* 12ff. zu § 8 HausratsVO (er selbst läßt insbes. den Nachweis einer Schenkung des anderen Ehegatten nicht genügen; daß sich Ehegatten Hausrat in der Regel zu Bruchteilseigentum schenken wollen, ist eine kühne Behauptung).

Ehegatten zuweisen, wenn dieser auf seine Weiterbenutzung angewiesen ist und es dem Eigentümer zugemutet werden kann, ihn dem anderen zu überlassen (§ 9 I). Regelform ist die Begründung eines Mietverhältnisses kraft Richterspruchs; Ausnahmeform ist die Eigentumsübertragung (mit der Rechtskraft des Beschlusses; vgl. § 16 I) gegen Entgelt (vgl. § 9 II). Mietzins und Preis bewirken hier wie dort, daß der Zugewinnausgleich nicht verfälscht wird.

5. *Kreditkäufe.* Kauf auf Kredit hindert die Verteilung des Hausrates selbst dann nicht, wenn er (wie üblich) nur zu einem Erwerb unter Eigentumsvorbehalt führte. Freilich soll der Richter das vom Käufer erworbene Anwartschaftsrecht dem anderen Ehegatten nur zuweisen, wenn der Verkäufer einverstanden ist (§ 10).[13] Unberührt bleibt in jedem Fall die Verpflichtung zur Bezahlung des Kaufpreises. Nur im Innenverhältnis der Ehegatten kann der Richter dem begünstigten Ehegatten die Schuld auferlegen (Erfüllungsübernahme kraft richterlichen Aktes!).

§ 30. Unterhaltspflichten nach geschiedener Ehe

Schrifttum: *Cuny* (Hrsg.), Unterhalt und Versorgung der geschiedenen Ehefrau, 1970; *Roth,* Unterhalt nach der Scheidung unabhängig vom Verschulden?, FamRZ 1970, 110; *Friesecke-Tackenberg,* Gerechtigkeit für eine Minderheit? Zum neuen Unterhaltsrecht nach der Ehescheidung, ZRP 1972, 10; *Deubner,* Der Weg in die Unterhaltsknechtschaft, ZRP 1972, 153; *Schumacher,* Geschiedenenunterhalt nach dem 1. Eherechtsreformgesetz, MDR 1976, 881; *Dieckmann,* Unterhalts- und versorgungsrechtliche Betrachtungen zur Reform des Scheidungsrechts, Festschrift Bosch, 1976, S. 119; *Schumacher,* Zum Begriff der angemessenen Erwerbstätigkeit im künftigen Unterhaltsrecht, DRiZ 1976, 343; *Engelhardt,* Neues Unterhaltsrecht und frühere Scheidungen, JZ 1976, 576; *Dieckmann,* Die Unterhaltsansprüche geschiedener und getrenntlebender Ehegatten nach dem 1. EheRG, FamRZ 1977, 81 und 161; *Holzhauer,* Die Neuregelung des Unterhalts Geschiedener, JZ 1977, 74; *Diederichsen,* Ehegattenunterhalt im Anschluß an die Ehescheidung nach dem 1. EheRG, NJW 1977, 353; *Vogt,* Zur Nachhaltigkeit der Unterhaltssicherung im künftigen Unterhaltsrecht, FamRZ 1977, 105; *Gitter,* Das Unterhaltsrecht im neuen Ehescheidungsrecht und seine Auswirkungen auf die Sozialleistungen, Die Sozialgerichtsbarkeit 1977, 469.

I. Grundsätze

1. *Enumerationsprinzip.* Nachehelicher Unterhalt wird nur auf Grund bestimmter, in den §§ 1570–1576 abschließend geregelter Tatbestände geschuldet; der von § 1569 hervorgerufene Schein eines Grundsatzes, der jedem Bedürftigen Unterhalt gewährt, trügt: Die Norm nennt nur ein gemeinschaftliches Tatbestandselement aller Unterhaltsansprüche (und zwar eines, das der Präzisierung bedarf; vgl.

[13] Zwar Sollvorschrift, jedoch kein richterliches Ermessen. Das bloße Sollen bewirkt lediglich Wirksamkeit der Entscheidung, falls das Einverständnis des Verkäufers nicht eingeholt wurde. Vgl. MünchKomm-*Müller-Gindullis,* 5 zu § 10 HausratsVO.

Zuweisung von Eigentum kann nicht ohne weiteres in Zuweisung des bestehenden Anwartschaftsrechtes umgedeutet werden. Vgl. OLG Saarbrücken, OLGZ 1967, 1 (3).

dazu unten VII.), einen Grundsatz aber enthält sie mit ihrem Hinweis auf die „folgenden Vorschriften" gerade nicht. Wenn überhaupt, so mag der Norm Bedeutung zugestanden werden als gesetzlicher Ausdruck des Vorrangs der Eigenverantwortung (mit besonderer Betonung der Erwerbstätigkeit in den „folgenden Vorschriften") vor der Fremdversorgung und als Träger eines Enumerationsprinzips (das freilich auch ohne sie selbstverständlich gewesen wäre), der jedes Bemühen um weitere Anspruchsgrundlagen (etwa aus § 242) ausschließt. Doch bleibt auch hier noch zu bedenken, daß von einem Enumerationsprinzip nicht gesprochen werden kann, wenn darunter nur die Aufzählung scharf konturierter Tatbestände verstanden wird: Unterhalt wird auch aus Gründen der Billigkeit geschuldet (§ 1576); scharf konturiert ist dieser Tatbestand sicher nicht.

2. *Rechtfertigung.* Nacheheliche Unterhaltsansprüche bedürfen eines „inneren Grundes", der sie rechtfertigt (die Ehe besteht nicht mehr) und (als rechtspolitische Zielvorstellung) Interpretationsmaxime zu sein hat, wenn Klarheit nur durch Rückgriff auf den „letzten Grund" gewonnen werden kann (so, wie es vornehmlich bei der rechtstheoretischen Präzisierung von Billigkeitsklauseln der Fall ist). Ältere Ansichten, die sie als Sanktion verstanden oder auch als Schadensersatz, konnten schon früher nicht überzeugen (warum Bedürftigkeit und Leistungsfähigkeit als Voraussetzung? Fälle der Verpflichtung bei gleicher oder ohne Schuld an der Beendigung der Ehe); sie haben mit dem 1. EheRG den letzten Schein der Richtigkeit verloren: Wenn personale Schuld belanglos ist, kann von Sanktion und Schadensersatz nicht mehr die Rede sein.

Wenig besagt die (sicherlich richtige, vornehmlich der geschiedenen Hausfrau zugewandte) Charakterisierung der nachehelichen Unterhaltsansprüche als Nachwirkung (oder Fortwirkung) der ehelichen Beistandspflichten und der Rekurs auf die nacheheliche Solidarität nach einem gescheiterten gemeinschaftlichen Lebensplan.[1] Das eine wie das andere kann eine umfassende Interpretationsmaxime schon deshalb nicht sein, weil die Frage nach dem Maß der geschuldeten Solidarität ohne Antwort bleibt.[2] Weiter führt erst der Gedanke der „ehebedingten Bedürftigkeit", der Verknüpfung mithin von (beendeter) Ehe und Unfähigkeit des berechtigten Ehegatten, sich aus Eigenmitteln zu unterhalten. Freilich haben die §§ 1569ff. diesen Gedanken nicht strikt durchgeführt; es gibt keine generelle Regel, derzufolge Kausalität zwischen Ehe und Bedürftigkeit nachzuweisen wäre. Er wirkt jedoch im Gesetz als Tendenz,[3] deren Grenze auch die

---

[1] Vgl. *Schwab,* RdNrn. 236f.; *Beitzke,* § 20 III.

[2] So schon *Rolland,* 6 zu § 1569.

[3] Ebenso MünchKomm-*Richter,* 1 zu § 1569. Dasselbe dürfte gemeint sein, wenn von einem „Kriterium sogenannter ehebedingter Bedürftigkeit" gesprochen wird (so *Ambrock,* II vor § 1569). Pointiertere Behauptungen, die dem Gedanken der ehebedingten Bedürftigkeit generelle Geltung zusprechen und eine Ausnahme nur für § 1576 anerkennen (vgl. *Schumacher,* MDR 1976, 881) sind zu Recht auf Widerstand gestoßen. Vgl. *Diederichsen,* NJW 1977, 354 Fn. 9. Daß evidente Differenzen zwischen Grundsatz und gesetzlicher Regelung nicht mit der (oft wiederholten) Behauptung einer

Grenze der Rationalität des nachehelichen Unterhaltsrechtes bezeichnet.[4] Was sich ihr nicht mehr einordnen läßt, verliert sich schließlich im Irrationalen (ohne deshalb illegitim zu sein).

Mit dem Gedanken der ehebedingten Bedürftigkeit ist auch die Fixierung des nachehelichen Unterhalts auf das von den ehelichen Lebensverhältnissen gebotene Maß (§ 1578 I 1) zu vereinbaren und die aus dem Grundsatz folgende Existenz eines „Auffüllungsanspruches" (vgl. § 1573 II), wenn der Berechtigte zwar einiges zum eigenen Unterhalt beitragen kann, das gebotene Maß jedoch allein nicht erreicht. Ehebedingt ist hier die Gewöhnung an einen bestimmten Lebensstandard, den das Gesetz (einer allgemeinen Signatur der Zeit folgend) nicht zu senken wünscht.[5]

Nacheheliche Solidarität und ehebedingte Bedürftigkeit scheinen dem Zerrüttungsprinzip voll zugewandt zu sein; die Ursachen des Scheiterns der Ehe finden in der Rechtfertigung nachehelicher Unterhaltsansprüche keine Erwähnung. *Rudimente des Verschuldensprinzips* werden gleichwohl wirksam bleiben. In konturierten Tatbeständen wirft das Gesetz die Frage nach Schuld und Unschuld der Ehegatten nicht auf (§ 1579 I Nrn. 2 und 3 sind Ausdruck allgemeinerer Grundsätze; vgl. dazu die §§ 1611, 2333 Nr. 3), aber es öffnet sich der Frage explizit beim Unterhaltsanspruch um der Billigkeit willen (§ 1576) und leistet ihr jedenfalls keinen ausdrücklichen Widerstand beim Ausschluß des Unterhaltsanspruches wegen grober Unbilligkeit (§ 1579 I Nr. 4). Die Bedeutung dieser Restbestände eines früher beherrschenden Prinzips sollte freilich nicht überschätzt werden: Es gibt keine zwingenden Verbindungen zwischen der Verantwortung der Ehegatten für ihre Ehe und dem nachehelichen Unterhalt; unübersehbar ist nur, daß dem gegenwärtigen Zeitgeist eine vollkommene Abkehr vom Verschuldensprinzip im Recht der Scheidungsfolgen noch nicht entspricht.

3. *Identität.* Nacheheliche Unterhaltsansprüche, die ehelichen unmittelbar (ohne Zwischenphase) folgen, setzen diese fort und sind mit ihnen identisch. So wie im Schuldrecht für das Schuldverhältnis sind auch im Familienrecht für die Unterhaltspflichten nur die Gleichheit der rechtlichen Grundstruktur und die Gleichheit des Zweckes Identitätsmerkmale, deren Verlust Diskontinuität der rechtlichen Beziehungen bewirkt. Grundstruktur und Zweck aber trennen die

---

unwiderleglichen Vermutung in (formal) harmonisierender Absicht ausgeglichen werden können, ist selbstverständlich. Es handelt sich gerade darum, das materiale Prinzip des nachehelichen Unterhalts zu finden.

[4] Mit dem Gesetz nicht zu vereinbaren ist die Überzeugung, es handele sich beim nachehelichen Unterhalt um „eine Art Aufopferungsanspruch für auf Grund der Eheschließung entgangene Erwerbschancen" (*Roth,* FamRZ 1970, 111).

[5] Krit. schon zum Ansatz *Dieckmann,* Festschrift Bosch, S. 128 (er hätte lieber eine „elastischere Generalklausel" gesehen, „die sich nicht nur in verschlüsselter Form Verantwortlichkeitserwägungen öffnet"). Gerügt wird von ihm aber auch (FamRZ 1977, 84) Inkonsequenz (man hätte „von den Lebensverhältnissen des geschiedenen Ehegatten vor dessen Ehe und von dessen Berufserwartungen ausgehen müssen").

nachehelichen Ansprüche nicht von den ehelichen: Hier wie dort bestehen kausale Verpflichtungen zu Alimentationszwecken. Belanglos sind die Änderungen im Anspruchstatbestand, belanglos auch die unterschiedliche Gestaltung des Anspruchsinhaltes: Die Frage nach der Identität ist nicht die Frage der rechtlichen Gleichheit, sondern die Frage nach der Kontinuität eines Anspruches trotz Änderung seines Inhaltes und seiner Modalitäten.

Die Frage nach Kontinuität des Anspruchs oder Diskontinuität der Ansprüche ist schon früher nicht einheitlich beantwortet worden;[6] sie ist für das geltende Recht streitig geblieben.[7] Wenn sich die h. M. zum früheren Recht zur Identitätsthese bekannte, so waren für sie weniger rechtstheoretische Erwägungen maßgebend als praktische Gründe. Wer Identität leugnet, muß Vollstreckungstiteln aus der Zeit der Ehe jede weitere Wirksamkeit versagen (der Schuldner kann ihnen dann stets mit der Vollstreckungsgegenklage entgegentreten); er muß den Gläubiger noch einmal auf den Weg der Leistungsklage verweisen, wenn der Schuldner freiwillig nicht zahlt. Wer Identität bejaht, sichert dagegen umgekehrt den alten Titeln Wirksamkeit auch für die Zeit nach der Scheidung und hindert die Parteien dennoch nicht daran, etwa (keinesfalls: immer) notwendige Anpassungen an die veränderte Situation durchzusetzen: Abänderungsklagen (§ 323 ZPO) bleiben möglich; partielles Erlöschen des Anspruchs kann der Schuldner mit der Vollstreckungsgegenklage (§ 767 ZPO) geltend machen. Er beläßt auch dem Gläubiger alle Rechte aus Schuldnerverzug, wenn dieser für den ehelichen Anspruch eingetreten war.

4. Der *Aufbau der einzelnen Tatbestände,* die einen Unterhaltsanspruch begründen können, ist unorthodox, weil in der Regel Umstände angeführt werden, denen zufolge „eine Erwerbstätigkeit nicht (oder: nicht mehr) erwartet werden kann". Ein Teilaspekt des allgemeinen Tatbestandselements „Bedürftigkeit" wird damit von den anderen Teilaspekten (in § 1577) trotz Fortbestands seiner generellen Bedeutung getrennt und in ständiger Wiederholung stets erneut ausgewiesen. Rechtliche Bedeutung hat dieser legislatorische Fehlgriff nicht: Der naheliegende Gedanke, daß zwar der Teilaspekt der Erwerbstätigkeit dem Kläger zu Darlegung und Beweis zugewiesen ist, die weiteren Teilaspekte der Einkünfte und des Vermögens jedoch als Einwendungen vom Beklagten vorzutragen und zu beweisen sind, ist falsch. Eine Änderung der von jeher im Unterhaltsrecht bestehenden Verteilung der Darlegungs- und Beweislast war weder bezweckt noch wäre sie als sachrichtig anzuerkennen.[8]

5. Ungewohnt ist die Fixierung der meisten Tatbestände auf bestimmte *Vortat-*

---

[6] Zum Streitstand vgl. die Hinw. bei *Rolland,* 9 zu § 1569.

[7] Für die Identität haben sich ausgesprochen *Rolland,* 9 zu § 1569; MünchKomm-*Richter,* 8 zu § 1569; *Palandt-Diederichsen,* 2 vor § 1569; AG Hanau, FamRZ 1978, 419; KG, FamRZ 1978, 420. Identität wird dagegen verneint von *Schwab,* RdNr. 235; OLG Karlsruhe, NJW 1979, 822.

[8] Ebenso *Rolland,* 21 zu § 1577; *Schwab,* RdNr. 299.

bestände (Ehe, ein anderer Unterhaltstatbestand), deren Ende Element des Folgetatbestandes im unmittelbaren Anschluß ist. Von Tatbeständen, die praktisch nur Folgetatbestand sein können (§ 1571 mit der Erwerbsunfähigkeit wegen Alters; vgl. aber auch § 1573 II), sondern sich andere, die als Vor- und als Folgetatbestand in Betracht kommen (vgl. § 1572 mit der Erwerbsunfähigkeit wegen einer Krankheit oder eines Gebrechens als Folgetatbestand der in den Nrn. 1–4 genannten Vortatbestände und als Vortatbestand in den §§ 1571 Nr. 3 und 1573 III).

Bezweckt wird mit dieser Regelung (die eine Fülle möglicher Kombinationen erlaubt[9]) die Wahrung des Gedankens von der ehebedingten Bedürftigkeit als Rechtfertigung der nachehelichen Unterhaltsansprüche oder (anders formuliert) die Abschichtung aller Bedürftigkeitslagen, die im allgemeinen Lebensrisiko wurzeln. Die Bedürftigkeit eines geschiedenen Ehegatten aus Gründen eines Folgetatbestandes wird als (weitere) Folge der Ehe auf diese zurückgeführt, wenn er unmittelbar an einen Vortatbestand anknüpft, die Kette der Tatbestände also nicht reißt. Kritisch bleibt zu bemerken, daß diese Art der Verknüpfung mehrerer Tatbestände kein getreues Abbild bestehender Kausalitäten ist und sich heute Fragen der objektiven Zurechnung (hier: der Bedürftigkeit) überhaupt nicht mehr mit derart einfachen Anknüpfungen überzeugend bewältigen lassen.

Außerhalb des Kreises jener Tatbestände, die als Vor- und Folgetatbestand miteinander verknüpft werden können, steht § 1576 mit seinem Unterhaltsanspruch aus Gründen der Billigkeit. Ihn gleichwohl in Analogieschlüssen zum tauglichen Glied einer Tatbestandskette zu machen, besteht kein Anlaß; eine Regelungslücke ist nicht erkennbar. Bei richtiger Präzisierung, die ihn folgerichtig in das Gefüge der nachehelichen Unterhaltsansprüche eingliedert (vgl. dazu unten VII 3–6) bedarf es weder der Begrenzung durch Vortatbestände noch der Eignung als Vortatbestand für anknüpfende Tatbestände; das Billigkeitskriterium leitet sicher auch noch in Situationen (Krankheit, Alter), die an sich (aber eben nicht ausschließlich) zu einem anderen Tatbestand gehören.

6. *Verzicht.* Unterhaltsgläubiger pflegen für die Zukunft auf ihre Ansprüche nicht verzichten zu können (vgl. §§ 1614 I, 1360a III, freilich auch § 1615e I); die Gefahr eines Akkords zu Lasten Dritter (in letzter Instanz: der öffentlichen Hand) ist allzu evident. Nacheheliche Unterhaltsansprüche stehen dagegen in den allgemeinen Schranken des Vertragsrechtes voll zur Disposition der Parteien (§ 1585c); auch der Verzicht ist erlaubt. Anders kann es auch nicht sein in einer Rechtsordnung, die Scheidungsfolgenvereinbarungen fördert, ja in bestimmten Fällen sogar fordert (vgl. § 630 ZPO). Aus dem gesamten Komplex der Scheidungsfolgen können zwar beschränkt einzelne Regelungsgegenstände ohne Schaden der abschließenden Disposition der Parteien entzogen werden (elterliche

---

[9] Vgl. dazu *Rolland,* 9ff. zu § 1571.

Sorge), der Unterhaltsanspruch aber gehört zum vermögensrechtlichen Interessenzentrum, in dem er als Äquivalent für Entgegenkommen in anderer Hinsicht grundsätzlich verfügbar bleiben muß. Kollusives Handeln zu Lasten Dritter ist zwischen Ehegatten, die geschieden zu werden wünschen, kaum zu befürchten; der besonders problematische geschenkte Verzicht belastet Dritte (wegen des § 528) nicht (Näheres unten XII 7).

7. *Auskunftsanspruch.* Unterscheidet sich der nacheheliche Unterhaltsanspruch in Fragen des Verzichts von anderen, so teilt er mit ihnen die Bewehrung mit einem Auskunftsanspruch, den die geschiedenen Ehegatten (für die getrennt Lebenden vgl. § 1361 IV) wechselseitig haben (§ 1580) und haben müssen. Der Gläubiger bedarf des Einblicks in die Verhältnisse des Schuldners, um Existenz und Höhe seines Anspruches berechnen zu können; der Schuldner aber benötigt die Auskunft, um sich ein Urteil über die Bedürftigkeit des Gläubigers (und damit ein konstitutives Tatbestandselement seiner Schuld) bilden zu können. Für den Schuldner ist die Selbständigkeit des Anspruchs selbstverständlich; es gibt für ihn keinen Anspruch, dem ein unselbständiger Hilfsanspruch zugeordnet werden könnte. Selbständig ist der Anspruch aber auch für den Ehegatten, der Unterhalt glaubt fordern zu können. Die Existenz eines Unterhaltsanspruches ist nicht Voraussetzung der Auskunftspflicht und kann es nicht sein. Schließlich soll erst die Auskunft jene Daten vermitteln, aus denen die Antwort auf die Frage zu finden ist, *ob* ein Anspruch besteht.

Auch inhaltlich bestehen keine Unterschiede zwischen dem Auskunftsanspruch der geschiedenen Ehegatten und dem Auskunftsanspruch der Verwandten. § 1580 verweist auf § 1605; die Details sind dort zu behandeln (vgl. unten § 41 IV).

II. Betreuung gemeinschaftlicher Kinder

Schrifttum: *Derleder* und *Derleder,* Kindesbetreuung und Ehegattenunterhalt, FamRZ 1977, 587.

1. Unterhalt kann ein Ehegatte gemäß § 1570 verlangen, ,,solange und soweit von ihm wegen der Pflege oder Erziehung eines gemeinschaftlichen Kindes eine Erwerbstätigkeit nicht erwartet werden kann“. Ein Vortatbestand ist nicht genannt; es handelt sich mithin um einen *selbständigen Tatbestand,* der nicht unmittelbar an die Zeit der Ehe anknüpfen muß (Geburt eines Kindes erst nach der Scheidung; spätere Übernahme der zunächst von Dritten geleisteten Versorgung; spätere Bedürftigkeit durch Vermögensverluste, ein Fall, den § 1577 IV besonders erwähnt), der erlöschen und wieder entstehen (zeitweilige Heimerziehung), ja sogar zunächst dem einen, später aber dem anderen Ehegatten zustehen kann (Änderung der Sorgerechtsentscheidung gemäß § 1696).

2. Der *sozialpolitische Zweck,* Kindern, die das Elternhaus verloren, nicht auch noch jenen Elternteil zu entziehen, der für sie zu sorgen hat, ist evident. Evident

ist freilich auch der Preis, den der Anspruch fordert: Wenn Unterhaltsansprüche Folge der elterlichen Sorge sein können, gerät die Sorgerechtsentscheidung (der Eltern und des Gerichts) in Gefahr, sachfremd abgefälscht zu werden.[1]

3. Der Gedanke der ehebedingten Bedürftigkeit kann im strengsten Verstande nur auf *gemeinschaftliche Kinder* bezogen werden (zu denen auch gemeinschaftlich adoptierte Kinder gehören[2]); auf deren Pflege (die auch erwachsenen Kindern noch geschuldet werden kann) und Erziehung ist § 1570 auch beschränkt. Der Normtext ist schroff; er widersteht selbst dem Gedanken einer extensiven Interpretation (etwa für die Pflege und Erziehung gemeinschaftlicher Pflegekinder) und spricht dennoch nicht das letzte Wort: Was § 1570 nicht gewährt, kann immer noch aus § 1576 folgen (vgl. dazu unten VII 4).

4. Ob und inwieweit *elterliche Sorge und Erwerbstätigkeit* einander ausschließen (das Kind also kausal für den Mangel einer Erwerbstätigkeit ist[3]), ist von Fall zu Fall zu entscheiden; das Gesetz gibt keine Hinweise und mehr als grobe Raster (als Spiegelung von Grundentscheidungen im Spannungsfeld von Individualerziehung und Erziehung im Kollektiv sowie von unmittelbarer elterlicher Sorge und Drittbetreuung im Familienverband) wird auch die Justiz zur Sicherung der Rechtsgleichheit niemals entwickeln können.[4] Entscheidend ist jedenfalls nicht Wunsch und Wille des Elternteils (dessen Interessen nicht zu wahren sind[5]); entscheidend ist die Gesamtheit aller Daten, die für die gegenwärtige Situation und die zukünftige Entwicklung des Kindes bedeutsam sind (und zwar innerhalb einer Gesellschaft, in der die Zahl erwerbstätiger Mütter ständig wächst). Elterlicher Sorge ist der Vorrang einzuräumen, wenn eine Erwerbstätigkeit die Entwicklung des Kindes nachhaltig ungünstig beeinflussen würde.[6] Zumutbare

---

[1] Vgl. dazu *Diederichsen,* NJW 1977, 354, mit der Forderung, in Zukunft das Sorgerecht für Kleinkinder häufiger dem Vater zu belassen.

[2] Nach allg. Ans. dagegen nicht Pflegekinder.

[3] Zum Erfordernis der Kausalität vgl. insbes. *Dieckmann,* FamRZ 1977, 94f. Mit der Gesamtteleologie der §§ 1570ff. nicht zu vereinbaren ist die Behauptung, § 1570 setze keine „monokausale Betreuungsbedingtheit" voraus (so *Derleder* und *Derleder,* FamRZ 1977, 591ff.). Sie führt zu einem in seiner Gesamtheit privilegierten Anspruch, obwohl die Gründe der Privilegien nur partiell gegeben sind (insbesondere nicht für eine krankheitsbedingte oder altersbedingte Teilerwerbsunfähigkeit).

[4] Vgl. dazu MünchKomm-*Richter,* 10ff. zu § 1570 (bei einem Kind soll bis zur Einschulung elterliche Sorge stets den Vorrang haben, danach Halbtagsarbeit und nach Vollendung des 15. Lebensjahres volle Erwerbstätigkeit zu fordern sein; *Derleder* und *Derleder,* FamRZ 1977, 587ff. (mit „geglückter Einschulung" und Vollendung des 16. Lebensjahres als Grenzen); *Ambrock,* II zu § 1570 (mit weit. Differenzierung bei starker Anlehnung an die Rechtslage vor dem 1. EheRG); OLG Stuttgart, FamRZ 1978, 693 (keine Teilzeitbeschäftigung bei zwei Kindern von 8 und 11 Jahren); OLG Oldenburg, FamRZ 1979, 38 (keine Teilzeitarbeit bei einem Kind im 1. Schuljahr, i. d. R. auch nicht während des 2. Schuljahrs); OLG Frankfurt, FamRZ 1979, 438 (Mutter voll beansprucht durch zwei Töchter im Alter von 15 und 17 Jahren). Im Schrifttum herrscht noch nicht einmal für die grundsätzlichen Tendenzen Einigkeit. Vgl. *Dieckmann,* FamRZ 1977, 94 („sollte man nicht allzu großzügig verfahren") und *Schwab,* RdNr. 214 (für weite Interpretation).

[5] Ebenso *Rolland,* 11 zu § 1570.

[6] Ähnlich *Rolland,* 8 zu § 1570 („nennenswerte Nachteile"). Für einen grundsätzlichen Vorrang der elterlichen Sorge (und damit des elterlichen Willens) *Bastian,* 7 zu § 1570.

Teilzeitbeschäftigungen sind aufzunehmen. Ist eine derartige Beschäftigung nicht zu finden, erwächst insoweit ein Anspruch aus § 1573 I; setzt sie eine Ausbildung voraus, so ist diese zu beginnen, sofern sie sinnvoll neben der häuslichen Aufgabe betrieben werden kann (Obliegenheit aus § 1574 III; Unterhaltsanspruch aus § 1575). Erst die Kombination zweier Tatbestände kann in diesen Fällen einen Unterhaltsanspruch begründen, der den gesamten Lebensbedarf umfaßt.[7]

5. Innerhalb der nachehelichen Unterhaltsansprüche genießt der Anspruch aus § 1570 eine Reihe von *Vorzügen,* die sämtlich auf den mit ihm verfolgten sozialpolitischen Zweck zurückzuführen sind. § 1579 II stellt ihn frei von der negativen Billigkeitsklausel, was auch immer zwischen den Elternteilen vorgefallen sein mag und welchen Grad auch immer die Unbilligkeit erreicht. Deutlich geht hier die Balance der Elternteile im Verhältnis zueinander und im Verhältnis zu ihren Kindern verloren; was bleibt, ist schließlich eine (mittelbar) gesteigerte Unterhaltspflicht des Schuldners den Kindern gegenüber: Er hat ihnen die tatsächliche Personensorge durch den anderen Elternteil zu garantieren.[8]

Nur schwer verständlich ist auch der unbedingte Vorrang des geschiedenen Ehegatten, der Kinder versorgt, vor dem zweiten Ehegatten des Schuldners, falls nicht alle Unterhaltsansprüche voll bedient werden können (§ 1582 I 2). Mittelbarer Kinderschutz zugunsten der erstehelichen Kinder kann hier auf Kosten der zweitehelichen Kinder erkauft werden; sehr sinnvoll ist das nicht (zumal die Kinder aus zweiter Ehe in aller Regel jünger sind).

Unbedenklich mag es sein, überall dort, wo die Ehedauer unterhaltsrechtlich bedeutsam ist, der Zeit der Ehe die Zeit der Unterhaltsberechtigung aus § 1570 hinzuzurechnen (vgl. §§ 1579 I Nr. 1, 1582 I 3). Unbedenklich ist auch § 1586 a, soweit er allein den Unterhaltsanspruch aus § 1570 nach beendeter Zweitehe des Gläubigers als Nachwirkung der Erstehe zugesteht, doch ist die Anerkennung dieses Anspruches als Vortatbestand für weitere Anschlußtatbestände aus erster Ehe schon wieder eine schwer verständliche Übersteigerung eines nur im Ansatz richtigen Gedankens.

Das nämliche ist zu § 1577 IV 2 zu sagen. Das grundsätzlich jedem geschiedenen Ehegatten aufgebürdete Risiko des Vermögensverlustes (und der Bedürftigkeit als dessen Folge) ist mit gutem Grund für die Zeit der Kinderbetreuung auf den (leistungsfähigen) ehemaligen Partner verlagert worden. Irrational aber ist es, den dergestalt gewonnenen Unterhaltsanspruch aus § 1570 als Vortatbestand für weitere Unterhaltsansprüche (anderer Art) anzuerkennen und damit eine sachbezogene Risikoverlagerung auch dann noch aufrechtzuerhalten, wenn ihr Sachgrund entfallen ist.

---

[7] Schwerlich richtig KG, FamRZ 1978, 692 (Medizinstudentin; voller Unterhalt aus § 1570 bei Betreuung eines Kindes).

[8] § 1579 II wird dennoch für vertretbar gehalten von OLG Frankfurt, FamRZ 1979, 438 (439). Verfassungswidrigkeit behaupten AG Pinneberg, FamRZ 1978, 119; AG Lörrach, FamRZ 1978, 412.

III. Alter

1. Unterhalt kann ein geschiedener Ehegatte auch verlangen, soweit von ihm „wegen Alters eine Erwerbstätigkeit nicht mehr erwartet werden kann" (§ 1571). Der Anspruch ist problemlos im Ansatz („ehebedingt" ist die Situation des älteren Menschen ohne Erwerbstätigkeit), in der Applikation des Tatbestandes auf konkrete Sachverhalte oft schwer zu handhaben und in seiner Existenz wenigstens weithin abhängig vom Versorgungsausgleich zwischen den Ehegatten.

Freilich schließt der Vollzug des Versorgungsausgleichs als solcher Unterhaltsansprüche wegen Alters nicht aus und kann sie nicht ausschließen: Die beiden Tatbestände sind disparat, keinesfalls aufeinander bezogen. So kann Unterhalt wegen Alters ggf. früher gefordert werden als eine Altersversorgung gewährt wird; so täuscht der Versorgungsausgleich eine Balance der Positionen vor, die oft gar nicht besteht, weil nur die während der Ehe erworbenen Anwartschaften und Aussichten ausgleichspflichtig sind; so kann der Lebensbedarf der geschiedenen Ehegatten sehr unterschiedlich sein. Rückwirkungen des Versorgungsausgleichs auf den Unterhaltsanspruch ergeben sich stets nur über die allgemeinen Tatbestandsmerkmale der Bedürftigkeit und der Leistungsfähigkeit.

2. Das Gesetz kennt keine *Altersansätze* nach unten (vorher keineswegs) und nach oben (nunmehr in jedem Fall); es kennt sie noch nicht einmal in der milden Form einer Vermutung (die dem Gläubiger nur die Darlegungs- und Beweislast genommen hätte). Die Altersgrenzen der gesetzlichen Rentenversicherung für den Bezug des Altersruhegeldes werden dennoch das Feld beherrschen: Sie bezeichnen den spätesten Termin für alle Ehegatten, für die eine „angemessene Erwerbstätigkeit" (§ 1574) versicherungspflichtig wäre (dagegen schon nicht mehr für andere Tätigkeiten, insbesondere nicht für freiberufliche).[1]

Alter kann eine absolute Grenze setzen für den Gesamtbereich der möglichen angemessenen Erwerbstätigkeiten überhaupt. Alter kann aber auch nur relativ bedeutsam sein als Umstand, der den geschiedenen Ehegatten daran hindert, sich überhaupt ohne physische oder psychische Schäden in das Erwerbsleben einzugliedern oder doch sich jene Kenntnisse oder Fertigkeiten anzueignen (oder zu erneuern), die ihn befähigen würden, wieder erwerbstätig zu sein (mit deutlichem Gefälle nach dem Grad der notwendigen Qualifikation). Alter ist dagegen nie bedeutsam als Datum des Arbeitsmarktes mit seiner Zurückhaltung gegen-

[1] Viel weiter gehend MünchKomm-*Richter,* 8 zu § 1571 (im Anschluß an § 1248 III RVO – Altersruhegeld für Frauen – und unter Hinweis auf Art. 3 GG soll einheitlich die Vollendung des 60. Lebensjahres in jedem Fall den Anspruch begründen können). Umgekehrt tritt *Rolland,* 4 zu 1571, im allg. für die Vollendung erst des 65. Lebensjahres als oberer Altersgrenze ein.

[2] Hat der geschiedene Ehegatte während der Ehezeit pflichtwidrig nicht gearbeitet, so ist über § 1579 zu korrigieren. Allg. M. Auch *Dieckmann,* Festschrift Bosch, S. 132f., ist nicht anders zu verstehen (vgl. FamRZ 1977, 95).

über älteren Arbeitnehmern:[3] Unterhaltsansprüche können insoweit nur aus § 1573 I begründet sein (mit der Möglichkeit plötzlichen Wegfalls, während der Anspruch aus § 1571 bei ständiger Bedürftigkeit grundsätzlich bis zum Tode währt). Abgrenzungsschwierigkeiten sind unvermeidlich; im Zweifel sind sie zugunsten des Anspruches aus § 1573 aufzulösen, weil er die Entwicklung in der Zukunft nicht vorwegnimmt.

3. Der Anspruch ist praktisch nur als *Folgetatbestand* gegeben. § 1573 II, der ihn als Vortatbestand nennt, spiegelt mehr Theorie als Praxis: Das Alter ist endgültig. Als Folgetatbestand knüpft er an den ehelichen Unterhaltsanspruch an, an den Anspruch aus § 1570[4] sowie an diejenigen aus § 1572 (Krankheit und Gebrechen) und § 1573 (vgl. § 1571 Nrn. 1–3). Da die Vortatbestände ihrerseits notwendig (§§ 1572, 1573) oder im Einzelfall (§ 1570) Folgetatbestände sind, ergibt sich die Möglichkeit einer kontinuierlichen Fremdversorgung durch den geschiedenen Ehegatten aus verschiedenen Anspruchsgrundlagen (elterliche Sorge – Arbeitslosigkeit – Krankheit – Alter). Die praktische Bedeutung als Folgetatbestand des ehelichen Unterhaltsanspruches dürfte nicht allzu groß sein: 1970 war nur jede 16. der geschiedenen Frauen über 50 Jahre alt und nur jeder 10. der geschiedenen Männer.

Ohne Vortatbestand können geschiedene Ehegatten grundsätzlich wegen Alters keinen Unterhalt verlangen. Doch sollte in Analogie zu § 1573 IV eine Ausnahme dann gelten, wenn es zwar gelang, nach der Scheidung einen Arbeitsplatz zu finden, dieser aber alsbald aus Altersgründen wieder verloren ging, von einer nachhaltigen Eingliederung in das Erwerbsleben also nicht gesprochen werden kann.

IV. Krankheit, Gebrechen, Schwächen

1. Krankheit und Gebrechen sowie Schwächen der körperlichen und geistigen Kräfte können gemäß § 1572 einen Unterhaltsanspruch begründen, wenn ihretwegen eine (angemessene) Erwerbstätigkeit nicht ausgeübt werden kann.[1] Das Gesetz nennt die Fälle so, als handele es sich um klar gegeneinander abgrenzbare Begriffe, und wäre doch gerade mit ausgeformten Begriffen der „Krankheit", des „Gebrechens" und der „Schwäche" schließlich fehlerhaft vollzogen: Gemeint sind alle anomalen (auch vorübergehenden[2]) Zustände, die eine Erwerbstä-

---

[3] A. A. MünchKomm-*Richter,* 9 zu § 1571.

[4] Wurde aus einem Vortatbestand nur ein Teil des Unterhaltes geschuldet, so ist auch aus § 1571 nur Teilunterhalt zu gewähren; die entstehende Bedarfslücke ist nicht mehr „ehebedingt". Vgl. *Dieckmann,* FamRZ 1977, 95; *Rolland,* 15 zu § 1571.

[1] In aller Regel werden Versicherungsleistungen den Anspruch ausschließen oder doch mindern. Auch die Leistungen der gesetzlichen Rentenversicherung (Lohnersatzfunktion!) wirken sich so (ohne Regreß) aus.

[2] Ebenso *Rolland,* 4 zu § 1572; *Schwab,* RdNr. 251. A. A. *Palandt-Diederichsen,* 2 zu § 1572.

tigkeit ganz oder partiell ausschließen können.[3] Daß sie ursächlich mit dem ehelichen Leben verbunden sind, wird nicht verlangt; der Grundsatz der ehebedingten Bedürftigkeit erfährt insoweit eine Verwerfung. Nacheheliche Solidarität wird bereits gefordert, wenn Insuffizienz dieser oder jener Art mit der Ehe zeitlich verbunden ist oder auch mit einer nachehelichen Phase, in welcher aus anderen Gründen Unterhalt zu leisten war.

2. So ist § 1572 *Folgetatbestand* nach dem ehelichen Unterhaltsanspruch, nach dem Anspruch aus § 1570 (und wenn dieser nur beschränkt bestand, auch nur in der Beschränkung[4]) nach einer Ausbildung (§ 1575) und nach Arbeitslosigkeit (§ 1573 mit allen seinen Varianten), und zwar stets ohne Rücksicht darauf, ob die Vortatbestände schon bei der Scheidung gegeben waren oder ihrerseits bereits einen Unterhaltsanspruch als Folgetatbestand begründeten. Tritt freilich eine an sich anspruchsbegründende Krankheit, ein Gebrechen, eine Schwäche nicht in der Zeit eines anderen Tatbestandes ein oder doch im fugenlosen Anschluß an jenen,[5] wird Unterhalt aus § 1572 nicht mehr geschuldet. Ehegatten etwa, die zur Zeit der Scheidung voll in das Erwerbsleben eingegliedert waren, jedoch wenige Wochen später erkrankten und erwerbsunfähig wurden, haben selbst die Last ihres Zustandes (als Teil des allgemeinen Lebensrisikos) zu tragen.[6]

3. Als *Vortatbestand* ist § 1572 vornehmlich für den Unterhaltsanspruch der Alten bedeutsam (§ 1571 Nr. 3), jedoch auch für den Anspruch der Arbeitslosen (§ 1573 III). Im Einzelfall kann er sowohl Folgetatbestand (etwa nach § 1570) und Vortatbestand (etwa vor § 1571) sein; in einer (nicht abreißenden) Kette von Tatbeständen fällt ihm dann eine mittlere Position zu.

V. Erwerbslosigkeit

1. Unterhalt gewähren die §§ 1570–1572 bedürftigen Ehegatten, von denen eine angemessene Erwerbstätigkeit „nicht erwartet werden kann"; Unterhalt gewährt § 1573 I dagegen einem Bedürftigen, der erwerbstätig sein müßte, jedoch „keine angemessene Erwerbstätigkeit zu finden vermag". Den Tatbeständen der nicht Erwerbsfähigen folgt damit (ihnen gegenüber subsidiär) der Tatbestand der Erwerbslosen, wobei hier wie dort die angemessene Erwerbstätigkeit Maßstab ist (und nicht die Erwerbstätigkeit schlechthin). Ob und inwieweit der

---

[3] Dennoch um die Klärung der Begriffe bemüht *Rolland*, 2 zu § 1572. Bei genügend weiter Dehnung des Begriffes „Krankheit" kann diesem der ganze Tatbestand eingegliedert werden. Vgl. MünchKomm-*Richter*, 6ff. zu § 1572.

[4] Ebenso *Dieckmann*, FamRZ 1977, 96f.

[5] Doch müssen für den Anschluß Zustände genügen, die zwar beim Ende des Vortatbestandes (vornehmlich: bei der Scheidung) noch nicht manifest, jedoch bereits latent (Inkubationszeit) vorhanden waren. Vgl. *Schwab*, RdNr. 253; MünchKomm-*Richter*, 10 zu § 1572.

[6] A. A. *Schwab*, RdNr. 252. Ihm kommt es „auf wenige Wochen oder Monate" nicht an. Auf rigorose Standpunkte kann indessen die Rechtsordnung nie verzichten; hier steht zudem § 1576 als „Auffangtatbestand" zur Verfügung.

Bedürftige im System der sozialen Sicherung als Arbeitsloser eine Arbeit aufnehmen muß, die ihm an sich nicht angemessen ist, ist belanglos: Zwischen den (geschiedenen) Ehegatten setzt allein das Familienrecht die Maßstäbe (vgl. zu ihnen unten VIII 2).[1]

Subsidiarität schließt eine Kombination von Teilen zum Ganzen nicht aus. Wer aus den vorgelagerten Tatbeständen nur einen Teil seines Lebensbedarfs fordern darf, weil eine Teilzeitbeschäftigung zu erwarten ist, erhält aus einer Kombination zweier Tatbestände den vollen Unterhalt, wenn er eine Teilzeitbeschäftigung nicht finden kann.

2. *Folgetatbestand.* Erwerbslosigkeit vermittelt einen Anspruch, wenn sie „nach der Scheidung" besteht, also als Anschlußtatbestand an den ehelichen Unterhaltsanspruch (Erwerbslosigkeit im nur nahen zeitlichen Abstand von der Scheidung ist dagegen ein Problem des Abs. IV;[1a] vgl. dazu unten 5.). Erwerbslosigkeit vermittelt ferner einen Anspruch im Anschluß an alle Ansprüche der nicht Erwerbsfähigen (§ 1573 III mit Erwähnung selbst des Alters, obwohl der Fall des frühen Alterns mit späterer Erholung eher der Theorie als der Praxis zuzuweisen ist).[2] Erwerbslosigkeit kann schließlich einen Unterhaltsanspruch im Anschluß an einen Unterhaltsanspruch aus § 1575 begründen, doch ist in diesem Fall die neu gewonnene Qualifikation kein Element, das den Maßstab bestimmt, an dem sich die angemessene Erwerbstätigkeit von der anderen sondert, die nicht aufgenommen werden muß. Geschuldet wird (aus § 1575) noch die Chance des beruflichen Aufstiegs; das Risiko nach genutzter Chance, keinen der neuen Qualifikation entsprechenden Arbeitsplatz zu finden, trägt dagegen der Bedürftige (der freilich den Beweis führen kann, daß er auch auf seinem alten Niveau einen Arbeitsplatz nicht zu finden vermag).

Gleich ist der Grund der Erwerbslosigkeit im Augenblick der Scheidung; ehebedingte Erwerbslosigkeit ist kein Beweisthema für den Bedürftigen. Wenn gleichwohl nur von Verwerfungen des Grundsatzes von der ehebedingten Bedürftigkeit gesprochen werden kann (und nicht von seiner Preisgabe), so weil der Regelfall der Praxis dem Grundsatz entspricht und weitere Näherungen an ihn von der negativen Billigkeitsklausel des § 1579 ermöglicht werden (vgl. dazu unten VII 10).

3. *Vortatbestand* kann Erwerbslosigkeit sein für den Unterhaltsanspruch der

---

[1] Aus der Praxis vgl. dazu OLG Hamm, FamRZ 1978, 899 (Tätigkeit im erlernten Beruf des Industriekaufmanns nicht mehr angemessen, wenn ein Studium begonnen wurde, dessen erfolgreicher Abschluß zu erwarten ist).

[1a] A. A. *Schwab,* RdNr. 260, dem es (auch hier) auf „einige Wochen" nicht ankommt.

[2] Richtete sich der Voranspruch nur auf Teilunterhalt, so kann auch aus Erwerbslosigkeit nur Teilunterhalt gefordert werden (die nachhaltig teilzeitbeschäftigte Mutter eines Kindes erhält demzufolge, wenn sie am Ende der Betreuungszeit voll arbeitslos wird, nur den bisher aus § 1570 geschuldeten Unterhalt aus anderem Rechtsgrund; das Risiko, ihre an sich sichere Teilzeitbeschäftigung zu verlieren, muß sie selbst tragen).

Alten (§ 1571 Nr. 3) und denjenigen der Kranken, Gebrechlichen und Schwachen (§ 1572 Nr. 4). Die Fülle der möglichen Anschlüsse in der einen und in der anderen Richtung kann dabei zu sehr verschiedenartigen Anspruchsfolgen führen, in denen § 1573 auch mehrfach bedeutsam werden kann (Erwerbslosigkeit bei der Scheidung, Umschulung, Erwerbslosigkeit, Krankheit, Erwerbslosigkeit, Alter).

4. *Erwerbslosigkeit.* Unterhaltsberechtigt ist nur, wer sich um eine angemessene Tätigkeit bemüht, die ihn nachhaltig sichert.[3] Unterhaltsberechtigt ist nicht, wer eine angemessene Tätigkeit finden könnte, jedoch nicht finden will, wer den Eintritt in das Erwerbsleben dilatorisch behandelt, wer sich nur um Tätigkeiten bemüht, die ihm nicht angemessen sind. Form und Umfang des Bemühens (einer Obliegenheit) werden von den Regeln üblichen Verhaltens Erwerbsloser bestimmt; Fehleinschätzung der eigenen Kräfte (mit ergebnisloser Suche nach einer Tätigkeit, für die eine ausreichende Qualifikation nicht vorhanden ist) fallen dem Verpflichteten nur zur Last, wenn sie entschuldbar sind (etwa dann nicht mehr, wenn der Bedürftige durch richterlichen Akt belehrt wurde).[4]

Belanglos sind die Gründe einer vergeblichen Suche. Persönlichkeitsbedingte Umstände (Ablehnung älterer Arbeitnehmer auf dem Arbeitsmarkt) stehen konjunkturellen und strukturellen Verengerungen des Arbeitsmarktes gleich. Freilich gewinnt für sie die negative Billigkeitsklausel des § 1579 eine erhöhte Bedeutung.

5. *Nachhaltige Sicherung.* Wer eine angemessene Erwerbstätigkeit fand, büßt den Anspruch aus § 1573 grundsätzlich ein und mit ihm alle Ansprüche, für die er Vortatbestand sein müßte (also nicht die Ansprüche aus den §§ 1570, 1576). Eine Ausnahme gilt, wenn der Bedürftige lediglich eine Erwerbstätigkeit zu finden vermochte, die seinen Unterhalt nicht nachhaltig sichert, falls sich das Sicherheitsrisiko tatsächlich verwirklicht, die Einkünfte aus der Tätigkeit also wieder entfallen (§ 1573 IV). Die Übernahme einer nicht krisenfesten Position oder auch einer mit Anforderungen, denen der Beschäftigte nicht gewachsen ist, entlastet den geschiedenen Ehegatten so nur für die Dauer der Erwerbstätigkeit; endgültig entlastet sie nicht (deshalb bleibt auch die Obliegenheit bestehen, eine andere Erwerbstätigkeit zu suchen). Das Arbeitsplatzrisiko wird damit zuweilen vom Beschäftigten, zuweilen von seinem geschiedenen Ehegatten getragen: Am Begriff der „nachhaltigen Sicherung" scheiden sich die Bereiche.

Nachhaltig gesichert ist (der Rspr. zu § 75 des Bundesentschädigungsgesetzes folgend) jeder, der eine Beschäftigung fand, von der nach allgemeiner Lebenserfahrung unter Berücksichtigung aller Daten des Einzelfalles Dauer zu erwarten war.[5] Der Maßstab ist mithin ein objektiv-prognostischer, der die schon im

[3] Aufwendungen gehören zum Lebensbedarf. Vgl. *Rolland,* 6 zu § 1573.
[4] Weitherziger *Rolland,* 21 zu § 1573 (grobes Verschulden als Grenze).
[5] Ebenso *Rolland,* 17 zu § 1573; *Ambrock,* VII zu § 1573.

Augenblick der Beschäftigungsübernahme latent erkennbaren Risiken von den anderen sondert (die der bedürftig Gewordene zu tragen hat). Rechtssicherheit verbürgt er nur in Grenzen, ist jedoch unmittelbar praktikabel. Jeder subjektive Ansatz und jede retrospektive Sicht[6] erhöht die Rechtsunsicherheit und schiebt den Zeitpunkt hinaus, zu welchem die Gefahr, aus § 1573 in Anspruch genommen zu werden, beendet ist. Das Konkursrisiko des beschäftigenden Unternehmens hat etwa der Bedürftige schon dann allein zu tragen, wenn zur Zeit des Beschäftigungsbeginns Konkursanfälligkeit nicht erkennbar war, und nicht erst dann, wenn es sich tatsächlich während eines längeren (wie langen?) Zeitraums nicht verwirklicht hat.

VI. Ausbildung, Fortbildung, Umschulung

1. *Unterhaltsanspruch.* Ob Ehegatten einander die „Kosten einer angemessenen Vorbildung zu einem Beruf" (vgl. § 1610 II) als Teil des Lebensbedarfs schulden, ist bis heute streitig geblieben (vgl. oben § 21 I 12), richtiger Ansicht nach jedoch im Rahmen des von den Ehegatten entwickelten Lebensplanes zu bejahen. § 1575, der einen geschiedenen Ehegatten begünstigt, knüpft nicht an diesen Anspruch an,[1] ja er ist sogar eher als Anspruch zu verstehen, der ehebedingte Nachteile im Berufsleben ausgleichen will, weil die Lebensplanung der Ehegatten eine angemessene Ausbildung ausschloß. Kausalität in diesem Verstande wird freilich nur in § 1575 II gefordert für die Kosten einer Fortbildung und Umschulung, während in Abs. I ein bloßer Motivationszusammenhang genügt.[2] Begünstigt sind bereits alle Ehegatten, die „in Erwartung der Ehe oder während der Ehe eine Schul- oder Berufsausbildung nicht aufgenommen oder abgebrochen" haben, mag auch die Ehe nur ein Motiv in einem ganzen Motivbündel gewesen sein[3] (Unlust, Unzufriedenheit mit der einmal gewählten Ausbildung, Rücksichtnahme auf die Eltern usw.).[4] Begünstigt sind sie folgerichtig auch dann, wenn sie auch ohne weitere Ausbildung eine angemessene Erwerbstätig-

---

[6] Vgl. dazu *Vogt,* FamRZ 1978, 106 und – ihm folgend – *Bastian,* 19 zu § 1573 (Gesamtschau ex post); *Schwab,* RdNr. 263 (wenn Erwerbstätigkeit schon so lange ausgeübt, daß sich der andere Ehegatte nach allen ihm erkennbaren Umständen nicht mehr auf Unterhaltsleistungen einzustellen brauchte); MünchKomm-*Richter,* 20 zu § 1573 (mit dem Vorschlag, erst nach 2 Jahren Dauer grundsätzlich nachhaltige Sicherung anzunehmen). Für eine beschränkte Rückschau trotz grds. anderen Ansatzes auch *Dieckmann,* FamRZ 1977, 90.

[1] A. A. *Palandt-Diederichsen,* 2 zu § 1575.

[2] Wenn die Ausbildung vor der Ehe abgebrochen wurde, fordert *Palandt-Diederichsen,* 2 zu § 1575, wenigstens Mitverursachung durch die Ehe. Umgekehrt fordert *Rolland,* 5 zu § 1575, lediglich einen zeitlichen Zusammenhang mit der Ehe.

[3] Bestand niemals eine Ausbildungsabsicht (womit die Ehe auch in der Rolle des bloßen Begleitmotivs ausscheidet), wird Unterhalt aus § 1575 nicht geschuldet. Vgl. *Schwab,* RdNr. 277; *Rolland,* 5 zu § 1575.

[4] *Dieckmann,* FamRZ 1977, 92, will den Anspruch nur gewähren, wenn er dem Verpflichteten zuzumuten ist. Das Gesetz bietet dafür keine Stütze.

keit finden könnten[5] (die Ehefrau verzichtete auf ein an sich geplantes Studium der Medizin und begnügte sich mit einer Ausbildung zur medizinisch-technischen Assistentin; eine dieser Ausbildung entsprechende Erwerbstätigkeit ist angemessen und möglich): Es handelt sich nicht darum, die Voraussetzungen für eine angemessene Erwerbstätigkeit zu schaffen, sondern darum, dem geschiedenen Ehegatten (soweit das überhaupt noch möglich ist) einen Status im Erwerbsleben zu schaffen, den er sich ohne die Ehe schon früher hätte sichern können.

2. *Obliegenheit.* § 1575 gewährt dem Ausbildungswilligen einen Anspruch, der mittelbar (spätere Eigenständigkeit) dem Unterhaltsschuldner zugute kommen kann, jedoch keineswegs zugute kommen muß (Eigenständigkeit auch ohne Ausbildung vorhanden; Anspruch aus § 1573 nach der Ausbildung). Dagegen ist § 1574 III ganz an den Interessen des Unterhaltsschuldners orientiert: Es obliegt dem geschiedenen Ehegatten, sich ausbilden, fortbilden und umschulen zu lassen, „soweit es zur Aufnahme einer angemessenen (nachhaltig sichernden; arg. §§ 1573 IV, 1575 I) Erwerbstätigkeit erforderlich ist",[6] jedoch nur „wenn ein erfolgreicher Abschluß der Ausbildung zu erwarten ist". Die Entlastungsfunktion dieser Obliegenheit wird auch dann erreicht, wenn der Ehegatte ihr nicht entspricht: Solange und soweit er sich schuldhaft[7] entzieht, steht seinem Unterhaltsanspruch eine Einwendung entgegen (und nicht nur eine Einrede).[8]

Gleichgültig ist hier, weshalb eine angemessene Erwerbstätigkeit nur nach (weiterer) Ausbildung zu erlangen ist. Der überhaupt nicht Ausgebildete steht neben dem an sich Geschulten, der dem vom Arbeitsmarkt geforderten Leistungsniveau nicht mehr entspricht; der zur Umschulung gezwungene Kranke steht neben dem Erwerbslosen, der an strukturellen (schon nicht mehr: an konjunkturellen) Daten des Arbeitsmarktes scheitert.[9] Gleichgültig ist auch, in welcher unterhaltsrechtlichen Position sich der geschiedene Ehegatte befindet. Die Obliegenheit trifft etwa (im Rahmen des Zumutbaren) auch eine Frau, die aus Gründen der physischen oder psychischen Konstitution nur einer Teilzeitbeschäftigung gewachsen ist, eine solche aber zunächst nicht aufzunehmen braucht, weil sie ein Kind zu betreuen hat (§ 1570).

---

[5] Ebenso *Schwab,* RdNr. 271; *Dieckmann,* FamRZ 1977, 91. A. A. *Rolland,* 13 (und 20) zu § 1575; *Bastian,* 11 zu § 1575.

[6] Ändert sich wider Erwarten die Arbeitsmarktlage und ist nach Abschluß der Fortbildung oder Umschulung zwar ein Arbeitsplatz der alten Qualifikation zu finden, nicht aber einer der neuen, so ist der geschiedene Ehegatte gehalten, die Arbeit im alten Beruf aufzunehmen (arg. § 1575 III). Vgl. *Dieckmann,* FamRZ 1977, 90.

[7] Ebenso MünchKomm-*Richter,* 11 zu § 1574.

[8] Ebenso MünchKomm-*Richter,* 11 zu § 1574; *Dieckmann,* FamRZ 1977, 90 (der aber stets ein endgültiges Erlöschen des Anspruches anzunehmen scheint). A. A. (dilatorische Einrede) *Schwab,* RdNr. 269.

[9] Das meint wohl auch *Schwab,* RdNr. 268 („aktuelle Arbeitsmarktlage"). Weitergehend *Palandt-Diederichsen,* 3 zu § 1574 (bei schlechter Arbeitsmarktlage Obliegenheit nur, wenn Besserung nach menschlicher Voraussicht ausgeschlossen).

Evident sind Disparitäten zwischen Anspruch und Obliegenheit hinsichtlich der Qualifikation, die mit ihrer Hilfe erreicht werden soll. Die Obliegenheit orientiert sich an § 1574 II; die ehelichen Lebensverhältnisse werden bedeutsam für die Frage, ob diese oder jene Erwerbstätigkeit als „angemessen" bezeichnet werden kann. Der Anspruch orientiert sich dagegen am ursprünglichen Lebensplan des geschiedenen Ehegatten, gesteht freilich die Möglichkeit einer zunächst nicht bedachten, jedoch (nach Niveau und sozialem Status) äquivalenten Ausbildung zu;[10] die ehelichen Lebensverhältnisse sind belanglos. Einer Frau, die ihr Studium der Medizin abbrach, als sie einen Handwerker heiratete, obliegt es in der Regel nicht, ihr Studium wieder aufzunehmen; einen Anspruch auf ärztliche Ausbildung aber gewährt ihr § 1575.

3. *Anspruch und Obliegenheit* sind vielfach gleichzeitig gegeben (mit Vorrang des Anspruchs bei inhaltlicher Verschiedenheit); der Berechtigung korrespondiert dann eine Verpflichtung minderer Zwangsintensität. Notwendig ist dagegen ein derartiges Korrespondenzverhältnis nicht. Im Differenzbereich der reinen Obliegenheit ist dem (bedürftigen) geschiedenen Ehegatten in einigen Fällen aus den §§ 1570, 1572 Unterhalt zu gewähren; im übrigen ist § 1573 I anzuwenden. Der Übergang von den Erwerbsfähigen, jedoch Erwerbslosen (für die § 1573 I seinem Text zufolge allein gilt) zu den anderen, die nicht mehr erwerbsfähig sind, weil sie sich auf eine Erwerbstätigkeit vorbereiten, kann nicht zu einer Änderung des Unterhaltsanspruches führen, wenn noch sinnvoll im Gesamtgefüge des nachehelichen Unterhalts argumentiert werden soll.[11]

4. Unterschiedlich ist das Verhältnis, in dem die Ausbildungsförderung mit Mitteln des privaten Unterhaltsrechtes zu den *Sozialleistungen der öffentlichen Hand* mit entsprechender Zweckbindung (BAFöG, AFG usw.) steht; entscheidend ist stets das einzelne Sozialgesetz.[12] Leistungen, die ohne Regreß (nach Zession durch Verwaltungsakt) erbracht werden, entlasten den privaten Unterhaltsschuldner; Leistungen, die zum Regreß berechtigen, bewirken schließlich nur einen Gläubigerwechsel.

Grenzen, die das Recht der öffentlichen Ausbildungsförderung setzt (Alter,

---

[10] Hatten sich die Ausbildungsabsichten noch nicht konkretisiert, ist zu fragen, welchen Ausbildungsgang der geschiedene Ehegatte vermutlich ohne Ehe gewählt hätte. Ähnlich *Rolland,* 4 und 9 zu § 1575 (Ausbildungsniveau muß auf Grund der Vorbildung und sonstiger Umstände bestimmbar sein). A. A. *Schwab,* RdNr. 279 (Anspruch nur, wenn sich „ein einigermaßen konkreter Ausbildungsanspruch" ergeben hat); *Palandt-Diederichsen,* 2 zu § 1575 (nur, wenn feste Berufspläne, deren Verwirklichung bereits in die Wege geleitet war).

[11] Das Erg. entspr. der h. M.; die Formulierungen schwanken. Vgl. *Dieckmann,* FamRZ 1977, 90f.; *Bastian,* 13 zu § 1574; *Schwab,* RdNrn. 266ff. (§ 1574 III als Modifikation des Anspruchs aus § 1573 I); *Rolland,* 19 zu § 1574 (§ 1573 analog; als möglich wird auch eine analoge Anwendung des

[12] Zu den verschiedenen Fällen vgl. MünchKomm-*Richter,* 7ff. zu § 1575; *Schwab,* RdNr. 289; *Gitter,* Die Sozialgerichtsbarkeit 1977, 475.

Höchstdauer, Höchstbetrag) sind für die Ausbildung als Element des nachehelichen Unterhalts belanglos. Der eine wie der andere Bereich folgt seinen eigenen Regeln. Im Einzelfall können sie einander ergänzen: Geschiedene Ehegatten, die öffentliche Ausbildungsförderung in Lohnersatzfunktion (ohne Regreß) in Anspruch nehmen (und in deren Höhe nicht mehr bedürftig sind) können immer noch für einen Restbestand nachehelichen Unterhalt fordern, wenn der für sie vorgesehene Lebensstandard (§ 1578 I 1) aus öffentlichen Mitteln nicht gewährleistet ist.

5. *Grenzen des Anspruchs.* Unterhalt aus § 1575 kann nur verlangen, wer seine Ausbildung ,,sobald wie möglich" aufnimmt, d.h. ohne schuldhaftes Zögern[13] (= unverzüglich; vgl. § 121 I) unter Berücksichtigung aller objektiven Daten (Semesterbeginn) und subjektiv erheblichen Umstände (Konstitution, Verhinderung infolge Betreuung eines Kindes usw.). Kaum je wird eine längere Überlegungsfrist zuzubilligen sein; Gedanken über die künftige Lebensplanung können von den Ehegatten schon während des Scheidungsverfahrens erwartet werden.

Unterhalt aus § 1575 können geschiedene Ehegatten ferner nur fordern, wenn von ihnen ,,der erfolgreiche Abschluß der Ausbildung zu erwarten ist", und zwar bei Aufnahme der Ausbildung, aber auch während ihrer Dauer.[14] Ehegatten, die schließlich oder schon zu einem früheren Zeitpunkt scheitern (Zwischenprüfungen), schulden grundsätzlich keinen Ersatz der unnütz aufgewandten Mittel. Ungerechtfertigt bereichert sind sie nicht; ein deliktischer Anspruch kann nur auf § 826 gestützt werden.

Unterhalt wird schließlich nur für jene Zeit geschuldet, in welcher ,,eine solche Ausbildung im allgemeinen abgeschlossen wird"[15] unter Berücksichtigung aller ,,ehebedingter Verzögerungen der Ausbildung". ,,Im allgemeinen", d.h. unter Orientierung an den Regelfakten, auch wenn diese von normativen Regelzeiten erheblich abweichen, und zwar bezogen auf Personen in vergleichbarer Situation: Der Kränkliche hat nicht die Leistungsfähigkeit des Gesunden; der familiär Gebundene ist mit dem nur sich selbst Verpflichteten nicht zu vergleichen.

VII. Die Billigkeit als Korrektiv

Schrifttum: *Friesecke-Tackenberg,* Die negative Härteklausel im neuen Scheidungsfolgenrecht, FamRZ 1972, 5; *Magnus,* Zur unterhaltsrechtlichen Härteklausel im geplanten Scheidungsfolgenrecht, FamRZ 1974, 5; *Scheld,* Unterhaltsversagung wegen grober Unbilligkeit, FamRZ 1978, 651.

---

[13] Ebenso *Rolland,* 11 zu § 1575.

[14] Pauschalurteile sollten nicht gefällt werden. Vgl. dagegen etwa MünchKomm-*Richter,* 12 zu § 1575 (nach Vollendung des 40. Lebensjahres erfolgreicher Abschluß einer längeren Ausbildung nur selten zu erwarten).

[15] Zweit- oder gar Drittausbildungen sind damit nicht zu vereinbaren (a. A. *Dieckmann,* FamRZ 1977, 92). Wechselt der Unterhaltsgläubiger sein Ausbildungsziel, so beschränkt sich sein Anspruch auf jenen Betrag, den der Schuldner bei kontinuierlicher Fortsetzung der Ausbildung hätte aufwenden müssen.

1. *Funktion.* Das Enumerationsprinzip und das Prinzip der unmittelbaren Folge von Vor- und Folgetatbeständen verleihen dem Recht des nachehelichen Unterhalts (trotz zahlreicher unbestimmter Rechtsbegriffe und weiter Ermessensspielräume bei der Rechtsanwendung) ein mechanistisches Gepräge, das trotz allen Bemühens um Näherung an eine bestimmte als Grundwertung angenommene Tendenz nicht als endgültiger und abschließender Ausdruck der herrschenden Zeitsignaturen angesehen werden kann. Die Differenz zwischen Regelung und vorgestellter Sachrichtigkeit sucht das Gesetz mit zwei Billigkeitsklauseln zu schließen: einer positiven (§ 1576), die einem Bedürftigen Unterhalt sichern kann, den die Einzeltatbestände der §§ 1570–1575 nicht gewähren, und einer negativen (§ 1579), die einen geschiedenen Ehegatten (ganz oder teilweise) entlasten kann, obwohl er an sich auf Grund der Einzeltatbestände Unterhalt leisten müßte. Das Billigkeitskorrektiv wird damit beidseitig angesetzt, hier wie dort freilich nur verkürzt auf die Reizschwelle der ,,groben Unbilligkeit" (die sich dem definitorischen Zugriff entzieht); Unbilligkeiten geringerer Intensität bleiben belanglos.

2. Unterschiedlich ist die *Struktur* der beiden Klauseln. In einer Morphologie der Billigkeitsklauseln gehört § 1576 zur Gruppe der grundsätzlich offenen Tatbestände ohne Steuerung durch Limitierung der relevanten Umstände, Betonung bestimmter Akzente (die ,,sonstigen schwerwiegenden Gründe" sind ohne das Normenumfeld nichtssagend) oder auch durch Leitbeispiele. Er wäre dennoch mißverstanden als Ermächtigungsnorm, die es dem Richter gestattet, neue Unterhaltstatbestände zu formulieren, die das Wertdiagramm der §§ 1570ff. beliebig erweitern oder auch verkürzen.[1] Wäre es anders, so hätte auch das Enumerationsprinzip seinen Sinn verloren und es wäre sinnvoller gewesen, nachehelichen Unterhalt von vornherein nur auf Grund einer von der Billigkeit beherrschten Generalklausel zu gewähren. Die positive Billigkeitsklausel des § 1576 ist vielmehr als Mittel einer subtileren Entfaltung vorgegebener Wertakzente zu verstehen, zu denen vornehmlich die Tendenz gehört, Unterhalt nur zu gewähren, wenn die Bedürftigkeit in Verbindung mit der Ehe steht.[2]

§ 1579 gehört dagegen zur Gruppe der exemplarisch gesteuerten Billigkeitsklauseln: Drei konturierten (wenn auch an unbestimmten Rechtsbegriffen nicht armen) Leitbeispielen folgt (in gänzlich mißlungener Gestalt) ein vierter offener Tatbestand, der strikte Orientierung an den Leitbeispielen hinsichtlich des Gewichts der Gründe fordert, die schließlich um der Billigkeit willen den an sich fälligen Unterhalt entziehen. § 1579 kann auch nicht wie § 1576 als Norm verstanden werden, die vorgegebene (gewährende) Wertakzente entfaltet. Zwar

---

[1] So aber *Schumacher,* MDR 1976, 882.

[2] Ebenso im Ansatz *Diederichsen,* NJW 1977, 357; MünchKomm-*Richter,* 1 zu § 1576. Die Tendenz auch (ohne endgültige Entscheidung) bei *Dieckmann,* FamRZ 1977, 97f. Anders dagegen *Bastian,* 8 zu § 1576.

bleibt er den Grundtendenzen des nachehelichen Unterhalts verbunden, doch soll er sie dort auf einsichtige Grenzen zurückführen, wo ihre ungehemmte Entfaltung auf Wertwiderstände anderer Art trifft.

3. Die *positive Billigkeitsklausel* des § 1576 gewährt Unterhalt, wenn von einem bedürftigen Ehegatten ,,aus sonstigen schwerwiegenden Gründen eine Erwerbstätigkeit nicht erwartet werden kann und die Versagung von Unterhalt unter Berücksichtigung der Belange beider Ehegatten grob unbillig wäre", und erweckt damit den Anschein eines zweigliedrigen Tatbestandes. In Wahrheit ist der Hinweis auf die Belange der Ehegatten nichts weiter als eine Floskel, deren Aussage bereits im Billigkeitskriterium enthalten ist.

Die richtig verstandene Norm kann niemals Unterhaltsansprüche legitimieren, die als Belohnung gedacht sind für den Bedürftigen (Kompensation besonderer Leistungen in der Ehe)[3] oder auch als Sanktion nach pflichtwidrigem Verhalten (deshalb S. 2 mit seiner Wendung gegen das alte Schuldprinzip). Das eine wie das andere ist dem Grundkonzept des nachehelichen Unterhaltes nicht zu integrieren. ,,Sonstige schwerwiegende Gründe", das sind nur in den §§ 1570ff. nicht oder unzulänglich bedachte, durch die Ehe vorgeprägte, jedoch in der Gegenwart wirkende Umstände, auf Grund deren eine Erwerbstätigkeit nicht erwartet werden kann. Das besondere Opfer während der Ehe (Pflege des nunmehr geschiedenen Ehegatten oder auch seiner Eltern, Finanzierung einer Ausbildung), die Enttäuschung nach Treubrüchen oder anderen Ehewidrigkeiten sind – für sich genommen – irrelevant. Sie sind bedeutsam nur als Elemente einer nachehelichen Situation, in welcher dem Bedürftigen eine Erwerbstätigkeit überhaupt nicht oder jedenfalls nicht sofort zugemutet werden kann.[4] In dieser Beschränkung kann § 1576 neben die enumerativ angeführten Unterhaltstatbestände weitere setzen, die rechtstheoretisch zu präzisieren Aufgabe der Rechtsprechung ist. Er kann auch noch in Randzonen der enumerativ angeführten Tatbestände zu schroff geratene Grenzen hinausschieben, um den Tendenzen des nachehelichen Unterhaltsrechtes volle Geltung zu verschaffen. Er wird dagegen mißbraucht, wenn mit seiner Hilfe Unterhaltstatbestände gegen klar erkennbare Regelungsgrenzen aufgebaut werden sollen.

4. *Fälle.* Im Kernbereich gilt es, jenen Ehegatten Vertrauensschutz zu gewähren, die unter voller Fixierung auf einen gemeinschaftlichen Lebensplan Vertrauen in Anspruch nahmen, jedoch enttäuscht wurden und sich deshalb in einer Lebenssituation befinden, in welcher der Eintritt in das Berufsleben entweder überhaupt oder doch vorübergehend (und das sollte für Erwerbsfähige der Re-

---

[3] Der Akzent der Belohnung tritt stark in den Vordergrund bei *Diederichsen,* NJW 1977, 357; *Ambrock,* II zu § 1576. Auch MünchKomm-*Richter,* 7 zu § 1576, will die ,,besondere Lebensleistung" als anspruchsbegründenden Umstand anerkennen. Dem Text entsprechend dagegen *Rolland,* 12 zu § 1576.

[4] Gleich im Ansatz (nicht mehr in den Ergebnissen) *Schwab,* RdNr. 292.

gelfall sein) als Zumutung erscheint. In diesem Rahmen (und nur in diesem Rahmen) können auch besondere Opfer für die Familie wesentlich sein,[5] aber auch plötzliche Erschütterungen der Vertrauensgrundlage durch Eheverfehlungen, denen alsbald die Scheidung folgte.

Vertrauensschutz nach Fixierung auf einen gemeinschaftlichen Lebensplan ist auch Bedürftigen zu gewähren, die sich der Betreuung von Personen widmen, die § 1570 nicht bedenkt, für die jedoch im Lebensplan der Ehegatten ein prägender Einfluß vorgesehen war. Die bloße Aufnahme von erstehelichen oder nichtehelichen Kindern, von Eltern oder auch Geschwistern eines Ehegatten in den gemeinschaftlichen Haushalt kann freilich den Anspruch auf Vertrauensschutz nicht begründen, doch ändert sich die Situation, wenn die Funktionen der Ehegatten innerhalb der Ehe einverständlich von jenen Personen mitbestimmt wurden. Der Pflege und Erziehung bedürftige ersteheliche Kinder der Frau begründen keinen Unterhaltsanspruch aus § 1570; sie begründen grundsätzlich auch keinen aus § 1576 (und zwar auch dann nicht, wenn der Stiefvater vertraglich ihren Unterhalt übernahm), doch gewinnen sie in dessen Rahmen Relevanz, wenn die Frau im Zusammenhang mit der Ehe Dispositionen traf, die ihre Lebenssituation nach der Scheidung prägen (Aufgabe einer Erwerbstätigkeit im Einvernehmen mit dem Stiefvater, um in der Ehe allein ihn und die erstehelichen Kinder betreuen zu können).[6]

Mildern kann § 1576 die schroffen Grenzen (auch der zeitlichen Anschlüsse) der §§ 1570ff. Eine Krankheit, die einen Bedürftigen erst nach der Scheidung befällt, erfüllt den Tatbestand des § 1571 nicht mehr, denjenigen des § 1576 erfüllt sie noch, wenn sie (etwa als Folge einer Abnutzungserscheinung) auf die Ehe zurückgeführt werden kann.[7] Oder auch: Gemeinschaftliche Pflegekinder, die der Betreuung bedürfen, erfüllen den Tatbestand des § 1570 nicht, wohl aber denjenigen des § 1576,[8] wenn dem Bedürftigen die Beendigung des Pflegeverhältnisses nicht zugemutet werden kann.

5. Aussagen, die generelle Geltung für sich in Anspruch nehmen können, sind freilich nicht möglich; der Versuch einer Fallgruppenbildung wird relativiert durch die Notwendigkeit, im Einzelfall die *Belange beider Parteien* zu berücksichtigen. Vertrauensschutz nach Fixierung auf einen gemeinschaftlichen Lebensplan wird etwa eher von einem Ehegatten gefordert werden können, der selbst seine

---

[5] In der Tendenz dem Text entspr. *Rolland,* 16 zu § 1576.

[6] Ähnlich *Rolland,* 10 zu § 1576 (kausale Verantwortung des einen Ehegatten für die Pflegeaufgabe anstelle einer Erwerbstätigkeit des anderen); MünchKomm-*Richter,* 4f. zu § 1576. Meist wird weit diffuser für die Relevanz der Betreuung Dritter plädiert. Vgl. etwa *Diederichsen,* NJW 1977, 357; *Dieckmann,* FamRZ 1977, 9; *Schwab,* RdNr. 292.

[7] Vgl. MünchKomm-*Richter,* 6 zu § 1576.

[8] Vgl. *Rolland,* 9 zu § 1576; MünchKomm-*Richter,* 4 zu § 1576. Daß § 1576 keinen Anspruch begründen kann, wenn die geschiedene Frau ein Ehebruchskind (nach erfolgreicher Ehelichkeitsanfechtung) zu betreuen hat, ist selbstverständlich. Vgl. OLG Celle, FamRZ 1979, 238.

Lebensführung nicht zu ändern braucht, als von einem anderen, den die Scheidung zu grundsätzlichen Änderungen in der Lebensplanung zwingt. Nicht zu berücksichtigen sind Belange, denen das Gesetz im Recht des nachehelichen Unterhaltes bereits andernorts Rechnung trägt: der Mangel der Leistungsfähigkeit etwa (vgl. § 1581) und die Absicht, erneut zu heiraten (vgl. § 1582).

6. Die positive Billigkeitsklausel steht dort, wo sie mildernd wirkt, notwendig in den *Anspruchsfolgen* jener Tatbestände, die sie mildert. Dort dagegen, wo sie eigenständig einen Unterhaltsanspruch gewährt, ist sie niemals an einen Vortatbestand geknüpft und selbst niemals als Vortatbestand genannt (der späteren Unterhalt auf anderer Basis ermöglichen würde). Eine Regelungslücke ist gleichwohl nicht vorhanden. Billigkeit, die das Wertdiagramm der §§ 1570ff. entfaltet, kann Unterhaltsansprüche stets nur in Verbindung mit der Ehe (und sei es auch vermittelt durch andere Tatbestände) gewähren;[9] sie kann umgekehrt den Unterhaltsanspruch auch dann noch erhalten, wenn an die Stelle des ursprünglich auslösenden Umstandes in unmittelbarer Folge ein anderer getreten ist, den das Gesetz als geeigneten Anknüpfungspunkt anerkannt hat.[10]

7. Die *negative Billigkeitsklausel* des § 1579 begrenzt allein (in Form einer Einwendung, nicht nur einer Einrede) Unterhaltsansprüche, die an sich von den §§ 1571–1575 gewährt werden. Der Anspruch aus § 1570 ist immun kraft eigener Aussage in Abs. II (vgl. dazu die Kritik oben II 5); der Anspruch aus § 1576 aber bedarf keines Korrektivs um der Billigkeit willen, weil er selbst nur gewährt, wenn die Billigkeit es fordert.

§ 1579 kann Ansprüche endgültig entziehen; er kann ihre Höhe kürzen oder ihre Dauer. Das Billigkeitskorrektiv entscheidet nicht nur über das ,,ob" eines Eingriffes in die an sich gegebenen Ansprüche, sondern auch über dessen Ausmaß.

8. *Eine kurze Ehedauer* begründet grobe Unbilligkeit (Abs. I Nr. 1);[11] dem Gedanken der ehebedingten Bedürftigkeit leistet in diesem Fall die praktische Erfahrung eines Korrespondenzverhältnisses von Ehedauer und zunehmender Prägung der Lebenssituation der Ehegatten durch den gemeinschaftlichen Lebensplan Widerstand. Das, was ,,kurz" ist, das, was bereits ,,lang", ist an diesem Widerstand zu messen. Zu berücksichtigen ist allein die Zeit der Ehe und die Zeit, in welcher der Tatbestand des § 1570 gegeben war, einschließlich der Zeiten getrennten Lebens und einschließlich der Zeit des Scheidungsstreites.[12] Das Ge-

---

[9] *Schwab*, RdNr. 294, will dagegen ,,die in § 1571 und § 1572 genannten Zeitpunkte in den Tatbestand des § 1576 hineinnehmen".

[10] Vgl. dagegen *Rolland*, 19 zu § 1576 (Ergänzung der §§ 1571ff. um § 1576 als Vortatbestand).

[11] Und zwar ohne Möglichkeit, im Einzelfall Ausnahmen anzuerkennen. Das Billigkeitskriterium wird im gesetzlichen Tatbestand selbst voll entfaltet. A. A. *Rolland*, 3 zu § 1579.

[12] Ebenso *Rolland*, 5 zu § 1579; *Dieckmann*, FamRZ 1977, 104; *Diederichsen*, NJW 1977, 357; MünchKomm-*Richter*, 9 zu § 1579; *Ambrock*, II 1a zu § 1579; OLG Hamm, FamRZ 1979, 38. A. A. *Schwab*, RdNr. 377; KG, NJW 1979, 168 (zu berücksichtigen nur Zeiten ehelichen Zusammenlebens);

setz kennt keine Einschränkung; die evidente Differenz zur Textgestaltung anderer Normen (vgl. § 1587 II) nimmt jedem Versuch einer Restriktion die Legitimität (zumal in extrem gelagerten Fällen § 1579 I Nr. 4 angewandt werden kann). Belanglos sind Zeiten des vorehelichen Zusammenlebens (allg. M.), nicht um des Moralisierens willen, sondern weil sie mangels jeder rechtlichen Bindung keinen Anspruch auf Vertrauensschutz begründen können.

Es gibt absolute Grenzen: Eine Ehe von weniger als drei Jahren Dauer kann schwerlich als „lang" bezeichnet werden.[13] Und es gibt relative Grenzen, in denen die tatsächliche Dauer der Ehe zu beziehen ist auf die erwartete (die ihrerseits von dem Alter der Ehegatten bestimmt zu sein pflegt).[14] Ehegatten, die im Alter von zwanzig Jahren heirateten und nach sieben Jahren geschieden wurden, waren nur in einer Ehe von „kurzer Dauer" verbunden, Ehegatten, die mit fünfzig Jahren die Ehe schlossen und nach sieben Jahren auseinandergingen, führten dagegen eine „längere" Ehe.

9. *Fehlverhalten* begründet sodann grobe Unbilligkeit, wenn es sich (in welcher Teilnahmeform auch immer) in einem Verbrechen oder schweren vorsätzlichen Vergehen (Tötungsversuch, schweren Mißhandlungen, in Ausnahmefällen auch schweren fortgesetzten Beleidigungen[15]) gegen den Verpflichteten oder einen seiner nahen Angehörigen (vgl. dazu § 11 I Nr. 1 StGB), einschließlich aller durch Zweitehe hinzutretenden, niederschlug (§ 1579 I Nr. 2). Der Tatbestand greift einen Gedanken auf, der auch sonst im Vermögensrecht der Familie wirksam ist (vgl. die §§ 1611 I, 2333 Nrn. 1–3): Wer in besonders intensiver strafwürdiger Manier die Familienbande nicht achtete, kann Solidarität im Familienverband nicht mehr fordern. Zeitliche Grenzen sind nicht gesetzt; auch nacheheliche Straftaten sind beachtlich.[16] Verzeihung hebt den Tatbestand (der sie nicht erwähnt) nicht auf:[17] Es ist verfehlt, einen Ehegatten mit nachehelichen Unterhaltspflichten zu belasten, der seine Ehe trotz schwerer Gefährdung fortzuführen

---

OLG Düsseldorf, FamRZ 1978, 342 und OLG Hamm, FamRZ 1979, 292 (nur Zeit bis Rechtshängigkeit des Scheidungsantrags).

[13] Die Frist auch bei *Schwab*, RdNr. 376. Vgl. ferner OLG Hamm, FamRZ 1979, 292 (Ehedauer von 20 Monaten stets kurz). Anders dagegen *Ambrock*, II 1a zu § 1579 („kurz" = in der Regel „etwas unter einem Jahr").

[14] Der Ansatz entspricht *Dieckmann*, FamRZ 1977, 104; OLG Düsseldorf, FamRZ 1978, 342. Dagegen stellt *Palandt-Diederichsen*, 2a zu § 1576, eine Relation zwischen tatsächlicher Ehedauer und der „Dauer einer eventuellen Berufsunterbrechung bzw. anderer Umstände" her. Für eine Relation zwischen Ehedauer und Durchschnittsdauer aller geschiedenen Ehen (ratio?) MünchKomm-*Richter*, 9 zu § 1579, mit weiterer Präzisierung (gänzliche Versagung bis zu zwei Jahren Dauer; Beschränkung bei einer Ehedauer bis zu 5 Jahren).

[15] Vgl. MünchKomm-*Richter*, 10 zu § 1576; *Ambrock*, II 2b zu § 1579.

[16] Unbeachtlich sind jedoch Verbrechen oder Vergehen, die sich gegen den Erben des Verpflichteten (mit Haftung aus § 1586b) richten, wenn er nicht zu den Angehörigen des Erblassers zählt. Vgl. *Rolland*, 10 zu § 1579.

[17] A.A. *Schwab*, RdNr. 380; *Rolland*, 11 zu § 1576; *Ambrock*, II 2a zu § 1579.

bereit war (um schließlich doch geschieden zu werden), jene anderen aber freizustellen, die keine Versöhnungsbereitschaft zeigten.

10. Grob unbillig ist es ferner, Unterhalt zu fordern, wenn der geschiedene Ehegatte (vor oder nach der Scheidung) seine *,,Bedürftigkeit mutwillig herbeigeführt* hat" (§ 1579 I Nr. 3). Die zweckgerichtete Aufgabe einer Erwerbstätigkeit kurz vor der Scheidung pflegt als Beispiel genannt zu werden,[17a] erschöpft den Tatbestand indessen sicher nicht und ist mit der (weit über den notwendigen Kausalzusammenhang[18] hinausreichenden) finalen Steuerung des Verhaltens eher geeignet, Grenzen anzudeuten, die in Wahrheit nicht bestehen. ,,Mutwillig" (der Begriff auch in § 114 II Nr. 3 ZPO ohne Inhaltsgleichheit) ist bereits jedes leichtfertig von sozialen Standards abweichende Verhalten, das im Bewußtsein möglicher negativer Folgen für die Daten beobachtet wird, die Bedürftigkeit begründen können[19] (Verlust der Erwerbstätigkeit oder gar -fähigkeit; Vermögenseinbußen). ,,Mutwillig" handeln der Trunksüchtige, der Verschwender, der Straftäter und viele andere mehr (zur Übernahme unterbezahlter Arbeit ,,ohne Not" vgl. unten S. 417 Fn. 20); sie alle haben ihr Defizit allein zu verantworten und bleiben deshalb auch allein mit ihm belastet.

11. Grob unbillig können Unterhaltsleistungen schließlich sein, wenn ,,ein *anderer Grund* vorliegt, der ebenso schwer wiegt" wie eine kurze Ehedauer, ein relevantes Fehlverhalten oder auch der Mutwille, der Bedürftigkeit herbeiführt. Drei konturierten Tatbeständen folgt damit eine Art Generalklausel, die auf jene rückbezogen wird (womit sie den Charakter von Leitbeispielen gewinnen) als Vergleichsgrößen. Zu vergleichen ist freilich nur das Vergleichbare; das tertium comparationis der ,,Schwere" ist nicht eben vielsagend und durch den Bezug auf drei heterogene Tatbestände besonders unhandlich. So läßt sich nur weniges an die Vergleichsgrößen anknüpfen (vgl. unten XIII 3 zum absichtlichen Verharren in einem Konkubinat).[20] Im übrigen kann es sich nur darum handeln, Fallgruppen im Wege richterlicher Konvention zu bilden, die ihre Eigenständigkeit ge-

---

[17a] Vgl. dazu aus der Praxis OLG Bremen, FamRZ 1978, 410 (Umzug an einen Ort ohne Arbeitsmöglichkeit).

[18] Mittelbare Verursachung genügt. Nicht zu berücksichtigen ist allerdings ein mutwilliges Verhalten, das unmittelbar zum Scheitern der Ehe führt und mittelbar über die Scheidung (Verlust des ehelichen Unterhaltsanspruchs) zur Bedürftigkeit. Vgl. *Schwab*, RdNr. 381; *Rolland*, 17 zu § 1579; MünchKomm-*Richter*, 12 zu § 1579. Zumeist wird auf die Gefahr einer Rückkehr zum Schuldprinzip hingewiesen. Es fehlt jedoch bereits an einer relevanten Einwirkung. Wer lediglich seinen ehelichen Unterhaltsanspruch mutwillig preisgibt, wirkt damit nicht auf Daten ein, die für den nachehelichen Unterhaltsanspruch wesentlich sind.

[19] Ähnlich *Rolland*, 16 zu § 1579 (Verhalten, das sich ,,nicht mehr im Bereich diskutabler Verhaltensweisen bewegt"). Vgl. ferner *Schwab*, RdNr. 381 (es genügt, wenn Arbeitskraft oder Vermögen ,,auf sinnlose Art" riskiert und eingebüßt wird). A. A. *Bastian*, 12 zu § 1579 (nur Verhaltensweisen, die bewußt darauf angelegt sind, Bedürftigkeit zu begründen oder zu erhöhen).

[20] Die Tatbestandsgrenzen der Nrn. 1–3 sind nicht mit Hilfe der Nr. 4 zu erweitern. A. A. *Schwab*, RdNr. 384 (,,grobe Rücksichtslosigkeit"; Verbrechen gegen den neuen Lebensgefährten).

genüber den angeblichen Vergleichsgrößen nie werden verleugnen können. Zu wahren sind dabei die leitenden Grundsätze des Scheidungsrechtes; stets notwendig ist es, den Wertwiderstand zu formulieren, auf den der Unterhaltsanspruch trifft.

Wer eigenen Unterhaltspflichten nicht entsprach, darf umgekehrt Unterhalt nicht fordern. Das Gesetz hat den Grundsatz andernorts mehrfach formuliert (§§ 1611 I 1, 1587c Nr. 3); ihn dem nachehelichen Unterhalt fernzuhalten (und sei es auch nur für den Ehegatten, der Leistungen im Haushalt zu erbringen hatte[21]) besteht kein Anlaß. Er führt weiter zu der Aussage, daß *nacheheliche Solidarität nicht fordern darf, wer selbst Solidarität nicht erwies.* Nur in dieser Beschränkung ist persönliches Fehlverhalten wesentlich, das zum Scheitern der Ehe führte.[22] Ehegatten, die ihre Ehe faktisch als nichtexistent betrachteten (Trennung vom Partner, um mit einem anderen zusammenzuleben; nicht: einmaliger Ehebruch), handeln widersprüchlich, wenn sie nacheheliche Fürsorge in Anspruch nehmen.[23] Prinzipien des Scheidungsrechtes werden damit nicht verletzt: Festzustellen sind nur offenbare (nach Erkennbarkeit und Toleranzgrenze) Entfremdungsakte. Nicht verletzt werden auch Prinzipien, die andernorts anzuerkennen sind, etwa das Prinzip der Irrelevanz persönlicher Eheverfehlungen in § 1381 (vgl. unten § 36 VII 6): Anders als dort ist hier nicht ein gemeinschaftliches wirtschaftliches Ergebnis zu teilen.

VIII. Bedürftigkeit

Schrifttum: *Lucke,* Soziologische Aspekte des Problems der ,,sozialen Gleichwertigkeit" von ,,ehelichen Lebensverhältnissen" und nachehelicher Erwerbstätigkeit in der Angemessenheitsklausel (§ 1574 BGB) des neuen Scheidungsfolgenrechts (1. EheRG), FamRZ 1979, 373.

1. Berechtigt, Unterhalt zu fordern, sind immer nur Geschiedene, die sich mit eigenen Mitteln nicht zu unterhalten vermögen (§ 1577 I). Als Eigenmittel sind die Arbeitskraft zu bedenken, die Einkünfte aus dem Vermögen, der Vermögensstamm. Die kommerzielle Nutzung der Arbeitskraft (Erwerbstätigkeit) hat

[21] Ebenso (gegen die Entstehungsgeschichte der Norm) *Schwab,* RdNr. 385; *Bastian,* 15 zu § 1579; *Rolland,* 26 zu § 1579 (mit Anschluß an Nr. 3). A. A. *Holzhauer,* JZ 1977, 78.

[22] Persönliches Fehlverhalten ohne wirtschaftliche Auswirkungen wird unterschiedlich bewertet. Sehr zurückhaltend (nur ganz ausnahmsweise) MünchKomm-*Richter,* 15 zu § 1579; *Ambrock,* II 4a zu § 1579. Überhaupt gegen seine Berücksichtigung *Holzhauer,* JZ 1977, 77. Offener (ohne klare Grenzen) dagegen *Dieckmann,* FamRZ 1977, 104. Vgl. ferner *Rolland,* 25 zu § 1579 (in Anknüpfung an Nr. 2 ,,außerordentliches Fehlverhalten" wesentlich); *Hillermaier,* FamRZ 1976, 579 (,,besonders schwere Verschuldensmomente"); OLG Stuttgart, FamRZ 1979, 40 (nur bei vorsätzlichen, auch sonst besonders schwerwiegenden Verhaltensweisen; nicht nach Strafanzeige wegen Verletzung der Unterhaltspflicht). Besonders weitgehend *Scheld,* FamRZ 1978, 651 ff. (Begrenzung auf ,,exzessives Fehlverhalten", doch mit Bereitschaft, schnell einen Exzeß zu bejahen; auch ein einmaliger nicht verziehener Ehebruch soll den Anspruch ausschließen können).

[23] Der Ansatz beim venire contra factum bei *Diederichsen,* NJW 1977, 358; *Schwab,* RdNr. 386. Im Erg. ebenso OLG Hamburg, NJW 1978, 545.

das Gesetz (als negatives Tatbestandselement) in die einzelnen Anspruchsgrundlagen hineingetragen, ohne ihr eine Sonderstellung im materiellen Recht oder auch im Recht des Beweises zuweisen zu wollen (vgl. oben unter I 4). Die anderen Teilaspekte der Bedürftigkeit haben dagegen im § 1577 für alle Unterhaltsansprüche ihre Regelung in einer Norm erfahren.

2. *Erwerbstätigkeit.* Auf die kommerzielle Nutzung seiner Arbeitskraft kann ein Ehegatte grundsätzlich (Ausnahmen ergeben sich bei verminderter Leistungsfähigkeit des Verpflichteten; vgl. dazu unten IX 2) nur insoweit verwiesen werden, als sie ihm ,,angemessen" ist. Bezweckt wird die Abschichtung an sich möglicher Erwerbstätigkeit, die Statusidentität und Milieukonstanz nicht verbürgt, und die Beschränkung auf Berufe, die vornehmlich nach ihren sozialen Attributen und Komplementen der Lebenssituation des (nunmehr) Geschiedenen in der Ehezeit entsprechen.[1]

Das, was angemessen ist, und das, was nicht mehr zugemutet werden darf, ist anhand der Ausbildung, der Fähigkeiten (die das von der Ausbildung eröffnete Arbeitsfeld wesentlich verengern können), des Lebensalters, des Gesundheitszustands voneinander zu sondern, ferner anhand der ehelichen Lebensverhältnisse unter Berücksichtigung der Ehedauer, aber auch der Dauer der Pflege oder Erziehung eines gemeinschaftlichen Kindes (§ 1574 I). Zu persönlichen Daten mit einem relativ hohen Bestimmtheitsgrad treten damit soziale Daten hinzu, die wandelbar sind und dem richterlichen Ermessen breiten Raum gewähren. Nicht genannt sind Daten, die den (möglichen) Arbeitsplatz kennzeichnen (Entfernung vom Wohnort, Beschaffenheit usw.); ihnen gleichwohl Relevanz zu sichern, ist ein selbstverständliches Gebot sozialer Fairneß, dem das Gesetz keinen Widerstand leistet: Die Maßstäbe, die es nennt, müssen nicht als allein maßgebende verstanden werden.[1a]

Den sozialen Status sichert (mit jenen Toleranzen des sozialen ,,Abstiegs", die der Zeitgeist in einer ,,offenen Gesellschaft" einräumt[2]) die Relevanz der Ausbildung und die Relevanz der ehelichen Lebensverhältnisse mit ihrer besonderen Bedeutung für Ehegatten, die sich ganz dem Haushalt widmeten. Bedeutsam kann die Ausbildung jedoch nur sein, wenn sie prägenden Einfluß gewann (und nicht mehr, wenn sie längst von einem anderen Beruf verdrängt wurde[3]); die

---

[1] Vgl. dazu *Lucke,* FamRZ 1979, 373ff. (mit den Grenzen, die den Sozialwissenschaften bei der Entwicklung von Korrelationen gezogen sind, die eine normähnliche Anwendung auf den Einzelfall erlauben).

[1a] Ebenso *Rolland,* 3 zu § 1574. A. A. dagegen *Ambrock,* II 1 zu § 1574.

Schwab, RdNr. 259, fordert auch eine Berücksichtigung der Situation des in Anspruch genommenen Ehegatten (und bemerkt richtig, daß die Problematik nicht schon mit § 1581 bewältigt sei). Ihr kann in ausreichendem Maße bei der Beurteilung der ,,ehelichen Lebensverhältnisse" Rechnung getragen werden.

[2] Auf sie hat bereits *Dieckmann,* FamRZ 1977, 88, hingewiesen.

[3] Vgl. *Rolland,* 5 zu § 1574; *Ambrock,* II 2b zu § 1574.

ehelichen Lebensverhältnisse sind es nur in jenem Rahmen, in dem sie sich verfestigt hatten (nicht nach einem mehr zufälligen Stand, nicht nach kurzer Ehe, die den sozialen Status nicht bestimmen konnte). Weisen Ausbildung und Lebensverhältnisse in verschiedene Richtungen, so gebührt den letzteren der Vorrang: Mit ihnen hat sich der geschiedene Ehegatte identifiziert (und damit einen etwaigen Ausbildungsvorteil preisgegeben); in ihnen hat er aber auch gelebt (und damit einen etwaigen Ausbildungsnachteil überwunden; vgl. dazu aber die Obliegenheit, sich ausbilden zu lassen, oben VI 2). Übte umgekehrt der geschiedene Ehegatte während der Ehe tatsächlich eine Erwerbstätigkeit aus, die ihm nach den Lebensverhältnissen an sich nicht zuzumuten war, so hat er sich bei dauerhaftem Entschluß mit ihr identifiziert und darf sie nicht willkürlich preisgeben; unberührt bleibt sein Anspruch aus § 1573 II auf Ergänzung des Unterhalts (der ihm sogar bei unzureichender angemessener Erwerbstätigkeit zusteht).

3. Welchen Einfluß *Einkünfte aus einer nicht gebotenen Erwerbstätigkeit* auf den Unterhaltsanspruch haben, regelt (der völlig mißglückte und deshalb „dunkel" wirkende) § 1577 II.[4] Schuldet der Verpflichtete (mangels ausreichender Leistungsfähigkeit) nur einen Teil des Lebensbedarfs oder kommt er seiner Verpflichtung nicht in vollem Umfange nach, so bleiben die Einkünfte aus nicht gebotener Erwerbstätigkeit bis zur Höhe des vollen Lebensbedarfs ohne Anrechnung. Das ist für den Fall des Teilanspruchs[5] eine einzige Selbstverständlichkeit, für den Fall der Teilerfüllung aber in Höhe des Differenzbetrages zwischen geschuldeter und erbrachter Leistung eine Begünstigung des Berechtigten (der die Rückstände beim Verpflichteten noch eintreiben kann), die dem Verpflichteten jeden Anreiz zur Verzögerung seiner Leistungen nehmen soll. Einkünfte, die über den Differenzbetrag hinausgehen, sind mit dem überschießenden Teil „insoweit anzurechnen, als dies unter Berücksichtigung der beiderseitigen wirtschaftlichen Verhältnisse der Billigkeit entspricht".[6] Beträgt der Lebensbedarf eines Berechtigten etwa 1800 DM und schuldet ihm der Verpflichtete 1200 DM,

---

[4] Die Einkünfte aus nicht gebotener Erwerbstätigkeit waren der vorgestellte Regelungsgegenstand. Auf sie wird die Norm beschränkt von *Dieckmann*, FamRZ 1977, 98; *Bastian*, 7 zu § 1577; *Ambrock*, III 1 zu § 1577. Der Normtext gestattet es jedoch, vergleichbare Einkünfte anderer Art (Mietzinsen aus einem Mietvertrag über Wohnraum, den der Berechtigte an sich selbst benötigt) gleich zu behandeln. Ebenso *Rolland*, 10 zu § 1577; *Palandt-Diederichsen*, 3a zu § 1577; *Schwab*, RdNr. 306. Die Beschränkung auf nicht gebotenen Erwerb wird generell abgelehnt von OLG Frankfurt, FamRZ 1979, 438 (440).

[5] Er wird zuweilen § 1577 II gar nicht unterworfen. Vgl. *Schwab*, RdNr. 306; *Bastian*, 9 zu § 1577.

[6] Im Erg. ebenso *Rolland*, 10f. zu § 1577; *Bastian*, 9 zu § 1577; nach unnötig komplizierten Überlegungen auch *Dieckmann*, FamRZ 1977, 101 (dem sich MünchKomm-*Richter*, 13f. zu § 1577, angeschlossen hat). Abweichend *Schwab*, RdNr. 305 (volle Anrechnung der Einkünfte in jedem Fall, wenn der Verpflichtete seine Schuld erfülle; andernfalls setze sich der Berechtigte in groben Widerspruch zum eigenen Verhalten); *Palandt-Diederichsen*, 3a zu § 1577 und – ihm folgend – *Ambrock*, III 1 zu § 1577 (keinerlei Anrechnung, wenn Verpflichteter säumig bleibt; Satz 1 als Strafvorschrift zu Lasten des säumigen Unterhaltsschuldners insoweit nicht durch Satz 2 eingeschränkt).

von denen er tatsächlich nur 800 DM leistet, so braucht sich der Berechtigte Einkünfte aus einer nicht gebotenen (also an sich unzumutbaren) Erwerbstätigkeit in Höhe von 1000 DM nicht anrechnen zu lassen (die rückständigen 400 DM kann er im Rahmen des § 1585b beitreiben); über den Mehrverdienst ist nach Billigkeit zu entscheiden.

Die Billigkeit kann es etwa gebieten, Einkünfte aus nicht gebotener Erwerbstätigkeit (die jederzeit beendet werden kann) mit ihren überschießenden (notwendig den Lebensstandard steigernden) Teilen zur Entlastung des Verpflichteten anzurechnen, wenn sich andernfalls ein krasser Unterschied im Lebenszuschnitt ergäbe, aber auch dann, wenn der Verpflichtete in der Lage ist, bei befristeter und beschränkter Schonung eine Standardverbesserung zu erzielen (Umschulung), die ihm andernfalls nicht möglich wäre.

4. *Einkünfte aus dem Vermögen* sind stets für den eigenen Unterhalt zu verwenden, mindern mithin die Bedürftigkeit und als Folge den Unterhaltsanspruch. Das gilt auch dann, wenn das Vermögen aus Mitteln gebildet wurde, die dem Berechtigten zweckbestimmt (Schadensersatz, einschließlich Schmerzensgeld) oder zu seinem ausschließlichen Vorteil (Zuwendungen Dritter, die nach deren Willen dem Verpflichteten nicht zugutekommen sollen) zuflossen. Verwendet der Berechtigte diese Mittel nicht zu ihrem ursprünglichen Zweck, sondern zur Vermögensbildung, so gibt er selbst ihnen eine Widmung, die unterhaltsrechtlich nicht mehr neutral ist.

Tatsächliche Einkünfte mindern die Bedürftigkeit (und damit den Unterhaltsanspruch), aber auch die hypothetischen, die der Berechtigte bei üblicher Nutzung sein Vermögens erzielen könnte. Freilich kann es sich nicht darum handeln, den Berechtigten zu einer allein vom Gedanken der Gewinnmaximierung beherrschten Vermögensanlage zu drängen. Zwar sollte die Sicherheit der Kapitalanlage nicht in jener exzessiven Form als korrigierendes Element aufgenommen werden, die das BGB für die Anlage von Mündelgeld für richtig hält, jedoch wenigstens in jenem Ausmaß, das den Verkehr in der Regel leitet (mit wesentlichen von der Größe des Vermögens bestimmten Unterschieden).

5. Den *Stamm des Vermögens* braucht der geschiedene Ehegatte nicht zu verwerten, ,,soweit die Verwertung unwirtschaftlich oder unter Berücksichtigung der beiderseitigen wirtschaftlichen Verhältnisse unbillig wäre" (§ 1577 III). Unwirtschaftlich oder unbillig,[7] das kann die Verwertung überhaupt sein (so bei Kunstgegenständen minderen Wertes, jedoch starkem Affektionsinteresse) oder nur die Verwertung zu bestimmter Zeit (Aktien in der Baisse) oder auch in bestimmtem

---

[7] Nur *Dieckmann,* FamRZ 1977, 101, leugnet die Alternative. Seiner Überzeugung nach ist allein die Billigkeit entscheidend (Unwirtschaftlichkeit kann, muß aber nicht unbillig sein). Die von ihm gewünschte ,,Waffengleichheit" der Parteien stellt aber gerade (zugestanden: in abstracto) die Alternative her (vgl. § 1581 Satz 2).

Ausmaß (Alterssicherung,[8] Sicherung eines Notgroschens). Belanglos ist die Herkunft des Vermögens: Auch das, was aus Zugewinnausgleich zufloß, ist in den Grenzen der Wirtschaftlichkeit und der Billigkeit zu verwerten. Belanglos ist auch die gegenständliche Zusammensetzung: Grundstücke stehen anderen Anlagen gleich (doch wird es in der Regel weder wirtschaftlich noch billig sein, die Veräußerung eines bescheidenen Eigenheims zu fordern[9]).

6. Geschiedene, die im Augenblick der Ehescheidung oder zu einem späteren Zeitpunkt[10] nachhaltig (zum Begriff vgl. oben V 5) gesichert zu sein schienen, später aber (wider Erwarten) ihr *Vermögen verloren,* erwerben mit dem Verlust der eigenen Mittel grundsätzlich keinen nachehelichen Unterhaltsanspruch. Ihre Bedürftigkeit ist nicht ehebedingt, sondern die Folge von Umständen, die dem allgemeinen Lebensrisiko zuzurechnen sind (mit Belastung der Verwandten und – als ultima ratio – der öffentlichen Hand).

Eine Ausnahme gilt nur, wenn im Augenblick des Vermögensverlustes der Tatbestand des § 1570 (Kinderbetreuung) gegeben ist, mithin eine (vom eigenen Vermögen zunächst in die Latenz gedrängte) Abhängigkeit der gegenwärtigen Situation von der Ehe. Verfehlt (aber vom Gesetz gewollt) ist freilich die Verlängerung dieser sachbezogenen Risikoverlagerung in weiteren Unterhaltsansprüchen aus anderem Grund, für die der Anspruch aus § 1570 Vortatbestand ist (vgl. dazu schon oben II 5).

IX. Leistungsfähigkeit; Rang der Berechtigten und Verpflichteten

1. *Vermögensstamm.* Unterhalt schulden Geschiedene aus den §§ 1570ff. ungeschmälert und mit Vorrang vor anderen nur, wenn sie leistungsfähig sind.[1] Arbeitskraft und Einkünfte aus dem Vermögen sind ungeschmälert zu bedenken (vgl. dazu unten § 41 III 1–3 zu § 1603 I), der Vermögensstamm dagegen nur,

---

[8] Die früher bedeutsame Frage hat durch den Versorgungsausgleich viel an Relevanz verloren. Ehegatten, die durch Rentenanwartschaften gesichert sind, bedürfen keines Vermögens, das ihnen Sicherheit zu gewähren hätte. Die Rspr. fordert ggf. die Verwertung des Vermögens bis zu einer Größe, die „nach dem gewöhnlichen Lauf der Dinge unter Berücksichtigung der zukünftigen Vermögens- und Erwerbsverhältnisse des Unterhaltsberechtigten für seine voraussichtliche Lebensdauer zum Unterhalt ausreicht". Vgl. RGZ 97, 276; LG München, Rpfleger 1949, 567; BGH, FamRZ 1966, 28; *Rolland,* 15 zu § 1577; *Schwab,* RdNr. 316.

[9] Vgl. OLG Celle, FamRZ 1977, 726 (Miteigentumshälfte; Eigenheim vom Beklagten bewohnt).

[10] *Schwab,* RdNr. 319, bezeichnet diese Ergänzung des Normtextes als zweifelhaft. Es gibt aber keinen Sachgrund, der es rechtfertigen könnte, nachhaltige Sicherung durch späteren Vermögensanfall (Erbschaft mit Wegfall des Anspruchs als Folge) anders zu behandeln als die nachhaltige Sicherung durch Vermögen, das bereits während der Ehe vorhanden war.

[1] Versuche, durch Bindungen und Verlagerungen des Vermögens Zahlungen zu vermeiden, sind häufig. Bei Gesamtvermögensgeschäften (Hofübergabe) haftet der Übernehmer aus § 419. Vgl. BGH, FamRZ 1955, 169; LM Nr. 1 zu § 60 EheG. Dritte (zweite Ehefrau!), die mit dem Unterhaltspflichtigen zusammenwirken, haften dem Unterhaltsberechtigten aus § 826. Vgl. BGH, VersR 1964, 642; FamRZ 1970, 188 (Ausscheiden aus einer Familiengesellschaft ohne Versorgungsbezüge unter Mitwirkung der zweiten Ehefrau).

wenn seine Verwertung nicht unwirtschaftlich ist und nicht unbillig unter Berücksichtigung der beiderseitigen wirtschaftlichen Verhältnisse (§ 1581 Satz 2). Die Wohltat, die § 1577 III dem Bedürftigen erweist, kehrt sich hier in der Person des Verpflichteten gegen ihn; erreicht wird in abstrakter Sicht eine Balance der Positionen (zu den unscharfen Maßstäben vgl. oben unter VIII 5).

2. *Gefährdung des eigenen angemessenen Unterhalts*[2] (unter Berücksichtigung sonstiger Verpflichtungen;[3] vgl. dazu unten § 41 III 4) entbindet nicht generell von der Verpflichtung (auch nicht: Absinken unter die Sozialhilfegrenze, obwohl es wenig Sinn hat, statt eines Ehegatten nun zwei – jeweils partiell – auf die Sozialhilfe zu verweisen[3a]), doch sind die Verwandten des Berechtigten (aus den §§ 1601 ff.) für die Dauer der Gefährdung (und immer nur in deren Ausmaß, oft also nur zum Teil) mit endgültiger Wirkung mit Vorrang zur Zahlung verpflichtet (§ 1584 Satz 2). Kinder und Eltern treten damit vor den ehemaligen Ehegatten, und zwar ohne Regreß mittels cessio legis oder auch auf anderen Wegen. Bringt freilich der Rückgriff auf sie im Einzelfall keine Entlastung, so bleibt der Geschiedene in der Schuld, mag er jetzt auch nur noch insoweit zu leisten haben, „als es mit Rücksicht auf die Bedürfnisse und die Erwerbs- und Vermögensverhältnisse der Billigkeit entspricht" (§ 1581 Satz 1).[4] Die Maßstäbe für die Höhe des Unterhalts, für Bedürftigkeit und Leistungsfähigkeit verlieren dann ihre Geltung zugunsten reiner Billigkeitsentscheidungen, die ihrer Flexibilität willen gern gerühmt werden und die doch unberechenbar bleiben und Rechtsgleichheit nicht verbürgen. Weniges nur hat die Praxis (wenn auch in fragwürdiger Manier) berechenbar fixiert, den „Selbstbehalt" des Verpflichteten insbesondere, also jenen Betrag, der ihm belassen werden muß zur Erhaltung seiner Arbeitskraft.[5] Entlastung kann im Einzelfall auch in einer Erwerbstätigkeit des Berechtigten gesucht werden, der er zunächst nicht nachzukommen brauchte; in einer Notordnung sind auch die (von sozialen Daten bestimmten) Grenzen angemessener Beschäftigung (§ 1574 I) nicht mehr zu beachten.

---

[2] Kinder sind dabei nur zu bedenken, wenn sie Unterhalt tatsächlich in Anspruch nehmen oder doch aller Voraussicht nach in naher Zukunft fordern werden. Vgl. RGZ 72, 200; *Hoffmann-Stephan,* 27 zu § 59 EheG. Aus der Praxis vgl. OLG Celle, FamRZ 1978, 814 (angemessener Unterhalt eines Rentners in einer Großstadt wie Hannover 800 DM monatlich); die Entscheidung verwertet fehlerhaft den Eigenbedarf als absolute Grenze der Unterhaltspflicht.

[3] Nicht zu berücksichtigen ist die Verpflichtung aus § 1587b, dem ehemaligen Ehegatten durch Nachentrichtung von Beiträgen Rentenanwartschaften zu begründen. Insofern ist § 1587d (Ruhen auf Antrag) die entscheidende Norm. A. A. *Dieckmann,* FamRZ 1977, 161, Fn. 158a.

[3a] Deshalb positiv über eine derartige Begrenzung der Unterhaltspflicht in der Rspr. urteilend *Dieckmann,* FamRZ 1979, 137ff.

[4] Irrelevant ist angesichts dieser klaren Beschränkung der entscheidungserheblichen Momente vor allem der Eheverlauf. A. A. *Bastian,* 9 zu § 1581 (nur regelmäßig nicht zu berücksichtigen; anders, wenn die Voraussetzungen der §§ 1576, 1579 vorliegen); *Schwab,* RdNr. 346 (grobe Ehewidrigkeiten zu bedenken, sofern sie in § 1579 für irrelevant gehalten werden).

[5] Vgl. dazu *Kalthoener/Haase-Becher/Büttner,* Die Rechtsprechung der Landgerichte zur Höhe des Unterhalts, 1975, RdNrn. 270ff. (konkrete Hinweise in Fn. 56).

3. Vorrang der Verwandten gilt auch, wenn die *Rechtsverfolgung* gegen den ehemaligen Ehegatten *im Inland ausgeschlossen oder doch erheblich erschwert* ist. Doch sichert das Gesetz die von ihm gewollte Lastenverteilung in diesem Fall durch eine cessio legis: Die Verwandten haben zu leisten, erwerben jedoch den Unterhaltsanspruch aus den §§ 1570ff., wenn auch mit jener Einschränkung, die jeder cessio legis eigen ist, wenn sie auf konkurrierende Rechte des Gläubigers trifft: Zum Nachteil des Berechtigten (bei der Durchsetzung späterer Ansprüche) kann die cessio legis (als Akt, der die Leistungsfähigkeit schmälert) nicht geltend gemacht werden (§ 1584 Satz 3 mit Hinweis auf § 1607 II; zu ihm vgl. unten § 41 V 4).

4. Eine *Zweitehe des Verpflichteten* kann dem Berechtigten zugutekommen. Sie kann den Anspruch verstärken (und im Extremfall gar erst begründen), wenn die Ehegatten Gütergemeinschaft vereinbaren (§ 1583 mit Hinweis auf § 1604; zu ihm vgl. unten § 41 III 2). In der Regel sind mit ihr neue Unterhaltspflichten verbunden, die mit der alten in eine Ordnung gebracht werden müssen.

Die Zweitehe ist keine Ehe minderen Rechtes, die Kinder aus ihr sind nicht weniger schutzwürdig als die Kinder aus der Erstehe. Dennoch weist § 1582 ihr bei ungenügender Leistungsfähigkeit des Verpflichteten (und nur dann hat eine Rangordnung der Berechtigten Bedeutung) in Grenzen den schlechteren Rang zu.[6] Daß der zweite Ehegatte in Kenntnis der Situation die Ehe schließt, entlastet die Problematik wenig oder gar nicht: Ehegatten werden nicht unter ökonomischen Gesichtspunkten gewählt. Die praktische Bedeutung der Kritik ist erfreulicherweise nicht allzu groß: Im Sozialstaat der Gegenwart ist eine Notordnung des privaten Rechts nie mehr als eine Ordnung, die den auf die Sozialhilfe Angewiesenen ermittelt.

Als ordnendes Element verwendet das Gesetz die Frage, ob der zweite Ehegatte „bei entsprechender Anwendung der §§ 1569 bis 1574, § 1576 und § 1577 Abs. 1 unterhaltsberechtigt wäre", praktisch gesprochen also die Hypothese einer gleichfalls geschiedenen Zweitehe[7] – ein unguter Ansatz bei währender Ehe. Ist die Frage zu verneinen, kann der geschiedene Ehegatte (zu dem keine persönlichen Beziehungen mehr bestehen) Unterhalt vor dem zweiten Ehegatten (mit seiner persönlichen Verbundenheit) fordern. Ist die Frage zu bejahen, so ist gleichwohl zugunsten des ersten Ehegatten zu entscheiden, wenn er aus § 1570 (Betreuung gemeinschaftlicher Kinder) und § 1576 (Unterhalt aus Gründen der

---

[6] Ob § 1582 mit Art. 6 I GG zu vereinbaren ist, ist zumindest zweifelhaft. Ebenso *Dieckmann,* FamRZ 1977, 163. Die Vereinbarkeit wird bejaht von MünchKomm-*Richter,* 10 zu § 1582; *Rolland,* 3 zu § 1582; *Ambrock,* vor § 1582; *Palandt-Diederichsen,* 1 zu § 1582; *Bastian,* 5 zu § 1582 („noch vertretbar").

[7] Da die Ehe tatsächlich nicht geschieden ist, kann freilich von einem Zeitpunkt der Scheidung bei Anwendung der §§ 1570ff. nicht die Rede sein. An seine Stelle ist der Zeitpunkt zu setzen, zu dem die Ansprüche des geschiedenen Ehegatten zu beurteilen sind. Das wird von *Rolland,* 6 zu § 1582, als willkürlich bezeichnet (ein anderer Zeitpunkt wird nicht genannt).

Billigkeit) berechtigt ist oder (bei anderem Unterhaltsanspruch) die Ehe von langer Dauer[8] war (mit Ergänzung der Ehezeit um die Zeit der Berechtigung aus § 1570), und das auch dann, wenn der zweite Ehegatte sich in der nämlichen Situation befindet. Der Vorrang gilt mithin auch, wenn der zweite Ehegatte Kinder aus seiner Ehe zu betreuen hat, und ebensosehr, wenn seine Ehe schon längere Zeit währt. Die mittelbare Sorge um die Kinder als Motiv der Legislative für § 1570 erweist sich damit als zwiespältiges Beginnen: Sie gilt den erstehelichen Kindern, denen aus zweiter Ehe gilt sie nicht.[9]

Unberührt bleibt § 1609 (§ 1582 II). Das Recht der Geschiedenen ordnet allein die Unterhaltsansprüche von Ehegatten, die einander folgten (bei einer Drittehe genießt der zweite Ehegatte im Verhältnis zum Dritten den Vorrang des § 1582 I; im Verhältnis zum ersten Ehegatten kann die Position des zweiten und dritten Ehegatten verschieden sein[10]). Im Verhältnis zu den Unterhaltsansprüchen der Verwandten, insbesondere aber zu den Unterhaltsansprüchen der Kinder, bleibt es dagegen beim allgemeinen Grundsatz.

Der Vorrang der Erstehe erweist sich damit als ein nur relativer, dem bei der Verteilung unzureichender Mittel unter dem ehemaligen und dem jetzigen Ehegatten sowie minderjährigen unverheirateten Kindern (gleich aus welcher Ehe) in zwei Berechnungsstufen Rechnung zu tragen ist. In der ersten Stufe wird der (notwendig gekürzte) Unterhalt der Kinder unter Berücksichtigung der Ansprüche des ersten und des zweiten Ehegatten nach dem Verhältnis des Bedarfs der Kinder zum Gesamtbedarf aller Berechtigten ermittelt (Abschichtung der Ansprüche mit absolutem Rang), in der zweiten jedoch der Unterhalt für den ersten Ehegatten (mit relativem Vorrang); der Rest verbleibt dem zweiten Ehegatten.[11] Richtig ist, daß eine derartige Berechnung den Kindern stets Unterhalt entzieht, während der erste Ehegatte seinen vollen Anspruch behalten kann. Die Rüge, damit das Prinzip der Ranggleichheit aus § 1609 zu mißachten (und die Forderung, es mit einer Ausgleichsrechnung wiederherzustellen),[12] ist dennoch

---

[8] Nach der amtl. Begründung (BTDrucks. 7/650 S. 143) soll jedenfalls eine Ehezeit von wenigstens 20 Jahren genügen. MünchKomm-*Richter,* 19 zu § 1582, geht auf 15 Jahre zurück. Vgl. ferner *Ambrock,* I 2 zu § 1582 (mit sachfremder Berücksichtigung der Kinderzahl bei Zeiträumen unter 15 Jahren).

[9] Daß auf Kinder in der Zweitehe ggf. notgedrungen verzichtet werden muß, hat der Gesetzgeber bewußt in Kauf genommen (familienfreundliche Gesetzgebung?).

Im Schrifttum sind leider Äußerungen verbreitet, die den menschlichen Konflikten schwerlich gerecht werden (geschiedener Ehegatte als „wirtschaftliche Hypothek" des Verpflichteten; Aussicht, einen geschiedenen Ehemann zu heiraten „weniger attraktiv" geworden usw.).

Krit. zur Norm auch *Dieckmann,* FamRZ 1977, 163f.

[10] Vgl. dazu *Rolland,* 15ff. zu § 1582.

[11] Die (schon im Rechtsausschuß des Bundestages entwickelte) Rechnung wird ebenso durchgeführt von MünchKomm-*Richter,* 22 und 23 zu § 1582 mit Fn. 20; *Kniebes,* DRiZ 1976, 330; *Palandt-Diederichsen,* 5 zu § 1582; *Bastian,* 13f. zu § 1582. Die nämliche Berechnung auf der Basis von Quoten bei *Rolland,* 10 zu § 1582.

[12] Vgl. *Dieckmann,* FamRZ 1977, 163f. Ihm grundsätzlich zustimmend *Schwab,* RdNr. 361 (in

nicht berechtigt. Wird der für den ersten Ehegatten und die Kinder ermittelte Betrag addiert und noch einmal unter ihnen mit gleichem Rang zur Verteilung gebracht, so mag die Gleichheit jetzt im Verhältnis zum ersten Ehegatten herrschen, im Verhältnis zum zweiten herrscht sie ganz gewiß nicht.[13] Relative Rangverhältnisse haben stets den Preis beschränkt zufälliger Ergebnisse.

X. Maß des Unterhalts

Schrifttum: *Danneh1,* Der Einfluß einer nicht voraussehbaren Verbesserung der wirtschaftlichen Verhältnisse des geschiedenen unterhaltspflichtigen Gatten auf den Anspruch des unterhaltsberechtigten Gatten, MDR 1955, 575; *Hufer,* Sozialversicherungsrechtliche Auswirkungen von Ehescheidungen, NJW 1977, 1272; *Friederici,* Sicherung der Altersrente des Berechtigten nach Versorgungsausgleich, NJW 1977, 2250; *Bartsch,* Die Kosten für die angemessene Kranken- und Altersversicherung als Teil des Unterhalts nach der Ehescheidung (§ 1578 BGB), JZ 1978, 180.

1. *Lebensstandard.* Zu leisten ist maximal der gesamte Lebensbedarf, orientiert an den dauerhaft gewordenen Lebensverhältnissen der Ehegatten[1] zur Zeit der Scheidung[2] (§ 1578 I). Belanglos ist der Lebensstandard des Gläubigers vor der Ehe, belanglos auch frühere Armut und früherer Reichtum der Ehegatten. Es gilt, den gerade vorhandenen Status zu sichern;[3] es ist dagegen nicht zu fragen, wie der Gläubiger stände, falls er nicht geheiratet hätte, und es ist nicht nach einem Mittelwert zu suchen, der den Eheverlauf spiegelt.

Entscheidend ist nicht der tatsächliche Lebenszuschnitt der Ehegatten (der besonders sparsam gewesen sein kann, aber auch besonders aufwendig). Maßgebend ist jener Lebensstandard, den entsprechend situierte Ehegatten im Regelfall wählen.[4] Ein späterer Aufstieg des Schuldners bleibt ohne Einfluß, sein Abstieg

---

seiner eigenen Rechnung wird auch der ,,Selbstbehalt" des Verpflichteten einer anteilmäßigen Kürzung unterworfen).

[13] Eine andere Ausgleichsrechnung (die den Vorrang des geschiedenen Ehegatten nicht wahrt) bei *Ambrock,* II zu § 1582.

[1] Unter Ausschaltung ehebezogener kontinuierlicher Drittleistungen (richtig *Dieckmann,* FamRZ 1977, 84), im übrigen aber unter Berücksichtigung aller Einkommensquellen der Ehegatten. A. A. *Dieckmann,* FamRZ 1977, 84 (,,Lebensverhältnisse, die der *Verpflichtete* mit seinem Einkommen und Vermögen *grundsätzlich* geprägt hat").

[2] Für das frühere Recht ganz h. M. Für das 1. EheRG ebenso *Rolland,* 3 zu § 1578; *Ambrock,* I 2 zu § 1578; *Dieckmann,* FamRZ 1977, 84; *Schwab,* RdNr. 329. Dagegen für den Zeitpunkt der Trennung, falls die Ehe ,,auf Grund der Trennungstatbestände (§§ 1566, 1568 II) geschieden wird", *Diederichsen,* NJW 1977, 359. Vgl. ferner *Bastian,* 4 zu § 1578 (früherer Zeitpunkt, falls Ehegatten schon so lange getrennt leben, daß ihre Verhältnisse nicht mehr ihren ehelichen Verhältnissen entsprechen).

[3] Krit. dazu mit starken Worten (,,wahrlich unerträgliche Situation") *Deubner,* ZRP 1972, 153 (er selbst wollte den Unterhaltsanspruch an den ,,durchschnittlichen Lebensbedürfnissen" orientieren). Krit. ferner *Dieckmann,* Festschrift Bosch, S. 128 (vor allem für die Doppelverdienerehe).

Mit dem Grundsatz der ehebedingten Bedürftigkeit wird zuweilen nur ein Anspruch für vereinbar gehalten, der von den Lebensverhältnissen des geschiedenen Ehegatten vor dessen Ehe und von dessen Berufserwartungen ausgeht. Vgl. *Roth,* FamRZ 1970, 110; *Dieckmann,* FamRZ 1977, 84.

[4] Für das frühere Recht h. M. Für das 1. EheRG ebenso *Rolland,* 2 zu § 1578; *Schwab,* RdNr. 328; *Bastian,* 3 zu § 1578.

kann sich nur auf seine Leistungsfähigkeit auswirken. Freilich mildert die Rechtsprechung die Härte der Aussage, indem sie späteren sicheren Erwerb (zumindest häufig dem tatsächlichen Durchschnittsverhalten zuwider) bereits als Faktor des Lebensstandards zur Zeit der Ehescheidung berücksichtigt (insbesondere die Gehaltssteigerungen der Beamten mit wachsendem Dienstalter).[5] Selbst spätere Erbschaften hat das RG bedacht,[6] obwohl sie allenfalls in Höhe des Pflichtteils mit der Sicherheit vorauszusehen sind, die man sonst fordert. Folgerichtig müssen umgekehrt mit Sicherheit eintretende Einkommenseinbußen (Beendigung der Erwerbstätigkeit aus Altersgründen) insoweit anspruchsmindernd (und nicht erst bei der Leistungsfähigkeit des Schuldners) bedacht werden, als sie bereits einen Einfluß auf den gegenwärtigen Lebenszuschnitt zu haben pflegen.[7]

2. Was zum *Lebensbedarf* gehört, ist für den geschiedenen Ehegatten grundsätzlich nicht anders zu bestimmen als für den Ehegatten bei währender Ehe (vgl. dazu oben § 21 I 11). Allgemeiner Bedarf und Sonderbedarf (vgl. die Legaldefinition in § 1613 II) sind gleicherweise abzudecken. Kontinuierlich steigender Bedarf (insbesondere infolge zunehmenden Alters) ist in einer ebenso kontinuierlich steigenden Geldrente zu berücksichtigen. Nicht verrenteter Mehrbedarf kann jederzeit neben der laufenden Geldrente geltend gemacht werden.

Das Gesetz erwähnt ausdrücklich die Kosten einer angemessenen *Krankenversicherung,*[7a] nennt damit aber nur einen (selbstverständlich gewordenen) Bestandteil des allgemeinen Lebensbedarfs. Es erwähnt auch die Kosten einer Ausbildung, Fortbildung oder Umschulung, soweit sie den §§ 1574 III und 1575 entsprechen, und beugt damit einer (freilich von vornherein sehr unwahrscheinlichen) engen Interpretation vor, die in Zeiten der Ausbildung zwar die allgemeinen Lebenshaltungskosten, nicht aber mehr die spezifischen *Ausbildungskosten* zum Unterhalt rechnet. Das Gesetz erwähnt schließlich (§ 1578 III) für die aus den §§ 1570–1573 und § 1576 berechtigten Ehegatten[8] ,,die Kosten einer angemessenen Versicherung für den Fall des Alters sowie der Berufs- oder Erwerbsunfähigkeit" und nimmt damit *Vorsorgeleistungen* in den Unterhaltsanspruch

---

[5] Vgl. RGZ 75, 124 (127); RG, DJ 1942, 627; KG, DR 1941, 1843.

[6] Vgl. RG, Warn. 1912 Nr. 265. Krit. dazu auch *Rolland,* 4 zu § 1578.

[7] In der Tendenz ebenso *Rolland,* 4 zu § 1578. Auch das Problem des Einkommens aus Kapitalvermögen ohne Wertschwundausgleich (vgl. dazu *Dieckmann,* FamRZ 1977, 84f.) sollte auf diesem Weg gelöst werden.

[7a] Vgl. dazu § 176b I Nr. 1 RVO (Beitritt des bislang nicht selbständig versicherten Ehegatten zur gesetzlichen Krankenversicherung, wenn der Unterhaltspflichtige pflichtversichert ist). Zu den unterschiedlichen Auswirkungen des Anspruchs auf eine Krankenversicherung auf das Vermögen des Verpflichteten (keine zusätzlichen Aufwendungen, wenn private Krankenversicherung fortgeführt werden kann; erhebliche Mehraufwendungen des geschiedenen Beamten, weil der geschiedene Ehegatte nicht mehr beihilfeberechtigt ist usw.) vgl. *Bartsch,* JZ 1978, 180.

[8] Alter und Krankheit stehen auch in der ges. Rentenversicherung einer Weiterversicherung nicht grds. entgegen. Vgl. § 1233 RVO. Sofern bereits Altersruhegeld bezogen wird, können nur Zusatzversicherungen anderer Art aufgebaut werden, falls das Altersruhegeld nicht ,,angemessen" ist.

auf,[8a] die bereits in anderer Gestalt dem Ehegatten bei währender intakter Ehe geschuldet werden (vgl. oben § 21 I 13) und in gleicher Gestalt dem Unterhaltsanspruch des getrennt lebenden Ehegatten während des Scheidungsverfahrens integriert wurden (§ 1361 I 2).[9] Fand zwischen den Ehegatten ein Versorgungsausgleich statt, so bieten die §§ 1361 I 2 und 1578 III dem Gläubiger die Möglichkeit, Anwartschaften oder Aussichten, die er aus jenem erwarb, in eigener Person bis zum Eintritt des Versorgungsfalles fortzusetzen.[10]

Unübersehbar ist freilich, daß mit der Kombination von Versorgungsausgleich und Vorsorgeleistungen als Unterhalt die nacheheliche Solidarität extrem beansprucht wird.[11] Sicher sollte (auch) deshalb sein, daß der angemessene laufende Bedarf des Schuldners und des Gläubigers stets vor den Vorsorgeleistungen abzudecken ist (vgl. dazu § 1587 d).[12]

Unübersehbar ist ferner, daß mit den Vorsorgeleistungen ein Element in den Lebensbedarf einfließt, dessen Basis (anders als die später auf dieser Basis zu ermittelnden Beträge) jedenfalls vielfach nicht so exakt bestimmt werden kann, wie es an sich notwendig wäre (eine Übernahme des für § 1361 I 2 geltenden Maßstabs [oben § 21 II 6] ist angesichts einer grundsätzlich veränderten Situation nicht möglich). Das Defizit an „angemessener" Alterssicherung kann vornehmlich bei jüngeren Ehegatten nur mit unsicheren Prognosen und zweifelhaften hypothetischen Berechnungen quantifiziert werden. Findet ein Versorgungsausgleich zwischen den Ehegatten statt, so kann eine endgültige Fixierung der Unterhaltsrente erst nach jenem stattfinden, weil erst mit ihm entscheidende Daten für die Spezifizierung der als Unterhalt geschuldeten Vorsorgeleistungen gegeben sind.

Krankenversicherung, Ausbildungskosten und Vorsorgeleistungen sind gleicherweise zweckgebundene Unterhaltsbestandteile, die jeder Disposition des Gläubigers entzogen sind. Der Schuldner hat auch ihnen im Rahmen der laufenden Geldrente (§ 1585 II) zu entsprechen (und nicht: durch unmittelbare Bedarfs-

---

[8a] Angemessen ist nicht etwa schon eine Versicherung, deren Beiträge von der Höhe des Unterhaltsanspruches bestimmt werden (so aber *Rolland,* 11 zu § 1578; *Friederici,* NJW 1977, 2251; *Bastian,* 13 zu § 1578). Auch hier sind die ehelichen Lebensverhältnisse entscheidend. Ebenso *Schwab,* RdNr. 334; *Bartsch,* JZ 1978, 182ff. (die von ihm erörterte Frage einer Eigenbeteiligung des Unterhaltsberechtigten stellt sich nur, wenn man mit schematischen Teilungsschlüsseln arbeitet).

[9] Das Gesetz fordert ausdrücklich eine Versicherung; andere Formen der Altersvorsorge sind nicht gleichzustellen (sie gefährden den Unterhaltsschuldner). Ebenso *Ambrock,* III zu § 1578. A. A. dagegen *Rolland,* 10 zu § 1578, mit Begrenzung der Unterhaltslast auf die Kosten der ges. Rentenversicherung und mit Verlagerung des Risikos des Mißlingens der Vorsorge auf den Gläubiger. Tatsächlich müßte das Risiko letztlich von der öffentlichen Hand (Sozialhilfe) getragen werden. Ihm folgend *Bartsch,* JZ 1978, 182 Fn. 23.

[10] A. A. (sicher unhaltbar) *Ambrock,* IV zu § 1578. Ihm zufolge soll der Vollzug des Versorgungsausgleichs den Anspruch aus § 1578 III ausschließen.

[11] Vgl. *Schwab,* RdNr. 332.

[12] Vgl. MünchKomm-*Richter,* 14 zu § 1578; *Schwab,* RdNr. 333.

deckung), kann jedoch vom Gläubiger einen Verwendungsnachweis fordern[13] und weitere Leistungen zurückbehalten (§ 273), solange er nicht erbracht ist.[14]

Prozeßkostenvorschüsse kann der geschiedene Ehegatte dagegen niemals verlangen.[15] Das Gesetz nennt sie nicht in § 1578; eine analoge Anwendung des § 1360a IV scheidet mangels engerer Verbundenheit der nunmehr geschiedenen Ehegatten aus (vgl. dazu oben § 21 IV und unten § 41 VII 5).

3. Die *Berechnung der Geldrente* im Einzelfall trifft angesichts weiterer (z. T. von Unterhaltstatbestand zu Unterhaltstatbestand verschiedener) individualisierender Faktoren auf noch größere Schwierigkeiten als die Berechnung der Geldrente, die einem getrennt lebenden Ehegatten zu gewähren ist. Die Gefahr, der Magie von Tabellen und Verteilungsschlüsseln zu erliegen (vgl. dazu oben § 21 III 7), wächst im gleichen Umfang, aber auch die Gefahr, trotz aller Relativierung jener (Rechtssicherheit und Rechtsgleichheit versprechender) Richtlinien gerade mit ihnen das rechte Maß zu verfehlen. Tabellen und Schlüssel mögen unentbehrlich sein; unentbehrlich ist aber auch tiefe Skepsis gegen ihre Sachgerechtigkeit im Einzelfall.[16]

4. *Teilunterhalt.* Der gesamte Lebensbedarf, orientiert an den dauerhaft gewordenen Lebensverhältnissen der Ehegatten zur Zeit der Scheidung, markiert im unmittelbaren Zugriff die Höhe des Unterhaltsanspruches eines voll bedürftigen Gläubigers. Im übrigen ist er nur ein Richtwert, von dem die verfügbaren Eigenmittel abzuziehen sind; geschuldet wird dann nur ein Teil des Unterhaltes, dessen Höhe beträchtlichen Schwankungen im Laufe der Zeit unterworfen sein kann. Das Gesetz erinnert stereotyp an diesen Vorrang der Eigenunterhaltung: Unterhalt kann immer nur gefordert werden, soweit die eigenen Subsistenzmittel nicht ausreichen.

---

[13] Vgl. *Dieckmann,* FamRZ 1977, 103; *Ambrock,* III zu § 1578.

[14] Nach a. A. soll der Schuldner dann die Möglichkeit haben, zur unmittelbaren Bedarfsdeckung überzugehen. Vgl. *Dieckmann,* FamRZ 1977, 103 (zu § 1578 II).

[15] Die Frage war schon vor dem 1. EheRG streitig; die h. L. verneinte (vgl. die Nachw. in der Voraufl. § 30 VI 4 Fn. 1 und bei MünchKomm-*Richter,* § 1578 Fn. 15). Sie wird für § 1578 positiv beantwortet von *Schwab,* RdNr. 325 („um der Einheitlichkeit des Unterhaltsrechts willen"); *Palandt-Diederichsen,* 3b zu § 1360a; *Bastian,* 5 zu § 1578; MünchKomm-*Richter,* 9 zu § 1578 (die von ihm angeführten §§ 127a, 620 I Nr. 9 und 621f der ZPO beweisen jedoch nichts; sie können sinnvoll allein auf § 1360a IV bezogen werden); AG Hanau, FamRZ 1978, 419; OLG Celle, FamRZ 1978, 783; OLG München, FamRZ 1979, 42; OLG Hamm, FamRZ 1979, 43; OLG Stuttgart, NJW 1979, 1168.

Wie der Text für das geltende Recht verneinend OLG Düsseldorf, FamRZ 1978, 124.

Differenzierend OLG Koblenz, FamRZ 1978, 901 (positiv für Unterhaltsansprüche); OLG Hamburg, FamRZ 1978, 902 (nicht für Unterhaltsprozesse gegen den geschiedenen Ehegatten selbst).

[16] Noch zurückhaltender *Schwab,* RdNr. 326. Weit positiver urteilend MünchKomm-*Richter,* 10f. zu § 1578 (mit 40% des Nettoeinkommens des Schuldners als Anspruch des Gläubigers, der nicht erwerbstätig ist). Aus der Praxis vgl. KG, FamRZ 1978, 592 („Düsseldorfer Tabelle" als Orientierungshilfe; 10% des bereinigten Nettoeinkommens als „Selbstbehalt" für den Schuldner, „weil er den Unterhalt allein bestreitet"!); OLG Stuttgart, FamRZ 1978, 593 (grds. Teilung; berufsbedingter „Selbstbehalt" von 100 DM).

Vom Teilunterhalt als bloßem Rechnungsresultat unterscheidet sich der Teilunterhalt, den § 1573 II in Form eines *Ergänzungsanspruches* (meist ,,Aufstokkungsanspruch" genannt) Ehegatten gewährt, die zwar eine angemessene Erwerbstätigkeit fanden (weshalb § 1573 I keinen Anspruch begründet[17]), mit ihr jedoch den ehebedingten Lebensstandard nicht zu behaupten vermögen, sofern sie nicht bereits durch Ansprüche aus den §§ 1570–1572 ausreichend versorgt sind.[18] Das ist folgerichtig gedacht,[19] jedoch immer noch mit § 1579 I Nr. 1 zu korrigieren, wenn die Ehe nur von kurzer Dauer war. Je kürzer die Zeit, in welcher sich der Lebensstandard verfestigte, desto weniger kann es sich darum handeln, über das Unterhaltsrecht einen Einkommensausgleich unterschiedlich qualifizierter geschiedener Ehegatten herbeizuführen.[20]

Teilunterhalt in der gewohnten Form (der bloßen Fixierung eines vorgegebenen Anspruches der Höhe nach) ist dagegen schon wieder gemäß § 1573 IV 2 zu leisten, wenn es dem Unterhaltsgläubiger nur zum Teil gelang, seinen Unterhalt nachhaltig durch eine ihm angemessene Erwerbstätigkeit zu sichern (womit der Anspruch aus § 1573 I insoweit endgültig entfällt), zum anderen Teil dagegen nicht (womit der Anspruch aus § 1573 I latent fortbesteht). Teilunterhalt wird in diesem Fall auch dann nur geleistet, wenn sich der Teil der nachhaltigen Sicherung schließlich (aus Gründen des allgemeinen Lebensrisikos) als unzureichende Lebensgrundlage erweist (von zwei miteinander kombinierten Teilzeitbeschäftigungen erweist sich die erste alsbald als vorübergehende Erscheinung; die zweite an sich dauerhafte endet später durch Konkurs des Arbeitgebers). Für ihn und nur für ihn ist jene Verbindung mit der Ehe verlorengegangen, die das Gesetz als Grundsatz des nachehelichen Unterhalts pflegt.

XI. Modalitäten

1. *Allgemeine Grundsätze.* Die Unterhaltsansprüche Geschiedener zeigen weithin Teilhabe an den allgemeinen Grundsätzen des Unterhaltsrechtes. Die Verjäh-

---

[17] Nach dem Aufbau des Gesetzes begründet demzufolge Teilzeitbeschäftigung bei voller Einsatzfähigkeit einen Anspruch auf Teilunterhalt aus § 1573 I, und zwar kombiniert mit einem weiteren Anspruch aus § 1573 II, wenn auch eine hypothetische Vollbeschäftigung den gesamten Lebensbedarf nicht decken würde. Vgl. *Rolland,* 24 zu § 1573; MünchKomm-*Richter,* 12 zu § 1573. Von praktischer Bedeutung ist freilich die Frage, ob ein einheitlicher oder ein ,,zusammengesetzter Anspruch" geltend gemacht wird, nicht. Nach a. A. (vgl. *Bastian,* 11 zu § 1573) soll § 1573 II lediglich den Umfang eines schon von Abs. I gewährten Anspruchs bestimmen. Mit dem Normtext ist das nicht zu vereinbaren.

[18] Der Vorrang hat keinen großen praktischen Wert. Immerhin verdeutlicht er, daß vom Unterhaltsgläubiger insoweit ein Bemühen um eine Verbesserung seiner Einkünfte aus Erwerbstätigkeit nicht gefordert werden kann.

[19] Sehr krit. dagegen *Dieckmann,* FamRZ 1977, 86.

[20] Kaum praktisch dürfte die Befürchtung gehäufter unterbezahlter Erwerbstätigkeit mit Erwartung eines ,,Spitzenausgleichs" durch den geschiedenen Ehegatten werden. *Palandt-Diederichsen,* 3 zu § 1573, will in diesem Fall § 1573 II überhaupt nicht mehr anwenden. Richtiger ist es, den Unterhalts-

rung etwa (§§ 194, 197) und das Pfändungsprivileg (§ 850d ZPO), aber auch die Zessionsschranke (§ 400) und das Verpfändungsverbot (§ 1274 II) gelten ohne jede Besonderheit. Ungewöhnlich weit ist dagegen die Dispositionsfreiheit der Ehegatten: Der mögliche unentgeltliche Verzicht (§ 1585c; vgl. zu ihm unten XII 4ff.) sprengt Grenzen, die allen anderen Unterhaltspflichten gezogen sind.

Der besonderen Situation entsprechend ist der Unterhalt in Form einer monatlich im voraus zahlbaren Geldrente zu leisten (§ 1585 I). Unbenommen bleibt es den Parteien, Leistungen anderer Art (etwa Nutzung eines Kfz.[1]) und für andere Zeiträume zu vereinbaren.

2. *Kapitalabfindung*. Statt der Geldrente kann der Gläubiger eine Abfindung in Geld verlangen, wenn ein wichtiger Grund vorliegt und der Verpflichtete dadurch nicht unbillig belastet wird (§ 1585 II). Ausübung dieser facultas alternativa heißt Veränderung des Schuldinhalts durch rechtsgestaltende Erklärung, mit welcher der Primäranspruch endgültig erlischt.[2] Ob sich die Erwartungen des Gläubigers als berechtigt erweisen oder nicht, ist ebenso belanglos wie eine später zutage tretende Differenz zwischen den bei der Kapitalisierung verwandten Rechnungsfaktoren und der tatsächlichen Entwicklung. Hier wie dort ist ein beachtlicher Irrtum (§ 119) nicht gegeben. Umgekehrt kann aber auch der Schuldner nicht Rückzahlung fordern, wenn seine (hypothetisch als fortbestehend gedachte) Pflicht vorzeitig ihr Ende gefunden hätte.[3]

Die Möglichkeit, eine gesicherte wirtschaftliche Existenz zu finden, kann etwa ein wichtiger Grund sein, Auswanderung, aber auch ständiger Verzug des Verpflichteten sowie subjektive (Mangel an Bereitschaft) oder objektive Schwierigkeiten beim Versuch, die aus § 1585a geschuldete Sicherheitsleistung zu erlangen (während die bloße Existenz des Anspruches auf Sicherheitsleistung nicht ausreichen sollte[4]). Wichtige Gründe sind dagegen niemals Umstände, die beendend

---

anspruch gem. § 1579 I Nr. 3 um die Differenz zwischen gezahltem und üblichem Entgelt zu kürzen, wenn sich der Unterhaltsgläubiger ,,ohne Not" in seine Lage begab. Vgl. *Dieckmann*, FamRZ 1977, 87 Fn. 48a (jedoch ohne Hinweis auf § 1579).

[1] Vgl. BGH, FamRZ 1965, 125 (zu § 1365).

[2] Zust. *Brühl-Göppinger-Mutschler*, RdNr. 150; *Rolland*, 9 zu § 1585; MünchKomm-*Richter*, 12 zu § 1585; *Bastian*, 3 zu § 1585. Die Überzeugung, daß der Anspruch erst mit der Zahlung der Abfindungssumme erlösche (*Furler*, Der Unterhaltsanspruch des geschiedenen Ehegatten, 1941, S. 113f.; *Hoffmann-Stephan*, 14 zu § 62 EheG) oder mit Ende des Monats, in dem eine Vereinbarung erzielt oder die zur Zahlung verurteilende Entscheidung rechtskräftig wird (*Soergel-Donau*, 14 zu § 62 EheG), findet im Gesetz keine Stütze; mit der Lehre von der facultas alternativa ist sie nicht zu vereinbaren.

[3] Für Anwendung des § 812 I 2, wenn die Abfindung unmittelbar vor Wiederheirat gezahlt wird, *Palandt-Diederichsen*, 3 zu § 1585. Doch ist weder eine condictio ob causam finitam noch eine condictio ob rem zu begründen. Täuscht der Berechtigte den Verpflichteten, so ist er ihm aus § 826 zum Schadensersatz verpflichtet.

[4] Ebenso *Rolland*, 6 zu § 1585; MünchKomm-*Richter*, 9 zu § 1585 (beide implizit). A. A. dagegen *Brühl-Göppinger-Mutschler*, RdNr. 149 Fn. 67 im Anschluß an *Furler*, S. 114.

oder auch nur kürzend auf die laufende Unterhaltsverpflichtung einwirken (schleichender Vermögensverfall; zweite Heirat des Berechtigten[5]). Es widerspricht der inneren Logik einer auf den hypothetischen Fortbestand des Unterhaltsanspruchs gegründeten Kapitalabfindung, Umstände zu berücksichtigen, die eben den Unterhaltsanspruch kürzen oder gar beendigen würden. Zudem ist der gewünschte Effekt einer schnellen Vorabbefriedigung des Berechtigten nach den noch geltenden Maßstäben gar nicht zu erzielen: Bei der Berechnung der Abfindung wären jene zukünftigen Umstände, denen man auszuweichen sucht, doch zu berücksichtigen.

Die Kapitalisierung darf nicht kurzerhand nach den Tabellen der Versicherungsgesellschaften für die Abfindung von Unfallrenten erfolgen. Jene Tabellen berücksichtigen allein die Lebenserwartung des Berechtigten (vgl. hier § 1586 I), nicht mehr dagegen die vielen anderen Umstände, die in der Zukunft den Unterhaltsanspruch bestimmen können und damit auch die Höhe der Kapitalabfindung mitbestimmen müssen.

3. *Sicherheitsleistung.* Zahlungsunwilligkeit des Verpflichteten und planmäßige Vereitelung erfolgreicher Zwangsvollstreckung sind keine Besonderheit nun gerade des nachehelichen Unterhaltes, treten indessen erfahrungsgemäß nach geschiedener Ehe noch häufiger auf als sonst. Das Gesetz gewährt deshalb dem Berechtigten in § 1585a einen Anspruch auf Sicherheitsleistung, und zwar in Form eines „verhaltenen Anspruchs" („auf Verlangen"), der durch eine Erklärung des Berechtigten aktualisiert werden muß. Er entfällt (rechtshindernde Einwendung; Beweislast: Verpflichteter), wenn der Unterhaltsanspruch nicht gefährdet ist, aber auch dann, wenn er zu unbilligen Belastungen führen würde.

Art und Höhe der Sicherheitsleistung sind nach den Umständen des Falles zu bestimmen; die notwendige Präzisierung kann durch Vertrag erfolgen, in der Regel erfolgt sie durch richterlichen Akt. Der Betrag, für den Sicherheit zu leisten ist, soll grundsätzlich den einfachen Jahresbetrag nicht übersteigen (da der Unterhalt nicht aus der Sicherheit geleistet wird, bleibt – laufende Unterhaltsleistung vorausgesetzt – die Jahresdeckung stets erhalten); für die Art der Sicherheitsleistung gilt die Beschränkung des § 232 nicht (möglich, wenn auch ungewöhnlich wäre etwa Sicherheitsleistung durch Geldanlage auf einem Sparbuch mit Sperrvermerk). Unzulässig ist jedes Verlangen, das die Leistung vorwegnimmt. Insbesondere kann nie Abtretung künftiger Gehaltsansprüche gefordert werden;[6] sie ist Leistung an Erfüllungs Statt, nicht Sicherheitsleistung.

4. Stärker als das Unterhaltsrecht der Verwandten schränkt § 1585b das Verlangen nach *Unterhalt für die Vergangenheit* ein. Der begründende Hinweis auf die

---

[5] Ebenso *Brühl-Göppinger-Mutschler,* RdNr. 149. A. A. dagegen *Rolland,* 6 zu § 1585.

[6] Ebenso MünchKomm-*Richter,* 8 zu § 1585a; *Palandt-Diederichsen,* 4 zu § 1585a; *Dieckmann,* FamRZ 1977, 164. A. A. dagegen *Soergel-Donau,* 7 zu § 62 EheG; *v. Godin,* 2 zu § 62 EheG. Zweifelnd *Bastian,* 7 zu § 1585a.

Besonderheiten des Verhältnisses zwischen geschiedenen Ehegatten (es soll auf eine beschleunigte und endgültige Lösung voneinander gerichtet sein) ist freilich nicht sehr viel mehr als eine petitio principii. Doch ist das Drängen des Gesetzes zu schneller Klage dem Berechtigten (in dessen eigenem Interesse) jederzeit zuzumuten: Geschiedene, die ihren Unterhalt nicht regelmäßig empfangen, pflegen sich ihrer prekären Lage durchaus bewußt zu sein; besondere Rücksicht wird von ihnen weder erwartet noch in der forensischen Praxis gezeigt.

Unterhalt für die Vergangenheit bleibt dem Berechtigten stets erhalten, „wenn anzunehmen ist, daß der Verpflichtete sich der Leistung absichtlich entzogen hat" (§ 1585b III); im übrigen sind Sonderbedarf (§ 1613 II) und laufender Bedarf getrennt geregelt worden. Sonderbedarf kann geltend gemacht werden für die Zeit nach Rechtshängigkeit und für ein Jahr vor ihr; weitere Grenzen bestehen nicht. Laufender Bedarf kann dagegen für höchstens ein Jahr gefordert werden, wenn der Berechtigte lediglich Schuldnerverzug herbeiführte[7] (Mahnung trotz § 284 II nicht immer entbehrlich; vgl. dazu unten § 41 IX 2), dagegen für die gesamte Folgezeit sowie das vorangegangene Jahr, wenn der Berechtigte Klage erhob.

Rückstände werden mit unverändertem Schuldinhalt (Geld) geschuldet. Ein etwaiger Verzugsschaden (Kreditaufnahme) ist daneben zu ersetzen. Nie ist dagegen Schadensersatz wegen Nichterfüllung zu leisten. § 1585b erwähnt ihn zwar in Abs. II; wie sollte sich indessen schon ein einseitiger Geldanspruch entsprechend wandeln können? Nachgezeichnet wurde § 1613 I; dort hat der Umschlag eines Primäranspruchs in einen Sekundäranspruch für alle Leistungen, die nicht in Geld zu erbringen sind, allerdings seinen guten Sinn.

XII. Vereinbarungen

Schrifttum: *Tipke,* Der Unterhaltsverzicht des geschiedenen Ehegatten und die öffentliche Fürsorge, FamRZ 1954, 188; *Lüdtke,* Unterhaltsverzicht der geschiedenen Ehefrau und die öffentliche Fürsorge, NJW 1955, 211; *Bereiter-Hahn,* Nochmals: Der Unterhaltsverzicht im Scheidungsverfahren und die öffentliche Fürsorge, FamRZ 1955, 279; *Hampel,* Unterhaltsverzicht bei bestehender oder später eintretender Hilfsbedürftigkeit der Frau, FamRZ 1960, 421; *Reinhardt,* Die Zulässigkeit des Verzichts auf den nach der Ehe gegebenen Unterhaltsanspruch, 1965 (dazu: *Huhn,* Über einverständliche Ehescheidung und Unterhaltsverzicht, FamRZ 1967, 267); *Göppinger,* Unterhaltsverzicht „mit Ausnahme des Falles der Not", FamRZ 1970, 222; *derselbe,* Vereinbarungen anläßlich der Ehescheidung, 3. Aufl. 1978, insbes. RdNrn. 203ff.

1. *Vertragsfreiheit.* Eheliche Unterhaltsansprüche sind nur in engen Grenzen einer vertraglichen Regelung zugänglich (vgl. oben § 21 III 5ff.); nichtig ist insbesondere jeder Verzicht auf den Unterhalt für die Zukunft (§§ 1360a III, 1614).

[7] Der im Schrifttum übliche Hinweis auf § 285 als Verzugsschranke ist weithin gegenstandslos (Geldschuld!). Er behält seine Bedeutung allein für entschuldigende Umstände, die nicht den Leistungsgegenstand betreffen (Unkenntnis des Schuldners).

Nacheheliche Unterhaltsansprüche leisten dagegen keinen speziellen Widerstand; „die Ehegatten können über die Unterhaltspflicht für die Zeit nach der Scheidung Vereinbarungen treffen" (§ 1585c).[1] Erhalten bleiben die allgemeinen Schranken der Vertragsfreiheit, die Grenzen insbesondere, die von den §§ 134, 138 gezogen werden (in deren Rahmen Regelungsgegenstand und Regelungssituation Bedeutung gewinnen können). Die Praxis kennt derlei Verträge vornehmlich in Form (und dann meist auch nur als Teil) einer Scheidungsfolgenvereinbarung; in der Zeit nach der Ehescheidung werden sie zusehends seltener (zur Frage vorehelicher Abreden vgl. oben § 26 I 1).

2. *Präzisierung*. Die Parteien können sich darauf beschränken, den vom Gesetz mit dem „Lebensbedarf" nur ungenau fixierten Unterhaltsanspruch numerisch zu präzisieren (sog. „unselbständiger Unterhaltsvertrag"). Der Anspruch bleibt dann ein gesetzlicher Anspruch[2] (damit insbesondere den §§ 1586ff. unterworfen) mit aller Dynamik, die von den Bezugsgrößen „Leistungsfähigkeit", „Bedürftigkeit" und „Lebensbedarf" herrührt.[3] Fixieren die Parteien den Anspruch endgültig auf einen bestimmten Betrag (eine zulässige Gestaltung), so wird der gesetzliche Anspruch nicht mehr präzisiert; er wird geändert oder gar von einem vertraglichen abgelöst.

3. *Änderung; Novation*. Greifen die Parteien in die gesetzliche Regelung des Unterhaltsanspruches ein (etwa durch Veränderung der Fälligkeitstermine oder mit einer vom Gesetz nicht vorgesehenen Befristung oder durch Vereinbarung einer anderen Bezugsgröße, etwa eines bestimmten Bruchteils oder Prozentsatzes des Nettoeinkommens des Verpflichteten), so schließen sie einen Änderungsvertrag ab, wenn die Eingriffe die Identität der Schuld nicht aufheben und die Parteien nicht die Absicht haben, anstelle der gesetzlichen Verpflichtung eine vertragliche zu begründen. Identitätsverlust oder bewußte Wahl der Diskontinuität bewirken dagegen eine (kausale oder abstrakte) Novation, mit der notwendig ein Übergang vom gesetzlichen zum vertraglichen Anspruch verbunden ist. Der Praxis sind freilich Novationen kaum bekannt, weil die Identitätsgrenzen

---

[1] Zu den Fragen des Einkommensteuerrechtes, die mit Unterhaltsverträgen verbunden sind, vgl. *Göppinger,* RdNrn. 318ff.

[2] Vgl. RGZ 164, 65 (68); BGHZ 31, 210 (218); BSozG, FamRZ 1972, 457; *Göppinger,* RdNr. 223; *Bastian,* 9 zu § 1585c; *Rolland,* 6 zu § 1585c.

Gegen die allgemein anerkannte Unterscheidung zwischen unselbständigen und selbständigen (Ansprüche begründenden) Unterhaltsverträgen *Schwab,* RdNrn. 421ff., mit Beantwortung aller Fragen aus „dem erkennbaren Inhalt des Vertrags, der mangels eindeutiger Vertragsklauseln dem mutmaßlichen Willen der Parteien im Hinblick auf den Vertragszweck zu entnehmen ist". Offen bleibt die Frage nach der Anwendung von Normen, die nur für gesetzliche Ansprüche gelten (vgl. §§ 850b Nr. 2, 850d ZPO).

[3] Inkonsequent ist es, präzisierende Verträge nur unter dem Gesichtspunkt der Änderung und des Wegfalls der Geschäftsgrundlage anzupassen. So aber BGH, FamRZ 1979, 210; *Rolland,* 50 zu § 1585c; MünchKomm-*Richter,* 41 zu § 1585c.

für Schuldverhältnisse sehr weitherzig bestimmt werden[4] und die Ehegatten in aller Regel gerade die Kontinuität der Schuld wünschen.[5] Novation, nicht Schuldänderung ist indessen anzunehmen, wenn die Parteien die Abänderungsklage aus § 323 ZPO ausschließen, den dynamischen Anspruch des Gesetzes mithin durch einen statischen ersetzen.[6]

Statt einer Novation kann von den Parteien auch die Beendigung des gesetzlichen Schuldverhältnisses und die Begründung eines vertraglichen ohne Verknüpfung über die causa novandi gewollt sein (Verzicht auf den gesetzlichen Anspruch; Vereinbarung einer selbständigen Leibrente; Form: § 761).[7] Zur Diskontinuität der Schulden bei der Novation tritt in diesem Fall die Unabhängigkeit der neuen Schuld vom Bestand der alten. Zu vertraglichen Ansprüchen mit ihren besonderen Problemen (Wertsicherung, Änderung der wirtschaftlichen Verhältnisse der Parteien) vgl. im übrigen oben § 26 III.

4. *Verzicht.* Grundsätzlich erlaubt ist auch der (vollständige oder partielle, befristete oder endgültige) Verzicht, mag er nun gegen Entgelt erfolgen (etwa gegen besonderes Entgegenkommen bei der Verteilung von Hausrat und Ehewohnung), mag er auch unentgeltlich erklärt, also geschenkt werden. Die Möglichkeit wurde in Zeiten des Verschuldensprinzips vielfach genutzt (der Verzicht war das klassische Äquivalent eines Ehegatten, der schuldlos geschieden zu werden wünschte, obwohl auch er Schuldvorwürfen ausgesetzt werden konnte); die Neuordnung des Scheidungsrechtes hat seine praktische Bedeutung nicht beseitigt, jedoch geschmälert. Plausible Motive sind jedenfalls für den unentgeltlichen Verzicht nur noch sehr begrenzt erkennbar.[8] Der Wunsch, unerfreulichen Auseinandersetzungen um Existenz oder Nichtexistenz eines Unterhaltsanspruches von vornherein enthoben zu sein (§ 1579 I Nr. 4), mag angeführt werden können,[9] doch bleibt insoweit zu bedenken, daß von einem Verzicht dann nur unter der (gerade streitigen) Prämisse der Existenz eines Anspruchs gesprochen werden kann.

---

[4] Vgl. zu ihnen *Gernhuber,* Bürgerliches Recht, 1976, Bl. 36 (Identitätsmerkmale ausschließlich die rechtliche Grundstuktur des Schuldverhältnisses und der von den Parteien intendierte Geschäftszweck).

[5] Von einer Vermutung für einen novierenden Parteiwillen spricht freilich *v. Scanzoni,* DR 1940, 1981; 1941, 1845ff. Vgl. dagegen RGZ 166, 378 (381); *Furler,* S. 128; *Hoffmann-Stephan,* 28 zu § 72 EheG.

[6] Ebenso *Göppinger,* RdNr. 224; MünchKomm-*Richter,* 15 zu § 1585c. Beispiel aus der Praxis: LG Hamburg, FamRZ 1975, 497.

[7] Vgl. OLG Karlsruhe, NJW 1962, 1774.

[8] Umgekehrt hat der Übergang von der abgeleiteten Altersversorgung (Stichwort: Geschiedenenwitwenversorgung) zur eigenständigen Vorsorge (Versorgungsausgleich) die Problematik eines Verzichts im Einzelfall gewiß entlastet. Vgl. aber in diesem Zusammenhang § 1578 III (Versicherungsbeiträge Bestandteil des Lebensbedarfs).

[9] Vgl. *Dieckmann,* FamRZ 1977, 165.

5. *Gegenstand des Verzichts.* Der Verzicht kann lediglich ein antezipierter Erlaß der künftigen einzelnen Unterhaltsansprüche sein. Er kann aber auch das „Stammrecht" der nachehelichen Unterhaltsansprüche beseitigen und damit bereits die Entstehung von einzelnen Ansprüchen verhindern. Den Intentionen der Parteien entspricht in der Regel die Beseitigung des Stammrechts; nur sie verbürgt die meist gewollte Endgültigkeit der Abrede.[10] Die Preisgabe des Stammrechts ist sogar allein möglich, wenn der Verzichtende schon vor dem Vertrag die Verfügungsmacht über die einzelnen Ansprüche verlor. Nach Zession und Legalzession sind die einzelnen Ansprüche (analog § 161) kein Verfügungsobjekt der Ehegatten mehr. Dagegen beeinträchtigt der Übergang der künftigen Unterhaltsansprüche auf den Zessionar die Verfügungsmacht des Ehegatten über das ihm notwendig verbleibende Stammrecht (das auch die nähere Gestaltung der späteren einzelnen Ansprüche bestimmt) nicht[11] (zur praktischen Relevanz der Aussage vgl. unter 8.).

6. *Kausaler Verzicht.* Als Verfügungsgeschäft ist der Verzicht in seinen beiden Erscheinungsformen an sich ein abstraktes Rechtsgeschäft, mit dem ein (einseitig oder gegenseitig verpflichtender) Vertrag erfüllt wird. Tatsächlich ist der abstrakte Verzicht (der bei Nichtigkeit des Verpflichtungsgeschäftes zu kondizieren wäre) der Praxis so gut wie unbekannt. In aller Regel ist der Unterhaltsverzicht Bestandteil eines umfassenden kausalen Scheidungsvertrages. In diesen Fällen aber verliert er die ihm eigene abstrakte Natur und wird zum kausalen Verzicht, der bei Nichtigkeit der Verpflichtung (also verfehltem Leistungszweck) selbst unmittelbar der Nichtigkeit anheimfällt.[12]

7. *Drittinteressen.* Der vollständige Unterhaltsverzicht ist notwendig ein Rechtsgeschäft mit Drittwirkungen. In einer Rechtsordnung, die für jedermann zu jeder Zeit einen potentiellen Unterhaltsschuldner ausweist (als ultima ratio die Sozialhilfe), bedeutet die Entlastung des Primärschuldners ausnahmslos auch eine Belastung der nachrangig Verpflichteten (mag sie auch oft nicht sofort aktuell sein oder gar niemals aktuell werden). Zwar können die Parteien mittels eines eingeschränkten Verzichts („mit Ausnahme des Falles der Not") die Interessen der öffentlichen Hand wahren; sehr verbreitet ist ein derartiger Verzicht (der den Unterhaltsanspruch gegen den ehemaligen Ehegatten auf den Fall der Bedürftig-

---

[10] Vgl. *Reinhardt,* S. 50; *Göppinger,* RdNr. 309; MünchKomm-*Richter,* 29 zu § 1585c; BayObLGSt., NJW 1967, 1288. Die Rspr. lehnt in anderen Zusammenhängen einen antezipierten Erlaß überhaupt ab. Vgl. RGZ 124, 325; 148, 257 (265); BGH, BB 1956, 1086.

[11] Ausdrücklich dagegen *Reinhardt,* S. 53 Fn. 205 (weil die Verfügung über das Stammrecht zugleich eine Verfügung über die einzelnen Ansprüche sei). Rspr. und Schrifttum pflegen die beiden möglichen Verfügungsobjekte meist überhaupt nicht voneinander zu sondern.

[12] Zust. MünchKomm-*Richter,* 28 zu § 1585c. Vgl. dazu *Larenz,* Schuldrecht, § 19 I a, zum Erlaß als Bestandteil eines Änderungsvertrages und eines Vergleichs. Wird die kausale Natur des Unterhaltsverzichts im umfassenden Scheidungsvertrag geleugnet, so sollte wenigstens der Gedanke der Geschäftseinheit (mit der Folge des § 139) großzügig aufgegriffen werden.

keit nach den Maßstäben der Sozialhilfe und auf deren Regelsatz beschränkt[13]) indessen nicht.

§ 1585c nimmt die Belastung Dritter bewußt in Kauf; an Vorschlägen, sie auf diesem oder jenem Wege zu vermeiden, ist dennoch kein Mangel. Einige sind generell zurückzuweisen, andere jedenfalls nur sehr beschränkt als richtig anzuerkennen. Generell zu verwerfen ist der (alogische) Gedanke, jeden Verzicht um eine Klausel zu ergänzen (§ 157), die ihn für die Zeiten der Bedürftigkeit suspendiert.[14] Schließlich ist der Verzicht nur für diese Zeiten gedacht. Generell zu verwerfen ist aber auch die Überzeugung, für den Fall der Inanspruchnahme Dritter von einem Wegfall der Geschäftsgrundlage ausgehen zu können. Unbeschadet der Möglichkeit weiterer Kritik, wird damit eine Kategorie bemüht, die schon in ihrem Ansatz den Sinn des Verzichts (die Entlastung, was immer auch kommen mag) verfehlt.[15]

Ständig diskutiert, jedoch in der Rspr. nur selten angewandt, wird § 138, für den richtiger Ansicht nach kaum ein Anwendungsbereich bleibt. Daß man nicht in Analogie zum Tatbestand der Gläubigergefährdung bei der Sicherungsübereignung schon dann von einem sittenwidrigen Verzicht sprechen kann, wenn die Parteien Bedürftigkeit des verzichtenden Ehegatten (und damit Ansprüche gegen Dritte) auch nur als möglich in Kauf nehmen,[16] kann heute als allgemein anerkannt gelten. Aber auch die h. L., die § 138 anwenden will, wenn die Parteien die Absicht hatten, die Unterhaltslast auf die Sozialhilfe oder die Verwandten abzuwälzen,[17] oder doch jedenfalls wesentlich von dieser Absicht geleitet waren,[18] verdient keine Anerkennung und ebensowenig die ihr nahestehenden Stimmen, die nach einem „gewissenlosen Handeln“ einschreiten wollen.[19] Recht betrachtet können diese Tatbestände nur bei einem geschenkten Verzicht (mit seiner gerin-

---

[13] Vgl. dazu *Göppinger*, FamRZ 1970, 222ff. (zu LG Stuttgart, FamRZ 1970, 248). Unrichtig ist die Vorstellung eines auflösend bedingten Verzichts, der nach Wegfall der Notlage wieder voll wirksam wird (so aber *Brühl-Göppinger-Mutschler*, RdNr. 911; MünchKomm-*Richter*, 30 zu § 1585c, beide mit Anspruch auf den „notwendigen Unterhalt“ im Falle der Not). Für einen Anspruch auf den notwendigen Unterhalt (der zwischen dem angemessenen Unterhalt und dem Regelsatz der Sozialhilfe liegen soll) auch *Ambrock*, III 1 zu § 1585c.

[14] Vgl. dazu LG Bonn, ZfF 1953, 89. Im Schrifttum ist das Urteil allgemein abgelehnt worden. Vgl. die Nachw. bei *Reinhardt*, S. 49f. Immerhin wird vielfach (u. E. sinnwidrig) wenigstens die Möglichkeit einer derartigen Interpretation des Vertrages anhand konkreter Anhaltspunkte behauptet. Vgl. etwa *Rolland*, 26 zu § 1585c (m. Nachw.).

[15] Vgl. dazu in erster Linie *Hampel*, FamRZ 1960, 425ff.; *Reinhardt*, S. 50f. (jeweils mit Nachw.).

[16] So aber *Tipke*, FamRZ 1964, 189 (ähnlich schon LG Dortmund, MDR 1958, 772).

[17] Vgl. LG Berlin-Charlottenburg, MDR 1954, 37; LG Frankfurt, NJW 1953, 145; LG Köln, FamRZ 1954, 204; *Göppinger*, RdNr. 315; MünchKomm-*Richter*, 32 zu § 1585c; *Rolland*, 34 zu § 1585c; *Schwab*, RdNr. 439 bei Belastung des Sozialhilfeträgers (während Verwandte durch § 1611 geschützt sein sollen; vgl. RdNr. 438).

[18] *Bereiter-Hahn*, FamRZ 1955, 279ff.; LG Bielefeld, NJW 1958, 185; *Reinhardt*, S. 42ff. (48).

[19] LG Lüneburg, MDR 1953, 550; *Lüdtke*, NJW 1955, 212.

gen praktischen Bedeutung[20]) in Betracht kommen. Er aber führt den inkriminierten Erfolg ohnehin nicht herbei.

Schenkungen sind bei Bedürftigkeit des Schenkers kondizierbar (§ 528); der Unterhaltsanspruch ist wiederherzustellen, soweit die Bedürftigkeit reicht (also keinesfalls stets im vollen Umfang). Mittel der Restitution ist ein Unterhaltsvertrag, der in dem vom Einzelfall bestimmten Umfang einen rechtsgeschäftlichen Unterhaltsanspruch (mit dem Inhalt des gesetzlichen, durch Verzicht preisgegebenen) begründet. Vor der Restitution besteht zwar noch kein Unterhaltsanspruch, aber doch der Anspruch auf den Vertragsschluß, der zum Vermögen des bedürftig Gewordenen gehört und von ihm vor der Inanspruchnahme Dritter verwertet werden muß.

8. *Verzicht nach Zession kraft Verwaltungsaktes.* Wirksam und unangreifbar ist auch (in den eben gezogenen Grenzen) der Unterhaltsverzicht nach der Überleitungsanzeige des Trägers der Sozialhilfe (§ 90 BSHG).[21] Rspr. und durchaus h.L.[22] schließen freilich den Verzicht in diesem Fall mit einer Analogie zu § 161 aus, ignorieren damit aber die Verschiedenheit der Objekte beim Verzicht und bei der Überleitungsanzeige. Diese richtet sich auf die einzelnen Unterhaltsansprüche, jener aber in aller Regel auf das Stammrecht.[23] Wer das Stammrecht preisgibt, begrenzt zwar die Möglichkeit späterer Entstehung einzelner Unterhaltsansprüche, greift aber in Ansprüche, die der Verfügungsgewalt der Sozialhilfe unterliegen, nicht ein. Auch sachlich ist es nicht gerechtfertigt, dem Bedürftigen mit seinem Unterhaltsanspruch in der Auseinandersetzung der geschiedenen Ehegatten, ein Verhandlungsobjekt zu nehmen, das dem Begüterten jederzeit zur Verfügung steht. Dort, wo wirklich Abhilfe geboten wäre, beim geschenkten Verzicht, ist ohnehin ein Paktieren zu Lasten der öffentlichen Hand nicht möglich.

XIII. Ende der Unterhaltspflicht

1. *Tod des Berechtigten.* Stirbt der Berechtigte, so endet die Unterhaltspflicht mit dem Ablauf des Sterbemonats; dem Erben bleiben die Ansprüche auf Erfül-

---

20 Der (vielfach übliche) wechselseitige Verzicht schließt eine Schenkung dann nicht aus, wenn die Parteien tatsächlich ernsthaft nur den Fall der Bedürftigkeit eines Ehegatten ins Auge faßten.

21 I. Erg. ebenso *Lüdtke,* NJW 1955, 211; *Huhn,* FamRZ 1967, 270 Fn. 18 (mit Ablehnung einer dogmatischen Begründung).

22 Von großer Bedeutung war die Entscheidung BGHZ 20, 127. Jedoch schon vorher dieser Überzeugung LG Duisburg, NJW 1954, 1122 mit Anm. *Tipke;* LG Essen, FamRZ 1955, 292. Dem BGH folgen *Reinhardt,* S. 53; *Dölle,* § 41 III 6d; *Göppinger,* RdNr. 316; *Palandt-Diederichsen,* 2d zu § 1585c; MünchKomm-*Richter,* 32 zu § 1585c; *Rolland,* 27 zu § 1585c; *Schwab,* RdNr. 439.

Die vielfach mit der Problematik verknüpfte Frage nach der Identität der ehelichen und der nachehelichen Unterhaltsansprüche ist unerheblich (Überleitungsanzeigen werden für die künftigen Ansprüche gegen einen bestimmten Schuldner ohne Rücksicht auf ihren Rechtsgrund gemacht).

23 Sehr genau werden die beiden Positionen auch unterschieden von KG, FamRZ 1978, 134 (Entscheidung zum Umfang der Zession kraft Verwaltungsaktes).

lung oder Schadensersatz wegen Nichterfüllung für die Vergangenheit (§ 1586), aber auch alle Ansprüche auf eine Kapitalabfindung, die bereits begründet waren, mögen sie auch erst nach dem Tod des Berechtigten fällig werden.

Die Bestattungskosten fallen dem Erben zur Last (§ 1968). Der Ehegatte haftet weder primär (mit der Möglichkeit des Regresses auf den Erben) noch subsidiär; er schuldet auch nicht unter Lebenden die Beiträge zu einer Sterbeversicherung: Vorsorge für den Todesfall gehört nicht mehr zum Lebensbedarf.[1]

2. Der *Tod des Verpflichteten* beendet die Unterhaltspflicht dagegen nicht; sie trifft den Erben nunmehr als Nachlaßverbindlichkeit (§ 1586b I 1). Freilich pflegt die praktische Bedeutung dieser Entscheidung des Gesetzes gering zu sein. Zwar kann der Erbe – anders als der Erblasser – Gefährdung des eigenen Unterhalts nicht geltend machen (§ 1586b I 2; der Tod kann mithin eine Erhöhung der Unterhaltsrente bewirken), doch schuldet er nie mehr als insgesamt jenen Betrag, den der Unterhaltsgläubiger als Pflichtteil hätte fordern können, falls seine Ehe nicht geschieden worden wäre (§ 1586b I 3). Die Nachlaßverbindlichkeit (in Form einer Erblasserschuld) ist damit numerisch in einem Ausmaß beschränkt, das langfristige Unterhaltszahlungen in aller Regel ausschließt.[2] Unbenommen bleibt es dem Erben ferner, die Haftung für die numerisch begrenzte Schuld auf den Nachlaß zu beschränken (§§ 1975ff.).

Die numerische Begrenzung der Nachlaßverbindlichkeit auf den hypothetischen Pflichtteil führt zu einer eigenartigen mittelbaren erbrechtlichen Wirkung der geschiedenen Ehe: Der Unterhaltsgläubiger kann den Nachlaß höchstens mit jenem Betrag in Anspruch nehmen, den ihm das Erbrecht als überlebendem Ehegatten als Mindestausstattung garantiert hätte. Nicht zu berücksichtigen sind freilich alle Besonderheiten des ehelichen Güterrechtes: die §§ 1371 und 1931 IV sind nicht zu beachten; die Grenze der Nachlaßverbindlichkeit wird stets von § 1931 I und II sowie den §§ 2303ff. (einschließlich der §§ 2325ff.[3]) bestimmt.

Nachlaß und konkurrierende Rechte Dritter (auch Kinder aus einer weiteren Ehe des Erblassers) sind real für den Zeitpunkt des Erbfalls zu bestimmen (mit der fragwürdigen Konsequenz der Teilhabe am nachehelichen Erwerb des Erblassers) und nicht hypothetisch für den Zeitpunkt der Scheidung, doch ist der überlebende Ehegatte des Erblassers als gesetzlicher Erbe nicht zu berücksichtigen (während ein etwa bestehender güterrechtlicher Ausgleichsanspruch aus § 1371 II den Wert des Nachlasses mindert[4]): Wird die geschiedene Ehe als fort-

---

[1] In beiden Fragen wie der Text *Rolland,* 1 zu § 1586; *Dieckmann,* FamRZ 1977, 165. Für eine analoge Anwendung des § 1615 II hins. der Bestattungskosten dagegen *Palandt-Diederichsen,* 1 zu § 1586; *Roth-Stielow,* 3 zu § 1586.

[2] Die auftretende Versorgungslücke schließt das Sozialversicherungsrecht im Anschluß an den Anspruch aus § 1570 mit einer „Erziehungsrente". Vgl. § 1265a RVO.

[3] A. A. (aber ohne Sicherheit) *Dieckmann,* FamRZ 1977, 170f. Sicher ist, daß § 2329 keine Anwendung finden kann; es handelt sich stets nur darum, einen Anspruch gegen den Erben zu fixieren.

[4] Vgl. *Dieckmann,* FamRZ 1977, 170.

bestehend fingiert, so ist für eine zweite Ehe des Erblassers kein Raum.[5] Der Pflichtteil des zweiten Ehegatten (Berechnung nach dem um den Unterhaltsanspruch gekürzten Nachlaß) kann deshalb geringer sein als die Verpflichtungsgrenze gegenüber dem geschiedenen Ehegatten, sie muß es aber nicht, weil dem überlebenden Ehegatten alle güterrechtlichen Auswirkungen im Erbrecht erhalten bleiben.

Schuldet der Erbe mehreren geschiedenen Ehegatten Unterhalt, so ist die Verpflichtungsgrenze für jeden Ehegatten gesondert zu berechnen. Ausgangswert für den frühesten Ehegatten ist der Gesamtnachlaß; für spätere Ehegatten ist der um den Unterhaltsanspruch[6] der früheren Ehegatten gekürzte Wert des Nachlasses entscheidend. Das Ergebnis einer Folge von Unterhaltsansprüchen mit abnehmenden Höchstsummen kann im Verhältnis der einander folgenden Ehegatten aus dem Gedanken gerechtfertigt werden, daß jeder spätere Ehegatte den Erblasser in Kenntnis der bestehenden Unterhaltslasten ehelichte; im Verhältnis zum Erben und zu den Pflichtteilsberechtigten aber können sich durch die Summierung der Ansprüche höchst unbefriedigende Resultate ergeben.

3. *Zweitehe.* Nacheheliche Unterhaltsansprüche aus erster Ehe enden grds. mit dem Eintritt in eine Zweitehe (§ 1586 I).[8] Unberührt bleibt eine Kapitalabfindung (§ 1585 II), mag auch ihre Höhe auf der Annahme fehlender Gelegenheit zu einer Zweitehe beruhen. Rückforderung des geleisteten Kapitals ist nur möglich, wenn es unter arglistigem Verschweigen einer bereits voraussehbaren Zweitehe gefordert wurde (§ 826).[9]

Ein *Konkubinat* ist einer Zweitehe nicht gleichzustellen; aus ihm erwächst dem Gläubiger kein neuer Unterhaltsanspruch. Doch ist dem geschiedenen Ehegatten kein Unterhalt mehr zu gewähren, wenn er absichtlich im Konkubinat verharrt, um nicht durch eine Zweitehe den Unterhaltsanspruch einzubüßen (§ 1579 I Nr. 4 mit Gewichtung in Anlehnung an Nr. 3). Freilich kann bei einem Konkubinat noch nicht einmal von einer tatsächlichen Vermutung absichtlichen Verharrens in ihm gesprochen werden: Konkubinate haben dafür eine zu weite Verbreitung gefunden; zudem kann gerade ein geschiedener Ehegatte dem Gedanken an eine Zweitehe mit (statistisch zu rechtfertigender) Skepsis begegnen.

4. *Trotz Zweitehe* kann nachehelicher *Unterhalt als Nachwirkung der ersten Ehe* geschuldet sein, wenn auch die Zweitehe (aus welchen Gründen auch immer[10])

---

[5] Ebenso *Dieckmann,* FamRZ 1977, 169; *Schwab,* RdNr. 396; MünchKomm-*Richter,* 8 zu § 1586b.

[6] Also nicht die Verpflichtungsgrenze, die freilich in aller Regel voll ausgeschöpft werden wird. Der Umfang des Anspruchs ist durch Schätzung zu ermitteln (§ 2311 II).

[7] Vgl. *Dieckmann,* FamRZ 1977, 169; *Schwab,* RdNr. 396.

[8] Wird die Zweitehe vernichtet, so lebt der Anspruch (vorbehaltlich des § 1586a) nur auf, wenn es (gem. § 26 II EheG) bei den Folgen der Nichtigkeit sein Bewenden hat, dagegen nicht, wenn Scheidungsfolgen eintreten. Vgl. *Rolland,* 4 zu § 1586; MünchKomm-*Richter,* 6 zu § 1586.

[9] Vgl. RG, DR 1939, 308.

[10] Also auch nach Vernichtung der Ehe mit Scheidungsfolgen. Das Ergebnis wird allg. gebilligt,

ihr Ende fand und aus ihr Unterhaltsansprüche nicht erwuchsen (§ 1586a). Der Subsidiaritätsgrundsatz (in Form eines negativen Tatbestandsmerkmals in Abs. II) trägt der ,,Unterbrechung des Kausalzusammenhangs" Rechnung, die mit dem zweiten Eheschluß eintrat, aber auch der weit stärkeren Prägung der Situation des geschiedenen Ehegatten nach aufgelöster Zweitehe durch diese als durch seine erste Verbindung. Gleichgültig sind praktische Hindernisse, die sich der Durchsetzung eines existenten Unterhaltsanspruches gegen den zweiten Ehegatten entgegenstellen: Es ist nicht Aufgabe des ersten Ehegatten, das Risiko der Rechtsverfolgung gegen den zweiten zu tragen.[11]

Freilich wirkt die Erstehe unmittelbar nur in Unterhaltsansprüchen weiter, die sich auf § 1570 gründen, mögen dessen Voraussetzungen nun im Augenblick der Auflösung der Zweitehe gegeben sein, mögen sie auch erst in einem späteren Zeitpunkt eintreten (nach Scheidung wird die Internatserziehung eines erstehelichen Kindes beendet). Als Anschlußtatbestände (und nur als Anschlußtatbestände)[12] können jedoch nach Beendigung eines Unterhaltsanspruches aus § 1570 auch die Tatbestände der §§ 1571–1573 und § 1575 Bedeutung gewinnen[13] und zur endgültigen Alimentierung des geschiedenen Ehegatten durch seinen ersten Partner führen. Das Resultat ist fragwürdig, jedoch fraglos gewollt.

Die Rückkehr zu Nachwirkungen der ersten Ehe ist dem Normtext zufolge vollständig auch für das Maß des geschuldeten Unterhalts. Doch sollte (in teleologischer Reduktion) § 1578 I 1 dann keine Anwendung mehr finden, wenn der Lebensstandard in der zweiten Ehe unter dem in der ersten lag.[14] Mit der Zweitehe nimmt der geschiedene Ehegatte bewußt etwaige Einbußen in Kauf (es gibt insoweit keinen Ergänzungsanspruch als Nachwirkung der ersten Ehe, auch nicht, wenn aus ihr Kinder zu betreuen sind); an deren Ende ist eine ehebedingte Gewöhnung an deren Zuschnitt eingetreten.

5. Sind *ersteheliche und zweiteheliche Kinder* nach Auflösung der Zweitehe zu betreuen und wäre eben deshalb ein Unterhaltsanspruch aus § 1570 gegen beide (ehemalige) Ehegatten zu begründen, so schuldet nur der zweite Partner kraft des Subsidiaritätsgrundsatzes (und zwar ohne jeden Innenausgleich[15]). Käme dage-

---

doch zuweilen mit einer Analogie zu § 1586a begründet. Vgl. *Dieckmann,* FamRZ 1977, 168. Der Begriff ,,Auflösung der Ehe" umfaßt indessen auch die Vernichtung. Ebenso MünchKomm-*Richter,* 7 zu § 1586a.

[11] A. A. ausdrücklich *Dieckmann,* FamRZ 1977, 166f.; MünchKomm-*Richter,* 15 zu § 1586a (mit einem einzelfallbestimmten familienrechtlichen Ausgleichsanspruch).

[12] Ebenso *Rolland,* 6 zu § 1586a; *Schwab,* RdNr. 392; *Dieckmann,* FamRZ 1977, 167. A. A. MünchKomm-*Richter,* 10 zu § 1586a (doch fordert er noch ,,einen engen zeitlichen Zusammenhang").

[13] Nicht dagegen § 1576 mit seinem Unterhalt aus Billigkeitsgründen. Die zweite Ehe unterbricht insofern die Verbindung mit der ersten vollständig. Ebenso *Dieckmann,* FamRZ 1977, 166. A. A. *Rolland,* 6 zu § 1586a (der ein Redaktionsversehen behauptet).

[14] A. A. MünchKomm-*Richter,* 11 zu § 1586a.

[15] Ebenso *Dieckmann,* FamRZ 1977, 167. A. A. MünchKomm-*Richter,* 16 zu § 1586a.

gen – isoliert betrachtet – für keinen Ehegatten eine Unterhaltspflicht aus § 1570 in Betracht (aus jeder Ehe stammt ein Kind, das eine Erwerbstätigkeit nicht hindert), während die Summe der Belastungen (Betreuung zweier Kinder) den Tatbestand des § 1570 erfüllt, so muß (in sinngemäßer Ergänzung des Gesetzes) von jedem der beiden Ehegatten ein Teil des Unterhaltes getragen werden.[16] Seine Höhe ist proportional zu dem Betreuungsaufwand zu bestimmen.

E. Das Ehegüterrecht

§ 31. Grundfragen

Schrifttum: Deutscher Notartag 1952; *Dölle,* Errungenschaftsgemeinschaft – gesetzlicher Güterstand?, JZ 1953, 617; *Krauss,* Verteidigung der Gütergemeinschaft, FamRZ 1954, 89; *Greven,* Die Frau und das eheliche Güterrecht, FamRZ 1954, 93; *Bosch,* Zur Neuordnung des ehelichen Güterrechts, FamRZ 1954, 149; *Beitzke,* Zur Neuordnung des ehelichen Güterrechts, FamRZ 1954, 156; *Müller-Freienfels,* Gleichberechtigungsprinzip und eheliches Güterrecht, Studi in memoria di Tullio Ascarelli, 1968, S. 1377ff.; *Pleyer* und *Lieser,* Eheliches Güterrecht und Wirtschaftsordnung in den beiden Teilen Deutschlands, FamRZ 1970, 1.

I. Grundbegriffe

1. *Eheliches Güterrecht* ist der Inbegriff aller Normen, deren Aufgabe es ist, das Verhältnis zu regeln, in welchem das (gegenwärtige und zukünftige) Vermögen des Mannes und der Frau während der Ehe und der Zeit ihrer Abwicklung zueinanderstehen sollen, sofern es sich nicht um Beziehungen handelt, die das Gesetz den „Wirkungen der Ehe im allgemeinen“ (§§ 1353ff.) oder dem allgemeinen Erbrecht zugewiesen hat. Zum ehelichen Güterrecht gehören demnach nicht alle „diejenigen vermögensrechtlichen Beziehungen der Ehegatten zueinander und zu Dritten, die auf einer Ehe beruhen“;[1] ihm ist lediglich ein weithin vom positiven Recht bestimmtes (und damit partiell zufälliges) Segment aus ihnen zuzuordnen.

2. *Gesetzliches Güterrecht* im objektiven Sinn ist der Inbegriff aller Normen, die jene Güterstände regeln, die kraft Gesetzes zwischen Ehegatten gelten können. Es bezeichnet den Gegensatz zum *„vertragsmäßigen Güterrecht“*, das den Inbegriff aller Normen bezeichnet, die Freiheit und Grenzen der Privatautonomie im ehelichen Güterrecht regeln sowie Mustergüterstände entwickeln.

Innerhalb des gesetzlichen Güterrechtes sind die ordentlichen Güterstände von den außerordentlichen zu sondern. *Ordentliche Güterstände* gelten als Regelgüterstände, wenn die Ehegatten von der ihnen eingeräumten Vertragsfreiheit keinen

[16] Ebenso *Rolland,* 11 zu § 1586a; *Dieckmann,* FamRZ 1977, 167.

[1] So aber RGRK-*Finke, Soergel-Lange,* beide RdNr. 1 der Einl. vor § 1363.

Gebrauch machten. *Außerordentliche Güterstände* gelten dagegen nur, wenn privatautonome Akte oder Störungen die Geltung des ordentlichen Güterstandes ausschlossen und eine Vertragsordnung nicht geschaffen wurde; für sie gilt mithin das Subsidiaritätsprinzip.

Ordentliche gesetzliche Güterstände garantieren allen untätigen Ehegatten eine Vermögensordnung, die den Anspruch auf Sachrichtigkeit in typischer Sicht erhebt. Sie gewinnen ihre Gestalt an jenem Leitbild der Ehe, das der Legislative als Orientierung diente, und jenen Faktizitäten, die der Legislative in der Mehrzahl der Fälle gegeben zu sein schienen. Differenzen zwischen der Annahme der Legislative und dem tatsächlichen Sozialgeschehen führen notwendig zu Einbußen an Sachrichtigkeit, die im Einzelfall unerträgliche Ausmaße annehmen können.

Außerordentliche Güterstände haben die Funktion einer Reserveordnung mit verminderter Richtigkeitsgewähr. Der Grad der Minderung ist abhängig von der Zahl und der Verschiedenartigkeit der Tatbestände, die zu ihrer Geltung führen.

II. Strukturen

1. Die *Funktionen* des ehelichen Güterrechtes sind variabel; in welchem Umfang es funktionell verdichtet oder auch verdünnt wird, entscheidet allein das positive Recht. In äußerster Verdichtung kann ein Güterrecht geschaffen werden, das weit mehr ist als eine reine Ordnung der Vermögensverhältnisse der Ehegatten für die Dauer der Ehe. Eheliches Güterrecht kann gar im Generationengang Familien- oder Hausvermögen bewahren und stabilisieren, ist dann freilich gezwungen, Regelungen aufzugreifen, die in den Funktionsbereich des Erbrechts eingreifen.

2. *Gütertrennung und Gütergemeinschaft.* In der Vielfalt der möglichen Güterstände scheiden sich die Systeme der Gütertrennung von den Systemen der Gütergemeinschaft. Systeme der Gütertrennung kennen kein gemeinschaftliches Vermögen der Ehegatten, Systeme der Gütergemeinschaft bilden gemeinschaftliches Gut.

Der Gedanke der Gütergemeinschaft kann vollständig oder beschränkt durchgeführt werden. Die totale Gütergemeinschaft ist ein Extrem (und zwar ein Extrem, das die Gegenwart nicht mehr verwirklicht), nicht aber identisch mit dem Bereich der Gütergemeinschaft überhaupt. Er umfaßt auch Güterstände, die neben einem gemeinschaftlichen Vermögen der Ehegatten Vermögensmassen in privater Zuständigkeit der Ehegatten kennen mit einer Vielzahl denkbarer Möglichkeiten der Güterzuweisung.

Auch der Gedanke der Gütertrennung ist variabel. Nur im äußersten Extrem der reinen Gütertrennung verbindet er mit der Ehe keinerlei über die allgemeinen Wirkungen der Ehe hinausgehenden Konsequenzen für die Güterwelt der Ehegatten. Das Fehlen gemeinschaftlichen Gutes schließt anders strukturierte Bindungen der Ehegatten nicht aus. Pflichtenstellungen können aufgebaut werden, Verfügungsbeschränkungen sind möglich, selbst eine zusammenfassende Verwaltung (sei es nun durch einen Ehegatten, sei es auch durch beide) ist mit dem Gedanken der Gütertrennung zu vereinbaren.

3. *Ehemodell und Güterstand.* Der Gedanke, die eheliche Lebensgemeinschaft in einer Gemeinschaft auch der Güter zu vollenden („Wem ich meinen Leib gönne, dem gönne ich auch mein Gut"), erreicht zuweilen eine Überzeugungskraft, die jedes System der Gütertrennung entweder generell oder doch wenigstens für die abendländische Ehe als mit dem Wesen der Ehe unvereinbar verwirft.[1] In Wahrheit schränkt das Wesen der Ehe die Wahlfreiheit nicht ein. Daß „die Gütergemeinschaft einigt, die Gütertrennung trennt"[2] und „daß sich die Ehegemeinschaft auch im Vermögensrecht real widerspiegeln muß",[3] ist noch nicht einmal grundsätzlich richtig. Ehe kann sich ohne Substanzverlust auch in einem System der Gütertrennung entfalten, mag nun die Ehe interindividuell, institutionell oder pragmatisch verstanden werden (vgl. dazu oben § 3). Auch institutionelle Ehelehren tendieren lediglich zu einem System der Gütergemeinschaft, können es jedoch nicht als notwendiges Attribut beweisen. Einerseits werden die entscheidenden Akzente der Ehe gar nicht im Vermögensrecht gesetzt.[4] Andererseits kann auch ein System der Gütertrennung bei entsprechender Ausgestaltung Funktionen übernehmen, die auf den ersten Blick der Gütergemeinschaft vorbehalten zu sein scheinen. Gütertrennung bedeutet insbesondere nicht notwendig einen Verzicht auf die Möglichkeit, im Ehegüterrecht mehr zu verwirklichen als eine gerechte Ordnung der Güter für die Ehegatten während Bestehens ihrer Ehe. Gütergemeinschaft ist auch noch nie für alle Ehen schlechthin gefordert worden;[5] von wesensverschiedenen Ehen als Folge differierender Güterstände aber war nie die Rede.

III. Das geltende Recht

Schrifttum: *Michaelis,* Die Güterstände in der Praxis, Diss. jur. Hamburg, 1968.

1. *Gesetzliches und vertragliches Güterrecht.* Eine beschränkte Vertragsfreiheit ist der Gegenwart im Ehegüterrecht längst selbstverständlich geworden. Ursprüng-

---

[1] Auch Anhänger der Gütertrennung können sich ihm zuweilen nicht ganz entziehen. Vgl. *Dölle,* FamRZ 1954, 205 (ideologisch verständlicher Wunsch, der nur praktischen Erwägungen weichen muß); *Knur,* Deutscher Notartag 1952, S. 46 (Gütertrennung, weil die Ehe nicht mehr als unauflösliche Lebens- und Schicksalsgemeinschaft betrachtet wird!).

[2] *Krauss,* FamRZ 1954, 90.

[3] *Bosch,* FamRZ 1954, 154.

[4] Ebenso wohl *Beitzke,* FamRZ 1954, 157f. (aber mit Betonung der Individualsphäre der Ehegatten).

[5] Vgl. *Krauss,* FamRZ 1954, 92.

lich wirkte primär die Scheu, rigoros alte (meist regional begründete) Traditionen zu zerbrechen. Heute wirkt stärker noch das Bewußtsein, mit einem einzigen gesetzlichen Güterstand unmöglich der Vielfalt der Ehetypen und der ökonomischen Situationen gerecht werden zu können. Ehen mit ausgeprägter Mitarbeit eines Ehegatten im Beruf oder Geschäft des Partners, Hausfrauenehen, Doppelverdienerehen, Ehen mit wechselnden Phasen unterscheiden sich in güterstandserheblichen Daten so stark voneinander, daß jeder Versuch eines einheitlichen Güterrechtes notwendig Fehlregelungen in Kauf nehmen muß. Das gleiche gilt für die Differenzierung der Ehen anhand der beruflichen Daten und der Vermögensverhältnisse: Die Ehe eines Beamten weist etwa eine Vielzahl güterstandserheblicher Unterschiede im Vergleich mit der Ehe eines Kaufmanns auf, der hohe Risiken zu tragen hat; Ehegatten, die mit einem beträchtlichen Anfangsvermögen in die Ehe eintreten, können nicht ohne weiteres anderen gleichgestellt werden, die ihre wirtschaftliche Basis erst erarbeiten müssen.

Disparitäten zwischen gesetzlichem Regelgüterstand und bestimmten Ehetypen werden herkömmlich in Kauf genommen; als Alibi dient der Hinweis auf die Möglichkeit, durch Ehevertrag eine Ordnung mit höherer Richtigkeitsgewähr im jeweiligen Einzelfall zu vereinbaren. Doch wird selbst bei evidenten Diskrepanzen zwischen den generellen Annahmen des Gesetzes und der Situation in der eigenen Ehe die Vertragsfreiheit infolge Unkenntnis und Gleichgültigkeit der Ehegatten nur relativ selten genutzt.

Nicht gewagt wurde bislang der wenigstens beschränkt entlastende Versuch, mehrere gesetzliche Güterstände zu schaffen, die verschiedenen Ehetypen entsprechen.[1] Die polymorph gewordene Ehe wird von der Legislative im Güterrecht nicht anders als in anderen Zusammenhängen nur durch den Abbau zwingenden Rechtes bedacht, nicht aber (wie es an sich nötig wäre) durch Aufbau eines ebenso polymorphen Rechtes.

2. *Gesetzliche Wahlgüterstände.* Vermindert hat sich zunehmend die Bereitschaft der Legislative, Wahlgüterstände als gesetzlich geregelte Muster (vergleichbar den Schuldvertragstypen) bereitzustellen, auf die im Ehevertrag kurzerhand Bezug genommen werden kann. Während das BGB in seiner ursprünglichen Gestalt noch drei Wahlgüterstände kannte (allgemeine Gütergemeinschaft, Errungenschaftsgemeinschaft, Fahrnisgemeinschaft) ist dem geltenden Recht nur noch die Gütergemeinschaft als Wahlgüterstand geläufig. Diese Verarmung hat neben den selbstverständlichen unmittelbaren Wirkungen weitere mittelbare gehabt: Die ohnehin erkennbare Tendenz in Rechtstheorie und Praxis, die Vertragsfreiheit im ehelichen Güterrecht einzuschränken, wurde verstärkt durch Verringerung der im Normenkomplex des ehelichen Güterrechtes zugelassenen (an sich

---

[1] Der Vorschlag wurde von mir bereits vor über zwanzig Jahren unterbreitet (FamRZ 1955, 198) und jüngst wiederholt (Neues Familienrecht, 1977, S. 134ff.).

gesperrten) Gestaltungsmöglichkeiten (Universalsukzessionen, Verfügungsbeschränkungen, Haftungsbeschränkungen); der Typenzwang für absolute Rechtsformen gewann größere Bedeutung; die Grenzen zwischen (erlaubter) Änderung und (verbotener) Denaturierung eines Güterstandes wurden kontrastreicher.

3. *Gütergemeinschaft.* Der Jurist der Gegenwart steht den Systemen der Gütergemeinschaft überwiegend skeptisch gegenüber.[2] Die für die Verwaltung der Güter, die Haftung und die Auseinandersetzung notwendigen Regelungen wirken abschreckend und stärker noch die Notwendigkeit, das Gesamtgut den Gläubigern beider Ehegatten wenigstens weithin als Haftungsobjekt zur Verfügung zu stellen (vgl. §§ 1437 I, 1459), die Ehegatten mithin zu einer Haftungsgemeinschaft zu verbinden, die trotz der Möglichkeit eines Schuldenausgleiches im Innenverhältnis jeden Ehegatten gefährdet und den Gläubigern Vorteile bietet, die nicht zu rechtfertigen sind. Kein Gläubiger kann erwarten, daß die Ehe seines Schuldners ihm Möglichkeiten der Befriedigung eröffnet, die ohne Ehe nicht bestanden hätten.[3] Nur wer dem geltenden Recht zuwider jeden Ehegatten für verpflichtet hält, Schulden seines Partners zu begleichen, kann von einem ,,keineswegs erhebenden Schauspiel" sprechen, das sich stets wiederhole, wenn ,,der schuldende Ehegatte vermögenslos, der vermögende Ehegatte aber nicht Schuldner ist".[4] Sicher ist freilich, daß die Haftungsgemeinschaft durch eine Norm vermieden werden kann, die dem Gläubiger nur die Zwangsvollstreckung in den Anteil des schuldenden Ehegatten am gemeinschaftlichen Vermögen gestattet,[5] doch wäre notwendige Folge der Anteilspfändung die Auseinandersetzung des gemeinschaftlichen Gutes. Eine von den Gläubigern abhängige Gütergemeinschaft kann aber nicht mehr als befriedigender Güterstand bezeichnet werden.[6]

Trotz aller Skepsis besteht jedoch kein Anlaß, den Gedanken der Gütergemeinschaft vollständig preiszugeben. Seine Nachteile verbieten lediglich, ex lege den Ehegatten ein System der Gütergemeinschaft aufzudrängen. Sie rechtfertigen dagegen nicht mehr einen Schutz jener Ehegatten vor sich selbst, die in der Gütergemeinschaft eine ideale Ordnung ihrer güterrechtlichen Verhältnisse gefunden zu haben glauben.[7]

4. *Gütertrennung.* Das Extrem der reinen Gütertrennung ist der allerdings bestrittenen h. L. zufolge ,,gesetzlicher" Güterstand zwischen dem 1. 4. 1953 und

---

[2] Für ein System der Gütergemeinschaft aber *Altenstetter,* Deutscher Notartag 1952, S. 88f.; *Krauss,* FamRZ 1954, 89ff.; *Greven,* FamRZ 1954, 93ff.; *Bosch,* FamRZ 1954, 154. Vgl. auch *Schreiber,* FamRZ 1955, 64.

[3] Gleicher Ansicht *Dölle,* JZ 1953, 619. Vgl. auch *Beitzke,* § 13 III 2.

[4] So *Krauss,* FamRZ 1954, 92.

[5] Eine derartige Regelung wird für tragbar gehalten von *Krauss,* FamRZ 1954, 92; *Greven,* FamRZ 1954, 94; *Bosch,* FamRZ 1954, 156.

[6] Ablehnend auch *Beitzke,* FamRZ 1954, 157; *Dölle,* JZ 1953, 619 Fn. 18.

[7] Vgl. dazu MünchKomm-*Kanzleiter,* 17ff. zu § 1415 (mit dem Verlangen nach Übereinstimmung von tatsächlicher und rechtlicher Situation als Regelmotiv).

dem Inkrafttreten des GleichberG gewesen, bejaht zumeist freilich nur aus Gründen praktischer Vernunft in einer Zeit, die gezwungen war, den gesetzlich geregelten Güterstand als verfassungswidrig zu verwerfen, um sich alsbald mit einer Fülle verschiedener Ansichten konfrontiert zu sehen, die sämtlich für sich in Anspruch nahmen, den nunmehr geltenden „gesetzlichen" Güterstand entdeckt zu haben.[8] Vorher und nachher haben sich Systeme der Gütertrennung mit erheblichen Bindungen der Ehegatten durchgesetzt, in denen sich die Wandlungen unseres Eheverständnisses in der Zwischenzeit deutlich widerspiegeln. Die bis 1953 festgehaltene Verwaltungsgemeinschaft, die das eingebrachte Gut der Ehefrau der Verwaltung und Nutznießung des Mannes unterwarf, ist Repräsentant einer patriarchalischen Eheauffassung, die heutige Zugewinngemeinschaft dagegen ein Güterstand, der genossenschaftlich denkt oder doch zu denken vorgibt.[9] Geblieben ist das Leitbild im Hintergrund: Verwaltungs- und Zugewinngemeinschaft sind gleicherweise dem Leitbild der Hausfrauenehe verpflichtet.

§ 32. Der Ehevertrag

Schrifttum: *v. Baligand,* Der Ehevertrag, 1906; *Knur,* Zugewinngemeinschaft, Ehevertrag und Verfügung von Todes wegen, DNotZ 1957, 451; *Haegele,* Kann Errungenschaftsgemeinschaft (Fahrnisgemeinschaft) noch als eheliches Güterrecht neu vereinbart werden?, FamRZ 1959, 315; *Clamer,* Die Zulässigkeit der alten BGB-Güterstände, NJW 1960, 563; *Körner,* Die Grenzen der Vertragsfreiheit im neuen Ehegüterrecht, Diss. jur. Tübingen, 1961; *Zöllner,* Vertragsfreiheit und Bindung an den Typus im ehelichen Güterrecht, FamRZ 1965, 113; *Mikat,* Schranken der Vertragsfreiheit im Ehegüterrecht, Festschrift Felgentraeger, 1969, S. 323; *Schwab,* Gestaltungsfreiheit und Formbindung im Ehevermögensrecht und die Eherechtsreform, DNotZ, Sonderheft 1977, S. 51.

I. Tatbestand

1. *Begriff.* Ehevertrag ist jede Regelung der güterrechtlichen Verhältnisse zwischen Ehegatten, mag der Vertragsschluß nun vor oder nach dem Eheschluß erfolgen (§ 1408). Die Beschränkung auf Ehegatten ist demnach Wirksamkeitsvoraussetzung, nicht Tatbestandsmerkmal. Eheverträge können selbst vor dem Verlöbnis der Vertragspartner geschlossen werden; Wirkungen äußern sie erst mit dem Beginn der Ehe.[1]

2. *Funktion.* Die ihm vom Gesetz zugedachte Ordnungsfunktion charakterisiert den Ehevertrag als Rechtsgeschäft, das die von der Ehe gestellte Aufgabe löst, eine sinnvolle Ordnung der beiderseitigen Vermögen in ihrem gegenwärti-

---

[8] Vgl. in erster Linie BGHZ 11, Anhang S. 73f.

[9] Zur Überleitung der Altehen 1958 vgl. MünchKomm-*Gernhuber,* RdNrn. 25ff. der Einl. zu §§ 1363–1563.

[1] Zur Rechtslage bei nichtiger Ehe vgl. oben § 13 VI 3 und 4.

gen und zukünftigen Bestand zu finden, soweit nicht vermögensrechtliche Beziehungen der Ehegatten vom Gesetz durch Zuweisung zu einem anderen Normenkomplex dem Ordnungsbereich des Ehegüterrechtes entzogen wurden. Gleichgültig ist der Regelungsumfang: In seiner Idealform ist der Ehevertrag zwar Rechtsgeschäft, das die beiderseitigen Gesamtvermögen zum Regelungsgegenstand hat; Ehevertrag ist aber auch eine gegenständlich oder zeitlich beschränkte Regelung, die abändernd in eine Regelung der güterrechtlichen Verhältnisse (auch den gesetzlichen Güterstand) eingreift (spezieller Ehevertrag).

Die Ordnungsfunktion des Ehevertrages wird auch erfüllt mit Einzelrechtsakten, die ihrer konstruktiven Form zufolge zwar nur Ausübung einer bereits entstandenen güterrechtlichen Befugnis sind, tatsächlich aber wegen ihrer Konstanz und Bedeutung als ändernder Eingriff begriffen werden müssen. Die Problematik entsteht in erster Linie bei unwiderruflichen Einwilligungen in zustimmungsbedürftige Geschäfte (vgl. §§ 1365, 1423–1425). Eine unwiderrufliche (auch nur befristete) Globaleinwilligung in alle zustimmungsbedürftigen Rechtsgeschäfte des Partners ist stets den Normen für Eheverträge zu unterwerfen.[2] Eine unwiderrufliche Einzeleinwilligung ist dagegen nur dann als Ehevertrag zu behandeln, wenn sie einen das Vermögen des Partners im wesentlichen erschöpfenden Gegenstand betrifft.[3]

3. *Grenzen.* Das Gesetz entzieht die in den §§ 1353ff. geregelten vermögensrechtlichen Beziehungen der Ehegatten dem Ordnungsbereich des Güterrechts. Alle Regelungen des Unterhaltes und der Verwendung der Arbeitskraft sind insbesondere den §§ 1409ff. entrückt.

4. Güterrechtsverhältnisse werden auch nicht geregelt, wenn die Parteien über ein kraft Güterrechtes entstandenes Recht disponieren. So ist etwa der Erlaß des fälligen Anspruches aus dem Zugewinnausgleich ebensowenig Ehevertrag (allg. M.) wie eine von den Parteien nach Beendigung der Gütergemeinschaft getroffene Auseinandersetzungsabrede.[4]

---

[2] Ebenso *Soergel-Lange,* 63 zu § 1365.

[3] Verschiedentlich wird in jeder unwiderruflichen Zustimmung ein Ehevertrag gesehen. Vgl. *Körner,* S. 44. RG, JW 1911, 362 und 1925, 2111; *Bollenbeck,* DNotZ 1911, 714 beachten die Möglichkeit einer unwiderruflichen Einwilligung nicht und stehen deshalb ebenfalls vor der Alternative: „widerrufliche Einwilligung oder Ehevertrag?"

Die Rechtslage ist nicht anders, wenn ein Ehegatte den Partner unwiderruflich bevollmächtigt, sich selbst Zustimmungen zu erklären (§ 181). Die widerrufliche Vollmacht unterliegt nicht der Form des Ehevertrages. Vgl. RGZ 159, 363 (366); 76, 282 (283).

[4] Den obiter dicta in RG, DJZ 1908, 1036 und JW 1911, 183 folgend stellt das Schrifttum vielfach irrig darauf ab, ob die Regelung in der Zeit nach Aufhebung des Güterstandes gelten soll. Vgl. OLG Nürnberg, FamRZ 1969, 287; MünchKomm-*Kanzleiter,* 7 zu § 1408 (Auseinandersetzungsvereinbarung, wenn Beendigung der Ehe konkret bevorsteht); *Soergel-Gaul,* 5 zu § 1408. Keinen sicheren Schluß gestattet RGZ 89, 292 (294), weil der Zeitpunkt der Vereinbarung unklar bleibt.

Ehevertrag und formlose Auseinandersetzungsabrede werden wie vom Text am Zeitpunkt des Vertragsschlusses voneinander geschieden von *Körner,* S. 47; *Dölle,* § 43 Fn. 77; *Lange,* JZ 1970, 653.

5. Güterrechtsverhältnisse werden schließlich nicht geregelt, wenn die Parteien Geschäftstypen verwirklichen, die der Ordnungsfunktion des Ehevertrages nicht entsprechen (Verträge des Schuld- und Sachenrechtes, des Gesellschaftsrechtes usw.). Nichts hindert die Ehegatten, einander Darlehen zu geben, zu beschenken, eine Gesellschaft zu gründen usw.[5]

6. *Mißbrauch*. Güterrechtliche Geschäftstypen können funktionswidrig verwendet werden: Die Parteien deklarieren als Ehevertrag, was der Geschäftsabsicht zufolge Umsatz- oder unentgeltliches Zuwendungsgeschäft sein müßte. Das traditionelle Denken hat den Mißbrauch meist mit den Figuren der Gesetzesumgehung und des Scheingeschäfts bekämpft. Das Verbot mißbräuchlicher Verwendung von Geschäftsformen (Gesetzesumgehung) gibt jedoch – wie jede Generalklausel – nur einen Hinweis auf die Notwendigkeit einer Problemlösung, nicht aber diese selbst,[6] und von Scheingeschäften kann nicht gesprochen werden,[7] weil die Parteien alle Rechtsfolgen des güterrechtlichen Aktes erstreben oder doch in Kauf nehmen. Eine ebenso sachrichtige wie dogmatisch überzeugende Lösung wird erst erreicht, wenn *für den Tatbestand des Ehevertrages eine auf die Verwirklichung seines Ordnungszweckes gerichtete Geschäftsabsicht gefordert* wird. Güterbewegungen, die vom Ehevertrag bewirkt werden, finden in dieser Geschäftsabsicht ihre eigenständige und legitime causa.[8] Unschädlich bleibt eine Mischung der Geschäftsabsichten, solange die für einen Ehevertrag notwendige Geschäftsabsicht dominierend bleibt.

Der funktionswidrige Einsatz von Eheverträgen ist der Praxis vornehmlich bei Vereinbarung der Gütergemeinschaft bekannt, also bei der Wahl eines Güterstandes, der zur Bildung eines gesamthänderischen Vermögens der Ehegatten führt und sich deshalb hervorragend eignet, dem Partner Vermögen unentgeltlich zuzuwenden. Die kurz vor dem Tod vereinbarte Gütergemeinschaft, die der Verkürzung der Pflichtteilsergänzungsansprüche der Abkömmlinge dient, ist ein treffendes Beispiel,[9] aber auch die Vereinbarung der Gütergemeinschaft zur Vereitelung eines Vorkaufsrechtes durch Absprache alsbaldiger Beendigung des Güterstandes unter Übertragung des Grundstückes auf den nicht gebundenen Partner.[10] Gleicherweise wird in diesen Fällen keine Ordnung der Vermögen um der Ehe willen erstrebt. Bedeutungslos ist dagegen seit dem Gesetz zur Reform des Erbschaftsteuer- und Schenkungssteuerrechts (BGBl. 1974 I, 933ff.) der früher so bedeutsame Fall der Gütergemeinschaft aus Gründen der Steuerersparnis geworden. § 7 I Nr. 4 ErbStG hat die Vereinbarung der Gütergemeinschaft zum steuerpflichtigen Tatbestand erhoben.

---

[5] In der Gütergemeinschaft ist freilich eine Rechtsübertragung auf einen Ehegatten nur durch Ehevertrag möglich, der das Recht zu Vorbehaltsgut erklärt und damit den Erwerb des Gesamtgutes nach § 1416 I ausschließt. Vgl. OLG Hamburg, SeuffA 61 Nr. 30.

[6] In den Gedanken der Gesetzesumgehung mündet RGZ 87, 301 (304) ein. Das Urteil spricht von einem „zur Vermeidung der Rechtsfolgen einer Schenkung mit Vorbedacht gewählten Umweg".

[7] Von einer verdeckten oder auch verschleierten Schenkung sprechen etwa *Kipp-Wolff*, § 41 III; *Soergel-Ballerstedt*, 22 zu § 516.

[8] Vgl. für die Gütergemeinschaft RG, Recht 1908 Nr. 2549; *Kipp-Wolff*, § 41 III.

[9] Vgl. RGZ 87, 301. Der Ehevertrag wurde ein Jahr vor dem Tod des vermögenden Ehegatten geschlossen.

[10] Abwandlung der Sachverhalte in RGZ 87, 301 und RG, JW 1930, 2655.

Weit weniger Möglichkeiten bietet der gesetzliche Güterstand der Zugewinngemeinschaft. Denkbar ist insbesondere der Ausschluß oder die Minderung einer wachsenden Ausgleichsforderung mit der Absicht der unentgeltlichen Bereicherung (und nicht mit der Absicht, sie als Ordnungselement einer neuen Ordnung zwischen den Ehegatten zu verwenden).

Bei Mißbrauch der güterrechtlichen Geschäftstypen wird der Tatbestand des Ehevertrages nicht verwirklicht; die §§ 1409ff. sind nicht anzuwenden. Das Rechtsgeschäft ist Umsatzgeschäft oder Schenkung und allen privilegierenden und begrenzenden Normen unterworfen, die für den tatsächlich gewählten Geschäftstyp bestehen.[11]

7. *Fehlbezeichnung*. Gleiches gilt für die Umkehrerscheinung des funktionswidrigen Einsatzes anderer Geschäftstypen im Ordnungsbereich des Güterrechtes. Was der Geschäftsabsicht der Parteien zufolge den Ordnungszweck des Ehevertrages verfolgt, ist Ehevertrag, mag es sich auch selbst anders kennzeichnen.[12] Gesellschaftsverträge der Ehegatten sind etwa in aller Regel nicht den für Eheverträge gegebenen Normen zu unterwerfen, obwohl sie zur Bildung eines Gesamthandsvermögens führen und damit zu einer Rechtslage, die der Gütergemeinschaft ähnlich ist;[13] der mit ihnen verfolgte (meist aus den Klauseln des Vertrages eindeutig zu erschließende) Geschäftszweck weist sie in der Mehrzahl der Fälle nicht dem Güterrecht zu.[14] Als Ehevertrag wäre aber ein von den Parteien als Gesellschaftsvertrag bezeichnetes Rechtsgeschäft zu charakterisieren, das nur den Sinn hat, eine Modifizierung des Zugewinnausgleichs im gesetzlichen Güterstand zu erreichen (etwa eine hinausgeschobene Fälligkeit der Ausgleichsforderung oder auch einen periodischen Gewinnausgleich auf Grund eines Vergleichs der Gesamtvermögenslagen[15]), während die Bildung gesamthänderischen Vermögens ausgeschlossen oder als unvermeidliche Nebenfolge der gewählten Rechtsform in Kauf genommen wird.

II. Vertragsschluß

1. Eheverträge sind bei gleichzeitiger Anwesenheit beider Parteien zur Niederschrift eines Notars abzuschließen (§ 1410). Der *Formzwang* bezweckt Übereilungsschutz (Warnfunktion), Fixierung des Vertragsinhaltes (Beweisfunktion)

[11] Entgegen RG, JW 1930, 2655 (Parallelproblematik im Gesellschaftsrecht) ist dabei die Beurkundung des Vertrages auch als ausreichender Formvollzug für den wahren Geschäftstyp (z. B. §§ 313, 518) anzuerkennen.

[12] Nicht entscheidend ist die Bedeutung des Vertrages für die Vermögen der Ehegatten. Anders (obiter) RG, SeuffA 69 Nr. 108 und Warn. 1915 Nr. 142.

[13] Die Ähnlichkeit gestattet eine Umdeutung nichtiger auf Gütergemeinschaft gerichteter Eheverträge in Gesellschaftsverträge. Vgl. OLG Hamburg, DJ 1938, 1036; *Soergel-Gaul,* 28 vor § 1408.

[14] Bei zweifelhafter Geschäftsabsicht ist eine güterrechtliche Regelung (Gütergemeinschaft) anzunehmen, wenn der Vertrag das gesamte Vermögen der Ehegatten zum Gegenstand hat. Vgl. OLG Stuttgart, NJW 1958, 1972; *Soergel-Gaul,* 28 vor § 1408.

[15] Vgl. *Staudinger-Felgentraeger,* 14 zu § 1408; *Soergel-Gaul,* 28 vor § 1408.

und sachkundige Beratung der Parteien (Richtigkeits- und Gültigkeitsgewähr). Er ist seiner ratio folgend in extensiver Interpretation der Norm auf alle Rechtsgeschäfte mit äquivalenter Bindung zu erstrecken: auf den Vorvertrag,[1] auf die unwiderrufliche Vollmacht zum Abschluß eines Ehevertrages,[2] auf die einem Dritten gegenüber übernommene Verpflichtung zum Abschluß eines Ehevertrages (etwa auf das einem Mitgesellschafter in einer OHG gegebene Versprechen, durch Ehevertrag den gesetzlichen Güterstand auszuschließen).

2. *Gleichzeitige Anwesenheit* beider Parteien schließt die Sukzessivbeurkundung aus (vgl. § 152). Persönliche Anwesenheit wird nicht gefordert; Stellvertretung bleibt möglich (auch Stellvertretung in einem Insichgeschäft). Erstrebt wird (die bei der gewillkürten Vertretung gewahrte) Eigenbestimmung; gesetzliche Vertretung ist weithin ausgeschlossen. Beschränkt Geschäftsfähige erklären sich selbst, bedürfen freilich stets der Zustimmung ihres gesetzlichen Vertreters (schließt dieser den Vertrag, so gelten die §§ 177ff.). Sie benötigen zusätzlich eine Genehmigung des Vormundschaftsgerichtes, falls sie unter Vormundschaft stehen, wenn der Zugewinnausgleich ausgeschlossen (Vereinbarung von Gütertrennung!) und wenn Gütergemeinschaft vereinbart oder aufgehoben wird (§ 1411 I). Für Geschäftsunfähige handelt der gesetzliche Vertreter; ein Vormund bedarf der Genehmigung des Vormundschaftsgerichtes. Gütergemeinschaft kann freilich der gesetzliche Vertreter weder vereinbaren noch aufheben (§ 1411 II); sie bleibt der Eigenbestimmung der Ehegatten vorbehalten. Eine Bindung der Ehegatten an eine einmal (von ihnen) vereinbarte Gütergemeinschaft tritt bei späterem Verlust der Geschäftsfähigkeit gleichwohl nicht ein: Nach rechtskräftiger Entmündigung eines Ehegatten hat der Partner das Recht, auf Aufhebung der Gütergemeinschaft zu klagen (§§ 1447 Nr. 4, 1469 Nr. 5).

3. Der Beurkundung bedarf grundsätzlich der gesamte Geschäftsinhalt. *„Stichwortverträge"* sind zulässig, wenn die Parteien auf einen gesetzlich geregelten Güterstand des geltenden deutschen Rechtes verweisen (dagegen schon nicht mehr, wenn ein Güterstand früheren Rechtes vereinbart werden soll, mit der selbstverständlichen Folge schnellen praktischen Absterbens älterer Rechtsschichten). Stichwortverträge werden ferner anerkannt, wenn sie auf einen geltenden Güterstand fremden Rechtes verweisen, falls auch nur ein Ehegatte zur Zeit der Eheschließung, oder bei späterem Vertragsschluß zu dessen Zeitpunkt, seinen Wohnsitz im Geltungsgebiet des gewählten Güterstandes hat (§ 1409 I und II). Jede Korrektur der gesetzlichen Typen stellt für sich die Regel wieder her: Die Urkunde muß sie vollen Inhaltes fixieren; der „Stichwortvertrag" wird zu einem partiell in der Urkunde durchgeregelten Vertrag.

---

[1] Vgl. RGZ 48, 183 (186); BGH, FamRZ 1966, 492 (495); *Staudinger-Felgentraeger,* 5 zu § 1410; MünchKomm-*Kanzleiter,* 4 zu § 1410.

[2] Zust. MünchKomm-*Kanzleiter,* 4 zu § 1410.

4. *Erweiterung der Vertragsfreiheit.* Die Möglichkeit, durch Stichwortvertrag auf fremdes Recht zu verweisen, wäre oftmals wertlos, wenn die Grenzen der Vertragsfreiheit im deutschen Recht erhalten blieben. So vereinigt § 1409 II Formregelung und Sachaussage. Für Parteien mit entsprechender Auslandsbeziehung erweitert sich die Freiheit zur privatautonomen Gestaltung der Güterrechtsverhältnisse um die ihnen (und nur ihnen) freigegebenen Akttypen des fremden Rechtes.[3]

III. Grenzen der Vertragsfreiheit im Ehegüterrecht

1. *Typenzwang und Typenfreiheit.* Rechtsgeschäftliche Gestaltung der Rechtsverhältnisse ist nur in Akten möglich, die von der Rechtsordnung als Geschäftstypen anerkannt sind. Eine unbeschränkte Vertragsfreiheit im Ehegüterrecht würde danach die Anerkennung eines generellen Geschäftstyps ,,Ehevertrag" voraussetzen, der sich den Parteien zur beliebigen Gestaltung ihrer güterrechtlichen Verhältnisse zur Verfügung stellt. Das Gesetz vermeidet eine klare Aussage: § 1408 zieht keine Grenzen, postuliert aber auch nicht explizit eine Vertragsfreiheit bis hin zu jenen Schranken, die allen Verträgen gesetzt sind. So mag das eine wie das andere mit § 1408 zu vereinbaren sein, doch spricht einiges gegen den Blankogeschäftstyp ,,Ehevertrag": das Gebot, Rechtssicherheit zu wahren, aber auch unser traditionell gefestigtes Streben nach geprägter Form in Rechtsbereichen, die nicht (wie das Schuldrecht) kraft vorgegebener Strukturen des Soziallebens Typenfreiheit fordern.

Unverkennbar ist die geringe praktische Bedeutung aller Versuche, die Grenzen der Vertragsfreiheit zu konturieren und zu allgemein anerkannten Regeln vorzustoßen; die Notariatspraxis bewegt sich auf engem Raum, in dem Sicherheit verbürgt ist. Unverkennbar ist aber auch, daß die Notariatspraxis kein Indiz sein kann für die Gegenstandslosigkeit angestrengten theoretischen Bemühens; mit der Ursache (der Ungewißheit) könnte auch die Folge (die Dürftigkeit rechtsgeschäftlichen Verhaltens) entfallen.

2. *Singuläre Gestaltungsformen.* Einigkeit hat sich in zwei Punkten erzielen lassen: es gibt keine speziell dem Ehevertrag unzugänglichen Gestaltungsformen; der Vertragsfreiheit der Ehegatten stehen alle Möglichkeiten rechtsgeschäftlicher Gestaltung offen, die überhaupt zur beliebigen Verwendung angeboten werden (insbesondere die Möglichkeit, Leistungspflichten zu begründen). Und umgekehrt: es gibt keine Sonderstellung des ehelichen Güterrechtes bei den grundsätzlich gesperrten (und deshalb singulären) Gestaltungsformen: Universalsukzessionen, Haftungsbeschränkungen, Verfügungsbeschränkungen (vgl. § 137) und

---

[3] Vgl. RG, LZ 1924, 741; JW 1938, 1718; *Staudinger-Felgentraeger,* 17 zu § 1409; *Soergel-Gaul,* 7 zu § 1409; MünchKomm-*Kanzleiter,* 5 zu § 1409. A. A. *Dölle,* § 43 C III a. E.

absolute Rechtsformen sind nur insoweit ein zulässiger Vertragsinhalt, als sie im Normenkomplex des Ehegüterrechtes freigegeben sind.[1]

Singuläre Gestaltungsformen sind freilich nicht nur in jenem Umfang verwendbar, in dem ein gesetzlich geregelter Güterstand sie aufweist. Mag auch das Wort des Gesetzes das Maximum dessen bedeuten, was von den Parteien vereinbart werden darf, so muß es ihnen doch unbenommen bleiben, den Kreis der einzelnen Gestaltungsformen enger zu ziehen. Anders entscheiden, heißt einen numerus clausus der gesetzlich geregelten Güterstände postulieren und die Vertragsfreiheit auf die generelle Wahl zwischen drei Güterständen und spezielle Eingriffe in das gewählte Güterrecht zu beschränken. Insbesondere sollte es den Ehegatten nach wie vor möglich sein, die Fahrnis- und die Errungenschaftsgemeinschaft des älteren Rechts (unter voller Wiedergabe ihrer Regeln in der Vertragsurkunde!) mit Verwaltung des Gesamtgutes durch einen oder auch beide Ehegatten zu vereinbaren.[2] Die eine wie die andere ist nichts weiter als eine reduzierte Gütergemeinschaft des geltenden Rechts. Nicht mehr möglich ist dagegen die Vereinbarung des Güterstandes der ehemännlichen Nutzverwaltung; das ihn charakterisierende absolute Verwaltungsrecht am Vermögen der Frau hat kein Vorbild mehr im geltenden Recht und sprengt damit den numerus clausus der absoluten Rechtsformen.[3]

3. Ausmaß und Grenzen der *Vertragsfreiheit für generelle Eheverträge* sind im übrigen streitig geblieben. Von den einen, die jede weitere Schranke leugnen,[4] sondern sich die anderen, die dem Willen der Parteien engere Grenzen setzen, in dieser oder auch in jener Richtung. Selbst ein Grundkonsens über die Maßstäbe, an denen Freiheit und Bindung zu entwickeln sind, hat sich nicht finden lassen. Nichtssagend ist augenscheinlich der Hinweis auf das Verbot perplexer Güterstände:[5] Freiheit von inneren Widersprüchen wird schließlich von jedem Rechtsgeschäft gefordert. Wenig ist auch den Rechtsinstituten „Ehe" und „Güterstand" zu entnehmen:[6] Das Moment einer gewissen Dauer mag mit ihnen gege-

---

[1] Vgl. etwa *Körner,* S. 105ff.; *Beitzke,* § 13 IV 4; *Dölle,* § 43 C III 2b; *Zöllner,* FamRZ 1965, 116f.; *Mikat,* Festschrift Felgentraeger, S. 333ff.; *Schwab,* DNotZ, Sonderheft 1977, S. 52ff.; *Staudinger-Felgentraeger,* 53ff. zu § 1408; *Soergel-Gaul,* 12 vor § 1408; MünchKomm-*Kanzleiter,* 13 zu § 1408. Für ungebundene Freiheit dagegen anscheinend *Bärmann,* AcP 157 (1958/59), 200ff.

[2] Sehr str. Nachw. bei *Staudinger-Felgentraeger,* 75 zu § 1408 (der Kommentar selbst entspricht dem Text); *Soergel-Gaul,* 14 zu § 1408 (selbst ablehnend).

[3] Das Erg. entspricht der h.L. Nachw. bei *Staudinger-Felgentraeger,* 73 zu § 1408; *Soergel-Gaul,* 14 zu § 1408. Unbenommen bleibt es den Parteien, mit Auftrag und Nießbrauch an einem Vermögen eine ähnliche Rechtslage zu schaffen. Doch handelt es sich dann nicht mehr um die Vereinbarung eines Güterstandes. Insoweit a.A. *Mikat,* Festschrift Felgentraeger, S. 326.

[4] Vgl. MünchKomm-*Kanzleiter,* 13 zu § 1408; *Schwab,* DNotZ, Sonderheft 1977, S. 52ff.

[5] Es wird als Grenze angeführt von *Mikat,* Festschrift Felgentraeger, S. 327 (dort weit. Nachw.).

[6] A.A. *Körner,* S. 148ff. (mit dem Ergebnis eines numerus clausus). Gegen Deduktionen aus dem Wesen der Ehe schon *Soergel-Gaul,* 11 zu § 1408; *Mikat,* Festschrift Felgentraeger, S. 328ff. (jeweils mit Nachw.).

ben sein, doch liegt die Problematik gewiß nicht beim Verbot schnell wechselnder Güterrechtsverhältnisse mit ehefremder Periodenbildung. Es gibt auch keine zwingenden Interessen der Ehegatten, Dritter oder gar der Rechtsgemeinschaft,[7] die unmittelbarer Konkretisierung in Rechtssätzen fähig wären. Es gibt nur die Notwendigkeit einer Balance von Freiheit und Bindung der Ehegatten auf einem Rechtsgebiet, das zwar Raum gewähren muß, um der Vielfalt der ökonomischen Situationen Rechnung zu tragen, aber nicht unbeschränkt Raum gewähren kann, weil Güterstände (anders als Schuldverträge) dauerhafte Ordnungen sind, deren Wirkungen sich nicht im interindividuellen Verhältnis der Ehegatten erschöpfen. Konkretisierungen sind in diesem Spannungsfeld nur durch Konventionen möglich, die nach den Regeln der richterlichen Rechtsfortbildung gebildet werden.

Unzulässig sollten sog. Phantasiegüterstände sein, aber auch Mischgüterstände,[8] die nach Gegenstandsbereichen differenzieren und kombinieren (Zugewinngemeinschaft für Fahrnis; Gütergemeinschaft für Immobilien) oder auch nach Ehegatten (zur einseitigen Zugewinngemeinschaft vgl. unten 5. und zur einseitigen Gütergemeinschaft unten 6.). Weder für die einen noch für die anderen ist bis heute ein praktisches Bedürfnis sichtbar geworden (es gibt auch keine Verbindungen zwischen bestimmten Ehetypen und bestimmten Mischungen), während die Gebote der Rechtssicherheit im Verkehr Zurückhaltung gebieten. § 1412 als Norm, die angeblich den Verkehr schützt, ist eher eine Last für ihn: Das Güterrechtsregister ist für den Rechtsverkehr ein totes Register geblieben (vgl. dazu weiter unten § 33 I 1).

4. Modifizierungen gesetzlich geregelter Güterstände *(spezielle Eheverträge)* sind – bei Wahrung des numerus clausus der singulären Gestaltungsformen – zulässig, sofern das spezifische Ordnungsziel des Güterstandes gewahrt bleibt[9] und nicht in zwingendes Recht innerhalb des Güterstandes eingegriffen wird. Die Tatsache, daß Güterstände in ihrer Totalität zur Disposition der Ehegatten stehen, besagt noch nicht, daß über jede einzelne Regelung gesondert disponiert

---

[7] Sie werden von *Schwab,* DNotZ, Sonderheft 1977, S. 53, als einzig mögliche Begründung von Restriktionen der Vertragsfreiheit angeführt.

[8] Für die Zulässigkeit von Mischgüterständen in jüngerer Zeit *Mikat,* Festschrift Felgentraeger, S. 326 (mit Nachw. zum Streitstand).

[9] Im Schrifttum wird zuweilen das ,,Wesen des Güterstandes" als Grenze der Vertragsfreiheit angegeben. Vgl. *Kipp-Wolff,* § 41 IV 1; *Staudinger-Felgentraeger,* 70 zu § 1408; *Dölle,* § 43 C III 2b dd und gegen sie *Zöllner,* FamRZ 1965, 120f. (weil man ,,den Kreis der typenbildenden Merkmale so stark einschränken müßte, daß nur ein unsignifikanter Rest maßgebend wäre"); *Mikat,* Festschrift Felgentraeger, S. 330f. mit weit. Nachw.; *Erman-Heckelmann,* 5 zu § 1408; *Schwab,* DNotZ, Sonderheft 1977, S. 53.

Einen anderen Akzent hat die Behauptung, daß wegen Mißbrauchs der Vertragsfreiheit Regelungen nicht anzuerkennen seien, die zu einer ,,offenbar ungerechten" oder ,,unbilligen" Abweichung von dispositiven Normen des gewählten Güterstandes führen. Vgl. *Zöllner,* FamRZ 1965, 120; *Mikat,* Festschrift Felgentraeger, S. 333 und gegen sie *Soergel-Gaul,* 11 zu § 1408; *Schwab,* DNotZ, Sonderheft 1977, S. 54.

werden kann. Zum zwingenden Recht innerhalb des gesetzlichen Güterstandes gehören etwa alle Normen, die einen Ehegatten vor sich selbst schützen sollen (§ 1378 III), alle Regelungen, die Rechte Dritter abgrenzen (§ 1371 I; keine Erhöhung der Ausgleichsquote möglich, vgl. unten § 37 III 5) oder Dritten Rechte gewähren (§ 1371 IV; vgl. dazu unten § 37 V 10), aber auch alle Normen, die als Billigkeitskorrektiv in den Güterstand eingefügt sind (§§ 1381–1383): Die Rechtsordnung eines Sozialstaates kann die Entäußerung des Schutzes vor unbilligen Belastungen nicht tolerieren.[11]

Die Grenze zwischen zulässiger Modifikation und unzulässiger Denaturierung eines Güterstandes bezeichnet auch die Grenzen, innerhalb derer ein Güterstand rechtfertigende causa für Güterverschiebungen sein kann.[12] Innerhalb des gesetzlichen Güterstandes verletzt etwa die Abrede, voreheliches Vermögen in den Zugewinnausgleich einzubeziehen, das Ordnungsziel der Gesamtregelung.[13] Das nämliche gilt für die Abrede, bei der Feststellung des Endvermögens Verbindlichkeiten nicht zu berücksichtigen. Hier wie dort bedarf die mit einer derartigen Vereinbarung bezweckte Bereicherung eines Ehegatten eines außerhalb des Ehegüterrechtes liegenden rechtfertigenden Grundes, der gleichzeitig den für die Abrede geltenden Normenkomplex bestimmt (mit Schenkungssteuerpflicht, falls es sich um eine Schenkung handelt).

5. *Eingriffe in die Zugewinngemeinschaft* sind in großer Vielzahl möglich; zu verfolgen sind hier nur jene, die ganze Regelungskomplexe berühren. Zulässig ist etwa die Beseitigung (dagegen nicht: die Erweiterung; allg. M.) der Verfügungsbeschränkungen aus den §§ 1365, 1369 unter Beibehaltung des Zugewinnausgleichs: Das Ordnungsziel der Zugewinngemeinschaft wird nicht berührt, wenn die Parteien ein zusätzliches Element abstoßen, das von der Idee der Zugewinngemeinschaft nicht gefordert wird.[14] Unzulässig ist dagegen eine gegenständliche Erweiterung der Verfügungsbeschränkungen. Die gesetzliche Regelung bestimmt für singuläre Gestaltungsformen das Höchstmaß nicht nur an Formenreichtum, sondern auch an gegenständlicher Wirkungsbreite.

---

[11] Die durchaus h. L. stimmt mit dem Text i. Erg. weithin überein. Im allg. behauptet sie, daß Eingriffe in die §§ 1381–1383 in der Regel sittenwidrig und damit gem. § 138 nichtig seien. Der theoretische Ansatz ist damit entscheidend verändert: Die Normen werden als „an sich" abdingbar qualifiziert. Vgl. die Nachw. bei MünchKomm-*Gernhuber,* 38 zu § 1381; 65 f. zu § 1382; 38 zu § 1383.

[12] Gegen den Text ausdrücklich *Zöllner,* FamRZ 1965, 120. Ihm zufolge soll der Ehevertrag causa sein können für jede „im Hinblick auf eine Ehe getroffene sinnvolle Ordnung der güterrechtlichen Verhältnisse".

[13] Vgl. dazu unten § 36 III 6 Fn. 6.

[14] Heute durchaus h. L. (zu der auch BGHZ 41, 370 gehört). Nachw. bei MünchKomm-*Gernhuber,* § 1365 Fn. 90. A. A. nur *Mülke,* AcP 161 (1962), 160.

Zuzugeben ist noch nicht einmal, daß der Ausschluß der Verfügungsbeschränkungen für nur einen Ehegatten in der Regel gem. § 138 nichtig ist. Es gibt eine Vielzahl ökonomisch plausibler Gründe, die für eine derartige Lösung sprechen. Ebenso *Knur,* DNotZ 1957, 470; *Riedel,* DRiZ 1963, 185 Fn. 27; *Dölle,* § 52 IV; *Soergel-Gaul,* 18 zu § 1408; *Staudinger-Thiele,* 20 zu § 1363; RGRK-*Finke,* 54 zu § 1365.

Zulässig ist kraft ausdrücklicher Freigabe in § 1414 auch die Möglichkeit eines Ausschlusses des Zugewinnausgleichs unter Fortbestand der Verfügungsbeschränkungen.[15] Dieses Zugeständnis des Gesetzes durchbricht die Regel vom Ordnungsziel des Güterstandes als Grenze spezieller Eheverträge, denn ein um den Zugewinnausgleich verkürzter gesetzlicher Güterstand kann füglich nicht mehr als Zugewinngemeinschaft bezeichnet werden. Er denaturiert vielmehr den gesetzlichen Güterstand zu einer Art Verwaltungsgemeinschaft. Daß die Vereinbarung gleichwohl möglich ist, zeigt den Eigenwert der Verfügungsbeschränkungen und ihre allenfalls lockere Verknüpfung mit dem Gedanken des Zugewinnausgleichs.

Bloße Modifizierungen des Zugewinnausgleichs sind anders als dessen Ausschluß vielfach mit dem Ordnungsziel der Zugewinngemeinschaft zu vereinbaren und unbedenklich auch im Hinblick auf die anderen Grenzen, die der Vertragsfreiheit im Ehegüterrecht gezogen sind. Wirksam ist etwa der Ausschluß des Zugewinnausgleichs nur für den Fall der vorzeitigen Beendigung der Ehe (insbesondere durch Scheidung)[16] oder doch des Güterstandes, wirksam auch der Ausschluß nur für den Fall der Güterstandsbeendigung durch den Tod eines Ehegatten. Zulässig ist ferner die Beschränkung des ausgleichspflichtigen Vermögens auf gegenständlich abgegrenzte Vermögensteile – Fahrnis, Liegenschaften –, mit dem privilegierter Erwerb über die Grenzen des § 1374 II hinaus geschaffen wird, sowie die Verringerung des zusätzlichen Ehegattenviertels in § 1371 I.[17] Unwirksam ist dagegen die Beschränkung der Ausgleichspflicht auf einen Ehegatten: Zugewinngemeinschaft will ausgleichen, damit gemeinschaftlich verursachter Erwerb nicht zu einseitiger Bereicherung führt; sie wird denaturiert, wenn einem Ehegatten Freiheit von jeder Ausgleichspflicht garantiert wird.[18]

6. Ehegatten, die in *Gütergemeinschaft* zu leben wünschen, können jedenfalls die Bildung eines gemeinschaftlichen Vermögens nicht ausschließen, das ihnen zur

---

[15] Ebenso i. Erg. *Beitzke,* § 14 1; *Soergel-Gaul,* 18 zu § 1414; *Hartung,* Verfügungsbeschränkung bei ehelichem Hausrat, 1962, S. 28 und 30f.; *Knur,* DNotZ 1947, 463 und 471; *Rittner,* DNotZ 1957, 487; *Zöllner,* FamRZ 1965, 117; *Mikat,* Festschrift Felgentraeger, S. 331; *Schwab,* DNotZ 1977, Sonderheft 1977, S. 53. A. A. dagegen (mit unterschiedlichen Begründungen) *Erman-Heckelmann,* 1 zu § 1408; *Palandt-Diederichsen,* 1c zu § 1414; *Haegele,* DJ 1957, 430; *Kohler,* BB 1959, 933; *Bärmann,* AcP 157 (1958/59), 203; *Körner,* S. 207ff.; *Staudinger-Felgentraeger,* 70 zu § 1408; *Oswald,* JR 1965, 378; *Dölle,* § 43 Fn. 140.

Beweislos ist jedenfalls der Hinweis auf § 1414 S. 2. Die Regel steht unter dem Vorbehalt einer anderen Regelung im Ehevertrag (Satz 1).

[16] Vgl. OLG Hamburg, DNotZ 1964, 229; *Lange,* FamRZ 1964, 547; *Palandt-Diederichsen,* 1c zu § 1414. A. A. *Oswald,* JR 1965, 378 (Gütertrennung als Folge).

[17] Vgl. *Zöllner,* FamRZ 1965, 119; *Staudinger-Felgentraeger,* 86 zu § 1408 (anders dagegen 143 zu § 1371); *Dölle,* § 43 C III 1b bb; *Soergel-Lange,* 7 zu § 1371.

[18] Ebenso *Körner,* S. 213f.; *Bärmann,* AcP 157 (1958/59), 203; *Erman-Heckelmann,* 1 zu § 1408. A. A. dagegen *Dölle,* § 58 II; *Staudinger-Felgentraeger,* 79 zu § 1408; MünchKomm-*Kanzleiter,* 14 zu § 1408; *Schwab,* RdNr. 835.

gesamten Hand zusteht; eine Gütergemeinschaft ohne vergemeinschaftetes Gut (analog reinen Innengesellschaften) wäre ein Widerspruch in sich selbst.[19] Verwehrt muß ihnen aber auch die Vereinbarung einseitiger Bildung und Mehrung des Gesamtgutes sein,[20] die Reduzierung des gemeinschaftlichen Gutes (durch entsprechende Ausdehnung des Vorbehaltsgutes) auf einen bloßen Scheintatbestand[21] (ein Fall, der gewiß noch nicht gegeben ist, wenn die Ehegatten ihr gesamtes voreheliches Gut zu Vorbehaltsgut erklären[22]) sowie die Beseitigung der beiden Universalsukzessionen (§ 1416) zu Beginn des Güterstandes, die dienend dem Gesamthandsprinzip zugeordnet sind.

Auch die Verwaltungsregelung ist rechtsgeschäftlicher Modifizierung z. T. entzogen. Der für absolute Rechtsformen bestehende Typenzwang verbietet jede Vereinbarung, die eine dem Gesetz fremde Aufteilung der Verwaltungsmacht vorsieht (konkurrierende Alleinverwaltungsrechte; Ressortprinzip; periodisch wechselnde Alleinverwaltung). Der Typenzwang wird dagegen nicht mehr verletzt, wenn Bindungen des Alleinverwalters an die Zustimmung des Partners beseitigt werden. Freilich bleibt dann immer noch im Einzelfall (ohne Grundsatz oder Regel) § 138 als Grenze jeder privatautonomen Rechtsgestaltung zu beachten.[23]

7. *Schranken anderer Art.* Güterstände sind *Dauerrechtsverhältnisse*. Neben den güterstandsspezifischen Grenzen sind deshalb von den Ehegatten auch jene ande-

---

[19] Vgl. *Zöllner,* FamRZ 1965, 116 Fn. 33; *Soergel-Gaul,* 13 zu § 1408; MünchKomm-*Kanzleiter,* 16 zu § 1408.

[20] Vgl. KG, DR 1941, 2196; HRR 1942 Nr. 53; *Körner,* S. 253 f.; *Zöllner,* FamRZ 1965, 116 Fn. 33; *Soergel-Gaul,* 17 zu § 1408; *Staudinger-Felgentraeger,* 70 zu § 1408. A. A. dagegen *Mikat,* Festschrift Felgentraeger, S. 327; MünchKomm-*Kanzleiter,* 16 zu § 1408.

[21] Für beliebige Ausdehnung des Vorbehaltsgutes aber *Zöllner,* FamRZ 1965, 116; *Mikat,* Festschrift Felgentraeger, S. 328.

[22] Vgl. dazu neben den in der vorigen Fn. Genannten *Staudinger-Felgentraeger,* 88 zu § 1408; *Soergel-Gaul,* 17 zu § 1408.

[23] Wie der Text *Dölle,* § 43 C III 2b bb; *Mikat,* Festschrift Felgentraeger, S. 332 f.; MünchKomm-*Kanzleiter,* 6 zu § 1423; 10 zu § 1424; 8 zu § 1425; RGRK-*Finke,* 15 zu § 1423; 14 zu § 1424; 12 ff. zu § 1425.

Meist wird nach Normen differenziert. Der Ausschluß des § 1424 gilt allg. als unproblematisch. Vgl. RG, JW 1927, 1192; RGZ 159, 363; KG, HRR 1934 Nr. 1122; LG Göttingen, FamRZ 1956, 229 *Kipp-Wolff,* § 62 VI 3; *Erman-Heckelmann,* 6 zu § 1424; *Staudinger-Felgentraeger,* 89 zu § 1408; *Haegele,* FamRZ 1957, 253; MünchKomm-*Kanzleiter,* 10 zu § 1424.

Für § 1425 wird Abdingbarkeit fast allgemein geleugnet. Vgl. KG, KGJ 52, 105 (109); OLG Saarbrücken, HEZ 1, 105; *Kipp-Wolff,* § 62 VI 3; *Erman-Heckelmann,* 5 zu § 1425; *Palandt-Diederichsen,* 1 zu § 1425; *Staudinger-Felgentraeger,* 89 zu § 1408.

Für § 1423 gehen die Meinungen weit auseinander. Vgl. *Palandt-Diederichsen,* 1 zu § 1423 (Abdingung zulässig für entgeltliche Gesamtvermögensgeschäfte); *Erman-Heckelmann,* 6 zu § 1423 (in der Regel sittenwidrig); *Staudinger-Felgentraeger,* 89 zu § 1408 (zwingendes Recht), aber auch 18 zu § 142[illegible] (in der Regel sittenwidrig).

Gegen die h. L. mit ihren Entscheidungen von Norm zu Norm wird der gesamte Normenkomple[illegible] der §§ 1423 ff. für zwingendes Recht gehalten von *Zöllner,* FamRZ 1965, 118; *Soergel-Gaul,* jeweils [illegible] zu den §§ 1423–1425.

ren zu wahren, die allen Dauerrechtsverhältnissen eigen sind. Unabdingbar sind insbesondere die den Ehegatten in den §§ 1385, 1386 (Zugewinngemeinschaft) sowie 1447, 1448, 1469 (Gütergemeinschaft) kasuistisch ausgeformten Klagerechte;[24] auch kann die Auseinandersetzung der Ehegatten nach erfolgreicher Klage nicht ausgeschlossen (wohl aber modifiziert) werden:[25] das eine wie das andere bewirkt eine übermäßige Selbstbindung, die das Vermögensrecht in anderen vergleichbaren Tatbeständen ausdrücklich ablehnt (vgl. etwa § 723 III). Unabdingbar ist ferner die Pflicht zu einem die Interessen beider Ehegatten wahrenden Verhalten im güterrechtlich relevanten Überlagerungsgebiet,[26] vornehmlich die Pflicht zur ordnungsgemäßen Verwaltung gemeinschaftlichen Gutes (doch bleibt es möglich, die Haftung bis zur Grenze des Vorsatzes auszuschließen[27]).

8. Jede Regelung güterrechtlicher Verhältnisse in einem generellen Ehevertrag hat *künftiges Vermögen der Ehegatten* zum Gegenstand, zuweilen nur Teile desselben, zuweilen aber auch das ganze (Vereinbarung der Gütergemeinschaft). Es wäre widersprüchlich, auf Verträge dieser Art Normen anzuwenden, die künftiges Vermögen als Regelungsgegenstand ausschließen. Demzufolge ist § 310 auf Eheverträge grundsätzlich nicht anzuwenden. Zu beachten ist er lediglich, wenn die Parteien Auseinandersetzungsregelungen treffen, die über künftiges Vermögen in stärkerem Umfang disponieren, als es das Gesetz in seinen Geschäftstypen vorsieht: Wer auseinandersetzt, organisiert die beiderseitigen Güter nicht mehr mit Bezug aufeinander, er liquidiert vielmehr und kann deshalb das Ordnungsziel des ehelichen Güterrechtes nicht mehr gegen den § 310 setzen.[28] Kein Ehegatte kann sich etwa verpflichten, bei Beendigung einer Zugewinngemeinschaft sein ganzes Endvermögen oder einen bestimmten Bruchteil desselben auf den Partner zu übertragen. Unwirksam ist auch die Parallelvereinbarung für die Gütergemeinschaft (mit dem Gesamtgut als Verfügungsobjekt). Wirksam sind dagegen alle Abreden, die zwar eine Erhöhung der Ausgleichsforderung bei der Zugewinngemeinschaft (etwa auf 75% des Überschusses) oder Teilungsquote bei der Gütergemeinschaft bewirken, jedoch den Bezug auf das Gesamtvermö-

---

[24] I. Erg. unstr. Nachw. für die Zugewinngemeinschaft bei MünchKomm-*Gernhuber,* §§ 1385, 1386 Fn. 16 und für die Gütergemeinschaft bei MünchKomm-*Kanzleiter,* § 1447 Fn. 23.

[25] Vgl. für die Gütergemeinschaft RGZ 89, 292 (mit Hinweis auf § 749 II 1).

[26] Der Vertragsfreiheit sind damit auch die Funktionen des VormG in den §§ 1365 II und 1369 II (vgl. dazu *Körner,* S. 249f.) sowie in den §§ 1426, 1430, 1452 entzogen.

[27] Vgl. *Staudinger-Felgentraeger,* 18 zu § 1435 (im Einzelfall soll jedoch der Ausschluß der Haftung für grobe Fahrlässigkeit mit § 138 nicht zu vereinbaren sein); MünchKomm-*Kanzleiter,* 14 zu § 1435. Nach a. A. kann schon die Haftung für grobe Fahrlässigkeit nicht abbedungen werden. Vgl. *Soergel-Gaul,* 2 zu § 1435; *Erman-Heckelmann,* 6 zu § 1435.

[28] Die Frage nach der Anwendung des § 310 im Güterrecht wird nicht einheitlich beantwortet. Gegen jede Anwendung *Zöllner,* FamRZ 1965, 120; *Staudinger-Felgentraeger,* 60 zu § 1408; *Soergel-Gaul,* 13 zu § 1408; MünchKomm-*Kanzleiter,* 10 zu § 1408. Für (unmittelbare oder analoge) Anwendung *Baligand,* S. 31 ff.; *Körner,* S. 114f.; *Dölle,* § 43 C III 2a (anders aber § 61 V). Zweifelnd *Erman-Heckelmann,* 9 zu § 1408.

gen oder einen Vermögensbruchteil vermeiden.[29] Unbedenklich sind auch reine Schuldinhaltsänderungen, insbesondere der Übergang vom Zugewinnausgleich in Gestalt einer Geldforderung zum Zugewinnausgleich durch Übertragung bestimmter Vermögensgegenstände.[30]

IV. Verwaltungsverträge

1. Vermögen, das der zwischen den Ehegatten herrschende Güterstand in Zuständigkeit und Verwaltung den Ehegatten in ihrer Vereinzelung zuweist (Systeme der Gütertrennung; Vorbehalts- und Sondergut in der Gütergemeinschaft), kann vertraglich der Verwaltung des Partners anvertraut werden. Der Vertrag erfüllt nicht die dem Ehevertrag zugewiesene Ordnungsfunktion (setzt sogar eine Ordnung der Güter voraus) und ist deshalb den §§ 1409ff. nicht unterworfen.[1]

Kein Ehegatte ist verpflichtet, das Angebot des Partners anzunehmen. Nur § 1353 könnte einen Kontrahierungszwang begründen. Die aus ihm folgende Pflicht, Helfer in der Vermögensverwaltung zu sein, steigert sich aber nie zur Pflicht, die Vermögensverwaltung ganz oder beschränkt auf bestimmte Werte zu übernehmen.

2. Rechte und Pflichten der Ehegatten bestimmen in erster Linie die zwischen ihnen getroffenen Abreden. Lücken schließt das Recht des Auftrages, falls unentgeltlich verwaltet werden soll, und das (über § 675 weithin in das Auftragsrecht zurückführende) Recht des Dienstvertrages, falls ein Entgelt gewährt wird. Gleicherweise liegt eine rechenschaftspflichtige (§§ 666, 675, 259),[2] fremdnützige Verwaltung vor. Überschüsse sind vorbehaltlich einer abweichenden vertraglichen Regelung[3] abzuführen (§ 667) oder aber bei entsprechender Vereinbarung in die verwaltete Vermögensmasse aufzunehmen. Auch über ihre Verwendung als

---

[29] Vgl. für die Erhöhung der Ausgleichsforderung *Knur,* DNotZ 1957, 473; *Bärmann,* AcP 157 (1958/59), 204; *Staudinger-Felgentraeger,* 61 zu § 1408; *Soergel-Gaul,* 13 zu § 1408; *Erman-Heckelmann,* 9 zu § 1378; RGRK-*Finke,* 28 zu § 1378; *Dölle,* § 61 V; MünchKomm-*Kanzleiter,* 14 zu § 1408; *Palandt-Diederichsen,* 4 zu § 1408. A. A. (der auch die 1. Aufl. folgte) dagegen *Maßfeller,* DB 1957, 738; *Körner,* S. 217ff.

[30] Vgl. *Knur,* DNotZ 1957, 474; *Bärmann,* AcP 157 (1958/59), 204; *Kohler,* BB 1959, 933; *Finke,* MDR 1957, 579; *Haegele,* DJ 1957, 430.

[1] Eine Vermutung für einen Verwaltungsauftrag ist nie begründet. Vgl. RG, Recht 1917 Nr. 64. Eine nachträgliche Vermögensmischung ist nach allgemeinen Regeln auseinanderzusetzen. Vgl. BGHZ 2, 270.

[2] Jahrelange Nichtausübung der Rechte führt zur Verwirkung. Vgl. RG Warn. 1915 Nr. 277; JW 1938, 1892. Um dem Vermögensinhaber nicht jeden Schutz zu nehmen, erhält die erste Entscheidung ihm stets das Recht auf Auskunft, während die zweite den Anspruch auf Rechnungslegung (wieder) einräumt, wenn beachtliche Gründe geltend gemacht werden können. Alle Rechte erlöschen mit Entlastung (§ 397 II).

[3] Vgl. BGHZ 31, 197 (204f.).

Beitrag zum Familienunterhalt (und erst recht über den Einsatz des Vermögensstammes zum gleichen Zweck) entscheidet allein der Inhaber des Vermögens.

Haftungsmaßstab ist nach h. L. § 1359.[4] Es handelt sich jedoch gerade nicht um Pflichten, die aus dem ehelichen Verhältnis folgen. Haftung nur für diligentia quam in suis kann daher nur Folge vertraglicher Übereinkunft sein. Fehlt eine vertragliche Regelung, so setzt § 276 den Maßstab.[5]

3. *Besitz.* In seiner Eigenständigkeit unangetastet bleibt der Besitz. Die vielfach übliche generelle Zuweisung der verwalteten Gegenstände in den unmittelbaren Alleinbesitz des Verwalters[6] lebt von Reminiszenzen an die patriarchalische Vermögensverwaltung des Mannes für die Frau. Unmittelbarer Alleinbesitz ist gewiß möglich, im Bereich des typischen Mitbesitzes aber allenfalls Ausnahmeerscheinung.

4. *Handlungsmacht.* Die Rechtsstellung des Verwalters nach außen kann unterschiedlich ausgestaltet werden. Generalvollmacht (§ 167) ist im Regelfall gegeben; Verfügungen im eigenen Namen kann eine Ermächtigung ermöglichen (§ 185); fiduziarische Rechtsübertragung kann gar die Position eines Rechtsinhabers vermitteln.[7]

5. *Unwiderrufliche Verwaltungsmacht.* Auftrag und Dienstvertrag belassen dem Vermögensinhaber gleicherweise das Recht des jederzeitigen Widerrufes (vgl. § 671 für den Auftrag; für den Dienstvertrag folgt es aus § 1413 in Anlehnung an § 627). Vertraglich kann stärkere Stabilität vereinbart werden, jedoch stets nur vorbehaltlich des Widerrufes aus wichtigem Grunde und nur im formgebundenen Vertrag. Selbst die höchste Stufe der Stabilität (also der Ausschluß des Widerrufsrechtes) begründet keinen Güterstand[8] – symptomatisch ist die keinem Güterstand eigene Beendigung durch einfache Willenserklärung –, aber jeder Eingriff in die Widerrufsfreiheit bewirkt doch eine Bindung, für die § 1413 (durchaus sachrichtig) Formvollzug wie bei einem Ehevertrag vorschreibt. Der notariellen Beurkundung bedarf dabei allein die Widerrufsklausel, nicht der übrige Vertragsinhalt; ist die Widerrufsklausel mangels Formvollzuges nichtig (§ 125), so entscheidet § 139 über den Restbestand des Vertrages.

6. Verwaltungsmacht kann nicht nur Inhalt eines Verwaltungsauftrages sein; sie ergibt sich zuweilen aus einem anderen von den Ehegatten geschlossenen

---

[4] Vgl. *Staudinger-Felgentraeger,* 20 zu § 1413; *Soergel-Gaul,* 3 zu § 1413; *Palandt-Diederichsen,* 3 zu § 1413; *Erman-Heckelmann,* 2 zu § 1413; RGRK-*Finke,* 10 zu § 1413. Differenzierend MünchKomm-*Kanzleiter,* 9 zu § 1413 (§ 1359, wenn Grundlage der Überlassung das eheliche Vertrauensverhältnis ist).

[5] Wie der Text *Dölle,* § 43 C V 2a.

[6] Vgl. (im Anschluß an OLG Dresden, JW 1921, 686) OLG Celle, FamRZ 1971, 28 (29); *Palandt-Diederichsen,* 3 zu § 1413; *Soergel-Gaul,* 3 zu § 1413. Dem Text zust. MünchKomm-*Kanzleiter,* 10 zu § 1413.

[7] Im deliktischen Bereich ist der Verwalter Verrichtungsgehilfe. Vgl. RGZ 91, 363.

[8] A. A. RG, Recht 1911 Nr. 1149. Zweifelnd *Soergel-Gaul,* 5 zu § 1413. Dem Text zust. MünchKomm-*Kanzleiter,* 14 zu § 1413.

Vertrag. § 1413 verlangt auch hier den Formvollzug, wenn die Bindung das gesamte Vermögen oder doch einen Vermögensbruchteil erfaßt und der überlassende Ehegatte kein Widerrufsrecht hat oder doch nur ein eingeschränktes. In den Anwendungsbereich der Norm fällt etwa ein Gesellschaftsvertrag zwischen Ehegatten, der einen von ihnen verpflichtet, sein Vermögen in die Gesellschaft einzubringen, von der Geschäftsführung aber ausschließt (Regelfall: Kommanditgesellschaft). Formgebunden muß auch die Errichtung einer atypischen stillen Gesellschaft sein, wenn sich der nach außen allein berechtigte Ehegatte intern den Weisungen des Partners unterwirft.[9]

Der Anwendungsbereich des § 1413 deckt sich so zum Teil mit dem Anwendungsbereich des § 311, überschreitet jenen aber beträchtlich. Bei konkreter Bezeichnung der Geschäftsgegenstände entfällt § 311, § 1413 bleibt anwendbar. § 311 fordert stets die Verpflichtung zur Vollrechtsübertragung oder zur Bestellung eines Nießbrauches, § 1413 ergreift auch die obligatorisch strukturierte Weisungsmacht (Stimmbindungsverträge; atypische stille Gesellschaft).

§ 33. Das Güterrechtsregister

Schrifttum: *Lange,* Ehevertrag und Güterrechtsregister, FamRZ 1964, 546; *Gottschalg,* Zur Eintragungsfähigkeit der Gütertrennung im Güterrechtsregister, DNotZ 1969, 339; derselbe, Zur Bedeutung des § 1412 Abs. 2 BGB im Hinblick auf das Güterrechtregister, DNotZ 1970, 274; *Kanzleiter,* Zur Eintragungsfähigkeit in das Güterrechtsregister, DNotZ 1971, 453.

I. Funktionen

1. *Verkehrsschutz.* Viele vermögensrechtliche Akte der Ehegatten sind (zumindest auch) auf Außenwirkung „angelegt". Akte, die eine an sich bestehende Verfügungsmacht binden (Vereinbarung der Zugewinngemeinschaft nach Gütertrennung), beschränken oder beendigen, sind etwa für Dritte wesentlich, aber auch Akte, die in dieser oder jener Form Macht zu fremdwirkendem Verhalten geben, beschränken oder ausschließen (vgl. § 1357 II). Für diese drittbezogenen Rechtsgeschäfte ist die Verlautbarung im Güterrechtsregister niemals konstitutives Element; es gibt keinen Akt, für den die Eintragung Tatbestandselement wäre oder auch nur generelle Wirksamkeitsvoraussetzung. *Schweigen und Sprechen des Güterrechtsregisters sind allein entscheidend für die Frage, ob bestimmte Akte im konkreten Fall einem Dritten (als Einwendung) entgegengehalten werden können.*

---

[9] Daß Gesellschaftsverträge unter § 1413 fallen können, leugnet *Dölle,* § 43 C V 2b. Abl. auch *Soergel-Gaul,* 2 zu § 1413 (mit Anwendung der Norm bei Umgehungsgeschäften). Vermittelnd *Staudinger-Felgentraeger,* 9 zu § 1413 (mit Beschränkung auf Verträge, die eine unwiderrufliche Weisungsbefugnis enthalten). Dem Text zust. MünchKomm-*Kanzleiter,* 6 zu § 1413.

Die herkömmliche Deutung des Registers als Mittel des Verkehrsschutzes erweist sich angesichts dieser Situation als theoretisch fragwürdig. Gewiß braucht der Verkehr im Bereich der eintragungsfähigen Tatsachen Erschwerungen gegenüber dem status quo ante nur gegen sich gelten zu lassen, wenn sie eingetragen sind. Doch schützt das Register im theoretischen Ansatz eher die Ehegatten, die sich mit der Eintragung die volle Geltung der zwischen ihnen bestehenden Rechtslage im Verhältnis zu Dritten sichern. In der Rechtspraxis wirkt sich freilich das Register in der Regel zugunsten des Verkehrs aus. Es ist ein weithin totes Register geblieben[1] (Abschaffung wäre ohne großen Schaden möglich[2]), das die Ehegatten (durch Verzicht auf Verlautbarung ihrer Rechtsverhältnisse) ebenso fast vollständig ignorieren wie der rechtsgeschäftliche Verkehr (der keinen Einblick nimmt). Das Schweigen des Registers aber kommt dem Verkehr auch dann zugute, wenn er um Information gar nicht besorgt war. Wurde allerdings eingetragen, so wird der unwissende Geschäftspartner überraschend vor eine rechtliche Situation gestellt, mit der er niemals rechnete.

2. *Verkehrserleichterung*. Die jüngere Rechtsentwicklung hat dem Güterrechtsregister des weiteren die Aufgabe zugewiesen, güterrechtliche Verhältnisse „zwecks Erleichterung des Rechts- und Geschäftsverkehrs" (BGHZ 66, 203 [207]) zu verlautbaren. Grund dieser Wendung (die sich als richterliche Rechtsfortbildung durchsetzen dürfte) war gewiß nicht eine vertiefte Einsicht in Möglichkeiten und Grenzen des Registers. Ausschlaggebend war die (richtige) Überzeugung, daß eine allein am Verkehrsschutz orientierte Abgrenzung der eintragungsfähigen Tatsachen dem Güterrechtsregister seit dem Übergang vom gesetzlichen Güterstand der ehemännlichen Nutzverwaltung zu demjenigen der Zugewinngemeinschaft auch die Eintragung des Ausschlusses des gesetzlichen Güterstandes entzogen hätte (weil er den rechtsgeschäftlichen Verkehr mit Ehegatten infolge des Wegfalls der Verfügungsbeschränkungen aus den §§ 1365, 1369 nur erleichtert).[3] Doch bleibt diese Art, Register durch Funktionserweiterungen ohne rechtliche Relevanz künstlich am Leben zu erhalten, ebenso fragwürdig wie die Versicherung, den rechtsgeschäftlichen Verkehr erleichtern zu

---

[1] Statistisches Material (aus dem norddeutschen Raum) bei *Michaelis,* Die Güterstände in der Praxis, 1968, S. 125ff.

[2] So schon *Braga,* FamRZ 1967, 659; *Mikat,* Schranken der Vertragsfreiheit im Ehegüterrecht, Festschrift Felgentraeger, 1969, S. 350.

[3] Der BGH hat zunächst in der Entscheidung BGHZ 41, 370 die Eintragungsfähigkeit von Eheverträgen verneint, die lediglich die Verfügungsbeschränkungen der §§ 1365, 1369 ausschließen. Zust. haben sich geäußert *Gottschalg,* DNotZ 1969, 339; 1970, 276; *Staudinger-Felgentraeger,* 9 vor § 1558; die Voraufl. Die durchaus h. M. lehnte die Entscheidung ab und leitete damit die Funktionserweiterung des Güterrechtsregisters ein. Vgl. *Bosch,* FamRZ 1964, 423; *Lange,* FamRZ 1964, 549f.; *Kanzleiter,* DNotZ 1971, 453ff.; *Soergel-Gaul,* 4 vor § 1558; *Erman-Heckelmann,* 2 vor § 1558. Ihr hat sich der BGH in der Entscheidung BGHZ 66, 203 angeschlossen und damit für die Praxis alles entschieden. Gegen die Entscheidung *Gottschalg,* NJW 1976, 1741. Für sie *Palandt-Diederichsen,* 2 vor § 1558; MünchKomm-*Kanzleiter,* 6 vor § 1558; RGRK-*Finke,* 5 zu § 1412.

wollen. Wenn der Verkehr vom Register keine Notiz nimmt und beim gegenwärtigen gesetzlichen Güterstand noch weniger als früher Anlaß hat, das Register als Informationsquelle zu benutzen, kann eingetragen werden noch und noch; ohne praktische Wirkung bleibt schließlich doch alles. Ein Zwang zu jener Wendung in der jüngeren Rspr. bestand jedenfalls nicht. Zwar geht § 1412 von der Eintragungsfähigkeit des Ausschlusses des gesetzlichen Güterstandes aus, doch wäre er nicht die erste Norm gewesen, die durch die Entwicklung des Rechtes (hier: des gesetzlichen Güterrechtes) obsolet geworden wäre.

II. Die eintragungsfähigen Tatsachen

1. *Güterrechtliche Verhältnisse.* Folgt man der Funktionserweiterung, so sind eintragungsfähig alle Tatsachen, die für den rechtsgeschäftlichen und prozessualen Verkehr zwischen Ehegatten und Dritten von rechtlicher (und nicht nur ökonomischer) Bedeutung sind, mag auch (wie beim Übergang von der Zugewinngemeinschaft zur Gütertrennung) ein Schutz redlicher Dritter vor einer ungewöhnlichen Rechtslage zwischen den Ehegatten gegenstandslos sein.[1] Der Eintragung fähig sind dann alle generellen Eheverträge sowie alle speziellen, sofern sie sich nicht in Absprachen erschöpfen, die ausschließlich das Innenverhältnis der Ehegatten betreffen (wie es beim Ausschluß des Zugewinnausgleichs der Fall ist). Der Eintragung fähig sind ferner der Übergang von der Gütergemeinschaft oder der Zugewinngemeinschaft zur Gütertrennung nach erfolgreicher Aufhebungsklage (vgl. §§ 1449 II, 1470 II) oder erfolgreicher Klage auf vorzeitigen Zugewinnausgleich (§ 1388 nennt § 1412 nicht, weil die Schutzfunktion des Registers gegenstandslos ist; vgl. dazu unten § 40, 5), sodann eine Reihe güterstandserheblicher Einzelakte (vgl. § 1418 IV für Vorbehaltsgut, das nicht durch Ehevertrag geschaffen wurde, §§ 1431 III, 1456 III für den Einspruch gegen den selbständigen Betrieb eines Erwerbsgeschäftes durch einen Ehegatten und der Widerruf der Einwilligung dazu im Recht der Gütergemeinschaft).

2. Für alle *anderen Rechtslagen* gilt das Zuweisungsprinzip. Was das Gesetz nicht dem Güterrechtsregister zur Verlautbarung zuweist, darf in ihm auch nicht ein-

---

[1] Der Kreis der eintragungsfähigen Tatsachen wird unterschiedlich bestimmt. BGHZ 66, 203 (207) läßt Eintragungen schon dann zu, „wenn die Offenlegung des Güterstandes aus wirtschaftlichen Gründen im Interesse der Ehegatten oder Dritter liegt". *Lange,* FamRZ 1964, 549f., erkennt Registerfähigkeit für alles an, „was unter dem Gesichtspunkt des Rechtsscheinsgedankens für Dritte Bedeutung gewinnen kann". MünchKomm-*Kanzleiter,* 6 vor § 1558, hält für eintragungsfähig „alle Tatsachen, die die Rechtslage Dritter im Verhältnis zu den Ehegatten unmittelbar beeinflussen". *Dölle,* § 46 II 2, hat sich ausgesprochen für „alle Tatbestände, welche eine Abweichung von der Normalgestalt der Zugewinngemeinschaft oder von einer bereits eingetragenen Regelung bedeuten". *Soergel-Gaul,* 4 vor § 1558, will Registerfähigkeit immer dann „bejahen, wenn die betr. Regelung eine Außenwirkung entfaltet".

getragen werden. Kraft einer ausdrücklichen Zuweisung ist eintragungsfähig der Entzug und die Beschränkung der Macht jedes Ehegatten, Geschäfte zur angemessenen Deckung des Lebensbedarfs mit verpflichtender und berechtigender Wirkung auch für den Partner in der Ehe zu tätigen (§ 1357 II), und zwar unabhängig von der Frage, ob die Handlungsmacht aktuelle Bedeutung hat oder aber ruht (vgl. dazu oben § 19 IV 11). Dagegen ist bereits das Ruhen der Handlungsmacht keine eintragungsfähige Tatsache (str., vgl. dazu oben § 19 IV 10). Das Gesetz nennt den Sachverhalt nicht; eine Analogie zu § 1357 II ist nicht zu begründen. Vermögensverzeichnisse, die der Widerlegung der Eigentumsvermutung aus § 1362 dienen sollen, sind ein weiteres Beispiel.[2]

3. Das *Eintragungsinteresse* der Ehegatten reicht nicht weiter als die Schutzfunktion des Güterrechtsregisters, beschränkt sich also auf eintragungsfähige Tatsachen, aus denen Dritten gegenüber ohne Verlautbarung im Güterrechtsregister Einwendungen nicht abgeleitet werden können, sofern sie nicht dem Dritten positiv bekannt sind. Im Bereich der güterrechtlichen Rechtsverhältnisse trifft das für Eheverträge zu, in denen die Ehegatten statt der zuvor bestehenden Gütertrennung für die Zukunft eine Zugewinngemeinschaft vereinbaren (erhalten wird dann mit der Eintragung die Möglichkeit, Nichtigkeit von Rechtsgeschäften unter Hinweis auf die §§ 1365, 1369 geltend zu machen), dagegen schon nicht mehr für den Umkehrvorgang (Gütertrennung vermittelt keine Einwendungen). Es trifft auch zu für Eheverträge, in denen eine Gütergemeinschaft vereinbart wird (weil dann die Verwaltungsregelung gegen redliche Dritte angeführt werden kann), aber auch umgekehrt für Verträge, in denen eine zuvor bestehende Gütergemeinschaft von Gütertrennung abgelöst wird (weil die Ehegatten dann einwenden können, daß bestimmte Verfügungsobjekte nicht mehr zum Gesamtgut gehören und deshalb nicht mehr nach den für jenes geltenden Regeln Gegenstand des rechtsgeschäftlichen Verkehrs sind).

III. Zuständigkeit; Verfahrensgrundsätze

1. *Zuständig* für alle Eintragungen ist das Amtsgericht am Manneswohnsitz (§ 1558) mit Zuweisung in den Aufgabenbereich des Rechtspflegers (§ 3 Nr. 1e RpflG). Mit dieser einseitigen Anknüpfung an einen der beiden Ehegatten wird der Gleichberechtigungsgrundsatz nicht verletzt.[1] Zwar will die übliche Charakterisierung des § 1558 als Ordnungsvorschrift[2] hier ebensowenig besagen wie in anderen Zusammenhängen, doch handelt es sich um eine (freilich immer fragwürdiger werdende)

---

[2] Vgl. KG, ROLG 12, 305.

[1] A.A. in jüngster Zeit MünchKomm-*Kanzleiter,* 1 zu § 1558 (mit verfassungskonformer Auslegung der Norm: Eintragung am Wohnsitz beider Ehegatten, falls diese unterschiedliche Wohnsitze haben).

[2] Vgl. *Arnold,* MDR 1953, 328; *Palandt-Diederichsen,* 1 zu § 1558; *Erman-Heckelmann,* 1 zu § 1558; *Staudinger-Felgentraeger,* 35 zu § 1412; *Dölle,* § 46 Fn. 11.

Mit dem Interessenschutz Dritter wollen *Soergel-Gaul,* 1 zu § 1558, und RGRK-*Finke,* 1 zu § 1558, die Norm rechtfertigen.

typisierende Regel, die den Ehemann als Annäherungswert für den wirtschaftlich wesentlicheren Ehegatten verwendet. Nicht umsonst verlangt deshalb Art. 4 EHGB auch die Eintragung im Register des Niederlassungsortes, wenn ein Ehegatte (ggf. also auch die Ehefrau) ein Handelsgewerbe betreibt und volle Wirksamkeit der drittbezogenen Akte auch im Handelsverkehr gewünscht wird.[3] Ein Handelsgewerbe sichert ausnahmslos wirtschaftliche Bedeutung; die einseitige Anknüpfung des § 1558 wird preisgegeben.

Beim Wechsel des Wohnsitzes verliert die Eintragung am alten Wohnsitz ihre Wirkung; Rückkehr gibt ihr die Wirkung wieder (§ 1559). Das Risiko der richtigen Bestimmung des Wohnsitzes trägt mithin auch nach einem Wohnsitzwechsel der Verkehr.[4]

2. *Antragsgrundsatz.* Die Funktion des Güterrechtsregisters fordert weder Vollständigkeit noch Richtigkeit im Ausweis eintragungsfähiger Umstände: Eintragungen erfolgen deshalb grundsätzlich nur auf Antrag der Ehegatten[5] (als den durch die Eintragung Begünstigten). Von Amts wegen werden nur Eintragungen gelöscht, die mangels einer wesentlichen Voraussetzung unzulässig waren (§§ 161, 142, 143 FGG. Beispiele: Nichtiger Ehevertrag; Eintragung ohne Antrag).

Als Regel sieht das Gesetz einen öffentlich beglaubigten Antrag beider Ehegatten vor mit gegenseitiger Verpflichtung zur Mitwirkung (§§ 1560, 1561 I). Tatsächlich notwendig ist der gemeinschaftliche Antrag indessen nur für die Verlautbarung von Vorbehaltsgut kraft Drittbestimmung in der Gütergemeinschaft. In allen übrigen Fällen genügt der Antrag eines Ehegatten. Für die Eintragung jener Akte, die sich gegen den Partner richten, ist Selbständigkeit des handelnden Ehegatten selbstverständlich (§ 1561 II Nrn. 3 und 4). Eheverträge aber und Urteile können von jedem Ehegatten allein zur Verlautbarung gebracht werden, wenn mit dem Antrag der Ehevertrag vorgelegt wird oder das mit dem Zeugnis der Rechtskraft versehene Urteil (Abs. II Nr. 1).[6]

3. Beschränkt ist die *Prüfungspflicht des Registergerichtes.* Es hat neben seiner Zuständigkeit den Eheschluß der Parteien festzustellen,[7] die Eintragungsfähigkeit, einen fehlerfreien Antrag.[8] Es hat dagegen nicht mehr die Richtigkeit der verlangten Eintragung zu prüfen, die Wirksamkeit des Ehevertrages etwa[9] oder auch die Berechtigung zum Ausschluß oder zur Beschränkung der Rechtsmacht aus § 1357.[10]

4. Alle Eintragungen werden öffentlich bekanntgemacht (§ 1562). Privatrechtlich bedeutsam ist die *Bekanntmachung* indessen nicht. Die Eintragung führt zur vollen Wirksamkeit der eingetragenen Akte; die Bekanntmachung teilt nurmehr mit.

---

[3] Die Voraussetzungen der Eintragung sind jeweils selbständig zu prüfen. Vgl. KG, ROLG 12, 308.

[4] Hat der Mann mehrere Wohnsitze, muß an allen Wohnsitzen eingetragen werden. Es geht nicht an, den Verkehr mit dem Risiko weiterer Wohnsitze des Geschäftspartners zu belasten. Gl. Ans. *Soergel-Gaul,* 2 zu § 1558; MünchKomm-*Kanzleiter,* 2 zu § 1558. Die h. L. entscheidet dagegen anders. Vgl. *Staudinger-Felgentraeger,* 7 zu § 1558; *Erman-Heckelmann,* 2 zu § 1558; *Palandt-Diederichsen,* 1 zu § 1558; *Dölle,* § 46 II 3; RGRK-*Finke,* 3 zu § 1558.

[5] Verlobte können Eintragungen beantragen, doch darf im Güterrechtsregister erst nach dem Eheschluß eingetragen werden. Ganz h. L. im Anschluß an KG, KGJ 20, A 65 (A 68).

[6] Die bloße Beurkundung des Ehevertrages gibt dem Notar nicht das Antragsrecht aus §§ 161, 129 FGG. Er kann jedoch den Vertrag zur Eintragung bringen, wenn er den Antrag beider Ehegatten beurkundete, aber auch, wenn er nur den Eintragungsantrag eines Ehegatten beurkundet hat und den Ehevertrag vorlegt. Vgl. OLG Rostock, ROLG 3, 368; KG, ROLG 6, 286; KGJ 21, A 88; OLG Colmar, ROLG 17, 368. Da in diesen Fällen beurkundete Anträge der Ehegatten vorliegen, entfällt die Notwendigkeit einer öffentlich beglaubigten Erklärung des Notars. Vgl. OLG Hamburg, SeuffA 56 Nr. 77.

[7] Gegen die h. M. will MünchKomm-*Kanzleiter,* 10 zu § 1560, das Recht, Nachweise zu fordern, nur zugestehen, wenn begründete Zweifel bestehen.

[8] Vgl. KG, KGJ 45, 187 (191).

[9] Wird der Ehevertrag vorgelegt, so sollte die Eintragung abgelehnt werden, wenn er offensichtlich nichtig ist (arg. §§ 161, 142 FGG). Auch die Eintragung eines in sich widerspruchsvollen Güterstandes sollte nicht erfolgen. Vgl. OLG Colmar, ROLG 11, 282.

[10] Vgl. OLG Schleswig, NJW 1954, 155.

5. Die *Einsicht* in das Güterrechtsregister ist jedermann gestattet (§ 1563); ein spezielles Interesse ist nicht nachzuweisen. Nur für die zum Register geführten Akten gilt der Grundsatz der Interessentenöffentlichkeit (§ 34 FGG); wer Einblick begehrt, muß ein berechtigtes Interesse glaubhaft machen. Sie sind jedoch Bestandteil des Registers (und damit § 1563 zu unterwerfen), wenn und soweit dieses auf Schriftstücke bei den Akten verweist (allg. M.).

IV. Wirkungen der Eintragung

1. Auch ohne Eintragung sind alle eintragungsfähigen Akte vollwirksam stets im Verhältnis der Ehegatten zueinander. Volle Wirksamkeit auch ohne Eintragung gilt ferner in allen rechtlichen Beziehungen, die keinen Vertrauensschutz fordern, im Bereich der unerlaubten Handlung etwa, der gesetzlichen Unterhaltspflichten und der Zwangsvollstreckung.[1] Der vom Ehemann Geschädigte kann sich etwa nur aus dessen Vermögen befriedigen, mag auch im Güterrechtsregister als Güterstand der Ehegatten noch (inzwischen beendete) Gütergemeinschaft eingetragen sein; die Verwandten der Ehefrau können bei demselben Buchstand Unterhalt nur fordern, wenn das Vermögen der Frau Leistungsfähigkeit begründet (vgl. dagegen § 1604) usw.

2. In ihrer Wirksamkeit bis zur Eintragung gehemmt können eintragungsfähige Akte nur sein für Rechtsgeschäfte und rechtskräftige Urteile mit Beteiligung Dritter. Volle Wirksamkeit gilt aber auch hier für alle rechtlichen Beziehungen, an denen kein Ehegatte beteiligt ist,[2] und allen Dritten gegenüber, die den eintragungsfähigen Akt positiv bei der Vornahme des Rechtsgeschäftes[3] oder bei der Erhebung der Klage kannten. *Eintragung im Güterrechtsregister bedeutet danach nur Wirksamkeit der eintragungsfähigen Akte auch für Rechtsgeschäfte und Urteile zwischen den Ehegatten und gutgläubigen Dritten* (vgl. § 1412). Gutgläubige Dritte erwerben etwa vom Ehemann allein ein ursprünglich zu seinem Vermögen gehörendes Recht, obwohl die Ehegatten Gütergemeinschaft mit gemeinschaftlicher Verwaltung des Gesamtgutes vereinbarten, falls sie den Ehevertrag nicht im Güterrechtsregister eintragen ließen. Mangels Wirksamkeit der Vereinbarung Dritten gegenüber gilt für die Erwerber das Recht der Zugewinngemeinschaft mit grundsätzlich freier Verfügungsmacht der Ehegatten.

Soweit § 1412 zugunsten redlicher Dritter eingreift, schließt er die Ehegatten mit Einwendungen aus, die sie auf Grund der zwischen ihnen bestehenden Rechtslage an sich erheben könnten (insbes. mit der Einwendung der Nichtigkeit eines Geschäftes mangels Verfügungsmacht des veräußernden Ehegatten). Diese Wirkung steht nicht zur Disposition des Geschäftspartners; das ihm zuweilen

---

[1] Vgl. OLG Colmar, ROLG 11, 282; OLG Hamburg, ROLG 30, 42; OLG Saarbrücken, FamRZ 1965, 274.

[2] Vgl. RG, Recht 1918 Nr. 377.

[3] Der Zeitpunkt gilt auch, wenn das Rechtsgeschäft aufschiebend bedingt ist oder vom späteren Eintritt einer Wirksamkeitsvoraussetzung abhängt. Vgl. *Dölle*, § 46 III; *Staudinger-Felgentraeger*, 30 zu § 1412; MünchKomm-*Kanzleiter*, 6 zu § 1412; RGZ 142, 59 (für die Genehmigung des VormG).

eingeräumte Wahlrecht[4] ist mit den Geboten der Rechtssicherheit nicht zu vereinbaren, weil es (zumeist im besonders anfälligen dinglichen Bereich) zu Schwebelagen führen würde.[5]

3. Unberührt bleiben alle *Rechtsscheintatbestände,* insbesondere die §§ 892f. und 932ff. Volle Wirksamkeit der eintragungsfähigen Akte ist demnach nicht identisch mit absoluter Sicherheit der Ehegatten. Grundeigentum kann etwa von dem als Alleineigentümer im Grundbuch ausgewiesenen Ehegatten auch dann erworben werden, wenn das Güterrechtsregister (richtig) Gütergemeinschaft der Ehegatten verlautbart (vgl. dazu aber unten § 38 VII 11); das objektbezogene Grundbuch geht als Rechtsscheinträger dem Personalregister des Güterrechts vor. Fahrnis kann freilich in der Regel dem Güterrechtsregister zuwider nicht erworben werden: § 932 schützt (anders als § 892) den grob Fahrlässigen nicht mehr; grob fahrlässig aber handelt im allgemeinen, wer im Verkehr mit Ehegatten das Güterrechtsregister ignoriert (obwohl ein derartiges Verhalten allgemeiner Übung entspricht).

V. Schutz gegen unrichtige Eintragungen

1. Eintragungen können von vornherein unrichtig sein; sie können auch erst durch die spätere Entwicklung unrichtig werden. Spätere Unrichtigkeit gefährdet Dritte nicht; sie ist ein Fall des unvollständigen Registers ohne jede Besonderheit. Die Änderung der eingetragenen Rechtslage ist selbst eintragungsfähig, ihre Wirksamkeit bis zur Eintragung im Rahmen des § 1412 mithin gehemmt; für Rechtsgeschäfte und Urteile zwischen Ehegatten und Dritten bleibt die alte Eintragung maßgebend. Gutgläubige Dritte erwerben etwa von der Ehefrau ein ursprünglich zu ihrem Vermögen gehöriges Recht, wenn die Ehegatten zunächst Gütertrennung vereinbarten und im Güterrechtsregister verlautbaren ließen, später aber ohne Verlautbarung zur Gütergemeinschaft übergingen (vgl. § 1412 II).

2. Bei Eintragungen, die von vornherein unrichtig waren, fehlt ein Akt, der relativ wirksam ist und durch die Eintragung auch mit Drittwirkung ausgestattet werden könnte. Sie verfehlen die Funktion des Güterrechtsregisters, gefährden aber gleichwohl den Verkehr, der auf ihre Richtigkeit vertraut. Vertrauensschutz ist im § 1412 nicht vorgesehen. Er ist dennoch im Umfang der von der Rspr. zunächst für das Handelsregister (das seit 1969 anderen Grundsätzen als das Güterrechtsregister folgt; vgl. § 15 III HGB) entwickelten Grundsätze anzuerkennen. *Dritte, die dem Güterrechtsregister schuldlos tatsächlich vertrauten (vgl. BGHZ 22, 234 [238]), können sich auf den Standpunkt des Registers stellen, wenn die unrichtige*

---

[4] Vgl. *Soergel-Gaul,* 8 zu § 1412; MünchKomm-*Kanzleiter,* 9 zu § 1412; RGRK-*Finke,* 13 zu § 1412.

[5] I. Erg. ebenso *Staudinger-Felgentraeger,* 25 zu § 1412; *Dölle,* § 46 III 2.

Eintragung von den Ehegatten herbeigeführt oder von ihnen schuldhaft nicht beseitigt wurde.[1]

§ 34. Die Prinzipien der Zugewinngemeinschaft

I. Idee und Wirklichkeit

Schrifttum: *Wahl,* Die Erhöhung des Ehegatten-Erbrechts um ein Viertel als Zugewinnausgleich bei Auflösung der Ehe durch den Tod und die erbrechtliche Stellung erstehelicher Kinder, Festschrift H. Lehmann, 1956, 1. Bd., S. 419; *Braga,* Das ehegüterrechtliche Erbrecht des überlebenden Ehegatten, FamRZ 1957, 334; *Lange,* Die Stellung des überlebenden Ehegatten bei der Zugewinngemeinschaft, NJW 1957, 1381; *Ulmer,* Über die Notwendigkeit einer Fristverlängerung für das Inkrafttreten der Normen des Gleichberechtigungsgesetzes betr. den gesetzlichen Güterstand der Zugewinngemeinschaft, FamRZ 1958, 113; *derselbe,* Verbietet das Wesen der Ehe den güterrechtlichen Zugewinnausgleich beim Tode des Ausgleichsberechtigten?, FamRZ 1958, 251; *Bärmann,* Das neue Ehegüterrecht, AcP 157 (1958/59), 145; *derselbe,* Kritik am neuen Ehegüterrecht, JZ 1958, 225; *Thierfelder,* Die wesentlichen Bedenken gegen den gesetzlichen Güterstand der Zugewinngemeinschaft, FamRZ 1959, 389; *Knur,* Probleme der Zugewinngemeinschaft, 1959; *Bydlinski,* Der Gleichheitsgrundsatz im Österreichischen Privatrecht, Vhdl. des ersten österr. Juristentages, 1961, Band I, S. 114; *Boehmer,* Die Teilreform des Familienrechts durch das Gleichberechtigungsgesetz vom 18. Juni 1957 und das Familienrechtsänderungsgesetz vom 11. August 1961, Recht und Staat, Heft 245/246, S. 13; *Hanisch,* Moderne Tendenzen des englischen Ehegüterrechtes verglichen mit den Grundsätzen des gesetzlichen Güterstandes in der Bundesrepublik Deutschland, 1963; *Haegele,* Sechs Jahre Zugewinngemeinschaft, FamRZ 1964, 594; *derselbe,* Weitere zwei Jahre Zugewinngemeinschaft, FamRZ 1966, 594; *Westermann,* Die Bedeutung der Güterstände und der beschränkten Geschäftsfähigkeit für die Bankgeschäfte, FamRZ 1967, 645; *Bopp,* Ausgewählte Fragen aus dem Erbschafts- und Schenkungssteuerrecht, FamRZ 1975, 245; *Knobbe-Keuk,* Die neuen güterrechtlichen Bestimmungen des Erbschaftssteuergesetzes, Festschrift Bosch, 1976, S. 503; *Paulick,* Eheliches Güterrecht in steuerrechtlicher Sicht, Festschrift Bosch, 1976, S. 763; *Kühne,* Zuwendungen unter Ehegatten und Zugewinnausgleich, FamRZ 1978, 221.

1. In ihrer reinen (nicht schon vom positiven Recht gestalteten) Form wird die Idee der Zugewinngemeinschaft allein vom Gedanken des *Zugewinnausgleichs* konstituiert. Freiheit beläßt die Idee bereits in der Zuordnung der Güter: Mit einem System der Gütergemeinschaft kann der Zugewinnausgleich ebenso bewältigt werden wie mit einem System der Gütertrennung. Freiheit beläßt die Idee nicht weniger in der Frage nach zusätzlichen Elementen. Widerspruchslos können mit ihr weitere Regelungsziele verbunden werden (etwa: Erhaltung des Haus- und Familienvermögens durch Verfügungsbeschränkungen). Notwendige weitere Elemente (ohne die der Begriff entfiele) gibt es dagegen nicht.

An dem weiten Raum der Gestaltungsfreiheit erweist sich der Begriff ,,Zugewinngemeinschaft“ als partiell mißverständliche Wiedergabe seines Inhalts. Überall dort, wo der Zugewinnausgleich (wie im geltenden Recht) in einem

[1] Ebenso *Soergel-Gaul,* 16 zu § 1412; MünchKomm-*Kanzleiter,* 10 zu § 1412; *Lange,* FamRZ 1964, 549; *Staudinger-Felgentraeger,* 40 zu § 1412; RGRK-*Finke,* 25 zu § 1412; der Sache nach auch *Kipp-Wolff,* § 42 VI 2 und 3; *Erman-Heckelmann,* 6 zu § 1412.

System der Gütertrennung durchgeführt wird, verfehlt der Begriff den Standort des Güterstandes in einer Morphologie der Güterstände: Die Zugewinngemeinschaft ist dann keine Gemeinschaft der Ehegatten im herkömmlichen Sinn (keine Bruchteilsgemeinschaft, keine Gesamthand), sondern ein System der Gütertrennung mit Zusätzen, die (jedenfalls auch) dem Zugewinnausgleich dienen.[1] Treffendere Begriffe sind für das geltende Recht in einer Vielzahl vorgeschlagen worden; sie gegen das Gesetz durchzusetzen, wird schwerlich gelingen.

2. Der Gedanke der Zugewinngemeinschaft bedarf der Rechtfertigung, an der sich die *Teilungsgröße „Zugewinn"* konkretisiert. Soll in einer arbeitsteiligen Ehe jener Ehegatte am Zugewinn des anderen beteiligt werden, der selbst einer Erwerbstätigkeit nicht nachgehen konnte und damit dem Partner den vollen Einsatz seiner Arbeitskraft im Berufsleben ermöglichte, so ist die sachrichtige Teilungsgröße der Zugewinn aus Erwerbstätigkeit. Soll dagegen ein Ausgleich erfolgen, weil der Ehegatte mit dem geringeren Zugewinn den größeren Erwerb des Partners jedenfalls mitverursacht habe, so ist die sachrichtige Teilungsgröße aller Erwerb beider Ehegatten, der überhaupt sinnvoll mit dem Gedanken der Mitverursachung verbunden werden kann. Beide Ansätze münden schließlich im Irrationalen, wenn (wie kaum anders möglich) schematische Teilungsschlüssel (insbesondere aber: hälftige Teilung des Überschusses) verwandt werden. Das Ausmaß eigenen Erwerbsverzichtes und das Ausmaß der Mitverursachung entzieht sich jeder Generalisierung. Teilung zur Hälfte ist entweder ein Ausdruck der Ratlosigkeit oder irrationaler Empfindungen und idealisierender Tendenzen.

3. *Grundlagen des geltenden Rechtes.* Neben dem begriffsbildenden Zugewinnausgleich war der Legislative als Zeitsignatur der Gedanke der gebundenen Freiheit vorgegeben. Trotz mancher Versuche, den Gedanken der Gütergemeinschaft neu zu beleben, ließ sich nicht übersehen, daß eine wie immer auch geartete Vergemeinschaftung der Güter dem Zeitgeist nicht entsprach, und das schon gar nicht in jenem Augenblick, in welchem die Emanzipation der Frau Eingang in das eheliche Güterrecht fand. Schließlich konnte es sich nicht darum handeln, die eben aus dem Patriarchat (dem Güterstand der ehemännlichen Nutzverwaltung) befreite Frau erneut in eine (wenn auch andersartige) Abhängigkeit zu führen. Andererseits erschien die ungebundene Freiheit der Ehegatten in einem Güterstand der Gütertrennung mit Zugewinnausgleich bei seiner Beendigung als einzigem Zusatz suspekt als Regelung, die destabilisierenden Tendenzen innerhalb der Familie keinen Widerstand entgegensetzt, ja ihnen sogar Vorschub leistet. So konstituieren *Ausgleich, Freiheit und Bindung* die Idee der Zugewinngemeinschaft in ihrer vom positiven Recht angenommenen Form. Freilich gelang es nicht mehr, die Grundidee des Ausgleichs widerspruchsfrei zu formulieren

[1] Ganz a. A. *Braga,* FamRZ 1967, 653f. (funktionale Vermögensbeteiligung; § 1363 II 1 eine „rechtstechnisch bedingte Abweichung").

und die einander widerstrebenden Ziele der Freiheit und der Bindung in einer gegenseitig begrenzenden Balance zu halten, die keinem ein Übergewicht verleiht.

4. *Bindungen* der grundsätzlich gewährten Verwaltungsfreiheit für die eigenen Güter (§ 1364) folgen nicht nur aus den allen Güterständen vorgelagerten Pflichten, die sich aus den Wirkungen der Ehe im allgemeinen (§§ 1353ff.) ergeben. Hinzu treten spezifisch güterrechtliche Schranken aus den Verfügungsbeschränkungen der §§ 1365, 1369 (vgl. zu ihnen unten § 35), aus allen Möglichkeiten des Partners, die Zugewinngemeinschaft vorzeitig zu beenden (vgl. dazu unten § 36 II) und aus allen Korrekturen bei der Berechnung des Zugewinns, deren Zweck es ist, einen fairen Ausgleich nach illoyalen Vermögensminderungen zu gewährleisten (vgl. dazu unten § 36 IV 3). Neben unmittelbaren Bindungen der Ehegatten finden sich mittelbare; im Verein entsteht ein Bild weitgehender Bindung, das zuweilen (überpointiert) bereits den Gedanken einer „funktionalen Gütergemeinschaft" suggerierte. Die verschiedenen Ansätze des Gesetzes verdichten sich freilich nicht mehr zu einer allgemeinen Pflicht zur Verwaltung des Vermögens in einer dem Wohl der Familie entsprechenden Weise.[2] Inmitten vielfältiger Bindung bleibt Freiheit; nicht jede Maßnahme, die dem Wohl der Familie widerspricht, ist bereits pflichtwidrig.

5. *Die Teilungsgröße.* Das geltende Recht basiert weit stärker auf dem Gedanken der Teilung um der Mitverursachung als auf dem anderen der Teilung um des Erwerbsverzichtes willen, doch ist die Situation der Hausfrau in der arbeitsteiligen Ehe stets als Leitbeispiel für die grundsätzliche Sachrichtigkeit des Güterstandes festgehalten worden. Auszugleichen ist gleichwohl nicht der von beiden Ehegatten (in welcher Form auch immer) gemeinschaftlich bewirkte Erwerb, sondern grundsätzlich *das gesamte während des Güterstandes erworbene Vermögen.* Korrekturen, die sich um eine Näherung an die eigentlich richtige Teilungsgröße bemühen (§ 1374 II) bleiben auf bestimmte Erwerbsvorgänge beschränkt und vermitteln damit lediglich das Bild einer inkonsequent aufgelockerten Inkonsequenz.

Sachrichtigkeit verbürgt die Zugewinngemeinschaft damit nur jenen Ehegatten, die mehr zufällig mit ihrem Erwerb der Idee des Güterstandes entsprechen. In Ehetypen: *die Zugewinngemeinschaft des geltenden Rechtes ist der sachrichtige Güterstand für Ehegatten in einer „Hausfrauenehe" mit geringem Vermögen bei Beginn des Güterstandes, etwa gleichwertigem arbeitsteiligen Kräfteeinsatz während seiner Dauer und mit mäßig gemehrtem Vermögen an seinem Ende.* Die Versicherung der Sachrichtigkeit für alle Hausfrauenehen scheitert bereits an der Absurdität der Annahme

---

[2] Ebenso *Dölle,* § 51 I; *Staudinger-Thiele,* 4ff. zu § 1364; *Soergel-Lange,* 10 zu § 1364. A.A. aber *Erman-Heckelmann,* 3 zu § 1364.

einer dem Manneseinkommen stets gleichwertigen Hausfrauentätigkeit.[3] Andere Ehetypen werden generell verfehlt. In einer Doppelverdienerehe etwa nivelliert die Zugewinngemeinschaft lediglich ohne jeden rechtfertigenden Grund die Leistungsunterschiede im Beruf. Die altbekannte Flucht vor dieser Erkenntnis in das ,,Wesen der Ehe" oder auch in die ,,Ehe als Schicksalsgemeinschaft" ist nicht mehr als eine Phrase, die schon im Ansatz das Problem verfehlt.

Den Anspruch, ein Güterstand zu sein, der den effektiven Beitrag eines jeden Ehegatten am Zugewinn des anderen widerspiegelt, kann die Zugewinngemeinschaft des BGB mithin nicht erheben. Hinzuzufügen ist freilich, daß jeder Versuch, den Güterstand grundsatzkonformer auszugestalten, notwendig zu ganz erheblichen praktischen Unbequemlichkeiten und Schwierigkeiten geführt hätte, und daß die Verfälschung des eigenen Ansatzes umgekehrt einen klaren und einfachen Ausgleichsmodus ermöglichte.

6. *Die Ausgleichsmodi.* Soll der Güterstand der Zugewinngemeinschaft folgerichtig (dem eigenen Entwurf entsprechend) durchgeführt werden, so wäre der Ausgleich in stets gleicher Manier vorzunehmen, wie immer auch die Ehe endet. Es wäre der ausgleichspflichtige Erwerb auf beiden Seiten zu berechnen, es wäre zu vergleichen und ein Überschuß auszugleichen, und zwar mit mathematischer Akkuratesse in allen Stufen des Verfahrens. Die Zugewinngemeinschaft des geltenden Rechts verwendet dagegen *zwei Ausgleichsmodi, von denen einer in sich noch einmal in zwei verschiedene Formen zerfällt.* Sie kennt zwar (mit Verwerfungen) den rechnerischen Zugewinnausgleich, doch mehr als Ausnahme denn als Regel; bedeutsamer ist die ,,erbrechtliche Lösung" bei Beendigung des Güterstandes durch den Tod eines Ehegatten, die sich in die pauschalierende und in die individuelle Form gabelt. In der pauschalierenden Form (die Platz greift, wenn der überlebende Ehegatte kraft Gesetzes zu einer Miterbengemeinschaft gehört, die den Partner beerbte) wird der Zugewinnausgleich durch Erhöhung des gesetzlichen Erbteils um ein Viertel ,,verwirklicht" (§ 1371 I). Gleichgültig sind für diesen Fall alle sonst für den Zugewinnausgleich relevanten Daten: der überlebende Ehegatte erbt mehr auch dann, wenn kein Zugewinn erzielt wurde, wenn er selbst beim rechnerischen Zugewinnausgleich Schuldner gewesen wäre (die Erben werden geprellt[4]), wenn nur voreheliches Vermögen zu verteilen ist, weil die Ehe nur kurze Zeit währte usw. Hier (aber nicht nur hier) erweist sich die Zugewinngemeinschaft des BGB als Güterstand ohne Prinzipientreue, der selbst

---

[3] Beachte dazu auch § 1360. Die Führung des Haushalts durch einen Ehegatten wird in dieser Norm den Unterhaltsleistungen des anderen Ehegatten (und nicht: dessen Einkommen) gleichgesetzt.

[4] Vgl. dazu *Bärmann,* AcP 157 (1958/59), 171 ff. Sein Versuch, die Entrechtung der Erben durch die Annahme einer (in den Nachlaß fallenden) zum Vollrecht erstarkenden Anwartschaft des Verstorbenen auf die Ausgleichsforderung zu beseitigen, ist unbeschadet weiterer Kritik als offene Auflehnung gegen das Gesetz auf allgemeine Ablehnung gestoßen.

die Absurdität nicht scheut: Einen nicht vorhandenen Zugewinn kann niemand ausgleichen, noch nicht einmal das BGB.[5]

Unrichtig ist die Behauptung, mit der pauschalierenden erbrechtlichen Lösung vielleicht die Gerechtigkeit mißachtet, jedoch ein Höchstmaß an Praktikabilität erreicht zu haben. Die Erhöhung des gesetzlichen Erbteils ist zwar als solche einfach, doch steht sie zur Disposition des überlebenden Ehegatten, der durch Ausschlagung der ihm angefallenen Erbschaft einen rechnerischen Zugewinnausgleich erzwingen kann. Offenbar kann er nun aber eine ökonomisch sinnvolle Entscheidung erst treffen, wenn er zuvor das Resultat eines (hypothetisch durchgerechneten) regulären Zugewinnausgleichs mit dem Resultat des verstärkten Ehegattenerbrechts verglichen hat, mithin erst nach Anwendung beider Ausgleichsmodi; das scheinbar Einfache erweist sich damit als das tatsächlich Kompliziertere. Daß der überlebende Ehegatte nicht wählen und rechnen soll *(Knur)*, mag Wille des Gesetzes sein, doch wirkt ein derartiger Wille deplaciert in einem Güterstand, der selbst die Alternative anbietet. Wer sich bescheidet, wer nicht rechnet, erspart sich Mühen; ökonomisch sinnvoll verhält er sich nicht.

Bei größeren Erbschaften erzwingt gar das Steuerrecht die Berechnung jenes Betrages, den der verstorbene Ehegatte dem überlebenden Partner im Augenblick des Todes als rechnerischen Zugewinnausgleich hätte leisten müssen, weil nur dieser Betrag von § 5 ErbStG als steuerfreier (weil ,,verdienter") Erwerb anerkannt wird. Rücksichtslos decouvriert damit das Steuerrecht das BGB mit seiner (verbal verschleierten) Prinzipienlosigkeit und führt die Zugewinngemeinschaft zum eigenen Entwurf zurück.

7. Typische Sachrichtigkeit wird der pauschalierenden erbrechtlichen Lösung zuweilen als Träger eines eigenständigen Gedankens zugestanden, der die Verstärkung des Ehegattenerbrechts um ihrer selbst willen erstrebt. Normtext, Beschränkung auf Ehegatten im gesetzlichen Güterstand und das letztlich den Ehegatten zugestandene Wahlrecht (der Erblasser kann die Lösung letztwillig ausschließen) erweisen indessen eine derartige Deutung zumindest als fragwürdig, wenn nicht gar als unvollziehbar. Sie setzt überdies die Sachrichtigkeit eines verstärkten Ehegattenerbrechts voraus, die bislang wegen der Einbußen für die Kinder keineswegs allgemein anerkannt ist.

8. *Zeit des Ausgleichs.* Offen steht die Idee der Zugewinngemeinschaft der Frage gegenüber, wann der Zugewinnausgleich erfolgen soll. Periodische Abrechnungen sind mit ihr ebenso zu vereinbaren wie eine einzige Ausgleichsrechnung am Ende des Güterstandes. Freilich ist die Entscheidung für diese belastet mit dem faktischen Ausschluß eines Ehegatten vom Zugewinnausgleich für den Regelfall

---

[5] Die erbrechtliche Lösung wird für verfassungswidrig gehalten von *Ulmer,* FamRZ 1958, 252 (ihm zustimmend *Thierfelder,* FamRZ 1959, 391), weil die vorversterbende Frau schlechter behandelt werde als die geschiedene (Art. 6 I GG).

der Beendigung des Güterstandes durch den Tod. Wie dann auch immer mit den Erben des Verstorbenen abgerechnet werden mag, der Tote selbst hat den Güterstand nur als Gütertrennung mit andersartigen Zusätzen (den Verfügungsbeschränkungen) erfahren.

Das geltende Recht hat sich gleichwohl für den einmaligen Ausgleich am Ende des Güterstandes entschieden. Ausgleichsleistungen während des Güterstandes sind auch für jene Ehegatten nicht vorgesehen, für die sie sich am ehesten anbieten: für diejenigen, die im Beruf oder Geschäft ihres Partners mitarbeiten und damit dessen Zugewinn besonders augenfällig mitverursachen. Die Vorteile sind evident: es gibt keine Auseinandersetzungen der Ehegatten während des Güterstandes, keine Zwischenbilanzen, keine Ausgleichszahlungen mit wechselnden Rollen bei wechselnden Erfolgstrends. Evident sind aber auch die Nachteile: Ehegatten ohne eigenen Erwerb bleiben während des Güterstandes auf eine bloße Erwerbschance beschränkt; im Verhältnis zu ihren unterhaltsberechtigten Verwandten sind sie (finanziell) nicht leistungsfähig.

9. *Leistungen während des Güterstandes,* die ein Ehegatte dem anderen erbringt (häufig: hälftiger Miteigentumserwerb und Bebauung eines Grundstücks mit Mitteln, die allein ein Ehegatte zur Verfügung stellt), gebühren deshalb auch niemals kraft Güterrechtes dem Erwerber. Die Zugewinngemeinschaft ist für derlei Zuwendungen keine rechtfertigende causa. Das gilt auch für Zuwendungen, die gemäß § 1380 auf die etwaige (spätere) Ausgleichsforderung anzurechnen sind. Die nur mögliche Anrechnung verändert zunächst den Rechtsgrund nicht: Schenkungen bleiben insbesondere Schenkungen (die gemäß §§ 530ff. widerrufen werden können).

Der Eintritt in die Endphase des Güterstandes bedeutet zwar für die anrechnungspflichtigen Zuwendungen die Aktualisierung einer Eventualcausa, mit der sie in nunmehr veränderter Form (entgeltlich statt unentgeltlich) endgültig dem Vermögen des Erwerbers gesichert werden (vgl. dazu unten § 36 VII 2). Im übrigen ändert sich an der Rechtslage nichts; das Recht der Zugewinngemeinschaft führt damit der allgemeinen Problematik der ehebedingten Zuwendungen keine neuen Lösungen zu.

Anders entscheidet freilich der BGH. In einer Manier, die rechtstheoretisch nicht haltbar ist,[6] hat er für den Fall der Scheidung und für den Fall der Güterstandsbeendigung durch den Tod eines Ehegatten unter Berufung auf den Rechtsgedanken der Zugewinngemeinschaft und die eheliche Lebensgemeinschaft Bereicherungsansprüche nach ehebedingten Zuwendungen generell und Rückgewähransprüche nach Wegfall der Geschäftsgrundlage wenigstens grundsätzlich ausgeschlossen.[7] Vorbehalten bleiben letztere freilich ,,in besonderen

[6] Gegen den BGH deshalb bereits *Kühne,* JZ 1976, 487ff.; FamRZ 1978, 221ff. Krit. auch *Staudinger-Thiele,* 14 zu § 1363 (jedoch i. Erg. die Rspr. billigend).

[7] Vgl. BGHZ 65, 320; FamRZ 1976, 334.

Fällen" und damit in einer Verkürzung, die dem Fehler im rechtstheoretischen Ansatz den weiteren mangelnder Praktikabilität hinzufügt.[8]

10. Offen ist die Idee der Zugewinngemeinschaft auch in der Frage nach der zweckmäßigen *Form der Beteiligung am ausgleichspflichtigen Zugewinn*. Eine Ausgleichsforderung ist mit ihr nicht weniger zu vereinbaren als eine dingliche Lösung, die zur Übertragung bestimmter Gegenstände verpflichtet (während der Aufbau von Bruchteils- oder Gesamthandsgemeinschaften am Ende eines den Systemen der Gütertrennung zugeordneten Güterstandes schon als prinzipwidrig bezeichnet werden muß). Das geltende Recht verwendet beide Formen: Der rechnerische Zugewinnausgleich mündet in einer Ausgleichsforderung (§ 1378 I); die erbrechtliche Lösung führt dagegen – sofern der überlebende Ehegatte nicht nur Vermächtnisnehmer ist – zu einer unmittelbaren Teilhabe am Nachlaß.

Verdinglichung bedeutet in einer Zeit ohne Stabilität des Geldwertes Privilegierung durch Substanzsicherung im Verhältnis zum nur obligatorisch Berechtigten. Nicht zufällig ist sie zum wesentlichen Argument für die erbrechtliche Lösung geworden. Doch entbehrt die Privilegierung des überlebenden Ehegatten letztlich eines rechtfertigenden Grundes im Verhältnis zu Ehegatten, die lediglich eine Ausgleichsforderung erwerben, und im Verhältnis zu anderen (etwa Pflichtteilsberechtigten), die das BGB in ähnlicher Situation auf eine Geldforderung verweist.

11. *Rechtsgeschäftliche Korrekturen*. Der ideale Güterstand, der allen Ehen eine sachrichtige Lösung bietet, wird stets eine Utopie bleiben; das Güterrecht kann rechtsgeschäftliche Gestaltungsmöglichkeiten als Korrektiv einer nur begrenzt richtigen Lösung nie entbehren. Typische Sachrichtigkeit ist allein zu verlangen, mit einer folgerichtig gedachten Zugewinngemeinschaft aber auch zu erreichen. Das geltende Recht denaturiert dagegen die Zugewinngemeinschaft weithin; dem Verlust an Sachrichtigkeit steht kein Gewinn gegenüber; Ehevertrag und Testament müssen mehr denn je für eine gerechte Ordnung unter den Ehegatten sorgen. Unverkennbar aber sind die psychologischen Hemmungen, die sich der Beseitigung oder auch nur Korrektur eines als modern geltenden Güterstandes überhaupt entgegenstellen: Wer der Idee der Zugewinngemeinschaft entsprechend leben und deshalb die erbrechtliche Lösung vermeiden will, ist bereits zu Beginn der Ehe gezwungen, eine letztwillige Verfügung zu errichten, die dem Ehegatten Rechte nimmt, die das Gesetz unter der Versicherung typischer Sachrichtigkeit gewährt.

12. *Auswirkungen im Geschäftsverkehr*. Systeme der Gütertrennung berühren den Geschäftsverkehr in der Regel weit weniger als Systeme der Gütergemeinschaft. Nicht von ungefähr hat aber gerade die Zugewinngemeinschaft die Ver-

---

[8] Vgl. dazu als erste präzisierende Entscheidung BGHZ 68, 299 (Grunderwerb zu hälftigem Miteigentum mit Mitteln des Mannes; Hausbau zum Zweck der Altersversorgung unter Mitarbeit des

tragspraxis mit Ehegatten bei einigen Geschäftstypen nachhaltig beeinflußt: Die Bindungen in der Verwaltung des Vermögens schmälern die Handlungsmacht ohne Verkehrsschutz; der Zugewinnausgleich gefährdet (freilich gemildert durch § 1378 II) die Gläubiger durch eine potentielle konkurrierende Forderung unberechenbaren Umfanges. Reaktionen des Geschäftsverkehrs sind vornehmlich im Kreditgeschäft spürbar (gesamtschuldnerische Haftung der Ehegatten; vorsorgliche Zustimmungserklärungen) und stärker noch beim Aufbau von Personalgesellschaften. Gesellschafter, die im gesetzlichen Güterstand leben, sind in der Regel unerwünscht. Meist sehen die Gesellschaftsverträge die Pflicht vor, Gütertrennung zu vereinbaren. Sofern das nicht der Fall ist, werden (oft unterstützt von anderen Motiven) alle Rechte der Gesellschafter beschränkt, deren Ausübung zu einem schnellen Abfluß von Kapital führen können (Entnahmerechte, Kündigungsrechte, Höhe und Fälligkeit des Auseinandersetzungsguthabens).[9]

II. Gütertrennung als Grundsatz

Schrifttum: *Kremer,* Der Besitz der Ehegatten an der ehelichen Wohnung und an den gemeinsam benutzten Hausratsgegenständen, FamRZ 1954, 186; *Pohle,* Zur Vollstreckung bei Allein- oder Mitgewahrsam des Ehegatten des Schuldners, MDR 1954, 705 und 1955, 1.

1. Allen Systemen der Gütertrennung ist gemeinschaftliches Vermögen der Ehegatten fremd; auch der Zugewinngemeinschaft fehlt gemeinschaftliches Vermögen der Ehegatten vollständig. Eingebrachtes Gut und Errungenschaft in der Ehe werden gleicherweise nicht in die Zuständigkeit beider Ehegatten geleitet (vgl. § 1363 II).

Güterrecht ist kein Recht, das für seine Strukturen Exklusivität in Anspruch nimmt. Nichts hindert die Parteien, durch Rechtsgeschäft gemeinschaftliches Vermögen zu bilden, sei es nun Gesamthandsvermögen (Gesellschaft), sei es auch Vermögen, das ihnen in der Form der Gemeinschaft nach Bruchteilen zusteht (häufig beim Grundstückserwerb). Gemeinschaftliches Vermögen der Ehegatten kann ferner ex lege aus güterstandsfremden Gründen entstehen (Miterbengemeinschaft).

2. *Vermögensverwaltung.* Jeder Ehegatte verwaltet sein Vermögen selbständig (§ 1364); die Trennung der Zuständigkeit setzt sich fort in einer Trennung der Verwaltung, wenn auch einer unmittelbar und mittelbar vielfach gebundenen Verwaltung (oben I 3). Wie für die Zuständigkeiten nimmt das Güterrecht aber auch für die Verwaltung der Vermögen keine Exklusivität in Anspruch. Alle Rechtsmacht zum Handeln mit Wirkung für den Partner ex lege (§ 1357) bleibt unangetastet. Ferner bleibt es jedem Ehegatten unbenommen, den Partner zu

---

Mannes. Die Frau begehrte Teilungsversteigerung). Vgl. ferner OLG Schleswig, FamRZ 1978, 247 (Rückgewähr, wenn der Empfänger der Zuwendung ausgleichspflichtig ist; condictio ob rem).

[9] Vgl. dazu *Tubbesing,* BB 1966, 832ff.

beauftragen und zu bevollmächtigen oder auch zu ermächtigen, mag nun ein Einzelakt gewünscht werden, mag auch die Verwaltung des ganzen Vermögens dem Partner anvertraut werden (vgl. dazu oben § 32 IV). In aller Regel ist auch die gewillkürte Prozeßstandschaft eines Ehegatten für seinen Partner anzuerkennen. Die Verbundenheit der Ehegatten begründet im allgemeinen das für die gewillkürte Prozeßstandschaft von der h. L. geforderte eigene Interesse des Klägers.[1]

Ein (meist nicht ausdrücklich vereinbarter) Auftrag zum Erwerb von Miteigentum ist in der Regel gegeben, wenn ein Ehegatte im eigenen Namen mit Mitteln beider erwerben soll.[2] Ein derartiger Auftrag verpflichtet den erwerbenden Ehegatten aus § 667 zur Einräumung von Miteigentum. Auch als Auftrag zum Erwerb von Grundeigentum ist der Vertrag der Ehegatten nicht formgebunden; § 313 ist nicht auf Pflichten zu erstrecken, die ausschließlich der Abwicklung von Zwischenrechtslagen dienen.

3. Keinerlei Einfluß zeitigt das Güterrecht auf den *Besitz* der Ehegatten. Die nie bestrittene (wenn auch häufig vergessene) Autonomie des Besitzrechtes wird heute in der Regel auch nicht mehr (wie früher üblich) durch Manipulation des Besitzwillens außer Kraft gesetzt zugunsten einer vom jeweiligen Güterstand der Ehegatten beherrschten Lage des Besitzes, in der sich Besitz und Recht zum Besitz aus Güterrecht (und nicht mehr aus § 1353!) decken.

Zusammen lebende Ehegatten sind in der Regel *Mitbesitzer der gemeinschaftlich benutzten beweglichen Sachen und der Ehewohnung,* mag die letztere auch nur von einem Ehegatten gemietet worden sein.[3] Sie sind es kraft simpler gemeinschaftlicher Sachherrschaft (§ 854); die vielfach übliche Begründung aus der Gleichberechtigung der Geschlechter[4] oder auch aus dem „Wesen der ehelichen Lebensgemeinschaft“ und dem „allgemeinen Rechtsempfinden“[5] verfehlt die Problematik von Grund auf. Versuche, den Alleinmieter als Alleinbesitzer zu erweisen und den Partner mangels selbständigen Herrschaftswillens in die Rolle eines Besitzdieners abzudrängen,[6] erhalten ihre Impulse aus dem Vollstreckungsrecht, verfehlen die soziale Wirklichkeit und sind mit ihrer Manipulation des Besitzwillens ganz einer an sich überwundenen Epoche verhaftet. Alleinbesitz eines Ehegatten bleiben in der Regel die zu seinem persönlichen Gebrauch bestimmten Sachen,

---

[1] Vgl. BGH, FamRZ 1961, 435; *Erman-Heckelmann,* 1 zu § 1364. Anders noch BGH, FamRZ 1959, 55 mit Anm. *Bosch* für einen Schmerzensgeldanspruch.

[2] Vgl. BGH, FamRZ 1960, 58 (59f.).

[3] Vgl. BGHZ 12, 380 (399) mit verfehlter Begründung; *Kremer,* FamRZ 1954, 186; *Pohle,* MDR 1954, 705ff. (nur für Hausrat und mit Korrekturen alten Stils für die Gütergemeinschaft); OLG Hamm, NJW 1956, 1681; *Beitzke,* § 13 I 5; *Staudinger-Thiele,* 8 zu § 1363.

[4] Vgl. etwa *Erman-Heckelmann,* 5 zu § 1364.

[5] Vgl. RGRK-*Finke,* 7f. zu § 1364.

[6] Vgl. *Pohle,* MDR 1955, 5 und ZZP 68 (1955), 277f.

die von ihm unter Alleinverschluß gehaltenen Sachen und alle Sachen, die er zur Ausübung seines Berufes oder Gewerbes verwendet.

III. Surrogation

1. Surrogation in der Form der *Gegenstandssurrogation* (vgl. dagegen die Mittelsurrogation des § 1646) gilt für alle Haushaltsgegenstände, die an Stelle nicht mehr vorhandener[1] oder wertlos gewordener (auch technisch völlig überholter oder dem Geschmack der Zeit schlechthin nicht mehr entsprechender[2]) Gegenstände angeschafft werden. Eigentum erwirbt der Ehegatte, dem die ersetzten Gegenstände gehörten (§ 1370); Miteigentum setzt sich in Miteigentum fort. Der Zweck ist evident: Die Eigentumslage an Haushaltsgegenständen soll bei Erneuerung keine Änderung erfahren, damit nicht jener Ehegatte den Verlust durch Abnutzung zu tragen hat, der seiner Pflicht aus § 1353 nachkam und sein Eigentum der gemeinschaftlichen Benutzung zuführte.[3] Die Notwendigkeit der Norm ist freilich fragwürdig: Im Zugewinnausgleich wird ohnehin ein Gewinn der Ehegatten ausgeglichen. Die Wirkung ist vielfach stärker als erstrebt: Das wertvolle Surrogat (das zwar funktionsidentisch, aber nicht sachidentisch sein muß) tritt an die Stelle des einfachen Gegenstandes;[4] im wirtschaftlichen Aufstieg der Ehegatten mehrt der Eigentümer der Haushaltsgegenstände sein Vermögen.

Unbestreitbar ist der Gewinn an Rechtsklarheit. Wenn und soweit § 1370 Anwendung findet, erübrigt sich eine Klärung der Eigentumsverhältnisse anhand des Erwerbsgeschäftes (also der dinglichen Einigung des § 929).

2. § 1370 ist gegenstandslos, wenn bereits der Erwerbstatbestand seiner Rechtsfolge entspricht. Er bewirkt bei anderslautender dinglicher Einigung (§ 929) eine Subjektsänderung im Erwerbsgeschäft kraft Gesetzes, wenn sein Tatbestand im Augenblick des Erwerbes vorliegt. Er bewirkt einen späteren Eigentumswechsel, wenn zunächst auf Vorrat erworben wurde, der neue Gegenstand daher erst nach dem Erwerbsakt die Funktionen des alten im Haushalt übernahm.[5]

---

[1] Gleich ist der Grund des Verlustes. Ersatzansprüche gegen Dritte (etwa aus § 823 I) hindern die Surrogation nicht. Der begünstigte Ehegatte ist jedoch aus § 1353 zur Zession verpflichtet, wenn der Partner mit eigenen Mitteln Surrogationserwerb bewirkte. Allg. M.

[2] Diese am faktischen Gebrauchswert orientierte weite Interpretation des Begriffes „wertlos" entspricht der h. L. Aus der Rspr. vgl. OLG Nürnberg, FamRZ 1964, 297 (in 21 Jahren unmodern gewordenes Wohnzimmer); LG Düsseldorf, NJW 1972, 60 (neue Möbel für eine neue Wohnung).

[3] Dieser Zweck verbietet die Anwendung der Norm nach einem Totalverlust durch Unglück. Vgl. *Erman-Heckelmann,* 4 zu § 1370; RGRK-*Finke,* 13 zu § 1370. A. A. *Staudinger-Thiele,* 15 zu § 1370; *Soergel-Lange,* 7 zu § 1370.

[4] Vgl. OLG Nürnberg, FamRZ 1964, 297 (Musikschrank anstelle eines veralteten Rundfunkapparates); BayObLG, FamRZ 1970, 31 (Flügel statt Klavier). Dagegen erkennt *Staudinger-Thiele,* 13 zu § 1370, Surrogation nicht an, wenn „der Qualitäts- oder Quantitätsunterschied ganz erheblich" ist.

[5] Surrogationserwerb nach Vorratskauf wird abgelehnt von *Staudinger-Thiele,* 23 zu § 1370; *Soergel-Lange,* 9 zu § 1370.

3. *Abweichende Vereinbarungen* sind mit dem Veräußerer nie, zwischen den Ehegatten dagegen jederzeit möglich. Der generelle Ausschluß des Surrogationserwerbs ist Ehevertrag und damit der Form des § 1410 unterworfen. Im Einzelfall können die Ehegatten dagegen § 1370 formlos abdingen.[6] Nach dem Surrogationserwerb ist eine Änderung der Eigentumsverhältnisse nur noch durch Übereignung (§§ 929ff.) möglich.

§ 35. Die Verfügungsbeschränkungen

Schrifttum: *Reinicke,* Verwaltungsbeschränkungen im gesetzlichen Güterstand der Zugewinngemeinschaft, BB 1957, 564; *Lorenz,* Die Verfügungsbeschränkungen im Rahmen der Zugewinngemeinschaft, JZ 1959, 105; *Brox,* Die Vinkulierung des Vermögens im ganzen sowie der Haushaltsgegenstände und ihre Auswirkungen im Zivilprozeß, FamRZ 1961, 281.

I. Umkreis und Schutzzweck

Schrifttum: *Frank,* Kein Gutglaubensschutz nach dem Gleichberechtigungsgesetz?, NJW 1959, 135; *Reithmann,* Schutz des Rechtsverkehrs bei Geschäften mit verheirateten Personen, DNotZ 1961, 3.

1. Verfügungsbeschränkungen bewirken eine geminderte sekundäre Zuordnung subjektiver Rechte. Unangetastet bleibt zwar die Rechtszuständigkeit, doch weist die Beschränkung die gebundenen Rechte in einer vom jeweiligen Schutzzweck beherrschten Form der geschützten Person oder dem geschützten Personenkreis zu. Gewährt das Gesetz dem Begünstigten darüber hinaus positive Befugnisse, die an sich dem Rechtsinhaber vorbehalten sind, kann das Bild einer funktionellen Mitberechtigung entstehen. Nicht umsonst wird deshalb die Zugewinngemeinschaft als „funktionelle Gütergemeinschaft" bezeichnet: Die Gebrauchsrechte aus § 1353 (vgl. oben § 19 III) geben den Ehegatten weitere Befugnisse.

2. Gebunden wird die Verfügungsmacht der Ehegatten (nicht die ihrer Gläubiger in der Zwangsvollstreckung[1]) für Gesamtvermögensgeschäfte (§ 1365) und für Gegenstände des ehelichen Haushaltes (§ 1369). Weitere gegenständlich bestimmte Verfügungsbeschränkungen (Grundstücke, Rechte aus Versicherungen usw.) zu schaffen, hat der Gesetzgeber zu Recht abgelehnt. Die (zufällige) Zusammensetzung der beiderseitigen Vermögen sollte nicht über Freiheit und Bindung entscheiden.

3. *Zweck* der Verfügungsbeschränkungen ist auch, aber nicht primär, die Sicherung des zukünftigen Zugewinnausgleichs. Dem Interesse an einem unge-

[6] Allg. M. Aus der Rspr. vgl. BayObLG, FamRZ 1970, 31; LG Düsseldorf, NJW 1972, 60.

[1] Unstr. Vgl. aus der Rspr. OLG Hamburg, NJW 1970, 952; LG Braunschweig, NJW 1969, 1675.

schmälerten Ausgleichsanspruch dienen stärker andere Normen (vgl. in erster Linie §§ 1375 II, 1386). Wesentlicher ist der Gedanke, die wirtschaftlichen Grundlagen des Familienlebens überhaupt und speziell die des ehelichen Haushaltes sichern zu müssen.[2] Der dagegen zuweilen erhobene Vorwurf teleologischer Inkonsequenz, mit dem die Verwendung eines für jede Familie geltenden Gedankens nur in einem Güterstand (und nicht in den §§ 1353ff.) gerügt wird,[3] ist nur bedingt richtig. Über die stets bestehende Sicherung der Familienhabe hinaus kann eine weitere Bindung durchaus allein auf *einen* Güterstand beschränkt sein. Inkonsequenzen ergeben sich erst, wenn die Verfügungsbeschränkungen als Mittel eines im Allgemeininteresse liegenden Familienschutzes begriffen werden.[4]

Freilich sind die beiden Normzwecke in den Normtexten bewußt formalisiert worden, um die Handlichkeit der Normen zu erhöhen. Die Tatbestände wuchern deshalb zuweilen über die von den Normzwecken gezogenen Grenzen hinaus (§ 1365 I ist etwa auch anzuwenden, wenn keine konkrete Gefährdung festzustellen ist; erst Abs. II ändert die Situation), bleiben andererseits zuweilen auch weit hinter ihnen zurück. Die Interpretation der Tatbestände hat diesem Entwurf zu folgen; sie wird illegitim, wenn sie sich allzu stark im Gestrüpp der wirtschaftlichen Daten des Einzelfalles verliert.

4. *Deutung*. Eine festgefügte, von BGHZ 40, 218 bestätigte h.L. deutet die Verfügungsbeschränkungen als absolute Veräußerungsverbote mit Rechtsfolgen, die von den §§ 1366ff. (als leges speciales gegenüber § 134) bestimmt werden.[5] Als mögliche Alternative wird allein die Charakterisierung als relative Veräußerungsverbote gesehen, die über § 135 II von gutgläubigen Geschäftspartnern überwunden werden können.[6] In Wahrheit liegt weder das eine noch das andere vor; nicht jede Verfügungsbeschränkung ist § 134 oder § 135 zu unterwerfen.[7] Als absolutes Veräußerungsverbot können die Verfügungsbeschrän-

---

[2] Umgekehrt gewichtet *Erman-Heckelmann*, 2 zu § 1365 (Grundlagenschutz kein eigenständiges Prinzip; nur zusätzliche Motivation neben Ausgleichssicherung). Vereinzelt ist früher der Schutzzweck allein in der Sicherung des Zugewinnausgleiches gesehen worden. Vgl. *Ziege*, NJW 1957, 1579; 1958, 131.

[3] Vgl. insbesondere *Boehmer*, Einige kritische Gedanken zum Gleichberechtigungsgesetz, Festschrift Hedemann, 1958, S. 42.

[4] Verfehlt ist es deshalb auch, bei der Interpretation der §§ 1365, 1369 auf Art. 6 GG zurückzugreifen. A.A. insbesondere *Mülke*, AcP 161 (1962), 129f.

[5] Vgl. die Zusammenstellung bei *Hartung*, Verfügungsbeschränkung bei ehelichem Hausrat, 1962, S. 34 Fn. 77 und aus der Folgezeit *Reinicke*, DB 1965, 1352; LG München, FamRZ 1965, 511; BayObLG, FamRZ 1965, 331 (332); 1967, 337 (338); OLG Hamburg, NJW 1970, 952; *Soergel-Lange*, 3 zu § 1365; RGRK-*Finke*, 1 zu § 1365; *Sandrock*, Gesellschaftsvertragliche Vereinbarungen und die Verwaltungsbeschränkung des § 1365 Abs. 1 BGB, Festschrift Duden, 1977, S. 524.

[6] Für Anwendung des § 135 *Frank*, NJW 1959, 135.

[7] Richtig bereits *Hartung*, S. 33ff. Vgl. ferner *Staudinger-Thiele*, 99 zu § 1365; *De la Motte*, Der Einfluß der güterrechtlichen Verwaltungsbeschränkung des § 1365 BGB auf das Unternehmensrecht, Diss. jur. Kiel, 1966, S. 18f.; *Braga*, FamRZ 1967, 658f. (mit Relativierung durch Eröffnung redlichen Erwerbs); *Mikat*, Schranken der Vertragsfreiheit im Ehegüterrecht, Festschrift Felgentraeger, 1969, S. 345ff.

kungen nur unter dem Postulat eines im Allgemeininteresse liegenden Familienschutzes begriffen werden. Ein derartiges Postulat ist aber weder mit der Dispositionsfreiheit der Ehegatten über die Verfügungsverbote (vgl. oben § 32 III 5) noch mit ihrer Aufnahme nur in den gesetzlichen Güterstand noch mit der Möglichkeit, unbeschränkt unter Zustimmung des Partners zu verfügen, zu vereinbaren. Die §§ 1365, 1369 enthalten vielmehr Beschränkungen, die ihre Parallele in anderen zustimmungsbedürftigen Akten und ihre Regelung allein in den §§ 1366 ff. (vgl. dazu die Verweisung in § 1369 III) finden. Es handelt sich mithin um eine *Begrenzung des rechtlichen Könnens* kraft einer allgemeinen Unwirksamkeitsregel und nicht um eine Begrenzung des rechtlichen Dürfens kraft singulärer Ausnahme.

5. Die umfassenden Schutzzwecke der Verfügungsbeschränkungen prägen ihre Ausgestaltung im einzelnen. Gebunden ist nicht nur die Verfügungsmacht. Schon Verpflichtungsgeschäfte bedürfen der Zustimmung, damit nicht Zwangsverfügungen zu einer Rechtslage führen, die rechtsgeschäftlich nicht erreicht werden kann, oder doch Belastungen entstehen, die wirtschaftlich dem Vollzug der Verfügung gleichkommen. § 1369 I bindet Verpflichtungs- und Verfügungsgeschäfte gleicherweise. § 1365 bindet primär das Verpflichtungsgeschäft, die Verfügungsgeschäfte dagegen nur, wenn das Verpflichtungsgeschäft ohne Zustimmung des Partners abgeschlossen wurde. Ein sachlicher Unterschied besteht indessen nicht. § 1365 wertet generell die Zustimmung zum Verpflichtungsgeschäft auch als Zustimmung zu den einzelnen Verfügungsgeschäften (das Vermögen ist nicht geeignetes Objekt eines Verfügungsgeschäftes!); mit der Zustimmung zu allen Verfügungsgeschäften wird auch das Verpflichtungsgeschäft wirksam.[8] Nicht anders ist die Rechtslage zu § 1369.[9] Eine auf *ein* Geschäft beschränkte Zustimmung wäre auch ein in sich widersprüchlicher Akt, weil er entweder (nur die Verpflichtung wird gebilligt) eine zustimmungsfreie Zwangsverfügung ermöglicht (und damit doch den nicht gebilligten Erfolg) oder aber (Einwilligung nur in die Verfügung) umgekehrt gar nichts gewähren würde, weil der Gegenstand der Verfügung sofort wieder kondiziert werden könnte.

Erfüllende Verfügungsgeschäfte bedürfen keiner Zustimmung, wenn das Verpflichtungsgeschäft ohne Zustimmung wirksam zustande kam (Perfektion des Verpflichtungsgeschäftes vor dem Eheschluß oder vor Eintritt des gesetzlichen Güterstandes; Änderung der Wertrelationen zwischen dem Zeitpunkt des Verpflichtungsgeschäftes und jenem des Verfügungsgeschäftes bei Gesamtvermö-

---

[8] A. A. aber *Staudinger-Thiele,* 7 und 97 zu § 1365 und *Soergel-Lange,* 23 zu § 1365 (jedoch mit Bereitschaft, im Einzelfall Bereicherungsansprüchen mit § 814 oder § 242 entgegenzutreten).

[9] Ebenso *Staudinger-Thiele,* 9 zu § 1369; *Soergel-Lange,* 4 zu § 1369. A. A. *Koeniger,* DRiZ 1959, 374 (Zustimmung zur Verfügung nach Zustimmung zur Verpflichtung nicht entbehrlich).

gensgeschäften). Sinn der §§ 1365, 1369 ist es nicht, dem Erwerber einer Forderung praktisch sein Recht zu entziehen.[10]

6. *Umfang*. Gebunden sind immer nur Rechtsgeschäfte unter Lebenden. Ungeschmälert bleibt die Testierfreiheit, mag sie nun mit einem Testament, mag sie auch mit einem Erbvertrag ausgenutzt werden.[11] Zustimmungsfrei sind auch Schenkungen von Todes wegen, sofern auf sie die Vorschriften über Verfügungen von Todes wegen Anwendung finden (§ 2301 I). Die Zustimmung des Ehegatten ist dagegen für alle Verträge zugunsten Dritter auf den Todesfall einzuholen, die als Gesamtvermögensgeschäfte zu qualifizieren sind. Die Rspr. fordert für sie Formvollzug auch dann nicht, wenn im Valutaverhältnis eine Schenkung vorliegt (vgl. BGHZ 41, 95; 46, 198; 66, 8; st. Rspr.). Folgerichtig muß die Freiheit von den Formen des Erbrechts mit der Bindung des Familienrechts erkauft werden.

Im rechtsgeschäftlichen Verkehr unter Lebenden sind bereits Vorverträge dem § 1365 unterworfen. Zustimmungsfrei ist dagegen die Bevollmächtigung eines Dritten zur Vornahme eines gebundenen Rechtsgeschäftes, weil sie niemals gefährdet.[12] Der Vertreter kann nicht mehr Rechtsmacht haben als der Vertretene. Er bedarf mithin für das Vertretergeschäft der Zustimmung des anderen Ehegatten. Gebunden sind dagegen alle Genehmigungen, mit denen ein Ehegatte Geschäfte billigt, die ein Vertreter ohne Vertretungsmacht abschloß (§ 177) oder auch ein Nichtberechtigter im eigenen Namen (§ 185). In beiden Fällen richtet sich der Akt des Ehegatten nicht mehr auf Erteilung von Rechtsmacht, sondern auf die Wirkung des Rechtsgeschäftes selbst.

Zustimmungsfrei ist auch die Prozeßführung. Sie kann den §§ 1365, 1369 nicht subsumiert werden, gefährdet aber auch den Ehegatten mangels Erstreckung der Rechtskraft eines Urteiles auf ihn nicht (vgl. dazu unten VI 2). Gebunden ist allein der verfügende Prozeßvergleich, wie immer man ihn auch qualifizieren mag.[13] Seine Wirkungen (kein Schutz durch fehlende Rechtskraft gegenüber dem Ehegatten!) erzwingen eine analoge Anwendung der §§ 1365, 1369 auch dann, wenn er als rein prozessualer Akt aufgefaßt wird. Für den Vergleich wandelt sich auch nicht nach § 54 ZPO die an sich notwendige Außenzustimmung zur bloßen Innenzustimmung (vgl. dazu unten § 52 IV 4). Zustimmungsfrei sind bereits Klagverzicht und Anerkenntnis,[14] auch wenn sie nicht (gegen die prozessuale

---

[10] Heute ganz h. M. (Frage allerdings oft nur für einzelne Fallgruppen beantwortet). Nachw. bei MünchKomm-*Gernhuber*, Fn. 28 zu § 1365.

[11] Vgl. BGHZ 40, 218 (224 f.); BGH FamRZ 1969, 323. Im Schrifttum gibt es keine Gegenstimmen, doch hat *Bosch*, FamRZ 1958, 86, die Rechtslage als „höchst kurios" bezeichnet.

[12] A. A. *Hartung*, S. 45.

[13] Ebenso i. Erg. *Brox*, FamRZ 1961, 285; *Hartung*, S. 68 ff.; *Staudinger-Thiele*, 10 zu § 1365; *Soergel-Lange*, 32 zu § 1365; RGRK-*Finke*, 7 zu § 1365.

[14] Wie der Text jetzt auch *Staudinger-Thiele*, 10 zu § 1365. A. A. *Hartung*, S. 68 ff.; *Soergel-Lange*, 32 zu § 1365.

Theorie) als reine Prozeßhandlungen charakterisiert werden. Hier wie dort fällt mit der Gefährdung auch die Notwendigkeit eines Schutzes weg; eine restriktive Interpretation der §§ 1365, 1369 wäre geboten.

Die Zustimmung wird nicht entbehrlich durch die Verurteilung des Partners zur Abgabe einer Willenserklärung.[15] Das rechtskräftige Urteil ersetzt nur die Willenserklärung (§ 894 ZPO), nicht mehr andere Bestandteile des Rechtsgeschäftes.

7. Gebunden sind die Ehegatten und ihre Vertreter. Nicht gebunden sind nach aller Ansicht Nachlaß-, Konkurs- und Zwangsverwalter, die Vermögen eines Ehegatten verwalten. Sie alle leiten ihre Rechtsmacht nicht von dem Ehegatten als Inhaber des Vermögens ab. Sie alle sind aber auch dazu berufen, neben den Interessen des Ehegatten auch die Interessen anderer wahrzunehmen.

Nicht gebunden ist ferner der Testamentsvollstrecker,[16] der zwar der rechtsgeschäftlichen Treuhand zuzurechnen ist (str.), seine Handlungsmacht jedoch vom Erblasser zugewiesen erhält und nicht mittels einer Treuhandabrede mit den Erben verbunden ist.

8. Dem Bestreben, die Familie zu sichern, ist der Verkehrsschutz geopfert worden. Die §§ 1366ff. enthalten keinen Rechtsscheintatbestand.[17] Die allgemeinen Rechtsscheintatbestände stehen dem Verkehr zwar zur Verfügung, können aber nur selten Anwendung finden.

Fast bedeutungslos sind die §§ 932ff. Sie ersetzen fehlendes Eigentum durch den Rechtsschein des Eigentums, nicht aber eine fehlende Zustimmung und können deshalb nie den Erwerb einer beweglichen Sache vom Ehegatten selbst ermöglichen.[18] Anwendbar sind sie erst, wenn der als Nichtberechtigter verfügende Dritterwerber an einen weiteren Erwerber veräußert, doch kann auch dann Eigentum nur erworben werden, wenn die Sache dem anderen Ehegatten nicht abhanden kam (§ 935).

Überaus beschränkt ist auch der Schutz, den § 366 HGB bei der Veräußerung einer beweglichen Sache im Betrieb eines Handelsgewerbes bietet. Zwar wird in

---

[15] Ebenso *Hartung,* S. 117ff.; *Staudinger-Thiele,* 44 zu § 1369; *Bosch,* FamRZ 1959, 241; *Lorenz,* JZ 1959, 109; *Brox,* FamRZ 1961, 285. Nur noch i. Erg. übereinstimmend *Baur,* FamRZ 1958, 256f.; *Petermann,* Rpfleger 1960, 236. Vgl. auch die Parallelproblematik im Kindschaftsrecht unten § 52 IV 4.

[16] Ebenso *Staudenmaier* und *Haegele,* Rpfleger 1960, 385 (anders noch *Haegele,* Rpfleger 1959, 247); *Riedel,* Rpfleger 1961, 269; *Staudinger-Thiele,* 13 zu § 1365; *Soergel-Lange,* 31 zu § 1365; *Erman-Heckelmann,* 19 zu § 1365. A. A. AG Delmenhorst, FamRZ 1959, 249; *Meyer-Stolte,* FamRZ 1959, 231.

[17] Vgl. aber auch *Braga,* FamRZ 1967, 659ff. Er behauptet eine Gesetzeslücke, die er durch Anwendung der Normen für den Rechtsschutz im redlichen Geschäftsverkehr schließen will. Freilich soll der Erwerber stets zur Herausgabe aus den §§ 812ff. verpflichtet sein, weil der Rechtsschutz nur für den Erwerb, nicht aber für die Kausalgeschäfte vorgesehen sei.

[18] Um diese Konsequenz zu mildern, wird zuweilen für den Tatbestand des § 1369 in Analogie zur subjektiven Theorie zu § 1365 Kenntnis des Erwerbers von der Hausratseigenschaft des Geschäftsgegenstandes verlangt. Vgl. *Reithmann,* DNotZ 1961, 9; *Koeniger,* DRiZ 1959, 373; *Scheld,* Rpfleger 1973, 280. Nachw. für die abl. durchaus h.L. bei MünchKomm-*Gernhuber,* Fn. 29 zu § 1369.

jener Norm fehlende Verfügungsmacht durch den Rechtsschein ersetzt, jedoch nur die fehlende Verfügungsmacht eines Nichteigentümers. § 366 HGB kann deshalb nie zu einem Rechtsscheinerwerb von einem Ehegatten führen, der eigene Sachen im eigenen Handelsgeschäft veräußert.[19] Er schützt dagegen, wenn ein Ehegatte eine ihm gehörige Sache von einem Kaufmann im eigenen Namen in dessen Handelsgeschäft veräußern läßt, falls er die Sache aus Alleinbesitz zur Verfügung stellt; § 366 HGB gilt im Gesamtbereich möglicher Mängel der Verfügungsmacht und gleicht damit auch das Fehlen der Zustimmung des anderen Ehegatten zum Veräußerungsgeschäft aus.[20]

Im Grundstücksverkehr bieten die §§ 892, 893 keinerlei Möglichkeit eines Rechtsscheinerwerbes von einem Ehegatten, der § 1365 zuwider ohne Zustimmung des Partners verfügte. § 892 I 2 mit seinem Schutz vor nicht eingetragenen Verfügungsbeschränkungen zugunsten bestimmter Personen ist nur bei relativen Veräußerungsverboten anwendbar.[21] Die generellen Zustimmungserfordernisse des Familienrechts werden im Grundbuch nicht vermerkt und vom Rechtsschein des Grundbuchs nie überwunden (doch können Dritte vom fehlerhaft eingetragenen Erwerber kraft Rechtsscheins erwerben; vgl. OLG Köln, OLGZ 1969, 171). Ungeschmälert bleibt der Schutz, den § 1412 bietet (vgl. oben § 33 III und IV). Sein Radius ist indessen klein, seine praktische Bedeutung gering.

9. *Ausschluß.* Ehegatten, die sich dem Zwang der Verfügungsbeschränkungen nicht unterwerfen wollen, können durch Ehevertrag den gesetzlichen Güterstand auf den Zugewinnausgleich beschränken (vgl. oben § 32 III 5). Freiheit vom Partner ist ferner durch wechselseitige Globaleinwilligungen und durch wechselseitige Bevollmächtigungen zur Erklärung der etwa erforderlichen Zustimmungen unter Befreiung vom Verbot des Selbstkontrahierens (§ 181) zu erreichen; unwiderrufliche Globaleinwilligungen und Generalvollmachten können freilich nur in der Form des Ehevertrages erteilt werden (vgl. dazu oben § 32 I 2).

---

[19] Ebenso *Hartung,* S. 42; *Lorenz,* JZ 1959, 108 (mit and. Begründung); *Rittner,* FamRZ 1961, 194; *Staudinger-Thiele,* 71 zu § 1369. A. A. *Bärmann,* AcP 157 (1958/59), 161; RGRK-*Finke,* 32 zu § 1369 (bei neuwertigen Gütern).

[20] Das Erg. stimmt mit der h. L. überein, doch hält sie bereits die Ermächtigung für das zustimmungsbedürftige Geschäft. Vgl. *Hartung,* S. 43ff.; *Rittner,* FamRZ 1961, 194 Fn. 114; *Staudinger-Thiele,* 70 zu § 1369; *Soergel-Lange,* 24 zu § 1369. Gegen die Anwendung des § 366 HGB *Boehmer,* FamRZ 1959, 5 (dagegen nur noch zweifelnd S. 84).

§ 366 HGB ist auch anzuwenden, wenn ein Ehegatte Eigentum seines Partners im eigenen Handelsgeschäft veräußert oder von einem Kaufmann in dessen Handelsgeschäft veräußern läßt. A. A. für den ersten Fall *Hartung,* S. 42, unter Hinweis auf das jedenfalls nichtige Grundgeschäft. Obligatorische und dingliche Akte sind indessen auch hier zu scheiden. Richtig ist, daß der Erwerber einem Anspruch aus § 812 ausgesetzt ist (der Mangel der Zustimmung zum Kausalgeschäft wird von § 366 HGB nicht ausgeglichen), doch kann von ihm als Berechtigtem erworben werden.

[21] Vgl. *Reithmann,* DNotZ 1961, 7ff. Für die h. L. (§§ 1365, 1369 als absolute Veräußerungsverbote) ist das Ergebnis selbstverständlich.

II. Gesamtvermögensgeschäfte

Allgemeines Schrifttum: *Meyer-Stolte,* Vinkulierung der Gesamtvermögensgeschäfte, FamRZ 1959, 228; *Sichtermann,* Verfügungen über das Vermögen im Ganzen nach § 1365 BGB, DB 1959, 163; *Wörbelauer,* Zum Begriff der Verfügung über das Vermögen im ganzen (§ 1365 BGB), NJW 1960, 793; *Rittner,* Handelsrecht und Zugewinngemeinschaft (I), FamRZ 1961, 1; *Mülke,* Zur Verwaltungsbeschränkung des § 1365 Abs. 1 BGB, AcP 161 (1962), 129; *Riedel,* Zur Problematik des § 1365, MDR 1962, 4; *Dunker,* Zum Vermögensbegriff der §§ 419, 1365 BGB, MDR 1963, 978; *Riedel,* Der Familienschutz in der Zugewinngemeinschaft, DRiZ 1963, 182; *Reinicke,* Die Rechtsprechung des Bundesgerichtshofes zur Zugewinngemeinschaft, DB 1965, 1351; *de la Motte,* Der Einfluß der güterrechtlichen Verwaltungsbeschränkung des § 1365 BGB auf das Unternehmensrecht, Diss. jur. Kiel, 1966; *Braga,* Die ,,subjektive Theorie" oder was sonst?, FamRZ 1967, 652; *Tiedtke,* Der Zeitpunkt, zu dem die subjektiven Voraussetzungen des § 1365 BGB vorliegen müssen, FamRZ 1975, 65; *Finger,* Sind Einkommen und Arbeitskraft bei der Bewertung der Vermögensverhältnisse im Rahmen des § 1365 BGB zu berücksichtigen?, JZ 1975, 461; *Futter,* Der Zeitpunkt der Kenntnis bei Vermögensübernahme, NJW 1976, 551; *Sandrock,* Die Zähmung des widerspenstigen § 1365 Abs. 1 BGB, Festschrift Bosch, 1976, S. 841.

Schrifttum zu den Fragen des Grundstücksrechtes: *Kehrer,* § 1365 Gleichberechtigungsgesetz in der Praxis des Grundbuchamtes, DJ 1958, 119; *Tiedau,* Zum neuen ehelichen Güterrecht, insbesondere zu den Beschränkungen des § 1365 BGB n. F., MDR 1959, 79; *Schulz-Kersting,* Auswirkungen des Gleichberechtigungsgesetzes auf den Grundbuchverkehr, JR 1959, 81 und 134; *Haegele,* Die Verpflichtungs- und Verfügungsbeschränkungen bei Zugewinngemeinschaft, Rpfleger 1959, 4 und 242; *Riedel,* Vermögens- und Verfügungsinhalt zu §§ 419, 1365 BGB im Grundstücksverkehr, Rpfleger 1961, 261; *Tiedtke,* Die Zustimmungsbedürftigkeit der Auflassungsvormerkung im Güterstand der Zugewinngemeinschaft, FamRZ 1976, 320.

Schrifttum zu den Fragen des Gesellschaftsrechtes: *Boesebeck,* Gefährdung von Gesellschaftsverträgen durch Zugewinngemeinschaft, DB 1958, 1147; *Tiedau,* Gesellschaftsvertrag und neues eheliches Güterrecht unter besonderer Berücksichtigung gesellschaftsrechtlicher Abfindungsklauseln, MDR 1959, 253; *Fischer,* Kollision zwischen Gesellschaftsrecht und ehelichem Güterrecht, NJW 1960, 937; *Reinicke,* Verwaltungsbeschränkungen im Güterstand der Zugewinngemeinschaft und Gesellschaftsrecht, BB 1960, 1002; *Eiselt,* Die Bedeutung des § 1365 für Gesellschaftsverträge, JZ 1960, 562; *Tiedau,* Zur Problematik des § 1365 unter besonderer Berücksichtigung des Gesellschaftsrechtes, MDR 1961, 721; *Beitzke,* Gesellschaftsvertrag und güterrechtliche Verfügungsbeschränkung, DB 1961, 21; *Tubbesing,* Zur Auswirkung der Zugewinngemeinschaft auf die Gesellschaftsverträge von Personalgesellschaften, BB 1966, 829; *Sandrock,* Gesellschaftsvertragliche Vereinbarungen und die Verwaltungsbeschränkung des § 1365 Abs. 1 BGB, Festschrift Duden, 1977, S. 513.

Schrifttum zu Einzelfragen: *Weimar,* Zur Anwendbarkeit des § 1365 I auf den Teilungsversteigerungsantrag, NJW 1959, 1478; *Staudenmeyer* und *Haegele,* Testamentsvollstrecker und § 1365, Rpfleger 1960, 385; *Schiffhauer,* Ist § 1365 Abs. I BGB n. F. auf den Teilungsversteigerungsantrag anwendbar?, FamRZ 1960, 185 und 1966, 338; *Weimar,* Zur Anwendbarkeit des § 1365 Abs. I BGB bei dinglichen Unterwerfungsklauseln, JR 1961, 255; *derselbe,* Bürgschaft und Schuldübernahme der Ehefrau, MDR 1962, 696.

1. *Umfang der Bindung.* Gebunden sind Rechtsgeschäfte, die zu einer Verfügung über das Vermögen im ganzen (besser: zu Verfügungen über die das ganze Vermögen bildenden Gegenstände) verpflichten. Gebunden sind ferner die verfügenden Erfüllungsgeschäfte,[1] wenn die Verpflichtung ohne Zustimmung des Ehegatten eingegangen wurde, aber auch (über den Normtext hinaus in extensiver

---

[1] Daß § 1365 I 2 im Anschluß an Satz 1 seinen Leitbegriff in der ,,Verfügung" findet, entspricht ganz h.L. A.A. aber *Schulz-Kersting,* JR 1959, 137. Ihm zufolge ist an den Begriff der ,,Erfüllung" anzuknüpfen. Vgl. dagegen in erster Linie *Mülke,* AcP 161 (1962), 131 f.

Interpretation) isolierte Verfügungen über das Gesamtvermögen ohne obligatorische Basis.[2] Einseitige Rechtsgeschäfte und Verträge stehen jeweils gleich.[3]

Nicht gebunden sind alle nicht rechtsgeschäftlichen Akte,[4] einschließlich der (allein der Erleichterung der Zwangsvollstreckung dienenden) Unterwerfung unter die sofortige Zwangsvollstreckung als einer rein prozessualen Erklärung[5] und der Eintragungsbewilligung nach § 19 GBO.[6] Nicht gebunden sind ferner alle Schuldrechtsgeschäfte, die zu keiner Verfügung verpflichten (Miete, Pacht)[7] oder doch nicht zu einer gegenständlich fixierten Verfügung, mögen sie auch das ganze Vermögen aufzehren können (ganz h. M.). Gleichgültig ist die nähere Qualifizierung des Geschäfts: Zustimmungsfrei ist nicht nur das Umsatzgeschäft (Kauf[8]), sondern auch das Kreditgeschäft (Darlehen), nicht nur das kausale, sondern auch das abstrakte Verpflichtungsgeschäft (Wechsel, Scheck), nicht nur das eigennützige, sondern auch das fremdnützige Versprechen (Bürgschaft,[9] Garantie,[10] Schuldbeitritt, Erfüllungsübernahme). Die Zustimmung des Ehegatten ist freilich zu fordern, wenn an sich zustimmungsfreie Akte vorgenommen werden, um § 1365 zu umgehen (insbesondere, wenn ein abstraktes Schuldanerkenntnis die Werthöhe des ganzen oder doch nahezu des ganzen Vermögens erreicht und der Anerkennende sich der sofortigen Zwangsvollstreckung unterwirft).[11] Nicht gebunden sind schließlich Rechtsgeschäfte, die nur einen Bruchteil des Vermö-

---

[2] A.A. *Mülke,* AcP 161 (1962), 133f. und *Dölle,* § 52 I 3. Wie der Text *Staudinger-Thiele,* 8 zu § 1365.

[3] Verfehlt OLG Hamm, NJW 1960, 1352 (nur zweiseitige Rechtsgeschäfte).

[4] A.A. *Bärmann,* JZ 1958, 226 (auch bloß faktische Verfügungshandlungen, wenn ihnen Rechtsgeschäfte zugrundeliegen).

[5] Ebenso *Kehrer,* DJ 1958, 120; LG Lübeck, SchlHA 1959, 79; *Haegele,* Rpfleger 1959, 246; *Weimar,* JR 1961, 255; *Erman-Heckelmann,* 19 zu § 1365; *Staudinger-Thiele,* 55 zu § 1365; *Soergel-Lange,* 40 zu § 1365; RGRK-*Finke,* 7 zu § 1365. Zur Parallelproblematik im Kindschaftsrecht vgl. unten § 52 IV 4.

[6] Gegenteilige Äußerungen im Schrifttum sind für den Fall der ,,Löschung" einer Hypothek nicht selten. Doch dürfte eher (sachlich richtig!) der Verzicht auf die Hypothek gemeint sein (§ 875 BGB), also ein Geschäft des materiellen Rechts, als die verfahrensrechtliche Löschungsbewilligung. Vgl. OLG Bremen, NJW 1960, 825; LG Bremen, FamRZ 1959, 244; *Meyer-Stolte,* FamRZ 1959, 231; *Haegele,* Rpfleger 1949, 246f.; *Palandt-Diederichsen,* 2 zu § 1365; *Erman-Heckelmann,* 14 zu § 1365.

[7] A.A. *Schulz-Kersting,* JR 1959, 137. Wie der Text *Soergel-Lange,* 24 zu § 1365; RGRK-*Finke,* 7 zu § 1365.

[8] Gegen die durchaus h.M. AG Delmenhorst, FamRZ 1959, 243. Vgl. ferner *Staudinger-Thiele,* 6 zu § 1365 (zustimmungspflichtig, wenn gerade das ganze vorhandene Barvermögen oder Guthaben die geschuldete Leistung sein soll; Kaufverträge mit derart fixiertem Verfügungsobjekt für den Käufer sind jedoch reine Theorie).

[9] Vgl. *Wörbelauer,* NJW 1960, 797; *Weimar,* MDR 1962, 696; *Soergel-Lange,* 24 zu § 1365; RGRK-*Finke,* 7 zu § 1365; *Erman-Heckelmann,* 19 zu § 1365. Ggf. für die Anwendung des § 1365 dagegen *Haegele,* Rpfleger 1959, 247.

[10] Vgl. OLG Frankfurt, MDR 1968, 923.

[11] Vgl. LG Wuppertal, NJW 1960, 1468; OLG Karlsruhe, FamRZ 1961, 317; *Staudinger-Thiele,* 6 zu § 1365; *Soergel-Lange,* 24 zu § 1365.

gens zum Gegenstand haben, falls der Bruchteil nicht nahezu das ganze Vermögen ausschöpft.[12]

2. *Gesamttheorie und Einzeltheorie.* Der nicht eindeutige Begriff des Gesamtvermögensgeschäftes kann mit zwei unterschiedlichen Ansätzen präzisiert werden. Möglich ist einerseits der Ansatz beim Inhalt der das Rechtsgeschäft konstituierenden Willenserklärungen. Gebunden sind dann lediglich Rechtsgeschäfte, die sich nach dem erklärten Willen der Parteien auf das gesamte Vermögen eines Ehegatten richten, so, wie es etwa bei der Übergabe eines Hofes der Fall zu sein pflegt (Gesamttheorie).[13] Dieser Ansatz gewährleistet in hohem Maße Rechtssicherheit; den Parteien ist die Notwendigkeit einer Zustimmung stets evident.

Möglich ist andererseits der Ansatz bei der Bedeutung des Geschäftsobjektes innerhalb des Vermögens des verfügenden Ehegatten. Gebunden können dann auch Rechtsgeschäfte sein, die lediglich einen einzelnen Gegenstand zum Objekt haben (insbesondere die Veräußerung von Grundstücken). Dieser Ansatz (Einzeltheorie[14]) muß Ermessensspielräume in Kauf nehmen und damit Rechtsunsicherheit, deren Ausmaß von der Bereitschaft abhängt, abstrakte Wertrelationen (Verfügungsobjekt-verbleibendes Vermögen) anzuerkennen, an denen die Parteien sich orientieren können.

Die Gesamttheorie hat stets für sich in Anspruch genommen, eine „zwingende Auslegung" gegeben zu haben, ist insoweit jedoch den Beweis schuldig geblieben. Der Normtext des § 1365 bietet der Interpretation einen ungewöhnlich weiten Raum. Der Hinweis auf die Ergebnisse der Interpretation anderer Normen aber mit textlich gleichen oder doch verwandten Tatbestandselementen (in Betracht kommen vornehmlich die §§ 311, 419, 1423, 1822 Nr. 1) übersieht, daß Gleichheit der Normtexte noch nicht Gleichheit der Begriffsinhalte bedeuten muß, und ferner, daß nicht nur die Interpretation älterer Normen für die Auslegung jüngerer Rechtssätze wesentlich sein kann, sondern umgekehrt auch die eigenständige Interpretation jüngerer Normen die bereits verfestigte Auslegung älterer Normen erneut in Frage zu stellen vermag.

Freilich kann auch die Einzeltheorie nicht zwingend als richtig erwiesen werden. Wenn ihr gleichwohl im Grundsatz der Vorzug gebührt, so nur, weil sie

---

[12] H.M., jedoch nicht unbestr. Wie der Text *de la Motte,* S. 143ff.; *Tiedau,* MDR 1958, 378; *Haegele,* Rpfleger 1959, 5 und 1964, 596 Fn. 6; *Koeniger,* DRiZ 1959, 372; *Riedel,* DRiZ 1963, 186; *Staudinger-Thiele,* 32 zu § 1365; *Soergel-Lange,* 19 zu § 1365; RGRK-*Finke,* 2 zu § 1365; *Erman-Heckelmann,* 9 zu § 1365. Für eine analoge Anwendung des § 311 haben sich dagegen ausgesprochen *Reinicke,* BB 1957, 564; *Rittner,* FamRZ 1961, 16; *Dölle,* § 52 I 1.

[13] Vgl. für sie *Rittner,* FamRZ 1961, 1; *Tiedau,* MDR 1961, 721; *Barz,* ZHR 126 (1964), 172; *Fischer* in Großkomm. HGB, § 105 Anm. 25 a–d. Benachbart ist die Überzeugung, § 1365 sei anzuwenden, wenn das Geschäft im wesentlichen das ganze Vermögen erfaßt und die Parteien mit dem Geschäft das Vermögen im ganzen erfassen wollten. Vgl. dazu *de la Motte,* S. 28ff.; *Beitzke,* § 14 II 1.

[14] Vgl. zu ihr die Nachw. unten Fn. 28, 29 und Fn. 31 zur subjektiven und zur objektiven Theorie, in die sich die Einzeltheorie gabelt.

sich im Prozeß der Meinungsbildung als tatsächlich überlegen erwiesen hat, insbesondere aber die richterliche Praxis beherrscht. Die von einem unklaren Normtext herrührenden Schwierigkeiten sind nur durch eine eigenständige Entfaltung des im § 1365 wirkenden Prinzips im Widerstreit mit anderweit anerkannten Prinzipien zu überwinden. Das Fehlen eines gesetzlichen Maßstabs, an dem sich zweifelsfrei die richterliche Wertung der Prinzipien erkennen läßt, zwingt dabei zur Präzisierung des § 1365 nach den Methoden der richterlichen Rechtsfortbildung. Die Einzeltheorie versteht sich damit zu Unrecht als Rechtsanwendung im gewöhnlichen Sinn; sie ist eine Konvention, die zu einer Tatbestandsverfestigung führte.

3. *Interpretationsgrundsätze.* Innerhalb des mit der Einzeltheorie gegebenen Rahmens sind alle Einzelfragen unter Berücksichtigung des grundsätzlich bestehenden Prinzipienwiderstreites, aber auch unter Berücksichtigung anderer Wertungen des Gesetzes zu beantworten. Zu wahren ist der Schutz der Familie; zu wahren ist ferner der Grundsatz der selbständigen Vermögensverwaltung (§ 1364); zu wahren ist schließlich die Rechtssicherheit. Ein Schutz der Familie, der auch nur in einer Vielzahl von Fällen neben der Bindung der Haushaltsgegenstände (§ 1369) zur Bindung auch des Restvermögens führt, denaturiert die Zugewinngemeinschaft als System der Gütertrennung. Eine Rechtsanwendung, die unter Berufung auf eine ,,wirtschaftliche Betrachtungsweise" generelle Aussagen ablehnt, um den so modernen ,,Mythos des Einzelfalles" auch im Güterrecht zu bewahren, verletzt Interpretationsgrundsätze, die sich um der Rechtssicherheit willen längst für die Parallelsituation der genehmigungspflichtigen Akte im Kindschaftsrecht ausgebildet haben (vgl. unten § 52 IV 1).[15]

Der Schutzzweck des § 1365 behält bei folgerichtiger Berücksichtigung der einander widerstreitenden Prinzipien durchaus seine führende Rolle bei der Interpretation der Norm. Er ist aber entscheidende Maxime nur, soweit er zu generellen Regeln führt, die keine richterliche Würdigung des Einzelfalles mehr fordern (und deshalb den Rechtsverkehr sicher leiten können). Umgekehrt dürfen unter Berufung auf den Grundsatz der freien Vermögensverwaltung und die Rechtssicherheit Gesamtvermögensgeschäfte nur in bestimmten Geschäftstypen dem § 1365 entzogen werden.[16]

4. *Die Einzeltheorie; objektiver Tatbestand.* Mit der Einzeltheorie ist kaum mehr als ein Rahmen gewonnen; die Praxis benötigt für die Anwendung des § 1365 weit konkretere Antworten auf weit präzisere Fragen. Die h.L. sucht Sicherheit

---

[15] Die Rechtssicherheit wird auch gefährdet, wenn § 1365 auf Fälle beschränkt wird, in denen eine Verfügung ,,die gesamte Vermögenslage so tangiert, daß die Existenzinteressen des anderen Ehegatten oder der Familie beeinträchtigt werden". So aber *Boehmer,* Teilreform des Familienrechts, 1962, S. 18.

[16] Verfehlt etwa *Riedel,* Rpfleger 1961, 261 (Umwandlung von Bar- in Realvermögen soll zustimmungsfrei sein, wenn sie eine ,,Stärkung der wirtschaftlichen Grundlage" zur Folge hat).

durch Rückgriff auf Altbekanntes zu gewinnen; die zu § 419 entwickelten Grundsätze werden bevorzugt als Ansatz gewählt. Auch der BGH hat (ohne Auseinandersetzung mit der Kritik) die Orientierung an § 419 als unbedenklich bezeichnet (BGHZ 35, 135 [143]), obwohl die Normsituation des § 419 gewiß von derjenigen des § 1365 abweicht.[17]

Orientierung an § 419 bedeutet Bindung nicht nur jener Geschäfte, die sich (nach dem Inhalt der Willenserklärungen) auf das Vermögen „in Bausch und Bogen" richten, sondern auch aller rechtsgeschäftlichen Akte, die einen Einzelgegenstand zum Objekt haben, falls dieser das ganze oder doch nahezu das ganze Vermögen bildet. Vermögen heißt in diesem Zusammenhang soviel wie Aktivvermögen,[18] und nicht Nettovermögen (also nicht die Differenz zwischen Aktiva und Passiva), das als bloße Rechnungsgröße gar nicht sinnvoll auf den Verfügungsbegriff des § 1365 bezogen werden kann.[19] Zudem erweist sich der naheliegende Gedanke, Schutz nur gewähren zu müssen, wenn ein Aktivsaldo vorhanden ist, schnell als falsch: Auch bei Überschuldung ist die wirtschaftliche Grundlage der Familie keineswegs notwendig bereits verlorengegangen (unterschiedliche Fälligkeit der Verbindlichkeiten; Grenzen der Zwangsvollstreckung usw.).

Ein klarer Maßstab, der ein Geschäftsobjekt als ausreichend identisch mit dem Gesamtvermögen oder als bloßen Vermögensbestandteil qualifiziert, fehlt in der Rspr. Im Einzelfall wird die jeweils richtige Lösung gesucht mit großen Unterschieden (Verlust der Rechtsgleichheit!), die im Laufe der letzten beiden Jahrzehnte kaum gemildert werden konnten: Nach wie vor werden zuweilen schon 70% des Vermögens als „nahezu das ganze Vermögen" bezeichnet,[20] während andere Gerichte (mit weit mehr Überzeugungskraft) § 1365 erst anwenden, wenn mindestens 90% des Vermögens betroffen sind.[21] Den Beschwerden des Rechtsverkehrs pflegt man mit der sog. „subjektiven Theorie" zu begegnen

---

[17] Die Orientierung an § 419 wird dagegen nur für bedingt richtig gehalten von *Reinicke*, BB 1960, 1004; *Beitzke*, DB 1961, 21; *Soergel-Lange*, 7 zu § 1365; RGRK-*Finke*, 2 zu § 1365.

[18] Vgl. *Staudinger-Thiele*, 14 zu § 1365; *Soergel-Lange*, 7 zu § 1365; *de la Motte*, S. 53ff.

[19] Für einen eigenständigen Vermögensbegriff in § 1365 hat sich ohne Erfolg *Mülke*, AcP 161 (1962), 129 (141ff.), eingesetzt (Wertbegriff; realisierbarer Wert aller Aktiven). Gegen den „juristischen Vermögensbegriff" und für eine wirtschaftliche Betrachtungsweise *Schulz-Kersting*, JR 1959, 134ff. In Rspr. und Schrifttum herrscht vielfach ein prinzipienloses Durcheinander juristischer und wirtschaftlicher Gesichtspunkte. Ausdrücklich dafür *Riedel*, DRiZ 1963, 183.

[20] Vgl. LG Berlin, FamRZ 1973, 146; Vorinstanzen für BayObLG, FamRZ 1972, 672; *Riedel*, Rpfleger 1961, 266; *Boehmer*, Teilreform des Familienrechts, S. 18.

Kaum weniger weitgehend ist die Überzeugung, bei einem Geschäftsobjekt von mindestens 75% eingreifen zu müssen. Vgl. LG Berlin, FamRZ 1959, 64 (66); *Schulz-Kersting*, JR 1959, 138; *Dunker*, MDR 1963, 980.

[21] Vgl. OLG Düsseldorf, FamRZ 1971, 650. Vgl. ferner OLG Schleswig, SchlHA 1960, 258 (15% Restvermögen schließen Anwendung des § 1365 aus); Vorinstanz für BGH, FamRZ 1966, 22 (keine Anwendung des § 1365 bei einem Verhältnis von 5,9 : 1).

Vgl. ferner aus der Rspr. OLG Hamm, RdL 1966, 103 m. abl. Anm. *Barnstedt* (§ 1365 bei einem Restvermögen von über 15%); KG, NJW 1976, 717 (§ 1365 bei einem Restvermögen von etwa 12%).

(unten 5.), doch sollten objektiv erhebliche Fragen nicht subjektiv (und damit einzelfallbezogen) beantwortet werden. Die (ohnehin unzulängliche) subjektive Theorie könnte preisgegeben werden, wenn der BGH sich (endlich) entschließen würde, die objektive Ungewißheit (deren Folge eine Unzahl an sich überflüssiger, jedoch vorsorglich eingeholter Zustimmungen ist) zu beenden.[22]

Ob ein Geschäft als Gesamtvermögensgeschäft zu qualifizieren ist, obwohl sein Objekt es nicht ausweist, entscheidet eine Relation objektiver Werte: Zu vergleichen ist der objektive Wert des Geschäftsobjektes mit dem objektiven Wert des verbleibenden Restvermögens (Lasten sind mithin wertmindernd zu berücksichtigen[23]). Beim Wertvergleich ist verbleibendes unpfändbares Gut ebenso zu berücksichtigen wie pfändbares.[24] Die Sicht eines pfändenden Gläubigers ist dem Normzweck des § 1365 nicht zu integrieren; das unpfändbare Gut ist kein Sockel, dessen Ende erst den Anfang der schützenswerten wirtschaftlichen Basis der Familie bedeutet.

Nicht zu berücksichtigen ist dagegen beim Wertvergleich das laufende Arbeitseinkommen[25] sowie Renten- und Versorgungsberechtigungen aller Art,[26] mag auch die Rechtsstellung noch so dauerhaft gesichert sein (Beamte). Stets handelt es sich um künftigen Erwerb, der nicht Bestandteil des gegenwärtigen Vermögens ist.

Nicht zu berücksichtigen sind auch Gegenleistungen, die mit dem Geschäftsobjekt erzielt wurden (Kaufpreis). Die fast allgemein gebilligte Aussage[27] kann freilich nicht mit jenen Argumenten begründet werden, die herkömmlich vorgetragen werden (§ 1365 andernfalls praktisch fast bedeutungslos; Rspr. zu § 419).

---

[22] Für feste Ansätze auch *Soergel-Lange,* 15 zu § 1365 (mit 10% Restvermögen als Grenze); *Palandt-Diederichsen,* 2 zu § 1365. Dagegen *Staudinger-Thiele,* 27 zu § 1365 (dem Grds. nach aber auch für 10% Restvermögen als Grenze).

[23] Vgl. *Staudinger-Thiele,* 28 zu § 1365; *Soergel-Lange,* 16 zu § 1365; RGRK-*Finke,* 4 zu § 1365.

[24] Ebenso KG, NJW 1976, 717; *de la Motte,* S. 78f.; *Dunker,* MDR 1963, 978; *Soergel-Lange,* 17 zu § 1365; *Erman-Heckelmann,* 19 zu § 1365; *Staudinger-Thiele,* 29 zu § 1365. A.A. dagegen OLG Frankfurt, NJW 1960, 2190 (Pensionsansprüche); *Riedel,* Rpfleger 1961, 262; MDR 1962, 6; DRiZ 1963, 184.

[25] Ganz h.M., die freilich von *Finger,* JZ 1975, 461, unter Hinweis auf die besondere Bedeutung des Arbeitseinkommens für die Sicherung der Familie angegriffen wird. Gegen ihn *Sandrock,* Festschrift Bosch, S. 843ff.

Zum gegenwärtigen Vermögen gehören jedoch gesicherte Einnahmequellen (gewerblicher Betrieb), aus denen ein laufendes Einkommen bezogen wird, wenn und soweit sie ein realisierbarer Vermögenswert sind, der sich von den laufenden Einkünften scheiden läßt. Vgl. BGH, FamRZ 1967, 382.

[26] Wie der Text i.Erg. BGH, WM 1975, 865 (jedenfalls, wenn „auf nicht absehbare Zeit kein Anspruch auf Bezug der Rente besteht"); OLG Bremen, NJW 1960, 825; OLG Karlsruhe, FamRZ 1961, 317; LG Osnabrück, FamRZ 1973, 652 (653); *Riedel,* Rpfleger 1961, 262f.; *Sandrock,* Festschrift Bosch, S. 843ff.; *Soergel-Lange,* 18 zu § 1365; *Staudinger-Thiele,* 30 zu § 1365. A.A. dagegen OLG Hamburg, MDR 1961, 690; OLG Frankfurt, NJW 1960, 2190 (für Pensionsansprüche, soweit pfändbar); KG, NJW 1976, 717; *Erman-Heckelmann,* 19 zu § 1365; *Palandt-Diederichsen,* 2 zu § 1365.

[27] Nachw. bei MünchKomm-*Gernhuber,* § 1365 Fn. 16.

In Wahrheit handelt es sich um eine Konvention nach bewußter Entscheidung für den Schutz der Familie nicht nur vor willkürlicher Weggabe des Vermögens, sondern auch vor unkontrollierter Umschichtung des Vermögens im ganzen.

5. *Die Einzeltheorie; subjektives Tatbestandselement.* Der Mangel klarer objektiver Maßstäbe, an denen sich die zustimmungsbedürftigen Geschäfte von den zustimmungsfreien sondern, wird von der h.L. beschränkt ausgeglichen durch ein von ihr postuliertes, im Normtext des § 1365 nicht ausgewiesenes subjektives Tatbestandselement, das den Erwerber wenigstens dann schützen soll, wenn ihm nicht bewußt war, ein Geschäft abzuschließen, zu dem der Geschäftspartner die Zustimmung seines Ehegatten benötigte. Das Risiko mit einem Vertragspartner abzuschließen, den man irrig für unverheiratet hielt, und das Risiko, dem bloßen Schein einer Zustimmung zu vertrauen, wird dem Erwerber mithin nicht abgenommen.

Gefordert wird im Anschluß an die Rspr. des BGH[28] von der durchaus h.M.[29] positive Kenntnis des Erwerbers wenigstens jener Umstände, aus denen sich die Identität von Einzelgegenstand und Gesamtvermögen ergibt. Entscheidender Zeitpunkt muß die Vornahme des Gesamtvermögensgeschäftes sein und bei einem mehrgliedrigen Tatbestand (Veräußerung eines Grundstücks) der Zeitpunkt, zu welchem der Erwerber seine Willenserklärung (für das schuldrechtliche Geschäft) abgibt.[30] Zu diesem Zeitpunkt bedarf er des Schutzes, und nicht zu späteren (etwa der Vollendung des Rechtserwerbs), die sämtlich mit der Teleologie des einmal begonnenen Gedankens nicht zu vereinbaren sind.

Subjektive Elemente belassen dem richterlichen Beweiswürdigungsermessen (die Beweislast trifft den Ehegatten, der sich auf die Unwirksamkeit des Geschäfts beruft) einen sehr weiten Spielraum; in aller Regel sind nur Schlüsse aus

---

[28] Vgl. BGHZ 43, 174 (dazu abl. *Gernhuber,* JZ 1966, 192ff.; *Braga,* FamRZ 1967, 652ff.; zust. *Reinicke,* DB 1965, 1351f.); 64, 246 (247); FamRZ 1969, 322; WM 1975, 865.

[29] Vgl. für sie u.a. (weit. Nachw. bei MünchKomm-*Gernhuber,* § 1365 Fn. 21) BayObLG, FamRZ 1967, 337; OLG Hamm, NJW 1960, 1466; OLG Frankfurt, NJW 1960, 2022; BayObLG, FamRZ 1975, 211 (212); *Futter,* NJW 1976, 551; *Tiedtke,* FamRZ 1976, 321; *Staudinger-Thiele,* 21ff. zu § 1365; *Soergel-Lange,* 12 zu § 1365; RGRK-*Finke,* 12 zu § 1365.

Schon Kennenmüssen soll dem Erwerber schaden nach Ans. von *Mülke,* AcP 161 (1962) 149ff.; *Riedel,* DRiZ 1963, 185; *Dölle,* § 52 I 1. Vgl. ferner *Sandrock,* Festschrift Bosch, S. 847ff. (an sich wie BGH, jedoch mit § 242 gegen den an sich gutgläubigen Erwerber bei besonders groben Verstößen gegen die Interessen des nichtverfügenden Ehegatten).

[30] Zust. *Staudinger-Thiele,* 24 zu § 1365. Nach a. A. ist stets die Vollendung des Rechtsgeschäfts entscheidend. Die Frage, ob beim (praktisch besonders wesentlichen) Erwerb von Grundstücken (nach wirksamem Verpflichtungsgeschäft keine Zustimmung notw. Vgl. oben I 5) die Eintragung des Erwerbers auch dann noch entscheidend sein soll, wenn eine Auflassungsvormerkung bewilligt wurde, ist innerhalb dieser Lehre str. Bejahend LG Osnabrück, FamRZ 1973, 652; *Lange,* JuS 1974, 766; *Palandt-Diederichsen,* 2 zu § 1365. Die augenscheinlich gewünschte Harmonisierung mit der Rspr. zu § 419 wird damit indessen gerade gestört, weil BGHZ 55, 105 zu § 419 gegenteilig entschieden hat. Vgl. dazu *Futter,* NJW 1976, 1748 (selbst für Zeitpunkt der Vormerkung); *Tiedtke,* FamRZ 1976, 322 (selbst für Zeitpunkt des Antrags auf Eintragung der Auflassungsvormerkung).

Umständen möglich, die Kenntnis des Erwerbers nahelegen: Das Beweisrisiko wird groß, aber auch umgekehrt die Gefahr mit einer gar nicht vorhandenen Kenntnis belastet zu werden. Hier liegen Unzuträglichkeiten des subjektiven Tatbestandselements, die sich um weitere vermehren: Ehegatten, die den (objektiv gegebenen) Tatbestand des § 1365 zu meiden wünschen, brauchen lediglich einen unwissenden Erwerber zu suchen. Einseitigen Rechtsgeschäften kann der Erkenntnisstand des Erwerbers nicht als Tatbestandselement eingefügt werden.

6. *Die „objektive Theorie“.* Trotz dieser Unzuträglichkeiten der subjektiven Theorie und trotz evidenten Widerspruches zwischen ihrer Versicherung, keinen Verkehrsschutz zu gewähren, und der Rücksicht auf die Kenntnis des Erwerbers, ist die in Opposition stehende „objektive Theorie“ (Anwendung des § 1365 ohne Rücksicht auf die Kenntnis des Erwerbers)[31] in jüngster Zeit stark in den Hintergrund getreten. Sie wird sich auch in Zukunft mit Erfolg nur beleben lassen, wenn zustimmungsfreie Geschäfte und Gesamtvermögensgeschäfte anhand fester (in Prozentsätzen exakt berechenbarer) Wertrelationen geschieden werden. Die These vom absoluten Vorrang der Interessen von Ehe und Familie vor den Interessen des Verkehrs ist dagegen als endgültig überholt zu betrachten.

7. *Sukzessive Geschäfte.* Unanwendbar ist § 1365 grundsätzlich, wenn das gesamte Vermögen in einer Mehrzahl von Rechtsgeschäften veräußert wird. Das jeweils erzielte Entgelt wird nach der Teilveräußerung Vermögenbestandteil, der beim Wertvergleich für die folgenden Veräußerungen als Aktivum zu berücksichtigen ist. Die Zustimmung des Ehegatten ist allerdings zu fordern, wenn die mehreren Geschäfte eine allen Parteien bewußte Zweckeinheit bilden, mögen auch die Erwerber verschiedene Personen sein.[32] Fehlt das subjektive Tatbestandselement bei einzelnen Erwerbern, während es bei anderen gegeben ist, so sind die Geschäfte mit jenen zustimmungsfrei, mit den anderen dagegen zustimmungsbedürftig.

8. *Belastungen eines Grundstück,*[33] das zumindest nahezu das ganze Vermögen eines Ehegatten bildet, mit Grundpfandrechten werden von einer (dogmatisch

---

[31] Vgl. für sie aus jüngerer Zeit (weit. Nachw. bei MünchKomm-*Gernhuber,* § 1365 Fn. 23) *Braga,* FamRZ 1967, 652ff. (mit eigenwilligen Grundlagen und Folgerungen); *Finger,* JZ 1975, 461ff. (mit Berücksichtigung des laufenden Arbeitseinkommens beim Wertvergleich als Korrektiv); *Erman-Hekkelmann,* 10 zu § 1365.

[32] Dem Text nahestehend *Staudinger-Thiele,* 33 zu § 1365; *Soergel-Lange,* 29 zu § 1365 (sie fordern einen „einheitlichen Lebensvorgang“, für den der zeitliche und sachliche Zusammenhang der Geschäfte zum Kriterium wird). Benachbart *Dölle,* § 52 I 1 (wirtschaftliche Einheit). Nur noch einen nahen zeitlichen Zusammenhang fordern OLG Hamm, NJW 1960, 1466; RGRK-*Finke,* 14 zu § 1365. Selbst von ihm ist nicht mehr die Rede in BGH, FamRZ 1967, 382; *Erman-Heckelmann,* 8 zu § 1365; *Palandt-Diederichsen,* 2 zu § 1365.

[33] Pfandrechte an Fahrnis und Rechten werden für § 1365 nur praktisch als rechtsgeschäftliche Generalpfandrechte, wie sie insbesondere die AGB der Kreditinstitute vorsehen. Vgl. dazu *Westermann,* FamRZ 1967, 647. Von größerer praktischer Bedeutung kann § 1365 dagegen für die Sicherungsübereignung von Warenlagern sein. Vgl. dazu *de la Motte,* S. 92ff.

folgerichtigen) Minderansicht generell an die Zustimmung des Partners gebunden, weil Objekt der Belastung stets das ganze Grundstück sei.[34] Die h.L. fordert (unter Hinweis auf die Notwendigkeit einer teleologischen Reduktion) die Zustimmung nur, wenn die Belastung allein oder im Verein mit vorrangigen Rechten den Wert des Grundstückes ganz oder doch nahezu ganz erschöpft;[35] eine numerisch exakte Erschöpfungsgrenze hat sie niemals entwickelt.[36] Fast allgemein anerkannt wird die Möglichkeit, ohne Zustimmung des Partners Eigentümergrundschulden zu bestellen,[37] aber auch Fremdgrundpfandrechte, die der Sicherung der Restkaufpreisforderung[38] oder der Sicherung eines zum Zweck des Grundstückserwerbes aufgenommenen Kredites dienen.[39]

Zu Recht ist der h.L. stets vorgeworfen worden, daß sie den Begriff der Verfügung hier (und damit prinzipienlos) mit wirtschaftlichen Erwägungen „korrigiere", daß sie die Rechtssicherheit gefährde (und damit gegen ein anerkanntes Interpretationsprinzip verstoße), daß sie die Gleichwertigkeit aller Grundpfandrechte für die Gefährdung des Grundeigentums übersähe und daß sie ein eigenartiges Gefälle zustimmungsfreier Belastungen schaffe, wenn Vorbelastungen vom Grundstückswert abzusetzen sind. Zu Recht ist aber auch der Mindermeinung vorgeworfen worden, daß sie offensichtlich zu Bindungen führe, die von § 1365 nicht mehr gefordert werden. Richtiger Ansicht nach ist die Belastung eines Grundstückes mit Grundpfandrechten nie von der Zustimmung des Ehegatten abhängig. So fordert es der Grundsatz der freien Vermögensverwaltung (§ 1364), so fordert es aber auch die Funktion der Grundpfandrechte im Wirtschaftsleben. Es ist sehr bezeichnend, daß bei den Vorarbeiten zu § 1365 von Belastungen eines Grundstückes nie die Rede war. Grundpfandrechte gehören in

---

[34] Vgl. LG Delmenhorst, NJW 1958, 1729 (1730) mit zust. Anm. *Hoche,* S. 2069; LG Bielefeld, FamRZ 1958, 376 mit Anm. *Bosch; Bosch,* FamRZ 1958, 294; LG Siegen, FamRZ 1959, 64; *Meyer-Stolte,* FamRZ 1959, 233; *Haegele,* zuletzt FamRZ 1964, 597.

[35] Vgl. u. a. (weit. Nachw. bei MünchKomm-*Gernhuber,* § 1365 Fn. 58) OLG Hamm, NJW 1959, 104; OLG Düsseldorf, DNotZ 1959, 259; BayObLG, FamRZ 1960, 31; 1967, 337 (338); *Sandrock,* Festschrift Bosch, S. 854; *Dölle,* § 52 I 1; *Staudinger-Thiele,* 47 zu § 1365; *Soergel-Lange,* 33 zu § 1365; *Erman-Heckelmann,* 14 zu § 1365.

Schwerlich richtig ist innerhalb der h.L. die Überzeugung, daß Belastungen eines Grundstückes, die über den Grundstückswert hinausgehen, also keine „Wertparzelle" mehr vorfinden, (wieder) zustimmungsfrei sind. So aber *Riedel,* Rpfleger 1961, 266 und DRiZ 1963, 184; LG Stade, Rpfleger 1963, 51; *Erman-Heckelmann,* 14 zu § 1365; *Soergel-Lange,* 34 zu § 1365.

[36] Versuche, die Grenze bei 70% des Grundstückswertes zu ziehen (*Riedel,* DRiZ 1963, 184; *Dölle,* § 52 I 1) haben sich nicht durchgesetzt.

[37] Nachw. bei MünchKomm-*Gernhuber,* § 1365 Fn. 54. A.A. nur AG Bielefeld, FamRZ 1960, 199; *Meyer-Stolte,* FamRZ 1961, 364.

[38] Vgl. OLG Hamm, FamRZ 1959, 166; LG Bielefeld, FamRZ 1958, 468 mit Anm. *Meyer* und *Bosch; Obermüller,* BB 1961, 649; *Weimar,* MDR 1961, 909; *Erman-Heckelmann,* 14 zu § 1365; *Staudinger-Thiele,* 56 zu § 1365; RGRK-*Finke,* 19 zu § 1365; *Soergel-Lange,* 35 zu § 1365. A.A. *Schulz-Kersting,* FamRZ 1959, 68.

[39] Für diese Ausdehnung der zur Restkaufpreishypothek entwickelten Grundsätze OLG Hamm, FamRZ 1959, 166; *Riedel,* Rpfleger 1961, 268; *Staudinger-Thiele,* 56 zu § 1365.

einem sich am Inhalt der Rechte ausdifferenzierenden System der subjektiven Rechte in die Kategorie der Verwertungsrechte. Funktionell sind sie dagegen Sicherungsrechte ohne Verlust der Vermögenssubstanz (und deshalb anders zu werten als die Sicherungsübereignung bei beweglichen Sachen). Die Zahl der Grundpfandrechte, die zum Verlust des belasteten Grundstückes führen, ist denn auch verschwindend gering gegenüber der Zahl der anderen, die lediglich sichern und nach Erfüllung der gesicherten Forderung an die Eigentümer zurückfallen.

Frei sind die Ehegatten auch bei der Bestellung anderer beschränkter dinglicher Rechte an ihrem Grund und Boden. § 1365 sichert die Vermögenssubstanz, nicht mehr ihre Nutzung durch die Familie. Die Bestellung dinglicher Nutzungsrechte muß deshalb ebenso zustimmungsfrei sein wie die Einräumung nur obligatorischer Rechte (Miete und Pacht).[40] In Betracht käme eine Bindung überhaupt nur für die Bestellung dinglicher Erwerbsrechte, doch ist das dingliche Vorkaufsrecht der §§ 1094ff. so strukturiert, daß es niemals als „Verfügung über das Vermögen im ganzen" bezeichnet werden kann. Jeder Schutz der Familie ist insoweit auch überflüssig. Zu binden ist gegebenenfalls der Verkauf des Grundstückes, der den Vorkaufsfall auslöst.[41]

9. *Eintragungen im Grundbuch* sollen nur erfolgen, wenn sie die materielle Rechtslage richtig wiedergeben, im Anwendungsbereich des § 1365 mithin nur, wenn die Zustimmung des Ehegatten erteilt wurde (Form: § 29 GBO). Dem Regel-Ausnahme-Verhältnis von § 1364 und § 1365 folgend, hat aber auch das Grundbuchamt den Nachweis der Zustimmungsfreiheit (Ledigsein, Gütertrennung, weiteres Vermögen) oder die Vorlage der Zustimmung nur zu fordern, wenn positive Anhaltspunkte für ein Gesamtvermögensgeschäft sprechen.[42]

10. *Vorrang anderer Wertungen.* In restriktiver Interpretation sind § 1365 alle Gesamtvermögensgeschäfte zu entziehen, die einer in anderen Zusammenhängen zum Ausdruck gebrachten Wertung des Gesetzes zufolge in vollkommener Freiheit vollzogen werden sollen. Jeder Ehegatte ist insbesondere berechtigt, ohne Zustimmung seines Partners eine Erbschaft oder ein Vermächtnis auszuschla-

---

[40] A.A. die h.L. Auch von ihrem Standpunkt aus muß der beim Erwerb „vorbehaltene" Nießbrauch zustimmungsfrei sein. Vgl. LG Münster, DNotZ 1959, 546; RGRK-*Finke,* 19 zu § 1365.

Im Ergebnis mit dem Text übereinstimmend BGH, FamRZ 1966, 22 (zustimmungsfrei, weil nie Wert des Grundstücks ausschöpfend).

[41] Ebenso *Mülke,* AcP 161 (1962), 146 Fn. 40; *Soergel-Lange,* 37 zu § 1365; *Staudinger-Thiele,* 50 zu § 1365; RGRK-*Finke,* 18 zu § 1365. Für die Anwendung des § 1365 bei Bestellung eines Vorkaufsrechtes *Haegele,* Rpfleger 1960, 372f.; *Dölle,* § 52 I 1. Die Ausübung des Vorkaufsrechtes (also der Akt eines Dritten!) wird an die Zustimmung des Ehegatten des Eigentümers gebunden von AG Bremen, Rpfleger 1960, 370. Vgl. ferner *Riedel,* Rpfleger 1961, 268 (Bindung des späteren Drittkaufes und der Ausübung des Vorkaufsrechtes).

[42] Ganz h.M. (mit praktisch unerheblichen Nuancen in den Formulierungen). Vgl. u.a. (weit. Nachw. bei MünchKomm-*Gernhuber,* § 1365 Fn. 63; dort auch die abw. Ans. aus der Frühzeit des GleichberG) BGHZ 35, 135 (139ff.); 64, 246 (250); BayObLG, NJW 1967, 1614; OLG Bremen, NJW 1960, 825; OLG Hamm, NJW 1960, 436; OLG Hamburg, MDR 1968, 497; KG, FamRZ 1973, 307; *Dölle,* § 52 I 1; *Staudinger-Thiele,* 110ff. zu § 1365; RGRK-*Finke,* 51ff. zu § 1365; *Soergel-Lange,* 44 zu § 1365; *Erman-Heckelmann,* 12 zu § 1365.

gen,[43] auf einen Pflichtteil zu verzichten, eine Schuld aus Zugewinnausgleich zu erlassen sowie einen Vertragsantrag und eine Schenkung abzulehnen (vgl. dazu §§ 1432, 1455 Nr. 1, 2 und 4).

Jeder Ehegatte muß ferner berechtigt sein, ohne Zustimmung seines Partners eine Gemeinschaft nach Bruchteilen oder eine Gesamthand zu beenden, mag nun ein Dritter, mag auch der Ehegatte selbst mit ihm in der Gemeinschaft verbunden sein (Miteigentumsgemeinschaft der Ehegatten an Grundstücken!). Die für die Gemeinschaften bestehende Beendigungsfreiheit kann nicht durch einen Ehegatten eingeschränkt sein, der selbst der Gemeinschaft nicht angehört. Sie ist aber auch in einer Gemeinschaft nur der Ehegatten gegen eine besondere Bestandsgarantie aus Güterrecht zu wahren. Genügenden Schutz bietet dem widerstrebenden Ehegatten zudem § 1353 in seiner Schrankenfunktion (vgl. dazu oben § 19 II 3). Zustimmungsfrei ist demnach stets die Auseinandersetzung eines Nachlasses in den Formen der §§ 2042ff., aber auch jeder Erbauseinandersetzungsvertrag[44] (dagegen nicht mehr die Veräußerung eines Nachlasses oder Miterbenanteils[45]). Zustimmungsfrei ist ferner der Antrag auf Teilungsversteigerung nach § 180 ZVG.[46]

11. *Gesellschaftsrecht.* Weil die Errichtung einer Gesellschaft des bürgerlichen Rechtes, einer OHG und einer KG zur Bildung eines Gesamthandsvermögens

---

[43] Die Überzeugung, daß die Ausschlagung einer Erbschaft schon deshalb nie unter § 1365 fallen könne, weil die Erbschaft bis zur Annahme nicht zum Vermögen des Erben gehöre (so *Schippel,* DNotZ 1961, 26), steht in Widerspruch zu § 1922 I. Benachbart *Staudinger-Thiele,* 42 zu § 1365; RGRK-*Finke,* 8 zu § 1365 (zustimmungsfrei, weil die angefallene Erbschaft noch nicht endgültig zum Vermögen des Erben gehöre).

[44] Anders die h.L. Vgl. BGHZ 35, 135 (144f.); OLG Celle, NJW 1960, 437; *Staudinger-Thiele,* 44 zu § 1365; *Soergel-Lange,* 49 zu § 1365; *Erman-Heckelmann,* 19 zu § 1365. Zuweilen wird (inkonsequent) wenigstens Zustimmungsfreiheit für Realteilungsverträge zugestanden. Vgl. OLG München, FamRZ 1971, 93; *Riedel,* MDR 1962, 6f.; *Reinicke,* DB 1965, 1353; *Haegele,* FamRZ 1966, 595; *Palandt-Diederichsen,* 2 zu § 1365.

[45] Allg. M. Vgl. etwa BGHZ 35, 135 (144); *Reinicke,* DB 1965, 1353; *Staudinger-Thiele,* 43 zu § 1365; *Soergel-Lange,* 46 zu § 1365; *Erman-Heckelmann,* 19 zu § 1365.

[46] Anders die h.M. Vgl. etwa *Weimar,* NJW 1959, 1478; OLG Celle, FamRZ 1961, 30; OLG Koblenz, NJW 1967, 1139; OLG Köln, NJW 1968, 2250; OLG Karlsruhe, FamRZ 1970, 194; OLG Hamburg, NJW 1970, 952; OLG Köln, NJW 1971, 2312; OLG Frankfurt, FamRZ 1976, 152; BayObLG, FamRZ 1979, 290; *Staudinger-Thiele,* 46 zu § 1365; *Dölle,* § 52 I 1; *Soergel-Lange,* 41 zu § 1365; RGRK-*Finke,* 20 zu § 1365; *Erman-Heckelmann,* 14 zu § 1365. Der Mangel der Einwilligung muß dann grds. mit der Drittwiderspruchsklage (§ 771 ZPO) geltend gemacht werden. Die Erinnerung (§ 766 ZPO) ist nur gegeben, wenn das Versteigerungsverfahren Mängel aufweist. Vgl. OLG Hamm, FamRZ 1979, 128 (130f.) m. Nachw.

Eine Mittelmeinung bindet zwar den Antrag nicht, will aber die Entscheidung über den Zuschlag (die sicher keine rechtsgeschäftliche Verfügung ist) von der Zustimmung des Ehegatten abhängig machen. Vgl. LG München, FamRZ 1965, 511 und dagegen *Schiffhauer,* FamRZ 1966, 338ff.

Mit dem Text i.Erg. übereinstimmend *Schiffhauer,* FamRZ 1960, 185 und 1966, 338ff.; *Reinicke,* DB 1966, 1352; LG Karlsruhe, FamRZ 1966, 355; LG Konstanz, NJW 1966, 2115; KG, NJW 1971, 711.

führt, sind alle Gesellschaftsverträge zustimmungspflichtig, die einen Ehegatten verpflichten, zumindest nahezu sein ganzes Vermögen auf eine Gesellschaft zu übertragen.[47] Vielfach wird freilich diese Folgerung aus dem Wechsel von der Alleinzuständigkeit zur Zuständigkeit einer Gesamthand grundsätzlich geleugnet, sei es nun, weil man glaubt, in der gesamthänderischen Mitberechtigung des Gesellschafters einen ausreichenden Ausgleich finden zu können, sei es auch, weil man glaubt, einen wesentlichen Unterschied zwischen der (zustimmungsfreien) Übertragung eines Vermögensbruchteiles und der Errichtung einer Gesellschaft nicht erkennen zu können. Ausnahmen verschiedenen Umfanges (mit Anwendung des § 1365) werden auf diesem Hintergrund nur zugestanden, wenn die Einlage des Gesellschafters und seine Beteiligung am Gesamthandsvermögen nicht im rechten Verhältnis zueinander stehen und wenn der Vertrag eine Abfindung für ausscheidende Gesellschafter vorsieht, die dem wirtschaftlichen Wert ihrer Beteiligung nicht entspricht.[48] Evident ist für alle Varianten, daß sie auf einem illegitimen (weil prinzipienlosen) Einbruch wirtschaftlichen Denkens beruhen (vgl. dazu schon oben unter 8.), aber auch, daß sie mit ihren unscharfen Rändern letzte Sicherheit im Einzelfall nie vermitteln können.

Bedurfte ein Gesellschafter der Zustimmung seines Ehegatten, konnte er sie aber nicht erlangen, so ist jedenfalls die Einlageklausel im Gesellschaftsvertrag nichtig (der übergangene Ehegatte kann mit der Revokationsbefugnis aus § 1368 Gut, das bereits in das Gesellschaftsvermögen geleistet wurde, zurückfordern). Die Grundsätze für Gesellschaften auf fehlerhafter Vertragsgrundlage finden insoweit keine Anwendung; der gegenständlich bestimmte Schutzzweck genießt den Vorrang vor den Interessen, die mit jener Lehre gewahrt werden. Über das Verbleiben des Gesellschafters in der Gesellschaft entscheidet im übrigen § 139. Führt die Nichtigkeit der Einlageklausel zur Nichtigkeit der Beitrittserklärung überhaupt, so befindet § 139 über den Fortbestand der Gesellschaft unter den übrigen Gesellschaftern. Gesamtnichtigkeit der Beitrittserklärung allein führt zur Abschichtung des Gesellschafters nach den Regeln der Lehre von der Gesellschaft

---

[47] H.L. Vgl. u.a. (weit. Nachw. bei MünchKomm-*Gernhuber,* § 1365 Fn. 65) *de la Motte,* S. 132ff.; *Wiedemann,* Die Übertragung und Vererbung von Mitgliedschaftsrechten bei Handelsgesellschaften, 1965, S. 257ff.; *Heckelmann,* Abfindungsklauseln in Gesellschaftsverträgen, 1973, S. 179f.; *Staudinger-Thiele,* 59 zu § 1365; *Erman-Heckelmann,* 15 zu § 1365; *Soergel-Lange,* 50 zu § 1365; RGRK-*Finke,* 28ff. zu § 1365; *Sandrock,* Festschrift Duden, S. 521ff.

[48] Vgl. *Boesebeck,* DB 1958, 1147 (Zustimmung erforderlich für jede Abfindungsklausel); *Reinicke,* BB 1960, 1003 (Zustimmung erforderlich, wenn Einlage und Anteil in keinem Verhältnis zueinander stehen und für Abfindungsklauseln, die den Rahmen des Üblichen überschreiten); *Tiedau,* MDR 1961, 722 (Zustimmung erforderlich, wenn Einlage und Anteil in keinem Verhältnis zueinander stehen und für Abfindungsklauseln, die im Abfindungsfall den wirtschaftlichen Wert der Beteiligung nahezu vollständig einbüßen lassen). Selbstverständlich ist die Ablehnung der h.M. für alle, die generell Umsatz- und Anlagegeschäfte § 1365 entziehen. Vgl. *Wörbelauer,* NJW 1960. 795.

auf fehlerhafter Vertragsgrundlage.[49] Gesamtnichtigkeit des Gesellschaftsvertrages bedeutet dagegen Anwendung jener Regeln auf die Gesellschaft überhaupt.

Änderungen des Gesellschaftsvertrages sind grundsätzlich nicht an die Zustimmung des Ehegatten gebunden. Sie fallen unter § 1365 nur, wenn ein Gesellschafter sofort (Änderung der Beteiligungsverhältnisse) oder im späteren Vollzug des Vertrages (Abfindungsklausel) nahezu sein ganzes Vermögen preisgibt.[50] Zustimmungsfrei ist stets die Verlängerung eines Gesellschaftsvertrages; sie hat nie verfügenden Charakter.[51] Zustimmungsfrei ist grundsätzlich auch die Aufnahme eines weiteren Gesellschafters in die bereits bestehende Gesamthand; § 1365 ist sie nur zu unterwerfen, wenn die Beteiligungsverhältnisse so geändert werden, daß der Vertrag als inhaltlicher Änderungsvertrag gebunden wäre.[52]

Nicht gebunden ist auch die rechtsgeschäftliche *Beendigung der Gesellschaft* überhaupt oder doch der eigenen Mitgliedschaft, sei es nun durch Kündigung (Auflösungsklage), sei es auch durch Vertrag.[53] Der Struktur einer Personalgesellschaft widerspricht jede Bindung eines Gesellschafters an seinen Ehegatten bei der Entscheidung über den Fortbestand der Gesellschaft oder doch der Mitgliedschaft (mit besonderer Evidenz bei den unabdingbaren Beendigungsrechten aus wichtigem Grund). Zustimmungspflichtig sind allein Vereinbarungen anläßlich des Ausscheidens, die als Änderungsverträge einer Zustimmung bedurft hätten.

---

[49] Gegen jede Anwendung der Lehre in diesem Zusammenhang *Fischer,* NJW 1960, 938; *Tubbesing,* DB 1966, 832; *Soergel-Lange,* 50 zu § 1365. Umgekehrt für ungeschmälerte Anwendung (also auch für die Einlage) *Wiedemann,* S. 260f.; *Sandrock,* Festschrift Duden, S. 524. Dem Text entspr. *de la Motte,* S. 147ff.

[50] Ebenso *Tiedau,* MDR 1961, 724; *Beitzke,* DB 1961, 24; *Staudinger-Thiele,* 62ff. zu § 1365; *Soergel-Lange,* 51 zu § 1365. Krit. dazu *Heckelmann,* Abfindungsklauseln, S. 182 und *Erman-Heckelmann,* 16 zu § 1365 (Bindung von Stundungs- und Berechnungsklauseln sowie des fast vollst. Erlasses des Abfindungsanspruches). Für eine umfassendere Bindung *de la Motte,* S. 162ff. (gebunden auch jede Umwandlung einer BGB-Gesellschaft in eine OHG sowie Ausscheidungsvereinbarungen; vgl. S. 196f. und 201f.); *Eiselt,* JZ 1960, 563f. (jede verschlechternde Änderung der Kapital- und Abfindungsregelung); *Wiedemann,* S. 261f. (jede verschlechternde Änderung der Abfindungsregelung); *Sandrock,* Festschrift Bosch, S. 855 und Festschrift Duden, S. 526ff. (jede Änderung, jedoch mit § 242 als Grenze bei Minimaländerungen). Umgekehrt wird die Bindung an den Ehegatten über den Text hinaus gelockert von *Tubbesing,* BB 1966, 831 (Preisgabe der Abfindung nur zustimmungspflichtig, wenn Ergebnisbeteiligung nicht ins Gewicht fällt).

[51] A.A. *Tubbesing,* BB 1966, 831 (mit regelwidriger Fortsetzung der Gesellschaft unter den anderen Gesellschaftern, wenn die Zustimmung verweigert wurde).

[52] Dem Text i.Erg. entsprechend *Staudinger-Thiele,* 65 zu § 1365. Für stärkere Bindung *Tiedau,* Deutscher Notartag 1961, S. 113 (stets, wenn sich Höhe der Beteiligung in einer Weise verschiebt, die in keinem Verhältnis zur Einlage des neuen Gesellschafters steht). Für Bindung in jedem Fall *Beitzke,* DB 1961, 24; *Eiselt,* JZ 1960, 564; *Sandrock,* Festschrift Duden, S. 531ff. (mit § 242 als Grenze für Kommanditisten einer PublikumsKG, deren Kommanditanteil „im Vergleich zu den übrigen keine wesentliche Rolle spielt"). Umgekehrt für generelle Zustimmungsfreiheit *Wiedemann,* S. 261; *Erman-Heckelmann,* 16 zu § 1365; *Soergel-Lange,* 52 zu § 1365.

[53] Sehr str. Dem Text i.Erg. entspr. *de la Motte,* S. 204ff.; *Reinicke,* BB 1960, 1005; *Tiedau,* MDR 1959, 254 und 1961, 725. Die h.M. ist dagegen für Bindung in jedem Fall. Vgl. für sie OLG Hamburg, FamRZ 1970, 407; *Wiedemann,* S. 263f.; *Beitzke,* DB 1961, 24; *Eiselt,* JZ 1960, 564;

III. Gegenstände des ehelichen Haushaltes

Schrifttum: *Ziege,* Zur Auslegung des § 1369 BGB n. F., NJW 1957, 1579 und 1958, 131; *Zunft,* Zur Auslegung des neuen § 1369 BGB, NJW 1958, 13; *Boehmer,* Einige Fragen zu der sog. Vinkulierung des Hausrats in § 1369 BGB n. F., FamRZ 1959, 1 und 81; *Bobrowsky,* Die Verfügungsbeschränkung über ehelichen Hausrat, Rpfleger 1959, 117; *Petermann,* Die Vinkulierung des Hausrats bei der Zugewinngemeinschaft (§ 1369 BGB n.F.), Rpfleger 1960, 233; *Rittner,* Handelsrecht und Zugewinngemeinschaft, FamRZ 1961, 185; *Gaa,* Das Beiseiteschaffen von Familienhabe in zivil- und strafrechtlicher Sicht, NJW 1961, 2055; *Hartung,* Verfügungsbeschränkung bei ehelichem Hausrat, 1962; *Weimar,* Verpflichtungs- und Verfügungsgeschäfte über Haushaltsgegenstände (§ 1369 BGB), MDR 1965, 448.

1. *Umfang der Bindung.* Gebunden sind alle Gegenstände des ehelichen Haushaltes, die im Eigentum eines oder auch beider Ehegatten stehen; Eigentumsanwartschaften (Kauf unter Eigentumsvorbehalt!) stehen Eigentum gleich (allg. Meinung). § 1369 bindet jeden Ehegatten zwar nur hinsichtlich der ihm gehörenden Gegenstände; er ist jedoch analog anzuwenden, wenn ein Ehegatte dem Partner gehöriges Gut veräußert.[1] Normtext und Analogie führen sodann zwingend (in extensiver Interpretation der Norm) zur Bindung aller im Miteigentum stehenden Sachen, und zwar unabhängig von der Frage, ob nur der eigene Anteil oder die ganze Sache Geschäftsgegenstand ist.[2]

Die Analogie denkt folgerichtig den Schutzzweck der Norm (den Obersatz im Analogieschluß) zu Ende. Wenn den Ehegatten die Möglichkeit fehlen soll, durch einseitigen Akt Haushaltsgegenstände zu „entwidmen", muß wie das eigene Gut so auch das Gut des Partners gebunden sein. Kein Einwand hat bislang diesen Analogieschluß erschüttern können. Daß § 1369 im Zusammenhang mit § 1364 gedacht wurde, mithin das Prinzip selbständiger Vermögensverwaltung als Gefahr für den ehelichen Haushalt bekämpft, hindert den Analogieschluß nicht.[3] Die für eine Analogie notwendige Verkürzung eines Gedankens im Normtext liegt gerade in der Verbindung des § 1369 nur mit § 1364. Belanglos

---

Haegele, FamRZ 1964, 598; *Tubbesing,* BB 1966, 831; *Staudinger-Thiele,* 67 zu § 1365; *Soergel-Lange,* 53 zu § 1365; *Erman-Heckelmann,* 18 zu § 1365. Differenzierend *Boesebeck,* DB 1958, 1148 (Kündigung des Kommanditisten gebunden, Kündigung des Komplementärs frei). Mit Fiktionen glaubt *Sandrock,* Festschrift Duden, S. 534ff., die h.L. mildern zu können (wer seinen Ehegatten als Gesellschafter „mit Kündigungsklausel" geheiratet hat oder seine Zustimmung zur Einbringung des Vermögens in die Gesellschaft erklärte, soll damit stillschweigend sein Einverständnis mit Kündigungen im voraus zum Ausdruck gebracht haben).

[1] Ebenso *Lorenz,* JZ 1959, 107; *Beitzke,* § 14 II 1; *Hartung,* S. 61 ff.; *Schröer,* JZ 1960, 710; *Baur,* § 51 V 4 b 2; *Erman-Heckelmann,* 8 zu § 1369; *Dölle,* § 53 III; *Weimar,* MDR 1965, 449; OLG Köln, MDR 1968, 586; OLG Schleswig, SchlHA 1974, 111. A.A. *Ziege,* NJW 1957, 1580; *Zunft,* NJW 1958, 130; *Boehmer,* FamRZ 1959, 4; *Koeniger,* DRiZ 1959, 374; *Rittner,* FamRZ 1961, 191 ff.; *Staudinger-Thiele,* 34 ff. zu § 1369; *Soergel-Lange,* 16 zu § 1369; RGRK-*Finke,* 11 ff. zu § 1369.

[2] Die h. L. bindet lediglich den eigenen Miteigentumsanteil und wendet bei Verfügungen über die ganze Sache (nach zumindest zweifelhafter Zerlegung des Rechtsgeschäftes in Teile) § 139 an. Vgl. BayObLG, FamRZ 1965, 331 (333); *Boehmer,* FamRZ 1959, 82; *Hartung,* S. 60 f.; *Soergel-Lange,* 17 zu § 1369; RGRK-*Finke,* 15 zu § 1369. I. Erg. wie der Text *Staudinger-Thiele,* 39 zu § 1369.

[3] Gegen *Rittner,* FamRZ 1961, 191 ff.

ist auch, daß ein Verlust des Hausrates durch Verfügung eines nicht berechtigten Ehegatten nur kraft Rechtsscheins möglich und angesichts des § 935 nur für die Fälle der Verfügung aus Alleinbesitz zu befürchten wäre: Kein Analogieschluß findet seine Rechtfertigung erst in der Häufigkeit seiner Anwendung. Der Analogieschluß ist schließlich auch nicht gegenstandslos, weil die folgerichtige Durchführung der Fehlvorstellungen des Erwerbers (Eigentum des Veräußerers) gerade zu § 1369 führte und deshalb bei fehlender Zustimmung kein Erwerb anerkannt werden dürfe.[4] Die Vorstellungen des Erwerbers haben nicht den Rang einer Rechtsquelle, können also nicht in § 932 ein neues Tatbestandselement (Zustimmung, wenn der Erwerber sie für erforderlich halten muß) einfügen.[5]

2. Gegenstände des ehelichen Haushaltes sind alle von den Ehegatten ihrem Haushalt (und nicht dem persönlichen Gebrauch eines Ehegatten, dem Beruf, der Vermögensanlage) gewidmeten beweglichen Sachen. Gegenstände des ehelichen Haushaltes sind nicht mehr Immobilien (auch nicht Wohnungseigentum)[6] und Ansprüche, mag es sich nun um Ansprüche handeln, die Haushaltsgegenstände surrogieren (Sachversicherung, Schadensersatz),[7] um Ansprüche, die den Gebrauch fremder Sachen gewähren (Wohnungsmiete),[8] oder auch um Ansprüche, die zur Eingliederung einer beweglichen Sache in den Haushalt führen sollen (Anspruch auf Übereignung aus Kauf).[9] Der weite Begriff des Gegenstandes (vgl. § 90) weist nur scheinbar in eine andere Richtung; die Restriktion erzwingt der (dem Sprachgebrauch entsprechende) enge Parallelbegriff der Haushaltsgegenstände in den §§ 1361 a und 1370.

3. Unter die gebundenen Verfügungen fällt auch die *Sicherungsübereignung*. In folgerichtiger Vollendung des für Restkaufpreishypotheken entwickelten Gedankens (vgl. oben II 8) ist sie jedoch als Erwerbsmodalität zustimmungsfrei, wenn

---

[4] Der Gedankengang findet sich bei *Beitzke*, § 14 II 1; *Erman-Heckelmann*, 8 zu § 1369 (hier als Begründung für die analoge Anwendung des § 1369).

[5] Richtig *Boehmer*, FamRZ 1959, 4; *Petermann*, Rpfleger 1960, 235; *Hartung*, S. 63.

[6] Fast allg. Meinung. A.A. jedoch *Schulin*, DRiZ 1959, 77; *Hartung*, S. 58 Fn. 147.

[7] Wie der Text *Bobrowsky*, Rpfleger 1959, 117; *Koeniger*, DRiZ 1959, 373; *Petermann*, Rpfleger 1960, 234; *Rittner*, FamRZ 1961, 190; *Weimar*, MDR 1965, 449; *Staudinger-Thiele*, 23 zu § 1369; *Soergel-Lange*, 15 zu § 1369; *Erman-Heckelmann*, 5 zu § 1369; RGRK-*Finke*, 5 zu § 1369. A. A. *Boehmer*, FamRZ 1959, 4; *Hartung*, S. 54ff.; *Palandt-Diederichsen*, 2 zu § 1369.

[8] Für die Wohnungsmiete ganz h. M. (Nachw. bei MünchKomm-*Gernhuber*, § 1369 Fn. 11). A.A. nur *Hartung*, S. 58.

Durchaus str. ist die Frage dagegen für Miete und Leihe von Fahrnis. Wie der Text *Rittner*, FamRZ 1961, 189; *Soergel-Lange*, 15 zu § 1369; *Erman-Heckelmann*, 5 zu § 1369. A.A. dagegen *Hartung*, S. 59; *Boehmer*, FamRZ 1959, 4; *Staudinger-Thiele*, 25 zu § 1369; RGRK-*Finke*, 5 zu § 1369; *Palandt-Diederichsen*, 2 zu § 1369.

[9] Gl. Ans. OLG Saarbrücken, FamRZ 1964, 633; *Soergel-Lange*, 15 zu § 1369; *Palandt-Diederichsen*, 2 zu § 1369. A.A. *Boehmer*, FamRZ 1959, 4; *Rittner*, FamRZ 1961, 188f. (keine Bindung bei der Ausübung von Gestaltungsrechten); *Erman-Heckelmann*, 5 zu § 1369; *Staudinger-Thiele*, 22 zu § 1369.

sie ausschließlich der Sicherung eines zur Bezahlung aufgenommenen Darlehens dient (Finanzierungskauf des täglichen Lebens!).[10]

4. Die Bindung entfällt, wenn die Ehegatten einverständlich den ehelichen Haushalt auflösen.[11] Die zu keiner Differenzierung bereite h. L., die § 1369 auch und gerade nach *Trennung der Ehegatten* anwendet, soweit es sich nicht um eigens für die getrennte Haushaltsführung beschaffte Gegenstände handelt,[12] schafft nicht nur Haushaltsgegenstände ohne Haushalt und Revokationsrechte, die mit § 1361 a I 1 nicht zu vereinbaren sind.[13] Sie verfehlt auch ihr eigenes Ziel, den Schutz der Familie. In der besonderen Situation endgültig getrennt lebender Ehegatten können die (z. T. sogar kleinlichen) Bindungen des § 1369 die Spannungen zwischen den beiden Ehegatten nur verstärken.

IV. Die Zustimmung

Schrifttum: *Dittmann,* Die Anwendung des § 1365 BGB bei Beendigung des gesetzlichen Güterstandes, DNotZ 1963, 707; *Reinicke,* Der Einfluß der Scheidung auf die nach §§ 1365, 1366 BGB schwebend unwirksamen Rechtsgeschäfte, NJW 1972, 1786; *derselbe,* Die Rechtsfolgen der Verweigerung einer nach den §§ 1365, 1366 BGB erforderlichen Genehmigung, NJW 1973, 305.

1. Die §§ 1365, 1369 fordern die Einwilligung des Ehegatten.[1] Verträge können indessen auch genehmigt werden (§ 1366); nur einseitige Rechtsgeschäfte, die ohne Einwilligung vorgenommen wurden (Stiftung, Auslobung), sind § 1367 zufolge unwirksam. Trotz offensichtlicher Abweichung vom Text des § 180 als Parallelnorm ist die Härte des § 1367 jedoch durch eine teleologische Interpretation zu mildern, so wie die Rechtsprechung in ähnlicher Situation auch die Härte des § 1831 gemildert hat. Schutz vor ungewisser Rechtslage wird erstrebt; ihn aufzudrängen besteht kein Anlaß. Genehmigungsfähig gleich Verträgen sind daher einseitige Rechtsgeschäfte, die im Einverständnis mit dem Erklä-

---

[10] Vgl. LG Bielefeld, MDR 1963, 760; *Staudinger-Thiele,* 10 zu § 1369; RGRK-*Finke,* 22 zu § 1369; *Soergel-Lange,* 20 zu § 1369; *Erman-Heckelmann,* 6 zu § 1369.

[11] Zust. *Palandt-Diederichsen,* 1 zu § 1369.

[12] Vgl. *Ziege,* NJW 1957, 1580; *Petermann,* Rpfleger 1960, 234; BayObLG, FamRZ 1960, 156 (158); 1965, 331 (332); OLG Saarbrücken, OLGZ 1967, 1 (mit zust. Anm. *Lange,* JuS 1970, 503); *Hartung,* S. 50; *Dölle,* § 53 III; *Weimar,* MDR 1965, 449; *Staudinger-Thiele,* 31 zu § 1369; *Soergel-Lange,* 3 zu § 1369; RGRK-*Finke,* 9 zu § 1369; *Erman-Heckelmann,* 7 zu § 1369.

[13] Vgl. *Rimmelspacher,* NJW 1969, 1998 Fn. 12.

[1] Minderjährige Ehegatten können sich nicht selbst erklären. Die höchst unerfreuliche Rechtslage (vgl. insbesondere *Boehmer,* Festschrift Hedemann, S. 31 f.) wird nicht durch § 1633 vermieden (vgl. dazu *Ziege,* NJW 1958, 132); die Zustimmung gehört nicht zum Bereich der Personensorge.

Für einen entmündigten Ehegatten handelt sein Vormund. Ist der Partner Vormund, erübrigt sich die Zustimmung, wenn er für den Entmündigten ein zustimmungsbedürftiges Rechtsgeschäft tätigt (vgl. dazu die Parallelsituation in der Gütergemeinschaft unten § 38 VI 5). Sie bleibt erforderlich, wenn der Vormund über eigenes Vermögen verfügen will, und kann dann nur von einem Pfleger erklärt werden (§§ 1795 II, 181). Das Schrifttum entscheidet bei der Gütergemeinschaft vielfach anders (Erklärung an sich selbst gestattet). Vgl. die Angaben unten zu § 69 II 3.

rungsgegner ohne Einwilligung vorgenommen wurden.[2] Genehmigungsfähig sind aber auch alle einseitigen Rechtsgeschäfte, die in spezieller Aktregelung ohnehin erst später Wirksamkeit erlangen können (etwa das Stiftungsgeschäft des § 80), sowie alle Rechtsgeschäfte, deren spezielle Regelung dem Gedanken des § 1367 mildernd Rechnung trägt (vgl. dazu unten § 52 III 4).

Mit Einwilligung des Partners vorgenommene (also an sich wirksame) einseitige Rechtsgeschäfte kann der Erklärungsgegner unverzüglich zurückweisen, wenn ihm die Einwilligung nicht in schriftlicher Form vorgelegt wird oder vorher vom Partner selbst mitgeteilt wurde (§§ 182 III, 111 Satz 2 und 3). Die Einwilligung allein beseitigt keine Ungewißheit; erst der Beweis der Einwilligung schafft Sicherheit.

2. Die Zustimmung ist selbst dann formlos (also auch durch konkludentes Verhalten[3]) möglich, wenn das zustimmungsbedürftige Geschäft formgebunden ist. Nichts anderes gilt, wenn (wie im Grundstücksrecht gemäß § 29 GBO) nur eine förmliche Erklärung den weiteren Vollzug des Geschäfts ermöglicht. Der auf die Zustimmung angewiesene Ehegatte (nicht sein Geschäftspartner[4]) hat in diesem Fall lediglich ein Recht auf Wiederholung der Zustimmung in geeigneter Form aus § 1353; er kann dagegen nicht das Vormundschaftsgericht anrufen; „verweigert" ist die wirksame, wenn auch praktisch unbrauchbare Zustimmung nicht.[5]

3. *Ersetzung der Zustimmung.* Die Zustimmung zu *Hausratsgeschäften* kann auf Antrag des Ehegatten (nicht des Geschäftspartners!) vom Vormundschaftsgericht[6] ersetzt werden, wenn sie ohne ausreichenden Grund (durch empfangsbedürftige Willenserklärung) verweigert wird[7] oder wenn der Partner durch Krankheit oder Abwesenheit verhindert ist, eine Erklärung abzugeben (§ 1366 II).[8] Für *Gesamtvermögensgeschäfte* steigert das Gesetz die Anforderungen: sie müssen stets ordnungsmäßiger Verwaltung entsprechen (aber nicht mehr von

---

[2] Ebenso *Staudinger-Thiele,* 5 zu § 1367; *Soergel-Lange,* 3 zu § 1367; RGRK-*Finke,* 6 zu § 1367.

[3] Bloßes Schweigen genügt in der Regel nicht; es gibt kein Tätigkeitsgebot. Anders ist zu entscheiden, wenn das Rechtsgeschäft zwischen den Ehegatten vorbesprochen und nicht alsbald beanstandet wurde.

[4] A.A. KG, NJW 1962, 1062; DNotZ 1963, 735. Die formlos wirksame Zustimmung begründet jedoch keine Sonderverbindung mit dem Geschäftspartner.

[5] Ebenso *Staudinger-Thiele,* 79 zu § 1365. A.A. aber *Soergel-Lange,* 43 zu § 1365; RGRK-*Finke,* 50 zu § 1365; *Erman-Heckelmann,* 13 zu § 1365.

[6] Richtervorbehalt: § 14 Nr. 6 RPflG; örtliche Zuständigkeit: § 45 FGG.

[7] Keine Pflicht zum Schadensersatz, mag auch die Grundlosigkeit noch so evident sein. Kein Ehegatte ist verpflichtet, die Zustimmung zu erteilen, wenn das VormG sie ersetzen könnte.

[8] Eine Pflicht, den Antrag zu stellen, besteht grds. nicht. Das für schwebend unwirksame Geschäfte sonst bestehende Förderungsgebot wird von den Rücksichten ausgeschlossen, die jeder Ehegatte auf seinen Partner zu nehmen hat. Vereinbaren die Parteien jedoch eine Pflicht, das VormG anzurufen, so ist die Pflicht klagbar und gem. § 888 ZPO vollstreckbar. Ebenso *Staudinger-Thiele,* 92 zu § 1365; *Soergel-Lange,* 60 zu § 1365; RGRK-*Finke,* 43 zu § 1365. Für Vollstreckung gem. § 894 ZPO dagegen *Bosch,* FamRZ 1959, 241.

ihr gefordert werden; vgl. dagegen § 1426);[9] Krankheit und Abwesenheit rechtfertigen nur, wenn mit dem Aufschub des Geschäftes Gefahr verbunden ist (§ 1365 II).

Zulässig sind hier wie dort Beschlüsse, die die Zustimmung unter einer Auflage ersetzen (die Erfüllung der Auflage ist dann Wirksamkeitsvoraussetzung des Beschlusses),[9a] doch sind Auflagen nicht zulässig, die Grundsätzen der Zugewinngemeinschaft widersprechen (etwa: kein vorzeitiger Zugewinnausgleich, weil dieser in den §§ 1385, 1386 der Initiative der Ehegatten zugewiesen wurde[10]).

Ohne ausreichenden Grund wird die Zustimmung verweigert, wenn die Durchführung des genehmigungspflichtigen Rechtsgeschäftes in konkreter Sicht die Schutzzwecke der Verfügungsbeschränkungen nicht verletzt.[11] Gesamtvermögensgeschäfte verletzen die Schutzzwecke des § 1365 etwa, wenn eine Verkürzung der Rechte des Partners aus dem künftigen Zugewinnausgleich zu besorgen ist, wenn das Rechtsgeschäft die Familie nicht in möglicher und üblicher Weise berücksichtigt[12] und wenn die konkrete Gefahr einer unsachgemäßen, die Interessen der Familie verletzenden Verwendung der Gegenleistung besteht.[13] Hausratsgeschäfte verletzen die Schutzzwecke des § 1369, vorbehaltlich ausgesprochener Notfälle, wenn nicht entbehrlicher Hausrat veräußert wird.[14] Die Rspr. neigt dazu, auch „ideelle und persönliche Gründe" als ausreichende Rechtfertigung einer Verweigerung anzuerkennen,[15] entfernt sich damit aber von den Schutzzwecken der §§ 1365, 1369 und gerät in Gefahr, sich als moralisierender defensor familiae zu gebärden.

Die Zustimmung wird nicht ersetzt, wenn das Vormundschaftsgericht das ihm vorgelegte Rechtsgeschäft nicht für zustimmungsbedürftig hält und deshalb eine beschließende Tätigkeit verweigert. Ein derartiges *Negativattest* enthält keine vorsorgliche Ersetzung der verweigerten Zustimmung (die nur nach der gerade abgelehnten Kontrolle des Rechtsgeschäftes möglich wäre).[16]

---

[9] Die Rspr. prüft, „ob ein sorgfältiger Wirtschafter mit rechter ehelicher Gesinnung das Rechtsgeschäft schließen würde". Vgl. BayObLG, FamRZ 1963, 521 (522); 1968, 315 (316); NJW 1975, 833; OLG Hamm, FamRZ 1967, 572.

[9a] Gegen die durchaus h. L. hält *Staudinger-Thiele,* 89 zu § 1365, Auflagen für unzulässig.

[10] A.A. AG Nienburg, FamRZ 1965, 49. Dem Text zust. BayObLG, NJW 1975, 833 (836). Unzulässig wäre auch die Anordnung der Sicherheitsleistung (Verstoß gegen § 1389). Vgl. BayObLG, NJW 1975, 833.

[11] Entscheidender Zeitpunkt für die richterliche Würdigung der Verhältnisse ist der Zeitpunkt des gerichtlichen Beschlusses, nicht der des Vertragsschlusses. Richtig BayObLG, FamRZ 1968, 315 (317f.).

[12] Vgl. dazu LG Hildesheim, MDR 1962, 220 (der Ehegatte soll nicht berücksichtigt werden müssen, wenn er sich seit Jahrzehnten nicht mehr um den Partner gekümmert hat); OLG Hamm, FamRZ 1967, 572; BayObLG, FamRZ 1968, 315 (317).

[13] H. L. im Anschluß an *Reinicke,* BB 1957, 566. Aus der Rspr. vgl. BayObLG, FamRZ 1963, 521. Vgl. aber auch die krit. Äußerung von *Staudinger-Thiele,* 81 zu § 1365 (i. Erg. aber kaum von der h. M. abweichend).

[14] Rspr. ist kaum vorhanden. Vgl. aber BayObLG, FamRZ 1960, 156 (Sicherungsübereignung einer Wohnungseinrichtung). Das Schrifttum fordert eine umfassende Interessenabwägung. Vgl. dazu MünchKomm-*Gernhuber,* 37 zu § 1369 m. Nachw.

[15] Vgl. OLG Hamm, FamRZ 1957, 572; BayObLG, FamRZ 1968, 315 (317); NJW 1975, 833 (834).

[16] Vgl. LG Berlin, FamRZ 1973, 146; *Erman-Heckelmann,* 22 zu § 1365; *Palandt-Diederichsen,* 6 zu § 1365.

4. *Schwebezustand.* Verträge, die ohne Einwilligung oder vorangehende Entscheidung des Vormundschaftsgerichtes (die sich in diesem Fall auf den wesentlichen Geschäftsinhalt beschränken kann) abgeschlossen wurden, sind schwebend unwirksam; sie werden vollwirksam mit der Genehmigung oder dem späteren Beschluß des Vormundschaftsgerichtes; sie werden unwirksam mit der Verweigerung der Genehmigung (§ 1366 IV). Die anscheinend selbstverständliche Aussage des Gesetzes, die richtig die Verweigerung der Genehmigung als unwiderrufliche Willenserklärung qualifiziert, wird fragwürdig angesichts der Möglichkeit, das Vormundschaftsgericht anzurufen. Ein Akt, der Nichtigkeit bewirkt, kann nicht einen anderen Akt ermöglichen, der schwebende Unwirksamkeit voraussetzt. Die Verweigerung der Genehmigung durch den Ehegatten kann daher Nichtigkeit nur bewirken, wenn sie nicht von einem Beschluß des Vormundschaftsgerichtes abgelöst wird, der die Genehmigung ersetzt.[17]

5. Gutgläubige Geschäftspartner können den Schwebezustand durch *Widerruf des Vertrages* jederzeit beenden. Wer von der Ehe seines Vertragspartners nichts weiß und wer ohne eigene bessere Kenntnis der wahrheitswidrigen Behauptung des Vertragspartners, die Einwilligung erlangt zu haben, vertraut, braucht mit einem Schwebezustand nicht zu rechnen und kann ihn deshalb jederzeit aufheben (§ 1366 II).

6. *Erklärungsfrist.* Niemand ist gehalten, in unbefristeter Ungewißheit zu leben. Jeder Geschäftspartner (also auch derjenige, der den Schwebezustand bewußt in Kauf nahm) kann daher den kontrahierenden Ehegatten (durch geschäftsähnliche Handlung[18]) auffordern, die Genehmigung des anderen Ehegatten zu beschaffen, und dadurch den Schwebezustand begrenzen (§ 1366 Abs. III).[19] Die Genehmigung kann nach Aufforderung nur noch innerhalb von 2 Wochen erfolgen; nach Ablauf der Frist gilt sie als verweigert. Mit der Aufforderung ist in der Regel kein Verzicht auf das Recht zum Widerruf verbunden.[20] Wer jedenfalls in absehbarer Zeit Klarheit zu haben wünscht, bringt damit noch nicht den Willen zum Ausdruck, jedenfalls bis zum Ablauf der Frist gebunden zu bleiben.

Die Genehmigung kann nach der Aufforderung nurmehr dem Geschäftspartner gegenüber erklärt werden. Eine schon vorher dem Ehegatten erklärte Genehmigung oder Verweigerung der Genehmigung (vgl. § 182 I) wird unwirksam.

---

[17] Ebenso *Dittmann,* DNotZ 1963, 714; BayObLG, FamRZ 1972, 643.

[18] Str. Wie der Text jetzt auch *Staudinger-Thiele,* 27 zu § 1366. Eine Willenserklärung nimmt an *Palandt-Diederichsen,* 4 zu § 1366.

[19] Der Geschäftspartner ist schutzbedürftig auch, wenn er von einer erteilten Einwilligung keine Kenntnis hat. Der Normtext verbietet jedoch jede Analogie. Ebenso *Erman-Heckelmann,* 5 zu § 1366; *Palandt-Diederichsen,* 3a zu § 1366.

[20] Ebenso *Staudinger-Thiele,* 30 zu § 1366; *Soergel-Lange,* 17 zu § 1366 (jeweils mit Bereitschaft, im Einzelfall mit § 242 zu korrigieren). A.A. *Reinicke,* BB 1957, 567; *Hartung,* S. 80 Fn. 205; RGRK-*Finke,* 13 zu § 1366; *Erman-Heckelmann,* 5 zu § 1366; *Palandt-Diederichsen,* 3a zu § 1366.

Die Aufforderung stellt in diesem Fall einen bereits beendeten Schwebezustand befristet wieder her (vgl. als Parallele § 108 II).

Begrenzt wird auch der Entscheidungszeitraum für das Vormundschaftsgericht. Angesichts des Beschwerderechtes (sofortige Beschwerde: §§ 20 I, 53 I, 60 I Nr. 6 FGG) kann die Frist nur gewahrt werden, wenn das Gericht die sofortige Wirksamkeit seiner Verfügung anordnet, um einer Gefahr zu begegnen (§ 53 II FGG). Zulässig ist freilich eine Fristverlängerung durch einseitigen Akt des Geschäftspartners: Wer es überhaupt unterlassen kann, den Schwebezustand zu begrenzen, muß auch die Macht haben, eine allein in seinem Interesse eingeführte Frist zu verlängern.[21]

Eine positive Entscheidung des Vormundschaftsgerichtes wird erst wirksam, wenn der kontrahierende Ehegatte sie dem Geschäftspartner innerhalb der Frist mitteilt. § 1829 I folgend wird damit einem Akt der freiwilligen Gerichtsbarkeit ein Akt des Privatrechtes als Wirksamkeitsvoraussetzung hinzugefügt (vgl. dazu unten § 52 III 5). Geschützt wird die Familie, gekränkt der Geschäftspartner: Die Bindung des kontrahierenden Ehegatten an sein eigenes Rechtsgeschäft entfällt; er kann durch Unterlassen der Mitteilung das genehmigte Rechtsgeschäft vernichten.

7. Das *Ende des Güterstandes* bewirkt Konvaleszenz der schwebend unwirksamen Rechtsgeschäfte nur dann, wenn mit ihm die Schutzzwecke der §§ 1365, 1369 entfallen.[22] Das ist der Fall, wenn im abstrakten Vergleich der Positionen[23] der Zugewinnausgleich für den zur Genehmigung berufenen Ehegatten durch Konvaleszenz keine Änderung erfährt. Die vom Einzelfall abstrahierende Sicht entspricht der Struktur der Verfügungsbeschränkungen überhaupt; sie ermöglicht eine abschließende Sonderung der zur Konvaleszenz führenden Fallgruppen von den anderen, die auf die schwebend unwirksamen Rechtsgeschäfte keinen Einfluß haben.

Konvaleszenz tritt demzufolge nie ein, wenn der Güterstand durch Scheidung endet[24] oder auch durch erfolgreiche Klage auf vorzeitigen Zugewinnausgleich.

---

[21] Ebenso *Soergel-Lange,* 16 zu § 1366; *Staudinger-Thiele,* 32 zu § 1366. Nur eine vertragliche Verlängerung gestehen zu *Knur,* DNotZ 1957, 453; RGRK-*Finke,* 15 zu § 1366; *Erman-Heckelmann,* 6 zu § 1366.

[22] Für generelle Konvaleszenz, jedoch mit Neutralisierung der belastenden Verträge beim Zugewinnausgleich *Dölle,* § 52 III 1.

[23] Für die abstrakte Sicht auch *Staudinger-Thiele,* 103 zu § 1365; i.Erg. ferner *Reinicke,* NJW 1972, 1786.

[24] Gl. Ans. *Bärmann,* AcP 157 (1958/59), 165; *Dittmann,* DNotZ 1963, 712f.; *Reinicke,* NJW 1973, 305; *Staudinger-Thiele,* 105 zu § 1365; *Erman-Heckelmann,* 8 zu § 1366; *Soergel-Lange,* 18 zu § 1366; RGRK-*Finke,* 17 zu § 1366. Auch der BGH hat sich mit dem Beschluß JZ 1978, 401 dieser Lehre angeschlossen.

Die Rspr. der OLGe neigte bislang dazu (meist mit einer Analogie zu § 185 II), Konvaleszenz anzunehmen. Vgl. OLG Saarbrücken, OLGZ 1967, 1ff. (Konvaleszenz ex tunc!) und dazu (abl.) *Lange,* JuS 1970, 500ff.; OLG Hamm, FamRZ 1972, 297 (Konvaleszenz ex tunc; konkrete Betrach-

In abstrakter Sicht ist in diesen Fällen eine Schmälerung der Ausgleichsforderung des zur Genehmigung berufenen Ehegatten niemals auszuschließen. Das gilt auch für Verträge, die erst nach Rechtshängigkeit des Scheidungsantrages getätigt wurden (mit Rücksicht auf § 1378 II), und selbst dann, wenn der Ehegatte, der den Vertrag abschloß, Gläubiger im Ausgleichsverhältnis ist. Die Konvaleszenz kann in diesem Fall immer noch sein Endvermögen mindern und damit die Ausgleichsforderung zum Schaden des Partners erhöhen.

Konvaleszenz tritt dagegen ein, wenn der Güterstand ohne Zugewinnausgleich endet (Übergang zur Gütertrennung unter Erlaß einer etwa bestehenden Ausgleichsforderung) oder doch mit einer abschließenden Fixierung des Zugewinnausgleichs (Scheidungsvertrag, auch in der Form des Prozeßvergleichs). Ob und inwieweit in der Bereitschaft zur vertraglichen Fixierung der Ausgleichsforderung auch eine Genehmigung des schwebend unwirksamen Rechtsgeschäftes gefunden werden kann, ist demzufolge eine Frage, die keinen Gegenstand hat.

Endet der Güterstand durch Tod eines Ehegatten, so ist zu differenzieren. Stirbt der Ehegatte, der das Rechtsgeschäft abschloß, so tritt Konvaleszenz nie ein.[25] Weder bei der erbrechtlichen noch bei der güterrechtlichen Lösung des § 1371 ist eine Schmälerung der Rechte des überlebenden Ehegatten auszuschließen.[26] Das Ergebnis ändert sich auch nicht, wenn der überlebende Ehegatte zur Alleinerbschaft berufen ist; § 185 II 1 ist wegen des besonderen Schutzzwecks der Verfügungsbeschränkungen nicht anzuwenden.[27]

Stirbt dagegen der andere Ehegatte, so tritt Konvaleszenz ein, wenn der Zugewinnausgleich mittels der erbrechtlichen Lösung vorzunehmen ist (allg. M.), während das Rechtsgeschäft schwebend unwirksam bleibt (und jetzt von den Erben genehmigt werden kann), wenn die güterrechtliche Lösung Anwendung findet.[28] Die h. L.[29] will freilich auch in diesem Fall Konvaleszenz annehmen, weil die Erben außerhalb des Schutzzweckes der Verfügungsbeschränkungen ständen

---

tung); BayObLG, NJW 1972, 1470 (Konvaleszenz ex nunc mit Neutralisierung des Geschäfts beim Zugewinnausgleich im Anschluß an *Dölle).*

[25] Gl. Ans. *Reinicke,* BB 1957, 567f.; *Dittmann,* DNotZ 1963, 711; RGRK-*Finke,* 20 zu § 1366; *Soergel-Lange,* 18 zu § 1366; *Erman-Heckelmann,* 8 zu § 1366; *Staudinger-Thiele,* 106 zu § 1365.

[26] Stirbt der Ehegatte während des Verfahrens vor dem VormG, so treten seine Erben in das Verfahren ein; sie können den Antrag jederzeit zurücknehmen. Das gilt auch, wenn der andere Ehegatte Alleinerbe ist und der Verstorbene vertraglich verpflichtet war, den Antrag beim VormG zu stellen (freilich kann er als Erbe aus dieser Verpflichtung in Anspruch genommen werden). Vgl. BayObLG, DNotZ 1963, 732; *Erman-Heckelmann,* 8 zu § 1366; *Soergel-Lange,* 69 zu § 1365. Für Anwendung des § 275 (weil der Ehegatte als Güterstandspartner in seiner Entscheidung frei bleiben solle) dagegen *Dittmann,* DNotZ 1963, 717.

[27] Vgl. *Dittmann,* DNotZ 1963, 712; *Reinicke,* NJW 1972, 1788 Fn. 11; OLG Karlsruhe, FamRZ 1978, 505. A. A. dagegen *Soergel-Lange,* 18 zu § 1366; RGRK-*Finke,* 21 zu § 1366.

[28] Vgl. *Staudinger-Thiele,* 107 zu § 1365.

[29] Vgl. *Reinicke,* BB 1957, 567f.; *Bärmann,* AcP 157 (1958/59), 165; *Dittmann,* DNotZ 1963, 709; *Erman-Heckelmann,* 8 zu § 1366; *Soergel-Lange,* 18 zu § 1366; RGRK-*Finke,* 22 zu § 1366.

und § 1375 II ausreichenden Schutz vermittele. Doch ist der rechnerische Zugewinnausgleich mit den Erben eines Ehegatten nicht anders durchzuführen als mit dem Ehegatten selbst. Zudem ist es wenig konsequent, den Erben den Schutz der §§ 1365, 1369 zu versagen, ihnen jedoch den Schutz des § 1375 II zu belassen.

8. *Garantieverträge.* Einer älteren Rechtsprechung zur Gütergemeinschaft folgend (vgl. dazu unten § 38 VII 6), wird zuweilen versucht, das mit den Verfügungsbeschränkungen verbundene Risiko des Erwerbers durch eine Garantie der Genehmigung auf den kontrahierenden Ehegatten abzuwälzen. Derlei Abreden verstoßen indessen gegen den Schutzzweck der §§ 1365, 1369 und sollten deshalb keine Anerkennung finden.[30] Die Verfügungsbeschränkungen können ihre Aufgabe nicht erfüllen, wenn der andere Ehegatte einer freien Entscheidung nicht fähig ist, weil die Verweigerung der Zustimmung Ersatzansprüche gegen den Partner auslöst.

Untauglich ist in jedem Fall der Versuch, das Risiko durch eine Klausel im Verpflichtungsgeschäft abzuwälzen, die dem kontrahierenden Ehegatten die Pflicht auferlegt, die Zustimmung des anderen Ehegatten zu beschaffen. Als Bestandteil des Verpflichtungsgeschäftes ist auch die Beschaffungsklausel erst wirksam, wenn das Geschäft die Zustimmung des anderen Ehegatten gefunden hat.

V. Rechte des Erwerbers nach nichtigem Geschäft

1. Vertrauensschutz aus § 1412 ist selten, die Verweigerung der Zustimmung daher in der Regel identisch mit der Nichtigkeit des verpflichtenden und des verfügenden Geschäftes, diese wiederum mit einer beispiellosen Gefährdung des Erwerbers. Die Nichtigkeit der Verfügung beläßt dem verfügenden Ehegatten *alle Ansprüche aus seinem Recht am Objekt der Verfügung,* den Herausgabeanspruch aus § 985 insbesondere und den Berichtigungsanspruch des § 894, und zwar *grundsätzlich frei von allen Einwendungen und Zurückbehaltungsrechten.*

Einwendungen entziehen das Objekt der Verfügung der Familie endgültig; ihr grundsätzlicher Ausschluß ist deshalb ein notwendiges Gebot eines gegenständlich orientierten Familienschutzes. Vor dem drittbezogenen Schutzzweck der Verfügungsbeschränkungen hat etwa die (ohnehin problematische) Einwendung aus § 817 S. 2 zurückzutreten,[1] aber auch § 242 mit dem Vorwurf eines venire contra factum proprium. Die Rückabwicklung nichtiger Geschäfte erfolgt im Interesse des anderen Ehegatten und der Familie; sie kann deshalb nicht vom Verhalten des verfügenden Ehegatten abhängig sein. Haben freilich *beide* Ehegat-

---

[30] Wie der Text *Reinicke,* BB 1957, 567; *Tiedau,* MDR 1958, 379; *Staudinger-Thiele,* 101 zu § 1365; *Soergel-Lange,* 60 zu § 1365; RGRK-*Finke,* 25 zu § 1366; *Dittmann,* DNotZ 1963, 716; *Dölle,* § 52 I 1.

[1] Vgl. *Boehmer,* FamRZ 1959, 6.

ten arglistig gegenüber dem Dritten gehandelt, so kann unbedenklich und widerspruchsfrei die Klage beider Ehegatten mit § 242 begrenzt werden.[2]

Zurückbehaltungsrechte entziehen dagegen das Objekt der Verfügung der Familie nur zeitweilig. Man hätte sie deshalb ohne großen Schaden für die Familie dem Erwerber belassen können; geschehen ist es nicht. Das Gesetz erwähnt sie nicht, doch beweist die Konsequenz, mit der sonst der Familienschutz gegen den Drittschutz durchgesetzt wird, den Ausschluß auch dilatorischer Einreden. Das allgemeine Zurückbehaltungsrecht des § 273 wird dem Erwerber vornehmlich genommen,[3] aber auch das Zurückbehaltungsrecht des Besitzers aus § 1000.[4]

2. Die Nichtigkeit des verpflichtenden Geschäftes nimmt dem Erwerber die Möglichkeit, Schadensersatz wegen Nichterfüllung zu fordern. Ihm bleibt der Anspruch auf Rückgewähr seiner Leistungen aus § 812. Gegen einen täuschenden Ehegatten bleiben ihm aber auch Schadensersatzansprüche aus Delikt (§ 823 II mit § 263 StGB, § 826) und aus c. i. c. (und das auch dann, wenn aus ihr das Erfüllungsinteresse gefordert werden kann, weil es ohne die Täuschung zu einem mangelfreien Geschäft gekommen wäre).[5] Die h. L.[6] gesteht dem Erwerber freilich nur Ansprüche aus den §§ 307, 309 zu und versagt ihm damit einen Ausgleich, wenn er selbst fahrlässig handelte. Es besteht jedoch kein Anlaß, korrigierend in die allgemeinen Rechtsbehelfe einzugreifen. Zwar wird die Entscheidungsfreiheit des anderen Ehegatten durch drohende Ersatzansprüche gewiß beeinträchtigt (und deshalb zuweilen eine an sich nicht gewünschte Genehmigung erteilt werden), doch gewährt das Gesetz auch sonst keinen Schutz gegen Schmälerung des Vermögens durch Ersatzverpflichtungen aller Art. Auch eine Haftung auf das Erfüllungsinteresse, falls bei pflichtgemäßem Verhalten ein wirksames Geschäft zustandegekommen wäre (der Ehegatte also die Zustimmung des Partners oder einen ersetzenden Beschluß des Vormundschaftsgerichtes erlangt hätte), widerspricht der Teleologie der Verfügungsbeschränkungen nicht.

---

[2] Ebenso *Staudinger-Thiele,* 50 zu § 1368; RGRK-*Finke,* 14 und 16 zu § 1368. Nach a. A. ist § 242 auch in anderen Fällen anzuwenden. Vgl. *Erman-Heckelmann,* 3 zu § 1368 (nach besonders arglistigem Verhalten); *Frank,* NJW 1959, 136 (wenn der Dritte gutgläubig war und etwa bestehende Schadensersatz- oder Bereicherungsansprüche keinen Erfolg versprechen). Umgekehrt wird § 242 zuweilen auch ganz ausgeschlossen. Vgl. *Soergel-Lange,* 13 zu § 1368.

[3] Ebenso *Reinicke,* BB 1957, 568; *Petermann,* Rpfleger 1960, 237; *Brox,* FamRZ 1961, 286; *Baur,* § 51 V 4b 2; *Staudinger-Thiele,* 51 zu § 1368; *Soergel-Lange,* 14 zu § 1368; RGRK-*Finke,* 15 zu § 1368. A.A. dagegen *Boehmer,* FamRZ 1959, 6 und 81; *Hartung,* S. 99ff. (soweit der Hausratsgegenstand nicht zu den nach § 811 Nr. 1 ZPO unpfändbaren Gegenständen gehört); *Erman-Heckelmann,* 6 zu § 1368; *Dölle,* § 52 III 3.

[4] Ebenso *Staudinger-Thiele,* 51 zu § 1368. A.A. *Soergel-Lange,* 14 zu § 1368; *Erman-Heckelmann,* 6 zu § 1368; RGRK-*Finke,* 15 zu § 1368.

[5] Vgl. *Ziege,* NJW 1957, 1581 (gegen ihn *Zunft,* NJW 1958, 130) und NJW 1958, 132. Dagegen wird von *Dölle,* § 52 I 1, und *Staudinger-Thiele,* 98 zu § 1368, nur eine Haftung auf das negative Interesse zugestanden.

[6] Vgl. *Boehmer,* FamRZ 1959, 6 und 84; *Petermann,* Rpfleger 1960, 237; *Beitzke,* § 14 II 4; *Soergel-Lange,* 61 zu § 1365; RGRK-*Finke,* 26 zu § 1366.

VI. Rechte des übergangenen Ehegatten

Schrifttum: *Rimmelspacher,* Revokation und Klagantrag im Fall des § 1368 BGB, NJW 1969, 199.

1. Vor der Verfügung über Eigentum des Partners hat der Ehegatte gegen den Dritten keine Rechte, insbesondere nicht die Möglichkeit, eine vorbeugende Unterlassungsklage (§ 823 II) anzustrengen oder eine einstweilige Verfügung zu erwirken. Die §§ 1365ff. enthalten ein in sich geschlossenes Schutzsystem, das (dem Grundzug der Zugewinngemeinschaft als System der Gütertrennung entsprechend) eigene Rechte des übergangenen Ehegatten gegen den Dritten nicht vorsieht.[1]

Doppelspurig ist der Schutz des übergangenen Ehegatten nach einer unwirksamen Verfügung.[2] Gegen den Partner richtet sich ein Anspruch auf Wiederherstellung der alten Sachlage (also auf Ausübung der gegen den Dritten bestehenden Rechte). Er wird zuweilen auf § 823 gestützt,[3] kann jedoch bereits aus § 1353 abgeleitet werden. Gegen den Dritten richtet sich nach Verfügung über eigenes Eigentum der Anspruch aus § 985; nach Verfügung über Eigentum des Partners können Ansprüche aus den §§ 861 und 1007 gegeben sein; hinzu tritt die Revokationsbefugnis aus § 1368.

2. *Revokation* heißt Ausübung der dem Partner gegen den Dritten zustehenden Rechte im eigenen Namen, mithin als Prozeßstandschafter.[4] Durchsetzung und Sicherung der Rechte (etwa Widerspruch gegen die Richtigkeit des Grundbuchs) sind ebenso möglich wie die Abwehr von Vollstreckungszugriffen der Gläubiger des Dritten (§§ 43ff. KO, 771 ZPO); Einwendungen und Einreden, die vom Dritten dem Geschäftspartner gegenüber nicht geltend gemacht werden können, sind auch dem übergangenen Ehegatten gegenüber nicht zulässig (vgl. dazu oben V 1).

Die Rechtskraft eines gegen den verfügenden Ehegatten ergangenen Urteils wirkt ebensowenig gegen den übergangenen Ehegatten wie die Rechtskraft eines vom übergangenen Ehegatten erstrittenen Urteiles gegen den verfügenden Partner. Der Schutzzweck der Verfügungsbeschränkungen gestattet auch schwerlich

---

[1] Ebenso *Staudinger-Thiele,* 7 und 8 zu § 1368. A.A. OLG Celle, NJW 1970, 1883; *Soergel-Lange,* 3 und 8 zu § 1368; RGRK-*Finke,* 49 zu § 1365.

[2] In Analogie zu § 1368 kann der übergangene Ehegatte auch Feststellung der Unwirksamkeit eines Verpflichtungsgeschäftes begehren. Ebenso *Hartung,* S. 90; *Dölle,* § 52 III 3; *Staudinger-Thiele,* 25 zu § 1368; RGRK-*Finke,* 10 zu § 1368.

[3] Vgl. *Hartung,* S. 96.

[4] Ganz h.L. Nachw. bei MünchKomm-*Gernhuber,* § 1368 Fn. 1. Ausübung eines eigenen Rechtes nehmen an *Baur,* FamRZ 1962, 510 Fn. 31; *Fenge,* Rechtskrafterstreckung bei revokatorischen Ansprüchen aus Verstößen gegen Verfügungsbeschränkungen aus Zugewinngemeinschaft, Festschrift Wahl, 1973, S. 491; *Mikat,* Festschrift Felgentraeger, 1969, S. 344. Zweifelnd *Brox,* FamRZ 1961, 282.

eine andere Lösung: Kein Ehegatte darf in der Lage sein, durch nachlässige Prozeßführung einen Rechtsverlust herbeizuführen, der rechtsgeschäftlich nicht herbeigeführt werden kann.[5]

Auch obsiegende Urteile eines Ehegatten hindern den anderen Ehegatten nicht, seinerseits die Sache zu verfolgen (keine Einrede der Rechtshängigkeit, keine Abweisung mangels Rechtsschutzbedürfnisses, keine Rechtskrafterstrekkung).[6] Das obsiegende Urteil ermöglicht zwar dem erfolgreichen Kläger die Zwangsvollstreckung, nicht aber dem anderen Ehegatten, so daß der Vollzug des Familienschutzes (§ 1368 zuwider) doch nur in die Hand eines Ehegatten gelegt wäre, wenn das Urteil eine zweite Klage ausschlösse.

Unterlag ein Ehegatte, so kann der andere einer Zwangsvollstreckung immer noch mit der Drittwiderspruchsklage (§ 771 ZPO) entgegentreten. Der revozierende Ehegatte macht auch in diesem Fall kein eigenes Recht geltend, sondern (in Prozeßstandschaft) dasjenige seines Partners.[7]

Dem Vorteil für die Familie aus dieser Situation korrespondiert ein Nachteil für den Geschäftspartner: Ihm droht die Gefahr, erst nach zwei Prozessen Sicherheit gewonnen zu haben. Wer dieser Gefahr vorbeugen will, kann Feststellungsklage gegen den zunächst am Rechtsstreit nicht beteiligten Ehegatten erheben (Verbindung der Prozesse gemäß § 147 ZPO ist möglich und ratsam; die Ehegatten bilden dann eine Streitgenossenschaft, sind jedoch keine notwendigen Streitgenossen[8]). Prophylaxe durch Streitverkündung (§ 72 ZPO) ist dagegen nur im Prozeß gegen den revozierenden Ehegatten möglich, nicht mehr im Prozeß gegen den Verfügenden:[9] Vorsorge ist hier nicht für den Fall eines ungünstigen, sondern gerade umgekehrt für den Fall eines günstigen Prozeßausgangs zu treffen.

3. Die revokatorische Herausgabe muß sich grundsätzlich auf Leistung an den verfügenden Ehegatten richten; nur dieses Verlangen entspricht dem ausgeübten fremden Recht. Doch darf mangelnde Bereitschaft zur Rücknahme der Sache die

---

[5] Ganz h. L. Vgl. dazu vornehmlich *Brox,* FamRZ 1961, 282ff.; *Hartung,* S. 111ff.; *Heintzmann,* Die Prozeßführungsbefugnis, 1970, S. 85f.; *Staudinger-Thiele,* 35ff. zu § 1368; *Erman-Heckelmann,* 15 zu § 1368; RGRK-*Finke,* 19 zu § 1368. A.A. *Reinicke,* BB 1957, 568; *Schulz-Kersting,* JR 1959, 137. Differenzierend *Fenge,* Festschrift Wahl, S. 489f. (auf der Grundlage der h. L.) und S. 490ff. (auf der Grundlage eines eigenen Rückforderungsrechtes des übergangenen Ehegatten).

[6] Insoweit a.A. *Baur,* FamRZ 1962, 510; *Soergel-Lange,* 16 zu § 1368.

[7] Die Klage aus § 771 ZPO wird dem revozierenden Ehegatten allg. zugestanden, doch wird zuweilen sein Revokationsrecht als das „die Veräußerung hindernde Recht" angeführt. Vgl. *Soergel-Lange,* 17 zu § 1368; *Dölle,* § 52 III 3.

[8] Vgl. *Staudinger-Thiele,* 42 zu § 1368; RGRK-*Finke,* 17 zu § 1368. A.M. aber *Baur,* FamRZ 1962, 510; *Dölle,* § 52 III 3.

[9] Gl. Ans. *Baur,* FamRZ 1958, 257; *Petermann,* Rpfleger 1960, 236; *Brox,* FamRZ 1961, 284; *Staudinger-Thiele,* 43 zu § 1368; *Soergel-Lange,* 18 zu § 1368; RGRK-*Finke,* 17 zu § 1368. A.A. aber *Schulin,* DRiZ 1959, 79; *Koeniger,* DRiZ 1959, 375.

Rechtsausübung nicht hindern können. In Analogie zu § 986 I 2 muß daher der revozierende Ehegatte Herausgabe an sich verlangen können, wenn der Partner den Besitz nicht übernehmen kann oder will.[10] Da diese subsidiäre Befugnis zur Übernahme des Besitzes Bestandteil des Revokationsrechtes ist, jede Verurteilung zur Herausgabe mithin auch die subsidiäre Befugnis zur Übernahme des Besitzes anerkennen muß, sind Klagantrag und Urteilstenor in jedem Fall entsprechend zu fassen.

§ 36. Zugewinnausgleich zu Lebzeiten beider Ehegatten

Schrifttum: *Reinicke,* Die Berechnung der Ausgleichsforderung im Güterstand der Zugewinngemeinschaft, BB 1957, 759; *Rittner,* Handelsrecht und Zugewinngemeinschaft (III): Der Zugewinnausgleich, FamRZ 1961, 505; *Schopp,* Probleme der Zugewinngemeinschaft bei der Ehescheidung, Rpfleger 1964, 69; *Müller-Freienfels,* Nachehelicher Vermögensausgleich in Skandinavien und Deutschland, Festskrift Nial, 1966, 404.

I. Tatbestände

Schrifttum: *Furtner,* Sicherung des Anspruchs auf Ausgleich des Zugewinns, NJW 1965, 373; *Harms,* Die Sicherstellung des gefährdeten Zugewinnausgleichs, FamRZ 1966, 585; *Ullmann,* Einstweiliges Verfügungsverbot zur Sicherung des Zugewinns vor rechtskräftiger Scheidung, NJW 1971, 1294.

1. Zugewinnausgleich zu Lebzeiten beider Ehegatten ist vornehmlich Zugewinnausgleich nach vorzeitiger Beendigung der Ehe durch Vernichtung, Aufhebung, Scheidung sowie Wiederheirat nach Todeserklärung. Er ist ferner Zugewinnausgleich nach vorzeitiger Beendigung nur des Güterstandes durch Ehevertrag oder durch Urteil nach erfolgreicher Klage auf vorzeitigen Zugewinnausgleich.

---

[10] Ebenso *Dölle,* § 52 III 3. Das übrige Schrifttum entscheidet weithin anders. Es ist in all seinen Schattierungen gezwungen, dem revozierenden Ehegatten Rechte einzuräumen, die der verfügende Ehegatte selbst nicht hat, und die Differenz auf den Schutzzweck der §§ 1365ff. zurückzuführen.

Die h. L. gesteht dem revozierenden Ehegatten stets das Recht zu, Herausgabe an sich selbst zu verlangen (meist alternativ neben der Herausgabe an den Partner oder an beide Ehegatten). Vgl. *Reinicke,* BB 1957, 568; *Knur,* DNotZ 1957, 468f. Fn. 40; *Zunft,* NJW 1958, 131; *Brox,* FamRZ 1961, 286; *Erman-Heckelmann,* 12 zu § 1368; *Staudinger-Thiele,* 30ff. zu § 1368 (für § 1369 trotz Anknüpfung beim besitzrechtlichen status quo ante, nicht für § 1365).

Eine ganz am status quo ante orientierte Meinungsgruppe verlangt grundsätzlich (mit Ausnahmen, wenn der verfügende Ehegatte die Übernahme oder Mitübernahme verweigert) eine Klage entsprechend der zuvor bestehenden Besitzlage. Vgl. *Hartung,* S. 94; *Koeniger,* DRiZ 1959, 375.

Die Ergebnisse der h. L. werden vom Ausgangspunkt der dritten Ansicht aus erzielt von *Rimmelspacher,* NJW 1969, 1997ff. (weil er gewisse Veränderungen im Besitzstand, insbesondere den Wechsel vom unmittelbaren Allein- oder Mitbesitz des verfügenden Ehegatten zum vom revozierenden Ehegatten vermittelten Besitz, für gleichgültig hält).

Für alle diese Fälle normieren die §§ 1373ff. ein grundsätzlich gleiches Rechenmuster. An den §§ 1384, 1387 (Berechnungszeitpunkt für das Endvermögen) sondern sich lediglich die (häufigeren) Fälle der Güterstandsbeendigung durch richterlichen Akt von den übrigen. Für die Rechtsanwendung belanglos ist dagegen die Möglichkeit, von den Fällen der Güterstandsbeendigung mit gleichzeitiger Auflösung der Ehe die anderen zu trennen, in denen der Güterstand endet, die Ehe jedoch fortbesteht.

2. *Sicherheitsleistung.* Jede Klage und jeder Antrag, der unmittelbar oder mittelbar die Beendigung des Güterstandes intendiert, erhöht die Gefahr einer absichtlichen Benachteiligung des Partners in der kritischen Phase eines Verfahrens, das jedenfalls in aller Regel die Folge von Spannungen zwischen den Ehegatten ist und Ursache weiterer Entfremdung. Erste Sicherheit vermittelt das Gesetz durch die Fixierung des Endvermögens (§§ 1384, 1387) auf den Zeitpunkt der Klage oder des Antrags; es bleibt die Gefährdung durch § 1378 II (Kürzung der Ausgleichsforderung im Interesse Dritter; vgl. dazu unten VII 3). Zum Schutz des Gläubigers der künftigen Ausgleichsforderung vor Schmälerung seiner Rechte fügt deshalb § 1389 einen Anspruch auf Sicherheitsleistung hinzu,[1] der erst mit der Rechtshängigkeit der Klage oder des Antrags entsteht. Vor Beginn des Rechtsstreits kann Sicherheit nie verlangt werden; im Widerstreit der Sorge um die Erhaltung des ehelichen Friedens und der Sorge um die Erhaltung einer ungeschmälerten Ausgleichsforderung wurde der ersteren der Vorrang eingeräumt.

Der Anspruch wendet sich allein gegen die von § 1378 II drohenden Gefahren, ist aber kein geeignetes Mittel der Abwehr, wenn mit ihm keine Wirkungen für die Höhe der Ausgleichsforderung verbunden sind. Sicherheitsleistung hindert ja den künftigen Ausgleichsschuldner weder daran, Aktiva zu veräußern noch Passiva zu begründen und damit den Tatbestand des § 1378 II herbeizuführen. Die durchaus h.L. nimmt diese Dissonanz zwischen Regelungsziel und Regelung in Kauf. Richtiger ist es, § 1389 (in Entfaltung seines Normzweckes) als Norm zu verstehen, die § 1378 II begrenzt: Sobald und soweit Sicherheit gewährt wurde, ist die Ausgleichsforderung nicht mehr zu kürzen, weil sie höher ist als der Wert des Schuldnervermögens bei Beendigung des Güterstandes.[2]

Der Anspruch richtet sich auf Sicherheitsleistung in irgendeiner der von den §§ 232ff. zugelassenen Formen.[3] Er steht dem künftigen Gläubiger der Ausgleichsforderung[4] nur zu, wenn „wegen des

---

[1] Die Ausgleichsforderung kann nicht durch einstweiligen Rechtsschutz gemäß §§ 916ff. ZPO gesichert werden, weil sie während des Rechtsstreits zwar ein künftiges Recht ist, nicht aber ein bedingtes oder betagtes (vgl. § 916 II ZPO). Ganz h.M. Vgl. für sie aus der Rspr. BayObLG, NJW 1975, 833 (835); OLG Hamm, NJW 1964, 1078. Weit. Nachw. bei MünchKomm-*Gernhuber*, § 1389 Fn. 3. Gegen die h. L. *Furtner*, NJW 1965, 375 (Arrest möglich, weil der künftige Rechtserwerb seine Grundlage in einem bereits bestehenden Rechtsverhältnis habe); *Ullmann*, NJW 1971, 2194ff. (Zulässigkeit von Veräußerungsverboten kraft einstweiliger Verfügung).

[2] Vgl. *Harms*, FamRZ 1966, 591ff. Für die h.L. vgl. *Staudinger-Thiele*, 4 zu § 1389; *Soergel-Lange*, 8 zu § 1389; *Ullmann*, NJW 1971, 1294.

Wenn die Sicherheitsleistung den § 1378 II begrenzt, ist der Betrag der zu leistenden Sicherheit nicht um die Summe aller Werte des Schuldners zu kürzen, die sich (zu Recht oder unrechtmäßig) in der Hand des Gläubigers befinden. Ebenso (obwohl zur h.L. gehörend) *Staudinger-Thiele*, 18 zu § 1389. A.A. (von ihrem Ausgangspunkt aus folgerichtig, wenn die Frage nach der Stabilität der gerade bestehenden Situation vernachlässigt wird) die h.L. Vgl. *Soergel-Lange*, 1 zu § 1389; *Erman-Heckelmann*, 4 zu § 1389, beide im Anschluß an OLG Hamburg, NJW 1964, 1076 (hier wird gar von einem „vorweggenommenen Zugewinnausgleich" gesprochen).

[3] Dieser Anspruch ist der Sicherung durch einstweiligen Rechtsschutz nach aller Ansicht fähig. Str. ist allein, ob alle Sicherungsmöglichkeiten zu Gebote stehen. Die h.M. schließt Veräußerungsverbote und Sequestration aus, die gleicherweise (unzulässiges maius!) zu einer Sicherung führen würden, die mit dem Inhalt des gesicherten Anspruchs nicht mehr zu vereinbaren ist. Nachw. bei MünchKomm-*Gernhuber*, § 1389 Fn. 12 und 13.

Verhaltens des anderen Ehegatten zu besorgen ist, daß seine Rechte auf den künftigen Ausgleich des Zugewinns erheblich gefährdet werden". Notwendig ist damit eine Prognose, die (aus der Sicht eines unbeteiligten Dritten) zum Resultat eines offenbar begründeten Mißtrauens führt.[5] Generelle Aussagen sind nicht möglich; auch ein Konkubinat des künftigen Schuldners begründet für sich allein weder allgemein noch in der Regel eine ausreichende Besorgnis[6] (anders, wenn unentgeltliche Zuwendungen an den neuen Partner erfolgten; auf den Anspruch aus § 1390 gegen den begünstigten Dritten braucht sich der Ehegatte nicht verweisen zu lassen).

II. Vorzeitiger Zugewinnausgleich

1. *Bedeutung.* Güterstände sind Dauerrechtsverhältnisse, die zwar jederzeit durch Vertrag beendet werden können, grundsätzlich aber Geltung für die gesamte Dauer der Ehe beanspruchen. Der Gedanke einer übermäßigen Bindung bei Bestandsgarantie gegen einseitige Beendigungsakte ist für sie gewiß weniger plausibel als für Dauerschuldverhältnisse (die sämtlich durch Kündigung aus wichtigem Grund einseitig beendet werden können), aber doch (wegen der vermögensrechtlichen Elemente) überzeugender als für die Ehe selbst. Dieser mittleren Stellung entspricht es, wenn das Gesetz den Ehegatten in Grenzen das Recht einräumt, sich durch einseitigen Akt aus einem Güterstand zu lösen, der nicht mehr interessengerecht zu sein scheint, die Grenzen jedoch enger zieht, als es das Schuldrecht mit dem Begriff des „wichtigen Grundes" tut: Nicht alle Tatsachen sind erheblich, die im Schuldrecht erheblich wären (Wirkung des personenrechtlichen Elementes; Näherung an die Scheidung); an die Stelle der Generalklausel treten einzelne Gestaltungstatbestände.

Von einer Klage auf vorzeitigen Ausgleich des Zugewinns spricht das Gesetz in diesen Fällen und legt damit den Inhalt des Klagantrages und den Urteilstenor fest. In Wahrheit handelt es sich jedoch um die Beendigung des Güterstandes überhaupt und Übergang zur Gütertrennung (vgl. § 1388). Sie erfolgt durch Verwirklichung eines zweigliedrigen Tatbestandes, der durch formalisierte Willenserklärung in Ausübung eines privaten Gestaltungsrechtes (der Klage) eingeleitet und durch konstitutives Gestaltungsurteil vollendet wird. Die rechtliche Struktur entspricht damit der Ehescheidung, aber auch der Auflösungsklage bei den Personengesellschaften des Handelsrechts (§ 133 HGB). In Form der Stufenklage kann gleichzeitig auf vorzeitigen Zugewinnausgleich, Auskunft über den

---

Während eines Scheidungsverfahrens kann der Anspruch auf Sicherheitsleistung nicht durch einstweilige Anordnung gemäß § 620 ZPO gesichert werden (Enumerationsprinzip!). Vgl. OLG Nürnberg, FamRZ 1966, 357; *Harms*, FamRZ 1966, 588f.; *Soergel-Lange*, 12 zu § 1389.

[4] Es genügt, die Wahrscheinlichkeit einer Ausgleichsforderung im Augenblick der Klage darzutun. Die geringen Anforderungen an den Beweis sind die notwendige Konsequenz aus dem Fehlen rechtlich gesicherter Möglichkeiten eines genaueren Einblicks in das Vermögen des Ehegatten.

[5] Die Erheblichkeit der Gefährdung wird zuweilen nur auf das Ausmaß der Gefährdung bezogen. Vgl. RGRK-*Finke*, 5 zu § 1389. Wie der Text *Soergel-Lange*, 6 zu § 1389; jetzt auch *Staudinger-Thiele*, 15 zu § 1389.

[6] A. A. *Soergel-Lange*, 6 zu § 1389.

Bestand des Endvermögens (§ 1379) und Leistung (§ 1378) geklagt werden. Ein Rechtsstreit vereinigt dann alle Phasen der Auseinandersetzung; ein Teilurteil eröffnet jeweils den Zugang zur nächsten Phase. Gleichgültig für die Rollenverteilung im Prozeß ist das vermutliche Resultat des Zugewinnausgleichs; klagen kann auch der ausgleichspflichtige Ehegatte: Der Ausschluß des Partners vom künftigen Zugewinn und die Freiheit von den Verfügungsbeschränkungen der §§ 1365, 1369 rechtfertigen zur Genüge.

2. *Heimtrennung.* Beide Ehegatten können gemäß § 1385 auf vorzeitigen Ausgleich des Zugewinns klagen, wenn sie seit mindestens drei Jahren getrennt leben. Belanglos sind die Ursachen der Trennung und der Grad der Ehezerrüttung, belanglos auch (seit dem 1. EheRG), ob einem oder gar beiden Ehegatten ein Recht zum getrennten Leben zur Seite steht.

In dieser Form ist § 1385 nur noch als Norm zu verstehen, die ein Gestaltungsrecht nach typisiertem Wegfall abstrakt vorausgesetzter Grundlagen der Zugewinngemeinschaft verleiht: Mit der Trennung der Ehegatten endet zwar nicht notwendig, aber doch in der Regel jede Mitwirkung an der Vermögensmehrung des Partners. Die Dreijahresfrist ist in dieser Sicht lediglich eine güterstandsfremde Grenze; sie soll garantieren, daß eine schnell erhobene Klage nicht Ehen gefährdet, die noch nicht endgültig gescheitert sind. Sie ist bewußt generalisiert worden, darf also nicht einzelfallbezogen (§ 242 oder auch § 1353, jeweils in ihrer Schrankenfunktion) verlängert werden, wenn ein Ehegatte klagt, der die Trennung verschuldete.

3. *Pflichtwidrigkeiten.* Zur Repressalie wird die Beendigung des Güterstandes nach Klage, ,,wenn der andere Ehegatte längere Zeit hindurch die wirtschaftlichen Verpflichtungen, die sich aus dem ehelichen Verhältnis ergeben (insbesondere die Unterhaltspflicht!), schuldhaft (§ 1359!) nicht erfüllt hat und anzunehmen ist, daß er sie auch in Zukunft nicht erfüllen wird" (§ 1386 I). Sie dient primär dem wirtschaftlich stärkeren Ehegatten, der mit der Klage seinen Partner von der Teilhabe am späteren Erwerb ausschließt, in der Regel aber auch die Erfüllung des mit der Rechtskraft des Urteiles entstehenden Ausgleichsanspruchs verweigern kann (§ 1381 II). Sie ist dagegen fast wertlos für den wirtschaftlich Schwächeren, der sich mit der Klage selbst vom späteren Erwerb des Partners trennt und deshalb zu ihr nur greifen wird, wenn der Ausgleich ihm Mittel verschafft, mit denen er sich eine wirtschaftlich gesicherte Position aufbauen kann.

4. Benachbart ist die Klage aus § 1386 III, die freilich bereits in das Gebiet der Klagen wegen Gefährdung der Ausgleichsforderung (unten 5.) hinüberreicht. Die Zugewinngemeinschaft ist ein System der Gütertrennung, mit dem eine immerwährende Pflicht zur Auskunft über den jeweiligen Bestand des Vermögens nicht zu vereinbaren ist. Unabhängig vom Güterstand (also auch bei reiner Gütertrennung) verpflichtet aber § 1353 jeden Ehegatten dazu, den Partner auf

Verlangen (sog. „verhaltener Anspruch" mithin)[1] wenigstens über den Bestand seines Vermögens, größere Veränderungen in ihm seit der letzten Information und Planungen für die nähere Zukunft zu unterrichten,[2] d.h. einen Überblick zu geben, der das Wesentliche nennt, Details dagegen vernachlässigen darf (Verfolgung im gewöhnlichen Streitverfahren; vgl. oben § 23, 2). An diese Pflicht knüpft § 1386 III an. Ein Ehegatte kann ihm zufolge vorzeitigen Zugewinnausgleich fordern, „wenn der andere Ehegatte sich beharrlich weigert, ihn über den Bestand des Vermögens zu unterrichten". An § 1353 scheiden sich auch grundlose und begründete Weigerung. Pflichterfüllung kann nicht von einem Ehegatten verlangt werden, der sie zum Anlaß eigener Pflichtwidrigkeiten nehmen würde. Neigung zu übermäßigen Ausgaben, die Befürchtung der Mitteilung an Dritte und stärker noch eines geschäftsschädigenden Verhaltens rechtfertigen etwa eine (totale oder partielle) Weigerung.

5. Eine erhebliche *Gefährdung der künftigen Ausgleichsforderung* berechtigt nach § 1386 II zur Klage, wenn sie ihre Ursache in einem ohne Zustimmung des Partners getätigten Gesamtvermögensgeschäft findet (Nr. 1)[3] oder in einer Verminderung des Vermögens durch eine der im § 1375 bezeichneten Handlungen (Nr. 2; vgl. dazu unten IV 3).[4] In beiden Fällen sichert das Gesetz den gefährdeten Ehegatten bereits anderweit, durch Unwirksamkeit des Geschäftes einerseits (§§ 1365ff.) und durch Vermehrung des Endvermögens (§ 1375) und Rechte gegen Dritte (§ 1390) andererseits, in beiden Fällen aber scheint der Schutz dem Gesetz als unzureichend (vgl. § 1378 II); er wird deshalb um die Möglichkeit eigener radikaler Initiative verstärkt.

Eine erhebliche Gefährdung der künftigen Ausgleichsforderung ist an sich nur von einem Ehegatten zu besorgen, der eine Ausgleichsforderung bei pflichtgemäßem Verhalten des Partners zu erwarten hat. Dennoch sollte die Klage aus § 1386 II auch dem (möglichen, wahrscheinlichen, sicheren) Schuldner im Ausgleichsverhältnis zugestanden werden. Er bedarf des Schutzes nicht weniger als sein Partner, weil Vermögensminderungen des Gläubigers keineswegs schuld-

---

[1] Für Information ohne Aufforderung bei „einschneidenden Änderungen" *Staudinger-Felgentraeger,* 38 zu § 1386. I. Erg. jetzt der h.L. folgend *Staudinger-Thiele,* 24 zu § 1386.

[2] Eine derartige Pflicht wird anerkannt von BGH, FamRZ 1976, 516 (517); OLG Hamburg, FamRZ 1967, 100; *Dölle,* § 61 VI 3; *Soergel-Lange,* 19 zu § 1386; *Erman-Heckelmann,* 4 zu § 1386; *Staudinger-Thiele,* 22f. zu §U41386. Nach a.A. handelt es sich in § 1386 II um eine Sanktion nicht ehegerechten, jedoch auch nicht ehewidrigen Verhaltens. Vgl. *Müller,* FamRZ 1971, 552; RGRK-*Finke,* 7 zu § 1386; *Palandt-Diederichsen,* 4 zu § 1386.

Gegen den Text ist die durchaus h.M. der Überzeugung, daß der Informationsanspruch nur mit der Klage auf Herstellung des ehelichen Lebens verfolgt werden könne, also nicht vollstreckungsfähig ist. Vgl. etwa *Staudinger-Thiele,* 22 zu § 1386.

[3] Ist die Zustimmung noch nicht verweigert, so liegt die Verweigerung in der Klage. Daß eine Klage nicht möglich ist, wenn das VormG die Zustimmung ersetzt hat (§ 1365 II), ist eine Selbstverständlichkeit.

[4] Aber nur in den Grenzen des § 1375 III.

neutral sind; sie erhöhen vielmehr (durch Schmälerung des eigenen Zugewinns) den Betrag der Ausgleichsforderung. Der Normtext sollte kein unüberwindbares Hindernis sein; er schließt eine am Normzweck orientierte extensive Interpretation nicht aus.[4a]

Die h. L. entscheidet freilich anders, ist jedoch nicht in der Lage, eine in sich konsistente Lösung zu bieten, die den Anforderungen der forensischen Praxis genügt. Nur vereinzelt ist sie bereit, auf jede Betrachtung der vermutlichen künftigen Entwicklung zu verzichten und der Klage bereits stattzugeben, wenn der Kläger eine (zunächst hypothetische) Ausgleichsforderung für den Zeitpunkt der Klage zu beweisen vermag.[5] Meist wird eine Prognose der Entwicklung in der Zukunft gefordert (mit allen Schwierigkeiten, die sich einer auch nur einigermaßen verläßlichen Beurteilung zukünftigen Geschehens entgegenstellen), also eine hypothetische Ausgleichsforderung bei regelmäßiger Beendigung des Güterstandes (wobei übersehen wird, daß der Güterstand regelmäßig durch Tod eines Ehegatten endet und dann ein rechnerischer Ausgleich gar nicht stattfindet), jedoch hinzugefügt, daß schon im Augenblick der Klage ein Mindergewinn nachgewiesen sein müsse, weil es andernfalls sinnwidrig sei, den Güterstand zu beenden und das Resultat mit einer eigenen Ausgleichsschuld zu erkaufen.[6]

III. Das Anfangsvermögen

1. Auszugleichen ist ,,der Betrag, um den das Endvermögen eines Ehegatten das Anfangsvermögen übersteigt" (§ 1373). Als Rechnungsgrößen sind damit für jeden Ehegatten gesondert Anfangs- und Endvermögen im Geldwert festzulegen.

2. *Anfangsvermögen ist das bei Eintritt des Güterstandes (frühestens also am 1. 7. 1958) vorhandene Vermögen nach Abzug der Verbindlichkeiten (Nettovermögen).* Meist pflegt man zur näheren Präzisierung des Begriffs ,,Vermögen" auf § 1922 zu verweisen,[1] doch empfiehlt sich diese Orientierung am Erbrecht schon deshalb nicht, weil der Vermögensbegriff des Erbrechts eine Vermögensmasse kennzeichnet (und nicht nur eine Rechnungsgröße). Daß im Erbrecht bewährte Regeln (etwa die Bewertung eines Unternehmens als Einheit) in das eheliche Güterrecht übernommen werden können, sofern sie nicht sukzessionsbezogen sind, ist indessen nicht zu leugnen.

[4a] Zust. *Staudinger-Thiele,* 14f. zu § 1386.

[5] Vgl. *Soergel-Lange,* 17 zu § 1386 (Zeitpunkt der Klage und Zeitpunkt der regelmäßigen Beendigung des Güterstandes als gleichwertige Alternativen nach Wahl des Klägers).

[6] Vgl. RGRK-*Finke,* 4 und 6 zu § 1386 (Beweislast des Klägers für Zeitpunkt der Klage; Gegenbeweis des Beklagten für die zukünftige Entwicklung). Vgl. auch *Dölle,* 62 III 3 (nur Ausschluß jener Ehegatten von der Klage, für die evident ist, daß sie keine Ausgleichsforderung erlangen werden).

[1] Eingeführt von *Rittner,* FamRZ 1961, 506.

Zum Anfangsvermögen gehören niemals bloße Erwerbsaussichten (deren Berücksichtigung den späteren Erwerb neutralisieren würde), dagegen bereits geschützte Anwartschaften (insbesondere Anwartschaftsrechte aus bedingter Übereignung), sofern sie nicht dem Versorgungsausgleich zugeordnet sind (§ 1587 III). Zum Anfangsvermögen gehören auch nicht die künftigen Ansprüche aus Dauerrechtsverhältnissen, die bei Eintritt des Güterstandes bereits begründet waren; der Bestand eines Stammrechts ist nicht identisch mit der Summe der aus ihm demnächst folgenden Einzelansprüche.[1a] Gegenstände, die den Ehegatten je zur Hälfte zustehen (insbesondere in Form von Immobiliarmiteigentum), sind nicht auf beiden Seiten auszuscheiden. Der naheliegende Gedanke vollkommener Bedeutungslosigkeit für den Zugewinnausgleich als Folge notwendiger Neutralisierung erweist sich angesichts möglicher Manipulationen an dem errechneten Wert des Anfangsvermögens als falsch.

3. Manipulierbar ist das Anfangsvermögen durch Abzüge und durch Zuschläge. Abzüge kommen dem Partner zugute, Zuschläge dem Vermögensinhaber; je größer das Anfangsvermögen, desto geringer die Differenz zum Endvermögen und damit der ausgleichspflichtige Zugewinn.

Das Gesetz manipuliert nur zugunsten des Vermögensinhabers. Es begünstigt ihn insbesondere, wenn er zu Beginn des Güterstandes verschuldet ist. *Verbindlichkeiten werden nur bis zur Höhe des Vermögens abgezogen:* Das Anfangsvermögen wird nie zur negativen Größe; späterer zur Schuldentilgung verwandter Erwerb wird nicht ausgeglichen. Der Verrat am Grundgedanken der Zugewinngemeinschaft ist evident: Erwerb, der zur Schuldentilgung verwandt wird, steht dem Partner nicht ferner als Erwerb, der ein Aktivvermögen mehrt. Erreicht wird manches: kein Ehegatte kann sein ganzes Endvermögen im Zugewinnausgleich verlieren; kein Ehegatte muß sich (erneut) verschulden, um die Ausgleichsforderung des Partners zu bedienen. Zurück bleibt das Empfinden einer zutiefst ungerechten Entscheidung,[2] mit der die Zugewinngemeinschaft Züge einer Schuldengemeinschaft annimmt: Wer sein Vermögen im Laufe der Ehe in einem Maße mehrt, das der Schuldentilgung des Partners entspricht, übernimmt über den Zugewinnausgleich praktisch die Hälfte der Verbindlichkeiten.

4. *Ausgleichsfreier Erwerb.* Folgerichtiger, wenn auch keineswegs wirklich konsequent, denkt § 1374 II die Zugewinngemeinschaft zu Ende. Er rechnet dem

---

[1a] Vgl. dazu OLG Karlsruhe, FamRZ 1979, 434 (Rente nach dem BVersG).

[2] Die h. M. versucht zu rechtfertigen. Vgl. *Erman-Heckelmann,* 6 zu § 1374; RGRK-*Finke,* 11 und 25 zu § 1374 (mit Berufung auf die eheliche Schicksalsgemeinschaft oder das nicht definierte „Wesen der Ehe"); *Müller-Freienfels,* Festskrift Nial, S. 430 ff.; *Dölle,* § 59 II 1 („weitergehende Beteiligung am Zugewinn wäre übertrieben"). *Beitzke,* § 14 IV 3a, macht geltend, daß der benachteiligte Ehegatte immer noch besser stehe als in der Gütergemeinschaft mit Verwaltung des Gesamtgutes durch den Partner. Die Gütergemeinschaft ist aber nicht Maßstab der Zugewinngemeinschaft.

Krit. nur für die Fälle einer Umkehrung der Parteirollen als Folge der Norm *Staudinger-Thiele,* 14 zu § 1374.

Anfangsvermögen jenes Nettovermögen hinzu, das ein Ehegatte nach Eintritt des Güterstandes von Todes wegen (nicht mehr: unter Lebenden auf den Todesfall) oder mit Rücksicht auf ein künftiges Erbrecht[2a] (Hofübergabe; vorzeitiger Erbausgleich des nichtehelichen Kindes, Entgelt für Erbverzicht oder Verzicht auf den Pflichtteil), durch Schenkung[3] oder als Ausstattung erwirbt, und entzieht es damit dem Zugewinnausgleich. Erwerb dieser Art kann nicht auf der Mitarbeit des Partners beruhen und wird deshalb nicht ausgeglichen. Die enumerative Aufzählung des privilegierten Erwerbs, die jede extensive Interpretation und jede analoge Anwendung der Norm (etwa auf Lotterie- oder Totogewinne, aber auch auf Entschädigungsleistungen aller Art) ausschließt,[3a] bewirkt jedoch, daß der an sich richtige Gedanke nur willkürlich verkürzt durchgeführt wird.

Privilegiert ist der Erwerb lediglich mit seinem Wert bei Eintritt in das Vermögen des Erwerbers, nicht etwa als Vermögensmasse, die gesondert verwaltet wird. Spätere Gewinne, die auf ihm basieren, erhöhen mithin den Zugewinn ebenso wie reale Wertsteigerungen. Umgekehrt mindern spätere Verluste des Erwerbers an ihm das Endvermögen (und damit den Zugewinn) nicht anders als Verluste anderer Art.

War das Anfangsvermögen des Erwerbers bei Eintritt des Güterstandes defizitär, so ist nach sehr bestr., heute aber wohl h. M.[4] *späterer privilegierter Erwerb zunächst auf das Defizit zu verrechnen* (und nicht dem von § 1374 I auf Null gestellten Anfangsvermögen hinzuzurechnen). Das Gesetz schweigt; innerhalb des damit gegebenen Interpretationsspielraums muß die Überlegung entscheidend sein, daß man andernfalls zwei Privilegierungen kumulieren würde, von denen eine güterstandsfremd ist und deshalb möglichst neutralisiert werden sollte.

Privilegierter Erwerb ist dem Anfangsvermögen als Nettoerwerb hinzuzurechnen, also nach Abzug aller Verbindlichkeiten. Übersteigen die Verbindlichkeiten die erworbenen Aktiva, so findet ein Erwerb nicht statt, das Anfangsvermögen bleibt unverändert. Der Überschuß der Passiva mindert in diesem Fall (bei Fortbestand der Verbindlichkeiten ebenso wie bei zwischenzeitlicher Tilgung) das Endvermögen und damit den Zugewinn. Schutz findet der Güterstandspartner allein in § 1375 II (Mehrung des Endvermögens um illoyale Vermögensminderungen), dessen Tatbestände jedoch bei dem allein praktischen Fall der Annahme einer überschuldeten Erbschaft ohne Haftungsbeschränkung je-

---

[2a] Etwa gezahlte Entgelte (vorweggenommene Erbfolge in der Rechtsform des Kaufs; vgl. dazu BGHZ 70, 291) sind abzuziehen (und mindern damit den Zugewinn nicht).

[3] Auch durch Schenkung des Partners (allg. M.). Vgl. für diesen Fall aber § 1380 und unten VII 8.

[3a] A. A. *Schwab,* RdNr. 766 (erwägenswert Analogie für alle Erwerbsvorgänge, die vom rechtspolitischen Sinn des Zugewinnausgleichs nicht erfaßt werden) und RdNr. 748 (Schmerzensgeld nicht ausgleichspflichtig). Wie der Text OLG Karlsruhe, FamRZ 1979, 434 (Rente nach dem BVersG).

[4] Vgl. *Bärmann,* AcP 157 (1958/59), 169; *Beitzke,* § 14 IV 3a; *Soergel-Lange,* 10 zu § 1374; *Erman-Heckelmann,* 8 zu § 1374; *Schwab,* RdNr. 765. A. A. dagegen *Reinicke,* BB 1957, 761; *Schopp,* Rpfleger 1964, 71; *Staudinger-Thiele,* 32 zu § 1374; RGRK-*Finke,* 23 zu § 1374.

denfalls nur sehr selten gegeben sein werden. Stets ausgeschlossen ist sogar § 1375 II Nr. 1 (unentgeltliche Zuwendungen): Erben, die Nachlaßschulden berichtigen, wenden den Gläubigern nichts unentgeltlich zu.

5. Im Zugewinnausgleich verbleibt an sich privilegiertes Vermögen, das den Umständen nach zu den Einkünften zu zählen ist, laufende Zuwendungen der Eltern etwa oder auch Trinkgelder. Einkünfte dienen primär dem Verbrauch, nicht der Vermögensbildung. Sie privilegieren, würde gleichzeitig ihren Charakter leugnen heißen.

6. *Abweichende Regelung durch Ehevertrag.* Die Schwächen des Gesetzes kann der Parteiwille überwinden. Möglich ist nicht nur der (Partnern verschuldeter Ehegatten oftmals zu empfehlende) Ausschluß der Zugewinngemeinschaft überhaupt. Die Manipulationen des Gesetzes sind den Parteien nicht weniger zugänglich. Weiterer privilegierter Erwerb kann vereinbart, Privilegien des Gesetzes können aufgehoben werden.[5] Andere Eingriffe in das Anfangsvermögen sind dagegen unzulässig; sie überschreiten den Funktionssinn der Zugewinngemeinschaft (vgl. oben § 32 III 5).[6]

IV. Das Endvermögen

Schrifttum: *Heckelmann,* Der Zeitpunkt für die Vermögensbewertung bei Beendigung von Zugewinn- und Gütergemeinschaft, FamRZ 1968, 59; *Neumann-Duesberg,* Rückdatierung des Zugewinn-Berechnungszeitpunktes bei Ehescheidung (§ 1384), FamRZ 1970, 561; *Günther,* Nochmals: Rückdatierung des Stichtages für die Berechnung des Zugewinns bei Ehescheidung (§ 1384 BGB), FamRZ 1971, 231.

1. *Bewertungszeitpunkt. Endvermögen ist nach § 1375 I 1 das Nettovermögen bei Beendigung des Güterstandes.* Eine generell richtige Aussage wird damit indessen nicht getroffen, weil andere Normen den Grundsatz zur Ausnahme abwerten. Nach Scheidung, Aufhebung und Vernichtung der Ehe ist stets der Zeitpunkt der Rechtshängigkeit des Scheidungsantrags oder der Klage[1] maßgebend

---

[5] Allg. M. Vgl. etwa *Knur,* DNotZ 1957, 462; *Staudinger-Thiele,* 39 zu § 1374.

[6] Der Funktionssinn der Zugewinngemeinschaft wird auch verletzt, wenn vorehelicher Erwerb durch Vorverlegung des Berechnungszeitpunktes für das Anfangsvermögen in den Zugewinnausgleich einbezogen wird (ein Rückgriff, der sich bei vorehelichen Konkubinaten anbietet). A. A. OLG Hamburg, NJW 1964, 1076; *Staudinger-Thiele,* 39 zu § 1374; *Erman-Heckelmann,* 2 zu § 1374. Dagegen ist eine Vorverlegung zu rechtfertigen, wenn Zugewinn erfaßt werden soll, den die Ehegatten in einer Zeit machten, zu der sie in einem anderen Güterstand lebten.

[1] D.h. der Zeitpunkt der Zustellung der Antragsschrift oder der Klage (§§ 622 III, 253 ZPO). Ebenso BGHZ 44, 163 (166); *Dölle,* § 61 XI 2b; *Soergel-Lange,* 5 zu § 1384; *Erman-Heckelmann,* 2 zu § 1384; *Schwab,* RdNr. 768. Für den Zeitpunkt der Einreichung der Klage dagegen in Analogie zu den früheren (jetzt durch § 270 III ersetzten) §§ 261 b III, 496 III ZPO (Unterbrechung der Verjährung) *Neumann-Duesberg,* FamRZ 1970, 561 ff. Doch ist weder eine Regelungslücke anzuerkennen (die Zustellung der Klage fixiert den Zeitpunkt für beide Parteien mit unüberbietbarer Klarheit) noch

(§§ 1384 BGB, 26, 37 EheG). Auch nach einer erfolgreichen Klage auf vorzeitigen Zugewinnausgleich ist das Endvermögen für den Zeitpunkt der Klage zu berechnen (§ 1387). In all diesen Fällen herrscht die Überzeugung, daß in der gespannten Atmosphäre miteinander streitender Ehegatten absichtliche Benachteiligungen des Partners besonders naheliegen und am besten durch Fixierung des Endvermögens schon im Zeitpunkt der Klage bekämpft werden können. Unübersehbar ist allerdings, daß der Normzweck im Einzelfall verfehlt werden kann (ohne Möglichkeit der Korrektur durch restriktive Interpretation oder teleologische Reduktion): Wuchs das Vermögen des ausgleichspflichtigen Ehegatten während des Rechtsstreites, so wirken sich die §§ 1384, 1387 zum Schaden jenes Ehegatten aus, den sie gerade schützen wollen.[2]

Konkurrieren Klage auf vorzeitigen Zugewinnausgleich und Eheauflösungsbegehren, so ist stets der Zeitpunkt des früheren Antrages oder auch der früheren Klage entscheidend, mag auch das spätere Begehren allein (Scheidung der Ehe; Klage auf vorzeitigen Zugewinnausgleich in der Hauptsache erledigt) oder doch zeitlich früher erfolgreich gewesen sein (vorzeitiger Zugewinnausgleich bei noch anhängigem Scheidungsstreit). Die ratio legis ist hier wie dort erfüllt (und das auch dann, wenn das frühere Begehren nicht zum Erfolg führte oder geführt hätte[3]).

Die §§ 1384, 1387 gelten allein für die Berechnung des Zugewinns, insoweit freilich in allen Zusammenhängen. Sie beenden etwa auch den Zeitraum, in dem privilegierter Erwerb dem Anfangsvermögen und illoyale Vermögensminderungen dem Endvermögen hinzugerechnet werden. Die Beendigung des Güterstandes bleibt dagegen der entscheidende Zeitpunkt für alle anderen Fragen des Zugewinnausgleichs (etwa auch für die Begrenzung der Ausgleichsforderung durch § 1378 II).

2. Wer kein aktives Endvermögen hat, kann nicht ausgleichspflichtig sein; *Überschuldung* entbindet grundsätzlich von der Notwendigkeit, ihr genaues Ausmaß festzustellen. Die Situation ändert sich erst, wenn im Zugewinnausgleich von Dritten verlangt werden kann, was vom Ehegatten nicht zu fordern ist. Offensichtlich darf der Anspruch gegen den Dritten nicht zu Vorteilen führen, die der Zugewinnausgleich zwischen den Ehegatten nicht legitimiert. Deshalb sind die Verbindlichkeiten auch bei Überschuldung voll zu erfassen, wenn ein

---

eignen sich Normen, die eine Unterbrechung der Verjährung anordnen, zur analogen Anwendung in diesem Zusammenhang (die Unterbrechung erhält ein Recht gegen eine drohende Einrede; § 1384 fixiert ein Element für eine künftige Forderung).

[2] Die Benachteiligung kann nicht mit dem Hinweis auf die Beendigung der gemeinschaftlichen Tätigkeit gerechtfertigt werden (a. A. BGHZ 46, 215 [218ff.]), weil diese in anderen Zusammenhängen bedeutungslos ist.

[3] Ebenso *Heckelmann*, FamRZ 1968, 67f.; *Dölle*, § 62 III 3. A. A. dagegen *Staudinger-Thiele*, 8 zu § 1387; *Soergel-Lange*, 6 zu § 1387; RGRK-*Finke*, 9 zu § 1384.

Dritter aus § 1390 in Anspruch genommen werden kann (vgl. dazu unten VII 4). Der Anspruch gegen den Dritten wird zum aktiven Wert im Vermögen des Partners, der durch Verbindlichkeiten nicht anders als das andere Vermögen aufgewogen werden kann.

3. Wie das Anfangsvermögen ist auch das Endvermögen manipulierbar. Beträge, die ihm hinzugerechnet werden, erhöhen, Beträge, die von ihm abgezogen werden, schmälern den Zugewinn. Das Gesetz nutzt nur die erste Möglichkeit. § 1375 II gleicht kraft zwingenden Rechts[4] effektive *illoyale Vermögensminderungen* durch Hinzurechnen allen Vermögens (vor Abzug der Verbindlichkeiten!) aus, das durch unentgeltliche Zuwendungen an Dritte (einschließlich der Begründung von Verbindlichkeiten) verlorenging, soweit nicht sittliche Pflichten oder Anstandsrücksichten die Zuwendung geboten,[5] ferner allen Vermögens, das verschwendet wurde, und allen Vermögens, das in der Absicht, den Partner zu benachteiligen,[6] weggegeben wurde.

Daß im Einvernehmen mit dem Partner verschwendetes und Dritten zugewandtes Vermögen außer Ansatz bleibt, brauchte das Gesetz (§ 1375 III) kaum zu erwähnen; die zum venire contra factum proprium entwickelten Grundsätze gelten auch im Güterrecht. Fragwürdig bleibt die Beschränkung auf die Vermögensminderungen der letzten zehn Jahre, die gleichen Rang mit dem Einverständnis des Partners erhalten hat. Die Zeit in heilender Funktion ist dem Recht vielfach geläufig. Sie ist deplaziert in einer Abrechnung, die stets die gesamte Dauer des Güterstandes umfaßt.

V. Bestandsaufnahme und Bewertung

Schrifttum: *Buchwald,* Das Anfangsvermögen nach dem Gleichberechtigungsgesetz, BB 1958, 493; *Krüger,* Bewertungsprobleme bei der Zugewinngemeinschaft, DB 1958, 1189; *Schopp,* Der Zugewinnausgleich in der Praxis, FamRZ 1965, 409; *Stuby,* Wertveränderungen an Gegenständen des Anfangsvermögens und ihre Auswirkungen auf die Berechnung des Zugewinnausgleichs, FamRZ 1967, 181; *Werner,* Werterhöhung als ausgleichspflichtiger Zugewinn und erbrechtlicher Vorempfang?, DNotZ 1978, 66.

---

[4] Zumeist wird ein gewisser Spielraum zugestanden. Vgl. *Soergel-Lange,* 6 zu § 1375 (Eingriffe „in sehr begrenztem Umfang" erlaubt); *Erman-Heckelmann,* 12 zu § 1375 (Vereinbarungen in der Regel sittenwidrig); RGRK-*Finke,* 20 zu § 1375 (grds. dispositives Recht; im Einzelfall Anwendung des § 138 möglich); *Staudinger-Thiele,* 40 zu § 1375 (völliger Ausschluß regelmäßig sittenwidrig).

[5] Der Begriff „unentgeltliche Zuwendung" ist wie im allg. Vermögensrecht zu definieren (vgl. dazu *Staudinger-Ostler,* 13 zu § 516 m. Nachw.). Für stärkere Objektivierung RGRK-*Finke,* 11 zu § 1375 (schon bei erheblich geringerer Gegenleistung).

[6] Mit Benachteiligungsabsicht handelt ein Ehegatte nur, wenn sein Wille, den Partner zu benachteiligen, das leitende Motiv seines Handelns war. Das entspricht der älteren Rspr. zu § 2287. Die Wendung der jüngeren Rspr. (BGHZ 59, 343; BGH, NJW 1976, 749) mit ihrem spezifischen Zuschnitt ist nicht in das Ehegüterrecht zu übernehmen. Ebenso *Staudinger-Thiele,* 27 zu § 1375.

Nach a. A. (vgl. *Schwab,* RdNr. 774) soll Benachteiligungsabsicht nur vorliegen, wenn „kein anderes tragendes Motiv ausgemacht werden kann".

1. Anfangs- und Endvermögen sind Rechnungsgrößen, orientiert an den Vermögen der Ehegatten zu bestimmten Zeitpunkten. Der Güterstand der Zugewinngemeinschaft fordert demnach keine laufende Buchführung, bleibt aber belastet mit allen Schwierigkeiten, die sich einer Bestandsaufnahme und Bewertung von insgesamt vier Vermögen entgegenstellen.[1]

2. Das *Anfangsvermögen* ist weit schwieriger festzulegen als das Endvermögen; oftmals (insbesondere nach längerer Dauer des Güterstandes) ist eine auch nur annähernd richtige Bestandsaufnahme und Bewertung so gut wie ausgeschlossen. Freilich gewährt das Gesetz jedem Ehegatten einen Anspruch gegen den Partner auf Mitwirkung bei der Inventarisierung des eigenen Anfangsvermögens (§ 1377 II 1), doch ist dieser Anspruch trotz weiser Beschränkung auf die eigenen Güter ganz unpraktisch: Das Verlangen nach Inventarisierung kann (vornehmlich zu Beginn einer Ehe) schwerlich anders als ein unfreundlicher Akt aufgefaßt werden.

Der Anspruch richtet sich auf rechtsgeschäftliche Anerkennung; er kann eingeklagt und das Urteil nach § 894 ZPO vollstreckt werden.[2] Der klagende Ehegatte muß dann ein Verzeichnis vorlegen, dessen Richtigkeit er in allen Punkten darzulegen und zu beweisen hat. Die außerprozessuale Einigung über das Verzeichnis ist Rechtsgeschäft (und nicht nur ein Austausch reiner Wissenserklärungen), denn sie regelt ein einzelnes Element im Entstehungstatbestand der Ausgleichsforderung und so mittelbar diese selbst.[3]

Die rechtliche Wirkung des Inventars (in das Sachgesamtheiten und Inbegriffe von Gegenständen als solche aufgenommen werden können, wenn ein derartiges Verfahren verkehrsüblich ist und eine spätere Orientierung nicht gefährdet) ist nicht nur eine *Umkehr der Darlegungs- und Beweislast, sondern auch eine Bindung des richterlichen Beweiswürdigungsermessens,* das jeder Bewertung auch noch nach Feststellung aller wertbildenden Faktoren zugrunde liegt. Grundsätzlich kann der Beklagte als Einwendung die Richtigkeitsvermutung widerlegen, also dartun, daß das inventarisierte Recht nicht zu dem bezeichneten Vermögen gehört oder daß der inventarisierte Wert nicht mehr in dem von den wertbildenden Umständen gezogenen Beurteilungsspielraum liegt. Haben freilich die Parteien das Inventar im Bewußtsein bestehender Zweifel unterzeichnet, so liegt ein Vergleich

---

[1] Vgl. dazu *Schopp,* FamRZ 1965, 409ff. mit der resignierenden Feststellung, daß die richterliche Entscheidung über die Ausgleichsforderung „weithin einem Zwangsvergleich ex aequo et bono gleichkommt".

[2] Ein von der h. L. (vgl. etwa *Staudinger-Thiele,* 4 zu § 1377; *Dölle,* § 59 II 3b; *Soergel-Lange,* 13 zu § 1377; RGRK-*Finke,* 10 zu § 1377; *Erman-Heckelmann,* 2 zu § 1377) bejahter Anspruch auf tatsächliche Mitwirkung mit Vollstreckungszwang aus § 888 ZPO hat daneben keinen Sinn.

[3] Ebenso *Erman-Heckelmann,* 2 zu § 1377. Eine geschäftsähnliche Handlung behauptet RGRK-*Finke,* 8 zu § 1377. Eine reine Wissenserklärung (mit analoger Anwendung der §§ 104ff.) nehmen an *Soergel-Lange,* 12 zu § 1377; *Staudinger-Thiele,* 15 zu § 1377.

vor (§ 779), der jede Einwendung gegen die bei der Inventarisierung als zweifelhaft erkannten Punkte ausschließt.[4]

§ 1377 verweist auf § 1035 und überträgt damit im Drang zum Perfektionismus die für das Verhältnis von Nießbraucher und Eigentümer geltenden Regeln auf die Ehegatten: Das Verzeichnis ist zu datieren und von beiden Ehegatten zu unterzeichnen. Auf Verlangen auch nur eines Ehegatten ist die Unterzeichnung öffentlich zu beglaubigen. Jeder Ehegatte kann Aufnahme des Verzeichnisses durch die zuständige Behörde oder einen zuständigen Beamten oder Notar verlangen. Die Kosten hat vorzuschießen oder zu tragen, wer die Aufnahme oder Beglaubigung fordert.

Wertermittlung ist jedem Ehegatten auf seine Kosten durch Sachverständige gestattet. Im Streit um die Pflicht zur Anerkennung des Inventars genießt sie nur jenes Vertrauen, das dem Urteil eines einseitig ausgewählten Sachverständigen herkömmlich entgegengebracht wird.

3. Haben die Ehegatten (wie üblich) von einer Inventarisierung ihrer Anfangsvermögen Abstand genommen, so sucht das Gesetz die Schwierigkeit der Bestandsaufnahme und Bewertung mit einer Vermutung zu meistern; *vermutet wird die Identität von Endvermögen und Zugewinn,* also das Fehlen von Anfangsvermögen überhaupt (§ 1377 III). Diese „Lösung" ist gewaltsam und lebensfremd, auch gar nicht geeignet, Sicherheit zu vermitteln, weil sie zwar die Beweislast regelt, aber keinen Streit ausschließt. Die Widerlegung der Vermutung schmälert jeweils ihre Wirkung, beseitigt sie dagegen nie: Bewiesenes Anfangsvermögen ist in die Ausgleichsrechnung aufzunehmen; im übrigen wird weiter vermutet, daß anderes Anfangsvermögen nicht vorhanden gewesen ist.

4. Für das *Endvermögen* sind die Grundsätze des § 1377 ungeeignet. Beide Ehegatten benötigen in erster Linie Einblick in die Vermögenslage des Partners, um die Ausgleichsforderung oder auch die Ausgleichsschuld berechnen zu können. Beide Ehegatten (und nicht nur der Ausgleichspflichtige)[5] werden deshalb durch § 1379 verpflichtet, nach Beendigung des Güterstandes einander *Auskunft über den Bestand des Endvermögens* zu geben, dem Normzweck entsprechend freilich nur, wenn die Auskunft für den Kläger rechtsfolgenerheblich sein kann.[6] In Form einer Stufenklage kann Auskunft und Zahlung des Ausgleichs in *einem* Prozeß verlangt werden.

---

[4] So auch *Erman-Heckelmann,* 3 zu § 1377; RGRK-*Finke,* 17 zu § 1377; *Soergel-Lange,* 12 zu § 1377.

[5] Keine Verknüpfung der beiderseitigen Ansprüche zur Leistung Zug um Zug kraft Gesetzes, doch kann jeder Ehegatte seine Auskunft gem. § 273 zurückbehalten, bis er die ihm geschuldete Auskunft erhält. A. A. OLG Hamm, FamRZ 1976, 633 (mit unzulässiger Generalisierung einer nur grds. richtigen Rspr.); *Schwab,* RdNr. 831.

[6] Der Auskunftsanspruch wird grds. nicht von § 1381 begrenzt (ob und ggf. in welcher Höhe die Einrede begründet ist, ist in aller Regel von Daten abhängig, die erst mit der Auskunft zugänglich werden). Vgl. OLG Nürnberg, FamRZ 1964, 440; BGHZ 44, 163 (166); OLG Bremen, FamRZ 1979, 434 (436). Nur in Ausnahmefällen mit evidentem Verlust der gesamten Ausgleichsforderung in allen konkret möglichen Konstellationen kann anders entschieden werden. Eine derartige Evidenz ist jedoch noch nicht gegeben, wenn die Ehe niemals voll verwirklicht und alsbald geschieden wurde. Vgl. BGH, NJW 1972, 433.

Der Auskunftsanspruch besteht nicht mehr, wenn die etwaige Ausgleichsforderung für beide Ehegatten verjährt ist. Vgl. OLG München, FamRZ 1969, 32.

5. Geschuldet wird die *Auskunft* grds. mit der Beendigung des Güterstandes, doch wählt § 1379 II (in Übereinstimmung mit § 1384) den zeitlich früheren Zeitpunkt des Eheauflösungsbegehrens, falls Scheidung der Ehe beantragt oder Klage auf Vernichtung oder Aufhebung der Ehe erhoben wurde. Hier wie dort ist dem Schuldner eine Phase der Vorbereitung zu seiner Leistungsaktivität zuzubilligen, deren Länge im wesentlichen von der Größe und der Zusammensetzung seines Vermögens abhängig ist.

Gegenstand der Auskunft ist der Bestand des Endvermögens am Stichtag. Gegenstand der Auskunft ist dagegen nicht mehr die Entwicklung des Vermögens während des Güterstandes. Auskunft wird auch nicht geschuldet hinsichtlich jener Vermögensbewegungen, die als illoyale Vermögensminderungen dem Endvermögen gemäß § 1375 II hinzuzurechnen sind. Der Normtext ist (auf dem Hintergrund des § 1375 mit seiner Sonderung von Endvermögen und hinzuzurechnenden Beträgen) klar; eine unbewußte Regelungslücke ist nicht gegeben.[7] Unberührt bleibt der allg. (von der Rspr. aus § 242) entwickelte Auskunftsanspruch, mit dem der Gläubiger einzelne Vorgänge aufgreifen kann.

Aktiva und Passiva sind hinreichend spezifiziert (mit der Möglichkeit, Sachgesamtheiten und Inbegriffe von Gegenständen als solche auszuweisen) aufzuführen mit jenen Merkmalen, die für die Bewertung erheblich sind und im Verkehr üblicherweise mitgeteilt werden.[8] Belege und Unterlagen kann der Gläubiger nur fordern, wenn ohne sie die geschuldete Information nicht zu erlangen ist, dagegen niemals zu Kontrollzwecken: Vollständigkeit und Richtigkeit des Bestandsverzeichnisses (§ 260) sucht das Gesetz mit anderen Mitteln zu sichern.

Jeder Ehegatte kann Mitwirkung bei der Aufnahme des Bestandsverzeichnisses fordern, Ermittlung des Wertes der Aktiva und der Passiva (auf Kosten des Schuldners[9]), schließlich Aufnahme des Verzeichnisses auf seine Kosten durch die zuständige Behörde (Bestimmung durch das Landesrecht; vgl. § 200 FGG) oder einen zuständigen Beamten oder Notar (§ 1379 I 2 und 3). Anders als beim Anfangsvermögen (§ 1377 II 3) ist von einer Wertermittlung durch Sachverständige nicht die Rede, doch ist sie dem Gläubiger auf eigene Kosten[10] in Entfaltung des Normzwecks zuzugestehen, „wenn andernfalls eine zuverlässige Bewertung nicht möglich ist" (BGHZ 64, 63), ein Fall, der bei der Bewertung von Unternehmen und Beteiligungen stets gegeben sein wird.

Der Anspruch aus § 1379 ist in all seinen Ausprägungen klagbar und vollstreckbar (§ 888 ZPO).[11] Der Gläubiger kann eine eidesstattliche Versicherung fordern, derzufolge der Schuldner „nach bestem Wissen den Bestand so vollständig angegeben habe, als er dazu imstande sei" (§ 260 II), wenn der Gläubiger Tatsachen bewiesen hat, die einen Schluß auf zumindest fahrlässiges Verhalten bei Errichtung des Bestandsverzeichnisses nahelegen.[12] Der bloße Nachweis der Unvollständigkeit oder Unrichtigkeit genügt mithin nicht, mag er auch das beste und häufigste Indiz eines Mangels an Sorgfalt sein. Unvollständigkeit oder Unrichtigkeit eröffnen dem Gläubiger jedoch als solche die Möglichkeit einer Ergänzungsklage.

6. *Bewertungsmaßstäbe* gibt § 1376 IV ausschließlich für land- oder forstwirtschaftliche Betriebe,[13] die bei der Berechnung des Anfangs- und des Endvermö-

---

[7] I. Erg. ebenso RGRK-*Finke*, 17ff. zu § 1379. Eine Pflicht zur Offenbarung aller illoyalen Vermögensminderungen wird bejaht von *Bosch*, FamRZ 1964, 422; *Dölle*, § 61 VI 2; *Beitzke*, § 14 IV 3b; *Staudinger-Thiele*, 12ff. zu § 1379. Erst nach einem Beweisantritt des Gläubigers (für Umstände, die illoyales Verhalten nahelegen) bejahen die Pflicht OLG Nürnberg, FamRZ 1965, 334; *Soergel-Lange*, 8 zu § 1379; *Erman-Heckelmann*, 2 zu § 1379; *Schwab*, RdNr. 830.

[8] Vgl. dazu aus der Praxis OLG Celle, FamRZ 1975, 415 (unzureichende Spezifizierung); OLG Hamm, FamRZ 1976, 631 (unzureichende Bewertung mit „grober Berechnung").

[9] Vgl. BGHZ 64, 63 (gegen das dort angeführte Schrifttum).

[10] Vgl. KG, FamRZ 1974, 91; *Beitzke*, § 14 IV 3b; *Staudinger-Thiele*, 26 zu § 1379; RGRK-*Finke*, 13 zu § 1379. Für Entscheidungen von Fall zu Fall *Schwab*, RdNr. 829.

[11] Wertermittlung ist gem. § 887 ZPO durchzusetzen.

[12] Zumindest problematisch BGH, FamRZ 1976, 516 (Verweigerung der Antwort auf Fragen zur Vermögensentwicklung während des Güterstandes als Indiz).

[13] Für sie vgl. weiter das besondere Bewertungsprivileg in § 12 X HöfeO zugunsten des Hofeserben.

gens zu berücksichtigen sind, also während der Gesamtdauer des Güterstandes einem Ehegatten gehörten oder nach Eintritt des Güterstandes unter Zurechnung zum Anfangsvermögen (§ 1374 II) erworben und nicht wieder veräußert wurden. Sie sind mit dem Ertragswert anzusetzen (vgl. dazu § 2049 II, Art. 137 EGBGB), dem Sinn der Norm (Erhaltung der Betriebe) entsprechend freilich nur, wenn er geringer ist als der wirkliche Wert.[14] Dieser ,,volle wirkliche Wert" ist im übrigen entscheidend,[15] ein Wert, der in einem Wirtschaftssystem, das seine Maßstäbe für den Wert von Gegenständen wenigstens weithin am Markt findet, oft identisch mit dem Verkehrswert ist (dieser verstanden als hypothetischer Erlös einer Veräußerung unter Ausnutzung aller Marktchancen), mit diesem jedoch nicht generell identifiziert werden darf.[16] Der Verkehrswert (als Liquidationswert) ist kein geeigneter Maßstab mehr für Gegenstände, deren Wert in der Gesellschaft anders als vom Markt beurteilt wird, weil sie dem Markt zwar nicht entzogen, aber doch im Einzelfall meist langfristig entrückt sind.

Der Verkehrswert gilt etwa ungeschmälert für börsengängige Papiere (mittlerer Tageskurs an der nächstgelegenen Börse),[17] für Gegenstände, die zur Veräußerung bestimmt sind, und für Gegenstände, die als Folge des Zugewinnausgleichs (zur Mobilisierung des Vermögens) tatsächlich veräußert werden müssen.[18] Er ist dagegen nicht mehr einzusetzen für Hausrat (mit übermäßiger Abwertung auch nur kurzfristig gebrauchter Gegenstände am Markt), für den sich der Anschaffungspreis abzüglich eines realistischen Abschreibungsbetrages anbietet,[19] und nicht für Grundstücke, die im Eigentum eines Ehegatten bleiben sollen. Der vom Markt in der Regel als Richtschnur gewählte Mittelwert aus Ertragswert und Sachwert verfehlt insbesondere bei Einfamilienhäusern die reale Situation zugunsten des Eigentümers und ist deshalb durch den reinen Sachwert zu ersetzen.[20]

---

[14] Ebenso *Pikalo,* RdL 1958, 284; *Bergmann,* RdL 1959, 89; *Staudinger-Thiele,* 14 zu § 1376. A. A. dagegen *Erman-Heckelmann,* 11 zu § 1376. Zu den mancherlei Einzelheiten bei der Bewertung land- und forstwirtschaftlicher Grundstücke vgl. im übrigen MünchKomm-*Gernhuber,* 26ff. zu § 1376.

[15] Vgl. *Rittner,* FamRZ 1961, 514; *Stuby,* FamRZ 1967, 189; *Erman-Heckelmann,* 2 zu § 1376.

[16] Generell für den Verkehrswert jedoch *Finke,* MDR 1957, 518; *Schopp,* Rpfleger 1964, 71; *Dölle,* § 59 II 2; *Beitzke,* § 14 IV 3c; *Palandt-Diederichsen,* 2 zu § 1376.

[17] Der vereinzelt gebliebene Vorschlag, statt des zufälligen Kurswertes den ,,wahren Wert" zu wählen (LG Berlin, FamRZ 1965, 438), ist angesichts der irrationalen Einflüsse auf den Börsenkurs verständlich, jedoch nicht durchführbar: Es gibt keine Möglichkeit, die rationalen von den irrationalen Einflüssen zu sondern.

[18] Vgl. *Rittner,* FamRZ 1961, 514; *Soergel-Lange,* 7 zu § 1376; *Erman-Heckelmann,* 5 zu § 1376.

[19] Sehr bestr. Dem Text entspr. *Staudinger-Thiele,* 35 zu § 1376. Zuweilen wird der Verkehrswert eingesetzt. Vgl. *Schwab,* RdNr. 755. Nach mancher Ans. ist der Wiederbeschaffungspreis einzusetzen. Vgl. *Müller-Freienfels,* Festskrift Nial, S. 437; *Stuby,* FamRZ 1967, 189. Ebenso, jedoch mit Bereitschaft eines angemessenen Abzuges für die Abnutzung, *Buchwald,* BB 1958, 494; *Soergel-Lange,* 11 zu § 1376. Da die Differenz zwischen Anschaffungspreis und Wiederbeschaffungspreis den Kaufkraftverlust des Geldes spiegelt, wird dieser doppelt berücksichtigt, wenn gleichzeitig ein allgemeiner Entwertungsausgleich bejaht wird (dazu unter VI.).

[20] A. A. *Staudinger-Thiele,* 24 zu § 1376. Verfehlt sind Korrekturen vorübergehender Fehlbewer-

Auch für Unternehmen (und Beteiligungen an ihnen[21]) ist der „volle wirkliche Wert" zu ermitteln (und nicht der in der Handels- oder Steuerbilanz ausgewiesene Wert), d.h. der Wert des Unternehmens als einer am Wirtschaftsleben teilnehmenden rechtlichen und organisatorischen Einheit[22] (einschließlich des anhand der Nachfragesituation konkret feststellbaren Goodwill[22a]). Trotz zahlreicher mehr oder minder exakt schätzbarer Einzelpositionen ist allerdings eine Gesamtbewertung mit unbezweifelbarem Ergebnis so gut wie niemals möglich. Der (stets notwendige) Rückgriff auf einen Sachverständigen löst das Problem nicht, weil die Betriebswirtschaft bislang keine allgemein anerkannte Methode der Unternehmensbewertung entwickelt hat[23] (meist werden mehrere Methoden kombiniert), betriebswirtschaftliche Sachverständige zudem zu tendenziöser Unterbewertung (Bestandsgarantie!) neigen.

Ungewisse und unsichere (dubiose) Rechte und Verbindlichkeiten bleiben ebenso wie aufschiebend bedingte Rechte zunächst außer Ansatz;[24] auflösend bedingte Rechte sind dagegen ohne jeden Abschlag in die Rechnung einzustellen. Hier wie dort hat ein späterer Ausgleich stattzufinden, wenn die Bedingung eintritt oder ausfällt, die Erwerbserwartung sich erfüllt oder auch enttäuscht wird. In analoger Anwendung wird damit § 2313 dem Güterrecht dienstbar gemacht,[25] freilich um den Preis einer verzögerten endgültigen Abrechnung. Doch ist dieser Nachteil dem anderen vorzuziehen, der sich mit dem Versuch

---

tungen in außergewöhnlicher Situation, die „bei vernünftiger, nüchterner Betrachtung für einen durchschnittlichen besonnenen Beurteiler erkennbar war" (vgl. BGH, NJW 1965, 1590 zu § 2311). Derlei Korrekturen beruhen sämtlich auf einer reinen Betrachtung ex post und werden dem Geschehen am Markt nicht gerecht. Der Markt ist nicht in seiner Gesamtheit „unbesonnen"; er eskomptiert Erwartungen im Preis.

[21] Die oft behandelte Frage nach der richtigen Bewertung von Beteiligungen an Personengesellschaften hat praktisch keine große Bedeutung, weil Gesellschafter meist nicht in Zugewinngemeinschaft leben. Zu den Problemen (Abfindungs- und Ausschlußklauseln!) und Lösungen vgl. MünchKomm-*Gernhuber*, 21ff. zu § 1376; *Staudinger-Thiele*, 26ff. zu § 1376.

[22] Vgl. *Staudinger-Thiele*, 25 zu § 1376; *Erman-Heckelmann*, 6 zu § 1376; *Soergel-Lange*, 12 zu § 1376. Für eine tendenziöse Bewertung zugunsten des Schuldners mit dem Ziel der Bestandsgarantie *Krüger*, DB 1958, 1189. Der Liquidationswert ist einzusetzen, wenn das Unternehmen nur vom Ehegatten (und nicht: von einem Dritten) betrieben werden kann. Vgl. BGH, NJW 1977, 948 (Unternehmen eines Handelsvertreters in der Regel mit Substanzwert einzusetzen).

[22a] Gegen jede abstrakte Berechnung zu Recht BGH, FamRZ 1977, 38 (freiberufliche Praxis) und BGHZ 70, 224 (Bäckerei).

[23] Zur Bewertung von Unternehmen aus jüngster Zeit vgl. *Vielbredt-Renard*, Die Bewertung von Unternehmungen und Unternehmungsanteilen, 5. Aufl. 1975; *Troll*, Vermögensbewertung nicht notierter Aktien und GmbH-Anteile, BB 1973, Beil. zu Heft 5; *Müller*, JuS 1973, 603 und 745; 1974, 147, 288, 424, 558; 1975, 489, 553 (Aufsatz in Fortsetzungen).

[24] Also auch Nacherbschaften vor Eintritt des Nacherbenfalles. Vgl. RGZ 83, 253; *Kipp-Coing*, § 9 Fn. 15; *Staudinger-Thiele*, 37 zu § 1376; RGRK-*Finke*, 11 zu § 1376.

[25] Für die Analogie *Braga*, FamRZ 1955, 5; *Finke*, MDR 1957, 518; *Staudinger-Thiele*, 37f. zu § 1376; *Soergel-Lange*, 14 zu § 1376; *Erman-Heckelmann*, 5 zu § 1376; OLG Oldenburg, FamRZ 1976, 346.

einer sofortigen endgültigen Bewertung jener Rechte mit Schätzwerten (denen immer etwas Willkürliches anhaften wird) verbindet.[26]

Gewisse, jedoch in ihrem Volumen wachsende Vermögenspositionen (Kapitalversicherungen) sind mit ihrem Zeitwert einzusetzen. Dauerrechtsverhältnisse, die zu periodisch wiederkehrenden Ansprüchen führen, sind dagegen gänzlich außer Ansatz zu lassen. Die einzelnen Ansprüche aus ihnen gehören (soweit sie nicht rückständig sind) erst zum zukünftigen Vermögen; das Dauerrechtsverhältnis selbst hat neben ihnen (anders als Nutzungsberechtigungen von Dauer, die zu kapitalisieren sind) keinen eigenen Wert.

7. *Reale Wertsteigerungen* einzelner Güter (Ackerland wird Bauland; Aktien erreichen einen höheren Börsenkurs) oder Güterklassen (Grundstückspreise steigen rascher als die Preise für Konsumgüter) beruhen auf einer veränderten Bewertung der Güter in ihrem Verhältnis zueinander. Sie mehren das Endvermögen (und damit den Zugewinn) wirklich und nicht nur scheinbar und sind deshalb im Zugewinnausgleich zu belassen (ganz h. M.[27]). So richtig der Hinweis auch ist, daß Gewinne dieser Art niemals vom Ehegatten mitverursacht wurden und eben deshalb der Idee der Zugewinngemeinschaft nicht mehr eingegliedert werden können, so richtig ist auch, daß die Verfälschung des Güterstandes vom Gesetz gewollt ist: § 1374 II bestimmt abschließend, welcher Erwerb als „eheneutral" zugleich „zugewinneutral" sein soll; die realen Wertsteigerungen aber sind (neben vielen anderen ebenso eheneutralen Erwerbsvorgängen) nicht genannt. Angesichts dieser klaren Entscheidung des Gesetzes ist auch eine auf § 1381 gestützte Korrektur des Zugewinnausgleichs im Einzelfall stets illegitim.[28]

VI. Währungsverfall

Schrifttum: *Thierfelder,* Echter und unechter „Zugewinn", FamRZ 1959, 225; *Breetzke,* Zugewinn bei Änderung des Geldwertes, FamRZ 1959, 445; *Thierfelder,* Nochmals: Echter und unechter Zugewinn, FamRZ 1960, 184; *Kohler,* Das Geld als Wertmaßstab beim Erb- und Zugewinnausgleich, NJW 1963, 225; *Thierfelder,* Echter und unechter Zugewinn, FamRZ 1963, 328; *Mann,* Geldentwertung und Recht, NJW 1974, 1297; *Medicus,* Privatrechtliche Fragen zur Geldentwertung, DB 1974, 759; *Merkert,* Der Kaufkraftschwund der DM als Rechtsproblem der Gewinnbesteuerung, DB 1974, 496; *Reichert-Facilides,* Geldentwertung und Recht, JZ 1974, 483.

1. Infolge einer relativ größeren Vermehrung der Geldmenge als der Gesamtheit aller verfügbaren Güter ergeben sich Änderungen des Tauschwertes des Geldes (seiner Kaufkraft), die im kurzfristigen Geschäftsverkehr belanglos sind, in langfristigen Abrechnungen jedoch zu nur nominalen Gewinnen führen, die

---

[26] Für den Schätzungswert aber *H. Lange,* NJW 1957, 1383; *Dölle,* § 59 II 2; *Staudinger-Ferid,* 30 zu § 2313; *Schwab,* RdNr. 745.

[27] Nachw. bei MünchKomm-*Gernhuber,* § 1373 Fn. 8. Gegen die h. M. *Werner,* DNotZ 1978, 66ff. mit Prämissen (auch Kaufkraftschwund tatsächliche Wertsteigerung) und Ansätzen (für Vermögen Gebrauchsfähigkeit entscheidend), die keine Billigung verdienen.

[28] Ebenso BGHZ 46, 343 (353). A. A. *Schopp,* Rpfleger 1964, 73.

auf der Verwendung real unterschiedlicher Wertmesser beruhen. Die Disparität wirkt sich bei allen Gütern aus, die zu bewerten sind (also nicht bei Geld und bei Forderungen, die auf Geld gerichtet sind[1]). Sollen derart scheinbare Gewinne aus dem Zugewinnausgleich ausgeschieden werden, so müssen real gleiche Wertmesser für Anfangs- und Endvermögen verwandt werden; der Preis ist die Aufgabe des nominalistischen Geldprinzips.

2. Gegen den (auch heute nicht vollständig überwundenen) Widerstand aller, die das nominalistische Prinzip strikt wahren möchten oder doch nur bereit sind, exzessive Geldentwertungen zu berücksichtigen, hat sich früh die Überzeugung durchgesetzt, daß nur scheinbare Zugewinne nicht auszugleichen seien; umstritten blieben die Methoden der Neutralisierung. Die h. M. im Schrifttum gewährte lange Zeit dem Schuldner ggf. ein Leistungsverweigerungsrecht aus § 1381. Sie verstieß damit gegen den allgemeinen Satz, daß Normen mit einzelfallbezogenem Zuschnitt nicht geeignet sind, generelle Probleme zu lösen; sie gefährdete ferner Rechtssicherheit und Rechtsgleichheit. Die Praxis empfing den entscheidenden Impuls erst spät von der Entscheidung BGHZ 61, 385 mit einem jedenfalls grundsätzlich richtigem (weil generellem und numerisch exakt beherrschbarem) Ansatz.[2] Entwertungsgewinne werden von ihr durch Umrechnung des Anfangsvermögens auf das reale Wertniveau des Endvermögens aus dem Zugewinnausgleich ausgeschieden. Anzusetzen ist ihr zufolge beim Anfangsvermögen jener Betrag, der sich ergibt, wenn der ursprüngliche Wert mit dem Lebenshaltungsindex des statistischen Bundesamtes zur Zeit der Beendigung des Güterstandes multipliziert und anschließend durch den Lebenshaltungsindex zur Zeit des Eintritts des Güterstandes dividiert wird.

Bestechend ist die Praktikabilität dieses Weges: Die Neutralisierung des Entwertungsgewinns erfolgt durch eine einfache Rechenoperation mit jedermann zugänglichen Zahlen. Evident sind aber auch die Mängel dieses Weges:[3] Der Lebenshaltungsindex berücksichtigt die Anlagegüter nicht; er gibt nur die Entwicklung in der Bundesrepublik wieder und verfehlt damit alle Auslandswerte; er orientiert sich an den Bedürfnissen einer Durchschnittsfamilie, die sich weit von den Lebensverhältnissen einzelner Ehegatten entfernen können; er scheidet schließlich die monetären Ursachen der Preisentwicklung nicht von den anderen.

---

[1] Gegen diese Einschränkung *Staudinger-Thiele,* 18 zu § 1373.

[2] Zu den verschiedenen Ans. (einschl. der Vorläufer der höchstr. Rspr. im Schrifttum und der späteren abl. Stimmen) vgl. die Nachw. bei MünchKomm-*Gernhuber,* 8ff. zu § 1373 mit Fn. 4ff.

[3] Sie haben verschiedentlich zu Korrekturen am grundsätzlich anerkannten Ansatz des BGH geführt. Vgl. OLG Hamm, FamRZ 1973, 653 (Index nur als erster „Anhaltspunkt"); OLG Hamm, FamRZ 1976, 633 (Minderung der Indexziffer um den auf Verbesserung der Lebensführung zurückzuführenden Steigerungssatz mit groben – willkürlich anmutenden – „Schätzungen"); *Lange,* JZ 1974, 295 (mit Vorschlag, ggf. § 1381 gegen die schematische Berechnung des BGH anzuwenden, und dem weiteren, bei Ehen von kürzerer Dauer die Berechnung nach Monatsindices vorzunehmen).

Im Zugewinn verbleiben ferner alle nur scheinbaren Wertsteigerungen von Gütern, die erst während des Güterstandes erworben wurden (und deshalb beim Anfangsvermögen nicht zu berücksichtigen sind). Insoweit wird eine Verfeinerung der Rspr. nicht zu vermeiden sein.[4] Vor der Gefahr einer unangemessenen Komplizierung, die mit der idealen Korrektur sicher verbunden wäre (Entwertungsabschlag für jeden einzelnen Gegenstand nach der Dauer seiner Zugehörigkeit zum Vermögen), könnte die Bildung von mittelfristigen Erwerbsperioden bewahren.

VII. Ausgleichsforderung

Schrifttum: *Kleinheyer,* Die Verweigerung des Zugewinnausgleichs wegen grober Unbilligkeit (§ 1381 BGB n. F.), FamRZ 1957, 283; *Koeniger,* Der Schutz des Ausgleichsschuldners innerhalb der Zugewinngemeinschaft, DRiZ 1959, 80; *Thiele,* Die grobe Unbilligkeit des Zugewinnausgleichs, JZ 1960, 394; *Gerold,* Die Stundung des Zugewinnausgleichs, NJW 1960, 1744; *Ziege,* Begrenzung der Ausgleichsforderung des Ehegatten (§ 1378 Abs. 2 BGB) im Falle der Ehescheidung, NJW 1964, 2394; *v. Godin,* Grobe Unbilligkeit des Zugewinnausgleichs, MDR 1966, 722; *Motzke,* Anrechnung von Zuwendungen auf Zugewinnausgleich, NJW 1971, 182; *Brüning,* Die Behandlung von Schenkungen zwischen Ehegatten bei der Berechnung der Zugewinnausgleichsforderung, NJW 1971, 922; *Mikosch,* Wie steht es mit dem Zugewinnausgleich, wenn ein Partner grundlos aus der Ehe ausgebrochen ist?, MDR 1978, 886.

1. *Der Zugewinn.* Die Differenz zwischen dem Wert des Anfangsvermögens und dem Wert des Endvermögens bezeichnet für jeden Ehegatten das wirtschaftliche Endergebnis für die Zeit des Güterstandes. Es ist gleichgültig als negative Größe. Verluste werden nicht ausgeglichen.

Im Vergleich des beiderseitigen Zugewinns klären sich die Rollen der Ehegatten in der Endphase des Güterstandes. Ausgleichspflichtig ist, wer den größeren Zugewinn aufzuweisen hat; er hat die Hälfte seines Überschusses an den Partner abzuführen (§ 1378 I). Möglich bleibt eine Änderung der gesetzlichen Regelung durch Ehevertrag, insbesondere die Vereinbarung einer geringeren Beteiligungsquote oder auch die Abrede einer begrenzenden Höchstsumme.[1]

Der *Vollzug des Zugewinnausgleiches* bedient sich damit der Mittel des Schuldrechtes. Wer berechtigt ist, erwirbt eine auf Geld lautende Forderung, wird dagegen nicht in dieser oder jener Form an den Rechten des Partners beteiligt. Als System der Gütertrennung greift die Zugewinngemeinschaft auch im Endstadium nicht auf Gestaltungsmöglichkeiten zurück, die Systemen der Gütergemeinschaft entsprechen.

---

[4] Insoweit gegen MünchKomm-*Gernhuber* aber *Staudinger-Thiele,* 18 zu § 1373 (er scheint bereits die Problematik zu leugnen).

[1] Vgl. *Knur,* DNotZ 1957, 473; *Bärmann,* AcP 157 (1958/59), 204; *Staudinger-Thiele,* 36 zu § 1378; *Soergel-Lange,* 4 zu § 1378; RGRK-*Finke,* 28 zu § 1378; *Erman-Heckelmann,* 9 zu § 1378. Zur Zulässigkeit der Vereinbarung einer höheren Quote (Grenze § 310) vgl. oben § 32 III 8.

2. Von der Ausgleichsforderung sind anrechnungspflichtige Vorempfänge abzuziehen (§ 1380); anrechnungspflichtig sind Leistungen, die als *vorweggenommener Zugewinnausgleich* gewährt wurden. Ziel der Anrechnung ist es, den Empfänger der Leistung so zu stellen, wie er stehen würde, falls er die Zuwendung erst nach Beendigung des Güterstandes (als Leistung an Erfüllungs Statt auf die Ausgleichsforderung) erhalten hätte. Der Wert der Zuwendung wird deshalb (vgl. § 1380 II) zunächst dem Zugewinn des Ehegatten hinzugerechnet, der die Zuwendung erbrachte (womit sie sich hypothetisch noch in dessen Vermögen befindet) und anschließend von der Ausgleichsforderung abgezogen (so, als sei er erst nach Entstehen der Ausgleichsforderung dem Gläubiger zugeflossen). Eine schlichte Kürzung der Ausgleichsforderung um den Betrag der Zuwendung würde dagegen den Gläubiger doppelt belasten: als Minderung seiner Ausgleichsforderung durch geringeres Endvermögen des Schuldners und zusätzlich durch vollen Abzug des Vorempfanges von der Ausgleichsforderung.

Beim Empfänger der Zuwendung ist deren Wert weder beim Anfangsvermögen noch beim Endvermögen zu erfassen. Beim Anfangsvermögen nicht, weil die Zuwendung als tatsächlich anzurechnende nicht mehr als unentgeltliche begriffen werden kann und deshalb § 1374 II nicht mehr zu unterwerfen ist, und beim Endvermögen nicht, weil sie für die Berechnung des Ausgleichsanspruches voll bei dem anderen Ehegatten zu aktivieren ist. Die h. L. leugnet sowohl das eine als auch das andere, ohne ein anderes Ergebnis zu erzielen: Wird der Wert der Zuwendung beim Anfangs- und beim Endvermögen erfaßt, so ist er für den Ausgleich neutralisiert.

Differenzen ergeben sich jedoch, wenn der Gläubiger der Ausgleichsforderung dem Schuldner einen anrechnungspflichtigen Vorempfang gewährte. § 1380 setzt in diesem Fall den Parteiwillen nicht durch; eine nicht existente Ausgleichsforderung kann auch nicht gemindert werden. Einseitigkeiten dieser Art sind uns zwar auch sonst bekannt (vgl. § 2056), doch sind sie hier vermeidbar. Wenn § 1374 II auf anrechnungspflichtige Zuwendungen unter Ehegatten nicht angewandt wird, so mehren Zuwendungen des Ehegatten mit dem geringeren Zugewinn an seinen Partner dessen Endvermögen (und damit Zugewinn) unter gleichzeitiger Minderung des eigenen Endvermögens (und damit Zugewinns). Über den Zugewinnausgleich fließt dann der Wert der Zuwendung zurück an den Geber und wird damit – wie es seinen Intentionen entsprach – ausgleichsrelevant (durch Erhöhung der eigenen Ausgleichsforderung).[1a]

Was vorweggenommener Zugewinnausgleich ist, bestimmt in erster Linie der Parteiwille: Anrechnungspflichtig ist, was durch Rechtsgeschäft unter Lebenden während des Güterstandes[2] mit Anrechnungsbestimmung zugewendet wurde.

[1a] Das Erg. bereits (ohne Rückgriff auf die aktualisierte Eventualcausa) bei *Schwab,* RdNrn. 789f.

[2] Zuwendungen nach Beendigung des Güterstandes will allein *Motzke,* NJW 1971, 182f., berücksichtigen (Ziel: Der Empfänger der Zuwendung soll die Beweislast für die Behauptung tragen, daß es

Die Anrechnungsbestimmung ist Bestandteil des Rechtsgeschäftes für die Zuwendung;[3] mit ihr tritt neben den eigentlichen Rechtsgrund der Zuwendung (meist: Schenkung) eine weitere Eventualcausa,[3a] die nur Bedeutung gewinnt, wenn es zum rechnerischen Zugewinnausgleich zwischen den Ehegatten kommt.[4]

Dort, wo die Zuwendung ihrer Art nach in typischer Sicht auf einen vorweggenommenen Zugewinnausgleich deutet, steigert sich das Gesetz zu einer (durch ihre Formulierung eine Auslegungsvorschrift vortäuschenden) dispositiven Norm.[5] Vorbehaltlich einer anders lautenden Bestimmung des Zuwenders sind unentgeltliche Zuwendungen (bei gemischten Schenkungen der Wert des geschenkten Teiles) anzurechnen, wenn sie den Wert von Gelegenheitsgeschenken übersteigen, die nach den Lebensverhältnissen der Ehegatten üblich sind. Erfaßt werden praktisch vornehmlich die Übereignung von Grundstücken (Miteigentumsanteilen) und Wertpapieren, aber auch (dem Sinn der Norm entsprechend sogar vorzugsweise) Zuwendungen, die der Alterssicherung dienen, insbesondere Lebensversicherungen. Versichert ein Ehegatte das Leben des Partners auf eigene Rechnung, so wendet er diesem die gezahlten Prämien zu. Versichert er dagegen sein eigenes Leben und benennt den Partner als Bezugsberechtigten (§ 166 VVG), so ist Objekt der Zuwendung zunächst nur eine (meist widerrufliche) Anwartschaft und erst beim Todesfall die Versicherungssumme.

3. *Kürzung*. Übersteigt die Ausgleichsforderung den Wert des Nettovermögens des ausgleichspflichtigen Ehegatten bei Beendigung des Güterstandes, wird sie auf die Höhe des Nettovermögens gekürzt (§ 1378 II). Die angesichts der Halbteilung des Zugewinns scheinbar sinnleere Norm kann bedeutsam werden, wenn dem Endvermögen tatsächlich verausgabte Beträge hinzugerechnet werden (§ 1375 II), aber auch, wenn bei Berechnung des Endvermögens zu einem früheren Zeitpunkt (§§ 1384, 1387) bis zur Beendigung des Güterstandes Vermögensminderungen eintraten.[6] Erstrebt wird primär Schutz dritter Gläubiger (des-

---

sich nicht um Leistungen an Erfüllungs Statt gehandelt habe). Gegen ihn schon *Erman-Heckelmann,* 5 zu § 1380; *Staudinger-Thiele,* 10 zu § 1380.

[3] Die h. L. behauptet ein einseitiges selbständiges Rechtsgeschäft, das zumindest zeitgleich mit der Zuwendung vorgenommen werden muß. Vgl. *Staudinger-Thiele,* 12 zu § 1380; RGRK-*Finke,* 3 zu § 1380; *Soergel-Lange,* 10 zu § 1380; *Erman-Heckelmann,* 4 zu § 1380. Vereinbarungen nach der Zuwendung sind ihrer Ans. nach nur durch Ehevertrag möglich. Nach unserer Auffassung genügt ein formloser Schuldänderungsvertrag.

[3a] Dieser Deutung (MünchKomm-*Gernhuber,* 5 zu § 1380) zust. *Kühne,* FamRZ 1978, 223f; *Staudinger-Thiele,* 13 zu § 1380.

[4] Anders die Rechtslage bei Zuwendungen, deren ausschließlicher Zweck es ist, eine künftige Ausgleichsforderung zu mindern (condictio ob rem, falls Güterstand ohne rechnerischen Ausgleich endet).

[5] Eine Auslegungsregel nehmen an *Beitzke,* § 14 IV 2; *Staudinger-Thiele,* 16ff. zu § 1380; *Dölle,* § 61 VII 2; *Brüning,* NJW 1971, 922.

[6] Gegen die durchaus h. L. will *Ziege,* NJW 1964, 2394f., die §§ 1384, 1387 in § 1378 II berücksichtigen, insoweit also „die Beendigung des Güterstandes" vorverlegen. Vgl. dagegen *Harms,* FamRZ

halb zwingendes Recht!), deren Position durch die Ausgleichsforderung nicht geschmälert werden soll (u. U. bis zur gleichmäßigen Teilbefriedigung im Konkurs), aber auch Schutz des ausgleichspflichtigen Ehegatten, dessen künftiger Erwerb nicht durch eine die Vergangenheit abschließende Abrechnung gebunden sein soll. Geopfert wird erneut die Idee der Zugewinngemeinschaft. Erreicht wird einiges, aber nicht alles: Die Ausgleichsforderung wird gegebenenfalls gekürzt, nicht aber mehr den Ansprüchen dritter Gläubiger nachgeordnet. Und da alle nach Beendigung des Güterstandes entstehenden Verbindlichkeiten die Ausgleichsforderung nicht berühren, kann in der Konkurrenz von Altgläubigern, Neugläubigern und berechtigtem Ehegatten durchaus der letztere eher Befriedigung als ein Altgläubiger erlangen.

4. Eine Kürzung auf Grund der §§ 1375 II, 1378 II ist nicht identisch mit einem endgültigen Ausfall des berechtigten Ehegatten. Was aus Zugewinnausgleich nicht zu leisten ist, kann ein Dritter zu leisten verpflichtet sein. § 2329 folgend gewährt § 1390 einen „*Auffüllungsanspruch*", der Dritte nach Bereicherungsrecht verpflichtet, wenn sie durch eine illoyale Vermögensminderung begünstigt wurden. Neben ihm können konkurrierende Ansprüche mit letztlich gleichem Ziel (wenn auch nicht demselben Inhalt) bestehen: Schadensersatzansprüche aus § 826 können etwa begründet sein, aber auch eine Haftung aus § 419.

Schuldner sind Dritte, die eine von § 1375 II dem Endvermögen des Partners zugerechnete unentgeltliche Zuwendung[7] empfangen haben, wenn der ausgleichspflichtige Ehegatte in der Absicht, den Partner zu benachteiligen, handelte, mögen sie selbst auch gutgläubig gewesen sein (beachte dann § 818 III). Verpflichtet sind ferner Dritte, die eine andere Rechtshandlung des ausgleichspflichtigen Ehegatten begünstigte (etwa: Sicherung einer zweifelhaften Forderung), wenn ihnen die Absicht, den Partner zu benachteiligen (als zumindest bestimmendes Motiv innerhalb eines Motivbündels), bekannt war (Haftung stets verschärft gemäß §§ 819, 818 IV; in Analogie zu § 142 II muß die Kenntnis von der Möglichkeit eines späteren Entstehens des Anspruches genügen). Unentgeltlicher Erwerb wiegt also auch hier geringer als entgeltlicher (vgl. dazu §§ 988, 816 I 2, 822).

Geschuldet wird Herausgabe des Erlangten zum Zwecke der Befriedigung wegen der ausgefallenen Ausgleichsforderung (der Differenz zwischen dem effektiven Anspruch und dem hypothetischen, der sich ohne Begünstigung des

---

1966, 591; *Ullmann*, NJW 1971, 2194; *Staudinger-Thiele*, 8 zu § 1378; *Erman-Heckelmann*, 4 zu § 1378; *Soergel-Lange*, 8 zu § 1378; RGRK-*Finke*, 11 zu § 1378.

Auch mit Rücksicht auf den Entscheidungsverbund im Scheidungsverfahren (in den der Ausgleichsanspruch eingestellt werden kann) ist eine Korrektur der h. L. nicht notwendig (a. A. *Schwab*, RdNr. 785). Vermögenseinbußen, die der Richter nicht mehr berücksichtigen konnte, können vom Ausgleichsschuldner mit der Vollstreckungsabwehrklage (§ 767 ZPO) geltend gemacht werden.

[7] Entscheidend sind die Ansichten und Absichten der Parteien. Ebenso jetzt *Staudinger-Thiele*, 18 zu § 1375.

Dritten ergeben hätte), also nicht Übertragung des Empfangenen, sondern Herausgabe zur Veräußerung (ein etwa überschießender Betrag ist auszukehren) mit der Konsequenz einer auf Duldung der Zwangsvollstreckung gerichteten Klage. Nur der Empfang von Geld und die Verpflichtung aus § 818 II, Wertersatz zu leisten, führt zu einem Anspruch auf Zahlung (allg. Ansicht).

Folgerichtig zu Ende gedacht, müßte § 1390 dem verpflichteten Dritten die Befugnis einräumen, empfangene Gegenstände gegen Wertersatz zu behalten. Das Gesetz verschließt sich dieser Konsequenz. Es gesteht zwar dem Dritten die Befugnis zu, die Herausgabe abzuwenden (facultas alternativa des Schuldners!), jedoch nur gegen Zahlung des gesamten fehlenden Betrages (§ 1390 I 2), also des Gesamtbetrages der Kürzung im Verhältnis zum Partner.

Der Anspruch ist während eines Rechtsstreites der Ehegatten mit dem Ziel der Ehebeendigung oder dem Ziel eines vorzeitigen Zugewinnausgleichs durch einen Anspruch auf Sicherheitsleistung gesichert (§ 1390 IV). Er ist nur in den Grenzen der Ausgleichsforderung verkehrsfähig (analoge Anwendung des § 1378 III[8]) und verjährt in drei Jahren nach Beendigung des Güterstandes (§ 1390 III). Das dem Verjährungsbeginn für die Ausgleichsforderung eigene subjektive Element findet sich nicht.

5. *Modalitäten der Forderung*. Der Anspruch entsteht mit der Beendigung des Güterstandes, aus welchen Gründen auch immer die Beendigung eintreten mag, und zwar auch dann, wenn das Gesetz für die Berechnung des Endvermögens (und damit auch des Zugewinns) einen früheren Zeitpunkt vorsieht (§§ 1384, 1387).[8a] Es ist ein aktueller, kein „verhaltener" Anspruch (der erst durch ein Verlangen des Gläubigers aktualisiert werden müßte), wenn auch einer, der in aller Regel nicht sofort erfüllungsfähig ist, weil er noch der näheren Spezifizierung bedarf (anders nach Präzisierung der Forderung in einem Scheidungsvertrag).

Vor der Beendigung des Güterstandes ist die (künftige) Ausgleichsforderung dem Rechtsverkehr grundsätzlich entzogen. *Vorzeitige Verpflichtungsgeschäfte* untersagt § 1378 III; antezipierte Verfügungsgeschäfte (die als rechtsgrundlose andernfalls möglich wären) müssen erst recht verboten sein. Bezweckt wird zweierlei: zum ersten Schutz des Ehegatten vor Geschäften seines Partners, die ein Interesse Dritter an der Beendigung der Ehe begründen, und zum zweiten Schutz des (künftigen) Gläubigers vor eigenen unbedachten (weil formlos möglichen) Akten. Rechtsgeschäfte, die gegen § 1378 III verstoßen, sind nichtig (§ 134) und nicht nur relativ unwirksam (§ 135 I); es handelt sich nicht um ein „gesetzliches Veräußerungsverbot, das nur den Schutz bestimmter Personen bezweckt".

---

[8] Für die Analogie *Staudinger-Thiele*, 14 zu § 1390; RGRK-*Finke*, 15 zu § 1390.

[8a] A. A. insoweit *Schwab*, RdNr. 791 (im Falle des Scheidungsverfahrens Entstehen mit Rechtshängigkeit des Antrags unter der aufschiebenden Bedingung rechtskräftiger Ehescheidung). Eine derartige Vorstellung (mit Rechtsbedingung!) wird jedoch weder vom Entscheidungsverbund gefordert noch fördert sie die Sachproblematik.

Verboten sind grundsätzlich auch Rechtsgeschäfte der Ehegatten untereinander, gestattet allein notariell beurkundete Verträge während (und nicht: vor!) eines Verfahrens, das auf die Auflösung der Ehe gerichtet ist, sowie Vereinbarungen, die in einem Verfahren in Ehesachen vor dem Prozeßgericht protokolliert werden (mit Anwendung des § 127a). Der einfache (schriftliche) Scheidungsvertrag mit all seinen Gefahren für einen nicht anwaltlich beratenen Ehegatten ist damit kein geeignetes Regelungsmittel: Die Warnfunktion und die Beweisfunktion teilt er zwar mit der notariellen Urkunde (dem Prozeßvergleich), deren Richtigkeitsgewähr ist ihm dagegen nicht mehr eigen.

Die einmal entstandene Forderung ist ein beschränkt verkehrsfähiges Recht, das vom Gläubiger vererbt, übertragen (§ 400 hindert nicht) und verpfändet (§§ 1274, 1280) werden kann. *Volle Verkehrsfähigkeit* erreicht der Anspruch erst, wenn er durch Vertrag anerkannt wurde oder rechtshängig geworden ist (der Gläubiger also mit bestimmten rechtlichen Akten seinen Willen zum Ausdruck gebracht hat, sein Recht zu verfolgen). Erst von diesem Zeitpunkt an kann die Forderung gepfändet werden (§ 852 II ZPO); erst von diesem Zeitpunkt an wird sie auch zu seiner Konkursmasse gezogen. Volle Verkehrsfähigkeit muß die Forderung ferner (in extensiver, den Normzweck entfaltender Interpretation) erlangen, wenn der Gläubiger sie zedierte oder verpfändete. Zession und Verpfändung beweisen den Willen, die Forderung zu verfolgen, nicht weniger als Klage und Vertrag.

Die vom Gesetz intendierte Freiheit des berechtigten Ehegatten zum faktischen Verzicht auf sein Recht wird gleichwohl nicht erreicht. Ist der Gläubiger unterhaltsberechtigt oder anderen unterhaltspflichtig, kann die Ausgleichsforderung nicht unberücksichtigt bleiben, wenn die Frage nach Bedürftigkeit und Leistungsfähigkeit aufgeworfen wird. Auch ein unentgeltlicher Erlaß (steuerpflichtige Schenkung), also die Preisgabe der Forderung als Rechtsakt, ändern daran nichts; der bedürftige Ehegatte kann ebenso wie der in Anspruch genommene auf seinen Anspruch aus § 528 verwiesen werden.

Die Ausgleichsforderung *verjährt* in drei Jahren, beginnend mit der Kenntnis des Gläubigers von der Beendigung des Güterstandes, spätestens jedoch dreißig Jahre nach Beendigung der Zugewinngemeinschaft (§ 1378 IV). Neben einer kurzen subjektiv bestimmten Frist läuft damit eine lange objektiv bestimmte.

6. *Einrede grober Unbilligkeit.* Der Schuldner kann die Erfüllung der Ausgleichsforderung verweigern, soweit der Ausgleich nach den Umständen des Falles grob unbillig wäre (§ 1381 I). In die starre, grobe und in sich nicht immer folgerichtige Regelung des Gesetzes wird damit die Billigkeit als Korrektiv eingeschoben, beschränkt freilich auf die Fälle grober Unbilligkeit und in Abhängigkeit vom Schuldner: Eine Einrede (mit der Möglichkeit des Verzichts[9]) wird ihm

---

[9] Vgl. dazu BGHZ 22, 267: „Fallenlassen einer Einrede im Prozeß" nicht notwendig Verzicht.

zugestanden; die weit gewohntere Möglichkeit einer Begrenzung schon des Anspruches (§ 242!) blieb ungenutzt.

Billigkeit ist Konkordanz von Wertbewußtsein und Wertverwirklichung im Recht;[10] sie kann allen Werten dienen, aber auch durch Vorentscheidungen eine Einschränkung erfahren, also nur Unbilligkeiten innerhalb eines vorgegebenen Zusammenhangs beseitigen. § 1381 gewährt der Billigkeit nur im Entwurf der Zugewinngemeinschaft Raum; Werte, die er bewußt verletzt, sind auch mit ihrer Hilfe nicht zu verwirklichen. Maßstab ist also nicht das, was die Ehe schlechthin als tatsächlich oder auch nur angeblich ideal-gerechte Regelung im Einzelfall fordert. *Maßstab ist die ideal-gerechte Durchführung der Zugewinngemeinschaft im Einzelfall unter Wahrung der bewußt ungerechten Entscheidungen des Gesetzes.*[11]

§ 1381 ist damit auf Korrekturen von Unbilligkeiten beschränkt, die sich aus Störungen des schematischen Ausgleichs ergeben, also zurückzuführen sind auf Differenzen zwischen dem vom Gesetz zugrundegelegten (notwendig abstrakten) Situations- und Verhaltensmuster und den Umständen des Einzelfalles. Er ist dagegen schon nicht mehr dazu bestimmt, Unbilligkeiten zu begegnen, die ihren Ausdruck in Erfüllungsschwierigkeiten finden (Schutz findet der Schuldner insoweit in § 1382).

Neben § 1381 ist für eine Anwendung des § 242 kein Raum; in seinem Anwendungsgebiet schließt § 1381 (mit seinen weit engeren Grenzen) die allgemeine Generalklausel für die Ausübung subjektiver Rechte aus. § 242 bleibt dagegen anwendbar auf die Ausübung der einmal entstandenen (gegebenenfalls gemäß § 1381 gekürzten) Ausgleichsforderung; möglich ist insbesondere eine Verwirkung.[12]

Innerhalb des Grundmusters der Zugewinngemeinschaft ist § 1381 legitim anzuwenden, wenn der Gläubiger der Ausgleichsforderung ein *vorwerfbares ökonomisches Fehlverhalten* beobachtete, das Auswirkungen auf den Ausgleichsanspruch hatte. Das Gesetz nennt in § 1381 II selbst paradigmatisch die schuldhafte Nichterfüllung wirtschaftlicher Verpflichtungen, die sich aus dem ehelichen Verhältnis ergeben (vornehmlich der Unterhaltspflicht), wenn sie längere Zeit währte. Ihr ist anderes ökonomisches Fehlverhalten während der Ehe[13] gleichzustellen, mag es sich nun auf das eigene Vermögen ausgewirkt haben, mag auch das Vermögen des Partners betroffen gewesen sein (Behinderung bei der Vermögensverwaltung; Preisgabe von Geschäftsgeheimnissen zum Schaden des Part-

---

[10] Vgl. *Gernhuber,* Die Billigkeit und ihr Preis, in: Summum ius, summa iniuria, 1963, S. 205f. mit weit. Hinw.

[11] Vgl. dazu *Gernhuber,* Die integrierte Billigkeit, in: Tradition und Fortschritt im Recht, 1977, S. 193ff. (211).

[12] Vgl. *Thiele,* JZ 1960, 395; *Soergel-Lange,* 6 zu § 1381.

[13] Für Relevanz auch nachehelichen Fehlverhaltens RGRK-*Finke,* 17 zu § 1381. Wie der Text *Erman-Heckelmann,* 4 zu § 1381; *Staudinger-Thiele,* 19 zu § 1381.

ners). Hier wie dort eröffnet sich stärker als sonst die Möglichkeit einer rational nachprüfbaren Entscheidung der Frage, in welcher Höhe die Forderung einredebehaftet ist. Zwar wird sich der Fehlbetrag nicht in jedem Fall rechnerisch exakt feststellen lassen, zwar wird er auch nicht immer allein entscheidend sein können, doch ist mit ihm zumindest eine relativ sichere Größe gegeben, an die alle weiteren Überlegungen anzuknüpfen haben.

Innerhalb des Grundmusters der Zugewinngemeinschaft kann der Ausgleich des Zugewinns ferner grob unbillig sein, wenn der Schuldner seinen Zugewinn *überobligationsmäßigem Verhalten* verdankt, dem kein Parallelverhalten des Partners gegenübersteht,[14] aber auch dann, wenn der Gläubiger durch pflichtwidriges Verhalten (etwa: vorgetäuschte Versöhnungsbereitschaft) die Beendigung des Güterstandes zu einem Zeitpunkt erstrebt und erreicht, der ihm Vorteile bringt, die er bei pflichtgemäßem Verhalten nicht erreicht hätte (Scheidungsspekulation, die immer nur eine Kürzung des Anspruchs um den spekulativ erworbenen Betrag gestattet).[15]

Das Grundmuster der Zugewinngemeinschaft wird dagegen nicht mehr einzelfallbezogen modelliert, sondern illegitim korrigiert, wenn anderen Umständen in § 1381 Bedeutung zugestanden wird. Gleichgültig müssen die Umstände sein, denen der Schuldner seinen Gewinn verdankt (denn § 1374 II definiert den privilegierten Erwerb abschließend),[16] gleichgültig eine Trennung der Ehegatten (deren Rechtsfolgen allein § 1385 bezeichnet),[17] gleichgültig schließlich *Disparitäten in der Vermögensentwicklung* der beiden Ehegatten. Voll ausgleichsberechtigt ist demzufolge auch ein Ehegatte, der nach hohen Anfangsverlusten im späteren Verlauf der Ehe sein Vermögen wieder auf den Anfangsbestand mehren konnte, während sein Partner ein bescheidenes Anfangsvermögen kontinuierlich mehrte. Wenn schon voreheliche Schulden zugewinneutral getilgt werden können (Folge des § 1374 I Hs. 2), kann die zugewinneutrale Tilgung späterer Verbindlichkeiten nicht mit Hilfe des § 1381 in ausgleichspflichtigen Erwerb umgedacht werden.[18]

Auch die *Größe der beiderseitigen Vermögen* bei Beendigung des Güterstandes und ihre weitere voraussichtliche Entwicklung sowie die voraussehbare unter-

---

[14] Vgl. LG Wiesbaden, FamRZ 1973, 657 (mit weit. Erwägungen); *Soergel-Lange,* 10 zu § 1381; RGRK-*Finke,* 14 zu § 1381.

[15] § 1381 ist demzufolge nicht schon anzuwenden, wenn der Gläubiger sich zur Beendigung der Ehe entschließt, um in den Genuß der Forderung zu gelangen. Ebenso jetzt auch *Staudinger-Thiele,* 25 zu § 1381.

[16] Ebenso *Thiele,* JZ 1960, 397; *Staudinger-Thiele,* 32 zu § 1381. Beschränkt a. A. RGRK-*Finke,* 12 zu § 1381 (Bsp.: kurze Ehe mit zufällig hohen Einkünften bei unregelmäßigem Einkommen); *Schwab,* RdNr. 812 (§ 1381 auch bei Zugewinnen, die „jeglicher inneren Beziehung zur ehelichen Lebensgemeinschaft entbehren").

[17] Ebenso *Soergel-Lange,* 18 zu § 1381. A. A. dagegen *Kleinheyer,* FamRZ 1957, 283; *Thiele,* JZ 1960, 396; *Staudinger-Thiele,* 24 zu § 1381; RGRK-*Finke,* 17 zu § 1381.

[18] Ebenso *Staudinger-Thiele,* 34 zu § 1381; *Soergel-Lange,* 18 zu § 1381. A. A. RGRK-*Finke,* 13 zu § 1381.

schiedliche Belastung der Ehegatten in der Zukunft sind keine Umstände, die die Anwendung des § 1381 rechtfertigen können,[19] und ebensowenig die *nacheheliche Versorgung der Ehegatten*. Jeder Eingriff in die Ausgleichsforderung um späterer Bedürfnisse des Schuldners willen führt zu einer sachfremden Verknüpfung des ehelichen Güterrechtes mit dem Unterhaltsrecht.[20] Dieses ist auch mit seinem speziellen Zuschnitt weit besser (weil einsichtiger) in der Lage, die Sachprobleme zu lösen, als es je eine diffuse Generalklausel des Güterrechtes tun könnte. Droht etwa dem Ausgleichsschuldner Abhängigkeit vom geschiedenen Ehegatten (also dem Gläubiger) in der Zukunft, so kann der Unterhaltsanspruch kapitalisiert (§ 1585 II) und gegen die Ausgleichsforderung aufgerechnet werden.

Die Grundlagen des schematischen Zugewinnausgleichs werden schließlich auch nicht gestört durch *persönliche Pflichtwidrigkeiten der Ehegatten*. Führen sie zu einer Störung im ökonomischen Verhaltensgleichgewicht der beiden Ehegatten (Geschäftsschädigung durch Preisgabe von Intimitäten, Beleidigungen usw.), so ist die Störung als Folge eines ökonomischen Fehlverhaltens bedeutsam, nicht aber als Folge einer Pflichtwidrigkeit anderer Art. Die durchaus h. L. gesteht freilich auch persönlichen Pflichtwidrigkeiten als solchen Relevanz zu; deutlich erkennbar ist in ihr vornehmlich die emotionalisierende Wirkung langjährigen Ehebruchs. Inmitten einer Vielzahl von Meinungen, die dem Gedanken mehr oder weniger weiten Raum gewähren,[21] hat die Rspr. des BGH die Praxis auf relativ engem Raum stabilisiert: Nur pflichtwidriges Verhalten von längerer Dauer soll überhaupt bedeutsam sein; nur mehrjähriges Fehlverhalten soll den vollständigen Verlust der Ausgleichsforderung rechtfertigen können.[22] Der

---

[19] Und zwar auch dann nicht, wenn auf die nacheheliche Versorgung der gemeinschaftlichen Kinder hingewiesen wird. A. A. LG Wiesbaden, FamRZ 1973, 657 (658). Geraten die beruflichen oder geschäftlichen Grundlagen des Schuldners in Gefahr, so ist allein mit § 1382 zu helfen; jede Berücksichtigung in § 1381 führt zu einer Privilegierung bestimmter Vermögensanlagen (meist: von Unternehmen). Gl. Ans. i. Erg. *Erman-Heckelmann,* 4 zu § 1381; *Soergel-Lange,* 19 zu § 1381. A. A. BGH, NJW 1970, 1600; *Koeniger,* DRiZ 1959, 81 (schon bei Erschwerung der Unternehmenstätigkeit); *Thiele,* JZ 1960, 397; *Schopp,* Rpfleger 1964, 73 (schon bei wesentlicher Betriebsbeeinträchtigung); *Staudinger-Thiele,* 28ff. zu § 1381 (wenn Lösung weder durch Kreditaufnahme noch gem. § 1382 möglich).

[20] Ebenso *Kleinheyer,* FamRZ 1957, 284; *Soergel-Lange,* 19 zu § 1381; *Erman-Heckelmann,* 4 zu § 1381. A. A. BGH, NJW 1973, 749; *Thiele,* JZ 1960, 397; *Staudinger-Thiele,* 29 zu § 1381; RGRK-*Finke,* 13 zu § 1381 (zurückhaltend); *Dölle,* § 61 VIII 2; *Schwab,* RdNr. 815.

[21] Nachw. bei MünchKomm-*Gernhuber,* 30ff. zu § 1381. Äußerungen aus der Zeit vor dem 1. EheRG können nur bedingt verwertet werden, weil ein Meinungswechsel nicht auszuschließen ist. Zum 1. EheRG vgl. *Schwab,* RdNrn. 810f. (mit Relevanz „grober personaler Pflichtverletzungen", vornehmlich „grober Rücksichtslosigkeiten, körperlicher und seelischer Peinigungen" sowie Respektsverweigerungen); *Mikosch,* MDR 1978, 886ff. (keine Ausgleichszahlungen an Ehegatten, die durch unrechtes Verharren in ehewidriger Gesinnung die Ehe endgültig zum Scheitern brachten); *Staudinger-Thiele,* 20ff. zu § 1381 (den alten Standpunkt verteidigend; Pflichtverletzungen sollen allein nie die Einrede begründen können, doch soll ihr Andauern über längere Zeit ein relevanter weiterer Umstand sein).

[22] Vgl. BGHZ 46, 343 (352) als Bestätigung von OLG Karlsruhe, NJW 1964, 2112. Aus der Rspr. vgl. ferner OLG Nürnberg, FamRZ 1964, 440 (auch bei schwersten Eheverfehlungen regelmäßig

Übergang zum Zerrüttungsprinzip im Scheidungsrecht hat dieser Rspr. die Grundlage nicht unmittelbar entzogen, weil stets betont wurde, daß das Scheidungsurteil im güterrechtlichen Rechtsstreit nicht entscheidend sein dürfe. Doch ist schwerlich zu übersehen, daß weitere Einbußen an Überzeugungskraft eingetreten sind.

7. *Stundung*. Größere Beträge sofort an den Berechtigten auszukehren, ist erfahrungsgemäß ohne Erschütterung der eigenen wirtschaftlichen Basis oder doch ohne unwirtschaftliche Veräußerung nicht liquiden Vermögens vielfach nicht möglich. Als Billigkeitskorrektiv bei Erfüllungsschwierigkeiten sieht deshalb § 1382 eine besondere Art richterlicher Vertragshilfe vor: Auf Antrag kann die Ausgleichsforderung vom Familiengericht[23] gestundet werden, ,,wenn die sofortige Zahlung den Schuldner besonders hart treffen würde und dem Gläubiger eine Stundung zugemutet werden kann". Die (fälligkeitsbestimmende, also eine Einwendung begründende) Stundung erfolgt in einem ,,gestreckten Tatbestand", der mit dem Antrag des Schuldners eingeleitet und mit dem richterlichen Akt vollendet wird. Mit dem Antrag allein verbinden sich keinerlei Wirkungen im materiellen Recht: Die Schuld bleibt fällig; der Verzug des Schuldners wird nicht beendet.

Die ,,besondere Härte" für den Schuldner und die ,,Zumutbarkeit" für den Gläubiger sind gleicherweise unbestimmte Rechtsbegriffe, die ausschließlich mit ökonomischen Daten näher zu präzisieren und auf den Einzelfall anzuwenden sind. Zu berücksichtigen sind beim Schuldner nur übermäßige Belastungen, die im Regelfall einer Abschichtung nicht eintreten; zumutbar ist dem Gläubiger die Stundung, wenn der Ausgleichsforderung in seinem Vermögen keine besondere Bedeutung zukommt (die Verzinsung führt zu einer Art von Vermögensanlage). Kein Schuldner kann etwa Stundung schon deshalb verlangen, weil er die Forderung nicht aus seinen laufenden Einkünften bedienen kann. Und keinem Gläubiger kann die Stundung zugemutet werden, wenn und soweit er die Mittel aus dem Zugewinnausgleich benötigt, um sich eine wirtschaftliche Existenz aufzubauen oder seinen Unterhalt zu bestreiten.[24]

---

höchstens Minderung); OLG Hamm, FamRZ 1976, 633 (vollst. Ausschluß nach langjährigem Ehebruch); OLG Celle, FamRZ 1979, 431 (vollst. Ausschluß nach langjährigem Ehebruch; 4 Ehebruchskinder).

Als venire contra factum proprium hat BGH, FamRZ 1977, 38 die an sich mögliche Berufung auf § 1381 zurückgewiesen, wenn der Schuldner die Pflichtwidrigkeiten des Gläubigers kannte, gleichwohl aber Verhandlungen über den Zugewinnausgleich in Aussicht stellte und Abschlagszahlungen leistete.

[23] Zu den verschiedenen Fallgruppen (bestrittene und unbestrittene Ausgleichsforderung; selbständige Familiensache und Folgesache einer Scheidungssache), zur funktionellen Zuständigkeit, zum Verfahren und zu den Rechtsmitteln vgl. MünchKomm-*Gernhuber,* 29ff. zu § 1382; *Staudinger-Thiele,* 29ff. zu § 1382.

[24] Unzumutbar ist die Stundung auch, wenn der Gläubiger einen Antrag aus § 1383 gestellt hat, dem der Schuldner ohne zwingenden Grund widerspricht. Vgl. *Koeniger,* DRiZ 1959, 81; *Gerold,* NJW 1960, 1744; RGRK-*Finke,* 6 zu § 1382.

Gestundete Forderungen sind stets zu verzinsen; den Zinssatz bestimmt das Familiengericht (das sich an der Frage orientieren sollte, wie der Gläubiger mit dem Betrag verfahren wäre, wenn er ihn sofort erhalten hätte;[25] der gesetzliche Zinssatz von 4% in § 246 kann nicht mehr als eine unterste Grenze sein[26]). Auf Antrag des Gläubigers kann das Familiengericht ferner Sicherheitsleistung für die gestundete Forderung anordnen (§ 1382 III; die Art der Sicherheitsleistung wird von den §§ 232ff. nicht abschließend geregelt[27]). Macht er von dieser Möglichkeit Gebrauch, so ist die Sicherheitsleistung Wirksamkeitsvoraussetzung der Stundung;[27a] solange der Schuldner dem Gläubiger keine Sicherheit geleistet hat, ist die Ausgleichsforderung fällig.

Rechtskräftige Entscheidungen kann das Familiengericht auf Antrag des Schuldners oder des Gläubigers aufheben oder ändern, „wenn sich die Verhältnisse nach der Entscheidung wesentlich geändert haben" (§ 1382 VI).[28] In Anlehnung an § 323 ZPO wird damit den Parteien ein außerordentlicher Rechtsbehelf[29] zur Beseitigung der materiellen Rechtskraft zur Verfügung gestellt.[30] Die Verbesserung der wirtschaftlichen Situation des Schuldners kann etwa eine Änderungsentscheidung rechtfertigen oder auch eine Verschlechterung der wirtschaftlichen Situation des Gläubigers; der Tod des Schuldners rechtfertigt fast ausnahmslos (die Erben waren nicht Güterstandspartner; sie können ihre Haftung stets auf den Nachlaß beschränken), eine zweite Ehe dagegen fast nie: Es ist nicht Aufgabe des § 1382, den ersten Ehegatten mit den ökonomischen Risiken einer zweiten Ehe des Schuldners zu belasten.[31]

---

[25] Für Orientierung an den ökonomischen Daten beim Gläubiger auch *Gerold,* NJW 1960, 1745; RGRK-*Finke,* 13 zu § 1382. Dagegen knüpft *Staudinger-Thiele,* 26 zu § 1382, auch an die ökonomischen Daten beim Schuldner an.

[26] Zuweilen wird auch ein Zinssatz unter 4% im Einzelfall noch für billig gehalten. Vgl. *Gerold,* NJW 1960, 1745; *Soergel-Lange,* 24 zu § 1382 („nur selten geboten").

[27] Heute allg. M. Nachw. bei MünchKomm-*Gernhuber,* § 1382 Fn. 12. Das Familiengericht kann dem Schuldner auch Alternativen nach seiner Wahl eröffnen (a. A. *Soergel-Lange,* 24 zu § 1382), dagegen nicht Sicherheitsleistung schlechthin nach Wahl des Schuldners bestimmen (a. A. *Keidel-Winkler,* 13 zu § 53a FGG; *Jansen,* 18 zu § 53a FGG).

[27a] A. A. *Staudinger-Thiele,* 27 zu § 1382.

[28] Eine Änderung ist ausgeschlossen, wenn lediglich früher bekannte oder doch voraussehbare Umstände falsch beurteilt oder ignoriert wurden, aber auch wenn alte Umstände geltend gemacht werden, die zunächst nicht bewiesen werden konnten, jetzt aber bewiesen werden können.

[29] Der allg. Vollstreckungsschutz (§§ 765a und 813a ZPO; 30a ZVG) wird durch ihn insoweit ausgeschlossen, als die Ausgleichsforderung materiellrechtlich gestaltet werden soll. Vgl. *Baur,* FamRZ 1958, 255; *Soergel-Lange,* 30 zu § 1382; *Erman-Heckelmann,* 5 zu § 1382; *Staudinger-Thiele,* 48 zu § 1382. Nach a. A. wird der allg. Vollstreckungsschutz von § 1382 weder eingeschränkt noch modifiziert. Vgl. *Dölle,* § 61 IX 5; RGRK-*Finke,* 20 zu § 1382.

[30] Die Zwangsvollstreckung ist dann in analoger Anwendung von § 775 Nr. 2 ZPO einzustellen oder zu beschränken.

[31] Die durchaus h. L. entscheidet (mit Unterschieden in der Akzentuierung) anders. Vgl. *Gerold,* NJW 1960, 1746; *Koeniger,* DRiZ 1959, 81; *Soergel-Lange,* 29 zu § 1382; *Staudinger-Thiele,* 44 zu § 1382; RGRK-*Finke,* 21 zu § 1382.

Die Idee einer den jeweils gegenwärtigen Verhältnissen der Parteien angepaßten Rechtslage hat damit ihren gesetzlichen Ausdruck gefunden, wenn auch nur in einer (nicht gewollten) Verkürzung, die zugunsten einer generellen Geltung aufzulösen ist: In Analogie zu § 1382 VI müssen auch Vergleiche der Änderung fähig sein;[32] eine wiederholte Stundung ist zuzulassen;[33] gegen § 1382 V (Stundung bei streitbefangener Ausgleichsforderung nur im Streitverfahren) ist schließlich das Familiengericht (in restriktiver Interpretation der Norm) berechtigt, Stundung nach rechtskräftigem Leistungsurteil auf erstmaligen Stundungsantrag zu gewähren, wenn der Schuldner im Streitverfahren Stundung gar nicht begehren konnte, weil die entscheidungserheblichen Umstände erst später eine Wendung nahmen, die eine Stundung rechtfertigt.[34]

8. *Sachleistungen.* Die Ausgleichsforderung lautet auf Geld. Im Einverständnis mit dem Gläubiger kann der Schuldner durch Leistung anderer Gegenstände erfüllen (§ 364);[35] eine facultas alternativa, die ihm die Möglichkeit einseitiger befreiender Leistung durch Übertragung anderer Gegenstände in das Vermögen des Gläubigers gewährt, hat er dagegen nicht.

Wohl aber kann das Familiengericht auf Antrag des Gläubigers die Übertragung bestimmt bezeichneter Gegenstände aus dem Schuldnervermögen in das Gläubigervermögen anordnen, ,,wenn dies erforderlich ist, um eine grobe Unbilligkeit für den Gläubiger zu vermeiden, und wenn dies dem Schuldner zugemutet werden kann", stets aber nur unter Fixierung des Betrages, der auf die Ausgleichsforderung anzurechnen ist (§ 1383).[36] Grund der Rechtsfolge ist freilich weniger der richterliche Akt als der ihn auslösende Antrag. Es handelt sich um eine *facultas alternativa des Gläubigers, die er formalisiert auszuüben hat und die durch richterlichen Akt zu vollziehen ist.*

Der Beschluß des Familiengerichts ist richterlicher Gestaltungsakt; er ändert unmittelbar den Inhalt der Schuld. Die Erfüllung der Schuld (Übereignung, Zession usw.) erfolgt dagegen nicht mehr im unmittelbaren Zugriff des Gerichts;

---

[32] Ebenso *Staudinger-Thiele,* 42 zu § 1382; *Soergel-Lange,* 28 zu § 1382; RGRK-*Finke,* 21 zu § 1382.

[33] Doch nur in den Grenzen einer ändernden Entscheidung. Der mehr zufällige Wechsel von der Änderungsentscheidung zur erneuten Erstentscheidung darf dem Schuldner keine Vorteile bringen. Zuweilen wird die Möglichkeit einer wiederholten Stundung auf Umstände beschränkt, die im Vorverfahren noch nicht geltend gemacht werden konnten. Vgl. *Staudinger-Thiele,* 46 zu § 1382; *Soergel-Lange,* 26 zu § 1382. Von anderen wird keine Grenze gezogen. Vgl. *Erman-Heckelmann,* 3 zu § 1382; RGRK-*Finke,* 23 zu § 1382.

[34] Ebenso *Koeniger,* DRiZ 1959, 82f.; *Staudinger-Thiele,* 45 zu § 1382. Für eine Stundung nur unter den Voraussetzungen des Abs. VI dagegen RGRK-*Finke,* 22 zu § 1382; *Soergel-Lange,* 15 und 27 zu § 1382; *Erman-Heckelmann,* 3 zu § 1382. Die Möglichkeit einer Stundung bestreitet für diesen Fall *Dölle,* § 61 IX 5.

[35] Es gibt aber keine Auslegungsregel und keine Vermutung, derzufolge nacheheliche Sachleistungen im Zweifel an Erfüllungs Statt zur Tilgung der Ausgleichsforderung erbracht werden. A. A. *Motzke,* NJW 1971, 182 (analoge Anwendung des § 1380 I 2).

[36] Zum Verfahren vgl. MünchKomm-*Gernhuber,* 18ff. zu § 1383.

sie ist in den gewohnten rechtsgeschäftlichen Formen mit ihrem gegenstandsspezifischen Zuschnitt vorzunehmen.[37] Doch kann dem Gestaltungsakt des Familiengerichts eine Verurteilung des Schuldners zur Abgabe jener Willenserklärungen hinzugefügt werden, die zur Erfüllung der Schuld notwendig sind.[38] Mit der Rechtskraft des Beschlusses gelten sie als abgegeben (§§ 53a FGG, 894 ZPO); zur Perfektion des Erwerbstatbestandes sind nur noch die übrigen Tatbestandselemente zu verwirklichen (Erklärung des Gläubigers, Eintragung im Grundbuch usw.).

§ 1383 ist ein absichtlich eng gefaßtes Billigkeitskorrektiv; es handelt sich nicht darum, die grundsätzliche Entscheidung des Gesetzes für einen Ausgleich in Geld zur Disposition zu stellen. Als man die Maßstäbe der „groben Unbilligkeit" und der „Zumutbarkeit" wählte (die sich gleicherweise einer erschöpfenden Definition entziehen), dachte man in erster Linie an eine gesamtwirtschaftliche Situation, in welcher dem Gläubiger eine Erhaltung des Wertes in Geld nicht möglich ist (Sachwertverknappung bei anhaltender Inflation); sie ist bis heute Theorie geblieben. Von praktischem Wert ist § 1383 in normalen Zeiten vornehmlich, wenn der Geldausgleich auf erhebliche Schwierigkeiten stößt, weil der Schuldner nicht zahlungsfähig oder nicht zahlungswillig, der Gläubiger aber auf schnellen Ausgleich angewiesen ist,[39] aber auch dann, wenn es gilt, dem Gläubiger Gegenstände des Schuldners zuzuweisen, die in einer engen Sachbeziehung zu ihm stehen (Gegenstand vom Gläubiger erarbeitet, von ihm allein benutzt, aus seiner Familie stammend usw.).[39a]

Nach der Schuldinhaltsänderung ist in Höhe des Anrechnungswertes kein Raum mehr für einen Geldanspruch. Geschuldet wird allein die Übertragung bestimmter Gegenstände im Rahmen eines einseitig verpflichtenden Schuldverhältnisses. Auch nachträgliche Unmöglichkeit der Leistung bewirkt keine (erneute) Umgestaltung des Schuldverhältnisses mit Rückkehr zu einem Geldanspruch; ohne jede Besonderheit sind die §§ 275ff. anzuwenden.[40] Für Sach- und

---

[37] Die theoretisch bestehende Möglichkeit, den Schuldner zur Einräumung von Miteigentum zu verpflichten, sollte nur in ungewöhnlicher Situation genutzt werden. Ein System der Gütertrennung wird mit einer Bruchteilsgemeinschaft der Ehegatten nicht eben folgerichtig beendet (allg. M.). Ausgeschlossen ist es, dem Schuldner die Bestellung eines beschränkten dinglichen Rechtes aufzugeben (a. A. *Erman-Heckelmann,* 2 zu § 1383) oder auch die Aufnahme des Gläubigers in ein Unternehmen mit der Folge einer Personengesellschaft (ebenso *Soergel-Lange,* 7 zu § 1383; RGRK-*Finke,* 4 zu § 1383. A. A. dagegen *Erman-Heckelmann,* 2 zu § 1383). In beiden Fällen kann von einer „Übertragung" von Gegenständen nicht die Rede sein.

[38] Unstr. Vgl. die Nachw. bei MünchKomm-*Gernhuber,* § 1383 Fn. 2.

[39] Weitergehend RGRK-*Finke,* 4 zu § 1383; *Palandt-Diederichsen,* 2 zu § 1383. Wie der Text dagegen *Staudinger-Thiele,* 6 zu § 1383; *Soergel-Lange,* 5 zu § 1383.

[39a] Notwendig sollte in diesem Fall zumindest ein allein dem Gläubiger eigener Akzent sein; eine allgemeine „erheblich engere Beziehung zwischen Gläubiger und Gegenstand" erfüllt den Tatbestand nicht. Vgl. dazu OLG Hamm, FamRZ 1978, 687.

[40] Ebenso *Soergel-Lange,* 6 zu § 1383; *Staudinger-Thiele,* 29 zu § 1383. Vgl. dagegen jedoch RGRK-

Rechtsmängel hat der Schuldner in Analogie zu § 365 wie ein Verkäufer einzustehen.[41] Daß nach jüngerer (und richtiger) Doktrin § 365 nur bei entgeltlichen Schuldverhältnissen anzuwenden ist, steht dem Analogieschluß nicht entgegen: Die Ausgleichsforderung ist gewiß kein Anspruch aus einem gegenseitig verpflichtenden Schuldverhältnis, jedoch ein Anspruch, den der Gläubiger nach Ansicht des Gesetzes ohne Rücksicht auf die besonderen Umstände der Einzelehe durch Tätigkeiten, die dem Schuldner zugute kamen, verdient hat.

§ 37. Zugewinnausgleich beim Tod eines Ehegatten

Schrifttum: *Lange,* Die Stellung des überlebenden Ehegatten bei der Zugewinngemeinschaft, NJW 1957, 1381; *Reinicke,* Zum Ausgleich des Zugewinns beim Tode eines Ehegatten, NJW 1958, 121; *Hampel,* Zur Pflichtteilsregelung bei der Beendigung der Zugewinngemeinschaft durch den Tod eines Ehegatten, FamRZ 1958, 162; *Rittner,* Zur Auslegung des § 1371 Abs. 2 BGB n. F., DNotZ 1958, 181; *Lange,* Nochmals: Zum Ausgleich des Zugewinns beim Tode eines Ehegatten, NJW 1958, 288; *Boehmer,* Zur Auslegung des § 1371 Abs. 1–3 BGB n. F., NJW 1958, 524; *Thiele,* Die Nahtstellen von Erbrecht und Güterrecht in der Zugewinngemeinschaft, FamRZ 1958, 393; *Reinicke,* Zur Auslegung des § 1371 BGB, NJW 1958, 932; *ders.,* Die Rechtsstellung des überlebenden Ehegatten im Güterstand der Zugewinngemeinschaft, BB 1958, 575; *Ferid,* Die Pflichtteilszuwendung, insbesondere auch beim Güterstand der Zugewinn-„gemeinschaft", NJW 1960, 121; *Niederländer,* Die Pflichtteilsregelung in § 1371 n. F. BGB, NJW 1960, 1737; *Reinicke,* Der Rang der Ausgleichsforderung des überlebenden Ehegatten im Güterstand der Zugewinngemeinschaft, DB 1960, 1267; *ders.,* Der Umfang der Pflichtteile im Güterstand der Zugewinngemeinschaft, DB 1960, 1445; *Hampel,* Nochmals: Zur Pflichtteilsregelung bei Beendigung der Zugewinngemeinschaft durch den Tod eines Ehegatten, FamRZ 1960, 461; *Johannsen,* Erbrechtliche Auswirkungen des § 1371 Abs. 1–3 BGB, FamRZ 1961, 17; *Sturm,* Die Pflichtteilsregelung in § 1371 BGB n. F., NJW 1961, 1435; *Hampel,* Bemerkungen zur Pflichtteilsregelung innerhalb des § 1371 BGB n. F., FamRZ 1961, 287; *Dittmann,* Die Pflichtteilsrechte bei der Zugewinngemeinschaft, DNotZ 1962, 173; *Schwarz,* Der Zugewinnausgleich im Todesfall bei Anwendung ausländischen Erbrechtes, Diss. jur. Tübingen, 1964; *Lange,* Der Bundesgerichtshof und die erb- und güterrechtliche Lösung des § 1371 BGB, NJW 1965, 369; *Bohnen,* Zugewinngemeinschaft und pflichtteilgleiche Zuwendungen, NJW 1970, 1531; *Werner,* Zugewinnausgleich bei gleichzeitigem Tod der Ehegatten, FamRZ 1976, 249; *v. Olshausen,* Zugewinnausgleich und Pflichtteil bei Erbschaftsausschlagung durch einen von mehreren Erbeserben des überlebenden Ehegatten?, FamRZ 1976, 678.

I. Die pauschalierende erbrechtliche Lösung

1. *Geltungsbereich.* Der Zugewinnausgleich in erbrechtlicher Form (erbrechtliche Lösung) scheidet sich vom rechnerischen Zugewinnausgleich trotz Todesfalls (güterrechtliche Lösung) an der erbrechtlichen Position des überlebenden Ehegatten. Die erbrechtliche Lösung gilt, wenn der überlebende Ehegatte Erbe oder Vermächtnisnehmer ist; die güterrechtliche Lösung gilt in allen übrigen

---

Finke, 15 zu § 1383 (Anwendung des § 323 mit Rückkehr zum status quo ante); *Dölle,* § 61 X 3 (zwar Anwendung des § 275, jedoch Fortbestand der alten Ausgleichsforderung in diesem Fall).

[41] I. Erg. ebenso *Soergel-Lange,* 6 zu § 1383; RGRK-*Finke,* 15 zu § 1383. A. A. dagegen *Staudinger-Thiele,* 30 zu § 1383 (weil die Sachleistungspflicht nicht auf einem Rechtsgeschäft beruht).

Fällen. Innerhalb der erbrechtlichen Lösung ist die pauschalierende von der individuellen zu trennen. Die pauschalierende Lösung gilt, wenn der überlebende Ehegatte gesetzlicher Erbe ist, die individuelle dagegen, wenn er letztwillig zum Erben oder zum Vermächtnisnehmer berufen wurde.

2. *Bedeutung*. Die pauschalierende erbrechtliche Lösung gewährt dem überlebenden Ehegatten als Mitglied einer Miterbengemeinschaft ein Viertel der Erbschaft als Ausgleichspauschale neben seinem gewöhnlichen Ehegattenerbteil (§ 1371 I). Neben Kindern erhält er mithin die Hälfte des Nachlasses und neben Verwandten der zweiten Ordnung und Großeltern drei Viertel (weitere Verwandte schließt § 1931 II von der Erbschaft aus; der überlebende Ehegatte ist Alleinerbe). Herkömmliches Erbteil und zusätzliches Viertel bilden zusammen einen einheitlichen Erbteil; eine Ausschlagung nur des zusätzlichen Viertels ist damit ausgeschlossen.[1] Möglich bleibt ein auf den einen oder den anderen Teil des Erbes beschränkter Erbverzicht.

Die Ausgleichspauschale mindert den Anteil der anderen kraft Gesetzes zur Erbschaft berufenen Miterben unmittelbar, endgültig (vgl. aber den Ausbildungsanspruch der Stiefabkömmlinge in § 1371 IV; zu ihm unten V.) und absolut. Gemindert werden auch die Pflichtteilsansprüche der Abkömmlinge (für nichteheliche auch der Erbersatzanspruch aus § 2338 a) und der Eltern des Erblassers, wenn sie letztwillig von der Erbfolge ausgeschlossen wurden; ihr gesetzlicher Erbteil (als Maßstab des Pflichtteils) ist abhängig vom gesetzlichen Erbteil konkurrierender Miterben, mithin auch vom Erbteil des Ehegatten, dessen Umfang von § 1371 I mitbestimmt wird.[2] Die Konsequenz variabler Pflichtteilsansprüche (jeder Ehegatte kann unabhängig vom anderen nach seinem Tod die güterrechtliche Lösung mit höheren Pflichtteilen erzwingen) ist mißlich und problematisch, jedoch kein Umstand, den die Legislative nicht hätte in Kauf nehmen dürfen. Das bislang fast strikt durchgeführte Prinzip der festen (situationsunabhängigen) Pflichtteilsquoten mag dem neuen Recht unter vielen Aspekten bei weitem vorzuziehen sein, dem positiven Recht bindend vorgegeben ist es sicherlich nicht.

3. Der Zugewinnausgleich durch Erhöhung des gesetzlichen Erbteils um ein Viertel müßte den überlebenden Ehegatten im Vergleich mit Ehegatten, die in Gütertrennung lebten, in allen erbrechtlichen Situationen begünstigen. Tatsächlich ist das zusätzlich gewährte Viertel im Fallvergleich neben einem Kind (und wie häufig ist dieser Fall) gänzlich belanglos und neben zwei Kindern nur mit einem Sechstel des Nachlasses wirksam. Denn seit dem NEhelG erhält auch der in Gütertrennung lebende Ehegatte neben einem Kind die Hälfte des Nachlasses (jedoch ohne die Belastung des § 1371 IV), neben zwei Kindern fällt ihm noch ein

---

[1] Ganz h. M. Nachw. bei MünchKomm-*Gernhuber*, § 1371 Fn. 3.
[2] Heute sichere h. M. Nachw. bei MünchKomm-*Gernhuber*, § 1371 Fn. 4.

Drittel des Nachlasses zu. Unübersehbar sind hier schwer verständliche Disharmonien entstanden, die seit Jahren zwar registriert, jedoch nicht beseitigt werden; die Gegenwart hat gelernt, mit Widersprüchen zu leben.

II. Die individuelle erbrechtliche Lösung

1. *Geltungsbereich*. Die individuelle erbrechtliche Lösung gilt, wenn der überlebende Ehegatte letztwillig zum Erben oder als Vermächtnisnehmer berufen wurde. Gleichgültig ist der ökonomische Wert der Teilhabe am Nachlaß. Er kann denjenigen des rechnerischen Zugewinnausgleichs bei weitem übertreffen, er kann ihm entsprechen (Erbeinsetzung in Höhe des rechnerischen Zugewinnausgleichs und des sog. ,,kleinen Pflichtteils"), er kann auch weit hinter ihm zurückbleiben. Selbst Minimalansätze schließen die güterrechtliche Lösung aus (es bleibt natürlich die erbrechtliche Mindestbeteiligung der §§ 2305 ff.). Alle Versuche, die Schärfe des Schnittes zwischen den beiden Lösungen zu mildern und den nur minimal bedachten Ehegatten wie einen Enterbten zu behandeln,[1] finden im Gesetz keinen Anhalt und belasten die Rechtspraxis mit Abgrenzungsschwierigkeiten. Richtig ist, daß die Klarheit des Tatbestandes (der durch Schluß aus § 1371 II und III zu gewinnen ist) zu unverständlichen Differenzen im Pflichtteilsrecht führt, weil bei Minimalvermächtnissen (erbrechtliche Lösung) der sog. ,,große Pflichtteil" (berechnet aus dem von § 1371 I verstärkten Ehegattenerbrecht) zu gewähren ist, während der Enterbte (neben dem rechnerischen Zugewinnausgleich) nur den ,,kleinen Pflichtteil" (berechnet aus dem güterrechtlich nicht modifizierten Ehegattenerbrecht) fordern kann, doch ist der Vergleich der Pflichtteile nur *ein* Aspekt innerhalb eines ganzen Bündels von Erwägungen.

2. *Bedeutung*. Individuelle erbrechtliche Lösung bedeutet Abgeltung auch des Zugewinnausgleichs mit dem, was dem überlebenden Ehegatten von Todes wegen zufällt; ein weiterer Zugewinnausgleich findet nicht statt. Individuelle erbrechtliche Lösung bedeutet demzufolge Bestimmung des Zugewinnausgleichs durch den Erblasser im einseitigen Akt. Sie bedeutet freilich nicht die völlige Irrelevanz der pauschalierenden erbrechtlichen Lösung: Die vom Pflichtteilsrecht bestimmte Mindestbeteiligung am Nachlaß des Verstorbenen und etwaige Pflichtteilsergänzungsansprüche sind auf der Basis des verstärkten Ehegattenerbrechtes zu berechnen (großer Pflichtteil).

Die Mindestbeteiligung des überlebenden Ehegatten bleibt auch gewahrt, wenn Dritte Ansprüche stellen können. Als Erbe kann der Ehegatte Vermächtnisse und Auflagen entsprechend kürzen (§ 2318 I); er kann bis zur Höhe des großen Pflichtteils ferner die Erfüllung von Pflichtteilsansprüchen (§ 2319) und

[1] Vgl. dazu die Erwägungen in BGHZ 42, 182 (191 f.), ferner *Schwab*, JuS 1965, 432; *Reinicke*, DB 1965, 1355 (als Hilfslösung, wenn die der h. L. entsprechende kompromißlose Haltung nicht gebilligt werden sollte).

Pflichtteilsergänzungsansprüchen (§ 2328) verweigern. Umgekehrt kann der überlebende Ehegatte als Vermächtnisnehmer niemals vom Erben unter die Höhe des großen Pflichtteils gekürzt werden (§ 2318 II).

3. *Der Ehegatte als Erbe.* Die individuelle erbrechtliche Lösung gilt ohne Rücksicht auf die Form, in welcher der überlebende Ehegatte zum Erben berufen wurde. Vor- und Nacherbschaft stehen der Vollerbschaft gleich.[2] Ausreichend ist selbst die Berufung zum Ersatzerben, wenn der Ersatzerbfall tatsächlich eintritt.[3] Die güterrechtliche Lösung gilt dagegen, wenn der überlebende Ehegatte nur zum Testamentsvollstrecker berufen wurde oder wenn ihn lediglich eine Auflage des Erblassers begünstigte.[4]

Können Abkömmlinge oder Eltern des Erblassers Pflichtteilsrechte geltend machen (so vornehmlich, wenn der Ehegatte als Alleinerbe eingesetzt ist), so sind sie im Korrespondenzverhältnis zu dem verstärkten Ehegattenerbrecht nach den verminderten Erbteilen zu berechnen, die den Enterbten als gesetzlichen Erben neben dem Ehegatten zugestanden hätten. Die schon mit der pauschalierenden erbrechtlichen Lösung verbundene Problematik variabler Pflichtteilsansprüche (vgl. oben I 2) gewinnt für die individuelle erbrechtliche Lösung keinen grundsätzlich neuen Akzent (bei weitaus größerer praktischer Bedeutung).[5]

4. *Der Ehegatte als Vermächtnisnehmer.* Vermächtnisse führen zur individuellen erbrechtlichen Lösung nur, wenn sie letztwillig angeordnet wurden; gesetzliche Vermächtnisse sind dagegen irrelevant. Das gesetzliche Vorausvermächtnis aus § 1932 kann als akzessorisches Vermächtnis von vornherein keine Bedeutung gewinnen; der Anspruch aus § 1969 aber hat keinen spezifisch erbrechtlichen Charakter.

Ein Vermächtnis kann dem Ehegatten auch ausgesetzt sein, wenn der Erblasser den überlebenden Ehegatten auf den kleinen oder den großen Pflichtteil verweist. Die mehrdeutige Anordnung ist unter Verwendung des § 2304 (im Zweifel keine Erbeinsetzung) zu interpretieren. Die Verweisung auf den kleinen Pflichtteil impliziert die Entscheidung des Erblassers gegen die erbrechtliche Lösung; sie ist deshalb grundsätzlich als Enterbung mit Anerkennung des gesetzlichen Pflichtteilsanspruches zu verstehen.[6] Die Verweisung auf den großen Pflichtteil impli-

---

[2] Ebenso BGH, FamRZ 1965, 604 (Vorerbschaft); *Staudinger-Ferid,* 42h zu § 2303; *Soergel-Lange,* 13 zu § 1371 (Vorerbschaft).

[3] Ebenso *Staudinger-Ferid,* 42i zu § 2303; *Soergel-Lange,* 21 zu § 1371. Das vor dem Ersatzerbfall auf die (vermeintlich entstandene) Ausgleichsforderung Geleistete kann kondiziert werden.

[4] Fast allg. M. Vgl. die Nachw. bei MünchKomm-*Gernhuber,* § 1371 Fn. 13. Der Erwerb aus der Auflage ist in Analogie zu § 1380 auf die Ausgleichsforderung anzurechnen. Zust. *Erman-Heckelmann,* 24 zu § 1371; *Soergel-Lange,* 25 zu § 1371; *Staudinger-Thiele,* 57 zu § 1371.

[5] Heute gesicherte h. M. Nachw. bei MünchKomm-*Gernhuber,* § 1371 Fn. 15 (Minderans.) und 16 (h. L., für die sich auch BGHZ 37, 58 entschieden hat).

[6] Richtig insoweit *Bohnen,* NJW 1970, 1531 gegen *Ferid,* NJW 1960, 127 (der dem überlebenden Ehegatten das Recht gewähren will, einen Pflichtteilsrestanspruch bis zur Höhe des großen Pflichtteils geltend zu machen).

ziert dagegen umgekehrt eine Entscheidung für die erbrechtliche Lösung; sie ist deshalb grundsätzlich als Vermächtnis zu begreifen.[7]

III. Die Option der Ehegatten

1. *Grundsatz.* Die erbrechtliche Lösung kann der Idee der Zugewinngemeinschaft mit ihrem pauschalierenden Zweig gar nicht und mit ihrem individuellen Zweig jedenfalls nur unter der wirklichkeitsfremden Prämisse fair testierender Erblasser eingefügt werden. Im Einzelfall kann der eine wie der andere jenes Ergebnis zeitigen, das auch der rechnerische Zugewinnausgleich erbracht hätte; in der Mehrzahl der Fälle entspricht er ihm nicht. Das Gesetz korrigiert sich niemals selbst, aber es eröffnet beiden Ehegatten die Möglichkeit, für die güterrechtliche Lösung zu optieren und damit den rechnerischen Zugewinnausgleich zu erzwingen. Die Option eines Ehegatten kann vom anderen nie zugunsten der erbrechtlichen Lösung korrigiert werden. So gesehen gilt die erbrechtliche Lösung nur, wenn beide Ehegatten sie akzeptieren.

2. Der *Erblasser* optiert für die güterrechtliche Lösung, indem er seinen Ehegatten enterbt (und damit den Tatbestand des § 1371 II herstellt). Er optiert für sie nicht weniger, wenn er den Ehegatten in einer dem rechnerischen Zugewinnausgleich entsprechenden Höhe als Erben einsetzt und Enterbung vorsieht, wenn Pflichtteilsrestansprüche geltend gemacht werden sollten. Beide Wege sind freilich Erblassern verschlossen, die mangels ausreichender Geschäftsfähigkeit nicht testieren können. Das sonst fugenlose Optionssystem erfährt hier eine unvermeidliche Verwerfung.

3. *Der überlebende Ehegatte* optiert für die güterrechtliche Lösung durch Ausschlagung der Erbschaft (mit dem Vorausvermächtnis aus § 1932!).[1] Er erkauft die Wahl nie mit dem vollständigen Verlust seiner erbrechtlichen Position, weil § 1371 III ihm stets den kleinen Pflichtteil erhält (vgl. dazu unten IV 2). Den Verlust der Hälfte seines gesetzlichen (nicht erhöhten) Erbteils und den Wandel in seiner Rechtsposition (zum bloßen Geldgläubiger) kann er kalkulieren und in

---

[7] Vgl. *Ferid,* NJW 1960, 126; *Soergel-Lange,* 13 zu § 1371; *Erman-Bartholomeyczik-Schlüter,* 4 zu § 2304. Dagegen hält *Bohnen,* NJW 1970, 1532, die Verweisung auf den großen Pflichtteil für unzulässig.

[1] Die Erklärung kann nicht gem. § 119 I angefochten werden, weil der optierende Ehegatte unter dem Eindruck irriger Folgen seiner Erklärung stand (unbeachtlicher Rechtsfolgenirrtum), aber auch nicht gem. § 119 II, weil die beiden Alternativen fehlerhaft durchgerechnet wurden (das ökonomische Gewicht der beiden Alternativen ist keine Eigenschaft des Nachlasses).

Stirbt der erbende Ehegatte während der Ausschlagungsfrist, so geht das Recht zur Ausschlagung auf die Erben über (§ 1952). Sind mehrere zur Erbschaft berufen, kann jeder Miterbe für seinen Teil ausschlagen (§ 1952 III); die güterrechtliche Lösung tritt jedoch nur ein, wenn alle Miterben die Erbschaft ausgeschlagen haben. Vgl. *v. Olshausen,* FamRZ 1976, 678ff.

seine Rechnung einstellen. Unverkennbar sind freilich die praktischen Schwierigkeiten, die sich in der Kürze der einem Erben zur Verfügung stehenden Zeit (§ 1944 I) einem Vergleich der beiden Alternativen entgegenstellen. Schließlich gilt es, den Nachlaß festzustellen und zu bewerten sowie die beiderseitigen Anfangs- und Endvermögen. Vollends unbeherrschbar wird der Vergleich, wenn eine letztwillige Verfügung situationsabhängige Anordnungen trifft (Wiederverheiratungsklausel) und damit nicht abschätzbare Risiken schafft.

4. Ehegatten, die von ihrem Partner auf die güterrechtliche Lösung verwiesen wurden, und Ehegatten, die sich selbst für die güterrechtliche Lösung entschieden, können nicht mehr zwischen dem rechnerischen Zugewinnausgleich nebst kleinem Pflichtteil und dem großen Pflichtteil wählen. Ein derartiges Wahlrecht mag mit dem Normtext des § 1371 II zu vereinbaren sein (weil er die Annahme eines „verhaltenen", noch durch Wahlakt zu aktualisierenden Anspruchs auf den rechnerischen Zugewinnausgleich nicht ausschließt), widerspricht jedoch dem Normzweck, weil die Möglichkeit, sich für den großen Pflichtteil zu entscheiden, dem überlebenden Ehegatten die Möglichkeit gewähren würde, der Option des Erblassers zuwider doch die erbrechtliche Lösung (wenn auch nur noch in der Ebene des Pflichtteilsrechtes) durchzusetzen.[2]

5. *Eheverträge.* Die güterrechtliche Funktion der erbrechtlichen Lösung, die sie zur Disposition der Ehegatten in einseitigen Akten stellt, fordert Dispositionsfreiheit auch für das gemeinschaftliche Handeln im Ehevertrag. Die Ehegatten können so die pauschalierende erbrechtliche Lösung gänzlich abdingen; in der Regel ist dann neben der gesetzlichen Erbfolge ein rechnerischer Zugewinnausgleich gewollt (kraft Gesetzes greifen die §§ 1372ff. nicht ein; der Tatbestand des § 1372 ist nicht erfüllt). Die Ehegatten können aber auch lediglich die Wirkungen des § 1371 I durch Minderung der Ausgleichspauschale mildern.[3] Verwehrt ist ihnen dagegen eine Mehrung der Ausgleichspauschale;[3a] güterrechtliche Akte können in die vom Gesetz (vorbehaltlich letztwilliger Verfügung) garantierten Erbteile Dritter nicht eingreifen. Doch kann ein nichtiger Ehevertrag immer noch als Testament oder Erbvertrag nach Konversion (§ 140) Bedeutung gewinnen. Verwehrt ist den Ehegatten auch die Vereinbarung rechnerischen Zugewinnausgleichs neben der erbrechtlichen Lösung. Auch in dieser Kombination der beiden Lösungen wird in unzulässiger Weise in die Positionen Dritter eingegriffen.[4]

---

[2] Die ursprünglich stark umstr. Frage ist von BGHZ 42, 182 dem Text entspr. für die Praxis endgültig beantwortet worden. Auch im Schrifttum ist der Widerstand inzwischen erloschen. Nachw. zum damaligen Streitstand (1964) in der Entscheidung des BGH sowie bei *Staudinger-Felgentraeger,* 37ff. vor § 1371.

[3] Ebenso *Soergel-Lange,* 7 zu § 1371. A. A. dagegen *Staudinger-Thiele,* 137 zu § 1371.

[3a] Ganz h. M. Gegen sie aber MünchKomm-*Kanzleiter,* 14 zu § 1408 (Abrede zulässig, jedoch für die Berechnung der Pflichtteile unbeachtlich).

[4] A. A. *Staudinger-Thiele,* 137 zu § 1371.

Voll zur Disposition der Ehegatten steht die Ausgleichsforderung als Element der güterrechtlichen Lösung. Sie kann für den Todesfall nicht anders modelliert werden als für den Zugewinnausgleich unter Lebenden. Wird sie gemindert, so impliziert diese Entscheidung keinen entsprechenden Eingriff in die erbrechtliche Lösung.[5] Selbst ein vollständiger Ausschluß des rechnerischen Zugewinnausgleichs ist mit dem Fortbestand der erbrechtlichen Lösung zu vereinbaren. Freilich büßt der überlebende Ehegatte in diesem Fall jeden Zugewinnausgleich ein, wenn er enterbt wird.

IV. Die güterrechtliche Lösung

1. *Geltungsbereich.* Die güterrechtliche Lösung gilt stets, wenn der überlebende Ehegatte weder Erbe noch Vermächtnisnehmer ist. Belanglos sind die Gründe, die zum Verlust aller erbrechtlichen Positionen führten: Der willentliche Akt des Erblassers (die totale Enterbung) steht dem willentlichen Akt des überlebenden Ehegatten (der Ausschlagung) gleich; selbst Erbverzicht und Pflichtteilsverzicht (§ 2346), selbst Erbunwürdigkeit und Vermächtnisunwürdigkeit (§§ 2339 ff.) schließen die güterrechtliche Lösung nicht aus. Alle diese Gründe sind nur erbrechtlich bedeutsame Tatbestände (die sich im Pflichtteilsrecht auswirken; vgl. unter 2.), die im ehelichen Güterrecht irrelevant sein müssen, weil dieses die Errungenschaft während der Ehe abrechnet und nicht von Todes wegen verteilt. Freilich können Sachverhalte, die im Erbrecht bedeutsam sind (vgl. vornehmlich § 2335 Nr. 4) auch für die Ausgleichsforderung Bedeutung im Rahmen des § 1381 gewinnen: Die Einrede der groben Unbilligkeit kann der Erbe nicht anders geltend machen als ein lebender Ausgleichsschuldner.[1]

Die güterrechtliche Lösung gilt auch, wenn beide Ehegatten gleichzeitig den Tod fanden (vgl. dazu § 11 VerschG),[2] freilich nicht mehr auf Grund des § 1371 (der sich am Erbrecht orientiert), sondern auf Grund des § 1372. Der Normtext steht nicht entgegen: Der Güterstand wird in diesem Fall nicht durch den Tod *eines* Ehegatten beendet, sondern durch den Tod *beider*.

2. *Bedeutung.* Güterrechtliche Lösung bedeutet für den überlebenden Ehegatten in jedem Fall rechnerischen Zugewinnausgleich nach den Regeln der §§ 1373 ff.,

[5] Ebenso *Knur,* DNotZ 1957, 473; *Maßfeller,* DB 1958, 563; *Erman-Heckelmann,* 9 zu § 1378.

[1] Irrig ist die Überzeugung, § 1381 mangels einer „grober Unbilligkeit" nicht anwenden zu können, wenn der verstorbene Ehegatte die Umstände kannte, die ein Leistungsverweigerungsrecht begründen könnten, jedoch zu erkennen gegeben hat, daß dem anderen Ehegatten aus ihnen Nachteile nicht erwachsen sollen (vgl. RGRK-*Finke,* 4 zu § 1381; *Erman-Heckelmann,* 5 zu § 1381; auch die Voraufl.). Das, was „grobe Unbilligkeit" bedeutet, steht nicht zur Disposition der Ehegatten. Richtig schon *Soergel-Lange,* 5 zu § 1381; MünchKomm-*Gernhuber,* 10 zu § 1381; *Staudinger-Thiele,* 38 zu § 1381.

[2] Zust. *Erman-Heckelmann,* 2 zu § 1372. A. M. (mit dem irregulären Erg. einer Zugewinngemeinschaft ohne jeden Zugewinnausgleich BGHZ 72, 85; LG Augsburg, FamRZ 1976, 523; *O. Werner,* FamRZ 1976, 249; *Staudinger-Thiele,* 59 zu § 1371.

also jenen Regeln, die für die Abrechnung unter lebenden Ehegatten gelten. Güterrechtliche Lösung bedeutet ferner in der Regel Anspruch auf den Pflichtteil gegen den Erben, berechnet nach dem gesetzlichen Erbteil des § 1931 (kleiner Pflichtteil). Doch ist dieser Anspruch niemals Bestandteil des güterrechtlichen Ausgleichs, sondern immer nur die erbrechtliche Mindestbeteiligung des überlebenden Ehegatten, die ganz dem Erbrecht zugekehrt ist.

Der kleine Pflichtteil kann nicht gefordert werden, wenn der überlebende Ehegatte sein gesetzliches Erbrecht verlor (§ 1933; Erbunwürdigkeit, Erbverzicht) oder speziell den Pflichtteilsanspruch einbüßte (Pflichtteilsunwürdigkeit und Entziehung des Pflichtteils; vgl. die §§ 2345 II, 2335) oder auch willentlich preisgab (Pflichtteilsverzicht; § 2346 II). Der kleine Pflichtteil bleibt dagegen dem überlebenden Ehegatten erhalten, wenn er die Erbschaft ausschlug und damit für die güterrechtliche Lösung optierte.[3] Zwar gewährt das Erbrecht Erben, die sich selbst der Erbschaft begaben, keinen Pflichtteil (vgl. § 2303 II mit Ausnahme in § 2306 I 2), doch korrigiert § 1371 III (dessen Geltung in § 2303 II vorbehalten ist), weil die Verknüpfung güterrechtlicher und erbrechtlicher Positionen im § 1371 die Entscheidungssituation des überlebenden Ehegatten ändert und zu Ausschlagungen führen kann, die allein güterrechtlich motiviert sind. Güterrechtliche Vorgänge aber rechtfertigen keine erbrechtlichen Konsequenzen.

3. Entscheidender *Zeitpunkt für die Berechnung des Endvermögens* ist grundsätzlich der Todeszeitpunkt des verstorbenen Ehegatten, jedoch in analoger Anwendung der §§ 1384, 1387 der Zeitpunkt der Rechtshängigkeit des Scheidungsantrages oder auch der Klage auf vorzeitige Beendigung der Zugewinngemeinschaft, wenn zwischen den Ehegatten ein Rechtsstreit schwebte, der zum Erfolg geführt hätte. Zwar erwähnt § 1371 II die beiden Normen explizit nicht, doch ist evident, daß die Legislative einer Fehlvorstellung unterlag und absichtslos eine Regelungslücke schuf, die mit einer Analogie zu schließen ist. Die besondere Gefährdung der Ausgleichsforderung während eines Rechtsstreites zwischen den Ehegatten wird nicht gegenstandslos, wenn ein Ehegatte während des Verfahrens stirbt (womit es in der Hauptsache erledigt ist). Freilich ist der Zugewinn nur dann für den früheren Zeitpunkt zu berechnen, falls Antrag oder Klage zum Erfolg geführt hätten; andernfalls wäre es unter Lebenden nicht zu einer Beendigung der Zugewinngemeinschaft gekommen.[4]

4. Die *Höhe der Ausgleichsforderung* entspricht grundsätzlich dem Betrag, der sich bei einem lebzeitigen Zugewinnausgleich ergeben hätte. Doch sind Minderungen möglich durch den Verlust von Positionen, die mit dem Tod erlöschen

---

[3] Wurde dem überlebenden Ehegatten letztwillig zusätzlich ein Vermächtnis gewährt, so muß er auch dieses ausschlagen (extensive Interpretation, die Abs. II und III des § 1371 teleologisch miteinander verbindet). Ebenso *Staudinger-Thiele,* 92 zu § 1371; *Soergel-Lange,* 29 zu § 1371.

[4] Fast allg. M. Nachw. bei MünchKomm-*Gernhuber,* § 1384 Fn. 4 und § 1387 Fn. 5.

(vgl. § 1061 S. 1 für den Nießbrauch) oder doch eine Schmälerung erfahren (Gesellschaftsverträge ohne oder mit geringer Abfindung der Erben; im Einzelfall kann § 1375 II Nr. 1 oder Nr. 3 eine Minderung ausgleichen).[5]

Die Ausgleichsforderung ist *Nachlaßverbindlichkeit in Form einer Erblasserschuld,* die selbst den Erblasser nie traf, jedoch aus einem Dauerrechtsverhältnis herrührt, in dem er zu seinen Lebzeiten stand und das sich mit seinem Tod zur Ausgleichsforderung verengte. Bei der Berechnung des Endvermögens sind deshalb die Erbfallschulden nicht zu berücksichtigen (sie können die Forderung auch niemals gem. § 1378 II kürzen); umgekehrt ist vielmehr die Ausgleichsforderung vom Nachlaß abzuziehen, wenn es gilt, Pflichtteilsansprüche, Erbersatzansprüche, nachlaßabhängige Vermächtnisse und Erbschaftssteuerschulden zu berechnen.[6] Die Ausgleichsforderung ist jenen Rechten aber auch in der Erfüllung vorgeordnet, sofern diese (dem Präventionsgrundsatz zuwider) in einer bestimmten Reihenfolge vorzunehmen ist. Das gilt für den Nachlaßkonkurs, in dem sie weder privilegiert noch im Rang gemindert ist (vgl. dagegen § 226 II Nr. 4–6 KO).[7] Das gilt aber auch bei dürftigem Nachlaß, wenn Nachlaßverwaltung oder Nachlaßkonkurs mangels Masse nicht tunlich oder aufgehoben bzw. eingestellt ist (§ 1991 IV).

Der Vorrang gebührt der Ausgleichsforderung schließlich auch in der Konkurrenz des güterrechtlichen und des erbrechtlichen Anspruches gegen Dritte, die der Erblasser unentgeltlich bereicherte (§ 1390 und § 2329); der Anspruch der Pflichtteilsberechtigten ist auf die nach Berichtigung der Ausgleichsforderung verbleibende Bereicherung des Dritten beschränkt.

5. Zuwendungen, die der Erblasser dem überlebenden Ehegatten zu seinen Lebzeiten machte, können als anrechnungspflichtige *Vorempfänge* die Ausgleichsforderung (§ 1380), aber auch den Pflichtteil (§ 2315) schmälern. Bestimmend ist der Wille des Erblassers; bestimmt er ohne nähere Weisung Anrechnung auf beide Ansprüche, muß primär der Pflichtteilsanspruch als rangschlechteres Recht belastet sein (arg. § 366 II).[8]

V. Ausbildungsanspruch

Schrifttum: *Rittner,* Der Ausbildungsanspruch der ,,Stiefabkömmlinge" nach dem neuen Familienrecht, DNotZ 1957, 483; *Johannsen,* Ansprüche der Stiefkinder gegen den überlebenden Ehegatten nach § 1371 IV BGB, FamRZ 1961, 163; *Boehmer,* Die ,,erbrechtliche Lösung" des § 1371 BGB n. F. im Lichte des Stiefkinderproblems (§ 1371 IV), FamRZ 1961, 41; *K. Meyer,* Der Ausbildungsanspruch der Stiefabkömmlinge nach § 1371 Absatz 4 BGB, 1966; *Kemper,* Der Ausbildungsanspruch

---

[5] Zur Problematik vgl. vornehmlich *Heckelmann,* Abfindungsklauseln in Gesellschaftsverträgen, 1973, S. 247ff.

[6] Heute wohl allg. M. Nachw. bei MünchKomm-*Gernhuber,* § 1375 Fn. 1.

[7] Heute allg. M. Nachw. bei MünchKomm-*Gernhuber,* § 1378 Fn. 9.

[8] Zust. *Soergel-Lange,* 24 zu § 1371; *Staudinger-Thiele,* 29 zu § 1380. Für anteilige Anrechnung auf Pflichtteil und Ausgleichsforderung dagegen *Johannsen,* FamRZ 1961, 20.

des nichtehelichen Kindes gegen die überlebende Ehefrau des Vaters nach § 1371 Abs. IV BGB, ZBlJugR 1972, 17.

1. *Grundgedanke.* Den Erbteil des Ehegatten erhöhen, heißt den Erbteil der Abkömmlinge mindern. Gemeinsame Abkömmlinge der Ehegatten werden in der Regel als Erben hinter dem überlebenden Ehegatten später erhalten, was ihnen zunächst genommen wird. Einseitigen Abkömmlingen kann allein eine letztwillige Verfügung des überlebenden Ehegatten einen Ausgleich durch spätere Erbschaft gewähren; der Verlust wäre für sie im übrigen eine endgültige Einbuße. Das Gesetz gibt ihnen daher als Ausgleich einen Anspruch gegen den überlebenden Ehegatten, der sich auf ,,die Mittel zu einer angemessenen Ausbildung aus dem nach Abs. I zusätzlich gewährten Viertel" richtet, ,,wenn und insoweit sie dessen bedürfen" (§ 1371 Abs. IV).

2. *Berechtigte.* Nur einseitige, zur Erbschaft hinter dem Verstorbenen berufene oder doch mit einem Erbersatzanspruch (§§ 1934a ff.) begabte Abkömmlinge (Kinder und weitere Descendenz) haben den Anspruch, denn nur sie werden von § 1371 I konkret benachteiligt. Nicht berechtigt sind alle Abkömmlinge, die – aus welchen Gründen auch immer – weder erben noch mit einem Ersatzanspruch abgefunden werden. Berufung zum Erben kraft Gesetzes und kraft letztwilliger Verfügung stehen gleich, doch kann die Berufung zum Erben kraft letztwilliger Verfügung im Einzelfall vom Erblasser als (jederzeit möglicher) Entzug des Ausbildungsanspruches gemeint sein.[1]

3. *Verpflichtete.* Verpflichtet ist der überlebende Ehegatte, wenn er kraft Gesetzes zur Erbschaft berufen wurde oder auch kraft einer letztwilligen Verfügung, die das Gesetz nur bestätigt (§ 2066 Satz 1). Die Existenz von Stiefabkömmlingen wird für ihn zum Umstand, den es bei der Entscheidung über die Annahme oder Ausschlagung der Erbschaft zu berücksichtigen gilt; Ungewißheiten (junge Stiefabkömmlinge!) schließen vielfach einen genauen Vergleich der Positionen aus.

Verpflichtet sind niemals Ehegatten, die in letztwilliger Verfügung bedacht wurden. Die für sie geltende individuelle erbrechtliche Lösung führt auch dann nicht zu einem Anspruch der Stiefabkömmlinge, wenn sie kraft letztwilliger Verfügung weit mehr erhalten, als das Gesetz ihnen zubilligt (unstr.). Das Gesetz korrigiert sich selbst; den Erblasser korrigiert es nicht.

Die Begünstigung des überlebenden Ehegatten durch die erbrechtliche Lösung reicht weiter als der Ausgleich in Abs. IV. Mittelbar kommt sie auch allen Ehegatten zugute, die ihren Pflichtteil nach dem erhöhten Erbteil berechnen dürfen.

[1] Ebenso *Johannsen,* FamRZ 1961, 164; *Erman-Heckelmann,* 29 zu § 1371; *Palandt-Diederichsen,* 3 zu § 1371. Die h. M. neigt dazu, den Abkömmling in einer generellen Deutung des Erblasserwillens auf das ihm letztwillig Zugewandte zu beschränken, sofern die letztwillige Verfügung nicht nur das ges. Erbrecht bestätigt (§ 2066). Vgl. *Rittner,* DNotZ 1957, 489; *Boehmer,* FamRZ 1961, 47; *Dölle,* § 55 II 2; *K. Meyer,* S. 20ff.; *Staudinger-Thiele,* 104 zu § 1371; RGRK-*Finke,* 55 zu § 1371; *Lutter,* Das Erbrecht des nichtehelichen Kindes, 2. Aufl. 1972, S. 96f.

Auch in diesen Fällen einzugreifen, hat das Gesetz abgelehnt; die Benachteiligung der Stiefabkömmlinge erreicht insoweit keinen Grad, der einen Ausgleich fordert.

4. *Rechtsnatur des Anspruchs.* Die Regelung des Anspruches im Gesetz ist unzureichend, ja dürftig. Die notwendige Lückenergänzung ist schwierig, weil in § 1371 IV zwei (jeweils nicht konsequent verfolgte) Gedanken wirken. Die Norm gewährt keinen reinen Unterhaltsanspruch:[2] Die Beschränkung auf erbende Stiefelternteile in der Zugewinngemeinschaft bliebe sonst unverständlich. Die Norm ist aber auch nicht (der eigenen, freilich gerade in § 1371 I verletzten Grundidee der Zugewinngemeinschaft zuwider) eine reine Korrektur der Vermögenszuweisung aus Erbrecht: Die Beschränkung auf Stiefabkömmlinge in bestimmter Situation verbietet diese Deutung.[3] Korrektur der Vermögenszuweisung und Unterhaltsrecht verbinden sich vielmehr in § 1371 IV zu einem mixtum compositum ohne Prävalieren des einen oder auch des anderen Elements.[4] Der überlebende Ehegatte schuldet, weil ihn das Erbrecht begünstigt; die Stiefabkömmlinge aber haben den Anspruch, weil ihr Unterhalt in der so modernen Form der qualifizierten Berufsausbildung gesichert sein soll. Das eine wie das andere strukturiert den Anspruch.

5. Berechtigt sind nur bedürftige Stiefabkömmlinge. Eigenes Vermögen (einschließlich des Erbteils) schließt *Bedürftigkeit* aus, doch ist der Vermögensstamm nicht einzusetzen, wenn seine Verwertung unwirtschaftlich wäre (vgl. dazu § 1577 III), und ebensowenig, wenn er bereitgehalten werden muß für die Zeit zwischen dem Abschluß der Ausbildung und dem Eintritt in das Berufsleben.[5] Dagegen eignen sich weder § 1602 II (Schonung des Vermögensstammes, falls ein minderjähriges Kind unverheiratet ist) noch § 1577 III (mit Billigkeitsentscheidungen) zur analogen Anwendung:[6] Zwischen Stiefelternteil und Stiefkind besteht kein familienrechtliches Verhältnis, das Verwandtschaft und Ehe gleichgestellt werden könnte.

---

[2] A. A. *Wahl,* Die Erhöhung des Ehegattenerbrechts um ein Viertel als Zugewinnausgleich bei Auflösung der Ehe durch den Tod und die erbrechtliche Stellung erstehelicher Kinder, Festschrift H. Lehmann 1956, Bd. I, S. 435. Gegen ihn vornehmlich *Boehmer,* FamRZ 1961, 43ff.

[3] Für einen erbrechtlichen Anspruch gleichwohl *K. Meyer,* S. 25ff.; *Braga,* FamRZ 1957, 340; *Boehmer,* FamRZ 1961, 43; *Erman-Heckelmann,* 2 zu § 1371.

[4] Ebenso *Rittner,* DNotZ 1957, 501; *Beitzke,* § 14 III 5; *Staudinger-Thiele,* 125 zu § 1371. Für Überwiegen des erbrechtlichen Charakters dagegen *Soergel-Lange,* 38 zu § 1371.

[5] Sehr str. Der Text folgt *Johannsen,* FamRZ 1961, 164; *Erman-Heckelmann,* 34 zu § 1371; *Staudinger-Thiele,* 105 zu § 1371. Benachbart *Soergel-Lange,* 46 zu § 1371 (Stamm des Vermögens aufzubrauchen, wenn Unterhalt nicht gefährdet und keine Unterbrechung der Ausbildung droht). Nach and. Ans. ist der Vermögensstamm nie anzugreifen (*Boehmer,* FamRZ 1961, 48) oder doch nur nach den Umständen des Einzelfalls (*Dölle,* § 55 Fn. 28; RGRK-*Finke,* 57 zu § 1371). Umgekehrt soll der Vermögensstamm stets mit Vorrang verbraucht werden müssen nach Ans. von *K. Meyer,* S. 48ff.

[6] Für § 1602 II Änderung gegenüber der Voraufl.

Unterhaltspflichtige Verwandte entlasten den Stiefelternteil ebensowenig wie der Ehegatte des Stiefkindes.[7] Die Ordnung der Verpflichtungen ist dem Gesetz nicht unmittelbar zu entnehmen, ergibt sich jedoch aus dem Grundgedanken der Norm: Das zusätzliche Viertel wird zwar unmittelbar dem Stiefelternteil zugewiesen, mittelbar aber dem Stiefkind (Ausgleichsfunktion des Anspruchs) und mehrt damit sein Vermögen im Verhältnis zu den Verwandten und zu seinem Ehegatten.

6. Belanglos ist die *Leistungsfähigkeit* des Stiefelternteiles. Er hat zu leisten auch dann, wenn er seinen eigenen Unterhalt gefährdet; § 1603 ist nicht analog anzuwenden.[8] Erst recht entlasten ihn Unterhaltsansprüche Dritter nicht, die er zu bedienen hat.[9] Hier wie dort ist entscheidend, daß dem Stiefelternteil das zusätzlich gewährte Viertel von vornherein nur unter dem Vorbehalt von Ausbildungsansprüchen der Stiefabkömmlinge zugewiesen ist.

7. *Anspruchsinhalt.* Geschuldet werden „die Mittel zu einer angemessenen Ausbildung", d. h. jene Geldbeträge,[10] die zur Finanzierung des Ausbildungsganges[11] erforderlich sind (mit periodischen Vorausleistungen für periodisch entstehende Kosten),[12] und (in Analogie zu § 1612 I 1 und III) eine monatliche (im voraus fällige) Geldrente zur Deckung der allgemeinen Lebenshaltungskosten während der Zeit der Ausbildung.[13] Der Normtext des § 1371 IV ist zwar insoweit nicht eindeutig, doch bleibt zu bedenken, daß der Stiefabkömmling die ihm durch die

---

[7] H. M. Vgl. für sie *Rittner,* DNotZ 1957, 494; *Boehmer,* FamRZ 1961, 48; *Beitzke,* § 14 III 5. Für einen Vorrang des Unterhaltsanspruchs aber *Staudinger-Thiele,* 108 zu § 1371; *Johannsen,* FamRZ 1961, 164; *Palandt-Diederichsen,* 3 zu § 1371; RGRK-*Finke,* 56 zu § 1371. Vermittelnde Ans. (vgl. *K. Meyer,* S. 58ff.; *Soergel-Lange,* 47 zu § 1371) verwenden letztlich zufällige Schnitte.

[8] Ebenso *Boehmer,* FamRZ 1961, 47; *Johannsen,* FamRZ 1961, 164; *Staudinger-Thiele,* 118 zu § 1371; *Erman-Heckelmann,* 35 zu § 1371. A. A. dagegen *Dölle,* § 55 Fn. 34.

[9] Ebenso *Boehmer,* FamRZ 1961, 48; *Staudinger-Thiele,* 118 zu § 1371. A. A. dagegen *Dölle,* § 55 II 2. Differenzierend *K. Meyer,* S. 58ff.

[10] § 1612 II 1 ist nicht analog anzuwenden; zwischen den Parteien besteht keine Beziehung, die eine Fremdbestimmung rechtfertigen könnte. Zust. *Staudinger-Thiele,* 111 zu § 1371. A. A. *Soergel-Lange,* 50 zu § 1371 (wenn Stiefabkömmling im Haushalt des Stiefelternteils aufgewachsen); RGRK-*Finke,* 67 zu § 1371 (u. U., insbes. wenn Abkömmling mit Erblasser und Stiefelternteil in Hausgemeinschaft lebte).

[11] Alle den Anspruch formenden Fragen der Ausbildung sind wie im Unterhaltsrecht der Verwandten zu beantworten. Vgl. dazu unten § 41 VII 2. Zu bedenken ist freilich, daß der Tod des Erblassers zu ökonomischen Daten geführt haben kann, die sich von jenen unterscheiden, die zu seinen Lebzeiten bestanden (Erbteil des Abkömmlings und maximale Höhe des Ausbildungsanspruchs können weit hinter der Leistungsfähigkeit des Erblassers zurückbleiben und eine andere Berufswahl erzwingen).

[12] Nur vereinzelt wird angenommen, daß ein Anspruch auf Zahlung der gesamten Ausbildungskosten im voraus besteht. Vgl. *Rittner,* DNotZ 1957, 491 (Rente oder Kapital nach Wahl des Stiefabkömmlings); *Palandt-Diederichsen,* 3 zu § 1371. Vgl. ferner *K. Meyer,* S. 89ff. (Geldrente, jedoch Anspruch auf Kapitalabfindung bei Vorliegen eines wichtigen Grundes).

[13] Auf rückständige Ansprüche ist § 1613 analog anzuwenden. Ebenso *Staudinger-Thiele,* 121 zu § 1371; *Soergel-Lange,* 53 zu § 1371. Etwas weiter *Beitzke,* § 14 III 5 (auch zur Tilgung von Verbindlichkeiten, die infolge der Ausbildung eingegangen werden mußten).

Verstärkung des Ehegattenerbrechts entzogenen Mittel auch für die allgemeinen Lebenshaltungskosten hätte verwenden müssen, falls sie ihm nicht entzogen worden wären, und kein Grund besteht, Verwandte des Stiefabkömmlings (§§ 1601 ff.) oder auch die öffentliche Hand mit Leistungen zu belasten, die sie ohne § 1371 I nicht hätten erbringen müssen.[14]

8. *Grenzen.* Geschuldet wird ,,aus dem zusätzlich gewährten Viertel", dem Anschein nach also in Form einer Nachlaßverbindlichkeit mit gegenständlicher Haftungsbeschränkung auf einen Teil der Erbschaft. Doch ist das zusätzlich gewährte Viertel kein vom sonstigen Erbteil geschiedenes Sondervermögen, auf das die Haftungsbeschränkung bezogen werden könnte.[15] Die allenfalls bestehende Möglichkeit, alle Gegenstände, die dem überlebenden Ehegatten aus dem Nachlaß zufallen, nach ideellen Bruchteilen dem freien Nachlaß und dem Zusatzviertel zuzuordnen, ist in einem Ausmaß unpraktisch, das es verbietet, in ihr den Willen des Gesetzes zu sehen.

So schuldet der überlebende Ehegatte numerisch begrenzt auf die in Geld umgerechneten Vermögensvorteile, die er durch die Verstärkung des Ehegattenerbrechts erlangte; entscheidend ist der Nettowert des Viertels, errechnet nach jenen Grundsätzen, die für die Bewertung des Nachlasses zur Ermittlung von Pflichtteilsansprüchen gelten (§§ 2311 ff. in analoger Anwendung).[16] Bewertungsstichtag ist der Zeitpunkt des Erbfalls,[17] mag auch der Ausbildungsanspruch erst zu einem späteren Zeitpunkt entstehen. Das Risiko der Wertminderung des Nachlasses in der Zwischenzeit trägt damit der überlebende Ehegatte, dasjenige der Werterhöhung dagegen der Stiefabkömmling. Nur in dieser Form (also ohne ,,Aufwertung" der Ansprüche zur Neutralisierung der Entwertungsgewinne) erhält der überlebende Ehegatte unmittelbar verfügbare Daten, an denen er seine Entscheidung für oder gegen die erbrechtliche Lösung orientieren kann.[18]

Weil es sich um eine Nachlaßverbindlichkeit (in Form der sog. Erbfallschuld) handelt, kann der überlebende Ehegatte seine Haftung nach den Regeln des

---

[14] Dem Text entspr. *Rittner,* DNotZ 1957, 492f.; *Beitzke,* § 14 III 5; grds. auch *Soergel-Lange,* 49 zu § 1371. Nach a. A. soll nur die Verteuerung der Lebenshaltung durch die Ausbildung ausgeglichen werden müssen. Vgl. *Boehmer,* FamRZ 1961, 47; *Johannsen,* FamRZ 1961, 164; *Dölle,* § 55 II 2. Vermittelnd *K. Meyer,* S. 77 ff. (Deckung des Bedarfs, der zwar auch ohne Ausbildung vorhanden wäre, jedoch dann vom Abkömmling selbst gedeckt werden könnte). Vgl. ferner *Staudinger-Thiele,* 115f. zu § 1371 (Lebenshaltungskosten nur geschuldet, wenn kein anderer Unterhaltspflichtiger vorhanden ist und der Lebensbedarf nicht oder nur notdürftig gedeckt ist).

[15] Die Möglichkeit einer gegenständlichen Haftungsbeschränkung wird aber anerkannt von *Dölle,* § 55 II 2; *Palandt-Diederichsen,* 3 zu § 1371.

[16] Erblasserschulden und Erbfallschulden sind mithin abzusetzen. Ebenso *Soergel-Lange,* 51 zu § 1371; *Staudinger-Thiele,* 130 zu § 1371. A. A. jedoch für Pflichtteilsansprüche *Boehmer,* FamRZ 1961, 48.

[17] Ganz h. M. Nachw. bei MünchKomm-*Gernhuber,* § 1371 Fn. 48.

[18] Für einzelfallbezogene Korrekturen bei starken Bewertungsschwankungen unter Hinweis auf § 242 *Soergel-Lange,* 51 zu § 1371.

Erbrechtes beschränken.[19] Er haftet dann nicht nur pro viribus, sondern auch nur cum viribus hereditatis. Praktische Bedeutung gewinnt die Möglichkeit, wenn der Nachlaß beim Erbfall aktiv ist, später aber Änderungen eintreten, die zu einer Passivierung führen. Der aktive Wert des Nachlasses im Augenblick des Erbfalls bestimmt dann die numerische Grenze der Schuld; die Beschränkung der Erbenhaftung aber begrenzt die Vermögensmasse, die dem Zugriff des Stiefabkömmlings offensteht.

9. *Mehrere Stiefabkömmlinge* haben gleichen Rang. Reicht das Zusatzviertel zur Erfüllung aller gegenwärtigen und zukünftigen Ansprüche nicht aus, so sind die vorhandenen Mittel proportional (mit Rückstellung der auf die künftigen Ansprüche entfallenden Beträge) zu den bestehenden Ausbildungsbedürfnissen zu verteilen.[20] Die Schwächen dieser Lösung sind freilich evident: Schätzungen sind notwendig, wenn die Ansprüche zeitlich gestaffelt entstehen; eine Notordnung, die jedem etwas, keinem alles gibt, kann schließlich die Ausbildung aller gefährden, weil keiner über ausreichende Mittel verfügt. Andere Lösungen beheben die (vom Gesetz nicht bedachten) Schwierigkeiten jedoch ebensowenig oder doch nur um den Preis anderer Disparitäten.[21]

10. *Ausschluß und Verzicht.* Jeder Erblasser kann den Ausbildungsanspruch seiner einseitigen Abkömmlinge letztwillig ausschließen.[22] Dagegen ist es den Ehegatten verwehrt, § 1371 IV durch Ehevertrag abzudingen.[23] Eheverträge haben ihr abgegrenztes Regelungsgebiet, zu dem der Anspruch aus § 1371 IV nicht mehr gehört: Er zählt nicht zu den „güterrechtlichen Verhältnissen" der Ehegatten, ist vielmehr nur die Folge einer güterrechtlichen Lage.

Über den einmal entstandenen Anspruch kann der berechtigte Abkömmling frei disponieren (doch ist die analoge Anwendung der §§ 1822 Nr. 2, 1643 II bei Minderjährigen geboten[24]). § 1614 I eignet sich nicht zur analogen Anwendung,[25] weil dem Abkömmling die Möglichkeit mittelbarer Disposition durch Ausschla-

[19] Ebenso *K. Meyer,* S. 142ff.; *Staudinger-Thiele,* 131 zu § 1371; *Soergel-Lange,* 39 zu § 1371; RGRK-*Finke,* 71 zu § 1371. Nach a. A. liegt eine Nachlaßverbindlichkeit ohne Möglichkeit einer Haftungsbeschränkung vor. Vgl. *Beitzke,* § 14 III 5; *Erman-Heckelmann,* 35 zu § 1371. Nach dritter Ans. handelt es sich überhaupt nicht um eine Nachlaßverbindlichkeit. Vgl. *Rittner,* DNotZ 1957, 494f.; *Boehmer,* FamRZ 1961, 48f.; *Johannsen,* FamRZ 1961, 164.

[20] H.M. Nachw. bei MünchKomm-*Gernhuber,* § 1371 Fn. 50.

[21] Berücksichtigt man nur die gleichzeitig fälligen Ansprüche (*Rittner,* DNotZ 1957, 496), so benachteiligt man die Jüngeren. Setzt man beim Verhältnis der Erbteile ein (*K. Meyer,* S. 109ff.; *Soergel-Lange,* 52 zu § 1371), verwendet man einen Maßstab, der § 1371 IV gerade nicht zugrunde liegt und löst das Problem unsicherer zukünftiger Ansprüche auch nicht.

[22] Fast allg. M. Nachw. bei MünchKomm-*Gernhuber,* § 1371 Fn. 57. A. A. aber *Palandt-Diederichsen,* 3 zu § 1371.

[23] I. Erg. fast allg. M. Nachw. bei MünchKomm-*Gernhuber,* § 1371 Fn. 58. A. A. aber *Dölle,* § 57 IV 2; MünchKomm-*Kanzleiter,* § 1408 Fn. 35.

[24] Vgl. *Staudinger-Thiele,* 122 zu § 1371; RGRK-*Finke,* 68 zu § 1371. Für Anwendung nur des § 1812 dagegen *Soergel-Lange,* 50 zu § 1371.

[25] Ganz h.M. Nachw. bei MünchKomm-*Gernhuber,* § 1371 Fn. 60. A. A. aber *Dölle,* § 55 II 2.

gung der Erbschaft jedenfalls gegeben ist und deshalb der geringere Dispositionsakt schwerlich unerlaubt sein kann. Auch praktische Gründe gebieten Dispositionsfreiheit: Die vielen Ungewißheiten kann ein (andernfalls nicht möglicher) Abfindungsvertrag am besten beseitigen.

11. Ausgeschlossen sind *Zwangsverfügungen der Gläubiger* des Stiefabkömmlings. Der Anspruch ist gem. § 850a Nr. 6 ZPO unpfändbar,[26] damit auch unverpfändbar (§ 1274 II), unabtretbar (§ 400) und der Tilgung durch Aufrechnung nicht zugänglich (§ 394). Die h. M. wendet freilich nur § 850b ZPO an und eröffnet damit die Pfändungsmöglichkeit des Abs. II (die allerdings mehr theoretisch als praktisch bedeutsam sein dürfte).[27]

§ 38. Die Gütergemeinschaft

I. Verbreitung

Trotz aller irrationalen Elemente, die gerade dem Laien oftmals die Gütergemeinschaft als Güterstand empfehlen, der die Ehe im Vermögensrecht vollendet, ist sie heute ein alternder Güterstand.

Die Neuordnung der Gütergemeinschaft durch das GleichberG hat den Alterungsprozeß eher beschleunigt als verlangsamt. Die neu geschaffene Alternative von Alleinverwaltung und gemeinschaftlicher Verwaltung des Gesamtgutes (§ 1421) eröffnet Streitmöglichkeiten schon vor der Vereinbarung des Güterstandes. Überdies muß die Bereitschaft, Gütergemeinschaft zu vereinbaren, sinken, wenn der Abstand zwischen ihr und dem gesetzlichen Güterstand verkleinert wird. Die Zugewinngemeinschaft aber steht der Gütergemeinschaft wesentlich näher als jene Systeme der Gütertrennung, die vor ihr gesetzlicher Güterstand waren.

II. Struktur

Schrifttum: *Fabricius,* Relativität der Rechtsfähigkeit, 1963 (insbes. S. 152ff.); *Tiedtke,* Offene Handelsgesellschaft und Gütergemeinschaft, FamRZ 1975, 675; *Hennecke,* Das Sondervermögen der Gesamthand, 1976 (insbes. S. 98ff.); *Schünemann,* Ehegattengesellschaft in Gütergemeinschaft?, FamRZ 1976, 137; *Reuter-Kunath,* Gütergemeinschaft und Ehegatten-OHG, zu BGH, NJW 1975, 1774, JuS 1977, 376.

1. *Die Vermögensmassen.* Gütergemeinschaft ist als totale Vermögensgemeinschaft der Ehegatten denkbar; verwirklicht wird sie in dieser Ausschließlichkeit in keinem Recht der Gegenwart. Das deutsche Recht anerkennt neben dem ge-

---

[26] Ebenso *Staudinger-Thiele,* 124 zu § 1371.

[27] Vgl. *Rittner,* DNotZ 1957, 497; *Beitzke,* § 14 III 5; *Soergel-Lange,* 57 zu § 1371; RGRK-*Finke,* 70 zu § 1371; *Erman-Heckelmann,* 33 zu § 1371. Der Text folgt *K. Meyer,* S. 134ff.

meinschaftlichen Gut (dem Gesamtgut) für jeden Ehegatten zwei Vermögensmassen, die ihm allein zugeordnet bleiben. Es berücksichtigt den persönlichen Zuschnitt bestimmter subjektiver Rechte: Alle ,,Gegenstände, die nicht durch Rechtsgeschäft übertragen werden können", sind Sondergut der Ehegatten (§ 1417). Es toleriert ferner den um eine Individualsphäre besorgten Willen der Ehegatten sowie den Willen Dritter, die einem Ehegatten (und nicht der Gesamthand der Ehegatten) unentgeltlich etwas zuwenden wollen: Hier wie dort werden die vorbehaltenen Vermögensteile als Vorbehaltsgut vom Gesamtgut geschieden (§ 1418).

§ 1587 III entzieht alle Anwartschaften oder Aussichten, über die der Versorgungsausgleich stattfindet, den güterrechtlichen Vorschriften. Die (auf dem Hintergrund der Zugewinngemeinschaft konzipierte) Norm erweckt den Anschein einer dem Güterrecht gänzlich entrückten Vermögensmasse. Doch weist das Güterrecht alle vermögensrechtlichen Positionen den fünf Vermögensmassen zu ohne Restbestand, der auch nicht anders behandelt werden könnte als Vorbehaltsgut. Diesem sind daher auch die Pensions-, die Renten- und die anderen Versorgungsanwartschaften zuzurechnen.

2. Das Gesamtgut steht den Ehegatten zur gesamten Hand zu.[1] Damit wurde ein Organisationsprinzip gewählt, das dem einzelnen Gesamthänder *keinen gegenständlich fixierten oder auch nur rechnerischen Anteil an den einzelnen Gegenständen des Gesamthandsvermögens* zuweist.[2] Folgerichtig kann auch kein Ehegatte über seinen Anteil an den einzelnen Gegenständen verfügen (§ 1419 I).

Sehr beschränkt sind die Ehegatten in der Verfügung über ihre *Anteile am ganzen Gesamthandsvermögen*. Der einzelne Ehegatte kann über seinen Anteil nur von Todes wegen verfügen, und selbst in dieser Beschränkung nur, soweit nicht fortgesetzte Gütergemeinschaft eintritt (§ 1483).[3] Ihm fehlt dagegen jede Möglichkeit einer Verfügung unter Lebenden (§ 1419 I; vgl. § 2033 I als Beispiel einer gegensätzlichen Regelung); eine Verpflichtung zur Verfügung ist auf eine unmögliche Leistung gerichtet und deshalb nichtig (§ 306).[4] Disponibel ist nur der Anspruch auf das Auseinandersetzungsguthaben nach Liquidation des Gesamtgutes,[5] doch sollte § 1378 III analog angewandt werden (mit Ausschluß von Ver-

---

[1] Diese für das geltende Recht nicht zu bezweifelnde Auffassung hat sich erst im 19. Jahrhundert durchgesetzt. Vgl. zum Streit in früherer Zeit *Kipp-Wolff,* § 61 I.

[2] Zuweilen wird schon die Möglichkeit bestritten, überhaupt sinnvoll von einem Anteil an den einzelnen Gegenständen zu sprechen. Doch kann die Teilhabe an der Rechtsausübung als Anteil an dem gesamthänderisch gebundenen Recht begriffen werden. Vgl. *Larenz,* JherJb. 83, 146ff. Gar nichts wird gewonnen, wenn man den Anteil als ,,tote Quote" bezeichnet (so *Dölle,* § 69 II).

[3] Volle Freiheit hat also nur der überlebende Ehegatte in der fortgesetzten Gütergemeinschaft. Vgl. BayObLG, MDR 1960, 1014; OLG Tübingen, DRZ 1950, 519; BGH, FamRZ 1964, 423.

[4] Vgl. RG, JW 1903 Beil., S. 26; OLG Königsberg, ROLG 4, 343; BGH, FamRZ 1966, 443 (mit Umdeutung in Zession des Anspruchs auf das Auseinandersetzungsguthaben); *Soergel-Gaul,* 4 zu § 1419; RGRK-*Finke,* 8 zu § 1419.

[5] Vgl. BGH, FamRZ 1966, 443 (zur fortgesetzten Gütergemeinschaft).

pflichtungs- und Verfügungsgeschäften mit Dritten vor Beendigung des Güterstandes).[6]

Sicher ist die Gesamthand vor jedem einseitigen Verlangen nach Teilung des Gesamtgutes. Die Ehegatten können jederzeit ihre Gütergemeinschaft durch Vertrag beenden; sie können dagegen nicht jeder für sich Teilung fordern (§ 1419 I; vgl. als Gegenbeispiel § 2042). Folgerichtig fehlt auch den Gläubigern die Möglichkeit einer Anteilspfändung (§ 860 I ZPO; vgl. § 859 ZPO als Beispiel für eine andere Lösung); Einzelzwangsvollstreckung kann nur in einzelne Gegenstände des Gesamtgutes betrieben werden (vgl. dazu unten VII 12 und VIII 5).

3. Die Gesamthand der Ehegatten ist nicht ein relativ oder beschränkt rechtsfähiger Verband;[7] sie ist mit den beiden Ehegatten identisch. Das Gesamtgut ist nichts weiter als ein Vermögen, dessen Gegenstände jeweils in der Zuständigkeit des Ehemannes und der Ehefrau stehen, also ein Vermögen, das sich aus Rechten in mehrheitlicher Zuständigkeit zusammensetzt. Daß Rechte in der Zuständigkeit einer Gesamthand schlechthin nicht als Rechte einer Mehrheit von Rechtssubjekten gedacht werden können, ist nicht richtig, und Fragen, die allein auf der Basis einer relativen Rechtsfähigkeit der Gesamthand eine befriedigende Antwort erhalten können, sind nicht zu entdecken. Man benötigt keine selbständige Pflicht- und Haftungsfähigkeit der Gesamthand zum Verständnis der Regelung der Gesamthandsschulden (Gesamtgutsverbindlichkeiten). Man benötigt sie auch nicht für den Gesamtgutskonkurs der §§ 2 II, 236a–236c KO. Ein selbständiger Konkurs über ein Sondervermögen ohne eigene Rechtsfähigkeit ist uns auch sonst geläufig. Die tradierte „dualistische Lehre" mit ihrer unüberbrückbaren Kluft zwischen rechtsfähigen und nicht rechtsfähigen sozialen Gebilden (zwischen juristischen Personen und Gesamthandsgemeinschaften insbesondere) mag revisionsbedürftig sein, doch sollte die Revision nicht in eine Zweiergruppe hineinstoßen, die das geltende Recht in allen anderen Zusammenhängen fraglos nicht als eine rechtliche Einheit versteht.

4. Vermögen in mehrheitlicher Zuständigkeit sind vom Vermögen der Rechtsträger in ihrer Vereinzelung geschieden. Deshalb kann gegen eine zum Gesamtgut gehörende Forderung nur mit einer Forderung aufgerechnet werden, deren Berichtigung aus dem Gesamtgut verlangt werden kann, und nicht mit einer Forderung, die von einem Ehegatten allein zu berichtigen ist (§ 1419 II). Deshalb können aber auch Verpflichtungen eines Ehegatten gegenüber dem Gesamtgut und umgekehrt bestehen; daß der schuldende Ehegatte zugleich als Gesamthänder Gläubiger ist oder der berechtigte Ehegatte zugleich als Gesamthänder

---

[6] Die Analogie wird nicht anerkannt von *Soergel-Gaul,* 5 zu § 1419; *Staudinger-Felgentraeger,* 4 zu § 1419; *Dölle,* § 69 III; MünchKomm-*Kanzleiter,* 3 zu § 1419.

[7] A. A. *Fabricius,* S. 152ff.; *Hennecke,* S. 98ff.; *Schünemann,* FamRZ 1976, 137; *Schmidt,* FamRZ 1976, 683ff. gegen die durchaus h. L.

Schuldner, bleibt ohne Einfluß (vgl. aber zur Fälligkeit unten VII 16 und VIII 9). Deshalb können ferner für das Vorbehalts- oder Sondergut eines Ehegatten beschränkte dingliche Rechte an Gesamtgutsgegenständen begründet werden.[8] Deshalb können schließlich Rechte rechtsgeschäftlich aus dem Gesamtgut in das Vorbehaltsgut eines Ehegatten übertragen werden (vgl. unten V 2) und aus dem Vorbehaltsgut eines Ehegatten in das Gesamtgut. Daß der erwerbende oder veräußernde Ehegatte als Gesamthänder auch in der Position des Veräußerers oder Erwerbers steht, modifiziert den rechtsgeschäftlichen Akt nicht. Soll etwa ein zum Gesamtgut gehörendes Grundstück in das Vorbehaltsgut eines Ehegatten übertragen werden, kann die Veräußerung nur durch die beiden Ehegatten als Gesamthänder an den erwerbenden Ehegatten erfolgen.

Rechtsscheinvorschriften dienen dem Schutz eines an dem veräußerten Recht nicht beteiligten Erwerbers. Sie können deshalb keine Anwendung finden, wenn die Gesamthand an einen Ehegatten veräußert.[9] Sie können dagegen zu einem Erwerb der Gesamthand führen, wenn ein Ehegatte als Nichtberechtigter über ein Recht zugunsten des Gesamtgutes verfügt: Diese Verfügung ist ein Verkehrsgeschäft, weil der andere Ehegatte (wenn auch zusammen mit dem Veräußerer) nur Erwerber ist.

5. Sondervermögen können auch bei Subjektsidentität in Rechtsbeziehungen zu anderen Sondervermögen stehen. Die Ehegatten können etwa als Gesamthänder des Gesamtgutes sich selbst als Gesamthändern einer aus Vorbehaltsgut gebildeten OHG schulden; sie können auch Gläubiger der OHG sein. Nur beschränkt möglich sind Rechtsbeziehungen zwischen dem Vorbehaltsgut und dem Sondergut eines Ehegatten: Sondergut kann (durch Ehevertrag) in das Vorbehaltsgut übertragen werden (bleibt aber im übrigen unübertragbar),[10] dagegen nicht Vorbehaltsgut in das Sondergut, denn dessen Zusammensetzung wird vom Gesetz allein beherrscht. Rechtsgeschäftliche Akte können es nur insoweit mehren, als es möglich ist, rechtsgeschäftlich die Voraussetzungen für die Zugehörigkeit zum Sondergut zu schaffen.

6. *Mehrheit von Gesamthandsverhältnissen.* Gesamthandsverhältnisse können einander überlagern; auch zum Gesamtgut der Gütergemeinschaft können Gesamt-

---

[8] Vgl. KG, ROLG 8, 119; OLG Stuttgart und OLG Colmar, ROLG 15, 410; *Erman-Heckelmann,* 3 zu § 1416; *Soergel-Gaul,* 6 zu § 1419. Beschränkte dingliche Rechte an Gesamtgutssachen zugunsten der Gesamthand sind – soweit Rechte an eigener Sache überhaupt zulässig sind – möglich. Vgl. aber dagegen KG, RJA 14, 81. Weil Gesamtgläubigerschaft und gesamthänderische Berechtigung einander ausschließen, kann eine zum Gesamtgut gehörende Grundschuld am eigenen Grundstück den Ehegatten nicht als Gesamtgläubigern zustehen. Vgl. BayObLG, JR 1963, 102.

[9] Vgl. RGZ 129, 121; BayObLG, JW 1930, 836. Rechtsscheinerwerb ist dagegen möglich, wenn ein objektiv zum Gesamtgut gehörender Gegenstand von einem Ehegatten erworben werden soll, der von seiner Mitberechtigung nichts weiß, mag auch Veräußerer der eigene Ehepartner sein. Vgl. OLG Hamburg, MDR 1959, 759 (weil der Erwerber nicht anders dasteht als jeder Dritte). A. A. *Palandt-Bassenge,* 3b zu § 892.

[10] Vgl. BayObLG, DNotZ 1953, 102.

handsanteile der Ehegatten gehören. Nichts hindert die Ehegatten insbesondere, durch Gesellschaftsvertrag mit Dritten ein Gesamthandsvermögen zu bilden, dessen Anteile ganz oder zum Teil zum Gesamtgut der Gütergemeinschaft gehören. Die Verzahnung mehrerer Gesamthandsverhältnisse ist uns auch sonst geläufig (vgl. unten IX 1 und X 1).

Personalgesellschaft mit Beteiligung eines Dritten und Gesamtgut einer Gütergemeinschaft verzahnen sich, wenn ein Ehegatte einen Gesellschaftsvertrag abschließt, der die Übertragung der Mitgliedschaften gestattet;[10a] die Mitgliedschaft wird vom Gesamtgut mittelbar sofort nach dem Vertragsschluß erworben (§ 1416 II). Personalgesellschaft mit Beteiligung eines Dritten und Gesamtgut einer Gütergemeinschaft verzahnen sich ferner, wenn die Ehegatten im gemeinschaftlichen Handeln für ihre Gesamthand einen Gesellschaftsvertrag abschließen (möglich auch bei Alleinverwaltung; vgl. unten VI 4); die Mitgliedschaft wird in diesem Fall von der Gesamthand unmittelbar erworben.[11]

Personalgesellschaften, denen allein die Ehegatten als Gesellschafter angehören, sind jedenfalls möglich, wenn die Mitgliedschaftsrechte in das Sondergut der Ehegatten fallen (so, wenn die Gesellschaft mit unübertragbaren Mitgliedschaftsrechten bei Beginn der Gütergemeinschaft bereits bestand) oder aber dem Vorbehaltsgut zugewiesen sind (womit eine Regelung im Ehevertrag erforderlich wird). Ihre Möglichkeit wird dagegen vom BGH aus rechtslogischen Gründen verneint, wenn aus dem Gesamtgut eine weitere Vermögensmasse als Sondervermögen mit den gleichen Rechtsträgern ohne Zuweisung zum Vorbehaltsgut gebildet werden soll (BGHZ 65, 79): Ehegatten sollen ,,in ihrer gütergemeinschaftlichen Verbundenheit wegen der zwangsläufigen Vereinigung ihrer Mitgliedschaftsrechte im Gesamtgut nicht Träger von Anteilen einer nur aus ihnen selbst gebildeten Gesellschaft sein" können; der Gedanke, die Anteile dem Sondergut zuzuweisen, wird zurückgewiesen, weil ,,das nichts anderes wäre als eine rechtsgeschäftliche Erklärung bestimmter Vermögensgegenstände zu Sondergut, die aus Rechtsgründen nicht zulässig ist". Gewahrt wird (wie so oft bei rein rechtslogischem Argumentieren) wenig oder gar nichts: Mittels eines Ehevertrages (Vorbehaltsgut) können die Ehegatten jederzeit eine OHG bilden; unbenommen bleibt es ihnen auch, ein nur durch die Gütergemeinschaft gesamthänderisch

---

[10a] Gegen die Unterscheidung von übertragbaren und nicht übertragbaren Mitgliedschaften in diesem Zusammenhang (wegen der stets vorhandenen personenrechtlichen Elemente) *Reuter-Kunath,* JuS 1977, 380. Wäre ihre Überzeugung richtig, so könnte die Gesamthand auch niemals ein Erwerbsgeschäft gem. § 1416 erwerben (Recht am eingerichteten und ausgeübten Gewerbebetrieb).

[11] Nur diese Form des Beteiligungserwerbs zulassend *Schlegelberger-Gessler,* 55d zu § 105 HGB; KG, HRR 1935 Nr. 1055. Schlüssig ist diese Begrenzung indessen nur, wenn zur Übertragung der Beteiligung neben dem Abtretungsvertrag zusätzlich ein Aufnahmevertrag zwischen Erwerber und Altgesellschaftern gefordert wird (vgl. zu dieser Frage *Wiedemann,* Die Übertragung und Vererbung von Mitgliedschaftsrechten bei Handelsgesellschaften, 1965, S. 58ff. mit umf. Nachw. Er selbst zu Recht ablehnend).

gebundenes Erwerbsgeschäft unter einer gemeinschaftlichen Firma zu betreiben.[12] Es handelt sich mithin nicht um die Notwendigkeit, Prinzipien des Gesellschaftsrechtes vor einer Überfremdung durch Prinzipien des Güterrechtes (und umgekehrt) zu bewahren, sondern ausschließlich um die Vernichtung von Gesellschaften, zu deren Gründung die Ehegatten keinen Notar bemühten (um nun mit der Mitteilung überrascht zu werden, daß er erforderlich gewesen sei). Die rechtslogischen Gründe sind zudem nicht zwingend (ebensowenig, wie sie es waren, als es galt, die Fortexistenz von Schuld und Forderung trotz Konfusion bei schutzwürdigem Interesse an ihrem Fortbestand zu beweisen). Ein Sondervermögen, das selbst wieder Bestandteil eines anderen Sondervermögens derselben Rechtsträger (Mehrheit; die Ehegatten bilden als Gesamthänder kein Rechtssubjekt, das von ihnen geschieden wäre) ist, kann mühelos gedacht werden, wenn es nur überhaupt rechtliche Strukturen gibt, an denen sich das Sondervermögen innerhalb des Sondervermögens als sinnvolle Größe erweist. Eben diese Strukturen aber sind für die OHG innerhalb der Gütergemeinschaft ganz unproblematisch (vgl. nur § 209 KO).[13]

Gesellschaft und Gütergemeinschaft erfahren durch die Ordnungen der beiden Gesamthandsverhältnisse eine in sich widerspruchsfreie Gesamtregelung: Über die Wahrnehmung der Rechte in der Gesellschaft befindet die Verwaltungsregelung in der Gütergemeinschaft; für die Gesellschaftsschulden haften neben dem Gesellschaftsvermögen verwaltende Ehegatten mit ihrem Vorbehalts- und Sondergut (etwa nach § 128 HGB) sowie das Gesamtgut (§§ 1459 II S. 1 und 1437 I); eine Teilung des Gesamtgutes kann Gesellschaftsvermögen nur insoweit mitumfassen, als es von der Auseinandersetzungsordnung des Gesellschaftsvertrages zur Teilung freigegeben ist.

III. Das Gesamtgut

Schrifttum: *Hofmann,* Zum Erwerb einzelner Gegenstände durch einen Ehegatten für das Gesamtgut der Gütergemeinschaft, FamRZ 1972, 117; *Tiedtke,* Universalsukzession und Gütergemeinschaft, FamRZ 1976, 510; *derselbe,* Grundstückserwerb von Ehegatten in Gütergemeinschaft, FamRZ 1979, 370; *Rehle,* Grundstückserwerb durch Ehegatten, DNotZ 1979, 196.

1. Gesamtgut ist alles, was nicht Vorbehalts- und Sondergut der Ehegatten ist, mag es nun bereits bei Eintritt der Gütergemeinschaft in der Zuständigkeit eines

[12] Vgl. *Beck,* DNotZ 1962, 348ff.; *Buchwald,* BB 1962, 1405; *Staudinger-Felgentraeger,* 14 zu § 1416; BGHZ 65, 79 (85); MünchKomm-*Kanzleiter,* 8 zu § 1416; RGRK-*Finke,* 7 zu § 1416. Überholt *Merkert,* BB 1952, 242.

[13] Umfassende Hinw. auf das Schrifttum zu der viel behandelten Frage in BGHZ 65, 79. Zu diesem Urteil *Beitzke,* FamRZ 1975, 574; *Tiedtke,* FamRZ 1975, 675 (abl.; keine Frage der Logik, sondern der Sachgerechtigkeit); *Schünemann,* FamRZ 1976, 137 (zust.); *Reuter-Kunath,* JuS 1977, 376 (gegen die Verschmelzungsthese des BGH; Zuweisung der Anteile zum Sondergut als „Notgütermasse zur Beseitigung von Widersprüchen"). Von den Kommentaren haben sich *Palandt-Diederichsen,* 1 zu § 1416; RGRK-*Finke,* 7 zu § 1416; MünchKomm-*Kanzleiter,* 10 zu § 1416, dem BGH angeschlossen.

Ehegatten gestanden haben, mag es auch erst während der Gütergemeinschaft erworben werden (§ 1416). Das Gesamtgut ist allein Essentiale der Gütergemeinschaft; in ihm vereinigen sich der Idee und der Wirklichkeit nach im Regelfall bis auf geringe Restbestände die Vermögen der Ehegatten.

Negative Umfangsbestimmung einer Vermögensmasse impliziert stets eine Vermutung zugunsten des negativ bestimmten Vermögens. Auch die Gütergemeinschaft macht keine Ausnahme: Im Streit trägt die Beweislast, wer einen Gegenstand als Vorbehalts- oder Sondergut eines Ehegatten in Anspruch nehmen will.

2. *Erwerb der Gesamthand.* Die Gesamthand erwirbt von den Ehegatten ex lege in zwei Universalsukzessionen mit Abschluß des Ehevertrages, frühestens aber mit dem Eheschluß. Kein Gegenstand muß durch rechtsgeschäftlichen Akt der Gesamthand übertragen werden (§ 1416 II). Grundbuch, Schiffsregister und Schiffsbauregister werden unrichtig; ihre Berichtigung kann von jedem Ehegatten gemäß § 22 I GBO oder § 31 SchiffsRegO durchgesetzt werden; der bislang allein berechtigte Ehegatte ist seinem Partner zur Abgabe einer Berichtigungsbewilligung verpflichtet (§ 1416 III).[1]

Bestehende Schwebelagen mit gegenständlichem Bezug (etwa: Grundstück eines Ehegatten bereits aufgelassen, Eigentumsänderung jedoch noch nicht eingetragen) bleiben erhalten. Zweck der Universalsukzessionen ist es, den Rechtsübergang von den Ehegatten in ihrer Vereinzelung auf die Gesamthand schnell, reibungslos und ohne Gefahr zufälliger Rückstände zu vollziehen. Zweck der Universalsukzessionen ist es dagegen nicht, in Positionen Dritter einzugreifen, die sie bereits durch frühere Akte eines Ehegatten erreichten.[2] Der weitere Vollzug des Dritterwerbs bedarf freilich der Mitwirkung des Ehegatten, wenn und soweit Handlungen vorzunehmen sind (Abgabe der Eintragungsbewilligung), die seiner Verwaltungsmacht unterliegen.

Erwerb ex lege ist nie Erwerb kraft Rechtsscheins. Die Gesamthand erwirbt nur, was wirklich zum Vermögen der Ehegatten gehört, und sie erwirbt es nur so, wie es zum Vermögen der Ehegatten gehört (unstr.).

---

[1] Will ein Ehegatte das Grundbuch berichtigen lassen, muß er entweder den Nachweis bestehender Gütergemeinschaft (etwa durch Zeugnis des Registerrichters nach § 33 GBO) führen oder die Zustimmung seines Partners beibringen; vgl. § 22 II GBO.

Bis zur Berichtigung des Grundbuches kann von dem allein eingetragenen Ehegatten kraft Rechtsscheins auch dann erworben werden, wenn das Güterrechtsregister richtig Gütergemeinschaft der Ehegatten anzeigt. Das Grundbuch genießt einen öffentlichen Glauben, der durch das Güterrechtsregister nicht geschmälert werden darf. Ebenso *Kipp-Wolff,* § 60 II 1 mit Fn. 7; *Staudinger-Felgentraeger,* 41 zu § 1416; *Dölle,* § 67 I c. Vgl. aber unten VII 11 und VIII 1 zu den Grenzen des Rechtsscheinerwerbes durch Bindung der Verfügungsmacht.

[2] Das entspricht i. Erg. den Ausführungen von *Tiedtke,* FamRZ 1976, 510 ff. Er wendet sich gegen BayObLG, Rpfleger 1976, 348. Doch ist dem Urteil nicht klar zu entnehmen, ob es nicht doch die vor Eintritt der Gütergemeinschaft erklärte Auflassung anerkennt und die Zustimmung des anderen Ehegatten lediglich für die Eintragungsbewilligung fordert (was richtig wäre).

Streitig ist der Erwerb der Gesamthand während Bestehens der Gütergemeinschaft, soweit der Erwerbstatbestand (insbesondere die Willenserklärungen in den Erwerbsgeschäften) nicht die Gesamthand als Erwerber ausweist, sondern nur einen Ehegatten. *Durchgangserwerb* wird von den einen angenommen, also Erwerb der Gesamthand von den Ehegatten eine ,,logische Sekunde" nach Vollendung des Erwerbstatbestandes in der Person eines Ehegatten.[3] *Unmittelbaren Erwerb der Gesamthand* behaupten die anderen aus praktischen Gesichtspunkten und rechtfertigen ihn – wenn überhaupt – durch gesetzliche Erwerbsermächtigungen der Ehegatten für die Gesamthand, deren Wirkungen auch durch ausdrückliche gegenläufige Erklärungen im Einzelfall nicht vermieden werden können[4] (womit die Erwerbsermächtigung begriffswidrig zum Erwerbszwang degeneriert).

Das Gesetz ist unergiebig. § 1416 I 2 kennt den Durchgangserwerb, fordert ihn aber nicht. Ausgangspunkt aller Überlegungen muß deshalb der Erwerbstatbestand sein. Er bezeichnet den Erwerber (etwa: in der dinglichen Einigung des § 929 oder derjenigen des § 873), den auch eine Erwerbsermächtigung nicht ändern kann. Nur eine Subjektsänderung im Erwerbstatbestand kraft Gesetzes könnte an die Stelle des erwerbenden Ehegatten die Gesamthand setzen, doch wird selbst eine sehr freie Interpretation des § 1416 I 2 in ihm keinen derartigen Eingriff des Gesetzes in die Erwerbstatbestände entdecken können. Es existieren zudem Erwerbstatbestände, die sich gar nicht kraft einer Erwerbsermächtigung von einem Ehegatten auf die Gesamthand ,,verlagern" lassen (Grundstückserwerb mit Buchung nur des erwerbenden Ehegatten),[5] und Erwerbstatbestände, mit denen sich Rechtsfolgen verbinden, die offensichtlich nicht auf die Gesamthand bezogen werden können. Der allein zur Erbschaft berufene Ehegatte ist und bleibt Erbe. Von ihm erwirbt die Gesamthand, nicht als Erbe, sondern kraft Güterrechtes vom Erben.[6] So spricht alles für einen Durchgangserwerb und nichts für einen unmittelbaren Erwerb der Gesamthand.

Die Gesamthand erwirbt von den Ehegatten ohne gegenständliche Beschränkung, also auch Forderungen; mit dem Erwerb tritt kraft Gesetzes ein Gläubigerwechsel ein. Das zunächst allein dem Ehemann geschuldete Grundstück wird

[3] So *Kipp-Wolff,* § 60 II; *Planck-Unzner,* 3 zu § 1438 a. F.; *Staudinger-Felgentraeger,* 21 f. zu § 1416; *Dölle,* § 67 I 1 b (der aber für den Alleinverwalter Erwerbsmacht für die Gesamthand behauptet); *Palandt-Diederichsen,* 3 zu § 1416; BayObLG, MDR 1954, 306; Rpfleger 1975, 302; grds. auch Münch-Komm-*Kanzleiter,* 21 f. zu § 1416 (jedoch Direkterwerb, wenn der erwerbende Ehegatte erkennbar für das Gesamtgut erwerben wollte oder dem Geschäftspartner der Erwerber erkennbar gleichgültig war).

[4] So *Erman-Heckelmann,* 5 zu § 1416 (jedoch nur für Singularsukzessionen); *Hofmann,* FamRZ 1972, 117 ff. Für die Unmittelbarkeitstheorie aus Gründen der Praktikabilität auch *Soergel-Gaul,* 5 zu § 1416; *Beitzke,* § 16 II 1.

[5] Vgl. *Erman-Heckelmann,* 6 zu § 1416.

[6] Vgl. BayObLGZ 2, 219 (223): Erbschein für den als Erben berufenen Ehegatten.

bereits eine logische Sekunde später der Gesamthand geschuldet.[7] Die strikte Notwendigkeit eines dem Gläubigerwechsel entsprechenden Leistungsvollzuges würde freilich in Ermangelung einer besonderen Erwerbsmacht selbst des allein verwaltenden Ehegatten stets gemeinschaftlichen Leistungsempfang bedingen und damit die Möglichkeit einer Verwaltung des Gesamtgutes nur durch einen Ehegatten ebenso entwerten wie die den Ehegatten belassene unbeschränkte Verpflichtungsfähigkeit. Augenscheinlich basiert die Gesamtregelung der Gütergemeinschaft auf dem Gedanken der Empfangszuständigkeit des Alleinverwalters für alle in das Gesamtgut geschuldeten Leistungen und der Empfangszuständigkeit des jeweiligen Ehegatten, in dessen Person die Forderung entstand (beider Ehegatten, wenn ihnen in Bruchteilsgemeinschaft geschuldet wurde). Für den Erwerb der Gesamthand sorgt hier wie dort § 1416.[8] Aus praktischen Gründen ist im Grundstücksverkehr die sofortige Eintragung beider Ehegatten (als Gesamthandsgemeinschaft) vorzunehmen, obwohl recht betrachtet erst die Voreintragung den Erwerbstatbestand für die Gesamthand schafft.[9] Das gilt für den Einzelerwerb. Das gilt aber auch, wenn die Ehegatten (weil sie sich ihrer Gütergemeinschaft nicht erinnerten) die Auflassung zu Bruchteilseigentum entgegennahmen.[9a]

Durchgangserwerb und unmittelbarer Erwerb der Gesamthand trennen sich in allen Fragen, für die eine logische Sekunde der Rechtszuständigkeit eines Ehegatten wesentlich sein kann. Sie trennen sich insbesondere beim Erwerb kraft Rechtsscheins. Nur der erwerbende Ehegatte muß guten Glaubens sein beim Durchgangserwerb, beide Ehegatten dagegen beim unmittelbaren Erwerb der Gesamthand.

---

[7] Dennoch lehnt BayObLG, NJW 1957, 1521 die Eintragung einer Auflassungsvormerkung zugunsten der Gesamthand nach Kauf durch einen Ehegatten ab. Der Hinweis auf mangelnde Legitimation des anderen Ehegatten zur Geltendmachung des Anspruches ist unrichtig; die Möglichkeit gemeinschaftlicher Ausübung des Rechtes besteht stets (auch bei Alleinverwaltung des kaufenden Ehegatten; vgl. unten VI 4).

[8] Die Rspr. entspricht in ihren Ergebnissen dem Text. Vgl. für die Leistungen an einen nicht verwaltenden Ehegatten auf Grund einer in seiner Person entstandenen Forderung KG, ROLG 12, 308 (309f.); OLG Saarbrücken, FamRZ 1955, 138; *Güthe-Triebel,* Grundbuchordnung, 6. Aufl. 1936/37, 21 zu § 33 GBO; *Meike-Imhof-Riedel,* Kommentar zur Grundbuchordnung, 6. Aufl. 1965/71, 31 zu § 33 GBO. Wirksam ist ihnen zufolge auch eine beim Leistungsempfang bestellte Kaufpreishypothek und ein bei gleicher Gelegenheit bestellter Nießbrauch, wenn der Anspruch der Gesamthand nur auf Erwerb einer entsprechend belasteten Sache gerichtet ist. Ebenso MünchKomm-*Kanzleiter,* 21 zu § 1422.

Keine Erfüllung tritt ein, wenn der nicht verwaltende Ehegatte eine Forderung einzieht, die vom Alleinverwalter begründet wurde. Vgl. BGH, FamRZ 1957, 247 (248).

[9] BayObLG, MDR 1954, 306; NJW 1957, 1521; Rpfleger 1975, 302; *Palandt-Diederichsen,* 4 zu § 1416; *Erman-Heckelmann,* 6 zu § 1416. Die Voreintragung des erwerbenden Ehegatten ist mit Rücksicht auf § 82 GBO streng genommen sogar unzulässig. Vgl. RGZ 155, 344; *Staudinger-Felgentraeger,* 35 zu § 1416; *Dölle,* § 67 I c bb; MünchKomm-*Kanzleiter,* 26 zu § 1416.

[9a] A. A. BayObLG, WM 1978, 1392; OLG Düsseldorf, DNotZ 1979, 219. Beide Entscheidungen fordern erneute Auflassung an die Gesamthand. Vgl. gegen sie *Tiedtke,* FamRZ 1979, 370; *Rehle,*

IV. Sondergut

Schrifttum: *Lutter,* Zum Umfang des Sonderguts, AcP 161 (1962), 163.

1. Sondergut sind alle Gegenstände in der Rechtszuständigkeit eines Ehegatten, die nicht durch Rechtsgeschäft übertragen werden können (§ 1417 II). Ein Nießbrauch gehört etwa zum Sondergut (§ 1059), der Anteil an einer OHG, soweit nicht Übertragbarkeit der Anteile vereinbart wurde (§§ 105 II HGB, 717, 719 BGB; vgl. oben II 6), ein Anspruch auf Schmerzensgeld, sofern er nicht vertraglich anerkannt wurde oder rechtshängig geworden ist,[1] der Anteil an einer fortgesetzten Gütergemeinschaft,[2] Lohn- und Gehaltsforderungen, soweit sie der Pfändung nicht unterworfen sind (vgl. § 400) usw.[2a] Unübertragbarkeit kraft Gesetzes und kraft Rechtsgeschäftes stehen gleich.[3] Forderungen, die ein pactum de non cedendo der Zession entzieht (vgl. § 399), fallen deshalb in das Sondergut.

2. Das Sondergut hat – anders als das Vorbehaltsgut – nicht die Aufgabe, den Ehegatten eine Sphäre der Ungebundenheit zu sichern. Es ist eine Vermögensmasse, die notgedrungen anerkannt wird, für den Bestand der Gütergemeinschaft jedoch belanglos ist. Das der Erhaltung von Sondervermögen dienende Surrogationsprinzip wird deshalb beim Sondergut auch nicht befolgt; Surrogate des Sondergutes fallen in das Gesamtgut, sofern sie nicht selbst den Tatbestand des Sondergutes erfüllen, also durch Rechtsgeschäft nicht übertragen werden können. Der unpfändbare Teil einer Gehaltsforderung ist etwa ebenso Sondergut

---

DNotZ 1979, 196 (irrig hier aber die Überzeugung, daß die Auflassungserklärung des Veräußerers sich schlechthin auf die Übereignung des Grundstücks richte und die Bestimmung des Gemeinschaftsverhältnisses allein dem Erwerber obliege; vgl. S. 202).

[1] RGZ 96, 96 (97); OLG Stuttgart, VersR 1958, 891. Obwohl der Anspruch mit der Klagerhebung in das Gesamtgut fällt, bleibt die Prozeßführungsbefugnis des zunächst allein berechtigten Ehegatten bestehen (§ 265 II S. 1 ZPO). Nur mit Zustimmung des Beklagten kann die Gesamthand den Prozeß übernehmen (§ 265 II S. 2 ZPO).

[2] Str. Vgl. in erster Linie RGZ 125, 347 mit weit. Hinw. Die Entscheidung läßt jedenfalls den Anteil an einer beendeten, aber noch nicht auseinandergesetzten fortgesetzten Gütergemeinschaft in das Gesamtgut fallen. Ihr zustimmend *Dölle,* § 67 Fn. 18; *Erman-Heckelmann,* 3 zu § 1417. Wie der Text *Kipp-Wolff,* § 60 IV mit Fn. 10a; *Staudinger-Felgentraeger,* 7 und 8 zu § 1417; MünchKomm-*Kanzleiter,* 4 zu § 1417. Vgl. ferner RGRK-*Finke,* 7 zu § 1417 (Auffassung des RG bedenklich). Alle Versuche, den Anteil entweder stets oder doch jedenfalls für das Stadium der Auseinandersetzung als Bestandteil des Gesamtgutes zu erweisen, sind gezwungen, den Begriff der „rechtsgeschäftlichen Übertragung" anders als sonst zu interpretieren.

[2a] Sondergut wird dagegen nicht die einem Ehegatten angefallene Vorerbschaft; die §§ 2113ff. begründen keine Unübertragbarkeit der zu ihr gehörenden Gegenstände. Gl. Ans. *Erman-Heckelmann,* 3 zu § 1417; RGRK-*Finke,* 8 zu § 1417. A. A. dagegen *Staudinger-Felgentraeger,* 15 zu § 1417.

[3] Str. Vgl. zum Streitstand *Lutter,* AcP 161 (1962), 165ff. Er selbst rechnet zum Sondergut nur Gegenstände, die auf Grund ihrer höchstpersönlichen Natur oder ihrer besonderen rechtlichen Ausgestaltung unübertragbar sind. Ebenso *Soergel-Gaul,* 3 zu § 1417; *Palandt-Diederichsen,* 2 zu § 1417. Wie der Text *Staudinger-Felgentraeger,* 4 zu § 1417; *Dölle,* § 67 III; MünchKomm-*Kanzleiter,* 3 zu § 1417; RGRK-*Finke,* 5 zu § 1417.

wie der nicht durch Vertrag übertragbar gestellte Anteil an einer OHG. Das zur Erfüllung der Forderung geleistete Geld fällt dagegen ebenso in das Gesamtgut wie das Auseinandersetzungsguthaben eines aus der OHG ausscheidenden Gesellschafters.[4]

Auch die Verwaltung des Sondergutes ist Verwaltung ohne Erhaltungsinteresse. *Jeder Ehegatte verwaltet sein Sondergut selbständig, jedoch für Rechnung des Gesamtgutes* (§ 1417 III). Die Nutzungen des Sondergutes mehren das Gesamtgut; die Lasten des Sondergutes sind von der Gesamthand zu tragen.

V. Vorbehaltsgut

1. Vorbehaltsgut ist grds. das für den Ehegatten zur Alleinzuständigkeit und zur selbständigen Verwaltung für eigene Rechnung rechtsgeschäftlich vorbehaltene Gut. Vorbehaltsgut kraft Gesetzes ist dagegen dem deutschen Recht nur im Rahmen des § 1587 III geläufig (vgl. dazu oben unter II 1). Selbst die Gegenstände des ausschließlich persönlichen Gebrauchs gehören zum Gesamtgut (vgl. aber auch § 1477 II).

2. *Zuweisung durch Ehevertrag.* Vorbehaltsgut sind alle Gegenstände, die ein Ehevertrag mit ausreichender Bestimmtheit (für den späteren Erwerb etwa durch Hinweis auf den Erwerbsgrund[1]) in das Vorbehaltsgut leitet (§ 1418 II Nr. 1). Einzelgegenstände bieten sich primär an, doch können auch ganze Vermögensmassen (das voreheliche Vermögen, das Fahrnis- oder auch Immobiliarvermögen bei Eintritt des Güterstandes) dem Vorbehaltsgut zugewiesen werden. Vorbehaltsgut sind ferner alle zunächst zum Gesamtgut gehörenden Gegenstände, die ein Ehevertrag für die Zukunft dem Vorbehaltsgut eines Ehegatten zuweist, sobald die Gesamthand die durch den Ehevertrag begründete Pflicht zur Übertragung des Gegenstandes auf den begünstigten Ehegatten erfüllt hat[2] (dagegen ist – als Folge des § 1416 – der Ehevertrag ausreichend, wenn umgekehrt Vorbehaltsgut Gesamtgut werden soll,[3] aber auch – jetzt mangels eines Subjektwech-

---

[4] Vgl. RGZ 146, 282.

[1] Möglich ist etwa eine Vereinbarung, die künftigen Erwerb durch Schenkung in das Vorbehaltsgut leitet. Ebenso *Soergel-Gaul,* 4 zu § 1418; *Palandt-Diederichsen,* 3a zu § 1418; *Staudinger-Felgentraeger,* 14 zu § 1418; *Dölle,* § 67 IV 1 a aa; *Erman-Heckelmann,* 3 zu § 1418; MünchKomm-*Kanzleiter,* 4 zu § 1418. Dagegen KG, ROLG 12, 310 (keine generelle Abrede. Die Notwendigkeit eines den Einzelfall nennenden Vertrages ist indessen aus § 1418 nicht zu begründen). Unbestr. ist die Möglichkeit, Inbegriffe von Gegenständen ohne Einzelnennung dem Vorbehaltsgut zuzuweisen. Vgl. RG, JW 1916, 834.

[2] Vgl. OLG Hamburg, ROLG 12, 312; BayObLGZ 6, 295 (297); *Kipp-Wolff,* § 60 Fn. 14; *Erman-Heckelmann,* 2 zu § 1418; *Soergel-Gaul,* 5 zu § 1418; *Staudinger-Felgentraeger,* 16 zu § 1418; *Dölle,* § 67 IV 1 a aa. Gegen die h. L. (Übergang mit Abschluß des Ehevertrages) MünchKomm-*Kanzleiter,* 3 zu § 1418.

[3] Gegen die durchaus h. M. insoweit mit Recht MünchKomm-*Kanzleiter,* 18 zu § 1416. Für die h. M. vgl. OLG Colmar, ROLG 7, 54; KG, KGJ 52, 140; *Staudinger-Felgentraeger,* 25 zu § 1416; RGRK-*Finke,* 6 zu § 1418; *Erman-Heckelmann,* 2 zu § 1418.

sels –, wenn Sondergut im Hinblick auf § 1418 III Vorbehaltsgut werden soll[4]). Vorbehaltsgut sind schließlich alle aus dem Vorbehaltsgut eines Ehegatten in das Vorbehaltsgut des Partners geleisteten Gegenstände.[5] Sinn des § 1418 ist es nicht, den rechtsgeschäftlichen Verkehr zwischen den Ehegatten mit ihrem Vorbehaltsgut in die Form des Ehevertrages zu pressen; was durch Ehevertrag zum Vorbehaltsgut eines Ehegatten wurde, bleibt deshalb Vorbehaltsgut auch, wenn es dem Partner zielgerichtet übertragen wird.

3. *Zuweisung durch Dritte.* Vorbehaltsgut sind alle Gegenstände, die einem Ehegatten von Dritten unentgeltlich[6] (Schenkung, Ausstattung) oder von Todes wegen mit Vorbehaltsklausel zugewendet werden (§ 1418 II Nr. 2).[7] Freilich können Dritte gegen den Willen der Ehegatten nicht Vorbehaltsgut bilden: Schließt der Ehevertrag Vorbehaltsgut aus, kann die Vorbehaltsklausel nicht vollzogen werden.[8] Dritte können auch gegen den Willen der Ehegatten Vorbehaltsgut nicht erhalten: Der begünstigte Ehegatte kann seinen Erwerb (durch Ehevertrag) der Gesamthand übertragen. Immerhin können Dritte eine ihrem Willen nicht entsprechende Bereicherung des Gesamtgutes praktisch verhindern, indem sie die Möglichkeit von Vorbehaltsgut und den Verbleib der zugewendeten Gegenstände in ihm zur (auflösenden) Bedingung ihrer Zuwendung erheben.[8a]

4. *Surrogation.* Vorbehaltsgut sichert den Ehegatten innerhalb der Gütergemeinschaft eine Sphäre der Bindungslosigkeit, die ihnen mit Hilfe des Surrogationsprinzips erhalten wird. Vorbehaltsgut sind auch alle Gegenstände, ,,die ein Ehegatte auf Grund eines zu seinem Vorbehaltsgut gehörenden Rechtes oder als Ersatz für die Zerstörung, Beschädigung oder Entziehung eines zum Vorbehaltsgut gehörenden Gegenstandes oder durch ein Rechtsgeschäft erwirbt, das sich auf das Vorbehaltsgut bezieht" (§ 1418 II Nr. 3). Die beiden ersten Alternativen zeigen das Surrogationsprinzip in einer Form, die sich bei allen Sondervermögen

---

[4] Diese Möglichkeit wird auch anerkannt von *Soergel-Gaul,* 4 zu § 1417; *Dölle,* § 67 IV 1 a aa.

[5] Vgl. (obiter) OLG Hamburg, ROLG 12, 312 und *Staudinger-Felgentraeger,* 17 zu § 1418, für den Fall der Schenkung; allgemein *Soergel-Gaul,* 7 zu § 1416, und *Dölle,* § 67 IV 1 a aa.

[6] Unentgeltlich ist die Zuwendung auch, wenn ein Entgelt von dritter Seite geleistet wird. Vgl. RGZ 171, 83; *Staudinger-Felgentraeger,* 34 zu § 1418; *Erman-Heckelmann,* 4 zu § 1418; MünchKomm-*Kanzleiter,* 7 zu § 1418.

[7] Die Vorbehaltsklausel ist bereits als vorsorgliche Klausel vor Eintritt der Gütergemeinschaft, ja sogar vor der Heirat des Begünstigten möglich. Vgl. RGZ 106, 381; *Palandt-Diederichsen,* 3b bb zu § 1418; *Erman-Heckelmann,* 4 zu § 1418; *Soergel-Gaul,* 8 zu § 1418; *Staudinger-Felgentraeger,* 40 zu § 1418; *Dölle,* § 67 IV 3e. And. Ans. RGZ 65, 367. Sie kann der vollzogenen Zuwendung nicht mehr hinzugefügt werden. Vgl. RG, Recht 1915 Nr. 2515. Einer Form ist sie beim Rechtserwerb unter Lebenden auch dann nicht unterworfen, wenn das Zuwendungsgeschäft formgebunden ist. Vgl. OLG Hamburg, Recht 1918 Nr. 1007. Allg. M.

[8] Vgl. OLG Stuttgart, JW 1932, 1402; *Soergel-Gaul,* 7 zu § 1418; MünchKomm-*Kanzleiter,* 6 zu § 1418; RGRK-*Finke,* 10 zu § 1418.

[8a] Dagegen verbindet RGRK-*Finke,* 10 zu § 1418, mit einer Bedingung grds. die Vorstellung einer Beschränkung der Vertragsfreiheit der Ehegatten.

mit Surrogation durchgesetzt hat (vgl. etwa §§ 718, 2111 I S. 1). Die Surrogation kraft rechtsgeschäftlichen Bezuges trennt dagegen das Vorbehaltsgut (aber nicht dieses allein) von anderen Sondervermögen, denen alles zugewiesen wird, was mit ihren Mitteln erworben wird (vgl. etwa §§ 2019 I, 2111 I S. 1). Freilich nimmt die Surrogation kraft rechtsgeschäftlichen Bezuges die Mittelsurrogation weithin in sich auf. Sie greift stets ein, wenn der handelnde Ehegatte ein Rechtsgeschäft subjektiv auf sein Vorbehaltsgut bezieht (mag auch dieser Bezug bei der Vornahme des Rechtsgeschäfts nicht erkennbar sein), sofern das Rechtsgeschäft objektiv in einem wirtschaftlichen Zusammenhang mit dem Vorbehaltsgut gesehen werden kann.[9] In das Vorbehaltsgut fallen etwa die Rechte aus einer Unfallversicherung, die ein Ehegatte abschließt, der ein zum Vorbehaltsgut gehörendes Handelsgeschäft betreibt.[10]

5. *Verwaltung.* Das Vorbehaltsgut wird von dem allein zuständigen Ehegatten für eigene Rechnung ohne späteren Zugewinnausgleich verwaltet (§ 1418 III).[11] Vorbehaltsgut trägt also Gütertrennung partiell in die Gütergemeinschaft. Ohne Belang ist die Verwaltung für den Besitz. Der vielfach bejahte Alleinbesitz des zuständigen Ehegatten auch bei gemeinschaftlicher Benutzung der zum Vorbehaltsgut gehörenden Gegenstände[12] verkennt die Eigenständigkeit des Besitzes, übersieht aber auch, daß der Schluß vom Recht zum Besitz auf den Besitz für jene Sachen verfehlt ist, die zur Mitbenutzung zu überlassen sind (vgl. oben § 19 III).

6. Dritten gegenüber wirkt die Zugehörigkeit zum Vorbehaltsgut nur nach Maßgabe des § 1412, im Schutzbereich des Güterrechtsregisters also nur bei Eintragung und bei positiver Kenntnis. Auch der Erwerb von Dritten mit Vorbehaltsklausel und der Erwerb durch Surrogation sind nicht ausgeschlossen; die Sicherheit des rechtsgeschäftlichen Verkehrs hat den Vorrang erhalten vor dem Verlangen der Ehegatten nach einer Sicherung ihrer Eigensphäre.[13]

VI. Verwaltung des Gesamtgutes

Schrifttum: *Pohle,* Zur Vollstreckung bei Allein- oder Mitgewahrsam des Ehegatten des Schuldners, MDR 1954, 705 und 1955, 1; *Müller,* Zur Verfahrensart der güterrechtlichen Unterrichtungsklage nach § 1435 S. 2 BGB, FamRZ 1971, 551.

---

[9] Vgl. RGZ 92, 139 (141 f.); RG, Warn. 1923/24 Nr. 15; *Palandt-Diederichsen,* 3c zu § 1418; *Staudinger-Felgentraeger,* 54ff. zu § 1418; *Dölle,* § 67 IV Ib cc; *Soergel-Gaul,* 13 zu § 1418; MünchKomm-*Kanzleiter,* 11 zu § 1418.

[10] Vgl. RGZ 72, 165 (167).

[11] Zur Zwangsvollstreckung in das Vorbehaltsgut genügt ein gegen den zuständigen Ehegatten gerichteter Vollstreckungstitel.

[12] Vgl. RG, JW 1914, 147; *Palandt-Diederichsen,* 1 zu § 1418. Vgl. dagegen *Erman-Heckelmann,* 6 zu § 1418; MünchKomm-*Kanzleiter,* 14 zu § 1418.

[13] Eine Aufzählung der einzelnen Gegenstände kann schlechthin nicht erforderlich sein. Es müssen Eintragungen genügen, die bei gehöriger Sorgfalt die Zugehörigkeit einzelner Gegenstände zum Vorbehaltsgut offenbaren. Vgl. *Erman-Heckelmann,* 7 zu § 1418.

1. *Alleinverwaltung und gemeinschaftliche Verwaltung.* Bei der Verwaltung des Gesamtgutes wird die Gütergemeinschaft zur Gesamthand ohne fixe Struktur. Alleinverwaltung eines Ehegatten ist ebenso möglich wie gemeinschaftliche Verwaltung. Ausgeschlossen sind dagegen andere Regelungen, insbesondere die Vereinbarung konkurrierender selbständiger Verwaltungsrechte beider Ehegatten (vgl. oben § 32 III 6). Zwischen Alleinverwaltung und der (meist gewählten) gemeinschaftlichen Verwaltung entscheidet der Ehevertrag. Schweigt er, wird das Gesamtgut gemeinschaftlich verwaltet (§ 1421).[1] Schweigt das Güterrechtsregister, können nicht informierte Dritte im rechtsgeschäftlichen und prozessualen Bereich trotz vereinbarter Alleinverwaltung von gemeinschaftlicher Verwaltung ausgehen (§ 1412).

2. *Inhalt des Verwaltungsrechts.* Das Recht zur Verwaltung des Gesamtgutes (absolutes Recht[2]) vermittelt die Befugnis, das Gesamtgut in Besitz zu nehmen und der Gesamthand Besitz zu vermitteln,[3] sowie die Befugnis, im eigenen Namen über Rechte der Gesamthand zu verfügen und Rechtsstreitigkeiten zu führen (§§ 1422, 1450).[4] Es vermittelt dagegen *keine Erwerbsermächtigung und keine Verpflichtungsmacht.* Auch ein verwaltender Ehegatte erwirbt zunächst für sich; von ihm erwirbt die Gesamthand (vgl. oben III 2). Die Schuldenregelung zeigt die gleiche Struktur: Jeder Ehegatte begründet Verbindlichkeiten für sich; Verpflichtungen der Gesamthand und des Partners werden vom Gesetz als akzessorische Verpflichtungen angeordnet.

Das Recht, die verwalteten Sachen allein in Besitz zu nehmen, steht unter dem Vorbehalt eines (stets vorrangigen) Rechtes des Partners zum Alleinbesitz (praktisch für Gegenstände, die dem ausschließlich persönlichen Gebrauch dienen, aber auch nach Trennung der Ehegatten; vgl. § 1361 a) oder Mitbesitz aus den §§ 1353 ff.[4a] Im übrigen erlaubt es grundsätzlich (Ausnahme: § 857) keinen Schluß auf den Besitz selbst. Entscheidend ist und bleibt insoweit allein die tatsächliche Lage im Einzelfall, die vielfach (und bei Hausrat und Ehewohnung immer) auch bei Alleinverwaltung Mitbesitz beider Ehegatten zeigen wird. In Gütergemeinschaft lebende Ehegatten verhalten sich nicht anders als Ehegatten, die in einem System der Gütertrennung leben (vgl. zu ihnen oben § 34 II 3).[5] Wer

---

[1] Vorbehaltlich eines ändernden Ehevertrages verwaltet aber der Mann das Gesamtgut, wenn Gütergemeinschaft vor dem 1. 4. 1953 vereinbart wurde. Vgl. Art. 8 I Nr. 6 GleichberG.

[2] Vgl. dazu OLG Hamburg, ROLG 7, 404; 21, 232 (Unterlassungs- und Beseitigungsanspruch gegen den Partner).

[3] Der Verwalter ist also nach Besitzergreifung gleichzeitig unmittelbarer Alleinbesitzer und zusammen mit dem Partner mittelbarer Besitzer.

[4] Der Verwalter ist in der Regel verkehrssicherungspflichtig. Vgl. BGHZ 5, 378.

[4a] Vgl. MünchKomm-*Kanzleiter,* 11 ff. zu § 1422.

[5] A. A. *Pohle,* MDR 1954, 707 und 1955, 5 (unter Berufung auf die Lebenserfahrung); *Palandt-Diederichsen,* 3 zu § 1422. Wie der Text *Erman-Heckelmann,* 3 zu § 1422; *Soergel-Gaul,* 7 zu § 1422.

Verwaltung durch den Partner wählt, will in der Regel nicht unmittelbaren Besitz aufgeben. Und wer Alleinverwaltung übernimmt, will in der Regel den Partner vom üblichen Mitbesitz der Ehegatten nicht ausschließen.

3. *Mißbrauch des Verwaltungsrechts.* Verwaltungshandlungen, die den Rahmen des Verwaltungsrechts überschreiten und in absolute Rechte des Gesamtgutes eingreifen, geben der Gesamthand *Abwehransprüche gegen den Verwalter.* Diese Ansprüche kann der andere Ehegatte selbst dann geltend machen, wenn er von der Verwaltung ausgeschlossen und die Rechtswahrnehmung zugleich Akt der Verwaltung für das Gesamtgut ist.[6] Jeder Ehegatte kann etwa gegen eine mißbräuchliche Verwaltungshandlung seines Partners aus dem betroffenen Einzelrecht auf Unterlassung oder Beseitigung klagen. Jeder Ehegatte kann auch die Berichtigung des Grundbuchs betreiben, wenn es ausschließlich den Partner als Rechtsinhaber ausweist.[7]

4. *Gemeinsames Handeln bei Alleinverwaltung.* Auch wenn Alleinverwaltung vereinbart wurde, können jederzeit beide Ehegatten gemeinschaftlich für die Gesamthand handeln. Das Recht zur Alleinverwaltung ist kein Exklusivrecht, sondern eine zusätzliche Möglichkeit wirksamen Handelns für die Gesamthand.[8] Der praktische Wert der Aussage ist freilich gering. Kann bereits der verwaltende Ehegatte Wirkungen für das Gesamtgut erzielen, wird das Auftreten auch des Partners grundsätzlich gleichgültig. Er zeigt sich, wenn das Gesamtgut einen durch Rechtsgeschäft nicht übertragbaren Gegenstand (etwa die Beteiligung an einer Personalgesellschaft oder einen Nießbrauch) erwerben soll. Bei Erwerb durch den Einzelverwalter fällt der Gegenstand stets in dessen Sondergut. Erwerb durch beide Ehegatten berechtigt dagegen die Gesamthand.[9]

Das gleiche Ergebnis läßt sich mit einer Vollmacht erzielen (der Einzelverwalter handelt dann zugleich im eigenen Namen und im Namen des Partners). Die Verwaltungsregelung der Gütergemeinschaft ist in keinem ihrer Teile der rechtsgeschäftlichen Ergänzung durch Bevollmächtigungen und Ermächtigungen (§ 185) entzogen, mag auch die Ergänzung praktisch zu einer Korrektur der Verwaltungsregelung führen (ein Ehegatte erteilt dem Partner Generalvollmacht und ermöglicht ihm damit trotz Vereinbarung gemeinschaftlicher Verwaltung die Alleinverwaltung des Gesamtgutes). Ungeschmälert bleibt auch die Handlungsmacht aus § 1357.

---

[6] Bei gemeinschaftlicher Verwaltung kann jeder Ehegatte generell Rechte des Gesamtgutes (also auch Forderungen) gegen den Partner geltend machen. Vgl. § 1455 Nr. 6.

[7] Richtig KG, JW 1934, 1580.

[8] Der Gedanke ist in der Rspr. noch nicht anerkannt. Er wirkt zwar bereits in der Entscheidung KG, JFG 1, 338 (342), wurde aber schon wieder nicht mehr beachtet in KG, JFG 2, 283 (284).

[9] Vgl. *Kipp-Wolff,* § 62 III. OLG Colmar, ROLG 16, 181 verneint die Möglichkeit eines zum Gesamtgut gehörenden Nießbrauches. Richtig BayObLG, JW 1932, 3005 (ein für die Ehegatten bestelltes Wohnrecht gehört zum Gesamtgut).

5. *Mängel in der Geschäftsfähigkeit.* Verwalten kann nur, wer voll geschäftsfähig ist. Schon beschränkte Geschäftsfähigkeit des zur Verwaltung berufenen Ehegatten zwingt zu einer Änderung der Verwaltungsregelung. Untauglich sind ferner Ehegatten, die einen Abwesenheits- oder Gebrechlichkeitspfleger für ihr Vermögen erhielten (§ 1915); sie sind zumindest tatsächlich zur Verwaltung unfähig.[10]

Gemeinschaftliche Verwaltung wandelt sich beim Ausfall eines Ehegatten zur Alleinverwaltung des anderen (§ 1458). An die Stelle der vertraglich gewollten Mitverantwortung tritt also Alleinverantwortung (nach den Bestimmungen der §§ 1422–1449),[11] neben der alternativ für den Fall rechtskräftiger Entmündigung des Partners das Recht steht, auf Beendigung der Gütergemeinschaft zu klagen (§ 1469 Nr. 5).

Alleinverwaltung bleibt beim Ausfall des verwaltenden Ehegatten doch dessen Aufgabe. Der Vormund oder Pfleger führt die Verwaltung im fremden Namen mit allen Rechten und Pflichten eines Vormundes oder Pflegers gegenüber dem verwaltenden Ehegatten, der seinerseits dem Partner verantwortlich bleibt (§ 1436). Die Situation ändert sich auch nicht, wenn der Partner selbst Vormund oder Pfleger ist (häufig; vgl. § 1900). Er handelt dann auch bei der Verwaltung des Gesamtgutes nicht im eigenen Namen, haftet auch für fehlerhafte Verwaltung aus § 1833 (und nicht § 1359), büßt freilich notwendig eigene Ersatzansprüche aus fehlerhafter Verwaltung ein. Ihren Sinn verlieren in dieser Situation allerdings die Bindungen des Alleinverwalters an die Zustimmung des Partners in den §§ 1423–1425. Sie dienen dem Schutz des von der Verwaltung ausgeschlossenen Ehegatten, der als nunmehr selbst (wenn auch im Namen des Ehegatten) Verwaltender keines Schutzes mehr bedarf. Wird die Zustimmung gleichwohl verlangt, kann jedenfalls § 181 eine an sich selbst gerichtete (und spätestens im Geschäftsabschluß liegende) Zustimmung nicht hindern: Der Normtext erfaßt die Situation, sein Sinn nicht mehr.[12]

Unabhängig von der Regelung der Vormundschaft hat der nicht verwaltende Ehegatte das Recht, Aufhebung der Gütergemeinschaft nach rechtskräftiger Entmündigung zu fordern (§ 1447 Nr. 4). Wer vertraglich dem Partner die Verwaltung überließ, wollte weder Verwaltung durch einen Dritten noch eigene Verantwortung in der Gesamthand.

6. *Bindungen.* Gemeinschaftliche Verwaltung verpflichtet die Ehegatten einander, bei allen Maßregeln mitzuwirken, die zur ordnungsmäßigen Verwaltung des Gesamtgutes erforderlich sind (§ 1451).[13] Schuldhaft pflichtwidriges Verhalten verpflichtet zum Schadensersatz (§ 1359); ein Verschulden des Partners (auch durch Unterlassen möglichen Alleinhandelns oder des Antrages aus § 1452) kann den Anspruch mindern (§ 254).

Unterrichtung und Auskunft werden dem Ehegatten bei gemeinschaftlicher Verwaltung grundsätzlich nicht geschuldet; gemeinschaftliches Handeln sichert

---

[10] Ebenso *Dölle,* § 75 III 4; *Erman-Heckelmann,* 1 zu § 1458. A. A. für den Fall des § 1458; (nicht für § 1436) *Soergel-Gaul,* 3 zu § 1458; RGRK-*Finke,* 3 zu § 1458; *Staudinger-Felgentraeger,* 3 zu § 1458, sofern der Betreute voll geschäftsfähig ist. Bei Abwesenheitspflegschaft und Vermögenspflegschaft für einen Gebrechlichen liegt aber gleicherweise Unfähigkeit zur Gesamtgutsverwaltung vor.

A. A. sogar für den geschäftsunfähigen Gebrechlichen (Zwang zur Entmündigung!) MünchKomm-*Kanzleiter,* 2 zu § 1458.

[11] Ist der allein verwaltende Ehegatte zugleich Vormund des entmündigten Partners, so kann er sich selbst (des § 181 wegen) eine Zustimmung (§§ 1423, 1424) auch nicht dem Geschäftspartner gegenüber (§ 182) erklären. Ebenso *Staudinger-Felgentraeger,* 12 zu § 1458. A. A. *Soergel-Gaul,* 4 zu § 1458; MünchKomm-*Kanzleiter,* 4 zu § 1458; RGRK-*Finke,* 6 zu § 1458.

[12] Ebenso *Soergel-Gaul,* 5 zu § 1436; *Dölle,* § 69 V; *Staudinger-Felgentraeger,* 4 zu § 1436; MünchKomm-*Kanzleiter,* 5 zu § 1436; RGRK-*Finke,* 6 zu § 1436.

[13] Für eine Klage fehlt in der Regel das Rechtsschutzbedürfnis, weil für den rechtsgeschäftlichen Bereich § 1452 einen einfacheren Weg zur Verfügung stellt.

beiden Ehegatten durch Mitwirkung den notwendigen Überblick. Unterrichtung wird jedoch in Analogie zu § 1435 S. 2 geschuldet, wenn und soweit ein Ehegatte kraft Gesetzes oder auch kraft einer Ermächtigung allein handeln kann; Auskunft kann gefordert werden, wenn ein Ehegatte (etwa kraft einer Generalvollmacht) längere Zeit hindurch das Gesamtgut oder doch Teile desselben allein verwaltet hat.[14]

Alleinverwaltung gehört zum Typ der gemischt eigennützig-fremdnützigen Verwaltung unter besonderer Prägung durch die Maßstäbe einer auf Gleichberechtigung der Gatten fußenden Ehe. Sie verpflichtet deshalb dem Partner gegenüber zu ordnungsgemäßer Verwaltung (vgl. dazu § 1447 Nr. 1: Aufhebungsklage als Sanktion nach Mißbräuchen), zur Unterrichtung und zur Auskunft[15] auf Verlangen (§ 1435 S. 1 und 2).[16] Verluste des Gesamtgutes hat der Verwalter zum Gesamtgut zu ersetzen (Fälligkeit: § 1446), soweit er sie verschuldete oder durch zustimmungsbedürftige Rechtsgeschäfte herbeiführte, die er ohne Zustimmung des Partners tätigte (§ 1435 S. 3).[16a] Verdienste um das Gesamtgut bei anderer Gelegenheit sind gleichgültig;[17] Ersatzansprüche gegen Dritte, die bei gleicher Gelegenheit erwuchsen, mindern nur, wenn sie zu realisieren sind.[18]

VII. Verwaltung des Gesamtgutes durch einen Ehegatten

Schrifttum: *Haegele,* Ermächtigung eines Ehegatten an den anderen Ehegatten zu Grundstücksverfügungen in einem Ehevertrag auf eine Gütergemeinschaft, FamRZ 1957, 233.

1. Einzelverwaltung unterscheidet sich von der gemeinschaftlichen Verwaltung in den Problemlösungen, nicht in den *Problemlagen.* Bei beiden gilt es, die Gesamthand in Notsituationen soweit als möglich funktionsfähig zu halten (un-

---

[14] Vgl. *Staudinger-Felgentraeger,* 11 ff. zu § 1451 (mit Ableitung der Pflicht zur Unterrichtung aus § 1353).

[15] Objekt der Auskunft ist der Stand der Verwaltung, nicht der Stand des Vermögens. § 260 ist deshalb nicht anzuwenden (während gegen eine analoge Anwendung der §§ 259 III, 261 nichts einzuwenden ist). Vgl. MünchKomm-*Kanzleiter,* 7 zu § 1435, gegen die durchaus h. L. Der Inhalt der Pflicht wird von den Umständen des Einzelfalles bestimmt.

[16] Die h. L. wertet die Klage auf Unterrichtung als Klage auf Herstellung des ehelichen Lebens und verneint damit jede Möglichkeit der Zwangsvollstreckung (§ 888 II ZPO). Die Klage auf Auskunft soll dagegen gewöhnliche Leistungsklage mit Vollstreckung aus §§ 888, 889 ZPO sein. Vgl. *Soergel-Gaul,* 5 zu § 1435; *Erman-Heckelmann,* 2 zu § 1435; *Staudinger-Felgentraeger,* 4 ff. zu § 1435; RGRK-*Finke,* 4 zu § 1435. In Wahrheit ist hier wie dort eine gewöhnliche Leistungsklage anzunehmen. Vgl. dazu oben § 23, 2. Zust. *Palandt-Diederichsen,* 2b zu § 1435; MünchKomm-*Kanzleiter,* 6 zu § 1435; ferner (jedoch die Ansprüche von § 1353 lösend) *Müller,* FamRZ 1971, 551.

[16a] Bei gemeinschaftlicher Verwaltung ist § 1435 S. 2 entsprechend anzuwenden. Vgl. *Staudinger-Felgentraeger,* 20 ff. zu § 1451; RGRK-*Finke,* 6 zu § 1451.

[17] Ganz h. M. And. Ans. jedoch *Palandt-Diederichsen,* 2c zu § 1435.

[18] Ebenso *Soergel-Gaul,* 8 zu § 1435; *Staudinger-Felgentraeger,* 9 zu § 1435; RGRK-*Finke,* 7 zu § 1435. Enger *Erman-Heckelmann,* 4 zu § 1435; MünchKomm-*Kanzleiter,* 12 zu § 1435 (Befreiung des Verwalters erst nach Leistung des Dritten).

ten 2.). Bei beiden muß eine Sphäre der Freiheit ohne Bindung an den Partner verbleiben (unten 3.–5.). Bei beiden sind ferner Regelungen vorzusehen, die eine auch die Interessen des Partners wahrende Verwaltung stärker garantieren als die Pflicht zu ordnungsmäßiger Verwaltung allein (unten 6.–11.).

2. *Notverwaltungsrecht.* Funktionsfähigkeit sichert der Gesamthand bei Einzelverwaltung allein § 1429. Er berechtigt den nicht verwaltenden Ehegatten zu allen rechtsgeschäftlichen und prozessualen Akten, die nicht ohne Gefahr aufgeschoben werden können,[1] wenn der Verwalter durch Krankheit oder Abwesenheit verhindert ist (zum rechtlichen Ausfall vgl. oben VI 5). Der Sicherungseffekt ist güterrechtlich abhängig vom Willen des Ehegatten: Dem Recht entspricht keine Pflicht; wer vertraglich die Verwaltung dem Partner überließ, wird auch in Notsituationen nicht zum Handeln gezwungen.[2] Handeln kann freilich § 1353 fordern:[3] Jeder Ehegatte schuldet dem anderen Bewahrung des gemeinschaftlichen Guts.

Gestattet ist Auftreten im eigenen Namen und im Namen des Partners. Rechtlich bedeutsam ist der Unterschied indessen nur bei Verpflichtungsgeschäften: Handeln im Namen des Partners verpflichtet diesen und die Gesamthand (§§ 164, 1437 I, 1438); Handeln im eigenen Namen verpflichtet zusätzlich den Notverwalter (§§ 1438, 1437 I und II).

3. *Freiheiten.* Freiheit gewinnt der nicht verwaltende Ehegatte (über sein Vorbehalts- und Sondergut hinaus) durch alle Akte, die er ohne Zustimmung des Partners mit Wirkung für die Gesamthand vornehmen darf, sowie durch alle Akte, für die er Zustimmung fordern und durchsetzen kann.

Frei entscheidet der nicht verwaltende Ehegatte § 1432 zufolge über die Annahme und Ausschlagung einer (in das Gesamtgut gefallenen!) Erbschaft und eines Vermächtnisses. Frei kann er auf den Pflichtteil und auf eine Forderung aus Zugewinnausgleich verzichten. Frei ist er ferner (jetzt in Konkurrenz mit dem Verwalter) in der Inventarerrichtung nach einer (zunächst) ihm angefallenen Erbschaft (zur Inventarfrist vgl. § 2008), für das Aufgebot der Nachlaßgläubiger (§ 999 ZPO), für den Antrag auf Anordnung der Nachlaßverwaltung[3a] und für den Antrag auf Eröffnung des Nachlaßkonkurses (§ 218 KO). Frei ist er schließlich in der Ablehnung eines Vertragsantrages und einer Schenkung,[4] dagegen nicht mehr für ihre Annahme.

---

[1] Objektiver Maßstab! Vgl. RG, Recht 1925 Nr. 931. Vgl. als Beispiel RGZ 103, 126 (Veräußerung von Gegenständen zur Sicherung des Unterhalts).

[2] Die einmal übernommene Notverwaltung kann aber nicht willkürlich beendet werden. Vgl. OLG Stettin, ROLG 4, 404.

[3] Vgl. *Soergel-Gaul,* 3 zu § 1429 (u. U.); MünchKomm-*Kanzleiter,* 4 zu § 1429.

[3a] Im Gesetz nicht ausdrücklich erwähnt, jedoch eine Konsequenz aus den explizit eingeräumten Freiheiten. I. Erg. ebenso *Staudinger-Felgentraeger,* 3 zu § 1432 (mit Ableitung aus § 1432 I 1). Für den Gesamtgutsverwalter folgt die Parallelbefugnis bereits aus seinem Verwaltungsrecht.

[4] Die Erwähnung der Schenkung ist überflüssig; auch die Schenkung erfolgt durch Vertrag.

Ohne Zustimmung des Partners abgeschlossene Verträge sind wirksam, soweit sie nicht eine Verfügung über Gesamtgut enthalten, die Wirkungen treffen jedoch allein den nicht verwaltenden Ehegatten. Er wird allein verpflichtet, während ein von ihm gemachter Erwerb grundsätzlich (Ausnahme: § 1418) das Gesamtgut mehrt (§ 1416 I 2).

4. Kraft einer *Emanzipation für einen bestimmten Lebensbereich*[5] handelt der nicht verwaltende Ehegatte in Verpflichtung und Verfügung mit Wirkung gegen die Gesamthand, wenn er mit Einwilligung des Partners oder doch unter Duldung ohne Einspruch (vgl. § 1431 II) selbständig ein Erwerbsgeschäft (auch eine Arztpraxis oder Anwaltskanzlei[6]) betreibt, mag nun das Geschäft zum Gesamtgut, mag es auch zum Vorbehaltsgut gehören. Alle rechtsgeschäftlichen und prozessualen Akte, die der Geschäftsbetrieb mit sich bringt,[7] bedürfen keiner Zustimmung mehr; der nicht verwaltende Ehegatte wird empfangszuständig für alle einseitigen Rechtsgeschäfte, die sich auf das Erwerbsgeschäft beziehen (§ 1431 I).

Die Emanzipation ist zum Betrieb eines Erwerbsgeschäftes fast stets notwendig.[7a] Die andernfalls eintretende Beschränkung der Haftung auf das Vorbehalts- und Sondergut pflegt Gläubigern in der Regel nicht genügend Sicherheit zu bieten. Die Emanzipation ist aber auch gefährlich: Verbindlichkeiten, die im Geschäft begründet werden, verpflichten den Verwalter persönlich (§ 1437 II); die Verfügungsmacht ist nicht auf Gegenstände beschränkt, die dem Geschäftsbetrieb gewidmet sind; selbst Akte, die der Verwalter nicht selbständig vornehmen kann (etwa die Belastung eines Grundstückes mit einer Hypothek) bedürfen keiner Zustimmung.

Der Betrieb eines Erwerbsgeschäftes fordert klare Haftungsverhältnisse und Bestandsschutz. Das Gesetz nimmt nur den ersten Gedanken auf: Dritten gegenüber ist ein Einspruch und der Widerruf einer einmal erteilten Einwilligung nur nach Maßgabe des § 1412 wirksam (§ 1431 III).

Vernachlässigt ist dagegen der Bestandsschutz: Jederzeit kann der Verwalter seine Einwilligung widerrufen. Diese Möglichkeit gefährdet den Betrieb, mag nun der Widerruf nur zur Beschränkung der Haftung für die Geschäftsverbindlichkeiten auf das Vorbehalts- und Sondergut des nicht verwaltenden Ehegatten führen, mag er auch die Übernahme des zum Gesamtgut gehörenden Geschäfts

---

[5] Es handelt sich nicht um eine Generalzustimmung, bei welcher der Verwalter die Befugnis haben müßte, seine Einwilligung für Einzelgeschäfte zu widerrufen. Richtig *Staudinger-Felgentraeger,* 12 zu § 1431.

[6] Vgl. RGZ 144, 1 (2); MünchKomm-*Kanzleiter,* 3 zu § 1431; RGRK-*Finke,* 2 zu § 1431. A. A. *Staudinger-Felgentraeger,* 3 zu § 1431. Vgl. ferner RGZ 127, 110 (Beteiligung an einer OHG).

[7] Gedeckt sind also auch ungewöhnliche Geschäfte. Vgl. BayObLG, ROLG 43, 356. Nicht mehr gedeckt ist die Veräußerung des Geschäftes (KG, KGJ 32, 197) und die Auflösung einer OHG (RGZ 127, 110).

[7a] Für einen Anspruch auf Zustimmung aus § 1353, wenn den Haftungsfolgen für Gesamtgut und Verwalter nur „untergeordnete Bedeutung zukommt", MünchKomm-*Kanzleiter,* 7 zu § 1431.

durch den Verwalter zur Folge haben. Der Schutz, den § 1353 (Schrankenfunktion) bietet (vgl. oben § 19 II 3),[8] ist schwerlich ausreichend; die zuweilen mögliche Aufhebungsklage aus § 1447 Nr. 1 bringt nur eine dem Problem inadäquate Lösung.

5. Gütergemeinschaft darf keinem Ehegatten die ordnungsgemäße Besorgung seiner *persönlichen Angelegenheiten* verwehren, garantiert sie aber oftmals nicht bereits durch die Existenz der persönlichen Gütermassen. Freiheit zu selbständigem Handeln mit Wirkung gegen die Gesamthand ist freilich angesichts des unbestimmten Tatbestandes keine überzeugende Lösung. § 1430 fordert daher die Zustimmung des Verwalters, ermächtigt aber das Vormundschaftsgericht, die Zustimmung auf Antrag zu ersetzen, wenn sie ohne ausreichenden Grund verweigert wird (Vollzug einer Pflicht zur Zustimmung aus § 1353).[9] Die Norm gilt nur für Rechtsgeschäfte. Prozeßkosten sind auch nach einem ohne Zustimmung geführten Rechtsstreit Verbindlichkeiten der Gesamthand (§§ 1437, 1438 II) und im internen Ausgleich Gesamthandslasten, wenn sie den Umständen nach geboten waren (§ 1443 II).

Die persönlichen Angelegenheiten von den vermögensrechtlichen zu sondern, will hier ebensowenig mit letzter Prägnanz gelingen wie im § 1360a (vgl. oben § 21 IV 3). Der Anwaltsvertrag fällt etwa unter § 1430, falls der Rechtsstreit eine persönliche Angelegenheit betrifft,[10] der Arztvertrag, die Veräußerung und Belastung von Gesamtgut, um Mittel für den eigenen Unterhalt zu erhalten,[11] auch die Beseitigung von Ehestörungen im räumlich-gegenständlichen Ehebereich.[12]

6. *Vinkulierte Geschäfte.* Primärschutz vor interessenwidriger Verwaltung gewährt das Gesetz durch Bindung des Verwalters an die Zustimmung seines Partners bei Gesamtvermögensgeschäften (§ 1423), Grundstücksgeschäften (§ 1424) und Schenkungen (§ 1425) in dem bereits für die vinkulierten Geschäfte der Zugewinngemeinschaft festgestellten Umfang (vgl. oben § 35 I 6). Gebunden sind neben den Verfügungsgeschäften jeweils die Verpflichtungsgeschäfte, damit nicht durch eine Zwangsverfügung erreicht werden kann, was rechtsgeschäftlich nicht zu erreichen ist. Doch enthält die Zustimmung zur Verpflichtung zugleich die Billigung der Verfügung und umgekehrt (ebenso bei der Zugewinngemeinschaft; vgl. oben § 35 I 5).

---

[8] Vgl. dazu RGZ 84, 45 (47); MünchKomm-*Kanzleiter,* 8 zu § 1431.

[9] Zu ersetzen ist immer nur die Zustimmung zu bestimmten Geschäften. Vgl. KG, RJA 12, 13; BayObLG, ROLG 43, 356. Das VormG hat nicht die Möglichkeit, einen Antrag z. T. positiv, z. T. aber negativ zu bescheiden. Vgl. KG, JW 1934, 908.

[10] Vgl. KG, JFG 9, 37 (Schadensersatz nach Unfall; zweifelhaft, vgl. oben § 21 IV 3); RJA 12, 11 (Anfechtungsklage nach Entmündigung). Als negatives Beispiel vgl. KG, KGJ 37, A 10 (Altenteilsrecht).

[11] Vgl. OLG München, JFG 1, 52.

[12] Vgl. BayObLG, FamRZ 1965, 49.

Bindungen führen praktisch dem Prinzip der Alleinverwaltung zuwider zu gemeinschaftlicher Verwaltung. Ihr sachlicher Umfang ist deshalb sehr begrenzt. Frei ist insbesondere die Kreditaufnahme, mag sie auch zu Verbindlichkeiten führen, die das Gesamtgut erschöpfen müssen.

Der schmale Bereich der Bindungen wird vielfach rechtsgeschäftlich beseitigt. Die Bindung der Grundstücksgeschäfte steht zur Disposition der Parteien;[13] eine weit verbreitete Notariatspraxis hebt sie in ihrem Formular auf.[14] Weit verbreitet sind auch Vollmachten (mit Dispens von § 181), die dem Verwalter die Möglichkeit geben, sich selbst eine etwa erforderliche Zustimmung zu erklären, und im voraus erteilte Globaleinwilligungen.[15]

Zur Farce werden die Bindungen, wenn mit dem RG Verträge anerkannt werden, in denen der Verwalter die Zustimmung seines Ehegatten ohne Beschränkung der Haftung auf Vorbehalts- und Sondergut garantiert.[16] Der nicht verwaltende Ehegatte muß sich ohne mittelbaren Zwang durch eine drohende Belastung der Gesamthand mit Schadensersatzansprüchen, Vertragsstrafen usw. entscheiden können. Daß der Verwalter die Gesamthand durch Auftreten als Vertreter ohne Vertretungsmacht für den Partner (§ 179!) gleichwertig verpflichten kann (Hinweis des RG), will nichts besagen; die Möglichkeit gleichwertigen Handelns hebt auch sonst rechtliche Schranken nicht auf.

7. Die Bindung des Verwalters an die Zustimmung des Partners bei *Schenkungen* überträgt eine jeder fremdnützigen Verwaltung gezogene Grenze auf die Verwaltung des Gesamtgutes als gemischt eigennütziger und fremdnütziger Verwaltung.[17] Frei sind lediglich Schenkungen, durch die einer sittlichen Pflicht oder einer auf den Anstand zu nehmenden Rücksicht entsprochen wird.[18] Freilich greift § 1425 über das gewohnte Maß hinaus, wenn er auch Schenkungsversprechen bindet, die sich nicht auf das Gesamtgut beziehen (I S. 2), doch fordert die akzessorische Haftung des Gesamtgutes (§ 1437 I) diese Ausdehnung. Folgerichtig kann aber der Verwalter frei handeln, wenn er eine Schenkung unter Haf-

---

[13] Zur Abdingbarkeit der §§ 1423 ff. vgl. oben § 32 III 6.

[14] In der Regel sollen unentgeltliche Grundstücksgeschäfte gebunden bleiben. Richtig LG Siegen, NJW 1956, 671. Anders (mit Nichtigkeit des Vertrages wegen verbotswidriger Abdingung auch des § 1425) KG, KGJ 52, 105; OLG Saarbrücken, HEZ 1, 105. Vgl. auch LG Göttingen, FamRZ 1956, 228 mit ausdrücklicher Zusatzvereinbarung.

[15] Vgl. RGZ 159, 363. Eine unwiderrufliche Generalvollmacht und eine unwiderrufliche Globaleinwilligung bedürfen der Form des Ehevertrages. Vgl. oben § 32 I 2.

[16] Vgl. RG, JW 1924, 539; *Dölle,* § 70 Fn. 67. Wie der Text im Ergebnis OLG Posen, SeuffA 62 Nr. 233; *Kipp-Wolff,* § 62 Fn. 26; *Palandt-Diederichsen,* 3 zu § 1424; *Erman-Heckelmann,* 4 zu § 1424; *Staudinger-Felgentraeger,* 23 zu § 1424; *Soergel-Gaul,* 8 zu § 1424; MünchKomm-*Kanzleiter,* 8 zu § 1424; RGRK-*Finke,* 8 zu § 1424.

[17] Bei Vormundschaft über den nicht verwaltenden Ehegatten kann der Verwalter nie eine Zustimmung erreichen (§ 1804; vgl. RGZ 91, 40).

[18] Vgl. dazu BayObLG, HRR 1935 Nr. 1314 (Unterstützung in Not geratener Abkömmlinge).

tungsbeschränkung auf die persönlichen Gütermassen verspricht.[19] Auch sollte in Analogie zu § 518 II ein Schenkungsversprechen trotz fehlender Zustimmung wirksam werden, wenn es tatsächlich aus den persönlichen Gütermassen des Verwalters erfüllt wird.[20]

Sicherungsgeschäfte (Bürgschaft, Schuldbeitritt, Verpfändung) scheiden sich von der Schenkung durch ihren Geschäftszweck. Sie sind zustimmungsfrei auch dann, wenn sie dem Gläubiger eines Dritten Sicherheit gewähren sollen. Eine Schenkung ist nur gegeben, wenn der Hauptschuldner beiden Parteien erkennbar dauernd leistungsunfähig ist, ein Sicherungszweck mithin gar nicht verfolgt werden kann. Schenkung kann in den anderen Fällen nur im Verhältnis zum Hauptschuldner vorliegen; dieser ist bei fehlender Zustimmung des nicht verwaltenden Ehegatten zur Herausgabe des Erlangten (etwa im Wege der Sicherungsleistung) aus ungerechtfertigter Bereicherung verpflichtet.[21]

8. *Gesamtvermögensgeschäfte* sind ohne jede Ausnahme gebunden, damit nicht der Gesamthand die gesamte Basis (und dem Partner damit die Mitberechtigung) zum einseitigen Vorteil des Verwalters entzogen werden kann. Der Schutzzweck entspricht mit unwesentlichen Verwerfungen dem Schutzzweck des § 1365; die zu ihm entwickelten Grundsätze (vgl. oben § 35 II) können auch hier Geltung beanspruchen,[21a] verkürzt freilich um die Problematik der Grundstücksgeschäfte, deren selbständige Bindung in § 1424 jeden Rückgriff auf umfassendere Regelungen erspart.

9. *Grundstücksgeschäfte*[22] zu binden, entspricht alter, vom Grundstücksmythos des Mittelalters gespeister Tradition mit ihrer Neubelebung in der Sozialpolitik

---

[19] Ebenso *Kipp-Wolff,* § 62 VI 3; *Beitzke,* § 16 III 4; *Staudinger-Felgentraeger,* 7 zu § 1425; *Soergel-Gaul,* 3 zu § 1425; *Dölle,* § 70 VI 3 a bb.

[20] Vgl. *Palandt-Diederichsen,* 3 zu § 1425.

[21] Vgl. dazu (ohne die vom Text im Verhältnis zum Sicherungsnehmer gemachte Einschränkung) RGZ 54, 282; BayObLGZ 8, 474. Die beiden Verhältnisse werden nicht klar geschieden von BayObLG, HRR 1935 Nr. 1314.

[21a] Gegen die durchaus h. L. will aber MünchKomm-*Kanzleiter,* 25 zu § 1422, anders als zu § 1365 die objektive Erfüllung des Tatbestandes ohne Rücksicht auf den Kenntnisstand des Erwerbers ausreichen lassen.

[22] Der allgemeine Begriff der Verfügung gilt im § 1424 ohne jede Einschränkung oder Erweiterung. Zustimmungsfrei ist etwa die Unterwerfung unter die sofortige Zwangsvollstreckung. Vgl. OLG München, RJA 13, 249 (252); *Erman-Heckelmann,* 3 zu § 1424; *Soergel-Gaul,* 6 zu § 1424; *Staudinger-Felgentraeger,* 20 zu § 1424. A. A. OLG Colmar, ROLG 21, 287; BayObLGZ 3, 439; MünchKomm-*Kanzleiter,* 4 zu § 1424; RGRK-*Finke,* 10 zu § 1424. Zustimmungsfrei ist auch die Bestellung einer Sicherungshypothek auf Grund gesetzlicher Verpflichtung (vgl. *Wolf,* LZ 1915, 890; *Kipp-Wolff,* § 64 III 3 gegen OLG Frankfurt, Recht 1908 Nr. 3778 für § 648).

Gebunden ist dagegen die Verfügung über ein Nachlaßgrundstück als Miterbe (einschließlich der Auseinandersetzung der Miterbengemeinschaft). Vgl. BayObLGZ 20, 319 (mit verfehltem Begriff des Miterbenanteils an den einzelnen Nachlaßgegenständen); *Soergel-Gaul,* 5 zu § 1424; *Erman-Heckelmann,* 3 zu § 1424; *Staudinger-Felgentraeger,* 10 zu § 1424; MünchKomm-*Kanzleiter,* 4 zu § 1424; RGRK-*Finke,* 4 zu § 1424. A. A. OLG Colmar, ROLG 9, 451. Nicht gebunden ist dagegen die Verfügung über einen Erbteil an einem Nachlaß, zu dem ein Grundstück gehört. Vgl. BayObLGZ 4,

der Moderne. Erfaßt sind Grundstücke (damit auch Erbbaurechte; § 11 ErbbauVO) sowie eingetragene Schiffe und Schiffsbauwerke; nicht erfaßt sind (anders § 1821 I Nr. 1) Rechte an Grundstücken (auch nicht Eigentümergrundschulden, deren Zession – anders als ihre Bestellung – damit keiner Zustimmung bedarf[22a]). Schon früh hat sich unter wenig überzeugenden positivistischen Begründungen eine teleologische Interpretation der Norm durchgesetzt, derzufolge alle Verfügungen zustimmungsfrei sind, die im Zusammenhang mit einem Grundstückserwerb getroffen werden (Restkaufgeldhypothek,[23] Vormerkung eines Anspruches auf Rückübereignung[24]). Früh ist auch bereits gesehen worden, daß der Normzweck eine Bindung nicht fordert, wenn der Verwalter über einen zum Gesamtgut gehörenden Anspruch auf Übereignung eines Grundstückes disponiert;[25] eine Vormerkung ändert die Rechtslage nicht.

10. *Ersetzung der Zustimmung.* Die Zustimmung zu Grundstücks- und Gesamtvermögensgeschäften (nicht zu Schenkungen) kann vom Vormundschaftsgericht auf Antrag des Verwalters ersetzt werden, wenn das Geschäft zur ordnungsmäßigen Verwaltung des Gesamtgutes erforderlich ist[26] (nicht schon: wenn es ökonomisch sinnvoll ist) und die Zustimmung ohne ausreichenden Grund verweigert wird.[27] Eilfälle gestatten den ersetzenden Beschluß auch, wenn der kranke oder abwesende Ehegatte sich nicht erklären kann (§ 1426). Zu unterbreiten sind dem Vormundschaftsgericht zumindest die wesentlichen Einzelheiten des Rechtsgeschäfts;[28] das Fehlen weiterer Geschäftserfordernisse (etwa einer Genehmigung) hindert die Entscheidung nicht.[29]

22; *Soergel-Gaul,* 6 zu § 1424. A. A. aber *Palandt-Diederichsen,* 2 zu § 1424; MünchKomm-*Kanzleiter,* 4 zu § 1424. Zur Frage der Bindung von Gesellschaftsvermögen und des Vermögens juristischer Personen mit Beteiligung eines Ehegatten vgl. im übrigen unten § 52 IV 5.

22a Zur Bindung der Bestellung vgl. MünchKomm-*Kanzleiter,* 5 zu § 1424.

23 Vgl. RGZ 69, 177; OLG Colmar, ROLG 15, 407; OLG Darmstadt, ROLG 21, 286; BGH, NJW 1957, 1187 (zu § 1821); *Kipp-Wolff,* § 62 VI 2; *Beitzke,* § 16 III 4; *Erman-Heckelmann,* 3 zu § 1424; *Staudinger-Felgentraeger,* 15 zu § 1424; *Soergel-Gaul,* 6 zu § 1424; MünchKomm-*Kanzleiter,* 6 zu § 1424.

24 Vgl. BayObLGZ 22, 96.

25 Vgl. RGZ 111, 185; BayObLG, FamRZ 1954, 257; BGH, FamRZ 1971, 520.

26 Das ist nicht der Fall, wenn die Verwaltung ohne Vornahme des Geschäftes nur erschwert ist (BayObLG, DJZ 1926, 603) oder ein zustimmungsfreies Geschäft mit ähnlichem Erfolg abgeschlossen werden kann (KG, ROLG 43, 358 – Verpachtung statt Veräußerung). Zur ordnungsmäßigen Verwaltung kann (anders bei der fortgesetzten Gütergemeinschaft; vgl. unten § 39 IV 4) auch die Übergabe eines Hofes erforderlich sein. Vgl. dazu näher *Staudinger-Felgentraeger,* 5 zu § 1426. Die Veräußerung eines Hofes ist jedenfalls nicht erforderlich, wenn er einem Abkömmling übergeben werden kann (vgl. dazu BayObLG, Recht 1920 Nr. 3392 mit stark gefühlsbetonter Argumentation). Zur ordnungsmäßigen Verwaltung kann auch eine Ausstattung gehören. Vgl. BayObLGZ 23, 160.

27 Auch wenn das Geschäft an sich notwendig ist, kann eine zu geringe Gegenleistung die Verweigerung der Zustimmung rechtfertigen. Vgl. KG, ROLG 43, 358. Der nicht verwaltende Ehegatte darf seine Zustimmung nicht unter Hinweis auf § 273 bei Bestehen einer eigenen Forderung verweigern. Vgl. BayObLGZ 26, 110.

28 Ebenso BayObLG, HRR 1935 Nr. 1315; *Staudinger-Felgentraeger,* 15 zu § 1426. Letzte Bestimmtheit fordert KG, ROLG 4, 406.

29 Vgl. BayObLG, NJW 1955, 1719.

11. *Folgen fehlender Einwilligung.* Rechtsgeschäfte, die ohne Zustimmung des Ehegatten vorgenommen wurden,[30] unterliegen den für die Parallelsituation in der Zugewinngemeinschaft vorgesehenen Regeln (§ 1427). Rechtsgrundlose Erwerbsgeschäfte verpflichten bei Bereicherung des Gesamtgutes (§ 1416 I 2) die Gesamthand zur Herausgabe (§ 1434); unwirksame Verfügungen vermitteln dem übergangenen Ehegatten ein Revokationsrecht nicht anders als dem übergangenen Ehegatten im gesetzlichen Güterstand (§ 1428; vgl. dazu oben § 35 VI 2).[31] Revoziert wird hier freilich anders als dort ein gemeinschaftliches, nicht ein fremdes Recht.

Trotz fehlender Einwilligung sollen redliche Dritte der h. L. zufolge erwerben können, wenn der verwaltende Ehegatte den Rechtsschein der Alleinberechtigung hervorrief (§§ 892, 932 ff.), mag auch meist betont werden, daß die Verlautbarung des Güterstandes im Güterrechtsregister wenigstens in der Regel den Vorwurf grober Fahrlässigkeit begründe (eine Feststellung, die für § 892 belanglos ist). Nicht anders als bei der Zugewinngemeinschaft (§ 35 I 8) ist aber auch bei der Gütergemeinschaft ein Rechtsscheinerwerb im Bereich der vinkulierten Geschäfte nicht möglich, *weil der Schein des Eigentums den Mangel in der Verwaltungsmacht nicht ersetzen kann.*[32] Die h. L. führt denn auch – merkwürdig genug – zur Paradoxie eines gesteigerten Verkehrsschutzes bei geringerer Berechtigung des Verfügenden: Von Ehegatten, die im gesetzlichen Güterstand leben, soll nicht kraft Rechtsscheines erworben werden können, obwohl sie Alleineigentümer sind, von Ehegatten in Gütergemeinschaft dagegen wohl, obwohl sie nur noch

---

[30] Wer lediglich schweigt, stimmt nicht zu. Vgl. RG, JW 1925, 1139; Recht 1926 Nr. 250. Dagegen läßt die Rechtsprechung (vgl. RGZ 108, 281 [284]) eine Billigung auch dann genügen, wenn sie ohne Bewußtsein der rechtlichen Notwendigkeit erklärt wurde.

[31] Nach h. L. (vgl. etwa *Soergel-Gaul,* 4 zu § 1428; *Staudinger-Felgentraeger,* 7 zu § 1428; RGRK-*Finke,* 8 zu § 1428) hat der Geschäftspartner auch hier kein Zurückbehaltungsrecht nach Bereicherung des Gesamtgutes durch eigene Leistung. Dagegen *Dölle,* § 71 II 3; *Beitzke,* § 16 V; MünchKomm-*Kanzleiter,* 5 zu § 1428.

Zu den Fragen der Rechtskraft a. A. als die h. L. zu § 1368 MünchKomm-*Kanzleiter,* 6 zu § 1428.

[32] Grds. zustimmend *Beitzke,* § 16 III 4 (nicht für § 892); *Hennecke,* S. 106; *Mikat,* Schranken der Vertragsfreiheit im Ehegüterrecht, Festschrift Felgentraeger, 1969, S. 349f. Die Behauptung, daß dann folgerichtig Erwerb kraft Rechtsscheins überall ausgeschlossen wäre, wo besondere Verwaltungszuständigkeiten bestehen (*Erman-Heckelmann,* 6 zu § 1422), ist nicht richtig. Als Veräußerer kraft Rechtsscheins sind nur diejenigen ungeeignet, in deren Person Handlungsmacht gegeben sein müßte, tatsächlich aber nicht gegeben ist. Die h. L. gleicht grundsatzwidrig weniger einen Mangel im Eigentum aus (denn Eigentümer ist der Verwalter als Gesamthänder) als einen Mangel in der Verfügungsmacht. Für sie aber *Staudinger-Felgentraeger,* 60 und 61 zu § 1422; *Soergel-Gaul,* 14 zu § 1422; *Dölle,* § 70 VI 6; *Erman-Heckelmann,* 6 zu § 1422; RGRK-*Finke,* 24 zu § 1422; *Reithmann,* DNotZ 1961, 18.

Anzuerkennen ist (gegen *Kipp-Wolff,* § 63 Fn. 1; *Mikat,* Festschrift Felgentraeger, S. 349f. und die Voraufl.) mit der h. L. (vgl. etwa *Staudinger-Felgentraeger,* 62 zu § 1422; *Dölle,* § 71 I 1; *Hennecke,* S. 107) ein Erwerb kraft Rechtsscheins vom nicht verwaltenden Ehegatten (für den die §§ 1423–1425 nicht gelten).

Gesamthänder sind.[32a] Der Effekt der h. L. ist im übrigen gering. Da nur die Bindung des Verfügungsgeschäftes überwunden wird, nicht aber die Bindung des Verpflichtungsgeschäftes, muß der Erwerber jedenfalls zur Herausgabe aus ungerechtfertigter Bereicherung verpflichtet sein.

12. *Prozeßführungsbefugnis.* Verwaltungsmacht schließt das Recht zur Prozeßführung im eigenen Namen ein (§ 1422); der Verwalter hat Prozeßstandschaft für die Gesamthand. An die Zustimmung des Partners gebunden sind lediglich Prozeßhandlungen, die zugleich ein zustimmungsbedürftiges Rechtsgeschäft enthalten (Vergleich mit Verpflichtung, ein Grundstück zu übertragen). Kraft seines Verwaltungsrechtes kann der Verwalter Leistung an sich allein fordern.[33] Gläubiger der Gesamthand können umgekehrt mit einem gegen den Verwalter gerichteten Titel in das Gesamtgut vollstrecken; ein Duldungstitel gegen den anderen Ehegatten wird erst im Stadium der Liquidationsgemeinschaft erforderlich (§§ 740 I, 743 ZPO).

Prozeßstandschaft für die Gesamthand ist nicht Prozeßstandschaft für den Ehegatten. Die Rechtskraft der vom und gegen den Verwalter erstrittenen Urteile wirkt nicht für und gegen den anderen Ehegatten; zur Vollstreckung in dessen Vorbehalts- und Sondergut ist stets ein gegen ihn gerichteter Titel erforderlich.

Der nicht verwaltende Ehegatte (zum Revokationsrecht vgl. oben unter 11.) ist zur Prozeßführung als Notverwalter berechtigt (§ 1429). Bei der Rechtsausübung ist ihm Handeln im Namen des Verwalters ebenso gestattet wie Handeln im eigenen Namen. Handeln im fremden Namen wirkt wie ein Handeln des Verwalters selbst. Handeln im eigenen Namen bindet dagegen persönlich und die Gesamthand; zur Vollstreckung in das Gesamtgut ist ein Leistungstitel gegen den Notverwalter und ein gegen den Verwalter gerichteter Duldungstitel erforderlich (§ 740 I ZPO).

Der nicht verwaltende Ehegatte bleibt ferner berechtigt, einen bei Eintritt der Gütergemeinschaft schwebenden Rechtsstreit, der sich auf das Gesamtgut bezieht, mit Wirkung für und gegen die Gesamthand im eigenen Namen fortzusetzen (§ 1433).[34] Der zur Zwangsvollstreckung für und gegen (nur Duldung!) den anderen Ehegatten erforderliche Titel ist nach den §§ 727, 730–732 ZPO zu erlangen (§ 742 ZPO).

Der nicht verwaltende Ehegatte kann schließlich mit Zustimmung des Verwalters Prozesse im eigenen Namen mit Wirkung für den Partner und die Gesamt-

---

[32a] MünchKomm-*Kanzleiter,* 23 zu § 1422, fordert, um die Paradoxie vermeiden zu können, zusätzlich zur h. L. vom Erwerber „Gutgläubigkeit im Sinne von § 1365".

[33] Vgl. RGZ 67, 265.

[34] Bei einer Leistungsklage muß der Klagantrag nicht auf Leistung an den Verwalter umgestellt werden (das Gesamtgut erwirbt nach § 1416 I 2). Ebenso *Staudinger-Felgentraeger,* 5 zu § 1433; *Soergel-Gaul,* 2 zu § 1433; MünchKomm-*Kanzleiter,* 2 zu § 1433; RGRK-*Finke,* 2 zu § 1433. A. A. *Erman-Heckelmann,* 1 zu § 1433; *Palandt-Diederichsen,* 1 zu § 1433.

hand führen. Nicht, weil das Verwaltungsrecht insoweit übertragen wird, und erst recht nicht, weil die Zustimmung des Verwalters eine Beschränkung aufhebt, die für ein dem nicht verwaltenden Ehegatten an sich auch zustehendes Verwaltungsrecht besteht[35] (die gemeinschaftliche Verwaltung gehört nicht zur Grundstruktur der Gütergemeinschaft), wohl aber in *gewillkürter Prozeßstandschaft mit Ableitung vom Partner.*[35a]

Kraft einer Emanzipation für einen bestimmten Lebensbereich ist der nicht verwaltende Ehegatte zur Prozeßführung für alle im Geschäftsbetrieb anfallenden Rechtsstreitigkeiten mit Wirkung für die Gesamthand berechtigt, wenn er mit Zustimmung des Partners selbständig (auch als persönlich haftender Gesellschafter) ein Erwerbsgeschäft betreibt (§ 1431). Die notwendige Ergänzung im Vollstreckungsrecht greift weiter aus: Zur Vollstreckung in das Gesamtgut genügt stets (also auch, wenn keine Geschäftsschuld zu berichtigen ist) ein gegen den gewerbetreibenden Ehegatten gerichteter Titel, sofern nicht zur Zeit des Eintritts der Rechtshängigkeit ein Einspruch des Verwalters gegen den Betrieb des Erwerbsgeschäftes oder ein Widerruf seiner Einwilligung in das Güterrechtsregister eingetragen ist (§ 741 ZPO).[36] Die Differenz zwischen materiellem Recht und Vollstreckungsrecht im Einzelfall zu beseitigen, bleibt dem Verwalter überlassen. Er kann Drittwiderspruchsklage erheben (§§ 774, 771 ZPO), wenn der Titel keine Wirkung für die Gesamthand hat.

13. *Schulden.* Einzelverwaltung muß sich von der gemeinschaftlichen Verwaltung auch in der Regelung der Verbindlichkeiten scheiden. Verwaltender und nicht verwaltender Ehegatte können nicht gleichbehandelt werden, weil das Gesamtgut den Gläubigern des nicht verwaltenden Ehegatten nicht ebenso zu ihrer Befriedigung offen stehen darf wie den Gläubigern des Verwalters (andernfalls läge eine beschränkte faktische Mitverantwortung vor).

Schulden eines Ehegatten, für die der Gläubiger das Gesamtgut in Anspruch nehmen kann, nennt das Gesetz Gesamtgutsverbindlichkeiten. Dahinter steht die (nicht verbindliche) Vorstellung einer nur persönlichen Schuld, für die (auch oder allein) das Gesamtgut haftet. Wie bei den anderen Gesamthandsgemeinschaften (sämtlich mit gleicher Problematik) sind indessen auch hier neben den Schulden der einzelnen Gesamthänder selbständige Schulden der Gesamthand anzuerkennen. Die alte Furcht, damit das Gesamthandsprinzip durch Abgleiten in ein Organisationsprinzip der juristischen Person zu denaturieren, ist nicht begründet.[37]

---

[35] So aber RGZ 60, 146 im Anschluß an *Hellwig.* Vgl. ferner RGZ 148, 243 (247); *Staudinger-Felgentraeger,* 49 zu § 1422.

[35a] Zust. MünchKomm-*Kanzleiter,* § 1422 Fn. 39.

[36] Solange die Ehegatten nicht getrennt leben, kann der Gewahrsam des verwaltenden Ehegatten einer Zwangsvollstreckung nicht entgegenstehen (arg. § 739 ZPO). Vgl. *Erman-Heckelmann,* 6 zu § 1431.

[37] Für Gesamthandsschulden schon *Kipp-Wolff,* § 64 I. Für die Gegenposition vgl. *Dölle,* § 72 I;

Die Regelung der Verbindlichkeiten muß notwendig eine Regelung in zwei Ebenen sein. Zu befinden ist über die Verpflichtung der Gesamthand und des anderen Ehegatten; zu befinden ist sodann über den Ausgleich zwischen der Gesamthand und den Ehegatten, wenn und soweit Verbindlichkeiten eines Ehegatten kraft Gesetzes auch Gesamthandsschulden und Schulden des Partners sind.

Zu unterscheiden sind in der ersten Ebene die reinen Gesamthandsschulden von den einseitig und doppelt angelehnten Gesamthandsschulden, die neben der Gesamthand einen bzw. beide Ehegatten verpflichten.[38] Zu unterscheiden sind in der zweiten Ebene die Gesamtgutslasten von den Sonderlasten der Ehegatten.

Reine Gesamthandsschulden entstehen, wenn die Ehegatten zusammen (oder einer zugleich als Vertreter des anderen) rechtsgeschäftlich eine Schuld unter Haftungsbeschränkung auf das Gesamtgut begründen. Reine Gesamthandsschulden werden dagegen nie durch einen Ehegatten allein geschaffen; auch der Einzelverwalter hat keine ,,objektbezogene" Verpflichtungsmacht (vgl. oben VI 2).

Einseitig angelehnte Gesamthandsschulden sind alle Verbindlichkeiten des Einzelverwalters, mögen sie nun während oder vor der Ehe entstanden sein (Eintritt der Gütergemeinschaft bewirkt also eine Universalverpflichtung der Gesamthand). Gleichgültig ist der Schuldgrund (§ 1437 I).

Doppelt angelehnte Gesamthandsschulden sind alle Verbindlichkeiten des nicht verwaltenden Ehegatten, soweit sie nicht nach den §§ 1438–1440 rein persönliche Schulden bleiben (§ 1437 I und II). Die Unterhaltsschuld des nicht verwaltenden Ehegatten ist etwa ebenso Schuld der Gesamthand und des Verwalters wie eine Verbindlichkeit aus unerlaubter Handlung.[39] Die Verpflichtung auch des Verwalters soll diesen anhalten, die Gläubiger des Partners aus dem Gesamtgut ebenso zu befriedigen wie die eigenen: Die einen werden ihm so ,,lästig" wie die anderen.[40] Dieser Zweck rechtfertigt die Verpflichtung freilich nur bis zum Ende der Verwaltung. Folgerichtig endet deshalb die Schuld des Verwalters mit dem

---

Soergel-Gaul, 2 vor § 1437; *Staudinger-Felgentraeger,* 5 vor § 1437; MünchKomm-*Kanzleiter,* 2 zu § 1437.

[38] Angelehnte Gesamthandsschulden bestehen im Umfang der Hauptschuld; Einreden des verpflichteten Ehegatten kann auch die Gesamthand erheben; Gestaltungsrechte (Anfechtung, Aufrechnung) des verpflichteten Ehegatten können nur von diesem ausgeübt werden, doch kann die Gesamthand die Leistung verweigern (arg. §§ 770 BGB, 129 II und III HGB). Vgl. *Kipp-Wolff,* § 64 III 2.

[39] Vgl. OLG Hamburg, ROLG 30, 49 (Unterhalt); RG, GruchB 48 (1904), 1017 (Rückgewähr nach Gläubigeranfechtung). Ansprüche auf Herausgabe bestimmter Sachen richten sich gegen den Verwalter nur, wenn ihr Tatbestand eine Verpflichtung Dritter nicht ausschließt (keine Klage etwa aus § 985, wenn der Verwalter nicht Besitzer ist). Keine Einschränkung macht KG, JW 1904, 176.

Solange der nicht verwaltende Ehegatte anfechten oder die Schuld durch Aufrechnung tilgen kann, steht dem Verwalter in Analogie zu §§ 770 BGB, 129 II und III HGB eine Einrede zu. Vgl. *Kipp-Wolff,* § 63 III 2; *Staudinger-Felgentraeger,* 12 zu § 1437.

[40] Gegen die Regelung *Dölle,* § 72 Fn. 8 (,,kaum mehr zu rechtfertigen").

Ende der Gütergemeinschaft, soweit es sich um Sonderlasten des Partners handelt (§ 1437 II 2).[41]

Persönliche Schulden des nicht verwaltenden Ehegatten sind primär seine rechtsgeschäftlichen Verbindlichkeiten aus der Zeit nach dem Eintritt der Gütergemeinschaft, sofern sie nicht ohne Zustimmung des Verwalters für das Gesamtgut wirksam sind (§§ 1429 ff.)[42] oder die Zustimmung des Verwalters fanden (§ 1428 I). Diese Regelung entspricht dem Prinzip der Alleinverwaltung: Wer keine Beteiligung an der Verwaltung wünschte, soll grundsätzlich den Verwalter nicht durch rechtsgeschäftliche Verbindlichkeiten zu bestimmtem Verwaltungshandeln zwingen können.

Von geringerer Bedeutung sind die weiteren Tatbestände, die das Vorbehalts- und Sondergut des nicht verwaltenden Ehegatten in den Passiva von der Gesamthand scheiden. Die Gesamthand schuldet nicht, wenn Verbindlichkeiten durch Erwerb einer Erbschaft oder eines Vermächtnisses zum Vorbehaltsgut oder Sondergut entstehen (§ 1439). Sie schuldet ebensowenig, wenn eine Verbindlichkeit während der Gütergemeinschaft infolge eines zu den beiden Gütermassen gehörenden Rechtes oder des Besitzes einer zu ihnen gehörenden Sache erwächst (etwa aus §§ 833, 836). Ausnahmen (die zur Regel der doppelt angelehnten Gesamthandsschuld zurückführen) gelten für Lasten des Sondergutes, die aus den Einkünften beglichen zu werden pflegen (denn die Einkünfte fallen dem Gesamtgut zu), und für Verbindlichkeiten, die in einem vom Verwalter gebilligten selbständig betriebenen Erwerbsgeschäft infolge eines zu ihm gehörenden Rechtes oder des Besitzes einer zu ihm gehörenden Sache entstehen.

14. *Lastenverteilung.* Gesamthandsschulden sind grundsätzlich Gesamthandslasten. Jede Ausnahme belastet im internen Ausgleich nur einen Ehegatten. Sonderlasten, die von den Ehegatten je zur Hälfte zu tragen sind, gibt es nicht; sie würden den Gesamthandslasten nahezu gleichwertig sein. Der legislatorische Grund der Ausnahmen ist verschieden: Schutz der Gesamthand und Sicherung der Verwaltungsregelung werden erstrebt; die Trennung des Gesamtguts von den persönlichen Gütermassen und bestimmte Billigkeitserwägungen verlangen Berücksichtigung.

Den einzelnen Ehegatten belasten alle Verbindlichkeiten, die er nach Eintritt der Gütergemeinschaft durch eine unerlaubte Handlung[43] begründete, einschließlich der Kosten eines Strafverfahrens und Rechtsstreites (§ 1441 Nr. 1 und 3).[44]

---

[41] Will der Gläubiger aus einem früher erstrittenen Titel vollstrecken, kann der Verwalter Vollstreckungsgegenklage erheben (§ 767 ZPO).

[42] Rechtsgeschäftliche Verbindlichkeit ist auch die Schuld aus § 179. Vgl. *Kipp-Wolff,* § 64 III 2.

[43] Gesamthandslasten bleiben dagegen Schulden aus Gefährdungshaftung. Ebenso *Staudinger-Felgentraeger,* 3 zu § 1463.

[44] Nach mancher Ansicht (vgl. *Staudinger-Felgentraeger,* 3 zu § 1463) sollen Unterhaltsansprüche aus außerehelicher Elternschaft gleichgestellt werden. Doch handelt es sich um eine reine Billigkeitsentscheidung ohne Anhalt im Gesetz.

Den einzelnen Ehegatten belasten ferner alle Verbindlichkeiten, die aus einem Rechtsverhältnis erwuchsen, das sich auf sein Vorbehalts- oder Sondergut bezieht.[45] Zur Regel der Gesamthandslast zurückführende Ausnahmen gelten für Lasten des Sondergutes (nicht des Vorbehaltsgutes; vgl. § 1418 III), die aus den Einkünften beglichen zu werden pflegen, sowie für Verbindlichkeiten, die durch den Betrieb eines für Rechnung des Gesamtgutes geführten Erwerbsgeschäftes (Beteiligung eines Ehegatten an einer OHG mit nicht übertragbarer Mitgliedschaft) oder eines zu einem solchen Erwerbsgeschäft gehörenden Rechtes oder des Besitzes einer dazu gehörenden Sache entstehen (vgl. §§ 1441 Nr. 2 und 3, 1442).

Rechtsstreitigkeiten der Ehegatten untereinander fallen nie der Gesamthand zur Last; zwischen den Ehegatten entscheiden die allgemeinen Vorschriften (§ 1443 I; vgl. in erster Linie § 91 ZPO; auch ein Vergleich kann die Kostenlast regeln). Prozeßkosten aus Rechtsstreitigkeiten mit Dritten sind Gesamthandslasten, wenn der Prozeß vom Verwalter des Gesamtgutes geführt wurde (Ausnahmen: §§ 1441 Nr. 3, 1442). Sie sind in der Regel Sonderlasten des Partners, wenn er den Rechtsstreit führte. Die Gesamthand wird nur belastet, wenn das Urteil dem Gesamtgut gegenüber wirksam ist (vgl. dazu oben unter 12.), ferner dann, wenn der Rechtsstreit eine persönliche Angelegenheit oder eine Gesamthandsschuld betrifft und die Aufwendung der Kosten den Umständen nach geboten ist (§ 1443 II 2).

Ausstattungen aus dem Gesamtgut kann nur der Verwalter vornehmen. Sie belasten die Gesamthand, wenn sie gemeinschaftlichen Kindern zugute kommen und ein dem Gesamtgut entsprechendes Maß nicht übersteigen. Ein etwaiges Übermaß (beachte § 1425!) belastet den Verwalter (§ 1444 I).[46] Ausstattungen, die einem nicht gemeinschaftlichen Kind versprochen oder gewährt werden, belasten den leiblichen Elternteil (§ 1444 II). Für den nicht verwaltenden Ehegatten soll die Aussage dem Gesetze zufolge nur gelten, wenn er zustimmte oder eine Ausstattung gewährt wurde, die ein dem Gesamtgut entsprechendes Maß nicht übersteigt. Doch ist der zweite Tatbestand gegenstandslos: Zuwendungen, die ohne Zustimmung des leiblichen Elternteils erfolgten, sind keine Ausstattun-

---

[45] Angesichts der §§ 1439, 1440 sind hier Gesamthandsschulden selten. Als Bsp. kann eine Unterhaltspflicht dienen, die durch das Vorbehaltsgut begründet oder verstärkt wurde.

[46] Eine das Maß des Gesamtgutes überschreitende Ausstattung ist nicht unbedingt Übermaßausstattung und damit Schenkung. § 1624 wählt als Maßstab die gesamten Vermögensverhältnisse der Eltern. Zustimmung zu einer das Maß des Gesamtgutes überschreitenden Ausstattung beinhaltet regelmäßig (aber nicht unbedingt) ein Einverständnis mit der Übernahme der Last auf das Gesamtgut. Vgl. *Soergel-Gaul,* 3 zu § 1444; *Staudinger-Felgentraeger,* 5 zu § 1444; MünchKomm-*Kanzleiter,* 5 zu § 1444 (der für die Ausnahme einen ausdrücklichen Vorbehalt fordert); RGRK-*Finke,* 4 zu § 1444. Im Ausnahmefall kann Gewährung aus dem Gesamtgut und Ersatz bei der Auseinandersetzung gewollt sein. Zweifelhafte Erklärungen sind nach den allgemeinen Grundsätzen auszulegen (§ 133).

gen (vgl. § 1624);[47] kein Verwalter kann dem Partner eine (maßvolle) Ausstattung der Stiefkinder aufdrängen.

15. *Interne Ansprüche.* Zwischen der Gesamthand und den Ehegatten je in ihrer Vereinzelung sowie den Ehegatten untereinander sind obligatorische Rechtsbeziehungen aller Art möglich; der Schuldenausgleich im Innenverhältnis mag besonders wesentlich sein, Anfang und Ende der Rechtsbeziehungen ist er nicht. Rechtsgeschäftliche Verbindlichkeiten sind etwa ebenso möglich wie Ansprüche aus unerlaubter Handlung, ungerechtfertigter Bereicherung usw.

Verwendungen des Verwalters aus dem Gesamtgut in sein Vorbehalts- und Sondergut und umgekehrt aus seinem Vorbehalts- und Sondergut in das Gesamtgut (beachte insoweit § 1360b als Rückgriffsschranke; auch § 685 I ist entsprechend anwendbar[48]) gleicht § 1445 als generelle Norm aus (keine Begrenzung durch § 818 III!). Verwendungen des nicht verwaltenden Ehegatten werden allein nach den allgemeinen Vorschriften ausgeglichen. Zieht er etwa ohne Zustimmung des Partners eine zum Gesamtgut gehörende, in der Person des Partners entstandene Forderung im eigenen Namen ein, schuldet die Gesamthand (Erwerb: § 1416 I 2) dem mangels Empfangszuständigkeit nicht befreiten Schuldner Herausgabe der empfangenen Leistung aus § 812 (vgl. § 1434). Sie erwirbt dafür einen Anspruch gegen ihren Gesamthänder aus § 812, wenn dieser die Leistung in sein Vorbehalts- oder Sondergut verwendet hat.[49]

16. Die *Fälligkeit* aller Forderungen des nicht verwaltenden Ehegatten gegen den Partner und gegen die Gesamthand wird allein vom Schuldrecht bestimmt.

Forderungen des Verwalters gegen die Gesamthand und der Gesamthand gegen ihn werden dagegen frühestens fällig mit der Beendigung der Gütergemeinschaft (§ 1446 I).[50] Vorbehaltlich der Notwendigkeit, Forderungen der Gesamthand zur Befriedigung von Gesamthandsgläubigern einzuziehen, werden sie damit zu bloßen Rechnungsposten in der Auseinandersetzung, soweit ihre Höhe das Auseinandersetzungsguthaben des Verwalters nicht überschreitet (§ 1476 II).[51]

Forderungen des Verwalters und der Gesamthand gegen den nicht verwaltenden Ehegatten werden nach den Regeln des Schuldrechtes fällig, soweit die per-

---

[47] Die h. L. nimmt davon freilich keine Kenntnis. Vgl. *Staudinger-Felgentraeger,* 8 zu § 1444; *Dölle,* § 73 II 6; *Soergel-Gaul,* 5 zu § 1444; *Palandt-Diederichsen,* 2 zu § 1444; MünchKomm-*Kanzleiter,* 7 zu § 1444; RGRK-*Finke,* 5 zu § 1444 (jeweils mit Ersatz des Verwalters in das Gesamtgut, wenn die von ihm gewährte Ausstattung nicht den Partner belastet).

[48] Vgl. *Staudinger-Felgentraeger,* 11 zu § 1445; *Soergel-Gaul,* 4 zu § 1445; *Palandt-Diederichsen,* 1 zu § 1445.

[49] Vgl. den Schulfall BGH, NJW 1957, 1635.

[50] § 1446 gilt nicht für dingliche Herausgabeansprüche. Allg. M.

[51] Möglich bleiben Feststellungsklagen, Klagen auf künftige Leistung und alle Arten des einstweiligen Rechtsschutzes nach deren Regeln. Vgl. *Staudinger-Felgentraeger,* 3 zu § 1446; *Soergel-Gaul,* 6 zu § 1446; MünchKomm-*Kanzleiter,* 6 zu § 1446; RGRK-*Finke,* 2 zu § 1446.

sönlichen Gütermassen zur Tilgung (oder doch wenigstens Teiltilgung) ausreichen, im übrigen erst mit Beendigung des Güterstandes (§ 1446 II). Da es sich nicht um eine Haftungsbeschränkung handelt, darf kein Urteil unter Vorbehalt ergehen; der nicht verwaltende Ehegatte ist zur Leistung während der Gütergemeinschaft nur zu verurteilen, wenn ausreichendes Vorbehalts- und Sondergut nachgewiesen ist.[52]

VIII. Gemeinschaftliche Verwaltung des Gesamtgutes

Schrifttum: *Tiedtke*, Gesamthand- und Gesamtschuldklage im Güterstand der Gütergemeinschaft, FamRZ 1975, 538.

1. *Grundsätze:* Bei gemeinschaftlicher Verwaltung müssen die Ehegatten rechtsgeschäftlich und prozessual dem Grundsatz nach gemeinschaftlich für die Gesamthand handeln (es genügt Handeln eines Ehegatten mit Vollmacht des anderen; auch eine Scheinvollmacht ist zu beachten). Die jedem Ehegatten gewährte Empfangszuständigkeit für Willenserklärungen (§ 1450 II) dient dem Verkehr, für die Verwaltung des Gesamtgutes ist sie nur peripher bedeutsam (immerhin brauchen auch Vertragsangebote nur an einen Ehegatten gerichtet zu werden[1]). Im Vergleich mit der Einzelverwaltung erübrigt sich ein Katalog zustimmungsbedürftiger Geschäfte; die Ausnahme ist zur Regel geworden. Redliche Dritte, die einen eigenmächtig verfügenden Ehegatten für den Alleineigentümer halten, werden nicht geschützt (vgl. dazu oben VII 11).[2] Tatsächliche Verluste durch eigenmächtige Verfügungen hat der handelnde Ehegatte in entsprechender Anwendung von § 1435 S. 3 auszugleichen.[3]

2. *Alleinverwaltung.* Funktionsfähigkeit sichert der Gesamthand primär das beiden Ehegatten eingeräumte Notverwaltungsrecht (§ 1454). Ausübung im eigenen und in beider Namen ist gleicherweise gestattet, eine Differenz jedoch nicht vorhanden; wer als Notverwalter (und nicht für eigene Rechnung) handelt, verpflichtet stets die Gesamthand und beide Ehegatten.[4] Funktionsfähigkeit sichert der Gesamthand ferner das Recht jedes Ehegatten, für die Gesamthand gegen-

---

[52] Vgl. OLG Hamburg, ROLG 7, 404; 14, 228; *Soergel-Gaul,* 4 zu § 1446; *Erman-Heckelmann,* 4 zu § 1446; *Staudinger-Felgentraeger,* 9 zu § 1446; MünchKomm-*Kanzleiter,* 4 zu § 1446. A. A. OLG Hamburg, SeuffA 61 Nr. 179; *Kipp-Wolff,* § 60 Fn. 19.

[1] Vgl. *Staudinger-Felgentraeger,* 53 zu § 1450; *Soergel-Gaul,* 14 zu § 1450; MünchKomm-*Kanzleiter,* 18 zu § 1450. A. A. *Erman-Heckelmann,* 4 zu § 1450.

[2] Die Aussage wird auf den Anwendungsbereich der §§ 1423–1425 beschränkt von *Hennecke,* S. 110f.

[3] Vgl. *Staudinger-Felgentraeger,* 49 zu § 1450.

[4] Für das Handeln im eigenen Namen str. Wie der Text *Staudinger-Felgentraeger,* 12 zu § 1454; *Dölle,* § 75 III 1; *Soergel-Gaul,* 4 zu § 1454; MünchKomm-*Kanzleiter,* 5 zu § 1454; RGRK-*Finke,* 5 zu § 1454. A. A *Erman-Heckelmann,* 1 zu § 1454 (Schulden nur des handelnden Ehegatten).

über dem Partner zu handeln (§ 1455 Nrn. 5 und 6), sowie das Recht jedes Ehegatten, die zur Erhaltung des Gesamtgutes erforderlichen Maßnahmen zu treffen, wenn mit dem Aufschub Gefahr verbunden ist (§ 1455 Nr. 10). Der Unterschied zur Einzelverwaltung basiert auf dem Vertragswillen der Partner: Wer sich zur Mitverwaltung bereit fand, steht dem Gesamtgut näher als ein Ehegatte, der die Verwaltung dem Partner überließ. Die letzte Konsequenz spricht das Gesetz nicht aus, doch ist sie aus § 1451 zu folgern: Gemeinschaftliche Verwaltung muß zur Not- und Eilverwaltung (§ 1455 Nr. 10) nicht nur berechtigen, sondern auch verpflichten.[5]

3. Freiheit erhält jeder Ehegatte im Umfang der einem nicht verwaltenden Ehegatten gewährten Selbständigkeit (§§ 1455 Nrn. 1–4; 1456). Zustimmung zu Rechtsgeschäften, die der Besorgung persönlicher Angelegenheiten dienen, kann er wie jener fordern (§ 1452 II).

4. *Sicherung interessengerechter Verwaltung.* Verbunden mit der Sicherung persönlicher Freiheit für einen erbenden Ehegatten gewährt § 1455 Nr. 3 auch dem Partner bei jeder in das Gesamtgut fallenden Erbschaft das Recht zur Errichtung eines Inventars (zur Inventarfrist vgl. § 2008), § 999 ZPO das Recht, das Aufgebot der Nachlaßgläubiger zu beantragen, und § 218 KO die Befugnis, Eröffnung des Nachlaßkonkurses zu fordern (keine Parallelbefugnis für die Nachlaßverwaltung!). Der erbende Ehegatte befindet allein über Annahme und Ausschlagung der Erbschaft (§ 1455 Nr. 1). Die Sicherung des Gesamtgutes vor Nachlaßverbindlichkeiten kann dagegen auch der Partner betreiben.

Wesentlicher ist die Sicherung durch den Grundsatz gemeinschaftlichen Handelns im rechtsgeschäftlichen und prozessualen Bereich, der jedem Ehegatten Gelegenheit gibt, Akte abzulehnen, die seinen Interessen widersprechen. Verpflichtungsgeschäfte, die ohne Mitwirkung des Partners getätigt wurden, verpflichten im Bereich des Grundsatzes die Gesamthand nicht (§ 1460 I); selbständige Verfügungsgeschäfte unterliegen den für die gebundenen Geschäfte bei der Einzelverwaltung gegebenen Regeln (§ 1453); das Revokationsrecht des Partners findet sich in § 1455 Nr. 8 (rechtskräftige Urteile wirken für und gegen beide Ehegatten[6]), die Verpflichtung der Gesamthand zur Herausgabe einer Bereicherung in § 1457.

Zwang zu gemeinschaftlichem Handeln sichert Interessenwahrung, gefährdet sie aber auch durch die Möglichkeit willkürlicher Verweigerung der Mitwirkung. § 1452 I beseitigt die Gefahren: Zu jedem Rechtsgeschäft und zu jedem

---

[5] Ebenso *Soergel-Gaul,* 3 zu § 1454; *Staudinger-Felgentraeger,* 9 zu § 1451 und 44 zu § 1455; *Dölle,* § 75 III 2k; *Erman-Heckelmann,* 7 zu § 1455; MünchKomm-*Kanzleiter,* 4 zu § 1451 und 4 zu § 1454.

[6] Vgl. *Staudinger-Felgentraeger,* 30 zu § 1455; *Soergel-Gaul,* 8 zu § 1455; RGRK-*Finke,* 7 zu § 1455. Das Prinzip der Mitverwaltung verändert die Situation gegenüber anderen Revokationsrechten (insbes. dem aus § 1368).

Rechtsstreit kann das Vormundschaftsgericht auf Antrag die ohne ausreichenden Grund verweigerte Zustimmung des Partners ersetzen, wenn das Rechtsgeschäft oder der Rechtsstreit zur ordnungsmäßigen Verwaltung des Gesamtgutes erforderlich ist (zu bedenken ist auch das Prozeßrisiko; nicht zu berücksichtigen sind dagegen „ideelle Gründe", die der Ehegatte vorbringt[7]). Der erfolgreiche Antragsteller kann in diesen Fällen allein für die Gesamthand handeln.[8]

5. *Prozesse.* Gemeinschaftliche Verwaltung bedingt grundsätzlich gemeinschaftliche Prozeßführung (§ 1450); Forderungen der Gesamthand sind von den Ehegatten als notwendigen Streitgenossen einzuklagen; Leistung ist in das Gesamtgut zu fordern. Zulässig sind aber auch Klagen eines Ehegatten, die mit Zustimmung des anderen erhoben werden.[9] Klagt dagegen ein Ehegatte ohne Ermächtigung des Partners (wenn auch auf Leistung in das Gesamtgut), so ist er mangels Aktivlegitimation abzuweisen (§ 2039 Satz 1 ist während des Bestehens der Gütergemeinschaft nicht entsprechend anzuwenden[10]).

Prozesse gegen die Ehegatten können in Form der Gesamthandklage, aber auch in Form der Gesamtschuldklage geführt werden. Die Gesamthandklage richtet sich auf Leistung aus dem Gesamtgut; eine Vollstreckung in das Vorbehaltsgut und Sondergut der beiden Ehegatten ist nicht möglich.[11] Die Gesamtschuldklage nimmt dagegen die Ehegatten persönlich auf Leistung in Anspruch. Werden beide Ehegatten gleichzeitig beklagt, so sind sie nicht notwendige Streitgenossen[12] (zwar kann die Gesamthandsschuld nur einheitlich festgestellt werden, die persönlichen Verpflichtungen der Ehegatten können dagegen Unterschiede aufweisen). Eine Vollstreckung in das Gesamtgut ist möglich, wenn der Gläubiger gegen beide Ehegatten einen Vollstreckungstitel erlangt hat (§ 740 II ZPO).[13]

Jeder Ehegatte genießt die einem nicht verwaltenden Ehegatten eingeräumten Rechte zu selbständigem Handeln: das Revokationsrecht (§ 1455 Nr. 8), das Notverwaltungsrecht (§ 1454), das Recht zur Fortsetzung eines anhängigen Rechts-

---

[7] A. A. OLG Celle, FamRZ 1975, 621; *Erman-Heckelmann,* 2 zu § 1452; *Soergel-Gaul,* 4 zu § 1452.

[8] Vgl. *Staudinger-Felgentraeger,* 42 zu § 1450; *Erman-Heckelmann,* 2 zu § 1452.

[9] Für die Zulässigkeit derartiger Klagen auch *Staudinger-Felgentraeger,* 42 zu § 1450; *Dölle,* § 75 I 3; RGRK-*Finke,* 14 zu § 1450.

[10] Vgl. *Staudinger-Felgentraeger,* 40 zu § 1450; *Dölle,* § 75 I 3; *Erman-Heckelmann,* 3 zu § 1450; *Soergel-Gaul,* 15 zu § 1450; MünchKomm-*Kanzleiter,* 21 zu § 1450; RGRK-*Finke,* 14 zu § 1450.

[11] Eine Gesamthandklage ist grds. gegen beide Ehegatten zu richten. Als Klage gegen einen Ehegatten ist sie nur anzuerkennen, wenn der andere zur Mitwirkung an der Leistung bereit ist. Vgl. *Tiedtke,* FamRZ 1975, 539 (m. w. Nachw.) gegen BGH, FamRZ 1975, 405, (406). Jede Ausnahme wird abgelehnt von MünchKomm-*Kanzleiter,* 24 zu § 1450.

[12] Ebenso BGH, FamRZ 1975, 405, (406); *Erman-Heckelmann,* 3 zu § 1450; *Staudinger-Felgentraeger,* 38 zu § 1450; *Soergel-Gaul,* 16 zu § 1450; MünchKomm-*Kanzleiter,* 24 zu § 1450.

[13] Die h. L. fordert einen Leistungstitel gegen beide Ehegatten, eine Minderans. läßt eine Kombination von Leistungstitel und Duldungstitel (den § 740 II ZPO nicht erwähnt) genügen. Vgl. dazu (m. Nachw.) *Tiedtke,* FamRZ 1975, 539 Fn. 8.

streites (§ 1455 Nr. 7) und das Recht zu selbständiger Prozeßführung im gestatteten Geschäftsbetrieb (§ 1456). Zur Vollstreckung genügt im letzten Fall ein gegen den handelnden Ehegatten gerichteter Titel (§ 741 ZPO). Andernfalls ist stets zusätzlich ein Duldungstitel gegen den Partner erforderlich (§ 740 II ZPO). Übt ein Ehegatte sein Notverwaltungsrecht im Namen beider Ehegatten aus, kann auch der andere Ehegatte zur Leistung verurteilt werden.

Jeder Ehegatte kann ferner die Rechte der Gesamthand gegen den Partner wahrnehmen (§ 1455 Nr. 6) sowie alle Widerspruchsrechte gegen Akte der Zwangsvollstreckung in das Gesamtgut geltend machen (§ 1455 Nr. 9). Drohende Interessenkollisionen rechtfertigen die Normen; selbständige Handlungsmacht für jeden Ehegatten ist das einfachste Mittel, die Gesamthand im Streit der Partner vor Schaden zu bewahren.

6. Die Regelung der *Verbindlichkeiten* geht vom *Grundsatz der doppelt angelehnten Gesamthandsschuld* aus[14] und kennt als gesetzliche Ausnahme nur persönliche Schulden der beiden Ehegatten in ihrer Vereinzelung. Reine Gesamthandsschulden und einseitig angelehnte Gesamthandsschulden entstehen nur bei entsprechender rechtsgeschäftlicher Haftungsbeschränkung.

Persönliche Schulden sind alle Verbindlichkeiten, die bei Einzelverwaltung persönliche Schulden des nicht verwaltenden Ehegatten bleiben (§§ 1460–1462), insbesondere also dem Grundsatz nach die rechtsgeschäftlichen Verbindlichkeiten, die ein Ehegatte ohne Zustimmung des anderen während der Gütergemeinschaft begründet. Gemeinschaftliche Verwaltung ist nur gesichert, wenn beide Ehegatten insoweit in die Schranken eines nicht verwaltenden Ehegatten verwiesen werden.

Doppelt angelehnte Gesamthandsschulden sind alle übrigen Verbindlichkeiten der Ehegatten, insbesondere die rechtsgeschäftlichen Schulden, die ein Ehegatte während der Gütergemeinschaft mit Zustimmung des Partners im eigenen Namen oder im Namen der Gesamthand begründete.[15] Vorbehaltlich einer abweichenden Vereinbarung sind akzessorische Gesamthandsschulden damit auch akzessorische Verbindlichkeiten des zustimmenden Ehegatten.[16] Die gemeinschaft-

---

[14] Wer der Gesamthand die Qualität eines Rechtssubjektes sichert, muß vom Grundsatz der primären Gesamtgutsschuld mit gesetzlichem Schuldbeitritt beider Ehegatten ausgehen. Vgl. *Hennecke,* S. 111ff.

[15] Handelt ein Ehegatte ohne Einwilligung des anderen für die Gesamthand und verweigert der andere die Genehmigung, so ist das Rechtsgeschäft teilnichtig. Ergibt sich aus § 139 Totalnichtigkeit, so haftet der Ehegatte aus § 179. Nach a. A. ist der handelnde Ehegatte stets selbst verpflichtet. Vgl. *Staudinger-Felgentraeger,* 10 zu § 1450; *Soergel-Gaul,* 6 zu § 1450; MünchKomm-*Kanzleiter,* 12 zu § 1450 (die Ausnahme für Geschäfte, für die Ausschluß der Haftung mit Vorbehalts- und Sondergut vereinbart wurde, mit Übergang zu § 179 ist folgerichtig); RGRK-*Finke,* 5 zu § 1450. Nach dritter Ansicht trifft ihn immer nur die Haftung aus § 179. Vgl. *Palandt-Diederichsen,* 2 zu § 1450; *Hennecke,* S. 109 (Gesamthand als unteilbares Rechtssubjekt).

[16] Der zustimmende Ehegatte wird aber nicht etwa selbst Vertragspartner. Ebenso im Ergebnis *Staudinger-Felgentraeger,* 14 zu § 1450.

liche Verwaltung bürdet also beiden Ehegatten die Last des Einzelverwalters auf (§ 1459). Die ratio legis ist freilich weithin entfallen: Gemeinschaftliche Verwaltung sichert gleiche Behandlung der Gläubiger wenigstens in aller Regel ohnehin. Erreicht wird eine schwer verständliche Privilegierung vornehmlich der vorehelichen Gläubiger.[17]

7. *Lastenverteilung.* Gesamthandsschulden sind bei gemeinschaftlicher Verwaltung erst recht grundsätzlich Gesamthandslasten; Sonderlasten, die jeder Ehegatte bei Einzelverwaltung unabhängig von seiner Stellung in der Gesamthand tragen muß, sind auch hier Sonderlasten (vgl. §§ 1463, 1464). Gesamthandslast ist jede aus dem Gesamtgut versprochene oder gewährte Ausstattung eines gemeinschaftlichen Kindes; Sonderlast des Elternteils ist jede Ausstattung, die einem nicht gemeinschaftlichen Kind zugute kommt (§ 1466); die Bindung der Ehegatten aneinander, auch bei der Vergabe von Ausstattungen, vereinfacht die Regelung. Sonderlasten sind Prozeßkosten der Ehegatten untereinander, ferner die Kosten jedes selbständig geführten Prozesses mit einem Dritten, soweit nicht ein von der Verwaltung ausgeschlossener Ehegatte Ersatz aus dem Gesamtgut verlangen könnte (§ 1465).

8. *Verwendungsansprüche.* Für den Ausgleich nach Verwendung von Gesamtgut in das Vorbehalts- und Sondergut eines Ehegatten und umgekehrt erstreckt § 1467 die für den Einzelverwalter geltende Regelung auf beide Ehegatten; die Gesamthand oder der begünstigte Ehegatte schulden – sofern nicht die §§ 1360b und 685 Rückgriffsschranken errichten – in jedem Fall Ersatz (keine Berufung auf § 818 III). Verwendungen aus dem Vorbehalts- und Sondergut eines Ehegatten in die persönlichen Gütermassen des anderen verbleiben dagegen unter dem allgemeinen Recht (§§ 812ff., 677ff.).

9. *Fälligkeit.* Forderungen der Ehegatten gegen die Gesamthand werden nach den Regeln des Schuldrechts (§ 271) fällig. Forderungen der Gesamthand gegen die Ehegatten und der Ehegatten untereinander sind dagegen in der Regel erst bei Beendigung des Güterstandes zu bedienen. Das Schuldrecht ist für ihre Fälligkeit nur insoweit bestimmend, als der Schuldner über persönliche Gütermassen verfügt, die zur Schuldtilgung (oder doch wenigstens zu Teilleistungen) ausreichen (§ 1468).

IX. Ende des Güterstandes

1. Eine Gütergemeinschaft kann in ihrem Ordnungsziel über die Dauer der Ehe hinausgreifen; das Ende der Ehe bedeutet daher nur grundsätzlich auch das

---

[17] Kritisch auch *Beitzke,* § 16 VI 2; *Dölle,* § 76 III; *Soergel-Gaul,* 1 zu § 1459. Positiv dagegen *Staudinger-Felgentraeger,* 3 zu § 1459 (Schutz der Gläubiger eines Ehegatten vor gemeinschaftlicher Schmälerung des Gesamtgutes durch Übertragung in das Sondergut und Vorbehaltsgut des anderen Ehegatten).

Ende des Güterstandes. Für den Fall der Ehebeendigung durch den Tod kann der Ehevertrag fortgesetzte Gütergemeinschaft vorsehen (§ 1483; vgl. dazu unten § 39). Schweigt der Ehevertrag, endet der Güterstand auch in diesem Fall. Der Anteil des Verstorbenen am Gesamtgut ist dann ein Bestandteil des Nachlasses, der nach den Regeln des Erbrechts verteilt wird (§ 1482). Beerbung durch eine Miterbengemeinschaft führt zur Verzahnung zweier Gesamthandsgemeinschaften; die Gesamthand der Miterbengemeinschaft ist neben dem überlebenden Ehegatten am Gesamtgut der Gütergemeinschaft beteiligt. In der Auseinandersetzung genießt das Gesamtgut der Gütergemeinschaft (als Liquidationsgemeinschaft) den Vorrang: Erst die Teilung des Gesamtgutes fixiert das Vermögen, das die Miterben auseinanderzusetzen haben.[1] In der Verwaltung kehrt sich die Reihenfolge um: Ehe die Miterben in der Liquidationsgemeinschaft als Gesamthand handeln können, müssen sie den Gesetzen der Erbengemeinschaft entsprechend zu wirksamem Handeln fähig geworden sein.[2] Auseinandersetzung des Gesamtgutes kann dagegen jeder Miterbe selbständig (zugunsten der Gesamthand) nach § 2039 fordern, denn der Anspruch auf Auseinandersetzung gehört zum Nachlaß, obwohl er nicht bereits dem Erblasser erwuchs.[3]

2. Kraft Rechtsgeschäftes endet die Gütergemeinschaft durch Ehevertrag; bestimmt er keinen neuen Güterstand, tritt Gütertrennung ein (§ 1414). Mit dem Ehevertrag wird meist ein Auseinandersetzungsvertrag verbunden (der Gegenstand der Gläubigeranfechtung außerhalb des Konkurses sein kann, wenn die Ehegatten ihren Bewertungsspielraum bei der Verteilung des Gesamtgutes mißbräuchlich überschritten haben[4]).

Kraft Rechtsgeschäftes endet die Gütergemeinschaft ferner durch Eintritt einer auflösenden Bedingung oder eines Endtermins. Eheverträge gehören nicht zu den bedingungs- und befristungsfeindlichen Rechtsgeschäften; auch die Gütergemeinschaft kann bedingt oder befristet vereinbart werden.[5]

---

[1] Vgl. BayObLGZ 32, 486; RGZ 85, 1.

[2] Vgl. dazu RGZ 136, 19. Irrig werden häufig alle überhaupt am Gesamtgut Beteiligten zu einer Auseinandersetzungsgemeinschaft zusammengezogen. Vgl. OLG München, DNotZ 1936, 807. Die Entscheidung fordert für die Veräußerung eines zum Gesamtgut gehörenden Grundstückes unter Auftreten nur eines Miterben für die Miterbengemeinschaft nicht nur (richtig!) die Genehmigung des Handelns für die Miterbengemeinschaft, sondern auch (irrig) die Genehmigung des Handelns aller an der Veräußerung beteiligten Mitglieder der „Auseinandersetzungsgemeinschaft". Vgl. ferner BayObLG, ROLG 30, 50. Die Entscheidung spricht von einer Erbengemeinschaft nach dem Tode beider Ehegatten mit gleichen Erben. Schon mit Rücksicht auf die Erbenhaftung müssen aber die hier bestehenden drei Gesamthandsgemeinschaften unterschieden werden.

[3] Für Anwendung des § 2039 auch *Dölle*, § 79 Fn. 15 (der aber von einem Anspruch des Erblassers spricht); OLG Hamm, Rpfleger 1959, 269; OLG Schleswig, MDR 1959, 46; MünchKomm-*Kanzleiter,* 12 zu § 1472. Irrig ist der Hinweis auf § 2042 (vgl. OLG Posen, ROLG 36, 198), denn er gilt zwar für die Miterbengemeinschaft, jedoch nicht mehr für eine Gesamthand, an der die Miterbengemeinschaft beteiligt ist.

[4] Vgl. BGHZ 57, 123.

[5] Diese Möglichkeit wird nicht gewürdigt von BGHZ 29, 129 (132ff.). Die Entscheidung behauptet, daß das Ende eines zusammen mit einem Ehevertrag vereinbarten Erbvertrages für den Ehever-

3. *Auflösungsklage.* Kraft formalisierter, durch Akt des Familienrichters (vgl. § 621 I Nr. 8 ZPO) vollzogener Kündigung endet die Gütergemeinschaft mit der Rechtskraft des vollziehenden Gestaltungsurteiles; fortan leben die Ehegatten in Gütertrennung (§§ 1449, 1470).[6]

Die Klagegründe sind nach der gewählten Verwaltungsregelung und der Position des klagenden Ehegatten verschieden; Einzelverwaltung muß in erster Linie dem nicht verwaltenden Ehegatten Kündigungsbefugnisse vermitteln.

Fast einheitlich ist der Schutz späteren Erwerbes bei Überschuldung des Gesamtgutes. Jeder (allein oder gemeinschaftlich) verwaltende Ehegatte kann klagen, wenn sein späterer Erwerb erheblich gefährdet ist durch Überschuldung des Gesamtgutes, die der Partner durch Verbindlichkeiten herbeiführte, die er im Innenverhältnis der Ehegatten allein zu tragen hat (§§ 1469 Nr. 4, 1448); ein nicht verwaltender Ehegatte kann klagen, wenn die Überschuldung auf Verbindlichkeiten beruht, die der Partner verursachte, also ohne Rücksicht auf den internen Ausgleich (§ 1447 Nr. 3).[7]

Nur gegen verwaltende Ehegatten richten sich die restlichen Kündigungsbefugnisse. Der nicht oder doch nur mitverwaltende Ehegatte kann unterschiedslos klagen nach rechtskräftiger Entmündigung des Partners (§§ 1447 Nr. 4, 1469 Nr. 5), ferner wenn jener seine Pflicht, zum Familienunterhalt beizutragen (auch die Pflicht aus § 1361!), verletzt hat und für die Zukunft eine erhebliche Gefährdung des Unterhalts zu besorgen ist (§§ 1447 Nr. 2, 1469 Nr. 3). Schuldhaft pflichtwidrige Verweigerung des Unterhaltes fordert das Gesetz nicht;[8] die sachrichtige Begrenzung des Kündigungsrechtes stellt das zweite Tatbestandselement sicher sowie die Begrenzung der Rechtsausübung unter Ehegatten durch § 1353 (vgl. dazu oben § 19 II 3).[9]

Die beiden Verwaltungsregelungen trennen sich voneinander in der Sicherung ordnungsmäßiger Verwaltung. Gegen den allein verwaltenden Partner kann geklagt werden, wenn er zur Verwaltung unfähig ist (auch infolge schwerer Krank-

---

trag gleichgültig sei; eine Verknüpfung der Verträge über die Lehre von der Geschäftsgrundlage wird abgelehnt, weil allein die Ehe Geschäftsgrundlage des Ehevertrages sei. Doch kann der Zweck des Ehevertrages nur bei Fortbestand des Erbvertrages erreichbar sein.

[6] Durch einstweilige Verfügung kann das Kündigungsrecht nicht vollzogen werden. Die Praxis läßt aber Einzelanordnungen zu, die in ihrer Gesamtheit praktisch das Verwaltungsrecht nehmen. Vgl. RG, GruchB 46, 951; OLG Kassel, JW 1930, 1012; *Staudinger-Felgentraeger,* 36 zu § 1447; *Soergel-Gaul,* 18 zu § 1447; *Dölle,* § 74 I 3d. Daß dem Verwalter die Ausübung seiner Befugnisse ganz untersagt werden kann, behauptet RGRK-*Finke,* 19 zu § 1447 (Verwaltung dann durch den anderen Ehegatten?).

[7] Daß der Kläger späteren Erwerb bereits erwarten kann, ist nicht erforderlich. Vgl. OLG Hamburg, ROLG 8, 337. Drohende Überschuldung rechtfertigt die Klage noch nicht. Vgl. OLG Hamburg, ROLG 12, 313.

[8] Vgl. RG, Warn. 1914 Nr. 225; JW 1924, 678; *Staudinger-Felgentraeger,* 15 zu § 1447; *Dölle,* § 74 I 3b.

[9] Beispiel aus der Praxis: RG, JW 1924, 678.

heit, Abwesenheit usw.) oder sein Verwaltungsrecht mißbraucht (willkürliche Maßnahmen, Verschwendung usw.),[10] gegen den mitverwaltenden Partner dagegen, wenn die Rechte des Klägers für die Zukunft durch Maßnahmen erheblich gefährdet werden können, die der Beklagte nicht einseitig vornehmen durfte, tatsächlich aber einseitig getroffen hat,[11] sodann, wenn der Beklagte sich ohne ausreichenden Grund beharrlich weigert, an der ordnungsmäßigen Verwaltung des Gesamtgutes mitzuwirken (§§ 1447 Nr. 1, 1469 Nrn. 1 und 2). Die Tatbestände entsprechen in dieser Differenzierung den jeweils mit der gewählten Verwaltungsregelung verbundenen besonderen Gefahren.

4. Die Gütergemeinschaft endet nicht durch *Konkurs* (vgl. aber zur Überschuldung oben unter 3.). Der Konkurs eines Ehegatten berührt das Gesamtgut bei gemeinschaftlicher Verwaltung des Gesamtgutes überhaupt nicht; erst ein selbständiger Konkurs über das Gesamtgut (§§ 236a–236c KO) führt zur gemeinschaftlichen Befriedigung aller Gesamthandsgläubiger aus dem Gesamtgut (§ 2 II KO). Bei Einzelverwaltung wird das Gesamtgut zur Konkursmasse gezogen, wenn der verwaltende Ehegatte in Konkurs fällt; der Konkurs des Partners ergreift das Gesamtgut nicht; ein selbständiger Konkurs über das Gesamtgut findet nicht statt (§ 2 I KO).

X. Auseinandersetzung

Schrifttum: *Staudenmaier,* Zur Verfügungsmacht des Vorerben bei beendeter Gütergemeinschaft, NJW 1965, 380; *Prölss,* Die Stellung des Vorerben bei beendeter Gütergemeinschaft, JZ 1970, 95; *Karsten Schmidt,* Nacherbenschutz bei Vorerbschaft an Gesamthandsanteilen, FamRZ 1976, 683.

1. Das Ende der Gütergemeinschaft ist mit dem Ende der Gesamthand nur identisch, wenn der Güterstand durch Tod eines Ehegatten endet und der Nachlaß allein dem überlebenden Partner zufällt.[1] Endet die Gütergemeinschaft auf

---

[10] Vgl. dazu BGHZ 1, 313 (Mißbrauch des im Konkubinat lebenden Ehemannes; Güterstand der ehemännlichen Nutzverwaltung); BGHZ 48, 369 (zur fortgesetzten Gütergemeinschaft).

[11] Es genügt nicht die Mißachtung bloßer Innenbindungen (ein Ehegatte erteilt dem Partner unbeschränkt Vollmacht; intern wird Zustimmung zu bestimmten Geschäften vereinbart). Vgl. RG, Recht 1924 Nr. 352.

[1] Die wegen der Erbenhaftung etwa erforderliche Auseinandersetzung (vgl. RGZ 89, 360) ist lediglich eine Vermögenssonderung. Ist der überlebende Ehegatte Vorerbe, so gelten für Verfügungen über Gegenstände des Gesamtgutes die §§ 2113ff. nicht. Zur Vorerbschaft gehört der Anteil am Gesamtgut. Die einzelnen Gegenstände des Gesamtgutes sind dagegen (trotz Beendigung des Gesamthandsverhältnisses als Folge der Vorerbschaft) nicht Nachlaßgegenstände. Vgl. BGHZ 26, 378; BGH, LM Nr. 8 zu § 2113; NJW 1976, 893 (unter Aufgabe des in der Entscheidung NJW 1970, 943 vertretenen gegenteiligen Standpunktes); *Staudinger-Felgentraeger,* 15 zu § 1482; *Soergel-Gaul,* 2 zu § 1482. A. A. OLG Hamm, NJW 1976, 575; *Staudenmaier,* NJW 1965, 380ff.; *Erman-Heckelmann,* 3 zu § 1482; MünchKomm-*Kanzleiter,* 5 zu § 1482 (mit weit. Hinw.). Vgl. ferner *Prölss,* JZ 1970, 95ff. (analoge Anwendung des § 2113, sofern die Verfügungen des überlebenden Ehegatten nicht nur in Einräumung von Miteigentum bestehen oder sofern sie nicht mehr als die Hälfte real teilbarer

andere Weise, so wandelt sie sich lediglich – ihre Identität auch bei einem Mitgliederwechsel wahrend – in eine Liquidationsgemeinschaft.

Liquidationsgemeinschaften tendieren zur Auflösung, bestehen aber oftmals lange Zeit. Gleichgültigkeit und Rechtsunkenntnis wirken konservierend, aber auch das Streben nach Erhaltung wirtschaftlicher Werte. Unzulässig ist freilich eine vertragliche Vereinbarung befristeten oder gar unbefristeten Fortbestandes.[2] Das Ordnungsziel der Gütergemeinschaft reicht nur in der fortgesetzten Gütergemeinschaft über das gewöhnliche Ende des Güterstandes hinaus; jede vertragliche Bindung konstituiert deshalb eine vom Gesetz nicht anerkannte Gesamthand. Die von der Gegenansicht zugestandene entsprechende Anwendung der §§ 749 II, 750 ändert daran nichts.

Auch der Verzahnung der Liquidationsgemeinschaft mit anderen Gesamthandsgemeinschaften leistet das Gesetz keinen Widerstand. Stirbt ein Ehegatte, so treten seine Erben in die Gesamthand ein. An die Stelle eines verstorbenen Erben treten die Erbeserben usw.[3]

2. *Lockerung der Gesamthandsbindung.* Die Liquidationsgemeinschaft ist eine Gesamthand mit minderer Bindung der Gesamthänder: Jeder kann Teilung verlangen; Gläubiger der einzelnen Gesamthänder können in deren Anteil am Gesamtgut vollstrecken (§ 860 II ZPO). Sie ist ferner eine Gesamthand, deren Gut und deren Verbindlichkeiten grundsätzlich keine Mehrung erfahren sollen. Was die Ehegatten fortan erwerben, bleibt Eigenvermögen; die Nutzungen des (ehemaligen) Sondergutes fallen nicht mehr der Gesamthand zu. Gesamtgut wird nur noch, was auf Grund eines zum Gesamtgut gehörenden Rechtes oder als Ersatz für die Zerstörung, Beschädigung oder Entziehung eines zum Gesamtgut gehörenden Gegenstandes oder durch ein Rechtsgeschäft erworben wird, das sich auf das Gesamtgut bezieht (§ 1473 I; vgl. die Parallelregelung für das Vorbehaltsgut in der Gütergemeinschaft in § 1418 I Nr. 3). Das Zugeständnis rechtsgeschäftlichen Erwerbs für das Gesamtgut gibt dennoch die Möglichkeit, Sachinbegriffe unbegrenzt zu erhalten, insbesondere Unternehmen ohne Schwierigkeiten fortzuführen.[4] Für den notwendigen Schuldnerschutz sorgt § 1473 II.

Gegenstände erfassen); *Batsch,* NJW 1970, 1314f. (Anwendung des § 2113 auf einen ideellen Hälftebruchteil); *Karsten Schmidt,* FamRZ 1976, 683ff. (Fortbestand der Gesamthand als Einmanngesamthand; analoge Anwendung des § 2113, sofern es sich nicht um Maßnahmen der ordnungsmäßigen Verwaltung oder der Auseinandersetzung handelt).

[2] Wie der Text *Kipp-Wolff,* § 66 Fn. 4; *Staudinger-Felgentraeger,* 3 zu § 1471. Eine vermittelnde Ans. gesteht den befristeten Fortbestand zu. Vgl. RGZ 89, 292; *Dölle,* § 79 II; *Palandt-Diederichsen,* 1 zu § 1471. Nach dritter Ans. kann auch dauernder Fortbestand vereinbart werden. Vgl. *Soergel-Gaul,* 5 zu § 1471; *Erman-Heckelmann,* 3 zu § 1471; MünchKomm-*Kanzleiter,* 13 zu § 1471; RGRK-*Finke,* 9 zu § 1471.

[3] Instruktives Beispiel aus der Praxis: OLG München, DNotZ 1936, 807. Vgl. auch RG, SeuffA 90 Nr. 144.

[4] Vgl. als Beispiel aus der Praxis OLG Stuttgart, NJW 1950, 70 mit Anm. *Boehmer.*

3. Für *Verbindlichkeiten* fehlt jede Norm. Der Umschlag der Gütergemeinschaft in eine Liquidationsgemeinschaft fixiert den Schuldenstand. Alte Verbindlichkeiten bleiben im alten Bestand geschuldet (können also auch weiterhin mit der Gesamtschuldklage verfolgt werden, soweit die Ehegatten persönlich haften[5]); Beteiligung an der Verwaltung (dazu unten 5.) verpflichtet keinen Gesamthänder zusätzlich persönlich; allein die Zwangsvollstreckung in das Gesamtgut ist von jedem Gesamthänder zu dulden (vgl. §§ 743, 744 ZPO).[6] Neue Verbindlichkeiten sind nur persönliche Schulden der Handelnden; selbst gemeinschaftliches Handeln begründet keine Gesamthandsschuld,[6a] wenn auch eine Gesamtschuld (§ 427), die in das Gesamtgut vollstreckt werden kann. Nur Kosten und Lasten des Gesamtgutes sind Gesamthandsschulden (wesentlich für § 1475).[7]

4. *Liquidation nach Aufhebungsklage.* Die Gütergemeinschaft wandelt sich zur Liquidationsgemeinschaft stets erst mit der Beendigung des Güterstandes, doch kann ein Ehegatte, der erfolgreich Aufhebungsklage erhoben hat, eine Auseinandersetzung mit hypothetischem Umschlag bereits im Zeitpunkt der Klagerhebung fordern (§ 1479; ratio legis: Abwehr planmäßiger Prozeßverschleppung mit dem Ziel einer Mehrung der Liquidationsmasse).[8] Eine dingliche Wirkung verbindet sich mit der Ausübung des Rechtes nicht: Was das Gesamtgut in der Zwischenzeit erwarb, wird nicht rückwirkend Eigentum des jeweils erwerbenden Ehegatten; in der Zwischenzeit erwachsene Gesamthandsschulden bleiben Gesamthandsschulden. Die Gesamthand ist lediglich verpflichtet, den Zwischenerwerb zu übertragen und die Verbindlichkeiten als persönliche Schulden zu behandeln.[9]

5. *Gesamtverwaltung.* Das Gesamtgut verwalten die Gesamthänder ohne Rücksicht auf die Verwaltungsregelung in der Gütergemeinschaft gemeinschaftlich (§ 1472 I). Das damit gewährte Recht auf Mitbesitz[10] sowie der Zwang zu ge-

---

[5] Vgl. BGH, FamRZ 1975, 405.

[6] Vgl. RGZ 89, 360 (363ff.); 118, 126 (131).

[6a] Ganz h. M. Vgl. *Staudinger-Felgentraeger,* 3 zu § 1475; *Soergel-Gaul,* 2 zu § 1475; RGRK-*Finke,* 2 zu § 1475; *Erman-Heckelmann,* 2 zu § 1475. A. A. aber MünchKomm-*Kanzleiter,* 4 zu § 1472.

[7] Vgl. *Boehmer,* NJW 1950, 71.

[8] § 1479 ist analog anzuwenden, wenn sich eine an sich begründete Aufhebungsklage durch anderweitige Beendigung des Güterstandes erledigte. Vgl. *Soergel-Gaul,* 5 zu § 1479; *Erman-Heckelmann,* 2 zu § 1479; *Staudinger-Felgentraeger,* 4 zu § 1479; MünchKomm-*Kanzleiter,* 3 zu § 1479; RGRK-*Finke,* 3 zu § 1479.

[9] Zust. MünchKomm-*Kanzleiter,* 4 zu § 1479. Die h. L meint dagegen (ausdrücklich gegen den Text oben), daß zwar nicht im Verhältnis zu Dritten, wohl aber im Verhältnis der Ehegatten untereinander dingliche Wirkungen anzuerkennen seien. Vgl. *Erman-Heckelmann,* 2 zu § 1479; *Soergel-Gaul,* 3 zu § 1479; *Staudinger-Felgentraeger,* 7 zu § 1479; RGRK-*Finke,* 4 zu § 1479. Die von ihr befürwortete relative Zuordnung von Gegenständen entspricht jedoch weder dem Normtext noch ist sie in sich folgerichtig, weil die relative Wirkung irgendwann von einer absoluten abgelöst werden muß.

[10] Aus ihm folgt das Recht auf ein Bestandsverzeichnis für alle noch nicht an der Verwaltung des Gesamtgutes beteiligten Gesamthänder. Vgl. OLG Nürnberg, ROLG 24, 13; OLG Hamburg, ROLG 34, 254.

meinschaftlichem Handeln sollen der veränderten Situation Rechnung tragen, sind aber vielfach überhaupt nicht oder doch nicht ohne Schaden für das Gesamtgut durchzuführen. Das Recht auf Mitbesitz ist etwa nach Scheidung der Ehe kaum je zu verwirklichen;[11] der Zwang zu gemeinschaftlichem Handeln kann für ein zum Gesamtgut gehörendes Unternehmen nur den Ruin bedeuten.

Das Gesetz mildert: die zur Erhaltung des Gesamtgutes notwendigen Maßnahmen kann jeder Ehegatte (oder seine Erben) allein treffen;[12] jeder Ehegatte ist zur Mitwirkung an allen zur ordnungsmäßigen Verwaltung des Gesamtgutes erforderlichen Maßnahmen verpflichtet (§ 1472 III);[13] in Analogie zu § 2039 (die Liquidationsgemeinschaft ist wie die Miterbengemeinschaft eine Gesamthand, die sich selbst beenden soll) kann jeder Ehegatte auf Leistung in das Gesamtgut allein klagen.[14] Überzeugende Lösungen werden in Grenzfällen (Unternehmen) dennoch erst erreicht, wenn aus der Pflicht zur Mitwirkung die Verpflichtung abgeleitet wird, die Verwaltung einem Gesamthänder (vorzugsweise dem bisherigen Einzelverwalter) zu überlassen, mithin einen Gesamthänder zu bevollmächtigen.[15]

6. *Fortbestand alter Verwaltungsmacht.* Der Umschlag von der Verwaltungsregelung der Gütergemeinschaft zur Verwaltungsregelung der Liquidationsgemeinschaft gefährdet Ehegatten, denen das Ende des Güterstandes unbekannt blieb (Tod des Partners in Abwesenheit des zur Einzelverwaltung berufenen Ehegatten). Solange die Unkenntnis nicht auf Fahrlässigkeit beruht und vorbehaltlich einer Ausnahme für Rechtsgeschäfte mit Dritten, die vom Ende des Güterstandes zumindest wissen mußten, können deshalb nicht informierte Ehegatten weiter in den Grenzen ihrer alten Verwaltungsmacht mit Wirkung für die Gesamthand handeln (§ 1472 II; Parallelregelung zu §§ 674, 169; vgl. auch §§ 1698a, 1893).[16]

Der Umschlag gefährdet aber auch die Gesamthand, die durch den Tod eines Ehegatten und den Eintritt seiner Erben in die Verwaltung zeitweilig handlungsunfähig werden kann. Das Gesetz nimmt die Gefährdung in Kauf, wenn der überlebende Ehegatte die Verwaltung des Gesamtgutes dem verstorbenen Ehegatten überließ; es beseitigt sie, wenn der überlebende Ehegatte an der Verwaltung des Gesamtgutes zumindest beteiligt war: Bis der Erbe anderweit Fürsorge

---

[11] Vgl. dazu OLG Hamburg, ROLG 34, 254.

[12] Vgl. dazu OLG München, ROLG 30, 49 (Beitreibung von Pachtzinsen allenfalls im besonderen Einzelfall).

[13] Dritte können sich auf die Pflicht nicht berufen. Vgl. BGH, FamRZ 1958, 459.

[14] Ebenso RG, Warn. 1913 Nr. 150; BGH, FamRZ 1958, 459 (fortgesetzte Gütergemeinschaft); *Beitzke*, § 16 VII 2; *Erman-Heckelmann*, 2 zu § 1472; *Staudinger-Felgentraeger*, 40 zu § 1450; *Dölle*, § 79 II 3c; *Palandt-Diederichsen*, 1 zu § 1472; *Soergel-Gaul*, 7 zu § 1472; MünchKomm-*Kanzleiter*, 9 zu § 1472; RGRK-*Finke*, 14 zu § 1472.

[15] Vgl. OLG Stuttgart, NJW 1950, 70 mit insoweit zust. Anm. *Boehmer*.

[16] Vgl. dazu RGZ 136, 19 (22): Der Schutz tritt nicht ein, wenn der Ehegatte nicht an den Fortbestand seines Verwaltungsrechtes glaubt, sondern sich für den alleinigen Rechtsinhaber hält.

treffen kann, verpflichtet und ermächtigt das Gesetz den überlebenden Ehegatten dann zur selbständigen Erledigung aller zur ordnungsmäßigen Verwaltung des Gesamtgutes gehörenden Geschäfte, die nicht ohne Gefahr aufgeschoben werden können (§ 1472 IV; vgl. dazu §§ 673, 1698b, 1893).

7. Über den Gang der *Auseinandersetzung* befindet primär ein (der Form des § 1410 nicht unterworfener[17]) Auseinandersetzungsvertrag der Gesamthänder (§ 1474).[18] Er empfiehlt sich insbesondere, wenn das Gesamtgut ganz oder teilweise einem Gesamthänder zugewiesen werden soll. Der Vertrag wird dann durch Übertragung der zugeteilten Rechte von der Gesamthand auf den begünstigten Gesamthänder (Doppelstellung im Rechtsgeschäft) vollzogen; Gegenstand der Verfügungen sind nicht nur jene „Anteile", die dem Gesamthänder noch nicht zustanden.[19]

8. Die subsidiär eingreifende gesetzliche Regelung fordert Berichtigung der Gesamthandsschulden und hälftige Teilung des Überschusses unter den Ehegatten (oder ihren Erben als Gesamthand);[20] jeder Gesamthänder kann Vermittlung des Amtsgerichtes beantragen (§ 99 FGG; Vorbehalt für Landesrecht in § 193 FGG).

Unterbleiben kann die Berichtigung von Gesamthandsschulden, die nicht Gesamtgutslasten sind: Das Gesetz erwartet Tilgung durch den letztlich verpflichteten Ehegatten. Sie kann jedoch von dem anderen Ehegatten gefordert werden (§ 1475 II): Die Haftung aus § 1480 (dazu unten 10.) kann die Berichtigung der Verbindlichkeiten aus dem Gesamtgut und Verrechnung des Regreßanspruchs gegen den letztlich verpflichteten Ehegatten auf seinen Anteil am Überschuß empfehlen.

Die Mittel zur Befriedigung der Gläubiger sind notfalls durch Veräußerung der Teilungsmasse zu beschaffen. Ausübung des Übernahmerechtes aus § 1477 II (vgl. dazu unten 9.) begründet einen Vorrang der zur Übernahme angeforderten Gegenstände; sie sind erst zu veräußern, wenn das restliche Vermögen die Verbindlichkeiten nicht deckt.[21] Privilegiert sind ferner Forderungen der Gesamthand gegen einen Ehegatten: Sie werden grundsätzlich durch Verrechnung getilgt (§ 1476 II).

---

[17] Vgl. BayObLGZ 5, 661 (665) und oben § 32 I 4. Gehört zum Gesamtgut ein Grundstück, so ist § 313 zu wahren.

[18] Bedenklich BGHZ 2, 82 (86): Ein Auseinandersetzungsvertrag soll in der Regel die Vermutung seiner Durchführung begründen. Dem BGH zust. *Soergel-Gaul,* 4 zu § 1474. Gegen ihn dagegen MünchKomm-*Kanzleiter,* 5 zu § 1474.

[19] Vgl. KG, KGJ 33, B 35 (B 37); RG, DR 1944, 292 (Auflassung).

[20] Zum Anspruch auf Vorschüsse vor der endgültigen Teilung vgl. RG, GruchB 49 (1905), 955.

[21] Dem Text entspr. MünchKomm-*Kanzleiter,* 8 zu § 1475. Das RG ließ die Ausübung des Übernahmerechtes erst zu, wenn zweifelsfrei Deckung der Verbindlichkeiten durch das Restvermögen festzustellen war (RGZ 85, 1 [10] und noch enger 73, 41). Zust. *Dölle,* § 80 I 2bcc. Der Sinn des Übernahmerechtes wird so aber nicht gewahrt, auch nicht berücksichtigt, daß Wertersatz in das Gesamtgut erfolgt.

9. *Übernahmerecht, Recht auf Illatenersatz*. Die Teilung des Überschusses erfolgt nach den Grundsätzen des Rechtes der Bruchteilsgemeinschaft (§§ 1477 I, 752ff.); teilbare Gegenstände werden geteilt, unteilbare veräußert und der Erlös ausgekehrt.[22] Die schematische Regelung wird durch Gestaltungsrechte der Ehegatten gemildert: Jeder Ehegatte kann die seinem persönlichen Gebrauch dienenden, die von ihm in die Gütergemeinschaft eingebrachten[22a] und während der Ehe unentgeltlich erworbenen Gegenstände gegen Wertersatz übernehmen, d. h. durch Willenserklärung die Gesamthand zur Rechtsübertragung, sich selbst aber zur Ersatzleistung in das Gesamtgut verpflichten (§ 1477 II).[23] Wird die Ehe geschieden (vernichtet, aufgehoben; vgl. die §§ 26, 37 EheG),[24] bevor die Auseinandersetzung des Gesamtgutes beendet ist (also auch dann, wenn der Güterstand nicht durch das Scheidungsurteil sein Ende fand, sondern durch eine frühere erfolgreiche Aufhebungsklage beendet wurde), ist ferner beiden Ehegatten auf Verlangen auch nur eines von ihnen der Wert der Gegenstände (und nicht diese selbst) zurückzuerstatten, die sie in die Gütergemeinschaft eingebracht haben (§ 1478 mit Berechnung des Wertes für den Zeitpunkt der Einbringung in Abs. III; reale Wertsteigerungen werden damit der Teilungsmasse zugewiesen, nur nominale sind dagegen wie im Recht der Zugewinngemeinschaft – vgl. oben § 36 VI – zu neutralisieren[24a]).

Der Text der Norm („auf Verlangen") mag in § 1478 auf einen sog. „verhaltenen Anspruch" hinweisen (also einen latent vorhandenen Anspruch, der durch Willenserklärung aktualisiert wird), doch besteht kein Anlaß, die Ausübung des Übernahmerechtes aus § 1477 II anders zu strukturieren als die Ausübung des Rechtes auf beiderseitigen Illatenersatz. Auch in diesem Fall ist mithin ein Gestaltungsrecht anzunehmen, dessen Ausübung konstitutiv ist für die Verpflichtung der Gesamthand, an die Ehegatten zu leisten. Reicht das Gesamtgut zur Befriedigung der beiden Forderungen nicht aus, hat jeder Ehegatte den während der Ehe eingetretenen Verlust proportional zum Wert des Eingebrachten zu tragen. Beiderseitiger Illatenersatz wandelt die Gütergemeinschaft in ihrem Endstadium also rechnerisch zur Errungenschaftsgemeinschaft.[25]

---

[22] Die Regelung ist vielfach unpraktisch. Vgl. RGZ 146, 282 (Auseinandersetzungsguthaben bei Auflösung einer OHG als künftiger Anspruch der Gesamthand).

[22a] Ihnen stellt MünchKomm-*Kanzleiter*, 5 zu § 1477, (gegen die h. L.) die später aus dem Vorbehaltsgut in das Gesamtgut überführten Gegenstände gleich.

[23] Das Recht kann auch von den und gegen die anstelle eines Ehegatten in die Gesamthand eingetretenen Erben geltend gemacht werden. Vgl. OLG Hamburg, ROLG 24, 78; RGZ 85, 1 (gestattet auch Ausübung durch den Testamentsvollstrecker); RG, DJZ 1924, 141. Eingebrachte Unternehmen müssen in ihrem jeweiligen Bestand übernommen werden können. Vgl. OLG Stuttgart, NJW 1950, 70 mit insoweit zust. Anm. *Boehmer.*

[24] Erledigung eines Scheidungsverfahrens durch den Tod eines Ehegatten ist nicht gleichzustellen. Gl. Ans. RGRK-*Finke,* 5 § 1478. A. A. MünchKomm-*Kanzleiter,* 4 zu § 1478.

[24a] Erheblich unbestimmter RGRK-*Finke,* 10 zu § 1478 (Anwendung des § 242).

[25] Surrogate eingebrachter Gegenstände sind freilich nicht zu berücksichtigen. Vgl. OLG Hamburg, ROLG 7, 405.

Das Übernahmerecht aus § 1477 II und das Recht des beiderseitigen Illatenersatzes können nebeneinander ausgeübt werden.[26] Die Forderung der Gesamthand aus § 1477 II läßt sich durch Aufrechnung mit der Forderung gegen die Gesamthand aus § 1478 am einfachsten tilgen.

10. *Haftungserweiterung nach Teilung.* Teilen die Ehegatten vor Berichtigung der Gesamthandsschulden, so haftet ein bislang dem Gläubiger nicht persönlich verpflichteter Ehegatte gegenständlich beschränkt (cum viribus) mit den erworbenen Gesamtgutsteilen (§§ 1480, 1990, 1991).[27] Diese beschränkte gesamtschuldnerische Haftung erhält praktisch dem Gläubiger die alte Zugriffsmasse.

11. *Innenausgleich nach Teilung.* Aufwendungen eines Ehegatten nach Teilung des Gesamtgutes zur Tilgung von Gesamthandsschulden sind unter den Ehegatten auszugleichen: Der zahlende Ehegatte kann vollen Regreß nehmen, wenn die Verbindlichkeit Sonderlast des Partners war (etwa als Verbindlichkeit aus einer unerlaubten Handlung nach Eintritt der Gütergemeinschaft); er hat keinen Anspruch, wenn er eine eigene Sonderlast tilgte. Wurde eine Gesamtgutslast getilgt, so ist nach gemeinschaftlicher Verwaltung des Gesamtgutes der Partner zur Hälfte ausgleichspflichtig. Nach Einzelverwaltung soll dagegen dem von der Verwaltung ausgeschlossenen Ehegatten nie mehr als der Erwerb aus dem Gesamtgut endgültig genommen werden können (Haftungsbeschränkung ist nicht möglich, wenn der zahlende Ehegatte dem Gläubiger schon vor der Teilung verpflichtet war!); Verluste der Gesamthand sind von dem Einzelverwalter allein zu tragen. Regreß nur zur Hälfte gilt daher für den nicht verwaltenden Ehegatten nur bis zur Erschöpfung des aus dem Gesamtgut übernommenen Vermögens; überschießende Beträge sind ihm voll zu ersetzen (vgl. zu allem § 1481).

12. *Einstandspflichten.* Berichtigung von Verbindlichkeiten gegen den schließlichen Innenausgleich zwischen den Ehegatten versucht das Gesetz zu vermeiden. Soweit ein Ehegatte ausgleichsberechtigt wäre, hat ihm der andere für die Verschonung durch den Gläubiger „einzustehen" (§ 1481). Der Anspruch richtet sich auf Freistellung; er entsteht, sobald der Gläubiger die Forderung geltend macht.[28] Im Verhältnis zum Gläubiger ist der Anspruch bedeutungslos; es gibt keine Einrede der Vorausklage.

---

[26] Vgl. OLG Augsburg, SeuffA 77 Nr. 3; BGH, NJW 1952, 1330.

[27] Entscheidender Zeitpunkt ist der Abschluß der Teilung, doch hindern Reste gesamthänderischen Vermögens ohne erheblichen Wert nicht. Vgl. RGZ 89, 360 (366); RG, JW 1917, 102.

Wurden keine Gegenstände aus dem Gesamtgut erworben, ist eine Klage abzuweisen. Vgl. RGZ 75, 295; 89, 360 (366); OLG Hamburg, ROLG 14, 231. Andernfalls ist die Beschränkung der Haftung im Urteil vorzubehalten (§ 786 ZPO).

[28] *Staudinger-Felgentraeger,* 7 zu § 1481, spricht deshalb von einem „verhaltenen Anspruch", doch wird damit der herkömmliche Begriffsinhalt nicht getroffen.

§ 39. Fortgesetzte Gütergemeinschaft

I. Eintritt

Schrifttum: *Bergerfurth,* Zur Behandlung des unrichtigen Zeugnisses über die Fortsetzung der Gütergemeinschaft, NJW 1956, 1506; *Funk,* Das nichteheliche Kind in der fortgesetzten Gütergemeinschaft, BWNotZ 1971, 13.

1. Fortgesetzte Gütergemeinschaft heißt nach dem Tod eines Ehegatten fortgesetzte Gütergemeinschaft. Der Nachlaß des Verstorbenen wird auf sein Vorbehalts- und Sondergut beschränkt. Das Gesamtgut wird dagegen unter Beteiligung der gemeinschaftlichen zur gesetzlichen Erbfolge berufenen Abkömmlinge bewahrt; die Gesamthand erfährt einen Mitgliederwechsel, behält aber ihre Identität.[1]

2. Fortgesetzte Gütergemeinschaft dient der (zeitweiligen) *Erhaltung des Hausvermögens* in ungeteilter Einheit. Ihre praktische Bedeutung ist nicht groß und für die Zukunft noch stärker in Frage gestellt.[1a] Fortgesetzte Gütergemeinschaft ist nur *ein* Mittel zur Bewahrung des Hausvermögens und noch nicht einmal das beste oder einfachste. Die Gütergemeinschaft mit atypischer Fortsetzung[2] (meist mittels eines Erbvertrages) hat schon heute die fortgesetzte Gütergemeinschaft vielfach verdrängt und scheint sich weiter auszubreiten.

3. Fortgesetzte Gütergemeinschaft wird keinem Ehepaar (mehr!) aufgezwungen. Schweigt der Ehevertrag, tritt fortgesetzte Gütergemeinschaft nicht ein (§ 1483); ist sie vereinbart, kann ein weiterer Ehevertrag sie wieder ausschließen (§ 1518).

4. Fortgesetzte Gütergemeinschaft will die frühe ,,Schichtung" der gemeinschaftlichen Abkömmlinge verhindern; sie kommt deshalb nur für ,,beerbte" Ehen in Betracht. Es müssen gemeinschaftliche Abkömmlinge vorhanden sein, die kraft Gesetzes zur Erbschaft berufen sind oder (bei Erbfolge kraft letztwilliger Verfügung) berufen wären.

5. Fortgesetzte Gütergemeinschaft erhält das Hausvermögen durch *Beschränkung des Nachlasses* auf das Sondergut und Vorbehaltsgut des Verstorbenen. Der Anteil am Gesamtgut verbleibt der fortgesetzten Gesamthand; er wird am Nachlaß ,,vorbeigeführt". Benachteiligungen sucht das Gesetz zu vermeiden: Gesamthandsgläubigern bleibt das Gesamtgut verhaftet. Dem Schutz der gemeinschaftlichen Abkömmlinge dient § 1518.[3] Er entzieht den Normenkomplex der §§ 1483–1517 der Disposition der Ehegatten und garantiert den Abkömmlingen damit eine ausgewogene Position.[3a] Einseitige Abkömmlinge schließlich werden in ihren Rechten vom Eintritt der fortgesetzten Gütergemeinschaft gar nicht berührt. Ihr Erbrecht und ihre Erbteile bestimmen sich so, wie wenn fortgesetzte Gütergemeinschaft nicht eingetreten wäre (§ 1483 II). Schwierig ist der Vollzug der Norm. Die einseitigen Abkömmlinge sind nicht Mitglied der fortsetzenden Gesamthand,[4] aber auch nicht nur Gläubiger

---

[1] Im Sinne von § 239 ZPO liegt Rechtsnachfolge vor. Vgl. RGZ 148, 243.

[1a] In der Praxis der Notare wird von ihr meist abgeraten. Vgl. MünchKomm-*Kanzleiter,* 7 zu § 1483.

[2] Vgl. dazu *Herb,* DJ 1960, 108.

[3] § 1518 ist aber nicht in restriktiver Interpretation auf den Schutz der Abkömmlinge zu beschränken. Vgl. RG, JW 1916, 43 (Schutz des überlebenden Ehegatten durch zwingende Regelung der Verwaltung).

[3a] Insbes. kann nicht Verwaltung des Gesamtgutes durch einen Dritten bestimmt werden. Unwirksam ist auch die Befreiung des überlebenden Ehegatten von den Zustimmungserfordernissen der §§ 1423–1425.

[4] Das Schrifttum bejaht zumeist eine gesamthänderische Berechtigung der einseitigen Abkömmlinge am Gesamtgut. Vgl. *Kipp-Wolff,* § 67 IV 3; *Müller,* FamRZ 1956, 339; *Staudinger-Felgentraeger,* 22 zu § 1483. Zuweilen werden dabei die einseitigen Abkömmlinge zu einer Gesamthand verbunden, die güterrechtlich abgeschichtet wird, um sich dann selbst auseinanderzusetzen. Vgl. *Palandt-Diederichsen,* 3 zu § 1483.

eines auf Geld gerichteten Anspruchs. Mitglied ist auch nicht die Erbengemeinschaft,[5] deren Eintritt in die Gesamthand der Konzeption der fortgesetzten Gütergemeinschaft widersprechen würde. Eine harmonische Lösung bringt nur die Annahme eines den einseitigen Abkömmlingen je in ihrer Vereinzelung zustehenden *schuldrechtlichen Anspruches gegen die fortsetzende Gesamthand auf eine Abschichtung, wie sie dem Miterben geschuldet wird.* Teilungsversteigerung (§§ 2042, 753) kann freilich kein Abkömmling fordern: Mit dem Grundgedanken der fortgesetzten Gütergemeinschaft ist sie nicht zu vereinbaren.[5a]

6. Beschränkung des Nachlasses ist identisch mit *Beschränkung der Testierbefugnis* des erstversterbenden Ehegatten. Wer zu Lebzeiten seines Partners trotz Gütergemeinschaft mit Fortsetzungsklausel über seinen Anteil am Gesamtgut letztwillig verfügt, regelt seinen Nachlaß für den Fall des späteren Versterbens.

Streitig ist, ob die Ansprüche der einseitigen Abkömmlinge durch letztwillige Verfügung Dritten zugewandt werden können. Die herrschende Lehre bejaht,[6] doch kaum zu Recht:[7] Die Ansprüche entstehen nur, weil die Abkömmlinge nicht benachteiligt sein sollen. Eine letztwillige Verfügung, die jene Ansprüche kürzt oder ausschließt, muß dem Gesamtgut zugute kommen.

7. *Ausschluß von Abkömmlingen.* § 1511 räumt jedem Ehegatten das Recht ein, gemeinschaftliche Abkömmlinge mit notariell beurkundeter Zustimmung des zumindest beschränkt geschäftsfähigen Partners (§ 1516 I und II) oder in einem gemeinschaftlichen Testament (§ 1516 III) von der fortgesetzten Gütergemeinschaft auszuschließen. Der Ausschluß aller Abkömmlinge verhindert den Eintritt der fortgesetzten Gütergemeinschaft überhaupt; der erstversterbende Ehegatte wird dann nach den allgemeinen Vorschriften beerbt (§ 1482); eine letztwillige Verfügung über den Anteil am Gesamtgut wird möglich.

Da das Gesetz keinen ausdrücklichen Ausschluß der Abkömmlinge fordert, scheitert die fortgesetzte Gütergemeinschaft an jedem gemeinschaftlichen Testament und jedem unter Beteiligung des Partners abgeschlossenen Erbvertrag,[8] deren Inhalt mit der Fortsetzung der Gütergemeinschaft unvereinbar ist.[9] Sie scheitert insbesondere an letztwilligen Verfügungen, in denen die Ehegatten sich gegenseitig zu Erben oder auch Vorerben für den Anteil am Gesamtgut einsetzen.[10]

8. *Einseitiger Ausschluß der fortgesetzten Gütergemeinschaft.* Die Begünstigung des überlebenden Ehegatten durch Fortsetzung der Gütergemeinschaft beruht auf dem Ehevertrag. Das Gesetz gibt jedoch beschränkt die Bindung an den Vertrag preis, um möglichen Fehlentwicklungen der Ehe Rechnung zu tragen. Zwar gibt es keinen ex lege wirkenden Ausschluß der fortgesetzten Gütergemeinschaft nach Scheidungsantrag oder Aufhebungsklage – § 1933 ist nicht anwendbar[11] –, wohl aber räumt § 1509 jedem Ehegatten das Recht ein, den Eintritt der fortgesetzten Gütergemeinschaft für den Fall des eigenen Todes durch letztwillige Verfügung auszuschließen, wenn er berechtigt ist, dem Partner den Pflichtteil zu entziehen[12] (beachte § 2337!) oder auf Aufhebung der Gütergemeinschaft zu klagen

---

[5] A. A. *Dölle,* § 81 VI 3a.

[5a] Vgl. MünchKomm-*Kanzleiter,* 14 zu § 1483.

[6] Vgl. für sie BayObLGZ 1948/51, 383 (393); *Staudinger-Felgentraeger,* 23 zu § 1483; *Soergel-Gaul,* 7 zu § 1483.

[7] Ablehnend auch *Kipp-Wolff,* § 67 Fn. 19; MünchKomm-*Kanzleiter,* 15 zu § 1483.

[8] Es genügt aber auch ein einseitiges Testament, das die Zustimmung des Partners fand. A. A. anscheinend RG, Warn. 1908 Nr. 163.

[9] Wird in der letzwilligen Verfügung der Eintritt fortgesetzter Gütergemeinschaft erwähnt und nicht ausdrücklich ausgeschlossen, ist in der Regel eine Verfügung nur über das Vorbehalts- und Sondergut anzunehmen. Vgl. dazu KGJ 51, 168.

[10] Vgl. OLG Stettin, ROLG 6, 165; KG, ROLG 7, 62 und 40, 78; BayObLG, ROLG 26, 229; RGZ 94, 314; RG, Recht 1930 Nr. 1720; OLG München, Recht 1935 Nr. 5957. Schlägt der überlebende Ehegatte die Erbschaft aus, tritt nicht etwa fortgesetzte Gütergemeinschaft ein; der Verstorbene wird nach gesetzlicher Erbfolge beerbt. Vgl. OLG München, JFG 13, 358.

[11] Gl. Ans. *Erman-Heckelmann,* 2 zu § 1509; *Palandt-Diederichsen,* 1 zu § 1483; *Soergel-Gaul,* 2 zu § 1509. A. A. jedoch *Staudinger-Felgentraeger,* 8 zu § 1483.

[12] Es genügt, wenn die letztwillige Verfügung erkennen läßt, daß fortgesetzte Gütergemeinschaft nicht gewollt ist. Vgl. KG, DR 1939, 1684.

(vgl. dazu oben § 38 IX 3) sowie nach berechtigt erhobener Klage auf Aufhebung der Ehe (dagegen nicht mehr nach begründetem Scheidungsantrag!). In der Regel wird mit der Anordnung der Entzug des Pflichtteiles verbunden sein, doch impliziert der Ausschluß der fortgesetzten Gütergemeinschaft den Entzug des Pflichtteiles ebensowenig wie dieser jenen.[13]

9. Fortgesetzte Gütergemeinschaft tritt nicht ein, wenn der überlebende Ehegatte erbunwürdig ist (§§ 2339–2345). Das Gesetz macht diese Aussage nicht, wertet aber bei den gemeinschaftlichen Abkömmlingen den Anteil am Gesamtgut als Ersatz ihres Erbrechtes und verbindet folgerichtig mit Erbunwürdigkeit auch *Anteilsunwürdigkeit* (§ 1506). Eine entsprechende Anwendung der Norm (mit der Folge des § 1482) auf die Erbunwürdigkeit des überlebenden Ehegatten fordert ihr Regelungsziel:[14] Der Anteil des überlebenden Ehegatten am Gesamtgut ist nicht nur Ersatz seines Erbrechtes, aber auch Ersatz; er kann nicht stärker als der Anteil der Abkömmlinge garantiert sein, nur weil er dem überlebenden Ehegatten weitere Vorteile gewährt.

10. *Ablehnung.* Die Fortsetzung der Gütergemeinschaft dient den Interessen des überlebenden Ehegatten und wird ihm deshalb nicht aufgedrängt. Ohne Begründung kann er die Fortsetzung der Gütergemeinschaft nach den für die Annahme und Ausschlagung einer Erbschaft geltenden Grundsätzen ablehnen (§ 1484); die Ausschlagungsfrist (§ 1944 I) beginnt mit der Kenntnis vom Eintritt der fortgesetzten Gütergemeinschaft.[15] Angesichts der vertraglichen Basis der Gütergemeinschaft wird die Kenntnis des Todes in der Regel auch Kenntnis der neuen Rechtslage bedeuten. Notwendig ist diese Situation indessen nicht: Fehlende Rechtskenntnis schadet nicht.

11. Mit dem Eintritt der fortgesetzten Gütergemeinschaft verbinden sich möglicherweise Beweisschwierigkeiten, die denen eines Erben entsprechen. Der Parallelität der Situation entspricht eine parallele Reaktion des Rechtes: Dem überlebenden Ehegatten ist auf Antrag vom Nachlaßgericht ein *Zeugnis über die Fortsetzung der Gütergemeinschaft* zu erteilen;[16] es folgt den Vorschriften über den Erbschein.[17] Vermutet (§ 2365) wird, daß fortgesetzte Gütergemeinschaft eintrat; vermutet wird nicht mehr, daß sie noch besteht.[18]

II. Die Gesamthand

1. *Ausgeschlossene Abkömmlinge.* Am Gesamtgut sind neben dem überlebenden Ehegatten alle gemeinschaftlichen Abkömmlinge beteiligt, die zur gesetzlichen Erbfolge berufen sind, die gemeinschaftlichen Kinder also und anstelle vorverstorbener Kinder die von ihnen stammenden Enkel (§ 1924 III), sofern sie nicht als nichteheliche Kinder eines Sohnes auf einen Erbersatzanspruch (§ 1934 a) beschränkt sind.[1] Ausgeschlossen sind Abkömmlinge, die erbunwürdig sind (vgl. §§ 2339–2345), mag sich nun die Anfechtungsklage (§ 2342) auf Erbunwürdigkeit überhaupt, mag sie sich auch nur auf Anteilsunwürdigkeit gerichtet haben (§ 1506).[2]

---

[13] A. A. für den Entzug des Pflichtteils *Staudinger-Felgentraeger,* 10 zu § 1509.

[14] Ebenso *Erman-Heckelmann,* 1 zu § 1506; *Palandt-Diederichsen,* 1 zu § 1506; *Soergel-Gaul,* 4 zu § 1506; *Dölle,* § 81 VI 2b aa; *Staudinger-Felgentraeger,* 7 zu § 1483; MünchKomm-*Kanzleiter,* 4 zu § 1483. A. A. dagegen RGRK-*Finke,* 2 zu § 1506.

[15] Vgl. BayObLGZ 10, 208 (210); BGHZ 31, 206 (209). Der Fristbeginn wird durch die Existenz einer letztwilligen Verfügung des Verstorbenen nicht bis zu deren Verkündung herausgeschoben. Vgl. gegen ältere heute nicht mehr vertretene abweichende Ansichten BayObLGZ 10, 208 (210); RG, Recht 1924 Nr. 1002; KGJ 51, 168 (172).

[16] Dem KG folgend läßt die durchaus h. M. auch ein Negativzeugnis zu, wenn fortgesetzte Gütergemeinschaft nicht eintrat. Vgl. KGJ 52, 246; *Staudinger-Felgentraeger,* 20 zu § 1507; RGRK-*Finke,* 3 zu § 1507; *Soergel-Gaul,* 6 zu § 1507.

[17] Neben dem Zeugnis kann für den Nachlaß ein Erbschein erteilt werden (auch in einer Urkunde; vgl. KG, ROLG 14, 237). Zur Behandlung unrichtig werdender Zeugnisse vgl. *Bergerfurth,* NJW 1956, 1506. Zur Möglichkeit, neben einem vermißten Abkömmling alternativ dessen Kinder als Beteiligte anzugeben, vgl. LG Heidelberg, NJW 1959, 295; *Müller,* FamRZ 1956, 339.

[18] Vgl. *Staudinger-Felgentraeger,* 33 zu § 1507; RGRK-*Finke,* 7 zu § 1507.

[1] Die Ausnahme wird nicht gemacht von *Soergel-Gaul,* 3 zu § 1483.

[2] § 2339 ist entsprechend anwendbar, wenn ein Abkömmling die Tatbestände der Norm hinsicht-

Ausgeschlossen sind ferner alle Abkömmlinge, die in einem Vertrag mit dem erstverstorbenen Ehegatten unter notariell beurkundeter (unwiderruflicher) Zustimmung des überlebenden Ehegatten auf ihren Anteil am Gesamtgut verzichtet haben (§ 1517). Der Vertrag folgt den Regeln des Erbverzichtes, bedarf also der Beurkundung (§ 2348), erstreckt sich vorbehaltlich einer korrigierenden Vertragsklausel auch auf die Abkömmlinge des Verzichtenden (§ 2349) und bietet die Möglichkeit, den Verzicht zugunsten einzelner Gesamthänder (auch des überlebenden Ehegatten![3]) zu erklären (§ 2350; sog. ,,relativer Verzicht").

Causa des Verzichts pflegt ein (gegenseitig verpflichtender) Schuldvertrag zu sein, in dem der Verzicht gegen eine Abfindung versprochen wird[4] (so wie auch dem Erbverzicht in aller Regel ein entsprechendes Schuldverhältnis zugrundeliegt). In Analogie zu § 2348 ist der Schuldvertrag ebenso formgebunden[5] wie der (verfügende) Verzicht selbst, doch sollte der Abschluß des Verzichtsvertrages heilende Wirkung haben (§§ 518 II, 766 S. 2 analog).

Nicht beteiligt sind schließlich alle Abkömmlinge, die durch letztwillige Verfügung nach § 1511 (vgl. oben I 7) ausgeschlossen wurden.[6]

2. Erbunwürdigkeit führt zum Ausschluß ohne Ersatz. Der vertragliche Verzicht erfolgt in aller Regel gegen Zahlung einer Abfindungssumme, sei es nun des Vertragspartners, sei es auch des (später) begünstigten Gesamthänders der fortgesetzten Gütergemeinschaft. Ausschluß durch letztwillige Verfügung gibt dem Abkömmling eine dem Pflichtteilsanspruch nachgebildete Forderung gegen die Gesamthand auf Zahlung eines Betrages, dessen Höhe vom halben Wert des entzogenen Anteils am Gesamtgut bestimmt wird (§ 1511 II).

3. Die fortgesetzte Gütergemeinschaft ist mit der Gütergemeinschaft der Ehegatten identisch, verträgt jedoch einen *Mitgliederwechsel*. Unersetzlich ist allein der überlebende Ehegatte. Tod und Ausscheiden eines Abkömmlings beenden die Gütergemeinschaft dagegen nur, wenn sie den einzigen zur Gesamthand gehörenden Abkömmling treffen.

Mit dem Tod eines Abkömmlings treten dessen Abkömmlinge (und nicht die Erben!) in die Gesamthand ein, soweit sie nicht durch Erbunwürdigkeit, vertraglichen Verzicht oder letztwillige Verfügung ausgeschlossen sind. Sie treten ein kraft ihrer vom Erbrecht (§ 1924 III) bestimmten Stellung zum erstverstorbenen Ehegatten und nicht kraft Erbfolge nach dem verstorbenen Abkömmling. Folgerichtig sind nichteheliche Kinder eines männlichen Abkömmlings vom Eintritt in die Gesamthand ausgeschlossen, wenn sie als erbberechtigte Enkel (also wenn der Vater vor dem Großelternteil gestorben wäre) auf einen Erbersatzanspruch (§ 1934a) beschränkt gewesen wären.[7] Sie sind jedoch (in Analogie zu § 1934a) sofort mit dem Wert ihres Anteils zu Lasten des Gesamtgutes abzufinden mit späterer Verrechnung anläßlich der Teilung des Gesamtgutes gem. den §§ 1501, 1503.[8] Fehlen zum Eintritt berufene Abkömmlinge, so wächst der Anteil des Verstorbenen den übrigen in der Gesamthand verbliebenen Abkömmlingen an. Bestand die Gesamthand nurmehr aus

---

lich der Zustimmung des überlebenden Ehegatten nach § 1516 verwirklichte. Ebenso *Soergel-Gaul,* 3 zu § 1506; *Erman-Heckelmann,* 2 zu § 1506; *Staudinger-Felgentraeger,* 6 zu § 1506; *Palandt-Diederichsen,* 2 zu § 1506; RGRK-*Finke,* 6 zu § 1506.

[3] Str. Wie hier *Palandt-Diederichsen,* 2 zu § 1517; RGRK-*Finke,* 7 zu § 1517.

[4] A. A. (ohne jede Berücksichtigung der Rechtslage beim Erbverzicht) RGRK-*Finke,* 9 zu § 1518 (Abfindung meist Ausstattung).

[5] A. A. (auch unter Berücksichtigung der modernen Doktrin zum Erbverzicht) *Staudinger-Felgentraeger,* 15a zu § 1517.

[6] Zulässig ist auch ein bedingter Ausschluß. Vgl. OLG München, JFG 13, 358. Der Ausschluß kann insbesondere für den Fall angeordnet werden, daß der Abkömmling über die §§ 1511 ff. hinausgehende Beschränkungen seiner Rechtsstellung (etwa die Anordnung der Anteilsverwaltung durch einen Dritten) nicht gelten lassen will. Vgl. RG, LZ 1915, 1657.

[7] Ganz h.M. Vgl. *Funk,* BWNotZ 1971, 13; LG Heilbronn, ZBlJugR 1975, 315; OLG Stuttgart, Rpfleger 1975, 433; *Palandt-Diederichsen,* 1 zu § 1490; MünchKomm-*Kanzleiter,* 8 zu § 1483 und 4 zu § 1490; RGRK-*Finke,* 4 zu § 1483.

[8] Ebenso MünchKomm-*Kanzleiter,* 8 zu § 1483. Anders LG Heilbronn, ZBlJugR 1975, 315 (sofortiger Anspruch gegen den durch Anwachsung Begünstigten); *Funk,* BWNotZ 1971, 13 (Anspruch erst bei Beendigung der Gütergemeinschaft zu berechnen und fällig).

dem Verstorbenen und dem überlebenden Ehegatten, gewinnt dieser das ganze Gesamtgut als freies Vermögen (§ 1490)[9]

Zum *Ausscheiden eines Abkömmlings* führt ein einseitiger Verzicht durch öffentlich beglaubigte Erklärung gegenüber dem Nachlaßgericht sowie ein notariell beurkundeter Vertrag mit allen übrigen Gesamthändern (§ 1491). In beiden Fällen wächst der Anteil des ausscheidenden Abkömmlings kraft zwingenden Rechts (§ 1518) den übrigen Abkömmlingen in der Gesamthand (und nicht etwa seinen eigenen Abkömmlingen!) und bei Fehlen weiterer Abkömmlinge dem überlebenden Ehegatten (zu freiem Vermögen) an (§§ 1491 IV, 1490).[10]

Fast ausnahmslos dient der Verzicht vorzeitiger Abschichtung gegen Entgelt; er ist also meist ein Rechtsgeschäft, dem ein gegenseitig verpflichtendes Schuldverhältnis zugrundeliegt.[11] Der Schuldvertrag ist formgebunden (§ 1491 analog[12]), doch konvaleszieren formnichtige Verträge mit Abgabe der Verzichtserklärung (§§ 518 II, 766 S. 2 analog).

Angesichts der Folgen des Verzichtes für die Anteile der übrigen Gesamthänder muß eine aus dem Gesamtgut gezahlte Abfindungssumme[13] bei der Auseinandersetzung grundsätzlich den in der Gesamthand verbliebenen Abkömmlingen zur Last fallen (§§ 1501 I, 1503 III). Eine abweichende notariell beurkundete (meist gleichzeitig mit dem Verzichtsvertrag abgeschlossene) Vereinbarung[14] der verbleibenden Gesamthänder kann jedoch etwas anderes bestimmen (§ 1501 II). Mit dieser Möglichkeit gewinnt der Anteil der Abkömmlinge am Gesamtgut trotz der zwingenden Anwachsungsregelung Mobilität im Kreise der Gesamthänder. Der überlebende Ehegatte kann ebenso wie jeder in der Gesamthand stehende Abkömmling (gegen entsprechende Zahlungen) vertraglich eine Regelung erzielen, die den Verzicht allein ihm zugute kommen läßt.[15]

III. Das Gesamtgut

1. Fortgesetzte Gütergemeinschaft ist für die Abkömmlinge partielle Gütergemeinschaft, die ausschließlich ihren Anteil am Gesamtgut erfaßt. Ihr weiteres Vermögen ist freies Vermögen, das der Gütergemeinschaft noch nicht einmal in der Form des Vorbehaltsgutes verbunden ist. In dieser Beschränkung wird die fortgesetzte Gütergemeinschaft zur *Gütergemeinschaft mit nur drei Vermögensmassen:* Neben das Gesamtgut tritt das Vorbehaltsgut und das Sondergut des überlebenden Ehegatten.

2. Gesamtgut bleibt, was in der Gütergemeinschaft der Ehegatten Gesamtgut war; zur Schmälerung können Ansprüche einseitiger Abkömmlinge aus § 1483 II[1] und letztwillig Ausgeschlossener aus

---

[9] Vgl. KG, KGJ 44, 108; *Erman-Heckelmann,* 3 zu § 1490; *Staudinger-Felgentraeger,* 15 zu § 1490. Da der Anteil des verstorbenen Abkömmlings nicht zu seinem Nachlaß gehört, kann er auch nicht letztwillig über ihn verfügen.

[10] Der Verzicht unterliegt nach Beendigung der fortgesetzten Gütergemeinschaft der Gläubigeranfechtung (arg. § 860 ZPO). Ist die Auseinandersetzung bereits erfolgt, verpflichtet eine erfolgreiche Gläubigeranfechtung den Anfechtungsgegner zum Wertersatz. Vgl. OLG Stettin, JW 1934, 921; *Staudinger-Felgentraeger,* 16 zu § 1491 m. w. Nachw. Eine Vermögensübernahme der Gesamthand im Sinne der §§ 419 BGB, 729 ZPO wird durch den Verzicht nicht bewirkt. Vgl. LG München, MDR 1952, 44.

[11] Antiquiert ist die Vorstellung, daß die Gegenleistung in Form einer Bedingung mit dem Verzicht zu verknüpfen sei. Sie findet sich noch bei MünchKomm-*Kanzleiter,* 6 zu § 1491.

[12] Für Formfreiheit de lege lata, jedoch Bindung de lege ferenda *Staudinger-Felgentraeger,* 13a zu § 1491. Man kann jedoch die Frage nicht anders als für das Kausalgeschäft beim Erbverzicht entscheiden. Dort hat sich längst eine h. L. gebildet, die § 2348 analog anwendet.

[13] Übersteigt sie nach Ans. der Parteien den Wert des Anteils, so liegt für den überschießenden Teil eine Schenkung oder Ausstattung vor. Vgl. dazu die §§ 1487 I, 1425 I.

[14] Gemeint sind alle Vereinbarungen vor dem Liquidationsstadium. Daß eine konkrete Vereinbarung für eine bestimmte Auseinandersetzung auch schon vorher formlos möglich sei, behauptet MünchKomm-*Kanzleiter,* 4 zu § 1501, gegen die h. L.

[15] Vgl. OLG München, JFG 1, 344. Vgl. ferner RG, SeuffA 86 Nr. 305 (Haftung aus §§ 445, 434, 439 II, wenn ein Grundstück aus dem Gesamtgut Gegenleistung für den Verzicht ist).

[1] § 1485 I scheint die den einseitigen Abkömmlingen zufallenden Gegenstände von vornherein aus

§ 1511 II führen. Gesamtgut ist ferner der Anteil des überlebenden Ehegatten am Nachlaß des verstorbenen Partners sowie der Erwerb des überlebenden Ehegatten während der fortgesetzten Gütergemeinschaft, soweit er nicht in sein Vorbehalts- oder Sondergut fällt (vgl. zu allem § 1485).

Der Eintritt der Abkömmlinge in die Gesamthand erfolgt ex lege.[2] Das Grundbuch wird nur hinsichtlich des Mitgliederstandes der Gesamthand unrichtig; die Berichtigung kann der überlebende Ehegatte auch ohne Zustimmung der Abkömmlinge nach § 22 GBO herbeiführen.[3]

3. Vorbehalts- und Sondergut des überlebenden Ehegatten bleiben in ihrem Bestand unberührt; sie mehren sich nicht anders als in der Gütergemeinschaft der Ehegatten (§ 1486). Vorbehaltsgut durch Vertrag mit den Abkömmlingen zu schaffen, verbietet freilich § 1518, doch kann durch Ehevertrag der Ehegatten auch künftiger (und damit auch: erst im Stadium der fortgesetzten Gütergemeinschaft eintretender) Erwerb in das Vorbehaltsgut des überlebenden Ehegatten geleitet werden, wenn und soweit die Regelung generell für die Zeit der Gütergemeinschaft überhaupt (und nicht nur für die fortgesetzte Gütergemeinschaft) getroffen wird.[5]

IV. Verwaltung des Gesamtgutes und Haftung der Gesamthänder

1. Die stärkere Verbindung des überlebenden Ehegatten mit dem Gesamtgut, aber auch seine Stellung als Eltern- oder Großelternteil der Abkömmlinge, weisen wie selbstverständlich *dem überlebenden Ehegatten die Position des Alleinverwalters, den Abkömmlingen aber die Position eines in der Gütergemeinschaft nicht verwaltenden Ehegatten* zu (§ 1487 I). Eine Änderung dieser Ordnung durch Vertrag ist ausgeschlossen, doch kann niemand den überlebenden Ehegatten hindern, einem Abkömmling Auftrag und Vollmacht zu erteilen und damit die Verwaltung bei bleibender eigener Verantwortung (§ 278) in andere Hände zu legen. Gehört zum Gesamtgut ein Handelsgeschäft, so ist allein der überlebende Ehegatte Kaufmann und Firmeninhaber.[6]

2. § 1487 verweist auf die §§ 1422ff., doch sind alle Normen ausgeschieden worden, die in der veränderten Situation entweder keine Bedeutung erlangen können oder ihr nicht entsprechen. § 1435 Satz 2 gilt insbesondere nicht; der überlebende Ehegatte ist nicht zu Unterrichtung und Auskunft verpflichtet.[6a] Es fehlt aber auch das Notverwaltungsrecht des § 1429; eine größere Anzahl von Abkömmlingen wäre zu gemeinschaftlichem Handeln ohnehin kaum fähig.[7]

---

dem Gesamtgut auszuschließen. Doch müssen die Gegenstände erst bestimmt und dann von der Gesamthand dem Abkömmling übertragen werden.

[2] § 1485 III. Die Verweisung auf § 1438 II und III ist durch eine Verweisung auf § 1416 II und III zu ersetzen.

[3] Vgl. KG, JW 1935, 2515 (anders noch KGJ 48, 210); *Staudinger-Felgentraeger,* 15 zu § 1485; RGRK-*Finke,* 9 zu § 1485. A. A. *Soergel-Gaul,* 7 zu § 1485.

Str. ist, ob § 40 GBO in extensiver Auslegung oder in Analogie auf die fortgesetzte Gütergemeinschaft Anwendung finden kann. Die zunächst generell ablehnende Rspr. (vgl. KG, KGJ 37, A 256; 38, A 212 [A 216f.]; OLG Hamburg, ROLG 18, 218) ist später vom KG jedenfalls für den Fall der Eintragung beider Ehegatten im Grundbuch aufgegeben worden (vgl. KGJ 52, 134; JFG 1, 289). Die Frage stellt sich nicht, wenn der überlebende Ehegatte über Briefpfandrechte außerhalb des Grundbuches verfügt. Die dann nurmehr notwendige Berichtigung des Grundbuchs hat stets sogleich den neuesten Stand wiederzugeben. Vgl. KG, KGJ 38, A 217ff.

[5] Ebenso *Erman-Heckelmann,* 3 zu § 1486. A. A. *Soergel-Gaul,* 4 zu § 1486; *Palandt-Diederichsen,* 1 zu § 1486; *Staudinger-Felgentraeger,* 10 zu § 1486; MünchKomm-*Kanzleiter,* 5 zu § 1486; RGRK-*Finke,* 2 zu § 1486, alle mit Hinweis auf § 1518.

[6] Vgl. KG, JW 1930, 1009. Die Gesamthänder können freilich jederzeit eine Personalgesellschaft bilden (bei OHG persönliche Haftung der Abkömmlinge!) und in sie das Handelsgeschäft einbringen. Der Anteil des überlebenden Ehegatten gehört dann in der Regel zu seinem Sondergut (vgl. oben § 38 IV 1); die Gewinne fließen in das Gesamtgut.

[6a] A. A. RGRK-*Finke,* 26 zu § 1487, für „Maßnahmen, die sich wesentlich auf das Gesamtgut auswirken".

[7] Geblieben ist das Revokationsrecht aus § 1428. Es kann von jedem Abkömmling allein ausgeübt

3. Fortgesetzte Gütergemeinschaft hebt keine Schranke auf, die der elterlichen Sorge gesetzt ist, insbesondere nicht den Schutz des Kindes in *Interessenkollisionen* mit dem Verbot der Insichgeschäfte als Kern (vgl. dazu unten § 51 III und IV). Der überlebende Ehegatte kann sich daher nicht selbst im Namen der seiner Sorge anvertrauten Kinder eine Zustimmung zu den Rechtsgeschäften der §§ 1423–1425 erklären. Die (vom BGH unlängst aufgegebene; vgl. dazu unten § 51 III) formale Theorie zu § 181 beläßt ihm freilich die Möglichkeit, die Zustimmung dem Vertragspartner gegenüber abzugeben.[8] Richtiger ist es, stets die Bestellung eines Pflegers zu fordern.[9] Die Zustimmung zu Grundstücksgeschäften (§ 1424) bedarf in jedem Fall der Genehmigung des Vormundschaftsgerichtes; § 1821 I bindet mit seinen Nrn. 1 und 4 den Elternteil (§ 1643) nicht weniger als den Pfleger (§ 1915).[10]

4. Zur ordnungsmäßigen Verwaltung des Gesamtgutes (mit der Möglichkeit, Zustimmungen der Abkömmlinge gemäß § 1426 zu ersetzen) rechnet die Rechtsprechung auch die *Übergabe eines Hofes* an einen Abkömmling unter Sicherung der anderen zu einem geeigneten Zeitpunkt.[11] Der Sinn der fortgesetzten Gütergemeinschaft wird damit jedoch verfehlt. Dem überlebenden Ehegatten soll das Hausvermögen erhalten bleiben; mit der Übergabe des Hofes gibt er es dagegen im Wege vorweggenommener Erbfolge an einen Anerben weiter.[11a]

5. *Gesamthandsschulden* der fortgesetzten Gütergemeinschaft sind alle Gesamthandsschulden der Gütergemeinschaft und alle Verbindlichkeiten des überlebenden Ehegatten (§ 1488; die Norm nennt versehentlich die reinen Gesamthandsschulden nicht). Im Übergang zur fortgesetzten Gütergemeinschaft erweitert sich mithin die Haftung des Gesamtgutes für alte Verbindlichkeiten des überlebenden Ehegatten, wenn das Gesamtgut in der Gütergemeinschaft gemeinschaftlich verwaltet wurde oder aber der allein verwaltende Ehegatte zuerst verstarb. Gesamthandsschulden sind nicht mehr die Verbindlichkeiten der Abkömmlinge. Ihr Erwerb mehrt das Gesamtgut nicht, ihre Schulden mindern es nicht.

6. *Haftung der Gesamthänder.* Für alle Gesamthandsschulden haftet der überlebende Ehegatte persönlich (§ 1489 I entsprechend § 1437 II 1). Fortgesetzte Gütergemeinschaft führt damit vielfach auch zu einer erweiterten Haftung des überlebenden Ehegatten. Betroffen wird vornehmlich ein Ehegatte, der die Verwaltung des Gesamtgutes in der Gütergemeinschaft dem Partner überließ. Freilich kann der überlebende Ehegatte seine Haftung im Erweiterungsbereich nach den für die Erbenhaftung geltenden Vorschriften auf das Gesamtgut beschränken (§ 1489 II).[12] Entfallen ist dafür eine § 1437 II 2 entsprechende zeitliche Beschränkung seiner Haftung auf die Dauer der fortgesetzten Gütergemeinschaft.

Teilnahme an der fortgesetzten Gütergemeinschaft begründet für die Abkömmlinge keinerlei Haftung für Gesamthandsschulden; ihre geringe Verbundenheit mit dem Gesamtgut erfährt in § 1489 III seine folgerichtige Vollendung. Unberührt bleibt eine Haftung aus anderen Gründen, insbesondere die Erbenhaftung für Verbindlichkeiten des verstorbenen Ehegatten, die Gesamthandsschulden sind.

7. Gesamthandsschulden sind auch in der fortgesetzten Gütergemeinschaft grundsätzlich *Gesamtgutslasten.* Ausnahmen enthalten die §§ 1499, 1500. In ihnen werden die Abkömmlinge zu Repräsentanten des verstorbenen Ehegatten mit Vorteilen (§ 1499 Nrn. 1 und 2) und Nachteilen (§ 1500).

---

werden, nach Beendigung der Gütergemeinschaft freilich nurmehr durch alle Gesamthänder. Vgl. OLG München, SeuffA 63 Nr. 252.

[8] Vgl. OLG München, RJA 5, 25; BayObLG, DNotZ 1952, 163 mit Anm. *Lehmann* und *Weber; Erman-Heckelmann,* 4 zu § 1487; *Dölle,* § 82 I 2b; *Staudinger-Felgentraeger,* 17 zu § 1487; *Soergel-Gaul,* 9 zu § 1487; RGRK-*Finke,* 19 zu § 1487.

[9] Ebenso KG, JFG 2, 283.

[10] Vgl. OLG Karlsruhe, RJA 17, 22; *Erman-Heckelmann,* 4 zu § 1487.

[11] Vgl. BayObLG, ROLG 42, 88; OLG München, JFG 4, 14.

[11a] Grds. zust. MünchKomm-*Kanzleiter,* 10 zu § 1487 (nur „ganz ausnahmsweise" anzuerkennen).

[12] Die h. L. nimmt ihm die Möglichkeit, wenn er gleichzeitig als Erbe haftet (mag er auch als Erbe seine Haftung beschränkt haben) und sichert damit ohne Grund den Gläubigern den Zugriff auf künftigen Erwerb (§ 1485 I!). Vgl. *Dölle,* § 82 II 4c; *Palandt-Diederichsen,* 2b zu § 1489; *Staudinger-Felgentraeger,* 16 zu § 1489.

Gegen die h. L. auch *Soergel-Gaul,* 2 zu § 1489; MünchKomm-*Kanzleiter,* 4 zu § 1489.

Auch Unterhaltspflichten des überlebenden Ehegatten sind Gesamtgutslasten.[13] Sie sind es selbst dann, wenn sie Abkömmlingen gegenüber bestehen, die Alimentierung aus dem Gesamtgut also zu mittelbaren Unterhaltsleistungen (der Abkömmlinge in der Gesamthand) Geschwistern oder gar Neffen und Nichten gegenüber führt.[14]

V. Beendigung

1. Kraft ihres eigenen Prinzips endet die fortgesetzte Gütergemeinschaft mit dem *Ausscheiden des letzten Abkömmlings aus der Gesamthand* (§§ 1490, 1491 IV). Das gebundene Hausvermögen wird freies Vermögen des überlebenden Ehegatten.

Kraft Gesetzes endet die fortgesetzte Gütergemeinschaft ferner mit erneuter *Heirat des überlebenden Ehegatten* (§ 1493 I); Wahrung alten Hausvermögens und neue Ehe sind miteinander nicht zu vereinbaren, weil die Kinder erster Ehe nicht in fester rechtlicher Form in die zweite Ehe eingegliedert werden.

Kraft Gesetzes endet die fortgesetzte Gütergemeinschaft schließlich mit dem *Tod des beteiligten Ehegatten,*[15] mit seiner Todeserklärung und mit einem Beschluß, der seine Todeszeit feststellt (§ 1494). Irrige Beschlüsse beenden auch, wenn sie später aufgehoben werden; die Auseinandersetzung des Gesamtgutes ist nicht mehr zu revidieren.[16] Der Anteil des Verstorbenen am Gesamtgut fällt in seinen Nachlaß. Erbt eine Miterbengemeinschaft, so tritt die Gesamthand der Miterben in die Gesamthand der fortgesetzten Gütergemeinschaft ein. Mitgliederidentität ist häufig; die beiden Gesamthandsgemeinschaften sind gleichwohl voneinander zu scheiden.[17]

2. Kraft Rechtsgeschäftes endet die fortgesetzte Gütergemeinschaft durch *Kündigung des überlebenden Ehegatten,* die als öffentlich beglaubigte Erklärung an das Nachlaßgericht zu richten ist, ferner durch notariell beurkundeten *Vertrag mit allen beteiligten Abkömmlingen* (§ 1492 I und II). Die Möglichkeit einseitiger Beendigung scheint die Beendigung durch Vertrag als unpraktisch zu erweisen, doch gibt nur ein Vertrag Gelegenheit, Fragen der Auseinandersetzung zu regeln.

Eine Verpflichtung zur Beendigung kraft Rechtsgeschäftes erzeugt die Absicht erneuter Heirat, wenn zur Gesamthand ein minderjähriger oder bevormundeter Abkömmling gehört (§ 1493 II; vgl. dazu § 9 EheG). Da die Wiederheirat ohnehin Beendigungsgrund ist, kann der an sich verfrühte Schutz der Abkömmlinge nicht als Einbruch in die Grundidee der fortgesetzten Gütergemeinschaft gewertet werden.

3. Kraft formalisierter und durch richterlichen Akt vollzogener Kündigung endet die fortgesetzte Gütergemeinschaft mit der Rechtskraft des Urteiles nach erfolgreicher *Aufhebungsklage eines Abkömmlings* (§§ 1495,[18] 1496). Die Klagegründe entsprechen § 1447; weggefallen ist mangels Mehrung des Gesamtgutes durch die Abkömmlinge der Klaggrund der Erwerbsgefährdung infolge Überschuldung des Gesamtgutes.

VI. Auseinandersetzung

1. Zuweilen wird das Gesamthandsvermögen unmittelbar mit Beendigung der Gütergemeinschaft Vermögen eines Gesamthänders (Ausscheiden des letzten Abkömmlings; Beerbung des Ehegatten

[13] Vgl. aus der Rspr. RG, JW 1907, 23 (25); Recht 1920 Nr. 2869; KG, JW 1937, 3159.

[14] § 1604 ist entsprechend anzuwenden. Bei der Frage nach der Leistungsfähigkeit des überlebenden Ehegatten ist also das ganze Gesamtgut zu berücksichtigen.

[15] Stirbt der Ehegatte nach Beginn, aber vor Vollendung einer Verfügung, so hindert der Tod die Vollendung der Verfügung nicht. Vgl. KG, JFG 1, 338.

[16] A. A. die h. L. Vgl. *Erman-Heckelmann,* 2 zu § 1494; *Palandt-Diederichsen,* 2 zu § 1494; *Soergel-Gaul,* 7 zu § 1494; *Dölle,* § 83 I 3; RGRK-*Finke,* 4 zu § 1494 (mit Hinweis auf § 2031, doch ist mit jener Norm die Möglichkeit der Wiederherstellung einer liquidierten Gesamthand nicht zu beweisen). Wie der Text *Staudinger-Felgentraeger,* 8 zu § 1494; MünchKomm-*Kanzleiter,* 3 zu § 1494.

[17] Vgl. BGH, FamRZ 1966, 492.

[18] Zu § 1495 vgl. aus der Praxis BGHZ 44, 328 (mit Auswirkungen im Höferecht) und 48, 369. Zum Streitwert vgl. BGH, NJW 1973, 50 (halber Wert des klägerischen Anteils am Gesamtgut).

durch den einzigen Abkömmling). In diesen Fällen wird das Ziel der Auseinandersetzung ohne Auseinandersetzung erreicht.

2. In den anderen Fällen bleibt die Gesamthand zunächst bestehen. Die fortgesetzte Gütergemeinschaft wandelt sich – ihre Identität wahrend – in eine *Liquidationsgemeinschaft.* Beendigung durch Tod des Ehegatten führt zu einem Mitgliederwechsel: An die Stelle des Verstorbenen treten seine Erben. Miterben werden als Gesamthand Mitglied; zwei Gesamthandsgemeinschaften verzahnen sich (vgl. dazu oben § 38 IX 1). Stirbt ein Abkömmling, so treten an seiner Stelle die Erben in die Liquidationsgemeinschaft ein; § 1490 ist nicht mehr anzuwenden.[1]

Zur Liquidationsgemeinschaft gehören nicht mehr Abkömmlinge, die keinen Anspruch auf Berücksichtigung bei der Auseinandersetzung haben. Die (monströse) Position einer Berechtigung am Gesamtgut ohne Anspruch auf einen Anteil bei der Auseinandersetzung ergibt sich zwingend aus § 1513 im Vergleich mit § 1511.[2] Sie im Stadium der Liquidationsgemeinschaft festzuhalten, entbehrt jedes Sinnes.

3. Bis zur (vollendeten) Auseinandersetzung gelten die §§ 1419, 1472 und 1473 (§ 1497 II), also Fortbestand der gesamthänderischen Bindung, die dem einzelnen Gesamthänder die Möglichkeit einer Verfügung über seinen Anteil am Gesamtgut nur durch Verzicht nach § 1491 beläßt.[3] Unzulässig ist dagegen nach wie vor die rechtsgeschäftliche Verfügung über den Anteil am Gesamtgut, und zwar auch in der verdeckten Form der Zession des ,,Anspruches auf Auseinandersetzung".[4] Zulässig ist dagegen die Zession des (künftigen) Anspruches auf das Auseinandersetzungsguthaben; nach Beendigung des Güterstandes gibt es insoweit keine entgegenstehenden schützenswerten Belange mehr (vgl. dazu oben § 38 II 2).

In der Liquidationsgemeinschaft ist das Gesamtgut von allen Gesamthändern gemeinschaftlich zu verwalten (§ 1472; vgl. im übrigen oben § 38 X 5). Die Verwaltung wird oftmals schwerfällig: Die Liquidationsgemeinschaft folgt nicht dem Mehrheitsprinzip; alle Maßnahmen bedürfen einstimmiger Billigung.[5]

4. Die Auseinandersetzung folgt den Regeln der Gütergemeinschaft (vgl. § 1498 mit seinen Verweisungen). Verschiedenen Interessen Rechnung tragend, gewährt das Gesetz *Übernahmerechte,* also Gestaltungsrechte, deren Ausübung die Gesamthand zur Übertragung der einzelnen Gegenstände, den Übernehmenden aber zum Wertersatz in das Vermögen der Gesamthand verpflichtet. Der Ehegatte (nicht seine Erben!) darf grundsätzlich übernehmen. An die Stelle seines Übernahmerechtes tritt ein gegenständlich beschränktes der Abkömmlinge, wenn die Gütergemeinschaft nach Klage endete.[6] Als Repräsentanten des verstorbenen Ehegatten können sie in diesem Fall gemeinschaftlich (Mehrheitsbeschluß nicht ausreichend!) die in § 1477 II genannten Gegenstände an sich ziehen (§ 1502) mit Teilung untereinander nach den Regeln des § 1503. Jeder Ehegatte kann ferner für den Fall der fortgesetzten Gütergemeinschaft nach seinem Tode mit Zustimmung seines Partners (§ 1516) einem anteilsberechtigten Abkömmling ein totales oder gegenständlich beschränktes Übernahmerecht einräumen (§ 1515 I).

In das Gesamtgut zu ersetzen ist der Verkehrswert. Nur für die Übernahme eines Landgutes kann um der Erhaltung bäuerlicher Betriebe willen durch letztwillige Verfügung – auch zugunsten des überlebenden Ehegatten – Übernahme zum Ertragswert oder zu einem Preis, der den Ertragswert mindestens erreicht, angeordnet werden (§ 1515 II und III).

---

[1] Vgl. BayObLG, MDR 1967, 673; *Erman-Heckelmann,* 3 zu § 1490; *Staudinger-Felgentraeger,* 10 zu § 1497.

[2] Ebenso *Kipp-Wolff,* § 67 VI 1.

[3] Vgl. BayObLG, SeuffA 72 Nr. 192; MDR 1952, 41.

[4] Vgl. KG, JW 1931, 1371; *Staudinger-Felgentraeger,* 8 zu § 1497; MünchKomm-*Kanzleiter,* 2 zu § 1497.

[5] Vgl. LG Nürnberg-Fürth, JR 1949, 576 mit Anm. *Klauss* (Stimmrechtsausübung in der Hauptversammlung einer AG).

[6] In extensiver Interpretation des § 1502 muß das auch gelten, wenn eine begründete Aufhebungsklage erhoben war, die Gütergemeinschaft jedoch aus einem anderen Grund (§ 1492!) endete. Vgl. *Staudinger-Felgentraeger,* 16 zu § 1502; *Erman-Heckelmann,* 5 zu § 1502; *Soergel-Gaul,* 5 zu § 1502; MünchKomm-*Kanzleiter,* 4 zu § 1502; RGRK-*Finke,* 3 zu § 1502.

5. *Teilung.* Der nach Berichtigung der Gesamthandsschulden verbleibende Überschuß gebührt dem überlebenden Ehegatten oder seinen Erben zur einen und den Abkömmlingen zur anderen Hälfte (zum Schutz gegen Verminderung durch Schenkungen des verstorbenen Ehegatten vgl. § 1505). Untereinander teilen die Abkömmlinge nach den Regeln der gesetzlichen Erbfolge hinter dem verstorbenen Ehegatten, aber bezogen auf den Zeitpunkt der Beendigung der fortgesetzten Gütergemeinschaft (§ 1503 I). Fortgesetzte Gütergemeinschaft bedeutet demnach Fortfall des Ehegattenerbrechtes zugunsten der Abkömmlinge. Diese finden in der Begünstigung das Äquivalent für die Verzögerung der Auskehrung ihrer Erbteile.

Die Regelanteile können durch eine letztwillige Verfügung des verstorbenen Ehegatten eine Änderung erfahren. Unter Zustimmung des Partners (§ 1516) kann er den einem Abkömmling gebührenden Anteil bis auf die Hälfte kürzen (§ 1512);[7] er kann ihn ganz entziehen, wenn er berechtigt ist, dem Abkömmling den Pflichtteil zu entziehen (§ 1513).[8] Begünstigt sind in der Regel die anderen Abkömmlinge, doch ist eine Zuwendung des entzogenen Betrages an Dritte (auch: an einen Abkömmling oder an den überlebenden Ehegatten) möglich (§ 1514). Mitglied der Gesamthand wird der Dritte durch die Anordnung nicht; er erwirbt lediglich einen auf Geld gerichteten Anspruch gegen die Abkömmlinge oder (nach Wahl des letztwillig verfügenden Ehegatten) gegen den Abkömmling, dessen Anteil gekürzt wurde.

Die Regelanteile können sich ferner ändern durch Vorempfänge (§ 1503 II), durch Zahlungen aus dem Gesamtgut zur Deckung von Verbindlichkeiten, die im Innenverhältnis der Gesamthänder den Abkömmlingen oder dem überlebenden Ehegatten (oder seinen Erben) zur Last fallen (§§ 1499, 1500, 1511 II), sowie durch die Verrechnung von Abfindungen, die verzichtenden Abkömmlingen gewährt wurden (§§ 1501, 1503 III; vgl. oben II 3).

6. Nicht befriedigten Gesamthandsgläubigern haften neben dem überlebenden Ehegatten (seinem Erben) auch die Abkömmlinge nach §§ 1498, 1480 (vgl. oben § 38 X 10). Untereinander gleichen die Abkömmlinge nach ihren Anteilen aus. Haftungsbeschränkung auf die ihnen zugeteilten Gegenstände ist auch im Verhältnis der Abkömmlinge zueinander möglich (§ 1504).

7. Weil die Auseinandersetzung des Gesamtgutes nachgeholte Erbfolge hinter dem zunächst verstorbenen Ehegatten ist, sind es *seine* letztwilligen Anordnungen, die lenkend die Auseinandersetzung bestimmen, soweit die §§ 1511 ff. eine Lenkung erlauben (§ 1518!).[9] Der später versterbende Ehegatte kann ausschließlich seinen Nachlaß (mit dem Anteil am Gesamtgut) letztwillig regeln, mittelbar über ihn freilich auch Einfluß auf die Auseinandersetzung des Gesamtgutes gewinnen. Nichts hindert ihn etwa, Abkömmlinge, die sich einer von ihm gewünschten Übernahme des Gesamtgutes durch einen der Gesamthänder widersetzen, auf den Pflichtteil zu setzen.[10] Nichts hindert ihn auch, Gegenstände des Gesamtgutes als Verschaffungsvermächtnis auszusetzen.[11]

§ 40. Gütertrennung

1. *Bedeutung.* Die Gütertrennung des geltenden Rechts ist reine Gütertrennung, mithin ein Güterstand, dessen einzige Aussage im Ausschluß güterrechtlicher Wirkungen überhaupt besteht. Weil aber die allgemeinen Ehewirkungen ebenso

---

[7] Durch eine bedingte Kürzung lassen sich Beschränkungen der Abkömmlinge durchsetzen, die von den §§ 1511 ff. nicht vorgesehen sind. Vgl. OLG Hamburg, LZ 1915, 922 und RG, LZ 1915, 1658 mit einer Kürzung für den Fall, daß der Abkömmling sich nicht mit der befristeten Verwaltung seines Anteiles durch einen Dritten einverstanden erklärt.

[8] Möglich ist auch eine Pflichtteilsbeschränkung in guter Absicht. Vgl. §§ 1513 II, 2338.

[9] Vgl. RGZ 105, 242.

[10] Vgl. OLG München, JFG 1, 150.

[11] Vgl. OLG Tübingen, DRZ 1950, 519; BGH, FamRZ 1964, 423. Da der Erbe seine Haftung auf den Nachlaß beschränken kann, wird das vom zuerst verstorbenen Elternteil ererbte Gut nicht gefährdet.

erhalten bleiben wie die Möglichkeit rechtsgeschäftlicher Abreden, ist Gütertrennung dennoch nicht identisch mit der Unmöglichkeit gemeinschaftlicher Rechte überhaupt, mit dem Fehlen jeder Bindung der Ehegatten und mit dem Ausschluß der Möglichkeit, eigenes Gut durch den Partner verwalten zu lassen (vgl. dazu die Ausführungen zur Zugewinngemeinschaft oben § 34 II 1 und 2).

2. *Formen.* In der Negation aller güterrechtlichen Bindungen bleibt nur die Aufgabe, Tatbestände zu normieren, die Gütertrennung zur Folge haben. Soweit sie vom Parteiwillen abhängig sind, ordnen sie den Güterstand dem vertraglichen Güterrecht zu. Soweit sie den Willen der Ehegatten nicht berücksichtigen, wird die Gütertrennung zum gesetzlichen Güterstand. Das BGB kennt die Gütertrennung in beiden Formen; eine Norm, die alle Tatbestände zusammenfaßt, kennt es nicht.

3. Gütertrennung kann durch *Ehevertrag* vereinbart werden (§ 1408), ausdrücklich oder auch in Form einer (angesichts des § 1410 kaum je notwendigen) typisierten Vertragsergänzung (§ 157), die einer an sich nur negativen Aussage der Parteien eine positive Bestimmung des in Zukunft geltenden Güterstandes hinzufügt.[1] Das Gesetz macht von dieser Möglichkeit in § 1414 Gebrauch, nicht immer jedoch mit Überzeugungskraft. Gütertrennung tritt auch ein, wenn sich die Parteien auf den Ausschluß der Zugewinngemeinschaft beschränkten, wenn sie den gesetzlichen Güterstand oder eine Gütergemeinschaft aufhoben, ohne einen neuen Güterstand zu bestimmen, schließlich dann, wenn sie es beim Ausschluß nur des Zugewinnausgleichs oder des Versorgungsausgleichs bewenden ließen. Das mag überzeugend sein bis hin nur zum Ausschluß des Zugewinnausgleichs, der an sich die Möglichkeit beläßt, die Zugewinngemeinschaft mit ihrem Restbestand (§§ 1363–1370) aufrechtzuerhalten; der typische (unvollständig erklärte) Parteiwille richtet sich auf die totale Beseitigung des Güterstandes, nicht aber auf seine Dezimierung.[2] Das ist dagegen sachlich falsch für den Ausschluß des Versorgungsausgleichs (vgl. dazu oben § 28 II 4): Wer in eine güterstandsneutrale Rechtsposition vertraglich eingreift, will damit nicht in typischer Sicht eine weitere güterstandsspezifische Wirkung, die angesichts des § 1408 II zudem unter einem von den Parteien sicher nie gewünschten Vorbehalt steht (vgl. dazu oben § 28 II 9).

4. Als *subsidiärer gesetzlicher Güterstand* löst die Gütertrennung die Gütergemeinschaft mit der Rechtskraft des Urteiles ab, das die Gütergemeinschaft nach Klage vorzeitig aufhebt (§§ 1449, 1470). Als subsidiärer gesetzlicher Güterstand

---

[1] Die Bedeutung der Ergänzung ist str. Von einer (widerlegbaren) Auslegungsregel spricht die h. L. Vgl. *Soergel-Gaul,* 5 zu § 1414; *Erman-Heckelmann,* 3 zu § 1414; MünchKomm-*Kanzleiter,* 3 zu § 1414 mit Nachw. Dagegen behauptet *Dölle,* § 65 I, eine gesetzliche Rechtsfolge ohne Rücksicht auf den Parteiwillen und nimmt deshalb folgerichtig subsidiär gesetzliche Gütertrennung an.

[2] Daß die Parteien Fortbestand der Verfügungsbeschränkungen unter Ausschluß des Zugewinnausgleiches vereinbaren können, ist bestr. Vgl. die Hinweise oben § 32 III 5.

folgt die Gütertrennung aber auch der Zugewinngemeinschaft mit der Rechtskraft des Urteiles, das auf vorzeitigen Ausgleich des Zugewinns erkennt (§ 1388).[3] Hier wie dort handelt es sich mithin bei den richterlichen Akten um konstitutive Urteile mit güterstandsändernder Wirkung.

Im Einzelfall können sich aus § 1388 ausgesprochene Härten ergeben, weil man den ausgleichsberechtigten Ehegatten zum Verzicht auf die Teilnahme am späteren Gewinn des Partners oder aber (falls sie erhalten bleiben soll) zum Verzicht auf die Klage nötigt. Das Gesetz hat die Notwendigkeit eines Verzichtes bewußt in Kauf genommen; überzeugende Gründe für ihn gibt es nicht. Wenn geklagt werden kann, werden meist Spannungen zwischen den Ehegatten bestehen, aber sie werden regelmäßig dem Partner zur Last fallen; der ausgleichsberechtigte Ehegatte wird auch den Zugewinn des Partners nicht durch Mitarbeit mehren, aber fehlende Mitarbeit schließt den Anspruch auch sonst nicht aus; schließlich ist das Ziel, wiederholten Streit zwischen den Ehegatten zu vermeiden, noch kein Ziel, das alles rechtfertigt. Es ist auch kein Widerspruch in sich selbst, einem vorzeitigen Zugewinnausgleich erneut eine Zugewinngemeinschaft der Ehegatten anzuschließen.[4]

5. Dritte beim Übergang zur Gütertrennung zu schützen, ist Aufgabe des § 1412. Er gilt für die Fälle des § 1414 unmittelbar und wird von § 1449 II und § 1470 II ausdrücklich genannt.[5] § 1388 beruft ihn dagegen durchaus folgerichtig nicht: Der Übergang von der Zugewinngemeinschaft zur Gütertrennung ist für Dritte niemals mit nachteiligen Wirkungen verbunden, die § 1412 verhindern könnte.[6] Richtig ist zwar, daß unwissende Dritte Rechtsgeschäfte (nach dem Recht der Zugewinngemeinschaft) für unwirksam halten können, die in Wahrheit (nach dem Recht der Gütertrennung) wirksam sind, doch ist es nicht Aufgabe des Güterrechtsregisters, das Vertrauen auf die Unwirksamkeit rechtlicher Akte zu schützen.

---

[3] Wird der Prozeß durch Vergleich beendet, in dem Gütertrennung vereinbart wird, so ändert sich der Güterstand durch Vertrag (§ 1414). Die von § 1410 geforderte Form wird im Prozeßvergleich gewahrt (§ 127a und schon früher RGZ 48, 183; 165, 162 in st. Rspr.).

[4] Kritisch auch *Staudinger-Felgentraeger,* 1 zu § 1388.

[5] Unabhängig von § 1412 muß aber die Enthaftung des Alleinverwalters gemäß § 1437 II S. 2 eintreten, weil die Funktion der Norm nach Güterstandsbeendigung entfällt. Im Ergebnis ebenso *Kuttner,* Die privatrechtlichen Nebenwirkungen der Zivilurteile, S. 92ff.; *Staudinger-Felgentraeger,* 6 zu § 1449 und 4 zu § 1470; MünchKomm-*Kanzleiter,* 4 zu § 1449.

[6] Daß § 1412 keinen Anwendungsbereich hat (und damit auch eine analoge Anwendung ausscheidet) entspricht ganz h. M. Gegen sie freilich *Meyer,* FamRZ 1957, 285 (der von einem Versehen des Gesetzgebers spricht).

Gleichwohl läßt die h. M. die Eintragung der Gütertrennung im Güterregister zu. Vgl. *Dölle,* § 65 III 4; *Palandt-Diederichsen,* 2 zu § 1388; *Soergel-Lange,* 7 zu § 1388; *Staudinger-Felgentraeger,* 9 zu § 1412. Zur Problematik von Eintragungen mit ausschließlichem Informationszweck vgl. oben § 33 I 2.

III. Abschnitt. Das Unterhaltsrecht der Verwandten

Schrifttum: *Schrade,* Die Grundzüge des Verwandten-Unterhalts nach dem Inkrafttreten des Gleichberechtigungsgesetzes, FamRZ 1957, 342; *Landfermann,* Der Kreis der unterhaltspflichtigen Personen im europäischen Familien- und Sozialhilferecht, RabelsZ 35 (1971), 505; *Ruland,* Familiärer Unterhalt und Leistungen der sozialen Sicherheit, Diss. iur. Saarbrücken, 1972; *Kalthoener – Haase-Becher – Büttner,* Die Rechtsprechung der Landgerichte zur Höhe des Unterhalts, 1975; *Kunz,* Besteht noch eine Unterhaltspflicht zwischen Verwandten zweiten oder entfernteren Grades?, FamRZ 1977, 291.

§ 41. Allgemeine Regeln

I. Umkreis

1. Der Gegenwart ist das Bewußtsein der Verantwortung für entferntere Verwandte so gut wie ganz verlorengegangen; die Rechtsordnung ist dem regressiven Prozeß gefolgt: Nur noch Verwandte der geraden Linie sind verpflichtet, einander Unterhalt zu gewähren (§ 1601);[1] Seitenverwandtschaft verpflichtet zu nichts.[2]

2. Kritik ist früher viel geübt worden. Die Geschwister insbesondere wurden genannt, wenn es galt, verwandtschaftliche Beziehungen zu nennen, die Unterhaltspflichten fordern und gebieten. Heute ist auch die Kritik verstummt als Folge einer Zeitsignatur, die das Unterhaltsrecht der Verwandten in Zukunft noch stärker (auf Verwandte des ersten Grades) beschränken könnte:[3] Die Verkümmerung der zwischenmenschlichen Beziehungen außerhalb der Kleinfamilie schreitet fort; im Sozialstaat der Gegenwart werden in Bedürfnislagen früher als ehedem Leistungen der öffentlichen Hand gefordert. Erste Ansätze zu jener Wendung sind bereits im geltenden Recht erkennbar. Zwar schulden Großeltern dem bedürftigen Enkel Unterhalt, doch nur noch, soweit der angemessene Lebensbedarf nicht nach dem BSHG (das keine Überleitung des Anspruchs gegen die Großeltern erlaubt) im Wege der Sozialhilfe gedeckt wird (vgl. dazu unten II 4).

---

[1] Daß die moralischen Pflichten weiter reichen als die rechtlichen, ist sicher und rechtlich bedeutsam im § 814.

[2] Vgl. aber den erst vom GleichberG eingefügten § 1649 II. Eigenen Charakter tragen Unterhaltspflichten als Konsequenz des Weichens im Erbrecht, wie sie sich in Anerbenordnungen finden. Vgl. insbesondere § 12 VI der HöfeO für die brit. Zone vom 24. 4. 1947.

[3] Vgl. *Landfermann,* RabelsZ 35, 522 (Unterhaltsverpflichtungen sollten nur noch zwischen den Mitgliedern der i. d. R. in Hausgemeinschaft lebenden Kleinfamilie bestehen); *Ruland,* FamRZ 1972, 544; *ders.,* Familiärer Unterhalt, S. 390, 393 (im Interesse der durch soziale Ausgleichssysteme gegebenen Symmetrie sollte die Subsidiarität von Sozialleistungen auf die Fälle gesteigerter Unterhaltspflicht beschränkt werden).

II. Der Berechtigte

Schrifttum: *Köhler,* Die Bedeutung unentgeltlicher Zuwendungen Dritter für den Unterhaltsanspruch, NJW 1957, 940; *Kleinheyer,* Das Verhältnis von Unterhaltsbeihilfen und Familienförderung zur gesetzlichen Unterhaltspflicht, FamRZ 1958, 402; *Ruland,* Die Beziehungen zwischen familiärem Unterhalt und Leistungen der sozialen Sicherheit, FamRZ 1972, 537; *Jung,* Die Bedeutung von Sozialversicherungs- und Kindergeldleistungen für die Bedürftigkeit des Unterhaltsberechtigten, FamRZ 1974, 428; *Puls,* Unterhaltsansprüche minderjähriger ehelicher Kinder und Volljähriger gegen ihre Eltern, DAVorm. 1975, 561; *Franz,* Zur Veränderung bestehender Unterhaltsverpflichtungen durch die Reform des Familienlastenausgleichs und der Einkommensteuer, NJW 1975, 1634; *Büttner,* Zur Anrechnung des Kindergeldes auf Unterhaltsansprüche ehelicher Kinder getrennt lebender oder geschiedener Eltern, NJW 1976, 662; *Kunz,* Haben Schenkungen keinen Einfluß auf die Bedürftigkeit des Beschenkten?, FamRZ 1977, 692.

1. Unterhaltsberechtigt ist nur, wer außerstande ist, sich selbst zu unterhalten (§ 1602 I).[1] Der Gedanke der Selbsterhaltung herrscht unbeeinflußt von allen Werten, die innerhalb eines eng verbundenen Personenkreises zumindest Milderungen nahe legen.

2. *Bedürftigkeit.* Unfähig, sich selbst zu unterhalten, ist nur, wer sein Vermögen, soweit es verwertbar ist,[2] verbraucht hat oder in zumutbarer Weise nicht verwerten kann.[3] Bescheidene Restbestände sind zu belassen, die der Not in ungewöhnlichen Situationen zu steuern vermögen, mehr nicht.[4] Verbleibende Vermögenswerte sind als Basis möglichen Kredites zu berücksichtigen;[5] mögliche Erträge sind zu bedenken.[6] Verbindlichkeiten sind nur im Rahmen eines Tilgungsplanes anzuerkennen, der alle legalen und wirtschaftlich vertretbaren Zahlungsaufschübe berücksichtigt.[7] Zwar kann der Bedürftige nicht zu einem bestimmten wirtschaftlichen Handeln gezwungen werden, doch ist er zu sinnvollem, am Gedanken der Selbsterhaltung orientierten Verhalten verpflichtet.

Zum Vermögen gehören auch Pflichtteilsansprüche[8] und Ansprüche aus § 528.[9] Außer Betracht bleiben Ansprüche auf Ersatz immateriellen Schadens, soweit sie nicht ihrerseits Möglichkeiten des Lebens eröffnen sollen, die vom Unterhalt mitumfaßt werden.[10]

---

[1] Vgl. BSozG, NJW 1975, 280 (Bedürftigkeit nicht schon dann zu verneinen, wenn die dem Unterhaltsberechtigten zur Verfügung stehenden Mittel die Regelsätze des BSHG erreichen oder geringfügig überschreiten).

[2] Vgl. RG, Recht 1904 Nr. 58; BGH, FamRZ 1957, 120.

[3] Vgl. RG, Recht 1918 Nr. 729; Warn. 1921 Nr. 101; MünchKomm-*Köhler,* 8 zu § 1602.

[4] Vgl. BGH, FamRZ 1957, 120; *Staudinger-Gotthardt,* 15 zu § 1602. Dagegen will BGZ 97, 276 dem geschiedenen Ehegatten das Stammvermögen grundsätzlich bis zu einer Höhe erhalten, die bis zum voraussichtlichen Lebensende sichert.

[5] Sehr zurückhaltend insoweit RGZ 81, 241. Zur Kreditaufnahme vgl. *Staudinger-Gotthardt,* 10 zu § 1602.

[6] Vgl. *Brühl-Göppinger-Mutschler,* RdNrn. 533f.

[7] Vgl. *Brühl-Göppinger-Mutschler,* RdNr. 606; MünchKomm-*Köhler,* 23 zu § 1602.

[8] Vgl. *Brühl-Göppinger-Mutschler,* RdNr. 599.

[9] Vgl. *Brühl-Göppinger-Mutschler,* RdNr. 600.

[10] Vgl. (ohne Einschränkung) *Brühl-Göppinger-Mutschler,* RdNr. 538; *Soergel-Lange,* 3 zu § 1602.

Zum Vermögen gehört nicht die Aussicht auf künftige Mildtätigkeit anderer, mag sie auch noch so sicher sein.[11] Freiwillige Leistungen Dritter können den jeweils gegenwärtigen Lebensbedarf decken,[12] sofern sie nicht (unterhaltsfremd) zweckgebunden (d. h. entsprechend bedingt oder zweckbestimmt i. S. der condictio ob rem) gewährt wurden. Als mögliche zukünftige Leistungen sind sie nicht zu bedenken; niemand braucht sich auf Almosen verweisen zu lassen.

3. *Unfähig, sich selbst zu unterhalten, ist nur, wer arbeitsunfähig ist oder seinen Lebensbedarf durch einen zumutbaren Einsatz seiner Arbeitskraft zumindest nicht voll decken kann.*[13] Unfähig, sich selbst zu unterhalten, ist nicht, wer trotz Könnens nicht arbeiten will,[14] wer nicht alle Möglichkeiten besseren Verdienstes nutzt,[15] wer grundlos eine Tätigkeit aufgibt,[16] wohl aber, wessen Arbeitskraft bereits durch eine vorrangige Tätigkeit ohne oder mit unzureichendem Entgelt (Ausbildungsvergütung[17]) gebunden ist: Jede Ausbildung ist zu tolerieren, die zum Le-

---

Zur Berücksichtigung des Schmerzensgeldes im Bereich der Sozialhilfe vgl. OVG Münster, MDR 1959, 949.

[11] Das RG berücksichtigte dagegen freiwillige Zuwendungen, wenn der Dritte gewillt und imstande war, den Unterhalt dauernd zu gewähren. Vgl. RGZ 105, 164 (166) nach RGZ 72, 199 (200) und JW 1904, 339 (340). Dem RG folgend MünchKomm-*Köhler,* 13 zu § 1602; *Palandt-Diederichsen,* 2b zu § 1602; *Erman-Küchenhoff,* 1 zu § 1602; *Staudinger-Gotthardt,* 32 zu § 1602; *Dölle,* § 86 III 1.

[12] Ein Unterhaltsanspruch entsteht dann nicht. A. A. *v. Blume,* JW 1923, 76 (Erlöschen durch Zweckerreichung). Der Unterhaltsanspruch bleibt, wenn der Leistende einen Anspruch auf Rückforderung behält. Schenkungen kommen damit (den Intentionen der §§ 1601 ff. entsprechend!) dem Unterhaltspflichtigen zugute. Vgl. *Kunz,* FamRZ 1977, 692ff. Für Orientierung am Willen des Schenkers dagegen *Brühl-Göppinger-Mutschler,* RdNrn. 545ff.; MünchKomm-*Köhler,* 13 zu § 1602; *Staudinger-Gotthardt,* 33 zu § 1602; *Soergel-Lange,* 3 zu § 1602; BGH, FamRZ 1965, 38.

[13] Vgl. RG, JW 1917, 42. Die Entscheidung folgt freilich in der Anwendung der Formel auf den Einzelfall Anschauungen, die nicht mehr der Gegenwart entsprechen. Zu weit geht aber die Annahme, daß heute stets Übernahme jeder Arbeit verlangt werden kann. Gl. Ans. *Brühl-Göppinger-Mutschler,* RdNr. 537; *Soergel-Lange,* 5 zu § 1602; *Staudinger-Gotthardt,* 21 ff. zu § 1602; *Erman-Küchenhoff,* 1 zu § 1602.

[14] Vgl. LG Flensburg, MDR 1954, 229.

[15] Vgl. OLG Düsseldorf, MDR 1959, 45; *Staudinger-Gotthardt,* 17 zu § 1602.

[16] Vgl. *Bergenroth,* MDR 1957, 726f.; *Palandt-Diederichsen,* 2a bb zu § 1602; *Erman-Küchenhoff,* 1 zu § 1602. A. A. LG Kassel, MDR 1957, 361; *Brühl-Göppinger-Mutschler,* RdNr. 551; *Soergel-Lange,* 5 zu § 1602 (mit Anspruch auf notdürftigen Unterhalt).

[17] Sie ist in voller Höhe bedarfsmindernd einzusetzen. Die Überzeugung, wenigstens einen Teil dem Lehrling vorab belassen zu müssen, um seine Arbeitswilligkeit nicht zu beeinträchtigen (vgl. LG Saarbrücken, NJW 1969, 1766; *Bursch,* NJW 1968, 430; OLG Frankfurt, FamRZ 1978, 822 [Freibetrag von etwa 100 DM monatlich ,,aus pädagogisch-psychologischen Gründen"]),ist mit § 1602 nicht zu vereinbaren. Richtig ist allein, daß der Eintritt in das Erwerbsleben, und sei es auch nur als Lehrling, im allgemeinen zu einer Erhöhung des seitherigen Lebensbedarfs führt und deshalb die zuvor gezahlte Unterhaltsrente nicht um die gesamte Ausbildungsvergütung gekürzt werden darf. Der an sich notwendigen Entscheidung von Fall zu Fall weicht die Rspr. der LGe vielfach mit höchst zweifelhaften und keinesfalls einheitlichen Prozentsätzen aus. Vgl. dazu die Nachw. bei *Kalthoener/Haase-Becher/Büttner,* RdNrn. 97ff. Die höchstrichterliche Rspr. hat sich von schematisierenden Aussagen bislang weithin freigehalten. Vgl. OLG München, FamRZ 1973, 94 (95); BGH, NJW 1972, 1716 (1719). Vgl. aber auch OLG Bremen, FamRZ 1979, 539 (Pauschbetrag von 100 DM). Aus dem Schrifttum vgl. *Puls,* DAVorm. 1975, 594.

bensbedarf gehört.[18] Auch können Pflichten Erfüllung verlangen, die weitere Arbeit ausschließen, primär Pflichten im Haushalt und in der Familie.[19]

4. *Sozialleistungen.* Bedürftig ist nicht, wessen Lebensbedarf durch Sozialleistungen gedeckt ist oder gedeckt werden kann. Der Berechtigte darf (zum Nachteil des Verpflichteten) auf die Geltendmachung dieser Ansprüche ebensowenig verzichten wie auf die Ausübung von Pflichtteilsansprüchen oder Ansprüchen aus § 528.

Soweit das Sozialrecht vom Vorrang des privaten Unterhaltsrechtes ausgeht (vgl. §§ 2 II BSHG, 1 BAFöG) und Leistungen, die trotz eines privaten Anspruches gewährt wurden, durch Regreß auf den Verpflichteten ausgleicht (vgl. unten V 6 zur Sozialhilfe) besteht der Vorrang nur in dem Umfang, in dem auch die ihn sichernden Überleitungsvorschriften (vgl. §§ 90ff. BSHG i. V. mit den zu berücksichtigenden Anrechnungsvorschriften, §§ 76ff. BSHG) einen privaten Unterhaltsanspruch voraussetzen.[20] Die aus den typisierenden Berechnungsmethoden des öffentlichen Rechtes resultierenden Begünstigungen der Verwandten kommen ihnen damit auch dann zugute, wenn sie nicht (nach Vorleistung) von der überleitenden Behörde, sondern direkt vom Unterhaltsberechtigten in Anspruch genommen werden.[21]

Zweckbestimmte Unterhaltsbeihilfen, auf deren Leistung regelmäßig nicht der nach dem Normzweck mittelbar Begünstigte, sondern der Unterhaltsverpflich-

---

[18] Vgl. BGH, FamRZ 1962, 198; RG, Warn. 1921 Nr. 101. Auch Werkstudententum ist grundsätzlich abzulehnen. Vgl. OLG Düsseldorf, FamRZ 1971, 308f.; LG Hamburg, DAVorm. 1975, 305; LG Wiesbaden, FamRZ 1957, 425; *Knorn,* FamRZ 1964, 619; LG Berlin, FamRZ 1969, 428; *Brühl-Göppinger-Mutschler,* RdNr. 572; *Staudinger-Gotthardt,* 26 zu § 1602. Vgl. ferner zur Rspr. der LGe *Kalthoener/Haase-Becher/Büttner,* RdNrn. 99ff. mit einer der Lehrlingsvergütung vergleichbaren Problematik bei der Frage, ob und inwieweit der Werkstudentenverdienst bedarfsmindernd zu berücksichtigen ist.

[19] Die Rspr. verneint in der Regel bereits bei Existenz eines pflegebedürftigen Kindes die Verpflichtung einer Frau zur Erwerbstätigkeit. Vgl. LG Duisburg, FamRZ 1955, 177; OLG Koblenz, FamRZ 1977, 262 (Betreuung eines 14-jährigen Sohnes erlaubt allenfalls Halbtagstätigkeit). Vgl. ferner LG Hagen, FamRZ 1960, 363 mit abl. Anm. *Brühl* (Entscheidung zu § 1361; Betreuung einer 77-jährigen Mutter gleichgültig); RGZ 99, 112, 114 (Betreuung des Vaters hindert). Zur Problematik vgl. ferner *Brühl-Göppinger-Mutschler,* RdNrn. 573ff.

[20] Vgl. BVerwGE 41, 216 (220); *Weinbrenner,* FamRZ 1963, 269 (271); *Ruland,* Familiärer Unterhalt, S. 203f.; *Kunz,* FamRZ 1977, 293. Für unbeschränkten Vorrang und gegen jede Anrechnung von Sozialhilfe auf den Bedarf des Berechtigten dagegen LG Stuttgart, DAVorm. 1975, 428 (429); *Erman-Küchenhoff,* 1. zu § 1602; *Palandt-Diederichsen,* 5b vor § 1601; *Soergel-Lange,* 2 zu § 1602; *Staudinger-Gotthardt,* 35 zu § 1602; *Brühl-Göppinger-Mutschler,* RdNr. 716. Differenzierend nach BAFöG (volle Anrechnung) und BSHG (keine Auswirkungen im Privatrecht) MünchKomm-*Köhler,* 16ff. zu § 1602.

[21] Vgl. LG Stuttgart, FamRZ 1967, 341 (343f.); *Ruland,* Familiärer Unterhalt, S. 203ff., 206 (Umstände, welche auf das Vorliegen der Voraussetzungen sozialhilferechtlicher Verschonungen schließen lassen, sind von Amts wegen zu berücksichtigen); *ders.,* FamRZ 1972, 504; *Kunz,* FamRZ 1977, 294 (keine Bedürftigkeit, soweit das Subsidiaritätsprinzip durch die in den §§ 90ff. BSHG enthaltenen Überleitungsverbote eingeschränkt wird). I. Erg. ähnlich *Brühl-Göppinger-Mutschler,* RdNr. 716 (Freigrenzen des Sozialhilferechtes sind bei der Bestimmung der Leistungsfähigkeit zu beachten).

tete Anspruch hat (vgl. § 1 BKGG), begründen keinen Mindestbedarf in Höhe des ausgezahlten Betrages.[22] Sozialleistungen, die ohne Rücksicht auf die Bedürftigkeit des mittelbar Begünstigten gewährt werden, können nicht mit Hilfe von Fiktionen oder unwiderleglichen Vermutungen (die beide nichts erklären) im Privatrecht zu Leistungen umgedacht werden, die sich dessen Prinzipien (hier: dem Bedürftigkeitsprinzip) fügen (zu den Fragen des Kindergeldes vgl. im übrigen unten § 42 II 4).

5. Wer Unterhalt fordert, hat den *Beweis* seiner Bedürftigkeit zu führen für die Gegenwart und zusätzlich für die Zukunft, falls Verurteilung zu künftigen Leistungen begehrt wird.[23]

III. Der Verpflichtete

Schrifttum: *Roth-Stielow,* Die Konkurrenz zwischen Ansprüchen ehelicher und unehelicher Kinder gegen denselben Vater, FamRZ 1954, 103; *Möller,* Die unterhaltsrechtliche Leistungsfähigkeit der Ehefrau nach geltendem Recht, Rpfleger 1954, 427; *Kleinheyer,* Unterhaltspflicht und Kindergeld, FamRZ 1955, 350; *Gaul,* Muß der Unterhaltspflichtige bei Arbeitslosigkeit auch eine berufsfremde Tätigkeit aufnehmen?, NJW 1955, 329; *Künkel,* Zur Interpretation des § 1603 Abs. 1 BGB, NJW 1961, 642; *Lange,* Zum Auskunftsanspruch im Unterhaltsrecht, MDR 1965, 95; *Jung,* Die Anrechnung von Kindergeld und anderen Vergünstigungen des „Familienlastenausgleichs" auf den Regelbedarf eines nichtehelichen Kindes nach § 1615g, Diss. jur. Gießen 1971 (dazu *Odersky,* FamRZ 1972, 165); *Schmitz-Pfeiffer,* Familienlastenausgleich und unterhaltsrechtliche Leistungsfähigkeit des Anspruchsberechtigten, ZBlJugR 1973, 256; *Tempel,* Die Berücksichtigung von Sozialversicherungs- und Kindergeldleistungen im Unterhaltsrecht, Diss. jur. Tübingen 1974; *Jung,* Zur Berücksichtigung sozialer Leistungen im privaten Unterhaltsrecht; insbesondere: Kindergeld etc. und Leistungsfähigkeit, FamRZ 1974, 173.

1. *Einsatz des Vermögens.* Unterhaltspflichtig ist nicht, wer bei Berücksichtigung seiner sonstigen Verbindlichkeiten außerstande ist, ohne Gefährdung seines angemessenen Unterhalts den Unterhalt zu gewähren (§ 1603 I). Selbsterhaltung geht vor Verwandtenerhaltung; *leistungsfähig ist nur der selbst Gesicherte, und zwar der dauerhaft selbst Gesicherte.* Geld zu leisten ist etwa fähig, wer die notwendigen Mittel dem Stamm seines Vermögens in zumutbarer Verwertung zu entnehmen vermag (auch durch Verwendung als Kreditbasis),[1] doch ist stets das zur Sicherung des eigenen Unterhaltes bis an das Lebensende notwendige Vermögen zu schonen.[2] Geld zu leisten ist auch fähig, wer Einkommen aus Arbeit hat, aber es

---

22 Verfehlt *Kleinheyer,* FamRZ 1958, 404 (unwiderlegliche Vermutung der Bedürftigkeit von Kindern, wenn der Verpflichtete für sie Unterhaltsbeihilfe erhält).

23 Vgl. RG, JW 1916, 836. Bei Kindern wird im allgemeinen zunächst nur eine Verurteilung bis zur Vollendung des 18. Lebensjahres in Betracht kommen. Vgl. dazu § 1615f sowie LG Augsburg, FamRZ 1970, 90; *Palandt-Diederichsen,* 1 zu § 1602. Eine Erleichterung für minderjährige Kinder, die in den Haushalt des geschiedenen (oder nicht nur vorübergehend getrennt lebenden) Elternteils aufgenommen wurden, brachte insoweit § 1610 III (vgl. dazu unten § 42 I 4).

1 Vgl. RG, JW 1907, 674; SeuffA 63 Nr. 280. Zu Vorerbschaften vgl. OLG Rostock, ROLG 33, 344; zu Erbschaften unter Verwaltung eines Testamentsvollstreckers vgl. RG, LZ 1918, 2167.

2 Vgl. RG, JW 1904, 295; LZ 1915, 1096; OLG Marienwerder, ROLG 26, 236.

sind bei Vermögenslosigkeit stets jene Mittel zu belassen, die den Aufbau einer Alterssicherung ermöglichen.[3]

2. Zum Vermögen gehören auch Unterhaltsansprüche aus Ehe und Verwandtschaft, wenn und soweit sie sich endgültig (d. h. nicht nur wie beim Wirtschaftsgeld zu weiterem Umsatz) auf Geldleistungen richten, dagegen nicht mehr, wenn sie in anderer (eine Weitergabe zumindest in der Regel ausschließender) Weise erfüllt werden.[4] *Unterhaltspflichten Verschwägerten gegenüber sollen aber nicht entstehen.* Deshalb erfährt der Anspruch auf Unterhalt durch Unterhaltspflichten des Bedürftigen keine Verstärkung.

Zum Vermögen gehören ferner auch Ansprüche aus § 528[5] und tatsächlich empfangene freiwillige Leistungen Dritter[6] (nicht mehr: die bloße Aussicht auf sie[7]). Zum Vermögen gehören dagegen nicht Ansprüche auf Ersatz immateriellen Schadens. Sie können den eigenen Lebensbedarf unter Schonung sonst notwendiger Vermögenswerte decken und insofern die Leistungsfähigkeit stärken, ihre spezifische Funktion schließt sie im übrigen vom Unterhaltsrecht aus.[8]

Zum Vermögen eines in *Gütergemeinschaft* lebenden Ehegatten rechnet § 1604 Satz 1 das ganze Gesamtgut. Praktische Folge sind (sonst nicht gewünschte) Unterhaltsleistungen an Verschwägerte. Ein Ehevertrag, der um dieser Situation willen die Gütergemeinschaft beendet, ist nie zu beanstanden:[9] Niemand hat einen Anspruch darauf, entgegen der grundsätzlichen Entscheidung des BGB gegen eine Unterhaltspflicht zwischen Verschwägerten, aus Mitteln unterhalten zu werden, die ihm jedes System der Gütertrennung entzieht.

Solange der Verpflichtete sich wirtschaftlich sinnvoll verhält, kann er nicht zur Steigerung seiner Leistungsfähigkeit zu einem bestimmten wirtschaftlichen Verhalten gezwungen werden. Um seiner Verwandten willen braucht etwa niemand die Risiken einer hoch rentierenden Kapitalanlage zu übernehmen.[10] Wer sich

---

[3] I. Erg. ebenso *Brühl-Göppinger-Mutschler,* RdNr. 630; *Köhler,* S. 31. Auch sonstige mit Sicherheit in der Zukunft erwachsende eigene Bedürfnisse sind zu berücksichtigen.

[4] Richtig OLG Bremen, FamRZ 1958, 227; OVG Münster, FamRZ 1963, 137 (doch rechnet die Entscheidung irrig auch das Kleidergeld der Frau zu ihrem Taschengeld); LG Krefeld, NJW 1977, 1349 (Taschengeldanspruch eines Hausmannes ist bei Beurteilung seiner Leistungsfähigkeit zu berücksichtigen); *Möller,* Rpfleger 1954, 430. Zum Ausschluß der Naturalleistungen vgl. *Gernhuber,* FamRZ 1955, 196 gegen die dort Genannten. Auch die Geldleistungen werden nicht berücksichtigt von *Brühl-Göppinger-Mutschler,* RdNrn. 661 f.; *Soergel-Lange,* 4 zu § 1603; LG Köln, NJW 1959, 1324; MünchKomm-*Köhler,* 14 zu § 1603; *Staudinger-Gotthardt,* 14 a zu § 1603.

[5] Vgl. RG, LZ 1915, 1096; OLG Dresden, ROLG 33, 345.

[6] A. A. *Brühl-Göppinger-Mutschler,* RdNr. 660; *Soergel-Lange,* 5 zu § 1603 (Intention des Schenkers entscheidend).

[7] Das RG unterschied auch beim Verpflichteten nach den Grundsätzen, die es für den Bedürftigen entwickelt hatte. Vgl. RG, LZ 1921, 304 (305).

[8] A. A. *Tempel,* S. 121. Wie der Text dagegen *Puls,* DAVorm. 1975, 79.

[9] Ebenso OLG Hamburg, ROLG 30, 49. A. A. *Kipp-Wolff,* § 97 IV 4 (§ 138 bei beiderseitigem Vorsatz, § 826 bei einseitigem Vorsatz).

[10] Vgl. RG, Warn. 1923/24 Nr. 13.

dagegen seiner wesentlichen Vermögenswerte begibt, um Leistungsunfähigkeit einwenden zu können, schuldet weiter.[11]

3. *Einsatz der Arbeitskraft.* Geld zu leisten ist fähig, wer sich die notwendigen Mittel durch zumutbare Arbeit beschaffen kann, mag auch sein tatsächliches Einkommen aus Arbeit geringer sein oder gar jedes Einkommen aus Arbeit fehlen.[12] Die eigenen Fähigkeiten sind voll auszunutzen:[13] Schlecht bezahlte Arbeit ist zugunsten besser bezahlter aufzugeben,[14] soweit nicht das höhere Entgelt von einem Verlust an Sicherheit aufgewogen wird[15] oder langfristige Planungen einen Vorrang begründen;[16] selbst eine berufsfremde Tätigkeit ist bei Unmöglichkeit, im eigenen Beruf gegenwärtig tätig zu sein, zu übernehmen, soweit nicht der Übergang notwendig Untüchtigkeit für den ursprünglichen Beruf nach sich zieht.[17] Wer bewußt seine Möglichkeiten nicht nutzt oder gar seine wirtschaftliche Existenz zerstört, ist auch fernerhin als leistungsfähig zu behandeln.[18] Verschleiertes Arbeitseinkommen (§ 850h ZPO) ist voll anzurechnen.[19]

Geld durch Arbeit zu erwerben, ist nicht gehalten, wer sich noch in der Ausbildung befindet, falls nicht bereits eine den Lebensverhältnissen entsprechende berufliche Qualifikation erreicht ist.[20] Geld durch Arbeit zu erwerben, ist auch nicht gehalten, wer durch Pflichten gebunden ist, die in der Kollision mit der Pflicht zur Unterhaltung Verwandter einen Vorrang beanspruchen können.

---

[11] Vgl. RGZ 74, 224 (229f.); RG, SeuffA 77 Nr. 6; BGH, FamRZ 1955, 169. Das RG glaubte noch, sich auf § 826 stützen zu müssen und wirkt damit noch heute stark im Schrifttum. Wird das ganze Vermögen übernommen, haftet der Übernehmer aus § 419. Dritte, die im einverständlichen Zusammenwirken mit dem Unterhaltspflichtigen dessen Leistungsfähigkeit beseitigen, haften dem Unterhaltsberechtigten aus § 826. Vgl. BGH, VersR 1964, 642.

[12] Vgl. AG Hamburg, DAVorm. 1974, 47; LG Koblenz, DAVorm. 1976, 87; LG Zweibrücken, DAVorm. 1976, 289 (291).

[13] Voller Einsatz der Arbeitskraft bedeutet dabei im Regelfall lediglich die Ableistung der allgemein üblichen Arbeitszeit. Vgl. LG Kleve, DAVorm. 1971, 452 (454f.). A. A. *Brühl-Göppinger-Mutschler,* RdNr. 677 (generelle Verpflichtung zu Überstunden oder Akkordarbeit, soweit dies im Arbeitsbereich des Unterhaltsverpflichteten üblich ist) und *Puls,* DAVorm. 1975, 75. Anders ist u. U. zu entscheiden bei verstärkter Unterhaltspflicht gem. § 1603 II. Vgl. MünchKomm-*Köhler,* 22 zu § 1603.

[14] Vgl. AG Füssen, DAVorm. 1973, 202; LG Berlin, DAVorm. 1972, 138 (139).

[15] Vgl. RGZ 101, 206 (208); OLG Bremen, NJW 1955, 1606; OLG Stuttgart, NJW 1960, 2068.

[16] Vgl. RG, Recht 1911 Nr. 1330.

[17] Vgl. *Gaul,* NJW 1955, 329. Des Hinweises auf Art. 19 II GG bedarf die Einschränkung nicht. Zurückhaltender (aber ohne klare Grenzen) OLG Hamm, FamRZ 1967, 175.

[18] Vgl. dazu BGH, NJW 1960, 1021 (die Entscheidung bejaht Leistungsunfähigkeit, bestraft aber aus § 170b StGB); LG Hamburg, DAVorm. 1975, 187; KG, FamRZ 1978, 726.

[19] Vgl. OLG Schleswig, SchlHA 1957, 30; *Brühl-Göppinger-Mutschler,* RdNr. 659; *Beitzke,* § 24 I 2b; MünchKomm-*Köhler,* 5 zu § 1603.

[20] Vgl. RG, Recht 1911 Nr. 3330; Warn. 1921 Nr. 128 und speziell für die Einschränkung OLG Stuttgart, NJW 1962, 1631. Vgl. auch OLG Düsseldorf, FamRZ 1978, 256 (Arbeitsaufgabe von relativ kurzer Dauer zum Zweck einer Fortbildung mit dem Ziel, im ausgeübten Beruf Aufstiegsmöglichkeiten zu eröffnen). Für grundsätzlichen Vorrang der Pflicht zur Erwerbstätigkeit dagegen MünchKomm-*Köhler,* 8f. zu § 1603.

Pflichten in Haushalt und Familie können insbesondere eine Erwerbstätigkeit als unzumutbar ausschließen (vgl. dazu weiter unten § 42 II 3).

4. *Verbindlichkeiten.* Leistungsfähig ist nicht, wessen Mittel durch sonstige Verbindlichkeiten (zumindest) bis zur Grenze angemessener Selbsterhaltung in Anspruch genommen werden. Zu erfassen sind alle Verbindlichkeiten aus der Zeit vor der Inanspruchnahme durch den Verwandten, von den *Verbindlichkeiten der Folgezeit nur jene, die ihre Rechtfertigung in einem verständigen Grund finden.*[21] § 1603 I scheint zwar alle Verbindlichkeiten gleich zu werten, doch ergibt sich die Beschränkung aus dem Sinn der Berücksichtigung von Verbindlichkeiten überhaupt: Unterhalt soll nicht leisten müssen, wer tatsächlich über keine ausreichenden Mittel verfügt; ein Privileg für jene, die planmäßig durch Neubegründung von Verbindlichkeiten Selbstunterhaltung über das angemessene Maß hinaus betreiben, ist dagegen nicht mehr gewollt.

Die abzugsfähigen Verbindlichkeiten sind nur im Rahmen eines vernünftigen Tilgungsplanes – sozusagen „gestreckt" – zu berücksichtigen, und nicht als Block, der bis zur vollständigen Tilgung jeden Unterhaltsanspruch ausschließt.[22] Schulden, deren verzögerte Tilgung die Selbstunterhaltung gefährdet (etwa aus Miete oder Kauf von Lebensmitteln), sind mit Vorrang zu tilgen.[23]

5. *Zweckbestimmte Sozialleistungen* (Kindergeld, Kinderzuschläge, Wohnungsgeld usw.) sind wie sonstiges Einkommen des Verpflichteten zu behandeln und heben nicht in Höhe der Zuwendung eine an sich bestehende Leistungsunfähigkeit zugunsten des nach dem Normzweck mittelbar Begünstigten auf.[24] Sie sind auch in Ansatz zu bringen bei Berechnung der Leistungsfähigkeit gegenüber anderen Bedürftigen.[25] Der Zweck der Sozialleistungen ist im Privatrecht grundsätzlich gleichgültig; die typisierende Gewährung von Sozialleistungen findet in

---

[21] Ebenso BayObLG, FamRZ 1960, 413; LG Bochum, NJW 1960, 580; OLG Hamm, FamRZ 1967, 175 (176); 1970, 461; *Brühl-Göppinger-Mutschler,* RdNrn. 638ff.; *Erman-Küchenhoff,* 1 zu § 1603; MünchKomm-*Köhler,* 18 zu § 1603; *Palandt-Diederichsen,* 3 zu § 1603; *Soergel-Lange,* 9 zu § 1603; *Bursch,* NJW 1968, 432; *Dölle,* § 86 III 2. Besonders streng LG Mannheim, MDR 1962, 409 (Abzahlungsschulden nur bei dringend notwendigen Anschaffungen). Vgl. auch RG, LZ 1921, 654 (keine Berücksichtigung schuldhaft herbeigeführter Verbindlichkeiten). Grundsätzlich nicht zu berücksichtigen sind auch Verbindlichkeiten, die zum Zwecke der Vermögensbildung begründet wurden. Vgl. LG Heidelberg, DAVorm. 1972, 296; LG Hannover, DAVorm. 1973, 365; LG Offenburg, DAVorm. 1973, 365. Alle Verbindlichkeiten will berücksichtigen *Köhler,* S. 31.

[22] Vgl. RG, LZ 1921, 654; LG Lüneburg, MDR 1953, 104; BayObLG, NJW 1961, 38f.; MünchKomm-*Köhler,* 18 zu § 1603; *Staudinger-Gotthardt,* 28 zu § 1603.

[23] Vgl. OLG Köln, NJW 1962, 1630 (1631).

[24] A. A. AG Ulm, MDR 1960, 58; AG Flensburg, DAVorm. 1976, 228 (Kindergeldvorteil muß den den Vorteil auslösenden Kindern zugute kommen); *Kleinheyer,* FamRZ 1958, 402 (404); *Ruland,* Familiärer Unterhalt, S. 192; *Schmitz-Pfeiffer,* ZBlJugR 1973, 256; *Soergel-Lange,* 3 zu § 1603 (für Kinderzuschläge und -zulagen); *Beitzke,* § 24 I 2b. Unklar MünchKomm-*Köhler,* 18 zu § 1602, 11 zu § 1603. Wie der Text dagegen *Tempel,* S. 113ff. (gegen *Kleinheyer*) und 123; *Jung,* FamRZ 1974, 175 (jedenfalls de lege lata); *Brühl-Göppinger-Mutschler,* RdNrn. 654ff.

[25] Vgl. *Jung,* Anrechnung von Kindergeld, S. 57; *Brühl-Göppinger-Mutschler,* RdNr. 655. Mit Einschränkungen wie der Text auch *Schmitz-Pfeiffer,* ZBlJugR 1973, 258f. (bei fehlender Bedürftigkeit

einem gegliederten Begriff der Leistungsfähigkeit, der Typik in konkrete Relationen umsetzt, keine folgerichtige Entfaltung. Besonders betonte Zwecksetzung muß ihren Ausdruck in Normen finden, die dem mittelbar Begünstigten eine Vorzugsstellung sichern.[26]

IV. Auskunft

1. Bedürftigkeit (des Gläubigers) und Leistungsfähigkeit (des Schuldners) sind Tatbestandselemente, die von Fall zu Fall zu konkretisieren sind anhand von persönlichen und ökonomischen Daten, die den Parteien in aller Regel insoweit nicht mit ausreichender Bestimmtheit zu Gebote stehen, als sie die wirtschaftliche Situation des Partners im Rechtsverhältnis betreffen. Der Gläubiger aber bedarf des Einblicks in die Verhältnisse des Schuldners, um Existenz und Höhe seines Anspruchs berechnen, und der Schuldner der Einsicht in die Verhältnisse des Gläubigers, um sich ein Urteil über Existenz und Höhe seiner Schuld bilden zu können. Wechselseitig verpflichtet deshalb § 1605 die Verwandten in gerader Linie einander,[1] „auf Verlangen über ihre Einkünfte und ihr Vermögen Auskunft zu erteilen, soweit dies zur Feststellung eines Unterhaltsanspruchs oder einer Unterhaltsverpflichtung erforderlich ist". Die Norm ist neu (erst das 1. EheRG hat sie in das BGB eingefügt); sie setzt jedoch eine h. L. und Rspr. fort, die schon zuvor den allgemeinen (aus § 242 entwickelten) Auskunftsanspruch in das Unterhaltsrecht der Verwandten übertragen hatte.[2]

2. *Dogmatik.* Geschuldet wird die Auskunft nur „auf Verlangen", in Form eines „verhaltenen Anspruchs" mithin, der erst durch den Gläubiger aktualisiert werden muß. Der nur latente Anspruch existiert bereits, doch ist er weder fällig (deshalb kein Schuldnerverzug) noch erfüllbar (deshalb kein Gläubigerverzug möglich).

Geschuldet wird die Auskunft in Form einer selbständigen Verpflichtung, die zwar auf einen (jedenfalls möglichen) Unterhaltsanspruch bezogen, jedoch nicht (in Gestalt eines unselbständigen Annexes) mit jenem verbunden ist. Die Vorstellung einer Nebenleistungspflicht ist bereits für den Bedürftigen nicht richtig (weil die Auskunft Leistungsunfähigkeit beweisen kann), für den Leistungsfähigen (dem kein Unterhalt geschuldet wird) ist sie von vornherein indiskutabel.

---

des Kindes). A. A. *Staudinger-Gotthardt,* 14a zu § 1603; *Soergel-Lange,* 3 zu § 1603; *Ruland,* FamRZ 1972, 539.

[26] Vgl. §§ 48, 54 Abs. III Nr. 1 SGB (AT). Die Bedeutung dieser Normen wird auch (trotz teilweise anderer Ergebnisse) erkannt von *Schmitz-Pfeiffer,* ZBlJugR 1973, 256. Zur Zulässigkeit von Kindergeldpfändungen vgl. *Bauer,* NJW 1978, 871 ff. m. w. Nachw.

[1] Eine Pflicht, Dritten Auskunft zu geben, besteht auch dann nicht, wenn die Auskunft für Rechte des Gläubigers gegen den Dritten wesentlich ist. A. A. (hilfsweise mit § 242) OLG Karlsruhe, FamRZ 1978, 170 (Amt für Ausbildungsförderung).

[2] Auch für den Unterhaltsschuldner wurde der Anspruch bereits anerkannt. Vgl. LG Düsseldorf, FamRZ 1976, 218 mit Anm. *Mutschler.*

Nach cessio legis (§ 1607 II 2 und § 1608 Satz 3) hat der Legalzessionar deshalb auch nicht einen Auskunftsanspruch aus abgeleitetem Recht,[3] sondern einen eigenen Anspruch in den Tatbestandsgrenzen des § 1605: Auch beim Schuldnerregreß gilt es immer noch, einen Unterhaltsanspruch zu fixieren.

3. *Gegenstand.* Der Zweck des Anspruches bestimmt seinen Inhalt, soweit er nicht bereits vom Gesetz präzisiert wurde. Auskunft geben, d.h. Einkünfte und Vermögen[4] in geordneter, übersichtlicher und in sich verständlicher Form insoweit offenlegen,[5] als es zur Berechnung des Anspruchs erforderlich ist (mithin zuweilen auch für bereits vergangene Jahre[6]). Nur „auf Verlangen" – also erneut in Form eines zunächst „verhaltenen Anspruchs" – sind über die Höhe der Einkünfte (schon nicht mehr über das Vermögen) Belege, insbesondere Bescheinigungen des Arbeitgebers (mit Verpflichtung zur Ausstellung aus dem Arbeitsverhältnis) beizulegen.[7]

Gläubigern, von denen der Auskunftsschuldner sachfremde Nachteile (insbesondere durch Mitteilung an Dritte) zu erwarten hat, sind lediglich Endergebnisse mitzuteilen mit dem Angebot, sich der prüfenden Kontrolle eines neutralen und zur Verschwiegenheit verpflichteten Dritten zu unterwerfen. Das Gesetz erwähnt diese Grenze nicht; sie folgt jedoch aus § 242. Gläubiger sind insoweit mit ihrem Auskunftsanspruch ausgeschlossen, als eine mißbräuchliche Verwendung der verlangten Daten zu besorgen ist.[8]

4. *Durchsetzung.* Der Anspruch ist in allen seinen Ausprägungen klagbar (sachliche Zuständigkeit für Kinder: FamG gemäß § 621 I Nr. 4 ZPO[9]) und vollstreckbar (§ 888 ZPO). In Form einer Stufenklage kann zunächst Auskunft und später (mit beziffertem Klagantrag) Unterhalt gefordert werden.

Tatsachen, die den Schluß auf zumindest fahrlässiges (wenn nicht gar vorsätzliches) Verhalten bei der Auskunft begründen, berechtigen den Gläubiger dazu, vom Schuldner eine eidesstattliche Versicherung zu fordern, derzufolge er die Auskunft nach bestem Wissen so vollständig und richtig gegeben habe, als er dazu imstande sei (§§ 1605 I 2, 260 II). Bestes Indiz eines Mangels an Sorgfalt sind nachgewiesene Unvollständigkeiten und Unrichtigkeiten, doch beweisen sie

---

[3] A. A. *Rolland,* 4 zu § 1580.

[4] Andere für den Unterhalt erhebliche Umstände (Gesundheitszustand) sind nicht Gegenstand des Anspruchs. Ebenso MünchKomm-*Köhler,* 5 zu § 1605. A. A. *Rolland,* 5 zu § 1580 (entspr. Anw.).

[5] Zur Verpflichtung Gewerbetreibender vgl. LG Wiesbaden, FamRZ 1964, 369.

[6] Vgl. OLG Karlsruhe, FamRZ 1978, 779 (zu § 1580).

[7] Zwangsvollstreckung ist insoweit nur auf Grund eines besonderen (nicht schon mit der Verurteilung zur Auskunft gegebenen) Titels möglich. Vgl. OLG Düsseldorf, FamRZ 1978, 717.

[8] Vgl. dazu BGHZ 10, 385 (388f.). Die von § 242 gezogene Grenze wird anders bestimmt von *Rolland,* 40 zu § 1580 („wenn der Berechtigte durch die Auskunft Informationen erhalten würde, die über sein Interesse an der Geltendmachung des Unterhaltsanspruchs hinausgehen und die geeignet wären, ihm Vorteile zu Lasten des Auskunftsschuldners zu bringen").

[9] Allg. M. Vgl. etwa *Brüggemann,* FamRZ 1977, 16; *Rolland,* 4 zu § 621 ZPO; *Schwab,* RdNr. 6; AG Hamburg, FamRZ 1977, 814.

(als rein objektive Gegebenheiten) keineswegs schlechthin. Wenn und soweit die eidesstattliche Versicherung (als einfaches, in ihrem Anwendungsbereich ausschließliches Explorationsmittel) nicht gefordert werden kann, bleibt es dem Gläubiger unbenommen, seinen (tatsächlich oder vermeintlich) nicht voll erfüllten Auskunftsanspruch mit einer Ergänzungsklage weiter zu verfolgen.

5. *Wiederholte Auskunft* wird nur in Grenzen geschuldet. Zwar ist nach Ablauf einer Sperrfrist von zwei Jahren der Anspruch wieder gegeben,[10] innerhalb der Sperrfrist aber kann erneute Auskunft nur „verlangt werden, wenn glaubhaft gemacht wird, daß der zur Auskunft Verpflichtete später wesentlich höhere Einkünfte oder weiteres Vermögen erworben hat" (§ 1605 II). Der unglücklich auf einen Rechtsstreit zugeschnittene Normtext suggeriert die Notwendigkeit eines Beweisantritts des Gläubigers als Anspruchsvoraussetzung. Die Existenz des Anspruchs (der auch selbsttätig erfüllt werden kann) ist indessen allein von der wesentlichen Änderung der ökonomischen Daten abhängig.

V. Rangordnung der Verpflichteten

Schrifttum: *Dunker,* Die Unterhaltspflicht der ehelichen Abkömmlinge, NJW 1963, 572; *Kropholler,* Die Stellung des Unterhaltszweitschuldners, FamRZ 1965, 413; *Hegmann,* Die Beschränkung der Ersatzansprüche Dritter durch § 1613 BGB, FamRZ 1973, 435.

1. Alle potentiell Verpflichteten zum Unterhalt zu gleichen Teilen heranzuziehen, widerspricht der Familienverfassung der Gegenwart. Sie fordert eine Rangordnung der Verpflichteten, die den nachrangig Haftenden grundsätzlich verschont, weil der Anspruch des Bedürftigen gegen den vorrangig Verpflichteten die Bedürftigkeit im Verhältnis zu allen anderen beseitigt.

2. Vor den Verwandten haftet der Ehegatte, soweit er den Unterhalt unter Berücksichtigung seiner sonstigen Verbindlichkeiten ohne Gefährdung des eigenen angemessenen Unterhaltes zu gewähren vermag (§§ 1608, 1584). Die Unterhaltspflicht des Ehegatten kennt keinen Vorrang der Selbsterhaltung (oben § 21 I 10); ihr Rang im Verhältnis zu Dritten aber richtet sich nach dem eigenen Bedarf des Verpflichteten. Der Ehegatte eröffnet und schließt die Rangordnung der Unterhaltsschuldner; ehe er seinen eigenen Unterhalt gefährden muß, sind die Verwandten des Partners heranzuziehen.

3. Unter den Verwandten haften die Abkömmlinge vor den Verwandten der aufsteigenden Linie; Kindespflicht geht Elternpflicht vor (§ 1606 I). Unter den Abkömmlingen und unter den Verwandten der aufsteigenden Linie haften die näheren vor den entfernteren (§ 1606 II); mehrere gleich nahe Verwandte schulden anteilig nach ihren Erwerbs- und Vermögensverhältnissen (§ 1606 III

---

[10] Der einmal gegebenen Auskunft stellt (mit Recht) OLG Stuttgart, FamRZ 1978, 717 den Abschluß eines Vergleichs gleich.

Satz 1).[1] Gegen das dem Gläubiger günstigere Gesamtschuldprinzip hat sich damit das den Schuldner schonende Teilschuldprinzip durchgesetzt und gegen die starre Teilung nach Köpfen die flexible nach der Leistungsfähigkeit. Der Nachteil dieser gewiß billigsten Lösung liegt in der Notwendigkeit, bei Haftung mehrerer Verwandter stets deren Erwerbs- und Vermögensverhältnisse bis ins Detail aufdecken zu müssen. Die schließliche proportionaleTeilung offenbart allen wechselseitig die wirtschaftliche Situation.

4. *Haftung des nachrangig Verpflichteten.* Leistungsunfähigkeit aller vorrangig Verpflichteten führt zur Inanspruchnahme eines nachrangig Haftenden (§ 1607 I). Seine Haftung ist Haftung ohne Ausgleich. Das Unterhaltsrecht verpflichtet den jeweils gegenwärtigen Verhältnissen entsprechend und beachtet die Vergangenheit auch dann nicht, wenn ein vorrangig Verpflichteter leistungsfähig wird und deshalb in Zukunft den Unterhalt zu übernehmen hat.[2]

Der nachrangig Verpflichtete wird auch in Anspruch genommen, wenn die Rechtsverfolgung gegen den vorrangig Haftenden im Inland ausgeschlossen oder erheblich erschwert ist (vgl. dazu den besonderen Gerichtsstand des § 23a ZPO, mit dem freilich noch keine Zwangsvollstreckung garantiert ist),[3] insbesondere wenn anzunehmen ist, daß auch durch Zwangsvollstreckung nichts zu erlangen sein wird (§ 1607 II 1).[4] In diesem Fall schließt die Existenz eines Anspruches gegen einen vorrangig Verpflichteten die an sich subsidiäre Haftung infolge der Notwendigkeit sofortiger Unterhaltung des Bedürftigen nicht aus, doch sichert das Gesetz die von ihm gewollte Lastenverteilung durch eine cessio legis: Der Leistende erwirbt den Unterhaltsanspruch gegen den vorrangig Verpflichteten. Solange jedoch der Bedürftige mit seinen weiteren Unterhaltsansprüchen gegen den Primärschuldner nicht voll befriedigt ist, darf der übergegangene Anspruch vom vorrangig Verpflichteten nicht als sonstige Verbindlichkeit mit der Wirkung des § 1603 I zum Nachteil des Bedürftigen geltend gemacht werden (§ 1607 II 2 und 3).

Mit der cessio legis verliert der Anspruch seine eigentliche Zweckbestimmung – er ist nicht mehr Unterhaltsanspruch, sondern Ersatzanspruch – *und deshalb auch alle Eigenarten, die einem Unterhaltsanspruch eigen sind,* weil er gegenwärtigen Lebens-

---

[1] Erfüllung der Teilschuld durch einen Unterhaltsverpflichteten (etwa durch die Mutter gem. § 1606 III 2) steht einer Inanspruchnahme entfernterer Verwandter dieses Stammes entgegen. A. A. AG Hamburg, DAVorm. 1974, 395 (397).

[2] H. L. Vgl. MünchKomm-*Köhler,* 3 zu § 1607; *Staudinger-Gotthardt,* 8 zu § 1607.

[3] Zur Rechtsverfolgung gegenüber in der DDR lebenden Verwandten vgl. *Staudinger-Gotthardt,* 14a und b zu § 1607.

[4] Vgl. OLG Colmar, Recht 1911 Nr. 348; RG, SeuffA 62 Nr. 112 (arbeitsunwilliger Schuldner). Bestehen Transferschwierigkeiten, muß sich der Schuldner ernsthaft um den Transfer bemühen. Vgl. LG Frankenthal, NJW 1957, 1403. Eine Haftung nachrangig Verpflichteter besteht nicht, wenn der Bedürftige trotz Unmöglichkeit des Transfers dem Schuldner Gelegenheit gibt, mit befreiender Wirkung in seinem Währungsgebiet zu leisten. Vgl. LG Hamburg, FamRZ 1960, 152 mit Anm. *Schumacher.*

bedarf befriedigen soll: Er kann insbesondere abgetreten, gepfändet und verpfändet werden; das Pfändungsvorrecht des § 850d ZPO entfällt.[5] Die cessio legis kann dagegen den Anspruch nicht von Eigenarten befreien, die dem Schuldnerschutz dienen. Der Schuldner verliert seine Schutzwürdigkeit nicht, wenn der Gläubiger wechselt. Es bleibt daher die Verjährungsfrist des § 197; es bleibt auch die Begrenzung des Anspruchs für die Vergangenheit durch § 1613[6] (dazu unten IX 1).

Soweit die cessio legis reicht (also nicht, wenn und soweit eine ,,Regreßlücke" bleibt), kann kein konkurrierender Anspruch aus Geschäftsführung ohne Auftrag und ungerechtfertigter Bereicherung bestehen:[7] Wer eine Forderung durch cessio legis erwirbt, bringt sie nicht zum Erlöschen, erzielt also für den Schuldner keinen Erfolg. Mit konkurrierenden Ansprüchen verbindet sich auch für den zahlenden Verwandten kein Vorteil. Die zuweilen betonte Verlängerung der Verjährungsfrist tritt bei fortlaufenden Zahlungen nicht ein; die Ersatzansprüche richten sich in diesem Fall auf Rückstände wiederkehrender Leistungen und unterliegen damit § 197.[8] Auch die Schranke des § 1613 kann durch einen Wechsel in der Begründung des Anspruchs nicht überwunden werden.[9] Unterschiedliche Regreßmethoden (cessio legis oder selbständige Ersatzansprüche) rechtfertigen noch keine Unterschiede in den Rechtspositionen.

5. *Drittleistung; Ausgleichsansprüche.* Ansprüche aus Geschäftsführung ohne Auftrag und ungerechtfertigter Bereicherung bestehen nur für Dritte (gegebenenfalls auch für Verwandte, die der Rangordnung zufolge noch nicht zu Leistungen verpflichtet waren), wenn und soweit sie (§ 267!) eine tilgende Drittleistung für den Verpflichteten erbrachten. Auch ihre Ansprüche verjähren in vier

---

[5] Sehr str. Die vollständigste Übersicht bei *Kropholler,* FamRZ 1965, 416 Fn. 44 (der selbst anders entscheidet). Wie der Text ferner *Beitzke,* § 24 V 2b; *Hoffmann-Stephan,* 19 zu dem inzwischen aufgehobenen § 63 EheG.

[6] Ebenso *Kipp-Wolff,* § 97 IX; *Hoffmann-Stephan,* 18 zu dem inzwischen aufgehobenen § 63 EheG; *Erman-Küchenhoff,* 4 zu § 1607; MünchKomm-*Köhler,* 8 zu § 1607; *Staudinger-Gotthardt,* 33 zu § 1607; *Kropholler,* FamRZ 1965, 417f. (er will aber in teleologischer Reduktion der Norm den Anspruch für die Vergangenheit stets erhalten, wenn der Erstverpflichtete Kenntnis von den Zahlungen des Zweitverpflichteten hat). A. A. OLG Marienwerder, ROLG 30, 58 (auch für § 197!); OLG Hamburg, LZ 1921, 660; *Beitzke,* § 24 V 2b (für § 1613); *Palandt-Diederichsen,* 3 zu § 1607; *Soergel-Lange,* 3 zu § 1607; *Dölle,* § 86 V 4 (anders aber § 41 III 4c); *Franz,* NJW 1966, 785.

[7] Zust. *Kropholler,* FamRZ 1965, 418f.; *Erman-Küchenhoff,* 6 zu § 1607; *Soergel-Lange,* 5 zu § 1607; MünchKomm-*Köhler,* 12 zu § 1607. A. A. *Beitzke,* § 24 V 2b; *Staudinger-Gotthardt,* 38 zu § 1607; *Hoffmann-Stephan,* 21 zu dem inzwischen aufgehobenen § 63 EheG; OLG Köln, JW 1937, 3160, sämtlich mit Hinweis auf die (vermeintliche) Verlängerung der Verjährungsfrist.

[8] Vgl. schon RGZ 72, 334 (342). Zust. *Kropholler,* FamRZ 1965, 418 Fn. 60; MünchKomm-*Köhler,* 12 zu § 1607. Die Frage wird heute in erster Linie nach erfolgreicher Ehelichkeitsanfechtung akut. Vgl. dazu unten § 45 VIII 5. Gegen die Anwendung des § 197 *Leuze,* FamRZ 1963, 161.

[9] Ebenso LG Bielefeld, NJW 1972, 1864f.; *Kropholler,* FamRZ 1965, 418 Fn. 60; *Hegmann,* FamRZ 1973, 437. A. A. *Staudinger-Gotthardt,* 26 zu § 1613. Vgl. auch *v. Caemmerer,* NJW 1963, 1403. Ihm zufolge begrenzt § 1613 zwar den Anspruch aus § 812 (weil keine Bereicherung eintritt), nicht aber den Anspruch aus Geschäftsführung ohne Auftrag.

Jahren und können für die Vergangenheit nur in den Grenzen des § 1613 geltend gemacht werden.

6. *Unterhalt und Sozialhilfe.* Unterhaltspflichten des Familienrechtes gehen der Sozialhilfe der öffentlichen Hand grundsätzlich vor (zu den Einschränkungen vgl. oben II 4).[10] Vielfach aber sind die Träger der Sozialhilfe zur Leistung trotz bestehender Ansprüche aus Ehe oder Verwandtschaft gezwungen. Die §§ 90, 91 BSHG ordnen in diesem Fall den Ausgleich in deutlicher Anlehnung an § 1607 II, variieren aber die dort gewählte cessio legis zum Forderungsübergang kraft Verwaltungsaktes. In Höhe der Aufwendungen geht der Anspruch gegen den Verpflichteten mit der schriftlichen Anzeige der gewährten Sozialhilfe über. Auch hier bleibt dem Verpflichteten grundsätzlich der Einwand aus § 1613, doch kann er für die Vergangenheit stets dann in Anspruch genommen werden, wenn ihm die Gewährung der Sozialhilfe unverzüglich schriftlich mitgeteilt wurde (§ 91 II BSHG). Mit diesem Ausgleich sind Ansprüche aus Geschäftsführung ohne Auftrag und ungerechtfertigter Bereicherung erneut nicht zu vereinbaren; der Verpflichtete ist nicht von einer Schuld befreit worden.[11]

Die schriftliche Anzeige bewirkt den Übergang des Anspruches für die Zeit ununterbrochen gewährter Sozialhilfe (§ 90 II BSHG). Sie ist damit ein Verwaltungsakt, der auch zukünftige Leistungen des Trägers der Sozialhilfe zum Ausgleich bringt. Unbeantwortet kann in diesem Zusammenhang (vgl. aber oben § 30 XII 8) die Frage nach den Wirkungen der Anzeige auf die Verfügungsmacht des Unterstützten bleiben: Selbst wenn die Anzeige zu einer aufschiebend bedingten Übertragung zukünftiger Ansprüche führen sollte (so BGHZ 20, 127), kann § 161 der einzig möglichen Verfügung des Unterstützten über seinen Anspruch durch Realisierung nicht entgegenstehen, denn mit ihr entfällt die Notwendigkeit der Sozialhilfe überhaupt.[12]

VI. Rangordnung der Berechtigten

Schrifttum: *Buchholz,* Das Zusammentreffen mehrerer Unterhaltsberechtigter, Rpfleger 1949, 489.

1. Der Gedanke, die Lasten einer Mehrheit von Bedürftigen auf ihre Verwandten zu verteilen, ist dem deutschen Recht fremd; die Rangordnung der Verpflichteten erfährt durch die Existenz mehrerer Bedürftiger keine Änderung. Die Rangordnung der Berechtigten ist wesentlich erst, wenn die Leistungsfähigkeit

[10] Nurmehr geringe Bedeutung haben Unterhaltsleistungen der Versorgungsverwaltung nach irriger Annahme des Todes eines Unterhaltspflichtigen. Vgl. zur Problematik des Ausgleichs in diesem Fall BGH, NJW 1963, 579; *Reich,* NJW 1963, 949ff.; *Leuze,* FamRZ 1963, 157ff.; *v. Caemmerer,* NJW 1963, 1402ff.; *Selb,* NJW 1963, 2056ff.; LG Düsseldorf, NJW 1965, 445.

[11] I. Erg. ebenso BGHZ 33, 243. Die Entscheidung setzt aber zu spät ein, wenn sie lediglich durch die Ansprüche aus den §§ 677, 683, 812 den Sinn der schriftlichen Anzeige gefährdet sieht.

[12] Richtig gesehen auch von BGHZ 20, 127 (133).

eines mehrfach in Anspruch Genommenen eine Befriedigung aller Bedürftigen nicht zuläßt.

2. Minderjährige unverheiratete Kinder (mögen sie nun ehelich oder nichtehelich sein) und der Ehegatte gehen allen anderen Bedürftigen vor; sie haben bei bestehender Ehe gleichen Rang;[1] nach beendeter Ehe wird der Rang der Kinder, des neuen Ehegatten und des geschiedenen Ehegatten von den §§ 1582, 1609 II bestimmt (vgl. dazu oben § 30 IX 4. Vgl. ferner § 850 d II ZPO mit der Möglichkeit, im Vollstreckungsrecht nach billigem Ermessen das Rangverhältnis von Kindern und Ehegatten anders festzusetzen). Unter den übrigen Bedürftigen gehen die nicht privilegierten Kinder den übrigen Abkömmlingen, die Abkömmlinge den Verwandten der aufsteigenden Linie und unter den Verwandten der aufsteigenden Linie die näheren den entfernteren vor (§ 1609 I). Die Rangordnung der Bedürftigen entspricht damit dem Grundsatz nach spiegelbildlich der Rangordnung der Verpflichteten: Wer vorrangig haftet, soll auch vorrangig fordern dürfen. Verwerfungen ergeben sich aus der Privilegierung der minderjährigen unverheirateten Kinder sowie aus der Gleichordnung aller entfernteren Abkömmlinge.

3. *Bedürftige gleichen Ranges* sind gleich zu behandeln. Die insgesamt zur Verfügung stehenden Mittel sind unter ihnen proportional zu den bestehenden Bedürfnissen – und nicht nach Köpfen! – aufzuteilen.[2]

4. Frühere Bedürftigkeit begründet keinen Vorrang (auch § 804 III ZPO gilt nicht). Der später bedürftig Gewordene kann also für die Zukunft Unterhaltsleistungen an andere schmälern oder ganz ausschließen. Rechtskräftige Urteile kann der Verpflichtete durch Abänderungsklage aus § 323 ZPO korrigieren lassen.[3]

5. Ehegatten, die in *Gütergemeinschaft* leben, wird das Gesamtgut bei Berechnung ihrer Leistungsfähigkeit voll (und nicht nur zur Hälfte) zugerechnet; die auf die Verwandtschaft einer Person beschränkte Rangordnung muß deshalb eine Erweiterung erfahren. § 1604 Satz 2 wählt die einfachste (und gröbste) Lösung: Eine fiktive Verwandtengemeinschaft sichert jedem Bedürftigen den Verwandten beider Ehegatten gegenüber jenen Rang, der seinem Verwandtschaftsverhältnis zum verpflichteten Ehegatten entspricht. Das ersteheliche Kind des einen Ehegatten geht etwa den Eltern des anderen Ehegatten vor, mag auch das Gesamtgut fast ausschließlich von diesem herrühren.

---

[1] A. A. *Möllers,* Rpfleger 1954, 433 (Vorrang des Ehegatten und der gemeinsamen Kinder vor den einseitigen Abkömmlingen).

[2] Bedürftige, die nachrangig verpflichtete Verwandte haben, können von diesen nur den Ausfallbetrag verlangen. A. A. *Buchholz,* Rpfleger 1954, 491.

[3] Soweit er Unterhalt für die Vergangenheit leisten muß (§ 1613) und deshalb an den früher bedürftig Gewordenen zuviel zahlte, hat der Verpflichtete einen Bereicherungsanspruch. So auch *Soergel-Lange,* 2 zu § 1609. A. A. *Palandt-Diederichsen,* 1 zu § 1609; *Staudinger-Gotthardt,* 26 zu § 1609; *Dölle,* § 86 VI (unter Berufung auf § 816 II!), sämtlich mit einem Bereicherungsanspruch des später bedürftig Gewordenen. Dieser ist aber nicht entreichert; sein Anspruch wird nicht geschmälert. Ein Bereicherungsausgleich wird überhaupt abgelehnt von MünchKomm-*Köhler,* 6 zu § 1609.

VII. Maß des Unterhaltes

Schrifttum: *Weimar,* Studium und Unterhalt, MDR 1962, 879; *Dronsch,* Honnefer Studentenförderung und elterliche Unterhaltspflicht, JZ 1962, 436; *Knorn,* Die Kosten der Erziehung und Vorbildung zu einem Beruf, FamRZ 1964, 618; *Roth-Stielow,* Elterliche Prozeßkostenvorschußpflicht für eheliche und außereheliche Kinder?, NJW 1965, 2046; *Becker,* Das Recht auf Erziehung und Berufsausbildung, RdJ 1966, 174; *Kübler,* Studienkosten und elterliche Unterhaltspflicht, JZ 1966, 736; *Philipp,* Rechtsansprüche auf öffentliche Ausbildungsförderung?, FamRZ 1969, 10; *Blanke,* Ausbildungsförderung und Unterhaltsrecht, FamRZ 1969, 394; *Schwab,* Der Unterhaltsanspruch der Kinder gegen die Eltern auf Ausbildungsfinanzierung und sein Verhältnis zur öffentlichen Ausbildungsförderung, FamRZ 1971, 1; *Kiessling,* Staatliche Studienförderung und elterliche Unterhaltspflicht, JuS 1971, 285; *Bertram-Martens,* Zum Verhältnis von Unterhaltsrecht und Anrechnungsvorschriften im Ausbildungsförderungsgesetz, FamRZ 1971, 553; *Jung,* Unterhaltspflichten und Ausbildungsförderung, FamRZ 1974, 513; *Lüderitz,* Die Rechtsstellung ehelicher Kinder nach Trennung ihrer Eltern im künftigen Recht der Bundesrepublik Deutschland, FamRZ 1975, 605.

1. Geschuldet wird der volle angemessene Unterhalt, d.h. Deckung des gesamten Lebensbedarfs (vgl. dazu oben § 21 I 11), orientiert an der Lebensstellung des Bedürftigen, einschließlich der Kosten der Erziehung und der Vorbildung zu einem Beruf (§ 1610). Mit der Neufassung von Abs. II durch das VolljG wurde klargestellt, daß die Vorbildungskosten auch geschuldet werden, wenn die Zeit der Erziehung bereits vorüber ist. Die Änderung brachte indessen keine Neuerung in der Sache, sondern lediglich die Anpassung des Gesetzestextes an die seit langem herrschende (und weitgehend einheitliche) Praxis.[1]

2. *Berufsausbildung.* Vorbildung zu einem angemessenen Beruf heißt heute (in den Grenzen der bestehenden Zulassungsbeschränkungen[1a]) *Vorbildung zu jenem Beruf, der den Anlagen und Fähigkeiten des Bedürftigen voll entspricht.*[2] Überholt sind Rücksichten auf den Stand des Verpflichteten, die einst die Rechtsprechung beherrschten, während sich die Einkommens- und Vermögensverhältnisse des Ver-

---

[1] Vgl. die in der Voraufl. zu § 41 VI Fn. 1 gegebenen Hinw.

[1a] Eine Zweitausbildung ist deshalb nicht mehr zu finanzieren, wenn der Unterhaltsgläubiger ein an sich gewünschtes Studium nicht aufnehmen konnte, deshalb ein anderes Fach wählte, jedoch später den ursprünglichen Wunsch zu verwirklichen sucht. Vgl. dazu OLG Zweibrücken, FamRZ 1978, 629.

[2] Sinngemäß ebenso bereits OLG Karlsruhe, Recht 1908 Nr. 776. Für die neuere Rspr. vgl. BGHZ 69, 190 (192). Vgl. weiter *Weimar,* MDR 1962, 879; *Dronsch,* JZ 1962, 347; *Brühl-Göppinger-Mutschler,* RdNr. 469; *Staudinger-Gotthardt,* 17 zu § 1610; *Knorn,* FamRZ 1964, 618; *Schwab,* FamRZ 1971, 3 (mit Beschränkung auf den Anspruch des Kindes gegen seine Eltern). Vgl. dagegen noch RG, Recht 1909 Nr. 3790 („höherer Bürgerstand") und KG, ROLG 16, 1 (vertragliche Verpflichtung zu einer mit dem Stand der Eltern nicht mehr zu vereinbarenden Ausbildung). Die sozialen Verhältnisse wurden noch beschränkt berücksichtigt von LG Konstanz, FamRZ 1962, 198; *Dölle,* § 86 VII 1 b aa.

In der Rspr. wird gern gefragt, ob der Verpflichtete einer bestimmten Ausbildung zugestimmt habe. Dahinter steht vermutlich der Gedanke des venire contra factum proprium. Doch kann er von Bedeutung nur sein, wenn zunächst eine Ausbildung finanziert wurde, auf die kein Anspruch bestand, dann aber die Fortsetzung der Ausbildung verweigert wird. Grundsätzlich ablehnend auch *Kübler,* JZ 1966, 738.

Geschuldet werden nur die Mittel für die gewöhnliche Ausbildungszeit (vgl. KG, Recht 1915 Nr. 2055). Überspitzt LG Flensburg, FamRZ 1969, 429 (Mindeststudienzeit).

pflichteten nur in der Frage nach seiner Leistungsfähigkeit auswirken.[3] Innerhalb jenes weiten Rahmens, der mit dem Begriff der Vorbildung gegeben ist, kann jedoch nicht Finanzierung aller Vorhaben gefordert werden, die überhaupt zweckdienlich sind; zwar fehlen begrenzende Normen, doch trennt die Sozialadäquanz zumutbare und unzumutbare Forderungen.[4]

Geschuldet wird grundsätzlich nur die einmalige Ausbildung zu einem Beruf, der dem Bedürftigen die Fähigkeit vermittelt, sich selbst zu unterhalten. Eine Zweitausbildung[5] kann nur gefordert werden, wenn der zunächst gewählte Beruf anhand jener Daten, die bei Beginn der Erstausbildung zu Gebote standen, nicht als angemessen bezeichnet werden kann,[6] ferner dann, wenn persönliche Umstände (Krankheit, Gebrechen) oder eine grundlegende Änderung der Situation am Arbeitsmarkt (der erlernte Beruf kann nicht mehr Lebensgrundlage sein) einen Berufswechsel zwingend gebieten. In dieser Beschränkung wird das Risiko einer Fehleinschätzung von Neigung und Begabung dem Bedürftigen zugewiesen (vorbehaltlich einer vom Verpflichteten zu tolerierenden schnellen Korrektur zu Beginn der Ausbildung[6a]), während die bewußte Entscheidung für einen die Kräfte des Bedürftigen nicht ausschöpfenden Beruf die Schuld des Verpflichteten verfehlt und ihn deshalb nicht entlastet. Belanglos ist, ob das Recht der staatlichen Ausbildungsförderung weitherziger ist oder nicht. Seine (weithin generalisierenden) Maßstäbe sind für das eigenen Gesetzen folgende Privatrecht (mit individuellem Zuschnitt) nicht verbindlich. Auch engste Verwandtschaft entbindet nicht von der Notwendigkeit, einen fairen Interessenausgleich zwischen den Generationen zu suchen. Schließlich ist nicht nur das Interesse des Bedürftigen

---

[3] Kritisch zu dieser Wendung des Schrifttums und der Rspr. *Kübler,* JZ 1966, 736ff. Er will nur Eltern entsprechend begabter Kinder verpflichten, „deren überdurchschnittliches Einkommen oder Vermögen eine solche zugleich für die Allgemeinheit zu leistende Investition zumutbar erscheinen läßt“ (während im übrigen ein Ausbau der staatlichen Ausbildungsförderung gefordert wird). Zum richtigen Kern seiner Lehre vgl. unten § 42 I 3.

[4] Vgl. dazu die (zumindest problematische) Entscheidung LG Wiesbaden, FamRZ 1964, 637 (Israelreise eines Unterprimaners). Grundsätzlich zust. *Erman-Küchenhoff,* 7 zu § 1610. Zweifel an der Richtigkeit der Entscheidung dagegen bei *Becker,* RdJ 1966, 175.

[5] Vielfach wird von ihr die Weiterbildung getrennt (die der Verpflichtete stets soll finanzieren müssen). Vgl. etwa *Brühl-Göppinger-Mutschler,* RdNr. 475. Mit Recht übt dagegen Zurückhaltung BGHZ 69, 190 (194f.). Mit der Entscheidung kann zugestanden werden, daß eine zweifelsfrei als „Weiterbildung“ zu qualifizierende Ausbildung eher den Schluß zuläßt, daß die Eltern bislang ihrer Unterhaltspflicht noch nicht voll nachgekommen sind.

[6] Vgl. OLG Nürnberg, FamRZ 1977, 70; OLG Stuttgart, FamRZ 1976, 381 (382) und NJW 1979, 1166 (zweiter Bildungsweg mit häufigen Wiederholungen als Indiz fehlender Eignung); OLG München, OLGZ 1976, 216 (219) sowie ähnlich *Schwab,* FamRZ 1971, 7 (Zweitausbildung wird nicht geschuldet, wenn Eltern den zumutbaren Aufwand bei der ersten Ausbildung geleistet haben); *Jung,* FamRZ 1974, 517; *Bertram-Martens,* FamRZ 1971, 554. OLG Düsseldorf, FamRZ 1978, 613 (614) belastet die Eltern, „wenn sich herausstellt, daß die erste Ausbildung auf einer deutlichen Fehleinschätzung der Begabung des Kindes beruhte“ (vgl. zu diesem Urteil im übrigen *Dieckmann,* FamRZ 1979, 334).

[6a] Vgl. OLG Oldenburg, FamRZ 1978, 444.

evident, Fehlentscheidungen zu jeder Zeit korrigieren zu können, sondern auch das Interesse des Verpflichteten an einer klaren Begrenzung seiner Belastung.[7]

3. *Chancengleichheit.* § 1610 ist eine Norm, die Unterschiede im Lebensstandard der verschiedenen Bevölkerungsschichten als vorgegeben akzeptiert. Es gibt keine bestimmte Grenze von Unterhaltsleistungen, die keineswegs überschritten werden darf. Es gibt diese Grenze auch nicht für Kinder und Volljährige, die sich noch in der Ausbildung befinden.[8] Doch verpflichtet ein sehr hoher Lebensstandard der Eltern noch nicht dazu, nun auch den Kindern einen entsprechenden Lebenszuschnitt zu bieten. Eltern und Kind sind insoweit noch nie in einer Ebene gesehen worden.[9] Verfehlt aber ist es, Ansprüche Volljähriger zu begrenzen, weil den Eltern aus erzieherischen Gründen eine Reduzierung gestattet werden müsse;[10] die Phase der Erziehung darf nicht über die Volljährigkeit hinaus bis zum Eintritt in das Erwerbsleben verlängert werden. Verfehlt ist es nicht minder, über das Unterhaltsrecht eine nivellierende Sozialpolitik wenigstens für Gleichaltrige zu betreiben,[10a] zumal ein derartiges Ziel ohnehin nur für die kleine Zahl jener erreicht werden könnte, die ihren Unterhaltsanspruch einklagen müssen.

Gleichheit gewährt § 1610 den Kindern der verschiedenen Bevölkerungskreise auch nicht bei der Vorbildung zu einem Beruf, weil die Leistungsfähigkeit des Verpflichteten auch dem gut begabten Kind Grenzen setzen kann, die es eigentlich überschreiten könnte und müßte; Chancengleichheit kann insoweit nur durch öffentliche Ausbildungsförderung erreicht werden.

4. *Öffentliche Ausbildungsförderung* dient in erster Linie dem Ausbildungsfähigen ohne oder mit unzureichendem privaten Unterhaltsanspruch und schließt damit die Lücke zwischen (zeitbedingt) auf breiter Ebene gestiegenen Ansprüchen und vielfach begrenzter Leistungsfähigkeit der primär Verpflichteten. Sie ermöglicht aber auch die Unterstützung jener, die zwar einen ausreichenden privaten Unterhaltsanspruch haben, diesen jedoch nur unter Schwierigkeiten durchsetzen können (vgl. § 36 BAFöG). Der Ausgleich erfolgt in diesen Fällen durch Forderungs-

---

[7] Die Rspr. der LGe entspricht i. Erg. weithin dem Text, vermeidet freilich oft generelle Aussagen (und verzichtet damit auf den Versuch, den Parteien Orientierungspunkte zu gewähren, die einen selbsttätigen Ausgleich ermöglichen). Vereinzelt begegnen freilich noch Urteile, die sichtlich von veralteten Vorstellungen bestimmt sind (vgl. etwa LG Berlin, FamRZ 1976, 123: Zweitausbildung zu finanzieren, wenn die in Aussicht genommene Ausbildung eine erheblich bessere gesellschaftliche Stellung ermöglicht), aber auch Urteile, die anders akzentuieren (vgl. etwa LG Frankfurt, FamRZ 1976, 62: Zweitausbildung geschuldet bei Irrtum eines Minderjährigen über seine Neigung). Eine stabilisierende Wirkung wird von BGHZ 69, 190 (mit vielen weit. Hinw.) ausgehen. Die Entscheidung entspricht weithin dem Text, belastet die Eltern aber (S. 194) mit dem Risiko einer „deutlichen Fehleinschätzung der Begabung des Kindes“.

[8] Vgl. dazu LG Frankfurt, MDR 1968, 1010 (1050,– DM monatlich für Studenten aus sehr wohlhabendem Haus).

[9] Vgl. OLG Celle, VersR 1976, 594; KG, FamRZ 1979, 67 (68); MünchKomm-*Köhler,* 9 zu § 1610.

[10] So aber BGH, FamRZ 1969, 205.

[10a] Vgl. dazu (als Bsp., das nichts verdeckt) KG, FamRZ 1979, 64.

übergang kraft Verwaltungsaktes (vgl. § 37 BAFöG).[11] Die nach § 37 I BAFöG vorgeschriebene schriftliche Anzeige (die einen Hinweis auf den Forderungsübergang enthalten muß) leitet den Anspruch gegen die Eltern (soweit nach den §§ 24ff. BAFöG Einkommen und Vermögen der Eltern anzurechnen sind) in Höhe der geleisteten Aufwendungen über für die Zeit ununterbrochen gewährter Ausbildungsförderung (§ 37 III BAFöG) und damit auch für die Zukunft.

5. *Prozeßkostenvorschüsse* haben ausschließlich die Eltern ihren minderjährigen unverheirateten Kindern zu leisten (§ 118 II 3 ZPO mit der Möglichkeit, minderjährigen unverheirateten Kindern das Armenrecht ohne Armutszeugnis zu gewähren, hat keine materiellrechtliche Bedeutung). Den Umfang ihrer Pflicht bestimmt § 1360a IV; Rückzahlung können sie stets dann und nur dann verlangen, wenn ein Ehegatte den geleisteten Vorschuß zurückfordern könnte. Befreiung von Verbindlichkeiten aus verlorenen Prozessen wird nie geschuldet.[12]

Allgemein anerkannt ist heute für die Vorschußpflicht unter Verwandten kein einziger Satz. Die Regelung der Vorschußpflicht unter Ehegatten im § 1360a hat die schon seit langem bestehende Verwirrung eher gesteigert als gemildert. Richtig erscheint allein die *analoge Anwendung des § 1360a IV im Verhältnis von Eltern und privilegierten Kindern* (vgl. §§ 1602, 1603, jeweils Abs. II). Eine um Geschlossenheit bemühte Rechtsordnung kann die im Unterhaltsrecht der Ehegatten vollzogene Eingliederung der Prozeßkosten in den Unterhalt im Verwandtschaftsrecht nicht ignorieren. Es darf aber auch nicht übersehen werden, daß die Eingliederung nicht vorbehaltlos erfolgte, sondern mit persönlichen und sachlichen Einschränkungen, die der besonderen Lage bei der Inanspruchnahme der staatlichen Justiz Rechnung tragen. Jede über § 1360a IV hinausführende Belastung Verwandter mit Vorschüssen widerspricht mithin einer vorgegebenen Wertung. Das Gesetz wird richtig vollzogen, wenn § 1360a IV im Recht des Verwandtenunterhaltes beim Zusammentreffen aller seiner Wertungsgrundlagen analog zur Anwendung kommt. Die vom Gesetz bedachte besonders enge Verbundenheit der Ehegatten aber hat eine rechtliche Parallele nur in der Verbundenheit der Eltern mit ihren privilegierten Kindern.[13]

---

[11] Im Unterschied zu § 90 BSHG, demzufolge der Träger der Sozialhilfe lediglich ermächtigt ist, den Anspruch überzuleiten, schreibt § 37 I BAFöG n. F. die Überleitung zwingend vor.

[12] Vgl. LG Dortmund, NJW 1958, 1593 mit Anm. *Beitzke; Puls,* DAVorm. 1975, 577.

[13] Wie der Text OLG Köln, FamRZ 1968, 37; *Henrich,* § 20 V 1; *Lange,* NJW 1970, 830. Vgl. auch *Köhler,* S. 64 (mit Beschränkung auf die hausangehörigen Kinder); LG Kiel, DAVorm. 1972, 311 (dem § 1360a IV vergleichbare Interessenlage nur gegeben bei bestehender Hausgemeinschaft). Vgl. auch OLG Celle, FamRZ 1970, 143 (ohne abschließende Entscheidung, aber mit der Tendenz des Textes); KG, FamRZ 1971, 44 (nichteheliches Kind; Anspruch für „Rechtsstreitigkeiten, die dringende persönliche Belange betreffen").

Auch volljährigen Kindern wird ein Anspruch zugestanden von BVerwG, FamRZ 1974, 370; OLG Celle, FamRZ 1978, 822.

Eine Vorschußpflicht allen Verwandten gegenüber in den sachlichen Grenzen des § 1360a IV (theoretische Grundlage: Interpretation des § 1610 II in Anlehnung an § 1360a IV) wird anerkannt

6. *Unzumutbarkeit.* Trotz weiterreichender Bedürftigkeit braucht der Verpflichtete nur einen (von der Billigkeit näher bestimmten) Beitrag zum Unterhalt zu leisten, wenn der Unterhaltsberechtigte durch eigenes sittliches Verschulden bedürftig geworden ist,[14] wenn er (früher) seine eigene Unterhaltspflicht gegenüber dem (jetzt) Unterhaltspflichtigen gröblich vernachlässigt hat oder wenn er sich vorsätzlich einer schweren Verfehlung gegen den Unterhaltspflichtigen oder einen nahen Angehörigen des Unterhaltspflichtigen schuldig gemacht hat. Die Verpflichtung zu Unterhaltsleistungen fällt sogar ganz weg, wenn die Inanspruchnahme des Verpflichteten grob unbillig wäre (vgl. zu allem § 1611 I).

Es sind disparate Gedanken, die in dieser Norm wirken, mag man sie auch unter dem Gesichtspunkt der Unzumutbarkeit auf einen Nenner bringen können. Jüngeren Datums ist das vornehmlich mit Rücksicht auf den nichtehelichen Vater eingeführte (einseitig ausgestaltete; vgl. § 1611 II) Repressalienrecht nach eigenen Entbehrungen.

Wer nur einen Beitrag oder gar keinen Unterhalt fordern darf, kann sich nicht

---

von *Brühl-Göppinger-Mutschler,* RdNrn. 252ff.; *Staudinger-Gotthardt,* 20ff. zu § 1610; *Dölle,* § 86 VII 1 b bb; BGH, NJW 1964, 2151; LG Bielefeld, NJW 1965, 1279; LG Berlin, NJW 1966, 660; OLG Celle, FamRZ 1968, 471; LG Paderborn, DAVorm. 1974, 398 (399). Vgl. auch BGHZ 41, 104 (113). Das Urteil bejaht eine Vorschußpflicht unter Verwandten nicht ausdrücklich, stellt aber fest, daß sie jedenfalls bei Existenz eines Ehegatten nicht weiterreichen könne, als von § 1360a vorgesehen.

Für eine Vorschußpflicht allen Verwandten gegenüber unter Beschränkung auf „lebenswichtige Prozesse" (theoretische Grundlage: eigenständige Interpretation des Begriffes „Lebensbedarf" in § 1610 II) haben sich (oft mit Anlehnung an die zuvor genannte Meinungsgruppe) ausgesprochen *Schrade,* FamRZ 1957, 345; *Palandt-Diederichsen,* 3c aa zu § 1610; MünchKomm-*Köhler,* 14 zu § 1610 (unter Beschränkung auf lebenswichtige Prozesse, die ihre Wurzel in dem Familienrechtsverhältnis haben, auf dem die Unterhaltspflicht beruht; klare Maßstäbe fehlen); VerwG Bremen, FamRZ 1964, 269; LG Landshut, FamRZ 1965, 620; OLG Köln, FamRZ 1968, 42; BSozG, NJW 1970, 352; OLG Düsseldorf, FamRZ 1971, 454; LG Augsburg, FamRZ 1972, 374f.; LG Schweinfurt, DAVorm. 1973, 246; LG Darmstadt, FamRZ 1974, 305f.; LG Berlin, DAVorm. 1975, 378. Vgl. ferner OLG Nürnberg, FamRZ 1965, 517 (lebenswichtige Prozesse für den Kläger, dagegen alle Prozesse für den Beklagten, wenn Rechtsverteidigung mit Aussicht auf Erfolg).

Zuweilen werden Standpunkte vertreten, die Elemente verschiedener theoretischer Grundlagen miteinander vermischen. So, wenn die Vorschußpflicht zwar persönlich auf das Verhältnis von Eltern und minderjährigen Kindern beschränkt, sachlich aber nur für lebenswichtige Prozesse anerkannt wird. Vgl. *Meyer,* Rpfleger 1958, 301f.; OLG Köln, MDR 1961, 851. So aber auch, wenn die Eltern für verpflichtet gehalten werden, einen Vorschuß für persönliche und lebenswichtige Angelegenheiten zu zahlen. Vgl. BAG, AP Nr. 1 zu § 114 ZPO mit Anm. *Gernhuber.* So schließlich, wenn aus dem Begriff Lebensbedarf in § 1610 II eine Beschränkung auf persönliche Angelegenheiten abgeleitet wird. Vgl. OLG Karlsruhe, NJW 1968, 1336; *Puls,* DAVorm. 1975, 576f., 593 (Beschränkung auf höchstpersönliche Rechtsgüter).

Zuweilen begegnen auch Standpunkte ohne klare Orientierung. Vgl. SchlHOLG, SchlHA 1968, 167 (Eltern schulden minderjährigen Kindern für alle persönlichen Angelegenheiten, bei volljährigen Kindern zusätzlich Billigkeitsprüfung erforderlich); *Puls,* DAVorm. 1975, 576f., 593 (Beschränkung auf höchstpersönliche Rechtsgüter).

Generell abgelehnt wird eine Vorschußpflicht unter Verwandten von LG Koblenz, FamRZ 1963, 49; LG Düsseldorf, NJW 1963, 1619; KG, FamRZ 1970, 141 (143); OLG Frankfurt, DAVorm. 1971, 251f.; LG Lübeck, DAVorm. 1973, 97f.; *Roth-Stielow,* NJW 1965, 2046ff.

[14] Vgl. RG, Recht 1916 Nr. 1516 (Verschwendung in sittlich zu mißbilligender Weise).

bei einem nachrangig Verpflichteten schadlos halten (§ 1611 III); die innerfamiliären Unzumutbarkeiten wirken sich mithin praktisch in einer Belastung der öffentlichen Hand aus. Vollen Unterhalt in der Familie erhält der Bedürftige erst wieder, wenn ein zunächst nachrangig verpflichteter Verwandter unterhaltspflichtig wird, für den die Tatbestände des § 1611 I nicht zutreffen.

VIII. Art der Unterhaltsleistung

Schrifttum: *Dänzer-Vanotti,* Die Gewährung von Unterhalt in Natur unter Verwandten gem. § 1612 BGB, DRiZ 1934, 20; *Franz,* Zur geplanten Dynamisierung von Unterhaltsrenten, FamRZ 1976, 65; *Köhler,* Vereinfachte Anpassung von Unterhaltsrenten, NJW 1976, 1532.

1. *Geldrente.* Der Unterhalt ist grundsätzlich durch eine monatlich im voraus zahlbare Geldrente zu leisten (§ 1612 I 1 und III; den jeweiligen Monat bestimmen die individuellen Lebensdaten[1]); Bedürftigkeit soll nicht zu jenen Einschränkungen der persönlichen Freiheit führen, die mit der Aufnahme in den Haushalt eines anderen verbunden zu sein pflegen. Rückstände werden mangels abweichender Bestimmung des Schuldners erst nach den gerade fällig gewordenen Ansprüchen getilgt (vgl. dazu §§ 366, 367). Wer ohne weiteren Hinweis eine Leistung im Rahmen einer dauerhaften, stets zu neuen Leistungen verpflichtenden Rahmenbeziehung erbringt, leistet auch für den Gläubiger erkennbar (Verkehrssitte!) zunächst für die Gegenwart.[1a]

2. *Andere Leistungen.* Nur wenn besondere Gründe es rechtfertigen, kann der Verpflichtete verlangen, daß ihm Unterhaltsgewährung in anderer Art gestattet wird (§ 1612 I 2). Der Gesetzestext schließt die einfache Deutung als facultas alternativa des Schuldners aus und erzwingt die Annahme eines Anspruchs auf Abschluß eines die Art der Unterhaltsleistung ändernden Vertrages.[2] Ein praktischer Unterschied ist nicht vorhanden; mit dem Anspruch verbindet sich eine Einrede, die den Schuldner zur Verweigerung weiterer Leistungen in Geld berechtigt; die Rolle des Klägers fällt deshalb im Streit um die Befugnis des Schuldners immer dem Gläubiger zu.

Als ,,besondere Gründe" kommen lediglich ökonomisch bedeutsame Umstände in Betracht, die im Regelfall nicht gegeben sind; sie sind unbeachtlich, wenn das Unterhaltsrecht (das etwa dem Anspruch auf Unterhalt keinen Anspruch auf Dienstleistungen als Äquivalent gegenüberstellt) ihnen bewußt keinen Raum gewähren will. Bequemlichkeit und geringfügige Entlastung[3] des Verpflichteten sind etwa keine besonderen Gründe. Ebensowenig kann der Ver-

---

[1] Vgl. *Brüggemann,* Festschrift Bosch, 1976, S. 92f. Die verbreitete Zahlung am jeweiligen Monatsersten beruht auf Vereinbarungen.

[1a] Vgl. HansOLG, DR 1940, 1185 mit Anm. *Herschel.*

[2] Ebenso *Dölle,* § 86 X 1; wohl auch *Kipp-Wolff,* § 97 VIII. A. A. *Dänzer-Vanotti,* DRiZ 1934, 20 (durch Klage auszuübendes Gestaltungsrecht).

[3] Vgl. OLG Braunschweig, SeuffA 61 Nr. 159; MünchKomm-*Köhler,* 4 zu § 1612.

pflichtete nur deshalb Naturalunterhaltung fordern, weil er in häuslichen Arbeiten des Bedürftigen einen Ausgleich der eigenen Leistungen erreichen könnte.[4]

3. Der Bedürftige hat kein Recht, andere Leistungen als Geld zu fordern, wenn und solange der Verpflichtete Geld zu leisten in der Lage ist. Er muß dagegen Naturalleistungen fordern können, wenn die Leistungsfähigkeit des Verpflichteten allein derartige Leistungen (insbesondere Gewährung von Raum) zu erbringen gestattet.[5]

4. *Änderung ökonomischer Daten.* Die Fixierung einer Unterhaltsschuld in einer bestimmten Geldrente gibt das Resultat aus allen ökonomischen Daten zu einem bestimmten Zeitpunkt wieder; sie bedarf der Anpassung an veränderte wirtschaftliche Verhältnisse, falls die ihr zugrundeliegenden Daten eine Änderung erfuhren. Individuelle Änderungen (der Leistungsfähigkeit, der Bedürftigkeit) entziehen sich jedem generellen Zugriff; der Änderung allgemeiner ökonomischer Daten (Steigerung des Lebensstandards; Geldwertschwund) kann dagegen mit schematischen Anpassungsregeln Rechnung getragen werden.

Das Gesetz hat von der Möglichkeit einer derart vereinfachten Anpassung von Unterhaltsrenten in § 1612a zugunsten Minderjähriger Gebrauch gemacht, deren Geldrente ,,in einer gerichtlichen Entscheidung, einer Vereinbarung oder einer Verpflichtungsurkunde festgelegt" ist, falls ,,infolge erheblicher Änderungen der allgemeinen wirtschaftlichen Verhältnisse eine Anpassung der Unterhaltsrenten erforderlich ist"; die Anpassung erfolgt insoweit durch Willenserklärung (,,Verlangen") des Begünstigten auf der Basis einer den Anpassungssatz fixierenden Rechtsverordnung oder (bei titulierten Ansprüchen) durch Abänderungsbeschluß (vgl. dazu die §§ 641 lff. ZPO).[6] Insoweit, aber auch nur insoweit, ist damit der zunächst im Recht der gesetzlichen Rentenversicherung aufgegriffene Gedanke einer Dynamisierung von Renten auch in das Unterhaltsrecht der Verwandten eingedrungen. Die Beschränkung auf minderjährige Kinder (ursprünglich sollte auch der Unterhaltsanspruch des geschiedenen Ehegatten dynamisiert werden) mag dabei verständlich sein; keine Personengruppe ist generalisierenden Ansätzen so zugänglich wie sie. Doch spricht manches für ein weiteres Ausgreifen des nun einmal ergriffenen Gedankens in der Zukunft.

Unberührt bleibt das Recht der Parteien, ,,auf Grund allgemeiner Vorschriften eine Änderung des Unterhalts zu verlangen" (§ 1612a V), insbesondere das

---

[4] Vgl. *Werner,* JR 1949, 145.

[5] Vgl. *Ewald,* LZ 1928, 474. Nur in Notzeiten entsteht die Frage, ob eine Verpflichtung zu Naturalleistungen besteht, wenn der Verpflichtete über Verbrauchsgüter verfügt, die für Geld nicht zu erwerben sind. Vgl. dazu *Staudinger-Gotthardt,* 4 zu § 1612 mit weit. Hinw.; MünchKomm-*Köhler,* 5 zu § 1612.

[6] Zu den Einzelheiten des Verfahrens vgl. die Kommentierung von *Stein-Jonas-Schlosser.* Vgl. zum ganzen auch *Lüderitz,* FamRZ 1975, 610f.; *Schroeder,* JurBüro 1976, 1282ff.; *Franz,* FamRZ 1976, 65ff.; *Köhler,* NJW 1976, 1538f. Zum Verhältnis von § 1610 III und § 1612a vgl. OLG Bamberg, JurBüro 1978, 133 (138).

Recht, eine Abänderungsklage aus § 323 ZPO zu erheben (die schon im Hinblick auf Änderungen individueller Daten unentbehrlich bleibt).

Nur die allgemeinen Rechtsbehelfe stehen dem Normtext zufolge den Parteien zur Verfügung, „wenn und soweit bei der Festlegung der Höhe des Unterhalts eine Änderung der Geldrente ausgeschlossen worden oder ihre Anpassung an Veränderungen der wirtschaftlichen Verhältnisse auf andere Weise geregelt ist" (§ 1612a I 2), doch ist die Norm (mit Rücksicht auf § 1614 I) auf jene Unterhaltsteile zu beschränken, die über den gesetzlichen Anspruch hinaus auf rechtsgeschäftlicher Basis geschuldet werden. Nur in diesem Umfang entspricht der Unterhaltsanspruch der Minderjährigen jener Prämisse, die der Ausnahmeregelung (mit ihrer Orientierung am geschiedenen Ehegatten) zugrundeliegt, denn nur in diesem Umfang ist der Anspruch disponibel.[7]

IX. Rückstände

Schrifttum: *Hegmann,* Die Beschränkung der Ersatzansprüche Dritter durch § 1613 BGB, FamRZ 1973, 435; *Brüggemann,* Einige Bemerkungen zum Schuldnerverzug in der gesetzlichen Unterhaltspflicht, Festschrift Bosch, 1976, S. 89.

1. *Grundsatz.* In praeteritum non vivitur. Dieser Satz des gemeinen Rechtes soll nach Ansicht vieler noch heute im § 1613 I wirken,[1] der Unterhalt für die Vergangenheit als Erfüllung oder Schadensersatz wegen Nichterfüllung (nur als Sekundärabwicklung in Geld, falls Naturalleistungen nicht erbracht wurden[2]) allein von jener Zeit an gewährt, zu welcher der Verpflichtete in Verzug geriet oder der Unterhaltsanspruch rechtshängig wurde. In Wahrheit ist dieser Gedanke des stets nur gegenwärtigen Lebens längst in den Hintergrund getreten. Wesentlicher ist die Überzeugung, dem Verpflichteten Schutz gewähren zu müssen vor Forderungen größeren Umfanges, die er nicht bedenken konnte.[3] Dieser Zweck erklärt die Einschränkungen der Norm; er hat auch ihre Interpretation zu beherrschen.

Dem Gedanken des Schuldnerschutzes folgend, hat die Rechtsprechung in extensiver Interpretation neben Verzug und Rechtshängigkeit auch die ver-

---

[7] Vgl. MünchKomm-*Köhler,* 4 zu § 1612a. Nur Bedenken gegen die Vereinbarkeit von § 1612a I 2 und § 1614 I äußern *Lüderitz,* FamRZ 1975, 612 Fn. 100; *Palandt-Diederichsen,* 2 zu § 1612a.

[1] Vgl. *Staudinger-Gotthardt,* 2 zu § 1613; *Kunz,* FamRZ 1977, 694 (hier als „allgemeine Anschauung" bezeichnet).

[2] Dem Berechtigten ein angemessenes Leben zu ermöglichen, ist der Zweck des Unterhaltsanspruchs, doch nicht ein Element des Schuldinhalts. A. A. insoweit *Brüggemann,* Festschrift Bosch, S. 91 (mit der Konsequenz eines vom Gesetzgeber „singulär erweiterten Erfüllungsbegriffs", der eine spätere Alsoberfüllung gestattet).

[3] Vgl. dagegen MünchKomm-*Köhler,* 1 zu § 1613 (Warnfunktion praktisch unbedeutend, da Unterhaltsverpflichtung jedem potentiell Betroffenen gegenwärtig). Wie der Text *Hegmann,* FamRZ 1973, 437.

tragliche Regelung des Unterhalts gestellt;[4] wer vertraglich regelt, ist sich seiner Verpflichtung bewußt.

2. *Verzug* tritt ohne Mahnung[5] nur ein, wenn dem Verpflichteten seine Schuld nach Existenz und Umfang bekannt ist. Nur in diesem Umfang kann § 284 II 1 für die nach dem Kalendertag bestimmten Unterhaltsschulden in das Familienrecht übertragen werden; im übrigen bedarf er (mit Rücksicht auf den Normzweck des § 1613 I) der Restriktion.[6]

Verzug mit einer Leistung setzt sich auch dort, wo Mahnung erforderlich ist, fort im Verzug mit allen weiteren in der Zukunft fällig werdenden, der Höhe nach gleichbleibenden Leistungen;[7] eine Verpflichtung zu wiederkehrenden Leistungen braucht nicht stets erneut bewußt gemacht zu werden.

Neben den Rückständen wird nach Verzug Ersatz des Verspätungsschadens geschuldet (§ 286). Als Mindestschaden kann der Berechtigte 4% Verzugszinsen fordern (§ 288 I); einen höheren Schaden nachzuweisen (höhere Kreditzinsen) und zu liquidieren, bleibt ihm jederzeit unbenommen (§ 288 II).

3. § 1613 I gilt nicht für Ersatzansprüche aus unerlaubter Handlung (etwa nach sittenwidrig vorgetäuschter Leistungsschwäche; § 826).[9] Diese können dem Berechtigten auch einen bereits verjährten Unterhaltsanspruch in anderer Form erhalten. Zwar ist die Verjährungsfrist des § 852 noch kürzer als die vierjährige des § 197, doch läuft sie erst, wenn der Berechtigte Kenntnis von seinem Schaden erlangt hat.

4. *Sonderbedarf.* Die starre Regel des § 1613 I wird in Abs. II modifiziert für den sog. Sonderbedarf, d.h. für einen unregelmäßigen und außergewöhnlich hohen Bedarf (etwa: Geld für eine Operation). Sonderbedarf fällt unvorhergesehen an und zuweilen in Situationen, die den Bedürftigen hindern, den Verpflichteten in Verzug zu setzen oder zu beklagen. Freilich rechtfertigen diese Überlegungen

---

[4] Vgl. RGZ 164, 65 (69); OLG Celle, NJW 1956, 795; AG Neu-Ulm, MDR 1960, 228. Zust. auch *Dölle*, § 86 XI 1.

[5] Die Mahnung ist in allen Fällen entbehrlich, in denen sie auch vom Schuldrecht nicht gefordert wird, insbes. bei treuwidriger Verhinderung ihres Empfangs.

Keine Mahnung enthält die Mitteilung des Sozialhilfeträgers gem. § 91 II BSHG. Vgl. OLG Düsseldorf, FamRZ 1978, 436.

[6] Vgl. dazu *Brüggemann*, Festschrift Bosch, S. 93f. Die noch in der Voraufl. geäußerte Überzeugung von der Notwendigkeit der Mahnung in jedem Fall (dafür *Kropholler*, FamRZ 1965, 414; MünchKomm-*Köhler*, 4 zu § 1613) gebe ich auf.

[7] Ebenso *Brühl-Göppinger-Mutschler*, RdNr. 747; *Hoffmann-Stephan*, 13 zu dem inzwischen aufgehobenen § 64 EheG; MünchKomm-*Köhler*, 3 zu § 1613. A. A. *Furler*, Der Unterhaltsanspruch des geschiedenen Ehegatten, 1941, S. 36 (weitere Mahnungen entbehrlich nur, wenn Schuldner Leistungen überhaupt verweigert).

[8] A. A. *Brüggemann*, Festschrift Bosch, S. 96, unter Hinweis auf den Normzweck des § 288 und die Entfernung des Unterhaltsanspruchs von ihm. Generalisierende Normen sind jedoch (auch das gehört zu ihren Spezifika) auch dann anzuwenden, wenn sie einzelne Fälle oder Fallgruppen weniger oft als andere sachgerecht erfassen.

[9] Vgl. RGZ 164, 65 (69); *Hegmann*, FamRZ 1973, 436.

nicht die Rückkehr zu den allgemeinen Regeln des Schuldrechts, sondern lediglich einen Schuldnerschutz, der um jene Rücksichten gemindert ist, die der Bedürftige fordern kann. Die Regel des § 1613 I gilt deshalb für die Sonderbedarfsgruppe erst nach Ablauf eines Jahres seit der Entstehung des Anspruchs.

5. *Anspruchscharakter.* Ansprüche, mit denen Rückstände geltend gemacht werden, bleiben allen Normen unterworfen, die für Unterhaltsansprüche gelten (vgl. dagegen oben V 4 zum Wandel nach einer cessio legis). Zwar können die Mittel nicht mehr den Lebensbedarf decken, zu dessen Sicherung sie zu leisten waren. Doch darf der Schuldner durch Verzug nicht Rechte gewinnen, die er andernfalls nicht hätte (vgl. §§ 850b ZPO, 394 BGB). Auch sollte der Berechtigte den Vollstreckungszugriff seiner Gläubiger abwehren können (§ 850b ZPO), um jene Gläubiger befriedigen zu können, die ihm die Mittel für den Unterhalt in jener Zeit kreditierten, für welche die Rückstände aufliefen.[10]

X. Sicherung des Unterhaltes

1. Sicherung des Unterhaltes ist Sicherung zügiger Erfüllung der Ansprüche (dazu unten 2.), aber auch Sicherung der Rangordnung der Verpflichteten, Schutz der nachrangig Verpflichteten, einschließlich der Träger der Sozialhilfe, vor unzeitiger Inanspruchnahme (dazu unten 4.–6.). Sie ist ferner Sicherung vor dem Zugriff der Gläubiger des Bedürftigen, die zu befriedigen nicht Sache des Verpflichteten ist. Sie ist nur sehr beschränkt Sicherung des Bedürftigen selbst. Im Sozialstaat der Gegenwart ist jeder Bedürftige des Unterhaltes sicher; er kann lediglich im Übergang vom Verwandtenunterhalt zur Sozialhilfe Einbußen in seinem Lebensstandard erleiden. Anders orientiert ist freilich der Schutz des Strafrechtes (§ 170b StGB).

2. *Sicherung zügiger Erfüllung* ist Sicherung durch einen vollstreckbaren Titel, der dem Gläubiger zu Gebote steht, falls der Schuldner Leistungen freien Willens nicht oder nicht mehr erbringt. Das materielle Recht gewährt dem Gläubiger keinen Anspruch auf einen vollstreckbaren Titel; insofern steht der Unterhaltsanspruch anderen Ansprüchen gleich. Niemand aber hindert den Gläubiger daran, ohne Nachweis einer Gefährdung seines Anspruchs, ohne Nachweis auch eines Rechtsschutzinteresses im konkreten Fall Klage auf wiederkehrende künftige Leistungen (§ 258 ZPO) zu erheben und sich damit einen vollstreckbaren Titel zu sichern. Freilich erlangt er den Titel nur unter Übernahme der Prozeßkosten, wenn und soweit der Schuldner zur Erhebung der Klage keine Veranlassung gab

---

[10] Das Ergebnis entspricht der h. L. Vgl. BGHZ 31, 210; *Dölle,* § 86 XI 3; *Staudinger-Gotthardt,* 16 zu § 1613. A. A. aber *Kropholler,* FamRZ 1965, 414f. (Anspruch aus § 1613 Ersatz-, nicht Unterhaltsanspruch) und *Kunz,* FamRZ 1977, 694ff. (Anspruch aus § 1613 als einheitlicher Schadensersatzanspruch, der konkret oder abstrakt [vorenthaltener Unterhalt als Mindestschaden] berechnet werden darf).

und den Anspruch sofort anerkannte (§ 93 ZPO).[1] War lediglich der Umfang des Unterhaltsanspruchs streitig, so trägt der Gläubiger die Kosten für den unstreitigen Teil, falls sich der Schuldner zu einem (weit billigeren) Unterhaltsanerkenntnis in vollstreckbarer Urkunde bereit erklärte.[2]

Gläubiger, deren Unterhalt altersbedingt steigt (heranwachsende Kinder), können keinen Titel erstreiten, der den Unterhaltsanspruch auf der Basis des gegenwärtigen Unterhaltsbedarfs in der Zukunft fortschreibt und damit die künftige Entwicklung antezipiert. Angesichts einer Fülle von Faktoren, die den Anspruch in der Zukunft präzisieren, der Gegenwart jedoch noch nicht verfügbar sind, ist eine einfache Fortschreibung, die allein die (allerdings sichere) Änderung eines bestimmenden Elements (des Lebensbedarfs) berücksichtigt, ausgeschlossen.[3]

3. Sicherung des Unterhaltsanspruchs zugunsten nachrangig Verpflichteter muß Sicherung gegen Verfügungen des Bedürftigen selbst sein und Sicherung gegen jede Erfüllung der Verpflichtung in einer Form, die den Bedürftigen vielleicht von Verbindlichkeiten befreit, seinen Lebensbedarf aber nicht deckt. Sicherung vor dem Zugriff der Gläubiger aber muß Sicherung gegen Zwangsverfügungen sein, die dem Bedürftigen den Anspruch auf Unterhalt entziehen.

4. Jede *rechtsgeschäftliche Minderung des Unterhaltes* für die Zukunft (nicht für die Vergangenheit) und erst recht jeder vollständige Erlaß der zukünftigen Schuld ist nichtig (§§ 1614 I, 134). Bewußte Minderung und Minderung durch einen Wandel der Verhältnisse, der eine rechtsgeschäftlich vereinbarte Summe als unzulänglich erweist, stehen gleich.[4] Unwirksam ist deshalb auch die Vereinbarung fester Daten, zu denen eine Anpassung vorzunehmen ist, wenn die Unterhaltsrente schon vorher nicht mehr angemessen ist.[5] Dies gilt auch für die in § 1612a I 2 von der vereinfachten Abänderung ausgenommenen Fälle des vollständigen Ausschlusses der Abänderung bzw. der von § 1612a abweichenden Regelung der Anpassung. Wirksamkeit kommt derartigen Vereinbarungen nur bezüglich jenes Betrages zu, der den angemessenen Unterhalt übersteigt (vgl. oben VIII 4).

Das Verbot gilt uneingeschränkt. Ein etwa gezahltes Entgelt bleibt ebenso ohne Einfluß[6] wie die Aufnahme der Vereinbarung in einen Prozeßvergleich.[7] Kein Verzicht hindert den Bedürftigen, seine gesetzlichen Rechte ungeschmälert

---

[1] Vgl. OLG Koblenz, FamRZ 1978, 826; OLG Oldenburg, FamRZ 1979, 64.

[2] Vgl. KG, FamRZ 1979, 179.

[3] Vgl. OLG Bremen, FamRZ 1978, 825 und NJW 1978, 2249. A. A. OLG Stuttgart, FamRZ 1979, 64.

[4] Vgl. RG, JW 1919, 824 (825); LG Freiburg, FamRZ 1974, 463; LG Köln, DAVorm. 1974, 43 (45).

[5] Vgl. LG Kiel, DAVorm. 1976, 93 (95).

[6] Vgl. RG, JW 1905, 682; 1919, 824 (825). Vgl. ferner OLG Dresden, SeuffA 66 Nr. 242 (Unzulässigkeit auch des befristeten Verzichts).

[7] Vgl. RG, GruchB 46 (1902), 943 (945); OLG München, ROLG 26, 241; OLG Karlsruhe, ROLG 31, 53; *Staudinger-Gotthardt,* 12 zu § 1614.

geltend zu machen; kein Verzicht kann damit zu einer Inanspruchnahme nachrangig Verpflichteter führen.

Vorausleistungen befreien bei erneuter Bedürftigkeit nur für ein Vierteljahr, wenn Geld geschuldet wurde, und nur für einen den Umständen nach angemessenen Zeitabschnitt, wenn der Verpflichtete in anderer Art mit eigener Bestimmung der Zeitabschnitte zu leisten hat (§§ 1614 II, 760 II).

5. *Abtretung und Verpfändung* von Unterhaltsansprüchen sind insoweit ausgeschlossen, als der Pfändungsschutz gegen dritte Gläubiger reicht. Die nur bedingte (im Regelfall überhaupt fehlende) Pfändbarkeit der Unterhaltsansprüche (§ 850b ZPO) verhindert eine Zession (§ 400); der Ausschluß der Zession verhindert die Verpfändung (§ 1274 II).

6. Sicherung gegen *unterhaltsfremde Erfüllung* bewirkt das Aufrechnungsverbot des § 394, das folgerichtig das Pfändungsverbot des § 850b ZPO vollendet. Befriedigung von Gläubigern wird nie als Unterhalt geschuldet; das gilt auch dann, wenn der Verpflichtete selbst (aus anderen Rechtsgründen) Gläubiger des Berechtigten ist.

XI. Ende der Verpflichtung

1. Unterhaltsverpflichtungen sind abhängig vom Fortbestand aller ihrer Voraussetzungen; fällt eine weg (Eintritt der Leistungsunfähigkeit etwa oder auch Ende der Bedürftigkeit), so endet die Pflicht. Selbstverständlich ist auch das von § 1615 ausdrücklich genannte Ende durch den Tod des Verpflichteten und den Tod des Berechtigten. Eine sich ständig erneuernde Verpflichtung, die in der verwandtschaftlichen Verknüpfung zweier Personen wurzelt, muß schlechthin mit dem Tod der einen oder der anderen entfallen.

2. Beim Tod des Verpflichteten haben die nachrangig Verpflichteten den Unterhalt zu übernehmen. Beim Tod des Berechtigten endet die Notwendigkeit der Unterhaltung einer bestimmten Person überhaupt. Dem Erben werden die Rückstände weiter geschuldet, auch die Vorausleistungen, die beim Tode bereits fällig waren.

Die Kosten der Beerdigung fallen dem Erben zur Last (§ 1968). Soweit Bezahlung von ihm nicht zu erlangen ist, muß der Verpflichtete sie tragen (§ 1615 II), doch erwächst ihm ein Ersatzanspruch: Die subsidiäre Verpflichtung soll allein die Gläubiger begünstigen, nicht aber die Lastenverteilung im Verhältnis zum Erben ändern.[1]

XII. Unterhaltsverträge

1. Vereinbarungen zwischen Verwandten pflegen sich auf die *Präzisierung* der gesetzlichen Unterhaltspflicht der Höhe nach zu beschränken. Der geregelte An-

[1] Ebenso MünchKomm-*Köhler,* 4 zu § 1615; *Soergel-Lange* und *Palandt-Diederichsen,* jeweils 3 zu § 1615; *Dölle,* § 86 XIV 3.

spruch bleibt dann ein gesetzlicher Anspruch mit aller Dynamik, die ihm kraft seiner Bezugsgrößen „Bedürftigkeit“ und „Leistungsfähigkeit“ eigen ist.

2. *Selbständige Verträge.* Selten nur werden Unterhaltspflichten zwischen Verwandten konstitutiv kraft Rechtsgeschäfts begründet, sei es nun zur Ergänzung eines gesetzlichen Anspruchs, sei es auch unabhängig von einer bereits bestehenden gesetzlichen Pflicht. Ihre causa liegt niemals in der Verwandtschaft (die Rechtsgrund nur für die kraft Gesetzes geschuldeten Leistungen ist). Im übrigen unterscheiden sie sich nur in den Parteien, dagegen nicht strukturell von den (praktisch weit wichtigeren) selbständigen Unterhaltsverträgen unter geschiedenen Ehegatten (vgl. zu ihnen oben § 26 II).

§ 42. Eltern und Kinder

Ein Recht, das nur Verwandte der geraden Linie zu Unterhaltsleistungen verpflichtet, hat wenig Anlaß zur Differenzierung um unterschiedlicher Verwandtschaftsnähe willen. Nur Elternschaft verpflichtet früher als andere Grade der Verwandtschaft (unten I.), nur sie fordert eine besondere Anteilsberechnung, die tätige Personensorge dem Unterhaltsrecht integriert (unten II.) und nur sie modifiziert den Gegenstand des Unterhaltsanspruches (unten III.).

I. Bedürftigkeit und Leistungsfähigkeit

Schrifttum: *Lutz* und *Hahn,* Zum Unterhaltsanspruch ehelicher und unehelicher Kinder, JW 1934, 1768; *Barth,* Zur Unterhaltspflicht von Studenten, ZBlJugR 1976, 343.

1. Typische Elternsorge beschränkt sich auf das minderjährige unverheiratete (d. h. niemals verheiratet gewesene) Kind, dessen Bedürftigkeit das Gesetz bereits bejaht, wenn „die Einkünfte seines Vermögens und der Ertrag seiner Arbeit zum Unterhalt nicht ausreichen“ (§ 1602 II). In der auch das Kind treffenden Pflicht zur Selbsterhaltung bleibt damit der Vermögensstamm grundsätzlich gewahrt. Was zu ihm gehört, kann kaum je zweifelhaft sein. Nur Renten haben der Praxis Schwierigkeiten bereitet, ohne unlösbare Fragen aufzuwerfen. Das Rentenstammrecht gehört zum Vermögensstamm, dagegen nicht mehr die laufenden Bezüge;[1] eine Kapitalabfindung ersetzt die laufenden Bezüge und ist daher zu verbrauchen.[2]

2. Elternsorge fordert mehr als allgemeine Verwandtensorge. Deshalb können Eltern ihre minderjährigen unverheirateten Kinder nie auf einen bloßen Beitrag zum Unterhalt verweisen (§ 1611 II). Und deshalb ist die Leistungsfähigkeit der Eltern nur Grenze ihrer Verpflichtung, wenn das Kind aus seinem Vermögens-

---

[1] Vgl. BayObLGZ 1948/1951, 440 (445).
[2] Vgl. RGZ 151, 101; zust. MünchKomm-*Köhler,* 25 zu § 1602.

stamm unterhalten werden kann oder ein anderer unterhaltspflichtiger Verwandter (auch ein Elternteil bei Leistungsunfähigkeit des anderen[3]) vorhanden ist. Soweit diese Einwendungen nicht eingreifen, sind alle verfügbaren Mittel der Eltern gleichmäßig zum eigenen und der Kinder Unterhalt zu verwenden (§ 1603 II). Freilich hat man den insoweit verwirklichten Gedanken einer Notgemeinschaft nie mit letzter Konsequenz durchgeführt. Zu den ,,verfügbaren Mitteln" rechnet die h. L. (als sog. ,,Selbstbehalt") nicht, was ein erwerbstätiger Elternteil zur Erhaltung seiner Arbeitskraft benötigt;[4] zuweilen wird auch der Notbedarf der Eltern vorab befriedigt.[5] Der damit abgeschwächt erneut postulierte Vorrang der Selbsterhaltung bleibt freilich im intakten Familienverband weithin Theorie; er privilegiert primär die Eltern in zerfallenden Familien. Zur Änderung besteht dennoch kein Anlaß: In einer Zeit, die Sozialhilfe gewährt, entscheidet eine Notordnung des Privatrechtes ohnehin nur die Frage, wer gezwungen sein soll, Sozialhilfe in Anspruch zu nehmen.

Verfehlt (und kurzsichtig) ist es, Elternteile stärker als andere Verwandte zur Arbeit anzuhalten und ihnen eher einen Berufswechsel zu verwehren. Die Existenz eines Kindes darf insbesondere kein Hindernis für die Aufnahme oder Beendigung einer Berufsausbildung sein, die in anderen Verwandtschaftsverhältnissen nicht beanstandet werden würde (vgl. dazu oben § 41 III 3).[6]

3. Gleichmäßige Verwendung aller vorhandenen Mittel kann von einem Kind nicht für eine Berufsausbildung gefordert werden, die zwar seinen Anlagen und Fähigkeiten entspricht (vgl. dazu oben § 41 VII 2), jedoch Aufwendungen verursacht, die über den ihm sonst geschuldeten Lebensstandard hinausgehen. Das

---

[3] Vgl. OLG Celle, FamRZ 1958, 228; KG, FamRZ 1978, 726; *Soergel-Lange,* 15 zu § 1603.

[4] Vgl. KG, JW 1927, 2584; NJW 1953, 1434; OLG Köln, NJW 1953, 517; *Schrade,* FamRZ 1957, 346; *Brühl-Göppinger-Mutschler,* RdNr. 644; *Soergel-Lange,* 14 zu § 1603; *Staudinger-Gotthardt,* 37 zu § 1603. Richtsätze einzelner LGe bei *Kalthoener/Haase-Becher/Büttner,* Die Rechtsprechung der Landgerichte zur Höhe des Unterhalts, 1975, RdNr. 273 Fn. 56. Vgl. ferner *Bursch,* NJW 1968, 433 (Pauschalierung des ,,Selbstbehalts" in Hamburg).

[5] Vgl. *Lutz,* JW 1934, 1768 (gegen ihn *Hahn,* S. 1769); *Buchholz,* JR 1951, 14; *Köhler,* S. 20. Gegen den Vorrang des elterlichen Notbedarfs *Staudinger-Gotthardt,* 34 zu § 1603.

Die dringend notwendige Einheitlichkeit der Rechtsanwendung ist infolge interner Auseinandersetzungen verschiedener Senate eines OLG zuweilen noch nicht einmal für die Bezirke der OLGe gewährleistet. Vgl. dazu OLG Düsseldorf, NJW 1978, 1590 (selbst für 600 DM monatlich); OLG Frankfurt, FamRZ 1978, 433 (625 DM); OLG Hamm, FamRZ 1978, 851 (mindestens 650 DM); OLG Hamburg, FamRZ 1979, 446 (675 DM).

[6] A.A. LG Mönchengladbach, FamRZ 1969, 38; LG Berlin, DAVorm. 1974, 393 (394f.); OLG Bamberg, FamRZ 1979, 448 (bei Arbeitslosigkeit keine langjährige Ausbildung zu einem anderen Beruf); MünchKomm-*Köhler,* 22 zu § 1603. Richtiger LG Düsseldorf, FamRZ 1966, 246 (Ferienarbeit in Examensnähe nicht zu fordern. Schwerlich richtig dagegen die Überzeugung, daß Aufnahme eines Studiendarlehens für den eigenen Unterhalt mit der Folge freier Mittel für das Kind nicht verlangt werden dürfe); wie der Text auch LG Köln, DAVorm. 1975, 35 (Einbußen infolge wirtschaftlich sinnvoller Umschulungsmaßnahmen sind hinzunehmen). Vgl. auch *Barth,* ZBlJugR 1976, 344 (zu § 1615h; Recht auf eine angemessene Ausbildung geht der Unterhaltsverpflichtung i. d. R. vor); *Puls,* DAVorm. 1975, 579f. (weitere Berufsausbildung jedenfalls dann zu tolerieren, wenn der Verpflichtete Regelunterhalt leisten kann).

verstärkte Bildungsstreben der Gegenwart hat das Kind im Bereich der Berufsausbildung (und nur in ihm) von den Verhältnissen, in denen die Eltern leben, emanzipiert; das „Angemessene" orientiert sich insoweit allein an den Entwicklungsmöglichkeiten des Kindes. § 1603 II beruht dagegen auf dem Gedanken einer Notgemeinschaft, in welcher keiner einen höheren Standard als der andere beanspruchen kann. Weil der Interpretationswandel bei § 1610 II dem § 1603 II nicht integriert werden kann, muß es für die standeserhöhende Berufsausbildung bei § 1603 I sein Bewenden haben.[7]

Der praktische Effekt dieser Aussage ist mit Herabsetzung des Volljährigkeitsalters geringer geworden (kostspieligere Ausbildungen pflegen regelmäßig erst jenseits des 18. Lebensjahres aufgenommen zu werden) und im übrigen abhängig von der jeweiligen Weite der öffentlichen Ausbildungsförderung. Diese setzt i. d. R. vor der Erschöpfung der elterlichen Mittel ein, beachtet also § 1603 II (zugunsten der Familie) nicht. Die Beschränkung der elterlichen Opferpflicht ist deshalb bedeutsam nur für Ausbildungsgänge, für die öffentliche Mittel nicht zur Verfügung stehen.

4. *Mindestbedarf.* Bedürftigkeit des Kindes und Leistungsfähigkeit der Elternteile bleiben für den Anspruch des Kindes auch dann entscheidend, wenn die Eltern (nicht nur vorübergehend) tatsächlich getrennt leben oder gar ihre Ehe ein Ende fand. Zwar gilt dann gemäß § 1610 III als Bedarf für ein Kind, das im Haushalt eines Elternteiles lebt und den anderen Elternteil (notwendig: auf Zahlung einer Rente) in Anspruch nimmt, „bis zur Vollendung des achtzehnten Lebensjahres mindestens der für ein nichteheliches Kind der entsprechenden Altersstufe festgesetzte Regelbedarf", doch wird damit nicht schon eine Mindestrente festgelegt, die der andere Elternteil stets schuldet (mit Schutz allein durch die Grenzen des Vollstreckungsrechtes). Trotz des Normtextes, der mit dem Wort „gilt" eine Fiktion andeutet, handelt es sich lediglich um eine Regelung der Beweislast: Bis zur Höhe des Regelbedarfs ist das klagende Kind jedes Beweises enthoben. Fordert es mehr, so hat es seiner Darlegungs- und Beweislast ungeschmälert zu entsprechen. Ist umgekehrt der in Anspruch genommene Elternteil der Überzeugung, weniger zu schulden (sei es nun, weil das Kind nicht bedürftig, sei es auch, weil er selbst nicht leistungsfähig ist), so hat er die Tatsachen darzulegen und zu beweisen, aus denen die Richtigkeit seiner Auffassung folgt.[8]

---

[7] Vgl. dazu *Blanke,* FamRZ 1969, 398 (aber mit Anwendung des § 1603 I auf den Ausbildungsanspruch überhaupt); *Schwab,* FamRZ 1971, 4ff. (mit dem Maßstab der Zumutbarkeit für die Gewährung einer „kostspieligen, gehobeneren Berufsausbildung" und mit dem typischen Lebensstandard eines nichtakademischen, ausgebildeten Dienst- und Arbeitnehmers als Leitlinie für den Mindestbedarf der Eltern und der Geschwister, der Vorrang vor einer aufwendigen Ausbildung haben soll); *Jung,* FamRZ 1974, 515 (*Schwab* folgend); *Puls,* DAVorm. 1976, 588f.

[8] Allg. M. Vgl. etwa MünchKomm-*Köhler,* 28 zu § 1610; *Palandt-Diederichsen,* 5 zu § 1610; *Ambrock,* II 2 zu § 1610; *Bastian,* 5 zu § 1610; *Franz,* FamRZ 1976, 69.

II. Anteile der Eltern

Schrifttum: *Beitzke,* Die Neugestaltung der elterlichen Unterhaltspflicht, Festschrift Hedemann, 1958, S. 1; *derselbe,* Die Unterhaltspflicht gegenüber ehelichen Kindern nach dem GleichberG, JR 1959, 45; *Krüger,* Die Haushaltsführung der Mutter im Unterhaltsrecht des ehelichen Kindes, FamRZ 1960, 180; *Bursch,* Zum Unterhaltsanspruch minderjähriger ehelicher Kinder, NJW 1968, 429; *Puls,* Unterhaltsansprüche minderjähriger ehelicher Kinder und Volljähriger gegen ihre Eltern, DAVorm. 1975, 561; *Derleder* und *Derleder,* Persönliche Betreuung und Barunterhaltspflicht gegenüber Kindern, NJW 1978, 1129.

1. *Personensorge.* Eltern haften ihren Kindern grundsätzlich wie andere gleichrangig Verpflichtete proportional nach ihren Erwerbs- und Vermögensverhältnissen (§ 1606 III Satz 1). Eine individuelle Anteilsberechnung ist gleichwohl meist nicht erforderlich. Zum Unterhalt des Kindes gehört auch die tätige Personensorge im Haushalt. Elternteile (gleich ob Mutter oder Vater), die sie in arbeitsteiliger Ehe gewähren, sind in der Regel zu weiteren Leistungen nicht verpflichtet; die für den Unterhalt des Kindes notwendigen Gelder hat der andere Elternteil zur Verfügung zu stellen.

Das Gesetz erwähnt in diesem Zusammenhang bislang allein die Mutter (§ 1606 III 2), bedarf jedoch der Anpassung an die Änderungen des Eherechts: Eine Norm, die dem Leitbild der Hausfrauenehe verpflichtet ist und eben deshalb allein die Pflege und Erziehung der Kinder als Unterhaltsbeitrag der Mutter bedenkt, ist im Zeitalter der autonomen Funktionswahl der Ehegatten sinngemäß auch auf den Vater anzuwenden, wenn er den ehelichen Haushalt führt oder nach Trennung der Ehegatten die elterliche Sorge ausübt.[1]

Freilich erübrigt sich eine individuelle Anteilsberechnung nur „in der Regel", die eine Ausnahme erleiden muß, wenn sie zu erheblichen Disproportionalitäten zwischen den Eltern führen würde (insbesondere, wenn der das Kind betreuende Elternteil größere Einkünfte aus Vermögen hat, während der andere Elternteil nach Trennung der Ehegatten oder gar Scheidung in bescheidenen Verhältnissen lebt).[2] Evident ist die Notwendigkeit, die tätige Personensorge mit Geld zu ergänzen, wenn der andere Elternteil des eigenen angemessenen Unterhaltes nicht mehr sicher wäre.[3]

2. Sind *beide Eltern berufstätig* und deshalb im Einzelfall (keine notwendige Folge mithin![4]) keiner von beiden in der Lage, das Kind in dem von § 1606 III 2

---

[1] Ebenso i. Erg. MünchKomm-*Köhler,* 8 zu § 1606; *Derleder* und *Derleder,* NJW 1978, 1129.

[2] Vgl. LG Berlin, FamRZ 1969, 546 (ohne klare Anteilsberechnung); OLG München, FamRZ 1974, 205 (208); *Lange,* NJW 1970, 301 Fn. 31. Auch ein sehr hoher Geldbedarf kann zu erheblichen Disproportionalitäten führen, muß es aber keinesfalls. Vgl. LG Köln, FamRZ 1968, 468 (geisteskrankes Kind).

[3] Vgl. OLG Frankfurt, FamRZ 1978, 173.

[4] Gegen Barunterhaltspflicht der berufstätigen Mutter bei ausreichenden Betreuungsleistungen auch *Jung,* FamRZ 1975, 398 (401); *Puls,* DAVorm. 1975, 583; OLG Frankfurt, FamRZ 1978, 929; KG, FamRZ 1978, 718 und 1979, 171 (172). Nach a. A. ist stets eine individuelle Anteilsberechnung vorzunehmen, wenn der betreuende Elternteil Einkommen aus Arbeit oder Vermögen hat. Vgl.

vorgesehenen Umfang zu betreuen (Maßstab: der jeweils dem Alter des Kindes entsprechende Pflegeaufwand[5]), so wird eine individuelle Anteilsberechnung notwendig,[6] die von der Gleichung voller finanzieller Bedarf = volle tatsächliche Personensorge auszugehen hat; der Wert des Betreuungsaufwands (und das entstehende Betreuungsdefizit) ist in Bruchteilen des Geldbedarfs zu errechnen.[7] Diese Methode der Kommerzialisierung an sich nicht kommerzialisierbarer Leistungen (auch der Rückgriff auf vergleichbare Dienstleistungen familienfremder Personen verfehlt die Situation[8]) ist in § 1606 III 2 vorgezeichnet und gibt das Spezifikum familiär bestimmter Leistungen jedenfalls besser wieder, als es grobe Schätzungen[9] oder auch angeblich exakte Berechnungen[10] mit zweifelhaftem Hintergrund je zu tun vermögen. Sie gilt ungeschmälert für alle Altersstufen des Kindes:[11] Die aus dem unterschiedlichen Pflegebedürfnis resultierenden Disproportionalitäten sind Folge der gesetzlichen Wertung und gleichen sich gegenseitig langfristig aus.

Gleichgültig ist, ob die Erwerbstätigkeit freien Willens ausgeübt wird oder als Folge einer familienrechtlichen Pflichtenlage. Sie ist jedoch nicht zu berücksichtigen, wenn die Mutter in das Berufsleben nur eintrat, weil der Vater den von ihm geschuldeten Unterhalt tatsächlich verweigerte.

Eine Pflicht zur Arbeit gegenüber dem Kind ist nur anzuerkennen, soweit eine Pflicht zur Arbeit auch gegenüber dem Ehegatten bzw. (nach Scheidung) gegenüber dem ehemaligen Ehegatten besteht.[12] Eine Rechtsordnung, die zwischen Ehegatten bestimmte Verhaltensweisen duldet oder gar fordert, kann nicht andere Anforderungen stellen, wenn Lasten zwischen den Ehegatten zugunsten der Kinder zu verteilen sind. Deshalb kann vom haushaltsführenden Ehegatten auch dann keine Erwerbstätigkeit gefordert werden, wenn das Kind tatsächlich nicht

---

BGH, FamRZ 1974, 366 (zu § 844 II); *Brühl-Göppinger-Mutschler*, RdNr. 704; MünchKomm-*Köhler*, 7 zu § 1606; LG Hanau, DAVorm. 1976, 279 (287); OLG Stuttgart, NJW 1978, 1166.

[5] Besuch eines Halbtagskindergartens hindert deshalb die Annahme voller Personensorge ebensowenig wie Schulbesuch. Vgl. LG Hamburg, DAVorm. 1973, 422 (424); LG Wiesbaden, FamRZ 1974, 199 (200) mit zust. Anm. *Kemper*, ZBlJugR 1975, 195 (200).

[6] Sie wird generell abgelehnt von *Derleder* und *Derleder*, NJW 1978, 1129ff., solange ein Elternteil nur überhaupt noch ein Mindestmaß an Betreuungsleistungen im eigenen Haushalt erbringt (mit sorgerechtlichen Konsequenzen, wenn es nicht geschieht).

[7] Ebenso LG Freiburg, NJW 1977, 340 (341).

[8] Vgl. etwa LG Wiesbaden, FamRZ 1974, 199 (Pflegepersonal mit einem Stundenlohn von etwa 6 DM).

[9] Vgl. LG Hamburg, MDR 1965, 576; LG Köln, FamRZ 1970, 91; BGH, NJW 1971, 1983 (1985); LG Hanau, DAVorm. 1976, 279 (287). Zust. *Palandt-Diederichsen*, 4 zu § 1606.

[10] Für konkrete Berechnung des Wertes der tatsächlich geleisteten Sorge (ohne Angabe von Maßstäben) *Brühl-Göppinger-Mutschler*, RdNr. 704; MünchKomm-*Köhler*, 8 zu § 1606.

[11] A.A. LG Düsseldorf, DAVorm. 1975, 178, 180 (bei über 15-jährigem Kind wesentliche Minderung des Wertes der Naturalleistungen); MünchKomm-*Köhler*, 8 zu § 1606. Wie der Text LG Hannover, DAVorm. 1976, 501, 502; *Puls*, DAVorm. 1975, 584f.

[12] A.A. LG Bonn, NJW 1966, 2116 (im Ergebnis aber richtig, weil die Mutter eine zweite Ehe eingegangen war).

im elterlichen Haushalt betreut wird, falls (und solange) der erwerbstätige Elternteil in der Lage ist, den (dann erhöhten) Finanzbedarf allein zu tragen. Ob und inwieweit in den (praktisch wesentlicheren) Fällen getrennt lebender oder gar schon geschiedener Eltern eine Pflicht zur Erwerbstätigkeit besteht, entscheiden die §§ 1361 und 1569ff.

Umgekehrt ist *der sorgeberechtigte Elternteil nie verpflichtet, eine Erwerbstätigkeit zu unterlassen.* Wächst der Lebensbedarf des Kindes infolge der Berufsausübung (Betreuung des Kindes durch Dritte), so ist ein Mehrbetrag nicht kurzerhand seinem Anteil hinzuzurechnen.[13] Er ist zwischen den Eltern nach den allgemeinen Grundsätzen aufzuteilen; der primär Barunterhaltspflichtige ist (relativ) nicht benachteiligt, weil der das Kind betreuende Elternteil nunmehr einen finanziellen Beitrag leisten muß.

3. *Leistungsunfähigkeit durch Personensorge.* Tatsächliche Betreuung, die einem Kind als Unterhalt erbracht wird, kann partiell oder total die Arbeitskraft binden und damit die Möglichkeit ausschließen, durch Erwerbstätigkeit Mittel zu erlangen, die dem Unterhalt anderer dienen könnten. Wenn und soweit tatsächliche Personensorge als Umstand anerkannt wird, der Leistungsunfähigkeit begründet, ergibt sich dann ein (im Gesetz nicht explizit ausgewiesener) Vorrang der Kinder, die tatsächlich betreut werden vor den anderen; zur Ordnung der Berechtigten in § 1609 mit ihrem groben Raster tritt ein weiteres Ordnungselement hinzu, das weithin vom bloßen Zufall abhängig ist. Die Problematik wird praktisch vornehmlich nach Auflösung der Elternehe, falls die gemeinschaftlichen Kinder z. T. von dem einen, z. T. aber auch von dem anderen Elternteil tatsächlich betreut werden (die Mutter weigert sich, Geld für den Unterhalt der beim Vater lebenden Kinder bereitzustellen). Sie bekommt einen weiteren Akzent, wenn die tatsächliche Personensorge einem Kind aus anderer Verbindung zugute kommt (die Mutter beteiligt sich nicht am Unterhalt der beim Vater lebenden Kinder, weil sie ein Kind aus zweiter Ehe betreut).

Die Rspr. pflegt hier wie dort Leistungsunfähigkeit der Mutter anzuerkennen[14] (wobei offen bleibt, ob sie dem tatsächlich betreuenden Vater ähnlich entgegenkommen würde[14a]) und damit die Unterhaltslast für die abgewiesenen Kinder allein dem anderen Elternteil aufzubürden. Die Ergebnisse sind schließlich nicht zufälliger als viele andere auch, die sonst im Unterhaltsrecht begegnen. Doch stört ein evidenter Wertungswiderspruch: Wenn das zweiteheliche Kind einen (tatsächlichen) Vorrang vor dem erstehelichen genießt (und damit der Partner in

---

[13] Verfehlt LG Itzehoe, SchlHA 1967, 331; LG Hamburg, DAVorm. 1975, 301 (303); LG Hanau, DAVorm. 1976, 279 (287). Wie der Text OLG Stuttgart, FamRZ 1973, 383 (384).

[14] Anders noch OLG Bremen, FamRZ 1958, 227. Vgl. jetzt aber OLG Stuttgart, FamRZ 1978, 424 (verteilte Geschwister); KG, FamRZ 1978, 726 (zweiteheliches Kind). Vgl. dagegen OLG Köln, FamRZ 1979, 328 (Mutter zur Erwerbstätigkeit verpflichtet bei kinderloser Zweitehe).

[14a] Anders jedenfalls LG Krefeld, NJW 1977, 1349 („Hausmann"; zwei zweiteheliche Kinder).

der ersten Ehe zugunsten der zweiten Verbindung belastet wird), wird augenscheinlich der Grundgedanke des § 1582 verfehlt.

4. *Kindergeld* soll wenigstens partiell die besonderen wirtschaftlichen Belastungen ausgleichen, die mit Kindern verbunden sind, und zwar bezogen auf die elterliche Gesamtleistung (und nicht: allein auf den Aufwand in Geld oder auch auf den vom Empfänger des Kindergeldes geleisteten Unterhaltsteil). Diese sozialpolitische Zwecksetzung ist im Privatrecht jedenfalls dem Ausgleichsverhältnis zwischen den Elternteilen schwierigkeitslos zu integrieren. Die Judikatur hat sie (insoweit nach dem Vorbild des § 1615g im Recht des nichtehelichen Kindes) jedoch in das (vorgelagerte) Eltern-Kind-Verhältnis getragen und berücksichtigt sie bereits bei der Berechnung der Unterhaltsrente, die das Kind zu fordern hat (womit sich ein Ausgleich zwischen den Eltern erübrigt). Für diesen Akt richterlicher Rechtsfortbildung[15] spricht die Praktikabilität; problemlos ist er nicht, weil er dem Kind (und nicht: dem anderen Elternteil) das Insolvenzrisiko für den Empfänger des Kindergeldes aufbürdet.

Kindergeld (dagegen nicht etwa kindbezogene Gehaltsbestandteile[15a]), das der tatsächlich betreuende Elternteil empfängt,[16] wird auf den Unterhaltsanspruch des Kindes gegen den zum Barunterhalt verpflichteten Elternteil zur Hälfte angerechnet (Regelfall nach geschiedener Ehe mit Pflege und Erziehung des Kindes durch einen Elternteil).[17] So entspricht es allein der (von § 1606 III 2 postulierten) Gleichwertigkeit von tatsächlicher Personensorge und Barunterhalt; andere Vorschläge verfehlen entweder den sozialpolitischen Zweck des Kindergeldes (volle Anrechnung auf den Barunterhalt) oder die Notwendigkeit, einen Maßstab zu finden, der einsichtig ist und Rechtsgleichheit gewährleistet.[18]

Anrechnung hat auch stattzufinden (anders, als es § 4 RegUnterhVO beim nichtehelichen Kind vorsieht), wenn der zu Barleistungen verpflichtete Elternteil

---

[15] Aus § 1606 III 2 (Abweichung von der Regelgleichheit) kann die Rspr. nicht begründet werden (anders u.a. auch BVerfG, FamRZ 1977, 611 [616] mit zahlr. Nachw.). Kindergeld bewirkt noch keine Disparität, die stets korrigiert werden müßte. Auch eine analoge Anwendung des § 1615g (weit verbreitet in Rspr. und Schrifttum) überzeugt angesichts des evidenten Unterschieds zwischen dem Regelunterhalt des nichtehelichen Kindes und dem individuellen Anspruch des ehelichen Kindes nicht. Ebenso BGH, FamRZ 1978, 177 (178ff.).

[15a] Vgl. für den Ortszuschlag der Beamten OLG Oldenburg, FamRZ 1979, 333.

[16] Für Übertragung der Grundsätze auf andere kindbezogene Sozialleistungen OLG München, FamRZ 1978, 931 (Kinderzuschuß zur Rente wegen Erwerbsunfähigkeit). Daß insoweit der sozialpolitische Zweck (mit einseitigem Zuschnitt) nicht mehr rechtferigen kann, wird nicht berücksichtigt.

[17] Vgl. aus der jüng. Rspr. BGH, FamRZ 1978, 177; OLG Hamm, FamRZ 1978, 459 (analog § 1615g); OLG Düsseldorf, FamRZ 1978, 611; OLG Frankfurt, FamRZ 1978, 721 (entsprechend dem Rechtsgedanken des § 1615g); OLG Saarbrücken, FamRZ 1978, 724; OLG Oldenburg, FamRZ 1979, 333.

Wurde bei einem Unterhaltsvertrag (auch Prozeßvergleich) das Kindergeld nicht bedacht, ist die hälftige Anrechnung in ergänzender Vertragsauslegung (§ 157) durchzusetzen. Vgl. BGH, FamRZ 1977, 461; 1978, 177 (179).

[18] Vgl. dazu LGe Kaiserslautern/Bonn/Duisburg, FamRZ 1975, 704ff. (volle Anrechnung); LG Heilbronn, FamRZ 1977, 204 (Anrechnung mit einem Drittel).

ebenfalls eine Leistung für das Kind empfängt. So wie § 1615g mit seinem Zuschnitt auf den schematisierenden Regelunterhalt des nichtehelichen Kindes nicht in das Recht des ehelichen Kindes zu übernehmen ist, so ist auch der ihn korrigierende § 4 RegUnterhVO nicht hierher zu übertragen. Insbesondere ist ein Zählkindvorteil des Barunterhaltspflichtigen (das Kind, dem er Barunterhalt zu leisten hat, erhöht das Kindergeld, das er selbst für ein weiteres Kind erhält) kein Umstand, der die Anrechnung ausschließt.[19] Wird die sozialpolitische Zwecksetzung des Kindergeldes überhaupt in das Privatrecht getragen, so muß der Zählkindvorteil allein jenem Elternteil verbleiben, der tatsächlich (in welcher Form auch immer) für mehrere Kinder zu sorgen hat.

5. *Teilschulden.* Unterhaltspflichtige Elternteile haften ihren Kindern ohne Ausnahme wie andere gleichrangig Verpflichtete als Teilschuldner, deren Leistungen sich zum Gesamtunterhalt des Kindes zusammenfügen. Freilich wird für sie (und nur für sie) zuweilen der Übergang zur Gesamtschuld angeregt oder gar als unerläßlich im Interesse der Kinder bezeichnet.[20] Die Konsequenzen einer Haftung nach Teilen sind jedoch weit weniger „ungeheuerlich" *(Beitzke),* als es zunächst scheinen mag. Über zwei Jahrzehnte praktischer Erfahrung haben sogar gelehrt, daß dem Kind mit elterlichen Teilschulden in ausreichendem Maß gedient ist. Die Notwendigkeit, bereits im Prozeß des Kindes (und nicht erst im Regreßprozeß der Elternteile untereinander) Vermögen und Einkommen der Eltern festzustellen, wirkt verzögernd, doch pflegt die Beweisaufnahme hier selten auf größere Schwierigkeiten zu stoßen. Der oftmals nur mangelhafte Einblick des Kindes in Einkommen und Vermögen der Eltern aber schafft kein unerträgliches prozessuales Risiko. Er stört in erster Linie, wenn das Kind nicht von einem Elternteil vertreten wird, primär also, wenn es gezwungen ist, beide Elternteile zu beklagen. Insoweit eröffnet § 35a ZPO aber stets die Möglichkeit, beide Eltern in einem Prozeß in Anspruch zu nehmen und damit Risiken zu vermeiden. Freilich beseitigt er keine Risiken, die sich aus der Notwendigkeit ergeben, einen bestimmten Antrag zu stellen (§ 253 II ZPO), wenn er ausschließlich als Norm verstanden wird, die einen Gerichtsstand begründet. Doch sollte seine Tendenz zu Konzessionen führen, die nur unwesentlich weiter greifen als andere Einschränkungen, die § 253 II ZPO längst erfahren hat:[21] *Das Kind muß die Möglichkeit haben, einen Antrag zu stellen, der zwar die von beiden Elternteilen insge-*

---

[19] A.A. OLG Hamm, FamRZ 1978, 459; OLG Frankfurt, FamRZ 1978, 721; OLG Oldenburg, FamRZ 1979, 173. Entscheidend ist für sie der Zwang, nach analoger Anwendung des § 1615g auch § 4 RegUnterhVO analog anwenden zu müssen.

Eine mittlere Lösung in der Entscheidung OLG Hamburg, FamRZ 1979, 174 (Kopfquoten für alle Kinder, für die Kindergeld bezogen wird; von der auf ein Kind entfallenden Kopfquote soll jeweils die Hälfte auf den Barunterhalt angerechnet werden); Kinder aus verschiedenen Ehen werden dann in einer Art Kindergeldgemeinschaft zusammengefaßt.

[20] Vgl. *Beitzke,* § 24 I 4a.

[21] Vgl. zu ihnen *Brühl-Göppinger-Mutschler,* RdNr. 1181.

samt geforderte Summe beziffert, die Aufspaltung in fest fixierte Teilschulden aber dem Gericht überläßt.[22]

6. Tätige Personensorge kann das Kind von seinen Eltern niemals mit einer Klage fordern (vgl. unten § 49 VIII 2); die Qualifizierung der Personensorge als Unterhaltsleistung ändert daran nichts. Eine Gefährdung des Kindes hat das Vormundschaftsgericht abzuwehren (§ 1666). Die Anteile der Eltern am Gesamtunterhalt des Kindes bleiben unverändert: Elternteile, die Personensorge schulden, jedoch nicht leisten, müssen Ersatz in Geld gewähren.[23]

7. *Ausgleich zwischen den Eltern.* § 1606 III regelt auch das Innenverhältnis der Eltern, vermittelt also einem Elternteil, der mehr leistet, als die Anteilsberechnung von ihm fordert, einen (durch § 1360b begrenzten) Ausgleichsanspruch gegen den anderen Elternteil.[24] Er schließt parallel laufende Ersatzansprüche aus Geschäftsführung ohne Auftrag und ungerechtfertigter Bereicherung zwar nicht aus, doch verlieren sie ihre praktische Bedeutung, weil sie nie weiterreichen als der spezifisch familienrechtliche Ausgleich,[25] während ihre Tatbestände weitere Tatbestandselemente aufweisen. Auch in der Verjährung zeigt sich kein Vorteil; hier wie dort tritt für fortlaufend gewährte Mehrleistungen Verjährung in vier Jahren ein (§ 197).[26]

Den Ausgleich zwischen den Eltern regelt § 1606 III auch, wenn sie dem Kind Unterhalt durch Abschluß eines Vertrages mit einem Dritten gewährten (Arzt!) und dabei eine gesamtschuldnerische Haftung übernahmen.[27] Gesamtschuldner sind im Verhältnis zueinander zu gleichen Teilen nur verpflichtet, ,,soweit nicht ein anderes bestimmt ist" (§ 426); ein anderes bestimmt ist auch in § 1606 III.[28]

---

[22] Ausdrücklich dagegen MünchKomm-*Köhler,* 28 zu § 1602 und 11 zu § 1606; *Palandt-Diederichsen,* 4c zu § 1606.

[23] Ebenso *Palandt-Diederichsen,* 2d zu § 1613; LG Stuttgart, FamRZ 1965, 518 (für das nichteheliche Kind).

[24] Ebenso *Soergel-Lange,* 13 zu § 1606. Ohne spezifizierte Anspruchsgrundlage bejahen einen familienrechtlichen Ausgleichsanspruch auch BGHZ 31, 329 (331); 50, 266 (267). Die Möglichkeit, in § 1606 III eine Anspruchsgrundlage für den Ausgleichsanspruch zu finden, wird geleugnet von *Beitzke,* Festschrift Hedemann, S. 4f. und JR 1959, 46. Bedenken gegen § 1606 III als Anspruchsgrundlage auch bei *Brühl-Göppinger-Mutschler,* RdNr. 831. Sie schlagen statt dessen eine auf die leiblichen Eltern beschränkte Rechtsanalogie vor, die auf den Gedanken der gemeinsam übernommenen Verantwortung (wie er in §§ 1615k, 1615l für das Verhältnis der Eltern zueinander zum Ausdruck kommt) bzw. der Verantwortlichkeit mehrerer für einen Schaden gem. § 840 gestützt wird. Ausgeschlossen ist eine analoge Anwendung der §§ 1607 II, 1615b. Die beiden Normen regeln den Ausgleich zwischen Schuldnern, die nacheinander zum Unterhalt verpflichtet sind.

[25] Zur Bedeutung des § 1360b für Ersatzansprüche aus § 683 und § 812 vgl. oben § 21 III 4. Vgl. auch BGHZ 50, 266 (270).

[26] Zur Anwendung des § 197 auf die Ansprüche aus § 812 vgl. oben § 41 V 4 und unten § 45 VIII 5.

[27] Die Rspr. neigt dazu, auch bei Auftreten nur eines Elternteiles beim Vertragsschluß eine Verpflichtung beider Elternteile zu bejahen. Die notwendige Vertretungsmacht des einen für den anderen Elternteil wird zuweilen eilig bejaht (vgl. etwa LG Konstanz, FamRZ 1960, 403), zuweilen auch durch sachfremde Argumente gestützt (vgl. insbesondere LG Berlin, NJW 1961, 973).

[28] Wenn die Rspr. im Einzelfall nur einen Ehegatten belasten will, pflegt sie ihn als alleinigen Vertragspartner auch dann zu bezeichnen, wenn die tatsächliche Situation mit einer derartigen An-

III. Art des Unterhaltes

Schrifttum: *Knorn,* Die rechtswirksame Unterhaltsbestimmung nach § 1612 II BGB, FamRZ 1966, 392; *Bosch,* Teil-Unmündigkeit trotz Volljährigkeit?, Festschrift Schiedermair, 1976, S. 51; *Wiesner,* Natural- oder Geldunterhalt für volljährige Kinder?, FamRZ 1977, 28; *Schwerdtner,* Verfassungsrechtliche Grenzen der Unterhaltsbestimmung durch die Eltern, NJW 1977, 1268; *Zenz,* Die Gewährung von Unterhalt an „volljährige Kinder", ZRP 1977, 195.

1. *Bestimmungsrecht der Eltern.* Eltern können unverheirateten Kindern gegenüber bestimmen, in welcher Art und für welche Zeit im voraus der Unterhalt gewährt werden soll (§ 1612 II). Zwei Gedankengänge tragen die Norm, geschieden am Alter des Kindes. Minderjährige Kinder sind von ihren Eltern zu erziehen; durch die Bestimmung der Art der Unterhaltsleistung wird eine Möglichkeit geschaffen, das Leben des Bedürftigen zu lenken. Volljährige Kinder[1] sind zur Selbstbestimmung herangewachsen (es gibt auch keinen Rest elterlicher Leitungsrechte als Folge der Inanspruchnahme elterlicher Leistungen[2]), doch gebietet die enge verwandtschaftliche Beziehung noch Rücksichtnahme auf die Eltern. Bei einer Ehe des Kindes muß das Bestimmungsrecht entfallen; der neue Lebenskreis hat Vorrang vor dem alten.

2. *Ausübung.* Genießt das Kind elterliche Sorge, erfolgt die Rechtsausübung durch Anordnung der Eltern, ist es volljährig, durch Willenserklärung dem Kind gegenüber, sonst durch Willenserklärung, die sich an den gesetzlichen Vertreter des Kindes richtet.[3]

Solange beide Elternteile zur Personensorge berufen sind, kann das Recht nur gemeinschaftlich ausgeübt werden. Die Wirkungen für den Aufenthalt des Kindes und die Notwendigkeit einander ergänzender Unterhaltsteile gestatten keine andere Lösung.[4] Im übrigen erklärt sich jeder Elternteil selbständig. Disharmonien vermeiden die Grenzen, die den Eltern in der Rechtsausübung gezogen sind.

---

nahme kaum oder gar nicht mehr zu vereinbaren ist. Vgl. dazu LG Saarbrücken, NJW 1971, 1894. Obwohl die Mutter allein handelte, soll der von ihr getrennt lebende Vater Alleinschuldner eines Arztes sein; Vertretungsmacht für den Vater wird (sicher fehlerhaft) aus § 679 abgeleitet.

[1] Für sie ist schon mehrfach Freiheit vom elterlichen Bestimmungsrecht gefordert worden, doch hat die Legislative nicht reagiert. Eine restriktive Auslegung der Norm durch die Rspr. ist nicht zu rechtfertigen. Richtig LG Hamburg, FamRZ 1976, 704; BayObLG, FamRZ 1977, 263 (264).

[2] Der Gedanke korrespondierender elterlicher Leistungen und fortbestehender elterlicher Rechte (die oft sorgfältig von der Erziehung geschieden werden, um den Vorwurf zu vermeiden, Mündige weiterer Erziehung zu unterwerfen) ist leider in die jüng. Rspr. eingedrungen. Im Schrifttum ist er vornehmlich von *Bosch* geäußert worden. Vgl. Festschrift Schiedermair, S. 64ff. und (besonders klar) FamRZ 1977, 631. Der Trend im Schrifttum ist freilich eindeutig gegenläufig, doch werden vielfach die elterlichen Belange zu wenig gewürdigt. Vgl. unten Fn. 10.

[3] Zust. *Knorn,* FamRZ 1966, 393. Die h. L. fordert stets eine Willenserklärung dem Kind gegenüber. Vgl. KG, DJZ 1931, 1259; JW 1934, 2999; 1936, 679; OLG Hamm, FamRZ 1964, 582; *Schrade,* FamRZ 1957, 346; *Erman-Küchenhoff,* 2 zu § 1612. Vereinzelt wird auch der gesetzliche Vertreter als möglicher Empfänger zusätzlich genannt. Vgl. KG, RJA 12, 181 (183); MünchKomm-*Köhler,* 12 zu § 1612; *Soergel-Lange,* 5 zu § 1612; *Staudinger-Gotthardt,* 22 zu § 1612; *Dölle,* § 86 X 2.

[4] Ebenso sinngemäß *Beitzke,* Festschrift Hedemann, S. 18 Fn. 53; *Schrade,* FamRZ 1957, 348;

3. *Grenzen.* Unwirksam ist jede Bestimmung, die den Unterhalt des Kindes nur mittelbar sichert (etwa Leistung von Sachen zur Veräußerung), praktisch möglich daher nur das Verlangen nach Empfang des Unterhaltes im eigenen Hause oder im Hause eines Dritten, dem die notwendigen Mittel zur Verfügung gestellt werden (Internat!).[5] Unwirksam ist ferner jede Bestimmung, die das Recht eines anderen verletzt, den Aufenthalt des Kindes zu bestimmen. Deshalb hat ein nicht zur Personensorge berufener Elternteil das Bestimmungsrecht nur, wenn und solange das Kind tatsächlich in seinem Haushalt lebt (§ 1612 II Satz 3). Unwirksam ist sodann jede Bestimmung, die in Rechte des Ehegatten ohne dessen Zustimmung eingreift. Kein Ehegatte kann einseitig Kinder in den Haushalt aufnehmen. Unwirksam ist schließlich jede Bestimmung, die den Unterhalt tatsächlich verweigert. Sorgeberechtigte Elternteile, die sich des Kindes nicht bemächtigen können, pflegen Empfang des Unterhaltes im eigenen Haus zu bestimmen, um nicht durch eigene Leistungen den Widerstand des Herausgabepflichtigen oder auch des Kindes zu stärken. Die Rechtsprechung weist sie in der Regel zurück; wirksam ist die Bestimmung nur, wenn das einsichtsfähige Kind (§ 828) ihr freien Willens folgen kann.[6]

4. *Kontrolle.* Aus besonderen Gründen kann das Vormundschaftsgericht auf Antrag des Kindes die Bestimmung der Eltern ändern,[7] damit nicht elterliche Willkür etwas Unzumutbares verlangen kann. Mit Erfolg kann etwa das Vormundschaftsgericht in Anspruch genommen werden, wenn die Eltern Natural-

---

Knorn, FamRZ 1966, 394; *Erman-Küchenhoff,* 2 zu § 1612. Mit Rücksicht auf § 1360a II verlangen *Brühl-Göppinger-Mutschler,* RdNr. 180, weitgehend eine gemeinschaftliche Entscheidung aller Elternteile, die in ehelicher Lebensgemeinschaft leben. Von selbständigen Bestimmungsrechten in allen Situationen sprechen dagegen KG, JW 1934, 2999; FamRZ 1970, 415; MünchKomm-*Köhler,* 10 zu § 1612 (jedoch nur, soweit die beiderseitigen Bestimmungen miteinander vereinbar sind); *Staudinger-Gotthardt,* 21 zu § 1612; *Soergel-Lange,* 4 zu § 1612.

[5] Für die zweite Möglichkeit vgl. RG, Warn. 1913, 188; KG, KGJ 53, 24; JW 1938, 374.

[6] Vgl. KG, ROLG 2, 92; RGZ 57, 69 (77); OLG Hamburg, ROLG 14, 247; 33, 349; SeuffA 68 Nr. 238 (bejaht Verschulden zweier Kinder von 12 und 15 Jahren); BayObLG, FamRZ 1958, 141; KG, FamRZ 1961, 126. Zuweilen hat die Rspr. die elterliche Bestimmung auch ohne Verschulden des Kindes anerkannt, sei es nun generell (so OLG Düsseldorf, FamRZ 1968, 89), sei es auch erst, wenn der Elternteil alles ihm Zumutbare getan hatte, um das Kind zu erlangen (vgl. OLG Kiel, SeuffA 69 Nr. 217; wohl auch BayObLG, FamRZ 1958, 141). Zust. *Erman-Küchenhoff,* 3 zu § 1612; *Knorn,* FamRZ 1966, 394.

[7] Das Kind bedarf keines Pflegers. Vgl. OLG Hamburg, ROLG 2, 93; *Soergel-Lange,* 10 zu § 1612; MünchKomm-*Köhler,* 17 zu § 1612. Mit Rücksicht auf § 59 FGG lassen *Kipp-Wolff,* § 97 Fn. 70 selbständiges Handeln erst mit 14 Jahren zu. Widersprüchlich *Staudinger-Gotthardt,* 30 zu § 1612.

Das VormG kann nur eingreifen, wenn die Eltern ihr Recht ausgeübt haben, also nicht, wenn sie eine Geldrente an den vom Gesetz vorgesehenen Terminen leisten. Vgl. KG, JW 1935, 1438. Es hat nur über Art und Zeit der Leistungen zu befinden, nie über Grund und Höhe der Unterhaltspflicht überhaupt. Diese fallen in die Zuständigkeit des Prozeßrichters (FamG). Vgl. KG, Recht 1906 Nr. 2128; HRR 1928 Nr. 1710; JW 1936, 679; MünchKomm-*Köhler,* 20 zu § 1612.

Im Verfahren gilt die Offizialmaxime (§ 12 FGG). Ein Antrag darf nicht kurzerhand (Fragepflicht!) zurückgewiesen werden, weil der „Darlegungs- und Förderunglast" nicht ausreichend Rechnung getragen wurde. Vgl. OLG Frankfurt, FamRZ 1978, 259.

unterhalt im elterlichen Haushalt bestimmten, das Kind jedoch den Eltern keine Achtung mehr entgegenbringen kann,[8] ferner dann, wenn volljährige Kinder elterlicher Kontrolle und Aufsicht unterworfen werden sollen,[9] dagegen nicht mehr, wenn volljährige Kinder sich von der Familie zu lösen wünschen (denn gerade diesem Wunsch sollen sie mit Rücksicht auf die Eltern entsagen)[10] und nicht, wenn heranwachsende Kinder sich der elterlichen Aufsicht entziehen möchten.[11]

Der Praxis ist als ,,besonderer Grund"[12] für den Übergang vom Naturalunterhalt im elterlichen Haushalt (Elternwille) zur Geldrente (Akt des Vormundschaftsgerichts) vornehmlich die tiefgreifende Entfremdung von Eltern und (meist schon volljährigem) Kind geläufig. Sie ist stets bedeutsam, wie immer auch es zu ihr gekommen sein mag. Die (zunehmende) Tendenz in der Rspr., den ,,besonderen Gründen" eine Analyse der Entfremdung zu inkorporieren und (in einer Art ,,Sphärentheorie") zugunsten des Kindes zu entscheiden, wenn sie von den Eltern verursacht wurde oder als Folge schicksalhafter Ereignisse oder Entwicklungen eintrat,[13] und den Antrag des Kindes abzuweisen, wenn es selbst die entscheidende Ursache setzte,[14] verdient keine Gefolgschaft. Die Tatsache der Entfremdung hat stets das gleiche faktische Gewicht und um Sanktionen nach fehlerhaftem Verhalten darf es sich nicht handeln.[15] Richtig ist allein, daß der Anspruch des Kindes auf Gewährung des Unterhalts in Geld auf jenen Betrag beschränkt werden kann, den die Eltern für den Naturalunterhalt hätten aufwenden müssen, wenn die Entfremdung auf Akte des Kindes zurückzuführen ist, die

---

[8] Vgl. BayObLGZ 1930, 42.

[9] Vgl. KG, FamRZ 1969, 610; LG Mannheim, NJW 1976, 245. Vgl. ferner LG Bremen, FamRZ 1976, 458 (459) mit abl. Anm. *Bosch* (vgl. für ihn weiter Festschrift Schiedermair, S. 64ff.). Die Entscheidung wurde von OLG Bremen, FamRZ 1976, 642 aufgehoben und durch den Beschluß LG Bremen, FamRZ 1977, 654 ersetzt.

[10] In der (an sich berechtigten) Kritik an der jüngeren Judikatur (mit ihrer Bereitschaft, den Eltern Leitungsrechte zuzugestehen) wird der Normzweck des § 1612 II oft nicht genügend beachtet. Es ergeben sich dann Umkehrungen der vom Gesetz gewollten Verhältnisse. Vgl. *Wiesner,* FamRZ 1977, 28ff. (volle Freiheit für das volljährige Kind, falls es sich in ordnungsmäßiger Berufsausbildung befindet); *Schwerdtner,* NJW 1977, 1270 (Umkehrung des gesetzlichen Regel-Ausnahmeverhältnisses); *Zenz,* ZRP 1977, 195ff. (Teilumkehrung; nur Einschränkungen der persönlichen Freiheit zuzugestehen, die für den Unterhaltsberechtigten zumutbar sind).

[11] Vgl. AG Köln, MDR 1959, 760; OLG Frankfurt, FamRZ 1976, 705 (707).

[12] Wertlos ist die vom KG (NJW 1969, 2241) stammende, gern wiederholte (vgl. etwa BayObLG, FamRZ 1977, 263) Bestimmung der ,,besonderen Gründe" als ,,Umstände, die im Einzelfall schwerer wiegen als die Gründe, deretwegen das Gesetz den Eltern das Recht eingeräumt hat zu bestimmen, daß der Unterhalt in anderer Art als durch Zahlung einer Geldrente zu gewähren ist".

[13] Vgl. OLG Köln, FamRZ 1977, 54; OLG Frankfurt, NJW 1977, 1297 mit abl. Anm. *Bosch,* FamRZ 1977, 555; BayObLG, FamRZ 1977, 263 (Mißhandlung des Kindes).

[14] Vgl. OLG Karlsruhe, FamRZ 1976, 641; OLG Bremen, FamRZ 1976, 642 und 702 (704); OLG Frankfurt, FamRZ 1978, 259.

[15] Grds. wie der Text LG Mannheim, NJW 1976, 245 (Verschulden unerheblich; Ausschluß der Änderung elterlicher Bestimmungen bei Rechtsmißbrauch volljähriger Kinder); *Zenz,* ZRP 1977, 200.

pflichtwidrig (im Eltern-Kind-Verhältnis) waren. Insoweit (aber auch nur soweit) steht dem an sich von § 1610 bestimmten Unterhalt § 242 entgegen (Fallgruppe des unredlichen Rechtserwerbs).

IV. Anspruch des Kindes und Familienunterhalt

Die wechselseitige Verpflichtung der Ehegatten, zum Familienunterhalt beizutragen (§ 1360), umfaßt auch den Unterhalt der gemeinsamen unterhaltsberechtigten Kinder (§ 1360a), hebt aber die Möglichkeit, den Anspruch des Kindes in dessen Namen geltend zu machen, nicht auf. Die Gefahr doppelter Inanspruchnahme ist gleichwohl gering. Die Ehegatten können voneinander nur einen Betrag für jene Kinder verlangen, die zur „Unterhaltsfamilie" gehören, d. h. im elterlichen Haus leben und kraft gemeinschaftlicher Bestimmung der Eltern nach § 1612 II ihren Unterhalt im elterlichen Haushalt empfangen sollen. Auch ein dem Kind bestellter Unterhaltspfleger (die Eltern können den Anspruch des Kindes in dessen Namen nicht geltend machen; vgl. §§ 1629 II, 1795) kann nichts anderes fordern als die beiden Elternteile wechselseitig voneinander. In dieser Situation droht eine doppelte Inanspruchnahme nur, wenn die Leistung an den Ehegatten nicht zugleich befreiende Leistung an das Kind ist. Eine derartige Differenz kann sich für finanzielle Mittel ergeben, die dem Ehegatten für den Unterhalt des Kindes zur Verfügung gestellt werden, primär für den Anteil des Kindes am Wirtschaftsgeld. *Erst die zweckgerechte Verwendung der Mittel ist Erfüllung dem Kind gegenüber, die Zahlung an den Ehegatten nichts weiter als ein die Erfüllung vorbereitender Akt.*[1] Das Kind kann daher bei zweckwidrigem Verbrauch der Mittel erneut Leistung verlangen, obwohl im Verhältnis zum Ehegatten der Anspruch aus § 1360 erfüllt wurde. Die insoweit mögliche doppelte Inanspruchnahme führt indessen nie zu einer endgültigen doppelten Belastung. Der zweckwidrige Verbrauch begründet einen Ausgleichsanspruch gegen den Ehegatten, der seine Basis im Verhältnis der Ehegatten zueinander findet, also nicht auf ungerechtfertigte Bereicherung gestützt werden muß.

---

[1] H. L. Vgl. *Fahr,* Neuregelung der Schlüsselgewalt, 1962, S. 31 f.; *Beitzke,* Festschrift Hedemann, S. 9; *Schrade,* FamRZ 1957, 348; *Palandt-Diederichsen,* 4c zu § 1606; *Brühl-Göppinger-Mutschler,* RdNr. 223; MünchKomm-*Wacke,* 16 zu § 1360a; *Staudinger-Gotthardt,* 38 zu § 1606. A. A. *Maßfeller,* DNotZ 1957, 364; *Fabricius,* FamRZ 1963, 116f.

IV. Abschnitt. Kinder

A. Familie und Jugendwohlfahrt

§ 43. Familienrecht und Jugendrecht

1. *Träger der Jugendfürsorge.* Sorge um die Jugend ist keine Aufgabe, an der sich das Familienrecht wenigstens mit einem Teilgebiet als Familienrecht konstituiert. Sorge um die Jugend ist das konstitutive Element des Jugendrechtes mit einer unübersichtlichen und weithin ungegliederten Normenmasse als Folge mannigfaltigen, aber nicht immer aufeinander abgestimmten Bemühens. Private Erziehung, freie Jugendhilfe (§ 5 IV JWG) und öffentliche Jugendhilfe vereinigen sich im Jugendrecht mit Eigenarten, die ordnender Systematik vielfältigen Widerstand leisten.

2. *Rangfolge.* Im Bereich der gleichgerichteten Funktionen weist die Absage an jede Form kollektivistischer Kindererziehung den Eltern einen Vorrang zu (Art. 6 GG; vgl. oben § 5 IV 1). Als Ausdruck sozialrechtsstaatlicher Ordnungsvorstellungen in einer pluralistischen Gesellschaft ist die öffentliche Jugendhilfe subsidiär gegenüber der freien (§ 5 III JWG). In der Praxis ist freilich die öffentliche Jugendhilfe der freien bei weitem überlegen (insbesondere durch die ihr vorbehaltene Zwangspflegschaft des § 1706).

3. *Jugendrecht; Einheit und Teile.* Das Familienrecht beschränkt sich auf Ehe, Verwandtschaft und Vormundschaft, inkorporiert sich also nicht das gesamte Jugendrecht. Nur ein Teil des Jugendrechtes ist gleichzeitig Teil des Familienrechtes. Dieser Schnitt durch das Jugendrecht hat mehr als formale Bedeutung. Über der Einheit der Aufgabe (Sorge um die Jugend) darf der grundsätzliche Unterschied zwischen der Sorge in der Familie oder doch wenigstens in ihr nachgeprägten Formen und der Sorge gesellschaftlicher, kirchlicher und staatlicher Kräfte nicht übersehen werden. Erziehungsbeistandschaft, freiwillige Erziehungshilfe und Fürsorgeerziehung (§§ 55ff. JWG) zeigen etwa Sorge um die Jugend in familienfremden Formen; sie gehören dem Jugendrecht an, nicht mehr dem Familienrecht. Oder auch: Unterhalt ist den Kindern primär von ihren Eltern zu leisten (§§ 1601ff.), doch ist die Existenz eines Anspruches noch nie identisch gewesen mit der Garantie späterer Erfüllung (und das auch dann nicht, wenn der Anspruch tituliert ist; Zwangsvollstreckung ist auch gegen leistungsfähige Schuldner oft ein schwieriges und erfolgloses Bemühen). So begannen sich Vorschußkassen zu bilden, deren Ziel es ist, den Mindestunterhalt der Kinder (insbesondere der nichtehelichen) innerhalb eines speziell der Jugend dienenden

(und damit von der allgemeinen Sozialhilfe abgesetzten) Systems öffentlicher Unterhaltsfürsorge sicherzustellen.[1] Österreich folgend[2] erging am 23. 7. 1979 das UnthaltVorschG (BGBl. I/1184) als Regelung mit beschränkter personaler Geltung. Es ist Träger neuen Jugendrechts; neues Familienrecht enthält es dagegen nicht.

4. *Familienrecht und öffentliches Recht.* Trotz seiner Beschränkung ist das Familienrecht nicht völlig frei von Bestandteilen des öffentlichen Rechts. Sorge um die Jugend kann sich in Formen vollziehen, die der Familie nachgeprägt und doch dem öffentlichen Recht zuzuordnen sind. Die Vormundschaft ist heute kein einheitliches Institut mehr, wenn zum Maßstab die im deutschen Recht so scharf ausgeprägte, von der juristischen Logik aber nicht zwingend geforderte Grenze zwischen dem privaten und dem öffentlichen Recht genommen wird. Es gibt neben der Vormundschaft durch Privatpersonen auch die Amtsvormundschaft als Teil der öffentlichen Gewalt (vgl. dazu unten § 64 II 2 und 3 sowie § 68 II).

5. Trotz der Beschränkung ist das Familienrecht ferner auch in seinem privatrechtlichen Kerngebiet nicht dem Eingriff öffentlicher Organe entzogen. Art. 6 II GG beruft den Staat in ein Wächteramt. Die öffentliche Jugendhilfe ist vielfältig mit der elterlichen Sorge und der Vormundschaft verzahnt, in dienender Funktion zuweilen nur, zuweilen aber auch selbst Primärfunktionen aufgreifend.

§ 44. Öffentliche Organe im Kindschaftsrecht

I. Die Gerichte

Schrifttum: *Brüggemann,* Familiengerichtsbarkeit – Verfahren in Ehesachen im allgemeinen – Verfahren in anderen Familiensachen, FamRZ 1977, 1; *Walter,* Das neue Verfahrensrecht in Ehe- und anderen Familiensachen, II. Die Zuständigkeit des Familiengerichts für „Familiensachen", FamRZ 1979, 259.

1. *Das Vormundschaftsgericht.* Organ des Staates im Bereich der vom Familienrecht beherrschten Kinderbetreuung und Kindererziehung ist primär das Vormundschaftsgericht.[1] Seine Funktionen sind nicht auf das Kindschaftsrecht beschränkt; sie reichen insbesondere in den Bereich der Ehe hinein (vgl. etwa §§ 4 III EheG; 1357 II, 1365 II, 1369 II BGB), doch bleiben die weiteren Aufgaben letztlich peripher.

Vormundschaftssachen gehören zu jenem Bereich der Rechtspflege, der mit Richtervorbehalten für gesetzlich angeordnete Ausnahmen dem Rechtspfleger zugewiesen ist (§ 3 I Nr. 2a RpflG). Das zunächst recht umfangreiche Vorbe-

[1] Vgl. *Huvale,* Erste Erfahrungen mit der Hamburger Unterhaltsvorschußkasse, in: Praxis des neuen Familienrechts, 1978, S. 229ff.

[2] Vgl. dazu *Hopf,* Ein Jahr Unterhaltszuschuß in Österreich, in: Praxis des neuen Familienrechts, 1978, S. 207ff.

[1] Vgl. aber Art. 147 EGBGB mit einem Vorbehalt zugunsten des Landesgesetzgebers.

haltsgebiet ist in jüngster Zeit zugunsten des Rechtspflegers geschmälert worden, doch sind nach wie vor sehr wesentliche Ausschnitte des Vormundschaftsrechtes beim Richter konzentriert (vgl. § 14 RpflG).[2]

2. Das Vormundschaftsgericht ist *Organ der Rechtspflege,* nicht der Verwaltung,[3] seine Entscheidungen unterliegen nicht den Regeln für Verwaltungsakte, sondern den Regeln für Akte der freiwilligen Gerichtsbarkeit. Daß es vielfach nicht Recht spricht, insbesondere nicht, wenn als Rechtsprechung nur Akte der Rechtserkenntnis verstanden werden, ist ebenso evident wie gleichgültig. Verwaltung und Gerichtsbarkeit scheiden sich nicht am Begriff der Rechtsprechung.

Die Regeln der freiwilligen Gerichtsbarkeit sind bestimmend auch für die fehlerhaften Entscheidungen. Nichtigkeit ist selten, speziell bei Verletzung materiellen Rechtes. Regel ist die Wirksamkeit der Entscheidung bis zu ihrer Aufhebung (vgl. dazu vornehmlich unten § 64 III 3 und 4).

Nichtige Entscheidungen zeitigen keine Wirkungen. Doch hat der BGH nach Bestellung eines Vereines anstelle des Vereinsvorstandes zum Vormund § 32 FGG analog angewandt und damit Vertrauensschutz gewährt.[4] Die Entscheidung hat heute keine unmittelbare Bedeutung mehr (vgl. § 1791 a), doch bleibt sie wesentlich als Ausdruck einer fragwürdigen Tendenz.[5]

3. *Funktionen.* Das Vormundschaftsgericht ist *Organisationsstelle* für Vormundschaft und Pflegschaft, es ist *Entscheidungsorgan* (vgl. für den Elternstreit unten § 50 II 3, ferner die §§ 1630 II, 1798) und *Aufsichtsorgan* mit der Möglichkeit konstitutiver Eingriffe in die elterliche Sorge, die Vormundschaft und die Pflegschaft (vgl. insbesondere die §§ 1666–1667, 1796). Es ist grundsätzlich nicht Organ, das im unmittelbaren Zugriff tatsächlich betreuend, rechtsgeschäftlich oder prozessual für das unter elterlicher Sorge oder Vormundschaft stehende Kind zu handeln hat. Die *organisierende, entscheidende und kontrollierende Gewalt scheidet sich von der laufend handelnden Sorge,* nicht als Ausfluß doktrinären Denkens, das öffentliches und privates Recht getrennt zu halten wünscht,[6] sondern *um dem Grundsatz nur subsidiären staatlichen Handelns im Bereich der Familie zu entsprechen* und um durch Aufgabentrennung ein Höchstmaß sachgerechter Betreuung zu erreichen.

Freilich darf das Gesetz die Aufgabentrennung nicht um jeden Preis verfolgen. Das Vormundschaftsgericht (aber auch jedes Amtsgericht, in dessen Bezirk ein Fürsorgebedürfnis auftritt; vgl. § 44 FGG) kann und muß gemäß § 1693 (neben dem auch die §§ 1631 a II 2, 1666 II zu nennen wären) die im Interesse des Kindes

---

[2] Akte des Rechtspflegers im Vorbehaltsgebiet des Richters sind unwirksam (§ 8 IV 1 RpflG).

[3] Im Schrifttum werden die Grenzen vielfach verwischt. Vgl. etwa *Kipp-Wolff,* § 102 III; *Beitzke,* § 35 II.

[4] FamRZ 1956, 379.

[5] Kritisch auch *Beitzke,* § 35 II 5.

[6] Gegen *Nipperdey,* Die Gestaltung der Mehrvertretung durch das Vormundschaftsgericht, Festschrift Raape, 1948, S. 305 (307 f.).

erforderlichen Maßregeln treffen, wenn die Eltern verhindert sind, ihre elterliche Sorge auszuüben (nicht aber, wenn sie bewußt eine Maßnahme unterlassen, die im Interesse des Kindes getroffen werden müßte[7]); die §§ 1846, 1897, 1915 geben ihm Parallelbefugnisse, wenn ein Vormund (Pfleger) noch nicht bestellt oder an der Erfüllung seiner Pflichten verhindert ist.[8] Die Tatbestände scheinen weit zu sein, müssen aber ihre Interpretation bereits aus dem Grundsatz der Aufgabenteilung heraus erfahren und beschränken dann die Zuständigkeit des Vormundschaftsgerichtes auf dringliche Akte;[9] allein *der Eilfall zerstört die generelle Ordnung der Zuständigkeiten.* Überschreitet das Vormundschaftsgericht die Grenzen seines Ermessens, so sind seine Maßnahmen zwar anfechtbar (§§ 20, 57 I, 59 FGG), jedoch wirksam und für andere Instanzen bindend.[10]

4. *Das Familiengericht.* Seit dem 1. EheRG ist auf dem Gebiet des Kindschaftsrechts das Familiengericht als zweite gerichtliche Instanz getreten mit unübersichtlichen (wenn auch nachvollziehbaren) und in der Anfangszeit vielfach mißverstandenen Grenzen. Belanglos ist der damit etablierte, von niemandem gelobte und nur als Interimslösung letztlich erträgliche Dualismus für das Verfahrensrecht geblieben: Dort, wo das Familiengericht an die Stelle des Vormundschaftsgerichts trat, hat es nach den Grundsätzen des FGG zu verfahren (§ 621 a I ZPO).

Der Zuständigkeitsbereich des Familiengerichts wird von den „Familiensachen" bezeichnet (vgl. dazu § 23b I Nrn. 2–5 GVG mit einer ungewohnten Verweisung des Gerichtsverfassungsrechts auf das BGB für den Bereich der elterlichen Sorge, den das BGB mit den §§ 1632 III, 1634 II, 1671 I, 1678 II, 1696 ausfüllt). Nie ist das Familiengericht in Sachen nichtehelicher Kinder zuständig (eine Grenze, die § 23b I GVG explizit nur in den Nrn. 2 und 5 ausweist): Es ist als Reservatgericht für die eheliche Familie konzipiert worden; die tragenden Grundsätze für die Zuständigkeiten erreichen an keiner Stelle das Nichtehelichenrecht. Insoweit hat das 1. EheRG, einer sonst im jüngeren Nichteheli-

---

[7] In diesem Fall ist das VormG auf Eingriffe in die elterliche Sorge (§§ 1666–1667) beschränkt.

[8] Der tatsächlichen Verhinderung stellt OLG Hamm, Rpfleger 1968, 185 das augenscheinliche Versehen gleich.

[9] Vgl. RGZ 71, 168; BayObLGZ 33, 329 (332); OLG Tübingen, DNotZ 1952, 484; BayObLGZ 1948/51, 442; *Kipp-Wolff,* § 120 V; *Staudinger-Engler,* 2 zu § 1846; *Dölle,* § 130 V 1; *Erman-Hefermehl,* 1 zu § 1846; *Soergel-Germer,* 3 zu § 1846 (anders *Soergel-Lange,* 3 zu § 1693, der nur für die Vertretung des Kindes Eilbedürftigkeit fordert); MünchKomm-*Zagst,* 3 zu § 1846. Zu eng *Palandt-Diederichsen,* 2 zu § 1693 und 1 zu § 1846; MünchKomm-*Hinz,* 4 zu § 1693; OLG Hamm, Rpfleger 1968, 185 (nur vorläufige Maßnahmen).

Keinesfalls kann das VormG gestützt auf § 1693 einem Elternteil das Personensorgerecht entziehen. Vgl. KG, FamRZ 1962, 200 (201).

Str. ist, ob das VormG vorläufige Maßnahmen treffen kann, wenn Verhinderung der Eltern oder des Vormundes (Pflegers) noch nicht endgültig festgestellt ist. Vgl. dazu die Schrifttumshinweise des KG, FamRZ 1962, 200 (201).

[10] Vgl. RGSt. 75, 146; SchlHOLG, SchlHA 1955, 226.

chenrecht wirkenden Tendenz zuwider, die Sonderung der nichtehelichen von den ehelichen Kindern wieder stärker betont (praktisch für den Herausgabestreit; vgl. unten § 49 IV 4).

Auf kurze Formeln gebracht, ist das Familiengericht zuständig in erster Linie für alle Kindschaftssachen, die obligatorisch mit einer Scheidungssache verbunden sind (Regelung der elterlichen Sorge gemäß § 1671), die von Amts wegen in den Entscheidungsverbund aufgenommen werden können (Regelung des persönlichen Umgangs mit dem Kind gemäß § 1634) und die von einer Partei in den (jetzt fakultativen) Entscheidungsverbund einzuführen sind (Herausgabe des Kindes an den anderen Elternteil gemäß § 1632; gesetzliche Unterhaltsansprüche gegen die Eltern), einschließlich späterer Änderungsentscheidungen (vgl. dazu die §§ 1696, 1678 II). Schon der Vollzug dieser Entscheidungen ist (soweit nicht Zwangsvollstreckung nach den Normen der ZPO zu betreiben ist) dem Vormundschaftsgericht verblieben. Ihm obliegt etwa schon die Auswahl des Vormunds oder Pflegers, wenn das Familiengericht beide Elternteile ihrer elterlichen Sorge entkleidete (gemäß § 1671 V).[11] Ihm bleibt es auch vorbehalten, Streitigkeiten von Dritten zu entscheiden, die aus dem persönlichen Umgang mit dem Kind herrühren (§ 1634 II). Ihm sind ferner alle Entscheidungen zum Ausfall eines gemäß § 1671 begünstigten Elternteils verblieben, soweit sie nicht als Änderungsentscheidungen begriffen werden müssen (vgl. die §§ 1680 II, 1681 I 2 und dazu unten § 56 VIII 3).

Auf kurze Formeln gebracht, ist das Familiengericht ferner zuständig für Elternstreitigkeiten, die sich aus faktischer Trennung der Elternteile (als typisch scheidungsindizierendem Umstand) ergeben (vgl. dazu § 1632 III und zu ihm unten § 49 IV 3 und 4 mit einer Verwerfung des Grundgedankens und einer Analogie, ferner § 1672 und zu ihm unten § 56 I 2 mit §§ 1678 II, 1696 für die Änderungsentscheidungen).

Die gegenwärtige Rechtslage bietet einen Vorteil: Im Eheprozeß sind Kindschaftssachen in einstweiliger Anordnung (§ 620 ZPO) und endgültiger Entscheidung beim Familiengericht konzentriert (und zwar ohne jede konkurrierende Zuständigkeit des Vormundschaftsgerichts; vgl. unten § 56 I 5). Die gegenwärtige Rechtslage hat dagegen keinesfalls Familiengericht und Vormundschaftsgericht in einer Weise an den Lebenssachverhalten getrennt, die konkurrierende Entscheidungen ausschließt. Insbesondere ist dem Vormundschaftsgericht der Gesamtbereich der Staatsaufsicht bei Kindesgefährdung (§§ 1666–1667) geblieben, und das auch dann, wenn die Regelung der elterlichen Sorge dem Familiengericht oblag (zum Verhältnis von Vormundschaftsgericht und Fami-

[11] Str. Wie der Text BayObLG, FamRZ 1977, 822 mit Anm. *Bosch* (zutreffend, aber grotesk); OLG Zweibrücken, FamRZ 1978, 794; OLG Hamm, FamRZ 1978, 941; KG, NJW 1978, 649; *Brüggemann*, FamRZ 1977, 15. A.A. aber OLG Stuttgart, FamRZ 1978, 830; *Walter*, FamRZ 1979, 261.

liengericht bei Eingriffen in die gemäß §§ 1671, 1672 geordnete elterliche Sorge vgl. unten § 56 VI 6).

5. *Rechtliches Gehör.* Vormundschaftsgericht und Familiengericht haben sorgeberechtigte Elternteile in allen Verfahren, die ihre Personensorge oder Vermögenssorge betreffen, zu hören, sofern nicht schwerwiegende Gründe entgegenstehen (§ 50a I und III FGG).[12] Nichtsorgeberechtigte Elternteile (damit auch der nichteheliche Vater) und Pflegepersonen, die das Kind in dauernder Familienpflege betreuen, haben dagegen Anspruch auf rechtliches Gehör (vorbehaltlich entgegenstehender schwerschwiegender Gründe) nur dann, wenn von der Anhörung eine (weitere) Aufklärung erwartet werden kann, mithin unter einer Beschränkung, die dem Ermessen des Gerichts einen weiten Spielraum läßt (§§ 50a II–IV, 50c FGG). Richterliches Ermessen befindet auch grundsätzlich über die Form, in welcher rechtliches Gehör gewährt wird. Die schriftliche Anfrage ist (trotz aller Mängel, die ihr anhaften) zulässig und die persönliche Anhörung nur sorgeberechtigten Elternteilen in Angelegenheiten der Personensorge (in Form einer Sollvorschrift) und unbedingt in den Fällen der §§ 1666, 1666a garantiert (§ 50a I 2 und 3 FGG).

Weit über das frühere Recht hinausgehend hat das EltSorgRG auch dem Kind (und entsprechend dem Mündel gemäß § 50b IV FGG) rechtliches Gehör gesichert.[13] Kinder, die mindestens vierzehn Jahre alt und beschränkt geschäftsfähig sind, haben grundsätzlich (unter Vorbehalt schwerwiegender Gründe gemäß § 50b III FGG) ein Recht auf persönliches Gehör in Angelegenheiten der Personensorge, während in vermögensrechtlichen Angelegenheiten persönliche Anhörung nur noch in Form einer Sollvorschrift (ohne Vorbehalt angesichts der weiten Begrenzungsformel) vorgesehen ist, „wenn dies nach Art der Angelegenheit angezeigt erscheint" (§ 50b II FGG). Jüngere und geschäftsunfähige Kinder haben dagegen einen minderen Status: Sie sind im Gesamtbereich der möglichen Sachverhalte (mit Vorbehalt) persönlich anzuhören, „wenn die Neigungen, Bindungen oder der Wille des Kindes für die Entscheidung von Bedeutung sind oder wenn es zur Feststellung des Sachverhalts angezeigt erscheint, daß sich das Gericht von dem Kind einen unmittelbaren Eindruck verschafft" (§ 50b I FGG). Deutlich (wenn auch mit Verwerfungen) wird damit das ältere und beschränkt

---

[12] Die Einschränkung ist mit Art. 103 GG vereinbar. Vgl. *Staudinger-Donau,* 12 zu § 1695 (Norm inzwischen aufgehoben!) mit weit. Hinw.

Der Streit um die Frage, ob die Pflicht des VormG und des FamG, Eltern und Kind zu hören, allein der Sachaufklärung dient (und dann neben dem Anspruch auf rechtliches Gehör steht) oder auch den Anspruch auch rechtliches Gehör konturiert (und dann Art. 103 GG entsprechen muß) kann nach dem EltSorgRG (das § 1695 beseitigte und die §§ 50a ff. FGG schuf) schwerlich noch aufgeworfen werden. Neben § 12 FGG haben die §§ 50a ff. FGG (mit ihrem ganz auf die Subjekte des Verfahrens zugeschnittenen Texten) als Normen, die allein Sachaufklärung bezwecken, keinen rechten Sinn. Zum Streit vgl. MünchKomm-*Hinz,* 3ff. zu § 1695.

[13] Ein entgegenstehender Wille der Eltern ist bedeutungslos. Vgl. OLG Frankfurt, FamRZ 1965, 619.

geschäftsfähige Kind in einer Ebene mit sorgeberechtigten Elternteilen gesehen (obwohl ihre Stellung im Verfahren eine gänzlich anders geartete ist) und jüngere sowie geschäftsunfähige Kinder in einer Ebene mit nicht sorgeberechtigten Elternteilen. Zweierlei trennt freilich hier wie dort: Kinder und Mündel dürfen (mit gutem Grund) stets nur persönlich zu Gehör kommen; andere Formen des rechtlichen Gehörs sind bei ihnen ausgeschlossen. Sodann: Ein Recht auf unbeschränkte Akteneinsicht (§ 34 FGG) haben sie nicht (um unerwünschte Einblicke in die Verhältnisse der Eltern zu vermeiden); sie sind nur bei der Anhörung „über den Gegenstand und möglichen Ausgang des Verfahrens in geeigneter Weise" (ggf. auch durch Akteneinsicht) zu unterrichten, soweit nicht Nachteile für die Entwicklung oder Erziehung zu befürchten sind (§ 50b II 3 FGG).

6. *Haftung.* Pflichtwidriges Handeln des Richters oder Rechtspflegers verpflichtet den Staat ohne jede Besonderheit[14] nach den Grundsätzen der Amtshaftung zum Schadensersatz aus § 839 BGB, Art. 34 GG[15] (deliktische Haftung; Verjährung: § 852). Verletzt können Dritte sein (etwa durch eine fehlerhafte Auskunft); häufiger werden Kinder oder Mündel pflichtwidrig geschädigt.

Pflichtwidrig ist bereits jede vermeidbare Gefährdung der Person oder des Vermögens Minderjähriger. Unter mehreren möglichen Wegen zum Ziel ist stets der Weg der geringsten Gefahren zu gehen; zweifelhafte Rechtslagen gebieten Lösungen, die allen Zweifeln Rechnung tragen.[16] Pflichtwidriges Handeln wird auch durch fehlende Pflicht zum Handeln nicht ausgeschlossen. Wer freiwillig als Richter oder Rechtspfleger Aufgaben übernimmt, hat sie mit jener Sorgfalt zu lösen, die von ihm im Bereich seiner Pflichten verlangt wird.[17]

Pflichtwidriges Handeln des Richters oder Rechtspflegers steht vielfach zusammen mit pflichtwidrigem Handeln der Eltern, des Vormundes oder auch des Pflegers in der zum Schaden führenden Ursachenkette. Nachlässigkeiten beider sind der Praxis eine gewohnte Erscheinung.[18] Noch häufiger ist Untreue des Vormundes oder Pflegers, die infolge pflichtwidrig gewährter Freiheit[19] oder mangelhafter Aufsicht ermöglicht oder doch nicht früh genug entdeckt wurde.[20]

---

[14] Also auch mit dem Spruchrichterprivileg des § 839 II. Die ursprünglich andere Rechtslage ist durch die Aufhebung der §§ 1697, 1848 (1. EheRG) geändert worden.

[15] Vgl. aus der Praxis: RGZ 84, 92 (falsche Auskunft an den Pfleger); RG, JW 1923, 828 und 1930, 990 (Genehmigung eines Abfindungsvertrages zur Unzeit); Warn. 1939 Nr. 206 (unterlassene Eintragung eines Widerspruches im Grundbuch); BGH, VersR 1962, 740 (Überbürdung eines 71-jährigen mit Vormundschaften und Pflegschaften mit der Folge mangelhafter Amtsführung).

[16] Vgl. RGZ 85, 416; BGH, FamRZ 1961, 473 (474).

[17] BGH, FamRZ 1961, 473.

[18] RG, JW 1935, 3530 (unterlassene Eintragung einer Vormerkung); 1939, 155 (unterlassene Anmeldung zur Aufwertung).

[19] Vgl. RGZ 85, 416; RG, JW 1917, 461; OLG Braunschweig, ROLG 35, 355; RG, Warn. 1917 Nr. 178 (Freigabe von Wertpapieren und Konten).

[20] Vgl. RGZ 80, 252; 88, 264; 96, 143; RG, HRR 1935 Nr. 1452; JW 1938, 2206; OLG Kiel, ROLG 36, 218.

Vorsätzliches Handeln der Beamten ist zumindest ungewöhnlich, die Regel daher (§ 839 I 2) eine nur subsidiäre Haftung des Staates.[21]

Die höchstrichterliche Rechtsprechung mindert den Anspruch gegen den Staat unter Hinweis auf die §§ 254 II 2, 278, falls Eltern, Vormund oder Pfleger noch nach der Amtspflichtverletzung (und damit dem Entstehen einer schuldrechtlichen Beziehung zwischen dem Staat und dem Kind oder Mündel) schuldhaft pflichtwidrig handelten und damit den aus der Amtspflichtverletzung drohenden Schaden nicht abwandten oder doch nicht minderten, wenn und soweit die pflichtwidrigen Handlungen nicht im eigenen Namen, sondern in gesetzlicher Vertretung des Kindes oder Mündels erfolgten.[22] Beifall kann diese Rechtsprechung nicht finden. Sie widerspricht der Zuständigkeitsordnung, denn sie fordert eine Beaufsichtigung des Aufsichtsorgans durch den Beaufsichtigten.[23] Unberührt bleibt die eigene Haftung der Eltern oder auch des Vormundes dem Kind oder Mündel gegenüber (§§ 1664, 1833).

II. Das Jugendamt

1. *Behördenaufbau.* Organe der öffentlichen Jugendhilfe sind vorbehaltlich der Zuständigkeit anderer öffentlicher Körperschaften oder Einrichtungen (Schulen!) die Jugendwohlfahrtsbehörden, mithin die Jugendämter (§§ 4ff. JWG), die Landesjugendämter (§§ 19ff. JWG) und die obersten Landesbehörden (§ 22 JWG). Das von § 26 JWG vorgesehene Bundesjugendkuratorium ist nurmehr ein ministerieller Ausschuß (also nicht Behörde).

2. Öffentliche Jugendhilfe ist Fürsorgeverwaltung mit Schwerpunkt (§§ 4, 5 JWG) im Selbstverwaltungsbereich der Gemeinden und Gemeindeverbände. Die Jugendämter werden daher von den kreisfreien Städten und den Landkreisen getragen; ihre Überwachung liegt in den Händen der staatlichen Kommunalaufsicht, nicht etwa der Landesjugendämter. Diesen obliegen im wesentlichen regionale Aufgaben sowie die Koordinierung und Unterstützung der Arbeit der Jugendämter.

3. Das Jugendamt besteht aus dem Jugendwohlfahrtsausschuß und der Verwaltung des Jugendamtes (§ 13 II JWG). Der Gedanke, im Jugendwohlfahrtsausschuß eine breite Basis der Jugendarbeit zu finden, sie aus fachlicher Enge und betontem Verwaltungshandeln zu lösen, ist freilich vorerst mehr Programm als

---

[21] Der Anspruch gegen die Eltern oder den Vormund ist durch einen Pfleger geltend zu machen (§§ 1909, 181). Der erfolgreich in Anspruch genommene Staat hat den Ersatzanspruch aus § 841. Vgl. RG, Recht 1912 Nr. 3363.

[22] Vgl. RG, JW 1935, 3530; 1939, 155; BGHZ 33, 136; BGH, FamRZ 1965, 505 (506). Zust. *Staudinger-Engler,* 13 zu § 1848; *Staudinger-Donau,* 22 zu § 1697; *Soergel-Germer,* 11 zu § 1848; *Palandt-Diederichsen,* 4 zu § 1848; *Erman-Hefermehl,* 1 zu § 1848.

[23] Abl. auch *Schuster,* NJW 1961, 557; *Beitzke,* § 35 II 7. Krit. ferner *Dölle,* § 130 VI 1 d, für die Fälle der Haftung aus verletzter Aufsichtspflicht.

Wirklichkeit. Demokratisierung pflegt politischem Denken Einfluß zu gewähren, politisches Denken aber ist im Bereich der öffentlichen Jugendhilfe allenfalls beschränkt legitim. So liegt das Schwergewicht tatsächlich bei der Verwaltung des Jugendamtes als dem Träger der laufenden Geschäfte (§ 16 JWG).

4. *Aufgaben.* Als Primärorgan der öffentlichen Jugendhilfe konzentriert das Jugendamt alle dem Familienrecht zugekehrten Aufgaben der öffentlichen Jugendhilfe bei sich. Fülle und Umfang der Aufgaben orientieren sich am familienrechtlichen Status des Jugendlichen; eheliche Kinder in der Regelsituation sind der öffentlichen Jugendhilfe überhaupt entzogen.

Ausnahmslos hat das Jugendamt dem Vormundschaftsgericht Anzeige zu machen von allen Fällen, die ein Einschreiten des Vormundschaftsgerichtes fordern (§ 48 Satz 2 JWG). Ausnahmslos ist es auch zur Unterstützung des Vormundschaftsgerichtes berufen bei allen Maßnahmen, die der Sorge für die Person Minderjähriger dienen (§ 48 Satz 1 JWG; etwa beim Vollzug von Anordnungen gemäß § 1631 II, mit deren Ausführung es gemäß § 48c JWG auch betraut werden kann), und ist um dieser Aufgaben willen vom Vormundschaftsgericht, vorbehaltlich einstweiliger Anordnungen bei Gefahr im Verzuge, vor allen wichtigen Entscheidungen im Bereich der Personensorge zu hören (§ 48a JWG).

Weiter reichen seine Pflichten, wenn eine Vormundschaft, eine Pflegschaft oder eine Beistandschaft eingerichtet ist (Mitteilungspflicht des Vormundschaftsgerichtes in § 1851). Es hat dann dem Vormundschaftsgericht Personen vorzuschlagen, die im einzelnen Fall als Pfleger, Vormund, Beistand oder Gegenvormund geeignet sind (§§ 47 JWG, 1849); vor der Auswahl durch das Vormundschaftsgericht ist es zu hören (§§ 1779, 1915, 1792 IV, 1691). Planmäßig hat das Jugendamt sodann jeden Pfleger, Vormund, Gegenvormund und Beistand zu beraten und zu unterstützen (§ 47d JWG), aber auch, unbeschadet der primären Zuständigkeit des Vormundschaftsgerichtes, zu überwachen. Dem Grundzug der öffentlichen Jugendhilfe entsprechend ist diese Aufgabe im Bereich der Personensorge stärker ausgeprägt als im Bereich der Vermögenssorge. Während in diesem dem Vormundschaftsgericht nur bekannt gewordene Gefährdungen anzuzeigen sind, herrscht in jenem schrankenlose Überwachung mit entsprechenden Anzeige- und Auskunftspflichten (§§ 47a JWG, 1850, 1691, 1915).

Obwohl das Jugendamt Aufsichtsorgan für den Vormund und den Pfleger ist, kann es auch selbst deren Aufgaben übernehmen. Es gibt eine gesetzliche Amtsvormundschaft (vgl. § 1791c und dazu unten § 64 II 2) und eine bestellte (vgl. § 1791b und dazu unten § 64 II 3), die – als Folge der schwindenden Bereitschaft, Vormundschaften zu übernehmen – nun auch als Vormundschaft über Erwachsene möglich ist (vgl. § 1897). Vor allem aber ist das Jugendamt Zwangspfleger für alle Nichtehelichen (§ 1706), soweit nicht im Einzelfall vom Vormundschaftsgericht auf Antrag der Mutter ein anderes bestimmt ist (§ 1707), und damit Massenpfleger.

Als Vormund und Pfleger tritt das Jugendamt (mit manchen Einschränkungen; vgl. unten § 68 II 2) unter die Aufsicht des Vormundschaftsgerichtes (§ 1837), übt aber gleichwohl – mag es nun vom Gesetz berufen, mag es auch vom Vormundschaftsgericht bestellt worden sein – selbst öffentliche Gewalt aus und unterscheidet sich insofern von anderen Vormündern und Pflegern (vgl. dazu unten § 65 I). Pflichtwidrigkeiten begründen daher eine Haftung der Trägerkörperschaft aus Art. 34 GG, und zwar in einem Ausmaß, das weit über § 839 hinausreicht. Denn ungeschmälert gilt auch für den Amtsvormund und den Amtspfleger § 1833, dem alle Grenzen des § 839 fremd sind (vgl. dazu weiter unten § 68 II 3).

B. Das eheliche Kind

§ 45. Eheliche Abstammung

Schrifttum: *Finke,* Zum neuen Entwurf eines Gesetzes zur Vereinheitlichung und Änderung familienrechtlicher Vorschriften, FamRZ 1958, 353; *Schwarzhaupt,* Das Familienrechtsänderungsgesetz von 1961, FamRZ 1961, 329; *Beitzke,* Neuregelung der Ehelichkeitsanfechtung, ZBlJugR 1961, 314 und JR 1962, 85; *Brühl,* Die Anfechtung der Ehelichkeit ab 1. 1. 1962, FamRZ 1962, 8; *Boehmer,* Die Teilreform des Familienrechts durch das Gleichberechtigungsgesetz vom 18. Juni 1957 und das Familienrechtsänderungsgesetz vom 11. August 1961, 1962, S. 51; *Lange,* Kritisches zur Anfechtung der Ehelichkeit, NJW 1962, 1697.

I. Grundlagen

Schrifttum: *Bode,* Zur Strafbarkeit der Unterhaltspflichtentziehung, NJW 1955, 1588; *Schröder,* Der Begriff der „gesetzlichen Unterhaltspflicht" in § 170b StGB, JZ 1959, 346; *Oehler,* Umgrenzung der gesetzlichen Unterhaltspflicht in § 170b StGB, FamRZ 1959, 489; *Boehmer,* Fragen der Ehelichkeitsanfechtung, FamRZ 1960, 213; *derselbe,* Zum Verhältnis zwischen § 1593 und § 826 BGB, JZ 1962, 731; *Tiedtke,* Die Bedeutung des § 1593 BGB bei der Geltendmachung von Schadensersatzansprüchen, FamRZ 1970, 232.

1. Die ehelichen von den nichtehelichen Kindern zu sondern, vermag nur das positive Recht. Ihm allein ist es möglich, jenen Werten Rechnung zu tragen, die gegen eine ausschließlich an den Blutsbeziehungen orientierte Gruppierung sprechen (Familienfrieden, Stellung des Kindes in der Gesellschaft). Nur von ihm können die Fälle zweifelhafter Vaterschaft geordnet werden. Und nur in ihm kann der für die eheliche Abstammung unabdingbare Bezug des Kindes auf eine Ehe der Mutter (als des stets bekannten Elternteils) seine Ausgestaltung im einzelnen finden.

2. *Ehe der Mutter.* Eine Rechtsordnung wählt den strengsten Standpunkt, wenn sie für die Ehelichkeit eines Kindes eine Ehe der Mutter im Augenblick der Konzeption fordert (folgerichtig kann dann eine Legitimation durch nachfolgende Ehe nicht anerkannt werden). In Stufen können die Anforderungen gemil-

dert und mittlere Lösungen angenommen werden. Das positive Recht der Gegenwart folgt dem äußersten Extrem der Milderung: *Ehelich ist (jedenfalls zunächst) jedes Kind, das während oder doch innerhalb von dreihundertundzwei Tagen nach Auflösung oder Vernichtung einer Ehe*[1] *der Mutter geboren ist (§ 1593).*

3. In einem Zeitraum von dreihundertundzwei Tagen kann die Mutter in mehreren einander folgenden (vgl. aber § 8 EheG) oder auch gleichzeitigen (vgl. §§ 5 und 20 EheG) Ehen gelebt haben; es droht die Absurdität eines Kindes mit mehreren Vätern. Korrigierend wirkt § 1600 I;[2] könnte das Kind eheliches Kind zweier (damit aber auch noch weiterer) Männer sein, so gilt es als Kind des späteren (des letzten) Ehemannes der Mutter.

4. *Vaterschaft.* Gleichgültig ist zunächst, ob der Ehemann der Mutter auch der Vater des Kindes ist. Die Vaterschaft wird zum Tatbestandselement der ehelichen Abstammung erst, wenn sie durch Ehelichkeitsanfechtung, also durch Ausübung eines (bestimmten Nächstbeteiligten vorbehaltenen) Gestaltungsrechtes in Frage gestellt wird. Denn nach § 1593 kann niemand die nichteheliche Abkunft eines (lebend geborenen[3]) Kindes geltend machen, das wegen seines Geburtstages dem Ehemann der Mutter zugerechnet wird, wenn nicht die Ehelichkeit angefochten und die Nichtehelichkeit rechtskräftig festgestellt ist (§ 1593).[4]

5. § 1593 ist mehr als eine Norm, die klare und für jedermann verbindliche Personenstandsverhältnisse erzielen will. Er gibt bewußt die Möglichkeit, ein Kind in der Rechtsstellung eines ehelichen Kindes zu belassen, obwohl der Ehemann der Mutter vielleicht, wahrscheinlich oder gar sicher nicht der Vater des Kindes ist. Das Gesetz wird daher mißverstanden, wenn Kinder, die schlechthin nicht vom Ehemann der Mutter abstammen können, vor der Ehelichkeitsanfechtung oder gar nach dem Wegfall der Anfechtungsmöglichkeit als scheineheliche Kinder bezeichnet werden. Freilich findet jede Verfälschung der Blutsbeziehungen durch § 1593 ihre Grenzen an allen Normen, die auf unserer Scheu vor blutschänderischen Verbindungen beruhen (§§ 173 StGB,[5] 4 EheG; vgl. oben § 10 II 2): Vereinzelt wird sie ferner auch aus fiskalischen Gründen nicht aner-

---

[1] Kinder aus Nichtehen sind dagegen nichtehelich. Vgl. dazu BayObLG, FamRZ 1966, 639 (Nichtehelichkeit nach einem Urteil, das fehlerhaft eine Nichtehe feststellt; das unrichtige Urteil wirkt nach § 638 Satz 2 ZPO auch für und gegen das Kind); MünchKomm-*Mutschler,* 3 zu §§ 1591, 1592.

[2] Seit der Neufassung durch das FamRÄndG (1961) deckt der Text des § 1600 auch den Fall der Doppelehe. Vgl. *Erman-Küchenhoff,* 4 zu § 1600; MünchKomm-*Mutschler,* 2 zu § 1600; *Soergel-Lade,* 3 zu § 1600; *Staudinger-Lauterbach,* 3 zu § 1600; *Dölle,* § 89, 1; grds. zust. auch *Beitzke,* § 22 I 6.

[3] Auf Totgeburten finden die §§ 1591, 1592 (dagegen MünchKomm-*Mutschler,* 50 zu §§ 1591, 1592; *Staudinger-Lauterbach,* 4 zu § 1591), nicht aber die §§ 1593ff. Anwendung. Ansprüche der Mutter gegen den nichtehelichen Erzeuger (§§ 1615k ff.) können deshalb ohne vorangehende Ehelichkeitsanfechtung geltend gemacht werden. Vgl. *Palandt-Diederichsen,* 1 zu § 1615k; *Brüggemann,* FamRZ 1971, 142. Gleiches muß gelten für Regreßansprüche des Ehemannes, der die Kindbettkosten getragen hat. In beiden Fällen ist auch § 1600a Satz 2 kein Hindernis. Vgl. unten § 60 II 1.

[4] Zur Geltung des § 1593 auch im Sozialversicherungsrecht vgl. BSozG, FamRZ 1969, 539.

[5] Vgl. BGHSt. 12, 166 (173).

kannt.[6] Jenseits dieser peripheren Korrekturen aber vermittelt § 1593 die *ungeschmälerte Position eines ehelichen Kindes.* Unbezweifelbare Abstammung des Kindes von einem anderen Mann kürzt die elterliche Sorge des Ehemannes der Mutter nicht; selbst das über die elterliche Sorge nach Auflösung der Ehe oder nach Trennung der Ehegatten befindende Familiengericht (§§ 1671, 1672) darf sie nicht als (der Mutter günstiges) Argument verwenden.[7] Die fehlende Blutsbeziehung entbindet den Ehemann der Mutter umgekehrt nicht von den Pflichten des ehelichen Vaters. Sie befreit insbesondere nicht von der Pflicht, dem Kinde Unterhalt zu gewähren,[8] beseitigt auch nicht die Strafdrohung des § 170b StGB (vgl. BGHSt. 12, 166).[9]

Der Status des ehelichen Kindes schließt den Komplementärstatus des nichtehelichen Kindes aus. Vor erfolgreicher Ehelichkeitsanfechtung kann deshalb keine Feststellung nichtehelicher Vaterschaft erfolgen. Vor ihr kann aber auch der Ehemann der Mutter nicht den Erzeuger des Kindes aus Delikt auf Schadensersatz (Unterhalt des Kindes) in Anspruch nehmen (kein weiteres Hindernis wäre § 1600a Satz 2; vgl. unten § 57 I 7). Das RG hat zwar seinerzeit eine Klage aus § 826 zugelassen, weil jener Norm die Aufgabe zufalle, „gegenüber formalen, von der Wirklichkeit absehenden Rechtsvorschriften einen Ausgleich zu bieten" (RGZ 152, 397 [404]), ist aber weithin auf Ablehnung gestoßen,[10] die ihren Niederschlag auch in der Rechtsprechung des BGH gefunden hat (BGHZ 14, 358; NJW 1962, 1057). § 1593 vermittelt dem Kind mehr als eine formale Position, die jederzeit als solche aufgedeckt werden kann, falls nur ihr Bestand selbst nicht in Frage gestellt wird. Er sichert aber auch dem für die Ehelichkeitsanfech-

[6] Vgl. § 52 II BVG (für den Fall, daß der Ehemann der Mutter in der Empfängniszeit verschollen war). Die Norm wurde vom BVerfG in der Entscheidung FamRZ 1959, 195 als der Verfassung nicht widersprechendes Recht bestätigt. Im Sozialversicherungsrecht ist § 52 II BVG nicht entsprechend anzuwenden. Vgl. BSozG, NJW 1961, 700.

[7] Vgl. BayObLG, FamRZ 1959, 122 (124); OLG Karlsruhe, FamRZ 1961, 534; *Böhmer,* JZ 1962, 731; *Hahnzog,* FamRZ 1971, 338 (Elternrecht des Scheinvaters); MünchKomm-*Mutschler,* 16 zu § 1593; *Palandt-Diederichsen,* 1 c zu § 1593; *Staudinger-Lauterbach,* 15 zu § 1593; *Staudinger-Schwoerer,* 97 zu § 1671. A. A. BayObLG, JZ 1962, 442 mit abl. Anm. *Schwoerer; Soergel-Lade,* 4 zu § 1593; *Erman-Küchenhoff,* 1 zu § 1593; MünchKomm-*Hinz,* 40 zu § 1671. Bezweifelt der Ehemann selbst seine Vaterschaft, wird freilich seine Eignung zur Erziehung des Kindes meist zu verneinen sein. Vgl. KG, DFG 1942, 43; BayObLG, FamRZ 1959, 122 (124).

[8] Auch von OLG Zweibrücken, FamRZ 1977, 261 nicht in Frage gestellt. Der Beschluß verweigert der Mutter aber (unter Hinweis auf § 242 mit der Fallgruppe des venire contra factum proprium) eine nach Verkündung, jedoch vor Rechtskraft des Scheidungsurteils beantragte einstweilige Anordnung hinsichtlich des Unterhalts des Kindes, wenn sie einer einverständlichen Ehescheidung zustimmte (bei deren Gelegenheit von ihr eingeräumt wurde, daß der Ehemann nicht der Vater des Kindes sei). Zu bedenken bleibt kritisch, daß die Mutter mit ihren Aussagen keinesfalls über den Status des Kindes verfügen darf.

[9] Str. Wie der Text die h. M. Zum Streitstand vgl. *Schönke-Schröder-Lenckner,* 6 zu § 170b StGB.

[10] Vgl. *Roquette,* JW 1937, 741; *Bosch,* SJZ 1947, 318; *Coing,* NJW 1952, 1337; *Boehmer,* JZ 1953, 747 sowie 1954, 113 und FamRZ 1960, 214; *Dubro,* JZ 1954, 113; *Beitzke,* § 22 II 4; *Dölle,* § 88 II 2; MünchKomm-*Mutschler,* 18 zu § 1593. Dem RG folgend dagegen OLG Hamm, JZ 1953, 757; *Erman-Drees,* 60 zu § 826.

tung vorgesehenen Statusverfahren der §§ 640ff. ZPO Ausschließlichkeit, wird also verfehlt, wenn Prozesse zugelassen werden, die incidenter über die Abstammung des Kindes in einem anderen Verfahren befinden. Eine auf § 826 gestützte Klage ist aus diesen Gründen noch nicht einmal zu rechtfertigen, wenn die Ehelichkeit des Kindes infolge einer unwahren Zeugenaussage des Ehebrechers erfolglos angefochten wurde.[11] Dem Ehemann der Mutter bleibt in diesem Falle nur die Restitutionsklage aus § 580 Nr. 3 ZPO, die erneut ein Statusverfahren eröffnet.

6. *Wirkung gegen Dritte.* § 1593 beherrscht nicht nur das Verhältnis zwischen dem Kind und dem Ehemann der Mutter. Er bindet jedermann und in allen Zusammenhängen. Auch Dritte können keine Ansprüche geltend machen, die nur begründet sind, wenn zumindest incidenter die Nichtehelichkeit des Kindes festgestellt werden muß. Insbesondere nimmt er allen Dritten (Großeltern!), die dem Kind in Kenntnis oder Unkenntnis der von § 1593 verfälschten Blutsbeziehungen Unterhalt geleistet haben, die Möglichkeit, den außerehelichen Erzeuger aus unerlaubter Handlung (Täuschung) oder aus anderen Rechtsgründen in Anspruch zu nehmen, ehe die Nichtehelichkeit des Kindes rechtskräftig festgestellt ist.[12]

7. Die Nichtehelichkeit des Kindes wird nur „geltend gemacht", wenn auf sie als Tatsachenbehauptung für den Eintritt einer bestimmten Rechtsfolge nicht verzichtet werden kann. § 1593 wird deshalb nicht verletzt, wenn die tatsächlichen Blutsbeziehungen nur aufgedeckt werden, um aus ihnen eine andere Tatsache zu folgern. Einen Ehebruch der Mutter im Scheidungsstreit mit der Abstammung des Kindes von einem außerehelichen Erzeuger zu beweisen (mit Relevanz etwa für § 1565 II), ist erlaubt (anders aber BGHZ 45, 356).[13]

Nicht zu beanstanden sind auch Verträge, in denen sich ein Ehebrecher gegenüber dem Ehemann der Kindesmutter in Form einer Erfüllungsübernahme ver-

---

[11] So die Fallgestaltung in der Entscheidung RG, Warn. 1935 Nr. 184. Vgl. auch *Roquette,* JW 1937, 742; *Coing,* NJW 1952, 1337; *Reinicke,* NJW 1955, 217f. (ihnen nahestehend, wenn auch offenlassend BGH, NJW 1962, 1057); *Tiedtke,* FamRZ 1970, 234. Sie wollen eine Klage aus § 826 zulassen, wenn der Ehebrecher den Ehemann der Mutter arglistig verhindert hat, die Anfechtungsklage rechtzeitig zu erheben (Einschränkung des § 1593, um unerträgliche Ergebnisse zu vermeiden). Der Zweck des § 1593 gebietet indessen auch hier eine andere Lösung: Wenn Arglist des Ehebrechers zur Fristversäumnis führte, kann § 1594 keine Geltung mehr haben; der Ehemann behält für eine angemessene Zeitspanne sein Anfechtungsrecht. Vgl. dazu *Soergel-Siebert-Knopp,* 275 zu § 242.

[12] A. A. für den Fall der arglistigen Täuschung MünchKomm-*Mutschler,* 19 zu § 1593. Zweifelnd BGH, FamRZ 1960, 136. Vgl. ferner BGH, NJW 1962, 1057. Richtig *Boehmer,* FamRZ 1960, 213ff. und JZ 1962, 731; *Staudinger-Lauterbach,* 16 zu § 1593.

[13] Wie der Text MünchKomm-*Mutschler,* 17 zu § 1593 (der die Frage seit dem 1. EheRG für obsolet geworden hält); *Staudinger-Lauterbach,* 14 zu § 1593. Wie der BGH dagegen OLG Frankfurt, MDR 1956, 551; *Palandt-Diederichsen,* 1c zu § 1593. Vermittelnd *Schwoerer,* JZ 1962, 444; OLG Karlsruhe, JZ 1963, 447 (mit abl. Anm. *Moller* und zust. Anm. *Schöpf,* FamRZ 1963, 650ff.); *Dölle,* § 88 II 2. Sie lehnen eine Beweisaufnahme ab, lassen den Vortrag aber zu, wenn offenkundig ist, daß das Kind nicht vom Ehemann abstammen kann.

pflichtet, für den Unterhalt eines Kindes aufzukommen (vgl. BGHZ 46, 56).[14] Derlei Verträge sind Austauschverträge, in denen sich der Ehemann verpflichtet, die Abstammung des Kindes nicht klären zu lassen. Geltend gemacht wird in ihnen (unmittelbar oder in der causa, wenn sie von ihrem Schuldgrund abstrahieren) die Möglichkeit der Abstammung des Kindes vom Ehebrecher, nicht aber diese selbst.

II. Die Anfechtungsberechtigten

Schrifttum: *Otto,* Das Ehelichkeitsanfechtungsrecht der Mutter als Folge der Gleichberechtigung, FamRZ 1954, 127; *H. Krüger,* Das Ehelichkeitsanfechtungsrecht der Mutter, NJW 1954, 1509.

1. *Prinzipien der Begrenzung.* Eine Rechtsordnung, die bereit ist, auch nicht von dem Ehemann der Mutter stammende Kinder als eheliche Kinder anzuerkennen, kann nicht jedermann die Möglichkeit einräumen, die eheliche Abstammung eines Kindes in Frage zu stellen. Eine Rechtsordnung, die in der Familie eine staatlichen Einflüssen weithin entrückte Intimgruppe sieht, kann dem Staat nicht die Möglichkeit geben, unbeschränkt oder auch nur zur Wahrung öffentlicher Interessen den Personenstand des Kindes zu bezweifeln. Auf dem Hintergrund dieser Sätze beschränkt das BGB den Kreis der Anfechtungsberechtigten auf den Ehemann der Mutter (unten III.), seine Eltern (unten IV.) und das Kind (unten V.). Das vom nationalsozialistischen Gesetzgeber eingeführte Anfechtungsrecht des Staatsanwaltes ist wieder beseitigt worden; alle Vorschläge, eine andere öffentliche Instanz zu wählen, verfielen der Ablehnung. Die gebotene Neutralität des Staates wird damit vom Gesetz mit letzter, nicht mehr zwingender Konsequenz gewahrt: Ein privatisiertes Anfechtungsrecht einer öffentlichen Stelle verletzt den Grundsatz der staatsentzogenen Familie nicht und vermeidet manche Mängel ausschließlich privater Anfechtungsrechte (Fristversäumnis mangels ausreichender Rechtskenntnis; umständliche Ausgestaltung des Anfechtungsrechtes des Kindes).

2. *Ausschluß der Mutter.* Bei der Beschränkung des anfechtungsberechtigten Personenkreises ist auch die Mutter des Kindes ausgeschlossen worden. Wiederholte Hinweise auf Art. 3 II GG sind ohne Erfolg geblieben, obwohl es niemandem gelungen ist, sie überzeugend zu widerlegen. Die verschiedene soziologische Situation der beiden Ehegatten ist kein Argument[1] und die für die mütterliche Seite stets (biologisch) richtige Einordnung des Kindes in den Generationengang gleichgültig. Der sich am Vater orientierende Personenstand des Kindes ist bestimmend auch für die Rechtsstellung der Mutter; ihn zwar zur Disposition des Ehemannes, nicht aber mehr zur Disposition auch der Mutter zu stellen, falls das

---

[14] Ebenso schon OLG Königsberg, HRR 1937 Nr. 80. A. A. dagegen OLG Celle, NdsRpfl. 1962, 188.

[1] Gegen *Beitzke,* ZBlJugR 1961, 320.

Kind nicht vom Ehemann der Mutter stammt, ist deshalb verfassungswidrig.[2] Überholt oder brüchig sind zudem die Wertungen, die letztlich für den Ausschluß der Mutter verantwortlich sind. Das alte patriarchalische Familienleitbild wird von der Rechtsordnung selbst nicht mehr als Wert anerkannt. Die Existenz von Anfechtungsrechten überhaupt, speziell aber das dem Kind selbst eingeräumte Anfechtungsrecht, erweist die eheliche Abstammung als nicht ausnahmslos gewahrten und den Interessen des Kindes durchaus nicht immer entsprechenden Wert. Auch die (bei Notzucht gar nicht vorliegende!) Bereitschaft der Mutter zu vorehelichem oder gar ehebrecherischem Verkehr kann nicht ins Gewicht fallen.[3] Sie wird Anlaß zu einer eigenartigen, dem Familienrecht verwehrten Strafe, wenn der Mutter ihretwegen jede Möglichkeit genommen wird, den Ehemann von der elterlichen Sorge für ein nicht von ihm stammendes Kind auszuschließen, sei es nun, um die elterliche Sorge bei sich zu konzentrieren, sei es auch, um das Kind nach Ehescheidung und Heirat des Vaters in eine den biologischen Verhältnissen entsprechende Rechtsstellung eines durch nachfolgende Elternehe legitimierten Kindes zu führen. Sittliche Integrität wird zudem vom Ehemann nie verlangt; er kann anfechten sogar als Kuppler und Zuhälter.[4]

Der Hinweis auf Art. 3 II GG verliert seine praktische Bedeutung, wenn die Interessen der Mutter voll in den Anfechtungsrechten anderer gewahrt werden. Doch berücksichtigt allein das Anfechtungsrecht des Kindes auch die mütterlichen Interessen (unten V 5 und 6), und zwar nur in einem Maß, das die Problematik mildert, aber nicht beseitigt.

Gänzlich belanglos ist in diesem Zusammenhang § 640e ZPO, der der Mutter die Teilnahme am Anfechtungsprozeß als Nebenintervenientin (§§ 66 ff. ZPO) eröffnet. Entscheidend ist nicht die Möglichkeit der Teilnahme an einem Prozeß, den ein anderer eröffnete. Entscheidend ist allein die Befugnis, selbst den Status des Kindes in Frage zu stellen.

---

[2] Vgl. *H. Krüger*, NJW 1954, 1509 (1510f.); LG Essen, FamRZ 1955, 263. Für ein Anfechtungsrecht der Mutter unter Hinweis auf Art. 3 II GG ferner *Hübner*, 14. Beiheft zur DRZ (1950), S. 90; *Otto*, FamRZ 1954, 127; *Scheffler*, in: Bettermann-Nipperdey-Scheuner, Die Grundrechte IV 1, S. 286. Vgl. auch *Müller-Freienfels*, Ehe und Recht, 1962, S. 104 Fn. 5; *Erman-Küchenhoff*, 2 zu § 1593; MünchKomm-*Mutschler*, 13 zu § 1593. Art. 3 II GG halten dagegen in diesem Zusammenhang für gleichgültig OLG Schleswig, NJW 1954, 156; OLG Hamm, FamRZ 1955, 140; LG Nürnberg-Fürth, FamRZ 1955, 140; OLG Nürnberg, FamRZ 1955, 211; OLG Frankfurt, FamRZ 1956, 113; LG Dortmund, FamRZ 1955, 139; *Palandt-Diederichsen*, Vorb. B zu § 1594; *Staudinger-Lauterbach*, 3 zu § 1594; *Soergel-Lade*, 3 zu § 1594 (Fälle berechtigten Eigeninteresses der Mutter jedoch denkbar); *Beitzke*, § 22 II 1 d; *Dölle*, § 88 Vorb. und V 3; *Finke*, FamRZ 1955, 32; *Bosch*, SJZ 1950, 645 und Familienrechtsreform, 1952, S. 118 (de lege ferenda wird von ihm aber ein begrenztes Anfechtungsrecht der Mutter für erwägenswert gehalten, wenn der Ehemann erfolgreich auf Ehescheidung geklagt hat); *Göppinger*, FamRZ 1961, 111; *Schwarzhaupt*, FamRZ 1961, 329f.; *Brühl*, FamRZ 1962, 9.

[3] Sie ist tragendes Argument in der Entscheidung LG Dortmund, FamRZ 1955, 139 (140). Vgl. auch *Beitzke*, § 22 II 1 d; *Boehmer*, Teilreform, S. 56; *Dölle*, § 88 Vorb.

[4] Darauf weist mit Recht *Lange*, NJW 1962, 1699, hin.

III. Das Anfechtungsrecht des Ehemannes

Schrifttum: *Schwoerer,* Anerkennung ehelich geborener Kinder? Verzicht auf das Recht zur Anfechtung der Ehelichkeit?, NJW 1961, 2291; *Breetzke,* Die Frist der Ehelichkeitsanfechtung, FamRZ 1955, 159.

1. *Grundgedanke.* Auch in der Abkehr vom patriarchalischen Familienleitbild ist das Anfechtungsrecht des Ehemannes nie zweifelhaft geworden. Patriarchalisches Denken weist in die Richtung einer *allein* dem Mann vorbehaltenen Befugnis (der Mann befindet über die Zugehörigkeit zu seiner Familie), es ist dagegen nicht mehr die Quelle seines Anfechtungsrechtes überhaupt. Die Verfälschung der Blutsbeziehungen durch § 1593 ist Anlaß genug: Den Ehemann um der Interessen des Kindes und der Mutter willen zum geduldigen Ertragen einer die Abstammungsverhältnisse mißachtenden rechtlichen Vaterschaft zu zwingen, widerspricht der starken Betonung der Persönlichkeitswerte in der Gegenwart.

2. *Unverzichtbarkeit.* Das Anfechtungsrecht des Ehemannes ist seiner rechtsgeschäftlichen Disposition entzogen. Mit dem Anfechtungsrecht des Kindes ist ein die Ehelichkeit des Kindes anerkennender Akt des Ehemannes, der den Personenstand des Kindes mit Wirkung für und gegen jedermann sichert, nicht zu vereinbaren; der an sich mögliche Verzicht auf das Anfechtungsrecht ist dem geltenden Recht unbekannt. Das Schweigen des geschriebenen Rechtes ist freilich noch kein zwingendes Argument:[1] Der Verzicht auf ein Gestaltungsrecht ist uns auch in anderen Zusammenhängen ohne Erwähnung im Gesetz geläufig. Doch widerspricht ein Verzicht dem Sinn der zweijährigen Ausschlußfrist, die § 1594 I setzt. Sie sichert primär das Kind; sie sichert aber auch dem Mann einen *Zeitraum der Überlegung, der nicht durch einen Verzicht verkürzt werden darf.*[2] Wenn das OLG Köln (NJW 1961, 2312) für die Gegenposition gar von einem aus dem Naturrecht folgenden Recht auf Verzicht spricht, so wird das Pathos des Naturrechtes allzu schnell für den eigenen Standpunkt in Anspruch genommen. Mit ebensoviel – und ebensowenig – Recht kann man das Naturrecht bemühen für ein Recht des Ehemannes auf Offenbarung der tatsächlichen Blutsbeziehungen unter allen Umständen.[3] Gänzlich indiskutabel ist jedenfalls die Wirksamkeit

---

[1] A. A. OGHZ 3, 168; BGHZ 2, 130 (137) unter Hinweis auf die vom Gesetzgeber 1938 nicht genutzte Möglichkeit, anstelle der damals beseitigten Anerkennung den Verzicht des Ehemannes in das Gesetz aufzunehmen.

[2] Vgl. *Beitzke,* SJZ 1950, 501. Wenn der Sinn der Frist gewahrt bleiben soll, darf eine fristgerecht erfolgende Ehelichkeitsanfechtung grundsätzlich auch nicht als rechtsmißbräuchlich bezeichnet werden, falls der Ehemann zunächst eindeutig zum Ausdruck gebracht hat, daß er von einer Anfechtung Abstand nehmen will. Vgl. *Beitzke,* aaO; BGHZ 2, 130 (138); *Schwoerer,* NJW 1961, 2293; *Dölle,* § 88 Fn. 86. Eine Ausnahme kann allenfalls zugestanden werden, wenn die Anfechtungsfrist durch fristhemmende Vorschriften ungewöhnlich verlängert wird. Vgl. BGH, LM Nr. 2 zu § 1598. Nicht zu vermeiden ist der vorzeitige Verlust des Anfechtungsrechtes durch Klagverzicht (§ 306 ZPO). Vgl. *Beitzke,* aaO.

[3] Die Entscheidung des OLG Köln ist allgemein auf Ablehnung gestoßen. Vgl. *Schwoerer,* NJW

eines antezipierten Verzichtes: Das Einverständnis des Ehemannes mit einer heterologen Insemination oder auch mit einem zweckgerichteten Ehebruch ist als Willenserklärung stets sittenwidrig und deshalb nichtig (§ 138).

3. *Anfechtungsfrist.* Alle in § 1593 wirkenden Werte sprechen gegen ein unbefristetes Anfechtungsrecht des Ehemannes. Wer nach einer längeren Überlegungsfrist keinen Anlaß sah, den Personenstand des Kindes mit den biologischen Gegebenheiten in Einklang zu bringen, darf nicht mehr die Möglichkeit haben, sein Verhältnis zum Kind jederzeit neu zu überprüfen. Deshalb setzt § 1594 I eine zweijährige Ausschlußfrist,[4] die mit dem Zeitpunkt beginnt, „in dem der Mann Kenntnis von den Umständen erlangt, die für die Nichtehelichkeit des Kindes sprechen", frühestens aber mit dessen Geburt (Abs. II). Umstände, die schon während der Schwangerschaft bekannt geworden sind, zwingen den Ehemann erst von der Geburt an zur Entscheidung.[5]

Die Rspr. hat der Ausschlußfrist in Einzelfällen für den weniger gebildeten Ehemann ihren eigentlichen Sinn genommen. Abwägen und entscheiden kann nur, wer die Verfälschung der tatsächlichen Blutsbeziehungen durch die Rechtsordnung kennt. Der Zweijahresfrist aber werden von der Rspr. auch Ehemänner unterworfen, die wie selbstverständlich als nichtehelich betrachten, was den Blutsbeziehungen zufolge nichtehelich ist; ihr Rechtsirrtum soll in aller Regel unbeachtlich sein[6] (Ausnahmen unten 5.). Abwägen und entscheiden kann ferner nur, wer nach seinem Bildungsstand in der Lage ist, aus Umständen, die einen Schluß auf die Abstammung des Kindes von einem anderen Mann gestatten, auch den richtigen Schluß zu ziehen. Es ist etwa sinnwidrig, einen Ehemann auf Grund eines möglichen Schlusses aus der Vererbungslehre abzuweisen, wenn er ihn nach seinem Bildungsstand gar nicht ziehen konnte. Erneut aber wird von der Rspr. anders entschieden.[7]

Jeder Umstand, „der die nicht ganz fern liegende Möglichkeit einer nichtehelichen Abstammung begründet", setzt die Ausschlußfrist in Lauf (und nicht erst jeder Umstand, der zu einer größeren Wahrscheinlichkeit nichtehelicher Herkunft führt), wenn er zur zweifelsfreien Kenntnis des Ehemannes gelangt ist.[8]

1961, 2291; *Beitzke,* ZBlJugR 1961, 315f.; MünchKomm-*Mutschler,* 14 zu § 1594; *Palandt-Diederichsen,* 3 zu § 1594; *Staudinger-Lauterbach,* 23 zu § 1594; *Dölle,* § 88 Fn. 86.

[4] Sie wird als zu lang empfunden von *Breetzke,* FamRZ 1955, 159. Zur Verfassungsmäßigkeit vgl. BVerfG, FamRZ 1975, 82 (84f.).

[5] Vgl. BGHZ 10, 111.

[6] Vgl. RGZ, 160, 92; BGHZ 24, 134; *Boehmer,* FamRZ 1960, 214f.; MünchKomm-*Mutschler,* 4 zu § 1594; *Palandt-Diederichsen,* 2 zu § 1594; *Staudinger-Lauterbach,* 10 zu § 1594; *Beitzke,* § 22 II 1a; *Erman-Küchenhoff,* 3 zu § 1594; *Dölle,* § 88 IV 1b. Anders wohl noch RGZ 157, 356 (358). Der Vorschlag, die fristhemmenden Gründe um die unverschuldete Unkenntnis des Ehemannes zu erweitern (*Boehmer,* MDR 1957, 540), ist nicht Gesetz geworden.

[7] Vgl. OLG Hamm, NJW 1960, 2244.

[8] Vgl. RGZ 163, 68; BGHZ 9, 336 (337); 61, 195 (197); OLG Neustadt, MDR 1961, 769; OLG Hamm, NJW 1960, 2244. Beweisschwierigkeiten hindern den Lauf der Frist nicht. Vgl. OLG Kiel, JR 1948, 130 (131); BGH, FamRZ 1975, 483 (484).

Das Risiko des unbegründeten Zweifels an der Blutsbeziehung zum Kind (Unterliegen im Prozeß) und das Risiko des voreilig aufgegebenen Zweifels[9] werden vom Ehemann getragen. Das Risiko des fehlenden Zweifels wird ihm dagegen bis auf einen unvermeidlichen Restbestand genommen, wenn richtig *nur Umstände berücksichtigt werden, die dem Ehemann nach seinem Bildungsstand zu Zweifeln Anlaß geben mußten.*[10] Der unvermeidliche Restbestand ergibt sich aus dem Beweisrecht: Der fehlende Zweifel trotz Anlaß zum Zweifel ist stets unbeweisbar. Beim Beweis der Fristversäumnis[11] muß für den Fristbeginn der Nachweis der Kenntnis von einem Umstand genügen, der den Ehemann nach seinen Fähigkeiten zu Zweifeln führen mußte. Der Gegenbeweis der Arglosigkeit ist nicht mehr möglich, weil der Ehemann sich vom Verdacht, ein nur ihm zugängliches subjektives Moment wider besseres Wissen geltend zu machen , nicht reinigen kann.

In der Praxis dominieren Umstände, die schlechthin jedem Ehemann Anlaß zu Zweifeln geben: Ehebruch der Mutter in der Empfängniszeit,[12] falls er nicht (soweit bekannt geworden) zu einem Zeitpunkt stattfand, der mit dem Reifegrad des Kindes nicht zu vereinbaren ist,[13] oder unter Umständen, die eine Konzeption fast ausschließen;[14] bekannte Vollreife des Kindes bei der Geburt, wenn es, bezogen auf die sexuellen Beziehungen der Eheleute, nur als Frühgeburt hätte zur Welt kommen können;[15] Geburt des Kindes zu einem Zeitpunkt, der nicht mehr mit dem letzten intimen Verkehr der Eheleute zu vereinbaren ist.[16]

4. Die Entscheidung des § 1594 ist nicht mehr voll sachrichtig, wenn die Mutter innerhalb der Frist des § 1593 mit mehreren Männern verheiratet war. Sie wird dann zwar noch dem Ehemann der späteren Ehe gerecht, weil das Kind zunächst ihm zugeordnet wird. Sie ist dagegen nicht mehr brauchbar für den

---

[9] Vgl. BGHZ 9, 336 (338); BGH, ZBlJugR 1976, 414 (415).

[10] Die Orientierung am Bildungsstand wird von MünchKomm-*Mutschler,* 5 zu § 1594, als nicht praktikabel bezeichnet. Auch er will aber nur den Bildungsstand des Laien (welches Laien?) anerkennen.

[11] Man pflegt insoweit von einer Beweislast des Kindes zu sprechen (vgl. RG, Warn. 1921 Nr. 100; OLG Neustadt, MDR 1961, 769; *Palandt-Diederichsen,* 2 zu § 1594), doch bleibt zu berücksichtigen, daß die Beweislastregeln erst Bedeutung gewinnen, wenn das Gericht auch durch die ihm obliegenden Ermittlungen von Amts wegen (§§ 640, 616 ZPO) keine Klärung erzielen konnte. Vgl. BGH, LM Nr. 1 zu § 1594.

[12] Vgl. RGZ 163, 68 (73); BGH, LM Nr. 1 zu § 1594; BGH, FamRZ 1956, 344; BGH, ZBlJugR 1976, 414 (415). Anders noch RGZ 162, 16 (19) für die Zeit vor der Einführung der Blutgruppengutachten in den Anfechtungsprozeß. Vgl. auch OLG Stuttgart, DAVorm. 1974, 103, 106 (Kenntnis des Ehebruchs allein soll nicht für die Nichtehelichkeit des Kindes sprechen, wenn auch der Ehemann zur fraglichen Zeit Geschlechtsverkehr mit der Mutter des Kindes hatte).

[13] Vgl. MünchKomm-*Mutschler,* 6 zu § 1594.

[14] Vgl. BGH, FamRZ 1978, 494.

[15] Vgl. BGHZ 9, 336; LG Göttingen, NdsRpfl. 1961, 151. Zumindest fragwürdig OLG Celle, FamRZ 1976, 158 (Ablauf der Frist verneint, weil unklar bleibe, ,,inwieweit sich dem Kl. die objektiven Umstände – voll ausgetragenes Kind bei einer 7½ monatigen Tragezeit – erschlossen haben").

[16] Vgl. OLG Köln, MDR 1958, 165.

Ehemann der früheren Ehe. Diesem wird das Kind von § 1600 II zugerechnet, wenn der zweite Ehemann die Ehelichkeit des Kindes erfolgreich angefochten hat, mag auch bereits aus den Gründen des Urteiles erhellen, daß nur ein dritter Mann Vater des Kindes sein kann.[17] Die mögliche Verfälschung der Blutsbeziehungen durch die Rechtsordnung wird für den ersten Ehemann also erst (dann freilich rückwirkend) wesentlich mit der Rechtskraft des vom zweiten Ehemann erstrittenen Urteils. Folgerichtig beginnt für ihn die zweijährige Ausschlußfrist auch frühestens mit der Rechtskraft jener Entscheidung (§ 1600 III).

5. *Fristhemmende Wirkung* haben die Tatbestände der §§ 203 und 206 (§ 1594 III);[18] beiden fehlt größere praktische Bedeutung. Die Ablaufshemmung des § 206 kommt angesichts der Prozeßfähigkeit beschränkt geschäftsfähiger Ehemänner (§ 1595 I) nur für Geschäftsunfähige in Betracht. Der Tatbestand des § 203 II aber (die „höhere Gewalt") wird von der Rspr. eng ausgelegt und damit auf Ausnahmefälle beschränkt.[19] In peripherer Korrektur einer grundsätzlich verfehlten Überzeugung (vgl. oben unter 3.) hat zwar die Rspr. den Rechtsirrtum des Ehemannes nach einem Rechtsirrtum des Standesbeamten (Beurkundung einer nichtehelichen Geburt) und des Vormundschaftsgerichtes (Einleitung der Vormundschaft nach dem seinerzeit geltenden Recht) als höhere Gewalt gewertet,[20] im übrigen aber stets Zurückhaltung gewahrt. Die jüngste Zeit hat sogar die Maßstäbe zuungunsten des Ehemannes verschoben: Auch ein Verschulden des Prozeßbevollmächtigten wird vom BGH nicht mehr als höhere Gewalt anerkannt.[21]

Die Härte bei der Anwendung des § 203 wird mittelbar ausgeglichen durch einen Schadensersatzanspruch gegen den Anwalt, der schuldhaft die rechtzeitige Anfechtungsklage versäumte (positive Forderungsverletzung im Anwaltsvertrag). § 1593 steht diesem Anspruch nicht entgegen (ebenso BGHZ 72, 299): Der Normzweck kann eine Regreßbehinderung (mit tatsächlicher Freigabe pflichtwidrigen Verhaltens der Anwälte) nicht mehr rechtfertigen.[22]

---

[17] Die Situation ist gewiß nicht Ausdruck bestechender Prozeßökonomie, doch wollte man den Gründen eines Urteiles keine rechtsgestaltende Wirkung beilegen.

[18] Vgl. ferner als vorgelagerte Norm aus dem Prozeßrecht § 295 ZPO. Wird der Mangel der Klagezustellung nicht gerügt, so betrifft die Heilung durch Rügeverzicht auch Fristen des materiellen Rechts, die mit der Klageerhebung gewahrt werden sollten. Vgl. BGH, NJW 1972, 1315.

[19] Vgl. SchlHOLG, SchlHA 1949, 367 (Strafhaft keine höhere Gewalt).

[20] Vgl. RG, JW 1927, 1195 (die Entscheidung wird von *Kipp-Wolff,* § 75 Fn. 25, als kühn bezeichnet); RGZ 160, 92 (die Entscheidung geht nach dem Urteil von *Dölle,* § 88 IV 1b, „sehr weit"). Weitere Fälle vgl. OLG Hamm, FamRZ 1977, 551, 552f. (höhere Gewalt bei pflichtwidriger Zurückweisung einer zwar fristgerecht, jedoch nicht in der gebotenen Form eingereichten Anfechtungsklage bei einem Kläger mit niedrigem Bildungsstand); OLG München, FamRZ 1972, 372 (unabwendbarer Zufall und damit höhere Gewalt, wenn der Ehemann aufgrund der im Scheidungsurteil festgestellten Nichtehelichkeit die Notwendigkeit einer Anfechtungsklage überhaupt nicht in Erwägung zog); OLG Köln, DAVorm. 1976, 348 (Fristhemmung bei ungebührlicher Verzögerung der Pflegerbestellung und daraus resultierender verspäteter Klagezustellung).

[21] BGHZ 31, 342 gegen RGZ 158, 360; BGH, FamRZ 1972, 498 (500). Eine Parallelproblematik besteht für § 232 II ZPO. Für sie hat das BVerfG (NJW 1973, 1315) die Zurechnung des Verschuldens eines Prozeßbevollmächtigten als mit dem GG vereinbar bezeichnet.

[22] Anders OLG Köln, NJW 1967, 1070 mit abl. Anm. *Dunz.* Das Urteil wird ferner abgelehnt von *Palandt-Diederichsen,* 1c zu § 1593; MünchKomm-*Mutschler,* 20 zu § 1593; *Erman-Küchenhoff,* 3 zu § 1593; *Tiedtke,* FamRZ 1970, 234f. (der § 1593 bei Schadensersatzansprüchen nicht anwenden will, wenn feststeht, „daß der Scheinvater ohne die zum Schadensersatz verpflichtende Handlung des Erzeugers oder eines anderen Dritten die Ehelichkeit des Kindes rechtzeitig angefochten hätte").

6. *Selbstbestimmung und Fremdbestimmung.* „Zur Bastardschelte braucht der Simpel keinen Vogt" lautet ein altes Rechtssprichwort. Es gibt Rechtsgut wieder, das auch der Gegenwart viel bedeutet. Die Ehelichkeitsanfechtung soll soweit als möglich auf einer Entscheidung des Ehemannes selbst beruhen. Deshalb schließt § 1595 I 1 die gewillkürte Stellvertretung (natürlich nicht die Prozeßvertretung!) überhaupt aus.[23] Deshalb gewährt ferner § 1595 I 2 für das materielle Recht und § 640b Satz 1 ZPO für das formelle Recht dem beschränkt geschäftsfähigen Ehemann Selbstbestimmung. Der Gedanke wirkt weiter sogar beim geschäftsunfähigen Ehemann. Zwar kann für ihn nur der gesetzliche Vertreter mit Genehmigung des Vormundschaftsgerichtes[24] tätig werden (§§ 1595 II 1 BGB, 640b Satz 2 ZPO), doch bindet ihn die in der Fristversäumnis liegende Entscheidung des gesetzlichen Vertreters nicht:[25] Mit dem Eintritt zumindest beschränkter Geschäftsfähigkeit bietet sich ihm erneut die Möglichkeit der Ehelichkeitsanfechtung innerhalb von sechs Monaten (§§ 1595 II 2, 1594 III, 206).

Der vertretungsfeindliche Akt ist allein die Klageerhebung, denn mit ihr wird das materielle Gestaltungsrecht, das der Ehelichkeitsanfechtung zugrundeliegt (vgl. unten VI 1), ausgeübt. Die wirksam erhobene Klage kann dagegen von einem Bevollmächtigten weitergeführt werden. Ein gesetzlicher Vertreter bedarf keiner Genehmigung des Vormundschaftsgerichtes, wenn der Anfechtungsberechtigte nach Klageerhebung geschäftsunfähig wird.[26]

IV. Das Anfechtungsrecht der Eltern des Ehemannes

1. *Grundgedanke.* Wer der Persönlichkeit des Ehemannes nach dessen Tod Rechnung tragen will, findet in seinen Eltern geeignete Sachwalter. Wer die Beerbung des Ehemannes im Hinblick auf die Wirkungen des § 1593 im Erbrecht als unbefriedigend empfindet, sieht sich nicht weniger in erster Linie auf die Eltern des Ehemannes verwiesen: Das eheliche Kind des Sohnes gehört auch für ihren Nachlaß zum Kreise der Pflichtteilsberechtigten (§ 2303 I). Freilich sind beide Ziele nicht nur mit einem Anfechtungsrecht der Eltern des Ehemannes zu erreichen. Die Beschränkung des Anfechtungsrechtes auf die Eltern des Ehemannes mit ehelicher Abstammung bzw. auf die Mutter des Ehemannes mit nichtehelicher Herkunft in § 1595a beruht daher noch auf weiteren Überlegungen.

---

[23] Auch „Vertretung in der Erklärung" ist nicht möglich, weil es zwischen Botenschaft und Stellvertretung ein tertium nicht gibt. A. A. *Staudinger-Lauterbach,* 2 zu § 1595; MünchKomm-*Mutschler,* 3 zu § 1595. Da die Klageschrift vom Anwalt vollzogen werden muß, hat der Ausschluß der Vertretung nur für die Erteilung der Prozeßvollmacht Bedeutung.

[24] Sie kann nach Klageerhebung erteilt werden, muß aber innerhalb der Frist des § 1594 erfolgen. Vgl. BGH, FamRZ 1966, 504 (505) mit weit. Nachw.; MünchKomm-*Mutschler,* 8 zu § 1595.

[25] Gebunden ist dagegen ein etwaiger Nachfolger in der gesetzlichen Vertretung des Ehemannes. Ebenso MünchKomm-*Mutschler,* 9 zu § 1595.

[26] So auch *Staudinger-Lauterbach,* 7 zu § 1595; MünchKomm-*Mutschler,* 8 zu § 1595.

Bedacht wurde vornehmlich das Interesse des Kindes an einem Personenstand, der nur von wenigen Personen in Frage gestellt werden kann.

2. Das Anfechtungsrecht der ehelichen Eltern ist ein Gestaltungsrecht in gemeinschaftlicher Zuständigkeit (notwendige Streitgenossenschaft im Prozeß; vgl. § 62 ZPO). Der Tod eines Elternteiles führt zur Alleinzuständigkeit des anderen; nach dem Tod beider Elternteile ist der Personenstand des Kindes für die Familie des Ehemannes überhaupt unangreifbar.

3. *Fortsetzung des Verfahrens.* Kindschaftssachen erledigen sich grundsätzlich mit dem Tod des Klägers in der Hauptsache (§§ 640, 619 ZPO). Prozeßökonomische Gründe geboten für das vom Ehemann eingeleitete Anfechtungsverfahren eine Ausnahme, soweit sich das Anfechtungsrecht des Klägers in einem Anfechtungsrecht seiner Eltern fortsetzt:[1] Der Tod des Ehemannes unterbricht das Verfahren nur; es kann von den Eltern oder einem überlebenden Elternteil aufgenommen werden; erst Fristversäumnis führt zur Erledigung des Rechtsstreites in der Hauptsache (§ 640g ZPO).[2]

4. *Sohneswille und Elternwille.* Eltern, die ein von ihrem Sohn eingeleitetes Verfahren vorfinden, entscheiden frei über dessen Fortsetzung. Ebenso frei entscheiden die Eltern über die Einleitung eines Verfahrens, wenn der Sohn ohne Kenntnis von der Geburt des Kindes starb (§ 1595a I), aber auch, wenn er in den ersten beiden Lebensjahren des Kindes gestorben ist, ohne sich für oder gegen die Ehelichkeitsanfechtung entschieden zu haben. Die Eltern sind dagegen an die Entscheidung ihres Sohnes gebunden, wenn dieser die Geburt des Kindes erlebte und den Willen äußerte, den Status des Kindes nicht in Frage zu stellen (§ 1595a II). Diese Bindung der Eltern ist verständlich, jedoch nicht folgerichtig in einer Rechtsordnung, die keinen Verzicht auf das Anfechtungsrecht anerkennt (oben III 2);[3] die für den Sohn selbst unverbindliche Willensäußerung wird für seine Eltern zu einer bindenden Entscheidung.

5. *Befristung.* Wie das Anfechtungsrecht des Ehemannes muß auch das seiner Eltern ein fristgebundenes Recht sein. Alle Werte, die den Ehemann beengen, gewinnen sogar stärkeres Gewicht; die Ausschlußfrist beträgt deshalb nur noch ein Jahr. Sie beginnt bereits zu laufen mit der Kenntnis auch nur eines Elternteiles von der Geburt des Kindes und dem Tod des Sohnes, nimmt also keine Rücksicht auf Arglosigkeit oder Zweifel der Eltern und schafft damit einen schwerlich einsichtigen Kontrast zu § 1594 II.

---

[1] A. A. *Beitzke,* ZBlJugR 1961, 318. Seiner Meinung nach verfolgen die in den Rechtsstreit eingetretenen Eltern nicht ihr eigenes Anfechtungsrecht, sondern das des Sohnes. Wie der Text *Odersky,* I zu § 640g ZPO.

[2] Aus § 1595a I 4 ist zu folgern, daß die Jahresfrist in § 640g ZPO erst mit der Kenntnis wenigstens eines Elternteils von der Geburt des Kindes und von dem Tod des Sohnes zu laufen beginnt. A. A. *Palandt-Diederichsen,* 6 zu § 1595a; MünchKomm-*Mutschler,* 5 zu § 1599.

[3] Kritisch auch *Beitzke,* § 22 II 1b; MünchKomm-*Mutschler,* 4 zu § 1596, Fn. 3. Für die gesetzliche Regelung dagegen *Dölle,* § 88 IV 3a bb.

6. *Selbstbestimmung und Fremdbestimmung.* Auch die Eltern des Ehemannes sollen soweit als möglich persönlich entscheiden. So wiederholt sich der Ausschluß der gewillkürten Stellvertretung (§§ 1595a III, 1595 I 1). Es wiederholt sich auch die Selbständigkeit der beschränkt Geschäftsfähigen im materiellen Recht (§§ 1595a III, 1595 I 2) und im Prozeßrecht (§ 640b ZPO). Bewußt unvollständig ist dagegen die Parallele zur Behandlung des geschäftsunfähigen Ehemannes gezogen worden. Zwar wird auch für einen geschäftsunfähigen Elternteil der gesetzliche Vertreter mit Genehmigung des Vormundschaftsgerichtes tätig, doch stellt der Wegfall der Geschäftsunfähigkeit die durch Fristversäumnis des gesetzlichen Vertreters verlorengegangene Anfechtungsmöglichkeit nicht wieder her (§§ 1595a III, 1595 II 1).

V. Das Anfechtungsrecht des Kindes

Schrifttum: *Schmidt,* Die Kindesmutter als Vertreterin des Kindes im Ehelichkeitsanfechtungsprozeß, NJW 1964, 2096; *Weyer,* Die Vertretung des Kindes im Ehelichkeitsanfechtungsprozeß durch die Mutter, FamRZ 1968, 498.

1. Weil das positive Recht eine Differenz zwischen der Abstammung und der Zuordnung des Kindes auf der Vaterseite nicht nur um der Interessen des Kindes willen in Kauf nimmt, sondern auch aus Scheu vor einem indiskreten Eindringen in den Intimbereich der Ehegatten und aus Sorge um die Erhaltung des Familienfriedens, kann auch das Kind kein unbegrenztes Anfechtungsrecht erhalten. Das geltende Recht schränkt das Kind sogar stärker ein als den Ehemann der Mutter; es kann nur anfechten, wenn bestimmte kasuistisch ausgeformte Tatbestände gegeben sind. Einige vermitteln dem Kind unbefristete Anfechtungsrechte, andere dagegen nur fristgebundene.

2. *Anfechtung ohne Befristung.* Als unbefristete Befugnis ist dem Kind ein Anfechtungsrecht gegeben, wenn „die Anfechtung wegen ehrlosen oder unsittlichen Lebenswandels oder wegen einer schweren Verfehlung des Mannes gegen das Kind[1] oder wegen einer schweren Erbkrankheit des Mannes[2] sittlich gerechtfertigt ist" (§ 1596 I Nrn. 4 und 5). Von dem Interesse des Kindes an der Leugnung aller verwandtschaftlichen Beziehungen zum Ehemann der Mutter (dem man – reichlich merkwürdig – kein unbefristetes Anfechtungsrecht in der Umkehrsituation gewährt hat![3]), werden die generell gegen ein Anfechtungsrecht des Kindes sprechenden Gründe in diesen Fällen zwar nicht vollständig verdrängt, aber doch in das begrenzende, nicht eben scharf umrissene Tatbestandselement der Rechtfertigung vor der Moral verwiesen. Die sittliche Rechtfertigung kann freilich auch aus anderen Gründen fehlen, etwa dann, wenn das Kind mit der

---

[1] Ehrloser und unsittlicher Lebenswandel kann nur beachtlich sein, wenn er gegen den Willen des Kindes geführt wird. Richtig *Lange,* NJW 1962, 1701. Unschädlich sind Billigung und Teilnahme, wenn sie dem Kind nicht zugerechnet werden können. Vgl. MünchKomm-*Mutschler,* 9 zu § 1596.

[2] Angeborener Schwachsinn (nicht: ein schädigungsbedingter), Schizophrenie, manisch-depressiver Irrsinn, Epilepsie (für die Relevanz der Erbanlage nachgewiesen ist, denn sie kann auch auf vorgeburtlichen oder geburtlichen Schädigungen beruhen), Veitstanz usw. Bewußt nicht berücksichtigt wurden die Suchtkrankheiten, insbesondere der Alkoholismus. Keine Erbkrankheit ist die Lungentuberkulose. Vgl. BayObLG, FamRZ 1968, 257.

[3] Kritisch dazu auch *Lange,* NJW 1962, 1700.

Klage lediglich Befreiung von der Unterhaltspflicht der §§ 1601 ff. bezweckt, obwohl der Ehemann der Mutter seinen materiellen Verpflichtungen dem Kind gegenüber stets nachgekommen ist.

3. *Befristete Anfechtung.* Die vor dem Kind zu schützenden Werte verlieren ihre Bedeutung oder büßen an Gewicht ein, wenn die Ehe der Mutter nicht mehr besteht oder tatsächlich gescheitert ist. Deshalb kann das Kind seine Ehelichkeit anfechten, wenn der Ehemann der Mutter gestorben oder für tot erklärt ist, ohne das Anfechtungsrecht nach § 1594 verloren zu haben, ferner, wenn die Ehe geschieden, aufgehoben oder für nichtig erklärt ist, sodann, wenn die Ehegatten seit drei Jahren getrennt leben (vgl. dazu § 1566 II: unwiderlegbare Vermutung des Scheiterns der Ehe) und nicht zu erwarten ist, daß sie die eheliche Lebensgemeinschaft wieder herstellen, schließlich, wenn die Mutter den Mann geheiratet hat, der das Kind zeugte[4] (§ 1596 I Nrn. 1–3). Die Tatbestände schließen einander nicht aus, können also in der Zeit gestaffelt eintreten mit Rücktritt des zeitlich früheren vor dem späteren. Sie alle vermitteln dem Kind nur ein fristgebundenes Recht, doch mit jeweils neuem Fristenlauf, weil die Entscheidungsgrundlagen des Kindes für jeden Tatbestand verschieden sind. Insbesondere kann ein Kind, das beim Tode des Ehemannes oder bei der Ehescheidung nicht bereit war, die Ehelichkeit anzufechten, eine andere Entscheidung fällen, wenn die Mutter den Vater heiratet, eine erfolgreiche Anfechtung also den Status eines ehelichen Kindes nicht beseitigt, sondern nur auf eine andere Ehe der Mutter bezieht.

Die Rechtsausübung für das minderjährige Kind ist umständlich und zeitraubend (vgl. unten 4.), die zweijährige Ausschlußfrist in ihrer Länge daher nicht nur aus Paritätsgründen verständlich. Der Fristenlauf setzt ein mit der Kenntnis des Kindes (bei Fremdbestimmung: des gesetzlichen Vertreters[5]) von den Umständen, die für die Nichtehelichkeit sprechen, und von dem Sachverhalt, der die Anfechtungsbefugnis begründet.[5a] Rechtsunkenntnis wird von der Rspr. auch hier für gleichgültig gehalten.[6]

4. *Selbstbestimmung und Fremdbestimmung.* Zur Selbstbestimmung berufen ist das volljährige, zumindest beschränkt geschäftsfähige Kind (§§ 1597 IV, 1595 I BGB, 640 b ZPO). Für alle anderen

---

[4] Die Vaterschaft des zweiten Ehemannes muß also im Anfechtungsprozeß incidenter festgestellt werden. Die Vaterschaftsfeststellung nach den §§ 1600 a ff. als Voraussetzung der Legitimation wird dadurch nicht überflüssig.

[5] Also gegebenenfalls (§ 1671!) der Mutter. Ein Wechsel in der Person des gesetzlichen Vertreters setzt keine neue Frist in Lauf. Vgl. OLG Koblenz, FamRZ 1964, 89; KG, FamRZ 1974, 380 f. (jedenfalls dann keine Fristunterbrechung, wenn der neue gesetzliche Vertreter bei Übernahme des Amtes Kenntnis von den zur Anfechtung berechtigenden Umständen hatte); OLG Hamm, DAVorm. 1973, 159 f. Zum Fristbeginn vgl. ferner OLG Köln, DAVorm. 1976, 638, 640 (Kenntnis des gesetzlichen Vertreters setzt Frist erst dann in Lauf, wenn er zur Vertretung des Kindes im Anfechtungsprozeß befugt ist).

[5a] Einem Armenrechtsgesuch sichert KG, FamRZ 1978, 927 auch dann Bedeutung als fristhemmendem Umstand (§ 203 II), wenn es erst am letzten Tag der Anfechtungsfrist eingereicht wurde.

[6] Vgl. BayObLG, FamRZ 1968, 257.

Kinder handelt der gesetzliche Vertreter mit Bindung an die Genehmigung des Vormundschaftsgerichtes (§§ 1597 I und IV, 1595 II 1 BGB, 640b ZPO). Jeder Fremdbestimmung des Kindes geht damit ein Verfahren voran, das Gelegenheit gibt, dem Heranreifen des Kindes zur Selbstbestimmung Rechnung zu tragen. Zunehmendem Alter des Kindes muß mit entsprechend stärkerer Berücksichtigung seiner Stellungnahme Rechnung getragen werden.[7] Zu hören ist ferner in allen Fällen das Jugendamt (§ 48a Nr. 2 JWG).

Als gesetzliche Vertreter können nur die Mutter, ein Vormund oder ein Pfleger die Ehelichkeitsanfechtung für das Kind durchführen, nie der Ehemann der Mutter. Gegen ihn richtet sich die Klage des Kindes; die bestehende Interessenkollision nimmt ihm jede Möglichkeit des prozessualen Handelns im Namen des Kindes. Dagegen verbleibt dem allein (§ 1671!) oder mit der Mutter zur Ausübung der elterlichen Sorge berufenen Ehemann die Entscheidung der Frage, *ob* ein Prozeß angestrengt werden soll. Vor Interessenkollisionen ist das Kind insoweit allein durch die §§ 1629 II 3, 1796 geschützt.[8] In durchaus fragwürdiger Manier wird dann in der Rspr. (vgl. BGH, NJW 1975, 345) meist ein erheblicher Interessengegensatz zwischen dem (zweifelhaft gewordenen) Vater, der keinen Anfechtungsprozeß wünscht, und dem Kind geleugnet und vor einer „Überschätzung der Blutbande" gewarnt. Zu bedenken bleibt jedoch, daß in den vor die Gerichte getragenen Fällen fast immer bereits ein Zustand des Zwielichts entstanden sein wird, den dauerhaft zu ertragen dem Kind kaum zugemutet werden kann.

5. *Vertretung durch die Mutter.* Trotz eigener Interessen ist die Mutter von der Vertretung des Kindes nicht generell ausgeschlossen (doch gelten auch hier die §§ 1629 II 3, 1796).[9] Sie kann das Kind bei bestehender Ehe nicht gegen den eigenen Ehemann vertreten (§§ 1629 II 1, 1795 I Nr. 3), ist aber grundsätzlich zur Vertretung des Kindes im aktiven Anfechtungsprozeß berufen, wenn ihr mit der Beendigung der Ehe durch richterlichen Akt die elterliche Sorge übertragen wurde (§ 1671). Obsolet geworden ist durch den grundsätzlichen Entscheidungsverbund in Ehesachen (vgl. dazu § 623 III ZPO) die früher viel verhandelte Problematik der Vertretung des Kindes in der Zeit zwischen der Rechtskraft des Scheidungsurteils und der Entscheidung über die Zuordnung des Kindes gemäß § 1671; sie hat heute auch keine Bedeutung mehr für die seltenen (wenn überhaupt praktischen) Fälle einer Vorabentscheidung über den Scheidungsantrag

---

[7] Vgl. dazu MünchKomm-*Mutschler,* 3 zu § 1597 (materiellrechtliches Mitspracherecht des Kindes von einer bestimmten Altersstufe an rechtspolitisch wünschenswert).

[8] Vgl. BGH, NJW 1975, 345 (346f.); KG, FamRZ 1966, 239; OLG Frankfurt, FamRZ 1969, 106 (gegen FamRZ 1964, 269); OLG Oldenburg, FamRZ 1969, 428; MünchKomm-*Mutschler,* 6 zu § 1597; *Palandt-Diederichsen,* 2a zu § 1597.

[9] Daß die Interessen des Kindes keinesfalls immer eine Anfechtung nahelegen (und deshalb auch kein Interessengegensatz zur eigenen untätigen Mutter bestehen muß), wird fast allg. anerkannt. Vgl. *Weyer,* FamRZ 1968, 499; OLG Oldenburg, NdsRpfl. 1970, 176; BGH, NJW 1975, 345 (347); *Soergel-Lade,* 3 zu § 1597; MünchKomm-*Mutschler,* 6 zu § 1597. Schroffer in der Interessenwertung aber *Schmidt,* NJW 1964, 2097.

gemäß § 628 ZPO, weil in ihnen gleichzeitig mit dem Scheidungsurteil eine einstweilige Regelung der elterlichen Sorge zu erfolgen hat (Abs. II).

Elterliche Sorge ist fremdnützige, die Interessen des Kindes wahrende Sorge. Die zur Vertretung des Kindes berufene Mutter aber darf ihren eigenen Interessen beschränkt zugunsten des status quo Raum gewähren; sie handelt pflichtwidrig erst, wenn sie dem eigenen Interesse den Vorzug gibt, obwohl die Verfälschung der Blutsbeziehungen durch § 1593 mit unverhältnismäßigen Nachteilen für das Kind verbunden ist (arg. § 1597 III).

6. *Vormund und Pfleger.* Wenn das Kind durch einen Vormund oder Pfleger (häufig das Jugendamt) vertreten wird, fehlt der Mutter an sich die rechtlich gesicherte Möglichkeit, ihre Interessen gegen diejenigen des Kindes in eigener Entscheidung durchzusetzen. Doch wäre eine unterschiedliche Bewertung der mütterlichen Interessen, die sich an der Person des gesetzlichen Vertreters orientiert, willkürlich. § 1597 III bindet deshalb die Genehmigung des Vormundschaftsgerichtes in diesen Fällen an das Einverständnis der Mutter (keine Stellvertretung; volle Selbstbestimmung bei beschränkter Geschäftsfähigkeit), soweit nicht ihre Interessen vor unverhältnismäßig hohen Nachteilen für das Kind zurücktreten müssen. Die Einwilligung ist ferner entbehrlich, wenn die Mutter geschäftsunfähig ist, wenn ihr Aufenthalt dauernd unbekannt ist und wenn sie die elterliche Gewalt verwirkt hat (vgl. § 1676 a. F.; seit dem EltSorgRG gibt es keine Verwirkung der elterlichen Sorge mehr).

7. Fremdbestimmung durch Fristversäumnis des gesetzlichen Vertreters scheut das Gesetz wie beim Ehemann so auch beim Kind. Dem zunächst geschäftsunfähigen, aber volljährigen Kind ist mit Eintritt zumindest beschränkter Geschäftsfähigkeit die Ehelichkeitsanfechtung noch möglich in einem Zeitraum von sechs Monaten (§§ 1597 IV, 1595 II 2, 1594 III, 206), dem zunächst minderjährigen Kind aber mit Eintritt der Volljährigkeit bei zumindest beschränkter Geschäftsfähigkeit in einem Zeitraum von zwei Jahren (§ 1598).[10] Notwendig ist freilich für den Fristenlauf hier wie dort ein entsprechender Wissensstand des Kindes. § 1595 II 2 (an sich nur in § 1597 IV genannt) muß auch die Auslegung des § 1598 bestimmen.[11]

VI. Form der Ehelichkeitsanfechtung

Schrifttum: *Gaul,* Randbemerkungen zum Wesen der Ehelichkeitsanfechtung, FamRZ 1963, 630; *derselbe,* Zum Anwendungsbereich des § 641 i ZPO, Festschrift Bosch, 1976, S. 241.

1. Ehelichkeitsanfechtung heißt *Ausübung eines Gestaltungsrechtes in formalisierter Willenserklärung und Vollzug des ausgeübten Gestaltungsrechtes in einem Staatshoheits-*

[10] Vgl. dazu den Fallbericht von *Merkel,* FamRZ 1968, 237 (mit ungewöhnlich leichtfertiger Beweisaufnahme).

[11] Ebenso wohl *Soergel-Lade,* 2 zu § 1598. Gegen sie MünchKomm-*Mutschler,* 1 zu § 1598 (dann aber doch einer berichtigenden Auslegung nicht abgeneigt; vgl. 4 zu § 1598).

akt.[1] Zweigliedrige Tatbestände dieser Art werden vom deutschen Recht bevorzugt dem Zivilprozeß zugewiesen. Auch die Ehelichkeitsanfechtung folgt dem Grundsatz, ohne ihn ausnahmslos durchzuführen. Nur der Ehemann und nur das Kind (nie die Eltern des Ehemannes, nie die Mutter) sind dem geltenden Recht geeignete Beklagte im Prozeß; fehlt der an sich vorgesehene Beklagte, weil er gestorben ist, erfolgt die Ehelichkeitsanfechtung in einem Verfahren der freiwilligen Gerichtsbarkeit.

Fragwürdig ist die Regel, nicht die Ausnahme. Rechtsgestaltung im Verfahren der streitigen Gerichtsbarkeit überzeugt, wenn das ausgeübte Gestaltungsrecht einen Gegner hat. Sie wird fragwürdig, wenn das ausgeübte Gestaltungsrecht als Recht verstanden werden muß, das nicht gegen einen anderen gerichtet ist, mag es auch eine Umgestaltung der Rechtslage anderer bewirken. Zur Kategorie der *Gestaltungsrechte ohne Gegner* gehört aber das Anfechtungsrecht: Ehemann und Kind haben den Sachverhalt nicht geschaffen, der sie zusammenführte, und die Verfälschung der Blutsbeziehungen durch die Rechtsordnung ist ihrem Einfluß entzogen. Nicht von ungefähr werden deshalb die Kosten eines erfolgreichen Verfahrens nicht dem unterlegenen Beklagten aufgebürdet, sondern gegeneinander aufgehoben (§ 93c ZPO). Das streitige Verfahren behält zwar auch insoweit seine Selbständigkeit gegenüber der freiwilligen Gerichtsbarkeit (vgl. für diese § 13a FGG), nähert sich ihr aber.

2. *Streitiges Verfahren.* Das Kind klagt gegen den Ehemann; der Ehemann und seine Eltern klagen gegen das Kind (§ 1599 I).[1a] Der Rechtsstreit ist der Parteiherrschaft weithin entzogen (§§ 640, 640d ZPO), an die Stelle des Verhandlungsgrundsatzes tritt der Untersuchungsgrundsatz, der dem Gericht in den Grenzen der §§ 616, 640d ZPO die volle Verantwortung für die tatsächlichen Grundlagen seines Urteiles aufbürdet. Doch ist der Kläger nicht nur Anstoß, der Beklagte nicht nur Objekt einer Untersuchung. Ihr tatsächliches Vorbringen ist im Urteil zu würdigen, ihre Beweisanträge sind zu bescheiden, vor jeder Verwendung nicht vorgebrachter Tatsachen ist ihnen Gelegenheit zur Äußerung zu geben, der Kläger kann durch Widerspruch die Offizialmaxime auf die für die Ehelichkeit des Kindes sprechenden Tatsachen beschränken.

3. *Verfahren der freiwilligen Gerichtsbarkeit.* Das Kind übt nach dem Tode des Ehemannes, Ehemann und Eltern des Ehemannes üben nach dem Tode des

[1] Gegen diese h.L. *Gaul,* FamRZ 1963, 631ff. Doch zwingt schon die getrennte Regelung der Rechtsausübung in den §§ 1595ff. und der Prozeßfähigkeit in § 640b ZPO zur Bejahung des zweigliedrigen Tatbestands, noch mehr aber das grundsätzliche Gewicht, das die Rechtsordnung der Mitwirkung des Anfechtungsberechtigten bei der Rechtsgestaltung beimißt.

[1a] Str. ist, ob Männer, die bei erfolgreicher Anfechtungsklage des Ehemannes eine Inanspruchnahme aus nichtehelicher Vaterschaft zu besorgen haben, gem. § 66 ZPO dem Rechtsstreit als Nebenintervenient auf seiten des Kindes beitreten können. Bejahend OLG Celle, FamRZ 1976, 158; OLG Oldenburg, NJW 1975, 883. Zu Recht verneinend dagegen OLG Hamm, FamRZ 1978, 928. Nur auf dem Hintergrund einer Grundsatzsperre wird der auf das nichteheliche Kind beschränkte § 641b ZPO verständlich.

Kindes das Gestaltungsrecht durch Antrag beim Vormundschaftsgericht aus (§ 1599 II);[2] der Vollzug erfolgt durch Beschluß, der der materiellen Rechtskraft nicht weniger fähig ist als das den Zivilprozeß abschließende Urteil (arg. § 1593).[3]

Durch Antrag beim Vormundschaftsgericht ist das Gestaltungsrecht auch auszuüben, wenn der beklagte Ehemann oder das beklagte Kind während des Verfahrens vor dem Prozeßgericht stirbt. Mit dem Tod des Beklagten ist der Rechtsstreit in der Hauptsache erledigt (§§ 640, 619 ZPO), ein Vollzug der Rechtsausübung durch Urteil also nicht mehr möglich. Nur erneute Rechtsausübung durch Antrag beim Vormundschaftsgericht kann noch zum Ziele führen, doch muß die vorangegangene Rechtsausübung durch Klage fristwahrende Kraft haben, falls der Antrag alsbald erfolgt.[4]

Freiwillige Gerichtsbarkeit bedeutet an sich ungeschmälerte Herrschaft der Offizialmaxime (§ 12 FGG), doch muß das Vormundschaftsgericht wie das Prozeßgericht durch § 640 d ZPO begrenzt sein. Jene Norm will Besonderheiten der Ehelichkeitsanfechtung schlechthin Rechnung tragen und nicht nur der Ehelichkeitsanfechtung im streitigen Verfahren.[5]

Belanglos sind dagegen die Unterschiede, die sich für die Mutter des Kindes ergeben. Am streitigen Verfahren kann sie als Nebenintervenientin teilnehmen und als solche auch Rechtsmittel einlegen (§ 640 e ZPO). Beim Verfahren vor dem Vormundschaftsgericht ist sie dagegen stets (aber auch nur) beschwerdeberechtigt (§ 20 I FGG), wenn das Gericht dem Antrag entspricht.

4. *Vorschuß der Prozeßkosten.* Ehelichkeitsanfechtungen gehören in Verteidigung und Angriff zu den „persönlichen Angelegenheiten" der Beteiligten, werden also von der Prozeßkostenvorschußpflicht aus Unterhaltsrecht erfaßt (vgl. dazu oben § 21 IV 3). Auch der beklagte Ehemann kann dem Kind vorschußpflichtig sein: Solange die Nichtehelichkeit des Kindes nicht rechtskräftig festgestellt ist, ist er dem Kind als ehelicher Vater zu Unterhaltsleistungen verpflichtet und damit auch – solange es minderjährig und unverheiratet ist – zur Vorfinanzierung von Statusprozessen, die hinreichende Aussicht auf Erfolg bieten (vgl. dazu oben §§ 41 VII 5, 21 IV 4).[6]

---

[2] Richtervorbehalt: § 14 Nr. 3a RpflG.

[3] Vgl. *Staudinger-Lauterbach,* 33 zu § 1599.

[4] Vgl. *Maßfeller,* StAZ 1961, 241 (246); MünchKomm-*Mutschler,* 18 zu § 1599; *Staudinger-Lauterbach,* 6 zu § 1599.

[5] Vgl. *Maßfeller,* StAZ 1961, 241 (246); MünchKomm-*Mutschler,* 20 zu § 1599; *Palandt-Diederichsen,* 1b zu § 1599; *Odersky,* IV 7 zu § 1600 l.

[6] Weitergehend OLG Düsseldorf, FamRZ 1969, 547 (Vorschuß stets zu zahlen, soweit der Anspruch nicht rechtsmißbräuchlich oder schikanös erhoben wird). Vgl. ferner KG, MDR 1971, 55 (im Einzelfall soll die Inanspruchnahme des Ehemannes dem Kinde nicht zumutbar sein können). Vgl. dagegen OLG Koblenz, FamRZ 1976, 359 (Inanspruchnahme des Ehemannes generell unbillig).

5. *Armenrecht.* Armen Parteien, die auch aus Unterhaltsrecht keinen Prozeßkostenvorschuß erlangen können, wird die Prozeßführung durch das Armenrecht ermöglicht, wenn ihre „Rechtsverfolgung oder Rechtsverteidigung eine hinreichende Aussicht auf Erfolg bietet und nicht mutwillig erscheint" (§§ 114 ZPO, 14 FGG). Kläger und Beklagter zeigen keine Unterschiede; dem Beklagten kann das Armenrecht nicht stets verweigert werden, weil mit Rücksicht auf den Untersuchungsgrundsatz die Rechtsverteidigung in jedem Fall mutwillig sei. Die Offizialmaxime schränkt die Parteirechte ein, beseitigt sie aber nicht (vgl. oben 2.), so daß Art. 103 I GG verletzt wird, wenn sie zum Anlaß genommen wird, das Armenrecht zu verweigern.[7]

6. *Widerklage.* Rechtsausübung durch den Ehemann oder seine Eltern nimmt dem Kind grundsätzlich nicht die Möglichkeit der Ehelichkeitsanfechtung und umgekehrt. Die Gestaltungsrechte sind in ihrem Ziel gleichgerichtet, aber Rechte, die unverbunden nebeneinander bestehen. Der Rechtsausübung durch Klage kann – soweit ein Rechtsschutzbedürfnis anzuerkennen ist (Fristwahrung; angesichts des § 93c ZPO nie Kostenfragen)[8] – eine Rechtsausübung durch Widerklage folgen (vgl. § 640c ZPO).[9]

7. *Rechtskraft.* Das ohne Sachprüfung, insbesondere wegen Fristversäumnis, abweisende Urteil schließt die spätere Rechtsausübung durch den Beklagten des Rechtsstreites nicht aus. Jede Entscheidung, die abweist, weil die Abstammung des Kindes von einem anderen Mann nicht bewiesen werden konnte, hat dagegen eine endgültig befriedende Wirkung. Das gleichgerichtete Ziel aller Gestaltungsrechte ist dann Gegenstand des Verfahrens gewesen; jede spätere Rechtsausübung wird durch die Rechtskraft des Urteiles mit ihrer Wirkung für und gegen alle (§ 640h ZPO) ausgeschlossen.[10]

Rechtskräftige Urteile können mit Nichtigkeitsklage und Restitutionsklage angegriffen werden. Die erweiterte Zulässigkeit der Restitutionsklage aus § 641i ZPO ist im Analogieschluß in das Recht der Ehelichkeitsanfechtung zu übernehmen, zugunsten des Kindes, aber auch zugunsten des Mannes.[11]

---

[7] BVerfG, JZ 1957, 542 mit zust. Anm. *Baur.*

[8] Zum Rechtsschutzbedürfnis wegen drohenden Fristablaufs vgl. OLG Düsseldorf, FamRZ 1969, 550; MünchKomm-*Mutschler,* 16 zu § 1599.

[9] In der Form der Widerklage muß auch das Kind sein Anfechtungsrecht nach dem Tode des Ehemannes verfolgen, wenn die Eltern des Ehemannes Anfechtungsklage erhoben haben. § 1599 II kann für diesen Fall nicht gelten.

[10] Die Problematik wurde zunächst für die bis 1961 miteinander konkurrierenden Anfechtungsrechte des Ehemannes und des Staatsanwaltes akut. RGZ 163, 156 verneinte eine Bindung; BGHZ 23, 1 bejahte sie (entspricht also dem Text). Dagegen soll nach BGHZ 43, 94 das seit 1961 mit einem Anfechtungsrecht begabte Kind nicht an ein rechtskräftiges Urteil gebunden sein, das den Staatsanwalt abwies (doch zeigt das Urteil deutlich die Merkmale einer einzelfallbezogenen Billigkeitsentscheidung).

[11] A. A. BGHZ 61, 186 (189); BGH, NJW 1975, 1465, 1467 (nur zugunsten des Kindes, das durch erfolgreiche Ehelichkeitsanfechtungsklage seinen ehelichen Status verloren hat); MünchKomm-*Mutschler,* 41 zu §§ 1591, 1592. Wie der Text dagegen *Odersky,* III zu § 641i ZPO (mit Einschränkungen); OLG Celle, FamRZ 1974, 381 (382f.); *Braun,* NJW 1975, 2196; *Gaul,* Festschrift Bosch, S. 269ff.

VII. Eheliche oder nichteheliche Abstammung?

Schrifttum: *Podleschka,* Das geburtshilfliche Gutachten im Vaterschaftsprozeß, 1954; *Pietrusky,* Das Blutgruppengutachten, 2. Aufl. 1956; *Harrasser,* Das anthropologisch-erbbiologische Vaterschaftsgutachten, 1957; *Ponsold,* Lehrbuch der gerichtlichen Medizin, 3. Aufl. 1967; *Wiener* und *Wexler,* Die Vererbung der Blutgruppen, 1960; *Dünnebier,* Der Beweiswert erbbiologischer Vaterschaftsbeweise, DRiZ 1961, 193; *Hummel,* Die medizinische Vaterschaftsbegutachtung mit biostatistischem Beweis, 1961; *Harrasser,* Der gegenwärtige Stand des erbbiologischen Vaterschaftsgutachtens, NJW 1962, 659; *Teplitzky,* Positiver Vaterschaftsnachweis durch Blutgruppengutachten?, NJW 1963, 382; *Wichmann,* Über statistische Verfahren im erbbiologischen Vaterschaftsnachweis, NJW 1963, 383; *Hummel,* Zum Problem des positiven Vaterschaftsbeweises, NJW 1964, 2191; *Teplitzky,* Das Vaterschaftsgutachten in der neueren Rechtsprechung, NJW 1965, 334; *Vogel,* Der Beweiswert des sog. „Essen-Möller-Verfahrens" auf Grund serologischer Merkmale im Rahmen der Vaterschaftsbegutachtung, NJW 1965, 1993; *Keiter,* Das Beweisgewicht des anthropologisch-erbbiologischen Gutachtens, NJW 1965, 1995; *Schröder,* Abstammung und Ausforschung in der höchstrichterlichen Praxis der Schweiz und der Bundesrepublik, FamRZ 1965, 178; *Döring,* Das Reifegrad-Tragezeit-Gutachten als Beweismittel im Alimentationsprozeß, NJW 1966, 374; *Peters,* Ausforschungsbeweis im Zivilprozeß, 1966; *Roth-Stielow,* § 1717 BGB im Statusprozeß und die Beweisfähigkeit des Faktors Duffy, NJW 1967, 284; *Keiter,* Probleme der wissenschaftlichen und juristischen Anerkennung des anthropologisch-erbbiologischen Abstammungsgutachtens, NJW 1967, 1500; *Grumbrecht,* Der Beweis der „offenbaren Unmöglichkeit" der Vaterschaft, 1967; *Hummel,* Der Stand der medizinischen Wissenschaft in der Abstammungsbegutachtung und die Frage „Vaterschaftsfeststellung ohne Beweisregel?", FamRZ 1969, 19; *Oepen,* Bewertungsskalen in anthropologisch-erbbiologischen Vaterschaftsgutachten, NJW 1970, 499; *Ritter-Maier,* Der Stand der humangenetischen Paternitätsbegutachtung, FamRZ 1973, 121; *Zimmermann,* Positiver Vaterschaftshinweis durch biostatistische Methoden, NJW 1973, 546; *Spielmann-Seidl,* Probleme der Biostatistik – zur Feststellung der Vaterschaft durch das Blutgruppengutachten, NJW 1973, 2228; *Rittner,* Begründung für eine serologische Zweistufenbegutachtung im Abstammungsprozeß, NJW 1974, 590; *Brühl,* Sieben Fragen zur gerichtlichen Vaterschaftsfeststellung, FamRZ 1974, 66; *Rittner,* Möglichkeiten und Grenzen des HL-A-Systems, DAVorm. 1975, 138; *Rittner-Baur,* Zur Leistungsfähigkeit des HL-A-Systems in den Fallkategorien des weiterführenden Blutgruppengutachtens im Abstammungsprozeß, NJW 1976, 1778 (dazu *Gumbel,* NJW 1977, 1486); *Schlosser,* Beweisantrag und Sachverständigengutachten im Statusprozeß, FamRZ 1976, 6; *Johannsen,* Vaterschaftsfeststellung bei nichtehelicher Abstammung, Festschrift Bosch, 1976, S. 469; *Prokop-Göhler,* Die menschlichen Blutgruppen, 4. Aufl. 1976; *Oepen-Ritter,* Das anthropologisch-erbbiologische Gutachten im Abstammungsprozeß, NJW 1977, 2107; *Roth-Stielow,* Zum Beweiswert des Blut- und Ähnlichkeitsgutachtens, NJW 1977, 2114; *Hummel,* Definition und Beweiswert der „Vaterschaftswahrscheinlichkeit", NJW 1978, 576 (dazu *Spielmann-Seidl,* NJW 1978, 2333); *Roth-Stielow,* Der Abstammungsprozeß, 2. Aufl. 1978; *Beitzke-Hosemann-Dahr-Schade,* Vaterschaftsgutachten, 3. Aufl. 1978.

1. Blutsbeziehungen und rechtliche Beziehungen aufeinander abzustimmen, ist das Ziel jeder Ehelichkeitsanfechtung; das Ziel ohne Restbestand zu erreichen, ist möglich nur bei einem Erkenntnisstand, den die Gegenwart noch nicht erreicht hat.

In allen Fällen des Zweifels bleibt das Kind dem Ehemann der Mutter zugeordnet. Erfolgreich ist eine Ehelichkeitsanfechtung nur, wenn bewiesen ist, daß das Kind nicht vom Ehemann der Mutter abstammen kann; sie bleibt dagegen erfolglos, wenn die Vaterschaft eines anderen Mannes nur möglich ist, mag auch ein noch so hoher Grad relativer Wahrscheinlichkeit gegen die Vaterschaft des Ehemannes sprechen.

2. *Beiwohnungsvermutung.* Sieht man einmal von dem seltenen Fall der künstli-

chen Insemination ab (dazu unten X.), setzt Vaterschaft eine Beiwohnung voraus. Sexueller Verkehr zwischen den Ehegatten ist aber im Verfahren nie zu beweisen; er wird gemäß § 1591 II 1 für die Empfängniszeit vermutet. Die Widerlegung der Vermutung sichert der Ehelichkeitsanfechtung stets Erfolg;[1] der Fortbestand der Vermutung bürdet dagegen dem Anfechtenden die (objektive) Beweislast auf für die offenbare Unmöglichkeit der Abstammung des Kindes vom Ehemann der Mutter (§ 1591 I 2).

3. Als *Empfängniszeit* gilt die Zeit vom einhunderteinundachtzigsten bis zum dreihundertzweiten Tage vor dem Geburtstag des Kindes (§ 1592).[2] Eine längere Schwangerschaftsdauer ist freilich nicht unmöglich, ja noch nicht einmal ganz ungewöhnlich. Das Gesetz erstreckt daher gegebenenfalls die Empfängniszeit weiter in die Vergangenheit (§ 1592 II); der Nachweis einer längeren Tragezeit gibt der bereits widerlegten Beiwohnungsvermutung für einen begrenzten, vom Einzelfall bestimmten Zeitraum ihre Bedeutung zurück.

Eine Schwangerschaftsdauer von weniger als einhunderteinundachtzig Tagen hielt die Gynäkologie am Ausgang des 19. Jahrhunderts für ausgeschlossen; sie ist heute nurmehr als extrem selten zu bezeichnen. Das BGB berücksichtigt sie nicht, doch kann und muß § 1592 II analog angewandt werden: Eine außergewöhnlich kurze Schwangerschaftsdauer kann keine andere Bedeutung haben als eine außergewöhnlich lange Tragezeit.[3] Die h. L. entscheidet freilich allen Geboten teleologischer Rechtsanwendung zuwider anders: Nach Widerlegung der Beiwohnungsvermutung für die Dauer der normalen Empfängniszeit gibt sie der Ehelichkeitsanfechtung statt, mag auch kein Indiz für die Vaterschaft eines anderen Mannes vorliegen.[4]

4. *Voreheliche Empfängniszeit.* Die Beiwohnungsvermutung gilt dem Grundsatz nach nur für die in die Ehe der Mutter fallende Empfängniszeit (§ 1591 II 2). Eine voreheliche Beiwohnung ist daher zu beweisen, falls die gesamte Empfängniszeit in die Zeit vor der Ehe fällt oder die Beiwohnungsvermutung für den in die Ehe fallenden Teil der Empfängniszeit widerlegt ist.[5] Die Beiwohnungsvermutung wird auf die voreheliche Zeit nur erstreckt, wenn der Mann gestorben

[1] Die Vermutung ist noch nicht widerlegt mit dem Hinweis auf ein zwischen den Eheleuten anhängiges Scheidungsverfahren, und zwar auch dann nicht, wenn die Ehegatten getrennt leben. Auch für eine Umkehrung der Beweislast ist für diesen Fall kein Raum. A. A. RG, Warn. 1931 Nr. 127 (Beweislastumkehrung, weil Tatrichter jeden Anhalt für Beiwohnung vermißte).

[2] Bei Zwillingen muß die Geburt des ersten Kindes entscheidend sein. Vgl. MünchKomm-*Mutschler,* 9 zu §§ 1591, 1592; *Staudinger-Lauterbach,* 4 zu § 1592. A. A. *Peters,* StAZ 1972, 322. Tag der Geburt ist der Tag der Vollendung der Geburt. Vgl. aber OLG München, JW 1929, 2291 (bei abnorm langer Dauer des Geburtsvorganges soll der Tag entscheidend sein, an dem die Geburt normalerweise beendet gewesen wäre).

[3] Vgl. *Brühl,* FamRZ 1962, 8f. (der indessen den positiven Vaterschaftsnachweis zu fordern scheint). Für eine Analogie zu § 1592 II auch OLG Koblenz, DAVorm. 1976, 195, 198f. (zu § 1600 o); MünchKomm-*Mutschler,* 14 zu §§ 1591, 1592. Zur Lebensfähigkeit von Kindern bei einer Tragezeit von weniger als 181 Tagen vgl. auch *Dehnert,* DAVorm. 1976, 612ff., 615 (Gutachten).

[4] Vgl. *Staudinger-Lauterbach,* 12 zu § 1592; *Erman-Küchenhoff,* 2 zu § 1592; *Dölle,* § 87 I 3b; *Beitzke,* § 22 I 3. Vgl. auch *Kipp-Wolff,* § 75 Fn. 5 (mit dem Vorschlag, das Kind gegebenenfalls als durch nachfolgende Ehe der Eltern legitimiert zu betrachten).

[5] Der Beweis einer Beiwohnung begründet nicht die Vermutung fortgesetzten Verkehrs in der Zeit vor der Ehe. Irrig insoweit OLG Braunschweig, NJW 1964, 1185.

ist, ohne die Ehelichkeit des Kindes angefochten zu haben, und zwar auch dann, wenn der Mann noch vor der Geburt des Kindes starb, also die Ehelichkeit gar nicht anfechten konnte;[6] die Rückkehr zum Grundsatz der Beiwohnungsvermutung will die Beweisschwierigkeiten nach dem Tode des Mannes zugunsten der Ehelichkeit des Kindes auflösen.

5. *Vaterschaftsvermutung.* Jeder nicht widerlegten Beiwohnungsvermutung und jeder bewiesenen Beiwohnung durch den (späteren) Ehemann folgt eine Vaterschaftsvermutung, die nicht schon durch den Beweis sexuellen Verkehrs der Kindesmutter in der Empfängniszeit auch mit einem anderen Mann widerlegt ist. *Nichtehelich soll nur ein Kind sein, das nichtehelich sein muß, weil es nicht vom Ehemann der Mutter abstammen kann.* Ehelich soll dagegen ein Kind bleiben, dessen Abstammung vom Ehemann der Mutter jedenfalls möglich (wenn auch vielleicht nicht wahrscheinlich) ist.

Widerlegt ist deshalb die Vaterschaftsvermutung nur, ,,wenn es den Umständen nach offenbar unmöglich ist, daß die Frau das Kind von dem Manne empfangen hat" (§ 1591 I 2). Ein mathematisch sicherer Schluß ist freilich nicht vonnöten, schon ein Wahrscheinlichkeitsgehalt, der jedem verständig (und d. h. auch: alle verfügbaren Erfahrungssätze verwertenden) Urteilenden eine sichere Überzeugung vermittelt, verhilft der Ehelichkeitsanfechtung zum Erfolg.[7] Beweismittel sind in erster Linie Tragezeitgutachten sowie serologisch-erbbiologische und anthropologisch-morphologische Gutachten. Daneben kommen etwa Gutachten in Betracht, die impotentia generandi bestätigen (andrologische Gutachten) oder auch Schwangerschaft der Mutter schon vor dem Verkehr mit dem Ehemann.

6. *Tragezeitgutachten* sind vergleichende Gutachten. In den Vergleich werden alle Beiwohnungen einbezogen, die zur Konzeption führen konnten. Vergleichsmaßstab sind statistisch gesicherte Erfahrungssätze zur Schwangerschaftsdauer bei Kindern mit entsprechenden Reifemerkmalen bei ihrer Geburt[8] sowie weitere Umstände, die Schlüsse auf den Eintritt der Schwangerschaft zu einem bestimmten Zeitpunkt gestatten (Menstruationszyklus der Mutter). Bei ständigem Verkehr der Ehegatten während der Empfängniszeit können sie nie klärend wirken, bei rasch aufeinander folgenden Beiwohnungen mehrerer Männer hängt ihre Aussagekraft fast vollständig von den weiteren Umständen ab.

---

[6] Vgl. RG, LZ 1915, 977; BayObLG, ROLG 37, 242; *Staudinger-Lauterbach,* 18 zu § 1591; *Soergel-Lade,* 3 zu § 1591; MünchKomm-*Mutschler,* 17 zu §§ 1591, 1592.

[7] Vgl. RGZ 160, 61 (63); 167, 269 (271); OGHZ 5, 111 (113); BGHZ 7, 116 (121). Der Ausdruck ,,offenbar unmöglich" meint keine überspitzten Anforderungen, die den Beweis den allgemeinen Maßstäben der Beweiswürdigung entrücken (richtig *Staudinger-Lauterbach,* 24–27 zu § 1591; *Grumbrecht,* S. 141; *Dölle,* § 87 II 1; MünchKomm-*Mutschler,* 21 ff. zu §§ 1591, 1592), sondern will nachdrücklich vor Schlüssen warnen, die keinen ausreichenden Grad der Gewißheit vermitteln. Zur Genesis und zur Auslegung des Begriffs in früheren Zeiten vgl. *Grumbrecht,* S. 98 ff.

[8] Zu den statistischen Methoden vgl. *Hosemann,* in: Beitzke-Hosemann-Dahr-Schade, Vaterschaftsgutachten, S. 65 ff.; *Stegmann* und *Hellwig,* in: Hummel, Vaterschaftsbegutachtung, S. 89 und 108–111; *Grumbrecht,* S. 78 ff.

Aus der Praxis vgl. LG Flensburg, SchlHA 1956, 350 (Tragzeit von 332 Tagen offenbar unmöglich); OLG Neustadt, MDR 1958, 241 (Tragzeit von 327 Tagen hart an der Grenze der offenbaren Unmöglichkeit); KG, FamRZ 1971, 97 f. (Tragzeit von 296 Tagen sehr unwahrscheinlich).

Die Schwäche der Tragezeitgutachten liegt in ihrer Abhängigkeit von nicht meßbaren, also einer Beweiswürdigung unterliegenden Sachverhalten. Die Reifemerkmale des Kindes bei seiner Geburt sind dem Gutachter nur mittelbar zugänglich, die Beiwohnungs- und Menstruationsdaten sogar nur aus Bekundungen der Ehegatten selbst.

7. *Serologische Gutachten* beruhen auf den Vererbungsregeln, die für Blutfaktoren gelten. Die einzelnen Blutfaktoren gehören zu verschiedenen Blutsystemen, die genetisch nicht miteinander verbunden sind und deshalb je für sich einen Vaterschaftsausschluß rechtfertigen können. Der Ausschluß kann entweder darauf beruhen, daß ein beim Kind vorhandener Blutfaktor weder bei der Mutter noch bei ihrem Ehemann vorhanden ist („klassischer Ausschluß"), oder darauf, daß Kind und Ehemann entgegengesetzt reinerbig sind („Reinerbigkeitsausschluß").[9] Der Forschungsstand befindet sich im raschen Voranschreiten, wobei freilich nicht jede neue Erkenntnis auch sofort forensisch verwertbar ist. Einerseits stehen oftmals den Gutachtern die notwendigen Testseren nicht zur Verfügung, andererseits können die Kosten einer verfeinerten erbbiologisch-serologischen Begutachtung so hoch werden, daß der Aufwand den Ertrag (eine weitere Steigerung der Vaterschaftsausschlüsse) nicht mehr rechtfertigt.[10] Dagegen ist keine Bluteigenschaft von vornherein nicht verwertbar, weil für ihre Vererbung eine ausreichende massenstatistische Basis noch nicht erarbeitet ist.[11] Unterschiedlich ist allein die Bindung des Richters bei der Beweiswürdigung. Für eine Anzahl von Blutmerkmalen ist heute der Erbgang statistisch bis zum Ausschluß jedes tatrichterlichen Ermessens gesichert (die Rspr. verlangt dafür einen Wahrscheinlichkeitsgrad von 99,8%[12]), für die anderen ist der Beweiswert vom Richter zu bestimmen.[13]

Mit absoluter Geltung beweisen der Rspr. zufolge heute Vaterschaftsausschlüsse im ABNull-System mit seinen Untergruppen, im MN-System, im Ss-System (nur „klassischer Ausschluß"), im Rhesus-Blutgruppensystem mit den Merkmalen Cc, C^w, D, Ee, im Kell- und Duffy-System (nur „klassischer Ausschluß"), im PGM-System,[14] im System der Sauren Erythrozyten-Phosphatase,[15] im GPT-System,[16] in den Systemen der Adenylatkinase (AK) und der Adenosindesaminasen (ADA).[17] Absolute Vaterschaftsausschlüsse sind außerdem möglich mit Hilfe der Haptoglobintypen, der Gc-Merkmale[18] und der Gm- sowie der Inv-Eigenschaften.[19]

Weitgehend anerkannt ist mittlerweile der Vaterschaftsausschluß im besonders leistungsfähigen HL-A-System (Human Leukozyte Antigens).[20] Die noch bestehenden Bedenken[21] beruhen im wesentlichen auf besonderen technischen Schwierigkeiten bei der Gutachtenerstellung.

---

[9] Zur Bedeutung „stummer Erbanlagen" für Vaterschaftsausschlüsse vgl. *Ritter*, FamRZ 1973, 123; *Brühl-Göppinger-Mutschler*, RdNr. 1294; MünchKomm-*Mutschler*, 33 zu §§ 1591, 1592 (m. w. N.).

[10] Zu den Grenzen der Einbeziehung neuer Systeme vgl. auch *Rittner*, NJW 1974, 590ff.

[11] Vgl. dazu *Ritter*, FamRZ 1973, 122.

[12] Vgl. BGHZ 12, 22 (30).

[13] Und zwar ohne Bindung an Äußerungen des Bundesgesundheitsamtes. Vgl. dazu BGH, FamRZ 1977, 538 (539) zum HL-A-System.

[14] Vgl. OLG Celle, FamRZ 1972, 587 (588); LG Berlin, DAVorm. 1973, 421f.; BGesA, DAVorm. 1976, 193. A. A. noch *Krüpe*, DAVorm. 1972, 47 (Gutachten).

[15] Vgl. BGH, NJW 1973, 1411.

[16] Vgl. OLG Stuttgart, DAVorm. 1974, 559; Gutachter des BGesA, DAVorm. 1974, 228 (nur „klassischer Ausschluß").

[17] OLG Hamm, DAVorm. 1972, 214; BGesA, DAVorm. 1972, 197ff. (Gutachten).

[18] Vgl. dazu *Grumbrecht*, S. 26ff. (47f.), mit näheren Angaben für die Zeit bis 1967.

[19] Vgl. zu diesen OLG Karlsruhe, FamRZ 1968, 36; KG, FamRZ 1968, 273 (276).

[20] Vgl. OLG Zweibrücken, DAVorm. 1975, 232 (234); OLG Hamburg, NJW 1976, 375 (376); OLG Düsseldorf, DAVorm. 1976, 73 (75); OLG Stuttgart, NJW 1976, 1158 (1159); OLG Bremen, DAVorm. 1977, 24 (27) und NJW 1978, 1202. Der BGH bindet die OLGe vorerst nicht. Vgl. NJW 1976, 1793f.; FamRZ 1977, 538. Aus dem Schrifttum vgl. *Rittner*, DAVorm. 1975, 138ff.; *Hiller*, DAVorm. 1976, 67f.; *Rittner-Baur*, NJW 1976, 1778ff.; *Schlosser*, FamRZ 1976, 10.

[21] Vgl. BGesA, DAVorm. 1973, 415f. (Gutachten); OLG Frankfurt, DAVorm. 1976, 40 (43); OLG Braunschweig, DAVorm. 1976, 43 (48); OLG Celle, DAVorm. 1975, 351 (353).

Unterschiedlich wird vorerst noch beurteilt die Beweiskraft eines Vaterschaftsausschlusses im Pp-System und im Kidd-System[22] sowie der Reinerbigkeitsausschluß im Ss-System.[23]

8. *Serostatistischer Beweis.* Wie das ,,klassische" serologisch-erbbiologische Gutachten beruht auch der serostatistische Beweis auf einem Vergleich der Blutmerkmale von Kind, Mutter und Ehemann der Mutter. Er ergänzt das ,,klassische" Gutachten zum negativen oder positiven Vaterschaftsbeweis mit einer mathematisch (in der Regel nach der ,,Essen-Möller-Formel"[24]) errechneten Vaterschaftswahrscheinlichkeit, die auf der unterschiedlichen Häufigkeitsverteilung der Blutmerkmale in der Bevölkerung beruht.[25] In der Regel vermittelt der serostatistische Beweis (sofern er nicht gar in der beweislosen ,,Indifferenzzone" mit Wahrscheinlichkeiten zwischen 10% und 90% bleibt) keine neuen Erkenntnisse, wenn das Blut aller Männer untersucht werden konnte, die der Kindesmutter in der Empfängniszeit beiwohnten. Es kann dagegen in den sog. ,,Einmannfällen" Bedeutung gewinnen. Offenbar unmöglich ist die Vaterschaft des Ehemannes, wenn die Vaterschaftswahrscheinlichkeit für ihn unter 1% sinkt.[26]

9. *Anthropologisch-morphologische Gutachten* versprechen erst Erfolg, wenn das Kind ein Mindestalter von etwa drei Jahren erreicht hat;[27] sie sind möglich auch noch nach dem Tod der Mutter.[27a] Zur Verfügung stehen etwa 300 anthropologische Einzelmerkmale, die je für sich betrachtet geringen Beweiswert haben (eine Ausnahme gilt für die Hautfarbe), zusammengefaßt aber (nach dem Prinzip der Wahrscheinlichkeitsmultiplikation) zum positiven Vaterschaftsbeweis führen können (während ein sicherer Vaterschaftsausschluß in aller Regel nicht möglich ist[28]).

Statistische Verfahren (biomathematische Gutachten) sind bislang umstritten geblieben[29] und des-

---

[22] Vgl. OLG Düsseldorf, FamRZ 1971, 380; BGesA, DAVorm. 1973, 12f.

[23] Positiv für diesen innerhalb der weißen Bevölkerung OLG Schleswig, NJW 1968, 1188; *Dahr,* in: Beitzke-Hosemann-Dahr-Schade, Vaterschaftsgutachten, S. 94.

[24] Der Aussagewert von nach der Essen-Möller-Formel errechneten Vaterschaftswahrscheinlichkeiten wird generell bezweifelt von *Ritter,* FamRZ 1973, 123ff. (125); *Zimmermann,* NJW 1973, 546.

[25] Zur Anwendbarkeit serostatistischer Verfahren bei Ausländerbeteiligung vgl. *Ritter,* FamRZ 1973, 125 (infolge unterschiedlicher Genhäufigkeiten Gefahr der Über- oder Unterschätzung der Vaterschaftswahrscheinlichkeit bei Ausländern); ähnlich *Maier,* NJW 1974, 605; *Dahr,* in: Beitzke-Hosemann-Dahr-Schade, Vaterschaftsgutachten, S. 146f. Aus der Rspr. vgl. OLG Hamburg, NJW 1973, 2255 (Ablehnung der Essen-Möller-Formel für Italiener); OLG Köln, NJW 1973, 562, 563f. (für Griechen). Die Anwendbarkeit des Essen-Möller-Verfahrens mit nur geringfügigen Einschränkungen auch in diesen Fällen wird dagegen bejaht von OLG Bremen, DAVorm. 1976, 483, 485f. (mit Hinw. zum Streitstand); KG, FamRZ 1975, 285 (für Türken).

[26] Vgl. dazu *Grumbrecht,* S. 51ff. mit weit. Hinw. Grundsätzlich skeptisch (und deshalb für Verwendung serostatistischer Beweise nur im Kombinationsbeweis mit einem anthropologisch-erbbiologischen Gutachten) *Vogel,* NJW 1965, 1993ff. Sicher zu eng MünchKomm-*Mutschler,* 35 zu §§ 1591, 1592 (zusätzliche Anhaltspunkte gegen Vaterschaft bereits erforderlich bei Werten über 0,2%).

Aus der Praxis vgl. LG Göttingen, NJW 1965, 351 (bei Vaterschaftswahrscheinlichkeit von 99,7% jedenfalls kein anthropologisch-erbbiologisches Gutachten mehr einzuholen); KG, FamRZ 1970, 419 (Verwendung neben Einmanngutachten); OLG Düsseldorf, FamRZ 1971, 377 (Vaterschaftsfeststellung für nichtehel. Kind bei 99,9% Wahrscheinlichkeit); KG, DAVorm. 1974, 611 (fast gleich hohe Wahrscheinlichkeit bei zwei Brüdern); OLG Stuttgart, NJW 1976, 1158 (Prostituierte und Zuhälter).

[27] Vgl. dazu Nr. II der Richtlinien der Arbeitsgemeinschaft anthropologisch-erbbiologischer Sachverständiger aus dem Jahre 1967 (zugänglich bei K. *Müller,* Der Sachverständige im gerichtlichen Verfahren, 1973, S. 688f.). Andere bezeichnen ein Mindestalter von 3½ Jahren als wünschenswert. Vgl. MünchKomm-*Mutschler,* 37 zu §§ 1591, 1592.

[27a] Vgl. LG Lübeck, FamRZ 1956, 249; LG Ravensburg, RdJ 1957, 383 (statt der Mutter sollen ihre Geschwister in den Vergleich einbezogen werden).

[28] Zurückhaltend beurteilt wird die Möglichkeit des Vaterschaftsausschlusses durch erbbiologische Gutachten auch von *Ritter,* FamRZ 1973, 121; *Maier,* FamRZ 1973, 128; *Oepen-Ritter,* NJW 1977, 2109; MünchKomm-*Mutschler,* 36 zu §§ 1591, 1592.

[29] Vgl. einerseits *Grumbrecht,* S. 77 (forensisch noch nicht verwertbar), sowie *Ritter,* FamRZ 1973,

halb in der Abstammungsdiagnostik nicht recht eingeführt (soweit sie anerkannt werden, gelten die für den serostatistischen Beweis entwickelten Grundsätze). In der Regel wird lediglich eine intuitive Wertung vorgenommen, deren Beweiswert vom Tatrichter festzustellen ist.[30]

Eindeutige (positive) Aussagen sind anthropologisch-morphologischen Gutachten auch möglich, wenn nicht alle Männer als Probanden in den Ähnlichkeitsvergleich einbezogen werden konnten, die mit der Mutter des Kindes in der Empfängniszeit verkehrten. Gewißheit kann ein sog. Einmanngutachten selbst dann vermitteln, wenn die Mutter stark wechselnden Verkehr hatte.[31]

10. ***Beweisregeln.*** Die Widerlegung der Beiwohnungsvermutung kann nur durch Zeugenaussagen und den Nachweis der impotentia coeundi während der Empfängniszeit erfolgen. Der Beweis der offenbaren Unmöglichkeit ist dagegen allein durch Gutachten zu führen.

Gewinnt das Gericht bereits durch Zeugenaussagen die feste Überzeugung, daß kein Verkehr zwischen den Ehegatten während der Empfängniszeit stattfand, so kann die Beweisaufnahme ohne jedes Gutachten abgeschlossen werden.[32] Die Ehelichkeitsanfechtung hat in diesem Fall stets Erfolg.

Bleibt ungewiß, ob es zu einem Verkehr der Ehegatten kam, ist die Vaterschaft durch Gutachten zu klären. Daß der Nachweis offenbarer Unmöglichkeit an sich eine Beiwohnung voraussetzt, ist schon (aber nicht allein) deshalb belanglos, weil § 1591 II eine Beiwohnungsvermutung enthält, die mit bloßen Zweifeln noch nicht widerlegt ist.[33]

Gutachten sind ferner einzuholen, wenn Verkehr der Ehegatten, aber auch Mehrverkehr der Ehefrau erwiesen ist. Sie sind dem Kläger aber auch dann nicht zu verweigern, wenn die (an sich glaubwürdige) Ehefrau als Zeugin jeden Mehrverkehr verneint. Zeugenaussagen im Intimbereich unterliegen ihren eigenen

---

121 (morphologische Gutachten bislang statistisch nicht befriedigend auswertbar), und andererseits *Keiter,* NJW 1965, 1995 und 1967, 1500 (positiv urteilend) mit weit. Nachw. Vgl. ferner KG, FamRZ 1968, 273 (abwertend); OLG Hamm, FamRZ 1966, 575 (positiv); OLG Köln, NJW 1968, 202 und 1972, 1140 (positiv); OLG Nürnberg, FamRZ 1972, 219 (verwertend). Vgl. aber auch OLG Köln, NJW 1966, 405 (Vaterschaftsausschluß durch serologisches Gutachten, obwohl biomathematisch eine Vaterschaftswahrscheinlichkeit von 99,3% errechnet worden war!).

[30] Überwiegend abgelehnt wird der genetische Wirbelsäulenvergleich nach *Kühne.* Vgl. MünchKomm-*Mutschler,* 38 zu §§ 1591, 1592; *Roth-Stielow,* Der Abstammungsprozeß, RdNrn. 369f.; *Schade,* in: Beitzke-Hosemann-Dahr-Schade, Vaterschaftsgutachten, S. 174f. And. Ans. noch OLG München, FamRZ 1969, 655.

[31] Zum Einmann-Gutachten vgl. RGZ 168, 187 (191); BGHSt. 5, 34 (36); OLG Köln, MDR 1958, 337; OLG Hamm, NJW 1962, 679 (Prostituierte); AG Karlsruhe, NJW 1959, 151; OLG Hamm, FamRZ 1966, 575 (Prostituierte); KG, FamRZ 1970, 419 (Prostituierte); OLG Nürnberg, FamRZ 1971, 533. Vgl. aber auch LG Berlin, JR 1958, 62 (kein Beweiswert, wenn Mehrverkehr erwiesen und der Vergleich nicht alle möglichen Erzeuger erfaßte) und OLG Schleswig, NJW 1955, 1881 (Ausschlußchance durch Einmanngutachten keine ausreichende Basis für die Bewilligung des Armenrechtes); OLG Celle, FamRZ 1971, 375 (bei Gewerbsunzucht der Mutter kommt einem erbbiologischen Gutachten, das diese Tatsache nicht berücksichtigt, selbst dann kein ausreichender Beweiswert zu, wenn der Sachverständige zu dem Ergebnis kommt, die Vaterschaft sei sehr wahrscheinlich). Vgl. auch OLG Köln, NJW 1973, 562 (Gewerbsunzucht; das Gericht korrigierte aus eigener Sachkunde das positive Ergebnis des Sachverständigen).

[32] Vgl. BGH, LM Nr. 2 zu § 1595a; FamRZ 1964, 251 (252).

[33] Vgl. dazu BGH, FamRZ 1964, 251.

Gesetzen (weshalb die Ehefrau niemals vor der Erstattung der naturwissenschaftlichen Gutachten vereidigt werden sollte); auf ihre Kontrolle darf nicht verzichtet werden.[34] Daß Behauptungen der Parteien (hier: des Ehemannes), die wider besseres Wissen erfolgen (§ 138 I ZPO), vom Gericht nicht berücksichtigt zu werden brauchen,[35] will nichts besagen. Dem Gericht ist der Intimbereich der Ehefrau nie in einer Form zugänglich, die eine Lüge des Anfechtungsklägers zur Evidenz erweist.

Gutachten, die in ihrer Isolierung keine ausreichende Überzeugungskraft haben, können Glieder eines Beweisgefüges werden, das auf mehreren Gutachten verschiedener Prägung aufbaut.[36] Sie können ferner durch Beweismittel anderer Art (Zeugenaussagen,[37] Schluß aus dem Verhältnis der Menstruationsdaten zum Beiwohnungstermin[38]) zum vollen Beweis ergänzt werden.

Widersprüche in den Ergebnissen der Beweisaufnahme unterliegen grundsätzlich der Beweiswürdigung des Richters.[39] Vaterschaftsausschlüsse durch serologische Gutachten, die mit absoluter Geltung beweisen, können freilich durch kein anderes Ergebnis erschüttert werden, auch nicht durch anthropologisch-morphologische Gutachten.[40] Diese haben ihrerseits den Vorrang vor Zeugenaussagen, wenn sie die Vaterschaft des Ehemannes als offenbar unmöglich ausschließen.[41]

VIII. Folgen erfolgreicher Anfechtung

Schrifttum: *Boehmer,* Ersatzansprüche des „gesetzlichen" Vaters wegen Unterhaltsleistungen an das nachträglich für unehelich erklärte Kind?, NJW 1955, 210; *derselbe,* Fragen der Ehelichkeitsanfechtung, FamRZ 1960, 213; *Schlechtriem,* Ersatz der vom Scheinvater erbrachten Unterhaltsleistungen, NJW 1966, 1795; *Mikosch,* Zur Rechtsstellung des scheinehelichen Kindes, FamRZ 1967, 129; *Dieck-*

---

[34] Vgl. dazu BGH, FamRZ 1964, 253 (ohne generelle Aussage); *Schröder,* FamRZ 1965, 178ff. (185). A. A. dagegen RGZ 169, 282; *Erman-Küchenhoff,* 11 zu § 1591 (gewisser Verdacht des Mehrverkehrs erforderlich).

[35] Vgl. zu diesem allein legitimen Rest der alten Lehre vom Verbot des Ausforschungsbeweises in erster Linie (mit weit. Nachw.) *Peters,* Ausforschungsbeweis, S. 67ff.

[36] OGHZ 3, 115 (118); OLG Hamm, MDR 1960, 227.

[37] Vgl. OLG Schleswig, NJW 1955, 1881; LG Hagen, NJW 1958, 1732.

[38] Vgl. OLG Neustadt, MDR 1958, 241; *Grumbrecht,* S. 85ff.; OLG München, FamRZ 1969, 655.

[39] Vgl. BGH, FamRZ 1977, 538 (539).

[40] Vgl. BGH, FamRZ 1964, 251 (253); BGHZ 45, 234 (Haptoglobintypen); OGHZ 3, 333 (335); OLG Hamm, NJW 1960, 1402; LG Berlin, NJW 1955, 1838; LG Baden-Baden, FamRZ 1965, 452; OLG Köln, NJW 1966, 405 (Haptoglobintypen); OLG Schleswig, NJW 1968, 1188 (Reinerbigkeitsausschluß im Ss-System); BGH, NJW 1973, 1411, 1412 (SEP-System). Zur Notwendigkeit erbbiologischer Gutachten vgl. im übrigen *Oepen-Ritter,* NJW 1977, 2107 (2109f.) mit weit. Nachw.

[41] Vgl. RGZ 168, 385 (386); BGH, LM Nr. 2 zu § 1591; BGH, FamRZ 1961, 306; *Grumbrecht,* S. 54; MünchKomm-*Mutschler,* 46 zu §§ 1591, 1592.

Zu den Grenzen der Beweiserhebung im Ehelichkeitsanfechtungsverfahren vgl. im übrigen BGH, NJW 1976, 366 sowie BGH, FamRZ 1974, 369f. (zur Notwendigkeit eines andrologischen Gutachtens). Aus dem Schrifttum vgl. *Schlosser,* FamRZ 1974, 6ff.; *Maier,* FamRZ 1973, 126ff.; *Leipold,* FamRZ 1973, 65 (69); *Johannsen,* Festschrift Bosch, 1976, S. 481ff.

mann, Scheinvater – Vater – Kind, JuS 1969, 101 und 156; *Stolterfoth,* Der Scheinvater-Regreß, FamRZ 1971, 341; *Engel,* Der Rückgriff des Scheinvaters wegen Unterhaltsleistungen, Diss. jur. Tübingen, 1974; *Zeuner,* Zur Tragweite negativer Abstammungsentscheidungen, Festschrift Schwind, 1978, S. 383.

1. *Rückwirkung.* Der Vollzug des privaten Anfechtungsrechtes durch den Staatshoheitsakt beendet den Bezug des Kindes auf eine bestimmte Ehe der Mutter. Vom Sonderfall des § 1600 II abgesehen, wird die nichteheliche Geburt des Kindes zur unbezweifelbaren Rechtstatsache.[1] Die Sperre des § 1593 entfällt für Vergangenheit und Zukunft; das Recht des nichtehelichen Kindes ist rückwirkend auf den Zeitpunkt der Geburt anzuwenden.

Total ist das Ende: Kein Akt des Ehemannes in der Vergangenheit findet seine Rechtfertigung mehr in der elterlichen Sorge,[2] keine Leistung findet ihren Rechtsgrund mehr im gesetzlichen Unterhaltsrecht. Total ist aber auch die Neuorientierung: Mit der Rechtskraft des Urteils oder des Beschlusses ist der Weg für die Feststellung der nichtehelichen Abstammung von einem anderen Mann frei; eine (zweite) Ehe der Mutter mit dem Vater vermittelt dem Kind (ohne Rückwirkung!) wieder die Rechtsstellung eines ehelichen Kindes durch legitimatio per matrimonium subsequens (§ 1719).

2. *Deliktischer Regreß.* Daß dem betrogenen Ehemann aus dem Betrug kein Schaden entstehen darf, ist ein selbstverständliches Gebot der Gerechtigkeit, zu dessen Verwirklichung Ansprüche gegen den Vater des Kindes in aller Regel besser geeignet sind als Ansprüche gegen das Kind und die Mutter.

Der Regreß des Ehemannes kann nach schuldhaftem Ehebruch (also insbesondere nicht bei vorehelicher Zeugung) deliktischer Regreß aus § 823 I sein (bei Schädigungsvorsatz auch aus § 826). Der Regreß ist dann umfassend; der Unterhalt des Kindes, die Entbindungskosten, die Kosten der Ehelichkeitsanfechtung sind gleicherweise ersatzfähige Schäden. Der Nachteil des Anspruchs liegt in seiner praktischen Fragwürdigkeit; bis heute ist es nicht gelungen, den BGH von der Existenz eines deliktischen Eheschutzes zu überzeugen (vgl. dazu oben § 17 III).

3. *Ausgleich durch cessio legis; Unterhalt.* Für die Unterhaltsleistungen, die der Ehemann der Mutter dem Kind erbrachte, sieht das Gesetz einen Ausgleich durch cessio legis vor; der Ehemann erwirbt den Anspruch des Kindes gegen den

---

[1] Streitig ist jedoch, ob in einem Folgeprozeß, der der Klärung der (nichtehelichen) Vaterschaft dienen soll, die Vaterschaft des Ehemannes erneut in Betracht gezogen werden darf (Blutentnahme, erbbiologisches Gutachten). Die h. L. verneint (und verschlechtert damit die prozessuale Situation des Beklagten, dem in letzter Konsequenz das Risiko eines fehlerhaften Anfechtungsprozesses aufgebürdet wird. Vgl. für sie OLG München, NJW 1977, 341. Gegen sie *Zeuner,* Festschrift Schwind, S. 383ff. (mit allen Gefahren, die dem Ehemann aus der Möglichkeit einer Wiederaufnahme des Verfahrens drohen).

[2] Ganz h. M. Gegen sie *Boehmer,* Grundlagen der bürgerlichen Rechtsordnung I, 1950, S. 123 (analoge Anwendung der §§ 115 I 2 BGB, 32 FGG auf die vom Ehemann der Mutter im Namen des Kindes abgeschlossenen Rechtsgeschäfte).

nichtehelichen Vater (§ 1615b II).[3] Der Streit um den deliktischen Eheschutz wird durch diesen Ausgleichsmechanismus gemildert, jedoch nicht einmal für den Unterhalt zur praktischen Bedeutungslosigkeit abgewertet. Einerseits sind die Rückgriffsschranken für den deliktischen Eheschutz und für die cessio legis nicht gleich. Andererseits ist der Anspruch aus der cessio legis der Höhe nach durch die Schuld des nichtehelichen Vaters gegenüber seinem Kind fixiert, während der deliktische Eheschutz dem Ehemann Ausgleich aller Leistungen garantiert, die er dem Kind als (zunächst) ehelicher Vater schuldete.

Die cessio legis vermittelt dem Ehemann (nach Vaterschaftsfeststellung; vgl. § 1600a Satz 2) stets unverjährte Ansprüche, wie weit auch immer seine Unterhaltsleistungen in der Vergangenheit liegen mögen. Die Absurdität von Ansprüchen, die verjährt sind, bevor sie geltend gemacht werden konnten, wird vom BGB (wie auch in anderen Zusammenhängen) vermieden. Zwar entstehen die Unterhaltsansprüche gegen den nichtehelichen Vater infolge der Rückwirkung der erfolgreichen Ehelichkeitsanfechtung und der Vaterschaftsfeststellung an sich bereits mit der Geburt des Kindes,[4] doch steigert das Recht der Verjährung (§ 198, zu dem § 200 Satz 2 zurückführt) die Anforderungen: Entstanden in seinem Zusammenhang ist ein Anspruch erst, wenn er ausgeübt werden kann.[5]

Im Einzelfall kann der Ehemann aber Ansprüche für die Vergangenheit verwirkt haben, wenn er bewußt die Ehelichkeitsanfechtung unterließ, später aber eine Klage des Kindes zum Erfolg führte.[6]

---

[3] Folgt die Ehelichkeitsanfechtung zeitlich der Ehescheidung, so hat das Kind gegen seinen Vater den Unterhaltsanspruch des ehelichen Kindes, wenn die Mutter in zweiter Ehe den Vater geheiratet hat, und zwar vom Augenblick der Eheschließung an (vgl. § 1719). § 1615b II ist auf diesen Anspruch direkt nicht anzuwenden, wohl aber ist eine cessio legis in Analogie zu den §§ 1607 II 2, 1608, 1615b II anzuerkennen. § 1613 kann dem Anspruch mit Rücksicht auf § 1593 nicht entgegenstehen. Vgl. *Franz,* NJW 1966, 784; *Dieckmann,* JuS 1969, 102 Fn. 14.

A. A. OLG Düsseldorf, NJW 1966, 355f.; die Entscheidung stellt den betrogenen Ehemann insoweit rechtlos. Vgl. ferner *Schlechtriem,* NJW 1966, 1795ff. Ihm zufolge ist die cessio legis im Analogieschluß entbehrlich, weil bereits ein Bereicherungsanspruch des Ehemannes nach nachträglicher Änderung der Leistungszweckbestimmung zur befreienden Drittleistung (§ 267) bestände (vgl. dazu unten unter 7.). Die Lehre vom Wandel der ursprünglichen Eigenleistung zur befreienden Drittleistung wird jedoch überwiegend abgelehnt.

[4] A. A. LG Wuppertal, FamRZ 1966, 361ff. mit abl. Anm. *Brühl; Mikosch,* FamRZ 1966, 573 und 1967, 129f.

[5] Das Erg. kann als gesichert gelten. Es wird jedoch vielfach anders begründet (wobei nur noch Äußerungen aus der Zeit nach dem Inkrafttreten des NEhelG volle Aussagekraft haben). Es wird aus § 202 I abgeleitet (obwohl die Ausübungssperre keine Einrede begründet) von *Odersky,* II 5 zu § 1615b; *Erman-Küchenhoff,* 4 zu § 1615b. Für § 200 Satz 2 haben sich ausgesprochen (vgl. dazu schon BGHZ 48, 361, 365f.) *Palandt-Heinrichs,* 2 zu § 200; *Brühl-Göppinger-Mutschler,* RdNr. 807 (mit den ält. Ans.). Wahlweise für § 202 oder (mit dem Text) für § 198 MünchKomm-*Mutschler,* 5 zu § 1615b.

Offensichtlich irrig *Soergel-Lade,* 5 zu § 1593 (Verjährungsbeginn mit Erhebung der Anfechtungsklage) und *Palandt-Diederichsen,* 2 zu § 1615b (nicht vor Rechtskraft des Urteils, später, wenn der Ehemann erst in der Folgezeit Kenntnis von der Person des Erzeugers erlangt).

[6] Vgl. *Dieckmann,* JuS 1969, 102. Die Rspr. hat leider (weil sie den Ehemann gegen die ihm gesetzte Ausschlußfrist zur sofortigen Anfechtung drängte) Verwirkung zuweilen auch bejaht oder

4. *Rückgriffsschranken.* Die durch cessio legis erworbenen Ansprüche können (anders als die Ansprüche aus dem deliktischen Eheschutz; vgl. dazu unten § 57 I 7) erst vom Zeitpunkt der Vaterschaftsfeststellung an geltend gemacht werden (§ 1600a Satz 2); unterbleibt die Vaterschaftsfeststellung, so ist der Ehemann allein auf die Ansprüche aus dem deliktischen Eheschutz beschränkt.

Die durch cessio legis erworbenen Ansprüche können ferner (anders als die Ansprüche aus dem deliktischen Eheschutz) nicht zum Nachteil des Kindes geltend gemacht werden (§ 1615b II i. V. mit I 2); der Ehemann ist also mit seiner Klage als z. Z. unbegründet abzuweisen, wenn die Durchsetzung seines Anspruches die zukünftigen Ansprüche des Kindes gegen den Vater schmälern würde (vgl. §§ 1615h und i). Die auch sonst im Unterhaltsrecht für den Ausgleich durch cessio legis verwandte Schranke (vgl. §§ 1607 II 2 und 1608) wirkt freilich in diesem Zusammenhang deplaciert: Begünstigt wird nicht das Kind, sondern der Verwandte, der für den Ausfall einzustehen hätte und letztlich die öffentliche Hand; was für einen Verwandten (§ 1607 II 2) oder für den Ehegatten (§ 1608) als Nachteil tragbar sein mag, ist es nicht mehr für einen Dritten, der dem Kind (nach der Ehelichkeitsanfechtung) fremd gegenübersteht.[7]

Alle Regreßansprüche des Ehemannes wegen des von ihm geleisteten Unterhaltes werden von § 1615i III den Billigkeitsschranken des § 1615i I und II unterworfen (vgl. zu ihnen näher unter § 59 V 2 und 3). Stundung und Erlaß werden möglich zur Schonung des nichtehelichen Vaters und zum Nachteil des Ehemannes, obwohl jene Rücksichten, die vielleicht das Kind selbst nehmen muß (weil es mit seinem Vater verwandt ist), für den Ehemann nicht mehr einsichtig sind, und alle Gründe, die für eine Entlastung des Vaters sprechen (insbes., daß ihm Steuervorteile und Sozialleistungen entgingen), noch keine Belastung des Scheinvaters rechtfertigen.[8] Die Überzeugung, daß es „an sich vertretbar sei, einem Mann, der mit der Mutter in der Empfängniszeit verkehrt hat, jedes Rückgriffsrecht zu versagen“,[9] verfehlt offensichtlich die Grundkonzeption des gesamten Nichtehelichenrechtes: Unterhalt schuldet der Vater; Unterhalt schuldet nicht, wer Vater hätte werden können, es aber tatsächlich nicht geworden ist. Vollends unsachlich ist es, den wohlhabenderen Ehemann eher zu benachteiligen als den ärmeren (die

---

doch wenigstens diskutiert für die Regreßansprüche nach Ehelichkeitsanfechtung durch den Ehemann. Vgl. RG, DR 1944, 344 (im Anschluß an RGZ 169, 129); OLG Braunschweig, MDR 1947, 33; LG Stuttgart, NJW 1957, 677. Durch den (sachlich verfehlten) § 1615i III sollten diese Versuche jetzt überholt sein.

[7] Ähnlich *Dieckmann,* JuS 1969, 103; *Engel,* S. 29f. *Stolterfoht,* FamRZ 1971, 341 (349f.), meint, der Scheinvater werde von der Subrogationsklausel nicht erfaßt. Doch gilt die Verweisung des § 1615b II für beide Sätze des Abs. I. Gegen ihn auch *Engel,* S. 30; *Brühl-Göppinger-Mutschler,* RdNr. 839.

[8] Krit. auch *Dieckmann,* JuS 1969, 160. *Engel,* S. 35, will das Problem innerhalb der Billigkeitserwägungen jedenfalls weithin entschärfen. Ohne Bedenken dagegen MünchKomm-*Mutschler,* 12ff. zu § 1615b.

[9] Vgl. *Jansen-Knöpfel,* S. 190.

Bedürfnisse und die wirtschaftlichen Verhältnisse des Ehemannes sind zu berücksichtigen; vgl. § 1615 i III). Schließlich sind rechtsgrundlos erbrachte Leistungen auszugleichen; in keinem anderen Zusammenhang aber fragt das Gesetz sonst nach den Vermögensverhältnissen des Entreicherten.

5. *Ungerechtfertigte Bereicherung und Geschäftsführung ohne Auftrag.* Neben der cessio legis des § 1615 b II können Ansprüche aus § 812 und § 683 nicht bestehen.[10] Unbeschadet der weiteren Frage, ob die Leistungen des Ehemannes überhaupt schuldtilgende Drittleistungen (§ 267) sein können (vgl. dazu unten 7.), verhindert jedenfalls die cessio legis, daß der nichteheliche Vater von einer Schuld befreit (also bereichert) oder durch eine Geschäftsführung begünstigt wird.[11] Die Ansprüche aus § 812 und § 683 würden dem Ehemann auch keine Vorteile bieten. Zwar verjähren Ansprüche aus ungerechtfertigter Bereicherung und Geschäftsführung ohne Auftrag grundsätzlich in dreißig Jahren, Unterhaltsansprüche aber bereits in vier (§ 197), doch schwindet der Unterschied, wenn – wie hier – Ersatzansprüche auf fortlaufend erbrachten Unterhaltsleistungen beruhen und deshalb als Ansprüche auf Rückstände wiederkehrender Leistungen selbst § 197 unterworfen sind.[12]

6. *Ansprüche gegen das Kind.* Mit der erfolgreichen Ehelichkeitsanfechtung verlieren alle Unterhaltsleistungen, die der Ehemann dem Kind erbrachte, ihren Rechtsgrund. Dennoch besteht ein Bereicherungsanspruch gegen das Kind nur in Ausnahmefällen. In aller Regel kann sich das Kind auf § 818 III berufen, weil die Bereicherung durch den Ehemann der Mutter gleichzeitig zum Verlust des Unterhaltsanspruches gegen den Vater (§ 1615 b II)[13] und die übrigen Verwandten führte (§ 1613).[14] Hätte sich das Kind freilich ohne die Leistungen des Ehemannes aus eigenen Mitteln unterhalten müssen (Vater unbekannt, unauffindbar, vermögenslos, eigenes Vermögen des Kindes), so bleibt die Bereicherung erhalten;[15]

---

[10] Vgl. *Boehmer,* NJW 1955, 210; *Engel,* S. 50f.; *Stolterfoth,* FamRZ 1971, 343f.; *Soergel-Lade,* 5 zu § 1615b; MünchKomm-*Köhler,* 11 zu § 1615b. And. Ans. *Beitzke,* § 24 V 2b. Zur Parallelproblematik für die cessio legis des § 1607 II vgl. oben § 41 V 4.

[11] A. A. LG Bielefeld, FamRZ 1960, 242; wohl auch *v. Caemmerer,* Irrtümliche Zahlung fremder Schulden, Festschrift Dölle, Bd. I, 1963, S. 148. Unklar *Odersky,* II 11 zu § 1615b.

[12] Vgl. RGZ 170, 252; OLG Nürnberg, FamRZ 1960, 167; BGHZ 31, 329; *Dieckmann,* JuS 1969, 104. A. A. OLG Stuttgart, NJW 1955, 1593 mit abl. Anm. *Danckelmann.*

Vgl. auch *Boehmer,* FamRZ 1960, 218, mit vierjähriger Verjährungsfrist, weil sowohl in § 812 als auch in § 683 nur Befreiung von noch nicht verjährten Pflichten anzuerkennen sei. Doch würde der Ehemann stets Ansprüche gegen den nichtehelichen Vater tilgen, die im Zeitpunkt der Tilgung einredefrei bestanden.

[13] A. A. *Engel,* S. 69ff. (Kind und Vater als Gesamtschuldner; keine Entreicherung des Kindes, weil die Legalzession nicht endgültig sei, da bei Befriedigung des Ehemannes durch das Kind Rückzession gem. § 426 II eintrete). Vgl. auch *Stolterfoth,* FamRZ 1971, 348f., mit Alternativität für den Ehemann (Erwerbsverweigerungsrecht des Scheinvaters bez. des legalzedierten Anspruches soll condictio indebiti gegen das Kind ermöglichen).

[14] Das wird übersehen (mit der Folge stets gegebener Schuld des Kindes) von *Dölle,* § 88 V 2a.

[15] Vgl. dazu *Engel,* S. 96ff.

der Ehemann wird in diesen Fällen dem Kind zur Rückabtretung der (jedenfalls zunächst wertlosen) Ansprüche gegen den Vater verpflichtet sein.[16]

7. *Kindbettkosten.* Für die Entbindungskosten (die der Ehemann seiner Frau aus den §§ 1360, 1360a schuldet) ist ein Ausgleich durch cessio legis (des Anspruches aus § 1615k) nicht vorgesehen. Der Ehemann kann deshalb seine Frau aus § 812 in Anspruch nehmen; mit der erfolgreichen Ehelichkeitsanfechtung und der Vaterschaftsfeststellung entfällt der Rechtsgrund für seine Leistungen: Die Frau war nicht unterhaltsbedürftig, weil ihr der Anspruch gegen den Vater des Kindes zu Gebote stand.

Den Vater könnte der Ehemann aus Bereicherung in Anspruch nehmen, wenn sich seine Leistung an die Ehefrau als befreiende Drittleistung (§ 267) erweisen ließe. Der BGH hat einmal (BGHZ 26, 217) eine derartige Drittleistung unter Hinweis auf den Zweck des § 1715 a. F. (dem heute § 1615k entspricht) behauptet, damit jedoch nicht überzeugt.[17] Ob Drittleistungen befreiend wirken oder nicht, bestimmt nicht der Zweck des § 1615k, sondern der Tatbestand des § 267. Für ihn aber fordert die h. L. Tilgung der fremden Schuld als Leistungszweck,[18] mithin ein subjektives Element, das vom arglosen Ehemann, der sich im Augenblick der Zahlung für den Vater des Kindes hält, nie erfüllt wird. Ein Bereicherungsanspruch gegen den Vater des Kindes kann daher nur bejaht werden, wenn man mit einer Mindermeinung dem Leistenden (hier: dem Ehemann) den Wandel der ursprünglichen Eigenleistung zur Drittleistung durch nachträgliche Änderung der Leistungszweckbestimmung unter Verzicht auf den Bereicherungsanspruch gegen den Empfänger der Leistung (hier: die Mutter des Kindes) gestattet.[19] Im übrigen aber kann allein der deliktische Eheschutz dem Ehemann zugute kommen.

8. *Prozeßkosten.* Prozeßkostenvorschüsse für Ehelichkeitsanfechtungen werden als Unterhalt vom ehelichen wie vom nichtehelichen Vater geschuldet (vgl. oben VI 4 und unten § 59 III 3); der Ausgleich zwischen dem Ehemann, der das Kind

---

[16] Vgl. dazu *Dieckmann,* JuS 1969, 106f. und 160.

[17] Abl. auch *Dölle,* § 88 V 2c.

[18] Vgl. *Staudinger-Werner,* 5 und 16 zu § 267; *Soergel-Schmidt,* 2 zu § 267; *Erman-Sirp,* 7 zu § 267; *Palandt-Heinrichs,* 2 zu § 267; RGZ 44, 136; 98, 64; RG, Warn. 1920 Nr. 151; Recht 1922 Nr. 24. Erfüllung ohne Fremdtilgungswillen bei objektivem Bezug der Schein- auf die Echtschuld bejahen *Boehmer,* Der Erfüllungswille, 1910, S. 87 und NJW 1955, 210; *Maier,* AcP 152 (1952/53), 97 (105); *Jung,* Bereicherungsansprüche, 1902, S. 53 und 83 sowie in RG-Festgabe, Bd. III, S. 161.

[19] Vgl. v. *Caemmerer,* Festschrift Dölle, Bd. I, S. 135ff.; *Flume,* JZ 1962, 281 (282); *Thomä,* JZ 1962, 623ff.; *Schlechtriem,* NJW 1966, 1796. Vgl. auch *Koppensteiner-Kramer,* Ungerechtfertigte Bereicherung, 1975, S. 53ff. und *Wilhelm,* Rechtsverletzung und Vermögensentscheidung als Grundlagen und Grenzen des Anspruchs aus ungerechtfertigter Bereicherung, 1973, S. 175 (möglich mit Wirkung ex nunc). Krit. zu dieser Lehre in erster Linie *Lorenz,* Das Wahlrecht des Putativschuldners bei irrtümlicher Zahlung fremder Schulden, Festschrift zum 50jährigen Bestehen des Inst. f. ausl. und inl. Privat- und Wirtschaftsrecht d. Univ. Heidelberg 1967, S. 267ff. und AcP 168 (1968), 306ff. Abl. ferner etwa *Medicus,* Bürgerliches Recht, 8. Aufl. 1978, RdNr. 951; *Larenz,* Schuldrecht, § 68 III d 1.

finanzierte, und dem nichtehelichen Vater vollzieht sich ohne Besonderheiten nach den für den Unterhalt des Kindes überhaupt geltenden Grundsätzen.

Die dem Ehemann selbst erwachsenen Prozeßkosten (deren Ersatz das Kind nicht schuldet; vgl. § 93c ZPO) kann er nach richtiger Ansicht vom Vater des Kindes nur aus unerlaubter Handlung fordern.[20] Ein Bereicherungsanspruch scheidet ebenso aus wie ein Anspruch aus Geschäftsführung ohne Auftrag, mag nun das Kind, mag auch der Ehemann selbst die Ehelichkeit angefochten haben. Die Ehelichkeitsanfechtung ist kein Geschäft des nichtehelichen Vaters.

IX. Positive und negative Abstammungsklage

1. *Grundsatz der Unzulässigkeit.* Ehelich geborene Kinder (§ 1593) können die Rechtsstellung eines ehelichen Kindes nur durch Ehelichkeitsanfechtung verlieren; eine Klage auf Feststellung der blutmäßigen Abstammung (§§ 256, 640 ZPO) kann dagegen weder als negative (den Ehemann der Mutter als Vater ausschließende) noch als positive (einen anderen Mann als Vater bezeichnende) Klage den nämlichen Erfolg herbeiführen.

Negative Abstammungsklagen sind mit § 1593 nicht zu vereinbaren; sie begehren eine Feststellung, die vor erfolgreicher Ehelichkeitsanfechtung nicht erfolgen kann.[1] Positive Abstammungsklagen scheitern nach erfolgreicher Ehelichkeitsanfechtung an der Rechtskraft der Entscheidung; sie scheitern vor der Ehelichkeitsanfechtung am normativen Sinn des § 1593.[2] Das Klagziel verletzt zwar die Norm nicht, aber das Klagziel kann nur erreicht werden nach Ermittlungen, die in die Intimsphäre der Ehegatten eindringen. Deren Schutz aber dient § 1593.

2. *Ausnahmen.* Positive und negative Abstammungsklagen sind ohne Rücksicht auf § 1593 (nicht auf die Rechtskraft der Entscheidung nach Ehelichkeitsanfechtung!) zulässig, wenn die Abstammung des Kindes im Hinblick auf Normen geklärt werden soll, die in ihren Tatbestandselementen allein und ausschließlich die biologische Abstammung verwenden (vgl. oben I 5), falls ein obsiegendes Urteil den Interessen des Klägers dient. Es gibt etwa keine negative Abstammungsklage des Witwers, der die ehelich geborene Tochter seiner verstorbenen Frau heiraten will: Als Schranke behält § 1593 auch in § 4 EheG seine Bedeutung (vgl. oben § 10 II 2). Zulässig ist dagegen eine positive Abstammungsklage der

---

[20] Vgl. dagegen BGHZ 57, 229, 236 (Anspruch aus §§ 1610, 1615b in analoger Anwendung).

[1] A. A. OLG Hamburg, DR 1941, 216 mit Anm. *Scanzoni.*

[2] I. Erg. ebenso (mangels Rechtsschutzbedürfnisses) *Staudinger-Lauterbach,* 14 zu § 1593; *Dölle,* § 87 II 4. A. A. *Beitzke,* § 22 III (vorbehaltlich fehlenden Rechtsschutzbedürfnisses im Einzelfall). Nicht zu beanstanden sind Klagen, die ausschließlich die Feststellung der durch § 1593 bewirkten Zuordnung als eheliches Kind begehren.

Tochter (gegen den Ehemann der Mutter), wenn sie einen Mann heiraten will, der nach Überzeugung des Standesbeamten ihr außerehelicher Erzeuger ist.[3]

3. Nachehelich geborene Kinder sind in jedem Fall eheliche Kinder, wenn sie tatsächlich von dem Ehemann der Mutter abstammen und in der Ehe gezeugt wurden. Die Statussicherung des § 1593 kommt ihnen dagegen nicht mehr zugute, wenn sie nicht innerhalb von dreihundertundzwei Tagen nach Auflösung oder Vernichtung der Ehe geboren wurden. In den (extrem seltenen) Restfällen kann die positive Abstammungsklage vom Ehemann der Mutter und vom Kind jederzeit (zum Zweck der Statussicherung) erhoben werden.[4]

X. Anhang: Eheliche Abstammung bei künstlicher Insemination

Schrifttum: *Becker,* Das Problem der Samenübertragung und seine rechtlichen Folgen, Der öffentliche Gesundheitsdienst 1951, 49; *Simson,* Die Insemination, JZ 1953, 480; *Dölle,* Die künstliche Samenübertragung, Festschrift Rabel, 1954, S. 187; *Bernhard,* Die künstliche Besamung beim Menschen im Hinblick auf das schweizerische Recht, Sammlung schweizerischer Dissertationen, Bd. 14, 1958 (mit einer das Schrifttum fast vollständig erfassenden Bibliographie); *Schellen,* Artificial Insemination in the Human, 1957; *Luther,* Zur künstlichen Insemination, FamRZ 1960, 429; *Ranke-Dombois* (Hrsg.), Probleme der künstlichen Insemination, 1960; *Guttmacher-Fromm-Geiger-Richter-Stelzenberger-Bloemhof-Groeger,* Die künstliche Befruchtung beim Menschen, 1960; *Giesen,* Die künstliche Insemination als ethisches und rechtliches Problem, 1962; *Heiss,* Die künstliche Insemination der Frau, 1972; *Rippmann* (Hrsg.), Die ehefremde künstliche Befruchtung der Frau, 1974.

1. Die Problematik der künstlichen Insemination ist vielschichtig; religiöse, moralische, soziale, medizinische und rechtliche Aspekte sind ihr eigen. Das Familienrecht muß das künstlich gezeugte Kind als Faktum hinnehmen und in die Gruppe der ehelichen oder die der nichtehelichen Kinder weisen.

2. § 1593 gilt auch für das aus einer künstlichen Insemination stammende Kind. Soweit er das Kind dem Ehemann der Mutter als eheliches Kind zuordnet, werden die näheren Umstände der Zeugung erst nach einer Ehelichkeitsanfechtung wesentlich. Der Praxis sind derlei Ehelichkeitsanfechtungen bislang unbekannt.

3. *Homologe Insemination.* Stammt das Kind aus einer homologen, also das Sperma des Ehemannes verwendenden Insemination, so muß jede Ehelichkeitsanfechtung notwendig erfolglos bleiben, mag auch die Beiwohnungsvermutung des § 1591 II widerlegt sein. Zwar führt § 1591 I unter seinen Tatbestandselementen auch eine Beiwohnung des Ehemannes an, doch stammt die Norm aus einer Zeit, die Zeugung durch künstliche Insemination nicht bedachte. Es liegt mithin eine Regelungslücke vor, die durch Entfaltung des Normzweckes für die neuen Sachverhalte zu schließen ist. Normzweck des § 1591 aber ist die Zuordnung des Kindes zu seinem biologischen Vater.[1]

---

[3] A. A. *Palandt-Diederichsen,* 3 zu § 1593 (ohne jeden Rechtsbehelf); *Beitzke,* § 22 III (mit Hinweis auf § 45 PStG und eine negative Abstammungsklage gegen den Bräutigam).

[4] Ebenso *Staudinger-Lauterbach,* 11 zu § 1592; MünchKomm-*Mutschler,* 4 zu § 1593.

[1] Daß § 1591 die Ehelichkeit künstlich gezeugter Kinder nicht ausschließt, entspricht h. M. Vgl.

Die eheliche Gemeinschaft macht sexuelle Beziehungen der Ehegatten wahrscheinlich, nicht mehr eine homologe Insemination. Der Beiwohnungsvermutung (§ 1591 II) kann daher keine Vermutung homologer Insemination an die Seite treten. Nicht das Fehlen einer homologen Insemination ist nach Widerlegung der Beiwohnungsvermutung zu erweisen, sondern der Vollzug einer befruchtungstauglichen Insemination mit dem Sperma des Ehemannes.[2] Dagegen gebietet die Stellung des § 1591 I 2 im teleologischen Gesamtzusammenhang der Regelung eine Anwendung der Norm auch bei homologer Insemination, und zwar ohne Rücksicht darauf, ob diese vom Ehemann der Mutter gebilligt wurde oder nicht. Homologe Insemination vermittelt die Rechtsstellung eines ehelichen Kindes nicht nur, wenn der positive Vaterschaftsnachweis für den Ehemann der Mutter geführt werden kann;[3] sie begründet nicht anders als eine Beiwohnung die Vermutung der Vaterschaft. Die Ehelichkeitsanfechtung ist also nur erfolgreich, wenn der Ehemann der Mutter offenbar unmöglich der Vater des Kindes sein kann (die Insemination also erfolglos blieb).[4]

4. *Heterologe Insemination.* Stammt das Kind aus einer heterologen (also Sperma eines anderen Mannes verwendenden) Insemination, so müßte eigentlich die Ehelichkeitsanfechtung stets zum Erfolg führen. Der Ehemann und seine Eltern handeln jedoch rechtsmißbräuchlich, wenn sie ihr Anfechtungsrecht ausüben, obwohl der Ehemann selbst die Insemination wünschte.[5]

Freilich schließt der Nachweis einer vom Ehemann gebilligten heterologen Insemination Ehemann und Eltern des Ehemannes nicht generell mit ihrem Anfechtungsrecht aus, weil die Möglichkeit einer erfolglosen Insemination bleibt, das Kind also auch aus einem etwa zeitgleichen Ehebruch der Mutter stammen

---

Beitzke, § 22 I 3; *Dölle,* § 87 I 3; *Giesen,* Künstliche Insemination, S. 180ff.; RG, JW 1908, 485 (implizite); OLG Köln, ROLG 16, 222.

[2] Ganz h. M. Vgl. MünchKomm-*Mutschler,* 48 zu §§ 1591, 1592; *Soergel-Lade,* 29 zu § 1591; *Staudinger-Lauterbach,* 61 zu § 1591; *Bernhard,* Künstliche Besamung, S. 181 f. (für das schweizerische Recht); *Geiger,* in: Guttmacher u. a., Künstliche Befruchtung, S. 49. A. A. *Dölle,* § 87 I 3a, für die vom Ehemann gebilligte homologe Insemination.

[3] So aber RG, JW 1908, 485; *Geiger,* S. 49; *Giesen,* S. 185; *Beitzke,* § 22 I 3.

[4] Ebenso *Staudinger-Lauterbach,* 61 zu § 1591; MünchKomm-*Mutschler,* 48 zu §§ 1591, 1592; *Soergel-Lade,* 29 zu § 1591.

[5] So *Giesen,* S. 189; *Dünnebier,* in: Ranke-Dombois, Probleme der künstlichen Insemination, S. 42; *Palandt-Diederichsen,* 3 zu § 1594; für das schweizerische Recht *Bernhard,* S. 171. Zweifelnd für das deutsche Recht *Becker,* Der öffentliche Gesundheitsdienst 1951, 55. Vgl. ferner *Beitzke,* § 22 II 1a (gegen die Anwendung des § 242, wenn der Mann trotz Billigung der Insemination das Kind aus anerkennenswerten Gründen nicht sich zugerechnet wissen will).

Wird das Anfechtungsrecht des Ehemannes nicht begrenzt (so – aber ohne Gefühl der Befriedigung und mit dem Vorschlag, de lege ferenda einzugreifen – *Dölle,* § 87 I 3; ferner *Staudinger-Lauterbach,* 61 zu § 1591; MünchKomm-*Mutschler,* 48 zu §§ 1591, 1592; *Brühl-Göppinger-Mutschler,* RdNr. 941), muß doch wenigstens die Unterhaltspflicht des Ehemannes bestehen bleiben. Vgl. dazu *Dölle,* Festschrift Rabel, S. 204; *Geiger,* S. 52. Es müssen freilich besondere Umstände (z. B. starkes eigenes Interesse des Ehemannes) vorliegen, wenn die Ehefrau die Zustimmung zur Insemination nach §§ 133, 157 als Unterhaltsversprechen für das Kind (§§ 328ff.) soll auffassen dürfen.

kann. Doch muß dann entweder der negative Vaterschaftsbeweis für den bekannten Samenspender geführt werden oder aber (bei der üblichen Verwendung des Spermas mehrerer unbekannter Männer) der positive Vaterschaftsnachweis für den Ehebrecher.

§ 46. Allgemeine Wirkungen der ehelichen Abstammung

I. Name des Kindes

Schrifttum: *Simon,* Der Name des Kindes als Zeichen gestörter Familienverhältnisse, StAZ 1974, 197; *Ruthe,* Die Neuordnung des Namensrechts, FamRZ 1976, 409; *Diederichsen,* Der Ehe- und Familienname nach dem 1. EheRG, NJW 1976, 1169.

1. Das eheliche Kind erhält den *Ehenamen der Eltern* (§ 1616). Gewahrt wird damit der Grundsatz der Namenseinheit in der Kleinfamilie. Gewahrt wird aber auch die Gleichberechtigung der Geschlechter. Der (verspätete) Verzicht auf patriarchalische Grundstrukturen im Namensrecht der Ehegatten zugunsten eines vom Konsens der Ehegatten getragenen gemeinsamen Familiennamens (der freilich nach wie vor in der weit überwiegenden Zahl der Fälle der Mannesname ist), beendete auch den Streit um die Gleichberechtigung der Geschlechter im Namensrecht des ehelichen Kindes.

2. Ein gemeinsamer Ehename kann fehlen, wenn nur ein Elternteil die deutsche Staatsangehörigkeit besitzt. Der Rspr. des BGH zufolge (vgl. BGHZ 56, 193, 200; 63, 107, 109) beruft das deutsche internationale Privatrecht in Fragen der Namensänderung durch Ehe sowohl das Personalstatut als auch das Ehewirkungsstatut zur Anwendung, wenn eine Ausländerin einen deutschen Mann heiratet, jedoch mit Vorrang des Personalstatuts: Die Option gemäß § 1355 II 1 ist zugleich eine Option für das deutsche Ehewirkungsstatut; unterbleibt sie, so führt jeder Ehegatte den nach seinem Personalstatut vorgesehenen Ehenamen. Kinder aus derart „namensrechtlich unterorganisierten Ehen" führen den Namen des Vaters, wenn das Personalstatut der Mutter ihnen den Namen des Vaters vermittelt (Gleichklang der Rechte im Hinblick auf § 1355 II 2).[1] Sie führen dagegen einen Doppelnamen, wenn sich das fremde Recht anders entscheidet.

3. *Änderungen des Ehenamens* der Eltern müssen zwar in einer Rechtsordnung, die den Grundsatz der Namenseinheit in der Kleinfamilie zu wahren wünscht, grundsätzlich auch für den Namen des Kindes relevant sein, können aber nicht ausnahmslos auf das Kind erstreckt werden, weil dessen Kontinuitätsinteressen mit gegenläufiger Tendenz zu berücksichtigen sind. § 13a III EheG weist für den (seltenen) Fall der isolierten Namenswahl der Eltern nach Eheschluß im Ausland

---

[1] Vgl. OLG Celle, StAZ 1977, 312.

den Kontinuitätsinteressen des noch nicht vierzehn Jahre alten Kindes generell den minderen Rang zu; das Kind folgt stets den Eltern. Das ältere Kind ist dagegen dazu berufen, seine Kontinuitätsinteressen in einem Akt der Selbstbestimmung zu wahren. Es kann für den neuen Namen der Eltern (durch Anschluß an deren Erklärung, der bei beschränkter Geschäftsfähigkeit keiner Richtigkeitskontrolle durch Eltern oder Vormundschaftsgericht unterliegt) optieren; schweigt es, so hat es beim bisherigen Namen sein Bewenden.

Das NamÄndG kennt für die (ebenfalls seltene) Namensänderung durch Verwaltungsakt keine Parallelregelung, doch ist es um der inneren Folgerichtigkeit des Namensrechtes willen notwendig, die Grundsätze des EheG auch im Verwaltungsverfahren zu wahren. Gemäß § 4 NamÄndG erstreckt sich eine Änderung des Familiennamens auf die unter elterlicher Sorge stehenden Kinder nur „soweit nicht bei der Entscheidung etwas anderes bestimmt wird". Ein anderes sollte stets bestimmt werden, wenn die Grundsätze des § 13a EheG einen Namenswechsel ausschließen.[2]

Ohne größere praktische Bedeutung ist schließlich auch die Namensänderung der Eltern als Folge einer Namenswahl bei erneuter Heirat nach Scheidung und als Folge eines Namenswechsels in der Vorgeneration mit Anschlußoption der Eltern, die den geänderten Namen als Ehenamen wählten (vgl. oben § 16 I 6). Das Gesetz ordnet die Folgen für das eheliche Kind nicht, wird aber folgerichtig entfaltet, wenn die Lücke hier wie dort durch analoge Anwendung des § 13a III EheG geschlossen wird[3] (wobei bereits verheiratete Kinder, deren Name Ehename wurde, nur zusammen mit ihrem Ehegatten für den neuen Namen optieren können).

4. Namensänderungen des Kindes als Folge einer Namensänderung der Eltern sind ausnahmslos nur beim abgeleiteten Namen möglich. Hat das Kind einen Doppelnamen gebildet (§§ 1757 II, 1355 III), so kommt ein Namenswechsel nur für den von den Eltern vermittelten Namensbestandteil in Betracht. Erwarb das Kind gar originär einen neuen Namen (Eheschluß, Adoption, Namensänderung kraft Verwaltungsaktes), so ändert sich allenfalls der sog. Geburtsname (als latent auch weiterhin zugeordneter Name).

5. Das Prinzip des Elternnamens schließt die Relevanz aller *Namensänderungen nur eines Elternteiles* für das Kind aus; Korrekturen wären allein auf Grund eines anderen Prinzips möglich, etwa dem der elterlichen Sorge. Das geltende Recht hat von der Möglichkeit einer Prinzipienkreuzung keinen Gebrauch gemacht; es führt beim abgeleiteten Namen des Kindes die Anknüpfung an beide Elternteile strikt durch und nimmt damit auch dem einseitigen Namenswechsel eines Sorge-

[2] Ebenso MünchKomm-*Hinz,* 8 zu § 1616; *Palandt-Diederichsen,* 2b zu § 1616.

[3] Zur Zweitheirat vgl. OLG Frankfurt, NJW 1978, 2301 (der Beschluß läßt die Frage, ob das jüngere Kind kraft Gesetzes seinen Namen wechselt, offen). Zum Namenswechsel in der Vorgeneration ebenso wie der Text MünchKomm-*Hinz,* 7 zu § 1616; *Diederichsen,* NJW 1976, 1169.

berechtigten (Rückkehr zum Geburtsnamen oder vorehelichen Namen nach beendeter Ehe gemäß § 1355 IV 2; Wiederheirat mit Wahl eines neuen Ehenamens) jede Wirkung. Das geltende Recht fördert aber auch die namensrechtliche Eingliederung des Kindes in eine neue Familie des Sorgeberechtigten nicht: Es gibt keine Einbenennung in analoger Anwendung des § 1618.[4] Möglich ist allein eine Namensänderung kraft Verwaltungsaktes, die dem Kind originär (und damit auch ohne Konsequenzen bei späteren Namensänderungen des Elternteils) den Namen des Sorgeberechtigten verschafft. Doch besteht auch insoweit keine grundsätzliche Präferenz. Ob ein „wichtiger Grund" für die Namensänderung (§ 3 NamÄndG) dargetan ist oder nicht, kann nur anhand aller überhaupt namensrechtlich bedeutsamen Daten des Einzelfalles entschieden werden.[5] Sicher sollte heute – nach forcierter Instrumentalisierung und Dynamisierung des Namens in der jüngeren Rechtsentwicklung – sein, daß dem Sorgeberechtigten nur in seltenen Ausnahmefällen gemäß § 1666 das Recht entzogen werden darf, eine Namensänderung für das Kind zu beantragen (vgl. dazu weiter unten § 49 VIII 4). Für den anderen Elternteil mag der Verlust der Namenseinheit mit dem Kind schmerzlich sein, doch steht er dem Kind nicht näher als der Sorgeberechtigte. Die Interessen des Kindes aber werden (einschließlich des Kontinuitätsinteresses und des Interesses an einem Namen, der dem Standort im Generationengang entspricht) im Verwaltungsverfahren ausreichend gewahrt.

6. Den *Vornamen* des Kindes zu bestimmen, ist Recht und Pflicht des (tatsächlich) Personensorgeberechtigten, in der Regel also beider Elternteile.[6] Grenzen sind der Wahlfreiheit allein durch die zum Gewohnheitsrecht erstarkte Volkssitte gezogen, doch gehen örtliche Besonderheiten sonst allgemein anerkannten Grundsätzen vor. So müssen Eltern zwar grundsätzlich Namen wählen, die überhaupt als Vornamen für Menschen anerkannt werden können und die das Geschlecht des Kindes verdeutlichen, doch sind in Ostfriesland auch Nachnamen von Vorfahren als „Zwischennamen" (d. h. neben zumindest einem weiteren Vornamen) wählbar.[7] Allgemein zulässig ist die Verwendung des Namens „Maria" für Jungen neben anderen Vornamen, die ihr Geschlecht offenbaren.[8]

Die Praxis (gegen die Entscheidung des Standesbeamten kann gemäß § 45

---

[4] Vgl. KG, NJW 1971, 846 (848); MünchKomm-*Hinz*, 9 zu § 1616; *Palandt-Diederichsen*, 2b zu § 1616. De lege ferenda für eine den §§ 1617 II, 1618 entsprechende Regelung (mit Zustimmung des anderen Elternteils) *Simon*, StAZ 1974, 301 ff.

[5] Die Verwaltungsgerichte neigen dazu, eine Namensänderung zu billigen, wenn das Kind in die neue Familie des Sorgeberechtigten voll eingegliedert ist. Vgl. OVG Münster, NJW 1962, 1981; VerwG München, FamRZ 1971, 445; VGH BaWü, FamRZ 1970, 403 (abl. dagegen JZ 1972, 398 bei besonders hohen Unterhaltsleistungen des anderen Elternteils); OVG Berlin, StAZ 1975, 161; 1978, 68.

[6] Teileinigungen sind (§ 154 I entsprechend) nicht bindend und nicht registerfähig. Vgl. LG Frankenthal, FamRZ 1978, 940.

[7] Vgl. BGHZ 29, 256.

[8] Vgl. BGHZ 30, 132 (134).

PStG das Amtsgericht angerufen werden) verfährt erfreulich großzügig. Sie ist in der Regel frei von antiquierter Deutschtümelei und behindert auch sonst die Verwendung neuer Vornamen kaum oder gar nicht.[9]

7. Der *Elternstreit* um den Vornamen des Kindes folgt jenen Grundsätzen, die allgemein für Elternstreitigkeiten in Fragen gelten, die im Interesse des Kindes notwendig entschieden werden müssen (Näheres unten § 50 II 5). Der Gedanke einer analogen Anwendung des § 26 PStG (Namenswahl durch die zuständige Verwaltungsbehörde) ist eine vereinzelte Entgleisung geblieben,[10] die das Verhältnis verfehlt, in dem Staat und Familie zueinander stehen.[11]

8. Das Kind erwirbt seinen Vornamen mit der Namenswahl der Eltern. Die Eintragung des Namens im Geburtenbuch (§§ 21, 22 PStG) hat nur deklaratorische Bedeutung. Mit ihr geht das Recht zur Namensänderung im willkürlichen Akt verloren (zur Änderung kraft Verwaltungsaktes vgl. § 11 NamÄndG).[12] Unbenommen bleiben Eltern und Kind zu jeder Zeit Wahl und Wechsel des Rufnamens aus mehreren Vornamen. Eine Bindung an den einmal gewählten Rufnamen ist dem deutschen Recht fremd; mehrere Vornamen haben stets gleichen Rang.[13]

II. Staatsangehörigkeit

Schrifttum: *Mosler,* Gleichheit der Eltern beim Erwerb der Staatsangehörigkeit der Kinder, Festschrift Scheuner, 1973, S. 473; *Sturm,* Deutsch wie Vater oder Mutter, FamRZ 1974, 617; *derselbe,* Zur Staatsangehörigkeitsnovelle 1974, FamRZ 1975, 198; *Pestalozza,* Deutscher auf Zeit, NJW 1976, 507.

1. Bis zum heutigen Tag ist es nicht gelungen, die Staatsangehörigkeit der Neugeborenen in allen Staaten nach einem allgemein anerkannten Grundprinzip zu ordnen. Nach wie vor stehen Staaten, die sich konzessionslos oder doch grundsätzlich zum ius sanguinis bekennen, andere gegenüber, die ohne Einschränkung oder doch weithin das ius soli für richtig halten, dem Kind also die

---

[9] Vgl. dazu LG München, StAZ 1969, 42 (Vorname ,,Europa" für Mädchen); AG Darmstadt, StAZ 1975, 134 (,,Winnetou" für Jungen); OLG Celle, FamRZ 1975, 634 (,,Malaika-Vannina" für Mädchen); BGHZ 73, 240 (Aranya-Marko für Jungen).

[10] Vgl. die vom OLG Frankfurt aufgehobene Entscheidung des Berufungsgerichtes, FamRZ 1957, 55.

[11] Abl. auch MünchKomm-*Hinz,* 15 zu § 1616.

[12] Die §§ 119ff. sind weder vor noch nach der Fixierung anzuwenden. A. A. AG Mannheim, StAZ 1960, 323. Unrichtige Eintragungen sind ebenso zu berichtigen wie richtige (= der Anzeige entsprechende), die dem Wahlakt nicht gemäß sind (der allein anzeigende Elternteil setzt sich über die Elterneinigung hinweg). Vgl. BayObLG, FamRZ 1962, 475; LG Frankenthal, FamRZ 1978, 940; MünchKomm-*Hinz,* 16 zu § 1616.

[13] Vgl. BGHZ 30, 132 (136f.); *Gerstein,* FamRZ 1959, 12; *Kraft,* NJW 1963, 237; *Staudinger-Gotthardt,* 31 zu § 1616; MünchKomm-*Hinz,* 13 zu § 1616.

Str. ist, ob der Rufname im Geburtenbuch durch Unterstreichen kenntlich gemacht werden darf. Vgl. dazu (verneinend) KG, FamRZ 1964, 517; MünchKomm-*Hinz,* 13 zu § 1616, jeweils m. w. Hinw.

Staatsangehörigkeit des Geburtslandes verleihen. Das deutsche Recht folgt dem *ius sanguinis* und wählt damit jenes Prinzip, das mit seinem Bezug auf die Eltern der Frage nach der Gleichberechtigung der Geschlechter nicht ausweichen kann.[1]

2. Das ius sanguinis kann einem Elternteil zugekehrt sein (im Patriarchat als ius sanguinis paterni dem Vater), es kann aber auch dem Kind die deutsche Staatsangehörigkeit (eine fremde ist für die deutsche Legislative nicht verfügbar) schon dann vermitteln, wenn entweder der Vater oder die Mutter die deutsche Staatsangehörigkeit besitzt. Das geltende Recht (§ 4 II Nr. 1 RuStAG) bekennt sich (seit 1975) zum Prinzip des *ius sanguinis paterni et materni*. Deutsch ist das eheliche Kind bereits dann, wenn auch nur ein Elternteil Deutscher ist. Ob es daneben bei verschiedener Nationalität der Elternteile auch die Staatsangehörigkeit des nichtdeutschen Elternteils erwirbt, ist eine Frage, die von der Rechtsordnung des fremden Staates zu beantworten ist.

In unbezweifelbarer Manier wird damit im geltenden Recht (mit mehr als zwanzigjähriger Verspätung und nur unter dem Druck einer Entscheidung des BVerfG, mit der die Epoche des Patriarchats im Recht der Staatsangehörigkeit ihr Ende fand[2]) die Gleichberechtigung der Geschlechter durchgeführt.[3] Unerwünschte Nebenfolge sind Fälle der Doppelstaatigkeit vieler (keineswegs aller) Kinder von Ehegatten unterschiedlicher Nationalität. Doch sind derlei Fälle weder ein Novum (sie können auch die Folge eines Konflikts zwischen dem ius sanguinis eines Staates und dem ius soli eines anderen sein) noch unkorrigierbar: Kinder, denen die deutsche Staatsangehörigkeit lästig wird, mögen sich ihrer durch Verzicht (§ 26 RuStAG) entledigen.

3. *Änderungen*. Kinder, die der elterlichen Sorge entwachsen sind, sind auch im Recht der Staatsangehörigkeit von allen Bindungen an ihre Familie frei. Wenn

---

[1] Das ius soli hat sich aber in § 4 II RuStAG für Findelkinder bis zum positiven Nachweis einer bestimmten Abstammung durchgesetzt.

[2] BVerfGE 37, 217ff. Zum Streitstand vor dieser Entscheidung vgl. die Voraufl., § 46 II 2.

[3] Für Kinder, die zwischen dem 31. 3. 1953 und dem 31. 12. 1974 geboren wurden (also in einer Zeit, zu welcher Gleichberechtigung bereits hätte herrschen müssen, tatsächlich aber nicht herrschte), galt bis zum Ende des Jahres 1977 eine Übergangslösung, die Kindern deutscher Mütter ein Optionsrecht gewährte. Vgl. dazu Art. 3 RuStAÄndG 1974. Die Legislative hat sich damit lediglich zu jenem Minimum des verfassungsrechtlich Gebotenen verstanden, das ihr das BVerfG vorschrieb, und die Alternative der rückwirkenden Kollektiveinbürgerung mit dem Recht zur Ausschlagung verworfen. Zu deren Vorteilen vgl. *Sturm*, FamRZ 1974, 621; *Pestalozza*, NJW 1976, 508, beide m. weit. Nachw. Unbedenklich wäre die Kollektiveinbürgerung im Hinblick auf die (bereits vorhandene) andere Staatsangehörigkeit gewesen (vgl. *Arndt*, NJW 1975, 142). Kein Staat kann (schon um seiner Selbstbehauptung willen) seinen Staatsangehörigen nur deshalb die Staatsangehörigkeit entziehen, weil ein anderer Staat (hier: die Bundesrepublik Deutschland) einem Personenkreis seine Staatsangehörigkeit aufdrängt. Umgekehrt ist dagegen die freiwillige Option für eine andere Staatsangehörigkeit oft ein Verlustgrund für die zuvor vorhandene. Die Optionslösung zwang daher die betroffenen Kinder in vielen Fällen zu einer Wahl.

Die Optionslösung zwang die Rspr. dazu, Kinder, die optieren konnten, jedoch noch nicht optiert hatten, bereits dem Ausländerrecht zu entziehen. Vgl. AG Düsseldorf, NJW 1976, 531f. und AG Sigmaringen, NJW 1976, 1597f. mit Anm. *Pestalozza*.

und soweit die deutsche Staatsangehörigkeit auf Antrag gewährt (Einbürgerung) oder nach einem Akt der Selbstbestimmung beendet wird (Entlassung auf Antrag; Verzicht), entscheiden sie allein.

Für Kinder unter elterlicher Sorge bieten sich in grundsätzlicher Sicht zwei Lösungen an. Wenn und soweit eine Änderung in der Staatsangehörigkeit der Eltern zugleich eine Änderung in der Staatsangehörigkeit des Kindes ist, gilt das *Kollektivsystem*. Wenn und soweit dagegen für das Kind eigene Akte gefordert werden, die der gesetzliche Vertreter an seiner Stelle vornimmt, gilt der *Grundsatz der individuellen Entscheidung*.

4. Das RuStAG hat das Kollektivsystem bei der Einbürgerung bewahrt. Sie kann zwar für das Kind allein beantragt werden (Grundsatz der individuellen Entscheidung). Sie ist aber auch die Folge einer *Einbürgerung* der zur gesetzlichen Vertretung berufenen Eltern, sofern in der Einbürgerungsurkunde kein Vorbehalt gemacht wurde und sofern es sich nicht um Töchter handelt, die verheiratet sind oder doch waren (§ 16 II RuStAG; Kollektivsystem).

Nicht geregelt ist die Frage, ob das Kind nur der Einbürgerung beider Elternteile folgt, falls Vater und Mutter kraft elterlicher Sorge zu seiner Vertretung berufen sind, oder ob schon die Einbürgerung nur eines Elternteiles auch ihm die deutsche Staatsangehörigkeit verschafft. Für die Bindung an die Einbürgerung beider Elternteile spricht, daß nicht die Elternschaft für die Folge des Kindes entscheidend ist, sondern elterliche Sorge, die zur Vertretung des Kindes berechtigt. Elterliche Gesamtvertretung (vgl. zu ihr unten § 50 III) aber nimmt dem einzelnen Elternteil die Möglichkeit, durch einseitigen Akt Wirkungen für das Kind zu erzielen.[4]

5. Das RuStAG hat dagegen den Grundsatz der individuellen Entscheidung angenommen bei der *Entlassung* aus der deutschen Staatsangehörigkeit (§§ 18ff.) und beim Verzicht auf sie (§ 26). Freilich zeigt sich ein Rest des Kollektivsystems in der Einzelregelung: Frei handeln die Eltern nur, wenn sie das Ende der deutschen Staatsangehörigkeit für sich und das Kind begehren. Beschränken sie dagegen den Antrag auf Entlassung oder den Verzicht auf das Kind, so bedürfen sie der Genehmigung des Vormundschaftsgerichtes (§§ 19 und 26 IV).[5]

III. Wohnsitz

Schrifttum: *Schwoerer,* Der Wohnsitz ehelicher Kinder, deren Eltern verschiedene Wohnsitze haben, FamRZ 1961, 195; *derselbe,* Der gesetzliche Wohnsitz ehelicher Kinder, NJW 1962, 2038.

---

[4] Gl. Ans. *Dölle,* § 90 I 3a.

[5] Zu § 19 RuStAG vgl. die Parallelregelung für den Verlust der deutschen Staatsangehörigkeit durch Erwerb einer ausländischen in § 25 RuStAG. Sind beide Elternteile zur gesetzlichen Vertretung berufen, so verliert das Kind die deutsche Staatsangehörigkeit nur, wenn der Erwerb der ausländischen von beiden beantragt wurde. A. A. *Makarov,* Festschrift Laun, 1953, S. 664 (anders anscheinend in: Deutsches Staatsangehörigkeitsrecht, 2. Aufl. 1971, S. 127).

1. *Gesetzlicher Wohnsitz.* Das Prinzip der Familieneinheit gehört für Ehegatten der Vergangenheit an (oben § 16 III); den Wohnsitz des ehelichen Kindes beherrscht es auch heute noch in Grenzen. Minderjährige Kinder teilen den Wohnsitz der Eltern, wenn diese zur Personensorge berufen sind; sie teilen den Wohnsitz des Personensorgeberechtigten, wenn keinem Elternteil das Recht zusteht, für die Person des Kindes zu sorgen (§ 11). Anknüpfungspunkt des gesetzlichen Wohnsitzes ist mithin die Fähigkeit, Außenwirkungen für das Kind im Bereich der Personensorge zu erzielen.

Nicht geregelt ist die Frage, welchen Wohnsitz ein Kind hat, dessen Eltern trotz gemeinschaftlicher Personensorge verschiedene Wohnsitze haben. Rspr. und Schrifttum beantworten diese (vornehmlich für die §§ 36, 43 FGG wesentliche) Frage nicht einheitlich. Der Überzeugung, daß § 11 mit einem doppelten Wohnsitz des Kindes folgerichtig zu Ende gedacht werde,[1] steht die Auffassung gegenüber, daß dem Kind der letzte gemeinschaftliche Wohnsitz verbleibe, wenn sich die Eltern nach der Geburt getrennt haben, und daß es wohnsitzlos sei, wenn die Trennung schon früher erfolgte.[2] Praktische Überlegenheit nimmt jede Meinungsgruppe für sich in Anspruch: Dem Nachteil doppelter Gerichtszuständigkeit (auch nach Wohnsitzwechsel nur eines Elternteiles und Verbleiben des Kindes am alten Ort!) steht der Nachteil einer zuweilen gänzlich beziehungslosen Gerichtszuständigkeit gegenüber (Eltern und Kind befinden sich nicht mehr am letzten gemeinschaftlichen Wohnsitz). Der BGH hat sich für den Doppelwohnsitz entschieden (BGHZ 48, 228), explizit zwar nur für den Fall der Aufgabe eines gemeinschaftlichen Wohnsitzes durch beide Ehegatten, implizit jedoch auch für den anderen des Wohnsitzwechsels nur eines Elternteils. Seine Begründung ist indessen nicht viel mehr als ein Bekenntnis zum (gerade näher zu bestimmenden) „Ableitungsprinzip".[3]

Richtiger erscheint die Gegenposition: Elternteile, die das Kind nicht allein vertreten können, vermögen ihm auch keinen neuen Wohnsitz durch einseitigen Wohnsitzwechsel zu geben.[4] Belanglos sind die mit diesem Grundsatz unaus-

---

[1] Vgl. *Schwoerer,* NJW 1959, 2093; FamRZ 1961, 195; NJW 1962, 2038; OLG Karlsruhe, NJW 1961, 271; 1962, 2061; JZ 1964, 64 mit abl. Anm. *Lange;* FamRZ 1966, 243; 1968, 94; KG, NJW 1968, 1832 (gegen frühere Rspr.); *Staudinger-Donau,* 25 zu § 1631; *Palandt-Heinrichs,* 1a zu § 11; *Dölle,* § 90 I 4c; OLG Düsseldorf, FamRZ 1967, 492; *Firsching,* Rpfleger 1970, 11; OLG Köln, FamRZ 1971, 443 (445); BayObLG, FamRZ 1974, 137 (138); OLG Hamm, FamRZ 1969, 105; 1977, 132 (134).

[2] Vgl. *Beitzke,* § 25 III 2 und JR 1959, 404 sowie FamRZ 1967, 609f.; *Lange,* NJW 1961, 1893; OLG Hamm, NJW 1960, 1723; FamRZ 1963, 652; 1966, 315; KG, NJW 1967, 1088; OLG Hamburg, MDR 1962, 219 mit zust. Anm. *Droese;* OLG Saarbrücken, FamRZ 1964, 633.

Vgl. ferner als Varianten dieser Meinungsgruppe *Müller-Freienfels,* JZ 1956, 502 (differenzierend für das nach Trennung der Eltern geborene Kind); OLG Nürnberg, FamRZ 1961, 450 (Doppelwohnsitz für das nach Trennung der Eltern geborene Kind); BayObLG, FamRZ 1962, 265 und 267f.; 1964, 514 (Wohnsitzlosigkeit auch, wenn beide Elternteile den letzten gemeinschaftlichen Wohnsitz aufgegeben haben).

[3] Krit. deshalb mit Recht *Beitzke,* FamRZ 1967, 609ff.

[4] Vgl. die Parallele bei der Einbürgerung oben II 4. Eine einseitige Änderung des Wohnsitzes ist

weichlich verbundenen Fälle der Wohnsitzlosigkeit. Das Gesetz empfindet es nicht als seine Aufgabe, dem Kind in jedem Fall einen gesetzlichen Wohnsitz zu geben – er fehlt in der Regel auch Kindern wohnsitzloser Eltern[5] –, und unüberwindbare praktische Schwierigkeiten ergeben sich noch nicht einmal, wenn die Eltern keine Einigung über den Aufenthalt des Kindes erzielt haben und deshalb kein gewählter Wohnsitz (vgl. unten 2.) die Lücke schließt. Die Funktion des Wohnsitzes kann und muß dann von anderen Anknüpfungspunkten – insbesondere dem Aufenthaltsort (so auch § 36 FGG) – übernommen werden.

2. *Gewillkürter Wohnsitz.* Das Prinzip der Familieneinheit ist auch für das eheliche Kind nicht mehr ein Prinzip, das unbedingt Verwirklichung verlangt. Für das voll geschäftsfähig gewordene Kind ist die Befugnis, den gesetzlichen Wohnsitz aufzugeben, eine Selbstverständlichkeit. Zu jeder Zeit kann aber auch der gesetzliche Wohnsitz eines Minderjährigen von einem gewählten abgelöst werden, sei es nun durch den gesetzlichen Vertreter im Bereich der Personensorge, sei es auch durch das mit Zustimmung des gesetzlichen Vertreters handelnde Kind selbst. Getrennt lebende Eltern mit gemeinschaftlicher Personensorge begründen etwa einen gewählten Wohnsitz für das Kind, wenn sie sich über den Aufenthalt des Kindes bei einem Elternteil einigen, der nicht am letzten gemeinschaftlichen Wohnsitz verbleibt.[6]

IV. Beistand und Rücksicht

1. *Die Verpflichteten.* Seit dem EltSorgRG verpflichtet § 1618a Eltern und Kinder wechselseitig zu Beistand und Rücksicht. Belanglos sind Zäsuren, die sonst im Eltern-Kind-Verhältnis bedeutsam sind, belanglos auch die Lebenssituation, in der sich die Parteien befinden. In Recht und Pflicht steht das jüngere Kind dem erwachsenen gleich (mit Grenzen, die sich aus der Einsichtsfähigkeit ergeben, da doch niemand einen Pfleger zur Pflichterfüllung wird bestellen wollen), das außerhäusige dem im Haushalt der Eltern verbliebenen, das verheiratete dem ledigen. Sie alle sind Rechtssubjekt und Pflichtensubjekt zugleich; erst in der präzisierenden Entfaltung der Generalklausel mit ihrer stärkeren Näherung an die Varianz der Lebenssachverhalte können die Unterschiede relevant werden.

---

seit dem 1. EheRG bereits möglich, wenn das FamG im Scheidungsprozeß die elterliche Sorge durch einstw. Anordnung (§ 620 Nr. 1 ZPO) bei einem Elternteil konzentrierte.

[5] Das Kind behält seinen alten gesetzlichen Wohnsitz, wenn die Eltern ihren Wohnsitz nur für sich selbst – also nicht auch als gesetzliche Vertreter für das Kind – aufheben, ohne einen neuen Wohnsitz zu begründen.

[6] Vgl. OLG Stuttgart, HEZ 3, 1; BGH, FamRZ 1958, 178; BayObLG, FamRZ 1965, 82; *Palandt-Heinrichs,* 1a zu § 11. Es erklärt sich aber noch nicht einverstanden, wer lediglich den Aufenthalt des Kindes bei dem anderen Elternteil duldet. Vgl. OLG Karlsruhe, NJW 1961, 271; OLG Nürnberg, FamRZ 1961, 450 (451); *Erman-Westermann,* 6 zu § 11. Dem Kind wird von seinen Eltern kein neuer Wohnsitz begründet, wenn ein von ihnen gebilligter Aufenthaltsort nur als kurzfristige „Zwischenstation" gedacht ist. Vgl. BayObLG, FamRZ 1964, 311.

2. *Bedeutung*. Vorbild war Art. 271 ZGB (der freilich das „Wohl der Gemeinschaft" zusätzlich als Maßstab nennt) und damit eine Norm, die Eigenständigkeit nur in einem sehr geringen Umfang gewinnen konnte. Wenn das BGB nun nach acht Jahrzehnten folgt, so sind weniger Schwächen des positiven Rechtes entscheidend gewesen und die Überzeugung, mit einer Generalklausel ihrer Herr werden zu können, als das Bemühen um einen verbindenden Akzent inmitten eines Familienrechts, das sich der Eigenständigkeit der Familienmitglieder in zunehmendem Maße annahm.[1] Eine § 1353 I 2 entsprechende Bedeutung[2] ist so gut wie ausgeschlossen. Das Zuordnungsverhältnis der Ehegatten mit seinem ständigen Streben nach Ausschließlichkeit und Bindung ist gänzlich anders geartet als das Eltern-Kind-Verhältnis, das gerade in die Richtung einer Verselbständigung der Kinder im Gang der Generationen, zur räumlichen Trennung und zur Entlastung tendiert und nur in der Phase der Unmündigkeit der Kinder und allenfalls noch in Zeiten einer gemeinschaftlichen Häuslichkeit eine stärkere rechtliche Durchdringung verträgt, sie insoweit aber auch in einem kaum der Ergänzung bedürftigen Ausmaß im positiven Recht gefunden hat. Daß niemand daran gehindert ist, in Zukunft alle Besonderungen des positiven Rechts (die Unterhaltspflicht, die elterliche Sorge zumal) auf die Generalklausel zurückzuführen (so, wie letztlich auch das halbe Schuldrecht auf § 242 zurückgeführt werden kann), ist selbstverständlich, doch entspricht es weder der Genesis der Normen noch dem Bemühen um ein von überflüssigen Denkzusammenhängen gereinigtes Recht.

3. In *rechtstheoretischer Präzisierung* kann § 1618a als Interpretationsmaxime verstanden werden für zweifelhaftes positives Recht, aber auch als Generalklausel, die Pflichten begründen, die Art und Weise ihrer Erfüllung regeln und subjektive Rechte begrenzen kann (entsprechend den Funktionen des § 1353; vgl. dazu oben § 18 IV). Eine forcierte Anwendung ist jedoch weder mit dem positiven Recht zu vereinbaren (das grundsätzlich für sich in Anspruch nimmt, das Eltern-Kind-Verhältnis in seinen wesentlichen Ausprägungen geregelt zu haben) noch sinnvoll: Stärkere Belastungen werden eher trennend als verbindend wirken. Dort, wo das positive Recht am stärksten Zurückhaltung übt, im Verhältnis zwischen erwachsenen Kindern und Eltern insbesondere, sollte nicht versucht werden, mit Richterrecht Restauration zu betreiben.[3] Zu bedenken ist zudem auch, daß § 1618a, soweit er verheiratete Kinder betrifft, mit deren Pflichten aus dem ehelichen Verhältnis zu koordinieren ist. Insoweit ist mit § 1618a auch kein neuer Ansatz in der Frage gewonnen worden, ob und ggf. wann verheiratete

---

[1] Die Forderung anscheinend zuerst bei *Strätz*, FamRZ 1975, 541 und *Bosch*, Festschrift Schiedermair, 1976, S. 78.

[2] Sie scheint von manchen erwartet zu werden. Vgl. BTDrucks. 8/2788, S. 43.

[3] § 1618a darf auch nicht der Wiederbelebung überholter Rechtsinstitute dienen (aus ihm ist etwa kein Aussteueranspruch abzuleiten).

Kinder verpflichtet sind, ihre alt gewordenen Eltern bei sich aufzunehmen (vgl. dazu oben § 18 III 5 und V 6).

§ 47. Folgen der Hausgemeinschaft

I. Pflicht zu Dienstleistungen

Schrifttum: *Weimar,* Die Dienstleistungspflicht der Kinder im elterlichen Haushalt und Betrieb, FamRZ 1955, 158; *Paulick,* Arbeitsverhältnisse zwischen Eltern und Kindern im Steuerrecht, FamRZ 1955, 317; *Leuze* und *Ott,* Arbeitsverhältnisse zwischen Familienangehörigen, FamRZ 1965, 15; *Bydlinski,* Lohn- und Kondiktionsansprüche aus zweckverfehlenden Arbeitsleistungen, Festschrift Wilburg, 1965, S. 45; *Motsch,* Rechtsvergleichende Betrachtungen zur Mitarbeit von Familienangehörigen in Deutschland und Italien, FamRZ 1966, 220; *Günther,* Das Rechtsverhältnis zwischen Bauer und mitarbeitendem Sohn, 1966; *Canaris,* Atypische faktische Arbeitsverhältnisse, BB 1967, 165; *Fenn,* Die Bedeutung verwandtschaftlicher Beziehungen für die Pfändung des ,,Arbeitseinkommens" nach § 850h II ZPO, AcP 167 (1967), 148; *derselbe,* Die juristische Qualifikation der Mitarbeit bei Angehörigen und ihre Bedeutung für die Vergütung, FamRZ 1968, 291; *derselbe,* Die Mitarbeit in den Diensten Familienangehöriger, 1970 (dazu *Klunzinger,* FamRZ 1972, 70); *Kropholler,* Die Rechtsnatur der Familienmitarbeit und die Ersatzpflicht bei Verletzung oder Tötung des mitarbeitenden Familienangehörigen, FamRZ 1969, 241; *Fenn,* Arbeitsverträge unter Familienangehörigen, DB 1974, 1062 und 1112.

1. *Grundgedanke.* Kinder sind zu Diensten im Hauswesen und im Geschäft der Eltern verpflichtet, solange sie dem elterlichen Haushalt angehören und von den Eltern erzogen oder unterhalten werden. Das Maß ihrer Verpflichtung richtet sich nach ihren Kräften und ihrer (freilich von den Eltern bestimmten) Lebensstellung. Ein Entgelt wird nicht gewährt (vgl. aber auch § 2057 a).

Die Pflicht ist nicht Folge eines Äquivalenzdenkens, das den Eltern einen Ausgleich für die von ihnen erbrachten Unterhaltsleistungen sichern will;[1] sie besteht deshalb auch, wenn ein von den Eltern erzogenes Kind keinen Unterhaltsanspruch hat. Die Pflicht ist auch nicht Folge der zwischen Eltern und Kind bestehenden Blutsbeziehung,[2] die offensichtlich den Tatbestand weder negativ (Geltung auch für angenommene Kinder) noch positiv bestimmt. Sie ist *Folge der Hausgemeinschaft von Personen, die in einem komplexen familienrechtlichen Rechtsverhältnis miteinander verbunden sind.*[3] Eine analoge Anwendung der Norm (etwa

[1] Arbeitspflicht und Unterhalt werden verbunden von *Boehmer,* FamRZ 1955, 127 und für das volljährige Kind von *Mitteis,* Familienrecht, 4. Aufl. 1949, S. 133. Vgl. auch BGH, FamRZ 1962, 154 (Unterhalt als Äquivalent der Nutzung der nach § 1619 eingesetzten Arbeitskraft des erwachsenen Kindes im Sinne der §§ 65, 87ff. BEG); *Maenner,* Recht 1919, 165 (rechtspolitisch). Wie der Text RGZ 99, 112 (115); 162, 116; RG, HRR 1940 Nr. 6; RAG, HRR 1938 Nr. 82; BGH, FamRZ 1960, 101; 1973, 298 (Hauskind nicht gem. § 10 I Nr. 2 ZVG bevorrechtigt); *Staudinger-Gotthardt,* 42 zu § 1617; *Soergel-Lange,* 4 zu § 1619; *Erman-Ronke,* 11 zu § 1619; MünchKomm-*Hinz,* 1 zu § 1619; *Fenn,* S. 127f.; *Weimar,* FamRZ 1955, 158. Die Pflicht des Kindes ist auch kein Entgelt für die Vorteile, die sich aus der Zugehörigkeit zum Hausstand der Eltern ergeben (so aber *Beitzke,* § 25 IV 1; vgl. auch *Dölle,* § 90 III).

[2] Zust. MünchKomm-*Hinz,* 1 zu § 1619. Anders RAG, HRR 1938 Nr. 82; OLG Nürnberg, FamRZ 1960, 119 (120) mit Anm. *Gernhuber.*

[3] Zustimmend *Fenn,* S. 131f.; MünchKomm-*Hinz,* 1 zu § 1619.

zugunsten des Vormundes, eines Stiefelternteils, der Großeltern usw.) ist angesichts der klaren Beschränkung der familienrechtlichen Dienstleistungspflichten auf bestimmte Rechtsverhältnisse ausgeschlossen.[4]

2. *Tatbestand.* Das Eltern-Kind-Verhältnis verpflichtet das hausangehörige (auch verheiratete[5]) Kind nur, wenn es bestimmte Züge aufweist. Berechtigt sind nur Eltern, die zur elterlichen (tatsächlichen) Personensorge berufen sind oder dem Kind Unterhaltsleistungen erbringen, mögen diese nun der Erfüllung einer Rechtspflicht dienen (§§ 1601 ff.) oder nicht.[6] § 1619 wird dadurch zu einem zweigliedrigen, im zweiten Glied alternativ ausgestalteten Tatbestand.

Das volljährige (unterhaltsberechtigte) Kind kann sich der Pflicht jederzeit durch Verlassen des elterlichen Haushaltes entledigen; es büßt als Folge den Unterhaltsanspruch nur ein, wenn es ledig ist und einer elterlichen Anordnung aus § 1612 II folgen muß. Minderjährigen Kindern fehlt die Befugnis zur Bestimmung ihres Aufenthaltes; ihre Verpflichtung ist daher stets ihrer Disposition entzogen.

3. *Grenzen* sind der Verpflichtung des Kindes in erster Linie durch den Bedarf der Eltern (unter Konzentration auf deren Hauswesen und deren Geschäft) gezogen,[7] während Art und Wert der Dienste gleichgültig sind. Ein ungewöhnlich hoher Wert der Arbeitskraft des Kindes sprengt den Rahmen des § 1619 ebensowenig wie der Einsatz seiner vollen Arbeitskraft[8] und die Übernahme einer leitenden Tätigkeit.[9] In jüngeren Jahren ist freilich meist nur Hilfe im Haushalt zu leisten, deren Umfang auch vom Ehetyp bestimmt wird, den die Eltern wählten:

---

[4] Ebenso *Fenn,* S. 135f., 195ff.; *Erman-Ronke,* 2 zu § 1619; *Soergel-Lange,* 3 zu § 1619; MünchKomm-*Hinz,* 5 zu § 1619; *Staudinger-Gotthardt,* 19ff. zu § 1617. Die Konsequenz ergibt sich auch, wenn der Grund des § 1619 in der Blutsverbundenheit gesehen wird. Vgl. OLG Nürnberg, FamRZ 1960, 119 mit Anm. *Gernhuber* (Literaturangaben S. 121 Fn. 3).

Praktisch ergibt sich eine Dienstleistungspflicht des Stiefkindes, wenn der leibliche Elternteil mit seinem Ehegatten in einer Innengesellschaft verbunden ist und für diese Dienste in Anspruch nimmt. Vgl. BGH, FamRZ 1967, 618 (doch wird in dieser Entscheidung eine Innengesellschaft nur fingiert, um der Mutter des im Betrieb des Stiefvaters helfenden Kindes den Ersatzanspruch aus § 845 zu sichern).

[5] Vgl. BGH, FamRZ 1958, 173; 1972, 87.

[6] Einzelheiten bei *Fenn,* S. 137ff.

[7] Deshalb besteht etwa keine Pflicht eines hausangehörigen Arztes zur Behandlung seiner Eltern. So schon *Coulin,* ArchBürgR 42 (1916), 278. Vgl. ferner *Soergel-Lange,* 6 zu § 1619; LG Offenburg, DRZ 1950, 253; LG Lübeck, VersR 1951, 9; LG Mannheim, VersR 1952, 364 (mit der falschen Begründung, daß höhere Dienste nicht geschuldet seien); MünchKomm-*Hinz,* 17 zu § 1619.

Zum Geschäft der Eltern gehört auch der Geschäftsbetrieb einer Gesellschaft, deren Geschäfte ein Elternteil als Gesellschafter führt. Vgl. RG, JW 1909, 502.

[8] Vgl. RAG, JW 1933, 2408; BGH, FamRZ 1960, 101; *Staudinger-Gotthardt,* 70a zu § 1617; *Weimar,* FamRZ 1955, 159; *Fenn,* S. 159f. Bedenklich OLG für Hessen, HEZ 2, 49 (Entgelt stillschweigend vereinbart, wenn besondere Umstände, z. B. das Alter des Dienstverpflichteten sowie der Umfang und die Bedeutung der geleisteten Dienste, dies gerechtfertigt erscheinen lassen).

[9] RAG, JW 1934, 1589; RGZ 162, 116; *Staudinger-Gotthardt,* 35 zu § 1617; *Soergel-Lange,* 6 zu § 1619; *Erman-Ronke,* 9 zu § 1619; MünchKomm-*Hinz,* 16 zu § 1619; *Weimar,* FamRZ 1955, 158; *Fenn,* S. 144. A. A. OLG Celle, HRR 1939 Nr. 824; *Kipp-Wolff,* § 76 Fn. 2.

Doppelverdiener können von ihren Kindern mehr Entlastung im Haushalt fordern als Hausfrauen.[10]

Grenzen sind der Verpflichtung ferner durch die gebotene Rücksicht auf die Entwicklung des Kindes selbst gezogen: Eltern können nur Dienste fordern, die den Kräften des Kindes entsprechen, nur Tätigkeiten, die mit seiner Lebensstellung zu vereinbaren sind, und nur Dienste, die seine Ausbildung nicht beeinträchtigen.[11] Gebote der Eltern, die die Grenzen der Dienstpflicht überschreiten, begründen keine Folgepflicht; sie können bei Kindern, die unter elterlicher Sorge stehen, Schutzmaßnahmen des Vormundschaftsgerichtes rechtfertigen (§ 1666).[12]

4. *Zwang*. Minderjährige sind zur Pflichterfüllung von den Eltern oder dem Vormund anzuhalten. Das Vormundschaftsgericht hat diese auf Antrag durch geeignete Maßregeln zu unterstützen (§§ 1631 III, 1800); eine Klage ist nicht möglich. Volljährige sind dagegen durch Klage in Anspruch zu nehmen, doch kann ein obsiegendes Urteil in entsprechender Anwendung des § 888 II ZPO nicht vollstreckt werden.[13]

5. *Haftung*. Soweit die Eltern Dienstleistungen kraft elterlicher Sorge zu fordern berechtigt sind, haften sie dem Kind nur für jene Sorgfalt, die sie in eigenen Angelegenheiten anzuwenden pflegen (§ 1664). Für nicht erziehungsberechtigte Eltern und für das Kind fehlt ein besonderer Haftungsmaßstab im Gesetz. In analoger Anwendung der §§ 1359 und 1664 ist aber auch für sie nur eine Haftung für diligentia quam in suis anzuerkennen.[14] Die beiden Normen enthalten eine Wertung, die innerhalb der Kleinfamilie nicht auf bestimmte Verhältnisse beschränkt bleiben kann.

6. *Verträge*. Eltern und Kind stehen in einem anderen Verhältnis zueinander als Ehegatten. Die unter Ehegatten vielfach bestehende Pflicht zur Leistung eines Entgeltes nach Kooperation (oben § 20 III 7) findet daher im § 1619 keine Parallele. Pflichtgemäße Arbeit kann aber causa einer angemessenen (höchstens also äquivalenten) elterlichen Zuwendung an das Kind sein (und damit das Schen-

---

[10] Vgl. BGH, NJW 1972, 1716. Bei einer Hausfrauenehe in einfachen Lebensverhältnissen fordert BGH, FamRZ 1973, 535 (536) von Mädchen und Jungen nach Vollendung des 14. Lebensjahres gleicherweise 7 Wochenstunden Mithilfe im Haushalt.

[11] Vgl. BGH, FamRZ 1960, 359; *Erman-Ronke*, 9 zu § 1619; *Staudinger-Gotthardt*, 39 zu § 1617; *Soergel-Lange*, 6 zu § 1619; *Weimar*, FamRZ 1955, 158. Eine handwerkliche Lehrlingsausbildung ist im Rahmen des § 1619 nur möglich, wenn die Eltern den Bestimmungen der HandwO gerecht werden. Vgl. OLG Jena, JW 1927, 1223.

[12] Vgl. als Beispiel aus der Praxis KG, ROLG 10, 1.

[13] Unstr. Auch mittelbarer Zwang durch Zurückhaltung des Unterhalts ist den unterhaltspflichtigen Eltern nicht erlaubt. Gl. Ans. *Fenn*, S. 129; *Soergel-Lange*, 5 zu § 1619; *Staudinger-Gotthardt*, 56 zu § 1617; MünchKomm-*Hinz*, 12 zu § 1619. A. A. dagegen *Beitzke*, § 25 IV 5; *Dölle*, § 90 III 3 („knappe Bemessung").

[14] So *Beitzke*, § 25 IV 3; *Dölle*, § 90 III 3; *Staudinger-Gotthardt*, 40 zu § 1617; *Erman-Ronke*, 9 zu § 1619; *Palandt-Diederichsen*, 3 zu § 1619; MünchKomm-*Hinz*, 13 zu § 1619 (für die Haftung des Kindes); *Weimar*, FamRZ 1955, 159. Vgl. auch BGHZ 44, 72 (Straßenverkehr, ohne abschließende Beantwortung der Frage). Für ungeschmälerte Haftung des Kindes *Kipp-Wolff*, § 76 III 3.

kungsrecht ausschließen).[15] Ungeschmälert bleibt den Parteien ferner die Möglichkeit, ein Arbeits- oder Gesellschaftsverhältnis zu begründen und damit das familienrechtliche Verhältnis mit einem Vertragsverhältnis zu ,,überlagern".

Gesellschaftsverhältnisse sind in der Praxis selten; aus konkludentem Verhalten der Parteien sind sie legitim nur vereinzelt (und nur für volljährige Kinder infolge § 181; § 113 hilft nur bei Arbeitsverhältnissen) zu erschließen.[16] Sie stehen in aller Regel Arbeitsverhältnissen sehr nahe, weil der Beitrag des Kindes nur in der Dienstleistung zu bestehen pflegt.

Arbeitsverhältnisse sind dagegen bei älteren, insbesondere volljährigen Kindern eine gewohnte Erscheinung geworden,[17] die heute auch im Steuerrecht anerkannt ist.[18] Deutlich entfernt sich insoweit die Gegenwart von früheren Zeiten, die sich weit stärker als wir bereit fanden, einen Anspruch der Eltern auf unentgeltliche Arbeitsleistungen der hausangehörigen Kinder dem Familienleitbild zu integrieren. Der Normtext blieb, geringer wird die Bedeutung: Normen, die vertraglich ,,überlagert" werden können, verlieren zugunsten vertraglicher Regelungen notwendig an Gewicht, wenn und soweit ihre Sachaussage an Überzeugungskraft verliert.

Ob und inwieweit gleichwohl noch von einer Vermutung für ein familienrechtliches Verhältnis gesprochen werden kann,[19] ist eine letztlich belanglose Frage. Gestritten wird in der Regel um ein (tatsächlich oder angeblich) geschul-

---

[15] A. A. *Dölle*, § 90 III 5; *Kipp-Wolff*, § 76 III 4 (Schenkungsrecht, wenn das Kind nicht mehr Dienste leistet, als § 1619 fordert, und nicht in der Lage ist, das Elternhaus zu verlassen). Wie der Text *Staudinger-Gotthardt*, 45 zu § 1617; *Soergel-Lange*, 9 zu § 1619; MünchKomm-*Hinz*, 25 zu § 1619. Nur teilweise richtig *Erman-Ronke*, 11 zu § 1619 (keine Schenkung, weil Teil des Unterhalts).

[16] In vollkaufmännischen Betrieben pflegt Klarheit durch schriftliche Vereinbarungen zu herrschen (Handelsregister!). In landwirtschaftlichen Betrieben sind Gesellschaftsverhältnisse nicht üblich (für intensive Förderung *Günther*, S. 120. Vgl. ferner S. 91 ff. zur Innengesellschaft bei bäuerlichen Betrieben). Die Problematik von Gesellschaftsverträgen durch konkludentes Verhalten beschränkt sich so im wesentlichen auf Handwerksbetriebe. Vgl. als Beispiel OGHBrZ, AP 1950 Nr. 108 mit Anm. *Hueck* (er betont zu Recht gegen die Entscheidung, daß auch für erwachsene, verheiratete Söhne keine Vermutung für ein Gesellschaftsverhältnis streitet). BGH, RzW 1968, 128 fordert ,,eindeutige Umstände, die auf ein Gesellschaftsverhältnis hinweisen". Aus tätiger Mithilfe bei einem Hausbau ist keinesfalls eine Gesellschaft zu erschließen. Vgl. BGH, FamRZ 1966, 25.

[17] Zum Arbeitsverhältnis zwischen Bauer und Sohn vgl. *Günther*, S. 63 ff. (mit weitgehender Bereitschaft, Übergabeversprechen und Naturalunterhalt als Arbeitsentgelt anzuerkennen).

[18] Eine typisierende Betrachtungsweise hat lange Zeit die Anerkennung von Arbeitsverhältnissen in der Landwirtschaft verhindert. Die Rechtsprechung wurde aufgegeben in der Entscheidung des BFH, NJW 1955, 1615 mit zust. Anm. *Oswald*. Heute wird oft noch bei minderjährigen Kindern Widerstand geleistet. Vgl. FinG Berlin, FamRZ 1976, 286 (8 Stunden wöchentlich Mithilfe eines 14-jährigen Schülers im Haushalt gegen 200 DM; daß der Vertrag allein steuerrechtlich motiviert war, ist offensichtlich).

[19] Zweifelnd BGH, FamRZ 1972, 87 (anders noch BGH, FamRZ 1958, 173; 1960, 101; 1965, 430). Das RAG sprach sogar von einer Vermutung ,,stärkster Art" (JW 1934, 1062). Gegen die Vermutung *Leuze* und *Ott*, FamRZ 1965, 16; *Günther*, S. 53 (vgl. ferner S. 120: § 1617 a. F. = § 1619 n. F. als ,,Auffangtatbestand"); *Fenn*, S. 415 ff. (insbes. S. 430 f.); MünchKomm-*Hinz*, 35 zu § 1619 (heute eher entgegengesetzte Tendenz).

detes Entgelt für geleistete Arbeit. Insoweit aber obliegt dem Kläger schon nach allgemeinen Beweisgrundsätzen die Beweislast für den Abschluß eines entsprechenden Vertrages. Zu Gebote stehen ihm alle Umstände, die überhaupt einen Schluß auf ein Arbeits- oder Gesellschaftsverhältnis zulassen; es gibt keine besondere Schranke und eben deshalb auch nicht die Notwendigkeit, ,,besondere Umstände" nachzuweisen.

Erheblich sind die Schwierigkeiten, die sich bei dem Versuch ergeben, Kriterien zu finden, die das rein familienrechtliche Verhältnis von dem nicht ausdrücklich vereinbarten Arbeitsverhältnis sondern. Fast alle Umstände, die bereits als sicheres Kennzeichen eines Arbeitsverhältnisses angeführt wurden, haben entweder überhaupt keine oder doch nur eine sehr beschränkte Beweiskraft. Art, Bedeutung und Umfang der Dienste sind etwa indifferent, ebenso das Alter des Kindes und seine Heirat.[20] Auch eine Anmeldung zur Sozialversicherung oder die Verbuchung der dem Kind gemachten Zuwendungen als Betriebsausgaben in der Steuerbilanz reichen allein nicht aus, können aber im Verein mit weiteren Umständen Zeichen eines Arbeitsverhältnisses sein.[21] Nur eine periodische Entlohnung, die hinter dem ortsüblichen Entgelt oder dem Tariflohn jedenfalls nicht wesentlich zurückbleibt, zeigt stets an, daß die Parteien vom Bestehen eines Arbeitsverhältnisses überzeugt sind.[22] Umgekehrt ist aber das Fehlen einer angemessenen periodischen Entlohnung kein sicheres Indiz für ein familienrechtliches Verhältnis. Die Parteien können als Entgelt aus Arbeitsvertrag eine einmalige Leistung der Eltern vereinbaren;[23] sie können periodische Leistung und einmalige Leistung miteinander kombinieren; sie können hier wie dort um des Betriebes willen Entgelte vorsehen, die für einen Dritten nicht mehr angemessen wären.

7. *Schutz der Gläubiger.* Früher hat die Rspr. vielfach Arbeitsverhältnisse mehr fingiert als festgestellt, um Gläubigern des Kindes pfändbares Einkommen des

---

[20] Vgl. RAG, JW 1933, 2408; BGH, FamRZ 1955, 173; *Fenn,* S. 436ff. Alter und Heirat werden stärker betont von *Günther,* S. 116f. Kein allein ausreichendes Indiz ist leitende Tätigkeit in einem größeren Unternehmen (gegen *Soergel-Lange,* 13 zu § 1619; *Staudinger-Gotthardt,* 69e zu § 1617); noch weniger der Einsatz des Kindes anstelle einer bezahlten fremden Arbeitskraft (ebenso *Dölle,* § 90 III; *Fenn,* S. 438ff.). Vgl. aber dagegen RG, LZ 1920, 298; RAG, JW 1934, 1935; *Erman-Ronke,* 16 zu § 1619; *Soergel-Lange,* 13 zu § 1619; MünchKomm-*Hinz,* 34 zu § 1619; *Günther,* S. 109f.).

[21] Vgl. zur Anmeldung bei der Sozialversicherung OLG Karlsruhe, VersR 1957, 271 (272). Zur Buchung der Zuwendungen an das Kind als Betriebsausgaben und Abführung von Lohnsteuer vgl. BSozG, FamRZ 1956, 357 (359f.). Das Urteil sieht in ihnen einen ,,wichtigen Anhalt"; ihm folgt MünchKomm-*Hinz,* 34 zu § 1619. Über den Text hinausgehend *Fenn,* S. 445ff. (unabweislicher Schluß auf Vertrag, wenn alle öffentlich-rechtlichen Konsequenzen gezogen werden). Umgekehrt sollte aus dem Fehlen steuerrechtlicher und sozialversicherungsrechtlicher Konsequenzen nicht unbedingt auf eine rein familienrechtliche Mitarbeit geschlossen werden. Vgl. *Günther,* S. 113f.

[22] Vgl. *Staudinger-Gotthardt,* 69b zu § 1617; *Soergel-Lange,* 13 zu § 1619; MünchKomm-*Hinz,* 34 zu § 1619; *Weimar,* FamRZ 1955, 159; *Fenn,* S. 443ff.; BSozG, FamRZ 1956, 357.

[23] Vgl. BGH, FamRZ 1965, 430. Das Entgelt sollte hier in ,,Hilfe bei der Gründung einer eigenen Existenz" bestehen. Der BGH wertet die Zusage als Ausstattungsversprechen, geht also von zwei unentgeltlichen Zuwendungen aus, von denen die eine ,,Voraussetzung" der anderen sein soll.

Schuldners zu sichern. Heute bietet § 850h II ZPO mit seinem fingierten Lohnanspruch zumindest den Gläubigern volljähriger Kinder mit ganztägiger Beschäftigung im elterlichen Betrieb ausreichenden Schutz (neben dem bei kollusivem Handeln von Eltern und Kind zum Nachteil der Gläubiger ein Ersatzanspruch aus § 826 gegeben sein kann). Volljährigkeit des Kindes und Einsatz als vollwertige Arbeitskraft im elterlichen Geschäft hindern Eltern und Kind nicht daran, es bei einem (unentgeltlichen) familienrechtlichen Beschäftigungsverhältnis (ohne vertragliche Forderung, die Gläubiger pfänden könnten) zu belassen. Doch begründen sie eine Situation, in der (auch unter Berücksichtigung der verwandtschaftlichen Beziehungen[24]) üblicherweise eine Vergütung gewährt wird und damit § 850h II ZPO angewandt werden kann.

In der Praxis wirkt sich § 850h II ZPO nach wie vor in erster Linie zugunsten der nichtehelichen Kinder hausangehöriger Söhne aus. Daß nunmehr auch die väterlichen Großeltern dem Kinde unterhaltspflichtig sein können und es schließlich gleichgültig ist, ob das Kind nun den mitarbeitenden Sohn oder aber dessen Eltern in Anspruch nimmt, schmälert gewiß die praktische Bedeutung, beseitigt sie aber nicht (Pflicht des Vaters, ohne Rücksicht auf die Bedürftigkeit des Kindes den Regelunterhalt zu leisten!).

8. *Zweckverfehlende Arbeitsleistung.* Unter den mancherlei Umständen, die ein volljähriges Kind veranlassen können, im elterlichen Haushalt zu verbleiben und seine Arbeitskraft den Eltern zur Verfügung zu stellen, nimmt die Erwartung, später den elterlichen Betrieb übernehmen zu können oder auch aus dem elterlichen Nachlaß entschädigt zu werden, einen größeren Raum ein. Werden derlei Erwartungen von den Eltern erkannt, jedoch später enttäuscht (sei es nun, weil ein Rechtsgeschäft nicht zustande kam, sei es auch, weil es nichtig blieb), so kann das Kind nicht nur auf den erbrechtlichen Ausgleich des § 2057a zwischen (ehelichen und nichtehelichen) Abkömmlingen (nie also Belastung des Ehegattenerbteiles!) beschränkt sein. Tatbestand und Rechtsfolgen jener Norm sind nicht von zweckverfehlenden Arbeitsleistungen bestimmt worden und werden diesen deshalb auch nicht gerecht. Rspr. und Schrifttum sind sich über die Notwendigkeit eines anders gearteten Ausgleichs (der dann die Anwendung des § 2057a ausschließen muß) seit längerer Zeit einig, doch ist die nähere Begründung des Anspruchs bis heute streitig geblieben.

Vielfach wird ein Vergütungsanspruch aus § 612 II abgeleitet, zuweilen ohne Rücksicht auf eine Entgeltsabrede der Parteien (die Norm wird dann als Träger

[24] Gegen die Berücksichtigung der verwandtschaftlichen Beziehungen (mit weit. Hinw.) *Fenn,* S. 496f. sowie AcP 167 (1967), 152ff. und FamRZ 1968, 299ff. Dem Text grundsätzlich entsprechend dagegen *Günther,* S. 31; *Dölle,* § 90 III 6. Vgl. ferner *Erman-Ronke,* 21 zu § 1619 und *Staudinger-Gotthardt,* 75 zu § 1617 (mit absolutem Vorrang des § 1619). Werden die verwandtschaftlichen Beziehungen nicht berücksichtigt, so ergibt sich eine Relativierung des § 1619 zugunsten der Kindesgläubiger. Milderungen treten ein, wenn die Pflicht aus § 1619 bei Festsetzung der fiktiven Vergütung „angemessen" berücksichtigt werden soll (vgl. dazu MünchKomm-*Hinz,* 32 zu § 1619).

eines allgemeinen Prinzips verstanden, demzufolge Arbeit grundsätzlich zu vergüten sei[25]), zuweilen auch nur für die Fälle einer (und sei es auch nichtigen) Verständigung über ein Entgelt.[26] Hier wie dort muß die Norm generell oder beschränkt anders interpretiert werden, als es gemeinhin geschieht (Vertragsschluß als Voraussetzung). Hier wie dort entstehen aber auch Dissonanzen zwischen Norm und Wirklichkeit, die sich nur mit offensichtlichen Fiktionen „überwinden" lassen; insbesondere harmoniert § 612 II mit seinem Anspruch auf periodische Zahlungen bei langfristiger Tätigkeit nicht mit dem tatsächlichen Geschehen, das einen Anspruch auf ein Entgelt jedenfalls erst zuläßt, wenn die Erwartung fehlgeschlagen ist.

Vielfach wird auch ein Bereicherungsanspruch aus § 812 I 2 (condictio causa data, causa non secuta) angenommen, zuweilen ohne jede Differenzierung,[27] zuweilen auch nur für Fälle, die man nicht bereits mit § 612 II ordnen zu können glaubt. Tragfähig ist der Ansatz im Bereicherungsrecht gewiß für alle jene nicht, die auch heute noch die condictio ob rem auf einen rechtsgeschäftlich bezweckten Erfolg beziehen. Er gewinnt dagegen Überzeugungskraft, wenn an eine bloße Rechtsgrundabrede angeknüpft wird,[28] und erst recht, wenn – der jüngeren Rspr. und Doktrin folgend – ein Bereicherungsanspruch bereits gegeben sein soll, wenn ein Zweck verfehlt wird, auf den sich die Parteien tatsächlich einigten (so BGHZ 44, 321 und BGH, NJW 1973, 612), oder dann, wenn der Leistende eine (ihm nicht erbrachte) Gegenleistung bezweckte, auf die er keinen Anspruch hatte.[29]

Vermittelnd wirken Lösungsversuche, die zwar den richtigen Ansatz grundsätzlich im Bereicherungsrecht suchen, jedoch wegen der Schwäche des Bereicherungsrechtes in ein „faktisches Arbeitsverhältnis" ausweichen oder auch von einem „Umschlag" in einen Vergütungsanspruch sprechen.[30] Daß diese

---

[25] Vgl. *Bydlinski,* Festschrift Wilburg, S. 45ff.; *Hanau,* AcP 165 (1965), 263ff. und 274ff. Die beiden Arbeiten stehen unter dem Einfluß von *Wilburg,* AcP 163 (1963), 346ff. (der Arbeitskraft wird hier ein Zuweisungsgehalt zugesprochen, Leistungskondiktion und Eingriffskondiktion werden bewußt wieder zusammengeführt).

[26] So BGH, FamRZ 1965, 317; *Erman-Ronke,* 20 zu § 1619; *Günther,* S. 82ff. Auch das BAG sucht den Ausgleich über § 612 (vgl. dazu MünchKomm-*Hinz,* 28 zu § 1619), doch bleibt insoweit zu bedenken, daß nur eine arbeitsrechtliche Anspruchsgrundlage die Zuständigkeit der Arbeitsgerichte begründet.

[27] Vgl. schon RG, Warn. 1942 Nr. 84. Sodann BGH, FamRZ 1960, 101 (102); 1966, 25; 1973, 298 (299); *Staudinger-Gotthardt,* 46 zu § 1617; *Soergel-Lange,* 8 zu § 1619; *Erman-Ronke,* 12 zu § 1619; MünchKomm-*Hinz,* 27ff. zu § 1619; *Dölle,* § 90 III 5; *Günther,* S. 28 (hilfsweise; vgl. S. 82ff.); *Kropholler,* FamRZ 1969, 250; *Damrau,* FamRZ 1969, 581.

[28] Beschränkung auf eine Rechtsgrundabrede findet sich bei *Canaris,* BB 1967, 165ff.; *Fenn,* S. 227ff. und FamRZ 1968, 296ff.; *Kropholler,* FamRZ 1969, 250.

[29] Vgl. *Esser,* Schuldrecht II: Besonderer Teil, 4. Aufl. 1971, § 103 II 2c; *Larenz,* Schuldrecht, § 69 II; *Koppensteiner-Kramer,* Ungerechtfertigte Bereicherung, 1975, S. 69ff.

[30] Vgl. *Canaris,* BB 1967, 165ff. und *Fenn,* AcP 167 (1967), 169 Fn. 55. Unvermittelt stehen §§ 812 I 2 und 612 nebeneinander bei *Motsch,* FamRZ 1966, 225.

Theorien die Problematik weiter belasten (weil nachgewiesen werden muß, daß das Bereicherungsrecht dem Ausgleich von Dienstleistungen nicht gewachsen ist), ist sicher.

Insgesamt ist der gegenwärtige Zustand unbefriedigend. Er weist alle Anzeichen einer richterlichen Rechtsfortbildung (zu § 1619) auf, die (wie so oft) hinter scheinpositivistischen Überlegungen verborgen wird.

9. *Drittschäden.* Der Anspruch der Eltern kann durch die Einwirkung eines Schädigers auf das Kind für die Zukunft fortfallen oder eine Beschränkung erleiden; er kann auch wegen der schädigenden Handlung von vornherein nicht zur Entstehung gelangen. In all diesen Fällen ist den Eltern als Drittgeschädigten in den Grenzen des § 845 (keine Parallele im Bereich der Gefährdungshaftung!) Ersatz zu leisten,[31] soweit nicht das Kind selbst für den Verlust seiner Arbeitskraft Schadensersatz (§§ 842, 843) fordern kann;[32] eine Haftung aus § 844 II (mit Parallele im Bereich der Gefährdungshaftung; vgl. etwa § 10 II StVG!) kommt nur in jenen (seltenen) Fällen in Betracht, in denen die Mitarbeit zugleich Unterhaltsleistung an die Eltern war.[33] Zu ersetzen ist längstens der Ausfall des Kindes bis zu dem (nach § 287 ZPO zu ermittelnden) Zeitpunkt, in welchem die Arbeitspflicht ohne die schädigende Handlung geendet hätte.[34] Ersparnisse der Eltern durch Wegfall ökonomisch relevanter Pflichten gegenüber dem Kind (Unterhalt) mindern den Anspruch, können ihn auch ganz erledigen (Vorteilsausgleichung).

Schadensersatz ist den Eltern nicht zu leisten (wohl dem Kind!), wenn das Kind in einem Gesellschaftsverhältnis oder Arbeitsverhältnis zu ihnen stand. Mitarbeit mit einer von den Eltern erkannten Zwecksetzung schließt dagegen den Anspruch nicht mehr aus. Die Zäsur ist theoretisch klar, die Anwendung des § 845 gleichwohl wegen der praktischen Abgrenzungsschwierigkeiten unsicher und wesentlich vom richterlichen Vorurteil abhängig.[35]

---

[31] OLG München, OLGZ 1965, 28; KG, NJW 1967, 1090; *Erman-Ronke,* 23 zu § 1619, verlangen für § 845 Bestand der Dienstleistungspflicht im Augenblick der Schädigung. Doch ist das argumentum e contrario aus § 844 II nicht zwingend. Dem Text entsprechend OLG Posen, ROLG 9 (1904), 49; MünchKomm-*Hinz,* 14 zu § 1619.

[32] Vgl. dazu BGHZ 69, 380 m. Nachw. Aus dem damit anerkannten Grundsatz der Schadenseinheit (der den Schädiger vor einer Doppelbelastung bewahrt) folgert der BGH, daß die Eltern keinen Anspruch haben, wenn das Kind seine Arbeitskraft (wenn auch andernorts nach Umschulung) wieder voll verwerten kann.

[33] Daß die Mitarbeit des Kindes je (zugleich) Unterhaltsleistung sein kann, wird verneint von BGH, FamRZ 1969, 598, einer Entscheidung zu § 35 II LuftVG. Der Text folgt *Kropholler,* FamRZ 1969, 251; *Fenn,* S. 171 ff. Ebenso *Erman-Ronke,* 23 zu § 1619; MünchKomm-*Hinz,* 14 zu § 1619.

[34] Vgl. BGH, FamRZ 1966, 347; OLG Karlsruhe, VersR 1957, 271 (mit Annahme, daß ein Sohn sich etwa mit 25 Jahren verheirate und damit aus dem elterlichen Haus ausscheide); OLG Celle, FamRZ 1969, 218 (voraussichtliches Heiratsalter einer Bauerntochter 25 Jahre).

[35] Vgl. dazu LG Konstanz, VersR 1969, 1126 (Klagabweisung wegen eines Arbeitsverhältnisses, obwohl der Sachverhalt auf eine Mitarbeit mit Zwecksetzung hindeutet).

10. *Mehrarbeit.* Werden die Eltern durch eine schädigende Handlung betroffen, kann § 1619 das Kind zu Mehrarbeit verpflichten (nach Ausfall des Vaters als Betriebsinhaber schließen die mithelfenden Kinder die entstandene Lücke im Betrieb). Der BGH hat für diese Fälle ursprünglich (FamRZ 1960, 97) einen Schadensersatzanspruch ausgeschlossen, weil die Mehrarbeit den Eintritt eines Schadens verhindere. Doch ist es dem Schädiger in anderen Zusammenhängen stets verwehrt worden, auf Ansprüche des Geschädigten gegen Dritte zu verweisen, und die Berufung auf Mehrarbeit der Kinder weist keine Besonderheit auf, die eine analoge Anwendung des § 843 IV ausschließt (richtig schon BGH, FamRZ 1961, 161 und 1963, 281). In jedem Fall muß es Eltern und Kind gestattet sein, über die Mehrarbeit einen Arbeitsvertrag abzuschließen und dadurch die durch nichts gerechtfertigte Begünstigung des Schädigers zu vermeiden.

II. Aufwendungen des Kindes für den elterlichen Haushalt

1. Das Vermögen eines minderjährigen Kindes wird in der Regel von seinen Eltern verwaltet (§§ 1638ff.). Für den elterlichen Haushalt darf es nur im Rahmen des § 1649 II sowie zur Erfüllung von Unterhaltspflichten (§ 181 hindert die Eltern nicht!) herangezogen werden.

Volljährige Kinder sind in der Disposition über ihr Vermögen von jeder Bindung an die Eltern frei. Leistungen, die sie unmittelbar oder durch Mittel, die den Eltern zweckgerichtet ausgehändigt werden, zugunsten des elterlichen Haushaltes erbringen, können den Eltern als Unterhalt cum causa zugute kommen. Sie können aber auch ihren Rechtsgrund in einem Vertrag haben (periodische Zahlungen gegen tatsächliche Betreuung des Kindes im elterlichen Haushalt). Sie können schließlich ohne jede Pflicht zur Leistung erfolgen, sei es nun in Geschäftsführung ohne Auftrag für die Eltern, sei es auch ohne jeden Rechtsgrund (etwa bei irrtümlicher Annahme, den Eltern zum Unterhalt verpflichtet zu sein).

2. Die rechtlichen Gestaltungsmöglichkeiten zu begrenzen oder auch mit einem besonderen Akzent zu versehen, hat das Familienrecht grundsätzlich keinen Anlaß. Es greift im § 1620 lediglich lenkend ein, wenn ein hausangehöriges Kind zugunsten des elterlichen Haushaltes (dagegen schon nicht mehr zugunsten eines elterlichen Geschäfts) Mittel verbraucht oder den Eltern zur Verfügung gestellt hat.[1] Erstrebt wird eine Bereicherung der Eltern ohne Ausgleich, weil das Kind in seinen Leistungen häufig nur ein Äquivalent für jene Vorteile sehen wird, die ihm durch die Eingliederung in den elterlichen Haushalt zufließen. Diese Tendenz ist gegenstandslos (weil stets erreicht), wenn das Kind pflichtgemäß die Eltern unterhält. Sie wird wesentlich bereits bei Leistungen auf Grund eines Vertrages, weil den Parteien auch Vertragstypen zur Verfügung stehen, die die

---

[1] § 1620 gilt auch für Aufwendungen des Kindes aus seinem laufenden Arbeitseinkommen. Vgl. *Staudinger-Gotthardt,* 18 zu § 1618; *Soergel-Lange,* 2 zu § 1620.

Eltern zum Ersatz verpflichten (z. B. Darlehen mit periodischer Auszahlung). Als Auslegungsregel (nicht mehr!) drängt § 1620 insoweit zu einem Vertragsinhalt, der eine Rückgewähr nicht vorsieht. In ähnlicher Funktion wirkt § 1620, wenn das Kind als Geschäftsführer ohne Auftrag tätig geworden ist. Er drängt insoweit zum Tatbestand des § 685, also zur Geschäftsführung mit Schenkungsabsicht (nehmen die Eltern die Leistung als unentgeltliche an, so sind sie zur Rückgewähr auch nicht aus § 812 verpflichtet).[2] Zum Schenkungsrecht tendiert § 1620 auch, wenn das Kind weder einer Rechtspflicht nachkam noch als auftragsloser Geschäftsführer handelte. Das Verhalten des Kindes ist dann im Zweifel als Abgabe einer Schenkungsofferte zu verstehen.

3. Auslegungsvorschriften bezwecken lediglich Aufklärung zweifelhafter Geschäftsinhalte, verlieren also ihre Bedeutung, wenn Zweifel nicht vorhanden sind. So können etwa Leistungen, die das Kind in der irrtümlichen Annahme, den Eltern zum Unterhalt verpflichtet zu sein, erbracht hat, nicht unter Hinweis auf § 1620 nach Schenkungsrecht behandelt werden: Daß dem Kind jede Schenkungsabsicht gefehlt hat, ist dann gewiß. Oder: Wenn das Kind als auftragsloser Geschäftsführer tätig wurde, kann die Höhe seiner Aufwendungen jeden Zweifel über seine Absicht, Ersatz zu verlangen, beseitigen.[3]

§ 48. Ausstattung und verwandte Zuwendungen

Schrifttum: *Neubecker,* Wesen des Mitgiftversprechens, 1909; *derselbe,* Die Mitgift in rechtsvergleichender Darstellung, 1909; *Haymann,* Zur Grenzziehung zwischen Schenkung und entgeltlichem Geschäft, JherJb. 56 (1910), 86; *Oertmann,* Entgeltliche Geschäfte, 1912; ***Paulick,*** Aussteuer/Ausstattung und § 33 des Einkommensteuergesetzes, FamRZ 1960, 16.

I. Ausstattung

1. Zuwendungen, die Eltern ihren Kindern machen, weisen grundsätzlich keine Besonderheiten auf. Das Familienrecht trifft nur für eine Gruppe von Zuwendungen, die sich durch Anlaß und Zweck von anderen Zuwendungen formal gleicher Struktur unterscheiden, eine beschränkt andere Regelung, die den familiären Beziehungen der Parteien besser entspricht. Es handelt sich um die vom Gesetz als Ausstattung bezeichneten Zuwendungen, die dem Kind mit Rücksicht auf seine Verheiratung oder auf die Erlangung einer selbständigen Lebensstellung zur Begründung oder zur Erhaltung der Wirtschaft oder Lebensstellung vom Vater oder von der Mutter gemacht werden (§ 1624).[1] Ob der Zweck die Mittel

---

[2] Vgl. aus der Praxis RG, HRR 1933 Nr. 1423.

[3] *Staudinger-Gotthardt,* 12 zu § 1618; *Erman-Ronke,* 4 zu § 1620; *Soergel-Lange,* 2 zu § 1620.

[1] Es genügt die Absicht, künftiger Not zu begegnen. Vgl. RG, HRR 1929 Nr. 608.

tatsächlich fordert, ist dabei belanglos; die Parteien befinden ohne (zweifelhafte) objektive Kontrolle.[2]

2. *Anlaß und Zweck.* Da der besondere Anlaß der Zuwendung nur in der gemäßigten Form der ***Rücksicht*** gegeben sein muß, ist das Sonderrecht der Ausstattung nicht auf Zuwendungen beschränkt, die bei der Heirat oder auch bei der Erlangung einer Lebensstellung gemacht werden. Auch Zuwendungen in einem späteren Zeitpunkt sind Ausstattungen, wenn sie ohne die Heirat oder die Begründung einer selbständigen Lebensstellung nicht gemacht worden wären und die notwendige Zwecksetzung aufweisen.[3] Der Zeitpunkt der Ausstattung ist auch güterrechtlich nicht bedeutsam: Ausstattungen, die erst nach Eintritt des gesetzlichen Güterstandes erfolgen, werden dem Anfangsvermögen des begünstigten Ehegatten hinzugerechnet (§ 1374 II) und damit dem Zugewinnausgleich entzogen.

Unentgeltliche Zuwendungen, die einem Kind ohne Rücksicht auf die im § 1624 erwähnten Zwecke gemacht werden, sind niemals Ausstattungen. Sie sind es auch dann nicht, wenn mit ihnen Vorteile ausgeglichen werden sollen, die einem anderen Kind als Ausstattung gewährt wurden. Derlei Zuwendungen sind und bleiben Schenkungen.[4] Daß der Gleichstellungszweck dagegen nicht schadet, wenn er bloßer Nebenzweck ist, bedarf kaum der Erwähnung.[5]

3. *Bereicherung des Kindes.* Zuwendungen sind nur Rechtsgeschäfte, die zu einer Bereicherung führen. Es gibt mithin keine Ausstattung ohne Bereicherung des Kindes. Gleichwohl können Ausstattungen aus dem Kindesvermögen gewährt werden, wenn dieses von den Eltern kraft elterlicher Sorge oder kraft Vormundschaft verwaltet wird (vgl. dazu § 1625, der in Zweifelsfällen das Vermögen des Kindes belastet). Die sich zunächst aufdrängende Vorstellung eines Kindes, das lediglich aus seinem Vermögen schöpft und deshalb keine Bereicherung erfährt, trügt: Das Kind hat gegen die Eltern keinen Anspruch auf eine § 1624 entsprechende Verwendung seines Vermögens.

4. An einer Bereicherung fehlt es dagegen, wenn die Zuwendung allein dem Ehegatten des Kindes gemacht wird. Freilich werden Zuwendungen, die nach Anlaß und Zweck § 1624 entsprechen, in der Regel selbst dann dem Kind gewährt, wenn der Ehegatte die Verhandlungen führte: Stellvertretung ist ebenso

---

[2] Vgl. RG, JW 1904, 426.

[3] Ganz h. L. Vgl. RG, JW 1904, 426; Warn. 1917 Nr. 58; HRR 1929 Nr. 608; *Staudinger-Gotthardt,* 5 zu § 1624; *Soergel-Lange,* 4 zu § 1624; *Dölle,* § 90 V 1; MünchKomm-*Hinz,* 4 zu § 1624.

[4] Die zum Ausgleich beschenkten Kinder erreichen keine Vorzugsstellung im Erbrecht. Zwar sind beim Erbfall, falls der Erblasser keine Anordnung getroffen hat, nur Ausstattungen ausgleichspflichtig, Zuwendungen zu Ausgleichszwecken dagegen nicht (§ 2050 I und III), doch kann der erkennbar auf Ausgleich gerichtete Wille als Ausgleichsanordnung verstanden werden.

[5] Die ältere Rspr. hat Zuwendungen mit Gleichstellungszweck als Ausstattungen anerkannt. Vgl. RG, Warn. 1937 Nr. 125; 1938 Nr. 22; OLG Naumburg, Recht 1930 Nr. 1516. Die jüngere Rspr. entspricht dem Text. Vgl. BGHZ 44, 91 (92f.); KG, FamRZ 1963, 449 (451).

möglich wie ein Vertrag zugunsten des Kindes (§ 328).[6] Auch kann eine Zuwendung, die dem Ehegatten gemacht wird, zugleich eine Zuwendung sein, die das Kind bereichert. So können Mittel, die der Vater der Ehefrau seinem Schwiegersohn zur Verfügung stellt, als Darlehen gegeben und die aus dem Darlehen folgende Forderung auf Rückgewähr der Tochter zugewandt sein.[7]

5. *Gegenstand* einer Ausstattung kann jede Vermögensmehrung sein, die Übertragung von Eigentum etwa, die Befreiung von Verbindlichkeiten, der Erlaß einer Schuld, die Abtretung von Forderungen oder anderen Rechten, die Bestellung von Grundpfandrechten[8] und nicht zuletzt die Abgabe eines Versprechens. Die Ausstattung liegt in diesem Fall bereits in der Begründung der Verpflichtung; die spätere Leistung ist nur noch Erfüllung einer Schuld. Derartige promissorische Ausstattungen richten sich in erster Linie auf die Zahlung einer bestimmten Geldsumme,[9] aber auch auf laufende Zuschüsse und auf die Nutzung von Wohnraum.[10] Sie stehen in der Regel unter dem Vorbehalt gleichbleibender Verhältnisse, sind dagegen im allgemeinen nicht mit dem Tod des Ausstattenden hinfällig.[11]

6. Als unentgeltliche Zuwendung wäre die Ausstattung an sich nach Schenkungsrecht zu behandeln (§ 516).[12] Andererseits ist nicht zu leugnen, daß sich die Ausstattung den Vorstellungen über Geschäfte, die donandi causa erfolgen, nicht immer fügt. Von einer sittlichen Verpflichtung der Eltern, ihren Kindern eine Ausstattung zu gewähren – seinerzeit der tragende Grund des Gesetzgebers (Mot. Bd. IV, S. 718) –, kann heute freilich nur noch sehr bedingt die Rede sein und niemals im Gesamtbereich der Ausstattung. Geblieben ist aber die mit der Familiengemeinschaft verbundene sittliche Idee.[13] Sie verleiht der Einigung der Parteien über die Unentgeltlichkeit eine besondere Prägung und rechtfertigt es, in ihr begrenzt eine *arteigene causa* zu sehen, die sich von der causa donandi so deutlich unterscheidet, daß deren rechtliche Folgen weithin nicht mehr angemes-

---

[6] Vgl. aus der Praxis RGZ 67, 204 (206); RG, Warn. 1917 Nr. 58; 1920 Nr. 98; KG, FamRZ 1963, 449; LG Mannheim, NJW 1970, 2111 (mit irriger Annahme, daß auch ein Schwiegersohn Empfänger einer Ausstattung sein könne).

[7] Vgl. RG, JW 1912, 913; RG, SeuffA 77 Nr. 7.

[8] Vgl. RG, Warn. 1937 Nr. 125.

[9] Der Ausstattende kann sich eine lebenslängliche Rente sichern, wenn er vereinbart, daß das Kapital bis zu seinem Tode verzinst werden soll. Vgl. RG, Warn. 1917 Nr. 58.

[10] Vgl. RG, Warn. 1920 Nr. 98; RG, LZ 1917, 801 (mit entsprechender Anwendung des § 567); Warn. 1935 Nr. 3; LG Mannheim, NJW 1970, 2111.

[11] Vgl. BGHZ 44, 91 (94f.).

[12] Zur Frage, wann eine Ausstattung im Steuerrecht als „außergewöhnliche Belastung" (§ 33 EStG) anzuerkennen ist, vgl. *Paulick*, FamRZ 1960, 16 und BFH, FamRZ 1967, 678 (einengend).

[13] Vgl. *Henrich*, § 17 IV 3b. Eine sittliche Pflicht bejahen aber *Staudinger-Gotthardt*, 15ff. zu § 1624; *Erman-Ronke*, 12 zu § 1624; *Soergel-Lange*, 5 zu § 1624; *Palandt-Diederichsen*, 3 zu § 1624; *Dölle*, § 90 V 2. Der Unterschied der Auffassungen muß sich auswirken bei der alten Frage, ob Ausstattungen nach § 3 I Nr. 3 AnfG und § 32 Nr. 1 KO anfechtbar sind. Vgl. zum Streitstand *Staudinger-Gotthardt*, 25 zu § 1624; *Jaeger-Lent*, Konkursordnung, 8. Aufl. 1958, 13 zu § 32 KO.

sen sind.[14] Eine Ausstattung wird deshalb nur insoweit dem Schenkungsrecht unterworfen, als sie das den Umständen, insbesondere den Vermögensverhältnissen des Vaters oder der Mutter, entsprechende Maß übersteigt (§ 1624).[15] Nur die Überausstattung kann danach wegen groben Undanks zurückgefordert werden, nur das übermäßige Versprechen ist der Form des § 518 unterworfen usw. Unterschiedslos gilt das Schenkungsrecht lediglich für die Gewährleistungspflichten (§ 1624 II). Über die §§ 523, 524 hinauszugehen, besteht auch bei Ausstattungen angemessenen Umfanges kein Anlaß. Schließlich gehören sie immer noch zu den unentgeltlichen Zuwendungen.

7. *Zweckverfehlung.* Ist der Zweck der Ausstattung nicht zu erreichen, so kann eine bereits erbrachte Zuwendung zurückgefordert und die Erfüllung eines Ausstattungsversprechens verweigert werden. Der Zweck der Ausstattung ist stets vereitelt, wenn die veranlassende Ehe nicht geschlossen oder vernichtet wird.[16] Der Zweck der Ausstattung ist dagegen grundsätzlich erreicht, wenn eine mangelfreie Ehe geschlossen wurde, mag auch alsbald eine tatsächliche oder rechtliche Trennung der Ehegatten erfolgen.[17] Nur die Erfüllung von Ausstattungsversprechen kann in diesem Fall verweigert werden, wenn das begünstigte Kind noch nicht im Vertrauen auf das Versprechen einen Hausstand begründet hat.[18] Unbenommen bleibt es den Parteien, Ausstattungen unter der auflösenden Bedingung einer (faktischen oder rechtlichen) Trennung der Ehegatten zu vereinbaren. Rentenversprechen werden jedenfalls vielfach derart bedingt sein.[19]

Die Rspr. vollzieht den Ausgleich nach Zweckverfehlung mit der condictio causa data, causa non secuta (§§ 812 I, 821), wird aber im jüngeren Schrifttum insoweit vielfach nicht mehr anerkannt. In zunehmendem Maße wird der Fall der mit Rechtsgrund zu einem bestimmten Zweck erbrachten Leistung dem Bereicherungsrecht entzogen (mit unterschiedlicher positiver Bestimmung des § 812 I 2) und dem Bereich des Wegfalls der Geschäftsgrundlage zugewiesen.[20]

---

[14] Gleichgültig sind die Motive, die im Einzelfall zur Ausstattung geführt haben. Vgl. RG, HRR 1929 Nr. 608 (Zweck der Steuerersparnis).

[15] Bei promissorischen Ausstattungen ist der Zeitpunkt des Versprechens entscheidend. Vgl. RGZ 141, 358 (359). Die Beweislast trägt, wer Übermaß behauptet. Vgl. RG, GruchB 56 (1912), 1003; RGZ 141, 278 (279). Ist eine Übermaßausstattung dargetan und ein Ausstattungsversprechen deshalb teilweise nichtig (§§ 518, 125), entscheidet § 139 über den Bestand der restlichen Versprechensteile. Angesichts des begünstigenden Charakters wird Aufrechterhaltung des Versprechens im angemessenen Rahmen dem hypothetischen Parteiwillen regelmäßig entsprechen. Vgl. KG, ROLG 7, 115f.; FamRZ 1963, 449 (451); *Erman-Ronke,* 13 zu § 1624.

[16] RG, SeuffA 77 Nr. 7; OLG Marienwerder, ROLG 26, 247 (Ehe nicht zustandegekommen); RG, SeuffA 76 Nr. 26 (Vernichtung der Ehe); *Soergel-Lange,* 13 zu § 1624.

[17] RG, Warn. 1920 Nr. 98; OLG Celle, NdsRpfl. 1959, 247 (getrennt lebende Eheleute).

[18] Vgl. KG, FamRZ 1963, 449 (451).

[19] Vgl. *Soergel-Lange,* 13 zu § 1624; MünchKomm-*Hinz,* 7 zu § 1624.

[20] Vgl. *Söllner,* AcP 163 (1964), 33; *Larenz,* Schuldrecht, § 69 II; MünchKomm -*Hinz,* 8 zu § 1624.

II. Einzelne Anwendungsfälle

1. Die Praxis kennt die Ausstattung in erster Linie als *Aussteuer* der heiratenden Tochter. Auch sie ist heute stets freiwillig gewährte Ausstattung. Den früher bestehenden Aussteueranspruch hat das GleichberG beseitigt; Versuche, ihn als Unterhaltsanspruch (§ 1610 II) wenigstens jenen Töchtern zu erhalten, die keine Berufsausbildung erhielten,[1] sind von der durchaus h. L. zu Recht zurückgewiesen worden. Die Entscheidung des GleichberG steht entgegen; der erstrebte Zwang zur gleichmäßigen Behandlung aller Kinder wirkt in der Verkürzung auf den Aussteueranspruch zufällig und damit willkürlich.

2. § 1624 bewahrt Ausstattungsversprechen bis zur Grenze der Übermaßausstattung von der Formvorschrift des § 518; unberührt bleiben Formvorschriften, die vom Gegenstand des Ausstattungsversprechens gefordert werden. So unterliegt ein Ausstattungsversprechen, das sich auf die Übertragung von Grundeigentum richtet, § 313, und ein Ausstattungsversprechen, das sich auf eine *Leibrente* richtet, § 761. Ursprünglich hat die Rechtsprechung (RGZ 63, 323) praktisch jedes Versprechen laufender Zuschüsse § 761 unterworfen; heute sind Rechtsprechung und Schrifttum gleicherweise der Überzeugung, daß die Zusage laufender Zahlungen nur in seltenen Fällen formbedürftig ist.[2] Jenseits des alten Streites um die Rechtsnatur der Leibrente und um die Notwendigkeit des von der h. L. geforderten „selbständigen Rententitels“[3] ergibt sich die Formfreiheit im Regelfall bereits aus dem Begriff der Leibrente, die als Lebensrente zwar nicht unbedingt für die Lebensdauer des Rentners gewährt werden muß, aber doch keine Beschränkungen verträgt, die ihr den Charakter einer Lebensrente nehmen. Laufende Zuschüsse der Eltern sind aber in der Regel in einer Art und Weise befristet, die jeden Gedanken an eine Lebensrente ausschließt. So bleiben nur jene seltenen Fälle, in denen die Zuschüsse entweder für die Lebenszeit des Kindes versprochen werden oder doch in einer Höchstsumme oder für eine Längstfrist, die dem Gedanken einer Lebensversorgung nicht widerstreiten.[4] Schon eine Beschränkung der laufenden Zuschüsse auf die Lebenszeit des Ausstattenden schließt die Annahme einer Leibrente aus.[5]

---

[1] Vgl. *Bosch,* FamRZ 1957, 194; 1958, 292; 1966, 69; *Donau,* MDR 1957, 710; *Paulick,* FamRZ 1958, 3; OLG Celle, FamRZ 1965, 390. Zum Gedanken, einen Anspruch aus § 812 zu gewähren, wenn die Tochter in Erwartung einer Aussteuer im elterlichen Haushalt gearbeitet hat, vgl. oben § 47 I 8.

[2] Vgl. aus der Rechtsprechung RGZ 67, 204 (213); RGZ 111, 286 (287).

[3] Vgl. zu ihm *Enneccerus-Lehmann,* § 187; *Larenz,* Schuldrecht, § 65 III.

[4] Auch als Leibrente wird die Verpflichtung, laufende Zuschüsse zu gewähren, begrenzt durch die Lehre vom Wegfall der Geschäftsgrundlage, die unter dem Gesichtspunkt der Existenzschonung des Verpflichteten zum Fortfall der Verpflichtung oder zu ihrer Einschränkung führen kann. Insoweit überholt RGZ 111, 286 (287).

[5] Eine derartige Beschränkung ist in der Regel anzunehmen, wenn das Kind als Erbe des Ausstattenden vorgesehen ist. Vgl. RG, LZ 1914, 1533.

III. Verwandte Zuwendungen

1. Zuwendungen, die nach Anlaß und Zweck § 1624 entsprechen, aber von Dritten (anderen Verwandten, Schwiegereltern) gewährt werden, nehmen am Sonderrecht der Ausstattung nicht teil. Es ist deshalb nutzlos, ja irreführend, den alten Begriff der Mitgift in der Rechtssprache zu bewahren. Man versteht unter ihm alle Zuwendungen, die einer Frau – gleich von welcher Seite – mit Rücksicht auf ihre Verheiratung gemacht werden, also eine Gruppe von Zuwendungen mit gleichem Zweck, jedoch unterschiedlicher rechtlicher Behandlung.

2. Unentgeltliche promissorische Zuwendungen Dritter sind wirksam nur, wenn die Form des § 518 gewahrt ist; entgeltliche promissorische Zuwendungen Dritter sind dagegen grundsätzlich (Ausnahmen kann der Gegenstand des Versprechens bewirken; vgl. oben II 2) formfrei. Im Bestreben, Zuwendungen Dritter § 518 fernzuhalten, zeigen Rechtsprechung und Schrifttum daher eine deutliche Tendenz zur Annahme einer kausalen oder konditionalen Verknüpfung mit einem Gegenwert, wenn ein Bräutigam oder Ehemann mit Rücksicht auf die Heirat begünstigt wird. Nurmehr vereinzelt wird dabei, einer früher weit verbreiteten Ansicht folgend, im Eheschluß selbst ein tauglicher Gegenwert gesehen.[1] Häufiger greift man einen schon im römischen Recht nachweisbaren Gedanken auf und sieht in der Übernahme der Ehelasten durch den Ehemann oder Bräutigam ein Opfer, das durch die Zuwendung ausgeglichen werden soll.[2] Die Ehe der Gegenwart wird in beiden Fällen verfehlt. Die ,,belohnte Ehe" ist zur Seltenheit geworden (beachte auch § 138[3]); einer Ehe gleichberechtigter Partner ist der Gedanke einseitiger Ehelasten fremd.[4]

§ 49. Grundkonzeption der elterlichen Sorge

Schrifttum: *Siebert,* Elterliche Gewalt und Gleichberechtigung, NJW 1955, 1; *Schnitzerling,* Die vormundschaftsrichterlichen Erziehungsaufgaben, FamRZ 1957, 291; *Beitzke,* Betrachtungen zum neuen Kindschaftsrecht, FamRZ 1958, 7; *Nowka,* Kindesgefährdung durch das ,,Verkehrsrecht" gem. § 1634 BGB n. F., FamRZ 1960, 218; *Gernhuber,* Elterliche Gewalt heute – Eine grundsätzliche Betrachtung, FamRZ 1962, 89; *Eisser,* Zur Rechtsstellung heranwachsender Minderjähriger im rechtsgeschäftlichen Verkehr nach deutschem Zivilrecht unter rechtsvergleichender Heranziehung des griechischen Zivilgesetzbuches, Eranion für Maridakis, 1963, Band II, S. 193; *Wolf,* Der Begriff Familienrecht, FamRZ 1968, 493; *Gernhuber,* Kindeswohl und Elternwille, FamRZ 1973, 229; *Schwerdtner,* Kindeswohl oder Elternwille?, AcP 173 (1973), 227; *Lüderitz,* Elterliche Sorge als privates Recht, AcP 178 (1978), 263; *Dieckmann,* Betrachtungen zum Recht der elterlichen Sorge, AcP 178 (1978), 298.

Reformschrifttum: Weit verstreut und schwer zu übersehen. Vgl. etwa (alle mit weit. Nachw.) *Zenz,* Zur Reform der elterlichen Gewalt, AcP 173 (1973), 527; *Lüderitz,* Die Rechtsstellung ehelicher Kinder nach Trennung ihrer Eltern im künftigen Recht der Bundesrepublik Deutschland, FamRZ 1975, 605; *Becker,* Die Eigen-Entscheidung des jungen Menschen, Festschrift Bosch, 1976, S. 37; *Giesen,* Familienrechtsreform zum Wohl des Kindes?, FamRZ 1977, 594; *Knöpfel,* Zur Neuordnung

---

[1] Vgl. zu dieser Lehre die Literaturangaben bei *Kipp-Wolff,* § 77 Fn. 43. Sie führt bei strikter Durchführung zur Beschränkung des § 518 auf Zuwendungen anläßlich offenkundiger Liebesheiraten (vgl. OLG Braunschweig, SeuffA 64 Nr. 9). Schon früh ist aber gesagt worden, daß der Eheschluß im Zweifel nur Motiv einer Schenkung ist (vgl. KG, ROLG 28, 174).

[2] Vgl. RG, SeuffA 74 Nr. 69; *Staudinger-Gotthardt,* 28a zu § 1624; *Soergel-Lange,* 11 zu § 1624; *Dölle,* § 90 V 2; *Oertmann,* Entgeltliche Geschäfte, 1912, S. 79f.; *Enneccerus-Lehmann,* § 120 II 3a β. Vgl. auch *Haymann,* JherJb. 56 (1910), 125ff. (Eheschluß als Gegenwert mit sittlicher Rechtfertigung in dem mit der Eheschließung für den Bräutigam verbundenen Vermögensaufwand).

[3] Vgl. RGZ 62, 273 (Versprechen des Erzeugers eines nichtehelichen Kindes, um einen Dritten zur Ehe mit der Geschwängerten zu bewegen).

[4] Zust. MünchKomm-*Hinz,* 11 zu § 1624.

des elterlichen Sorgerechts, FamRZ 1977, 600; *Diederichsen,* Zur Reform des Eltern-Kind-Verhältnisses, FamRZ 1978, 461; *Lüderitz,* Neues elterliches Sorgerecht, FamRZ 1978, 475 (zum Alternativentwurf der Familienrechtskommission des Juristinnenbundes); *Beitzke,* Nochmals zur Reform des elterlichen Sorgerechts, FamRZ 1979, 8.

I. Einheit und Teile

1. Der Vorrang der Eltern in der Pflege und der Erziehung der Kinder (Art. 6 II GG) ordnet das Kind seinen Eltern zu; die Form der Zuordnung bestimmt allein das Privatrecht. Der Gedanke eines umfassenden subjektiven Rechtes der Eltern bietet sich an, aber auch der Gedanke einer Vielzahl von einzelnen Rechten, die sich zu einer ,,Rechtsstellung" oder einer ,,Rechtsposition" zusammenfügen.

Das geltende Recht faßt die elterlichen Befugnisse zu einem einzigen komplexen subjektiven Recht, zur elterlichen Sorge, zusammen. Freilich bezeichnet keine Norm des geltenden Rechtes die elterliche Sorge als einheitliches Recht. Das Gesetz spricht von ihr zwar als einer einheitlichen Größe, doch könnte damit auch eine ,,Rechtsstellung" gemeint sein oder eine ,,Rechtsposition". Wenn dennoch die Lehre von der elterlichen Sorge als einem einheitlichen Recht als gesichert gelten kann,[1] so weil sie sich theoretisch und praktisch bewährt hat.[2] Das Denken von einer ,,Rechtsposition" oder auch ,,Rechtsstellung" aus kann die Probleme ebenfalls meistern, doch kompliziert es unnötig durch eine zusätzliche Denkstufe ohne Wert (vgl. oben § 2 II 3).

2. *Väterliche und mütterliche Sorge.* Die Vereinigung aller elterlichen Befugnisse in einem subjektiven Recht besagt noch nichts für das Verhältnis, in dem Vater und Mutter als Inhaber der elterlichen Sorge zueinander stehen. Das Gesetz schweigt. Wenn es von der elterlichen Sorge des Vaters *und* der Mutter spricht (§ 1626), kann damit ebensogut ein den beiden Elternteilen gemeinschaftlich zustehendes Recht gemeint sein wie zwei selbständige Rechte, die lediglich in ihrer Ausübung aneinander gebunden sind. Die uns geläufigen Formen der Beteiligung mehrerer an einem subjektiven Recht (Gesamthandsgemeinschaft und Bruchteilsgemeinschaft) werden jedoch dem Normenkomplex der §§ 1626ff. ebensowenig gerecht wie den Erfordernissen einer sinnvollen Kindererziehung.[3] So ist von einer väterlichen und einer mütterlichen Sorge als selbständigen subjektiven Rechten auszugehen, die durch Ausübungsbindungen in jener Balance

---

[1] Vgl. aber *Beitzke,* § 21 II (Komplex von Rechten und Pflichten); *Wolf,* FamRZ 1968, 497 (,,Sammelausdruck"); *Erman-Ronke,* 1 zu § 1626 (,,familienrechtliches Schutzverhältnis"); *Palandt-Diederichsen,* 2 vor § 1626 (,,gesetzliches Schutzverhältnis"); *Soergel-Lange,* 2 zu § 1626 (familienrechtliche Rechtsstellung).

[2] Für die Rspr. vgl. BGHZ 66, 334 (337). In Anschluß an eine weit verbreitete Lehre sieht der BGH hier einen grundsätzlichen Unterschied zwischen Eltern (subj. Recht) und Vormund (Amt). Vgl. dazu unten § 65 II.

[3] Ein gemeinschaftliches Recht wird gleichwohl bejaht von OLG Schleswig, FamRZ 1965, 224 mit Anm. *Gernhuber.*

gehalten werden, die für eine geradlinige Betreuung des Kindes erforderlich ist.[4] Parallele Situationen sind dem geltenden Recht in anderen Zusammenhängen nicht bekannt. Auch der naheliegende Gedanke, auf das Schuldrecht zurückzugreifen und aus den §§ 420ff. Lösungen zu gewinnen, würde wesensfremde Elemente in das Eltern-Kind-Verhältnis tragen.[5]

3. *Teilbereiche.* Die Vereinigung aller zur elterlichen Sorge gehörenden Einzelbefugnisse in einem subjektiven Recht zwingt nicht dazu, die Unteilbarkeit des Rechts zu behaupten. Komplexe subjektive Rechte können jederzeit in selbständige Teilrechte zerfallen (vgl. oben § 2 II 3); die elterliche Sorge ist keine Ausnahme. So bestechend der Gedanke einer unteilbaren elterlichen Sorge auch sein mag, die Notwendigkeit einer flexiblen Lösung, die es gestattet, in besonderer Situation die elterliche Sorge aufzulösen, ist unbestreitbar. § 1626 gliedert deshalb die elterliche Sorge in vier Teilbereiche. Neben der Personensorge steht die Vermögenssorge, und in ihnen sondert sich jeweils die Vertretung des Kindes – verstanden als Fähigkeit, Außenwirkungen im Rechtskreis des Kindes zu erzielen (vgl. unten V.) – als fest abgegrenztes Teilgebiet von den anderen elterlichen Befugnissen und Pflichten, der sog. tatsächlichen Personen- und Vermögenssorge.

II. Ausübung durch Dritte

1. Personenrechtliche Zuordnung und Mobilität der Rechte, in denen sie ihren Ausdruck findet, sind nicht miteinander zu vereinbaren. Auch die elterliche Sorge ist daher ein höchstpersönliches Recht, das weder übertragbar noch vererblich ist. Unverkennbar sind allerdings Tendenzen, kontrollierte Dispositionsakte der Eltern anzuerkennen. Ältestes Rechtsgut ist die Möglichkeit der Einwilligung in eine Adoption. Dem jüngeren Recht beginnt die Möglichkeit geläufig zu werden, für Angelegenheiten der elterlichen Sorge auf Antrag der Eltern einen Pfleger zu bestellen (vgl. die §§ 1630 III, 1690).

2. Die elterliche Sorge gehört nicht mehr zu den streng höchstpersönlichen Rechten, die selbst einer Ausübung durch Dritte widerstehen. Durch formlosen Vertrag kann einem Dritten das Recht eingeräumt werden, die elterliche Sorge in dem vertraglich festgelegten Rahmen auszuüben. So enthält ein Dauerpflegevertrag als familienrechtlichen Bestandteil die Überlassung der tatsächlichen Personensorge zur Ausübung (sofern nicht gar von § 1630 III Gebrauch gemacht wird und die Pflegeperson die Rechte und Pflichten eines Pflegers hat); die Internatserziehung ist Erziehung kraft überlassener elterlicher Befugnisse; jeder Lehrherr

---

[4] Vgl. *Gernhuber,* FamRZ 1962, 95f.; *Staudinger-Donau,* 13 zu § 1626 (die Annahme nur interner Bindungen der Elternteile an dieser Stelle wird später selbst nicht durchgehalten); *Waskowiak,* Die Einigung der Eltern bei der Ausübung der elterlichen Personensorge, Diss. jur. Marburg, 1967, S. 12ff.; MünchKomm-*Hinz,* 17 zu § 1626.

[5] Vgl. aber *Erman-Ronke,* 11 zu § 1626 (Grundsätze des Gesamtschuldverhältnisses für elterliche Pflichten).

übt anstelle der Eltern begrenzt ihre elterliche Sorge aus;[1] Stiefelternteile können mit ihrer Hilfe an der Erziehung ihrer Stiefkinder beteiligt werden[2] usw. Doch bleibt der Primat der Eltern stets gewahrt: Jede Abrede ist frei widerruflich; jede Klausel, die das Recht des Widerrufes ausschließt oder beschränkt (etwa auf die Fälle eines ,,wichtigen Grundes"), ist nichtig[3] (mit Anwendung des § 139 auf andere Abreden, die im Rechtsgeschäft getroffen wurden).

3. Was nicht zum Inhalt der elterlichen Sorge gehört, kann von Dritten ohne jede Besonderheit (also nach den Regeln des Schuldrechts) für das Kind erledigt werden. Die Auswahl eines Arztes für das erkrankte Kind ist etwa ein Akt der elterlichen Sorge, nicht mehr die ärztliche Betreuung selbst. Oder: Die Auswahl eines Rechtsanwaltes für einen Prozeß des Kindes kann den Eltern kraft ihrer elterlichen Sorge geboten sein; die Prozeßführung selbst steht dann außerhalb der elterlichen Befugnisse und Pflichten. Schließlich: Die Auswahl einer Reparaturwerkstatt für ein dem Kind gehörendes Kraftfahrzeug ist Pflicht der Eltern, nicht mehr die Reparatur des Fahrzeuges selbst.

Praktische Bedeutung erlangt die Unterscheidung, wenn das Kind Schäden erleidet. Nur für die in Ausübung elterlicher Sorge Tätigen haften die Eltern in entsprechender Anwendung des § 278 wie für eigenes Verschulden (also nur, wenn die Eltern trotz des milden Haftungsmaßstabes in § 1664 dem Kind verantwortlich wären, falls sie selbst so gehandelt hätten[4]). Im übrigen haften sie lediglich für eigenes Verschulden bei der Auswahl und Überwachung, dagegen nicht mehr für fremdes Verschulden.[5]

III. Die Stellung des Kindes

Schrifttum: *Böhmer,* Privilegierung der Eltern bei Kraftwagenunfällen der Kinder?, MDR 1966, 648; *Wilts,* Zum Anwendungsbereich der §§ 1664, 1359 BGB, VersR 1967, 105; *Goldstein* u. a.,

---

[1] Er hat aber kein allgemeines Erziehungsrecht. Jede dem Willen der Eltern widersprechende Beeinflussung des Kindes ist von ihm zu unterlassen. Vgl. OVG Koblenz, FamRZ 1957, 98.

[2] Vgl. RG, SeuffA 72 Nr. 323 (mit zu starker Generalisierung).

[3] Die sehr umfangreiche Judikatur (vgl. OLG Stuttgart, Recht 1917 Nr. 232; RG, Warn. 1920 Nr. 47; JW 1925, 2115; Warn. 1928 Nr. 132; JW 1935, 2896; OLG München, HRR 1936 Nr. 263; RG, Warn. 1938 Nr. 122; RG, HRR 1940 Nr. 1105) betrifft ausschließlich Abreden zwischen geschiedenen oder doch getrennt lebenden Ehegatten. Ihre Sachverhalte wechseln zeitbedingt entsprechend der gesetzlichen Regelung der nachehelichen elterlichen Sorge.

Sittenwidrig sind Verträge, die ein Entgelt für die Überlassung der Ausübung der elterlichen Sorge vorsehen (vgl. RG, Warn. 1913 Nr. 183). Sittenwidrig sind ferner alle Abreden, die eine pflichtgemäße elterliche Betreuung des Kindes in Frage stellen, insbesondere die Vereinbarung erheblicher Vermögensnachteile für den Fall des Widerrufs (vgl. RG, HRR 1940 Nr. 1105).

[4] Vgl. *Staudinger-Donau,* 21 zu § 1664; *Dölle,* § 94 III 2d.

[5] Wie der Text MünchKomm-*Hinz,* 8 zu § 1664. Meist wird § 278 direkt angewandt (obwohl Eltern und Kind nicht Parteien eines Schuldverhältnisses sind). Vgl. *Kipp-Wolff,* §§ 79 V und 80 VII; *Erman-Ronke,* 7 zu § 1664; *Beitzke,* § 26 II 4; *Staudinger-Donau,* 20ff. zu § 1664; *Dölle,* § 92 I 5; *Soergel-Lange,* 2 zu § 1664.

Jenseits des Kindeswohls, 1974; *Mnookin,* Was stimmt nicht mit der Formel ,,Kindeswohl"?, FamRZ 1975, 1.

1. Bis an die Schwelle des EltSorgRG ist das Recht der Eltern, für die Person und für das Vermögen des Kindes zu sorgen, trotz allen mit ihm verbundenen Pflichtengehalts überwiegend als Herrschaftsrecht begriffen (und insofern treffend als ,,elterliche Gewalt" bezeichnet) worden; das Kind wurde als Objekt eines subjektiven Rechts gedacht.[1] Freilich bahnte sich bereits vor fast zwei Jahrzehnten eine grundsätzliche Neuorientierung an, getragen von der Forderung der Gegenwart nach unbedingter Rechtssubjektivität eines jeden Menschen in allen Zusammenhängen, mithin auch in den Rechtsverhältnissen des Familienrechts.[2] Heute kann die ältere Auffassung getrost der Rechtsgeschichte überantwortet werden; mit dem EltSorgRG hat sie den letzten Rest an Glaubwürdigkeit verloren.

Gleichgültig ist, daß die elterliche Sorge Akte fordert und erlaubt, die am Kind selbst erfolgen. Sie sind nicht Ausdruck der den Herrschaftsrechten eigentümlichen Befugnis, unmittelbar auf das beherrschte Objekt einzuwirken. Das versteht sich für elterliche Akte, die der tatsächlichen Betreuung des Kindes dienen, von selbst; wer Objekt einer Handlung ist, ist deshalb nicht Objekt des Rechtes, das die Handlungen legitimiert. Auch der Volljährige, der ärztliche Betreuung entgegennimmt, ist und bleibt allein Rechtssubjekt in dem vertraglich geordneten Rechtsverhältnis zwischen Arzt und Patient. Die Situation ändert sich aber auch nicht, wenn die Befugnis der Eltern bedacht wird, dem widerstrebenden Kind mit Zwang und Strafe im unmittelbaren Zugriff zu begegnen (vgl. dazu unten VII.) Sie ist Befugnis zu Rechtszwang und Strafe nach Pflichtverletzungen; das Kind wird durch sie ebensowenig zum Rechtsobjekt wie der Schuldner in der Zwangsvollstreckung. Belanglos ist schließlich die Existenz eines auf die Herausgabe des Kindes gerichteten elterlichen Anspruchs (§ 1632; vgl. unten IV 2). Er ist Folge einer personenrechtlichen Zuordnung, nicht etwa ein Analogon zum Eigentumsherausgabeanspruch des § 985, mit dem ein Recht der Eltern auf den Besitz des Kindes durchzusetzen wäre.[3]

2. Allen kindgerichteten elterlichen Befugnissen korrespondieren Pflichten, die Befugnisse zum Wohle des Kindes auszuüben. Diese Korrespondenz ist nicht etwa Ausdruck einer publizistischen Gebundenheit der Eltern; Elternschaft ist

---

[1] Vgl. dazu die Schrifttumshinw. oben Fn. 3 zu § 2 II 4.

[2] Vgl. dazu *Gernhuber,* FamRZ 1962, 89f. (mit der Wandlung des Begriffs ,,Herrschaft" in der jüngeren Rechtsentwicklung). Mit einem neuen Begriff der ,,Herrschaft über Personen" (Herrschaftsrecht = Weisungsrecht) will *Pawlowski,* Allgemeiner Teil des BGB, 1972, S. 152f., die alte Bezeichnung mit neuem Inhalt stabilisieren. Doch werden damit allenfalls Mißverständnisse provoziert.

[3] Das RG war geschmacklos genug, von einem derartigen Recht zu sprechen. Vgl. Warn. 1911 Nr. 2; RGZ 122, 24; JW 1929, 870.

kein „sozialrechtliches Amt",[4] dessen Objekt das Kind wäre. Die Bindung der Eltern ist vielmehr mit ihrer Berechtigung gegeben. Es ist das Kind selbst, das seinen Eltern als Träger eines Rechtes auf pflichtgemäße Ausübung der elterlichen Sorge gegenübertritt (vgl. dazu § 1 JWG), mag es auch nur beschränkt staatlichen Rechtsschutz finden.[5] Im Korrespondenzverhältnis des „Du darfst" und des „Du sollst" (vgl. oben § 2 II 6) durchdringt das Recht des Kindes die elterlichen Befugnisse; Eltern, die pflichtwidrig handeln, treffen im Recht des Kindes auf eine Schranke, die der elterlichen Sorge immanent ist (vergleichbar der Beschränkung anderer subjektiver Rechte durch § 242).

Die derart strukturierte elterliche Sorge ist keiner Kategorie subjektiver Rechte einzuordnen, die uns im Vermögensrecht geläufig ist. Sie ist ein *arteigenes Familienrecht, das in einer am Inhalt orientierten Sicht als Fürsorgerecht zu qualifizieren* ist (und sich damit auch von anderen Rechten sondert, die zwar auch vom Gedanken der Fürsorge begrenzt sind, ihm jedoch nicht integriert werden können).

Die strukturell als Pflichtrecht und inhaltlich als Fürsorgerecht qualifizierte elterliche Sorge schließt legitime Wahrnehmung eigener Interessen der Eltern nicht aus. Zum ersten hat das positive Recht an der Peripherie Verwerfungen zugestanden, die das Kind als Mitglied der Familiengemeinschaft oder im interpersonalen Verhältnis mit einem Elternteil mit Opfern belasten (vgl. § 1649 II und dazu unten § 54 I 3; vgl. ferner § 1597 III und dazu oben § 45 V 5 und 6). Zum zweiten trifft eine Analyse der Pflichtensituation und des Rechtsinhalts keine Aussage für die Frage der Rechtsbehauptung: Elterliche Sorge dient dem Wohl des Kindes, aber sie wird den Eltern auch um ihrer selbst willen zugewiesen und kann ihnen nicht beliebig entzogen werden, weil andere angeblich oder gar tatsächlich besser für das Kind sorgen würden. Insoweit (aber eben auch nur insoweit) ist die elterliche Sorge als eigennütziges Recht der Eltern zu begreifen, das ihnen jene Lebensschichten eröffnet, die mit Elternschaft verbunden sind (vgl. dazu die Einschränkung in § 3 III EheG und dazu oben § 9 III 5 und 6, ferner die weitere Begrenzung in § 1748 und dazu unten § 62 VI 6 ff.).[6]

---

[4] Als solches wird die (damalige) elterliche Gewalt charakterisiert von *Müller-Freienfels*, Die Vertretung beim Rechtsgeschäft, 1955, S. 179f. Ihm folgt *Habscheid*, FamRZ 1957, 111. Die Frage nach der Herkunft des Amtes wird von beiden nicht abschließend beantwortet, mag auch *Habscheid* versichern, daß es nicht vom Staat verliehen sei. Von einem „Sozialrecht" sprechen BVerfG, FamRZ 1959, 416 (420); LG Tübingen, FamRZ 1967, 108 (110). Gegen *Müller-Freienfels* vgl. *Reuter*, Kindesgrundrechte und elterliche Gewalt, 1968, S. 91 ff.

[5] Von uns bereits früher (FamRZ 1962, 90) vorgetragen und später mehrfach wiederholt. Die Überzeugung wird geteilt von *Hinz*, Kindesschutz als Rechtsschutz und elterliches Sorgerecht, 1976, S. 22 ff.; MünchKomm-*Hinz*, 5 zu § 1626.

Unergiebig ist die Charakterisierung der elterlichen Sorge als „gesetzliches Schutzverhältnis". So aber BGHZ 66, 334 (337); 73, 131 (138); *Erman-Ronke*, 1 zu § 1626. Auch der RegE zum EltSorgRG beschränkte sich auf jene Aussage (und wurde deshalb von *Zenz*, AcP 173 [1973], 540, gerügt).

[6] Vgl. dazu schon FamRZ 1973, 229 (insbes. 235 ff.). Die Kritik, die *Lüderitz*, AcP 178 (1978), 263 ff., an einseitigen, allein den Interessen des Kindes zugewandten Formulierungen übt (und dabei auch unsere Ansicht bekämpft), berücksichtigt die Differenzierung nicht.

3. *Das Wohl des Kindes.* Pflichten mit unbestimmtem Gehalt bedürfen der Präzisierung. Auch das, was das ,,Wohl des Kindes" fordert und verbietet, liegt keinesfalls (und sei es auch nur in einer vom jeweiligen Zeitgeist relativierten Gestalt) offen zutage. Die pluralistische Gesellschaft der Gegenwart hat die Homogenität des Denkens zwar in einem Kernbereich der elterlichen Sorge bewahrt (die für das körperliche Wohl geltenden Maßstäbe gehören wenigstens weithin zu ihm), um ihn aber legen sich Schichten, in denen sich die Homogenität stufenweise verflüchtigt.

Wenige Aussagen nur sind allgemeiner Anerkennung sicher, wenn das geistige und das seelische Wohl des Kindes zu präzisieren ist: der Wert höherer Bildung etwa (doch ist das Kind nicht zu überfordern) oder auch der Wert des Aufwachsens in einer harmonischen Umgebung. Anderes bleibt unbestimmter, darunter auch das Erziehungsziel. Das GG mag Richtpunkte setzen in seinem Grundrechtskatalog; ein Erziehungsziel formuliert es im übrigen nicht. Auch den Normen des Familienrechts sind nur formale (weithin selbstverständliche) Aussagen zu entnehmen: die Pflicht der Eltern, dem Kind die Fähigkeit zur Selbstbestimmung zu vermitteln; die Pflicht der Eltern, grundsätzlich Kontinuität zu wahren und die Erziehung nur zu ändern, wenn nicht dauernde Belastungen des Kindes zu besorgen sind; die Pflicht der Eltern, nur Anforderungen zu stellen, denen das Kind mit seinen Kräften und in seiner Umgebung gewachsen ist. Im übrigen fällt die Entscheidung innerhalb der Familie: Das Kind ist berufen, soweit ihm Selbstbestimmung zugestanden ist (vgl. dazu unten VI 3ff.), Eltern und Kind gemeinschaftlich, soweit Mitbestimmungsmodelle verwirklicht werden, die Eltern allein im übrigen, jedoch unter steter (vom staatlichen Wächteramt gewahrter) Achtung der in der Gesellschaft (gegebenenfalls schichtenspezifisch) wirkenden positiven (= gebietenden) Standards und Direktiven und in den von den negativen (= verbietenden) Standards und Direktiven gezogenen Grenzen. Positive und negative Standards bilden damit ein (weithin offenes) Ordnungsgefüge (mit ständigen Verlagerungen in der Zeit), in dem sich der Zeitgeist als Schranke elterlicher Fremdbestimmung des Kindes niederschlägt.[7]

Das ,,Wohl des Kindes" gewinnt mit diesen Aussagen gewiß nicht die Qualität bestimmten Rechts, das zu unmittelbarer Anwendung auf den Einzelfall geeignet wäre. Die rechtstheoretische Präzisierung mag noch verfeinert werden können, dem Ideal bestimmten Rechts wird sie nie genügen können. Die Gefahren sind (aus praktischer Erfahrung) unbestreitbar: Richterliche Entscheidungsreihen (insbesondere zu § 1666) decouvrieren Richtermacht vergangener Zeiten zuweilen als willfährige Vollstreckerin herrschender Meinungen und ideologisch fixierten staatlichen Wollens; der Notwendigkeit, das kindliche Psychogramm und das Soziogramm seiner Umgebung detailliert festzustellen (weil das elterliche Ver-

[7] Näher ausgeführt: FamRZ 1973, 230ff.

halten auf sie zu projizieren ist), wurde vielfach nicht im ausreichenden Maße genügt. Die Zukunft wird diesen Gefahren (weil sie bekannt geworden sind) besser entgehen können als die Vergangenheit (wenn auch um den Preis zunehmender Herrschaft von Sachverständigen); ihnen ganz zu entgehen, wird auch ihr nicht gelingen.[8]

4. *Aufwendungen der Eltern.* Eltern, die in Ausübung ihrer elterlichen Sorge Aufwendungen gemacht haben, die sie den Umständen nach für erforderlich halten durften (mögen sie auch objektiv betrachtet nicht notwendig gewesen sein),[9] können von dem Kind Ersatz verlangen, sofern die Aufwendungen nicht (nach anderen Normen) ihnen selbst zur Last fallen (§ 1648). Elterliche Sorge wird nicht gegen Entgelt ausgeübt – Zeitverluste der Eltern begründen ebensowenig einen Ersatzanspruch wie Leistungen, in denen sich elterliche Sorge im unmittelbaren Zugriff manifestiert, mögen sie auch beruflicher Art sein – aber sie ist letztlich aus dem Vermögen des Kindes zu finanzieren, weil sie dem Kind zugutekommt (mit dem Recht der Eltern, die geschuldeten Beträge aus dem von ihnen verwalteten Vermögen zu entnehmen; § 181 steht nicht entgegen; es gilt, eine Verbindlichkeit zu erfüllen). Freilich ist die Regel des § 1648 in der Praxis gewiß die Ausnahme. Die elterliche Unterhaltspflicht (§§ 1601 ff.) bürdet fast alle typischen Aufwendungen (Arzthonorar, Reparaturkosten) den Eltern auf, soweit und solange sich das Kind nicht selbst zu unterhalten vermag. Ohne Bedeutung ist dagegen § 685. Die Eltern handeln nicht als Geschäftsführer ohne Auftrag für die Kinder.[10]

Tatsächlich entstandene Ersatzansprüche erledigen sich in der Praxis oft durch Erlaß (§ 397). Den Vertrag können die Eltern zugleich im eigenen und im Namen des Kindes handelnd schließen. § 181 steht nicht entgegen, weil das Rechtsgeschäft dem Kind ausschließlich rechtliche Vorteile gewährt.[11]

---

[8] Zur Anwendung des § 1666 in der richterlichen Praxis der Vergangenheit vgl. *Hirsch,* Entzug und Beschränkung des elterlichen Sorgerechts, 1965; *Gernhuber,* FamRZ 1973, 234f.

Unter Hinweis auf unterschiedliche richterliche Entscheidungen trotz gleichgelagerter Sachverhalte bezeichnet *Mnookin,* FamRZ 1975, 1ff. (4), das Wohl des Kindes als Mystifikation. Skeptisch ferner die Schrift von *Goldstein* u.a. (mit einem insoweit zust. Nachwort von *Simitis*) mit dem Vorschlag, in Zukunft für die extremen Fälle der Trennung des Kindes von seinen Eltern nur von der für das Kind „am wenigsten schädlichen Alternative" zu sprechen. Krit. zu der Schrift *Wuppermann,* FamRZ 1976, 299.

[9] Sorgfaltsmaßstab ist der § 1664. Die Eltern haben auch zu prüfen, ob die Aufwendungen im Verhältnis zum Kindesvermögen angemessen sind. Vgl. *Staudinger-Engler,* 4 zu § 1648; MünchKomm-*Hinz,* 4 zu § 1648.

[10] Ganz h.L. Vgl. *Kipp-Wolff,* § 80 VII 6; *Soergel-Lange,* 4 zu § 1648; *Erman-Ronke,* 3 zu § 1648; *Palandt-Diederichsen,* 1 zu § 1648; MünchKomm-*Hinz,* 2 zu § 1648; *Beitzke,* § 26 II 4; *Dölle,* § 92 IV. A.A. *Bundschuh,* Recht 1917, 380; *Staudinger-Engler,* 2 zu § 1648. Die Differenz zu § 1620 (Ersatzansprüche des Kindes) ist gerechtfertigt, weil dessen Grundgedanke für die Eltern nicht in Betracht kommt.

[11] Die h.L. behauptet ohne weitere Begründung, daß die Eltern keinen Ersatzanspruch haben, wenn sie erkennbar von vornherein Ersatz nicht verlangen wollten. Vgl. BayObLGZ 17, A 186 (188);

5. *Haftung des Kindes für die Eltern.* Soweit die Eltern das Kind kraft Gesetzes zu vertreten haben, sind sie Sachwalter des Kindes auch bei der Erfüllung von Verbindlichkeiten. Schuldhaft pflichtwidriges Handeln verpflichtet daher das Kind gemäß § 278 (vgl. dazu auch § 254 II 2; der gesetzliche Vertreter ist „Bewahrungsgehilfe" des Kindes).

Freilich kann § 278 nur mit Korrekturen zur Anwendung kommen. Allzu evident ist der Normtext auf den Erfüllungsgehilfen zugeschnitten, dem der gesetzliche Vertreter kurzerhand gleichgestellt wird, obwohl er in manchen Fragen ohne Verlust der Sachgerechtigkeit nicht gleichgestellt werden kann. So haftet das Kind für die Eltern nicht stets wie „für eigenes Verschulden". Wenn und soweit der Haftungsmaßstab von persönlichen Eigenarten bestimmt wird (Haftung für diligentia quam in suis), ist der gesetzliche Vertreter selbst der Bezugspunkt.[12] Dem § 278 Satz 2 zuwider ist ferner ein (vertraglicher) Ausschluß der Haftung für vorsätzliches Verhalten nicht anzuerkennen.[13]

Jenseits von § 278 kennt das geltende Recht keine Einstandspflicht des Kindes für seine Eltern mehr, obwohl die mit der Ausübung der elterlichen Sorge verbundenen Vorteile ihm auch dann zufallen. Die Eltern sind insbesondere nicht Verrichtungsgehilfen ihres Kindes, können also niemals eine Haftung aus § 831 begründen.[14]

6. *Haftung der Eltern dem Kind gegenüber.* Elterliche Sorge begründet eine rechtliche Sonderverbindung zwischen den Elternteilen (je für sich) und dem Kind, in welcher schuldhaft pflichtwidriges Verhalten der Elternteile Schadensersatzansprüche des Kindes begründen kann. Gemäß § 1664 haften die Eltern freilich nur, wenn sie diejenige Sorgfalt nicht beobachtet haben, die sie in eigenen Angelegenheiten anzuwenden pflegen (unterschiedliche Maßstäbe mithin für die beiden Elternteile möglich), wenn auch stets für vorsätzliches und grob fahrlässiges Handeln.[15] Konkurriert die Haftung aus der Sonderverbindung mit einer deliktischen Haftung der Eltern, so gilt § 1664 auch im Deliktsrecht („einwirkende Anspruchskonkurrenz"; zur Parallele im Eherecht vgl. oben § 22 I 2).[16] Doch

---

Soergel-Lange, 2 zu § 1648; *Erman-Ronke,* 3 zu § 1648; *Staudinger-Engler,* 4 zu § 1648; MünchKomm-*Hinz,* 6 zu § 1648.

[12] Vgl. *Esser,* Schuldrecht, 4. Aufl. 1970, § 39 V.

[13] Vgl. *Esser-Schmidt,* § 27 II 1.1.

[14] Ganz h. L. Vgl. etwa RGZ 159, 283 (292); *Erman-Ronke,* 9 zu § 1629; *Soergel-Lange,* 28 zu § 1626; MünchKomm-*Hinz,* 60 zu § 1626; *Beitzke,* § 26 II 3.

[15] § 1664 normiert den Haftungsmaßstab, ist dagegen nicht etwa Anspruchsgrundlage (ebensowenig wie § 276 im Recht der Schuldverhältnisse). Anders aber die h. L. Vgl. *Soergel-Lange,* 2 zu § 1664; *Erman-Ronke,* 1 zu § 1664; *Staudinger-Donau,* 2 zu § 1664; MünchKomm-*Hinz,* 1 zu § 1664; *Dölle,* § 92 I 5. Augenscheinlich ist sie irritiert von der Notwendigkeit, die Anspruchsgrundlage andernfalls aus der Existenz der Sonderverbindung und allgemeinen Rechtsprinzipien entwickeln zu müssen (so wie das RG zunächst irritiert war, als es die Haftung aus positiver Forderungsverletzung aus § 276 zu rechtfertigen begann).

[16] Ebenso *Erman-Ronke,* 7 zu § 1664; *Steingass,* VersR 1965, 552; LG Freiburg, VersR 1966, 476f. (doch entbindet das Urteil die Eltern fehlerhaft generell von der Haftung für leichte Fahrlässigkeit

fordert die vom BGH anerkannte teleologische Reduktion des § 1359, die den Straßenverkehr vom Haftungsprivileg des Ehegatten ausnimmt (vgl. oben § 22 I 3), notwendig eine entsprechende Reduktion auch des § 1664: Was dem Ehegatten recht ist, muß dem Kinde billig sein. Belanglos ist § 1664 von vornherein im Gesamtbereich der Gefährdungshaftung (in welchem er keinen Ansatz findet), in Vertragsverhältnissen (weil sie eine eigenständige Sonderverbindung begründen) und stets dann, wenn die Eltern das Kind als anonym gebliebenen Dritten schädigen (weil die Teleologie der Norm den Fall nicht trifft).[17]

§ 1664 scheint auf den ersten Blick den Besonderheiten einer familiären Gemeinschaft zu entsprechen und deshalb jeder Kritik entzogen zu sein. Tatsächlich ist er alles andere als selbstverständlich,[18] und das auch dann, wenn das Haftungsprivileg des Ehegatten (§ 1359) nicht gleichzeitig in Frage gestellt wird. Kinder sind von der Sorgfalt ihrer Eltern in stärkerem Maße abhängig als ein Ehegatte von der Sorgfalt des anderen; Kinder haben aber auch eine gänzlich anders geartete Stellung im Familienverband.

Jeder Elternteil ist für sich zu elterlicher Sorge berechtigt, mag auch daneben eine ebenso strukturierte Berechtigung des anderen Elternteils bestehen. Jeder Elternteil haftet deshalb dem Kind auch nur für eigenes Verschulden und nie für Versäumnisse des anderen.[19] Gesamtschuldnerische Haftung beider Elternteile (vgl. § 1664 II; im Innenverhältnis gilt § 426) ist gleichwohl häufig, sei es nun nach gleichgerichtetem pflichtwidrigem Verhalten, sei es auch, weil zwar der Schaden unmittelbar nur von einem Elternteil verursacht wurde, der andere aber seiner Überwachungspflicht nicht genügte.

Wenn und soweit § 1664 einen Elternteil entlastet, sind Schäden vom Kind zu tragen. Diese Lastenverteilung muß auch dann gelten, wenn neben dem Elternteil ein Dritter an der Schädigung des Kindes beteiligt war. In diesem Fall ist (wie schon im Eherecht; vgl. oben § 22 I 4) der Ersatzanspruch des Kindes gegen den Dritten um jenen Betrag zu kürzen, der im hypothetischen (weil von § 1664 gerade ausgeschlossenen) Innenverhältnis von Drittschädiger und Elternteil nach den Maßstäben des § 426 auf den letzteren entfallen wäre.[20]

---

und ist insoweit allgemein zu Recht auf Ablehnung gestoßen); *Wilts*, VersR 1967, 108. A. A. aber RG, GruchB 56, 583 (586); RGZ 75, 251; *Soergel-Lange*, 4 zu § 1664; *Staudinger-Donau*, 6 zu § 1664; MünchKomm-*Hinz*, 6 zu § 1664; *Dölle*, § 92 I 5; *Böhmer*, MDR 1966, 648 und JR 1967, 57; *Rother*, Haftungsbeschränkungen im Schadensrecht, 1965, S. 194. Wird der Straßenverkehr vom Haftungsprivileg der Eltern ausgenommen, verliert der Streit viel an praktischer Bedeutung (und es wird fraglich, ob die h. L. im Restbereich noch Geltung in Anspruch nimmt).

[17] Unbedenklich ist die analoge Anwendung des § 1664 auf Elternteile, die nicht sorgeberechtigt sind, jedoch das Kind faktisch betreuen. Vgl. *Soergel-Lange*, 3 zu § 1664; MünchKomm-*Hinz*, 4 zu § 1664.

[18] Krit. auch *Beitzke*, § 26 II 4; MünchKomm-*Hinz*, 2 zu § 1664 (mit Aufforderung zu restriktiver Anwendung).

[19] Ganz h. M. Vgl. etwa *Soergel-Lange*, 5 zu § 1664; *Erman-Ronke*, 5 zu § 1664; MünchKomm-*Hinz*, 12 zu § 1664. A. A. aber *Staudinger-Engler*, 13ff. zu § 1664.

[20] Der BGH hat in der Entscheidung BGHZ 73, 190 die Frage berührt, aber nicht beantwortet.

7. *Haftung der Eltern Dritten gegenüber.* Elterliche Sorge dient den Interessen des Kindes; den Interessen Dritter dient sie nicht. Die §§ 1626ff. sind deshalb auch keine Schutzgesetze, die eine Haftung der Eltern aus § 823 II begründen können.[21] Es bleibt die Haftung der Eltern aus § 832, die zwar an das Personensorgerecht anknüpft, jedoch nicht aus ihm zu rechtfertigen ist. Eltern haften insoweit aus einer allgemeinen Pflichtensituation, die dem Verkehr Schutz gewähren will vor Gefahren, die von Personen ausgehen, die der Aufsicht bedürfen.

IV. Ausschluß Dritter

Schrifttum: *Sigloch,* Zur vindicatio filii, AcP 154 (1954), 243; *Spindler,* Die Verwirklichung des Anspruchs auf Herausgabe eines Kindes, AcP 155 (1955), 519; *Kropp,* Herausgabe des Kindes, DRiZ 1979, 84 und 118.

1. Eine elterliche Sorge, die sich in korrespondierenden Rechten und Pflichten der Eltern und des Kindes erschöpft, gewährleistet keine überzeugende Pflege und Erziehung des Kindes. Sie ordnet das Kind seinen Eltern auch nicht in einem Maße zu, das unserem Bekenntnis zur Familie entspricht. Die elterliche Sorge ist deshalb auch ein absolutes Recht mit allen Befugnissen zur Abwehr Dritter, die absoluten Rechten eigen sind.[1]

2. *Herausgabe.* Vom Gesetz ausdrücklich erwähnt ist lediglich der Herausgabeanspruch (§ 1632; vgl. zu ihm § 50d FGG mit der Möglichkeit, die Herausgabe der zum persönlichen Gebrauch des Kindes bestimmten Sachen durch einstweilige Anordnung zu regeln). Er wurzelt im Teilgebiet der Personensorge, in dem er mit der Befugnis, den Aufenthalt des Kindes zu bestimmen, verbunden ist. Eine derart genaue Lokalisierung im komplexen Recht der elterlichen Sorge bewährt sich, wenn diese im Einzelfall geschmälert ist, ferner im Elternstreit gleicherweise zur Personensorge berufener Elternteile (vgl. unten § 50 II 4). Zur Herausgabe des Kindes kann daher auch ein mit elterlicher Sorge begabter Elternteil verpflichtet sein.

Passiv legitimiert ist jeder, der das Kind den Eltern widerrechtlich vorenthält, d.h. widerrechtlich ein Verhalten beobachtet, das dem Anspruch der Eltern widerspricht.[2] Vereinzelt zu § 985 gezogene Parallelen, die am Besitz verdeutli-

---

MünchKomm-*Hinz,* 6 zu § 1664, will im Anschluß an BGHZ 35, 317 (zu § 1359) § 1664 im Verhältnis zum Drittschädiger nicht beachten (den Elternteil also einem Regreß aus § 426 aussetzen).

[21] Vgl. RGZ 53, 312; 75, 251; OLG Nürnberg, ROLG 30, 69; *Staudinger-Engler,* 22 zu § 1631; *Soergel-Lange,* 24 zu § 1626; *Erman-Ronke,* 12 zu § 1626; *Palandt-Diederichsen,* 3 zu § 1626.

[1] Ganz h.L. Vgl. KG, ROLG 11, 298; RG, JW 1913, 202; 1925, 377; Warn. 1928 Nr. 132; HRR 1928 Nr. 1413; OLG Nürnberg, FamRZ 1959, 71; OLG Köln, FamRZ 1963, 447; *Beitzke,* § 26 II 2 (elterliche Sorge enthält absolute Rechtspositionen); *Dölle,* § 91 I; *Palandt-Diederichsen,* 2 vor § 1626; *Staudinger-Donau,* 5 zu § 1626; *Soergel-Lange,* 2 zu § 1626; *Erman-Ronke,* 1 zu § 1626. A. A. aber *Wolf,* FamRZ 1968, 498 (bei den Ausschlußtatbeständen der h.L. soll es sich ihm zufolge regelmäßig um Verletzungen des Persönlichkeitsrechtes des Kindes handeln).

[2] Vgl. RG, Warn. 1918 Nr. 12; 1924 Nr. 130; JW 1924, 539; MünchKomm-*Hinz,* 7 zu § 1632. Die

chen wollen, was Vorenthalten bedeutet,[3] verfehlen die richtige Lösung bereits im Ansatz: Eine personenrechtliche Zuordnung folgt anderen Gesetzen als eine sachenrechtliche.

Wer dem Bestimmungsrecht der Eltern mit vollständiger Passivität begegnet, wird von dem Anspruch nicht betroffen, mag er auch einem selbständig entscheidenden Kind Gelegenheit geben, seinen Eltern nicht zu folgen.[4] Wer dagegen ein Hindernis geschaffen hat, das den Eltern die Verwirklichung ihrer Befugnis, den Aufenthalt des Kindes zu bestimmen, erschwert,[5] ist selbst dann passiv legitimiert, wenn jede Parallele zur Kategorie des mittelbaren Besitzes ausgeschlossen ist. Der Anspruch trifft nicht nur denjenigen, der das Kind unmittelbar oder mittelbar in seinen Händen hat, sondern auch jeden, der das Kind weitergegeben,[6] ja sogar jeden, der es erfolgreich gegen seine Eltern beeinflußt hat.[7]

Auch dem Anspruch aus § 1632 kann mit Einwendungen oder Einreden begegnet werden. Doch scheitert jeder Gedanke an ein Zurückbehaltungsrecht (Unterhaltskosten!) am Wesen einer personenrechtlichen Zuordnung.[8] Ausgeschlossen ist auch der Einwand der unzulässigen Rechtsausübung, wenn mit ihm lediglich das Wohl des Kindes wahrgenommen werden soll (dagegen nicht bei anderer Begründung). Freilich hat diese früher auch praktisch bedeutsame Feststellung viel an Bedeutung verloren, seit der Streit zwischen den Eltern und Dritten vom Vormundschaftsgericht zu entscheiden ist. Dieses darf zwar (weil die Interessen des Kindes allein von ihm und nie von einem privaten Dritten wahrzunehmen sind[9]) einen Antrag nie verwerfen, weil ihm insoweit eine auf § 242 gestützte Einwendung des Dritten entgegenstehe; wohl aber kann es (auch

---

Rechtswidrigkeit wird in erster Linie ausgeschlossen durch Aufenthaltspflichten des öffentlichen Rechtes (Schule, Wehrdienst, Strafe). Kaum Bedeutung haben Abreden, die einem Dritten die Ausübung der elterlichen Sorge überlassen. Da sie jederzeit widerruflich sind, können sie nur wesentlich sein, wenn der Widerruf im Einzelfall eine unzulässige Rechtsausübung ist.

[3] Vgl. vor allem *v. Blume*, JW 1924, 539. Vgl. ferner die Bestimmung des passiv Legitimierten durch die „mittelbare oder unmittelbare tatsächliche Gewalt über das Kind" bei *Staudinger-Donau*, 9 zu § 1632; *Soergel-Lange*, 5 zu § 1632. Auch im „übertragenen Sinn" läßt sich das Recht des Besitzes nicht verwerten (gegen *Kipp-Wolff*, § 79 IV).

[4] Vgl. OLG Jena, ROLG 4, 109; OLG Düsseldorf, NJW 1968, 453; LG Köln, FamRZ 1972, 376; MünchKomm-*Hinz*, 8 zu § 1632.

[5] Eine „wesentliche Erschwerung" wird gefordert von RG, JW 1916, 910 (911).

[6] Vgl. RG, Warn. 1933 Nr. 43.

[7] Vgl. RG, Warn. 1918 Nr. 12, aber auch OLG Königsberg, HRR 1940 Nr. 353 (achtzehnjähriges Kind).

[8] Vgl. RG, DR 1944, 644; OLG Stuttgart, FamRZ 1972, 264 (266); *Staudinger-Donau*, 11 zu § 1632; *Dölle*, § 92 I 3a; *Erman-Ronke*, 1 zu § 1632; *Palandt-Diederichsen*, 2 zu § 1632, MünchKomm-*Hinz*, 16 zu § 1632.

[9] A. A. OLG Tübingen, AcP 150 (1949), 277. Wie der Text RG, LZ 1919, 698; BGH, NJW 1951, 309; OLG Posen, ROLG 21, 256; KG, FamRZ 1955, 295 und 1965, 448; OLG Nürnberg, FamRZ 1966, 158; OLG Celle, FamRZ 1970, 201 (eigener Ansatz jedoch nicht konsequent durchgehalten); OLG Stuttgart, FamRZ 1972, 264 (266); *Staudinger-Donau*, 11 zu § 1632; *Soergel-Lange*, 7 zu § 1632; MünchKomm-*Hinz*, 10 zu § 1632; *Erman-Ronke*, 6 zu § 1632 (mit Inkonsequenz RdNr. 7).

auf Anregung des Dritten) in den Grenzen des § 1666 die elterliche Personensorge partiell (Aufenthaltsbestimmung) oder total entziehen und damit die Sachlegitimation der Eltern beenden. § 1632 IV mit seinem Bemühen um den Schutz des Kindes im Streit der genetischen Eltern mit Pflegeeltern ist insoweit nicht mehr als die selbstverständliche Besonderung eines generell richtigen Satzes.

Auch das, was Herausgabe des Kindes bedeutet, kann nicht aus § 985 erschlossen werden. Es erfährt seine nähere Bestimmung aus den Umständen des Einzelfalles, ist nicht schlechthin Dulden der Abholung des Kindes,[10] sondern soweit möglich actus contrarius (insbesondere Rückführung des verschleppten Kindes), im übrigen Beseitigung jenes Hindernisses, das man den Eltern in den Weg gelegt hat (Aufklärung der Eltern, Beeinflussung des Kindes usw.).[11]

Soweit die Herausgabe von einem Dritten begehrt wird, ist der Anspruch (seit dem EltSorgRG) mit Antrag beim Vormundschaftsgericht (und nicht mehr mit einer Klage vor dem Prozeßgericht) zu verfolgen (§ 1632 III; Richtervorbehalt in § 14 Nr. 7 RpflG). Zur Entscheidung berufen ist damit – als Ausdruck sachbezogener Konzentration der Zuständigkeiten – das im Eltern-Kind-Verhältnis zur Staatsaufsicht berufene Gericht, und zwar getragen von der Überzeugung, daß verschiedene Zuständigkeiten für Rechtsverhältnisse (zwischen Eltern und Kind einerseits, Eltern und Drittem andererseits), die zwar theoretisch deutlich voneinander geschieden werden können, praktisch jedoch im Interesse des Kindes in jeder Entscheidung zugleich bedacht werden sollten, ohne jeden Gewinn Disharmonien und Zeitverluste verursachen.

Der Vollzug eines obsiegenden Beschlusses erfolgt gemäß § 33 FGG.[12] Mittelbarer Zwang wird durch Festsetzung von Zwangsgeldern geübt (Abs. I und III), unmittelbarer durch Anwendung von Gewalt nur nach besonderer Verfügung des Gerichts (Abs. II); wird das Kind nicht vorgefunden, so kann das Gericht den Verpflichteten anhalten, eine eidesstattliche Versicherung über seinen Verbleib abzugeben (Abs. II Satz 5), und seine Anordnung nach den Vorschriften der ZPO mit Haft von höchstens 6 Monaten Dauer durchsetzen (Abs. II Satz 6).

Vollstreckungsschuldner ist allein der Dritte; Vollstreckungsschuldner ist dagegen nicht das Kind. Nur Widerstand des Dritten darf deshalb mit Gewalt gebrochen werden (obwohl auch in dieser Beschränkung nachhaltige Schädigun-

---

[10] So aber wohl OLG Karlsruhe, ROLG 11, 292.

[11] Aus der Rspr. vgl. RG, JW 1916, 910 (911); Warn. 1918 Nr. 190; 1924 Nr. 130; 1933 Nr. 43; JW 1924, 539 (540). Die Rückführung des Kindes soll KG, JW 1925, 377 zufolge nur aus § 823 I gefordert werden können. Dagegen mit Recht *Kipp-Wolff,* § 79 IV; *Dölle,* § 91 I 3b.

[12] Der Übergang von der Herausgabeklage vor dem Prozeßgericht (mit Vollstreckungszwang nach den Vorschriften der ZPO) zum Herausgabeantrag beim VormG hat damit (endlich!) der von der durchaus h. M. gebilligten analogen Anwendung des § 883 II ZPO (Wegnahme des Kindes analog der Wegnahme einer Sache) ein Ende bereitet. Nachw. zum Streit (mit Relevanz nur noch als Beweis zäher Verteidigung an sich überholter Vorstellungen) in der Voraufl. (S. 535 Fn. 1 und 2).

Vollzug gemäß § 33 FGG gilt auch für einstweilige Anordnungen. Irrig insofern (§ 883 ZPO) OLG Hamm, NJW 1979, 988.

gen des Kindes nicht auszuschließen sind und das Gebot würdigen Verhaltens schnell in Vergessenheit geraten kann), nie der Widerstand des Kindes.[13] Insofern obliegt es den Eltern in Ausübung ihres elterlichen (pflichtgebundenen!) Rechts, das Kind so schonungsvoll wie möglich zu sich zu nehmen. Daß sie sich insoweit der Hilfe des Vormundschaftsgerichts versichern können (§ 1631 III; vgl. dazu § 48c JWG mit der Ausführung von Anordnungen durch das Jugendamt), ist gewiß, verändert aber die Situation auch dann nicht, wenn Hilfe tatsächlich in Anspruch genommen werden muß. Vollzug eines aus § 1632 titulierten Beschlusses (gegen den Dritten) und Ausübung elterlicher Sorge mit Unterstützung des Staates (mit dem Kind als betreutem Subjekt) sind auch dann verschiedene Dinge, wenn sie gleichzeitig erfolgen.[14]

3. *Elternstreit.* Soweit die Herausgabe des Kindes von einem (nicht zur Personensorge berufenen oder doch von der Aufenthaltsbestimmung ausgeschlossenen) Elternteil verlangt wird, ist der Anspruch (seit dem 1. EheRG) beim Familiengericht geltend zu machen, das im Verfahren der freiwilligen Gerichtsbarkeit zu entscheiden hat (§§ 621a I, 621 I Nr. 3 ZPO). Ausschlaggebend für diesen Wechsel in der Zuständigkeit war die Überzeugung, jenes Gericht mit der Entscheidungsgewalt begaben zu müssen, das im typischen Fall des Elternstreites nach tatsächlicher oder rechtlicher Trennung der Ehegatten über die elterliche Sorge zu befinden hat (§§ 1671, 1672, 1696) und damit die Sachlegitimation für den Antrag entziehen kann. Während eines Scheidungsstreites (in dem die Entscheidung über die elterliche Sorge zum obligatorischen Entscheidungsverbund gehört; vgl. § 623 I und III ZPO) sind damit konkurrierende Zuständigkeiten für einstweilige Anordnungen (§ 620 I Nrn. 1 und 3 ZPO) und endgültige Entscheidungen mit all ihren Mißhelligkeiten ausgeschlossen.

Unverkennbar ist freilich der Radius des Elternstreits weiter als der tragende Gedanke für die Zuständigkeit des Familiengerichts und im Differenzbereich eine Reduktion der Norm (mit Zuständigkeit des Vormundschaftsgerichts) geboten. Sachrichtig ist etwa die Zuständigkeit des Familiengerichts für den Streit ehelicher Eltern, die ohne jede Scheidungsabsicht getrennt leben, weil insoweit das Familiengericht gemäß § 1672 auch ohne elterlichen Antrag (insoweit freilich erst seit dem EltSorgRG) über die elterliche Sorge befinden kann. Dagegen ist die Zuständigkeit des Vormundschaftsgerichts gegeben für den „Elternstreit" zwischen Personen, die niemals miteinander verheiratet waren (nach Ehelicherklärung fordert der Vater das Kind von der Mutter)[15]; als Reservatgericht der eheli-

---

[13] Vgl. KG, FamRZ 1966, 155 (157); OLG Hamm, DAVorm. 1975, 156 (159); BGH, FamRZ 1975, 273 (276); MünchKomm-*Zagst,* 19 zu § 1632; *Palandt-Diederichsen,* 3 zu § 1632; *Soergel-Lange,* 13 zu § 1632.

[14] Vgl. als Beispiel aus der Praxis dazu OLG Hamm, DAVorm. 1975, 156.

[15] So schon *Kropp,* DRiZ 1979, 85. A. A. (im Anschluß an die ält. Rspr. zu § 1632 II, die nicht kurzerhand übernommen werden darf) MünchKomm-*Hinz,* 24 zu § 1632.

chen Familie steht das Familiengericht den durch Ehelicherklärung legitimierten nichtehelichen Kindern fern (vgl. dazu oben § 44 I 4).

Wie im Streit mit Dritten, so ist auch im Streit der Eltern das entscheidende Gericht nicht befugt, den Personensorgeberechtigten abzuweisen, weil sein Begehren jedenfalls im gegenwärtigen Augenblick dem Wohl des Kindes nicht dienlich sei. Wer anders entscheidet,[16] unterwirft den Personensorgeberechtigten einer ständigen Kontrolle des Gerichts, die mit der grundsätzlichen Ordnung von Elternrecht und staatlichem Wächteramt nicht zu vereinbaren ist. Über den Aufenthalt des Kindes hat der sorgeberechtigte Elternteil zu befinden und nicht der Staat (dem im Streit zwischen Elternteilen, von denen nur einer bestimmungsberechtigt ist, nicht ohne jeden Anhalt im Gesetz eine Kompetenz zugestanden werden darf, die er außerhalb eines Elternstreits grundsätzlich nicht hat). Der zur Sache legitimierte Antragsteller darf nur zurückgewiesen werden, wenn ihm ein späterer Akt die Sachlegitimation entzog, mag nun das Familiengericht (§ 1696), mag auch das Vormundschaftsgericht (§ 1666) für den entziehenden Akt zuständig sein, ferner dann, wenn seinem Antrag aus anderen Gründen die Einwendung unzulässiger Rechtsausübung begegnet.[17]

4. *Streit mit Pfleger oder Vormund.* In Analogie zu § 1632 III ist auch der Streit zwischen ehelichen Eltern[18] und Pfleger oder Vormund vom Familiengericht zu entscheiden,[19] wenn das FamG die Vormundschaft oder Pflegschaft organisierte (§§ 1671, 1672). Dagegen sollte (in teleologischer Reduktion eines an sich gebotenen Analogieschlusses) im übrigen das VormG zuständig sein.[20]

5. Absolute Rechte gewähren ihrem Inhaber einen negatorischen *Unterlassungs- und Beseitigungsanspruch.* In Analogie zu den §§ 12 und 1004 berechtigt auch die elterliche Sorge zur Abwehr von Dritten, die störend in die elterliche Pflege und Erziehung des Kindes eingreifen. Jede auch nur objektiv widerrechtliche Beeinträchtigung der elterlichen Sorge kann und muß (als Folge der Pflichtbindung der

---

[16] So OLG Hamm, FamRZ 1967, 296; KG, FamRZ 1970, 202 (205); 1977, 473 (475); enger aber 1971, 585 (wenigstens im Regelfall einen Eingriff in die elterliche Gewalt fordernd); *Palandt-Diederichsen,* 3 zu § 1632; *Erman-Ronke,* 11 zu § 1632; *Dölle,* § 92 Fn. 55; MünchKomm-*Hinz,* 22 zu § 1632.

[17] Dem Text i. Erg. entspr. OLG Hamm, FamRZ 1970, 95 (96); OLG Stuttgart, FamRZ 1975, 106 (107).

Vgl. ferner *Soergel-Lange,* 15 zu § 1632 (zwischen einstweiliger und endgültiger Entscheidung differenzierend).

[18] Für nichteheliche Kinder gibt es auch sonst keine Zuständigkeit des FamG. Gleichwohl für analoge Anwendung des § 1632 III auf die Klage des Amtsvormunds gegen den nichtehelichen Vater MünchKomm-*Hinz,* 25 zu § 1632; *Palandt-Diederichsen,* 3 zu § 1632. Wie der Text abl. dagegen OLG Köln, FamRZ 1978, 707; OLG Schleswig, FamRZ 1978, 708; OLG Hamm, FamRZ 1979, 314 (Streit zwischen den Eltern); *Kropp,* DRiZ 1979, 85 (generell für die Herausgabe nichtehelicher Kinder). Ansichten aus der Zeit vor dem 1. EheRG (mit Zuständigkeit gerade des VormG nach Analogie) haben ihre Aussagekraft verloren.

[19] Vgl. KG, FamRZ 1978, 351; MünchKomm-*Hinz,* 25 zu § 1632.

[20] Ebenso OLG Oldenburg und KG, FamRZ 1978, 706; OLG Hamburg, FamRZ 1978, 792; *Kropp,* DRiZ 1979, 85.

Eltern) abgewehrt werden, sei es nun präventiv, wenn ein (auch erster) Eingriff drohend bevorsteht, sei es auch beseitigend, wenn ein Eingriff zu einer dauernden Beeinträchtigung geführt hat oder doch zu einem Zustand, der jederzeit zu neuer Beeinträchtigung führen kann (zum vornehmlich praktischen Fall des Umgangsverbotes bei minderjährigen Töchtern vgl. weiter unten VI 5).

Der sachliche Gehalt dieser Aussagen ist allgemein anerkannt, doch wird zumeist allein § 1004 angewandt und damit Gesetzesanalogie (statt der jederzeit möglichen Rechtsanalogie) in einer Form betrieben, die nur das Mißverständnis einer pointierten Nachbarschaft zwischen elterlicher Sorge und Eigentum provozieren kann. Der Hinweis auch auf § 12 löst die elterliche Sorge aus dieser ganz und gar verfehlten Parallele; weit besser noch wäre freilich ein artspezifischer Unterlassungsanspruch des Familienrechts im Gesetz gewesen, der jeden Analogieschluß erübrigt hätte.

Unterlassung und Beseitigung kann von den Eltern vielfach auch noch gefordert werden, wenn das Kind „teilmündig" geworden ist. Die Berufung des Kindes zur Selbstbestimmung muß nicht identisch sein mit der Preisgabe des Kindes an alle Einflüsse. So kann das Kind bereits mit 14 Jahren frei über sein religiöses Bekenntnis befinden (§ 5 RelKEG). Die Eltern aber bleiben berechtigt, Dritte abzuwehren, die auf das Kind einwirken wollen.[21]

6. Von geringer praktischer Bedeutung ist der deliktische Schutz der elterlichen Sorge (§ 823 I). Er kann nur in Anspruch genommen werden, wenn die elterliche Sorge „verletzt" wird, mithin nur, wenn die Eltern an der Ausübung ihres Rechtes gehindert werden, und nicht bereits, wenn das Verhalten Dritter die Eltern in pflichtgemäßer Ausübung ihres Rechtes zu vermögensschädigenden Maßnahmen zwingt (so etwa, wenn die Eltern gezwungen sind, einen Urlaub abzubrechen, um dem durch einen Unfall geschädigten Kind beizustehen[22]).

Selbst in dieser Beschränkung wird die praktische Bedeutung durch andere Rechtsbehelfe gemindert: Die negatorischen Klagen schließen die von der Rechtsprechung zu den §§ 823 ff. entwickelten quasinegatorischen Rechtsbehelfe aus; der deliktische Beseitigungsanspruch aus den §§ 823, 249 kann Bedeutung nur gewinnen, wenn der Anspruch aus § 1632 und der negatorische Anspruch im Einzelfall auf Schwierigkeiten stoßen (etwa in Fragen des Gerichtsstandes).[23] Wesentlich wird der deliktische Schutz insbesondere, wenn das Kind dem Inha-

---

[21] Richtig OVG Koblenz, FamRZ 1957, 98 (100); BVerwG, FamRZ 1963, 180 (182); *Staudinger-Donau,* 12 zu § 5 RelKEG; *Hofmann,* FamRZ 1966, 64f. Vgl. aber auch *Kuhn,* Grundrechte und Minderjährigkeit, 1965, S. 126f. (Ergebnis der Entscheidungen richtig; Begründung aus Fortbestand der elterlichen Gewalt verfehlt).

[22] Vgl. LG Bremen, MDR 1961, 599. Die Entscheidung gewährte den Eltern Schadensersatz. Mit Recht dagegen *Weimar,* MDR 1962, 7f.

[23] Vgl. RG, Warn. 1913 Nr. 53.

ber der elterlichen Sorge schuldhaft vorenthalten wurde und seine Rückführung mit Aufwendungen verbunden war.[24]

V. Handlungsmacht

Schrifttum: *Müller-Freienfels,* Die Vertretung beim Rechtsgeschäft, 1955; *Habscheid,* Zur Problematik der gesetzlichen Vertretung, FamRZ 1957, 109; *Frotz,* Verkehrsschutz im Vertretungsrecht, 1972.

1. Elterliche Akte können auf das Eltern-Kind-Verhältnis beschränkt bleiben. Alle tatsächlich betreuenden und erziehenden Handlungen sowie alle erzwingenden und strafenden Maßnahmen zeitigen etwa keine Außenwirkungen. Elterliche Sorge soll dem Kind aber auch die Teilnahme am Rechtsverkehr, insbesondere rechtsgeschäftliche und prozessuale Kontakte mit Dritten, ermöglichen.

2. Rechtstechnisches Mittel ist die den Eltern eingeräumte *Vertretungsmacht* (§ 1626 II).[1] Andere Gestaltungen sind ohne Schwierigkeiten zu verwirklichen und in anderen Rechtsordnungen nachzuweisen.[2] Das deutsche Recht hat sich der Figur der gesetzlichen Vertretung freilich wie selbstverständlich zugewandt und sie unbeirrt auch in jüngster Zeit festgehalten (vgl. aber unten § 50 IV mit einer peripheren Korrektur). Es hat damit einen Weg mit gut bekannten rechtlichen Strukturen gewählt, aber auch einen, der zeitgerecht das Kind als Rechtssubjekt ausweist. Ein Handeln der Eltern im Namen des Kindes offenbart allen Dritten das Kind als Träger jener Rechte und Pflichten, die Gegenstand der Rechtsgeschäfte und Prozeßhandlungen sind; eine Leistung erfolgt zwar zu Händen der Eltern, jedoch an das Kind als Gläubiger.[3] Hier wie dort wird die dienende Funktion der elterlichen Sorge deutlich.

---

[24] Vgl. RG, HRR 1928 Nr. 1413. Die praktische Bedeutung des deliktischen Schutzes wird größer, wenn der Anspruch aus § 1632 in dieser oder jener Richtung begrenzt wird, insbesondere, wenn er nicht die Möglichkeit eröffnen soll, Rückführung des Kindes zu verlangen.

[1] Daß die Eltern kraft ihrer gesetzlichen Vertretungsmacht Rechtsgeschäfte für das Kind abschließen, wird bestr. von *Müller-Freienfels,* S. 361 ff. Ihm zufolge tätigen die Eltern ,,arteigene Geschäfte", die den Normen für Rechtsgeschäfte nur weithin in analoger Anwendung zu unterwerfen sind. Als störend wird von ihm die Fremdbestimmung des Kindes durch die Eltern empfunden. Die zum Begriff des Rechtsgeschäftes gehörende Selbstbestimmung bezeichnet indessen lediglich den Gegensatz zur Fremdbestimmung durch die Rechtsordnung.

Vgl. in diesem Zusammenhang auch *Habscheid,* FamRZ 1957, 112. Er leugnet nicht, daß die Eltern Rechtsgeschäfte abschließen, will aber wegen des sozialrechtlichen Charakters der Akte eine restriktive oder auch abändernde Anwendung all jener Normen zulassen, die auf individualrechtliche Beziehungen zugeschnitten sind. Die Beziehungen des Kindes zu Dritten, die von den Eltern begründet werden, sind aber durchaus individualrechtlicher Natur. Der schillernde Begriff des ,,Sozialrechts" ist auch schwerlich ein geeigneter Ansatzpunkt für die Korrektur des Gesetzes.

Dem Text zust. MünchKomm-*Hinz,* 31 zu § 1626.

[2] Vgl. *Müller-Freienfels,* S. 165 ff.

[3] Verfehlt deshalb KG, FamRZ 1979, 327 (Mutter als Bereicherungsschuldner nach nicht geschuldeten Unterhaltsleistungen).

Grenzen der Vertretungsmacht. Die elterliche Vertretungsmacht ist ein Mittel, das den Eltern die pflichtgemäße Ausübung ihrer elterlichen Sorge ermöglichen soll, und deshalb eine Vertretungsmacht, die nicht weiter reicht als die elterlichen Rechte und Pflichten. Eltern, die pflichtwidrig im Namen des Kindes handeln, handeln stets als Vertreter ohne Vertretungsmacht[4] (dazu Weiteres unter 5.).

Pflichtgemäße Ausübung der elterlichen Sorge kann Bindungen des Kindes fordern, die über den Zeitraum seiner Minderjährigkeit hinausreichen. Die elterliche Vertretungsmacht ist deshalb nicht generell auf Rechtsgeschäfte und Prozeßhandlungen beschränkt, die das volljährig gewordene Kind nicht mehr behindern. Wohl aber ist es Pflicht der Eltern, das Kind möglichst mit Bindungen zu verschonen, die das mit der Mündigkeit gewonnene Recht zur Selbstbestimmung verkürzen. Rechtsgeschäfte und Prozeßhandlungen, die zur Schmälerung der Selbstbestimmung führen, bieten deshalb besonderen Anlaß, das elterliche Handeln an den Maßstäben einer pflichtgemäß ausgeübten elterlichen Sorge (mit ihren Grenzen für die elterliche Vertretungsmacht) zu messen.[5]

Weil die Notwendigkeit langfristiger Bindungen noch des volljährig gewordenen Kindes nicht auszuschließen ist, ist dem geltenden Recht auch keine zeitliche Schranke der elterlichen Vertretungsmacht bekannt, die keinesfalls überschritten werden darf. Freilich bedürfen Verträge, die das Kind zu wiederkehrenden Leistungen noch über die Vollendung des neunzehnten Lebensjahres hinaus verpflichten, der Genehmigung des Vormundschaftsgerichtes (§§ 1643, 1822 Nr. 5; vgl. dazu unten § 52 V 7).

3. Soweit Vertretung möglich ist, können die Eltern Außenwirkungen für das Kind durch *Handeln im eigenen Namen* nicht erzielen. Das Gesetz gewährt ihnen nicht die Macht, im eigenen Namen über die Rechte des Kindes zu verfügen;[6] es ermächtigt sie auch nicht, Rechte des Kindes im eigenen Namen geltend zu machen.[7]

Den Eltern die Befugnis zum Handeln im eigenen Namen neben der Befugnis

---

[4] Vgl. RGZ 71, 219 (221); *Müller-Freienfels*, S. 367 f.; *Gernhuber*, FamRZ 1962, 94. A. A. *Dölle*, § 94 III 1; BGH, JZ 1964, 420; *Soergel-Lange*, 11 zu § 1626; *Frotz*, S. 529 ff. (jeweils mit Rechtsmißbrauch als Grenze).

[5] Der Text übernimmt damit eine von RGZ 41, 265 eingeleitete und von *Müller-Freienfels* (Vertretung beim Rechtsgeschäft, S. 371) ausgebaute Lehre.

[6] Vgl. OLG München, HRR 1940 Nr. 779; MünchKomm-*Hinz*, 4 zu § 1629. A. A. *Staudinger-Donau*, 3 zu § 1629; *Soergel-Lange*, 11 zu § 1626; *Kipp-Wolff*, § 80 IV; *Beitzke*, § 28 I 3; *Dölle*, § 94 I; wohl auch *Siber*, JherJb. 67 (1917), 136. Die Eltern können ihre im eigenen Namen über ein Recht des Kindes getroffene Verfügung auch nicht im Namen des Kindes genehmigen (§ 181!).

[7] Vgl. RGZ 146, 231; *Palandt-Diederichsen*, 2 zu § 1629; *Siber*, JherJb. 67 (1917), 195 und in Festgabe für Sohm, 1915, S. 29; *Soergel-Lange*, 12 zu § 1626. A. A. OLG Jena, ROLG 11, 298; OLG Braunschweig, ROLG 26, 263; *Beitzke*, § 28 I 3. Soweit die Eltern in mittelbarer Vertretung für das Kind gehandelt haben, können sie die ihnen daraus erwachsenen Ansprüche nur im eigenen Namen geltend machen. Doch hat dies nichts mit der Frage der elterlichen Prozeßführungsbefugnis zu tun (gegen *Staudinger-Donau*, 4 zu § 1629 und *Staudinger-Engler*, 11 vor § 1638).

zum Handeln im Namen des Kindes einzuräumen, hieße auch nur einen durch nichts gerechtfertigten Formenreichtum fremdwirkenden Verhaltens der Eltern schaffen mit Abgrenzungen, die vielfach nurmehr theoretisch zu vollziehen wären. Überall, wo der Rechtsverkehr eine Legitimation des Handelnden fordert (Inkasso von Forderungen, Verfügung über Grundstücke usw.), kann praktisch zwischen dem Handeln im eigenen Namen und dem Handeln im fremden Namen nicht mehr unterschieden werden.[8]

4. Eine Fülle von Handlungen können die Eltern nur im eigenen Namen, jedoch erkennbar in ihrer Eigenschaft als Inhaber des elterlichen Sorgerechts vornehmen.[9] Bei jeder Zustimmung zu einem Rechtsgeschäft des Kindes (vgl. insbesondere die §§ 107ff.), bei jeder Ausübung eines Antrags- oder auch Beschwerderechts, das den Eltern um ihrer Elternschaft willen verliehen ist (vgl. etwa die §§ 20, 57 FGG, 298 StPO) und bei jeder Erfüllung einer Meldepflicht (Polizei, Standesamt, Schule) handeln die Eltern im eigenen Namen, aber doch erkennbar mit Bezug auf das ihnen durch die elterliche Sorge verbundene Kind. Man hat diese Akte als ,,amtsähnliche Handlungen" bezeichnet[10] und damit einen Begriff eingeführt, der ebenso einprägsam wie gefährlich ist. Die Versicherung, den Begriff des Amtes in diesem Zusammenhang privatrechtlich zu verstehen, wird schwerlich vor allen Gefahren bewahren, die sich mit einer als Amt im rechtlichen Sinn aufgefaßten Elternschaft verbinden.[11]

5. *Handeln ohne Vertretungsmacht.* Treten die Eltern als gesetzliche Vertreter des Kindes auf, obwohl ihnen keine Vertretungsmacht mehr zusteht (Entzug gemäß § 1666) oder doch jedenfalls nicht in Form der in Anspruch genommenen Alleinvertretungsmacht (Berufung auf einen in Wahrheit nicht gegebenen Eilfall), überschreiten ferner die Eltern ihre Vertretungsmacht, so finden die §§ 177ff. ohne jede Ausnahme Anwendung. Verträge können also von dem gesetzlichen Vertreter des Kindes oder (Fall der irrig in Anspruch genommenen Alleinvertretungsmacht) von dem anderen Elternteil und in allen Fällen von dem volljährig

---

[8] Vgl. KG, ROLG 11, 298.

[9] In aller Regel wird von Handlungen gesprochen, die von den Eltern in ihrer Eigenschaft als gesetzliche Vertreter vorzunehmen sind (vgl. *Siebert,* NJW 1955, 2). Doch werden die Eltern gerade nicht als Vertreter tätig. Deshalb von einem Versagen der ,,Konstruktion der gesetzlichen Vertretung" zu sprechen (so *Müller-Freienfels,* S. 375). ist verfehlt. Richtig ist nur, daß das Gesetz vom gesetzlichen Vertreter des Kindes auch dort spricht, wo keine Fragen der Stellvertretung auftauchen. Doch handelt es sich insoweit nur um eine terminologische Frage, die keine Schwierigkeiten bereiten kann, wenn sie als solche erkannt ist.

[10] *Siebert,* NJW 1955, 2 und 5.

[11] Die Bedenken werden geteilt von MünchKomm-*Hinz,* 31 zu § 1626.

gewordenen Kind noch genehmigt werden (§ 177);[12] erfolgt die Genehmigung nicht, so haften die Eltern aus § 179.[13]

VI. Elterliche Sorge und Entwicklung des Kindes

Schrifttum: *Lenckner,* Die Einwilligung Minderjähriger und deren gesetzlicher Vertreter, ZStaatsw. 72 (1960), 446; *Bosch,* Grundsatzfragen des Beweisrechts, 1963; *Schwab,* Gedanken zur Reform des Minderjährigenrechts und des Mündigkeitsalters, JZ 1970, 745; *Schoene,* Das Zeugnisverweigerungsrecht des Kindes und das gesetzliche Vertretungsrecht der Eltern, NJW 1972, 930; *Trokkel,* Die Einwilligung Minderjähriger in den ärztlichen Heileingriff, NJW 1972, 1493; *Orlowsky,* Die Weigerungsrechte der minderjährigen Beweisperson im Strafprozeß, Diss. jur. Tübingen, 1973 (dazu *Hampel,* FamRZ 1974, 53); *Bosch,* Volljährigkeit – Ehemündigkeit – Elterliche Sorge, FamRZ 1973, 489 und 1974, 1; *Klocke,* Elterliche Gewalt, Umgangsverbote und Freizeitverhalten des heranwachsenden Kindes, JuS 1974, 75; *Münder,* Die Berufswahl des Jugendlichen, ZBlJugR 1975, 286; *Becker,* Die Eigenentscheidung des jungen Menschen, Festschrift Bosch, 1976, S. 37.

1. Ziel der elterlichen Sorge ist es, das Kind zur Selbstbestimmung zu befähigen. In ihrer Idealgestalt muß die elterliche Sorge daher (partiell oder total) enden, sobald des Kind zur Selbstbestimmung fähig geworden ist. Dieser Idealgestalt der elterlichen Sorge zu folgen, ist dem positiven Recht weithin verwehrt. Der jeweilige Reifegrad des Kindes ist kein Maßstab, dem jene Offenkundigkeit eignet, die der Rechtsverkehr vielfach benötigt. Wo klare, jedermann zugängliche Maßstäbe erforderlich sind, bleibt allein die Suche nach einem Standard, der Sachrichtigkeit nurmehr in typischer Sicht verbürgt.

2. *Ende der elterlichen Sorge.* Nur typische Sachrichtigkeit kann bereits für das vollkommene Ende der elterlichen Sorge mit der Volljährigkeit des Kindes (§ 1626 I 1 und § 2) in Anspruch genommen werden. Zwar ist die Problematik vorzeitig gereifter Jugendlicher seit dem VolljG von 1974 (das die Altersgrenze auf 18 Jahre fixierte) nicht mehr drängend. Dafür hat sich die Problematik zurückgebliebener Jugendlicher erhöht: Volljährig wird mit 18 Jahren ein jeder auch dann, wenn er die vom Gesetz gewünschte Reife noch nicht erreicht hat.

Volljährigkeit führt nicht zur Freiheit des Kindes von allen Bindungen, die von den Eltern kraft ihres Sorgerechts geschaffen wurden. Sie hindert erst recht nicht eine Sukzession des Kindes in ihm günstige, von den Eltern herrührende Rechtslagen. So erlöschen von den Eltern im Namen des Kindes begründete Schuldverhältnisse nicht mit dem Ende der elterlichen Sorge; so bleiben Vollmachten

---

[12] Ganz h. L. Vgl. *Dölle,* § 92 I 3b; *Staudinger-Donau,* 9 und 89 zu § 1629. Dagegen will *Müller,* AcP 168 (1968), 116ff., jede Genehmigung gegen den Willen der Eltern ausschließen, weil der materielle Gehalt des ,,Vertreters" bei der gesetzlichen Vertretung ein anderer sei als bei der gewillkürten (vor allem Bereitschaft zu höherer ,,Vertreterleistung") und deshalb der für die gewillkürte Stellvertretung geschaffene § 177 für die gesetzliche Vertretung nicht passe. Doch kann nicht generell von einer verschiedenartigen Situation ausgegangen werden (und eine einzelfallbezogene Betrachtungsweise verbietet sich schon aus Gründen der Rechtssicherheit).

[13] Einschränkungen behauptet *Müller,* AcP 168 (1968), 139ff. (keine Haftung, wenn der Geschäftspartner einer ihm vorgelegten Entscheidung des VormG vertraute).

erhalten, die Eltern im Namen des Kindes Dritten erteilten;[1] so verlieren auch Rechtsmittel nicht ihre Wirkung, die von den Eltern als Inhabern elterlicher Sorge kraft eigenen Rechts zugunsten des Kindes eingelegt wurden; sie wechseln allein ihren Träger und stehen in Zukunft zur Disposition des Kindes. Derartige Nachwirkungen der elterlichen Sorge sind im Interesse einer kontinuierlichen Entwicklung der Rechtsverhältnisse des Kindes[2] ebenso notwendig wie ungefährlich. Sie können die Freiheit des Kindes nicht ernsthaft beeinträchtigen, weil sie weithin von den Eltern nur kraft ihrer Vertretungsmacht geschaffen werden können, diese aber durch ihren Zweck begrenzt ist (vgl. dazu oben V 2).

Ohne Einfluß auf den Fortbestand der elterlichen Sorge ist grundsätzlich das Einrücken des Kindes in eine gemeinhin nur Erwachsenen zugängliche Lebensstellung. Auch Heirat macht nicht mündig. Minderjährige, die Dispens vom Erfordernis der Ehemündigkeit erhielten (§ 1 II EheG), entwachsen mit der Heirat lediglich der tatsächlichen Personensorge der Eltern (§ 1633),[3] und selbst dieses Privileg beruht weniger auf der Überzeugung vorzeitiger Teilreife als auf der anderen, minderjährige Ehegatten vor disharmonischen Anforderungen der Eltern und des Ehegatten bewahren zu müssen.[4] Doch bleibt die einmal erlangte Selbständigkeit immerhin erhalten, wenn ihr Grund entfällt; nach vorzeitiger Beendigung der Ehe tritt tatsächliche Personensorge der Eltern nicht wieder ein.

3. ***Teilmündigkeiten.*** Die starren Altersansätze der Geschäftsfähigkeit standardisieren das Heranwachsen des Kindes zur Selbstbestimmung im Bereich der Willenserklärungen und der ihnen entsprechenden Akte. Von der Möglichkeit, für einzelne Akte einen besonderen Standard zu schaffen und damit eine Differenzierung vorzunehmen, die ohne Gefährdung des Rechtsverkehrs eine stärkere Annäherung der elterlichen Sorge des positiven Rechts an ihre Idealgestalt erstrebt, macht das geltende Recht (auch nach seiner Reform durch das EltSorgRG) nur sehr beschränkt Gebrauch. Wenige Akte nur werden dem Kind bereits vor seiner Volljährigkeit zu ungebundener Selbstbestimmung zugewiesen (vgl. aber die §§ 1728 III, 1746 II 3, 1750 III 2, 2229, 2290 II, 2296 I 2, 2347 II 1). Wenige Akte werden auch nur vor der Volljährigkeit der selbständigen Entscheidung der Eltern entzogen und dem Kind unter Bindung an die Zustimmung der Eltern zugewiesen (vgl. aber die §§ 1411 I, 1600d, 1728 II, 1729, 1740c, 1746 I 2, 2275 II

---

[1] Vgl. RGZ 41, 65 (zum ALR); 107, 166 (gesetzlicher Vertreter einer jur. Person); KG, Recht 1924 Nr. 157 (Vormund); BayObLG, MDR 1960, 59 (Eltern).

[2] And. noch RGSt. 42, 342 und 47, 159. Wie der Text BGH, NJW 1957, 799.

[3] Einen Streit zwischen Eltern und Kind in einer „gemischten Angelegenheit" hat das VormG in analoger Anwendung des § 1630 II zu entscheiden. Ebenso MünchKomm-*Hinz,* 6 zu § 1633; *Soergel-Lange,* 4 zu § 1633.

[4] Die Frage, ob die Eltern die Befugnis zum persönlichen Umgang behalten (so *Staudinger-Donau,* 10 zu § 1633) oder nicht (so MünchKomm-*Hinz,* 2 zu § 1633; *Erman-Ronke,* 2 zu § 1633), ist akademischer Natur: Der Ehegatte kann den Umgang gewiß nicht untersagen, das Kind ihn aber schon nach allg. Grundsätzen (vgl. unten § 53 III 6) stets ablehnen.

und III). Insgesamt ergibt sich das Bild einer relativ plumpen elterlichen Sorge, die einer Verfeinerung de lege ferenda durchaus zugänglich wäre.[5] Ausbildungs- und Arbeitsverträge aller Art könnten insbesondere dem über vierzehn Jahre alten Kind mit Elternkonsens zugewiesen werden.[6] Auch der Frage, ob und inwieweit das ältere Kind Freiheit zu rechtsgeschäftlichem Handeln in Fragen seiner Gesundheit erhalten kann und soll, wird die Legislative auf die Dauer nicht ausweichen können (Ovulationshemmer, erlaubte Schwangerschaftsunterbrechung, Krankheiten im Bereich der Intimsphäre).[7]

4. *Einwilligungen* in an sich rechtswidrige Akte Dritter werden heute (soweit sie nicht Bestandteil eines Vertrages sind) zumeist als ,,Gestattungen oder Ermächtigungen zur Vornahme tatsächlicher Handlungen" von den Willenserklärungen gesondert.[8] Sie sind jedoch den §§ 104ff. zumindest im Analogieverfahren zu unterwerfen, weil sich mit ihnen Rechtswirkungen verbinden, die ihre Rechtfertigung in der Billigung des Eingriffs durch den Gestattenden finden. Mit guten Gründen überläßt die höchstrichterliche Rechtsprechung dennoch die Disposition über höchstpersönliche Rechtsgüter (insbesondere die Einwilligung in eine Operation) dem Jugendlichen, sobald er ,,nach seiner geistigen und sittlichen Reife die Bedeutung des Eingriffs und seiner Gestattung zu ermessen vermag";[9]

---

[5] Zust. MünchKomm-*Hinz*, 29 zu § 1626. Im Entwurf hat vornehmlich *Bosch*, FamRZ 1973, 489ff., ein System von Teilmündigkeiten mit drei Altersansätzen entwickelt.

[6] Die gegenwärtige Situation wird durch § 1631 a II (zu ihm unten VIII 8) nicht sonderlich erträglicher. Sie wird durch die Möglichkeit, das Kind zum selbständigen Betrieb eines Erwerbsgeschäftes und für Dienst- oder Arbeitsverhältnisse zu ermächtigen (§§ 112, 113), nur wenig gemildert. Gleicherweise kann der ermächtigende Akt vom Kind nicht gefordert, geschweige denn erzwungen werden.

Zuzugeben ist, daß Eltern-Kind-Konflikte in Fragen der beruflichen Ausbildung selten sind. Vgl. *Lüderitz*, AcP 178 (1978), 283ff.

Abzulehnen sind alle Versuche, Selbständigkeit des älteren Kindes als geltendes Recht aus der Verfassung abzuleiten. Vgl. dazu oben § 7 I 2 mit Fn. 4.

[7] Für das EltSorgRG war nie mehr vorgesehen als ein § 1626a, der ausschließlich die Problematik der Einwilligung in die Heilbehandlung aufgreifen sollte; auch er ist schließlich nicht Gesetz geworden. Vgl. zum Problemkreis aus dem Reformschrifttum vornehmlich *Zenz*, StAZ 1973, 258ff. (mit öffentlich-rechtlichen Erstattungsansprüchen der Ärzte als ultima ratio); *Bosch*, FamRZ 1973, 506f. (für frühere Teilmündigkeit ,,im Zusammenwirken mit den Eltern"); *Becker*, Festschrift Bosch, S. 37ff., 59ff. (er hielt den geplanten § 1626a mit Einwilligungsfähigkeit aller über vierzehn Jahre alten und einsichtigen Kinder ,,nicht nur für systemwidrig, sondern auch (für) überflüssig und schädlich"); *Lüderitz*, AcP 178 (1978), 276ff. (für Teilmündigkeit mit 16 Jahren, aber auch für ein Recht der Eltern, der Fortsetzung der ärztlichen Behandlung zu widersprechen; Verpflichtung des Unterhaltsschuldners).

[8] Vgl. *Larenz*, Schuldrecht, § 71 I c; MünchKomm-*Gitter*, 94 vor § 104; MünchKomm-*Hinz*, 44 zu § 1626; BGHZ 29, 33 (36). Die ältere Lehre sah in der Einwilligung problemlos eine Willenserklärung. Vgl. die Nachw. bei *Enneccerus-Nipperdey*, § 151 II 1 e und *Lenckner*, ZStaatsw. 72, 455.

[9] Vgl. BGHZ 29, 33 (36) für die Einwilligung in die Operation. Vgl. weiter OLG München, NJW 1958, 633; OLG Celle, MDR 1960, 136; *Schwerdtner*, AcP 173 (1973), 241ff. (243: ,,Handlungen, wenn sie das Persönlichkeitsrecht des Minderjährigen betreffen, von diesem selbst vorzunehmen, sobald die entsprechende Einsichtsfähigkeit gegeben ist").

Im Strafrecht hat sich die Überzeugung weit früher durchgesetzt. Vgl. *Schönke-Schröder-Lenckner*, 40 vor §§ 32ff. StGB.

mit ebenso guten Gründen übt sie jedoch Zurückhaltung im jeweiligen Einzelfall:[10] Vorzeitige Reife ist jedenfalls kein Massenphänomen mehr, wenn vom Gesetz in typischer Sicht Sozialreife mit der Vollendung des achtzehnten Lebensjahres angenommen wird. In den Fällen der Ausnahme löst sich die Rechtsprechung in legitimer Rechtsfortbildung (ohne sich selbst so zu verstehen) von den starren Altersansätzen des rechtsgeschäftlichen Bereichs zugunsten einer die soziale Reife im jeweiligen Einzelfall prüfenden Sicht und verwirklicht damit ohne jede Verwerfung die Idealgestalt der elterlichen Sorge. Legitimität sichert den Entscheidungen jene Wertsteigerung, die alle höchstpersönlichen Rechtsgüter in der jüngsten Vergangenheit erfahren haben.[11] Sie verlangt, daß in jenem schmalen Dispositionsbereich, den die höchstpersönliche Formierung eines Rechtsgutes beläßt, so früh als möglich Selbstbestimmung und nicht Fremdbestimmung herrschen muß.[12] Unverkennbar ist freilich, daß die insoweit gewährte Freiheit zu selbständigem Handeln dort erheblich an Wert verliert, wo sie in aller Regel nur im Zusammenhang mit Rechtsgeschäften ausgeübt werden kann, die den Eltern überlassen bleiben. Die isolierte Fähigkeit insbesondere, allein über die Einwilligung in eine Operation zu entscheiden, hindert zwar einen ärztlichen Eingriff, den die Eltern für notwendig halten, der Minderjährige aber ablehnt; sie bleibt dagegen ohne Wirkung, wenn der Jugendliche die Operation wünscht, die Eltern jedoch den Abschluß eines Vertrages verweigern. Selbständigkeit gewinnen insoweit allein die in der gesetzlichen Krankenversicherung versicherten Jugendlichen mit ihrem selbständigen Antragsrecht ab Vollendung des 15. Lebensjahres (§ 36 I SGB mit Sperrmöglichkeit für die Eltern gemäß Abs. II).

5. Auf anderen Grundlagen beruht die Fähigkeit einsichtiger Jugendlicher zur rechtswirksamen *Selbstgefährdung*. Sie ist Folge des § 828 mit seiner einzelfallbe-

---

[10] Vgl. BGH, NJW 1972, 335 (ausreichende Reife verneint bei einem 16jährigen Mädchen für Einwilligung in eine kosmetische Operation).

[11] Die Wendung der Rspr. darf nicht als unmittelbare Wirkung des Grundrechts aus Art. 2 I GG oder auch des allgemeinen Persönlichkeitsrechts verstanden werden. Anders aber *Eisser*, Eranion für Maridakis, Bd. II, S. 214 f.; *Lenckner*, ZStaatsw. 72, 457.

[12] Zust. (mit unterschiedlichen Begründungen) auch *Soergel-Lange*, 13 zu § 1626; MünchKomm-*Hinz*, 44 zu § 1626; *Boehmer*, MDR 1959, 707; *Eisser*, Eranion für Maridakis, Bd. II, S. 215 f.; *Lenckner*, ZStaatsw. 72, 457 ff. (aber mit einem elterlichen Aufsichtsrecht im Hintergrund, das zum Entscheidungsrecht erstarken soll, wenn der Minderjährige aus völlig sachfremden Erwägungen eine offensichtliche Fehlentscheidung trifft); *Geilen*, Einwilligung und elterliche Aufsichtspflicht, 1963, S. 86 ff.; *Trockel*, NJW 1972, 1493 ff. Zust. nur noch für lebensgestaltende Operationen (gestützt auf seine Lehre von der partiellen Unvereinbarkeit des § 1626 I mit Art. 2 I GG) *Reuter*, Kindesgrundrechte und elterliche Gewalt, 1968, S. 207. Es ist indessen wenig folgerichtig, dem Jugendlichen zwar die wesentlichen Entscheidungen zu überlassen, die minder wichtigen aber den Eltern vorzubehalten.

Nach a. A. soll der Minderjährige auch bei genügender Reife zur Alleinentscheidung nur berufen sein, wenn die Einholung der Zustimmung des gesetzlichen Vertreters undurchführbar ist; im übrigen sollen Minderjähriger und Eltern die Einwilligung erklären müssen. Vgl. MünchKomm-*Gitter*, 94 f. vor § 104.

Gänzlich abl. haben sich geäußert *Staudinger-Donau*, 78 zu § 1626; *Enneccerus-Nipperdey*, § 151 II 1 e; *Bosch*, Grundsatzfragen, S. 42 ff.

zogenen Regelung der Schuldfähigkeit Jugendlicher im Alter zwischen sieben und achtzehn Jahren. Die Übernahme einer nicht mehr sozialadäquaten Gefahr ist nicht Einwilligung in deren Realisierung, sondern Selbstgefährdung, die – der mitwirkenden Selbstschädigung (§ 254) analog – nur vom Schuldfähigen verantwortet werden muß und gegebenenfalls im Bereich der Verschuldenshaftung zur Anwendung des § 254 führt (womit der alte Begriff des „Handelns auf eigene Gefahr" seinen Sinn verliert), im Bereich der Gefährdungshaftung aber zu ihrem Ausschluß, weil der Schutzzweck jener Normen entfällt (womit der alte Begriff seinen Sinn behält).[13] Die Frage, ob das übernommene Risiko erlaubt war oder nicht, kann freilich nicht mehr für das einzelne konkret geschädigte Kind gesondert gestellt und mit Rücksicht auf unterschiedliche Reifegrade auch unterschiedlich beantwortet werden; sie findet ihren personalen Bezugspunkt vielmehr in der typischen Schutzbedürftigkeit aller den Gefahrenbereich möglicherweise betretenden Kinder.[14]

6. Jenseits der Willenserklärungen und der ihnen entsprechenden Akte kann man dem jeweiligen Reifegrad des Kindes ohne Behinderung des Rechtsverkehrs Rechnung tragen. Das Gesetz täuscht freilich durch sein Schweigen auf dem Hintergrund einer im Bereich der Willenserklärungen nur sparsam abgestuften elterlichen Sorge eine starre Haltung vor, die sich in den festen Altersgrenzen für das religiöse Leben (vgl. § 5 RelKEG) zu bestätigen scheint. Einem fremdnützigen Recht, das dem Kind den Weg zur selbstverantwortlichen Persönlichkeit zeigen und ebnen soll, ist jedoch kraft der ihm immanenten Teleologie die Tendenz zur allmählichen Verflüchtigung eigen. Um dem Sinn der elterlichen Sorge zu entsprechen, ist deshalb in allen Lebensbereichen, für die der Rechtsverkehr keine standardisierten Maßstäbe benötigt, in einzelfallbestimmten Schüben elterliche Fremdbestimmung durch Selbstbestimmung zu ersetzen.

7. Wachsende Reife des Kindes führt in Teilbereichen der elterlichen Sorge zu deren Erlöschen vor der Mündigkeit. Die *prozessualen Weigerungsrechte* des Kindes bieten insoweit das beste Beispiel. Sie werden als höchstpersönliche Rechte von jedem Kind selbst ausgeübt; auch bei fehlender Einsicht in die Tragweite der Entscheidung ist die Weigerung zu respektieren, jeder Zwang also unzulässig. Wohl aber unterliegt die Bereitschaft zur Aussage der elterlichen Kontrolle, jedoch nur bis zu jenem von Fall zu Fall verschiedenen Zeitpunkt, zu welchem das Kind eine geistige Reife erreicht hat, die ihm ausreichende Einsicht vermittelt (vgl. §§ 52 II, 81 c StPO; für ZPO und FGG fehlen entsprechende Vorschriften, doch sind die Normen der StPO Träger eines allgemeinen Rechtsgedankens).[15]

---

[13] Vgl. *Larenz,* Schuldrecht, § 31 I b; BGH, NJW 1974, 234; *Lange,* Schadensersatz, 1979, S. 401 ff. (mit weit. Nachw.). Zur jüng. Theorie und Praxis vgl. im übrigen weiter BGHZ 34, 355; *Stoll,* Handeln auf eigene Gefahr, 1961; *Deutsch,* Haftungsrecht, Bd. I: Allgemeine Lehren, 1976, S. 327 ff.

[14] So *Stoll,* a. a. O. (Fn. 13) S. 266.

[15] Der Inhalt der Normen war bereits vor ihrer Neufassung im Jahre 1974 h. M. in Theorie und Praxis (die Rspr. bei *Hampel,* FamRZ 1974, 55 Fn. 1 und 2). Für ihre Erstreckung auf das Zivilrecht

Sträubt sich beim jüngeren Kind nur ein Elternteil, so setzt er sich in aller Regel durch: Selten nur wird der Elternstreit mit Rücksicht auf das Wohl des Kindes vom Vormundschaftsgericht zu entscheiden sein (§ 1628 I; vgl. dazu unten § 50 II 2ff.).[16]

Elternteile, die selbst am Verfahren beteiligt sind, dürfen als Folge der eintretenden Interessenkollision auch kontrollierend für das Kind nicht tätig werden (vgl. dazu unten § 51 IV 1); § 52 II 2 StPO schließt (dem § 1629 II 1 entsprechend) mit Rücksicht auf die eheliche Befangenheit auch den anderen Elternteil aus.[17] In Verfahren mit Beteiligung eines Elternteils (und erst recht bei Streitigkeiten zwischen den Eltern) ist demzufolge dem Kind ein Kontrollpfleger zu bestellen, wenn es zur Aussage bereit ist und das entscheidende Gericht ausreichende Einsichtsfähigkeit verneint.[18]

8. Wachsende Reife des Kindes führt in anderen Teilbereichen der elterlichen Sorge lediglich zu einem Funktionswandel, der die Eltern (in Recht und Pflicht) auf die Funktionen eines Wächters beschränkt, der nur noch Fehlentwicklungen zu steuern hat. Der *persönliche Umgang* des Kindes mit anderen ist dafür das beste (und praktisch wichtigste) Beispiel. Direktion gilt positiv bestimmend und negativ ausschließend unbedingt nur in einer ersten Phase (in welcher die Pflicht der Eltern, dem Kind die für seine Sozialisation notwendigen Kontakte zu eröffnen, in der Regel weit stärkere Bedeutung hat als ihre Befugnis zum Verbot). An ihre Stelle tritt mit zunehmender Reife des Kindes die Kontrolle mit zunächst unbedingter Befugnis zum Ausschluß unerwünschten Umgangs, später jedoch nur noch mit Recht und Pflicht, gegen das Kind und gegen einen mißliebigen Dritten vorzugehen (zur Unterlassungsklage vgl. oben § 49 IV 5; in der Praxis wird meist einstweiliger Rechtsschutz in Anspruch genommen), wenn der Umgang das Kind gefährdet. Auch der (die forensische Praxis beherrschende) Umgang der Tochter mit Männern ist den Eltern nicht bis zur Mündigkeit ganz anheimgegeben. Er ist in den Grenzen der altersbedingten Sozialadäquanz in die Selbstentscheidung der älteren Tochter gestellt.[19] Zwar hat die Herabsetzung der Alters-

---

auch MünchKomm-*Hinz,* 46f. zu § 1626. Abw. Ans. aus der Zeit vor der Änderung der StPO können heute nicht mehr ohne weiteres als nach wie vor gültige Meinung gewertet werden (eher schon als Vorschläge de lege ferenda). Vgl. etwa *Staudinger-Donau,* 75 zu § 1626 (Zwang zulässig bis zur Vollendung des 16. Lebensjahres; elterliches Vetorecht gegen die Aussagebereitschaft bis zur Mündigkeit); *Bosch,* Grundsatzfragen, S. 38ff. (volle Entscheidungsfreiheit für alle über 14 Jahre alten Kinder, eine Altersgrenze, die auch MünchKomm-*Hinz,* 46 zu § 1626, für sachgerecht hält); *Orlowsky,* S. 90 und 115 (Zusammenfassungen für das Zeugnisverweigerungsrecht: elterliche Kontrolle der Aussagebereitschaft bis zur Mündigkeit; Fragerecht des Richters bei noch nicht einsichtsfähigen Kindern im Bereich potentiell entlastender Aussagen).

[16] Ebenso i. Erg. (aus praktischen Erwägungen) *Bosch,* Grundsatzfragen, S. 52f.

[17] Der Ausschluß auch des anderen Elternteils wurde (vor der Änderung des § 52 StPO) verneint von OLG Stuttgart, NJW 1971, 2237 mit Nachw. Ihm widersprach *Schoene,* NJW 1972, 930.

[18] Vgl. dazu OLG Hamm, OLGZ 1972, 157; LG Mannheim, FamRZ 1974, 158 (bei 9jährigem Kind ohne weitere Ermittlungen fehlende Reife anzunehmen).

[19] Der Tendenz des Textes entsprechen die Entscheidungen LG Koblenz, FamRZ 1957, 325 und

grenze für die Volljährigkeit die ehedem besonders drängende Problematik entlastet, vorhanden ist sie indessen auch heute noch (ausgetragen wird sie auch im Rahmen des § 1612 II; vgl. dazu oben § 42 III 4).[20]

Die h. M. entscheidet anders, mag sie heute auch eher als früher bereit sein, der bis zur Volljährigkeit voll aufrechterhaltenen elterlichen Sorge mit der Schranke des Rechtsmißbrauchs (§ 1666) zu begegnen.[21] Unannehmbar (weil sachwidrig, wenn auch populär) ist innerhalb dieser konservativen Gedankenwelt die Überzeugung, daß Eltern sich umso mehr behaupten können, je stärker sie vom Kind wirtschaftlich in Anspruch genommen werden.[22]

OLG Koblenz, FamRZ 1958, 137 (Unterlassungsklage nur bei Vorliegen triftiger Gründe) mit skeptischer Anm. *Bosch;* LG Wiesbaden, FamRZ 1974, 663 (17 Jahre alte Tochter; Grenze des Erziehungsrechts, „wo ein plausibler Grund für das Umgangsverbot nicht ersichtlich ist". Die Entscheidung wurde nach Änderung des Sachverhalts von OLG Frankfurt, FamRZ 1975, 218 aufgehoben). Aus dem Schrifttum vgl. *Soergel-Lange,* 23 zu § 1631 (schon „verständliches Mißtrauen der Eltern" soll ihm zufolge ein Umgangsverbot rechtfertigen können); *Erman-Ronke,* 12 zu § 1631; *Klocke,* JuS 1974, 75ff. (jedoch mit Ansatz in § 1666 und insoweit zur Gegenposition gehörend; an die Stelle des jeweiligen Reifegrades tritt bei ihm die Vollendung des 15. Lebensjahres als feste Altersgrenze); MünchKomm-*Hinz,* 18 zu § 1631. Inmitten seines (de lege ferenda entworfenen) Systems von Teilmündigkeiten ist auch *Bosch* (FamRZ 1973, 500) im Bereich der tatsächlichen Erziehung des Kindes, einschl. des persönlichen Umgangs, für ein der Reife im jeweiligen Einzelfall folgendes Zurücktreten der elterlichen Sorge eingetreten.

[20] Von ausschlaggebender Bedeutung ist, daß sich Kinder in der Regel bereits vom 16. Lebensjahr an von ihren Eltern zu lösen beginnen. Vgl. dazu *Klocke,* JuS 1974, 76f.

[21] Vgl. für sie KG, ROLG 24, 23; OLG Dresden, LZ 1933, 1160; OLG Köln, FamRZ 1963, 447; LG Hannover, NJW 1949, 625; OLG Schleswig, FamRZ 1965, 224 (doch werden S. 226 „triftige Gründe" gefordert); LG Tübingen, FamRZ 1967, 108; OLG Hamm, FamRZ 1974, 136; OLG Bremen, FamRZ 1977, 555; *Staudinger-Donau,* 6 und 82 zu § 1626; *Dölle,* § 92 I 2b; *Beitzke,* § 27 V; *Palandt-Diederichsen,* 3 zu § 1631; *Lüderitz,* AcP 178 (1978), 279ff. Einschränkend bereits LG München, NJW 1962, 809. Zuweilen bleibt der Ansatz offen. Vgl. KG, MDR 1960, 497; OLG Nürnberg, FamRZ 1979, 71; LG Stuttgart, MDR 1964, 56.

In den praktischen Erg. differieren die beiden Meinungsgruppen weit weniger als in ihrem theoretischen Ansatz. Weitaus entscheidender als jener ist die Antwort auf die Frage, ob vorehelicher sexueller Verkehr der älteren Tochter als Umstand anzuerkennen ist, der ein elterliches Umgangsverbot rechtfertigt (sei es nun als Akt legitimer elterlicher Kontrolle, sei es auch als elterliche Maßnahme, die nicht mißbräuchlich ist). Die Rspr. pflegt die Eltern insoweit zu stützen; im Schrifttum zeigen sich die ersten Auflösungstendenzen. Vgl. insbes. *Klocke,* JuS 1974, 75ff. (insbes. S. 81). Sexuelle Kontakte älterer Söhne beschäftigen die Gerichte kaum. Vgl. aber die (zweifelhafte) Entscheidung OLG Nürnberg, FamRZ 1959, 71 (Umgang eines 18jährigen mit einer 25jährigen Frau unterbunden). Unbestreitbar sollte sein, daß sexuelle Kontakte beider Geschlechter von den Eltern beendet werden können, wenn sie anerkannten sozialen Standards widersprechen. Vgl. etwa LG Hamburg, FamRZ 1958, 141 (Umgang mit einem verheirateten Mann); LG Tübingen, FamRZ 1967, 108 (Beziehungen zu einem geschiedenen Mann unter Verlöbnisbruch). Sachverhalte anderer Art treten gegenüber unerwünschten sexuellen Beziehungen in der forensischen Praxis sichtlich zurück. Vgl. aber die (zu billigenden) Entscheidungen KG, MDR 1960, 497 (Umgang mit einem wegen Raubüberfalls vorbestraften, erst vor kurzer Zeit aus dem Gefängnis entlassenen Mann); OLG Hamm, FamRZ 1974, 136 (Rauschgiftmilieu).

[22] Sie spricht aus OLG Hamm, FamRZ 1974, 136. Ihm zust. *Erman-Ronke,* 12 zu § 1631; *Palandt-Diederichsen,* 3 zu § 1631. Wie der Text abl. dagegen LG Wiesbaden, FamRZ 1974, 663; MünchKomm-*Hinz,* 18 zu § 1631.

9. Was für den persönlichen Umgang des Kindes gilt, gilt auch für seinen *Geheimbereich,* mit anderen (früher erreichten) bestimmenden Reifegraden. Tagebücher, Briefe und dergleichen mehr sind den Eltern bei pflichtgemäßem Verhalten schon dann nicht mehr unbeschränkt zugänglich, wenn das Kind sich der Tragweite dieses Bereichs und seiner Störung bewußt geworden ist; in ihn einzudringen ist dann den Eltern nur noch erlaubt, wenn begründeter Verdacht einer Fehlentwicklung oder auch unzulässiger Beeinflussung durch Dritte besteht.[23]

10. Wachsende Reife des Kindes muß auch das Verhältnis von Eltern und Kind in Fragen der *Erziehung* nachhaltig bestimmen. Wer selbstverantwortliche Persönlichkeiten bilden will, muß schon Kindern Gelegenheit geben, sich selbstverantwortlich handelnd zu bewähren. Dennoch bleibt § 1626 II, der diesen Gedanken (seit dem EltSorgRG) im Gesetz zum Ausdruck bringt, insoweit eine (viel gescholtene) fragwürdige Norm, als er ständige Diskussionsbereitschaft fordert und als Ziel Einvernehmen von Eltern und Kind postuliert. Bewußt als lex imperfecta konzipiert[24] (die keinen richterlichen Eingriff in die elterliche Sorge gemäß § 1666 zu legitimieren vermag), sprengt er den Duktus des Gesetzes ohne erkennbaren Nutzen und suggeriert Fehlvorstellungen, die heute vermeidbar sein mögen, jedoch die Zukunft bedrängen könnten. Der Text der Norm ist dem Militärdeutsch verpflichtet, nimmt also das gesteckte Ziel als bereits erreicht vorweg, und wählt damit eine Form des Imperativs, die mit einer lex imperfecta kaum zu vereinbaren ist (den Grad der Verbindlichkeit jedenfalls nicht zweifelsfrei verdeutlicht). Auch weckt das Ziel des ,,Einvernehmens" von Eltern und Kind Assoziationen zum Recht des Vertrages (vgl. dazu § 1356 I aus dem Eherecht), die ganz und gar unangebracht sind. ,,Einigungen" zwischen Eltern und Kind mögen faktische Vertrauenstatbestände begründen können, rechtliche Bindungen erzeugen sie nicht. Jederzeit haben die Eltern ihr erziehendes Verhalten zu ändern, wenn es das Wohl des Kindes gebietet. Und nie ist der Staat mit seinem Vormundschaftsgericht dazu berufen, Streitigkeiten zwischen Eltern und Kindern so zu schlichten, wie er Meinungsverschiedenheiten der Eltern zu bereinigen hat.

VII. Zwang

Schrifttum: *Weimar,* Die Durchsetzung von Anordnungen kraft elterlicher Gewalt, MDR 1964, 21; *Petri,* Abschaffung des elterlichen Züchtigungsrechtes, ZRP 1976, 64.

1. Erzwingbarkeit ist nicht Begriffsmerkmal der Rechtsnorm; auch wo rechtmäßig kein Zwang ausgeübt werden darf, können Normen als Rechtsnormen

[23] Richtig schon *Krüger,* FamRZ 1956, 333f. Zust. jetzt auch MünchKomm-*Hinz,* 17 zu § 1631. Vgl. ferner *Lüderitz,* AcP 178 (1978), 282 (jedoch bei § 1666 einsetzend); *Staudinger-Donau,* 83 zu § 1626. Im Strafrecht wird nach wie vor eine Geheimsphäre der Kinder im Verhältnis zu ihren Eltern nicht anerkannt. Vgl. *Schönke-Schröder-Lenckner,* 13 zu § 202 StGB.

[24] Vgl. die BTDrucks. 8/2788, S. 44f.

bestehen. Rechtszwang muß nicht Staatszwang sein; es gibt den Selbstschutz zur Rechtsverteidigung und zur Rechtsverfolgung. Rechtsnormen, denen keine Erzwingbarkeit eignet, und Selbstschutz sind freilich ungewöhnliche Erscheinungen, doch finden sie in der elterlichen Sorge ein weites Feld.

2. *Selbstschutz* ist das primär für die Eltern vorgesehene Mittel zur Verwirklichung der Folgepflicht des Kindes. Er entspricht der Erziehungsaufgabe der Eltern ebenso wie unserem Verlangen nach einer von staatlichen Eingriffen möglichst freien Familie. Es gibt deshalb keine Klage der Eltern gegen das die elterliche Sorge mißachtende Kind;[1] es gibt sie auch dann nicht, wenn das Verhalten des Kindes gleichzeitig ein rechtswidriger Angriff auf andere Rechte der Eltern ist, das Kind etwa dem Gebot, das Elternhaus zu verlassen, nicht nachkommt und damit auch das Eigentum der Eltern verletzt.[2] Die Eltern üben vielmehr Rechtszwang in eigener Sache mit der Befugnis, sich in den Grenzen des Sittengesetzes aller Mittel zu bedienen, die mit der Personensorgepflicht (speziell der Pflicht zur sinnvollen Kindererziehung) zu vereinbaren sind. Eben jene Pflicht hat auch die Intensität der Einwirkung (mit absoluten Grenzen, die keinesfalls überschritten werden dürfen) zu bestimmen. Der Ungehorsam des Kindes, sein Alter, sein Reifegrad, seine körperliche Konstitution, seine psychische Reaktion sind die wesentlichsten Faktoren der Entscheidung von Fall zu Fall.

Unzulässig sind entwürdigende Erziehungsmaßnahmen, wie immer sie auch beschaffen sein mögen.[3] § 1631 II erwähnt diese (selbstverständliche) Grenze (mit ihren von der Selbstachtung und Fremdachtung bestimmten, zuweilen altersbedingten, an der Peripherie recht unscharfen Konturen) ausdrücklich um ihrer besonderen Bedeutung willen; Erziehung, die zur Achtung der Würde anderer anzuhalten hat, darf sich nicht selbst entwürdigender Mittel bedienen. Andere (nicht minder selbstverständliche) Grenzen erwähnt das Gesetz nicht mehr: Unzulässig sind alle quälenden Maßnahmen, unzulässig alle Maßnahmen, die das Anstandsgefühl des Kindes verletzen, unzulässig alle Einwirkungen, die zu gesundheitlichen Schädigungen führen können. Zulässig sind körperliche Züchtigungen im Rahmen der für sie bestehenden sozialen Standards (die eine Entwür-

---

[1] Verwehrt ist ihnen auch eine Klage auf Herausgabe der Sachen, die ihrer Vermögensverwaltung unterliegen. A. A. mit rein begrifflichen Gedankengängen *Siber,* Festgabe für Sohm, 1915, S. 27f. und JherJb. 67 (1917), 197. Zulässig bleiben Feststellungklagen, die klären sollen, ob Vermögen des Kindes zum verwaltungsfreien Vermögen gehört. Richtig insoweit *Siber,* Festgabe für Sohm, S. 16ff.

[2] Ebenso KG, KGJ 49, 24; *Kipp-Wolff,* § 79 V; *Staudinger-Donau,* 5 zu § 1632; *Soergel-Lange,* 17 zu § 1631; *Palandt-Diederichsen,* 5 zu § 1631. A. A. *Josef,* Recht 1919, 184f.

[3] Eine abschließende Aufzählung wird niemals möglich sein, zumal im Wandel der Zeiten Verschiebungen eintreten können. Vgl. dazu BGH, NJW 1953, 1440: Kurzschneiden der Haare und befristetes Festbinden einer sittlich stark gefährdeten Tochter. Die seinerzeit noch billigende (und als Grenzfall vielleicht noch tolerierbare) Entscheidung (zur Diskussion vgl. *Staudinger-Donau,* 33 zu § 1631 m. Nachw.) dürfte heute mit dem Zeitgeist nicht mehr zu vereinbaren sein. Vgl. Münch-Komm-*Hinz,* Fn. 19 zu § 1631 („abschreckendes Gegenbeispiel abwegiger höchstrichterlicher Rspr."); *Schwerdtner,* AcP 173 (1973), 240 Fn. 60 („Fossil eines überlebten Bewußtseinsstandes").

digung des Kindes ausschließen) und damit in einem Rahmen, der steter Verengerung durch neue Verhaltensweisen in der Kindererziehung zugänglich ist.[4]

Unzulässige Maßnahmen sind rechtswidrig dem Kind gegenüber, zu dessen Schutz das Vormundschaftsgericht tätig werden kann (§§ 1666ff.), meist aber auch strafrechtlich bedeutsam (§§ 223ff. StGB).

3. *Strafe.* Die dem elterlichen Zwang gezogenen Grenzen beschränken auch die elterliche Strafgewalt. Zwang und Strafe entfernen sich als Machtäußerungen des Staates weit voneinander. Als Äußerungen der elterlichen Sorge sind sie eng benachbart, zuweilen sogar ununterscheidbar miteinander verbunden.

4. *Befugnisse Dritter.* Zwangs- und Strafbefugnisse können von den Eltern (stets widerruflich) Dritten zur Ausübung überlassen werden, doch stets nur im Zusammenhang mit der Befugnis, das Kind zumindest auf einem bestimmten Gebiet zu erziehen[5] (etwa nicht einem Arzt bei Widerstand des zu behandelnden Kindes). Zwang und Strafe sind sekundäre Äußerungen der elterlichen Sorge, die von den Primärbefugnissen nie gelöst werden können. Eine isolierte Ausübung kann Dritten selbst dann nicht gestattet werden, wenn sie in anderer Funktion (Lehrer!) bereits einen Erziehungsauftrag haben.[6]

Die elterliche Sorge gibt dagegen keine Möglichkeit, ein allgemeines Züchtigungsrecht an sich nicht erziehungsberechtigter Erwachsener zur sofortigen Ahndung von Ungezogenheiten zu begründen. Der in der Rechtsprechung häufig auftauchende Gedanke einer Geschäftsführung ohne Auftrag für die Eltern (§ 679!)[7] kann allenfalls einen Eingriff in die elterliche Sorge rechtfertigen, nicht aber einen Eingriff in die körperliche Integrität des Kindes.[8] Das Kind ist nicht sachähnliches Objekt der Eltern, sondern Pflichtensubjekt, eine Legitimation den Eltern gegenüber daher noch keine Legitimation gegenüber dem Kind. Auch der Versuch, ein Züchtigungsrecht Dritter aus Handeln im Interesse des Kindes und mit mutmaßlicher

---

[4] Im Rahmen der Diskussion um die Reform des elterlichen Sorgerechts ist verschiedentlich ein Verbot gefordert worden. Vgl. insbes. *Petri,* ZRP 1976, 64. Es hätte jedoch vermutlich mehr Schaden (durch die Poenalisierung) als Nutzen gestiftet. Abl. auch *Lüderitz,* AcP 178 (1978), 287ff.

[5] Ebenso MünchKomm-*Hinz,* 13 zu § 1631.

Umgekehrt beinhaltet aber nicht jede Überlassung von Erziehungsbefugnissen auch schon eine Überlassung von Zwangsbefugnissen. Vgl. RGSt. 76, 5.

[6] BGHSt. 12, 62 spricht das i. Erg. für den Lehrer aus, findet die Begründung aber im Unvermögen der Eltern, amtliche Befugnisse zu erweitern.

[7] Vgl. OLG Braunschweig, DJZ 1905, 752; JW 1923, 310; DRiZ 1931 Nr. 200; OLG Hamburg, LZ 1914, 601; OLG Frankfurt, LZ 1914, 1143; OLG Hamm, JW 1924, 1788; OLG Dresden, JW 1931, 1392. Aus dem Schrifttum vgl. *Soergel-Lange,* 13 zu § 1631 (in seltenen Ausnahmefällen); *Stettner,* Die strafrechtliche Problematik der körperlichen Züchtigung, 1958, S. 68.

[8] So schon *Kipp-Wolff,* § 79 Fn. 4. Gegen ein aus der elterlichen Sorge mit dem Gedanken der Geschäftsführung ohne Auftrag abgeleitetes Züchtigungsrecht Dritter auch OLG Saarbrücken, NJW 1963, 2379; OLG Kiel, JW 1925, 2195; RGSt. 61, 191 (193); *Beitzke,* § 27 II 1; *Erman-Ronke,* 8 zu 1631; *Staudinger-Donau,* 36 zu § 1631; *Dölle,* § 92 Fn. 14; *Palandt-Diederichsen,* 5 zu § 1631; MünchKomm-*Hinz,* 14 zu § 1631.

Einwilligung der Eltern zu begründen,[9] kann nicht überzeugen. So wenig die Eltern ihre Strafbefugnis isoliert zur Ausübung überlassen können, so wenig können sie Dritte ohne abgeleiteten Erziehungsauftrag durch eine Einwilligung (und eine mutmaßliche Einwilligung) legitimieren.

5. *Staatliche Unterstützung.* Die Zwangsbefugnisse der Eltern sichern der elterlichen Sorge in der Regel faktische Geltung, garantieren sie aber nicht in jedem Fall. Das Vormundschaftsgericht[10] hat deshalb die Eltern auf ihren Antrag „bei der Ausübung der Personensorge in geeigneten Fällen zu unterstützen" (§ 1631 III; zur Ausführung von Anordnungen durch das Jugendamt vgl. § 48c JWG).

Antragsberechtigt ist jeder Elternteil ohne Bindung an den anderen. Maßnahmen gegen das widerstrebende Kind dienen stets unmittelbar oder mittelbar seiner Erziehung. Die Erziehung aber gehört zu jenen Teilen der elterlichen Sorge, die keiner Formierung bedürfen (vgl. unten § 50 I 3). Jeder Elternteil tritt dem Kind als selbständige Erzieherpersönlichkeit gegenüber; jeder Elternteil kann auch selbständig staatliche Hilfe in Anspruch nehmen. Freilich bleibt zweierlei zu bedenken: Dort, wo elterliche Sorge gemeinschaftlich auszuüben ist, kann nur gemeinschaftlich Beschlossenes kraft der selbständigen Erziehungsbefugnis durchgesetzt werden; ein Elternstreit kann ein Umstand sein, an dem sich der Einzelfall als ungeeignet für staatliche Hilfe erweisen kann.

Die Beschränkung auf „geeignete Fälle" verpflichtet das Vormundschaftsgericht vornehmlich dazu, seine Unterstützung zu versagen, wenn der elterliche Antrag (über den hinauszugehen das Gericht nicht befugt ist) dem Wohl des Kindes nach seiner Überzeugung nicht entspricht.[11] Zwischen die Tatbestände der Kindesgefährdung (§§ 1666ff.) – mit der Verpflichtung des Gerichts, kraft des staatlichen Wächteramts gegen die Eltern tätig zu werden – und den Tatbestand des § 1631 III – mit Unterstützung der Eltern durch den Staat – schiebt sich damit eine Indifferenzzone, in welcher der Staat die Eltern tatenlos gewähren läßt, damit freilich faktisch das Kind (und Dritte) stützt, wenn die Eltern ohne staatliche Hilfe nichts zu unternehmen vermögen.

Die dem Vormundschaftsgericht zu Gebote stehenden Maßnahmen sind nicht enumerativ bestimmt; sie können dem jeweiligen Einzelfall angepaßt werden. Ausgeschlossen sind Maßnahmen, die außerhalb staatlicher Gerichtsgewalt liegen; das Vormundschaftsgericht kann etwa keine körperliche Züchtigung anord-

---

[9] Das Schrifttum trennt kaum zwischen den Gesichtspunkten der Geschäftsführung ohne Auftrag und der mutmaßlichen Einwilligung. Vgl. aber die strafrechtlichen Versuche, ein Züchtigungsrecht Dritter zu begründen, bei *Mezger* im Leipziger Kommentar zum StGB, 8. Aufl., 10c zu § 51 StGB. Gänzlich abl. auch im Strafrecht *Schönke-Schröder-Lenckner,* 29 zu § 223 StGB.

[10] Für Zuständigkeit des Jugendamtes de lege ferenda *Schneider,* RdJ 1968, 77f.

[11] Schon vor dem EltSorgRG (das die „geeigneten Fälle" an die Stelle der früher genannten „geeigneten Maßregeln" setzte) h. L. Die Änderung des Normtextes hat die abw. Meinung (Verweigerung nur zulässig bei Mißbrauch des elterlichen Sorgerechts), zu der sich auch die Voraufl. bekannte, erledigt.

nen.[12] Ausgeschlossen sind ferner Maßnahmen, die durch eine andersartige staatliche Tätigkeit verbraucht sind; unzulässig ist etwa die Anordnung der Fürsorgeerziehung,[13] unzulässig aber auch jeder Arrest.[14] In diesen Fällen fehlt ein offenkundiges Kriterium, das die staatliche Tätigkeit zur Unterstützung der Eltern von der das Kind diskriminierenden eigenständigen Tätigkeit des Staates im Bereich der Fürsorgeerziehung und des Strafrechtes sondert und damit jede Fehldeutung des staatlichen Handelns zur Unterstützung der Eltern ausschließt.

Zulässig sind insbesondere Ermahnungen und Verweise, Anordnung und Vollstreckung der Rückkehr in das Elternhaus[15] (jedoch darf älteren Kindern gegenüber mit Rücksicht auf ihre Menschenwürde keine Gewalt angewendet werden[16]), auch die Unterbringung des Kindes bei einer zu seiner Erziehung geeigneten Familie oder in einer Erziehungsanstalt. Erziehungsbefugnisse kann freilich das Vormundschaftsgericht im Rahmen des § 1631 III nie einräumen. Nur die Eltern sind in der Lage, dem ausgewählten Erzieher elterliche Befugnisse zur Ausübung zu überlassen.

§ 1631 III stellt den Eltern kontrolliert staatliche Hilfe zur Verfügung; das zur Staatsaufsicht berufene Organ wird zum Organ staatlicher Familienhilfe. In dieser Funktion sind ihm alle gestaltenden Eingriffe in die elterliche Sorge eines widerstrebenden Elternteils verwehrt.[17] In dieser Funktion ist es ebensowenig zur Entscheidung elterlicher Streitigkeiten berufen.

---

[12] Ebenso BayObLG, MDR 1952, 240; *Staudinger-Donau,* 40 zu § 1631; *Schnitzerling,* FamRZ 1957, 292; MünchKomm-*Hinz,* 31 zu § 1631. A. A. *Kipp-Wolff,* § 79 II mit Fn. 5; *Weimar,* MDR 1964, 21.

[13] Vgl. *Beitzke,* § 27 II 1; *Weimar,* MDR 1964, 22; MünchKomm-*Hinz,* 31 zu § 1631.

[14] Vgl. zu dieser Frage in erster Linie BayObLG, MDR 1952, 240. Die Entscheidung stimmt i. Erg. mit dem Text überein, findet aber ihre Begründung in den Artt. 2 II und 104 I GG. Gegen die Zulässigkeit des Arrestes auch *Beitzke,* § 27 II 1; *Erman-Ronke,* 10 zu § 1631; *Staudinger-Donau,* 40 zu § 1631; *Schnitzerling,* FamRZ 1957, 292; *Soergel-Lange,* 27 zu § 1631; MünchKomm-*Hinz,* 31 zu § 1631. Eine begrenzte Einsperrung wird dagegen für zulässig gehalten von *Kipp-Wolff,* § 79 Fn. 5.

[15] Vgl. KG, ROLG 1, 366 (368); DJZ 1913, 356. Die Vollstreckung erfolgt nach § 33 II FGG, der dem Vollstreckungsbeamten die Befugnis gibt, polizeiliche Unterstützung nachzusuchen. Das VormG kann dagegen der Polizei weder unmittelbar noch mittelbar durch Ermächtigung der Eltern Anweisungen erteilen (anders KG, Recht 1916 Nr. 1152; *Kipp-Wolff,* § 79 II; *Staudinger-Donau,* 41 zu § 1631; OLG Düsseldorf, NJW 1964, 453 (454) für die unmittelbare Anweisung; OLG Neustadt, FamR 1964, 575 für die Ermächtigung der Eltern), wenn auch sicher auf einen Sachverhalt hinweisen, der nach Polizeirecht ein Einschreiten verlangt. Zust. MünchKomm-*Hinz,* 31 zu § 1631. Kraft Landesrechtes können die Eltern berechtigt sein, die Rückführung des Kindes durch die Polizei unmittelbar zu verlangen. In den Vorarbeiten zum BGB wurde eine entspr. Verpflichtung der Polizei zunächst vorgesehen (Mot. IV, 754), später aber wieder beseitigt (Prot. IV, 547).

[16] Vgl. dazu BayObLG, FamRZ 1974, 534 (Mädchen im Alter von 16 und 17 Jahren); BGH, FamRZ 1975, 273 (276): gewaltsame Wegnahme von Kindern über 14 Jahren im Hinblick auf Art. 2 I GG verfassungsrechtlich bedenklich. Beide Entscheidungen betreffen Herausgabeansprüche von Elternteilen mit fremder Staatsangehörigkeit.

[17] Vgl. OLG Hamm, FamRZ 1976, 284 (285).

VIII. Schutz des Kindes

Schrifttum: *Hirsch,* Entzug und Beschränkung des elterlichen Sorgerechts, 1965; *Certain,* Übertragung des Aufenthaltsbestimmungsrechtes als ausreichende Maßnahme nach § 1666 BGB, ZBlJugR 1968, 104; *Schneider,* Zur Neufassung des § 1666 I BGB, RdJ 1968, 72; *Quambusch,* Verfassungsrechtliche Kriterien zur Auswahl der erforderlichen Maßregeln nach § 1666 I BGB, RdJ 1973, 364; *Höhne,* Gerichtliche Kontrolle elterlicher Fehlentscheidungen, Diss. jur. Frankfurt, 1974; *Hinz,* Kindesschutz als Rechtsschutz und elterliches Sorgerecht, 1976.

1. *Sanktionsloses elterliches Fehlverhalten.* Während die elterlichen Zwangsbefugnisse und die Unterstützung des Vormundschaftsgerichtes (§ 1631 III) die elterliche Sorge als Recht der Eltern lückenlos sichern, steht hinter dem Anspruch des Kindes auf ein pflichtgemäßes Verhalten der Eltern der Rechtszwang nur in Grenzen. Die Idee einer staatlichen Eingriffen möglichst entzogenen Familie leistet Widerstand; mit ihr ist staatlicher Rechtsschutz, der sich selbst kleinster Pflichtwidrigkeiten annimmt, nicht zu vereinbaren. Selbstschutz aber ist eine Problembewältigung, die sich für das Kind ebenso von selbst verbietet, wie sie sich für die Eltern förmlich aufdrängt. So ist der Schutz des Kindes auf staatliche Maßnahmen in groben Fällen beschränkt; eine Fülle von (leichteren) Pflichtwidrigkeiten bleibt ohne Sanktion.

2. *Formen des Rechtsschutzes.* Es gibt keine Klage des Kindes gegen seine Eltern, mit der es pflichtgemäße Ausübung der elterlichen Sorge begehren könnte oder gar die Vornahme bestimmter Handlungen (etwa den Abschluß eines Lehrvertrages mit einem Lehrherrn). Es gibt auch keine Klage des Kindes, mit der es Unterlassen pflichtwidrigen Verhaltens begehren, und kein Analogon zu § 1631 III, mit dem es den Staat unterstützend gegen die Eltern in Anspruch nehmen könnte.[1] Sekundären Schutz findet das Kind in Schadensersatzansprüchen, die ihm aus der Verletzung elterlicher Pflichten erwachsen (vgl. dazu oben III 6). Der Primärschutz obliegt allein dem Vormundschaftsgericht als Organ der von Art. 6 II 2 GG zur Beaufsichtigung der Eltern berufenen staatlichen Gemeinschaft[2] (zur Haftung oben § 44 I 6); im Bereich der Personensorge herrschen die Grundsätze der §§ 1666 und 1666a, im Bereich der Vermögenssorge diejenigen der §§ 1667 und 1670.[3]

---

[1] Str. ist bis heute die Frage geblieben, ob dem über vierzehn Jahre alten Kind das Recht zur Beschwerde aus § 59 FGG zusteht, wenn das VormG einen Eingriff in die elterliche Sorge abgelehnt hat, oder nicht (weil dem Kind absichtlich ein Antragsrecht versagt worden sei und es nicht angehe, ihm die Befugnis einzuräumen, mittels einer Beschwerde ein Verfahren in Gang zu setzen). Doch neigt die jüngere Rspr. dazu, die Frage zu bejahen. Vgl. OLG Hamm, FamRZ 1974, 29 (mit zahlr. Nachw. zum Streitstand); OLG Stuttgart, FamRZ 1974, 538.

[2] Zuweilen werden die §§ 1666ff. deshalb als ,,Ausführungsvorschriften" bezeichnet. Vgl. OLG Stuttgart, FamRZ 1974, 538 (540); MünchKomm-*Hinz,* 1 zu § 1666.

[3] Vgl. ferner den strafrechtlichen Schutz (insbes. die §§ 223b, 170b, 170d StGB).

3. *Personensorge; Regeltatbestände.* Der (vom EltSorgRG neu gestaltete) § 1666 I ermächtigt das Vormundschaftsgericht (Richtervorbehalt; vgl. § 14 Nr. 8 RPflG) von Amts wegen (kein Antragsrecht des Kindes; unbenommen bleibt es ihm, Maßnahmen anzuregen) die ,,zur Abwendung der Gefahr erforderlichen Maßnahmen zu treffen" (nach Anhörung des Jugendamtes; vgl. § 48a I Nr. 5 JWG), wenn ,,das körperliche, geistige oder seelische Wohl des Kindes durch mißbräuchliche Ausübung der elterlichen Sorge, durch Vernachlässigung des Kindes, durch unverschuldetes Versagen der Eltern oder durch das Verhalten eines Dritten gefährdet wird", in allen Fällen jedoch nur, ,,wenn die Eltern nicht gewillt oder nicht in der Lage sind, die Gefahr abzuwenden". In dieser Gestalt vermeidet die Norm (als Folge eines politischen Kompromisses) den Eindruck einer Generalklausel, die jedem elterlichen Fehlverhalten mit der Folge einer Gefährdung des Kindes entgegenzutreten erlaubt, setzt jedoch (praktisch gleichwertig) einzelne Tatbestände mit relativer Unbestimmtheit ohne Willen, einen Prozeß der Präzisierung anzuregen, an deren Ende sich Räume der Kindesgefährdung nach elterlichem Fehlverhalten ergeben, die vom Staat toleriert werden. Angesichts dieser Situation ist das Bemühen um exakte Definitionen eher schädlich als nützlich; Sachverhalte, die keinem scharf konturierten Tatbestand zu subsumieren sind, wird die Rspr. (mit gutem Grund) doch (um den Preis begrifflicher Klarheit und der Methodenehrlichkeit) einzuordnen wissen.

Problematisch ist insofern bereits der Bezug der Gefährdung auf ,,das körperliche, geistige oder seelische Wohl des Kindes", also auf eine Trias, die man zwar herkömmlich als vollständige Auffächerung der Kindesinteressen begreift, die sich jedoch nach begrifflicher Präzisierung durchaus als lückenhaft erweisen könnte. Die Verzögerung der Wahl des Vornamens, die Verzögerung einer Ehelichkeitsanfechtung wurden bereits genannt; sollen alle die Persönlichkeit des Kindes berührenden Fragen zum geistigen oder seelischen Wohl gehören?

In vier Tatbestände besondert § 1666 I 1 im übrigen den Raum legitimer staatlicher Eingriffe, ein jeder mit zwei Tatbestandselementen, von denen das zweite allen Tatbeständen gemeinsam ist. Was immer auch Grund der Gefährdung des Kindes sein mag, staatliche Maßnahmen sind stets nur erlaubt, ,,wenn die Eltern nicht gewillt oder nicht in der Lage sind, die Gefahr abzuwenden". Gewahrt wird damit der Grundsatz von der Subsidiarität staatlichen Handelns, der auch nach elterlichem Fehlverhalten sinnvoll bleibt: Wer seinen Pflichten nicht nachkam, hat sich damit noch nicht zur Folgenbeseitigung als unfähig oder auch als unwillig erwiesen.

Zwei Tatbestände setzen Verschulden der Eltern voraus (und zwingen damit das Vormundschaftsgericht zu diskriminierenden Schuldvorwürfen, die niemandem dienen): der Mißbrauch des elterlichen Sorgerechts (mit unterschiedlichen

Ergebnissen des Versuchs einer begrifflichen Verdichtung[4]) und die Vernachlässigung des Kindes (zu der schließlich alle pflichtwidrig belassenen Mangellagen des Kindes gerechnet werden können). Zwei Tatbestände beanspruchen Geltung auch ohne elterliches Verschulden: das unverschuldete Versagen der Eltern (einschließlich aller Verhaltensweisen, die den Tatbestand des Mißbrauchs und der Vernachlässigung nur deshalb nicht erfüllen, weil den Eltern ein Schuldvorwurf nicht zu machen ist) und das Verhalten eines Dritten (das mit dem Gedanken einer dem Staat obliegenden Wahrnehmung der Rechte des Kindes gegen seine Eltern allein über das zweite Tatbestandselement der elterlichen Insuffizienz zur Gefahrenabwehr verbunden ist). Die dem Verschuldensgrundsatz zugekehrten Tatbestände sind Träger älteren Rechtsguts, in den beiden anderen hat sich jüngeres Rechtsgut Bahn gebrochen.[5] So gesehen, ist der neu gestaltete § 1666 ein mixtum compositum und damit der getreue Spiegel einer Zeit, die der ihr eigenen Versicherung grundlegender Reformen keinesfalls immer zu entsprechen weiß.

Sofern die Gefährdung des Kindes auf das Verhalten eines Dritten zurückzuführen ist (etwa: auf Pflegeeltern, auf Stiefelternteile, aber auch auf Personen ohne jede elterliche Stellung wie den Zuhälter einer jugendlichen Prostituierten), kann das Vormundschaftsgericht auch dann Maßnahmen ergreifen, wenn die Eltern nicht pflichtwidrig handelten (vorbeugend und Gefahren abwehrend). Insofern wurde in eine grundsätzlich dem defensiven Rechtsschutz des Kindes

[4] Zuweilen wird (u. E. verfehlt) von einem Mißbrauch nur gesprochen, wenn eine Entscheidung willkürlich, böswillig oder so unverständlich ist, daß sie in keiner Weise zu rechtfertigen ist. Vgl. SchlHOLG, SchlHA 1957, 280; *Dölle,* § 96 II 2d aa; *Schnitzerling,* RdJ 1966, 164f.; LG Kassel, FamRZ 1970, 597. Besser ist die Bestimmung als „falscher, rechts- und zweckwidriger Gebrauch des Personensorgerechts in einer dem Wohl des Kindes und dem Erziehungsziel objektiv zuwiderlaufenden, jedem besonnen denkenden Elternteil erkennbaren Weise". Vgl. MünchKomm-*Hinz,* 24 zu § 1666; *Staudinger-Göppinger,* 30 zu § 1666; OLG Köln, FamRZ 1973, 265 (266); OLG Hamm, FamRZ 1974, 29 (31); OLG Karlsruhe, FamRZ 1974, 661 (662). Das Erziehungsziel kann freilich nicht additiv neben das Wohl des Kindes gestellt werden. Nach dritter Ansicht ist Mißbrauch „jedes Ausnutzen der elterlichen Sorge zum Schaden des Kindes". Vgl. *Soergel-Lange,* 18 zu § 1666, im Anschluß an KG, ROLG 31, 409. Diese ohnehin nicht sehr ergiebige Definition führt mit dem Schadensbegriff ein Element ein, das Mißverständnisse nahelegt.

[5] Die Reform des Kindschaftsrechts durch das EltSorgRG hat stets in der Neugestaltung des § 1666 ihren Höhepunkt gesehen. Basis dieser Vorstellung war eine festgefügte h. M., die dem VormG zuvor jeden Eingriff in die elterliche Gewalt ohne elterliches Verschulden theoretisch versagte (wenn auch niemals praktisch verwehrte). Doch gab es genügend Stimmen, die schon vor der Reform bemerkten, daß der (alte) Normtext keinesfalls im Sinne der h. M. interpretiert werden mußte und deshalb die Rspr. die Schranken, die sie sich selbst gesetzt hatte, auch selbst wieder beseitigen konnte. Zur Situation vor dem EltSorgRG vgl. zuletzt MünchKomm-*Hinz,* 22 und 23 zu § 1666 (zur h. M.) und 3, 4 und 17 zu § 1666 (für die in der Opposition stehende Minderans., zu der sich auch die Vorauflagen, jeweils in § 49 VIII 3, bekannten).

Daß die damalige Minderans. heute (anders als damals) gezwungen ist, die Tatbestände des Mißbrauchs und der Vernachlässigung dem Verschuldensgrundsatz zuzuordnen, beruht auf der neuen Textgestaltung, die pointiert das Versagen der Eltern auch als unverschuldetes anführt und eben damit einen betonten Gegensatz zu den vorangehenden Tatbeständen verdeutlicht.

gegen seine Eltern dienende Norm ein (auch § 1631 III nicht mehr zu integrierender) der öffentlichen Jugendhilfe zugekehrter Gedanke eingekreuzt[6] (der besser andernorts geregelt worden wäre). Wenn die dem Staat gegenüber den Eltern gezogenen Grenzen gewahrt werden sollen, können jedoch bei pflichtgemäßem (wenn auch erfolglosem) Verhalten der Eltern immer nur Maßnahmen gerechtfertigt sein, die sich gegen den Dritten richten (vgl. dazu § 1666 I 2), und niemals Eingriffe in die elterliche Sorge.

Nur Pflichtwidrigkeiten der Eltern legitimieren das Vormundschaftsgericht ihnen gegenüber, Haltungen und Handlungen also, die den gegen die Eltern gekehrten Anspruch des Kindes verletzen.[7] Geeignet sind aber auch *alle* Pflichtwidrigkeiten, mögen sie nun einen Schuldvorwurf begründen, mögen sie auch ohne Verschulden unterlaufen sein. Modernerem Denken (das den Gedanken frühzeitig bei der Vermögenssorge aufgriff) muß der (an einen deliktischen Schutz des Kindes gemahnende) noch immer nicht gänzlich beseitigte (wenn auch praktisch endlich obsolet gewordene) Verschuldensgrundsatz in diesem Zusammenhang fast unverständlich dünken. Schutz braucht das Kind vor allen Pflichtwidrigkeiten der Eltern; Schutz kann das Kind aber auch vor allen Pflichtwidrigkeiten fordern, weil sein Recht auf pflichtgemäße Ausübung der elterlichen Sorge auch bei nur objektiv pflichtwidrigem Fehlverhalten der Eltern verletzt ist.

Was Elternpflicht gebietet, was nicht mehr, ist nicht generell zu fixieren. Unterschiedliche Lebensverhältnisse bedingen unterschiedliche Pflichtensituationen. Es gibt auch keine Lebensverhältnisse, die schlechthin nicht mehr als Rahmen elterlicher Pflichten anzuerkennen sind. Pflichtwidrig kann freilich das Verharren in Lebensverhältnissen sein, die mit verantwortungsbewußter Elternschaft nicht zu vereinbaren sind. Eltern handeln etwa nicht pflichtwidrig, wenn sie wegen eines nicht vermeidbaren Geldmangels einen Notstand nicht beheben können,[8] und ebensowenig, wenn sie das Kind durch eine (eigene) unvermeidbare Berufsausübung schädigen (Problem der Schlüsselkinder).[9] Sie beginnen dagegen pflichtwidrig zu handeln, wenn sie einen objektiv notwendigen und ihnen möglichen Wechsel in Lebensverhältnisse, die das Kind vor Gefahren bewahren, nicht vollziehen (die Eltern weigern sich, eine unzureichende Notunterkunft zu verlas-

---

[6] Vgl. dazu (in größerem Rahmen innerhalb der Reformdiskussion) *Hinz,* S. 30ff.

[7] Ausdrücklich gegen das (die Eltern schützende) Erfordernis der Pflichtwidrigkeit (aber ohne Kontrolle an Art. 6 II GG) *Knöpfel,* FamRZ 1977, 604, mit Hinweis insbes. auf Eltern, deren Kräfte der Erziehungsaufgabe nicht gewachsen sind (doch sind sie dann verpflichtet, sich fremder Hilfe zu versichern, ggf. auch das VormG aus § 1631 III in Anspruch zu nehmen).

Ein vor Erlangung der elterlichen Sorge liegendes Verhalten kann niemals pflichtwidrig sein dem Kind gegenüber und deshalb auch niemals Maßnahmen des VormG rechtfertigen (a. A. KG, ROLG 4, 411; BayObLG, Recht 1915 Nr. 850; *Kipp-Wolff,* § 83 Fn. 10; *Soergel-Lange,* 16 zu § 1666). Die Situation ändert sich jedoch, wenn der Elternteil sein Verhalten als Sorgeberechtigter fortsetzt.

[8] Vgl. BayObLG, Recht 1931 Nr. 1757; BayObLGZ 28, 236.

[9] Vgl. BayObLGZ 13, 738 (742); BayObLG, Recht 1913 Nr. 757; KG, ROLG 31, 407 (408).

sen, obwohl sie eine bessere Wohnung beziehen und mit ihren Mitteln auch finanzieren können).

Elterliches Handeln ist vielfach nicht von Elternpflichten in eine bestimmte Richtung gewiesen; Handlungsermessen ist häufig, ja die Regel. Pflichtwidrig handeln die Eltern in diesen Fällen erst, wenn sie Ermessensgrenzen überschreiten, und nicht schon, wenn sie nach Ansicht des Vormundschaftsgerichtes anders hätten handeln sollen.

4. *Einzelfälle.* Die Rechtsprechung zu § 1666 (die trotz Änderung der Norm durch das EltSorgRG mit ihren Ergebnissen weithin bedeutsam bleibt) ist kaum noch zu übersehen.[10] Abgeschlossen kann sie nie sein, weil sich die Vorstellungen von dem, was Elternpflicht gebietet, ändern und Sachverhalte an § 1666 heranführen, die frühere Zeiten noch nicht beunruhigten. Wenn der Satz eines Beweises bedürfte, so könnte er ihn am eindrucksvollsten in Fragen der Bildung und Ausbildung finden. Auch frühere Zeiten haben bereits die Pflicht der Eltern bejaht, das Kind sinnvoll in das Berufsleben einzugliedern,[11] doch hat erst die Zeit nach dem zweiten Weltkrieg den Ermessensspielraum der Eltern in Schüben verengt; die Gegenwart hat gar (mit § 1631 a; vgl. zu ihm unten 8.) einen speziellen Tatbestand geschaffen als Ausdruck einer unübersehbaren Zeitsignatur.

Die meisten Sachverhalte, die der Rspr. Anlaß geben, ein pflichtwidriges Verhalten mit der Folge einer Gefährdung des Kindes festzustellen, bedürfen als allzu selbstverständlich und unproblematisch kaum der Erwähnung (etwa: Anhalten zu strafbaren Handlungen oder zur Unzucht; Fernhalten vom Schulbesuch; übermäßige Züchtigung). Andere aber stellen hohe Anforderungen an den richterlichen Takt.

Auf dem Hintergrund gut belegter historischer Erfahrungen ist von den Gerichten viel Toleranz zu fordern gegenüber elterlichen Zielen und Methoden, und zwar auch in jenen Fragen, die in der jeweiligen Gegenwart besonders emotionalisierend wirken. Gerade dort, wo eine Überzeugung besonders drängend zu werden beginnt, bleibt zu fragen, ob sie sich wirklich bereits zu einem Standard verdichtet hat, der den richterlichen Eingriff legitimiert, oder ob sie nicht nur demjenigen unwiderstehlich dünkt, der seine eigene Ansicht nicht zu relativieren versteht, mithin nur eine (wenn auch vielleicht um sich greifende) Meinung zum Ausdruck bringt, neben der sich andere elterliche Auffassungen (weil im Toleranzbereich einer pluralistischen Gesellschaft liegend) durchaus zu behaupten vermögen. Nationalistische und ideologische Verhärtungen, die früher ganze Richtergenerationen in Versuchung führten, mögen heute keine Gefahren mehr sein. Doch wird sich die Gegenwart davor hüten müssen, den Eltern Erziehungsstile

---

[10] Die vollständigste Übersicht (Stand 1966) bei *Staudinger-Göppinger,* 42ff., 149ff. und 216ff. zu § 1666. Vgl. ferner die Dissertation von *Höhne* (Stand 1973); MünchKomm-*Hinz,* 25ff. zu § 1666 (Stand 1977).

[11] Vgl. BayObLGZ 23, 46; KG, JR 1927 Nr. 371.

vorzuschreiben.[12] So sicher es Grenzen elterlicher Strenge gibt[13] und Grenzen elterlicher Diskussionsverweigerung, so sicher sollte auch sein, daß es nicht Aufgabe der Vormundschaftsgerichte ist, mit Hilfe des § 1666 einen „partnerschaftlichen Erziehungsstil" durchzusetzen (auch § 1626 II gibt dafür keine Handhabe; vgl. dazu oben VI 10).

Die Tatbestandselemente der Pflichtwidrigkeit und der Gefährdung des Kindes verschmelzen, wenn die Eltern der allgemeinen Pflicht nicht entsprechen, das Kind vor Gefährdungen zu bewahren. Die mißbräuchliche Aufenthaltsbestimmung (im Regelfall: abrupter Milieuwechsel nach längerem Aufenthalt des Kindes bei Pflegeeltern[14]) gehört insbesondere hierher, dagegen schon nicht mehr das mißbräuchliche Umgangsverbot (vgl. für die Großeltern unten § 53 III 4), weil sich insoweit längst die spezielle Pflicht herauskristallisiert hat, dem Kind die Pflege seiner familiären Beziehungen zu ermöglichen und seine Sozialisation zu fördern. Hindern die Eltern das heranwachsende Kind, das sich im Rahmen seines Freiheitsraumes hält (vgl. dazu oben VI 8), so handeln die Eltern außerhalb ihrer elterlichen Sorge; verletzt ist dann die Pflicht, die Selbstbestimmungssphäre des Kindes zu achten.

Neben pflichtwidrigen positiven Handlungen sind der Praxis auch pflichtwidrige Unterlassungen (etwa: Verweigerung der für eine ärztliche Behandlung erforderlichen Einwilligung[15]) eine geläufige Erscheinung. Seltener sind Sachverhalte, in denen pflichtwidriges Tun und pflichtwidriges Unterlassen kombiniert sind (Hausverweis ohne Beschaffung einer anderen Unterkunft[16]).

---

[12] Die Warnung schon bei *Strätz,* FamRZ 1977, 595.

[13] Geltend gemacht vor dem LG Kleve. Vgl. FamRZ 1977, 335 (16 Jahre alte Tochter, die sich von ihrem in der DDR lebenden Vater trennte).

[14] Die Rspr. der OLGe ist insofern zurückhaltend. Vgl. etwa für die jüngere Vergangenheit OLG Düsseldorf, FamRZ 1968, 89 (Großeltern); BayObLG, FamRZ 1976, 163 und 1977, 473 (türkische Kinder bei deutschen Pflegeeltern). Speziell das BayObLG schätzt die Gefahren eines Milieuwechsels für gesunde Kinder gering ein. Vgl. neben den bereits angeführten Entscheidungen FamRZ 1969, 341 (344); diesem Beschluß zust. BGHZ 54, 132 (143). Da es sich auch in den beiden zuletzt genannten Entscheidungen um Ausländerfälle handelt (Italiener; Ägypter), in denen jeweils der mit dem Kind nationalitätsgleiche Elternteil Herausgabe forderte, ist schwer abzuschätzen, ob die Gerichte eine allgemein gültige Aussage treffen wollten. Für den BGH vgl. als bereits ältere Entscheidung ferner FamRZ 1963, 560 (563).

[15] Vgl. aus der jüng. Rspr. KG, FamRZ 1970, 491 (differential-diagnostische Untersuchung; frühkindlicher Hirnschaden); OLG Hamm, FamRZ 1968, 221 (Blutaustausch; Vater den Zeugen Jehovas angehörend; vorbildlich schnelles Handeln des VormG); KG, FamRZ 1972, 646 (psychiatrische Untersuchung; vom Kind selbst empfundene Fehlentwicklung zum Sonderling).

Eine Pflicht, die Einwilligung zu erteilen, besteht bei zweckdienlichen und gefahrlosen Operationen immer; im übrigen sind Gefahr und Erfolgsaussichten gegeneinander abzuwägen. Religiöse Bedenken entlasten die Eltern nicht (vgl. unten § 53 II 3). Unzulässig ist eine prophylaktische Entziehung elterlicher Befugnisse, wenn die Eltern einer Glaubensgemeinschaft angehören, die bestimmte medizinische Eingriffe ablehnt. Vgl. dazu BayObLG, FamRZ 1976, 43 (Zeugen Jehovas, Bluttransfusion) ohne abschließende Beantwortung der Frage.

[16] Vgl. OLG Köln, NJW 1947/48, 342.

Erfreulich selten sind Ansätze zu einem (ganz und gar unangebrachten) schematischen Urteilen geblieben[17] (auch Prostitution der Mutter erlaubt nicht ausnahmslos einen Eingriff[18]). Häufiger sind die Vormundschaftsgerichte der Gefahr erlegen, ein nicht mehr gültiges Bild der elterlichen Sorge zu verwirklichen (und sicher ist jedenfalls noch heute die Gefahr einer allzu restaurativen Haltung größer als die Gefahr sendungsbewußter Progressivität). Der grundlegende Wandel in der Familienverfassung wird etwa verfehlt, wenn die Rspr. allzu schnell bereit ist, einer nach geschiedener Ehe allein sorgeberechtigten Mutter (§ 1671) das Recht zu entziehen, eine Namensänderung für das Kind zu beantragen, die zur Namensgleichheit von Mutter und Kind führen soll (nach Rückkehr der Mutter zu einem früheren Namen gemäß § 1355 IV 2 oder nach Namenswechsel als Folge einer neuen Ehe) und Namensverschiedenheit von Vater und Kind bewirken würde.[19]

5. *Maßnahmen.* Bei der Maßnahmenwahl ist das Vormundschaftsgericht in jene Schranken gewiesen, die staatlicher Macht überhaupt und gerade als überwachender (und damit nicht: strafender) Macht gesetzt sind; unzulässig sind insbesondere alle Maßnahmen, die den Eltern eine bestimmte Lebensführung gebieten.[20] Das Vormundschaftsgericht ist ferner (schon mit Rücksicht auf Art. 6 II

---

[17] Vgl. aber OLG Saarbrücken, DRZ 1950, 518. Die Entscheidung sieht in jedem Verstoß gegen die Vorschriften des RelKEG bereits einen Akt, der einen Eingriff des VormG rechtfertigt.

[18] So schon OLG Hamburg, HansGZ 1935, 371 (Kleinkinder mit gesonderter Unterbringung).

Außereheliche Sexualkontakte konnten früher als „unsittliches Verhalten" relevant werden. Nach der Umgestaltung des Normtextes können sie nur als Verletzung der Pflicht, dem Kind eine glaubhafte Erzieherpersönlichkeit zu sein, relevant werden. Doch ist angesichts deutlicher Lockerung ehedem als verbindlich gesetzter Maßstäbe starke Zurückhaltung geboten. Aus der Rspr. vgl. KG, FamRZ 1965, 158 (u. a. sexuelle Kontakte auf Reisen in einem Zimmer, in dem auch ein 7–8 Jahre altes Kind nächtigte); OLG Saarbrücken, FamRZ 1967, 399 (fortgesetzter Ehebruch in der Familienwohnung mit einem Mann, der die Mutter nach Scheidung seiner gegenwärtigen Ehe zu heiraten beabsichtigte) und dazu die berechtigte Kritik von MünchKomm-*Hinz*, 32 zu § 1666.

[19] Im Einzelfall kann ein Eingreifen berechtigt sein (vgl. OLG Frankfurt, FamRZ 1956, 325 mit Anm. *Becker*), aber man kann ein pflichtwidriges, das Kind gefährdendes Vorgehen nicht schon bejahen, weil eine Namensänderung die Blutsverwandtschaft mit dem Vater nicht mehr in Erscheinung treten läßt und deshalb das Verhältnis zum Vater belaste (so jedoch OLG Celle, FamRZ 1961, 33 mit Anm. *Bosch; Dölle*, § 96 II 2d; BayObLG, StAZ 1978, 159). Schließlich wird die Namensverschiedenheit von Mutter und Kind dann ohne Skrupel in Kauf genommen. Abl. insoweit auch *Höhne*, S. 93ff.; MünchKomm-*Hinz*, 28 zu § 1666. Daß das Kind „ausreichenden Ersatz" durch das „Bewußtsein der bergenden Zugehörigkeit" zur Mutter finde (so das BayObLG) ist allenfalls eine kühne Behauptung.

Zur Rspr. der Verwaltungsgerichte vgl. oben § 46 I Fn. 5.

Der Vater wird in seinen Rechten verletzt, wenn ihm im Namensänderungsverfahren ohne triftigen Grund kein rechtliches Gehör gewährt wird. Vgl. BVerwGE 5, 79 gegen OVG Lüneburg, FamRZ 1954, 199 (zu dieser Entscheidung vgl. *Becker*, FamRZ 1955, 40).

[20] Gl. Ans. *Staudinger-Göppinger*, 243 zu § 1666. Das VormG kann deshalb nicht einen Elternteil anweisen, die häusliche Gemeinschaft mit dem anderen Elternteil wieder aufzunehmen. Vgl. OLG Hamburg, FamRZ 1957, 426. Es darf auch nicht einem Elternteil gebieten, ehebrecherischen Umgang zu unterlassen. A. A. LG München II, ZBlJugR 1968, 87; *Dölle*, § 96 II 2e. Unzulässig ist ferner die Beschlagnahme jugendgefährdender Schriften. Vgl. *Staudinger-Göppinger*, 260 zu § 1666.

GG) gebunden an das Prinzip des mildesten Eingriffs, das stets verletzt ist, wenn die Interessen des Kindes auch mit einer weniger einschneidenden Maßnahme gewahrt werden können. In ihrer Gesamtheit genießen die gemäß § 1666 zulässigen Maßnahmen den Vorrang gegenüber der Fürsorgeerziehung, und das auch dann, wenn den Eltern die gesamte Personensorge entzogen werden muß und der Sorgerechtspfleger zur Unterbringung des Kindes in einem Heim gezwungen sein wird.[21]

Das Vormundschaftsgericht darf insbesondere keinen Bestandteil der elterlichen Sorge entziehen, wenn ein Gebot oder Verbot genügt. Es darf ebensowenig ganze Teilbereiche der elterlichen Sorge entziehen, wenn bereits die Beseitigung von Einzelbefugnissen ausreicht (zum Schutz der Personensorge vgl. insoweit ausdrücklich den überflüssigen, weil allzu selbstverständlichen Hinweis in § 1666a II).[22] Es ist ihm ferner verwehrt, Maßnahmen mit festem Endtermin anzuordnen.[23] Schließlich ist jeder Eingriff sofort aufzuheben, wenn sein Anlaß weggefallen ist (ggf. also auch vor Eintritt eines Endtermins).

Erst das EltSorgRG hat in den Katalog der möglichen Maßnahmen das Recht des Vormundschaftsgerichtes aufgenommen, Erklärungen der Eltern oder auch nur eines Elternteils zu ersetzen (§ 1666 II). Die in erster Linie für die ärztliche Behandlung gedachte (aber nicht auf sie beschränkte) Norm durchbricht die grundsätzliche Ordnung der Zuständigkeiten, weil sie dem Vormundschaftsgericht die Betreuung des Kindes im unmittelbaren Zugriff erlaubt. Sie ist einem allgemeinen Prinzip folgend (vgl. dazu oben § 44 I 3) auf Eilfälle zu beschränken, in denen dem Kind im üblichen Verfahren (mit Bestellung eines Pflegers oder Vormunds) nicht mehr gedient werden kann.

6. *Trennung von Eltern und Kind.* Zum Katalog zulässiger Maßnahmen gehört auch die Möglichkeit, das Kind von seinen Eltern zu trennen und in einer geeigneten Familie oder in einer Erziehungsanstalt unterzubringen. Freilich ist gerade diese Maßnahme innerhalb einer Rechtsordnung, die der elterlichen Erziehung einen grundsätzlichen Vorrang vor allen anderen Formen der Erziehung einräumt, besonderer Aufmerksamkeit bedürftig und praktisch mit besonderer Ak-

---

§ 1666 gestattet es dem Gericht auch nicht (zur Vorbereitung seiner Entscheidung), eine psychiatrische Untersuchung eines Elternteils anzuordnen. Vgl. OLG Stuttgart, FamRZ 1975, 167.

[21] Vgl. dazu (mit vielen Nachw.) BGHZ 73, 131 nach Vorlagebeschluß des BayObLG, FamRZ 1977, 752.

[22] Der Praxis ist insbesondere die Entziehung des Rechts geläufig, den Aufenthalt des Kindes zu bestimmen. Doch wird insoweit häufig das Prinzip des mildesten Eingriffs sachwidrig überspitzt und übersehen, daß dem Pfleger oft auch Erziehungsbefugnisse eingeräumt werden müssen. Vgl. BayObLG, FamRZ 1978, 135 (Herausgabeverlangen zur Unzeit; Pfleger muß das Kind schrittweise an die Eltern heranführen können); *Staudinger-Göppinger*, 255 zu § 1666; *Certain*, ZBlJugR 1968, 104ff. (abzulehnen jedoch seine Tendenz zu Eingriffen auf bloße Vermutungen hin); MünchKomm-*Hinz*, 34 zu § 1666.

[23] Vgl. KG, JFG 12, 87; OLG Stuttgart, FamRZ 1974, 538 (hier jedoch mit umgekehrter Abwehrrichtung: Befristung unzulässig, weil Wegfall des Anlasses in der Zeit nicht mit Sicherheit vorauszusehen).

kuratesse zu handhaben: Art. 6 III GG gestattet sie nur, „wenn die Erziehungsberechtigten versagen oder wenn die Kinder aus anderen Gründen zu verwahrlosen drohen"; § 1666a I unterstreicht ihre Bedeutung durch eine (an sich überflüssige) Betonung des auch für sie (und gerade für sie) geltenden Prinzips des mildesten Eingriffs. Vergleichskomponenten sind stets nur die Wirkungen der Maßnahmen im personalen Verhältnis von Eltern und Kind; belanglos ist stets der erforderliche Aufwand hier wie dort: Kann der Gefährdung des Kindes innerhalb des Familienlebens gesteuert werden, so ist entsprechenden Maßnahmen der Vorzug auch dann zu geben, wenn derselbe Erfolg weit billiger mit einer Trennung zu erreichen wäre. Das gilt, wenn die Kosten von der öffentlichen Hand zu übernehmen sind;[24] das gilt aber auch, wenn das Kind belastet wird (weil es sich aus eigenen Mitteln zu unterhalten hat) oder ein Unterhaltspflichtiger. In aller Regel haben die Eltern die Kosten zu tragen, zumeist, weil sie dem Kind unterhaltspflichtig sind, zuweilen, weil sie dem vermögenden (also nicht bedürftigen) Kind aus schuldhafter Verletzung ihrer elterlichen Pflichten zum Schadensersatz verpflichtet sind.

Es gibt keine Trennung von Eltern und Kind, die nicht mit Eingriffen in die elterliche Sorge verbunden wäre: Bestimmung des Aufenthalts und Beaufsichtigung des Kindes werden den Eltern notwendig entzogen. Unterschiedlich sind die Auswirkungen der Trennung auf Recht und Pflicht zur Erziehung des Kindes angesichts einer Alternative in der Grundentscheidung: Das Vormundschaftsgericht kann (und sollte, soweit es irgend möglich ist) die Auswahl des künftigen Erziehers den Eltern überlassen (Verpflichtung der Eltern, das Kind in einem Heim ihrer Wahl unterzubringen);[25] diese sind dann lediglich gehalten, dem künftigen Erzieher des Kindes ihre elterlichen Erziehungsbefugnisse zur Ausübung zu überlassen (vgl. dazu oben II 2; die Pflicht hemmt das sonst bestehende Recht zum Widerruf). Das Vormundschaftsgericht kann aber auch den künftigen Erzieher selbst bestimmen; es entzieht dann den Eltern die Befugnis zur Erziehung des Kindes und hat die damit entstehende Lücke in der Betreuung des Kindes durch Bestellung des Erziehers zum Ergänzungspfleger (§ 1909) zu schließen.[26]

---

[24] Vgl. dazu BGHZ 8, 134 (in dem Beschluß war der BGH gezwungen, die irrige Ansicht zurückzuweisen, Maßnahmen, die den Einsatz öffentlicher Mittel fordern, seien auf Grund des § 1666 nie anzuordnen).

[25] Diese Möglichkeit wird von der h. L. geleugnet. Vgl. für sie *Staudinger-Göppinger,* 276 zu § 1666; *Soergel-Lange,* 35 zu § 1666; *Erman-Ronke,* 19 zu § 1666; *Dölle,* § 96 II 2a. Wenn man sich insoweit auf den Normtext beruft (der durchaus interpretationsfähig ist), so wird jedenfalls übersehen, daß mit der vom Gesetz ausdrücklich zugelassenen härteren Maßnahme die mildere noch nicht ausgeschlossen ist.

[26] Nach überw. Ans. überträgt der Beschluß des VormG die notwendigen Befugnisse. Vgl. *Staudinger-Göppinger,* 280 zu § 1666; *Soergel-Lange,* 35 zu § 1666; MünchKomm-*Hinz,* 39 zu § 1666 (doch fordert er wenigstens zur Klarstellung eine Ergänzungspflegschaft). Diese Deutung entspricht der h. L. zur Parallelproblematik für den Vormund (§ 1838; vgl. dazu unten § 65 IV 5). Vielfach wird die Notwendigkeit, dem Erzieher Erziehungsbefugnisse einzuräumen, gar nicht gesehen, dafür aber ein

7. *Pflichtwidrigkeiten beim Unterhalt des Kindes.* Die der Auswahlfreiheit des Vormundschaftsgerichtes gezogenen Grenzen verdeutlichen bereits, daß die elterliche Vermögenssorge nur selten das Objekt rechtmäßiger Maßnahmen nach einem Fehlverhalten im Bereich der Personensorge sein kann. Als Anlaß kommen nur Verhaltensweisen in Betracht, die den Unterhalt des Kindes gefährden, sei es nun, weil die Eltern ihrer Unterhaltspflicht (§§ 1601 ff.) nicht nachkommen, sei es auch, weil sie dem Kind, das sich aus eigenen Mitteln zu unterhalten hat, nicht genügend Geld zur Verfügung stellen.[27] Beide Sachverhalte (aber auch nur sie) rechtfertigen als extreme Maßnahme auch den Entzug der gesamten Vermögenssorge, wenn für die Zukunft eine Gefährdung des Unterhalts zu besorgen ist (§ 1666 III).[28]

8. *Personensorge; Ausbildung und Beruf.* Deutlich gesondert von § 1666 gewährt § 1631 a II dem Kind Schutz gegen elterliches Fehlverhalten „in Angelegenheiten der Ausbildung und des Berufes" und suggeriert damit die Fehlvorstellung eines grundsätzlich veränderten Ansatzes. Den vielfach vorgetragenen Forderungen nach vorzeitiger Teilmündigkeit des Kindes in diesen Fragen, nach einem Mitbestimmungsmodell oder doch wenigstens nach einem Recht des Kindes, das Vormundschaftsgericht mit einem förmlichen Antrag anzurufen, hat das EltSorgRG nicht nachgegeben und sich damit selbst den Zugang zu einer über den § 1666 hinausführenden Neuorientierung verschüttet. Das, was § 1631 a II sagt, ist von § 1666 allenfalls im prognostischen (nicht: gegenwärtigen) Zuschnitt der Gefährdung des Kindes geschieden (und auch insoweit wäre zu fragen, ob nicht persönlichkeitsbestimmende Fehlleitungen von Anfang an gefährden und nicht erst dann, wenn sie sich manifestieren; Theorie und Praxis haben zwar die Frage vor dem EltSorgRG nicht explizit beantwortet, aber auch niemals mit der Distinktion der Legislative Rechtsschutz verweigert). Im Grunde genommen ist § 1631 a II nichts weiter als eine in der Normenfolge falsch plazierte Norm, die Ausdruck gesteigerter Sensibilität der Zeit in allen Fragen der Bildung und Ausbildung ist. Symptomatisch genug ist insofern, daß der praktische Hintergrund

---

Überwachungspfleger generell (*Kipp-Wolff,* § 83 Fn. 18) oder im Einzelfall (*Dölle,* § 96 II 2e; KG, ROLG 34, 264) gefordert.

[27] Auf der anderen Seite rechtfertigen Verletzungen der Unterhaltspflicht nicht etwa nur Eingriffe in die Vermögenssorge. Vgl. OLG Düsseldorf, FamRZ 1964, 456 (mit Entzug der gesamten Personensorge wegen Vernachlässigung des Kindes).

[28] Vgl. für das selbstverdienende Kind KG, HRR 1937 Nr. 297. Die Entziehung der Vermögenssorge gemäß § 1666 III ist Maßnahme zur Sicherung pflichtgemäßen Verhaltens im Bereich der Personensorge; sie ist nur zulässig, wenn der Tatbestand des Abs. I gegeben ist und darf nicht erfolgen, wenn den Eltern die Personensorge entzogen wurde. A. A. KG, RJA 8, 86; *Staudinger-Göppinger,* 281 ff. zu § 1666; MünchKomm-*Hinz,* 41 zu § 1666. Abs. III kann dann jedoch dem Grundgedanken des § 1666 nicht mehr eingefügt werden.

Gegenwärtiges Vermögen des Kindes ist nicht erforderlich. Vgl. KG, JFG 6, 72; BayObLG, JW 1934, 912; FamRZ 1964, 638; *Erman-Ronke,* 21 zu § 1666.

der Norm von Richterakten gebildet wird, in denen eine starke Verzögerung der Umsetzung neuer Wertungen in die forensische Praxis sichtbar wurde.[29]

Zweigliedrig wie die Grundtatbestände ist auch der Sondertatbestand: Neben dem pflichtwidrigen Handeln der Eltern (die „offensichtlich" keine Rücksicht auf Eignung und Neigung des Kindes nehmen) ist (mit jenem kausal verknüpft) die Besorgnis einer „nachhaltigen und schweren" Beeinträchtigung der Entwicklung des Kindes festzustellen. Hier wie dort werden unbestimmte Begriffe bemüht, die jederzeit retardierenden Tendenzen Vorschub leisten können (freilich: nicht leisten sollen und nicht leisten dürfen). Gefahren drohen vornehmlich durch fehlerhaften Bezug des Begriffs „offensichtlich" (als Qualität der Erkennbarkeit) auf die konkrete Entscheidungssituation der Eltern. Er ist zu orientieren an der Differenz zwischen der Entscheidung der Eltern und der überhaupt (also auch nur von Pädagogen oder anderen Sachverständigen) erkennbaren Eignung und Neigung des Kindes (dessen Äußerungen mit zunehmendem Alter auch zunehmendes Gewicht beanspruchen können) und sichert damit einen (schmal gewordenen) Ermessensspielraum der Eltern vor dem Zugriff von Sachverständigen, die kleinsten Ausschlägen größere Relevanz zumessen.[30]

9. *Vermögenssorge; Grundtatbestände.* In Parallele zu § 1666 I 1 hat das Vormundschaftsgericht gemäß § 1667 I die „zur Abwendung der (gegenwärtigen[31]) Gefahr erforderlichen Maßnahmen zu treffen", wenn „das Vermögen des Kindes dadurch gefährdet (wird), daß der Vater oder die Mutter die mit der Vermögenssorge verbundenen Pflichten verletzt oder zu verletzen droht oder in Vermögensverfall gerät". Freilich fügt sich die Norm nicht mehr allenthalben dem Gedanken eines defensiven Rechtsschutzes, mit dem Rechte des Kindes gegen die Eltern gewahrt werden. Mögen auch Maßnahmen zur Abwehr drohender Pflichtwidrigkeiten noch als vorbeugender Rechtsschutz begriffen werden können, der Tatbestand des Vermögensverfalls[32] (Anzeigepflichten: § 1668) bleibt jedenfalls eigenständig. Eltern sind dem Kind gegenüber nicht verpflichtet, ihr eigenes Vermögen vor dem Verfall zu bewahren; Vermögensverfall indiziert auch keine Pflichtwidrigkeiten bei der elterlichen Vermögenssorge. Im Einzelfall mag wenigstens die Besorgnis pflichtwidriger Übergriffe bestehen; generell kann auch von ihr nicht die Rede sein.

[29] Vgl. dazu etwa SchlHOLG, SchlHA 1957, 280; LG Kassel, FamRZ 1970, 597. Besondere Aufmerksamkeit im Vorfeld des EltSorgRG hat der Beschluß OLG Köln, FamRZ 1973, 265 gefunden (aus der Kritik vgl. etwa *Bosch,* FamRZ 1974, 4; *Kramer,* JZ 1974, 90ff.).

[30] Auf der Höhe der Zeit etwa OLG Karlsruhe, FamRZ 1974, 661 (Abmeldung eines 17jährigen relativ schlechten Schülers von der Schule gegen dessen Wunsch und gegen den Rat der Lehrer bei unklaren Vorstellungen der allein sorgeberechtigten Mutter).

[31] Vgl. *Staudinger-Göppinger,* 10 zu § 1667 a.F. mit weit. Nachw.; MünchKomm-*Hinz,* 4 zu § 1667 a.F.

[32] Er ist bei fortschreitender Vermögensminderung gegeben. Gute Indizien sind fruchtlose Versuche der Zwangsvollstreckung und Wechselproteste. Der Konkurs ist lediglich die letzte Steigerungsstufe.

Pflichtwidrigkeiten legitimieren Eingriffe des Vormundschaftsgerichts auch dann, wenn ein Schuldvorwurf nicht begründet ist. Das war schon vor dem EltSorgRG durchaus h. L.; das ist unbezweifelbar geworden seit der Reform des Kindschaftsrechtes.[33]

Gefährdet ist das Vermögen des Kindes, wenn Verminderungen drohen oder bereits eingetreten sind, aber auch dann, wenn der Vermögenszuwachs hinter den üblichen Erwartungen zurückbleibt.[34] Gleichgültig sind für dieses Tatbestandselement die Gründe, die Minderungen oder Stagnation verursachen; das sicherlich notwendige Korrektiv, mit dem der weite Bereich neutraler Einbußen und Rückschläge aus dem staatlichen Wirkungsfeld ausgeschieden wird, liegt in der Notwendigkeit einer Verknüpfung der Gefährdung des Vermögens mit Pflichtwidrigkeiten der Eltern.

10. *Maßnahmen.* Das Prinzip des mildesten Eingriffs verbietet umfassende Maßnahmen, wenn Einzelanweisungen genügen (etwa das Gebot, einen Prozeßbevollmächtigten zu bestellen[35]). Kontrollierende Maßnahmen (Inventarisierung des Kindesvermögens, Rechnungslegung; vgl. § 1667 II) sind milder als Eingriffe in die Vermögenssorge der Eltern (Weisungen zu bestimmter Kapitalanlage, insbesondere auf Konten mit Sperrvermerk,[36] Bindung der Eltern bei der Verwaltung von Wertpapieren und Kostbarkeiten an Regeln, die an sich nur für den Vormund gelten und Abhängigkeit vom Vormundschaftsgericht bewirken; vgl. § 1667 III) und milder als Auflagen, die das Vermögen der Eltern selbst belasten (Sicherheitsleistung; vgl. § 1667 IV). Eingriffe und Auflagen sind ihrerseits milder als ein partieller oder auch totaler Entzug der Vermögenssorge überhaupt (vgl. § 1667 V). Es besteht indessen kein Gebot des gestuften Vorgehens, das den Zugang zur nächsthöheren Stufe erst eröffnet, wenn mildere Maßnahmen nicht zum Erfolge führten. Im jeweiligen Einzelfall ist die jeweils mildeste erfolgversprechende Maßnahme zu treffen; auch der totale Entzug der Vermögenssorge ist im ersten Zugriff möglich. Umgekehrt besteht keine Notwendigkeit, zu härteren Maßnahmen überzugehen, wenn sich die Eltern durch eine mildere Maßnahme nicht beeindrucken ließen. Wenn elterliche Mißachtung von Geboten oder Verboten bereits durch den Vollzug einer milderen Maßnahme überwunden

---

[33] Die frühere Minderans. (vgl. *Kipp-Wolff,* § 80 Fn. 58; *Starck,* GruchB 62, 709) gründete sich allein auf die Überlegung, daß Personensorge und Vermögenssorge nicht unterschiedlich geordnet sein dürften (und stellte die Gleichheit fehlerhaft auf der Basis des Schuldprinzips her).

[34] Es handelt sich um einen unbestimmten Rechtsbegriff (mit voller Revisibilität) und nicht um einen Begriff, der den Tatsacheninstanzen einen Ermessensspielraum eröffnet. Vgl. MünchKomm-*Hinz,* 4 zu § 1667 a.F. And. Ans. aber BayObLG, FamRZ 1977, 144 (147f.).

[35] Vgl. KG, HRR 1941 Nr. 625.

[36] Vgl. BayObLG, Recht 1916 Nr. 1538; KG, KGJ 33, 29 (32); KG, JW 1932, 1387; BayObLG, FamRZ 1979, 71. Daß der Sperrvermerk nach den für den Vormund geltenden Regeln zu vollziehen ist, also durch Vertrag zwischen den Eltern und dem Kreditinstitut (vgl. unten § 66 III 5), betont zu Recht BayObLG, FamRZ 1977, 144 (146).

werden kann, ist der Vollzug zu betreiben und nicht die Härte des Zugriffs zu steigern. Sicherheitsleistung kann freilich allein durch partiellen oder totalen Entzug der Vermögenssorge erzwungen werden (§ 1667 IV 4), also durch Übergang zur härtesten Maßnahme (die sofort aufzuheben ist, wenn die Sicherheitsleistung erfolgte). Entscheidend war insoweit der Gedanke, daß es nicht angeht, unmittelbaren Zwang zu üben, wenn der Schutz des Kindes in Maßnahmen gesucht wird, die gar nicht sein Vermögen betreffen, sondern dasjenige der Eltern.

11. *Konkurs.* Stärkste rechtliche Ausprägung des Vermögensverfalls ist der Konkurs (Anzeigepflichten: § 1668). Das Gesetz verbindet mit ihm generell die Vorstellung eines gefährdeten Vermögens des Kindes; es verläßt das Prinzip des mildesten Eingriffs zugunsten einer schematischen Regelung: Die elterliche Vermögenssorge (und nur sie!) endet ohne jede Rücksicht auf Besonderheiten des Einzelfalles (§ 1670).[37] Die vom Mißtrauen getragene ratio legis erzwingt die Rechtsfolge bereits im Sonderkonkurs über das Gesamtgut einer von den beiden Elternteilen gebildeten Gütergemeinschaft (§§ 236a–236c KO; betroffen sind in diesem Fall stets beide Elternteile), aber auch im Konkurs über ein Vermögen, an dem die Eltern mit der Folge unbeschränkter persönlicher Haftung beteiligt sind (Konkurs einer OHG, in der ein Elternteil Mitglied ist), [38] falls es sich nicht um eine Vermögensmasse handelt, die der Verwaltung des beteiligten Elternteils gar nicht zugänglich war (Nachlaßkonkurs über ein durch Erbfolge zugefallenes Vermögen).[39]

Endet der Konkurs, so lebt die elterliche Vermögenssorge nicht ex lege wieder auf; das Vormundschaftsgericht ist lediglich verpflichtet, sie wiederherzustellen, wenn ,,dies den Vermögensinteressen des Kindes nicht widerspricht".[40] Wenn und soweit die Interessen des Kindes mit milderen Maßnahmen zu wahren sind, hat das Vormundschaftsgericht – einem allgemeinen Prinzip des staatlichen Wächteramtes folgend – die Vermögenssorge unter Beschwerung der Eltern mit jener Maßnahme zu erneuern.

12. *Einstweilige Anordnungen.* Schon früh hat die Rechtsprechung in beiden Teilbereichen der elterlichen Sorge die Möglichkeit anerkannt, mit einstweiligen Anordnungen in die elterliche Sorge einzugreifen, wenn es notwendig ist, eine

---

[37] Das Vermögen eines während des Konkurses geborenen Kindes unterliegt der elterlichen Vermögenssorge nicht. Dagegen gilt § 1670 nicht mehr für das Vermögen von Kindern, die erst nach Beendigung des Konkurses geboren werden. Ebenso *Kipp-Wolff,* § 83 III 1; *Dölle,* § 96 II 3a; *Staudinger-Engler,* 13f. zu § 1670 a.F.; *Soergel-Lange,* 2 zu § 1670 a.F.

[38] Allg. M. Vgl. etwa KG, KGJ 43, 35; *Dölle,* § 96 II 3a; *Staudinger-Engler,* 5 zu 1670 a.F.; MünchKomm-*Hinz,* 2 zu § 1670 a.F.

[39] Ebenso (alle zum alten Normtext) *Staudinger-Engler,* 5 zu § 1670; MünchKomm-*Hinz,* 2 zu § 1670; *Soergel-Lange,* 2 zu § 1670.

[40] Die Entscheidung steht nicht im Ermessen des VormG, kann deshalb auch mit weiterer Beschwerde angegriffen werden. Ebenso i. Erg. (jedoch noch zum alten Normtext) *Soergel-Lange,* 4 zu § 1670; *Staudinger-Engler,* 9 und 12 zu § 1670; *Erman-Ronke,* 6 zu § 1670; MünchKomm-*Hinz,* 8 zu § 1670; *Dölle,* § 96 II 3a. And. Ans. aber BayObLGZ 2, 407.

Disharmonie zwischen dem Gebot zu schnellem Handeln und der Pflicht zu erschöpfender Sachaufklärung (§ 12 FGG) aufzulösen.[41] Das Gesetz erwähnt sie beiläufig in § 48a III JWG, der das Recht des Jugendamtes auf Gehör beseitigt, wenn Gefahr im Verzuge ist (zum Anspruch auf rechtliches Gehör der Elternteile und des Kindes vgl. oben § 44 I 5; Eilbedürftigkeit kann ein ,,schwerwiegender Grund" sein, der den Anspruch ausschließt[42]). Im übrigen folgt ihre Zulässigkeit aus einem allgemeinen Prinzip der freiwilligen Gerichtsbarkeit.[43]

Unverkennbar sind freilich die Gefahren, die mit einstweiligen Anordnungen gegeben sind: Das ,,Einstweilige" tendiert allzu oft zur Beharrung; die endgültige Entscheidung wird in der forensischen Praxis zuweilen erst nach Jahren, zuweilen überhaupt nicht mehr getroffen.[44]

13. *Änderungen*. Bindung an einmal getroffene Entscheidungen wird den Interessen des Kindes ebensowenig gerecht wie den Grenzen, die staatlichen Eingriffen in die elterliche Sorge gezogen sind. Alle Maßnahmen (einschließlich jener, die das Beschwerdegericht traf) können und müssen geändert werden, wenn das Vormundschaftsgericht eine Änderung im Interesse des Kindes für angezeigt hält (§ 1696 I).[45] Alle Maßnahmen müssen aber auch (mildernd) geändert und ggf. auch ganz aufgehoben werden, wenn die gegenwärige Situation (insbesondere aber das gegenwärtige Verhalten der Eltern) den ursprünglichen Eingriff nicht mehr rechfertigt oder Maßnahmen überhaupt nicht mehr zu rechtfertigen vermag. Das Gesetz hat (leider) nur den letzteren Fall bedacht (§ 1696 II; vgl. dazu die Pflicht des VormG, länger dauernde Maßnahmen in angemessenen Zeitabständen zu überprüfen in Abs. III); daß auch möglichen Milderungen entsprochen werden muß, ergibt sich aus Art. 6 II GG. Gleichgültig ist hier wie dort die Überzeugung des Vormundschaftsgerichts, dem Wohle des Kindes sei mit dem status quo besser gedient;[46] es handelt sich gar nicht darum, dem Kind die besten Entwicklungsmöglichkeiten zu schaffen, sondern allein darum, ihm Schutz zu

---

[41] Vgl. RG, JW 1910, 113; KG, OLGZ 1966, 215; BayObLG, FamRZ 1976, 163 (166); OLG Karlsruhe, FamRZ 1974, 661.

Die einstweiligen Anordnungen des VormG sind zu unterscheiden von den einstweiligen Anordnungen des Beschwerdegerichts (§ 24 III FGG). Sie sind im Gegensatz zu diesen beschwerdefähig. Zu § 24 III FGG vgl. BGHZ 39, 162 (168); BayObLGZ 1967, 279; KG, OLGZ 1972, 88.

[42] Vgl. OLG Hamburg, NJW 1956, 1156; *Staudinger-Göppinger,* 359 zu § 1666 a. F.

[43] Es erübrigen sich damit Versuche, die Zulässigkeit unter Hinweis auf einzelne Normen des positiven Rechtes (§ 48a III JWG oder auch § 24 III FGG) darzutun. Ebenso MünchKomm-*Hinz,* 36 zu § 1666 a. F. (der sich jedoch auf das Gewohnheitsrecht beruft).

[44] Vgl. als Bsp. OLG Braunschweig, FamRZ 1965, 617 und AG Berlin-Schöneberg, FamRZ 1966, 452 mit einer ,,einstweiligen" Entziehung des Aufenthaltsbestimmungsrechtes von 2 bzw. 4 Jahren Dauer.

[45] Das Änderungsverfahren ist keine Fortsetzung des Verfahrens der Erstentscheidung. Die Zuständigkeit kann deshalb wechseln. Vgl. BGHZ 21, 306 (315).

Auch im Änderungsverfahren sind einstweilige Anordnungen zulässig.

[46] Richtig AG Berlin-Schöneberg, FamRZ 1966, 452.

gewähren gegen seine Eltern (und damit innerhalb der Lebensverhältnisse, in die es hineingeboren wurde).

Folgeentscheidungen (nach Entzug der Personensorge wurde Herausgabe des Kindes an den Pfleger angeordnet; zur Zuständigkeit des Vormundschaftsgerichts in diesem Fall vgl. oben IV 4) sind nach den für sie geltenden Regeln aufzuheben (vgl. § 18 FGG); eine besondere Kompetenz des Vormundschaftsgerichtes ist dafür ebensowenig gegeben wie ein besonderer Aufhebungsgrund. Rechtskräftigen Urteilen, die im Zivilprozeß ergingen, können die Eltern ggf. mit einer Vollstreckungsgegenklage (§ 767 ZPO) begegnen.[47]

14. *Folgewirkungen beim anderen Elternteil.* Jeder Elternteil ist Inhaber einer eigenen elterlichen Sorge und jeder Elternteil ist vom Vormundschaftsgericht gesondert zu überwachen, falls beide mit elterlicher Sorge begabt sind. Doch muß sich die Verbindung der Eltern als Ehegatten notwendig auch bei nur einseitigem Fehlverhalten auswirken. So kann das Versagen des einen Elternteils durch positive Leistungen des anderen ausgeglichen werden und damit seine Relevanz einbüßen, weil es keine Gefährdung des Kindes herbeizuführen vermag. So beeinträchtigen aber auch umgekehrt zuweilen Maßnahmen, die sich nur gegen einen Elternteil richten, notwendig die elterliche Sorge beider. Derlei Maßnahmen aus dem Katalog möglicher Reaktionen bei nur einseitigem Fehlverhalten auszuschließen, ist im Interesse des Kindes nicht möglich – selbst die Trennung von der Familie ist insoweit nicht unzulässig –, mag auch das Prinzip des mildesten Eingriffs stets primär Maßnahmen fordern, die sich nur bei dem pflichtwidrig handelnden Elternteil auswirken.

Unvermeidbar sind Folgewirkungen stets, wenn sich Maßnahmen gegen einen Elternteil richten, die ihn bei der gemeinschaftlichen Ausübung elterlicher Sorge binden und damit notwendig auch den anderen Elternteil behindern. Alle Maßnahmen des § 1667 III zeitigen so notwendig Folgewirkungen. Ordnet etwa das Vormundschaftsgericht die Eintragung eines Sperrvermerks im Sparkassenbuch des Kindes an, so wird auch der andere Elternteil an die Genehmigung des Vormundschaftsgerichts gebunden; allein kann er nicht handeln und bei gemeinschaftlichem Handeln hindert die Bindung nur eines Elternteils nicht weniger als die Bindung beider.

Nur bedingt ist § 1667 II als unvermeidbarer Ausfluß der Elternbindung zu verstehen. Inventarisierung und Rechnungslegung sind stets von beiden Elternteilen zu fordern, mag auch nur einer pflichtwidrig gehandelt haben. Immerhin mag zugestanden werden, daß Fälle nur einseitigen Fehlverhaltens, denen gemäß § 1667 II zu begegnen ist, allenfalls als Ausnahme praktisch werden, aber auch, daß die Mitwirkung des anderen Elternteils in dessen eigenem Interesse wün-

[47] Vgl. BayObLG, FamRZ 1961, 382 (zu § 1632; der konkrete Fall ist durch die Änderung der Zuständigkeiten obsolet geworden); mit Einschränkungen auch *Staudinger-Göppinger,* 313f. zu § 1666 a.F.

schenswert ist, weil die mit einem Inventar verbundenen Konsequenzen im Recht des Beweises schwerlich auf einen Elternteil beschränkt bleiben können.

Notwendig mit Rückwirkungen auf einen an sich nicht betroffenen Elternteil ist jeder partielle oder totale Entzug der elterlichen Sorge verbunden.[48] Soweit er reicht, wandelt sich die ehedem gemeinschaftliche Sorge zur Alleinsorge; alle Ausübungsbindungen entfallen (auch überwachend hat der andere Elternteil nicht mehr tätig zu sein). Diese Konzentration der elterlichen Sorge bei einem Elternteil kann den Interessen des Kindes durchaus entsprechen; sie widerspricht ihnen, wenn der nunmehr allein berechtigte Elternteil Einflüsse des anderen nicht abwehren kann oder ihnen selbst unterliegt. Das Vormundschaftsgericht ist deshalb (und nur deshalb[49]) bei jedem Entzug elterlicher Sorge (ggf. auch gleichzeitig mit ihm) zu Eingriffen in die elterliche Sorge auch des anderen Elternteils berechtigt, wenn das Wohl des Kindes die Folgewirkung fordert (§ 1680 I 2), hat jedoch (so wäre das Gesetz – einem allgemeinen Prinzip für das staatliche Wächteramt folgend – zu ergänzen) mildere Maßnahmen (wie sie bei pflichtwidrigem Verhalten zulässig wären) zu bevorzugen, wenn der Schutz des Kindes mit ihnen im ausreichenden Maß gewährleistet ist (in der Praxis dürften sich dafür vornehmlich die Fälle getrennt lebender Elternteile anbieten, falls in ihnen überhaupt eine Gefährdung des Kindes zu besorgen ist).

Eine andere Lösung gilt im Konkurs eines Elternteils. Mit ihm wird die elterliche Vermögenssorge kraft Gesetzes niedergelegt; die Vermögenssorge des Gemeinschuldners endet, diejenige des anderen Elternteils aber wird suspendiert. Der Suspensiveffekt des Konkurses ist jedoch vom Vormundschaftsgericht (im konstitutiven Akt und ohne Rückwirkung) durch Anordnung alleiniger elterlicher Vermögenssorge zu beseitigen, ,,es sei denn, daß dies den Vermögensinteressen des Kindes widerspricht" (§ 1680 I 3). Gegenüber den Fällen des Entzuges elterlicher Sorge durch Richterakt ergibt sich mithin eine Umkehrung der Grundsituation (und damit auch der Wirkung des richterlichen Aktes). Ob die praktische Erfahrung tatsächlich den Gedanken zu stützen vermag, daß der Konkurs eines Elternteiles auch den anderen in einer nennenswerten Zahl von Fällen zu Übergriffen verleitet und deshalb Prophylaxe am Platze ist, mag dabei dahinstehen; abzuweisen ist jener Gedanke jedenfalls nicht.

Alle Entrechtungen pflichtgemäß handelnder Elternteile sind vor der Verfassung zu rechtfertigen (und das auch dann, wenn bedacht wird, daß Vormund oder Pfleger das Kind von seiner Familie trennen können, wenn ihnen das Recht

---

[48] Der Normtext des § 1680 I 1 bringt das (leider) nicht klar genug zum Ausdruck, weil er allein die elterliche Sorge und ihre Teilbereiche nennt. Doch sollte die Aussage des Textes oben selbstverständlich sein. Vgl. dazu schon OLG Hamm, NJW 1960, 2239; BayObLG, NJW 1962, 2204; *Soergel-Lange,* 2 zu § 1680 a. F.

[49] Mißbräuchlich ist jeder Eingriff aus anderen Gründen (etwa wegen Geschäftsunkundigkeit). Ebenso KG, FamRZ 1965, 158 (161); *Soergel-Lange,* 3 zu (dem inzwischen aufgehobenen) § 1679; MünchKomm-*Hinz,* 6 zu § 1679. A. A. aber *Dölle,* § 96 Fn. 23; *Staudinger-Donau,* 11 zu § 1679.

zusteht, den Aufenthalt des Kindes zu bestimmen): Die Verbindung der beiden Elternteile kann auch von der Verfassung nicht geleugnet werden.[50] Wohl aber gilt es, gerade bei Eingriffen in die elterliche Sorge, die auch pflichtgemäß handelnde Elternteile treffen, mit äußerster Sorgfalt das Prinzip des mildesten Eingriffs zu wahren und sofort eine ändernde Entscheidung zu treffen, wenn ein Wandel der Situation es zuläßt. Nur dann wird im Spannungsfeld von Kind, Eltern und Staat das Elternrecht (Art. 6 II GG) gewahrt.

15. *Vormund, Pfleger.* Alle Lücken in der Betreuung des Kindes, die von den §§ 1666ff. aufgerissen werden, sind durch Dritte zu schließen: durch einen Vormund, wenn der Tatbestand des § 1773 gegeben ist,[51] sonst durch einen Pfleger. Sie sind zu berufen, wenn die elterliche Sorge beider Elternteile endete oder eine Minderung erfuhr. Sie haben aber auch familienrechtliche Fürsorge zu gewähren, falls der betroffene Elternteil allein zur elterlichen Sorge berufen war und der andere Elternteil die elterliche Sorge nicht übernehmen kann oder soll (vgl. zu diesen Tatbeständen unten § 55 und § 56 VIII).

§ 50. Ausübung der elterlichen Sorge durch beide Elternteile

Schrifttum: *Siebert,* Elterliche Gewalt und Gleichberechtigung, NJW 1955, 1; *Kohlhaas,* Die Auswirkungen der Gleichberechtigung der Geschlechter im Strafrecht und Strafverfahrensrecht, NJW 1960, 1; *Boeckmann* und *Kohlhaas,* Zur gesetzlichen Vertretung des Kindes im Strafprozeß, NJW 1960, 1939; *Ulrich,* Zur Geltendmachung von Unterhaltsansprüchen des Kindes durch den getrennt lebenden Ehegatten, MDR 1967, 277; *Waskowiak,* Die Einigung der Eltern bei der Ausübung der elterlichen Personensorge, Diss. jur. Marburg, 1967.

I. Die Problematik und ihre Grenzen

1. *Bindung.* Gleichgerichtete Rechte gleichen Ranges können an sich ohne rechtliche Formierung nebeneinander bestehen und die Existenz der Parallelrechte nur in Widerständen zu spüren bekommen, denen die juristische Logik nicht ausweichen kann (etwa in der Kollision einander widersprechender Verfügungen). Gleichrangige elterliche Sorge verlangt dagegen nach rechtlicher Formierung als unausweichlicher Konsequenz der dem Recht der Eltern entsprechenden Pflicht dem Kind gegenüber. Gemeinsame Verantwortung für das Kind ist mit einem prinzipienlosen oder nur beschränkt formierten Dualismus beider

---

[50] Zust. für den Fall des Entzuges elterlicher Sorge KG, FamRZ 1965, 158 (161); BayObLG, FamRZ 1974, 318 (320); *Staudinger-Donau,* 3 zu (dem inzwischen aufgehobenen) § 1679; *Erman-Ronke,* 4 zu § 1679. Vgl. ferner OLG Frankfurt, FamRZ 1969, 429.

Daß die Regelung für den Konkurs mit der Verfassung zu vereinbaren ist, wird zuweilen bestritten. Vgl. *Staudinger-Donau,* 5 zu § 1680 a. F.

[51] Ein Vormund ist danach auch zu bestellen, wenn dem Elternteil das Recht belassen wurde, den Aufenthalt des Kindes zu bestimmen (kein Akt der Vertretung!). A. A. OLG Hamm, FamRZ 1967, 416.

Elternrechte nicht zu vereinbaren; sie fordert wechselseitige Bindung der Eltern bei der Ausübung ihrer Rechte.[1]

2. *Alternativen*. Die Problematik entfällt, wenn man auf die Inhaltsgleichheit der elterlichen Befugnisse oder auf eine konsequente Durchführung des Gleichberechtigungsgrundsatzes verzichtet. Systeme des Verzichts auf gleichgerichtete Rechte mit der Konsequenz einer zwischen den Eltern aufgeteilten elterlichen Sorge sind zwar vielfach spekulativ entworfen, jedoch nicht ernsthaft diskutiert worden (Zuordnung der Kinder etwa nach dem Geschlecht oder auch nach dem Prinzip des alternierenden Oberbefehls). Jenseits aller Schwächen, die jedem System für sich eigen sind, führt keines von ihnen zu einer überzeugenden Eingliederung des Kindes in die Elternfamilie. Lösungen mit Verzicht auf eine vollständige Gleichordnung der Elternteile haben dagegen weite Verbreitung gefunden und mit dem System des väterlichen Stichentscheides und der väterlichen Alleinvertretungsmacht sogar das GleichberG für sich einnehmen können (vgl. §§ 1628, 1629 I a.F.). Das Urteil des Bundesverfassungsgerichts vom 29. Juli 1959 hat jenes System als unvereinbar mit Art. 3 GG verworfen und die auf seiner Konzeption beruhenden Normen für unwirksam erklärt.[2] Inzwischen ist es endgültig Rechtsgeschichte geworden.

3. *Ausnahmen*. Aufeinander abzustimmen sind nur die gleichgerichteten Inhalte der elterlichen Sorge, nicht die Befugnisse der Eltern schlechthin. *Väterliche und mütterliche Sorge sind nicht vollkommen inhaltsgleich*. Sie verpflichten insbesondere zur Überwachung des anderen Elternteils (damit auch zum Widerruf aller Akte, die Macht zu selbständigem Handeln begründen, wenn die Gefahr pflichtwidriger Ausübung droht) und gewinnen damit einen Bereich, in dem Ausübungsbindungen gar nicht möglich sind. Sie können aber auch als Folge der konkreten Lebensgestaltung der Eltern in anderen Zusammenhängen Unterschiede aufweisen. Wie die Lebensverhältnisse der Eltern insgesamt Maß und Inhalt der dem Kind geschuldeten Sorge bestimmen, so können sie auch zu unterschiedlichen Anforderungen an Vater und Mutter führen. So richtet sich etwa der Anspruch des Kleinkindes auf Pflege in den meisten seiner Einzelausprägungen primär gegen den im Haushalt tätigen Elternteil und nur subsidiär sowie als Anspruch auf Überwachung auch gegen den berufstätigen.[3]

---

[1] Der Grundsatz wird zuweilen verneint. Vgl. etwa *Staudinger-Donau,* 14 und 15 zu § 1627. Doch lassen die richtig gesehenen Ausnahmen (vgl. unten I 3) die Regel bestehen.

[2] BVerfGE 10, 59. Die Stimmen, die den väterlichen Stichentscheid und die väterliche Alleinvertretungsmacht für vereinbar mit Art. 3 GG hielten, bei *Bosch,* FamRZ 1959, 265.

[3] Obwohl die h. L. auch für diesen Bereich am Grundsatz der Ausübungsbindung festhält, kommt sie doch im Ergebnis ebenso wie der Text zu selbständiger Handlungsmacht des einzelnen Elternteils. Vgl. die Berufung auf eine „natürliche und vereinbarte Aufgabenteilung" bei *Erman-Ronke,* 3 zu § 1627; *Palandt-Diederichsen,* 1 zu § 1627; *Waskowiak,* S. 18ff.; *Dölle,* § 91 III 2e (ähnl. *Beitzke,* JR 1959, 402; *Paulick,* FamRZ 1959, 3); auf eine „Zuständigkeitsgestaltung kraft objektiven Rechtes der Familie" bei *Siebert,* NJW 1955, 2; auf eine „vermutete Zustimmung des anderen Elternteils" bei *Lange,* NJW 1961, 1890 Fn. 16 und *Soergel-Lange,* 4 zu § 1627. Doch ist die Frage, was elterliche Sorge

Gleichgerichtete elterliche Sorge kann rechtlich nicht weiter formierte dualistische Sorge bleiben, soweit die mit der Ausübungsbindung zu wahrenden Werte nicht in Gefahr geraten, und sie muß es bleiben, soweit die Ausübungsbindung eine sinnvolle Kinderpflege und Kindererziehung beeinträchtigen würde. So kann und muß jeder Elternteil dem Kind als selbständige Erzieherpersönlichkeit gegenübertreten, wenn auch in der Verwirklichung gemeinsamer Erziehungsgrundsätze. Deshalb bedeutet *Ausübung der elterlichen Sorge durch beide Elternteile für die Erziehungsbefugnis nur, daß die Eltern verpflichtet sind, ihre Erziehungsgrundsätze aufeinander abzustimmen,* während sie im übrigen eine selbständig auszuübende Befugnis jedes Elternteils bleibt.[4] Auch die Funktion der Elterneinigung sollte nicht überschätzt werden: Sie verpflichtet die Eltern zwar untereinander, nicht aber im Verhältnis zum Kind. Ihre Überschreitung macht das Handeln dem Kind gegenüber daher nicht pflichtwidrig und erst recht nicht rechtswidrig (Züchtigung!).[5] Das Kind leidet in erster Linie, wenn es die Möglichkeit erhält, Eltern in die Schranken der Elterneinigung zu verweisen.

4. *Ausfall eines Elternteiles.* Die Verbundenheit der beiden Eltern in der Ausübung der Elternrechte beruht auf ihrer gemeinsamen Verantwortung für das Kind. Ist ein Elternteil an der Ausübung rechtlich oder tatsächlich verhindert oder hat seine elterliche Sorge geendet, so kann er an dieser Verantwortung nicht mehr teilnehmen. Folgerichtig müssen daher auch die Ausübungsbindungen fallen; die elterliche Sorge des anderen Teils erstarkt zu Recht und Pflicht zum selbständigen Handeln, soweit nicht das positive Recht Schranken setzt (und damit die Betreuung des Kindes durch einen Dritten erzwingt).

5. *Eil- und Notfälle.* Selbständige Handlungsmacht besteht ferner für den allein erreichbaren Elternteil in allen Fällen, die ein sofortiges Handeln gebieten (Unfall des Kindes). Nicht immer wird die Abwesenheit des anderen Elternteils zugleich ein Grund tatsächlicher Verhinderung sein; nicht immer gibt daher § 1678 I dem Alleinhandeln des erreichbaren Teils die Grundlage.[6] Doch wird der Grundsatz gemeinschaftlicher Handlungsmacht in anderen Zusammenhängen von der Aus-

---

vom einzelnen Elternteil verlangt, jeweils vorgeordnet. Auch ist die allgemein gezogene Konsequenz einer nur bis zum (jederzeit möglichen oder auch nur begründeten) Widerruf des Partners bestehenden Selbständigkeit nicht lebensecht. Vom Ergebnis her gesehen gehört in diesen Zusammenhang auch die Überzeugung, daß der im Haushalt tätige Elternteil weithin selbständig handeln könne. Vgl. (sämtlich zugunsten der Mutter nach altem Recht) *Bosch,* FamRZ 1959, 267, 295, 411; *Wahl,* FamRZ 1959, 308; *Lange,* NJW 1961, 1890 und *Soergel-Lange,* 7 zu § 1628; *Fahr,* Neuregelung der Schlüsselgewalt, 1962, S. 19. Dagegen BVerfGE 10, 59 (80). Aufgeschlossener *Beitzke,* JR 1959, 402.

[4] Vgl. *Siebert,* NJW 1955, 4; *Beitzke,* § 26 I 4; *Staudinger-Donau,* 14 zu § 1626; *Soergel-Lange,* 8 zu § 1627; MünchKomm-*Hinz,* 5 zu § 1627.

[5] Vgl. *Siebert,* NJW 1955, 4f.; *Soergel-Lange,* 8 zu § 1627; *Staudinger-Donau,* 14 zu § 1626. Konsequenz ist freilich, daß an das Kind Anforderungen gestellt werden können, die einander widersprechen (und deshalb gleicherweise nicht befolgt zu werden brauchen). Doch ist die Problematik nicht ohne jeden möglichen Mißstand aufzulösen.

[6] Gegen *Erman-Ronke,* 9 zu § 1627.

nahme des Not- und Eilfalles durchbrochen;[7] für die Eltern kann nichts anderes gelten.[8] Die praktische Bedeutung dieser Aussage wird allerdings im Bereich der Vertretung des Kindes gemindert durch die vielfach bestehende Möglichkeit, auch durch ein Handeln im eigenen Namen den gewünschten Erfolg zu erzielen. So kann etwa der allein handlungsbereite Elternteil einen Arztvertrag auch im eigenen Namen (zugunsten des Kindes oder doch jedenfalls als Vertrag mit Schutzwirkung für das Kind) abschließen. Die vielleicht notwendige Einwilligung zum Eingriff in die körperliche Integrität des Kindes ist freilich nur im Namen des Kindes möglich.

II. Willensbildung

1. *Elterneinigung.* Für die gleichgerichteten Elternbefugnisse muß die von § 1627 geforderte gemeinsame Rechtsausübung beider Elternteile im Stadium der Willensbildung einsetzen. Die historische Entwicklung von der Alleingewalt eines Elternteils zur elterlichen Sorge beider Elternteile findet hier ihren Ausdruck im Schritt vom Entschluß als einer nur inneren Tatsache zum Beschluß der Elternteile als Äußerung übereinstimmenden Willens.[1]

Die Einigung der Eltern ist Rechtsgeschäft, soweit die Eltern Rechtsgeschäfte für das Kind vorbereiten, im übrigen geschäftsähnliche Handlung, doch hat die Unterscheidung nur theoretische Bedeutung, weil die für die rechtsgeschäftliche Einigung geltenden Regeln auch für die geschäftsähnliche Einigung verbindlich sind.[2] Insbesondere sind die Einigungen beider Art nicht formgebunden (und damit auch durch schweigende Unterwerfung eines Elternteiles unter den Willen des anderen möglich). Gleicherweise ist ferner die Fähigkeit zur Einigung bereits mit der elterlichen Sorge (bei Teilung: in dem Entscheidungsbereich) gegeben (und damit nur mittelbar von den Regeln für die Geschäftsfähigkeit abhängig).

---

[7] Vgl. §§ 744 II, 1454, 2038 I 2 BGB, 115 II HGB.

[8] Ebenso MünchKomm-*Hinz,* 10 zu § 1627. Ausdrücklich gegen den Text *Soergel-Lange,* 7 zu § 1629. Wechselseitige Ermächtigungen für den Notfall vermutet *Siebert,* NJW 1955, 6. Differenzierend *Staudinger-Donau,* 14 zu § 1627 (wie der Text für die Willensbildung) und 9 zu § 1629 (stillschweigende Vollmacht für die Vertretung).

[1] Eine ,,Einigungspflicht" will *Waskowiak,* S. 139f., nur für Angelegenheiten anerkennen, ,,die einen fühlbaren Einfluß auf das Wohl des Kindes auszuüben vermögen", und für an sich unwichtige Angelegenheiten, wenn diese ,,im Verhältnis der Elternteile zueinander durch besondere Umstände Bedeutung erlangt haben". Dem Gesetz ist indessen diese Beschränkung fremd. Ihr praktischer Effekt wird zudem bereits durch vernünftige Begrenzung der gleichgerichteten Inhalte der elterlichen Sorge erreicht (vgl. dazu oben unter I 3).

[2] Daß nicht alle Elterneinigungen rechtsgeschäftlichen Charakter haben, ist von *Waskowiak,* S. 33ff. und 130ff., herausgearbeitet worden. Vgl. ferner MünchKomm-*Hinz,* 8 zu § 1627 (soweit nicht Rechtsgeschäft, ,,mag äußerstens von geschäftsähnlichen Handlungen" gesprochen werden). Nur eine faktische (und damit unverbindliche) Einigung wird angenommen von *Staudinger-Donau,* 18f. zu § 1627.

Gegenstand der Einigung kann eine einzelne Frage sein (Vorname, Berufswahl), aber auch ein ganzer Fragenkomplex (Richtlinien für die Erziehung). Inhalt der Einigung kann eine Sachantwort sein, aber auch die Überweisung der Sachentscheidung in die Zuständigkeit eines Elternteiles. Regelungen dieser Art sind freilich nichtig (und nicht nur frei widerruflich), wenn ein Elternteil sich partiell oder total seiner Elternrechte und Pflichten zugunsten des anderen Elternteiles entäußert.[3]

Ohne Antwort ist im Gesetz die Frage nach der Bindung der Eltern an die einmal erzielte Einigung geblieben (vgl. aber § 1 Satz 2 RelKEG mit dem Recht zum freien Widerruf einer Elterneinigung über die religiöse Kindererziehung für beide Elternteile). Sie zu finden, ist damit Aufgabe von Theorie und Praxis geblieben, die sich an vorgegebenen Wertungen zu orientieren haben. Bestandsschutz um eines Elternteils willen ist dann gewiß nicht zu gewähren; es handelt sich nicht darum, die Interessen der Eltern zu wahren. Allein entscheidend sind die Interessen des Kindes, die Flexibilität im Wandel der Situation ebenso fordern wie Stabilität als Schutz vor Schädigungen durch unkontrollierte Meinungsänderungen in schneller Folge.

Unbenommen bleibt es den Eltern, einvernehmlich eine Einigung durch eine neue zu ersetzen oder auch nur aufzuheben. Für den einseitigen Akt ist zu bedenken, daß der Grundsatz des freien Widerrufs (§ 1 Satz 2 RelKEG wäre dann Träger einer verkürzt ausgewiesenen Regel) stets ohne sachlichen Grund den zur Änderung entschlossenen Elternteil begünstigen würde und daß wenig gewonnen wird, wenn das Wohl des Kindes als Maßstab gewählt wird, an dem sich der rechtmäßige Widerruf vom nichtigen sondert, da doch im Konflikt der Eltern gerade streitig zu sein pflegt, ob Beharren oder Ändern dem Wohl des Kindes besser entspricht.

Eine differenzierende Lösung[4] bietet sich an: Einigungen, die (noch) nicht ausgeführt wurden, können dem Grundsatz des freien Widerrufs überantwortet werden; die Interessen des Kindes fordern insoweit keine Stabilität. Einigungen, die mit der Intention der Dauer (Schule, Berufsausbildung) in die Tat umgesetzt

---

[3] Vgl. dazu *Waskowiak,* S. 68ff., mit Ausweichen in frei widerrufliche „Pauschaleinigungen" und „Blankoeinwilligungen" S. 81ff. Der freie Widerruf ist indessen wertlos, weil er von einem Elternteil, der seiner Rechte und Pflichten ledig sein will, gerade nicht ausgeübt wird.

[4] Zu der (wenig behandelten) Frage vgl. aus dem Schrifttum *Waskowiak,* S. 103ff. (Bindung an „Spezialeinigungen"; Recht zum Widerruf „aus Gründen des Kindeswohls"); MünchKomm-*Hinz,* 8 zu § 1627 (grds. freier Widerruf; Bindung, wenn die beschlossene Maßnahme bereits eingeleitet ist, wenn die Aufhebung des Einvernehmens das Kindeswohl beeinträchtigen würde und wenn der Widerruf mißbräuchlich, z. B. schikanös gegenüber dem anderen Elternteil, ist); *Palandt-Diederichsen,* 1 zu § 1627 und *Erman-Ronke,* 6 zu § 1627 (Widerruf einer Aufgabenteilung bei „begründetem Anlaß"); *Soergel-Lange,* 4 zu § 1627 (grds. freier Widerruf; Bindung, wenn Maßnahme bereits eingeleitet).

Mit der differenzierenden Lösung wird meine früher (FamRZ 1962, 227f.) geäußerte Ansicht (generelle Bindung bis zur Entscheidung des VormG) eingeschränkt.

wurden, sollten dagegen bis zu einer Entscheidung des Vormundschaftsgerichts im Elternstreit bindend sein und damit Stabilität in den wichtigsten Lebensfragen verbürgen. Die Bindung der Eltern an die Einigung schließt dabei den Weg zum Vormundschaftsgericht nicht aus. Im Streit befindet sich dann die Frage nach der Notwendigkeit einer ändernden Elterneinigung (zu der die Eltern verpflichtet sind, wenn das Wohl des Kindes sie gebietet).

2. *Elternstreit.* Daß Meinungsverschiedenheiten die Eltern nicht nur als Ehegatten (§ 1353), sondern auch als Eltern – und damit dem Kind gegenüber – zum Versuch einer gütlichen Einigung verpflichten (§ 1627 Satz 2), ist eine der trivialsten Aussagen des BGB. Innerhalb einer Rechtsordnung, die sich zur Eigenständigkeit der Familie und zur Subsidiarität staatlichen Handelns bekennt, bedarf die Einigung der Eltern als Regelfall der Konfliktbewältigung keiner besonderen Erwähnung. Wesentlich ist erst die Antwort auf die Frage nach der entscheidenden Instanz, wenn der Versuch einer Einigung mißlang.

Es gibt kein System, das die Eigenständigkeit der Familie überzeugend wahrt, Art. 3 GG nicht verletzt (an ihm scheitert der väterliche oder mütterliche Stichentscheid), die Gewähr einer überzeugenden Kindererziehung bietet (kein alternierender oder nach Geschlechtern zugeteilter Stichentscheid) und den Eindruck willkürlicher oder auch praktisch undurchführbarer Fragenbereinigung vermeidet (deshalb kein Vertrauen in die ,,Weisheit des Alters", kein nach Sachgebieten differenzierender Stichentscheid).[5] Auch das System des liberum veto (es bleibt im Elternstreit beim status quo) verbürgt keine optimale Ausübung der elterlichen Sorge und scheitert endgültig an jenen Fragen, die schlechthin entschieden werden müssen. § 1666 reicht als Korrektiv nicht aus;[6] das Versagen der Willensbildung in einer Zweiergruppe ist nicht identisch mit dem Versagen der Gruppenmitglieder.

3. So mußte in Kauf genommen werden, daß der Elternstreit aus der Sphäre der Eltern herauswachsen und eine *Entscheidung des Vormundschaftsgerichtes* notwendig werden kann (§ 1628). Allein dieses kann nach dem Verfall der Großfamilie streitentscheidende Instanz sein als staatliches Organ, das ohnehin wesentliches Glied in unserer Konzeption der elterlichen Sorge ist (Richtervorbehalt; vgl. § 14 Nr. 5 RpflG). Die so oft betonte Möglichkeit injudiziabler Elternstreitigkeiten[7] ist zwar nicht zu leugnen; sie sollte aber auch nicht überschätzt werden. In

---

[5] Weitere Lösungsmöglichkeiten bei *Bosch,* SJZ 1950, 634ff. Dem älteren Ehegatten den Stichentscheid zu geben, ist erst von *Bergmann* (NJW 1953, 130f.) und *Mattern* (FamRZ 1959, 405) vorgeschlagen worden. Dagegen *Storch-Lade,* FamRZ 1959, 429; *Genzmer,* MDR 1960, 882. Für diskutabel halten den Vorschlag *Bosch,* FamRZ 1959, 416 und *Heussner,* FamRZ 1960, 11. Der Gedanke, die elterliche Sorge nach Sachbereichen aufzuteilen, findet sich bei *Bosch,* FamRZ 1959, 416.

[6] A. A. (sog. ,,schwedische Lösung") BVerfGE 10, 59 (82f.); *Schwoerer,* NJW 1959, 2089ff. (für die Personensorge); *Genzmer,* MDR 1960, 883. Dagegen *Arnold,* FamRZ 1959, 428; *Beitzke,* JR 1959, 403; *Lange,* NJW 1961, 1890; *Erman-Ronke,* 4c zu § 1627.

[7] Vgl. *Bosch,* SJZ 1950, 638; FamRZ 1959, 266, 295, 410ff.; BayObLG, FamRZ 1959, 293; *Wahl,* FamRZ 1959, 307; *Schwoerer,* NJW 1959, 2090f.

der Regel stehen dem Vormundschaftsrichter objektive Kriterien zu Gebote (etwa Begabung und Neigung bei der so wesentlichen Frage nach dem Beruf, den das Kind ergreifen soll), und wo sie fehlen können (etwa bei der Erteilung des Vornamens) und im Einzelfall tatsächlich fehlen, ist die Entscheidung im Elternstreit ohne Rücksicht auf die streitentscheidende Instanz letztlich nur in einem Willkürakt zu fällen, das Vormundschaftsgericht also nicht besser und nicht schlechter gestellt als jeder andere, dem die Entscheidung aufgebürdet wird.

4. *Vetosystem in Bagatellsachen.* Es gibt Meinungsverschiedenheiten genug, die dem System des liberum veto ohne jeden Schaden für das Kind unterworfen werden können. Sie einer staatlichen Instanz zu unterbreiten und damit den Einbruch des Staates in die Familie im größtmöglichen Ausmaß zu tolerieren, besteht kein Anlaß. Eine generelle Zuständigkeit des Vormundschaftsgerichtes mag im Hinblick auf Art. 6 GG unbedenklich sein – der Staat stellt sich den Eltern nur unterstützend zur Verfügung[8] –, sie widerspricht aber gewiß dem Gedanken einer von den Eltern in eigener Verantwortung ausgeübten elterlichen Sorge (§ 1627 Satz 1). Auszuscheiden ist auch das Enumerationsprinzip, das dem Vormundschaftsgericht nur elterliche Meinungsverschiedenheiten in ganz bestimmten, kasuistisch erfaßten Fragen zuweist. Es scheitert an der Varianz der Lebenssachverhalte, könnte auch nur in einem legislatorischen Akt verwirklicht werden. So konzentrierte sich die Suche auf eine einprägsame Formel mäßig unbestimmten Rechts, an der sich sinnvoll staatliche Kompetenz und Alleinverantwortung der Eltern für ihren Streit voneinander sondern.

§ 1628 I 1 beruft (seit dem EltSorgRG) das Vormundschaftsgericht zur streitentscheidenden Instanz nur in Angelegenheiten, „deren Regelung für das Kind von erheblicher Bedeutung ist“, also in den Grenzen einer (schon zuvor in der Rechtsprechung verwandten[9]) Generalklausel mit einem relativ hohen Grad der Unbestimmtheit,[10] der weder durch Definitionen noch durch Umschreibungen („große Wichtigkeit“) gemildert werden kann, und die eben deshalb der Präzisierung in Fallgruppen bedarf. Sicher ist, daß der Streit um den Vornamen dem

---

[8] Die Zuständigkeit des VormG wird regelmäßig als Ausfluß des dem Staat obliegenden Wächteramtes gesehen (so auch BVerfGE 10, 59 [83]). Daß der „funktionelle Gehalt“ der Tätigkeit im Elternstreit aber ein anderer ist als bei der Überwachung der Eltern, ist bereits von *Arnold,* FamRZ 1959, 428, betont worden.

[9] Vgl. AG Hamburg, FamRZ 1961, 123; AG Wennigsen, FamRZ 1961, 485; OLG Hamm, FamRZ 1966, 209. Aus dem Schrifttum vgl. *Staudinger-Donau,* 18 zu § 1628.

[10] In den Vorarbeiten zum GleichberG war eher die Rede von einer Kompetenz in Fragen, „in denen das Wohl des Kindes eine Entscheidung fordert“. Vgl. *Siebert,* NJW 1955, 3; Änderungsantrag *Schwarzhaupt* (zugänglich bei *Schwoerer,* NJW 1959, 2090). Ebenso oder ähnl. später *Göppinger,* JZ 1960, 83; *Lange,* NJW 1961, 1891 und *Soergel-Lange,* 17 zu § 1628; *Waskowiak,* S. 159; MünchKomm-*Hinz,* 21 zu § 1627; die Voraufl. Im Vergleich mit dieser Ans. ist die Kompetenz des VormG erweitert worden.

Vormundschaftsgericht unterbreitet werden darf,[11] ferner der Streit um Schule[12] und Berufsausbildung,[13] um den Aufenthalt[14] und um die ärztliche Betreuung, aber auch um die zweckmäßige Verwaltung des Vermögens des Kindes.

Zuständig ist das Vormundschaftsgericht allein für Meinungsverschiedenheiten der Eltern bei der Ausübung der elterlichen Sorge, dagegen nicht etwa für andere Streitigkeiten der Eltern, die sich auf ihr Kind beziehen. Ist etwa zwischen den Eltern streitig, in welcher Höhe jeder von ihnen zum Unterhalt des Kindes beizutragen hat, so entscheidet allein das Prozeßgericht (Familiengericht).

Die Kompetenz des Vormundschaftsgerichtes endet aber auch vor jenen Akten, die gleichzeitig eine Disposition über die elterliche Sorge beinhalten, also vor der Zustimmung zur Eheschließung (§ 1633!) und vor der Elterneinwilligung zu einer Adoption des Kindes (§ 1747). In diesen Fällen ist schon eine Einigung der Eltern nicht erforderlich; jeder Elternteil kann selbständig für sich entscheiden.[15] In unterstützender Funktion kann der Staat aber auch nicht elterliche Sorge entziehen. Unberührt bleibt das Wächteramt: In engeren Grenzen kann die verweigerte elterliche Einwilligung zur Ehe und zur Adoption ersetzt werden (vgl. § 3 EheG und dazu oben § 9 III 5 sowie § 1748a und dazu unten § 62 VI 6).

5. *Form der Entscheidung.* Unterstützung vollzieht sich nach anderen Gesetzen als Überwachung. Sie erfolgt nur auf Antrag eines Elternteils, nie von Amts wegen, aber auch nie auf Antrag des Kindes, das nicht zu jener Zweiergruppe gehört, die einer Einigung nicht fähig ist. Sie ist ferner nie ein Akt, der die Kompetenz des Staates an die Stelle der elterlichen setzt. Die Kompetenz des Vormundschaftsgerichtes ist eine Kompetenz-Kompetenz mit der Aufgabe allein, die Entscheidungszuständigkeit einem Elternteil zu übertragen, wenn auch der Versuch einer Einigung mit Unterstützung des Vormundschaftsgerichtes scheiterte.[16] Freilich kann der richterliche Akt nur Zuständigkeit zu einer dem letzten Entscheidungsvorschlag im Verfahren entsprechenden Entscheidung begründen; der Elternstreit ist Streit um die richtige Entscheidung und nicht Streit um die Prärogative des Vaters oder der Mutter. *Die Entscheidung des Vormundschaftsgerichtes ist also recht betrachtet Beitritt zur Meinung eines Elternteils* in einem Einzelfall oder in einer bestimmten Art von Angelegenheiten (ärztliche Behandlung bei dauerhaftem Leiden). Sie ist dagegen niemals eine Entscheidung, die

---

[11] Vgl. OLG Frankfurt, FamRZ 1957, 55.

[12] Vgl. AG Wennigsen, FamRZ 1961, 485; BayObLG, FamRZ 1959, 293.

[13] Vgl. OLG Celle, FamRZ 1955, 213; OLG Hamm, FamRZ 1966, 209.

[14] Vgl. AG Hamburg, FamRZ 1961, 123; OLG Frankfurt, FamRZ 1961, 124.

[15] A. A. *Waskowiak,* S. 115ff. (mit freilich nicht bindender Einigung). Wie der Text dagegen MünchKomm-*Hinz,* 20 zu § 1627.

[16] Das VormG darf auch dann nicht in der Sache selbst entscheiden, wenn beide Elternvorschläge das Wohl des Kindes gefährden (so aber *Erdsiek,* NJW 1959, 2007); es ist dann lediglich verpflichtet, keinem Elternteil die Entscheidungszuständigkeit zu übertragen, weil beide Vorschläge pflichtwidrig sind, also außerhalb der elterlichen Entscheidungsfreiheit überhaupt liegen. Vielfach wird dann aber ein Eingriff in die elterliche Sorge gem. § 1666 vonnöten sein.

einen Elternteil generell mit dem Stichentscheid begabt oder auch nur mit der Durchführung eines zeitlich ausgedehnten Planes betraut, der immer wieder neue Entscheidungen fordert (gesamte Ausbildung des Kindes). Das eine wie das andere wäre nicht mehr die Erledigung eines einmaligen Konflikts, sondern ein Entzug der elterlichen Sorge.

Die Willensbildung bleibt bei dieser Regelung allein den Eltern vorbehalten. Ihre Zweiergruppe erweitert sich nicht zu einer Dreiergruppe, die mit der Entscheidung des Vormundschaftsgerichtes ihre Willensbildung abschließt. Das Vormundschaftsgericht ermöglicht lediglich die Willensbildung in der Zweiergruppe, ist an ihr selbst aber nicht beteiligt. Deshalb kann der erfolgreiche Elternteil die gewonnene Entscheidungszuständigkeit zugunsten einer von beiden Elternteilen neu gefundenen Lösung aufgeben, und deshalb genießt die in Übereinstimmung mit dem Vorschlag tatsächlich getroffene Entscheidung keinerlei besonderen Rang. Sie kann jederzeit ohne Beteiligung des Vormundschaftsgerichtes aufgehoben werden.

Problematisch ist die dem Vormundschaftsgericht zugestandene Möglichkeit, einem Elternteil die Entscheidungskompetenz nur unter Beschränkungen oder Auflagen zu übertragen. Im gut gemeinten Bemühen um einen versöhnlichen Ausgang des Elternstreits (Auflagen oder Beschränkungen, die betont auf die Meinung des anderen Elternteils Rücksicht nehmen), aber auch um eine dem Wohl des Kindes (nach Ansicht des Vormundschaftsgerichtes) besonders gut entsprechende Lösung des Konflikts ist insoweit die klare Trennung von staatlicher Kompetenzzuweisung und elterlicher Sachentscheidung verlorengegangen: Auflagen und Beschränkungen tragen Elemente der staatlichen Sachentscheidung in den Elternstreit.[17]

6. *Alleinvertretung des Entscheidungsberechtigten.* Soweit die Entscheidungszuständigkeit eines Elternteils reicht, ist er auch zur Vertretung des Kindes allein berufen (§ 1629 I 3). Die theoretisch bestehende Möglichkeit, den Grundsatz der elterlichen Gesamtvertretung zu wahren und den im Elternstreit unterlegenen Elternteil zu verpflichten, die von ihm nicht gebilligte Maßnahme nach außen mit zu vollziehen, ist unpraktisch, ferner geeignet, das ohnehin gestörte Verhältnis der Elternteile untereinander noch weiter zu belasten, und wenig folgerichtig. Dem unterlegenen Elternteil kann nicht Verantwortung für einen Akt aufgebürdet werden, den er nur gezwungen vornimmt.

III. Vertretung des Kindes

1. *Gesamtvertretung.* Das Recht der Eltern zur Vertretung des Kindes (Vertretung verstanden mit § 1629 I 1 als Macht, in welchen Formen auch immer Au-

---

[17] Bedenken insoweit schon bei *Soergel-Lange,* 20 zu § 1628. Unbefangener MünchKomm-*Hinz,* 26 zu § 1627.

ßenwirkungen für das Kind zu erzielen) verlangt eine grundsätzliche Formierung zur Gesamtvertretung (§ 1629 I 2). Sie ist keine Forderung des Gleichberechtigungsgrundsatzes, weil das Prinzip der Einzelvertretung beiden Elternteilen die gleiche Machtfülle gewährt, aber auch, weil eine die Gleichberechtigung der Geschlechter wahrende Alleinvertretungsmacht des Vaters und der Mutter in bestimmten Bereichen durchaus denkbar wäre.[1] Erst die Notwendigkeit, die Eltern in ihrer Verantwortung für das Kind zu verbinden, schließt Einzelvertretung und Alleinvertretung gleicherweise als grundsätzlich verfehlte Lösungen aus.[2] Das Recht zur Vertretung des Kindes ist mehr als ein technisches Mitel, das lediglich die Verwirklichung gemeinschaftlich gebildeten Willens gestattet; es nimmt nur als Recht zur Gesamtvertretung jedem Elternteil die Möglichkeit, vom Partner nicht gebilligte Außenwirkungen zu erzielen. Das Prinzip der Gesamtvertretung ist auch allein in der Lage, das Kind vor Schäden aus gegensätzlichem Handeln der Eltern zu bewahren. Daß die Interessen des Verkehrs vielfach das Gegenteil fordern, ist ebenso einsichtig wie gleichgültig. Sie erreichen keine Stärke, die eine Schmälerung der Elternverantwortung erzwingt.

2. *Getrenntes Handeln bei Gesamtvertretung.* Die mit der Gesamtvertretung verbundenen Unbequemlichkeiten sind oft überzeichnet worden. Gesamtvertretung zwingt nicht zur gleichzeitigen Abgabe übereinstimmender Erklärungen durch beide Elternteile; sie gestattet durchaus die Abgabe gleichlautender Erklärungen zu verschiedenen Zeitpunkten. Gesamtvertretung zwingt auch nicht zum Auftreten beider Eltern bei jedem Rechtsgeschäft. Jeder Elternteil kann vielmehr den anderen im Einzelfall und für Einzelbereiche (dagegen nicht mehr generell) ermächtigen (auch eine Ermächtigung kraft Rechtsscheins ist möglich[3]), allein für das Kind zu handeln. Die jüngere Rspr. und Doktrin (vornehmlich zu § 125 II 2 HGB als gesetzlicher Ausprägung eines allgemeinen Rechtsgedankens) sieht in derartigen Ermächtigungen keine Bevollmächtigung, die im Vertretergeschäft zum Handeln im Namen des Kindes und zugleich im Namen des ermächtigenden Elternteils in seiner Funktion als Träger der elterlichen Sorge (also in mittelbarer Untervertretung) führen müßte. Die Ermächtigung begründet vielmehr punktuelle Einzelvertretungsmacht.[4] Grundsätze des Familienrechtes stehen ei-

---

[1] Richtig betont in der Entscheidung BVerfGE 10, 59 (89).

[2] Das Prinzip der Einzelvertretung ist nur vereinzelt als sachrichtige Problemlösung vorgeschlagen worden (vgl. aber *Glaser*, Recht und Wirtschaft, 1920, S. 149; *Beitzke*, in: Neumann-Nipperdey-Scheuner, Die Grundrechte II, S. 239). Zum Prinzip der Alleinvertretung vgl. auch den Vorschlag, die Elternteile zu einer Abmachung zu verpflichten, die einem von ihnen die Vertretungsbefugnis zur alleinigen Ausübung zuweist (*Dronke*, Vhdlg. des 36. DJT, 1. Bd., S. 610; gegen ihn *Cohn*, Gleichberechtigung der Geschlechter im künftigen Elternrecht, 1932, S. 18ff.).

[3] Für sie gelten die allg. Regeln. A. A. LAG Düsseldorf, FamRZ 1967, 47 (49f.) mit besonders strengem Maßstab. Dem LAG zust. MünchKomm-*Hinz*, 11 zu § 1629.

[4] Vgl. BGHZ 64, 72 (75); *Wiedemann*, Die Übertragung und Vererbung von Mitgliedschaftsrechten bei Handelsgesellschaften, 1965, S. 381ff. (jeweils mit weit. Nachw.); MünchKomm-*Thiele*, 90 zu § 164.

ner Übernahme jener im Gesellschaftsrecht ausgebildeten Lehre in das Recht der elterlichen Sorge nicht entgegen. Der Akt der Ermächtigung garantiert die Mitwirkung beider Elternteile am schließlich abgeschlossenen Rechtsgeschäft nicht anders als eine Bevollmächtigung.

Gesamtvertretung führt ferner nicht zur Nichtigkeit aller Rechtsgeschäfte, die ihren Grundsätzen nicht gerecht werden. Kann ein Elternteil den anderen mit dem Effekt punktueller Einzelvertretungsmacht ermächtigen, so muß es ihm auch unbenommen sein (in analoger Anwendung des § 177), ein Rechtsgeschäft zu genehmigen, das der andere allein tätigte, und zwar ohne jede Rücksicht auf dessen Auftreten im Einzelfall: Das (zunächst nicht wirksame) Handeln im Namen des Kindes begründet allein die Rechtsfolge, entbehrlich ist jeder Bezug auf eine Legitimation zu selbständigem Handeln als Folge einer (tatsächlich nicht vorhandenen) Ermächtigung.[5] Während der Schwebelage ist zwar der Vertragspartner in den Grenzen des § 178 zum Widerruf berechtigt, dagegen nicht der Elternteil, der sich zu selbständigem Handeln entschloß.[6]

3. Gesamtvertretung sichert jedem *Mangel in der Erklärung eines Vertreters* Relevanz für das gesamte Vertretergeschäft. Ist die Willenserklärung eines Elternteils von vornherein nichtig oder wirksam angefochten (§ 142), so ist Folge Nichtigkeit des ganzen Geschäfts (und nicht nur Teilnichtigkeit), mag auch die Willenserklärung des anderen Elternteils fehlerfrei zustande gekommen sein. Gesamtvertretung sichert ferner *subjektiven Tatbestandselementen,* die in der Person nur eines Vertreters gegeben sind, Relevanz für den gesamten rechtsgeschäftlichen Akt.[7] Das von seinen Eltern vertretene Kind erwirbt insbesondere nicht kraft Rechtsscheins, wenn zwar ein Elternteil redlich, der andere aber unredlich war.

4. *Einzelvertretung* sieht § 1629 I 2 vor für den Empfang von Willenserklärungen, die dem Kind gegenüber abzugeben sind (insoweit einem allgemeinen Strukturprinzip der Gesamtvertretung folgend[8]), und § 1629 I 3 für die Erledigung von Angelegenheiten, die im Elternstreit befangen waren und einem Elternteil zur Entscheidung übertragen wurden (vgl. dazu oben II 6). Darüber hinaus lassen sich (in teleologischer Reduktion des Grundsatzes) weitere Ausnahmen dort anerkennen, wo eine nicht weiter formierte dualistische Ausgestaltung

---

[5] Vgl. MünchKomm-*Thiele,* 92 zu § 164.

[6] Anders viele. Vgl. etwa RGZ 81, 325 (329); BGH, LM § 164 BGB Nr. 15; BGHZ 30, 306 (313); *Staudinger-Coing,* 21 zu § 167; *Enneccerus-Nipperdey,* § 184 Fn. 47; *Soergel-Schultze-v. Lasaulx,* 22 zu § 164.

Wie der Text *Staudinger-Donau,* 10 zu § 1629; *Soergel-Lange,* 9 zu § 1629; *Boehmer,* JZ 1960, 7; *Schwoerer,* NJW 1960, 1421; *Sturm,* Rechtsgeschäft und verfassungswidriges Gesetz, 1962, S. 26; *Flume,* Allgemeiner Teil des Bürgerlichen Rechts, 2. Bd., 3. Aufl. 1979, § 45 I 3; MünchKomm-*Thiele,* 94 zu § 164; MünchKomm-*Hinz,* 14 zu § 1629.

[7] Allg. Ans. Für den BGH vgl. BGHZ 20, 149 (153); 62, 166 (173).

[8] Vgl. etwa *Enneccerus-Nipperdey,* § 184 IV; MünchKomm-*Thiele,* 97 zu § 164; BGHZ 62, 166 (173). Im BGB hat das Prinzip in § 28 II seinen Ausdruck gefunden.

des Vertretungsrechts mit dem Gedanken der Elternverantwortung zu vereinbaren ist oder gerade von ihm gefordert wird. Einzelvertretung ist deshalb anzuerkennen auch für Not- und Eilfälle (vgl. oben I 5) und für die Erfüllung von Pflichten des öffentlichen Rechts, die dem elterlichen Ermessen keinen Raum gewähren (polizeiliche An- und Abmeldung des Kindes).[9] Dagegen ist schon die Erfüllung von Pflichten des privaten Rechts dem Grundsatz der Gesamtvertretung zu überlassen, ebenso die Ausübung prozessualer Weigerungsrechte (vgl. dazu oben § 49 VI 7) und die Ausübung des Rechts, für das Kind Strafanträge zu stellen[10] (Kenntnis nur eines Gesamtvertreters setzt die Antragsfrist in Lauf[11]) und zurückzunehmen.[12] Zu selbständigem Handeln sind die Elternteile allein befugt (dann aber auch im eigenen Namen und nicht im Namen des Kindes), wenn das geschützte Rechtsgut ihre elterliche Sorge ist (wie in den Entführungsfällen der §§ 235, 236, nicht mehr in denen des § 237 StGB).[13]

5. *Interessenkollisionen.* Die Konstitutionsprinzipien der elterlichen Sorge erlauben Einzelvertretungsmacht eines Elternteils, wenn der andere rechtlich an der Vertretung des Kindes gehindert ist (vgl. oben I 4). Für die (allein praktischen) Interessenkollisionen der §§ 1795 und 181 (zu ihnen unten § 51 III und IV 1–4) hat das positive Recht indessen eine gegenläufige Entscheidung gefällt (und damit die Grundstruktur der gemeinschaftlichen elterlichen Sorge im Bereich der Vertretung des Kindes fast vollständig verdeckt), die auch dem nicht verhinderten Elternteil die Vertretungsmacht entzieht (und damit die Bestellung eines Pflegers erzwingt). Gemäß § 1629 II ,,können der Vater und die Mutter das Kind insoweit nicht vertreten, als ein Vormund nach § 1795 von der Vertretung des Kindes ausgeschlossen ist". Mit dem schlichten ,,und" fügt das Gesetz dem Schutz des Kindes vor einem Elternteil einen weiteren vor dem anderen Elternteil hinzu, weil dieser in Gefahr geraten könnte, um der ehelichen Bindung willen die Interessen des Kindes zu mißachten.[14] Bei einem Rechtsgeschäft etwa des Kindes

---

[9] Vgl. *Siebert,* NJW 1955, 6; *Lange,* NJW 1961, 1892; MünchKomm-*Hinz,* 10 zu § 1629.

[10] Vgl. BGH, FamRZ 1960, 197; JR 1967, 303; NJW 1968, 950; BayObLG, FamRZ 1961, 176f.; *Schönke-Schröder-Stree,* 16 zu § 77 StGB; *Soergel-Lange,* 13 zu § 1629. Krit. zu dieser Rechtslage *Kohlhaas,* NJW 1960, 1ff.

§ 77 III StGB gewährt das Antragsrecht auch einem nur tatsächlich Personensorgeberechtigten und verleiht ihm damit punktuell Vertretungsmacht. Sie ist Einzelvertretungsmacht, die unabhängig von den Entscheidungen des gesetzlichen Vertreters ausgeübt werden kann.

[11] Ebenso BGH, FamRZ 1968, 250. Anders (ohne Rücksicht auf die Prinzipien der Gesamtvertretung) *Schönke-Schröder-Stree,* 4 zu § 77b StGB (gegen das dort genannte strafrechtliche Schrifttum); *Soergel-Lange,* 14 zu § 1629.

[12] Ebenso *Boeckmann,* NJW 1960, 1940; *Schönke-Schröder-Stree,* 3 zu § 77d StGB. Einzelhandlungsmacht behaupten *Kohlhaas,* NJW 1960, 2; *Soergel-Lange,* 14 zu § 1629.

[13] Vgl. *Schönke-Schröder-Eser,* 2ff. zu § 238 StGB. Nach Ans. des OLG Stuttgart, NJW 1956, 1001 hat auch ein nicht sorgeberechtigter Elternteil das Antragsrecht zu § 237 StGB.

[14] Diese Deutung der Norm entspricht heute ganz h. L. Vgl. BGH, NJW 1972, 1708; BayObLG, FamRZ 1960, 33; 1976, 168; KG, FamRZ 1974, 380; *Staudinger-Donau,* 78 zu § 1629; *Soergel-Lange,* 17 zu § 1629; *Erman-Ronke,* 17 zu § 1629; *Palandt-Diederichsen,* 5 zu § 1629; *Dölle,* § 92 I 3b.

mit den väterlichen Großeltern ist der Vater durch § 1795 I Nr. 1 von der Vertretung des Kindes ausgeschlossen, die Mutter aber durch § 1629 II. Freilich entfällt der Normzweck mit der Beendigung der Elternehe, doch ist die früher bedeutsame Frage nach der Anwendung des § 1629 II nach der Ehescheidung, jedoch vor der Entscheidung über die elterliche Sorge gemäß § 1671 infolge des Entscheidungsverbunds obsolet geworden (vgl. dazu oben § 45 V 5 zum praktischen Fall der Vertretung des Kindes im Verfahren der Ehelichkeitsanfechtung).

Eine Ausnahme (in der die Konstitutionsprinzipien der elterlichen Sorge zutage treten[15]) gilt wenigstens weithin für die Verfolgung von Unterhaltsansprüchen des Kindes durch einen Elternteil gegen den anderen. Freilich wählt das Gesetz in diesen Fällen gern die Form der Prozeßstandschaft (vgl. dazu unten IV.), doch kann jener Elternteil, in dessen Obhut[16] sich das Kind befindet, in dessen Namen den Unterhaltsanspruch gegen den anderen Elternteil geltend machen, wenn die Ehegatten getrennt leben (zum Tatbestand vgl. oben § 27 VII 2ff.), Scheidung aber noch nicht beantragt ist (§ 1629 II 2; zur Unterstützung durch das Jugendamt vgl. § 51 II JWG). Der Grund ist einsichtig: Mit der Trennung wird die eheliche Befangenheit zumindest vermindert; ein etwa noch notwendiger Schutz des Kindes kann Einzelakten des Vormundschaftsgerichtes überlassen bleiben (§§ 1629 II 3, 1796).[17]

IV. Prozeßstandschaft

1. Vertretungsmacht wird in aller Regel durch Handeln im Namen des Vertretenen ausgeübt; sie kann jedoch auch bei Handeln im eigenen Namen wirksam werden, wenn und soweit Prozeßstandschaft gestattet ist. Für die Eltern scheidet jede gewillkürte Prozeßstandschaft aus; in Betracht kommt allein die Figur der gesetzlichen. Von der Möglichkeit, den Eltern in bestimmten Fällen die Wahl zwischen einem Handeln im eigenen Namen (mit Wirkung für das Kind) und einem Handeln im Namen des Kindes zu lassen, hat das Gesetz keinen Gebrauch gemacht. Prozeßstandschaft der Eltern für ihre Kinder ist stets die einzige Form fremdwirkenden Verhaltens in ihrem Anwendungsbereich.

Vgl. aber auch *Göppinger*, FamRZ 1960, 346 (Schluß aus dem Normtext auf Verhinderung beider Elternteile nicht zwingend); *Knittel*, JZ 1967, 82 (Normtext schließt anderen Elternteil nicht aus; Erg. der h. L. jedoch durch teleologische Ausfüllung einer Regelungslücke gerechtfertigt).

[15] Das wird gesehen auch von *Wangemann*, NJW 1961, 195; LG Frankfurt, NJW 1961, 2160. Die durchaus h. L. versteht dagegen die Ausnahme rein positivistisch (auch) als gesetzlich angeordnete Ausnahme vom Grundsatz der Gesamtvertretung. Vgl. etwa BGH, FamRZ 1965, 38; *Mammey*, FamRZ 1960, 200; *Schaub*, NJW 1960, 84; *Lange*, NJW 1961, 1894; *Palandt-Diederichsen*, 5 zu § 1629; *Erman-Ronke*, 18 zu § 1629; *Soergel-Lange*, 29 zu § 1629; MünchKomm-*Hinz*, 35 zu § 1629; *Dölle*, § 92 I 3b.

[16] Der Begriff wurde § 51 II JWG entlehnt. Er meint die tätige Personensorge (mag sie auch mit Hilfe Dritter ausgeübt werden); Wohngemeinschaft von Eltern und Kind ist nicht erforderlich.

[17] Vgl. dazu OLG Köln, OLGZ 1966, 580.

2. Elterliche Prozeßstandschaft ist nur für *Unterhaltsansprüche des Kindes* vorgesehen. Wenn und soweit der Unterhalt des Kindes als Teil des Familienunterhalts geltend zu machen ist (also nur, wenn die Elternteile nicht getrennt leben), kann er von einem Elternteil im eigenen Namen gegen den anderen Elternteil gefordert werden (vgl. § 1360 und dazu oben § 21 I 2). Während eines Scheidungsstreites ist ferner die Alleinvertretungsmacht des Elternteils, in dessen Obhut sich das Kind befindet, nur in Form der Prozeßstandschaft auszuüben (§ 1629 III). Entscheidend war in § 1360 die kollektive Formierung des Unterhalts in der Familie; entscheidend waren in § 1629 III Pietätsrücksichten: Im Scheidungsstreit der Eltern sollte das Kind auch in einer Folgesache nicht als Partei in Erscheinung treten.

3. Die Lösung des § 1629 III ist mit keinerlei Nachteilen für das Kind verbunden. Urteile und Prozeßvergleiche, die zwischen den Eltern geschlossen werden (vgl. zu ihnen oben § 26 III 4 und V), wirken für und gegen das Kind, sichern ihm also einen eigenständigen Vollstreckungstitel. Ein (vor dem 1. EheRG notwendiger) Beitritt des Kindes zum Vergleich der Eltern ist gegenstandslos: Kraft der Prozeßstandschaft ist das Kind selbst Vergleichspartei.

V. Abwehr Dritter

1. *Einige Eltern.* Besteht zwischen den Eltern Einigkeit über die Notwendigkeit, das Kind von einem Dritten zu verlangen (§ 1632) oder auch von einem Dritten Unterlassung oder Beseitigung von Eingriffen in die elterliche Sorge zu fordern, so ist jeder Elternteil berechtigt, seinen Anspruch (aus seinem Recht zur elterlichen Sorge) zu verfolgen. Er ist freilich gehalten, Rechtsausübung nur in einer Form zu betreiben, die mit dem Parallelanspruch des anderen Elternteils (aus dessen Recht zur elterlichen Sorge) zu vereinbaren ist. Von einem Dritten, der das Kind herauszugeben hat (§ 1632), kann deshalb grundsätzlich nur Herausgabe an beide Elternteile verlangt werden und nur mit Zustimmung des anderen Elternteils Herausgabe an einen Elternteil allein.[1] Ist allerdings der andere Elternteil (trotz Einigkeit im Entschluß, den Aufenthalt des Kindes bei dem Dritten zu beenden) nicht bereit oder nicht in der Lage (längerer Aufenthalt in einem Sanatorium, Strafhaft usw.), bei der gemeinsamen Übernahme des Kindes mitzuwirken, so steht seine elterliche Sorge einem Antrag des anderen Elternteils auf Herausgabe des Kindes an ihn allein nicht entgegen.[2]

---

[1] Vgl. OLG Celle, FamRZ 1970, 201. Geht man von einem gemeinschaftlichen Recht der beiden Elternteile aus, so ist die Zustimmung des anderen Elternteils bereits eine Frage der Sachlegitimation. So LG Köln, FamRZ 1955, 215; *Dölle,* § 92 I 3 a; *Beitzke,* § 27 IV 1; *Staudinger-Donau,* 32 zu § 1632; *Soergel-Lange,* 4 zu § 1632; MünchKomm-*Hinz,* 5 zu § 1632; wohl auch *Erman-Ronke,* 6 zu § 1632.

[2] Schon Desinteresse soll genügen nach Ans. von *Staudinger-Donau,* 23 zu § 1632; *Soergel-Lange,* 4 zu § 1632; MünchKomm-*Hinz,* 5 zu § 1632; *Erman-Ronke,* 6 zu § 1632.

2. *Elternstreit.* Gehen die Meinungen der Eltern über die Notwendigkeit, einen Dritten zu belangen, auseinander, ist eine Klage erst möglich, wenn das Vormundschaftsgericht den Elternstreit zugunsten jenes Elternteils entschieden hat, der sein Recht geltend machen will. Zwar hat jeder Elternteil je für sich ein subjektives Recht, in das der Dritte auch dann noch rechtswidrig eingreift, wenn er mit Billigung des anderen Elternteils handelt, doch wäre jedes einseitige Handeln in dieser Situation selbst ein nicht gerechtfertigter Eingriff in die elterliche Sorge des Partners (der sie durch Gewährenlassen des Dritten ausübt).[3]

Anders gelagert sind die Fälle des Elternstreites allein über das schließliche Ziel des Vorgehens gegen den Dritten (während dieses selbst außer Streit steht). Wollen etwa getrennt lebende Eltern den Aufenthalt des Kindes bei einem Dritten beenden, ohne sich über den künftigen Aufenthalt des Kindes bei dem einen oder auch bei dem anderen Elternteil einig zu sein, so verletzt kein Elternteil Rechte des anderen, wenn er den Dritten auf Herausgabe des Kindes an beide Elternteile in Anspruch nimmt. Ein Vollzug des gewährenden Beschlusses ist allerdings erst möglich, wenn die Eltern noch zu einer Einigung gelangten oder ein Beschluß des Vormundschaftsgerichts die elterliche Sorge eines Elternteils beendete (§ 1672).[4]

§ 51. Grenzen des elterlichen Handelns

I. Entzogene Bereiche

Schrifttum: *Krüger,* Grundrechtsausübung durch Jugendliche (Grundrechtsmündigkeit) und elterliche Gewalt, FamRZ 1956, 329; *Braun,* Mitwirkung Minderjähriger bei Vereinsbeschlüssen, NJW 1962, 92; *Hoffmann,* Der Beitritt minderjähriger Arbeitnehmer zu einer Gewerkschaft, BB 1965, 126; *Kube,* Zur Problematik des Gewerkschaftsbeitritts eines Minderjährigen, DB 1968, 1126; *Gefaeller,* Entstehung und Bedeutungswandel der Arbeitsmündigkeit (§ 113 BGB), 1968; *Kittner,* Zur Grundrechtsmündigkeit des Minderjährigen am Beispiel der Koalitionsfreiheit (Art. 9 Abs. 3 GG), ArbuR 1971, 280.

1. *Eigengesetzlichkeit einzelner Rechtsverhältnisse.* Elterliche Sorge ist als umfassende Sorge für die Person und für das Vermögen des Kindes gedacht, kann aber dort nicht ausgeübt werden, wo die Struktur einzelner Rechtsverhältnisse elterliches Handeln für das Kind schlechthin ausschließt. Elterliche Sorge soll etwa nicht großelterliche Sorge sein. Deshalb unterliegt ein minderjähriger Elternteil bei der Ausübung der elterlichen Befugnisse gegenüber seinem Kind keinen

---

[3] Die früher (FamRZ 1965, 227) von mir vertretene Überzeugung, daß bei Billigung durch einen Elternteil die Rechtswidrigkeit des Eingriffs überhaupt entfalle, habe ich bereits in der Voraufl. aufgegeben.

I. Erg. wie der Text MünchKomm-*Hinz,* 5 zu § 1632; *Erman-Ronke,* 6 zu § 1632; *Palandt-Diederichsen,* 3a zu § 1632; *Staudinger-Donau,* 21 zu § 1632.

[4] Vgl. *Staudinger-Donau,* 24 zu § 1632; *Soergel-Lange,* 4 zu § 1632.

Weisungen seiner eigenen Eltern und keiner Aufsicht durch sie.[1] Elterliches Handeln ist ferner weithin nicht mit besonderen Gewaltverhältnissen (Schule, Universität, Strafhaft, Wehrdienst usw.) zu vereinbaren und kann deshalb in deren Rahmen nur ausgeübt werden, soweit es nicht den besonderen Folgepflichten widerspricht und soweit es nicht ausdrücklich ausgeschlossen wurde.[2] Elterliches Handeln kann schließlich nicht in das interne Leben eines Verbandes eingreifen, dem das Kind nur angehört, weil es im Arbeitsleben steht (Gewerkschaft, Arbeitgeberverband, Betrieb).[3] Zugänglich bleibt den Eltern dagegen bereits das interne Leben eines Vereines, dessen Mitgliedschaft ohne besondere Qualifikation erworben werden kann.[4]

2. *Verwaltungsrechte Dritter.* Die elterliche Vermögenssorge beseitigt keine Bindungen, denen das Vermögen des Kindes unterworfen ist. Sie ist deshalb auf die dem Kind verbliebenen Restbefugnisse beschränkt, wenn und soweit Vermögen des Kindes der Verwaltung eines Dritten (Testamentsvollstrecker, Konkursverwalter usw.) unterliegt.

Drittverwalter sind den elterlichen Bindungen (vgl. zu ihnen in erster Linie unten § 52 III–V) nicht unterworfen.[5] Ihre Rechtsstellung erfährt auch dann keine Änderung, wenn ein Elternteil zum Drittverwalter berufen ist (häufig als Testamentsvollstrecker).[6] Freilich ist in diesen Fällen vielfach die Bestellung eines Pflegers erforderlich, der die dem Kind verbliebenen (an sich zur elterlichen Vermögenssorge gehörenden) Befugnisse gegenüber dem Elternteil (als Drittverwalter) wahrnimmt.

3. *Ausschluß der elterlichen Vermögenssorge.* Vermögen, das dem Kind von Todes wegen zufällt (auch als gesetzlicher Erbteil[7] oder Pflichtteil[8]), und Vermögen, das

---

[1] Vgl. *Krüger,* FamRZ 1956, 332; mit Einschränkungen auch *Staudinger-Donau,* 70 zu § 1626.

[2] Vgl. *Krüger,* FamRZ 1956, 329ff.; *Beitzke,* § 26 III 2b.

[3] Streitig ist, ob das Kind selbständig derlei Verbänden beitreten kann. Die Frage wird vornehmlich für den Gewerkschaftsbeitritt behandelt. Generell positiv für alle Arbeitnehmer *Krüger,* FamRZ 1956, 332 (unter Berufung auf den Rechtsgedanken der §§ 112, 113); *Kube,* DB 1968, 1126ff. (weil die §§ 106ff. nicht mit Art. 9 III GG vereinbar sein sollen); *Kittner,* ArbuR 1971, 290f. (Koalitionsmündigkeit notwendig mit der durch Eintritt in die Arbeitswelt dokumentierten „Arbeitsmündigkeit" verbunden); *Gefaeller,* S. 89ff. (allerdings ohne klare Stellungnahme für den Konfliktsfall). Positiv nur noch für die nach § 113 ermächtigten Minderjährigen (also vorbehaltlich einer entsprechenden Einschränkung der Ermächtigung) *Hoffmann,* BB 1965, 126ff.; LG Essen, NJW 1965, 2302; LG Frankfurt, FamRZ 1967, 680; *Söllner,* Arbeitsrecht, 5. Aufl. 1976, § 10 III 2a; MünchKomm-*Gitter,* 21 zu § 113 (und dazu RdNr. 40: Einschränkung der Ermächtigung Mißbrauch des elterlichen Sorgerechts). Die (dann über § 113 I 2 bedeutsamen) §§ 1643 I, 1822 Nr. 5 stehen nicht entgegen, wenn der Minderjährige die Mitgliedschaft bis zur Vollendung des 19. Lebensjahres beenden kann (vgl. unten § 52 V 7). Diese Möglichkeit kann freilich bei ungünstigen Austrittsfristen im Einzelfall fehlen. Vgl. *Woltereck,* DB 1964, 1777f.

[4] Vgl. dazu in erster Linie *Braun,* NJW 1962, 92.

[5] RGZ 61, 144; 91, 69 (70); KG, KGJ 40, 216; ROLG 38, 259.

[6] Vgl. KG, JFG 11, 48.

[7] Vgl. BayObLG, FamRZ 1964, 522.

[8] Ganz h. M. Vgl. OLG Hamm, FamRZ 1969, 662; *Staudinger-Engler,* 8 zu § 1638; *Erman-Ronke,* 8 zu § 1638; *Dölle,* § 94 II 5a; MünchKomm-*Hinz,* 2 zu § 1638.

ihm unter Lebenden unentgeltlich zugewendet wird, ist einschließlich der anfallenden Surrogate nicht von den Eltern zu verwalten, wenn der Erblasser durch letztwillige Verfügung (= Testament; vgl. § 1937)[9] oder der Zuwendende bei der Zuwendung[10] bestimmt haben (und sei es auch nur durch konkludentes Verhalten), daß die Eltern das Vermögen nicht verwalten sollen (§ 1638).[11] Eine Begründung ist entbehrlich; Akte reiner Willkür haben keine geringere Wirkung als wohlbegründete.

Ausgeschlossene Eltern bleiben zuständig für den Vermögensanfall – auch für die Entscheidung über die Annahme oder Ausschlagung einer Erbschaft[12] –, das Vermögen selbst wird dagegen elternfreies Vermögen[13] (auch § 1649 II ist nicht mehr anzuwenden), wenn auch nicht Vermögen, das ganz von dem Vermögen des Kindes unter elterlicher Verwaltung geschieden ist. Die Anordnung des Drittzuwenders begründet ein Sondervermögen des Kindes zwar für die Verwaltung,[14] dagegen nicht mehr für die Haftung. Gläubiger des Kindes können daher auch dann in das Sondervermögen vollstrecken, wenn ihre Forderung von den Eltern begründet wurde.[15]

Verfügungen von Todes wegen schließen die elterliche Vermögenssorge nicht

---

[9] Ist das Kind in einem gemeinschaftlichen Testament mit korrespektiven Verfügungen bedacht, kann der längerlebende Ehegatte die Anordnung auch treffen, wenn die Verfügungen für ihn bindend geworden sind. Vgl. KG, HRR 1936 Nr. 340.

[10] Die Anordnung kann also nicht nachträglich getroffen werden. Vgl. BayObLGZ 6, 558; KG, FamRZ 1962, 432 (435); *Staudinger-Engler,* 9 zu § 1638; *Soergel-Lange,* 5 zu § 1638; MünchKomm-*Hinz,* 4 zu § 1638.

[11] Die Bestimmung ist auch einem Elternteil möglich. Ebenso *Dölle,* § 140 II 1 b. Es besteht heute auch kein Anlaß mehr, einem Elternteil die Möglichkeit zu nehmen, sich selbst von der Verwaltung eines Vermögens auszuschließen, das er dem Kind unentgeltlich zuwendet. Anders jedoch *Erman-Ronke,* 8 zu § 1638; für § 1638 a. F. auch KG, RJA 14, 1; *Kipp-Wolff,* § 80 Fn. 1 a.

[12] Vgl. KG, KGJ 48, 22; OLG Karlsruhe, FamRZ 1965, 573; *Kipp-Wolff,* § 80 I 1; *Staudinger-Engler,* 5 zu § 1638; *Palandt-Diederichsen,* 2 zu § 1638; *Erman-Ronke,* 9 zu § 1638; *Merkel,* MDR 1964, 113; *Dölle,* § 140 II 1 b; MünchKomm-*Hinz,* 6 zu § 1638; *Soergel-Lange,* 9 zu § 1638. Schon die Verteidigung des Erwerbs gegen Angriffe Dritter obliegt dem Pfleger. Vgl. BayObLG, ROLG 32, 78.

[13] Die elterliche Verwaltung ist nicht erst mit der Bestellung des Pflegers ausgeschlossen. Vgl. RG, Recht 1909 Nr. 1327; *Staudinger-Engler,* 13 zu § 1634 (mit weit. Hinw.). Den Eltern verbleibt die Befugnis, im eigenen Namen Beschwerde gegen die Anordnung der Pflegschaft einzulegen, wenn sie Existenz oder Wirksamkeit des vom VormG angenommenen Ausschlusses bestreiten. Gegen die Auswahl des Pflegers können sie dagegen nur namens des Kindes vorgehen (kein Akt der Verwaltung!). Vgl. BayObLGZ 25, 193; BayObLG, FamRZ 1977, 751. Ist das Kind als Nacherbe eingesetzt, ist den Eltern bereits die Wahrnehmung der Rechte des Kindes vor dem Nacherbfall entzogen. Vgl. OLG Braunschweig, SeuffA 63 Nr. 461. A. A. KG, KGJ 50, 46 (aber die Möglichkeit einer auch diese Rechte ergreifenden Ausschlußklausel zugestehend). Zuweilen wird der Ausschluß der elterlichen Verwaltung nur als Ausschluß der Ausübung elterlicher Rechte verstanden (*Beitzke,* FamRZ 1958, 9; *Palandt-Diederichsen,* 2 zu § 1638), doch ist diese (theoretisierende) Überzeugung schwerlich mit der totalen Entrechtung der Eltern zu vereinbaren.

[14] Handeln die Eltern dennoch für das Kind, so sind die §§ 177 ff. (im Verh. zu Dritten) und §§ 677 ff. (im Verh. zum Kind) anzuwenden.

[15] Vgl. *Siber,* JherJb. 67, 146.

schon aus, wenn sie einen Testamentsvollstrecker – und sei es auch als Verwaltungsvollstrecker (§ 2209) – vorsehen (vgl. oben unter 2.).[16] Doch kann die Auslegung der letztwilligen Verfügung ergeben, daß der Erblasser seinen Willen, die Eltern von der Verwaltung auszuschließen, durch die Ernennung eines Testamentsvollstreckers zum Ausdruck bringen wollte.[17]

Elternfreies Vermögen ist von einem Pfleger zu verwalten, den auszuwählen dem Erblasser oder bei einer unentgeltlichen Zuwendung unter Lebenden dem Zuwendenden gestattet ist (§ 1917; die Pflegschaft beginnt aber erst mit der Bestellung des Pflegers durch das Vormundschaftsgericht). Auch ein Elternteil kann als Pfleger benannt werden (auch von sich selbst, wenn er dem Kind Vermögen zuwendet) und damit in anderer Funktion eine Verwaltung übernehmen, die ihm als Elternteil entzogen ist.[18] Dagegen ist es dem Vormundschaftsgericht verwehrt, in freier Pflegerauswahl auf einen ausgeschlossenen Elternteil zurückzugreifen (und damit den Willen des Erblassers oder Schenkers zu mißachten).[19] Notwendig ist die Bestellung eines Pflegers auch, wenn das dem Kind anfallende Vermögen von einem Testamentsvollstrecker zu verwalten ist; die Pflegschaft beschränkt sich dann auf die dem Kind verbleibenden Befugnisse (vgl. oben unter 2.).[20]

4. *Ausschluß eines Elternteils.* Die enge Verbundenheit von Ehegatten legt es im allgemeinen nahe, die elterliche Vermögensverwaltung für beide Elternteile gleicherweise zu beseitigen. Möglich bleibt indessen auch der Ausschluß nur eines Elternteils (auch durch den Partner!) mit der Folge der Alleinverwaltung (einschließlich der Alleinvertretung) durch den anderen.

II. Schenkungsverbot

Schrifttum: *Migsch,* Die sogenannte Pflichtschenkung, AcP 173 (1973), 46.

1. Fremdnützige rechenschaftspflichtige Verwalter sind ausnahmslos außerstande, aus dem verwalteten Vermögen im gleichen Umfang wie aus dem eigenen Vermögen Schenkungen vorzunehmen. Auch die Eltern können in Vertretung des Kindes (also aus dem Vermögen des Kindes) nur Schenkungen vornehmen, durch die einer sittlichen Pflicht (bei großem Vermögen gehören dazu auch

---

[16] Vgl. KG, JFG 11, 48; LG Dortmund, NJW 1959, 2264. Die elterliche Verwaltung ist dagegen ausgeschlossen, wenn die Verfügung von Todes wegen „gerichtliche Verwaltung" des dem Kind zufallenden Vermögens bestimmt. Vgl. BayObLG, Recht 1916 Nr. 952.

[17] Vgl. BayObLGZ 31, 228.

[18] Vgl. KG, KGJ 20, A 220; *Staudinger-Engler,* 14 zu § 1638; OLG München, JFG 21, 181.

[19] Vgl. BayObLG, FamRZ 1977, 751.

[20] Vgl. KG, KGJ 38, A 69 (A 74); OLG Rostock, JFG 2, 132; RJA 16, 15; *Kipp-Wolff,* § 80 I 1.

karitative Akte[1]) oder einer auf den Anstand zu nehmenden Rücksicht entsprochen wird (§ 1641).[2]

Das Verbot hat umfassenden Charakter; es dient dem Schutz des Kindesvermögens überhaupt, nicht nur dem Schutz vor Schenkungen, die von den Eltern erklärt werden. Soweit die Eltern nicht selbst zu handeln vermögen, können sie auch Schenkungen des minderjährigen Kindes selbst nicht zustimmen.[3] Das Verbot ist ferner Verbot mit vernichtender Wirkung (§ 134, nicht § 177). Weder das volljährig gewordene Kind noch das Vormundschaftsgericht können eine verbotswidrige Schenkung mit der Folge der Wirksamkeit genehmigen.[4] Das Verbot ist schließlich ein Verbot, das nicht durch Ausweichen in eine Pflegschaft umgangen werden kann: Auch ein Pfleger hat keine weitergehenden Möglichkeiten (§§ 1915, 1804). Freilich reicht es nicht über die dem Kind dienende rechenschaftspflichtige Verwaltung hinaus. Gesamthandsgemeinschaften, denen das Kind angehört, können auch unentgeltlich frei verfügen, wenn und soweit das Gesetz Gesamthändern eine fest umrissene Vertretungsmacht verleiht[5] (OHG, KG. Vgl. dazu auch unten § 52 IV 5).

2. *Anstandsschenkung.* Sittlichen Pflichten und dem (von den Anschauungen sozial Gleichgestellter bestimmten) Anstand gegenüber schützt die Rechtsordnung das Kindesvermögen auch nicht durch quantitative oder objektbezogene Grenzen. Ganze Vermögenskomplexe können so von den Eltern sittlichen Pflichten folgend verschenkt werden, eine Erbschaft etwa, wenn es gilt, im Familienkreis jene Erbfolge herzustellen, die dem (nicht formgerecht geäußerten) Willen des Erblassers entspricht.[6]

---

[1] In aller Regel wird im Schrifttum ausdrücklich betont, daß Wohltätigkeit von § 1641 Satz 2 nicht gedeckt wird (vgl. etwa *Soergel-Lange,* 3 zu § 1641; MünchKomm-*Hinz,* 14 zu § 1641). Doch haben sich längst soziale Standards ausgebildet, die auch im Kindschaftsrecht nicht ignoriert werden können.

[2] Die Begriffe der Schenkung, der Pflichtschenkung und der Anstandsschenkung werden gleicherweise vom Schuldrecht näher umrissen (vgl. §§ 516, 534). Die (alte) Frage, ob überhaupt und ggf. inwieweit Pflichtschenkungen zu den unentgeltlichen Geschäften zu rechnen sind (vgl. dazu *Migsch,* AcP 173 [1973], 46ff., mit einer nach Gelegenheitsgeschenken und Zuwendungen zur Erfüllung einer Sitten- oder Anstandspflicht differenzierenden Lösung) ist für die Anwendung des § 1641 belanglos.

Die Praxis hat sich besonders häufig mit der Frage beschäftigen müssen, ob eine Rangänderung mit Rücktritt eines dem Kind zustehenden Grundpfandrechtes als Schenkung aufzufassen ist. Sie ist nur aus den Umständen des Einzelfalles zu beantworten. Vgl. RGZ 48, 136; OLG Celle, ROLG 8, 75; KG, ROLG 46, 177. Die unentgeltliche Aufgabe eines Pfandrechtes überhaupt ist regelmäßig Schenkung. Vgl. KG, HRR 1937 Nr. 1500. Vgl. ferner OLG Köln, OLGZ 1969, 263 (mit Annahme einer sittlichen Pflicht zur Aufgabe einer beschr. pers. Dienstbarkeit in einem besonders gelagerten Fall).

[3] Vgl. *Kipp-Wolff,* § 116 I; *Erman-Ronke,* 1 zu § 1641; *Staudinger-Engler,* 1 zu § 1641; OLG Stuttgart, FamRZ 1969, 39 (40).

[4] Vgl. BayObLG, ROLG 32, 19; *Kipp-Wolff,* § 80 II 1; *Palandt-Diederichsen,* 1 zu § 1641; *Soergel-Lange,* 2 zu § 1641; *Erman-Ronke,* 1 zu § 1641; *Staudinger-Engler,* 8 zu § 1641; MünchKomm-*Hinz,* 2 zu § 1641.

[5] Vgl. RGZ 125, 380; *Staudinger-Engler,* 5 zu § 1641; MünchKomm-*Hinz,* 9 zu § 1641.

[6] Vgl. das freilich mit zeitbedingten Akzenten arbeitende Urteil KG, HRR 1936 Nr. 195. Wird eine

3. Erlaubt muß den Eltern auch die Erfüllung eines wirksamen Schenkungsversprechens sein, das zu einer Verpflichtung des Kindes führte (Sukzession in ein Schenkungsversprechen kraft Erbschaft). Sinn des § 1641 ist es, das Vermögen des Kindes vor unentgeltlicher Schmälerung zu bewahren. Sinn der Norm ist es dagegen nicht mehr, den Eltern die Erfüllung bestehender Verbindlichkeiten zu verwehren und damit das Kind Ersatzpflichten auszuliefern.[7]

III. Insichgeschäfte

Schrifttum: *Raape,* § 181 BGB und Unterhaltspflicht, AcP 140 (1935), 352; *Nipperdey,* Die Gestattung der Mehrvertretung durch das Vormundschaftsgericht, Festschrift Raape, 1948, S. 305; *v. Lübtow,* Schenkungen der Eltern an ihre minderjährigen Kinder und der Vorbehalt dinglicher Rechte, 1949; *Riedel,* Die Bedeutung des § 181 im Familien- und Erbrecht, JR 1950, 140; *Boehmer,* Grundlagen der bürgerlichen Rechtsordnung II 2, 1952, S. 44ff.; *Müller,* Die Bedeutung des § 181 im Familienrecht, MDR 1952, 209; *Schneider,* Selbstkontrahieren beim Abschluß eines Gesellschaftsvertrages mit minderjährigen Kindern, BB 1954, 705; *Lange,* Schenkungen an beschränkt Geschäftsfähige und § 107 BGB, NJW 1955, 1339; *Dölle,* Absurdes Recht?, Festschrift Nipperdey, 1965, Bd. I, S. 23; *Häsemeyer,* Selbstkontrahieren des gesetzlichen Vertreters bei zusammengesetzten Rechtsgeschäften, FamRZ 1968, 502; *Nagel,* Familiengesellschaft und elterliche Gewalt, 1968; *Blomeyer,* Die teleologische Korrektur des § 181 BGB, AcP 172 (1972), 1; *Stürner,* Der lediglich rechtliche Vorteil, AcP 173 (1973), 402; *Meyer-Stolte,* Erleichterung der Elternschenkung, Rpfleger 1974, 85; *Klamroth,* Selbstkontrahierungsverbot bei Abstimmung über laufende Angelegenheiten in Familiengesellschaften?, BB 1974, 160; *Säcker-Klinkhammer,* Verbot des Selbstkontrahierens auch bei ausschließlichem rechtlichen Vorteil des Vertretenen?, JuS 1975, 626; *Klamroth,* Zur Anerkennung von Verträgen zwischen Eltern und minderjährigen Kindern, BB 1975, 525; *Schilling,* Gesellschaftsbeschluß und Insichgeschäft, Festschrift Ballerstedt, 1975, S. 257; *Fastrich,* Die Vertretung des minderjährigen Kommanditisten in der Familien-KG, 1976; *Brox,* Die unentgeltliche Aufnahme von Kindern in eine Familien-Personengesellschaft, Festschrift Bosch, 1976, S. 75; *Honsell,* Das Insichgeschäft nach § 181: Grundfragen und Anwendungsbereich, JA 1977, 55; *Hübner,* Interessenkonflikt und Vertretungsmacht, 1977; *Schubert,* Die Einschränkung des Anwendungsbereichs des § 181 BGB beim Insichgeschäft, WM 1978, 290.

1. Als gesetzliche Vertreter unterliegen die Eltern allen Beschränkungen der Stellvertretung mit allgemeinem Geltungsanspruch. Insichgeschäfte sind daher den Eltern ebenso verboten wie anderen Vertretern, mag es sich nun handeln um einseitige Rechtsgeschäfte oder um mehrseitige, mag es sich auch handeln um Rechtsgeschäfte zwischen den Eltern und dem Kind oder um Rechtsgeschäfte zwischen mehreren von den Eltern vertretenen Kindern.[1] Rechtsgeschäfte zwi-

---

Erbschaft verschenkt, ist die Genehmigung des VormG erforderlich (§§ 1643, 1822 Nr. 1). Zur Frage der Pflichtschenkungen vgl. auch OLG Karlsruhe, LZ 1917, 1282 (sittliche Pflicht der Kinder, den drohenden wirtschaftlichen Zusammenbruch der Eltern abzuwenden).

[7] Vgl. *Eckstein,* AcP 107 (1911), 410; *Kipp-Wolff,* § 116 Fn. 1; *Staudinger-Engler,* 3 zu § 1641; MünchKomm-*Hinz,* 10 zu § 1641.

[1] Bei zusammengesetzten (d. h. an sich selbständigen, jedoch vom Parteiwillen zusammengefügten) Rechtsgeschäften gilt § 181 nur für Geschäftsbestandteile mit einer gegen die Norm verstoßenden Parteienstellung. Verfallen sie der Nichtigkeit, befindet § 139 über die anderen. Ebenso MünchKomm-*Thiele,* 31 zu § 181. A. A. BGHZ 50, 8 (Geltung des § 181 für das ganze Rechtsgeschäft). Der Entscheidung folgen *Palandt-Heinrichs,* 1 zu § 181; MünchKomm-*Hinz,* 25 zu § 1629; *Erman-Heckelmann,* 7 zu § 1795. Gegen das Urteil *Häsemeyer,* FamRZ 1968, 502ff.

schen einem Elternteil und dem Kind stehen Rechtsgeschäften zwischen beiden Elternteilen und dem Kind gleich. Zwar trifft das Verbot des § 181 bei Beteiligung nur eines Elternteils am Rechtsgeschäft den anderen Elternteil nicht. Doch schließt § 1795 I Nr. 1, solange die Elternehe besteht, jeden Elternteil von der Vertretung des Kindes bei Rechtsgeschäften mit dem anderen Elternteil aus (vgl. dazu unten IV 2).

Die Eltern werden sogar von § 181 besonders stark betroffen. Zwei Ausnahmen nennt die Norm, eine aber nur kommt für die Eltern in Betracht. Eltern können im erlaubten Insichgeschäft Verbindlichkeiten erfüllen. Eltern können dagegen niemals in einem besonders gestatteten Insichgeschäft wirksam für das Kind handeln. Das Gesetz erlaubt ihnen keine Insichgeschäfte.[2] Das Vormundschaftsgericht hat keine Macht, allgemein oder beschränkt (etwa in den Fällen der Mehrvertretung) vom Verbot des § 181 zu dispensieren.[3] Ein zuweilen bejahtes derogierendes Gewohnheitsrecht[4] und eine vielfach behauptete „Gestattung kraft Verkehrsübung",[5] die gleicherweise in erster Linie verkehrsübliche Elternschenkungen ermöglichen sollten (die Fallgruppe hat heute keine praktische Bedeutung mehr; vgl. unter 2.), sind nicht zu begründen. Gewohnheitsrecht verlangt mehr als praktische Zweckmäßigkeit des Ergebnisses, und eine bloße Verkehrsübung kann gesetztes Recht nicht außer Kraft setzen.[6]

2. *Teleologische und formale Rechtsanwendung.* Das Verbot der Insichgeschäfte entspricht nicht einem Wesensprinzip rechtsgeschäftlichen Handelns. In ihm wirkt allein der Gedanke, den Vertretenen schützen zu müssen, wenn seine Interessen mit denen des Vertreters kollidieren. Dieser Gedanke ist freilich im § 181 nur formalisiert zum Ausdruck gekommen; er muß in der Normanwendung

---

[2] Vgl. aber KG, ROLG 22, 158 (160). Die Entscheidung glaubt, aus der Stellung des Gewalthabers folgern zu können, daß ihm die Vornahme rechtsgültiger Schenkungen an das Kind ohne weiteres gestattet sei. Ähnl. *Boehmer,* S. 53.

[3] Vgl. RGZ 67, 61; 71, 162; BGHZ 21, 229 (234); BGH, FamRZ 1961, 473 (475); BayObLG, NJW 1959, 989; OLG Hamm, FamRZ 1975, 510; *Boehmer,* S. 56, 61 ff.; *Kipp-Wolff,* § 116 III 3; *Staudinger-Donau,* 46 zu § 1629; *Staudinger-Engler,* 7 zu § 1795; *Soergel-Germer,* 6 zu § 1795; *Erman-Hefermehl,* 1 zu § 1795; *Palandt-Diederichsen,* 1 zu § 1795; MünchKomm-*Thiele,* 40 zu § 181; MünchKomm-*Zagst,* 3 zu § 1795; *Flume,* Allgemeiner Teil, Bd. II, 3. Aufl. 1979, § 48, 6; *Beitzke,* § 28 I 3 d; *Nagel,* S. 48 ff.; *Müller,* MDR 1952, 209.

A. A. für die Mehrvertretung unter Hinweis auf die Fürsorgepflicht des VormG *Nipperdey,* Festschrift Raape, S. 305 ff.; *Enneccerus-Nipperdey,* § 181 II 1; *Staudinger-Coing,* 19 n zu § 181; *Soergel-Leptien,* 39 zu § 181; *Larenz,* AT, § 30 II a; *Schilling,* Festschrift Ballerstedt, S. 269; *Paulick,* FamRZ 1957, 159; *Honsell,* JA 1977, 57.

Für eine allgemeine Befugnis des VormG *Hübner,* S. 125 ff. (in der vormundschaftsgerichtlichen Genehmigung eines genehmigungsbedürftigen Geschäfts soll die Gestattung erblickt werden können).

[4] Vgl. *Staudinger-Coing,* 4 zu § 105.

[5] Vgl. *Enneccerus-Nipperdey,* § 181 II 1; *Erman-Westermann,* 16 zu § 181; *Soergel-Lange,* 22 zu § 1629; *Palandt-Heinrichs,* 4 a zu § 181; *Flume,* § 48, 6.

[6] Ebenso *Staudinger-Coing,* 19 i zu § 181; *Larenz,* AT, § 30 II a; *Hübner,* S. 140; *Blomeyer,* AcP 172 (1972), 12 f.

weithin verlorengehen (und dann zu Schwierigkeiten ohne rechten Sinn führen), wenn der formalisierte Tatbestand nicht „aufgelockert" wird.

Dennoch hat die Rechtsprechung lange Zeit an einer streng formalen Interpretation des § 181 festgehalten und damit den mit der Formalisierung gewahrten Interessen des Verkehrs stets den Vorrang vor den Interessen anderer (auch denen des Kindes) eingeräumt. § 181 war für sie ausschließlich eine Ordnungsvorschrift mit zweckgerichtetem, für die Interpretation aber gleichgültigem Hintergrund.[7] Das Schrifttum dachte von vornherein meist anders.[8] Für viele war die unübersehbare Differenz zwischen der sonst von der Rechtsprechung befolgten teleologisch bestimmten Rechtsanwendung und der Anwendung des § 181 einfach zu groß.

Gesichertes Rechtsgut ist freilich die Überzeugung, daß bei der Anwendung des § 181 die Frage nach einem Interessenkonflikt im Einzelfall nicht aufgeworfen werden darf.[9] Die in der Formalisierung liegende ratio legis kann dagegen nicht mehr Argument gegen eine zweckbetonte Normanwendung sein, wenn Rechtsgeschäfte vorgenommen werden, für die das Fehlen eines gefährdenden Interessengegensatzes generell evident ist. In diesen Fällen bedarf der Rechtsverkehr keines Schutzes vor überraschend unwirksamen Rechtsgeschäften mehr. Ebenso sicher wie von der formalen Normanwendung (und zusätzlich weit einsichtiger) wird er von einer abstrakt-teleologischen geleitet, die § 181 trotz einer seinem Text entsprechenden Parteienstellung nicht auf jene Gruppen von Rechtsgeschäften bezieht, für die generell der die Norm beherrschende Interessenkonflikt ausgeschlossen ist.

Mit der Entscheidung BGHZ 56, 97 hat auch die höchstrichterliche Rspr. (viel zu spät) den Übergang von der formalen zur abstrakt-teleologischen Rechtsanwendung vollzogen[10] und damit insbesondere jene Rechtsgeschäfte dem § 181 entzogen, die dem Vertretenen[11] ausschließlich zu rechtlichem Vorteil gereichen.[12] Zuzugestehen ist hier freilich, daß die Frage, ob ein Geschäft nur zu

---

[7] Vgl. (zur Frage der unentgeltlichen Zuwendung an den Vertretenen) RG, Warn. 1910 Nr. 414; 1932 Nr. 200; RGZ 143, 350 (keine Anfechtung nach § 2079 durch die allein zum Erben eingesetzte Mutter zugunsten eines von ihr vertretenen, erst nach dem Tode des Vaters geborenen Kindes!); RGZ 157, 31; BGH, FamRZ 1961, 473 (475).

[8] Der Rspr. zust. aber *Staudinger-Donau,* 37 zu § 1629; *Soergel-Germer,* 1 zu § 1795; *Flume,* § 48, 1. Weit. Nachw. bei *Boehmer,* S. 54 Fn. 4 und 5.

[9] Insoweit besteht in Rspr. und Schrifttum, trotz mancher Mißverständnisse (vgl. hierzu *Boehmer,* S. 52ff.) weitgehend Einigkeit. Für die Frage nach einem Interessenkonflikt in jedem Einzelfall allerdings *Brox,* Allgemeiner Teil, 3. Aufl. 1979, RdNr. 544.

[10] Urteil zum Insichgeschäft des geschäftsführenden Alleingeschäftsführers einer GmbH. Vgl. zu ihm insbes. *Lessmann,* BB 1976, 1377ff.

[11] Bei Mehrvertretung mit gegensätzlicher Parteienstellung ist die Restriktion gegenstandslos, weil ein Vertretener Nachteile erleiden muß.

[12] Vgl. BGHZ 59, 236; BayObLG, FamRZ 1974, 659; 1976, 539 (543). Im Schrifttum wurde die Restriktion schon früher gefordert, u. a. von *v. Lübtow,* S. 15; *Boesebeck,* NJW 1961, 484; *Larenz,* AT, § 30 II a; *Nagel,* S. 44ff.; *Blomeyer,* AcP 172 (1972), 11ff. Nur noch in der Beschränkung auf verkehrs-

rechtlichen Vorteilen führt oder auch mit rechtlichen Nachteilen verbunden ist,[13] nicht ausnahmslos ohne Schwierigkeiten und eindeutig zu beantworten ist[14] (weil der Begriff des „rechtlichen Nachteils" seinerseits nicht streng formal ohne Berücksichtigung des Geschäftsinhalts im übrigen definiert werden darf). Doch sollten Unschärfen an der Peripherie nicht dazu führen, nun alle mit rechtlichen Vorteilen verbundenen Geschäfte im Anwendungsbereich des § 181 zu belassen, zumal das Gesetz in vergleichbarer Situation (§ 107) eine Belastung des Verkehrs mit Unsicherheit in einzelnen Fällen auch in Kauf nimmt[15] und die Möglichkeit besteht, den gesicherten Anwendungsbereich der Norm ebenfalls in Fallgruppen zu konturieren,[16] die Zone der Unsicherheit mithin aus beiden Richtungen zunehmend zu verkleinern.

Eine abstrakt-teleologische Anwendung des § 181 verbreitert den Raum des erlaubten Insichgeschäfts, in welchem die Eltern ohne Notwendigkeit eines Ergänzungspflegers für das Kind handeln können. Eine abstrakt-teleologische Anwendung des § 181 muß umgekehrt aber auch den Eltern die Möglichkeit des Handelns für ihr Kind dort nehmen, wo es andernfalls möglich wäre, trotz Interessenkonflikts ein Rechtsgeschäft in einer dem Text der Norm entsprechenden Konstellation allein oder doch nur unter der Mitwirkung selbst gewählter Dritter zu tätigen. Die Genehmigung einer von den Eltern getroffenen, aus anderen Gründen (etwa gemäß § 2113 I) schwebend unwirksamen Verfügung kann etwa nach aller Ansicht nicht durch Erklärung der Eltern im Namen des Kindes an sich selbst erfolgen. Die Rechtsprechung billigt sie dagegen, wenn die Eltern den Vertragspartner als Erklärungsempfänger wählen (§ 182 I).[17] Richtiger ist es, den Eltern die Möglichkeit einer Genehmigung in analoger Anwendung des § 181 auch bei dieser Erklärungsrichtung zu nehmen. Oder: Die Rechtsprechung hat Erklärungen der Eltern im Namen des Kindes, die sie wahlweise an sich selbst oder an das Grundbuchamt richten können, überwiegend nicht

---

übliche Zuwendungen auch von *Staudinger-Coing,* 19k zu § 181; *Enneccerus-Nipperdey,* § 181 III 4; *Dölle,* § 94 III 2b. Dem BGH dann zust. *Soergel-Leptien,* 5f. und 24ff. zu § 181; MünchKomm-*Thiele,* 9 und 15ff. zu § 181; *Palandt-Heinrichs,* 2c zu § 181; *Erman-Westermann,* 4 zu § 181; *Hübner,* S. 138ff.; *Stürner,* AcP 173 (1973), 442ff.; *Brox,* Festschrift Bosch, S. 76; *Honsell,* JA 1977, 55ff.

[13] Allein nach wirtschaftlichen Vor- und Nachteilen will *H. Schmidt,* FamRZ 1975, 481ff., fragen.

[14] Kritik deshalb bei *Klamroth,* BB 1973, 398ff. und 1975, 525 (526). Vgl. ferner *Flume,* § 48 I (formale Anwendung der Norm, sofern es sich nicht um verkehrsübliche Insichgeschäfte handelt, um Unsicherheit des Rechtsverkehrs zu vermeiden); *Schubert,* WM 1978, 290ff.

[15] Vgl. *Blomeyer,* AcP 172 (1972), 14f.; *Hübner,* S. 155f.

[16] Für eine von wirtschaftlichen Daten beherrschte Fallgruppenbildung *Stürner,* JZ 1973, 286ff. (Anm. zu BGHZ 59, 236) und AcP 173 (1973), 442ff.; *Hübner,* S. 146ff.

[17] Vgl. RGZ 76, 89; OLG Hamm, NJW 1965, 1489; BayObLGZ 1977, 76 (81). Zur unterschiedlichen Reaktion im Schrifttum vgl. *Boehmer,* S. 68. Für eine analoge Anwendung des § 181 neben den dort Genannten auch *Staudinger-Coing,* 23 zu § 181; *Staudinger-Donau,* 42 zu § 1629; *Hübner,* S. 214ff. Der Rspr. folgend dagegen *Staudinger-Engler,* 2b zu § 1795; *Soergel-Leptien,* 29 zu § 181; *Palandt-Heinrichs,* 2b zu § 181; MünchKomm-*Zagst,* 2 zu § 1795.

beanstandet, wenn die Eltern die Erklärung dem Grundbuchamt gegenüber abgaben.[18] Richtiger ist es, die Eltern in diesen Fällen generell von der Vertretung des Kindes auszuschließen. Schließlich: Die Rechtsprechung beanstandet weder Interzessionen noch befreiende Drittleistungen (§ 267) der Eltern im Namen des Kindes zu eigenen Gunsten, wenn die Eltern nicht gleichzeitig im eigenen Namen handeln (so wie es bei der Schuldübernahme in der Form des § 415 der Fall ist).[19] Richtiger ist es, den Eltern die Möglichkeit einer Interzession und einer Drittleistung zu eigenen Gunsten generell zu nehmen.

Insgesamt führt eine rein formale Anwendung des § 181 zu einer Rechtslage, die den Eltern auf der einen Seite unnötige Hindernisse aufrichtet und auf der anderen Seite den Schutz des Kindes keineswegs stets garantiert, wenn er erforderlich ist. Die den Zweck des § 181 stärker betonende Meinung gewährt dem Kind dagegen vollständigen Schutz und führt die überflüssigen Hindernisse auf ein geringeres Maß zurück.[20]

3. *Ersatzgeschäfte.* Rechtsgeschäfte, die den Eltern verboten sind, können von ihnen auch nicht mit dem für sich selbst handelnden Kind abgeschlossen werden. Geschäftsunfähige Kinder können wirksame Willenserklärungen überhaupt nicht abgeben. Beschränkt geschäftsfähige Kinder aber sind für alle mit rechtlichen Nachteilen verbundenen Rechtsgeschäfte an die Zustimmung der Eltern gebunden (§ 107), können diese aber nie erlangen: Die Grenzen der elterlichen Vertretungsmacht sind gleichzeitig Grenzen der elterlichen Macht, Handlungen des Kindes zuzustimmen. So bleiben nur die Rechtsgeschäfte ausschließlich vorteilhaften Charakters. Diese aber sind den Eltern bei richtiger Anwendung des § 181 ohnehin gestattet (oben unter 2.).

Verbotene Insichgeschäfte können von den Eltern ferner nicht mit einem Unterbevollmächtigten getätigt werden, den sie selbst dem Kinde bestellten. Zu Rechtsgeschäften, die ihm selbst nicht möglich sind, kann kein Vertreter Untervollmacht erteilen.[21]

---

[18] Vgl. zum Stand der Meinungen *Boehmer,* S. 69; *Staudinger-Donau,* 43 zu § 1629; *Soergel-Leptien,* 29 zu § 181; MünchKomm-*Thiele,* 26f. zu § 181; *Hübner,* S. 223ff. (alle wie der Text).

[19] Vgl. RGZ 51, 422 (Schuldübernahme); 71, 219 (Bürgschaft); 75, 257 (Drittleistung); OLG Celle, ROLG 28, 216 (Drittleistung). Der Rspr. folgend *Soergel-Leptien,* 32 zu § 181; MünchKomm-*Thiele,* 33 zu § 181; *Larenz,* AT, § 30 II a; *Flume,* § 48, 5. Wie der Text für alle Interzessionen *Staudinger-Coing,* 22 zu § 181; *Hübner,* S. 205ff.; für die Schuldübernahme *Staudinger-Donau,* 42 zu § 1629.

[20] Eine vollkommene Beseitigung des § 181 im Familienrecht wird bei einem Ausbau des § 1796 von *Riedel,* JR 1950, 143, für möglich gehalten.

[21] Das RG hat Rechtsgeschäfte zwischen einem Vertreter und einem von ihm bestellten Untervertreter nicht beanstandet. Vgl. RGZ 103, 417 und 108, 405. Ob es bereit gewesen wäre, die Konsequenzen auch für die gesetzlichen Vertreter des Familienrechtes zu ziehen, ist fraglich. Diese Rspr. ist viel gelobt, aber auch viel getadelt worden. Vgl. dazu *Boehmer,* S. 70. Der BGH hat die Frage bislang nicht abschließend beantworten müssen, doch deutet BGHZ 64, 72 (74) eine Abkehr von der alten Rspr. an. Wie der Text (jedenfalls i. Erg.) OLG Frankfurt, OLGZ 1974, 347; *Enneccerus-Nipperdey,* § 181 III 2; *Staudinger-Coing,* 23a zu § 181; *Palandt-Heinrichs,* 2caa zu § 181; MünchKomm-*Thiele,* 23

So können die verbotenen Rechtsgeschäfte nur von einem Pfleger (§ 1909) erledigt werden. Freilich kann sich die Tätigkeit des Pflegers auf die Prüfung eines von den Eltern verbotswidrig abgeschlossenen Rechtsgeschäftes beschränken. Ein Verstoß gegen § 181 führt bei Verträgen nach allgemeiner Ansicht[22] lediglich zu schwebender Unwirksamkeit, obwohl der Text der Norm („kann nicht") Nichtigkeit anzudeuten scheint (für einseitige Rechtsgeschäfte vgl. § 180). Das Vormundschaftsgericht kann daher einen Pfleger ausschließlich mit der Aufgabe betrauen, durch Genehmigung oder deren Verweigerung über ein von den Eltern getätigtes Rechtsgeschäft zu befinden.

4. Das Verbot der Insichgeschäfte begrenzt die Vertretungsmacht der Eltern im jeweiligen Einzelfall. Es beschränkt dagegen nicht mehr die elterliche Sorge überhaupt für alle Rechtsverhältnisse, die Insichgeschäften zuneigen. Eine zwischen Eltern und Kindern oder zwischen Geschwistern bestehende Rechtsgemeinschaft erzwingt deshalb ebensowenig die Bestellung eines Pflegers wie die Existenz von Ansprüchen der Kinder, die sich gegen die Eltern oder Geschwister richten. Die bloße Verwaltung der dem Kind zustehenden Rechte wird den Eltern von § 181 nicht untersagt. Der mögliche Interessengegensatz kann zwar das Vormundschaftsgericht veranlassen, den Eltern die Verwaltungsmacht nach § 1796 zu entziehen (vgl. dazu unten IV 5), kraft Gesetzes aber verbinden sich mit ihm keine Folgen.[23]

5. Praktische Bedeutung erlangt das Verbot der Insichgeschäfte vornehmlich für Erbauseinandersetzungen, ferner für Elternschenkungen, schließlich für die Gründung und Führung einer GmbH, einer OHG und einer KG, die als Familiengesellschaften gedacht sind (Gesellschaften des bürgerlichen Rechtes sind als Familiengesellschaften selten; auch „stille Gesellschaften" werden fast nie gewünscht, weil der „Stille" am Gesellschaftsvermögen nicht beteiligt ist).

Erbschaftsauseinandersetzung. Es gibt Auseinandersetzungen ohne verbotene Geschäfte, obwohl die Gesamthandsgemeinschaft Eltern und Kinder oder auch mehrere von den Eltern vertretene Geschwister vereinigt. Sie werden indessen in aller Regel den Wünschen der Miterben nicht gerecht. So verletzt eine Auseinandersetzung, die ganz den gesetzlichen Regeln der §§ 2042ff. und 752ff. folgt,[24]

---

zu § 181; *Medicus,* Bürgerliches Recht, 8. Aufl. 1978, RdNr. 113; *Blomeyer,* AcP 172 (1972), 15ff.; *Stürner,* JZ 1973, 287; *Schilling,* Festschrift Ballerstedt, S. 268. Einschränkend *Soergel-Leptien,* 28 zu § 181 (Rechtsgeschäft dann wirksam, wenn im Einzelfall eine Gefährdung des Vertretenen zweifelsfrei nicht vorliegt); ähnl. differenzierend *Hübner,* S. 175ff., insbes. S. 186 (wirksam, sofern Vertreter nachweist, daß Geschäft im Zeitpunkt der Vornahme dem Interesse des Geschäftsherrn entspricht).

[22] Für die Rspr. vgl. BGHZ 65, 123 (126); OLG Frankfurt, OLGZ 1974, 347 (350).

[23] Vgl. *Kipp-Wolff,* § 80 Fn. 15; RGZ 144, 246; KG, KGJ 31, A 10; 35, A 9 (A 12ff.); ROLG 21, 285; 33, 346; 34, 262; SeuffA 68 Nr. 27; JW 1936, 2748; 1938, 1168; BayObLG, Recht 1902 Nr. 1104; JW 1925, 2140; FamRZ 1963, 578.

[24] Vgl. RGZ 93, 334 (336); BGHZ 21, 229 (232); *Palandt-Keidel,* 2a zu § 2042; *Soergel-Lange,* 22 zu § 1629; *Erman-Hefermehl,* 7 zu § 1795; *Müller,* MDR 1952, 209.

nie das Verbot der Insichgeschäfte, doch wird sie kaum jemals verwirklicht. Auch durch reine „Außengeschäfte" kann eine Erbschaft ohne Mitwirkung eines Pflegers auseinandergesetzt werden, sei es nun, daß der Anteil eines jeden Miterben gesondert einem Dritten übertragen wird (vgl. § 2033),[25] sei es auch, daß der gesamte Nachlaß von der Miterbengemeinschaft gegen ein für jeden Miterben festgesetztes (also nicht mehr zu teilendes) Entgelt veräußert wird.[26] Wieder aber weisen die Vorstellungen der Miterben fast ausnahmslos in eine andere Richtung.

Häufig gewünscht wird die wirtschaftlich zumeist besonders empfehlenswerte Übernahme der Erbschaft durch einen Miterben. Sie erzwingt die Bestellung zumindest eines Pflegers, dagegen nicht mehr unbedingt die Bestellung je eines Pflegers für jedes minderjährige Kind.

Soll der Nachlaß vom überlebenden Elternteil übernommen werden, muß zwar grundsätzlich jedes unter elterlicher Sorge stehende Kind einen Pfleger erhalten. Die Bestellung eines Pflegers für alle Kinder genügt aber, wenn die einzelnen Miterbenanteile vom überlebenden Elternteil erworben werden oder aber der ganze Nachlaß gegen ein schon im Veräußerungsgeschäft zwischen den Miterben aufgeschlüsseltes Entgelt veräußert wird.[27]

Zumindest ein Pfleger ist auch erforderlich, wenn der Nachlaß einem volljährigen Kind übertragen werden soll. Der überlebende Ehegatte ist zwar bei dieser Parteienstellung von der Vertretung der minderjährigen Kinder nicht mehr durch § 181 ausgeschlossen, wohl aber nimmt ihm § 1795 I Nr. 1 (zu ihm vgl. unten IV 2) die Vertretungsmacht.

Jede andere Erbschaftsauseinandersetzung erzwingt für jedes elterlicher Sorge anvertraute Kind einen gesonderten Pfleger. Auch der so häufig gewünschte Übergang von der gesamthänderischen Bindung der Miterbengemeinschaft zu einer Bruchteilsgemeinschaft bildet keine Ausnahme. Er kann nur durch „Innengeschäfte" erreicht werden, mithin durch Rechtsgeschäfte, die zwischen allen Miterben abzuschließen sind.[28]

6. *Schenkungen.* Minderjährige können Rechtsgeschäfte, die ihnen lediglich einen rechtlichen Vorteil gewähren, selbständig vornehmen (§ 107).[29] Elternschenkungen an Minderjährige bedingen daher einen Pfleger nur, wenn das Kind

---

[25] Vgl. dazu *Boehmer,* S. 58 m. Nachw.; *Staudinger-Coing,* 19p zu § 181; BGHZ 50, 8 (10).

[26] Hinw. auf Schrifttum und Rspr. bei *Boehmer,* S. 59. Vgl. weiter *Staudinger-Coing,* 19p zu § 181; *Soergel-Leptien,* 16 zu § 181; MünchKomm-*Thiele,* 51 zu § 181.

[27] Vgl. BayObLGZ 9, 126 und 459; KG, KGJ 40, 1; *Erman-Westermann,* 5 zu § 181. Die Kritik von *Staudinger-Donau,* 48 zu § 1629, verfehlt den Gegenstand (weil sie ein Teilungsgeschäft der Miterben voraussetzt).

[28] Ganz h. L. Vgl. etwa MünchKomm-*Hinz,* 25 zu § 1629; *Palandt-Keidel,* 2a zu § 2042; *Soergel-Leptien,* 16 zu § 181. Für die höchstrichterliche Rspr. vgl. in erster Linie RGZ 67, 61; BGHZ 21, 229. A. A. LG Köln, DNotZ 1951, 229 mit zust. Anm. *Riedel.*

[29] Nach Ansicht von *Dölle,* Festschrift Nipperdey, Bd. I, S. 34f., kann der Minderjährige auch beschwerende Bagatellgeschäfte selbständig vornehmen, wenn sie „innerfamiliär" bleiben.

im Einzelfall das Schenkungsversprechen der Eltern nicht selbständig annehmen kann, weil mit ihm rechtliche Nachteile verbunden sind. Die Erfüllung des Versprechens ist den Eltern stets im erlaubten Insichgeschäft möglich; auch ein Schenkungsversprechen erfüllen, heißt eine Verbindlichkeit tilgen.[30]

Die Praxis (auch der BGH) abstrahiert bei der Abgrenzung der nur vorteilhaften Schenkungsversprechen von den auch nachteiligen von den Rechtsfolgen des Erfüllungsgeschäftes. Sie fordert die Mitwirkung eines Pflegers deshalb nur, wenn bereits das Schenkungsversprechen als solches mit rechtlichen Nachteilen verbunden ist (etwa als Schenkung unter Auflage[31]). Verneint wird die Notwendigkeit eines Pflegers primär für Grundstücksschenkungen, weil die mit dem Erwerb eines Grundstücks verbundenen Nachteile (Verkehrssicherungspflicht, Pflichten des öffentlichen Rechtes, § 571) sämtlich erst Folgen der Übereignung sind.[32] Zwingend ist diese Interpretation des § 107 nicht; der Normzweck weist eher in die andere Richtung.[33]

Schenkungen unter dem Vorbehalt dinglicher Rechte bereiten keine Schwierigkeiten, wenn das vorbehaltene Recht bereits als Recht an eigener Sache bestand; ein Schenkungsversprechen ist nicht mit rechtlichen Nachteilen für den Minderjährigen verbunden, wenn lediglich eine belastete Sache versprochen wird.[34] Bei zweckmäßigem Vorgehen erschöpft sich die Problematik daher in der Schen-

---

[30] Das formnichtige Schenkungsversprechen wird durch Erfüllung im erlaubten Insichgeschäft geheilt (§ 518 II). A. A. freilich die h. L. Ihr zufolge ist § 181 nur bei wirksamer Verbindlichkeit anzuwenden. Vgl. BGH, FamRZ 1961, 473 (475); *Enneccerus-Nipperdey*, § 181 II 2; *Staudinger-Donau*, 51 zu § 1629; MünchKomm-*Thiele*, 55 zu § 181; *Soergel-Leptien*, 41 zu § 181.

[31] Vgl. etwa BFH, WM 1975, 603 (604) und NJW 1977, 456; MünchKomm-*Gitter*, 24 zu § 107; *Soergel-Hefermehl*, 3 .zu § 107; *Hübner*, S. 147f. Für Gleichstellung der Schenkung unter Auflage mit reiner Schenkung dagegen BayObLG, NJW 1974, 1142 und *Staudinger-Donau*, 50 zu § 1629 (da § 526 den „rechtlichen Nachteil" auf den Wert der geschuldeten Sache beschränke).

[32] Vgl. KG, HRR 1936 Nr. 788; BGHZ 15, 168; BayObLG, FamRZ 1968, 206; *Soergel-Hefermehl*, 1 und 3 zu § 107. Vgl. auch MünchKomm-*Gitter*, 8f. zu § 107.

[33] Ebenso *Lange*, NJW 1955, 1342f.; wohl auch *Staudinger-Donau*, 51 zu § 1629. Gegen das Abstraktionsprinzip als Abgrenzungskriterium in Verbindung mit einer zu Fallgruppen verdichteten wirtschaftlichen Betrachtungsweise *Stürner*, AcP 173 (1973), 402ff. und *Hübner*, S. 143ff. (generell ungefährliche Rechtsnachteile haben außer Betracht zu bleiben). Kritisch gegen die h. L. auch *Dölle*, § 94 Fn. 32. Beispiele aus der neueren Rspr.: BGHZ 53, 174 (Schenkung eines Vermögens wegen § 419 nicht nur vorteilhaft); BGH, MDR 1971, 380 (Tendenz, die unentgeltliche Bestellung eines Nießbrauchs wegen der gesetzlichen Verpflichtungen des Nießbrauchers gegenüber dem Eigentümer auch als rechtlich nachteilig anzusehen); OLG Celle, NJW 1976, 2214 (Schenkung einer Eigentumswohnung nicht nur vorteilhaft, wenn mit Eintritt in Verwaltungsvertrag verbunden); BFH, NJW 1977, 456 (Schenkung eines Geldbetrages mit gleichzeitiger Verpflichtung, diesen Betrag dem Schenker darlehensweise zur Verfügung zu stellen, auch rechtlich nachteilig); OLG Hamm, FamRZ 1978, 439 (gleiche Fallgestaltung; nur vorteilhaft, wenn von vornherein ein Rückzahlungsanspruch aus Darlehen geschenkt wurde).

[34] Ganz h. L. Vgl. *v. Lübtow*, S. 103f.; *Erman-Ronke*, 13 zu § 1629; *Palandt-Heinrichs*, 2 zu § 181; *Palandt-Diederichsen*, 4 zu § 1629; MünchKomm-*Thiele*, 10ff. zu § 181. A. A. *Lange*, NJW 1955, 1341.

kung unter Vorbehalt einer Dienstbarkeit; sie wird gegenstandslos, wenn auch die Begründung von Dienstbarkeiten an eigener Sache zugelassen wird.[35]

Für den etwa verbleibenden Restbestand zeigt sich in der Rechtsprechung eine deutliche Tendenz, den Eltern die Mitwirkung eines Pflegers zu ersparen, falls sie von vornherein nur einen belasteten Gegenstand zu schenken versprechen (das Kind also keine Verpflichtung zur Bestellung eines Rechtes übernimmt) und die Begründung der Dienstbarkeit gleichzeitig mit der Übereignung vorgenommen wird.[36] Gegen das sonst befolgte Trennungsdenken setzt sich der Gedanke der Geschäftseinheit durch;[37] zuweilen wird gar schon die Möglichkeit geleugnet, Übereignung und Bestellungsakt voneinander zu sondern.[38]

7. *Elternschenkungen an geschäftsunfähige Kinder*[39] können ausnahmslos ohne Mitwirkung eines Pflegers nur in erlaubten Insichgeschäften versprochen und vollzogen werden. Beschränkt geschäftsfähiges und geschäftsunfähiges Kind stehen gleich, sofern anerkannt wird, daß § 181 Insichgeschäfte der Eltern nicht hindert, falls sie dem Kind nur einen rechtlichen Vorteil gewähren (so heute die h. L. und Rspr.; vgl. oben unter 2.). Sicher unrichtig ist die weit verbreitete Überzeugung, die meisten Elternschenkungen als Erfüllung der elterlichen Unterhaltspflicht (und damit nicht als Schenkungen) charakterisieren zu können und deshalb auch als ein von § 181 schon im Normtext erlaubtes Erfüllungsgeschäft.[40] Eltern sind nicht verpflichtet, die dem Unterhalt des Kindes dienenden Sachen (Spielsachen, Kleider usw.) zu übereignen.

8. *Familiengesellschaften.* Da sowohl die Errichtung einer GmbH als auch die Gründung einer OHG und einer KG ohne wechselseitige Abgabe empfangsbedürftiger Willenserklärungen nicht möglich ist, können Familiengesellschaften mit Eltern und minderjährigen Kindern als Mitgliedern grundsätzlich nur aufgebaut werden, wenn jedes der Vertretung bedürftige Kind einen gesonderten Pfleger erhält[41] (zum Erfordernis der vormundschaftsgerichtlichen Genehmi-

---

[35] Dafür *v. Lübtow,* S. 98ff. (für den Nießbrauch an beweglichen Sachen und Grundstücken); *Lange,* NJW 1955, 1342 (für den Nießbrauch an Grundstücken). Im sachenrechtlichen Schrifttum wird die Zulässigkeit seit RGZ 142, 234 überwiegend anerkannt.

[36] Vgl. dazu OLG München, JFG 23, 231; BayObLG, MDR 1967, 919; LG Tübingen, FamRZ 1972, 373; *v. Lübtow,* S. 98ff.; *Staudinger-Coing,* 7 zu § 107; MünchKomm-*Gitter,* 13 zu § 107; *Palandt-Heinrichs,* 2 zu § 107; *Soergel-Hefermehl,* 3 zu § 107; *Medicus,* RdNr. 172; *Hübner,* S. 148. A. A. allerdings OLG Frankfurt, Rpfleger 1974, 429.

[37] Vgl. *v. Lübtow,* S. 104ff. Ihm zust. *Staudinger-Coing,* 7 zu § 107.

[38] Vgl. RGZ 148, 321 (für bewegliche Sachen).

[39] Handlungsmacht der Geschäftsunfähigen für den Erwerb geringwertiger Objekte behauptet *Dölle,* Festschrift Nipperdey, Bd. I, S. 23ff.

[40] So aber *Raape,* AcP 140 (1935), 352; *Staudinger-Coing,* 4 zu § 105; *Staudinger-Donau,* 53 zu § 105; *Boehmer,* S. 53; MünchKomm-*Hinz,* 26 zu § 1629; *Erman-Ronke,* 13 zu § 1629; *Beitzke,* § 28 I 3d. Wie der Text dagegen *Hübner,* S. 140f.; *Blomeyer,* AcP 172 (1972), 13.

[41] Vgl. für die OHG und die KG BayObLG, FamRZ 1959, 125 (126); LG Berlin, JR 1949, 575 (576); *Erman-Westermann,* 6 zu § 181; *Soergel-Leptien,* 17 zu § 181; *Soergel-Germer,* 6 zu § 1795; *Schneider,* BB 1954, 705.

gung vgl. unten § 52 V 6). Entbehrlich ist die Einrichtung von Pflegschaften nur, wenn und soweit die Gründung der Gesellschaft Erfüllung eines von den Eltern gegebenen Ausstattungsversprechens (vgl. dazu oben § 48 I 5) oder Schenkungsversprechens ist, das dem Kind ausschließlich einen rechtlichen Vorteil bringt (also auch keine Ausgleichszahlungen an Geschwister vorsehen darf, während eine Ausgleichsanordnung gemäß § 2050 III nicht schadet[42]). Ausstattung und Schenkung können in diesem Fall entweder mit dem minderjährigen Kind selbst oder von den Eltern im erlaubten Insichgeschäft vereinbart werden (vgl. oben unter 6. und 7.); der Abschluß des Gesellschaftsvertrages ist als reines Erfüllungsgeschäft dem Verbot der Insichgeschäfte entzogen.

Wird die von der Rechtsprechung in anderen Zusammenhängen (vornehmlich bei der Grundstücksschenkung) für richtig gehaltene Abstraktion von den Rechtsfolgen des Erfüllungsgeschäftes bei der Beurteilung eines Schenkungsversprechens auch in das Gesellschaftsrecht übertragen, so können die Eltern ohne einen neutralen Interessenvertreter für das Kind sogar eine OHG aufbauen (die unbeschränkte Haftung des Kindes nach § 128 HGB ist Folge des Gesellschaftsvertrages und nicht des Schenkungsversprechens).[43] Wird dagegen (richtiger) das Erfüllungsgeschäft bereits beim Schenkungsversprechen bedacht, beschränkt sich die Möglichkeit einer Gesellschaftsgründung ohne Pfleger auf die Vereinbarung einer KG mit Kommanditistenstellung des Kindes und auf die Errichtung einer GmbH mit sofortiger Volleinzahlung des Stammkapitals (vgl. dazu § 24 GmbHG). Nur in diesen Fällen ist dem Kind das Risiko von Vermögenseinbußen genommen.[44] Es bleibt freilich die allgemeine Treupflicht des Gesellschafters,[45] doch kann sie schwerlich als „rechtlicher Nachteil" gewertet werden, weil sie auch den eigenen Interessen dient und bei höherwertigen „Privatinteressen" vor diesen zurücktritt.

Es ist evident, daß die Bereitschaft der Eltern, ihren Kindern Mitgliedschaftsrechte in Familiengesellschaften einzuräumen, weithin abhängig ist von der Frage nach Notwendigkeit oder Entbehrlichkeit eines Dauerpflegers für das Kind zur Wahrnehmung seiner Rechte aus dem Gesellschaftsverhältnis. So erwünscht (vornehmlich um steuerlicher Vorteile willen) die Beteiligung minderjähriger

---

[42] Vgl. dazu BGHZ 15, 168 (170f.); *Hübner,* S. 148. A. A. *Lange,* NJW 1955, 1343.

[43] So tatsächlich *Nagel,* S. 37ff. Wie der Text dagegen *Stürner,* AcP 173 (1973), 434f. und *Hübner,* S. 149 (Nachteil „liegt auf der Hand").

[44] Ohne Belang sollte die Möglichkeit einer Haftung nach verbotswidriger Rückzahlung aus § 31 III GmbHG sein. Die Gefahr könnte auch ein Pfleger nie wirklich abschätzen. Vgl. auch die Parallelproblematik zu § 1822 Nr. 10 (unten § 52 V 10). Ein Pfleger wird auch für die Gründung einer KG und die Errichtung einer GmbH stets für notwendig gehalten von *Palandt-Diederichsen,* 4 zu § 1629. Vgl. auch *Hübner,* S. 150 (i. Erg. wie der Text) und *Stürner,* AcP 173 (1973), 436f.

[45] Ihretwegen gegen den Text *Nagel,* S. 26ff. (der aber i. Erg. weit über den Text hinausgeht). Auch *Brox,* Festschrift Bosch, S. 79f., hält deshalb die Aufnahme eines Kindes in eine KG für ein auch nachteiliges Geschäft.

Kinder an Familiengesellschaften sein kann, so unerwünscht ist auch fast ausnahmslos die (freilich nicht eigennützige) Teilnahme eines familienfremden Dritten am Leben der Gesellschaft. Nur kurzfristig ist die Frage vom BFH in einem den Kindern abträglichen Sinn beantwortet worden;[46] heute sind wieder allein die Aspekte des Privatrechts maßgebend.

Deutlich zeichnet sich in der Rechtsprechung die Tendenz ab, Dauerpflegschaften zu vermeiden; gewechselt haben die Begründungen; wirklich überzeugend ist allein eine Restriktion des § 181. Relevant ist ausschließlich die Rechtslage für die laufende Geschäftsführung, also die Frage nach der Vertretung minderjähriger Kinder bei ihrer Mitwirkung an diesbezüglichen Beschlüssen der Gesellschafter (einschließlich jener, die außergewöhnliche Geschäfte betreffen), belanglos die Rechtslage im übrigen, vornehmlich für Vertragsänderungen und Auflösungsakte,[47] weil insoweit immer nur ein Pfleger aus besonderem Anlaß zu bestellen ist (den Eltern nicht zu scheuen pflegen), nie aber ein Dauerpfleger.[48] Beschlüsse der Gesellschafter zur laufenden Geschäftsführung aber sollten § 181 nicht als ,,Gesamtakte" oder ,,Sozialakte" entzogen werden,[49] also durch Flucht in wenig konturierte Kategorien, die dem BGB nicht einmal geläufig sind. Nutzlos ist es auch, sie zwar als Rechtsgeschäfte anzuerkennen, aber mit anderen (stets zweifelhaften) formalen Begründungen dem Normtext des § 181 fernzuhalten, weil sich dann die weitere (zur Teleologie der Norm zurückführende) Frage nach der Notwendigkeit einer extensiven Interpretation der Norm oder auch eines Analogieschlusses stellt, die Auseinandersetzung mit dem Normzweck mithin unvermeidbar bleibt.

In der Entscheidung BGHZ 65, 93 (zum Recht der KG) hat der BGH die Vertretung minderjähriger Kinder durch ihre Eltern in einer von ihnen gemeinsam gebildeten Gesellschaft gebilligt ,,bei Gesellschafterbeschlüssen über Maßnahmen der Geschäftsführung oder sonstige gemeinsame Gesellschaftsangelegenheiten, soweit sie sich auf dem Boden des geltenden Gesellschaftsvertrages bewegen", ferner bei der ,,Zustimmung zu einer Geschäftsführungsmaßnahme, sofern man in ihr etwas anderes als einen Gesellschafterbeschluß sehen will" (S. 99f.), und mit der Gleichrichtung der Interessen ,,in der Verfolgung des gemeinsamen Gesellschaftszwecks auf dem Boden der bestehenden Vertragsord-

---

[46] Vgl. DB 1973, 699 (Kind in einer Familiengesellschaft nur bei Dauerpflegschaft Mitunternehmer). Die Umkehr (nach BGHZ 65, 93) erfolgte in der Entscheidung NJW 1976, 1287. Zum Schrifttum in der Zwischenzeit vgl. etwa *Priester,* DB 1974, 273; *Oberloskamp,* FamRZ 1974, 296; *Kuntze,* JR 1975, 45.

[47] BGHZ 52, 316 gestattet den Eltern die Auflösung einer GmbH mit gleichzeitigem Handeln im eigenen Namen und im Namen der Kinder, weil es sich um einen ,,Sozialakt der körperschaftlichen Willensbildung durch Mehrheitsentscheid" handele.

[48] Gewinnausschüttungen an die Kinder sind nie gehindert. Als Erfüllungsgeschäfte sind sie den Eltern bereits nach dem Normtext des § 181 gestattet.

[49] Vgl. dazu *Schilling,* Festschrift Ballerstedt, S. 263ff.; *Hübner,* S. 171ff., jeweils m. Nachw.

nung" begründet (S. 97f.).[50] Kritik ist nicht ausgeblieben,[51] doch ist nicht zu verkennen, daß die Frage für die Praxis ihre Antwort gefunden hat. Sicher ist ferner, daß der BGH mit seinen Äußerungen die Grenzen einer abstrakt-teleologischen Anwendung des § 181 nicht überschritt.

Eltern, die sich stärker zu sichern wünschen, sind (um den Preis steuerrechtlicher Risiken[52]) gezwungen, ihren Kindern stimmrechtslose Beteiligungen an einer KG oder an einer GmbH einzuräumen.[53] Derartige Beteiligungen widersprechen den Interessen der Kinder in aller Regel nicht (wesentlich für die Genehmigung des Vormundschaftsgerichts), weil sie den Kindern einen Vermögenszuwachs sichern, den sie andernfalls nicht erhalten würden, wenn die Eltern eine Beteiligung mit Stimmrecht ablehnen. Dem Schutz der Kinder dient dann immer noch § 1796: Bei einem erheblichen Interessengegensatz ist den Kindern zur Wahrung der ihnen verbliebenen Rechte (Kontrollrecht aus § 166 HGB) ein Pfleger zu bestellen.

Ausgeschlossen ist eine stimmrechtslose Beteiligung der Kinder an einer OHG (dagegen nicht mehr eine Beteiligung ohne Teilhabe an Geschäftsführung und Vertretung; vgl. §§ 114 II, 125 I HGB), weil mit ihr die Grenzen zulässiger Selbstbindung bei unbeschränkter Haftung überschritten werden.[54] Ersatzlösungen mit äquivalentem Effekt sind nicht vorhanden: Der Gründungspfleger kann den Eltern weder das Stimmrecht übertragen (weil es vom Geschäftsanteil nicht getrennt werden kann) noch Stimmrechtsvollmacht für das Kind mit Ermächtigung zu Insichgeschäften erteilen (weil er nicht zu Handlungen ermächtigen kann, die das Gesetz den Eltern mit den Folgen einer Pflegschaft verbietet).[55]

---

[50] Dem BGH zust. MünchKomm-*Thiele,* 17 und 18 zu § 181. Im monographischen Schrifttum wird der teleologische Ansatz des BGH präzisiert und fortgeführt ohne Konsens im Detail. Vgl. dazu *Hübner,* S. 265ff. (verbotene Insichgeschäfte alle Beschlüsse, die zugleich Abschluß, Änderung oder Aufhebung eines Vertrages zwischen Vertreter und Vertretenem bedeuten, und alle Beschlüsse, an deren Gegenstand der Vertreter ein persönliches, aus dem Inhalt der Beschlußfassung erkennbares Eigeninteresse hat); *Fastrich,* S. 22ff. (für die KG), mit Betonung des ,,gleichartigen Betroffenseins der Gesellschafter" und ihrer Bindung an den Gesellschaftszweck (verbotene Insichgeschäfte alle Vertragsänderungen und alle Beschlüsse, welche die Grundlagen der Gesellschaft betreffen).

[51] Abl. etwa *Schilling,* Festschrift Ballerstedt, S. 257ff.

[52] Der BFH verlangt nunmehr für die Anerkennung der Mitunternehmerschaft, daß die Rechte der Minderjährigen ,,nicht erheblich" eingeschränkt werden.

[53] Zur Zulässigkeit stimmrechtsloser Anteile an einer GmbH vgl. BGHZ 14, 264 (270ff.) m. weit. Nachw. Zur Zulässigkeit stimmrechtsloser Kommanditanteile vgl. BGHZ 20, 363 (367ff.) m. weit. Nachw. Das Urteil erhält das Stimmrecht des Kommanditisten zu Recht für Beschlüsse, die in die Rechtsstellung des Kommanditisten eingreifen.

[54] BGHZ 20, 363 (367) läßt die Frage offen. Hinw. auf das Schrifttum in der Entscheidung, ferner bei *Schlegelberger-Geßler,* 1 zu § 119 HGB (mit dem Text i. Erg. übereinstimmend).

[55] Vgl. BGHZ 3, 354; 20, 363; 36, 292 (293). Umfangreiche Nachw. für dieses ,,Allgemeingut des deutschen Gesellschaftsrechts" bei *Wiedemann,* Die Übertragung und Vererbung von Mitgliedschaftsrechten bei Handelsgesellschaften, 1965, S. 276ff.

IV. Weitere Interessenkollisionen

1. Das Verbot der Insichgeschäfte nimmt den Gedanken, Nachteile für den Vertretenen bei Interessenkollisionen zu verhindern, nur für den rechtsgeschäftlichen Verkehr auf. Es findet seine Fortsetzung im ***Prozeßrecht,*** das jede Vertretung einer Partei durch die andere ausschließt[1] und jeder Partei die Möglichkeit eines prozessualen Handelns im Namen eines anderen nimmt.[2] Die Eltern (beide Elternteile auch dann, wenn nur einer von ihnen Partei ist; vgl. unten 4.) können deshalb nicht im Namen des Kindes gegen sich selbst klagen. Sie können nicht in einem gegen sie selbst gerichteten Straf- oder Zivilprozeß (Scheidungsstreit!) den Entschluß des noch nicht einsichtsfähigen Kindes zur Zeugenaussage überprüfen und das Zeugnisverweigerungsrecht für das Kind ausüben[3] (vgl. dazu oben § 49 VI 7). Sie sind schließlich nicht in der Lage, im Namen des Kindes einen Strafantrag gegen sich selbst zu stellen.[4]

2. ***Rechtsgeschäfte mit Angehörigen.*** Selbst mit seiner Verlängerung in das Prozeßrecht bleibt der Schutz Vertretener bei Interessenkollisionen ein im allgemeinen Recht (bewußt) nur partiell entfalteter Gedanke. Das Familienrecht verfolgt ihn (stets mit der Folge schwebender Unwirksamkeit für verbotswidrige Verträge[5]) weiter, wenn auch nicht mit der Absicht, ihm umfassende Geltung zu verleihen. Es nimmt einem Elternteil vorbehaltlich der in § 1629 II 2 enthaltenen Ausnahme (zu ihr vgl. oben § 50 III 5 und IV) und vorbehaltlich der Erfüllung von Verbindlichkeiten[6] die Rechtsmacht zur Vertretung des Kindes bei allen

---

[1] Vgl. *Staudinger-Donau,* 44 zu § 1629; *Kipp-Wolff,* § 116 III 4c; KG, KGJ 31, A 10; BGH, NJW 1975, 345 (346). Die Eltern sind dagegen nicht mehr ausgeschlossen in Prozessen des Kindes mit Dritten, die Rückwirkungen auf die Rechtsstellung der Eltern haben. Vgl. KG, KGJ 42, A 20.

Den Antrag auf Bestellung eines Pflegers für einen Aktivprozeß hat das VormG abzulehnen, wenn sich aus dem Vortrag des Antragstellers ergibt, daß der Rechtsstreit aussichtslos oder offenbar mutwillig wäre. Vgl. dazu *Staudinger-Donau,* 45 zu § 1629 mit weit. Lit.

[2] Unrichtig BGH, FamRZ 1964, 197 (Genehmigung der Prozeßführung soll auch im Insichgeschäft erlaubt sein).

[3] Vgl. BGHSt. 14, 159 (161); *Staudinger-Donau,* Fn. zu RdNr. 75 zu § 1626; OLG Stuttgart, FamRZ 1965, 515; NJW 1971, 2237. Nach a. A. hat das VormG lediglich die Möglichkeit, nach § 1796 einzugreifen. Vgl. *Bosch,* Grundsatzfragen des Beweisrechtes, 1963, S. 53; BayObLG, FamRZ 1966, 644 (647); LG Frankfurt, FamRZ 1974, 379. Richtig ist, daß im Strafprozeß gegen einen Elternteil (praktisch vornehmlich für den sexuellen Mißbrauch) der Beschuldigte nicht antezipiert als Schuldiger angesehen werden darf (vgl. *Schoene,* NJW 1972, 930; LG Frankfurt, a. a. O.), also nicht von vornherein ein Interessenkonflikt in der Sache mit dem Prozeß impliziert ist. Doch wäre von dieser Basis aus auch § 1796 nicht anzuwenden (oder soll das VormG das Strafurteil vorwegnehmen?). Entscheidend ist indessen allein die Rolle des Elternteils im Prozeß: Parteien haben nicht über Zeugenaussagen zu befinden.

[4] Vgl. RG, DR 1939, 623; BGHSt. 6, 155; *Soergel-Lange,* 15 zu § 1629; *Schönke-Schröder-Stree,* 21 zu § 77 StGB. A. A. *Staudinger-Donau,* 71 zu § 1629 (mit Anwendung des § 1796).

[5] Die früher streitige Frage kann heute als ausgetragen gelten. Vgl. *Staudinger-Donau,* 76 zu § 1629; *Soergel-Germer,* 8 zu § 1795 mit weit. Hinw.

[6] Streitig ist, ob auch Erfüllung durch Erfüllungssurrogate (Aufrechnung!) gestattet ist. Ablehnend *Kipp-Wolff,* § 116 Fn. 14; *Soergel-Germer,* 3 zu § 1795; *Erman-Hefermehl,* 4 zu § 1795; *Palandt-Diederichsen,* 2 zu § 1795. Die Frage kann nicht anders als für § 181 beantwortet werden.

(auch einseitigen) Rechtsgeschäften mit den nächsten eigenen Angehörigen: dem Ehegatten sowie den Verwandten der geraden Linie (§§ 1629 II 1, 1795 I Nr. 1).[7] Dem gleichen Personenkreis gegenüber ist den Eltern die Möglichkeit einer prozessualen Vertretung[8] des Kindes genommen (§§ 1629 II 1, 1795 I Nr. 3) sowie die Befugnis, im Namen des Kindes Strafanträge zu stellen (analoge Anwendung des § 1795 I Nr. 3[9]). Wie im § 181 ist auch hier die ratio legis der Interessengefährdung bewußt formalisiert worden. Die Normanwendung hat daher den oben (III 2) zu § 181 entwickelten Grundsätzen zu folgen.[10]

Ungeschmälert bleibt das Recht, namens des Kindes einseitige Erklärungen abzugeben, die zwar für ein Rechtsverhältnis bedeutsam sind, das Kind und Angehörige der Eltern bereits verbindet oder doch demnächst verbinden soll, jedoch eine andere Erklärungsrichtung aufweisen. Die vornehmlich für die Stiefkindadoption (unten § 62 V 5) und die Stiefvatereinbenennung (unten § 58 II 5) praktisch relevante Frage wird in deren Zusammenhang nicht einheitlich beantwortet. Doch können einseitige Erklärungen an Dritte dem Text des § 1795 nicht eingeordnet werden und für einen Analogieschluß ist bereits eine Regelungslücke nicht anzuerkennen.

3. *Rechtsgeschäfte mit Eigeninteressen der Eltern.* Über das allgemeine Recht geht das Familienrecht ferner hinaus, wenn es den Eltern bestimmte Rechtsgeschäfte und Prozesse entzieht, die ihre eigenen Interessen berühren. Jedes Rechtsgeschäft, das die Übertragung oder Belastung einer durch Fahrnispfand, Hypothek, Schiffshypothek oder Bürgschaft gesicherten Forderung des Kindes gegen die Eltern oder die Aufhebung oder Minderung der Sicherheit zum Gegenstand hat,[11] jedes Rechtsgeschäft sodann, das die Verpflichtung des Kindes zu einer derartigen Übertragung, Belastung, Aufhebung oder Minderung begründet, je-

---

[7] Frei sind alle Rechtsgeschäfte mit Verschwägerten der geraden Linie. Vgl. OLG Hamm, FamRZ 1965, 86.

[8] Dazu gehören nicht mehr die Verfahren der freiw. Gerichtsbarkeit, soweit sie keine Streitverfahren sind. Vgl. BayObLG, FamRZ 1962, 39 (Erbschein); *Erman-Hefermehl*, 6 zu § 1795.

[9] Die analoge Anwendung der Norm wird bejaht von *Stree*, FamRZ 1956, 367; *Schwoerer*, NJW 1956, 1688; *Schönke-Schröder-Stree*, 21 zu § 77 StGB; *Staudinger-Donau*, 71 zu § 1629; *Soergel-Lange*, 15 zu § 1629. A. A. BayObLG, FamRZ 1956, 320; BGHSt. 6, 155; *Boeckmann*, NJW 1960, 1939; OLG Stuttgart, NJW 1971, 2237; *Palandt-Diederichsen*, 5 zu § 1629.

[10] Die zu § 181 entstandenen Meinungsverschiedenheiten setzen sich geradlinig in § 1795 fort. Insbesondere ist auch hier viel gestritten worden um die Vertretungsmacht für Rechtsgeschäfte, die dem Kind ausschließlich rechtliche Vorteile bringen. Verneinend (formale Rechtsanwendung) noch BGH, FamRZ 1962, 464 (466) m. w. Nachw.; *Staudinger-Donau*, 55 zu § 1629; *Erman-Hefermehl*, 1 zu § 1795; *Soergel-Germer*, 1 zu § 1795. Bejahend (teleologische Rechtsanwendung) zu Recht SchlHOLG, SchlHA 1965, 276; BayObLG, FamRZ 1974, 659 (Vorlagebeschluß); BGH, FamRZ 1975, 480 m. Anm. *Schmidt* (Entscheidung zum Vorlagebeschluß); OLG Hamm, FamRZ 1978, 439 (Schenkung von Geld, das dem schenkenden Großelternteil als Darlehen verbleiben sollte).

[11] Den Eltern fehlt insoweit auch die Macht, für das Kind Anträge zu stellen und Eintragungsbewilligungen abzugeben. Vgl. KG, Recht 1930 Nr. 55.

der Rechtsstreit entsprechenden Inhaltes schließlich ist den Eltern entzogen (§§ 1629 II 1, 1795 I Nr. 2).

Es sind absichtlich Tatbestände mit klaren Grenzen, die hier geschaffen wurden, um die verbotenen Rechtsgeschäfte und Rechtsstreitigkeiten von den anderen zu sondern, die den Eltern trotz gleicher Interessenlage erlaubt bleiben. Dennoch wird das Verbot vielfach durch extensive Auslegung oder analoge Anwendung erweitert. Daß Verfügungen über ungesicherte Forderungen nicht unter das Verbot fallen, ist zwar aller Ansicht. Wohl aber sind Verfügungen über Grundschulden des Kindes § 1795 I Nr. 2 unterworfen worden.[12] Dafür spricht die Funktionsidentität von Hypothek und Sicherungsgrundschuld. Dagegen spricht mit mehr Gewicht die klare Verbotsbegrenzung im Normtext auf die hypothekarisch gesicherten Forderungen.[13] Zu Recht ist dagegen den Eltern die Vereinbarung einer (sie selbst) befreienden Schuldübernahme bei einer durch Fahrnispfand, Hypothek oder Bürgschaft gesicherten Forderung verwehrt worden.[14] Die in der Schuldübernahme liegende Verfügung über die Forderung des Kindes (Wechsel in der Person des passiv Zuständigen) verlangt die Gleichbehandlung mit der Übertragung und Belastung des Rechtes.

Unberührt bleiben von § 1795 I Nr. 2 alle Erfüllungsvorgänge. Die Erfüllung einer gesicherten Forderung führt zum Verlust der Forderung und damit zum Verlust der Sicherheit. Sie ist aber kein rechtsgeschäftlicher Vorgang, der die Aufhebung der Sicherheit zum Gegenstand hat.[15]

4. *Eheliche Befangenheit.* Jede aus § 1795 I folgende Verhinderung eines Elternteils an der Vertretung des Kindes erstreckt § 1629 II 1 Halbsatz 1 auf den anderen Elternteil. Wegen der zwischen Ehegatten in aller Regel bestehenden engen Verbundenheit wertet das Gesetz jeden Interessenkonflikt zwischen einem Elternteil und dem Kind zugleich als Interessenkonflikt zwischen dem anderen Elternteil und dem Kind (Näheres oben § 50 III 5; zur Ausübung prozessualer Weigerungsrechte vgl. oben § 49 VI 7).

5. *Entzug der Handlungsmacht.* Auch in weitester Auslegung vereinigen sich die Tatbestände der §§ 181 und 1795 nicht zu einem allgemeinen Rechtssatz, der den Eltern die Macht nimmt, für das Kind zu handeln, wenn ihre Interessen oder auch von ihnen zu wahrende Interessen anderer mit den Interessen des Kindes

---

[12] Vgl. für die isolierte Grundschuld KG, HRR 1933 Nr. 1589; *Palandt-Diederichsen,* 2 zu § 1795. Vgl. für die Sicherungsgrundschuld *Erman-Hefermehl,* 5 zu § 1795; *Soergel-Germer,* 4 zu § 1795; *Staudinger-Donau,* 63 zu § 1629; MünchKomm-*Zagst,* 5 zu § 1795.

[13] Ebenso generell *Staudinger-Engler,* 10 zu § 1795 und *Dölle,* § 94 III 2caa, sowie für die isolierte Grundschuld OLG Braunschweig, JW 1936, 2937.

[14] Vgl. RGZ 68, 37; RG, Warn. 1915 Nr. 140; *Palandt-Diederichsen,* 2 zu § 1795; *Soergel-Lange,* 27 zu § 1629; *Staudinger-Donau,* 64 zu § 1629; *Soergel-Germer,* 4 zu § 1795.

[15] A. A. KG, KGJ 23, A 245 (A 247); 24, A 17; *Palandt-Diederichsen,* 2 zu § 1795; *Soergel-Germer,* 4 zu § 1795; *Erman-Hefermehl,* 5 zu § 1795; *Staudinger-Donau,* 64 zu § 1629; MünchKomm-*Zagst,* 5 zu § 1795. Gegen das KG wie der Text *Kipp-Wolff,* § 116 Fn. 14; *Brachvogel,* GruchB 47 (1903), 544ff.

nicht harmonieren. Das BGB hat den allgemeinen Rechtssatz bewußt vermieden. Es hat aber doch dem Vormundschaftsgericht in einer Art Generalklausel die Möglichkeit eingeräumt, den Eltern die Vertretung für einzelne Angelegenheiten oder für einen bestimmten Kreis von Angelegenheiten (dagegen nicht: für den Gesamtbereich der Vermögenssorge oder Personensorge) zu entziehen,[16] freilich hinzugefügt, daß die Entziehung nur erfolgen soll, wenn das Interesse des Kindes zu dem Interesse der Eltern oder eines von ihnen vertretenen Dritten oder einer der im § 1795 I Nr. 1 bezeichneten Personen (nach Lage des Einzelfalles unter Berücksichtigung der Haltung der Eltern) in *erheblichem* Gegensatz steht (§§ 1629 II 3, 1796).[17] Der Schutz des Kindes erweitert sich hier in den gesamten rechtsgeschäftlichen und prozessualen Verkehr hinein, er greift jetzt aber auch die elterliche Sorge nicht nur als Macht zur Vertretung des Kindes an. Zwar spricht § 1796 nur von ihr, doch kann der Begriff der Vertretung nicht wie im allgemeinen Recht oder auch in § 1629 verstanden werden. Er greift weiter aus, gibt auch die Möglichkeit, den Eltern die Entscheidungsgewalt und in letzter Steigerung sogar die Vermögenssorge in einem Teilbereich überhaupt zu entziehen.[18]

§ 1796 übernimmt den Schutz des Kindes etwa auch und vornehmlich, wenn ihm Ansprüche gegen die Eltern zustehen (Unterhalt, Ersatzansprüche nach pflichtwidriger Verwendung von Kindesvermögen[19]) und wenn es mit ihnen in einer Rechtsgemeinschaft steht. Er wäre eine weithin wertlose Norm, wenn den Eltern stets die Entscheidung der Frage belassen werden müßte, ob die Ansprüche überhaupt geltend gemacht werden sollen (mit Ergänzungspflegschaft erst bei positivem Entschluß) und ob für das Kind in der Rechtsgemeinschaft ein Vertreterhandeln erforderlich ist. Freilich müssen gerade diese Fälle jeder schematischen Behandlung ferngehalten werden. Einerseits werden die Eltern meist den Interessen des Kindes voll gerecht, so daß erst aus *besonderen Umständen* gefolgert werden kann, daß die Eltern die Interessen des Kindes angesichts ihrer gegenteiligen eigenen Interessen nicht in einer ihren elterlichen Pflichten entsprechenden Stärke wahrnehmen[20] (vgl. dazu oben § 45 V 4 zur Ehelichkeitsanfechtung). Andererseits wird eine gegen die Eltern gerichtete Rechtsverfolgung durchaus nicht immer den Interessen des Kindes entsprechen; der (auch in § 204

---

[16] Die Entziehung kann kurzerhand durch Bestellung eines Pflegers erfolgen. Vgl. KG, ROLG 33, 346; RGSt. 50, 156 (157); OLG Hamm, FamRZ 1974, 31 (33); *Staudinger-Engler,* 7 zu § 1796; *Palandt-Diederichsen,* 1 zu § 1796; *Erman-Hefermehl,* 2 zu § 1796; MünchKomm-*Zagst,* 3 zu § 1796.

[17] Es handelt sich um einen unbestimmten Rechtsbegriff (volle Revisibilität). Ebenso *Erman-Hefermehl,* 1 zu § 1796. A. A. OLG Hamm, FamRZ 1963, 580 (Entscheidung nach pflichtgemäßem Ermessen); *Dölle,* § 94 III 2cbb (freies Ermessen); *Soergel-Germer,* 3 zu § 1796 (freies Ermessen).

[18] Vgl. KG, KGJ 31, A 10; 35, A 9 (12ff.); ROLG 33, 346. A. A. wohl KG, ROLG 26, 248 (sonst sehr instruktive Entscheidung); KGJ 45, 42.

[19] Vgl. aus der Praxis OLG Hamm, FamRZ 1974, 31.

[20] Vgl. BGH, NJW 1955, 217; LG Bielefeld, FamRZ 1959, 252; OLG Hamm, FamRZ 1963, 580; OLG Köln, OLGZ 1966, 580; KG, FamRZ 1966, 239; OLG Hamm, FamRZ 1969, 660.

berücksichtigte) Familiengedanke kann Zurückhaltung gebieten.[21] In zweifelhaften Fällen kann die Bestellung eines „Überlegungspflegers" angebracht sein.[22]

§ 1796 ist eine Norm, die einen Interessengegensatz zwischen den Eltern und dem Kind fordert, also keinesfalls ein Einschreiten des Vormundschaftsgerichtes rechtfertigt, falls die Interessen von Eltern und Kind in die gleiche Richtung weisen oder die Interessen der Eltern denen des Kindes neutral gegenüberstehen, mag auch das Kindesinteresse besser gewahrt sein, wenn den Eltern die elterliche Sorge entzogen wird. Insbesondere bietet die Norm dem Vormundschaftsgericht nicht die Möglichkeit, den Eltern in einem Prozeß die Vertretung des Kindes zu entziehen, um ihnen eine Zeugenaussage zugunsten des Kindes zu ermöglichen.[23]

Ist ein Eingriff nach § 1796 geboten, so zwingt § 1629 II 3 das Vormundschaftsgericht keineswegs, stets beiden Elternteilen die Vertretung zu entziehen.[24] Der Text der Norm mag mißverständlich sein, doch besteht kein Anlaß, dem Vormundschaftsgericht die Möglichkeit zu nehmen, einem Elternteil die Vertretung zu belassen, wenn die Interessen des Kindes seinen Ausschluß nicht fordern. Sie ist dann Macht zur Alleinvertretung des Kindes; der Beschluß des Vormundschaftsgerichtes hebt die sonst bestehende Ausübungsbindung an die Vertretungsmacht des ausgeschlossenen Elternteils auf.[25]

6. ***Folgen.*** Jeder Akt, der den Eltern von § 1795 entzogen wird, kann nur von einem Pfleger wahrgenommen werden (§ 1909).[26] Ein beide Elternteile treffender Eingriff des Vormundschaftsgerichtes nach § 1796 begründet dagegen nur noch regelmäßig die Notwendigkeit, dem Kind einen Pfleger zu bestellen. § 1796 kann auch ausschließlich der Verhinderung drohender elterlicher Maßnahmen dienen, seine Aufgabe also voll in der bloßen Entziehung elterlicher Befugnisse erfüllen. Da § 1795 mit seiner formalisierten ratio legis im Einzelfall auch eingreifen kann, obwohl eine Gefährdung des Kindes nicht festzustellen ist, liegt der Gedanke nahe, gegebenenfalls die Eltern selbst mit der Pflegschaft zu betrauen; er scheitert indessen an § 1915, der auch den Pfleger § 1795 unterwirft.[27]

---

[21] Vgl. KG, JW 1936, 2748; 1938, 1168; BayObLG, FamRZ 1963, 578; OLG Frankfurt, FamRZ 1964, 154; *Staudinger-Donau,* 67 zu § 1629; *Erman-Ronke,* 22 zu § 1629.

[22] Vgl. *Staudinger-Donau,* 69 zu § 1629; *Soergel-Lange,* 26 zu § 1629.

[23] Vgl. KG, ROLG 46, 197; OLG Dresden, JW 1931, 1380.

[24] Ebenso *Staudinger-Donau,* 79 zu § 1629; *Soergel-Lange,* 26 zu § 1629; *Palandt-Diederichsen,* 6 zu § 1629. *Blechschmidt,* AcP 160 (1961), 246 mit Fn. 44, differenziert: Leben die Eltern getrennt oder ist ihre Ehe aufgelöst, so soll der Ausschluß nur eines Elternteiles zur Alleinvertretung des anderen führen, andernfalls soll er auch dem anderen die Vertretung entziehen.

[25] Verfehlt *Blechschmidt,* AcP 160 (1961), 246; ihm zufolge soll die elterliche Sorge des ausgeschlossenen Elternteils dem anderen „anwachsen". A. A. schon im Ansatz *Soergel-Lange,* 26 zu § 1629 (VormG soll Alleinvertretung anordnen müssen).

[26] Übersieht der aus anderen Gründen in der Sache tätige Vormundschaftsrichter § 1795 und damit die Notwendigkeit, einen Pfleger zu bestellen, kann das Kind einen etwaigen Schaden aus Amtspflichtverletzung geltend machen. Vgl. BGH, FamRZ 1961, 473.

[27] Übersehen vom LG Nürnberg-Fürth, FamRZ 1956, 244. Richtig dagegen *Schwoerer,* FamRZ 1956, 21 und 244.

7. *Handeln ohne Vertretungsmacht.* Von den Eltern trotz fehlender Vertretungsmacht abgeschlossene Verträge (für einseitige Rechtsgeschäfte vgl. § 180) sind schwebend unwirksam und damit einer Genehmigung fähig. Diese zu erklären oder zu verweigern, ist Aufgabe des Pflegers oder des volljährig gewordenen Kindes;[28] Verträge ausschließlich vorteilhaften Charakters stehen bereits zur Disposition des Kindes, wenn es beschränkte Geschäftsfähigkeit erreicht hat.

§ 52. Mitwirkung Dritter

I. Der Pfleger

1. Ein Pfleger wird für ein eheliches Kind neben sorgeberechtigten Eltern tätig, wenn die Eltern tatsächlich oder rechtlich (insbesondere wegen einer Interessenkollision) gehindert sind, ihr Sorgerecht auszuüben. Pflegschaft ist insoweit Ergänzungspflegschaft (§ 1909; vgl. dazu unten § 70 V) als Folge einer Beschränkung der Eltern. Ein Pfleger wird neben sorgeberechtigten Elternteilen ferner auf Antrag der Eltern tätig, wenn sich das Kind für längere Zeit in Familienpflege befindet (§ 1630 III) und wenn einem Beistand die Geltendmachung von Unterhaltsansprüchen oder die Vermögenssorge übertragen wurde (§ 1690; vgl. dazu unten II 5). Pflegschaft ist insoweit Folge einer Selbstbeschränkung der Eltern, die mit ihrem Antrag Teile ihrer elterlichen Sorge zur Disposition des Vormundschaftsgerichtes stellen.

2. Pflegschaft verdrängt die elterliche Sorge in ihrem Aufgabenbereich (§ 1630 I; vgl. aber auch § 1673 II). Diese Aussage ist vornehmlich für die Pflegschaft auf Antrag der Eltern bedeutsam; für die Fälle der Ergänzungspflegschaft (die eine Beschränkung der Eltern voraussetzen und damit grundsätzlich nicht mehr zur Folge haben können) wird sie nur relevant in den Fällen der fehlerhaften, jedoch nicht nichtigen Pflegschaft[1] und den anderen der Pflegerbestellung bei zweifelhafter Rechtslage.

3. Die von § 1630 I garantierte Aufgabensonderung kann die Notwendigkeit gemeinschaftlicher Entscheidungen nicht gänzlich beseitigen. Was theoretisch gesondert ist, kann am einzelnen Gegenstand zusammentreffen. Erziehung und Ausbildung des Kindes sind etwa Angelegenheiten der Personensorge. Sie berühren indessen auch die Vermögenssorge, wenn sie aus dem Vermögen des Kindes ganz oder teilweise zu finanzieren sind.[2] Oder auch: Personensorge und

---

[28] Nie aber der Eltern. Wer einen Vertrag nicht wirksam abschließen kann, vermag ihn auch nicht zu genehmigen. Vgl. BayObLG, NJW 1960, 577.

[1] Vgl. BayObLGZ 6, 552 (558).

[2] Vgl. BayObLGZ 3, 115; KG, RJA 8, 7. Schulbildung und Berufswahl sind reine Angelegenheiten der Personensorge, wenn sie das gegenwärtige Vermögen des Kindes nicht belasten. Daß sie

Vermögenssorge sind gleicherweise betroffen, wenn es gilt, den Betrag zu fixieren, den ein vermögendes Kind für den eigenen Unterhalt aufwenden soll.[3] Der Schein einer reinen Angelegenheit der Vermögenssorge trügt hier; die Lebensführung des Kindes zu bestimmen, obliegt dem Personensorgeberechtigten. Allgemein läßt sich feststellen, daß eine ,,gemischte Angelegenheit" stets vorliegt, wenn eine ökonomisch sinnvolle Vermögenssorge Maßnahmen fordert, die zum Entscheidungsbereich der Personensorge gehören (der zur Vermögenssorge berufene Pfleger will ein Grundstück, auf dem das Kind wohnt, an einen Dritten veräußern), und umgekehrt, wenn von der Personensorge Mittel gefordert werden, um ihre Entscheidungen zu verwirklichen (ärztliche Betreuung des Kindes mit Streit um den vertretbaren Aufwand).

Daß Angelegenheiten, für die (jeweils mit einem Teilaspekt) Eltern und Pfleger zuständig sind, gemeinschaftlich geordnet werden müssen, ist eine Selbstverständlichkeit. Streitigkeiten entscheidet das Vormundschaftsgericht (notfalls[4] bei zusätzlichem Elternstreit nach dessen Erledigung) in den Grenzen, die ihm auch im Elternstreit gezogen sind.[5] Nur Summenstreitigkeiten geben ihm die Möglichkeit, innerhalb des von den Parteien gesetzten Rahmens eine eigenständige Entscheidung zu fällen.[6]

II. Der Beistand

1. Als Beistand bezeichnet das Gesetz Personen, die Elternteilen auf ihren eigenen Antrag zu ihrer Unterstützung bei der Ausübung der ihnen obliegenden elterlichen Sorge (und zwar auch dann, wenn sie auf die Personen- oder Vermögenssorge beschränkt ist) generell oder nur für gewisse Arten von Angelegenheiten oder gar nur für einzelne Angelegenheiten vom Vormundschaftsgericht beigeordnet werden (§ 1685). Beistandschaft ist damit heute stets *freiwillige Beistand-*

---

später Auswirkungen auf das Einkommen des Kindes haben, ist gleichgültig. Vgl. KG, Recht 1919 Nr. 936; RGZ 129, 18 mit Anm. *Feuchtwanger,* JW 1932, 1351. Vgl. aber auch für den Umkehrfall BayObLG, FamRZ 1959, 125 (Abschluß eines Gesellschaftsvertrages soll auch die Personensorge betreffen, wenn er die Grundlage für das spätere Berufs- und Erwerbsleben schaffen soll).

[3] Vgl. BayObLG, FamRZ 1975, 219 (nur 400 DM monatlich ,,aus erzieherischen Gründen" für ein 13-jähriges Mädchen mit einem Millionenvermögen!); *Gernhuber,* FamRZ 1976, 192f.

[4] Es ist stets zweckmäßig, Elternstreit und Streit der Eltern mit dem Pfleger zusammen zu verhandeln. Der Elternstreit kann unentschieden bleiben, wenn das VormG der von beiden Elternteilen nicht gebilligten Ansicht des Pflegers den Vorzug geben will. Der Streit mit dem Pfleger wird gegenstandslos, wenn das VormG der Ansicht eines Elternteils zustimmt, der sich mit dem Pfleger einig weiß. Eine ,,gestufte Entscheidung" (erst Elternstreit, dann Streit mit dem Pfleger) ist notwendig, wenn das VormG die Ansicht eines Elternteils billigen will, die weder vom anderen Elternteil noch vom Pfleger geteilt wird. Vgl. *Erman-Ronke,* 6 zu § 1630; MünchKomm-*Hinz,* 8 zu § 1630.

[5] Das VormG ist nicht zuständig für die Frage, ob das Kind aus eigenen Mitteln oder aber von den Eltern zu unterhalten ist; sein Unterhaltsanspruch gehört zur Kompetenz des Prozeßgerichts. Richtig KG, Recht 1916 Nr. 1150. A.A. anscheinend BayObLG, SeuffA 64 (1909) Nr. 180.

[6] Vgl. KG, RJA 8, 7 (11); BayObLG, FamRZ 1975, 219; *Erman-Ronke,* 5 zu § 1630; *Soergel-Lange,* 6 zu § 1630; *Staudinger-Donau,* 17 zu § 1630; *Dölle,* § 92 II 1; MünchKomm-*Hinz,* 7 zu § 1630.

schaft (anders dagegen die Erziehungsbeistandschaft der §§ 55 ff. JWG als Teil der öffentlichen Jugendhilfe). Historische Reminiszenzen haben das Antragsrecht auf Elternteile beschränkt, die Alleininhaber elterlicher Sorge sind, obwohl die Berufung beider Elternteile keinesfalls identisch ist mit größeren Kräften für die Bewältigung der elterlichen Aufgaben. Eine Änderung des Gesetzes zu fordern, ist gleichwohl nicht notwendig; die §§ 1685 ff. sind nur noch Relikte früherer Zeiten, die das EltSorgRG zwar konservierte, jedoch nicht neu belebte.

Der Beistand ist fragwürdig und selten, weil alleinstehende Elternteile Unterstützung durch Dritte jederzeit in anderer Form erlangen können. Auf Antrag ist Unterstützung und Beratung durch das Jugendamt wenigstens im Bereich der Personensorge zu erreichen (§ 51 I JWG). Das Personensorgerecht kann ferner zur Ausübung überlassen werden; eine schwierige Vermögensverwaltung kann rechtsgeschäftlich einem Dritten anvertraut werden; für Prozesse bieten sich Anwälte an. Nie kann deshalb auch von einer Pflicht, sich einen Beistand zu erbitten, gesprochen werden.[1] Elterliche Sorge kann zwar dazu verpflichten, die Hilfe Dritter in Anspruch zu nehmen (und bei Mißachtung der Pflicht, Schadensersatz zu leisten), doch bleibt den Eltern (mit der Grenze des Auswahlverschuldens) stets die Wahl zwischen mehreren Möglichkeiten (unter denen der Beistand weder besonders bekannt noch beliebt ist).

2. Das Prinzip der Freiwilligkeit erstreckt sich auch auf die Person des Beistandes. Der Antragsteller hat kein Benennungsrecht, aber niemand kann ihn hindern, seinen Antrag auf eine bestimmte Person oder auch einen bestimmten Personenkreis zu richten und damit dem Vormundschaftsgericht die Möglichkeit einer anderen Wahl (freilich nicht der Ablehnung des gewünschten Beistandes) zu nehmen.[2]

3. Das Prinzip der Freiwilligkeit ist auch in allen Fragen des Fortbestandes von Antrag und Beistandschaft zu wahren. Die Gegenwart zeigt insoweit deutliche Tendenzen, doch fehlen immer noch allgemein anerkannte Aussagen. Der einmal gestellte Antrag soll nach einer Mindermeinung binden,[3] über den Antrag auf Beendigung der Beistandschaft soll das Vormundschaftsgericht nach Ansicht vieler frei befinden können.[4] Hier wie dort wird eine Zwangsbeistandschaft erreicht, die weder den §§ 1685 ff. noch Art. 6 II GG entspricht. Der Elternwille rechtfertigt das staatliche Handeln; es verliert seine Legitimität (unbeschadet eines Eingriffes auf Grund der §§ 1666, 1667), wenn der Elternteil seinen Willen ändert. Angesichts der unsicheren Rechtslage ist Elternteilen, die eine dauerhafte Beistandschaft (und sei es auch nur zunächst) nicht wünschen, zu empfehlen, ihren Antrag zeitlich zu begrenzen[5] (nach Bewährung des Beistands kann der Antrag erneuert werden).

4. Der Beistand soll den Eltern helfen; sein Amt ist der elterlichen Sorge akzessorisch (vgl. § 1691 II). Er ist aber in einem Dauerrechtsverhältnis nicht nur dem Elternteil verbunden, sondern auch dem Kind.[6] Diesem haftet er bei Pflichtwidrigkeiten.[7] Aus dessen Vermögen kann er aber auch gegebenenfalls eine Vergütung fordern.[8]

---

[1] A.A. *Erman-Ronke,* 4 zu § 1685; *Staudinger-Engler,* 8 zu § 1685; *Dölle,* § 99 II. Wie der Text *Palandt-Diederichsen,* 2 zu § 1685; MünchKomm-*Hinz,* 2 zu § 1685.

[2] Allg. Ans. im Anschluß an KGJ 34, A 34 (A 36 f.). Das VormG hat nicht die Möglichkeit, die Bestellung eines Beistandes überhaupt mangels Bedürfnisses abzulehnen.

[3] *Erman-Ronke,* 4 zu § 1685. Wie der Text dagegen MünchKomm-*Hinz,* 8 zu § 1685; *Palandt-Diederichsen,* 2 zu § 1685.

[4] *Erman-Ronke,* 4 zu § 1685; *Soergel-Lange,* 2 zu § 1692; *Staudinger-Engler,* 4 zu § 1692; *Dölle,* § 99 VI 1. Die viel zitierte Entscheidung KG, ROLG 23, 414 ist veraltet. Wie der Text LG Berlin, FamRZ 1973, 603; *Beitzke,* § 26 III 3; *Palandt-Diederichsen,* 2 zu § 1690; MünchKomm-*Hinz,* 8 zu § 1692.

[5] Zur Zulässigkeit vgl. *Palandt-Diederichsen,* 2 zu § 1685.

[6] Vgl. MünchKomm-*Hinz,* 11 zu § 1685. A.A. *Dölle,* § 99 I (nur mit dem Elternteil).

[7] Vgl. RG, Recht 1913 Nr. 64; Warn. 1939 Nr. 8.

[8] Vgl. OLG Celle, FamRZ 1961, 385; *Staudinger-Engler,* 9 zu § 1691; *Erman-Ronke,* 6 zu § 1691.

Der Beistand schuldet Unterstützung des alleinstehenden Elternteiles (§ 1686). Von den ihm früher gewährten Kontrollbefugnissen ist dagegen nurmehr ein kleiner Restbestand vorhanden: Auskunft wird ihm geschuldet und Einsicht in die seinen Wirkungskreis betreffenden Schriftstücke (nur so kann er seinen Pflichten dem Kind gegenüber nachkommen);[9] Vermögensverzeichnisse sind unter seiner Mitwirkung aufzustellen und auch von ihm zu unterzeichnen (§ 1689), wenn sie in seinem Wirkungskreis notwendig werden.[10] Bleiben sie trotz Mitwirkung ungenügend, so kann das Vormundschaftsgericht Ersatzvornahme durch eine zuständige Behörde oder einen zuständigen Beamten oder Notar anordnen, sofern nicht die Voraussetzungen des § 1667 vorliegen (und weitere Maßnahmen rechtfertigen).

5. Der Beistand kürzt die elterliche Sorge, wenn ihm auf Antrag des Elternteils vom Vormundschaftsgericht entweder die Vermögenssorge (ganz oder partiell; mit oder ohne die Befreiungen der §§ 1852ff.[11]) übertragen wird oder doch jedenfalls (als Angelegenheit der Personensorge) die Geltendmachung von Unterhaltsansprüchen (§ 1690). Die Übertragung steht im pflichtgemäßen Ermessen des Gerichtes;[12] mit ihr erreicht der Beistand die Stellung eines Pflegers, die elterliche Sorge zessiert (§ 1630 I).[13] Trotz der größeren Selbständigkeit ist der Beistand aber gehalten, mit dem Elternteil jeweils Fühlung zu nehmen (§ 1690 II).

6. Obwohl die Funktionen von Beistand und Gegenvormund kaum mehr miteinander vergleichbar sind, wird der Beistand doch in allen Fragen der Bestellung, der staatlichen Aufsicht, seiner Ansprüche (einschließlich seiner Vergütung) und der Beendigung seines Amtes wie ein Gegenvormund behandelt (§ 1691 I). Sein Amt endet ferner, wenn die elterliche Sorge des unterstützten Elternteiles ruht. Ein langjährig Inhaftierter kann danach nicht etwa eine Beistandschaft beantragen, um mit ihrer Hilfe die notwendige Vormundschaft für sein Kind (§§ 1674 I, 1773) zu vermeiden.[14]

III. Die Genehmigung des Vormundschaftsgerichtes

Schrifttum: *Wangemann,* Wirksamwerden der vormundschaftsgerichtlichen Genehmigung, NJW 1955, 531; *Müller-Freienfels,* Die Vertretung beim Rechtsgeschäft, 1955, S. 381; *Müller,* Zur praktischen Ausgestaltung der vormundschaftsgerichtlichen Genehmigung, Rpfleger 1955, 180 (dazu Rpfleger 1956, 11); *Weber,* Über die Belehrungspflicht des Notars bei der Beurkundung einseitiger Eintragungsbewilligungen, DNotZ 1956, 285; *Bergerfurth,* Zur Bedeutung des Negativattestes, NJW 1956, 289; *Zunft,* Anfechtbarkeit der Mitteilung des Vormundes aus § 1829 Abs. 1 Satz 2 BGB, NJW 1959, 516; *Müller,* Zur Bedeutung der vormundschaftsgerichtlichen Genehmigung im Zivilprozeß, JR 1962, 441; *derselbe,* Rücknahme der wirksam gewordenen vormundschaftsgerichtlichen Genehmigung bei Täuschung des Richters?, JR 1962, 326.

1. *Rechtsnatur.* Eltern handeln für ihre Kinder grundsätzlich selbständig. Nur für einige, vom Gesetz abschließend aufgezählte, elterliche Akte ist die Genehmigung des Vormundschaftsgerichts (§§ 1643 III, 1828ff.) erforderlich. Die Genehmigung ist *Akt der freiwilligen Gerichtsbarkeit* (zur Zuständigkeit des Richters oder

---

[9] Ganz h. L. Vgl. etwa *Dölle,* § 99 IV; *Erman-Ronke,* 1 zu § 1686; *Soergel-Lange,* 3 zu § 1686; MünchKomm-*Hinz,* 4 zu § 1686. A. A. *Staudinger-Engler,* 3 zu § 1686.

[10] Diese Anpassung des § 1689 an § 1685 II ist heute fast allg. anerkannt. Schrifttumshinweise bei *Staudinger-Engler,* 4 zu § 1689.

[11] Zur Möglichkeit einer befreiten Pflegschaft vgl. *Soergel-Lange,* 2 zu § 1690; MünchKomm-*Hinz,* 3 zu § 1690. Abl. dagegen *Staudinger-Engler,* 13 zu § 1691; *Dölle,* § 99 IV Fn. 47.

[12] Der Unterschied zu § 1685 ist leicht erklärlich: Bei Bindung des Gerichtes an den Antrag könnte der Elternteil auf Teile der elterlichen Sorge in einem unkontrollierten Akt verzichten. Daß auch der kontrollierte Akt eine Disposition über die elterliche Sorge beinhaltet, wird damit nicht bestritten.

[13] Vgl. BayObLGZ 13, 13. Zur Nichtigkeitsklage aus § 579 Nr. 4 ZPO, wenn der Elternteil im Bereich des Beistandes einen Prozeß geführt hat, vgl. RGZ 96, 48.

[14] Vgl. OLG Hamm, FamRZ 1966, 260.

des Rechtspflegers vgl. § 14 Nr. 9 RpflG), nicht Willenserklärung und nicht hoheitlicher Akt, dem Züge der Willenserklärung eigen sind.[1] Mängelbehaftete Genehmigungen sind deshalb allein den Regeln für fehlerhafte Akte der freiwilligen Gerichtsbarkeit unterworfen (beachte §§ 55, 62 FGG; Wirksamkeit Dritten gegenüber schließt die Änderung nach § 18 FGG aus[2]); die §§ 116ff. sind weder unmittelbar noch entsprechend anzuwenden.[3]

Irrtum und arglistige Täuschung des Vormundschaftsgerichtes geben also weder dem Gericht noch den Eltern die Befugnis, die wirksam gewordene Genehmigung anzufechten, doch wirkt sich diese Bestandsgarantie wenigstens in der Mehrzahl der Fälle nicht zuungunsten der Kinder aus. Gänzlich problemlos sind sogar die Fälle der Täuschung des Gerichtes durch die Eltern und deren Geschäftspartner zum Schaden des Kindes. Das genehmigungspflichtige Rechtsgeschäft ist dann nichtig (§ 138) und seine Genehmigung gegenstandslos. In den Restfällen aber werden wenigstens in der Regel Gericht und Eltern zugleich irren und zugleich arglistig getäuscht werden. Und mag dann auch dem Gericht die Möglichkeit einer Korrektur seiner Entscheidung fehlen, die Eltern bleiben jedenfalls berechtigt, ihre Willenserklärungen anzufechten.

2. Die Genehmigung des Vormundschaftsgerichts kann bloße *„Innengenehmigung"* sein, ein Akt, den pflichtgemäß handelnde Eltern zwar abzuwarten haben, der aber für die Wirksamkeit des elterlichen Handelns nicht erforderlich ist. Die Genehmigung des Vormundschaftsgerichtes kann aber auch *„Außengenehmigung"* sein, ein Akt, der unbedingt zum elterlichen Handeln hinzutreten muß. Eine Innengenehmigung fordert das Gesetz, wenn die Eltern lediglich die Genehmigung des Vormundschaftsgerichtes einholen *sollen* (vgl. § 1645), aber auch, wenn ihnen vom Vormundschaftsgericht regelwidriges Verhalten gestattet werden kann (das geltende Recht verwendet die Figur im Bereich der elterlichen

---

[1] Ebenso *Kipp-Wolff*, § 115 VI 1; *Beitzke*, § 37 IV 3; *Müller-Freienfels*, S. 381 ff.; *Erman-Hefermehl*, 1 und 4 zu § 1828; *Soergel-Germer*, 5ff. zu § 1828; *Keidel-Winkler*, 4 zu § 55 FGG; *Müller*, JR 1962, 328; *Habscheid*, FamRZ 1957, 112; *Staudinger-Engler*, 20ff. zu § 1828; *Dölle*, § 128 VI 1; MünchKomm-*Zagst*, 3 zu § 1828. Als Hoheitsakt mit rechtsgeschäftlichen Zügen (mit der Konsequenz der Anwendbarkeit der §§ 116ff.) charakterisieren die Genehmigung RGZ 25, 281 (283); OLG Darmstadt, ROLG 22, 129; KG, DJZ 1907, 1029; RGZ 121, 30 (36); 137, 324 (345); RG, HRR 1934 Nr. 1035; OLG Karlsruhe, JFG 2, 121; *Palandt-Diederichsen*, 2 zu § 1828; *Schlegelberger*, 19 zu § 16 FGG.

[2] Vgl. dazu KG, JFG 23, 119 (121). Zur Anwendung des § 55 FGG bei einem Antrag auf Zwangsversteigerung zwecks Teilung vgl. KG, KGJ 30, A 18.

§ 55 FGG wird in der Rspr. nicht angewandt, wenn ein sittenwidriges Verhalten der Eltern und des Vertragspartners dem Kind ein Beschwerderecht abschnitt. Vgl. dazu unten Fn. 25.

[3] Für entspr. Anw. trotz richtiger Charakterisierung der Genehmigung *Müller-Freienfels*, S. 386ff. Gegen ihn *Habscheid*, FamRZ 1957, 112 (der selbst die richtige Lösung in der Wiederaufnahme des Verfahrens sucht). Rücknahme nach den Grundsätzen des Widerrufs von Verwaltungsakten befürwortet *Müller*, JR 1962, 328; wohl auch *Schlegelberger*, 1 zu § 55 FGG mit Hinw. auf BGH, NJW 1953, 787. Doch schließt die Sonderregelung in § 55 FGG den Rückgriff auf allgemeine Grundsätze des Verwaltungsrechts aus.

Sorge nicht mehr; vgl. aber § 1811 für den Vormund). Eine Außengenehmigung fordert das Gesetz im übrigen, d. h. für den Regelfall. Nur für die Außengenehmigung gelten die §§ 1643 III, 1828ff., nur von ihr ist im Folgenden zu sprechen.

3. Die Genehmigung ist nicht organisierender Akt, der die vom Gesetz beschränkte Vertretungsmacht der Eltern für den Einzelfall erweitert.[4] Sie ist selbst *Bestandteil des genehmigungspflichtigen Rechtsgeschäftes, das sich damit aus Willenserklärungen und einem publizistischen Akt zusammensetzt* (ähnlich der Struktur der Liegenschaftsübereignung). Der im Begriff des Rechtsgeschäftes wirkende Gedanke privatautonomer Gestaltung der Rechtsverhältnisse wird durch diese Verbindung privater und publizistischer Tatbestandselemente nicht verletzt:[5] Initiative und Gestaltung liegen bei den Parteien, das Vormundschaftsgericht kontrolliert lediglich, ob die Interessen des Kindes gewahrt wurden.

Kontrollierende Geschäftsbestandteile begrenzen den Geschäftsinhalt; nur was kontrolliert ist, kann Wirksamkeit erlangen. Deshalb können für die Auslegung des genehmigten Rechtsgeschäftes Umstände, die dem Vormundschaftsgericht nicht bekannt waren, nicht verwertet werden.[6] Deshalb sind ferner unvollständig vorgelegte Rechtsgeschäfte auch nur unvollständig genehmigt, mag auch kein Umstand erkennbar sein, der das Vormundschaftsgericht veranlaßt hätte, die Genehmigung des vollständigen Rechtsgeschäftes zu verweigern.[7] Die nicht genehmigten Teile bleiben schwebend unwirksam; verfallen sie der Nichtigkeit, befindet über die Wirksamkeit der genehmigten Teile § 139.[8]

Die Genehmigung des Vormundschaftsgerichtes ist stets den Eltern gegenüber zu erklären (§ 1828). Sie folgt in der Praxis meist dem elterlichen Akt, kann diesem aber auch vorangehen (die Legaldefinition der Genehmigung in § 184 ist nur für Willenserklärungen bestimmt). Vor- und Nachteile halten sich die Waage: Die mit der vorangehenden Genehmigung (keine Pflicht, das Rechtsgeschäft zu tätigen!) erzielte Sicherheit für den Geschäftsgegner (das Geschäft ist sofort wirksam; das Vormundschaftsgericht kann seine Entscheidung nicht mehr ändern gemäß den §§ 55, 62 FGG[9]) wird aufgewogen von dem geringeren Schutz des Kindes; mehr als Genehmigung des wesentlichen Geschäftsinhaltes

---

[4] Anders die durchaus h. L. Vgl. RGZ 61, 207 (209); KG, KGJ 53, 141 (143); RG, Recht 1920 Nr. 922; *Kipp-Wolff,* § 115 VI 1; *Erman-Hefermehl,* 1 zu § 1828; *Palandt-Diederichsen,* 2 zu § 1828; *Zunft,* NJW 1959, 516; *Staudinger-Engler,* 7 zu §§ 1821, 1822; *Dölle,* § 94 IV; *Müller,* AcP 168 (1968), 142. Wie der Text dagegen *Beitzke,* § 37 IV 3.

[5] A. A. *Müller-Freienfels,* S. 383f.

[6] Vgl. RGZ 50, 281; KG, DJZ 1907, 1029.

[7] Vgl. RGZ 61, 207 (209); 99, 72; 132, 76 (78); OGHBrZ, JR 1950, 245; RG, Warn. 1928 Nr. 10; *Kipp-Wolff,* § 115 VI 7; *Staudinger-Engler,* 24 zu § 1828; MünchKomm-*Zagst,* 4 zu § 1828.

[8] § 139 ist auch anwendbar, wenn ein Teil des genehmigten Rechtsgeschäftes nichtig ist. Vgl. KG, JFG 14, 249; BGH, JZ 1954, 512.

[9] Vgl. *Staudinger-Engler,* 3 zu § 1829; *Dölle,* § 128 VI 6b; *Erman-Hefermehl,* 10 zu § 1829; *Soergel-Germer,* 11 zu § 1828; LG Memmingen, FamRZ 1977, 662 (663).

kann vor der Vornahme des elterlichen Aktes nun einmal nicht gefordert werden.[10]

4. Genehmigungspflichtige *einseitige Rechtsgeschäfte* sind unwirksam, wenn die Genehmigung nicht vor dem Rechtsgeschäft (der Vollendung seines Tatbestandes) eingeholt wurde (§ 1831; vgl. dazu § 111), dem Sinn der Norm entsprechend jedoch nur, wenn der Erklärungsgegner des Schutzes vor Ungewißheit bedarf. Schwebend unwirksam und genehmigungsfähig gleich einem Vertrag sind einseitige Rechtsgeschäfte daher, wenn der Erklärungsgegner mit dem vorgängigen elterlichen Handeln einverstanden war und wenn eine besondere Aktregelung dem Gedanken des § 1831 in einer großzügigeren Form Rechnung trägt.

Eine Erbschaftsausschlagung kann etwa vom Vormundschaftsgericht noch innerhalb der Ausschlagungsfrist (§§ 1944 I, 1945 I) nachträglich genehmigt werden.[11] Verzögerungen beim Vormundschaftsgericht werden dabei von der durchaus h. L. als Fälle der höheren Gewalt mit fristhemmender Wirkung (§§ 1944 II, 203 II) gewertet; der Zeitraum der Ungewißheit kann im Einzelfall dann weit über die Sechswochenfrist hinausgehen.[12] Richtiger ist es, insoweit das Kind zu belasten (also die Erbausschlagung auszuschließen), ihm aber gegebenenfalls einen Schadensersatzanspruch aus Amtspflichtverletzung zu gewähren.[13]

Nachträglich genehmigungsfähig sind ferner einseitige Erklärungen, die erst mit der Eintragung im Grundbuch eine Rechtsänderung bewirken (vgl. etwa § 875). Die Möglichkeit, den Zustand der schwebenden Unwirksamkeit durch eine Zwischenverfügung (§ 18 GBO) zu beenden, geht insoweit als besondere Aktregelung dem § 1831 vor.[14] Die Aussage hat freilich geringere praktische Bedeutung, als ihr zuweilen zugemessen wird. Bei Grundstücksverfügungen ist nicht jeweils die Eintragungsbewilligung (§ 19 GBO) genehmigungspflichtig. Zu genehmigen ist in diesen Fällen allein die Verfügung des materiellen Rechtes.[15]

Einseitige genehmigungspflichtige Rechtsgeschäfte sind trotz Vorliegens der

---

[10] Vgl. KG, ROLG 18, 292; RG, Recht 1919 Nr. 1521; KG, MDR 1966, 238 (beim Kauf jedenfalls Preis und Zahlungsweise); LG Memmingen, FamRZ 1977, 662 (663); BayObLG, FamRZ 1976, 539 (544).

[11] Vgl. RGZ 118, 145 (147); RG, Warn. 1915 Nr. 120; KG, KGJ 50, 71 (73); BayObLG, FamRZ 1969, 434 (436); *Staudinger-Engler,* 7f. zu § 1831; MünchKomm-*Zagst,* 5 zu § 1831; *Erman-Hefermehl,* 3 zu § 1831; *Soergel-Germer,* 2 zu § 1831.

[12] Vgl. OLG Frankfurt, DNotZ 1966, 613 mit weit. Nachw.

[13] Grds. zust. (jedoch mit Ausnahme für die erst nach einem Rechtsmittel erreichte Genehmigung) MünchKomm-*Zagst,* 5 zu § 1831.

[14] Vgl. KG, JW 1936, 2745; *Staudinger-Engler,* 9 zu § 1831; *Dölle,* § 128 VI 6c bb; MünchKomm-*Zagst,* 6 zu § 1831; *Erman-Hefermehl,* 3 zu § 1831.

[15] Das Grundbuchamt muß aber den Nachweis der Genehmigung auch dann fordern, wenn es nur die Eintragungsbewilligung (statt der dinglichen Einigung) zu kontrollieren hat.

Genehmigung unwirksam, wenn die Eltern die Genehmigung nicht in schriftlicher Form vorlegen und der Erklärungsgegner das Rechtsgeschäft aus diesem Grunde unverzüglich zurückweist (§ 1831 Satz 1). Da der Beweis des Vorliegens aller Geschäftsbestandteile nicht selbst Geschäftsbestandteil ist, vernichtet der Erklärungsgegner insoweit durch rechtsgestaltenden Akt ein wirksames Rechtsgeschäft.

5. Genehmigungspflichtige *Verträge,* die ohne Genehmigung des Vormundschaftsgerichtes geschlossen wurden, sind schwebend unwirksam. Sie werden rückwirkend wirksam,[16] wenn die Eltern dem Vertragspartner auf der anderen Seite (nicht mehr: jenem auf seiten des Kindes[17]) von der ihnen erklärten Genehmigung (§ 1828) Mitteilung machen[18] (§ 1829). Die Mitteilung dient als Wirksamkeitsvoraussetzung der Genehmigung dem Schutz des Kindes: Die Eltern erhalten die Möglichkeit, das bereits genehmigte Rechtsgeschäft erneut zu durchdenken und frei über Geltung oder Nichtigkeit zu befinden.[19]

Der Sinn der Mitteilung bestimmt ihre subjektiven Tatbestandselemente, diese befinden über den Ort der Mitteilung im System der juristischen Handlungen. Einen auf die Perfektion des Rechtsgeschäftes gerichteten Geschäftswillen kann man nicht fordern; die Figur des Gesetzes ist in Laienkreisen fast unbekannt, ein ihr entsprechender Geschäftswille daher so gut wie nie vorhanden. Der BGH verlangt eine formlose Mitteilung, die eine gegenwärtige Billigung des genehmigten Vertrages erkennbar werden läßt,[20] und weist der Mitteilung damit eine eigenartige Stellung zwischen den Willenserklärungen und den geschäftsähnli-

---

[16] Die Rückwirkung ist Folge der nur kontrollierenden Funktion der Genehmigung. Die h. L. stützt sie auf unmittelbare oder entspr. Anw. des § 184. Vgl. RGZ 76, 364; 142, 59 (62); *Erman-Hefermehl,* 2 zu § 1828; *Staudinger-Engler,* 21 zu § 1828; *Dölle,* § 128 VI 1. Die Rückwirkung kann nicht ihre eigenen Voraussetzungen (wirksame Genehmigung) schaffen. Bei fristgebundenen Akten muß demnach auch die Genehmigung des VormG in der Frist wirksam werden. Vgl. RGZ 118, 145 (147); KG, KGJ 50, 71 (73) für die Erbschaftsausschlagung.

[17] Vgl. KG, HRR 1935 Nr. 182 (Auseinandersetzung einer Gesamthand).

[18] Schlüssiges Handeln ist ausreichend. Vgl. RG, ROLG 33, 371; OLG Düsseldorf, NJW 1959, 391; OLG Celle, MDR 1965, 577 (vertragserfüllendes Verhalten). Bedenklich aber BGHZ 15, 97 (Untätigkeit nach Eintragung der Rechtsänderung im Grundbuch). Unhaltbar LG Duisburg, NJW 1959, 820 (Untätigkeit nach Genehmigung!). Richtig KG, ROLG 42, 114 (keine Mitteilung bei Entgegennahme der Genehmigung in Anwesenheit des Geschäftspartners).

Bei einer Mehrheit von Vertragspartnern entscheidet das zwischen ihnen bestehende Rechtsverhältnis, ob Mitteilung an einen genügt. Vgl. KG, KGJ 36, 160.

[19] Es besteht deshalb auch keine Pflicht der Eltern, die Genehmigung zu beantragen. Vgl. BGHZ 7, 208 (213f.). Die Eltern sind sogar verpflichtet, dem VormG Verweigerungsgründe mitzuteilen (und zwar auch dann, wenn sie neben dem Kind selbst Geschäftspartner sind). Vgl. BGHZ 54, 71. Unterbleibt die Mitteilung der Genehmigung des VormG, um den Geschäftspartner zu schädigen (und nicht, um Interessen des Kindes zu wahren), haften die Eltern aus § 826. Vgl. *Kipp-Wolff,* § 115 VII 3; MünchKomm-*Zagst,* 4 zu § 1829.

[20] BGHZ 15, 97 (101). Vgl. ferner MünchKomm-*Zagst,* 7 zu § 1829 (Tatsachenanzeige mit rechtsgeschäftsähnlichen Wirkungen).

chen Handlungen zu.[21] Die §§ 116ff. sind auf sie nicht unmittelbar, wohl aber entsprechend anzuwenden.[22]

Die (selten wirklich wertvolle) Sorge um den Schutz des Kindes führt zu Nachteilen: Die fehlende Bindung der Eltern an den von ihnen geschlossenen Vertrag mindert den durch das Erfordernis der Genehmigung ohnehin geschmälerten Wert des Kindes als Vertragspartner weiter; für den rechtsunkundigen Geschäftspartner kann die Norm zum Fallstrick werden.[23]

Der Normzweck weist § 1829 als zwingendes Recht aus; jede Vereinbarung früherer Wirksamkeit der Genehmigung des Vormundschaftsgerichtes ist nichtig.[24] Die Rspr. hat aber die Doppelbevollmächtigung eines Dritten (vorzugsweise des beurkundenden Notars) durch die Eltern für den Empfang der Genehmigung und ihre Mitteilung an den Vertragspartner und durch diesen für die Entgegennahme der Mitteilung im erlaubten Insichgeschäft (§ 181) gebilligt,[25] obwohl ein derartiges Verfahren § 1829 nur formal gerecht wird. In der Regel wird die Doppelbevollmächtigung durch einen Vermerk auf der Ausfertigung des Genehmigungsbeschlusses ausgenutzt; ein widerwillig vorgenommener sinnentleerter Skripturakt (Erkennbarkeit des Handelns!) ist dann einziger Ausdruck einer zweckgebundenen Norm.

---

[21] Die Terminologie des BGH (rechtsgeschäftliche Natur) ist nicht korrekt. Krit. deshalb *Zunft,* NJW 1959, 516. Von einer Willenserklärung kann man auch nicht sprechen, wenn eine Mitteilung verlangt wird, die zum Ausdruck bringt, daß die Angelegenheit als erledigt betrachtet wird (so KG, JFG 2, 118 [120]; HRR 1931 Nr. 1139). Die h. L. sieht in der Mitteilung eine Willenserklärung. Vgl. OLG Karlsruhe, FamRZ 1973, 378 (379); *Kipp-Wolff,* § 115 VII 1a; *Erman-Hefermehl,* 5 zu § 1829; *Palandt-Diederichsen,* 2b zu § 1829; *Soergel-Germer,* 4 zu § 1829; *Zunft,* NJW 1959, 516; *Dölle,* § 94 IV 16; *Staudinger-Engler,* 9 zu § 1829.

[22] KG, KGJ 34, A 49 (52); 52, 46 gewähren ein Beschwerderecht, wenn das Gericht dem Vertragspartner eine Ausfertigung des Vertrages mit Genehmigungsvermerk trotz fehlender Mitteilung aushändigt. Richtiger ist es, den Eltern insoweit einen Anspruch aus § 812 auf Rückgabe der Urkunde zu geben, über den das Prozeßgericht zu befinden hat.

[23] Zur Belehrungspflicht des Notars vgl. BGHZ 19, 5. Krit. dazu *Weber,* DNotZ 1956, 285. De lege ferenda gegen § 1829 I 2 MünchKomm-*Zagst,* 3 zu § 1829.

[24] Vgl. OLG Düsseldorf, NJW 1959, 391. Nichtig ist insbesondere die Vereinbarung der Wirksamkeit mit dem Eingang beim beurkundenden Notar oder einem mit der Sache befaßten Gericht. Vgl. OGHZ 1, 198 (200f.); OLG Düsseldorf, NJW 1959, 391 und die h. L. And. Ans. *Wangemann,* NJW 1955, 531; *Weber,* DNotZ 1956, 293ff. Daß die unzulässige Vereinbarung von der nach h. L. zulässigen Doppelbevollmächtigung des Notars kaum abzugrenzen ist, beweist nichts, es sei denn die Unzulässigkeit auch der Doppelermächtigung.

Nichtig ist nach h. L. auch der Verzicht des Vertragspartners auf den Zugang der Mitteilung. Vgl. RGZ 121, 30 (36); OGHZ 1, 198 (200f.); *Staudinger-Engler,* 14 zu § 1829; *Dölle,* § 128 VI caa; *Palandt-Diederichsen,* 2b zu § 1829; *Erman-Hefermehl,* 6 zu § 1829; *Soergel-Germer,* 4 zu § 1829. Die Aussage ist indessen zumindest fragwürdig: Der Schutzzweck des § 1829 fordert sie jedenfalls nicht; daß die Mitteilung einen gerichtlichen Akt in Kraft setzt (der als solcher gewiß der Privatautonomie entzogen ist), sollte nicht schaden, weil eben jener Akt Bestandteil des Rechtsgeschäftes ist.

[25] Vgl. RGZ 121, 30 (33); BayObLG, JW 1923, 758; OLG München, JFG 23, 346; KG, DNotZ 1941, 418; OLG München, JFG 23, 346; OLG Neustadt, MDR 1957, 752; OLG Düsseldorf, NJW 1959, 391; BGHZ 19, 5; OLG Hamm, DNotZ 1964, 541; MünchKomm-*Zagst,* 10 zu § 1829; *Erman-*

6. Schwebend unwirksame Verträge werden nichtig, wenn die Eltern dem Vertragspartner von der ihnen erklärten Verweigerung der Genehmigung in billigender Form Mitteilung machen;[26] das Geschäft bleibt dagegen schwebend unwirksam, wenn die Mitteilung nur benachrichtigen soll und weitere Schritte vorbehalten bleiben.[27] Schwebend unwirksame Verträge werden auch nichtig, wenn die Eltern dem Vertragspartner erklären, von der ihnen erklärten Genehmigung keinen Gebrauch machen zu wollen. Schwebend unwirksame Verträge werden schließlich nichtig, wenn der Vertragspartner den Schwebezustand durch Widerruf oder erfolglose Aufforderung zur Mitteilung beendet.

Zum Widerruf berechtigt sind nur Vertragspartner, die mit einem Schwebezustand nicht zu rechnen brauchten, weil ihnen das Fehlen der Genehmigung bei Vertragsschluß nicht bekannt war, die Eltern aber der Wahrheit zuwider ihr Vorliegen behaupteten (§ 1830; vgl. dazu § 109 Abs. II). Den Schwebezustand durch Aufforderung (eine geschäftsähnliche Handlung[28]) zu beenden, ist dagegen jedem Vertragspartner gestattet; niemand ist gehalten, in unbefristeter Ungewißheit zu leben. Die Aufforderung ist an die Eltern zu richten; sie begrenzt deren Mitteilungszeitraum (und damit mittelbar den Entscheidungszeitraum des Vormundschaftsgerichtes[29]). Zwei Wochen nach dem Empfang der Aufforderung gilt die Genehmigung als verweigert, wenn nicht vorher die Mitteilung der Genehmigung den Schwebezustand beendete (§ 1829 II; vgl. dazu § 108 II).

7. Die Genehmigung erfolgt in der Regel auf Antrag der Eltern, doch kann sie auch von anderen angeregt werden (und dann von Amts wegen erfolgen).[30] An

---

Hefermehl, 6 zu § 1829; *Soergel-Germer,* 9 zu § 1829. Krit. *Machleid,* JZ 1959, 159. Vgl. auch *Staudinger-Engler,* 11f. zu § 1829 (Bedenken lassen sich durch Widerruflichkeit der Vollmacht „noch beschwichtigen"!). Zur Frage, in welcher Form der Doppelbevollmächtigte sein Handeln dem Grundbuchamt nachweisen muß, vgl. *Meyer-Stolte,* Rpfleger 1967, 302f. mit weit. Nachw.

Das VormG verletzt seine Amtspflicht, wenn es dem Willen der Eltern zuwider die Genehmigung der doppelt ermächtigten Person zustellt. Vgl. KG, KGJ 52, 43.

Doppelermächtigung kann dem Kind das eigene Beschwerderecht aus § 59 I 2 FGG nehmen (§§ 55, 62 FGG!). Bei arglistigem Verhalten der Eltern und des Vertragspartners will das BayObLG das Beschwerderecht erhalten. Vgl. JFG 6, 101; 7, 86; HRR 1930 Nr. 296. Ihm folgend OLG Karlsruhe, JZ 1970, 258 mit insow. zust. Anm. *Keidel;* MünchKomm-*Zagst,* 11 zu § 1829; *Erman-Hefermehl,* 6 zu § 1829.

[26] Vgl. KG, KGJ 25, A 17 (20); ROLG 6, 294; HRR 1937 Nr. 92. OLG Stettin, LZ 1926, 60 verbindet zu Recht die nämliche Wirkung mit einer wahrheitswidrigen Mitteilung.

Mit der Mitteilung verlieren die Eltern ihr Recht zur Beschwerde (§§ 55, 62 FGG). Vgl. BayObLG, FamRZ 1974, 320 (321).

[27] Vgl. OLG München, HRR 1936 Nr. 265; JFG 23, 275 (280). Allg. Ans.

[28] Str. Eine Willenserklärung nehmen an *Erman-Hefermehl,* 7 zu § 1829; *Soergel-Germer,* 14 zu § 1829; *Palandt-Diederichsen,* 3a zu § 1829; MünchKomm-*Zagst,* 13 zu § 1829. Wie der Text *Dölle,* § 128 VI 6c aa.

[29] Vgl. RGZ 130, 148 (152). A.A. allein LG Mannheim, JW 1927, 1588.

[30] Für die Versagung der Genehmigung gilt dasselbe; sie kann auch erfolgen, wenn die Eltern das Rechtsgeschäft nicht für genehmigungsbedürftig halten. Vgl. KG, NJW 1976, 1946.

sich mögliche Anträge und Genehmigungen gegen den Willen der Eltern[31] sind mit Rücksicht auf § 1829 freilich nur sinnvoll, wenn mit einem baldigen Ende der elterlichen Vertretungsmacht zu rechnen ist.

8. Die Genehmigung des Vormundschaftsgerichtes ist ein Mittel staatlicher Kontrolle der Eltern zur Wahrung der Interessen des Kindes.[32] Diese allein setzen den *Prüfungsmaßstab* (mit der Qualität eines unbestimmten Rechtsbegriffs[33]); notwendig ist eine Gesamtschau der möglichen Vor- und Nachteile überhaupt. Ideelle Vorteile können finanzielle Nachteile ausgleichen;[34] gegenwärtige Nachteile können angesichts späterer Vorteile ihr Gewicht verlieren usw.[35]

Die materielle Wirksamkeit der Rechtsgeschäfte zu prüfen, ist grundsätzlich nicht Aufgabe des Vormundschaftsgerichtes. Offensichtlich nichtige Rechtsgeschäfte hat es zwar zurückzuweisen;[36] unnützes Tun kann vom Staat nicht verlangt werden. Schwebende Unwirksamkeit[37] und Zweifel an der Wirksamkeit des Rechtsgeschäftes hindern dagegen die Genehmigung grundsätzlich nicht; im Streit der Parteien hat das Prozeßgericht zu entscheiden.[38] Zur Verweigerung der Genehmigung berechtigen sie nur, wenn die Ungewißheit und die mit einem etwaigen Rechtsstreit verbundenen Kosten die an sich vorhandenen Vorteile zumindest ausgleichen.[39]

Ohne jede Einschränkung ist die Vertretungsmacht der Eltern zu prüfen.[40] Der Kontrolle unterliegen die Eltern nur, weil sie kraft elterlicher Sorge für das Kind

---

[31] Nach h.L. darf das VormG nicht gegen den Willen der Eltern genehmigen. Vgl. KG, Recht 1920 Nr. 922; *Staudinger-Engler,* 12 zu § 1828; *Dölle,* § 128 VI 5a; *Erman-Hefermehl,* 9 zu § 1828; MünchKomm-*Zagst,* 3 zu § 1829.

[32] Der Vertragspartner hat deshalb grundsätzlich kein Beschwerderecht. Er kann jedoch Beschwerde einlegen, wenn er die Genehmigungsbedürftigkeit des Rechtsgeschäftes bestreitet. Vgl. BayObLG, FamRZ 1964, 526 (527); 1977, 141 (142). Er kann ferner Beschwerde einlegen, wenn er Verletzung der §§ 55, 62 FGG rügt. Vgl. KG, KGJ 52, 46; JW 1935, 3123; 1937, 2975; BayObLG, FamRZ 1964, 526 (527); 1977, 141 (142). Rügt der Vertragspartner, daß die Genehmigung wegen Fristablaufs (§ 1829 II) nicht mehr wirksam werden konnte, entscheidet das Prozeßgericht. Vgl. KG, JW 1937, 2975; KGJ 53, 39.

[33] Die Entscheidung des VormG ist deshalb keine Ermessensentscheidung, die im Instanzenzug nur beschränkt nachprüfbar wäre. Vgl. OLG Karlsruhe, FamRZ 1973, 378 (379) gegen FamRZ 1957, 266 (267). A.A. BayObLG, FamRZ 1957, 266 (267); OLG Bremen, FamRZ 1962, 209; BayObLGZ 1977, 121; *Staudinger-Engler,* 38 zu § 1643 und 151 zu §§ 1821, 1822; *Soergel-Germer,* 8 zu § 1828.

[34] Vgl. KG, ROLG 43, 380; JW 1936, 2753; 1938, 1170 und 2352; LG Kiel, MDR 1955, 37; OLG Karlsruhe, FamRZ 1973, 378.

[35] Präzisere Aussagen sind kaum möglich. Zu genehmigen ist etwa stets, wenn das Kind einer Rechtspflicht nachkommen muß. Vgl. RG, SeuffA 78 Nr. 192; KG, JW 1938, 1600. Nicht zu genehmigen ist etwa die Veräußerung von Sachwerten in Zeiten extremer Geldentwertung. Vgl. LG Göttingen, BB 1947, 156; LG Hamburg, MDR 1947, 265.

[36] Vgl. KG, ROLG 18, 292; JFG 14, 249; OLG Rostock, ROLG 32, 24; OLG München, JFG 15, 177 (183).

[37] Vgl. OLG München, JFG 15, 177 (183).

[38] Vgl. OLG Rostock, ROLG 32, 24; KG, ROLG 41, 77; JFG 14, 294; JW 1936, 1469; BayObLG, FamRZ 1969, 434.

[39] So wohl auch KG, ROLG 12, 347 (349); *Kipp-Wolff,* § 115 Fn. 40.

[40] Vgl. KG, JFG 12, 117 (121) gegen KGJ 32, 49 (51). Vgl. auch KG, Recht 1918 Nr. 1177.

tätig wurden. Fehlende Vertretungsmacht fordert zudem die Bestellung eines Pflegers (§ 1909), also einen Akt, für den das Vormundschaftsgericht ebenfalls zuständig ist.

9. Die Genehmigung des Vormundschaftsgerichtes wahrt den Gedanken privatautonomer Gestaltung der Rechtsgeschäfte des Kindes durch die Eltern; den Inhalt der Rechtsgeschäfte zu ändern, ist das Vormundschaftsgericht nicht befugt. Mittelbar kann es auf den Inhalt der Rechtsgeschäfte durch *Genehmigung unter Vorbehalt* einer Inhaltsänderung Einfluß nehmen. Der meist (verfehlt) als bedingte Genehmigung bezeichnete Akt enthält die Verweigerung der Genehmigung des vorgelegten Rechtsgeschäftes, aber verbunden mit der Genehmigung eines von den Parteien demnächst geänderten (also anderen) Rechtsgeschäftes.[41]

Zulässig sind aufschiebend bedingte Genehmigungen, sofern sich mit der Bedingung kein unzulässiger Eingriff in die elterliche Sorge verbindet (verboten ist etwa eine Genehmigung unter dem Vorbehalt sofortiger Zahlung des Kaufpreises auf ein Sperrkonto des Kindes).[42] Unzulässig sind um der Rechtssicherheit willen auflösende Bedingungen.[43] Unzulässig sind auch (sofort wirksame) Genehmigungen unter einer Auflage. Derlei Genehmigungen verletzen die Ordnung der Zuständigkeiten zwischen Eltern und Vormundschaftsgericht, weil sie die Eltern zu einem bestimmten Handeln veranlassen sollen. Nur wenn die Auflage zur Abwendung einer Gefährdung des Kindesvermögens notwendig ist, kann sie als Maßnahme nach § 1667 mit der Genehmigung verbunden werden.[44]

10. *Negativattest.* Ein Bescheid, der die Genehmigungsbedürftigkeit eines Aktes verneint, enthält keine vorsorgliche Genehmigung (das Gericht stellt die Frage nach dem Wert des Aktes für das Kind gar nicht). Er klärt aber auch nicht abschließend, weil er schon das Vormundschaftsgericht nicht bindet (geschweige denn die Prozeßgerichte!). Genehmigungspflichtige Rechtsgeschäfte bleiben mithin auch nach einem Negativattest genehmigungspflichtig (also schwebend unwirksam).[45]

---

[41] Vgl. KG, ROLG 16, 25; 24, 56; OLG München, JFG 23, 275 (280); BayObLG, FamRZ 1974, 320 (321); *Müller,* Rpfleger 1955, 180; *Staudinger-Engler,* 152 zu §§ 1821, 1822; MünchKomm-*Zagst,* 3 zu § 1828. Auch eine das Rechtsgeschäft befristende Genehmigung ändert seinen Inhalt. A.A. anscheinend *Müller,* a.a.O., S. 182.

[42] Derart bedingte Genehmigungen sind auch bei bedingungsfeindlichen Rechtsgeschäften möglich. Vgl. KG, KGJ 44, 191 (195f.).

[43] Vgl. KG, JW 1937, 1551 (ohne Unterscheidung der bedingten Genehmigung und des inhaltsändernden Eingriffes); MünchKomm-*Zagst,* 3 zu § 1828; *Erman-Hefermehl,* 6 zu § 1828.

[44] Richtig OLG Frankfurt, FamRZ 1963, 453 und ähnl. schon NJW 1953, 76. Zust. *Staudinger-Engler,* 39 zu § 1643 (aber ohne die notwendige Parallelbeschränkung für den bedingten richterlichen Akt); *Erman-Ronke,* 31 zu § 1643; *Palandt-Diederichsen,* 4 zu § 1643. Dagegen werden Auflagen generell für zulässig gehalten von *Beitzke,* § 37 IV 3b; *Soergel-Germer,* 15 zu § 1828.

[45] Ebenso BGHZ 44, 325; BayObLG, FamRZ 1964, 526 (527f.) und 1974, 320; *Beitzke,* § 37 IV 3d; *Erman-Hefermehl,* 8 zu § 1828; MünchKomm-*Zagst,* 6 zu § 1828; *Soergel-Germer,* 18 zu § 1828; *Keidel-Winkler,* 17a zu § 55 FGG (jedenfalls, wenn VormG nach Vertragsschluß angerufen).

11. *Nicht genehmigte Rechtsgeschäfte* sind nichtig; bereits erbrachte Leistungen sind als ungerechtfertigte Bereicherung herauszugeben (§ 812). Das Kind schuldet jedoch Herausgabe stets nur im Umfang des § 818 III. Der Schutzzweck der Genehmigungspflichten verbietet es, das Wissen der Eltern von der Rechtsgrundlosigkeit des Erwerbs (§ 819 I!) dem Kind zuzurechnen (§ 166).[46]

Ausgeschlossen ist jede Haftung des Kindes aus c.i.c. (mit § 278), etwa nach wahrheitswidriger Behauptung der Eltern, die Genehmigung bereits erlangt zu haben. Wo nur kontrolliertes rechtsgeschäftliches Handeln der Eltern das Kind belasten soll, darf auch aus c.i.c. kein Anspruch entstehen.[47]

Weitere Ansprüche der Geschäftspartner können sich aber nach wahrheitswidriger Behauptung einer Genehmigung gegen die Eltern richten. Diese haften zwar nie aus § 179; Vertretung ohne Vertretungsmacht und Abschluß eines Rechtsgeschäfts, das nicht zur Perfektion gelangen konnte, sind verschiedene Dinge.[48] Möglich ist dagegen eine Haftung aus unerlaubter Handlung (§§ 823 II, 826), aber auch aus culpa in contrahendo nach den Regeln, die für die Haftung des Vertreters aus Verschulden beim Vertragsschluß Anerkennung gefunden haben.[49]

12. *Volljährigkeit des Kindes* beendet jede genehmigende Tätigkeit des Vormundschaftsgerichtes.[50] Schwebend unwirksame Verträge übernimmt das Kind zur eigenen Genehmigung durch freie Willenserklärung (die stets das Bewußtsein der Genehmigungsbedürftigkeit voraussetzt[51]) gemäß § 1829 III[52] im jeweiligen

---

A.A. *Bergerfurth*, NJW 1956, 289; *Schlegelberger*, 27a zu § 55 FGG; *Müller*, JR 1962, 441 ff.; *Staudinger-Engler*, 158 zu §§ 1821, 1822. Vgl. auch KG, JFG 16, 84; BGHZ 1, 294 (301). Zweifelt das Gericht nur an der Notwendigkeit einer Genehmigung, hat es stets eine Sachentscheidung zu treffen. Vgl. BayObLG, MDR 1963, 502.

[46] RGZ 81, 261 (264) und OLG Hamburg, NJW 1952, 983 leugnen bereits den Eigentumsübergang auf das Kind unter Hinweis auf § 1822 Nr. 8. Rechtsgrundloser Empfang und Empfang auf Grund eines Kreditgeschäftes sind jedoch verschiedene Dinge. Für Anwendung des § 819 I *Dölle*, § 94 IV 9 (auch bei Bösgläubigkeit nur eines Elternteiles); *Staudinger-Engler*, 34 zu § 1829.

[47] Richtig *Müller*, JR 1962, 445. Ähnl. auch RGZ 50, 281 (283f.); 132, 76 (keine Haftung des Kindes für arglistige Zusicherungen des gesetzlichen Vertreters).

[48] Haftung aus § 179 bejahen *Kipp-Wolff*, § 115 VII 3; *Dölle*, § 128 VI c cc; *Beitzke*, § 37 IV 4b. Sie wird verneint (weil die §§ 1828ff. eine Sonderregelung enthielten) von *Soergel-Germer*, 11 zu § 1829; *Erman-Hefermehl*, 2 zu § 1829; *Staudinger-Engler*, 11 zu § 1829; MünchKomm-*Zagst*, 6 zu § 1830; *Palandt-Diederichsen*, 2b zu § 1829; *Müller*, AcP 168 (1968), 142.

[49] Vgl. aus der Rspr. BGHZ 14, 313 (dazu *Ballerstedt*, FamRZ 1955, 200); 56, 81 (83); BGH, NJW 1975, 642. Für das Schrifttum vgl. *Ballerstedt*, AcP 151 (1950/51), 501; U. *Müller*, NJW 1969, 2169ff.

[50] Vgl. KG, JW 1938, 2141.

[51] Vgl. LG Bremen, FamRZ 1963, 658.

[52] Zur Verwirkung des Genehmigungsrechts vgl. OLG Stuttgart, NJW 1954, 36 (Zeitraum von zwei Jahren nicht ausreichend); OLG Hamm, StAZ 1967, 99 (Genehmigung einer Adoption nach 7 Jahren). Umgekehrt soll nach BGH, FamRZ 1961, 216 auch die Berufung auf den Genehmigungsmangel im Einzelfall gegen Treu und Glauben verstoßen können (Grundstücksübertragung zwecks Erbteilung von den volljährig gewordenen Mündeln mehr als zwanzig Jahre lang anerkannt). Niemals besteht eine Pflicht des Kindes zur Genehmigung, mag es auch (noch minderjährig) am Rechtsgeschäft faktisch maßgebend beteiligt gewesen sein.

Schwebezustand. Eine an die Eltern gerichtete Aufforderung zur Mitteilung (§ 1829 II) behält etwa ihre Wirkung; die Erklärungsfrist wird nicht unterbrochen.

Gleiches gilt nach dem Tod des (minderjährigen oder volljährigen) Kindes: Das Recht zur Genehmigung geht auf den Erben über; eine Genehmigung durch das Vormundschaftsgericht wäre wirkungslos.[53]

IV. Weite der Bindungen

Schrifttum: *Pohle,* Der materiellrechtliche und der prozessuale Verzicht auf den Grundbuchberichtigungsanspruch, JZ 1956, 53; *Müller,* Zur Verurteilung eines Mündels zur Leistung (insbes. zur Abgabe einer Willenserklärung) und das Erfordernis der vormundschaftsgerichtlichen Genehmigung, FamRZ 1956, 44; *Woeste,* Geschäfte mit einer Personalgesellschaft oder Miterbengemeinschaft, deren Gesellschafter oder Mitglieder Minderjährige sind, DB 1957, 521; *Knopp,* Die Zwangsvollstreckung in das unbewegliche Vermögen eines Minderjährigen. Umgehung des Vormundschaftsgerichtes?, MDR 1960, 464.

1. *Interpretationsgrundsätze.* Genehmigungsfreie und gebundene Akte sind mit jener Klarheit voneinander zu sondern, die ein redlicher, Sicherheit erstrebender Rechtsverkehr und eine zu möglichst fehlerfreien Verlautbarungen verpflichtete Registerführung (Grundbuchamt!) erwarten darf. Es gibt deshalb keine Generalklausel, die alle ,,wesentlichen Akte" als genehmigungspflichtig bezeichnet, aber auch keine engeren Tatbestände mit generalklauselartigem Gepräge. Enumerativ werden die gebundenen Akte in Tatbeständen erfaßt, die Festigkeit erstreben, wenn auch nicht immer erreichen. Preis der Bescheidung ist der Eindruck willkürlicher Grenzen.

Das Ziel größter Klarheit wird dennoch nur beschränkt erreicht. Dem Verkehr können immer nur einige wenige Bindungen geläufig werden. Die Genehmigungspflichten aber greifen weit aus; sie überschneiden sich auch vielfach und verstärken damit die Unübersichtlichkeit. Die Vorteile der gezügelten Tatbestandsbildung gehen also im Drang nach einem ausgebauten Schutz der Kinder wieder verloren.

Dem Gesetz hat die Interpretation des Gesetzes zu folgen. Eine den Schutzzweck der Normen folgerichtig entfaltende teleologische Normeninterpretation muß jene Rechtsunsicherheit zur Folge haben, die das Gesetz zu vermeiden trachtet. Der Schutzzweck ist deshalb zwar nicht gleichgültiger Hintergrund der Genehmigungspflichten, doch hat er die Interpretation nur beschränkt zu leiten. *Eine formale Interpretation muß die teleologische ablösen, sobald die Folgerungen aus dem Schutzzweck der Normen nicht mehr zu generellen, jederzeit auf den Einzelfall anwend-*

[53] Vgl. BayObLG, FamRZ 1965, 101; *Staudinger-Engler,* 31 zu § 1829; *Dölle,* § 128 VI 6 c aa (S. 803).

baren Regeln verdichtet werden können und sobald sie zu einem Netz von generellen Aussagen führen, in dem der Rechtsverkehr die Übersicht verlieren muß.[1]

2. Zu genehmigen sind alle *Formen rechtsgeschäftlichen Handelns* mit Wirkung für das Kind, nicht nur die direkten elterlichen Akte. Genehmigungspflichtig ist so auch die Zustimmung der Eltern zu einem vom Kind selbst vorgenommenen Akt (heute besonders häufig bei Darlehensaufnahmen im Anschluß an einen Abzahlungskauf), ferner ein von § 110 gedecktes Handeln des Kindes selbst.[2]

Mit den verschiedenen Handlungsformen verbinden sich keinerlei Konsequenzen für die Genehmigung. *Zu genehmigen ist stets das gesamte Rechtsgeschäft, nicht etwa nur der Geschäftsbestandteil, an den die Genehmigungspflicht anknüpft;*[3] die §§ 1828ff. sind ausnahmslos anzuwenden. Der (beim beschränkt geschäftsfähigen Kind jederzeit mögliche) Wechsel vom Vertragsschluß der Eltern im Namen des Kindes zum Vertragsschluß des Kindes unter Zustimmung der Eltern führt etwa nicht zur Anwendung des § 1831. Knüpft die Genehmigungspflicht an einen Akt des Kindes an, bleiben die Eltern Empfänger der Genehmigung usw.

Genehmigungspflichten können die Eltern auch nicht durch Ermächtigungen des Kindes zu freiem Handeln vermeiden. Die Ermächtigungen der §§ 112, 113 geben dem Kind keine Macht zu selbständigem Handeln im Bereich der genehmigungspflichtigen Akte (jeweils Abs. I Satz 2). Gegenstände, die Eltern nur mit Genehmigung veräußern dürfen, können sie dem Kind auch nur mit Genehmigung zur Erfüllung eines Vertrages oder zu freier Verfügung überlassen (§ 1644; vgl. dazu § 110).

Gebunden sind im Bereich der genehmigungspflichtigen Verpflichtungsgeschäfte bereits Vorverträge.[4] Gebunden sind im Bereich der genehmigungspflichtigen Verfügungsgeschäfte auch alle Zustimmungen zu Verfügungen Dritter (§ 185).[5] Grundsätzlich genehmigungsfrei ist dagegen die Bevollmächtigung eines Dritten zu einem genehmigungspflichtigen Geschäft;[6] sie gefährdet das Kind nicht, weil die Eltern dem Vertreter nur ihre Rechtsmacht einräumen können, der Vertreter also weiterhin der Genehmigung des Vormundschaftsgerichtes bedarf.[7] Genehmigungspflichtig ist allein die Erteilung einer Prokura (§ 1822 Nr. 11). Ihr Umfang wird von den §§ 49, 50 HGB abschließend bestimmt; die mit ihr verbundene Handlungsmacht darf durch Genehmigungspflichten nicht geschmälert werden. Kein Akt des Prokuristen bedarf daher der Genehmigung,

---

[1] Tendenziell gleich mit unterschiedlichen Formulierungen BGHZ 38, 26 (28); 52, 316 (319); *Fischer,* JR 1962, 202; *Knopp,* BB 1962, 940 und NJW 1962, 2182; MünchKomm-*Zagst,* 1 zu § 1821.

[2] Gl. Ans. *Dölle,* § 128 III; *Erman-Hefermehl,* 2 vor § 1821. A.A. *Schmidt,* VersR 1966, 313ff.

[3] Heute ganz h.L. Vgl. *Staudinger-Engler,* 18 zu § 1828 mit weit. Hinw.

[4] Unsicher RAG 21, 129 (141f.).

[5] Vgl. BayObLGZ 13, 287, aber auch RG, Warn. 1914 Nr. 2.

[6] A.A. BayObLG, FamRZ 1977, 141 (143); *Staudinger-Engler,* 34 zu §§ 1821, 1822 (beide im Anschluß an RGZ 90, 395 [400]).

[7] Vgl. KG, ROLG 5, 410; DR 1942, 276; LG Frankfurt, FamRZ 1975, 354.

mag er auch für die Eltern selbst genehmigungspflichtig sein.[8] Folgerichtig ist Genehmigung für den Akt der Bevollmächtigung erforderlich. Die Freiheit des Prokuristen gibt ihr den Rang einer allgemeinen Ermächtigung (dazu unten 7.).

3. Frei sind die Eltern, wenn sie nicht kraft elterlicher Sorge tätig werden. Das ist selbstverständlich, sofern sie eine Vermögensverwaltung übernommen haben, die der elterlichen Sorge entzogen ist (etwa als Testamentsvollstrecker; vgl. dazu oben § 51 I 2). Das gilt aber auch, wenn sie kraft einer postmortalen Vollmacht für das Kind als Erbe des verstorbenen Vollmachtgebers handeln.[9]

4. Nicht genehmigungspflichtig ist die *Prozeßführung* als solche (erst recht nicht die Zwangsvollstreckung in das Vermögen des Kindes). Innerhalb eines Prozesses wandelt sich grundsätzlich die für eine Handlung an sich notwendige Außengenehmigung zur bloßen Innengenehmigung (§ 54 ZPO).[10] Die Eltern bleiben verpflichtet, etwa notwendige Genehmigungen einzuholen, ihre Handlungen aber sind wirksam, auch wenn sie das Vormundschaftsgericht übergingen oder gar nach Verweigerung der Genehmigung handelten. Eine Außengenehmigung wird von der h.L. allein für Vergleiche gefordert, die außerhalb eines Prozesses jedenfalls genehmigungspflichtig wären.[11] Die im Verhältnis zum prozessualen Verzicht und zum prozessualen Anerkenntnis (die genehmigungspflichtig ohnehin nur sind, wenn man der Lehre von ihrer Doppelnatur folgt und in ihnen nicht reine Prozeßhandlungen sieht) zuweilen als willkürlich empfundene Ausnahme beruht letztlich auf der Sonderstellung des Vergleiches innerhalb jener Prozeßhandlungen, die zugleich als rechtsgeschäftliche Akte qualifiziert werden können. Er allein ist prozeßbeendender Parteiakt, während der prozessuale Verzicht und das prozessuale Anerkenntnis *im* Prozeß vorgenommen werden, den erst eine richterliche Entscheidung beendet.[12]

Der Genehmigung des Vormundschaftsgerichtes bedarf uneingeschränkt die Verurteilung des Kindes zur Abgabe einer genehmigungspflichtigen Willenserklärung. Das rechtskräftige Urteil ersetzt lediglich die Willenserklärung (§ 894 ZPO), nicht aber sonstige Bestandteile des Rechtsgeschäftes, also auch nicht die

---

[8] Vgl. RGZ 106, 185. Frei ist auch der Prokurist im ererbten Handelsgeschäft, dessen Prokura vom Erblasser erteilt wurde (§ 52 III HGB!). Vgl. OLG Hamm, BB 1956, 900. Die mangels Genehmigung unwirksame Prokura wird durch Eintragung im Handelsregister nicht wirksam. Vgl. RGZ 127, 153 (158).

[9] Ganz h.L. Vgl. aus der Rspr. RGZ 88, 345 (349); 106, 185; RG, JW 1923, 833; KG, Recht 1917 Nr. 1790 (anders noch KGJ 41, 162).

[10] Vgl. BGH, JZ 1956, 62; *Soergel-Germer,* 4 vor § 1821. Sogar die Notwendigkeit einer Innengenehmigung bestreitet *Pohle,* JZ 1956, 55f.; anscheinend auch *Erman-Hefermehl,* 3 vor § 1821; *Beitzke,* § 37 IV. Eine Außengenehmigung für alle doppelfunktionalen Prozeßakte fordert allein *Müller,* JR 1962, 445f., der § 54 ZPO damit jede Bedeutung nimmt. Vgl. auch die Parallelproblematik im gesetzlichen Güterstand oben § 35 I 6.

[11] Vgl. aus der Rspr. OLG Dresden, ROLG 7, 122; RGZ 56, 333; 133, 259f.; BayObLG, FamRZ 1957, 266 (jedenfalls für § 1822 Nr. 12).

[12] Vgl. *Pohle,* JZ 1956, 55.

Genehmigung des Vormundschaftsgerichtes. § 54 ZPO aber ist bedeutungslos: Die Eltern geben die Willenserklärung nicht im Prozeß ab; die Freiheit für Prozeßhandlungen ist deshalb gegenstandslos. Richtig ist freilich, daß die Verpflichtung des Kindes zur Abgabe der Willenserklärung vom Vormundschaftsgericht nicht in Zweifel gezogen werden kann, doch wird die Genehmigung auch sonst bei Verpflichtungen zur Vornahme eines genehmigungspflichtigen Aktes nicht überflüssig (vgl. unten 8.).[13]

5. *Gesamthand und juristische Person.* Genehmigungspflichtig sind primär Akte, die allein das Kind betreffen. Genehmigungspflichtig sind aber auch alle Akte, die für eine Miterbengemeinschaft und eine Gesellschaft des bürgerlichen Rechtes vorgenommen werden, deren Mitglied das Kind ist.[14] Genehmigungsfrei sind dagegen alle Akte, die vertretungsberechtigte Gesellschafter (auch die Eltern) für eine Personalgesellschaft des Handelsrechtes vornehmen,[15] und alle Akte, die für eine juristische Person (GmbH, AG) vorgenommen werden, mögen sich auch alle Anteile in der Hand des Kindes vereinigt haben.[16]

Der Unterschied im Bereich der Gesamthandsgemeinschaften beruht auf der unterschiedlichen Ausgestaltung des Handelns für die Gemeinschaft. Nur die zur Vertretung berufenen Gesellschafter der Personalgesellschaften des Handelsrechtes haben eine vom Gesetz umrissene Vertretungsmacht (§§ 125, 126 HGB). Die ihnen damit eingeräumte Handlungsmacht darf ebensowenig wie die Handlungsmacht des Prokuristen (vgl. oben unter 2.) durch die Notwendigkeit irregulärer Geschäftsbestandteile geschmälert werden, deren Ursache allein in der Minderjährigkeit eines Gesellschafters liegt. Den Schutz des Kindes gewährleistet wie dort die Genehmigungspflicht für die Erteilung der Prokura, so hier die Genehmigungspflicht für alle Gesellschaftsverträge, die zum Betrieb eines Er-

---

[13] Ebenso i. Erg. *Kipp-Wolff,* § 115 V; *Stein-Jonas-Münzberg,* II zu § 894 ZPO; *Müller,* FamRZ 1956, 44 und JR 1962, 448; *Beitzke,* § 37 IV (aber mit Vollstreckung ohne Genehmigung, falls diese nicht vor dem Urteil eingeholt wurde); *Dölle,* § 128 V. And. Ans. KG, KGJ 45, 264; BayObLG, MDR 1953, 561 (mit weit. Hinw.); *Staudinger-Engler,* 36 zu § 1643; *Palandt-Diederichsen,* 1 b zu § 1821; *Soergel-Germer,* 4 vor § 1821; *Erman-Hefermehl,* 3 vor § 1821; *Schönke-Baur,* Zwangsvollstreckungs-, Konkurs- und Vergleichsrecht, 10. Aufl. 1978, § 39 IV 1. Vgl. auch die Parallelproblematik im gesetzlichen Güterstand oben § 35 I 6.

[14] Vgl. für die Miterbengemeinschaft KG, KGJ 38, A 219 (222); BayObLG, Recht 1908 Nr. 2013; JW 1921, 581 (mit verfehltem Anteilsbegriff); *Woeste,* DB 1957, 421; *Staudinger-Engler,* 11 zu §§ 1821, 1822. Für die Gesellschaft des bürgerlichen Rechtes vgl. OLG Hamburg, FamRZ 1958, 333; *Erman-Hefermehl,* 3 vor § 1821; *Staudinger-Engler,* 11 zu §§ 1821, 1822; *Dölle,* § 128 II 2b (alle beschränkt auf Gesellschaften, die kein Handelsgeschäft betreiben).

[15] Vgl. (alle mit eigenen Begründungen) RGZ 54, 278 (279); 125, 380 (381); RG, JW 1907, 303 (305); KG, DR 1942, 276 (Liquidationsgesellschaft); BGH, NJW 1962, 2344 (2346); 1971, 375; *Woeste,* DB 1957, 421; *Dölle,* § 128 II 2b; *Staudinger-Engler,* 11 zu §§ 1821, 1822; *Erman-Hefermehl,* 3 vor § 1821; MünchKomm-*Zagst,* 3 zu § 1821; *Soergel-Germer,* 7 vor § 1821. Sicher verfehlt ist die Behauptung, daß Genehmigungsfreiheit bestehe, weil die OHG selbst Rechtsträgerin sei.

[16] Vgl. KG, Recht 1913 Nr. 2743 (Prokura für eine GmbH); RGZ 133, 7 (Grundstücksveräußerung einer GmbH; Entscheidung für den Fall der Einmann-GmbH vorbehalten).

werbsgeschäftes eingegangen werden (§ 1822 Nr. 3; Gedanke der allgemeinen Ermächtigung). Nicht geschützt sind freilich Kinder, die als Erben ohne Vertragsschluß in eine Gesellschaft eintreten (§ 139 HGB); das Gesetz hat die mit einer Erbschaft verbundenen Gefahren nicht zum Anlaß einer Genehmigungspflicht für die Erbschaftsannahme genommen.

Juristische Personen sind selbständige Rechtsträger, können also Genehmigungspflichten für natürliche Personen nur unterworfen werden, wenn die rechtliche Form vor der Notwendigkeit, wirtschaftliche Zusammenhänge aufzudekken, zurücktreten muß. Ohne Präjudiz für die Anwendung des § 1822 Nr. 3 (Beteiligung an der juristischen Person) verbieten die Interpretationsgrundsätze für Genehmigungspflichten (oben unter 1.) hier aber jede Preisgabe der rechtlichen Gestalt für den laufenden Geschäftsverkehr der juristischen Personen.

6. *Konkurrenz von Genehmigungspflichten.* Die Genehmigung des Vormundschaftsgerichtes wird stets einem elterlichen Akt erteilt, nicht einem elterlichen Akt im Hinblick auf eine bestimmte Genehmigungspflicht. Im Überschneidungsbereich der Genehmigungspflichten ist ein elterlicher Akt daher auch dann wirksam genehmigt, wenn das Vormundschaftsgericht die Genehmigung ohne vollständigen Einblick in die bestehenden Genehmigungspflichten aussprach.

Mehrere elterliche Akte können vom Vormundschaftsgericht simultan genehmigt werden. Unklarheiten sind durch Interpretation der Entscheidung zu beseitigen. Sind etwa obligatorisches Geschäft und Erfüllungsgeschäft gleicherweise genehmigungspflichtig, liegt in der Genehmigung des einen in der Regel auch die Genehmigung des anderen.[17] Dagegen liegt in der Genehmigung einer Grundschuld (§ 1821 Nr. 1) nicht stets zugleich die Genehmigung des zugrundeliegenden Kreditgeschäftes.[18]

7. *Allgemeine Ermächtigung.* Genehmigungspflichten behindern die Teilnahme der Kinder am rechtsgeschäftlichen Verkehr; sie können ihrem eigenen Zweck zuwider eine geordnete Verwaltung des Kindesvermögens in extremen Situationen sogar ausschließen. Der Beseitigung dieser Gefahr dienen (jederzeit widerrufliche!) allgemeine Ermächtigungen, die den Eltern nach einer grundsätzlichen Kontrolle Freiheit des Handelns für bestimmte an sich genehmigungspflichtige Akte einräumen. Ausdrücklich gestatten die §§ 1643 III, 1825 eine allgemeine Ermächtigung der Eltern für die in § 1822 Nrn. 8–10 genannten Rechtsgeschäfte, wenn und soweit Handlungsfreiheit für eine geordnete Vermögensverwaltung, insbesondere zum Betrieb eines Erwerbsgeschäftes, erforderlich ist. Unausgesprochen wirkt der Gedanke einer allgemeinen Ermächtigung ferner in § 1822

---

[17] Vgl. RGZ 130, 148; KG, KGJ 24, A 239; 42, 50; HRR 1937 Nr. 92; *Müller,* JR 1962, 445. Vgl. auch RG, SeuffA 81 Nr. 191 (Simultangenehmigung von Grundstückskauf und Auflassung; auch die Auflassung nicht genehmigt, wenn die Parteien mit ihr anstatt des vom Gericht gebilligten Kaufvertrages einen anderen erfüllen wollen).

[18] Vgl. OLG Celle, NJW 1954, 1729.

Nr. 3, sofern die Beteiligung des Kindes an einer Personalgesellschaft des Handelsrechtes zu genehmigen ist (vgl. dazu oben unter 5.), sowie in § 1822 Nr. 11 (Prokura; dazu oben unter 2.).

8. *Erfüllungsgeschäfte.* Genehmigungspflichtige Akte bleiben genehmigungspflichtig auch, wenn eine Pflicht des Kindes zu ihrer Vornahme besteht (Verpflichtung zur Übereignung eines Grundstückes aus Vermächtnis oder nach Rücktritt des Vertragspartners vom obligatorischen Geschäft). So sicher es nicht Aufgabe des Vormundschaftsgerichtes sein kann, Pflichtwidrigkeiten des Kindes zu fordern, so sicher ist es auch, daß dem Vormundschaftsgericht ein sinnvolles Arbeitsfeld verbleibt. Zu kontrollieren ist die Verpflichtung; zu kontrollieren ist aber auch die Zweckmäßigkeit der Erfüllung im Augenblick (Gegenleistung!).[19]

V. Genehmigungspflichtige Akte

Schrifttum: *Müller,* Zur vormundschaftsgerichtlichen Genehmigung bei GmbH-Beteiligung von Minderjährigen, Mündeln und Pfleglingen, JR 1961, 326; *Fischer,* Fragen aus dem Recht der stillen Gesellschaft, JR 1962, 201; *Knopp,* Über die Genehmigungsbedürftigkeit von Änderungen eines Gesellschaftsvertrages bei Beteiligung von Minderjährigen oder Mündeln, BB 1962, 939; *derselbe,* Gründung stiller Gesellschaften bei Beteiligung Minderjähriger, NJW 1962, 2181; *Schmidt,* Vormundschaftsgerichtliche Genehmigung für Teilzahlungskreditvertrag?, BB 1963, 1121; *Knopp,* Über die Genehmigungsfreiheit des Beitritts von Mündeln oder Minderjährigen zu Genossenschaften, BB 1964, 200; *Schütz,* Scheckverkehr mit Minderjährigen, BB 1965, 693; *Rosenau,* Beteiligung Minderjähriger an gesellschaftsrechtlichen Unternehmensformen, BB 1965, 1393; *Woltereck,* Versicherungsverträge Minderjähriger oder Entmündigter und Genehmigung des Vormundschaftsgerichtes, VersR 1965, 649; *Biddermann,* Die Rechtsstellung des minderjährigen GmbH-Gesellschafters bei Fehlen der vormundschaftsgerichtlichen Genehmigung zum Gründungsvertrag und zum Erwerb von Geschäftsanteilen, GmbHRdsch. 1966, 4; *Paulick,* Der Beitritt Minderjähriger zu einer eingetragenen Genossenschaft m.u.H., FamRZ 1966, 526; *Kümpel,* Die Finanzierung der Anschaffungen eines Minderjährigen ohne vormundschaftsgerichtliche Mitwirkung, NJW 1966, 2092; *Schmidt,* Das Verhältnis von § 110 BGB zu § 1822 Ziff. 5 bei Abschluß von Lebensversicherungsverträgen durch Minderjährige, VersR 1966, 315; *Meyer-Stolte,* Vormundschaftsgerichtliche Genehmigung und Grundbuch, Rpfleger 1967, 294; *Stöber,* Der minderjährige Gesellschafter einer offenen Handelsgesellschaft oder Kommanditgesellschaft, Rpfleger 1968, 2; *Hörter,* Die vormundschaftsgerichtliche Genehmigung beim finanzierten Abzahlungskauf, MDR 1968, 547; *Nagel,* Familiengesellschaft und elterliche Gewalt, 1968; *Sennekamp,* Die Genehmigung des Vormundschaftsgerichts beim Scheckverkehr mit Minderjährigen, NJW 1971, 1785; *Koehler,* Die Problematik der Ausgabe von Scheckvordrucken und Scheckkarten an Minderjährige, DB 1971, 1341; *Engler,* Zur Auslegung des § 1643 Abs. II BGB, FamRZ 1972, 7; *Schilken,* Die Bedeutung des „Taschengeldparagraphen" bei längerfristigen Leistungen, FamRZ 1978, 642; *Klamroth,* Zur Anerkennung von Verträgen zwischen Eltern und minderjährigen Kindern, BB 1975, 525.

1. Das geringe Bemühen des deutschen Rechtes um eine geschlossene Regelung der elterlichen Sorge wird bei den genehmigungspflichtigen Akten besonders deutlich: Der umfangreiche Katalog ergibt sich aus einer Vielzahl selbständiger Aktregelungen, aus Verweisungen auf das Recht der Vormundschaft (§ 1643) und nur zu einem unbedeutenden Teil aus dem Recht der elterlichen Sorge selbst.

---

[19] Ganz h.L. Vgl. KG, ROLG 33, 363; BayObLG, FamRZ 1977, 141 (143); *Kipp-Wolff,* § 115 V; *Müller,* FamRZ 1956, 44.

2. Als Bestandteil der Aktregelung ist die Genehmigung etwa vorgesehen für jede Unterbringung des Kindes, die mit Freiheitsentzug verbunden ist (§ 1631 b; vgl. dazu oben § 7 II), für den Antrag auf Entlassung aus dem Staatsverband und für den Verzicht auf die deutsche Staatsangehörigkeit, falls sie nicht gleichzeitig von den Eltern für sich selbst begehrt werden (§§ 19, 26 RuStAG), für den Antrag auf Todeserklärung (§ 16 VerschG), für die Ermächtigung zum Betrieb eines selbständigen Erwerbsgeschäftes nach § 112, in erster Linie aber für eine ganze Reihe familienrechtlicher und erbrechtlicher Geschäfte. Das Vaterschaftsanerkenntnis des geschäftsunfähigen Vaters und seine Anfechtung sind etwa gebunden (§§ 1600 d I, 1600 k II), auch der Antrag des beschränkt geschäftsfähigen Vaters auf Ehelicherklärung seines nichtehelichen Kindes (§ 1728 II), sodann die Ehelichkeitsanfechtungsklage des Kindes (§ 1597; nur durch die Mutter möglich!), der Verzicht des Abkömmlings auf seinen Anteil am Gesamtgut einer fortgesetzten Gütergemeinschaft (§ 1491 III) sowie der Erbverzichtsvertrag und die Aufhebung eines Erbvertrages als Bedachter, falls die Akte nicht unter Ehegatten oder Verlobten vorgenommen werden (§§ 2347 I, 2290 III, 2291). Gebunden sind auch eine Anzahl von Geschäften, die eine Ehe des Kindes voraussetzen und damit einen Umstand, der die praktische Bedeutung für Eltern zwar nicht ausschließt, aber doch stark mindert (§ 1 EheG; volle Bedeutung haben die Tatbestände für den Vormund; vgl. §§ 1896 ff.). Die Scheidungs- und Aufhebungsklage für ein geschäftsunfähiges Kind gehören nach § 607 II ZPO hierher (nicht mehr die Fortsetzung eines schwebenden Prozesses[1]), die Ablehnung und Aufhebung der fortgesetzten Gütergemeinschaft (§§ 1484 II, 1492 III) sowie der Abschluß eines Erbvertrages als Erblasser mit dem Ehegatten (§ 2275 II).

3. *Erbausschlagung.* Das Recht der elterlichen Sorge bindet die Eltern unmittelbar für die Ausschlagung einer Erbschaft oder eines Vermächtnisses sowie für den Verzicht auf einen Pflichtteil. Die Akte sind nur genehmigungsfrei, wenn der Anfall an das Kind Folge der Ausschlagung eines (allein oder gemeinschaftlich mit dem Partner[2]) zur Vertretung des Kindes berufenen Elternteils war. Sie bleiben genehmigungspflichtig, wenn der ausschlagende Elternteil nur neben dem Kind berufen war, der Anfall an das Kind also nur zum Teil Folge der Ausschlagung ist (§ 1643 II).[3] Bezweckt wird mit der Regel Schutz des Kindes vor unüberlegter Ablehnung unentgeltlichen Erwerbs. Die Ausnahme beruht auf dem Gedanken einer vermutlich intensiven (und deshalb einer Kontrolle nicht mehr bedürftigen) Prüfung der Erwerbschance im Eigeninteresse. Wer nur Inter-

---

[1] Vgl. RGZ 86, 15.

[2] Einer Genehmigungspflicht unterliegt damit auch nicht ein Elternteil, der zwar zur Gesamtvertretung, nicht aber zur Erbschaft berufen ist. Vor dem EltSorgRG (das § 1643 II änderte) war die Frage str., wurde aber überwiegend so beantwortet, wie das Gesetz es heute vorsieht. Nachw. zum Streit in der Voraufl., S. 607 Fn. 1 und 2.

[3] Die Grundsätze gelten auch für die Nacherbschaft. Vgl. KG, KGJ 53, 33.

essen des Kindes zu wahren hat, wird kontrolliert. Wer dagegen zunächst Eigeninteressen zu wahren hatte, handelt frei, wenn er anschließend für das Kind dieselbe Entscheidung fällt.

Der Normzweck hat in zweifelhaften Fällen die Interpretation zu leiten. Genehmigung ist deshalb zu fordern, wenn ein Elternteil die Erbschaft für sich als Erbe und für das Kind als Ersatzerbe kraft letztwilliger Verfügung ausschlägt, um die Erbschaft als gesetzlicher Erbe selbst annehmen zu können (§ 1948).[4] Der Elternteil schlägt in diesem Fall nicht aus, weil seiner Überzeugung nach der Nachlaß unergiebig oder gar überschuldet ist, sondern lediglich, um ihn in anderer Position zu erwerben. Unerfreulich sind freilich die praktischen Konsequenzen, wenn sich der ausschlagende Elternteil nicht zuvor der Genehmigung versicherte: Er verliert dann den Nachlaß an das Kind, obwohl dieser Effekt von niemandem gewollt war.

Genehmigung ist auch notwendig, wenn ein Elternteil, an dessen Stelle mehrere Geschwister treten, die Erbschaft für sich und einen Teil der Kinder ausschlägt, für den anderen Teil dagegen nicht.[5] Die Ausschlagung der Erbschaft ist in diesem Fall nicht Abwehr eines ökonomisch zumindest unergiebigen Erwerbs, sondern Akt, mit dessen Hilfe der Nachlaß in bestimmte Hände gelenkt wird.

4. *Grundstücksgeschäfte.* Dem Recht der Vormundschaft folgend, sind die Eltern in traditioneller Verhärtung kaum noch zeitgemäßen Rechtsgutes (vgl. dazu auch oben § 38 VII 9) gebunden bei der Verfügung über Grundstücke[6] und Rechte an Grundstücken sowie über Schiffe und Schiffsbauwerke und allen Verpflichtungen dazu. Sie sind ferner im nämlichen Geschäftskreis (insbesondere für Zession und Aufhebung) gebunden hinsichtlich aller Forderungen des Kindes, die auf Übertragung des Eigentums an einem Grundstück, auf Begründung oder Übertragung eines Rechtes an einem Grundstück,[7] auf Befreiung eines Grundstücks

---

[4] Vgl. OLG Frankfurt, NJW 1955, 466; FamRZ 1969, 658; *Engler,* FamRZ 1972, 7f.; *Staudinger-Engler,* 22 zu § 1643; *Dölle,* § 94 IV 6; *Soergel-Lange,* 8 zu § 1643; MünchKomm-*Hinz,* 15 zu § 1643; *Erman-Ronke,* 22 zu § 1643.

[5] Vgl. *Engler,* FamRZ 1972, 8f.; *Erman-Ronke,* 22 zu § 1643; MünchKomm-*Hinz,* 16 zu § 1643.

[6] Verfügung über ein Grundstück ist nach allg. Ans. bereits die Bewilligung einer Vormerkung. Vgl. *Staudinger-Engler,* 22 zu §§ 1821, 1822 mit weit. Nachw.

Keine Grundstücksverfügung ist der Antrag auf Teilungsversteigerung. Vgl. RGZ 136, 353 (358); *Staudinger-Engler,* 6 zu § 1643; *Palandt-Diederichsen,* 2a zu § 1821; *Soergel-Germer,* 3 zu § 1821 und oben § 35 II 10 zur Parallelproblematik in der Zugewinngemeinschaft.

Keine Grundstücksverfügungen sind ferner bloße Rangänderungen von Grundpfandrechten (die später dem Kind als Eigentümerrecht zufallen können!). Vgl. KG, RJA 2, 99; *Soergel-Germer,* 3 zu § 1821; *Staudinger-Engler,* 30 zu §§ 1821, 1822 mit weit. Nachw.

Genehmigungspflichtig ist dagegen die Zustimmung des Nacherben zu Grundstücksverfügungen des Vorerben. Vgl. RGZ 148, 385 (391); KG, Recht 1931 Nr. 490; JW 1936, 3562; BayObLG, NJW 1960, 965; *Dölle,* § 128 II 2b aa; *Staudinger-Engler,* 26 zu §§ 1821, 1822; MünchKomm-*Zagst,* 6 zu § 1821.

[7] Frei ist dagegen der ganze Rechtsverkehr, der sekundäre Grundstücksrechte zum Gegenstand hat (etwa ein Pfandrecht an einer Hypothek). Keine Genehmigung ist auch erforderlich für die Ausübung

von einem solchen Recht oder auf Übertragung des Eigentums an einem eingetragenen Schiff oder Schiffsbauwerk gerichtet sind (§§ 1643 I, 1821 I Nrn. 1–4).

Frei ist der Verkehr mit Grundpfandrechten, soweit er nicht eine Verfügung über das belastete Grundstück mit sich bringt (§ 1821 II). Der Genehmigung bedürfen etwa nicht die Übertragung eines Grundpfandrechtes, die Zustimmung zur Aufhebung durch Rechtsgeschäft gemäß § 1183 (und zwar auch dann nicht, wenn nachrangige Rechte nachrücken),[8] Kündigungen,[9] Abreden, die dem Inhaber des Pfandrechtes lediglich die Verwertung des Grundstückes erleichtern, insbesondere die Unterwerfung unter die sofortige Zwangsvollstreckung,[10] und die Umwandlung einer Sicherungshypothek in eine Verkehrshypothek und beider in eine Grundschuld.[11] Genehmigungspflichtig ist dagegen als Grundstücksverfügung jede Bestellung eines Grundpfandrechtes (auch einer Eigentümergrundschuld[12]), jede Erhöhung des Zinsfußes[13] und jede Abrede, die ändernd in die Fälligkeit des Rechtes eingreift oder dem Eigentümer die Kündigungsbefugnis nimmt.[14]

Seit dem EltSorgRG bedürfen die Eltern der Genehmigung des Vormundschaftsgerichtes auch, wenn sie entgeltlich ein Grundstück, ein eingetragenes Schiff oder Schiffsbauwerk oder ein Recht an ihnen erwerben wollen (§§ 1643 I, 1821 I Nr. 5). Entscheidend für diese jüngst geschaffene Bindung (die – durchaus symptomatisch für den herrschenden Zeitgeist – elterliche Freiheit zugunsten einer Nivellierung von Elternschaft und Vormundschaft beseitigte) war weniger die ökonomische Bedeutung des Grunderwerbs (einschließlich des Erwerbs von Wohnungseigentum) als vielmehr die Überzeugung, den Erwerb binden zu müssen, damit das Vormundschaftsgericht in voller Freiheit (und nicht unter dem

---

anderer Befugnisse, die sich auf Grundstücksrechte in fremder Hand beziehen. Vgl. LG Frankfurt, FamRZ 1975, 354 (Zustimmung zur Belastung eines Erbbaurechts).

[8] Vgl. SchlHOLG, SchlHA 1963, 273; *Scheyhing,* SchlHA 1964, 45 (obwohl er in der Zustimmung eine Verfügung über das Grundeigentum sieht); *Dölle,* § 94 Fn. 48; *Soergel-Germer,* 3 zu § 1821; MünchKomm-*Zagst,* 6 zu § 1821.

[9] Vgl. BGHZ 1, 295 (303ff.).

[10] Str. Wie der Text KG, RJA 7, 224; OLG München, RJA 13, 249 (251); BayObLG, MDR 1953, 651; *Weimar,* JR 1961, 255f.; *Erman-Hefermehl,* 8 zu § 1821; *Palandt-Diederichsen,* 2a zu § 1821; *Soergel-Germer,* 3 zu § 1821; *Knopp,* MDR 1960, 464 (mit Schilderung der Gefahren); *Staudinger-Engler,* 6 zu § 1643; *Dölle,* § 94 Fn. 48; MünchKomm-*Zagst,* 6 zu § 1821. A.A. KG, RJA 2, 44; BayObLGZ 3, 439 (445).

[11] Str. Wie der Text *Soergel-Germer,* 3 zu § 1821. A.A. *Erman-Hefermehl,* 7 zu § 1821; *Palandt-Diederichsen,* 2a zu § 1821; *Staudinger-Engler,* 25 zu §§ 1821, 1822; *Dölle,* § 128 II 2b aa; grds. auch MünchKomm-*Zagst,* 6 zu § 1821 (doch soll die Umwandlung einer Grundschuld in eine Hypothek genehmigungsfrei sein).

[12] Vgl. KG, JW 1932, 1388; *Staudinger-Engler,* 4 zu § 1643; *Soergel-Germer,* 4 zu § 1831; *Erman-Hefermehl,* 7 zu § 1831; *Palandt-Diederichsen,* 2a zu § 1821; MünchKomm-*Zagst,* 6 zu § 1821.

[13] Vgl. KG, KGJ 29, 20; BayObLG, RJA 13, 249; *Staudinger-Engler,* 24 zu §§ 1821, 1822; *Erman-Hefermehl,* 7 zu § 1821.

[14] Vgl. KG, KGJ 29, 20; BGHZ 1, 295 (305f.); *Staudinger-Engler,* 24 zu §§ 1821, 1822; MünchKomm-*Zagst,* 6 zu § 1821.

Druck eines bereits verbindlichen Kaufvertrages) entscheiden könne, wenn der Erwerb nur auf Kredit möglich sei (zur Bindung der Kreditaufnahme vgl. unten unter 9.). Die Möglichkeit, den Eltern umgekehrt die zweckgebundene Kreditaufnahme freizugeben, wurde nicht einmal in Erwägung gezogen.

Kauf und Tausch sind damit gebunden[15] (zum Erwerb in der Zwangsversteigerung vgl. § 71 II ZVG); frei ist die Annahme einer Schenkung (und das auch dann, wenn Belastungen vorbehalten bleiben[16]). Kauf und Tausch, jedoch nicht Schenkung, liegt vor, wenn die Parteien zwar von einer Schenkung unter Auflage sprechen, der Geschäftszweck aber auf Austausch gerichtet ist und die Auflage die bedungene Gegenleistung enthält.[17]

Nicht gebunden ist die Abwicklung des genehmigten obligatorischen Geschäfts, also die Entgegennahme der Auflassung sowie die Belastung des eben erworbenen Grundstückes mit einer Restkaufgeldhypothek oder auch mit einem Nießbrauch, die bereits im Schuldvertrag vorgesehen wurden. Die Belastungen sind fraglos Verfügungen über das soeben erworbene Grundstück (womit der Normtext des § 1821 I Nr. 1 erfüllt ist) und die Entgegennahme der Auflassung kann jedenfalls unter bestimmten theoretischen Ansätzen (vgl. für das BGB die §§ 1812, 1813) als Verfügung über die Forderung auf Übereignung begriffen werden (womit § 1821 I Nr. 2 gegeben wäre), doch entspricht die Bindung der Eltern gleicherweise nicht den Geboten teleologischer Rechtsanwendung. Mit dem Schuldvertrag sind Erwerbsmodalitäten und Folgen der Erfüllung bereits Gegenstand richterlicher Diskretion gewesen; sie erneut dem Vormundschaftsgericht zu unterbreiten, hat keinen Sinn.[18]

5. *Gesamtvermögensgeschäfte.* Der Genehmigung bedürfen die Eltern ferner den §§ 1643 I, 1822 Nr. 1 zufolge für jede Verpflichtung des Kindes zu einer Verfü-

---

[15] Sie sind frei, wenn die Eltern ein Grundstück mit Mitteln erwerben, die ihnen von einem Testamentsvollstrecker zum Kauf für den Nachlaß überlassen wurden. Vgl. RGZ 91, 69.

[16] Vgl. BGHZ 24, 372 (374) für den Vorbehalt eines Nießbrauchs; OLG Hamm, FamRZ 1972, 270 (271). Problematisch sind Schenkungsverträge, die das Kind unter bestimmten Voraussetzungen (insbes. nach Vertragsbruch) zur Rückübertragung verpflichten, im Hinblick auf § 1821 I Nr. 4. Sie sollten genehmigungspflichtig sein, wenn dem Kind kein Ersatz für seine Aufwendungen in der Zeit seines Eigentums geschuldet werden soll. Vgl. LG Mönchengladbach, FamRZ 1972, 528.

[17] So gut wie unstr. Vgl. *Staudinger-Engler,* 45 zu §§ 1821, 1822 m.w. Nachw.

[18] Gl. Ans. *Dölle,* § 128 II 2baa; *Soergel-Germer,* 5 und 10 zu § 1821; *Palandt-Diederichsen,* 2a zu § 1821; MünchKomm-*Zagst,* 6 zu § 1821. Nur noch für den Regelfall gl. Ans. *Staudinger-Engler,* 47, 28 zu §§ 1821, 1822. A.A. *Kipp-Wolff,* § 115 II 7 Fn. 12.

Bedeutungslos geworden sind in diesem Zusammenhang ältere Äußerungen zu § 1643 a.F., die aus der Freiheit der Eltern beim Erwerb (die heute nicht mehr besteht) auf weitere Freiheiten schlossen.

Wird (gegen den Text) Genehmigung für die Entgegennahme der Auflassung gefordert, so erwirbt das Kind bei genehmigungsloser Auflassung Eigentum ohne Erfüllung im Schuldverhältnis. Vgl. KG, KGJ 51, 174; BayObLG, SeuffA 62 (1907) Nr. 113; *Kipp-Wolff,* § 80 Fn. 28.

Die für den rechtsgeschäftlichen Erwerb entwickelten Grundsätze dürfen nicht auf anderen Erwerb übertragen werden. A.A. LG Verden, NdsRpfl. 1965, 262 (mit freier Bestellung einer Vormerkung für einen Nießbrauch, den das Kind als Erbe zugunsten eines Vermächtnisnehmers zu bestellen verpflichtet war).

gung über sein Vermögen im ganzen (nur für gegenwärtiges Vermögen möglich; vgl. §§ 310, 311) oder über eine ihm angefallene Erbschaft (insbesondere also für den Erbschaftsverkauf; vgl. §§ 2371 ff.) oder über einen künftigen Erbteil oder Pflichtteil. Als Verfügungsgeschäft wird von § 1822 Nr. 1 lediglich die Verfügung über den Anteil des Kindes an einer Erbschaft gebunden, also die Verfügung über die Mitgliedschaft in der Miterbengemeinschaft als mittelbare Gesamtverfügung. Erfüllende Verfügungsgeschäfte sind im übrigen nur genehmigungspflichtig, wenn ihr (Einzel-) Objekt generell für Verfügungsgeschäfte gebunden ist (etwa nach § 1821 Nr. 1).

Der Begriff der Gesamtvermögensgeschäfte entspricht den Parallelbegriffen im Recht der Zugewinngemeinschaft (vgl. oben § 35 II 2) und der Gütergemeinschaft,[19] obwohl die Bindung der Eltern fremdes Vermögen schützen soll, die Bindung der Ehegatten dagegen eigenes oder doch gemeinschaftliches Vermögen betrifft. Verschieden ist dagegen die praktische Bedeutung der Bindungen, weil konkurrierende Genehmigungspflichten in unterschiedlichem Ausmaß bestehen. Kraft speziellerer Bindung scheiden für elterliche Sorge und Gütergemeinschaft (§ 1424) praktisch die Grundstücksgeschäfte aus dem Problemkreis der Gesamtvermögensgeschäfte aus. Für die Eltern bestehen ferner konkurrierende (und praktisch vorgehende, weil sicherere) Genehmigungspflichten für Geschäftserwerb und Geschäftsveräußerung sowie für Gesellschaftsverträge (§§ 1643 I, 1822 Nr. 3).

6. Genehmigungspflichtig sind nach § 1822 Nr. 3 alle Verträge, die auf den entgeltlichen *Erwerb* oder die *Veräußerung eines Erwerbsgeschäftes* gerichtet sind, sowie alle *Gesellschaftsverträge,* die zum Betrieb eines Erwerbsgeschäftes eingegangen werden.[19a] Im Verein mit § 1645 (dazu unten 11.) garantiert das Gesetz damit dem Kind einen weitgehenden, jedoch nicht vollständigen Schutz vor den Gefahren eines Erwerbsgeschäftes. Genehmigungsfrei bleibt insbesondere jeder Geschäftserwerb durch Erbschaft[20] und durch Schenkung. Genehmigungspflichtig ist freilich bereits wieder ein von Miterben zur Fortsetzung eines ererbten Geschäftes geschlossener Gesellschaftsvertrag, mag mit ihm auch nur eine Liqui-

---

[19] Sehr bestr. Auch die (von verschiedenen Senaten herrührende!) Rspr. des BGH differiert. Vgl. für § 1822 FamRZ 1957, 121 (gebunden nur Rechtsgeschäfte, die nach dem Willen beider Vertragspartner auf das Vermögen im ganzen gerichtet sind) und für § 1365 BGHZ 35, 135 (143ff.) mit Orientierung an § 419. Wie BGH, FamRZ 1957, 121 für § 1822 auch *Staudinger-Engler,* 50 zu §§ 1821, 1822; *Palandt-Diederichsen,* 2 zu § 1822; MünchKomm-*Zagst,* 2 zu § 1822; *Erman-Hefermehl,* 1 zu § 1822; *Soergel-Germer,* 2 zu § 1822. Wie der Text dagegen für Anwendung der zu § 1365 entwickelten Grundsätze *Dölle,* § 128 II 2a (aber mit obj. Theorie gegenüber der zu § 1365 vertretenen subj. Theorie); AG Gemünden, FamRZ 1972, 659 (implizit; Schadensersatzanspruch aus § 844 II ganzes Vermögen eines Kleinkindes).

[19a] Für Gesellschaftsverträge ist die Differenzierung nach entgeltlichen und unentgeltlichen Rechtsgeschäften nicht möglich. Das Gesetz wird dennoch eines Versäumnisses geziehen und restriktiv auf ,,entgeltliche Gesellschaftsverträge" beschränkt (allein) von *Brox,* Festschrift Bosch, S. 80ff.

[20] Vgl. BGH, WM 1972, 1368.

dationsgesellschaft (§ 131 Nr. 4 HGB) in eine werbende Gesellschaft umgewandelt werden.[21]

Erwerbsgeschäft ist jede Güterorganisation, die eine selbständige auf Erwerb gerichtete Tätigkeit ermöglicht, mag es sich auch nicht um den Betrieb eines Handelsgewerbes handeln. Der entgeltliche Erwerb und die Veräußerung eines Handelsgeschäftes sind zwar primär gebunden,[22] daneben aber auch der entgeltliche Erwerb und die Veräußerung eines landwirtschaftlichen Betriebes[23] oder einer Arztpraxis zu Lebzeiten ihres Inhabers. Der Verkauf einer ererbten Arztpraxis ist dagegen einer jüngeren Rechtsprechung zufolge genehmigungsfrei; vom Tode des Inhabers an soll von einem Erwerbsgeschäft nicht mehr gesprochen werden können.[24]

Genehmigungspflichtig ist auch die *Gründung einer GmbH,*[25] sofern sie dem Betrieb eines Erwerbsgeschäftes dienen soll.[26] Daß die GmbH, also eine juristische Person, das Geschäft betreiben soll, ist schon im Hinblick auf die vor der Eintragung im Handelsregister bestehende Vorgesellschaft belanglos. Genehmigungsfrei ist dagegen die Auflösung einer GmbH;[27] aus der Bindung des Gründungsakts folgt nicht zwingend nun auch die Bindung des Beendigungsakts.

Genehmigungsfrei sind auch der entgeltliche Erwerb und die Veräußerung von Geschäftsanteilen an einer GmbH. Gebunden ist lediglich der Erwerb und die Veräußerung aller Anteile einer GmbH, also der Erwerb und die Veräußerung einer Einmann-GmbH, weil in diesen Fällen das Geschäft vom Kind allein betrieben wird. Die h.L. geht freilich weiter und fragt auch sonst nach den wirtschaftlichen Auswirkungen von Erwerb und Veräußerung von Anteilen im Einzelfall.[28]

---

[21] Vgl. KG, KGJ 44, 128 (131); RG, LZ 1922, 685; RGZ 127, 153 (157); RG, HRR 1932 Nr. 1754; JW 1935, 3154.

[22] Vgl. OLG Kassel, Recht 1904 Nr. 2792; KG, Warn. 1908 Nr. 70 (Genehmigung erforderlich auch, wenn der Vertrag Verkauf einzelner Gegenstände vorsieht). Rechtsgeschäfte, die in einem Erwerbsgeschäft abgeschlossen werden, dessen Erwerb vom VormG nicht genehmigt wurde, bleiben wirksam. Vgl. OLG Breslau, ROLG 26, 270; OLG Hamburg, ROLG 30, 150.

[23] Vgl. BGH, LM Nr. 2 zu § 1822 Nr. 3.

[24] Vgl. RGZ 144, 1. Zust. *Soergel-Germer,* 12 zu § 1822; MünchKomm-*Zagst,* 4 zu § 1822; *Erman-Hefermehl,* 4 zu § 1822; *Palandt-Diederichsen,* 4a zu § 1822. Anders noch RGZ 115, 172; RG, LZ 1927, 316.

[25] H.L. Vgl. *Scholz-Winter,* Kommentar zum GmbHG, 6. Aufl. 1978, 9 zu § 2; *Palandt-Diederichsen,* 4 zu § 1822; *Soergel-Germer,* 26 zu § 1822; *Dölle,* § 128 II 2c; *Müller,* JR 1961, 327; *Ulmer,* in: Hachenburg, GmbHG, 7. Aufl. 1975, 62 zu § 2 (m. weit. Nachw.). A.A. *Staudinger-Engler,* 80 zu §§ 1821, 1822; *Beitzke,* § 37 III 5c; *Baumbach- Hueck,* GmbHG, 13. Aufl. 1970, 2 B zu § 2; *Klamroth,* BB 1975, 528.

[26] § 13 III GmbHG präjudiziert nicht. Vgl. RGZ 133, 7 (11).

[27] Vgl. BGHZ 52, 316 (319).

[28] Vgl. KG, JW 1926, 600; 1927, 2578; NJW 1976, 1946 (keine Bindung bei hälftiger Beteiligung); *Kipp-Wolff,* § 115 Fn. 18; *Erman-Hefermehl,* 3 zu § 1822; *Soergel-Germer,* 18 und 22 zu § 1822; *Scholz,* Kommentar zum GmbHG, 4. Aufl. 1959, 51 zu § 15; *Rosenau,* BB 1965, 1393f.; *Staudinger-Engler,* 69 zu §§ 1821, 1822; *Biddermann,* GmbHRdsch. 1966, 4f.; *Dölle,* § 128 II 2c; MünchKomm-*Zagst,* 4 zu § 1822.

Der Tatbestand des § 1822 Nr. 3 verliert dann seine klaren Konturen; die Normanwendung wird diffus, der Rechtsverkehr mit Kindern unsicher.[29]

Im Bereich der *Personalgesellschaften des Handelsrechtes* sind genehmigungspflichtig nicht nur die Errichtung einer OHG, der Erwerb einer (übertragbaren) Mitgliedschaft durch Rechtsgeschäft, der Eintritt in eine bestehende Gesellschaft durch Vertrag, das Ausscheiden aus ihr[30] und der Erwerb einer Unterbeteiligung[31] (also die Vereinbarung einer Innengesellschaft, die einen Gesellschaftsanteil zum Gegenstand hat), sondern auch die Parallelvorgänge bei einer KG, der das Kind als Kommanditist angehört. Daß die Beteiligung als Kommanditist infolge der beschränkten Haftung (§ 171 HGB; vgl. aber auch § 176 HGB) einer bloßen Kapitalanlage gleiche und deshalb dem Normzweck des § 1822 Nr. 3 nicht entspreche, ist jedenfalls nicht generell richtig; dem Einzelfall zu folgen aber verbieten auch hier die für Genehmigungspflichten geltenden Interpretationsgrundsätze.[32]

Genehmigt das Vormundschaftsgericht die Gründung einer GmbH nicht, so ist die gleichwohl in das Handelsregister eingetragene GmbH wirksam entstanden und nicht vernichtbar (vgl. dazu die §§ 75ff. GmbHG). Genehmigt das Vormundschaftsgericht dagegen die Beteiligung an einer Personalgesellschaft nicht, so entscheidet über die Wirksamkeit des Vertrages zwischen den übrigen Gesellschaftern § 139. Die Rückgewähr einer vom Minderjährigen bereits geleisteten Einlage erfolgt stets nach Bereicherungsrecht; die für die „Gesellschaften auf fehlerhafter Vertragsgrundlage" geltenden Grundsätze sind unanwendbar, weil sie doch zu einer beschränkten Beteiligung am Unternehmen führen würden.[33]

Genehmigungsfrei sind *Änderungen der Gesellschaftsverträge.* Der Normtext nennt sie nicht, der Normzweck deckt sie nicht.[34] Die Kontrolle des Anfangs-

---

Differenzierend *Schilling-Zutt,* in: Hachenburg, GmbHG, 129 zu § 15 (Erwerb stets genehmigungspflichtig, wirtschaftliche Auswirkungen nur bei Veräußerung entscheidend).

[29] Vgl. in diesem Zusammenhang *Müller,* JR 1961, 327, der die mit der h.L. verbundene Unsicherheit durch Genehmigungspflichten für jeden Erwerb und jede Veräußerung von Geschäftsanteilen vermeiden will.

[30] Vgl. zum Ausscheiden KG, ROLG 40, 96 (Liquidationsgesellschaft); RGZ 122, 370; BGH, NJW 1961, 724; OLG Karlsruhe, NJW 1973, 1977 (Zwergbeteiligung an einer MassenKG); *Dölle,* § 94 IV 7; *Rosenau,* BB 1965, 1394; *Soergel-Germer,* 22 zu § 1822; MünchKomm-*Zagst,* 4 zu § 1822.

[31] Vgl. OLG Hamm, DB 1974, 424; MünchKomm-*Zagst,* 5 zu § 1822; *Palandt-Diederichsen,* 4b zu § 1822. Genehmigungsfreiheit für den Fall der Schenkung bejahend *Klamroth,* BB 1975, 528.

[32] Der Text folgt BGHZ 17, 160 (dort Darstellung des Streitstandes). Vgl. ferner *Nagel,* S. 70ff.; *Klamroth,* BB 1975, 528.

[33] Vgl. BGHZ 17, 160; *Staudinger-Engler,* 84 zu §§ 1821, 1822; *Dölle,* § 128 II 2c; *Soergel-Germer,* 32 zu § 1822. Für eine Gewinnbeteiligung des Kindes für die Zeit der Kapitalüberlassung aber *Fischer,* NJW 1955, 851 (Personalgesellschaften) und *Biddermann,* GmbHRdsch. 1966, 6 (GmbH). Noch weitergehend *Nagel,* S. 80f. („im allgemeinen" Grundsätze der faktischen Gesellschaft, wenn der Minderjährige seine Einlage geleistet oder eine Tätigkeit aufgenommen hat).

[34] Richtig BGH, NJW 1961, 724 (Ausscheiden eines anderen Gesellschafters); BGHZ 38, 26 (Eintritt eines anderen Gesellschafters) mit zust. Anm. *Duden,* JZ 1963, 601f.; BGH, DB 1968, 932

und des Beendigungsaktes ist sinnvoll auch dann noch, wenn Vorgänge in der Zwischenzeit genehmigungsfrei bleiben. Hinter der verschiedentlich geäußerten Überzeugung von der Genehmigungspflicht aller Änderungen[35] verbirgt sich danach eine Eigenwertung, die das rechte Maß von Bindung und Freiheit der Eltern verfehlt. Die Gebote der Rechtssicherheit aber werden verletzt, wenn allein die „wesentlichen" Änderungen einer Genehmigungspflicht unterworfen werden.[36] Freilich können Änderungen aus anderen Gründen genehmigungsbedürftig sein, etwa (mit Rücksicht auf § 130 HGB) die Umwandlung einer Kommanditeinlage in die Beteiligung eines Komplementärs (§ 1822 Nr. 10).

Gesellschaftsvertrag ist auch die *Vereinbarung einer stillen Gesellschaft,* jedoch nurmehr Vertrag, der eine Innengesellschaft begründet; der stille Gesellschafter wird nicht Inhaber eines Erwerbsgeschäftes. Die Beteiligung des Kindes als stiller Gesellschafter ist deshalb bei typischer und bei atypischer Ausgestaltung der Gesellschaft genehmigungsfrei[37] (ebenso die Aufnahme eines stillen Gesellschafters durch das Kind[38]). Unberührt bleiben Genehmigungspflichten, die sich aus

---

(Änderung der Geschäftsanteile; krit. dazu *Friess,* DB 1969, 957ff.); BGH, WM 1972, 1368; OLG Frankfurt, BB 1968, 764 (Erhöhung der Kommanditeinlage). Vgl. ferner *Dölle,* § 94 IV 7; *Staudinger-Engler,* 78 zu §§ 1821, 1822; *Nagel,* S. 128ff.; MünchKomm-*Zagst,* 5 zu § 1822.

[35] Vgl. *Düringer-Hachenburg,* Kommentar zum HGB, 3. Aufl. 1932, 14 zu § 105 und 7 zu § 130; *Schlegelberger-Gessler,* 54 zu § 105 HGB; *Soergel-Germer,* 31 zu § 1822.

Viel Anklang hat die Überzeugung von *Knopp,* BB 1962, 939, gefunden. Bei grundsätzlicher Bindung der Änderungsverträge soll Genehmigungsfreiheit bestehen für alle Änderungen, die durch Mehrheitsbeschluß ohne Mitwirkung der Eltern durchgesetzt werden. Vgl. *Erman-Hefermehl,* 5 zu § 1822; *Rosenau,* BB 1965, 1394; *Stöber,* Rpfleger 1968, 3ff.

Für Bindung jedenfalls der Aufnahme weiterer Gesellschafter *Beitzke,* § 37 III 5c.

[36] So aber OLG Düsseldorf, DB 1951, 443; *Merkel,* BB 1963, 455 (456).

[37] Sehr bestr. Wie der Text KG, ROLG 21, 290; *Fischer,* JR 1962, 202; *Nagel,* S. 72ff. Immer genehmigungspflichtig ist der Vertrag nach Überzeugung von *Koenigs,* Die stille Gesellschaft, 1961, S. 80ff.; *Klauss-Mittelbach,* Die stille Gesellschaft, 1973, RdNr. 51. Die h.L. differenziert, ist in sich aber wiederum gespalten. Nach einer Ans. ist der Vertrag stets genehmigungspflichtig, wenn dem Kind Geschäftsführungsbefugnisse eingeräumt werden oder seine Verlustbeteiligung nicht ausgeschlossen wird (vgl. § 336 II HGB). Vgl. *Staudinger-Engler,* 79 zu §§ 1821, 1822; *Dölle,* § 128 II 2c; *Soergel-Germer,* 19 und 27 zu § 1822; *Rosenau,* BB 1965, 1393; *Westermann* u. and., Handbuch der Personalgesellschaften (Stand: Aug. 1978), Randz. I 95; *Paulick,* Handbuch der stillen Gesellschaft, 2. Aufl. 1971, § 10 II 1a und b; *Böttcher-Zartmann,* Stille Gesellschaft und Unterbeteiligung, 1968, S. 53. In diese Richtung tendiert auch BGH, FamRZ 1957, 121. Nach einer anderen Ans. besteht die Genehmigungspflicht nur, wenn die Verlustbeteiligung nicht ausgeschlossen ist. Vgl. *Knopp,* NJW 1962, 2181ff.; LG Bielefeld, NJW 1969, 753; BFH, FamRZ 1974, 188; MünchKomm-*Zagst,* 5 zu § 1822; *Beitzke,* § 37 III 5c; *Palandt-Diederichsen,* 4b zu § 1822. Nach dritter Ans. ist die Verlustbeteiligung gleichgültig, jedoch die Genehmigung zu fordern bei Einräumung von Geschäftsführungsbefugnissen. Vgl. *Aulinger,* Die atypische Gesellschaft, 1955, S. 34ff.; *Rasner,* Die atypische Gesellschaft, 1961, S. 88ff.; *Schlegelberger-Gessler,* 28 zu § 355 HGB.

Die Verlustbeteiligung muß jedenfalls dann belanglos sein, wenn die stille Beteiligung dem Kind geschenkt wurde. Vgl. *Klamroth,* BB 1975, 528.

[38] Ebenfalls str., und zwar auch im Hinblick auf § 1822 Nr. 8. Wie der Text für Nr. 3 und Nr. 8 verneinend *Fischer,* JR 1962, 202; *Nagel,* S. 75f.; *Erman-Hefermehl,* 5 zu § 1822; *Palandt-Diederichsen,* 4b zu § 1822. Für Genehmigungspflicht aus Nr. 3 in jedem Fall *Koenigs,* S. 83f.; *Knopp,* NJW 1962, 2184f. Für Genehmigungspflicht aus Nr. 3 bei Einräumung von Mitverwaltungsrechten *Rasner,*

der Übertragung der Einlage in das Vermögen des Inhabers des Handelsgeschäftes ergeben (§ 1821 I Nr. 1, wenn die Einlage aus einem Grundstück besteht, § 1822 Nr. 3, wenn ein Erwerbsgeschäft als Einlage dient usw.).

7. Um die Selbstbestimmung des volljährigen Kindes zu sichern (vgl. dazu schon oben § 49 V 2), binden die §§ 1643 I, 1822 Nr. 5 alle Verträge, die das Kind zu *wiederkehrenden* (damit in diesem Zusammenhang auch zu dauernden[40]) *Leistungen* verpflichten, wenn das Vertragsverhältnis länger als ein Jahr nach dem Eintritt der Volljährigkeit des Kindes (gegenwärtig also über die Vollendung des neunzehnten Lebensjahres hinaus) fortdauern soll. Miet- und Pachtverträge sind in erster Linie gebunden (und zwar ohne Rücksicht darauf, ob das Kind nun Mieter oder Vermieter, Pächter oder Verpächter ist), aber auch Versicherungsverträge,[41] Ansparverträge,[42] Abzahlungsgeschäfte,[43] Ruhegehaltszusagen, Unterhaltsversprechen,[44] Käufe auf Rentenbasis[45] sowie Dienst- und Arbeitsverträge.[46] Die gern behauptete Genehmigungsfreiheit für Verträge, die zu persönlichen Leistungen verpflichten,[47] entspricht weder der Teleologie der Norm noch ihrem Text. Daß § 1822 Nr. 7 Dienst- und Arbeitsverträge, die länger als ein Jahr verpflichten, allein für den Vormund, nicht aber für die Eltern der Genehmi-

S. 93; *Aulinger,* S. 38ff.; *Staudinger-Engler,* 79 zu §§ 1821, 1822. Eine Genehmigungspflicht aus Nr. 8 wird behauptet von *Koenigs,* S. 83f. und *Aulinger,* S. 37f., wenn der Stille eine Geldeinlage zu erbringen hat. Vgl. auch *Rasner,* S. 90 (meist schon Nr. 8 gegeben).

40 A.A. BGH, NJW 1974, 1134 (Pflicht, dauerhaft Parkplätze bereitzustellen, gegen Einräumung von Bauvorteilen). Die Gleichstellung ergibt sich indessen schon aus dem Normtext. Er ordnet Miete und Pacht generell den Verträgen zu, die zu wiederkehrenden Leistungen verpflichten, obwohl Vermieter und Verpächter zu Dauerleistungen verpflichtet werden.

41 Vgl. BGHZ 28, 78 (Lebensversicherung mit laufender Prämienzahlung). Verfehlt *Schmidt,* VersR 1966, 313ff. Seiner Überzeugung nach sind Lebensversicherungsverträge dann genehmigungsfrei, wenn das Kind sie abschließt und mit Mitteln erfüllt, die ihm zu freier Verfügung überlassen wurden. § 110 befreit indessen nicht von Genehmigungspflichten (vgl. dazu *Schilken,* FamRZ 1978, 644ff.). Er würde zudem Wirksamkeit noch nicht einmal für den Zeitraum der Prämienzahlung bewirken (geschweige denn für die Zukunft), weil die Gegenleistung der Versicherung nicht teilbar ist.

42 Vgl. LG Dortmund, MDR 1954, 546.

43 Ebenso LG Berlin, NJW 1963, 110; *Schmidt,* BB 1963, 1122; *Palandt-Diederichsen,* 6 zu § 1822; *Erman-Hefermehl,* 7 zu § 1822; *Staudinger-Engler,* 12 zu § 1643; *Dölle,* § 94 IV 8. A.A. *Hörter,* MDR 1965, 569 (mit Beschränkung von § 1822 Nr. 5 auf Dauerschuldverhältnisse mit periodisch entstehenden Leistungs- und Gegenleistungspflichten).

44 Vgl. KG, KGJ 46, 51 (60); LG Berlin, FamRZ 1957, 56. Genehmigungsfrei ist das einseitige deklaratorische Anerkenntnis des nichtehelichen Erzeugers (vgl. zu ihm unten § 59 VI 2).

45 Vgl. dazu OLG Köln, MDR 1965, 296; BGH, FamRZ 1969, 209 (die Entscheidung glaubt – sichtlich vom Willen getragen, der Genehmigungspflicht zu entgehen – bei besonders niedrigem Lebensalter des Minderjährigen und hohem Alter des Verkäufers eine an sich auf Lebenszeit geschuldete Rente im Wege der Auslegung auf die Zeitgrenze des § 1822 Nr. 5 beschränken zu können und gibt damit ein schlechtes Beispiel für zweckbetonte Scheinauslegung).

46 Ebenso *Kipp-Wolff,* § 79 I 4; LAG Berlin, HRR 1928 Nr. 1307; *Soergel-Germer,* 36 zu § 1822; *Nikisch,* Arbeitsrecht, Bd. 1, 3. Aufl. 1961, § 20 I 2; *Dölle,* § 92 II 2. Vgl. auch *Beitzke,* § 27 II 2.

47 Vgl. RAG, JW 1929, 1263 mit zust. Anm. *Kaskel; Palandt-Diederichsen,* 6 zu § 1822; *Erman-Hefermehl,* 5 zu § 1822; *Dölle,* § 128 II 2dbb; *Staudinger-Engler,* 12 zu § 1643; MünchKomm-*Zagst,* 9 zu § 1822; LG Essen, NJW 1965, 2302.

gungspflicht unterwirft, ist in jeder Hinsicht belanglos. Bezeichnenderweise hat die Parallelsituation für Pachtverträge über Landgüter oder gewerbliche Betriebe (vgl. Nr. 4) nie zur Parallelbehauptung auch für Pachtverträge geführt.[48] Der Normzweck der beiden Tatbestände ist verschieden. Den einen (Nr. 7) auf den Vormund beschränken, heißt nicht auch, den anderen (Nr. 5) für die Eltern preisgeben.

Verträge, die dem Kind die Möglichkeit einer Kündigung einräumen, sind gebunden nur, wenn das volljährig gewordene Kind sie entweder überhaupt nicht oder doch nur unter Vermögensverlusten (Lebensversicherung!) bis zur Vollendung des neunzehnten Lebensjahres beenden kann.[49] Selbstbestimmung ist mit dem Kündigungsrecht, das in voller Freiheit ausgeübt werden kann, ausreichend gewahrt.

Verträge, die nicht genehmigt wurden, werden von der Rechtsprechung unter Hinweis auf § 139 für den genehmigungsfreien Zeitraum aufrechterhalten, wenn anzunehmen ist, daß die Parteien sich auch mit der verkürzten Dauer bei sonst gleichem Geschäftsinhalt begnügt hätten[50] (nie der Fall bei einer Lebensversicherung auf den Todes- und Erlebensfall). Der Gedanke einer derartigen zeitlichen Teilung eines Rechtsgeschäftes ist freilich unvollziehbar, wenn unter dem Rechtsgeschäft die konstituierenden Willenserklärungen verstanden werden. Er wirkt dagegen überzeugend, wenn das Rechtsgeschäft in seinem praktischen Vollzug gesehen wird.

8. *Wertpapiere.* Besondere Risiken verbinden sich mit indossablen oder auf den Inhaber lautenden Forderungspapieren (Einwendungsausschluß, Rechtsscheinerwerb). Die Eltern bedürfen daher der Genehmigung des Vormundschaftsgerichtes für die Ausstellung einer Schuldverschreibung auf den Inhaber sowie für die Begründung einer Verbindlichkeit aus einem Wechsel[51] oder einem anderen indossablen Papier (§§ 1643 I, 1822 Nr. 9). Genehmigungsfrei sind dagegen Inhaberschecks (der an sich gebundene Orderscheck ist der Praxis so gut wie unbekannt), aus denen eine Verpflichtung des Kindes ja auch nur als Haftung mangels Zahlung entstehen kann (Artt. 12, 40ff. ScheckG).[52]

---

[48] Vgl. RGZ 114, 35 (37); KG, JFG 1, 83 (87f.).

[49] Ebenso *Palandt-Diederichsen,* 6 zu § 1822; MünchKomm-*Zagst,* 10 zu § 1822; *Hoffmann,* BB 1965, 128 (für die Mitgliedschaft in einer Gewerkschaft); *Schilken,* FamRZ 1978, 645. Noch weiter gehend *Woltereck,* VersR 1965, 649ff. (genehmigungsfrei auch die Kündigung unter Verlusten, weil § 1822 Nr. 5 nicht Schutz vor Vermögensverlusten bezwecke). A.A. (trotz Kündigungsmöglichkeit stets genehmigungspflichtig) *Erman-Hefermehl,* 7 zu § 1822; *Staudinger-Engler,* 94f. zu §§ 1821, 1822 (aber mit Ausnahme für „Vertragsverhältnisse von geringer wirtschaftlicher Bedeutung"!). Zweifelnd, aber Genehmigungspflicht bei Kündigungsmöglichkeiten nur unter Verlusten jedenfalls bejahend BGHZ 28, 78.

[50] Vgl. RGZ 82, 124 (125); 114, 35 (39); 154, 41 (45); RAG, JW 1933, 240; BGH, NJW 1962, 734.

[51] Vgl. dazu RG, JW 1927, 1354 mit Anm. *Bernstein* (genehmigungspflichtig beim Wechsel an eigene Order der Begebungsvertrag).

[52] Für Genehmigungsfreiheit auch *Staudinger-Engler,* 116 zu §§ 1821, 1822. A.A. aber die h.L. Vgl.

9. Benachbart ist die Bindung aller rechtsgeschäftlichen Akte, die zur *Aufnahme von Geld* auf den Kredit des Mündels führen (§§ 1643 I, 1822 Nr. 8). Bewußt ist aus dem Kreis der Kreditgeschäfte nur das Geldkreditgeschäft gebunden worden, um nicht den Wirtschaftsverkehr über Gebühr zu behindern und die Vormundschaftsgerichte nicht zu stark zu belasten.[53] Darlehensverträge bedürfen primär der Genehmigung,[54] aber auch die Kreditaufnahme im Kontokorrentverkehr (§ 355 HGB) sowie Schuldversprechen und Schuldanerkenntnisse bei entsprechendem Geschäftszweck,[55] dagegen grundsätzlich nicht die Beteiligung eines stillen Gesellschafters an einem vom Kind betriebenen Handelsgeschäft (vgl. dazu oben unter 6.) und nie der gewöhnliche Abzahlungskauf[56] (vgl. dazu oben unter 7.). Genehmigungspflichtig ist dagegen die Darlehensaufnahme zur Finanzierung eines Abzahlungskaufes.[57] Der besondere wirtschaftliche Zweck des Darlehens ist ebenso gleichgültig wie die Auszahlung der Darlehensvaluta wenigstens im Regelfall an den Verkäufer. Gleichgültig ist auch die Tendenz des BGH, die an sich getrennten Geschäfte des Darlehens und des Kaufes für den Fall einer ständigen Geschäftsverbindung zwischen dem Darlehensgeber und dem Verkäufer beschränkt miteinander zu verbinden:[58] Die Möglichkeit, in der Zusammenfassung von Darlehen und Kauf lediglich eine besondere Ausgestaltung des Kaufaktes zu sehen, besteht auf keinen Fall.

Die Bindung von Anschaffungsdarlehen und von Kleinkrediten wird heute von der Kreditwirtschaft als lästig und nicht mehr zeitgemäß empfunden. Man hat deshalb eine Kreditaufnahme durch die Eltern vorgeschlagen, eine Sicherung des Kredites durch Sicherungszession oder Sicherungsübereignung des Kindes (keine genehmigungspflichtige Interzession, weil kein Regreß auf den Schuldner) und Ersatzleistungen des Kindes in das elterliche Vermögen in Erfüllung der kraft Gesetzes aus § 1648 erwachsenden Regreßverpflichtung.[59] Die Rspr. sollte indessen bei einem derartigen Geschäftsablauf stets von einer (genehmigungspflichtigen) Kreditaufnahme des Kindes bei seinen eigenen Eltern ausgehen. Das Kreditgeschäft ist nicht etwa (wegen § 181) nichtig und deshalb unbeachtlich; es

---

dazu die Nachw. bei *Sennekamp,* NJW 1971, 1786 (Fn. 11). Genehmigungsfrei muß jedenfalls die (weit verbreitete) Barabhebung vom Girokonto mittels quittierten Schecks (vgl. Art. 15 V ScheckG) sein. Dafür auch *Sennekamp,* a.a.O.; *Soergel-Germer,* 41 zu § 1822.

[53] Vgl. dazu BGH, FamRZ 1957, 120. Nicht gebunden sind auch die Sicherungsgeschäfte (vgl. aber § 1821 Nr. 1). Vgl. RG, HRR 1932 Nr. 1755; OLG Celle, NJW 1954, 1729.

[54] Damit auch Darlehensvorverträge. Unsicher RAG 21, 129 (141f.).

[55] Vgl. KG, ROLG 21, 289.

[56] RG, JW 1912, 590.

[57] Ebenso LG Mannheim, NJW 1962, 1112; LG Bremen, FamRZ 1963, 658; *Schmidt,* BB 1963, 1121; *Dölle,* § 94 Fn. 71; *Soergel-Germer,* 39 zu § 1822; *Hörter,* MDR 1965, 547ff.; *Staudinger-Engler,* 110 zu §§ 1821, 1822 (gegen 14 zu § 1643); *Palandt-Diederichsen,* 8 zu § 1822; *Erman-Hefermehl,* 7 zu § 1822; MünchKomm-*Zagst,* 12 zu § 1822. A.A. LG Berlin, NJW 1963, 110 (weil der wirtschaftliche Zweck eindeutig Kauf sei).

[58] Vgl. BGHZ 22, 90; 37, 94; 47, 233.

[59] Vgl. *Kümpel,* NJW 1966, 2092ff.

ist bei jeder Parteienkonstellation schwebend unwirksam, also der Genehmigung durch einen Ergänzungspfleger fähig.

10. Genehmigungspflichtig ist schließlich jede *Übernahme einer fremden Verbindlichkeit,* insbesondere die Übernahme einer Bürgenverpflichtung (§§ 1643 I, 1822 Nr. 10). Diese Aussage ist interpretationsbedürftig; der Kreis der gebundenen Geschäftstypen ist aus dem Zweck der Norm zu entwickeln. Das Kind soll allein vor Verlusten geschützt werden, mit denen die Eltern nicht rechneten, weil sie an die Tilgung der Verbindlichkeit durch den Schuldner glaubten oder doch jedenfalls an einen erfolgreichen Regreß auf ihn. Genehmigungspflichtig ist deshalb die Begründung einer Subsidiärhaftung (Bürgschaft). Genehmigungspflichtig ist auch die Begründung einer (kumulativen oder vorrangigen oder alleinigen) Haftung des Kindes mit Regreß auf den Schuldner (Schuldbeitritt mit Ausgleich im Innenverhältnis[60]). Genehmigungsfrei ist dagegen die Übernahme einer fremden Verbindlichkeit als in Zukunft auch wirtschaftlich eigener Schuld, insbesondere die befreiende Schuldübernahme, wenn im Innenverhältnis zum Altschuldner kein Regreß vorgesehen ist (Hypothekenübernahme unter Anrechnung auf den Kaufpreis).[61] Nicht gebunden ist auch die Tilgung einer fremden Schuld.[62]

Der Genesis der Norm entsprechend hat die Rechtsprechung ihren Bereich auf Interzessionen im weiteren Sinn erstreckt. Der Genehmigung bedarf danach auch jede Übertragung oder Belastung eines Gegenstandes zur Sicherung einer gegen einen Dritten (auch die Eltern) gerichteten Forderung, die Verpfändung von Sachen und Rechten,[63] die Sicherungsabtretung und Sicherungsübereignung.[64]

Gebunden sind nur rechtsgeschäftliche Akte,[65] sie aber auch, wenn die Übernahme einer fremden Verbindlichkeit nur als gesetzliche Nebenfolge eintritt.[66] Auf diesem Hintergrund wird von vielen auch der Beitritt zu einer Genossenschaft und die Übernahme sowie der spätere Erwerb von Geschäftsanteilen an einer GmbH für genehmigungspflichtig gehalten (vgl. dazu auch oben unter 6.). Die angeblich beweisende Nachschußpflicht des Genossen im Konkurs der Genossenschaft (§ 105 GenG) begründet indessen eine eigene Verbindlichkeit und

---

[60] Vgl. BGHZ 60, 385 (Erwerb Miteigentum; gesamtschuldnerische Haftung für den Kaufpreisanteil der Miterwerber).

[61] I. Erg. heute allgemein anerkannt. Vgl. aus der Rspr. RGZ 108, 357 (364); 110, 173 (175); RG, DR 1941, 643; BGHZ 24, 372 (374); OLG Königsberg, HRR 1934 Nr. 325 (Ausbietungsabkommen). In der Regel wird in älteren Äußerungen die Genehmigungsfreiheit aus der (seit dem EltSorgRG nicht mehr bestehenden) Gestaltungsfreiheit für Erwerbsmodalitäten beim Grundstückskauf abgeleitet. Daß der Gedankengang überflüssig ist, hat indessen bereits *Kipp-Wolff,* § 115 II 13, gesehen.

[62] Vgl. RGZ 75, 358; RG, HRR 1936 Nr. 336 (Leistung an Erfüllungs Statt). Anders aber RG, Recht 1914 Nr. 890.

[63] Vgl. RGZ 63, 76 (Hypothek); OLG Hamburg, SeuffA 63 Nr. 15 (Wertpapiere); OLG Königsberg, JW 1933, 2072 (Bankguthaben).

[64] Vgl. RGZ 76, 89 (Hypothek); RG, SeuffA 91 Nr. 127 (Hypothek); JW 1915, 141 (Grundschuld); OLG Rostock, ROLG 31, 346 (Grundschuld); KG, HRR 1931 Nr. 839 (Zinsen einer Hypothek).

[65] Vgl. dazu KG, HRR 1933 Nr. 815 (zu § 139 HGB).

[66] Ganz h.L. And. Ans. *Beitzke,* § 37 III 5e.

keine Subsidiärhaftung hinter der Genossenschaft.[67] Übernahme und Erwerb von Geschäftsanteilen an einer GmbH aber können als Übernahme einer fremden Verbindlichkeit nur qualifiziert werden, solange die Stammeinlagen der Gesellschafter nicht voll eingezahlt sind (Ausfallhaftung aus § 24 GmbHG). Die nach der Einzahlung allenfalls noch drohende Haftung nach verbotswidriger Rückzahlung (§ 31 III und IV GmbHG) kann eine Genehmigungspflicht nicht mehr begründen, weil dem Vormundschaftsgericht jede Möglichkeit fehlt, die ohnehin mehr theoretische Gefahr im Einzelfall zu beurteilen.[68]

11. Nurmehr in der Form der Innengenehmigung bindet § 1645 die Eltern, wenn sie ein *neues Erwerbsgeschäft* im Namen des Kindes beginnen wollen[69] (zum Erwerb eines Geschäftes vgl. oben 6.). Pflichtwidrige Eigenmächtigkeit kann zum Schadensersatz verpflichten (§ 1664), hindert aber die Anwendung der für Kaufleute bestehenden Vorschriften auf das Kind nicht und berechtigt das Registergericht nicht, den Antrag auf Eintragung der Firma im Handelsregister abzulehnen.[70]

§ 1645 bezweckt den Schutz des Kindes vor den besonderen Risiken, die mit einem Erwerbsgeschäft verbunden sind; insoweit ist er Teil eines ganzen Komplexes von Genehmigungspflichten mit gleichem Grundzug. § 1645 bezweckt aber auch den Schutz des Verkehrs vor Eltern, die mangels eigener Kreditwürdigkeit ein Geschäft im Namen des Kindes zu führen wünschen; insoweit weist er über die Genehmigungspflichten des Familienrechts hinaus in Denkzusammenhänge, die dem Handelsrecht zuzuordnen sind.

---

[67] Wie der Text BGHZ 41, 71 (jedenfalls für die Gen. m. beschr. Haftpflicht) mit abl. Anm. *Paulick*, FamRZ 1964, 205ff. und *Rehbinder*, NJW 1964, 1132; LG Frankfurt, NJW 1963, 50; OLG Frankfurt, FamRZ 1963, 655; OLG Oldenburg, NJW 1963, 1551; *Dölle*, § 94 IV 11; *Staudinger-Engler*, 16 zu § 1643; *Erman-Hefermehl*, 11 zu § 1822; *Knopp*, BB 1964, 200; OLG Hamm, FamRZ 1966, 456. Die Gegenposition wurde begründet von KG, KGJ 30, A 149 und in letzter Zeit erneuert von OLG Braunschweig, FamRZ 1963, 657; *Rehbinder*, ZBlJugR 1963, 227ff.; *Paulick*, FamRZ 1966, 526f. (mit analoger Anwendung von § 1822 Nr. 10); *Palandt-Diederichsen*, 10 zu § 1822; *Soergel-Germer*, 45 zu § 1822 (mit Analogieschluß).

[68] I. Erg. ebenso KG, NJW 1962, 54; *Müller*, JR 1961, 326; *Ulmer*, in: Hachenburg, GmbHG, 62 zu § 2; *Baumbach-Hueck*, 2 B zu § 2 GmbHG. Generell verneinend *Kipp-Wolff*, § 115 Fn. 26c. Für die Gegenposition vgl. KG, KGJ 44, 142; JW 1926, 600; 1927, 2578; *Soergel-Germer*, 45 zu § 1822; *Erman-Hefermehl*, 11 zu § 1822; *Palandt-Diederichsen*, 10 zu § 1822; *Pleyer*, GmbHRdsch. 1962, 49f.; *Dölle*, § 94 IV 11; *Biddermann*, GmbHRdsch. 1966, 4f.; *Staudinger-Engler*, 124 zu §§ 1821, 1822; *Scholz-Winter*, 9 zu § 2 GmbHG (analoge Anwendung des § 1822 Nr. 10 bei der Gründung).

[69] Frei ist die Fortsetzung eines ererbten Geschäftes. Vgl. KG, HRR 1933 Nr. 815. Genehmigungspflichtig ist dagegen die Betriebsaufnahme in einem dem Kind (auch von den Eltern) geschenkten Erwerbsgeschäft. Vgl. *Soergel-Lange*, 2 zu § 1645; MünchKomm-*Hinz*, 4 zu § 1645.

[70] Vgl. KG, KGJ 20, A 160; *Staudinger-Engler*, 11 zu § 1645; *Soergel-Germer*, 5 zu § 1823. A.A. *Soergel-Lange*, 3 zu § 1645; *Erman-Ronke*, 1 zu § 1645.

§ 53. Die Personensorge

I. Erziehung

Schrifttum: *Heussner,* Über die Auswirkungen des Gleichberechtigungsurteils des Bundesverfassungsgerichtes vom 29. 7. 1959, FamRZ 1960, 9; *Glässing,* Kann der Vormundschaftsrichter die Erstbestimmung der Religion des Kindes vornehmen?, FamRZ 1962, 350; *Hofmann,* Die religiöse Kindererziehung in verfassungsrechtlicher Sicht, FamRZ 1965, 61; *Feuchte,* Wer entscheidet über die Teilnahme des Kindes am Religionsunterricht?, DÖV 1965, 661; *Mörsdorf,* Die Instruktion über die Mischehe, FamRZ 1966, 479.

1. Personensorge ist primär Erziehung des Kindes ,,zur leiblichen, seelischen und gesellschaftlichen Tüchtigkeit" (§ 1 JWG) mit abnehmender, der wachsenden Reife des Kindes Rechnung tragender Intensität (vgl. dazu oben § 49 VI). Nicht jeder Akt der Personensorge ist Erziehung, aber mit fast allen Akten der Personensorge ist Erziehung zumindest verbunden. Der Umgang mit anderen, die Wahl des Bekenntnisses, der Schule, des Berufes, alles ist auch für die Erziehung des Kindes bedeutsam.

2. Besonders schwierig ist seit dem Verlust der Glaubenseinheit in Deutschland eine sachgerechte Regelung der *religiösen Erziehung.* Abzugrenzen ist hier die Selbstbestimmung des Kindes von der elterlichen Fremdbestimmung. Zu regeln ist ferner die elterliche Fremdbestimmung auf einem Gebiet, für das uns das Prinzip der stets korrigierbaren Entscheidung für jeden Religionsmündigen längst zur Selbstverständlichkeit geworden ist.

3. *Selbstbestimmung.* In dem RelKEG aus dem Jahre 1921 ist der Gedanke eines sich in Phasen vollziehenden Heranreifens des Kindes zur Selbstbestimmung beispielhaft verwirklicht worden. Bereits vom zehnten Lebensjahr an ist das Kind in bestimmten Angelegenheiten vom Vormundschaftsgericht anzuhören (vgl. §§ 2 III 5 und 3 II 5 RelKEG). Nach Vollendung des zwölften Lebensjahres darf es nicht mehr gegen seinen Willen in einem anderen als dem bisherigen Bekenntnis erzogen werden; mit vierzehn Jahren erreicht es die volle Religionsmündigkeit (§ 5 RelKEG).[1] Die Eltern sind bis zur Volljährigkeit noch befugt, das Kind vor Einflüssen Dritter zu bewahren (vgl. oben § 49 IV 5), über sein Glaubensbekenntnis oder seine Weltanschauung (vgl. § 6 RelKEG) befindet es

---

[1] Für Änderung de lege ferenda (Religionsmündigkeit mit Vollendung des 16. Lebensjahres) *Dölle,* § 93 VIII 1. Verfassungswidrigkeit der Regelung der Religionsmündigkeit behauptet mit Hinweis auf Art. 6 II GG *Hofmann,* FamRZ 1965, 64.

Abwehrend und bestimmend ist für die Religionsmündigkeit des Kindes über das Erreichen der Altersgrenze hinaus beschränkte Geschäftsfähigkeit zu fordern. In den Fällen des § 104 Nr. 2 hat auch religiöse Selbstbestimmung keinen Sinn. Ebenso *Staudinger-Donau,* 3 zu § 5 RelKEG; MünchKomm-*Hinz,* 4 zu § 5 RelKEG.

dagegen von nun an selbst[2] (durch formlose Erklärung gegenüber seinem gesetzlichen Vertreter oder der Religionsgemeinschaft[3].

Mit der Religionsmündigkeit erreicht das Kind auch das Recht, über seine Teilnahme am Religionsunterricht (seiner Konfession) durch Erklärung gegenüber der Schule zu befinden. Art. 7 II GG steht nicht entgegen: Er ist nicht Kollisionsnorm für den Streit zwischen Eltern und Kind. Es wäre auch wenig folgerichtig, dem Kind die Bekenntniswahl zu überlassen, den Eltern aber die Entscheidung über das Ausmaß der religiösen Betätigung des Kindes. Das Landesrecht bestätigt zuweilen diesen Standpunkt (vgl. etwa Art. 137 I BayVerf., § 100 Bad.-Württ.SchG), soweit es ein anderes bestimmt, ist es mit der im RelKEG präzisierten Bekenntnisfreiheit des Kindes (Art. 4 GG) nicht zu vereinbaren.[4]

4. *Elterliche Erstbestimmung*. Die Religion oder Weltanschauung des Kindes wird zunächst vom Personensorgeberechtigten festgelegt. Gleicherweise zur Personensorge berufene Elternteile (auch Adoptiveltern[5]) entscheiden sich in einer freien (d. h. jederzeit widerruflichen und mit dem Tod eines Elternteils entfallenden) Einigung (§ 1 RelKEG).[6] Das Prinzip der stets korrigierbaren Entscheidung für ein bestimmtes Bekenntnis wird damit auch für die elterliche Fremdbestimmung des Kindes zum beherrschenden Prinzip (vgl. aber auch unten 7.).[7] Folgerichtig fehlt allen Verträgen (auch mit den Kirchen) jede Wirkung im staatlichen Recht (§ 4 RelKEG);[8] folgerichtig kann ferner ein Meinungswechsel nie-

---

[2] Das Kind kann sich auch bekenntnisfrei erklären. Ebenso MünchKomm-*Hinz*, 2 zu § 5 RelKEG; *Strätz*, FamRZ 1977, 214. Die Aussage ergibt sich unmittelbar aus der Religionsmündigkeit; sie kann zusätzlich mit § 6 RelKEG abgesichert werden. Dennoch a. A. *Staudinger-Donau*, 9 zu § 5 RelKEG; *Hofmann*, FamRZ 1965, 65. Ihnen zufolge soll ein Kirchenaustritt nur beachtlich sein, wenn sich das Kind einem anderen Bekenntnis anschließt.

[3] Anders MünchKomm-*Hinz*, 3 zu § 5 RelKEG (gesetzl. Vertreter, Schule, VormG).

[4] Die Frage ist str. Dem Text entsprechend BGHZ 21, 340 (351); MünchKomm-*Hinz*, 2 zu § 5 RelKEG; *Erman-Ronke*, 22 zu § 1631. A. A. dagegen *Dölle*, § 93 VIII 4 (Eltern bestimmen bis zur Volljährigkeit, soweit nicht das Landesrecht ein anderes bestimmt); *Hofmann*, FamRZ 1965, 65f. (Eltern bestimmen stets bis zur Volljährigkeit; entgegenstehendes Landesrecht verfassungswidrig im Hinblick auf Art. 7 II GG); *Feuchte*, DÖV 1965, 661ff. (Eltern bestimmen bis Volljährigkeit oder früherem Zeitpunkt nach Landesrecht, doch kann das Kind aus Gewissensgründen eine andere Entscheidung treffen); *Soergel-Lange*, 5 zu § 1631 (Kind kann nur selbst entscheiden, wenn Landesverfassung nichts anderes bestimmt).

[5] Die genetischen Eltern haben keine Möglichkeit zur Bindung der Adoptiveltern. Unbenommen bleibt es ihnen, in ihrer Einwilligung in die Annahme als Kind Religionsgleichheit mit dem Kind als Solleigenschaft der Adoptiveltern festzulegen. Vgl. dazu unten § 62 VI 4 Fn. 8.

[6] Die Einigung ist trotz fehlender Bindung Rechtsgeschäft. Vgl. *Staudinger-Donau*, 8 zu § 1 RelKEG; *Erman-Ronke*, 23 zu § 1631; *Palandt-Diederichsen*, 2 zu § 1 RelKEG; *Beitzke*, § 27 II 3a. Dagegen spricht *Dölle*, § 93 II 5, nur von einer ,,echten Rechtshandlung". Praktische Bedeutung hat die Qualifikation nicht.

[7] Die Eltern können auch ein Bekenntnis wählen, dem kein Elternteil folgt. Vgl. OLG München, JFG 8, 79; KG, ROLG 43, 367.

[8] Die §§ 1 und 4 des RelKEG werden für verfassungswidrig gehalten von *Heussner*, FamRZ 1960, 9 und 201. § 4 RelKEG wird als verfassungswidrig qualifiziert von *Peters*, in: Bettermann-Nipperdey-Scheuner, Die Grundrechte IV 1, S. 392 mit Fn. 80; *Hofmann*, FamRZ 1965, 64. Schwerlich läßt sich

mals zu einem Mißbrauch der elterlichen Sorge (§ 1666!) führen.[9] Freilich kann der Bruch eines vor der Ehe gegebenen Versprechens eine Eheaufhebung aus § 32 EheG rechtfertigen, wenn sich in ihm ein Hang zur Unwahrhaftigkeit offenbart (vgl. dazu oben § 14 III 5). Pflichtwidrig kann dagegen ein späterer Meinungswechsel, der erklärend vor dem Partner verantwortet wird, diesem gegenüber niemals sein.

De lege ferenda ist verschiedentlich gefordert worden, alle Verträge über die religiöse Kindererziehung als bindende Verträge anzuerkennen.[10] Bindung an das einmal Vereinbarte würde aber einen Fremdkörper in das geltende Recht mit seiner Verwirklichung der Glaubensfreiheit durch stets erneuerte Entscheidungen hineintragen. Bindung an das einmal Vereinbarte würde ferner das Problem der Mischehen verschärfen, weil die Kirchen dann um der Selbstbehauptung willen fast genötigt wären, vor der Trauung einer Mischehe einen Vertrag über die religiöse Kindererziehung zu fordern.[11]

5. *Elternstreit.* Den Streit uneiniger Eltern schlichtet das Vormundschaftsgericht auf Antrag auch nur eines Elternteils (vgl. dazu § 2 I RelKEG und oben § 50 II 2ff.).[12] Es kann der Ansicht des einen oder des anderen Elternteils beitreten, dagegen niemals eine von beiden Elternvorschlägen abweichende eigene Entscheidung treffen.

Vielfach wird Injustiziabilität zumindest für den Elternstreit beim ersten Kind behauptet[13] (für weitere Kinder kann auf den Gedanken einheitlicher Erziehung von Geschwistern zurückgegriffen werden[14]), doch sind in aller Regel Entschei-

---

aber ein Prinzip denken, das die Artt. 6 II und 4 des GG stärker verwirklicht als das in den §§ 1 und 4 RelKEG wirkende Prinzip der stets gegenwärtigen Entscheidung für einen bestimmten Glauben. Wie der Text MünchKomm-*Hinz,* 3 zu § 1 RelKEG; *Erman-Ronke,* 23 zu § 1631.

[9] Richtig BayObLG, NJW 1963, 590 (591). A. A. jedenfalls für Adoptiveltern *Staudinger-Donau,* 4 zu § 4 RelKEG.

[10] So schon der Vorschlag des 38. DJT 1950, B 102 (unter IV 2); *Bosch,* Rpfleger 1954, 14; *Scheffler,* DRiZ 1953, 87. Gegen das Vertragsprinzip hat sich *Dölle,* § 93 VII 2, ausgesprochen.

[11] Der Protestantismus übt gegenwärtig Zurückhaltung. Der Katholizismus versucht, die katholische Erziehung der Kinder aus Mischehen sicherzustellen durch ein Versprechen des katholischen Ehegatten, das vor dem Dispens von den Ehehindernissen der Bekenntnisverschiedenheit und der Kultusverschiedenheit abgegeben werden muß (Dekret Paul VI. vom 31. 3. 1970).

Streitigkeiten zwischen den Eltern und einer Kirche über die Kirchenzugehörigkeit des Kindes gehören zur streitigen Gerichtsbarkeit (und nicht zur Zuständigkeit des VormG); § 7 RelKEG ist nicht für sie gedacht. Vgl. OLG Braunschweig, FamRZ 1965, 228. A. A. aber VerwG Braunschweig, FamRZ 1963, 446; widersprüchlich *Palandt-Diederichsen,* 1 zu § 1 RelKEG sowie 1 zu § 7 RelKEG.

[12] Für Zuständigkeit des VormG nur im Rahmen der sog. „schwedischen Lösung" (also nur bei objektiv pflichtwidrigem Verhalten eines Elternteils) LG Mannheim, FamRZ 1966, 517. Vgl. ferner als abweichende Ansicht *Glaessing,* FamRZ 1962, 351 und *Dölle,* § 93 III 1 (Entscheidung des VormG frühestens mit der Einschulung zulässig; vorher mangels Gefährdung des Kindeswohles unzulässig).

[13] Vgl. *Bosch,* Rpfleger 1954, 4; FamRZ 1959, 411; *Schwoerer,* NJW 1959, 2091; *Peters,* in: Bettermann-Nipperdey-Scheuner, Die Grundrechte IV 1, S. 393 Fn. 80; *Hofmann,* FamRZ 1965, 64; für Einzelfälle auch *Heussner,* FamRZ 1960, 10. Gegen sie wie der Text *Staudinger-Donau,* 4 zu § 2 RelKEG; MünchKomm-*Hinz,* 3 zu § 2 RelKEG; *Soergel-Lange,* 7 zu § 1631; *Erman-Ronke,* 25 zu § 1631; *Palandt-Diederichsen,* 3 zu § 2 RelKEG.

[14] Vgl. in diesem Zusammenhang aber auch LG Traunstein, FamRZ 1960, 37 als Beispiel einer fehlerhaften Entscheidung. Das Urteil verwendet den Gedanken bei der Entscheidung über die Änderung der Konfession eines Kindes bei glaubensverschiedenen Eltern mit einem ebenso glaubens-

dungselemente zu finden, die unter Wahrung der Konfessionsneutralität des Staates eine begründete (am Wohl des Kindes orientierte) Entscheidung ermöglichen. Nicht zu berücksichtigen ist eine widerrufene Einigung oder eine vertragliche Verpflichtung einer Kirche gegenüber; die Grundsatzentscheidungen der §§ 1 und 4 RelKEG dürfen nicht durch den Richter korrigiert werden.[15] Möglich ist eine Bevorzugung jenes Elternteils, der die stärkere Gewähr für eine wirkliche Erziehung des Kindes in dem von ihm vorgeschlagenen Bekenntnis bietet. Der Staat hat Neutralität zu wahren. Er darf aber, solange das staatliche Recht im Glauben überhaupt einen Wert sieht, für eine nachhaltige Erziehung des Kindes in einem Glauben eintreten.

Das Vormundschaftsgericht als entscheidende Instanz ablehnen, heißt auch nur das Kind dem Unglauben ausliefern oder den aktiveren (keineswegs immer glaubensstärkeren) Elternteil begünstigen. Überzeugend ist weder die eine noch die andere „Lösung".

6. *Bestimmung durch einen Elternteil.* Allein zur Personensorge berufene Elternteile befinden auch allein über das Bekenntnis des Kindes, mag nun die Elternehe noch bestehen, mag sie auch bereits ihr Ende gefunden haben. Pflichtwidriges Handeln ist freilich gegeben (Abwehr: § 1666), wenn der sorgeberechtigte Elternteil mit einer Änderung der Sorgerechtsverhältnisse rechnen muß (§ 620 ZPO!), gleichwohl aber die Bestimmung ohne Einverständnis des anderen Elternteils trifft und damit das Kind der Gefahr eines schnellen Bekenntniswechsels aussetzt.[16]

Nach einer weit verbreiteten Ansicht soll das Kind während Bestehens der Elternehe vom sorgeberechtigten Elternteil nur mit Zustimmung des anderen Elternteils einem Bekenntnis zugeführt werden können, das nicht dem gemeinsamen Bekenntnis der Elternteile zur Zeit ihres Eheschlusses entspricht.[17] Zur Begründung dient (der richtiger Ansicht nach obsolet gewordene) § 2 II RelKEG, jene Norm, die einst das Mitspracherecht der Mutter sicherte und damit früh auf einem Teilgebiet des Rechtes den Gleichberechtigungsgrundsatz ver-

---

verschiedenen Geschwisterpaar und begünstigt damit willkürlich den Elternteil, der zuerst den Antrag beim VormG stellt. Richtig insoweit *Heussner,* FamRZ 1960, 201.

[15] Ebenso MünchKomm-*Hinz,* 3 zu § 2 RelKEG. Beschränkt a. A. *Staudinger-Donau,* 7 zu § 2 und 5 zu § 5 RelKEG. Die widerrufene Einigungserklärung soll (anders als die wirksam angefochtene) vom Richter berücksichtigt werden dürfen, und zwar insbesondere, wenn der Widerruf grundlos (der Richter entscheidet!) erfolgt. Vgl. auch *Dölle,* § 93 III 3 b (Widerrufsgründe zu berücksichtigen bei Kindern, die noch kein religiöses Bewußtsein haben).

[16] Gl. Ans. für den Fall des § 627 ZPO a. F. *Staudinger-Donau,* 9 zu § 2 RelKEG. Bei der Regelung der elterlichen Sorge nach § 1671 darf das Bestimmungsrecht des Sorgeberechtigten bei Konfessionsverschiedenheit zuungunsten des konfessionsverschiedenen Elternteils nur verwertet werden, wenn ein Bekenntniswechsel droht, der mit dem Wohl des Kindes nicht zu vereinbaren ist. Vgl. OLG Freiburg, JR 1950, 370; AG Hofgeismar, FamRZ 1955, 216; *Dölle,* § 93 V 1.

[17] Vgl. *Dölle,* § 93 IV; *Palandt-Diederichsen,* 2 zu § 2 RelKEG; *Staudinger-Donau,* 22 zu § 2 RelKEG (mit Ausnahmen); BayObLG, FamRZ 1966, 252; *Erman-Ronke,* 26 zu § 1631.

wirklichte. In der veränderten Situation führt er, als Garantie des elterlichen Bestimmungsrechtes auch nach Verlust des Personensorgerechtes gedeutet, zu einer einzigartigen Anomalie und, wenn die Zustimmung des anderen Elternteils nicht vom Vormundschaftsgericht ersetzt werden sollte (vgl. Abs. III), zur Verpflichtung des Sorgeberechtigten zur Erziehung des Kindes in einem von ihm nicht gebilligten Bekenntnis mit allen Gefahren, die sich mit einem derart unnatürlichen Verhältnis verbinden.[18]

7. *Bekenntniswechsel.* Erstbestimmung und Bekenntniswechsel kraft elterlicher Fremdbestimmung folgen gleichen Grundsätzen. Im Elternstreit entscheidet das Vormundschaftsgericht durch Billigung eines Vorschlages;[19] allein sorgeberechtigte Elternteile können einen Bekenntniswechsel ohne Zustimmung des anderen Elternteils vollziehen. Pflichtwidrig dem Kind gegenüber ist jeder Bekenntniswechsel, der zu Gewissensnöten führen muß, und jeder Bekenntniswechsel, der die Religion dem Kind zu einer letztlich gleichgültigen Formalie abzuwerten droht.[20]

Ob ein Bekenntniswechsel vollzogen wurde, entscheidet nicht allein, ja noch nicht einmal in erster Linie, das formelle Kirchenrecht. Viel wesentlicher ist das tatsächliche religiöse Leben des Kindes als Ausdruck des geänderten elterlichen Willens. Daß nicht schon jede Näherung an das andere Bekenntnis (etwa die Einschulung in eine Schule des anderen Bekenntnisses oder auch die Unterbringung des Kindes in einem Kinderheim des anderen Bekenntnisses[21]) einen Bekenntniswechsel bedeutet, ist dabei nur eine Selbstverständlichkeit.

Eigenmächtige Erziehung des Kindes in einem ihm nicht bestimmten Bekenntnis ist in aller Regel ein ehewidriges Verhalten.[22] Sie ist aber auch dem Kind gegenüber pflichtwidrig, weil es einen Anspruch gegen seine Eltern auf rechtmäßige Ausübung der elterlichen Sorge hat. Freilich ist eigenmächtiges Handeln nicht stets zugunsten des rechtmäßigen Bekenntnisses zu korrigieren. Gegen seinen Willen darf das zwölf Jahre alt gewordene Kind auch dann nicht zu einem (tatsächlichen) Bekenntniswechsel gezwungen werden, wenn seine bisherige Erziehung pflichtwidrig war.[23] Sodann bleibt dem eigenmächtig handelnden Elternteil stets die Möglichkeit, im Elternstreit eine Entscheidung des Vormundschaftsgerichtes herbeizuführen.[24] Zwar sollte der Staat Eigenmacht grundsätzlich nicht

---

[18] Wie der Text MünchKomm-*Hinz,* 1 und 4 zu § 2 RelKEG.

[19] Die h. L. wendet § 2 II und III RelKEG unverändert an. Vgl. *Dölle,* § 93 III 3; *Staudinger-Donau,* 10ff. zu § 2 RelKEG; *Palandt-Diederichsen,* 2 und 3 zu § 2 RelKEG.

[20] Vgl. OLG München, JFG 14, 47; OLG Freiburg, JR 1950, 370; BayObLG, NJW 1963, 590 (591); MünchKomm-*Hinz,* 2 zu § 2 RelKEG.

[21] Vgl. dazu BayObLG, FamRZ 1966, 252.

[22] Vgl. RG, JW 1927, 1194; 1931, 1347 (Scheidungsgrund nach altem Recht). Zurückhaltend RG, Recht 1915 Nr. 459.

[23] Ebenso BayObLG, ROLG 43, 368; JFG 8, 79 (83); MünchKomm-*Hinz,* 4 zu § 5 RelKEG; *Palandt-Diederichsen,* 1 zu § 5 RelKEG. A. A. KG, ROLG 43, 369.

[24] Die Meinungen gehen auseinander. Zuweilen wird schon der pflichtwidrig übergangene Elternteil generell an das VormG verwiesen. Vgl. MünchKomm-*Hinz,* 2 zu § 2 RelKEG. Nach a. A. ist er

stützen (und für die Zukunft legitimieren), doch kann das Wohl des Kindes einen neuerlichen (tatsächlichen) Bekenntniswechsel verbieten. Liegt gar der Tatbestand des § 1666 vor, so hat das VormG von Amts wegen den faktischen Zustand gegen ändernde Eingriffe zu sichern.[25]

8. *Drittbestimmung.* Elterliche Fremdbestimmung hat den Vorrang vor anderer Fremdbestimmung des Kindes. Im Streit mit einem Vormund oder Pfleger setzt sich stets die Ansicht der (sorgeberechtigten) Eltern durch (§ 3 I RelKEG). Kein Vormund und kein Pfleger hat zudem das Recht, je eine von den Eltern bereits getroffene Bestimmung zu ändern, aus was für Gründen auch immer die Eltern Recht und Pflicht zur Personensorge verloren haben mögen (§ 3 II 6 RelKEG).[26] Jeder ernstliche Entschluß der Eltern[27] fixiert damit die Religion des Kindes bis zu dessen Religionsmündigkeit, selbst wenn er noch nicht verwirklicht wurde (und zwar auch dann, wenn die Äußerung erst auf dem Totenbett oder in einer letztwilligen Verfügung erfolgte[28]), selbst wenn die nicht mehr sorgeberechtigten Eltern ihr Einverständnis erklären und selbst dann, wenn das Vormundschaftsgericht bereit wäre, einen Bekenntniswechsel zu billigen. Fremdbestimmung durch Vormund oder Pfleger allein ist nach allem nur möglich, wenn es an einer elterlichen Fremdbestimmung überhaupt fehlt.

II. Andere Elemente der Personensorge

Schrifttum: *Koebel,* Aufsichtspflicht der Eltern und Gleichberechtigung, NJW 1960, 2227; *Ulsenheimer,* Das Personensorgerecht der Eltern im Widerstreit mit dem Gewissen und dem Strafgesetzbuch, FamRZ 1968, 568; *Immenga,* Aufsichtspflichtverletzung und Gleichberechtigung, FamRZ 1969, 313.

1. Kein anderes Element der Personensorge erreicht auch nur entfernt die Bedeutung der Erziehung. Die Erteilung des Vornamens ist etwa Akt der Personensorge (vgl. zu ihm oben § 46 I 6), doch einmaliger Akt und damit nur von peripherer Bedeutung. Akt der Personensorge ist auch die Sorge um den Unter-

---

nur dann zur einseitigen Korrektur des rechtswidrigen Zustandes berechtigt, wenn sie ,,ohne Schädigung des Kindes möglich ist". Vgl. *Soergel-Lange,* 6 zu § 1631. Doch wird damit in der Praxis kein Fall eindeutig bereinigt werden können. Eher prakikabel ist die Verweisung des übergangenen Elternteils an das VormG, wenn die pflichtwidrige Erziehung ,,längere Zeit" nachhaltig betrieben wurde. Dafür *Palandt-Diederichsen,* 1 zu § 2 RelKEG; *Erman-Ronke,* 26 zu § 1631.

[25] Vgl. OLG Stuttgart, FamRZ 1955, 143.

[26] Für Wegfall des § 3 II 6 RelKEG *Dölle,* § 93 VI 1.

[27] Vgl. dazu die (zumindest zweifelhafte) Entscheidung des OLG Stuttgart, FamRZ 1960, 406 (Bekenntnisbestimmung durch Taufe soll nicht ernst gemeint sein, wenn die Eltern den Säugling alsbald verlassen).

[28] Vgl. BGHZ 5, 57; *Staudinger-Donau,* 10 zu § 3 RelKEG; *Erman-Ronke,* 27 zu § 1631; *Soergel-Lange,* 8 zu § 1631. Nach a. A. sind Maßnahmen notwendig, die den gefaßten Entschluß in die Tat umsetzen, so daß eine Bekenntnisbestimmung durch letztwillige Verfügung ausscheidet. Vgl. BayObLG, JFG 6, 66; *Dölle,* § 93 II 4; *Palandt-Diederichsen,* 3 zu § 1 RelKEG; MünchKomm-*Hinz,* 4 zu § 1 RelKEG.

halt des Kindes durch Verfolgung der ihm zustehenden Unterhaltsansprüche (vgl. dazu unten § 56 II 2), doch pflegt sie, solange die Eltern das Kind zu unterhalten haben, erst wesentlich zu werden, wenn die Eltern sich trennen.

2. Stets akut sind freilich Recht und Pflicht, den Aufenthalt des Kindes zu bestimmen, mag er auch meist mit dem Aufenthalt der Eltern identisch sein. Bis zu den Grenzen der Kindesgefährdnung können die Eltern das Kind durch Dritte betreuen lassen (Internat); bei Gefährdung des Kindes im eigenen Haus (Prostituierte) müssen sie es tun. Die notwendigen Verträge pflegen die Eltern im eigenen Namen abzuschließen (selbst bei ausreichendem Vermögen werden Kinder als Vertragspartner in aller Regel vom Verkehr abgelehnt), jedoch als Verträge mit Schutzwirkung für das Kind, die diesem den vollen Schutz bei pflichtwidrigem Verhalten des Dritten sichern. Die Möglichkeit, einen berechtigenden Vertrag zugunsten des Kindes (§ 328) abzuschließen, bringt dem Kind keine zusätzlichen Vorteile; das ihm dann zustehende Recht auf Leistung ist doch wieder von den Eltern auszuüben.

Geben die Eltern das Kind für längere Zeit in Familienpflege, so kann das Vormundschaftsgericht auf ihren Antrag Angelegenheiten der elterlichen Sorge (auch der Vermögenssorge) durch Beschluß (der den Kompetenzbereich klar zu umreißen hat) auf die Pflegeperson übertragen, die damit die Rechte und Pflichten eines Pflegers erlangt (und damit die Eltern verdrängt; vgl. § 1630 I, III). Der Vorteil dieser Lösung gegenüber der konkurrierenden Form der Drittbetreuung nach Überlassung der elterlichen Sorge zur Ausübung liegt allein in der größeren Klarheit für alle Beteiligten und den Rechtsverkehr. Die Pflegeperson erreicht dagegen nicht etwa eine gesicherte Rechtsstellung im Verhältnis zu den Eltern. So wie diese allein über die Einrichtung der Pflegschaft befinden, so ist auch deren Fortbestand von ihrem Verhalten abhängig. Auf ihren Antrag hat das Vormundschaftsgericht (vorbehaltlich der von § 1666 gezogenen Grenzen) die Pflegschaft sofort aufzuheben. Zwar schweigt das Gesetz, doch liegt die Relevanz des elterlichen Willens nicht nur in der Konsequenz der ihnen überlassenen Entscheidung zugunsten einer Pflegschaft. Allein als jederzeit zu beendender Zustand kann die Pflegschaft unseren Vorstellungen von der elterlichen Sorge eingegliedert werden (die doch gerade nicht zur Disposition der Eltern stehen soll) und den anderen vom rechten Verhältnis von Eltern und Staat (der mit einer Zwangspflegschaft ohne Legitimation durch sein Wächteramt in das Elternrecht eingreifen würde).

3. *Ärztliche Betreuung.* Stets akut sind ferner Recht und Pflicht zur tatsächlichen Betreuung des Kindes, die Recht und Pflicht, für ärztliche Behandlung Sorge zu tragen (zur Haftung der Eltern vgl. oben § 49 II 2), in sich einschließt. Ärztliche Behandlung haben die Eltern dem Kind auch dann zu verschaffen, wenn sie aus religiösen Gründen alle oder doch jedenfalls bestimmte Heileingriffe in die körperliche Integrität eines Menschen ablehnen; die elterliche Sorge ist

unter keinem Aspekt (auch nicht dem des Art. 4 GG) ein Recht zur Entscheidung über Leben und Tod des Kindes.[1]

Kraft ihrer Vertretungsmacht können die Eltern den Vertrag mit dem Arzt (Krankenhaus, Sanatorium usw.) im Namen des Kindes tätigen; im Regelfall handeln sie im eigenen Namen (mit eigener Verpflichtung, das Entgelt zu leisten). Soweit erforderlich (und vorbehaltlich der Selbstbestimmung heranwachsender Jugendlicher; vgl. dazu oben § 49 VI 4), haben die Eltern auch die Einwilligung zum Eingriff in die körperliche Integrität des Kindes zu erklären.

Der Schutz des Kindes bei Schäden aus fehlerhafter Behandlung ist auch dann voll gewährleistet, wenn die Eltern im eigenen Namen handelten, das Kind also nicht selbst Vertragspartner ist. Die Rspr. bejaht sogar einen berechtigenden Vertrag zugunsten des Kindes (§§ 328ff.),[2] überschreitet damit aber den Rahmen des Notwendigen und von den Parteien Gewollten. Das Kind bedarf lediglich einer beschränkten Teilnahme an dem Arzt und Eltern verbindenen Schuldverhältnis, das ihm vertragliche Ansprüche bei verschuldeten Behandlungsfehlern sichert.[3]

4. *Aufsichtspflicht.* Stets akut sind auch Recht und Pflicht zur Beaufsichtigung des Kindes mit dem Ziel, das Kind vor Schäden zu bewahren, die es sich selbst zufügt, sei es nun am Körper oder Eigentum, sei es auch am Vermögen (insbesondere durch Schädigung Dritter mit der Folge der Verpflichtung zum Schadensersatz), aber auch vor Schäden, die ihm von Dritten zugefügt werden. Sind dem Kind Eltern und Drittschädiger gleicherweise zum Schadensersatz verpflichtet, so haften sie als Gesamtschuldner (die untereinander nach Verursachungsbeiträgen ausgleichen).[4] Wenn und soweit die Eltern dem Kind nur wegen ihres Haftungsprivilegs (§ 1664) nicht haften, ist der Anspruch des Kindes gegen den Drittschädiger (analog der Entwicklung unter Ehegatten; vgl. oben § 22 I 4) von vornherein auf den Verursachungsbeitrag des Dritten zu beschränken.

Ein anderes ist die zum deliktischen Bereich gehörende Aufsichtspflicht der Eltern gegenüber Dritten (§ 832).[5] Doch kann bei der Präzisierung der Pflicht

---

[1] Vgl. dazu OLG Hamm, FamRZ 1968, 221 (Blutaustausch; Zeugen Jehovas) und *Ulsenheimer,* FamRZ 1968, 568ff.

[2] Vgl. OLG Stuttgart, Recht 1918 Nr. 843; RG, Warn. 1918 Nr. 113; JW 1919, 38; RGZ 152, 175; BGH, VersR 1955, 279f.; OLG Celle, VersR 1955, 408f. (Vertrag zugunsten eines nasciturus). Im Schrifttum zust. etwa *Erman-Westermann,* 19 zu § 328; *Staudinger-Kaduk,* 51 zu § 328; *Lorenz,* JZ 1966, 143; MünchKomm-*Gottwald,* 30 zu § 328; MünchKomm-*Hinz,* 44 zu § 1626.

[3] Ebenso *Palandt-Diederichsen,* 4a zu § 1626.

Aufklärungspflichten bestehen jedenfalls gegenüber dem einsichtsfähigen Kind. Daneben kann zur weiteren Sicherung des Kindes auch Aufklärung der Eltern geschuldet sein. Vgl. BGH, FamRZ 1970, 136; 1972, 89 (16 Jahre altes Mädchen; Röntgenbestrahlung).

[4] Vgl. dazu BGH, FamRZ 1979, 284 (ohne Stellungnahme zum „gestörten Gesamtschuldnerausgleich").

[5] Die Richtigkeit des § 832 wird heute de lege ferenda in Frage gestellt. Vgl. v. *Hippel,* FamRZ 1968, 574f. (für elterliche Gefährdungshaftung und Versicherungszwang); *Immenga,* FamRZ 1969,

dem Kind gegenüber auf die (sehr umfangreiche) Judikatur zu § 832 zurückgegriffen werden. Die ursprünglich bestehende Differenz zwischen der Deliktsfähigkeit des Kindes selbst (§ 828) und dem Ende der elterlichen Aufsichtspflicht mit Eintritt der Volljährigkeit besteht heute nicht mehr. Auch bei unerlaubten Handlungen des Kindes im Ausland können die Eltern nach Vollendung des 18. Lebensjahres nicht mehr in Anspruch genommen werden (Art. 12 EGBGB).

Alter und Eigenart des Kindes, die wirtschaftlichen Möglichkeiten der Eltern, ihre berufliche Belastung, die örtliche Situation bestimmen (als Elemente sozialer Standards, die vom Recht aufgegriffen werden) in erster Linie das Maß pflichtgemäßen Handelns[6] (auch, ob und wem die Eltern die Beaufsichtigung des Kindes – mit Haftung aus § 278 – anvertrauen können[7]). Ständige Aufsicht (schon nicht mehr: ständige Beobachtung[8]) wird allein dem Kleinkind geschuldet, das Verbotenes und Erlaubtes nicht zu unterscheiden weiß.[9] Ständige Kontrolle der Freizeitgestaltung,[10] Überwachung und Ermahnung wird dem älteren Kind geschuldet, mit steigender Intensität bei Teilnahme am Verkehr[11] und höchster Intensität beim Umgang mit Kraftfahrzeugen[12] und gefährlichen Gegenständen,[13] insbesondere Schußwaffen.[14]

Unverkennbar neigt die Rechtsprechung dazu, die Pflicht der Eltern über das verkehrsübliche Maß hinaus zu steigern; von einer verdeckten Gefährdungshaftung Dritten gegenüber kann indessen nicht die Rede sein.[15] Insbesondere ist ihr

---

313ff. (für Übertragung des Rechtsgedankens der Schlüsselgewalt auf Aufsichtspflichtverletzungen der Ehefrau).

[6] Vgl. BGH, NJW 1968, 1072; 1969, 2138 (Brandstiftung eines Sechsjährigen); OLG Köln, FamRZ 1962, 124; LG Duisburg, MDR 1966, 235 (Brandstiftung eines Sechsjährigen); LG Berlin, VersR 1967, 237 (zur Begleitung auf dem Schulweg); OLG Hamburg, FamRZ 1974, 254 (keine ständige Beaufsichtigung eines 13½jährigen Gymnasiasten beim Spiel mit Kameraden). Zum Aufbewahren von Zündhölzern vgl. auch BayObLG, NJW 1975, 2020.

[7] Vgl. dazu BGH, NJW 1968, 1672; LG Oldenburg, VersR 1966, 1064 (in verkehrsarmen Gegenden soll eine Beaufsichtigung von 4- und 3jährigen Kindern auf Spaziergängen durch eine 9jährige Schülerin ausreichend sein); OLG Celle, VersR 1969, 333 (Großeltern).

[8] Vgl. dazu BGH, FamRZ 1964, 84 (4jährige Tochter auf dem Spielplatz).

[9] Vgl. LG Bückeburg, FamRZ 1955, 110; LG Heilbronn, FamRZ 1955, 180; LG Lüneburg, MDR 1955, 105; LG Limburg, FamRZ 1972, 471 (bei einem 5jährigen Jungen wiederholte Warnung vor dem Gebrauch von Streichhölzern und gelegentliche Taschenkontrollen ausreichend).

[10] Vgl. BGH, FamRZ 1958, 274; 1961, 523.

[11] Vgl. dazu BGH, FamRZ 1963, 28 und 192 (Rollerfahrten einer 4½jährigen); OLG Celle, FamRZ 1966, 107; OLG Köln, VersR 1969, 106; OLG Celle, NJW 1970, 202 (4- und 5jährige mit jungem Hund).

[12] Vgl. BGH, NJW 1952, 578 (LS); OLG Celle, NJW 1966, 302 mit Anm. *Dunz* (der das Urteil mit Recht als Überspitzung ablehnt).

[13] Vgl. BGH, FamRZ 1966, 228 (Haftung für einen 12jährigen, der einen Wurfpfeil einem 6jährigen gab); FamRZ 1976, 330 (12jähriger; Erlaubnis zu selbständigem Grillen ohne ausreichende Belehrung); OLG Nürnberg, VersR 1975, 1010 (Kind unter 7 Jahren beim Spiel „Mikado").

[14] Vgl. BGH, FamRZ 1962, 116 (20½jähriger Jugendlicher; damals noch nicht volljährig); 1958, 274; 1955, 110.

[15] A. A. *Bosch*, FamRZ 1974, 4 (weithin rein objektive Haftpflicht des „Kinderhalters").

bewußt, daß elterliche Erziehung auch Gewöhnung des Kindes an Gefahrenlagen fordert und insoweit nicht durch ein Übermaß an Beaufsichtigung gehindert werden darf. Stets hat sie auch anerkannt, daß eine Haftung der Eltern nicht eintritt, wenn der Schaden auch bei gehöriger Aufsicht eingetreten wäre, die Pflichtverletzung also nicht kausal wurde.[16]

Jeder Elternteil ist Träger einer eigenen elterlichen Sorge; jeder Elternteil ist deshalb auch je für sich dem Kind verpflichtet. Unterschiede in der Lebensgestaltung der Eltern können Unterschiede auch in der Pflichtensituation begründen; stets erhalten bleibt dann die Pflicht zur Überwachung des Partners.[17] Im Regelfall sind die Eltern als Folge gleicher Lebenssituation auch inhaltsgleich verpflichtet.[18]

Pflichterfüllung eines Elternteils kann die Pflichtvergessenheit des anderen Elternteils ausgleichen, muß es aber nicht. Haftung nur eines Elternteils ist daher selbst bei gleicher Pflichtenlage jederzeit möglich.[19] Der praktische Regelfall dürfte freilich die gesamtschuldnerische Haftung beider Elternteile sein (§ 1664 II); untereinander gleichen sie nach § 426 (mit entsprechender Anwendung des § 254) aus.

III. Persönlicher Umgang

Schrifttum: *Darkow,* Haben Großeltern ein Recht auf persönlichen Verkehr mit ihren Enkelkindern?, JR 1953, 333; *Schnitzerling,* Das Recht auf Verkehr mit dem Kinde, FamRZ 1958, 444; *Riedel,* Das Recht der Kinder aus geschiedenen Ehen, 1960, S. 85ff.; *Nowka,* Kindesgefährdung durch das „Verkehrsrecht" gemäß § 1634 n.F., FamRZ 1960, 218; *Merkert,* Extensive Interpretation des § 1634 BGB?, NJW 1964, 1059; *Göppinger,* Zur Verkehrsregelung gemäß § 1634 BGB, JR 1965, 337; *Schwoerer,* Verkehrsregelung durch den sorgeberechtigten Elternteil?, FamRZ 1965, 121; *Hobelmann,* Schutz des Kindes aus geschiedener Ehe gegenüber der Ehestörerin, FamRZ 1965, 301 (mit anschließender Erwiderung von *Schwoerer*); *Birk,* Das Verkehrsrecht der Großeltern, FamRZ 1967, 306; *Dellian,* Überlegungen zu § 1634 BGB, FamRZ 1969, 365; *Schwoerer,* Zur Bedeutung des in Art. 6 GG den Eltern garantierten Grundrechts für Entscheidungen aus den §§ 1634, 1671, 1672, 1696 BGB, FamRZ 1969, 367; *Giesen,* Das Wohl des Kindes im Falle eines Elternkonfliktes zwischen Sorge- und Verkehrsberechtigtem, NJW 1972, 225; *Simon,* Das Verkehrsrecht – ein natürliches Elternrecht?, FamRZ 1972, 485; *Lempp,* Die Rechtsstellung des Kindes aus geschiedener Ehe aus kinder- und jugendpsychiatrischer Sicht, NJW 1972, 315; *Gernhuber,* Kindeswohl und Elternwille, FamRZ 1973, 229; *Lempp* und *Wagner,* Untersuchungen über den weiteren Verlauf von Sorgerechts- und Verkehrsregelungsverfahren nach der Begutachtung, FamRZ 1975, 70; *Weber,* Anwesenheit des neuen Ehegatten oder „Lebensgefährten" eines Elternteils bei Ausübung des Besuchsrechts nach § 1634 BGB, FamRZ 1973, 285; *Strätz,* Elterliche Personensorge und Kindeswohl, vornehmlich in der zerbrochenen Familie, FamRZ 1975, 541; *Dürr,* Verkehrsregelung gemäß § 1634 BGB, 1977 (dazu *Schwab,* FamRZ 1978, 292).

1. *Deutung.* Ein Elternteil, dem die Personensorge nicht zusteht, behält die Befugnis zum persönlichen Umgang mit dem Kind (§ 1634 I). Die Deutung

---

[16] Vgl. als Bsp. OLG Karlsruhe, VersR 1975, 430 (älteres Kind; Diebstähle).
[17] Ebenso OLG Nürnberg, FamRZ 1963, 367.
[18] Vgl. etwa BGH, FamRZ 1962, 116.
[19] Vgl. dazu *Koebel,* NJW 1960, 2227; BGH, FamRZ 1965, 75.

dieses Rechtes ist bis heute streitig geblieben. Es wird als Ausfluß der Blutsverwandtschaft verstanden,[1] aber auch als Rest des Personensorgerechtes,[2] als Ausfluß des natürlichen Elternrechtes[3] (oft ohne klare Bestimmung des Gemeinten) sodann, schließlich als Folge der „sozialen Elternschaft".[4] Der zuweilen als müßig bezeichnete Streit[5] ist alles andere als rein theoretischer Natur: Die Qualität des Rechtes bestimmt seine Dichte (und diese den Widerstand, den es leistet, wenn es eingeschränkt oder ausgeschlossen werden soll).

Überzeugend ist allein die Deutung als *Rest des Personensorgerechtes.* Der Standort im Gesetz und der Normtext weisen in diese Richtung, aber auch der fugenlose Übergang vom Recht zum persönlichen Umgang als integrierendem Bestandteil der Personensorge zur verbleibenden Befugnis nach Fortfall des Sorgerechtes in seinen anderen Ausprägungen. Weitere Argumente liegen in der Möglichkeit, die Regelung des Verkehrs durch das Familiengericht (unten 8.) als Entscheidung im Elternstreit und den Ausschluß der Befugnis (unten 11.) als geradlinige Fortsetzung des § 1666 zu verstehen. Schließlich und endlich eröffnet diese Deutung auch den Zugang zu den als sachrichtig anerkannten Sanktionsformen der elterlichen Sorge, wenn es gilt, Dritte abzuwehren, die den persönlichen Umgang stören: Der Umgangsberechtigte übt – vorbehaltlich einer anderen Regelung durch das Familiengericht – während der Dauer des Umgangs das Recht aus, Dritte vom persönlichen Umgang mit dem Kind auszuschließen (§§ 1634 II, 1632 II). Störer kann er kraft seiner elterlichen Sorge in Analogie zu den §§ 12 und 1004 auf Unterlassung und Beseitigung in Anspruch nehmen (vgl. oben § 49 IV 5).[6]

Der Rückgriff auf die Blutsverwandtschaft übersieht, daß sie ihre rechtliche Formierung insoweit gerade im Personensorgerecht erfahren hat und deshalb unmittelbare Grundlage nur sein kann, wenn jenes zuvor als nicht mehr existent erwiesen wäre.

Der Rückgriff auf das natürliche Elternrecht (dieses verstanden als Position des Naturrechts) beruht auf der unrichtigen Prämisse der Identität von natürlichem Elternrecht und Elternrecht der Verfassung und der ebenso unrichtigen An-

---

[1] Vgl. KG, RJA 11, 254 (256); KGJ 49, 26.

[2] Vgl. RGZ 153, 238 (242); KG, DFG 1937, 183; JW 1938, 1334; OLG Neustadt, JZ 1956, 326; BayObLG, JR 1957, 141 (142); *Darkow,* JR 1953, 333; *Staudinger-Göppinger,* 37 vor § 1666; *Becker,* FamRZ 1971, 589; *Giesen,* NJW 1972, 227; *Strätz,* FamRZ 1975, 545f.; MünchKomm-*Hinz,* 2 zu § 1634.

[3] *Beitzke,* FamRZ 1958, 10; *Dölle,* § 98 I 1; *Soergel-Lange,* 2 zu § 1634; *Staudinger-Schwoerer,* 4 zu § 1634; *Erman-Ronke,* 4 zu § 1634; BGHZ 42, 364 (370); BGH, FamRZ 1969, 148, BayObLG, FamRZ 1965, 442 (443).

[4] Vgl. *Simon,* FamRZ 1972, 485ff.

[5] Vgl. *Palandt-Diederichsen,* 1 zu § 1634; LG Hamburg, FamRZ 1971, 587 (588).

[6] § 235 StGB schützt das Recht nicht. Die zuweilen für die Gegenansicht (vgl. etwa *Erman-Ronke,* 7 zu § 1634; *Dölle,* § 98 I 1) zitierte Entscheidung BGH, NJW 1957, 1642 betrifft einen erziehungsberechtigten Elternteil.

nahme eines von den (durch das positive Recht fixierten) Altersgrenzen der elterlichen Sorge bestimmten Elternrechts aus Art. 6 GG (vgl. dazu oben § 5 IV 3). Wenn und soweit die Befugnis zum persönlichen Umgang als Naturrecht bewiesen werden könnte (und nicht alle uns nahe stehenden Rechte erkennen sie an!), wäre zwar dargetan, daß sie in den Grenzen des Naturrechts und des Grundrechts an diesen teilhat, jedoch noch nicht, daß sie ohne Restbestand aus ihnen erklärt werden kann.

Wer schließlich meint, in der sozialen Elternschaft den richtigen Ansatz gefunden zu haben, charakterisiert weder den Lebenssachverhalt richtig, an den das Gesetz anknüpft (folgerichtig müßte es auch Personen den Umgang ermöglichen, die an Elternstelle für das Kind tätig waren, und die genetischen Eltern dann ausschließen, wenn sie eine persönliche Verbundenheit mit dem Kind nicht herstellen wollten oder konnten), noch die Regelungssituation: Lebenssachverhalte, die rechtlich bereits präformiert sind (wie hier), können nicht kurzerhand auf rein tatsächliche Strukturen zurückgeführt werden.

2. *Kritik.* Außerhalb aller Kritik hat das Recht zum persönlichen Umgang mit dem Kind nie gestanden, doch zeigt die jüngste Vergangenheit verstärkt Skepsis und Ablehnung, hier wie dort getragen vornehmlich von Aussagen der Kinderpsychologie (und -psychiatrie), die den Wert des Rechtes inmitten eines dem Wohl des Kindes verpflichteten Kindschaftsrechtes entweder generell oder doch in bestimmter Situation (etwa: solange die Eltern ihre Scheidung noch nicht bewältigt haben) leugnen.[7] Wenn gleichwohl das EltSorgRG keine wesentliche Änderung herbeiführte, so weil ein interpersonales Rechtsverhältnis nicht in der perspektivischen Verkürzung der Interessen eines Beteiligten gesehen werden darf (mag er auch besonders schutzwürdig sein) und weil die Beseitigung der Befugnis mit Konsequenzen verbunden wäre, die unabweisbar sind (was geschieht mit dem Kind nach dem Ausfall des Sorgeberechtigten und totaler Entfremdung des anderen Elternteils?) oder doch jedenfalls erwogen werden müßten (ist es angemessen, den Umgang mit dem Kind grundsätzlich zu verwehren, jedoch zu Unterhaltsleistungen anzuhalten und Pflichtteilsansprüche vorzusehen?). Innerhalb eines komplexen Rechtsverhältnisses ist mit dem Hinweis auf das Wohl des Kindes gewiß schon viel, nur eben nicht alles gesagt.

3. *Inhaber des Rechts.* Nicht sorgeberechtigte Elternteile haben die Befugnis grundsätzlich in allen Situationen.[8] Sie ruht jedoch, wenn sie in eine Adoption des Kindes einwilligten (§ 1751 I 1 mit Ausnahme in Abs. II); sie entfällt mit dem

---

[7] Vgl. *Lempp,* NJW 1963, 1659 und 1972, 315; *Reuter,* FamRZ 1967, 260f.; *Giesen,* NJW 1972, 225; *Dürr,* S. 7ff. Zur Kritik an überspitzten Forderungen vgl. bereits *Gernhuber,* FamRZ 1973, 240ff.; *Dieckmann,* AcP 178 (1978), 321ff.

[8] Anders für den geisteskranken Elternteil, der keinen Kontakt mehr finden kann, AG Peine, FamRZ 1965, 84; *Erman-Ronke,* 9 zu § 1634. Der Verkehr wird freilich in derartigen Fällen in der Regel nach § 1634 II 2 auszuschließen sein.

Erlöschen des Verwandtschaftsverhältnisses als Folge einer Adoption (vgl. § 1755 I 1 mit Ausnahme in § 1754). In der Praxis dominieren absolut die Fälle der Konzentration der elterlichen Sorge bei einem Elternteil nach faktischer oder rechtlicher Trennung der Eltern (§§ 1671, 1672).

Berechtigt sind nur Eltern, nie andere Verwandte, mögen sie auch dem Kind in gerader Linie (Großeltern[9]) oder in der Seitenlinie (Geschwister) nah verbunden sein. Soweit der Umgang mit ihnen dem Kinde dienlich ist, kann er gegen einen widerstrebenden Sorgeberechtigten allein in den Grenzen des § 1666 durchgesetzt werden.[10] Generelle Aussagen sind nicht möglich; tatsächliche Vermutungen bestehen nicht; in jedem Einzelfall hat das Vormundschaftsgericht Aufklärung von Amts wegen zu betreiben (§ 12 FGG).

4. *Inhalt des Rechts.* Der verbliebene Rest an Personensorge dient ausschließlich der Pflege verwandtschaftlicher Beziehungen, der Aussprache, der Information, nie der Erziehung.[11] Sein Zuschnitt schließt die Überlassung an Dritte zur Ausübung aus.[12]

Elterliche Sorge ist an sich ein subjektives Recht, in welchem jeder Befugnis eine Ausübungsverpflichtung korrespondiert. § 1634 I hebt diese Verknüpfung auf;[13] nur die Befugnis ist genannt, verpflichtend wirkt allein die Ethik: Erzwungene elterliche Anteilnahme kann für das Kind nicht wertvoll sein. Unberührt bleibt die Unverzichtbarkeit.[14]

Soweit die Restbefugnis inhaltlich reicht, steht sie *gleichrangig neben dem Recht des Sorgeberechtigten;* sie beschränkt jenen nicht anders als die Befugnisse eines jeden Elternteils die des anderen bei der gemeinschaftlichen Ausübung elterlicher Sorge. Je enger sie gezogen wird, desto stärker wird der Umgangsberechtigte in seinen Versuchen, die Verbindung mit dem Kind aufrechtzuerhalten, vom Sorgeberechtigten abhängig.

Von besonderer Bedeutung ist der Austausch von Briefen. Ursprünglich

---

[9] Gegen eine fast allgem. M. glaubt *Birk,* FamRZ 1967, 306ff., ein Verkehrsrecht „aus dem Gesamtgefüge der gesetzlichen Bestimmungen" herleiten zu können. Die methodische Grundlage bleibt jedoch unklar. Die Zusammenstellung von Normen, die das Verhältnis von Großeltern und Enkeln regeln, ist beweislos, weil es keine Norm gibt, die zwingend ein Verkehrsrecht voraussetzt. De lege ferenda für ein Verkehrsrecht der Großeltern *Bosch,* FamRZ 1970, 503.

[10] Vgl. als Beispiele aus der Praxis für den Verkehr mit Großeltern OLG Köln, NJW 1961, 2163; BayObLG, FamRZ 1965, 442; OLG Braunschweig, FamRZ 1973, 268 (Fortsetzung ständigen Kontakts); BayObLG, FamRZ 1975, 279 (Umgang mit den Großeltern väterlicherseits nach dem Tod des Vaters). Als Beispiel für Entscheidungen, die im Einzelfall ein Einschreiten nach § 1666 BGB ablehnen, vgl. OLG Düsseldorf, FamRZ 1967, 340 (Besorgnis von Beschimpfungen der Eltern); KG, FamRZ 1970, 209 (erhebliche Spannungen zwischen Vater und Großeltern).

[11] Vgl. BayObLG, FamRZ 1961, 381 (religiöse Beeinflussung).

[12] Vgl. KG, KGJ 49, 28.

[13] Vgl. aber *Nowka,* FamRZ 1960, 220, mit einer ganz vom Pflichtgedanken beherrschten Deutung.

[14] Auch eine Verpflichtung, das Recht nicht auszuüben, sollte nicht anerkannt werden. A. A. *Schwab,* RdNr. 224.

herrschte Ablehnung; heute wird er fast allgemein dem Recht auf persönlichen Umgang mit dem Kind inkorporiert, jedoch nur (Rest der älteren Auffassung!) unter der (mit zunehmendem Alter des Kindes allmählich schwindenden) Kontrolle des Sorgeberechtigten,[15] der damit eine übergeordnete Stellung erreicht (die dem Kind besonders deutlich wird, wenn der Briefwechsel mit anderen Personen nicht überwacht wird) und als ständiger Drittleser den Inhalt der Korrespondenz notwendig abfälscht.

Von besonderer Bedeutung ist auch die Frage, ob und inwieweit der Umgangsberechtigte das Kind in Anwesenheit Dritter empfangen darf (der Großeltern, des neuen Ehegatten). Wenn und soweit es dem Sorgeberechtigten gestattet wird, abschließend zu entscheiden, kann er den Umgangsberechtigten zu Maßnahmen zwingen (Treffen außerhalb der eigenen Wohnung; Entfernung des neuen Ehegatten aus der Wohnung), die den Sinn des persönlichen Umgang in Frage stellen (weil der Umgangsberechtigte von seiner Umgebung getrennt wird und damit nicht so erscheint, wie er ist) oder zum faktischen Verzicht auf die Befugnis drängen (weil ein Dritter in seinem Empfinden verletzt sein muß). Bis zum EltSorgRG ist die Frage gleichwohl kontrovers geblieben, mag auch die Tendenz zur Großzügigkeit erkennbar gewesen sein. Heute bestehen keine Zweifel mehr: § 1634 II 1 verweist auf § 1632 II; wie negativ (vgl. oben unter 1.), so kann auch positiv der Umgangsberechtigte über die Anwesenheit Dritter befinden.[16] Mißbräuchen kann das Familiengericht jederzeit begegnen (vgl. dazu unten 11.).

5. *Elternpflichten.* Elternteile haben sich wechselseitig zu respektieren. Wer selbst Elternrechte in Anspruch nimmt, handelt widersprüchlich, wenn er sie dem anderen bestreitet. Beide Elternteile sind deshalb gemäß § 1634 I 2 gehalten, „alles zu unterlassen, was das Verhältnis des Kindes zum anderen beeinträchtigt" (der Umgangsberechtigte damit auch alles, was dem Sorgeberechtigten „die Erziehung erschwert"). Bei aller Notwendigkeit, diese (selbstverständliche) Pflicht als Ausschnitt aus der allgemeinen Verpflichtung der Eltern ihren Kindern gegenüber zu begreifen (die auch während der Ehe gilt und vom Gesetz hier nur wegen ihrer besonderen Bedeutung in der neuen Situation genannt wird) und damit die Sanktion des § 1666 verfügbar zu halten, ist sie doch auch als Pflicht anzuerkennen, die wechselseitig die Elternteile berechtigt.

Eine einzigartige Anomalie wird damit nicht behauptet. Wenn der umgangsberechtigte Elternteil „bei berechtigtem Interesse vom Personensorgeberechtig-

---

[15] Vgl. KG, DFG 1943, 141; FamRZ 1968, 262 (263); *Riedel,* S. 88; *Staudinger-Schwoerer,* 15 zu § 1634; *Erman-Ronke,* 10 zu § 1634; *Soergel-Lange,* 11 zu § 1634; MünchKomm-*Hinz,* 28 zu § 1634; *Dölle,* § 98 I 3.

[16] Nachw. zum Streitstand vor dem EltSorgRG in der Voraufl., S. 626 Fn. 4. Mit der Wendung des EltSorgRG ist auch die Frage obsolet geworden, ob der Sorgeberechtigte befugt ist, die Anwesenheit eines Überwachenden zu fordern (und damit Assoziationen mit Strafanstalten hervorzurufen).

ten Auskunft über die persönlichen Verhältnisse des Kindes verlangen (kann), soweit ihre Erteilung mit dem Wohl des Kindes vereinbar ist" (§ 1634 III),[17] so impliziert das Recht erneut eine Pflicht (jetzt: allein des Sorgeberechtigten), die dem anderen Elternteil gegenüber besteht (und nicht nur dem Kind gegenüber mit faktischer Begünstigung des Umgangsberechtigten). Während der Ehe der Elternteile kann sie dem ehelichen Pflichtenprogramm eingefügt werden, nach ihrer Beendigung liegt ihr Rechtsgrund allein in der Elternschaft. Praktisch wird die Pflicht vornehmlich für jene Lebensumstände, die das Kind nicht selbst darstellen kann, und für jene Zeiten, in denen persönliche Begegnungen nicht möglich sind (und zwar auch dann, wenn das Familiengericht die Befugnis zum persönlichen Umgang mit dem Kind einschränkte oder ausschloß). Streitigkeiten entscheidet das Vormundschaftsgericht (obwohl Änderungsentscheidungen in Fragen der elterlichen Sorge dem Familiengericht zugewiesen sind).

6. *Die Haltung des Kindes.* Das widerstrebende Kind unterliegt elterlichem Zwang bis zu einem Alter, das ausreichende Reife zur Selbstbestimmung gerade im Umgang mit den Eltern verbürgt. Kraft seiner Erziehungsbefugnis hat der Sorgeberechtigte das Kind zum Besuch des anderen Elternteils anzuhalten und seinen Willen durchzusetzen[18] (jedoch nur in den Grenzen sinnvoller Kindererziehung, mithin dann nicht mehr, wenn der Schaden durch Zwang größer ist als der Nutzen des Umgangs). Indolenz, passiver oder gar aktiver Widerstand kann den Tatbestand des § 1666 erfüllen, auch Anlaß zu anderer Regelung der elterlichen Sorge sein (§ 1696). In der Regel ist ihm mit Geboten zu begegnen, die gemäß § 33 FGG zu vollziehen sind.

Widerstrebende ältere Kinder setzen sich dagegen gegen den Elternwillen durch. Nicht, weil ihnen ein förmliches Vetorecht zustände (ein viel diskutiertes Recht zum Widerspruch aller über vierzehn Jahre alten Kinder hat das EltSorgRG mit guten Gründen gerade nicht angenommen), wohl aber, weil die Befugnis zum persönlichen Umgang mit ihnen auf einen faktischen Widerstand trifft, an dem sich die Rechtsausübung als zweckwidrig erweist und deshalb mißbräuchlich wird.[19] Sträuben sich ältere Kinder nur gegen einzelne Modalitäten des Ver-

---

[17] In Fällen räumlicher Trennung für längere Zeit (Strafhaft, Auswanderung) kann auch die Zusendung einer Photographie gefordert werden. Vgl. LG Berlin, FamRZ 1973, 147.

[18] Vgl. OLG München, HRR 1937 Nr. 636; BayObLGZ 1957, 134 (145); OLG Frankfurt, FamRZ 1966, 258. Bei einem 6jährigen Kind fordert LG Mannheim, NJW 1972, 950 ggf. auch Anwendung physischer Gewalt.

[19] Vgl. für das Erg. KG, JW 1938, 1334 (Kind fast 18 Jahre); LG Dortmund, FamRZ 1967, 50 (fast 16 Jahre); OLG Hamm, MDR 1969, 144; OLG Düsseldorf, FamRZ 1969, 664 (fast 17 Jahre); KG, FamRZ 1970, 93 (17 Jahre; das Urteil verlagert jedoch die Problematik in die Frage, ob es dem Sorgeberechtigten zuzumuten ist, den Widerstand des Kindes zu brechen); LG Mannheim, MDR 1970, 682 (fast 17 Jahre); LG München I, FamRZ 1971, 311 (14 und 15 Jahre); KG, FamRZ 1979, 448 (13 und 14 Jahre); *Dölle,* § 98 III 1; MünchKomm-*Hinz,* 25 zu § 1634. Sehr zurückhaltend *Soergel-Lange,* 20 zu § 1634 (Grenzfall nach unten schon bei einem Alter von 16 Jahren). Vgl. ferner BayObLG, FamRZ 1965, 155, 158 (Wille eines 14jährigen Kindes unbeachtlich).

kehrs (Anwesenheit des Ehebruchspartners etwa), so sind ihre Wünsche bei der Entscheidung zu berücksichtigen.[20]

7. *Einigung der Eltern.* Der persönliche Umgang mit dem Kind bedarf einer generellen Regelung, damit nicht die andernfalls bestehende Notwendigkeit von Abreden oder auch Entscheidungen von Fall zu Fall zu ständigem Streit führt, dessen Opfer schließlich das Kind sein könnte. Berufen (und für den Fall einverständlichen Scheidungsbegehrens von § 630 I ZPO gezwungen) zur Regelung sind zuvörderst die Eltern (die sich rechtsgeschäftlich einigen[21]); berufen ist nicht der sorgeberechtigte Elternteil allein. Die ursprünglich vom BGH behauptete Regelungsgewalt des Sorgeberechtigten, „sobald der Zweck des Verkehrsrechtes sichergestellt ist" (BGHZ 42, 371), ist erfreulicherweise eine schnell korrigierte Episode geblieben (BGHZ 51, 219);[22] zu Diktat und Unterwerfung sind die beiden Elternteile gerade nicht verbunden.

Elterneinigungen sind des Vollzugs im unmittelbaren Zugriff nicht fähig. Der hier ruhende Nachteil im Vergleich mit einem regelnden Richterakt ist indessen in der Praxis bis auf Restbestände ohne größere Bedeutung abgebaut worden. Zwar wird generell für den Vollzug gemäß § 33 FGG eine „Verfügung des Gerichts" gefordert, doch läßt eine großzügige Rechtsprechung jeden richterlichen Akt genügen, der sich erkennbar den Inhalt der rechtsgeschäftlichen Elterneinigung zu eigen macht.[23]

8. *Regelung durch Richterakt.* Subsidiär (auch ohne Antrag;[24] im Entscheidungsverbund mit einer Scheidungssache jedoch im allgemeinen nur auf Anregung eines Ehegatten; vgl. § 623 III 2 ZPO) regelt das Familiengericht[25] den persönlichen Umgang (§ 1634 II) nach Anhörung des Jugendamts[26] (§ 48a I Nr. 4 JWG)

---

[20] Vgl. OLG Hamm, FamRZ 1965, 83 (Weigerung, mit der Ehestörerin zusammenzutreffen); *Erman-Ronke,* 16 zu § 1634.

[21] Vgl. dazu *Waskowiak,* Die Einigung der Eltern bei der Ausübung der elterlichen Personensorge, Diss. jur. Marburg, 1967, S. 54f. (Regelung soll nur in der Regel Rechtsgeschäft, zuweilen geschäftsähnliche Handlung sein).

Die Eltern sind an ihre Vereinbarung (entspr. den allg. Grds. für die Elterneinigung; vgl. oben § 50 II 1) bis zu einer vertraglichen oder gerichtlichen Änderung gebunden (vgl. OLG Karlsruhe, FamRZ 1959, 70), doch besteht eine Pflicht zur Mitwirkung an einer ändernden Vereinbarung, wenn eine Änderung der tatsächlichen Grundlagen eingetreten ist. Nach a. A. (*Waskowiak,* S. 125ff.) kann jeder Elternteil „aus Gründen des Kindeswohls" widerrufen. Gewonnen wird nichts, weil doch wieder das VormG über die Rechtmäßigkeit des Widerrufes befinden müßte.

[22] Das Schrifttum hat die erste Entscheidung des BGH überwiegend sofort abgelehnt. Vgl. insbes. *Schwoerer,* FamRZ 1965, 121ff. und 302f.; *Göppinger,* JR 1965, 337f.; *Erman-Ronke,* 19ff. zu § 1634.

[23] Vgl. OLG Braunschweig, FamRZ 1972, 577 (Schreiben an die Eltern ausreichend; dahingestellt, ob Unterzeichnung eines Vergleichsprotokolls genügt); OLG München, FamRZ 1979, 342.

[24] Deshalb kein Verbot der reformatio in peius im Beschwerdeverfahren. Vgl. dazu OLG Köln, OLGZ 1966, 76 mit weit. Hinw.

[25] Und zwar auch dann, wenn ein Elternteil die elterliche Sorge gem. § 1666 verlor. Eine (oft gerügte) Anomalie ist damit nicht gegeben. Regelungen des Umgangs sind praktisch immer nur, wenn die Elternteile getrennt leben.

[26] Jugendamtsberichte sind den Eltern zur Kenntnis zu bringen. Vgl. KG, FamRZ 1979, 69.

und setzt seine Beschlüsse gegebenenfalls mit den Zwangsmitteln des § 33 FGG durch;[27] es kann das Jugendamt mit der Ausführung der Anordnung betrauen (§ 48c JWG). Adressat des Beschlusses pflegen die Elternteile allein zu sein. Doch gilt die Regelungsbefugnis auch im Verhältnis zu Dritten, die den Umgang mit dem Kind faktisch ausschließen oder stören können (Großeltern, Pflegeeltern usw.). Die früher kontrovers verhandelte Frage[28] hat das EltSorgRG zugunsten der Kompetenz des Familiengerichts entschieden, nachdem die damals hinderliche Zuständigkeit des Prozeßgerichtes für Herausgabeansprüche gegen Dritte beseitigt war. Zwar entscheidet in § 1632 nunmehr das Vormundschaftsgericht (Abs. III), doch will das wenig oder nichts bedeuten, da doch hier ebenso wic für den Streit um den persönlichen Umgang ein Verfahren der Freiwilligen Gerichtsbarkeit vorgesehen ist.

Unberührt bleibt das Recht des Sorgeberechtigten, den Aufenthalt des Kindes zu bestimmen. Das Recht zum persönlichen Umgang mit dem Kind begrenzt die Befugnis nicht; es ist vielmehr dem jeweiligen Aufenthalt des Kindes entsprechend auszugestalten, mag dieser nun im Inland, mag er auch im Ausland liegen. Mißbräuchen ist mit § 1666 entgegenzutreten, gegebenenfalls auch mit einer Neuregelung der elterlichen Sorge (§ 1696), im einen wie im anderen Fall also allein orientiert an der Notwendigkeit, dem Kind (und nicht: dem Umgangsberechtigten) Schutz gewähren zu müssen (auch vor totaler Entfremdung, wenn der persönliche Umgang persönlichkeitsfördernd ist). Gleichgültig sind insoweit die Interessen des umgangsberechtigten Elternteils. Aus der Gleichordnung der beiden Elternteile folgt noch nicht, daß der Sorgeberechtigte Einbußen an seiner Freizügigkeit (als mittelbarer Folge einer Beschränkung) hinzunehmen hätte.[29]

Auf dem Hintergrund einer nicht immer richtig gedeuteten elterlichen Sorge neigt die Praxis zu Regelungen, die das Recht zum persönlichen Umgang mit dem Kind sinnwidrig eng ausgestalten (Elterneinigungen pflegen in aller Regel

---

[27] Zu vollziehen sind jedoch nur hinreichend bestimmte Gebote und Verbote (zu einem Tun oder Unterlassen, auch in der Form des Duldens). Vgl. OLG Hamm, OLGZ 1966, 206; OLG Braunschweig, FamRZ 1973, 268; LG Berlin, FamRZ 1976, 285; KG, FamRZ 1977, 405 (mit Recht gegen Überspitzungen; Recht, das Kind abzuholen, impliziert „Bereithaltungsgebot"); FamRZ 1978, 440; OLG Düsseldorf, FamRZ 1978, 619.

[28] Nachw. zum damaligen Streitstand in der Voraufl., S. 627 Fn. 6.

[29] Anders die h. L. Sie geht von einer Kollision zweier absoluter Rechte aus, billigt aber dem umfassenderen Recht einen grundsätzlichen Vorrang zu. Vgl. dazu RGZ 141, 319; OLG München, ROLG 18, 278 (noch mit Zuständigkeit des Prozeßgerichts). Aus jüngerer Zeit (mit Zuständigkeit des VormG im Elternstreit) vgl. BayObLG, JR 1957, 141 (142) mit zust. Anm. *Beitzke; Dölle,* § 98 I 4; *Soergel-Lange,* 15 zu § 1634; *Schwoerer,* FamRZ 1963, 301; *Staudinger-Schwoerer,* 91 ff. zu § 1634; *Erman-Ronke,* 6 zu § 1634; MünchKomm-*Hinz,* 9 zu § 1634. In älteren Entscheidungen ist ein Zug zu Deutschtümelei unverkennbar, der heute als überwunden gelten kann (vgl. etwa KG, FamRZ 1972, 572 [574]; LG Mannheim, FamRZ 1976, 167). Wie wenig die h. M. dem geltenden Recht entspricht, zeigt ihr Entscheidungstenor, der jeweils richterliche Gestaltungsmöglichkeiten behauptet, die gar nicht bestehen. Vgl. etwa *Staudinger-Schwoerer,* 95 zu § 1634 (Zulassung der durch die Auswanderung eintretenden Beschränkung des Verkehrsrechts).

weit großzügiger zu sein). Am gleichen Ort pflegt nur ein mehrstündiger Besuch im Monat zugebilligt zu werden;[30] dem Zwang zu ausgedehnteren Besuchsreisen oder auch gemeinsamen Ferienaufenthalten bei weiterer räumlicher Entfernung wird meist nur unzulänglich Rechnung getragen.[31] Die Kontroverse um Nutzen und Schaden des Rechtes setzt sich in den richterlichen Entscheidungen fort; Richter, die das Recht auch innerlich bejahen, entscheiden anders als Richter, die nur notgedrungen etwas zugestehen, was ihnen selbst verfehlt zu sein dünkt.

9. In Ehesachen kann das Familiengericht den persönlichen Umgang mit dem Kind auf Antrag durch *einstweilige Anordnung* regeln (§ 620 I Nr. 2 ZPO); im selbständigen Verfahren ist ihm das nämliche kraft eines allgemeinen Grundsatzes der Freiwilligen Gerichtsbarkeit gestattet. Hier wie dort pflegt die interimistische Entscheidung mit einer anderen verbunden zu sein, welche die elterliche Sorge ordnet und damit die Rollen des Sorgeberechtigten und Umgangsberechtigten zuweist (vgl. unten § 56 I 4 und 5, auch zu den Voraussetzungen einstweiliger Anordnungen und zu den Konkurrenzen). Unterschiedslos sind alle Entscheidungen gemäß § 33 FGG zu vollziehen. Im Hinblick auf § 621 a I ZPO ist auch die einstweilige Anordnung im Eheprozeß nicht (wie vielfach behauptet[32]) nach den Regeln der ZPO zu vollstrecken.

10. *Änderungen.* Elterneinigungen stehen unter dem Vorbehalt eines Richteraktes (der sie verdrängt, wenn er einen anderen Inhalt hat; der sie überlagert, wenn er sie bestätigt);[33] jeder endliche Richterakt kann in den Grenzen des § 1696 abgeändert werden; einstweilige Anordnungen sind nicht weniger aufhebbar und änderbar (vgl. § 620b ZPO). Ausschlaggebend sind hier wie dort allein die Interessen des Kindes (diese freilich gesehen im Rahmen der von der Legislative in § 1634 getroffenen Grundentscheidung[34]).

11. *Ausschluß.* Die Befugnis zum persönlichen Umgang mit dem Kind kann

---

[30] Vgl. KG, DR 1940, 2006; BayObLG, FamRZ 1955, 155 (156). Erfreulich dagegen KG, DFG 1943, 500. Vgl. ferner *Dürr,* S. 22 (mit Vorschlag, die Stundenzahl nach dem Alter des Kindes zu staffeln). Grds. gegen einen zusätzlichen Ferienverkehr von längerer Dauer KG, FamRZ 1978, 728; 1979, 70. Vgl. ferner LG Berlin, FamRZ 1973, 99 (nicht von vornherein ausgeschlossen).

[31] Vgl. OLG Düsseldorf, JR 1950, 369 (höchstens 2–3 Tage); KG, JW 1930, 1009; HRR 1935 Nr. 351; *Soergel-Lange,* 18 zu § 1634. Großzügiger BayObLGZ 1957, 134; OLG Stuttgart, FamRZ 1959, 296; BayObLG, FamRZ 1964, 217; 1965, 155 (156) und 618; OLG Karlsruhe, FamRZ 1967, 632 (jeden Monat ein Wochenende bei einer Entfernung von 150 km). Kritisch zur Rspr. auch *Riedel,* S. 93.

[32] Vgl. *Stein-Jonas-Schlosser,* 10 zu § 620a ZPO; OLG Koblenz, FamRZ 1978, 605.

[33] § 1671 III (Elternvorschlag mit beschränkter Bindung des Gerichts) ist nicht analog anzuwenden. Vgl. BayObLG, FamRZ 1965, 618; *Erman-Ronke,* 12 zu § 1634; *Soergel-Lange,* 14 zu § 1634; MünchKomm-*Hinz,* 13 zu § 1634. Zweifelnd *Schwoerer,* FamRZ 1966, 97 (der aber auch ohne Analogieschluß dem Gericht eine Änderungsbefugnis nur zugestehen will, wenn die Elternvereinbarung mit dem Wohl des Kindes nicht zu vereinbaren ist). A. A. *Schwab,* RdNr. 225.

[34] Abzulehnen deshalb OLG Kalrsruhe, FamRZ 1978, 201 (die Entscheidung billigt praktisch die planmäßige Umgangsvereitelung durch den Sorgeberechtigten, wenn dieser dem Umgang ablehnend gegenübersteht, im übr. aber gut für das Kind sorgt).

vom Familiengericht eingeschränkt oder ausgeschlossen werden, wenn es zum Wohl des Kindes (und nie: im Interesse des Sorgeberechtigten[35]) erforderlich ist (§ 1634 II 2), also in Grenzen, die betont enger gezogen sind (sie kehren wieder in § 1671 III 1; vgl. dazu unten § 56 V) als die anderen, die für Änderungsentscheidungen gelten. Die Norm geht über § 1666 hinaus (ein auf ihn gestützter Entzug der Personensorge beläßt die Befugnis zum Umgang mit dem Kind), setzt aber den dort begonnenen Gedanken fort: Das Familiengericht wird tätig in Ausübung des staatlichen Wächteramtes; ein Antrag des Sorgeberechtigten ist nicht notwendig; jede Entscheidung ist sofort aufzuheben, wenn ihr Anlaß entfallen ist.

Der Umgang kann total ausgeschlossen werden, aber auch nur partiell (etwa: keine Ferienreise); Einschränkungen sind in allen Richtungen möglich: örtlich (kein Treffen in der Wohnung des Umgangsberechtigten), persönlich (kein Treffen in Anwesenheit des neuen ,,Lebensgefährten", des neuen Ehegatten, des Ehestörers[36]), zeitlich, aber auch durch Maßnahmen, die den Umgang im einzelnen ausgestalten (kein Treffen ohne Anwesenheit eines Dritten). Zu wahren sind alle Prinzipien, die auch sonst den Staat in seiner Funktion als bloßer Wächter zu lenken haben: Wer überwacht, hat nicht zu strafen[37] (auch nicht: nach Verletzung der Unterhaltspflicht!); wer lediglich zur Gefahrenabwehr berufen ist, hat das Prinzip des jeweils mildesten Eingriffs zu wahren. So darf ein Ausschluß nur erfolgen, wenn andere Maßnahmen keinen Erfolg versprechen. Gefährdet allein die Umgebung des Umgangsberechtigten, so ist allein (örtlich oder persönlich) die Umgebung zu ändern;[38] drohen Erziehungsversuche oder Verstöße gegen das Gebot, Loyalität gegenüber dem Sorgeberechtigten zu wahren, wird vielfach bereits die (freilich überaus problematische und deshalb tunlichst zu vermeidende) Anwesenheit eines neutralen Dritten (Jugendamt) den Erfolg verbürgen.[39]

12. *Analogie.* Früh schon hat die Rspr. § 1634 analog angewandt, wenn es galt, den persönlichen Umgang mit dem Kind zwischen Elternteilen zu regeln, die zwar getrennt leben, die elterliche Sorge jedoch gemeinschaftlich ausüben;[40] das

[35] Vgl. dazu (besonders deutlich) OlG Stuttgart, NJW 1978, 380.

[36] Zum freien Umgangsrecht gehört die Bestimmung über die Anwesenheit Dritter. Ihre Entfernung ist deshalb nur in den Grenzen des § 1634 II zulässig. Anders die h. M. (vgl. etwa BGHZ 51, 219 [225f.]; *Soergel-Lange,* 19 zu § 1634; MünchKomm-*Hinz,* 23 zu § 1634), jedoch sämtlich ohne klaren Bezugspunkt für die ,,Einschränkung". Im Erg. wie der Text *Weber,* FamRZ 1973, 285. Aus der Praxis vgl. KG, FamRZ 1978, 729 (Frage, ob die Kinder sich gestört fühlen).

[37] Richtig schon KG, DFG 1943, 141; BayObLGZ 1957, 134 (135). Bedenklich dagegen KG, Recht 1914 Nr. 1698 (Nichtausübung Anlaß zu beschränkender Regelung).

[38] Vgl. OLG Braunschweig, MDR 1962, 132 (Prostituierte). Vgl. auch SchlHOLG, MDR 1957, 426 (Konkubinat der Mutter). Zu Treffen in Justizvollzugsanstalten vgl. BayVerfGH, FamRZ 1974, 37 (Verwaltungsgebäude, Wohnung des Bewährungshelfers); KG, FamRZ 1968, 260 und 262 (gänzlich ausschließend).

[39] Vgl. KG, ROLG 12, 323; OLG München, JFG 15, 253; OLG Hamm, NJW 1967, 446. Wie der Text auf Ausnahmefälle beschränkend MünchKomm-*Hinz,* 24 zu § 1634.

[40] Vgl. OLG Hamm, JMBlNRW 1963, 80; BayObLG, NJW 1963, 2276; KG, FamRZ 1965, 154;

EltSorgRG hat diese Praxis legalisiert (§ 1634 IV). Unbedenklich ist die Regelung allein, wenn sie verstanden wird als besondere Kompetenz des Familiengerichts für den Elternstreit in besonderer Situation (obwohl an sich das Vormundschaftsgericht zuständig wäre). Unerträglich ist dagegen (so aber die bisherige Praxis[41]) die Übernahme der von der Rspr. zu § 1634 entwickelten Entscheidungsgrundsätze. Ein mit der vollen elterlichen Sorge begabter Elternteil darf nicht wie ein nur Umgangsberechtigter behandelt werden; er steht dem Kind als selbständige Erziehungspersönlichkeit gegenüber und seinem Ehegatten als gleichberechtigt in allen Fragen der elterlichen Sorge.

13. *Streit mit dem Vormund, Pfleger.* Direkt (und nicht – wie zuweilen versichert wird – analog[42]) ist § 1634 anzuwenden im Streit nicht sorgeberechtigter (ehelicher oder nichtehelicher) Elternteile mit einem Vormund oder Pfleger. Das Recht zum persönlichen Umgang mit dem Kind ist eine elterliche Restbefugnis, die unabhängig von der Regelung der Sorge für das Kind im übrigen besteht. Freilich ist in diesem Fall die Zuständigkeit des Familiengerichts nur gegeben, wenn es selbst die Vormundschaft oder Pflegschaft anordnete (§ 1671 V), im übrigen aber (Fälle der §§ 1666ff.; nichteheliche Kinder) diejenige des Vormundschaftsgerichts. Der Normtext des § 1634 ist insoweit nach den Regeln der teleologischen Reduktion zu korrigieren: Zweck des § 1634 II sollte es nicht sein, gegen eine grundsätzliche Kompetenzgrenze im besonderen Fall eine generelle Zuständigkeit des Familiengerichts zu begründen.[43]

§ 54. Die Vermögenssorge

Schrifttum: *Zöllner,* Die Verwendung der Einkünfte aus dem Kindesvermögen, FamRZ 1959, 393.

I. Fremdnützigkeit

1. Elterliche Vermögenssorge ist ganzen Jahrhunderten gemischt eigennützig-fremdnützige Verwaltung gewesen, Bewahrung des Kindesvermögens zum Nutzen des Kindes und Bereicherung der Eltern um die anfallenden Nutzungen.

BayObLG, FamRZ 1966, 453; 1968, 101; BayObLGZ 1970, 89 (mit Fortsetzung eines schwebenden Verfahrens nach Scheidung der Ehe); OLG Köln, FamRZ 1978, 727; KG, FamRZ 1978, 728. Zust. *Staudinger-Schwoerer,* 37f. zu § 1634 (mit Ausnahme für Abs. II Satz 2 a.F.); *Erman-Ronke,* 2 zu § 1634; *Dölle,* § 98 VII 1; MünchKomm-*Hinz,* 7 zu § 1634. Abl. die Voraufl.; *Merkert,* NJW 1964, 1059.

[41] Vgl. aber auch BayObLG, FamRZ 1966, 453 mit Bereitschaft, „etwas großzügiger" zu verfahren.

[42] Vgl. BayObLG, FamRZ 1964, 217.

[43] I. Erg. ebenso für die Fälle des § 1666 OLG Hamburg, FamRZ 1978, 793; für die Mutter eines nichtehelichen Kindes OLG Karlsruhe, FamRZ 1978, 906.

Elterliche Vermögenssorge ist der Gegenwart fremdnützige Verwaltung geworden mit geringen, die Grundstruktur nicht angreifenden Ausnahmen.

2. *Unterhalt.* Minderjährige unverheiratete Kinder sind von ihren Eltern zu unterhalten, wenn und soweit sie sich nicht aus den Einkünften ihres Vermögens und den Erträgen ihrer Arbeit selbst unterhalten können; den vorrangigen Einsatz der Eigenmittel ordnet § 1649 I. Ihm zufolge sind die Einkünfte aus dem Vermögen (nach Abzug der zur ordnungsgemäßen Verwaltung benötigten Mittel[1]) vor dem Erwerb durch Arbeit oder durch ein (nach § 112 selbständig betriebenes) Erwerbsgeschäft für den Unterhalt des Kindes zu verwenden. Diese „Ordnung der Eigenmittel" ist ungewöhnlich – Arbeitseinkommen pflegt vor den Vermögenseinkünften verbraucht zu werden – und Ursache eines eigenartigen Kreislaufes: Das zuungunsten der Vermögenseinkünfte freigesetzte Arbeitseinkommen fließt in das Vermögen und vermehrt die Einkünfte aus ihm. Erreicht wird eine Bindung der Eltern, die das Kind vor einer ungerechtfertigten Verwendung seiner Mittel im Rahmen des § 1649 II schützt. Die Eltern verlieren die Möglichkeit, das Kind auf sein Arbeitseinkommen zu verweisen und die Vermögenseinkünfte für sich und die Geschwister zu verwenden.[2]

Der Normzweck gebietet keine reale Befolgung der gesetzlichen (ökonomisch meist nicht eben sinnvollen) Ordnung der Eigenmittel des Kindes; er wird bereits erreicht mit einer der gesetzlichen Ordnung entsprechenden Rechnung, in welcher der zur Verfügung stehende Betrag ermittelt wird (mag er dann auch aus dem Arbeitseinkommen des Kindes geleistet werden).[3] In jedem Fall muß es den Eltern unbenommen bleiben, den vom Normtext geforderten, jedoch meist sinnlosen Kreislauf zugunsten einer Unterhaltung des Kindes aus seinem Arbeitseinkommen zu vermeiden, wenn sie von ihren Rechten aus § 1649 II keinen Gebrauch zu machen wünschen.

3. § 1649 II gestattet den Eltern (verpflichtet sie aber nicht[4]), Überschüsse aus den Einkünften des Kindesvermögens (nicht anderen Erwerb, insbesondere nicht Renten des Kindes[5]) für den eigenen Unterhalt und den Unterhalt minderjähriger

---

[1] Zu ihnen gehören auch die Mittel für die Einkommen- und Vermögensteuer. Vgl. *Zöllner,* FamRZ 1959, 396; MünchKomm-*Hinz,* 12 zu § 1649. Gewinne aus einem Erwerbsgeschäft sind zunächst zum Ausgleich früherer Verluste zu verwenden. Vgl. *Maßfeller,* DNotZ 1957, 367; *Staudinger-Engler,* 7 zu § 1649; *Soergel-Lange,* 6 zu § 1649; *Erman-Ronke,* 5 zu § 1649; *Palandt-Diederichsen,* 2a zu § 1649; *Dölle,* § 94 VII 3b; MünchKomm-*Hinz,* 13 zu § 1649 (mit Ausnahme „ganz seltener Fälle"). A.A. *Zöllner,* FamRZ 1959, 396.

[2] Kritisch dazu *Beitzke,* § 28 II 3. Richtig ist, daß der Zweck des § 1649 II bei hohem Arbeitseinkommen des Kindes nicht voll erreicht wird.

[3] So ist wohl auch *Soergel-Lange,* 9 zu § 1649, zu verstehen.

[4] Ebenso *Zöllner,* FamRZ 1959, 394; *Staudinger-Engler,* 11 zu § 1649; *Erman-Ronke,* 11 zu § 1649. In Ausnahmefällen soll dagegen nach a.A. (*Donau,* MDR 1957, 711; *Dölle,* § 94 Fn. 147; MünchKomm-*Hinz,* 22 zu § 1649) das VormG nach § 1666 zugunsten der Geschwister eingreifen können, wenn die Befugnis nicht ausgenutzt wird.

[5] Vgl. OLG Hamm, FamRZ 1974, 31.

unverheirateter Geschwister[6] zu verwenden, „soweit dies unter Berücksichtigung der Vermögens- und Erwerbsverhältnisse der Beteiligten der Billigkeit entspricht". Die Norm wurzelt nicht im Unterhaltsrecht; sie ist sogar gegenstandslos, soweit ein Unterhaltsanspruch der Eltern besteht.[7] Sie verwirklicht vielmehr einen eigenständigen Gedanken, der zugleich Rechtsgrund aller Zuwendungen ist, zu denen sie führt (so daß Bereicherungsansprüche nur gegeben sind, wenn die Eltern die Grenzen ihrer Befugnis überschritten und § 814 die Rückforderung nicht ausschließt).[8] In Grenzen (die Befugnis besteht nicht für Vermögen, das der elterlichen Vermögenssorge entzogen ist;[9] Dritte können die Befugnis bei unentgeltlichen Zuwendungen nach § 1638 ausschließen[10]) soll der Vorzug des von eigenen Mitteln lebenden (und deshalb den §§ 1601ff. und 1360f. nicht unterworfenen!) vermögenden Kindes zugunsten eines annähernd gleichen Lebensstandards in der Kleinfamilie gemildert werden.[11] Gedacht hat man in erster Linie an die Hausgemeinschaft, doch kennt § 1649 II keine entsprechende Beschränkung.[12]

§ 1649 II gilt auch nach Scheidung der Elternehe;[13] der besonderen Problematik ist dann lediglich mit dem Billigkeitskriterium Rechnung zu tragen. So wird es in aller Regel nicht billig sein, den sorgeberechtigten Elternteil zu begünstigen, wenn das Kindesvermögen vom anderen Elternteil herrührt.[14] So wird aber auch meist eine Begünstigung des nicht mehr sorgeberechtigten Elternteils abzulehnen sein; die Billigkeit gebietet nicht viel in dieser Situation.

Die elterliche Befugnis endet notwendig mit der Heirat des vermögenden

---

[6] Begünstigt sind nach h.M. nur die genetischen Eltern (nicht Stiefelternteile) und nur die blutsverwandten Geschwister, einschl. der Halbgeschwister (dagegen nicht Stiefgeschwister). Krit. dazu MünchKomm-*Hinz*, 25 zu § 1649.

[7] Für § 1649 Abs. II Bedürftigkeit der Eltern zu fordern (*Paulick*, FamRZ 1958, 6, gegen die h. L.!), heißt daher, ihn für die Eltern überhaupt zu beseitigen.

[8] Ebenso *Zöllner*, FamRZ 1959, 397; *Staudinger-Engler*, 18 zu § 1649; *Soergel-Lange*, 17 zu § 1649; *Erman-Ronke*, 12 zu § 1649; *Dölle*, § 94 VII 3e; MünchKomm-*Hinz*, 35 zu § 1649. Zweifelnd *Bosch*, FamRZ 1957, 194f. Klar a.A. *Paulick*, FamRZ 1958, 6. Er will Bereicherungsansprüche des Kindes nur mit Hilfe des § 814 ausschließen, um nicht über § 1649 II zu einer Erweiterung der gesetzlichen Unterhaltspflichten zu gelangen. Recht betrachtet ist aber auch § 814 Träger einer eigenen causa (und zwar einer, die § 1649 II sehr nahe steht).

[9] H.L. Vgl. *Staudinger-Engler*, 12 zu § 1649; *Soergel-Lange*, 3 zu § 1649.

[10] § 1638 nennt die Möglichkeit nicht, doch ist es wenig sinnvoll, den Dritten zum Ausschluß der elterlichen Vermögensverwaltung überhaupt zu drängen. Richtig *Maßfeller*, DNotZ 1957, 266f.; *Zöllner*, FamRZ 1959, 394; *Erman-Ronke*, 2 zu § 1649; *Dölle*, § 94 Fn. 146; MünchKomm-*Hinz*, 6 zu § 1649 (unter Hinw. auf § 1639).

[11] Im Schrifttum wird gern behauptet, daß bereits die §§ 1601ff. und 1360f. annähernd gleichen Lebenszuschnitt garantieren. Vgl. etwa *Dölle*, § 94 VII 3c. § 1649 II gibt dann nur die Möglichkeit, den Lebensstandard in der Kleinfamilie anzuheben.

[12] *Zöllner*, FamRZ 1959, 395; *Staudinger-Engler*, 14 zu § 1649; *Erman-Ronke*, 7 zu § 1649; *Soergel-Lange*, 11 zu § 1649; *Dölle*, § 94 VII 3e. Krit. dazu MünchKomm-*Hinz*, 25 zu § 1649.

[13] Vgl. *Zöllner*, FamRZ 1959, 395; *Soergel-Lange*, 2 zu § 1649.

[14] Vgl. dazu *Lüderitz*, FamRZ 1975, 613.

Kindes. Ehe beendet die Zugehörigkeit zur Elternfamilie; das heiratende Kind begründet eine eigene Kleinfamilie.

II. Rechenschaft

1. Rechenschaft (vgl. dazu §§ 259ff.) gehört zu jeder fremdnützigen Vermögensverwaltung. Sie kann periodisch geschuldet werden, auf Verlangen oder auch erst bei Beendigung einer Verwaltung. Elterliche Vermögenssorge verpflichtet im Regelfall allein zu beschränkter Rechenschaft an ihrem Ende. Nur Gefährdung des Kindesvermögens durch Vermögensverfall oder pflichtwidriges Handeln der Eltern gibt dem Vormundschaftsgericht das Recht, während der laufenden Verwaltung Rechenschaft zu fordern (§ 1667 II; vgl. dazu oben § 49 VIII 10).

2. *Umfang.* Elterliche Rechenschaft ist ***beschränkte Rechenschaft,*** weil sie die Nutzungen des Kindesvermögens (gemeint: die Einkünfte des Kindesvermögens nach Abzug der Verwaltungskosten) nur zu umfassen braucht, wenn Grund zur Annahme besteht, daß die Nutzungen entgegen § 1649 II verwandt wurden (§ 1698 II).[1] Dem Kind verbleiben damit zwar alle Ansprüche aus pflichtwidriger Verwendung der Vermögenseinkünfte, doch eröffnet ihm erst ein eigener Beweisantritt die Möglichkeit, von den Eltern voll Rechenschaft (also Widerlegung des Verdachtes oder Offenbarung pflichtwidrigen Handelns) zu fordern. Anlaß zu dieser Anomalie ist letztlich die Rechtsunsicherheit, die § 1649 II durch die Verwendung der Billigkeit als Maßstab verbreitet. Geschütztes Rechtsgut ist der Familienfrieden.

3. ***Zeitpunkt.*** Rechenschafts- und herausgabepflichtig sind die Eltern (gemeint: jeder bislang zur Vermögenssorge berufene Elternteil)[2] nach § 1698 I stets, wenn ihre Vermögensverwaltung endigt oder unterbrochen wird, mag nun die gesamte elterliche Sorge enden (Volljährigkeit des Kindes) oder zum Ruhen kommen (§§ 1673ff.), mag auch nur die Vermögenssorge betroffen sein (vgl. § 1670), mag nun die Wahrscheinlichkeit erneuter Verwaltung sehr groß oder auch sehr klein sein. Auch Konzentration der Vermögenssorge bei einem Elternteil erzeugt die Pflichten für den anderen Elternteil, doch gewinnen sie in dieser

---

[1] Unbeschränkte Rechenschaft wird für Arbeitseinkommen und für Einkünfte aus Renten geschuldet (die gleicherweise nicht zum Anwendungsbereich des § 1649 II gehören). A.A. für Renten LG Krefeld, FamRZ 1965, 281; *Staudinger-Engler,* 11 zu § 1698.

[2] Gleicherweise verpflichtete Elternteile sind Gesamtschuldner. Vgl. OLG Oldenburg, MDR 1962, 481; MünchKomm-*Hinz,* 6 zu § 1698. An einer Gesamtschuld für die Herausgabe fehlt es jedoch, wenn ein Elternteil nichts hat, was er herausgeben könnte (also auch nicht mittelbaren Besitz). Das OLG Oldenburg und MünchKomm-*Hinz* (jeweils a. a. O.) wollen dagegen nur befreien von der Herausgabe von Vermögenswerten, die in die Hand eines Elternteils gelangten, ohne daß der andere davon wußte oder wissen mußte.

Soweit eine Herausgabepflicht mangels Besitzes entfällt, können Schadensersatzansprüche (wegen pflichtwidriger Überlassung) begründet sein.

Situation angesichts der bisherigen Mitverwaltung des nunmehr allein berufenen Elternteils in der Regel keine Bedeutung.

4. Inhaber der klagbaren,[3] von den §§ 259, 260 näher umrissenen Ansprüche ist das Kind. Einen Gegenanspruch der Eltern auf Abschluß eines Entlastungsvertrages (§ 397 II) kennt das Gesetz nicht.

Das volljährig gewordene Kind pflegt seinen Eltern die Rechenschaftspflicht zu erlassen.[4] Entstehen die Ansprüche vor Eintritt der Volljährigkeit, sind die Rechte des Kindes von seinem neuen gesetzlichen Vertreter im Bereich der Vermögenssorge wahrzunehmen.

5. *Inventarisierung*. Rechenschaft setzt eine Sonderung der verwalteten Vermögensmasse vom eigenen Vermögen voraus. Eltern unterliegen gleichwohl einer Inventarisierungspflicht nur in bestimmter Situation. Der Erwerb des Kindes von Todes wegen ist zu inventarisieren[5] und der Erwerb anläßlich eines Sterbefalls (Schenkungen unter Lebenden auf den Todesfall), der Erwerb sodann aus Unterhaltsabfindungen (nur möglich bei nichtehelichen Kindern!) und aus unentgeltlichen Zuwendungen, alles freilich nur, wenn der Erwerb den Wert von 10000 DM übersteigt; entbinden können von der Pflicht der Erblasser durch letztwillige Verfügung und der unentgeltlich Zuwendende bei der Zuwendung (§ 1640 I und II). Pflichtwidrigkeiten berechtigen das Vormundschaftsgericht (dem das Nachlaßgericht den Erwerb mitzuteilen hat; vgl. § 50 II FGG) zur Anordnung der Ersatzvornahme (Abs. III) und subsidiär zum Entzug der Vermögenssorge als Sanktion (Abs. IV).

Jeder Elternteil ist ferner verpflichtet, der eine Ehe eingehen will (§ 1683; vgl. dazu oben § 10 VII). Es gilt in diesem Fall das Kindesvermögen zu fixieren, weil eine weitere Vermögensmischung (der Ehegatten) droht.

Unterschiedlich sind die Folgen jener Vorgänge für eine zwischen Eltern und Kind bestehende Vermögensgemeinschaft. Eine anläßlich des inventarisierungspflichtigen Erwerbs entstehende Bruchteils- oder Gesamthandsgemeinschaft (Miterbengemeinschaft eines Elternteils und des Kindes nach dem Tod des anderen Elternteils; Handelsgesellschaft nach Schenkung eines Anteils an einer Gesellschaft, an welcher auch ein Elternteil beteiligt ist) kann stets bestehenbleiben. Der Eheschluß fordert dagegen wenigstens grundsätzlich die Auseinandersetzung, mag auch ein Dispens möglich (und in vielen Fällen sinnvoll) sein. Hier (in der

---

[3] Vgl. OLG Oldenburg, ROLG 3, 371. Das VormG kann die Pflichterfüllung nach aller Ansicht nicht erzwingen.

[4] Eine Verwirkung (§ 242) der Ansprüche auf Rechenschaft und Herausgabe ist mit Rücksicht auf die besondere Situation im Familienverband mit seinen gesteigerten Rücksichtspflichten nur bei ungewöhnlicher Fallgestaltung anzuerkennen. Vgl. dazu OLG München, NJW 1974, 703 (Ausübung der Rechte nach pflichtwidrigem Elternverhalten erst neun Jahre nach Eintritt der Volljährigkeit rechtfertigt die Einwendung nicht).

[5] Ist der Elternteil Vorerbe, das Kind aber Nacherbe, so muß der ganze Nachlaß inventarisiert werden. Vgl. OLG München, FamRZ 1969, 660.

Ausnahme) wie dort (in der Regel) wirkt der Gedanke, daß die Sonderung der Vermögen nicht zu vermeidbaren ökonomischen Einbußen des Kindes führen sollte.

III. Surrogation

1. *Tatbestand.* Bewegliche Sachen, Inhaberpapiere, mit Blankoindossament versehene Orderpapiere und alle durch Abtretungsvertrag allein übertragbaren Rechte (vornehmlich also nicht verbriefte Forderungen), die von den Eltern mit Mitteln des Kindes erworben werden, gehen mit dem Erwerb (kein Durchgangserwerb![1]) in das Vermögen des Kindes über, falls die Eltern nicht den Willen hatten, für eigene Rechnung oder für Rechnung eines Dritten zu erwerben (§ 1646).[2] In gegenständlicher Beschränkung, die vornehmlich den Erwerb von Grundstücken nicht erfaßt, und in eigenartiger, den inneren Willen des Erwerbenden als Grenze anerkennender Form, wird damit der *Gedanke der Mittelsurrogation* in das Recht der elterlichen Vermögenssorge eingeführt. Soweit er eingreift, bewirkt er *im Erwerbsgeschäft eine Subjektsänderung ex lege:* An die Stelle des von den Parteien in ihren Willenserklärungen (insbesondere in der Einigung des § 929) bezeichneten Erwerbers (der Eltern) tritt das Kind.[3] Wird eine Forderung dergestalt zugewiesen, so ist dem Schuldner in Analogie zu § 412 Schutz zu gewähren.

2. § 1646 ist gegenstandslos, wenn die Eltern im Namen des Kindes handeln; das Kind ist dann bereits kraft Parteiwillens Partei des Verfügungsgeschäftes (§ 164). § 1646 beansprucht keine Geltung, wenn die Eltern (pflichtwidrig, und damit zum Schadensersatz verpflichtend) mit Mitteln des Kindes für sich oder einen Dritten erwerben wollen[4] (auch nicht als Norm, aus der in analoger Anwendung ein Anspruch auf Übertragung des Erwerbs zu entwickeln wäre[5]). Die

---

[1] Heute h.L. Vgl. *Staudinger-Engler,* 6 zu § 1646; MünchKomm-*Hinz,* 11 zu § 1646; *Erman-Ronke,* 2 zu § 1646; *Soergel-Lange,* 2 zu § 1646. A.A. noch v. *Tuhr,* II 2, § 87 I 6 Fn. 19; *Kipp-Wolff,* § 50 I 3; *Dölle,* § 94 V 2.

Steht bei Abschluß des Verfügungsgeschäftes noch nicht fest, aus wessen Mitteln geleistet werden soll, so werden die Eltern Eigentümer und bleiben es auch, wenn sie schließlich Mittel des Kindes verwenden. § 1646 läßt eine Subjektsänderung nur im Augenblick des Erwerbsgeschäftes zu. Alle Voraussetzungen der Surrogation müssen daher zu diesem Zeitpunkt vorliegen.

[2] Wird der Begriff der dinglichen Surrogation auf Tatbestände beschränkt, die auf den Willen des Erwerbers keine Rücksicht nehmen, fällt § 1646 nicht unter ihn. Folgerichtig *Wolf,* JuS 1975, 645 mit Fn. 12.

[3] § 1646 ist zwingendes Recht. A.A. *Kipp-Wolff,* § 80 VI; *Dölle,* § 94 V 1.

[4] Den Beweis hat zu führen, wer sich auf Erwerb der Eltern beruft. Vgl. KG, ROLG 22, 158; *Staudinger-Engler,* 5 zu § 1646; *Soergel-Lange,* 3 zu § 1646; *Dölle,* § 94 V 1; MünchKomm-*Hinz,* 10 zu § 1646. Sind beide Elternteile am Erwerbsgeschäft beteiligt, so will die h.L. (vgl. *Beitzke,* JR 1959, 404; *Soergel-Lange,* 3 zu § 1646; MünchKomm-*Hinz,* 16 zu § 1646; *Erman-Ronke,* 2 zu § 1646) Erwerb der Eltern nur eintreten lassen, wenn beide den Willen hatten, für sich zu erwerben. Folgerichtiger ist es, Miteigentum des Kindes und des für eigene Rechnung handelnden Elternteils anzunehmen.

[5] Vgl. BGHZ 6, 1 (zu § 1381 a.F.); MünchKomm-*Hinz,* 17 zu § 1646 (der die Entscheidung des

Norm ist mithin nur anzuwenden, wenn die Eltern in mittelbarer Stellvertretung für das Kind handelten. ***Mittelsurrogation in der Form des § 1646 verbindet also mit der mittelbaren Stellvertretung die Rechtsfolgen der unmittelbaren.***[6]

3. § 1646 wird zumeist als Norm verstanden, die Klarheit über die Person des Erwerbers schaffen soll und den Erwerb von Grundstücken nicht berücksichtigt, weil schon das Grundbuch Transparenz verbürgt. In Wahrheit führt gerade § 1646 mit seinem Eingriff in das rechtsgeschäftlich Vereinbarte zu Unklarheiten (vornehmlich für den Veräußerer) und nimmt den Erwerb von Grundstücken aus, um unrichtige Eintragungen zu vermeiden. Sein *Sinn liegt in der Erhaltung des Kindesvermögens,* das sich nicht in Ansprüche gegen die Eltern auf Übertragung der im eigenen Namen, aber für Rechnung des Kindes erworbenen Rechte mit entsprechender Verschlechterung der Rechtsposition (vgl. § 43 KO einerseits und § 61 Nr. 5 KO andererseits) auflösen soll. Wenig folgerichtig ist aus dieser Perspektive freilich die Beschränkung auf den Erwerb in mittelbarer Stellvertretung. Die Ersatzansprüche gegen die Eltern bei pflichtwidrigem Handeln für eigene oder dritte Rechnung bieten dem Kind nicht mehr Sicherheit als die Ansprüche auf Übertragung bei mittelbarer Stellvertretung.

4. Mit *Mitteln des Kindes* erwerben die Eltern nur, wenn sie die dem Veräußerer gebührende Gegenleistung (auch als verkauften Gegenstand, für den die Forderung aus § 433 II erworben wird) dem Vermögen des Kindes entnehmen und wenn sie eine Forderung des Kindes einziehen,[7] dagegen nicht schon, wenn der Erwerb eine (tatsächliche) Grundlage im Vermögen des Kindes findet. Der Anspruch aus einer von den Eltern im eigenen Namen abgeschlossenen Versicherung über eine im Eigentum des Kindes stehende Sache steht etwa dem Kinde nur zu, wenn die Versicherungsprämien aus seinem Vermögen gezahlt wurden.[8] Andernfalls hat es lediglich gegen die Eltern einen Anspruch auf Zession der Forderung (und schuldet selbst Aufwendungsersatz gemäß § 1648).[9]

BGH für die Gegenansicht zitiert). Ein Anspruch auf Übertragung ist auch nicht aus ungerechtfertigter Bereicherung abzuleiten. A.A. MünchKomm-*Hinz,* 15 zu § 1646.

[6] Stammen die Mittel zum Teil aus dem elterlichen Vermögen, zum Teil aber aus dem Vermögen des Kindes, muß Miteigentum nach Bruchteilen eintreten. Vgl. RGZ 152, 349 (354f.); allg. M. Vgl. aber auch RGZ 126, 114 (117). Die Entscheidung nimmt bei einem Kreditkauf Surrogation in vollem Umfang an, wenn alle sofort geleisteten Barmittel aus dem geschützten Vermögen stammen. Ihr zust. MünchKomm-*Hinz,* 7 zu § 1646.

[7] Vgl. KG, ROLG 22, 158; MünchKomm-*Hinz,* 7 zu § 1646.

[8] Ebenso *Soergel-Lange,* 2 zu § 1646; MünchKomm-*Hinz,* 7 zu § 1646. Erwerb des Kindes in jedem Fall liegt dagegen in der Konsequenz von RGZ 76, 133 (137). Gegen die Entscheidung mit Recht *Josef,* LZ 1912, 839ff. Dem RG folgend dagegen *Staudinger-Engler,* 4 zu § 1646.

[9] Und zwar auch dann, wenn die Eltern sich Vermögen des Kindes übertragen lassen, um es dann als eigenes zu verwenden. Vgl. OLG Frankfurt, Recht 1906 Nr. 2862.

IV. Kapitalanlage

1. *Grundsatz der freien Verwaltung.* Elterliche Vermögenssorge ist grundsätzlich freie Verwaltung innerhalb der für die elterliche Sorge überhaupt bestehenden Bindungen; erst bei Gefährdung des Kindesvermögens hat das Vormundschaftsgericht zum Schutz des Kindes einzugreifen, falls sie zurückzuführen ist auf Pflichtwidrigkeiten der Eltern (mögen sie bereits unterlaufen sein, mögen sie auch erst drohen) oder auch auf deren Vermögensverfall (§ 1667; vgl. dazu oben § 49 VIII 9ff.). Deutlich hebt sich damit im Bereich der Kapitalanlage heute (seit dem EltSorgRG) elterliche Sorge ab von Vormundschaft: Dort herrscht Verwaltung mit beschränkter Maßnahmenwahl, wenn Geld anzulegen ist (vgl. dazu unten § 66 III 1), hier Freiheit unter allgemeiner Staatsaufsicht.

2. Elterliche Vermögenssorge ist *weisungsgebundene Verwaltung,* wenn dem Kind von Todes wegen oder unentgeltlich unter Lebenden Vermögen mit der Anordnung bestimmter Verwaltung zugewendet wurde (vgl. § 1639).[1] Den Vollzug der Weisungen überwacht das Vormundschaftsgericht.[2] Abweichungen kann der Zuwender jederzeit gestatten; stirbt er, ist er zur Abgabe einer Erklärung außerstande oder sein Aufenthalt dauernd unbekannt, so tritt an seine Stelle eingeschränkt das Vormundschaftsgericht: Der Staat kann nur entbinden, wenn die Befolgung der Weisungen das Interesse des Mündels gefährden würde (§§ 1639 II, 1803 II und III).[3]

Die praktische Bedeutung der weisungsgebundenen Verwaltung ist gering. Dritte, die in die elterliche Sorge einzugreifen wünschen, wählen meist den Ausschluß der Eltern von der Vermögensverwaltung überhaupt (§ 1638) und nicht die (dann freilich für den Pfleger notwendige) mildere Form der gelenkten Verwaltung. Als bewegendes Motiv pflegt der Ausschluß der elterlichen Verwendungsbefugnis aus § 1649 II genannt zu werden, doch ist auch er nicht eben praktisch (zudem als bloßer Ausschluß einer elterlichen Befugnis mit dem Ziele der Erhaltung von Kindesvermögen, das im übrigen frei verwaltet werden kann, eine – sicherlich zulässige – Maßnahme, die sich schon § 1638 einordnen läßt).

Weisungswidrige Verwaltung ist pflichtwidrig dem Kind gegenüber (dem Schadensersatz geschuldet sein kann), jedoch grundsätzlich wirksam im Verhältnis zu Dritten. Erwerben die Eltern etwa für das Kind Grundeigentum statt der an sich von einem Erblasser gewünschten Kapitalanlage in festverzinslichen Pa-

---

[1] In analoger Anwendung des § 1638 II gilt auch für die weisungsgebundene Verwaltung das Surrogationsprinzip (von dem der Zuwender entbinden kann). Vgl. MünchKomm-*Hinz,* 3 zu § 1639; *Staudinger-Engler,* 4 zu § 1639; *Soergel-Lange,* 3 zu § 1639.

[2] Es kann äußerstenfalls auch die Verwaltung des gebundenen Vermögens entziehen, ohne an die Grenzen des § 1667 gebunden zu sein (und damit praktisch die Situation des § 1638 herstellen). Allg. Ans.

[3] Der h.L. zufolge soll das VormG die Zustimmung des Zuwenders auch ohne Gefährdung der Kindesinteressen ersetzen können. Vgl. *Staudinger-Engler,* 9 zu § 1803; MünchKomm-*Hinz,* 6 zu § 1803.

pieren, so sind Kauf und Übereignung nur bei kollusivem Handeln der Eltern und des Veräußerers (gemäß § 138) nichtig.

3. *Geld,* das ihrer freien Verwaltung unterliegt, haben die Eltern nach den Grundsätzen einer wirtschaftlichen Vermögensverwaltung anzulegen, soweit es nicht zur Bestreitung von Ausgaben bereitzuhalten ist (§ 1642). Ökonomische Grundsätze sind damit allein entscheidend für die Wahl des Anlagenbereichs (Geldforderungen, festverzinsliche Wertpapiere, Aktien, Immobiliareigentum, Handelsgeschäfte usw.) und für die konkreten Maßnahmen innerhalb der grundsätzlich getroffenen Entscheidung. Das eine ist altes Rechtsgut: Auch früher wurden die Eltern nicht zu einer (allein mündelsicheren) Anlage in Geldforderungen und Wertpapieren gedrängt. Das andere ist jüngstes Rechtsgut: Daß Eltern auch dann, wenn sie sich zur Anlage in Geldforderungen und Wertpapieren entschlossen haben, allein Geboten der ökonomischen Vernunft folgen dürfen, ohne auf einen Dispens des Vormundschaftsgerichts von angeblich besonders bewährten und deshalb grundsätzlich vorgeschriebenen Anlagen angewiesen zu sein, hat erst das EltSorgRG zugestanden. Im Bereich der elterlichen Sorge (ohne jeden Sachgrund dagegen immer noch nicht im Bereich der Vormundschaft) ist damit der ,,Mythos der mündelsicheren Anlage" (mit z. T. unsinnig gewordenen Differenzierungen, etwa zwischen Spareinlagen bei Sparkassen und bei Großbanken) endgültig zusammengebrochen. Ausschlaggebend war nicht nur die Überzeugung, Recht setzen zu müssen, das auf der Höhe seiner Zeit steht (insbesondere die Erfahrungen von Inflation, Währungsreform und Wachstumsgesellschaft mit schwankenden, jedoch kontinuierlichen Inflationsraten verwertet), sondern auch eine faktische Verweigerung der Eltern, die schwerlich überwunden werden konnte. Vieles deutet darauf hin, daß sich die Eltern in Fragen der Kapitalanlage fast vollständig von der Aufsicht des Vormundschaftsgerichtes emanzipiert hatten (vermutlich zum Nutzen der Kinder).[4]

Rendite, Sicherheit und Liquidität haben die Eltern zu bedenken und sie allein. Belanglos sind immaterielle Gründe (auch Bindungen innerhalb der Familie). Eltern handeln etwa pflichtwidrig, wenn sie für das Kind Geschäftsanteile einer GmbH erwerben, die sich in wirtschaftlichen Schwierigkeiten befindet (keine Genehmigungspflicht; vgl. oben § 52 V 6), mag sie auch als Familiengesellschaft organisiert sein, die in der Familie als erhaltungswürdig gilt (zu den Grenzen der elterlichen Vertretungsmacht beim Erwerb vgl. insoweit §§ 1629 II, 1795 I Nr. 1).

---

[4] Vgl. dazu (für Berlin) *Klotz,* Die rechtstatsächliche und rechtspolitische Bedeutung der Vorschriften über die Anlage von Mündelgeld, 1966, S. 91f.

Dort, wo die Eltern um einen Dispens einkamen, scheinen die Vormundschaftsgerichte enge Standpunkte ihrer Instanzgerichte zugunsten einer großzügigeren Praxis nicht immer geteilt zu haben (in den Instanzenzug gerieten nur Entscheidungen, die den Dispens verweigerten). Vgl. *Münchmeyer,* DRiZ 1963, 229f., zur Kapitalanlage in Investmentanteilen. Vgl. freilich auch *Klotz,* S. 87ff. (mit dem KG übereinstimmende Praxis der Berliner Vormundschaftsgerichte).

Rendite und Sicherheit stehen nicht gleichberechtigt nebeneinander. Die Wendung des jüngeren Rechtes folgt Entwicklungen, die sich bei der Bewertung der verschiedenen Kapitalanlagen unter dem Aspekt ihrer Sicherheit vollzogen; sie wäre dagegen mißverstanden als Wendung, die den Eltern auch größere Risiken gestattet, wenn sie nur durch eine entsprechende Rendite kompensiert werden. Nach wie vor sind den *Eltern ausschließlich Kapitalanlagen gestattet, die (nach den Bewertungsgrundsätzen, die für die einzelnen Anlageformen bestehen) als sicher gelten* (mit einer Mischung von Anlageformen bei größeren Vermögen). Erst innerhalb der sicheren Vermögensanlagen ist jeweils die mit der höchsten Rendite zu wählen. Die Anlage eines größeren Kapitals in einer Sparcinlage mit gesetzlicher Kündigung (und damit zum Spareckzins) kann deshalb heute als pflichtwidriger Akt der Eltern bezeichnet werden.

Verfehlt wäre es, die Eltern in jene Grenzen zu verweisen, die ihnen die Rspr. gezogen hat, als sie noch dazu berufen war, den Dispens vom Gebot der mündelsicheren Anlage zu gewähren und angewiesen war, die Erlaubnis nur zu verweigern, „wenn die beabsichtigte Art der Anlegung nach Lage des Falles den Grundsätzen einer wirtschaftlichen Vermögensverwaltung zuwiderlaufen würde" (§ 1642 II a.F.). Daß man den Maßstab nicht änderte, als man den Eltern Freiheit gewährte, bedeutet nicht, daß lediglich an die Stelle eines Verbots mit Erlaubnisvorbehalt eine Erlaubnis mit Verbotsvorbehalt bei im übrigen gleichen Grenzen legitimen elterlichen Handelns getreten wäre. Um das (seinerzeitige) Verhältnis von Regel und Ausnahme zu wahren, aber auch um den Vormundschaftsgerichten Sicherheitsprüfungen zu ersparen, hat die Rspr. Restriktion in einem heute keinesfalls mehr akzeptablen (gegen den faktischen Widerstand der Eltern auch gar nicht durchsetzbaren) Umfang betrieben (vgl. dazu unten § 66 III 3 zur Bindung des Vormunds). Geldanlagen sind heute etwa im pflichtgemäßen elterlichen Akt bei allen Kreditinstituten möglich, die den Sparkassen an Sicherheit und Verzinsung nicht nachstehen (und nicht nur bei Sparkassen und Großbanken, wie es zuletzt der Rspr. zu § 1642 II a.F. entsprach). Auch der Kauf von Aktien und Investmentanteilen ist nicht grundsätzlich ein pflichtwidriger Akt (obwohl ihn eine überängstliche Rspr. zu § 1642 II zumeist ablehnte).

V. Fortführung der Geschäfte

1. Mit dem Tod des Kindes endet die elterliche Vermögenssorge; das Vermögen des Kindes fällt dem Erben an. Die Verwaltung zu übernehmen, ist indessen dem Erben vielfach nicht sofort möglich. § 1698b berechtigt und verpflichtet daher die Eltern, alle Geschäfte, die nicht ohne Gefahr aufgeschoben werden können, zu besorgen, bis der Erbe anderweit Fürsorge treffen kann (vgl. als Parallele § 673 Satz 2). Der Tod des Kindes führt damit zu einer *situationsabhängigen Geschäftsführungsbefugnis und Vertretungsmacht der Eltern für den Erben*. Für Pflichtwidrigkeiten haften die Eltern unverändert nur nach § 1664.[1] Aufwendungsersatz wird ihnen unverändert in den Grenzen des § 1648

[1] H.L. Vgl. *Staudinger-Engler,* 6 zu § 1698b; MünchKomm-*Hinz,* 1 zu § 1698b; *Dölle,* § 96 IV 3. Haftung für jede Fahrlässigkeit behauptet *Erman-Ronke,* 1 zu § 1698b.

geschuldet.[2] Fürsorge für den Erben ist nicht mehr elterliche Sorge, doch deren (diskontinuierliche) Fortsetzung in besonderer Situation im Interesse allein des Erben; es wäre deshalb unangemessen, neue Maßstäbe zu verwenden (zumal sie ohnehin nicht in der Zeit nach dem Tod des Kindes, jedoch vor Kenntnis der Eltern von ihm gelten könnten).

2. *Schutz der Eltern.* Elterliche Sorge kann enden oder ruhen ohne sofortige Kenntnis der Eltern vom Wegfall ihrer Befugnisse und damit ohne Gewähr sofortiger Beendigung ihrer Tätigkeit für das Kind. Um die Eltern nicht Ersatzpflichten nach legitimationslosem Handeln auszusetzen (§ 179!), erhält ihnen § 1698a (in Parallele zu § 674) die Legitimation dem Kind und gutgläubigen Dritten gegenüber, bis sie das Ende ihrer Befugnisse kennen oder doch wenigstens kennen müssen[3] (mit § 122 II als Maßstab, nicht § 1664[4]). Beachtlich ist der unverschuldete Rechtsirrtum: Eltern, die aus ihnen bekannten Tatsachen schuldlos nicht das Ende ihrer elterlichen Sorge folgern, bleiben geschützt.[5]

Geschützt werden die Eltern; mittelbar (weil die Wirksamkeit der Geschäfte das Mittel ist, mit dem das Gesetz den Eltern Schutz gewährt) kommt der Fortbestand der Vertretungsmacht auch Dritten zugute. Dem Normzweck entsprechend beseitigt § 1698a I 2 die an sich fortbestehende Legitimation der Eltern bösgläubigen Dritten gegenüber (vgl. als Parallele § 169). Ersatzansprüche schließt insoweit § 179 III 1 aus.

Einen eigenständigen Schutz redlicher Dritter kennt das Gesetz nicht; sie bleiben bei Bösgläubigkeit der Eltern auf Ansprüche gegen diese beschränkt.[6]

§ 55. Ausfall der Eltern oder eines Elternteils

Schrifttum: *Schwoerer,* Der Einfluß von Störungen in der elterlichen Gewalt des einen Elternteiles auf die elterliche Gewalt des anderen Elternteiles nach altem Recht, Zwischenrecht und neuem Recht, FamRZ 1958, 41 und 88.

I. Übersicht

1. Die §§ 1666ff. nennen eine Reihe von Umständen, die die elterliche Sorge eines Elternteils ganz oder teilweise beseitigen; die §§ 1678ff. regeln die Auswirkungen auf das Sorgerecht des anderen Elternteils. Inmitten eines unübersichtlichen Normenkomplexes sondern sich drei Fallgruppen voneinander: Entfällt die elterliche Sorge eines Elternteils infolge einer (konkret festgestellten oder generell vom Gesetz mit bestimmten Situationen assoziierten) Gefährdung der Person oder des Vermögens des Kindes, so steht die elterliche Sorge des anderen Elternteils zur Disposition des Vormundschaftsgerichts (vgl. dazu oben § 49 VIII 14).

---

[2] H.L. Anders aber (§ 670 analog nach Kenntnis der Eltern vom Tod des Kindes) MünchKomm-*Hinz,* 1 zu § 1698b.

[3] Genehmigungspflichtige Geschäfte dürfen vom VormG nicht mehr genehmigt werden; eine Haftung der Eltern aus § 179 droht hier nicht. Vgl. BayObLG, FamRZ 1965, 101.

[4] Heute allg. Ans. Vgl. etwa *Staudinger-Engler,* 2 zu § 1698a; MünchKomm-*Hinz,* 1 zu § 1698a.

[5] Str. Wie der Text *Dölle,* § 96 IV 2; MünchKomm-*Hinz,* 1 zu § 1698a. And. Ans. *Staudinger-Engler,* 2 zu § 1698a.

[6] Vgl. RGZ 74, 263 (266).

Entfällt die elterliche Sorge eines Elternteils dagegen aus anderen Gründen (unten II.–IV.), so fällt dem anderen Elternteil die Alleinsorge ohne Richtigkeitskontrolle des Vormundschaftsgerichts zu (daß sie nach den allgemeinen Regeln der Staatsaufsicht geschmälert oder entzogen werden kann, bleibt selbstverständlich). Verliert schließlich ein Elternteil ganz oder teilweise die ihm nach den Regeln der §§ 1671, 1672 eingeräumte Alleinsorge, so bewirkt der Ausfall nie einen Wechsel in der Person des Alleinsorgeberechtigten ex lege, doch kann das Vormundschaftsgericht durch konstitutiven Akt die mit der Entscheidung zu §§ 1671, 1672 in die Latenz gedrückte elterliche Sorge des anderen Elternteils wieder aktualisieren (vgl. dazu unten § 56 VIII; dort auch die Frage, wie nach einstweiliger Anordnung gemäß § 620 Nr. 1 ZPO zu verfahren ist). Zu behandeln ist in diesem Zusammenhang allein die zweite Tatbestandsgruppe.

2. Nicht geregelt sind in den §§ 1666ff. die Folgen des Ausfalls beider Elternteile. Sie ergeben sich in erster Linie aus § 1793 und § 1909 mit der Antwort auf die Frage, ob dem Kind ein Vormund oder ein Pfleger zu bestellen ist. Das Vormundschaftsgericht ist zum Handeln für das Kind in rechtsgeschäftlichen und prozessualen Akten lediglich in Eilfällen berufen (§ 1693; vgl. dazu oben § 44 I 3).

II. Tatsächliche Verhinderung

1. Ist ein Elternteil tatsächlich verhindert, die elterliche Sorge auszuüben, so hat der andere Teil – sofern er nicht auch aus diesem oder jenem Grund gehindert[1] oder verhindert ist – die elterliche Sorge allein wahrzunehmen (§ 1678 I). Die Norm scheint keiner Interpretation bedürftig zu sein, doch wird gerade sie in der Regel nicht richtig gedeutet. Ein Elternteil kann generell an der Ausübung elterlicher Sorge tatsächlich verhindert sein; er kann sich außerstande sehen, einen Komplex elterlicher Sorge pflichtgemäß zu erledigen; ihm kann schließlich nur für die Erledigung einzelner Angelegenheiten ein Hindernis erwachsen sein. Kein qualitativer Unterschied trennt die Fälle; das Interesse des Kindes weist stets in die gleiche Richtung. Dennoch wirkt heute noch eine ältere Rechtsprechung, die § 1678 auf den Fall der generellen Verhinderung beschränkt.[2] Diese Judikatur entbehrt längst jeder Rechtfertigung; sie erzwingt bei nur partieller tatsächlicher Verhinderung ohne rechten Sinn die Bestellung eines Pflegers.[3]

---

[1] KG, FamRZ 1973, 152 rechnet dazu auch eine einstw. Anordnung gemäß § 620 Nr. 1 ZPO zugunsten des tatsächlich verhinderten Elternteils, doch wird damit einer interimistischen Entscheidung eine ihr nicht gemäße Ausschlußwirkung beigelegt, für die sich im Gesetz keine Stütze findet.

[2] Vgl. OLG Hamburg, ROLG 10, 290; KG, KGJ 31, A 53; 47, A 61; 50, A 55; LG Verden, MDR 1951, 359; OLG Frankfurt, FamRZ 1954, 21 (22); *Göppinger,* FamRZ 1960, 11; *Dölle,* § 95 I. Freilich fehlt oft Konsequenz. Vgl. hierzu insbesondere KG, KGJ 47, A 61.

[3] I. Erg. wie der Text, wenn auch ohne Erwähnung der Gegenmeinung, KG, FamRZ 1974, 452 (453); *Staudinger-Donau,* 10 zu § 1678.

2. Nur im Einzelfall ist festzustellen, ob eine tatsächliche Verhinderung eingetreten ist und wie weit sie reicht. Eine schwere Krankheit,[4] eine Freiheitsstrafe,[5] eine tatsächliche Trennung vom Kind (Reise,[6] Kriegsdienst,[7] Kriegsgefangenschaft,[8] gesperrte Grenzen[9]) werden stets zu einer zumindest partiellen Verhinderung führen. Das Ausmaß der Verhinderung aber kann schon im Hinblick auf die unterschiedlichen Möglichkeiten schriftlicher Äußerungen nur von Fall zu Fall bestimmt werden.

III. Ruhen der elterlichen Sorge

1. Das Ruhen der elterlichen Sorge (mit der sie in eine Phase bloßer Latenz eintritt[1]) ist ein *Fall der rechtlichen Verhinderung der Eltern.* Diese reicht von der Verhinderung an der Ausübung der elterlichen Sorge überhaupt über Mittelglieder bis zur Verhinderung nur noch an einzelnen Akten. Nur die dauernde rechtliche Verhinderung ist mit ihren Folgen für den anderen Elternteil ausdrücklich geregelt (unten 4.). Die vorübergehende rechtliche Verhinderung folgt dagegen dem allgemeinen (im Gesetz nicht ausgesprochenen und durch § 1629 II weithin vom positiven Recht überlagerten) Grundsatz, daß sich beim Ausfall eines Elternteils das Sorgerecht des anderen aus der im Regelfall bestehenden Ausübungsbindung löst (oben § 50 I 4 und III 5).

2. Es ist die ***anhaltende rechtliche Verhinderung,*** die das Gesetz als Ruhen der elterlichen Sorge bezeichnet, mag auch die rechtliche Verhinderung letztlich Folge einer tatsächlichen sein. Stellt das Vormundschaftsgericht fest,[2] daß ein Elternteil die elterliche Sorge auf längere Zeit tatsächlich nicht ausüben kann, so bringt es das Sorgerecht zum Ruhen (§§ 1674 I BGB, 51 I FGG); die tatsächliche

---

[4] Vgl. OLG Hamburg, ROLG 38, 255. Auch geistige Erkrankungen ohne ständigen Verlust der Geschäftsfähigkeit können tatsächlich hindern. Vgl. KG, FamRZ 1962, 200; BayObLG, MDR 1967, 1011. Taubstummheit hindert nicht generell. Vgl. BayObLG, FamRZ 1966, 110.

[5] Vgl. RG, DJZ 1909, 147; KG, KGJ 31, A 53; OLG Hamm, FamRZ 1966, 260; BayObLG, FamRZ 1975, 425. Alle Entscheidungen berücksichtigen die Möglichkeit, elterliche Sorge partiell auszuüben, zu wenig. Mit Recht bei Untersuchungshaft besonders zurückhaltend OLG Köln, FamRZ 1978, 633.

[6] Vgl. OLG Hamburg, ROLG 10, 290 und (richtig vorsichtiger) OLG Frankfurt, FamRZ 1954, 21 (22); BayObLG, FamRZ 1962, 32 (33).

[7] Im 1. Weltkrieg wurde zuweilen der Kriegsdienst schlechthin als Grund genereller Verhinderung angesehen. Vgl. OLG Karlsruhe, KGJ 48, 230; BayObLG, ROLG 32, 320. Doch setzte sich die Überzeugung durch, daß nur die Umstände des Einzelfalles entscheidend sein könnten. Vgl. KG, KGJ 47, A 61; 50, A 55; RG, JW 1917, 902 (904).

[8] Vgl. OLG Kiel, SchlHA 1947, 63.

[9] Vgl. dazu LG Frankenthal, FamRZ 1965, 446; KG, FamRZ 1968, 91 (Vater in Ost-Berlin, Kinder in West-Berlin; einzelfallbezogen wird eine auch nur partielle Verhinderung des Vaters verneint).

[1] Von einem Rechtsausübungsverbot spricht MünchKomm-*Hinz,* 2 zu § 1675, doch kann nur Mögliches verboten werden.

[2] Oftmals sind vor der Entscheidung Ermittlungen des VormG notwendig. Von vielen werden dann vorläufige Anordnungen für zulässig gehalten. Vgl. KG, FamRZ 1962, 200 (201); *Staudinger-Donau,* 28 zu § 1674; *Dölle,* § 95 II 3; MünchKomm-*Hinz,* 10 zu § 1674; *Erman-Ronke,* 2 zu § 1674. Daß das VormG in den Fällen des § 1693 tätig werden kann, ist sicher, ebenso, daß mittels einstweiliger Anordnung nicht das Ruhen der elterlichen Sorge selbst festgestellt werden kann. Vgl. LG Berlin, FamRZ 1976, 167.

Verhinderung wird von einer rechtlichen, weiter ausgreifenden überlagert.[3] Die Feststellung des Vormundschaftsgerichtes dient der Rechtssicherheit: Sie entbindet den Verkehr von der Notwendigkeit, Eintritt und Fortbestand der tatsächlichen Verhinderung zu prüfen; sie schafft Gewißheit und klare Grenzen, weil sie die Ausübung elterlicher Sorge während des Ruhens verbietet (§ 1675) und erst wieder gestattet, wenn das Vormundschaftsgericht (von Amts wegen) festgestellt hat, daß der Grund des Ruhens nicht mehr besteht (§§ 1674 II BGB, 51 II FGG).

§ 1674 knüpft an § 1678 I an, fordert jedoch eine Verhinderung von längerer Dauer.[4] Er fordert dagegen nicht mehr totale Verhinderung; als Folge dauerhafter (abgrenzbarer) Teilhinderung muß auch ein partielles Ruhen der elterlichen Sorge möglich sein.[5]

3. Auch Mängel in der Geschäftsfähigkeit bewirken eine anhaltende rechtliche Verhinderung sowie die Existenz eines Gebrechlichkeitspflegers für Person oder Vermögen des Sorgeberechtigten. Das Gesetz vereinigt die Anlässe in § 1673, differenziert aber in den Rechtsfolgen. Nur die elterliche Sorge eines Geschäftsunfähigen ruht ganz;[6] beschränkte Geschäftsfähigkeit und Gebrechlichkeitspflegschaft bewirken dagegen nur ein partielles Ruhen: Die tatsächliche Personensorge (dagegen nicht mehr die Vertretungsmacht) bleibt neben der des gesetzlichen Vertreters bestehen.

4. Ruht die elterliche Sorge nur eines Elternteils, so übt der andere sein Sorgerecht allein aus (§ 1678 I). Kann auch er elterliche Sorge ganz oder teilweise nicht ausüben, so ist dem Kind ein Vormund oder ein Pfleger zu bestellen. Bei partiellem Ruhen der elterlichen Sorge sind damit zumindest zwei, möglicherweise drei Personen auf dem Gebiet der tatsächlichen Personensorge für das Kind tätig (minderjährige Mutter, zu beschränkter Geschäftsfähigkeit entmündigter Vater, Vormund).

Im Streit setzt sich stets der gesetzliche Vertreter durch, wenn die elterliche Sorge nach einer Entmündigung ruht, mag nun die Vertretungsmacht beim anderen Elternteil liegen, mag auch für das Kind ein Vormund oder Pfleger tätig

---

[3] Wird Verhinderung durch geistige Erkrankung geltend gemacht, so kann das VormG den Elternteil nicht verpflichten, sich einer psychiatrischen Untersuchung zu unterziehen. Vgl. OLG Stuttgart, FamRZ 1975, 167.

[4] Vgl. aus der Praxis BayObLG, JFG 6, 64; KG, JW 1936, 1016 (längere Freiheitsstrafe); KG, DR 1941, 2563 (Kriegsdienst nur bei Vorliegen besonderer Umstände).

[5] Vgl. *Staudinger-Donau,* 9 zu § 1674.

[6] Das Ruhen der elterlichen Sorge wegen Geschäftsunfähigkeit wird nicht durch einen (allenfalls deklaratorisch wirkenden) Beschluß des VormG festgestellt (die Praxis verfährt vielfach anders; vgl. etwa Vorinstanz zu OLG Stuttgart, FamRZ 1976, 711). Mittelbar erfolgt die Feststellung durch Anordnung einer Vormundschaft nach Ausfall oder Verhinderung des anderen Elternteiles. Gegen die Anordnung kann der tatsächlich oder auch nur angeblich geschäftsunfähige Elternteil in jedem Fall selbständig Beschwerde einlegen. Richtig insoweit OLG Düsseldorf, FamRZ 1969, 663; OLG Hamm, OLGZ 1971, 76.

sein. Ruht dagegen die elterliche Sorge allein wegen Minderjährigkeit (theoretisch im Hinblick auf § 1 II EheG für Vater und Mutter möglich, praktisch jedoch nur für die Mutter), so setzt sich der minderjährige Elternteil im Streit mit dem Vormund oder Pfleger durch,[7] im Elternstreit gelten die allgemeinen Grundsätze (§ 1673 II 2–4). Minderjährigkeit wahrt damit im Bereich der tatsächlichen Personensorge die elterliche Sorge im vollen Umfang; Entmündigung (wegen Trunksucht, Rauschgiftsucht, Verschwendung, Geistesschwäche) und vorläufige Vormundschaft (vgl. zu den Tatbeständen § 114) löst dagegen (mit gutem Grund) auch die tatsächliche Personensorge zu einer Sorge minderen Ranges auf, die stets den Stichentscheid eines anderen anzuerkennen hat.

IV. Tod und Todeserklärung

Daß der Tod eines Elternteils grundsätzlich Alleinsorge des anderen nach sich zieht (§ 1681 I 1), ist selbstverständlich; weniger selbstverständlich ist die Beendigung der elterlichen Sorge mit dem Zeitpunkt, der als Todeszeitpunkt gilt, wenn ein Elternteil für tot erklärt oder seine Todeszeit nach den Vorschriften des VerschG festgestellt wird (§ 1677). Die Todeserklärung begründet lediglich eine Todesvermutung (§ 9 VerschG), die Feststellung der Todeszeit lediglich die Vermutung, daß der Tod im festgestellten Zeitpunkt eingetreten ist (§ 44 II VerschG). Hier wie dort liegt eigentlich nur die Vermutung der Beendigung der elterlichen Sorge in der Konsequenz des einmal begonnenen Gedankens. Der vom Gesetz vollzogene Schritt vom vermuteten zum unwiderleglichen Rechtsverlust war auch nicht etwa zwingendes Gebot einer besonderen Situation; die sicher notwendige Alleinsorge des anderen Elternteils (§ 1681 II 1) ergibt sich bereits aus der tätsächlichen oder auch rechtlichen Verhinderung des Totgeglaubten. Die materiell unrichtige Todeserklärung und der materiell unrichtige Feststellungsbeschluß werden also mit einer Rechtsfolge versehen, die der Situation nicht entspricht. Der Verschollene wird freilich in seinen Rechten nicht gekränkt: Es steht ihm frei, seine elterliche Sorge durch Erklärung gegenüber dem Vormundschaftsgericht mit Wirkung ex nunc (und analoger Anwendung des § 1698 a für den anderen Elternteil[1]) wiederherzustellen (§ 1681 II). Richtiger wäre allerdings eine § 1674 II entsprechende Regelung gewesen. Sie hätte dem nur totgeglaubten Elternteil die Möglichkeit genommen, die Erklärung nicht abzugeben und damit auf den Wiedererwerb der elterlichen Sorge zu verzichten.[2]

Fand die Ehe des Totgeglaubten gemäß § 38 II EheG ihr Ende, so ergibt sich die Anomalie einer nachehelichen gemeinschaftlichen elterlichen Sorge. Doch ist sie alsbald durch richterlichen Akt zu beenden (vgl. dazu unten § 56 I 2).

---

[7] Er kann auch selbständig die Herausgabe des Kindes fordern (§ 1632). Die Verfahrensfähigkeit ist früher gern aus einer Analogie zu § 607 ZPO n.F. gefolgert worden (Voraufl.; MünchKomm-*Hinz,* 8 zu § 1673). Sie sollte (nach Übergang zu einem Verfahren des FGG auch im Verhältnis zu Dritten) nunmehr unmittelbar aus § 1673 II 4 abgeleitet werden.

[1] Vgl. *Soergel-Lange,* 5 zu § 1681; *Erman-Ronke,* 4 zu § 1681.

[2] Die elterliche Sorge lebt ohne Erklärung gegenüber dem VormG auch dann nicht auf, wenn die Todeserklärung aufgehoben wird.

Unter Hinweis auf Art. 6 II GG postuliert *Dölle,* § 96 I 4, eine (sanktionslose) Pflicht zur Abgabe der Erklärung. Gewonnen wird mit ihr nichts.

§ 56. Elterliche Sorge nach Trennung der Eltern

Schrifttum: *Haffter,* Kinder aus geschiedenen Ehen, 2. Aufl. 1960; *Riedel,* Das Recht der Kinder aus geschiedenen Ehen, 1960; *Lempp,* Das Wohl des Kindes in §§ 1666 und 1671 BGB, NJW 1963, 1659 und 1964, 440; *Schwoerer,* Kindeswohl und Kindeswille, NJW 1964, 5; *Treitz,* Die Verteilung der elterlichen Gewalt bei Auflösung der Elternehe und bei dauerndem Getrenntleben der Eltern, 1974; *Lempp* und *Wagner,* Untersuchungen über den weiteren Verlauf von Sorgerechts- und Verkehrsregelungsverfahren nach der Begutachtung, FamRZ 1975, 70; *Strätz,* Elterliche Personensorge und Kindeswohl, vornehmlich in der zerbrochenen Familie, FamRZ 1975, 541; *Lüderitz,* Die Rechtsstellung ehelicher Kinder nach Trennung ihrer Eltern im künftigen Recht der Bundesrepublik Deutschland, FamRZ 1975, 605; *Lempp,* Die Ehescheidung und das Kind, 1976; *Coester,* Eheverfehlungen als Kriterium der Sorgerechtsentscheidung nach neuem Recht, FamRZ 1977, 217; *Dieckmann,* Betrachtungen zum Recht der elterlichen Sorge, vornehmlich für Kinder aus gescheiterter Ehe, AcP 178 (1978), 299.

I. Tatbestände

1. Elterliche Sorge beider Elternteile kann an sich nach faktischer oder rechtlicher Trennung der Ehegatten bestehen bleiben. Zwar ist die Willensbildung in Angelegenheiten, die von beiden Elternteilen zu besorgen sind, erschwert, zwar ist Gesamtvertretung jedenfalls dann nicht mehr mit alter Leichtigkeit zu handhaben, wenn kein Elternteil bereit ist, den anderen zu ermächtigen; unmöglich aber wird weder das eine noch das andere. Es empfiehlt sich indessen, nach Trennung der Elternteile die elterliche Sorge bei einem von beiden zu konzentrieren, damit nicht einander entfremdete Eltern (mit vielfach besonderer Neigung zu Zwistigkeiten) Maßnahmen treffen, die dem Kind schädlich sind, und andere unterlassen, die seinem Wohl dienen würden.

Im Gesamtkomplex der scheidungsbedingten Auseinandersetzung der Ehegatten kommt den Kindern besondere Bedeutung zu. Und das nicht nur wegen ihres personalen Eigengewichts, sondern auch als Mittel der Selbstbehauptung nach verlorener Ehe und im Hinblick auf weitere Rechtsfolgen im Unterhaltsrecht: als Tatbestand, der einen eigenen Unterhaltsanspruch begründen kann (§ 1570; vgl. dazu oben § 30 II), aber auch als Umstand, der die eigene Unterhaltsverpflichtung als Elternteil bestimmt (tatsächliche Personensorge als Unterhalt).

2. Nach vorzeitiger *Beendigung der Elternehe* in allen Formen (Scheidung, Aufhebung, Vernichtung der Ehe; Zweitehe nach Todeserklärung gemäß § 38 II EheG[1]) entscheidet das Familiengericht von Amts wegen (§§ 1671 I und VI BGB, 37 I EheG), und zwar auch dann durch den Richter, wenn seine Zuständigkeit nicht schon vom Verfahren her (Entscheidungsverbund) gegeben ist (Richtervorbehalt in § 14 Nr. 15 RpflG). Die Entscheidung ist für den Fall der Ehe-

---

[1] Vgl. zu diesem Fall § 1681 II 2 und 3. Sachrichtiger wäre für ihn die Zuständigkeit des VormG gewesen.

scheidung grundsätzlich (Ausnahme: § 628 I Nr. 3 ZPO) zusammen mit dem Scheidungsurteil zu fällen (§ 623 I und III ZPO), im übrigen (also auch in den Fällen der Aufhebung und der Vernichtung der Ehe) folgt sie dem ehebeendenden Akt; nacheheliche gemeinschaftliche Elternsorge wird möglich (doch kann sie angesichts der praktischen Seltenheit der Fälle vernachlässigt werden). Anzuhören ist stets das Jugendamt (§ 48a I Nr. 6 und § 52a JWG); die Hilfe eines Sachverständigen ist oft unentbehrlich; Eltern und Kind sind in den Grenzen der §§ 50a ff. FGG zu hören (vgl. dazu oben § 44 I 5).

Nach *faktischer dauernder Trennung der Ehegatten* entscheidet das Familiengericht grundsätzlich nur auf (rücknehmbaren) Antrag eines Elternteils (§ 1672 S. 2).[2] Der Fortbestand der Ehe gebietet Zurückhaltung; erzwungene Entbindung von elterlicher Sorge in gemeinschaftlicher Verantwortung soll die Entfremdung der Ehegatten nicht verstärken. Von Amts wegen entscheidet das Familiengericht nur, ,,wenn andernfalls das Wohl des Kindes gefährdet wäre und die Eltern nicht gewillt oder nicht in der Lage sind, die Gefahr abzuwenden", mithin praktisch in den Grenzen des § 1666 (daß hier bestimmte Gefährdungsursachen genannt sind, in § 1672 dagegen nicht, begründet allein einen theoretischen Unterschied).

Der Antrag ist Verfahrensanstoß, der zugleich die Frage, ob eine Regelung der elterlichen Sorge notwendig oder auch nur zweckmäßig ist, der richterlichen Diskretion entzieht. Insofern befinden die Elternteile (je für sich) mit abschließender Wirkung.[3] Das Familiengericht ist dagegen in den Grenzen des § 1671 I–V zu jeder möglichen Entscheidung berufen, wie immer auch der Antrag lauten mag (also auch zur Entrechtung gerade des Antragstellers, der die elterliche Sorge bei sich zu konzentrieren wünscht[4]). Sachantrag mit bindender Wirkung (vgl. dazu § 308 ZPO) ist der elterliche Antrag mithin nur sehr beschränkt.[5]

Folgt der faktischen Trennung der Ehegatten die Beendigung ihrer Ehe, so erübrigt die zu § 1672 ergangene Entscheidung nicht eine weitere aus § 1671.[6] Mit der Beendigung der Ehe tritt ein neuer Umstand ein, der im richterlichen Entscheidungskalkül von wesentlicher Bedeutung sein kann; ihm allein in einem

---

[2] Der Antrag muß sich nicht auf alle Kinder erstrecken. Vgl. BayObLG, MDR 1960, 673; *Soergel-Lange,* 9 zu § 1672; *Treitz,* S. 84; MünchKomm-*Hinz,* 4 zu § 1672.

[3] Ebenso BayObLG, FamRZ 1968, 659; *Staudinger-Schwoerer,* 3 zu § 1672; *Soergel-Lange,* 9 zu § 1672; *Treitz,* S. 87f.; MünchKomm-*Hinz,* 5 zu § 1672. A. A. LG Mannheim, FamRZ 1964, 93; *Schwab,* RdNr. 219.

[4] Vgl. OLG Köln, NJW 1973, 193; OLG Hamm, FamRZ 1976, 284; OLG Celle, FamRZ 1978, 622; *Treitz,* S. 84; MünchKomm-*Hinz,* 4 zu § 1672. Auch in der Beschwerdeinstanz ändert sich nichts; reformatio in peius ist zulässig. Vgl. OLG Frankfurt, FamRZ 1978, 177.

[5] Er kann auch die richterliche Entscheidungstätigkeit nicht auf die Personensorge oder Vermögenssorge beschränken. Ebenso *Soergel-Lange,* 13 zu § 1672; *Treitz,* S. 85. A. A. aber KG, FamRZ 1973, 151; BayObLG, FamRZ 1976, 36 (37); OLG Hamm, FamRZ 1976, 284; *Erman-Ronke,* 7 zu § 1672; MünchKomm-*Hinz,* 4 zu § 1672.

[6] Vgl. BayObLG, FamRZ 1962, 267 und 436; 1968, 95 (98); KG, FamRZ 1970, 202 (204); 1973, 42; OLG Stuttgart, FamRZ 1970, 207; *Erman-Ronke,* 14 zu § 1672; MünchKomm-*Hinz,* 10 zu § 1672.

von der Ehescheidung gelösten späteren Änderungsverfahren (§ 1696) Rechnung tragen zu wollen, wäre weder sachgerecht noch entspräche es dem Gedanken des obligatorischen Verbunds von Scheidungssache und Sorgerechtsverfahren als Scheidungsfolgesache.

Nehmen umgekehrt die Ehegatten ihre eheliche Lebensgemeinschaft wieder auf, so bleibt die Entscheidung des Familiengerichtes bis zu ihrer Aufhebung aus Gründen der Rechtssicherheit in Kraft.[7] Doch muß der aufhebende Beschluß alsbald (auch von Amts wegen) ergehen, weil die Regelung der elterlichen Sorge auf einem Richterakt beruht, dessen Grundlage entfallen ist. Das gilt auch dann, wenn beide Elternteile zugunsten einer Vormundschaft oder Pflegschaft entrechtet wurden. Möglich bleibt insoweit lediglich ein neuerlicher Eingriff in die elterliche Sorge, der nunmehr nur auf § 1666 gestützt werden kann.

3. *Hindernisse.* Sorgerechtsverfahren sind auch durchzuführen, wenn die elterliche Sorge eines Elternteils ruht oder von ihm aus tatsächlichen Gründen nicht ausgeübt werden kann; die Möglichkeit späteren Wegfalls des Hindernisses wird dem Normzweck der §§ 1671, 1672 bereits gerecht. Beim verhinderten Elternteil kann dann die elterliche Sorge (analog § 1678 II) nur konzentriert werden, wenn Aussicht besteht, daß die Verhinderung wegfallen werde (minderjährige Elternteile);[8] für die Zwischenzeit ist dem Kind ein Vormund zu bestellen (§ 1773 I, kein Fall des § 1671 V).

Ein Sorgerechtsverfahren ist ferner auch dann durchzuführen, wenn ein Elternteil die elterliche Sorge beschränkt oder ganz durch einen Akt des Vormundschaftsgerichtes verlor;[9] mit dem Beschluß des Familiengerichtes tritt die Entscheidung des Vormundschaftsgerichtes außer Kraft. Das ist selbstverständlich für den Fall des partiellen Entzuges; das hat aber auch zu gelten für den Fall der totalen Entrechtung (ohne Konsequenzen für die elterliche Sorge des anderen Elternteils). Zwar ist hier gemeinschaftliche elterliche Sorge nicht vorhanden. Zwar kann auch keine unterschiedliche Qualität der richterlichen Entscheidungen im Hinblick auf die intendierte Dauer behauptet werden (da doch hier wie dort eine Änderung nur zu erfolgen hat, wenn sie gemäß § 1696 angezeigt ist)

---

[7] So die h. M. Vgl. BayObLG, NJW 1971, 197; KG, FamRZ 1973, 42; *Staudinger-Schwoerer,* 23 zu § 1671; *Soergel-Lange,* 4 zu § 1672; *Erman-Ronke,* 15 zu § 1672. A. A. (ipso iure gegenstandslos) *Dölle,* § 97 XI 3b; Voraufl.

[8] Ebenso i. Erg. LG Stuttgart, FamRZ 1965, 335 mit Anm. *Schwoerer;* BayObLG, FamRZ 1968, 95 und 659; 1969, 430; KG, FamRZ 1968, 262; *Staudinger-Schwoerer,* 21 f. zu § 1671; *Dölle,* § 97 IV 1 c; *Soergel-Lange,* 10 zu § 1671; *Treitz,* S. 29 ff.; MünchKomm-*Hinz,* 22 zu § 1671.

Ohne jede Einschränkung wird die Konzentration der elterlichen Sorge bei einem verhinderten Elternteil gestattet von LG Bonn, NJW 1964, 1131 (Übertragung auf eine wegen Geisteskrankheit entmündigte Mutter; Bestellung eines Pflegers statt eines Vormunds!).

Umgekehrt werden Entscheidungen zugunsten verhinderter Elternteile generell ausgeschlossen von *Erman-Ronke,* 12 f. zu § 1671.

[9] Vgl. *Staudinger-Schwoerer,* 30 zu § 1671; *Dölle,* § 97 IV 1 b; *Treitz,* S. 33 f.; *Soergel-Lange,* 9 zu § 1671; MünchKomm-*Hinz,* 8 zu § 1671.

oder auch im Hinblick auf die Perspektive des entscheidenden Richters (weil auch der Vormundschaftsrichter von § 1680 I zu einer Gesamtschau gezwungen wird). Wohl aber ist die Verpflichtung des Vormundschaftsgerichtes, seine Entscheidung sofort aufzuheben, wenn der Gefährdungstatbestand nicht mehr gegeben ist (und damit nacheheliche gemeinschaftliche elterliche Sorge herzustellen) unvereinbar mit dem Regelungsziel des Sorgerechtsverfahrens.

4. *Einstweilige Anordnungen.* In Ehesachen kann das Familiengericht die elterliche Sorge auf Antrag oder von Amts wegen durch einstweilige Anordnung regeln (§ 620 I Nr. 1 und III ZPO); im Sorgerechtsverfahren des § 1672 ist das Familiengericht – einem allgemeinen Grundsatz der Freiwilligen Gerichtsbarkeit folgend – in gleicher Weise befugt, einstweilige Regelungen zu treffen. Hier wie dort ist freilich zu bedenken, daß interimistische Sorgerechtsentscheidungen Kontinuitätsinteressen des Kindes begründen können und eben deshalb nicht endentscheidungsneutral sind. Folgerichtig wird der elterliche „Kampf ums Kind" in der Praxis auch im Vorfeld nur interimistischer Entscheidungen oft bereits mit Härte geführt.

Einstweilige Anordnungen dienen den Interessen des Kindes; sie dienen nicht den Interessen der Eltern. Sie sind deshalb nur zulässig, wenn das Wohl des Kindes den Aufschub einer Regelung bis zur endlichen Entscheidung nicht gestattet[10] (und nicht etwa dann, wenn der Antragsteller „ein vernünftiges ernsthaftes Interesse an der Regelung" hat[11]), sei es nun, weil die gegenwärtige faktische Situation den Interessen des Kindes widerspricht, sei es auch, weil die rechtliche Sicherung des faktischen Zustands geboten ist (das Kind befindet sich bei einem Elternteil, der es ohne Billigung des anderen Elternteils zu sich genommen hat).[12]

Einstweilige Anordnungen sind nur insoweit zu erlassen, als ein Regelungsbedürfnis nachgewiesen ist (Prinzip des mildesten Eingriffs); anders als in der endlichen Entscheidung sind Beschränkungen auf Teilbereiche der elterlichen Sorge oder gar auf Einzelfragen (insbesondere auf die Frage der Aufenthaltsbestimmung; vgl. § 620 I Nr. 3 ZPO zur Herausgabe des Kindes) jederzeit möglich, aber auch geboten, wenn ein begrenzter Eingriff die Interessen des Kindes ausreichend wahrt.[13] Die einmal erlassene Anordnung kann in ändernden Akten (auch

---

[10] Vgl. etwa OLG Düsseldorf, FamRZ 1974, 99; KG, FamRZ 1974, 452 (453) und 1977, 475 (477) zum alten Recht; OLG München, FamRZ 1979, 54; MünchKomm-*Hinz*, 65 zu § 1671 zum Rechtszustand nach dem 1. EheRG. Vgl. aber auch KG, FamRZ 1978, 826; die Entscheidung (mit charakteristischer Bevorzugung der Mutter bei kleineren Kindern) scheint aus § 620 ZPO die Möglichkeit einer einstweiligen Regelung der gesamten elterlichen Sorge in jedem Fall abzuleiten.

[11] So aber *Stein-Jonas-Schlosser*, 14 zu § 620 ZPO.

[12] So mit Recht *Stein-Jonas-Schlosser*, 14 zu § 620 ZPO; KG, FamRZ 1968, 393 (396). Die Entscheidungen OLG Düsseldorf, FamRZ 1974, 99 und KG, FamRZ 1974, 452 fordern zwar die Notwendigkeit einer Änderung bestehender Verhältnisse, können aber heute (nach Wegfall der konkurrierenden Kompetenz des VormG) keine abw. M. mehr stützen.

[13] Vgl. KG, FamRZ 1977, 475 (477); OLG Hamm, FamRZ 1979, 157 (im Gegensatz zu der von

wiederholt) dem Wandel der Verhältnisse angepaßt werden; Einschränkungen sind ebenso möglich wie Erweiterungen; entfällt das Regelungsbedürfnis, so sind sie (insoweit) aufzuheben.

5. *Konkurrenzen.* Neben der Möglichkeit, eine einstweilige Anordnung zu erzielen, ist während des Schwebens einer Ehesache (mit einer Sorgerechtsentscheidung gemäß § 1671 in der abschließenden Entscheidung) kein Raum für ein selbständiges Sorgerechtsverfahren gemäß § 1672.[14] So sicher sich auch Tatbestände und Entscheidungsmöglichkeiten nicht decken und so sicher auch nur eine Entscheidung aus § 1672 wirksam bleibt, wenn der Scheidungsantrag zurückgewiesen wurde (vgl. § 620f ZPO), so sicher sollte auch sein, daß die Konzentration der Entscheidungstätigkeit beim Familiengericht ein selbständiges Sorgerechtsverfahren neben einem schwebenden Eheprozeß ausschließt.

Während des Schwebens einer Ehesache sind auch Eingriffe des Vormundschaftsgerichtes in die elterliche Sorge der Parteien (gestützt auf die §§ 1666ff.) ausgeschlossen.[15] Zwar schweigt das Gesetz, doch ist seine Ordnung der Zuständigkeiten von Vormundschaftsgericht und Familiengericht auch sonst kein Muster von Klarheit und Vollständigkeit. Konzentrationsgrundsatz und Prozeßökonomie sprechen für eine ausschließliche Zuständigkeit des Familiengerichtes; die Interessen des Kindes fordern keine andere Entscheidung.

II. Entscheidungsmöglichkeiten

1. *Ziel der Regelung* ist die Trennung der Eltern in der Ausübung elterlicher Sorge als Folge ihrer faktischen oder rechtlichen Trennung als Ehegatten.[1] Totale oder partielle gemeinschaftliche Ausübung elterlicher Befugnisse scheiden gleicherweise als Regelungsmöglichkeit aus. Versuchen in Rspr. und Schrifttum, gemeinschaftlicher elterlicher Sorge in der nachehelichen Phase wenigstens dann Raum zu gewähren, wenn die Eltern es vorschlagen,[2] ist das EltSorgRG (nach

---

einem anderen Senat herrührenden Entscheidung S. 177); *Stein-Jonas-Schlosser,* 3 zu § 620 ZPO; *Schwab,* RdNr. 181; MünchKomm-*Hinz,* 10 zu § 1672 (der aber die Differenz zu den Entscheidungsmöglichkeiten des § 1672 als unverständlich bezeichnet).

[14] Ebenso OLG Düsseldorf, FamRZ 1978, 806 (im Gegensatz zu der von einem anderen Senat stammenden Entscheidung S. 604); *Stein-Jonas-Schlosser,* 3 zu § 620 ZPO. Unklar *Schwab,* RdNrn. 182 und 221 (einstweilige Anordnung „vorzuziehen").

[15] Vgl. *Brüggemann,* FamRZ 1977, 12 (mit Einschränkungen, die ihre Bedeutung nach der Änderung des § 1672 durch das EltSorgRG verloren haben); *Stein-Jonas-Schlosser,* 3 zu § 620 ZPO. Dagegen bezeichnet *Schwab,* RdNr. 184, das Problem als „offene Frage".

[1] Ob die Regelung einen Verlust der elterlichen Sorge vorbehaltlich des Rechts auf persönlichen Umgang bewirkt oder aber nur die Ausübung entzieht (so die Substanztheorie; vgl. oben § 5 IV 4), ist str. Nachw. zu dieser Frage ohne jede praktische Bedeutung bei *Staudinger-Schwoerer,* 41 zu § 1671.

[2] Vgl. die Nachw. bei *Treitz,* S. 52; MünchKomm-*Hinz,* 28f. zu § 1671; KG, FamRZ 1979, 340 (alle befürwortend).

kontroverser Diskussion auch unter den Sachverständigen[3]) entgegengetreten: Die elterliche Sorge ist generell einem Elternteil allein zu übertragen (§ 1671 IV 1). Vor der Verfassung ist die Norm zu rechtfertigen:[4] Art. 6 II GG ist für das Verhältnis der Elternteile untereinander ohne Bedeutung (vgl. oben § 5 IV 6); im Vergleich zwischen ehelich verbundenen zusammenlebenden Eltern einerseits und faktisch oder gar rechtlich getrennten Eltern andererseits ist eine unterschiedliche Regelung gewiß nicht als willkürlich zu bezeichnen; der Gleichberechtigungsgrundsatz ist gewahrt, weil Vater und Mutter grundsätzlich die gleiche Möglichkeit haben, die elterliche Alleinsorge zu erlangen.

Faktischer Beteiligung des anderen Elternteils sind dagegen keine Grenzen gesetzt; niemand hindert getrennte Ehegatten an umfassender Verständigung in allen Fragen der Kinderbetreuung. Niemand hindert auch den Sorgeberechtigten daran, seine elterliche Sorge beschränkt dem anderen Elternteil zur Ausübung zu überlassen. Hier wie dort bleibt indessen die Alleinverantwortung des Sorgeberechtigten; hier wie dort entscheidet er auch allein über den Fortbestand der Situation (durch faktische Beendigung, durch jederzeit möglichen Widerruf).

2. Elterliche Sorge ist teilbar; die Entscheidung für die Alleinsorge eines Elternteils schließt mithin eine Begabung beider Elternteile mit elterlicher Sorge in abgegrenzten Teilbereichen nicht aus. Das positive Recht gesteht jedoch allein die (in der Praxis sehr seltene) *getrennte Zuweisung der Vermögenssorge* im ganzen oder auch nur in (gegenstandsbezogenen) Teilen (jeweils mit tatsächlicher Sorge und Vertretungsmacht) zu, wenn „es die Vermögensinteressen des Kindes erfordern" (§ 1671 IV 2).[5] Unteilbar ist die Personensorge, und das in beiden Richtungen; unzulässig ist die gegenständlich bestimmte Teilung ebenso wie die andere in tatsächliche Sorge und Vertretung.

Getrennte Zuweisung von Vermögenssorge bedarf der konkreten Rechtfertigung. Die grundsätzlich bessere Eignung eines Elternteils zur Vermögensverwaltung (insbesondere als Folge seines Berufs oder nachgewiesener Bewährung) ist belanglos, solange die Vermögensinteressen des Kindes durch den (jedenfalls zur Personensorge berufenen) anderen Elternteil tatsächlich nicht weniger gewahrt werden können (wenn auch vielleicht nur unter größeren Mühen oder unter Beteiligung helfender Dritter[6]) oder doch nur mit Einbußen, die geringer

---

[3] Vgl. als letzten Beitrag *Fehmel,* FamRZ 1979, 380.

[4] Das BVerfG hat den Ausschluß gemeinschaftlicher elterlicher Sorge jedenfalls für jene Fälle gebilligt, in welchen die Eltern keinen Vorschlag unterbreiten (BVerfGE 31, 194 [205]). BGH, NJW 1979, 419 billigt den Ausschluß gegen einen Elternvorschlag jedenfalls dann, wenn dieser dem Wohl des Kindes widerspricht. Eine verfassungskonforme Rechtsfortbildung durch analoge Anwendung des § 1671 II a. F. fordert *Evans-von Krbek,* FamRZ 1977, 371.

[5] Schon vor dem EltSorgRG hat die durchaus h. M. (für die Gegenposition in jüngster Zeit aber *Schwab,* RdNr. 189) die vom Gesetz zugestandene Teilungsmöglichkeit als Ausnahme von der Regel verstanden und nicht als Indiz einer auch sonst bestehenden Regelungsmöglichkeit. Heute ist diese Deutung unbezweifelbar geworden.

[6] *Treitz,* S. 17ff., will deshalb die Teilung erst zulassen, wenn eine Beistandschaft (§§ 1685, 1690)

sind als die Nachteile, die sich als Folge einer aufgespaltenen elterlichen Sorge ergeben.[7]

Meinungsverschiedenheiten der Eltern im Überlagerungsgebiet ihrer Kompetenzen nach getrennter Zuweisung von Vermögenssorge entscheidet das Vormundschaftsgericht als streitentscheidendes Organ im Elternstreit überhaupt (und nicht etwa in Analogie zu § 1630 II).[8] Allein zur Personensorge gehört der Unterhalt des Kindes.[9] Soweit nicht Anlaß besteht, dem personensorgeberechtigten Elternteil die Vertretungsmacht im Hinblick auf den Unterhaltsanspruch des Kindes gegen den anderen Elternteil zu entziehen (§§ 1629 II, 1796), kann er den Anspruch nach eigener Entscheidung durchsetzen (§ 1629 II 2 nach faktischer Trennung der Ehegatten; nach Auflösung der Ehe ist § 1795 I Nr. 1 von vornherein kein Hindernis mehr).

3. Eine *Aufteilung der elterlichen Sorge nach Zeitabschnitten* widerspricht dem Grundsatz elterlicher Alleinsorge nach Trennung der Ehegatten nicht. Sie wird gleichwohl von der Rspr. generell (also auch nach einem entsprechenden Elternvorschlag) mit einem schwerlich zwingenden Hinweis auf § 1671 IV abgelehnt.[10] Eher könnte die ablehnende Haltung schon aus den Grenzen richterlicher Erkenntnis begründet werden (der schließlich die zukünftige Entwicklung des Kindes nur in Grenzen zugänglich ist), doch kann es sich ohnehin nur darum handeln, einen Wechsel in der elterlichen Sorge zu einem bestimmten Zeitpunkt (und schon nicht mehr: nach Eintritt eines zunächst ungewissen Ereignisses, etwa einer Zweitehe des Sorgeberechtigten[11]) vorzusehen, wenn die künftige Ent-

---

nicht in Betracht kommt (vornehmlich, wenn der grundsätzlich zur Elternsorge berufene Elternteil den Antrag nicht stellt).

[7] Dem Text zust. MünchKomm-*Hinz,* 18 zu § 1671. Weitergehend KG, FamRZ 1962, 432 (434): Teilung zulässig, wenn ein Elternteil ungeeignet (jedoch nicht unzuverlässig oder unfähig), der andere aber durchschnittlich geeignet und fähig ist.

[8] Ebenso *Staudinger-Schwoerer,* 49 zu § 1671. Für Zuständigkeit des FamG MünchKomm-*Hinz,* 19 zu § 1671 (weil Entscheidungen dieser Art unlösbar mit der Frage verknüpft seien, ob eine Änderungsentscheidung notwendig sei).

Für eine analoge Anwendung des § 1630 II *Dölle,* § 97 V; *Soergel-Lange,* 13 zu § 1671.

[9] Vgl. BGH, JZ 1953, 635 mit Anm. *Schwoerer;* NJW 1955, 217; *Soergel-Lange,* 24 zu § 1631; *Erman-Ronke,* 45 zu § 1671.

Für Kompetenz auch des Vermögenssorgeberechtigten für die Verfolgung von Unterhaltsansprüchen gegen den Personensorgeberechtigten *Dölle,* § 140 II 1 (die Zuordnung des Unterhalts zum Überlagerungsgebiet von Personen- und Vermögenssorge müßte aber konsequent zur Annahme einer ,,gemischten Angelegenheit" in beiden Richtungen führen).

[10] Vgl. BGH, NJW 1952, 1254 mit abl. Anm. *Schwoerer;* KG, FamRZ 1957, 176; BayObLG, FamRZ 1962, 165; OLG Frankfurt, FamRZ 1962, 171; OLG Hamm, FamRZ 1964, 577. Aus dem Schrifttum haben sich insoweit zust. geäußert *Dölle,* § 97 IV 2; *Erman-Ronke,* 29 zu § 1671; *Palandt-Diederichsen,* 3b zu § 1671.

Für die Möglichkeit eines Wechsels in der Zeit dagegen *Staudinger-Schwoerer,* 51 zu § 1671; *Soergel-Lange,* 15 zu § 1671; *Treitz,* S. 20ff.; *Schwab,* RdNr. 190 (doch soll ihm zufolge das Kindeswohl fast immer entgegenstehen).

[11] Ebenso *Soergel-Lange,* 15 zu § 1671; *Schwab,* RdNr. 190. A. A. dagegen *Treitz,* S. 23f. Entscheidend ist nicht nur die Notwendigkeit, klare Rechtsverhältnisse zu schaffen; bei ungewissen künftigen

wicklung mit Sicherheit prognostiziert werden kann. Unverkennbar ist, daß letztlich nur auf diesem Wege vermieden werden kann, daß die unbestritten bessere Eignung der meisten Mütter zur Pflege von Kleinkindern (mit der Folge des Unterhaltsanspruches aus § 1570!) nicht fast ausnahmslos zu einer nur schwer erträglichen dauerhaften Benachteiligung der Väter führt. Die Möglichkeit einer späteren Änderungsentscheidung zugunsten des zunächst nicht berufenen Elternteils entlastet die Problematik infolge der besonderen Anforderungen des § 1696 wenig oder gar nicht; entscheidend ist erst die Möglichkeit eines Wechsels für den Fall gleich starker Beharrungs- und Änderungsinteressen des Kindes.

Abgelehnt wird von einem Teil der Theorie und Praxis auch ein Elternvorschlag, der das Kind befristet einem Elternteil zuweist, für die Folgezeit aber eine weitere Entscheidung des Familiengerichtes (nach den für Erstentscheidungen geltenden Grundsätzen) vorsieht,[12] obwohl gerade ein derartiger Vorschlag den Interessen des Kindes besonders gut entsprechen kann. Er mutet dem Familiengericht auch nicht zu, in seine Entscheidung eine selbstsichere Prognose der Situation des Kindes in einigen Jahren aufzunehmen.

Hier wie dort wird freilich nach Auswegen gesucht, in denen die Schwäche der Ausgangsposition überdeutlich wird. Wenn es notwendig wird, das Kind einem nur zunächst besser geeigneten Elternteil anzuvertrauen (Regelfall: Mutter eines Kleinkindes), entscheidet man zugunsten des anderen Elternteils, belastet diesen aber mit einer von § 1666 gedeckten Pflicht, die Ausübung seiner elterlichen Sorge zu überlassen (und sichert das Kind damit gegen den an sich jederzeit möglichen Widerruf des Aktes).[13] Kaum noch Bedeutung hat dagegen die Flucht in eine einstweilige Anordnung mit künstlicher Dehnung des Verfahrens bis zur endgültigen Entscheidung. Als Folge des Entscheidungsverbundes von Scheidungssache und Sorgerechtsverfahren ist diese (mißbräuchliche) Verwendung einer einstweiligen Anordnung nur noch in den Fällen des § 1672 möglich (es sei denn, auch § 628 I Nr. 3 ZPO werde mißbräuchlich genutzt).

4. *Vormundschaft; Pflegschaft.* Beide Elternteile können zugunsten eines Vormunds oder Pflegers entrechtet werden, „wenn dies erforderlich ist, um eine Gefahr für das Wohl des Kindes abzuwenden" (§ 1671 V 1), freilich nur – so wäre der Normtext zu ergänzen –, wenn die aus der Drittbetreuung zu erwartenden

---

Umständen ist auch jede sichere richterliche Prognose schon deshalb ausgeschlossen, weil die (in der Zeit wachsenden) Kontinuitätsinteressen des Kindes für den Zeitpunkt des Wechsels nicht kalkuliert werden können.

[12] Vgl. BayObLG, FamRZ 1965, 51; *Erman-Ronke,* 17 zu § 1671; *Schwab,* RdNr. 190. Für die Zulässigkeit dagegen KG, FamRZ 1967, 294; OLG Karlsruhe, NJW 1977, 1731; *Staudinger-Schwoerer,* 78 zu § 1671; *Soergel-Lange,* 15 zu § 1671.

[13] Krit. dazu *Schwoerer,* NJW 1952, 84f.; JZ 1953, 18. Weil die Überlassung der elterlichen Sorge zur Ausübung jederzeit widerruflich ist, eignet sich eine entsprechende Verpflichtung nicht als Klausel in einem Scheidungsfolgenvertrag (deshalb sehr problematisch OLG Karlsruhe, NJW 1977, 1731: Überlassung als Ergebnis einer Umdeutung).

Schäden nicht größer sind als die anderen, die bei elterlicher Betreuung entstehen.[14] Stets ist das für Eingriffe des Staates in die elterliche Sorge allgemein verbindliche Prinzip des mildesten Eingriffs zu wahren: Drittbetreuung ist nur im geringstmöglichen Umfang anzuordnen; alle Grenzen, die zwischen den Elternteilen für eine Teilung der elterlichen Sorge bestehen, gelten im Verhältnis zu einem Vormund oder Pfleger nicht.[15] In seltenen Fällen kann das Kind sogar zur tatsächlichen Betreuung einem Elternteil überlassen bleiben; Vormundschaft oder Pflegschaft und faktische Elternsorge sind miteinander zu vereinbaren, wenn die Gefährdung des Kindes bereits durch Entrechtung der Eltern und ständige Beaufsichtigung durch einen Dritten beseitigt wird.[16]

§ 1671 V entspricht in seiner Aussage § 1666. Daß er anders als jener nicht Gefährdung aus bestimmten Ursachen fordert, ist ebenso sicher wie gleichgültig: Auf welchen in § 1666 nicht genannten Ursachen sollte schon eine in § 1671 V relevante Gefährdung beruhen können? Unter der Prämisse einer wirksamen Aufsicht des Staates schon vor der Trennung der Eltern (durch das Vormundschaftsgericht) ist er demzufolge in erster Linie wesentlich für jene Fälle, in denen die Eltern in gemeinschaftlicher Sorge die Interessen des Kindes wahren konnten, allein aber weder der eine noch der andere der Aufgabe gewachsen ist.

Zumindest Zurückhaltung ist bei der Anwendung der Norm gegenüber Elternteilen geboten, die in einem eheähnlichen Verhältnis mit einem Dritten zusammenleben.[17] Ein Konkubinat disqualifiziert noch nicht als Elternteil; der Hinweis auf die Notwendigkeit, das Empfinden des Kindes für Legitimität und Illegitimität geschlechtsvertraulichen Zusammenlebens bewahren zu müssen, hat bei einem Kind, das den Zusammenbruch einer Ehe miterlebte, jedenfalls nur geringen Wert; die Entrechtung der Eltern zugunsten einer Drittbetreuung aus diesen Gründen wird in einer Zeit, die Konkubinate längst zu dulden bereit ist, vom Kind vielfach nur als Akt des Unrechts begriffen werden.

5. Abweichend vom Regeltatbestand soll eine *Unterhaltspflegschaft* bereits eingerichtet werden, ,,wenn dies zum Wohle des Kindes erforderlich ist" (§ 1671

---

[14] Vgl. dazu KG, NJW 1968, 1680 (Trennung von der Mutter u. U. gefährdender als deren Leben in einem Konkubinat); FamRZ 1969, 432 (keine Übertragung des Aufenthaltsbestimmungsrechtes auf den Pfleger, wenn gewiß ist, daß das Kind bei einem Elternteil bleiben muß); OLG Hamm, FamRZ 1973, 148 (149).

[15] Vgl. KG, DR 1939, 1076; BayObLGZ 1948/51, 500 (504); 1970, 89 (92); BayObLG, NJW 1964, 1419; MünchKomm-*Hinz*, 43 zu § 1671; *Soergel-Lange*, 37 zu § 1671; *Erman-Ronke*, 48 zu § 1671.

[16] Vgl. *Hoffman*, NJW 1952, 981; *Staudinger-Schwoerer*, 126 zu § 1671; MünchKomm-*Hinz*, 45 zu § 1671; *Schwab*, RdNr. 213; *Soergel-Lange*, 37 zu § 1671. Als (zweifelhafte) Bsp. aus der Praxis vgl. OLG Köln, OLGZ 1970, 364; OLG Hamm, FamRZ 1973, 148 (hier schwerlich mit dem gefährdenden Sachverhalt zu vereinbaren). Tatsächliche Betreuung des Kindes durch einen Elternteil und Aufsichtspflegschaft werden generell abgelehnt von OLG Freiburg, NJW 1952, 981 (982).

[17] I. Erg. ebenso *Schwab*, RdNr. 215; MünchKomm-*Hinz*, 44 zu § 1671.

Für die Rspr. vgl. OLG Hamm, FamRZ 1973, 148 (gefährdend bereits der ,,Eindruck eines Liebesverhältnisses" ohne Nachweis sexueller Beziehungen und ohne gemeinsame Wohnung).

V 2). Die Norm ist neu (erst das EltSorgRG hat sie geschaffen); notwendig war sie nicht. Daß der sorgeberechtigte Elternteil in einen Interessenkonflikt geraten kann, wenn er nebeneinander eigene Ansprüche und Ansprüche des Kindes gegen den anderen Elternteil geltend zu machen hat, will wenig oder nichts bedeuten: Für Fälle dieser Art stehen ohnehin die §§ 1629 II, 1796 zu Gebote.

III. Disposition der Eltern

1. *Der Elternvorschlag.* Beschränkt gelenkt wird das Familiengericht, wenn die Eltern ihm einen übereinstimmenden Vorschlag machen, sofern dieser nicht durch einen abweichenden Vorschlag des älteren Kindes neutralisiert wird (zu dieser Grenze unten IV 2). Vom Elternvorschlag soll das Gericht nur abweichen (zu den prozessualen Konsequenzen für diesen Fall im Scheidungsverfahren vgl. § 627 I ZPO), wenn es „zum Wohl des Kindes erforderlich ist". Er verliert seine Relevanz mithin vor einem (freilich recht unbestimmten) Tatbestand, der sich deutlich vom schlichten Wohl des Kindes unterscheidet, an dem sich im übrigen jede innerfamiliäre Entscheidung zu orientieren hat, aber auch von der „Gefahr für das Wohl des Kindes", die den Übergang zur Drittbetreuung (§ 1671 V) ermöglicht.

Streitig ist bis heute der innere Grund für die besondere Bedeutung des Elternvorschlags geblieben. Vielfach wird er allein als Akt gedeutet, dem das Gesetz Beachtung sichert, weil für ihn die Vermutung sachrichtiger Regelung der elterlichen Sorge im Einzelfall spreche.[1] Richtiger ist es, in ihm einen kontrollierten Dispositionsakt der Eltern über die elterliche Sorge zu sehen, den das positive Recht als Ausfluß des Elternrechtes akzeptiert.[2] Für eine Vermutung der Sachrichtigkeit ist schon die Basis nicht nachzuweisen, da doch streitende Eltern vielfach gerade nicht willens oder in der Lage sind, Entscheidungen zu fällen, die allein vom Wohl des Kindes bestimmt sind (zuweilen gar in der elterlichen Sorge ein Austauschobjekt für andere Vorteile sehen). Eine Vermutung ist aber auch nicht mit dem Tatbestand zu vereinbaren, der die Relevanz des Elternvorschlags begrenzt; der Nachweis besserer Eignung des anderen Elternteils (der folgerichtig entscheidend sein müßte) ist schließlich noch kein Umstand, der dem Elternvorschlag seine Bedeutung nimmt.

Disponieren können die Eltern (in den Regelungsgrenzen, die auch dem richterlichen Akt gezogen sind) in allen Formen, in denen überhaupt ein übereinstim-

---

[1] Vgl. BayObLG, FamRZ 1976, 36 (37); *Erman-Ronke,* 21 zu § 1671.

[2] Grds. zust. (jedoch die elterliche Disposition nur als Grundlage des Richteraktes anerkennend) MünchKomm-*Hinz,* 23 zu § 1671.

Auf das Elternrecht der Verfassung verweisen BGHZ 44, 220 (226); BayObLG, FamRZ 1963, 141; *Soergel-Lange,* 16 zu § 1671.

Vgl. in diesem Zusammenhang auch *Treitz,* S. 35ff. Er sieht die Rechtfertigung in dem fortdauernden Einverständnis der Eltern.

mender Vorschlag zum Ausdruck gebracht werden kann.[3] Die Regel ist die vertragliche Einigung (insbesondere als Bestandteil einer komplexen Scheidungsfolgenvereinbarung), notwendig ist sie nicht. Die Erklärung eines Elternteils, der später die Zustimmung des anderen folgte, bindet das Gericht nicht weniger; selbst zwei Einzelakte ohne Bezug aufeinander haben dieselbe Wirkung (und das selbst dann, wenn jeder Elternteil vom Handeln des anderen nichts weiß). Wie immer man auch den inneren Grund für die Bedeutung des Elternvorschlags bestimmen mag, nie kann aus ihm mehr abgeleitet werden als die Notwendigkeit inhaltlich gleichlautender Erklärungen beider Elternteile.[4]

2. Der Elternvorschlag ist *höchstpersönliches Rechtsgeschäft,* das allen Elternteilen zugänglich ist, die überhaupt elterliche Sorge ausüben, und sei es auch nur in Teilbereichen. Geschäftsunfähige können mithin nicht disponieren, beschränkt geschäftsfähige Elternteile sind dagegen zur Disposition berufen (vgl. § 1673).[5]

Höchstpersönlich ist auch die Sachentscheidung zu verantworten. Elternvorschläge, die Dritte zur Entscheidung berufen, sind nichtig ohne jede Rücksicht auf besondere Qualifikationen des Dritten (etwa als gegenwärtig tatsächlich Betreuender, als besonders fachkundiger Kinderpsychologe). Auch dem Kind kann die Entscheidung nicht überlassen werden[6] (zur Relevanz seines Willens aus eigener Berufung vgl. unten unter IV.).

3. Elternvorschläge werden entscheidungserheblich erst mit der Einführung in das Sorgerechtsverfahren, die im gemeinschaftlichen Elternakt ebenso möglich ist wie durch einen Elternteil allein. Adressat kann noch das Berufungs- oder Beschwerdegericht sein,[7] sofern die Elternteile nicht eine einverständliche Ehescheidung (§§ 1565, 1566 I) betreiben; in diesem Fall ist der Elternvorschlag eine Voraussetzung des Verfahrens (§ 630 I ZPO), die dem materiellen Recht zuzuordnen ist.[8] Wartefristen gibt es nicht (mehr); auch in den Fällen der Trennung von ehebeendendem Akt und Entscheidung im Sorgerechtsverfahren (vgl. oben unter I 2) obliegt es allein den Eltern, ihren Vorschlag rechtzeitig in das Verfahren einzuführen.

4. *Bindung.* Elterneinigungen, die im Zusammenhang mit einer Ehescheidung zustande kommen (insbesondere in einer Scheidungsfolgenvereinbarung), binden (als Verträge) sofort; Elternvorschläge in getrennten Akten können dagegen ein-

[3] Nutzen die Eltern ihre Befugnis für mehrere Kinder in einem Akt, so liegt gleichwohl eine Mehrheit von Einzelvorschlägen vor. Vgl. OLG Köln, OLGZ 1966, 210. Im Einzelfall kann jedoch ein zusammengesetztes Rechtsgeschäft (mit der Folge des § 139) gewollt sein.

[4] Gl. Ans. *Staudinger-Schwoerer,* 55 zu § 1671; *Dölle,* § 97 III 2; *Soergel-Lange,* 17 zu § 1671; MünchKomm-*Hinz,* 26 zu § 1671; *Treitz,* S. 48. A. A. *Riedel,* S. 23; *Erman-Ronke,* 16 zu § 1671.

[5] I. Erg. gl. Ans. *Riedel,* S. 24; *Soergel-Lange,* 17 zu § 1671; *Dölle,* § 97 III 2; *Staudinger-Schwoerer,* 58 zu § 1671; *Erman-Ronke,* 16 zu § 1671; MünchKomm-*Hinz,* 24 zu § 1671. A. A. *Treitz,* S. 39f. (mit Ausnahme für die minderjährige Mutter).

[6] Vgl. BayObLG, FamRZ 1968, 657; *Erman-Ronke,* 17 zu § 1671.

[7] Vgl. MünchKomm-*Hinz,* 27 zu § 1671.

[8] Vgl. dazu die Fn. 9 zu § 25 oben.

seitig widerrufen werden, solange sie nicht von zumindest einem Elternteil in das Sorgerechtsverfahren eingeführt wurden.[9]

Daß bindende Vorschläge gemeinschaftlich geändert und aufgehoben werden können, ist eine Selbstverständlichkeit, doch liegt ein aufhebender Vertrag noch nicht vor, wenn beide Elternteile Änderungswünsche mit verschiedenen Zielen äußern.[10] Besonderen Bestandsschutz genießt der Elternvorschlag auch sonst nicht: Ohne jede Einschränkung ist auf ihn das allgemeine Abschlußmängelrecht anzuwenden; jeder Elternteil ist insbesondere berechtigt, seine Erklärung wegen Irrtums anzufechten (doch wird zumeist nur ein unbeachtlicher Motivirrtum geltend gemacht; als Folge des familiären Lebens ist auch der beachtliche Eigenschaftsirrtum des § 119 II selten) oder auch wegen einer arglistigen Täuschung.[11] Elternvorschläge, die wegen der Unzulässigkeit ihres Inhalts nichtig sind, können in andere mit zulässigem Inhalt umgedeutet werden (§ 140).[12]

5. *Geschäftsgrundlage.* Enttäuschte Erwartungen, die kein Anfechtungsrecht vermitteln, werden gern unter dem Gesichtspunkt des Irrtums über die Geschäftsgrundlage oder auch des Wegfalls der Geschäftsgrundlage geltend gemacht. Die Rechtsprechung der Oberlandesgerichte hat z. T. die Übernahme jener für Schuldverträge entwickelten Lehre anerkannt;[13] sie wahrt jedoch zu Recht bei der Anwendung auf den Einzelfall Zurückhaltung.

Elterliche Dispositionsakte sind keine Schuldverträge, jedoch Vereinbarungen,

---

[9] Rspr. und Schrifttum sind gegenwärtig gerade in Fragen der Bindung schwer zu übersehen. Gleichgültig ist für die Frage jedenfalls die Qualifizierung des Elternvorschlags. Will man ihm die Qualität eines Rechtsgeschäfts absprechen, weil er nicht mit unmittelbaren privatrechtlichen Folgen verbunden sei (vgl. *Dölle,* § 97 III 2; MünchKomm-*Hinz,* 24 zu § 1671; *Beitzke,* § 29 III 3) – eine These, die jedenfalls mit der Annahme eines elterlichen Dispositionsaktes nicht zu vereinbaren ist –, so stellt sich sofort die Frage, ob er nicht einem Rechtsgeschäft ähnlich behandelt werden muß.

Freie Widerruflichkeit wird lediglich von einer Minderheit behauptet. Vgl. *Treitz,* S. 40ff.; *Schwab,* RdNr. 194 sowie (als Forderung an den Gesetzgeber) *Lüderitz,* FamRZ 1975, 607f.; *Dieckmann,* AcP 178 (1978), 319.

Eine verbreitete Ans. behauptet Bindung erst von jenem Augenblick an, in welchem sich ein Elternteil auf den Vorschlag gegenüber dem Gericht beruft. Vgl. etwa MünchKomm-*Hinz,* 24 zu § 1671 und dagegen schon früh *Dölle,* § 97 III 2. Die zumeist in Bezug genommene Entscheidung BGHZ 33, 54 (57) beantwortet lediglich die Frage, ob der Elternvorschlag von einem oder beiden Elternteilen in das Verfahren eingeführt werden muß.

Die Differenzierung nach Elterneinigung und Vorschlägen in getrennten Akten findet sich auch bei *Soergel-Lange,* 19 zu § 1671; *Staudinger-Schwoerer,* 63 zu § 1671, doch wird von ihnen im letzteren Fall Bindung erst mit der Entscheidung des VormG (jetzt: FamG) angenommen. Nach Änderung des Normtextes (statt des früher notwendigen „gemeinsamen Vorschlags" ist nur noch ein „übereinstimmender" erforderlich) bleibt jedoch abzuwarten, ob die Ans. heute noch aufrechterhalten wird.

[10] Vgl. OLG Bremen, FamRZ 1958, 63 mit Anm. *Schwoerer;* BayObLG, FamRZ 1967, 402; OLG Oldenburg, NdsRpfl. 1970, 236; MünchKomm-*Hinz,* 25 zu § 1671.

[11] Vgl. dazu OLG Karlsruhe, FamRZ 1965, 575 (keine Pflicht zur Offenbarung einer Schwangerschaft aus Ehebruch).

[12] Vgl. OLG Karlsruhe, NJW 1977, 1731.

[13] Vgl. OLG Köln, FamRZ 1964, 524; OLG Karlsruhe, FamRZ 1965, 575; 1968, 266. Ohne endgültige Entscheidung (weil jedenfalls im konkreten Fall verneint) BayObLG, FamRZ 1966, 249; 1967, 402 (404); OLG Hamm, FamRZ 1968, 528; OLG Stuttgart, FamRZ 1969, 159 (160).

die für die Gesamtdauer der elterlichen Sorge bedeutsam sind, also ständig fortwirkende Rechtsgeschäfte. Auch die Entscheidung des Familiengerichtes beendet ihre Wirkung nicht, weil für eine (jederzeit mögliche) Änderungsentscheidung der Elternvorschlag ebenso bedeutsam ist wie für die Erstentscheidung (vgl. dazu unten VI 3). Insofern ist die Übernahme schuldrechtlicher Lehren, die jedenfalls primär für noch nicht voll erfüllte Schuldverträge gedacht sind, in das Familienrecht nicht zu beanstanden, ja sogar sachgerecht.[14] Es hindert auch nicht die (allgemein anerkannte) Lehre von der Subsidiarität der Grundlagenstörung gegenüber Rechtsbehelfen aus anderen Gründen; die allein konkurrierende Änderungsentscheidung wird gerade von der Frage nach Fortbestand oder Wegfall des Elternvorschlags nachhaltig beeinflußt. Unverkennbar sind freilich die Schwierigkeiten, die sich bei der Anwendung der Lehre in der Praxis ergeben. Es gibt keinen klaren Maßstab, an dem sich das unbeachtliche Motiv von der Geschäftsgrundlage sondert. Zudem pflegt der elterliche Dispositionsakt Bestandteil eines umfassenden Scheidungsvertrages (oft in der Form eines Prozeßvergleiches) zu sein, der bereits die Ehescheidung mitbestimmte und damit irrevisible Folgen nach sich zog. In diesen Fällen kann der elterliche Dispositionsakt nicht isoliert gesehen werden, sondern nur als Bestandteil eines umfassenden Vertragswerkes, das mit Änderungen in einzelnen Teilen gewiß seinen Sinn verlieren kann, jedoch sicher nicht verlieren muß.

IV. Die Haltung des Kindes

1. *Relevanz.* Leben in einem Intimverhältnis setzt Bereitschaft auch des Kindes zur Intimität voraus; insofern ist die Haltung des Kindes (ohne Bindung an bestimmte Altersgrenzen[1]) ein erhebliches (sachbezogenes) Entscheidungselement, das sich das Familiengericht durch Sachverständige erschließen kann, aber auch (in den Grenzen des § 50b FGG; vgl. dazu oben § 44 I 5) durch Anhörung des Kindes zu erschließen hat. Unverkennbar ist freilich, daß gerade die Haltung des Kindes nicht jederzeit erkennbar ist, daß sie als allzu gegenwartsbezogene Reaktion im Rahmen einer schließlich langfristig wirkenden Entscheidung in Frage gestellt werden kann und daß sie der Fremdbestimmung (auch und gerade durch die interessierten Elternteile) leicht zugänglich ist. Vorschlägen, mittels kinderpsychologisch abgesicherter Testverfahren zum wirklichen Willen des Kindes vorzudringen,[2] ist die Rspr. nicht gefolgt; gegenwärtig dürfte auch kein Testverfahren vorhanden sein, das eine überzeugende Richtigkeitsgewähr bietet.

---

[14] Zust. auch *Beitzke,* § 29 III 3; *Palandt-Diederichsen,* 2 zu § 1671; *Erman-Ronke,* 16 zu § 1671; *Staudinger-Schwoerer,* 65 zu § 1671; MünchKomm-*Hinz,* 25 zu § 1671.

[1] Vgl. dagegen etwa OLG Karlsruhe, FamRZ 1968, 170 (Wille des Kindes kann von Bedeutung sein, wenn das Kind etwa das 10. Lebensjahr erreicht hat).

[2] Vgl. dazu *Lempp,* NJW 1963, 1659 (dazu *Schwoerer,* NJW 1965, 5 und wieder *Lempp,* NJW 1964, 440).

2. Ausdruck der Haltung des Kindes ist vornehmlich der *erklärte Wille des Kindes*. Er ist bedeutsam bei älteren Kindern (ohne bestimmte Altersgrenze) als Entscheidungselement von hoher Bedeutung, deren Maß im jeweiligen Einzelfall vom Familiengericht näher zu bestimmen ist.[3] Er ist ferner (seit dem EltSorgRG) bedeutsam als Wille aller über vierzehn Jahre alten Kinder,[4] die sich gegen eine Elterneinigung mit einem positiven Bekenntnis zum anderen Elternteil zur Wehr setzen (während eine negative Einstellung beiden Elternteilen gegenüber die nämliche Wirkung nicht hat). In der Konkurrenz von Elternvorschlag und gegenläufigem Kindesvorschlag verliert der Elternwille seine Relevanz als Umstand, der die richterliche Diskretion beschränkt (nicht dagegen als überhaupt verwertbarer Sachverhalt); das Familiengericht trifft ohne besondere Bindung die Regelung, die dem Wohl des Kindes am besten entspricht (vgl. § 1671 III 2), belastet freilich mit einem nun neuen Umstand im Entscheidungskalkül: Jede innerfamiliäre Entscheidung (und Drittbetreuung bleibt auch in dieser Situation an die Grenzen des § 1671 V gebunden[5]) muß sich über den erklärten Willen entweder des Kindes oder des schließlich begünstigten Elternteils hinwegsetzen. Problemlos sind schließlich allein Entscheidungen zugunsten von Elternteilen, die sich nur widerstrebend zum Elternvorschlag bereitfanden.

Das über vierzehn Jahre alte Kind ist damit Träger eines Gestaltungsrechtes geworden, dessen Ausübung (durch Willenserklärung gegenüber dem Familiengericht, die auch formlos anläßlich der persönlichen Anhörung erfolgen kann) die rechtsgeschäftliche Qualität des Elternvorschlags vernichtet. Diese Form der Mitbestimmung beläßt dem Kind die Möglichkeit strikter Neutralität gegenüber einem elterlichen Vorschlag (die man preisgegeben hätte, falls die an sich gewohntere Form der Zustimmung als Wirksamkeitsvoraussetzung des elterlichen Vorschlags gewählt worden wäre), kann jedoch nicht darüber hinwegtäuschen, daß die Eltern sich jedenfalls meist (insbesondere aber, wenn eine Elterneinigung im Kontext einer Scheidungsfolgenvereinbarung bedeutsam ist) des Einverständnisses ihrer Kinder versichern müssen. Volle Sicherheit ist freilich selbst dann nicht zu erreichen: Am Normzweck erweist sich das Widerspruchsrecht des Kindes als Recht, das bis zur Entscheidung des Familiengerichtes ausgeübt werden kann; es gibt keinen Verzicht und keine Verwirkung.

---

[3] Vgl. OLG Hamburg, FamRZ 1956, 255 mit Anm. *Schwoerer,* aber auch FamRZ 1960, 123; OLG Karlsruhe, FamRZ 1966, 315 (16 Jahre alte Tochter); BayObLG, FamRZ 1968, 657 (16 und 14 Jahre alte Töchter); LG Berlin, FamRZ 1969, 219 (abl. bei 11 ½ Jahren); OLG Köln, FamRZ 1972, 572 (von einem 6jährigen kein sachgemäßer, vernünftiger Beitrag zu erwarten); OLG Köln, FamRZ 1976, 32 (Meinung eines nahezu 13jährigen nicht allein ausschlaggebend, jedoch zu berücksichtigen); KG, FamRZ 1978, 829 (Wille eines 5 ½jährigen kein Entscheidungselement).

[4] Krit. zu dieser Altersgrenze *Dieckmann,* AcP 178 (1978), 314 (Vollendung des 15. oder 16. Lebensjahres zumindest sachgerechter); *Schwab,* RdNr. 210 (übertrieben und wenig sachdienlich); *Diederichsen,* FamRZ 1978, 464f.

[5] Daß schließlich die Bestellung eines Vormunds (§ 1671 V) erleichtert wird, fürchten *Strätz,* FamRZ 1975, 543; *Dieckmann,* AcP 178 (1978), 315. Dagegen *Lüderitz,* FamRZ 1975, 608.

V. Das Wohl des Kindes als Korrektiv und Entscheidungsmaxime

1. Von einem Elternvorschlag soll das Familiengericht nur abweichen, „wenn dies zum Wohle des Kindes erforderlich ist" (§ 1671 III); fehlt ein Vorschlag, so trifft das Gericht „die Regelung, die dem Wohle des Kindes am besten entspricht" (Abs. II). Als Korrektiv ist das Wohl des Kindes mithin erst bedeutsam, wenn die Verwirklichung der elterlichen Vorstellungen es ernstlich beeinträchtigen würde;[1] als Entscheidungsmaxime ist es dagegen auch mit geringeren Ausschlägen zugunsten des einen oder auch des anderen Elternteils relevant.

Die beschränkte Bedeutung als Korrektiv ist ein Ärgernis all jener, die allein die Interessen des Kindes zu wahren wünschen. Sie entspricht jedoch in typischer Sicht eher den Grenzen verläßlicher Erkenntnis des Familienrichters (zumal im prognostischen Vorgriff) als das Postulat der unbedingten Geltung. Grobe Unterschiede zwischen den Elternteilen sind objektiv faßbar und nachprüfbar, die Idee einer in letzten Feinheiten abwägenden richterlichen Entscheidung ist dagegen ebenso utopisch wie die (vom 1. EheRG aufgegebene) Idee, eheliches Leben im Scheidungsprozeß je voll erfassen zu können.[2] Das Wohl des Kindes wird nicht nur von dem ihm gebotenen materiellen Wohlstand bestimmt, von den Möglichkeiten besserer oder schlechterer Ausbildung und anderen leicht beherrschbaren (manchmal gar quantifizierbaren) Faktoren. Es ist nicht weniger abhängig von möglichen Entwicklungen, deren Wirkungen allenfalls in unsicheren Wahrscheinlichkeitsurteilen taxiert werden können (Zweitehe; Stiefkindproblem), und von persönlichen Dispositionen, die auch Sachverständigen nicht ohne jeden Restbestand zugänglich sind und deshalb in der Praxis vielfach mit mehr oder minder großer Überzeugungskraft aus greifbarem Geschehen „erschlossen" werden: von der Fähigkeit der Elternteile insbesondere zur Erziehung des Kindes (mit den von ihnen – und nicht vom Familiengericht – bestimmten Erziehungszielen) in den verschiedenen Entwicklungsphasen, die es durchläuft, von ihrer Fähigkeit zum Leben in einem der Eltern-Kind-Beziehung entsprechenden Intimverhältnis, von ihrer Opferbereitschaft in Krisensituationen, aber auch von der Psyche des Kindes, insbesondere seiner Trennungsempfindlichkeit und seiner Belastbarkeit.

---

[1] Ebenso *Staudinger-Schwoerer,* 84 zu § 1671. Die Rspr. verlangt überwiegend „triftige, das Wohl des Kindes nachhaltig berührende Gründe", die bei Billigung des Elternvorschlages „eine ungünstige Entwicklung des Kindes besorgen lassen". Vgl. KG, FamRZ 1958, 423 (424); 1967, 411; 1968, 264 (265); 1969, 432; BayObLG, FamRZ 1963, 141 (142); 1966, 249 (250); OLG Hamm, FamRZ 1968, 528; OLG Köln, OLGZ 1966, 210; OLG Stuttgart, FamRZ 1969, 159; OLG Oldenburg, NdsRpfl. 1970, 236; *Erman-Ronke,* 21 zu § 1671; *Palandt-Diederichsen,* 2 zu § 1671; *Soergel-Lange,* 24 zu § 1671; MünchKomm-*Hinz,* 30 zu § 1671; *Dölle,* § 97 III 6; *Schwab,* RdNr. 197.

Nach a. A. (*Treitz,* S. 56ff.) darf das FamG einen Elternvorschlag erst bei Gefährdung des Kindeswohls außer acht lassen. Die damit postulierte Tatbestandsgleichheit mit § 1671 V ist mit dem Gesetz schwerlich zu vereinbaren.

[2] Ganz a. A. *Müller-Freienfels,* Ehe und Recht, 1962, S. 212ff. Krit. zu den Möglichkeiten des Richters dagegen auch *Schwab,* RdNr. 201; *Treitz,* S. 64f.

Angesichts der Fülle bedeutsamer Umstände, die in den unterschiedlichsten Kombinationen die Einzelfälle prägen, ist jeder Versuch, verbindliche Entscheidungskalküle zu entwerfen, von vornherein zum Scheitern verurteilt. Das, was sich wenigstens grundsätzlich sagen läßt, mag erste Sicherheit vermitteln, bedarf jedoch stets der Richtigkeitskontrolle im jeweiligen Einzelfall: so der Vorrang der Mutter bei Kleinkindern, aber auch der (generelle) Vorrang eines Elternteils, der das Kind bei sich aufnehmen kann, der zu tätiger Personensorge in der Lage ist, der Stetigkeit in der Erziehung verbürgt usw. Nie darf es sich darum handeln, einem Elternteil moralische Mißbilligung auszusprechen: Ein Konkubinat mag von mittelbarer Bedeutung sein können (doch kann aus ihm nicht etwa auf mangelnde Eignung als Erzieher geschlossen werden;[3] vgl. dazu schon oben II 4), als solches ist es kein Umstand, der disqualifiziert.[4] Nie darf es sich auch darum handeln, jenen Elternteil zu strafen, der die Ehe zerstörte; das Wohl des Kindes und der Ausgleich zwischen den Elternteilen sind inkommensurable Maßstäbe.[5] Nie ist schließlich das Familiengericht dazu berufen, die eheliche Abstammung des Kindes (§ 1593 zuwider) in Zweifel zu ziehen und deshalb zugunsten der Mutter zu entscheiden.[6]

2. Dem Wohl der Kinder entspricht in der Regel (keinesfalls: immer) für *Geschwister* eine gemeinsame Erziehung. Das Gesetz enthält heute freilich im Gegensatz zum Vormundschaftsrecht (§ 1775) keinen Hinweis mehr, doch ergibt sich die Aussage aus der praktischen Erfahrung. Der naheliegende Gedanke, um der Billigkeit willen eine Verteilung auf die beiden Elternteile vorzunehmen, kann von den Eltern in ihrem Vorschlag aufgegriffen werden, legitimes Entscheidungselement ist er dagegen in einer allein am Wohl der Kinder orientierten Entscheidung nicht.[7]

VI. Änderung der Entscheidung

1. Elterliche Sorge entbehrt im Verhältnis zum anderen Elternteil der dem Staat gegenüber bestehenden Bestandsgarantie;[1] die Interessen des Kindes werden mit änderungsfähigen Entscheidungen weit besser gewahrt (Nachteil aber: mangels Garantie der Kontinuität Unsicherheit bei Eltern und Kind) als mit

---

[3] Anders OLG München, FamRZ 1979, 70. Grds. gegen die Übertragung der elterlichen Sorge auf einen im Konkubinat lebenden Elternteil auch OLG Hamm, FamRZ 1976, 284.

[4] Ebenso *Treitz,* S. 71; MünchKomm-*Hinz,* 34 zu § 1671.

[5] Das „größere moralische Anrecht" darf auch bei gleicher Eignung der beiden Elternteile nicht entscheidend sein (a. A. *Erman-Ronke,* 24 zu § 1671). Das Sorgerechtsverfahren ist nicht dazu bestimmt, antiquierte Grundsätze des Scheidungsrechtes zu konservieren.

[6] Nachw. oben § 45 I 5 Fn. 7.

[7] Ebenso *Soergel-Lange,* 26 zu § 1671; *Treitz,* S. 66. A. A. *Staudinger-Schwoerer,* 95 zu § 1671.

[1] Art. 6 GG kann deshalb niemals eine Änderungsentscheidung hindern. Vgl. BayObLG, FamRZ 1962, 165.

statischen. § 1696 berechtigt und verpflichtet deshalb (als lex specialis zu §§ 621 e III, 577 III ZPO[2]) das Familiengericht zur Änderung seiner Entscheidungen (auch von Änderungsentscheidungen) in einem neuen Verfahren, wenn es im Interesse des Kindes einen Eingriff für angezeigt hält (§ 1696 I; Antrag nicht erforderlich). Vorläufige Anordnungen sind zulässig, wenn die Notwendigkeit einer alsbaldigen Regelung evident, eine volle Sachaufklärung jedoch nicht sofort möglich ist.[3] Erhalten bleibt der Schutz der elterlichen Sorge vor staatlichen Eingriffen; ein Vormund oder ein Pfleger darf dem Kind auch in einer ändernden Entscheidung nur bestellt werden, wenn der Tatbestand des § 1671 V erfüllt ist.[4]

2. *Tatbestände und Sachverhalte.* § 1696 dient dem Wohl der Kinder im Wandel der Verhältnisse, nicht dem Interesse der von der elterlichen Sorge ausgeschlossenen Elternteile an ständiger Überprüfung der einmal gegen sie getroffenen Entscheidungen. Eine Änderung ist deshalb nur aus Umständen zu rechtfertigen, die in der Erstentscheidung nicht berücksichtigt werden konnten, sei es nun, weil sie dem Gericht zunächst nicht bekannt waren, sei es auch, weil sie erst später eintraten.[5]

Eine Änderungsentscheidung kann etwa als Folge einer grundsätzlich veränderten Situation geboten sein, wenn das Kind entgegen der Erstentscheidung tatsächlich vom nichtsorgeberechtigten Elternteil betreut und erzogen wird,[6] wenn Schäden als Folge einer verfehlten Erstentscheidung erkennbar werden,[7] wenn ein an sich besser geeigneter Elternteil nur deshalb entrechtet werden mußte, weil er zur Versorgung des Kindes zunächst nicht in der Lage war, inzwischen jedoch in anderen Verhältnissen lebt[8] usw.

Eine Änderungsentscheidung kann im Einzelfall auch geboten sein, wenn der sorgeberechtigte Elternteil mit dem Kind auswandern will,[9] doch sind auch in diesem Fall allein die allgemein verbindlichen Entscheidungsgrundsätze des

---

[2] Vgl. *Stein-Jonas-Schlosser,* 14 zu § 621 e ZPO; MünchKomm-*Hinz,* 69 zu § 1671.

[3] Vgl. OLG Bremen, NJW 1953, 306; BayObLGZ 1961, 264; OLG Köln, FamRZ 1971, 188 (keine zu hohen Anforderungen zu stellen bei Darlegung und Bestreiten der Änderungsvoraussetzungen); *Staudinger-Schwoerer,* 168 zu § 1671; MünchKomm-*Hinz,* 18 zu § 1671.

[4] Ganz h. M. Vgl. KG, FamRZ 1959, 256; BayObLG, NJW 1963, 590; OLG Stuttgart, FamRZ 1975, 592; *Staudinger-Schwoerer,* 124 zu § 1671 (m. weit. Nachw.); MünchKomm-*Hinz,* 11 zu § 1696; *Soergel-Lange,* 11 zu § 1696. Vgl. aber auch OLG Stuttgart, FamRZ 1976, 538 (Bestellung eines Pflegers mit einstweiliger Anordnung ohne Rücksicht auf § 1671 V).

[5] H. M. Vgl. OLG Hamburg, FamRZ 1960, 123; BayObLG, FamRZ 1962, 34; 1964, 640; 1971, 467 (471); 1976, 38 (39) und 40 (42); KG, FamRZ 1959, 253; 1971, 585; OLG Zweibrücken, FamRZ 1975, 172 (176); *Staudinger-Schwoerer,* 143 zu § 1671; *Soergel-Lange,* 4 zu § 1696. A. A. OLG Bremen, MDR 1954, 179; *Riedel,* S. 70f.; *Dölle,* § 97 X 2a; *Treitz,* S. 106.

[6] Beispiele: KG, FamRZ 1971, 585 (586); OLG Hamm, FamRZ 1968, 530 (533); BayObLG, FamRZ 1962, 165.

[7] Beispiel: OLG Hamburg, FamRZ 1960, 123.

[8] Beispiel: OLG Stuttgart, FamRZ 1976, 34.

[9] Vgl. aus der Praxis OLG Köln, FamRZ 1972, 572; LG Mannheim, FamRZ 1976, 167; OLG Karlsruhe, FamRZ 1978, 201.

§ 1696 anzuwenden (vgl. dazu schon oben § 53 III 8: Das Recht auf persönlichen Umgang mit dem Kind ändert die Situation nicht). Ein Eingriff kann etwa notwendig sein, wenn kaum lösbare Anpassungsschwierigkeiten vorauszusehen sind oder wenn die faktische Trennung vom nichtsorgeberechtigten Elternteil Störungen in der Persönlichkeitsentwicklung befürchten läßt. Gleichgültig ist dagegen die Möglichkeit einer gelungenen Eingliederung des Kindes in fremdes Volkstum (es handelt sich nicht darum, nationale Interessen zu wahren), die durchaus dem Wohl des Kindes entsprechen kann (sicher: nicht muß).[10]

Eine Änderungsentscheidung ist dagegen nicht zu treffen, wenn die Eltern erneut einander heiraten. Als Folge der auf geschiedene Ehegatten beschränkten Geltung des § 1671 ist in diesem Fall die Sorgerechtsentscheidung vom Familiengericht sofort aufzuheben.[11] Eingriffe in die (nunmehr wieder beiderseitige) elterliche Sorge sind allein auf Grund der §§ 1666ff. möglich.

3. *Bindungen.* Änderungsentscheidungen dürfen nicht der Korrektur von Bindungen dienen, die das Familiengericht bei seiner Erstentscheidung zu beachten hatte. Der nach einem Elternvorschlag begünstigte Elternteil darf deshalb nur nach jenen Maßstäben entrechtet werden, die § 1671 III für die Erstentscheidung setzt (also nur, wenn es zum Wohl des Kindes erforderlich ist).[12] Dagegen sind Änderungsentscheidungen nicht etwa Bindungen zu unterwerfen, die im Augenblick der Erstentscheidung nicht bestanden, jedoch gegenwärtig zu beachten wären, falls die Änderungsentscheidung Erstentscheidung wäre. Elternvorschläge im Änderungsverfahren sind demzufolge zwar Indikatoren von großer Bedeutung für die Notwendigkeit einer Änderung, jedoch kein Umstand, der die Maßstäbe bestimmt, denen das Familiengericht zu folgen hat[13] (freilich sind die Maßstäbe für den ändernden Eingriff gemäß § 1696 und für Entscheidungen gegen einen Elternvorschlag allenfalls theoretisch klar zu unterscheiden).

4. *Der Maßstab.* Seit längerer Zeit fordert die Rspr. stereotyp „triftige, das Wohl des Kindes nachhaltig berührende Gründe" für eine Änderungsentscheidung,[14] doch ist der Aussagewert dieser (in einer für Richterrecht charakteristi-

---

[10] Ebenso leidenschaftslos ist zu entscheiden, wenn umgekehrt Kinder in die Bundesrepublik Deutschland verbracht werden. Vgl. etwa OLG Hamm, FamRZ 1975, 426.

[11] Ebenso OLG Hamm, FamRZ 1972, 379; OLG Stuttgart, FamRZ 1976, 537; *Soergel-Lange,* 40 zu § 1671; *Staudinger-Schwoerer,* 140 zu § 1671; *Treitz,* S. 104. A. A. (Entscheidung von selbst hinfällig) BayObLG, FamRZ 1965, 152; MünchKomm-*Zagst,* 8 zu § 1882.

[12] Ganz h.M. Vgl. OLG Karlsruhe, FamRZ 1959, 258; KG, FamRZ 1967, 411; BayObLG, FamRZ 1976, 40 (43); *Dölle,* § 97 X 2b; *Staudinger-Schwoerer,* 147f. zu § 1671; MünchKomm-*Hinz,* 10 zu § 1696; *Soergel-Lange,* 7 zu § 1696. Vgl. aber auch *Treitz,* S. 109 (einseitiger Widerruf des Elternvorschlags beachtlich).

[13] Gl. Ans. OLG Hamm, FamRZ 1968, 530; BayObLG, FamRZ 1976, 40 (43); *Soergel-Lange,* 8 zu § 1696; MünchKomm-*Hinz,* 10 zu § 1696. A. A. aber LG Landau, FamRZ 1967, 405; *Erman-Ronke,* 57 zu § 1671; *Staudinger-Schwoerer,* 74 zu § 1671; *Treitz,* S. 109.

[14] Vgl. etwa OLG Karlsruhe, FamRZ 1956, 112; 1959, 258; 1968, 266; OLG Hamm, FamRZ 1959, 169; NJW 1968, 454; FamRZ 1968, 530; KG, FamRZ 1959, 253; 1967, 411; 1971, 585; BayObLG,

schen Art erstarrten) Formel sehr gering (wenn überhaupt vorhanden).[15] Weiter führt erst der Hinweis auf die Notwendigkeit, gegenwärtige Situation des Kindes (einschließlich des Kontinuitätsinteresses, das dem bisher begünstigten Elternteil damit stets einen Vorteil sichert) und wahrscheinliche Entwicklung nach einer Änderungsentscheidung miteinander zu vergleichen und ändernd einzugreifen, wenn die Änderungsinteressen des Kindes (trotz Diskontinuität in der Erziehung) stärker sind als die Beharrungsinteressen. Daß insoweit Sachverständige oft unentbehrlich sind, ist sicher; doch hat das Familiengericht stets nach eigener Abwägung zu entscheiden.[16]

5. Sonderrecht gilt nach Einrichtung einer *Vormundschaft oder Pflegschaft* gemäß § 1671 V. Die eine wie die andere ist sofort aufzuheben, „wenn eine Gefahr für das Wohl des Kindes nicht mehr besteht" (§ 1696 II), also stets dann, wenn die Voraussetzungen ihrer Einrichtung nicht mehr gegeben sind. Ein elterlicher Antrag kann Anstoß sein, notwendig ist er hingegen nicht; bei längerer Dauer der Drittbetreuung hat das Familiengericht seine Entscheidung „in angemessenen Zeitabständen zu überprüfen" (§ 1696 III).

6. *Verhältnis zu den §§ 1666ff.* In allen Fragen des Entzugs und der Wiederherstellung elterlicher Sorge (nicht dagegen für Einzelanordnungen anderer Art) nimmt § 1696 das gesamte staatliche Wächteramt in sich auf; die §§ 1666ff. zessieren. Entscheidungsinhalte, die § 1696 nicht erlaubt, die jedoch dem Richter bei einem Eingriff in die elterliche Sorge gemäß den §§ 1666ff. zu Gebote ständen, gibt es nach der Entscheidung des Familiengerichtes gemäß § 1671 nicht. Die oft behauptete Ausnahme für Entscheidungen, die einem Elternteil die elterliche Sorge nur punktuell entziehen, existiert tatsächlich nicht. Das sollte sicher sein für jene Fälle, in denen künftig ein Pfleger amtieren soll (also § 1671 V einschlägig ist). Das gilt aber nicht weniger, wenn eine Berufung des anderen Elternteils in Erwägung gezogen wird. Zulässig ist nach geschiedener Elternehe stets nur die Aufgabenteilung des § 1671 IV; eine geteilte Personensorge ist gegen diese Norm auch nicht mit § 1666 zu rechtfertigen.[17] Verfahrensrechtlich konzentriert diese Aussage alle ändernde Entscheidungstätigkeit (und nur sie!) beim Familiengericht (während andernfalls für die Entscheidungen aus § 1666 das Vormundschaftsgericht zuständig wäre).

FamRZ 1962, 34 und 165; 1964, 640; BayObLGZ 1970, 89 (91); FamRZ 1971, 467 (471); 1976, 38 (39) und 40 (42); OLG Zweibrücken, FamRZ 1975, 172 (176).

[15] Krit. insoweit bereits *Treitz,* S. 107f. (doch werden von ihm die Konsequenzen in der Rspr. zu einer Vermutung verzeichnet).

[16] Vgl. OLG Stuttgart, FamRZ 1978, 827.

[17] Gl. Ans. *Soergel-Lange,* 9 zu § 1666; *Dölle,* § 96 Fn. 41; *Erman-Ronke,* 8 zu § 1671 (jedoch mit Entzug der elterlichen Sorge zugunsten einer Pflegschaft gemäß § 1666). A. A. dagegen BayObLG, NJW 1963, 590; KG, FamRZ 1971, 267; MünchKomm-*Hinz,* 7 zu § 1666.

VII. Vollstreckung

Der Beschluß des Familiengerichtes ist ein rechtsgestaltender Akt, also kein geeigneter Vollstreckungstitel, wenn es gilt, den ihm entsprechenden tatsächlichen Zustand gegen den Willen des seiner elterlichen Sorge entkleideten Elternteils zu erzwingen. Die Herausgabe des Kindes ist grundsätzlich in einem späteren Beschluß anzuordnen (§ 1632 II) und nach § 33 FGG zu vollstrecken. Sie kann jedoch gleichzeitig mit der Regelung der elterlichen Sorge angeordnet werden, wenn erkennbar ist, daß der unterlegene Elternteil zur freiwilligen Herausgabe des Kindes nicht bereit sein wird.[1]

VIII. Ausfall eines Elternteils

1. *Das Prinzip.* Der nur dem Zwang der Situation folgende Eingriff in die elterliche Sorge fordert beim Ausfall des begünstigten Elternteils an sich den Übergang zur elterlichen Sorge des anderen Elternteils. Gegenläufig wirken jedoch vielfach die Interessen des Kindes. Das Gesetz hat aus dieser Situation die Konsequenz einer nur beschränkt tatbestandsbestimmten, im übrigen aber einzelfallbestimmten Lösung gezogen. Wie immer auch der Ausfall beschaffen sein mag, nie bewirkt er den Eintritt der elterlichen Sorge des anderen Elternteils als unmittelbare Folge. Zuweilen bleibt er generell bedeutungslos (mit der Konsequenz einer Drittbetreuung des Kindes durch einen Pfleger oder Vormund), weil die Interessen des Kindes in generalisierender Sicht gegen den anderen Elternteil sprechen (so bei tatsächlicher Verhinderung und Ruhen der elterlichen Sorge, solange Aussicht auf den Wegfall seines Grundes besteht). Meist jedoch ist dem anderen Elternteil durch konstitutiven Richterakt die elterliche Sorge ,,zu übertragen, es sei denn, daß dies dem Wohl des Kindes widerspricht" (§§ 1678 II, 1680 II, 1681 I 2; aus den Tatbeständen folgt mit dem arg. e contr. die Bedeutungslosigkeit der anderen Fälle). Andernfalls wird erneut Drittbetreuung notwendig.

2. *Analogien.* Konstitutive Richterakte sieht das Gesetz nur in den Fällen der §§ 1671, 1672 vor. Nicht bedacht wurde der Ausfall eines Elternteils, den eine einstweilige Anordnung gemäß § 620 Nr. 1 ZPO begünstigte. Bei grundsätzlich gleicher Interessenlage sind jedoch Analogieschlüsse möglich und geboten.[1] Faktischen Unterschieden (die Trennung vom anderen Elternteil pflegt von kürzerer Dauer zu sein) kann innerhalb jener Umstände Rechnung getragen werden, die überhaupt im richterlichen Akt zu bedenken sind.

---

[1] Ebenso *Staudinger-Schwoerer,* 171 zu § 1671. Für generelle Zulässigkeit der Verbindung *Beitzke,* § 29 III 7; *Soergel-Lange,* 45 zu § 1671; *Dölle,* § 97 IX 9.

[1] Die insoweit abl. Entscheidung KG, FamRZ 1973, 152 kann nicht überzeugen. Ihr Erg. entspricht schließlich dem Text, doch wird behauptet, daß der Entzug der elterlichen Sorge den sonst eintretenden Rückerwerb der elterlichen Sorge verhindere (übrigens eine petitio principii).

3. *Das entscheidende Gericht.* Zuständig für den Richterakt ist grundsätzlich das Vormundschaftsgericht, in den Fällen des § 1678 II (Ruhen der elterlichen Sorge) jedoch das Familiengericht. Diese Aufgabensonderung mag theoretisch begründbar sein (das Vormundschaftsgericht bleibt zuständig in dem ihm ureigenen Bereich der Kindesgefährdung und in allen Fällen des Todes, der Todeserklärung und der Feststellung der Todeszeit, während das Familiengericht die von ihm mit einer Entscheidung zu §§ 1671, 1672 geordnete elterliche Sorge dann neu zu ordnen hat, wenn der richterliche Akt die Struktur einer Änderungsentscheidung gemäß § 1696[2] hat), sehr praktisch ist der Dualismus dagegen nicht.

4. *Entscheidungsgrundsätze.* Übergang zur elterlichen Sorge des anderen Elternteils und Drittbetreuung des Kindes durch einen Vormund stehen im Regel-Ausnahme-Verhältnis zueinander. Bis zur Grenze prognostizierbarer konkreter negativer Auswirkungen auf das Kind ist deshalb die elterliche Sorge, andernfalls Vormundschaft zu wählen. In Nuancen unterscheiden sich damit die Tatbestände des § 1671 V (Vormundschaft bei fehlender Eignung beider Elternteile) und des Richteraktes nach Ausfall des zunächst berufenen Elternteils: Elterliche Sorge tritt hinter die Vormundschaft im letzteren Fall nicht erst zurück, wenn es gilt, „eine Gefahr für das Kind abzuwenden". Die Nuance ist sichtlich gewollt; vor Art. 6 II GG ist sie nur zu rechtfertigen (weil über die Grenzen der allgemeinen Staatsaufsicht hinausgehend), wenn latenter elterlicher Sorge geringerer Schutz vor dem staatlichen Zugriff zugestanden wird als aktueller.

5. *Ausfall bei Drittbetreuung.* Soweit das Familiengericht die Personensorge und die Vermögenssorge einem Vormund oder Pfleger übertragen hat (§ 1671 V), gibt der (jetzt hypothetische) Ausfall eines Elternteils keinen besonderen Anlaß, die Entscheidung zu überprüfen. Wenn beiden Elternteilen die elterliche Sorge genommen wurde, weil eine Gefahr für das Kind abzuwenden war, kann sie von einem Elternteil nur zurückerworben werden, wenn seine Fähigkeit zu gefahrloser Betreuung des Kindes festgestellt werden kann und eine Änderungsentscheidung aus § 1696 gerechtfertigt ist. Daß auch der Fall des Todes keine Sonderstellung beanspruchen kann, war schon immer h. L.; heute spricht es (seit dem EltSorgRG) § 1681 I 3 ausdrücklich aus.

---

[2] Mit dem Wegfall des Grundes für das Ruhen der elterlichen Sorge tritt kein Rückfall der elterlichen Sorge ein. Ebenso *Staudinger-Schwoerer,* 23 zu § 1671; MünchKomm-*Hinz,* 17 zu § 1678. Nach a. A. bleibt die grundsätzliche Sorgerechtsentscheidung bestehen. Daraus wird zuweilen Rückfall ex lege gefolgert. Vgl. *Dölle,* § 95 II 2 a. E., mit gemeinschaftlicher elterlicher Sorge bis zum Beschluß, der die elterliche Sorge des anderen Elternteils wieder beseitigt. Zuweilen wird auch nur eine Pflicht des Gerichts behauptet, durch konstitutiven Akt die alte Rechtslage wieder herzustellen. Vgl. *Soergel-Lange,* 11 zu § 1678.

C. Das nichteheliche Kind

Schrifttum: *Lange,* Das neue Nichtehelichenrecht, NJW 1970, 297; *Knur,* Familienrechtliche und erbrechtliche Probleme des Gesetzes über die rechtliche Stellung der nichtehelichen Kinder, FamRZ 1970, 269; *Göppinger,* Die Neuregelung der rechtlichen Stellung der nichtehelichen Kinder, DRiZ 1970, 141 und 177; *Firsching,* Gesetz über die rechtliche Stellung der nichtehelichen Kinder, Rpfleger 1970, 8 und 41; *Damrau,* Überblick über die Verfahren in Rechtssachen nichtehelicher Kinder, FamRZ 1970, 285; *Bosch,* Das neue Recht des nichtehelichen Kindes in Deutschland, FamRZ 1970, 157; *Suppa,* Aktuelles im Zusammenhang mit dem Nichtehelichenrecht, StAZ 1971, 347; *Siehr,* Auswirkungen des Nichtehelichengesetzes auf das Internationale Privat- und Verfahrensrecht, 1972; *Odersky,* Zu einigen aktuellen Fragen und Entscheidungen im Nichtehelichenrecht, FamRZ 1974, 559.

Soziologisches Schrifttum: s. unter § 5 V.

§ 57. Die Feststellung des Vaters

I. Der Status des nichtehelichen Kindes

Schrifttum: *Bürgle,* Doppelanerkennung nichtehelicher Kinder vor dem 1. 7. 1970, FamRZ 1972, 547; *Frank,* Die wissentlich falsche Vaterschaftsanerkennung aus zivil- und strafrechtlicher Sicht, ZBlJugR 1972, 260; *Bürgle,* Das Doppelanerkenntnis unehelicher Kinder (§ 1718a I) als übergangsrechtliches Problem, FamRZ 1973, 79; *Brüggemann,* Vaterschaftsprozeß gegen den anerkennungswilligen Erzeuger?, FamRZ 1979, 381.

1. Nichtehelichkeit ist der Komplementärstatus zur Ehelichkeit; die Regelung der ehelichen Abstammung ist zugleich eine Regelung der nichtehelichen Abkunft.

Der Status des nichtehelichen Kindes ist identisch mit dem früheren Status des unehelichen Kindes. Man wechselte das Wort, weil das Präfix „un" etwas Abwertendes enthalte (obwohl genügend Fälle wertneutraler Verwendung nachzuweisen sind), während das Präfix „nicht" über eine bloße Negation nicht hinausgehe. Geblieben ist die Überzeugung, im Status der Eltern ein sachrichtiges (zumindest: das relativ beste) Kriterium für die Entfaltung eines dualistischen Kindschaftsrechtes gefunden zu haben. Die früher unproblematische Sonderung ist freilich in jüngster Zeit in Frage gestellt worden zugunsten einer von der Lebenssituation der Kinder beherrschten Gruppierung, die insbesondere die mit dem Vater aufwachsenden Kinder (einschließlich der Konkubinatskinder) von den anderen sondert, die getrennt vom Vater bei der Mutter leben (einschließlich der Scheidungswaisen).[1] Doch hat während der Revision des Kindschaftsrechtes ein derart kühner Eingriff mit dem Ziel eines einheitlichen Rechtes der Kinder,

---

[1] Vgl. *Neuhaus,* FamRZ 1966, 528; *Zweigert,* JuS 1967, 244; *Becker,* MDR 1970, 1; *Stöcker,* ZRP 1975, 32ff. Zur Reform des Kindschaftsrechtes in der Schweiz vgl. *Hanisch,* FamRZ 1975, 6ff. Vgl. ferner *Arnold,* FamRZ 1967, 368ff. (mit dem Vorschlag gleichen Rechtes im Bereich der „Pflegschaft von Amts wegen").

das Sonderrecht nur für die „Sozialwaisen" vorsieht, zu keiner Zeit auch nur ernsthaft zur Debatte gestanden.

2. *Zuordnung.* Der Status des ehelichen Kindes impliziert die Zuordnung zu bestimmten Eltern. Der Status des nichtehelichen Kindes ist dagegen ein Status ohne Implikation einer Zuordnung. Selbst die Zuordnung zur Mutter kann offen bleiben (Anerkennungssysteme).

Nichtehelichkeit im geltenden deutschen Recht[2] ist freilich ein Status mit fester Zuordnung des Kindes zur Mutter (Abstammungssystem). Sie ist dagegen ein Status mit in der Regel zunächst offener Vaterschaft (Ausnahme: § 1600b II), in dem eine spätere Zuordnung des Kindes zu einem Mann zwar möglich, aber keineswegs notwendig ist. Die Zuordnung ist Folge eines feststellenden Aktes. Vor ihm sind die Rechtswirkungen der Vaterschaft suspendiert; mit ihm treten sie rückwirkend ein (§ 1600a Satz 2).

Die Vaterschaftsfeststellung ist ein Akt, der den Status des Kindes präzisiert, weil er zuordnet. Er ist dagegen nicht selbst ein statusverändernder Akt. Es gibt nur den Status des nichtehelichen Kindes mit unterschiedlichen Zuordnungssituationen; es gibt dagegen nicht eine Fülle von Status nichtehelicher Kinder, die sich an der Vaterschaftsfeststellung voneinander scheiden.

3. *Formen der Zuordnung.* Die Vaterschaftsfeststellung erfolgt durch rechtsgeschäftliches Vaterschaftsanerkenntnis oder durch rechtskräftiges Urteil.[3] Zuordnung und Folgen der Zuordnung sind für die beiden Formen identisch. Diese sondern sich dagegen voneinander bei der Frage nach den Möglichkeiten und den Formen einer Revision. Der Status des nichtehelichen Kindes erlaubt nicht nur den Schritt von der offenen Vaterschaft zur Zuordnung des Kindes, sondern auch den Umkehrschritt, der die Zuordnung wieder löst. Freilich ist die Zuordnung nicht unbegrenzt revisibel; sie kann sich zur fixen Zuordnung verfestigen.

Vaterschaftsanerkenntnis und Vaterschaftsprozeß stehen den Parteien gleichgeordnet zu Gebote; der Prozeß ist nicht eine subsidiäre Form der Vaterschafts-

---

[2] Die h. M. wendet deutsches Recht auch auf die Zuordnung von Ausländerkindern an, wenn das deutsche Recht Unterhaltsstatut ist, soweit die Vaterschaftsfeststellung Vorfrage der Unterhaltspflicht ist (also nicht in anderen Sachzusammenhängen; vgl. aber BGHZ 69, 387 für das Legitimationsstatut, wenn das ausländische Recht schwer feststellbar ist und starke Inlandsbeziehungen bestehen). Vgl. dazu BGHZ 60, 247 (gerichtliche Vaterschaftsfeststellung); 64, 219 (Vaterschaftsanerkenntnis); 63, 219 (Umkehrfall mit ausländischem Unterhaltsstatut). Ob die Anwendung deutschen Rechts derart begrenzt durchgehalten werden kann und ob es nicht richtiger wäre, statt der differenzierenden Anknüpfung eine einheitliche Vaterschaftsfeststellung mit allgemeiner Geltung zu postulieren, ist freilich streitig geblieben. Umfangreiche Nachw. bei *Odersky,* IX zu § 1600a und bei *Siehr,* S. 35f.

Die Rspr. des BGH postuliert lediglich eine einseitige Kollisionsnorm, kann also nicht zur Verdrängung an sich anwendbaren deutschen Rechtes bei ausländischem Unterhaltsstatut führen. A. A. OLG Celle, FamRZ 1975, 508 (mit österr. Recht als Unterhaltsstatut).

[3] In der Praxis hat das Anerkenntnis eine größere Bedeutung. Vgl. die Statistik bei MünchKomm-*Mutschler,* 2 zu § 1600a (1974 kamen auf 24809 Anerkenntnisse 6966 erfolgreiche Klagen).

feststellung, die ausschließlich gegen einen Mann betrieben werden kann, der zu einem Vaterschaftsanerkenntnis nicht bereit ist. Die Unterschiede im Bestandsschutz, vor allem aber in der Richtigkeitsgewähr (nur im Prozeß wird die Vaterschaft unter Beweis gestellt; beim Vaterschaftsanerkenntnis muß das Kind Versicherungen vertrauen), können ein Kind mit guten Gründen im Einzelfall veranlassen, einem Anerkenntnis die Zustimmung zu versagen, gleichwohl aber den Anerkennenden im Prozeß als seinen Vater in Anspruch zu nehmen.[3a]

4. Als Vater ist durch Urteil der Erzeuger des Kindes festzustellen (§ 1600o I); auch für die Vaterschaft gilt insoweit das Abstammungssystem. Das Vaterschaftsanerkenntnis ist dagegen mit keiner Garantie versehen, die Identität von Abstammung und Zuordnung des Kindes verbürgt; bewußt unrichtige Anerkenntnisse (Gefälligkeitsanerkenntnisse; Anerkenntnisse nach Ehe mit der Mutter mit dem Effekt einer „verdeckten Stiefkindadoption") werden toleriert und nie von § 134 vernichtet (auch niemals als Personenstandsfälschung nach § 169 StGB bestraft).[4] Dennoch wäre es verfehlt, von einem ausgeprägten Dualismus des deutschen Rechtes zu sprechen, in dem Abstammungssystem und Anerkennungssystem gleichwertig nebeneinanderstehen. Der Regelfall ist auch beim Vaterschaftsanerkenntnis die Identität von Erzeuger und Vater (dem Anerkennenden). Zudem eröffnet die biologisch fehlerhafte Zuordnung des Kindes die Möglichkeit einer rückwirkenden Revision. Das Anerkennungssystem tendiert mithin zum Abstammungssystem und wird eigenständig erst bei verfestigter biologisch fehlerhafter Zuordnung.

5. Niemand kann Kind zweier Väter sein. Die Zuordnung kraft Anerkenntnisses und die Zuordnung kraft richterlichen Urteiles wirken deshalb nicht nur positiv zuordnend, sondern auch negativ ausschließend. Jede Zuordnung hindert eine weitere Zuordnung (§§ 1600b III BGB, 641k ZPO als Ausnahme von § 640h Satz 2 ZPO).[5] Erst die Beseitigung einer als fehlerhaft erkannten Zuordnung

---

[3a] Vgl. dazu *Brüggemann*, FamRZ 1979, 381 ff. (mit analoger Anwendung des § 93a ZPO, wenn zu Zweifeln an der Vaterschaft keine Veranlassung bestand).

[4] Vgl. für das Strafrecht *Schönke-Schröder-Lenckner*, 8 zu § 169 StGB.

Für das zivilrechtliche Schrifttum vgl. *Göppinger*, DRiZ 1970, 145 (anders noch FamRZ 1966, 422); *Odersky*, II 2a zu § 1600f (aber mit Anwendung des § 169 StGB nach rechtskräftiger Anfechtung der Anerkennung); *Frank*, ZBlJugR 1972, 260; Grenzen der Adoption, 1978, S. 98ff.; *Palandt-Diederichsen*, 1 zu § 1600f; *Soergel-Lade*, 1 zu § 1600f; *Erman-Küchenhoff*, 2 zu § 1600f; MünchKomm-*Mutschler*, 3 zu § 1600a. Dagegen wird ein Verstoß gegen § 134 behauptet von *Brüggemann*, FamRZ 1966, 539 (für die Fälle der Kollusion von Mann und Kind; stets strafbar); *Beitzke*, § 23 II 7 (doch soll die Nichtigkeit mit Anfechtungsklage geltend gemacht werden müssen).

[5] Das gilt auch, wenn ein (nach altem Recht wirksames und ins neue Recht übergeleitetes) Anerkenntnis aus der Zeit vor dem NEhelG stammt. Vgl. *Odersky*, IV zu § 1600b. Mehrere Anerkenntnisse verschiedener Männer aus der Zeit vor dem NEhelG hoben sich gegenseitig auf; eine Sperrwirkung trat nicht ein. Vgl. BayObLG, JZ 1978, 609; *Odersky*, III 3 zu Art. 12 § 3 NEhelG; *Bürgle*, FamRZ 1972, 547; 1973, 79; MünchKomm-*Mutschler*, 20 zu § 1600a. Dagegen will *Jochem*, FamRZ 1973, 77, dem Kind das Recht einräumen, durch Zustimmung für eines der früheren Anerkenntnisse zu optieren.

eröffnet die Möglichkeit einer anderen.[6] Die Sperrwirkung tritt freilich erst ein, wenn die Zuordnung abgeschlossen (und nicht schon: wenn sie eingeleitet) ist: Zwischen mehreren Anerkenntnissen, die noch nicht die Zustimmung des Kindes fanden, kann das Kind wählen; ein gerichtliches Verfahren kann vor Rechtskraft des Urteils jederzeit von einem Anerkenntnis überholt werden (die Klage gegen einen anderen Mann ist dann als unbegründet abzuweisen).

6. An sich möglich (und wegen der unterschiedlichen Sicherung gegen spätere Revision nicht sinnlos) ist die Überlagerung einer Zuordnungsform durch die andere mit gleicher Vaterschaftsfeststellung. Das geltende Recht schließt indessen die richterliche Feststellung nach dem Vaterschaftsanerkenntnis ebenso aus (§ 1600n I) wie ein Vaterschaftsanerkenntnis nach einem rechtskräftigen Urteil (§ 1600b III).[7] Das doppelt zugeordnete Kind (mit der Möglichkeit späterer Revision einer Zuordnung bei Fortbestand der anderen!) wäre auch mehr ein Gegenstand des Theoretisierens als der Praxis.

7. *Vorwirkungen.* Jede Zuordnung ist Folge eines besonderen Aktes, der die Rechtswirkungen der Vaterschaft hervorruft. Jede Zuordnung nach der Geburt des Kindes wirkt aber auch auf den Zeitpunkt der Geburt zurück. Die Sperre des § 1600a Satz 2 ist keine Rechtswirkungssperre (die mit dem Abstammungssystem nicht zu vereinbaren wäre), sondern allein Rechtsausübungssperre mit dem Ziel klarer Personenstandsverhältnisse.

Rechtsausübungssperren können total, aber auch nur partiell durchgeführt werden; die Sperre des § 1600a Satz 2 ist eine Grundsatzsperre mit einigen Ausnahmen.

Die nichteheliche Vaterschaft kann vor der Zuordnung geltend gemacht werden im Regelungsbereich aller Normen, die mit der Vaterschaft unbedingte Rechtsfolgen verbinden, die durch keine Suspension geschmälert werden dürfen. Das Eheverbot des § 4 I EheG gilt etwa unbedingt und die Strafbarkeit der Blutschande (§ 173 StGB);[8] alle prozessualen Weigerungsrechte aus Vaterschaft und Kindschaft können jederzeit ausgeübt werden.[9]

Die nichteheliche Vaterschaft kann ferner beschränkt zugunsten von Mutter und Kind zum Zweck eines nur einstweiligen Rechtsschutzes geltend gemacht werden. So rechtfertigt bereits die Vaterschaftsvermutung des § 1600o einstweilige Verfügungen zugunsten von Mutter und Kind (§ 1615o; vgl. dazu unten § 59 VII). So kann ferner im Verfahren der gerichtlichen Vaterschaftsfeststellung

---

[6] Das zeitlich frühere Anerkenntnis eines anderen Mannes wird dagegen nicht etwa wirksam (muß also ggf. wiederholt werden). Vgl. *Odersky,* III 2d zu § 1600b; MünchKomm-*Mutschler,* 9 zu § 1600b.

[7] Ein Anerkenntnis nach gerichtlicher Feststellung wird zugelassen von *Brüggemann,* FamRZ 1966, 535f.

[8] H. L. Gegen sie aber *Odersky,* VI 4 zu § 1600a (mit Nachw.).

[9] A. A. MünchKomm-*Mutschler,* 14 zu § 1600a.

das Gericht auf Antrag durch einstweilige Anordnung bestimmen, daß der Mann dem Kind Unterhalt zu zahlen oder doch jedenfalls für den Unterhalt Sicherheit zu leisten hat; es kann ferner die Höhe des Unterhaltes regeln (§§ 641 d–641 g ZPO; vgl. dazu unten § 59 VII). So sollten schließlich vorläufige Maßnahmen zur Sicherung des Nachlasses gemäß § 1960 I 2 möglich sein, wenn der Vater vor der Vaterschaftsfeststellung verstarb und das Kind nicht auf einen Erbersatzanspruch (§ 1934 c) beschränkt ist.[10]

In ähnlicher Manier können die Parteien einen Unterhaltsvertrag tätigen, zu dessen causa die spätere Vaterschaftsfeststellung gehört (mit entsprechend hinausgeschobener Fälligkeit der ausbedungenen Leistungen oder einer condictio sine causa nach früheren Leistungen, wenn die erwartete Vaterschaftsfeststellung tatsächlich nicht erfolgt[11]).

Ausgeschlossen ist dagegen insbesondere eine antezipierte Unterhaltsklage (eine dennoch erhobene ist sofort als jedenfalls zur Zeit unbegründet abzuweisen),[12] eine antezipierte Legitimation des Kindes, eine vorzeitige Berücksichtigung der Vaterschaft durch das Vormundschaftsgericht, im Sozialrecht, Beamtenrecht usw.

Die Sperre des § 1600 a Satz 2 gilt für das Verhältnis zwischen Vater und Kind ebenso wie im Verhältnis der beiden zu Dritten. Insoweit kann auch ein betrogener Ehemann nach erfolgreicher Ehelichkeitsanfechtung den Ehebrecher nicht vorzeitig aus der cessio legis des § 1615 b in Anspruch nehmen.[12a] Unbenommen muß es ihm jedoch sein, seinen Schaden geltend zu machen, wenn Vater und Kind die Vaterschaftsfeststellung böswillig unterlassen (§ 826). Unbenommen muß es ihm aber auch sein, seinen Schaden aus der Ehestörung (§ 823 I) zu liquidieren (vgl. dazu oben § 45 VIII 2).[13] Insoweit werden Rechtswirkungen der Vaterschaft nur incidenter geltend gemacht in Schadensersatzprozessen, deren Ausschluß einer privaten Enteignung gleichkäme, weil der betrogene Ehemann jederzeit von Vater und Kind rechtlos gestellt werden könnte: Er selbst kann die

---

[10] Vgl. *Knur,* FamRZ 1970, 270; OLG Stuttgart, FamRZ 1975, 181; MünchKomm-*Mutschler,* 17 zu § 1600 a.

[11] Davon zu trennen ist die andere (von der durchaus h. L. bejahte) Frage, ob die Parteien Unterhaltsvereinbarungen treffen können in der Absicht, eine Vaterschaftsfeststellung zu vermeiden. Die beiden Fragen werden nicht geschieden von *Odersky,* VI 2 zu § 1600 a; die Folge ist unbegründete Kritik am Text oben.

[12] A. A. *Brüggemann,* FamRZ 1966, 532 (Klage möglich, nur Urteil ausgeschlossen).

[12a] Unstr. Aus der Rspr. vgl. OLG Köln, FamRZ 1978, 834.

[13] Die (vom Gesetzgeber nicht durchdachte) Problematik der Regreßbehinderung des Ehemannes wird im Schrifttum sehr unterschiedlich beantwortet. Eine ,,systemgerechte Lösung des Konflikts" wird für unmöglich gehalten von *Stolterfoht,* FamRZ 1971, 342 f. Umgekehrt gar für Bejahung einer cessio legis aus § 1615 b *Odersky,* VI 8 zu § 1600 a; MünchKomm-*Mutschler,* 15 zu § 1600 a. Ein deliktischer Regreß mit Hilfe des § 826 wird (mit dem Text oben) zugestanden von *Engel,* Der Rückgriff des Scheinvaters wegen Unterhaltsleistungen, Diss. jur. Tübingen, 1974, S. 23 ff., 62 f. Gegen die Freistellung deliktischer Ansprüche von § 1600 a Satz 2 überhaupt *Lange,* NJW 1970, 299; beschränkt auf diejenigen aus § 823 I (gegen den Text oben) auch *Engel,* S. 58.

Vaterschaftsfeststellung nicht betreiben; Kind und Vater sind zu ihr nicht gezwungen.[14]

Forderndürfen und Leistenmüssen sind Voraussetzungen für den Schuldnerverzug. Kein Mann (und mag er noch so sicher der Vater des Kindes sein) ist gehalten, vor der Zuordnung dem Kind Unterhalt zu leisten, soweit nicht durch einstweilige Anordnung oder Unterhaltsvertrag eine Vorwirkung eintrat. Kein Mann kann daher auch vor der Zuordnung in Verzug geraten.[15] Daß § 1615i eine antezipierte Fälligkeit der Unterhaltsansprüche anerkennt, will nichts besagen: Fälligkeit ist zwar auch eine, aber keineswegs die einzige Voraussetzung des Schuldnerverzuges.

II. Das Vaterschaftsanerkenntnis

1. Das Vaterschaftsanerkenntnis ist eine nicht empfangsbedürftige Willenserklärung, die zu ihrer Wirksamkeit der Zustimmung des Kindes bedarf.[1] Es ist als statuskonkretisierender (nicht statusverändernder!) Akt Regeln unterworfen, die für das Statusrecht kennzeichnend sind. Insbesondere ist es bedingungs- und befristungsfeindlich (§ 1600b I).

2. Das Vaterschaftsanerkenntnis ist *Willenserklärung*;[2] seine Folge, die rückwirkende Beseitigung des Suspensiveffektes von § 1600a Satz 2, tritt ein, weil sie vom Anerkennenden gewollt ist; der Anerkennende ordnet sich dem Kind als Vater zu. Es ist nicht nur geschäftsähnliche Handlung in der Form einer Wissenserklärung:[3] Das bewußt unrichtige Anerkenntnis ist Wollen ohne Wissen; das Anerkenntnis des Wahrhaften (wenn auch vielleicht Irrenden) ist Wissen und Wollen zugleich.

3. *Erklärungsrichtung*. Das Vaterschaftsanerkenntnis ist eine nicht empfangsbedürftige Willenserklärung (Wirksamkeit also mit der Abgabe), obwohl es der Zustimmung des Kindes bedarf. Empfangsbedürftiges Anerkenntnis und empfangsbedürftige Zustimmung wären zwar formal von einem Vaterschaftsvertrag immer noch zu sondern gewesen, hätten sich ihm jedoch stark genähert. Faktisch ist freilich nicht zu leugnen, daß die Zuordnung des Kindes für die Parteien disponibel ist: Das Kind kann ein bewußt unrichtiges Anerkenntnis akzeptieren; die Parteien können einverständlich die Vaterschaftsfeststellung unterlassen.

---

[14] Gegen den Gedanken, aus den §§ 412, 402 eine Pflicht des Kindes gegenüber dem Ehemann zu entwickeln, die Vaterschaftsfeststellung zu betreiben, vgl. *Stolterfoht*, FamRZ 1971, 343 (Widerspruch zur Konzeption des Gesetzes); *Engel*, a. a. O., S. 24.

[15] Zust. MünchKomm-*Mutschler*, 17 zu § 1600a. And. Ans. *Brüggemann*, FamRZ 1966, 532.

[1] Zustimmung des Kindes ist auch gemäß Art. 22 II EGBGB zu fordern, wenn ein Kind deutscher Staatsangehörigkeit auf der Grundlage eines Vaterschaftsanerkenntnisses fremden Rechtes durch nachfolgende Ehe seiner Eltern legitimiert sein soll. Vgl. dazu BGH, FamRZ 1975, 273 (275).

[2] Ebenso *Brüggemann*, FamRZ 1966, 538; *Göppinger*, DRiZ 1970, 145; *Knur*, FamRZ 1967, 246; *Firsching*, Rpfleger 1970, 15; *Odersky*, III 1 zu § 1600a; MünchKomm-*Mutschler*, 3 zu § 1600a.

[3] Dafür aber *Beitzke*, § 23 II 1; *Palandt-Diederichsen*, 1 zu § 1600b.

Weil das Anerkenntnis der Zustimmung des Kindes bedarf, muß es ihm zugänglich sein. § 1600e II fordert deshalb Unterrichtung des Kindes neben der Unterrichtung des Standesbeamten und der Mutter. Geheime Anerkenntnisse, die lediglich den Eltern und dem Notar bekannt sind (früher der ,,diskreteste Weg" einer Sicherung des Kindes), gehören damit der Vergangenheit an.[4] Möglich bleibt allein (jedoch ohne Wirkung eines Anerkenntnisses) die geheime Beurkundung einer bloßen Wissenserklärung, die das genetische Eltern-Kind-Verhältnis zum Gegenstand hat.

Die Zustimmung des Kindes ist dagegen eine empfangsbedürftige Willenserklärung mit alternativer Empfangszuständigkeit: Das Kind kann sich gegenüber dem Anerkennenden erklären, aber auch gegenüber dem Standesbeamten (§ 1600c). Dessen Berufung ist Ausdruck des öffentlichen Interesses an den Personenstandsverhältnissen. Sie erhält zudem dem Kind die Möglichkeit einer wirksamen Zustimmung nach vorzeitigem Tod des Anerkennenden.

4. Anerkenntnis und Zustimmung des Kindes bilden keinen Vertrag. Sie sind jedoch Bestandteile eines Rechtsgeschäftes, das ein Tatbestandselement und eine Wirksamkeitsvoraussetzung vereinigt. Den naheliegenden Gedanken, auch die Zustimmung der Mutter als Wirksamkeitsvoraussetzung zu fordern, hat das Gesetz – trotz vielfacher Anregung[5] – nicht aufgenommen, weil die Mutter in der Regel mit dem Anerkenntnis einverstanden sein werde und das ihr gewährte Anfechtungsrecht (§ 1600g I) ihre Interessen genügend wahre. Unaufhebbar aber bleibt die faktische Abhängigkeit des Kindes von der Mutter und die Möglichkeit einer dem Willen des Kindes entzogenen fehlerhaften Vaterschaftsfeststellung: Die Vaterschaft kann dem Kind nur von der Mutter zu ausreichender Sicherheit geklärt werden.

5. *Praenatales Anerkenntnis.* Möglich ist das Vaterschaftsanerkenntnis bereits vor der Geburt des Kindes (§ 1600b II).[6] (Weitere) Wirksamkeitsvoraussetzung ist in diesem Fall die Geburt als nichteheliches Kind. Heiratet die Mutter vor der Geburt einen anderen Mann, so wird das Kind trotz des Anerkenntnisses dem Ehemann zugeordnet (§ 1593); das Anerkenntnis wird wirksam erst nach erfolgreicher Ehelichkeitsanfechtung.

(Weitere) Wirksamkeitsvoraussetzung ist dagegen nicht mehr die Geburt eines lebenden Kindes. Zwar kann ein tot geborenes Kind nicht zugeordnet werden, doch wirkt das Anerkenntnis insoweit, als Vaterschaft auch ohne Zuordnung mit Rechtsfolgen verbunden ist (vgl. § 1615n).

Dem praenatalen Anerkenntnis stimmt das Kind durch einen eigens für die

---

[4] Vgl. OLG Frankfurt, FamRZ 1972, 657; *Odersky,* III 8 zu §1600a; MünchKomm-*Mutschler,* 6 zu § 1600e.

[5] Vgl. *Göppinger,* FamRZ 1966, 421; *Lange,* JZ 1966, 729; NJW 1970, 297; *Zweigert,* JuS 1967, 245.

[6] Kritisch zum praenatalen Anerkenntnis *Göppinger,* FamRZ 1966, 421.
Bei Mehrfachgeburten gilt das Anerkenntnis für alle Kinder. Vgl. *Odersky,* III 1 zu § 1600b.

Leibesfrucht bestellten Pfleger zu (§ 1912 I 2). Zwar ist auch eine pränatale Bestellung des Vorbehaltspflegers (vgl. dazu unten § 58 III 3) möglich (§ 1708), doch steht diese Bestellung unter der Wirksamkeitsvoraussetzung der Geburt.

6. *Selbstbestimmung und Fremdbestimmung.* Beschränkt geschäftsfähige Männer erklären sich selbst unter Zustimmung des gesetzlichen Vertreters.[7] Für geschäftsunfähige Männer handelt der gesetzliche Vertreter mit Genehmigung des Vormundschaftsgerichtes (§ 1600d I).[8] In beiden Fällen tritt zum Anerkenntnis ein weiterer Akt als Wirksamkeitsvoraussetzung hinzu.

Beschränkt geschäftsfähige Kinder, die das vierzehnte Lebensjahr vollendet haben, erklären sich selbst unter Zustimmung ihres gesetzlichen Vertreters. Für jüngere Kinder und für geschäftsunfähige Kinder handelt der gesetzliche Vertreter ohne weitere Kontrolle (§ 1600d II). Der Altersansatz entspricht § 1729 (Ehelicherklärung) und § 1746 I (Adoption), gibt also einen allgemeinen Grundsatz für statusbestimmende Akte wieder. Früher bestehende Differenzen hat das jüngere Recht eingeebnet, obwohl Vaterschaftsanerkenntnisse besonders akzentuiert sind: Nur bei ihnen ist die Abstammung des Kindes zu klären, nur bei ihnen ist mithin ein Eindringen in die Intimsphäre der Mutter notwendig.

Ausgeschlossen ist für Mann und Kind die gewillkürte Vertretung (§ 1600d III). Ausgeschlossen ist aber auch hier wie dort die Erklärung durch Boten. Das Gesetz erwähnt sie nicht, hindert sie indessen mittelbar durch Formvorschriften: Boten sind für den Vollzug von Formen stets untauglich.

7. *Form.* Anerkenntnis und Zustimmung des Kindes bedürfen der öffentlichen Beurkundung (§ 1600e I 1; Zuständigkeit des Standesbeamten: § 29a PStG; des Notars: § 20 BNotO; des Amtsgerichts durch den Rechtspfleger: § 62 Nr. 1 BeurkG i. V. m. § 3 Nr. 1f RpflG; des Jugendamtes: § 49 I Nr. 1 JWG); sie können auch (samt der etwa erforderlichen Zustimmungserklärung) in der mündlichen Verhandlung der gerichtlichen Vaterschaftsfeststellung zur Niederschrift des Gerichts erklärt werden (§ 641c ZPO) und erledigen dann den Rechtsstreit in der Hauptsache.

Die Zustimmung des gesetzlichen Vertreters, sei es nun des Mannes, sei es auch des Kindes, bedarf dagegen nur der öffentlichen Beglaubigung (§ 1600e I 2). Der Unterschied ist eine Folge unterschiedlicher Funktionen der Form. Der

---

[7] Möglich ist also auch eine Genehmigung (die bei einseitigen Rechtsgeschäften grds. ausgeschlossen ist; vgl. die §§ 107, 111).

[8] Die Genehmigung des VormG kann dem Anerkenntnis folgen; das Kind ist durch die Mitwirkung am Gesamttatbestand ausreichend geschützt, der Normzweck des § 1831 also bereits anderweitig erreicht. Ebenso im Ergebnis *Odersky,* II 1 zu § 1600d. And. Ans. *Göppinger,* JR 1969, 403 und DRiZ 1970, 143; *Lange,* NJW 1970, 299; MünchKomm-*Mutschler,* 5 zu § 1600d (arg. § 1600f II); *Soergel-Lade,* 1 zu § 1600d; *Erman-Küchenhoff,* 2 zu § 1600d.

Zur Entscheidung berufen ist der Rechtspfleger, nicht der Vormundschaftsrichter. Ebenso MünchKomm-*Mutschler,* 6 zu § 1600d. Die von *Odersky,* II 1 zu 1600d, vorgeschlagene analoge Anwendung des § 14 Nr. 3d RpflG (postmortale Vaterschaftsfeststellung) ist nicht zu begründen (Obersatz im Analogieschluß?).

Formzwang für den Mann und das Kind hat (auch) eine Warnfunktion; der Formzwang für den gesetzlichen Vertreter hat dagegen lediglich eine Beweisfunktion.

8. *Frist.* Die Zustimmung des Kindes und die Zustimmung der gesetzlichen Vertreter sind nur innerhalb einer Halbjahresfrist möglich, die mit der (formgerechten) Abgabe des Anerkenntnisses oder mit der späteren Geburt des Kindes zu laufen beginnt (§ 1600e III). Furcht vor einem allzu langen Schwebezustand hat zu dieser Regelung geführt, die die Pendenz zwar beseitigt, für die Vaterschaftsfeststellung im übrigen aber nichts leistet. Ein weiteres Anerkenntnis ist nach Fristablauf ebenso möglich wie eine gerichtliche Vaterschaftsfeststellung.

9. *Bestandsschutz.* Unwirksam ist die Anerkennung von vornherein nur, wenn sie den §§ 1600b ff. nicht entspricht; unwirksam wird die Anerkennung (ex tunc), wenn sie angefochten und rechtskräftig festgestellt ist, daß der Mann nicht der Vater ist (§ 1600f I). Der (nur scheinbar eindeutige) Tatbestand der sofortigen Unwirksamkeit bedarf der Interpretation mit dem Ergebnis einer doppelten Einschränkung: Belanglos sind alle verfahrensrechtlichen Mängel (§ 1600e II); die Norm intendiert keine Verfahrensgarantien.[9] Belanglos sind aber auch Mängel des materiellen Rechtes, sofern es sich nicht gerade um Mängel handelt, mit denen sich die §§ 1600b ff. auseinandersetzen. Das gilt für den Mann, das gilt aber auch für das Kind. § 1600f I spricht das nicht aus, doch ist § 1600h II implizit jedenfalls die Irrelevanz aller Anfechtungsgründe für den Mann zu entnehmen (nur dann hat die Fristverlängerung für seine Anfechtungsklage einen Sinn). Was aber für den Mann und seine Anfechtungsgründe gilt, muß auch für das Kind gelten.[10] Es bedarf ferner der Erstreckung auf alle anderen in den §§ 1600b ff. nicht ausdrücklich bedachten Abschlußmängel. Erst dann ergibt sich in folgerichtiger Entfaltung des Normzweckes der allgemeine Satz, daß ***äußerlich korrekte Willenserklärungen, die mit ausreichender Geschäftsfähigkeit abgegeben wurden, nur mit einem Angriff auf ihre Sachaussage (die Vaterschaft) zu beseitigen sind.***

Unwirksam ist dann etwa immer noch ein bedingtes Anerkenntnis, unwirksam auch das Anerkenntnis des selbständig handelnden Geschäftsunfähigen und jede formlose Erklärung. Ihr Eigengewicht verlieren dagegen in erster Linie der Irrtum und die arglistige Täuschung des Anerkennenden; sie wirken nurmehr

---

[9] Vgl. *Beitzke,* § 23 II 6; *Odersky,* II 1 zu § 1600f (mit einem Katalog aller Tatbestände, die Unwirksamkeit bewirken). MünchKomm-*Mutschler,* 14 zu § 1600e, hält alle Verstöße gegen Vorschriften mit ,,reiner Ordnungs- und Beweisfunktion" für gleichgültig. Folgerichtig verneint er Unwirksamkeit auch bei einem Verstoß gegen § 1600e I. Umgekehrt will *Palandt-Diederichsen,* 2 zu § 1600f, allen Verstößen gegen die §§ 1600b ff. Unwirksamkeit folgen lassen.

[10] Die Übertragung auf das Kind (das auch Anfechtungsklage erheben kann) ist streitig geblieben. Wie der Text *Odersky,* III 1 zu § 1600c und II 2b zu § 1600f; MünchKomm-*Mutschler,* 3 zu § 1600a sowie 6 zu § 1600c und 14 zu § 1600f. Die Erklärungen des Kindes werden dagegen dem Bestandsschutz entzogen von *Lange,* NJW 1970, 299; *Göppinger,* DRiZ 1970, 144; *Palandt-Diederichsen,* 2 zu § 1600f.

fristwahrend und vermutungshindernd bei der Revision der Vaterschaftsfeststellung, mithin nur formal bei fehlerhafter Zuordnung des Kindes (die auch ohne sie wesentlich ist).

Mängel, die bedeutsam bleiben, können nicht mehr geltend gemacht werden, wenn seit der Eintragung der Anerkennung in ein deutsches Personenstandsbuch fünf Jahre verstrichen sind (§ 1600f II), sofern nicht vorher Feststellungsklage erhoben wurde.[11] Die Zeit heilt selbst die evidentesten Mängel ohne Schaden. Letztlich entscheidend kann stets nur die Frage sein, ob die Zuordnung richtig oder fehlerhaft ist, weil die zwar mangelhafte, jedoch biologisch richtige Zuordnung jederzeit nach ihrer Beseitigung durch eine fehlerfreie gerichtliche Vaterschaftsfeststellung ersetzt werden könnte.

III. Die gerichtliche Vaterschaftsfeststellung

Schrifttum: *Lüderitz,* Zur Reform des Verfahrensrechts in Kindschaftssachen, FamRZ 1966, 613; *Brüggemann,* Die verfahrensrechtliche Neuordnung des Unehelichenrechts, FamRZ 1969, 120; *Reinheimer,* Die gerichtliche Feststellung der nichtehelichen Vaterschaft, FamRZ 1970, 122; *Göppinger,* Negative Vaterschaftsfeststellungsklagen nach neuem Recht, FamRZ 1970, 125; *Gravenhorst,* Negative Feststellungsklagen nach neuem Nichtehelichenrecht, FamRZ 1970, 127; *Kollhosser,* Kritische Bemerkungen zu einigen Verfahrensregeln des Nichtehelichengesetzes (§§ 1740d BGB, 55b I, III, 56b II FGG), FamRZ 1970, 625; *Grunsky,* Die gerichtliche Feststellung der Vaterschaft beim nichtehelichen Kind, StAZ 1970, 248; *Wieser,* Streitverkündung im Verfahren zur Feststellung der nichtehelichen Vaterschaft, FamRZ 1971, 393; *Leipold,* Einige Bemerkungen zur Vermutung der nichtehelichen Vaterschaft (§ 1600o BGB), FamRZ 1973, 65; *Ankermann,* ,,Schwerwiegende Zweifel" in § 1600o Abs. 2 Satz 2 BGB, NJW 1974, 584; *Brühl,* Sieben Fragen zur gerichtlichen Vaterschaftsfeststellung, FamRZ 1974, 66; *Büdenbender,* Die Rechtsprechung des Bundesgerichtshofes zur Vaterschaftsvermutung gemäß § 1600o Abs. II BGB, FamRZ 1974, 289; *Christian,* Zur Frage der ,,schwerwiegenden Zweifel" (§ 1600o BGB) – auch kritische Würdigung der Rechtsprechung des BGH, ZBlJugR 1974, 497; *Roth-Stielow,* Der Abstammungsprozeß, 1974; *Büdenbender,* Kein Ende der ,,Mehrverkehrseinrede", FamRZ 1975, 189; *Johannsen,* Das Familien- und Erbrecht in der Rechtsprechung des Bundesgerichtshofes, 25 Jahre Bundesgerichtshof, 1975, S. 47; *Gaul,* Zum Anwendungsbereich des § 641i ZPO, Festschrift Bosch, 1976, S. 241; *Gerhardt,* Das ,,non liquet" im Kindschaftsverfahren, Festschrift Bosch, 1976, S. 291; *Johannsen,* Vaterschaftsfeststellung bei nichtehelicher Abstammung, Festschrift Bosch, 1976, S. 469; *Maier,* Die neuere Rechtsprechung des BGH zur Vaterschaftsfeststellung, NJW 1976, 1136; *Schlosser,* Beweisantrag und Sachverständigengutachten im Statusprozeß, FamRZ 1976, 6; *Gernhuber,* Neues Familienrecht, 1977, S. 94; *Hausmann,* Internationale Rechtshilfe in Abstammungsprozessen und Beweisvereitelung im Ausland, FamRZ 1977, 302.

Schrifttum zu den naturwissenschaftlichen Fragen: oben § 45 VII.

1. *Klagen.* Vaterschaftsfeststellung durch Richterspruch erfolgt nie von Amts wegen (könnte andernfalls auch schwerlich durch Anerkenntnis ausgeschlossen werden); sie ist zu Lebzeiten von Mann und Kind stets die Folge einer positiven oder negativen Abstammungsklage, für die das Amtsgericht ausschließlich zuständig ist (§ 641a ZPO).[1] Die beiden Klageformen unterscheiden sich im Be-

[11] Diese Einschränkung ist unbedingt zum Schutz des Klägers erforderlich. Vgl. *Firsching,* Rpfleger 1970, 16; *Odersky,* II 4c zu § 1600f.

[1] Berufungsgericht ist das OLG (vgl. § 119 Nr. 1 GVG). Der Rspr. des BGH zufolge (FamRZ 1971, 637) soll das auch gelten, wenn sich der Feststellungsprozeß durch Anerkenntnis erledigt und

gehren: Die (vornehmlich für das Kind gedachte) positive Abstammungsklage fordert Vaterschaftsfeststellung, die (vornehmlich für den Mann gedachte) negative Abstammungsklage (die von der Anfechtungsklage des § 1600l zu sondern ist, mag sie auch deren Klagziel teilen) fordert deren Gegenteil.[2] Gleichwohl kann auch eine negative Klage zur Vaterschaftsfeststellung (trotz Klagabweisung!) führen (§ 641h ZPO) und damit zu einem Urteil, das dem Begehren des Klägers widerspricht. Darin liegt keine Besonderheit nun gerade der negativen Abstammungsklage. Nach Abweisung eines Feststellungsbegehrens gilt grundsätzlich das Gegenteil als rechtskräftig festgestellt, mag auch zuweilen der Umfang der Rechtskraft dann erst aus den Gründen des (letztinstanzlichen) Urteils zu erschließen sein. Wenn das Gesetz ausdrücklich in § 641h ZPO die positive Feststellung der Vaterschaft vorschreibt, so lediglich, weil es hier zweckmäßig erschien, für „Publizität" der vollen Urteilswirkung bereits im Urteilstenor zu sorgen.

Ausgeschlossen ist nach negativer Abstammungsklage ein Urteil ohne Vaterschaftsfeststellung. Der Klage ist stattzugeben auch dann, wenn die Möglichkeit der Vaterschaft zwar nicht auszuschließen ist, jedoch „schwerwiegende Zweifel"

---

nur noch über den Antrag auf Zahlung des Regelunterhaltes (§ 643 I ZPO) zu befinden ist. Krit. dazu *Odersky*, II zu § 643 ZPO.

Eine Verwirrung der Instanzenzüge durch gleichzeitige Entscheidung des AG über Feststellungsantrag und bezifferten Antrag auf Verurteilung zu Unterhaltsleistungen (für die das LG als Berufungsgericht zuständig ist; vgl. §§ 23a Nr. 2, 72 GVG) schließt das geltende Recht aus, weil über den Unterhaltsanspruch erst nach (rechtskräftiger) Vaterschaftsfeststellung entschieden werden darf. Vgl. jedoch für das Übergangsrecht BGH, FamRZ 1971, 369 mit Anm. *Bürgle;* NJW 1973, 849 (jeweils mit Zuständigkeit des OLG auch in der Unterhaltssache).

[2] Die Zulässigkeit einer negativen Abstammungsklage wird wie vom Text bejaht von *Odersky*, IV 1 zu § 1600n; MünchKomm-*Mutschler*, 6ff. zu § 1600n; *Erman-Küchenhoff*, 3 zu § 1600n; *Reinheimer*, FamRZ 1970, 123; *Beitzke*, § 23 IV 6; *Palandt-Diederichsen*, 2 zu § 1600n. Abl. haben sich geäußert *Göppinger*, FamRZ 1970, 125; *Gravenhorst*, FamRZ 1970, 127; *Damrau*, FamRZ 1970, 287 Fn. 37. Sie sind der Überzeugung, daß infolge der Sperrwirkung des § 1600a Satz 2 ein Rechtsschutzbedürfnis nie anzuerkennen sei. Während *Gravenhorst* § 641h ZPO überhaupt keinen Anwendungsbereich zugesteht (S. 129), glaubt *Göppinger*, ihn nach gescheiterter Anfechtungsklage (1600f I) anwenden zu können (obwohl die Anfechtungsklage den §§ 640ff. ZPO zugewiesen ist und nicht den §§ 641ff., so daß allenfalls eine analoge Anwendung in Betracht käme). Mit § 641h ZPO ist indessen gesagt, daß trotz § 1600a Satz 2 ein Feststellungsinteresse anerkannt wird. Andernfalls müßte auch die Abwehr von unrichtigen Vaterschaftsbehauptungen mit gewöhnlichen Unterlassungsklagen (und nicht im Statusprozeß) erfolgen (dafür konsequent *Gravenhorst*, S. 127 und ihm folgend *Damrau*). Richtig ist, daß Schwierigkeiten entstehen, wenn mehrere Männer zugleich negative Abstammungsklagen erheben, doch sind sie sämtlich zu meistern. Freilich kann nicht eine negative Feststellungsklage alle anderen Männer zunächst klaglos stellen (dafür aber MünchKomm-*Mutschler*, 10 zu § 1600n), auch eine Verbindung der Prozesse kommt (arg. §§ 640c, 641b ZPO) nicht in Betracht (h. L.; anders *Odersky*, IV 1 zu § 1600n). Wohl aber sollten spätere Verfahren von Amts wegen ausgesetzt werden dürfen in Analogie zu den §§ 152ff. ZPO (so MünchKomm-*Mutschler*, 10 zu § 1600n). Nach rechtskräftiger Abweisung einer Klage mit positiver Vaterschaftsfeststellung müssen in diesem Fall die anderen Klagen als unzulässig abgewiesen werden, weil die verlangte Statuserklärung nicht mehr erfolgen darf (§ 1600a Satz 1). Sollte das Kind fernerhin die Vaterschaft eines anderen Mannes behaupten, so muß dieser sich (jetzt sachlich richtig) mit der gewöhnlichen Unterlassungsklage zur Wehr setzen.

(§ 1600o II 2) bleiben (Identität der Beweislast bei positiver und bei negativer Klage.) Die dem Gericht früher belassene Möglichkeit einer Klagabweisung ohne endgültige Klärung der Vaterschaft des klagenden oder auch des beklagten Mannes[3] war gebunden an die seinerzeit bestehende Zweispurigkeit der Vaterschaftsfeststellung mit unterschiedlichem Beweisgefüge; sie ist mit jener entfallen.[4]

Kein Klagrecht hat die Mutter. Der Grund ist einleuchtend: Mütterliche Initiative entwertet den Pflegervorbehalt des § 1706. Wenig befriedigend aber ist das Resultat: Entscheidungsfreiheit hat der Pfleger, Abhängigkeit ist das Ergebnis für die Mutter, deren eigene Ansprüche gegen den Vater (dazu unten § 60) eben auch vor der Feststellung des Vaters der Ausübungssperre des § 1600a Satz 2 unterliegen (vgl. aber auch § 1615o II).

2. *Postmortale Vaterschaftsfeststellung.* Tod des Mannes und Tod des Kindes hindern je für sich die Vaterschaftsfeststellung nicht, doch wechselt das Gesetz vom Zivilprozeß über zum Verfahren der freiwilligen Gerichtsbarkeit vor dem Vormundschaftsgericht (§§ 1600n BGB, 55b FGG[5]), um jenen Schwierigkeiten zu entgehen, die sich andernfalls bei der Suche nach einem Beklagten ergeben (vgl. dazu als Parallelen die §§ 1599 II und 1600l II).[6] Antragsberechtigt ist nach dem Tod des Kindes die Mutter (Wegfall der Zwangspflegschaft!), nach deren Tod aber niemand mehr.[7] Die Ausübungssperre des § 1600a Satz 2 wandelt sich nach dem Tod von Mutter und Kind also zu einer Rechtswirkungssperre, die Dritte entrechtet: Ansprüche Dritter gegen den Vater des Kindes rechtfertigen zwar auch in Zukunft freiwillige Zahlungen (die also nicht kondiziert werden können), durchsetzbar sind sie hingegen nicht mehr, soweit sie § 1600a Satz 2 unterliegen (vgl. dazu oben unter I 7). Entscheidend war die Furcht vor einem (wahrscheinlichen, aber keinesfalls notwendigen) Beweisnotstand; gerechter wäre die Freigabe des Regreßprozesses mit der Vaterschaftsfeststellung als bloßer Inzidententscheidung gewesen: Das Beweisrisiko kann dann vom Dritten kalkuliert werden.[8]

---

[3] Vgl. dazu BGHZ 17, 252 (258ff.); 40, 367.

[4] Ebenso *Gaul,* Festschrift Bosch, S. 247ff.; *Beitzke,* § 23 IV 6; MünchKomm-*Mutschler,* 13ff. zu § 1600n. And. Ans. dagegen *Reinheimer,* FamRZ 1970, 123; *Wieser,* FamRZ 1971, 395; *Odersky,* IV 3 C zu § 1600n; *Palandt-Diederichsen,* 2 zu § 1600n. Eine vermittelnde Ansicht will zwar der Klage stattgeben, jedoch dem Urteil nur Wirkungen inter partes zugestehen. Vgl. OLG Nürnberg, FamRZ 1972, 219 (221); *Gerhardt,* Festschrift Bosch, S. 247ff. (mit der Möglichkeit einer späteren positiven Feststellungsklage auf Grund neuer Tatsachen und Beweismittel).

[5] Zu den mit § 55b FGG verbundenen Fragen vgl. *Kollhosser,* FamRZ 1970, 625ff.

Gegen Beschlüsse des VormG ist die sofortige Beschwerde gegeben. Beschwerdegericht ist das LG (§ 19 II FGG). Vgl. OLG Celle, FamRZ 1971, 379. Sachlich richtiger wäre die Zuständigkeit des OLG.

[6] Klagt das Kind nach dem Tod des Vaters, so hat das AG an das VormG zu verweisen. Vgl. BGH, NJW 1974, 494.

[7] Krit. dazu schon *Brüggemann,* FamRZ 1966, 536.

[8] Für geltendes Recht hält die Freigabe des Regreßprozesses mit Inzidentfeststellung *Odersky,* VI 8 zu § 1600a.

Antragsberechtigt ist nach dem Tode des Mannes das Kind und dieses allein. Der Tod von Mann und Kind entrechtet auch hier, zuvörderst die Mutter mit ihren Ansprüchen gegen den Vater.

Der Tod einer Partei während eines schwebenden Feststellungsverfahrens nach positiver oder negativer Abstammungsklage erledigt den Prozeß stets in der Hauptsache (§§ 619, 640 ZPO). Es gibt keine Fortsetzung des Verfahrens vor dem Vormundschaftsgericht, zu befinden ist nur noch über die Kosten. Divergierende Entscheidungen des Prozeßgerichtes (in der Kostenfrage) und des Vormundschaftsgerichtes (nach Antrag) sind möglich; zuordnende Wirkung hat nur der Beschluß des letzteren.

3. *Feststellung und Unterhalt.* Prozessuale Vaterschaftsfeststellungen sind Kindschaftssachen (§ 640 II Nr. 1 ZPO); Kindschaftssachen sind Statussachen; Statussachen unterliegen der Offizialmaxime und nicht der Dispositionsmaxime. Folge ihrer Sonderstellung ist stets die Abwehr der Verbindung mit Klagen anderen Charakters gewesen; auch Kindschaftssachen können nur mit Kindschaftssachen verbunden werden, sei es nun in Form von Klage und Widerklage, sei es auch in Form von Hauptantrag und Eventualbegehren (vgl. § 640c ZPO).

Klagenverbindungen sind oftmals ökonomisch, ihr Ausschluß daher vielfach unpraktisch. In besonderem Maße gilt das für das nichteheliche Kind, das die Vaterschaftsfeststellung in erster Linie zu betreiben hat, weil sie Voraussetzung erfolgreicher Inanspruchnahme des Vaters zu Unterhaltsleistungen ist, und das bei strikter Durchführung des Grundsatzes einen zahlungsunwilligen Vater stets zweimal beklagen muß.

Das Gesetz hat den Grundsatz gemildert, jedoch nicht aufgegeben, obwohl die Preisgabe das materielle Recht und das Verfahrensrecht gleicherweise nicht mit systemfremden Bestandteilen belastet hätte. Daß erst die Rechtskraft der Vaterschaftsfeststellung den Zugang zum Unterhaltsprozeß eröffnet (§ 1600a Satz 2) ist belanglos: Man könnte in ein Nachverfahren verweisen, was im Hauptverfahren noch nicht zu verhandeln war. Belanglos ist auch, daß der Unterhaltsprozeß der Verhandlungsmaxime unterworfen ist: Mit dem Wechsel vom Hauptverfahren zum Nachverfahren kann auch ein Wechsel verfahrensrechtlicher Grundsätze verbunden sein.[9]

Das Gesetz mildert zweifach: Im Statusverfahren können einstweilige Unterhaltsleistungen oder auch Sicherheitsleistung angeordnet werden (§§ 641 d ff. ZPO); mit der Vaterschaftsfeststellung ist auf Antrag die Verurteilung des Vaters zur Leistung des Regelunterhaltes zu verbinden (§ 643 ZPO). Hier wie dort wird kein Prinzip aufgegeben. Einstweilige Anordnungen begegnen auch sonst als Bestandteile von Statusprozessen; die Verurteilung zur Leistung des Regelunterhaltes aber wird als bloße Folge der Feststellung ausgesprochen, ist also ein Akt ohne vorangehende eigenständige richterliche Kognition. Auch die zur Vollstreckung notwendige Fixierung des Regelunterhaltes auf einen bestimmten Be-

---

[9] Diese Lösung wurde vorgeschlagen von *Brüggemann,* FamRZ 1969, 121 ff. Krit. zur Regelung des Gesetzes schon früher *Lüderitz,* FamRZ 1966, 617.

trag durch gesonderten Beschluß (§§ 643, 642a ZPO) ist ein richterlicher Akt ohne richterliche Entscheidung, weil die Höhe des Regelunterhaltes durch Rechtsverordnung festgelegt wird (§ 1615f).

Der Versuch, Prinzipientreue zu wahren und dennoch Praktikabilität zu erreichen, ist insgesamt nur beschränkt gelungen. In drei Stufen (mit drei Instanzenzügen und drei Vollstreckungstiteln) kann sich die Regelung des Unterhaltes im Einzelfall vollziehen: Von der einstweiligen Anordnung kann der Weg führen zum Regelunterhalt als Annex des Statusurteils und von diesem zum Unterhaltsurteil, das die Einstweiligkeit der Anordnung ebenso überwindet wie die Starre des Abstammungsurteils.[10]

4. *Vater und Erzeuger.* Abstammungsprozeß und Verfahren vor dem Vormundschaftsgericht bezwecken gleicherweise die Feststellung des Erzeugers des Kindes, mithin des genetischen Vaters; sie bezwecken dagegen nicht etwa, einen „Giltvater“ zu finden oder auch einen „Zahlvater“ mit möglicher, jedoch letztlich nicht sicherer Abstammung des Kindes von ihm. Wie man auch immer die Zeit vor dem NEhelG beurteilen mag, die Gegenwart mit ihren verfeinerten Methoden exakter naturwissenschaftlicher Erkenntnis und mit ihrem verfeinerten Empfinden für die Persönlichkeitswerte, die für Mann und Kind im Feststellungsverfahren auf dem Spiele stehen, konnte das Prozeßziel nicht anders formulieren. Wenn heute zuweilen Unbehagen geäußert und beredt Klage geführt wird über die Schmälerung der Kindeschance, auch in Mehrverkehrsfällen zu einer Vaterschaftsfeststellung zu gelangen, so nur auf der Grundlage von Vorstellungen, denen wir längst entwachsen sind, auch und gerade im Interesse des Kindes. Früher war es möglich, vom Interesse des Kindes an *einem* Vater zu sprechen; heute besteht ein schutzwürdiges Interesse nur noch an der Feststellung *seines* Vaters (vgl. § 1600o I). Erst auf dem Hintergrund einer derart klaren Entscheidung kann auch sinnvoll über die Berechtigung all jener ökonomischen Konsequenzen diskutiert werden, die das geltende Recht mit nichtehelicher Vaterschaft verbindet.

Dennoch kann auch die Gegenwart Konzessionen nicht vermeiden. Solange kein generell tauglicher positiver Vaterschaftsbeweis zur Verfügung steht, kann im verbleibenden Restbereich nur Unrecht geschehen: dem Kind, weil es keinen Vater erhält (obwohl es einen genetischen Vater hat), oder dem Mann, der als Vater festgestellt wird (obwohl er nur Vater sein kann, jedoch nicht sein muß). Das geltende Recht teilt die (von Jahr zu Jahr Bedeutung verlierende) Sphäre der

---

[10] Nicht berechtigt ist die Furcht vor einer wellenartig wechselnden Unterhaltshöhe mit vollem Unterhalt kraft einstweiliger Anordnung, Regelunterhalt nach dem Statusurteil und wieder vollem Unterhalt nach dem Unterhaltsurteil (vgl. *Brüggemann,* FamRZ 1969, 120). Das in der einstweiligen Anordnung über den Regelunterhalt hinaus bedachte Kind wird den Antrag aus § 643 ZPO nicht stellen.

Ungewißheit[11] (hält sich aber zur Korrektur unrichtiger Entscheidungen bereit, wenn später Gewißheit zu erlangen ist; vgl. § 641i ZPO und zu ihm unten V 2). Es wird auch in Zukunft (einige) Kinder geben, die keinem Mann zugeordnet werden, weil mehrere Männer als Vater nicht ausgeschlossen werden können, und es wird auch in Zukunft (wenige) Männer geben, deren Vaterschaft festgestellt wird, obwohl auch ein anderer Vater sein könnte.[12]

5. *Der Beweis.* Der Wille, den wahren Vater zu finden, verbietet den Ausschluß jedes Beweismittels, das überhaupt klärend wirken könnte. Gynäkologische, serologische und erbbiologische Gutachten (vgl. zu den letzteren § 640f ZPO) bieten sich an (vgl. zu ihnen oben § 45 VII 6ff.), das Zeugnis der Mutter des Kindes[13] (die tunlichst nicht vereidigt werden sollte) steht zur Verfügung, das Zeugnis des Mannes. Es bedarf keiner Anträge, keines Beweisantritts; die Offizialmaxime herrscht uneingeschränkt.

Sachaufklärung ist solange zu betreiben, als überhaupt weitere Erkenntnis zu erwarten ist[14] (ein Umstand, der einen Begründungszwang eröffnet, wenn eine an sich mögliche Beweisaufnahme als unergiebig abgelehnt wird[15]). Die Vernehmung der Mutter des Kindes ist selbst dann durchzuführen, wenn keine Indizien für Mehrverkehr vorgetragen wurden.[16] Auch ein serologisches Gutachten (mit serostatistischer Auswertung) ist unentbehrliches Element jeder korrekten Beweisaufnahme. Richterliches Beweiswürdigungsermessen ist damit praktisch beschränkt auf die Frage, ob ein ergänzendes serologisches Gutachten (eine serostatistische Auswertung nach einer anderen Berechnungsmethode) weitere Sachaufklärung zeitigen könnte,[17] und auf die andere, ob ein anthropologisch-morphologisches Gutachten zu Erkenntnissen führen könnte, die über die mit Hilfe der Serologie gewonnenen hinausführen.[18] Selbst in dieser Verkürzung sind weitere

---

[11] Erfreulich deutlich in der Markierung des Prozeßzieles war stets der BGH. Vgl. für ihn *Johannsen,* Festschrift Bosch, S. 469ff.

[12] Werden alle serologischen Möglichkeiten genutzt (was jedenfalls nur gestuft geschehen sollte), so ergibt sich bereits heute (unter Einbeziehung des HL-A-Systems) eine durchschnittliche kombinierte Ausschlußchance für Nichtväter in Höhe von etwa 99%. Vgl. *Rittner,* DAVorm. 1975, 138 (141).

[13] Sofern (und solange) die Zwangspflegschaft ausgeschlossen oder aufgehoben ist (§ 1707), kann die Mutter nur als Partei vernommen werden (§ 455 I ZPO).

[14] Die Rspr. differenziert nicht zwischen Sachaufklärung nach förmlichem Beweisantrag und ohne einen derartigen Anstoß. Dagegen *Schlosser,* FamRZ 1976, 6ff., mit stärkerer Aufklärungspflicht nach Beweisantrag (Grenze erst das ,,völlig untaugliche" Beweismittel).

[15] Vgl. BGH, FamRZ 1977, 706.

[16] In der Zeit vor dem NEhelG wurde die Vernehmung der Mutter des Kindes von der durchaus h. M. nach den Grundsätzen, die für das Verbot eines ,,Ausforschungsbeweises" entwickelt wurden, beschränkt, doch wurden fortlaufend geringere Anforderungen an den Vortrag von Indizien gestellt, mit deren Hilfe der Vorwurf unzulässiger ,,Ausforschung" ausgeräumt werden konnte.

[17] Vgl. dazu BGH, FamRZ 1975, 683 (Vaterschaftswahrscheinlichkeit 97,5% nach zwei serologischen Gutachten; nach dem anthropologisch-morphologischen Gutachten war die ,,Vaterschaft sehr wahrscheinlich". Ein zweites Ergänzungsgutachten wurde nicht für nötig gehalten).

[18] Bei besonderer Fallgestaltung kann aber auch ein an sich beweiskräftiger serologischer und

Einschränkungen des Ermessens anhand objektiver Befunde wenigstens tendenziell in der Rspr. erkennbar: Ein anthropologisch-morphologisches Gutachten ist grundsätzlich einzuholen, wenn der serologische Befund den beklagten Mann als Vater nicht ausschließt und die serostatistische Vaterschaftswahrscheinlichkeit unter 99% bleibt.[19] Zwar verwehrt der BGH den Instanzgerichten bei diesem Ergebnis nicht das Recht, die Beweisaufnahme mit der Versicherung zu schließen, unerschütterliche Sicherheit gewonnen zu haben, doch will dieses Entgegenkommen wenig besagen angesichts der Möglichkeit, im jeweiligen Einzelfall dann doch Begründungsmängel rügen zu können. Das gilt für den Fall der Vaterschaftsfeststellung (für die in der Regel zusätzlich die Glaubwürdigkeit der Mutter des Kindes angeführt zu werden pflegt) ebenso wie für den Fall der abgewiesenen Klage (vgl. dazu BGH, FamRZ 1977, 706 trotz „dirnenhaften Lebenswandels" der Mutter).

Beweisvereitelungen verbreitern den Raum richterlichen Beweiswürdigungsermessens. An die Stelle des nicht verwendbaren Beweismittels tritt das Verhalten der vereitelnden Partei als neuer Umstand in das Beweisgefüge ein. Der Beweiswert dieses Umstands ist freilich sehr begrenzt. Entzieht sich etwa der beklagte Mann einer Blutentnahme durch Flucht in einen Staat, der keine entsprechende Rechtshilfe leistet, so kann sexueller Verkehr mit der Mutter des Kindes in der Empfängniszeit als erwiesen gelten und die subjektive Überzeugung des Mannes, keine große Ausschlußchance zu haben. Das eine pflegt schon festzustehen; das andere ist eine Sachverhaltswürdigung, deren Grundlagen nie umfangreicher sein dürften als das dem Gericht bereits zugängliche Beweismaterial.[20]

6. *Vaterschaftsvermutung.* Endgültige Gewißheit durch positiven Vaterschaftsbeweis (auf den das Kind angewiesen ist, wenn eine Beiwohnung in der Empfängniszeit nicht bewiesen werden kann[21]) ist selten zu erlangen. Meist wird nur der Verkehr der Kindesmutter mit dem Mann gewiß sein, nicht mehr dagegen

---

anthropologisch-morphologischer Befund für eine abschließende Sachaufklärung nicht ausreichend sein. Vgl. BGH, FamRZ 1974, 359 (Untersuchung der Zeugungsfähigkeit; der beklagte Mann war im Augenblick der Zeugung 72 Jahre alt).

[19] Vgl. BGH, NJW 1974, 606 (dagegen *Maier,* NJW 1974, 1427 und 1976, 1136); FamRZ 1974, 488, 598; OLG Hamburg, FamRZ 1975, 107. Für den Umkehrfall einer höheren Vaterschaftswahrscheinlichkeit vgl. BGH, FamRZ 1974, 88; OLG Koblenz, FamRZ 1975, 50. In den Entscheidungen einiger OLGe werden wesentlich höhere Wahrscheinlichkeiten für die Ablehnung eines anthropologisch-morphologischen Gutachtens gefordert (bis zu 99,8%, doch ist dann die Grenze des positiven Vaterschaftsbeweises erreicht). Vgl. die Nachw. bei MünchKomm-*Mutschler,* 14 zu § 1600 o.

Daß auch eine Vaterschaftswahrscheinlichkeit von über 99% nicht voll verläßlich ist, beweisen die Entscheidungen AG Essen, FamRZ 1975, 227; KG, DAVorm. 1974, 611.

[20] Vgl. dazu aus der Praxis OLG Karlsruhe, FamRZ 1977, 341 (mit Klagabweisung; die Beweisvereitelung war also erfolgreich) und krit. dazu *Hausmann,* FamRZ 1977, 341.

[21] Der Beweis der Beiwohnung ist nicht mit Indizien zu führen, die für die Vaterschaft des beklagten Mannes sprechen (richtig BGH, NJW 1976, 369). Wäre es anders, so würde die Vaterschaftsvermutung aus wahrscheinlicher Vaterschaft entwickelt werden, obwohl der Gedankengang des Gesetzes gerade umgekehrt angelegt ist. Gegen den BGH aber *Maier,* NJW 1976, 1135.

die Kausalität eben dieses Verkehrs für die Geburt des Kindes. Das Gesetz hilft mit einer Vaterschaftsvermutung: Es wird vermutet, daß das Kind von dem Manne gezeugt ist, welcher der Mutter während der (von § 1592 bestimmten) Empfängniszeit beigewohnt hat (§ 1600o II 1 und 3). Diese Vermutung gilt stets, mag auch längst Mehrverkehr der Kindesmutter in der Empfängniszeit nachgewiesen sein. Die (trotz späterer Korrektur) zumindest unschöne und wirklichkeitsfremde Vorstellung mehrfacher Vaterschaft wird damit provoziert, mag sie auch gemildert sein durch die Geltung der Vermutung im Feststellungsprozeß nur gegen den beklagten Mann.

Die Vermutung gilt nicht, wenn nach Würdigung aller Umstände schwerwiegende Zweifel an der Vaterschaft verbleiben (§ 1600o II 3). Das gewohnte Bild einer Vermutung, die uneingeschränkt bis zu ihrer Widerlegung (mit einem jeden vernünftigen Zweifel ausschließenden Grad an Wahrscheinlichkeit) gilt, ist also verlassen zugunsten einer Vermutung, der vermutungshindernde Tatsachen entgegenstehen können. Derlei vermutungshindernde Tatsachen sind an sich nicht neu (vgl. § 921); sie wirken jedoch verwirrend, wenn sich hinter ihnen (wie hier) nur eine verkürzte (weil auf die „schwerwiegenden Zweifel" zurückgenommene) Widerlegung der Vermutung verbirgt.[22]

7. *Schwerwiegende Zweifel* (die wohl besser, wenn auch nicht bestimmter, als „erhebliche Zweifel" beschrieben worden wären)[23] können nicht verbal zu größerer Bestimmtheit definiert werden. Alle bisherigen Versuche der begrifflichen Verdichtung tauschen lediglich eine Unbestimmtheit gegen eine andere aus.[24] Der Gedanke, den unschädlichen Rest verbleibender Ungewißheit in Wahrscheinlichkeitsprozenten fixieren und quantifizieren zu können, mag auftauchen,[25] doch erweist er sich schnell als undurchführbar: Es gibt kein Gewichtungssystem, das für sich in Anspruch nehmen könnte, auch nur typische Richtigkeit zu verbürgen. Möglich bleibt allein eine Modellierung der Norm in der höchstrichterlichen Rechtsprechung zu Fallgruppen mit unterschiedlicher Beweislage, die einen gleichmäßigen Rechtsprechungsduktus jedenfalls in der Mehrzahl der Fälle (mit schließlich nicht unerschöpflichem Reichtum an tatsäch-

---

[22] Das Schrifttum qualifiziert deshalb auch sehr unterschiedlich. Vgl. etwa ***Brüggemann,*** FamRZ 1966, 537 (Näherung an praesumtio facti); ***Lüderitz,*** FamRZ 1966, 614 (vermutungshindernde Einwendung); ***Zweigert,*** JuS 1967, 246 (Beweiswürdigungsregel nach Art des Anscheinsbeweises). Dem Text nah verwandt ***Leipold,*** FamRZ 1973, 66 (Vermutung mit erleichterter Widerleglichkeit).

[23] Für Auslegung als „beachtenswerte Zweifel" ***Göppinger,*** JR 1969, 404 und DRiZ 1970, 146. Gegen diese Milderung schon ***Lange,*** NJW 1970, 300 Fn. 28.

[24] Charakteristisch BGH, NJW 1973, 2249 (Zweifel, die „um einen allerdings theoretisch kaum abgrenzbaren Teil gewichtiger sind als geringe Zweifel"!). Vgl. dagegen schon ***Ankermann,*** NJW 1974, 584 (und gegen diesen ***Odersky,*** FamRZ 1974, 561). Schwerlich weiterführend auch ***Johannsen,*** Festschrift Bosch, S. 488 (Zweifel „nur dann nicht schwerwiegend, wenn mehr für als gegen die Abstammung spricht").

[25] Er scheint ***Glage,*** NJW 1970, 1223f., zu beherrschen.

lichen Varianten) garantieren.[26] In dieser Form kann die Grundnorm für die gerichtliche Vaterschaftsfeststellung Flexibilität auch im Laufe der Zeiten bewahren (und eben deshalb nicht altern).

Schwerwiegende Zweifel können auch bleiben, wenn nur Verkehr der Mutter des Kindes mit einem Mann nachgewiesen ist.[27] Es gibt keinen Negativbeweis des ,,Einmannverkehrs" (wohl den positiven Vaterschaftsbeweis), und es sollte ihn auch nicht geben, weil er doch nur durch das Zeugnis der Mutter des Kindes zu führen und allein durch den Gegenbeweis der ,,offenbaren Unmöglichkeit" der Vaterschaft zu entkräften wäre. Folge wäre mithin eine Verschärfung der (objektiven) Beweislast des Mannes auf Grund des unzuverlässigsten Beweismittels bei der Vaterschaftsfeststellung überhaupt. Richtig ist, daß jede Klagabweisung in diesen Fällen nur dann genetische Abstammung und Rechtslage in Einklang hält, wenn Mehrverkehr stattgefunden hat (der eben nicht bewiesen ist), doch ist diese Implikation nur die Folge einer Beweislage, in der die Gesamtheit aller verfügbaren Beweismittel (und nicht nur der Zeugenvernehmung) die Vaterschaft des beklagten Mannes nicht in ausreichendem Maße stützen.

Gedacht war freilich bei der verkürzten Widerlegung der Vaterschaftsvermutung in erster Linie an die Fälle des Mehrverkehrs, für die sie die optimale Lösung eines alten Problems bringen soll. Verworfen wurden insbesondere zu ihren Gunsten alle Lösungen, die eine ,,mehrfache Vaterschaft" implizieren (gesamtschuldnerische Haftung aller, die nicht als Vater ausgeschlossen werden können[28]), verworfen wurde der Gedanke, dem Kind die Auswahl unter mehreren ,,möglichen Vätern" zu überlassen, verworfen wurde schließlich der Vorschlag, den Mann mit der relativ oder auch absolut höchsten Vaterschaftswahrscheinlichkeit als Vater festzustellen.

Rspr. und Schrifttum pflegen übereinstimmend von einer Vielzahl überhaupt verwertbarer (erwiesener oder auch nur wahrscheinlicher) Umstände zu sprechen und angesichts der unterschiedlichsten Kombinationen im Einzelfall ein hohes Maß nicht quantifizierbaren tatrichterlichen Ermessens zu postulieren. Doch wird sich schwerlich leugnen lassen, daß eine ganze Anzahl einst vielleicht ernsthaft mitbedachter Umstände des Einzelfalles (wie die Verwendung von Schutzmitteln) heute vielleicht noch angeführt wird, wenn es gilt, ein Ergebnis zu stützen, für das Ergebnis selbst aber irrelevant geworden ist. Schwerlich ist auch zu übersehen, daß das in erster Linie dem tatrichterlichen Ermessen zugewiesene Urteil über die Glaubwürdigkeit der Mutter nicht isoliert vom übrigen

---

[26] Das dürfte im Ansatz MünchKomm-*Mutschler,* 20 zu § 1600a, entsprechen (der im konkreteren Zugriff die Grenze zwischen den Urteilen ,,Vaterschaft wahrscheinlich" und ,,Vaterschaft sehr wahrscheinlich" ziehen will).

[27] Krit. dazu (mit Plädoyer für die alte Regelung) ***Brüggemann,*** FamRZ 1966, 537; ***Zweigert,*** JuS 1967, 246.

[28] Das hält auch heute noch für die sachrichtige Lösung der nicht aufklärbaren Fälle ***Johannsen,*** Festschrift Bosch, S. 491.

Beweisergebnis gehalten werden kann und vielfach nichts weiter ist als die scheinrationale Begründung eines intuitiv aus anderen Gründen für richtig gehaltenen Ergebnisses. Es sollte deshalb auch nicht wundernehmen, wenn sich bereits heute in der höchstrichterlichen Rspr. Leitlinien erkennen lassen, die sich an den Ergebnissen der naturwissenschaftlichen Gutachten orientieren. In der Regel kann mit einer Vaterschaftsfeststellung gerechnet werden, wenn die Serostatistik eine Wahrscheinlichkeit von über 99% ausweist[29] oder bei einem Wahrscheinlichkeitswert von über 90% von einem anthropologisch-morphologischen Gutachten unterstützt wird, das die Vaterschaft als ,,sehr wahrscheinlich" bezeichnet.[30] Umgekehrt werden in der Regel ,,schwerwiegende Zweifel" bejaht, wenn der serostatistische Wert unter 90% (also in die Indifferenzzone) sinkt.[31] In den offen gebliebenen Zonen greift der BGH in das Beweiswürdigungsermessen der OLGe nicht ein, erkauft seine Zurückhaltung jedoch notwendig mit schwer verständlichen Unterschieden in der schließlichen Entscheidung eng benachbart liegender Fälle.[32]

Wird die Grenze der ,,schwerwiegenden Zweifel" derart (wenn schon nicht fixiert, so doch wenigstens) verdeutlicht, so kann von einer Restauration der alten ,,Einrede des Mehrverkehrs" (d.h. der Klagabweisung, falls auch nur ein Mehrverkehrszeuge nicht als Vater ausgeschlossen werden konnte) nicht die Rede sein;[33] zu Recht hat die Rspr. sich nicht einmal gescheut, Vaterschaftsfeststellungen für Kinder von Prostituierten zu treffen.[34] Zugleich wird weder offen noch verdeckt mit relativen Vaterschaftswahrscheinlichkeiten dem Kind auf jeden Fall ein ,,Vater" unter mehreren ,,möglichen Vätern" gesichert.[35] Jede relative Sicht verfehlt das Prozeßziel: Es handelt sich nicht darum, einen ,,Wahrscheinlichkeitsvater" zu finden mit mehr oder minder großer Richtigkeitsgewähr

---

[29] Vgl. BGH, FamRZ 1976, 85.

[30] Vgl. BGH, FamRZ 1974, 87 und 644.

[31] Vgl. BGH, NJW 1973, 2249; FamRZ 1975, 685; OLG Karlsruhe, FamRZ 1974, 263. Vgl. aber auch BGH, FamRZ 1976, 22 (Vaterschaftsfeststellung trotz einer Vaterschaftswahrscheinlichkeit von nur 85%).

[32] Die Unterschiedlichkeit der schließlichen Ergebnisse rügt *Büdenbender,* FamRZ 1975, 194. Die Möglichkeit weiterer Lenkung der Tatsacheninstanzen durch das Revisionsgericht leugnet *Johannsen,* Festschrift Bosch, S. 491.

[33] Vgl. dagegen die Kritik der Rspr. durch *Christian,* ZBlJugR 1974, 497ff. (509); *Büdenbender,* FamRZ 1975, 189ff.

[34] Vgl. BGH, FamRZ 1977, 706; OLG Stuttgart, NJW 1976, 1158 (Vaterschaft des Zuhälters).

[35] Dafür haben sich ausgesprochen *Grunsky,* StAZ 1970, 249ff. (sicher unrichtig die Grundposition, derzufolge eine positive Abstammungsklage nur abgewiesen werden soll, wenn ,,mehr als 50% Wahrscheinlichkeit gegen die Vaterschaft des Beklagten sprechen"); *Leipold,* FamRZ 1973, 72ff. (Vaterschaft nur festzustellen bei einem Wahrscheinlichkeitsgrad von mindestens 95%; unter mehreren danach noch ,,möglichen Vätern" soll die relative Wahrscheinlichkeit entscheidend sein; können Mehrverkehrszeugen nicht in die Untersuchung einbezogen werden, so soll diesen Nachteil der Beklagte tragen); *Beitzke,* § 23 IV 3 (bei erheblicher absoluter Wahrscheinlichkeit ist der Mann als Vater festzustellen, dessen Vaterschaft am wahrscheinlichsten ist). Gegen Entscheidungen nach relativen Wahrscheinlichkeiten BGHZ 61, 165 (175); *Johannsen,* Festschrift Bosch, S. 479.

(die schon in relativer Sicht nur zu erzielen ist, wenn tatsächlich alle ,,möglichen Väter" benannt und damit in den Vergleich einbezogen werden konnten).

8. *Rechtskraft.* Urteile, die positiv die Vaterschaft eines Mannes feststellen, wirken für und gegen alle (§§ 641 k,[36] 640h ZPO). Fehlurteile verstärken also die Ausübungssperre des § 1600a Satz 2 im Verhältnis zum Erzeuger des Kindes. Dieser kann erst in Anspruch genommen werden, wenn das Fehlurteil revidiert und er selbst als Vater des Kindes festgestellt ist.

9. *Beteiligung Dritter.* Mehrverkehrsfälle sind stets (jedenfalls zunächst) Fälle mehrfach möglicher Vaterschaft. Für sie ein Verfahren vorzusehen, das alle Mehrverkehrszeugen in einer Form beteiligt, die es gestattet, wen auch immer aus ihrem Kreis als Vater festzustellen, ist ein sich schnell aufdrängender Gedanke. Das Gesetz hat ihn nicht aufgenommen, auch (wenn auch nicht allein) um eine (gewiß unschöne) ,,Versammlung der Mehrverkehrszeugen" zu vermeiden und einen solidarischen Kampf aller gegen das Kind. Auf der anderen Seite widerspricht es allen Gesetzen der Prozeßökonomie, das Beweisergebnis eines früheren Prozesses in einem oder gar mehreren späteren Prozessen nicht zu berücksichtigen, wenn der zunächst in Anspruch genommene Mann nicht als Vater des Kindes festgestellt werden konnte.

§ 641 b ZPO wählt deshalb eine mittlere Lösung. Das Kind kann einem oder mehreren Mehrverkehrszeugen bis zur rechtskräftigen Entscheidung des gerade laufenden Prozesses gerichtlich den Streit verkünden und sich damit die Interventionswirkungen der §§ 74, 68 ZPO sichern.[37] Erfolgt die Streitverkündung frühzeitig und vollständig (d. h. allen Mehrverkehrszeugen gegenüber), so kann ein etwa notwendiges späteres Verfahren infolge der Bindung des Gerichts an die Beurteilung der gesamten tatsächlichen und rechtlichen Umstände im Urteil des Vorprozesses zur bloßen Formalität werden.[38]

IV. Revision des Vaterschaftsanerkenntnisses

1. *Bedeutung.* Revision der Vaterschaftsfeststellung heißt rückwirkende Beseitigung einer biologisch fehlerhaften Zuordnung des Kindes ohne jeden Restbestand. Alle Leistungen an Kind und Mutter verlieren ihren Rechtsgrund; Ausgleichsansprüche sind gegen Mutter und Kind sofort, gegen den Erzeuger des Kindes dagegen erst nach Vaterschaftsfeststellung geltend zu machen (vgl. dazu weiter unten § 59 VIII).

---

[36] § 641 k ZPO wird mit Rücksicht auf Art. 103 I GG für verfassungswidrig gehalten von *Grunsky,* StAZ 1970, 254.

[37] Ob ein dem Kind beitretender Dritter stets streitgenössischer Nebenintervenient (§ 69 ZPO) ist oder nur dann, wenn er Ansprüche des Beklagten besorgen muß (§ 1615b), hängt von der Frage ab, ob bereits die allgemeine Wirkung des Urteils für und gegen alle den Tatbestand des § 69 ZPO ausfüllt (so die h. M.) oder nicht (dafür *Wieser,* FamRZ 1971, 396).

[38] Zu Einzelheiten vgl. *Wieser,* FamRZ 1971, 393ff.

2. *Berechtigte.* Die Revision einer Anerkennung erfolgt durch Anfechtung; berechtigt sind der Mann, nach dessen Tod seine Eltern, ferner das Kind und die Mutter des Kindes (§ 1600g).

Anfechtungsberechtigt sind nicht die Erben des Mannes (seine Ehefrau, seine ehelichen Kinder), obwohl ein fehlerhaft zugeordnetes Kind ihre Rechte verkürzt. Anfechtungsberechtigt ist auch nicht ein Mann, der der Erzeuger des Kindes zu sein behauptet. Hier wie dort werden die Interessen des Kindes am Fortbestand einer (wenn auch fehlerhaften) familienrechtlichen Beziehung (in rechtspolitisch durchaus fragwürdiger Manier[1]) höher gewertet, obwohl Erben und wahrer Erzeuger Abstammung und Recht zur Deckung bringen würden: Vaterschaft im Nichtehelichenrecht folgt eben nicht ausnahmslos dem Abstammungssystem.[2]

Anfechtungsberechtigt ist der Mann auch, wenn er bei der Abgabe des Anerkenntnisses an seiner Vaterschaft zweifelte oder gar bewußt ein reines Gefälligkeitsanerkenntnis erklärte.[3] Ziel ist die Förderung von Anerkenntnissen, auch und gerade von Gefälligkeitsanerkenntnissen, die stets oder doch jedenfalls fast immer im Zusammenhang mit der Heirat der Mutter abgegeben werden, also die (freilich biologisch fehlerhafte) Legitimation des Kindes durch nachfolgende Ehe einleiten. Das irrevisible Anerkenntnis mahnt zur Zurückhaltung, das revisible Anerkenntnis beläßt die Möglichkeit der Umkehr, täuscht freilich mehr Freiheit vor, als es wirklich gewährt. Wenn das Bedürfnis nach einer Anfechtung auftritt, wird in aller Regel bereits die Frist für eine erfolgreiche Anfechtung verstrichen sein.

Die Eltern (bei Nichtehelichkeit: die Mutter) des Mannes werden (zu Lebzeiten beider: im gemeinschaftlichen Vorgehen) tätig nur als Sachwalter ihres Sohnes. Sie sind deshalb nur berechtigt, wenn der Sohn innerhalb eines Jahres nach Wirksamwerden der Anerkennung gestorben ist, ohne die Anerkennung angefochten zu haben. Sie sind nicht berechtigt, wenn der Sohn nicht anfechten wollte (§§ 1600g II, 1595a II 2). Trotz möglicher erheblicher Belastung mit Unterhaltspflichten können also vom Mann ganz bewußt seinen Eltern nicht von ihm abstammende Kinder als nichteheliche Enkel aufgedrängt werden!

Anfechtungsberechtigt ist das Kind ohne die Tatbestandsgrenzen, die dem ehelichen Kind in § 1596 gezogen sind. Die Differenz ist eine Folge der grundsätzlich anderen Lebenssituation: Das nichteheliche Kind kann keine Elternehe

---

[1] Vgl. dazu MünchKomm-*Mutschler,* 1 zu § 1600g (für Ehefrau und Kinder nach dem Tod des Mannes).

[2] Dritte sollten deshalb die wahre Abstammung des Kindes auch nicht mit der Einrede der Arglist geltend machen können. A. A. für besonders krasse Fälle *Odersky,* IV 1 zu § 1600g. Gegen ihn auch MünchKomm-*Mutschler,* Fn. 1 zu § 1600g.

[3] Ebenso *Göppinger,* DRiZ 1970, 145; *Odersky,* III 3e zu § 1600f; MünchKomm-*Mutschler,* 3 zu § 1600g; LG Krefeld, DAVorm. 1974, 261.

gefährden. Die Kasuistik des § 1596 ist freilich nicht gänzlich entfallen; sie wirkt weiter beim Fristenlauf (§ 1600i).

Anfechtungsberechtigt ist auch die Mutter des Kindes, obwohl man der ehelichen Mutter (zu Unrecht!) das Parallelrecht verweigerte. Sie braucht sich keinen Mann als Vater ihres Kindes aufdrängen zu lassen, weniger zum Schutz ihrer eigenen Intimsphäre (ein Anerkenntnis ohne Verkehr des Mannes mit der Kindesmutter in der Empfängniszeit ist schwer vorstellbar) als zum Schutz ihrer mütterlichen Rechtsstellung: Die erfolgreiche Anfechtung verhindert die Ehelicherklärung des Kindes; sie nimmt dem Mann ferner jedes Recht zum persönlichen Umgang mit dem Kind.

3. *Form.* Die Anfechtung ist (wie die Ehelichkeitsanfechtung) Ausübung eines Gestaltungsrechtes durch formalisierte Willenserklärung und Vollzug des ausgeübten Gestaltungsrechtes durch richterlichen Akt. Als Form ist grundsätzlich eine Klage vorgesehen: Mann und Eltern des Mannes (notwendige Streitgenossen; § 62 ZPO) klagen gegen das Kind; das Kind und die Mutter des Kindes klagen gegen den Mann (§ 1600l I und II). Die Kosten des Verfahrens werden grundsätzlich gegeneinander aufgehoben (§ 93c ZPO), nur der obsiegenden Mutter wird voller Ersatz geschuldet (sie war am Anerkenntnis nicht beteiligt). Abweisende Urteile haben sich in ihrem Tenor selbst dann einer Vaterschaftsfeststellung zu enthalten, wenn der positive Vaterschaftsbeweis gelang:[4] Doppelungen der Vaterschaftsfeststellung sind generell unerwünscht, § 641 h ZPO ist deshalb nicht (analog) anzuwenden. Stattgebende Urteile haben dagegen (ohne jeden erläuternden Zusatz) die Feststellung zu treffen, daß der Mann nicht der Vater des Kindes ist:[5] Das ist sein (der Ehelichkeitsanfechtung entsprechendes) Klagziel und nichts anderes; das entspricht aber auch im Regelfall der voll widerlegten Abstammungsvermutung (§ 1600m Satz 1) dem Prozeßergebnis und in den Sonderfällen des § 1600m Satz 2 der Tenorierung bei der (dann gleichwertigen) negativen Feststellungsklage (vgl. oben III 1). Unabhängig vom Prozeßergebnis können rechtskräftige Urteile auch unter Berufung auf den Restitutionsgrund des § 641i ZPO (in analoger Anwendung) wieder in Frage gestellt werden.[6]

Die Rechtsgestaltung im Verfahren der streitigen Gerichtsbarkeit ist auch hier nicht voll überzeugend, jedoch einsichtiger als beim ehelichen Kind: Der jeweils Beklagte ist jedenfalls an der Anerkennung beteiligt gewesen, hat also den Gestaltungstatbestand mitgeschaffen. Wird das Kind beklagt, so ist die Mutter,

---

[4] Richtig *Damrau,* FamRZ 1970, 295; *Odersky,* V 2 zu § 1600l. And. Ans. dagegen *Göppinger,* FamRZ 1970, 126; MünchKomm-*Mutschler,* 13 zu § 1600l.

[5] Ebenso MünchKomm-*Mutschler,* 16 zu § 1600l. Vgl. dagegen *Odersky,* IV 5 zu § 1600m. Es genügt jedoch, wenn die Grundlagen der Feststellung aus den Gründen des Urteils erhellen.

[6] Vgl. (obiter) BGHZ 61, 186 (192); *Odersky,* III zu § 641i ZPO; *Gaul,* Festschrift Bosch, S. 269f.

klagt die Mutter, so ist das Kind beizuladen (§ 640e); Mutter bzw. Kind können einer der streitenden Parteien als Nebenintervenient beitreten.

Die postmortale Anfechtung erfolgt im Verfahren der freiwilligen Gerichtsbarkeit, wenn und soweit ein Beklagter nicht mehr vorhanden ist (vgl. dazu § 56c FGG). Die Eltern des Mannes klagen also auch nach dem Tod des Sohnes gegen das noch lebende Kind; dagegen müssen Mutter und Kind nach dem Tod des Mannes und dieser nach dem Tod des Kindes das Vormundschaftsgericht anrufen.

Der Wechsel von der streitigen zur freiwilligen Gerichtsbarkeit hat keine beweisrechtlichen Folgen. Der Anfechtungsprozeß ist Kindschaftssache (§ 640 II Nr. 3 ZPO) mit eingeschränkter Offizialmaxime (§ 640d ZPO); im Verfahren der freiwilligen Gerichtsbarkeit muß der Untersuchungsgrundsatz (trotz § 12 FGG) entsprechend eingeschränkt werden (vgl. oben § 45 VI 3).

Der Tod einer Partei während des streitigen Verfahrens erledigt grundsätzlich den Rechtsstreit in der Hauptsache (§§ 640, 619 ZPO). Stirbt jedoch der klagende Mann und lebt zumindest noch ein Elternteil (bei Nichtehelichkeit: die Mutter), so unterbricht der Tod lediglich das Verfahren; es kann von den Eltern aufgenommen werden; erst Fristversäumnis bewirkt Erledigung des Rechtsstreites in der Hauptsache (§ 640g ZPO).

4. *Fristen*. Das konsequent durchgeführte Abstammungssystem muß den Anfechtungstatbestand auf die biologisch fehlerhafte Zuordnung des Kindes beschränken, weil jedes weitere Tatbestandselement notwendig zur Inkongruenz von Recht und Wirklichkeit führen kann. Das geltende Recht fordert zusätzlich Fristwahrung, damit die Zuordnung des Kindes nicht längeren Schwebezuständen ausgesetzt ist. Freilich läuft keine absolute Frist, die die Zuordnung nach einigen Jahren der Geltung unbedingt sichert. Alle Fristen sind relative Fristen, also bezogen auf einen zeitlich nicht fixierten Umstand.

Standardfrist ist die Jahresfrist (§ 1600h; vgl. dagegen die Zweijahresfrist des § 1594). Sie gilt für den Mann (vgl. für ihn aber auch unten 7.), seine Eltern, die Mutter des Kindes mit verschiedenem, dem jeweils vorhandenen Erkenntnisstand folgendem Fristbeginn. Gleich sind nur einige (auch für das Kind geltende; vgl. § 1600i IV) Grundsätze: Die Frist läuft nie vor der Geburt des Kindes und nie vor der (späteren) Wirksamkeit der Anerkennung (§ 1600h V); fristhemmende Wirkung haben die Tatbestände der §§ 203 und 206 (§ 1600h VI; vgl. dazu oben § 45 III 5).

Für den Mann beginnt die Frist frühestens mit dem Zeitpunkt, zu welchem ihm die Umstände bekannt geworden sind, die gegen seine Vaterschaft sprechen (§ 1600h II; vgl. dazu oben § 45 III 3). Für seine Eltern läuft die Frist mit Kenntnis vom Tod des Sohnes und der Anerkennung (§ 1600h III). Die Kindesmutter schließlich muß sich binnen eines Jahres entscheiden, nachdem ihr die Anerkennung (als vollständiger Tatbestand) bekannt geworden ist. Nur für den Mann ist also die Kenntnis von Verdachtsmomenten fristbestimmend, nie für die Mutter des Kindes (weil sie ihr stets bekannt sind) und nie für die Eltern des Mannes, deren spätere Zweifel auf eine verfestigte Zuordnung treffen. Entscheidend war die Rücksicht auf das Kind, aber auch die Furcht vor Beweisschwierigkeiten nach länger zurückliegendem Tod des Mannes (doch fallen sie ohnehin dem Anfechtungskläger zur Last); preisgegeben wurde (erneut) das Abstammungssystem.

Privilegiert ist das Kind, das grundsätzlich binnen zwei Jahren anzufechten hat, nachdem ihm die Anerkennung und die Umstände bekannt geworden sind, die gegen die Vaterschaft sprechen.[7] Die Frist ist länger, weil die Entscheidung schwieriger ist: Nur das Kind muß die Risiken bedenken, die ihm erwachsen, wenn es nach erfolgreicher Anfechtung einen anderen Mann als seinen Vater in Anspruch nehmen will.

Privilegiert ist das Kind auch sonst: Die längst verstrichene Frist beginnt erneut zu laufen, wenn die Anerkennung im Zusammenhang mit der Eheschließung oder nach der Eheschließung der Mutter erfolgte, die Ehe aber wieder aufgelöst wurde oder doch jedenfalls nach dreijähriger Heimtrennung der Ehegatten faktisch als endgültig gescheitert gelten muß (§ 1600i II). Das Kind erhält also die Möglichkeit, eine Legitimation durch nachfolgende Ehe nach unrichtigem Anerkenntnis zu beseitigen.

Die längst verstrichene Frist beginnt auch erneut zu laufen, wenn die Mutter einen anderen Mann geheiratet hat, der tatsächlich der Vater des Kindes ist (§ 1600i III). Das Kind gewinnt also das Recht, eine Zuordnung zu beseitigen, um eine Legitimation durch nachfolgende Ehe der Eltern erreichen zu können.

Ohne jede Begrenzung gar kann das Kind anfechten, wenn die Beendigung der Zuordnung ,,wegen einer schweren Verfehlung des Mannes gegen das Kind, wegen ehrlosen oder unsittlichen Lebenswandels oder einer schweren Erbkrankheit des Mannes" sittlich gerechtfertigt ist (§ 1600i V).

Alle Privilegien des Kindes haben ihr Vorbild im Recht der Ehelichkeitsanfechtung (§ 1596; vgl. dazu oben § 45 V 2 und 3), wirken hier indessen unmotivierter als dort. Das eheliche Kind wird ex lege zugeordnet und hat kein generelles Anfechtungsrecht; das nichteheliche Kind wirkt bei der Anerkennung mit und kann sie generell in Frage stellen. Ihm (oder seinem gesetzlichen Vertreter) wird auch zumindest vielfach der Zweifel an der Richtigkeit der Zuordnung oder gar das Wissen um ihre Unrichtigkeit ebenso bewußt sein wie dem anerkennenden Mann. Gleichwohl wird mit zweierlei Maß gemessen, als Ausfluß augenscheinlich jener alten Gedankenwelt, die mit viel Verständnis Kindern begegnet, die sich vom einmal gefundenen (wenn auch nicht richtigen) ,,Vater" grundsätzlich nicht zu trennen wünschen, jedoch Entgegenkommen erwarten, wenn spätere Umstände doch ein anderes Verhalten nahelegen. Gravierend (und schon beim ehelichen Kind unverständlich) ist insbesondere die Einseitigkeit, mit der das Gesetz allein dem Kind unbefristete Anfechtungsrechte zugesteht.

5. *Selbstbestimmung und Fremdbestimmung.* Eheliche und nichteheliche Abstammung rechtfertigen keine Unterschiede in der Frage der Rechtsausübung durch (gesetzlichen oder bevollmächtigten) Vertreter. Weithin entspricht deshalb die Regelung in § 1600k (vgl. dazu § 640b ZPO) der Regelung in den §§ 1595, 1597 (vgl. für den Mann oben § 45 III 6, für die Eltern des Mannes § 45 IV 6, für das

---

[7] Solange das Kind minderjährig ist, ist die Kenntnis seines gesetzlichen Vertreters entscheidend. Vgl. MünchKomm-*Mutschler,* 19 zu §§ 1600h und i; *Odersky,* II 2 zu § 1600i.

Kind § 45 V 4); die im Nichtehelichenrecht hinzutretende Mutter des Kindes wird wie der Mann behandelt.

Freier ist das minderjährige Kind gestellt. Die im Recht des ehelichen Kindes generell vorgesehene Einwilligung der Mutter vor der Anfechtung durch einen Vormund oder Pfleger (§ 1597 III) ist nur erforderlich, wenn das Kind anfechten will, obwohl die Mutter den Mann geheiratet hat, der das Vaterschaftsanerkenntnis abgab, also nur, wenn eine Legitimation durch nachfolgende Ehe beseitigt werden soll. Der Normzweck des § 1597 III ist in den anderen Fällen mangels einer die Ehelichkeit des Kindes begründenden Ehe gegenstandslos; folgerichtig entfällt die Bindung.

6. *Vaterschaftsvermutung.* Anfechtung leugnet die durch Anerkennung festgestellte Vaterschaft mit voller objektiver Beweislast (nicht Beweisführungslast) für die Richtigkeit der Behauptung (vgl. aber auch unten 7.). Die Anerkennung begründet eine Vaterschaftsvermutung (§ 1600m),[8] die nicht schon widerlegt ist, wenn eine gerichtliche Vaterschaftsfeststellung abgelehnt werden müßte, also nicht schon, wenn „schwerwiegende Zweifel" gegeben sind, sondern erst, wenn der Mann schlechthin (in den Kategorien des Beweisrechtes: mit einer an Sicherheit grenzenden Wahrscheinlichkeit) nicht der Vater des Kindes sein kann.[9] Die Zuordnung des anerkannten nichtehelichen Kindes ist insoweit nicht weniger fest als die Zuordnung des ehelich geborenen Kindes.

7. *Anfechtung nach Willensmängeln.* Vaterschaftsanerkenntnisse sind der Anfechtung wegen eines Willensmangels entzogen; ihre Wirkung, die Zuordnung des Kindes, bleibt, auch wenn der Mann sich irrte, auch wenn er arglistig getäuscht oder widerrechtlich bedroht wurde (vgl. oben II 9). Gänzlich belanglos sind freilich jene Willensmängel nicht. Sie wirken weiter in der dem Mann gesetzten Anfechtungsfrist und bei der Vaterschaftsvermutung.[10]

Zwar gilt auch für den irrenden, den getäuschten, den bedrohten Mann (und die an seiner Stelle in das Verfahren eingetretenen Eltern) grundsätzlich die einjährige Standardfrist. Sie verlängert sich jedoch um den Zeitraum der für den Willensmangel bestimmten (hypothetischen) Anfechtungsfrist, wenn diese nach jener endet (§ 1600h II 2). Die praktische Bedeutung dieses Entgegenkommens wird insbesondere in den Fällen der arglistigen Täuschung spürbar sein. Die Jahresfrist des § 124 beginnt erst mit der (positiven) Entdeckung der Täuschung, also einer Erkenntnis, die sich deutlich von dem Auftreten jener Zweifel unterscheidet, mit denen die Standardfrist zu laufen beginnt.

Für den irrenden, den getäuschten, den bedrohten Mann gilt im Anfechtungs-

---

[8] Daß die Vermutung auch gilt, wenn das Kind oder die Mutter das Anerkenntnis anfechten, wird von *Göppinger,* DRiZ 1970, 145, als unbefriedigend empfunden (mit Vorschlag einer entsprechenden Restriktion durch die Rspr.). Verkannt wird dabei die Wechselseitigkeit der Zuordnung von Vater und Kind.

[9] Ebenso *Odersky,* IV 4 zu § 1600m; MünchKomm-*Mutschler,* 2 zu § 1600m; OLG Düsseldorf, FamRZ 1976, 646 (Vaterschaft „sicher ausgeschlossen").

[10] Nicht bedacht wurden Willensmängel des zustimmenden Kindes (die wohl auch keine praktische Bedeutung haben). Als Konsequenz ihrer Irrelevanz für die Wirksamkeit der Anerkennung (vgl. oben II 9) müssen jedoch die für den Mann vom Gesetz gezogenen Konsequenzen auch für das Kind gelten. A. A. aber MünchKomm-*Mutschler,* 4 zu § 1600m.

prozeß die Vaterschaftsvermutung des § 1600m nicht; an ihre Stelle tritt die Vaterschaftsvermutung des gerichtlichen Feststellungsverfahrens, also eine Vermutung, die nicht erst mit dem vollen Gegenbeweis widerlegt ist, sondern bereits zessiert, wenn ,,schwerwiegende Zweifel" an der Vaterschaft verbleiben. Das mit einem Willensmangel behaftete Anerkenntnis ordnet mithin das Kind nicht weniger zu als ein mangelfreies. Unterschiedlich aber ist die Festigkeit der Zuordnung: Mit dem Nachweis des Willensmangels fällt (§ 142 entsprechend) die mit dem mangelfreien Anerkenntnis verbundene Verfestigung der Zuordnung fort.

Widerrechtliche Drohungen sind zumindest selten (die Ankündigung einer Feststellungsklage erfüllt den Tatbestand nicht), der Geschäftsirrtum kaum häufiger.[11] So konzentriert sich alles auf die Frage nach einer arglistigen Täuschung des Mannes durch die Mutter des Kindes. Ihre Täuschung ist stets beachtlich: § 123 II 1 ist nicht anzuwenden; das Anerkenntnis ist eine nicht empfangsbedürftige Willenserklärung (vgl. oben II 1).

Mangels einer Offenbarungspflicht täuscht die Mutter, die während der Empfängniszeit Mehrverkehr unterhielt, nicht schon durch Schweigen (auch nicht nach Anfrage).[12] Sie täuscht dagegen mit jeder (verlangten oder nicht geforderten) Versicherung, in der Empfängniszeit sexuelle Beziehungen nur mit dem Anerkennenden unterhalten zu haben.[13] Auch die Kausalität einer derartigen Täuschung für das Anerkenntnis ist jedenfalls in der Regel gegeben.[14] Die Häufigkeit unrichtiger Versicherungen gerade auf dem Gebiet der nichtehelichen Sexualbeziehungen (und speziell in der bedrängten Situation einer Mutter mit nichtehelichem Kind) beweist selbst dann nichts, wenn der Mann sich der grundsätzlichen Fragwürdigkeit auch forcierter Beteuerungen bewußt ist. Eine statistisch nachweisbar hohe Wahrscheinlichkeit unrichtiger Angaben ist im jeweiligen Einzelfall nur wesentlich, wenn sie Mißtrauen erweckte. Der Mißtrauende aber pflegt kein Vaterschaftsanerkenntnis abzugeben.

---

[11] Vorstellbar ist immerhin eine Verwechslung der (gewollten) Einbenennung des § 1618 mit dem (tatsächlich erklärten) Anerkenntnis. Vgl. OLG Colmar, RJA 15, 271; KG, KGJ 42, 81.

[12] Ebenso MünchKomm-*Mutschler,* 13 zu §§ 1600h und i. And. Ans. *Odersky,* II 2b zu § 1600h und III 1 zu § 1600m (einzelfallbezogen, bejahend u. a., wenn zwischen der Mutter und dem Anerkennenden ein echtes Vertrauensverhältnis bestand).

[13] Das RG entschied zunächst anders. Vgl. RGZ 58, 348 (354f.) und (bereits einschränkend) SeuffA 69 Nr. 138. Vgl. ferner KG, JR 1949, 383.

Wie der Text dagegen OLG Stuttgart, ROLG 24, 55; OLG Bamberg, SeuffA 70 Nr. 128; RGZ 107, 175; *Staudinger-Göppinger,* 102ff. zu § 1718.

Nach dritter Ansicht können allgemeine Beteuerungen der Mutter eine arglistige Täuschung nicht begründen; erforderlich seien ,,weitere Umstände", etwa besondere Hartnäckigkeit und Eindringlichkeit. Vgl. *Dölle,* § 107 III 4a.

[14] Die Kausalität wird grundsätzlich verneint von RGZ 107, 175 (179). Vgl. auch RG, JW 1931, 1358 mit Anm. *Brandis;* RGZ 160, 157 (158). Zumindest skeptisch MünchKomm-*Mutschler,* 13 zu §§ 1600h und i (Kausalität stets genau zu prüfen). Dem Text näher stehend *Odersky,* II 2b zu § 1600h.

Die Häufigkeit arglistiger Täuschungen beschränkt die praktische Bedeutung der Standardfrist und der Vaterschaftsvermutung des § 1600m für den Fall der Anfechtung durch den Mann entscheidend. Die Regelrechtslage gilt nur für Männer, die bewußt ein unrichtiges Anerkenntnis abgaben oder doch jedenfalls im Bewußtsein bestehender Zweifel nach Kenntnis vom Mehrverkehr der Mutter handelten. Sie gilt ferner in den seltenen Fällen fehlender Nachfrage infolge ungeschmälerten Vertrauens oder fehlenden Kontaktes mit der Mutter.

V. Revision der gerichtlichen Vaterschaftsfeststellung

1. *Form.* Die prozessuale Vaterschaftsfeststellung erfolgt durch rechtskräftiges Endurteil, ihre Revision im Wege der Wiederaufnahme des Verfahrens, also durch Nichtigkeitsklage bei schwersten Prozeßverstößen und durch Restitutionsklage bei Unrichtigkeit, insbesondere aber bei Verfälschung der Urteilsgrundlagen (§§ 578ff. ZPO). Die einzelnen Tatbestände sind eng; ihre praktische Bedeutung wird stets gering bleiben, mag auch der Restitutionsgrund des § 580 Nr. 3 ZPO nach (strafgerichtlich erwiesener; vgl. § 581 ZPO) eidlicher oder uneidlicher falscher Aussage der Kindesmutter oder eines Mehrverkehrszeugen gegeben sein.

2. *Erweiterung der Restitutionsgründe.* Die Enge der Tatbestände ist gewollt. Es ist nicht Ziel des Gesetzes, in allen Fällen eine Korrektur von tatsächlich oder doch jedenfalls möglicherweise fehlerhaften Urteilen zuzulassen; das Streben nach Richtigkeit wird vom Streben nach Rechtsfrieden begrenzt.

Für die Vaterschaftsfeststellung (und nur für sie) erkennt § 641i ZPO jedoch einen weiteren Restitutionsgrund an (der auch mit einer Nichtigkeitsklage oder einer auf § 580 ZPO gestützten Restitutionsklage verbunden werden kann). Die Restitutionsklage findet auch statt, wenn die Partei (das kann auch der erfolgreiche Kläger sein!) „ein neues Gutachten über die Vaterschaft vorlegt, das allein oder in Verbindung mit den in dem früheren Verfahren erhobenen Beweisen eine andere Entscheidung herbeigeführt haben würde".[1] Das Streben nach Rechtsfrieden wiegt also (sachlich richtig!) in Fragen der nichtehelichen Vaterschaft weniger als in vermögensrechtlichen Streitigkeiten; das Abstammungssystem fordert Offenheit gegenüber späterer besserer Erkenntnis, vornehmlich (aber nicht allein) nach Entdeckung neuer Beweisverfahren. Auch eine Klagfrist ist insoweit nicht am Platze; es darf keine Versteinerung einer objektiv unrichtigen Vaterschaftsfeststellung wegen Fristablaufes geben. § 586 ZPO gilt deshalb für den neuen Restitutionsgrund nicht (§ 641i IV ZPO).

3. Die praktische Bedeutung des speziellen Restitutionsgrundes ist gering. Die

[1] Das vorgelegte Gutachten kann ein vom Restitutionskläger eingeholtes Privatgutachten sein. Vgl. *Gaul,* Festschrift Bosch, S. 263; BGH, NJW 1975, 1465 (1466). A. A. *Brüggemann,* FamRZ 1969, 124.

Ursache liegt weniger bei der Überzeugungskraft der Vaterschaftsfeststellungen als beim Fehlen eines Anspruchs gegen Mutter und Kind auf Duldung einer Untersuchung durch einen Sachverständigen.[2] So bleibt der Anwendungsbereich der erweiterten Restitution im wesentlichen auf jene Fälle beschränkt, in denen anläßlich eines anderen Verfahrens (auch Strafverfahrens wegen Meineids oder falscher uneidlicher Aussage) neue Gutachten eingeholt wurden.

§ 58. Elternschaft und Sorgerechte

Schrifttum (vgl. auch die Angaben oben zu § 5): *Horstmann,* Zum Problem der personenrechtlichen Beziehungen im außerehelichen Eltern-Kind-Verhältnis, 1967; *Göppinger,* Elterliche Gewalt über nichteheliche Kinder, FamRZ 1970, 57; *Simitis,* Personen- und personenstandsrechtliche Grundfragen des neuen Nichtehelichenrechts, StAZ 1970, 255; *Schöps,* Die personenrechtlichen Rechtsbeziehungen zwischen dem unehelichen Vater und seinem Kind; eine rechtsvergleichende Untersuchung, 1973.

I. Die Zuordnung des Kindes

1. Eheliche Kinder werden beiden Elternteilen zu gleichen Rechten und Pflichten zugeordnet. Nichteheliche Kinder stehen dagegen in unterschiedlichen Rechtsbeziehungen zu den Elternteilen. Die Zuordnung zum Vater (die erst mit dem Akt der Vaterschaftsfeststellung manifest wird) ist eine Zuordnung minderen Rechtes; er hat dem Kind Unterhalt zu leisten und wird von ihm beerbt, er hat jedoch keinen Anteil an der elterlichen Sorge (auch nicht in Form wenigstens subsidiärer väterlicher Erziehungszuständigkeit) und kein Recht auf persönlichen Umgang mit dem Kind, obwohl dieses Defizit auch das Kind (weil ,,vaterlos") deklassiert.[1] Vergleichbar (aber keineswegs gleich) der ehelichen Elternschaft ist allein das Verhältnis von Mutter und Kind.

2. Zur Entrechtung des Vaters haben praktische Erfahrungen aus der Zeit des alten Unehelichenrechtes (das den Vater noch stärker von seinem Kind trennte) beigetragen, aber auch soziologische, psychologische und pädagogische Untersuchungen und Forderungen, die ,,Vaterschaft" als Form der ,,sozialen Elternschaft" begreifen, also letztlich auf eine finale Entscheidung gründen, die auch von einem Mann gefällt werden könne, der nicht ,,Erzeuger" des Kindes ist, und die notwendig gebunden sei an das Leben in einer Familiengemeinschaft mit der Mutter (unter fast selbstverständlicher Beschränkung auf die rechtlich anerkannte Familie, also unter Vernachlässigung aller Konkubinate, wie dauerhaft sie auch

---

[2] Für eine analoge Anwendung der §§ 810, 811 ZPO mit einem Anspruch, wenn ,,die Möglichkeit eines positiven Ergebnisses dargelegt wird" aber *Odersky,* II 4 zu § 641 i ZPO. Wie der Text jeden Anspruch verneinend *Reinheimer,* FamRZ 1970, 122; *Gaul,* Festschrift Bosch, S. 262; OLG Celle, FamRZ 1971, 592; LG Berlin, FamRZ 1978, 835.

[1] Das stellt zu Recht MünchKomm-*Hinz,* 9 vor § 1705, fest.

sein mögen), weil erst (und nur) in ihr dem Kinde ein positives ,,Vatererlebnis" möglich sei. Mit gegenläufiger Tendenz ist freilich die Rolle des Vaters im Leben des Kindes (und die Schädlichkeit einer allzu intensiven Mutter-Kind-Beziehung) dort Argument gewesen, wo es galt, die wenigen personenrechtlichen Befugnisse des Vaters zu rechtfertigen.

3. Entstanden ist ein Nichtehelichenrecht, das unausgewogen wirkt, widersprüchlich, vergangenheitsbestimmt und nicht zukunftsorientiert.[2] Eine Rechtsordnung, die auf die Feststellung des biologischen Vaters viel Wert legt, eine Rechtsordnung weiter, die eben mit der bloßen biologischen Abstammung des Kindes vom Vater weitreichende (in der Regel auch bei rechtlicher Wechselseitigkeit tatsächlich doch allein das Kind begünstigende) vermögensrechtliche Folgen verbindet, handelt nicht eben folgerichtig, wenn sie Gelegenheit gibt, im Personenrecht abwertend von einem ,,Chromosomenpositivismus" zu sprechen, dem niemand erliegen solle (und das Gesetz nicht erlegen sei). Sie handelt um so weniger folgerichtig, als sie mit ihrer Entscheidung das nichteheliche Kind auch von jener Gruppe der ehelichen Kinder trennt, die ihm am ehesten vergleichbar ist, d. h. der Gruppe der Scheidungswaisen (vgl. dazu § 1671), und keineswegs bereit war, ein Stiefkinderrecht zu schaffen, in der die Abwertung des ,,Erzeugers" ihren Ausgleich in einer (rechtlich) neuen Figur des ,,Vaters" gefunden hätte.

Die soziologischen, psychologischen und pädagogischen Prämissen der Regelung sind von der Soziologie, der Psychologie und der Pädagogik zu diskutieren. Festzustellen wäre vornehmlich, ob und wieweit Konstanten getroffen wurden oder nur (wenn auch vielleicht stark fixierte) Folgen traditionell verhärteter Daseinsformen. Neues Recht sollte bloß zeitbedingte Fixierungen nicht durch Regelungen konservieren, die den Abbau der Grundlagen hemmen, und die alte Gleichung ,,Nichtehelichkeit = Vaterlosigkeit" nicht widerstandslos bestätigen.

4. *Gleichberechtigung der Eltern.* Die Entrechtung des Vaters ist der h. L. zufolge verfassungskonform; überzeugend ist die Versicherung indessen nicht. Wie selbstverständlich orientiert sich das neue Nichtehelichenrecht allein an den (tatsächlichen oder angeblichen) Interessen des Kindes, geleitet von Art. 6 V GG, während alle den Eltern zugekehrten Grundrechte kaum berührt, geschweige denn wirklich durchdacht wurden. Belanglos ist in diesem Zusammenhang das Elternrecht aus Art. 6 II GG. Ein Grundrecht, das in vertikaler Abwehrrichtung den Staat und andere kollektive Kräfte begrenzen will (und durch die Begabung der Mutter mit der elterlichen Sorge gewahrt ist), ist für die horizontale Ebene der Verteilung elterlicher Befugnisse unter den beiden Elternteilen gleichgültig. Um so bedrängender ist (der in Rechtsprechung und Schrifttum kaum beachtete) Art. 3 II GG (zur Situation vgl. oben § 5 V 6). Er ist gewiß verletzt, wenn er als

---

[2] Sehr krit. auch *Frank,* Grenzen der Adoption, 1978, S. 120ff.

Träger eines absoluten Differenzierungsverbotes verstanden wird. Mit ihm ist die Entrechtung des Vaters aber auch dann nicht zu vereinbaren, wenn die bisherige Rechtsprechung des BVerfG zum Maßstab genommen wird (vgl. zu allem oben § 6 II). Evident ist freilich, daß aus Art. 3 II GG nicht die Folgerung jeweils gleicher Rechte für die beiden Elternteile zu ziehen ist; auch eheliche Eltern sind nicht ausnahmslos mit gleichen Rechten und Pflichten begabt (§ 1671). Gleichberechtigung ist indessen erst gewahrt, wenn der Vater wenigstens die (im Einzelfall von den Interessen des Kindes begrenzte) Möglichkeit erhält, die elterliche Sorge auch gegen den Willen der Mutter (mit der Folge voller Eingliederung des Kindes in die väterliche Familie) zu erlangen[3] (vgl. dagegen § 1727 I für die als Ersatz gedachte Ehelicherklärung). Daß nur eine kleine Minderheit von einem derartigen Recht Gebrauch machen würde (ein viel gebrauchtes Gegenargument), sollte den Schritt erleichtern, nicht aber hindern: Wir sind es auch sonst nicht gewohnt, Grundrechte für Minderheiten zu ignorieren. Alle anderen Gegengründe aber (mangelnde Eignung zur Kinderpflege, Stiefmutterproblem usw.) könnten im jeweiligen Einzelfall in der Entscheidung über die elterliche Sorge Berücksichtigung finden.

II. Äußere Wirkungen der Zuordnung

Schrifttum: *Beitzke,* Die Einbenennung im deutschen und ausländischen Recht, StAZ 1969, 287; *Bosch,* Ehelicherklärung oder Namenserteilung?, FamRZ 1970, 296; *Engler,* Der Familienname des nichtehelichen Kindes, FamRZ 1971, 76; *Simon,* Der Name des Kindes als Zeichen gestörter Familienverhältnisse, StAZ 1974, 198; *Diederichsen,* Der Ehe- und Familienname nach dem 1. EheRG, NJW 1976, 1169; *Ruthe,* Die Neuordnung des Namensrechts, FamRZ 1976, 413; *Kumme,* Das neue Namensrecht des nichtehelichen Kindes, ZBlJugR 1976, 523; *Pentz,* Gilt § 1617 II auch für einbenannte Kinder?, StAZ 1977, 294.

1. Folge der stärkeren Zuordnung des nichtehelichen Kindes zur Mutter ist die mütterliche Fremdbestimmung in allen äußeren Wirkungen der Elternschaft. Das Kind erwirbt die Staatsangehörigkeit der Mutter (§ 4 RuStAG), es teilt ihren Wohnsitz (§ 11) und leitet seinen Familiennamen von ihr ab (§ 1617 I).

2. *Name.* Das Kind erwirbt den Familiennamen, den die Mutter zur Zeit der Geburt führt, mag es sich nun um den Geburtsnamen der Mutter handeln, mag auch ein Ehename an dessen Stelle getreten sein (§ 1617 I).[1] Es erwirbt dagegen nicht mehr einen Begleitnamen, den die Mutter ihrem Ehenamen gemäß § 1355 III voranstellte. Überzeugend ist das nicht, weil die Namensgleichheit von Mutter und Kind verloren geht und der Anschein eines ehelichen Kindes erzeugt wird (das gemäß § 1616 auch nur den Ehenamen seiner Eltern führt). Das rigoros durchgeführte Prinzip des höchstpersönlichen Begleitnamens überzeugt im Nichtehelichenrecht besonders dann nicht, wenn die Mutter nach geschiedener

---

[3] Die nämliche Forderung bei MünchKomm-*Hinz,* 7 vor § 1705.

[1] Krit. dazu *Hansen,* FamRZ 1968, 429 (Übertragung des Ehenamens nicht ohne Zustimmung des Mannes).

Ehe mit einem (nach Ehelichkeitsanfechtung) nichtehelichen Kind zusammenlebt.[2]

3. *Namenswechsel der Mutter.* Die Namensgleichheit von Mutter und Kind, im Augenblick der Geburt – von der Verwerfung durch einen Begleitnamen einmal abgesehen – stets gegeben, gerät zum Problem, wenn die Mutter ihren Namen wechselt. Zwar sind in einer Zeit, die den Familiennamen weithin dynamisiert und instrumentalisiert hat, Interessen dritter Namensträger nicht mehr von starkem Gewicht, doch gilt es, das Interesse an der Namensgleichheit ins rechte Verhältnis zum Interesse des Kindes an der Kontinuität seines Namens zu setzen.

Nie nimmt das Kind an einer Namensänderung der Mutter durch eine Ehe ohne legitimierende Wirkung teil (§ 1617 II), doch trügt der Schein einer rigorosen Entscheidung. Durch Einbenennung (dazu unten 5.) kann das Kind auch in diesem Fall die verlorene Namenseinheit mit der Mutter wieder erreichen.

In allen anderen Fällen, mögen sie nun familienrechtlicher Natur sein (Adoption der Mutter), mögen sie auch vom öffentlichen Recht ausgelöst werden (Namensänderung kraft Verwaltungsaktes), ist zu differenzieren: Bis zur Vollendung des fünften Lebensjahres folgt das Kind unbedingt (ein Kontinuitätsinteresse ist vor der Einschulung kaum je gegeben); ältere Kinder können für den neuen Namen der Mutter optieren, und zwar ohne Höchstalter, mit dessen Eintritt ein Interesse an der Namensgleichheit mit der Mutter keinesfalls mehr anerkannt wird.

Ohne Belang für das Kind sind Änderungen des Geburtsnamens der Mutter, den sie selbst nicht mehr führt (Adoption der Mutter, die als Ehenamen den Familiennamen ihres Ehemannes akzeptierte). Das namensrechtliche Bezugssystem orientiert sich im Verhältnis zwischen Eltern und Kindern nie an Namen, die nur noch als Hinweise auf einen nicht mehr gegenwärtigen Status gebraucht werden können.

4. *Die Option.* Für geschäftsunfähige Kinder handelt stets ihr gesetzlicher Vertreter (Vorbehaltsgebiet des Amtspflegers; vgl. § 1706 Nr. 1).[3] Bis zur Vollendung des vierzehnten Lebensjahres konkurrieren bei beschränkter Geschäftsfähigkeit selbständiges Handeln des gesetzlichen Vertreters und Handeln des Kindes unter Zustimmung des gesetzlichen Vertreters. Das ältere beschränkt geschäftsfähige Kind ist dagegen zur Selbstbestimmung berufen, mag es auch stets der Zustimmung seines gesetzlichen Vertreters bedürfen (deren Verweigerung insofern letztlich nicht entscheidend ist, als die Option nicht fristgebunden ist und deshalb später vom volljährig gewordenen Kind in vollkommener Freiheit vollzogen werden kann).

---

[2] Kritik üben auch *Diederichsen,* NJW 1976, 1175; MünchKomm-*Hinz,* 2 zu § 1617.

[3] Ist die Mutter zuständig (§ 1707), ist es nicht notwendig, dem Kind stets einen Pfleger zu bestellen (a. A. *Roth-Stielow,* 6 zu § 1617). Im Einzelfall kann ein Eingriff in die elterliche Sorge gemäß §§ 1629 II 3, 1796 erforderlich sein.

Die (irrevisible) Option erfolgt durch öffentlich beglaubigte Erklärung des öffentlichen Rechts (Zivilhandlung) gegenüber dem Standesbeamten. Wählt der Amtspfleger in einer ordnungsgemäß unterzeichneten und mit einem Amtssiegel versehenen Urkunde, so ist eine öffentliche Beglaubigung (weil durch die stärkere Form der öffentlichen Urkunde überholt) nicht mehr erforderlich (vgl. BGHZ 46, 362).

Dritte, die ihren Namen von dem optierenden Kind ableiten, erhalten jenen Schutz ihrer Kontinuitätsinteressen, die das Gesetz dem nichtehelichen Kind selbst zubilligt. Deshalb ändert sich der Namen von Abkömmlingen des Kindes nur nach entsprechender Option, falls sie älter als fünf Jahre sind (vgl. § 1617 IV 2). Und deshalb ändert sich der vom nichtehelichen Kind herrührende Ehename nur dann, wenn sich der Ehegatte an der Option beteiligt (§ 1617 IV 1). Optiert dagegen lediglich das nichteheliche Kind, so ändert sich allein sein Geburtsname (auch als Begleitname). Ausgeschlossen ist eine Änderung des Ehenamens, wenn er von dem Ehegatten herrührt; es handelt sich nicht darum, dem Ehepaar noch einmal die Wahl zwischen dem Mannesnamen und dem Frauennamen zu eröffnen.

5. *Einbenennung; Ehename der Mutter.* Eine Ehe der Mutter ohne legitimierende Wirkung (also mit einem Stiefvater), führt stets zum Verlust der Namensgleichheit von Mutter und Kind, wenn sich die Ehegatten für den Namen des Stiefvaters als Ehenamen entschieden. Solange das Kind jedoch noch nicht geheiratet hat und einen von § 1617 bestimmten Namen führt, können die Ehegatten dem Kind mit dessen Einwilligung ihren Ehenamen durch öffentlich beglaubigte Erklärungen gegenüber dem Standesbeamten erteilen und damit die Namensgleichheit wiederherstellen (§ 1618 I). Man pflegt insoweit von einer „Stiefvatereinbenennung" zu sprechen, verfehlt damit aber die Situation. Über den Ehenamen können zugunsten des Kindes immer nur beide Ehegatten verfügen;[4] die Einbenennung ist dementsprechend ein dreiseitiger Rechtsakt.

Die Erklärungen der Ehegatten[5] und die Einwilligung des Kindes (für die ungeschmälert die für Optionen geltenden Regeln anzuwenden sind; vgl. oben

---

[4] Einbenennung durch einen Ehegatten ist jedoch möglich, wenn der andere gestorben ist oder für tot erklärt wurde. Es gibt keinen sachlichen Grund, in diesen Fällen die Einbenennung auszuschließen.

[5] Sie sind höchstpersönliche Akte. Beschränkt Geschäftsfähige erklären sich unter Zustimmung ihres ges. Vertreters. A. A. MünchKomm-*Hinz,* 18 zu § 1617, für die Mutter (Zustimmung nicht erforderlich auf der Grundlage einer Abwertung der mütterlichen Erklärung, die damit gerade nicht so gewertet wird, wie es § 1618 will); *Soergel-Lade,* 5 zu § 1618 (ungebundene Selbstbestimmung auch des Stiefvaters). Geschäftsunfähigkeit (die angesichts des § 2 EheG keine praktische Bedeutung hat) schließt Einbenennung (sachlich richtig wegen der geringen Gewähr einer faktischen Eingliederung des Kindes in die neue Familie) aus. Ebenso *Soergel-Lade,* 5 zu § 1618. A. A. MünchKomm-*Hinz,* 17 zu § 1617 (Handeln des ges. Vertreters).

unter 4.[6]) sind nicht in einem dreiseitigen Vertrag aufeinander zugeordnet; sie bleiben je für sich einseitige Erklärungen, die freilich zum Gesamttatbestand eines Rechtsaktes gehören, in dem die Einwilligung des Kindes[7] Wirksamkeitsvoraussetzung für die Einbenennungserklärungen ist.[8] Inhalt des Aktes ist allein der Namenswechsel.[9] Rechte des Stiefvaters werden durch ihn nicht begründet; Pflichten werden durch ihn nicht geschaffen.

Die h. L. weist in der zeitlichen Reihenfolge der Akte der Einwilligung des Kindes die Priorität zu; das Kind soll sich vor den Ehegatten erklären müssen. Die Legaldefinition der Einwilligung in § 183 dient dafür als Argument und die Behauptung genereller Unverträglichkeit von einseitiger Erklärung und schwebender Unwirksamkeit. Der Aussage folgt allerdings unmittelbar die Beschwichtigung: Zulässig sollen Einbenennungserklärungen sein, die nach ihrem eigenen Inhalt erst wirksam sein sollen, wenn das Kind seine Einwilligung erklärte.[10] In Wahrheit bedarf es dieses (doch nur decouvrierenden) Kunstgriffes nicht. Der Normzweck fordert die Beschränkung auf vorherige Zustimmungen gewiß nicht; einseitige Rechtsakte können schwebend unwirksam sein, wenn und soweit keine schutzwürdigen Interessen sofortige Klarheit gebieten. Öffentliche Interessen aber stehen bei der Einbenennung gewiß nicht auf dem Spiel, während die Interessen des Kindes gerade in die umgekehrte Richtung weisen.[11]

Wenig überzeugend ist der Rigorismus, mit welchem § 1618 Kinder von der Einbenennung ausschließt, die nicht mehr einen von § 1617 bestimmten Namen führen. Zwar werden damit nicht Kinder ausgeschlossen, die sich bei einer früheren Namensänderung der Mutter nicht zur Option für deren neuen Namen entschließen konnten, auch nicht Kinder, die von ihrer eigenen Mutter adoptiert

---

[6] Amtspfleger halten in der Regel eine Seriositätsfrist ein, in der Bestand der Ehe und Eingliederung des Kindes in die Familie wenigstens in Ansätzen überprüft werden können.

[7] Als gesetzliche Vertreterin kann auch die Mutter handeln (Fälle des § 1707). § 181 und §§ 1629 II, 1795 Nr. 1 stehen nicht entgegen. Es handelt sich nicht um ein Rechtsgeschäft zwischen dem Kind, seiner Mutter und dem Stiefvater (zur Parallelproblematik bei der ergänzenden Adoption vgl. unten § 62 V 5). I. Erg. gl. Ans. BayObLG, FamRZ 1977, 409; AG Hamburg, DAVorm. 1977, 133; *Palandt-Diederichsen,* 2d zu § 1618; MünchKomm-*Hinz,* 9 zu § 1618; *Brüggemann,* FamRZ 1977, 659f. (der jedoch die Einwilligung als Verfahrenshandlung qualifiziert).

[8] Alle Erklärungen sind nach Vollendung unwiderruflich, jedoch anfechtbar. Vgl. OLG Hamburg, StAZ 1969, 41 (mit unbeachtlichem Irrtum über die Unwiderruflichkeit).

[9] Bei späterer Änderung des Ehenamens gilt § 1618 IV und somit auch § 1617 II–IV entsprechend; für eine Differenzierung nach der Person des Einbenennenden besteht kein Anlaß. Ebenso MünchKomm-*Hinz,* 29 zu § 1618; *Odersky,* V zu § 1618; *Diederichsen,* NJW 1976, 1174 Fn. 80; *Roth-Stielow,* 9 zu § 1618. Für direkte Anwendung des § 1617 II–IV *Ruthe,* FamRZ 1976, 414 (da Änderung des Ehenamens immer auch Änderung des mütterlichen Familiennamens).

[10] Vgl. BayObLG, FamRZ 1964, 457 (459); OLG Karlsruhe, FamRZ 1974, 603 (605); *Reichard,* StAZ 1976, 182; *Soergel-Lade,* 8 zu § 1618.

[11] Ebenso *Krassnig,* FamRZ 1956, 268; MünchKomm-*Hinz,* 22 zu § 1618; *Palandt-Diederichsen,* 4c zu § 1618; jetzt wohl auch *Odersky,* IV 1 zu § 1618.

wurden (denn ihr Name wurde durch die Adoption nicht berührt),[12] wohl aber Kinder, die bereits einmal einbenannt wurden (denn für sie ist § 1618 maßgebend geworden).[12a] Durchgesetzt hat sich bei dieser Absage an die wiederholte Einbenennung die Überzeugung, daß mit der ersten der „Makel der nichtehelichen Geburt" bereits getilgt und eine zweite deshalb entbehrlich sei; preisgegeben wurde dafür das Interesse des Kindes an der Namenseinheit innerhalb der (neuen) Familie, das bei jeder weiteren Ehe der Mutter nicht geringer ist als bei der ersten.[13]

Wird die Ehe der Mutter, deren Folge eine Einbenennung war, vorzeitig aufgelöst und kehrt die Mutter zu einem früheren Namen zurück (§ 1355 IV), so ist § 1617 II analog anzuwenden. Der Normzweck ist mit der Einbenennung nicht etwa obsolet geworden; die Beteiligung des Stiefvaters an ihr begründet für ihn kein Interesse an der Namenskontinuität des Kindes, das schützenswert wäre.[14]

6. *Einbenennung; Name des Vaters.* Den Namen des Vaters erwirbt das Kind nie kraft Gesetzes; die Vaterschaftsfeststellung insbesondere bleibt ohne namensrechtliche Folge. Auch einen gewährenden Einzelakt kann das Kind niemals erzwingen.

Es erwirbt den Namen des Vaters jedoch mit der Legitimation durch nachfolgende Ehe, falls die Ehegatten den Namen des Mannes als Ehenamen wählen, sodann als Folge einer Ehelicherklärung (unten § 61), ferner mit einer Annahme als Kind durch den Vater (vgl. § 1741 III 2 und dazu unten § 62 III 6), kurzum mit allen Akten, die eine Zuordnung als eheliches Kind bewirken. Es kann ferner mit seiner Einwilligung und derjenigen der Mutter[15] (auch erforderlich, wenn ihr die mütterliche Sorge entzogen wurde) vom Vater einbenannt werden[16] in den Gren-

---

[12] Gl. Ans. MünchKomm-*Hinz,* 5 zu § 1618; *Palandt-Diederichsen,* 2a zu § 1618; *Beitzke,* StAZ 1969, 289; *Odersky,* II 1c bb zu § 1618. A. A. dagegen MünchKomm-*Lüderitz,* 4 zu § 1757.

[12a] Dasselbe gilt für Kinder, deren Name durch Verwaltungsakt geändert wurde. Die Rechtsfolge ist hier indessen nicht fragwürdig; die Namensverschiedenheit von Mutter und Kind wurde dann bewußt herbeigeführt.

[13] Eine zweite Einbenennung wird für möglich gehalten von *Engler,* FamRZ 1971, 79; *Simitis,* StAZ 1970, 259; *Palandt-Diederichsen,* 2a zu § 1618; MünchKomm-*Hinz,* 5 zu § 1618. Wie der Text OLG Köln, OLGZ 1975, 129 (Regelung bedenklich, jedoch zweckmäßige Auslegung nicht möglich); LG Lübeck, DAVorm. 1976, 694 (kein Raum für Gesetzesauslegung); *Odersky,* II 1c bb zu § 1618; *Beitzke,* § 25 II 3 (nicht unbedenklich); *Simon,* StAZ 1974, 197 (199ff.).

[14] Gl. Ans. MünchKomm-*Hinz,* 27 zu § 1618; *Simon,* StAZ 1974, 198f. Vgl. auch (zur Rechtslage vor dem 1. EheRG) *Engler,* FamRZ 1971, 79. Der Analogieschluß wird dagegen nicht gebilligt von *Beitzke,* § 25 II 3 (der zum älteren Recht ergangenen Entscheidung BayObLG, NJW 1968, 1528 folgend); AG Hamburg, StAZ 1975, 341; *Pentz,* StAZ 1977, 294f.

[15] Die Einwilligung der Mutter ist nicht ersetzbar. Ebenso MünchKomm-*Hinz,* 13 zu § 1618; KG, FamRZ 1978, 733. A. A. zur Rechtslage vor dem 1. EheRG *Simitis,* StAZ 1970, 260 (§ 1747 III = später § 1747a = heute § 1748 analog). Die Einwilligung muß jedoch in Einklang mit der Regelung der Ehelicherklärung (§ 1726 I; arg. a maiore ad minus) entfallen, wenn das Kind volljährig geworden ist. Vgl. MünchKomm-*Hinz,* 14 zu § 1618; *Palandt-Diederichsen,* 2d zu § 1618.

[16] Als Konsequenz der Möglichkeit einer praenatalen Vaterschaftsfeststellung (§ 1600b II) ist (in Rechtsanalogie zu allen jenen Normen, die den nasciturus begünstigen) auch eine praenatale Einbe-

zen, die bereits für die Einbenennung durch Stiefvater und Mutter gelten.[17] Kein weiteres Tatbestandselement tritt hinzu und keine neue Wirksamkeitsvoraussetzung (die Ehefrau des Vaters muß nicht einwilligen[18]), nur die Position der Mutter ändert sich: Sie ist nicht mehr verfügende Namensträgerin und eben deshalb nur noch zur Einwilligung berufen.[19]

Das Gesetz hat die beiden Formen der Einbenennung wegen der Tatbestandsähnlichkeit und Rechtsfolgengleichheit in einer Norm vereinigt, doch verbinden sich mit ihnen sehr unterschiedliche Ziele. Die Einbenennung durch Stiefvater und Mutter bezweckt Namensgleichheit innerhalb der Familie. Die Einbenennung durch den Vater trennt dagegen Mutter und Kind im Namen. Sie ist Bestandteil des schwachen Bemühens um eine stärkere personenrechtliche Zuordnung des Kindes zu seinem Vater, freilich einer, der schwerlich größere praktische Bedeutung gewinnen wird. Vater, Mutter und Kind werden über den Wert des Vatersnamens für das Kind jedenfalls in aller Regel nur einig sein, wenn die Eltern im Konkubinat leben, eine Legitimation durch Ehelicherklärung aber nicht erreichen können (vgl. dazu unten § 61 II 6).[20]

III. Der Amtspfleger

Schrifttum: *Arnold,* Gesetzliche Amtspflegschaft oder Pflegschaft von Amts wegen?, FamRZ 1967, 368; *Klunzinger,* Die Weigerung der nichtehelichen Mutter, den Vater zu benennen, NJW 1970, 712; *Kumme,* Die rechtliche Bedeutung der Weigerung der Mutter, den Vater des nichtehelichen Kindes zu nennen, ZBlJugR 1973, 140; *v. Weber,* Das Jugendamt als Detektiv, ZBlJugR 1973, 346; *Zenz,* Volle elterliche Gewalt für die Mutter, die den Vater des Kindes nicht nennen oder feststellen

---

nennung anzuerkennen. Richtig OLG Karlsruhe, FamRZ 1974, 603 mit zust. Anm. *Bosch; Odersky,* IV 1 zu § 1618. Dagegen *Otto,* StAZ 1974, 269, mangels eines Schutz- und Fürsorgebedürfnisses.

[17] Nach mancher Ansicht ist die Einbenennung durch den Vater auch noch bei einem bereits verheirateten Kind möglich. Vgl. *Palandt-Diederichsen,* 2a zu § 1618; MünchKomm-*Hinz,* 7 zu § 1618. Doch gestattet der eindeutige Normtext keine Differenzierung zwischen den beiden Formen der Einbenennung. Ebenso *Ruthe,* FamRZ 1976, 414; *Odersky,* II 2 zu § 1618.

[18] Die insoweit unveränderte Rechtslage ist schon oft kritisiert worden. Vgl. *Engler,* FamRZ 1971, 80f.; *Odersky,* III 1b zu § 1618. Zum neuen Recht vgl. *Roth-Stielow,* 5 zu § 1618 (als Verstoß gegen Artt. 6 I und 20 III GG verfassungswidrig); *Diederichsen,* NJW 1976, 1175 (unvereinbar mit dem „neuartigen Pathos des Ehe- und Familiennamens"). Übersehen wird jedoch, daß gerade die jüngere Rechtsentwicklung dynamisiert und instrumentalisiert hat und keineswegs ein „neuartiges Pathos" schuf. Gegen die Kritik auch MünchKomm-*Hinz,* 16 zu § 1618 (mit dem Hinweis, daß in der Umkehrsituation die Mutter stets dem Kind den Familiennamen gemäß § 1617 I vermittelt).

[19] Betreiben Stiefvater und genetischer Vater gleichzeitig die Einbenennung, so befinden Kind und Mutter darüber, welche zur Perfektion gelangt; ein Vorrang der einen vor der anderen besteht nicht. Vgl. MünchKomm-*Hinz,* 8 zu § 1618. Jede Einbenennung schließt für die Zukunft eine Einbenennung anderer Art aus; das Kind führt dann keinen von § 1617 bestimmten Namen mehr.

[20] Im Hinblick auf die Seltenheit der Fälle lohnt es sich kaum, eine rechtlich ohnehin nicht ergiebige Unterscheidung zwischen „Konkubinats-Einbenennung" und „eheneutraler Einbenennung" zu treffen. Dafür aber *Diederichsen,* NJW 1976, 1175; MünchKomm-*Hinz,* 2 zu § 1618. Ein besonderer Fall mit Eignung zur Einbenennung durch den Vater (nacheheliche Kinder mit erster Ehefrau nach zweiter und dritter Ehe) bei *Bosch,* FamRZ 1970, 296ff.

lassen will?, StAZ 1974, 281, 314; *Kumme,* Störungen des Vater/Kind-Verhältnisses durch die Mutter des nichtehelichen Kindes, ZBlJugR 1976, 242.

1. *Grundsatz.* Elterliche Sorge über nichteheliche Kinder ist stets mütterliche Sorge, die freilich in aller Regel nur als geschmälertes Recht besteht, das dem Recht der ehelichen Eltern zwar wesensgleich ist, jedoch dessen inhaltliche Fülle nicht erreicht.[1] In einem regressiven Prozeß ist zwar der fast vollständige Ausschluß der Mutter von der Sorge für ihr Kind im ursprünglichen Unehelichenrecht des BGB zunehmend korrigiert worden. Geblieben aber ist ein Vorbehaltsgebiet des Amtspflegers (oder auch Zwangspflegers) als (wesentlicher) Rest der einst so umfassenden Amtsvormundschaft.[2] Amtspfleger ist das Jugendamt (§§ 1709 BGB, 40 JGW[2a]); es ist zur Pflegschaft berufen mit der Geburt des Kindes (zur Anzeigepflicht des Standesbeamten vgl. §§ 48 FGG, 44 JWG; zur praenatalen Unterstützung der werdenden Mutter vgl. § 52 JWG) oder einer späteren gerichtlichen Entscheidung, die Nichtehelichkeit des Kindes feststellt (§§ 1709 Satz 3, 1791 c I Satz 2 BGB, 40 III JWG). Anordnung der Pflegschaft, Auswahl des Pflegers und Bestellungsakt entfallen; das Jugendamt erhält eine Bescheinigung zu Legitimationszwecken (§§ 1709 Satz 3, 1791 c III), nicht mehr.

2. *Vormundschaft.* Amtspflegschaft tritt nicht ein, wenn das Kind einen Vormund braucht, weil die mütterliche Sorge gar nicht oder doch jedenfalls nur unterhalb der Tatbestandsgrenzen des § 1773 ausgeübt werden kann (§ 40 II JWG). Vormundschaft konkurriert mithin nicht wie die Amtspflegschaft mit der mütterlichen Sorge; sie wird notwendig, wenn mütterliche Sorge nicht möglich ist oder ausgedehnter Ergänzung bedarf.

Vormundschaft ist insbesondere vonnöten, wenn die Mutter gestorben ist, wenn ihre elterliche Sorge (vornehmlich wegen Minderjährigkeit; vgl. § 1673 II) ruht und wenn Eingriffe in die elterliche Sorge erfolgten (§§ 1666 ff.), die gemäß § 1773 nur durch einen Vormund auszugleichen sind.[3] Vormund ist in aller Regel

---

[1] Die Mutter hat aber die volle elterliche Sorge, wenn ihr diese bereits vor dem NEhelG gemäß § 1707 II a. F. übertragen worden war (vgl. OLG Frankfurt, FamRZ 1972, 43; BayObLG, FamRZ 1976, 539) oder wenn sie vor jenem Zeitpunkt zum Vormund des Kindes bestellt wurde (vgl. OLG Köln, FamRZ 1971, 98; KG, FamRZ 1971, 98; OLG Stuttgart, FamRZ 1972, 94).

[2] Unbeschadet der Möglichkeit, die Zweckmäßigkeit der Regelung in Frage zu stellen, ist sie jedenfalls als verfassungskonformes Recht zu akzeptieren. Vgl. OLG Bremen, FamRZ 1977, 149 (zu Artt. 1, 3, 6 GG).

[2a] Örtlich zuständig ist das Jugendamt des Geburtsbezirks (§ 42 JWG). Abgabe an ein anderes Jugendamt hat zu erfolgen, wenn „es das Wohl des Kindes erfordert" (§ 43 JWG). IdR ist dieser Tatbestand gegeben, wenn Mutter und Kind ihren gewöhnlichen Aufenthaltsort verlegen und die Abstammung des Kindes sowie die Unterhaltspflicht des Vaters geklärt sind. Vgl. BGH, FamRZ 1978, 103 m. w. Nachw.

[3] Hat das Kind bereits als eheliches Kind nach einem Eingriff des VormG einen Vormund erhalten, so behält es ihn, wenn die Ehelichkeit des Kindes erfolgreich angefochten wird. Vgl. LG Nürnberg-Fürth, DAVorm. 1974, 623 und 1976, 592. Der Statuswechsel des Kindes verändert den konkreten Anlaß der Vormundschaft und das Fürsorgebedürfnis nicht und bewirkt damit kein Ende der Vormundschaft. Vgl. dazu unten § 67 I.

das Jugendamt (§§ 1791 c BGB, 41 I JWG; vgl. dazu weiter unten § 64 II 2 und § 68 II). Vormundschaft und Pflegschaft sind damit grundsätzlich (nicht generell) derselben Behörde zugewiesen; der etwa notwendige Übergang von einer Fürsorgeform zur anderen ist damit in beiden Richtungen besonders einfach (vgl. dazu unten IV 3).

3. *Praenatale Pflegschaften.* Amtspflegschaft tritt auch nicht ein, wenn bereits vor der Geburt des Kindes (auf Antrag oder von Amts wegen[4]) vom Vormundschaftsgericht (Rechtspfleger; vgl. §§ 3 Nr. 2a und 14 RPflG) ein Pfleger mit dem Aufgabenkreis des § 1706 bestellt wurde (§§ 1708 BGB, 40 II JWG). Pflegschaft ist hier notwendig Einzelpflegschaft oder Vereinspflegschaft (mit Vorrang der ersteren; vgl. §§ 1915, 1791 a I Satz 2); Pfleger kann nie die Mutter sein (für die § 1707 geschaffen wurde) und nie das Jugendamt (dessen Tätigkeit gerade vermieden werden soll).

Die praenatal eingerichtete Pflegschaft sichert den grundsätzlichen Vorrang der Einzelpflegschaft vor der Amtspflegschaft (vgl. dazu unten § 64 II 5) im unmittelbaren Zugriff, der bereits eine befristete Zeitspanne der Amtspflegschaft vermeidet. Die praenatal eingerichtete Pflegschaft dient dagegen nicht mehr der Sorge für den nasciturus; sie wird wirksam erst mit der Geburt des Kindes. Dort, wo ein praenatales Handeln für das Kind notwendig ist, muß ein Pfleger für die Leibesfrucht (§ 1912) bestellt werden, so etwa, wenn ein praenatales Anerkenntnis erfolgen soll (§ 1600b II), aber auch, wenn bereits vor der Geburt des Kindes eine einstweilige Verfügung erwirkt werden soll, die den Unterhalt des Kindes im ersten Quartal sichert (§ 1615o). Freilich wird es zweckmäßig sein, die Sukzession der Pflegschaften nicht auch mit einem Wechsel des Pflegers zu verbinden. Bei späterer Amtspflegschaft sollte das Jugendamt schon als Pfleger für die Leibesfrucht bestellt werden, und dann, wenn ein Einzel- oder Vereinspfleger gewünscht wird, dieser zugleich für beide Pflegschaften.[5]

4. *Ausschluß und Beschränkung der Amtspflegschaft.* Amtspflegschaften dienen dem Schutz des nichtehelichen Kindes; sie diskriminieren (als unerwünschter Nebeneffekt) die Mutter des Kindes in der Gesellschaft. Die Diskriminierung dort zu vermeiden, wo es ohne Einbußen für das Kind möglich ist, und gleichzeitig eine Entlastung der Jugendämter zu erreichen, ist das Ziel des § 1707. Ihm zufolge hat das Vormundschaftsgericht (nach Anhörung des Jugendamtes; vgl. § 48a I Nr. 8 JWG) anzuordnen, daß die Pflegschaft von vornherein nicht eintreten soll, es hat ferner die Pflegschaft aufzuheben oder auch ihren Wirkungskreis zu beschränken (Sonderregelung gegenüber §§ 1918 III, 1919), alles freilich nur,

---

[4] Einen Antrag fordert *Göppinger,* FamRZ 1970, 62, doch wird damit der Normzweck verfehlt. Wie der Text *Odersky,* 6b zu § 1708; MünchKomm-*Hinz,* 3 zu § 1708.

[5] Ebenso *Odersky,* 2 zu § 1708. Nach *Palandt-Diederichsen,* 1 zu § 1708, soll dagegen praenatale Pflegerbestellung ausgeschlossen sein, wenn bereits ein Pfleger für die Leibesfrucht bestellt wurde.

wenn es dem Wohle des Kindes nicht widerspricht und die Mutter es beantragt,[6] alles aber auch nur unter dem Vorbehalt einer späteren ändernden Entscheidung. Inhaltliche Stufung und Vorbehalt garantieren im Verhältnis von Mutter, Pfleger und Kind ein Höchstmaß an Flexibilität, das der Mutter stets so viel an Rechten sichern will, als es im jeweiligen Einzelfall mit den Interessen des Kindes zu vereinbaren ist. Diesem Normzweck entsprechend muß es auch möglich sein, die Amtspflegschaft nur partiell (etwa mit Ausnahme des unter § 1706 Nr. 3 genannten Aufgabengebietes) auszuschließen.[7]

Die Amtspflegschaft hat der elterlichen Sorge bereits zu weichen, wenn es dem Wohle des Kindes nicht widerspricht[8], und nicht erst dann, wenn die elterliche Sorge dem Kind stärker dient.[9] Staatliche Fürsorge und elterliche Sorge stehen nicht in einer Ebene, in der allein über die größere Leistungsfähigkeit der einen oder der anderen für das Kind zu befinden wäre. Die Mutter genießt einen Vorrang und setzt sich durch, wenn kein Grund zur Annahme besteht, der Wegfall oder die Kürzung der Amtspflegschaft werde zu einer Gefährdung des Kindes führen.[10]

Unvermeidbar ist eine gewisse Privilegierung der besser gebildeten und der wirtschaftlich besser situierten Mutter, wenngleich es Ziel der Rechtsprechung sein sollte, den Vorwurf einer Klassenjustiz zu vermeiden. Für eheliche Kinder bestehen insoweit keinerlei Unterschiede, obwohl die für sie zusätzlich vorgesehene väterliche Sorge keineswegs stets für einen Ausgleich etwaiger mütterlicher Schwächen bürgt.

Illegitim ist jede ablehnende Entscheidung, mit der ein moralischer Zwang auf die Mutter ausgeübt werden soll. Das gilt für Mütter, die nicht bereit sind, den Namen des Vaters preiszugeben (dazu unten 5.); das gilt auch für Mütter, die im Konkubinat leben. Kein Konkubinat ist (für sich betrachtet) ein Grund, der es

---

[6] Das Gericht kann weder von Amts wegen noch auf Antrag eines anderen als der Mutter eingreifen. Verfehlt deshalb AG Hamburg, FamRZ 1971, 43 mit abl. Anm. *Göppinger* (Entlassung des Jugendamtes von Amts wegen, weil die im Konkubinat mit dem Vater lebende Mutter den Unterhalt des Kindes unmittelbar vom Vater empfange und in der Lage sei, die volle elterliche Gewalt auszuüben). Richtig OLG Schleswig, DAVorm. 1974, 668 und FamRZ 1976, 228 sowie *Odersky,* II 1 zu § 1707 (auch kein Antragsrecht des Jugendamtes).

[7] Vgl. *Göppinger,* FamRZ 1970, 62; *Odersky,* II 2 zu § 1707; MünchKomm-*Hinz,* 4 zu § 1707.

[8] Ein Handlungsermessen steht dem VormG hierbei nicht zu; das „Wohl des Kindes" ist ein unbestimmter Rechtsbegriff, dessen fehlerfreie Anwendung vom Revisionsgericht zu überprüfen ist. Vgl. OLG Karlsruhe, FamRZ 1972, 95f.; BayObLG, FamRZ 1976, 539 (543); OLG Hamm, FamRZ 1978, 204.

[9] Richtig OLG Hamm, FamRZ 1978, 204 (Aufhebung der Amtspflegschaft nicht erst dann, wenn erwiesen, daß Mutter zur uneingeschränkten Ausübung der elterlichen Sorge imstande); Münch-Komm-*Hinz,* 5 zu § 1707 (nicht erforderlich, daß Anordnung für Kindeswohl nützlich oder förderlich).

[10] Der Wegfall der Möglichkeit, die Mutter im Abstammungs- und Unterhaltsprozeß als Zeugin vernehmen zu können, bedeutet noch keine Gefährdung des Kindes. Ebenso LG Mannheim, NJW 1971, 944; OLG Hamm, FamRZ 1978, 204; MünchKomm-*Hinz,* 12 zu § 1707.

rechtfertigt, den Antrag der Mutter zurückzuweisen:[11] Es ist weder Aufgabe des Amtspflegers, noch steht es in seiner Macht, das Konkubinat zu beenden.

Die Praxis kennt den (praenatalen) Ausschluß der Amtspflegschaft aus verständlichen Gründen nur als Ausnahmefall: Vor der Geburt läßt sich schwerer als nach ihr abschätzen, ob das Wohl des Kindes gefährdet sein könnte. Zudem bieten sich für eine volle mütterliche Sorge in erster Linie jene Fälle an, in denen die Vaterschaft geklärt und der Unterhalt bereits geregelt ist. Praenatal aber kann zwar die Vaterschaft festgestellt (§ 1600 b II), dagegen nicht mehr ein Unterhaltsvertrag mit dem Kind abgeschlossen werden.

5. *Schweigen der Mutter.* Der Vorrang der Mutter vor der Amtspflegschaft muß auch gewahrt werden, wenn sie sich weigert, den Namen des Vaters zu offenbaren, sei es nun, weil sie ihn mit Rücksicht auf den Respekt, den sie für ihre eigene Intimsphäre in Anspruch nehmen darf, nicht preiszugeben bereit ist, sei es auch, weil sie den Vater zu schonen wünscht. Hier wie dort ist (vor allen anderen Überlegungen) zu bedenken, daß im Eltern-Kind-Verhältnis auch Rücksichtspflichten der Kinder anzuerkennen sind (zur Offenbarungspflicht im Verhältnis zum Kind vgl. unten IV 2) und der Staat (für den unbestritten ist, daß er kein Recht auf die Offenbarung hat) sich jedes mittelbaren Zwanges zu enthalten hat. Die Interessen des Kindes sind keineswegs eindeutig auf Feststellung der Vaterschaft um jeden Preis gerichtet. Ökonomische Einbußen (die gar nicht immer eintreten, weil vielfach – oft auf der Grundlage eines zwischen den Eltern geschlossenen Vertrages – Unterhalt gezahlt wird und mit einer Abfindung auch die erbrechtlichen Positionen ausgeglichen werden können) sind in Kauf zu nehmen, wenn eine Störung des Mutter-Kind-Verhältnisses durch unerwünschte staatliche Tätigkeit (mit unübersehbarer Gefahr, Konfliktsituationen zu verschärfen oder gar herbeizuführen) zu besorgen ist und das Kind offensichtlich keine Not leidet. Zudem ist der unwissende Amtspfleger so gut wie wertlos. Gerade er kann die so gern geforderte „Garantie der Sicherstellung aller Ansprüche des nichtehelichen Kindes" vor einer Anordnung gemäß § 1707 nicht bewältigen.[12] Sein Wissensdefizit zu beseitigen, ist ihm grundsätzlich verwehrt: Amtspfleger, die von der Mutter nichts erfuhren, haben nicht zum „Wohl des Kindes" Amtsermittlungen zu betreiben und die Intimsphäre der Mutter auszuforschen; sie haben lediglich das Tatsachenmaterial auszuwerten, das ihnen von der Mutter (und nicht mehr: von angeblich wohlmeinenden Dritten) gegeben wurde.[13]

---

[11] Ebenso MünchKomm-*Hinz,* 11 zu § 1707. Vgl. ferner *Staudinger-Göppinger,* 136 zu § 1707 a. F.

[12] Insoweit sind jene Fälle vergleichbar, in denen die Feststellung der Vaterschaft von vornherein aussichtslos ist. Vgl. LG München, DAVorm. 1971, 205 (Mehrverkehr ohne Erinnerung an Einzelheiten); LG Itzehoe, DAVorm. 1972, 506 (Verkehr mit einem Unbekannten).

[13] Die Frage nach den Grenzen, die dem Amtspfleger insoweit gezogen sind, ist kontrovers. Keine Grenzen werden gezogen von OLG Karlsruhe, FamRZ 1972, 95; BayObLG, FamRZ 1972, 521 (523). Bereits enger LG Berlin, DAVorm. 1972, 137 (keine Ermittlungen auf bloßen Verdacht hin; keine Untersuchungen in einer die Mutter diskriminierenden Weise). Jede Ermittlungstätigkeit gegen den

Rechtsprechung und Schrifttum entscheiden (eine alte Tradition fortführend) überwiegend anders[14] und räumen damit den ökonomischen Interessen des Kindes den unbedingten Vorrang vor den persönlichen der Mutter (denen parallel verlaufende Interessen des Kindes jedenfalls entsprechen können) ein. Der Hinweis auf die Möglichkeit, beiden gleicherweise gerecht werden zu können durch eine ,,beschränkte Geheimhaltung" der Vaterschaft, die den Amtspfleger in den Kreis der Informierten einbezieht, ist lebensfremd; die Gefahr einer abredewidrigen Offenbarung des Namens ist viel zu groß.[15]

Anders gelagert sind die Fälle, in denen trotz Schweigens der Mutter auf Grund anderer Anhaltspunkte bereits eine Klage auf Feststellung der Vaterschaft erhoben wurde und die Mutter mit ihrem Antrag lediglich die Verfügungsbefugnis über die Klage gewinnen will (um sie alsbald zurückzunehmen).[16] Die Ablehnung des Antrags ist dann nicht mehr eine Sanktion des Schweigens (und kann auch nicht mehr als solche mißverstanden werden), sondern ein Akt, der im Spannungsfeld zwischen dem Diskretionsbedürfnis der Mutter und den (ökonomischen) Interessen des Kindes von den letzteren gefordert wird, weil die Diskretion im Hinblick auf den Beklagten gar nicht mehr gewahrt werden kann.[17]

6. ***Änderungen*** einmal getroffener positiver Entscheidungen zum Nachteil der Mutter sind dem Vormundschaftsgericht erlaubt und geboten, wenn sie zum Wohl des Kindes erforderlich sind. Die Norm sichert die Mutter stärker, als es in § 1696 vorgesehen ist (mit Änderungsentscheidungen, wenn sie im Interesse des Kindes angezeigt sind).[18] Genügt eine ändernde Entscheidung nicht zur Sicherung des Kindes, so kann mit ihr (die ja der Mutter die ihr von vornherein zugewiesenen Bereiche der elterlichen Sorge beläßt)[19] jederzeit ein weiterer Ein-

---

Willen der Mutter wird abgelehnt von *Simitis,* StAZ 1970, 262; *v. Weber,* ZBlJugR 1973, 346. Sehr krit. auch *Zenz,* StAZ 1974, 319ff.; MünchKomm-*Hinz,* 6 zu § 1706.

[14] Vgl. (mit unterschiedlicher Begründung) OLG Karlsruhe, FamRZ 1972, 95; BayObLG, FamRZ 1972, 521; LG Frankenthal, DAVorm. 1976, 692; *Odersky,* II 3b zu § 1707; *Palandt-Diederichsen,* 2 zu § 1707; *Göppinger,* FamRZ 1970, 63; *Klunzinger,* NJW 1970, 712; *Kumme,* ZBlJugR 1973, 140 und 1976, 242. Zurückhaltender *Beitzke,* § 30 I 2 (kann unter Umständen ein Grund sein); MünchKomm-*Hinz,* 9f. zu § 1707 (Umstände des Einzelfalls maßgebend; ,,Wartestellung" des Amtspflegers sei wenig praktikabel und eine Diskriminierung der Mutter). In der Rspr. respektieren das Schweigen der Mutter LG Düsseldorf, DAVorm. 1971, 66; LG Offenburg, FamRZ 1971, 319; LG Wuppertal, DAVorm. 1974, 197.

[15] Gl. Ans. MünchKomm-*Hinz,* 10 zu § 1707.

[16] Vgl. dazu OLG Düsseldorf, DAVorm. 1971, 369; OLG Oldenburg, DAVorm. 1972, 97; OLG Köln, DAVorm. 1972, 504; OLG Celle, DAVorm. 1973, 566.

[17] Doch sind auch hier Motive der Mutter denkbar, die ihren Antrag rechtfertigen können. Es besteht etwa schwerlich ein Anlaß, die Vaterschaftsfeststellung gegen den Willen der Mutter zu betreiben, wenn sie selbst mit ihrem Ehemann das Kind adoptieren will und Bedenken gegen die Adoption nicht bestehen.

[18] Ebenso *Palandt-Diederichsen,* 4 zu § 1707; *Soergel-Lade,* 7 zu § 1707. A. A dagegen BayObLG, FamRZ 1976, 539 (543); MünchKomm-*Hinz,* 13 zu § 1707.

[19] Die erneut eintretende Pflegschaft ist dann jedoch nicht mehr eine gesetzliche Amtspflegschaft,

griff in die mütterliche Sorge auf Grund der allgemeinen Kontrollnormen (§§ 1666 ff.) verbunden werden.

7. *Aufgaben des Amtspflegers.* Die Aufgaben eines Pflegers werden in aller Regel durch den Bestellungsakt festgelegt; Amtspflegschaft ist dagegen Pflegschaft mit einem kraft Gesetzes umrissenen Wirkungskreis. Zu ihm gehören im wesentlichen die Beziehungen zwischen Kind und Vater, die oftmals Rechtskenntnisse und Geschäftsgewandtheit voraussetzen, deren Regelung durch die Mutter aber auch verfälscht werden könnten durch Abhängigkeiten und (nicht angebrachte) Rücksichtnahmen.

Zum ersten sind dem Pfleger vorbehalten die Feststellung der Vaterschaft (sei es nun durch Anerkennung, sei es auch – praktisch weit seltener – im Abstammungsprozeß)[20] und alle Änderungen des Eltern-Kind-Verhältnisses (Adoption, Ehelicherklärung) sowie des Familiennamens des Kindes (Einbenennung, Option gemäß § 1617 II). Die Interessen der Mutter sind hier zumeist durch Befugnisse aus eigenem Recht gewahrt (vgl. die Mitwirkungsbefugnis in § 1618 I 1 und die Berufung zur Zustimmung in den §§ 1618 I 3, 1726 I, 1747 II 1, ferner das Anfechtungsrecht aus § 1600h), im übrigen sind sie (soweit sie überhaupt gegenläufig sind) bewußt den Interessen des Kindes nachgeordnet worden.

Zum zweiten ist dem Amtspfleger zugewiesen die Geltendmachung von Unterhaltsansprüchen (einschließlich des Anspruchs auf eine Abfindung) sowie die Verfügung über sie (dagegen nicht mehr die Ausübung von Rentenansprüchen[21] und Schadensersatzansprüchen mit Versorgungscharakter). Die Unterhaltsklage, die Zwangsvollstreckung aus einem obsiegenden Urteil, die Änderung von Vollstreckungstiteln, auch abfindende und kapitalisierende Verträge, das alles ist der Mutter in Entschluß und Erledigung entzogen, mag es auch zweckmäßig sein, die Mutter zu hören und auf ihre berechtigten Wünsche Rücksicht zu nehmen.

Die Sorge für den Unterhalt des Kindes obliegt dem Amtspfleger in jeder Richtung, also auch in ihrer Wendung gegen die Mutter selbst und die weiteren mütterlichen Verwandten.[22] Sicher ist zwar, daß der Normzweck im wesentlichen vom Vater und der väterlichen Ascendenz her konzipiert wurde. Sicher ist aber auch, daß der Normtext keine Einschränkung kennt und in voller Weite dem Normzweck zugeordnet werden kann. Es ist nicht eben sinnvoll, der Mut-

---

sondern Amtspflegschaft kraft Richteraktes. Vgl. BayObLG, FamRZ 1976, 539 (543); *Odersky,* II 4 zu § 1707.

[20] Der Amtspfleger ist nicht zuständig, wenn das nichteheliche Kind seinerseits als Vater eines nichtehelichen Kindes in Anspruch genommen wird. A. A. *Odersky,* IV 2 zu § 1706.

[21] Vgl. BSozG 1971, 530; KG, FamRZ 1971, 269; LSozG Stuttgart, NJW 1971, 1719; *Odersky,* IV 5d zu § 1706; MünchKomm-*Hinz,* 10 zu § 1706.

[22] Str. Wie der Text *Beitzke,* § 30 II 2; *Palandt-Diederichsen,* 2b zu § 1706; *Odersky,* IV 5c zu § 1706; MünchKomm-*Hinz,* 9 zu § 1706; *Erman-Hefermehl,* 7 zu § 1706. A. A. dagegen *Göppinger,* JR 1969, 406 und FamRZ 1970, 60; *Knur,* FamRZ 1970, 273; *Simitis,* StAZ 1970, 263. Auch BSozG, FamRZ 1971, 530 (531) neigt dieser Ansicht zu.

ter Aufgaben zu überlassen, von deren Wahrnehmung sie im (allein interessierenden) Streitfall kraft Gesetzes ausgeschlossen ist (§§ 181, 1629 II, 1795 I Nr. 1 und 3), so daß doch ein Pfleger bestellt werden müßte.

Zum Aufgabengebiet des Amtspflegers gehört nicht mehr die Verwaltung der dem Kind zugeflossenen Beträge; sie sind der Mutter auszukehren, sei es nun zur unmittelbaren Verwendung, sei es auch (Abfindung) zur Anlage nach den Regeln pflichtgemäßer elterlicher Vermögenssorge. Nur wenn das Kind entgeltlich bei einem Dritten in Pflege ist (der Amtspfleger hat kein Recht zum Abschluß eines Pflegevertrages für das Kind!), umfaßt die gesetzliche Vertretungsmacht des Amtspflegers auch die Macht, aus den Unterhaltszahlungen an das Kind die Ansprüche des Dritten gegen das Kind zu erfüllen.[23]

Zum Aufgabengebiet des Amtspflegers gehört auch nicht mehr die Abwehr von Unterhaltsansprüchen, die gegen das Kind geltend gemacht werden.[24] Amtspflegschaft dient lediglich dem Ausgleich eines (typisierten) Leistungsdefizits bei der Verfolgung der durch die nichteheliche Herkunft des Kindes besonders gefährdeten Ansprüche; für die Abwehr unberechtigter Forderungen ist die nichteheliche Mutter nicht weniger geeignet als eheliche Eltern.

Zum dritten ist der Amtspfleger zuständig für die Regelung von Erb- und Pflichtteilsrechten, die dem Kind im Verhältnis zum Vater und den weiteren väterlichen Verwandten erwachsen sind oder auch nur erwachsen können (mit Zuständigkeit auch für den Erbverzicht und Pflichtteilsverzicht), einschließlich der Abwicklung aller Nachlaßverbindlichkeiten;[25] erst der geregelte Nachlaß ist der Mutter zur elterlichen Vermögenssorge auszukehren. Der Amtspfleger ist dagegen nicht mehr verantwortlich für die Regelung erbrechtlicher Positionen gegenüber der mütterlichen Verwandtschaft (nach dem Tod der Mutter benötigt das noch minderjährige Kind einen Vormund); während auf der Vaterseite besondere Schwierigkeiten jedenfalls nicht ausgeschlossen werden können, sind auf der Mutterseite (in typischer Betrachtung) wegen der nichtehelichen Herkunft besondere Hemmnisse nicht zu erwarten.

IV. Die Mutter

Schrifttum: *Maier,* Macht sich die Mutter eines nichtehelichen Kindes durch bloßes Verschweigen des Erzeugers nach § 169 StGB strafbar?, MDR 1971, 883.

---

[23] Der Amtspfleger ist jedoch nicht verpflichtet, von dieser Erweiterung seiner Vertretungsmacht auch Gebrauch zu machen. Vgl. OVG Berlin, FamRZ 1975, 348 (350). Zweifelnd MünchKomm-*Hinz,* 10 zu § 1706.

[24] Gl. Ans. *Odersky,* IV 5d zu § 1706; *Palandt-Diederichsen,* 2b zu § 1706; MünchKomm-*Hinz,* 10 zu § 1706.

[25] Vgl. LG Nürnberg-Fürth, DAVorm. 1973, 367; LG Berlin, FamRZ 1976, 461; MünchKomm-*Hinz,* 11 zu § 1706. Vgl. aber auch *Odersky,* IV 6b zu § 1706 (Erbschein darf der Mutter als Inhaberin der elterlichen Sorge aber nicht vorenthalten werden).

1. *Grundsatz.* Vorbehaltlich jener Aufgaben, die vom Amtspfleger oder auch von dem an seiner Statt praenatal bestellten Pfleger des § 1708 zu lösen sind, tritt das nichteheliche Kind mit der Geburt unter die elterliche Sorge seiner Mutter. Ihre Rechte und Pflichten entsprechen den Rechten und Pflichten der ehelichen Eltern; die §§ 1626ff. gelten nicht unmittelbar (anders die §§ 1619–1625), wohl aber entsprechend (§ 1705). Personensorge und Vermögenssorge und auf beiden Gebieten tatsächliche Sorge und Vertretungsmacht stehen der Mutter nicht anders zu als einem alleinstehenden ehelichen Elternteil. Es gibt keine Ausübungsbindung der elterlichen Sorge mit Rücksicht auf Parallelbefugnisse des anderen Elternteils: Nichteheliche Kinder sind eben allein den Scheidungswaisen vergleichbar. Fühlt sich die Mutter ihren Aufgaben nicht gewachsen, so kann sie auf Antrag im Rahmen des § 1685 (vgl. dazu oben § 52 II) weitere Hilfe in Form eines Beistands erhalten (mit Möglichkeit, den Amtspfleger zu betrauen und damit seinen Geschäftsbereich zu erweitern[1]).

2. *Offenbarungspflicht.* Nur der nichtehelichen Mutterschaft eigen ist die Pflicht, dem Kind persönlich zu gegebener Zeit den Vater zu nennen.[2] Schon dem Amtspfleger gegenüber darf sie schweigen.[3] Der Anspruch des Kindes auf Auskunft wird nicht vom Pfleger wahrgenommen, und ein eigenes Recht hat er nicht. Auch im Abstammungsprozeß kann die Mutter ihr Zeugnis verweigern (§ 383 I Nr. 3 ZPO); die Aussagepflicht für Geburten (§ 385 I Nr. 2 ZPO) darf nicht in entsprechender Anwendung der Norm auf Zeugungen ausgedehnt werden.[4] Folgerichtig ist jeder Versuch, moralischen Zwang auszuüben, illegitim. Erst recht darf der Mutter nie die Personensorge entzogen werden (§ 1666), weil sie den Namen des Vaters verschweigt.[5]

Pflichtwidrig dem Kind gegenüber und strafbar (§ 169 StGB) ist erst die bewußt wahrheitswidrige Versicherung im Abstammungsprozeß, keinen Mehrverkehr gehabt zu haben[6] (anstatt der jederzeit möglichen Zeugnisverweigerung), und erst recht die bewußt wahrheitswidrige Benennung eines Mannes als Vater.[7]

3. *Ausfall der Mutter.* Ohne jede Besonderheit gelten für die nichteheliche Mut-

---

[1] Vgl. KG, FamRZ 1971, 269 (270); *Odersky,* V 2 zu § 1706; MünchKomm-*Hinz,* 5 zu § 1685.

[2] Eine weiterreichende Pflicht wird bejaht von RGZ 167, 289 (291) und RGSt. 72, 214.

[3] Verträge, die die Mutter zum Schweigen verpflichten, werden von der Praxis nur für sittenwidrig gehalten, wenn dem Kind Mittel für seinen Unterhalt entzogen werden sollen. Vgl. OLG Colmar, ROLG 30, 343; OLG München, SeuffA 67 Nr. 30 und 77 Nr. 58.

[4] Vgl. RGZ 169, 48.

[5] Vgl. KG, JW 1934, 2622 (aber mit Entzug der Personensorge, wenn die Mutter das Kind nicht selbst unterhalten kann). Vgl. in diesem Zusammenhang auch BVerwG, FamRZ 1971, 163 (keine Einbußen an der Beihilfe zu Entbindungsaufwendungen einer Beamtin).

[6] Strafbar ist nicht schon die Täuschung des Amtspflegers. Die zum alten Recht bestehende Kontroverse (für Strafbarkeit vgl. etwa RG, JW 1937, 1792; 1938, 1385 und gegen sie *Baumann,* FamRZ 1957, 235) hat sich infolge der Änderung des § 169 StGB durch das 4. StrRG v. 23. 11. 1973 mittlerweile erledigt. Zur Zeugenaussage vgl. RG, JW 1938, 1385; DR 1943, 895.

[7] Vgl. RGSt. 41, 301 (304); RG, JW 1936, 2994.

ter alle Normen, die zum Verlust der elterlichen Sorge in dieser oder jener Form und in dieser oder jener Ausdehnung führen. Insbesondere unterliegt auch die nichteheliche Mutter der Aufsicht des Vormundschaftsgerichtes (§§ 1666ff.). Freilich wird der Ausfall der Mutter nie (wie beim ehelichen Kind) vom Vater ausgeglichen; Folge muß stets eine Pflegschaft (so, wenn der Mutter nur die Personensorge entzogen wurde[8]) oder eine Vormundschaft sein. Ergänzungspflegschaften (§ 1909) weisen keine Besonderheiten auf. Der Übergang von der elterlichen Sorge zur Vormundschaft ist dagegen erleichtert, wenn das Jugendamt als Amtspfleger tätig war. Zwar endet mit der Notwendigkeit einer Vormundschaft die Amtspflegschaft (§ 1918 I), das Jugendamt wird aber kraft Gesetzes Vormund (§§ 1791c II BGB, 41 II JWG); die rechtliche Diskontinuität von Pflegschaft und Vormundschaft wird praktisch nicht spürbar.[9] Umgekehrt wird aber auch gemäß § 1710 der Vormund (und jetzt jeder Vormund) kraft Gesetzes (aber in diskontinuierlichen Positionen) Pfleger, wenn die Vormundschaft ex lege endigt (die Mutter wird volljährig) und die Voraussetzungen für eine Pflegschaft des § 1706 vorliegen (also nicht, wenn das Kind legitimiert wurde).

V. Der Vater

Schrifttum: *Grasnick,* Der Verkehr des Vaters mit seinem unehelichen Kinde, NJW 1966, 1298; *Reuther,* Verkehrsrecht für den unehelichen Vater?, FamRZ 1967, 258; *Dellian,* Zur „Verkehrsregelung" nach § 1711 n. F. BGB, JR 1970, 417; *Reuther,* Persönlicher Umgang des nichtehelichen Vaters mit dem Kinde, ZBlJugR 1974, 464.

1. *Elterliche Sorge.* Das BGB verwehrt dem Vater eines nichtehelich geborenen Kindes nicht schlechthin die elterliche Sorge; es gesteht sie ihm jedoch nur zu nach Akten, die dem Kind zugleich die Rechtsstellung eines ehelichen Kindes im Verhältnis zu ihm verschaffen, nach Legitimation also und nach Adoption. Das Kind mit Nichtehelichenstatus steht dagegen seinem Vater als solchem fern. Der Vater kann Vormund sein,[1] auch Pfleger; Träger väterlicher Sorge ist er nie.

Elternrechte können dem Vater auch nicht durch Einzelakt des Vormundschaftsgerichtes übertragen werden, sei es nun auf Antrag, sei es auch von Amts wegen, sei es nun nach einem Wahlakt zwischen den beiden Elternteilen (also § 1671 entsprechend), sei es auch nach Ausfall der Mutter, insbesondere nach ihrem Tod. Die Verfemung väterlicher Sorge über Kinder mit Nichtehelichen-

---

[8] Vgl. LG Berlin, DAVorm. 1975, 385.

[9] Vgl. *Wiegel,* FamRZ 1970, 456, und AG Berlin-Schöneberg, FamRZ 1970, 490 zum Fall des § 1666, ferner KG, FamRZ 1972, 44 zum Ruhen der elterlichen Sorge gemäß § 1674 (alle mit zumindest überflüssigen Ausführungen zur „Substanztheorie" für die elterliche Sorge).

[1] Typisch insoweit für die Verhärtung alter Vorurteile *Palandt-Diederichsen,* 3 zu § 1705 (Vormundschaft des Vaters im allg. ausgeschlossen, da Gefahr bestehe, dieser wolle sich durch Aufnahme des Kindes in sein Haus in Wirklichkeit seiner Unterhaltspflicht entziehen oder ihr jedenfalls nicht genügend nachkommen).

status ist frei von Ausnahmen, ist konsequent durchgeführt mit der Strenge eines unverbrüchlichen Dogmas.

2. *Umgang.* Der Vater hat auch kein Recht auf persönlichen Umgang mit seinem Kind (vgl. dagegen für die ehelichen Eltern § 1634). Die Regelung ist höchst fragwürdig, jedoch nicht unter Hinweis auf das Elternrecht auch des nichtehelichen Vaters als verfassungswidrig zu erweisen. Abgesehen davon, daß eben jenes Elternrecht nicht als anerkanntes Rechtsgut gelten kann (vgl. zum Streitstand oben § 5 IV 5), kann es nicht bemüht werden, wenn es gilt, die Verteilung der elterlichen Befugnisse zwischen den Elternteilen zu ordnen (vgl. oben § 5 IV 6).[2]

Die totale persönliche Entfremdung des Kindes ist freilich weder das Ziel der Entrechtung des Vaters noch ein Ergebnis, das sich mit rechtlichen Mitteln überhaupt erzielen läßt. Dem Personensorgeberechtigten (in der Regel also der Mutter, und zwar auch dann, wenn sie noch minderjährig ist) steht es jederzeit frei, persönliche Kontakte des Kindes mit seinem Vater zu ermöglichen (§ 1711 I 1 sagt insoweit etwas Selbstverständliches). Darüber hinaus soll das Jugendamt ,,in geeigneten Fällen" zwischen dem Vater und dem Sorgeberechtigten vermitteln (§ 1711 IV). Schließlich kann das Vormundschaftsgericht mit funktioneller Zuständigkeit des Richters (vgl. § 14 Nr. 16 RpflG) dem Vater (jederzeit änderbar[3]) die Befugnis zum persönlichen Umgang (mit näherer Regelung gemäß dem entsprechend anwendbaren § 1634 II) konstitutiv[3a] gewähren,[4] ,,wenn es dem Wohle des Kindes dient (§ 1711 II 1; zur Ausführung durch das Jugendamt vgl. § 48c JWG).[5] Hier wie dort hat freilich der Vater nur selten etwas zu erwarten;

---

[2] Verfassungswidrigkeit wird jedoch angenommen von *Simitis,* StAZ 1970, 234 (mit Anwendung des § 1634 als Folge); LG Köln, FamRZ 1977, 205 (Vorlagebeschluß; gerügt wird Ausschluß des Verkehrsrechtes auch für die Fälle, in denen es ohne Gefahren für das Kind ausgeübt werden könnte).

Umgekehrt wird von *Dellian,* JR 1970, 417ff., unter Berufung auf das Elternrecht der Mutter ein Eingreifen des VormG zugunsten des Vaters nur in den Grenzen des § 1666 für verfassungskonform gehalten. Art. 6 II GG besagt indessen bei der Auseinandersetzung der Eltern untereinander für keinen etwas.

[3] Die besondere Erwähnung der Änderbarkeit in § 1711 II 3 war notwendig, weil § 1696 im Verhältnis zwischen dem nichtehelichen Kind und seinem Vater nicht anzuwenden ist.

[3a] Der Normtext deutet eine Feststellung an, obwohl für sie jede Basis fehlt.

[4] Einen Antrag des Vaters fordert das Gesetz nicht, so daß das VormG auch von Amts wegen tätig werden kann. Doch sollte einer Entscheidung jedenfalls eine ,,Anregung" des Vaters oder des Jugendamtes vorausgehen. Vgl. *Odersky,* IV 2 zu § 1711; MünchKomm-*Hinz,* 17 zu § 1711; *Göppinger,* FamRZ 1970, 68. Die zuweilen auch diskutierte Tätigkeit des VormG auf Wunsch des Sorgeberechtigten, der seine eigene ablehnende Haltung als richtig bestätigt haben möchte, wird zumindest Theorie bleiben. Sie ist aber auch mit der Funktionsverteilung zwischen Eltern und Staat schwerlich zu vereinbaren.

Wird das Wohl des Kindes durch den persönlichen Umgang mit dem Vater gefördert (daß er für das Kind notwendig ist, fordert das Gesetz nicht), so muß das VormG entscheiden. Das ,,kann" des Normtextes räumt kein Handlungsermessen ein, sondern begründet lediglich die Zuständigkeit. Ebenso MünchKomm-*Hinz,* 13 zu § 1711.

[5] Argumente und Gegenargumente aus der Reformdiskussion bei *Grasnick,* NJW 1966, 1298ff. (sie

die Tatbestände werden von unbestimmten Begriffen geprägt, die einer Definition kaum zugänglich sind und deren rechtstheoretische Präzisierung in Fallgruppen ausmündet, die entweder erneut von schwer objektivierbaren Tatbestandselementen beherrscht werden (so, wenn „innere Anteilnahme" des Vaters gefordert wird und „echte Zuneigung"[6]) oder deutlich vorgeprägt sind von typisierenden Vorverständnissen (so, wenn der Vater abgewiesen wird, weil das Kind eine andere männliche Bezugsperson gefunden habe, insbesondere aber in die Familie eines Stiefvaters eingegliedert worden sei[7]). Am ehesten werden nichteheliche Väter begünstigt, die mit Mutter und Kind in einer faktischen Gemeinschaft zusammenlebten.[8] Das Bild, das letztlich entsteht, ist schwerlich frei von inneren Widersprüchen. Insbesondere ist die Förderung der „sozialen Elternschaft" des Stiefvaters (dem keine Pflichten gegenüber dem Kind obliegen) ein starker Kontrast zur Betonung der genetischen Vaterschaft in allen ökonomischen Fragen.

3. *Auskunft.* Rechtsgut jüngsten Datums ist das dem nichtehelichen Vater in § 1711 III gewährte Recht, Auskunft über die persönlichen Verhältnisse des Kindes zu verlangen, und zwar in jenen Grenzen, die ehelichen Elternteilen gezogen sind, die keinen Anteil an der elterlichen Sorge mehr haben (§ 1634 III; vgl. dazu oben § 53 III 5). Doch trügt der Schein einer Gleichheit der Rechte. Die Grenzen werden von Begriffen bestimmt („berechtigtes Interesse" und „mit dem Wohl des Kindes vereinbar"), die jederzeit eine differenzierende Praxis gestatten.

4. Wenig zu erwarten hat der Vater auch aus seinem *Anspruch auf rechtliches Gehör.* Zwar hat das EltSorgRG die Sonderstellung des nichtehelichen Vaters zugunsten einer Gleichordnung aller nicht sorgeberechtigter Elternteile (einschließlich derjenigen, die ihre elterliche Sorge gemäß § 1671 einbüßten) beseitigt, jedoch in einer Regelung, die jederzeit faktische Ungleichheiten deckt. Nicht sorgeberechtigte Elternteile sind zwar grundsätzlich anzuhören (die Form steht im Ermessen des Gerichts), doch gilt der Grundsatz nicht mehr, wenn „von der Anhörung eine Aufklärung nicht erwartet werden kann" (§ 50a II FGG). Wie aber sollte schon eine Person viel aufklären können, die dem Kind weithin ferngehalten wird?

---

selbst wollte über § 1666 nicht hinausgehen); *Reuther,* FamRZ 1967, 261 f. (er selbst trat für ersatzlose Streichung des § 1711 I 2 a. F. ein); *Horstmann,* S. 122ff. (mit Tendenz zu Beschränkung auf § 1666).

[6] Vgl. LG Heilbronn, DAVorm. 1975, 177; LG Landau, FamRZ 1973, 604 (Vater in Strafhaft; Verlangen nach einer Photographie des Kindes); LG Mainz, FamRZ 1978, 734 (um Näherung an § 1634 bemüht).

[7] Vgl. LG Ravensburg, FamRZ 1971, 48; LG Augsburg, DAVorm. 1971, 193; AG Hamburg, ZBlJugR 1976, 171 als „Stiefvaterfälle" und LG Karlsruhe, DAVorm. 1974, 561 als „Großvaterfall".

[8] Vgl. LG Köln, MDR 1973, 586 (8 Jahre Konkubinat); LG Hamburg, FamRZ 1971, 600 (4 Jahre Konkubinat).

§ 59. Der Unterhalt

Schrifttum: *v. Hülsen,* Das materielle Unterhaltsrecht des unehelichen Kindes im Reformentwurf, FamRZ 1966, 431; *Brühl,* Das allgemeine Verwandten-Unterhaltsrecht und der Unterhaltsanspruch des unehelichen Kindes gegen den Vater, FamRZ 1966, 541; *Niclas,* Die Durchsetzung des Unterhaltsanspruchs nach dem Nichtehelichenrecht, ZBlJugR 1970, 10; *Göppinger,* Verfahrensfragen bei Festsetzung des Regelunterhalts, insbesondere zu § 643 ZPO n. F., FamRZ 1970, 167; *Richter,* Nichtehelichengesetz und materielles Unterhaltsrecht, FamRZ 1970, 280; *Czerner,* Zum materiellen und verfahrensrechtlichen Unterhaltsanspruch des nichtehelichen Kindes, ZBlJugR 1971, 1; *Becker,* Die Berechnung des Unterhalts für nichteheliche Kinder, ZBlJugR 1971, 281; *Mutschler,* Zur Bemessung des Bedarfs im Unterhaltsrecht, FamRZ 1972, 345; *Kemper,* Zur Systematik des Regelunterhalts-Verfahrensrechts, FamRZ 1973, 520; *Odersky,* Einzelfragen bei Festsetzung und Neufestsetzung des Regelunterhalts, FamRZ 1973, 528; *Tempel,* Die Berücksichtigung von Sozialversicherungs- und Kindergeldleistungen im Unterhaltsrecht, Diss. jur. Tübingen, 1974.

I. Verpflichtete

1. Nichteheliche Kinder stehen wie eheliche Kinder in einem Verwandtensystem mit auf- und absteigender Linie. Vorbehaltlich einiger Besonderheiten in den §§ 1615ff. gelten auch für sie die allgemeinen Vorschriften für den Verwandtenunterhalt (§ 1615a).

2. Für den personalen Umkreis der Unterhaltspflichtigen kennt das Gesetz keine Besonderheiten; nichteheliche Kinder und ihre Abkömmlinge werden wie eheliche Kinder und deren Abkömmlinge unterhaltsrechtlich mit allen Verwandten der geraden Linie mütterlicherseits und väterlicherseits als Berechtigte und als Verpflichtete verbunden.[1] Trotz Eingliederung des nichtehelichen Kindes in die mütterliche Familie kann der Vater und können die väterlichen Großeltern Unterhalt schulden, kann umgekehrt aber auch das Kind seinem Vater und seinen väterlichen Großeltern zu Unterhaltsleistungen verpflichtet sein.

Die Gleichheit der Rechtslage für eheliche und nichteheliche Kinder ist im System des Verwandtenunterhalts folgerichtig und nicht etwa eine doktrinäre Übersteigerung des Verfassungsauftrages aus Art. 6 V GG: Rechtsgrund aller Unterhaltspflichten ist auch beim ehelichen Kind allein die Abstammung und nicht die Eingliederung in eine vollständige Familie (an der es auch bei den Scheidungswaisen fehlt). Unbilligkeiten zu Lasten des nichtehelichen Kindes verhindert § 1611 I; die Begrenzung oder gar der Wegfall der Unterhaltspflicht gegenüber Personen, die früher ihre eigene Unterhaltspflicht gegenüber dem jetzt in Anspruch Genommenen gröblich vernachlässigten, ist sogar in erster Linie für

---

[1] Kritisch zu dieser neuen Wendung des Unterhaltsrechtes (die als Ausfluß einer Verwandtschaftsideologie abgetan wird) *Bosch,* FamRZ 1968, 626; 1970, 501. Bei ihm auch spezielle Bedenken gegen die Verpflichtung des Kindes dem Vater gegenüber (mit dem Vorschlag, durch zeitliche Begrenzung der väterlichen Unterhaltspflicht allzu starke Einseitigkeiten auszugleichen). Kritisch zur Verpflichtung des Kindes ferner *Knur,* FamRZ 1967, 248.

jene nichtehelichen Kinder geschaffen worden, deren Väter ihren Pflichten nicht nachkamen.

3. *Dauer des Unterhaltsanspruchs.* Wie das eheliche kann grundsätzlich auch das nichteheliche Kind ohne Rücksicht auf sein Lebensalter jene Verwandten in Anspruch nehmen, die ihm nach der Rangordnung der Verpflichteten haften. Die früher für das nichteheliche Kind geltende Altersgrenze von 18 Jahren für den Unterhaltsanspruch gegen den Vater gilt heute nurmehr für den Anspruch auf den Regelunterhalt, mithin als Begrenzung einer bestimmten Ausprägung der Unterhaltspflicht.

Wie der Anspruch des ehelichen ist auch der Anspruch des nichtehelichen Kindes gegen den Vater durch dessen Tod begrenzt, also passiv unvererblich. Die früher anerkannte Vererblichkeit des Anspruchs ist dem geltenden Recht in folgerichtiger Entfaltung seiner Neuordnung fremd geworden: Einerseits wird das nichteheliche Kind am Nachlaß seines Vaters beteiligt (vgl. dazu die §§ 1924, 1934a ff.). Andererseits kann es nach dem Wegfall des Vaters die weiteren Verwandten der väterlichen aufsteigenden Linie in Anspruch nehmen.

II. Regelunterhalt

Schrifttum: *Odersky,* Wann und wie ist Kindergeld, das dem nichtehelichen Vater zusteht, auf den Regelbedarf anzurechnen?, FamRZ 1973, 563; *Walter,* Regelunterhalt als Schadensersatz, FamRZ 1976, 71.

1. Bis zur Vollendung des achtzehnten Lebensjahres hat der Vater dem Kinde[1] mindestens den Regelunterhalt zu zahlen, sofern nicht das Kind im väterlichen Haushalt lebt (§ 1615f I 1). In das an sich ungemein flexible, mit den Erfordernissen der Leistungsfähigkeit (des Verpflichteten) und der Bedürftigkeit (des Berechtigten) ganz einzelfallorientierte Unterhaltsrecht wird damit eine starre Größe eingeführt, die sich auch bei der Lastenverteilung zwischen den Elternteilen auswirken kann (vgl. dazu unten IV 2). Ausschlaggebend war die Überzeugung, in Grenzen gleiches Recht für alle nichtehelichen Kinder schaffen zu müssen nach einer Periode ungerechtfertigter regionaler Verschiedenheiten (als Folge unterschiedlicher Berechnungen des für ein Kind benötigten ,,Warenkorbes"), aber auch nach einer Periode allzu zögernder Verbesserung der Unterhaltsrenten durch die Rechtsprechung. Ausschlaggebend waren ferner Gründe der Praktikabilität: der Wunsch zunächst, wenigstens in vielen Fällen unmittelbar mit der Vaterschaftsfeststellung ohne weiteren Rechtsstreit Gewißheit über die Höhe des geschuldeten Unterhaltes zu vermitteln, der Wunsch sodann, in allen Fällen eine sofortige Verurteilung des Vaters zu Unterhaltsleistungen[2] ohne weitere richter-

---

[1] Nur in diesem Verhältnis gelten die Vorschriften über den Regelunterhalt, auf die Beziehung des Kindes zu weiteren unterhaltspflichtigen Verwandten finden sie keine Anwendung. Vgl. LG Schweinfurt, DAVorm. 1974, 617; *Odersky,* 3 zu § 642 ZPO. A. A. *Walter,* FamRZ 1976, 73.

[2] Das mit der Vaterschaftsfeststellung befaßte Gericht darf nicht zur Leistung von Regelunterhalt

liche Kognition zu ermöglichen (vgl. § 643 I 1 ZPO),[3] schließlich der Wunsch, ständigen Abänderungsklagen (§ 323 ZPO) vorzubeugen.[4]

2. *Höhe*. Regelunterhalt ist jener Betrag, den ein von seiner Mutter tatsächlich betreutes Kind bei einfacher Lebenshaltung benötigt (Regelbedarf), vermindert um die Anrechnung bestimmter zweckbezogener Sozialleistungen. Er ist stets in Geld zu leisten; § 1612 I 2 gilt für ihn nicht (vgl. zu allem § 1615f I).

Die jeweilige Höhe des Regelbedarfs wird von der Bundesregierung (nach Gutachten des Statistischen Bundesamtes; vgl. Art. 12 § 24 NEhelG) mit Zustimmung des Bundesrates durch Rechtsverordnung festgelegt; Stufungen, die dem Alter des Kindes, aber auch örtlichen Unterschieden in den Lebenshaltungskosten Rechnung tragen, sind zulässig (§ 1615f II). Die Bundesregierung hat von der Ermächtigung in der (periodisch durch Regelbedarf-Verordnungen den veränderten ökonomischen Daten angepaßten) Regelunterhalt-Verordnung vom 27. Juni 1970 Gebrauch gemacht;[5] auf den wachsenden Lebensbedarf mit zunehmendem Alter hat sie mit rohen, jeweils sechs Jahre umfassenden Altersgruppen Rücksicht genommen; die (freilich allmählich schwindenden) örtlichen Unterschiede fanden keine Beachtung.

3. *Zweckbestimmte Sozialleistungen* sind dem Privatrecht schwer zu integrieren; ihre typisierende Gewährleistung verhindert eine fugenlose Verbindung (mit Hilfe der Erfordernisse der Leistungsfähigkeit des Verpflichteten und der Bedürftigkeit des Berechtigten), die allein eine dem Zweck der Leistungen letztlich entsprechende Verwendung der Mittel garantieren würde. Nur einzelne Normen

---

mit Zuschlägen oder Abschlägen verurteilen. Zwar schließt der Normtext des § 643 I 2 ZPO lediglich Abschläge aus, doch gebietet der Normzweck die nämliche Entscheidung für Zuschläge. Ebenso *Firsching*, Rpfleger 1970, 43; *Odersky*, III 1 a zu § 643 ZPO; *Göppinger*, FamRZ 1970, 167f.; *Damrau*, FamRZ 1970, 290; *Kemper*, FamRZ 1973, 520 (522) gegen *Niclas*, ZBlJugR 1970, 12.

Erkennt der Beklagte die Vaterschaft während des Verfahrens an, so führt die Erledigung der Hauptsache nicht zur Unzulässigkeit des Antrags. Vgl. OLG Hamm, NJW 1972, 1094.

[3] Im Abstammungsprozeß hat der Richter materiellrechtlich lediglich über den Tatbestand des § 1615f zu befinden (vgl. KG, FamRZ 1975, 712 zur Aufnahme des Kindes in den Haushalt des Vaters). Er hat dagegen nicht mehr die Frage zu beantworten, von wann ab Regelunterhalt an das Kind zu zahlen ist, wenn bereits Leistungen erfolgten oder eine cessio legis (§ 1615b) zumindest möglich ist; der Vater ist dann nur für die Zeit unstreitiger Verpflichtung dem Kind gegenüber zu verurteilen. Vgl. *Göppinger*, FamRZ 1970, 168f.; *Thomas-Putzo*, Zivilprozeßordnung, 10. Aufl. 1978, 2c zu § 643. A. A. (volle Entscheidungsgewalt) *Damrau*, FamRZ 1970, 290 Fn. 62; *Odersky*, III 2 zu § 643 ZPO.

[4] Zur Frage, ob der Schädiger nach Tötung des Vaters aus § 844 II zur Leistung von Regelunterhalt verurteilt werden kann, vgl. LG Ulm, FamRZ 1976, 225 und *Walter*, FamRZ 1976, 71ff. (i. Erg. richtig bejahend).

[5] Zur Verordnung vgl. *Berner*, Rpfleger 1970, 275; *Mutschler*, FamRZ 1972, 345; *Odersky*, Rpfleger 1974, 209. Kritisch zum Regelbedarf *Huvalé*, ZBlJugR 1972, 278.

Die Unterhaltssätze sind vom Richter im Rahmen des Regelunterhalts nicht zu korrigieren. Verfehlt LG Bonn, NJW 1971, 247 (Zuschlag für Krankenversicherung, wenn das Kind nicht über die Mutter mitversichert ist) mit i. Erg. zust. Anm. *Weyer*, NJW 1971, 1088. Mehrbedarf ist nur mit einer individuell berechneten Unterhaltsrente zu decken.

können Sozialleistungen stärker mit dem Familienrecht verbinden (vgl. dazu schon oben § 41 III 5). Zu diesen (wenigen) Normen gehört § 1615g.

Der Rechtssatz ist Träger dreier Gedanken. Er rechnet Waisenrenten, die dem Kinde zustehen, nie an (Abs. III), obwohl sie dem Kind selbst zufließen und damit seine Bedürftigkeit mindern oder auch aufheben können. Daß mit der Waisenrente allein die (weggefallenen) Leistungen des Verstorbenen (insbesondere der Mutter) ausgeglichen werden, ist jedenfalls für den Regelfall nicht richtig. Freilich ist die Begünstigung des Kindes nur eine Begünstigung unter Vorbehalt; was zunächst nicht bedacht wird, kann vom Vater in einem Herabsetzungsantrag (dazu unten 4.) geltend gemacht werden.

Volle Anrechnung sieht § 1615g II für Leistungen vor, die dem Vater zustehen, jedoch einem anderen ausgezahlt werden (obwohl die Verwendung für das Kind nicht sichergestellt ist); die Leistung an den Dritten (insbesondere die Mutter) wirkt wie eine Unterhaltsleistung des Vaters an das Kind.[6]

Kindbezogene Sozialleistungen (nicht: Steuerermäßigungen), die ein Dritter (insbesondere die Mutter) empfängt, werden zur Hälfte auf den Regelbedarf angerechnet, wenn der Vater (nur) durch den Dritten von der Bezugsberechtigung ausgeschlossen wird (Einzelheiten in § 2 RegUnterhVO).[6a]. Diese Regelung ist mehr Indiz hoffnungsloser Verstrickung in der Vielfalt des Sozialrechtes als Ansatz zu einer allgemeinen Symbiose von Sozialrecht und Familienrecht. Fälle, in denen die hälftige Anrechnung den Einzelfall trifft (weil gerade in ihrer Höhe bei Verwendung der Mittel zugunsten des Kindes dessen Bedürftigkeit gemindert wird), sind durchaus möglich; von einer auch nur regelmäßig richtigen Rechnung kann indessen nicht die Rede sein.[7]

Disparitäten ergeben sich indessen nicht nur zwischen Einzelfall und Regelung; sie bestehen auch innerhalb der Gesamtregelung der Unterhaltspflicht des nichtehelichen Vaters. Hälftige Anrechnung ist ja nur für den Regelunterhalt vorgesehen. Und wenn es auch möglich (und richtig) ist, die Anrechnung auch dann

---

[6] Die Anrechnung hat auch dann stattzufinden, wenn die Auszahlung aufgrund einer Abtretungserklärung nach § 12 II BKGG (jetzt § 53 SGB) erfolgt ist. Richtig LG Marburg, DAVorm. 1971, 19; LG Bochum, Rpfleger 1973, 248; *Odersky,* IV 2a zu § 1615g. And. Ans. *Pürner-Frohnhöfer,* Rpfleger 1971, 241 sowie *Czerner,* ZBlJugR 1974, 329 (331). Keine Anrechnung dagegen, wenn die Auszahlung auf einem Pfändungs- und Überweisungsbeschluß beruht (eine Änderung des Titels würde der Pfändung die Grundlage entziehen). Vgl. AG Nürnberg, DAVorm. 1971, 179; LG Bochum, a. a. O.; *Odersky,* IV 2 zu § 1615g und FamRZ 1971, 563. Wird aus dem ungekürzten Titel weiter in voller Höhe vollstreckt, hat der Vater die Erinnerung aus § 766 ZPO (in Höhe des überwiesenen Betrages ist bereits vollstreckt worden).

[6a] Also nicht, wenn der Vater *und* ein anderer für das Kind Leistungen empfangen. Vgl. § 4 RegUnterhVO. Str. ist, ob bereits der vom nichtehelichen Kind für den Vater bewirkte Zählkindvorteil (frühere bzw. höhere Kindergeldberechtigung bei weiteren Kindern) die Anwendung der Norm rechtfertigt. Vgl. dazu (m. Nachw.) LG Darmstadt, FamRZ 1979, 79 (selbst – zu Recht – abl.).

[7] Vgl. hierzu *Huvalé,* ZBlJugR 1972, 283, 284; *Tempel,* S. 152ff. *Schmitz-Pfeiffer,* ZBlJugR 1973, 132, schlägt eine Abänderung des § 1615g I 1 (allgemeine Geltung des Verdrängungsprinzips) vor; *Czerner,* ZBlJugR 1974, 329 (333), befürwortet die ersatzlose Streichung.

vorzunehmen, wenn der Vater mehr als den Regelunterhalt zu leisten hat, so fehlt doch jede Möglichkeit dazu, sobald das Kind das achtzehnte Lebensjahr vollendet hat (obwohl sich die tatsächliche Lage nicht zu ändern braucht).[8]

4. *Minderung*. Der Regelunterhalt soll vereinfachen und Gleichheit herbeiführen; er soll dagegen nicht etwa eine Irregularität sein, die den Anspruch des Kindes gegen den Vater gänzlich aus dem Recht des Verwandtenunterhaltes löst. Deshalb kann der Vater Herabsetzung (gegebenenfalls auch vollständige Befreiung) verlangen, wenn der Regelunterhalt wesentlich jenen Betrag übersteigt, den er nach den allgemeinen Regeln zu leisten hätte (§ 1615h I 1). [9] Gewährt wird damit ein Anspruch auf Abschluß eines die Höhe der Verpflichtung mindernden Vertrages, der dem Vater vor dem Vertragsschluß eine Einrede vermittelt.[10]

Die Rückkehr zu den allgemeinen Regeln ist freilich eine doppelt beschränkte. Gleichgültig ist zwar die Art des Umstandes, der die Differenz zwischen allgemeiner Regel und Regelunterhalt begründet: Leistungsschwäche des Vaters, eigene Mittel des Kindes, Disparitäten zwischen den Eltern (insbesondere, wenn die Mutter keine Personensorge leistet) stehen gleich.[11] Doch ist der *Vater auf Umstände von dauernder Wirkung beschränkt (§ 1615h I 2) und auf Umstände, die zu „wesentlichen" Differenzen führen*. Hier wie dort wird Praktikabilität erstrebt, Beschränkung der Abänderungsklagen insbesondere. Hier wie dort will aber auch die Einseitigkeit nicht recht überzeugen, mit der das Gesetz Praktikabilität allein auf Kosten des Vaters zu erreichen sucht: Im Umkehrfall des den Regelunterhalt übersteigenden Anspruches trifft das Kind auf keine entsprechenden Schranken. Sie zu beseitigen, ist angesichts der klaren Aussage des Gesetzes gewiß nicht möglich, sie zu mildern dagegen eine Aufgabe, der sich die Rechtsprechung nicht entziehen sollte: Der Begriff der „vorübergehenden Umstände" sollte eng interpretiert werden.[12]

---

[8] *Odersky*, VI 2 zu § 1615g, meint, daß eine sinngemäße Anwendung der Norm im Rahmen des § 1602 möglich sei, doch ist das Kind gerade nicht Leistungsempfänger; Leistungen an Dritte aber mindern seine Bedürftigkeit nicht.

[9] Kritisch dazu *Bosch*, FamRZ 1968, 626 (schuldrechtlicher Anspruch soll besser sein als Verwandtschaftsideologie).

[10] Ebenso strukturiert ist § 1612 I 2 (vgl. dazu oben § 41 VIII 2). Das Schrifttum äußerte sich unterschiedlich. Vgl. *Brühl*, FamRZ 1966, 543 (Einrede); *Firsching*, Rpfleger 1970, 44 (prozessualer Anspruch auf richterlichen Gestaltungsakt); *Göppinger*, JR 1969, 405 (Einrede nach rechtsgestaltender Erklärung). In sich nicht schlüssig ist die Annahme einer Einwendung, die erst zu berücksichtigen ist, wenn der Vater sie erhebt. So aber *Odersky*, III 1 und 2 zu § 1615h. Gegen die Deutung des Textes auch MünchKomm-*Köhler*, 4 zu § 1615h.

[11] Die einzelnen Umstände müssen aber die Beweislast im Prozeß bestimmen. Der Vater ist für jene Umstände beweispflichtig, die er nach allgemeinen Regeln zu beweisen hätte. Für die Umstände, die zum Beweisbereich des Kindes gehören, kann ihn nur eine Behauptungslast treffen. Vgl. *Odersky*, V 3 zu § 1615h.

[12] Ebenso *Odersky*, II 2 zu § 1615h. Gegen eine schematische Anwendung dieses Zeitbegriffs *Brühl-Göppinger-Mutschler*, RdNr. 398 (nicht allein auf den Zeitraum abzustellen, zusätzlich die wirtschaftliche Bedeutung des Umstandes für die Beteiligten zu berücksichtigen). Zur Frage der Strafhaft vgl. LG Stuttgart, DAVorm. 1971, 151 (Strafhaft ist regelmäßig mehr als ein nur vorübergehender

Die Beschränkung auf ,,wesentliche" Differenzen ist Symptom der Schwäche einer Gesetzgebung, die klaren Entscheidungen auszuweichen sucht, die sich selbst mit den Besonderheiten des jeweiligen Einzelfalles rechtfertigt (und Schwierigkeiten provoziert), und die doch nur die eigene Aufgabe der richterlichen Gewalt zuweist: Grenzen, die Praktikabilität sichern sollen, müssen selbst eindeutig sein, kalkulierbar und unmittelbar für beide Parteien einsehbar. *,,Wesentlich" sollten deshalb ohne jede weitere Berücksichtigung des Einzelfalles alle Differenzen sein, die mehr als 10% betragen.*[13]

Abänderungen kann der Vater im Nachverfahren des § 643a ZPO fordern, wenn er im Abstammungsurteil[14] zur Leistung des Regelunterhaltes verurteilt wurde, obwohl er schon im Zeitpunkt der Rechtskraft des Urteiles zur Leistung des vollen Regelunterhaltes nicht verpflichtet war (beachte die Dreimonatsfrist in Abs. II Satz 1 für die rückwirkende Änderung). Eine spätere Veränderung der für den Unterhaltsanspruch des Kindes wesentlichen Umstände ist dagegen mit der Abänderungsklage des § 323 ZPO geltend zu machen.[15]

Unberührt von der Minderung bleibt die Pflicht des Vaters, Sonderbedarf des Kindes zu decken (§ 1615h II). Die Norm ist selbstverständlich, der praktische Wert ihrer Aussage ist gering: In der Regel wird der Vater sein Minderungsverlangen auf Leistungsschwäche stützen; Leistungsschwäche aber begrenzt den Unterhaltsanspruch des Kindes in all seinen Ausprägungen.

III. Maß und Art des Unterhaltes

1. Geschuldet wird dem berechtigten Kind der *angemessene Unterhalt, orientiert an der Lebensstellung der beiden Elternteile,* solange das Kind noch keine Selbständigkeit erlangt hat (§ 1615c). Die Pflicht des Mannes, dem Kind den Regelunterhalt zu leisten, modifiziert diese Aussage ein wenig durch Schematisierung, stellt sie aber nicht ernsthaft in Frage. Einerseits ist sie auf das Verhältnis zwischen

---

Umstand); LG Tübingen, DAVorm. 1972, 419 (Haft von allenfalls 10 Monaten ist nur ,,vorübergehend"); LG Hamburg, DAVorm. 1972, 306 und AG Baden-Baden, DAVorm. 1976, 115 (mit Ausführungen zur Frage des Selbstverschuldens). Nach Ansicht des LG Berlin, DAVorm. 1974, 460 (464) stellt eine dreimonatige Arbeitslosigkeit noch keinen dauernden Umstand dar.

[13] Dieser Prozentsatz wird auch für richtig gehalten von *Richter,* FamRZ 1970, 283; MünchKomm-*Köhler,* 2 zu § 1615h. Ebenso urteilt die eng an die Entscheidungen zu § 323 ZPO angelehnte Rechtsprechung. Vgl. z. B. LG Kassel, DAVorm. 1971, 241. Vgl. aber auch *Odersky,* II 1 zu § 1615h (geringere Prozentsätze ausreichend, wenn sie für den Vater ,,besonders fühlbar" sind). Kritisch gegenüber einer zu starren Handhabung auch *Hummel,* FamRZ 1972, 124.

[14] Für Verfahren nach § 643a ZPO auch im Falle einer vollstreckbaren Urkunde LG Traunstein, DAVorm. 1973, 46 (49) und LG Berlin, DAVorm. 1973, 90; ebenso *Stein-Jonas-Schlosser,* 1 zu § 643a ZPO. A. A. *Odersky,* FamRZ 1973, 528 und I zu § 643a ZPO.

[15] Vgl. *Damrau,* FamRZ 1970, 291; MünchKomm-*Köhler,* 7 und 8 zu § 1615h. Das gilt auch, wenn vollständiger Wegfall der Unterhaltspflicht geltend gemacht wird. A. A. *Brüggemann,* DAVorm. 1973, 459 (462). Zur Abgrenzung der Klage aus § 323 ZPO von der Vollstreckungsgegenklage im Einzelnen vgl. *Brühl-Göppinger-Mutschler,* RdNrn. 1698ff.

Vater und Kind beschränkt, andererseits hat das Kind die Möglichkeit, den Vater über den Regelunterhalt hinaus in Anspruch zu nehmen, wenn der väterliche Teil des angemessenen Unterhaltes mit ihm nicht abgedeckt ist (ggf. schon im Nachverfahren des § 643a ZPO).

2. Die Orientierung des angemessenen Unterhaltes unselbständiger Kinder an der Lebensstellung[1] beider Elternteile[2] konkretisiert lediglich die allgemeine Regel des § 1610 I in einer auch für die ehelichen Kinder gültigen Form und birgt in sich doch besondere Schwierigkeiten. Die Lebensstellung ehelicher Eltern ist meist gleich und pflegt auch in den besonderen Fällen der faktischen oder gar rechtlichen Trennung gleich zu bleiben. Die Eltern eines nichtehelichen Kindes leben dagegen oftmals in verschiedenen Verhältnissen. Zu wählen ist in diesen Fällen ein mittleres Maß[3] (und nicht: die Orientierung am Lebensstandard des besser situierten Elternteils,[4] des nichtehelichen Vaters [weil von ihm Geld zu leisten ist[5]] oder auch des Elternteils, dem die tatsächliche Personensorge obliegt[6]); nur diese Lösung verbindet den Lebensstandard des Kindes mit dem beider Elternteile.[7]

---

[1] Nach anfänglichen Schwankungen stellt die Rechtsprechung nunmehr zur Ermittlung der Lebensstellung primär auf die Einkommensverhältnisse und erst in zweiter Linie auf die berufliche oder soziale Stellung ab. Vgl. LG Düsseldorf, DAVorm. 1973, 33; LG Wuppertal, DAVorm. 1974, 511 (anders noch DAVorm. 1972, 139: Einkommen allenfalls Hilfsmittel für die Einordnung). Vgl. ferner LG Lüneburg, NJW 1973, 2112 (Lebensstellung braucht sich nicht mit der Lebensstellung einer bestimmten Berufsgruppe zu decken).

[2] Mittelbar kann der Lebensstandard der Großeltern entscheidend werden, wenn er die Lebensstellung eines Elternteils (insbesondere der minderjährigen Mutter) bestimmt. Vgl. dazu LG Wiesbaden, FamRZ 1963, 587 („Tochter aus reichem Haus"). Die selbst nicht mitverdienende Ehefrau teilt die Lebensstellung ihres Mannes. Vgl. LG Hamburg, DAVorm. 1973, 25; LG Kempten, DAVorm. 1972, 226.

[3] Ebenso *Beitzke,* § 24 II 1; *Lange,* NJW 1970, 301; *Richter,* FamRZ 1970, 282; MünchKomm-*Köhler,* 3 zu § 1615c. Für die überwiegend nicht anders urteilende Rspr. vgl. LG Heilbronn, DAVorm. 1974, 456 m. w. N. Ebenfalls ausgehend vom Mittelwert, jedoch kritisch gegenüber einer rein mathematischen Berechnung, LG Bamberg, DAVorm. 1976, 78 (80). Ähnlich *Rassow,* FamRZ 1971, 628; *Weidermann,* ZBlJugR 1972, 370 (das Kind ist so zu stellen, als wäre eine Heirat der Eltern zustande gekommen); *Odersky,* II 2 zu § 1615c (aber keine „starre zahlenmäßige Bindung").

[4] Dafür *Schlosser,* FamRZ 1963, 617f. (mit Hinweis auf die Rspr. zum Recht des ehelichen Kindes in Fn. 187, doch stammen die wenigen Entscheidungen sämtlich aus der Zeit des unbestrittenen Patriarchates); *Brühl,* FamRZ 1966, 541; *Brühl-Göppinger-Mutschler,* RdNr. 341; LG Hamburg, DAVorm. 1973, 25 (29); *Stein-Jonas-Schlosser,* 4 zu § 642d ZPO.

[5] So aber LG Hamburg, DAVorm. 1973, 492; LG Kiel, DAVorm. 1973, 307; LG Düsseldorf, FamRZ 1971, 537; *Kemper,* ZBlJugR 1975, 194 (196).

[6] *Odersky,* II 4 zu § 1615c (anderer Lebenszuschnitt in der Umgebung, in welcher das Kind aufwächst, kann eine Herabsetzung notwendig machen); MünchKomm-*Köhler,* 5 zu § 1615c („geringe Angleichung"); *Köhler,* S. 147 („ein wenig" Korrektur zu der Lebensstellung, innerhalb der das Kind aufwächst).

[7] Die in der Praxis zur Bedarfsermittlung verwendeten Tabellen, Schlüssel und Prozentsätze können hierbei nur eine Orientierungshilfe sein. Trotz des nicht zu verkennenden Bedürfnisses nach einheitlichen Beurteilungsmaßstäben muß es letztlich dem Richter überlassen bleiben, in jedem Einzelfall unter Berücksichtigung aller Umstände den angemessenen Unterhalt zu ermitteln. Vgl. hierzu *Odersky,* II 3 zu § 1615c; *Mutschler,* FamRZ 1972, 345f.; LG Stuttgart, DAVorm. 1971, 111 (113) und

Das mittlere Maß zwingt die Mutter zu (freiwilligen) Mehrleistungen, wenn ihre Lebensführung aufwendiger ist als die des Vaters, das mit ihr lebende Kind aber die ihre teilen soll. Häufiger ist der Umkehrfall einer (ungerechtfertigten) Begünstigung der Mutter als Folge eines wesentlichen Standardvorsprunges des Vaters, wenn und solange das Kind bei der Mutter lebt. Der an sich vom Gesetz implizierte Standardunterschied zwischen Mutter und Kind ist jedenfalls unrealistisch, so daß die Mutter notwendig an den Leistungen des Vaters partizipiert.

Die Wahl des mittleren Maßes kann nicht zu einer Belastung des schlechter situierten Elternteils führen, die er nach seinen Verhältnissen nur schwer oder gar nicht tragen kann. Sie fixiert lediglich den Gesamtbedarf des Kindes, dagegen nicht mehr die Anteile der Eltern (zu ihnen unter IV.).

3. Der Unterhalt umfaßt auch beim nichtehelichen Kind den gesamten Lebensbedarf, einschließlich der Kosten der Erziehung und der Vorbildung zu einem Beruf (§ 1610 II). Eheliches und nichteheliches Kind stehen gleich in allen Belangen; auch Prozeßkostenvorschüsse sind dem nichtehelichen Kind von seinen Eltern zu leisten, wenn es noch minderjährig und unverheiratet ist (vgl. dazu oben § 41 VII 5).[8]

4. *Unterhaltsrente.* Sofern das minderjährige Kind nicht in den väterlichen Haushalt aufgenommen ist, muß der Vater seiner Unterhaltspflicht mit Zahlung einer monatlichen Geldrente genügen (§ 1612 I 1 und II 3). Die notwendige Fixierung kann durch einseitige prozessuale Erklärung des Vaters (dazu unten VI 2), Vertrag oder richterlichen Akt erfolgen; sie kann auf Leistung des Regelunterhaltes lauten, auf Leistung des Regelunterhaltes abzüglich oder zuzüglich bestimmter Prozentsätze[9] des Regelbedarfs, schließlich auf einen bestimmten Betrag.[10] Nur im letzten Fall ist die für die Zwangsvollstreckung notwendige genaue Markierung der Rentenhöhe unmittelbar erreicht, in den beiden anderen Fällen erfolgt sie nach rechtskräftigem Unterhaltsurteil, Vergleich oder auch Errichtung

---

FamRZ 1974, 469f. (die starre Anwendung der „Mittelwertformel" entspricht nicht der Bestimmung des § 1615c; Bedenken gegen die Wirklichkeitsnähe der Unterhaltstabellen) sowie DAVorm. 1974, 503f. (konkreter Einzelfall maßgebend); LG Bamberg, DAVorm. 1976, 78.

[8] Das für alle unverheirateten minderjährigen Kinder geltende Privileg des § 118 II 3 ZPO beim Armenrechtsgesuch ändert die Situation im materiellen Recht nicht, bedeutet also nicht, daß dem Kind das Armenrecht ohne Kontrolle etwa bestehender Vorschußpflichten gewährt werden muß. Vgl. *Brühl,* FamRZ 1970, 228; OLG Karlsruhe, DJ 1976, 429 (aber widerlegbare Vermutung); OLG Schleswig, DAVorm. 1972, 182 (Nachforschungen nur, wenn Anhaltspunkte gegeben).

[9] Gegen Höchstgrenzen für Zuschläge *Rassow,* FamRZ 1971, 628 und *Odersky,* II 4 zu § 1615c (solche „Sättigungsgrenzen" nicht generell und ohne sachliche Begründung im Einzelfall ziehbar). Vgl. hierzu LG Nürnberg-Fürth, DAVorm. 1971, 361 (Höchstgrenze 100%) und LG Hamburg, DAVorm. 1975, 301 (ein über den doppelten Regelsatz hinausgehender Bedarf kann in der Regel nicht anerkannt werden).

[10] Ausgeschlossen ist eine Klage, die sich auf den Regelunterhalt und einen zusätzlich bezifferten Betrag richtet. Richtig *Niclas,* ZBlJugR 1970, 13f. Zur Zulässigkeit der Umstellung eines bezifferten Unterhaltstitels auf den Regelunterhalt vgl. LG Gießen, FamRZ 1973, 458 (nur unter den Voraussetzungen des § 323 ZPO).

einer vollstreckbaren Urkunde durch einen gesonderten Beschluß (vgl. die §§ 642a, c und d ZPO).

In der Praxis verdient die Orientierung an den Regelbedarfssätzen den Vorzug. Der Nachteil des gesonderten Beschlusses wird bei weitem aufgewogen vom Vorteil sicherer Dynamisierung der Unterhaltsrente. Spätere Änderungen der Regelbedarfssätze und spätere Änderung der für den Regelunterhalt maßgebenden Umstände (Anrechnung zweckbestimmter Sozialleistungen) können sich zwar (weil der Vollstreckungstitel auf eine bestimmte Summe lauten muß) nicht unmittelbar auswirken; sie fordern jedoch nur einen neuen Festsetzungsbeschluß (§ 642b ZPO) und nicht eine Abänderungsklage (§ 323 ZPO).[11] Völlig entbehrlich wird freilich die Abänderungsklage nicht; Veränderungen der Zuschläge zum und der Abschläge vom Regelbedarf sind allein mit ihr zu erreichen.

Vorteilhaft ist ferner die (wenn auch bescheidene) Lockerung der früher herrschenden Starre der Unterhaltsrente auch bei fortschreitendem Alter des Kindes durch Staffelung des Regelunterhaltes nach Altersgruppen. Daß die Fixierung der Unterhaltsrente auf einen bestimmten Betrag den Besonderheiten des Einzelfalles (denen das Unterhaltsrecht eigentlich ganz betont folgen will) stärker Rechnung trägt, ist nur scheinbar richtig; wenn die Höhe der Rente nicht ständig neu fixiert werden soll, kann nur ein Betrag gewählt werden, der für einen bestimmten Zeitraum als ungefährer Mittelwert der in ihm geschuldeten Unterhaltsrenten von unterschiedlicher Höhe gelten kann.[12]

5. *Sonderbedarf*. Trotz grundsätzlicher Fixierung der väterlichen Unterhaltspflicht auf den Betrag der Unterhaltsrente kann das Kind vom Vater jederzeit mit einer Zusatzklage (nicht Abänderungsklage gemäß § 323 ZPO) den auf ihn entfallenden Betrag des „unregelmäßigen außergewöhnlich hohen Bedarfs", des sog. Sonderbedarfs (§ 1613 II), fordern.[13] Die Unterhaltsrente ist notwendig auf

---

[11] Die Neufestsetzung setzt keinen vorherigen Versuch der Parteien voraus, sich im Wege des Beurkundungsverfahrens gütlich zu einigen. Vgl. LG Lüneburg, DAVorm. 1973, 42; LG Koblenz, DAVorm. 1975, 315. A. A. *Markl,* ZBlJugR 1972, 106 (110) und *Kemper,* FamRZ 1972, 490 (492) sowie ZBlJugR 1972, 229 (wonach bei Fehlen eines Einigungsversuchs das Rechtsschutzinteresse zu verneinen sei). Ein Rechtsschutzinteresse ist selbst dann gegeben, wenn der Vater freiwillig den geforderten erhöhten Betrag zahlt. Vgl. LG Dortmund, DAVorm. 1972, 114; *Brühl-Göppinger-Mutschler,* RdNrn. 1169, 1170 m. w. N.

Materiell-rechtliche Einwendungen, insbesondere die Leistungsfähigkeit, können in diesem Verfahren nicht geprüft werden. Vgl. LG Traunstein, DAVorm. 1973, 46; LG Oldenburg, DAVorm. 1973, 217; LG Wuppertal, DAVorm. 1973, 383.

[12] Kritisch zur Altersgruppeneinteilung *Brühl-Göppinger-Mutschler,* RdNr. 366 (mit Vorschlag der Bildung einer eigenen Stufe für das besonders kostenintensive 1. Lebensjahr). Vgl. hierzu auch LG Düsseldorf, FamRZ 1975, 279ff. (Regelunterhalt umfaßt die Kosten für die Säuglings-Erstausstattung) mit abl. Anm. *Büdenbender* (S. 283).

[13] Daß eine Zusatzklage anzustrengen ist (und nicht eine Abänderungsklage) ist heute fast unbestr. Vgl. dazu *Staudinger-Göppinger,* 87 zu § 1708; *Brühl-Göppinger-Mutschler,* RdNrn. 1694 und 142.

Geschuldet wird in der Regel Zahlung des gesamten Schuldbetrages auf einmal; bei länger anhaltendem Sonderbedarf kann periodische Zahlung geschuldet sein. Die Überzeugung, daß stets auf

jenen Teil des Lebensbedarfes beschränkt, der verrentet werden kann. Eine vorsorgliche Berücksichtigung aller Lebensrisiken aber (Kuraufenthalte, Prozeßkostenvorschüsse usw.) in der laufenden Rente ist nicht möglich: Sie würde das Kind bereichern, wenn es Rücklagen bilden kann, das kalkulierte Lebensrisiko jedoch nicht eintritt; sie würde den Vater bereichern, wenn der tatsächlich erwachsende Sonderbedarf den für ihn eingesetzten Betrag übersteigt.

6. *Mehrleistungen.* Erbringt der Vater (etwa auf Grund einer einstweiligen Anordnung gemäß § 641 d ZPO) dem Kind Leistungen, die seine Verpflichtung überschreiten, so erwächst ihm ein Bereicherungsanspruch, den er nicht kurzerhand durch Aufrechnung gegen spätere Unterhaltsansprüche des Kindes tilgen kann (§§ 394 Satz 1 BGB, 850 I Nr. 2 ZPO).[14] Ausgeschlossen ist auch die nachträgliche Qualifizierung als Vorausleistung auf Verbindlichkeiten mit späterer Fälligkeit. Unbeschadet der weiteren Frage nach der Möglichkeit einer einseitigen Änderung der Leistungszweckbestimmung käme ein derartiger Eingriff der verbotenen Aufrechnung gleich (vgl. ferner § 1614 II).

IV. Anteile der Eltern

Schrifttum: *Beitzke,* Unterhaltsrückgriff zwischen Eltern eines nichtehelichen Kindes, ZBlJugR 1969, 277.

1. *Grundsatz.* Nichteheliche Eltern teilen die Unterhaltslast wie eheliche Eltern, gemäß § 1606 III also nach ihren Erwerbs- und Vermögensverhältnissen und mit der tatsächlichen Personensorge der Mutter als vollwertigem Regelbeitrag. Das Prinzip der proportionalen Gleichheit herrscht mithin hier wie dort und vermeidet jene Härten, die eine hälftige Teilung für den wirtschaftlich schwächeren Elternteil (vornehmlich als Folge des § 1615 c) mit sich bringen könnte.

2. *Regelunterhalt.* Verwerfungen können sich freilich im Einzelfall durch die Verpflichtung des Vaters ergeben, dem Kind zumindest den Regelunterhalt zu leisten. Sofern zwischen den Elternteilen eine individuelle Anteilsberechnung notwendig ist, kann zwar der Vater Minderung seiner Schuld fordern, wenn der für ihn errechnete Anteil unter dem Satz des Regelunterhaltes liegt, doch ist er auf Begründungen beschränkt, die Umstände von Dauer und mit „wesentlichen" Auswirkungen geltend machen (§ 1615 h; dazu oben II 4). Das gilt im Verhältnis zum Kind; das gilt aber auch im Verhältnis der Elternteile untereinander; Normzweck ist eine Verminderung der Prozesse, nicht nur eine Entlastung

---

Gewährung einer Zusatzrente geklagt werden müsse, wird heute nicht mehr vertreten. Vgl. *Brühl-Göppinger-Mutschler,* RdNr. 1460.

Beispiele aus der Praxis: LG Göttingen, FamRZ 1955, 224 (Krankenhauskosten); LG Arnsberg, FamRZ 1962, 270 (Kuraufenthalt); BGH, NJW 1964, 2151 (Prozeßkostenvorschuß); LG Stuttgart, FamRZ 1965, 518 (umfangreiche Zahnbehandlung).

[14] Vgl. KG, OLGZ 1970, 17 (zum Unterhaltsanspruch des Ehegatten).

des Kindes mit abschließender Feinabstimmung der Anteile im Regreßstreit der Eltern.

3. *Schadensersatz und Unterhalt.* Der Vater schuldet dem Kind seinen Anteil am Gesamtbedarf auch dann, wenn zu ihm Sonderbedarf gehört, der aus schuldhafter pflichtwidriger Ausübung des Personensorgerechtes durch die Mutter erwuchs (verzögerte ärztliche Behandlung; grobe Erziehungsfehler).[1] Der Schadensersatzanspruch des Kindes gegen die Mutter und der Unterhaltsanspruch gegen den Vater sind Ansprüche gleichen Ranges, sofern Schadensersatz nicht sofort geleistet wird und damit die Bedürftigkeit des Kindes entfällt (vgl. für den Umkehrfall § 843 IV). Freilich kann der Vater stets auf die Mutter Regreß nehmen, ohne auf Ansprüche aus Geschäftsführung ohne Auftrag oder Bereicherung angewiesen zu sein: Der spezifisch familienrechtliche Ausgleichsanspruch aus § 1606 III (vgl. zu ihm oben § 42 II 7) deckt auch den Ausgleich nach Leistungen zur Deckung eines Mehrbedarfs, der im Innenverhältnis der Elternteile nur einem von ihnen zuzurechnen ist.

4. *Mehrleistungen* eines Elternteils sind auch sonst mit Hilfe des Anspruchs aus § 1606 III auszugleichen, wenn und soweit sie zu einer Entlastung des anderen Elternteils (und nicht nur zu einer Bereicherung des Kindes) führten.[2] Vorrang hat freilich die cessio legis des § 1615b, mit der die Mutter den Anspruch des Kindes gegen den Vater erwirbt, wenn sie an Stelle des Vaters Unterhalt geleistet hat (vgl. dazu unten VIII.). Die cessio legis schließt eine Tilgung des Unterhaltsanspruchs aus und entzieht damit dem familienrechtlichen Ausgleichsanspruch den Gegenstand.

5. *Erfüllungsübernahme.* Unbenommen bleibt es den Eltern, das Ausgleichsverhältnis zwischen ihnen vertraglich anders zu regeln, als es das Gesetz bestimmt, also eine Erfüllungsübernahme zu vereinbaren, die einen Elternteil von seiner Unterhaltspflicht ganz oder teilweise freistellt und Ersatzansprüche für ihn begründet, falls er vom Kind erfolgreich in Anspruch genommen wird. Im Einzelfall können derlei Abreden (etwa nach Ausnutzung intellektueller Überlegenheit oder als Geschäft, in dem sich ein rücksichtsloser Egoismus offenbart) sittenwidrig und damit nichtig sein (§ 138). Sie sind dagegen (weil sie den Unterhaltsanspruch des Kindes gar nicht berühren) niemals als Umgehungsgeschäft (mit § 1614 als umgangener Norm) nichtig.[3]

---

[1] Ebenso *Brühl-Göppinger-Mutschler,* RdNr. 853 (and. noch in der Voraufl., S. 189), mit dem richtigen Hinweis, auch eine entsprechende Anwendung der §§ 254, 278 scheide aus. A. A. (Schuld nur der Mutter) LG Stuttgart, FamRZ 1965, 518 (520f.); *Staudinger-Göppinger,* 88a, 89 und 100 zu § 1708.

[2] Vgl. dazu *Beitzke,* ZBlJugR 1969, 281f. Eine analoge Anwendung des § 1615b (die auch von *Beitzke* abgelehnt wird) ist schon mangels einer lückenhaften Regelung nicht anzuerkennen.

[3] Verfehlt OLG Hamm, FamRZ 1977, 556. Das Urteil (zu einem Freistellungsanspruch des Vaters) trennt Kindesvermögen und Vermögen der Mutter nicht; für das letztere wird der Schuldnerschutz des Zwangsvollstreckungsrechtes nicht einmal erwähnt.

V. Rückstände

1. Ansprüche auf rückständigen Unterhalt schließt das Recht des Verwandtenunterhaltes zwar nicht aus, es fordert jedoch (um den Schuldner zu schonen), im § 1613 Schuldnerverzug nach Mahnung oder Rechtshängigkeit, mithin Gläubigerakte, die das nichteheliche Kind vor der Vaterschaftsfeststellung infolge der Ausübungssperre des § 1600a Satz 2 (auch des § 1593 vor einer Ehelichkeitsanfechtung) gar nicht vornehmen kann. § 1615d stellt deshalb für den Zeitraum vor der Vaterschaftsfeststellung die (von § 1613 durchbrochene) Regelrechtslage wieder her: Das Kind kann seinen Vater und (über den zu engen Wortlaut der Vorschrift hinaus[1]) bei dessen Ausfall auch die weiteren Verwandten der väterlichen aufsteigenden Linie unbeschränkt in Anspruch nehmen. Auch Verjährung kann die Ansprüche nicht schmälern. Für das minderjährige Kind ist die Aussage unproblematisch, weil die Verjährung jedenfalls gehemmt wäre (§ 204 S. 2). Sie gilt aber auch für volljährige Kinder; ,,entstanden" sind Ansprüche im Recht der Verjährung (§ 198) erst, wenn sie ausgeübt werden können.[2]

Für den Unterhalt der Folgezeit gilt § 1613 uneingeschränkt, obwohl die ratio der Norm für den Vater eines nichtehelichen Kindes schwerlich je von Bedeutung sein kann. Der Akt der Vaterschaftsfeststellung zeigt jedem Vater seine Pflicht unmißverständlich an.[3]

2. *Stundung.* Das Gesetz wertet in § 1615d die Interessen des Kindes höher als die Interessen des Vaters, dessen Verpflichtungen sich bei schwieriger Vaterschaftsfeststellung, vor allem aber bei später Ehelichkeitsanfechtung, zu hohen Beträgen summieren können. Das Gesetz mildert indessen seine Entscheidung mit (letztlich nicht kalkulierbaren) Billigkeitsentscheidungen. Gemäß § 1615i I können rückständige Beträge, die vor einem Vaterschaftsanerkenntnis[4] fällig wurden oder auch vor einer gerichtlichen Entscheidung (auch: vor einer einstweiligen Verfügung oder einstweiligen Anordnung[5]), die zu Unterhaltsleistun-

---

[1] Der Normtext bleibt hinter dem Normzweck zurück. Wenn § 1615d Ausgleich sein soll für die rechtliche (und häufig auch tatsächliche) Unmöglichkeit vorheriger Gläubigerakte, so trifft der Normzweck unterschiedslos auf alle (potentiell) unterhaltspflichtigen väterlichen Verwandten zu. Gründe, warum diese zwar von der Ausübungssperre begünstigt, bei möglicher Inanspruchnahme aber nicht der Rückwirkung des § 1615d unterworfen sein sollten, sind nicht ersichtlich. Der volle Sinn des Gesetzes ist daher nur durch eine Erstreckung des § 1615d auch auf diesen Personenkreis (an den bei Abfassung offensichtlich nicht gedacht worden war; vgl. die amtl. Begründung bei *Jansen-Knöpfel*, S. 195) zu erreichen.

[2] Meist wird § 202 angewandt. Vgl. *Odersky*, VI 5 zu § 1600a; MünchKomm-*Mutschler*, 17 zu § 1600a. Verjährung ohne Rücksicht auf § 1600a wird behauptet von *Brüggemann*, FamRZ 1966, 532.

[3] Zu den Fragen des Verzuges (Eintritt, Verzugsschaden) vgl. oben § 41 IX 2.

[4] Entscheidend ist der Zeitpunkt, zu dem das Anerkenntnis wirksam wird. Richtig *Brühl-Göppinger-Mutschler*, RdNr. 242. A. A. (Abgabe der Erklärung) *Odersky*, III 2 zu § 1615i.

[5] Ebenso MünchKomm-*Köhler*, 4 zu § 1615i; *Odersky*, III 2 zu § 1615i (ihnen zufolge soll jeweils der Zeitpunkt der Bekanntgabe der Entscheidung wesentlich sein, doch dürfte es richtiger sein, den Zeitpunkt der Rechtskraft zu wählen); *Firsching*, Rpfleger 1970, 45. A. A. anscheinend *Palandt-Diederichsen*, 1 zu § 1615i (rechtskräftige Verurteilung zu Unterhaltsleistungen erforderlich).

gen verpflichtet, auf Antrag des Vaters gestundet werden, soweit es der Billigkeit entspricht.[6] Zinsen werden nicht geschuldet (vgl. dagegen § 1382 II); Sicherheitsleistung kann gefordert werden (§ 642e ZPO);[7] eine spätere Änderung oder gar Aufhebung der Entscheidung ist bei wesentlicher Veränderung der Verhältnisse nach der Entscheidung und bei Schuldnerverzug möglich (§ 642f ZPO).

Der Vater hat den Antrag im Unterhaltsprozeß zu stellen oder auch binnen einer Frist von drei Monaten im Nachverfahren des § 643a ZPO nach Verurteilung zur Leistung des Regelunterhaltes in Verbindung mit der Vaterschaftsfeststellung. Er kann dagegen den Antrag weder bereits im Kindschaftsprozeß stellen (weil er eine richterliche Entscheidungstätigkeit in Unterhaltssachen fordert), noch im Verfahren der Unterhaltsregelung durch einstweilige Anordnung nach § 641d ZPO (das ausschließlich die Leistung des laufenden Unterhalts betrifft),[8] aber auch nicht außerhalb der beiden Unterhaltsverfahren: Es gibt kein besonderes Antragsverfahren, mit dessen Hilfe die Rechtskraft eines Unterhaltsurteiles beseitigt werden könnte.[9]

3. *Erlaß.* In gleicher prozessualer Form kann der Vater Erlaß von Beträgen beantragen, die er für jene Zeiträume schuldet, die länger als ein Jahr vor dem Vaterschaftsanerkenntnis oder auch der Rechtshängigkeit der Vaterschaftsfeststellung liegen, ,,soweit dies zur Vermeidung unbilliger Härten erforderlich ist" und soweit die Härten nicht bereits durch Herabsetzung des Regelunterhaltes auch für die Vergangenheit oder durch Stundung beseitigt werden können (§ 1615i II). Der Erlaß ist mithin ultima ratio; zu rechtfertigen ist er allein aus dem familienrechtlichen Verhältnis der Parteien, das auch dem Kind Rücksichtspflichten aufbürdet.

VI. Rechtsgeschäfte

Schrifttum: *Niclas,* Vaterschaftsanerkenntnis und Unterhaltsverpflichtung Minderjähriger, ZBlJugR 1970, 43; *Wiegel,* Die vormundschaftsgerichtliche Genehmigung nach § 1615e BGB (Unterhaltsvereinbarung für die Zukunft), FamRZ 1971, 17; *Odersky,* Zur rechtsgeschäftlichen Festlegung der Höhe des vom nichtehelichen Vater zu leistenden Unterhalts, FamRZ 1971, 137.

1. *Grundsätze.* Vereinbarungen, die den Unterhaltsanspruch zum Gegenstand haben, sind Verwandten an sich nur beschränkt gestattet; nichtig ist jede rechts-

---

[6] Beruht die verzögerte Vaterschaftsfeststellung auf einem Verschulden des nichtehelichen Vaters, wird eine Stundung in aller Regel nicht der Billigkeit entsprechen. Für grundsätzlichen Ausschluß in diesen Fällen MünchKomm-*Köhler,* 5 zu § 1615i; *Odersky,* II 1 zu § 1615i. Gegen eine Einbeziehung der leichten Fahrlässigkeit in diesen Grundsatz *Brühl-Göppinger-Mutschler,* RdNr. 242.

[7] Zu weitgehend MünchKomm-*Köhler,* 7 zu § 1615i (Sicherheitsleistung muß immer auferlegt werden, wenn sie vom Vater aufgebracht werden kann).

[8] Vgl. MünchKomm-*Köhler,* 21 zu § 1615i; *Odersky,* VI 4 zu § 1615i.

[9] Auch der Weg über § 323 ZPO bleibt verwehrt (Rückstände sind eben keine künftig fällig werdende Leistungen). Richtig *Odersky,* II 5 und VI 5 zu § 1615i; *Brühl-Göppinger-Mutschler,* RdNr. 246. Anders MünchKomm-*Köhler,* 22 zu § 1615i (Antrag nach Rechtskraft bzw. Frist des § 643a ZPO noch im Rahmen und unter Voraussetzung der Abänderungsklage möglich).

geschäftliche Minderung des Unterhaltes für die Zukunft (nicht für die Vergangenheit); nichtig ist erst recht der vollständige Erlaß künftiger Schuld (§§ 1614 I, 134). Dem nichtehelichen Kind und seinen Abkömmlingen ist dagegen im Verhältnis zu allen Verwandten väterlicherseits und umgekehrt diesen im Verhältnis zum nichtehelichen Kind und seinen Abkömmlingen in § 1615e größere Freiheit gewährt worden. Verboten ist zwar der unentgeltliche antezipierte Erlaß künftiger Unterhaltsschulden; erlaubt ist dagegen jede andere rechtsgeschäftliche Disposition ohne Rücksicht auf den Geschäftszweck (Feststellung, Austausch, Schuldabänderung),[1] mögen auch alle Vereinbarungen, die zukünftige Ansprüche betreffen, der Genehmigung des Vormundschaftsgerichtes[2] unterliegen, wenn ein nicht voll Geschäftsfähiger über sein Recht disponiert (§ 1615e II).[3]

2. *Präzisierung.* Soweit dem Kind vom Vater nicht nur der Regelunterhalt geleistet wird, bedarf der Anspruch der Präzisierung, die durch Vertrag, aber auch durch einseitiges deklaratorisches Anerkenntnis erfolgen kann. Präzisierende Verträge finden ihren Geschäftszweck in der Regelung des Gesetzes, die bei kausalen Vereinbarungen unmittelbar, bei abstrakten aber (§§ 780, 781) über das Recht der ungerechtfertigten Bereicherung auf die vertragliche Regelung einwirkt. Als Folge erfolgreicher Revision der Vaterschaftsfeststellung kann und braucht der Vater nach einem kausalen Vertrag nur eine etwa in den Händen des Kindes befindliche vollstreckbare Urkunde kondizieren; nach einem abstrakten Vertrag ist Gegenstand des Bereicherungsanspruches dagegen der vertragliche Anspruch selbst.

---

[1] Das Schrifttum qualifiziert gern generell als Vergleich. Vgl. *Staudinger-Göppinger,* 21 und 48 zu § 1714; *Dölle,* § 103 VI 3; *Odersky,* II 3a zu § 1615e („in aller Regel").

[2] Kein Richtervorbehalt! Richtig KG, FamRZ 1973, 275; LG Berlin, DAVorm. 1974, 460; LG Mönchengladbach, DAVorm. 1976, 90. Ebenso (diese Lösung aber als wenig geglückt bezeichnend) *Brühl-Göppinger-Mutschler,* RdNr. 951. A. A. *Odersky,* II 3a zu § 1615e, und *Soergel-Lade,* 5 zu § 1615e, mit Hinweis auf §§ 14 Nr. 9 RpflG, 1822 Nr. 12 BGB, also unter der Prämisse vom Vergleichscharakter der Verträge.

Die Genehmigungspflicht garantiert zumindest Schriftform für den an sich nicht formgebundenen Vertrag. Wenn die Praxis der VormGe eine Urkunde mit Unterwerfung des Mannes unter die sofortige Zwangsvollstreckung (§ 794 I Nr. 5 ZPO) fordern sollte (so wie sie im Schrifttum vielfach gefordert wird), wird sogar die Beurkundung (vgl. dazu §§ 49, 50 JWG) Regelform werden.

[3] Nicht genehmigungspflichtig sind Verträge, die zwar den Unterhalt des Kindes zum Gegenstand haben, jedoch nicht dessen Unterhaltsanspruch. Nicht genehmigungspflichtig ist danach insbesondere der Versorgungsvertrag, in dem der Vater Leistungen für das Kind zu Händen der (den Vater dann meist verschweigenden) Mutter verspricht, und zwar auch dann, wenn er als Vertrag zugunsten Dritter das Kind berechtigt. Vgl. KG, JW 1934, 2623. Vgl. auch *Brühl-Göppinger-Mutschler,* RdNr. 952.

Genehmigungspflichtig sind dagegen auch Prozeßvergleiche. Vgl. RGZ 56, 330 (333).

Nach Ans. von *Palandt-Diederichsen,* 3b zu § 1615e, soll auch ein Abfindungsvergleich über den Schadensersatzanspruch aus § 844 II der Genehmigungspflicht des § 1615e II unterliegen. A. A. AG Gemünden, FamRZ 1972, 659 mit Anm. *Bosch* (der § 1615e II wenigstens analog anwenden will).

Die Mutter des Kindes hat auch dann ein Beschwerderecht (aus § 57 I Nr. 9 FGG), wenn der Vertrag vom Amtspfleger abgeschlossen wird. Vgl. KG, ROLG 21, 276. Kein Beschwerderecht haben dagegen der Vater und die weiteren Verwandten väterlicherseits. Vgl. RGZ 56, 124; BayObLGZ 23, 228; KG, KGJ 20, A 136.

Präzisierende Verträge sind selten. So nahe auch der Gedanke liegt, den Unterhaltsanspruch im Einvernehmen miteinander (also vertraglich) zu präzisieren, so hinderlich wirken auch die gerichtliche Kontrolle und die mit dem Vertrag verbundene Bindung des Kindes (§ 323 IV ZPO bei Verträgen mit Unterwerfungsklausel). Die Praxis bevorzugt daher seit Jahrzehnten das einseitige deklaratorische Anerkenntnis des Mannes in vollstreckbarer Urkunde (§ 794 I Nr. 5 ZPO; zur Zuständigkeit auch des Jugendamtes für die Beurkundung vgl. §§ 49 I Nr. 2, 50 JWG), das die für die Zwangsvollstreckung notwendige „Markierung" des Anspruchs ebenso gewährleistet wie ein Vertrag, dessen Nachteile jedoch vermeidet.[4] *Ein derartiges Anerkenntnis enthält keinen Verpflichtungsgrund (andernfalls würde es auch am Vertragsprinzip des § 305 scheitern[5]); es ist eine rein prozessuale Erklärung,* deren materiellrechtliche Bedeutung sich in der Unterbrechung der Verjährung (§ 208) erschöpft.[6] Weil es nicht verpflichtet, ist auch die Frage nach der kausalen oder aber abstrakten Ausgestaltung gegenstandslos: Das Gesetz verpflichtet unmittelbar und allein; die Erklärung des Vaters abstrahiert weder von der gesetzlichen Verpflichtung noch nimmt sie das Bestehen der gesetzlichen Verpflichtung als Tatbestandselement einer rechtsgeschäftlichen Erklärung in sich auf.[7] Streitig ist, ob Anerkenntnisse minderjähriger Väter der Genehmigung des Vormundschaftsgerichtes gemäß § 1822 Nr. 5 bedürfen; richtiger Ansicht nach ist die Frage mangels eines verpflichtenden Vertrages zu verneinen.[8]

---

[4] Die Praxis wird in Frage gestellt von *Wiegel,* FamRZ 1971, 17ff. Ihm zufolge liegt dem einseitigen Akt des nichtehelichen Vaters in aller Regel ein (genehmigungspflichtiger) präzisierender Vertrag zugrunde. Doch beweist dies weder die von ihm angeführte Initiative des Jugendamtes noch die Vereinbarung eines bestimmten Unterhaltsbetrages vor dem Anerkenntnis. Nicht jede Vereinbarung trägt rechtsgeschäftlichen Charakter. Gegen *Wiegel* auch *Odersky,* II 3e zu § 1615e und FamRZ 1971, 137ff. (mit Ablehnung auch einer analogen Anwendung). Ebenso *Kumme,* ZBlJugR 1971, 290ff. Aus der Rspr. vgl. LG Berlin, FamRZ 1972, 316 (auch die der Erklärung vorangegangenen Verhandlungen schaffen in aller Regel keine Vereinbarung i. S. d. § 1615e) sowie KG, FamRZ 1973, 275 und LG Berlin, DAVorm. 1974, 460 (genehmigungspflichtige Vereinbarung dann gegeben, wenn eine vom gesetzlichen Normalfall abweichende, die besonders eingeschränkte Leistungsfähigkeit des Vaters berücksichtigende Unterhaltsregelung getroffen werden sollte).

[5] Vgl. dazu *Staudinger-Göppinger,* 82 zu § 1718 a. F. Er qualifiziert als empfangsbedürftige Willenserklärung, die von der Praxis in Rechtsfortbildung gegen § 305 entwickelt wurde.

[6] Hierzu auch *Brühl-Göppinger-Mutschler,* RdNrn. 904, 905. Unhaltbar *Niclas,* ZBlJugR 1970, 48 (Willenserklärung, weil der Anerkennende einen Prozeß vermeiden und so auf die Rechtslage einwirken wolle!).

[7] In Rspr. und Schrifttum herrscht viel Unklarheit. Zwar wird das einseitige deklaratorische Anerkenntnis meist (nicht immer!) anerkannt (vgl. die Nachw. bei *Staudinger-Göppinger,* 82 zu § 1718 a. F. und LG Köln, NJW 1969, 1907), doch wird in der Regel nicht näher qualifiziert, jedoch die Frage nach kausaler und abstrakter Ausgestaltung gestellt und damit mittelbar (gewollt?) ein verpflichtendes Rechtsgeschäft bejaht (so auch der BGH; vgl. BGHZ 1, 181 [183] und 17, 252). Ausdrücklich sprechen von einer deklaratorischen „Verpflichtungserklärung" LG Berlin, FamRZ 1971, 40; 1973, 316; DAVorm. 1974, 460; KG, FamRZ 1971, 41.

[8] Für Genehmigungszwang *Staudinger-Göppinger,* 85 zu § 1718; *Niclas,* ZBlJugR 1970, 47ff.; OLG Hamm, FamRZ 1961, 128; *Brühl-Göppinger-Mutschler,* RdNr. 950 („rechtsähnliche Anwendung").

3. Relativ selten sind auch ***abfindende Verträge,*** in denen der Berechtigte sein Rentenstammrecht gegen eine Abfindungssumme aufgibt. Sie bürden dem Abgefundenen das Risiko der Geldentwertung auf[9] und werden deshalb in Zeiten geringer Geldwertstabilität von den Jugendämtern und Vormundschaftsgerichten (zu deren Haftung vgl. oben § 44 I 6 und II 4; vgl. ferner für die Jugendämter unten § 65 V 2 und § 68 II 3) meist abgelehnt. Zweckmäßig kann die Vereinbarung einer Abfindungssumme (mit einem Risikoaufschlag) für das Kind bei Auswanderern und zurückkehrenden Ausländern sein.

Das Rentenstammrecht kann sofort erlöschen, aber auch erst mit Zahlung der Abfindungssumme; entscheidend ist der Parteiwille, der in aller Regel auf den späteren Zeitpunkt gerichtet sein wird.[10] Spätere Nachforderungen sind auch bei vollständigem Verlust der Abfindungssumme durch Geldentwertung ausgeschlossen. Der Gedanke, bei der Lehre vom Wegfall der Geschäftsgrundlage einsetzen zu können, scheitert am Leistungsvollzug; der Gedanke einer ergänzenden Vertragsauslegung (§ 157) wenigstens für den Katastrophenfall ist mit dem Vertragszweck einer endgültigen Regelung nicht zu vereinbaren.[11]

Kein Abfindungsvertrag (sondern ein Vergleich) liegt vor, wenn ein Mann dem Kind eine bestimmte Summe als Äquivalent für die Pflicht zahlt, ihn bei zweifelhafter Vaterschaft nicht als Erzeuger in Anspruch zu nehmen. Die Parteien regeln in diesem Fall nicht den Unterhaltsanspruch, der erst nach vorgängiger (gerade vermiedener) Vaterschaftsfeststellung ausgeübt werden könnte (§ 1600a Satz 2).[12]

4. Häufiger sind ***kapitalisierende Verträge.*** Sie belassen dem Berechtigten das Rentenstammrecht, führen aber eine Änderung der vom Gesetz vorgesehenen Leistungsmodalitäten herbei: An die Stelle der periodischen Zahlungen tritt eine

---

Wie der Text dagegen *Staudinger-Engler,* 93 zu §§ 1821, 1822; *Palandt-Diederichsen,* 6b zu § 1822; *Odersky,* FamRZ 1971, 137 (139); *Kumme,* ZBlJugR 1971, 290 (292); KG, FamRZ 1971, 41; LG Köln, DAVorm. 1971, 187 (unter Aufgabe seiner in der Entscheidung NJW 1969, 1907 vertretenen Ansicht).

[9] Vgl. dazu LG Göttingen, NJW 1954, 1330 (Verweigerung der Genehmigung mangels Vereinbarung eines Risikozuschlages).

[10] Der Vertrag ist in jedem Fall verpflichtender und verfügender Vertrag zugleich. Er verpflichtet zur Zahlung der Abfindungssumme und zur Preisgabe des Rentenstammrechtes (so daß die §§ 323 ff. anwendbar sind), verfügt aber auch sofort über dieses. Die Verfügungswirkung kann jedoch durch die Zahlung der Abfindungssumme bedingt sein.

[11] Die Diskussion kann heute als abgeschlossen gelten. Vgl. zu ihr aus dem jüngeren Schrifttum *Riedel,* NJW 1949, 539 und *Strucksberg,* NJW 1949, 741. Abfindende Verträge wurden bereits vom RG als Regelungen anerkannt, die jede Nachforderung ausschließen. Vgl. RGZ 106, 396; Warn. 1925 Nr. 104. Der BGH hat die Rspr. bestätigt. Vgl. BGHZ 2, 379 nach OLG Hamburg, MDR 1950, 614. Vgl. aber auch *Odersky,* IV 1 f zu § 1615e (Wegfall der Geschäftsgrundlage wenn überhaupt, so doch nur „in ganz seltenen Ausnahmefällen").

[12] Nach Ans. von *Odersky,* VI 1 zu § 1615e, soll sich die Genehmigungspflicht des § 1615e II jedoch bei sinngemäßer Anwendung auch auf solche Verträge erstrecken. Vgl. auch *Brühl-Göppinger-Mutschler,* RdNr. 914 (Abmachung nur ratsam, wenn von vornherein zu befürchten, daß der betreffende Mann nicht als Vater festgestellt werden kann).

einmalige Leistung, die gegen die Ansprüche des Berechtigten überhaupt oder doch jedenfalls für einen längeren Zeitraum verrechnet wird. Bei Entwertung des Kapitals muß der Verpflichtete erneut zahlen, weil der vereinbarte Verrechnungsmechanismus nicht mehr zur Erfüllung der geschuldeten Leistungen führt.

5. Abfindende und kapitalisierende Verträge scheiden sich am Fortbestand und Wegfall des Rentenstammrechtes;[13] die Interpretation zweifelhafter Verträge hat hier einzusetzen.[14] Der Vorbehalt von Nachforderungen für den Fall einer wesentlichen Änderung der wirtschaftlichen Verhältnisse[15] oder die Vereinbarung von Rückzahlungen bei vorzeitigem Tod des Berechtigten[16] sind etwa Indizien für einen kapitalisierenden Vertrag. Das Gleiche gilt für die Wahl eines begrenzten Regelungszeitraumes und für die Identität des gezahlten Betrages mit jener Summe, die sich als Kapitalisierung der Summe nach versicherungsmathematischen Grundsätzen ergibt.[17]

6. Kapitalisierende Verträge sind praktisch nur für eine gegenwärtig bestehende Unterhaltspflicht; sie werden fast ausschließlich für den Unterhaltsanspruch des Kindes gegen seinen Vater bedeutsam werden. Abfindende Verträge können dagegen auch latente Unterhaltspflichten ablösen und eignen sich deshalb auch zur endgültigen Bereinigung aller (wechselseitigen) unterhaltsrechtlichen Beziehungen zwischen den Parteien. In aller Regel wird sogar ein abfindender Vertrag als Rechtsgeschäft gedacht sein, das die Vertragspartner wechselseitig von allen Pflichten freistellt.

7. *Drittwirkungen.* Abfindende Verträge können als zweiseitige, aber auch als mehrseitige Verträge (etwa mit Beteiligung der Großeltern väterlicherseits) abgeschlossen werden. ***Der Abfindungsvertrag zwischen Vater und Kind ist meist ein zweiseitiges Geschäft mit den Wirkungen eines mehrseitigen;*** im Zweifel erstreckt sich der Vertrag auch auf die Unterhaltsansprüche des Kindes gegen die Verwandten des Vaters (§ 1615e III), aber auch auf die Ansprüche des Vaters gegen die Abkömmlinge des Kindes (§ 1615e IV analog[18]). Eine generelle Trennung des Kindes und seiner Abkömmlinge von den väterlichen Verwandten im Unterhalts-

---

[13] In beiden Fällen gehört die Existenz des Rentenstammrechtes zum Vertragsinhalt. Nach Revision der Vaterschaftsfeststellung kann der vermeintliche Vater daher alle Leistungen kondizieren. Ebenso MünchKomm-*Köhler,* 6 zu § 1615e. And. Ans. *Odersky,* V zu § 1615e (Wegfall der Geschäftsgrundlage).

[14] Und zwar ohne jede Tendenz. Dagegen wird (entgegen der praktischen Häufigkeitsverteilung) gern behauptet, daß im Zweifel ein Abfindungsvertrag anzunehmen sei. Vgl. *Dölle,* § 103 VI 3; *Staudinger-Göppinger,* 16 zu § 1714; *Brühl-Göppinger-Mutschler,* RdNr. 780.

[15] Vgl. dazu RG, JW 1930, 990 (Abfindungsvertrag bei Verzicht auch auf Nachforderungen bei Währungsverfall).

[16] Vgl. LG Lüneburg, NJW 1952, 104 mit Anm. *Schmeding.*

[17] Vgl. BGHZ 2, 379 (386).

[18] § 1615e berücksichtigt Unterhaltsansprüche gegen Abkömmlinge des Kindes überhaupt nicht, doch erzwingt das Gegenseitigkeitsprinzip eine analoge Anwendung des § 1615e auf sie. Vgl. *Odersky,* I 3b zu § 1615e.

recht tritt gleichwohl nicht ein. Es bleiben die Ansprüche der Abkömmlinge des Kindes, aber auch die Ansprüche der väterlichen Ascendenz. Die Drittwirkung des Vertrages zwischen Vater und Kind begünstigt zwar (vgl. dagegen das Vertragsprinzip in den §§ 516ff. und 397ff.), entzieht aber keine Rechte. Belastende Wirkungen für Dritte sind nur mit Rechtsgeschäften möglich, an denen sie selbst als Vertragspartner beteiligt sind. Ein (sicher oft gewünschter) totaler Abfindungsvertrag erweist sich damit sogar in aller Regel als gänzlich ausgeschlossen: Descendenz des Kindes kann jederzeit zu neuen Ansprüchen führen.

Die Begünstigung der Ascendenz des Vaters und der Descendenz des Kindes durch einen vom Vater geschlossenen Abfindungsvertrag ist eine Drittwirkung, die keiner besonderen Rechtfertigung im Verhältnis zum Vater bedarf (also niemals Bereicherungsansprüche auslöst). Ein Abfindungsvertrag ist stets ein Risikogeschäft, auch und gerade für die väterliche Ascendenz, die ja erst nach dem Vater schuldet, also zumeist mit Unterhaltspflichten gar nicht zu rechnen braucht. Sie darf nicht vom Vater im Wege der aufgedrängten Bereicherung zur Teilnahme an den Abfindungsleistungen gezwungen werden.

VII. Einstweilige Regelungen

Schrifttum: *Monz,* Die Frage der Anwendbarkeit der §§ 926, 936 ZPO bei der einstweiligen Verfügung nach § 1716 BGB, MDR 1961, 106; *Schmidt,* Nochmals: zur Frage der Anwendbarkeit usw., MDR 1962, 97; *Brühl,* Die einstweilige Anordnung im Vaterschaftsfeststellungsprozeß, FamRZ 1970, 226; *Bergerfurth,* Die einstweilige Anordnung im Vaterschaftsfeststellungsprozeß, FamRZ 1970, 362; *Leipold,* Grundlagen des einstweiligen Rechtsschutzes, 1971, S. 168; *Göppinger,* Einige Fragen zur einstweiligen Verfügung gemäß § 1615o BGB, FamRZ 1975, 196; *Büdenbender,* Der vorläufige Rechtsschutz durch einstweilige Verfügung und einstweilige Anordnung im Nichtehelichenrecht, 1975; *Lüderitz,* Einstweilige Sicherung des Unterhalts nichtehelicher Kinder, Festschrift *Bosch,* 1976, S. 613.

1. *Einstweilige Verfügung.* Altes Rechtsgut ist die Sicherung des väterlichen Anteils am Unterhalt für das erste Lebensquartal durch einstweilige Verfügung in § 1615o. Gewandelt hat sich der Normzweck: Früher galt es, akuten Notständen vorzubeugen; im Sozialstaat der Gegenwart sichern einstweilige Verfügungen nur noch die Rangordnung der Verpflichteten, vor allem aber das für die Sozialhilfe geltende Subsidiaritätsprinzip.

2. Zulässig ist bereits ein praenataler Antrag, gestellt von der Mutter (in Prozeßstandschaft[1] für den nasciturus als werdendes Rechtssubjekt; vgl. dazu unten § 70 III 1) oder einem der Leibesfrucht bestellten Pfleger (§ 1615o I 2).[2] Während

---

[1] Ebenso *Dölle,* § 108 III 1; *Staudinger-Göppinger,* 4 zu § 1716; MünchKomm-*Köhler,* 13 zu § 1615o. And. Ans. *Odersky,* III 2 zu § 1615o; *Brühl-Göppinger-Mutschler,* RdNr. 1606; *Engel,* Der Rückgriff des Scheinvaters wegen Unterhaltsleistungen, Diss. jur. Tübingen, 1974, S. 103 (gesetzliche Vertretung).

[2] Bei Geburt des Kindes während eines von der Mutter beantragten Verfahrens führt § 1709 i. V. m. § 1706 Nr. 2 zu einem Wechsel der Vertretungsbefugnis i. S. des § 241 I ZPO. Vgl. LG Düsseldorf, FamRZ 1975, 279 mit Anm. *Büdenbender* (S. 283).

sich der postnatale Antrag stets auf Zahlung richtet, begehrt der praenatale Antrag lediglich Hinterlegung des erforderlichen Betrages zu einem angemessenen Zeitpunkt vor der Geburt (mit Einwilligung in die Auszahlung nach der Geburt).[3]

Antragsgegner ist der Vater, wenn bereits ein Vaterschaftsanerkenntnis vorliegt. Antragsgegner ist im übrigen der Mann, der als Vater vermutet wird (§ 1600 o). Die einstweilige Verfügung durchbricht damit die Ausübungssperre des § 1600 a; die Vaterschaftsfeststellung verlagert sich in das summarische Verfahren der §§ 935 ff. ZPO (in dem der Anspruch nur „glaubhaft" dargelegt werden muß; vgl. §§ 936, 920 II ZPO). Verpflichtet ist nicht jeder Mann, der als Vater vermutet wird (denn dann könnte das Kind bei Mehrverkehr mehrere Männer in Anspruch nehmen). Verpflichtet ist nur, wer der Kindesmutter in der Empfängniszeit beiwohnte (Beweislast: Kind) und beim Gericht nicht „schwerwiegende Zweifel" an seiner Vaterschaft erwecken kann.[4]

Eine Gefährdung des Anspruchs (vgl. § 935 ZPO) braucht nicht glaubhaft gemacht zu werden (§ 1615 o III); der Normzweck ist Rechtfertigung der einstweiligen Verfügung genug. Er verbietet es auch, die §§ 926, 936 ZPO anzuwenden, dem Kind also Klagerhebung in bestimmter Frist aufzugeben.[5] Erweist sich später, daß der Antragsgegner nicht der Vater ist, so ist ihm der Erzeuger des Kindes aus der cessio legis des § 1615 b verpflichtet. Das Kind haftet (mangels Bereicherung) nicht aus den §§ 812 ff.; zum Schadensersatz (§ 945 ZPO) ist es nur insoweit verpflichtet, als der Antragsgegner seinen Anspruch gegen den Vater des Kindes nicht realisieren kann (vgl. dazu unten VIII 3).

3. *Einstweilige Anordnung.* Älteres Rechtsgut ist im Grunde genommen auch die Unterhaltsregelung durch einstweilige Anordnung im laufenden (positiven[6]) Ab-

---

[3] Der reine Sicherungszweck verbietet die Anordnung, Rückstände auszugleichen, nach Ablauf des dritten Monats nach der Geburt. Richtig *Büdenbender,* S. 63 f. und *Brühl-Göppinger-Mutschler,* RdNr. 1613. A. A. *Odersky,* II 2 zu § 1615 o (soweit zur Beseitigung gegenwärtiger Schwierigkeiten und der Notwendigkeit baldiger Erstattung verauslagter Beträge erforderlich); MünchKomm-*Köhler,* 11 zu § 1615 o (wenn schnelle Beitreibung zur Deckung des Nachholbedarfs dringend erforderlich); LG Düsseldorf, FamRZ 1972, 48 (bei gegenwärtiger konkreter Notlage).

[4] Ebenso *Odersky,* II 4 a zu § 1615 o; MünchKomm-*Köhler,* 6 zu § 1615 o; *Palandt-Diederichsen,* 2 zu § 1615 o; *Brühl-Göppinger-Mutschler,* RdNrn. 1608 und 1611; *Damrau,* FamRZ 1970, 295 Fn. 111. A. A. (Mehrverkehr nicht einzuwenden) *Brühl,* FamRZ 1970, 228 und 1975, 241 (Fn. 25); *Soergel-Lade,* 6 zu § 1615 o; OLG Köln, FamRZ 1972, 98.

[5] Vgl. *Monz,* MDR 1961, 106; *Staudinger-Göppinger,* 16 zu § 1716; *Dölle,* § 108 III 5; *Soergel-Lade,* 6 zu § 1615 o. And. Ans. *Schmidt,* MDR 1962, 97; *Odersky,* III 5 zu § 1615 o (nach Anerkennung der Vaterschaft Fristsetzung zur Erhebung der Unterhaltsklage, vorher Fristsetzung zur Erhebung der Statusklage); *Büdenbender,* S. 65. Differenzierend (§ 926 ZPO nur nach Vaterschaftsanerkennung) *Brühl-Göppinger-Mutschler,* RdNr. 1634 und *Göppinger,* FamRZ 1975, 196 (198).

[6] Auch die negative Klage wird einbezogen von *Brühl,* FamRZ 1970, 226. Wie der Text dagegen *Odersky,* II 1 a zu § 641 d ZPO; *Bergerfurth,* FamRZ 1970, 362; *Brühl-Göppinger-Mutschler,* RdNr. 1657; OLG Düsseldorf, FamRZ 1973, 212. Vgl. auch OLG Koblenz, FamRZ 1974, 383 (§ 641 d ZPO auch nicht im Rahmen des Verfahrens der Ehelichkeitsanfechtung).

stammungsprozeß. Erst das NEhelG hat sie normiert (§§ 641 d–g ZPO); entwikkelt wurde sie bereits früher aus § 940 ZPO.[7] Wird die Abstammungsklage alsbald nach der Geburt des Kindes erhoben, können mit einer Kombination von einstweiliger Verfügung (§ 1615 o) und einstweiliger Anordnung (§ 641 d ZPO) kontinuierliche Unterhaltsleistungen von der Geburt des Kindes an schon vor der Vaterschaftsfeststellung erreicht werden.

Antragsberechtigt ist das Kind während des gesamten Prozesses bis zur Rechtskraft des Urteiles; Verfahren von längerer Dauer bieten sich in erster Linie an (vgl. vor allem § 640 f ZPO), doch wird gerade in ihnen die Vaterschaft des Mannes oft nicht wahrscheinlich genug sein.

4. Das Kind hat den *Anspruch glaubhaft zu machen* und die Notwendigkeit einer einstweiligen Anordnung (§ 641 d II 3 ZPO). Das schwebende Verfahren muß damit summarisch zu Ende gedacht werden;[7a] eine einstweilige Anordnung ist zulässig, wenn die relative Wahrscheinlichkeit einer Vaterschaftsfeststellung größer ist als die der Abweisung der Klage.[8] Größere Anforderungen[9] verfehlen den Standort des summarischen Verfahrens im Gesamtprozeß; eine einstweilige Anordnung kann das Urteil nicht vorwegnehmen.[9a] Geringere Anforderungen verfehlen die Balance der Risiken, die auch ein summarisches Verfahren noch beachten sollte. Differenzierende Aussagen schließlich, die sich am Grade der Notwendigkeit schneller Hilfe orientieren (je größer die Not, desto geringer die Anforderungen[10]) oder auch an der Größe der Gefahr, das schließlich ohne Grund Geleistete endgültig einzubüßen (mit der Konsequenz geringerer Anforderungen, wenn lediglich Sicherheitsleistung angeordnet wird[11]), sind mit einem Wahr-

---

[7] Vgl. dazu *Staudinger-Göppinger*, 19ff. zu § 1716.

[7a] A. A. *Leipold*, S. 169f. (zu Beginn des Prozesses keine Vorausbeurteilung der Vaterschaft) und 172f. (bei Aussetzung Entscheidung nach bisherigem Beweisergebnis).

[8] Dem Text entspr. *Odersky*, II 3a zu § 641 d ZPO; *Brühl-Göppinger-Mutschler*, RdNr. 1640; *Damrau*, FamRZ 1970, 293 (bei Mehrverkehr erst, wenn ein erbbiologisches Gutachten vorliegt oder die Mehrverkehrszeugen durch Blutgruppen- oder Tragezeitgutachten ausgeschlossen sind); OLG Düsseldorf, FamRZ 1971, 380; KG, DAVorm. 1973, 378; OLG Stuttgart, DJ 1976, 16. Vgl. auch KG, NJW 1971, 331 (wenn „nach der Prozeßlage ein die Abstammung feststellendes Urteil mit gewisser Wahrscheinlichkeit zu erwarten").

[9] „Sehr strenge Anforderungen" stellt KG, FamRZ 1971, 44 (bei Mehrverkehr erst, wenn die Mutter Mehrverkehr verneinte und die Vaterschaft des Antragsgegners durch serologisches Gutachten nicht auszuschließen war).

[9a] Ist das Urteil bereits gefällt (jedoch noch nicht rechtskräftig), so ist freilich nur noch zu fragen, ob die Interessen des Kindes eine rasche Verwirklichung seines Unterhaltsanspruchs fordern. Vgl. *Leipold*, S. 171f.

[10] So *Lüderitz*, Festschrift Bosch, S. 613ff.

[11] So OLG Köln, FamRZ 1971, 382; OLG Karlsruhe, DAVorm. 1973, 479; *Köhler*, S. 163; *Lüderitz*, Festschrift Bosch, S. 619f.; *Leipold*, FamRZ 1973, 70. Vgl. ferner KG, DAVorm. 1971, 300 („dies" gilt zumindest dann, wenn es um Sicherheitsleistung geht); OLG Köln, DAVorm. 1971, 303 („dies" gilt sogar, wenn es um Zahlung geht). Wie der Text gegen die Differenzierung *Brühl*, FamRZ 1970, 230; *Damrau*, FamRZ 1970, 294 Fn. 106; *Brühl-Göppinger-Mutschler*, RdNr. 1653; *Büdenbender*, S. 117ff.

scheinlichkeitsurteil als bindenden Maßstab nicht zu vereinbaren: Die Frage, ob etwas zu glauben ist (weil es glaubhaft gemacht wurde) kann nicht sinnvoll auf die Not des Kindes oder die Art der Rechtsfolge bezogen werden.

5. Die einstweilige Anordnung kann auf *Zahlung* lauten (auch eines Prozeßkostenvorschusses für die Abstammungsklage als Sonderbedarf[12]), aber auch auf bloße *Sicherheitsleistung*.[13] Da der Not des Kindes mit Sicherheitsleistungen nicht begegnet werden kann, dienen sie ausschließlich den Interessen Dritter, die aus anderer Position heraus (insbesondere als Verwandte mütterlicherseits) dem Kind Unterhalt gewähren, jedoch nach einer cessio legis (§ 1615b) Regreß beim nichtehelichen Vater nehmen können.

Unterschiedlich muß demzufolge die Antwort auf die Frage sein, ob eine einstweilige Anordnung notwendig ist. Gilt es, wirtschaftlicher Not des Kindes zu begegnen, so ist die Zahlung anzuordnen, wenn das Kind andere Verwandte nicht oder doch nur mit zweifelhaftem Erfolg (etwa, weil die Leistungsfähigkeit bestritten ist) in Anspruch nehmen kann[14] (während die Möglichkeit, Sozialhilfe zu beziehen, stets belanglos ist;[15] es handelt sich lediglich um eine Ordnung innerhalb des Privatrechtes). Notwendig ist die Anordnung der Sicherheitsleistung dagegen bereits dann, wenn den anderen Verwandten Unterhaltsleistungen ohne Sicherung des Regresses nicht zugemutet werden können[16] (etwa, weil die wirtschaftliche Situation des potentiellen Regreßschuldners unsicher ist).

6. Die *Höhe des Unterhaltes* regelt das Gericht; notwendig ist die Fixierung auf einen bestimmten Betrag: Es gibt keine Verpflichtung zur Leistung des Regelunterhaltes kraft einstweiliger Anordnung. Die Daten werden vom materiellen Recht gesetzt: Sinn der einstweiligen Anordnung ist es, dem Kind schnell Unter-

---

[12] Vgl. *Brühl,* FamRZ 1970, 222; *Bergerfurth,* FamRZ 1970, 363 Fn. 18; KG, FamRZ 1971, 44. A. A. *Odersky,* II 4 zu § 641 d ZPO (nicht notwendig, wenn dem Kind das Armenrecht gewährt werden kann; das aber ist stets möglich) sowie *Brühl-Göppinger-Mutschler,* RdNr. 1654 (erfaßt wird nur der Lebensbedarf im engeren Sinne).

[13] Auf Rückstände darf sich die Anordnung nie erstrecken. Vgl. *Odersky,* II 2b zu § 641 d ZPO; *Brühl,* FamRZ 1970, 227; *Büdenbender,* S. 122ff.; KG, DAVorm. 1971, 97 (101); OLG Schleswig, DAVorm. 1972, 148 (149).

[14] Das entspricht der h. L. und Rspr. Vgl. *Brühl-Göppinger-Mutschler,* RdNr. 1651; *Büdenbender,* S. 105ff.; *Lüderitz,* Festschrift Bosch, S. 622f.; OLG Oldenburg, DAVorm. 1971, 304; OLG Schleswig, DAVorm. 1972, 148; OLG Stuttgart, DAVorm. 1972, 149. A. A. jedoch OLG Braunschweig, DAVorm. 1971, 301; anscheinend auch *Thomas-Putzo,* Zivilprozeßordnung, 10. Aufl. 1978, 2c zu § 641 d ZPO (die zum Beweis angeführte Entscheidung OLG Hamburg, ZBlJugR 1976, 367 betrifft einen Fall der Sicherheitsleistung).

[15] Vgl. dazu *Brühl,* FamRZ 1970, 229; *Damrau,* FamRZ 1970, 294; *Brühl-Göppinger-Mutschler,* RdNr. 1642; OLG Frankfurt, FamRZ 1971, 380; OLG Karlsruhe, DAVorm. 1973, 379; OLG Koblenz, FamRZ 1975, 230; OLG Hamburg, ZBlJugR 1976, 367; *Odersky,* II 2d zu § 641 d ZPO; *Lüderitz,* Festschrift Bosch, S. 618. A. A. jedoch OLG Düsseldorf, FamRZ 1975, 504 (zu einem auf Zahlung gerichteten Antrag) mit abl. Anm. *Büdenbender.*

[16] Vgl. dazu *Lüderitz,* Festschrift Bosch, S. 622f.

halt zu sichern; Sinn der einstweiligen Anordnung ist es dagegen nicht, die Höhe des Unterhaltes frei zu bestimmen.[17]

7. Einstweilige Anordnungen können geändert oder aufgehoben werden; in der Regel treten sie erst außer Kraft, wenn das Kind gegen den Vater einen endgültigen Vollstreckungstitel erlangt hat (vgl. dazu § 641 e I ZPO; anders als bei der einstweiligen Verfügung kann hier dem Kind gemäß Abs. II eine Frist gesetzt werden).

8. Wird die Abstammungsklage abgewiesen, so schuldet das Kind dem Mann *Schadensersatz* aus § 641 g ZPO. Die dem § 945 ZPO nachgebildete Norm ist alsbald heftig kritisiert worden. Sie belastet das Kind indessen nur, wenn sich der Mann nicht aus dem auf ihn übergegangenen Unterhaltsanspruch gegen den Vater befriedigen kann (vgl. dazu unten VIII 3). Dieses Risiko trägt zu vollem Recht ein Kind, das Leistungen eines Mannes entgegennahm, der ihm zu nichts verpflichtet war.

VIII. Cessio legis

Schrifttum: *Stolterfoth,* Der Scheinvater-Regreß, FamRZ 1971, 341; *Engel,* Der Rückgriff des Scheinvaters wegen Unterhaltsleistungen, Diss. jur. Tübingen, 1974.

1. Das allgemeine Unterhaltsrecht verwendet die cessio legis als Regreßmechanismus lediglich zugunsten nachrangig Verpflichteter, die zur Leistung angehalten wurden, weil die Rechtsverfolgung gegen den mit Vorrang Haftenden im Inland ausgeschlossen oder doch erheblich erschwert war; Regreß wird im übrigen von privaten Dritten nach den Regeln der Geschäftsführung ohne Auftrag und der ungerechtfertigten Bereicherung genommen (vgl. dazu oben § 41 V 4 und 5). Das Nichtehelichenrecht greift weiter aus in § 1615 b; allgemeiner Regreßmechanismus ist die cessio legis aber auch hier nicht.

2. ***Begünstigte.*** Den Unterhaltsanspruch des Kindes gegen den Vater erwirbt jeder (potentiell) unterhaltspflichtige Verwandte, der dem Kind an Stelle des Vaters Unterhalt gewährte (in erster Linie die Mutter). Legalzessionar ist ferner der Ehemann der Mutter (und damit Stiefvater des Kindes), mag er nun geleistet haben in der irrigen Annahme, selbst der Vater zu sein, mag auch die Vaterschaft eines anderen außer Streit gestanden haben; er handelt stets „an Stelle des Vaters" und nie aus der Position eines außenstehenden Dritten.[1] Die cessio legis kommt schließlich allen zugute, die „als Vater" das Kind unterhalten haben: Der Ehemann der Mutter ist hier zu nennen mit seinen Unterhaltsleistungen vor erfolgreicher Ehelichkeitsanfechtung (vgl. für ihn schon oben § 45 VIII 2 ff.), ferner der

[17] Richtig OLG Braunschweig, DAVorm. 1971, 301 (303).

[1] A. A. *Engel,* S. 20 ff.; *Beitzke,* FamRZ 1974, 641, mit Beschränkung der Legalzession auf die Fälle der Zahlung in der Überzeugung der Verpflichtung.

als nichtehelicher Vater in Anspruch genommene Mann, dem es später gelang, sich der Vaterschaft zu entledigen (Restitutions- oder Nichtigkeitsklage, Anfechtung des Anerkenntnisses), sodann diejenigen, die lediglich eine einstweilige Verfügung oder eine einstweilige Anordnung zu Leistungen zwang. Auch sie zahlten „als Vater",[2] obwohl eine Vaterschaftsfeststellung dann doch nicht erfolgte (§ 1600a!): Einstweilige Regelungen durchbrechen die Ausübungssperre; sie sind Vorwirkungen der Vaterschaft und entsprechen gerade deshalb § 1615b II.

Nicht begünstigt sind alle anderen, die dem Kind an Stelle des Vaters Unterhalt geleistet haben, und sei es auch (vor der Vaterschaftsfeststellung) in der irrigen Annahme, Vater zu sein.[3] Nicht begünstigt sind auch alle, die an Stelle der Mutter Unterhalt leisteten. Der Normzweck ist eindeutig, ein Analogieschluß nicht möglich:[4] Das Gesetz weist die Regreßmechanismen nach Erfahrungssätzen zu; cessio legis gilt bei größerer Häufigkeit der Ersatzleistung; von einer unbewußten Regelungslücke kann nicht die Rede sein.

3. *Verhältnis zu anderen Ansprüchen.* Jede cessio legis schließt den Regreß auf den Vater mit Ansprüchen aus § 812 und aus § 683 aus (vgl. dazu oben § 41 V 4). Bereicherungsansprüche gegen das Kind sind selten gegeben (vgl. oben § 45 VIII 6); selten kann auch nur der aus einer einstweiligen Regelung verpflichtete Mann Schadensersatz vom Kind verlangen (§§ 945, 641g ZPO). Die h. L. gesteht freilich dem Mann stets Wahlfreiheit zwischen dem Regreß auf den Vater und Schadensersatz vom Kind zu: Unterhaltsanspruch und Schadensersatzanspruch sind ihr gleichgeordnete Regreßformen (mag sie auch das Kind beklagen und de lege ferenda eine nur subsidiäre Haftung fordern).[6] Sie übersieht indessen, daß der durch cessio legis erworbene Anspruch bereits eine Leistung aus dem Vermögen des Kindes ist, die das Gesetz dem Mann erfüllungshalber zuweist.[7] Schadensersatz schuldet das Kind daher nur, wenn der Unterhaltsanspruch nicht verwirklicht werden kann, sei es nun, weil der Vater des Kindes nicht festzustellen, sei es auch, weil er nicht zahlungsfähig ist. Der Mann hat in diesen Fällen

---

[2] Ebenso *Brühl,* FamRZ 1966, 545; *Palandt-Diederichsen,* 2 zu § 1615b; *Odersky,* II 2 zu § 1615b; MünchKomm-*Köhler,* 2 zu § 1615b.

[3] A. A. *Palandt-Diederichsen,* 2 zu § 1615b; MünchKomm-*Köhler,* 2 zu § 1615b; *Odersky,* II 2 zu § 1615b; *Brühl-Göppinger-Mutschler,* RdNr. 822; *Engel,* S. 19.

[4] A. A. *Beitzke,* § 24 V 2.

[6] Vgl. *Lüderitz,* FamRZ 1966, 619f.; *Brüggemann,* FamRZ 1969, 125; *Reinheimer,* FamRZ 1969, 390; *Dieckmann,* JuS 1969, 161; *Bosch,* FamRZ 1970, 161 Fn. 44. Abweichend von dieser Lehre will *Odersky,* II 4c zu § 641g ZPO, Schadensminderung bereits dann annehmen, wenn es „voraussichtlich in Kürze gelingen kann, von dem Dritten Zahlung zu erlangen". Dieses Kriterium dürfte aber wenig brauchbar sein.

[7] Ausdrücklich dagegen *Engel,* S. 107 Fn. 464 (mit S. 90ff.). Er sondert (grundsätzlich zu Recht) die Legalzession zum Zweck des Rückgriffs von der anderen zum Zweck der Befriedigung und weist diejenige des § 1615b der ersteren zu. Doch ist gerade in den Fällen des § 641g ZPO stets ein Anspruch des Legalzessionars (Mannes) gegen den Legalzedenten (Kind) gegeben (eben der auf Schadensersatz).

dem leistenden Kind den durch cessio legis erworbenen Anspruch gegen den Vater gemäß § 812 (condictio causa finita) zu zedieren.[8]

4. ***Rückgriffsschranken.*** Der Legalzessionar kann den Anspruch nicht zum Nachteil des Kindes geltend machen (§ 1615b I 2); er ist also mit seiner Klage als z. Z. unbegründet abzuweisen, wenn die Durchsetzung seines Anspruches die (zukünftigen) Ansprüche des Kindes gegen seinen Vater schmälern würde. Der Legalzessionar unterliegt ferner den Billigkeitsschranken des § 1615i I (Stundung; vgl. dazu § 644 ZPO) und II (Erlaß) mit Berücksichtigung auch seiner Bedürfnisse und seiner wirtschaftlichen Verhältnisse: Vorteile des Vaters im Verhältnis zum Kind setzen sich fort in Vorteilen des Vaters gegenüber dem Rechtsnachfolger des Kindes, obwohl zwischen ihnen besondere Rücksichtspflichten nicht bestehen (§ 1615i III; zu den Schranken vgl. oben V 2 und 3).

Begünstigt wird durch die Subrogationsklausel der nachrangig Verpflichtete, in letzter Instanz also die öffentliche Hand; begünstigt ist niemals das Kind, dessen Unterhalt stets sichergestellt ist (und sei es auch durch die Sozialhilfe). Begünstigt wird durch die Billigkeitsschranken allein der Vater. Das eine wie das andere ist sachlich verfehlt, wenn ein Mann betroffen wird, der „als Vater" geleistet hat, den Unterhaltsanspruch des Kindes also nach § 1615b II erwarb. Mag es noch angängig sein, Legalzessionare zu benachteiligen, die selbst dem Kind unterhaltspflichtig sein können, und andere, die freien Willens den Unterhalt übernahmen (Stiefvater), so fehlt doch jeder sachliche Grund für die Entrechtung aller, die kraft Gesetzes oder kraft Richteraktes zu Leistungen gezwungen wurden, die sie an sich nicht schuldeten (vgl. dazu schon oben § 45 VIII 4). Eine Restriktion wenigstens der Billigkeitsschranken wäre an sich möglich (der Normtext des § 1615i III entspricht lediglich § 1615b I und die Analogie des Abs. II muß nicht auch unbedingt für § 1615i III gelten),[9] von der Rechtsprechung ist sie jedoch ebensowenig zu erwarten wie vom Gesetzgeber (der die Restriktion nicht wollte): Fairneß für Männer, die fremde nichteheliche Kinder unterhielten, ist eine Forderung, der die Rechtsprechung schon vor dem NEhelG nicht immer entsprach.

§ 60. Ansprüche der Mutter gegen den Vater

Schrifttum: *Grasnick,* Ansprüche der Mutter gegen den Vater ihres unehelichen Kindes, NJW 1966, 1389; *Brühl,* Die Ansprüche der Kindesmutter gegen den Schwängerer im Referentenentwurf, FamRZ 1967, 130; *Brüggemann,* Die Ansprüche der Mutter gegen den außerehelichen Schwängerer, FamRZ 1971, 140; *Büdenbender,* Der Anspruch der freiberuflich tätigen Mutter eines nichtehelichen

[8] Die h. L. muß § 255 analog anwenden. Vgl. *Odersky,* II 4c zu § 641g ZPO. Vgl. aber auch *Engel,* S. 108ff. (Gesamtschuld). Wie der Text *Stein-Jonas-Schlosser,* 3 zu § 641g ZPO.

[9] Anders MünchKomm-*Köhler,* 10 zu § 1615b und 13 zu § 1615i.

Kindes gegen den Kindesvater auf Ersatz der Unkosten für einen „Berufsvertreter", FamRZ 1974, 410.

I. Inhalt

1. *Entbindungskosten.* Der Vater schuldet der Mutter die Kosten der Entbindung[1] und Ersatz aller weiteren Aufwendungen, die infolge der Schwangerschaft und der Entbindung notwendig werden (Arztkosten, Kosten durch Unterbrechung einer Ausbildung, Aufwendungen für eine Vertretung in freiberuflicher Praxis,[2] dagegen nicht: Aufwendungen für den eigenen Unterhalt und die zum Unterhalt des Kindes gehörenden Kosten der Erstausstattung des Kindes); er ist (endgültig) nicht verpflichtet, wenn und soweit die Kosten durch Leistungen des Arbeitgebers der Frau oder durch Versicherungsleistungen (tatsächlich) gedeckt werden (§ 1615k).[3]

Der Anspruch mag in Teilen dem Lebensbedarf der Mutter zugekehrt sein, geht jedoch weit über ihn hinaus und ist deutlich vom Anspruch aus § 1615l abgesetzt. Es handelt sich mithin nicht um einen Unterhaltsanspruch (mag auch die vierjährige Verjährungsfrist in Abs. II der Verjährung von Unterhaltsansprüchen entsprechen).[4] Nichteheliche Zeugung begründet aber auch keinen deliktischen Anspruch (andernfalls wäre auch die Verjährungsfrist irregulär). So bleibt nur die Deutung als *Ersatzanspruch sui generis,*[5] auf den Normen des Unterhaltsrechtes auch analog nicht anzuwenden sind: Leistungsfähigkeit des Vaters und Bedürftigkeit der Mutter sind belanglos; ein antezipierter Erlaß ist möglich;[6] Verwandte, die anstelle des Vaters leisten, genießen die cessio legis des § 1607 II nicht;[7] eine Pfändung ist nicht ausgeschlossen.[8]

---

[1] Anstaltsentbindung ist in allen Fällen ersatzfähig. Vgl. schon LG Bielefeld, NJW 1960, 2244. Ersparte Eigenkosten sind dann abzuziehen. Vgl. MünchKomm-*Köhler,* 1 zu § 1615k.

[2] Vgl. LG Waldshut, NJW 1973, 1417; *Odersky,* II 5 zu § 1615k; MünchKomm-*Köhler,* 2 zu § 1615k. And. Ans. (zu § 1615l gehörig) *Palandt-Diederichsen,* 2 zu § 1615l; *Büdenbender,* FamRZ 1974, 410. Differenzierend (§ 1615l, wenn ohne Ersatzkraft der Unterhalt der Mutter nicht mehr gewährleistet wäre) *Brüggemann,* FamRZ 1971, 147f.

[3] Soweit die Aufwendungen variabel sind, hat die Mutter einen Anspruch, der sich allein an ihrer Lebensstellung orientiert; § 1615c ist nicht anzuwenden. Gl. Ans. *Odersky,* II 1 zu § 1615k; *Soergel-Lade,* 3 zu § 1615k. And. Ans. *Palandt-Diederichsen,* 2 zu § 1615k; MünchKomm-*Köhler,* 1 zu § 1615k. Vgl. ferner *Brüggemann,* FamRZ 1971, 143 (§ 1615c als Reflex der dem Kind geschuldeten Leistung; keine Trennung von Mutter und Kind).

[4] A. A. *Göppinger,* DRiZ 1970, 149 (eine Art Sonderbedarf). Konsequenz muß dann die Anwendung der §§ 1602, 1603 sein.

[5] Ebenso *Palandt-Diederichsen,* 2 zu § 1615k; MünchKomm-*Köhler,* 2 vor § 1615k; *Büdenbender,* FamRZ 1974, 410. Nichts wird gewonnen, wenn man den Anspruch „seinem Wesen nach" als Unterhaltsanspruch bezeichnet, zugleich aber feststellt, daß die Unterhaltsvorschriften keine Anwendung finden. So aber *Odersky,* 2 vor § 1615k.

[6] A. A. MünchKomm-*Köhler,* 4 zu § 1615k.

[7] A. A. *Odersky,* II 4 zu § 1615k; MünchKomm-*Köhler,* 4 zu § 1615k. Wie der Text *Brüggemann,* FamRZ 1971, 143.

[8] Vgl. *Brüggemann,* FamRZ 1971, 144f.

Die Belastung des Vaters mit den Entbindungskosten ist altes Rechtsgut, jedoch gerade deshalb problematisch. Sie beruht auf dem antiquierten Gedanken einer besonderen Verantwortung des Mannes für sexuellen Verkehr und seine Folgen und wird damit der Stellung der Frau in unserer Gesellschaft nicht mehr gerecht. Zwar mag der Anspruch, weil er im heterosexuellen Leben wurzelt, mit dem Gleichberechtigungsgrundsatz zu vereinbaren sein, *gerechter wäre jedenfalls eine Teilung der Entbindungskosten gewesen.*[9]

2. *Ordentlicher Unterhaltsanspruch.* Der Vater schuldet der Mutter ferner Unterhalt für die Dauer von sechs Wochen vor und acht Wochen nach der Geburt (§ 1615l Abs. I), und zwar nach den Regeln des Verwandtenunterhaltes (Abs. III Satz 1). Leistungsfähigkeit und Bedürftigkeit sind hier also Voraussetzung. Mithin ist auch eine Einordnung der Mutter in die Ordnung der Unterhaltsberechtigten (gegenüber dem Vater) notwendig und eine Einordnung des Vaters in die Ordnung der Unterhaltsverpflichteten (gegenüber der Mutter). Geschont wird dabei die eheliche Kleinfamilie des Vaters: Die Mutter ist der Ehefrau und minderjährigen unverheirateten Kindern (damit auch ihrem eigenen nichtehelichen Kind) nachgeordnet (und wird deshalb oft keinen Anspruch haben). Geschont werden umgekehrt aber auch die nächsten Verwandten der Mutter: Der Vater ist mit Vorrang vor ihnen verpflichtet (Abs. III Satz 2 und 3).

Nicht bedacht wurde in der Ordnung der Verpflichteten der frühere oder gegenwärtige Ehemann der Mutter. Der Vorteil der Verwandten muß indessen bei folgerichtiger Entfaltung des Normzweckes auch sein Vorteil sein.[10] Es gibt kein Sachargument, das die Entlastung der Verwandten rechtfertigt, die Entlastung des Ehemannes aber ausschließt.

3. *Außerordentlicher Unterhaltsanspruch.* Mit den nämlichen Modalitäten schuldet der Vater der Mutter Unterhalt für einen weiteren Zeitraum vor und nach der Entbindung, „soweit die Mutter einer Erwerbstätigkeit nicht nachgeht, weil sie infolge der Schwangerschaft oder einer durch die Schwangerschaft oder die Entbindung verursachten Krankheit dazu außerstande ist" (§ 1615l II 1), aber auch, „wenn die Mutter nicht oder nur beschränkt erwerbstätig ist, weil das Kind andernfalls nicht versorgt werden könnte" (Abs. II Satz 2). Die Pflicht beginnt frühestens vier Monate vor der Geburt und endet spätestens ein Jahr nach ihr; in diesem zeitlichen Rahmen entscheiden die Umstände des Einzelfalles.

Berechtigt sind nur Mütter, die andernfalls erwerbstätig gewesen wären, mögen sie auch noch keine Erwerbstätigkeit ausgeübt haben, weil die Schwanger-

[9] A. A. *Grasnick,* NJW 1966, 1390; *Brühl,* FamRZ 1967, 131; *Brüggemann,* FamRZ 1971, 141 (die von ihnen gewünschte Kompensation der psychischen und physischen Belastungen der Frau wird gerade feinfühlige Frauen peinlich berühren).

[10] Ebenso *Odersky,* II 8c zu § 1615l; MünchKomm-*Köhler,* 4 zu § 1615l. Dagegen meint *Brühl,* FamRZ 1967, 133, daß eine vorrangige Haftung des Schwängerers bei Leistungsfähigkeit des Ehemannes absurd sei. Für einen Vorrang des (auch geschiedenen!) Ehemannes ferner *Brüggemann,* FamRZ 1971, 146f.

schaft den Eintritt in das Berufsleben verhinderte.[11] ***In dieser Gestalt vereinigt der Anspruch Elemente des Unterhaltsrechtes mit anderen des Schadensausgleiches:*** Berechtigt ist nur, wer bedürftig ist (also seinen Unterhalt nicht aus den Einkünften oder dem Stamm des Vermögens decken kann[12]); berechtigt ist der Bedürftige indessen nur, wenn gerade die nichteheliche Zeugung (und nicht ein anderer Umstand, etwa eine Krankheit, die auch sonst möglich gewesen wäre) zum Verlust eigenen Verdienstes führte.

Dieser Mischung verschiedener rechtlicher Elemente entspricht eine eigentümliche Einschränkung der sozialpolitischen Ziele. Man will die nichteheliche Mutter vor bedrängten wirtschaftlichen Verhältnissen bewahren (und damit auch die Zahl der Fehl- und Totgeburten verringern), aber man sichert nur die wegen einer Erwerbstätigkeit meist ohnehin schon besser Gesicherte. Man dachte auch an den besonderen Wert einer intensiven Beziehung zwischen Mutter und Kind im ersten Lebensjahr, aber man fördert sie nicht, sondern akzeptiert sie nur als Folge widriger Umstände: Mutterpflicht geht der Erwerbspflicht zwar vor, jedoch nur dann, wenn diese Pflichtenordnung unabdingbar ist, weil andernfalls das Kind nicht versorgt werden könnte (und wann wird das schon der Fall sein?).[13]

4. ***Tot- und Fehlgeburten.*** Die Ansprüche der Mutter bestehen auch, wenn das Kind tot geboren wird oder eine Fehlgeburt (rechtmäßige Schwangerschaftsunterbrechung erfüllt den Tatbestand[14]) erfolgt.[15] Für Fehlgeburten hat erst das NEhelG (nach Vorbereitung durch das Schrifttum) nachgegeben; zuvor herrschte eine (fast unverständliche) Furcht vor provozierten Abtreibungen, freilich auch die Sorge um eine verläßliche Feststellung der Empfängniszeit (für die die §§ 1600o II Satz 2 und 1592 gewiß nicht gelten) und des Erzeugers. Doch ist das Alter einer Leibesfrucht (und damit der Konzeptionstermin) in der Regel nicht eben schwer zu bestimmen. Die Schwierigkeiten bei der Vaterschaftsfeststellung aber werden ohnehin zum größten Teil von der Mutter des Kindes

---

[11] Vgl. ***Brühl,*** FamRZ 1967, 132.

[12] Zust. MünchKomm-*Köhler,* 11 zu § 1615l. And. Ans. (aber sicher irrig) ***Brühl,*** FamRZ 1967, 131. Gegen ihn auch ***Odersky,*** IV 3 zu § 1615l.

[13] Der RegE forderte nur, daß die Erwerbstätigkeit „nicht zumutbar" sei und eröffnete damit einen weit größeren Rahmen (den *Soergel-Lade,* 2 zu § 1615l, für geltendes Recht hält). ***Brühl,*** FamRZ 1967, 132, wollte sogar eine freie Entscheidung der Mutter für die Betreuung des Kindes genügen lassen. Ihm haben sich für das geltende Recht wenigstens weithin ***Odersky,*** IV 1b zu § 1615l, und MünchKomm-*Köhler,* 13 zu § 1615l (Anspruch schon dann, wenn niemand das Kind ebenso gut wie die Mutter versorgen könnte), angeschlossen. Dem Text entsprechend *Palandt-Diederichsen,* 2 zu § 1615l; ***Brüggemann,*** FamRZ 1971, 145f.

[14] Ebenso ***Brüggemann,*** FamRZ 1971, 142; AG Brake, FamRZ 1976, 288; MünchKomm-*Köhler,* 9 zu § 1615n; *Palandt-Diederichsen,* 2 zu § 1615n. An sich anders, jedoch mit analoger Anwendung des § 1615n, ***Odersky,*** III 3d zu § 1615n.

[15] Die Mutter kann aus § 1615k (weitere Aufwendung) auch die Kosten der Bestattung der Leibesfrucht oder des Kindes fordern.

getragen: Die Vaterschaft des Beklagten ist zwar nur incidenter festzustellen (vgl. dazu unten II 1), jedoch nach den Grundsätzen des § 1600o.

5. *Tod des Vaters.* Die Ansprüche der Mutter bestehen selbst dann, wenn der Vater vor der Geburt des Kindes starb (§ 1615n Satz 1); *mit der Zeugung entsteht zwischen den Eltern eine Rechtslage, in die der Erbe des Vaters einrückt.* Der Unterhaltsanspruch der Mutter endet auch nicht mit dem Tode des Vaters (§ 1615l III Satz 5); er ist also passiv vererblich.

Alle Verpflichtungen der Erben sind Nachlaßverbindlichkeiten in der Form von Erblasserschulden, die allen Erbfallschulden (insbesondere allen Pflichtteilsansprüchen) vorgehen. Eine Haftungsbeschränkung auf den Nachlaß ist jederzeit möglich.

6. *Tod der Mutter.* Stirbt die Mutter infolge der Schwangerschaft oder der Entbindung, so hat der Vater die Kosten der Beerdigung (nicht mehr: der Grabpflege) zu tragen, soweit ihre Bezahlung nicht von den Erben der Mutter zu erlangen ist (§ 1615m). Gläubiger ist, wem die Kosten erwuchsen, sei es nun durch eigene Leistungen, sei es auch durch Rechtsgeschäfte, die einen Dritten gegen Entgelt zur Bestattung verpflichteten. Hier wie dort erwächst dem Vater ein Ersatzanspruch gegen den (mit Vorrang gemäß § 1968 haftenden) Erben der Mutter: Die subsidiäre Verpflichtung des Vaters soll die Gläubiger begünstigen, nicht die Erben.[16]

II. Ausübung

1. *Ausübungssperre.* Alle Ansprüche der Mutter richten sich gegen den Vater und unterliegen damit grundsätzlich der Ausübungssperre des § 1600a Satz 2 (erst mit deren Wegfall beginnt die Verjährung[1]). Sie sind freilich bei Tot- und Fehlgeburten ohne vorgängige Vaterschaftsfeststellung (damit positiv: mit Inzidentfeststellung in einem Verfahren ohne besondere Garantien) geltend zu machen: Von einem ,,Vater" kann insoweit nur sehr bedingt die Rede sein; ein förmliches Feststellungsverfahren allein um der Ansprüche der Mutter willen widerspricht zudem der Teleologie und der näheren Ausgestaltung der §§ 1600a ff.[2] Gleichgültig ist, ob das Kind bei der Geburt zunächst dem Ehemann

---

[16] Der Ersatzanspruch kann unmittelbar aus der Norm gefolgert werden. Des Rückgriffs auf § 1607 II (der Erbe muß nicht Verwandter sein!) oder auf die Regeln der §§ 683ff. oder §§ 812ff. bedarf es nicht. A. A. *Odersky,* IV 2 zu § 1615m; MünchKomm-*Köhler,* 4 zu § 1615m.

[1] Im Ergebnis unstr. Die h. L. stützt sich auf § 202 I (obwohl die Ausübungssperre keine Einrede begründet). Vgl. *Odersky,* V zu § 1615k; *Palandt-Diederichsen,* 3 zu § 1615k; *Firsching,* Rpfleger 1970, 47; *Soergel-Lade,* 7 zu § 1615k. Nach a. A. soll § 203 I anwendbar sein. Vgl. *Brüggemann,* FamRZ 1971, 145. In Wahrheit folgt die Aussage bereits aus § 198; ,,entstanden" ist ein Anspruch im Recht der Verjährung erst, wenn er ausgeübt werden kann.

[2] Für Totgeburten wird eine förmliche Vaterschaftsfeststellung gefordert von *Jansen-Knöpfel,* S. 229; *Brühl,* FamRZ 1967, 131; *Odersky,* III 2 zu § 1615n. Wie der Text MünchKomm-*Köhler,* 7 zu § 1615n.

der Mutter als eheliches Kind zuzurechnen gewesen wäre; § 1593 hindert nicht: Der Personenstand eines Kindes wird nicht in Zweifel gezogen; eine Ehelichkeitsanfechtung für Tot- und Fehlgeburten ist dem geltenden Recht fremd (vgl. dazu schon oben § 45 I 4 Fn. 3).

2. *Einstweilige Verfügung.* Der sozialpolitische Zweck der Ansprüche fordert eine zügige Rechtsverfolgung, die selbst die Möglichkeit eines praenatalen Leistungszwanges in sich einschließt. Ausübungssperre und Leistungsklage wirken dagegen verzögernd. Das Gesetz überbrückt die Dissonanz mit einstweiligen Verfügungen, deren Risiko die Mutter trägt (§ 945 ZPO). Auch ohne Gefährdung der Ansprüche (also entgegen § 935 ZPO) kann auf Antrag der Mutter angeordnet werden, daß jener Mann, der die Vaterschaft anerkannt hat, oder jener Mann, der als Vater des Kindes vermutet wird (§ 1600 o), die voraussichtlich von ihm zu leistenden Beträge an die Mutter zu zahlen hat; auch kann die Hinterlegung eines angemessenen Betrages (also nicht des Gesamtbetrages) angeordnet werden (§ 1615 o II und III). § 926 ZPO (Bestimmung einer Klagfrist) gilt nur, wenn die Vaterschaft bereits festgestellt ist (insbes. durch praenatale Anerkennung);[3] im übrigen liegt die Vaterschaftsfeststellung als Voraussetzung einer erfolgreichen Leistungsklage nicht in der Hand der Mutter.

3. *Leistungen für die Vergangenheit.* Einstweilige Verfügungen sind bislang selten gewesen und werden vermutlich Ausnahmeerscheinungen bleiben (notfalls steht der Mutter die öffentliche Sozialhilfe zur Verfügung, die freilich auf das für sie geltende Subsidiaritätsprinzip hinweisen kann). Im Regelfall werden jedenfalls bei streitiger Vaterschaft die geschuldeten Beträge erst nach der Vaterschaftsfeststellung geltend gemacht. Das ist belanglos für die Entbindungskosten und die weiteren Aufwendungen der Mutter, die lediglich verjähren können. Das kann dagegen im Unterhaltsrecht bedeutsam sein. Zwar können die Unterhaltsansprüche auch für die Zeit vor der Vaterschaftsfeststellung geltend gemacht werden, zwar gilt § 1613 I nicht, es bleiben jedoch die Schranken des § 1613 II: Ein Jahr nach ihrer Entstehung (als Folge des § 1600 a S. 2: nach Feststellung der Vaterschaft) können Unterhaltsansprüche nurmehr geltend gemacht werden, wenn der Vater vorher in Verzug geriet (grundsätzlich durch Mahnung! Vgl. oben § 41 IX 2) oder der Anspruch rechtshängig geworden ist (vgl. zu allem § 1615 l III Satz 4 mit seinen Hinweisen auf § 1615 d und § 1613 II).[4]

---

[3] Vgl. *Odersky,* IV 4 zu § 1615 o (gegen die Voraufl.).

[4] Irrig *Brühl,* FamRZ 1967, 132 f. Ihm zufolge soll der Regelbedarf § 1613 I unterworfen bleiben und nur der Sonderbedarf gemäß § 1613 II privilegiert sein. Wie der Text *Odersky,* II 5 zu § 1615 l; *Brüggemann,* FamRZ 1971, 147; MünchKomm-*Köhler,* 7 zu § 1615 l.

§ 61. Legitimierende Akte

Schrifttum: *Bökelmann,* Zur Reform des Legitimationsrechts, FamRZ 1966, 546.

I. Legitimation durch nachfolgende Ehe

1. Nichteheliche Kinder werden mit dem Eheschluß ihrer Eltern eheliche Kinder und bleiben es auch, wenn die Ehe vernichtet wird (§ 1719). Ausnahmen sind dem deutschen Recht unbekannt; auch im Ehebruch erzeugte Kinder sind nicht wie in einigen anderen Rechtsordnungen diskriminiert.

Der Standort des BGB erscheint uns heute als Selbstverständlichkeit. Dennoch ist es falsch, fremdes Recht, das über Art. 22 EGBGB an sich anzuwenden ist, mit Hilfe des ordre public des deutschen Rechtes von der Anwendung auszuschließen, weil es eine Legitimation durch nachfolgende Ehe überhaupt nicht kennt oder doch jedenfalls nur beschränkt anerkennt.[1] Der Hinweis auf den ordre public impliziert stets eine Dosis nationaler Überheblichkeit; auch der allgemeine Trend zum Abbau der Legitimationsschranken in der Welt kann daran nichts ändern.

2. *Vaterschaft.* Legitimierende Wirkung hat nur eine Ehe des Vaters und der Mutter. Vater ist nur, wessen Vaterschaft durch Anerkennung oder gerichtliche Entscheidung mit Wirkung für und gegen alle festgestellt ist (§ 1600a). Die Grenzen der Vaterschaftsfeststellung sind damit auch Grenzen der Legitimation.

Niemand kann Kind zweier Väter sein. Die Zuordnung des Kindes zu einem anderen Mann als eheliches oder auch als nichteheliches Kind (§§ 1591, 1600a)

---

[1] Ebenso für Rechtsordnungen ohne Legitimation KG, FamRZ 1966, 375. A. A. dagegen insoweit OLG Stuttgart, FamRZ 1969, 220 (ägyptisches Recht); OLG Karlsruhe, FamRZ 1970, 251 (algerisches Recht bei starker Inlandsberührung).

A. A. für die (seltener werdenden) Rechtsordnungen mit Diskriminierung der Ehebruchskinder (jedenfalls bei genügend starken Inlandsbeziehungen) BGHZ 50, 370 (dazu *Simitis,* StAZ 1969, 12ff. mit grundsätzlicher Zustimmung, jedoch Kritik an Teilen der Argumentation); OLG Celle, StAZ 1967, 210; NJW 1972, 397; OLG Karlsruhe, FamRZ 1972, 651; LG Frankfurt, FamRZ 1956, 61 (63); *H. Krüger,* NJW 1955, 549f. Vgl. auch *Luther,* FamRZ 1967, 441. Wie der Text dagegen OLG Celle, NJW 1954, 1891; OLG Frankfurt, NJW 1956, 672; LG Koblenz, StAZ 1968, 328; *Jayme,* Spannungen bei der Anwendung italienischen Familienrechts durch deutsche Gerichte, 1961, S. 127f.; *Schwoerer,* FamRZ 1958, 386. Vgl. auch *Neuhaus,* RabelsZ 20 (1955), 344ff. (Anwendung von Art. 30 EGBGB „allenfalls vertretbar").

A. A. für Rechtsordnungen, die lediglich die Legitimation „natürlicher Kinder" gestatten, BGH, JZ 1978, 476 (bei überwiegenden Inlandsbeziehungen; Bestimmung auch des Namens nach deutschem Recht) mit Anm. *Kühne.*

Die früher str. Frage, ob ausländisches Recht zur Anwendung kommen dürfe, das eine Legitimation nach einem bewußt unrichtigen Vaterschaftsanerkenntnis anerkenne, ist gegenstandslos geworden, weil das deutsche Recht jenen Weg heute selbst eröffnet; anerkannt werden Legitimationen nach fremdem Recht freilich nur, wenn das Kind seine Einwilligung erklärte (Art. 22 II EGBGB, § 1600c BGB). Auch für die Altfälle (aus der Zeit vor der Geltung des § 1600c BGB) ist die Legitimation nur bei Zustimmung des Kindes anzuerkennen. Vgl. dazu BGHZ 64, 19 mit weit. Hinw.

schließt die Legitimation durch nachfolgende Ehe aus, mag auch evident sein, daß der heiratende Mann der (biologische) Vater des Kindes ist. Eine Legitimation nach fehlerhafter Zuordnung des Kindes ist erst möglich, wenn die Zuordnung nach den für sie bestehenden Regeln wieder beseitigt ist. Die Verfestigung der fehlerhaften Zuordnung durch Fristablauf für die Anfechtungsrechte ist dabei kein Hindernis. Der Gedanke, den Status des Kindes auch nach fehlerhafter Zuordnung festigen zu müssen, wird preisgegeben, wenn das Kind seinen biologischen Eltern als eheliches Kind zugeordnet werden kann. § 1596 I Nr. 3 und II eröffnet dem fehlerhaft zugeordneten ehelichen Kind die Ehelichkeitsanfechtung binnen zwei Jahren nach dem Eheschluß der Eltern und Kenntnis von den Umständen, die für die Nichtehelichkeit sprechen; § 1600 i III übernimmt den Gedanken für das fehlerhaft zugeordnete nichteheliche Kind mit entsprechend abgewandeltem Fristbeginn (Kenntnis von Vaterschaft und Heirat).

3. Belanglos ist eine *Adoption des Kindes* mit schwächeren Wirkungen: Sie hindert die Legitimation nicht (vgl. dazu § 1770 II), erleidet aber auch keine Einbußen an ihren Wirkungen. Nach einer Volladoption (Minderjährige, Fälle des § 1772) ist dagegen zu unterscheiden: Wurde das Kind allein von einem leiblichen Elternteil angenommen, so tritt Legitimation ein; das Annahmeverhältnis (das den anderen Elternteil von der elterlichen Sorge ausschließen würde) erlischt.[2] Die Annahme durch einen Dritten (auch als gemeinschaftliche durch einen Elternteil mit einem früheren Ehegatten[3]) hindert dagegen die Legitimation; deren Wirkungen treten erst ein, ,,wenn das Annahmeverhältnis aufgehoben wird und das Verwandtschaftsverhältnis und die sich aus ihm ergebenden Rechte und Pflichten des Kindes zu seinen leiblichen Eltern wieder aufleben" (§ 1719 S. 2). Die Ausschließlichkeit der personenrechtlichen Zuordnung durch eine Volladoption wird in dieser Aussage in extremer Form gewahrt und der erloschene Familienstatus noch nicht einmal als solcher ,,fortgeschrieben". Ein Grund zur Aufhebung des Annahmeverhältnisses (und damit zum Eintritt der Legitimation) ist die Elternehe als solche nicht; selten wird auch nur der Tatbestand des § 1763 gegeben sein (doch ist nach gemeinschaftlicher Adoption durch einen leiblichen Elternteil und seinen früheren Ehegatten eine Aufhebung des Annahmeverhältnisses dann naheliegend, wenn sich das Kind im Haushalt der – nunmehr verheirateten – leiblichen Eltern aufhält).

4. *Legitimation ohne Vaterschaft.* Legitimation durch nachfolgende Ehe bedarf in

---

[2] Vom Gesetz nicht ausgesprochen, jedoch dem Zusammenhang zu entnehmen. Ebenso *Roth-Stielow*, Adoptionsgesetz, 1976, 5 ff. zu § 1719. Schon für das frühere Recht wurde (gegen die damals h. L.) Erlöschen angenommen von *Staudinger-Engler*, 12 zu § 1771 a. F.
Übersehen wird die Sonderstellung der ,,überlagernden Adoption" durch den leiblichen Elternteil im § 1719 von MünchKomm-*Lüderitz*, 17 zu § 1755.

[3] Vgl. dazu (noch zum früheren Recht) AG Marburg, FamRZ 1956, 389; OLG Frankfurt, FamRZ 1956, 195.

ihrer jetzigen Form keiner förmlichen Feststellung. Die Akte der Vaterschaftsfeststellung und der Ehe bestimmen den Status des Kindes mit Offenkundigkeit.

Legitimation durch nachfolgende Ehe ist damit freilich auch eine *Legitimation ohne Garantie einer der biologischen Abstammung des Kindes entsprechenden Zuordnung*. Die bei der Vaterschaftsfeststellung bestehenden Möglichkeiten einer bewußt oder irrtümlich fehlerhaften Zuordnung setzen sich bei der Legitimation durch nachfolgende Ehe fort. Das bewußt unrichtige Vaterschaftsanerkenntnis (das „Gefälligkeitsanerkenntnis") vor oder nach der Heirat erweist sich in diesem Zusammenhang sogar als ein geeignetes Mittel, nichteheliche Kinder der biologischen Abstammung zuwider zu legitimieren.

Die (biologisch) unrichtige Legitimation durch nachfolgende Ehe kann nur durch Beseitigung ihrer Grundlagen korrigiert werden, also nur durch die Beseitigung der Vaterschaftsfeststellung. Die *Legitimation durch nachfolgende Ehe bewirkt insofern für das Kind keinen Übergang vom Abstammungsrecht der nichtehelichen Kinder zum Abstammungsrecht der ehelichen*. Die Eingliederung des Kindes in die Familie der Ehegatten als deren eheliches Kind wirkt sich freilich gemäß § 1600k III in einer dem Recht des ehelichen Kindes entnommenen besonderen Zustandssicherung aus: Will der Vormund oder Pfleger des Kindes das Vaterschaftsanerkenntnis anfechten, so gilt § 1597 III entsprechend; die Einwilligung der Mutter ist also grundsätzlich erforderlich.

Auf der anderen Seite gibt das Gesetz in § 1600i II eine an sich bereits eingetretene Verfestigung der fehlerhaften Zuordnung nach einem Vaterschaftsanerkenntnis preis, das im Zusammenhang mit der Eheschließung oder nach der Eheschließung erfolgte, wenn die legitimierende Ehe rechtlich beendet (Scheidung, Aufhebung, Vernichtung) oder tatsächlich (dreijährige Heimtrennung der Ehegatten ohne Hoffnung auf Wiederherstellung der ehelichen Lebensgemeinschaft) gescheitert ist. Hier wie dort kann das Kind das Anerkenntnis binnen zwei Jahren nach Kenntnis vom Scheitern der Ehe anfechten und damit die Legitimation nach einem Gefälligkeitsanerkenntnis rückwirkend beseitigen. Die Ehe der Mutter ist als beendete oder gescheiterte Ehe kein Wert mehr, der dem Verlangen des Kindes nach Korrektur der fehlerhaften Zuordnung entgegenstehen darf.

5. *Wirkungen*. Die Legitimation durch nachfolgende Ehe ist *Legitimation ohne Rückwirkung*. Das Nichtehelichenrecht bleibt anwendbar für die Zeit zwischen der Geburt des Kindes und der Heirat der Eltern. Nichteheliche Kinder, die vor dem Eheschluß starben, werden deshalb nicht legitimiert, doch treten die Wirkungen der Legitimation bei vorzeitigem Tod des Kindes immer noch bei seinen Abkömmlingen ein (§ 1722). Insbesondere beerben sie die väterlichen Großeltern als eheliche Enkel (die §§ 1934a–c gelten nicht).

Eine beschränkte Rückwirkung ist jedoch anzuerkennen, wenn die Vaterschaftsfeststellung dem Eheschluß der Eltern zeitlich folgt.[4] Zwar ist der Tatbe-

[4] Vgl. *Odersky*, II 2 zu § 1719; *Soergel-Lade*, 7 zu § 1719; MünchKomm-*Hinz*, 3 zu § 1719.

stand der Legitimation in diesem Fall erst mit dem späteren Akt der Vaterschaftsfeststellung vollendet, doch wäre die (wenn auch zeitlich beschränkte) Konsequenz der Nichtehelichkeit trotz Elternehe absurd.

Das legitimierte minderjährige Kind tritt unter die elterliche Sorge des Vaters; die elterliche Alleinsorge der Mutter wandelt sich zu einer in der Ausübung an das Parallelrecht des Vaters gebundenen Sorge. Schmälerungen der mütterlichen Sorge im Augenblick der Legitimation (Minderjährigkeit; § 1666) bleiben erhalten; sie können sofortige Schmälerungen der väterlichen Sorge zur Folge haben (§ 1680).

Während die väterliche Sorge im Zeitpunkt des Eheschlusses eintritt, endet die für das Kind bestehende Zwangspflegschaft oder eine etwa bestehende Vormundschaft erst, wenn das Vormundschaftsgericht die Aufhebung der Vormundschaft angeordnet hat (§§ 1915, 1883). Folge dieser Disharmonie ist ein Zeitraum doppelter, jeweils selbständiger Fürsorge gleichen Ranges.[5] Einander widersprechende Verfügungen über Kindesvermögen bereiten dabei keine Schwierigkeiten: Die zeitlich spätere kann mangels Verfügungsmacht der Eltern oder des Vormundes keine Wirksamkeit erlangen.

6. *Name.* Das legitimierte Kind führt kraft zwingenden Rechtes den Ehenamen der Eltern, falls es das vierzehnte Lebensjahr noch nicht vollendet hat. Das ältere Kind kann dagegen nur für den Ehenamen (durch öffentlich beglaubigte Erklärung gegenüber dem Standesbeamten, die bei Minderjährigkeit der Zustimmung des gesetzlichen Vertreters bedarf) optieren (§ 1720 S. 1). Gewahrt wird damit der Gedanke der Namenskontinuität für Personen, die sich der Bedeutung des Namens voll bewußt geworden sind; preisgegeben wird dafür der Gedanke der Familieneinheit im Namensrecht (also § 1616). Nicht berührt wird dagegen der in § 1617 II wirkende Gedanke; das legitimierte Kind ist kein nichteheliches Kind mehr.

Die Option eines bereits verheirateten Kindes für eine Namensänderung hat keine Folgen für den Ehenamen, falls die Eheleute sich für den Geburtsnamen des anderen Ehegatten entschieden haben. Wählten sie dagegen den Geburtsnamen des legitimierten Ehegatten, so ändert sich der Ehename, wenn sich der andere Ehegatte der Option in gemeinsamer Erklärung anschließt (§ 1720 S. 2). Eine Möglichkeit, statt des zunächst gewählten Geburtsnamens des anderen Ehegatten nun den geänderten Geburtsnamen des legitimierten Ehegatten zu wählen, besteht dagegen nicht.

II. Ehelicherklärung auf Antrag des Vaters

Schrifttum: *Schumacher,* Die Ehelichkeitserklärung von Kindern aus Rentenkonkubinaten, FamRZ 1960, 13; *Göppinger,* Irrungen und Wirrungen im Unehelichenrecht, FamRZ 1962, 449; *ders.,*

[5] A. A. (Vorrang des Pflegers) LG Osnabrück, FamRZ 1963, 144.

Die Voraussetzungen der Ehelichkeitserklärung emäß § 1734 i. d. F. des FamRÄndG v. 11. 8. 1961, FamRZ 1963, 272; *Beitzke*, Zur Ehelicherklärung von Konkubinatskindern, FamRZ 1974, 553.

1. *Genesis.* Ehelicherklärung heißt Einrücken in die Rechtsstellung eines ehelichen Kindes, obwohl die Eltern niemals verheiratet waren. Sie ist eine Legitimation, die aus der Diskriminierung der nichtehelichen Geburt erwuchs. Es war die Verschlechterung der Lage der Nichtehelichen, die das Mittelalter veranlaßte, die alte legitimatio per rescriptum principis des römischen Rechtes erneut aufzugreifen – als legitimatio per rescriptum papae zunächst, dann des Kaisers, schließlich auch der Landesherren[1] – um im Einzelfall jene Härten zu beseitigen oder doch zu mildern, die sich mit der Abwertung der nichtehelichen Geburt verbanden.

2. *Funktion.* Der Gegenwart ist freilich die Ehelicherklärung als Diskriminierungsschranke weithin verlorengegangen. Sie sucht in ihr vornehmlich einen Ausgleich für ihr Unvermögen, der nichtehelichen Vaterschaft Rechtsfolgen zuzuordnen, die der ehelichen wenigstens weithin eigen sind. Jeder Ausbau der personalen Beziehungen zwischen Vater und Kind wird deshalb die praktische Bedeutung der Ehelicherklärung schmälern, jeder Abbau wird sie steigern.

Unübersehbar ist, daß die Ehelicherklärung in der Praxis häufig von Eltern betrieben wird, die im Konkubinat leben und den äußeren Schein einer Ehe erzeugen wollen.[2] In diesen Fällen wird das Rechtsinstitut zweckfremd genutzt (und damit mißbraucht).

3. Freilich erkauft die Ehelicherklärung die Steigerung der väterlichen Rechtsstellung mit einer Minderung der mütterlichen; sie bedeutet *Einrücken in die Rechtsstellung eines ehelichen Kindes im Verhältnis zum Vater;* sie bedeutet dagegen nicht Einrücken in die Rechtsstellung eines ehelichen Kindes im Verhältnis zu beiden Elternteilen. In dieser Beschränkung wirkt nicht etwa ein zwingendes Gebot der Umstände. Trotz fehlender Ehe käme eine Ehelicherklärung mit Wirkung für beide Elternteile durchaus in Betracht. Kinder aus geschiedenen Ehen werden auch nicht zu einseitig ehelichen Kindern. Daß die Überzeugungskraft der Ehelicherklärung und damit ihre praktische Wirkung zumindest eine starke Minderung erfahren würde, wenn das Vormundschaftsgericht nach einer Ehelicherklärung wie nach einer Ehescheidung über die elterliche Sorge zu befinden hätte und dabei der Mutter den Vorzug vor dem Vater geben könnte, ist schwerlich allgemein richtig.[3] Nicht umsonst nützen Mütter nichtehelicher Kinder die Möglichkeit, ihr eigenes Kind zu adoptieren, um ihm ohne Änderung seiner Umgebung die Rechtsstellung eines ehelichen Kindes zu verschaffen.

---

[1] Zur Entwicklung des Instituts in der neueren Privatrechtsgeschichte vgl. *Conrad*, FamRZ 1962, 327.

[2] Vgl. dazu *Beitzke*, FamRZ 1974, 554 (er hält die Ehelicherklärung für „eine kaum noch erforderliche Einrichtung").

[3] Abzulehnen ist dagegen eine von beiden Elternteilen ausgeübte elterliche Sorge. Für sie tritt ein *Hoffknecht*, ZRP 1970, 228.

4. *Anspruch.* Jahrhundertelang ist die Ehelicherklärung als Gnadenakt des Staates mit familienrechtlichen Wirkungen verstanden worden. Erst das FamRÄndG von 1961 hat die rechtliche Struktur geändert. Gemäß § 1723 ist heute ein Kind stets für ehelich zu erklären, „wenn die Ehelicherklärung dem Wohl des Kindes entspricht und ihr keine schwerwiegenden Gründe entgegenstehen", also stets, wenn ein bestimmter (freilich von wenig präzisen Begriffen beherrschter) Tatbestand erfüllt ist. Die Ehelicherklärung ist damit zu einem *familienrechtlichen Konstitutivakt geworden, auf dessen Vornahme bei Tatbestandserfüllung ein Anspruch besteht.*

5. *Hindernisse.* Die Ehelicherklärung ist Legitimationsform für nichteheliche Kinder, mithin ausgeschlossen für Personen, die (der Abstammung zuwider) von § 1593 einem anderen Mann als eheliche Kinder zugeordnet wurden.[4] Anders als die Legitimation durch nachfolgende Ehe kommt sie auch für adoptierte Kinder nie in Betracht:[5] Die Ehelicherklärung ist zielgerichtetes Institut, das sein Ziel nach einer Adoption des Kindes nicht mehr erreichen kann. Das gilt auch, ja verstärkt, wenn der Vater selbst das Kind zunächst adoptierte:[6] Das Kind ist dann auch im Verhältnis zum Vater nicht mehr ein nichteheliches Kind. Richtig ist freilich, daß die Wirkungen der Ehelicherklärung über diejenigen der Adoption hinausgehen (vgl. §§ 1763, 1771).

6. Die Ehelicherklärung erfolgt durch *Beschluß des Vormundschaftsgerichtes* auf Antrag des Vaters (§ 1723),[7] setzt also stets eine Vaterschaftsfeststellung voraus (§ 1600a Satz 2). Sie darf, weil sie den Status des Kindes ändert, nicht unter einer Bedingung oder einer Zeitbestimmung erfolgen (1724).

Die Legitimation soll Vater und Kind dienen. Sie ist deshalb nur auszusprechen, wenn sie dem Wohle des Kindes unter Berücksichtigung aller (und nicht nur der materiellen) Gesichtspunkte entspricht, darf freilich nicht immer erfolgen, wenn der Gedanke der Fürsorge sie verlangt. Schwerwiegende entgegenstehende Gründe verbieten die Ehelicherklärung, mag sie auch noch so stark dem Wohl des Kindes entsprechen,[8] drohende Familienzwistigkeiten etwa,[9] dagegen nicht die Möglichkeit einer Adoption des Kindes durch den Vater (das Gesetz kennt keine Subsidiarität der Ehelicherklärung[10]), nicht die Möglichkeit einer

---

[4] Vgl. den von *Maßfeller,* StAZ 1963, 197 geschilderten Fall; OLG Hamburg, MDR 1964, 507; *Odersky,* II 1 zu § 1723.

[5] Gl. Ans. *Staudinger-Engler,* 12 zu § 1741; MünchKomm-*Hinz,* 2 zu § 1723. A. A. *Erman-Heckelmann,* 3 zu § 1723; *Staudinger-Bökelmann,* 8 zu § 1723; *Palandt-Diederichsen,* 2a zu § 1723; *Soergel-Lade,* 3 zu § 1723; *Odersky,* II 1 zu § 1723.

[6] A. A. LG Itzehoe, FamRZ 1969, 668.

[7] Zum Verfahren vgl. §§ 43a, 56a FGG, 48a I Nr. 9 JWG. Zuständig ist der Richter (§ 14 Nr. 3e RpflG).

[8] *Lüke,* NJW 1962, 2180 Fn. 32, hält die Einschränkung für verfassungswidrig.

[9] Vgl. *Göppinger,* FamRZ 1963, 275.

[10] Richtig *Göppinger,* FamRZ 1963, 275; *Staudinger-Bökelmann,* 21 zu § 1734 (Norm inzwischen aufgehoben); MünchKomm-*Hinz,* 8 zu § 1723. Vgl. dagegen *Bosch,* FamRZ 1958, 428; *Erman-Hefermehl,* 7 zu § 1723.

Legitimation durch nachfolgende Ehe,[11] nicht ein Konkubinat der Eltern als solches (und zwar auch dann nicht, wenn es neben einer Ehe des Vaters besteht;[12] vgl. dazu weiter unten 11.), obwohl man bei der Formulierung des Gesetzes primär an Kinder aus Rentenkonkubinaten dachte. Eheschutz auf Kosten nichtehelicher Kinder ist ein (von Art. 6 I GG nicht gefordertes[13]) Vorgehen, dem die Gegenwart allmählich entwachsen sein sollte, die Ehelicherklärung kein willkommener Anlaß, den Eltern die Mißbilligung ihres Verhaltens auszusprechen,[14] und der Gedanke, die Eltern durch Verweigerung der Ehelicherklärung zur Ehe zu drängen, ein illegitimer Eingriff in deren Entschlußfreiheit.[15] Kinder aus Konkubinaten sind freilich meist doch nicht für ehelich zu erklären; selten nur wird ihrem Wohl mit einer Ehelicherklärung gedient. Gleichgültig ist zwar der Gedanke sittlicher Gefährdung;[16] sie liegt bereits im Konkubinat und wird durch Legitimation des Kindes nicht verstärkt. Gleichgültig ist auch die Diskrepanz zwischen dem Leben des Kindes und der einseitigen Zuordnung zum Vater; dem Kind kann auch eine den tatsächlichen Verhältnissen widersprechende Rechtslage Vorteile bieten.[17] Gleichgültig ist ferner eine (kaum je vorhandene) negative Einwirkung auf den Willen der Eltern zur Ehe.[18] Wohl aber bietet ein Konkubinat in der Regel keine ausreichende Gewähr der Dauer, so daß die Trennung von der Mutter im Bereich der elterlichen Sorge (§ 1738) nur zu verantworten ist, wenn das Kind auch nach einer Beendigung des Konkubinates beim Vater zumindest nicht schlechter betreut wird als bei der Mutter.[19]

---

[11] Eine weit verbreitete Lehre will die Ehelicherklärung verweigern, wenn den Eltern ein Eheschluß möglich und zumutbar ist. Vgl. Präsident OLG Nürnberg, FamRZ 1958, 428 mit Anm. *Bosch;* Präsident OLG Schleswig, FamRZ 1961, 36 (mit Anm. *Bosch*) und FamRZ 1961, 540; *Dölle,* § 111 II 7; *Erman-Hefermehl,* 7 zu § 1723; *Odersky,* III 3 zu § 1723 (wenn ,,keine stichhaltigen Gründe" für Unterlassen der Eheschließung gegeben). Etwas milder AG Berlin-Schöneberg, FamRZ 1966, 371 (Art. 6 I GG jedenfalls kein Hindernis, wenn der Eheschluß aus ,,achtenswerten persönlichen Gründen" unterbleibt und nicht wegen grundsätzlicher Ablehnung des Eheinstituts). Dem Text entspr. *Palandt-Diederichsen,* 3a zu § 1723; *Staudinger-Bökelmann,* 18 zu § 1734 (Norm inzwischen aufgehoben); MünchKomm-*Hinz,* 7 zu § 1723.

[12] A. A. insoweit *Beitzke,* FamRZ 1974, 556f.

[13] Vgl. dagegen *Schumacher,* FamRZ 1960, 14 und *Göppinger,* FamRZ 1963, 274, die beide der Legitimation von Kindern aus Rentenkonkubinaten grundsätzlich mit Art. 6 I GG begegnen wollen.

[14] Richtig insoweit (die im übrigen sorglose Entscheidung) LG Itzehoe, FamRZ 1969, 170; LG Darmstadt, NJW 1963, 161.

[15] Richtig (aber überspitzend) *Lüke,* NJW 1962, 2180 Fn. 32. Vgl. ferner *Palandt-Diederichsen,* 3a zu § 1723; *Henrich,* § 21 II 3; *Göppinger,* FamRZ 1963, 274f. (ohne Konsequenz); AG Berlin-Schöneberg, FamRZ 1966, 371 (Kind aus nachehelicher Verbindung ohne Elternkonkubinat); *Staudinger-Bökelmann,* 18f. zu § 1734 (Norm inzwischen aufgehoben); *Dölle,* § 111 II 7.

[16] Gegen *Bosch,* FamRZ 1959, 171 und 1961, 38 sowie *Göppinger,* FamRZ 1963, 274.

[17] A. A. *Göppinger,* FamRZ 1963, 274; OLG Celle, JZ 1951, 422; *Staudinger-Bökelmann,* 10 zu § 1734 (Norm inzwischen aufgehoben).

[18] Gegen LG Regensburg, FamRZ 1959, 30; *Schumacher,* FamRZ 1960, 14; Präsident OLG Nürnberg, FamRZ 1961, 36.

[19] Gl. Ans. *Beitzke,* FamRZ 1974, 555. Der Gesichtspunkt wird betont auch von *Schumacher,* FamRZ 1960, 14; Präsident OLG Nürnberg, FamRZ 1961, 36. Weniger wesentlich ist die Entrech-

7. Der Beschluß des Vormundschaftsgerichtes wirkt konstitutiv, kann aber nicht isoliert als Rechtsgrund der Legitimation verstanden werden. Auch der Gegenwart ist der Gedanke einer Legitimation durch Vertrag fremd, aber der *Antrag des Vaters ist nicht nur Anstoß eines Verfahrens, sondern auch Willenserklärung,*[20] *und zwar eine, die zusammen mit der von § 1726 I geforderten Einwilligung des Kindes den tragenden privatrechtlichen Teil der Ehelicherklärung bildet.* Zum Rechtsgrund der Ehelicherklärung gehören dagegen nicht mehr die ebenfalls von § 1726 I geforderten Einwilligungen der Ehefrau des Vaters und – wenn das Kind noch nicht das 18. Lebensjahr vollendet hat – der Mutter des Kindes.[21] Sie entsprechen funktionell den Paralleleinwilligungen bei der Adoption (vgl. unten § 62 VII 1 und VI).

8. *Die Willenserklärungen.* Alle Erklärungen bedürfen der notariellen Beurkundung (§ 1730). Vorbehaltlich einer Ausnahme zugunsten des geschäftsunfähigen und des noch nicht vierzehn Jahre alten Kindes können sie nicht von einem Vertreter abgegeben werden (§§ 1728 I, 1729).

Das Erfordernis persönlicher Erklärungen schließt den geschäftsunfähigen Vater von der Ehelicherklärung aus (auch eine Legitimation durch nachfolgende Ehe ist insoweit nicht möglich! Vgl. § 2 EheG). Der beschränkt Geschäftsfähige erklärt sich selbst, bedarf aber der Zustimmung seines gesetzlichen Vertreters und der Genehmigung des Vormundschaftsgerichtes (§ 1728 II).[22]

Mängel in der Geschäftsfähigkeit der Mutter des Kindes oder der Ehefrau des Vaters hindern die Ehelicherklärung nie. Bei Geschäftsunfähigkeit ist ihre Einwilligung entbehrlich; Mutter des Kindes und Ehefrau des Vaters brauchen nicht zuzustimmen, wenn sie „zur Abgabe einer Erklärung dauernd außerstande sind oder ihr Aufenthalt dauernd unbekannt" ist (§ 1726 III).[23] Beschränkte Geschäftsfähigkeit aber gestattet bereits wirksame Einwilligungen, die noch nicht einmal der Zustimmung des gesetzlichen Vertreters bedürfen (§ 1728 III).

Daß Mängel in der Geschäftsfähigkeit des Kindes schlechthin nicht hinderlich sein können, folgt aus dem Zweck der Ehelicherklärung, ebenso aber auch, daß die Einwilligung des Kindes nie entbehrlich sein kann. Für das noch nicht vierzehn Jahre alte und für das geschäftsunfähige Kind handelt der gesetzliche Vertreter (in der Regel der Zwangspfleger; § 1706 Nr. 3).[24] Das ältere beschränkt

---

tung der Mutter während des Konkubinates (a. A. *Bosch,* FamRZ 1959, 171; *Göppinger,* FamRZ 1963, 274; *Staudinger-Bökelmann,* 10 zu – dem inzwischen aufgehobenen – § 1734). Faktisch wird die Ehelicherklärung nichts ändern. Und das unnatürliche Bild eines entrechteten Elternteils ist auch vor der Ehelicherklärung (nur zuungunsten des Vaters) vorhanden.

[20] Vgl. *Göppinger,* FamRZ 1962, 542 (der in dem Antrag eine „Art Einwilligung" sieht); *Staudinger-Bökelmann,* 2ff. zu § 1725 (Norm inzwischen aufgehoben); *Erman-Hefermehl,* 4 zu § 1723. A. A. *Dölle,* § 111 II 2 und II 3 (nicht Rechtsgeschäft, jedoch nach Vorschriften über einseitige amtszugangsbedürftige Rechtsgeschäfte zu behandeln).

[21] Die Einwilligung der Mutter ist auch erforderlich, wenn ihr die elterliche Sorge nicht zusteht. Mit dem Tod der Mutter entfällt ihre Einwilligung ohne Ersatz; die mütterlichen Verwandten sukzedieren nicht. Vgl. VGH Stuttgart, JZ 1951, 305.

[22] Die Genehmigung kann dem Antrag folgen; der Zweck des § 1831 wird nicht verletzt (vgl. dazu oben § 52 III 4). Ebenso *Odersky,* III 1 zu § 1728; MünchKomm-*Hinz,* 6 zu § 1728. A. A. *Palandt-Diederichsen,* 2 zu § 1728; *Erman-Hefermehl,* 2 zu § 1728; *Soergel-Lade,* 8 zu § 1728.

[23] Das Moment der Dauer ist nicht schon gegeben, wenn das Warten auf die Einwilligung die Ehelicherklärung „ungebührlich" (was heißt das?) verzögern würde. Richtig *Erman-Hefermehl,* 2 zu § 1726; *Staudinger-Bökelmann,* 13 zu § 1726; MünchKomm-*Hinz,* 3 zu § 1726 (alle gegen *Palandt-Diederichsen,* 2 zu § 1726).

[24] Wird das Kind von seiner Mutter vertreten, hindert § 181 die gleichzeitige Erklärung der Einwilligung für das Kind und für die eigene Person nicht (reine Parallelerklärungen). Im Einzelfall kann ein Einschreiten des VormG geboten sein (§§ 1629 II 3, 1796).

geschäftsfähige Kind erklärt sich selbst unter Zustimmung seines gesetzlichen Vertreters (§ 1729). Eine Genehmigung des Vormundschaftsgerichtes ist hier wie dort nicht vorgesehen, doch hat das Gericht das Kind in den Grenzen des § 50b FGG persönlich zu hören (§ 55c FGG) und einen widerstrebenden Vormund oder Pfleger gegebenenfalls aus dem Amt zu entlassen (§ 1886).

9. Der Antrag des Vaters ist an das Vormundschaftsgericht zu richten, die Einwilligung des Kindes, seiner Mutter und der Ehefrau des Vaters alternativ an das Vormundschaftsgericht oder an den Vater (§ 1726 II). Nur der Antrag kann zurückgenommen werden (eine Ehelicherklärung gegen den Willen des Vaters dient schwerlich dem Wohl des Kindes), alle Einwilligungen sind dagegen unwiderruflich vom Augenblick ihrer Vollendung (und nicht: der Abgabe) an.

10. *Zwangsentrechtung der Mutter.* Auf Antrag des Kindes kann die Einwilligung der Mutter vom Vormundschaftsgericht ersetzt werden, „wenn die Ehelicherklärung aus schwerwiegenden Gründen zum Wohle des Kindes erforderlich ist" (§ 1727 I). Stärker als bei der Adoption (§ 1748; vgl. dazu unten § 62 VI 6ff.) ist damit der Mutter das mit der Berufung zur Einwilligung an sich verbundene Vetorecht genommen. Vielfach ist die Norm bereits als verfassungswidrig bezeichnet worden,[25] doch sollte uns bewußt bleiben, daß die Ehelicherklärung das Kind dem Vater als leiblichem Elternteil zuordnet, die Entrechtung der Mutter also zu vergleichen ist mit der Konzentration der elterlichen Sorge bei einem Elternteil nach geschiedener Elternehe, dagegen nicht mit der Entrechtung der Eltern nach einer Adoption. Schon ein grundsätzlicher, auf Art. 6 II und III GG gestützter Vorrang der Mutter (der sich in einer entspr. Interpretation der unbestimmten Begriffe niederschlagen müßte), ist in dieser Situation nicht gegeben: Das Elternrecht der Verfassung ist für den Streit der leiblichen Elternteile belanglos (vgl. dazu oben § 5 IV 6).[26]

Mit gutem Grund ist die Entscheidung des Vormundschaftsgerichtes deshalb auch allein am Wohl des Kindes zu orientieren und nicht am Übergewicht der Kindesinteressen im Interessenwiderstreit von Mutter und Kind (wie nach früherer Rechtslage). Die jener Interessenabwägung zugrundeliegende Idee eines grundsätzlichen Vorrangs der Mutter vor dem Vater verfehlt schon im Ansatz den Funktionswandel der Ehelicherklärung.

11. *Zwangsschwägerschaft.* Auf Antrag des Kindes kann auch die Einwilligung der Ehefrau des Vaters vom Vormundschaftsgericht ersetzt werden, wenn die häusliche Gemeinschaft der Ehegatten aufgehoben ist (die personalen Beziehungen der Ehegatten also kaum mehr gestört werden können) und berechtigte Interessen der Ehefrau und der Familie der Ehelicherklärung nicht entgegenstehen (§ 1727 II). Die Norm ist jüngeren Datums; sie entspricht § 1749 I im Recht

---

[25] Streitstand bei *Staudinger-Bökelmann,* 2 zu § 1727 a. F. (der selbst wie der Text entscheidet). Verfassungswidrigkeit wird ferner verneint von *Odersky,* I 2 zu § 1727; *Palandt-Diederichsen,* 1 zu § 1727; *Erman-Hefermehl,* 1 zu § 1727; MünchKomm-*Hinz,* 2 zu § 1727.

[26] A. A. OLG Neustadt, FamRZ 1964, 459; *Dölle,* § 111 II 4 (mit Rücksicht auf Art. 6 III GG soll ihnen zufolge die Einwilligung der Mutter nur ersetzt werden können, wenn diese bei der Erziehung des Kindes schuldhaft versagt hat oder das Kind zu verwahrlosen droht); LG München, FamRZ 1975, 593.

der Adoption, das in erster Linie jene Härtefälle schuf, die zu beseitigen Sinn der Vorschrift ist.[27] Die von ihr geforderte Interessenabwägung ist diffus (welche Interessen sind zu berücksichtigen?) und letztlich Ausdruck einer schwankenden, prinzipienlosen Haltung, die dem Richter aufbürdet, was der Gesetzgeber nicht zu entscheiden vermochte.

Materielle Interessen (Unterhalt, Erbe) können allenfalls peripher bedeutsam sein; der Übergang von der Rechtsstellung eines nichtehelichen Kindes zu derjenigen eines ehelichen bedeutet heute im Vermögensrecht nicht mehr sehr viel.[28] Auch der Wunsch, den Ehenamen zu schützen, kann kein berechtigtes Interesse begründen; über den Namen kann der Vater ohnehin zugunsten des nichtehelichen Kindes verfügen (§ 1618). So konzentriert sich alles auf die Frage, ob ein berechtigtes Interesse der Ehefrau daran besteht, die Ausschließlichkeit ihrer Ehe gegen den Schein eines jedenfalls beschränkt gebilligten, faktisch bigamischen Zustandes zu wahren. Die Frage wird zumeist positiv beantwortet, wenn und solange die Ehefrau ihre Ehe selbst noch bejaht.[29] Evident ist freilich, daß dieser Standpunkt im Verein mit § 1568 II die praktische Bedeutung des § 1727 II für die Zukunft erledigt (er sollte dann aufgehoben werden): Die Erfahrung lehrt, daß Anträge erst nach längerer Trennung der Ehegatten gestellt werden;[30] nach fünf Jahren Trennung aber kann Scheidung stets erreicht werden.

12. *Tod des Kindes oder des Vaters.* Eine Ehelicherklärung ist nur zu Lebzeiten des Kindes möglich (§ 1733 I), die postmortale Legitimation also nichtig.[31] Zwar wären mit ihr rechtliche Wirkungen für die Abkömmlinge des Kindes verbunden (Erbrecht hinter dem Vater; § 1924 I statt § 1934 a I), doch können sie eine Ehelicherklärung nicht mehr rechtfertigen. Daß § 1722 anders entscheidet, will nichts besagen: Die Ehelicherklärung ist als künstliche Legitimation nicht mit den Maßstäben der Legitimation durch nachfolgende Ehe zu messen.[32]

Zulässig ist eine Ehelicherklärung nach dem Tod des Vaters, wenn er „den Antrag beim Vormundschaftsgericht eingereicht oder bei oder nach der Beurkundung des Antrages den Notar mit der Einreichung beauftragt hat"

---

[27] Kritisch zu ihr *Knur,* FamRZ 1967, 253 (Belohnung des Ehebruchs, Aushöhlung des – inzwischen außer Kraft getretenen – § 48 II EheG); *Bosch,* FamRZ 1968, 625. Vgl. ferner *Odersky,* III 4 zu § 1727 (nur zu ersetzen, wenn Einwilligung „aus gänzlich unsachlichen Gründen" versagt wird).

[28] A. A. *Palandt-Diederichsen,* 3 zu § 1727.

[29] Vgl. *Beitzke,* FamRZ 1974, 559; *Erman-Hefermehl,* 3 zu § 1727. Für die Rspr. (die zuweilen auch die vermögensrechtlichen Auswirkungen bedenkt) vgl. OLG Frankfurt, FamRZ 1973, 644; BayObLG, FamRZ 1974, 215; OLG Hamm, FamRZ 1974, 606; 1975, 110 (auch nach Beendigung des Konkubinats durch Tod der Konkubine). Vgl. aber auch die weit stärker nachgebende Entscheidung des LG Mannheim, FamRZ 1973, 666.

[30] In allen in Fn. 29 genannten Fällen lebten die Ehegatten seit weit mehr als fünf Jahren getrennt.

[31] Gl. Ans. *Staudinger-Bökelmann,* 4 zu § 1733; *Dölle,* § 111 IV 1; MünchKomm-*Hinz,* 2 zu § 1733. Für Anwendung des § 1735 dagegen *Beitzke,* § 32 II 1 e; *Erman-Hefermehl,* 1 zu § 1733.

[32] Von einer wenig folgerichtigen Regelung im Vergleich mit § 1722 (so *Beitzke,* § 32 II 1 d; vgl. auch *Erman-Hefermehl,* 1 zu § 1733) kann daher nicht die Rede sein.

(§ 1733 II).[32a] Sie hat die gleichen Wirkungen wie eine Ehelicherklärung zu Lebzeiten des Vaters (§ 1733 III), vermittelt dem Kind also (wenn andernfalls § 1934a I anzuwenden wäre) ein gesetzliches Erbrecht hinter dem Verstorbenen (und findet stärker in ihm als in den fragwürdigen moralischen Wirkungen ihre Rechtfertigung).

13. *Mängel.* Vor dem Konstitutivakt des Vormundschaftsgerichtes verbleiben alle Willenserklärungen unter dem allgemeinen Abschlußmängelrecht mit seiner Vielfalt, aber auch mit seinem Verzicht auf Formvollzug für vernichtende Willenserklärungen.[33] Freilich will die Aussage angesichts des besonderen Bestandsschutzes, den § 1735 der (vollendeten) Ehelicherklärung gewährt, wenig besagen: Hindernd wirken letztlich nur Abschlußmängel, die dem Vormundschaftsgericht zu Gehör gebracht werden. Für den Mann empfiehlt sich statt des Hinweises auf einen Mangel seines Antrages (als Willenserklärung), der ihn zum Beweis nötigt, der einfachere Weg der (jederzeit möglichen) Rücknahme. Freilich ist die Rücknahme des Antrages den Vorschriften zu unterwerfen, die für den Antrag selbst vorgesehen sind, also § 1728 (Vertretung)[34] und § 1730 (Form).[35]

Mit dem Konstitutivakt gewinnt die Ehelicherklärung eine Bestandsfestigkeit, die weit über diejenige der Ehe und der Adoption hinausgeht. Die (unanfechtbare; vgl. § 56a FGG) Ehelicherklärung legitimiert das Kind, mögen auch noch so viele Fehler unterlaufen sein (dagegen nicht, wenn das VormG bewußt das Gesetz mißachtete[36]). Unwirksam ist freilich eine Legitimation, die ein eheliches Kind (beachte § 1593!) nach unzulässiger Vaterschaftsfeststellung zuordnet.[37] Eine derart fehlerhafte Legitimation kann trotz Schweigens des Gesetzes ehelichen Eltern keine Rechte entziehen; sie kann aber auch nicht doppelte Ehelichkeit zur Folge haben (Ausübung elterlicher Sorge durch drei Elternteile?). Unwirksam ist die Legitimation ferner, wenn durch (frühere oder spätere) rechtskräftige Entscheidung festgestellt ist, daß der Mann nicht der Vater des Kindes ist (§ 1735 Satz 2), also die Legitimation trotz abgelehnter oder nach revidierter Vaterschaftsfeststellung.

Korrigiert wird mithin lediglich eine Legitimation, die (biologisch) fehlerhaft zuordnet; belanglos sind alle anderen Mängel. Als man § 1735 schuf (1938!), mag der Gedanke entscheidend gewesen sein, einen Staatshoheitsakt nicht wie einen Akt

---

[32a] Die Erben können den Antrag nicht widerrufen (höchstpersönlicher Akt). Allg. M. Vgl. etwa *Erman-Hefermehl,* 3 zu § 1733; MünchKomm-*Hinz,* 4 zu § 1733.

[33] Anfechtungsrechte sind aber unvererblich (unstr.).

[34] Insoweit gl. Ans. *Staudinger-Bökelmann,* 5 zu § 1731; *Beitzke,* § 32 II 1c; *Odersky,* II 2 zu § 1723.

[35] Gl. Ans. *Odersky,* II 2 zu § 1723. A. A. *Dölle,* § 111 IV 2.

[36] Vgl. BGH, LM Nr. 7 zu § 7 EGBGB; *Odersky,* II 3 zu § 1735; *Soergel-Lade,* 3 zu § 1735; *Palandt-Diederichsen,* 1 zu § 1735; MünchKomm-*Hinz,* 2 zu § 1735.

[37] Vgl. OLG Hamburg, MDR 1964, 507; *Beitzke,* § 32 II 1e; *Erman-Hefermehl,* 1 zu § 1735; *Odersky,* II 4 zu § 1735; *Palandt-Diederichsen,* 1 zu § 1735; *Soergel-Lade,* 2 zu § 1735; MünchKomm-*Hinz,* 2 zu § 1735. A. A. *Staudinger-Bökelmann,* 10 zu § 1735 (mit der Konsequenz doppelter Ehelichkeit).

des Privatrechtes Mängeln ausliefern zu können. Heute kann § 1735 nurmehr aus der Wirkung der Ehelicherklärung auf den Status des Kindes gerechtfertigt werden. Daß er weit über das hinausgeht, was uns andere statusverändernde Akte (Ehe, Adoption) zu fordern scheinen, sollte Anlaß kritischer Überprüfung sein, ist aber weniger willkürlich, als es zunächst scheinen mag; nur die Ehelicherklärung ordnet Blutsbeziehungen entsprechend zu.

14. *Wirkungen.* Ehelicherklärung ist Legitimation ohne Rückwirkung (Ausnahme: § 1733 III), die dem Kind sachlich und personal die ungeschmälerte rechtliche Stellung eines ehelichen Kindes des Vaters verschafft (§ 1736). Alle personalen Grenzen, die früher der Legitimation gezogen waren, gehören der Vergangenheit an. Ehelicherklärung vermittelt Ehelichkeit im Verhältnis zum Vater und über den Vater zur gesamten väterlichen Verwandtschaft.

Das legitimierte Kind führt den *Familiennamen* des Vaters (ohne Begleitnamen gem. § 1355 III), nach einem Namenswechsel des Vaters anläßlich eines Eheschlusses mithin den Namen einer Familie, mit der es nicht verwandt ist. Diese Konsequenz ist bereits als ,,mißlich" bezeichnet worden,[38] doch sollte zugestanden werden, daß sie lediglich Ausdruck der allgemeinen Bereitschaft des Gesetzes zur Dynamisierung und Instrumentalisierung des Namens ist (vgl. dazu oben § 16 I 8). Ändert sich später der Familienname des Vaters, so gelten die Abs. II–IV des § 1617 entsprechend (§ 1737 S. 3); des legitimierte Kind wird insoweit wie ein nichteheliches Kind behandelt (vgl. dazu oben § 58 II 3 und 4).

Bei bereits verheirateten Kindern tritt der Familienname des Vaters an die Stelle des Geburtsnamens. Haben die Ehegatten den früheren Geburtsnamen als Ehenamen gewählt, so können die Ehegatten einverständlich (mittels öffentlich beglaubigter Erklärungen gegenüber dem Standesbeamten) für die Zukunft den neuen Geburtsnamen annehmen. Das Gesetz erwähnt den Fall nicht, doch ergibt sich die Befugnis der Ehegatten aus einer Rechtsanalogie zu den §§ 13a III 2 EheG und 1617 IV, 1720 Satz 2, 1757 I 2 BGB.[39] Verwehrt ist den Ehegatten dagegen die Möglichkeit, nunmehr statt des ursprünglich gewählten Namens des anderen Ehegatten den ihnen genehmeren neuen Geburtsnamen des legitimierten Ehegatten zu wählen.

15. *Verhältnis zur Mutter.* Rechte und Pflichten, die sich aus dem Verwandtschaftsverhältnis mit den mütterlichen Verwandten ergeben, bleiben grundsätzlich unberührt, doch verliert die Mutter jede Teilhabe an der elterlichen Sorge.[40]

---

[38] Vgl. *Diederichsen,* NJW 1976, 1176.

[39] Vgl. *Ruthe,* FamRZ 1976, 415; *Palandt-Diederichsen,* 1 zu § 1737; MünchKomm-*Hinz,* 5 zu § 1737.

[40] Über den Anspruch des Vaters auf Herausgabe des Kindes gegen sie entscheidet nach § 1632 III das Familiengericht. Vgl. BGHZ 40, 1 (8 ff.); *Odersky,* II 2 zu § 1738; MünchKomm-*Hinz,* 4 zu § 1738.

Unbenommen bleibt es freilich dem Vater, das Kind im Haushalt der Mutter zu belassen und dieser Teile der elterlichen Sorge zur Ausübung zu überlassen.[41]

Unberührt bleibt das Recht der Mutter zur Beschwerde gegen alle Verfügungen, die eine Entscheidung über eine die Personensorge betreffende Angelegenheit enthalten (§ 57 I Nr. 9 FGG).[42] Unberührt bleibt ferner ihr *Recht auf persönlichen Umgang mit dem Kind.* Was jahrzehntelang von den einen verneint, von den anderen aber bejaht wurde, weil Einigkeit über die Herkunft des Rechtes nicht zu erzielen war, sollte heute außer Streit stehen. Der neu formulierte § 1634 gilt für alle ehelichen Kinder, also auch für alle legitimierten.[43]

Das Vormundschaftsgericht (Richtervorbehalt; vgl. § 14 Nr. 15 RpflG) kann der Mutter die Ausübung der elterlichen Sorge (ohne die Beschränkungen des § 1706!) zurückübertragen, wenn die elterliche Sorge des Vaters endigt oder ruht oder wenn dem Vater die Sorge für die Person des Kindes entzogen ist (§ 1738 II). Diese Regelung entspricht grundsätzlich der Parallelsituation nach geschiedener Elternehe (vgl. dazu oben § 56 VIII) sowie jener nach einem aufgehobenen Annahmeverhältnis (vgl. § 1764 III und IV; zu ihnen unten § 62 XI 6); die Regelungen konvergieren, weil kein Rückerwerb ex lege vorgesehen ist. Die (in jüngster Zeit überhaupt zu stark gewordene) Tendenz zum richterlichen Einzelakt sollte freilich nur in Grenzen toleriert werden. Wenn die Ehelicherklärung Funktionsersatz für eine sonst fehlende ausgebaute Rechtsstellung des nichtehelichen Vaters ist, dagegen nicht etwa ein Akt, der seine Rechtfertigung in einem Versagen der Mutter findet, muß die Mutter einen *Anspruch auf Rückübertragung* der elterlichen Sorge haben, soweit in ihrer Person kein Hinderungsgrund für die Ausübung elterlicher Sorge vorliegt.[44] Daß das Kind der Mutter entfremdet sein kann, will nichts besagen: Einem Vormund oder Pfleger steht es jedenfalls nicht näher.

16. *Unterhalt.* Der gleiche Verwandtschaftsgrad fordert an sich eine teilschuldnerische Haftung beider Elternteile. Das Gesetz korrigiert sich jedoch in § 1739 um der stärkeren Zuordnung des Kindes zum Vater willen und verpflichtet ihn mit Vorrang vor der Mutter für den gesamten Unterhalt (und zwar auch für den Fall der Rückübertragung der elterlichen Sorge auf die Mutter). Mit Art. 3 II GG dürfte § 1739 indessen nicht zu vereinbaren sein. Der ständige Hinweis auf die Entrechtung der Mutter als Grund auch ihrer Entpflichtung[45] ist sicher beweis-

---

[41] Vgl. OLG Köln, FamRZ 1968, 479.

[42] Vgl. LG und OLG Stuttgart, FamRZ 1962, 207 mit Anm. *Blittersdorf.*

[43] Gl. Ans. *Erman-Hefermehl,* 1 zu § 1738; *Soergel-Lade,* 3 zu § 1738; *Staudinger-Bökelmann,* 5 zu § 1738; *Palandt-Diederichsen,* 1 zu § 1738; *Beitzke,* § 32 II g; *Odersky,* II 4 zu § 1738; MünchKomm-*Hinz,* 4 zu § 1738. Immer noch a. A. dagegen *Dölle,* § 111 V 5 a (jedoch mit analoger Anwendung des § 1634 für die Regelung des allein von § 1666 gesicherten persönlichen Umgangs).

[44] Zust. MünchKomm-*Hinz,* 6 und 10 zu § 1738. A. A. *Odersky,* III 2 und 3 zu § 1738 (jedoch de lege ferenda zustimmend).

[45] Vgl. *Staudinger-Bökelmann,* 3 zu § 1739; *Palandt-Diederichsen,* 1 zu § 1739; *Erman-Hefermehl,* 1 zu § 1739. Auch *Odersky,* IV 6 zu § 1723, verneint einen Verstoß gegen Art. 3 GG.

los, denn vor der Ehelicherklärung ist umgekehrt der Vater des nichtehelichen Kindes entrechtet, jedoch keineswegs entpflichtet. Schon im Ansatz verfehlt ist die Behauptung, daß der Vater „durch die Legitimation in ein besonders nahes Verwandtschaftsverhältnis zu dem Kind tritt", und deshalb Bedenken nicht bestehen könnten[46]: Eine nach Rechten und Pflichten gestufte Verwandtschaft gleicher Linie und gleichen Grades ist dem BGB völlig fremd.

III. Ehelicherklärung auf Antrag des Kindes

Schrifttum: *Boehmer,* Das Problem der Brautkinder im deutschen und schweizerischen Recht, NJW 1963, 1945; *Simitis,* Die Ehelicherklärung auf Antrag des „Brautkindes" im Referentenentwurf für ein neues Unehelichengesetz, FamRZ 1967, 78; *Grasnick,* Das Problem der Brautkinder bei der Reform des Unehelichenrechts, NJW 1967, 329.

1. *Bedeutung.* Ehelicherklärung auf Antrag des Vaters bedeutet Legitimation des Kindes unter Entrechtung der Mutter und Zuordnung zum Vater. Die nur nach dem Tod eines Elternteils mögliche Ehelicherklärung auf Antrag des Kindes findet dagegen ihr Vorbild in der legitimatio per subsequens matrimonium (vgl. § 1740f I). Sie ist ein formal zwar einheitliches, in den Rechtswirkungen jedoch dualistisches Institut: Von der Ehelicherklärung nach dem Tod der Mutter, die (insoweit der Ehelicherklärung auf Antrag des Vaters vergleichbar) das Kind dem Vater zuordnet, sondert sich die Ehelicherklärung nach dem Tod des Vaters, die dem Kind zwar den Namen des Vaters vermittelt und es als eheliches Kind an den väterlichen Nachlaß heranführt (zur Rückwirkung der Ehelicherklärung vgl. die §§ 1740a II, 1733 III), die Mutter dagegen nicht entrechtet. Diese wird sogar bei der Ausübung der elterlichen Sorge frei von den Vorbehalten des Nichtehelichenrechtes.

2. *Brautkinder.* Antragsberechtigt sind nur die sog. Brautkinder, d. h. Kinder, deren Eltern in einem wirksamen Verlöbnis verbunden waren, das sein Ende durch den Tod des Mannes oder der Frau fand.[1] Gleichgültig ist der Zeitpunkt von Zeugung und Verlöbnis: Es handelt sich nicht darum, den vorehelichen Verkehr von Verlobten zu privilegieren.

Antragsberechtigt sind nicht die Kinder von Verlobten, deren Verlöbnis auf andere Art endete (Entlobung, Rücktritt, Unmöglichkeit). Der Vorschlag, auch ihnen entgegenzukommen,[2] fand fast einhellige Ablehnung, mit Hinweis in erster Linie auf die besondere soziale und psychische Situation gerade der Brautkinder, mit Hinweis aber auch auf die andernfalls eintretende Diskriminierung der anderen Nichtehelichen.[3] In Wahrheit wirken freilich andere Gründe. Die beson-

[46] Vgl. *Soergel-Lade,* 2 zu § 1739.

[1] Vgl. dazu OLG Hamm, FamRZ 1971, 321 und LG Kassel, DAVorm. 1974, 119 (Verlöbnis unwirksam bei noch bestehender Ehe eines „Verlobten").

[2] Vgl. *Boehmer,* NJW 1963, 1945ff.

[3] Vgl. *Bökelmann,* FamRZ 1966, 550; *Grasnick,* NJW 1967, 329ff.

dere soziale Situation, d. h. die Bereitschaft der väterlichen Familie, das Kind nach dem Tod des Vaters zu akzeptieren, ist für Brautkinder zwar oft, aber nicht immer gegeben; sie fehlt in den anderen Fällen oft, ja meist, aber doch nicht stets. Und Gruppen nichtehelicher Kinder werden so oder so gebildet; nur die Grenze verläuft verschieden.

Letztlich entscheidend war das Unbehagen, das die schroffe Grenze hervorruft, die vom Eheschluß der Eltern zwischen ehelichen und nichtehelichen Kindern gezogen wird, ein Unbehagen, das bei Beendigung des Verlöbnisses durch Tod besonders aufbricht. Auch vom Motiv her gehört die Ehelicherklärung auf Antrag des Kindes also zur Problematik der postmortalen Ehe (mag auch nicht gefragt werden, ob es wirklich ohne den Tod eines Verlobten zur Ehe gekommen wäre[4]).

Die Beschränkung auf die Brautkinder entlastet die Regelung von allen Fragen, die andernfalls von der Konkurrenz mütterlicher und väterlicher Rechte und Pflichten aufgeworfen werden. Der überlebende Elternteil hat praktisch im Verhältnis zum Kind die Rechtsstellung eines Verwitweten.

Antragsberechtigt sind nicht mehr Brautkinder, die inzwischen adoptiert wurden.[5] Der Zweck der Ehelicherklärung ist in diesem Fall nach Antrag des Kindes ebenso wenig zu erreichen wie nach Antrag des Vaters (vgl. dazu oben II 5).

3. *Erklärungen.* Die Legitimation erfolgt durch bedingungs- und befristungsfeindlichen Konstitutivakt des Vormundschaftsgerichtes (Wirksamkeit: § 56b FGG). Sie basiert jedoch auf dem Antrag des Kindes (der auch Willenserklärung ist) und der Einwilligung des überlebenden Elternteils (die nur Willenserklärung ist); beide bedürfen notarieller Beurkundung (§§ 1740a II, 1730).

Der funktionellen Parallele zum Antrag des Vaters und der Einwilligung des Kindes bei der Ehelicherklärung auf Antrag des Vaters entspricht freilich die sachliche Regelung nicht. Der Antrag des Kindes wird bei der Frage nach Selbstbestimmung und Fremdbestimmung der Einwilligung des Kindes gleichgestellt (§ 1740c = § 1729), die Einwilligung des überlebenden Elternteils aber der Einwilligung der Mutter (vgl. § 1740b). Das mag verständlich sein für die Ehelicherklärung nach dem Tod des Vaters; das ist schwer verständlich für die Ehelicherklärung nach dem Tod der Mutter.

Der Antrag des Kindes ist nach dem Tod des Vaters fristgebunden: Mit Rücksicht auf die Beteiligung des Kindes am väterlichen Nachlaß (als Folge der durch die §§ 1740a II, 1733 III für diesen Fall angeordneten Rückwirkung) muß es den Antrag binnen Jahresfrist stellen, die mit der Geburt oder der späteren gerichtlichen Vaterschaftsfeststellung zu laufen beginnt (§ 1740e I). Damit ist einiges

---

[4] Vgl. dagegen *Odersky,* III 2a zu § 1740a („Ehelicherklärung wird nur erfolgen können, wenn normalerweise die Eheschließung erwartet werden konnte").

[5] A. A. AG Tübingen, FamRZ 1974, 161 (auf der Grundlage des alten Adoptionsrechtes); MünchKomm-*Hinz,* 2 zu § 1740a.

gewonnen, jedoch nicht alles, weil die gerichtliche Vaterschaftsfeststellung ihrerseits nicht fristgebunden ist. Der ersten Frist wird deshalb eine zweite nachgeordnet (§ 1740e II): Das Kind muß die gerichtliche Vaterschaftsfeststellung innerhalb von sechs Monaten nach seiner Geburt begehren, wenn nicht bereits praenatal Sicherheit geschaffen (Anerkenntnis) oder doch (bei Brautkindern fast unvorstellbar!) gefordert wurde (Klage). Effekt dieser minutiösen Regelung ist eine *Legitimationssperre für alle Brautkinder, die bereits sechs Monate alt sind, die Vaterschaftsfeststellung aber noch nicht betrieben haben;* die Sorge um einen allzu langen Schwebezustand für den väterlichen Nachlaß (die sich auch anders hätte beheben lassen) schließt sie gänzlich (und nicht nur im Erbrecht) aus; selbst die Brautkinder zerfallen damit in zwei Gruppen.

Die Einwilligung des überlebenden Elternteils ist stets erforderlich und nie ersetzbar; es gibt keine Parallele zu § 1727 I. Freilich wirkt die Differenz angesichts der sonstigen Betonung des Kindeswohls für die Legitimation nach dem Tod des Vaters (nicht für die nach dem Tod der Mutter!) fast willkürlich: Wer sich anschickt, eine Mutter um des Kindes willen gegebenenfalls zwangsweise zu entrechten (§ 1727 I), handelt schwerlich geradlinig, wenn er nicht bereit ist, Zwang auch dann auszuüben, wenn die mütterliche Rechtsstellung verstärkt werden soll.[6]

4. *Die Entscheidung.* Das Vormundschaftsgericht hat vor seiner Entscheidung die Eltern des Verstorbenen zu hören (falls er nichtehelich war: seine Mutter[6a]) sowie seine ehelichen Kinder; es darf nur Personen übergehen, die zur Abgabe einer Erklärung dauernd außerstande oder die dauernd unbekannten Aufenthaltes sind (§ 1740d). Eine Einwilligung ist dagegen weder nach dem Tod des Vaters noch nach dem Tod der Mutter erforderlich.[7] Die beiden Fälle werden gleich behandelt (trotz unterschiedlicher Folgen für die väterliche und mütterliche Verwandtschaft), weil hier wie dort keine Möglichkeit bestanden hätte, den Verstorbenen am Eheschluß zu hindern. Die gegen den Willen der väterlichen Großeltern durchgeführte Legitimation will sich freilich wenig in jenes Bild ungetrübter Harmonie zwischen Kind und väterlichen Großeltern einfügen, das der ganzen Legitimation nach dem Tod des Vaters zugrundeliegt.

Mit § 1740d ist die Frage des rechtlichen Gehörs nicht abschließend geregelt. Die Norm des BGB kann Art. 103 I GG nicht ändern (mit einem Anspruch aller, in deren Rechtsstellung unmittelbar eingegriffen wird); sie kann aber auch nicht

---

[6] Darauf hat schon *Simitis,* FamRZ 1967, 84, hingewiesen.

[6a] Entrechtet wird auch der Großvater mütterlicherseits. Vgl. MünchKomm-*Hinz,* 8 zu § 1740d mit Nachw. zur str. Frage.

[7] Die Einwilligung der väterlichen Großeltern wurde gefordert von *Knur,* FamRZ 1967, 253. Nicht bedacht wurde eine etwaige Heirat des Vaters vor dem Antrag des Kindes (nach Tod der Mutter). In Analogie zu § 1726 wird hier die Einwilligung der Ehefrau zu fordern sein. Vgl. *Odersky,* II 4 zu § 1740a. And. Ans. *Knur,* FamRZ 1970, 274; *Soergel-Lade,* 4 zu § 1740d; *Erman-Hefermehl,* 7 zu § 1740a; MünchKomm-*Hinz,* 8 zu § 1740a.

das Verfahrensrecht bestimmen, in dessen Rahmen (§ 12 FGG) zum Zwecke der Sachaufklärung weitere Anhörungen erforderlich sein können.[8]

Die Legitimation ist zu versagen, wenn sie dem Wohle des Kindes nicht entspricht (§ 1740a I Satz 2). Die negative Fassung hebt sich deutlich von der positiven des § 1723 ab; die Ehelicherklärung auf Antrag des Vaters ist zu rechtfertigen, die Ehelicherklärung auf Antrag des Kindes hat eine (die Prüfungspflicht des Vormundschaftsgerichtes im Regelfall beschränkende, jedoch nicht ausschließende[9]) tatsächliche Vermutung der Förderung des Kindes für sich.

5. *Bestandsschutz*. Sachliche und formale Mängel verlieren mit der Legitimation (zum Zeitpunkt der Wirksamkeit vgl. § 56b FGG) ihre Bedeutung; § 1735 gilt entsprechend (§ 1740a II). Relevant bleibt allein der Mangel der Verwandtschaft (vgl. dazu oben unter II 13). Gleichgültig wird insbesondere der Mangel eines Verlöbnisses der Eltern.[10] Das Recht der Verlobung eröffnet mit der Möglichkeit, sich formlos und durch schlüssiges Verhalten zu erklären, ein weites Feld des Irrtums. Es wird verbreitert durch den Tod eines Elternteils; der Überlebende kann einziges (nicht eben zuverlässiges) Beweismittel sein. Irrtum und Arglist werden den Kreis der Brautkinder erweitern (schwerlich je verengen), belanglos sind sie schließlich beide.

6. *Name*. Das legitimierte Kind erhält grundsätzlich den Familiennamen des überlebenden Elternteils; an späteren Änderungen jenes Namens nimmt es nur insoweit teil, als ein nichteheliches Kind an ihnen teilnehmen würde (§ 1740f II 1 und III). Das nach dem Tod des Vaters legitimierte Kind unterscheidet sich mithin namensrechtlich grundsätzlich nicht von einem nichtehelichen Kind. Freilich kann dem Kind auf Antrag (der nur in dem Verfahren gestellt werden kann, das die Ehelicherklärung zum Gegenstand hat; vgl. § 1740f II 4) mit Zustimmung des überlebenden Elternteils (der auf die Namenseinheit verzichten muß) vom Vormundschaftsgericht der Familienname des verstorbenen Elternteils (ggf. sein Ehename ohne den gem. § 1355 III vorangestellten Begleitnamen) erteilt werden.

Ob die mit der Erteilung des Namens entstehende Namensverschiedenheit von Kind und überlebendem Elternteil erhalten bleibt oder nicht, liegt im Regelfall allein in der Hand des Elternteils. Sofern er nicht nach dem Tode des anderen Elternteils eine Ehe eingegangen ist (und damit einen Ehenamen zu wählen hatte), hat er einen Anspruch auf einen Konstitutivakt des Vormundschaftsgerichtes, der ihm den Familiennamen des Kindes erteilt (§ 1740g);[10a] Kind und

---

[8] Zu den mit § 1740d verbundenen Fragen vgl. *Kollhosser*, FamRZ 1970, 625; *Odersky*, II zu § 1740d.

[9] Vgl. *Odersky*, III 3 zu § 1740a; *Erman-Hefermehl*, 7 zu § 1740a.

[10] Zustimmend *Odersky*, V 9 zu § 1740a.

[10a] Nach Ans. von MünchKomm-*Hinz*, 3 zu § 1740g, kann der Antrag nur im Verfahren der Ehelicherklärung gestellt werden. Dem Gesetz ist eine derartige zeitliche Beschränkung indessen nicht zu entnehmen.

überlebender Elternteil führen dann gemeinsam den Familiennamen des verstorbenen Elternteils.[11] Deutlicher noch als sonst wird hier offenbar, daß die Ehelicherklärung auf Antrag des Kindes zum (gewiß weiteren) Problemkreis der postmortalen Ehe gehört; die Umkehrung der sonst gewohnten Namensableitung des Kindes von den Eltern kann den Eindruck kaum verschleiern, geschweige denn beseitigen.

Der Akt des Vormundschaftsgerichtes verleiht dem überlebenden Elternteil einen eheähnlichen Namen; er ist nicht als eine Namensänderung im Verwaltungsverfahren zu begreifen. Folgerichtig muß es dem Elternteil in Analogie zu § 1355 III gestattet sein, seinen Geburtsnamen dem neuen Namen als Begleitnamen voranzustellen.[12]

7. *Kritik.* Der Schein eines besonderen Fortschrittes trügt.[13] Allzu deutlich entstammt die Legitimation der Brautkinder jener Gedankenwelt, die zur Diskriminierung der Nichtehelichen führte und sie nun für eine letztlich periphere Gruppe zu mildern sucht.[14] Die Ehelicherklärung auf Antrag des Vaters ist in ihrer neuen Funktion primär eine Form der personalen Zuordnung in der Konkurrenz der beiden Elternteile. Die Legitimation der Brautkinder ist dagegen nach dem Tod des Vaters nichts weiter als ein Akt, der nur noch den „Makel" der nichtehelichen Geburt beseitigen soll.

Hinzu treten offensichtliche Mängel in der Regelung. Der Perfektionismus im Detail steht im Kontrast zu nicht genügend durchdachten Grundlagen; schon die Einheit der Regelung trotz grundverschiedener Auswirkungen der Legitimation nach dem Tode des Vaters und jener nach dem Tode der Mutter beweist hier genug.

D. Annahme als Kind

Schrifttum. A. Zur Reform des Adoptionsrechts (Auswahl aus der Zeit nach dem FamRÄndG vom 11. 8. 1961): *Knur,* Die Reform des Adoptionsrechts, DNotZ 1962, 571; *Bosch,* Zur Volljährigenadoption, FamRZ 1964, 401; *Engler,* Die Vorschläge zur Änderung des Adoptionsrechts, FamRZ 1969, 551; *Mende,* Neuregelung des Adoptionsrechts, ZBlJugR 1970, 189; *Engler,* Nichtehelichengesetz und Adoptionsrecht, FamRZ 1970, 113; *Hartleib,* Für und Wider der Volladoption, Diss. jur. Frankfurt, 1972; *Engler,* Auf dem Weg zu einem neuen Adoptionsrecht, 1972; *Lüderitz,* Adoption,

---

[11] § 1740g kann in seiner gegenwärtigen Gestalt gewiß nicht analog angewandt werden auf den Fall der Ehelicherklärung auf Antrag des Vaters nach dessen Tod. Ebenso schon für das frühere Recht verneinend OLG Hamm, NJW 1972, 1088; *Erman-Hefermehl,* 1 zu § 1740g; *Odersky,* II 2b zu § 1740g; MünchKomm-*Hinz,* 5 zu § 1740g.

[12] Gl. Ans. *Simitis,* StAZ 1970, 259 (trotz Versicherung, es handele sich im § 1740g nicht um eine zum Problemkreis der postmortalen Ehe gehörende Frage); *Soergel-Lade,* 1 zu § 1740g; *Erman-Hefermehl,* 1 zu § 1740g; *Odersky,* IV zu § 1740g.

[13] Kritisch zur Legitimation der Brautkinder auch (mit unterschiedlichem Akzent) *Knur,* FamRZ 1967, 253f.; *Simitis,* FamRZ 1967, 78ff. Sehr positiv dagegen *Bosch,* FamRZ 1968, 625.

[14] Das hat bereits *Simitis,* FamRZ 1967, 82, festgestellt.

1972; *Jayme,* Auf dem Weg zu einem neuen Adoptionsrecht, FamRZ 1973, 14 und 1974, 115; *Kraut,* Praktische Auswirkungen verschiedener Adoptionsformen, FamRZ 1974, 295; *Stöcker,* Bemerkungen zu drei Streitpunkten der Reform des Adoptionsrechts, FamRZ 1974, 568; *Engler,* Der Entwurf eines Gesetzes über die Annahme als Kind, FamRZ 1975, 125; *Scheld,* Diskriminierung der Adoptiv-Großeltern, FamRZ 1975, 326; *Lehmann-Jessen,* Nochmals: Die Adoption des nichtehelichen Kindes durch seine Mutter, FamRZ 1976, 14 (mit Erwiderung von *Engler,* S. 17); *Beitzke,* Internationalrechtliches zur Adoptionsreform, FamRZ 1976, 74.

B. Zum geltenden Recht (nach dem AdoptG vom 2. 7. 1976): *Beitzke,* Zur Neuregelung der Zuständigkeit in Adoptionssachen, FamRZ 1976, 507; *Engler,* Das neue Adoptionsrecht, FamRZ 1976, 584; *Lüderitz,* Das neue Adoptionsrecht, NJW 1976, 1865; *Roth-Stielow,* Adoptionsgesetz, Adoptionsvermittlungsgesetz, Kommentar, 1976; *Frank,* Grenzen der Adoption, 1978.

§ 62. Annahme Minderjähriger

I. Zweck der Adoption

1. Es gibt Rechtsordnungen, die den Gedanken der Adoption nie aufnahmen. Im deutschen Recht ist die Adoption tradiertes und ungefährdetes Rechtsgut, das in seiner Struktur und in seiner Teleologie *Toleranzen der Gestaltung* aufweist, die es befähigen, ohne Identitätsverlust sehr verschiedenen Zeiten und Interessen zu dienen. Fix ist allein der Gedanke einer personenrechtlichen Zuordnung in der Form des Eltern-Kind-Verhältnisses durch Rechtsakt. Variabel ist dagegen die Gestalt des Rechtsaktes und der mit dem Rechtsverhältnis intendierte Zweck. Freilich hat die Gegenwart die überkommene Einheit der Adoption preisgegeben und ein dualistisches Recht geschaffen: Neben die Annahme Minderjähriger ist die Annahme Volljähriger (§§ 1767 ff.) getreten, von jener geschieden ohne Stringenz: Zweck und Wirkungen differieren, doch führen von der Annahme Volljähriger Wege zurück zur Adoption Minderjähriger; auch die Erwachsenenadoption ist kein einheitliches Institut mehr.

2. *Sozialpolitischer Zweck.* Der tradierte Zweck gibt dem Annehmenden die Möglichkeit, den Fortbestand seines Namens im Generationengang zu wahren und sein Vermögen an eine ihm eng verbundene jüngere Generation zu vererben. Die Gegenwart toleriert diesen Zweck als Motiv des Annehmenden, hat sich jedoch von ihm als Rechtfertigung der Adoption Minderjähriger voll emanzipiert. Entscheidend ist die Perspektive der staatlichen Familienpolitik (die sich der individuellen Interessen als Mittel bedient) geworden: Es gilt vornehmlich, nichteheliche und verwaiste Kinder in vollständige Familien einzugliedern, um ihnen jene Entwicklungsmöglichkeiten und Lebenschancen zu sichern, die Sozialisation und Enkulturation durch elternhaft zugeordnete Bezugspersonen vermitteln (und Heimerziehung nicht gewähren kann[1]). Freilich ist dieser Zweck auch

[1] Zum Leistungsdefizit der Heimerziehung vgl. MünchKomm-*Lüderitz,* 5f. vor § 1741 mit weit. Hinw.

Im Jahre 1976 gab es in der Bundesrepublik Deutschland rd. 70000 Kinder in Heimen. Die Zahl

heute nicht die einzige Legitimation oder gar ein mit Entschiedenheit gewahrtes unabdingbares Tatbestandselement der Minderjährigenadoption. Gefördert oder doch toleriert werden auch Adoptionen, die lediglich der Verschleierung einer nichtehelichen Geburt dienen, und Adoptionen, die faktischen Positionen Gestalt und Konsistenz einer rechtlichen Zuordnung verleihen (der Stiefvater adoptiert das Kind seiner Ehefrau).

3. *Zulässigkeit.* ,,Die Annahme als Kind ist nur zulässig, wenn sie dem Wohl des Kindes dient und zu erwarten ist, daß zwischen dem Annehmenden und dem Kind ein Eltern-Kind-Verhältnis entsteht" (§ 1741 I). In der Form einer Zulässigkeitsvoraussetzung (die im richterlichen Dekret zu beachten ist) formuliert das Gesetz damit seine Intentionen als gegenwartsbezogene Generalklausel und als Erwartungshaltung ohne eine (das eigene Leitbild gewiß zerstörende) Dauerkontrolle der tatsächlichen Entwicklung. Zwar ist die Beendigung des Annahmeverhältnisses nach Zweckverfehlung dem BGB nicht unbekannt, doch kann sie nur erfolgen, wenn es ,,aus schwerwiegenden Gründen zum Wohl des Kindes erforderlich ist" (§ 1763; vgl. dazu unten XII 5), also mit einem Radius, der keinen Vergleich aushält mit dem weiten Horizont des § 1741 I (dem im übrigen nur mit systemimmanenten Eingriffen in die elterliche Sorge gemäß den § 1666ff. Rechnung getragen werden kann).

4. *Adoptionsvermittlung.* Die Erwachsenenadoption bedarf keiner Vermittlung, die Minderjährigenadoption kann ohne sie nicht auskommen, darf sie aber privater Initiative nicht überlassen. Jedes zur Adoption vorgesehene Kind hat gegen den Staat einen Anspruch auf Schutz und Fürsorge, der sich bereits im vorbereitenden Stadium der Vermittlung auswirken muß. Das AdVermG beschränkt die Vermittlung: Verboten ist die private geschäfts- oder gewerbsmäßige Tätigkeit (§§ 5, 14), verboten grundsätzlich auch die Kontaktsuche mittels Adoptionsanzeigen (§§ 6, 14), erlaubt dagegen die Vermittlung durch spezielle, mit Fachkräften besetzte (§ 3) Stellen der Jugendämter und der Landesjugendämter, ferner durch anerkannte örtliche und zentrale Stellen des Diakonischen Werks, des Deutschen Caritasverbandes, der Arbeiterwohlfahrt und der diesen Verbänden angeschlossenen Fachverbände sowie sonstiger Organisationen. Die Öffnung gegenüber ,,sonstigen Organisationen" ohne limitierende Merkmale soll den Eindruck der Monopolisierung verhindern, kann aber doch nicht darüber hinwegtäuschen, daß sich die Vermittlungstätigkeit bei der staatlichen Jugendwohlfahrtsorganisation und den drei großen Wohlfahrtsverbänden konzentriert mit deutlicher Tendenz zu Vermittlungsstellen mit großem Einzugsbereich (und damit größerer Leistungsfähigkeit im regionalen und überregionalen Arbeitsfeld).

5. *Probezeit.* ,,Abgebrochene Pflege ist besser als gescheiterte Adoption".[2] In

---

der Kinder in Pflegefamilien (also mit steter Gefährdung der Kontinuität von Betreuung und Erziehung) wurde ebenfalls auf rd. 70000 geschätzt.

[2] MünchKomm-*Lüderitz,* 1 zu § 1744.

dieser Erkenntnis wurzelt § 1744 mit seiner Forderung nach einer „angemessenen" Pflegezeit vor der Adoption (die freilich für die verschiedenen Zuordnungstypen von unterschiedlicher Bedeutung ist und ihren Sinn völlig verliert, wenn der Annehmende bereits Träger elterlicher Sorge ist). Pflegezeit ist Probezeit, in der sich die Erwartung späteren (faktischen) Aufbaus einer Eltern-Kind-Beziehung (§ 1741 I) zu einem Grad der Gewißheit verdichten soll, der Enttäuschungen zwar nicht ausschließt, jedoch auf unvorhersehbare Fehlentwicklungen reduziert. An diese ratio legis ist das richterliche Ermessen zu binden, für die Pflegezeit überhaupt (die das Gesetz – unbestimmt genug und weit unbestimmter, als es eine Sollvorschrift tun würde – nur „in der Regel" fordert) und für deren Länge.[3]

Pflegezeit ist freilich nicht Probezeit mit Gewähr der Adoption nach bestandener Probe. Zwar wird es stets das Bestreben der Vermittlungsstellen sein müssen, den Pflegeeltern ein Höchstmaß an Sicherheit zu bieten (bindende Einwilligungen der leiblichen Eltern oder der nichtehelichen Mutter; vgl. dazu unten VI 4), zwar kann im Einzelfall durchaus eine Rechtslage erreicht sein, die Störungen von dritter Seite ausschließt, doch bleiben genügend andere Fälle, die von Unsicherheit überschattet sind (auf deren Existenz und Ausmaß die Pflegeeltern von den Vermittlungsstellen hinzuweisen sind).

Sicherheit könnte ein Adoptionsvorvertrag gewähren; dem deutschen Recht ist er indessen unbekannt.[4] Sicherheit könnte auch ein Pflegekindervertrag (vgl. zu ihm die §§ 27ff. JWG für Erlaubnis und Aufsicht des Jugendamtes) vermitteln, wenn ihm personenrechtliche Zuordnung eigen wäre (Ruhen der elterlichen Sorge und Öffnung zur Adoption), dem deutschen Recht ist er indessen in dieser Form (vorerst?) nicht geläufig.[5] Die Einwilligung eines Elternteils in die Adoption bringt seine elterliche Sorge zwar gemäß § 1751 (vgl. dazu unten VI 9) zum Ruhen (und nimmt ihm damit die Möglichkeit, die Pflegeeltern erfolgreich auf Herausgabe des Kindes in Anspruch zu nehmen), zuvor jedoch gebührt (vorbehaltlich eines staatlichen Eingriffs gemäß § 1666) den Eltern der Vorzug. Das ist so, wenn das Kind ohne ihr Einverständnis in die Hände der Pflegeeltern geriet (Kinder, deren Eltern sich zunächst um sie nicht kümmerten). Das ist nicht anders, wenn die Eltern mit der Pflege einverstanden waren und ihre Personensorge (jederzeit widerruflich) den Pflegeeltern zur Ausübung überließen, sich

---

[3] Als Regelfrist kann der Zeitraum von einem Jahr gelten. Notwendig sind jedoch Entscheidungen von Fall zu Fall, die sich an den möglichen Störungselementen orientieren. Dementsprechend sind längere Zeiten am Platze bei älteren Kindern, bei bekannt schwierigen Kindern, bei Kindern fremder Volkszugehörigkeit. Vgl. *Roth-Stielow,* Adoptionsgesetz, 2 und 14 zu § 1744.

[4] Nach a. A. ist er nur „in der Regel" gemäß § 138 nichtig. Vgl. *Staudinger-Engler,* 25 zu § 1741. Ein Vorvertrag scheitert aber bereits am numerus clausus der statusbezogenen Rechtsgeschäfte.

[5] Zu Forderungen im Schrifttum vgl. *Becker,* NJW 1950, 92f.; *Zimmermann,* ZBlJugR 1954, 288ff. (für Dauerpflegevertrag mit Übertragung der Personensorge, der freilich primär nicht Vorstufe einer Adoption sein soll).

inzwischen aber eines Besseren besannen. Das gilt schließlich auch, wenn auf Antrag der Eltern der Pflegeperson vom Vormundschaftsgericht Angelegenheiten der elterlichen Sorge übertragen wurden (§ 1630 III; vgl. dazu oben § 53 II 2). Zwar enden die Rechte der Pflegeperson in diesem Fall nicht schon mit einem einfachen Widerruf der Eltern, wohl aber durch Beschluß des Vormundschaftsgerichtes, der auf Antrag der Eltern ergehen muß: Die Pflegschaft des § 1630 III beruht nicht nur in ihrer Einrichtung, sondern auch in ihrem Fortbestand auf dem Willen der Eltern.

Pflegekinderverträge mit dem Ziel späterer Adoption werden von den Pflegeeltern und dem gesetzlichen Vertreter des Kindes abgeschlossen, nie dagegen von den Vermittlungsstellen und nie von den Vormundschaftsgerichten (§ 1693 kann eine so weit reichende Maßnahme nie rechtfertigen; auch § 1666 II ist mangels Eilbedürftigkeit – vgl. dazu oben § 49 VIII 5 – keine legitimierende Norm). Leibliche Eltern können den Vertrag im eigenen Namen abschließen (mit Schutzwirkungen zugunsten des Kindes); Vormund und Pfleger handeln in der Regel im Namen des Kindes (das bei Vereinbarung eines Entgelts Schuldner wird). Auch ohne besondere Vereinbarung kann jedes Pflegekindverhältnis als Dauerrechtsverhältnis in Analogie zu den §§ 554a, 626 und 723 aus wichtigem Grund mit sofortiger Wirkung gekündigt werden.[6]

II. Rechtliche Struktur

1. *Dekretsystem.* Ganze Jahrhunderte haben den Akt der Adoption als Vertrag verstanden, wenn auch als Vertrag, der staatlicher (gerichtlicher) Bestätigung bedurfte. Erst das AdoptG hat mit der Tradition gebrochen und den Übergang zur Adoption durch richterliches Dekret vollzogen (§ 1752 I), den Forderungen vieler folgend und den Anschluß an den allgemeinen Trend in der Welt suchend.[1] Freilich darf kein Gericht dekretieren, wenn die Beteiligten es nicht wollen: Ein Antrag des Annehmenden ist notwendig und die Einwilligung des Kindes (§ 1746). Das richterliche Dekret bezeichnet in dieser Situation zwar noch den Tatbestand, der konstitutiv das Annahmeverhältnis begründet, und zwar als Akt, für den Antrag und Einwilligung noch nicht einmal Wirksamkeitsvoraussetzungen sind (zur Relevanz für den Fortbestand vgl. § 1760). Es kann dagegen nicht als innerer Grund des Annahmeverhältnisses begriffen werden: Annehmen-

---

[6] Daneben ist für eine ,,gesetzlich fixierte Geschäftsgrundlage" oder für ,,gesetzlich festgelegte Erlöschensgründe" (in den §§ 1741 ff.), wie sie von *Roth-Stielow,* Adoptionsgesetz, 16 zu § 1744, angenommen werden, kein Raum. Für die Lehre von der Geschäftsgrundlage gilt jedenfalls der Subsidiaritätsgrundsatz. Die Zweckverfehlung als gesetzlicher Endigungsgrund aber ist mit der Notwendigkeit einer geordneten und (durch Willenserklärung) klar terminierten Vertragsbeendigung nicht zu vereinbaren.

[1] Vgl. dazu Art. 4 des Übereinkommens des Europarats über die Adoption von Kindern (European Treaty Series Nr. 58).

der und Kind treten nicht in ein Eltern-Kind-Verhältnis ein, weil der Staat es will, sondern weil sie es wollen und der Staat ihrem Wollen entspricht.[2]

2. Der Übergang vom Vertragssystem zum Dekretsystem erweist sich angesichts dieser Situation schließlich als bloße *Umschichtung* von Elementen, die nach aller Ansicht zur Adoption zusammengefügt werden müssen. Gewonnen wurde in der Sache wenig: Aus der Kategorie des Vertrages folgen ebensowenig zwingend unerwünschte Folgerungen (etwa die Möglichkeit eines actus contrarius, den wir auch für die Ehe nicht anerkennen) wie aus der Kategorie des Dekrets erwünschte Lösungen (etwa die Irrelevanz bestimmter Abschlußmängel). Hier wie dort sind längst alle Grenzen gesprengt worden, die früher einmal als strikt („begrifflich" vorgegeben) empfunden wurden. Erreicht wurde allein eine bessere Abstimmung der Adoption auf das vom Zeitgeist geprägte juristische Formgefühl. Doch sollte auch in dieser Verkürzung der Schritt des AdoptG nicht verklärt werden. Schon die Behauptung einer (glücklich überwundenen) Verfälschung des Vertrages als Mittel der Selbstgestaltung für das Kind (das sich meist nicht selbst erklären kann) und vielfach auch für seinen gesetzlichen Vertreter (der bei der Inkognitoadoption den Annehmenden nicht kennt und deshalb nicht als ungeeignet ausscheiden kann) geht in die Irre. Wäre das eine oder das andere richtig, so wären wir gezwungen, unser Vertragsrecht auch sonst umzudenken.

3. Im *System der statusbezogenen Rechtsakte* steht die Adoption nunmehr der Ehelicherklärung näher als zuvor. Mit ihr teilt sie die Zuordnung im Eltern-Kind-Verhältnis; von ihr trennt sie sich wenigstens grundsätzlich in den Subjekten der Zuordnung: Ehelicherklärung folgt genetischer Elternschaft, Adoption will grundsätzlich soziale ohne genetische Elternschaft begründen. Umgekehrt hat sich die Adoption nunmehr stärker von der Ehe entfernt. Doch teilt sie mit ihr die Möglichkeit einer außerordentlichen Beendigung, in der sich das Fehlen einer irreversiblen genetischen Verbindung spiegelt.

III. Zuordnungstypen

1. *Übersicht.* Kinder können einem Ehepaar zugeordnet werden, aber auch einer einzelnen Person: Von der gemeinschaftlichen Adoption sondert sich die Einzeladoption. Adoptionen können originär ein Eltern-Kind-Verhältnis begründen, aber auch an eine bereits bestehende genetische oder kraft Rechtsaktes begründete Eltern-Kind-Beziehung anknüpfen: Von der originären Adoption sondern sich die ergänzende und die überlagernde.

2. Die *originäre gemeinschaftliche Adoption* ist (selbstverständlich) Ehegatten vor-

---

[2] Das richterliche Dekret näher als „Fürsorgeakt" zu qualifizieren (so ***Beitzke,*** § 33 I 2), führt nicht weiter. Einerseits wird damit kein Strukturelement des Dekrets bezeichnet (sondern sein Ziel). Andererseits verbinden wir mit dem Begriff der staatlichen Fürsorge in der Regel die Vorstellung eines staatlichen Handelns ohne privatrechtliche Basis.

behalten. Umgekehrt ist Verheirateten die originäre Einzeladoption grundsätzlich verschlossen (Ausnahmen in § 1741 II 3). In dieser Rechtslage spiegelt sich die Überzeugung, mit einer gemeinschaftlichen Adoption dem sozialpolitischen Zweck der Annahme als Kind besonders gut zu entsprechen.

3. Eine *ergänzende Zweitadoption* ist (allein) möglich, wenn zu Lebzeiten eines Annehmenden (auch) dessen (meist: zweiter) Ehegatte das angenommene Kind adoptieren will (§ 1742). Die ergänzende Zweitadoption hat Wert und Wirkungen einer gemeinschaftlichen Adoption in sukzessiven Akten; sie ist die einzige Ausnahme vom Adoptionsverbot bei währendem Annahmeverhältnis (vgl. dazu unten V 2). Die für die Adoption grundsätzlich erforderliche Einwilligung der genetischen Eltern des Kindes (§ 1747; vgl. dazu unten VI.) ist für sie entbehrlich: Zwar mag der Hinweis auf § 1755 (Erlöschen des Verwandtschaftsverhältnisses mit der Erstadoption) allein nicht viel besagen[1] (weil vorab zu beweisen wäre, daß § 1747 positivistisch verstanden werden darf), doch bleibt zu bedenken, daß jede Elterneinwilligung in Kenntnis des § 1742 erteilt wird und deshalb auch eine Einwilligung in eine spätere ergänzende Zweitadoption impliziert.[2] So gesehen, kann auch die Verfassung keine neuerliche Einwilligung fordern; Art. 6 II GG wird keinesfalls verletzt.

4. Eine *originäre Einzeladoption* ist unverheirateten Personen stets (§ 1741 III 1), verheirateten dagegen nur möglich, ,,wenn der andere Ehegatte ein Kind nicht annehmen kann, weil er geschäftsunfähig oder in der Geschäftsfähigkeit beschränkt ist" (§ 1741 II 3; vgl. dazu § 1743 IV). Freilich ist in diesen Fällen in aller Regel dem Wohl des Kindes mit der Adoption nicht gedient; anders mag zu entscheiden sein, wenn sich der entmündigte Ehegatte nicht in häuslicher Gemeinschaft mit dem Annehmenden befindet und das Kind seit längerer Zeit wie ein leibliches Kind im Haushalt des Annehmenden betreut wurde.

Auch die originäre Einzeladoption durch Unverheiratete ist nicht eben problemlos. Der sozialpolitische Zweck der Adoption wird mit ihr jedenfalls nur unvollkommen erreicht. Sie löst ferner das Kind aus zwei genetisch begründeten Familienbeziehungen (mit ihren vermögensrechtlichen Folgen) und ordnet das Kind nur in eine neue ein. In Betracht kommt sie in erster Linie als Surrogat einer zunächst geplanten gemeinschaftlichen Adoption (vorzeitiger Tod eines Ehegatten) und als familieninterne Adoption (Adoption durch einen Großelternteil oder durch Onkel/Tante nach vorzeitigem Tod der Eltern).

5. Eine *ergänzende Einzeladoption* kann einen Stiefelternteil mit dem (ehelichen oder nichtehelichen) Kind seines Ehegatten verbinden (§§ 1741 II 2, 1742); unabhängig von seinem bisherigen Status erlangt das Kind als Folge ,,die rechtliche

---

[1] Bei ihm beruhigt sich MünchKomm-*Lüderitz*, 4 zu § 1742.

[2] Krit. dazu *Engler*, FamRZ 1969, 68. Ihm zufolge enthielte dann die Einwilligung in die Adoption durch einen Ledigen zugleich eine unzulässige Blankoeinwilligung in die Zweitadoption durch den unbekannten Ehegatten. Doch treffen die Einwände gegen die Blankoadoption hier nur noch sehr bedingt zu (ein Adoptivelternteil steht fest).

Stellung eines gemeinschaftlichen ehelichen Kindes der Ehegatten" (§ 1754 II). Die Adoption des Stiefkindes ergänzt mithin die elterliche Sorge des genetischen Elternteils und löst sie gleichzeitig aus den besonderen Bindungen, die für nichteheliche Elternschaft bestehen (§§ 1706ff.). Die nämlichen Wirkungen ergeben sich, wenn die ergänzende Einzeladoption einer überlagernden Einzeladoption (dazu unten 6.) durch den genetischen Elternteil folgt. Aus der Austauschbarkeit der beiden Figuren ist schließlich die Zulässigkeit einer gemeinschaftlichen Adoption (§ 1741 II 1) durch einen nichtehelichen Elternteil und seinen Ehegatten zu folgern.[3] Mit dieser verbindet sich der Effekt vollständiger Verschleierung der nichtehelichen Geburt, freilich auch der Effekt vollständiger Verdeckung der genetischen Elternschaft.

Stiefkind-Adoptionen drängen sich vielfach auf (wären freilich oft – nicht immer – entbehrlich, wenn es ein ausgebautes Recht des Stiefkindes gäbe[4]), werden jedoch oft weniger um eigener Rechte und Pflichten gewünscht als zur Verdrängung des anderen genetischen Elternteils (§ 1634!) und wurzeln meist mehr in den Beziehungen zum Ehegatten als in denen zum Kind. Problemlos sind sie allenfalls bei stabiler Ehe. Das Scheitern der Ehe beendet die Adoption nicht, muß auch nicht eine Aufhebung des Annahmeverhältnisses gemäß § 1763 rechtfertigen; bei der Entscheidung über die elterliche Sorge (§ 1671) genießt der genetische Elternteil keinen institutionalisierten Vorrang vor dem Stiefelternteil.

6. Als *überlagernde Einzeladoption* bezeichnen wir die Adoption eines nichtehelichen Kindes durch seinen Vater oder seine Mutter.[5] Das Gesetz gestattet sie ohne Ausnahme (vgl. § 1741 III 2 für Unverheiratete und II 2 für Verheiratete) und gesteht damit den Fortbestand sozialer Diskriminierung der nichtehelich Geborenen zu (nur die rechtliche steht zur Disposition der Legislative); denn Zweck einer überlagernden Einzeladoption ist es stets, dem Kind „die rechtliche Stellung eines ehelichen Kindes des Annehmenden" zu verschaffen (vgl. § 1754 II) und damit die nichteheliche Herkunft tunlichst zu verschleiern.[6]

Überlagernde Einzeladoptionen durch den Vater sind der Praxis so gut wie unbekannt (zur besonderen Problematik für den Fall des Elternkonkubinats vgl. unten VIII 3); ein ihnen vergleichbares Ergebnis kann mit einer Ehelicherklärung erreicht werden (wesentlich jedoch der Unterschied zwischen § 1755 einerseits und §§ 1738, 1739 andererseits für die elterliche Sorge und für den Unterhalt des

[3] Ihre Zulässigkeit wird auch bejaht von MünchKomm-*Lüderitz*, 29 zu § 1741; *Engler*, FamRZ 1976, 586.

[4] Zum Korrespondenzverhältnis vgl. *Frank*, insbes. S. 224ff.

[5] Ausgeschlossen ist die Adoption eines eigenen ehelichen Kindes (mit dem Ziel, den anderen Elternteil von der elterlichen Sorge auszuschließen). Der Praxis sind Versuche nach geschiedener Elternehe geläufig. Vgl. OLG Hamm, FamRZ 1978, 735 (mit Nachw.).

[6] Illegitim (weil der Konzeption des Nichtehelichenrechts widersprechend) ist die Absicht der Mutter, sich unerwünschter Aufsicht zu entziehen oder den Vater ganz von seinem Kind zu trennen. Vgl. dazu *Frank*, S. 113ff.

Kindes, ferner der auf die Adoption beschränkte Verlust des Erbrechts im Verhältnis zur Mutterseite). Überlagernde Einzeladoptionen durch die Mutter sind der Praxis dagegen eine geläufige Erscheinung, sollten jedoch zunehmend an Bedeutung verlieren. Der Statusgewinn ist für das Kind einer ledigen Mutter in der engeren Umgebung gering (wenn überhaupt vorhanden) und die Neuorientierung der Rechtsstellung im Verhältnis zur Mutter auch nicht eben bedeutend (vgl. aber die Einschränkungen der elterlichen Sorge nichtehelicher Mütter in den §§ 1705 ff.).[7] Umgekehrt hat die strikte Beendigung der (vornehmlich vermögensrechtlichen) Beziehungen zwischen dem Vater und seinem nichtehelichen Kind Einbußen für das adoptierte Kind zur Folge, die nicht kurzerhand ignoriert werden können, freilich insoweit ihre Bedeutung verlieren, als zuvor auf vertraglicher Basis ein Ausgleich gefunden wurde (Unterhaltsvertrag, entgeltlicher Erbverzicht).[8]

7. Gemeinschaftliche Adoptionen und ergänzende Einzeladoptionen basieren auf der *Erwartung künftiger gemeinschaftlicher elterlicher Sorge,* können jedoch die Erwartung weder in Form einer Bedingung noch in der Form einer zum Vertragsinhalt gewordenen Voraussetzung in ihren Inhalt aufnehmen. Das richterliche Dekret ergeht bedingungs- und voraussetzungslos; der ihn auslösende Antrag (dessen Fortfall als Aufhebungsgrund relevant werden könnte) gehört zu den bedingungsfeindlichen Rechtsgeschäften (§ 1752 II), die auch jener Ungewißheit nicht ausgeliefert werden dürfen, die ein virtueller Vorbehalt (als ,,unterentwikkelte Bedingung“) nun einmal mit sich bringt. So kann sich eine ergänzende Einzeladoption zur originären wandeln (die Ehefrau adoptiert das ersteheliche Kind ihres Ehemannes; dieser ficht erfolgreich die Ehelichkeit an) und eine gemeinschaftliche Adoption schließlich zu alleiniger Elternschaft führen (das Annahmeverhältnis wird im Verhältnis zum anderen Ehegatten gemäß § 1760 aufgehoben, weil dieser geschäftsunfähig war). So überdauert aber auch eine Stiefkind-Adoption die Beendigung der Ehe, die ihr Anlaß war (selbst deren Vernichtung). Zwar kann in diesem wie in jenem Falle eine Aufhebung des Annahmeverhältnisses gemäß § 1763 angezeigt sein; notwendig ist sie hingegen nicht.

8. *Externe und interne Adoptionen.* Leibliche Verwandtschaft hindert die Adoption ausschließlich in Form genetischer ehelicher Elternschaft (also nur dann, wenn ihre Wirkungen gegenstandslos, weil bereits erreicht sind); im übrigen ist die familieninterne Adoption nicht weniger erlaubt als die familienexterne. Auch ein ,,Generationensprung“ (die Großeltern adoptieren ihren Enkel) ist nicht ausgeschlossen, mag auch in diesem Fall ein faktischer Wandel des Großeltern-Enkel-

[7] Zulässig ist eine Adoption auch, wenn keine Amtspflegschaft besteht, die elterliche Sorge der Mutter also keine Förderung erfahren kann. Ebenso *Engler,* FamRZ 1970, 114.

[8] Die überlagernde Adoption durch die nichteheliche Mutter ist angesichts ihres Preises umstritten gewesen und geblieben. Vgl. dazu für die abl. Ans. *Engler,* FamRZ 1975, 127 und 325 sowie 1976, 17; *Frank,* S. 113 ff., und als positive Äußerung *Lehmann-Jessen,* FamRZ 1976, 14.

Verhältnisses zu dem von § 1741 I geforderten Eltern-Kind-Verhältnis oft nicht zu erwarten sein und deshalb im Einzelfall eine Adoption ausscheiden.[9] Dem oberflächlichen Betrachter erscheinen interne Adoptionen vielfach als besonders förderungswürdig, doch sind gerade sie oft fragwürdig; Mißbräuche (Kindergeld) sind nicht auszuschließen; die Möglichkeit familiärer Konflikte als Folge ist jedenfalls zu Lebzeiten der Eltern schwerlich ganz auszuschließen.[10]

Familieninterne Adoptionen sind ferner mit dem besonderen Problem einer Verzerrung der natürlichen Verwandtschaftsverhältnisse belastet (die Tante wird zur Mutter, der Vetter zum Bruder). Dem naheliegenden Gedanken, gerade für sie den Gedanken der Volladoption radikal durchzuführen, damit alle natürlichen Verwandtschaftsbeziehungen zu tilgen und das Kind völlig neu an dem durch die Adoption gebotenen Ort in die Familie einzugliedern, ist die lex lata nicht gefolgt. Zwar wird das genetisch begründete Eltern-Kind-Verhältnis getilgt (niemand soll zwei Elternpaare haben); im übrigen bemüht sich § 1756 (und im Erbrecht § 1925 IV) um eine sachgerechte differenzierende Lösung (vgl. dazu unten X.).

Externe Adoptionen führen zu ähnlichen Fragen, wenn zwei Personen, die miteinander verwandt sind, von einem Dritten in getrennten Adoptionen als Kind angenommen werden[11] (extrem junge Mutter und nichteheliches Kind werden adoptiert). Das Gesetz leistet keinen Widerstand; das Wohl der beiden Adoptivkinder mag immerhin im Einzelfall gefördert werden können. Die gewöhnlichen Wirkungen der Adoption werden dann nicht geschmälert: Wie auch immer die verwandtschaftliche Zuordnung gewesen sein mag, nach der Adoption gilt untereinander Geschwisterrecht.

IV. Der Annehmende

1. *Mindestalter.* Adoptionen sollen dem Kind geeignete Erzieherpersönlichkeiten vermitteln, Eltern von bestimmter sozialer Reife, deren eigene Persönlichkeit wenigstens ein gewisses Maß an Stabilität erreicht hat. § 1743 fordert deshalb ein bestimmtes Lebensalter: Einzeladoptionen sind nur Annehmenden möglich, die das fünfundzwanzigste Lebensjahr vollendet haben (Abs. II), es sei denn, es handele sich um eine ergänzende oder überlagernde Adoption, für die Vollendung des einundzwanzigsten Lebensjahres genügt (Abs. III). Gemeinschaftliche Adoptionen sind nur Ehegatten möglich, von denen einer mindestens fünfundzwanzig und der andere mindestens einundzwanzig Jahre alt ist (Abs. I).

---

[9] Vgl. *Hillenkamp,* ZBlJugR 1953, 14ff.; AG Hannover, FamRZ 1966, 45; OLG Hamm, FamRZ 1968, 110.

[10] Vgl. zu diesen Fragen *Frank,* S. 135ff. und S. 171ff. (für ein Verbot der Enkel- und Geschwisteradoption bei starker Einschränkung der Verwandtenadoption zugunsten rechtlich gesicherter Pflegekindverhältnisse im übrigen).

[11] Vgl. KG, HRR 1930 Nr. 1733.

Fragwürdig ist bereits der Ansatz. Eine Rechtsordnung, die genügende „soziale Reife" grundsätzlich mit der Vollendung des achtzehnten Lebensjahres anerkennt (und dann auch den Zugang zur Ehe eröffnet), sollte sich tunlichst weiterer Schranken enthalten, die auf dem Hintergrund voller elterlicher Sorge kraft genetischer Elternschaft mit Eintritt der Mündigkeit doch nicht überzeugen (zumal im Einzelfall ohnehin eine voreilige Adoption unter Hinweis auf die Leitmaxime des § 1741 I verhindert werden kann).[1] Unverständlich ist ferner im Rahmen der eigenen Teleologie die Nachgiebigkeit der Norm gegenüber überlagernden, ergänzenden und gemeinschaftlichen Adoptionen: Genetische Elternschaft ist ebensowenig Ausweis früher sozialer Reife wie eine Ehe.[2]

Richtiger wäre es gewesen, relative Altersansätze vorzusehen, Altersdifferenzen mithin zwischen dem Annehmenden und dem Kind. Sie würden dem Kind genügend ältere (und eben damit als „Eltern" geeignete) Erzieher sichern. In einem derartigen Kontext wären auch Ausnahmen für überlagernde und gemeinschaftliche Adoptionen verständlich: Wenn genetische Elternschaft gegeben ist, kann sinnvoll über Möglichkeiten und Grenzen, Elternschaft zu konstituieren, nicht mehr gesprochen werden. Und wenn ein Ehegatte dem Kind genetisch verbunden ist, mag es am Platze sein, für den anderen keine Altersdifferenz mehr zu fordern (eine faktische Elternrolle wird ihm ohnehin in aller Regel zufallen).

2. *Geschäftsfähigkeit.* Adoptieren kann nur, wer voll geschäftsfähig ist. Die Aussage folgt bereits aus § 1752 II 1 (Verbot der Vertretung) für die Zeit des Antrags; § 1743 IV verlängert sie bis zum richterlichen Dekret (und verhindert damit Adoptionen nach zwischenzeitlicher Entmündigung). Das Gesetz ist apodiktisch; Ausnahmen gestattet es nicht. Es verhindert damit (ohne rechten Sinn) auch überlagernde Adoptionen (ist der „Makel" nichtehelicher Geburt geringer, wenn die Mutter entmündigt wurde?) und gemeinschaftliche Adoptionen (ist es sinnvoll, einen Ehegatten zur Einzeladoption zu zwingen, wenn der andere Einbußen an seiner Geschäftsfähigkeit erlitt?).

3. Frühere Zeiten haben für den Annehmenden Kinderlosigkeit gefordert und Prophylaxe geübt durch ein extrem hohes Mindestalter (das BGB begann mit fünfzig Jahren).[3] Die Gegenwart versichert sich zwar noch der *Interessen eigener genetischer Kinder* (§ 1745; vgl. dazu unten VIII 4); Adoptionshindernis ist dage-

---

[1] In ausländischen Rechtsordnungen wird vielfach auf ein Mindestalter verzichtet; umgekehrt gibt es auch Rechtsordnungen, die ein höheres Mindestalter fordern. Vgl. dazu MünchKomm-*Lüderitz,* 3 zu § 1743 (mit Nachw. in Fn. 3 und 4). Art. 7 des Übereinkommens des Europarats über die Adoption von Kindern fordert ein Mindestalter von 21 Jahren (mit Ausnahme für die überlagernde Adoption) und ist damit von § 1743 gewahrt worden.

[2] Bedenken äußert deshalb MünchKomm-*Lüderitz,* 4 zu § 1743, für die (ergänzende) Adoption des Stiefkindes. Vgl. auch *Engler,* FamRZ 1975, 128.

[3] Heute ist umgekehrt ein hohes Lebensalter eher als (tatsächliches) Adoptionshindernis zu bezeichnen. Dem Wohl des Kindes ist in der Regel mit älteren Adoptiveltern weit weniger gedient als mit jüngeren.

gen leibliche Nachkommenschaft nicht mehr. So sehr der tradierte Zweck der Adoption eben jenes Hindernis forderte, so sehr widersetzt sich auch der gegenwärtige sozialpolitische Zweck: Wer Kinder in vollständige Familien einzugliedern wünscht, darf ihnen die Möglichkeit nicht nehmen, mit Geschwistern aufzuwachsen.

4. Der Annehmende erklärt sich mit einem an das Vormundschaftsgericht adressierten *Antrag* (§ 1752), der Verfahrensanstoß ist (und insofern ein Akt des formellen Rechtes), zugleich aber auch ein Teil des inneren Grundes der Adoption. In dieser Funktion ist er Willenserklärung, die zwar nicht mit der Einwilligung des Kindes einen Vertrag bildet, sondern einseitiges Rechtsgeschäft bleibt, jedoch die Erklärung des Kindes (trotz aller isolierenden Tendenzen des Gesetzes) als Folgeakt intendiert und erst zusammen mit ihr das richterliche Dekret rechtfertigt.

Der Antrag ist (insofern charakteristisch für statusbezogene Akte geschäftsfähiger Personen) höchstpersönliches und bedingungsfeindliches Geschäft; er bedarf notarieller Beurkundung (§ 1752 II). Sehr sinnvoll ist allerdings der Formvollzug nicht. Was für Funktionen auch immer der Form des Antrags zugeschrieben werden mögen (Warnfunktion, Beweissicherungsfunktion, Beratungsfunktion), keine fordert die Mitwirkung nun gerade eines (mit der Sache im oftmals langen Zeitraum der Vorbereitung gar nicht befaßten) Notars. Ein Antrag zur Niederschrift des Gerichts, ein vom Jugendamt öffentlich beglaubigter Antrag wären sachgerechter (und billiger) gewesen.[4]

Bis zum Wirksamwerden des richterlichen Dekrets (des ,,Ausspruchs der Annahme" in der Sprache des Gesetzes) ist der Antrag widerruflich (vgl. § 1750 IV); Adoptionen gegen den (wenn auch erst spät geänderten) Willen des Annehmenden durchzusetzen, hat keinen Sinn.[5] Mit dem Widerruf entfällt eine Voraussetzung ordnungsgemäßen Vorgehens; wird gleichwohl die Annahme dekretiert und der Beschluß dem Annehmenden zugestellt (vgl. § 56e FGG), so ist das Dekret wirksam, doch kann das von ihm begründete Annahmeverhältnis auf Antrag vom Vormundschaftsgericht wieder aufgehoben werden (§ 1760 I).

V. Das Kind

Schrifttum: *Roth-Stielow,* Die Vertretung des Kindes im Annahmeverfahren, NJW 1978, 203.

1. *Familienstand.* Zur Adoption geeignet ist jeder Minderjährige, gleichgültig ist der Familienstand: Eheliche und nichteheliche Kinder, verwaiste Kinder und Kinder mit lebenden Eltern werfen ihre je eigenen Probleme auf (bei den Einwil-

---

[4] Krit. schon MünchKomm-*Lüderitz,* 2 zu § 1752.

[5] Eine Form ist vom Gesetz nicht vorgesehen. Eine analoge Anwendung des § 1746 II bietet sich an (für sie MünchKomm-*Lüderitz,* § 1752 Fn. 13), doch sollte einer zweifelhaften Norm (vgl. unten V 8) nicht ohne Not ein weiteres Feld geöffnet werden.

ligungen Dritter, bei den negativen Wirkungen der Annahme), dem Recht der Adoption entrückt sind jedoch weder die einen noch die anderen.

2. *Zweitadoption.* Eine Ausnahme (die für die ergänzende Adoption ihrerseits von einer Ausnahme durchbrochen wird) gilt allein für adoptierte Kinder, solange das Annahmeverhältnis währt und der Annehmende oder (zumindest) ein Adoptivelternteil noch lebt (§ 1742). Dieses Adoptionsverbot des bestehenden Annahmeverhältnisses verhinderte ursprünglich eine Vielzahl sich überlagernder Annahmeverhältnisse mit der Konsequenz einer Summierung von berechtigenden, aber auch belastenden Positionen im Unterhaltsrecht und Erbrecht. Nach dem Übergang zum Prinzip der Volladoption (§ 1755) verhindert es nur noch Annahmesequenzen, bei denen jede Folgeadoption in der Elternrolle von dem Vorannehmenden zu billigen wäre (§ 1747 I), womit für die (zur Einwilligung in die Erstadoption berufenen) genetischen Eltern der Gedanke einer personenbezogenen Einwilligung zwar nicht grundsätzlich, doch an die Peripherie entfiele.

Gänzlich ausgeschlossen sind freilich Zweitadoptionen nicht. Einerseits kann ein Annahmeverhältnis (wenn auch nur aus bestimmten Gründen) mit Wirkung für die Zukunft aufgehoben werden (mit Folgen für die genetische Verwandtschaft; vgl. § 1764 III und IV) und hindert dann nicht mehr.[1] Andererseits endet das Annahmeverhältnis (wie jedes familienrechtliche Verhältnis) durch den Tod des (oder der) Annehmenden (ohne Folgen für den Standort des Kindes im neuen Familienverband).[2] Unter den Nachwirkungen des beendeten Annahmeverhältnisses (Name, Erbrecht) findet sich der Fortbestand der Adoptionsschranke nicht. So gibt auch der Tod des Annehmenden die Zweitadoption (auch als „Rückadoption" durch die genetischen Eltern[3]) frei, obwohl mit ihr die Individualzwecke der Erstadoption vereitelt werden.

3. *Alter.* Nasciturus non pro iam nato habetur. Noch nicht geborene, wenn auch schon gezeugte Kinder können nicht adoptiert werden. Als Reflex des Schutzes der genetischen Eltern vor übereilten Entschlüssen in der (emotional besonders getönten) Geburts- und ersten Nachgeburtsphase garantiert § 1747 III in der Regel (anders nach Tod der nichtehelichen Mutter während oder kurz nach der Geburt) ein Mindestalter von acht Wochen, ohne damit bestimmenden Ein-

---

[1] Ausgeschlossen ist aber in diesem Fall eine Rückadoption durch die genetischen Eltern. Vgl. *Roth-Stielow,* Adoptionsgesetz, 21 zu § 1741 (mit Hinweis auf die Unvereinbarkeit mit § 1763).

[2] Fortbestand des Annahmeverhältnisses behauptet MünchKomm-*Lüderitz,* 6 zu § 1742, unter Hinweis auf § 1753, also die postmortale Adoption (die aber gerade durch die Fiktion des § 1753 III demaskiert wird). Augenscheinlich liegt das Mißverständnis einer Identität von Annahmeverhältnis (das als Rechtsverhältnis stets zwei Rechtssubjekte fordert) und familienrechtlicher Stellung zugrunde. Wie der Text *Beitzke,* § 33 II 1 c.

[3] Vgl. aus der Praxis (für das frühere Recht) LG Oldenburg, FamRZ 1965, 395 mit Anm. *Beitzke.* Wie der Text für das neue Recht MünchKomm-*Lüderitz,* 6 zu § 1742; *Roth-Stielow,* Adoptionsgesetz, 20 zu § 1741.

fluß auf die Praxis zu gewinnen. Die grundsätzlich geforderte Pflegezeit (§ 1944) verzögert die Adoption weit stärker.

4. Die *Einwilligung* des Kindes ist im Kontext der Adoption Minderjähriger stets die Einwilligung nicht voll geschäftsfähiger, meist sogar geschäftsunfähiger Personen. Im Widerstreit zwischen dem sozialpolitischen Zweck der Adoption (mit Tendenz zu jungen Kindern) und dem Grundsatz höchstpersönlichen Handelns (den wir sonst bei statusbezogenen Akten zu wahren pflegen) setzt sich deshalb der sozialpolitische Zweck der Adoption wenigstens weitgehend durch. Beschränkt geschäftsfähige Kinder von mindestens vierzehn Jahren erklären sich zwar selbst unter Zustimmung ihres gesetzlichen Vertreters; im übrigen aber handelt für sie der zu ihrer Vertretung im Bereich der Personensorge Berufene (§ 1746 I).

Gesetzlicher Vertreter kann ein Vormund (Waisen), auch ein Pfleger sein; die ehelichen Eltern sind im übrigen berufen, fast nie dagegen die nichteheliche Mutter: Statussachen sind dem Amtspfleger zugewiesen (§ 1706 Nr. 1). Der Schein einer erheblichen Einbuße an Mitwirkungsmacht trügt jedoch; zur Einwilligung berufen bleibt die nichteheliche Mutter (wie die ehelichen Eltern) aus eigenem Recht (§ 1747).

5. Zur Einwilligung in der Lage sind genetische Elternteile auch für den *Fall der ergänzenden Adoption,* also bei Vertretung des Kindes in einem Annahmeverfahren, das die Adoption durch den eigenen Ehegatten (und Stiefelternteil) zum Gegenstand hat. Die §§ 1629 II 1, 1795 I Nrn. 1 und 3 sind nicht anzuwenden: Es handelt sich weder um ein Rechtsgeschäft zwischen dem Ehegatten und dem Kind noch um einen Rechtsstreit, der zu führen wäre. Der Gedanke einer extensiven Interpretation (vgl. dazu oben § 51 III 2) oder auch einer analogen Anwendung jener Normen mag sich aufdrängen, doch ist schon eine Regelungslücke nicht erkennbar: So richtig die Überzeugung auch ist, daß das Dekretsystem die Einwilligung des Kindes nicht zu einem verfahrensbestimmenden Akt abwertet, der sachlich nicht auf den Annehmenden bezogen werden darf, und so notwendig es ist, sich der besonderen Stellung der Einwilligung im Annahmeverfahren (als Teil des rechtfertigenden Grundes, der den Annahmeantrag ergänzt und eben deshalb sachlich den Annehmenden betrifft) bewußt zu bleiben, so sicher sollte auch sein, daß Interessenkollisionen allenfalls in Einzelfällen denkbar sind, für diese aber § 1796 als Auffangtatbestand zur Verfügung steht. Die Akribie, mit der gleichwohl zuweilen ein Ergänzungspfleger (§ 1909) gefordert wird, tut auch allenfalls dem Verlangen nach theoretischer Rechtgläubigkeit Genüge: Welche praktische Bedeutung sollte schon ein ad hoc bestellter Pfleger in einem Verfahren haben, in dem sich bereits ein Elternteil, die Jugendwohlfahrtsbehörde und das Vormundschaftsgericht um die Interessen des Kindes mühen?[4]

---

[4] I. Erg. entscheiden wie der Text *Beitzke,* § 33 II 7; MünchKomm-*Lüderitz,* 5 zu § 1746; ***Roth-***

6. Ein Pfleger ist auch nicht zu bestellen, wenn eine *Inkognitoadoption* gewünscht wird, mithin die Adoption des Kindes durch einen bestimmten (in aller Regel in der Liste der Adoptionsvermittlungsstelle unter einer festen Nr. eingetragenen[5]), den Eltern aber unbekannten Annehmenden. Das AdoptG hat eine derartige Adoption (im Unterschied zur sog. Blankoadoption mit Einwilligungen, die von den Vermittlungsstellen nach ihrem Gutdünken „ausgefüllt" werden können[6]) ausdrücklich in § 1747 III 2 anerkannt, damit freilich nur einen kaum mehr bezweifelten Bestand des deutschen Adoptionsrechtes (mit starker Verbreitung in der Praxis) bestätigt.[7] Der naheliegende Vorwurf, insoweit zwar der Praxis gedient, jedoch den Zweck der Einwilligung des Kindes offenbar mißachtet zu haben, trügt. Name und Adresse der Annehmenden sind nicht wesentlich, von entscheidender Bedeutung sind nur die Lebensumstände, die das Kind vorfindet. Sie aber können den Eltern als gesetzlichen Vertretern in einer für ihre Willensbildung ausreichenden Form mitgeteilt werden. Daß der Gegenwart zusehends das Gefühl für die Notwendigkeit überzeugender Aufklärung der genetischen Eltern verlorengeht, beweist allerdings eine Wendung, die erst das AdoptG brachte: § 1747 III 2 widersteht zwar der Blankoadoption, gestattet jedoch alternative Inkognitoadoptionen ohne zahlenmäßige Begrenzung.[8]

Inkognitoadoptionen sind unter dem Vertragssystem mit besonderen Schwierigkeiten behaftet, weil der Vertrag (sofern er nicht von Vertretern abgeschlossen werden darf) das Inkognito aufdeckt.[9] Das Dekretsystem verarbeitet sie ohne

---

Stielow, NJW 1978, 203; LG Bonn, NJW 1977, 2168; OLG Hamm, FamRZ 1978, 945 sowie alle, die die Einwilligung als Verfahrenshandlung qualifizieren. Vgl. unten Fn. 10. Für die Gegenposition vgl. *Palandt-Diederichsen,* 2 zu § 1746; LG Traunstein, NJW 1977, 2167; LG Stuttgart, FamRZ 1977, 413.

[5] Es genügt jedoch, wenn sich aus den Umständen ergibt, daß die Einwilligung nur der Adoption durch einen bestimmten Annehmenden galt. Vgl. BGHZ 2, 287 (293f.). Krit. zu dieser Entscheidung aber *zur Nieden,* JZ 1951, 775 und *Weber,* DNotZ 1951, 517ff.

[6] Sie ist ausländischem Recht bekannt, aber auch für das deutsche Recht schon vielfach (wenn auch stets nur von einer Minderheit) gefordert worden. Auch wenn man zugesteht, daß die Blankoeinwilligung angesichts eines mit zahlreichen Sicherungen ausgestatteten Verfahrens durchaus im Vertrauen auf eine den Interessen des Kindes entsprechende Adoption erklärt werden kann, ist doch nicht zu leugnen, daß die (anerkannte) Inkognitoadoption den Gedanken der elterlichen Fürsorge weit stärker wahrt als die (verpönte) Blankoadoption. Zu bedenken bleibt auch, daß Blankoeinwilligungen Kinder zur Disposition staatlicher Einrichtungen stellen und deshalb gegen unsere Vorstellungen vom richtigen Verhältnis von Staat und Familie verstoßen. Nachw. zur Diskussion in der jüngsten Vergangenheit bei *Roth-Stielow,* Adoptionsgesetz, Einführung 14; MünchKomm-*Lüderitz,* 14 zu § 1747.

[7] Das RG billigte mit der Entscheidung RGZ 121, 30 (37), der BGH mit der Entscheidung BGHZ 2, 287 (290ff.).

[8] Fast verschämt kommt das lediglich in den Worten „die schon feststehenden Annehmenden" (die auch auf die gemeinschaftliche Adoption bezogen werden könnten) zum Ausdruck. Vgl. MünchKomm-*Lüderitz,* 17 zu § 1747.

[9] Vielfach ist seinerzeit (gegen starken Widerstand) die Möglichkeit einer Pflegerbestellung als Folge einer Interessenkollision (§§ 1629 II 3, 1796) behauptet worden. Vgl. *Ballarin,* DJ 1938, 336f.; OLG Dresden, DR 1942, 532; *Glässing,* Voraussetzungen der Adoption, 1957, S. 119; *Weber,* DNotZ 1951, 520f. In Wahrheit handelte es sich stets nur darum, eine als lästig empfundene Norm zu umgehen (die Eltern waren handlungsfähig und bereit, den Interessen des Kindes mit einer Inkogni-

jeden Widerstand: Wenn die Einwilligung des Kindes (und diejenigen der Eltern) an das Vormundschaftsgericht zu adressieren sind, bedarf es keines Kontaktes mit dem Annehmenden.

7. Die *Erklärung der Einwilligung* ist ein einseitiges, amtsempfangsbedürftiges Rechtsgeschäft,[10] das höchstpersönlich ist, bedingungs- und befristungsfeindlich, grundsätzlich unwiderruflich und notarieller Beurkundung bedürftig (vgl. für alles § 1750; die Norm gilt nicht für den gesetzlichen Vertreter, der lediglich der Einwilligung des zur Selbstbestimmung berufenen Kindes zuzustimmen hat). Das alles ist verständlich aus der Genesis (dem Vertragssystem) und dem Ziel der Einwilligung (der Statusveränderung), doch ist der Gang zum Notar auch hier (vgl. schon oben IV 4 zum Antrag) nichts weiter als nutzlose Förmelei, die das Verfahren mit einer (weiteren) „Respektsperson" befrachtet.

8. Ein *Widerruf* wird von § 1746 II allein dem mindestens vierzehn Jahre alten und nicht geschäftsunfähigen Kind gestattet (und das auch dann, wenn die Einwilligung von dem gesetzlichen Vertreter erklärt wurde); es hat keinen Sinn, ältere Kinder gegen ihren Willen in ein Annahmeverhältnis zu drängen, dem sie ablehnend gegenüberstehen (so, wie umgekehrt auch der Annehmende jederzeit über seinen Antrag disponieren kann; vgl. oben IV 4; dort auch die Konsequenzen des Widerrufs). Gleichgültig ist denn auch die Haltung des gesetzlichen Vertreters; seine Zustimmung ist entbehrlich. Doch wird öffentliche Beurkundung gefordert (mit Zuständigkeit auch des Jugendamtes; vgl. § 49 I Nr. 5 JWG) und damit ein gut gemeintes (weil Beratung sicherndes) Hemmnis errichtet, das den Widerruf bei strikter Abneigung gewiß nicht hindern wird, aber schon in Fällen ernsthafter Zweifel als Folge persönlicher Scheu oder wohlmeinender Beeinflussung hindern kann (obwohl er auch dann der Möglichkeit faktischen späteren Scheiterns des Annahmeverhältnisses bei weitem vorzuziehen ist).

9. *Verweigerung.* Die Einwilligung oder Zustimmung eines Vormundes oder eines Pflegers kann vom Vormundschaftsgericht ersetzt werden, wenn sie ohne triftigen Grund verweigert wird (§ 1746 III). Die (sichtlich § 3 III EheG verpflichtete) Norm wählt einen einfachen Weg (neben dem auch die Entlassung gemäß § 1886 und Bestellung eines neuen Vormundes oder Pflegers möglich bleiben), wenn es gilt, den Willen des gesetzlichen Vertreters zu brechen, der nicht durch konkret begründete, objektiv einsehbare Umstände gerechtfertigt ist, an denen sich die Adoption durch einen bestimmten Annehmenden als ein dem Wohl des Kindes nicht entsprechender Akt erweist.[11] Die simple Lösung hat

---

toadoption zu entsprechen). Die heute obsolet gewordene Frage behält Bedeutung als Indiz einer latenten Bereitschaft, ggf. eindeutige Normen (in scheinpositivistischer Einkleidung) zu mißachten, wenn sie den Wunschvorstellungen der Praxis nicht entsprechen.

[10] H. M. Als Verfahrenshandlung qualifizieren jedoch ***Brüggemann,*** FamRZ 1977, 656ff.; LG Berlin, FamRZ 1977, 660.

[11] MünchKomm-*Lüderitz,* 8 zu § 1746, will die Ersetzung stets zulassen, „wenn die Annahme – nach Berücksichtigung auch der vom gesetzlichen Vertreter vorgetragenen Umstände – im Interesse

freilich ihren Preis: Trotz aller Hinweise auf die Notwendigkeit, einen gewissen Ermessensspielraum des Vormundes (Pflegers) zu respektieren, kann praktisch nur noch von einer Alleinherrschaft des Vormundschaftsgerichtes gesprochen werden, das mit dem ersetzenden Beschluß sein eigenes Dekret vorwegnimmt.

Genetische Eltern können als gesetzliche Vertreter die Einwilligung ohne Gefahr eines korrigierenden Eingriffs bis zu jenen Grenzen verweigern, die ihnen für die Einwilligung aus eigenem Recht durch § 1748 gezogen sind. § 1746 III erwähnt sie nicht; § 1666 kann einen Entzug der elterlichen Sorge jedenfalls nicht mit bloßem Hinweis auf die unbegründete Weigerung rechtfertigen: Eine Norm, die pflichtgemäße Ausübung der elterlichen Sorge zu sichern hat, wird (institutionell) mißbraucht, wenn mit ihr die Preisgabe der elterlichen Rechte und Pflichten in ihrer Totalität erzwungen werden soll. Der Entzug erübrigt sich aber auch. Mit dem Beschluß, der die elterliche Einwilligung gemäß § 1748 ersetzt, kommt die elterliche Sorge zum Ruhen; das Jugendamt wird Vormund (§ 1751) und kann nunmehr für das Kind die Einwilligung erteilen.[12]

10. *Ende der Wirkung.* Die Einwilligung des Kindes verliert ihre Kraft, wenn der Antrag zurückgenommen oder die Annahme versagt wird (§ 1750 IV). Die (an sich selbstverständliche) Aussage ist die Konsequenz des Bezuges jeder Einwilligung auf ein bestimmtes Annahmeverfahren (und ist deshalb bei alternativer Inkognitoadoption auf die erledigten Annahmeanträge zu beschränken). Verhindert wird mit ihr lediglich die Verwendung einer alten Einwilligung in einem erneut begonnenen Verfahren mit denselben Beteiligten.

VI. Einwilligung der Eltern

Schrifttum: *Zur Nieden,* Ersetzung der elterlichen Einwilligung im künftigen Adoptionsrecht?, NJW 1961, 638; *Kränzlein,* Zu den Einwilligungen bei der Annahme an Kindes Statt, Festschrift Nottarp, 1961, S. 111; *Engler,* Zum Erfordernis der elterlichen Einwilligung in die Adoption, FamRZ 1969, 63; *Dellian,* Die Einwilligung Dritter zum Adoptionsvertrag, NJW 1969, 1332; *Engler,* Elterliche Gewalt und Einwilligung der Eltern in die Adoption, NJW 1969, 1999; Vorgeburtliche Einwilligung in die Adoption (Diskussionsvorschlag einer Arbeitsgruppe), FamRZ 1972, 356; *Oberloskamp,* Zur Ersetzbarkeit der elterlichen Adoptionseinwilligung: (Vorab-)Reform des § 1747 Abs. III BGB?, FamRZ 1973, 286; *Arndt* und *Schweitzer,* Zur Ersetzung der elterlichen Adoptionseinwilligung nach § 1747a BGB, ZBlJugR 1974, 201; *Listl,* Adoptionsrecht und religiöse Kindererziehung, FamRZ 1974, 74.

1. *Elternrecht und Adoption.* Eheliche Kinder können nur mit Einwilligung ihrer genetischen Eltern, nichteheliche nur mit Einwilligung ihrer Mutter adoptiert

des Kindes liegt". Daß die Einwilligung dann keinerlei inhaltliche Bedeutung mehr hat, spricht er selbst aus. *Roth-Stielow,* Adoptionsgesetz, 7 zu § 1746, zufolge „sind ‚triftige' Gründe ‚wichtige' Gründe i. S. § 626 BGB und solche, die eine Annahme als nicht i. S. des Wohls des Kindes erscheinen lassen".

[12] Weiter gehend hält MünchKomm-*Lüderitz,* 7 zu § 1746, eine Einwilligung des Kindes in diesem Fall überhaupt für entbehrlich unter Hinweis auf die (von ihm behauptete) „Unteilbarkeit der Interessenwahrnehmung".

werden (§ 1747 I und II 1). Die Aussage ist ambivalent: sie entzieht Elternschaft der Disposition des Staates, aber sie stellt sie auch zur Disposition der Eltern selbst. Das eine ist (auf dem Hintergrund des Art. 6 II GG) selbstverständlich, das andere ist zu rechtfertigen: vor der Verfassung, die das Elternrecht als unveräußerlich bezeichnet (Art. 1 II GG), und vor der elterlichen Sorge als Institut des positiven Rechts, und zwar als Pflichtrecht, in dem Recht und Pflicht aufeinander zugeordnet sind.

Das Elternrecht der Verfassung hindert Volladoptionen mit Einwilligung der Eltern nicht: Eine Schranke, die das Subordinationsverhältnis von Bürger und Staat ordnet, kann keinen Geltungsanspruch im Koordinationsverhältnis der Bürger untereinander erheben (vgl. dazu oben § 5 IV 7). Auch die elterliche Sorge als Institut des positiven Rechts wird nicht verletzt. Einem Recht, das den Eltern um ihrer Elternschaft willen gewährt wird zur Sorge für das Kind mit ständiger Orientierung an dessen Wohl, kann als Ausnahme die Befugnis der Eltern integriert werden, sich ihres Rechts zu begeben, um in dritter Person Pflichten zugunsten des Kindes zu begründen, deren Erfüllung dem Kind mehr dient, als sie ihm je dienen könnten oder doch je zu dienen bereit sind. Freilich gebietet das Wächteramt der staatlichen Gemeinschaft (Art. 6 II 2 GG) Inhaltskontrolle und Formvollzug; gewahrt ist im geltenden Recht beides, die Inhaltskontrolle durch § 1741, der Formvollzug für den Akt der Eltern durch § 1750 I und für das richterliche Dekret durch die Regeln für gerichtliche Beschlüsse.

Notwendig ist die Einwilligung der Eltern auch dann, wenn sie elterliche Sorge nicht oder nicht mehr ausüben;[1] insofern knüpft § 1747 an das Abstammungsverhältnis an und nicht an eine aus ihm folgende Rechtsposition. Doch ist die Einwilligung im Regelfall (der Kombination von genetischer Elternschaft und elterlicher Sorge) auch ein Akt, der von elterlicher Fürsorge getragen sein soll[2] und insofern der elterlichen Sorge zugekehrt.

2. Entbehrlich ist die Einwilligung des *nichtehelichen Vaters*. Das ist selbstverständlich, wenn eine Vaterschaftsfeststellung nicht erfolgte;[2a] das gilt aber auch sonst. Einer überlagernden Adoption (die ihm das Kind in allen Bezügen zugunsten alleiniger Zuordnung zur Mutter entzieht) kann er nicht entgegentreten (§ 1747 II 2); anderen Adoptionen kann er nur durch einen Antrag auf Ehelicherklärung zuvorkommen (dessen Erfolg vom Einverständnis des Kindes abhängig ist, aber auch vom Einverständnis der Mutter, mag auch insoweit eine Zwangs-

---

[1] Fast unbestr. Vgl. *Roth-Stielow*, Adoptionsgesetz, 3 zu § 1747; MünchKomm-*Lüderitz*, 3 zu § 1747; *Beitzke*, § 33 II 5 b. Für das frühere Recht a. A. *Dellian*, NJW 1969, 1332 (mit Hinweis auf die von Art. 2 I GG garantierte Vertragsfreiheit). Gegen ihn sofort *Engler*, NJW 1969, 1999.

[2] Das wird geleugnet von *Kränzlein*, Festschrift Nottarp, S. 119. Umgekehrt sieht die Entscheidung des BVerfG, FamRZ 1968, 578 (582) hier den tragenden Grund der elterlichen Einwilligung.

[2a] Die Adoption muß nicht in jedem Fall (mit Rücksicht auf § 1747 II) vor der Vaterschaftsfeststellung unterbleiben. Entscheidend ist, ob die Interessen des Kindes eine baldige Adoption fordern oder nicht. Vgl. LG Stuttgart, FamRZ 1978, 147.

entrechtung möglich sein; vgl. dazu die §§ 1726, 1727 und zu ihnen oben § 61 II 7 ff.) oder auch durch eigenen Antrag auf (überlagernde) Adoption des Kindes (mit erneuter Abhängigkeit von Kind und Mutter). Mit dem Antrag tritt eine Adoptionssperre ein, als Folge seiner negativen Erledigung (mit einer Schlüsselposition der Mutter) aber volle Adoptionsfreiheit; der Vater ist dann gleichgültig geworden. Insgesamt ergibt sich ein (für das deutsche Recht charakteristisches) Bild geminderter personenrechtlicher Bedeutung der nichtehelichen Vaterschaft und kaum differenzierten Vorranges der Mutter. Mit Art. 6 II GG (das staatliche Recht gestattet die „Zwangsentlassung" aus der Elternschaft ohne einen dem § 1748 entsprechenden, überzeugenden differenzierenden Ansatz) dürfte eine derartige Situation ebensowenig zu vereinbaren sein wie mit Art. 3 II GG.[3]

Der Vater des nichtehelichen Kindes kann in öffentlich beurkundeter Erklärung darauf verzichten, einen Antrag zu stellen (§ 1747 II 3 und 4), und zwar zu jeder Zeit (nicht erst, wenn eine Adoption durch einen konkreten Dritten geplant ist), unwiderruflich und ein für allemal (mit Wirkung also auch für mehrfache Adoptionsversuche). Die Blankoeinwilligung, bei der Mutter verpönt, dem Vater ist sie in Form des Blankoverzichts zugänglich. Erleichtert ist auch der Formvollzug. Das Jugendamt hat zu beraten (§ 51 b JWG)[4] und kann sogleich die Beurkundung vornehmen (§ 49 I Nr. 6 JWG). Erreicht wird einiges: Frühzeitig kann der Vater „abgeschichtet" werden, schon vor Beginn der Pflegezeit; nie kann er „stören", wenn er sich einmal entschied.

Zur Einwilligung berufen ist der Vater trotz Verzichtserklärung, wenn er später die Mutter des Kindes heiratet und damit in die Rolle des ehelichen Vaters einrückt. Die Behauptung, daß in diesem Fall der Verzicht die elterliche Einwilligung impliziere,[5] steht klar in Widerspruch zu den Grundsätzen, die für die elterliche Einwilligung gelten, und zwar nach Inhalt (Blankoeinwilligung!) und Form.

3. *Mindestalter des Kindes.* Schutz vor unüberlegten, alsbald bereuten Elterneinwilligungen bezweckt § 1747 III 1, der ein Mindestalter des Kindes von acht Wochen fordert. Er ist Schutz der Eltern zunächst, insbesondere Schutz nichtehelicher Mütter. Er ist Schutz aber auch des Annehmenden und des Adoptivkindes vor Versuchen der genetischen Eltern, eine übereilt gegebene Einwilligung doch noch zu korrigieren, wenn auch sicher ist, daß die Neugestaltung des Adoptionsrechts mit dem Grundsatz der Volladoption, dem Offenbarungs- und Ausforschungsverbot des § 1758 und des besonderen Abschlußmängelrechts dem Problem einiges an Schärfe genommen hat.[6]

---

[3] Keine verfassungsrechtlichen Bedenken hat MünchKomm-*Lüderitz,* 5 zu § 1747.

[4] Unterbleibt die Beratung, so kann ein mit einem Dritten begründetes Annahmeverhältnis niemals gemäß § 1763 aufgehoben werden (a. A. *Palandt-Diederichsen,* 2 zu § 1747); der Mangel der Beratung fällt in das Gegenstandsgebiet des § 1760 (der ihn nicht erwähnt).

[5] So MünchKomm-*Lüderitz,* 6 zu § 1747.

[6] Vgl. aber BGHZ 2, 287 (Einwilligung nach 16 Tagen wegen widerrechtlicher Drohung ange-

Mißachtung der Schutzfrist begründet Nichtigkeit der Erklärung, nicht nur Möglichkeit des Widerrufs. Nichtig ist auch eine Einwilligung mit Widerrufsvorbehalt, sei es nun in den ersten acht Lebenswochen des Kindes, sei es gar als praenataler Akt, in dem vereinzelt eine Möglichkeit gesehen wurde, die Zahl der Abtreibungen zu vermindern.[7] Die elterliche Einwilligung verträgt keinen Vorbehalt (§ 1750 II); als praenatale Einwilligung wäre sie mit weiteren Problemen belastet (vor allem dem der Blankoadoption).

4. *Erklärungsakt.* Die Einwilligung ist amtsempfangsbedürftiges höchstpersönliches Rechtsgeschäft: Geschäftsunfähige Elternteile können sich nicht erklären (vgl. dazu unten 5.); beschränkt geschäftsfähige erklären sich stets in voller Unabhängigkeit von ihrem gesetzlichen Vertreter. Bedingungen und Befristungen sind ausgeschlossen[8] (wie bei allen statusbezogenen Rechtsgeschäften); ein Widerruf ist nicht möglich.[9] Die Erklärung (die sich wie die Einwilligung des Kindes auf eine oder mehrere alternativ vorgesehene Inkognitoadoptionen richten kann) bedarf der notariellen Beurkundung (vgl. zu allem § 1750 I–III). Ist der Elternteil zugleich gesetzlicher Vertreter des Kindes und für dieses (gemäß § 1746) zum Handeln berufen, so enthält die Einwilligung im Namen des Kindes nicht notwendig auch die Einwilligung im eigenen Namen.[10] So sicher im Regelfall für die Eltern kein Anlaß besteht, namens des Kindes einzuwilligen, die eigene Erklärung aber (jedenfalls vorerst) zu verweigern, so sicher sollte auch sein, daß ein zwingender Schluß von der einen Erklärung auf die andere (und nur

---

fochten; der BGH verneinte in fragwürdiger Manier die Widerrechtlichkeit). Der Fall wäre auch heute noch bedeutsam gemäß § 1760 II d.

[7] Vgl. FamRZ 1972, 356 (Arbeitsgruppe); *Schultz,* FamRZ 1973, 294; *Stöcker,* FamRZ 1974, 569f. Um der Schwangeren absolute Gewähr der Verschonung mit Mutterpflichten zu bieten, war man gezwungen, mit der praenatalen Einwilligung die weitere Rechtsfolge des Nichtentstehens verwandtschaftlicher Beziehungen zu verbinden. Der nichteheliche Vater wurde nicht bedacht. Soll das „mutterlose Kind" dann auch nicht sein Kind sein?

[8] Trotz Bedingungsverbots können die genetischen Eltern bestimmten Solleigenschaften des Annehmenden auch bei einer Inkognitoadoption Relevanz im Augenblick der Einwilligung (dagegen nicht mehr während des Annahmeverhältnisses) sichern. Erklären sie ihre Einwilligung erst nach der Versicherung der Adoptionsvermittlungsstelle, der Annehmende entspreche ihren Erwartungen (etwa: Adoption nur durch ein Ehepaar, Konfessionsgleichheit, gesicherte wirtschaftliche Verhältnisse), so ist die Einwilligung zwar wirksam, wenn die Solleigenschaften tatsächlich nicht vorhanden sind (a. A. anscheinend *Listl,* FamRZ 1974, 74ff., der die Solleigenschaften zu den individualisierenden Merkmalen des Annehmenden rechnet; Konsequenz müßte das Fehlen einer Einwilligung sein), jedoch fehlerhaft zustandegekommen (mit der Folge des § 1760 II c bei arglistiger Täuschung).

[9] Gemeint ist allein ein Widerruf nach Wirksamwerden der Einwilligung. Die Eltern können sich dagegen in der Zeit zwischen der Beurkundung ihrer Einwilligung und deren Zugang beim VormG von ihr distanzieren.

[10] A. A. MünchKomm-*Lüderitz,* 6 zu § 1746 (nicht eben praktisch soll eine an sich wirksame Einwilligung wegen inneren Widerspruchs nichtig sein, wenn die zweite Erklärung ausdrücklich vorbehalten bleibt; eine Differenz zwischen zwei Willenserklärungen begründet aber niemals einen inneren Widerspruch der einen von ihnen).

er würde den notwendigen Formvollzug für die elterliche Einwilligung garantieren) nicht möglich ist.[11]

Die Einwilligung verliert ihre Kraft nicht nur (wie die anderen Einwilligungen auch), wenn der Antrag (ggf. alle in Alternative stehenden Anträge) zurückgenommen oder die Annahme versagt wird. Sie wird wirkungslos auch, wenn das Kind nicht innerhalb von drei Jahren angenommen wird (§ 1750 IV). Dem Annehmenden und den Adoptionsvermittlungsstellen wird damit eine längere Zeitspanne garantiert, in welcher sie die Adoption in Ruhe (insbesondere erst nach längerer Pflegezeit) abwickeln können, ohne gefährdenden Eingriffen der Eltern ausgesetzt zu sein. Unübersehbar ist freilich auch, daß eine Frist von drei Jahren mit Ruhen der elterlichen Sorge (§ 1751; vgl. dazu unten 9.) die Eltern dem Kind nicht in einer Form verfügbar hält, die eine spätere Rückgliederung ohne schwere Erschütterungen gestattet.

5. *Erklärungshindernisse.* Die Einwilligung ist entbehrlich für Elternteile, die dauernd unbekannten Aufenthaltes oder aber zur Abgabe einer Erklärung dauernd außerstande sind (§ 1747 IV).[12] Mit dem ersten Tatbestand wird insbesondere Findelkindern Annahmefähigkeit gesichert, mit dem zweiten aber den Kindern geschäftsunfähiger Eltern.

6. *Ersetzung der elterlichen Einwilligung?* Ob überhaupt, und wenn ja, in welchen Fällen ein Richterakt die verweigerte elterliche Einwilligung surrogieren kann, ist eine Frage, deren Beantwortung nicht nur erhebliche praktische Bedeutung hat, sondern auch schlaglichtartig den Standort der Zeit in dem von Eltern, Kind und Staat bestimmten Koordinatensystem erhellt. Die Gegenwart tastet sich mählich voran beim Abbau einstmals kaum bestrittener Positionen. Elternschaft muß zusehends dem Wohl des Kindes weichen, doch war Konsens noch niemals zu erreichen: Gegen den Trend der Zeit wird das Elternrecht der Verfassung gestellt als Recht, das nach den Worten der Verfassung selbst der Relativierung durch den Zeitgeist entzogen ist.

Unbedenklich ist die Zwangsentrechtung der Eltern nur, wenn die an sich so funktionsgesättigte Elternschaft nurmehr als Recht ohne Korrelat der (tatsächlichen) Elternverantwortung erscheint, wenn sie mißbräuchlich geltend gemacht wird, weil sie der ihr vorgezeichneten Gestalt im Zuordnungsverhältnis von Recht und Pflicht nicht oder nicht mehr entspricht.[13] Auf diese Formel (des von

---

[11] Richtig ist, daß man früher im Vertragsschluß durch die Eltern zugleich ihre Einwilligung gesehen hat. Vgl. BayObLGZ 21, 197; *Dölle,* § 112 III 2a; *Staudinger-Engler,* 28 zu § 1747 (obwohl beide ausdrückliche Einwilligungen fordern).

[12] Eine analoge Anwendung der Norm ist möglich, wenn der Elternteil zur Abgabe der Erklärung bereit und imstande, aber dauernd verhindert ist, die Einwilligung formgerecht abzugeben. Vgl. AG Achern, FamRZ 1959, 378 mit Anm. *Bosch* (doch war im konkreten Fall ein entsprechender Sachverhalt sicher nicht gegeben); *Engler,* FamRZ 1969, 68.

[13] Weit ausgedehntere Möglichkeiten eröffnen sich der Legislative, wenn man das Problemfeld als Widerstreit eines Grundrechts der Eltern mit Grundrechten des Kindes (Artt. 1 und 2 GG) beschreibt

uns sog. „Zerfalls des Elternrechts“) läßt sich letztlich auch die Entscheidung BVerfGE 24, 119 bringen, mit der das BVerfG den Rechtszustand vor dem FamRÄndG v. 14. 8. 1973 billigte,[14] ohne damit auch schon das geltende Recht vor der Verfassung legitimiert zu haben: Das FamRÄndG hat dem richterlichen Akt weiteren Raum gewährt; das AdoptG hat zudem die Wirkungen der Adoption verstärkt (Grundsatz der Volladoption; § 1755) und damit eine neue Situation geschaffen. Je stärker aber § 1748 im Ansatz (mit seinem Fächer in die einzelnen Tatbestände) plausibel gehalten werden kann und je stärker die einzelnen Tatbestandselemente mit stetem Blick auf Art. 6 II GG präzisiert werden, desto eher sollte es möglich sein, auch das neue Recht unseren Vorstellungen von dem, was Elternschaft ist, zu integrieren.[15]

7. Es liegt nahe, bei *Pflichtverletzungen* des Elternteils anzusetzen, weil sich in ihnen ein Mangel an Elternverantwortung offenbart. § 1748 I greift den Gedanken auf und weist den Vormundschaftsrichter an (*hat* zu ersetzen), auf Antrag des Kindes[16] die Einwilligung eines Elternteils (ggf. aber auch des Vaters und der Mutter) zu surrogieren, „wenn dieser seine Pflichten gegenüber dem Kind anhaltend gröblich verletzt hat“ und „das Unterbleiben der Annahme dem Kind zu unverhältnismäßigem Nachteil gereichen würde“, ferner dann, „wenn die Pflichtverletzung zwar nicht anhaltend, aber besonders schwer ist und das Kind voraussichtlich dauernd nicht mehr der Obhut des Elternteils anvertraut werden kann“. In zweigliedrigen Tatbeständen tritt damit zur Pflichtverletzung von besonderem Gewicht jeweils ein weiteres Tatbestandselement hinzu, das sich am ferneren Schicksal des Kindes orientiert, an ihm freilich unter verschiedenem Aspekt: Der anhaltenden Pflichtwidrigkeit wurde ein Tatbestandselement zugeordnet, das den Annehmenden gegen die Eltern stellt, der besonders schweren Pflichtverletzung dagegen ein anderes, das allein das Kind in seinem Verhältnis

---

(zum Fehler im Ansatz s. o. § 7 I 3). Auf dieser Basis rechtfertigt MünchKomm-*Lüderitz,* 4 zu § 1748, das geltende Recht und fordern *Arndt/Schweitzer,* ZBlJugR 1974, 201 ff., weitere Schritte des Gesetzgebers (unter Verfassungsdruck), die psychisch gefährdeten Kindern garantieren sollen, daß die Ersetzung der elterlichen Einwilligung „auch bei Inanspruchnahme aller Instanzen spätestens am Ende des ersten Lebensjahres rechtskräftig ist“ (S. 211). Vorgeschlagen wird die Streichung der zweiten Instanz und die Beschleunigung des Verfahrens in der ersten (S. 213).

[14] Zur Judikatur vor dem FamRÄndG vgl. *Oberloskamp,* FamRZ 1973, 286 ff. mit umfangreichen Nachw. Die von ihm konstatierte Differenz zwischen den ersetzungswilligen Vormundschaftsgerichten und den weitaus reservierteren Instanzgerichten ist zu einem schwer abschätzbaren Teil das Resultat der emotionalisierenden Kraft größerer Fallnähe.

[15] Bedenken jedoch bei *Engler,* FamRZ 1975, 131. Konsequent müßte § 1748 nach Übergang zur Volladoption von allen Vertretern der Substanztheorie (vgl. oben § 5 IV 4) für verfassungswidrig gehalten werden.

[16] Minderjährige, die das vierzehnte Lebensjahr vollendet haben, sind mit Zustimmung ihres gesetzlichen Vertreters antragsberechtigt (arg. § 1746 I). Ebenso *Palandt-Diederichsen,* 2c zu § 1748. Nach a. A. ist die Zustimmung des gesetzlichen Vertreters entbehrlich. Vgl. OLG Braunschweig, FamRZ 1964, 323; OLG Hamm, FamRZ 1976, 462; *Staudinger-Engler,* 51 zu § 1747; *Roth-Stielow,* Adoptionsgesetz, 4 zu § 1750; MünchKomm-*Lüderitz,* 25 zu § 1748 (unter Berufung auf § 59 FGG).

zum genetischen Elternteil sieht. Hier wie dort wird (anders als vor 1973) Böswilligkeit des Elternteils als drittes Tatbestandselement nicht mehr gefordert (obwohl es vom BVerfG als legitimierender Faktor genannt wurde),[17] zu Recht wie uns scheint: Die ohnehin nicht eben bestimmten und persönlichen Wertakzenten weit geöffneten Tatbestandselemente werden durch ein zusätzliches (schon als Begriff umstrittenes) weiteres Erfordernis der ,,Böswilligkeit" nicht wirklich eingeschränkt, weil der allein zugängliche Indizienbeweis dem richterlichen Beurteilungsermessen zu viel (meist kunstvoll verschleierte) Freiheit beläßt.

Gesinnungen und Empfindungen sind keine geeigneten Ziele rechtlicher Pflichten; Elternliebe ist nicht zu erzwingen[18] (deshalb ergänzt auch der Tatbestand der ,,Gleichgültigkeit" sinnvoll die Tatbestände des pflichtwidrigen Verhaltens). *Pflichtwidrig ist allein ein (aber auch jedes) äußeres Verhalten, das in Widerspruch zum Pflichtenprogramm der elterlichen Sorge steht* (darunter auch die Weigerung, Elternpflichten nachzukommen[19]). Verschulden ist im Begriff nicht mitgedacht und auch mit den (nicht weiter definierbaren) Steigerungsstufen ,,anhaltend gröblich"[20] und ,,besonders schwer" nicht vorgegeben. Auch sonst besteht kein Anlaß, den surrogierenden Richterakt nur bei schuldhaftem Versagen der Eltern zuzulassen:[21] Der ihn auslösende ,,Zerfall des Elternrechts" ist ein objektiv feststellbarer Vorgang, der durch ein zusätzliches subjektives Tatbestandselement sachwidrig eingeschränkt wäre. Richtig ist allein, daß pflichtwidrig nur Elternteile handeln können, die Pflichten zu erfüllen haben. Elternteile etwa, die nicht zur Personensorge berufen sind (Fälle des § 1671 insbesondere, aber auch der Geschäftsunfähigkeit gemäß § 1673 usw.), können nur dann entrechtet werden,

---

[17] Vgl. BayObLG, FamRZ 1976, 234 (238); OLG Hamm, FamRZ 1976, 462 (464). Dagegen will *Roth-Stielow,* Adoptionsgesetz, 4 zu § 1748, das Element ,,auch jetzt noch mindestens ‚hinter' den objektiven Voraussetzungen" berücksichtigen. Vgl. auch OLG Zweibrücken, FamRZ 1976, 469 (Pflichtverletzung nur dann anhaltend gröblich, wenn sie ,,Ausdruck einer bestimmten, dem Kind nachteiligen Gesinnung ist").

[18] Es gibt auch keine Verpflichtung der Eltern, die ,,emotionale Bindung nicht abreißen zu lassen" (vgl. dagegen OLG Hamm, FamRZ 1976, 462 (466); die Mutter ging der Gewerbsunzucht nach).

[19] Vgl. als besonders drastischen Fall BayObLG, FamRZ 1976, 234. Die Eltern lehnten das Kind schon vor der Geburt ab mit Sinneswandel nach einem Jahr. Die Entscheidung ist im übrigen ein (nicht etwa vereinzeltes) Beispiel für viel zu lange Verfahrenszeiträume (Kind war inzwischen über acht Jahre alt).

[20] OLG Hamm, FamRZ 1976, 462 (466) und 1977, 415 (418) ,,definiert" den Begriff ,,gröblich" als ,,in besonderem Maße anstößig". Beide Entscheidungen betonen richtig, daß eine Prognose weiterer Pflichtwidrigkeiten in der Zukunft nicht erforderlich ist. Ebenso MünchKomm-*Lüderitz,* 8 zu § 1748; *Roth-Stielow,* Adoptionsgesetz, 8 zu § 1748.

Der Begriff ,,anhaltend" läßt sich nicht zu einer präzisen Zeitangabe verdichten. Vgl. aber *Roth-Stielow,* Adoptionsgesetz, 6 zu § 1748 (mindestens 6 Monate). Gegen ihn auch MünchKomm-*Lüderitz,* § 1748 Fn. 21.

[21] Ebenso *Palandt-Diederichsen,* 2a zu § 1748; MünchKomm-*Lüderitz,* 7 zu § 1748 (mit einem ,,Mindestmaß an Einsichtsfähigkeit, elterliche Pflichten als solche überhaupt zu erkennen" als Begrenzung). Vgl. auch *Oberloskamp,* FamRZ 1973, 292.

wenn sie in anderen Teilbereichen (objektiv) nicht pflichtgemäß handeln (etwa ihrer Unterhaltspflicht nicht nachkommen[21a]).

Anhaltend gröbliche Pflichtwidrigkeiten sind meist die Folge verfestigter Fehlhaltungen (Verwahrlosung, Drogensucht, Prostitution usw.), dagegen nicht schon mit ihnen gegeben: Es handelt sich nicht darum, Lebenskontrollen auszuüben. Richtig ist freilich, daß Elternteile bereits dann pflichtwidrig handeln, wenn sie sich außerstande setzen, ihre Aufgaben zu erfüllen:[22] In einem Dauerrechtsverhältnis ist die Sorge um die eigene Leistungsfähigkeit keine Frage der Leistungsvorbereitung mehr, sondern schon Teil der geschuldeten Pflichterfüllung, und zwar mit besonderer Bedeutung für personenrechtliche Zuordnungsverhältnisse, in denen Halt durch Kontinuität gewonnen werden soll.

Irrelevant sind alle Pflichtwidrigkeiten (seien es nun „anhaltend gröbliche", seien es auch einzelne, jedoch „besonders schwere") im Teilbereich der Personensorge, die nicht wenigstens den Entzug der elterlichen Personensorge gemäß § 1666 gebieten. Für jeden Eingriff in das Elternrecht gilt der Grundsatz der Verhältnismäßigkeit, auch für den schwersten: Die Zwangsentlassung aus der Verwandtschaft (§ 1755) ist nur möglich, wenn der Entzug der elterlichen Sorge unter Schonung der Verwandtschaft keine ausreichende Maßnahme mehr ist. Auf dieser Folie gewinnt auch die Frage Gestalt, ob das Unterbleiben der Adoption nach anhaltend gröblichen Pflichtwidrigkeiten „dem Kind zu unverhältnismäßigem (erneut ein Begriff, der nicht weiter definiert werden kann![23]) Nachteil gereichen würde". Im Vergleich steht nicht das personenrechtlich voll zugeordnete Kind, sondern das Kind, das seinen genetischen Eltern nicht mehr zur Personensorge anvertraut werden kann (mit entsprechend vermindertem Widerstand des Elternrechts). Daß der Vergleich im übrigen alle lebensbedeutsamen Umstände aufzugreifen hat (mit Vorrang der für die persönliche Entwicklung des Kindes besonders relevanten Daten) versteht sich von selbst.[23a]

8. ***Weitere Tatbestände.*** Ergänzt werden die beiden an Pflichtwidrigkeiten anknüpfenden Tatbestände durch die weiteren der Gleichgültigkeit und der dauernden Unfähigkeit zur Pflege und Erziehung des Kindes infolge besonders schwe-

---

[21a] Wer Unterhaltspflichtverletzungen für irrelevant hält, wenn der Unterhalt des Kindes tatsächlich – und sei es auch aus öffentlichen Mitteln – gesichert war (so OLG Düsseldorf, DAVorm. 1977, 751 [758]), nimmt ihnen im Sozialstaat der Gegenwart jede Relevanz.

[22] So wird die Entscheidung AG Cuxhaven, FamRZ 1976, 241 verstanden werden können (häufiges strafbares Verhalten mit der Folge ständiger Strafhaft; doch bleibt unklar, ob der geschiedene Vater überhaupt zur Personensorge berufen war). Vgl. ferner OLG Hamm, FamRZ 1976, 462 (466) zur Gewerbsunzucht (im konkreten Fall ablehnend).

[23] Wertlos ist etwa der Satz, der Nachteil müsse „besonders groß" sein (so OLG Hamm, FamRZ 1976, 462, [464]) oder auch „ganz besonders groß" (so BayObLG, FamRZ 1975, 232).

[23a] Problematisch ist es, zugunsten der genetischen Eltern zu entscheiden, wenn adoptionswillige Pflegeeltern das Kind aller Voraussicht nach auch nach gescheiterter Adoption unverändert betreuen werden (so OLG Düsseldorf, DAVorm. 1977, 751). Eine derartige Rspr. benachteiligt besonders wertvolle Pflegeeltern und provoziert interessengerechte Äußerungen.

rer geistiger Gebrechen. Der „Zerfall des Elternrechts" wird für den gleichgültigen Elternteil in einer inneren Haltung manifest, die den Aufbau einer tragfähigen Eltern-Kind-Beziehung hindert, für den geistig Gebrechlichen aber in einem Leiden, das die dauerhafte Belastung mit Pflichten, die in eigener Person zu erfüllen sind, ausschließt. In sinnvoller Manier wird damit der tragende Grundgedanke für den staatlichen Eingriff in das Elternrecht in drei Ebenen der Insuffizienz entfaltet; den Grundgedanken mit Art. 6 II GG für vereinbar halten, heißt deshalb auch, § 1748 in allen seinen Verzweigungen zu tolerieren.

Gleichgültigkeit (als Ausdruck des Mangels einer persönlichen „Annahme" des Kindes) ist relevant nur, wenn sie in einem Verhalten zutagetrat, das nicht zugleich eine anhaltende gröbliche Pflichtverletzung ist[24] (insofern also nur subsidiär), nur dann, wenn an ihr trotz Belehrung und Beratung durch das Jugendamt über weitere drei Monate festgehalten wurde (Einzelheiten in § 1748 II, der der geringeren moralischen Evidenz bloßer Interesselosigkeit Rechnung tragen will), und nur, wenn das Unterbleiben der Annahme dem Kind zu unverhältnismäßigem Nachteil gereichen würde. Der Tatbestand ist damit dreigliedrig; im dritten Element folgt er dem Tatbestand der anhaltenden gröblichen Pflichtwidrigkeit. Er wird häufig bei Heimerziehung gegeben sein, nur selten dagegen, wenn eine ergänzende Adoption durch den Stiefvater gewünscht wird, der der leibliche (der Personensorge gemäß § 1671 ledige) Vater widerspricht.

Dreigliedrig ist auch der Tatbestand der *dauernden Unfähigkeit zur elterlichen Personensorge als Folge besonders schwerer geistiger Gebrechen* (§ 1748 III; ist der Elternteil geschäftsunfähig, so geht § 1747 IV vor). Die Notwendigkeit der Heimunterbringung als einzig möglicher Alternative zur Adoption tritt hinzu und als deren Folge schwere Gefährdung der Entwicklung des Kindes (gleich in welchem Lebensbereich). Der Strang der hypothetischen Kausalitäten, der schließlich im Hospitalismus enden würde, verdeutlicht die vorgestellte Regelungssituation und das Bemühen, gerade hier Zurückhaltung zu üben.

9. Elterliche Einwilligung und surrogierender Richterakt bewirken gleicherweise den *Eintritt des Kindes in eine personenrechtliche Interimsphase,* in der die Bindungen an die Eltern gelockert und diejenigen an den Annehmenden mit ersten Ansätzen begründet werden (vgl. § 1757). Das gilt ungeschmälert für die originäre Adoption; das gilt nur noch für den Annehmenden bei einer ergänzenden Adoption (für die eine Lockerung der Bindungen an den Elternteil sinnwidrig wäre); das gilt überhaupt nicht für die überlagernde Adoption (die nur die Rechtsform der Zuordnung des Kindes ändert, nicht dagegen die Bezugsperson

---

[24] Es genügt nicht, daß Eltern ein Kind nur „mitlaufen lassen" oder bei jeder sich bietenden Gelegenheit in die Obhut anderer „abschieben" (a. A. *Roth-Stielow,* Adoptionsgesetz, 9 zu § 1748); Bequemlichkeit ist nicht Gleichgültigkeit.

Befindet sich das Kind in der Obhut Dritter, so ist das Unterlassen an sich möglicher Kontakte das häufigste Gleichgültigkeit indizierende Verhalten.

und eben deshalb von vornherein dem Normenkomplex für die elterliche Einwilligung nicht unterliegt).

Die elterliche Sorge der genetischen Eltern ruht (sofern sie nicht schon entzogen war); das Recht auf persönlichen Umgang mit dem Kind darf nicht ausgeübt werden.[25] Zwar bleibt die Verwandtschaft zunächst bestehen (das Resultat eines „familienlosen Kindes" wäre abstoßend; die Notwendigkeit späterer voller Rückgliederung des Kindes ist nicht auszuschließen), zwar bleiben auch ihre Wirkungen im übrigen grundsätzlich erhalten (etwa das Erbrecht des Kindes), doch gilt eine (auf dem Hintergrund der §§ 1601ff. bezeichnende) Ausnahme im *Unterhaltsrecht:* Bei der originären Adoption tritt der Annehmende mit Vorrang vor den Verwandten in die Ordnung der dem Kind zum Unterhalt (jedenfalls potentiell) Verpflichteten ein, wenn er das Kind in seine Obhut mit dem Ziel der Adoption nahm; bei der ergänzenden Adoption tritt der annehmende Ehegatte neben den Elternteil, als Teilschuldner im Verhältnis zu diesem und mit Vorrang vor allen übrigen Verwandten, wenn das Kind in die Obhut der Ehegatten aufgenommen ist (§ 1751 IV 2).[26] Als präadoptive Rechtsfolge (deren Fortdauer abhängig ist vom Fortbestand aller Tatbestandselemente, die sie auslösen) erhält das Kind damit einen Unterhaltsanspruch kraft Gesetzes, der an einen Realakt anknüpft (die faktische Übernahme der Obhut, der in der Regel ein Pflegevertrag zugrundeliegt, aber nicht zwingend zugrundeliegen muß),[27] der seinerseits in einen Zweckzusammenhang eingebettet ist, aus dem sich als spätere Folge die Adoption des Kindes ergeben soll.

Elterliche Sorge ist als präadoptive Wirkung nicht gut möglich (wohl deren Ausübung nach Überlassung durch den Personensorgeberechtigten); das Kind tritt deshalb unter die *Vormundschaft* des Jugendamtes, sofern nicht bereits ein anderer Vormund bestellt ist (etwa, weil die elterliche Sorge gemäß § 1666 entzogen wurde) oder der andere genetische Elternteil (weil er noch nicht eingewilligt hat) die elterliche Sorge ausübt. Die Amtsvormundschaft endet kraft Gesetzes mit Rechtskraft des Annahmedekrets zugunsten elterlicher Sorge des Annehmenden. Sie wird dagegen nicht kraft Gesetzes von der aus dem Zustand des

---

[25] Die unterschiedliche Terminologie für elterliche Sorge und persönlichen Umgang hat keinen sachlichen Hintergrund; auch das Recht auf persönlichen Umgang ruht, wenn es dem Elternteil allein verblieben ist.

Die Anknüpfung der Rechtsfolge an die Einwilligung hat den Vorteil einer klaren Grenze; sie harmoniert dagegen nicht mit den tatsächlichen Verhältnissen, wenn das Kind noch kurze Zeit von den genetischen Eltern versorgt wird.

[26] Im Umkehrverhältnis (Kind als Unterhaltsschuldner) tritt keine Änderung ein. A. A. *Roth-Stielow,* Adoptionsgesetz, 9 zu § 1751 („ruht ebenso wie die Unterhaltspflicht der leiblichen Eltern gegenüber dem Kind"). Sein (ohnehin problematisches) Korrespondenzdenken verfehlt indessen den eigenen Anspruch: Die elterliche Unterhaltspflicht „ruht" nicht; das Kind gewinnt einen neuen Unterhaltsschuldner, den Eltern soll ein alter genommen werden.

[27] Anders *Roth-Stielow,* Adoptionsgesetz, 1 zu § 1751 (Verstärkung der Unterhaltspflicht aus Pflegevertrag zu einer gesetzlichen Unterhaltsverpflichtung).

Ruhens wieder aktualisierten elterlichen Sorge der genetischen Eltern abgelöst, wenn die elterliche Einwilligung ihre Kraft verliert. Angesichts der langen Zeiträume (vgl. § 1750 IV), die mit entsprechendem Entfremdungseffekt verstrichen sein können, tritt eine richterliche Kontrolle ein: Durch Richterakt ist die elterliche Sorge wieder zu aktualisieren,[28] ,,wenn und soweit dies dem Wohl des Kindes nicht widerspricht"; andernfalls bleibt das Kind unter Vormundschaft (doch gelten jetzt die §§ 1793ff. mit ihrem Vorrang des privaten Einzelvormundes ungeschmälert). Sofern unter den obwaltenden Umständen nicht ein erneuter Adoptionsversuch angezeigt ist (neue elterliche Einwilligung erforderlich), hat der Vormund – soweit irgend möglich – das Kind den genetischen Eltern zu nähern (denen nach geglücktem Versuch die elterliche Sorge wieder einzuräumen ist).[29]

Unberührt von der Amtsvormundschaft bleiben Pflegschaften, die für das Kind (etwa gemäß § 1909) eingerichtet wurden. Amtsvormundschaft soll allein die ruhende elterliche Sorge surrogieren, dagegen nicht mehr andere Formen der Fürsorge, die neben jener bestehen, verdrängen. Eine Ausnahme sollte indessen (trotz Schweigens des Gesetzes) aus institutionellen Gründen für den Amtspfleger des nichtehelichen Kindes (§ 1706) gelten.[30] Amtspflegschaft ist insoweit in einem Korrespondenzverhältnis der geschmälerten mütterlichen Sorge zugeordnet; sie verliert ihren spezifischen Sinn, wenn sie neben einer Amtsvormundschaft fortbestehen soll. Es ist auch nicht eben praktisch, Amtspflegschaft und Amtsvormundschaft miteinander zu kombinieren und damit bei unterschiedlicher örtlicher Zuständigkeit (§ 11 JWG) zwei Jugendämter zur Fürsorge zu berufen.

VII. Weitere Einwilligungen

Schrifttum: *Scheld,* Diskriminierung der Adoptiv-Großeltern?, FamRZ 1975, 326; *derselbe,* Grundrechtsentmündigung der Adoptiv-Großeltern?, DRiZ 1976, 45.

1. *Ehegatte des Annehmenden.* Ehe begründet eine Grundsatzsperre für die originäre Einzeladoption (§ 1741 II mit unpraktischer Ausnahme in Satz 3); eine überlagernde Adoption hindert sie nie; eine ergänzende Adoption wird durch sie erst möglich.

Ergänzende Adoptionen bedürfen bereits der Einwilligung des Ehegatten in

---

[28] Erfolgt die Adoption nicht, so kann tatsächlich geleisteter Unterhalt nicht aus § 812 zurückgefordert werden. Ebenso MünchKomm-*Lüderitz,* 10 zu § 1751. A. A. aber *Roth-Stielow,* Adoptionsgesetz, 9 zu § 1751. Die von ihm behauptete condictio ob rem ist der jüngeren Lehre von diesem Kondiktionstyp indessen nicht einzugliedern (der Annehmende leistet nicht, weil er eine ihm nicht geschuldete Gegenleistung bezweckt); Rechtsgrund der Leistungen ist die Interimsphase selbst (die sich in einem Unterhaltsanspruch konkretisiert).

[29] Die Formulierung des Gesetzes (,,übertragen") trifft die Sache nicht.

[30] A. A. KG, FamRZ 1978, 206; OLG Stuttgart, FamRZ 1978, 207.

seiner Eigenschaft als genetischer Elternteil (§ 1747) und in aller Regel auch in seiner Eigenschaft als gesetzlicher Vertreter (§ 1746; die Erklärung wird insoweit allerdings dem Kind zugerechnet). Alle übrigen Einzeladoptionen werden erst von § 1749 an die Einwilligung des Ehegatten des Annehmenden gebunden (für die Erklärung gilt § 1750), falls er nicht gerade „zur Abgabe der Erklärung außerstande oder sein Aufenthalt dauernd unbekannt ist" (Abs. III). Vorbehaltlich dauernder rechtlicher oder tatsächlicher Verhinderung hat damit das Interesse des Ehegatten am Unterbleiben der Adoption (die ihn bei der allein praktischen überlagernden Adoption eher tatsächlich als rechtlich belasten kann) den Vorrang erhalten vor den gegenläufigen Interessen des Partners. Ehegatten sind einander auch zu nichts verpflichtet; aus § 1353 ist keine Pflicht zu entwickeln, Einzeladoptionen zu gestatten, die dem Partner förderlich, nach eigenem Urteil aber der Ehe abträglich erscheinen.

Dennoch kann die Einwilligung vom Vormundschaftsgericht ersetzt werden,[1] soweit der Annahme nicht „berechtigte Interessen" des Ehegatten selbst und der Familie (d.h. der ehelichen Kinder[2]) entgegenstehen.[3] Sinn dieser staatlichen Ingerenz in das Verhältnis der Ehegatten kann es gewiß nicht sein, Ehen zu gefährden (und jedes staatliche Machtwort hat potentiell diese Wirkung). Tunlichst sollte deshalb von der Möglichkeit, das Einverständnis des Ehegatten durch Richterakt zu surrogieren, nur Gebrauch gemacht werden, wenn die Ehe bereits gescheitert ist und die Ehegatten getrennt leben.

2. *Ehegatte des Kindes.* Ehe ist für das Kind niemals ein Adoptionshindernis, freilich ein Umstand, der sich dem Gedanken einer Minderjährigenadoption kaum fügt und hier mehr theoretische als praktische Bedeutung hat (für die Fälle des § 1 II EheG). § 1749 II fordert – vorbehaltlich dauernder tatsächlicher oder rechtlicher Verhinderung – stets die Einwilligung des Ehegatten (für den die Adoption einen totalen Austausch der Verschwägerten bedeutet; vgl. ferner § 1757 I 3); Richtermacht kann die Verweigerung nicht überspielen.

3. *Großeltern.* Verwandte des Annehmenden sind nie zur Einwilligung berufen, von den Verwandten des Kindes nur seine Eltern. Die Interessen der Kinder beider Teile hat das Vormundschaftsgericht zu berücksichtigen (§ 1745), diejenigen der Eltern des Annehmenden und der Großeltern des Kindes sind unbeachtlich.[4] Das mag auch für die Eltern des Annehmenden (denen Enkel von Rechts wegen mit allen Konsequenzen im Unterhalts- und Erbrecht zugeordnet werden) in einem wertenden Akt zu rechtfertigen sein, der die Freiheit des Annehmenden

---

[1] Verfassungswidrigkeit (Art. 6 GG) behauptet *Roth-Stielow,* Adoptionsgesetz, 1 zu § 1749.

[2] Für diese (Art. 6 GG entsprechende) Beschränkung auf die Kleinfamilie auch MünchKomm-*Lüderitz,* 6 zu § 1749.

[3] „Böswilligkeit" wird nicht gefordert. A. A. *Roth-Stielow,* Adoptionsgesetz, 2 zu § 1749.

[4] Deshalb Bedenken bei *Engler,* FamRZ 1976, 594. Einen Verstoß gegen die Artt. 3, 1, 2 und 6 GG behauptet *Scheld,* FamRZ 1975, 326f. und DRiZ 1976, 45.

und die Interessen des Kindes (zu denen auch das Interesse an den Wirkungen einer Volladoption gehört) gegen die Interessen der älteren Generation stellt. Das sollte dagegen nicht gerechtfertigt werden mit dem Hinweis auf die Wehrlosigkeit gegen genetische Nachkommenschaft (denn ihr sind die Großeltern eben genetisch verbunden) und erst recht nicht mit der Behauptung einer Balance von Gewinnen und Verlusten im Recht; mit Theorie, die sich bewußt der Praxis verschließt (wann werden Enkel schon von ihren Großeltern beerbt? Und wann denn schon mit ökonomischem Gewicht?),[5] sind Probleme nicht einmal zu verschleiern (geschweige denn zu lösen).

VIII. Das Dekret

1. Als einziges Tatbestandselement der Annahme als Kind (vgl. oben II 1) bestimmt das richterliche Dekret den Zeitpunkt der Annahme (und damit aller Rechtswirkungen, die mit ihr verbunden sind); es befindet ferner über alle Abweichungen von der Regelrechtslage im Einzelfall (vgl. §§ 1757 II, 1772 I). Örtlich zuständig ist grundsätzlich das Vormundschaftsgericht, in dessen Bezirk der Annehmende seinen Wohnsitz hat (vgl. § 43b FGG mit Regelung der Ersatzzuständigkeit, falls der Annehmende keinen Wohnsitz oder Aufenthalt im Inland hat). Der Beschluß wird wirksam mit der Zustellung an den Annehmenden; er ist für die Parteien unanfechtbar und kann vom Vormundschaftsgericht nicht geändert werden (vgl. § 56e FGG).

Der Beschluß konstituiert ein Statusverhältnis, trägt jedoch staatliches Handeln nur in kontrollierender Form in den Adoptionsvorgang. Der Beschluß ist nur zu versagen (Rechtsmittel: einfache Beschwerde des Antragstellers gem. § 20 II FGG; Kind und Jugendbehörden haben kein Beschwerderecht), wenn persönliche Voraussetzungen nicht gegeben sind, notwendige Erklärungen fehlen oder die dem Gericht übertragene Richtigkeitskontrolle zu einem negativen Ergebnis führt. Im übrigen hat der Antragsteller einen (öffentlich-rechtlichen) Anspruch auf den richterlichen Akt.

2. Das Dekret darf nur ergehen, wenn die Annahme „dem *Wohl des Kindes* dient und zu erwarten ist, daß zwischen dem Annehmenden und dem Kind ein Eltern-Kind-Verhältnis entsteht" (§ 1741 I). Das „Wohl des Kindes" als stets wiederkehrendes Leitmotiv des Kindschaftsrechtes beherrscht damit auch den Zugang zur Adoption als Generalklausel, die rechtstheoretischer Präzisierung (jedenfalls bislang) erheblichen Widerstand leistet und von Richter zu Richter unterschiedlich akzentuiert werden kann (vgl. dazu oben § 49 III 3). Ausgangspunkt bei ihrer Applikation auf den Einzelfall im Adoptionsrecht muß das Psychogramm des Kindes sein und das Soziogramm seiner gegenwärtigen Umge-

[5] Daß sich faktische Äquivalenz „weder feststellen noch leugnen" läßt (so MünchKomm-*Lüderitz*, 11 zu § 1746), ist eine Aussage, die allen Wahrscheinlichkeiten widerspricht.

bung. Auf diesem Hintergrund kann sinnvoll gefragt werden, ob die Lebensbedingungen des Kindes gerade mit der beantragten Adoption verbessert werden,[1] und ferner, ob es nicht möglich ist, ein anderes Annahmeverhältnis zu begründen, das dem Kind noch bessere Lebensbedingungen sichert. Unterstützt wird das Vormundschaftsgericht von der Adoptionsvermittlungsstelle (Pflicht zur gutachtlichen Äußerung; § 56d FGG) und dem Jugendamt (anzuhören gem. § 48a I Nr. 10 JWG, sofern nicht schon ein Gutachten zu erstatten war). Angesichts des Überwiegens der Kleinkindadoptionen bleibt dagegen das in § 55c FGG normierte Recht des Kindes auf persönliches Gehör in den Grenzen des § 50b FGG meist unpraktisch.

Der Begriff ,,Lebensbedingungen" bezeichnet die Gesamtheit aller Aspekte, unter denen die Entwicklung des Kindes betrachtet werden kann mit Vorrang der persönlichkeitsbestimmten vor den vermögensrechtlichen (zur Wertung des Gesetzes vgl. § 1760 IV). Die Entwicklungschancen eines Kindes werden zwar auch heute noch von den Vermögensverhältnissen der Eltern mitbestimmt, doch kann es sich weder darum handeln, die Adoption wohlhabenden Annehmenden vorzubehalten, noch darum, Einbußen des Kindes im persönlichen Bereich durch materielle Vorteile in späteren Jahren zu kompensieren.

Absolute Präferenzen im Vergleich der einzelnen Aspekte und im Gesamtvergleich (in dem Nachteile in einer Beziehung von Vorteilen in einer anderen ausgeglichen werden können) gibt es nicht, wenn auch Indikatoren von hoher Verläßlichkeit. So ist die Annahme der Heimerziehung grundsätzlich vorzuziehen (ein anderes kann für verhaltensgestörte Kinder gelten). So ist die Annahme in der Regel zu verweigern, wenn die genetischen Eltern in der Lage sind, das Kind ordentlich zu erziehen (ein anderes gilt, wenn sie auf eine Abwehrhaltung gegenüber dem Kind fixiert sind). So ist schließlich der gemeinschaftlichen Adoption der Vorrang gegenüber der Einzeladoption einzuräumen (ein anderes gilt, wenn die Ehe gefährdet ist und deshalb dem Kind das Schicksal der Scheidungswaisen droht).

3. Das Wohl des Kindes ist allein ausschlaggebend auch für die Fälle der *überlagernden Adoption*. Der Antrag der Mutter widerspricht dem Wohl des Kindes nicht schon dann, wenn sie nicht bereit ist, den Namen des Vaters zu offenbaren[2] (zur Parallelproblematik im Rahmen des § 1707 vgl. oben § 58 III 5). In dem Vergleich der gegenwärtigen Lebensbedingungen des Kindes mit den künftigen

[1] Die Prognose einer ,,merklich besseren Entwicklung der Persönlichkeit des Kindes" hält für erforderlich MünchKomm-*Lüderitz,* 7 zu § 1741. Von der Notwendigkeit einer Besserstellung des Kindes ,,mindestens in einem wesentlichen Teil seiner Lebensverhältnisse" spricht *Roth-Stielow,* Adoptionsgesetz, 6 zu § 1741 (etwaige Verschlechterungen sollen ,,sich nicht auf eine wesentliche Lebensbeziehung auswirken" dürfen).

[2] Die alte Frage hat durch den Übergang zur Volladoption an Gewicht gewonnen, aber keinen neuen Akzent erhalten. Für das ältere Recht wie der Text LG Köln, FamRZ 1963, 55; *Staudinger-Engler,* 25 zu § 1751; *Dölle,* § 112 III 4b.

nach hypothetisch durchgeführter Adoption gereicht der Fortbestand der gegenwärtigen Situation dem Kind allenfalls zum Vorteil, wenn überhaupt noch mit einer (freiwilligen!) Preisgabe des Namens gerechnet werden kann.

In aller Regel ist der Annahmeantrag zurückzuweisen, wenn der mit der Mutter im Konkubinat lebende Vater das Kind adoptieren möchte. Nicht etwa, weil das Konkubinat dem Ordnungsgefüge des Familienrechts zuwiderläuft, auch nicht, weil die sittliche Erziehung des Kindes in Gefahr gerät – das Konkubinat schafft die Gefahr, nicht die Adoption –, wohl aber, weil nur eine Ehe Garant einer dauerhaften Bindung der Eltern ist und deshalb die Beendigung des Verwandtschaftsverhältnisses mit der Mutter und der mütterlichen Ascendenz (§ 1755 I) den Interessen des Kindes so gut wie niemals entspricht.[3]

4. *Interessen Dritter* sind vom Vormundschaftsgericht grundsätzlich nur insoweit zu bedenken, als von ihnen Rückwirkungen auf das Wohl des Kindes ausgehen können. Eine Abwehrhaltung der Eltern des Antragstellers ist etwa (negativ) bedeutsam, wenn das Kind in häuslicher Gemeinschaft mit ihnen aufwachsen müßte, aber auch ernstlicher Widerstand, den Kinder des Annehmenden (gleich, ob ehelich oder nichtehelich, genetisch oder adoptiert) leisten, wenn die Gefahr einer Isolierung innerhalb der Geschwistergruppe besteht (vgl. insoweit § 1745, doch folgt sein Inhalt bei dieser Perspektive bereits aus § 1741 I).

Eigenständigkeit gesteht § 1745 den Interessen der Kinder des Annehmenden zu, aber auch den Interessen der Kinder des Anzunehmenden (ein Fall, der freilich für die Minderjährigenadoption mehr theoretische als praktische Bedeutung hat).[4] Hier wie dort ist der Annahmeantrag zurückzuweisen, wenn sich im Interessenvergleich ein Übergewicht zeigt, und zwar vornehmlich im persönlichen Bereich, während vermögensrechtliche Belange (Unterhalt, Erbe) zwar mitbedacht werden können und sollen, jedoch nur noch mit sekundärer (unterstützender) Relevanz.[5] Es ist nicht eben sinnvoll, das Wohl eines Adoptivkindes auf Kosten des Wohles anderer Kinder zu fördern (Verlust an Zuneigung, der vornehmlich nach einer enttäuschenden Erstadoption droht), zumal das zur Annahme vorgesehene Kind in der Regel (Ausnahme jedenfalls: Plan einer familieninternen Adoption) auch andere geeignete Adoptiveltern erhalten kann.

Ohne Einschränkung sind die Interessen vorhandener Kinder auch dann zu

---

[3] Die Frage ist in erster Linie für die Ehelicherklärung akut geworden. Vgl. dazu oben § 61 II 6. Für die Adoption wie der Text *Roth-Stielow*, Adoptionsgesetz, 12 zu § 1741; *Beitzke*, § 33 IV 2. Für das ältere Recht i. Erg. wie der Text OLG Celle, JZ 1961, 422 (weil andernfalls eine Differenz zwischen tatsächlicher und rechtlicher Lage entstünde); AG Hamburg, NJW 1962, 1303 (aus Art. 6 GG argumentierend); *Staudinger-Engler*, 26 zu § 1751; *Dölle*, § 112 III 4b.

[4] Auch nasciturі sind zu bedenken. Der Normzweck gestattet und fordert eine extensive Interpretation des Begriffes ,,Kind". Probleme der (beschränkten) praenatalen Rechtsfähigkeit treten nicht auf.

[5] Problematisch ist deshalb der Schutz nichtehelicher Kinder eines Mannes, für die vornehmlich vermögensrechtliche Belange zu wahren wären.

beachten, wenn eine ergänzende Adoption gewünscht wird. Der Praxis ist der Annahmeantrag insoweit vornehmlich geläufig für ersteheliche Kinder des Ehegatten nach Verlust der elterlichen Sorge für die eigenen Kinder aus erster Ehe (§ 1671). Zwar kann die Adoption in diesem Fall die Personensorge für die eigenen Kinder nicht schmälern, doch immer noch die ohnehin bestehende Gefahr der Entfremdung verstärken.[6]

5. *Postmortale Adoption.* Eine Annahme kann nicht mehr erfolgen, wenn das Kind gestorben ist, in welchem Stadium das Verfahren sich auch immer befinden mag. Selbst ein gewährendes Dekret ist – für sich genommen – belanglos; erst die Zustellung an den Antragsteller ändert die Situation.

Der Tod des Annehmenden hindert dagegen die Annahme nicht mehr, wenn ,,der Annehmende den Antrag beim Vormundschaftsgericht eingereicht oder bei oder nach der notariellen Beurkundung des Antrags den Notar damit betraut hat, den Antrag einzureichen" (§ 1753 II), und zwar ohne Rücksicht auf den Stand des Verfahrens im übrigen.[7] Der Akt der Entäußerung des Antrags ist selbst dann allein erheblich, wenn die Einwilligung des Kindes noch fehlt, also der innere Grund der Annahme als Kind noch der Vervollständigung bedarf.

Durch Rückdatierung des Wirkungseintritts auf die Zeit vor dem Tod des Antragstellers versucht § 1753 III das Bild einer postmortalen Adoption zu vermeiden, ohne sachlich den Tatbestand ändern zu können. Plausibler Grund der Rückdatierung ist das Erbrecht, dem Berechtigungen postmortal zugeordneter Abkömmlinge allein für den nasciturus bekannt sind (§ 1923 II). Nur durch Rückdatierung konnte deshalb das Kind an den Nachlaß des Annehmenden herangeführt werden (zu den Konsequenzen für eine Miterbengemeinschaft vgl. § 2043 II).

Unberührt bleibt die Notwendigkeit, über die Richtigkeit der Annahme unter den grundsätzlich veränderten Verhältnissen zu befinden. So vorteilhaft das Erbe dem Adoptivkind auch sein mag, entscheidend muß schließlich sein, ob die persönlichen Auswirkungen einer postmortalen Adoption (volle Eingliederung in den Familienverband des Verstorbenen) mit dem Wohl des Kindes noch zu vereinbaren sind. Das kann im Einzelfall selbst dann zu verneinen sein, wenn eine gemeinschaftliche Adoption beantragt war (und als postmortale ausgesprochen werden müßte), der überlebende Annehmende aber bereit ist, Elternverantwortung allein zu übernehmen (so wie er sie für genetische Kinder auch tragen müßte) und deshalb den eigenen Antrag nicht widerruft.

---

[6] Gering geachtet von MünchKomm-*Lüderitz,* 9 zu § 1745.

[7] Das gilt bei gemeinschaftlicher Adoption auch dann, wenn beide Annehmende den Tod fanden. Vgl. OLG Hamm, NJW 1966, 1821.

IX. Wirkungen; Grundsatz der Volladoption

Schrifttum: *Zöller,* Der Vorname des Kindes in der Qualität eines schutzbedürftigen Moments der kindlichen Entwicklung, FamRZ 1975, 614; *Ruthe,* Zum Unterhaltsanspruch des adoptierten Kindes – Die unterhaltsrechtlichen Wirkungen der Volladoption, FamRZ 1977, 30; *Brüggemann,* Eine bedenkliche Entscheidung und ihre Folgen, DAVorm. 1979, 81; *Zopfs,* Kein Regelunterhalt nach der Adoption, FamRZ 1979, 385; *Ruthe,* Die unterhaltsrechtlichen Wirkungen der Volladoption, FamRZ 1979, 388.

1. Adoption bedeutet *Familienwechsel* für die Zukunft, Austritt aus einem Verwandtensystem (§ 1755 I 1) und Eintritt in ein anderes an bestimmter (vom Annehmenden vermittelter) Stelle mit allen Rechten und Pflichten, die mit ihr verbunden sind (§ 1754). Unberührt bleibt die Vergangenheit: Ansprüche, die aus ihr herrühren (Unterhaltsrückstände, insbesondere des nichtehelichen Vaters) erlöschen nicht;[1] Schulden, die noch zu erfüllen sind, bleiben offen.

Total ist im Grundsatz das Ende, total auch der Anfang, doch stets nur in den (unmittelbar oder mittelbar) von der familienrechtlichen Zuordnung abhängigen Bezügen, mögen diese nun dem privaten Recht angehören, mögen sie auch dem öffentlichen Recht zuzurechnen sein (Staatsangehörigkeit, Steuerrecht, Kindergeld usw.).[2] Nur eins behauptet sich (zur Erleichterung der Adoption): Unangetastet bleiben Rechte, die Ansprüche auf wiederkehrende Leistungen vermitteln,[3] sofern es sich nicht um Unterhaltsansprüche handelt. Bestandsfest sind insbesondere Rechte, kraft deren die Zahlung einer Rente oder Waisengeld gefordert werden kann, und zwar ohne Rücksicht auf die Herkunft: Privates Recht (§ 844 II!) steht auch insoweit dem öffentlichen Recht gleich.

2. *Ausnahmen.* Weniges bleibt: Das Eheverbot der Verwandtschaft und Schwägerschaft gilt weiter (§ 4 EheG), weil das Verwandtschaftsverhältnis als Rechtsverhältnis verfügbar ist, nicht aber die konstituierende Blutsbeziehung (umgekehrt hat das durch Annahme begründete Eheverbot einen minderen Rang; vgl. § 7 EheG und zu ihm oben § 10 IV). Es bleibt auch nach überlagernder Adoption die Möglichkeit einer Legitimation durch nachfolgende Ehe (das Annahmeverhältnis erlischt; vgl. dazu oben § 61 I 3) im Interesse des Kindes, das mit der

---

[1] Für Unterhaltsrückstände bei unklarem Normtext streitig geworden. Entlastung des Unterhaltsschuldners und Enteignung des Adoptivkindes sind jedoch aus dem Normzweck nicht zu begründen. Insbesondere folgt aus dem Grundsatz der Volladoption keinesfalls das Erlöschen der Ansprüche. I. Erg. ebenso *Ruthe,* FamRZ 1977, 30 und 1979, 388; OLG Hamburg, FamRZ 1979, 180; MünchKomm-*Lüderitz,* 18 zu §§ 1754, 1755; *Brüggemann,* DAVorm. 1979, 81. Daß Unterhaltsrückstände nicht mehr geschuldet werden, behauptet dagegen *Zopfs,* FamRZ 1979, 385.

[2] Auf das Adoptivkind sind alle Normen anzuwenden, die entweder die Annahme als Kind ausdrücklich erwähnen oder schlicht von ,,Kindern" sprechen. Nicht anwendbar sind dagegen Normen, die ausdrücklich nur für ,,leibliche Kinder" gelten. Der Übergang zur Volladoption kann die (hier gewollte) Beschränkung auf die genetische Verwandtschaft nicht ändern; eine andere Frage (die auch für künftige Akte der Legislative zu beantworten wäre) ist es, ob jene Normen heute noch mit Art. 3 GG zu vereinbaren sind.

[3] Der Normtext erhält ,,Ansprüche des Kindes, die bis zur Annahme entstanden sind", verfehlt damit aber den Begriff des Anspruchs (§ 194).

Legitimation in einer Form zugeordnet wird, die mit den Mitteln des Adoptionsrechts zwar auch zu erreichen wäre (ergänzende nach überlagernder Adoption), dann jedoch zur Disposition der Ehegatten stünde (die sich auch für den Fortbestand der einseitigen Zuordnung entscheiden könnten).

Zu den Ausnahmen vom Grundsatz ist dagegen nicht mehr § 1764 III zu rechnen, also die Rückgliederung des Kindes in das alte Verwandtensystem mit der Aufhebung des Annahmeverhältnisses. Höchst unglücklich läßt das Gesetz in diesem Fall zwar das genetisch begründete Verwandtschaftsverhältnis ,,wieder aufleben" und erweckt damit die Vorstellung einer jedenfalls latent fortbestehenden Rechtsbeziehung auch während des Annahmeverhältnisses. Es setzt sich damit aber terminologisch in Widerspruch zum eigenen Grundsatz, der in der Sache festgehalten werden kann: Die Rückgliederung erfolgt mit Wirkung ex nunc, nicht als Fortsetzung einer nur zeitweilig suspendierten Rechtsbeziehung, sondern als Neubeginn nach totaler Unterbrechung. Es ist auch nicht eben sinnvoll, um einiger weniger Fälle willen ein ganzes Rechtsinstitut gegen den mit ihm verfolgten Zweck rechtstheoretisch zu erfassen.[4]

3. *Vaterschaftsfeststellung.* Trotz Erlöschens aller aus der genetischen Elternschaft folgenden Rechtsverhältnisse gestattet die h. L. bei nichtehelichen Adoptivkindern im Hinblick auf die Ausnahmen von dem Grundsatz eine Vaterschaftsfeststellung auch noch nach dem Annahmedekret.[5] Indessen lassen sich § 1755 und Suche nach dem ,,Vater" schwerlich auf einen Nenner bringen. Zudem sind die Adoptiveltern (als nunmehrige gesetzliche Vertreter) nicht eben geeignete Sachwalter des Kindes bei diesem Beginnen (das konsequent zu ihrem Pflichtenkreis gehören müßte); meist wünschen sie weder den Vater kennenzulernen noch die genetische Mutter (Inkognitoadoption!), die doch als einzige in der Lage wäre, ihnen den Vater zu nennen (oder auch die Männer, die als Vater in Betracht kommen). Dort, wo wirklich eine Vaterschaftsfeststellung geboten ist und möglich erscheint, sollte sie vor der Adoption erfolgen (nur dann sind auch die Rechte des Vaters aus § 1747 II zu wahren).

4. Als Folge der neuen personenrechtlichen Zuordnung erhält das Kind als *Geburtsnamen* den Familiennamen des Annehmenden (ggf. ohne einen nach § 1355 III vorangestellten Begleitnamen). Ist es bereits verheiratet (ein Fall, der freilich mehr zur Volljährigenadoption gehört), so ändert sich der Ehename nicht, wenn er der Geburtsname des Ehegatten ist. Dagegen steht dem Ehepaar praktisch die Wahl zwischen dem alten und dem neuen Geburtsnamen des Kindes offen, wenn sie dessen Geburtsnamen als Ehenamen wählten: Stimmt der Ehegatte bei der Einwilligung in die Adoption (§ 1749 II) der Namensänderung

---

[4] Vgl. dagegen aber *Beitzke,* § 33 V 1. Er hält das Erlöschen der Verwandtschaft (auch im Hinblick auf Art. 6 GG) für eine ,,unbefriedigende Vorstellung" und glaubt, daß die Sache mit der Vorstellung ,,Ruhen der Verwandtschaft" besser getroffen sei.

[5] Vgl. *Roth-Stielow,* Adoptionsgesetz, 5 zu § 1755; MünchKomm-*Lüderitz,* 16 zu § 1755.

zu, so erstreckt sich der Namenswechsel auch auf den Ehenamen; wird die Zustimmung dagegen nicht erklärt, so erhält das Kind den Adoptivnamen als Geburtsnamen, den es dem unveränderten Ehenamen (der nunmehr weder in die Familie des einen noch in die Familie des anderen Ehegatten verweist) als Begleitnamen voranstellen darf (vgl. zu allem § 1757 I 1–3).

An späteren Namensänderungen des Annehmenden nimmt das Kind nach den Grundsätzen teil, die das Gesetz im Nichtehelichenrecht (§ 1617 II–IV) entwikkelt hat (§ 1757 I 4). Ehebedingte Namensänderungen bleiben ihnen zufolge ohne Wirkung für das Kind (doch kann Namensgleichheit erneut erreicht werden jedenfalls durch ergänzende Adoption; zur Einbenennung vgl. oben § 58 II 5), im übrigen ist nach dem Alter des Kindes zu differenzieren: Bis zur Vollendung des fünften Lebensjahres folgt das Kind unbedingt, danach nur noch, wenn es sich in öffentlich beglaubigter Erklärung gegenüber dem Standesbeamten der Namensänderung anschließt; bis zur Vollendung des vierzehnten Lebensjahres ist der gesetzliche Vertreter zur Erklärung berufen, danach erklären sich beschränkt geschäftsfähige Kinder selbst, wenn auch nur unter Zustimmung des gesetzlichen Vertreters. Der Annehmende ist von der Vertretung des Kindes nicht ausgeschlossen; es handelt sich nicht um ein Rechtsgeschäft zwischen ihm und dem Kind, sondern um eine amtsempfangsbedürftige Erklärung des öffentlichen Rechts (Zivilhandlung).

Auf Antrag des Annehmenden kann das Vormundschaftsgericht mit Einwilligung des Kindes (auf die § 1746 I 2 und 3 anzuwenden ist) im Annahmedekret dem neuen Familiennamen des Kindes den alten hinzufügen, ,,wenn dies aus schwerwiegenden Gründen zum Wohl des Kindes erforderlich ist" (§ 1757 II). Der Tatbestand ist eng; praktische Bedeutung sollte er nur in Fällen der Adoption mit Verwandtenvorbehalt gewinnen (also dann, wenn der Name noch eine Hinweisfunktion hat), ferner dann, wenn das Kind die Namensänderung bewußt erlebt und der Verlust des alten Namens seine Entwicklung negativ beeinflussen würde.

5. Nach denselben Regeln und Maßstäben kann das Vormundschaftsgericht im Annahmedekret auch den *Vornamen* des Kindes ändern, der grundsätzlich von der Adoption unberührt bleibt. Im Koordinatensystem der Interessen an Kontinuität und Wechsel hat damit das Kontinuitätsinteresse des Kindes einen grundsätzlichen Vorrang erhalten; die Interessen des Annehmenden sind gleichgültig: Geändert wird nur, wenn die Interessen des Kindes auf eine Änderung des Namens gerichtet sind.[5a] In überängstlich wirkender Manier gestattet § 1757 II damit jedenfalls Namensänderungen, die zu einer psychischen Befreiung des Kindes von einer ihm verhaßten Vergangenheit führen, und Namensänderungen, die

[5a] Die Entscheidung KG, FamRZ 1978, 208 will eine Änderung des Vornamens nur zugestehen, wenn dem Wohl des Kindes mit einem Namenswechsel ,,erheblich besser gedient" ist als mit Namenskontinuität. Gewonnen wird mit derartigen Formeln nichts.

notwendig sind, um den Anschein eines dem Familienverband nicht recht eingegliederten Kindes zu vermeiden (ungebräuchliche fremde Namen,[6] Namen, die bereits im Geschwisterkreis vorhanden sind). Die Norm gestattet es dagegen nicht mehr, kurzerhand einem (häufig geäußerten!) Wunsch der Adoptiveltern zu folgen (obwohl bekannt ist, daß Vornamen Sympathieträger sind, der Namenswechsel mithin dem Integrationsinteresse des Kindes dient), und das auch dann nicht, wenn Identitätskrisen beim Kind gar nicht ausgelöst werden können (jedenfalls bis zur Vollendung des ersten Lebensjahres[7]). Freilich kann niemand die Pflegeeltern daran hindern, faktisch beim Kind einen ,,Vertrauenstatbestand" aufzubauen, der das Vormundschaftsgericht praktisch dazu zwingt, nunmehr die Namensänderung zu beschließen, um dem Normzweck des § 1757 gerecht zu werden.[8]

6. Ohne jede Einschränkung gilt der Grundsatz der Volladoption im Vermögensrecht der Verwandten. Ob *Unterhalt* oder *Erbe,* ob aktiv oder passiv, das Kind verliert seine alten Bezüge und tritt in neue ein. Der ökonomische Verlust kann erheblich sein (vor allem bei der Einzeladoption, die das Kind nur mit einem Elternteil und über diesen mit weiteren Verwandten verbindet), wird jedoch vom Gesetz in Kauf genommen, um Störungen der neuen Eltern-Kind-Beziehung zu verhindern, die Folge der Notwendigkeit sein könnten, um der Abwicklung vermögensrechtlicher Positionen willen persönliche Kontakte mit den genetischen Verwandten zu erhalten oder wiederaufzunehmen.

Überschätzt wird gern der Wert der Volladoption im Vermögensrecht für den Annehmenden, der nun nicht mehr besorgen muß, daß sein Vermögen im Erbgang über das Kind an dessen genetische Verwandten fällt. Es hat sich insoweit stets nur um einen praktisch seltenen Sachverhalt gehandelt (vgl. aber immerhin BGHZ 58, 343), dem mit den Mitteln des Erbrechts rechtsgeschäftlich begegnet werden konnte.

7. *Geheimnisschutz.* Volladoptionen bezwecken zwar nicht immer, jedoch oft den faktischen Schein einer genetischen ehelichen Kindschaft und legitimieren ihn. Volladoptionen bezwecken ferner zumeist eine vollständige faktische Trennung von Kind und genetischen Eltern und werden deshalb fast ausschließlich in Form einer Inkognitoadoption durchgeführt, sofern es sich nicht um überlagernde, ergänzende oder familieninterne Adoptionen handelt. Ob und inwieweit Geheimnisschutz in Anspruch genommen werden kann, bestimmt § 1758, doch

[6] MünchKomm-*Lüderitz,* 10 zu § 1757, sieht insofern die Gefahr einer ,,Stigmatisierung". Aus der Praxis vgl. LG Berlin, FamRZ 1979, 79 (,,Melinko"). Die Entscheidung stellt mit Recht fest, daß der zulässige Namenswechsel alle Möglichkeiten umfaßt, die bei der Namensgebung überhaupt bestehen; anstelle eines alten Vornamens können etwa zwei neue treten.

[7] Die ,,Unbedenklichkeitsgrenze" wird unterschiedlich bestimmt. Viel weitherziger etwa *Zöller,* FamRZ 1975, 614 (mit Vorschlag einer Grundsatzsperre ab Vollendung des vierten Lebensjahres).

[8] Vgl. aber LG Berlin, FamRZ 1978, 149 (ablehnend bei einem zweijährigen Kind). Die Entscheidung wurde vom KG aufgehoben.

ist er in den größeren Denkzusammenhang des allgemeinen Persönlichkeitsrechtes der Beteiligten einzubetten (und aus diesem heraus zu interpretieren). Die Deutung als Konkretisierung des allgemeinen Persönlichkeitsrechtes weist auch den Weg zu den Sanktionsformen: Unterlassung kann stets gefordert werden und Ersatz des immateriellen Schadens nach schweren schuldhaften Eingriffen, die in anderer Weise nicht ausgeglichen werden können (die Rspr. des BGH zum allgemeinen Persönlichkeitsrecht wurde insoweit vom BVerfG, NJW 1973, 1221 als verfassungskonform gebilligt).[9]

Unter Geheimnisschutz stehen alle „Tatsachen, die geeignet sind, die Annahme und ihre Umstände aufzudecken"; verletzt werden das Persönlichkeitsrecht des Annehmenden und dasjenige des Kindes, wenn ohne deren Zustimmung (für diejenige des Kindes gilt § 1746) eben jene Tatsachen „offenbart oder ausgeforscht werden";[10] „besondere Gründe des öffentlichen Interesses" können (im Rahmen der für den Persönlichkeitsschutz charakteristischen Güterabwägung) rechtfertigen, während private Interessen vom Gesetz nicht erwähnt und damit anscheinend als irrelevant ausgeschieden werden. Die genetische Herkunft aufzudecken, ist aber auch privaten Dritten nicht verboten, wenn eigene Rechte von der Abstammung des Kindes abhängig sind (nicht nur der Standesbeamte, auch der Verlobte hat das Eheverbot des § 7 EheG zu beachten). Es ist nicht Sinn des § 1758, Persönlichkeitsschutz auf Kosten der Rechte Dritter zu betreiben. Doch reicht die Erlaubnis nie weiter als ihr Zweck: Öffentliche Hand und private Dritte mögen sich vergewissern und entsprechend handeln; einen weiteren „Verbreitungsstand" zu schaffen, ist ihnen nicht mehr erlaubt.

Geheimnisschutz gewährt § 1758 II bereits für die präadoptive Interimsphase. Dem Vormundschaftsgericht ist es darüber hinaus möglich, im Einzelfall Geheimnisschutz schon anzuordnen, sobald der Antrag auf Ersetzung der Einwilligung (zumindest) eines Elternteils gestellt ist. Der Schein einer letztlich belanglosen, weil personal allzu beschränkten Verbotswirkung in diesem Fall trügt. Mit dem Richterakt wird ein absolutes Recht konstituiert, das mit der Unterlassungsklage auch Dritten gegenüber durchgesetzt werden kann, die (zunächst) vom richterlichen Akt (den zu verbreiten gerade sinnwidrig wäre) keine Kenntnis bekamen.

8. *Offenbarungspflicht.* Während Dritten gegenüber grundsätzlich Geheimnisschutz besteht, gebietet die elterliche Sorge dem Annehmenden gar, dem Kind zu gegebener Zeit die genetische Herkunft zu offenbaren (so, wie auch die nichteheliche Mutter kraft ihrer elterlichen Sorge gehalten ist, dem Kind den Namen

---

[9] Zum Schutz des Strafrechts vgl. § 203 StGB.

[10] Damit sind auch Anfragen von Behörden unzulässig geworden, die zwischen genetischen Kindern und Adoptivkindern unterscheiden. Das Kind ist als „eheliches Kind" zu bezeichnen. Nicht gedeckt wird von § 1758 die offensichtliche Lüge (das Adoptivkind wird ausdrücklich als „leibliches Kind" bezeichnet). A. A. MünchKomm-*Lüderitz,* 6 zu § 1758.

des Vaters mitzuteilen). Eine totale (auch faktische) Vernichtung der genetischen Herkunft im Bewußtsein des Kindes gestattet das geltende Recht ohnehin nicht (vgl. die §§ 5 I, 62 PStG mit Vorlage der Abstammungsurkunde – nicht der Geburtsurkunde – für das Aufgebot); elterliche Aufklärung zur richtigen Zeit dient dem Kind, weil es ihm die desillusionierende Aufklärung durch Dritte (mit allen Zufälligkeiten, die hier denkbar sind) erspart.

X. Wirkungen; Adoption mit Verwandtenvorbehalt

Schrifttum: *Schmitt-Kammler,* Zur erbrechtlichen Problematik der Verwandten- und Stiefkinderadoption nach § 1756 BGB, FamRZ 1978, 570.

1. Volladoption als Familienwechsel orientiert sich in der praktischen Anschauung an der Annahme familienfremder Kinder, die mit der Adoption auch faktisch aus der genetischen Familie ausgegliedert werden. Volladoption wird dagegen fragwürdig, wenn die Annahme die vorgestellte Situation nicht trifft. Die §§ 1755 II, 1756 kennen deshalb Fälle der (von uns sog.) Adoption mit Verwandtenvorbehalt, deren Gemeinsamkeit in der Schonung genetisch vermittelter Verwandtenbeziehungen liegt.[1] Der (naheliegende) Gedanke, den ,,Überhang" an genetischer Verwandtschaft stets durch entsprechende ,,Einsparungen" an Adoptivverwandtschaft auszugleichen, um das Kind keinesfalls mit mehr als zwei Ascendentenstämmen zu verbinden, ist dabei nicht verfolgt worden. So wie Volladoption zum Verlust eines ganzen Ascendentenstammes führen kann (Fall der überlagernden Adoption), kann umgekehrt Folge einer Adoption mit Verwandtenvorbehalt die Zuordnung des Kindes zu drei Ascendentenstämmen sein. Festgehalten wurde allein die Überzeugung, daß kein Kind mehr als einem Elternpaar zugeordnet werden dürfe.

2. Adoption mit Verwandtenvorbehalt ist die Adoption durch einen Verwandten oder Verschwägerten des zweiten oder dritten Grades (*familieninterne Adoption* mit willkürlich anmutenden Grenzen), praktisch gesprochen durch die Großeltern sowie durch Onkel und Tante. Mit der Adoption erlischt in diesem Fall zwar das Verwandtschaftsverhältnis zu den Eltern, dagegen nicht mehr zur weiteren genetischen Ascendenz und nicht mehr zur weiteren Descendenz der genetischen Eltern (also zu Geschwistern und deren Abkömmlingen), so daß die an sich rechtlich verdrängten Eltern als verwandtschaftsmittelnde Personen relevant bleiben.[2] Die gemeinschaftliche Adoption durch Tante und Onkel führt damit zur Verwandtschaft mit drei Ascendentenstämmen, die Adoption durch

---

[1] Krit. zu diesem Adoptionstyp *Frank,* S. 177ff.

[2] Doch ist ein doppeltes Erbrecht des Kindes nach seinen genetischen Großeltern (über den genetischen und den Adoptivelternteil) ebensowenig anzuerkennen wie ein doppeltes Erbrecht der Großeltern nach dem Kind (als genetische Großeltern und als Wahlgroßeltern). In beiden Richtungen aufgeschlossener *Dieckmann,* FamRZ 1979, 394f.

die Großeltern mütterlicherseits rückt dagegen lediglich die gesamte mütterliche Ascendenz um einen Grad näher an das Kind heran, während die gesamte Ascendenz väterlicherseits den genetisch bestimmten Standort behält.

Für die Geschwister des Kindes war keine Lösung zwingend vorgezeichnet. Da die genetischen Eltern auch sonst verwandtschaftsmittelnd relevant bleiben (bei der Adoption durch Onkel und Tante für die gesamte Ascendenz jenes Elternteiles, der mit dem Annehmenden nur verschwägert war), wäre es möglich gewesen, sie im zweiten Verwandtschaftsgrad zu belassen. Das Erbrecht zeigt jedoch, daß die Verwandtschaft über den Annehmenden und die Großeltern gezählt werden soll: § 1925 IV verweist die Geschwister wechselseitig in die dritte Ordnung[3] (während die Adoptivgeschwister Erben der zweiten Ordnung werden).

§ 1756 beendet das Verwandtschaftsverhältnis zwischen dem Kind und seinen genetischen Eltern; § 1754 kann unmittelbar ein neues begründen mit einem von der Adoption bestimmten Grad (einschließlich aller erbrechtlichen Konsequenzen[4]). Adoptieren die Großeltern mütterlicherseits das Kind, so hat dieses fortan im Verhältnis zur genetischen Mutter die Stellung eines Bruders oder einer Schwester, während zum genetischen Vater nur noch ein Schwägerschaftsverhältnis besteht. Oder: Adoption durch den Bruder des Vaters führt zu einer Vertauschung der Ausgangspositionen; der Onkel wird zum Vater, der Vater zum Onkel.

3. Adoption mit Verwandtenvorbehalt ist ferner die ergänzende Adoption *(Stiefkindadoption)*. Die Annahme eines nichtehelichen Kindes ersetzt lediglich die genetische Verwandtschaft mit dem anderen Elternteil und dessen Ascendenz durch die Adoptivverwandtschaft mit dem Annehmenden und dessen Ascendenz, während die Verwandtschaft in der anderen Elternlinie unverändert bleibt (§ 1755 II; das Ergebnis hätte sich auch aus § 1754 II ergeben). Die Adoption eines ehelichen Stiefkindes hat diese Wirkungen dagegen nur, wenn die Erstehe vorzeitig durch Richterakt (vornehmlich Scheidung) endete. Fand sie hingegen ihr Ende durch Tod, so ändert sich das Verhältnis zu den Verwandten des verstorbenen Elternteils nicht: Das Kind behält seine beiden genetischen Großelternpaare und gewinnt ein drittes hinzu. Entscheidend für die differenzierende Lösung war die Überlegung, daß zwar die Adoption nach Ehescheidung die Billigung des anderen Elternteils fand (§ 1747), die Adoption nach dem Tod dagegen nicht (und ohne jedes Einverständnis mochte man auch den Großeltern den Enkel nicht entziehen).

Ohne jeden sachlichen Grund verweist § 1925 IV auch in diesem Fall Adoptiv-

---

[3] Eine Ausnahme muß jedoch gelten, wenn das durch die Adoption begründete Verwandtschaftsverhältnis ein Erbrecht der zweiten Ordnung vermittelt (das vom Großvater adoptierte Kind wird nach vorherigem Tod des Großvaters und der leiblichen Eltern allein von seinen Geschwistern beerbt). Vgl. *Schmitt-Kammler,* FamRZ 1978, 571.

[4] Vgl. *Schmitt-Kammler,* FamRZ 1978, 572f.; *Dieckmann,* FamRZ 1979, 395.

kind und leibliche Geschwister wechselseitig für das Erbrecht in die dritte Ordnung, so, als ob die (in der zweiten Ordnung verbindende) genetische Elternschaft durch die Annahme jede rechtliche Relevanz verloren hätte. Tatsächlich bleibt sie unverändert bestehen im Verhältnis zu dem überlebenden Elternteil, so daß allein die Annahme einer halbbürtigen Verwandtschaft der zweiten Ordnung in der Konsequenz des einmal begonnenen Gedankens lag. Der Fehler im Ansatz ist so evident,[5] daß es möglich sein sollte, § 1925 IV im Wege der berichtigenden restriktiven Interpretation auf die Fälle des § 1756 I zu beschränken.[6]

XI. Aufhebung des Annahmeverhältnisses

1. *Begriff.* Aufhebung heißt Beendigung des Annahmeverhältnisses mit Wirkung nur für die Zukunft. Sie ist die einzige Form einer vorzeitigen (d. h. nicht durch den Tod bewirkten) Auflösung des Rechtsverhältnisses zwischen dem Annehmenden und dem Angenommenen. Von der Beendigung durch den Tod sondert sie sich nicht nur im Anlaß, sondern auch in den Wirkungen (Ausnahme § 1766): Der Tod rührt die (vom Annehmenden vermittelte) Rechtsstellung im Familienverband nicht an; die Aufhebung beseitigt dagegen mit dem Rechtsverhältnis auch alle Bezüge, die sich mit ihm verbanden. Ohne Widerspruch ist deshalb auch eine postmortale Aufhebung des Annahmeverhältnisses möglich (vgl. § 1764 I 2).

2. *Formen.* Die Aufhebung kann durch richterlichen Akt (Richtervorbehalt: § 14 Nr. 3f RpflG; örtl. Zuständigkeit: § 43b FGG[1]) erfolgen; sie kann aber auch kraft Gesetzes als Folge eines bestimmten Sachverhalts eintreten. Das geltende Recht macht von dieser Möglichkeit freilich nur im § 1766 Gebrauch für den (gänzlich unpraktischen) Fall einer dem § 7 EheG zuwider geschlossenen Ehe zwischen dem Annehmenden und dem Angenommenen oder einem seiner Abkömmlinge. Die im Regelfall vom richterlichen Akt verbürgte Rechtsklarheit wird nicht gefährdet; auch der Eheschluß ist ein statusbezogener Akt von unbezweifelbarer Transparenz.

Von der Aufhebung durch richterlichen Akt unterscheidet sich die Aufhebung kraft Gesetzes de lege lata (und nicht etwa institutionell notwendig) in den Rechtsfolgen: Sie ist relative Aufhebung, Aufhebung des durch die Annahme begründeten Rechtsverhältnisses nur zwischen den Ehegatten bei Fortbestand des Annahmeverhältnisses im übrigen. Da die Einbußen an Adoptivverwandtschaft nicht durch Rückgliederung in die genetische Familie ausgeglichen werden

---

[5] Er wird offen ausgewiesen in einem Schaubild, das der Rechtsausschuß des Bundestages entwikkelte (am einfachsten zugänglich bei *Roth-Stielow*, Adoptionsgesetz, 2 zu § 1756).

[6] I. Erg. ebenso *Schmitt-Kammler*, FamRZ 1978, 573f. Ohne Korrektur der als verfehlt erkannten Regelung dagegen *Frank*, S. 97f.

[1] Der Normtext ist nicht eindeutig, doch der Normzweck beweisend. Vgl. MünchKomm-*Lüderitz*, 6 zu § 1759; *Beitzke*, FamRZ 1976, 508; *Roth-Stielow*, Adoptionsgesetz, 12 zu § 1759.

(§ 1764 III gilt nicht), ergibt sich die (seltsame) Konsequenz der Elternlosigkeit für den Angenommenen.

Aufhebung kann nie durch Vertrag des Annehmenden und des Angenommenen erfolgen,[2] nicht etwa, weil das Dekretsystem oder auch der Grundsatz der Volladoption und die Kategorie des Aufhebungsvertrages institutionell unverträglich wären (der Grundsatz der Volladoption leistet freilich praktischen Widerstand, weil die genetischen Eltern jederzeit mit einer Rückgliederung des Kindes rechnen müßten), sondern weil das Annahmeverhältnis in einer dem genetischen Eltern-Kind-Verhältnis wenigstens vergleichbaren Form stabilisiert werden sollte. Aufhebung kann deshalb auch niemals (der einverständlichen Ehescheidung vergleichbar) auf beiderseitigen Antrag durch Richterakt erfolgen; der strukturelle Unterschied zwischen einer derartigen Beendigung des Annahmeverhältnisses und einem Aufhebungsvertrag ist hier ebenso evident wie die schließliche Gleichheit in der Sache.

3. *Anwendungsbereich*. Aufhebung kraft richterlichen Aktes ist ein doppelfunktionelles Rechtsinstitut. Mit ihr sichert das BGB enumerativ bestimmten Abschlußmängeln Relevanz (§§ 1759, 1760); mit ihr trägt es aber auch dem faktischen Scheitern des Annahmeverhältnisses beschränkt Rechnung (vgl. §§ 1759, 1763). Eine begriffliche Sonderung der beiden (grundsätzlich verschiedenen) Anwendungsbereiche ist mit Rücksicht auf die (gewollte) Gleichheit der Wirkungen des beendenden Aktes unterblieben, obwohl sie jederzeit möglich und im Hinblick auf die unterschiedliche Ausgestaltung des Verfahrens auch nicht nutzlos gewesen wäre: Aufhebung nach Abschlußmängeln ist stets Aufhebung auf Antrag; Aufhebung nach gescheitertem Annahmeverhältnis ist dagegen stets Aufhebung von Amts wegen. Große praktische Bedeutung kommt dem Institut weder in der einen noch in der anderen Gestalt zu.

Die Beschränkung der relevanten Abschlußmängel (im Vergleich mit dem allgemeinen Abschlußmängelrecht) erweist die Annahme als Kind als ein Rechtsinstitut von besonderer Bestandsfestigkeit. Erneut sind nicht institutionelle Gründe ausschlaggebend gewesen (obwohl das geltende Recht einen betonten Zug zur Verbindung von hoheitlichem Begründungsakt und Dezimierung des allgemeinen Abschlußmängelrechts nach Zahl und Wirkung erkennen läßt), sondern der Wille zu betonter Sicherung eines einmal begründeten Statusverhältnisses. Daß schließlich alle überhaupt noch bedeutsamen Abschlußmängel späteren Störungen gleichgestellt werden, trennt die Annahme als Kind von der Ehe (mit Nichtigkeit und Aufhebung einerseits, Scheidung andererseits).

Im Unterschied zum Eherecht ist ferner die Sicht, aus welcher Störungen betrachtet werden, bewußt einseitig: Die Interessen des Kindes werden gegebe-

[2] Zur praktischen Bedeutung: In den Jahren 1963–1974 wurden insgesamt 394 Aufhebungsverträge abgeschlossen (und rd. 90000 Adoptionsverträge).

nenfalls wahrgenommen,[3] die Interessen des Annehmenden dagegen nie. Das mag rechtspolitisch fragwürdig sein[4] (weil es zu besonderer Vorsicht mahnt), ist aber letztlich nichts weiter als ein (freilich aufgelockertes) Spiegelbild der Situation im genetischen Eltern-Kind-Verhältnis: Es gibt eine Zwangsentrechtung der Eltern zugunsten des Kindes (§ 1748), dagegen keine Entpflichtung der Eltern in deren eigenem Interesse.

4. *Rückgliederung als Folge.* Mit der Rechtskraft des aufhebenden Beschlusses des Vormundschaftsgerichtes wird das Kind in sein genetisches Verwandtensystem zurückgegliedert in einem totalen Familienwechsel (eine § 1755 I 2 entsprechende Ausnahme gibt es nicht). Unberührt bleibt die Vergangenheit: Was in der Zeit des Annahmeverhältnisses geleistet wurde, kann nicht als sine causa geleistet zurückgefordert werden; soweit überhaupt Unterhalt für die Vergangenheit gefordert werden kann, bleibt er geschuldet.

Eine Rückgliederung findet nicht statt, wenn das Annahmeverhältnis nach einer gemeinschaftlichen Adoption nur mit einem Ehegatten aufgehoben wird (§ 1764 V). Die Einbußen an Adoptivverwandtschaft werden in diesem Fall nicht durch einen Gewinn an genetisch vermittelter Verwandtschaft ausgeglichen; das Adoptivkind wird zum Kind mit nur einem Elternteil. Das Ergebnis mag auf den ersten Blick befremdlich dünken, ist aber nicht einmal bemerkenswert. Schließlich entspricht es dem Bild der Verwandtschaft nach einseitiger Adoption.

5. Rückgliederung mit Wirkung ex tunc wird fragwürdig im *Erbrecht* von jenem Augenblick an, in dem das Annahmeverhältnis in seine Endphase eintritt. Daß periodisch wiederkehrende Ansprüche (wie im Unterhaltsrecht) strikt mit der Rechtskraft des aufhebenden Beschlusses enden, will wenig besagen. Daß aber der von den Beteiligten nicht mehr beherrschbare richterliche Akt die zeitliche Grenze für die Beteiligung am Nachlaß zieht, falls der Annehmende oder der Angenommene kurz vor seiner Rechtskraft stirbt, wird von der lex lata als anstößig empfunden und eben deshalb korrigiert. Nach dem Vorbild des § 1933 (Scheidungsantrag) schließt § 1764 I 2 den Partner im Annahmeverhältnis vom gesetzlichen Erbrecht aus, wenn der Tote die Aufhebung des Annahmeverhältnisses (notwendig: wegen eines Abschlußmangels) beantragt hatte und der Antrag (postmortal) positiv beschieden wird. Seltsam genug behält freilich der Antragsteller sein gesetzliches Erbrecht, wenn der Tod den anderen Teil traf. Mit dem Antrag wird schließlich das Annahmeverhältnis in seiner Totalität zur Disposition gestellt und nicht nur mit seinen negativen Auswirkungen.

6. Rückgliederung wird überhaupt fragwürdig im Bereich der *elterlichen Sorge;*

[3] Zur praktischen Bedeutung: In den Jahren 1963–1974 wurden nur 18 Annahmeverhältnisse „aus schwerwiegenden Gründen zum Wohl des Kindes" aufgehoben. Vgl. die Statistik bei MünchKomm-*Lüderitz,* 3 zu § 1759.

[4] Krit. deshalb MünchKomm-*Lüderitz,* 5 zu § 1759 (mit bes. Hinweis auf Adoptivkinder mit dauerhafter Anstaltsunterbringung nach schwerer geistiger Erkrankung).

schwer – wenn überhaupt noch – sind hier Zeiträume zu überbrücken, in denen die genetischen Eltern ihrer Rechte und Pflichten ledig waren. Elterliche Sorge der genetischen Eltern tritt deshalb nie als unmittelbare Folge des Aufhebungsbeschlusses ein. Das Vormundschaftsgericht hat lediglich die Eltern erneut zu berufen, „wenn und soweit dies dem Wohl des Kindes nicht widerspricht; andernfalls bestellt es einen Vormund oder Pfleger" (§ 1764 IV). Die Entscheidung kann (und sollte) zeitgleich mit dem Aufhebungsbeschluß erfolgen; jede Verzögerung führt zu einer Phase, in der die Adoptiveltern nicht mehr und die genetischen Eltern (Vormund, Pfleger) noch nicht zur Sorge für das Kind berufen sind.

7. Rückgliederung wird schließlich fragwürdig im *Namensrecht;* gegen einen Namenswechsel spricht das Kontinuitätsinteresse des Kindes. § 1765 löst das Problem mit einer Grundsatzentscheidung, die im jeweiligen Einzelfall durch Richterakt korrigiert werden kann.

Grundsätzlich verliert das Kind den Adoptivnamen; grundsätzlich erwirbt es den Geburtsnamen, den es zur Zeit der Adoption führte (arg. § 1765 III;[5] sachlich richtiger wäre die Entscheidung für den Namen gewesen, der dem neu gewonnenen Standort im genetischen Familienverband entspricht mit allen Änderungen, die ohne Adoption eingetreten wären); die Abkömmlinge folgen nach den Regeln des § 1617 II und IV (vgl. zu ihnen oben § 58 II 3 und 4). Kraft Richteraktes behält jedoch das Kind auf eigenen Antrag (§ 1746 I 2 und 3 ist anzuwenden) den Adoptivnamen, wenn es an ihm ein „berechtigtes Interesse" hat. „Berechtigt" sind dabei allein Kontinuitätsinteressen (mit wachsender Bedeutung im Laufe der Jahre); „berechtigt" sind niemals namensästethische Gesichtspunkte; Namensrecht hat Namen nicht zu werten.

Verheiratete, die den Namen ihres Ehegatten als Ehenamen wählten, behalten ihren Ehenamen; die Frage nach Kontinuität oder Wechsel stellt sich für sie nur im Hinblick auf einen dem Ehenamen vorangestellten Begleitnamen. Verheiratete dagegen, deren Adoptivname zum Ehenamen gewählt wurde, können mit einem gemeinsamen Antrag beider Ehegatten für den Geburtsnamen, den der Angenommene vor der Adoption geführt hat, optieren (sachlich richtiger wäre der Name gewesen, den der Angenommene im genetischen Familienverband im Augenblick des Eheschlusses zu führen gehabt hätte; § 1765 III eröffnet den Ehegatten gegebenenfalls eine Alternative, die sich ohne Adoption nie ergeben hätte). Das Vormundschaftsgericht hat den Namenswechsel im Aufhebungsbeschluß anzuordnen. Die Abkömmlinge folgen nach den Regeln des § 1617 II und IV.

XII. Die Aufhebungsgründe

1. *Relevante und irrelevante Abschlußmängel.* Mängel des richterlichen Dekrets sind bedeutsam nach den allgemeinen Regeln, die für fehlerhafte Akte der frei-

[5] Ebenso *Palandt-Diederichsen,* 1 zu § 1765; MünchKomm-*Lüderitz,* 8 zu § 1765.

willigen Gerichtsbarkeit gelten (unwirksam wäre ein Annahmedekret des Rechtspflegers; vgl. § 8 IV 1 RpflG). Mängel der Erklärungen, die im Vorfeld des Annahmedekrets abzugeben sind, begründen einen relevanten Abschlußmangel ausschließlich in den von § 1760 bezeichneten Fällen; Folge ist nie mehr als Aufhebung des Annahmeverhältnisses für die Zukunft; ob aufgehoben wird, ist niemals allein eine Frage der form- und fristgerechten Ausübung des Antragsrechtes. *Für die relevanten Abschlußmängel besteht damit ein numerus clausus;* für sie gilt das Prinzip privater Initiative mit kontrollierter Richtigkeitsgewähr (Maßstab: „Wohl des Kindes") durch einzelfallbezogenen Richterakt.

Irrelevant sind Fehlen und Mängel der Einwilligung eines Ehegatten; irrelevant sind einzelne Mängel der übrigen Erklärungen, die im allgemeinen Abschlußmängelrecht bedeutsam sind; irrelevant sind schließlich einzelne Ausprägungen an sich relevanter Mängel. Belanglos ist etwa das Gesamtgebiet des Eigenschaftsirrtums (§ 119 II), insbesondere der Irrtum des Annehmenden über Anlagen des Kindes mit der Konsequenz einer Fehlentwicklung, der mit Pflege und Erziehung nicht zu steuern war; Adoption wird insoweit zum Wagnis, der genetischen Elternschaft vergleichbar. Belanglos sind auch alle von den Parteien verfolgten und vom Gesetz nicht gebilligten Zwecke (die eigentlich zur Nichtigkeit gemäß § 134 oder § 138 führen müßten). Bestandsschutz genießt das Annahmeverhältnis damit nicht nur im Bereich der privaten Interessen zugeordneten Abschlußmängel, sondern auch im Bereich der anderen, die Allgemeinbelange zum Ausdruck bringen. Belanglos ist schließlich die arglistige Täuschung über Vermögensverhältnisse, von wem auch immer sie ausgehen mag (§ 1760 IV; die weitere Einschränkung entspricht der unbeachtlichen Drittäuschung in § 123 II).

Relevant ist das Fehlen eines Antrags sowie der Einwilligung des Kindes und der genetischen Eltern. Relevant sind im sachlichen Bereich dieser drei Erklärungen auch Mängel in der Geschäftsfähigkeit (§ 1760 II a), die unpraktischen Fälle des Irrtums über den Geschäftsgegenstand (der Vater eines nichtehelichen Kindes stellt einen Antrag in der Annahme, ein Vaterschaftsanerkenntnis abzugeben) und des Identitätsirrtums (möglich allenfalls bei der Inkognitoadoption) in deutlicher Nachbildung des § 31 EheG (§ 1760 II b), ferner arglistige Täuschungen[1] über „wesentliche Umstände" (einschließlich der persönlichkeitsbestimmenden Anlagen des Kindes) und widerrechtliche Drohungen (§ 1760 II c und d), schließlich der Mangel einer zu frühen Einwilligung des Kindes (§ 1760 II e). Eine verbindende Klammer ist kaum zu formulieren. Man pflegt von einer Beschränkung auf „grobe" Abschlußmängel zu sprechen, sagt damit indessen in der Sache nichts. Sicher ist, daß die entscheidenden Wertungen weithin nicht eigenständig für das Annahmeverhältnis entwickelt wurden.

---

[1] Ohne Besonderheiten; eine „übelwollende" Gesinnung ist also nicht zu fordern. A. A. *Roth-Stielow,* Adoptionsgesetz, 14 zu § 1760.

2. *Bestätigung; Heilung.* Kein Satz der juristischen Logik gebietet es, an sich relevanten Abschlußmängeln auch fortdauernde Relevanz zu sichern. Das Eherecht macht von der Möglichkeit der Bestandssicherung im Anschluß an spätere Umstände in reichem Maße Gebrauch; das Adoptionsrecht folgt ihm: Nur das Fehlen des Antrags und der Einwilligung des Kindes begründen unheilbare Mängel (unterliegen jedoch immer noch der für den Aufhebungsantrag gesetzten Ausschlußfrist des § 1762 und der richterlichen Richtigkeitskontrolle des § 1761 II). Alle anderen an sich relevanten Abschlußmängel können ihre Relevanz einbüßen, durch bestätigende Erklärung (so § 1760 III für die in Abs. II genannten Mängel und § 1760 V für die elterliche Einwilligung nach irriger Annahme, ihrer nicht zu bedürfen) oder durch hypothetischen surrogierenden Richterakt (so § 1761 I, wenn die fehlende oder wegen eines relevanten Abschlußmangels unwirksame elterliche Einwilligung im Zeitpunkt des Annahmedekrets oder doch im Zeitpunkt der Entscheidung über den Aufhebungsantrag hätte ersetzt werden können).

3. *Das Wohl des Kindes als Korrektiv.* Kein Abschlußmangel, auch nicht ein sonst resistenter, begründet ein Recht auf Aufhebung des Annahmeverhältnisses, wenn durch sie „das Wohl des Kindes erheblich gefährdet würde, es sei denn, daß überwiegende Interessen des Annehmenden die Aufhebung erfordern" (§ 1761 II). In diesem Ausschlußgrund wirkt der alte Gedanke, komplexen Dauerrechtsverhältnissen Bestandsschutz gewähren zu müssen, wenn sie tatsächlich vollzogen wurden; denn jene „erhebliche Gefährdung" des Kindeswohls, die (freilich relativiert) die Aufhebung ausschließt, kann stets nur die Folge einer faktischen Annahme als Kind sein mit allen Problemen, die eine Rück- oder Umgliederung dann aufwirft (und nie die Folge geldwerter Einbußen, die mit der Aufhebung verbunden wären[2]).

Höherwertig können (in einer notwendig diffusen, weil Unvergleichbares vergleichenden Interessenabwägung) die Belange des Annehmenden sein (einschließlich der vermögenswerten[3]). Belanglos sind die Interessen der genetischen Eltern. Das ist problematisch,[4] weil § 1761 I die Eltern bereits bis zu den Grenzen des § 1748 übergeht, also bis hin zu den Grenzen einer Norm, die selbst der Rechtfertigung vor Art. 6 GG bedarf. Nur die Einsicht in das recht verstandene moralische Gesetz der genetischen Elternschaft, das Verzicht gebietet, wenn eine erhebliche Gefährdung des Kindes die Folge des Beharrens auf dem Recht wäre,

---

[2] Ebenso MünchKomm-*Lüderitz,* 10 zu § 1761.

[3] A. A. *Roth-Stielow,* Adoptionsgesetz, 8 zu § 1761 mit Hinweis auf § 1760 IV. Übersehen ist, daß bei der arglistigen Täuschung die Vermögensverhältnisse des Kindes für den Annehmenden nicht relevant werden sollen, während hier die Auswirkungen des Fortbestands des Annahmeverhältnisses auf das eigene Vermögen zu bedenken sind.

[4] MünchKomm-*Lüderitz,* 9 zu § 1761, will die Problematik durch Rückgriff auf den Verhältnismäßigkeitsgrundsatz vermeiden.

kann rechtfertigend angeführt werden, doch bleibt ein Zweifel: In anderen Zusammenhängen wird jener Einsicht durchaus nicht immer Rechnung getragen.

4. *Der Antrag.* Antragsberechtigt (in notarieller Urkunde) ist stets nur der von einem Abschlußmangel unmittelbar (in eigener Erklärung) Betroffene, nie ein anderer.[5] Der getäuschte Annehmende kann den Antrag stellen, nicht das Kind, das nur infolge einer relevanten arglistigen Täuschung angenommen wurde. Das Recht ist höchstpersönlich und unvererblich. Stellvertretung ist grundsätzlich ausgeschlossen, doch dürfen für geschäftsunfähige Annehmende und für Kinder, die geschäftsunfähig oder noch nicht vierzehn Jahre alt sind, deren gesetzliche Vertreter tätig werden.[6] Im übrigen sind bereits beschränkt Geschäftsfähige zur Selbstbestimmung berufen (vgl. § 1762 I).

Für den Antrag laufen – ohne Rücksicht auf den Abschlußmangel, der geltend gemacht werden soll – zwei Fristen: eine absolute von drei Jahren mit der Rechtskraft des Annahmedekrets als terminus a quo und eine relative von einem Jahr, die betont Rücksicht nimmt auf die Möglichkeit der Rechtsausübung im Einzelfall und eben deshalb zu verschiedenen (von Abschlußmangel zu Abschlußmangel geregelten[7]) Zeitpunkten zu laufen beginnt (vgl. § 1762 II).

5. *Gescheiterte Annahmeverhältnisse.* Von Amts wegen kann das Vormundschaftsgericht während der Minderjährigkeit des Kindes das Annahmeverhältnis (bei gemeinschaftlicher Adoption gegebenenfalls auch nur einem Ehegatten gegenüber) aufheben, „wenn dies aus schwerwiegenden Gründen zum Wohl des Kindes erforderlich ist" (§ 1763 I und II), in jedem Fall aber nur, wenn die Pflege und Erziehung des Kindes im Rahmen einer Eltern-Kind-Beziehung (und nicht in einem Heim) fortgesetzt werden kann (Abs. III). Die einseitige Aufhebung nach gemeinschaftlicher Adoption fordert also Bereitschaft des anderen Ehegatten zur (nunmehr alleinigen) elterlichen Sorge. Die Aufhebung im übrigen darf nur erfolgen, wenn entweder eine (konkrete) Zweitadoption ermöglicht werden soll oder ein genetischer Elternteil bereit ist, die elterliche Sorge zu übernehmen und die Rückgliederung dem Wohl des Kindes nicht widerspricht. Im ersten Fall schiebt sich zwischen Erstadoption und Zweitadoption eine Zwischenphase der Rückgliederung in die genetische Familie (ohne elterliche Sorge) ein (§ 1764 III); im zweiten Fall impliziert zwar die Aufhebung des Annahmeverhältnisses die

---

[5] Bei gemeinschaftlicher Adoption ggf. also nur ein Ehegatte. Folge kann nur die Aufhebung des Annahmeverhältnisses zwischen ihm und dem Kind, bei Fortbestand im übrigen, sein. Die einseitige Beendigung des Annahmeverhältnisses begründet für den anderen Ehegatten keinen Abschlußmangel. Eine Aufhebung auch im Verhältnis zu ihm ist nur nach § 1763 möglich.

[6] Implizit folgt daraus, daß geschäftsunfähige genetische Elternteile sich nicht erklären können. Das entspricht § 1747 IV, aber auch § 1748 III.

[7] Unterblieben ist eine Regelung für den Fall des Fehlens von Erklärungen. Die Regelungslücke ist am besten durch analoge Anwendung des § 1762 II e zu schließen (vgl. MünchKomm-*Lüderitz*, 16 zu § 1762). Andernfalls würde ohne sachlichen Grund lediglich die absolute Dreijahresfrist laufen.

Rückübertragung der elterlichen Sorge auf den bereitwilligen Elternteil, doch wird sie erst durch einen gesonderten richterlichen Akt vollzogen (§ 1764 IV).

In dieser Gestalt ist die Aufhebung des Annahmeverhältnisses die *Reaktion des Rechts auf schwerste Grundlagenstörungen nach fehlgeschlagenen Erwartungen*. Die Beschränkung auf die Zeit der Minderjährigkeit des Kindes deutet zwar auf eine bloße Steigerung des Entzuges der elterlichen Sorge unter Fortbestand der Eltern-Kind-Beziehung hin, die folgerichtig jedenfalls nicht weiter reichen könnte als die Tatbestandsgrenzen des § 1666.[8] In dieser Deutung wird jedoch nur der Kernbereich der Norm erfaßt (in dem nicht aufgehoben werden darf, wenn ein milderes Eingreifen die Gefährdung des Kindes beseitigen kann[9]). Die Randbereiche reichen weiter, sollten freilich – gerade im Hinblick auf den Kernbereich – in engen Grenzen gehalten werden.[10] Der Schutz, den Art. 6 GG dem Annehmenden bietet, schließt insbesondere einen „Elterntausch" aus, der dem Kind vermögendere oder zur Erziehung vermutlich (noch) besser geeignete oder auch genetisch nahestehende neue Eltern verschaffen soll. § 1763 ist auch kein geeignetes Mittel zur Beseitigung aller Annahmeverhältnisse, die auf irrtümlicher Annahme einer genetischen Beziehung der Parteien beruhen (ein Mann adoptiert ein nur vermeintlich von ihm stammendes nichteheliches Kind),[11] und anderer Annahmeverhältnisse, die das Kind daran hindern, einen der Entwicklung der Verhältnisse am besten entsprechenden Ort in den familiären Beziehungen zu finden (der Vater eines nichtehelichen Kindes adoptiert es gemeinschaftlich mit seiner Ehefrau; nach der Scheidung heiratet er in Zweitehe die Mutter).[12] Aufhebung von Amts wegen ist schließlich nicht das geeignete Mittel zum Zweck einer konsequenten einseitigen Zuordnung des Kindes nach gescheiterter Ehe der Adoptiveltern (statt einer Entscheidung gemäß § 1671).[13] Positiv ist jenseits des Tatbestandes des § 1666 eine Aufhebung am ehesten indiziert (und mit Art. 6 GG am ehesten zu vereinbaren), wenn es niemals gelang, eine tragfähige Eltern-Kind-Beziehung aufzubauen.[14]

---

[8] Daß Verschulden nicht erforderlich ist, kann als allgemein anerkannt gelten. Vgl. *Roth-Stielow*, Adoptionsgesetz, 5 zu § 1763; MünchKomm-*Lüderitz*, 5 zu § 1763 (mit dem ält. Schrifttum).

[9] Ebenso zum neuen Recht MünchKomm-*Lüderitz*, 3 zu § 1763. Für das ältere Recht vgl. BayObLG, FamRZ 1968, 485 (486); *Dölle*, § 115 VI 2; *Staudinger-Engler*, 11 zu § 1770a.

[10] Überspitzt jedoch die Überzeugung, daß nur eingegriffen werden dürfe, wenn die „Lage für das Kind auf die Dauer unhaltbar" geworden sei. So aber *Roth-Stielow*, Adoptionsgesetz, 5 zu § 1763 (vgl. ferner *Erman-Hefermehl*, 6 zu § 1770a, für das ältere Recht).

[11] Vgl. den Fall OLG München, DFG 1940, 91.

[12] Vgl. den Fall OLG Frankfurt, FamRZ 1965, 195.

[13] Vgl. BayObLG, FamRZ 1968, 485.

[14] Der Eigenwert des Annahmeverhältnisses gebietet es aber, nicht allzuschnell nachzugeben, wenn der Annehmende sich von dem Kind abwendet. Vgl. KG, FamRZ 1961, 85; BayObLG, FamRZ 1968, 485.

§ 63. Annahme Volljähriger

Schrifttum: *Krause,* Die Volljährigenadoption, Diss. jur. Freiburg, 1971; *Oswald,* Zur steuerlichen Anerkennung von Adoptionen nach altem und nach neuem Recht, FamRZ 1978, 99; *Frank,* Grenzen der Adoption, 1978, S. 192ff.; *Bosch,* Die gescheiterte Adoption, FamRZ 1978, 656.

I. Rechtfertigung

1. Der Erwachsenenadoption begegnet das geltende Recht (nach schlechten Erfahrungen) mit erheblichem Mißtrauen. § 1767 gestattet sie nur, wenn sie „sittlich gerechtfertigt" ist. Verwandt wird damit zwar nicht mehr (wie vor dem AdoptG) die Figur des Verbots mit Erlaubnisvorbehalt, doch immer noch die Figur eines Akttyps, der erst verfügbar wird, wenn der Zugang zu ihm im jeweiligen Einzelfall gerechtfertigt werden konnte (mit Offizialmaxime des § 12 FGG, jedoch objektiver Beweislast der Parteien[1]).

2. *Sittlich gerechtfertigt* ist (ohne Rücksicht auf das entscheidende Motiv) eine Erwachsenenadoption, wenn faktisch bereits ein Eltern-Kind-Verhältnis zwischen dem Annehmenden und dem Anzunehmenden entstanden ist (es also nur noch gilt, rechtlich nachzuzeichnen, was im persönlichen Verkehr tatsächlich bereits geübt wird), aber auch dann, wenn (bei objektiver Betrachtung der bestehenden Bindungen und ihrer Entwicklungsmöglichkeiten) anzunehmen ist, daß sich eine (dem Alter der Beteiligten entsprechende) Eltern-Kind-Beziehung noch ausbilden wird[2] und der Zweck des Bemühens den von der Volksmoral anerkannten Adoptionszwecken eingegliedert werden kann. Das erste sagt § 1767 I, das zweite folgt aus der Gesamtteleologie der §§ 1767ff. auf dem Hintergrund ihrer Genesis; die eigenständige (d. h. nicht „nachgeholte") Erwachsenenadoption mit ihren spezifischen (an den Individualinteressen orientierten) Zwecken zu beseitigen, ist nicht Sinn der Regelung.[3] Legitim ist insbesondere die Adoption zum Zwecke der Fortführung des eigenen Namens (und illegitim diejenige, die dem Adoptierten den Namen um seinetwillen verschaffen soll), die Adoption zur Erhaltung des eigenen Lebenswerkes (und illegitim diejenige, die allein Vermin-

---

[1] Für die frühere Figur des Verbots mit Erlaubnisvorbehalt (§ 1745c a. F.) war die objektive Beweislast dagegen nicht von den Beteiligten zu tragen. Anders entschied freilich die h. L. schon damals. Vgl. *Knur,* DNotZ 1962, 577; *Bosch,* FamRZ 1964, 402; *Staudinger-Engler,* 4 zu § 1745c; *Dölle,* § 112 III 1.

Für das neue Recht ebenso MünchKomm-*Lüderitz,* 13 zu § 1767.

[2] Scharf konturierte beweisende Sachverhalte können dazu nicht entwickelt werden. Vgl. *Frank,* S. 206ff.

[3] Die vollständige Beseitigung hat (anders als vor dem FamRÄndG von 1961) noch nicht einmal ernsthaft zur Debatte gestanden. Die praktische Bedeutung der Erwachsenenadoption ist nach wie vor erheblich. Geschätzt werden etwa 1500 Adoptionen jährlich. Vgl. MünchKomm-*Lüderitz,* 3 zu § 1767. Über die Hälfte der Fälle betreffen Adoptionen durch Verwandte oder Stiefelternteile.

derung der Erbschaftssteuer bezweckt[4]) und die Adoption zur Festigung persönlichen Beistands in eltern- und kindgemäßer Form (und illegitim diejenige, die lediglich dem Adoptierten ein Heimatrecht verschaffen soll[5]).

II. Regelform

Schrifttum: *Diestelkamp,* Adoption und Erbrecht, NJW 1965, 2041.

1. „Für die Annahme Volljähriger gelten die Vorschriften über die Annahme Minderjähriger sinngemäß" (§ 1767 II), freilich nur, „soweit sich aus den folgenden Vorschriften nichts anderes ergibt". Tatsächlich trügt der Schein eines numerischen Übergewichts der anwendbaren Normen; die Zahl der explizit oder implizit von der Anwendung ausgeschlossenen Vorschriften ist größer als die Zahl jener, die ohne jede Änderung des Norminhalts oder mit situationsbedingter Anpassung Geltung beanspruchen können.

2. *Antrag und Einwilligungen.* Gleich bleibt der schließliche Annahmeakt, das richterliche Dekret. Nur mäßig verändert sind seine Voraussetzungen: Die Willenserklärungen des Annehmenden und des Kindes (ein Begriff, den das Gesetz hier konsequent, doch ohne jeden Grund vermeidet) werden zu einem gemeinschaftlichen oder zwei parallel laufenden Anträgen gebündelt, jedoch ohne jeden Funktionsverlust; sie sind und bleiben der rechtfertigende Grund des richterlichen Dekrets.

Unverändert sind die persönlichen Daten für den Annehmenden (§ 1743; eine ausreichende Altersdifferenz sollte stets § 1767 I garantieren) und diejenigen für das Kind. Auch Geschäftsunfähige (für die der gesetzliche Vertreter handelt) und beschränkt Geschäftsfähige (die sich mit Zustimmung ihres gesetzlichen Vertreters selbst erklären) sind der Annahme fähig. Mit ihnen überschreitet auch die Erwachsenenadoption die tradierten Zwecke und wird zur Annahme mit prävalierendem Betreuungszweck.

Die Eltern des Kindes sind nicht zur Einwilligung berufen; ihr Elternrecht (Art. 6 GG) ist nicht mehr zu wahren und Verwandtschaft allein soll nicht hindern. Auch Abkömmlinge des Annehmenden und des Kindes (deren Interessen vornehmlich im Vermögensrecht der Verwandten – Unterhalt, Erbe – berührt werden) sind nur zu hören, nicht zu fragen. Das Vormundschaftsgericht hat ihre entgegenstehenden Belange in ein Verhältnis zu den Belangen des Annehmenden und des Kindes zu setzen und das Dekret zu verweigern, wenn sie „überwiegen" (§ 1769). Notwendig wären Maßstäbe, die dem Richter Sicherheit vermitteln und den Beteiligten Kalkulierbarkeit der richterlichen Entscheidung. Das Gesetz schweigt indessen und gibt damit diffuse Entscheidungsprozesse frei.[1] Belanglos

---

[4] Zu den erzielbaren Wirkungen vgl. *Frank,* S. 197ff.
[5] Vgl. LG Hanau, FamRZ 1976, 713.

[1] Mit dem Gesetz nicht zu vereinbaren sind Grundsatzaussagen. Vgl. etwa MünchKomm-*Lüde-*

sollte persönliche Abneigung der Abkömmlinge des Annehmenden sein (in der sich allerdings die Sorge um Nachteile im Vermögensrecht ausdrücken kann); es handelt sich nicht darum, ein geschwistergleiches Verhältnis mit dem Anzunehmenden zu schaffen.

Notwendig ist die Einwilligung des Ehegatten des Kindes, soweit nicht gerade dauernde Erklärungshindernisse bestehen (§ 1749 II und III). Notwendig ist auch die Einwilligung des Ehegatten des Annehmenden, sofern überhaupt eine Einzeladoption gestattet ist (§§ 1741 II, 1749 I und III), doch ergibt sich hier die Möglichkeit eines surrogierenden Richteraktes, sofern nicht ,,berechtigte Interessen" des Ehegatten und der Familie der Annahme entgegenstehen. *Insgesamt gilt Ehe (Grundsatzsperre) mehr als Elternschaft und Kindschaft (bloße Interessenabwägung),* und zwar weniger um der möglichen vermögensrechtlichen Folgen willen (obwohl der bislang zur Alleinerbschaft berufene Ehegatte des Annehmenden immerhin die Hälfte seines gesetzlichen Erbrechts einbüßt). Weit entscheidender war die Überzeugung, intakte Ehen vor Störungen schützen zu müssen, womit auch für den surrogierenden Richterakt ein Datum gesetzt ist: Auch er ist potentieller Störfaktor und sollte deshalb auf die Fälle bereits gescheiterter Ehen beschränkt bleiben (vgl. oben § 62 VII 1).

3. *Das Dekret.* Das Vormundschaftsgericht hat dem Rechtsmißbrauch zu begegnen und die Interessen Dritter zu wahren, die seinem Schutz anvertraut sind (§§ 1749 I 2 und 3, 1769). Es kann Kindern, die Einbußen an ihrer Geschäftsfähigkeit erlitten, die Adoption gegen den Willen ihres Vormunds ermöglichen (§ 1746 III), umgekehrt aber auch verwehren, wenn sie dem Wohl des Kindes nicht entspricht (§ 1741 I).Es ist dagegen nicht zu einer Richtigkeitskontrolle der Annahme Mündiger berufen,[2] als deren Folge die Adoption schließlich in Ermessensentscheidungen gebilligt wie verweigert werden könnte. Das ,,Wohl des Kindes" mit seiner überragenden Bedeutung im Recht der Minderjährigenadoption ist kein Maßstab richtigen Verhaltens unter mündigen Erwachsenen; soweit nicht bereits die Mißbrauchsabwehr eine beschränkte Richtigkeitskontrolle in sich birgt, ist sie dem Staat verwehrt. Volljährige bedürfen keines Schutzes, der sie Minderjährigen gleich staatlicher Fürsorge unterwirft. *Auf das Dekret des Richters haben die Antragsteller deshalb einen Anspruch, wenn seine Voraussetzungen vorliegen,* mag auch der Richter vom Wert der Adoption im konkreten Fall nicht überzeugt sein.

4. *Verwandtschaft und Schwägerschaft.* Volljährigenadoption ist Adoption mit minderen Wirkungen, ist eine Adoption, die zwar den Annehmenden, das Kind und dessen Abkömmlinge im (ehelichen) Eltern-Kind-Enkel-Verhältnis personenrechtlich einander zuordnet, dagegen die Verwandten des Annehmenden, die

---

ritz, 4 zu § 1768 (Annahme nur ausnahmsweise zuzulassen, wenn der Annehmende Abkömmlinge hat).

[2] A. A. *Engler,* FamRZ 1976, 591; *Palandt-Diederichsen,* 1 zu § 1767.

Verwandten des Kindes und die beiderseitigen Ehegatten personenrechtlich nicht berührt (vgl. § 1770). Der erwachsene Adoptierte wird mithin nicht mehr wie ein leibliches Kind des Annehmenden in alle Rechtsbeziehungen eingewiesen, die seiner Stellung im Generationengang der Familie des Annehmenden entsprechen. Auf der anderen Seite verbleibt er ungeschmälert in seinem natürlichen Verwandtensystem[3] und wird in ihm von späteren Ereignissen so betroffen, wie wenn er niemals adoptiert worden wäre (etwa von einer Legitimation durch nachfolgende Ehe der Eltern; vgl. dazu oben § 61 I 3).[4] Aus der Sicht des Kindes bedeutet damit die Erwachsenenadoption eine Vermehrung der Elternteile mit allen Konsequenzen im Vermögensrecht der Verwandten, jedoch mit Präponderanz der personenrechtlichen Zuordnung zum Annehmenden (die im Namensrecht des § 1757 sichtbar wird[5]), sofern es sich nicht um eine ergänzende Adoption handelt (für die aber meist Volladoption gewünscht wird; vgl. dazu unten III).

5. Konkurrierende Elternschaften können im Vermögensrecht nebeneinander bestehen, einander schmälernd vielleicht, jedoch ohne jeden Vorrang der einen vor der anderen. Das geltende Recht hat diese Position bezogen im *Erbrecht:* Nach dem Tod des Kindes erben alle Elternteile zu gleichen Teilen.

Im Umkehrverhältnis ist die Beerbung des Annehmenden durch das Adoptivkind in aller Regel sogar ein Ziel der Adoption (zuweilen mit der Absicht, eine lästig gewordene Bindung an eine unwiderrufliche Verfügung von Todes wegen abzustreifen;[5a] vgl. dazu die §§ 2281, 2079), jedoch mit ihr nicht unbedingt verbunden. Ein unentgeltlicher Erbverzicht (§§ 2346ff.) kann das Kind völlig vom Nachlaß des Annehmenden trennen; ein relativer kann wenigstens genetischen Kindern einen Vorrang sichern oder auch dem überlebenden Ehegatten (als dessen Erbe bei gemeinschaftlicher Annahme das Adoptivkind vorgesehen zu sein pflegt).

Bei größerem Vermögen empfehlen sich weitere Überlegungen, die bereits den Weg des Nachlasses nach einem kinderlosen Tod des (erbenden) Adoptivkindes bedenken (Belehrungspflicht des Notars: § 17 BeurkG). Volle Sicherheit gegen den Verlust des Nachlasses an die natürliche Familie des Adoptivkindes bietet hier ein Erbverzicht, verbunden mit einer letztwilligen Verfügung des Annehmenden, die Vorerbschaft des Adoptivkindes vorsieht und Nacherbschaft

---

[3] Werden zwei Personen nebeneinander adoptiert, die miteinander verwandt sind (Mutter und Kind), und gilt für die eine das Recht der Volljährigenadoption mit Erhaltung der Verwandtschaft (Mutter) und für die andere das Recht der Minderjährigenadoption mit Erlöschen der Verwandtschaft (Kind), so ist die Kollision – der grundsätzlichen Wertung in den §§ 1741ff. folgend – zugunsten des § 1755 aufzulösen; Mutter und Kind haben nach der Adoption die Rechtsstellung von Geschwistern.

[4] Auch eine Ehelichkeitsanfechtung bleibt möglich. Vgl. OLG Karlsruhe, FamRZ 1966, 268.

[5] Auch § 1767 II ist anwendbar, doch wird sein Tatbestand nur sehr selten erfüllt sein. Er wird für unanwendbar gehalten von MünchKomm-*Lüderitz,* 4 zu § 1770; *Engler,* FamRZ 1976, 592.

[5a] Vgl. BGH, FamRZ 1970, 79.

seiner leiblichen Abkömmlinge sowie Ersatzerbschaft der gesetzlichen Erben des Annehmenden.[6]

6. Konkurrierende Elternschaften können im Vermögensrecht aber auch in ein Verhältnis zueinander gesetzt werden, das einer den Vorrang zuweist. Das geltende Recht hat diese Position beschränkt im *Unterhaltsrecht* bezogen: Annehmende sind dem Kind und dessen Abkömmlingen vor den genetischen Eltern zum Unterhalt verpflichtet (§ 1770 II).

Im Umkehrverhältnis gilt dagegen Positionsgleichheit: Der Angenommene ist dem Annehmenden und den genetischen Eltern gleicherweise verpflichtet; sind alle bedürftig und er nur beschränkt leistungsfähig, so sind die insgesamt zur Verfügung stehenden Mittel unter den Elternteilen proportional zu den bestehenden Bedürfnissen – nicht nach Köpfen, nicht nach Elternschaften – zu verteilen (vgl. dazu oben § 41 VI 3; § 1609 regelt den Fall nicht).

7. *Aufhebung*. Volljährigenadoption ist Annahme mit geringerer Bestandskraft als Minderjährigenadoption. Zwar bleibt die stabilisierende Wirkung des Dekretsystems spürbar, zwar vermindern sich die Tatbestände, die eine Aufhebung wegen eines Abschlußmangels zulassen,[7] sogar um jene, die allein der Minderjährigenadoption zugewandt sind (wie § 1760 I e), zwar fällt auch die Aufhebung von Amts wegen (§ 1763) weg, weil sie allein dem Wohl Minderjähriger dient, doch kann die Erwachsenenadoption auf gemeinschaftlichen Antrag[7a] vom Vormundschaftsgericht aufgehoben werden, ,,wenn ein wichtiger Grund vorliegt" (§ 1771). Die Wendung ist verständlich und überraschend zugleich. Verständlich, weil es keine sinnvolle Aufgabe des Rechtes ist, verfügbare Statusverhältnisse ohne lebensprägenden Familienwechsel unter allen Umständen zu bewahren, wenn sie inhaltslos geworden sind (so, wie wir auch Ehen nicht unbedingt erhalten). Und überraschend, weil Dauerrechtsverhältnisse aus wichtigem Grund gemeinhin einseitig zu beenden sind, und das auch dann, wenn sich die Beendigung in einem ,,gestreckten Tatbestand" vollzieht, an dessen Ende ein richterlicher Akt steht. Auch Ehen sind nicht nur einverständlich zu beenden. Gewirkt hat augenscheinlich die Figur des Aufhebungsvertrages (aus dem Vertragssystem), die man den neuen Gegebenheiten (des Dekretsystems) zu assimilieren suchte; weit einsichtiger wäre jedoch der Versuch gewesen, wenigstens in den Grundli-

---

[6] Vgl. dazu (und zu anderen Möglichkeiten) *Diestelkamp,* NJW 1965, 2041 ff.; BGHZ 58, 343 (346 f.).

[7] Für bedenklich hält MünchKomm-*Lüderitz,* 5 zu § 1771, den Ausschluß der Aufhebung nach arglistiger Täuschung über Vermögensverhältnisse (§ 1760 IV). Sie entspricht jedoch der allgemeinen Tendenz zur Personalisierung des Adoptionsrechtes (und findet deshalb eine treffende Parallele in § 33 III EheG).

[7a] Der Text der Norm gestattet keine andere Aussage. Vgl. MünchKomm-*Lüderitz,* 2 zu § 1771; *Roth-Stielow,* Adoptionsgesetz, 1 zu § 1771; *Engler,* FamRZ 1976, 592; BayObLG, FamRZ 1978, 736. Einen einseitigen Antrag lassen genügen *Palandt-Diederichsen,* 1 zu § 1771; *Bosch,* FamRZ 1978, 736.

nien gleiches Recht für alle Statusverhältnisse ohne genetische Grundlage zu schaffen.[8]

Ein wichtiger Grund ist gegeben, wenn die Fortsetzung des Annahmeverhältnisses entweder dem Annehmenden oder dem Adoptivkind (und erst recht: beiden) nicht mehr zugemutet werden kann.[9] Auf der Folie der Rechtfertigung, der jede Erwachsenenadoption unterworfen ist (§ 1767 I), ist das stets der Fall, wenn der Versuch, ein Eltern-Kind-Verhältnis aufzubauen oder zu erhalten, endgültig gescheitert ist.[10] Es ist dagegen nicht schon der Fall, wenn das Annahmeverhältnis „lästig" wurde, insbesondere aber ökonomische Folgen hat, die von den Parteien nicht vorausgesehen wurden (der zunächst wohlhabende Annehmende, dessen Erbe das Kind antreten soll, verarmt; das Kind trägt die Last des Unterhalts).

III. Volladoption und Adoption mit Verwandtenvorbehalt

1. *Grundgedanke.* Der an sich einsichtige Schnitt zwischen der Annahme eines Minderjährigen und derjenigen eines Volljährigen verliert an Überzeugungskraft, wenn das Kind zum Annehmenden in einem Verhältnis steht, das kraft der vorgegebenen Daten die rechtliche Stabilisierung in einer Form der Minderjährigenadoption zwar nicht gerade fordert, aber doch nahelegt, sei es nun, weil die Entscheidung der Beteiligten für eine Volljährigenadoption mehr als ein Spiel des Zufalls erscheint, sei es auch, weil familienrechtliche Bindungen bestehen, die mit den rechtlichen Wirkungen einer Volljährigenadoption nicht bewahrt oder folgerichtig entfaltet werden können. In drei Fällen kann das Vormundschaftsgericht deshalb auf beiderseitigen Antrag im Adoptionsdekret bestimmen, daß die Wirkungen einer Form der Minderjährigenadoption (§§ 1754–1756) eintreten (§ 1772). Ein Zwang besteht freilich nicht: Die Entscheidung steht zwar nicht im Ermessen des Richters, doch hat er die Bestimmung zu verweigern, wenn die Beteiligten das vom Gesetz gewünschte Verhältnis von stärkerer personenrechtlicher Zuordnung und Folgewirkungen in sein Gegenteil verkehren, § 1772 also als Mittel zum Zweck benutzen.[1] Es ist etwa grundsätzlich unbedenklich, daß als

---

[8] *Roth-Stielow,* Adoptionsgesetz, 5 zu § 1771, glaubt, auf einseitigen Antrag aufheben zu können, wenn der zweite Antrag aus Schikane (§ 226) oder rechtsmißbräuchlich verweigert wird, ferner dann, wenn der Fortbestand des Annahmeverhältnisses für den Antragsteller „offensichtlich handfestes Unrecht" bedeutet. Mit diesen Aussagen wird das Gesetz jedoch nicht angewandt (wer keinen Antrag stellt, übt kein subjektives Recht aus), sondern korrigiert.

[9] Ausdrücklich weitherziger (gegen einen sonst allgemein anerkannten und in § 554a normierten Begriffsinhalt) *Roth-Stielow,* Adoptionsgesetz, 2 zu § 1771 (immer, wenn „Fortbestand des Annahmeverhältnisses nicht mehr verlangt werden kann").

[10] Der beiderseitige Antrag indiziert (anders als in § 1566) nicht die Existenz eines wichtigen Grundes. Sicher hat das Vormundschaftsgericht nicht nach Verfehlungen der Parteien zu fahnden, wohl aber Entfremdung anhand objektiv feststellbarer Umstände zu konstatieren. A. A. MünchKomm-*Lüderitz,* 7 zu § 1771 (nur Ernstlichkeit des Antrags und freien Entschluß zu prüfen).

[1] Die h. L. fragt, ob die stärkeren Wirkungen „sittlich gerechtfertigt" sind und übernimmt damit

Folge des § 1755 bei einer Volladoption die Unterhaltspflicht des Kindes gegenüber seinen genetischen Eltern (die selbst in das Verfahren nicht eingreifen können) endet; der Antrag ist dagegen abzuweisen, wenn die Parteien ihn ohne die Last der Unterhaltspflicht nicht gestellt hätten.

2. *Tatbestände.* Volljährigen werden die Wirkungen der Minderjährigenadoption in vier Fällen eröffnet: neben der überlagernden Adoption steht die ergänzende (§ 1772 I c), die eine wie die andere legitimiert durch die Existenz genetischer Bezüge; neben der nachgeholten Minderjährigenadoption (§ 1772 I b) mit ihrer Legitimation durch „soziale Elternschaft" schon in der Phase der Minderjährigkeit steht die Geschwisteradoption (§ 1772 I a), die lediglich Gleichheit der Zuordnung zweier Geschwister bezweckt, die zugleich oder sukzessive als Kinder angenommen werden. Evident ist die Notwendigkeit stärkerer Adoptionswirkungen gewiß in keinem Fall; zu rechtfertigen aber ist sie in allen.

3. Volljährigenadoptionen mit stärkeren Wirkungen bezeichnen das Maximum an Stabilität im Gesamtvergleich aller Annahmeverhältnisse. Eine *Aufhebung* ist nur möglich nach den Regeln des § 1760 (also als Folge von Abschlußmängeln); eine Aufhebung von Amts wegen (vgl. § 1763) gibt es nicht.

---

den Maßstab für die Erwachsenenadoption überhaupt auch in die zweite Stufe der Wahl zwischen verschiedenen Formen. Vgl. *Roth-Stielow,* Adoptionsgesetz, 3 zu § 1772; MünchKomm-*Lüderitz,* 5 zu § 1772. Der Maßstab ist dann recht unbestimmt. Zudem wird nicht bedacht, daß die Tatbestände des § 1772 bereits von der Legislative unter dem Gesichtspunkt der „sittlichen Rechtfertigung" gefiltert wurden.

V. Abschnitt. Vormundschaft

A. Vormundschaft über Minderjährige

§ 64. Beginn der Vormundschaft

I. Tatbestände

1. *Mängel der elterlichen Sorge.* Vormundschaft surrogiert in ihrer Grundform die elterliche Sorge; erst wenn jene wegfällt oder weitreichende Funktionsverluste erleidet, wird Vormundschaft möglich und notwendig. Einen Vormund erhält deshalb jeder Minderjährige, der nicht unter elterlicher Sorge steht (§ 1773 I), was immer auch Grund des Fehlens der elterlichen Sorge sein mag. Der Tod beider Elternteile ist das beste, jedoch nicht das einzige Beispiel: Vormundschaft steht in einem totalen Ergänzungsverhältnis zur elterlichen Sorge (vgl. dazu oben § 55 und § 56 II 4 zum Sonderfall der umfassenden Gefährdung des Kindes nach Beendigung der Elternehe).

2. Einen Vormund erhält ferner jeder Minderjährige, dessen Eltern zu seiner Vertretung weder im Bereich der Personen- noch im Bereich der Vermögenssorge berufen sind (§ 1773 I). Der Verlust einzelner elterlicher Befugnisse wird dagegen von der Ergänzungspflegschaft (vgl. unten § 70 V) ausgeglichen.

3. *Unbekannter Familienstand.* Einen Vormund erhält schließlich jeder Minderjährige, dessen Familienstand nicht zu ermitteln ist (§ 1773 II), Findelkinder in erster Linie (deren Geburtsort und -tag die zuständige Verwaltungsbehörde ebenso bestimmt wie ihren Vor- und Familiennamen; vgl. § 25 II PStG), aber auch Kinder, die von ihren Eltern getrennt wurden und ihren Familienstand nicht offenbaren können (mit Zuständigkeit der obersten Landesbehörde; vgl. § 26 PStG).

4. *Praenatale Bestellung.* Vormundschaften werden in der Regel erst eingerichtet, wenn das Fürsorgebedürfnis manifest geworden ist. Doch kann schon vor der Geburt eines Kindes ein Vormund bestellt werden, wenn anzunehmen ist, daß mit der Geburt eine Vormundschaft notwendig wird (§ 1774 Satz 2; vgl. dazu als Parallelnorm § 1708). Das nichteheliche Kind einer minderjährigen Mutter kann etwa diese Fürsorge erfahren (vgl. § 1673 II), aber auch das eheliche Kind einer minderjährigen Witwe. Wirksam wird die Bestellung freilich erst mit der Geburt des Kindes; Rechte des nasciturus hat ein Pfleger zu wahren (vgl. § 1912).

II. Arten

1. *Einzelvormundschaft.* Vormundschaft soll nach dem Willen des Gesetzes Einzelvormundschaft sein, Betreuung des Mündels durch eine natürliche Person.

Freilich hat die schwindende Bereitschaft, Einzelvormundschaften zu übernehmen, zu anderen Arten der Vormundschaft geführt, zur Behördenvormundschaft (Amtsvormundschaft) und zur Vereinsvormundschaft (diese mit geringer praktischer Bedeutung). Geblieben ist der Vorrang des Einzelvormundes. Amtsvormund und Vereinsvormund sind nicht Konkurrenten, sondern nur subsidiär berufen.

2. *Gesetzliche Amtsvormundschaft.* Kraft Gesetzes (§ 1791 c) tritt Amtsvormundschaft (durch das Jugendamt; vgl. dazu weiter unten § 68 II 1) für nichteheliche Kinder mit der Geburt ein, wenn sie eines Vormundes bedürfen (insbesondere also, wenn und solange die Mutter noch minderjährig ist; vgl. § 1673 II und § 1710) und nicht schon praenatal ein Einzelvormund oder Vereinsvormund bestellt wurde (vgl. § 1774 Satz 2). Kraft Gesetzes tritt ferner Amtsvormundschaft ein, wenn ein zunächst eheliches Kind durch Ehelichkeitsanfechtung nichtehelich wird und einen Vormund braucht. Kraft Gesetzes tritt schließlich Amtsvormundschaft im kontinuierlichen Anschluß an eine Zwangspflegschaft (also nicht, wenn gemäß den §§ 1707, 1709 eine Pflegschaft gar nicht eintrat oder einem anderen übertragen wurde[1]) ein, wenn ein nichtehehliches Kind zunächst unter die elterliche Sorge seiner Mutter trat, später aber einen Vormund benötigt (Tod der Mutter, Einbußen an der Geschäftsfähigkeit). In allen Fällen ist die *gesetzliche Amtsvormundschaft mithin auf nichteheliche Kinder beschränkt.*

Gesetzliche Vormundschaften bedürfen keiner Anordnung; Auswahl und Bestellung des Vormundes erübrigen sich. Das Jugendamt erhält vom Vormundschaftsgericht lediglich eine Bescheinigung über den Eintritt der Vormundschaft (§ 1791 c III; zur Rückgabe beim Ende vgl. § 1893 II).

3. *Bestellte Amtsvormundschaft.* Ohne jede personale Begrenzung kann das Jugendamt zum Vormund (auch zum Gegenvormund gemäß § 1792 I 2, Mitvormund Pfleger, Beistand) bestellt werden, wenn kein geeigneter Einzelvormund vorhanden ist (§§ 1791 b BGB, 45 JWG). Die Behördenvormundschaft tritt vor der Einzelvormundschaft zurück; mit der Vereinsvormundschaft hat sie gleichen Rang.[2] Von den Eltern des Mündels kann sie nie (in letztwilliger Verfügung; vgl. § 1776) gefordert, umgekehrt aber auch nie ausgeschlossen werden.

Die bestellte Amtsvormundschaft wird angeordnet, die Bestellung des Jugendamtes erfolgt durch schriftliche Verfügung des Vormundschaftsgerichtes anstelle der sonst üblichen Verpflichtung und Bestallung (§ 1791 b II; zur Rückgabe beim Ende vgl. § 1893 II).

4. Die *Vereinsvormundschaft* (§ 1791 a) will rechtsfähige Vereine, die sich der Jugendarbeit widmen, insbesondere Vereine mit kirchlicher oder karitativer Zwecksetzung, dem Vormundschaftswesen

---

[1] Krit. zu diesen Ausnahmen MünchKomm-*Zagst,* 6 zu § 1791 c.

[2] Gl. Ans. *Soergel-Germer,* 2 zu § 1791 b; MünchKomm-*Zagst,* 3 zu § 1791 b. Für einen Vorrang der Vereinsvormundschaft dagegen *Palandt-Diederichsen,* 1 zu § 1791 a.

dienstbar machen. In Betracht kommen nur Vereine, die das Landesjugendamt für geeignet erklärt hat.

Vereinsvormundschaft ist zulässig nach Benennung durch die Eltern, aber auch, wenn kein geeigneter Einzelvormund vorhanden ist.[3] Freilich ist stets die Einwilligung des Vereins erforderlich (jedoch niemals ein Antrag). Es gibt keine Pflicht zur Übernahme; anders als die Einzelvormundschaft ist die Vereinsvormundschaft nie eine erzwungene Fürsorge. Die einmal übernommene Vormundschaft kann aber auch ein Verein nicht nach Belieben beenden, doch ist er auf Antrag zu entlassen, wenn ein wichtiger Grund (Mitgliederschwund, Geldmangel) vorliegt (§ 1889 II).

Die Vereinsvormundschaft wird weithin (freilich nicht ausnahmslos) der Amtsvormundschaft gleichgestellt (vgl. dazu unten § 68 III). Der Bestellungsakt ist wie bei jener stark vereinfacht (§ 1791 a II).

5. *Subsidiarität* der bestellten Amtsvormundschaft und der Vereinsvormundschaft gegenüber der Einzelvormundschaft verbürgen im Augenblick der Bestellung bereits die Tatbestandsgrenzen. Subsidiarität wird im übrigen (gesetzliche Amtsvormundschaft, Wandel der Situation) durch spezielle Entlassungstatbestände erreicht. Im Interesse des Mündels sind Amts- und Vereinsvormund von Amts wegen oder auf Antrag zu entlassen, ,,wenn dies dem Wohle des Mündels dient und eine andere als Vormund geeignete Person vorhanden ist" (§§ 1887 BGB, 39a JWG).[4]

Im Interesse des Jugendamtes und des Vereins ist ferner eine Entlassung auf eigenen Antrag vorgesehen, ,,wenn eine andere als Vormund geeignete Person vorhanden ist und das Wohl des Mündels dieser Maßnahme nicht entgegensteht" (§§ 1889 II 1 BGB, 39b JWG). In beiden Fällen kann die Amtsvormundschaft auch zugunsten einer Vereinsvormundschaft beendet werden.

6. Subsidiarität bedeutet freilich nicht geringere *praktische Bedeutung*. Trotz allen Bemühens um die Einzelvormundschaft ist diese längst seltener geworden als die Amtsvormundschaft, während die Vereinsvormundschaft eine verhältnismäßig bescheidene Rolle spielt. Im Jahre 1975 bestanden 76770 Amtsvormundschaften über Minderjährige, 47956 Einzelvormundschaften, aber nur 7320 Vereinsvormundschaften.

III. Anordnung der Vormundschaft

Schrifttum: *Weyel,* Die öffentlich-rechtliche Natur der Vormundsbestellung unter besonderer Berücksichtigung des fehlerhaften Bestellungsaktes, GruchB 68 (1927), 38; *Habscheid,* Fehlerhafte Entscheidungen im Verfahren der freiwilligen Gerichtsbarkeit, NJW 1966, 1787.

1. Vormundschaft tritt zuweilen ex lege ein (§ 1791 c; gesetzliche Amtsvormundschaft), der rechtlichen Regel zufolge aber erst mit einem richterlichen Konstitutivakt, der Anordnung der Vormundschaft (§ 1774). Er erzeugt den

---

[3] Auch der bekenntnisfremde Einzelvormund hat den Vorrang vor dem bekenntnisgleichen Vereinsvormund. Vgl. BayObLG, FamRZ 1966, 323 (325f.).

[4] Aus der Möglichkeit der Entlassung folgert BayObLG, JW 1927, 1217 die Berechtigung, dem Amtsvormund einzelne Angelegenheiten zu entziehen. Das rechtfertigende (häufig trügende) argumentum a maiore ad minus beweist indessen nichts. Eine Behörde, die Vormundschaften zu führen hat, muß nicht auch verpflichtet sein, gekürzte Vormundschaften zu führen.

rechtlichen Rahmen, in dem Rechte und Pflichten aus Vormundschaft entstehen können,[1] insbesondere die spezifischen Pflichten des Vormundschaftsrichters.[2]

2. Die Anordnung hat von Amts wegen zu erfolgen (§ 1774 Satz 1); zuständig ist der Rechtspfleger (§§ 3 Nr. 2a, 14 Nr. 4 RpflG). Schnelles Handeln wird durch Anzeigepflichten des Standesbeamten (§ 48 FGG), des Jugendamtes (§ 47 II JWG) und der Prozeßgerichte (§ 50 FGG) verbürgt. Ein förmlicher Beschluß ist die Regel, jedoch nicht erforderlich. Jede auch nur schlüssige Äußerung des Willens, eine Vormundschaft zu konstituieren, genügt[3] (zur Mitteilungspflicht gegenüber dem Jugendamt vgl. § 47b JWG). Die vielfach behauptete Möglichkeit des Zusammenfalls von Anordnung der Vormundschaft und Bestellung des Vormundes (unten V.) erweist sich angesichts dieser geringen Anforderungen an den Akt praktisch als ausgeschlossen.

3. *Fehlerhafte Anordnungsbeschlüsse.* Als Akt der freiwilligen Gerichtsbarkeit unterliegt die Anordnung deren Regeln für fehlerhafte Entscheidungen. Nichtig ist etwa die Anordnung einer Vormundschaft für einen Toten,[4] dagegen nicht etwa ausnahmslos jede Anordnung, die § 1773 verletzt.[5] Daß derart fehlerhafte Vormundschaften (etwa über nicht entmündigte oder irrig für minderjährig gehaltene Volljährige) sofort wieder enden (§ 1882),[6] begründet keinen Widerspruch. Enden kann nur, was begonnen hat, und bei sofortigem Ende bleiben die Nachwirkungen der Vormundschaft (§ 1893) als sachgerechte Lösung der Interessengegensätze.

Regel ist die Wirksamkeit der fehlerhaften Anordnung bis zu ihrer Aufhebung, sei es nun auf Beschwerde hin, sei es auch von Amts wegen. Selbst die Existenz einer konkurrierenden Vormundschaft hindert die vorläufige Wirksamkeit einer zweiten Vormundschaft nicht. Bis zu deren Beseitigung sind die mehreren Vormünder Mitvormünder.[7] Aufzuheben ist auch die Anordnung durch ein örtlich nicht zuständiges Gericht. Der Gedanke, den Fehler durch bloße Abgabe der Vormundschaft an das zuständige Gericht zu heilen, verletzt Grundprinzipien rechtsstaatlichen Denkens.

---

[1] Vgl. etwa BayObLGZ 23, 61 und KG, KGJ 53, 77 (78) für die Vergütung des Vormundes bei fehlerhafter (aber nicht nichtiger!) Anordnung.

[2] Vgl. RGZ 84, 92 (95).

[3] Gl. Ans. *Staudinger-Engler,* 3 zu § 1774; MünchKomm-*Zagst,* 3 zu § 1774; *Soergel-Germer,* 3 zu § 1774. A. A. *Dölle,* § 119 I (nicht förmlich, aber ausdrücklich).

[4] Vgl. BayObLGZ 19, 126; BayObLG, MDR 1963, 53.

[5] A. A. *Staudinger-Engler,* 16 zu § 1773 (mit weit. Nachw.); *Habscheid,* NJW 1966, 1793f. (weil § 1882 die Wirkungslosigkeit anordne).

[6] Nach a. A. bleibt die Vormundschaft bestehen bis zu ihrer Aufhebung (mit konkurrierender Handlungsmacht des Mündels und des Vormundes). Vgl. *Dölle,* § 117 IV 3b; *Beitzke,* § 35 II 5; MünchKomm-*Zagst,* 9 zu § 1774.

[7] Vgl. RG, HRR 1933, Nr. 1588; *Staudinger-Engler,* 13 zu § 1780 (m. weit. Nachw.); MünchKomm-*Zagst,* 8 zu § 1774.

4. Als Konstitutivakt der freiwilligen Gerichtsbarkeit ist die Anordnung der Vormundschaft (ebenso die Bestellung des Vormundes) der Kontrolle der Prozeßgerichte entzogen. Nichtige Anordnungen binden niemanden, nur anfechtbare Anordnungen sind dagegen bis zu ihrer Aufhebung im Instanzenzug der freiwilligen Gerichtsbarkeit von den Prozeßgerichten zu respektieren.[8]

IV. Auswahl des Einzelvormundes

1. Den Vormund auszuwählen, ist Aufgabe des Vormundschaftsgerichtes (seit 1970: des Rechtspflegers). Die ihm grundsätzlich gewährte Auswahlfreiheit wird eingeschränkt durch Unfähigkeit und Untauglichkeit einzelner zur Vormundschaft, durch den Willen der Eltern und in engen Grenzen auch durch die Interessen des Staates und der Kirchen.

2. *Unfähig* sind die Geschäftsunfähigen und die wegen Geistesschwäche, Verschwendung oder Trunksucht Entmündigten (§ 1780). Ihre Bestellung ist nichtig,[1] eine Entlassung nicht erforderlich; dem Mündel sind sie nur aus unerlaubter Handlung und ungerechtfertigter Bereicherung verantwortlich (§ 682).

3. *Untauglich* ist, wer minderjährig oder unter vorläufige Vormundschaft gestellt ist, wer einen Vermögenspfleger erhalten hat und wer in Konkurs geraten ist für die Dauer des Konkurses[2] (§ 1781). Vergleichsverfahren stehen dem Konkurs nicht gleich; auch schadet es nicht, daß ein Konkurs nur mangels Masse abgelehnt wurde. Hier wie dort wird jedoch in der Regel die persönliche Eignung gemäß § 1779 II zu verneinen sein.

Die Bestellung Untauglicher zum Vormund ist freilich wirksam, ihr Handeln für den Mündel verbindlich (vgl. für die beschränkt Geschäftsfähigen § 165); sie tragen die volle Verantwortung eines Vormundes (beachte aber die §§ 827, 828). Doch sind sie alsbald zu entlassen (§ 1886).

4. *Relativ untauglich* ist, wer durch Anordnung der mit elterlicher Sorge begabten Eltern und bei einander widersprechenden Anordnungen durch Anordnung des zuletzt verstorbenen Elternteils in einer letztwilligen Verfügung von der Vormundschaft ausgeschlossen wurde (§ 1782).[3] Der elterliche Wille bindet un-

[8] Vgl. aus der Rspr. RGZ 81, 206 (212); 137, 324 (341); RG, Warn. 1919 Nr. 72; JW 1918, 361; BGHZ 5, 240 (242); OLG Stuttgart, FamRZ 1965, 574. Die Entscheidung BGHZ 41, 303 (309) betont jedoch zu Recht, daß andere Instanzen durch Aussetzung des Verfahrens (vgl. § 148 ZPO) dem VormG die Möglichkeit sofortiger Aufhebung der Vormundschaft einräumen sollten.

[1] Allg. Ans. Vgl. RGSt. 45, 311.

[2] Ein selbständiger Konkurs über ein Gesamthandsvermögen (vgl. § 209 KO für die OHG und § 236a KO für das Gesamtgut bei der Gütergemeinschaft) muß genügen, wenn Verwaltungsmacht für die Gesamthand gegeben war. Für die OHG vgl. RGSt. 46, 77 (79). Nachlaßkonkurs (§ 214 KO) schadet niemandem; Fehler in der Vermögensverwaltung sind hier beim Erblasser zu suchen und nicht beim Erben.

[3] Unzulässig ist ein Gruppenausschluß („alle Verwandte"); die Ausgeschlossenen müssen aber nicht namentlich benannt werden. Vgl. BayObLG, NJW 1961, 1865.

bedingt. Jüngere Tendenzen, § 1782 nicht anzuwenden, wenn der Ausschluß mit dem Interesse des Mündels nicht zu vereinbaren ist,[4] sind praktisch gegenstandslos, wenn der Grund des Ausschlusses ernst genommen wird, und illegitim, wenn eine allgemeine Kontrolle des elterlichen Willens eingeleitet werden soll.[5] Eine den elterlichen Willen verletzende Bestellung eines Vormundes ist durch Entlassung zu korrigieren (vgl. unten § 67 II 2).

5. Bedingt untauglich sind (aus Gründen des öffentlichen Interesses) Beamte und Religionsdiener, die nach den Landesgesetzen (für die Bundesbeamten vgl. §§ 65 BBG, 46 DRiG) einer besonderen Erlaubnis bedürfen. Die Erlaubnis darf nur bei Vorliegen eines wichtigen dienstlichen Grundes (Näheres in den Beamtengesetzen) versagt werden (§ 1784). Wer ohne Erlaubnis bestellt wurde, ist alsbald zu entlassen (§ 1888). Entsprechendes gilt für Soldaten (§ 21 SoldatenG).

6. Auswahlfreiheit hat das Vormundschaftsgericht erst, wenn kein Anspruch auf Bestellung zum Vormund zu erfüllen ist. Ein derartiger Anspruch (Berufung zur Vormundschaft) kann durch *Benennung der Eltern* und bei verschiedenen Anordnungen durch Benennung des zuletzt verstorbenen Elternteils in letztwilliger Verfügung (also nur für den Todesfall)[6] begründet werden (§ 1776).[7] Der Vorrang des zuletzt verstorbenen Elternteils will sachlich ein Vorrang der jüngeren Ansicht sein, doch setzt sich der zuletzt verstorbene Elternteil auch durch, wenn seine letztwillige Verfügung älter ist als die des erstverstorbenen Partners.[8]

Die Benennung wirkt wie eine *postmortale Ausübung elterlicher Sorge*. Sie ist deshalb nur zu beachten, wenn den Eltern zur Zeit ihres Todes die volle elterliche Sorge zustand (§ 1777 I).[9] Gleichgültig muß freilich ein Teilverlust durch Heirat eines Minderjährigen (§ 1633) sein; der Normzweck fordert insoweit keinen Ausschluß der elterlichen Befugnis.[10]

Ein nasciturus steht nicht unter elterlicher Sorge, doch werden seine Interessen

---

[4] BayObLG, NJW 1961, 1865; *Soergel-Germer*, 2 zu § 1782; *Dölle*, § 119 III 7; *Palandt-Diederichsen*, 2 zu § 1782.

[5] Dem Text folgend *Staudinger-Engler*, 10 zu § 1782; MünchKomm-*Zagst*, 1 zu § 1782.

[6] Die Beschränkung auf den Todesfall widerspricht nicht Art. 6 II GG. Vgl. *Staudinger-Engler*, 5 zu § 1777; *Dölle*, § 120 I; MünchKomm-*Zagst*, 5 zu § 1776.

[7] Oftmals müssen zweifelhafte Verfügungen ausgelegt werden. Vgl. BayObLGZ 6, 84; 1961, 189; OLG Köln, ZBlJugR 1961, 61; BayObLG, FamRZ 1966, 323 (324f.). Die Benennung kann auch bedingt oder befristet erfolgen. Vgl. BayObLGZ 28, 270.

[8] Die jüngere Ansicht gilt auch, wenn die Eltern zunächst eine gemeinschaftliche Anordnung in einem gemeinschaftlichen Testament oder Erbvertrag trafen. Die Benennung gehört stets zu den einseitig widerruflichen Anordnungen. Ebenso MünchKomm-*Zagst*, 8 zu § 1776. A. A. *Soergel-Germer*, 3 zu § 1776.

[9] H. L. Vgl. MünchKomm-*Zagst*, 5 zu § 1777; *Soergel-Germer*, 3f. zu § 1777; *Erman-Hefermehl*, 1 zu § 1777. A. A. dagegen *Donau*, MDR 1958, 9; *Staudinger-Engler*, 6 zu § 1777 (tatsächliche Personen- und Vermögenssorge ausreichend).

[10] Gl. Ans. *Erman-Hefermehl*, 1 zu § 1777; MünchKomm-*Zagst*, 5 zu § 1777. Für die Richtigkeit dieser Ansicht spricht vornehmlich § 1778 III. Gleichwohl a. A. *Staudinger-Engler*, 8 zu § 1777; *Palandt-Diederichsen*, 1 zu § 1777.

von den Eltern wahrgenommen (vgl. § 1912 II). Folgerichtig gewährt daher § 1777 II dem Vater das Benennungsrecht auch für Kinder, die erst nach seinem Tod geboren werden. Daß die Norm in entsprechender Anwendung auch der Mutter zugute kommen muß in den seltenen Fällen einer Geburt durch Kaiserschnitt nach Tod der Mutter, ist selbstverständlich und allgemeine Ansicht.

7. Wer von den Eltern benannt wurde, hat ein Recht auf die Vormundschaft, ist aber zur Übernahme der Aufgabe nicht verpflichtet (anders, wenn er nach Ablehnung vom Vormundschaftsgericht als Vormund ausgewählt wird). Er darf nach § 1778 I ohne seine Zustimmung nur übergangen werden, wenn er unfähig oder untauglich ist (oben unter 2.–5.), wenn er an der Übernahme der Vormundschaft verhindert ist (zur vorübergehenden Verhinderung vgl. Abs. II), wenn er die Übernahme (objektiv, also auch absichtslos) verzögert, wenn seine Bestellung das Interesse des Mündels gefährden würde,[11] schließlich wenn der mindestens vierzehn Jahre alte, beschränkt geschäftsfähige Mündel widerspricht (dessen Wille sich damit gegen den postmortal wirkenden Elternwillen durchsetzt).

Von größerer praktischer Bedeutung ist allein der Tatbestand der Interessengefährdung. Partielle Gefährdung (etwa im Bereich der Vermögenssorge) genügt; Verschulden ist nicht erforderlich.[12] Für die Normanwendung im Einzelfall bietet die Rechtsprechung zu den §§ 1666 ff. keinen Anhalt; in eine postmortale Ausübung der elterlichen Sorge kann der Staat eher eingreifen als in die elterliche Sorge selbst.[13] Hartnäckige Unterhaltsverweigerung eines zum Unterhalt verpflichteten Verwandten,[14] tiefgehende Entfremdung,[15] Behinderung durch hohes Alter oder ein Gebrechen,[16] auch ein notwendig werdender einschneidender Milieuwechsel des Kindes[17] können dazu berechtigen, den elterlichen Willen nicht zu beachten.

Nur ein beschränktes Recht auf die Vormundschaft hat der Benannte, wenn ein minderjähriger Ehegatte zu betreuen ist. Um der Intimität der Ehe willen kann insoweit dem Benannten der Partner in der Ehe vorgezogen werden (§ 1778 III).

Die Position des Benannten sichert sein Recht zur sofortigen Beschwerde aus

---

[11] Das ist möglich auch als Folge einer bestehenden Konfessionsverschiedenheit. Diese selbst ist dagegen belanglos. Vgl. BayObLG, ROLG 43, 377 (379).

[12] Vgl. KG, ROLG 42, 111.

[13] § 1778 enthält keine Ermessensermächtigung. Die Gefährdung des Mündelinteresses ist ein unbestimmter Rechtsbegriff, dessen Anwendung Rechtsfrage und damit revisibel ist. Ebenso *Göppinger,* FamRZ 1960, 258 Fn. 73; *Erman-Hefermehl,* 1c zu § 1778; MünchKomm-*Zagst,* 11 zu § 1778. Anders die von BayObLGZ 1957, 315 stark geförderte Gegenans. Vgl. für sie *Staudinger-Engler,* 7 zu § 1778; *Soergel-Germer,* 3 zu § 1778.

[14] Vgl. BayObLGZ 1957, 315.

[15] Vgl. KG, ROLG 42, 111; BayObLGZ 1957, 315.

[16] BayObLGZ 24, 109.

[17] Vgl. KG, ROLG 18, 289.

§ 60 I Nr. 1 FGG;[18] ein Recht, nach Versäumnis der Beschwerdefrist Entlassung des pflichtwidrig bestellten Vormundes zu fordern, hat er nicht.

8. *Auswahlgrundsätze.* Fehlt ein vom Elternwillen berufener Vormund, hat das Vormundschaftsgericht gemäß § 1779 nach Anhörung des Jugendamtes,[19] gegebenenfalls aber auch derEltern des Mündels (vgl. dazu § 50a II – IV FGG) sowie anderer Verwandter und Verschwägerter (vgl. dazu § 1779 III), einen geeigneten Vormund auszuwählen.[20] Verwandte und Verschwägerte des Mündels (die gemäß § 12 FGG vom Vormundschaftsgericht von Amts wegen zu ermitteln sind[21]) sind zunächst – ohne Bindung an eine bestimmte Ordnung – zu berücksichtigen[22] (womit Art. 6 I GG entsprochen ist[23]), väterliche Verwandte und Verschwägerte eines nichtehelichen Mündels jedoch nur nach Ermessen des Vormundschaftsgerichtes; Konfessionsgleichheit ist zu erstreben (§ 1779).[24] Geschwister (auch halbbürtige[25]) sollen den nämlichen Vormund erhalten (§ 1775).[26] In der Kollission der drei Grundsätze weist die Rechtsprechung den Verwandten und Verschwägerten einen Vorrang zu.[27] Konfessionsgleichheit und Gleichheit des Vormundes für Geschwister werden als Grundsätze gleichen Ranges aufgefaßt; im Einzelfall wird jeweils die beste Lösung für die Mündel gesucht.[28]

---

[18] Zum Fristbeginn vgl. § 60 II FGG. In der Rspr. des KG sind alle Zweifel zuungunsten des Benannten aufgelöst worden (schnelle Klärung!). Vgl. ROLG 10, 322 (Fristbeginn schon mit Abweisung eigenen Antrages); RJA 12, 177 (Kenntnis des übergehenden Gerichtes nicht erforderlich); KGJ 39, A 5 (unerheblich, ob VormG von der Benennung wußte); JW 1937, 963 (unerheblich, ob der Benannte aus Benennung Schluß auf ein Recht zur Vormundschaft zieht).

[19] Unterbleiben schadet nach allg. Ans. nicht. Das Jugendamt kann aber mit der Beschwerde aus § 57 I Nr. 9 FGG mangelnde Eignung des Vormundes geltend machen. Vgl. KG, KGJ 53, 46.

[20] Das VormG hat in erster Linie die Fähigkeiten des Vorgeschlagenen zu prüfen. Es darf aber auch, sofern ein anderer geeigneter Vormund vorhanden ist, besondere Belastungen als Befreiungsgrund gelten lassen, die das Gesetz nicht als Ablehnungsgrund anerkennt. Vgl. LG Stade, FamRZ 1965, 98.

[21] Vgl. LG Würzburg, FamRZ 1972, 391 (392); BayObLG, FamRZ 1974, 219.

[22] Unter den Verwandten und Verschwägerten sind primär die konfessionsgleichen zu berücksichtigen. Besondere Gründe können zu einer anderen Entscheidung führen. Vgl. OLG Frankfurt, MDR 1952, 737. Andere dem Mündel nahestehende Personen sind nicht in entsprechender Anwendung des § 1779 zu begünstigen. Vgl. BayObLG, FamRZ 1959, 125.

[23] Zur Vereinbarkeit der gegenwärtigen Regelung mit der Verfassung vgl. BVerfG, FamRZ 1972, 445.

[24] Spätere Konversion des Vormundes (vgl. BayObLG, Recht 1914 Nr. 941) oder des Mündels (vgl. BayObLG, ROLG 44, 83) können zu einem Eingriff in die Vormundschaft nach § 1801 oder zur Entlassung des Vormundes nach § 1886 führen.

[25] Vgl. KG, KGJ 47, 10; BayObLGZ 3, 1021 (nichteheliche Geschwister mit verschiedenen Vätern). Gleichheit des Vormundes ist auch zu erstreben, wenn eines der Geschwister unter Vormundschaft über Volljährige steht. Vgl. BayObLGZ 4, 618.

[26] Für jedes der mehreren Geschwister besteht aber eine rechtlich selbständige Vormundschaft. Vgl. KG, KGJ 44, 280 (283f.).

[27] Vgl. in erster Linie KG, JW 1939, 103. Zu schnell übergeht die Verwandten und Verschwägerten KG, ROLG 14, 262.

[28] Vgl. KG, KGJ 46, 69; OLG Darmstadt, HRR 1936 Nr. 535 (mit Tendenz zum Vorrang der Konfessionsgleichheit); *Staudinger-Engler,* 18 zu § 1779; MünchKomm-*Zagst,* 13 zu § 1779.

Die Verwandten und Verschwägerten haben kein Recht auf die Vormundschaft, jedoch einen Anspruch auf Prüfung ihrer Eignung, der durch die Beschwerdebefugnis aus § 20 FGG gesichert ist.[29] Im übrigen ist die Auswahl des Vormundes nur mit der Beschwerde aus § 57 I Nr. 9 FGG anzugreifen, mithin nur, wenn Interessen des Mündels (und nicht eigene) wahrgenommen werden.[30] Erfolgreiche Beschwerde führt zur Entlassung des Vormundes (vgl. dazu unten § 67 II 2).

9. *Übernahmepflicht.* Die Auswahl zum Vormund erzeugt eine Pflicht zur Übernahme des Amtes (§ 1785), d. h. eine Pflicht zur Mitwirkung an dem Bestellungsakt des Vormundschaftsgerichtes.[31] Auf dieser Pflicht beruht im wesentlichen die Einzelvormundschaft der Gegenwart. Ihre Preisgabe würde das Ende der Einzelvormundschaft überhaupt nach sich ziehen.

Zur Vormundschaft Untaugliche oder Unfähige sind auch nach Auswahl zur Übernahme des Amtes nie verpflichtet.[32] Dagegen begründet die eigene (vom Vormundschaftsgericht nicht geteilte) Überzeugung, der Aufgabe nicht gewachsen zu sein, kein Recht zur Weigerung.[33] Wohl aber hat jedermann einen Anspruch auf Prüfung der Sachgründe, die er gegen seine Eignung vorzubringen vermag (als Bestandteil des subjektiv-öffentlichen Rechts auf fehlerfreie Ermessensausübung bei der Auswahl).[34]

Die Pflicht entfällt mit der Ausübung eines *Ablehnungsrechtes,* das nicht – wie es zuweilen geschieht[35] – als einredeähnliches Recht charakterisiert werden sollte, weil bereits seine Existenz vom Vormundschaftsgericht bei der Auswahl des Vormundes zu bedenken ist (mag es auch die Auswahl nicht hindern). Jedes Ablehnungsrecht erlischt mit der Bestellung zum Vormund (§ 1786 II). Wer sich freiwillig zur Übernahme einer Vormundschaft bereit fand, kann nicht jederzeit Entlassung fordern. Dagegen ist ein Verzicht auf das Recht vor dem Akt der Bestellung nicht möglich; es handelt sich nicht um ein disponibles privates Recht,

---

[29] So KG, Recht 1913 Nr. 1006; KGJ 29, A 12. A. A. die h. L. Vgl. KG, JFG 19, 93; *Kipp-Wolff,* § 107 II; *Erman-Hefermehl,* 6 zu § 1779; *Palandt-Diederichsen,* 4 zu § 1779; *Soergel-Germer,* 10 zu § 1779; *Staudinger-Engler,* 21 zu § 1779; *Dölle,* § 120 IV 3; *Beitzke,* § 36 III 4; MünchKomm-*Zagst,* 16 zu § 1779.

[30] Die Anwendung des § 57 I Nr. 9 FGG auf die Auswahl und Bestellung des Vormundes ist str. Vgl. dazu *Staudinger-Engler,* 22 zu § 1779 (mit weit. Nachw.).

[31] Vgl. KG, RJA 14, 8.

[32] Alle Gründe der Untauglichkeit stehen gleich. Richtig KG, RJA 13, 188. Zuweilen wird dem von den Eltern Ausgeschlossenen kein eigenes Ablehnungsrecht (und damit Beschwerderecht) eingeräumt. Vgl. *Soergel-Germer,* 4 zu § 1782; *Palandt-Diederichsen,* 2 zu § 1782. Für Beamte und Religionsdiener verneint die durchaus h. L. vor der Versagung der Genehmigung ein Ablehnungsrecht. Vgl. *Soergel-Germer,* 1 zu § 1784; *Palandt-Diederichsen,* 1 zu § 1784; *Erman-Hefermehl,* 3 zu § 1784; *Staudinger-Engler,* 6 zu § 1784; MünchKomm-*Zagst,* 1 zu § 1784.

[33] Vgl. KG, FamRZ 1963, 376; LG Stade, FamRZ 1965, 98; KG, MDR 1967, 592; MünchKomm-*Zagst,* 1 zu § 1779 (mit weit. Nachw.).

[34] Vgl. LG Würzburg, FamRZ 1972, 391 mit Anm. *Salch; Erman-Hefermehl,* 6 zu § 1779.

[35] Vgl. *Dölle,* § 121 III 2; *Erman-Hefermehl,* 1 zu § 1786.

sondern um eine Befugnis des öffentlichen Rechts, die nicht allein privaten Interessen dient.[36]

Die Tatbestände der Ablehnungsrechte sind eng; Großzügigkeit gefährdet die Einzelvormundschaft. Erst die Vollendung des sechzigsten Lebensjahres entbindet (§ 1786 I Nr. 2), die Personen- oder Vermögenssorge für mindestens vier minderjährige Kinder (Nr. 3), Krankheiten oder Gebrechen, die eine ordnungsgemäße Führung der Vormundschaft verhindern (Nr. 4), sowie das Führen von mehr als einer Vormundschaft oder Pflegschaft (Nr. 8).[37] Zwei Gegenvormundschaften stehen einer Vormundschaft gleich; mehrere Vormundschaften oder Pflegschaften über Geschwister gelten nur als eine, mag auch der Sinn der Fiktion – Arbeitserleichterung durch die Verbundenheit der Geschwister – im Einzelfall nicht zutreffen. In einer gänzlich formal gestalteten Norm, die Vormundschaften und Pflegschaften zählt und nicht wertet, sind korrigierende teleologische Erwägungen (leider) illegitim.

Eine bestimmte Vormundschaft kann ferner ablehnen, wer die Vormundschaft infolge der Entfernung seines Wohnsitzes vom Sitz des zuständigen Vormundschaftsgerichtes nur mit besonderen Belästigungen führen kann (Nr. 5),[38] wer sofort auf Mißtrauen durch Verlangen nach Sicherheitsleistung (vgl. § 1844) stößt (Nr. 6) und wer die Vormundschaft in ständiger Abhängigkeit, d. h. gemeinschaftlich mit einem Mitvormund, führen soll (Nr. 7).

Privilegiert sind schließlich Soldaten um ihres Berufes willen (§ 21 SoldatenG), Frauen, die mindestens zwei noch nicht schulpflichtige Kinder haben, und Frauen, die glaubhaft machen können, daß die ihnen obliegende Fürsorge für ihre Familie die Ausübung des Amtes dauernd besonders erschwert (§ 1786 I Nr. 1). Die (dem Familienleitbild der Hausfrauenehe verpflichtete) Norm war nie mit Art. 3 II GG zu vereinbaren;[39] seit dem 1. EheRG mit seinem Übergang zur polymorphen Ehe hat sie den letzten Rest an Glaubwürdigkeit verloren. Es gibt auch Männer, die durch ihre Familie ungewöhnlich gebunden sind; das Privileg der Frauen muß auch ihr Privileg sein.[40]

Solange über das Bestehen eines Ablehnungsrechtes gestritten wird, bleibt die Pflicht, die Vormundschaft vorläufig zu übernehmen (§ 1787 II). Die Pflicht durchzusetzen, ist freilich nur in den Fällen geringer Zweifel an der Rechtmäßigkeit des eigenen Handelns opportun. Es kann nicht Aufgabe des Vormundschaftsgerichtes sein, einen Vormund zu bestellen, der mit Wahrscheinlichkeit alsbald wieder zu entlassen ist.[41]

10. *Zwang* wird geübt durch Ordnungsstrafen. Nach Androhung (§ 33 FGG) kann das Vormundschaftsgericht im Abstand von zumindest einer Woche höchstens drei Zwangsgelder von mindestens fünf und höchstens eintausend DM verhängen (§ 1788, Art. 6 I EGStGB). Weiterer Zwang ist unzulässig; wer sich den Ordnungsstrafen nicht beugt, wird die Vormundschaft aller Voraussicht

---

[36] Vgl. *Dölle,* § 121 III 2; MünchKomm-*Zagst,* 11 zu § 1786.

[37] Also auch einer Vormundschaft und einer Gegenvormundschaft. A. A. die h. L. im Anschluß an KG, RJA 3, 174. Vgl. zu ihr ferner *Soergel-Germer,* 3 zu § 1786; *Staudinger-Engler,* 13 zu § 1786 mit weit. Nachw. Wie der Text dagegen *Dölle,* § 121 III 1 h; MünchKomm-*Zagst,* 10 zu § 1786.

[38] Vgl. dazu KG, Recht 1916 Nr. 1153 (Notwendigkeit schriftlichen Verkehrs für einen Rechtsanwalt keine besondere Belästigung).

[39] Zust. MünchKomm-*Zagst,* 3 zu § 1786. A. A. die h. L. Vgl. *Erman-Hefermehl,* 2 zu § 1786; *Palandt-Diederichsen,* 2 zu § 1786; *Soergel-Germer,* 3 zu § 1786; *Staudinger-Engler,* 4 zu § 1786; *Dölle,* § 121 III 1 a.

[40] Ausdrücklich dagegen KG, NJW 1969, 432. Die Entscheidung läßt dahingestellt, ob die zweite Alternative von § 1786 I Nr. 1 mit Art. 3 II GG zu vereinbaren ist, meint aber, daß eine Angleichung der Geschlechter jedenfalls nur durch Beseitigung des Frauenprivilegs erreichbar sei.

[41] Richtig KG, RJA 16, 189.

nach nicht pflichtgemäß führen. Doch ist die Grenze nur für jeweils eine bestimmte Vormundschaft gezogen. Allein § 1779 II kann das Vormundschaftsgericht daran hindern, den Widerstrebenden für eine andere Vormundschaft auszuwählen.

Wer die Übernahme der Vormundschaft grundlos und schuldhaft ablehnt, ist dem Mündel für den gesamten Schaden aus der Verzögerung der Bestellung eines Vormundes verantwortlich (§ 1787 I). Der Anspruch (über den das Prozeßgericht befindet) findet seinen Grund in dem durch die Auswahl entstandenen besonderen Verhältnis zum Mündel in Parallele zur Haftung aus culpa in contrahendo im Vermögensrecht (das Deliktsrecht bietet keinen Anknüpfungspunkt); er verjährt deshalb in dreißig (und nicht in drei) Jahren.

11. Rechtmäßigkeit und Zweckmäßigkeit der Auswahl werden durch *Beschwerderechte* gesichert. Gegen Verfügungen, die Weigerungen zurückweisen, ist die sofortige Beschwerde gegeben (§ 60 Nr. 2 FGG). Jede Auswahl kann vom mindestens vierzehn Jahre alten Mündel selbst (§ 59 FGG) und von jedem durch ein berechtigtes Interesse Legitimierten mit der Beschwerde angegriffen werden (§ 57 I Nr. 9 FGG).[42]

V. Bestellung des Einzelvormundes

1. Die Auswahl des Vormundes erzeugt ein eigenartiges Rechtsverhältnis zwischen dem Mündel und dem Ausgewählten (vgl. oben IV 10). Vormund aber wird der Ausgewählte erst mit seiner Bestellung, durch die er zu treuer und gewissenhafter Führung der Vormundschaft verpflichtet wird (§ 1789). Sie ist ein der Mitwirkung des Ausgewählten bedürftiger Akt der freiwilligen Gerichtsbarkeit; die Verpflichtung erfolgt erst, wenn der Ausgewählte treue und gewissenhafte Amtsführung versprochen hat.[1]

Wirksamkeit erlangt nur der (für eine bestimmte Vormundschaft vorgenommene[2]) ausdrückliche Bestellungsakt unter Anwesenden (Vertretung ist unzulässig). Die schriftliche Verpflichtung ist ebenso nichtig[3] wie die konkludent vollzogene.[4] Unschädlich sind Mängel der Form. Die Verpflichtung soll mittels Handschlags an Eides Statt erfolgen (§ 1789), doch ist sie auch wirksam, wenn der Handschlag unterblieb.

2. Eine *Bestellung unter dem Vorbehalt der Entlassung* für den Fall des Eintritts oder Nichteintritts eines Ereignisses in der Zukunft (insbesondere eines Antrages

---

[42] Vgl. KG, DFG 1937, 85.

[1] Vgl. KG, KGJ 38, A 41; BayObLG, JFG 3, 67. Das Versprechen des Ausgewählten ist als Teil eines öffentlich-rechtlichen Aktes nicht den Normen für Willenserklärungen (§§ 119ff.!) zu unterwerfen. Vgl. KG RJA 14, 8; BayObLG, FamRZ 1959, 373; MünchKomm-*Zagst,* 7 zu § 1786.

[2] Gegen die Wirksamkeit von Globalverpflichtungen auch *Staudinger-Engler,* 7 zu § 1789; MünchKomm-*Zagst,* 7 zu § 1789; *Soergel-Germer,* 5 zu § 1789. A. A. BayObLG, JFG 3, 67.

[3] Vgl. KG, KGJ 38, A 41; BayObLG, JFG 3, 67.

[4] Vgl. OGHBrZ, NJW 1949, 64. Ein bestimmter Wortlaut ist nicht einzuhalten. Vgl. BayObLG, FamRZ 1958, 384 (385).

aus § 1778 II) ist zulässig (§ 1790). Unzulässig ist dagegen eine bedingte oder befristete Bestellung.[5] Das Ende der Vormundschaft muß klar erkennbar sein; Bedingungen verbürgen die notwendige Klarheit nie, Befristungen aber wenigstens vielfach nicht.

3. *Zuständigkeit.* Die Bestellung zum Vormund ist Aufgabe des Rechtspflegers (vgl. §§ 3 Nr. 2a und 14 Nr. 4 RpflG). In seiner Hand liegt damit (seit 1970) der gesamte Gang des Verfahrens von der Anordnung der Vormundschaft bis zur Bestellung des Vormundes.

4. Der bestellte Vormund erhält eine *Bestallungsurkunde,* die den Namen des Mündels und sein Geburtsdatum sowie den Namen des Vormundes, eines etwa bestellten Gegenvormundes und Mitvormundes, bei geteilter Mitvormundschaft auch die Art der Teilung enthalten soll (§ 1791). Sie ist reine Beweisurkunde; Rechtsscheinbasis ist sie nicht.[6] Doch können unrichtige Urkunden Schadensersatzansprüche gegen die öffentliche Hand auslösen (§ 839 BGB, Art. 34 GG).

VI. Der Mitvormund

1. Mitvormundschaft ist Vormundschaft mehrerer gleichrangiger Vormünder. Sie ist grundsätzlich unerwünscht; nur besondere Gründe (etwa Schwierigkeiten bei der Verwaltung größerer Vermögen) sollen das Vormundschaftsgericht veranlassen, diese Form der Vormundschaft zu wählen (§ 1775).[1] Gegen den Willen des allein benannten Vormundes ist sie nicht durchzusetzen (§ 1778 IV);[2] ist dem benannten Vormund nur ein bestimmter Mitvormund genehm, kann er sein Einverständnis unter entsprechender Bedingung erklären.[3]

2. *Formen.* Mitvormundschaft kann die Vormünder zu gemeinschaftlichem Handeln verbinden (§ 1797 I; vgl. aber auch § 58 I FGG mit selbständiger Ausübung der Beschwerderechte). Mitvormundschaft kann aber auch geteilte Vormundschaft sein, die jedem Mitvormund einen Wirkungskreis zuweist, in dem er selbständig tätig ist (§ 1797 II). Mitvormundschaft ist dagegen nicht möglich als Verbindung mehrerer Vormünder mit unterschiedlichem Rang (kein „Hauptvormund“).[4] Mitvormundschaft ist ferner nicht möglich in der Form der doppelten Vormundschaft ohne Organisation der gleichgerichteten Befugnisse. Nur in Konkurrenz mit einer ausländischen Vormundschaft ist eine zweite deutsche Vormundschaft zulässig, doch dann nicht notwendig, wenn die Interessen des Mündels sie nicht gebieten (§ 47 FGG).

3. Die im Einzelfall gewählte Form erhellt allein aus der Verpflichtungsverhandlung (gleichgültig ist die Bestallungsurkunde); im Zweifel tritt gemeinschaftliche Mitvormundschaft ein.[5] Geteilte Mitvormundschaft ist vom Vormundschaftsgericht (bei benannten Mitvormündern gegebenenfalls elter-

---

[5] So gut wie unstr. Nur *Beitzke,* § 36 III 8, hält eine Befristung für zulässig.

[6] Vgl. RGZ 74, 263 (265); KG, KGJ 41, 38.

[1] Als besonderen Grund wertet BayObLGZ 5, 118 auch eine unwirksame letztwillige Verfügung der Eltern, die Mitvormünder benennt. Kein besonderer Grund ist die Vorbereitung der Entlassung des bisherigen Vormundes. Vgl. BayObLG, NJW 1970, 1867.

[2] Die h. L. (Nachw. bei *Staudinger-Engler,* 11 zu § 1778) will ggf. in der Verweigerung der Zustimmung eine Pflichtwidrigkeit des Vormundes sehen, die seine Entlassung rechtfertigt (§ 1886). Die Gefahr letztlich unkontrollierter staatlicher Übergriffe ist dann groß. Es genügt vollauf die Möglichkeit der Entlassung nach konkretem Versagen bei der Führung der Vormundschaft.

[3] Vgl. KG, JFG 1, 74 (76f.).

[4] Vgl. *Staudinger-Engler,* 7 zu § 1797; *Soergel-Germer,* 5 zu § 1797; *Erman-Hefermehl,* 1 zu § 1797; MünchKomm-*Zagst,* 6 zu § 1797. A. A. *Dölle,* § 124 III 3.

[5] Vgl. OLG Posen, ROLG 33, 368; OLG Dresden, ROLG 36, 212.

licher Anordnung folgend; vgl. § 1797 III) abzugrenzen,[6] der selbständige Mitvormund kann gleichzeitig zum Gegenvormund eines anderen Mitvormundes bestellt werden (§ 1792 III).[7]

4. *Gemeinschaftliche Mitvormundschaft* zeigt bei der Willensbildung (zur Vertretung vgl. unten § 65 III 2) die Struktur gemeinschaftlicher elterlicher Sorge. Meinungsverschiedenheiten entscheidet grundsätzlich das Vormundschaftsgericht durch Beitritt zur Meinung eines Vormundes (§ 1797 I 2).[8] Eine Beschränkung der Entscheidungsbefugnis auf bestimmte Angelegenheiten (mit dem System des liberum veto für den Restbestand) ist dem Normtext fremd. Doch sollte die Norm in restriktiver Interpretation auf den Stand der elterlichen Sorge zurückgeführt werden (dazu oben § 50 II 4). Zwischen benannten Vormündern kann der Wille der Eltern eine andere Form der Streitentscheidung einführen (§ 1797 III), doch gewinnt er Bedeutung erst, wenn das Vormundschaftsgericht ihn in den Inhalt der Bestellung aufnahm.

5. *Geteilte Mitvormundschaft* zeigt die Struktur der Konkurrenz von elterlicher Sorge und Pflegschaft. Meinungsverschiedenheiten im Überschneidungsbereich entscheidet auch hier das Vormundschaftsgericht (§ 1798; vgl. § 1630).

VII. Der Gegenvormund

1. Gegenvormundschaft ist *Mitvormundschaft mit unterschiedlichen Aufgaben der Vormünder.* Nur der Vormund führt die Vormundschaft. Der Gegenvormund ist Aufsichtsorgan, das keinerlei Rechtsmacht zum Handeln für den Mündel nach außen hat.[1] Für schuldhafte Pflichtwidrigkeiten haftet er dem Mündel nicht anders als der Vormund (§ 1833 I 2; vgl. dazu unten § 65 V).

2. *Bestellung.* Ein Gegenvormund soll bestellt werden, wenn mit der Vormundschaft eine Vermögensverwaltung verbunden ist, es sei denn, daß die Verwaltung nicht erheblich ist (Regelfall der Praxis) oder eine gemeinschaftliche Mitvormundschaft besteht. In anderen Fällen ist die Bestellung eines Gegenvormundes in das Ermessen des Vormundschaftsgerichtes gestellt, im allgemeinen jedoch nicht üblich. Der Gegenvormund ist primär als Glied eines Kontrollsystems für die Vermögenssorge des Vormundes gedacht und deshalb bei Vormundschaften ohne größere Vermögensverwaltung weithin funktionslos. Alle Konkretisierungen des allgemeinen Aufsichtsauftrages im Gesetz gehören zum Bereich der Vermögenssorge und die Rechtsprechung hat folgerichtig auch in

---

[6] Aus der Praxis vgl. LG Berlin, JW 1934, 1295 (ausländischer Sondervormund).

[7] Aus der Praxis vgl. BayObLGZ 5, 118.

[8] Ganz h. M. Vgl. OLG Dresden, ROLG 40, 95. Gegen die Entscheidung des Gerichts kann namens des Mündels einfache Beschwerde eingelegt werden. Vgl. KG, KGJ 38, A 44 (A 48); *Staudinger-Engler,* 18 zu § 1797; *Erman-Hefermehl,* 7 zu § 1797. A. A. (sofortige Beschwerde) KG, ROLG 7, 208; *Kipp-Wolff,* § 119 II 2; *Soergel-Germer,* 3 zu § 1797; MünchKomm-*Zagst,* 7 zu § 1797; *Dölle,* § 124 III 1, sämtlich unter Berufung auf § 53 FGG. Das Gericht ersetzt aber keine Zustimmung zu einem Rechtsgeschäft.

[1] Vgl. KG, RJA 4, 73. Der Gegenvormund kann infolgedessen auch niemals für den Mündel Beschwerde einlegen. Ihm bleibt das Recht zur Beschwerde im eigenen Namen, sei es kraft ausdrücklicher Verleihung (§ 57 I Nr. 6 und 7 FGG), sei es wegen Beeinträchtigung eines eigenen Rechts (§ 20 FGG), etwa des Rechts auf Gehör aus § 1826, sei es schließlich als berechtigt Interessierter nach § 57 I Nr. 9 FGG. Ein allgemeines Recht auf Berücksichtigung seiner Bedenken durch das VormG hat er nicht.

der Pflicht, sich alsbald über das Vermögen des Mündels zu informieren, die erste Pflicht des Gegenvormundes gesehen.[2]

3. Berufung und Bestellung des Gegenvormundes kennen keine Besonderheiten. Sie folgen ausnahmslos den Regeln für den Vormund (§ 1792 IV).

4. *Aufgaben.* Der Gegenvormund hat darauf zu achten, daß der Vormund pflichtgemäß handelt; er hat dem Vormundschaftsgericht alle Pflichtwidrigkeiten und alle Fälle, die sein Einschreiten fordern, unverzüglich mitzuteilen (§ 1799 I). Der Vormund hat ihm auf Verlangen Auskunft zu erteilen und Einsicht in die sich auf die Vormundschaft beziehenden Papiere zu gestatten (§ 1799 II). Pflichterfüllung hat das Vormundschaftsgericht durchzusetzen (§§ 1837, 1896); ein klagbarer Anspruch besteht nicht; was dem Überwachungssystem der Vormundschaft entspringt, ist im Überwachungssystem zu verwirklichen.[3]

Überschreitet der Gegenvormund den Rahmen seiner gesetzlichen Pflichten (was im Einzelfall durchaus zweckmäßig und vernünftig sein kann), so handelt er gleichwohl noch als Gegenvormund und damit innerhalb jenes Rechtsverhältnisses, das ihn mit dem Mündel verbindet; wer ohne Pflicht Geschäfte führt, unterliegt immer noch der Pflicht, sie den Interessen des Mündels gemäß zu führen (vgl. BGH, NJW 1956, 789).

§ 65. Struktur der Vormundschaft

I. Vormundschaften des öffentlichen und des privaten Rechts

Schrifttum: *Krüger,* Übt das Jugendamt als Amtsvormund öffentliche Gewalt aus?, JZ 1955, 634; *Maurer,* Das privatrechtliche Unterbringungsrecht und Art. 104 des Grundgesetzes, FamRZ 1960, 468; *Lindacher,* Der Minderjährigen-Vormund als Grundrechtsinhaber, FamRZ 1964, 116.

1. Surrogate der elterlichen Sorge können dem privaten oder dem öffentlichen Recht zugewiesen werden. Jede Zeit entscheidet für sich, geleitet von ihren Vorstellungen vom richtigen Maß staatlicher Tätigkeit. Der Gegenwart ist öffentliche Gewalt im Bereich der Vormundschaft wohl vertraut; organisierend, kontrollierend und entscheidend wirkt der Staat durch das Vormundschaftsgericht in jeder Vormundschaft. Alle Surrogate der elterlichen Sorge ins öffentliche Recht zu verlagern, hat sie dagegen mit ihrem Bekenntnis zum Grundsatz nur subsidiären staatlichen Handelns im Bereich der Familie bewußt abgelehnt. *Der Vormund*

---

[2] Vgl. RGZ 79, 9 (11).

[3] Im Erg. unstr. Zuweilen wird von einer öffentlich-rechtlichen Verpflichtung des Vormundes gesprochen und deshalb Klagbarkeit verneint (vgl. *Erman-Hefermehl,* 1 zu § 1799; *Soergel-Germer,* 4 zu § 1799; *Staudinger-Engler,* 3 zu § 1799; *Dölle,* § 124 IV 1). Der (privaten) Konzeption der Vormundschaft entspricht aber weit eher die Annahme einer privaten Pflicht des Vormundes dem Mündel gegenüber. Ebenso *Kipp-Wolff,* § 118 II 3.

steht dem Mündel grundsätzlich als Subjekt des Privatrechts gegenüber; öffentlichen Rechts ist allein die Amtsvormundschaft als Vormundschaft einer kommunalen Behörde.[1]

2. Das BVerfG hat die Vormundschaft generell als Ausübung öffentlicher Fürsorge qualifiziert,[2] um jedem Mündel den Schutz des Art. 104 II GG zu sichern (der Anlaß ist inzwischen durch § 1800 II entfallen). Überzeugt hat das Gericht nicht. Alle Argumente (Bestellung und Überwachung des Vormundes durch den Staat; Einsatz staatlicher Machtmittel beim Vollzug der vom Vormund gewollten Unterbringung; fehlendes Verständnis für die Unterschiede zwischen der Einzel- und der Amtsvormundschaft) verkennen Grundprinzipien unseres Vormundschaftsrechtes, in erster Linie die Nähe zur elterlichen Sorge, die generelle Ordnung der Zuständigkeiten zwischen Vormund und Vormundschaftsgericht sowie den Subsidiaritätsgrundsatz.[3] Wir sollten uns auch hüten, die Vormundschaft mit einem Akzent zu versehen, der auf die Dauer auch die elterliche Sorge gefährden muß. Wenn Vormundschaft öffentliche Fürsorge ist, warum sollte es dann die elterliche Sorge nicht auch sein?

3. Die Amtsvormundschaft unterscheidet sich von der Einzelvormundschaft trotz anderer Struktur in der Rechtsanwendung nur peripher. § 38 JWG verweist grundsätzlich auf das BGB (mit Erleichterungen für den Amtsvormund, die sämtlich auf dem Gedanken der größeren Richtigkeitsgewähr seiner Entscheidungen beruhen) und inkorporiert damit – vielen anderen Vorgängen parallel – privates Recht dem öffentlichen Recht. Der Amtsvormund ist nicht wie der Einzelvormund mit einem komplexen subjektiven Recht des Privatrechts begabt. Er steht aber dem Mündel in einem Rechtsverhältnis des öffentlichen Rechts (und nicht in einem Gewaltverhältnis) gegenüber, das weithin jenen Normen folgt, in denen sich das private Recht des Einzelvormundes äußert.[4] Dieses Rechtsverhältnis dient den Interessen des Mündels (nur mittelbar auch öffentlichen Interessen), der in eine Sonderbeziehung zur öffentlichen Hand tritt (also nicht nur Begünstigter der allgemeinen Fürsorgeverwaltung ist).[5]

---

[1] Auch die Amtsvormundschaft wird dem Privatrecht zugewiesen von *Krüger,* JZ 1955, 634f.; OVG Münster, FamRZ 1979, 345. Wie der Text BGHZ 9, 255 (257); *Maurer,* FamRZ 1960, 471; *Lindacher,* FamRZ 1964, 117; *Erman-Hefermehl,* 4 zu § 1773; OLG Bremen, OLGZ 1966, 455 (457); *Schreiber,* AcP 178 (1978), 543ff.; OVG Hamburg, FamRZ 1979, 346. Der Streit um das entscheidende Kriterium für die Abgrenzung des privaten und des öffentlichen Rechts (vgl. *Wolff-Bachof,* Verwaltungsrecht I, 9. Aufl. 1974, § 22) ist für die Qualifizierung belanglos. Insbes. ist das Erg. mit der Subjektionstheorie ebenso zu vereinbaren wie mit der Subjektstheorie.

[2] BVerfGE 10, 302. Das Urteil (zur Vormundschaft über Volljährige) ist oftmals zu pointiert verstanden worden. Es bestreitet nicht, daß der Vormund grundsätzlich privat handelt.

[3] Vgl. dazu insbesondere *Maurer,* FamRZ 1960, 470f. und 1961, 248; *Lindacher,* FamRZ 1964, 116; *Staudinger-Engler,* 14a vor § 1773. Für privaten Charakter der Einzelvormundschaft auch BGHZ 17, 108; *Soergel-Germer,* 3 vor § 1773.

[4] Dieser Deutung zust. *Staudinger-Engler,* 2 zu § 1789.

[5] Beides wird anders gesehen von *Schreiber,* AcP 178 (1978), 543ff.

II. Die elterliche Sorge als Vorbild

1. Vormundschaft ist der elterlichen Sorge nachgebildet. Wenige Fragen nur haben eine Antwort erhalten, die den Vormund von den Eltern trennt. Anlaß aller Differenzen ist das Fehlen der Eltern und Kind verbindenden Blutsbeziehung: Das Gesetz erwartet weniger Altruismus, begegnet dem Vormund mit mehr Mißtrauen und erwartet zwischen ihm und dem Mündel keine dem Verhältnis von Eltern und Kind voll entsprechende Gemeinschaft. Keine Differenz aber trennt elterliche Sorge und Vormundschaft in der Grundstruktur voneinander. Die Unterschiede in der Macht, Außenwirkungen für das Kind zu erzielen (unten III.), beim Schutz des Kindes (unten IV. und § 67 II 3) und der Haftung ihm gegenüber (unten V.), sodann bei der Mitwirkung Dritter (unten VI.) und bei den Ansprüchen, die sich gegen das Kind richten können (unten VII.), sind für den Standort der Vormundschaft und der elterlichen Sorge im System der subjektiven Rechte belanglos.

2. Vormundschaft wird im Verhältnis von Vormund und Mündel von der herrschenden Lehre auf ein gesetzliches (zuweilen wenigstens als familienrechtlich charakterisiertes) Schuldverhältnis radiziert.[1] Die Aufnahme schuldrechtlicher Gedankengänge verfehlt jedoch von vornherein die Art des Rechts. Vormundschaft ist in Wahrheit wie die elterliche Sorge ein *komplexes subjektives Recht spezifisch familienrechtlicher Natur* (nicht Herrschaftsrecht), das höchstpersönlich ist (aber beschränkt Dritten zur Ausübung überlassen werden kann; dazu oben § 49 II 2), in dem jeder Befugnis des Vormundes eine Pflicht entspricht (oben § 49 III 2), das in seiner Wendung nach außen absolutes Recht ist und deshalb dem Vormund Ausschließlichkeit sichert (oben § 49 IV), das dem Heranreifen des Kindes in allmählicher Verflüchtigung und schließlicher Auflösung Rechnung trägt (oben § 49 VI), das dem Vormund jene Zwangsbefugnisse gewährt, die Eltern ihren Kindern gegenüber haben (oben § 49 VII), und das schließlich zur Haftung des Mündels für Pflichtwidrigkeiten des Vormundes aus § 278 führen kann (vgl. oben § 49 III 5).

3. Vormundschaft ist wie die elterliche Sorge ein Recht, dem einzelne Befugnisse ohne Folgen für den Fortbestand des Restrechtes entzogen werden können. Um der möglichen Verengerung willen unterscheidet § 1793 wie § 1626 I Personensorge und Vermögenssorge und für jedes Teilgebiet tatsächliche Sorge und Vertretung.

Freilich besteht – anders als bei der elterlichen Sorge – nur sehr begrenzt die Notwendigkeit, flexibel zu sein, um dem Vormund Teilbefugnisse zu erhalten, wenn ihm der gesamte Rechtsinhalt nicht erhalten bleiben kann. Das Recht der

---

[1] Vgl. BGHZ 17, 108 (116); *Erman-Hefermehl,* 4 zu § 1833; *Beitzke,* § 38 II (gesetzliches Dauerschuldverhältnis, das eine Geschäftsbesorgung zum Gegenstand hat); *Neumann-Duesberg,* NJW 1954, 618; *Staudinger-Engler,* 14 zu § 1833; MünchKomm-*Zagst,* 1 zu § 1833.

Vormundschaft kennt grundsätzlich keinen Entzug nur der Personensorge (vgl. aber die §§ 1801, 1838) und nie einen nur der Vermögenssorge. Versagen des Vormundes in einem Teilbereich führt, vorbehaltlich der Ausnahmen in der Personensorge, zur Entlassung des Vormundes überhaupt.[2] Weit stärker ist Flexibilität erforderlich, um elterliche Restbefugnisse neben einer (entsprechend gekürzten) Vormundschaft bewahren zu können (vgl. dazu unten VI 2 und 3).

4. *Grenzen der Rechtsmacht.* Der Vormundschaft sind auch die Grenzen der elterlichen Sorge eigen (vgl. dazu oben § 51). Die Beschränkung auf die dem Kind verbleibenden Restbefugnisse neben Verwaltungsrechten Dritter wiederholt sich insbesondere,[3] das Schenkungsverbot (§ 1804; vgl. zu ihm oben § 51 II) und die Beschränkung der Handlungsmacht in Interessenkollisionen (oben § 51 III und IV).[4]

Leicht variiert ist der Ausschluß der Vermögensverwaltung durch Anordnung eines Dritten, der dem Mündel als Erblasser oder unentgeltlich unter Lebenden Vermögen zuwandte. Während § 1638 der Anordnung Eltern gegenüber unmittelbare Wirkung sichert, wird die Anordnung im Recht der Vormundschaft erst durch die Bestellung eines Ergänzungspflegers vollzogen (§ 1909); Folge der gänzlich unmotivierten Differenz ist die Zuständigkeit des Vormundes bis zur Bestellung des Pflegers.

5. *Gegenvormundschaft* begründet ein subjektives Recht, das mit der Vormundschaft seinen Standort im System der subjektiven Rechte gemein hat, jedoch durch ein beschränktes Tätigkeitsfeld mit entsprechender Reduzierung der Befugnisse und Pflichten dem Kind und Dritten gegenüber gekennzeichnet ist.

III. Außenwirkungen

1. Außenwirkungen für den Mündel zu erzielen, ist dem Vormund nur in jenen Formen möglich, die auch den Eltern zur Verfügung stehen. Er ist gesetzlicher Vertreter des Kindes (§ 1793); die Befugnis, über Rechte des Kindes im eigenen Namen zu verfügen und Rechte des Kindes im eigenen Namen geltend zu machen, hat er nicht. Alle „amtsähnlichen Handlungen" sind von ihm als Vormund, jedoch im eigenen Namen vorzunehmen (vgl. dazu oben § 49 V 4).

2. *Gesamtvertretung.* Gemeinschaftliche Mitvormundschaft bedeutet Gesamtvertretung ohne jene Besonderheiten, die der elterlichen Gesamtvertretung eigen sind (vgl. oben § 50 I 4 und III 4). Die gemeinschaftliche Mitvormundschaft bezweckt geradezu alle Bindungen der gewöhnlichen Gesamtvertretung. Selb-

---

[2] Vgl. KG, KGJ 45, 42; JW 1938, 237.

[3] Vgl. RG, ROLG 32, 85; 38, 259; RGZ 91, 70 (Testamentsvollstrecker).

[4] Auch der Vormund kann vom VormG nicht von § 181 dispensiert werden. Vgl. RGZ 71, 162; BGHZ 21, 229 (234). Soweit § 181 durch eine angeblich derogierende Verkehrsübung zugunsten der Eltern aufgelockert wird (vgl. dazu oben § 51 III 1), ist eine Erstreckung auf den Vormund nicht möglich. Vgl. RG, HRR 1933 Nr. 731.

ständiges Handeln ist dem einzelnen Vormund daher nur gestattet, soweit das Gesetz seine eigene Regel durchbricht, soweit die Gesamtvertretung auch in anderen Zusammenhängen Ausnahmen erleidet (und deshalb von einem allgemeinen Prinzip gesprochen werden kann) und soweit die Prinzipien der Mitvormundschaft eine Ausnahme fordern.

Selbständige Handlungsmacht hat demzufolge jeder Mitvormund, der für den Mündel Beschwerde einlegt (§ 58 FGG). Selbständige Handlungsmacht hat ferner jeder Mitvormund für den Empfang von Willenserklärungen (vgl. § 171 III ZPO), für die Erfüllung aller Pflichten des öffentlichen Rechts, die keinerlei Durchführungsfreiheit belassen, sowie in Not- und Eilfällen (vgl. dazu oben § 50 I 5 und III 4). Selbständige Handlungsmacht hat schließlich ein Mitvormund, der im Meinungsstreit mit dem anderen die Billigung des Vormundschaftsgerichtes fand.[1] Nicht weil der Beitritt des Vormundschaftsgerichtes ein ermächtigender Akt ist,[2] sondern (wenn man glaubt, weiterer Rechtfertigung zu bedürfen: in analoger Anwendung des § 1629 I 3) weil die Zweckmäßigkeit gebietet, den unterlegenen Mitvormund nicht zum Vollzug einer von ihm nicht gebilligten Maßnahme zu zwingen.

IV. Vormund und Vormundschaftsgericht

1. *Zuständigkeiten.* Die Vormundschaft zu führen, ist Aufgabe des Vormundes, nicht des Vormundschaftsgerichtes. Die Regelung der Zuständigkeiten, die dem Vormundschaftsgericht vorbehaltlich befugten Handelns im unmittelbaren Zugriff nach § 1846 (vgl. dazu oben § 44 I 3) nur organisierende, entscheidende und kontrollierende Aufgaben zuweist, ist Ausdruck der grundsätzlichen Entscheidung für ein nur subsidiäres staatliches Handeln im Gesamtbereich der Familie und damit zwingendes Recht. Jeder Akt des Vormundschaftsgerichtes, der die Ordnung der Zuständigkeiten verletzt, ist rechtswidrig, mag er auch vom Vormund selbst gewünscht worden sein. Erbetene Weisungen im Verantwortungsbereich des Vormundes sind zu verweigern;[1] die vertragliche Begründung einer Genehmigungspflicht ist nichtig.[2] Unbenommen bleibt dem Vormund die Möglichkeit, Rat und Unterstützung vom Vormundschaftsgericht (aber auch vom Jugendamt; vgl. § 47 d JWG) zu erbitten, obwohl der Rat eines beaufsichtigenden Organs vielfach faktisch den Rang einer Entscheidung hat. Die Zuständigkeitsregelung schließt insoweit auch jedes hoheitliche Handeln des Vormundschaftsgerichtes Dritten gegenüber aus.[3]

2. Die gern betonte *Selbständigkeit des Vormundes* ist sicher Ziel des Gesetzes, in

---

[1] A. A. *Staudinger-Engler,* 19 zu § 1797; MünchKomm-*Zagst,* 7 zu § 1797.
[2] So aber *Kipp-Wolff,* § 119 II 2; *Dölle,* § 124 III 1; *Ermann-Hefermehl,* 6 zu § 1797.

[1] Vgl. BayObLGZ 1948/51, 440 (446).
[2] Vgl. KG, KGJ 40, 227; OLG Karlsruhe, FamRZ 1957, 57. Anders wohl RG, Recht 1909 Nr. 1330.
[3] Vgl. RG, GruchB 56 (1912), 123; KG, DJ 1940, 1174.

der Praxis jedoch nicht immer vorhanden. Schon häufig gewährter Rat und vielfach gewährte Unterstützung gefährden. Ermahnung und Warnung als notwendige Attribute der Aufsicht sichern dem Vormundschaftsgericht weiteren Einfluß. Gebote und Verbote als Maßnahmen gegen Pflichtwidrigkeiten (§ 1837 I) können noch stärker lenken. Die Entlassung des Vormundes (§ 1886; vgl. dazu unten § 67 II 2 und 3) kann zur Bestellung eines neuen willfährigen Vormundes führen.

Mißtrauen und Sicherheitsstreben haben ferner zu einem umfassenden Katalog genehmigungspflichtiger Akte geführt (vgl. unten VI 4 ff. und § 66 III). Insgesamt ist die Vermögensverwaltung des Vormundes das Modell einer extrem gebundenen Verwaltung.

3. *Aufsicht; Gebote und Verbote.* Die gesamte Tätigkeit des Vormundes und Gegenvormundes unterliegt der Aufsicht des Vormundschaftsgerichtes[4] (und das auch dann, wenn die Vormundschaft vom Familiengericht angeordnet wurde;[5] vgl. dazu oben § 44 I 4); gegen Pflichtwidrigkeiten hat es durch geeignete Gebote und Verbote einzuschreiten (§ 1837 I), mag nun der Vormund schuldhaft gehandelt haben, mag ihm auch ein Schuldvorwurf nicht zu machen sein.[6] Sichernd wirken Informationsrechte: Vormund und Gegenvormund haben dem Vormundschaftsgericht auf Verlangen jederzeit über die Führung der Vormundschaft und über die persönlichen Verhältnisse des Mündels Auskunft zu erteilen (§ 1839).[7] Das unbeschränkte Recht schließt die gern genutzte Möglichkeit ein, periodische Berichterstattung zu fordern.

Die Aufsicht des Vormundschaftsgerichtes wird dem Kind geschuldet, niemals Dritten.[8] Sie ist der Aufsicht im Bereich der elterlichen Sorge wesensgleich, also *nicht eigenständige Staatsfürsorge, sondern Wahrnehmung des dem Kind gegen seinen Vormund zustehenden Rechts.*

Die Beschränkung auf Pflichtwidrigkeiten nimmt dem Vormundschaftsgericht jede Möglichkeit, Ermessensentscheidungen des Vormundes zu korrigieren,[9] ihn insbesondere anzuweisen, streitige Ansprüche Dritter zu erfüllen[10] oder

---

[4] Zuständig ist der Rechtspfleger. Die Anordnung nach § 1838 kann nur der Richter treffen. Vgl. § 14 Nr. 8 RpflG.

[5] Vgl. BayObLG, FamRZ 1977, 822; FamRZ 1978, 351 (352).

[6] Zust. MünchKomm-*Zagst,* 7 zu § 1837. Die früher h. M. (Nachw. in der Voraufl., S. 780 Fn. 4) beschränkte dagegen das VormG auf Gebote und Verbote nach schuldhaftem Verhalten des Vormundes und verwies bei schuldlosem Tun auf die Möglichkeit der Entlassung (§ 1886). Wenig folgerichtig wurde damit dem weniger gravierenden (weil schuldlosen) Verhalten die stärkere Sanktion zugeordnet. Nach der Änderung des § 1837 durch das EltSorgRG muß jene Lehre als überholt gelten.

[7] Persönliche Auskunft ist nicht unbedingt erforderlich, kann aber vom Gericht gefordert werden. Vgl. KG, RJA 13, 70. Das Gericht kann auch Vorlage aller sich auf die Vormundschaft beziehenden Papiere verlangen. Vgl. KG, Recht 1908 Nr. 2574.

[8] Vgl. RG, GruchB 60 (1916), 1015; BayObLGZ 23, 224 (226).

[9] Unstr., doch in der Praxis keinesfalls stets beachtet. Vgl. etwa LG Berlin, FamRZ 1974, 268 (Weisung an Ergänzungspfleger, einen Prozeß durchzuführen, den jener für aussichtslos hielt).

[10] Vgl. KG, RJA 16, 13; JW 1938, 1169; BayObLGZ 18, 12; 23, 224 (226).

Ersatz in das Mündelvermögen zu leisten.[11] *Pflichtwidrig handelt der Vormund im Bereich der Ermessensentscheidungen erst, wenn er eine offensichtlich das Mündelinteresse verletzende Entscheidung trifft.*[12] Vom Ermessen kann freilich nicht mehr die Rede sein, wenn eine Entscheidung zu treffen ist, die dem Kind nur Vorteile bringt, und ebensowenig, wenn der Mündel Mittel fordert für die nicht von vornherein aussichtslose Ausübung eines Rechts, das er selbständig geltend machen kann.[13] In beiden Fällen handelt der Vormund pflichtwidrig, wenn er nicht positiv entscheidet.

4. *Aufsicht; andere Maßnahmen.* Elterngleich (in entsprechender Anwendung der §§ 1666, 1666a, 1667 I und V sowie – für ändernde Entscheidungen – des § 1696) wird im übrigen (seit dem EltSorgRG) der Vormund beaufsichtigt; alle Maßnahmen sind zulässig, die auch Eltern gegenüber getroffen werden können, wenn auch hier wie dort nur in jenen Grenzen, die das Prinzip des mildestens Eingriffs zieht (zu den Details vgl. oben § 49 VIII). Zulässig ist es auch, dem Vormund ganze Teilbereiche der Sorge für den Mündel zu entziehen, ihm die Sorge in bestimmten Lebensbereichen zu nehmen, ihn von der Erledigung einzelner Angelegenheiten auszuschließen (jeweils mit der Notwendigkeit, einen Ergänzungspfleger zu bestellen, als Folge). Vormundschaft ist insofern nicht konsistenter als Elternschaft, obwohl sie eher als jene als unteilbare Einheit konstituiert werden kann: Dem Elternrecht korrespondiert kein Recht des Vormundes auf die Vormundschaft; Eltern können bei partiellem Versagen nicht entlassen werden, ein Vormund dagegen sehr wohl. Entscheidend war die Überlegung, daß die Interessen des Mündels mit einer flexibel gehaltenen Vormundschaft weit besser gewahrt werden können als mit einer statischen, die dem Teilversagen eines dem Kind an sich dienlichen (vornehmlich eines mit ihm verwandten) Vormundes schließlich nur mit der Entlassung zu begegnen weiß.

5. *Unterbringung des Mündels.* Unabhängig von jeder Pflichtwidrigkeit des Vormundes kann das Vormundschaftsgericht anordnen, daß der Mündel auf eigene Kosten zum Zwecke der Erziehung (nicht auch: der Heilung[14]) in einer geeigneten Familie oder in einer Erziehungsanstalt untergebracht wird (möglichst ohne Freiheitsentzug; ist er jedoch geboten, ersetzt § 1838 das Genehmigungsverfahren der §§ 1800, 1631 b); ist zumindest ein Elternteil personensorgeberechtigt, so ist die Anordnung nur zulässig, wenn sie dem Elternteil gegenüber aus den §§ 1666, 1666a zu rechtfertigen ist (§ 1838). Der Beschluß des Vormundschaftsgerichtes kann die Auswahl des Erziehers dem Vormund überlassen; er verpflichtet dann

---

[11] Vgl. BayObLGZ 3, 797 (800).

[12] Sinngemäß ebenso KG, JW 1935, 546; 1936, 2753; 1938, 1169; OLG München, JFG 8, 91 (97); *Kipp-Wolff*, § 120 I 1; *Erman-Hefermehl*, 2 zu § 1837; *Dölle*, § 130 I 4; *Staudinger-Engler*, 6 und 7 zu § 1837; MünchKomm-*Zagst*, 6 zu § 1837.

[13] Vgl. OLG Colmar, Recht 1910 Nr. 1267 (zu § 675 ZPO).

[14] Vgl. KG, KGJ 45, 67; LG Berlin, FamRZ 1970, 254.

den Vormund, einen Pflegevertrag abzuschließen und seine Erziehungsbefugnisse dem Erzieher zur Ausübung zu überlassen. Der Beschluß des Vormundschaftsgerichtes kann aber auch den Erzieher selbst auswählen; der Vormund verliert dann Recht und Pflicht zur Erziehung des Mündels; der Erzieher ist zum Ergänzungspfleger zu bestellen (§ 1909).[15] Hier wie dort ist bei der Unterbringung auf das religiöse Bekenntnis oder die Weltanschauung des Mündels und seiner Familie Rücksicht zu nehmen.

§ 1838 durchbricht die Ordnung der Zuständigkeiten kaum. Er ermächtigt das Vormundschaftsgericht, im unmittelbaren Zugriff das Wohl des Kindes zu wahren und pflichtgemäße Entscheidungen des Vormundes zu korrigieren,[16] überläßt ihm aber nur die organisierende Anordnung. Das Vormundschaftsgericht kann den Erzieher bestimmen, nicht mehr selbst erziehen; der Schluß von der Möglichkeit der generellen Entscheidung auf die Befugnis, mit minderen Mitteln in die Erziehung des Mündels selbst einzugreifen,[17] ist falsch.

Die Anordnung des Vormundschaftsgerichtes kann dem Willen des Vormundes entsprechen. § 1838 wird aber mißbraucht, wenn die Anordnung ausschließlich erfolgt, um den Willen eines zur Herausgabe des Kindes nicht bereiten Dritten mit den Mitteln des § 33 FGG brechen zu können (und damit dem Vormund das Verfahren gemäß den §§ 1800, 1632 zu ersparen).[18]

6. *Religiöse Erziehung*. Unabhängig von jeder Pflichtwidrigkeit kann das Vormundschaftsgericht dem bekenntnisverschiedenen Vormund auch die Sorge für die religiöse Erziehung des Kindes entziehen (§ 1801). Das Gesetz kennt keine Einschränkung; die Rechtsprechung wendet die Norm – allgemeinen Grundsätzen des Vormundschaftsrechts folgend – nur an, wenn die religiöse Erziehung des Kindes gefährdet erscheint.[19] Die praktische Bedeutung der Möglichkeit ist gering. Bekenntnisverschiedenheiten sind selten (§ 1779 II 2); im Einzelfall kann die Entlassung des Vormundes erforderlich sein (§ 1886)[20] und die mildere Maßnahme verdrängen.

7. *Sicherheitsleistung*. Aus besonderen Gründen (Umfang und Schwierigkeit der Verwaltung, Mißtrauen; nicht erforderlich: konkrete Gefährdung der Mündelinteressen) kann das Vormundschaftsge-

---

[15] A. A. *Kipp-Wolff*, § 113 III; *Beitzke*, § 37 II 3; *Soergel-Germer*, 7 zu § 1838 (Erziehung durch den ,,Inhaber der Erziehungsgewalt" der aufnehmenden Familie!); *Erman-Hefermehl*, 2 zu § 1838 (Erziehungsrecht für das ,,Haupt der Familie"!); *Palandt-Diederichsen*, 2 zu § 1838; *Staudinger-Engler*, 10 zu § 1838; *Dölle*, § 125 II 3. Die Unterscheidung zwischen dem vom Gericht bestimmten und dem vom Vormund auszuwählenden Erzieher findet sich bei ihnen nicht; der Erzieher soll das Erziehungsrecht mit Anordnung des VormG erwerben.

[16] Vgl. BayObLGZ 20, 110; 25, 180 (Taubstummenanstalt); OLG München, JFG 8, 91.

[17] Ihn zieht OLG Colmar, ROLG 38, 156. Zust. *Erman-Hefermehl*, 3 zu § 1838.

[18] A. A. OLG Köln, NJW 1952, 547 mit Anm. *Keidel*.

[19] Vgl. BayObLGZ 9, 483; KG, KGJ 37, A 75 (Eingreifen bei Unterbringung des Mündels in einer Familie mit anderer Konfession erst bei außergewöhnlichen Unzuträglichkeiten); KGJ 46, 79 (nur, wenn ,,gewichtige Gründe" vorliegen).

[20] Vgl. BayObLG, Recht 1925 Nr. 655 (Geistlicher als Vormund).

richt den Vormund anweisen, auf Kosten des Mündels Sicherheit für das von ihm verwaltete Vermögen zu leisten und damit etwaige Ersatzansprüche des Mündels zu sichern.[21] Art und Umfang der Sicherheitsleistung bestimmt das Vormundschaftsgericht ohne Bindung an die §§ 232ff., jedoch mit stetem Blick auf die konkrete Situation des Vormundes: Zu wählen ist jene Sicherung, die den Vormund am wenigsten belastet.[22] Erhöhung, Minderung und Aufhebung der Sicherheit kann jederzeit angeordnet werden (§ 1844).

Niemand wird zur Führung einer Vormundschaft unter Sicherheitsleistung gezwungen. Nach § 1786 I Nr. 6 kann die Übernahme der Vormundschaft abgelehnt werden; § 1889 gibt ein Recht auf Entlassung. Vormundschaften unter Sicherheitsleistung sind daher in aller Regel Vormundschaften, an denen der Vormund selbst materiell interessiert ist (§§ 1835 II, 1836).

Eine fragwürdige Rechtsprechung toleriert nur Sicherheiten, die dem Vormund mit Rücksicht auf seine Stellung innerhalb der Gesellschaft zuzumuten sind. Einem Anwalt soll etwa der Abschluß einer Kautionsversicherung nicht zugemutet werden können, weil sie auch vorsätzlich verursachte Schäden deckt.[23] Der Erfolg ist eine dem Vormundschaftsrecht sonst fremde Privilegierung des besonders vertrauenswürdigen Vormundes und eine Diskriminierung der anderen.[24]

Sicherheit kann vielfach nur mit rechtsgeschäftlichen Akten geleistet werden, die der Mitwirkung des Mündels bedürfen. § 1844 II ersetzt insoweit das Handeln des Mündels durch die Anordnung des Vormundschaftsgerichtes, räumt also dem Gericht Vertretungsmacht für den Mündel ein. Durch hoheitlichen Akt des Gerichtes und Eintragung im Grundbuch kann eine Sicherheitshypothek an einem Grundstück des Vormundes begründet werden (§ 54 FGG).

8. Alle seine Anordnungen (auch die der Sicherheitsleistung) kann das Vormundschaftsgericht dem Vormund und Gegenvormund gegenüber nach vorheriger Androhung (vgl. § 33 III FGG; allgemeine Androhungen sind unzulässig) mit *Ordnungsstrafen* bis zum Höchstbetrag von eintausend Deutscher Mark durchsetzen (§ 1837 II). Die ,,Strafen" sind Zwangsmittel und deshalb *abhängig von einer Anordnung, die der Vormund oder Gegenvormund noch befolgen kann.* Ordnungsstrafen dürfen etwa nie mit einer Entlassung des Vormundes verbunden werden und nie mit einem Entzug der Vertretungsmacht (§ 1796), der ihm die Möglichkeit nimmt, der Anordnung entsprechend zu handeln.[25] Als Zwangsmittel sind sie ferner sofort aufzuheben (§ 18 FGG), wenn der Vormund oder Gegenvormund die Anordnung befolgt hat. Beitreibung nach Gehorsam heißt strafen, nicht zwingen.[26]

---

[21] Weil die Anordnung des Gerichtes dem Mündel keinen privatrechtlichen Anspruch auf Sicherheitsleistung gewährt, kann sie nicht mit einer Klage durchgesetzt werden. Ein Arrest nach §§ 916ff. ZPO ist nicht möglich. Vgl. *Staudinger-Engler,* 12 zu § 1844; *Erman-Hefermehl,* 3 zu § 1844; MünchKomm-*Zagst,* 7 zu § 1844. A. A. *Soergel-Germer,* 8 zu § 1844; *Palandt-Diederichsen,* 1 zu § 1844; *Dölle,* § 127 II 7c.

[22] Vgl. MünchKomm-*Zagst,* 5 zu § 1844.

[23] OLG Düsseldorf, JZ 1951, 643.

[24] Dem Text zust. MünchKomm-*Zagst,* 5 zu § 1844.

[25] KG, RJA 16, 18; OLG Colmar, ROLG 21, 291.

[26] Vgl. KG, ROLG 37, 249; 38, 260; KGJ 41, 34. Dagegen halten *Kipp-Wolff,* § 120 Fn. 24, die Beitreibung für zulässig, solange die Straffestsetzung nicht nach Beschwerde aufgehoben wurde.

V. Haftung des Vormundes

Schrifttum: *Schreiber,* Die Haftung des Vormundes im Spannungsfeld von öffentlichem Recht und Privatrecht, AcP 178 (1978), 533.

1. *Maßstab.* Das Haftungsprivileg der Eltern (§ 1664) beruht auf ihrer besonders engen verwandtschaftlichen Beziehung zum Kind; Vormund und Gegenvormund haften dem Mündel ohne jede Einschränkung für Vorsatz und Fahrlässigkeit (§ 1833).[1] Mildernd wirkt die Bereitschaft der Rechtsprechung, das Maß der erforderlichen Sorgfalt nach dem Lebenskreis des Vormundes zu bestimmen, die im Privatrecht übliche Abstraktion von den konkreten Verhältnissen des Schädigers beim Sorgfaltsmaßstab mithin in Grenzen zu halten.[2] Eine weiterreichende Haftung aus anderem Rechtsgrund (§§ 823, 826 etwa) bleibt unberührt; § 1833 regelt allein das familienrechtliche Verhältnis (Verjährung: § 195; Frist während der Vormundschaft gehemmt gemäß § 204 Satz 2); eine abschließende Regelung enthält er nicht.

2. *Pflichtwidrigkeiten.* Haftung des Vormundes ist Haftung aus vielen Anlässen, entsprechend der Vielfalt der ihm obliegenden Pflichten. Der Unterhaltsvergleich zur Unzeit dominiert in der Praxis,[3] gefolgt von der fehlerhaften (insbesondere trotz unzureichender Rechtskenntnisse selbständigen) Prozeßführung,[4] der irrtümlichen Annahme in Wahrheit nicht bestehender Erfolgsaussichten in einem Prozeß[5] und der schuldhaften Preisgabe vermögensrechtlicher Ansprüche.[6] Auskunft, Rat und Genehmigung des Vormundschaftsgerichtes können im Einzelfall den Vorwurf fahrlässigen Verhaltens ausräumen, doch wahrt die Rechtsprechung mit gutem Grund Zurückhaltung und verfährt nur nach Rechtsauskünften großzügiger;[7] der Vormund führt die Vormundschaft, nicht das Vormundschaftsgericht. Rat und Auskunft stehen daher dem Vormund nur zu kritischer Prüfung zu Gebote. Genehmigungspflichten aber sollen den Mündel zusätzlich sichern, nicht aber zu einer Entlastung des Vormundes führen. Noch größere Zurückhaltung ist gegenüber dem Gedanken einer Entlastung durch mitwirkendes Verschulden des Mündels (§ 254) geboten, wenn von ihm mögliche Rechtsmit-

---

[1] Der Vormund haftet auch, wenn er wegen eines Mangels der Anordnung der Vormundschaft oder des Bestellungsaktes zu entlassen ist. Vgl. RGZ 84, 92; RG, HRR 1933 Nr. 2588. In entspr. Anwendung des § 1833 soll dem RG zufolge haften, wer zwar nicht mehr Vormund ist, sich aber noch als im Amt befindlich betrachtet. Vgl. JW 1938, 3116; DR 1940, 726.

[2] Vgl. RG, JW 1911, 1016; BGH, FamRZ 1964, 199.

[3] Vgl. RGZ 132, 257; OLG Braunschweig, MDR 1956, 485; BGHZ 9, 255; 22, 72. Der Vormund kann nicht geltend machen, daß andere unterhaltspflichtige Verwandte vorhanden seien (arg. § 843 IV; allg. Rechtsgedanke).

[4] Vgl. RG, JW 1922, 1006; OLG Stuttgart, MDR 1956, 169; SchlHOLG, SchlHA 1962, 143. Vgl. aber auch OLG Celle, Rpfleger 1956, 310 (keine Pflicht des Vormundes, die Mutter eines nichtehelichen Kindes auf die Folgen der Zeugnisverweigerung hinzuweisen).

[5] Vgl. RG, Warn. 1932 Nr. 76; OLG Hamburg, NJW 1960, 1207.

[6] Vgl. OLG Nürnberg, FamRZ 1965, 454 (praktische Preisgabe der Unterhaltsansprüche durch Zustimmung zur Ausstellung eines Auswandererpasses für den nichtehelichen Vater); OLG Stuttgart, RdJ 1967, 192 (Fristversäumnis für Rentenantrag); BGH, FamRZ 1971, 574 (vertragliches Ablösungsrecht mit Erwerb einer Ausgleichsforderung nicht ausgeübt).

[7] Vgl. RG, JW 1912, 67 (Genehmigung); RGZ 132, 257 (Rechtsauskunft); KG, JW 1933, 184 (fehlerhafte Belehrung); OLG Braunschweig, MDR 1956, 485 (Genehmigung); BGH, FamRZ 1964, 199 (Genehmigung entlastet, wenn dem VormG der gesamte Sachverhalt bekannt ist und nur Rechtsfragen zu entscheiden sind).

tel (§ 59 FGG) nicht eingelegt wurden.[8] Der Mündel soll sich auf den Vormund, nicht dieser auf jenen verlassen dürfen.

Haftung des Gegenvormundes ist Haftung für fehlerhafte Überwachung des Vormundes[9] (dann voller Regreß auf den Vormund; § 1833 II 2) oder Haftung aus pflichtwidriger Beeinträchtigung der Mündelinteressen (bei gleichzeitiger Haftung des Vormundes dann Ausgleich nach den Grundsätzen des § 426).[10]

3. *Haftung für Dritte.* Überläßt der Vormund erlaubt[11] Aufgaben, die er an sich selbst erfüllen müßte, einem Dritten, so haftet er dem Mündel für dessen Verschulden in entsprechender Anwendung des § 278. Er haftet dagegen nur für culpa in eligendo, wenn er lediglich für die Betreuung des Mündels durch einen Dritten zu sorgen hatte (ärztliche Hilfe).[12] Vormund und Eltern stehen insoweit gleich (vgl. oben § 49 II 3).

VI. Mitwirkung Dritter

1. *Fallgruppen.* Eigenverantwortliches Handeln des Vormundes ist die Regel. Abhängigkeiten treten ein, wenn neben dem Vormund andere Personen (Eltern, Pfleger) für den Mündel zu sorgen haben. Abhängigkeiten bestehen weiter bei allen Akten, die an die Genehmigung des Vormundschaftsgerichtes gebunden sind.

2. *Konkurrierende Betreuung* kann in Form gleichgerichteter elterlicher Restbefugnisse stattfinden. Dem geltenden Recht ist diese Form in § 1673 II geläufig (vgl. dazu oben § 55 III 3f.), als tatsächliche Personensorge beschränkt geschäftsfähiger Eltern, mit klarer Ordnung der Entscheidungsgewalt im Streit, die von der Notwendigkeit entbindet, eine staatliche Instanz zur Entscheidung zu berufen.

Konkurrierende Betreuung kann ferner im Überschneidungsbereich zweier an sich selbständiger Aufgabenbereiche stattfinden. Das theoretisch Gesonderte erweist sich vielfach als praktisch miteinander verbunden; es gilt dann, „gemischte Angelegenheiten" zu erledigen. Konkurrierende Betreuung dieser Art kann den Vormund sowohl mit einem Pfleger als auch mit Eltern verbinden.

3. *Pflegschaft* ergänzt die Vormundschaft (§ 1909) und verdrängt sie konstitutiv bei fehlerhafter, jedoch nicht nichtiger Bestellung eines Pflegers (§ 1794; vgl. dazu § 1630 I). Die Aufgabensonderung schließt gleichgerichtete Befugnisse aus.

---

[8] Vgl. für ihn *Palandt-Diederichsen,* 2 zu § 1833; MünchKomm-*Zagst,* 11 zu § 1833; *Erman-Hefermehl,* 8 zu § 1833; *Soergel-Germer,* 6 zu § 1833.

[9] Ein Beispiel: OLG Breslau, SeuffA 63 Nr. 163.

[10] Vgl. BGH, NJW 1956, 789.

[11] Unerlaubte Überlassung verpflichtet den Vormund aus § 1833 I. Allg. M.

[12] A. A. *Palandt-Diederichsen,* 4 zu § 1793; *Staudinger-Engler,* 25 zu § 1833; *Erman-Hefermehl,* 5 zu § 1793 (bei zulässiger Übertragung stets nur Haftung für Verschulden bei der Auswahl). Wie der Text RGZ 76, 185; *Beitzke,* § 38 II 1; *Henrich,* § 23 IV 1; *Soergel-Germer,* 5 zu § 1833; *Dölle,* § 124 I; *Schreiber,* AcP 178 (1978), 540ff.

Streitigkeiten im Bereich der „gemischten Angelegenheiten" entscheidet in Analogie zu den §§ 1798, 1915 stets das Vormundschaftsgericht[1] (und das auch dann, wenn die Vormundschaft vom Familiengericht angeordnet wurde).

Ein *Elternteil* kann mit gesonderten Aufgaben neben einem Vormund tätig sein in den Fällen des § 1680, also dann, wenn das Vormundschaftsgericht dazu berufen war, über die elterliche Sorge eines Elternteils zu befinden, dessen Partner die seine durch richterlichen Akt (§§ 1666ff.) oder durch Konkurs (§ 1670) verlor, und (nach dem Prinzip des mildesten Eingriffs) einen Teilentzug für richtig hielt. „Gemischte Angelegenheiten" sind in diesem Fall in Analogie zu den §§ 1628 und 1798 vom Vormundschaftsgericht (in den Grenzen, die ihm im Elternstreit gezogen sind) zu entscheiden. Was zwischen Eltern und zwischen Mitvormündern gilt, muß in einer Rechtsordnung, die grundsätzlich keine Prärogative der Eltern kennt, auch zwischen Eltern und Vormund rechtens sein.

4. *Genehmigungspflichtige Akte.* Bindung der Eltern ist stets zugleich auch Bindung des Vormundes; eine Ausnahme gibt es nicht. Doch reicht die Bindung des Vormundes weit über diejenige der Eltern hinaus; der Katalog der genehmigungspflichtigen Akte ist umfangreicher, und zwar ohne Rücksicht auf besondere Beziehungen zwischen dem Mündel und dem Vormund: Verwandtschaft mildert nicht, auch nicht Verwandtschaft in gerader Linie (Großeltern).

Gleich ist die Struktur der Genehmigung (vgl. dazu oben § 52 III), gleich auch der Radius der Bindungen zur Abwehr freien Handelns in Formen, in denen der wirtschaftliche Effekt des gebundenen Akttyps surrogierend zugänglich bleibt (vgl. dazu § 1824 als Norm, die § 1644 entspricht, und im übrigen oben § 52 IV). Um einen Fall vermehrt wurde die Möglichkeit einer allgemeinen Ermächtigung; § 1825 gestattet sie auch für jene (den Eltern zu freiem Handeln überlassenen) Geschäfte, die § 1812 an die Genehmigung des Gegenvormundes bindet (dazu unten § 66 III 11).

Vor seiner Entscheidung soll das Vormundschaftsgericht – soweit tunlich – den etwa vorhandenen Gegenvormund hören. Pflichtwidriges Unterlassen tastet jedoch die Wirksamkeit der Genehmigung nicht an; Sanktion ist allein die Verpflichtung zum Schadensersatz aus Amtspflichtverletzung (vgl. oben § 44 I 6). Insofern hebt sich das Recht des Gegenvormundes (obwohl er zur Mitwirkung bei der Vormundschaft berufen ist) vom Recht des Mündels selbst (vgl. dazu oben § 44 I 5) in den Fragen des rechtlichen Gehörs nicht ab.

5. Im Bereich der *Personensorge* gehen die Bindungen des Vormundes nur für wenige Akte über die Bindungen der Eltern hinaus. Die (seltene) Erstbestimmung des religiösen Bekenntnisses ist etwa zu nennen (§ 3 II 2 RelKEG) sowie die (ebenfalls seltene) Entlassung aus dem Staatsverband (der § 26 IV RuStAG

---

[1] Ganz h. M. Vgl. *Staudinger-Engler,* 3 zu § 1794; *Erman-Hefermehl,* 2 zu § 1794; *Soergel-Germer,* 1 zu § 1794; MünchKomm-*Zagst,* 5 zu 1794.

den Verzicht auf die deutsche Staatsangehörigkeit hinzufügt), mag auch der Vormund Entlassung für sich und den Mündel begehren (§ 19 RuStAG). Notwendig auf den Vormund beschränkt ist ferner die Bindung der Ehelichkeitsanfechtungsklage des geschäftsunfähigen Ehemannes (§§ 1595 II BGB, 640b ZPO).[2]

Größere Bedeutung hat die über § 1822 Nr. 5 (dazu oben § 52 V 7) hinausführende Bindung aller Lehr-, Dienst- und Arbeitsverträge, die den Mündel für längere Zeit als ein Jahr verpflichten (§ 1822 Nrn. 6 und 7). Sie dient weniger der Kontrolle der dem Mündel zufließenden Gegenleistung als der Kontrolle der eigenen, die Person des Mündels vielfach nachhaltig berührenden Verpflichtung (Berufswahl; Eingliederung in eine Betriebsgemeinschaft). Nicht gebunden ist die Beendigung der Verträge; die Interessen des Mündels werden insoweit lediglich im Rahmen der allgemeinen Aufsicht über den Vormund gewahrt.

6. Ausgedehnter sind die zusätzlichen Bindungen des Vormundes im Bereich der *Vermögenssorge*. Betroffen ist primär die Kapitalanlage (zu ihr unten § 66 III), doch ist der Katalog der genehmigungspflichtigen Akte auch sonst nicht unerheblich erweitert worden, mag auch das EltSorgRG die ursprünglich allein für den Vormund bestehende Bindung des entgeltlichen Erwerbs von Grundstücken (§ 1821 I Nr. 5) auf die Eltern erstreckt haben (vgl. oben § 52 V 4).

7. Weit mehr Mißtrauen begegnet dem Vormund vornehmlich beim *Vermögensanfall von Todes wegen*. Die den Eltern zugestandenen Ausnahmen von der Genehmigungsbedürftigkeit des Erbverzichts (§ 2347 I) und der Aufhebung eines Erbvertrages (§ 2290 III) entfallen. Die Ausschlagung einer Erbschaft[3] ist gemäß § 1822 Nr. 2 in jedem Fall genehmigungspflichtig, mithin auch dann, wenn der Anfall an das Kind erst infolge der Ausschlagung des Vormundes eintrat (anders § 1643 II).[4] Über die Bindungen der Eltern hinaus bedarf der Vormund ferner der Genehmigung für jeden Erbteilungsvertrag, mag er nun den gesamten Nachlaß, mag er auch nur einzelne Nachlaßgegenstände verteilen, und hier wie dort auch dann, wenn er mit gerichtlicher Hilfe (§§ 86ff. FGG) zustandekam.[5]

Erbteilungsverträge sind streng genommen nur Verträge, die das gesamthänderisch gebundene Vermögen der Miterbengemeinschaft auf einen Miterben oder einige von ihnen übertragen, also nur die Vollzugsakte in der Erbauseinandersetzung und nicht das einleitende obligatorische Geschäft. Dennoch ist bereits

---

[2] Genehmigungsfrei ist die Fortsetzung eines bereits schwebenden Prozesses. Vgl. oben § 45 III 6.

[3] Gleiches muß für die Anfechtung der Annahme gelten. Vgl. § 1957 I. Ebenso MünchKomm-*Zagst,* 3 zu § 1822.

[4] Vgl. dazu OLG München, FamRZ 1962, 209 (nichteheliche Mutter als Vormund).

[5] Frei ist die Teilung durch einen Testamentsvollstrecker, frei auch die Veräußerung des Nachlasses an Dritte (sofern nicht eine Genehmigungspflicht aus anderen Gründen besteht). Str. ist die Rechtslage für eine Teilungsklage (§ 2042). Die h. L. verneint die Bindung. Vgl. *Erman-Hefermehl,* 2 zu § 1822; *Soergel-Germer,* 10 zu § 1822; *Palandt-Diederichsen,* 3g zu § 1822; *Staudinger-Engler,* 61 zu §§ 1821, 1822; MünchKomm-*Zagst,* 3 zu § 1822. Gegen sie mit Recht *Müller,* JR 1961, 445, weil die Teilungsklage Verurteilung zur Abgabe der zu einem Teilungsvertrag notwendigen Willenserklärungen begehrt.

die Genehmigung des obligatorischen Geschäftes zu fordern:[6] Die Genehmigungspflicht verliert ihren Sinn, wenn der Mündel zu bestimmter Erbteilung frei verpflichtet werden kann.

8. Genehmigungspflichtig allein für den Vormund sind ferner alle *Pachtverträge* über ein Landgut (nicht einzelne Grundstücke)[7] oder einen gewerblichen Betrieb, mag nun der Mündel Pächter, mag er auch Verpächter sein (§ 1822 Nr. 4), alle Vergleiche und Schiedsverträge mit Ausnahme jener, deren Gegenstand in Geld schätzbar ist und den Wert von dreihundert DM nicht übersteigt (§ 1822 Nr. 12), schließlich alle Rechtsgeschäfte, die Sicherheiten für eine Forderung des Mündels aufheben oder mindern oder eine Verpflichtung dazu begründen (§ 1822 Nr. 13).

9. Vergleich ist auch der Prozeßvergleich (vgl. dazu oben § 52 IV 4)[8] und der Zwangsvergleich im Konkurs- oder Vergleichsverfahren. Der rechtskräftig bestätigte Zwangsvergleich bindet aber den Mündel auch, wenn der Vormund gegen ihn stimmte oder ihm ohne Genehmigung des Vormundschaftsgerichtes zustimmte (§§ 193 KO, 82 VerglO).

10. § 1822 Nr. 13 bindet die *Aufgabe* und die *Minderung von Sicherheiten* unter Fortbestand der gesicherten Forderung, mithin nicht den Rechtsverlust nach Annahme der geschuldeten Leistung (Bindung aber nach §§ 1812, 1813; vgl. dazu unten § 66 III 11 und 12).[9] Praktische Bedeutung erlangt er vornehmlich im Verkehr mit Grundpfandrechten,[10] mag nun das Grundpfandrecht dem Mündel selbst zustehen, mag auch nur die Zustimmung des Mündels als Nacherbe zu einer Verfügung des Vorerben über ein zum Nachlaß gehörendes Grundpfandrecht erforderlich sein.[11] Gebunden sind insbesondere der Verzicht auf eine Hypothek (§ 1168) und ihre Aufhebung (§ 1183),[12] aber auch eine Rangminderung nach § 880[13] und – infolge der Verschlechterung der Gläubigerposition in der Rechtsverfolgung – die Umwandlung einer Verkehrshypothek in eine Sicherungshypothek (dagegen nicht die Umwandlung einer Sicherungshypothek in eine Verkehrshypothek) sowie die Preisgabe eines Gesamtgrundpfandrechts zugunsten einer Belastung einzelner Grundstücke in Teilen (§ 1132 II).

---

[6] Ebenso *Kipp-Wolff,* § 116 Fn. 11; *Soergel-Germer,* 9 zu § 1822; *Staudinger-Engler,* 59 zu §§ 1821, 1822. Vgl. dagegen KG, KGJ 42, 50.

[7] Vgl. dazu KG, JW 1936, 1469 (Teilverpachtung genehmigungspflichtig, wenn der nicht verpachtete Teil einen selbständigen wirtschaftlichen Betrieb nicht mehr erlaubt).

[8] Vgl. RGZ 56, 333; BayObLG, FamRZ 1957, 266 (267). Weitere Nachw. bei *Staudinger-Engler,* 135 zu §§ 1821, 1822.

[9] Vgl. KG, ROLG 8, 359 (360); 10, 10; KGJ 40, 163; RG, Warn. 1939 Nr. 84.

[10] Aus der Rspr. zu anderen Sicherheiten vgl. vornehmlich KG, ROLG 3, 109 (Verzicht auf Vorrecht im Konkurs).

[11] Vgl. OLG Dresden, Recht 1906 Nr. 477; KG, KGJ 33, A 43 (A 46).

[12] Genehmigungsfrei ist die Aufhebung einer Hypothek, die eine Forderung sichert, an welcher dem Mündel ein Nießbrauch zusteht (keine Forderung des Mündels!). H. L. im Anschl. an KG, KGJ 40, 163. Zweifelnd *Kipp-Wolff,* § 115 Fn. 30. A. A. *Dölle,* § 128 II 2eff; MünchKomm-*Zagst,* 20 zu § 1822.

[13] Vgl. RG, Recht 1920 Nr. 2443; BayObLGZ 17, 173.

Aufgabe und Minderung einer Sicherheit können geschenkt werden. Das Schenkungsverbot des § 1804 nimmt dem Vormund grundsätzlich die Möglichkeit dazu; die verbotswidrige Aufgabe oder Minderung einer Sicherheit ist in diesem Fall nicht genehmigungspflichtig, sondern nichtig.[14]

11. *Erwerbsgeschäft.* Nurmehr in Form einer Innengenehmigung verstärkt § 1823 den Katalog der genehmigungspflichtigen Akte um die Auflösung eines im Namen des Mündels betriebenen Erwerbsgeschäftes (für die vertragliche Veräußerung gilt § 1822 Nr. 3). Eltern sind gebunden nur für den Beginn, der Vormund für Beginn und Ende.[15] Freilich ist eigenmächtiges Handeln zwar pflichtwidrig (ein Schaden wird oft nicht entstehen), jedoch nicht unwirksam: Der Registerrichter darf Eintragungen nicht ablehnen; der Mündel wird Kaufmann.

VII. Ansprüche des Vormundes

1. *Vergütung.* Elternschaft verpflichtet stets zu unentgeltlicher Fürsorge. Dem Vormund (und aus besonderen Gründen auch dem Gegenvormund[1]) kann (muß aber nicht[2]) dagegen vom Vormundschaftsgericht[3] auf Antrag oder von Amts wegen[4] eine angemessene Vergütung bewilligt werden (§ 1836). ***Die Bewilligung ist Konstitutivakt für eine gegen den Mündel gerichtete Forderung des Vormundes,*** deren Existenz vom Fortbestand des Bewilligungsaktes abhängig ist.[5] Selbst das Vormundschaftsgericht kann seinen Beschluß ändern oder aufheben, wenn es ihn nachträglich für ungerechtfertigt hält (§ 18 FGG; bei Überzahlung Ausgleich nach § 812).[6] Causa der Forderung ist die Tätigkeit als Vormund, und sei es auch nur als Vormund, der zur Korrektur eines Mangels in der Anordnung der Vormundschaft oder auch des Bestellungsaktes alsbald wieder zu entlassen ist.

---

[14] Vgl. KG, JFG 16, 88.

[15] Nicht genannt ist in § 1823 die Änderung. Sie muß jedenfalls dann gebunden sein, wenn sie qualitativ einer Neugründung entspricht. Vgl. *Soergel-Germer,* 3 zu § 1823; MünchKomm-*Zagst,* 3 zu § 1823.

[1] Mit stetem Blick auf seine Leistungsfähigkeit. Vgl. BayObLGZ 1975, 103. Die Entscheidung berücksichtigt bei einem Rechtsanwalt, daß er auch in juristischer Beziehung ergänzen und überwachen konnte. Daß eine Vergütung nur gewährt werden darf, wenn die Tätigkeit erheblich über das hinausgeht, was vom Gegenvormund zur Erfüllung seines Ehrenamtes regelmäßig gefordert und ihm zugemutet werden kann (so MünchKomm-*Zagst,* 4 zu § 1836), ist dem Gesetz nicht zu entnehmen, zudem schon im Ansatz problematisch, weil jeder Gegenvormund vollen Einsatz schuldet.

[2] Daß Unentgeltlichkeit nicht gegen das GG verstößt, hat das BayObLG feststellen müssen (FamRZ 1977, 558). Der Beschwerdeführer war Anwalt mit einer (schwerlich erwünschten) Vormundschaftskanzlei.

[3] Und nicht vom Prozeßgericht. Vgl. aber BGH, FamRZ 1967, 462 (unter Berufung auf Treu und Glauben anders, weil sicher war, daß das VormG eine der Klage entspr. Vergütung bewilligt hätte).

[4] Vgl. KG, NJW 1957, 1441.

[5] Von einer Entstehung „kraft Gesetzes" (so MünchKomm-*Zagst,* 1 zu § 1836) sollte deshalb nicht gesprochen werden.

[6] Ganz h. L. Älteres abw. Schrifttum bei *Kipp-Wolff,* § 117 III. Eine Ausnahme muß gelten, wenn eine Bewilligungsverfügung nach Erschöpfung des Instanzenzuges formell rechtskräftig geworden ist. Vgl. *Staudinger-Engler,* 17 zu § 1836 m. weit. Nachw.; MünchKomm-*Zagst,* 14 zu § 1836.

Befriedigung kann der Vormund sich selbst aus dem verwalteten Vermögen verschaffen (§ 181 gibt die Erfüllung von Verbindlichkeiten im Insichgeschäft frei; § 1805 hindert nicht). Streitigkeiten entscheidet das Prozeßgericht unter Bindung an den Bewilligungsakt (also an Grund und Höhe des Anspruches). Gegenstand des Prozesses sind daher stets nur Einwendungen (Erlaß; Aufrechnung mit einer Schadensersatzforderung) und Einreden, die gleicherweise im Bewilligungsakt des Vormundschaftsgerichtes nicht zu berücksichtigen sind.[7]

2. Die Bewilligung soll nur erfolgen, wenn das Vermögen des Mündels[8] sowie der Umfang und die Bedeutung der vormundschaftlichen Geschäfte (nicht notwendig der Vermögensverwaltung[9]) es rechtfertigen. Einmalige Zahlungen sind ebenso möglich wie periodische Leistungen; für die Zukunft können laufende Zahlungen jederzeit geändert oder beendet werden.

3. Vor der Bewilligung, Änderung oder Entziehung soll der Vormund gehört werden und, wenn ein Gegenvormund vorhanden oder zu bestellen ist, auch dieser. Ein von Fall zu Fall wechselndes Netz von Billigkeitserwägungen (Erfolg, Mühe, Pflichteifer, Verwandtschaft mit dem Mündel etc.) entscheidet über das Ob und die Höhe der Vergütung.[10] Es gibt keinen Rahmen, keine Taxe, keinen

---

[7] Vgl. RGZ 127, 103 (107); BGH, FamRZ 1963, 356; BayObLGZ 1951, 346 (351); 1965, 348 (352); KG, JW 1938, 1265; NJW 1957, 1441 (Erlaß vor Bewilligung); OLG Nürnberg, FamRZ 1956, 117.

[8] Gemeint: Aktivvermögen; Überschuldung schließt eine Vergütung nicht unbedingt aus. Vgl. RGZ 149, 172; BayObLG, JZ 1953, 242; NJW 1960, 101; BayObLGZ 1965, 348 (351).

Eine Vergütung kann auch bewilligt werden, wenn das Vermögen des Mündels nicht vom Vormund verwaltet wurde. Vgl. RGZ 147, 317; BayObLG, JZ 1953, 242; KG, MDR 1966, 589.

Vermögen ist auch ein Anspruch, in dessen Rahmen die Last der Vergütung auf einen Dritten abgewälzt werden kann. Vgl. BGH, FamRZ 1963, 356 (Aufopferungsanspruch).

Str. ist, ob zum Vermögen auch das laufende Einkommen, insbesondere aus Renten und (bei der Erwachsenenvormundschaft sowie Pflegschaft) Ruhegehältern, gehört. Bejahend aus dem Sinn der Norm mit Recht BayObLG, NJW 1960, 101 (mit der ält. Judikatur); *Dölle,* § 129 Fn. 25; *Beitzke,* § 38 II 2. Bejahend nur noch für den erwachsenen Pflegling (weil § 1915 nur eine entspr. Anw. des § 1836 fordere) KG, MDR 1966, 589; FamRZ 1968, 488; *Soergel-Germer,* 9 zu § 1915. Verneinend *Staudinger-Engler,* 7 zu § 1836; MünchKomm-*Zagst,* 5 zu § 1836 („wenn und soweit sie zum Lebensunterhalt verwendet werden"; die Frage nach der Verwendung der vorhandenen Mittel gehört indessen erst zu den einzelfallbezogenen Entscheidungskriterien).

Nicht zu berücksichtigen sind Unterhaltsansprüche des Mündels (in die andernfalls die Vergütung für den Vormund als Lebensbedarf des Mündels eingerechnet werden müßte). Vgl. LG Düsseldorf, NJW 1965, 2111; *Erman-Hefermehl,* 2 zu § 1836.

Nicht zu berücksichtigen ist auch Vermögen, dessen Anfall möglich, aber nicht sicher ist. Vgl. BayObLG, JZ 1953, 242 (Aussicht des Vertragserben). Problematisch LG Düsseldorf, NJW 1965, 2111 (Pflichtteilsansprüche vor ihrer Geltendmachung nicht zu berücksichtigen). Die Entscheidung wird gebilligt von *Staudinger-Engler,* 7 zu § 1836; sie wird abgelehnt von MünchKomm-*Zagst,* 5 zu § 836.

[9] Vgl. RGZ 147, 317 (mit ält. Rspr.); *Staudinger-Engler,* 6 zu § 1836; MünchKomm-*Zagst,* 2 zu § 1836.

[10] Vgl. RGZ 149, 172; BayObLGZ 1965, 348ff. Nachlässige und oberflächliche Führung der Vormundschaft will OLG Köln, Rpfleger 1975, 92 nicht als relevanten Umstand anerkennen. Doch ist der Hinweis auf die dann möglichen Sanktionen (§§ 1833, 1886) belanglos, weil inkommensurabel. Richtig ist, daß mangelhafte Geschäftsführung eine Vergütung grundsätzlich nicht ausschließt. Vgl. zuletzt OLG Düsseldorf, FamRZ 1979, 81.

Höchstsatz; Maßstäbe für andere Vermögensverwalter (etwa den Konkursverwalter) sind nicht verwendbar.[11] Tragender Gedanke ist letztlich die Überzeugung, daß man einem Vormund unentgeltliche Tätigkeit nur zumuten könne, wenn ihm selbst die Mittellosigkeit des Mündels bekannt ist.[12] Das Ergebnis ist wenig befriedigend: Gleiche Tätigkeit wird ungleich gelohnt; nicht die Tätigkeit steuert das Entgelt, sondern der Zufall eines tätigkeitsfremden Umstandes. Sachlich gerechtfertigt ist die Tendenz der Rechtsprechung, einem mit Rücksicht auf seinen Beruf bestellten Vormund (Rechtsanwalt) eher eine Vergütung zu bewilligen als anderen.[13]

Zu den für die Höhe der Vergütung bestimmenden Umständen gehört auch die Pflicht des Vormundes, Umsatzsteuer (Mehrwertsteuer) im Hinblick auf die Vergütung zu entrichten. Die Erfüllung der Steuerschuld begründet keinen Anspruch aus § 1835 auf Aufwendungsersatz, denn es handelt sich nicht um eine Aufwendung, die der Vormund im Interesse des Mündels macht.[14] Wohl aber ist sie ein schon bei der Fixierung der Vergütung bekannter Umstand mit alsbaldiger unausweichlicher Minderung der Vergütung, deren Schmälerung antezipierend bedacht werden muß.[15]

4. *Aufwendungsersatz* wird dem Vormund stets geschuldet; Vorschüsse sind ihm „auf Verlangen" zu gewähren (§ 1835; da der Vormund die Beträge dem Vermögen des Mündels selbst entnehmen kann, weil eine Verbindlichkeit zu erfüllen ist und deshalb § 181 nicht hindert, fallen beim „verhaltenen Anspruch" auf Vorschuß Aktualisierung und Erfüllung oft zusammen). Selbst Eltern sind ja nicht gehalten, zugunsten der Kinder Vermögensopfer in der Ausübung der elterlichen Sorge auf sich zu nehmen (vgl. oben § 49 III 4). Vormünder mittelloser Mündel[16] erhalten Vorschuß und Ersatz aus der Staatskasse (§ 1835 III; der Staat hat keinen Regreßanspruch gegen den Mündel). Die Norm ist neu, erst das NEhelG hat sie in das BGB eingefügt. Zuvor hat man selbst beim Aufwendungsersatz eine ungleiche Behandlung von Vormündern mit gleichen Aufgaben ertragen.

5. Streitigkeiten zwischen Vormund und Mündel (auch als Klage des Mündels

---

[11] Vgl. OLG München, HRR 1937 Nr. 562; KG, DNotZ 1938, 600; OLG Frankfurt, MDR 1961, 691; KG, FamRZ 1968, 488; MünchKomm-*Zagst*, 10 zu § 1836.

[12] Das Pendel schlägt zurück, wenn der Vormund selbst vermögend ist. Vgl. KG, JW 1938, 1265; BayObLGZ 1965, 348 (351); *Soergel-Germer*, 5 zu § 1836; *Erman-Hefermehl*, 3 zu § 1836; *Staudinger-Engler*, 4 zu § 1836. A. A. *Palandt-Diederichsen*, 2 zu § 1836; *Dölle*, § 129 II 1; MünchKomm-*Zagst*, 10 zu § 1836.

[13] Vgl. RG, JW 1936, 378; BayObLG, MDR 1959, 934; OLG Frankfurt, MDR 1961, 691; BayObLGZ 1965, 348; KG, FamRZ 1968, 488.

[14] Vgl. BGH, FamRZ 1975, 89; *Erman-Hefermehl*, 1 zu § 1835. A. A. OLG Hamburg, NJW 1972, 1427; *Soergel-Germer*, 3 zu § 1835.

[15] Vgl. OLG Hamm, NJW 1972, 2038; KG, NJW 1973, 762; MünchKomm-*Zagst*, 6 zu § 1835.

[16] Als Maßstab für die Mittellosigkeit bieten sich die Grundsätze für die Gewährung des Armenrechts an. Vgl. *Odersky*, III 1 zu § 1835. Ebenso MünchKomm-*Zagst*, 10 zu § 1835.

nach Entnahme der dem Vormund nach dessen Überzeugung geschuldeten Beträge aus dem Vermögen des Mündels) entscheidet allein das Prozeßgericht.[17] Das Vormundschaftsgericht hat keine Kompetenz,[18] darf auch in die Bewilligung einer Vergütung nicht einen Betrag als pauschalierten Aufwendungsersatz einstellen. Pauschalierung ist nur durch Vertrag möglich, den für das Mündel ein Pfleger zu schließen hat.[19]

6. Als Maßstab dient das Auftragsrecht. Zu ersetzen sind alle Aufwendungen, die der Vormund für erforderlich halten durfte (§ 670);[20] Vorschuß ist nach den Regeln des § 669 zu leisten. Vom Recht des Auftrages löst sich freilich § 1835 II. Als Aufwendungen kann der Vormund auch Dienste geltend machen, die zu seinem Beruf oder Gewerbe gehören (mittelbare Vermögensaufwendungen; vgl. dazu die h. L. für die Geschäftsführung ohne Auftrag[21]); Dienste, die derart abgegolten werden, dürfen bei der Bewilligung einer Vergütung nicht mehr berücksichtigt werden.[22] Dagegen kann der Vormund nicht mehr Ersatz entgangenen Gewinns fordern, wenn ihn die Vormundschaft hinderte, seinem Erwerb nachzugehen.[23]

Praktische Bedeutung hat § 1835 II primär für den zum Vormund (aber auch zum Pfleger) bestellten Anwalt. Er kann Gebühren nach der BRAGO fordern (aber nicht Festsetzung gemäß § 19[24]), wenn und soweit ein anderer geeigneter (nicht rechtskundiger[25]) Vormund sich zu Recht eines Anwaltes bedient hätte oder sich infolge Anwaltszwanges eines Anwaltes hätte bedienen müssen.[26] Er kann dagegen nicht mehr seine Arbeit für den Mündel schlechthin und anteilige Kanzleiunkosten als Aufwendungen geltend machen.[27]

7. Aufwendungen, die aus dem Vermögen des Mündels (einschließlich seiner Unterhaltsansprüche) nicht alsbald ersetzt werden können, darf und muß der Vormund grundsätzlich vermeiden. Ein jeder lebt in bestimmten Lebensverhält-

---

[17] Unstr. Das VormG darf auch bei der Rechnungsprüfung behauptete Ansprüche nicht streichen oder kürzen. Vgl. unten § 66 II 6.

[18] Unstr. Vgl. *Staudinger-Engler,* 13 zu § 1835; MünchKomm-*Zagst,* 4 zu § 1835. Gleichwohl unterlaufen der Rspr. immer wieder Fehler. Vgl. etwa BayObLGZ 1934, 36; OLG München, NJW 1965, 1026.

[19] Vgl. OLG Colmar, ROLG 31, 416.

[20] Beachte dazu die §§ 256 (Zinsen) und 257 (Befreiungsanspruch). Für Schäden kann der Vormund wie ein Beauftragter Ersatz verlangen. Nach heute durchaus h. L. sind ihm alle Schäden zu ersetzen, die aus einem Schadensrisiko herrühren, das der Vormund im Interesse des Mündels freiwillig auf sich nahm. Vgl. MünchKomm-*Zagst,* 7 zu § 1835; *Larenz,* Schuldrecht, § 56 III (m. Nachw.). A. A. noch *Staudinger-Engler,* 18 zu § 1835; *Erman-Hefermehl,* 1 zu § 1835.

[21] Vgl. *Larenz,* Schuldrecht § 57 I.

[22] Entgegenkommender LG Mannheim, MDR 1967, 593 (darf nicht völlig unberücksichtigt bleiben).

[23] Str. Wie der Text *Dölle,* § 129 I 1. A. A. *Staudinger-Engler,* 7 zu § 1835 (sofern nach Art der Erwerbstätigkeit ein bestimmter Zeitabschnitt einem bestimmten Geldbetrag völlig gleich steht); *Soergel-Germer,* 2 zu § 1835 (für den Verdienstausfall des Lohnempfängers).

[24] Vgl. OLG München, NJW 1965, 1026; OLG Frankfurt, NJW 1966, 554; OLG Hamm, NJW 1966, 2129; OLG Köln, NJW 1967, 2408. Ganz h. L. auch im Schrifttum.

[25] Einen rechtskundigen Vormund nimmt als Maßstab OLG Hamburg, JW 1933, 545 (546).

[26] Ganz h. L. Vgl. etwa OLG Karlsruhe, ROLG 31, 414; *Langenbach,* LZ 1915, 1140 (mit Tendenz zu sehr großzügiger Bejahung); KG, JW 1935, 1251; 1938, 3116; AG Hamburg, MDR 1955, 740 (mit weit. Hinw.); LG Hannover, NJW 1958, 2073; OLG München, NJW 1959, 539; OLG Celle, NdsRpfl. 1963, 152; LG Braunschweig, FamRZ 1968, 471. Bei außergerichtlicher Tätigkeit sind die Voraussetzungen in der Regel nicht erfüllt. Vgl. OLG Hamburg, JW 1933, 545.

[27] Vgl. dazu BayObLG, FamRZ 1977, 558; MünchKomm-*Zagst,* 8 zu § 1835.

nissen, die Grenze seiner Möglichkeiten sind; für Mündel gilt nichts Besonderes. Maßnahmen, die schlechthin getroffen werden müssen, dürfen freilich nicht unterbleiben, weil Aufwendungsersatz aus dem Vermögen des Mündels nicht zu erlangen ist.[28] Insoweit stellt die Staatskasse den mittellosen Mündel von Ansprüchen des Vormundes frei.

§ 66. Personensorge und Vermögenssorge

I. Personensorge

1. Die Personensorge des Vormundes entspricht grundsätzlich der Personensorge der Eltern; § 1800 verweist auf die §§ 1631–1633. Doch wirkt sich das Fehlen der zwischen Eltern und Kind bestehenden Blutsbeziehung in einer stärkeren Bindung des Vormundes aus. Die Zahl der genehmigungspflichtigen Akte ist größer (vgl. oben § 65 VI 5). Ermessensentscheidungen des Vormundes werden von der Rspr. meist kritischer betrachtet als elterliche Akte; was dort (noch) als pflichtgemäß bezeichnet wird, kann hier bereits als Pflichtwidrigkeit abgelehnt werden.

2. *Erziehung.* Der Vormund kann die Erziehung des Mündels Dritten anvertrauen. Er überläßt dem Erzieher dann Teile seiner Befugnisse zur Ausübung. Den Pflegevertrag kann er im eigenen Namen oder im Namen des Kindes abschließen. Die Interessen des Kindes sind gleicherweise gewahrt. Der vom Vormund im eigenen Namen abgeschlossene Pflegevertrag gewährt dem Mündel den einem Vertragspartner geschuldeten Schutz (vgl. oben § 53 II 2 für die Eltern).

Erziehung des Mündels im Hause des Vormundes bedingt vielfach die Bestellung eines Pflegers (§§ 1795, 181). Der Vormund schuldet dem Mündel keinen Unterhalt, kann vielmehr im Rahmen der §§ 669, 670 Vorschuß und Ersatz auch für die zum Unterhalt des Mündels benötigten Mittel fordern (§ 1835). Den praktisch notwendigen pauschalierenden Vertrag aber kann der Vormund nur mit einem eigens bestellten Pfleger abschließen.[1] Ein besonderes Entgelt für die Erziehung und die sonstige Personensorge darf dieser Vertrag nicht vorsehen. Die Personensorge ist Aufgabe des Vormundes, der seine Pflichten grundsätzlich

---

[28] Dem armen Mündel ist der zum Vormund (Pfleger) bestellte Anwalt als Armenanwalt beizuordnen, wenn der Anwalt Aufwendungsersatz aus § 1835 II fordern kann. Vgl. OLG Breslau, JW 1929, 518 (der von der Entscheidung geforderte Dienstvertrag erübrigt sich infolge des § 1835 II); *Niebler,* SJZ 1950, 370; OLG Frankfurt, NJW 1951, 276. Bestellung eines Anwaltes zum Vormund (Pfleger) bedeutet jedoch nicht, daß die Voraussetzungen des § 1835 II vorliegen, die Beiordnung also erfolgen muß. Unrichtig daher *Bach,* JW 1937, 518; LG Hannover, NJW 1958, 2073.

[1] H. L. Vgl. *Staudinger-Engler,* 8 zu § 1800 mit weit. Nachw. A. A. *Josef,* Recht 1916, 164 (Handeln des VormG nach § 1846).

unentgeltlich zu erfüllen hat und eine Vergütung nur vom Vormundschaftsgericht bewilligt erhalten kann.

3. Besonders fest gerade mit elterlicher Autorität ist uns die *religiöse Erziehung* des Kindes verbunden. Als Bestandteil der Personensorge muß sie zwar grundsätzlich auch dem Vormund obliegen (vgl. aber oben § 65 IV 6), doch ist ihm die Bestimmung des Bekenntnisses weithin entzogen. Eine Änderung des Bekenntnisses ist ihm ausnahmslos verwehrt (§ 3 II 6 RelKEG);[2] Erstbestimmung und Bekenntniswechsel durch einen gleichfalls personensorgeberechtigten Elternteil, dem die Sorge für die religiöse Kindererziehung nicht nach § 1666 entzogen ist, kann er nicht hindern (§ 3 I RelKEG); in der eigenen (seltenen) Erstbestimmung ist er an die Genehmigung des Vormundschaftsgerichtes gebunden (§ 3 II 2–5 RelKEG).

4. Vormundschaft ist zu Lebzeiten zumindest eines Elternteils fast ausnahmslos durch *Elternrechte* beschränkt. Nach Verlust des Personensorgerechtes (zu den Fällen gemeinschaftlicher Ausübung der Personensorge vgl. oben § 65 VI 2) bleibt den Eltern wenigstens das Recht zum persönlichen Umgang mit dem Kind, das nur durch richterlichen Akt zeitweilig oder dauernd ausgeschlossen werden kann (§ 1634). Über seine Ausübung im Einzelfall befindet das Einvernehmen von Vormund und Eltern, hilfsweise eine Entscheidung des Richters.[3] Eine heute noch verbreitete Ansicht, die dem Vormund allein die Regelungsbefugnis zugesteht,[4] ist überholt. Umgangsberechtigte Eltern sind Inhaber eines Restes der Personensorge; der Vormund ist deshalb auf eine Einigung mit ihnen angewiesen.

Zur Entscheidung berufen ist grundsätzlich das Vormundschaftsgericht, nur in den Fällen des § 1671 V das Familiengericht. Zwar spricht § 1634 II allein vom Familiengericht, doch fordert die grundsätzliche Abgrenzung der Kompetenzen der beiden Gerichte in Kindschaftssachen (vgl. oben § 44 I 4) eine Reduktion der Norm. Nur wenn das Familiengericht die Vormundschaft anordnete, kann es auch dazu berufen sein, die Restbefugnisse der Eltern mit den Befugnissen des Vormundes zu koordinieren (vgl. dazu schon oben § 53 III 13).

5. Soweit der Vormund den *Aufenthalt des Kindes* zu bestimmen hat (Regelfall), kann er das Kind von jedem anderen (auch den Eltern) verlangen. Streitigkeiten

---

[2] Eine elterliche Ermächtigung ändert die Rechtslage nicht. Vgl. KG, JFG 3, 120. Die vielfach erwünschte Bekenntnisgleichheit von Kind und Vormund (oder Pflegeeltern) versucht die Praxis zuweilen mit fingierten elterlichen Bekenntnisänderungen zu umgehen. Vgl. OLG München, JFG 12, 149; BayObLGZ 28, 210 (Unterbringung bei Betreuern anderer Konfession als Bekenntnisänderung!).

[3] Ebenso *Soergel-Lange,* 14 zu § 1634; MünchKomm-*Hinz,* 18 zu § 1634.

[4] Vgl. *Soergel-Germer,* 4 zu § 1800; *Staudinger-Engler,* 9 zu § 1800; *Dölle,* § 125 I 1, alle im Anschluß an RGZ 153, 238 (243). Das Urteil betrifft die Mutter eines nichtehelichen Kindes, der die Personensorge entzogen wurde. Sie hatte nach (heute von § 1634 überholter) Ans. des RG überhaupt kein Recht zum persönlichen Verkehr.

entscheidet grundsätzlich das Vormundschaftsgericht (§ 1632 III); nur im Streit mit Elternteilen, die ihre elterliche Sorge nach faktischer oder rechtlicher Trennung vom Ehegatten zugunsten einer Drittbetreuung des Kindes einbüßten (§ 1671 V), ist das Familiengericht zur Entscheidung berufen (vgl. dazu oben § 49 IV 4). Die grundsätzliche Kompetenz des Vormundschaftsgerichts garantiert dem Mündel unmittelbaren Schutz vor Aufenthaltsveränderungen, mit denen der Vormund sein Personensorgerecht mißbraucht (Abwehr durch Eingriff in die Vormundschaft jedenfalls gemäß § 1837). Die Kompetenz des Familiengerichtes im Streit mit den Eltern nach einer Entscheidung gemäß § 1671 V aber beruft jenes Gericht, das seine Entscheidung zugunsten eines Elternteils abändern kann (§ 1696).

II. Grundzüge der Vermögenssorge

1. Die Vermögenssorge des Vormundes ist *fremdnützige Vermögensverwaltung* ohne jeden eigennützigen Einschlag (vgl. dagegen für die Eltern § 1649 II). Jede Verwendung von Mündelvermögen für eigene Zwecke und für die Zwecke des Gegenvormundes ist dem Vormund verboten (§ 1805),[1] mag auch die Verwendung für den Mündel wirtschaftlich von Vorteil sein. Freilich bewirkt § 1805 keine Schmälerung an sich vorhandener Handlungsmacht; die verbotenen Rechtsgeschäfte bleiben wirksam.[2] Doch handelt der Vormund gegebenenfalls pflichtwidrig, macht sich bei Verwendung von Geld jedenfalls zinspflichtig (§ 1834), bei schuldhaftem Handeln ferner schadensersatzpflichtig (§ 1833) und strafbar (§§ 246, 266 StGB).

Zum Vermögen des Kindes gehört nicht mehr seine Arbeitskraft. Der Gedanke, sie wenigstens in analoger Anwendung des § 1805 schützen zu müssen,[3] schießt weit über das Ziel hinaus: Jeder Dienst- und jeder Arbeitsvertrag zwischen Vormund und Mündel wäre dann pflichtwidrig. Nur die Entgegennahme unentgeltlicher Dienstleistungen ist dem Vormund untersagt; Verbotsnorm ist § 1619; bewußt ist dem Mündel keine Dienstleistungspflicht auferlegt worden.[4]

2. *Rechenschaftspflichten.* Vermögenssorge des Vormundes ist wie die der Eltern rechenschaftspflichtige Verwaltung, jedoch mit erhöhtem Pflichtengehalt. Schon zu Beginn der Vormundschaft hat der Vormund das gesamte bei Anordnung der Vormundschaft vorhandene Vermögen des Mündels (auch soweit es nicht vom Vormund verwaltet wird[5]) zu verzeichnen und das Verzeichnis, mit

---

[1] Damit auch die Anlage von Mündelgeld in einer OHG mit Beteiligung des Vormundes. Vgl. *Soergel-Germer,* 1 zu § 1805; *Erman-Hefermehl,* 2 zu § 1805; *Dölle,* § 126 II 6; MünchKomm-*Zagst,* 3 zu § 1805.

[2] Ganz h.M. im Anschluß an RG, JW 1917, 288.

[3] Vgl. *Soergel-Germer,* 1 zu § 1805.

[4] Dem Text entspr. MünchKomm-*Zagst,* 2 zu § 1805; wohl auch *Staudinger-Engler,* 2 zu § 1805. Nur noch im Erg. übereinstimmend (mit analoger Anwendung des § 1805) *Erman-Hefermehl,* 3 zu § 1805; *Palandt-Diederichsen,* 1 zu § 1805; *Dölle,* § 126 II 6 (mit Recht des Vormundes auf „kleinere Dienste im Hauswesen").

[5] Vgl. KG, RJA 17, 34 (Testamentsvollstrecker); *Staudinger-Engler,* 4 zu § 1800 mit weit. Nachw.;

der Versicherung der Richtigkeit und Vollständigkeit versehen, dem Vormundschaftsgericht einzureichen. Ein etwa vorhandener Gegenvormund ist bei der Aufnahme des Verzeichnisses zuzuziehen; es ist auch von ihm mit der Versicherung der Vollständigkeit und Richtigkeit zu versehen (§ 1802 I). Die Kosten der Inventarisierung fallen dem Mündel zur Last. Soweit der Vormund sie bestritten hat, sind sie ihm als Aufwendung (§ 1835) zu ersetzen. Diese Belastung des Mündels erklärt die vom Gesetz (§ 1802 II) eigens ausgesprochene Ermächtigung des Vormundes, sich der Hilfe eines Beamten, eines Notars oder auch eines anderen Sachverständigen zu bedienen; der Sache nach gibt sie nur eine Selbstverständlichkeit wieder.

Das Eröffnungsverzeichnis bildet die Grundlage der gesamten Vermögensverwaltung, der periodischen Rechnungslegung, der Schlußrechnung. Aus dieser Funktion folgt seine Unentbehrlichkeit; auch der befreite Vormund ist verpflichtet. Aus ihr folgt aber auch die Notwendigkeit der Genauigkeit: Die einzelnen Vermögensgegenstände sind genau (= eine Identifizierung sichernd) zu bezeichnen;[6] Schulden und Lasten sind aufzunehmen.

Den säumigen Vormund hat das Vormundschaftsgericht zur Pflichterfüllung anzuhalten (§ 1837). Ungenügende Verzeichnisse kann das Gericht durch andere ersetzen, die von der zuständigen Behörde, einem zuständigen Notar oder auch einem zuständigen Beamten aufgenommen wurden (§ 1802 III).

3. Während der *laufenden Vermögensverwaltung* unterliegt der Vormund einer Inventarisierungspflicht, abgesehen von dem Sonderfall des § 1845 (dazu oben § 10 VII), nur, wenn der Mündel ein ganzes Vermögen erwirbt.[7] Veränderungen im Vermögensbestand werden im übrigen in den periodischen Rechnungen des Vormundes erfaßt.

4. Zur *periodischen Rechnungslegung* ist der Vormund grundsätzlich für je ein vom Vormundschaftsgericht näher bestimmtes Rechnungsjahr verpflichtet. Für Vermögensverwaltungen geringeren Umfanges kann das Vormundschaftsgericht nach der ersten Jahresrechnung Übergang zu längeren Zeiträumen, höchstens jedoch zu drei Jahren, anordnen (§ 1840). Offenzulegen ist die gesamte Vermögensverwaltung, einschließlich der laufenden Einnahmen (Arbeitseinkommen des Mündels, Renten usw.), und nicht etwa nur die Verwaltung des Kapitalvermögens.[8]

Die Art der Rechnungslegung ist allein in den §§ 1841 ff. geordnet; sie schließen § 259 aus.[9] Der Unterschied ist mehrfach bedeutsam. Gleich ist die Pflicht, eine geordnete Zusammenstellung der Einnahmen und Ausgaben zu geben und, soweit Belege erteilt zu werden pflegen, auch Belege (nie aber solche, die einer Herausgabe von Vermögen gleichkommen[10]) beizulegen. Zusätzlich aber hat der Vormund auch noch über die Veränderungen des Vermögens Auskunft zu geben. Dafür ist er doppelt privilegiert: Für ein Erwerbsgeschäft mit kaufmännischer Buchführung (also nicht nur für ein Handelsgeschäft) genügt als Rechnung eine aus den Büchern gezogene Bilanz, mag auch das Vormundschaftsgericht die Vorlegung der Bücher und sonstiger Belege fordern können (und müssen, wenn Anhaltspunkte für relevante Fehler in der Bilanz oder Unregelmäßigkeiten gegeben sind[11]). Sodann braucht der Vormund nie eine eidesstattliche Versicherung vollständiger Angabe der Einnahmen abzugeben;[12] § 259 II ist ohne Analogon in den §§ 1841 ff. geblieben.

MünchKomm-*Zagst,* 3 zu § 1802. Beteiligung des Mündels an einer Gesamthand erzwingt die Inventarisierung des gesamten gesamthänderischen Vermögens unter Angabe des Mündelanteiles. Allg. Ans. im Anschluß an KG, KGJ 35, 24. Ist der Mündel Nacherbe, ist der gesamte Nachlaß zu inventarisieren (Anspruch gegen den Vorerben: § 2121). Allg. Ans. im Anschluß an KG, KGJ 20, A 225.

[6] Vgl. KG, KGJ 36, 38; ROLG 24, 45 (Wertpapiere).

[7] Wie der Text *Erman-Hefermehl,* 1 zu § 1802; *Kipp-Wolff,* § 114 Fn. 4; *Staudinger-Engler,* 3 zu § 1802; *Dölle,* § 126 II 1; MünchKomm-*Zagst,* 2 zu § 1802. Inventarisierung nach Erwerb ,,größerer Stücke" fordert *Palandt-Diederichsen,* 2 zu § 1802.

[8] Vgl. *Herdemerten,* FamRZ 1966, 17.

[9] Vgl. KG, KGJ 37, A 110 (A 112).

[10] Vgl. KG, KGJ 50, 28 (Sparbuch).

[11] Vgl. dazu OLG Frankfurt, NJW 1963, 2278.

[12] Ebenso (ggf. für den früher von § 259 II geforderten Offenbarungseid) *Kipp-Wolff,* § 120 III 8; *Dölle,* § 130 III 1; *Erman-Hefermehl,* 1 zu § 1841; *Palandt-Diederichsen,* 1 zu § 1840; MünchKomm-*Zagst,* 7 zu § 1840. A. A. *Staudinger-Engler,* 7 zu § 1840; *Soergel-Germer,* 5 zu § 1840.

5. Anders als das Eröffnungsverzeichnis umfaßt die periodische Rechnung ausschließlich das vom Vormund verwaltete Vermögen. Vermögensverwaltung durch Dritte, die den Vormund grundsätzlich ausschließt (Testamentsvollstrecker), beläßt aber in der Regel dem Mündel Kontrollrechte (vgl. für den Testamentsvollstrecker § 2218), die vom Vormund auszuüben sind und über deren Ausübung er Rechnung zu legen hat.[13]

6. *Rechnungsprüfung.* Die Rechnung ist über einen etwa vorhandenen oder zu bestellenden Gegenvormund (vgl. § 1842) dem Vormundschaftsgericht zur rechnerischen und sachlichen Prüfung vorzulegen (§ 1843 I). Schwierige Vermögensverwaltungen erlauben auch dem Vormundschaftsrichter, Sachverständige als Prüfer hinzuzuziehen.[14]

Auch bei der Rechnungsprüfung ist die Selbständigkeit des Vormundes zu achten. Notwendige Ergänzungen und Berichtigungen sind daher dem Vormund zu überlassen (freilich notfalls zu erzwingen; § 1837). Streitigkeiten zwischen dem Vormund und dem Mündel hat allein das Prozeßgericht zu entscheiden. Dem Vormundschaftsgericht ist es deshalb verwehrt, Ansprüche des Vormundes auf Aufwendungsersatz in der Rechnung zu kürzen oder gar zu streichen.[15] Führt der Versuch einer Einigung mit dem Vormund nicht zum Erfolg, ist dem Mündel ein Pfleger für den Prozeß zwischen Vormund und Mündel (vgl. dazu § 1843 II) zu bestellen.

7. Die Pflicht zu periodischer Rechnungslegung wird zuweilen als rein öffentlich-rechtliche Pflicht charakterisiert und damit in einen betonten Gegensatz zur Rechenschaftspflicht bei Beendigung der Vormundschaft gestellt (vgl. zu ihr unten § 67 III 3).[16] Die Struktur der Vormundschaft spricht aber weit eher für eine Überlagerung zweier Pflichten, von denen die eine dem Mündel selbst gegenüber besteht[17] (Pflichtverletzungen können deshalb auch zu einem Schadensersatzanspruch des Mündels führen).

III. Kapitalanlage

Schrifttum: *Josef,* Nutzbare, aber nicht verzinsliche Anlegung des Mündelgeldes, AcP 117 (1919), 395; *Obermüller,* Sind die Vorschriften über Mündelsicherheit noch zeitgemäß?, BB 1954, 518; *Sichtermann,* Das Recht der Mündelsicherheit, 2. Aufl. 1967; *Lademann,* Über die Mündelsicherheit eines Sparguthabens bei der Postsparkasse, FamRZ 1960, 93; *Lindacher,* Mündelgeld bei Nichtsparkassen, BB 1963, 1242; *Münchmeyer,* Investmentanteile mündelsicher?, DRiZ 1963, 229; *Stöber,* Anlegung von Mündelgeld bei öffentlichen Sparkassen und privaten Bankinstituten, Rpfleger 1965, 100; *Klotz,* Die rechtstatsächliche und rechtspolitische Bedeutung der Vorschriften über die Anlage von Mündelgeld, 1966; *Schwennicke,* Anlegung von Mündelgeld bei Volksbanken, WM 1967, 1054; *Sturm,* Die Anlegung von Mündelgeld als Entscheidungsproblem, DB 1976, 805 (Analyse der ökonomischen Situation).

1. Weit trennen sich heute Vormundschaft und elterliche Sorge in den Fragen der Kapitalanlage; zwar Bindung hier wie dort an die Anordnungen Dritter, die dem Kind oder Mündel von Todes wegen oder unentgeltlich unter Lebenden Vermögen zuwandten (§ 1803; vgl. dazu oben § 54 IV 2), jedoch Freiheit der Eltern (seit dem EltSorgRG) im Rahmen einer wirtschaftlichen Vermögensverwaltung (§ 1642) im übrigen bei Fortbestand antiquiert wirkender Beschränkungen und Kontrollen des Vormundes. Seine Vermögenssorge ist eine *Vermögensver-*

---

[13] Vgl. KG, ROLG 32, 85.

[14] Vgl. KG, JW 1936, 2461.

[15] Vgl. KG, ROLG 30, 151; OLG München, JFG 6, 104; LG Berlin, NJW 1969, 1122.

[16] *Kipp-Wolff,* § 120 III 1; *Beitzke,* § 38 I 3.

[17] Ebenso *Erman-Hefermehl,* 1 zu § 1840; *Palandt-Diederichsen,* 1 zu § 1840; *Staudinger-Engler,* 7 zu § 1840; *Dölle,* § 130 III 1; *Soergel-Germer,* 5 zu § 1840; MünchKomm-*Zagst,* 1 zu § 1840.

waltung mit beschränkter Maßnahmenwahl, wenn es gilt, Geld des Kindes anzulegen, das nicht zur Bestreitung von Auslagen bereitzuhalten ist:[1] § 1806 fordert Verzinsung (und schließt damit Dividendenpapiere aus); die §§ 1807, 1808 lenken zu bestimmten Anlagen, die besondere Sicherheit (Mündelsicherheit) zu bieten scheinen.[2] Freilich belassen die Normen dem Vormund mehr Freiheit, als dem Normtext unmittelbar zu entnehmen ist. Er wird von den §§ 1806ff. nicht generell zu einer (allein mündelsicheren) Anlage in Geldforderungen gedrängt; auf eine Auswahl aus bestimmten Geldforderungen wird lediglich derjenige beschränkt, der sich zuvor selbst zu einer Kapitalanlage in Geldforderungen oder Wertpapieren anderer Art entschlossen hat. Eine Anlage in anderen Werten, Grundstücken etwa oder auch Handelsgesellschaften, bleibt möglich; eine Genehmigung des Vormundschaftsgerichtes ist insoweit nur erforderlich, wenn genehmigungspflichtige Rechtsgeschäfte vorgenommen werden müssen.[3] Nicht mehr frei ist der Entschluß zum Erwerb von Aktien und Investmentanteilen aller Art (einschließlich der Anteile an Immobilienfonds); sie gehören zum Anlagenbereich mit Lenkung durch die §§ 1807, 1808.[4]

2. Als *mündelsichere Anlagen* wertet das Gesetz (ohne Vorrang der einen vor der anderen) zum ersten hypothekarisch gesicherte Forderungen[5] sowie Grundschulden und Rentenschulden, wenn das belastete Grundstück im Inland gelegen ist und nur innerhalb der vom Landesgesetzgeber (meist auf die Hälfte des Grundstückswertes) bestimmten Sicherheitsgrenze (§ 1807 I Nr. 1 und II). Mündelsi-

---

[1] Vgl. dazu aus der Praxis LG Berlin, Rpfleger 1973, 356 (1000 DM können auch bei bescheidenem Einkommen für unvorhergesehene Notfälle bereitgehalten werden).

Legt der Vormund Geld an, das „zur Bestreitung von Auslagen bereit zu halten ist", so ist er an die §§ 1807ff. nicht gebunden. Ganz h.M. Anders aber LG Berlin, BB 1966, 1170. Str. ist, ob er gezwungen ist, auf ein Konto des Mündels einzuzahlen oder ob er auch ein auf seinen Namen lautendes Anderkonto wählen darf. Vgl. dazu KG, NJW 1967, 883 (Anderkonto verboten wegen ungenügender Trennung der Vermögen und Gefahr der Zwangsvollstreckung in das Guthaben durch Gläubiger des Vormundes) und *Schütz,* NJW 1967, 1569 (Anderkonto erlaubt, weil Gefahren gering und jedenfalls geringer als bei Verwahrung von Geld im Haus). Letzterem folgend *Staudinger-Engler,* 8 zu § 1806; MünchKomm-*Zagst,* 3 zu § 1806. Wie das KG dagegen *Soergel-Germer,* 1 zu § 1806.

[2] Ist der Mündel an einer Gesamthand beteiligt, muß nicht etwa deren ganzes Vermögen den §§ 1806ff. entsprechend angelegt werden (so aber KG, ROLG 4, 359). Dritte zu binden, ist nicht der Sinn der Normen. Praktischer Effekt wäre auch nur der Ausschluß der Mündel von gesamthänderischen Zusammenschlüssen. Dem KG folgen jedoch *Soergel-Lange,* 3 zu § 1642 a.F.; *Dölle,* § 94 VI 3. Vermittelnd *Staudinger-Engler,* 4 zu § 1642 a.F. (mündelsichere Anlage, soweit nicht in der Gesamthand ein anderes beschlossen). Wie der Text MünchKomm-*Hinz,* 9 zu § 1642 a.F.

[3] Vgl. KG, RJA 13, 78; JW 1937, 637; BayObLG, ROLG 43, 371; JW 1922, 396 (397); OLG Frankfurt, NJW 1953, 67; *Erman-Hefermehl,* 1 zu § 1806; *Staudinger-Engler,* 14 zu § 1642 a.F.; *Klotz,* S. 35f.; *Dölle,* § 94 VI 3; MünchKomm-*Zagst,* 3 zu § 1806. A. A. Josef, AcP 117 (1919), 395ff.; *Dölle,* § 126 II 3a. Starke Bedenken äußern *Kipp-Wolff,* § 114 Fn. 21.

[4] Vgl. KG, JFG 17, 209; BayObLG, JW 1922, 396 (397); OLG Celle, MDR 1959, 212 (die Entscheidung hält auch die Anlage in Goldmünzen für genehmigungspflichtig). Vgl. dagegen *Klotz,* S. 35f.

[5] Der Tatbestand ist nicht gegeben, wenn dem Kind zur Sicherung einer Forderung eine hypothekarisch gesicherte Forderung zediert wird. Vgl. KG, JW 1938, 3167.

cher sind ferner verbriefte Forderungen[6] gegen den Bund[7] oder ein Bundesland sowie verbriefte Forderungen, die im Bundesschuldbuch oder einem Landesschuldbuch eingetragen sind (Nr. 2) oder deren Verzinsung vom Bund oder einem Bundesland gewährleistet ist (Nr. 3). Mündelsicher sind sodann Wertpapiere, insbesondere Pfandbriefe, sowie verbriefte Forderungen jeder Art gegen eine inländische kommunale Körperschaft oder die Kreditanstalt einer solchen Körperschaft, sofern die Wertpapiere oder Forderungen von der Bundesregierung mit Zustimmung des Bundesrates für geeignet erklärt sind (Nr. 4). Mündelsicher sind schließlich Einlagen bei einer inländischen öffentlichen Sparkasse, wenn sie von der zuständigen Behörde des Bundeslandes, in dem sie ihren Sitz hat, für geeignet erklärt ist (Nr. 5).[8]

Nur subsidiär ist dem Vormund die Anlage bei der Deutschen Bundesbank (die indessen verzinsliche Einlagen Dritter gar nicht annimmt), der Deutschen Genossenschaftskasse, bei der Deutschen Girozentrale (Deutsche Kommunalbank), bei einer Staatsbank, bei einer durch Landesgesetz für geeignet erklärten inländischen Bank[9] und bei einer Hinterlegungsstelle gestattet (§ 1808).

Die weit über das Familienrecht hinaus bedeutsame Auswahl (vgl. etwa §§ 234, 238, 1079, 1083, 1288, 2119 BGB,[10] 10ff. HypBG, 127 HandwO, 26 RVO, 68 VersAufsG) wertet die Sicherheit des Vermögens höher als die Rendite. Sie ist beherrscht von dem kaum mehr zeitgerechten Glauben an die Sicherheit einer Kapitalanlage gerade bei der öffentlichen Hand. Alle Einlagen bei privaten Banken, einschließlich der Großbanken, gelten als weniger sicher, ebenso alle Guthaben bei Bausparkassen und alle Anlagen in Aktien, Investmentanteilen und Industrieobligationen.

3. *Nicht mündelsichere Anlagen* sind stets wirksam,[11] mit den Pflichten eines Vormundes jedoch nur zu vereinbaren, wenn sie vom Vormundschaftsgericht gestattet wurden.[12] ,,Die Erlaubnis soll nur verweigert werden, wenn die beabsichtigte Art der Anlegung nach Lage des Falles den Grundsätzen einer wirtschaftlichen Vermögensverwaltung zuwiderlaufen würde" (§ 1811).[13] Die von

---

[6] D.h. Forderungen, über die eine Urkunde ausgestellt ist, mag diese auch nicht Wertpapier sein (ganz h.M.). Daß Sparbücher nicht zu den verbrieften Forderungen der Nrn. 2–4 gehören, ergibt sich aus § 1809. Richtig *Lademann,* FamRZ 1960, 95. Er will aber Einlagen bei der Postsparkasse unter Nr. 2 fallen lassen, weil es Postsparkassen bei Abfassung des BGB nicht gab, die Exklusivwirkung des § 1809 daher nicht auf sie bezogen werden könne. Ihm zust. *Stöber,* Rpfleger 1965, 105.

[7] Gleich stehen die verbrieften Forderungen gegen die Deutsche Bundesbahn (vgl. § 31 BundesbahnG) und die Deutsche Bundespost (vgl. § 22 PostVerwG).

[8] Die entscheidenden landesrechtlichen Vorschriften bei MünchKomm-*Zagst,* 12 zu § 1807.

[9] Nachw. bei MünchKomm-*Zagst,* 5 zu § 1808.

[10] Vgl. zu dieser Norm *Ordemann,* MDR 1967, 642.

[11] Vgl. RG, JW 1917, 290.

[12] Ein Ersatzanspruch des Kindes wird oftmals mangels Schadens nicht entstehen. Auch eine mündelsichere Anlage kann pflichtwidrig sein. Die Eltern müssen eine tatsächlich sichere Anlage wählen, sind also gegebenenfalls verpflichtet, den Antrag beim VormG zu stellen.

[13] Trotz des Normtextes will eine verbreitete Ans. die Genehmigung von Anlagen gestatten, die

den Erfahrungen der Inflationszeit geprägte Norm ist sehr flexibel. Die Rspr. der Instanzgerichte hat sie zunächst großzügig gehandhabt,[14] später jedoch eine Umkehr vollzogen, um das Verhältnis von Regel und Ausnahme zu wahren, aber auch, um dem Vormundschaftsrichter Sicherheitsprüfungen zu ersparen. Im allgemeinen wird die Erlaubnis nur gewährt, wenn eine Kapitalanlage vorgeschlagen wird, die dem Kind wirtschaftliche Vorteile bringt, die mit einer mündelsicheren Anlage nicht zu erlangen sind, ohne einen größeren Verlust an Sicherheit zu bewirken.[15] Ansätze zu einer großzügigeren Haltung (Genehmigung ohne Prüfung des Einzelfalles) sind vorerst nur für Anlagen bei Großbanken erkennbar.[16]

Je zurückhaltender nicht mündelsichere Anlagen behandelt werden, desto weniger kann § 1811 seinen Zweck erfüllen. In ihm wirkt wenigstens in Ansätzen das Ende vom „Mythos der mündelsicheren Anlage" auch für den Vormund. Er will Kindesvermögen bewahren helfen in Zeiten, die das Kind gerade bei mündelsicherer Anlage gefährden. Die Bereitschaft, Großbanken generell zu akzeptieren, ist aus dieser Sicht betrachtet vollkommen gleichgültig (zudem im Verhältnis zu anderen Banken wenigstens weithin ebenso willkürlich, wie es die Diskriminierung der Großbanken im Verhältnis zu den öffentlichen Sparkassen war[17]); die Anlage bei ihnen bietet nicht weniger, aber auch nicht mehr Sicherheit, dient also im wesentlichen privaten Interessen der Eltern. Zum Prüfstein der Norm wird erst der Erwerb von Aktien und Investmentpapieren. Insoweit aber herrscht in der Rechtsprechung eine schwer verständliche (allein aus der Furcht vor Verantwortung gespeiste?), fast einmütige Ablehnung.[18] Inflation und Wäh-

---

einer wirtschaftlichen Vermögensverwaltung widersprechen, wenn besondere Gründe individueller Art dafür sprechen. Vgl. KG, KGJ 37, A 65; *Dölle*, § 126 II 3 b ii; MünchKomm-*Zagst*, 6 zu § 1811, alle mit einem Darlehen an einen wirtschaftlich sonst ruinierten Elternteil als einschlägigem Sachverhalt. Es kann jedoch Vormund und VormG nicht gestattet sein, Mündelvermögen bewußt zu gefährden.

[14] Vgl. OLG Darmstadt, JW 1928, 3057; KG, JFG 4, 60; OLG Dresden, JFG 6, 96.

[15] Vgl. KG, JW 1929, 2159; RGZ 128, 309 (315); KG, JW 1934, 2343; OLG Hamm, NJW 1953, 186 (Volksbanken); LG Münster, Rpfleger 1962, 445; OLG Celle, NdsRpfl. 1962, 38; KG, NJW 1968, 55; FamRZ 1970, 40; OLG Saarbrücken, OLGZ 1970, 212. Vgl. auch KG, KGJ 37, A 65 (durch Bürgschaft gesichertes Darlehen an die Mutter). Gebilligt wird die Rspr. von *Palandt-Diederichsen*, 1 zu § 1811; *Stöber*, Rpfleger 1965, 100 ff.; MünchKomm-*Zagst*, 3 zu § 1811. Zweifelnd *Dölle*, § 94 VI 3 b (vgl. aber auch § 126 II 3 b).

[16] Vgl. LG Göttingen, NJW 1960, 1565 mit Anm. *Schneider;* LG Mannheim, NJW 1962, 1017; LG Hannover, FamRZ 1965, 163 (dazu abl. *Sprengel*, DB 1965, 1205 f. und zust. *Jürgens*, DB 1965, 1241); NJW 1966, 661; LG Berlin, BB 1966, 1170. Positiv zu dieser Wendung *Erman-Hefermehl*, 2 zu § 1811; *Staudinger-Engler*, 2 zu § 1811; *Eberding*, NJW 1968, 943.

Für die Volksbanken vgl. *Schwennicke*, WM 1967, 1057 (seiner Ans. nach jedenfalls dann für die Anlage von Mündelgeld geeignet, wenn sie zur Sicherung die selbstschuldnerische Bürgschaft der zuständigen Zentralkasse oder der Deutschen Genossenschaftskasse beibringen).

[17] Genehmigung der Anlage bei allen Kreditinstituten, die den Sparkassen an Sicherheit und Verzinsung nicht nachstehen, fordert *Lindacher*, BB 1963, 1242.

[18] Vgl. aber auch LG Bielefeld, NJW 1970, 202 (Genehmigung für Anlage in Anteilen von US-Investmentfonds).

rungsreform haben die mündelsicheren Anlagen als gefährliche Anlagen erwiesen; die Rspr. der Instanzgerichte hat aus ihnen nicht gelernt;[19] auch der schleichende Währungsverfall der Gegenwart ist bislang ohne Einfluß geblieben.[20]

4. *Kontrollierende Genehmigungen.* Kapitalanlage durch den Vormund ist gelenkte Vermögenssorge; bezweckt wird Schutz des Mündels vor Vermögensverlusten als Folge wirtschaftlicher Schwierigkeiten seiner Schuldner. Kapitalanlage des Vormundes ist ferner wenigstens weithin gebundene Vermögenssorge; bezweckt wird insoweit Schutz des Mündels vor (stets pflichtwidrigen) Zugriffen seines eigenen Betreuers. Mittel der Bindung ist die Genehmigung des Vormundschaftsgerichtes (vgl. dazu oben § 52 III). Mittel der Bindung ist ferner die Genehmigung des Gegenvormundes. Diese ist rechtsgeschäftlicher Akt ohne besondere Bestandsgarantie (insbesondere den §§ 119ff. unterworfen), jedoch im übrigen nach den Regeln der gerichtlichen Genehmigung zu behandeln (§ 1832; beachte insbesondere § 1829 I 2). In allen Fällen kann sie durch die Genehmigung des Vormundschaftsgerichtes ersetzt werden (vgl. dazu § 1826).

Vorbehaltlich einer Ausnahme für die (ausreichende Kontrolle bereits verbürgende) gemeinschaftliche Mitvormundschaft soll der Vormund eine mündelsichere Anlage nur mit Genehmigung des Gegenvormundes und, wenn ein solcher nicht vorhanden ist, nur mit Genehmigung des Vormundschaftsgerichtes bewirken (§ 1810). Da die Genehmigung (Sollvorschrift!) nicht Bestandteil des Anlagegeschäftes ist, sind die §§ 1829ff. hier nicht anzuwenden.[21]

5. *Sperrvermerk.* Mündelgeld, das bei einer Sparkasse (§ 1807 I Nr. 5) oder nach § 1808 bei einer Bank oder Hinterlegungsstelle angelegt wird, soll der Vormund nur mit Bindung an die Genehmigung des Gegenvormundes oder des Vormundschaftsgerichtes bei der Erhebung des Geldes anlegen (§ 1809). Ihm wird damit eine vertragliche Vereinbarung zur Pflicht gemacht, die den Verwahrer hindert, mit befreiender Wirkung an ihn zu leisten (der sog. Sperrvermerk ist Beweis der Abrede). *Die vertragliche Übereinkunft bewirkt eine gesetzliche Bindung des Vormundes;* § 1813 II hebt die ihm an sich in Abs. I Nrn. 2 und 3 zugestandene Freiheit für die Annahme geschuldeter Gelder wieder auf. Sie bewirkt gleichzeitig eine Sicherung des Mündels gegen befreiende Leistungen der Sparkasse, Bank oder Hinterlegungsstelle an einen Nichtberechtigten. Die vertragliche Verpflichtung, nur an

---

[19] Für Genehmigung der Kapitalanlage in Anteilen seriöser dtsch. Investmentgesellschaften *Münchmeyer,* DRiZ 1963, 229f. Die Grundtendenz der Rspr. wird ferner abgelehnt von MünchKomm-*Zagst,* 5 zu § 1811.

[20] Vgl. KG, JFG 17, 209 (212); LG Berlin, JR 1961, 381 (Aktien des Volkswagenwerkes zu verbilligtem Kurs!). Gegen die Rspr. auch *Klotz,* S. 70ff.; *Möhring,* Vermögensverwaltung in Vormundschafts- und Nachlaßsachen, 5. Aufl. 1963, S. 87ff.; *Obermüller,* BB 1954, 519. Vgl. ferner *Beitzke,* § 28 I 2 (zu § 1642 a.F.: Erlaubnis nur bei ausgesprochen unvorteilhaften und riskanten Geschäften zu versagen).

[21] Vgl. RG, JW 1917, 290 (zu § 1811).

den Vormund mit Genehmigung des Gegenvormundes oder des Vormundschaftsgerichtes zu zahlen, schließt die Anwendung des § 808 aus.[22]

6. *Inhaberpapiere* (besondere Verlustgefahr: §§ 932, 935) und blankoindossierte Orderpapiere hat der Vormund, soweit es sich nicht um verbrauchbare Sachen nach § 92 (Banknoten!), Zins-, Renten- oder Gewinnanteilscheine handelt, bei einer der im § 1814 genannten Hinterlegungsstellen mit Sperrvermerk zugunsten des Vormundschaftsgerichtes zu hinterlegen.[23] Auf Antrag des Vormundes kann ferner jederzeit vom Vormundschaftsgericht auch die Hinterlegung von Zins-, Renten- und Gewinnanteilscheinen angeordnet werden. Aus besonderen Gründen kann der Vormundschaftsrichter schließlich von Amts wegen die Hinterlegung jener Papiere, aber auch anderer Wertpapiere (Grundpfandbriefe!) sowie von Kostbarkeiten[24] anordnen (§ 1818).

Statt der Hinterlegung kann der Vormund für Inhaberpapiere Umschreibung auf den Namen des Mündels mit Verfügungssperrvermerk zugunsten des Vormundschaftsgerichtes wählen oder, wenn die Papiere vom Bund oder einem Land ausgestellt wurden, Umwandlung in Schuldbuchforderungen (vorzuziehen!). Die an sich dem Vormund überlassene Wahl kann ihm für Papiere des Bundes und der Länder vom Vormundschaftsgericht genommen werden; für sie ist die Anordnung der Umwandlung in Schuldbuchforderungen möglich (§ 1815 II). Alle zum Vermögen des Mündels gehörenden Schuldbuchforderungen hat der Vormund mit Verfügungssperrvermerk zugunsten des Vormundschaftsgerichtes eintragen zu lassen (§§ 1815, 1816).

7. Nach Hinterlegung kann der Vormund nurmehr *mit Genehmigung des Vormundschaftsgerichtes verfügen.* Die für Schuldbuchforderungen und umgeschriebene Papiere vertraglich begründete Abhängigkeit erstreckt § 1819 kraft Gesetzes auf die (vertraglich nur für die Herausgabe gebundenen) hinterlegten Wertpapiere und Kostbarkeiten und bindet den Vormund darüber hinaus in der Verfügung über die in hinterlegten Papieren verbrieften Hypothekenforderungen (§ 1153!), Grundschulden und Rentenschulden, um die bei ihnen mögliche Verfügung über das verbriefte Recht ohne vorherige Rücknahme des Briefes (§§ 1154 I, 1117, 931) zu erfassen.

§ 1819 knüpft an den Tatbestand der Hinterlegung an. Der Vormund erlangt daher *Verfügungsfreiheit mit der Rücknahme* (es bleiben die Bindungen aus den §§ 1812, 1813), mag diese auch ohne die an sich erforderliche Genehmigung des Vormundschaftsgerichtes erfolgen.[25] Dritte erwerben vom Vormund (vorbehaltlich kollusiven Verhaltens, das zur Anwendung der §§ 138, 826 führt) auch dann, wenn ihnen die Unregelmäßigkeit bekannt war.

8. Alle Verfügungsbindungen, einschließlich der für umgeschriebene Papiere und Schuldbuchforderungen bestehenden, werden gesichert von *Verpflichtungsbindungen,* damit nicht eine wirksame selbständig eingegangene Verpflichtung des Vormundes das Vormundschaftsgericht zur Genehmigung der erfüllenden

---

[22] Vgl. RGZ 85, 416. Die Zwangsvollstreckung in die Forderung des Mündels ist nicht von der Genehmigung abhängig. Vgl. KG, KGJ 43, 58; *Staudinger-Engler,* 8 zu § 1809.

[23] Rechte Dritter (Gesamthandseigentum, Miteigentum, Pfandrechte, Nießbrauch) werden von § 1814 nicht berührt, hindern also die Hinterlegung nach Vormundschaftsrecht (vgl. dagegen für den Nießbrauch die Hinterlegung nach § 1082).

[24] Der Begriff wird im BGB nicht einheitlich gebraucht (vgl. RGZ 105, 202 zu § 702). Er muß hier vornehmlich von der Hinterlegungsfähigkeit bestimmt werden.

[25] Ebenso *Kipp-Wolff,* § 114 V 10; *Soergel-Germer,* 3 zu § 1819; *Staudinger-Engler,* 7 zu § 1819; *Dölle,* § 126 II 4h; MünchKomm-*Zagst,* 1 zu § 1819.

Verfügung zwingt oder dem Gläubiger die Möglichkeit gibt, seinen Anspruch im Wege der Zwangsvollstreckung durchzusetzen. Das Gesetz scheut die allgemeine Aussage; sie ergibt sich aus der Zusammenfassung der Verpflichtungsbindungen in § 1819 Satz 2 und in § 1820 I und II.

9. *Ausnahmen.* Kapitalanlagen, die der Vormund bei Beginn seiner Vormundschaft vorfindet, kann er bestehen lassen, auch wenn sie nicht den §§ 1807 ff. entsprechen. Es ist nicht Sinn jener Normen, den Vormund gegebenenfalls zu einer vollständigen Umschichtung des Mündelvermögens zu zwingen.[26] Schutzlos ist der Mündel nicht: Es bleibt die Pflicht des Vormundes, tatsächlich unsichere Anlagen zu beenden und für sie eine den §§ 1807 ff. entsprechende Kapitalanlage zu wählen.

Kapitalanlagen, die der Vormund als mündelsichere Anlagen vorfindet, hat er dagegen mit jenen Bindungen zu versehen, die für die Verwaltung eines Vormundes vorgesehen sind (Sperrvermerk für Sparkassengelder). Eine Umschichtung des Vermögens ist hier nicht notwendig und ein Grund für eine geringere Bindung des Vormundes nicht vorhanden.[27]

Für Anlagen, die der Vormund selbst vornimmt, kann das Vormundschaftsgericht von den Verpflichtungen der §§ 1814 und 1816 aus besonderen Gründen entbinden (§ 1817; die Verpflichtung aus § 1815 II läßt sich nach § 18 FGG aufheben). Die Norm trägt den mancherlei Nachteilen Rechnung, die eine stark gebundene Vermögensverwaltung mit sich bringt, hat aber keine große praktische Bedeutung.

Entgegen der h. L.[28] kann besondere Vertrauenswürdigkeit des Vormundes kein rechtfertigender Grund für den befreienden Akt sein. Das Gesetz vermeidet absichtlich Regelungen, die den vertrauenswürdigen Vormund privilegieren (und den anderen diskriminieren). Die Rspr. ist auch nie bereit gewesen, die Aufsichtspflicht des Vormundschaftsgerichtes zu variieren.[29] Jede Begünstigung des vertrauenswürdigen Vormundes bei der Kapitalanlage wäre daher eine (gefährliche) Anomalie. Nur sachliche Gründe gestatten die Befreiung von den Pflichten der §§ 1814, 1816. Die Rspr. ist betont engherzig; sie verlangt individuelle Gründe.[30]

---

[26] Ebenso RGZ 137, 320 (323); LG Hamburg, MDR 1957, 420; KG, NJW 1968, 1836; *Dölle,* § 126 II 3a; *Erman-Hefermehl,* 7 zu § 1814; *Staudinger-Engler,* 37 zu § 1807; MünchKomm-*Zagst,* 5 zu § 1807. Eine Pflicht zur Umwandlung (aus § 1793) behauptet *Stöber,* Rpfleger 1965, 100, soweit die Umschichtung „überhaupt kein Risiko in sich birgt".

[27] Ebenso für § 1809 *Staudinger-Engler,* 15 zu § 1809; *Soergel-Germer,* 4 zu § 1809; MünchKomm-*Zagst,* 3 zu § 1809. Anders die früher h. L.

[28] Vgl. *Kipp-Wolff,* § 114 V 5; *Soergel-Germer,* 1 zu § 1817; *Palandt-Diederichsen,* 1 zu § 1817, alle im Anschluß an KG, KGJ 20, 225. Wie der Text jetzt KG, FamRZ 1970, 104; MünchKomm-*Zagst,* 2 zu § 1807.

[29] Vgl. RGZ 80, 252 (257); 154, 110.

[30] So KG, JW 1935, 1881 (Hinweis auf Sicherheit einer Großbank nicht ausreichend); FamRZ 1970, 104.

10. *Überwachung.* Die Kapitalanlage des Vormundes zu überwachen, ist Aufgabe des Vormundschaftsgerichtes, deren Erfüllung keinen Aufschub bis zur nächsten periodischen Rechnung duldet.[31] Sie ist alsbald zu erfüllen und in Formen, die ohne Unterschied der Person dem vom Gesetz jedem Vormund entgegengebrachten Mißtrauen entsprechen.

11. *Forderungen; Wertpapiere.* Vorbehaltlich der gemeinschaftlichen Mitvormundschaft ist jeder Vormund an die Genehmigung des Gegenvormundes oder – ersetzend und hilfsweise – an die des Vormundschaftsgerichtes in Verfügung und Verpflichtung zur Verfügung gebunden für alle Forderungen des Mündels und für alle anderen Rechte, kraft deren der Mündel eine Leistung verlangen kann, insbesondere für Grundpfandrechte, sowie für alle Wertpapiere; die Bindung entfällt für alle Akte, die das Vormundschaftsgericht nach den §§ 1819–1822 zu genehmigen hat (§ 1812), aber auch für alle Verpflichtungen des Mündels, die als Erwerbsmodalität eines genehmigungsfreien Erwerbs zu begreifen sind.[32] *Zu den Verfügungen rechnet das Gesetz auch die Annahme der geschuldeten Leistung* (§ 1813), ohne zu Folgerungen für die allgemeine Theorie der Erfüllung zu zwingen. Die §§ 1812, 1813 mögen zwar den älteren Vertragstheorien in ihrer Textgestaltung verhaftet sein, können jedoch auch der Theorie der realen Leistungsbewirkung und den verschiedenen Zweckbestimmungstheorien der jüngeren Doktrin (als Beschränkung der Empfangszuständigkeit) integriert werden.

Die Stellung im Gesetz, die Parallele der Bindung in § 1810 und die Ausnahmen des § 1813 weisen § 1812 dem Gedanken einer kontrollierten Kapitalanlage zu. Doch greift er in seiner umfassenden und von § 1813 nur unvollkommen (weil auf die Annahme einer Leistung begrenzten) eingeschränkten Formulierung tatsächlich weiter und wird deshalb im Verein mit § 1813 zuweilen als willkürliche Regelung empfunden.[33] Gebunden ist etwa auch die Annahme einer dem Mündel aus Kauf geschuldeten Geldleistung, obwohl insoweit von einem Rechtsgeschäft, das die Kapitalanlage berührt, gewiß nicht mehr gesprochen werden kann.[34]

Die h. L. neigt für § 1812 zu extensiver, nicht an der Idee der kontrollierten Kapitalanlage orientierter Interpretation. So werden etwa auch Ansprüche auf Herausgabe beweglicher Sachen gebunden

[31] Vgl. RGZ 88, 264 (266 f.); OLG Kiel, ROLG 36, 218.

[32] Vgl. BayObLG, NJW 1974, 1142 (Geldschenkung des Vaters unter Begründung eines Sparkontos für die Kinder mit der Auflage, dem Vater zu Lasten des Sparkontos ein verzinsliches Darlehen zu gewähren).

[33] Vgl. *Beitzke,* § 37 III 4.

[34] Vgl. aus der Praxis OLG Kiel, ROLG 8, 367 (Kündigung einer Forderung); KG, ROLG 14, 262 (Herabsetzung des Hypothekenzinsfußes); OLG Bamberg, LZ 1916, 1503 (Genehmigung der Schuldübernahme nach § 416); RG, Recht 1913 Nr. 2741 (Verzicht auf Anspruch auf Rechnungslegung); RG, SeuffA 82 Nr. 227 (Nacherbschaft des Kindes; Zustimmung zu Verfügungen des Vorerben); BGHZ 1, 294 (Kündigung von Forderungen und Grundpfandrechten durch Gläubiger, nicht durch Eigentümer); 44, 325 (Erlaß durch Entlastungserklärung); LG Berlin, MDR 1973, 503 (Kündigung eines Mietverhältnisses als Mieter).

(mit Konsequenz für die Übereignung nach §§ 929, 931),[35] obwohl sie vom Normzweck nicht erfaßt werden. Zu rechtfertigen ist dagegen die fast allgemein bejahte Bindung des Vormundes für die Abgabe von Eintragungsbewilligungen nach (genehmigungspflichtigem!) Empfang der Leistung zur Tilgung einer hypothekarisch gesicherten Forderung.[36] Zwar wird insoweit nur eine Buchposition preisgegeben (§§ 1163, 1177), doch gehört die Umbuchung des dinglichen Rechts noch zur „Annahme der geschuldeten Leistung".

Erfüllungsversuche, die an § 1812 scheitern, führen zu einem Bereicherungsanspruch des Leistenden gegen den Mündel (vgl. dazu oben § 52 III 11). Mit diesem Anspruch kann der fortbestehende Anspruch des Mündels nicht durch Aufrechnung getilgt werden.[37] Die Aufrechnung ist als einseitiger Akt des Leistenden stets genehmigungsfrei; die Zulässigkeit der Aufrechnung nach einem vergeblichen Erfüllungsversuch würde deshalb praktisch § 1812 für die Annahme der Leistung beseitigen.

§ 1812 sichert dem Mündel die gebundenen Rechte nicht schlechthin. Er schließt die Anwendung von Normen nicht aus, die Dritte in ihrem Vertrauen auf die Verfügungsmacht des Vormundes oder einer von ihm ermächtigten Person (Bank!) schützen (vgl. § 366 HGB).[38]

12. Ohne letzte Konsequenz führt § 1813 I den zu weit ausgreifenden § 1812 wenigstens für die Annahme von Leistungen auf den Gedanken der kontrollierten Kapitalanlage zurück. Er vermittelt dem Vormund *Annahmefreiheit* für alle nicht aus Geld oder Wertpapieren bestehenden Leistungen und entläßt damit alle *Warenlieferungen* aus der Annahmebindung,[39] aber auch die Annahme von *Dienstleistungen* aller Art[40] und die Annahme von Leistungen des *Sachgebrauchs* (Nr. 1). Der Vormund kann ferner selbständig handeln bei der Annahme von Beträgen unter dreihundert Deutsche Mark (Nr. 2),[41] sofern es sich nicht um die Rückzah-

---

[35] Vgl. *Kipp-Wolff*, § 115 I 1; *Soergel-Germer*, 2 zu § 1812; *Erman-Hefermehl*, 1 a zu § 1812. Dagegen wie der Text *Palandt-Diederichsen*, 2 a zu § 1812; *Staudinger-Engler*, 4 zu § 1812; MünchKomm-*Zagst*, 8 zu § 1812.

[36] Vgl. BayObLGZ 3, 344; KG, ROLG 25, 290 und 44, 81 (verfehlter Rückgriff auf § 875!); *Kipp-Wolff*, § 115 I 1; *Staudinger-Engler*, 6 zu § 1812; MünchKomm-*Zagst*, 8 zu § 1812. Genehmigungsfrei soll nach mancher Ans. die Aufhebung einer dem Mündel zustehenden Eigentümergrundschuld sein, falls nachrangige Belastungen des Grundstücks nicht vorhanden sind. Vgl. KG, JW 1936, 2745; *Soergel-Germer*, 9 zu § 1812; *Erman-Hefermehl*, 7 zu § 1812. A. A. mit Recht MünchKomm-*Zagst*, 8 zu § 1812.

[37] Vgl. OLG Stuttgart, MDR 1954, 229; MünchKomm-*Zagst*, 4 zu § 1812; *Soergel-Germer*, 13 zu § 1812. A. A. *Staudinger-Engler*, 19 zu § 1812.

[38] Vgl. RGZ 115, 153 (156f.).

[39] Das gilt nicht mehr, wenn statt der an sich geschuldeten Ware Schadensersatz wegen Nichterfüllung zu leisten ist.

[40] Vgl. *Dölle*, § 127 II 1 a. Meist wird insoweit (ohne Begründung) bereits der Tatbestand des § 1812 verneint. Vgl. *Palandt-Diederichsen*, 2 a zu § 1812; MünchKomm-*Zagst*, 10 zu § 1812; *Soergel-Germer*, 3 zu § 1812.

[41] Nimmt der Vormund für mehrere Mündel, die jeweils Einzelgläubiger sind, gleichzeitig Leistungen an, sind die empfangenen Beträge nicht zu addieren. Vgl. RG, Recht 1913 Nr. 1309. Ist der Mündel an einer Forderung mit anderen beteiligt, bedarf der Vormund der Genehmigung erst, wenn

lung von Geldern handelt, die mit Sperrvermerk angelegt wurden (Abs. II), und beim Einziehen von Nutzungen des Mündelvermögens (Nr. 4). § 1813 I Nr. 4 hat freilich für die Zinsen eines nach § 1807 I Nr. 5 angelegten Guthabens kaum jemals Bedeutung. Die Satzungen der Sparkassen pflegen für die Jahreszinsen sofortige Zuschreibung zum Kapital vorzusehen und damit dem Vormund jede Möglichkeit zu nehmen, die aufgelaufenen Zinsen als Nutzungen des Kapitals (und nicht als dessen Bestandteil) abzuheben.[42]

Erheblich geringer ist die praktische Bedeutung der (von Abs. II für alle mündelsicheren Anlagen wieder beseitigten) Annahmefreiheit für Gelder, die der Vormund selbst anlegte (Nr. 3), sowie für Nebenleistungen (Nr. 5).

13. *Grenzen der Aufsicht.* Alle im Bereich der Kapitalanlage bestehenden Bindungen des Vormundes bezwecken *Kontrolle, nicht aber Preisgabe des Grundsatzes der autonomen Vormundschaft für einen Teilbereich.* Legitim sind Verweigerungen deshalb nur, wenn der vom Vormund geplante Akt pflichtwidrig ist.[43]

§ 67. Ende der Vormundschaft

I. Ende der Vormundschaft überhaupt

1. *Wegfall der Voraussetzungen.* Jede Vormundschaft endigt mit dem Wegfall ihrer Voraussetzungen (§ 1882). Sie endigt also mit dem Tod des Mündels und der Rechtskraft des Beschlusses, der den Mündel für tot erklärt oder seine Todeszeit feststellt (§ 1884 II), weil Vormundschaft ohne einen Mündel nicht bestehen kann (vgl. aber unten 3.). Sie endigt ferner mit Eintritt der Volljährigkeit, weil Vormundschaft als zweckbestimmte Fürsorge mit dem Fortfall ihres Zweckes enden muß. Sie endigt schließlich mit dem Eintritt oder Wiedereintritt der elterlichen Sorge[1] oder der elterlichen Vertretungsmacht, weil die Vormundschaft als subsidiäre Fürsorgeform der elterlichen Sorge nachgeordnet ist (vgl. aber für die Legitimation durch nachfolgende Ehe oben § 61 I 5).

2. Die Vormundschaft endigt grundsätzlich auch, wenn ihr konkreter Anlaß entfallen ist, das Fürsorgebedürfnis aber aus einem anderen Grund fortbesteht (Entmündigung eines volljährig Gewordenen). Die Anordnung der Vormund-

---

die anteilige Berechtigung des Mündels (und nicht die Gesamtforderung) mehr als dreihundert DM beträgt. Vgl. KG, JFG 6, 267.

[42] Vgl. dazu KG, DJ 1938, 1428 gegen OLG Naumburg, ZAkDR 1938, 243 mit Anm. *Kleiner* (Zinsen werden der Entscheidung zufolge Bestandteil des Kapitals erst, wenn der Sparer nicht alsbald abhebt und damit zu erkennen gibt, daß er sie dem Kapital zuschlagen will).

[43] Vgl. KG, JFG 12, 111 (zu § 1809).

[1] Zur erneuten Heirat der Eltern, falls dem Kind gem. § 1671 V nach der Scheidung ein Vormund bestellt werden mußte vgl. oben § 56 VI 2 (str. ist die Frage, ob die Vormundschaft sofort oder erst nach einem Beschluß des VormG endet).

schaft ist ausnahmslos Anordnung um eines konkreten Anlasses willen; ihr kann nicht kurzerhand ein anderer Anlaß substituiert werden. Ausnahmen aus Gründen der Zweckmäßigkeit sind allenfalls zu rechtfertigen, wenn der ursprüngliche und der substituierte Anlaß eng benachbart sind, etwa wenn ein eheliches Kind unter Vormundschaft gestellt wurde, weil die elterliche Sorge der Eltern ruhte, dieser Anlaß aber inzwischen durch den Tod der Eltern entfallen ist.[2]

3. Die Vormundschaft endet nicht, wenn der Mündel verschollen ist, doch hat das Vormundschaftsgericht die Vormundschaft aufzuheben, wenn kein Fürsorgebedürfnis mehr besteht und wenn ihm der Tod des Mündels bekannt wird (§ 1884 I).[3] Der Tod des Mündels beendet also in diesem Fall die Vormundschaft nicht kraft Gesetzes; postmortale Vormundschaften werden in Kauf genommen; der Vormund handelt dann für den Erben des Mündels oder für den an sich zum Handeln Legitimierten (Näheres unten § 70 VII 5 bei der postmortalen Abwesenheitspflegschaft).

II. Ende des Amtes

1. *Tod, Entmündigung.* Das Amt des Vormundes (und des Gegenvormundes; vgl. § 1895) endet zuweilen ex lege, zuweilen durch einen Akt des Vormundschaftsgerichtes; es endet nie durch einen Akt des Vormundes. Der Tod des Vormundes (Anzeigepflichten in § 1894) ist Beendigungsgrund ex lege und die Entmündigung (§ 1885), der freilich die Entlassung des Vormundes zuvorzukommen pflegt. Todeserklärung und Eintritt der Geschäftsunfähigkeit erwähnt das Gesetz von vornherein nicht; sie wären Endigungsgründe von nurmehr theoretischer Bedeutung.

2. *Entlassung.* Regelfall des Amtsendes ist die Entlassung als Umkehrakt der Bestellung. Entlassung ist zulässig nach Entlassungsvorbehalt (§ 1790) und notwendig, wenn ein zur Vormundschaft Berufener zunächst verhindert war und später seine Bestellung beantragt (§ 1778 II). Entlassung ist ferner ein Mittel der Korrektur nach fehlerhafter oder später fehlerhaft gewordener Auswahl: Die absolut Untauglichen sind alsbald zu entlassen (§§ 1886, 1781), die bedingt Untauglichen aber, wenn die Erlaubnis versagt oder zurückgenommen wird

---

[2] Vgl. BayObLGZ 6, 517. Für die Regel vgl. BayObLG, Recht 1920 Nr. 3406 (Ehelicherklärung nach dem Tod des Vaters); BayObLGZ 17, B 167 (vorläufige Vormundschaft über einen volljährig Gewordenen); *Palandt-Diederichsen*, 1b zu § 1882.

Die h. L. gesteht die Notwendigkeit einer neuen Vormundschaft zwar für den Fall der Entmündigung eines volljährig gewordenen Mündels zu, substituiert aber im Rahmen der Vormundschaft über Minderjährige ohne Beschränkung. Vgl. *Soergel-Germer*, 6 zu § 1882; *Erman-Hefermehl*, 4 zu § 1882; *Staudinger-Engler*, 11 zu § 1882; *Dölle*, § 136 I 2h; MünchKomm-*Zagst*, 9 zu § 1882.

[3] Die Vormundschaft endet nach § 1882, wenn der Verschollene volljährig wird. § 1884 I normiert ausschließlich eine Ausnahme vom Tod als Beendigungsgrund. Gl. Ans. *Dölle*, § 136 II 1; *Erman-Hefermehl*, 2 zu § 1884; *Palandt-Diederichsen*, 1 zu § 1884; *Staudinger-Engler*, 3 zu § 1884; MünchKomm-*Zagst*, 2 zu § 1884. A. A. OLG Oldenburg, NJW 1952, 939; *Soergel-Germer*, 1 zu § 1884.

(§ 1888). Auswahlfehler, die § 1779 II 2 und 3 sowie § 1782 verletzen, werden vom Gesetz nicht als Entlassungsgründe genannt. Daß auch sie durch Entlassung des Vormundes, sei es nun auf Beschwerde hin, sei es auch von Amts wegen (§ 18 FGG), zu beseitigen sind, folgt aus jenen Prinzipien, die das deutsche Recht für fehlerhafte Entscheidungen im Bereich der freiwilligen Gerichtsbarkeit überhaupt anerkennt. Die durchaus h. L. ist zur Entlassung freilich nur nach erfolgreicher Beschwerde bereit,[1] doch sollte der Staat sich auch selbst korrigieren dürfen und müssen; es ist seine zweckbestimmte Rechtsordnung, die es zu wahren gilt.[2]

3. In der Entlassung findet das Vormundschaftsgericht auch das Analogon zum Entzug der elterlichen Sorge nach Versagen der Eltern. Sie hat (als äußerste Maßnahme, wenn mit milderen Eingriffen kein Erfolg zu erzielen ist) zu erfolgen,[3] wenn die Fortführung des Amtes das Interesse des Mündels gefährden würde (§ 1886),[4] dem Zweck der Norm entsprechend jedoch nur, falls die mit dem Wechsel verbundenen Gefahren nicht noch größer sind als die bestehenden und drohenden:[5] Ein Übel mit einem größeren Übel zu bekämpfen, ist offensichtlich nicht der Sinn einer allein dem Schutz des Mündels dienenden Norm.

Pflichtwidrigkeiten des Vormundes können in erster Linie gefährden (auch die Mißachtung von Geboten oder Verboten des Vormundschaftsgerichtes[5a]); sie sind jedoch weder stets ausreichender Grund zur Entlassung,[6] noch notwendiger Grund der Gefährdung. Fehlende Sachkenntnis kann ferner gefährden,[7] mangelndes Verständnis für die Aufgaben des Vormundes,[8] beharrliche Weigerung, dem Vormundschaftsgericht Auskunft zu erteilen,[9] die Unterwerfung des Vormundes unter den Willen des Mündels,[10] ein ständiger Widerstreit der Interessen[11] (regelmäßig nicht ein einzelner

---

[1] Vgl. für den (schwereren) Fall des § 1782 *Staudinger-Engler,* 11 zu § 1782 (anders aber 13 zu § 1886); *Dölle,* § 120 II 2d; *Erman-Hefermehl,* 2 zu § 1782.

[2] Wenigstens in der Tendenz ähnlich BayObLG, NJW 1961, 1865 (Entlassung „mindestens auf Beschwerde"). Wie der Text MünchKomm-*Zagst,* 9f. zu § 1886.

[3] Vorläufige Maßnahmen darf das VormG vor der Entlassung nur treffen, wenn § 1837 es erlaubt. Vgl. *Staudinger-Engler,* 24 zu § 1886; MünchKomm-*Zagst,* 18 zu § 1886. Weitherziger anscheinend („jedenfalls, soweit § 1837 anwendbar") *Erman-Hefermehl,* 4 zu § 1886. Für generelle Zulässigkeit KG, KGJ 30, A 24 (A 27).

[4] Die Gefährdung kann auch aus Umständen gefolgert werden, die der Zeit vor der Bestellung angehören (Vorstrafen des Vormundes). Vgl. OLG Hamburg, ROLG 30, 158; OLG Colmar, Recht 1909 Nr. 1331.

[5] Richtig BayObLG, Recht 1913 Nr. 1472; KG, ROLG 24, 48; RJA 5, 219 (224); LG Berlin, Rpfleger 1969, 53; *Staudinger-Engler,* 5 zu § 1886.

[5a] Vgl. dazu LG Berlin, FamRZ 1974, 268. Die Entscheidung glaubt, § 1837 auf schuldhafte Pflichtwidrigkeiten beschränken zu müssen, und ist deshalb zu schnell bei der Hand mit der Entlassung des Vormundes (Rpflegers).

[6] Vgl. KG, RJA 16, 18 (20). Verfehlt aber KG, RJA 6, 257 (259). Die Entscheidung will nur schuldhafte Pflichtwidrigkeiten berücksichtigen.

[7] Vgl. BayObLGZ 33, 345; OLG Karlsruhe, ROLG 39, 10.

[8] Vgl. BayObLGZ 19, 82.

[9] Vgl. OLG Hamm, Rpfleger 1966, 17.

[10] Vgl. KG, Recht 1916 Nr. 698.

[11] Vgl. BayObLGZ 6, 735.

Interessengegensatz[12]), auch eine tiefgehende Entfremdung, wenn sie vom Mündel aus betrachtet wenigstens subjektiv gerechtfertigt und verständlich ist[13] (wäre sie stets bedeutsam, so würde der Mündel über den Vormund befinden) und vieles andere mehr.[14]

Der Praxis ist in erster Linie Unbelehrbarkeit und Starrsinn des Vormundes als Entlassungsgrund geläufig, sein Beharren also auf einem unvernünftigen Standpunkt in dem weiten Raum des Handelns nach pflichtgemäßem Ermessen.[15] Die grundsätzliche Richtigkeit ihrer Entscheidungen ist nicht zu bezweifeln, doch bleibt Vorsicht geboten. Wenn die Ansicht des Richters jeweils als allein vernünftig und die Ansicht des widerstrebenden Vormundes jeweils als schlechthin unvernünftig empfunden wird, eröffnet sich die Möglichkeit, die generelle Zuständigkeitsordnung für den Vormund und das Vormundschaftsgericht über § 1886 zu mißachten.

Zur Entlassung verpflichtet ist das Vormundschaftsgericht nur dem Mündel gegenüber. Dritte haben deshalb nie ein Recht zur Beschwerde aus § 20 FGG, wenn ihr Antrag abschlägig beschieden wurde.[16] Stets beschwerdeberechtigt ist bei abschlägigem Bescheid der Vormund für den Mündel sowie der mindestens vierzehn Jahre alte und nicht geschäftsunfähige Mündel selbst, sodann alle berechtigt Interessierten, falls nicht gerade die Entlassung eines auf die Vermögenssorge beschränkten Mitvormundes erzwungen werden soll (§§ 59, 57 I Nr. 9 FGG).[17]

Der Vormund hat kein Recht auf sein Amt, ja noch nicht einmal ein Recht auf Gehör vor seiner Entlassung, doch ist ihm soweit als irgend möglich Gelegenheit zur Äußerung zu geben.[18] Gegen seine Entlassung kann er sofortige Beschwerde einlegen (§ 60 I Nr. 3 FGG). Beschwerdeberechtigt ist ferner der Mündel selbst, dem alsbald nach der Entlassung ein neuer Vormund zu bestellen ist.[19] Selbständiges Handeln ist dem Mündel auch hier nur im Rahmen des § 59 FGG möglich.[20] Kein Beschwerderecht gegen die Entlassung haben die berechtigt Interessierten (§ 57 II FGG). Die Rechtsprechung weist sie (wenig überzeugend) auch zurück, wenn sie zunächst mit einem Entlassungsan-

---

[12] Vgl. LG Lüneburg, FamRZ 1955, 271. In diesen Fällen genügt die Einrichtung einer Pflegschaft. Anders, wenn der Interessengegensatz bei einer besonders bedeutsamen Angelegenheit besteht. Vgl. BayObLG, FamRZ 1959, 32 (33).

[13] Vgl. BayObLGZ 10, 311 und 386; 24, 54 (56); 31, 277 (280); 34, 398. Die Entfremdung ist belanglos, wenn ein persönlicher Kontakt zwischen Mündel und Vormund nicht erforderlich ist. Vgl. KG, ROLG 8, 361.

[14] Ein Fall gesundheitlicher Gefährdung durch Wahnideen des Mündels: BayObLGZ 18, 206.

[15] Vgl. BayObLGZ 21, 339; BayObLG, Recht 1916 Nr. 1345; JW 1931, 1374 mit Anm. *Rühl;* KG, RJA 5, 219; SeuffA 64 Nr. 220; JW 1935, 546.

[16] Vgl. BayObLGZ 31, 277 (278); BayObLG, SeuffA 61 Nr. 160; SchlHOLG, JR 1949, 389; OLG Hamm, FamRZ 1966, 46.

[17] Vgl. BayObLGZ 34, 398; BayObLG, SeuffA 69 Nr. 46; KG, RJA 11, 164; DFG 1937, 85. BayObLGZ 31, 277 und BayObLG, SeuffA 67 Nr. 215 beschränken das Beschwerderecht auf Entlassungsgründe, die dem Bereich der Personensorge angehören. Doch läßt sich ein Versagen auf dem Gebiet der Vermögenssorge nicht vollkommen von der Personensorge trennen.

[18] Vgl. KG, HRR 1926 Nr. 475; BayObLG, JZ 1953, 185.

[19] Vgl. KG, JW 1935, 2157. Wird die Entlassung des ersten Vormundes auf Beschwerde aufgehoben, ist der neue Vormund zu entlassen. Ob die aufhebende Entscheidung rückwirkende Kraft hat (mit der Folge einer Vertretung des Mündels durch zwei Vormünder seit Bestellung des neuen Vormundes) ist str. Die heute wohl h. L. bejaht. Vgl. KG, FamRZ 1970, 672; MünchKomm-*Zagst,* 23 zu § 1886.

[20] KG, RJA 6, 7 will das Beschwerderecht aus § 59 FGG auf Entlassungen beschränken, deren Anlaß auf dem Gebiet der Personensorge liegt.

trag Erfolg hatten, die zweite Instanz aber auf Beschwerde des Vormundes die Entlassung aufhob.[21] Daß ein in zwei Instanzen abschlägig beschiedener Antrag die dritte Instanz öffnet (s. o.), ein zunächst erfolgreicher, in zweiter Instanz aber abgewiesener dagegen nicht, ist schwer verständlich.

4. *Entlassung auf Antrag.* Entlassung hat schließlich zu erfolgen, wenn der Vormund sie aus wichtigem Grund beantragt (§ 1889). Eintritt eines Ablehnungsgrundes aus § 1786 I Nrn. 2–7 ist stets ein wichtiger Grund, im übrigen entscheidet der Einzelfall unter Orientierung an der Situation des Vormundes und nicht des Mündels.[22] Weil der Vormund einem bestimmten Mündel zugeordnet ist, kann die Entscheidung nicht von den Mündelinteressen abstrahieren, mehr als Element der Situationswertung für den Vormund aber dürfen jene nicht sein.

III. Folgen

1. *Ende der Rechtsmacht.* Ende der Vormundschaft und Amtsende entziehen dem Vormund gleicherweise die Legitimation zum Handeln für den Mündel. Es bleiben Recht und Pflicht zur Fortführung der Geschäfte (mit voller Geltung des Vormundschaftsrechts) in jenem Rahmen, der den Eltern nach dem Ende der elterlichen Sorge gezogen ist (vgl. § 1893 I und oben § 54 V).[1] Die Bestallungsurkunde ist dem Vormundschaftsgericht zurückzugeben (§ 1893 II); die Rückgabe kann durch Ordnungsstrafen erzwungen werden.[2]

2. Ende der Vormundschaft und Amtsende sind nicht identisch mit dem totalen Ende des zwischen Vormund und Mündel bestehenden Rechtsverhältnisses. *Es wandelt sich zum Abwicklungsverhältnis, um erst nach Erfüllung aller Abwicklungspflichten zu erlöschen.* Mit den Abwicklungspflichten bleiben auch die Aufgaben des Vormundschaftsgerichtes. Insbesondere kann dem Vormund noch im Stadium der Abwicklung eine Vergütung bewilligt werden.[3]

3. *Abwicklung.* Abwicklung heißt für den Vormund (oder seinen Erben) Rech-

[21] Vgl. KG, ROLG 8, 361; JW 1935, 2157; BayObLG, SeuffA 61 Nr. 160; OLG Hamm, FamRZ 1966, 46.

[22] Vgl. BayObLG, FamRZ 1959, 373. Vgl. aus der Praxis ferner KG, RJA 10, 99 (Ausländereigenschaft kein wichtiger Grund) und KGJ 46, 83 (ablehnend bei weiterer räumlicher Entfernung).

[1] Vgl. BGH, FamRZ 1967, 462 (Pflegschaft). Mit der Vormundschaft endet grundsätzlich auch die Legitimation des VormG zur Genehmigung bereits abgeschlossener Verträge und die der Instanzgerichte zur Überprüfung erstinstanzlicher Entscheidungen. Vgl. OLG Frankfurt, OLGZ 1978, 63 (Pflegschaft). OLG Stuttgart, RdL 1956, 255 billigt die Genehmigung einer vom gutgläubigen Vormund vorgenommenen Handlung durch das ebenso gutgläubige VormG. Sicher darf das VormG im Anwendungsbereich des § 1698a nicht mehr genehmigen, wenn ihm das Ende der Vormundschaft oder das Amtsende bekannt ist. Vgl. BayObLG, NJW 1965, 397. Es hat dagegen im Anwendungsbereich des § 1698b wie bei fortbestehender Vormundschaft tätig zu werden. Unstr.

[2] Ganz h. M. (vgl. OLG Neustadt, NJW 1955, 1724; *Dölle,* § 137 II; *Staudinger-Engler,* 12 zu § 1893; MünchKomm-*Zagst,* 14 zu § 1893 m. Nachw.), aber nicht unbestr.

[3] Vgl. KG, RJA 2, 5; 12, 6 (mit Vergütung für die Abwicklung); BayObLG, SeuffA 61 Nr. 227; BGH, FamRZ 1967, 462. Eine Vergütung kann auch noch nach dem Tod des Vormundes bewilligt werden. Vgl. KG, NJW 1957, 1441. KG, RJA 16, 159 gestattet noch die Aufhebung der Bewilligung gemäß § 18 FGG und RGZ 127, 103 (107) noch die Änderung der Vergütung nach Beschwerde.

nungslegung und Herausgabe des verwalteten Vermögens (§ 1890 Satz 1; vgl. dazu §§ 259ff.). Sie bedeutet für den Gegenvormund Auskunft auf Verlangen sowie Prüfung der vom Vormund vorgelegten Rechnung (§ 1891). Geschuldet wird alles (kraft Privatrechts) dem Mündel (gegebenenfalls vertreten durch einen neuen Vormund[4]). Der Staat kann kraft öffentlichen Rechts (und damit nicht mehr vom Erben) lediglich (partielle Pflichtenidentität) eine formell ordnungsgemäße Rechnung fordern, d. h. eine Rechnung, die § 1841 entspricht[5] (mit der Möglichkeit, auf die periodischen Rechnungen zu verweisen; vgl. § 1890 Satz 2) und dem Gegenvormund zur Prüfung (§ 1891) und Weitergabe an das Vormundschaftsgericht (§ 1892 I) vorgelegt wurde.[6] Eine derart formell ordnungsgemäße Rechnung darf das Vormundschaftsgericht auch noch durch Ordnungsstrafen erzwingen.[7] Sachliche Bedenken kann es dagegen nur noch dem Mündel mitteilen, jedoch nicht mehr weiterverfolgen: Sachliche Änderungen durchsetzen, heißt über Ansprüche des Mündels gegen den Vormund befinden; diese Aufgabe aber obliegt den Prozeßgerichten.[8]

Um die Abwicklung zu erleichtern, aber auch um den eben erst volljährig Gewordenen zu unterstützen, sieht § 1892 II eine vermittelnde Tätigkeit des Vormundschaftsgerichtes vor. Es hat die Rechnung sachlich zu prüfen und deren Abnahme zu vermitteln;[9] soweit sie als richtig anerkannt wird, hat es das Anerkenntnis zu beurkunden. Gründe der Zweckmäßigkeit veranlassen die Vormundschaftsgerichte häufig, mehr zu tun, insbesondere die Herausgabe von Vermögen (Sparbüchern) zu übernehmen und Entlastungsverträge zu vermitteln (§ 397 II).[10] Die Haftung des Staates sollte freilich Zurückhaltung in der Vermittlung von Entlastungsverträgen nahelegen. Sie dienen nicht den Interessen des

---

[4] Endet nach gemeinschaftlicher Mitvormundschaft nur das Amt eines Mitvormundes, so kann der andere die Abwicklung nicht als Vertreter des Mündels erledigen, weil auch die eigene Amtsführung Gegenstand der Abwicklung ist. Sofern nicht ein neuer Mitvormund zu bestellen ist, muß ein Ergänzungspfleger tätig werden. Vgl. *Dölle,* § 137 I 2a; *Staudinger-Engler,* 19 zu § 1890; MünchKomm-*Zagst,* 5 zu § 1890.

[5] Vgl. KG, KGJ 33, A 54 (A 59); 37, A 110.

[6] Daß eine Pflicht des Gegenvormundes aus § 1891 II gegenüber dem VormG besteht, leugnet *Soergel-Germer,* 2 zu § 1891. Wie der Text dagegen MünchKomm-*Zagst,* 3 zu § 1891; *Staudinger-Engler,* 3 zu § 1891.

[7] Vgl. KG, RJA 3, 63; 7, 85; 15, 225; ROLG 32, 49; JW 1939, 351; OLG Neustadt, NJW 1955, 1724; *Staudinger-Engler,* 3 zu § 1892; *Dölle,* § 137 I 2c; *Erman-Hefermehl,* 1 zu § 1892; MünchKomm-*Zagst,* 2 zu § 1892.

§ 1837 gilt auch für die Pflichten des Gegenvormundes aus § 1891. Ebenso MünchKomm-*Zagst,* 4 zu § 1891. Gegen jede Anwendung der Norm nach Amtsende des Gegenvormundes dagegen *Dölle,* § 137 I 2b.

[8] Das VormG darf auch nicht „Belege" fordern, die einer Herausgabe von Vermögen gleichkommen. Vgl. KG, KGJ 50, 28 (Sparbuch).

[9] Es kann aber nicht das Erscheinen des volljährig gewordenen Mündels erzwingen. Vgl. OLG Königsberg, ROLG 4, 116.

[10] Rechtshilfeersuchen werden insoweit zuweilen abgelehnt. Vgl. OLG Breslau, ROLG 18, 381; KG, KGJ 51, 42. Mit Recht aufgeschlossen dagegen RGZ 115, 368 für die Entlastung und OLG

Mündels, der nur Rechte einbüßen kann; nicht umsonst hat der Vormund keinen Anspruch auf Entlastung (ebensowenig der Vormundschaftsrichter).

Alle offen bleibenden Fragen sind von den Prozeßgerichten zu beantworten. Sie befinden über den Anspruch auf Abgabe einer eidesstattlichen Versicherung, wenn der Mündel die Rechnung beanstandet (§§ 259, 260). Sie sind allein zuständig für den Anspruch des Mündels auf Herausgabe seines Vermögens.[11] Sie sind aber auch vom Vormund anzurufen, wenn er Pflichterfüllung festgestellt haben will oder wenn er die Freigabe einer etwa geleisteten Sicherheit (§ 1844) fordert.

4. *Verzicht.* Die gesamte Abwicklung kann dem Vormund vom Mündel (nicht von seinen Eltern und nicht vom neuen Vormund; vgl. dazu §§ 1641, 1804[12]) erlassen werden. Das ist selbstverständlich für die allein dem Mündel gegenüber bestehenden Pflichten, wird von der Rechtsprechung aber zu Recht auch für die dem Staat geschuldete formell ordnungsgemäße Rechnungslegung bejaht;[13] bei Verzicht des Mündels auf seine Rechte verliert sie ihren Sinn.

§ 68. Sonderformen der Vormundschaft

Neben einer im Bereich der Vermögenssorge fast perfektionistisch überwachten Vormundschaft sind Sonderformen der Vormundschaft mit noch stärkerer Bindung des Vormundes schwerlich möglich. Alle Sonderformen des deutschen Rechts zeigen größere Freiheit des Vormundes, Annäherung an die elterliche Sorge, niemals geringere Bindung als diese. Alle beruhen auf besonderem Vertrauen zum Vormund von unterschiedlicher Herkunft und Stärke.

I. Befreite Vormundschaft

1. *Tatbestand.* Befreiter Vormund kann nur ein benannter Vormund sein (vgl. dazu oben § 64 IV 6), also ein vom Vertrauen zumindest eines Elternteils des Mündels getragener Vormund. Ihn befreit eine letztwillige Verfügung des benennenden (nicht des anderen!) Elternteils (§§ 1856, 1777 III). Sie kann die möglichen Befreiungen insgesamt gewähren, aber auch nur in Teilen; sie kann die einzelnen Befreiungen generell zugestehen, aber auch nur in gegenständlicher Beschränkung (etwa für einzelne Wertpapiere). Haben die Eltern denselben Vormund benannt, aber einander widersprechende Anordnungen getroffen, gelten die Anordnungen des zuletzt verstorbenen Elternteils (§ 1856 Satz 2, entsprechend § 1776 II).

Darmstadt, ROLG 21, 191 für Entlastung und Herausgabe. Das Schrifttum billigt ganz überwiegend die Rechtshilfe. Vgl. *Dölle,* § 137 I 2c; *Staudinger-Engler,* 12 zu § 1890 und 10 zu § 1892 mit weit. Nachw.

[11] Unstr. Vgl. aber OLG Frankfurt, MDR 1961, 57 (zust. *Staudinger-Engler,* 11 zu § 1890) für einen besonderen Fall der Abwesenheitspflegschaft. Die Entscheidung will „Förmelei“ vermeiden. Bedenklich aber sollte stimmen, daß man dazu drei Instanzen benötigte.

[12] Ebenso für die Eltern *Dölle,* § 137 I 2a. Nach h. L. ist der Verzicht der Eltern und des Vormundes zulässig und wirksam, wenn auch Anlaß für Maßnahmen gem. §§ 1667, 1837. Vgl. *Dölle,* § 137 I 2c; *Staudinger-Engler,* 16 zu § 1892; *Soergel-Germer,* 7 zu § 1892; MünchKomm-*Zagst,* 4 zu § 1892.

[13] Vgl. KG, KGJ 23, A 11; 33, A 54 (A 58f.). Das Schrifttum hat die Rspr. einmütig gebilligt.

2. *Ausmaß.* Der Radius der möglichen Befreiungen ist relativ klein; der Kern der Vormundschaft bleibt auch in der befreiten Vormundschaft gewahrt. Unangetastet bleibt insbesondere der Katalog der genehmigungspflichtigen Rechtsgeschäfte in den §§ 1821, 1822.[1]

Möglich ist der Ausschluß eines Gegenvormundes (§ 1852 I), der §§ 1809, 1810 bei der Anlage von Mündelgeld (nicht mehr der §§ 1806–1808),[2] der Genehmigungspflicht aus § 1812 für Verfügungen und Verpflichtungen zu Verfügungen über Wertpapiere, Forderungen und andere Rechte, kraft deren der Mündel eine Leistung verlangen kann (§ 1852 II). Das Gesetz sieht in diesen Möglichkeiten einen Block von Befreiungen, der insgesamt gewollt ist, wenn die Bestellung eines Gegenvormundes ausgeschlossen ist (§§ 1852 II 2, 1855). Doch können die Eltern jederzeit etwas anderes bestimmen; die Funktion des Gegenvormundes im Bereich der bleibenden Bindung werden insoweit vom Vormundschaftsgericht übernommen (vgl. §§ 1809, 1810, 1812 III).

3. Die Eltern können ferner die Pflicht des Vormundes, Inhaber- und Orderpapiere zu hinterlegen, beseitigen, sowie die Pflicht, den Sperrvermerk aus § 1816 eintragen zu lassen (§ 1853), schließlich die Pflicht, während der Dauer des Amtes Rechnung zu legen (§ 1854 I). Freilich bleibt bei Ausschluß der periodischen Rechnung als Restbestand die Pflicht, dem Vormundschaftsgericht periodisch eine Vermögensübersicht nach Prüfung durch den Gegenvormund (meist gegenstandslos!) einzureichen. Grundsätzlich gewollt ist die Zweijahresperiode, doch kann das Vormundschaftsgericht (und nicht die Eltern!) die Periode bis zu einer Höchstdauer von fünf Jahren verlängern (§ 1854 II).

4. *Ende.* Keinem Vormund sind die ihm von den Eltern des Mündels gewährten Vergünstigungen endgültig garantiert. Alle Anordnungen können partiell oder total, generell oder gegenständlich beschränkt vom Vormundschaftsgericht außer Kraft gesetzt werden, wenn das Interesse des Mündels durch sie gefährdet wird (§ 1857).[3] Den befreiten Vormund trägt das besondere Vertrauen der Eltern; er verliert sein Privileg, wenn er enttäuscht; der Beschluß des Vormundschaftsgerichtes stellt in seinem Wirkungskreis das gewohnte Bild der Vormundschaft wieder her.[4]

II. Amtsvormundschaft

Schrifttum: *Brüggemann,* Die Haftung des Amtsvormunds, in: Neues Unehelichenrecht in Sicht, 1961, S. 116; *Twesten,* § 37 S. 2 JWG – Delegation oder Mandat?, FamRZ 1965, 487; *Potrykus,* Jugendwohlfahrtsgesetz, 2. Aufl. 1972; *Schreiber,* Die Haftung des Vormundes im Spannungsfeld von öffentlichem Recht und Privatrecht, AcP 178 (1978), 533.

1. *Ausübung.* Amtsvormundschaft ist Behördenvormundschaft. Freilich ist eine Behörde als solche zur Führung von Vormundschaften nicht geeignet. Deshalb überträgt[1] das Jugendamt die Ausübung der Aufgaben (und nicht die Vormundschaft selbst) einzelnen seiner Beamten oder Angestellten (§ 37 Satz 2

---

[1] Vgl. aus der Rspr. OLG Kassel, ROLG 14, 265; KG, KGJ 21, A 24 (A 27).

[2] Vgl. aus der Rspr. KG, KGJ 21, A 24 (A 28); 24, A 8 (A 11); BayObLGZ 22, 154.
Wird gleichwohl ein Gegenvormund bestellt, so ist der Vormund dennoch befugt, so zu handeln, wie wenn Gegenvormundschaft nicht bestände. Vgl. *Soergel-Germer,* 3 zu § 1852; MünchKomm-*Zagst,* 6 zu § 1852.

[3] Endet die Gefährdung, so hat das VormG seinen Beschluß wieder aufzuheben. Nach h. L. kann das VormG zwar die alte Rechtslage wiederherstellen, muß es aber nicht. Vgl. *Staudinger-Engler,* 2 zu § 1857 mit weit. Nachw.; MünchKomm-*Zagst,* 3 zu § 1857.

[4] Der Vormund hat ein Recht zur Beschwerde aus § 20 I FGG. Eine Mindermeinung (vgl. *Kipp-Wilff,* § 121 III) will ihm dagegen nur die Möglichkeit geben, im Namen des Mündels Beschwerde einzulegen. Entlassung (§ 1889) kann der Vormund auf Grund des Eingriffes nie verlangen. Im Einzelfall kann im Anlaß des Eingriffes ein wichtiger Grund liegen.

[1] Die durchaus h. L. spricht von einer Delegation. Dagegen *Twesten,* FamRZ 1965, 487 ff. (Mandat); *Potrykus,* 6 zu § 37 JWG. Der Streit hat nur terminologische Bedeutung.

JWG).[2] Übertragendes Organ ist der Leiter der Verwaltung des Jugendamtes (und nicht mehr wie bis 1970 der Jugendwohlfahrtsausschuß); der übertragende Akt gehört zu den „laufenden Geschäften", die ihm zugewiesen sind (vgl. §§ 37 Satz 4, 16 JWG). Leidet der Akt der Übertragung unter einem Mangel (etwa: Übertragung durch einen nicht zuständigen Beamten), so bleibt er ohne Wirkungen.[3]

Vormund bleibt das Jugendamt. Ihm werden daher auch die Handlungen der Ermächtigten zugerechnet. Erklärungen, die es abgibt, sind Behördenerklärungen (zumeist in öffentlicher Urkunde).[4] Ihm (und erst über es dem Kind) werden auch Akte zugerechnet, die der Ermächtigte kraft der gesetzlichen Vertretungsmacht des Amtsvormundes vornimmt (vgl. dazu § 37 Satz 3 JWG). Die Übertragung der vormundschaftlichen Obliegenheiten beseitigt deshalb auch keine Grenze, die dem Jugendamt als Amtsvormund gezogen ist. Insbesondere kann ein Vertrag zwischen zwei gleicherweise vom Jugendamt betreuten Mündeln trotz verschiedener Sachbearbeiter immer nur mit Hilfe eines Ergänzungspflegers abgeschlossen werden. Fehlt eine wirksame Übertragung, so handeln die Beamten oder Angestellten als Vertreter ohne Vertretungsmacht.

2. *Besonderheiten.* Amtsvormundschaft ist stets (voll) befreite Vormundschaft (§§ 1857a BGB, 38 III JWG; Ausschluß eines Gegenvormundes in den §§ 1792 I 2 BGB, 38 II JWG), kann aber selbst in dieser Gestalt der Einzelvormundschaft nicht voll entsprechen: Eine Behörde fordert zwar nicht grundsätzlich, aber doch in manchen Einzelheiten eine andere Regelung. So bleibt zwar die Aufsicht des Vormundschaftsgerichtes, doch dürfen keine Zwangsgelder verhängt (vgl. §§ 1837 II 2 BGB, 38 VII JWG) und keine Sicherheitsleistung verlangt werden (vgl. § 1844 I).[5] Es bleibt auch die Rücksicht auf das Bekenntnis des Mündels, doch kann eine konfessionsneutrale Behörde nicht § 1801 I unterworfen sein. Bei jeder Unterbringung des Mündels ist aber auf das religiöse Bekenntnis oder die Weltanschauung des Mündels und seiner Familie Rücksicht zu nehmen (§ 1801 II BGB, § 38 IV JWG). Es bleibt ferner der Anspruch auf Aufwendungsersatz (soweit das Vermögen des Mündels ausreicht), doch kann ein Sozialstaat weder einen Vorschuß noch eine Vergütung fordern; ebensowenig ist ihm Ersatz seiner allgemeinen Verwaltungskosten zu leisten (§§ 1836 III, 1835 IV BGB, 38 VI JWG). Es bleiben schließlich die Bindungen für eine Kapitalanlage, doch kann die Anlage von Mündelgeld auch bei der Trägerkörperschaft des Jugendamtes erfol-

---

[2] Der ermächtigte Beamte muß namentlich bezeichnet werden. Vgl. AG Münster, ZBlJugR 1963, 86; *Beitzke,* ZBlJugR 1963, 280; *Palandt-Diederichsen,* 3 zu § 37 JWG.

[3] Vgl. *Potrykus,* 7 zu § 37 JWG.

[4] Vgl. BGHZ 45, 362 mit weit. Nachw. zu der sehr str. Frage.

[5] Landesgesetze können die Aufsicht des VormG im Bereich der Vermögenssorge sowie beim Abschluß von Lehr- und Arbeitsverträgen über § 38 JWG hinaus einschränken (§ 39 JWG). Nur wenige Länder haben von dieser Möglichkeit Gebrauch gemacht. Texte bei *Riedel,* Jugendwohlfahrtsgesetz, 5 zu § 39.

gen (§§ 1805 Satz 2 BGB, 38 V JWG). Bedeutungslos ist dagegen die Beschränkung des § 1886 auf den Einzelvormund; die Sachaussage kehrt im § 1887 für den Amtsvormund wieder.

3. *Haftung.* Keine Norm des JWG beschäftigt sich mit der Haftung des Amtsvormundes; so bleibt (als Folge des § 38 I JWG) § 1833 anwendbar (mit Verjährung der Ansprüche in 30 Jahren und ohne eine § 839 I 2 entsprechende Subsidiaritätsklausel).[6] Freilich kann seine Rechtsfolge inmitten einer dem öffentlichen Recht zugekehrten Vormundschaft (vgl. oben § 65 I) nicht mehr als Haftung nach pflichtwidrigem Tun innerhalb einer familienrechtlichen Sonderverbindung begriffen werden,[7] doch immer noch als Haftung nach pflichtwidrigem Tun innerhalb eines die allgemeine Fürsorgepflicht des Staates überschreitenden besonderen Rechtsverhältnisses zwischen Staat und Mündel.[8] Das Verhalten des Amtsvormundes wird auch in ihm der Trägerkörperschaft über Art. 34 GG zugerechnet (und nicht gemäß den privatrechtlichen Zurechnungsnormen der §§ 89, 31, 278[9]). Die übliche Identifizierung der Haftungsbasis für Art. 34 GG mit § 839 ist falsch.

Neben § 1833 kann eine deliktische Haftung nach Amtshaftungsgrundsätzen gegeben sein, doch ist sie praktisch bedeutungslos, weil sie nie mehr gewährt als § 1833, jedoch zuweilen weniger (Verjährung insbesondere gemäß § 852 in drei Jahren).[10]

III. Vereinsvormundschaft

1. *Ausübung.* Der Verein bedient sich bei der Führung der Vormundschaft einzelner Mitglieder (also nicht notwendig nur eines Mitgliedes); er haftet dem Mündel für jedes Verschulden der Beauftragten aus § 31, mögen sie auch nicht zu den Organen des Vereins zählen (§ 1791 a III). Vereinsmitglieder, die den Mündel in einem Heim des Vereins als Erzieher betreuen, dürfen die Aufgaben des Vormundes nicht übernehmen; sie sind Erfüllungsgehilfen des Vereins, für die er aus § 278 haftet.

2. *Besonderheiten.* Die Vereinsvormundschaft weist weithin die Besonderheiten der Amtsvormundschaft auf; nur in wenigen Fragen bleibt sie hinter ihr zurück. So kann dem Vereinsvormund ein Gegenvormund bestellt werden, doch ist der Verein (ebenso bei Bestellung eines Mitvormundes)

---

[6] Durchaus h.M. Vgl. BGHZ 9, 255 und 22, 72; OLG Nürnberg, FamRZ 1965, 454; OLG Stuttgart, RdJ 1967, 192; LG Duisburg, DAVorm. 1972, 318; LG Koblenz, DAVorm. 1973, 226; KG, DAVorm. 1975, 439 (Nachlässigkeit bei der Durchsetzung von Unterhaltsansprüchen); OLG Hamm, DAVorm. 1978, 221 (besonders gefährdeter Mündel; kein Abschluß einer Haftpflichtversicherung); *Beitzke,* § 38 II 1; MünchKomm-*Zagst,* 2 zu § 1833; *Potrykus,* 3 zu § 37 JWG. Nur Amtshaftung wird dagegen diskutiert von LG Köln, DAVorm. 1974, 59. Unklar, *Riedel,* 3 zu § 37 JWG. Ihm zufolge soll die Haftung aus § 1833 in der Haftung aus § 839 „aufgehen".

[7] A. A. *Potrykus,* 3 zu § 37 JWG.

[8] A. A. *Schreiber,* AcP 178 (1978), 549f.

[9] A. A. etwa KG, DAVorm. 1975, 439 (§§ 31, 89).

[10] Nach mancher Ans. tritt Amtshaftung nur subsidiär ein. Vgl. etwa MünchKomm-*Zagst,* 2 zu § 1833. Bedeutungslos für die Frage ist die Subsidiaritätsklausel des § 839 I 2, weil die (angeblich vorrangige) Ersatzpflicht aus § 1833 auch die Trägerkörperschaft des Amtsvormundes trifft. Vgl. dazu BGHZ 62, 394 (397) mit dem Prinzip der Einheit der öffentlichen Hand, wenn alle Ansprüche demselben Tatsachenkreis entspringen.

vorher zu hören (§ 1791 a IV). Dem Vereinsvormund ist es ferner nicht gestattet, Kapital des Mündels bei eigenen Kreditinstituten anzulegen.

Vereinsvormundschaften unterliegen keiner ständigen Überwachung durch das Jugendamt (§ 1851 a). Die generelle Eignungsprüfung des Landesjugendamtes (vgl. § 1791 a I) ist Garantie genug.

B. Andere vormundschaftliche Fürsorge

§ 69. Vormundschaft über Volljährige

I. Vorläufige Vormundschaft

Schrifttum: *Diamand,* Vorläufige Vormundschaft und Gebrechlichkeitspflegschaft als Ersatzformen der Entmündigung, 1931; *Meyer* und *Schüler-Springorum,* Zur Vormundschaft über psychisch Kranke, FamRZ 1968, 575.

1. Endgültige Vormundschaft knüpft an die Entmündigung an, mithin an einen Akt, dessen Richtigkeit wegen seiner einschneidenden, vielfach als diskriminierend empfundenen Wirkungen so weit als irgend möglich verbürgt sein muß. Peinliche Sorgfalt hat daher das Entmündigungsverfahren zu beherrschen, nicht Eile als Folge der Notwendigkeit, eine Gefährdung des zu Entmündigenden zu beseitigen. Gefährdung aber ist eher Regel als Ausnahme. Weil die Entmündigung oft irrig als Maßnahme mit ehrenrührigem Charakter begriffen wird, pflegt der Entmündigungsantrag erst gestellt zu werden, wenn er unabweisbar geworden ist. Die drohende Entmündigung aktiviert zudem oftmals den Betroffenen; dem unerwünschten Vormund vorzugreifen, ist ein sich schnell aufdrängender Gedanke. In dieser Situation bietet sich eine vorläufige Fürsorge an, die ohne präjudizielle Wirkung schützt und vor dem Zwang zu eiligem Handeln bewahrt.

Vorläufige Fürsorge ist in vielen Formen möglich.[1] Alle haben ihre Vorteile und Nachteile. Das BGB hat die Idee einer vorläufigen Vormundschaft aufgenommen.[2] Dem Vorteil einer generellen Beschränkung der Geschäftsfähigkeit steht bei ihr der Nachteil einer über den Zweck nur vorläufiger Fürsorge oftmals hinausgehenden Bindung des Betroffenen gegenüber.

2. *Voraussetzungen.* Vorläufige Vormundschaft ist zulässig nur, wenn die Entmündigung eines Volljährigen beantragt ist[3] und eine erhebliche Gefährdung

---

[1] Zur Situation vor dem BGB vgl. *Diamand,* S. 8.

[2] Mit Richtervorbehalt für die Anordnung. Vgl. § 14 Nr. 4 RpflG.

[3] Also nicht, wenn ein Minderjähriger entmündigt werden soll. Fürsorge wird ihm ohnehin bereits gewährt. Vgl. *Diamand,* S. 13. Vorl. Vorm. ist auch ausgeschlossen, wenn ein bereits entmündigter Volljähriger aus anderem Grunde entmündigt werden soll. Auch er bedarf keiner weiteren Fürsorge. Im Ergebnis ebenso BayObLG, JFG 5, 116 (120ff.); *Erman-Hefermehl,* 2 zu § 1896; *Soergel-Germer,* 1 zu § 1906.

seiner Person oder seines Vermögens vorliegt (§ 1906). Der Entmündigungsantrag ist Voraussetzung,[4] damit die Vorläufigkeit des Eingriffes garantiert ist, der baldige Übergang zur endgültigen Vormundschaft, wenn der Entmündigungsrichter positiv entscheidet, die baldige Rückkehr zur vollen Geschäftsfähigkeit, wenn sich der Antrag als unbegründet erweist. Tatsächlich währen vorläufige Vormundschaften oftmals Jahre; das Vorläufige wird praktisch zum Endgültigen. Ursache ist in diesen Fällen meist eine künstliche Dehnung des Entmündigungsverfahrens, sei es nun nach § 681 ZPO,[5] sei es auch durch aussetzenden Beschluß ohne Basis im Gesetz, sei es schließlich durch rein tatsächliches Zögern.[6] Das humanitäre Motiv ist evident: Vorläufige Fürsorge hilft ohne Entmündigung. Evident sind aber auch die Gefahren: Vorläufige Vormundschaft ist nicht Fürsorge ohne jede Garantie ihrer Notwendigkeit, aber doch Vormundschaft nach einem Verfahren, das die Garantien des Entmündigungsverfahrens nicht kennt (und nicht kennen kann, wenn nicht ihr Sinn verloren gehen soll). Daran ändert auch die „erweiterte Verfahrensgeschäftsfähigkeit" nichts, die allen zuzugestehen ist für Verfahren (einschl. der Bevollmächtigung eines Anwalts), in denen über Maßnahmen entschieden wird, die Folge verminderter geistiger Leistungsfähigkeit sind. Der Anspruch auf rechtliches Gehör[7] und das selbständige Beschwerderecht[8] mildern die Problematik, beseitigen sie aber nicht.[9]

---

[4] Mängel des Antrages – auch Verfehlen des örtlich zuständigen Gerichtes – bewirken Nichtigkeit der vorl. Vorm. Vgl. KG, JW 1937, 474; *Diamand,* S. 18ff.; *Palandt-Diederichsen,* 2a zu § 1906; *Staudinger-Engler,* 4 zu § 1906; Münchkomm-*Goerke,* 17f. zu § 1906 (doch soll ihr zufolge der Mangel der örtlichen Zuständigkeit nur Aufhebbarkeit der vorl. Vorm. begründen). Erst recht tritt Nichtigkeit ein, wenn gar kein Entmündigungsantrag gestellt wurde. Vgl. *Kipp-Wolff,* § 127 IX 1; *Dölle,* § 183 X 1 b. Nach rechtskräftiger Abweisung des Antrages ist eine vorl. Vorm. auch dann nicht mehr möglich, wenn die Abweisung ausschließlich mangels örtlicher Zuständigkeit erfolgte. Vgl. KG, RJA 3, 226. Nicht erforderlich ist Einleitung des Entmündigungsverfahrens. Vgl. KG, ROLG 43, 385; *Diamand,* S. 11; *Staudinger-Engler,* 5 zu § 1906. Ist sie bereits erfolgt, läßt KG, KGJ 21, A 209 (A 212) das VormG nicht mehr prüfen, ob der Entmündigungsantrag mangelfrei ist. Zu Recht betont einschränkend *Diamand,* S. 12, daß der Vormundschaftsrichter bei offensichtlichen Fehlern die vorl. Vorm. abzulehnen hat. Gleicher Ansicht jetzt auch *Staudinger-Engler,* 6 zu § 1906.

[5] Vgl. dazu KG, ROLG 27, 122. Die Entscheidung betont richtig die Möglichkeit einer vorl. Vorm. bei Aussetzung des Verfahrens; Grenzen werden nicht gezogen. Zust. MünchKomm-*Goerke,* 8 zu § 1906.

[6] Vgl. zu allem *Diamand,* S. 58ff.

[7] Vgl. OLG Köln, NJW 1961, 609; BayObLG, NJW 1967, 1235 (mit Ausnahmen bei fehlender Möglichkeit der Verständigung und bei erheblichen Nachteilen für den Gesundheitszustand des zu Entmündigenden); *Erman-Hefermehl,* 3 zu § 1906; *Staudinger-Engler,* 17 zu § 1906; MünchKomm-*Goerke,* 27f. zu § 1906. Überholt OLG Köln, NJW 1956, 1925. Von der Gewährung rechtlichen Gehörs kann in erster Instanz abgesehen werden, wenn der Schutz des zu Entmündigenden unverzügliches Handeln erforderlich macht.

[8] Berechtigt sind alle beschränkt Geschäftsfähigen (über § 59 FGG hinaus) und alle Geschäftsunfähigen aus allgemeinen Rechtsgrundsätzen. Vgl. LG Wiesbaden, FamRZ 1965, 581; OLG Hamm, FamRZ 1973, 326; *Erman-Hefermehl,* 6 zu § 1906; MünchKomm-*Goerke,* 28 zu § 1906; *Palandt-Diederichsen,* 4 zu § 1906 und unten § 70 VI 2 zur Parallelfrage bei der Gebrechlichkeitspflegschaft. A. A. *Staudinger-Engler,* 20 zu § 1906; *Soergel-Germer,* 10 zu § 1906; *Dölle,* § 138 X 2.

[9] Zur Problematik vgl. ferner *Diamand,* S. 43ff.

3. Den Entmündigungsantrag sachlich zu prüfen, ist Aufgabe des Entmündigungsrichters, nicht des Vormundschaftsgerichtes, in dessen Händen die Anordnung vorläufiger Vormundschaft liegt. Doch können offensichtlich unbegründete Anträge eine vorläufige Vormundschaft nie rechtfertigen;[10] der Sinn vorläufiger Fürsorge kann nicht erreicht werden, wenn ihr endgültige Fürsorge schlechthin nicht folgen kann.

4. Eine erhebliche Gefährdung[11] der Person oder des Vermögens ist mit keinem Entmündigungsgrund zwingend verbunden, die vorläufige Vormundschaft mithin nie zwangsläufige Folge eines Entmündigungsantrages.[12] Der Einzelfall allein kann jene konkrete gegenwärtige Gefahr zeigen, die § 1906 verlangt. Für sie müssen Tatsachen festgestellt (und nicht nur glaubhaft) sein, die einen Wahrscheinlichkeitsschluß auf bestimmte drohende Schäden gestatten,[13] und zwar Tatsachen, die mit dem im Entmündigungsverfahren vorgebrachten Entmündigungsgrund ursächlich verbunden sind.[14] Die Absicht querulatorischer Prozeßführung rechtfertigt etwa vorläufige Fürsorge für den Querulanten,[15] Gelegenheit zu neuen Straftaten für den Straffälligen,[16] die Gefahr neuer Verbindlichkeiten für jenen, der Schulden nicht scheut.[17]

Vorläufige Fürsorge dient allein dem zu Entmündigenden; Drittinteressen sind unbeachtlich. Endgültige Fürsorge berücksichtigt dagegen in den Entmündi-

---

[10] Vgl. OLG München, JW 1936, 1144. Gl. Ans. im Grundsatz auch BayObLG, JFG 17, 207 und BayObLGZ 1934, 146 (147); *Staudinger-Engler,* 6 zu § 1906; *Erman-Hefermehl,* 3 zu § 1906; *Soergel-Germer,* 3 zu § 1906; MünchKomm-*Goerke,* 20f. zu § 1906. Sie nehmen aber dem VormG nach Einleitung des Entmündigungsverfahrens die Möglichkeit, wegen offensichtlich unbegründeten Antrages eine vorl. Vorm. abzulehnen. Vgl. auch OLG Celle, NdsRpfl. 1962, 38. Die Entscheidung des Entmündigungsrichters impliziert indessen noch keinen wesentlich höheren Wahrscheinlichkeitsgrad für die Entmündigung.

Zuweilen wird eine weitergehende Sachprüfung gefordert. Vgl. *Diamand,* S. 14f.; BayObLG, ROLG 24, 49 (50); BayObLGZ 21, 68; 1963, 91; OLG Zweibrücken, FamRZ 1967, 53 (vorl. Vorm. nur, wenn Entmündigungsgrund wahrscheinlich).

[11] Unbestimmter Rechtsbegriff (Subsumtion der festgestellten Sachverhalte damit revisibel). Vgl. MünchKomm-*Goerke,* 24 zu § 1906 m. weit. Nachw.

[12] Das gilt auch für den Fall der Geisteskrankheit. Vgl. OLG Braunschweig, ROLG 30, 159; SchlHOLG, SchlHA 1962, 146.

[13] Vgl. KG, JW 1918, 144; LG Mannheim, MDR 1961, 601; OLG Köln, NJW 1961, 609; SchlHOLG, SchlHA 1962, 146; BayObLGZ 1963, 91 (94); *Erman-Hefermehl,* 4 zu § 1906; *Palandt-Diederichsen,* 2b zu § 1906; *Staudinger-Engler,* 11 zu § 1906; *Dölle,* § 138 C 1c. Besondere Vorsicht verlangen auch die Entscheidungen OLG Braunschweig, ROLG 30, 159; KG, HRR 1935 Nr. 18.

[14] Str. Wie der Text *Diamand,* S. 15; BayObLGZ 1963, 91 (93); OLG Zweibrücken, FamRZ 1967, 55; *Erman-Hefermehl,* 4 zu § 1906; *Dölle,* § 138 X 1c; MünchKomm-*Goerke,* 22 zu § 1906; *Soergel-Germer,* 4 zu § 1906.

[15] Vgl. BayObLGZ 23, 39 (41).

[16] Vgl. KG, JW 1937, 474.

[17] Nach h. L. soll die Gefahr neuer Verbindlichkeiten nicht ausreichen, wenn der zu Entmündigende kein Aktivvermögen hat. Vgl. KG, ROLG 42, 147 (148); *Erman-Hefermehl,* 4 zu § 1906. Doch fordert der Zweck des § 1906 einen Vermögensbegriff, der sich nicht auf das gegenwärtige Aktivvermögen beschränkt. *Diamand,* S. 16f., hält die Entscheidung des KG de lege lata für richtig, empfiehlt aber, gegebenenfalls eine Gefährdung der Person (Ruf) anzunehmen.

gungsgründen der Verschwendung und der Trunksucht auch die Interessen Dritter (Schutz der Familie; Schutz der Allgemeinheit). Die Differenz ist gewollt; die Rechtsprechung scheint sie durch Scheinbegründungen im Einzelfall zu mildern.[18]

5. *Struktur.* Die vorläufige Vormundschaft hat grundsätzlich keinen anderen Inhalt als die endgültige. Mißverständnisse werden daher provoziert, wenn von einem „vorläufigen Vormund" gesprochen wird.[19] Vormund ist dem Grundsatz nach gleich Vormund, mag auch die vorläufige Vormundschaft dem Vormund Bindungen des Mündels verbieten, die mit dem Gedanken einer nur vorläufigen Fürsorge nicht zu vereinbaren sind.

Der Mündel ist als Folge der vorläufigen Vormundschaft ohne Rücksicht auf den im Entmündigungsantrag genannten Entmündigungsgrund beschränkt geschäftsfähig (§ 114).[20] Im Einzelfall kann er zu wirksamem rechtsgeschäftlichen Handeln überhaupt nicht fähig sein (§§ 104 Nr. 2, 105 II).

Die Auswahl des Vormundes erfolgt ohne Bindung an Vorschriften, die Berufungsrechte gewähren (§ 1907), mithin allein nach den Grundsätzen der §§ 1779ff. (mit Vorzug der geeigneten Verwandten und Verschwägerten gem. § 1779 II 3[21]). Die in der modernen Rechtsentwicklung ohnehin abklingende Idee einer nur beschränkten Auswahlfreiheit des Vormundschaftsgerichtes ist für die vorläufige Vormundschaft früh aufgegeben worden. Auch die Eltern des Mündels sind nicht privilegiert,[22] wenn auch häufig besonders geeignet. Die Differenz zur endgültigen Vormundschaft (§ 1899) ist Folge des Bemühens um volle Freiheit des Vormundschaftsrichters in Eilfällen; ernstlich begründet ist sie kaum.

6. *Ende.* Die vorläufige Vormundschaft teilt mit der endgültigen deren Endigungsgründe. Sie endet ferner mit der Rücknahme oder der rechtskräftigen Abweisung des Antrages auf Entmündigung (§ 1908 I).[23] Vorläufige Fürsorge kann nicht bestehen, wenn endgültige ausgeschlossen ist. Unberührt bleibt die Vergangenheit; die Handlungsmacht des Vormundes entfällt nur mit Wirkung für die Zukunft (§ 115 II und I 2).

Vorläufige Vormundschaft wandelt sich nicht mit der Entmündigung zur endgültigen. Sie endigt vielmehr, wenn auf Grund der Entmündigung ein Vormund bestellt ist (§ 1908 II). Auch der Vormund kann wechseln; daß Neubestellung des

---

[18] Vgl. *Diamand,* S. 46f.

[19] Gegen diesen Sprachgebrauch auch KG, ROLG 26, 50.

[20] Für die Testierfähigkeit vgl. die Sonderstellung in § 2229 III.

[21] Der Vorzug ist verfassungsrechtlich aus Art. 6 GG gesichert. Vgl. BVerfG, FamRZ 1972, 445.

[22] Art. 6 GG ist dadurch nicht verletzt. Vgl. BayObLGZ 1954, 132 (134f.).

[23] Gleichzustellen ist die rechtskräftige Aufhebung des Entmündigungsbeschlusses nach Anfechtungsklage. Vgl. für diese allg. Ans. etwa BayObLGZ 1968, 304 (307); *Staudinger-Engler,* 7 zu § 1908; MünchKomm-*Goerke,* 10 zu § 1908; *Soergel-Germer,* 1 zu § 1908.

In allen Fällen entfällt für eine gegen die Anordnung der vorl. Vorm. eingelegte Beschwerde das Rechtsschutzbedürfnis. Vgl. LG München, FamRZ 1974, 269.

alten Vormundes um der Kontinuität der Fürsorge willen oft sinnvoll sein wird, bedarf freilich kaum der Erwähnung.

Die vorläufige Vormundschaft ist von dem Vormundschaftsgericht aufzuheben, wenn der Mündel vorläufiger Fürsorge nicht mehr bedarf (§ 1908 III), mag auch die Entmündigung noch so wahrscheinlich sein. Der Beschluß wirkt nur für die Zukunft; Rechtsgeschäfte des Mündels aus der Zeit der Vormundschaft konvaleszieren nicht (§ 115 II ist nicht anwendbar).

II. Endgültige Vormundschaft

1. Endgültige Vormundschaft ist Folge der Entmündigung (§ 1896) und dauert so lange wie jene (§ 1882). Der Entmündigungsbeschluß ist dem Vormundschaftsgericht mitzuteilen (§ 683 II 2 ZPO); dieses ordnet die Vormundschaft an (§§ 1774, 1897).

Der bereits Entmündigte kann erneut entmündigt werden, wenn die erste Entmündigung zu beschränkter Geschäftsfähigkeit führte, die zweite aber Geschäftsunfähigkeit des Mündels bewirkt. Unberührt bleiben Vormundschaft und Vormund. Die zweite Entmündigung fordert weder die Anordnung einer neuen Vormundschaft noch die Auswahl eines neuen Vormundes.[1]

2. *Struktur.* Die Vormundschaft über Volljährige unterscheidet sich in ihrer Struktur nicht von der Vormundschaft über Minderjährige. Die faktischen Verschiedenheiten wirken sich in peripheren Besonderheiten aus, unangetastet bleiben die Grundsätze. So gelten die Vorschriften der Vormundschaft über Minderjährige, soweit sich nicht aus den §§ 1898–1908 ein anderes ergibt (§ 1897).

3. *Auswahl des Vormundes.* Zum Vormund berufen sind die Eltern, sofern nicht der Mündel von einer anderen Person als seinem Vater oder seiner Mutter oder deren Ehegatten adoptiert wurde (§ 1899; der Mündel kann nicht widersprechen).[2] Leben beide Elternteile, so hat das Vormundschaftsgericht den besser geeigneten auszuwählen (§ 1779 II).[3] Kein Recht auf die Vormundschaft hat der Ehegatte,[4] doch darf er sogar vor den Eltern zum Vormund bestellt werden (§ 1900), und ist damit erst recht anderen Familienangehörigen vorzuziehen.[5]

---

[1] Vgl. *Erman-Hefermehl,* 2 zu § 1896; MünchKomm-*Goerke,* 23 zu § 1896.

[2] Wegen Gefährdung der Mündelinteressen (§ 1778 I Nr. 4) sollten die Eltern nur übergangen werden, wenn die zu den §§ 1666, 1667 entwickelten Grundsätze es fordern. Vgl. OLG Karlsruhe, Recht 1902 Nr. 1582; BayObLGZ 1957, 315.

[3] Elterliche Mitvormundschaft wird weder von Art. 3 II GG noch von Art. 6 GG gefordert. Vgl. MünchKomm-*Goerke,* 7 zu § 1899. Häusliche Gemeinschaft der Eltern ist kein „besonderer Grund" für sie (§ 1775). Vgl. dazu *Staudinger-Engler,* 3 zu § 1899. Zuweilen wird die elterliche Mitvormundschaft zwingend gefordert für alle Fälle, in denen die gemeinschaftliche elterliche Sorge infolge Volljährigkeit des Mündels endet, jedoch nach vorheriger Entmündigung des Kindes sofort Vormundschaft eintritt. Vgl. *Erman-Hefermehl,* 3 zu § 1899; *Soergel-Germer,* 2 zu § 1899.

[4] Allg. Ans. im Anschluß an BayObLG, ROLG 32, 18; KG, KGJ 50, 32.

[5] OLG Celle, NJW 1965, 1718 stellt den Ehegatten nach Ausfall der Eltern den Verwandten und

Freilich ist der zum Vormund bestellte Ehegatte außerstande, den entmündigten Partner zu vertreten, wenn es gilt, sich selbst eine vom Ehegüterrecht geforderte Zustimmung (§§ 1365, 1369!) zu erteilen,[6] und deshalb die Notwendigkeit einer Ergänzungspflegschaft, vorbehaltlich des Güterstandes der Gütertrennung, bei ihm eher zu erwarten als sonst. Kein Recht haben auch andere Verwandte und Verschwägerte, doch sind sie nach den Eltern und dem Ehegatten zunächst zu berücksichtigen (§ 1779 II 3). Gefallen ist schließlich das Recht der Eltern, einen Vormund zu benennen oder jemanden von der Vormundschaft auszuschließen (§ 1898). Es ist Ausfluß ihrer elterlichen Sorge (vgl. § 1777 I) und deshalb der Vormundschaft über Volljährige fremd. Wenden die Eltern jedoch dem Mündel zugleich Vermögen von Todes wegen zu, so kann die nichtige Benennung eines Vormundes in die Ernennung eines Testamentsvollstreckers umzudeuten sein (§ 140).

Jüngsten Datums ist die Möglichkeit einer *Vereins- und einer Amtsvormundschaft* (§ 1897 verweist auch auf die §§ 1791 a und b; vgl. ferner § 54 a JWG). Sie ist Zeichen einer Zeit, in der die Bereitschaft, eine Vormundschaft über Volljährige zu führen, mehr und mehr schwindet, während zugleich infolge erhöhter Lebenserwartung der Bedarf an Vormündern wächst. Ob der Diskriminierungseffekt der Vormundschaft bei ihr geringer oder stärker ist als bei der Einzelvormundschaft, muß die Zukunft lehren. Abzuwarten bleibt auch, ob die Jugendämter mit ihrem deutlichen Zuschnitt auf Minderjährige geeignete Behörden für die Betreuung Erwachsener sind. Um Mißhelligkeiten begegnen zu können, räumt jedenfalls § 1897 Satz 2 den Landesregierungen das Recht ein, durch RechtsVO zu bestimmen, daß andere Behörden an die Stelle der Jugendämter treten. Einzelne Länder (Bremen, Hamburg, Baden-Württemberg) haben die Ermächtigung (Art. 80 I GG) bereits ausgenutzt;[7] erkennbar ist die Tendenz zur Eingliederung der Erwachsenenvormundschaft in das Sozialwesen der Gemeinden und Kreise.

4. Eltern führen die Vormundschaft nicht mit den Freiheiten, die elterlicher Sorge eigen sind, doch ist ihre Vormundschaft grundsätzlich befreite Vormundschaft. Sie büßen ihre Sonderstellung ex lege ein, wenn sie für den Fall der Minderjährigkeit des Mündels (etwa wegen Konkurses gem. § 1670) zur Vermö-

---

Verschwägerten nur gleich. Dem Text entspr. dagegen *Staudinger-Engler,* 4 zu § 1900; MünchKomm-*Goerke,* 2 zu § 1900.

[6] A. A. die h. L. für die Gütergemeinschaft. Ihr zufolge ist § 181 durch Spezialregelung entweder stets (*Staudinger-Engler* und *Erman-Hefermehl,* jeweils 2 zu § 1900; MünchKomm-*Goerke,* 5 zu § 1900) oder doch jedenfalls dann ausgeschlossen, wenn der Alleinverwalter bevormundet wird (*Dölle,* § 138 IV 3). Die §§ 1436, 1458 gestatten indessen keinen derartigen Schluß. Zwei gern genannte Entscheidungen des KG (RJA 4, 76 und KGJ 27, 166) sind mit ihrer Abhängigkeit von § 1409 II a. F. überholt.

[7] Für Bad.-Württ. vgl. die VO v. 21. 7. 1970 (GBl. S. 407). Zuständig sind die Gemeinden, falls sie ein eigenes Jugendamt errichtet haben, andernfalls die Landkreise.

gensverwaltung nicht berechtigt wären (§ 1903 II). Sie verlieren sie durch konstitutiven Akt des Vormundschaftsgerichtes, wenn sie das Interesse des Mündels gefährden (§ 1903 I 3). Sie können schließlich selbst ihre Rechtsstellung schmälern und einen Gegenvormund beantragen, dessen Bestellung alle Freiheiten des § 1852 (dagegen nicht diejenigen der §§ 1853, 1854) beseitigt (§ 1904 I).

5. Die *Personensorge* für Volljährige kann der Personensorge für Minderjährige nicht gleichwertig sein. Sie reicht nicht weiter, als es der Zweck der Entmündigung aus einem bestimmten Grund erfordert, und in diesem Rahmen nie weiter, als es im Einzelfall notwendig ist. Die Rechte und Pflichten des Vormundes variieren also; sie schrumpfen auf ein Minimum zusammen gegenüber entmündigten Verschwendern. Nie ist der Mündel vom Vormund zu erziehen. Der Vormund hat den Mündel zu betreuen,[8] er hat für seine Heilung zu sorgen[9] und hier wie dort das Recht, ihn mit Genehmigung des Vormundschaftsgerichtes in einer geschlossenen Anstalt unterzubringen (§ 1800 II; vgl. dazu oben § 7 II),[10] jeden Versuch, moralisch bessernd auf den Mündel einzuwirken, hat er dagegen zu unterlassen.[11] Überwachung des Briefverkehrs, der Telephongespräche und des persönlichen Umgangs ist nur legitim, wenn und soweit sie der Gefahrenabwehr dient;[12] sie ist rechtswidrig, wenn weder der Schutz des Mündels noch der Schutz Dritter vor dem Mündel sie unabweisbar fordert.

§ 1901 II beseitigt die an sich auch der Personensorge des Vormundes gezogene Grenze des § 1633. Auch ein entmündigter Ehegatte tritt voll unter die partielle Personensorge des Vormundes. Störungen des Ehelebens sind nicht zu befürchten, wenn die Vormundschaft dem anderen Ehegatten übertragen wurde. Sie sind zum Schutz des Entmündigten im übrigen in Kauf zu nehmen.[13]

Personensorge heißt auch Sorge um die Beendigung der Entmündigung, falls ihre Voraussetzungen fehlten und sobald ihre Voraussetzungen weggefallen sind, also Pflicht zur Anfechtungsklage, zum Antrag aus § 685 ZPO, zur Aufhebungs-

---

[8] Zu den Grenzen der Pflicht vgl. KG, HRR 1927 Nr. 808. Im Strafverfahren ist der Vormund nach § 149 II StPO als Beistand zuzulassen. Vgl. RGSt. 59, 353.

[9] Dazu gehört auch die Pflicht, dem in einer geschlossenen Anstalt untergebrachten Mündel Außenweltkontakte zu vermitteln. Vgl. dazu *Meyer* und *Schüler-Springorum,* FamRZ 1968, 575 ff.

[10] Weil das VormG im Eilfall (und nur in ihm; vgl. oben § 44 I 2) alle dem Vormund gestatteten Maßnahmen selbst treffen kann, falls ein Vormund noch nicht bestellt oder an der Erfüllung seiner Pflichten verhindert ist (§ 1846), ist ihm gegebenenfalls auch die Unterbringung des Mündels im unmittelbaren Zugriff erlaubt. Vgl. OLG Hamm, FamRZ 1964, 380. Das VormG kann dagegen keine Unterbringung ,,zum Zweck der Erziehung" (§ 1838 Satz 1) anordnen. Vgl. *Staudinger-Engler,* 5 zu § 1901.

[11] Trinker können demzufolge in einer Trinkerheilanstalt untergebracht, nicht aber einem Arbeitszwang unterworfen werden. Vgl. KG, KGJ 43, 67.

[12] Vgl. KG, JFG 21, 155; *Staudinger-Engler,* 9 zu § 1901.

[13] Streitigkeiten zwischen dem anderen Ehegatten und dem Vormund gehören vor das Prozeßgericht. Vgl. KG, RJA 13, 67; *Kipp-Wolff,* § 127 Fn. 5 a; *Erman-Hefermehl,* 4 zu § 1901; *Palandt-Diederichsen,* 2 zu § 1901; *Staudinger-Engler,* 12 zu § 1901; *Dölle,* § 138 V 2; MünchKomm-*Goerke,* 20 zu § 1901. Das VormG kann nur eingreifen, wenn der Vormund pflichtwidrig handelt.

klage, aber auch Pflicht, einem Anwaltsvertrag des Mündels zuzustimmen, wenn der Entmündigte sein Begehren selbst verfolgen will und kann und eine gewisse Erfolgsaussicht besteht.[14] Soweit die ZPO dem Entmündigten Handlungsfähigkeit verleiht, gewährt sie ihm zwar die Macht, selbständig eine Prozeßvollmacht zu erteilen,[15] dagegen nicht mehr die Macht, Verträge zu schließen. Folgerichtig muß aber die „beschränkte Prozeßfähigkeit" des Entmündigten ihre Vollendung in der Pflicht des Vormundes finden, ihm eine nachhaltige Prozeßführung zu ermöglichen.

6. Im Bereich der *Vermögenssorge* ist der Erwachsenenvormund im Vergleich mit dem Minderjährigenvormund zusätzlich durch § 1902 I gebunden: Eine Ausstattung aus dem Vermögen des Mündels (an dessen Kinder) kann er nur mit Genehmigung des Vormundschaftsgerichtes versprechen oder gewähren. § 1902 II variiert § 1822 Nr. 5 den Besonderheiten der Vormundschaft über Volljährige entsprechend: Verträge, die den Mündel zu wiederkehrenden Leistungen verpflichten, sind genehmigungspflichtig, wenn das Vertragsverhältnis länger als vier Jahre dauern soll.[16]

§ 70. Die Pflegschaft

Schrifttum: *Boschan,* Die Pflegschaft, 1956; *Herdemerten,* Die Rechnungslegungspflicht des als Pfleger bestellten Ehegatten, FamRZ 1966, 16.

I. Zweck und Arten

1. Die *Pflegschaft ist Fürsorge ohne fixe (im Begriff schon mitgedachte) Grenzen (auch ohne Beschränkung auf Personen),* mithin eine Form der Fürsorge, die nicht einmal auf das Personenrecht, geschweige denn auf das Familienrecht beschränkt ist. Wir erfassen die Pflegschaft deshalb auch nur in ihrem Kernbereich, wenn wir in ihr eine Art der vormundschaftlichen Fürsorge sehen.[1]

Vormundschaftliche Fürsorge ist nur eine Fürsorge, die wenigstens in jenem Maße auf die Familie bezogen werden kann, das uns noch heute berechtigt, das Vormundschaftsrecht als Bestandteil des Familienrechts zu begreifen (vgl. dazu oben § 1 III 1). Sie ist damit bei weitem nicht in der Lage, alle Pflegschaften in sich aufzunehmen. Pflegschaft, aber nicht Art der vormundschaftlichen Fürsorge

---

[14] Vgl. BayObLG, JFG 10, 45 (49). Ist der Mündel durch Entmündigung geschäftsunfähig geworden, wird der Vormund einen Anwaltsvertrag zu seinen Gunsten abschließen müssen. Vgl. auch OLG Colmar, Recht 1910 Nr. 1267.

[15] Vgl. OLG München, JFG 13, 271.

[16] Str. ist, ob Verträge genehmigungspflichtig sind, die auf längere Zeit abgeschlossen wurden, jedoch nach vier Jahren lösbar sind. Vgl. zu dieser Frage oben § 52 V 7.

[1] So *Kipp-Wolff,* § 128 vor I; *Boschan,* S. 8; *Staudinger-Engler,* 1 vor § 1909; MünchKomm-*Goerke,* 1 vor § 1909.

sind alle Sach- oder auch Realpflegschaften,[2] alle Pflegschaften zugunsten Unbekannter und zugunsten noch nicht feststehender Beteiligter (vgl. dazu insbes. die Nachlaßpflegschaft der §§ 1960ff.) sowie alle Pflegschaften, die aus prozessualen Gründen erforderlich werden. Pflegschaften dieser Art finden sich in allen Teilbereichen der Rechtsordnung;[3] zu einer umfassenden Regelung (sehr disparater Fälle) ist das öffentliche Recht vorgedrungen, dessen Pflegschaften in aller Regel mehr den Interessen der öffentlichen Hand an einem zügigen Verfahren dienen als den Interessen jener, für die sie eingerichtet werden. Für insgesamt fünf Fälle (die z. T. der Abwesenheits- und der Gebrechlichkeitspflegschaft zuzurechnen sind) sieht § 16 VwVfG vom 25. 5. 1976 die ,,Bestellung eines Vertreters von Amts wegen" vor, für den die Vorschriften über die Pflegschaft entsprechend gelten.

Pflegschaften, die nicht als Art vormundschaftlicher Fürsorge begriffen werden können, gehören nicht dem Familienrecht an, mag der Gesetzgeber sie auch im Familienrecht geregelt haben. Die Pflegschaften der §§ 1913 und 1914 haben ihren Ort im Allgemeinen Teil des Bürgerlichen Rechtes zu finden.

2. *Vormundschaft und Pflegschaft des Familienrechts scheiden sich an der elterlichen Sorge als Maßstab.* Die Vormundschaft orientiert sich an ihr, ist wie sie Fürsorge für Geschäftsunfähige und beschränkt Geschäftsfähige, umfassende Fürsorge und Fürsorge von Dauer. Die Pflegschaft ist dagegen Form der Fürsorge ohne Vorbild, die alle von der elterlichen Sorge und der Vormundschaft gelassenen Lükken schließt. Sie ist *Amtspflegschaft* zur Ergänzung der elterlichen Sorge nichtehelicher Mütter (vgl. dazu oben § 58 III), *Sorgerechtspflegschaft* zur Betreuung von ,,Scheidungswaisen" (vgl. dazu oben § 56 II 4f.), spezielle *Ergänzungspflegschaft,* wenn die elterliche Sorge und die Vormundschaft partiell keinen Schutz gewähren können (§ 1909 I; dazu unten V.), aber auch dann, wenn dem Kind auf Antrag der Eltern (die damit freiwillig zurücktreten) ein Pfleger bestellt werden darf (vgl. § 1630 III und dazu oben § 53 II 2 sowie § 1690 II und dazu oben § 52 II 5). Sie ist *Ersatzpflegschaft,* wenn Fürsorge durch eine an sich notwendige Vormundschaft noch nicht erfolgen kann (§ 1909 III; unten IV.) und *Gebrechlichkeitspflegschaft,* wenn ein Volljähriger infolge geistigen oder körperlichen Gebrechens Fürsorge braucht (§ 1910; unten VI.). Sie ist schließlich *Abwesenheitspflegschaft,* wenn ein abwesender Volljähriger in seinen Vermögensangelegenheiten der Betreuung bedarf (§ 1911; unten VII.) und *Pflegschaft für eine Leibesfrucht* (§ 1912, unten III.).

---

[2] Vgl. dazu § 1914 (Pflegschaft für Sammelvermögen)

[3] Vgl. die Zusammenstellung bei MünchKomm-*Goerke,* 20ff. vor § 1909.

II. Allgemeine Regeln

1. Vormundschaft und Pflegschaft des Familienrechts finden zusammen im Gedanken der fremdnützigen Fürsorge[1] und als Folge des gemeinschaftlichen Grundgedankens weithin in ihrer rechtlichen Ausgestaltung. ,,Auf die Pflegschaft finden die für die Vormundschaft geltenden Vorschriften entsprechende Anwendung, soweit sich nicht aus dem Gesetz ein anderes ergibt" (§ 1915 I). Die Pflegschaft entspricht der Vormundschaft aber auch als Akttyp (der freiwilligen Gerichtsbarkeit): Fehlerhaft eingerichtete Pflegschaften sind grundsätzlich nur aufhebbar[2] (und nicht nichtig).

Soweit die Vormundschaft keine Einheit bildet, sondern sich ausdifferenziert, findet der einzelne Typ der Pflegschaft seine Regelung beim entsprechenden Typ der Vormundschaft. Die Ergänzungspflegschaft und die Pflegschaft für eine Leibesfrucht folgen der Vormundschaft über Minderjährige; für alle übrigen Pflegschaften gelten die Regeln der Vormundschaft über Volljährige.[3]

Vereinzelt nur finden sich Normen, in denen die Pflegschaft Eigenständigkeit gewinnt; meist gelten sie zudem nur für einen Typ. Generelle Norm ist freilich § 1915 II. Ein Gegenpfleger ist ihm zufolge stets (also auch, wenn § 1792 II an sich einen Gegenpfleger verlangt) entbehrlich, aber nicht etwa – vorbehaltlich des § 1917 II – unzulässig.[4]

2. *Umfang.* Pflegschaft ist Form der ***Fürsorge mit fest umrissenem Wirkungskreis;*** ihre Funktion erzwingt scharfe Konturen, an denen die (auch für Dritte bedeutsame) Handlungsmacht des Pflegers klar und eindeutig Gestalt gewinnt.[5] Der Akt der Bestellung (§ 1789) zieht die Grenzen, die zu erweitern nur durch einen (ausdrücklichen) neuerlichen Akt der Bestellung möglich ist. Notwendigkeit weiterer Fürsorge ist nicht Notwendigkeit einer weiteren Pflegschaft, wohl aber

---

[1] Der Pfleger hat kein Recht auf sein Amt und deshalb auch kein Beschwerderecht gegen einen die Pflegschaft aufhebenden Beschluß des VormG. Vgl. RGZ 151, 57 (60ff.); BGH, NJW 1953, 1666; OLG Hamm, FamRZ 1965, 85. Eine Ausnahme muß gelten, wenn der Pfleger seinen Anspruch auf eine Vergütung nur bei Fortbestand der Pflegschaft durchsetzen kann. Vgl. BayObLGZ 1956, 440. Auch namens des Kindes kann der Pfleger kein Rechtsmittel einlegen; seine Vertretungsmacht endet mit dem aufhebenden Beschluß.

Der Pfleger kann dagegen vom VormG rechtmäßiges Verhalten ihm gegenüber fordern. Gegen eine Verfügung, die ihn entläßt, kann er deshalb sofortige Beschwerde einlegen gemäß § 60 I Nr. 3 FGG. Vgl. dazu KG, NJW 1971, 53 (der zwischenzeitliche Tod des Pfleglings bewirkt keine Erledigung des Verfahrens in der Hauptsache).

[2] Vgl. BGHZ 41, 303 (309). Ausnahmen gelten bei evidenten Mängeln. Vgl. dazu unten VII 2 (Abwesenheitspflegschaft für persönliche Angelegenheiten).

[3] Allg. M. Vgl. etwa *Staudinger-Engler,* 4 zu § 1915; MünchKomm-*Goerke,* 6 zu § 1915.

[4] Ein Gegenvormund ist nicht zugleich Gegenpfleger des neben dem Vormund amtierenden Ergänzungspflegers.

[5] Instruktiv KG, HRR 1930 Nr. 790 sowie BGH, NJW 1974, 1374 (Pflegschaft für Enteignungsverfahren gibt dem Pfleger keine Handlungsmacht für einen Verkauf zur Abwendung der Enteignung). Vgl. auch BGHZ 5, 240 (242) mit Betonung der Beweislast des Pflegers.

Notwendigkeit einer Erweiterung der Pflegschaft in den Formen der Begründung.[6]

3. Pflegschaft ist Form der Fürsorge, die ***keine Wirkungen für die Handlungsmacht des Betreuten*** zeitigt. Der voll Geschäftsfähige bleibt voll geschäftsfähig, verliert seine Handlungsmacht auch nicht im Wirkungskreis des Pflegers,[7] und setzt sich bei gleichzeitiger Ausübung eines Rechtes stets gegen den Pfleger durch (der Schuldner braucht[8] und darf[9] dann nur an ihn leisten; in einer Gesellschafterversammlung zählt dann nur seine Stimme[10]).

Der Vorrang des Betreuten ist auch sonst zu beachten.[11] Rechtsgeschäfte des Pflegers, die der Genehmigung durch das Vormundschaftsgericht bedürfen (weil ein Vormund die Genehmigung brauchen würde[12]), sind etwa gegen den Willen des Betreuten nicht zu genehmigen;[13] der Pfleger kann eine vom Betreuten erteilte Vollmacht gegen dessen Willen nicht widerrufen.[14] Dagegen kann der Betreute die gesetzliche Vertretungsmacht des Pflegers nicht generell oder einzelfallbezogen einschränken. Übt der Pfleger freilich seine Handlungsmacht gegen den ihm bekannten Willen des Betreuten aus, so kann er ihm gegenüber (aus Verletzung der Fürsorgepflicht im Innenverhältnis) zum Schadensersatz verpflichtet sein.[15]

Die Gefahr einander widersprechender rechtsgeschäftlicher Akte ist angesichts der Anlässe der Pflegschaft nicht sonderlich groß. Im Widerstreit zweier Verfügungen ist die zeitlich frühere wirksam, die zeitlich spätere mangels Verfügungsmacht des Handelnden unwirksam.

---

[6] Vgl. KG, JW 1934, 1581; *Boschan,* S. 37; *Dölle,* § 147 I 4; *Erman-Hefermehl,* 2 zu § 1915. Verfehlt OLG Tübingen, DNotZ 1952, 484 (rückwirkende stillschweigende Erweiterung).

[7] Unstr. Vgl. aus der Rspr. RGZ 52, 223 (224); 145, 284 (288); BGHZ 35, 1 (5); 48, 147 (160); BGH, WM 1974, 272; KG, NJW 1961, 2114 (2116). Kritisch de lege ferenda *Boschan,* S. 30. Zum Recht der Aufenthaltsbestimmung vgl. unten VI 7.

[8] So schon allgemein für die Vollmacht v. *Tuhr,* Die unwiderrufliche Vollmacht, Festschrift Laband, 1908, S. 72. A. A. *Müller-Freienfels,* Die Vertretung beim Rechtsgeschäft, 1955, S. 122.

[9] So für das Verhältnis zwischen Vollmachtgeber und Bevollmächtigtem *Fischer,* GmbHRdsch. 1952, 115; *Scholz,* JR 1958, 17. A. A. *Müller-Freienfels,* S. 124f.

[10] A. A. OLG Frankfurt, JW 1933, 131. Richtig *Scholz-K. Schmidt,* GmbHG, 6. Aufl. 1978, 84 zu § 47 und *Fischer,* GmbHRdsch. 1952, 115.

[11] Vgl. aber auch § 53 ZPO. Er garantiert dem Pfleger eine von Eingriffen des Betreuten freie Prozeßführung. Irrig aber die Annahme *Boschans* (S. 34), der Pfleger könne auch gegen den Willen des Betreuten in einen von diesem begonnenen Prozeß eintreten.

§ 53 ZPO gilt auch, wenn der beschränkt geschäftsfähige Pflegling im Einzelfall prozeßfähig ist. Vgl. BGHZ 41, 303 (305ff.) zu § 612 a.F. (= § 607 n.F.) ZPO.

[12] Das gilt auch, wenn ein Pfleger neben Eltern amtiert. Die Milderungen des § 1643 kommen ihm nicht zugute.

[13] Vgl. OLG Rostock, ROLG 32, 28; *Boschan,* S. 31; MünchKomm-*Goerke,* 20 zu § 1915.

[14] RG, LZ 1917, 389 (390). Ein zulässiger Widerruf kann konkludent durch die in Anwesenheit des Bevollmächtigten vorgenommene Rechtsausübung erfolgen. Vgl. OLG Celle, GmbHRdsch. 1959, 113 (114).

[15] Vgl. dazu *Frotz,* Verkehrsschutz im Vertretungsrecht, 1972, S. 44ff.

Die Handlungsmacht voll Geschäftsfähiger erleidet auch im Verhältnis zum Pfleger keine Einbußen. Eine Vollmacht kann den Pfleger zu Handlungen ermächtigen, die seinen Wirkungskreis überschreiten. Eine Vollmacht kann dem Pfleger aber auch innerhalb seines Wirkungskreises erteilt werden. Eine derart „überlagernde" Vollmacht hat neben der gesetzlichen Handlungsmacht des Pflegers ihren guten Sinn. Sie befreit den Pfleger insbesondere von der Bindung an das Vormundschaftsgericht im Bereich der genehmigungspflichtigen Geschäfte.[16]

4. *Unterpflegschaft.* Die Pflegschaft kann Fürsorge durch elterliche Sorge oder durch Vormundschaft ergänzen, kann aber auch der Ergänzung einer anderen Pflegschaft dienen, wenn ein Interessengegensatz den Pfleger ex lege oder kraft richterlichen Aktes (§ 1796)[17] von weiterer Tätigkeit in einzelnen Angelegenheiten oder auch in einem Kreis von Angelegenheiten minderer Bedeutung ausschließt (Unterpflegschaft).[18] Ein Interessengegensatz in Angelegenheiten größerer Bedeutung fordert mehr; er muß nicht anders als ein genereller Interessengegensatz zur Entlassung des Pflegers und Auswahl eines neuen führen.[19]

5. *Ende.* Jede Pflegschaft muß ihr Ende finden, wenn ihr Zweck erreicht ist,[20] so wie die elterliche Sorge und die Vormundschaft enden, wenn der Minderjährige zur Selbstbestimmung herangewachsen ist. Das Gesetz scheut freilich die generelle Aussage und folgt den einzelnen Pflegschaften in ihrer jeweiligen Besonderung. Inmitten der Kasuistik verbleiben nur zwei Aussagen, die allgemeine Bedeutung erreichen. Pflegschaften zur Besorgung einer einzelnen Angelegenheit endigen mit deren Erledigung (§ 1918 III),[21] eine Pflegschaft etwa zur Prozeßvertretung im Scheidungsstreit mit der Rechtskraft des Urteils[22] und eine Auseinandersetzungspflegschaft mit der Erschöpfung der Masse durch verteilende Zuweisung.[23] Weiter greifende Pflegschaften aber sind vom Vormundschaftsgericht aufzuheben, wenn der Grund für die Anordnung der Pflegschaft weggefallen ist (§ 1919).[24] Eine Pflegschaft etwa, die einen Unterhaltsanspruch des Betreuten realisieren soll, ist aufzuheben, wenn der Verpflichtete zu freiwilli-

---

[16] Vgl. OLG Karlsruhe, FamRZ 1957, 57; *Erman-Hefermehl,* 3 zu § 1915; MünchKomm-*Goerke,* 12 zu § 1915.

[17] Instruktiv BayObLGZ 18, 105 (Vormund mit Adoptionsabsichten bei Streben des außerehelichen Erzeugers nach Ehelicherklärung).

[18] Vgl. BayObLG, FamRZ 1959, 32.

[19] Vgl. BayObLG, FamRZ 1959, 32.

[20] Besteht zum Endzeitpunkt ein Streit über die Rechtmäßigkeit einer zeitlich früheren Entlassung des Pflegers, so ist dieser fortzuführen; eine Erledigung in der Hauptsache tritt nicht ein. Vgl. KG, OLGZ 1971, 196; BGH, NJW 1975, 1518.

[21] Damit erledigen sich auch Beschwerden gegen die Anordnung der Pflegschaft; der Pflegling ist auf Ansprüche aus Amtshaftung beschränkt. Vgl. BayObLGZ 1966, 82.

[22] Vgl. KG, RJA 15, 255.

[23] Vgl. KG, RJA 17, 35.

[24] Die Pflegschaft endet durch Aufhebung auch, wenn der Tatbestand des § 1919 irrtümlich angenommen wurde. Vgl. RG, Warn. 1930 Nr. 63. Nach gegenläufiger Entscheidung in der Rechtsmittelinstanz bedarf es erneuter Verpflichtung des Pflegers. Vgl. KG, RJA 15, 101.

gen Leistungen übergegangen ist,[25] auch kein Anlaß besteht, ihn für die Zukunft zu höheren Leistungen anzuhalten.[26]

III. Pflegschaft für eine Leibesfrucht

Schrifttum: *A. Schultze,* Treuhänder im geltenden deutschen Recht, JherJb. 43 (1901), 1 (58).

1. Die Rechtsfähigkeit des Menschen beginnt mit der Vollendung der Geburt (§ 1). Die Härte dieser Norm wird in einigen (der Analogie fähigen) Rechtssätzen zugunsten des nasciturus gemildert, im § 1923 II insbesondere und im § 844 II 2. Deren Aussagen harmonisch mit § 1 zu verbinden, ohne abzugleiten in Theoreme, die das konstruktive Bedürfnis befriedigen mögen, jedoch den Gehalt der Normen nur verzerrt zur Darstellung bringen, ist bislang noch niemandem gelungen.[1] Wir begreifen sie als *Ausnahmen zugunsten eines werdenden Rechtssubjektes, das in ihnen eine beschränkte Rechtsfähigkeit erreicht, die lediglich erlaubt, dem nasciturus Rechte in jener Form zuzuordnen, die der eigenen Gestalt entspricht, als werdende Rechte also, die mit der Geburt dem gewordenen Rechtssubjekt als ebenso gewordene Rechte zufallen.*[2] Pflegschaft für eine Leibesfrucht ist in dieser Deutung der Dinge Personalpflegschaft[3] und nicht Pflegschaft für einen objektiven Bestand von Gebundenheiten oder gar für zunächst subjektlose Rechte, die dem Pfleger mit dem Bestellungsakt als eigene, wenn auch treuhänderisch gebundene Rechte zufallen.[4]

2. Die Fürsorge für nascituri ist grundsätzlich Aufgabe der ehelichen Eltern oder der nichtehelichen Mutter (als Vorwirkung der elterlichen Sorge). Ein Pfleger ist nur zu bestellen für Angelegenheiten, die von den Eltern kraft ihrer elterlichen Sorge nicht erledigt werden könnten, wenn das Kind bereits geboren wäre (§ 1912 II).[5] Eheliche Leibesfrüchte bedürfen danach selten eines Pflegers (vgl. aber die §§ 1629 II, 1795, 1796 und die §§ 1673ff.), nichteheliche dagegen häufiger (vgl. § 1706; die Amtspflegschaft des Jugendamtes beginnt erst mit der Geburt; auch die praenatale Bestellung eines Pflegers gemäß § 1708 wird erst mit der Geburt wirksam). Ein Benennungsrecht der Eltern (§ 1776) besteht in beiden

---

[25] Vgl. BayObLGZ 29, 353. Nicht ausreichend ist die Verurteilung des Verpflichteten zur Leistung. Vgl. OLG München, JW 1938, 1046.

[26] Vgl. KG, JW 1935, 1441.

[1] Vgl. zu den verschiedenen Ansichten *Enneccerus-Nipperdey,* § 84 Fn. 10; *Hohner,* Subjektlose Rechte, 1969, S. 129ff.

[2] Diese Deutung vereinigt die Theorie der bedingten beschränkten Rechtsfähigkeit (*Enneccerus-Nipperdey,* § 84 II 3) mit der Theorie der Anwartschaft (vgl. *Lehmann-Hübner,* Allgemeiner Teil des BGB, 16. Aufl. 1966, § 56 III 2).

[3] So schon A. *Schultze,* JherJb. 43 (1901), 58ff. Zustimmend *Staudinger-Engler,* 14 zu § 1912.

[4] Schon deshalb (aber nicht nur deshalb) verbietet sich die Bestellung eines Pflegers für eine werdende juristische Person in analoger Anwendung des § 1912. Im Ergebnis ebenso *Boschan,* S. 49; *Dölle,* § 143 II 1; MünchKomm-*Goerke,* 6 zu § 1912. A. A. KG, ROLG 24, 246; *Kipp-Wolff,* § 128 I.

[5] Ein Pfleger kann nicht bestellt werden, um den Nachlaß eines Elternteils zwischen dem anderen Elternteil und dem nasciturus auseinanderzusetzen. Vgl. § 2043 I. A. A. *Beitzke,* § 40 II.

Fällen nicht.[6] Normen, die eine postmortale Ausübung elterlicher Sorge ermöglichen, können nicht mit einem Analogieschluß auf die praenatale Fürsorge (die jedenfalls häufig praenatale Ergänzungspflegschaft ist) übertragen werden.

3. Eine Pflegschaft ist nur einzurichten, wenn und soweit der nasciturus in seinen „künftigen Rechten" (gleich welcher Herkunft, also auch aus Vertrag zu seinen Gunsten; vgl. § 331 II) der Fürsorge bedarf, in jenen werdenden Rechten mithin, die ihm bereits als werdendem Rechtssubjekt zugeordnet sind.[7] Pflegschaft für eine Leibesfrucht ist nicht Pflegschaft, die allgemeiner Interessenwahrung mit Blick auf die Zukunft dienen soll. Eine Pflegschaft ist folgerichtig nicht einzurichten, wenn der Erwerb eines künftigen Rechtes zwar möglich, jedoch noch nicht abgeschlossen ist. Stirbt etwa der nichteheliche Vater eines hinter ihm kraft Gesetzes zur Erbschaft berufenen nasciturus, so kann für diesen eine Pflegschaft nur nach praenatalem Vaterschaftsanerkenntnis eingerichtet werden. Im übrigen kommt nur eine Nachlaßpflegschaft für den unbekannten Erben (§ 1960 I 2) in Betracht, mit welcher die Rechte des Erben (wer es auch sei) wahrgenommen werden.[8]

Existenz künftiger Rechte und die Notwendigkeit der Fürsorge sind entbehrlich, wenn das Jugendamt oder die Mutter einen Pfleger für einen nasciturus mit voraussichtlich nichtehelicher Geburt beantragen (§ 1912 I 2). Die Ausnahme wurde bislang selten genutzt. Ob sie in Zukunft mehr Bedeutung gewinnen wird, bleibt abzuwarten, ist aber im Hinblick auf die Möglichkeit eines praenatalen Vaterschaftsanerkenntnisses (§§ 1600b II, 1600c II) und einer praenatalen Unterhaltssicherung (§ 1615o) sehr wahrscheinlich (zur Frage der praenatalen Einbenennung vgl. oben § 58 II Fn. 16).

4. Die Pflegschaft endet (spätestens;[9] vgl. §§ 1918 III, 1919) mit der Geburt des Kindes (§ 1918 II).[10] Doch kann der Pfleger für die Leibesfrucht zugleich zum Pfleger des Kindes nach der Geburt bestellt werden, sei es nun zum speziellen Ergänzungspfleger neben den ehelichen Eltern (§ 1909), sei es auch zur Unterstützung einer nichtehelichen Mutter (vgl. dazu § 1708).[11] Wurde das Jugendamt zum Pfleger eines nichtehelichen nasciturus bestellt, so tritt mit der Geburt Amtspflegschaft ipso iure ein; eines Aktes, der die Zäsur zwischen den beiden Pflegschaften verdeutlicht, bedarf es nicht.

---

[6] Ebenso MünchKomm-*Goerke*, 10 zu § 1912. A. A. *Dölle*, § 147 I 3; *Staudinger-Engler*, 15 zu § 1912 (mit irriger Berufung auch auf den Text oben).

[7] H. L. Vgl. KG, KGJ 29, A 153 (A 156); BayObLGZ 12, 534 (535); *Palandt-Diederichsen*, 1c zu § 1912; *Staudinger-Engler*, 4 zu § 1912.

[8] Vgl. OLG Stuttgart, NJW 1975, 880; MünchKomm-*Goerke*, 15 zu § 1912.

[9] Für Fortdauer, falls die Angelegenheit, für die der Pfleger bestellt wurde, noch nicht erledigt ist, *Beitzke*, § 40 II 1.

[10] Das gilt auch für Tot- und Fehlgeburten. Vgl. *Staudinger-Engler*, 19 zu § 1912; *Soergel-Germer*, 10 zu § 1912; MünchKomm-*Goerke*, 24 zu § 1912. A. A. *Erman-Hefermehl*, 8 zu § 1912 (für Fehl-, nicht für Totgeburten).

[11] Zust. *Staudinger-Engler*, 20 zu § 1912; MünchKomm-*Goerke*, 8 zu § 1912.

5. § 1912 dient nur dem werdenden Rechtssubjekt, nicht mehr dem *noch gar nicht Erzeugten*. Dessen Fürsorgebedürfnis (etwa zur Wahrung von Rechten aus einer Nacherbschaft; vgl. § 2101 I) ist mit einer Pflegschaft für unbekannte Beteiligte (§ 1913) zu entsprechen. Pflegschaften dieser Art verlieren mit dem Zeugungsakt ihre Grundlagen; sie enden zwar nicht kraft Gesetzes (der Zeitpunkt wäre viel zu unbestimmt), sind jedoch aufzuheben (§ 1919). Die elterlichen Rechte aus § 1912 II schmälern sie nie.[12]

IV. Ersatzpflegschaft

1. Die Ersatzpflegschaft ersetzt eine an sich notwendige Vormundschaft. Sie ist deshalb nur zulässig, ,,wenn die Voraussetzungen für die Anordnung einer Vormundschaft vorliegen" (§ 1909 III). Sie ist Notpflegschaft und deshalb nur einzurichten, ,,wenn ein Vormund noch nicht bestellt ist" (weil er noch nicht bestellt werden konnte)[1]; sie wird mißbraucht, wenn sie ausschließlich der Überbrückung kurzer Zeiträume dienen soll (Tod der Eltern kurz vor Volljährigkeit). Sie ist vorläufige Pflegschaft, entbindet also nicht von der Notwendigkeit, so schnell als möglich einen Vormund zu bestellen, und ist unmittelbar nach Bestellung des Vormundes aufzuheben.[2] Auch eine vorläufige Vormundschaft kann ersetzt werden, doch ohne Einbuße an Geschäftsfähigkeit für den Betreuten: § 114 ist nicht anwendbar; die Pflegschaft folgt ihren eigenen Gesetzen auch dann, wenn sie eine Vormundschaft ersetzt.[3]

2. Die Ersatzpflegschaft kann Pflegschaft mit beschränktem Wirkungskreis sein, aber auch umfassende Fürsorge, die so weit ausgreift wie die von ihr ersetzte Vormundschaft. Entscheidend ist die Verpflichtung des Pflegers, die sich am Fürsorgebedürfnis zu orientieren hat. Daß die Pflegschaft als umfassende Fürsorge die Grenzen zur Vormundschaft überschreite und deshalb unzulässig sei, wird zwar zuweilen behauptet,[4] doch gibt es kein (sachwidriges!) Strukturprinzip, das Pflegschaften verbietet, die einer temporären Vormundschaft entsprechen.

V. Ergänzungspflegschaft

1. Elterliche Sorge und Vormundschaft sind als umfassende Fürsorge konzipiert; rechtliche und tatsächliche Gründe können im Einzelfall zu Schmälerungen führen. Die Lücken zu schließen, ist primär Aufgabe der Ergänzungspflegschaft (§ 1909 Abs. I); vermag auch sie die notwendige Fürsorge nicht zu gewähren, ist Handeln des Vormundschaftsgerichtes im unmittelbaren Zugriff geboten (§§ 1693, 1846; vgl. oben § 44 I 3).

Ergänzungspflegschaft ist dagegen nicht zulässig, wenn Eltern oder Vormund tatsächlich und rechtlich zum Handeln in der Lage sind, jedoch nach dem Stand ihrer Einsicht und Erfahrung, insbesondere aber mangels ausreichender Geschäftsgewandtheit, für ein Geschäft oder auch für einen ganzen Geschäftskomplex nicht eben geeignete Sachwalter ihrer Kinder oder Mündel sind. Schwächen dieser Art können stets durch den Einsatz besser geeigneter Bevollmächtigter

---

12 Vgl. MünchKomm-*Goerke*, 12 zu § 1913.

1 Zweifel an der Berufung zum Vormund, Mangel eines geeigneten Vormundes usw.

2 Sie endet nicht ipso iure. Gl. Ans. *Beitzke*, § 40 I 4; *Soergel-Germer*, 23 zu § 1909.

3 Ebenso *Beitzke*, § 40 I 3; *Boschan*, S. 58; *Erman-Hefermehl*, 8 zu § 1909; *Soergel-Germer*, 22 zu § 1909; *Dölle*, § 140 IV; *Staudinger-Engler*, 26 zu § 1909; MünchKomm-*Goerke*, 83 zu § 1909.

4 Vgl. *Beitzke*, § 40 I. Wie der Text *Boschan*, S. 58; *Staudinger-Engler*, 27 zu § 1909; MünchKomm-*Goerke*, 84 zu § 1909.

ausgeglichen werden. Die Rechtsprechung freilich hat längst nachgegeben[1] und damit die an sich scharfen Konturen der Ergänzungspflegschaft verwischt.

2. *Voraussetzungen.* Elterliche Sorge und Vormundschaft sind durch eine Pflegschaft bereits zu ergänzen, wenn begründete Zweifel an der Möglichkeit rechtswirksamen Handelns der Eltern oder des Vormundes bestehen,[2] aber auch, wenn es nur möglich ist, daß Rechte des Kindes vorhanden sind, die der Wahrnehmung durch einen Pfleger bedürfen.[3] Hier wie dort ist zwar die Notwendigkeit einer Pflegschaft nicht zur vollen Überzeugung des Vormundschaftsgerichtes dargetan. Hier wie dort kann aber auch das Vormundschaftsgericht keine Garantie für gleichlautende Entscheidungen anderer Instanzen (insbesondere der Prozeßgerichte) übernehmen.

Freilich darf der Hinweis auf Zweifel nicht zum Mittel von Eltern werden, die sich ihrer Verantwortung zu entziehen suchen, und nicht zum Mittel von Vormundschaftsgerichten, die eigene Entscheidungen zu vermeiden trachten. Zweifel der Eltern an ihrer Fähigkeit zu rechtswirksamem Handeln für das Kind, die das Vormundschaftsgericht nicht teilt, rechtfertigen nicht die Bestellung eines Ergänzungspflegers.[4] Der in diesem Zusammenhang allenfalls zu diskutierende Gedanke einer tatsächlichen Verhinderung durch Zweifel, die Untätigkeit nahelegen, ist dem geltenden Recht fremd und erweitert, recht betrachtet, unzulässig den Bereich der rechtlichen Verhinderung. Ebensowenig rechtfertigen behebbare Zweifel des Vormundschaftsgerichtes einen Ergänzungspfleger. *Das Vormundschaftsgericht muß einen Pfleger bestellen, wenn unabweisbare Zweifel bestehen.* Es darf dagegen nicht mehr eine eigene Sachprüfung ablehnen und damit die Gefahr evident zu Unrecht bestellter Ergänzungspfleger in Kauf nehmen.[5]

Der Vorteil einer wegen unabweisbarer Zweifel zulässigen Ergänzungspflegschaft wäre gering, wenn die Aktivlegitimation des Pflegers jederzeit mit dem Hinweis auf die Auflösung der Zweifel zugunsten der Eltern oder des Vormundes bestritten werden könnte. Doch ist nicht das Prozeßgericht, sondern allein der dem Vormundschaftsgericht übergeordnete Instanzenzug befugt, die Rechtmäßigkeit der Pflegschaft zu überprüfen.[6] Selbst eine zu Unrecht eingeleitete

---

[1] Vgl. BayObLGZ 1976, 214. Billigend *Erman-Hefermehl,* 2 zu § 1909; *Soergel-Germer,* 4 zu § 1909; MünchKomm-*Goerke,* 19 zu § 1909.

[2] Vgl. KG, JW 1935, 2154; DR 1941, 1734; BayObLG, FamRZ 1962, 36 (38); *Erman-Hefermehl,* 3 zu § 1909; MünchKomm-*Goerke,* 60 zu § 1909. A. A. v. *Scanzoni,* DR 1941, 1735.

[3] A.-A. zuneigend BayObLG, FamRZ 1962, 36 (38).

[4] Vgl. KG, ROLG 42, 90; BayObLG, FamRZ 1960, 33 (36); MünchKomm-*Goerke,* 24 zu § 1909. A. A. aber die wohl h. L., die in einer beharrlichen Selbstablehnung der Eltern einen Fall der tatsächlichen Verhinderung erblickt. Vgl. OLG Karlsruhe, FamRZ 1966, 268; *Staudinger-Engler,* 4 zu § 1909; *Erman-Hefermehl,* 2 zu § 1909. Mit der Neuordnung des Adoptionsrechtes sind die praktischen Anlässe (früher meist Wunsch der Adoptiveltern zur Wahrung ihres Inkognitos) weithin entfallen.

[5] Vgl. KG, KGJ 22, A 25 (A 26); OLG Hamburg, ROLG 26, 118.

[6] Vgl. RGZ 81, 206 (212); 137, 324 (341); KG, JW 1935, 2754 (mit Zweifeln für Pflegschaften, die ex lege ohne weiteres unter bestimmten Voraussetzungen enden); BGHZ 33, 195 (201); *Palandt-*

Pflegschaft vermittelt dem Pfleger Handlungsmacht und nimmt sie den Eltern (§ 1630 I; vgl. oben § 52 I 2). Wurde freilich ein Pfleger nur für eine „einzelne Angelegenheit" im Sinne des § 1918 III berufen, so prüft das Prozeßgericht nicht etwa die Rechtmäßigkeit der Pflegerbestellung nach, sondern stellt zu Recht Beendigung der Pflegschaft fest, wenn es darlegt, die auslösenden Zweifel seien jedenfalls *nunmehr* – etwa durch eine grundlegende höchstinstanzliche Gerichtsentscheidung – zugunsten von Eltern oder Vormund beseitigt.

3. Ergänzende Fürsorge ist gebunden an *gegenwärtige Aufgaben,* die an sich von den Eltern oder dem Vormund zu lösen sind, von diesen aber nicht gelöst werden können.[7] Nur mögliche und zukünftige Aufgaben rechtfertigen dagegen keinen Ergänzungspfleger: § 1909 kennt einen Überwachungspfleger ebensowenig wie eine vorsorglich eingerichtete Pflegschaft.[8]

Ergänzende Fürsorge darf nie weiter reichen als die Schmälerung der elterlichen Sorge oder Vormundschaft. Dauerpflegschaften sind deshalb nur dann einzurichten, wenn eine dauerhafte Verhinderung der Eltern und des Vormundes vorliegt, dagegen nicht schon dann, wenn in bestimmten Geschäftsbereichen immer wieder mit einzelfallbezogenen Verhinderungen zu rechnen ist.

4. *Ermessensgrenzen.* Mit der Bestellung des Pflegers durch das Vormundschaftsgericht gerät das Prinzip nur subsidiärer Betreuung des Kindes durch unmittelbaren Zugriff des Vormundschaftsgerichtes in Gefahr: Wer eine Pflegschaft verweigern kann, vermag jederzeit eine (notwendig negative) Entscheidung in der Sache zu fällen. Die Alternative einer Pflicht zur Einrichtung von Pflegschaften auf jedermanns Anregung hin wäre nicht weniger prinzipwidrig: Das Vormundschaftsgericht hat die Notwendigkeit einer Pflegschaft zu bejahen, nicht ein Dritter. Der Prinzipienwiderstreit ist aufzulösen durch *Einrichtung einer Pflegschaft in allen Fällen, die ernster Überlegung wert sind.*[10] Eine Pflegschaft ist dagegen zu verweigern, wenn der Pfleger nach pflichtgemäßer Überlegung die geplante Maßnahme schlechthin ablehnen müßte, wenn ein Rechtsstreit offensichtlich nicht zum Erfolg führen kann,[11] wenn ein etwa vom Pfleger zu tätigen-

---

Diederichsen, 5 zu § 1909; *Erman-Hefermehl,* 3 zu § 1909; A. A. v. *Scanzoni,* DR 1941, 1734 (er entzieht der Nachprüfung durch die Prozeßgerichte nur die formale Wirksamkeit der Pflegerbestellung).

[7] Haben die Eltern oder der Vormund ein später vom Pfleger abgeschlossenes Rechtsgeschäft vorbereitet, schadet Kennen oder Kennenmüssen der Eltern oder des Vormundes in analoger Anwendung des § 166 II dem Kind. Vgl. BGHZ 38, 65.

[8] Unstr. Vgl. KG, ROLG 7, 127; RJA 16, 10; BayObLG, FamRZ 1962, 36 (37); BGHZ 65, 93 (101); *Palandt-Diederichsen,* 2b zu § 1909; *Erman-Hefermehl,* 1 zu § 1909; *Dölle,* § 140 II 2; *Staudinger-Engler,* 18 zu § 1909; MünchKomm-*Goerke,* 59 zu § 1909. Ein Pfleger ist auch nicht zu bestellen, wenn eine erfolgreiche Ehelichkeitsanfechtung droht, also zu befürchten ist, daß alle vom Ehemann der Mutter des Kindes in Ausübung elterlicher Sorge vorgenommenen Akte ihre Grundlage verlieren. A. A. für die Vertretung des Kindes in einem vom Staatsanwalt betriebenen (heute also nicht mehr möglichen) Anfechtungsprozeß OLG München, JFG 19, 55.

[10] Das Subsidiaritätsprinzip wird deshalb verletzt in der Entscheidung KG, JW 1938, 1168.

[11] Allg. Ans. (mit unterschiedlichen Formulierungen). Aus der Praxis vgl. BayObLG, DJZ 1924, 403; KG, JFG 12, 135 (136); ROLG 18, 305; 33, 346 (348); 42, 90; KGJ 50, A 38.

des Rechtsgeschäft notwendig nichtig sein würde[12] und wenn ein Rechtsgeschäft angeregt ist, das der Genehmigung des Vormundschaftsgerichtes bedarf, diese aber mit Sicherheit niemals finden wird.[13]

Das Subsidiaritätsprinzip gerät nicht weniger in Gefahr durch die Macht des Vormundschaftsgerichtes, den Wirkungskreis des Pflegers zu bestimmen. Je enger der Wirkungskreis des Pflegers, desto geringer ist seine Entscheidungsfreiheit und desto größer die Gefahr eines Handelns auf Anweisung des Vormundschaftsgerichtes. Es gibt etwa keine Pflegschaft zum Abschluß eines Vertrages;[14] die Entscheidung für oder gegen den Vertragsschluß muß dem Pfleger verbleiben.

5. ***Drittinteressen.*** Elterliche Sorge und Vormundschaft wahren die Interessen Minderjähriger. Ihr Sinn ist es aber auch, Dritten die Möglichkeit zu geben, mit Minderjährigen rechtsgeschäftlich und prozessual in Verbindung zu treten. Auch die Ergänzungspflegschaft kann die Interessen Dritter nicht vollständig übersehen. Sie ist insbesondere nicht etwa ,,mangels Fürsorgebedürfnisses" unzulässig, wenn der Ausfall des gesetzlichen Vertreters dem Minderjährigen scheinbar ,,dienlicher" ist als eine Vertretung, die dem Dritten normale Angriffsmöglichkeiten eröffnet.[15] Passivprozesse rechtfertigen eine Ergänzungspflegschaft deshalb nicht weniger als Aktivprozesse, wie diese freilich auch nur, wenn die Klage nicht offensichtlich erfolglos bleiben muß, also schutzwürdige Interessen Dritter vorhanden sind.[16]

6. ***Einzelfälle.*** Die Praxis kennt in erster Linie den ,,Kollisionspfleger" als Korrelat des betont frühen Endes der elterlichen Sorge und der Vormundschaft in Interessenkollisionen. Freilich hat gerade der Kollisionspfleger in der jüngeren Rechtsentwicklung viel an Boden verloren. Die früher sehr häufige ***Unterhaltspflegschaft*** mit der Aufgabe, Unterhaltsansprüche des Kindes gegen einen oder auch beide Elternteile geltend zu machen, ist zur Seltenheit geworden.[17] Sie ist nach wie vor notwendig, wenn beide Elternteile von einem außer Hauses lebenden Kind belangt werden sollen[18], aber auch dann, wenn ein Elternteil leisten soll, der allein Inhaber der elterlichen Sorge ist. Sie findet sich dagegen nurmehr

---

[12] Allg. Ans. Vgl. BayObLG, Recht 1926 Nr. 1957; BayObLGZ 1975, 420 (422).

[13] Ebenso *Kipp-Wolff,* § 128 Fn. 3b; *Palandt-Diederichsen,* 2b zu § 1909; LG Lübeck, SchlHA 1955, 375; *Dölle,* § 140 II 2; *Erman-Hefermehl,* 10 zu § 1909; LG München I, FamRZ 1971, 323. A. A. BayObLG, Recht 1926 Nr. 1957; *Staudinger-Engler,* 17 zu § 1909.

[14] Vgl. OLG München, JFG 4, 146.

[15] Vgl. dazu BGH, NJW 1974, 1374 (Enteignungsverfahren).

[16] Im Ergebnis ebenso *Kipp-Wolff,* § 128 I; KG, KGJ 49, 24. Dagegen will *Josef,* Recht 1919, 185, dem VormG jede Prüfung möglicher Einwendungen des Kindes verwehren. Für eine Pflegerbestellung sogar in jedem Fall BayObLGZ 1, 259.

[17] Der Unterhaltspfleger hat die vereinnahmten Beträge dem Unterhalt des Kindes ohne Rücksicht auf die Rechtmäßigkeit des Aufenthaltes zuzuführen. Vgl. KG, JFG 7, 103.

[18] Vgl. den Fall KG, FamRZ 1968, 472 (den Eltern war das Recht zur Aufenthaltsbestimmung entzogen worden).

in ungewöhnlichen Fällen (beachte auch §§ 1629 II 3, 1796), wenn nur Klage gegen einen Elternteil zu erheben ist, der die elterliche Sorge in Gemeinschaft mit dem anderen Elternteil oder überhaupt nicht ausübt. Solange die Eltern einen gemeinschaftlichen Haushalt führen, kann jeder Elternteil die Ansprüche des Kindes gegen den anderen Elternteil im eigenen Namen geltend machen (vgl. oben § 21 I 2). Wenn sich die Eltern aber getrennt haben, garantieren im allgemeinen die §§ 1629 II 2 (vgl. oben § 50 III 5), 1671 und 1672 (vgl. oben § 56 II 2) Vertretung des Kindes durch den anderen Elternteil (vgl. aber auch § 1671 V 2 und dazu oben § 56 II 5 zur Unterhaltspflegschaft gerade in diesem Fall). Während eines Scheidungsverfahrens tritt (ohne Erweiterung der Handlungsmacht) an die Stelle der Stellvertretung eine Prozeßstandschaft für das Kind (§ 1629 III; vgl. dazu oben § 50 IV).

Seltener geworden ist auch die *Anfechtungspflegschaft* mit der Aufgabe, das Kind bei der Anfechtung seiner Ehelichkeit zu vertreten. Zwar bedarf das Kind stets eines Pflegers, wenn das Verfahren bei bestehender Ehe der Mutter durchgeführt wird, weil die §§ 1629 II 1, 1795 I Nr. 3 eine Vertretung des Kindes durch die Mutter nicht gestatten. Im Regelfall der Ehelichkeitsanfechtung nach Eheauflösung aber bildet § 1795 I Nr. 3 kein Hindernis mehr; die Mutter kann das Kind vertreten, wenn ihr die elterliche Sorge obliegt. Ein Pfleger ist in der nachehelichen Phase freilich vonnöten, wenn der Vater zur elterlichen Sorge berufen wurde. Doch bleibt auch dann noch zu bedenken, daß für den (dann meist akuten) Fall der Anregung einer Ehelichkeitsanfechtung durch das Kind von dritter Seite (Mutter!) die Entscheidung der Frage, ob der Prozeß angestrengt werden soll, immer noch dem Vater obliegt und vielfach nicht die Notwendigkeit besteht, ihm insoweit die elterliche Sorge gemäß § 1796 zu entziehen (vgl. dazu oben § 45 V 4).

Nach wie vor bedeutsam ist die *Kollisionspflegschaft in anderen Zusammenhängen,* als Vertretung des Kindes etwa im Rahmen einer Familiengesellschaft (vgl. oben § 51 III 8, auch zur meist unerwünschten Dauerpflegschaft) oder auch zur Wahrung erbrechtlicher Interessen. Erbauseinandersetzungen fordern insbesondere häufig einen oder mehrere Ergänzungspfleger (vgl. oben § 51 III 5). Seltener gebieten Pflichtteilsansprüche des Kindes gegen den überlebenden Elternteil die Einrichtung einer Pflegschaft; oft werden die Interessen des Kindes mit Evidenz weit mehr durch Untätigkeit als durch Erfüllung des Anspruches gewahrt.[19] Die Gefährdung des Anspruches muß freilich zur Bestellung eines Ergänzungspflegers führen, doch bleibt auch dann noch fraglich, ob dem Kind mit einem (meist gegen den Willen des Verstorbenen) durchgesetzten Pflichtteilsanspruch wirklich gedient ist oder ob nicht bereits die Wahrnehmung der Rechte aus § 2314 ausreichend sichert.[20] Wohl vertraut ist der Praxis schließlich ein Ergänzungspfleger,

---

[19] Vgl. KG, JW 1936, 2748; BayObLG, FamRZ 1963, 578.

[20] Vgl. OLG München, JFG 3, 57.

der neben dem zum Testamentsvollstrecker berufenen Elternteil tätig ist. Er ist nicht in jedem Fall notwendig, muß jedoch bestellt werden, wenn die Rechte des Kindes gefährdet erscheinen, ferner dann, wenn der Testamentsvollstrecker der Mitwirkung des Erben bedarf.[21]

7. Ausnahmslos wird eine Ergänzungspflegschaft erzwungen von jedem Vermögensanfall beim Kind unter *Ausschluß der elterlichen Vermögenssorge* (§§ 1638, 1909 I 2; vgl. oben § 51 I 3). Auch neben einem Testamentsvollstrecker ist der Pfleger nicht entbehrlich. Vermögensverwaltung durch Dritte entzieht dem Kind nie alle Befugnisse; sie führt ferner zu Rechten des Kindes gegen den Verwalter. Folgerichtig ist der Ergänzungspfleger (jedenfalls in der Regel als Dauerpfleger[22]) auch nicht nur zur Wahrnehmung jener Rechte zu berufen, sondern für die gesamte an sich den Eltern obliegende, aber durch den Testamentsvollstrecker eingeschränkte Vermögensverwaltung.[23]

8. *Anzeige.* Das Vormundschaftsgericht kann in aller Regel das Bedürfnis nach einer Ergänzungspflegschaft nicht von sich aus erkennen. Es ist angewiesen auf die Hilfe aller, speziell aber der Eltern und der Vormünder. § 1909 II belastet jene daher mit einer Anzeigepflicht und stellt sie damit neben den Gegenvormund (§ 1799 I), den Pfleger (§ 1915), den Beistand (§ 1686), die Gerichte (§ 50 FGG), deren Pflicht zur Anzeige genereller Natur ist und deshalb im § 1909 II nicht mehr normiert zu werden brauchte.

9. *Auswahl des Ergänzungspflegers.* Den Ergänzungspfleger bestimmt das Vormundschaftsgericht in größerer Freiheit als den Vormund (vgl. § 1916); die Eltern haben kein Recht der Benennung: Wer tatsächlich oder rechtlich verhindert ist, selbst für das Kind tätig zu sein, ist vielfach nicht geeignet, die Interessen des Kindes bei der Auswahl des Pflegers zu wahren.[24] Unberührt bleibt § 1779 (in dessen Rahmen Vorschläge der Eltern beachtet werden können[25]). Niemand ist zur Pflegschaft berufen, doch sind Verwandte und Verschwägerte zunächst zu berücksichtigen.[26]

Mehr Vertrauen als die Eltern genießt, wer dem Kind unentgeltlich oder durch letztwillige Verfügung Vermögen unter Ausschluß der elterlichen Vermögenssorge (vgl. dazu oben § 51 I 3) zuwendet. § 1917 I gewährt ihm ein Recht der

---

[21] Ebenso *Boschan,* S. 61.

[22] Vgl. dazu MünchKomm-*Goerke,* 75 zu § 1909 (Kurzpflegschaften, wenn für eine dauernde Überwachung objektiv kein Bedürfnis besteht).

[23] Vgl. KG, KGJ 38, A 69 (73ff.); RJA 16, 15 (16f.); *Palandt-Diederichsen,* 6 zu § 1909; *Erman-Hefermehl,* 7 zu § 1909.

[24] Zu Angriffen aus Art. 6 II GG vgl. *Staudinger-Engler,* 2 zu § 1916.

[25] Es gibt indessen kein Vorschlagsrecht (a. A. OLG Bremen, NJW 1972, 1952 [1954] als Konsequenz des Beschwerderechts); Vorschläge stehen (als Anregungen im Amtsverfahren) allen offen.

[26] Vgl. BayObLG, JW 1928, 68; FamRZ 1959, 125 (126); 1965, 99; KG, FamRZ 1963, 376. Freilich sind Verwandte und Verschwägerte oftmals nicht geeignet, weil sich bei ihnen eine Interessenkollision in abgeschwächter Form fortsetzt (Frage des Einzelfalles, deshalb sollte nicht von einer Einschränkung des § 1779 II 3 gesprochen werden). Zuweilen sind sie auch nach §§ 1915, 1795 von der Vertretung ausgeschlossen (Onkel und Tante für Rechtsgeschäfte des Kindes mit seinen Großeltern). Freie Auswahl des Pflegers durch das VormG behauptet *Beitzke,* § 40 I 2.

Benennung,[27] das unter Lebenden nur „bei der Zuwendung" (und nie nachträglich), jedoch auch zugunsten eines von der Verwaltung ausgeschlossenen Elternteils (der als Pfleger anderen Bindungen unterliegt)[28] oder zugunsten der eigenen Person ausgeübt werden kann[29] und dessen Ausübung das Vormundschaftsgericht in den Grenzen des § 1778 I und II bindet[30] (während Abs. III dem Grundgedanken des § 1917 widerspricht und deshalb nicht anzuwenden ist[31]). Dennoch gewinnt der Benannte bei Zuwendungen unter Lebenden erst mit dem Tode des Zuwendenden eine sichere Rechtsstellung. Der Akt der Benennung ist ein Akt, der allein in der unentgeltlichen Verfügung wurzelt. Folgerichtig kann der Benannte jederzeit mit Zustimmung des Zuwendenden übergangen werden, aber auch auf Grund eines die Zustimmung ersetzenden Beschlusses des Vormundschaftsgerichtes, wenn der Zuwendende zur Abgabe einer Erklärung dauernd außerstande oder sein Aufenthalt dauernd unbekannt ist (§ 1917 III).[32]

Ein Recht, Personen von der Pflegschaft auszuschließen, hat auch der unentgeltlich zugunsten des Kindes Verfügende nicht mehr (§ 1782 gilt nicht, weil der Vorgang nicht als Ausübung elterlicher Sorge begriffen werden kann). Freilich darf das Vormundschaftsgericht nicht jene Person zum Pfleger bestellen, deren Verwaltung gerade ausgeschlossen werden sollte.[33]

10. Für den benannten Pfleger kann der Zuwendende eine ***befreite Pflegschaft*** anordnen, die ganz oder teilweise die in den §§ 1852 bis 1854 aufgeführten Freiheiten einräumt. Ohne Wirkung bleiben weitergreifende Anordnungen, insbesondere ein Dispens von den Schranken des § 181.[34]

Keine Anordnung vermittelt dem Benannten eine sichere Position. Zu Lebzeiten des Zuwenders kann das Vormundschaftsgericht mit dessen Zustimmung Anordnungen außer Kraft setzen (§ 1917 III), nach seinem Tode aber selbständig, wenn die Interessen des Pfleglings gefährdet sind (Abs. II).

11. *Ende.* Die Ergänzungspflegschaft endet mit der elterlichen Sorge oder Vor-

---

27 Ob es ausgeübt wurde, ist in zweifelhaften Fällen durch Auslegung festzustellen. Vgl. KG, RJA 16, 15. Ein bloßer Wunsch genügt nicht.

28 Ganz h. M. im Anschluß an KG, KGJ 20, A 220.

29 Vgl. OLG München, JFG 21, 181; BayObLGZ 1975, 34, 38 (nach Scheidung der Elternehe wendet der von der elterlichen Sorge ausgeschlossene Elternteil dem minderjährigen Kind Vermögen zu, das er selbst verwalten will).

30 Ein erst der Zukunft angehörender Interessengegensatz entbindet das VormG auch dann nicht, wenn er mit Sicherheit vorauszusehen ist. Vgl. OLG München, JFG 4, 137.

31 A. A. *Staudinger-Engler,* 3 zu § 1917; MünchKomm-*Goerke,* 12 zu § 1917.

32 Meist wird Abs. III auf die Anordnungen des Abs. II beschränkt. Vgl. *Palandt-Diederichsen,* 3 zu § 1917 (weil „andernfalls die Übergehung des Berufenen trotz Gefährdung des Mündelinteresses nicht möglich wäre"); *Dölle,* § 147 III 2b; *Erman-Hefermehl,* 2 zu § 1917; *Staudinger-Engler,* 13 zu § 1917; MünchKomm-*Goerke,* 17 zu § 1917; *Soergel-Germer,* 4 zu § 1917. Doch bleibt § 1778 neben Abs. III anwendbar. Wie der Text i. Erg. *Kipp-Wolff,* § 129 IV.

33 Ebenso *Erman-Hefermehl,* 1 zu § 1917; *Staudinger-Engler,* 4 zu § 1917. A. A. *Soergel-Germer,* 2 zu § 1917.

34 Vgl. BayObLGZ 25, 193.

mundschaft, zu deren Ergänzung sie eingerichtet wurde (§ 1918 I),[35] aber auch dann (in analoger Anwendung der Norm), wenn die elterliche Sorge lediglich zum Ruhen kommt[36] (Ausnahme § 1751 I; vgl. dazu oben § 62 VI 9). Das Ergänzende folgt dem Ergänzten, mag nun das Kind der Minderjährigenfürsorge gänzlich entwachsen sein, mag es auch nur den Betreuer wechseln.[37] Auch der benannte Ergänzungspfleger bildet keine Ausnahme, doch ist er erneut zu bestellen, wenn die Notwendigkeit einer Ergänzungspflegschaft erhalten bleibt.[38]

VI. Gebrechlichkeitspflegschaft

Schrifttum: *Diamand,* Vorläufige Vormundschaft und Gebrechlichkeitspflegschaft als Ersatzformen der Entmündigung, 1931; *Röhl,* Prozeßfähigkeit Geisteskranker, JZ 1956, 309; *Dunz,* Grundrecht und Bevormundung, JZ 1960, 475; *Maurer,* Das privatrechtliche Unterbringungsrecht und Art. 104 des Grundgesetzes, FamRZ 1960, 468; *In der Beeck* und *Wuttke,* Geistige Gebrechlichkeit und § 1910 BGB, NJW 1968, 1165; *Gernhuber,* Der Senior und sein Zwangsvermögenspfleger, FamRZ 1976, 189.

1. *Geschäftsfähige.* Die Gebrechlichkeitspflegschaft des § 1910[1] ist Fürsorge zugunsten nicht entmündigter Volljähriger,[2] die ein körperliches oder geistiges Gebrechen an der Besorgung ihrer Angelegenheiten – und sei es auch nur durch Bevollmächtigte, die sie überwachen können[3] – hindert. Sie ist Pflegschaft, die in ihrer Weite vom Ausmaß der Hemmnisse abhängt, ist Pflegschaft nur zur Besor-

---

[35] Sie endet in den Fällen des § 1638 nicht, wenn die Vermögenssorge durch Eltern oder Vormund generell ausgeschlossen wurde. Vgl. MünchKomm-*Goerke,* 12ff. zu § 1918.

[36] Vgl. KG, JW 1934, 2624; FamRZ 1972, 44 (45); *Staudinger-Engler,* 6 zu § 1918; *Erman-Hefermehl,* 2 zu § 1918; *Palandt-Diederichsen,* 2 zu § 1918; *Soergel-Germer,* 2 zu § 1918; *Dölle,* § 148 II 1 a; MünchKomm-*Goerke,* 15 zu § 1918.

[37] Drei Fälle sind zu unterscheiden. Es ist möglich, daß die Form der Fürsorge sich ändert (Übergang von der elterlichen Sorge zur Vormundschaft). Es ist zum zweiten möglich, daß ein Personenwechsel bei gleicher Fürsorgeform eintritt (neuer Vormund). Für diesen Fall (gegen die durchaus h. L.) a. A. als der Text *Dölle,* § 148 II 1 a. Es ist zum dritten möglich, daß die Fürsorgeform sich ändert, jedoch die gleiche Person zu betreuen ist (der Vater wird zum Vormund des volljährigen, jedoch entmündigten Kindes bestellt). Für diesen Fall (gegen die h. L.) a. A. *Palandt-Diederichsen,* 2 zu § 1918.

[38] Vgl. OLG Neustadt, FamRZ 1961, 81.

[1] Zur Gebrechlichkeitspflegschaft für Beamte in dienstrechtlichen Angelegenheiten vgl. *Staudinger-Engler,* 47 zu § 1910; MünchKomm-*Goerke,* 58ff. zu § 1910.

[2] Sie ist möglich aber auch nach Entmündigung zu beschr. Geschäftsfähigkeit für den Restbestand an Geschäften, die der Entmündigte selbständig zu besorgen vermag. Vgl. BGHZ 41, 303 (307) zu § 612 a.F. (= § 607 n.F.) ZPO. Ebenso MünchKomm-*Goerke,* 39ff. zu § 1910.

[3] Vgl. OLG Colmar, ROLG 23, 364; BayObLG, FamRZ 1965, 341; *Dölle,* § 141 II 2; *Palandt-Diederichsen,* 2b zu § 1910; *Erman-Hefermehl,* 6 zu § 1910; *Boschan,* S. 44. Verfehlt KG, WM 1971, 871. Die Entscheidung scheint den Antrag eines Bevollmächtigten auf Einleitung einer Pflegschaft billigen zu wollen, der den Zweck hat, sich (als zu bestellender Pfleger) der Aufsicht des VormG zu unterwerfen.

Eine Pflegschaft wird dagegen nicht entbehrlich durch Vermögensverwaltung eines Konkursverwalters. Der Gebrechliche bedarf gegebenenfalls eines Pflegers für seine Rechte als Gemeinschuldner. Vgl. KG, ROLG 16, 37.

gung einzelner Angelegenheiten, wenn der Gebrechliche nur punktueller Betreuung bedarf,[4] ist Pflegschaft zur Besorgung eines ganzen Kreises von Angelegenheiten, wenn der Gebrechliche partiell (etwa für sein Vermögen) seine Interessen nicht zu wahren vermag, ist Pflegschaft für Person und Vermögen, wenn ein körperliches Gebrechen ein totales Fürsorgebedürfnis schafft. Geistige Gebrechen stehen den körperlichen in dieser letzten Steigerung der Pflegschaft nicht mehr gleich; das von ihnen hervorgerufene totale Fürsorgebedürfnis hat seine Befriedigung nach Entmündigung des Gebrechlichen in einer Vormundschaft zu finden.[5]

Gebrechliche Volljährige können von einem Pfleger insoweit nicht vertreten werden, als das Gesetz persönliches Handeln vorschreibt. Vertraglich kann dagegen das Auftreten eines Gebrechlichkeitspflegers (etwa in einer Gesellschaft) nie abbedungen werden; ***der soziale Schutzzweck des § 1910 geht dem privaten Interesse am Ausschluß Dritter vor.***[6]

2. *Geschäftsunfähige.* Gebrechlichkeitspflegschaften für Geschäftsunfähige sind legitim, wenn nur partielle Geschäftsunfähigkeit vorliegt und damit ein nur partielles Fürsorgebedürfnis, aber auch, wenn die Geschäftsunfähigkeit total ist, das Fürsorgebedürfnis jedoch beschränkt bleibt.[7] Die Rspr. verfährt insoweit großzügig, erkauft den Vorteil der Grenzüberschreitung (keine Vormundschaft) aber mit entschiedenen Nachteilen. Der total Geschäftsunfähige benötigt in aller Regel auch eine ebenso totale Fürsorge. Schränkt man den Wirkungskreis des Pflegers dann ein, so bleibt ein Restbestand von Angelegenheiten, die – oft zum

---

[4] Etwa, wenn ein Gebrechlicher nicht wirksam in eine ärztliche Behandlung einwilligen (vgl. BGHZ 29, 46 [52]) oder einen Prozeß nicht führen kann (häufig in der Sozialgerichtsbarkeit. Vgl. dazu *Pichel,* NJW 1965, 338ff.). Wird ein geistiges Gebrechen erst während eines Prozesses entdeckt, so kann der Prozeßpfleger die bisherige Prozeßführung genehmigen (vgl. OLG Celle, FamRZ 1969, 492 mit einem Fall der Verweigerung der Genehmigung), und das auch dann, wenn er selbst (ohne wirksame Vollmacht!) für den Gebrechlichen als Anwalt tätig war (vgl. BGHZ 41, 104).

[5] Unstr., doch scheint die Praxis auch diese Grenze der Gebrechlichkeitspflegschaft nicht immer zu respektieren. Vgl. OLG Frankfurt, FamRZ 1967, 172; BGHZ 48, 147 (162f.) mit einer erst vom BGH gerügten Totalpflegschaft. Unzulässig ist auch eine Häufung mehrerer Pflegschaften, die in ihrer Gesamtheit zu einer vollständigen Betreuung des Gebrechlichen führen. Richtig *Diamand,* S. 74; MünchKomm-*Goerke,* 10 zu § 1910. Nach Ansicht des AG Berlin-Wedding, FamRZ 1968, 547 (550) ist die Pflegschaft wegen geistigen Gebrechens immer nur als Vermögenssorge zulässig.

[6] Vgl. BGHZ 44, 98. Die Entscheidung ist freilich fragwürdig, weil die Gebrechliche sich durch einen Bevollmächtigten vertreten lassen konnte, also kein Anlaß für eine Pflegschaft bestand.

Schließt ein Gesellschaftsvertrag nur das Auftreten von Bevollmächtigten aus, so ist ein Gebrechlichkeitspfleger (weil er gesetzlicher Vertreter ist) von vornherein nicht betroffen. Vgl. OLG Celle, GmbHRdsch. 1959, 113 (114).

[7] Vgl. RGZ 52, 240 (244); 65, 199 (202); RG, HRR 1933 Nr. 731; KG, KGJ 23, A 16; OLG Karlsruhe, FamRZ 1957, 423; BGHZ 41, 104 (106); 48, 147 (163); OLG Hamm, OLGZ 1966, 585; KG, FamRZ 1969, 441 (443). Zum ursprünglich vorhandenen Widerstand im Schrifttum vgl. *Diamand,* S. 83f. Er selbst charakterisiert die Rspr. als billigenswerte Rechtsfortbildung; vgl. S. 76f. und 85f. Wie die Rspr. heute *Beitzke,* § 40 III; *Palandt-Diederichsen,* 3b zu § 1910; *Erman-Hefermehl,* 2 zu § 1910; *Boschan,* S. 44; *Soergel-Germer,* 4 zu § 1910; *Dölle,* § 141 III 2; *Staudinger-Engler,* 18 zu § 1910.

Nachteil Dritter – entweder überhaupt nicht geordnet werden oder doch nur auf Grund zweifelhafter, zuweilen sogar eindeutig nichtiger Vollmachten.[8]

Die Gebrechlichkeitspflegschaft ist als Pflegschaft konzipiert, die ihre Rechtfertigung dem Grundsatz nach im freien Willen des Gebrechlichen selbst findet; sie „darf nur mit Einwilligung des Gebrechlichen angeordnet werden, es sei denn, daß eine Verständigung mit ihm nicht möglich ist". Der Praxis aber ist die dem Willen des Gebrechlichen entsprechende Pflegschaft so gut wie unbekannt; *Gebrechlichkeitspflegschaft ist heute weithin Zwangspflegschaft anläßlich geistiger Gebrechen.*[9] Früh schon hat die Rechtsprechung rechtsgeschäftliche Kategorien in § 1910 III getragen und die Einwilligung geschäftsunfähiger Gebrechlicher ausnahmslos mangels einer Verständigungsmöglichkeit für entbehrlich gehalten.[10] Trotz wiederholter Hinweise auf die Notwendigkeit, dem Sinn der Pflegschaft Rechnung zu tragen und die Einwilligung des Gebrechlichen solange zu fordern, als er einer zweckhaften Willensbildung überhaupt fähig ist,[11] hat auch der BGH nicht gezögert, den alten Gedankengang zu übernehmen.[12] Erreicht hat die Kritik allein den Zusammenbruch der Behauptung vollendeter Gesetzestreue. Offen wird jetzt zuweilen von einer Zwangspflegschaft gesprochen und zugestanden, daß sie dem Gesetz widerspricht[13] (also als richterliche Rechtsfortbildung legitimiert werden müßte).

Die Motive der Rechtsprechung sind zumindest überwiegend anerkennenswert: Die Zwangspflegschaft soll die vielfach als diskriminierend empfundene Entmündigung ersetzen,[14] doch wird sich schwerlich verhehlen lassen, daß die mittlerweile in weiten Kreisen bekannte Zwangspflegschaft kaum weniger diskriminierend wirkt. Schon die Motive werden zweifelhafter, wenn partielle Geschäftsunfähigkeit eine (entsprechend beschränkte) Zwangspflegschaft rechtfertigen soll:[15] Das peinliche Gefühl einer bequemen Ausschaltung geistig unbewegli-

---

[8] Die Interessen des Verkehrs werden auch betont von ***Beitzke,*** FamRZ 1960, 506.

[9] Das BVerfG hat die Zwangspflegschaft als verfassungsrechtlich unbedenklich bezeichnet (NJW 1965, 2051). Über die Zulässigkeit nach dem BGB ist damit nichts gesagt.

[10] Vgl. OLG München, KGJ 30, A 295; RGZ 65, 199 (202); RG, JW 1906, 376; BayObLGZ 7, 508 (510). Zum Widerstand im älteren Schrifttum vgl. ***Diamand,*** S. 83f.

[11] Vgl. ***Dunz,*** JZ 1960, 478; ***Beitzke,*** FamRZ 1960, 506; ***Franke,*** NJW 1961, 957; ***Dölle,*** § 141 II 3; AG Berlin-Wedding, FamRZ 1968, 542 und 547 (550ff.); ***In der Beeck*** und ***Wuttke,*** NJW 1968, 1168f.; ***Staudinger-Engler,*** 14 zu § 1910; OLG Frankfurt, NJW 1974, 2072; LG Mannheim, NJW 1976, 2018. Verfehlt die Kritik von ***Diamand,*** S. 74. Er ist der Überzeugung, daß die von der h. L. abweichende Interpretation des § 1910 III dazu führe, daß ein Geschäftsunfähiger auch mit seinem Einverständnis keinen Pfleger erhalten könne, weil die Einwilligung Willenserklärung sei. Das aber ist gerade nicht der Fall.

[12] BGHZ 35, 1 (5ff.); 48, 147 (159). Vgl. ferner OLG Karlsruhe, FamRZ 1957, 423; KG, FamRZ 1960, 503 (505); 1969, 441 (442); MDR 1967, 765; LG Mannheim, Rpfleger 1963, 413 mit Anm. ***Keidel;*** OLG Frankfurt, FamRZ 1967, 172; LG Berlin, FamRZ 1968, 545; ***Soergel-Germer,*** 11 zu § 1910; ***Palandt-Diederichsen,*** 2d zu § 1910.

[13] Vgl. MünchKomm-***Goerke,*** 16ff. zu § 1910.

[14] Deshalb wird sie von ***Diamand,*** S. 85, trotz Einsicht in ihre Problematik gebilligt.

[15] Vgl. OLG München, KGJ 30, A 295; RGZ 65, 199; BayObLG Recht 1913 Nr. 861; OLG

cher und querulatorisch veranlagter Parteien will nicht immer weichen. Die Gefahren der Rspr. aber sind evident: *Die Zwangspflegschaft vertritt die Entmündigung ohne ein dieser Funktion entsprechendes Verfahren.* Nicht umsonst wurde das Entmündigungsverfahren der streitigen Gerichtsbarkeit zugewiesen und nicht der freiwilligen Gerichtsbarkeit mit ihren weit geringeren Garantien für den Betroffenen. Jahrzehntelang ist dem unter Zwangspflegschaft Gestellten sogar ein selbständiges Beschwerderecht gegen die Anordnung der Pflegschaft abgesprochen worden (vgl. dagegen § 664 ZPO); erst die jüngere Vergangenheit hat wenigstens insoweit den Geboten eines Rechtsstaates Rechnung getragen.[16] Sie hat ferner den Anspruch des Geschäftsunfähigen auf rechtliches Gehör anerkennen müssen (Art. 103 GG).[17]

3. *Drittinteressen.* Die h. L. begreift die Gebrechlichkeitspflegschaft als Form der Fürsorge, die ausschließlich den Eigeninteressen des Gebrechlichen zu dienen hat. Sie akzeptiert zwar noch eine Pflegschaft, die neben den Interessen des Gebrechlichen auch Drittinteressen wahrt. Sie ist dagegen nicht mehr bereit, eine Pflegschaft anzuerkennen, die nur Dritten dient. Der Sinn der Gebrechlichkeitspflegschaft gebietet indessen eine andere Haltung, die näher bei der Abwesenheitspflegschaft zu skizzieren ist, weil diese stärker noch als die Gebrechlichkeitspflegschaft die Schwächen der auch dort fest verwurzelten h. L. zeigt (vgl. unten VII 3).[18]

Wer der h. L. folgt, sollte zumindest weiträumig denken, damit nicht augenblickliche Vorteile für den Gebrechlichen in absehbarer Zeit in vermeidbare Nachteile umschlagen.[19] Töricht ist es insbesondere, Dritten die Rechtsverfolgung durch Verweigerung eines Pflegers für geistig Gebrechliche zu erschweren und sie damit zu ermuntern, alles in ihren Kräften Stehende zu tun, um eine Entmündigung zu erreichen und mit ihr alle Schwierigkeiten zu beenden. Erfreu-

---

Frankfurt, MDR 1963, 219; BayObLG, FamRZ 1965, 341 (partielle Geschäftsunfähigkeit nur für Steuerangelegenheiten bei sonst vorhandener Fähigkeit zur Führung eines Handelsgeschäftes); 1966, 151 (partielle Geschäftsunfähigkeit für Ehescheidung); OLG Stuttgart, FamRZ 1975, 355 und 1976, 549 (partielle Geschäftsunfähigkeit für alle gerichtlichen Verfahren!).

[16] Vgl. für die ältere Rspr. vornehmlich RGZ 145, 284 und BGHZ 15, 262. Heute ist das selbständige Beschwerderecht nicht mehr bestr., mögen auch die Begründungen nicht gleichförmig sein. Für den BGH vgl. BGHZ 35, 1 (7ff.).

Str. ist dagegen, ob dem Gebrechlichen in jedem Fall auch ein Beschwerderecht gegen die Auswahl des Pflegers zusteht. Verneinend KG, MDR 1967, 922; MünchKomm-*Goerke,* 20 zu § 1910. Bejahend BayObLG, FamRZ 1965, 341 (343), jedenfalls solange der Pfleger noch nicht bestellt ist.

[17] Vgl. BGHZ 35, 1 (9); LG Mannheim, Rpfleger 1963, 413 mit Anm. *Keidel* (er betont richtig, daß Art. 103 GG Entscheidungen ohne rechtliches Gehör gestattet, falls der Pflegling seinen Anspruch schlechthin nicht ausüben kann); OLG Zweibrücken, FamRZ 1977, 560 (Recht auf Einblick in ärztliche Gutachten).

[18] Für Berücksichtigung der Drittinteressen in der Beschränkung auf persönliche Angelegenheiten auch LG Mannheim, FamRZ 1957, 395. Dagegen ausdrücklich *Dölle,* § 141 II 3.

[19] Zust. insoweit OLG Hamm, FamRZ 1968, 612 (Pflegschaft für Zwangsversteigerung eines dem Gebrechlichen gehörigen Grundstückes); OLG Frankfurt, OLGZ 1978, 61 (Pflegschaft zur Geltendmachung einer Forderung gegen den Gebrechlichen).

lich großzügig hat sich die Rechtsprechung bislang im Bereich des Scheidungsrechtes gezeigt.[20] Selten nur hat sie einen Gebrechlichkeitspfleger verweigert, wenn der Gegner im Verfahren selbst nicht handlungsfähig war;[21] meist hat sie ihn gewährt, zuweilen ohne nach Vorteil und Nachteil zu fragen, zuweilen aber auch, weil sie richtig sah, daß der zunächst rechtlos gestellte Ehegatte andere Wege einschlagen kann, die den Interessen des Gebrechlichen weit weniger dienlich sind als ein Pfleger.[22]

4. *Vertretungsmacht.* Die h. L. sieht im Pfleger geschäftsunfähiger und beschränkt geschäftsfähiger Gebrechlicher einen gesetzlichen Vertreter, im Pfleger Geschäftsfähiger dagegen einen vom Staat bestellten Bevollmächtigten.[23] In Wahrheit ist der Pfleger hier wie dort *gesetzlicher Vertreter.*[24] Ausnahmslos beruht seine Vertretungsmacht auf dem Gesetz; das Einverständnis des Geschäftsfähigen mit der Pflegschaft ist nicht Bevollmächtigung des Staates, die zur Erteilung einer Vollmacht an den Pfleger ermächtigt. Niemand wird auch diskriminiert, wenn die Unterscheidung der h. L. fällt. Das Begriffspaar gesetzlicher Vertreter und Bevollmächtigter orientiert sich allein am Ursprung der Vertretungsmacht und verhält sich allen weiteren Fragen gegenüber neutral. *Der gesetzliche Vertreter ist dem Vertretenen nicht notwendig übergeordnet.* Wir verfälschen den Begriff, wenn wir mit ihm Vorstellungen verbinden, die nur für die Minderjährigen und Entmündigten zutreffen.

5. Für die *Auswahl des Pflegers* gelten keine Besonderheiten; § 1779 mit seinem Vorrang der Verwandten und Verschwägerten ist (vermittelt durch § 1915 I) ungeschmälert anzuwenden. Die Praxis bevorzugt als Zwangspfleger älterer geistig Gebrechlicher ein erwachsenes Kind, bestellt aber gerade mit ihm oft eine nicht geeignete Person. Die Umkehrung der natürlichen Rollen im Eltern-Kind-Verhältnis kann das psychische Schadensminimum beim Gebrechlichen, das mit jeder Pflegschaft verbunden ist, in erheblichem Umfang steigern. Die gleiche Wirkung kann der Schein einer vorweggenommenen Erbfolge zeitigen, wenn das zum Pfleger bestellte Kind Vermögen zu verwalten hat und zur Erbschaft

---

[20] Kritisch dazu *In der Beeck* und *Wuttke,* NJW 1968, 1167 (mit dem Vorschlag einer extensiven Interpretation des § 57 ZPO als Ersatz).

[21] Vgl. AG Mannheim, FamRZ 1956, 58.

[22] Vgl. OLG Karlsruhe, FamRZ 1957, 423 (424) mit Anm. *Beitzke; Erman-Hefermehl,* 6 zu § 1910; MünchKomm-*Goerke,* 51 zu § 1910. Vgl. ferner LG Berlin, FamRZ 1964, 261 (Pfleger zur Entgegennahme der Erklärung aus § 26 II EheG).

[23] Vgl. RG, HRR 1929 Nr. 1651; KG, NJW 1961, 2114 (2117); BGHZ 48, 147 (160f.); BGH, WM 1974, 272; *Palandt-Diederichsen,* 4 zu § 1910; *Dölle,* § 139 IV und § 141 V 2; *Henrich,* § 24 II 3; *Erman-Hefermehl,* 5 vor § 1909; *Staudinger-Engler,* 13 vor § 1909 (zurückhaltender jedoch 28 zu § 1910); MünchKomm-*Goerke,* 69 zu § 1910.

[24] Ebenso *Kipp-Wolff,* § 128 III; OLG Celle, FamRZ 1963, 465; *Frotz,* Verkehrsschutz im Vertretungsrecht, 1972, S. 43 Fn. 93. Die Frist für die Ausschlagung einer Erbschaft wird sowohl durch die Kenntnis des geschäftsfähigen Gebrechlichen als auch durch die Kenntnis seines Vermögenspflegers vom Anfall der Erbschaft und vom Berufungsgrund in Lauf gesetzt (vgl. dazu KG, JW 1935, 3641).

hinter dem Gebrechlichen berufen ist (mit der Zwangspflegschaft wird implizit die Testierfähigkeit verneint!). Für diesen Fall ist auch die grundsätzliche Interessenkollision zwischen dem künftigen Erben und dem Gebrechlichen nicht zu übersehen: Im Interesse des Erben liegt die Mehrung des Vermögens; im Interesse des Gebrechlichen liegt dagegen seine Mobilisierung zu eigenem Nutzen. Das eine wie das andere kann im Einzelfall ohne jede Bedeutung sein; das Kind bleibt dann zur Pflegschaft geeignet. Wo es Bedeutung gewinnt, empfiehlt sich ein familienexterner Pfleger, der (ganz nach den Bedürfnissen des Gebrechlichen) bürokratisiert und anonymisiert werden kann (Rechtsanwalt, Steuerberater), aber auch aus Personenkreisen gewählt werden kann, die personalisierter Fürsorge besonders verbunden sind (Seelsorger, Sozialarbeiter).[25]

6. Im Regelfall der Praxis wird der Zwangspfleger für die *Vermögenssorge* bestellt, während der Bereich der *Personensorge* der Autonomie des Gebrechlichen überlassen bleibt. Im Überlagerungsgebiet der ,,gemischten Angelegenheiten" (speziell bei der Bestimmung des Betrages, der für den laufenden Unterhalt zu verwenden ist) haben sich dann Gebrechlicher und Pfleger zu einigen; ist eine Einigung nicht möglich, entscheidet das Vormundschaftsgericht in analoger Anwendung der §§ 1630 II, 1798 (und den zu ihnen entwickelten Grundsätzen).[26] Die Konsumfreiheit des Gebrechlichen ist so weit als möglich zu wahren; es ist nicht Aufgabe einer Zwangspflegschaft, Vermögen für den Erben zu bewahren.[27]

7. *Aufenthaltsbestimmung.* Zu den Aufgaben des Pflegers kann auch die Aufenthaltsbestimmung gehören. Sie ist problemlos, wenn der Gebrechliche zweckhafter Willensbildung nicht mehr fähig ist. Der Pfleger darf dagegen gegen den Widerspruch des Gebrechlichen nicht tätig werden, falls sich dessen Wille noch zweckhaft auf einen bestimmten Aufenthalt richten kann, mag jener auch als rechtsgeschäftlicher Wille nicht mehr in Betracht kommen.[28] Im Streit zwischen dem Pfleger und dem Gebrechlichen vermag auch die Genehmigung des Vormundschaftsgerichtes nach § 1800 II (vgl. dazu oben § 7 II) dem Willen des Pflegers nicht das Übergewicht zu geben;[29] das Vormundschaftsgericht kann nur genehmigen, was der Pfleger vorbehaltlich der Genehmigung wirksam anordnet.

Die Rspr. denkt vielfach anders. Oft wird nur der Widerspruch des geschäftsunfähigen Gebrechlichen für unbeachtlich erklärt (und die Frage für die anderen

---

[25] Näheres FamRZ 1976, 190ff.

[26] Näheres FamRZ 1976, 192ff.

[27] Vgl. dazu LG Mannheim, DJ 1974, 20; OLG Karlsruhe, DJ 1974, 187 (188).

[28] Ebenso *Maurer,* FamRZ 1960, 474; LG Bonn, FamRZ 1962, 483 (484); *Kemper,* NJW 1962, 677; *Diamand,* S. 87f.; AG Berlin-Wedding, FamRZ 1968, 542 und 547ff.; *Staudinger-Engler,* 20 zu § 1910; *Erman-Hefermehl,* 9 zu § 1910.

[29] Gegen *Beitzke,* FamRZ 1960, 507. Zweifelnd *Keidel-Winkler,* 13 zu § 55a FGG; *Dunz,* JZ 1960, 478.

Gebrechlichen offengelassen).[30] Zuweilen schützt man ausdrücklich den Geschäftsfähigen, gibt den Geschäftsunfähigen preis und äußert sich für den beschränkt Geschäftsfähigen nicht (so auch BGHZ 48, 147 [157ff.]).[31] Zuweilen aber ist selbst der Geschäftsfähige vor dem Zugriff des Pflegers nicht sicher.[32]

Die Unterbringung Geschäftsfähiger gegen ihren Willen ist kaum mehr verständlich, ja skandalös.[33] Zu schützen sind aber auch die anderen Pfleglinge. *Die Gebrechlichkeitspflegschaft ist nun einmal eine Form der Fürsorge, die nicht bevormunden, sondern unterstützen soll,* die den Pfleger nicht über, sondern neben den Gebrechlichen stellt und deshalb mißverstanden wird, wenn dem Pfleger Befugnisse eingeräumt werden, die ihre Rechtfertigung allein in einer Befehlsgewalt finden können. Daß § 1915 auf das Recht der Vormundschaft verweist, das dem Vormund die Befugnis zur Aufenthaltsbestimmung auch gegen den Willen des Mündels zuspricht, ist belanglos: eine *entsprechende Anwendung* der für die Vormundschaft geltenden Vorschriften wird verlangt, nicht mehr.

Man kann auch nicht (so, wie der BGH es für richtig hält) die Gebrechlichkeitspflegschaft für Geschäftsfähige als Form der „Beistandschaft" von den übrigen Fällen sondern (um für sie Freiheit zu gewinnen). Es gibt nur eine einzige Gebrechlichkeitspflegschaft; der Versuch, die Einheit zu zergliedern, beweist lediglich, daß der BGH den falschen Weg einschlug, als er die Gefährdung Gebrechlicher durch die Zwangspflegschaft billigte.

8. *Gesetzliche Folgen.* Gebrechliche, die einen Vermögenspfleger erhalten haben, büßen die Fähigkeit ein, Testamentsvollstrecker zu sein (vgl. §§ 2201, 2225); sie sind untauglich als Vormund und Gegenvormund, als Beistand und als Pfleger (vgl. §§ 1691 I, 1781 Nr. 2, 1792 IV, 1915 I). Körperlich Gebrechliche, die ein Pfleger in Person und Vermögen betreut, müssen zusätzlich ein Ruhen ihrer elterlichen Sorge bis auf geringe Restbestände in Kauf nehmen (vgl. § 1673 II). Die Normen beschränken, ohne zu diskriminieren; sie sind Konsequenzen nur des Gebrechens, das die Besorgung der Angelegenheiten Dritter gewiß nicht weniger hindert als die Regelung der eigenen.

9. *Beendigung.* Die Gebrechlichkeitspflegschaft ist aufzuheben, wenn der Gebrechliche die Aufhebung beantragt (§ 1920). Der im § 1910 III begonnene Gedanke einer Pflegschaft, die vom Willen des Gebrechlichen selbst getragen wird, findet hier seine Vollendung. Erneut muß ein zweckhaft bestimmter Wille des

---

[30] Vgl. KG, NJW 1961, 2114 (2116f.); LG Hildesheim, MDR 1962, 655; LG Berlin, FamRZ 1968, 545.

[31] Vgl. ferner *Palandt-Diederichsen,* 4 zu § 1910; *Jansen,* JR 1968, 104; *Soergel-Germer,* 16 zu § 1910; BayObLGZ 1977, 299ff.

[32] Vgl. BayObLG, NJW 1962, 677 (678) mit abl. Anm. *Kemper; Dölle,* § 141 V 2b; *Franke,* NJW 1962, 1757 (jedenfalls solange die Unterbringung nicht mit einem Behandlungszwang verbunden ist, der nicht mehr in den pflegerischen Wirkungskreis der Aufenthaltsbestimmung fallen würde).

[33] MünchKomm-*Goerke,* 53 zu § 1910, konstatiert jetzt einhellige Ablehnung dieses Irrweges. Wer garantiert indessen, daß er nicht erneut beschritten wird?

Gebrechlichen genügen, mag er auch der Wille eines Geschäftsunfähigen sein.[34] Konsequent aber wird in der Rspr. vielfach Geschäftsfähigkeit gefordert und damit die Zwangspflegschaft gegen ein Aufbegehren des Gebrechlichen gesichert.[35] Daß dem Geschäftsunfähigen (wie schon gegen die Anordnung der Pflegschaft) ein selbständiges Recht zur Beschwerde eingeräumt wird gegen die Entscheidung, die ihn zurückweist,[36] will wenig oder gar nichts besagen: Schließlich muß auch das Beschwerdegericht jeden Antrag eines Geschäftsunfähigen zurückweisen, wenn nur Geschäftsfähige wirksame Anträge stellen können.

VII. Abwesenheitspflegschaft

Schrifttum: *Sachs,* Pflegschaft über kriegsverschollene Miterben, NJW 1947/48, 367; *Bettermann,* Abwesenheitspflegschaft, MDR 1949, 94; *Arnold,* Pflegschaften für Kriegsverschollene, NJW 1949, 248; *derselbe,* Nachlaß- oder Abwesenheitspflegschaft?, MDR 1949, 600; *Riedel,* Abwesenheitspflegschaft für Kriegsvermißte, Erbfolge und Vertragsabschluß, JR 1949, 272; *Jansen,* Umfang und Grenzen der Vertretungsmacht des Abwesenheitspflegers, DNotZ 1954, 592; *Müller,* Zur Abwesenheitspflegschaft bei nachfolgender Todeserklärung, Rpfleger 1953, 115; *derselbe,* Abwesenheits-, Nachlaßpflegschaft und Pflegschaft für unbekannte Beteiligte, NJW 1956, 652; *Eich,* Abwesenheitspflegschaft bei Kommanditgesellschaft?, NJW 1965, 240; *Beitzke,* Pflegschaften für Handelsgesellschaften und juristische Personen, Festschrift Ballerstedt, 1975, S. 185.

1. Abwesenheitspflegschaft ist eine Pflegschaft nur für Volljährige und nie für Minderjährige (elterliche Sorge und Vormundschaft bleiben auch während der Abwesenheit erhalten).[1] Sie ist Pflegschaft für jeden, der unbekannten Aufenthaltes ist (§ 1911 I), und Pflegschaft für jeden, der trotz bekannten Aufenthaltes infolge eines Rückkehrhindernisses[2] (insbesondere, wenn Staatsgrenzen nicht überschritten werden können[3]) nicht in der Lage ist, seine Interessen selbst zu wahren (§ 1911 II).[4] Sie ist Fürsorge, die sich des Einverständnisses des Abwesenden nicht versichern kann, sich aber auch nicht aufdrängen darf: Wer seine Interessen nicht wahrnehmen *will,* darf keinen Pfleger erhalten.[5]

---

[34] Ebenso *Beitzke,* § 40 III; *Dölle,* § 148 II 2b; LG Bonn, FamRZ 1962, 483 (484); AG Berlin-Wedding, FamRZ 1968, 547 (552); *Staudinger-Engler,* 2 zu § 1920; LG Mannheim, NJW 1976, 2018.

[35] Vgl. RGZ 65, 199; KG, JFG 18, 298; FamRZ 1960, 503 (505); BGHZ 15, 262 (267); 48, 147 (159); 70, 252 (257ff.); OLG Hamm, FamRZ 1962, 176; OLG Frankfurt, FamRZ 1967, 172; LG Berlin, FamRZ 1968, 545; *Erman-Hefermehl,* 1 zu § 1920; *Palandt-Diederichsen,* 1 zu § 1920; *Boschan,* S. 66; *Soergel-Germer,* 1 zu § 1920; MünchKomm-*Goerke,* 10ff. zu § 1920.

[36] Vgl. BGHZ 70, 252 (255) mit Nachw. zur ganz h. M.

[1] Unzulässig ist auch ein Abwesenheitspfleger für einen Elternteil oder einen Vormund in ihrer Eigenschaft als gesetzlicher Vertreter. Vgl. KG, JW 1938, 1033.

[2] Furcht vor Strafe begründet keins. Vgl. KG, JFG 12, 135 (139f.).

[3] Vgl. OLG Hamm, FamRZ 1965, 291 für die DDR.

[4] Der Begriff der „Abwesenheit" ist auf den Ort zu beziehen, an dem das Fürsorgebedürfnis entsteht. Die früher zuweilen geforderte Abwesenheit vom (zuweilen gar nicht feststellbaren!) Wohnsitz wird heute von niemandem mehr verlangt. Vgl. dazu *Staudinger-Engler,* 2f. zu § 1911; MünchKomm-*Goerke,* 7 zu § 1911; *Dölle,* § 142 II 1 und 2.

[5] Allg. Ans. im Anschluß an BayObLG, ROLG 30, 160.

2. *Abwesenheitspflegschaft ist beschränkte oder totale Vermögenspflegschaft,* nie Pflegschaft, die sich persönlicher Angelegenheiten des Abwesenden anzunehmen hat, also nie Pflegschaft für einen Eheprozeß,[6] für eine Ehelichkeitsanfechtung[7] oder einen anderen Kindschaftsprozeß,[8] für eine Privatklage nach einer Körperverletzung.[9] Pfleger, die dennoch zur Erledigung persönlicher Angelegenheiten bestellt werden, haben keine Rechtsmacht; eine Aufhebung der Pflegschaft ist nicht vonnöten: Der Fehler des Bestellungsaktes ist evident, seine Folge daher Nichtigkeit.[10]

Als Vermögenspflegschaft hat sie dem Fürsorgebedürfnis zu folgen: Die totale Abwesenheitspflegschaft wird nur von einem totalen Fürsorgebedürfnis gerechtfertigt; Beauftragten und Vertretern übertragene Angelegenheiten sind von diesen zu ordnen, solange kein Anlaß besteht, Auftrag oder Vollmacht zu widerrufen (vgl. § 1911 I 2); was ohne Gefahr unerledigt bleiben kann, ist nicht dem Abwesenheitspfleger zur Erledigung zuzuweisen.

3. Abwesenheitspflegschaft ist der h. L. zufolge Pflegschaft, die *Drittinteressen* nie zu bedenken hat, und deshalb Pflegschaft, die abzulehnen ist, wenn nicht zumindest *auch* Eigeninteressen des Abwesenden auf dem Spiele stehen.[11] Zwar haben Kriegs- und Nachkriegszeit überdeutlich gemacht, daß die h. L. den Abwesenden auf Kosten Dritter begünstigt und letztlich einmündet in eine Fürsorge, die offensichtlich Unrecht deckt; zwar hat sich in jener Zeit eine stärkere Opposition gebildet, die wenigstens eine Interessenabwägung forderte und einen Abwesenheitspfleger bei vorrangigen Drittinteressen;[12] von einer wirklichen Erschütterung alter Lehrsätze aber kann nicht die Rede sein. Nicht anders als bei der Gebrechlichkeitspflegschaft (vgl. oben VI 3) ist jedoch auch hier eine Umkehr möglich und notwendig. Das vom § 1911 geforderte Fürsorgebedürfnis vermag die h. L. nicht zu rechtfertigen; deren Ergebnisse widersprechen rechtlichem

---

[6] Vgl. RGZ 126, 261. Für eine analoge Anwendung des § 1911 im Verfahren über die Anerkennung fremder Scheidungsurteile *Geimer,* NJW 1974, 1631.

[7] Vgl. LG Hamburg, DRZ 1947, 103. Der Pfleger kann auch kein Vaterschaftsanerkenntnis abgeben. Richtig *Beitzke,* ZBlJugR 1961, 296; *Erman-Hefermehl,* 8 zu § 1911. A. A. LG Freiburg, Rpfleger 1949, 614.

[8] Vgl. OLG Koblenz, FamRZ 1974, 222.

[9] Vgl. OLG Frankfurt, NJW 1950, 882. Auch zur Begründung eines Wohnsitzes (KG, NJW 1956, 264) oder zu einem Strafantrag wegen Verletzung eines persönlichen Rechtsguts (vgl. BGHZ 18, 389 [395]) ist der Pfleger nicht befugt.

[10] Vgl. OLG Koblenz, FamRZ 1974, 222 (223); *Erman-Hefermehl,* 6 zu § 1911. A. A. MünchKomm-*Goerke,* 10 zu § 1919.

[11] Vgl. RG, Warn. 1920 Nr. 48; KG, ROLG 18, 307; LG Braunschweig, DRZ 1947, 103; *Holthöfer,* MDR 1947, 8; OGHBrZ, NJW 1948, 552; *Arnold,* NJW 1949, 249; BayObLGZ 1952, 129 (131); *Beitzke,* § 40 IV 1; *Kipp-Wolff,* § 129 Fn. 11; *Soergel-Germer,* 5 zu § 1911; *Palandt-Diederichsen,* 2b zu § 1911; *Erman-Hefermehl,* 5 zu § 1911; *Dölle,* § 142 II 4; *Staudinger-Engler,* 13 zu § 1911.

[12] Vgl. OLG Hamm, DRZ 1947, 103; *Sachs,* NJW 1947/48, 367; *Laue,* DRZ 1948, 50f. Zuweilen hat man versucht, mit einer über Gebühr ausgedehnten Schlüsselgewalt der Ehefrau (§ 1357 a. F.) oder auch mit einer fiktiven Vollmacht zu helfen.

Denken sowie dem Sinn der Abwesenheitspflegschaft, deren Aufgabe es nicht ist, den Abwesenden dem Rechtsverkehr zu entziehen, wenn Rechte gegen ihn geltend gemacht werden sollen.[13]

Auch vom Standpunkt der h. L. aus ist dem Abwesenden ein Pfleger in der Regel zu bestellen, wenn das Fehlen eines Vertreters dem Dritten die Rechtsverfolgung zwar erschwert, aber nicht unmöglich macht. Rechtsverfolgung in Ersatzformen (etwa: Erfüllung durch Hinterlegung oder auch Wirksamwerden einer Willenserklärung durch öffentliche Zustellung) ist regelmäßig Rechtsverfolgung, die den Interessen des Abwesenden weit weniger entspricht als Rechtsverfolgung, die durch die Existenz eines Abwesenheitspflegers erleichtert wird.[14]

Selbst die richtig verstandene Abwesenheitspflegschaft kennt Grenzen der Berücksichtigung von Drittinteressen. Es gibt Formen der Rechtsverfolgung, die abgeschnitten bleiben können ohne Möglichkeit des Vorwurfes, von Rechts wegen Unrecht zu decken. So ist ein Abwesenheitspfleger zu verweigern, dessen Aufgabe es lediglich sein soll, anstelle des Abwesenden eine eidesstattliche Versicherung richtiger und vollständiger Auskunft abzugeben.[15]

4. Wie der Gebrechlichkeitspfleger wird auch der Abwesenheitspfleger zuweilen als staatlich bestellter Bevollmächtigter des Abwesenden bezeichnet;[16] wie jener ist er in Wahrheit stets gesetzlicher Vertreter[17] (ohne Schmälerung der Handlungsmacht des Abwesenden). Als solcher ist er legitimiert, aus eigenem Recht, aber nur mit Genehmigung des Vormundschaftsgerichtes, die Todeserklärung des Abwesenden zu betreiben (§ 16 II b, III VerschG).[18] Entscheidend für dieses Recht ist nicht, daß die Klärung der Verhältnisse den Interessen des Ver-

---

[13] Richtig schon *Bettermann,* MDR 1949, 94. Zust. jetzt auch MünchKomm-*Goerke,* 14 ff. zu § 1911.

[14] Vgl. KG, ROLG 18, 306. Die Entscheidung billigt eine Pflegschaft zur Entgegennahme einer dem Abwesenden geschuldeten Summe, weil Befreiung durch Hinterlegung die Interessen des Abwesenden weniger wahre. Das Urteil LG Braunschweig, DRZ 1947, 103 lehnt dagegen einen Pfleger zur Entgegennahme der Kündigungserklärung für eine Hypothek ab. Vgl. auch KG, RJA 15, 176 und 17, 1. In beiden Fällen spricht sich das KG für eine Pflegschaft aus, wenn eine Klage gegen den Abwesenden droht, weil ein verlorener Prozeß Kosten verursache. Zu Recht betont auch KG, JR 1950, 690, daß die Erfüllung von Unterhaltspflichten im Zweifel im Interesse des Verpflichteten liege, zur zweckbestimmten Auflösung eines Bankkontos ein Pfleger daher bestellt werden kann. Vgl. schließlich OLG Hamm, DNotZ 1954, 150; OLG Braunschweig, NJW 1952, 31 (Pfleger kleineres Übel als öffentliche Zustellung); LG Augsburg, DNotZ 1968, 558 (Pflegschaft für Löschungsbewilligung nach Tilgung einer hypothekarisch gesicherten Schuld).

[15] Vgl. für die Gebrechlichkeitspflegschaft KG, JW 1933, 2067. Eine andere Frage ist, ob der generell zur Vermögenssorge bestellte Pfleger verpflichtet ist, für den Pflegling eine eidesstattliche Versicherung richtiger und vollständiger Auskunft abzugeben. Zu Recht bejahend LG Bonn, MDR 1964, 418.

[16] Vgl. *Soergel-Germer,* 12 zu § 1911; *Müller,* Rpfleger 1953, 118; *Jansen,* DNotZ 1954, 594 (anders S. 595 für die Vertretung der Erben!); KG, NJW 1955, 1840.

[17] Ebenso BGHZ 5, 240 (242); MünchKomm-*Goerke,* 20 zu § 1911; *Frotz,* Verkehrsschutz im Vertretungsrecht, 1972, S. 42 Fn. 91.

[18] Erg. ganz h. L. Vgl. die Nachw. bei *Staudinger-Engler,* 23 zu § 1911.

schollenen (und in der Regel Verstorbenen) entspricht,[19] wohl aber, daß die Pflegschaft zugunsten Abwesender nur Vorstufe einer endgültigen Ordnung sein kann, wenn nicht mehr mit dem Leben des Abwesenden zu rechnen ist.[20]

5. *Verschollenheit und Tod.* Abwesenheitspflegschaften sind nur in anomalen Zeiten häufig. Sie sind dann vielfach Pflegschaften für Personen, deren Leben fragwürdig ist und deren Tod sich später als Tatsache erweist, postmortale Pflegschaften also mit wirksamem Handeln des Pflegers trotz später erkannten Fehlens oder Endens der Notwendigkeit einer Fürsorge.[21] Das Gesetz selbst legitimiert derlei postmortale Pflegschaften ausdrücklich nur bei Einleitung des Verfahrens vor dem Tod des Abwesenden (§ 1921 II), im übrigen legitimiert ein unabweisbares Bedürfnis nach Fürsorge in der Zeit der Ungewißheit. Selbst der Ablauf der Lebensvermutung für einen Verschollenen (§ 10 VerschG) hindert die Einrichtung einer Pflegschaft nicht;[22] der Vermutung des Lebens folgt keine Vermutung des Todes, sondern ein Zustand des reinen Zweifels, in dem Fürsorge möglich bleiben muß und bleibt.

Freilich kann ein Toter keinen Pfleger haben; die postmortale Abwesenheitspflegschaft benötigt einen anderen Bezugspunkt. Die h. L. wählt allein den Erben des Abwesenden (entsprechend den für die postmortale Vollmacht entwickelten Grundsätzen),[23] erkauft jedoch die Beschränkung mit Geschäften des Pflegers, die (ex post betrachtet) außerhalb seiner Handlungsmacht lagen, also als Verfügungen unwirksam sind und als Verpflichtungen Ersatzansprüche gegen den Pfleger aus § 179 auslösen.[24] Richtiger ist es, Wirkungen für die an sich Legitimierten anzuerkennen, wenn der Pfleger Angelegenheiten ordnet, die Geschäfte des Abwesenden zu sein schienen, auf den Erben des Abwesenden aber nicht mehr bezogen werden können[25] (Verwaltung eines Nachlasses, der nach dem Tod des Abwesenden nicht dessen Erben, sondern einem Dritten zufiel).[26]

---

[19] So aber BGHZ 18, 389 (396).

[20] Richtig KG, NJW 1955, 1840 (1841) mit weiteren Hinweisen auf das Schrifttum zum Antragsrecht des Pflegers; JR 1967, 26 (27). Die Entscheidung KG, NJW 1953, 1305 stützte das Antragsrecht des Pflegers noch auf § 16 II c VerschG.

[21] Vgl. aber *Riedel,* JR 1949, 272. Der postmortale Abwesenheitspfleger handelt ihm zufolge als Nichtberechtigter jedenfalls bei Verfügungen über Vermögen, das dem Abwesenden erst nach Ablauf der Lebensvermutung zufallen konnte, infolge seines Todes aber nie zugefallen ist.

[22] Allg. Ans. Nachw. bei *Staudinger-Engler,* 15 zu § 1911; MünchKomm-*Goerke,* 9 zu § 1911.

[23] Vgl. *Jansen,* DNotZ 1954, 593 f.; *Arnold,* MDR 1949, 601; LG Mosbach, DNotZ 1954, 608; OLG Nürnberg, DNotZ 1955, 597; KG, JR 1967, 26 (27); *Beitzke,* § 40 IV 2; *Soergel-Germer,* 4 zu § 1921; *Dölle,* § 142 III 2b; *Erman-Hefermehl,* 3 zu § 1911; *Staudinger-Engler,* 33 zu § 1911 und 6 zu § 1921; MünchKomm-*Goerke,* 22 zu § 1911.

[24] Die Ersatzpflichten will *Dölle,* § 142 III 2b, nicht anerkennen, weil der Pfleger nicht im Namen des Berechtigten gehandelt habe, sondern kraft seines Amtes für den Abwesenden oder seinen Erben, so daß eine irrtümliche Eigengeschäftsführung (§ 687 I) vorliege. Die Anwendung des § 179 setzt aber lediglich Handeln im Namen irgendeines anderen voraus. Und § 687 regelt ausschließlich das Verhältnis zum Geschäftsherrn (also gerade nicht zum Geschäftspartner).

[25] Wie der Text *Sachs,* NJW 1947/48, 368; *Müller,* Rpfleger 1953, 115 und NJW 1956, 653.

[26] Str. sind auch Möglichkeit und Form des Rechtserwerbes. Vgl. *Jansen,* DNotZ 1954, 595

Eine Pflegschaft nach Ablauf der Lebensvermutung wäre wertlos, wenn der Pfleger jeweils die Ungewißheit zu beseitigen und das Leben des Abwesenden zu beweisen hätte. Insoweit ist mit der Möglichkeit der Pflegschaft nach Ablauf der Lebensvermutung auch schon die Möglichkeit rechtswirksamen Handelns trotz Ungewißheit bejaht. Doch hat eine praktisch denkende Rechtsprechung schon früh den Beweis des Lebens für alle Akte des Pflegers verlangt, die Vermögen betreffen, das dem Abwesenden erst nach Ablauf der Lebensvermutung zufallen konnte, insbesondere für alle Akte, die sich auf einen Nachlaß beziehen, der erst nach Ablauf der Lebensvermutung anfiel.[27] Für sie wäre in der Tat eine Bindung der an sich Legitimierten für den wahrscheinlichen Fall der postmortalen Abwesenheitspflegschaft nur schwer verständlich und erträglich.[28] Andererseits verbinden sich mit jener Einschränkung keine wesentlichen Nachteile, insbesondere wird kein Nachlaß gefährdet. Jederzeit kann ein Nachlaßpfleger bestellt und damit der Nachlaß insoweit gesichert werden, als er dem Abwesenden zugefallen sein kann (§ 1960). Selbst die Erteilung eines Erbscheines wird nicht unmöglich: Es gibt den Teilerbschein, der die bereits feststehenden Erben und ihre Erbteile (gegebenenfalls ihre Mindesterbteile) ausweist.[29]

6. Die Praxis kennt den Abwesenheitspfleger vornehmlich als Pfleger in der Regelung von Nachlässen, wenn auch nur selten in der Beschränkung auf diese Aufgabe. Zumeist ist ein Nachlaß nur Indiz eines totalen Fürsorgebedürfnisses mit der Konsequenz einer totalen Vermögenspflegschaft. Daß eine derart totale Vermögenssorge eines Pflegers auch dazu berechtigt, Erbschaften anzunehmen und auszuschlagen, einen Erbschein zu beantragen und die Auseinandersetzung unter Miterben zu betreiben, ist heute nicht mehr streitig.[30]

(Erwerb der Erben im Rahmen des § 2041, sonst unwirksames Handeln des Pflegers); LG Mosbach, DNotZ 1954, 608 (unbeschr. gesamthänderischer Erwerb der Erben); *Müller,* Rpfleger 1953, 117 (Erwerb der Erben in Bruchteilsgemeinschaft). Die richtige Lösung muß die Strukturen der Abwesenheitspflegschaft und die Strukturen des Erbrechts gleicherweise schonen. Mit der Struktur der Abwesenheitspflegschaft ist eine Beschränkung des Rechtserwerbes nicht zu vereinbaren, mit der Struktur der Erbengemeinschaft aber kein gesamthänderischer Erwerb, der über § 2041 hinausführt. Die Erben erwerben danach unbeschränkt. Sie erwerben im Rahmen des § 2041 gesamthänderisch, im übrigen aber in Bruchteilsgemeinschaft.

[27] Vgl. BayObLGZ 4, 80 (84); RGZ 93, 110; AG Hamburg, MDR 1949, 680; *Arnold,* NJW 1949, 250 und MDR 1949, 601; BayObLGZ 1952, 132; BGHZ 5, 240 (244); LG Augsburg, DNotZ 1968, 558; *Beitzke,* § 40 IV 2; *Dölle,* § 142 II 5; MünchKomm-*Goerke,* 10 zu § 1911. Vgl. auch LG Koblenz, MDR 1950, 42. Die Entscheidung will an den Beweis des Lebens keine hohen Anforderungen stellen und schafft damit praktisch eine verlängerte Lebensvermutung. Mit Recht dagegen *Arnold* in der Anm. zu der Entscheidung.

[28] Gegen die h. L. aber *Jansen,* DNotZ 1954, 593; *Sachs,* NJW 1947/48, 368f. (sicher verfehlt der Vorschlag, auf die 1939 aufgehobenen §§ 15, 18, 19 BGB zurückzugreifen).

[29] Die Zulässigkeit eines Mindesterbscheins ist unbestr. Vgl. KG, JFG 1, 176; *Kipp-Coing,* § 128 Fn. 48. Als ausreichender Ersatz einer Abwesenheitspflegschaft wird er bejaht von LG Aachen, JR 1951, 733. Zweifelnd *Scholz,* JR 1951, 593 (595).

[30] Vgl. KG, RJA 13, 198; ROLG 37, 250; *Sachs,* NJW 1947/48, 367; *Arnold,* NJW 1949, 250.

Die allein auf die Regelung eines Nachlasses beschränkte Abwesenheitspflegschaft ist möglich auch neben einer bereits bestehenden Nachlaßpflegschaft. Eine Nachlaßpflegschaft vermittelt dem Pfleger nur bestimmte Befugnisse (kein Antragsrecht für einen Erbschein; keine Befugnis zur Auseinandersetzung), die durchaus nicht immer das volle Fürsorgebedürfnis des Abwesenden zu umfassen brauchen.[31] Sehr geringe Bedeutung hat die im § 88 FGG dem Nachlaßgericht eröffnete Möglichkeit, einen Abwesenheitspfleger für das Auseinandersetzungsverfahren der §§ 86ff. FGG zu bestellen, wenn der Abwesende nicht bereits vom Vormundschaftsgericht einen Abwesenheitspfleger erhalten hat.[32]

7. *Abwesenheitspflegschaft aus besonderem Anlaß.* Den Besonderheiten des zweiten Weltkrieges und der politischen Verhältnisse in der Nachkriegszeit hat sich die Abwesenheitspflegschaft herkömmlichen Stiles nicht allenthalben gewachsen gezeigt. Im Anschluß an älteres Rechtsgut erweitert daher § 10 ZustErgG den Anwendungsbereich der Abwesenheitspflegschaft. Er kennt anders als § 1911 keine Beschränkung auf natürliche Personen mehr; begünstigt sind jetzt auch juristische Personen und Gesellschaften ohne eigene Rechtspersönlichkeit, beschränkt auch ihre Organe (Abs. II). Auch die sachlichen Voraussetzungen zeigen im Vergleich mit § 1911 Elastizität; eine Pflegschaft ist zulässig, ,,wenn die Verbindung mit dem Aufenthaltsort der natürlichen Person oder den zur Vertretung berechtigten Personen der juristischen Person oder Gesellschaft unterbrochen oder in einer Weise erschwert ist, daß die Vermögensangelegenheiten der Person oder Gesellschaft nicht ordnungsgemäß besorgt werden können". Die Grenzen zur Notorganschaft (vgl. § 29) wurden bislang nicht mit jener Schärfe gezogen, die eigentlich zwischen zwei (auch in der Zuständigkeit) grundsätzlich verschieden strukturierten Rechtsinstituten notwendig wäre.[33]

8. *Ende.* Die Abwesenheitspflegschaft endet grundsätzlich durch Beschluß des Vormundschaftsgerichtes. Sie ist aufzuheben, wenn der Abwesende seine Angelegenheiten wieder selbst zu besorgen vermag (§ 1921 I; die Norm ist an sich überflüssig, weil sie lediglich den Grundsatz des § 1919 spezialisiert[34]). Sie ist ferner aufzuheben, wenn der Abwesende gestorben ist (§ 1921 II).

Die Abwesenheitspflegschaft endet schließlich mit der Rechtskraft des Beschlusses, der den Abwesenden für tot erklärt oder auch seine Todeszeit feststellt (§ 1921 III). Ein besonderer Akt des Vormundschaftsgerichtes ist hier nicht mehr vonnöten; die Beschlüsse nach dem VerschG verbürgen jene Rechtsklarheit, die andernfalls nur ein aufhebender Beschluß verbürgen kann.

---

[31] Vgl. OLG München, RJA 13, 176 (177); BayObLGZ 14, 632 (635); *Boschan,* S. 47; *Palandt-Diederichsen,* 2b zu § 1911; *Dölle,* § 142 II 4; *Staudinger-Engler,* 10 zu § 1911; *Soergel-Germer,* 4 zu § 1911; MünchKomm-*Goerke,* 18 zu § 1911.

[32] Zum Auseinandersetzungspfleger vgl. OLG Colmar, RJA 16, 63. Die Entscheidung gibt ihm das Recht, einen Erbschein zu beantragen.

[33] Bevorzugung der Pflegschaft vor der Notorganschaft rügt *Beitzke,* Festschrift Ballerstedt, S. 185ff.

[34] Der Tatbestand des § 1919 reicht aber weiter. Die Pflegschaft ist etwa auch aufzuheben, wenn der Fortbestand den Interessen des Abwesenden zuwiderläuft. So etwa, wenn die Verwaltung von Wertpapieren infolge der dem Pfleger zukommenden Vergütung zu Substanzverlusten führen muß. Die Wertpapiere sind dann zu hinterlegen (§ 372). Vgl. OLG Frankfurt, MDR 1961, 57.

Gesetzesverzeichnis

(Fette Zahlen verweisen auf die §§ der Gesetze; magere Zahlen verweisen auf die §§ des Lehrbuches mit ihren Untergliederungen; kursiv gedruckte Zahlen bezeichnen die Hauptfundstellen).

BKGG

BSHG

BVG

EGBGB

EheG

1. DVO EheG

EheRG

ErbStG

ZVG

Sachverzeichnis

Zahlen = §§ des Lehrbuchs und deren Unterabteilungen